# 领导关怀

“一个粮食，一个钢铁，有了这两个东西我们就什么都好办了。”

——毛泽东

1958 年 9 月 15 日毛泽东视察武钢大冶铁矿

1958 年 9 月 13 日毛泽东视察武钢

1958 年 12 月 13 日邓小平视察武钢

1980 年 7 月 16 日邓小平视察武钢

“我们要学习国际上的先进技术和先进经验，但光跟在别人后边不行，要有赶超世界先进水平的志气。”

——邓小平

“国家建设社会主义，要很好地发挥工人阶级的主力军作用，工人阶级最有组织性、纪律性，要全心全意依靠工人阶级。”

——江泽民

1989 年 7 月 23 日江泽民视察武钢

1999 年 5 月 28 日江泽民视察武钢

“武钢是新中国成立后国家投资兴建的第一个特大型钢铁联合企业，你们就是应该加强产品结构调整，优化工艺，努力提高自主创新能力，多生产具有竞争力的产品！”

——胡锦涛

1993 年 1 月 9 日胡锦涛视察武钢

2005 年 8 月 22 日胡锦涛视察武钢

“武钢要发挥企业在自主创新中的主体作用，加快推进科技成果产业化，广泛应用高新技术改造传统产业，不断提升经济综合竞争力。”

——习近平

2010 年 1 月 23 日习近平视察武钢

习近平在冷轧镀锡生产线

1957 年 10 月 17 日李富春视察武钢

1957 年 12 月 14 日刘伯承视察武钢

1958 年 7 月 7 日陈云视察武钢

1958 年 11 月 3 日叶剑英视察武钢

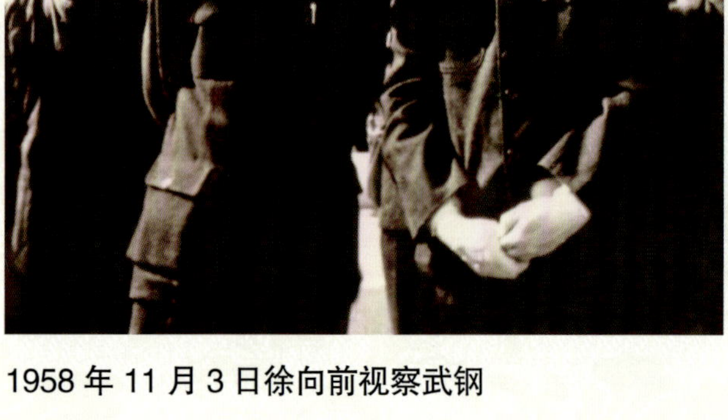

1958 年 11 月 3 日徐向前视察武钢

1958 年 11 月 3 日聂荣臻视察武钢

1958 年 11 月 25 日周恩来视察武钢

1958 年 11 月 25 日贺龙视察武钢

1958 年 11 月 28 日朱德视察武钢

1958 年 12 月 11 日董必武视察武钢

1958 年 12 月 13 日陈毅视察武钢

1959 年郭沫若视察武钢
1966 年郭沫若再次视察武钢

1960 年班禅额尔德尼·确吉坚赞视察武钢

1978 年李先念、谷牧视察武钢
1988 年李先念再次视察武钢

1978 年方毅视察武钢

1978 年胡厥文视察武钢

1980 年胡耀邦、姚依林视察武钢
1960 年胡耀邦视察武钢

1981 年王震视察武钢

1981 年陈慕华视察武钢

1983 年 5 月 23 日张劲夫视察武钢

1983 年 5 月赵朴初视察武钢

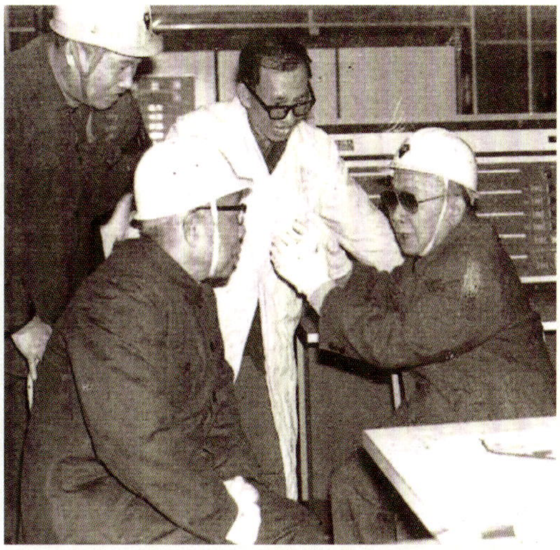

1984 年 3 月陆定一视察武钢

1984 年 4 月 28 日朱学范视察武钢

1984 年 5 月 23 日宋任穷视察武钢

1985 年 2 月 5 日万里视察武钢

1986 年 3 月 30 日薄一波视察武钢
1980 年、1981 年薄一波多次视察武钢

1986 年 10 月 13 日彭真视察武钢

1986 年 10 月 15 日罗干视察武钢

1995 年 4 月 11 日吴邦国视察武钢
2009 年 3 月 31 日吴邦国再次视察武钢

1996 年 11 月 29 日邹家华视察武钢

2002 年 1 月 8 日俞正声视察武钢
2003 年、2004 年俞正声多次视察武钢

2003 年 5 月 15 日李长春视察武钢

2003 年 6 月 6 日黄菊视察武钢

2004 年 1 月 28 日吴官正视察武钢

2004 年 6 月 10 日温家宝视察武钢
2009 年 3 月 30 日、2012 年 5 月 18 日温家宝再次视察武钢

2004 年 11 月 19 日贾庆林视察武钢

2005 年 5 月 17 日贺国强视察武钢

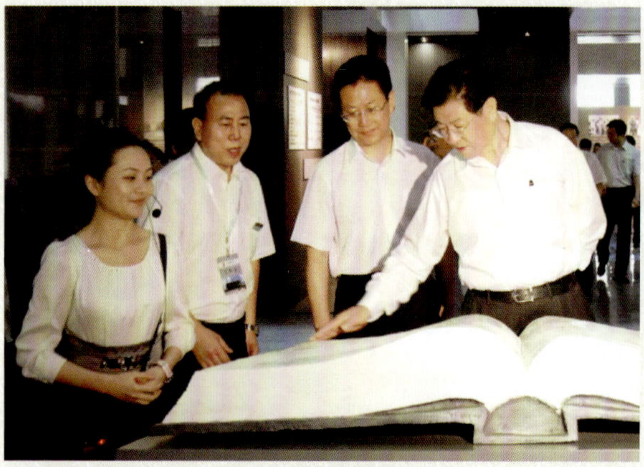

2009 年 9 月 2 日王兆国视察武钢

2008 年 1 月 19 日张德江视察武钢
2008 年 11 月 22 日张德江再次视察武钢

2008 年 4 月 7 日李克强视察武钢
2016 年 5 月 23 日李克强再次视察武钢

2013 年 5 月 9 日徐匡迪为武钢院士工作站授牌

# 1966年武钢生产工艺主流程

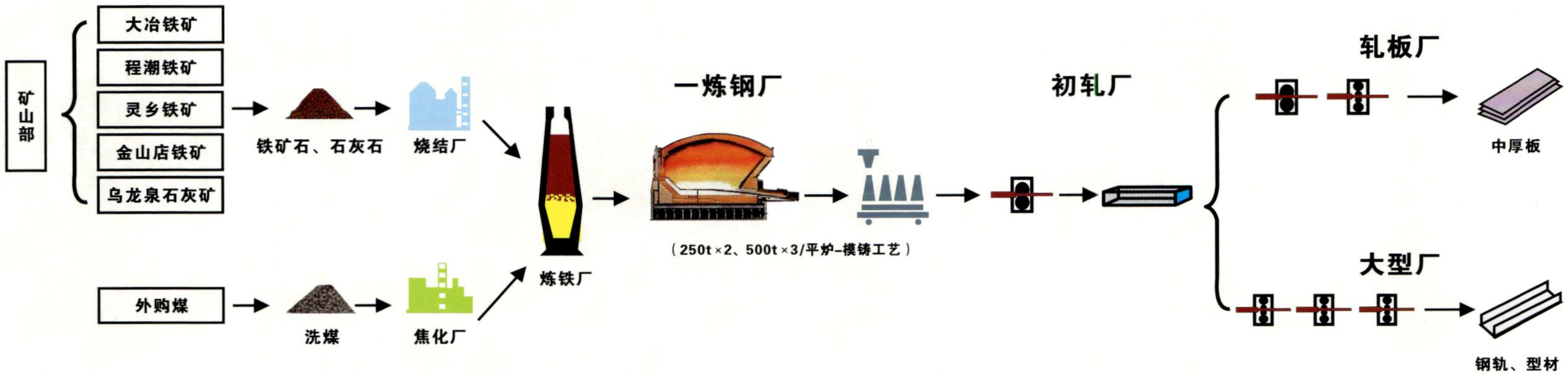

# 1978年武钢生产工艺主流程

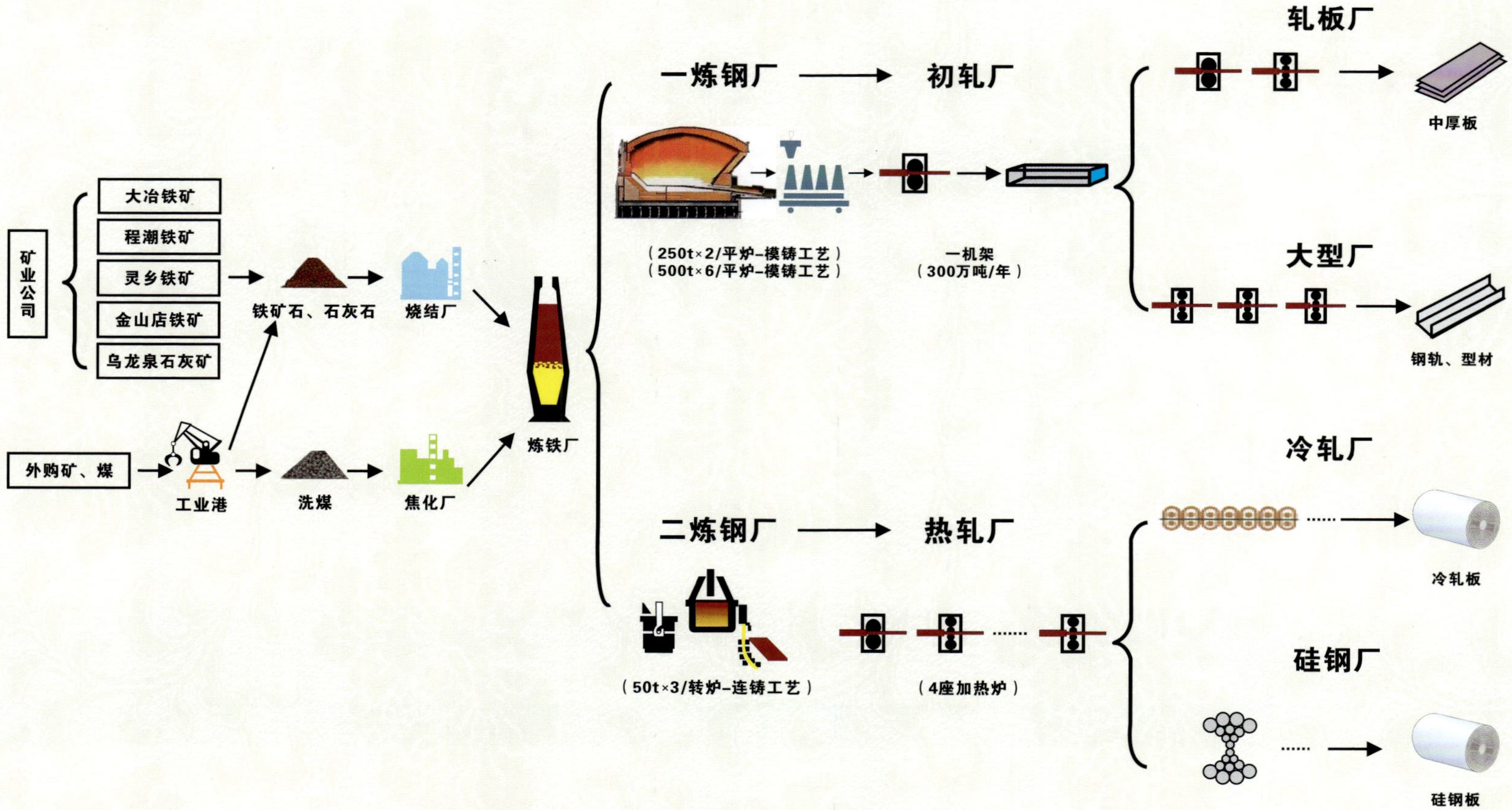

# 2017年武钢有限公司生产工艺主流程

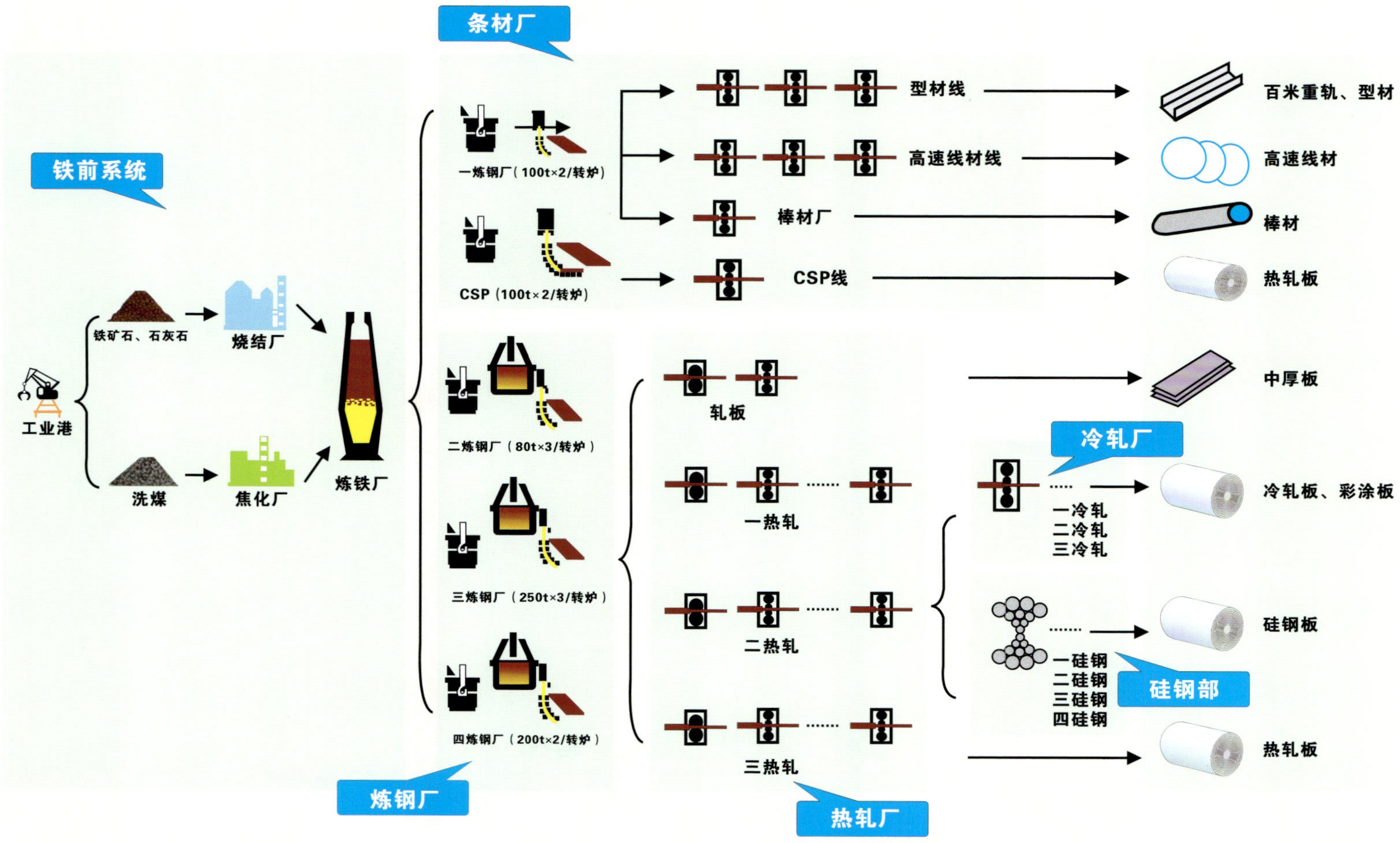

# 武钢1958~2017年铁、钢、材产量

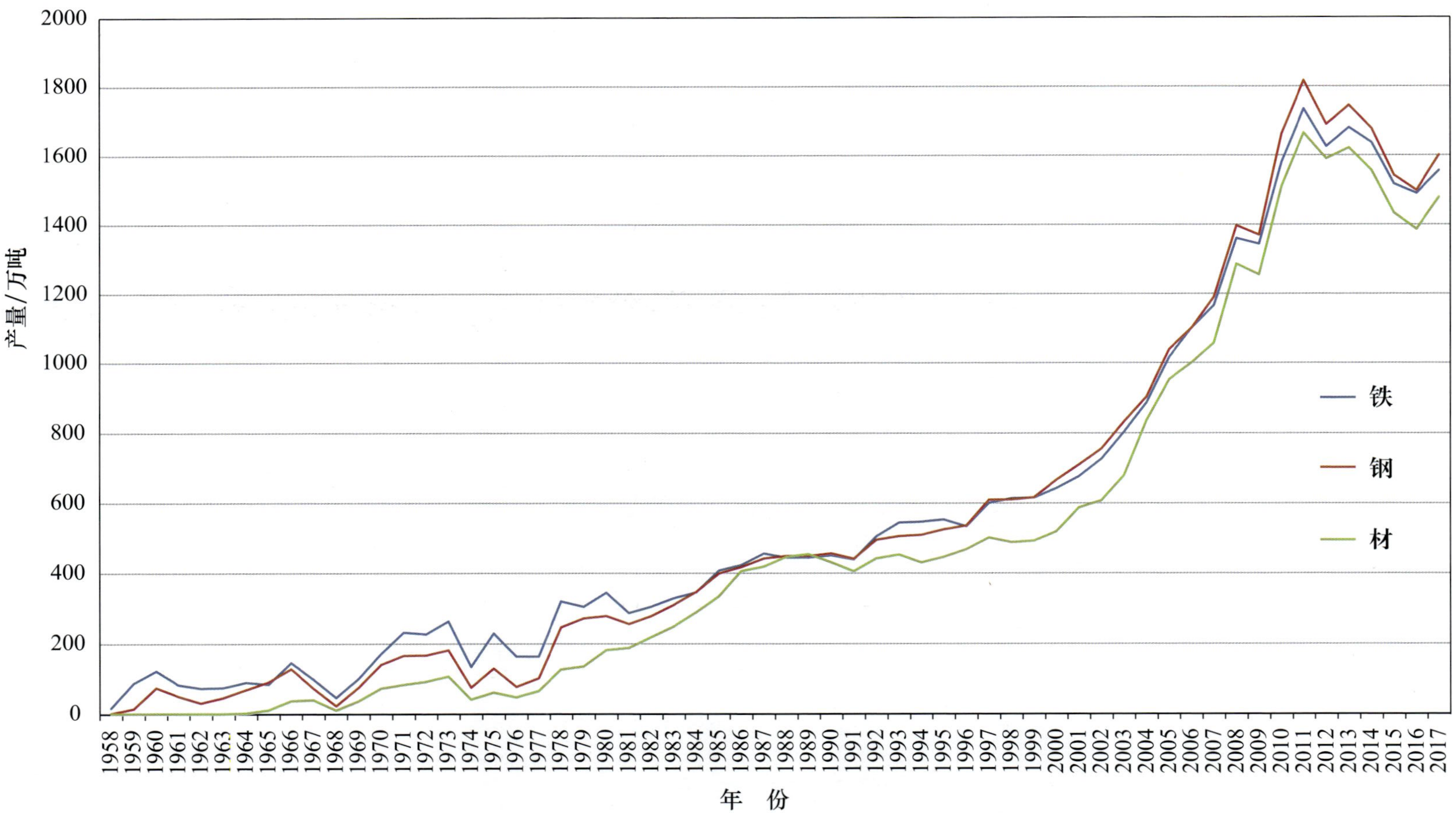

谨以此书献给

武钢人以及关心支持过武钢的人们！

# 纪念武钢投产60年

## 技术论文集

本书编委会 编

北 京
冶 金 工 业 出 版 社
2018

# 编 委 会

# 序

## 风雨一甲子　武钢再起航

岁月如歌，风云际会。60年前，长江之滨，青山脚下，崛起了新中国第一座钢都。弹指挥间，沧海桑田。60年后，武钢与宝钢联合重组为中国第一、全球第二的中国宝武钢铁集团有限公司。时逢武钢投产60周年之际，《纪念武钢投产60周年技术论文集》正式出版了。作为献给武钢60年历史的一份厚礼，它记载着武钢人蓬勃的创造力，如长江之水奔流向前，永无止境；它真实再现了武钢科学发展、创新发展的履痕；全方位反映了武钢投产、达产、扩建以至打造一流钢铁生产基地的生动风貌。这不仅是对过去武钢技术进步、技术创新的回顾，更是对武钢生产活动和经济发展更好的纪念。我们深知，每一项技术进步、每一项技术创新，都要付出艰辛的努力和攀登，它的背后都会有一些为之而奋斗的创造者惊心动魄的故事。每当我们翻阅此著，就会看到他们的心血伴随汗水和泪水的生动场景。故此著呈献给武钢的广大科技工作者，呈献给所有关注、关心、关怀武钢发展的领导和同志们。借此机会，我代表武钢有限向60年来热情关心、大力支持、无私援助过我们的各级领导和各界朋友致以崇高的敬意和诚挚的感谢！

透过这厚重的卷帙，我们把目光投向20世纪50年代，深深感到毛泽东、周恩来等党和国家第一代领导人为强国兴邦倾注了怎样的心血，做出的“工业要出关、钢铁要过江”的决策又是何等的英明！一代伟人的钢铁强国梦融入了武钢人的血液，激励一代又一代武钢人筚路蓝缕、艰苦创业。60年来，在党中央，国务院，湖北省委、省政府和武汉市委、市政府的关心和支持下，武钢人创造了中国钢铁发展史上的多项第一。改革开放初期，武钢开展了以“精干主体，分离辅助”为主要内容的管理体系改革，在国内外广受赞誉。在90年代初期，创造了质量效益型发展经验，成为全国企业学习的样板。武钢建设发展的60年，是自强不息、艰苦奋斗、可歌可泣的60年；是见证和参与我国向钢铁强国迈进的60年；是见证和参与湖北工业经济振兴的60年，武钢以其辉煌的业绩永载中国工业经济史册。

当历史翻到了新的一页，中国特色社会主义进入了新时代。面对新时代供给侧结构性改革的召唤，2016年9月22日，武钢与宝钢实施联合重组，武汉钢铁有限公司应运而生，至此，作为建国初期兴建的第一个特大型钢铁联合企业——武钢，开始了新的航程。重组一年多来，武钢有限按照中国宝武争做“全球钢铁业引领者”和宝钢股份“两最”目标，以“四全”为抓手，即全力推动宝武整合融合、全力提升经营能力、全面深化内部改革、全面加强党的建设，推动高质量发展，企业发生了历史性、转折性、全局性变化，今日之武钢有限犹如一只东方巨鸟，正以昂扬勃发之势，向着新时代钢铁强国的崭新目标腾飞。

今天是明天的历史，明天是今天的延续。我们曾经创造了辉煌，但前行的脚步永无止境。忆往昔，我们热血沸腾；看今朝，我们踌躇满志；展未来，我们豪情满怀。武钢有限将在习近平新时代中国特色社会主义思想的指引下，在中国宝武和宝钢股份的领航下，保持正确航向，行稳致远！

是以为序。

宝钢股份副总经理
武钢有限执行董事、总经理
刘安

# 前　言

## 武钢六十年生产技术进步回顾

### ——引进、学习、消化、掌握、再创新

我国是较早进入铁器时代的世界文明古国之一。历史记载，我国在春秋时期（大约在公元前770年至公元前476年）已开始使用铁器工具。由于我国封建制度延续时间长，工业时代出现晚，钢铁生产长期处于落后状态。中华人民共和国成立前我国已有采用现代冶炼工艺的钢铁厂，工厂规模一般较小。我国最早的钢铁厂“汉冶萍煤铁公司”是清政府1908年成立的，它与日本八幡制铁所属于同一时代。过去在东北、华北虽建设了一些钢铁厂，但基本上是外国资本开办的，且规模均较小，钢铁工业十分落后。1949年全国钢产量仅有15.8万吨。

中华人民共和国成立后，国家把发展粮食和钢铁生产作为经济建设的重点。第一个五年计划（1953—1957年）即提出建设鞍山、武汉和包头三大钢铁基地的规划，鞍山基地属于已有钢厂的扩建和技术改造，武汉和包头基地则是新建的大型钢铁联合企业。

#### 一、武汉钢铁公司

1952年5月1日，中央重工业部在黄石大冶钢厂筹建了“华钢筹备处”。1953年3月15日，毛泽东主席亲自批示在中南地区筹建“华中钢铁公司”（以下简称“华钢”）。此后才将“华钢筹备处”正式更名为“315厂筹备处”，这是筹建武钢的前身。

“一五”计划期间，经中苏两国政府签订协定，由苏联援助我国建设156项国家重点工程，“华钢”工程即为其中之一。经苏联专家几次实地选址考察，并和中方专家合议后，提出正式建议将“华钢”工程建在武汉市青山区。1954年5月12日，国家计划委员会、国家建设委员会正式下文批准以武汉青山为选址的方案。1954年9月重工业部宣布，华中钢铁公司于年底更名为武汉钢铁公司。

武汉钢铁公司是中华人民共和国成立后建设的第一座大型钢铁联合企业。苏联列宁格勒黑色冶金设计院为总的负责设计单位。设计规模为钢、铁各年产300万吨，分两期实施，各期为年产150万吨，项目包括：铁矿山、石灰石矿山、焦化厂、烧结厂、炼铁厂、炼钢厂、初轧厂、大型厂、轧板厂及相应公辅设施供应厂。矿山开采剥离工作于1955年启动。主厂区建设于1956年开始，1958年9月13日1号高炉点火开炉，毛泽东主席登上高炉炉台，察看了高炉炼出的第一炉铁水。1号高炉的顺利出铁，标志着武汉钢铁公司正式投产，也是中国自主建设的第一座大型现代化高炉

(1386m$^3$) 的投产。武钢2号高炉于1959年7月投产。武钢一期工程高炉建设快，炼铁以后的炼钢、轧钢工序还在陆续建设中，故生产出的铁水不能用于炼钢，只能出售铁块。“大办钢铁”使农民脱离粮食生产，导致国民经济严重失调，而不得不进行国民经济三年调整。1965年国民经济恢复到正常轨道，1966年开始的“文化大革命”使国家工业生产进入停产或半停产状态。武钢将产量降至设计能力一半左右，保持设备完好状态下能够正常运转，有一段时间也曾处于停产状态。

武钢一期工程是按相当于当时苏联所能提供的最先进的钢铁厂来设计的，但从当时国际先进技术发展方向来看仍存在不少问题。高炉采用冷烧结矿，但冷却技术不过关，烧结矿运输皮带严重烧损，不得不靠打水保护皮带，烧结矿严重粉化，使高炉难以强化冶炼；炼钢采用平炉，燃料是煤气，冶炼周期长，平炉产量低，炉龄寿命短。为保持生产的正常运行，不得不针对这些问题组织技术攻关。

武钢大冶铁矿含铜量高，当时的选矿工艺只能选原生矿里的铜，不能选氧化矿里的铜，高铜的氧化矿直接进入高炉，造成生铁含铜量高。炼钢过程中亦不能除去铁水中的铜，以致炼钢厂投产初期，用此种含铜生铁炼出的钢其含铜量有时达到0.50%~0.60%，超过国家技术标准规定钢中残余铜含量允许值0.30%的要求。

由于对含铜钢的加热轧制工艺操作不够了解，造成部分钢坯、钢材上有时表面布满网状鳞裂，用户拒用。铜钢的生产和应用难题对武钢当时的生产发展造成了困难。为此，国务院和国家科委、计委及冶金部的领导，都十分重视武钢含铜钢的研究和生产，将其列入1963~1972年国家10年科技发展规划，拨专款在武钢建立了我国第一个铜钢试验基地，并先后组织国内科研院所、高校、企业等单位与武钢合作，共同进行了系统的研究。研究结果表明：钢中含有一定量的铜，在采用适宜的加热、轧制和产品深加工工艺的条件下，含铜钢不但不会降低钢材的性能，而且还可提高钢的强度和耐大气腐蚀性能。武钢在国内首创了含铜钢系列，先后研制出65个含铜钢号，包括一批可用于重要项目建设的含铜的低合金钢种，从理论和实践上提高了我国含铜钢的研究能力和生产技术水平。“一米七”轧机投产前，国外专家认为含铜钢不能轧制硅钢片、镀锡板等主要产品，武钢同样经过大量系统的试验研究表明，含有一定量的铜对这些钢材的性能无影响，最终国外专家信服了这些研究结论。武钢对含铜钢的研究和开发创新工作，不但对武钢的生产与发展起到关键作用，而且对世界含铜钢的标准有了新的突破和贡献。

党中央、国务院对武钢的建设十分重视和关心。武钢投产六十年来，党和国家的历届领导人有50多位亲临武钢视察和指导工作。这对武钢广大员工是巨大的鼓舞，对武钢的生产发展、技术进步有极大的推动作用，这是武钢得到的巨大殊荣。如此多的历届党和国家的领导人亲临武钢视察，钢铁界同仁都称赞说，武钢真不愧是“共和国钢铁行业中的长子”。

## 二、“一米七轧机系统”的引进

从20世纪50年代起我国每年必须进口一定数量国内当时不能生产的高端钢材。第二次世界大战后，60~70年代是国际钢铁工业突飞猛进的时期，新工艺、新技术大量涌现，产品更新换代，钢铁工业呈现出新面貌，我国钢材产品与国际水平差距进一步拉大。到了60年代后期，我国每年进口钢材的价值相当于六亿美元。当时有专家建议：每年花六亿美元进口钢材，不如花六亿美元进口生产高端钢材的技术装备来武装国内的钢厂，使我国具备自主生产高端钢材的能力，更符合国家长远发展需要。政府采纳了这项建议，1972年决定引进当时国际先进水平的“一米七轧机系统”放在地处中原的武汉钢铁公司，即“一米七轧机系统工程”。1974年该系统工程开始施工。

“一米七轧机系统”包括“三厂一车间”，即热轧厂、冷轧厂、硅钢厂和二炼钢厂的连铸车间。热轧厂的设备由日本引进，其功能是将炼钢生产的板坯经热轧成为热轧钢带，作为成品或下游轧钢厂原料；冷轧厂的设备由联邦德国引进，其功能是将热轧带钢卷加工成冷轧带钢产品，包括冷轧带钢商品卷、板、带（包括镀锌、镀锡等涂镀产品）；硅钢厂的设备由日本引进，其功能是将硅钢热轧卷加工成电工钢产品，包括取向硅钢和无取向硅钢产品；连铸车间由联邦德国引进，其功能是将二炼钢厂的钢水连铸成板坯供热轧厂。从1978年起“一米七轧机系统”的局部车间开始投入生产，到1980年“一米七轧机系统”全部投产。

武钢一期建设的装备是从苏联引进的，技术上属于20世纪50~60年代水平。“一米七轧机系统工程”技术上属于20世纪70~80年代国际先进水平，将其设在武钢作为一期工程的后工序，由于技术上相差二十年，必然出现一系列的不适应。前工序提供的钢坯（中间产品）不能满足“一米七”轧机需求。一期已有的能源、公辅系统不能完全适应“一米七轧机系统”。职工队伍技术和管理素质与“一米七”轧机要求有较大差距。“一米七轧机系统”总体技术上要先进二十年，许多新技术是武钢从未接触过的。这些问题不解决，就掌握不了“一米七轧机系统”，使其发挥预期的效益。

为此，武钢首先组织职工学习“一米七轧机系统”的新技术。根据岗位要求开展全员技术培训，系统地组织岗位工人参与施工中的调试过程，使岗位人员具备实际操作能力。技术培训对掌握新技术是关键因素。

由于“一米七轧机系统”与老系统在技术上相差二十年，老厂提供的钢坯不能满足新系统的要求，必须对老系统改造提升。武钢对老系统进行“四同步”技术改造。从矿石准备入手进行技术提升，增加矿石混匀料场；改进烧结工艺解决烧结矿冷却问题；高炉增设烧结矿入高炉前过筛；高炉采用长寿技术和操作自动化控制；炼钢平炉改成氧气平炉，进一步改成转炉；转炉改成顶底复合吹炼；转炉钢全连铸化，取消初轧工序；能源、公辅系统改造适应“一米七轧机系统”要求等。到1985年，新、老系统不适应的矛盾逐步克服。1986年，“一米七轧机系统”达到设计生产能力。

“一米七轧机系统”的投产过程与老系统的技术改造过程基本上处于同一个时间段。“一米七”系统投产后，由于对新引进技术掌握不够全面，出现一些操作问题，使其设施受到损坏，而不得不在投产后不久进行设备的“四恢复”活动（恢复设计功能、技术经济指标、自动化程度和外观），以作为“一米七轧机系统”达到设计目标的支撑。

引进技术的吸收、消化、掌握过程比达产过程长。“一米七轧机系统”主要指标达产在1986年，而引进技术消化掌握的基本实现则到1990年。

“一米七轧机系统”引进后，冶金部在全行业组织对“一米七”引进技术的消化推广。在“一米七轧机系统”引进前，技术引进主要是单项技术的引进。“一米七”轧机是第一个系统引进的大项目，项目内容多，水平高，涉及专业面广。“一米七轧机系统”引进技术的推广对我国企业技术的提升起到了很好的促进作用。20世纪50~

60年代以来，我国钢铁工业采用的技术主体是苏联50~60年代的技术。“一米七轧机系统”技术的推广应用使我国钢铁工业开始跨入20世纪70年代，上了一个台阶。

## 三、质量效益型企业

武钢一期苏联援建提供设计、设备、技术，不含管理软件，企业管理由中方负责。“一米七轧机系统”引进，中方想只引进硬件和技术。连铸和冷轧的供应商德方同意了中方要求，热轧硅钢供应商日方则提出如不引进管理软件则硬件也不提供。结果硅钢的引进包括硬件和管理软件，而冷轧只引进了硬件和技术而不包括管理软件，管理由中方负责。实际上中方没有管理冷轧厂的经验，只能在摸索中前行。“一米七轧机系统”投产后，管理无序影响设备能力发挥，需要确立一种管理模式。借鉴国际经验，1981年武钢确定推行全面质量管理解决“一米七轧机系统”的管理问题。1982年起从建立产品质量保证体系和开展全面质量管理教育入手推行全面质量管理。到1986年生产管理秩序良好，产品质量提高，“一米七轧机系统”达到额定生产能力。随着全面质量管理推进，武钢管理水平逐步提高，职工素质得到提升，武钢提出创建“质量效益型企业”的奋斗目标，得到冶金工业部的肯定。

1990年和1991年武钢先后获国家科技进步特等奖和特大型工业企业国家质量管理奖。国务院办公厅发文号召全国企业学习武钢走“质量效益型”发展道路的经验。武钢晋升为国家一级企业。武钢获全面产品质量优秀企业称号。

## 四、钢、铁双700万吨

1986年武钢铁、钢、材年产量均超过400万吨，国家提出将武钢年产量提升至钢、铁双700万吨的目标，武钢开始推进钢、铁双700万吨规划。1986年铁、钢、材的产量分别为422万吨、416万吨和405万吨，铁、钢、材都要扩大生产规模。

### （一）新建5号高炉及后续高炉等项目建设

20世纪90年代以前，国内自主设计的最大高炉为2000m$^3$级（如武钢4号高炉，鞍钢11号高炉），宝钢4000m$^3$高炉是新日铁设计的。为立足于设备供应国产化，新建高炉容积确定为3200m$^3$，并将国内已有的高炉炼铁先进技术集中在5号高炉，如高炉全冷却壁炉体结构、薄炉衬、全软水密闭循环高炉炉体冷却系统、水冷炭砖薄炉底、高炉炉况计算机集中控制、炉渣全炉前粒化、高风温热风炉等。预期一代寿命为20年以上。5号高炉于1990年开始建设，1991年投产，投产后运行状况比原有4座高炉稳定。随着炼钢规模的扩张，按5号高炉设计后续建3200m$^3$级的6、7号高炉以满足对铁水的需求，250吨氧气转炉和全连铸的三炼钢厂于1996年的投产及二热轧厂的投产，武钢钢、铁年产双700万吨规模开始形成。

### （二）成材厂的建设

钢、铁年产700万吨规模，钢材产品的发展方向必须明确。当时武钢的重轨和中厚板已是国内优势产品。“一米七轧机系统”达产后必须明确重点产品发展方向。当时武钢提出将冷轧硅钢和冷轧板作为主攻方向。

从20世纪50年代起国内使用的电工钢一直是热轧硅钢片，用以制造变压器和电机。当国际上用冷轧硅钢片替代热轧硅钢片成为趋势后，由于我国只能生产热轧硅钢片，必需的冷轧硅钢片只能进口。“一米七轧机系统”中引进的硅钢厂是专为生产冷轧硅钢片的工厂，年产7万吨。在“双700万吨”规划中将冷轧硅钢片规模增至年产26.5万吨，以后又增至40万吨。

我国冷轧板生产长期落后，不仅量少而且质量差，高端冷轧板长期依赖进口。直到20世纪90年代，高档轿车用冷轧板全靠进口。

“一米七轧机系统”中的硅钢厂设计年产硅钢7万吨，其中无取向硅钢4.2万吨，取向硅钢2.8万吨，最高牌号为H10，全部采用模铸生产。新日铁在技术输出后在技术上进一步研发，水平大幅度提升，采用全连铸生产，取向硅钢开发出HiB系列。我国不得不在1993年进行第二次技术引进，在消化第二次引进技术的基础上，冷轧硅钢片年产量超40万吨。在此期间，建设了二硅钢厂、三硅钢厂和四硅钢厂。

“一米七轧机系统”中的冷轧厂设计年产冷轧板100万吨，镀锌板15万吨，镀锡板10万吨及后建的彩涂板6万吨。随着热轧厂生产能力的增加，建设了二冷轧厂。

武钢“钢、铁双700万吨”建设于20世纪90年代初期启动。钢、铁年产量达到双700万吨则是2002年，当年产铁726万吨，产钢755万吨，产钢材607万吨。

## 五、创建世界级钢铁企业

随着我国经济发展加速，钢材需求增长，武钢提出建设世界级钢铁企业的设想，开始推进新项目建设。

### （一）炼铁系统

3200m$^3$的5、6号高炉建成后，即已具备年产铁700万吨的能力。3200m$^3$的7号高炉建成，年产铁能力超过1000万吨。考虑到武钢炼焦应立足于国内焦煤资源，焦炭质量提升空间受限，8号高炉确定建成4000m$^3$级而不建5000m$^3$级。在采用炼铁新技术方面则必须敢于创新，使8号高炉在炉龄长寿和高效冶炼方面有新突破。8号高炉采用全冷却壁，软水闭路循环冷却系统，薄炉衬、炭砖水冷薄炉底；高炉装料采用无料钟皮带装料系统，烧结矿沟下过筛；炉顶高压操作，高风温顶燃式热风炉。高炉一代炉龄无中修20年以上。8号高炉2009年8月开炉以来，迄今炉体冷却壁无一烧损，炉龄20年的长寿目标预期可以实现。

武钢拥有矿山储量小，以使用进口铁矿石为主。烧结矿原料基本上使用进口铁矿。自产细精矿用于制造球团矿，使用比例在15%左右。高炉入炉料含铁量范围为56%~57%。特大型钢铁企业必须具有稳定的铁矿石供应，武钢必须建立可靠的铁矿石供应体系。铁矿石性能千差万别，必须经过加工才能成为钢厂适用的入炉料。铁矿资源的性能研究及处理、加工技术的开发是当前的重要课题。武钢原料以进口粉矿为主决定了高炉炉料结构以高碱度烧结矿为主配球团矿和少量块矿。烧结厂建在厂区，球团生产放在矿山。2011年武钢钢铁生产能力已达到年产1600万吨以上水平。

### （二）炼钢系统

武钢首先将三炼钢厂250吨转炉增加到3座，同时扩大连铸能力。新建四炼钢厂200吨转炉2座及相应的板坯连铸机，主要生产硅钢。

### （三）增加轧钢厂

武钢一期工程的炼钢厂为平炉钢厂，具有250吨平炉2座、500吨平炉3座，“一米七”轧机投产前增建3座500吨平炉，平炉总数增至8座。“一米七”轧机投产后，为适应“一米七”轧机投产后和轧钢工序的需要，对一炼钢厂进行了淘汰落后的平炉

—模铸工艺的技术改造，新建了2座100吨转炉、2台方坯连铸机和相配套的铁水预处理及钢水精炼设备，设计的年生产能力为170万吨，为大型轧钢厂的条材和线材提供坯料；此后又增建了3号大方坯连铸机，为高速铁路用钢轨供应大断面的铸坯，并对转炉进行了扩容至120吨的改造，转炉扩容至120吨后年产能可达230万吨。2009年在一炼钢厂还新建了一条CSP薄板坯连铸连轧生产线，配备了2座150吨转炉和相应的炉外处理装置，设计的年产薄板坯为253.8万吨，热轧带钢为250万吨，其主导产品为无取向硅钢原料卷，直接供给硅钢片厂，以满足进一步增加硅钢片的需要。

"一米七轧机系统"投产前武钢轧钢系统只有三个厂：初轧厂、轧板厂和大型厂。"一米七轧机系统"投产后增加了热轧厂、冷轧厂和硅钢厂。现在，大型厂改为条材厂，包括所有长材；热轧厂有一、二、三热轧厂；冷轧厂有一、二、三冷轧厂。硅钢第二次引进生产能力为年产36.5万吨，扩大硅钢规模必须在工艺技术上有所突破。经过技术研究开发，武钢在取向硅钢的工艺技术上有所突破，取向硅钢生产能力大幅提升，在此基础上建设了二、三、四硅钢厂。硅钢事业部包括一、二、三、四硅钢厂。武钢已是世界冷轧硅钢产量最大的钢厂。2011年武钢生产生铁1735万吨，钢1816万吨，钢材1665万吨。

## 六、六十年回顾

1949年中华人民共和国成立时，我国的钢年产量仅为15.8万吨，可以认为中国当时基本上没有钢铁工业。由于党中央和国务院对发展钢铁工业高度重视，我国的钢铁工业得到飞速的发展。改革开放初期，我国钢年产量为3700万吨，到1996年突破1亿吨，并从2002年起连续16年钢年产量稳居世界第一，2014年产钢达8亿吨。近几年我国钢年产量已持续占世界钢产量的一半，成为举世公认的钢铁大国，部分技术指标也进入世界钢铁技术强国的第一方阵，正在向世界钢铁强国奋进。

武钢1958年投产，当年产铁1.1万吨，1959年产钢8万吨，到2017年产铁1555万吨、产钢1600万吨，则是中国钢铁工业发展史的缩影。武钢一期建设项目在技术上相当于国际上20世纪50~60年代水平，属于我国钢铁工业打基础阶段。"一米七轧机系统"建设属于我国钢铁工业向20世纪80年代世界先进技术跨进努力的一部分。武钢"钢铁双700万吨"建设促使我国钢企进入了国际大型钢铁企业行列，正是这一阶段我国成为世界第一产钢大国。武钢投产六十年来，对国家的建设和发展做出了重要贡献，到2018年8月底累计产钢量达到3.52亿吨。武钢六十年来的发展、壮大和技术进步，是中国钢铁工业发展史的一个缩影。

过去六十年，引进先进技术，消化、掌握、再创新是武钢技术工作的主基调，今后我国钢铁工业要适应由大变强的形势，必须由以技术引进、消化掌握转变为自主创新。对我国钢铁工业而言，则是要求全面的整体素质提升，这比过去任务更艰巨、更复杂。建成产钢大国只是中国钢铁工业万里长征的第一步，更加光荣伟大的目标还在前方。

中国工程院院士
武钢原副总经理、总工程师　张寿荣

# 目录


>> 从引进消化走向自主集成创新 …… 1

## 铁

### 矿山

>> 大冶铁矿提高有色与稀贵金属的综合回收率 …… 7
>> 细筛再磨工艺的研究与应用 …… 12
>> 大冶铁矿磁选流程的改革 …… 16
>> 武钢500万t/a链篦机–回转窑球团生产线达产实践 …… 23

### 工业港

>> 工业港的建设改造和发展 …… 29
>> 提高混匀矿质量的方法 …… 35
>> 武钢港务公司技术进步 …… 40

### 烧结

>> 武钢烧结矿质量的改进及高碱度烧结矿的生产 …… 46
>> 烧结环保的重大技术进步 …… 51
>> 武钢烧结厂技术进步的回顾与展望 …… 57
>> 武钢第三烧结车间的技术改造与技术进步 …… 66
>> 武钢第一烧结车间生产的变革 …… 72
>> 武钢强弱磁精矿用于烧结的试验研究及生产实践 …… 79
>> 武钢球团矿十年生产的经验教训 …… 83
>> 高碱度烧结矿工业试验及生产实践 …… 90
>> 武钢烧结矿喷洒 $CaCl_2$ 溶液新工艺 …… 97
>> 武钢第二烧结车间技术改造 …… 103
>> 烧结厂技术进步的回顾与展望 …… 108

### 焦化

>> 武钢炼焦炉的技术进步 …… 115
>> 炼焦化学产品回收与精制及焦化环保技术 …… 120
>> 武钢历年来配煤方案的研究和发展 …… 125
>> 用岩相法指导配煤炼焦的研究 …… 130
>> 武钢炼焦技术进步 …… 136

### 炼铁


» 关于武钢高炉的设计问题 …… 143
» 原料对高炉操作制度的影响 …… 150
» 碱金属与维护高炉合理操作炉型 …… 155
» 武钢高炉炉身结构及寿命分析 …… 161
» 高氧化镁渣和高碱原料冶炼的研究与实践 …… 166
» 武钢炼铁系统的技术改造 …… 171
» 武钢高炉寿命与高炉结构的技术进步 …… 177
» 1 号高炉开炉总结 …… 183
» 高炉风口鼓风动能问题的研究 …… 195
» 高炉使用高氧化镁渣的研究 …… 200
» 低硫生铁冶炼的几个问题 …… 206
» 1 号高炉第一代大修破损调查及长寿原因分析 …… 213
» 武钢高炉寿命及内衬侵蚀的研究 …… 219
» 高炉炉身热负荷与冶炼关系的研究 …… 225
» 武钢高炉布料研究 …… 229
» 高炉槽下过筛工艺效果 …… 233
» 武钢高炉炉前技术 …… 238
» 武钢 5 号高炉的操作进步 …… 245
» 武钢 $3200m^3$ 高炉冷却壁软水密闭循环冷却系统的管理 …… 251
» 延长高炉寿命是系统工程高炉长寿技术是综合技术 …… 256
» 武钢 $3200m^3$ 高炉的建设 …… 260
» 武钢炼铁技术进步 50 年 …… 267
» 武钢 8 号高炉高效冶炼实践 …… 280


## 钢

### 综述


» 武钢 30 年的炼钢技术进步 …… 289
» 武钢第一炼钢厂 40 年来的技术进步 …… 295
» 武钢炼钢系统建设历程及技术装备概况 …… 300


### 含铜钢和低合金钢的研究开发


» 武钢含铜钢研究的方向 …… 308
» 发展含铜低合金钢 …… 321
» 高硅含铜低合金 45kg/m 铜轨的研制 …… 329
» “六五”期间武钢低合金钢的发展 …… 337
» 含铜钢的研究与开发 …… 340
» 低合金钢的研究和开发 …… 345
» 1959~1976 年武钢钢中铜含量下降简析 …… 350


### 工艺技术和钢的品种质量


» 大力发展半镇静钢 …… 351
» 取向硅钢连铸技术的研究 …… 356

- 连铸弱脱氧钢的生产 …… 361
- 平炉炼钢工艺技术的改进 …… 366
- 武钢模铸工艺技术进步 …… 371
- 平炉钢品种质量的增进与提高 …… 376
- 实现全连铸的工艺技术 …… 383
- 硅钢冶炼技术的发展 …… 389
- 军工钢的研制 …… 394
- 转炉钢品种质量的提高发展及相关技术 …… 397
- 电工钢的研制与开发 …… 401
- 武钢二炼钢 4 号连铸机工程设计 …… 407
- 钢的品种质量与管理 …… 412
- 连铸坯缺陷剖析 …… 418
- 武钢 50t 转炉顶底复吹技术的开发 …… 424
- 武钢稀土处理钢 …… 440
- 低焊接裂纹敏感性 WDL 系列钢的力学性能及组织结构 …… 446
- 武钢二炼钢转炉扩容系统改造的实践 …… 451
- 武钢第一炼钢厂淘汰平炉—模铸工艺的技术改造 …… 457
- 武钢第三炼钢厂投产与展望 …… 463
- 武钢 RH 多功能真空精炼技术开发 …… 470
- 洁净钢的生产实践 …… 477
- 武钢二炼钢复吹转炉溅渣护炉及冶金效果分析 …… 482
- 武钢第二炼钢厂提高铸坯质量的技术改造设想 …… 486
- 钢水精炼技术在武钢的开发应用 …… 491
- 钢帘线用高碳钢（82B）氧化物夹杂控制热力学* …… 499
- 薄板坯连铸连轧技术在我国大有可为 …… 502
- 武钢二炼钢复吹转炉溅渣护炉工艺技术 …… 506
- 大线能量焊接耐火耐候建筑用钢的研制及应用 …… 511
- 高性能耐火耐候建筑用钢 WGJ510C2 的研制及应用 …… 518
- 薄板坯连铸技术的现状及应用分析 …… 527
- 彩管用荫罩框架钢带 WYK-1 的研制 …… 534
- 超细晶高强贝氏体钢析出相的研究 …… 539
- 不同铁水脱硫技术在武钢的应用与进步 …… 543
- 我国薄板坯连铸连轧技术创新前景广阔 …… 555
- 中国炼钢技术的发展、创新与展望 …… 558
- 钢中非金属夹杂物塑性化研究 …… 564
- 薄板坯连铸连轧工艺与电工钢生产 …… 570
- 转炉自动炼钢技术应用与发展 …… 573
- 复吹转炉深脱磷技术在国内的应用与进展 …… 581
- 中国薄板坯连铸连轧技术的发展 …… 587
- CSP 产线高强钢冶炼关键工艺技术 …… 598
- 倒角结晶器在武钢板坯连铸中的应用 …… 603
- 帘线钢生产中钛夹杂的析出与控制 …… 607
- 武钢大型转炉顶底复吹控制实践 …… 616
- 武钢薄板坯连铸连轧产线技术创新实践 …… 621
- 现代连铸技术在武钢三炼钢 2 号连铸机的应用 …… 627
- 薄板坯连铸中碳钢角横裂缺陷成因及控制 …… 635

# 轧

## 热轧


» 武钢热轧带钢厂的技术改造 …… 643
» 型钢轧制工艺润滑的试验研究 …… 647
» 热连轧机轧制压力数学模型 …… 651
» 武钢热轧厂4号加热炉液态出渣的试验研究 …… 656
» 钢坯切轧中旁弯和折叠的形成与控制 …… 661
» 帘线钢盘条的研制 …… 664
» 高碳钢线材轧制中显微组织演变规律 …… 670
» X70钢级厚板卷热连轧工艺探讨 …… 673
» 2800mm中厚板精轧机辊型开发与应用 …… 678
» 高碳钢线材轧制工艺参数对晶粒尺寸的影响 …… 682
» 武钢中厚板生产技术进步 …… 686
» AGC在重轨万能轧制中的应用 …… 694
» 热轧酸洗带钢直接热镀锌工艺探讨 …… 697
» Q550热轧中厚板的控轧控冷（TMCP）工艺优化 …… 701
» CSP热轧Q235钢再结晶与混晶的判定 …… 706
» 武钢CSP生产线产品定位及开发实践 …… 710
» CSP线生产薄规格超高强带钢的轧制工艺与组织性能 …… 714
» 重轨连轧过程中尺寸稳定性的研究 …… 718
» HRB400热轧带肋钢筋弯曲加工断裂原因分析 …… 721
» 980MPa耐蚀钢轨U68CuCr的开发和应用 …… 725
» 薄板坯连铸连轧流程钛微合金钢控制轧制技术 …… 729
» 超快冷技术在武钢热轧生产中的应用 …… 736
» CSP薄规格花纹板生产主要问题及控制措施 …… 740


## 冷轧


» 冷轧工作辊异常剥落分析及防范措施 …… 744
» IF钢搪瓷板析出相的研究 …… 748
» 武钢冷轧厂技术改造介绍 …… 752
» 武钢板带材生产技术与工艺装备的发展 …… 755
» 冷连轧机轧制力的影响因素 …… 759
» 全氢罩式炉在线自适应优化仿真平台的开发 …… 764
» 冷轧连续退火机组中张力辊组主要参数的设计 …… 772
» 武钢冷轧生产技术进步 …… 777
» 一种冷轧带钢吹吸式粉尘治理新技术研究 …… 784
» 连退时效温度对高铝双相钢组织及性能的影响 …… 787
» 五次CVC工作辊辊形与板形控制特性 …… 790
» 冷轧带钢表面水淬斑缺陷的控制实践 …… 796
» 冷轧带钢表面白斑缺陷形成机理分析 …… 800
» 冷轧连续退火炉燃烧控制原理 …… 803
» 冷轧辊毛化辊面形貌研究 …… 809
» 冷轧深冲汽车板表面夹杂缺陷的研究 …… 815

>> 冷轧板形平坦度计算方法 …… 818
>> 非对称板形对连续退火炉内带钢跑偏的影响 …… 822
>> 冷轧搪瓷钢的夹杂物与抗鳞爆性能 …… 825
>> 电镀锌钢板表面白色线状缺陷的形成机理 …… 829
>> 超宽冷轧机带钢板形特征聚类分析 …… 835
>> 冷轧平整机高强钢表面振痕问题的测试与研究 …… 841
>> 冷轧带钢表面粗糙度影响因素及控制策略 …… 846
>> 冷轧汽车板电泳涂装后麻点问题的解决 …… 852


## 电工钢


>> 取向硅钢硅酸镁底层的相分析 …… 856
>> 高纯度冷轧无取向硅钢冶炼技术的发展 …… 859
>> 铁损极低的高级无取向硅钢的研制 …… 863
>> 钼降低高磁感取向硅钢铸坯加热温度机制的织构研究 …… 869
>> 厚 0.15mm 宽幅取向硅钢的轧制 …… 873
>> 无取向硅钢热轧工作辊磨损预报模型 …… 876
>> 加快淘汰热轧硅钢片的研究 …… 879
>> 2%Si 无取向电工钢织构的演变 …… 883
>> 硅钢酸洗-冷连轧系统中表面缺陷识别方法研究 …… 889
>> 低温热轧高磁感取向硅钢板常化组织及析出相研究 …… 893
>> 磷对 $w(Si)$0.4%无取向电工钢磁性能的影响 …… 899
>> CVC 板形控制技术及辊型曲线的设计方法 …… 903
>> 我国冷轧无取向电工钢生产与技术水平的研究 …… 907
>> 铜在取向硅钢中的析出行为研究 …… 920
>> 四辊冷连轧机电工钢边降产生机理和控制技术的研究 …… 925
>> 薄板坯连铸连轧产线无取向硅钢 W600 浇铸过程水口结瘤问题研究 …… 929

后记 …… 935

# 从引进消化走向自主集成创新

张寿荣

我国是世界最早掌握冶铁技术的文明古国之一。秦汉时期就设立“铁官”。湖北大冶从宋朝起就是炼钢制造兵器的中心。1893 年投产的汉阳铁厂是我国第 1 座钢铁联合企业。汉阳铁厂应当属于世界上建设最早的钢铁联合企业之一。全世界第 1 座钢铁联合企业（Integrated steel works）美钢联的南芝加哥厂 1882 年投产，德国的蒂森 1890 年投产，美国的伯利恒 1891 年投产，加拿大钢铁公司（Stelco）1895 年投产。汉阳铁厂与日本的八幡属于同时投产的钢厂，汉阳铁厂投产当时引起世人注目。由于政治腐败，汉阳铁厂以倒闭告终。汉阳铁厂的造轨厂是我国第 1 座产钢轨的工厂，抗战期间迁至重庆。

新中国成立后，第 1 个五年计划期间决定建设 3 个钢铁基地：鞍钢、武钢、包钢。鞍钢属于老厂扩建改造，武钢、包钢属于新建。武钢是新中国成立后我国新建投产的第 1 座钢铁联合企业。

## 1 引进消化苏联技术阶段

半封建半殖民地的旧中国，工业十分落后。钢铁工业主要分布在日本占领下的东北。日本投降后，东北的鞍钢、本钢停产。华北、华东、西南地区有小型钢铁厂。1949 年建国时，全国钢产量仅为 15.8 万吨。

“一五”期间计划建设的 3 个钢铁基地均属于当时苏联援建的“156 项目”的内容。由苏联提供设计、技术和主要设备。武钢设计规模为一期产钢 150 万吨，二期增加 150 万吨，最终规模为 300 万吨。一期主要技术装备包括：4.3m 焦炉 4 座，$75m^2$ 烧结机 4 台，$1386m^3$ 高炉 2 座，250t 平炉 2 座，500t 平炉 4 座，1150mm 初轧机 1 套，650/800mm 大型轧机 1 套和 2800mm 中板轧机 1 套。这些技术装备是当时苏联所能提供的最新的技术，与当时我国的钢铁厂相比，技术上提高了一个台阶。武钢的生产技术骨干队伍是从鞍钢成建制调过来的，对从苏联引进的新技术装备不熟悉，必须组织学习和培训。当时的有利条件是，除设计图纸和资料外，苏联还提供了设备制造图纸。当时的冶金部、机械部组织了重大装备的国产化工作。到 20 世纪 60 年代初，“调整、充实、巩固、提高”之后，我国已具备了 $1000m^3$ 大型高炉全套设备、4.3m 焦炉、500t 平炉和 1150mm 初轧机的制造能力。

在生产操作方面，由于受资金限制，武钢各生产厂不能按工序顺序要求建成投产。如设计的高炉炉料是 100%自熔性烧结矿，而烧结厂建设和投产比高炉晚一年多。1 号、2 号高炉投产时不得不全部使用块矿开炉。炼钢厂平炉投产比高炉晚一年多。初轧厂投产比平炉又晚一年。投产进度与工艺流程要求不一致，使生产难以达到设计规定能力。

武钢投产不久，“大跃进”“大办钢铁”席卷全国。1961 年开始国家进行全面经济调整，武钢的生产规模压缩至一期工程设计能力的一半。1965 年，国家经济形势好转，武钢开始提升生产水平。1966 年上半年，武钢 2 座高炉达到设计一期的生产能力，从 1958 年 9 月 13 日 1 号高炉点火时算起，武钢一期工程达产经历了七年半。然而好景不长，1966 年夏季开始的“文化大革命”，使武钢生产陷入停产半停产，生产处于不正常状态。

## 2 自主发展阶段

虽然苏联为武钢提供的设计是当时苏联所能提供的最新技术，然而由于当时技术水平的限制，留有许多未解决的技术难题，如：

（1）大冶铁矿的选矿技术不过关，氧化矿精矿含铁量低，含铜量高，生铁中铜的质量分数有时高达 0.3%~0.5%，而不得不开发含铜钢；

（2）烧结矿冷却技术不过关，烧坏运送皮带，被迫向烧结矿打水冷却，使烧结矿粉化，粒度小于5mm部分有时高达20%~30%；

（3）不设铁矿石混匀场，矿石用火车直供烧结机和高炉，成分波动大；

（4）高炉炉身寿命短、冷却器破损严重，不得不中修炉身砖衬；

（5）平炉用煤气做燃料，冶炼周期长，炉顶寿命短。

20世纪60年代初，苏联中断了技术援助，撤回专家。武钢投产后出现的技术难题，包括设计遗留的技术难题，必须依靠自己的力量解决。尽管有“文化大革命”的干扰，仍取得了显著效果，如：

（1）改进大冶铁矿氧化矿浮选工艺，降低了铁精矿的铜含量，提高了铁含量，提高了铜精矿产量，解决了高炉生铁含铜高的问题；

（2）弄清了武钢烧结矿布料反常的原因，为武钢高炉炉顶调剂提供了依据；

（3）用带式冷却机取代冷却盘，解决了烧结矿冷却的难题，提高了入炉烧结矿质量；

（4）实施烧结矿入炉前槽下过筛，改善炉料透气性，为提高高炉冶炼强度创造条件；

（5）利用库存1513m$^3$高炉主要设备，建成当时我国最大的2516m$^3$高炉（国内第1座2000m$^3$以上高炉）；

（6）确立高氧化镁渣是武钢高炉的基本造渣制度；

（7）采用风口喷吹技术，20世纪60年代进行喷沥青试验，以后改为喷重油，80年代改为喷煤粉；

（8）开展高炉炉体破损调查和高炉长寿的探索；

（9）进行高碱度烧结矿试验，将高碱度烧结矿配酸性块矿确立为武钢高炉炉料的基本结构；

（10）将平炉由烧混合煤气改为重油平炉，缩短冶炼时间；

（11）将大型厂轧机由650/800mm改为760/800mm，扩大产品范围。

## 3 引进消化国际先进技术阶段

经过自主发展，武钢生产水平逐步提高，但技术层次上依然是国际20世纪50~60年代水平。由于技术装备落后，20世纪60~70年代，我国所需要的高质量的冷轧、热轧薄板、镀锌、镀锡板及冷轧硅钢全部依赖进口。国家决定引进国外先进装备，由国内生产，减少对国外的依赖。1974年国家决定引进1700mm轧机系统并建在武钢。1700mm轧机系统包括：热轧带钢厂、冷轧带钢厂、冷轧硅钢片厂和连铸车间。1700mm轧机系统的产品是国家急需而当时又不能生产的。1978年部分生产线试车，1980年1700mm轧机系统全部进入试生产，1981年接受国家验收。

1700mm轧机系统的建设，实质上是在武钢原有生产系统炼钢工序之后加了1个20世纪70年代国际先进水平的连铸和轧钢的后工序，见图1。

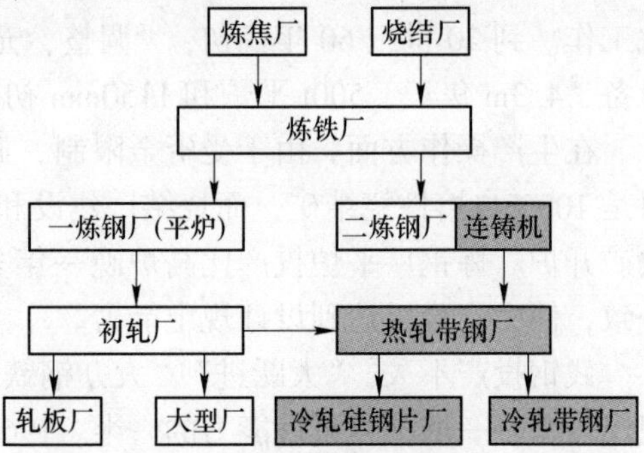


图1 1700mm轧机建成时的武钢生产流程

（注：阴影部分为新系统）

新系统与武钢老系统，在技术水平上相差大约20年。这一差距使1700mm轧机系统投产后出现了一系列的“不适应”，其中最重要的是前工序的半成品不适应新系统的要求。具体讲，老厂炼的钢，不能满足1700mm轧机系统要求。废品率高达10%，武钢生产极度被动。

在困境中，武钢确定将掌握和发挥1700mm轧机系统潜力为中心，一方面抓引进技术的消化、吸收和国产化，一方面抓老系统的技术改造（重点对前工序和能源介质系统的改造），加强职工教育培训和推行全面质量管理。重点技术进步项目有：

（1）选矿采用细筛再磨工艺，磁选、浮选结合，降低精矿含硫量，提高含铁量；

（2）大冶铁矿东露天采场扩帮工程，增加可采储量；

（3）在工业港建设矿石混匀料场；

（4）改进烧结机整粒系统，增加铺底料设施；

（5）大修炉体损坏的焦炉；

（6）改造平炉为吹氧平炉，以适应冶炼低碳钢，并采用电除尘器改进平炉烟气除尘；

（7）能源系统的改造，使电、水、煤气、空气、氧、氮、氩的质量满足1700mm轧机的要求。

在解决新、老系统“不适应”的同时，在1700mm轧机引进技术的基础上进行了创新。重点创新内容有：

（1）二炼钢厂转炉为LD转炉，为满足冶炼低碳钢需要，1984年自主开发顶底复合吹炼工艺；

（2）转炉增设铁水预处理及钢水精炼工艺，引进KR脱硫装置，使铁水$w([S])$降至0.005%以下，引进RH钢水精炼装置，使钢水中$w([H])$脱至$4\times10^{-6}$以下，$w([C])$ $30\times10^{-6}$以下；

（3）二炼钢厂1985年实现全连铸（原设计连铸比80%），是国内第1座全连铸炼钢厂，同时实现连铸坯热送热装；

（4）硅钢工艺改进——原引进专利，取向硅钢为模铸，1984年改为全连铸，并自行开发专利未引进的硅钢品种；

（5）开发引进品种以外的国内需求的新钢种；

（6）炼钢、连铸所需耐火材料的国产化。1985年，武钢钢、铁年生产能力和1700mm轧机系统各厂均达到设计水平。1986年全面超设计产量水平。到1986年上半年武钢上缴利税已相当于国家对1700mm轧机系统的全部投资。1700mm轧机系统属于20世纪70年代的先进水平。国际钢铁工业技术发展很快，尽管努力追赶，仍落后于国际先进水平。1992年武钢决定第2次引进硅钢专利。1996年建设成的三炼钢厂和其后的二热轧厂和二冷轧厂，均引进了国外新开发的技术。

## 4 走向自主集成创新

在1700mm轧机系统超设计能力后，国家决定将武钢的规模由年产钢、铁各400万吨扩大到年产钢、铁各700万吨。当时有2种做法可选：将已有装备摆积木式的叠加或是采用最先进的技术装备。最后的决策是建$3200m^3$高炉1座和250t转炉钢厂1座。三炼钢厂属于利用外资项目。$3200m^3$高炉则采用引进国际有关炼铁的单项先进技术，由武钢自行集成。该高炉采用的单项技术有：无钟炉顶、内燃式热风炉陶瓷燃烧器、软水全密闭循环系统、环形出铁场、炉顶余压煤气发电（TRT）、高炉煤气干法除尘、炉前电除尘、炉渣炉前粒化装置（INBA）、电动交流变频鼓风机、高炉炉况监控计算机系统等。上述技术中炉前电除尘是武钢自行开发的，其他则是从6个国家的8家公司引进的。设计的目标是：年产铁量224万吨，一代利用系数$2.0t/(m^3\cdot d)$，一代炉龄寿命10~12年，焦比450kg/t，喷煤比100~120kg/t。这些指标在当时属于国际先进水平。该高炉（现为5号高炉）于1991年10月19日点火投产，投产后的实践证明，武钢的自主集成是成功的。

$3200m^3$高炉投产带动了武钢炼铁系统的技术改造。工业港供烧结厂与炼铁厂的矿石全部改为皮带机运输。焦化厂开始建设6.0m高的焦炉，该焦炉是在引进日本的6m焦炉的基础上国产化的。建设$440m^2$烧结机，该烧结机是在引进日本的$450m^2$烧结机的基础上国产化的。对4座$90m^2$烧结机进行改造，改为$360m^2$烧结机1台。这些改造项目的完成，使炼铁前工序出现了新面貌。

在$3200m^3$高炉引进技术集成取得预期效果的基础上，在武钢1996年以后大修的高炉上这些技术得到推广。1996年4号高炉大修，采用这些技术，使高炉面貌焕然一新。2000年1号高炉大修，采用这些技术，并加以改进，取消了炉身砌砖，炉身采用铜冷却壁，使高炉长寿水平进一步提高，并将高炉容积由原来的$1386m^3$扩大为$2200m^3$，取得良好效果。

1号高炉大修投产不久，$3200m^3$高炉投产10年，其间未曾中修（连喷补也未有过），炉体仍十分完好，一代寿命超过了15年。综合分析研究后认为：将已掌握的先进技术综合运用，大胆改进，将其集成起来，就有可能创造出具有武钢特色的高炉一代寿命（不中修）20年以上，一代每立方米容积产铁量14000t以上，一代（按日历时间）容积利用系数$2.0t/(m^3\cdot d)$以上，既长寿又高产的大型高炉。以这个目标为方向，利用武钢规模扩大到钢1500万吨/年的机会，建设了7号高炉。除原已采用的技术外，7号高炉采用烧结矿分级入炉，炉身全部不砌砖，炉缸盛铁渣区改用铸铜冷却壁，炉底厚度减薄至2800mm，炉缸炭砖壁厚减至1000~1200mm。为缩短大修施工工期，增设实施模块安装的装置。7号高炉的预期目标是一代炉龄寿命（不中修）超过20年，大修（工期60天以内）后即可恢复正常生产的高效率高炉，符合钢铁工业可持续发展大方向的大型高炉。

为检验自主集成的效果，2007年7号高炉进行了强化冶炼试验，取得月平均日产生铁9000t的好成绩。这一水平属于国际领先水平，也证明这一自主集成是成功的。

冷轧硅钢技术是1974年从日本引进的专利技术。武钢硅钢厂工程项目1981年交工经国家验收。1982年引进专利技术考核合格。经过消化和局部改进，到1985年冷轧硅钢片产量达到设计指标年产7万吨。其后进行开发和部分改造，无取向硅钢生产能力有所提高，但取向硅钢研发进展较慢。进入20世纪90年代，考虑与日本的差距继续拉大，1992年第2次引进日本技术（主要是取向硅钢生产技术）。经过消化引进技术，武钢取向硅钢年产量由一期引进时设计2.8万吨增至12万吨以上。进入21世纪，我国经济高速发展，对取向硅钢需求量大增，武钢打算新建第2座和第3座硅钢厂。当时希望能与日本企业合作，受到婉言拒绝，武钢不得不依靠国内力量，自主集成。考虑到一些设备国内不能提供或功能达不到要求，采取单项引进的办法来建设第2、第3冷轧硅钢厂，工艺流程由武钢确定。涉及专利技术的关键设备，武钢与国内制造厂共同在原引进技术的基础上自行开发制造。新建硅钢厂的生产线陆续投入，2005年以后武钢冷轧硅钢产量增加较快（见图2）。

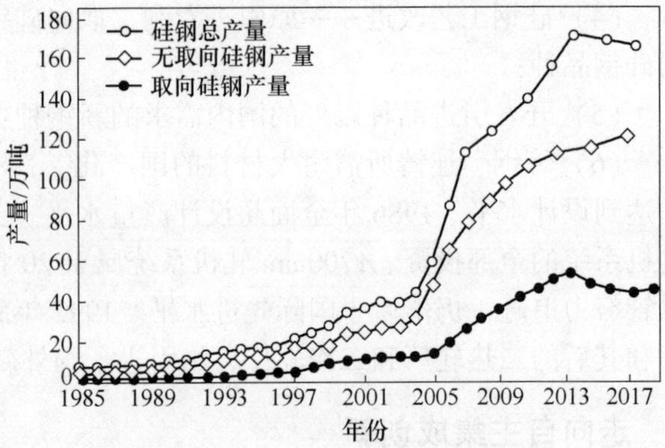

图2 1985~2017年武钢冷轧硅钢产量

硅钢新型高温退火环形炉的开发可以作为引进消化再创新的例子。第1次引进硅钢专利技术，取向硅钢高温退火用的是罩式炉，耗电量高、产量低。第2次引进硅钢技术，引进环形炉替代罩式炉，产量提高，能耗降低。21世纪硅钢扩建工程中，武钢在原引进技术基础上将罩式炉加以改造，提高了功能，实现了国产化（见表1）。

**表1 武钢环形炉改进前后指标的对比**

| 项目 | 退火能力 | 年产量/万吨 | 投资额/亿人民币·台$^{-1}$ | 吨钢卷耗焦炉煤气量/$m^3\cdot t^{-1}$ |
|---|---|---|---|---|
| 原引进环形炉 | 50台平装100钢卷 | 7 | 5.5 | 167 |
| 国产化 | 50台平装120钢卷 | 9 | 2.2 | 104 |

## 5 结语

武钢投产以来的60年从技术层面上讲就是引进消化先进技术并走向自主集成创新的历程。武钢已从原规划的铁、钢各300万吨/年，发展到2008年的铁、钢各1400万吨/年，武钢在某些钢铁工艺技术上已进入国际先进行列。武钢及我国钢铁工业的发展经历，使我们体会到：

（1）我国工业基础落后，为较快地实现工业化，引进国际先进技术是必要的。实践证明，中国近20年钢铁工业的快速发展，主要的技术支撑是消化引进的先进技术。

（2）我国重复引进多，主要原因在于重引进、轻消化吸收与国产化。消化、吸收投入少，不愿承担国产化的风险，是一项技术多次重复引进的原因。

（3）当前，我国从国外引进先进技术日趋困难，今后我国工程技术的发展应当将自主集成创新和自主研发和集成作为技术创新的重点。

（原载《中国科学E辑：技术科学》，2008，38（9）：1378~1383，有删改）

铁

# 大冶铁矿提高有色与稀贵金属的综合回收率

梁鼎鸣

大冶铁矿是一个大型接触交代矽卡岩型含铜磁铁矿矿床。远在三国至唐、宋时期，古人业已在此采矿、冶炼。新中国成立后，1955 年 3 月国家确定大冶铁矿为主要供矿基地，1950 年 8 月东露天矿开始基建剥离。1958 年 7 月 1 日东露天矿投入生产。随后，选矿的破碎筛分车间及整个选矿厂相继于 1958 年 9 月和 1959 年 10 月建成投产。从此，老矿换新颜，大冶铁矿开始步入全盛时期。到 1987 年底止，大冶铁矿共采出矿石 80549348t，除生产出铁成品矿 62532371t（其中：铁精矿量为 57381888t）外，还生产出矿山铜（金属量）225879t、钴硫精矿 976899t，并副产黄金 9200kg、白银近 1800kg。大自然赋予了铁山矿床丰富的资源，并通过矿山职工的艰苦劳动、不断的技术开发，才使这些沉睡的宝藏得以综合利用，服务于社会主义建设。大冶铁矿选矿厂建成投产的历程，是黑色金属选矿与有色金属选矿交相辉映的历程；是矿产资源综合回收利用与逐步深化的历程。

## 一、突破设计范围，扩充选矿领域

大冶铁矿选矿厂所处理的矿石，早期分为原生矿和氧化矿，而 70 年代中期以来则分为原生矿与混合矿。对铜和其他有色金属矿物来说，氧化矿与原生矿的可选性差别较大，而混合矿与原生矿的差异则大为减小。按原设计资料记载的原生矿与氧化矿矿石的矿物组成情况，见表 1。从总体上来看，黄铜矿和黄铁矿是回收有色金属产品的主要目的矿物；磁黄铁矿的存在，则是影响铁精矿含硫量的重要因素。

表 1　矿石的矿物成分

| 矿石类型 | 矿石 | 主要矿物 | | 次要矿物 | | 稀有矿物 | |
|---|---|---|---|---|---|---|---|
| | 含铜/% | 金属矿物 | 非金属矿物 | 金属矿物 | 非金属矿物 | 金属矿物 | 非金属矿物 |
| 原生矿 | >0.3 | 磁铁矿，黄铜矿，磁黄铁矿 | 绿泥石，铬云母，白云石，方解石，透辉石 | 赤铁矿、白铁矿、斑铜矿，铜兰 | 石榴子石，角闪石，石英，硬石膏，石膏 | 褐铁矿，蓝铜矿，金红石，辉铜矿，方铅矿，镜铁矿 | 磷钙矿，葡萄石，假象铁闪石 |
| | <0.3 | 磁铁矿 | 绿泥石，铬云母，方解石，白云石，石英，玉髓 | 赤铁矿，黄铁矿 | 透辉石，假象铁闪石 | 褐铁矿，黄铜矿 | |
| 氧化矿 | >0.3 | 假象赤铁矿，褐铁矿，孔雀石，黄铜矿，赤铜矿 | 蛋白石，高岭土，黏土质矿物 | 黄铁矿，铜兰，磁铁矿 | 方解石，石英 | 辉铜矿 | |
| | <0.3 | 假象赤铁矿，褐铁矿 | 高岭土，石英，玉髓，白云石，黏土质矿物 | 磁铁矿，黄铁矿 | 绿泥石，方解石 | 黄铜矿 | |
| 氧化贫矿 | >0.3 | 褐铁矿，假象赤铁矿 | 石英，蛋白石 | 孔雀石，软锰矿，赤铜矿 | | | |

注：1. 表 1 来自原设计资料；

2. 从 20 世纪 70 年代起又新发现并查定出菱铁矿。

大冶铁矿选矿厂原由国外设计。该设计只考虑了铁和铜矿物的选矿回收；对原生矿经先浮选后磁选的原则流程分别得出铜精矿和原生铁精矿；对氧化矿仅用单一浮选流程，经浮选得到铜精矿后，其尾矿就是氧化铁精矿。设计的技术指标见表2。

表2 原设计的选铜指标 （%）

| 矿种 | 原矿含铜 | 铜精矿产率 | 铜精矿品位 | 铜回收率 |
|---|---|---|---|---|
| 原生矿 | 0.58 | 4.05 | 11.45 | 80.00 |
| 氧化矿 | 0.66 | 2.46 | 12.12 | 45.20 |

注：设计的原生矿与氧化矿矿量比例为7∶3。

由表2可见：铜精矿的品位比较低，仅为11.45%~12.12%；铜的金属回收率，原生矿为80%，氧化矿为45.2%；设计的原生矿与氧化矿矿量比例为7∶3。故根据设计给定的矿量比例计算，全厂总的铜回收率只有68.59%。

选厂投产以来，几经攻关、改造，生产指标逐步上升。年度的铜精矿品位，已由开始的7.89%~10.07%提高到近两年的18%~20%水平。铜回收率亦由小于40%上升到大于80%。两者均增长了一倍以上。按国家经济建设计划周期的统计情况，见图1。

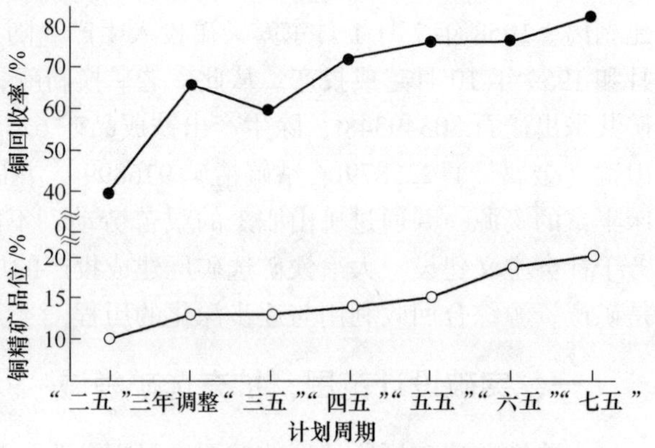


图1 实际技术指标与计划周期的关系

由图1可见，除1963~1965年三年调整时期铜的回收率有所降低外，其他五年计划期间的铜精矿品位和铜回收率均逐步上升。即使在原矿铜品位低于原设计值的情况下，铜精矿品位和铜回收率两项主要技术指标也超过了设计水平。

大冶铁矿在提高铜精矿品位和铜回收率的同时，还十分重视新产品的开发利用工作。针对原国外设计的薄弱环节和降低铁精矿中杂质含量的要求，当选厂投产后即着手进行试验研究和国内设计，并于1965年3月建成二选车间，增设钴、硫选矿工艺。

经岩相查定，大冶矿石中的钴主要以类质同象状态存在，且以黄铁矿矿物含钴为主。分析数据表明，原矿含钴0.018%；黄铁矿含0.311%；钴金属在黄铁矿中的分布率占原矿的67.1%，详见表3。因此，回收钴就要回收黄铁矿，其精矿产品即钴硫精矿。

回收钴硫精矿目标的确立，标志着选矿领域的拓宽。设计是在生产实践中不断完善的。首先，根据现厂技术干部和工人同志的建议，对设计的流程进行了更改，最终，还经历了二选和一选的生产摸索，才对整个原则流程加以彻底改造，从而使生产指标得到改善，钴硫精矿含钴量达到0.25%以上；钴金属回收率由18%~28%上升到42%以上。据1987年底的统计，已累计产出钴金属量20000多吨。为国家提供了紧缺的矿产资源产品。

表3 钴在各矿物中的分布

| 矿物名称 | 钴含量/% | 钴含量分布率/% |
|---|---|---|
| 黄铁矿 | 0.311 | 67.1 |
| 黄铜矿 | 0.022 | 2.8 |
| 磁铁矿 | 0.006 | 25.4 |
| 脉石及其他矿物 | 0.005 | 4.7 |
| 总计 | 0.018 | 100 |

## 二、开展工艺、药剂、设备研究，促进选矿技术进步

大冶铁矿石是经浮选工艺而产出铜精矿和钴硫精矿的。因此，根据矿物表面物理化学性质的特点，

研究适宜的工艺流程，寻求选择性较强的浮选药剂和确定合理的药剂制度，研制高效设备，始终是其开展技术进步工作的主要内容。矽卡岩型矿床矿物组分的特异性，给浮选工艺带来不少的技术难题，也使选厂充满了科技开发的生机。

工艺流程是生产的“骨架”。选厂自投产以来，围绕这“骨架”曾作过大量工作。除了早期因含结合铜高并针对这种难选氧化矿所进行研究的离析工艺（该类矿源告罄，故未用于生产）外，其他的工艺改造成果，都先后在生产发展的过程中见到实效。与原设计相比，有两处流程作了重大的更改。

1. 取消了浮选前的脱泥作业

原设计中，浮选之前系采用水力旋流器进行脱泥、脱水。其目的在于减少矿泥对浮选的影响，提高浮选浓度。然而，除由于水力旋流操作难以稳定，使生产过程不易顺行外，更主要的是细泥粒级含铜较高，弃之则大幅度地降低了铜的回收率，见表 4。

**表 4　旋流器给矿粒级分析**　（%）

| 粒级/μm | Ⅰ | | | Ⅱ | | |
|---|---|---|---|---|---|---|
| | 产率 | 铜品位 | 铜金属分布率 | 产率 | 铜品位 | 铜金属分布率 |
| +74 | 33.21 | 0.270 | 27.50 | 28.25 | 0.576 | 24.54 |
| −74~+50 | 3.48 | 0.249 | 10.29 | 18.28 | 0.594 | 16.37 |
| −50~+15 | 22.32 | 0.266 | 18.21 | 29.80 | 0.624 | 28.04 |
| −15 | 30.99 | 0.463 | 44.00 | 23.67 | 0.870 | 31.05 |
| 合计 | 100.00 | 0.326* | 100.00 | 100.00 | 0.663* | 100.00 |

注：*为加权平均值。

由表 4 可见，原矿中−15μm 级的含铜量比原矿的铜品位还高 0.13%~0.2%，且其铜金属分布率占了 31%~44%。显然，脱泥必将造成很大的副作用。经生产考查表明：当采用旋流器脱泥时，−15μm 粒级的铜回收率只有 9.41%；取消脱泥作业之后，铜的回收率则可达到 44.02%。所以，不采用预选脱泥是实践的总结，是具有积极意义的。

2. 改用混合浮选—混精分离流程

原国外设计系采用单一选铜流程，其实质就抑硫浮铜。为了保证铜精矿品位合格，并使黄铁矿得以较充分的抑制，曾将矿浆 pH 值由原设计的 9（用苏打调浆）提高到 11.5 左右，用石灰调浆。20 世纪 60 年代中期由于二选车间的建成投产，结束了单一的选铜状态，选厂采用了先混合浮选—粗精矿与中矿分别再磨—粗精矿再磨的产物优先浮铜—浮铜后的尾矿与中矿再磨后的浮选泡沫合并选硫—硫精矿脱铜的原则流程。经生产试验表明，在个别情况下，虽然该工艺流程也曾获得过较好的分选指标，但是，由于该工艺流程的战线长，结构复杂，再磨效果难以控制，以致现场的技术操作条件无法保证稳定的生产过程，更满足不了工艺的要求。因此，选别效果没有保障，自 70 年代起，选厂曾采用优先浮选流程顺序回收铜和钴、硫产品。其实质即对原设计的单一选铜的尾矿再增设浮硫工艺。生产实践表明，尽管流程有所简化，免除了再磨作业，但分选效率仍然不高。1978 年，选厂将优先浮选流程改为先混合选—混精不经再磨就直接进行分离浮选的混合浮选流程。为改善分离效果，还将混合精矿送入浓缩机中缓冲脱药。1979 年 10 月又进一步改造分离作业，其流程结构由“一粗一扫”改为“一粗二精二扫”，并一直沿用至今。采用这一流程后，铜和钴硫精矿的生产指标均有明显提高，特别是铜精矿的品位提高更为显著，见表 5。改造前后对比，每年可净增利润 200 万元以上。

在工艺流程中，浮选药剂对实现矿物分选起着主要作用。选厂投产以来，技术人员不间断地进行了各种有关浮选药剂的试验研究工作，在捕收剂、抑制剂、起泡剂及调整剂等方面均作过大量的探索。与建厂初期相比，现行的药剂种类已大为减少。其中，Z-200 号和 234 号新药剂的生产应用，为改善铜硫分选过程效果起到了重要的作用。

表5 逐年铜精矿品位的变化值 （%）

| 年度 | 铜精矿品位 | 年度 | 铜精矿品位 | 年度 | 铜精矿品位 |
|---|---|---|---|---|---|
| 1970 | 12.43 | 1976 | 16.07 | 1982 | 18.78 |
| 1971 | 12.68 | 1977 | 14.02 | 1983 | 18.37 |
| 1972 | 13.12 | 1978 | 13.90 | 1984 | 17.66 |
| 1973 | 13.36 | 1979 | 15.65 | 1985 | 17.85 |
| 1974 | 13.86 | 1980 | 18.10 | 1986 | 19.16 |
| 1975 | 14.76 | 1981 | 20.02 | 1987 | 20.97 |

选厂针对7A浮选机的弱点，经反复探索并先后试验过浅槽浮选、多层浮选、浮选柱等设备。从1980年开始，大冶铁矿与国内科研单位合作，研制成JJF-20型浮选机（简称20m$^3$浮选机），该机于1982年6月通过冶金部组织的技术鉴定。20m$^3$浮选机具有处理能力大、浮选速度快、易磨件寿命长、占地面积小等优点。此外，还预留有上新机组的余地。这为保证浮选时间，根治原7A机型浮选时间的不足，进一步提高浮选回收率创造了有利条件。工业试验表明，在粗精矿品位相近的情况下，20m$^3$浮选机比7A浮选机的效果好，铜作业回收率提高了0.95%～3.76%；硫作业回收率提高了2.11%～2.19%；电耗降低了39.58%；备件消耗费用降低了60.82%；易磨件寿命提高了3倍。

20m$^3$浮选机经工业试验获得成功之后，又经过了系统的生产验证，最后才将全厂四个系列的7A浮选机全部进行改造更换，至今业已改造完毕。其工业试验结果见表6。

表6 两种机型的工业试验指标

| 矿种 | 机型 | 给矿条件 | | | 浮选时间/min | 给矿品位/% | | 粗精品位/% | | 粗尾品位/% | | 作业收率/% | |
|---|---|---|---|---|---|---|---|---|---|---|---|---|---|
| | | 运转时间/h | 处理矿量/t | 产量/t·h$^{-1}$ | | $\alpha_{Cu}$ | $\alpha_S$ | $\beta_{Cu}$ | $\beta_S$ | $\theta_{Cu}$ | $\theta_S$ | $\varepsilon_{Cu}$ | $\varepsilon_S$ |
| 混合矿 | 20m$^3$ | 236 | 18912 | 80.14 | 13.9 | 0.438 | 2.11 | 6.47 | 29.36 | 0.074 | 0.384 | 84.05 | 82.93 |
| | 7A | 236 | 13956 | 59.13 | 16.4 | 0.438 | 2.11 | 6.74 | 29.73 | 0.078 | 0.430 | 83.10 | 80.74 |
| | 差值 | 0 | +4956 | +21.01 | -2.5 | 0 | 0 | -0.27 | -0.37 | -0.004 | -0.046 | -0.95 | +2.19 |
| 原生矿 | 20m$^3$ | 108 | 9423 | 87.25 | 21.9 | 1.234 | 3.829 | 7.40 | 21.57 | 0.107 | 0.447 | 92.65 | 90.19 |
| | 7A | 108 | 8643 | 80.03 | 20.8 | 1.234 | 3.829 | 7.56 | 22.29 | 0.160 | 0.539 | 88.89 | 88.08 |
| | 差值 | 0 | +780 | +7.22 | +1.1 | 0 | 0 | -0.16 | -0.72 | -0.053 | -0.092 | +3.76 | +2.11 |

## 三、强化浮选工艺，全面提高铜、钴、硫、金的回收率

浮选工艺流程的生产状况基本顺行，生产指标也有明显提高。尽管如此，大冶铁矿并未因此止步。

根据国家要充分开发利用矿产资源与增产金银的精神，从20世纪60年代中期起，公司对铜精矿含金银的问题就给予了重视。近10多年来的统计表明，大冶铁矿每年产出的铜精矿中所附含的黄金量均在500kg左右。经对大冶铁矿石的地质岩相工作查明；截至1984年底，其地质保有储量内的矿石含金总量为20t，是一个大型金矿。金的赋存状态与黄铜矿有非常密切的关系，且80%的自然金与硫化矿物（以黄铜矿为主）共生。显然，提高金的回收率与提高铜和钴硫回收率是完全一致的。

大冶铁矿在经过长期的技术积累之后，采取招标科研协作单位的办法，于1985年正式开展全面提高铜、钴、硫、金回收率的科研工作。通过充分的小型试验研究确认，必须采用三项技术措施，即：提高磨矿细度；增加浮选时间；分段加药并使用混合捕收剂。之后，于1987年9月进行了全面提高回收率的工业试验。对比试验表明：在保证上述三项措施的前提下，金、银、铜、硫、钴在混合浮选作业中的回收率提高，原生矿可分别提高3.96%、5.38%、3.33%、4.96%、5.69%；混合矿可分别提高6.25%、7.27%、4.46%、2.37%、3.29%；最终，总的回收率则可分别提高5.12%、7.67%、3.59%、4.67%、

4.55%；详见表7。根据此最终结果和大冶铁矿在“七五”计划期间的供矿量来计算，当实现三项技术措施后，每年将增产黄金30.06kg、白银138.59kg、铜457.35t、钴24.51t、硫2772.2t，年利润也将增加200万元以上，以上结论已于1987年12月经有色金属总公司组织鉴定认可。

**表7　铜、钴、硫、金回收率工业试验结果**　　（%）

| 矿石 | 流程（系列） | 产品名称 | 产率 | 品位 | | | | | 回收率 | | | | |
|---|---|---|---|---|---|---|---|---|---|---|---|---|---|
| | | | | Au/$g \cdot t^{-1}$ | Ag/$g \cdot t^{-1}$ | Cu | S | CO | Au | Ag | Cu | S | Co |
| 原生矿（混合浮选） | 试验流程（Ⅱ系列） | 混精 | 6.19 | 5.77 | 12.66 | 8.84 | 39.44 | 0.198 | 90.92 | 78.93 | 92.40 | 88.78 | 70.75 |
| | | 浮尾 | 93.81 | 0.038 | 0.223 | 0.048 | 0.329 | 0.0054 | 9.08 | 21.07 | 7.60 | 11.22 | 29.25 |
| | | 原矿 | 100.00 | 0.393 | 0.993 | 0.592 | 2.750 | 0.0173 | 100.00 | 100.00 | 100.00 | 100.00 | 100.00 |
| | 生产流程（Ⅲ系列） | 混精 | 5.29 | 6.33 | 13.89 | 9.63 | 41.64 | 0.200 | 86.96 | 73.55 | 89.07 | 83.821 | 65.06 |
| | | 浮尾 | 94.71 | 0.053 | 0.279 | 0.066 | 0.449 | 0.006 | 13.04 | 26.45 | 10.93 | 16.18 | 34.94 |
| | | 原矿 | 100.00 | 0.385 | 0.999 | 0.572 | 2.628 | 0.0163 | 100.00 | 100.00 | 100.00 | 100.00 | 100.00 |
| 回收率提高幅度（Ⅱ系列—Ⅲ系列） | | | | | | | | | 3.96 | 5.38 | 3.33 | 4.96 | 5.69 |
| 混合矿（混合浮选） | 试验流程（Ⅱ系列） | 混精 | 5.00 | 4.48 | 7.13 | 8.81 | 37.04 | 0.210 | 83.68 | 66.39 | 85.13 | 82.45 | 59.26 |
| | | 浮尾 | 95.00 | 0.046 | 0.190 | 0.081 | 0.415 | 0.0076 | 16.32 | 33.61 | 14.87 | 17.55 | 40.74 |
| | | 原矿 | 100.00 | 0.268 | 0.537 | 0.517 | 2.246 | 0.0177 | 100.00 | 100.00 | 100.00 | 100.00 | 100.00 |
| | 生产流程（Ⅲ系列） | 混精 | 4.17 | 4.58 | 7.18 | 9.30 | 38.53 | 0.222 | 77.16 | 59.12 | 80.67 | 80.08 | 55.97 |
| | | 浮尾 | 95.83 | 0.059 | 0.216 | 0.097 | 0.417 | 0.0076 | 22.84 | 40.88 | 19.33 | 19.95 | 44.03 |
| | | 原矿 | 100.00 | 0.248 | 0.506 | 0.481 | 2.006 | 0.0165 | 100.00 | 100.00 | 100.00 | 100.00 | 100.00 |
| 回收率提高幅度（Ⅱ系列—Ⅲ系列） | | | | | | | | | 6.52 | 7.27 | 4.46 | 2.37 | 3.29 |
| 最终精矿 | 试验流程 | （Ⅱ系列） | | | | | | | 74.79 | 48.79 | 85.04 | 58.88 | 51.30 |
| | 生产流程 | （Ⅲ系列） | | | | | | | 69.67 | 41.12 | 81.45 | 54.21 | 46.75 |
| 回收率提高幅度（Ⅱ系列-Ⅲ系列） | | | | | | | | | 5.12 | 7.67 | 3.59 | 4.67 | 4.55 |

目前，上述三项措施的后两项已具备在生产中实际采用的条件，但提高磨矿细度的措施尚有待于进一步研究解决。由于设计采用三段开路破碎作业，且细破碎的效率不高，使球磨机的给矿粒度较粗（±20mm粒级占22%～34%）。工业试验阶段，曾以降低球磨机的处理量去保证磨矿产品的细度。显然，这一办法并不适用于大生产过程。为了提高磨矿分级效率，保证最终的磨矿细度和降低作业能耗，首先必须减小入磨粒度。为此，是添置超细破碎机还是改为闭路破碎，已成为下一步的重要课题。全面提高回收率的工作要依赖技术进步，而技术进步的措施又是一环紧扣一环的。只有技术进步措施成功配套之后，才能获得更大的经济效益。矿山职工正在准备迎接新的挑战。

近30年来，从提高铜回收率到综合回收铜和钴硫精矿，从提高铜、硫回收率发展到全面提高硫化物（包括金、银在内）回收率，大冶铁矿的领导、工程技术人员和工人同志们，在有色与稀贵金属的选矿领域内付出了艰辛的劳动；武钢矿山研究所和国内科研单位、大专院校的同行专家也为之做出了极大的努力。大冶铁矿选矿厂既是黑色金属的选矿厂，又成了有色金属矿产品的重要生产基地。这种一矿充变两矿，一厂变两厂，地尽其利，物尽其用的局面，正是通过矿山职工的智慧和双手与凭借改革选矿工艺所结出的硕果。

通过近30年的努力，大冶铁矿选矿厂在提高铜、硫回收率和综合利用方面迈出了关键的一步。然而，全面提高回收率及完善产品质量的工作并未完结；磁黄铁矿的选矿问题尚有待深入研究；早期尾矿堆存物中的可利用资源还需要强化回收。但是，随着工作的深化，难度越来越大，常规的方法已收效不大，必须开阔研究视野，并把试验研究与生产实践紧密地结合在一起，为不断地向资源综合利用的深度和广度进军，作出应有的努力和更大的奉献。

（原载《武钢技术进步三十年》，1988）

# 细筛再磨工艺的研究与应用

侯启英　梁鼎鸣

为贯彻“精料”方针，根据鄂东矿山的矿石特点，从1978年开始，在金山店铁矿和程潮铁矿成功地研究和应用了细筛再磨工艺，使铁精矿产品的质量有了明显的提高。程潮铁矿选厂继强化磁选和实施水洗工艺之后，采用细筛再磨工艺，最终使铁精矿含铁品位稳定在68%以上，进入全国磁选厂的先进行列，超过了设计水平；金山店选厂的供矿品种复杂、矿石性质差别较大，但在采用细筛再磨工艺后，铁精矿含铁品位可提高2%左右，在工业试验及一个生产系列试生产的基础上，结合生产能力增长的需要，已进行了新建细筛厂房的工艺改造。两个矿山与公司矿山研究所的同志们，经过比较深入细致的科学试验工作，使其科技成果转化成了生产力，同时，又为提高公司高炉的利用系数和降低焦比，作出了有益的贡献。

## 一、应用细筛再磨工艺的依据

物理选矿方法要求：矿石中的目的矿物基本上达到单体解离。通常，磨矿产品中各粒级的金属含量是不均匀的。一方面，当磨矿细度达到某一规定的-200目含量时，磨矿产物中仍然存在着一部分难磨的粗粒物料；另一方面，性脆易磨的矿物又易于过粉碎。石英、云母等硅质脉石因硬度较大或呈片状，而且比重较小，在磨机中难以磨碎，而磁铁矿物则较易磨细。矿物可磨性的差异程度，如图1所示。

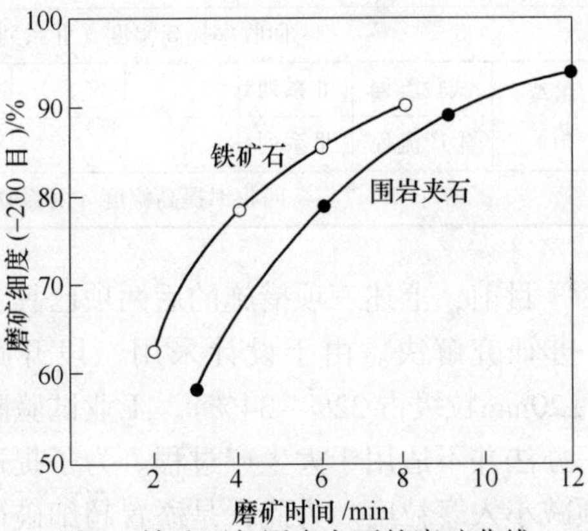

图1　铁矿石与围岩夹石的磨矿曲线

正因为矿物有此可磨性的差异，有用物将在磨矿物产物的细粒级中将得到一定程度的富集；而其粗料级内则主要是部分单体脉石矿物及相当数量的连生体。当经过磁选作业之后，大部分单体脉石和非磁性矿泥可被除掉。但是，由于一些较粗粒级的连生体仍将进入精矿产品内；因机械夹杂的原因，少量单体脉石也要混入其中，故二者均妨碍着铁精矿质量的进一步提高。要消除这些不利因素，倘若仅简单地采用细磨措施，则本已单体解离的细粒磁铁矿物将因过磨而泥化，引起铁回收率的下降，同时，还会降低磨矿生产能力，增大电耗和球耗。这种情况，对于呈细粒浸染状嵌布矿石的影响尤为突出。

针对上述特点，选厂对磨矿产物常采取控制分级，且普遍采用水力分级设备（如螺旋分级机、水力旋流器等）。但是，这一类分级设备系按“等落粒群”对物料进行分级，其分级效果满足不了选矿工艺的全面要求，而细筛工艺的研究应用正好弥补了这一缺陷。这对于脉石矿物与铁矿物可磨性差别较大的矿山，更具有明显的实用价值。

金山店铁矿和程潮铁矿磁精粒级与累计铁品位变化的关系，见图2和图3。

由图可见：程潮铁矿的矿石性质比较稳定，粒级与累计铁品位的总体规律比较一致，且不同样品的相应品位值波动不大；然而，对金山店来说，由于入选矿石品种变化大，不同品种的相应品位值也波动较大。其中，余华寺矿石的精矿品位较高，优于张福山矿石；而张福山矿石中的粉矿又大大优于块矿、条带状与浸染长矿石。尽管由于铁矿物嵌布的粗细有所不同（程潮Ⅱ号矿体中的磁铁矿属粗中粒嵌布，其嵌布粒度在0.004~5mm之间、一般为0.1~0.8mm。金山店张福山矿体的磁铁矿嵌布粒度相对较细，嵌布粒度介于0.003~1.5mm、一般为0.1~0.5mm）。因而，使两矿的铁精矿品位出现了一定的差距，但磁精的筛析资料都足以表明：大体上按照140目分界；粒径小于140目的含铁品位要比大于140目的陡然升高，若按累计铁品位计算，粒级为-140 目的铁品位要比磁精全样铁品位一般提高 2%左右，有的甚至高达 4%以上。基于这一特点，可取 140 目作为“分离粒度”，即用特定的振击细筛将磁选精矿中小于 140 目的粒级筛出之后，再将筛上产物进行再磨再选。显然，这种方法，不仅比把全部原矿都磨到所需细度要优越得多，而且，也比把全部磁选精矿再磨选的方法更为经济合理。细筛再磨工艺的实质即在于此。

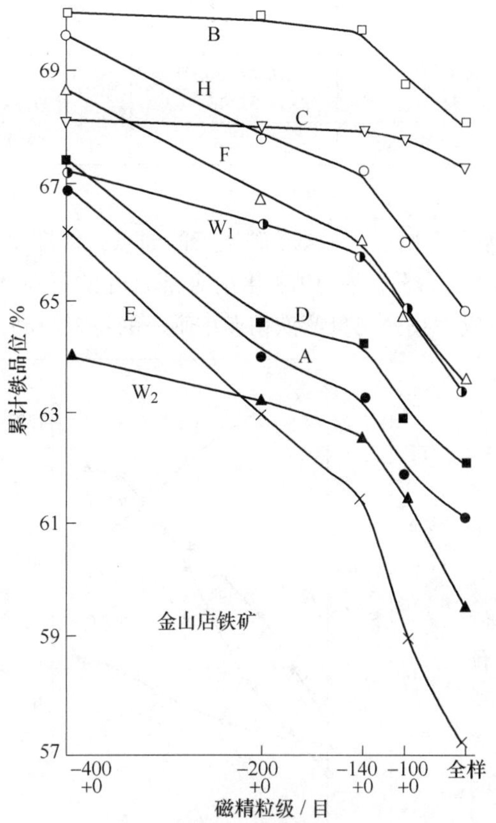


图 2　金山店铁矿磁精粒级与累计铁品位变化的关系

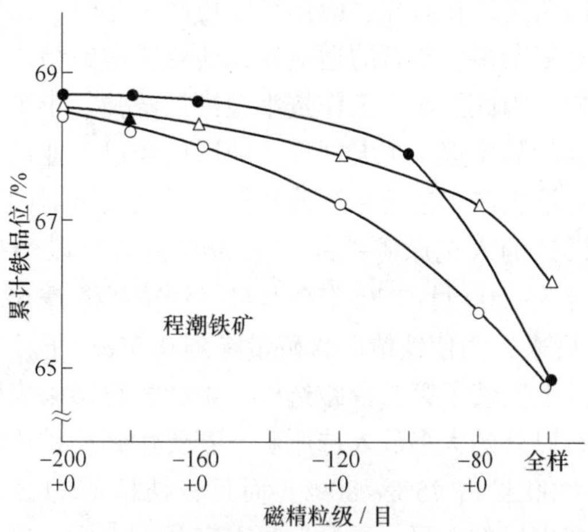


图 3　程潮铁矿磁精粒级与累计铁品位变化的关系

## 二、试验与生产效果

经过系统的试验研究之后，程潮和金山店矿为实现细筛再磨工艺进行了流程改造，并分别将一台 2. 7m×3. 6m 与一台 3. 2m×3. 1m 的格子型球磨机改成溢流型球磨机，供作再磨设备，同时，采用 0. 2mm 的尼龙筛篦制成了振击细筛。由于两矿原有的工艺流程不尽相同，故在研究与应用细筛再磨工艺中既有共性又各具特色。

程潮铁矿原设计为一段磨矿。在采用细筛再磨工艺之前，选厂为了提高精矿品位和铁金属回收率，先后采取了两项措施：一是将精矿过滤前的磁力脱水槽改成磁选机，使铁精矿达到设计的质量要求，其品位由 65%上升到 66%以上；二是针对干选前的筛分效率不高（因矿石结饼、严重堵塞了筛孔）、干选尾矿中的铁矿粉损失（因细粒黏附）问题，新增了水洗工艺。从而，使筛分效率提高了 19%；干选尾矿量增大，干尾铁品位降低；入磨矿量减少，入磨品位提高；同时，球磨给矿粒度亦由-30mm 降到了-13mm。因此，水洗工艺为提高磨矿细度、精矿品位和回收率创造了有利条件。1978 年 7 月，在当时仍用一段磨矿老工艺的条件下，由于水洗工艺的投产，其磨矿细度由-200 目占 55%~65%提高到 70%以上，并使铁精矿品位上升到 68%。但是，由于水洗工艺主要是靠降低磨矿台时产量来达到磨砂矿细度的，所以，精矿品位每提高 1%，其球磨机台时产量相应降低了 2. 16~4. 8t，选厂的电耗与球耗也相应增大。为了解决这一矛盾，选厂在工业试验的基础上，将原流程中的第 4 号球磨机改造成再磨机，另新增细筛设备，从而形成了细筛再磨工艺生产线。经生产实践证明：其第一段磨矿细度可适当放粗；球磨机台时产量可相应提高；最终铁精矿品位仍可稳定在 68%以上，详见表 1。

**表 1　工艺变革与生产指标的关系**

| 工艺改革<br>指标 | 按原设计流程生产 | 磁选机取代过滤前的脱水槽 | 增设水洗工艺 | | |
|---|---|---|---|---|---|
| | | | 未上细筛 | 中途开始应用细筛 | 细筛再磨工艺调整正常 |
| 时间 | 1977 年 | 1978 年 1~6 月 | 1978 年 7~12 月 | 1979 年 1~8 月 | 1979 年 9~12 月 |
| 铁精矿品位/% | 64.07 | $\frac{66.26\sim67.71}{67.19}$ | $\frac{67.90\sim68.30}{68.19}$ | $\frac{67.39\sim68.16}{67.81}$ | $\frac{68.11\sim68.42}{68.24}$ |
| 球磨机产量/t · 台时$^{-1}$ | 43.2 | $\frac{33.2\sim44.2}{37.4}$ | $\frac{23.4\sim41.1}{31.7}$ | $\frac{29.93\sim36.07}{32.42}$ | $\frac{43.0\sim51.39}{47.24}$ |
| 一段磨矿至-200 目/% | 43.2 | 56.0 | 70.0 | 67.8 | 58.2 |

注：分子为波动范围，分母为平均值。

由表 1 可见，程潮铁矿选厂采用细筛再磨工艺之后，克服了水洗——段磨矿生产的弱点，使产量与质量得到了较好的解决。由于程潮选矿厂率先跨进精矿品位 68%的台阶。在 1978 年冶金部召开的群英大会上，荣获了部级嘉奖。自此，程潮铁精矿一直保持着这一水平，成为我公司自产铁精矿中唯一的特级产品。

金山店选厂在研究、应用细筛再磨工艺时，不仅要考虑该工艺对复杂多变矿石的适应性，还要考虑铁精矿含硫对冶炼的影响。因此，研究工作按小型模拟试验、半工业试验和工业试验的顺序逐步扩大规模，随后还经过工业试生产的考验，这就给生产工艺的系统改造打下了比较可靠的基础。该选厂原设计的入选原矿铁品位为 36%，第二段磨矿的分级溢流细度为-200 目占 70.25%，最终铁精矿含铁 62%，含硫 0.8%。后来，为使铁精矿含硫量降到 0.5%以下，在设计预留的位置上安装了第二台磁选机。生产实践结果表明：除余华寺矿石以外的大多数入选原矿，若要达到精矿质量要求必须磨至-200 目占 75%~80%；而且，铁精矿的含硫量有时还可能超出标准上限。经过反复查定分析之后，确认了在磁选精矿的粗细粒级铁、硫含量的逆向分布规律，如图 4 所示。

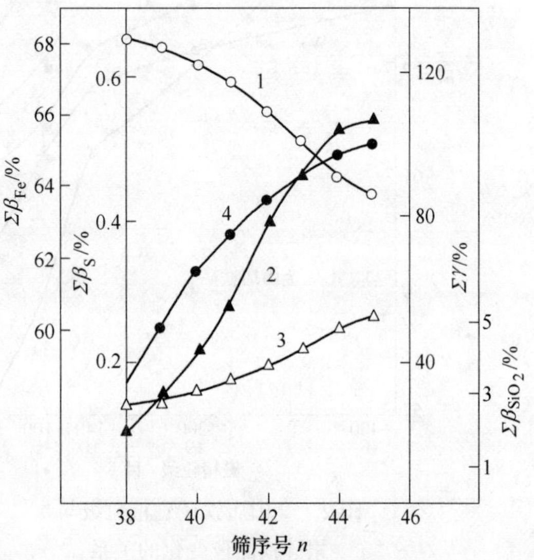


图 4　磁选精矿的粗细粒级铁、硫含量的逆向分布规律

据此，可将第二段磨矿分级溢流的-200 目含量放粗至 65%~70%，然后，将磁选精矿施以细筛再磨工艺，达到提高最终铁精矿的铁品位和降低精矿硫含量的目的。有关工业试验和室内细筛模拟试验的情况，见表 2 和表 3。由表 2 和表 3 可见，应用细筛再磨工艺之后，在铁品位提高 2%左右的同时，铁精矿含硫量亦可降到 0.3%~0.4%，从而，获得了提高铁品位、降低含硫量的明显效果。此外，大量细筛再磨工艺的试验结果同样指出，正是由于金山店入选原矿并非单一品种，也导致了铁精矿品位的提高幅度随矿石性质而异的情况。经回归分析表明，$\Delta\beta$-$\beta$-$\gamma$ 之间存在着一定关系，见式（1）。

$$\Delta\beta = 19.08 - 0.171\beta - 0.07\gamma \tag{1}$$

式中，$\Delta\beta$ 为铁精矿品位提高值；$\beta$ 为进行细筛的磁选精矿品位；$\gamma$ 为分离粒度<140 目的粒级产率。

由式（1）可见，$\Delta\beta$ 与 $\beta$、$\gamma$ 之间存在着二元线性关系。它对进一步分析研究该矿不同类型矿石的细筛工艺效果，具有明显的针对性。

**表 2　金山店张福山矿石细筛工业试验结果**　（%）

| 工艺 | | 用细筛再磨 | | | 未用细筛再磨 | |
|---|---|---|---|---|---|---|
| 序号 | | 1 | 2 | 3 | 4 | 5 |
| 选矿效率/% | | 74.31 | 74.66 | 74.21 | 69.46 | 67.89 |
| 原矿 | $\gamma$ | 100.00 | 100.00 | 100.00 | 100.00 | 100.00 |
| | Fe | 34.79 | 34.36 | 35.53 | 34.18 | 35.95 |
| | S | 2.153 | 2.432 | 2.317 | 2.44 | 2.376 |

续表 2

| 工艺 | | 用细筛再磨 | | | 未用细筛再磨 | |
|---|---|---|---|---|---|---|
| 序号 | | 1 | 2 | 3 | 4 | 5 |
| 尾矿 | $\gamma$ | 55.53 | 54.43 | 54.30 | 52.43 | 49.00 |
| | Fe | 10.61 | 9.59 | 10.80 | 10.28 | 10.87 |
| | S | 3.597 | 4.185 | 3.935 | 3.846 | 3.787 |
| 精矿 | $\gamma$ | 44.47 | 45.57 | 45.70 | 47.57 | 61.00 |
| | Fe | 64.98 | 63.94 | 64.91 | 60.52 | 60.03 |
| | S | 0.35 | 0.355 | 0.395 | 0.89 | 1.02 |
| | $H_2O$ | 12.70 | 14.02 | 13.88 | 11.81 | 12.41 |
| | $\varepsilon$Fe | 83.07 | 84.80 | 83.49 | 84.24 | 85.18 |

**表 3　金山店余华寺矿石细筛模拟试验结果**　(%)

| 工艺 | 一段磁选给矿粒度-200 目 | 产品名称 | $\gamma$ | $\beta$ | | $\varepsilon$ | | 选矿效率 |
|---|---|---|---|---|---|---|---|---|
| | | | | Fe | S | Fe | S | |
| 未用细筛 | 80.06 | 精矿 | 58.99 | 65.82 | 0.282 | 82.01 | 8.33 | 66.51 |
| | | 尾矿 | 41.01 | 20.77 | 4.466 | 17.99 | 91.67 | |
| | | 原矿 | 100.00 | 47.34 | 1.998 | 100.00 | 100.00 | |
| 用细筛 | 72.84 | 精矿 | 56.56 | 67.26 | 0.256 | 81.90 | 8.11 | 70.70 |
| | | 尾矿 | 43.44 | 19.35 | 3.776 | 18.10 | 91.89 | |
| | | 原矿 | 100.00 | 46.45 | 1.785 | 100.00 | 100.00 | |
| 用细筛 | 67.46 | 精矿 | 57.15 | 67.24 | 0.264 | 81.96 | 8.20 | 70.39 |
| | | 尾矿 | 42.85 | 19.73 | 3.944 | 18.04 | 91.80 | |
| | | 原矿 | 100.00 | 46.88 | 1.841 | 100.00 | 100.00 | |

## 三、新的课题

程潮和金山店铁矿在研究与应用细筛再磨工艺课题上，其成效已有定论。其后，两座选厂还进行了工艺设备的改造，其中包括用大筒径磁选机取代一段脱水槽的变革。因此，其技术经济指标获得了不断的改善和提高。但从细筛工艺来看，有些问题还有待于认真去研究解决。

1. 金山店铁矿

细筛再磨工艺的最终铁精矿，均系细筛下产物再经磁选、过滤而获得的。这对于嵌布粒度较细的矿石而言，在提高精矿品位的同时，其精矿粒度组成也势必偏细。金山店选厂，因原设计即已采用 12$m^2$ 磁选过滤机，故在未使用细筛再磨工艺的情况下，其滤饼水分有时就大于 12%；当使用细筛之后；这一问题更会有所加重。目前，该矿与武钢矿山研究所的科技人员正在进一步组织技术攻关中。

2. 程潮铁矿

目前，开采的是Ⅱ号矿体。今后，还将开采Ⅲ、Ⅵ号矿体。Ⅱ号矿体的矿石嵌布虽属最粗，但精矿品位有时也难以达到 68%。由于Ⅲ、Ⅵ号矿体的矿石嵌布变细，且Ⅵ号比Ⅲ号的更细，因此，铁精矿品位将会有所下降。经试验研究表明：即使采用细筛再磨工艺，Ⅲ号矿体的铁精矿品位也只能达到 65%～66%；而Ⅵ号矿体的铁精矿品位会更低，只能达到 62%～63%。面对这种情况，又从公司全面质量管理工作的要求出发，很有必要在对矿山与冶炼指标加以综合考虑的同时，开展合理精矿品位的系统研究，从而，纵览全局，制定决策，以保证公司的最佳经济效益。

(原载《武钢技术进步三十年》，1988)

# 大冶铁矿磁选流程的改革

赖维舫

大冶铁矿属含铜磁铁矿—菱铁矿的矽卡岩型矿床。矿床的矿石类型相当复杂，嵌布细。在选别铁矿物时，不但要考虑易选磁铁矿的回收，假象赤铁矿、菱铁矿以及铜、硫等伴生矿物也应尽量回收利用。这就要求采用与之相适应的选矿工艺流程。鉴于勘探时期对矿石及其主要矿物的物理化学性质、选别性、冶炼性等研究的不足；加之，选矿工艺流程既要适应矿石性质的变化，又必须满足公司日益增长的冶炼要求，故伴随着选矿难度越来越大的同时，只能从技术进步中寻找出路。显然，以铁精矿为主要产品的大冶铁矿，其磁选工艺流程的改革势必首当其冲。

## 一、1980年前的磁选流程变革简介

随着磁选产品结构由原生铁精矿、氧化铁精矿转为原生铁精矿、混合铁精矿，迄至现在的强磁铁精矿、弱磁铁精矿，其磁选流程也几经变革。在每次变革中，由于新技术、新设备的引进，所以，都带来了技术进步和经济效益的提高。

原设计系采用先浮后磁的选别流程，磁选包括简单（图1）和复杂（图2）两个流程；流程中，均采用仿苏Сэ-128型带式磁选机；氧化矿经过浮选铜、硫后的尾矿直接送至大井脱泥，脱泥后的产物就成了氧化铁精矿。

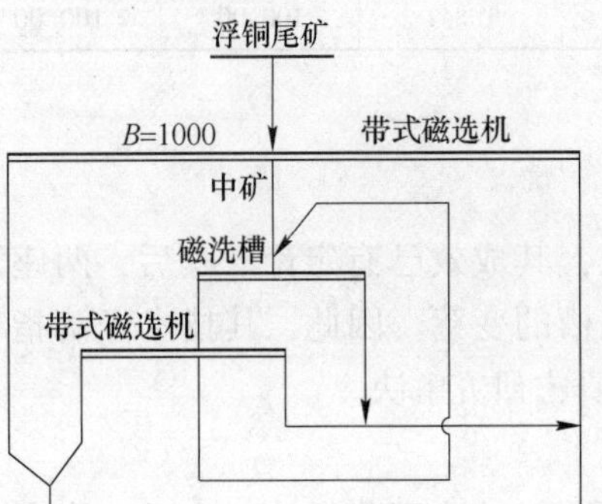


图1 简单流程

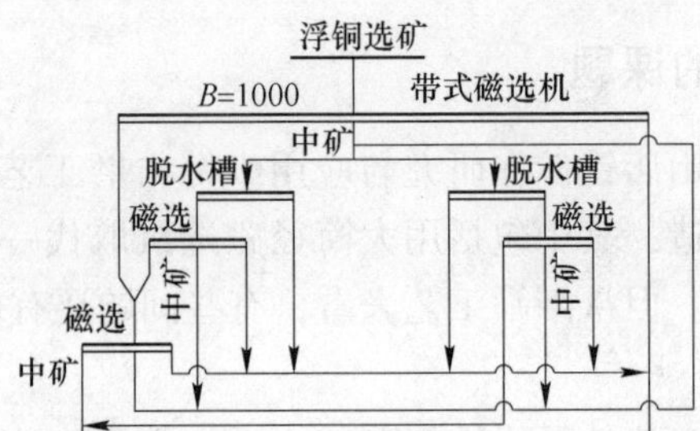


图2 复杂流程

简单流程是用于处理高铁原生矿（含Fe>45%）的流程，由于该流程中的中矿经磁选槽处理后，其富集比为1.03，回收率仅提高0.67%，效果不显著。复杂流程是由两个系列简单流程串联而成的，系用于处理低铁原生矿（含Fe<45%）的流程。

由图2可见：该流程不仅复杂，而且设备利用率不高，如满负荷生产也就无法串联了；同时，中矿经处理后，回收率也仅提高0.29%，很不合算。所以，无论是简单流程还是复杂流程均不理想，更不能适应条件变化与生产发展的需求。

1967年，大冶铁矿自制成功$\phi$600mm×1800mm半逆流式永磁磁选机。通过试验并于1969年淘汰了所有的仿苏Сэ-128型带式磁选机，实现了“永磁化”，节省了电耗，还为多段选别与提高铁精矿品位打下了基础。其流程见图3。

当时，永磁化流程所获得的铁精矿品位为63.5%±1.5%。随着用户对钢铁产品质量要求的提高，后工序对各自前工序的要求也相应提高，故后来又实现了三段磁选流程。从而，使原生铁精矿品位提高到

了 66%±1%，为贯彻精料方针作出了贡献。三段磁选的流程，见图 4。

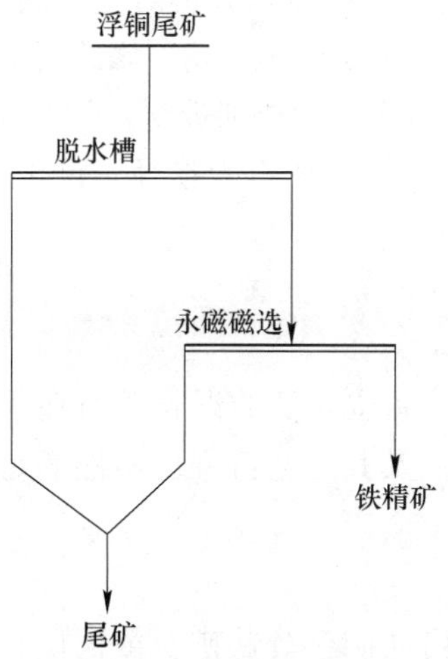


图 3　永磁化的流程

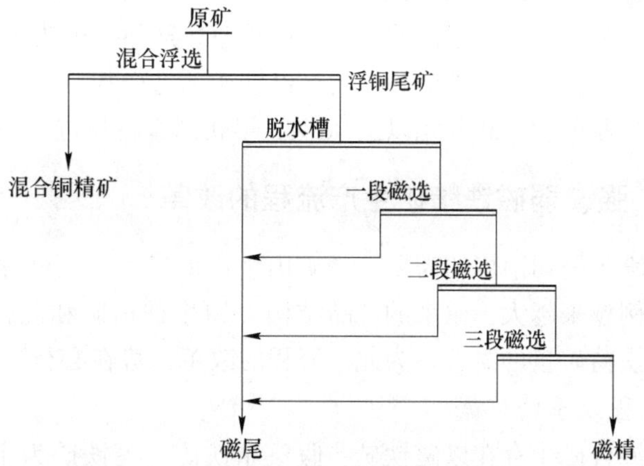


图 4　三段磁选流程

## 二、混合矿弱磁—强磁选的工业试验

经近年来的生产实践和研究工作查明，原生带矿石中含有磁铁矿—赤铁矿—菱铁矿共生所组成的混合矿石。按 1975 年底对剩余矿量重新圈定的范围及其计算结果表明：平均品位 $T_{Fe}$ 为 48.13%；储量为 3582.6 万吨，占剩余储量的 42.19%。近几年来，矿山自己又进行了生产勘探并证明，这类矿石又有所增加，矛盾十分突出。由于这类矿石经原弱磁选流程后的回收率低，平均铁金属回收率仅为 40.25%，达不到原设计回收率 85%的要求。所以，如仍按原生矿送原磁选流程进行磁选，则将有 1703.22 万吨铁矿石（或 771.63 万吨铁金属量）丢失，其损失量相当于一个中型矿山的矿量；如果将这类矿石按氧化矿送原氧化矿的生产流程进行磨矿后再浮选铜、硫，其浮选尾矿不选铁并直接作铁精矿输出，则铁品位低、波动大，不仅对选厂生产管理影响极大，而且根本满足不了高炉冶炼的要求。

根据冶金部 1975 年安排的重点科研究项目计划，大冶铁矿与冶金部长沙矿冶研究所、武钢矿山研究所一道，先后对各种不同类型的混合铁矿石进行了弱磁—强磁选的试验研究，制定出以 ShP-2000 型（仿琼斯）湿式强磁选机为主体设备的弱磁—强磁选处理混合矿的工艺流程。1979 年 9 月 10 日至 12 月 7 日，对八种不同类型的混合铁矿石按弱磁—强磁选工艺流程进行了工业试验。试验的总用矿量为 8.2152 万吨，取得了良好的结果。通过试验证明并建议：采用弱磁一次粗选、一次扫选—强磁一次粗选、一次扫选流程，见图 5。该流程具有流程简单、适应性强、选别指标既好又稳定、生产操作简便、成本低等特点。

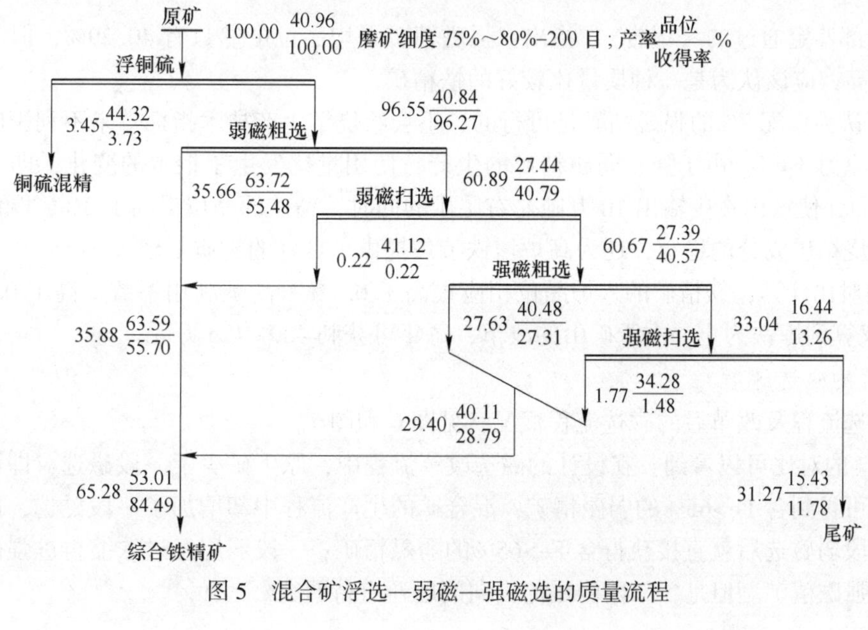


图 5　混合矿浮选—弱磁—强磁选的质量流程

1980年，该工艺流程通过了冶金部鉴定。同年，大冶铁矿又与长沙黑色冶金矿山设计院协作，于8月完成了《武钢大冶铁矿选矿厂技术措施初步设计》。1981年大冶铁矿工程技术人员对施工图进行修改，完成了强磁工程修改施工图的设计，并于1982年3月20日全部建成，一次试车成功。修改后的施工图可节约投资358万元，工程提前两年投产受益。从而，解决了大冶铁矿混合矿的选别难题，既充分利用了国家资源，也为我国以菱铁矿为主的贫红铁矿的选矿找到了一条较为切实可行的有效途径。该工程投产后，每年可为企业创利320万元以上。1985年获国家科技进步一等奖。

## 三、强、弱磁铁精矿生产流程的改革

不断满足公司冶炼的需要，是矿山生产的宗旨。近年来，由于铁品位较低的混合矿石在入选原矿中所占的比例越来越大，原来的产品结构（原生铁精矿和混合铁精矿）及其工艺流程已不能满足公司对高品位原生铁精矿量的需求。为此，流程的改革，势在必行。

1. 流程改革的依据

基于混合矿中存在以磁铁矿、假象赤铁矿、菱铁矿为主，还有褐铁矿、黄铁矿、黄铜矿、斑铜矿的金属矿物条件，其弱磁选粗精矿经弱磁二次精选后可使铁精矿品位提高到65%[1]；强磁精矿铁品位虽然只有40.29%（8个矿样试验结果的算术平均值），但烧铁后的铁品位可提高到49.31%、平均碱比已高达0.801。据此，认为：

（1）如把混合矿中的弱磁性矿物分选出来，且加入到原生铁精矿中，将大大增加矿山高品位铁精矿的比例。

（2）混合矿中的弱磁性矿物，可经强磁选后得到烧失量大、碱比高的强磁铁精矿。此强磁铁精矿应是一种质量较好的产品。

2. 改革的成果

1984年，大冶铁矿向公司申请改革原铁精矿的产品结构，即生产弱磁、强磁铁精矿两种产品（简称“两种产品”）。经公司同意后，于同年10月30日正式开始“两种产品”的试生产。到1985年6月，共处理矿石1947400吨（其中：原生矿819441吨，混合矿1127959吨）。生产出弱磁精矿848624吨、强磁精矿230569吨。其中：高品位的弱磁精矿产量在铁精矿中所占的比例，已从改革前的31.30%上升到79.36%，提高了48.05%；综合铁精矿的品位已从改革前的56.90%上升到60.87%，提高了3.97%。所以，改革既富有成果，又符合精料方针，有利于烧结、炼铁的生产。

（1）公司指出，自1984年11月转产弱磁、强磁两种铁精矿产品以来，高品位的弱磁精矿的产量由转产前的30%左右，提高到70%以上，有利于烧结原料成分、配料成分的稳定；综合铁精矿品位较转产前提高了2.7%，二氧化硅的含量减少2万吨左右，有利于增铁节焦和经济效益的提高，在技术上是一个进步。

（2）经冶金部鉴定通过的《报告》[1]指出：强磁精矿平均品位虽然只有40.29%，但考虑到烧失后铁品位及碱比的提高，应该认为是一种质量比较好的铁精矿。

（3）烧结厂认为，配8%的强磁精矿是可行的，不会给烧结生产技术指标带来不利影响；原生精矿与混合精矿用量比原为3∶7，由于强、弱磁精矿的生产，使用量比发生了根本的变化，即弱磁精矿∶强磁精矿=7∶3，从而，使铁山在少输出10万吨左右尾矿的同时，精矿的品位提高了3%，既解决了混合精矿过剩，又有利于烧结矿成分的稳定，还为高炉增铁节焦提供了良好的物质基础。

（4）经同期对比计算，铁精矿的入炉品位相应提高了0.7%；高炉利用系数提高了0.112、焦比降低了20.4公斤；仅算到炼铁为止，由于矿山的改革，每年可获利400~425万元。

3. 改革前后的磁选流程

改革前的磁选流程及改革后的磁选流程概况，见图6和图7。

从图6、图7的对比可以看到：在设计的磁选改革流程中，原生矿少了一段磁选，即浮过铜、硫的粗尾经二段磁选后可得到含Fe>65%的弱磁精矿；混合矿的生产流程中却增加了一段磁选，即浮过铜、硫的混合矿粗尾经二段弱磁选后就直接获得含Fe>65%的弱磁精矿；一段弱尾经过浓缩再进强磁选后，可获得含Fe=38.0%的强磁精矿。但是，二段弱尾的去向问题还有待研究。

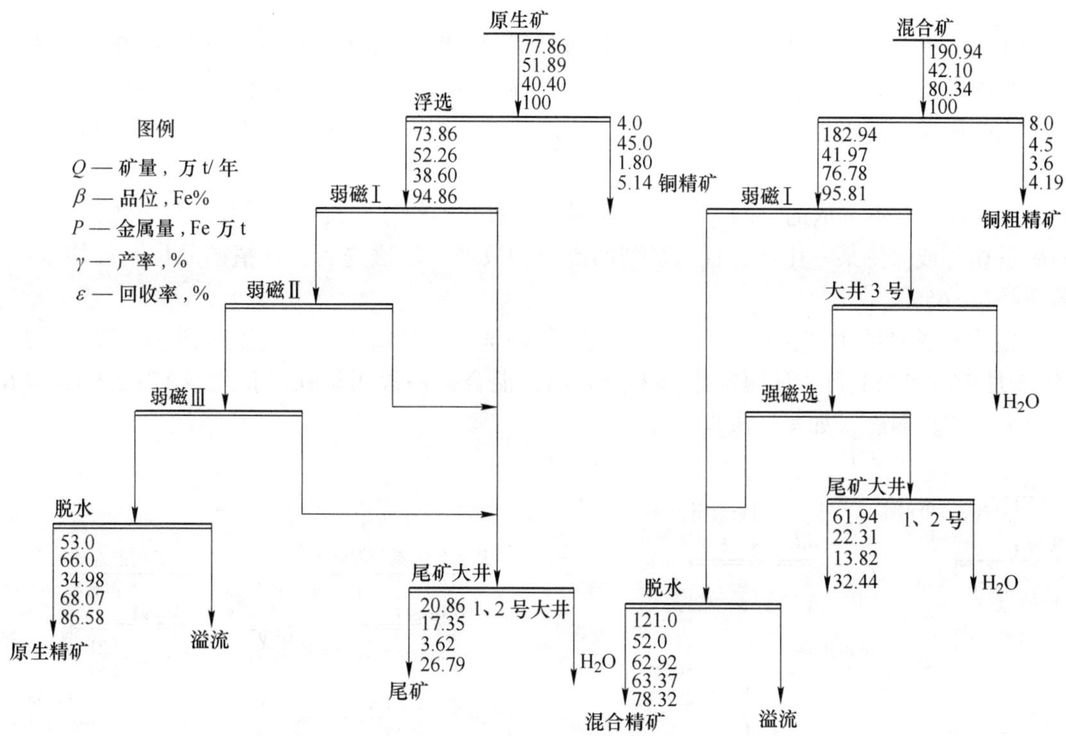


图 6　改革前的磁选流程

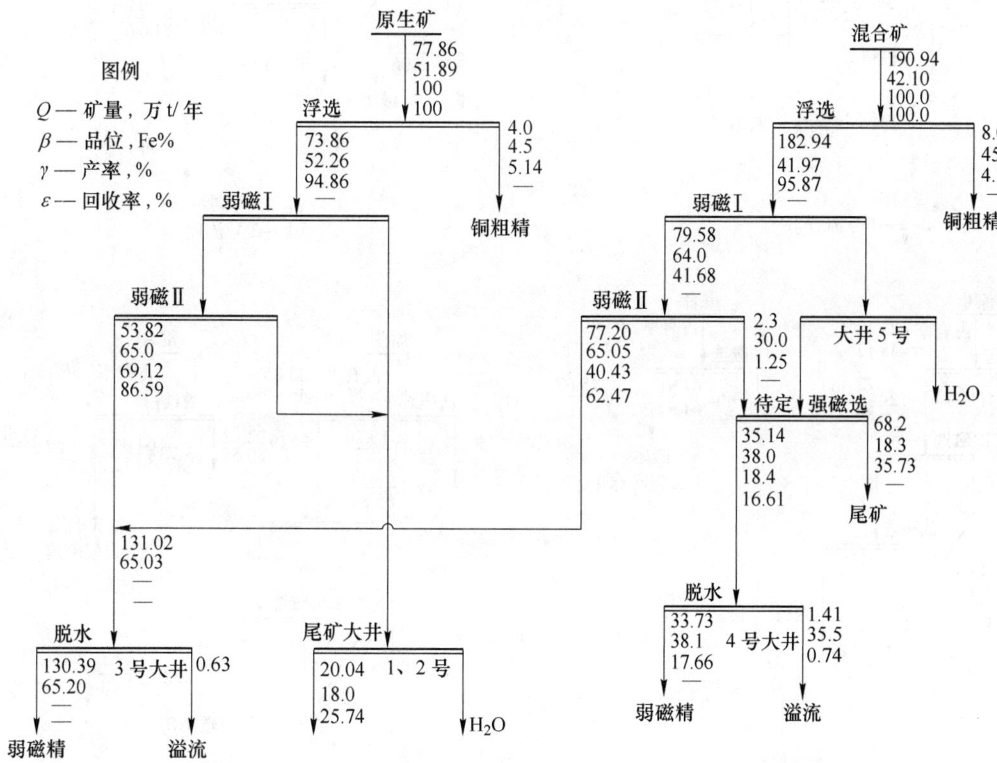


图 7　改革后的磁选流程

为确定“两种产品”合理的生产工艺流程，在试生产期间选择了四套流程进行考查，详见图 8，试验结果请参见原件[5]同名附表。简而言之，由原件同名附表的试验结果可知：

（1）采用这四套流程均可保证弱磁铁精矿含 Fe≥65%，其中 4 号流程可达 66%。

（2）弱精的总产值是以 1985 年计划入选原矿 268. 8 万吨、铁精矿是按调价后的单价（未计烧失与碱比加价）进行计算的结果。看来，3 号流程的总产值最高，这主要是其进选的原生矿原矿含铁比其余三套流程高得多（高达 48. 12%），从而提高了磁精收得率之故。但其弱精品位却只有 65. 38%，比其余三套流程的都低。

（3）由 1 号流程试验结果表明：原生矿只经过一段磁选时，其铁精矿品位只有 64. 94%；而混合矿经弱磁选后，其铁品位虽高达 66. 04%，但这是由于其原矿中储矿场的矿石占有的比例较大，并不是真正的混合矿而造成的假象。随着储矿场矿石的消失，菱铁矿矿量的增加，用 1 号流程生产是难以保证弱精铁品位≥65%的。

（4）2 号流程也是不可取的。因为生产中为混合矿所开动的球磨机台数是变动的，无法保证混合矿两个系列的矿量相等或保持某一比例，且二系列的混合物只经一段磁选后，其精矿品位一般均<64%，故很难保证弱精品位>65%。

（5）从混合矿选别的生产实践来看，只经过一段磁选后，其精矿品位就能达到 64%以上的几乎没有。经 1984 年 5 月 25 日和 11 月 8 日两次流程考查表明，混合矿一段弱精铁品位均仅有 62. 66%和 62. 99%。故混合矿宜采用三段弱磁，如 4 号流程。

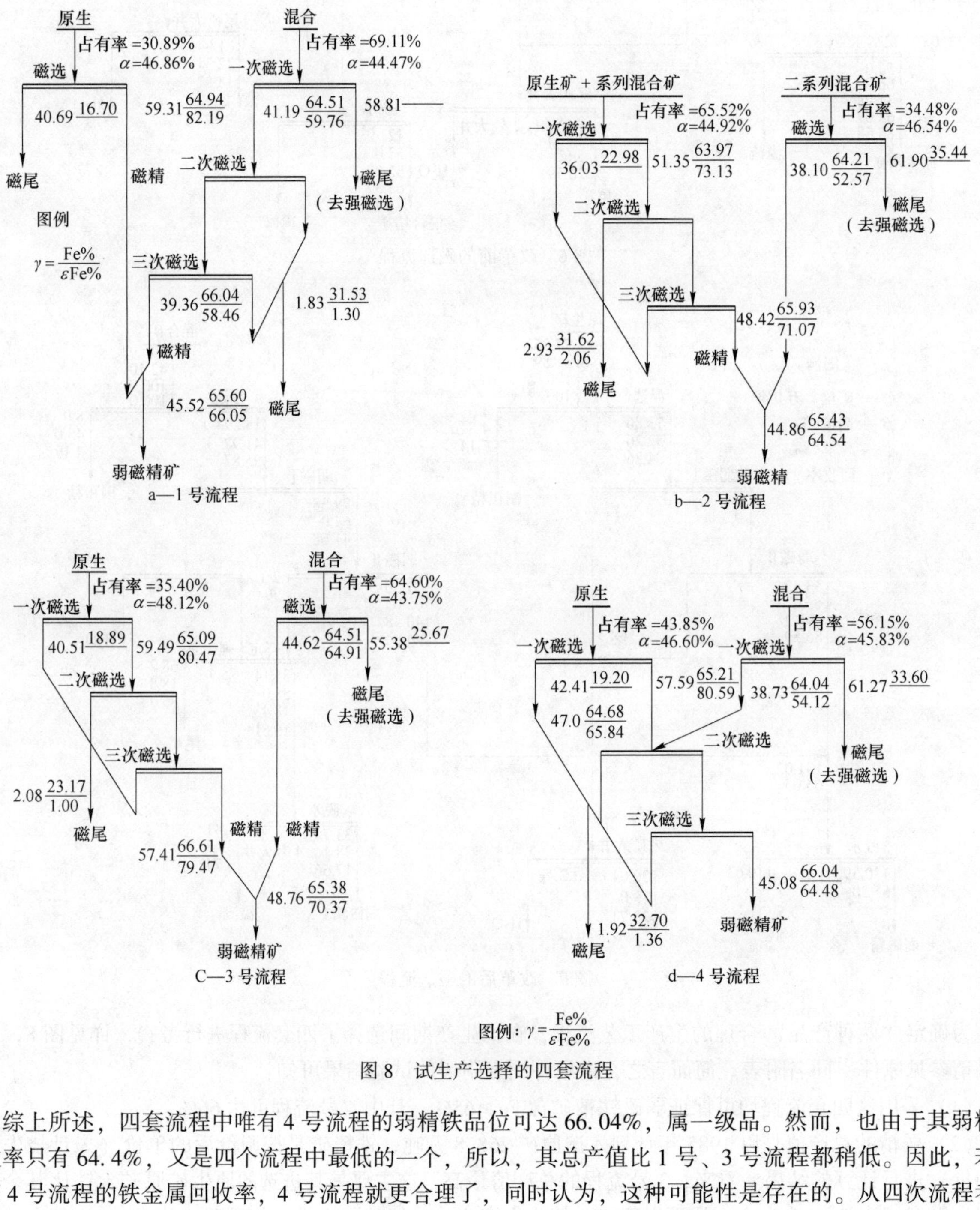


图 8　试生产选择的四套流程

综上所述，四套流程中唯有 4 号流程的弱精铁品位可达 66. 04%，属一级品。然而，也由于其弱精铁回收率只有 64. 4%，又是四个流程中最低的一个，所以，其总产值比 1 号、3 号流程都稍低。因此，若能提高 4 号流程的铁金属回收率，4 号流程就更合理了，同时认为，这种可能性是存在的。从四次流程考查来看，原生矿经二段磁选后，其铁精矿含铁均>65%，例如，1981 年 3 月 17 日的考查结果为 66.68%；1984 年 2 月 16 日的考查结果为 65.00%；同年 5 月 25 日的考查结果为 65.65%；同年 11 月 27 日的考查结果为 65.91%。故可以断定：原生矿经二段弱磁选后，完全可使弱精含 Fe≥65%。如前所述，混合矿经三段弱磁选后，其弱磁铁精矿品位提高到 65%以上是已经验证[1]的。因此，综合弱磁铁精矿品位亦可完全达到≥65%的要求。从 1984 年的三次流程考查还可发现，原生矿从二段磁选到三段磁选，其铁金属回收率平均损失 0.35%，所以，如将 4 号流程中的原生矿弱磁选减少一段，则可达到提高综合弱精铁金属回收率的目的。1984 年 12 月，按原生矿用二段磁选、混合矿用三段磁选的工艺流程组织了试生产，由其结果（请参见原件[6]同名附表）可知：当原矿含 Fe=45.06%时，可获得的铁精矿品位为 65.26%；铁金属回收率为 68.11%的选别效果。而同期按 4 号流程组织试生产的铁金属回收率仅为 60.88%。这样，不仅提高了铁金属回收率，而且原生矿经二次磁选后的铁精矿含铁已达 65.59%。故据试验结果建议：采用原生矿经二次弱磁选；混合矿经三次弱磁选的“两种产品”生产工艺流程，详见图 9。但是，从公司整体利益考虑，大冶铁矿仍按 4 号流程组织生产，以确保高品位的弱磁精矿。

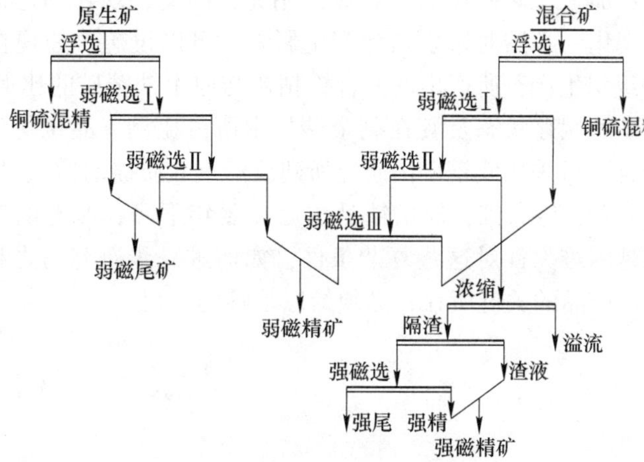


图 9　混合矿经三次弱磁选的“两种产品”生产工艺流程

“两种产品”从改革到现在，已经受了三年的生产实践考验。1987 年，在全年入选原矿品位为 44.8%的条件下，综合铁精矿品位已高达 62.97%（其中：弱精平均铁品位为 65.74%；强精平均铁品位为 38.76%）。因此，“两种产品”的改革获得武汉钢铁公司技术革新一等奖。

## 四、展望

产品结构关系着企业的命运，合理的产品结构将提高企业的活力，给企业带来经济效益。而产品结构的合理又要求工艺技术必须不断改革进步，并使之不断满足生产发展的需求。大冶铁矿磁选流程的改革，正是按此逻辑并沿着改革—进步—再改革—再进步的路子，加以完善、提高的。混合铁矿石弱磁—强磁选工业试验的成功，给大冶铁矿带来了年纯利 320 万元的效益。“两种产品”的改革成功，给公司带来了年利润 400~420 万元的经济效益。

然而，从目前的生产情况来看，还存在三方面的问题有待进一步去研究、完善：

（1）工艺流程要完善。“两种产品”的工艺流程，虽然杜绝了原来往混合精矿中兑弱磁尾矿的不合理现象，以致每年少向青山地区运输近 10 万吨尾矿，但是，这也就必然使矿山的铁金属回收率有所下降。测试结果表明，其综合铁精矿回收率下降了 2.08%，因此，其工艺流程必须尽快完善，以获得最佳经济效益。

（2）分选的难度大。由于大冶铁矿混合铁矿石中的菱铁矿属镁菱铁矿，若将其生产成真正烧失量大、碱比高的强磁精矿，正是目前尚待解决的问题。

此菱铁矿所表现的性质和特征包括以下三方面：

1）矿物结晶粒度细小，一般都<0.01 毫米。

2）在此矿物中除含 $FeCO_3$ 外，还含有 $MgCO_3$、$MnCO_3$、$SrCO_3$ 等碳酸物，其中：有的会成为其他碳酸盐矿的结晶中心；有的却与其他碳酸盐矿物——玉髓、石膏等共生，构成了沉淀条带构造。

3）此菱铁矿是一种较易氧化分解和蚀变的矿物，还具有强弱不一的褐铁矿化及最后风化成黏土矿物的现象，有的菱铁矿中分布着很多细小鳞片状、纤维状、针状的黏土矿物和不规则状或棉絮状的玉髓等。

很显然，这种菱铁矿所表现的性质和特征，给分选过程带来了极为不利的因素。因此，研究各类菱铁矿的物质组成，找出它们与可选性之间的关系，对确定经济合理的选矿方法及工艺流程具有很重要的意义。所以，对生产强精的流程、操作条件的改革与完善，真成了当务之急。用“强磁一次粗选、一次扫选”的建议，虽有一定道理，但尚待做深入的研究。《两种产品试验》建议；混合矿弱磁尾进大井浓缩后再进强磁的流程，唯因条件限制未能试验；是否采用中磁机选别混合矿，也有待研究。目前，为了达到公司对强精品位的要求，向强精中兑弱精的作法是不可取的；为了保铁金属量而不严格控制强磁给矿品位的作法也是不可取的（《报告[1]》指出：凡强磁精的给矿品位 $T_{Fe}$ 低于25%时，强精的 $T_{Fe}$ 均低于37%）。这样，不仅浪费了高品位的弱精，也降低了强精烧失量大、碱比高的优势。所以，“两种产品”工艺流程非进一步研究、完善不行，藉以理顺铁金属量考核指标与生产真正的强精之间的关系。

（3）进一步搞清矿产资源。从目前的生产实践来看：混合矿在进选原矿中所占的比例似乎越来越大，进选原矿品位则在逐年下降；加之，储矿场的矿石业已用完，因此，现在的进选原矿与试验时的进选原矿发生了变化。由于条件的变化，必然对选别指标产生影响。可以设想，如现在的矿石条件仍沿用“两种产品”改革之前的流程去组织生产，所产出的混合铁精矿与原生铁精矿的比例，莫说7∶3，就是7∶2都达不到了。所以，对混合矿的赋存状态及其在剩余储量中所占比例、品位等均应进一步去做工作。对尖林山的矿石也应考虑抛围岩（可采用武钢矿山研究所建议的重介质摇动槽），以恢复其地质品位。

总之，大冶铁矿矿石成分杂，嵌布细，原矿铁品位已在逐年下降；原有的储矿场已不复存在，采场又不能配矿；选别条件越来越困难。针对这些复杂条件，如何进一步研究与之相适应的工艺流程，是矿山今后能否为后工序产出优质产品的关键所在，必须给以足够的重视。

（原载《武钢技术进步三十年》，1988）

# 武钢500万t/a链篦机-回转窑球团生产线达产实践

舒方华　黄桂香　李文亮

武钢矿业公司鄂州球团厂设计采用链篦机-回转窑生产工艺，其原料结构为巴西进口的高品位赤铁精矿配加自产磁铁精矿，年产500万t高品质氧化球团矿。该厂于2005年12月底建成投产以来，生产量及部分技术质量指标一直未能达到设计要求，主要原因是原燃料质量不能满足生产要求且不稳定、部分设备存在缺陷、工艺控制不合理等。为此本厂近几年有针对性地进行了一系列达产攻关，并在管理上采取了一些提升措施，目前本厂日产量能稳定在1.5万t/d的达产水平，球团矿质量指标达到用户要求，多项经济指标也能保持较优水平。

## 1　工艺特点

武钢500万t/a链篦机-回转窑氧化球团生产线主要工艺特点：

（1）原料处理：配料分为铁精矿配料室及添加剂配料，分开配置，分别设置7个和2个矿槽，精矿干燥工序配置一台通过能力为700t/h的圆筒干燥机及为干燥精矿提供热源的两台鼓风沸腾炉，高压辊磨工序引进德国洪堡公司提供的高压辊磨机，进料水分宜控制在8%左右；混合工序引进德国爱立许公司提供的立式强力混合机。

（2）造球工序采用圆筒造球机造球工艺。造球系统共设置了6个造球系列（其中5个系列工作，1个系列备用）。生球通过辊式筛分机分级，合格生球送入下道工序。

（3）生球的干燥和预热在链篦机上完成，链篦机规格为5.67m×69m，料层厚度为178～220mm。链篦机炉罩分为四段：鼓风干燥段、抽风干燥段、过渡预热段和预热段。

（4）球团矿的氧化焙烧、固结过程在回转窑内完成，回转窑规格为$\phi$6.858m×45.72m，倾斜度为4%，正常转速为1.71r/min，调速范围为0.3～1.75r/min。球团在窑内的焙烧温度为1250～1350℃，焙烧时间为20min左右。

（5）球团矿的冷却在环冷机上进行，从回转窑内排出的球团矿经过窑头烟罩固定格筛，将200mm大块筛出后，通过在环冷机受料区回转体运动方向的平料墙，固定料床厚度分布在环冷机台车上，料床厚度为762mm。

（6）计算机系统选用仪电合一的计算机控制系统。控制软件由METSO公司提供，两家设计单位的PLC系统实现无缝连接。

## 2　达产攻关实践采取的措施

### 2.1　原燃料质量攻关

#### 2.1.1　严格原燃料把关，保证原燃料质量

为了保证进厂原燃料的数量和质量，进行规范化管理，标准化操作。原燃料在进厂前取样，质量合格后方可进厂卸车，如果不合格必须供货方采取措施后方可进厂，如无法现场采取措施处理则直接退货，杜绝了质量不合格产品进入仓库，影响生产，做到了质量不合格的车次不予入库，从源头上保证原燃料的质量。另外加强检验的标准化操作，进行不定期抽查，加大考核、奖励力度，保证化检验结果的及时性和准确性。

本厂设计火车精矿和煤使用同一条卸车线，精矿（或煤）由铁路运输进场，采用链斗卸车机将其卸入地下受矿槽后经胶带转运至煤仓，由于煤和精矿交叉卸车，卸完煤后，受矿槽、皮带和链斗卸车机上

易粘有煤粉，煤粉易混入精矿中，严重影响到精矿的质量，针对此问题，加大了清理力度，要求卸某一种原燃料后清理矿槽2h以上，保证矿槽、皮带和链斗卸车机上清理干净后，方可卸另一种原燃料，防止了精矿与燃煤混合。

2.1.2　燃煤质量标准修订

本厂燃煤一部分供精矿干燥系统沸腾炉燃烧用，一部分供磨煤系统沸腾炉燃烧用，大部分用于回转窑中央烧嘴供热。沸腾炉用煤对其发热值要求低些，采用烟煤即可满足生产要求，回转窑中央烧嘴用煤对煤粉质量要求高，需要发热值高，燃烧效果好，窑内供应热量高，瘦精煤的发热值高，需采用瘦精煤才能满足要求。对不同用途燃煤制订不同质量标准，既保证生产，又降低燃料成本。不同燃煤质量标准见表1。

表1　不同燃煤质量标准

| 煤种 | 发热值/$MJ \cdot kg^{-1}$ | 挥发分/% | 灰分/% | 灰熔点/℃ | 含硫量/% | 水分/% | 粒度/mm |
|---|---|---|---|---|---|---|---|
| 烟煤 | ≥24 | 22~26 | ≤12 |  | ≤0.5 | ≤12 | <60 |
| 瘦精煤 | ≥30 | 12~16 | ≤12 | ≥1400 | ≤0.5 | ≤10 | <25 |

## 2.2　原料预处理攻关

近些年来，本厂供料结构发生了较大变化，原设计的优质进口巴西赤铁矿在数量、质量方面都有所下降，因此在生产过程中，只能通过采购国内外市场现货来弥补优质进口矿量的不足，但质量上无法保证，针对这种情况，本厂通过加强原料预处理，力求提高造球原料的质量。

2.2.1　开发湿式球磨与高压滚磨联合预处理技术及高压辊磨闭路流程

本厂所采购的铁精矿存在比表面积小、表面活性低、成球性能差等问题，难以满足造球要求。因此如何增加这部分铁精矿的表面活性和成球性能是原料预处理工序的重要环节，为此，本厂开发了高压辊磨联合预处理技术及高压辊磨闭路流程技术。将粒度较粗的赤铁精矿或磁铁矿与磁铁矿的混合料经过湿式球磨磨细到900~1100$cm^2/g$，再过滤脱水到含水量10%以下，脱水后的铁精矿经过配矿后再进入高压辊磨进行细磨，使其比表面积达到1500$cm^2/g$以上后供造球使用。湿式球磨采用开路流程，高压辊磨为闭路流程，边料或部分细磨产品返回高压辊磨，其返回比例（边料或部分细磨产品与给入高压辊磨新料质量比）为20%~30%。铁精矿经球磨和高压辊磨的颗粒形貌见图1。

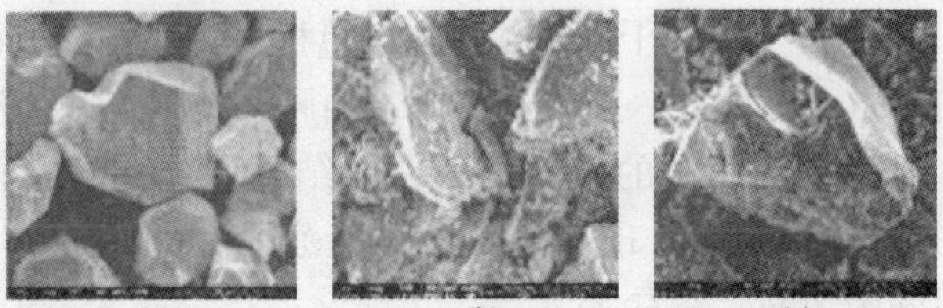
(a)　(b)　(c)

图1　铁精矿颗粒形貌

SEM：(a) 原矿500×；(b) 球磨后2000×；(c) 高压辊磨后2000×

由图1可以看出，铁精矿球磨后，经过钢球的冲击，精矿颗粒被破碎，颗粒变细，颗粒表面粘附有其他小颗粒矿物，这说明铁精矿经过球磨后在水化作用下能互相粘结，成球性改善。经高压辊磨后的精矿颗粒中细粒级含量明显增加，同时经高压辊磨挤压预处理后，颗粒出现微细裂纹，可进一步提高比表面积，改善成球性能和高温反应活性。经过球磨和高压辊磨后铁精矿比表面积增加3倍，表面润湿热增加2.8倍左右，成球性指数增加45%左右。

2.2.2　陶瓷过滤机攻关，降低磨矿成品水分

陶瓷过滤机自运行以来一直存在着故障频发、运行不稳定、生产成本消耗大、维护检修繁琐等问题，严重制约了生产的顺行。为此，对过滤机现场运行情况进行全面深入的了解后，对所存在的问题进行归纳总结，采取相应措施：优化设计，修改变频器启动参数；液位电极重新选型，提高信号输出的可靠性；对滤液泵结构进行重新选型，使设备与工况匹配合理；分配头结构重新改造，大大减少备件消耗；引进新型的超声波清洗技术，过滤机生产效率上新台阶；滤液罐重新设计，减少设备故障率。

以上攻关措施实施后，过滤机洗车时间由2h缩短至1h，加快和提高了设备利用率，岗位操作人员冲洗槽体由原来的1h减少到现在的30min，改善了清洗效果，减小或消除盲区，使陶瓷板再生清洗均匀性提高，过滤后的精矿水分降至10%以下。

## 2.3　多品种精矿配矿技术研究

该厂原设计造球精粉为巴西精粉80%，自产铁精矿20%，在实际生产中，由于巴西球精粉价格高，质量下降，供应难以保障，配比达不到设计要求，造球精粉原料不足部分主要由国内收购铁精矿替代。由于国内原料来源多、贫、杂，原料成球性能和焙烧性能较差，导致鄂州球团厂生产组织难度加大，生球和成品球质量下降，严重制约着球团生产。针对原料品种多的实际情况，对进厂精矿做全分析，建立原料数据库，根据同期球团矿市场价格，反推购矿的品种和价格，根据每条船的分析结果，在卸船、磨矿、进仓几个环节合理配矿，做到科学合理配矿。配矿方案应做到成本最低、物料的造球性能、焙烧性能、质量最优。鄂州球团厂球团质量理论计算表见表2，由表可知，根据此理论计算得到球团矿质量与实际生产的球团矿质量相差不大，可为配矿提供理论指导。同时，在满足输出球团矿质量要求的前提下，国内低价铁精矿替代部分国外高价铁精矿，可降低原料成本。

表2　鄂州球团厂球团矿质量理论计算表　(%)

| 矿种 | TFe | $SiO_2$ | Ti | As | Cu | Mn | 水分 | 配比 |
|---|---|---|---|---|---|---|---|---|
| 国外1 | 64.50 | 2.50 | 0.023 | 0.004 | 0.010 | 0.500 | 13.00 | 25.00 |
| 国外2 | 64.50 | 7.20 | 0.060 | 0.005 | 0.009 | 0.040 | 10.00 | 5.00 |
| 国内1 | 64.00 | 4.31 | 0.130 | 0.004 | 0.080 | 0.070 | 9.80 | 15.00 |
| 国内2 | 64.30 | 3.81 | 0.137 | 0.003 | 0.001 | 0.050 | 10.00 | 20.00 |
| 国内3 | 63.50 | 4.20 | 0.152 | 0.005 | 0.031 | 0.122 | 10.00 | 17.00 |
| 国内4 | 65.00 | 3.50 | 0.077 | 0.005 | 0.000 | 0.116 | 9.00 | 8.00 |
| 国内5 | 59.00 | 4.60 | 0.400 | 0.030 | 0.033 | 0.152 | 15.00 | 10.00 |
| 返灰 | 58.00 | 4.00 | 0.130 | 0.010 | 0.020 | 0.400 | 0.40 | 5.00 |
| 膨润土 | | 60.00 | | | | | 10.50 | 2.20 |
| 球团矿理论 | 62.90 | 5.08 | 0.126 | 0.007 | 0.023 | 0.200 | | |
| 生产实际 | 62.68 | 5.32 | 0.128 | 0.007 | 0.032 | 0.188 | | |

## 2.4　提高生球质量和产量的攻关措施

生球质量的好坏直接影响成品球的质量。质量差的生球进入链篦机后，会直接影响生球的干燥、预热效果，干球的质量难以保证，给预热焙烧工序带来了困难，直接导致成品球抗压强度下降。本厂在如何提高生球产质量方面开展了一系列技术攻关。

### 2.4.1　新增圆盘造球机，提高生球产量

该生产线造球系统的主要设备是6台$\phi5000\times13000$mm圆筒造球机。由于近两年来原料结构发生变化，且原料品质下降，造球效果不理想，如生球强度下降，粒度不均匀，生球合格率低等，产量也受到了较大的影响，达不到设计的产能要求。为了改善造球工序质量，提高生球产、质量，鄂州球团厂于2009年6月新增两台$\phi6000$mm圆盘造球机，在运行过程中，通过对圆盘造球机的刮刀、圆盘转速、倾角等参数进行调整，加上原来的6台圆筒造球机，生球的产、质量基本上已能满足达到设计产能的要求。

### 2.4.2　在造球机内增加扬料条，提高成球效果

鄂州球团厂造球设备主要采用圆筒造球机，精矿与膨润土混合后，经过皮带输送至圆筒造球机，造球机内喷水到混合料上，混合料经过加水后在造球机内滚动成生球，我厂圆筒造球机是美国美卓公司设计，造球机内衬是采用光滑的橡胶材料，物料只能在造球机内滑动，物料整体相对于圆筒造球机内壁相对运动，而物料颗粒之间在圆筒造球机内相对静止，颗粒不能滚动成球，生球抗压强度和落下强度差，成球率低，同时影响到了产量。

经过实践摸索后，在圆筒造球机橡胶内衬增加扬料条，可以使物料与水接触后，通过扬料条与混合料运动方向相反的反作用力，使圆筒造球机内物料滚动，颗粒之间经过碰撞产生的力的作用，形成生球。多块扬料条直接胶接圆筒造球机内壁上，检修、更换方便，扬料条效果好，使物料在筒内滚动，增加生

球与物料、生球与生球之间的摩擦，使颗粒之间产生力的作用，提高接触次数，具有成本低、质量轻等优点。生球的落下强度由 2. 8 次/0. 5m 增加到 3. 5 次/0. 5m，抗压强度由 7. 5N/个增加到 8. 9N/个。

2. 4. 3　生球筛分机改造，降低生球含粉率，提高生球产量

鄂州球团厂生球筛分机用于将造球机内生产的生球分级，使合格生球进入下一道工序，返料返回造球系统，重新造球。筛分机上的粉料过多，运行一段时间后容易进入传动箱内，链条传动装置里托板上经常积有大量的油泥，造成链条润滑达不到要求，易导致链条拉断造成停机，严重影响到了产量指标。

对传动箱进行改造，将传动箱密封，链条托板由下部托改到由上向下压。主传动由头部传动改为尾部传动。将主传动由筛分机上方，改到放在筛分机下方，调整装置从筛分机下方改到上方；托链条的托盘由链条下方移到上方；并在筛分机上方安装一个拉紧装置，不再像改造前调整每一个托盘，现在只需调整拉紧装置，就可以调整链条松紧度，防止链条拉断。

通过调整装置改造，方便了链条的调整，操作方便、运行周期长、检修方便、节约了成本；进入链篦机的粉料量由原来的 8%降低到 2%以下，生球产量得到了大幅度提高。

## 2. 5　梭式布料机改造，提高布料效果

在链篦机-回转窑生产工艺中，要求布在链篦机篦床上的生球尽可能均匀，即各处厚薄一致。目前在生球布料系统中多采用梭式布料系统来进行生球布料，通过布料小车的来回移动，将生球布到下一级宽皮带上，再经由宽皮带和辊式筛分器将合格生球送到链篦机篦床上。梭式布料机皮带维持恒速运行，其布料头轮随梭式布料小车一起作往复运动。要合理设定梭式布料机皮带及小车的速度，使其两者速度达到同步。但靠近布料区边缘的区域内因布料小车减速转向而布料皮带速度未变而引起物料堆积，造成在整个宽皮带上形成的料层中间区域较薄而两侧的边缘区域料层较厚，使链篦机篦床上的料层厚度不均，影响生球的干燥、预热和焙烧。

于是对布料皮带的运行速度进行控制，使其速度根据布料小车所处位置的不同而有所不同，通过对布料皮带速度的调节来达到避免物料在两端堆积。

经过技术改进后，链篦机篦床上的生球物料均匀性得到了极大的提高，料层厚度差由原来的 28mm 降低到了 20mm，使链篦机的料厚更均匀，提高了干燥、焙烧效果。

## 2. 6　主体设备（链篦机-回转窑-环冷机）技术改造攻关

2. 6. 1　链篦机下托轮的技术改造

链篦机是球团厂三大主机（链篦机、回转窑、环冷机）之一，是生球处理的第一阶段，在工序中起着至关重要的作用，主要是对生球进行干燥、预热，为生球进入回转窑焙烧创造有利条件。链篦机下篦床由底部的下托轮装置支撑，由托轮托住下篦床。在链篦机工作时，下篦床会带动下托轮高速旋转。而原有的下托轮装置采用铜合金石墨自润滑轴承，下托轮与轴承受高温膨胀，使得下托轮与轴承一起围绕下托轮轴转动，很容易将下托轮轴磨断，从而导致下托轮掉落。下托轮掉落过多，会导致篦床与链篦机结构梁摩擦，造成结构梁磨损严重，同时增加了链篦机负荷，使链篦机不能正常运行，给生产带来一定的影响。

将下托轮轴承和链篦机的结构梁固定，并采用高硫合金轴承，有效地解决下托轴自润滑，避免了下托轮轴承对下托轮轴磨损，延长了链篦机主要设备的使用寿命，同时本装置检修方便、成本低、经济效益显著。原托轮轴更换周期为 2 个月，由于下托轮有 450 个，更换消耗大量的人力和成本，经过下托轮轴改造后，下托轮轴掉落情况由原来的每个月掉 6 个，减少到每 2 月掉 3 个左右。

2. 6. 2　氧化球团回转窑结圈预测模型研究

回转窑工艺生产氧化球团由于球团在转运过程中产生大量粉末，在回转窑内的高温环境下易在耐火材料表面形成粘结，结圈不可避免，结圈的形成严重地影响了回转窑产量的提高与能耗的降低。针对回转窑生产过程无法避免产生结圈的问题，采用红外测温技术，结合窑体定位、温度补偿、数据信号预处理等技术，揭示出回转窑内结圈厚度生长的规律，预测结圈物的生长趋势，实现对结圈物生长的提前预报。

通过回转窑结圈厚度模型的建立与程序及图形的实现，可以实时了解氧化球团回转窑内轴向及圆周方向上不同位置的结圈物厚度分布并对其进行显示，因此，根据已经求得的结圈物的厚度，按一定时间间隔将某一位置的结圈厚度变化趋势求出来，为分析结圈发展趋势提供数据基础，现场操作人员可以根据预测结果对操作进行适时调整，以及时降低结圈生长率，提高回转窑的运行稳定性，从而提高设备的作业率与生产率，降低劳动强度，提高经济效益。

2.6.3　链篦机-回转窑物热平衡研究，优化热工参数

对于链篦机-回转窑热工系统而言，因设备因素出现的故障很容易发现问题从而得到解决，而热工过程中各操作参数对产品产量和质量的影响及对能耗指标的影响只能通过对系统的全面热工测试分析并发现问题从而得到解决。为了进一步提高高炉炉料质量，实现生产过程的科学操作，对我厂链篦机-回转窑系统的热工过程进行检测和对系统能量平衡进行了分析，结果见表3。

**表3　链篦机-回转窑焙烧系统总的热量平衡表**

| 热量收入项 | | | 热量支出项 | | |
|---|---|---|---|---|---|
| 物理意义 | 数值/$\times10^6$kJ·h$^{-1}$ | 比例/% | 物理意义 | 数值/$\times10^6$kJ·h$^{-1}$ | 比例/% |
| 气体带入热量 | 803.19 | 52.25 | 气体带出热量 | 505.28 | 32.87 |
| 球团带入物理热 | 23.212 | 1.51 | 球团带出热量 | 678.216 | 44.12 |
| FeO 氧化放热 | 157.41 | 10.24 | 表面散热损失 | 92.847 | 6.04 |
| $FeS_2$ 氧化放热 | 9.838 | 0.64 | 散料损失热量 | 37.815 | 2.46 |
| 煤粉带入物理热 | 0.384 | 0.025 | 链篦机散热损失 | 44.425 | 2.89 |
| 煤粉燃烧放热 | 278.311 | 18.105 | 水汽化吸热 | 15.874 | 10.01 |
| 送煤粉空气物理热 | 0.154 | 0.01 | 其他散热损失 | 24.749 | 1.61 |
| 补加热量 | 264.707 | 17.22 | | | |
| 合计 | 1537.207 | 100 | 合计 | 1537.207 | 100 |

通过对系统的能量平衡测试和计算分析，明确了系统的能流分配情况和能量利用水平，找出最佳操作参数，使物料流程中，布料、干燥、预热、焙烧、固结和冷却满足工艺要求，同时又使得气体流程中热量得到最大程度的有效利用，在此基础上开发出全烟气梯级循环利用的余热利用技术方案：将环式冷却机一段高温冷却风、二段中温废气、三段低温废气分别引至回转窑内作为二次冷却风、引至链篦机TPH段进行过渡预热和引至链篦机的DDD段进行鼓风干燥，由此取消PH段和DDD段原有的16个天然气烧嘴，同时把PH段的低温废气通过多管除尘和回热风机引至DDD段。先进的气流循环系统使热能得到了充分利用，保证系统温度、风量和风压等热工参数稳定，充分利用余热使系统热循环更加合理，减少了能源的浪费，改善了环境。

## 2.7　标准化操作，精细化管理

在技术攻关中，发现违反技术操作的现象及时纠正，检查中注意根据生产实际及时修改标准，重新修订三大规程，建立相关台账和管理制度，规范操作，严格管理。建立全厂工艺纪律管理网络，逐级管理，责任到单位和个人；各相关单位制定相应的管理办法、考核标准，建立本单位原始记录台账。

先后五次修改工艺纪律管理标准，做到每天对影响生产大的岗位进行检查。加大抽查考核力度以后，链篦机放灰对生产的影响明显减少，因放灰影响的产量波动降至10%以下；精矿干燥效果显著，有效地控制了生球水分；生球系统大球返料皮带杂物按时清理，减少了杂物对造球的影响。

为了使风系统平衡，解决窑头正压，减少能源浪费，合理控制风煤比。在不同的原料配比和产量条件下，确定用相对应的煤量、天然气量及各工艺段风量，加强中控标准化操作，使系统运行更加稳定。

## 2.8　达产攻关效果

鄂州球团厂所用含铁原料设计为巴西赤铁矿和武钢自产磁铁矿按8：2的比例配用，其中-200目粒级含量约占79%~84%。在实际生产过程中，由于巴西供铁精矿的一些理化指标已发生了较大的变化，铁品

位与-200目粒级含量下降，加之受进口矿成本升高的压力，目前生产用铁精矿，赤铁矿已下降至20%~30%，不足的部分由来自国内外不同地方的混合铁精矿进行替代，品种来源较多，质量较差。生产线自投运五年来，经过上述一系列的技术攻关，到2011年，月产量均在42万t/月，已实现全面达产。期间的相关经济技术指标见表4。

**表4 主要经济技术指标**

| 项目 | 2011年产量/万t | 抗压强度/N·个$^{-1}$ | 作业率/% | 能耗指标 | | | 工序能耗/kgce·t$^{-1}$ |
|---|---|---|---|---|---|---|---|
| | | | | 水耗/m$^3$·t$^{-1}$ | 煤耗/kg·t$^{-1}$ | 电耗/kWh·t$^{-1}$ | |
| 设计指标 | 500 | ≥2500 | 90.4 | 0.2 | 24 | 32.9 | 44.62 |
| 实际指标 | 500.28 | 2592 | 93.51 | 0.16 | 25.7 | 28.5 | 26.39 |

## 3 结语

武钢鄂州球团厂通过引进、消化、吸收、再创新，掌握了球团生产核心技术，目前生产稳定，达到年产500万t的生产能力，生产的球团矿质量较好。

（原载《2014年全国烧结球团技术交流年会论文集》，2014）

# 工业港的建设改造和发展

杨　光　金国雄　刘文进　牛　龙　吴方银

## 一、概述

工业港是武钢原燃料进口和部分钢坯钢材进出口的专用码头和堆场，承接武钢原燃料的装卸、贮存、矿石加工混匀以及接卸宝钢部分钢坯和武钢部分钢材外发任务。

工业港于1976年9月筹建，1978年正式成立。十几年来，围绕公司的钢铁生产，坚持自力更生，依靠技术进步，使生产和建设发展很快，总作业量从1977年的299.1万吨提高到1986年的1689.8万吨，提高5.6倍。

工业港在技术进步方面大体经历了三个阶段。即，（1）1976年至1978年为筹建阶段。当时年度水运接卸能力只有40万吨，陆运装卸车能力约100万吨。1978年1月，为适应武钢生产的需要，自筹资金抢建了5号码头，接着又建起了6号码头，以便接卸澳矿；同时扩建陆运堆场，确保了公司生产。（2）1979年至1981年为技术改造阶段。根据一米七系统工程的要求，为提高矿石质量，增设了8组活动筛分设施和2台DQ3025型堆取料机，进行矿石加工中和；另外，依靠自已的力量，又对4号、5号码头进行了改造，提高了码头的作业能力。（3）1982年至1986年为持续稳步发展阶段。根据国家的要求，修建了3号码头，提前新铺设了第二期堆场的三条临时作业线，扩大了堆场。1984年又对4号码头进行了第二次改造，加大了皮带通过能力。1985年11月，依靠自己设计和施工，完成了7号码头的建设任务。8号、9号码头是与宝钢配合的国家重点建设工程，两座码头于1984年4月同时破土动工，9号码头于1985年10月、8号码头于1986年8月先后建成投产。

工业港在这三个阶段中，共完成公司计划基建、技术项目49项，投资9300多万元，因而实现了从铁路车辆作业到水陆车船装卸作业、从单一装卸作业逐步向以原料质量为中心的精料生产的转变，建设成一个机械化程度高、生产吞吐量大的企业专用码头和原料加工场。

## 二、坚持自力更生建设专用码头

武钢地临长江，进出口物资有较好的水运条件。1954年初步设计时，利用原龙角湖作港池，开辟运河通向长江，设计了7座直立式码头，1957年5月动工，1961年底运河北段开挖完成，1962年停建下马。因运河回淤严重，经考证批准，决定改在江边建设永久性港口。

工业港位于青山峡区长江主航道南岸，江面宽600米，现有码头岸线长1220米；堆场标高27.8米；码头设计高水位27.3米，低水位11.8米，枯水期码头前沿水深4.5米，洪水期流速1.5米/秒，是发展水运港口的理想场所。

1976年工业港刚成立时，水运接卸只有一座煤炭进口码头，而且由武汉港务局管理使用，年接卸能力为40万吨，远远不能适应武钢生产的需要。为了确保武钢生产，工业港坚持自力更生，自行设计施工，自建和改造码头，发展水运。

1. 自力更生自建码头

1976年以来，武钢需要从水上进口原料。1977年9月，国家分配给武钢澳矿150万吨，其中水运量为100万吨，要求在1978年1月1日接卸。当时工业港还无进口矿石的接卸码头，为了接卸澳矿，决定码头自建。

在研究接卸澳矿方案时，同意了第二航务工程设计院提出的将工业港原准备用作出口钢材的5号、6

号码头改为进口矿石码头。关于货场部分，二航务工程设计院曾设计为 6 条作业线，装车、打堆各自专用。由于作业线间夹有皮带小车，工程量大，难以按时完成。工业港进行现场实测后，提出装车打堆为一体的修改方案，将作业线减少到 3 条，皮带机减少 600 米，从而增加了堆场贮量。但这个方案的关键是制作既能装车又能打堆的卸料机。为了解决这一难题，工业港将刮板卸料机改成抛料卸料机，一次试车投产。5 号码头改造实际上也只用了 23 天，还增建了一条作业线，保证了按时卸船。

由于抛料卸料机应急范围，抛料机将物料抛高 9 米，造成粉尘污染，尤其是抛卸粉矿时飘尘更为严重，范围可达 1 千米，成为港区一大公害。为了解决这一问题，1979 年，经过多次研究，研制成功双翼卸料机（图 1）。双翼卸料机是将抛料机两侧的抛料机构拆除，改装 2 台长 13 米（或 13~16 米）的皮带输送机，并能上下升降，使卸料端部与料堆落差始终保持 0.5 米左右，以抑制粉尘飘洒；同时将中间传送皮带输送机改成能左右移动使之既能打堆，又能装车。工业港研制的第一台双翼卸料机已于 1979 年 6 月投入使用。这种改装的双翼卸料机每小时卸料量 600 吨，输送速度 2.32 米/秒，变幅高度 0~9 米，翼展 37 米，机重 26 吨。

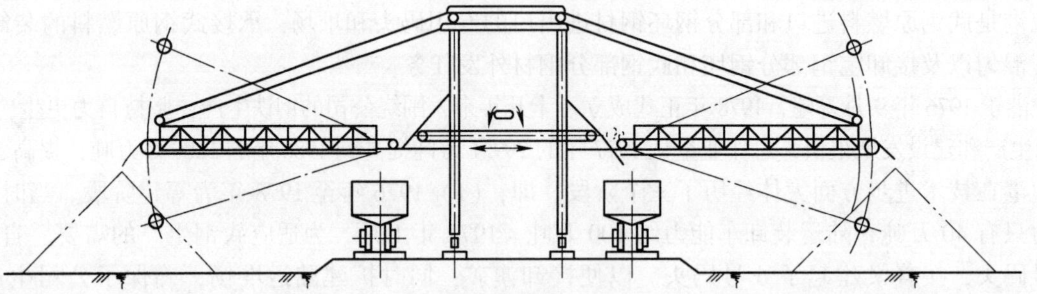

图 1　双翼卸料机简图

双翼卸料机与抛料卸料机比较，具有以下优点：

（1）由于两侧皮带输送机能自由升降，使落料距离控制在 0.5 米的高度，有效地抑制了粉尘污染；

（2）抛料机皮带输送线速高达 15~20 米/秒，每卸一万吨矿（约 2~3 天）需更换皮带一次；双翼皮带机的线速只有 2 米/秒，一年更换皮带一次，减少了更换时间，节约了大量胶带；

（3）抛料机将物料抛至高空，下落时块矿相互击碎，影响块矿质量，双翼卸料机则无此弊病；

（4）抛料机使用的电机功率为 22 千瓦；双翼机因采用的是油冷电动滚筒，电机功率只有 13 千瓦，能耗低 41%。

双翼卸料机的制成投产，是技术革新的一个进步，已定为 1980 年冶金部运输成果推广项目之一。

1978 年，工业港利用 6 号码头平台建成了 6 号码头，5 号、6 号两座码头共架设皮带 1073 米，钢引桥 2 座，双 10 座浮吊船 2 艘，线路线 1.7 公里，堆场面积 5.2 万米$^2$，码头卸船能力为 50 万吨/年，初步形成了接卸进口矿的能力。

1982 年 1 月，为配合江海联运，接卸海南矿，国家要求武钢新建 3 号码头；同时，为了保产，公司决定将二期堆场的 3 条临时作业线提前建设，两项工程共投资 715 万元，生产与施工齐头并进，并要求“七一”投产。为了完成建设任务，工业港成立了工程指挥部，实行矩阵式管理体制，将两项工程分解成 64 年施工项目，按工艺、时间承包到车间，实行生产建设一起抓。经过半年的努力，两项工程按期竣工投产。3 号码头新增固定皮带（宽 1 米）584 米，卸料机 2 台，铁路线 164 米，堆场面积 2 万米$^2$。1983 年 12 月，又为 3 号码头添建了第二条作业线，增加皮带 283 米，铁路线 1158 米，堆场面积 1.6 万米$^2$。这样，3 号码头的卸船能力达到了 80 万吨/年。

1985 年 10 月，工业港又自建了 7 号码头，包括铁路线 200 米、皮带机 530 米、卸料机 1 台、堆场面积 6000 米$^2$，增加年度卸船能力 80 万吨。

2. 依靠技术改造码头

1979 年，工业港相继建成 5 号、6 号码头，连同原 4 号码头一起，已形成 260 万吨/年的综合卸船能力。但 5 号、6 号码头的辅助生产设施没有及时跟上，与生产还不能完全配套。为深入挖掘码头潜力，适应钢铁生产的需要，工业港进一步研究了革新改造的内容和步骤，提出了“两改五化”的奋斗目标，有计划地进行技术改造。

4 号码头是五十年代的老工艺，江下部分的三节 15 米长皮带机架系用木桩横梁支承，水位变化时要升降机架，增加跳趸，一次需要停产两天；码头前沿只有一个煤场，江上江下不甚配套。1979 年，枣庄洗煤大量运到，被迫在武汉港卸船，卸船费花去 5 万多元，还要转运到厂。为了使码头配套，提高作业能力，工业港申请对 4 号码头进行改造。由于资金不足，便积极修旧利废，使 4 号码头在压缩资金 40%的情况下完成了改造任务，节约资金 28 万元。通过改造，4 号码头变成了一个水陆配套、作业率高的码头，生产能力由 40 万吨/年提高到 50 万吨/年。1982 年，又进行了第二次改造，加宽了皮带机，现已达到 80 万吨/年的水平。

4 号码头的改造，是工业港第一次接受较大的改造任务，而且是在保产情况下进行设计和施工的。在江坡上建筑轨道基础，过去一般由航务工程局施工。从施工条件看，江坡陡，不利于机械作业；当时正值隆冬，施工环境恶劣；轨道梁单重 8 吨，吊车作业十分困难，但仍能想方设法，多方配合，终于将 14 根轨道梁安全地吊放到位置上。

5 号码头属应急抢建工程，皮带小车临时用固定皮带机代替，每次涨水都要影响作业时间两天。1980 年，工业港对 5 号码头进行了改造。改造中，有一项是将 200 米长的皮带机架抬高 1.2 米。原定方案是将皮带机分段提升的办法，两天就完成了任务。5 号码头改造后，每年减少的检修和辅助作业时间约 762 小时。

为了提高码头的卸船能力，降低消耗，工业港对码头的卸船受料设施也进行了改造。由于水运矿石含水量大，黏度重，卸料时常因矿粉黏结而堵塞漏斗，影响卸船作业。过去的办法是锤敲、钎捅、抓斗碰撞地，既损坏设备，又不安全。改造的办法是，采取漏斗壁外装振动器、内装绞动杆，扩大斗口，改进斗壁倾斜度；受料皮带机布局也从“L”型改成“Y”型，再改成“T”型等，较好地解决了漏斗均匀下料难题。

1984 年，发现矿石中杂有钢板、角铁，经常撕破受料皮带。我们又自己动手制成往复式给料机，倾角为 5°，用双曲柄连杆同步驱动，分解料柱压力。由于作了上述改进，用往复给料机取代了皮带给料机，保证了漏斗安全均匀下料，使码头卸船能力进一步提高，5 座码头每年可多卸矿石 74 万吨，节约生产费 100 多万元。

3. *扩建码头发展水运*

工业港通过自建和改造，形成了接卸散货的生产能力；8 号、9 号码头的兴建，为工业港开辟了新的水运生产渠道。

1984 年，国家经委、冶金部、交通部联合发文，为配合宝钢建设，要求武钢自筹资金建设 8 号、9 号码头，并将此列为国家重点工程，投资 4798 万元，确保 1985 年 10 月与宝钢同步竣工投产。

8 号、9 号码头以武钢规划院为总包院，负责码头陆域部分的设计工作；第二航务工程勘测设计院承担水域部分设计工作；整个工程采取合理交叉设计和施工，各自投资包干。两座码头先后于 1985 年 10 月和 1986 年 8 月建成投产。

8 号、9 号码头占地面积 117553 米$^2$，两个泊位，每个泊位均为两跨双悬臂栈桥，垂江布置；码头水下护岸采用柔性沉排新工艺，上游自 7 号码头中心线以下 38 米处开始向东铺设，全长 340 米。码头建设规模是目前国内河最大的。陆域和水域栈桥分别为钢结构和钢管、钢筋混凝土结构，管桩直径 1.3 米，长 56 米。8 号、9 号码头配有 10 台 15+15 吨桥式起重机，每跨各有一台水域工作的桥式夹钳吊，总装机容量为 2187 千瓦，备有无线和有线通讯设施。8 号码头为带盖仓库栈桥式出口码头，主要外发防雨钢材。两个码头设计年吞吐能力各为成品 30 万吨、钢坯 90 万吨。两码头的建成，发展了武钢的钢坯接卸和钢材外发能力。

通过十年来的技术改造和技术进步，工业港码头由 1 座发展到 7 座，现在煤和矿石接卸码头 5 座，全部斜坡式，设计能力为 300 万吨/年；钢坯和钢材进出口码头 2 座，桥式吊直接下河，年吞吐量为 120 万吨。十年来，工业港充分发挥了水运优势，加强了管理，码头的年卸船能力已从 40 万吨发展为 532.3 万吨（表 1）。

**表 1　工业港码头历年卸船情况**

| 年份 | 1978 | 1979 | 1980 | 1981 | 1982 | 1983 | 1984 | 1985 | 1986 |
|---|---|---|---|---|---|---|---|---|---|
| 卸船量/万吨 | 188.5 | 266.7 | 230.6 | 144.7 | 221.0 | 280.1 | 387.3 | 463.9 | 532.3 |

## 三、采用移动筛分提高筛分能力

武钢原料品种繁杂，从水路和陆路进入工业港的原料达44种，主要分四大类：平炉矿、铁块矿、铁粉矿和熔剂矿，并分别贮存在两大料场：一是江边水运料场，占地35万米$^2$，有效贮存面积11万米$^2$，贮量60万吨；一是陆运料场，占地32万米$^2$，有效贮存面积16.3万米$^2$，贮量62万吨。

由于原料品种多，品位复杂（表2），贮存点分散，给武钢生产用料贯彻“精料”方针带来了很多困难。

表2　工业港落地块矿品种

| 矿名 | 质量要求 | | | |
|---|---|---|---|---|
| | TFe/% | P/% | S/% | 粒度 |
| 澳大利亚块矿 | ≤64 | ≤0.06 | ≤0.05 | 6~30 |
| 海南块矿 | 53±2 | ≤0.1 | ≤0.3 | 10~40 |
| 云浮块矿 | ≥50 | | ≤0.3 | 10~40 |
| 黄梅块矿 | ≥50 | | ≤0.5 | 10~40 |
| 湘东块矿 | ≥50 | ≤0.45 | | 10~40 |
| 乌石山块矿 | ≥50 | ≤0.5 | | 10~0 |
| 上珠岭块矿 | ≥51 | ≤0.5 | | 10~40 |
| 英德块矿 | ≥50 | | | 10~40 |
| 鄂东收购块矿 | ≥50 | | ≤0.5 | 10~40 |
| 茶陵块矿 | ≥50 | ≤0.45 | | 10~40 |
| 铜绿山块矿 | ≥50 | | ≤0.5 | 10~40 |
| 钒钛块矿 | ≥30 | | ±10 | 10~40 |
| 永德块矿 | ≥48 | | ≥10 | 10~40 |

1974年，公司制订“双四百”万吨规划时，已经考虑到工业港应增设筛分工艺，对平炉和高炉块矿分级过筛，将平炉块矿中60毫米以下的中块、高炉块矿中10毫米以下的粉矿筛除，以便减少入炉吹损，增加冶炼透气性及缩短冶炼时间，为此，1975年在江边料场设置了平炉块矿固定筛分设施，投资69.7万元，配置固定皮带5条、固定筛1台、自定中心振动筛3台、刮板机1台、移动皮带机12台，设计能力为90吨/小时。该设施自1977年至1979年共筛分矿厂118.1万吨，筛出粉矿13.8万吨，相当于减少粉矿吹损价值621万元，提高了平炉用料质量。但是，固定筛分设施受到堆场的限制，远处的平炉矿还需用火车倒运，而且仅能筛平炉矿，品种单一。又由于高炉块矿用料量大，品种多，特别是大量粒度不合格的综合块矿长期堆积，料场难于周转。因此，仅仅依靠这套固定筛分设施，满足不了高炉块矿的需求。

1979年，工业港把生产的重点从装卸转到提高原料质量、为冶炼提供精料的方针上来，并从固定筛分获得启示，改固定筛分为移动筛分。移动筛分的工艺流程是：推土机→漏斗→移动式皮带机→自定中心振动筛→分级造堆。其具体做法是：将漏斗和振动筛安置在移动式支架上，由推土机牵引，用移动皮带机将其前后联系起来组成一组筛分装置，随未经筛分的矿堆移动，筛分后将块矿与粉矿分别贮存，使块矿含粉率降至10%以下。工业港通过实践，制订出一整套移动筛分工艺，实现了块矿过筛率100%的目的。

工业港从1980年开始，结合堆场的实际情况，自己动手改装了8组移动筛分装置，明显地减少了筛分生产的中间环节，提高了筛分能力（表3）。移动筛分新工艺灵活机动，其优点有：第一，实现了块矿100%的过筛率，1980~1987年共筛块矿1058万吨；第二，将积压十多年的不合格品筛分成合格品，压缩流动资金1050万元；第三，移动筛分不需要中间运输环节，八年来共节约运费1068万元；第四，搞活了堆场，改变了生产被动局面。

**表 3 移动筛分历年完成情况**

| 年份 | 1980 | 1981 | 1982 | 1983 | 1984 | 1985 | 1986 | 1987 |
|---|---|---|---|---|---|---|---|---|
| 计量单位/万吨 | 49.5 | 105.9 | 91.8 | 103.3 | 144.6 | 168.5 | 187.5 | 207.3 |

## 四、采取中和措施提高供矿质量

工业港在贯彻“精料”方针中基本实现了第一期工程的破碎、筛分两大工序改造之后，立即步入粉矿中和阶段。按照设计方案，矿石场的第二期工程是精料矿堆场，配备皮带机和4台DQ3025型堆取料机，建成后，即可达到粉矿中和的目的。这些设备已陆续到达。1979年初，公司调整基建计划时，决定矿石场第二期工程缓建，但工业港仍在积极为矿石中和寻找出路，为用户提高供矿质量。

1. 利用基建下马设备搞技措

粉矿中和是从首钢学来的。当时的条件只能利用刮板机、挖掘机和推土机进行卸、挖、堆，收到一定的中和效果，为烧结厂生产创造了一定的条件。为了满足烧结厂的需要，1980年春，工业港建议并获准利用第二期工程的DQ3025型堆取料机安装在第一期堆场内使用，作为矿石中和的一项技术措施。

2. 创新设计新设备基础

DQ3025型堆取料机高17米，斗轮悬臂长25米，主车自重160吨，8个轮系着地，轨距5米，最大轮压23吨。据武勘地质钻探资料记载，工业港地区属第四系河流相冲积层，40米以下才见岩石，上部土质耐压只有1公斤/厘米$^2$左右。关于设备基础问题，设计会上曾提出三个方案，经过讨论分析，一致认为，长轨枕道碴基础方案较适合工业港的实际情况，而且投资少，效果好。根据工业港现有的技术力量，可以自行设计。按照“工民建TS74”规程，结合“铁道工务规则”，考虑各方面因素，经计算，钢筋混凝土轻枕的长度以2.3米为宜。此数据获得有关单位审核批准。

方案决定，在第一期堆场的四道上两个系列，DQ3025型堆取料要采用长轨枕道碴基础。为此，工业港组成一支11人的施工图设计队伍，因地制宜，结合实际进行设计并有所创新。例如，工艺设计：确定在四道北端上第一系列；改装2台刮板机集中卸车；三道为定点装车线；运料全部采用一米宽的皮带机。进场原料，使用DQ3025型堆取料机走行布料或者鳞形回转布料；出场原料，用DQ3025机斗轮端面直取或者水平层取，矿石在布料与取料过程中达到中和。关于堆取料机基础：考虑到人工杂填层经过三年多的预压和辗压，已固结形成了一个硬壳层，深处已达6米左右，是一层很好的下卧持力层，有利增强设备基础的稳定性，无需挖掘成道床。关于DQ3025型堆取料机的供电系统，亦改地沟滑线为架空卷筒电缆，并将电源点设在作业线中部。上述各项设计，均在两个月内圆满完成。

3. 自行施工安装新设备

自行设计，必然导致自行施工。在权衡施工力量后，遂将DQ3025机和3号皮带机及其电气安装工程，长轨枕道碴基础与铁路工程，刮板机改装及场地平整，1、2、4、5号皮带机安装及房屋土建等，分别分配给本港工程队、装卸队、重修车间及技术基建科，其他单位协作配合，各自相继成立了工程指挥部，统一由港指挥部指挥。工程队是承担矿石中措施的主要力量。该队虽是“四合一”队伍，技术参差不齐，更未见过这种大型设备，但有一个实践经验丰富的革新小组。工程队便以这个小组为骨干，虚心学习外单位的安装经验，认真听取制造厂家的解答，弄懂弄通设备说明书的安装图纸、大件安装工艺规程及质量检验标准，并将堆取料机分为20个组成部分，逐个安装检查。整个工程于1980年10月动工。施工中，他们借鉴外地的经验，针对原装部件存在的问题，革新改造达22个项目之多。经过七个月的努力，各项建筑安装工程陆续完成，在进行单机调试合格后，整个工程于1981年6月进行重负荷试车，达到一次试车成功。

第二系列工程于1981年11月开工，次年10月竣工。至此，矿石中和措施的两个系列顺利投产，两项工程共投资501万元。

粉矿中和措施工程建成投产后，生产工艺大为改观，这证明使用DQ3025型堆取料机布料和取料是成功的。这样，进场原料中鳞形堆料发展到回转走行堆料，布料均匀；出场原料由端面直取发展到斜坡分层取料。自1981年7月投产以来，到1987年12月止，共完成中和粉矿302.1万吨，缩小了极差，提高了原料质量。1年来粉矿中和效率每年都有提高（表4）。

**表4 工业港历年粉矿中和效率**

| 年 度 | 中和数量/t | 进场粉矿含 TFe 极差 | 出场粉矿含 TFe 极差 | 缩小极差 | 提高中和效率/% |
|---|---|---|---|---|---|
| 1982 | 271185 | 20.25 | 11.59 | 8.66 | 57.70 |
| 1983 | 252142 | 15.22 | 9.36 | 5.87 | 47.30 |
| 1984 | 269149 | 21.48 | 5.95 | 15.53 | 53.90 |
| 1985 | 530901 | 18.08 | 7.51 | 10.57 | 30.10 |
| 1986 | 507296 | 17.05 | 11.60 | 5.45 | 38.14 |
| 1987 | 559022 | 13.68 | 8.07 | 5.59 | 40.92 |

中和后的粉矿，含铁品位的波动范围随着含全铁极差的缩小，波动数值也越来越高，超过了公司各年下达的含铁波动指标，其详细数据列于表5。

**表5 工业港历年含铁波动指标与实际值**

| 年度 | 公司指标含铁波动范围±2/% | 中和后实际含铁波动范围/% | | |
|---|---|---|---|---|
| | | ±1 | ±1.5 | ±2 |
| 1982 | 85 | 70.37 | — | 93.51 |
| 1983 | 85 | 61.57 | 78.23 | 90.23 |
| 1984 | 85 | 64.70 | 79.35 | 90.20 |
| 1985 | 85 | 61.55 | 77.65 | 88.72 |
| 1986 | 85 | 56.60 | 75.88 | 84.16 |

由于中和粉矿提高了质量，为烧结、炼铁节约燃料、缩短冶炼时间、提高单位产量创造了良好的条件，为公司增产节约、增收节支作出了努力。

（原载《武钢炼铁四十年》，1998）

# 提高混匀矿质量的方法

王　光

## 1　概述

由于烧结原料品种繁多且进厂原料成分波动大，不同的矿石具有不同的矿物组成，矿石的烧结性能也各不相同，因此必须加以混匀，以求获得物化性能稳定的烧结原料。目前国内许多钢铁厂新建了混匀料场，对原料、燃料、熔剂进行混匀。原料混匀后对烧结及炼铁的节能降耗的意义是巨大的，可以提高烧结矿强度，增加烧结机产量，稳定高炉炉况，增加高炉产量，降低高炉焦比。武钢所购铁原料来源很广，包括进口粉矿、武钢自产矿、国内采购矿约近20个品种，且化学成分、物理性能相关大，如果没有混匀工艺则烧结厂很难保证烧结矿的质量。表1是武钢混匀场与国内外先进厂的设备装备水平对比及混匀矿质量水平比较。

**表1　武钢混匀场与国内外先进厂矿设备性能参数比较**

| 参数名称 | 武钢 | 宝钢 | 若松 | 大分 | 君津 |
| --- | --- | --- | --- | --- | --- |
| 混匀料场宽度/m | 48 | 33 | 33 | 31 | 29 |
| 混匀料场长度/m | 550 | 540 | 310 | 535 | 130 |
| 混匀料堆高度/m | 12.4 | 12.4 | 13.0 | 11.5 | 11.5 |
| 堆积量/万吨 | 21.3 | 23.5 | 16.0 | 14.0 | 6.0 |
| 料堆场数/个 | 1堆2取 | 1堆1取 | 2堆2取 | 2堆2取 | 2堆2取 |
| 混匀配料槽/个 | 11 | 8 | 3 | 7 | 3 |
| 配料槽容/$m^3$ | 400×5 | 400×4 | 500×3 | 185×3，130×1 | 530×3 |
| | 200×6 | 200×4 | | 120×1，147×1 | |
| | | | | 250×1 | |
| 配料圆盘给料机 | 2~100 | 20~100 | 150~750 | 50~200 | 220~1100 |
| 设计能力/$t \cdot h^{-1}$ | 200~1000 | 200~1000 | | 50~400 | |
| | | | | 50~600 | |
| | | | | 120~750 | |
| | | | | 200~1300 | |
| 槽容比/$m^3 \cdot m^{-1}$ | 3.79 | 2.67 | 2.50 | 1.20 | 1.71 |

从表1可看出武钢混匀料场的设备性能参数与国内外先进水平差不多，甚至某些指标如槽容比比其他厂要好。但武钢的混匀质量却与其他先进厂矿相差较大（见表2）。这其中虽有原料条件及设备性能的差距，但也有管理方面的问题。下面将从一次料场的初混到混匀料场的配、堆料加以分析，找出影响混匀矿质量的主因并提出解决方法。

**表2　武钢混匀矿与宝钢、马钢质量对比表**　（%）

| 厂别 | 武钢 | | 马钢 | | 宝钢（1995） | | 宝钢（1996） | |
| --- | --- | --- | --- | --- | --- | --- | --- | --- |
| 指标 | TFe | $SiO_2$ | TFe | $SiO_2$ | TFe | $SiO_2$ | TFe | $SiO_2$ |
| max | 59.83 | 7.72 | | | | | | |
| min | 57.24 | 6.21 | | | | | | |

续表2

| 厂别 | 武钢 | | 马钢 | | 宝钢（1995） | | 宝钢（1996） | |
|---|---|---|---|---|---|---|---|---|
| 指标 | TFe | $SiO_2$ | TFe | $SiO_2$ | TFe | $SiO_2$ | TFe | $SiO_2$ |
| 极差 | 2.59 | 1.52 | 1.45 | 1.29 | 2.44 | 1.12 | 2.00 | 0.94 |
| 平均值 | 58.6098 | 6.9506 | 63.1440 | 6.5460 | | | | |
| 标准偏差 | 0.6212 | 0.3556 | 0.367 | 0.308 | 0.513 | 0.237 | 0.413 | 0.203 |

## 2 提高一次料场的预混效果

### 2.1 选择适宜的堆料工艺

武钢工业港的一次料场及堆取料设备见表3。

表3 武钢工业港一次料场设备性能

| 项目名称 | 江边水运一次料场 | L-D料场 | 陆运一次料场 |
|---|---|---|---|
| 堆取料机 | 堆取料机：4台 | 堆取料机：2台 | 堆料机：1台<br>取料机：1台 |
| 设计能力/$t\cdot h^{-1}$ | 堆料能力：1250 | 堆料能力：600 | 堆料能力：1500 |
| | 取料能力：1250 | 取料能力：300 | 取料能力：1200 |
| 料场面积/$m^2$ | 5.4万 | 5.0万 | 4.7万 |
| 贮矿品种 | 进口粉矿、块矿、球团 | 国内粉矿、精矿 | 熔剂、粉矿、精矿 |

一次料场堆取料机作业方式有三种，分为定点堆料、条形堆料、鳞形堆料，而以后两者初混效果较好，因为定点堆料易产生粒度偏析（见图1）。武钢原料品种多、杂，成分、粒度波动不一，进口粉矿无论是化学成分或是物理性质均明显好于国内矿，所以可根据不同设备及原料采取不同的堆料方式，以满足质量、生产、设备各方面的要求。

2.1.1 鳞状布料

鳞状布料要求设备回转、行走、俯仰机构频繁动作，由于无自动定位、测高的自控系统，对岗位操作工人素质要求较高，控制堆高、堆距如不能始终如一，则初混效果将大减，因此在自动控制系统未应用前我们对陆运一次料场、江边水运一次料场的进口粉矿多采用定点堆料，而对国内粉矿则一定要求采用鳞形堆料法。以陆运一次料场的堆料机为例，在堆国内粉矿及武钢自产精矿时，采用鳞状布料（见图2）。这样可显著减少粒度偏析及成分波动。

2.1.2 L-D料场

由于DQ3025堆取料机可行走布料，所以现采用单条人字形堆料，以减少粒度偏析。经过与以往定点堆料成分的比较，可见行走布料后初混成分比初混前有较大提高。当然如可采用鳞状或条形堆料（见图3），则初混效果更佳（见表4）。

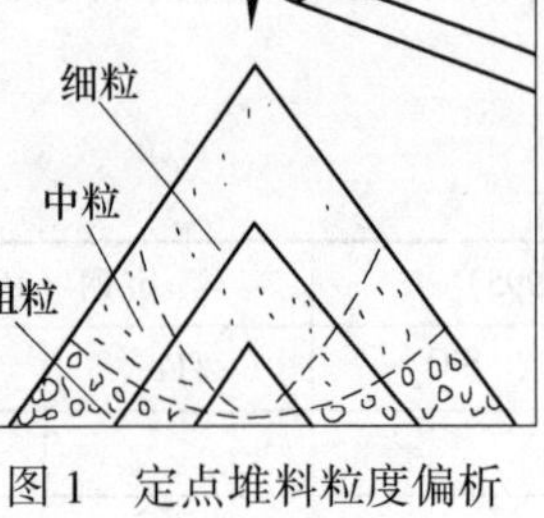

图1 定点堆料粒度偏析

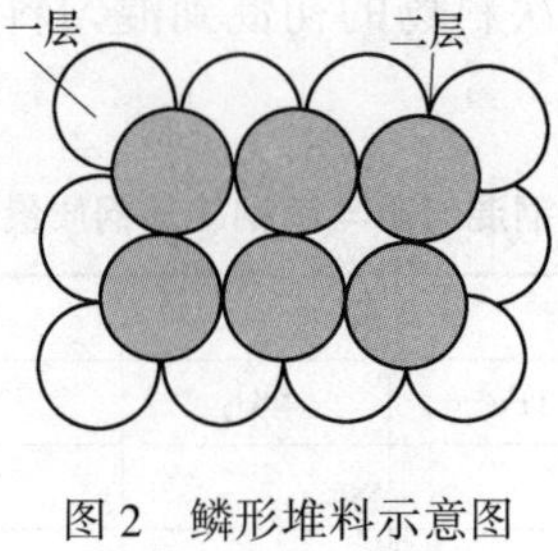

图2 鳞形堆料示意图

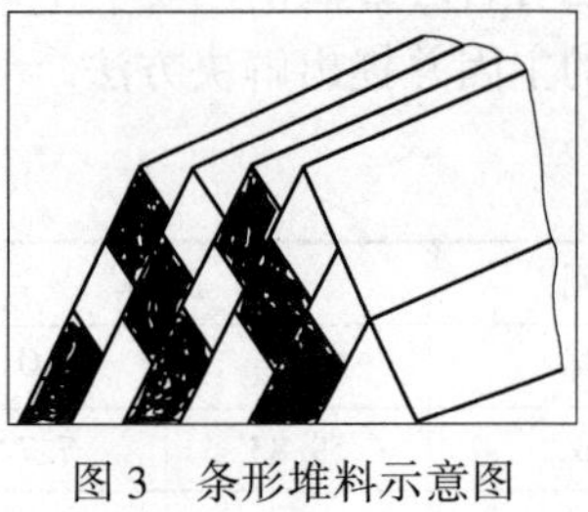
图3 条形堆料示意图

表4 综合粉行走堆料成分表 (%)

| 综合粉 TFe | 最大值 | 最小值 | 极差 | 平均值 | 合格率 |
|---|---|---|---|---|---|
| 堆料前 | 58.30 | 36.21 | 12.09 | 50.10 | 50.96 |
| 行走布料后 | 59.92 | 38.87 | 11.05 | 50.82 | 70.10 |

注：堆料前的合格率按合同要求定义；50%为基数上限+3%，下降-2%；行走布料后初混合格率则按基数的±1.0%计算。

#### 2.1.3 一次料场的少量工艺性杂矿处理

主要是用汽车倒运及用铲车加以配合翻整、平铺，进行初混，当然最好还是在其中一台堆取料机尾车皮带前加一漏斗，把杂矿倒入漏斗，通过堆取料机进行行走或鳞形布料，这样可大大提高杂矿的初混效果。

### 2.2 适宜的取料工艺

一次料场取料按旋转分层分段取料（见图4)，这样可保证送料量稳定、均匀，从而提高设备作业效率，亦可减少因送料量波动引起的皮带跑偏的可能性。

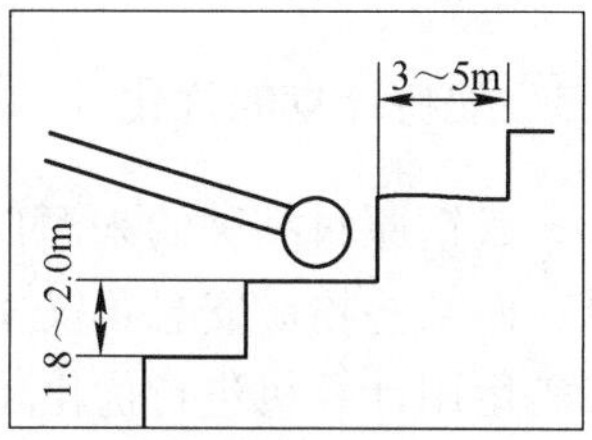

图4 旋转分层分段取料方法

(1) 旋转调速是为了保证料流的均衡，取料机臂回转速度按 $1/\cos\phi$ 函数自动无级调速，以弥补取料的月牙损失。

(2) 分层取料可保证原料的初混，对条形和人字形堆料如采用分层分段法取料，以堆料机的行走布料速度及生产能力计算，每层高 1.8~2m，则每取一层含布料层数 8~10 层，可以有较好的初混效果。

(3) 分段则可充分利用料场，先堆先取，提高料场利用率。

### 2.3 货场管理

一次料场应严格落实启、封堆制，严禁对同一料堆边堆边取。对货位要进行定置管理，要充分利用货位保证货位的堆积贮量，并尽量减少货位的变更，以减少工艺性杂矿的产生。

## 3 混匀料场成分波动控制

武钢工业港的混匀取料机是滚筒式混匀取料机，对料堆进行的是全断面取料。由于可横向混匀其受混匀料堆表面粒度偏析影响较小，另外由于有料耙的往返耙料，可保证在高度方向上的全断面混匀，其混匀效果要比以斗轮效果更好。但由于先天原料不足及后天管理不佳，混匀矿成分与国际先进水平仍有一定的差距。下面将针对生产中的实际问题来分析影响混匀质量的主要问题并对问题的解决提出几点看法。

### 3.1 配料槽进料作业线少的问题

武钢混匀场料场面积、堆取料设备、配料槽容积与烧结机面积之比都在国内处于先进水平。但目前许多设备的设备作业率还达不到设计水平，且混匀场配料槽上只有两条进料线，加上作业线长，换品种也影响作业时间，所以当配料品种数过多时很难保证每层料成分与配料计划的成分一致。虽然细化 Block 作业计划可以减少这种偏差，但毕竟只能控制一种成分，其他成分的波动必然要大，自然影响混匀矿质量。进料作业线组织不过来，严重制约将来实现熔剂、燃料、铁原料全混的可能。在未上新料线时，可以通过严密组织生产，提高作业水平来解决料线不足的瓶颈：

(1) 提高一次料场取料机操作人员的作业水平，保证取料作业的均匀、稳定，争取达到设计水平 1200t/h。

(2) 通过组织、协调减少换品种的频次及时间。

### 3.2 原料成分的化、检验问题

(1) 首先是入场成分化、检样太少。由于国内粉矿来自全国各地，同一品种但不同产地的原料成分波动很大，取样频次不够不能充分反映原料实际情况。

(2) 制定配比计划时原料成分数据与在配料槽下所配料的数据有出入，这导致实际建堆与计划有一定的偏差。

(3) 配料槽下原料检验频次太少，成分反馈不及时，不能及时对所配料进行微调。国外先进水平可在 5~10min 内反馈一个数据，从而可在配料作业过程中及时调整配比修正误差，进行动态控制，而非事后弥补。

解决化、检问题是提高混匀矿质量的先决条件，在没有新上化、检验设施及在线检测设备之前，应从管理上下功夫：

(1) 增加取样频次，特别是特殊品种的取样数。

(2) 保证取样精度、准确率。在向混匀送料作业的一次料场堆位上取样，即在送料前先获得预成分，然后在配料槽下取样即配料后的成分的掌握，以利在以后作业中进行微调，保证与配比计划的一致性。

(3) 化验结果反馈的及时性可保证对混匀质量控制的及时性及最大限度地减少成分波动。

当然如能在线上检测设备对配料、堆料进行动态控制是最好的解决办法。

### 3.3 配料计划的优化

武钢原料品种的来源广、成分杂。例如，精矿的安息角可达 40°，水分达 14%，粒度全部小于 100 目；而某些粉矿安息角仅 35°，水分 2%，粒度分布范围很大，合理选择配料品种难度较大。目前有许多厂矿运用计算机进行优化配比，配比的优化主要利用运筹学线性规划的单纯形法优化计算，以降低混匀矿成本为单一目标或以成本、建堆周期、成分控制的多规划目标。但一个好的配比计划不一定就是一个好的配料计划。经过优化配比计算出来的配比虽能稳定成分也能降低配矿成本，但可能由于货位的布置，料场的贮量及作业线的选择的不便，从而影响生产，增加倒运成本，反而使总的成本增加。所以配料计划的优化并非简单的通过一个程序来计算得来，而应该对工业港的原料场进行物流系统的系统分析：

(1) 对港口码头的装卸作业调度进行优化，合理分配各码头作业任务，减少船只在港停泊时间，以尽量提高装卸作业效率。

(2) 分析各料场的货位布置、料场贮量还要考虑到长期的合同量，以尽量减少杂矿的产生，减少无谓倒运，消除对流及迂回运输。

(3) 优化作业线的选择。保证各作业系统能力匹配，消除瓶颈约束。如原 L-D 料场的堆取料机取料能力仅 300t/h，堆料时又不可取料，与配料槽两条进料线 1200t/h 的能力不匹配，加以改造后堆取能力均为 600t/h，这就为多品种配料创造了有利的条件。

(4) 优化配比计划，以改善原料结构、粒度组成，有效地消化杂矿，降低配矿成本。

这几方面是所有原料场都应加以考虑的问题。每个问题分开来解决不是难事，但作为一个整体系统来考虑加以统筹规划，则不是一件易事，应建立配料的模型和专家系统。事实上由于国内粉矿与国外粉矿质量相差太远，基于降低成本的目标来算，肯定要大量减少进口矿，增加国内粉矿，这样必然还是要影响到匀矿的烧结性能。所以并没有从全局考虑，以烧结、炼铁等后工序的成本及质量为目标进行规划。如果工业港成本的增加带来的是烧结、炼铁的成本的降低及炼铁工序的总成本的降低，这是值得的。这如同前些年对建混匀场的不同看法一样，新建混匀场不仅要投入大量资金，并且多了一道混匀工序，增加了成本，但混匀场的效益体现在下工序，成本应反映在总的成本上。

### 3.4 提高堆料作业水平，减少粒度偏析

(1) 保证下料点的对中，堆料机对中漏斗应随着悬臂俯仰角度的不同而自动调整不同的角度，而不是靠人工去调整钢丝绳的长度。堆料机下料点的偏移无非是悬臂与轨道不成 90°角，下落料的抛物运动没能由对中漏斗控制准。这两方面问题的解决对粒度偏析的减少无疑是积极的。

(2) 由于端部料成分波动很大，武钢工业港目前堆料作业方式采用变起点定终点。无疑起点对减少头部端部料的影响有显著作用但采用起点个数多少没有定论。限于目前堆料机的性能不可能有很高精度的定位，堆料点过多，端部料混匀效果无明显提高，且可能过犹不及。根据武钢与武汉冶金科技大学联合进行的科研项目表明，起点个数为 8 个左右较好，每点相距 $(h/\tan37°)/n$，以 15 万吨的大堆为例，堆高约为 10m，则每点相距 1.66m。

对尾部端部料，有资料介绍延长堆料机暂停时间及采用死料堵头。延长堆料机暂停时间可改变端部

形状从而减少端部料占大堆料量的比例，但也应加以处理。采用死料堵头要求各大混匀堆的成分稳定一致，不必每次都处理端部料，但最后随着建堆数的增加，尾部料越积越多，减少了有效堆场，而如果没有取料后返回一次料场或混匀配料槽的作业线，则很难加以处理。工业港目前用铲车倒走部分端部料，再沿料场长度方向平铺，来减少成分波动的影响，但这是权宜之计。等返回料线建成后，尾部縣部料将返回一次料场，再重新混匀，那么采用死料堵头结合堆料机延长暂停时间未免不失为一种好的处理方法。

（3）堆积层数的多少目前有较多意见，但普遍认为500~600层以上最好，混匀效率指数：

$$M = \left(1 - \frac{\sigma o}{\sigma i}\right) \times 100\%$$

式中，$\sigma o$ 为输出料流的标准偏差；$\sigma i$ 为输入料流的标准偏差。

据经验有：

$$\sigma o = \frac{\sigma i}{\sqrt{n}}$$

由上式可看出，为保证混匀矿质量应尽可能提高堆料层数。但当堆高达到一定高度时，最上一层料布不满整个堆面。考虑到目前堆料机实际水平及大堆量，考虑建堆周期并保证堆料末期仍然可以使料布满整个表面，并在一定堆高时尽量增加料堆层数（生产能力应与堆料层数成正比），堆料层数应有一个限制数以保证：

$$h_n > d_{max}/\tan 37°$$

及

$$h_n = \left(\sqrt{n} - \sqrt{n-1}\right) h_1$$

式中，$h_n$ 为第 $n$ 层料的厚度；$d_{max}$ 为混匀料的最大粒度；37°为混匀料的安息角。

由上面二式可计算出合理的层数，笔者认为堆料层数应综合考虑，各厂应结合实际水平加以确定：

（1）根据本厂的原料结构及各原料的物化性能，对不同的配比不同的粒度组成以不同的堆积层数。

（2）结合本厂设备水平、配料槽、圆盘、堆料机能力来考虑。

（3）综合大堆堆积量、料场参数加以考虑。

通过工业港设备及料场参数的计算，当料堆长定为500m 时，不同情况下堆料层数见表5。

由于愈往上料层愈薄，所以在堆料后期，应尽量提高堆料机的小时能力，以使每层料层厚度均一。

**表5 不同堆料参数的计算比较**

| 堆料能力/$t \cdot h^{-1}$ | 大堆量15万吨 | | | | 大堆量21万吨 | | | |
|---|---|---|---|---|---|---|---|---|
| | 堆高 | 建堆时间 | 层数 | t/层 | 堆高 | 建堆时间 | 层数 | t/层 |
| 1000 | 9.7m | 150h | 432 | 347 | 12.4m | 210h | 605 | 347 |
| 1200 | 9.7m | 125h | 360 | 417 | 12.4m | 175h | 504 | 417 |
| 1500 | 9.7m | 100h | 288 | 521 | 12.4m | 140h | 403 | 521 |

### 3.5 控制杂矿及成分波动大矿石对混匀矿的影响

武钢工业港原料场工艺性杂矿较多，这些杂矿成分波动大，再加上各种国内粉矿不仅成分、粒度波动大（经常有一些粒度超上限15%以上），而且杂物多，这些都对混均质量有很大影响。因此一方面在一次料场加强对这些矿种的初混，对部分大块杂物先行处理走；另一方面在制定配比计划时严格控制其配比量并且对这些矿入配料槽前要求必须经过块筛筛分，以减少这些矿石对混匀质量的影响。

## 4 结语

武钢原料场的设备总体水平在国内、外应是先进水平，为提高混匀质量使之达到国内先进水平乃至国际先进水平，必须依靠科技进步。首先必须提高岗位操作水平；其次解决化、检验问题；然后进行配料优化，建立配料模型及完善混匀模型的工作；最后如能建立专家系统，建立企业管理信息系统 MIS，构建企业网 intranet，那么混匀矿质量肯定有较大提高。

（原载《武钢炼铁四十年》，1998）

# 武钢港务公司技术进步

熊新海　唐秀兰

武钢港务公司的前身为武汉钢铁公司工业港，1978年建制，1993年更名为武汉钢铁（集团）公司港埠公司，1996年再度恢复工业港名称，2005年更名为武汉钢铁（集团）公司港务公司（以下简称港务公司）。港务公司是在原工业港基础上，由武钢矿业公司鄂州球团厂码头、武钢江北公司阳逻码头、武汉青山外贸码头和武钢投资兴建的浙江舟山码头整合建成的。

武钢港务公司承担着武钢原、燃料的接收、贮存、中和、混匀、输送和钢材水运外发的重任，是武钢钢铁大生产的重要工序。经过几十年来的建设，目前已拥有13座码头（青山本部9座，鄂州分公司4座）、两台翻车机、6大料场、22台堆取料机，码头年吞吐量2500万t，公司年总作业量超过6000万t，有17亿多元的固定资产和200多名工程技术人员。

武钢港务公司伴随着武汉钢铁（集团）公司的发展而壮大。为了适应武钢生产能力的扩大，港务公司承担的接卸、运输、外发任务越来越大，装备水平也随着业务量的增加而显著提高。在武钢生产能力扩大的进程中，港务公司的技术改造几乎没有间断过，主体设备和工艺技术都达到了前所未有的水平。

## 1　码头主体设备的建设

### 1.1　100万t水运接卸能力的形成

在工业港建制之前，由于作业量不大，沿长江岸线只有几个小的趸船，1976—1978年间年卸船能力只有40万t，陆运装卸能力约100万t。1978年，武钢第一次使用澳大利亚进口矿，总量达150万t，其中船运量100万t。为了接卸这100万t矿石，港务公司将规划用于钢材出口的5号、6号码头进行改建，选用M10—25型双10t浮吊作为卸船设备，趸船至岸坡架设钢引桥，安装皮带机，将矿石运至货场。1977年、1978年，5号、6号码头先后建成投产。港务公司接卸能力第一次达到100万t的水平，为武钢的生产发展迈开了新的一步。

### 1.2　钢材外发码头的建设和投产

为改善钢材仓储和外发质量，武钢集团公司分别于1998年、2001年、2004年将8号、9号码头库场地面铺设了水泥地坪。2005年，港务公司再次对8号、9号码头进行技术改造，将9号码头后方露天库场改造为封闭式钢材库场，以满足“双高”产品仓储和外发质量要求，子堤外增设4个钢材堆货平台，8号、9号码头的外发能力由120万t/a提高至167万t/a。

### 1.3　3号码头适应接卸江海直达轮的技术改造

为寻求降低矿石运输费用的新途径，1997年5月，武钢生产部、港务公司和船运单位共同组织了江海直达运输的试验，“江夏轮”号船舶首次从北仑港运输矿石直达武汉青山外贸码头接卸，然后汽车运输至港务公司货场。首次矿石江海联运取得了较好的经济效益，为长江内河船舶的发展及码头技术改造提供了新的思路，为降低运输成本、减少矿石周转和亏损开辟了新的途径。港务公司于1998年1—12月对3号码头进行了适应接卸江海直达船舶的改造，提高了码头系泊能力，保证了作业安全，码头年卸船能力由80万t增加到100万t。

### 1.4 “十五”期间的码头技术改造

随着武钢钢铁产能的大幅提高，进口矿石量不断增大，码头卸船能力严重不足，卸船设备日益老化，港务公司矿石卸船成为集团公司生产中的瓶颈。例如，736B 双浮吊（即钢港 2 号）从 1974 年投入使用，至 2002 年已使用 28 年，由于超寿命使用，设备故障率高，结构安全难以保障，性能落后，需要更新换代。集团公司批准更新钢港 2 号卸船设备，港务公司和设计单位通过对现有的链斗卸船机、浮式抓斗起重机和桥式抓斗卸船机的优缺点进行比较和船型发展分析，提出了采用双桥式抓斗卸船机的改造方案。该卸船设备是在浮趸上设置两台可行走的桥式抓斗卸船机，适应 8000t 级以下船舶的卸载。经过港务公司、设计单位、制造单位的共同努力，2005 年 12 月 24 日，新型浮趸式桥式抓斗卸船机研制成功，并运抵 6 号码头试运行。新型浮趸式桥式抓斗卸船机的年卸船能力为 300 万 t，是港区卸船能力最大的卸船设备，2006 年 5 月达到了设计能力。

为实现码头生产能力与年产 1400 万 t 钢生产能力的配套，港务公司还对 1~4 号码头进行了同步改造。2004 年底将 1 号水渣码头、2 号工作船码头改造为直立式矿石卸船码头。码头前沿卸船设备选用 4 台 ZXQ750 桥式抓斗卸船机，单台设备卸船能力为 750t/h，两座码头年卸船能力为 592 万 t，设计代表船型为 5000t 和 2000t 级船舶，码头靠泊能力为 1 万 t 级，为长江中上游泊位等级最高的直立式码头，为江海直达船舶的发展创造了很好的条件。2005 年末，3 号、4 号浮式码头的技术改造动工，码头形式、卸船设备、泊位等级、卸船能力等均与 1 号、2 号码头相同，岸上皮带机与码头卸船能力相匹配。

经过持续不断的技术改造，港务公司码头装备水平不断提高，目前年卸船能力已达到 1744 万 t，钢材外发能力达到了 167 万 t/a，加上港务公司加强调度指挥，进一步挖掘码头卸船潜力，基本可满足武钢本部青山地区年产钢 1800 万 t 的生产需要。

## 2 港务公司原料场作业线的改造及原料处理工艺的发展

港务公司原料场原为武钢运输部的临时中转堆场，为实现与武钢主生产线能力同步，建港后首先开始对矿石场进行技术改造。随后又根据武钢扩大产能的需要，进行原料场的扩建改造工程、综合煤场、四烧原料供应系统、第二混匀料场的建设、堤内水运一次料场改造等，这些改造工程有的是以炼铁原料质量改进为主，有的是以扩大钢材外发能力为主。

### 2.1 以块矿筛分为主的技术改造

建港之初，原料处理工艺以块矿加工为主，港务公司在江边料场安装了平炉块矿的固定筛分设施，对平炉和高炉块矿分级过筛，将块矿中 60mm 以上的大块和 10mm 以下的粉矿筛除。随着块矿用量的增加和品种增多，料场难以周转，固定筛分设备受到堆场的限制，远处的块矿还需倒运，仅仅依靠固定筛分设施满足不了高炉块矿用料需求。从 1980 年开始，改装了 8 组移动筛分装置，实现了块矿 100%过筛，将积压多年含粉率超标的不合格矿筛分成合格品，盘活了堆场，改善了筛分质量。在后来的 3 号、6 号、7 号码头改造中，均考虑到块矿筛分的需要，在码头后方作业线上安装了在线筛分设备，块矿卸船时直接过筛后落地，块矿加工能力逐步提高，满足了高炉生产的需要。

### 2.2 以国内粉矿中和混匀为主的 L—D 料场技术改造

为了贯彻高炉精料方针，降低烧结用粉矿的质量波动，港务公司从 1980 年开始实施粉矿的中和混匀。在 L—D 料场技术改造中，先后安装了两台 DQ3025 堆取料机，进场的国内粉矿由刮板机卸车后通过 DQ3025 堆取料机进行鳞形回转布料、子母堆料、行走布料，出场原料由 DQ3025 堆取料机台阶分层取料输出。2 台堆取料机分别于 1981 年 6 月和 1982 年 10 月投产。此后，港务公司生产工艺由简单的接卸、仓储、装车转变为以粉矿的中和混匀为主，为炼铁系统的稳定生产和节能降耗发挥了重要作用。

### 2.3 以扩大生产能力为主的原料场和作业线技术改造

港务公司刚成立时主要作业任务是矿石卸车、筛分、破碎、转堆和装车，年总作业量不到 300 万 t。料场主要作业设备是挖掘机、推土机和抓斗。为适应武钢生产发展的需要，港务公司对原料场和作业线进行了大规模的技术改造。

2.3.1　江边水运一次料场技术改造

水运一次料场技术改造工程 1986 年开工，1989 年 9 月 29 日完工，共建设 8 个长 290m、宽 28m 的堆场，4 台 DQLK1250/1250-30 型斗轮堆取料机（即 DQ2、DQ3、DQ4、DQ5），17 条皮带机，总长 3148.73m，皮带机运输带宽度 1200mm，4 号、5 号码头接卸矿石可通过堆取料机造堆并输出，实现了水运原料生产工艺的重大变革。

随着武钢生产规模的扩大，码头接卸能力和原料储存能力不足的矛盾日益突出，特别是进口粉矿接卸能力和货位仓储能力严重不足。2002 年，武钢集团公司投资对 6 号、7 号码头作业线进行改造，新建 DQ6 堆取料机，对作业线进行优化，增加块矿筛分设施，该项目于 2004 年正式投产。

2005 年年初，江边水运一次料场与 1 号、2 号码头同步进行改造，包括新建 1 号、2 号码头旁通线、M4 系列作业线、DQ1 堆取料机及作业线、改造江边 11 号转运站。2005 年年底，为适应港务公司 3 号、4 号码头改造工程的需要，满足码头接卸矿石的转运、堆存系统能力的要求，对 3 号、4 号码头后方料场同步进行配套改造。新建了转运站及皮带输送系统，使 3 号、4 号码头接卸矿石可对应送至 DQ1~DQ4 任何一台堆取料机并进入堆场，对 DQ2、DQ3、DQ4 堆取料机进行了适应性改造，供电系统同步进行适应性改造，堆料能力由 1250t/h 增加到 1560t/h，与 3 号、4 号码头的卸船能力匹配。

2.3.2　矿石场技术改造

矿石场的技术改造工程于 1989 年投产，主要项目有 N1 翻车机室和 1 条翻车机作业线，有 1 台 KFJ-3B 型翻车机，4 条皮带机，3km 车辆集结站场；650m×48m 陆运一次料场（E 料场）有 1 台 DBK1500-43 型堆料机，1 台 QLK1200-51 型取料机，26 条皮带机；2 个 550m×40m 混匀料场，有 1 台 DBKH1900-30 型混匀堆料机，1 台 QLG1500-40 型滚筒式混匀取料机，11 套配料仓及圆盘给料机，25 条总长 4500m 的皮带机，形成 7km 的皮带通廊。矿石场的技术改造结束了港务公司矿石输出以装车为主的历史，实现了矿石由皮带输送的工艺。

2.3.3　综合煤场的建设

为满足武钢自备电厂的生产需要，1994 年开始新建武钢综合煤场，包括 N1 翻车机室 2 号翻车机及作业线、煤一次堆场（H 料堆）、配煤槽及输送机线。煤场原设计贮存自备电厂一期工程用煤和 6 号高炉喷吹用煤，料场占地 2.35 万 $m^2$，配备堆取料机各 1 台，DB1500-43 型堆料机的生产能力为 1200t/h，QC1200-51 型取料机生产能力为 700t/h，设置 6 个配煤槽及 6 套定量配料装置。1997 年 8 月 5 日，综合煤场第一次向自备电厂送混配煤成功。综合煤场投运 10 年来，不仅满足了自备电厂生产的需要，还承担着四烧、五烧及新一烧等车间无烟煤的接卸和输送任务。

2.3.4　四烧车间原料供应系统的新建

四烧车间原料供应系统为矿石场扩建改造工程的一部分，由于四烧车间建设提前实施，1998 年 11 月，该系统全面投产，主要包括拆除杂矿料场，建设陆运一次料场的 C、D 料条，新增堆取料机各 1 台，扩建陆运一次料场的输入、输出料线，新建从原料场向四烧供应混匀矿、熔剂矿、煤的输送机线 3 条，新建江边 M3-B201 料线与 E4 料线贯通。至此，四烧车间的配套工程除第二混匀料场缓建之外，其余项目全部完工。

2.3.5　堤内水运一次料场建设

随着矿石水运量的增加，2005 年将一次料场改造为堤内水运一次料场，该项目主要包括：新建 3 台 DQLZ1200/1560-40 型堆取料机及作业线，设计年周转能力为 750 万 t，为保证块矿输送质量，料场北端新建一套块矿筛分设施。2007 年 3 月，堤内水运一次料场二期工程开工，包括新建一期工程遗留项目 SR2 及作业线，E7 块矿、球团输送作业线，2008 年 4 月正式投入试生产。在堤内水运一次料场的设计中，港务公司和设计院共同研究选型，采用了国际上先进的管状皮带输送技术，该工艺具有高效、节能、环保的优点，并能适应各种复杂的地形。水运一次料场技术改造中研制了国内最大的块矿除粉筛，筛面尺寸 10.0m×3.8m，通过能力 1200t/h，筛分效率高达 85%。在料场改造中还采用了新的堆取料机设计理念，采用整体变幅、单油缸俯仰、三支点门座支撑的结构，改善了堆取料机的性能和作业的可靠性。

2.3.6　第二混匀料场的建设和投产

2003 年 11 月，第二混匀料场竣工投产。该工程主要包括 1 台 DBH1900-31 型混匀堆料机，2 台 QL-

HG1500-40 型滚筒式混匀取料机，8 个全钢结构的双曲线配料槽，其中 6 个 400m² 大槽，2 个 200m² 小槽，以及有效长度为 330m、储量为 13.7 万 t 的混匀料场，设计年生产能力为 430 万 t。G3 料条于 12 月 17 日首次实现向四烧车间送料，标志着第二混匀料场的生产步入正轨。因二烧车间移地改造，在四烧区域增加 1 台大烧结机，四烧区域的原燃料供应系统的作业量翻一番，集团公司立项新建 1 条从陆运一次料场至烧结新统的熔剂矿输送线。这条熔剂矿输送线同时具备输送粉矿的功能，而原熔剂矿输送线则以输送混匀矿为主，共配套新建 5 个台架，改造 3 个转运站。该工程 2004 年 9 月开工建设，2005 年 10 月建成投产，保证了新二烧及新一烧原燃料的正常供应。

至此，港务公司矿石堆场有效面积扩大到近 41 万 m²，其中，堤内水运一次料场 10 万 m²，江边水运一次料场有效面积 12.9 万 m²，陆运一次料场 9.846 万 m²，一混匀料场 3.468 万 m²，二混匀料场 2.224 万 m²，煤场 2.35 万 m²，堆场一次储量可达 300 万 t。

## 3 混匀矿生产能力的形成和质量的提高

原料混匀对贯彻高炉精料方针，稳定烧结矿质量，提高炼铁系统的技术经济指标有重要作用。武钢烧结原料的特点是品种多，粒度、化学成分波动大，更需要有完善、先进的混匀工艺及设施。因此，在矿石场技术改造一期工程的初步设计中，武钢公司决定进行以新建混匀系统为主的矿石场技术改造。

为了考察精矿粉参与混匀的可行性及对混匀设备进行选型，从 1983 年 2 月—1984 年 6 月，中冶南方工程有限责任公司、武钢、哈重 3 家联合进行了滚筒式混匀取料机的模拟试验。该试验虽然在堆料工艺不完善的情况下进行，但通过混匀取料机取料，仍获得了良好的混匀效果。1985 年 11 月，模拟试验通过了冶金、机械两部组织的联合鉴定，并认为该试验证实了以精矿为主的混匀工艺是可行的，滚筒式混匀取料机用于以精矿为主的混匀是适宜的，为设备的选型提供了依据。第一混匀料场 G1 料条于 1992 年 1 月建成投产，G2 料条于 1995 年 8 月投产，共有 11 个混匀配料槽（其中 5 个 400m² 大槽，6 个 200m² 小槽）。混匀配料设备采用了圆盘给料机（即自动定量排料装置）和带式输送机。圆盘直径 3600mm，属国内最大的圆盘给料机，此圆盘给料机移植了宝钢技术，但在传动机构上进行了改造，将平面涡轮传动改为平面二次包络涡轮轴。配料设备的技术关键是变频调速，从原设计看，控制系统与上位机联网，当时在国内是自动化水平较高的配料设备。原设计共有 3 条进料皮带作业线，2 条进料皮带作业线上有粉矿去杂筛，用于筛除粉矿中的大块和杂物，1 条进料皮带作业线将不需去除杂物的原料直接送进配料槽。设计生产工艺为：通过圆盘给料机经皮带电子秤完成各种原料的配料，送至 DBKH1900-30 型混匀堆料机进行人字形堆料，造堆，混匀矿用滚筒式混匀取料机全断面截取送至烧结厂。混匀料场的建成投产标志着武钢的烧结原料准备从原来的初级阶段发展到了参与质量控制的高级阶段。

虽然混匀料场在设计中选用较先进的混匀堆取料机及先进的控制手段，但由于国内设计制作缺乏经验，武钢原料混匀工艺及装备技术需逐步完善，包含了原料场堆取料设施的整改，混匀料场生产工艺的改进，自动控制手段的实现，以及原料管理模式的优化等各方面。

### 3.1 混匀生产系统设备缺陷整改和功能完善

1992 年初，A 料条刚投产时设备问题很多，要使混匀料场达到设计能力，必须进行设备改造。例如将配料仓内壁改为指数曲线型，配料槽料位计由重锤式改为超声波式，改造了配料皮带秤，改进了配料圆盘和卸料小车的传动机构。1998 年完成了配料自动控制系统的改造。1999 年完成了 QLG1500-40 滚筒式混匀取料机电控系统攻关，成功地解决了跨距 40m 的大型设备行走同步的关键技术难题，开发了自动纠偏控制软件，使系统具有设备简化、运行可靠、维护管理方便和故障率低的特点，在国内首次实现了全自动同步运行和超低速、宽范围及自动纠偏控制。2001 年对 BSTI 混匀堆料机自动控制系统进行大规模改造。以上混匀设备系统的改造不仅显著提高了自动化水平，还使混匀矿的生产更加顺行，产量得到大幅度提高。

### 3.2 混匀 BLOCK 配料堆积的试验

混匀料场 B 料条投产之前，混匀矿处于间断生产阶段，混匀矿只能作为烧结配料的一个替代品种。

参与混匀的基本是进口矿，约占 90%以上，因此混匀矿品位与澳大利亚粉矿相当。B 料场投产初期，虽然具备了向烧结连续供应混匀矿的能力，但设备缺陷较多，另外对混匀技术的了解和掌握不够。在混匀技术方面，我们移植了宝钢的 BLOCK 配料法。BLOCK 配料法即分组配料，使同时配料的品种数少于大堆配料品种数，便于生产组织。一个大堆有多个品种参加配料，将配料计划分成 4 个 BLOCK，各 BLOCK 数量大致相等，成分相近，每个 BLOCK 又分为几段，各段配料品种不尽相同，但成分相近。从 1996 年 2 月—2000 年，开展了 BLOCK 配料的实验与优化，分别进行了 2 个、3 个、4 个及 6 个以上品种同时配料的试验，使同时参与配料的品种由最初的 2 个最终达到并长期稳定在 8 个，混匀矿质量不断改善。试验证明，随着同时配料品种量的增加，混匀质量呈上升趋势，在当时的技术条件下，BLOCK 配料的使用及优化对混匀矿的质量控制和提高起了关键作用。

## 3.3　铁矿石混匀堆积规律研究与工艺优化

### 3.3.1　*铁矿石堆积规律的研究*

在开展设备缺陷攻关及 BLOCK 配料堆积的同时，针对铁矿石种类繁多，成分与性质波动大的特点，1995 年与武汉科技大学合作，共同对铁矿石混匀堆积过程的理论与规律开展研究。研究内容包括实验室试验、数学模型建立、混匀料条取样分析、全过程混匀效率大规模分析等。这项研究课题获得了以下主要结果。

(1) 通过实验室研究，发现在矿石堆积过程中普遍存在粒度偏析现象。原始粒度范围越大的矿石，堆积时发生的粒度偏析现象越严重，将几种矿石混合后再进行堆积可大大减轻粒度的偏析。

(2) 存在一个决定料面完整性的临界堆积量。临界堆积量与矿石的最大颗粒直径、原有料面倾角和堆积矿石的自然堆角有关。当每次堆积的料流量低于该临界值时，就可能生成两种不同类型的不完整料面，不完整料面的出现将使料堆在端面上分布不均，影响横断面上的混匀效率。

(3) 数学模型研究表明，应尽量增加参与混匀矿石的品种，适当增加堆积总层数，这可显著提高混匀效率。同时发现在一定范围内增加堆料机的起点个数可显著减少质量不合格的端部料数量。

(4) 对铁矿石混匀堆积的规律有了较深入的认识。在一次料场预混后，粉矿的粒度和化学成分趋于均匀，对于粒度、成分波动较大的国内矿石，预混效率可达 25%~26%。混匀矿生产中，对混匀效率起关键作用的是配料工序，混匀效率占 54%~81%，而堆取料工序次之，混匀效率占 9%~38%。

### 3.3.2　*混匀工艺进一步优化的实践*

根据铁矿石混匀堆积规律的研究结论，进一步调整和优化了混匀生产工艺。

(1) 对一次料场的堆料工艺进行优化。港务公司结合设备性能，制定工艺标准，充分发挥一次料场的匀化作用。江边水运一次料场选用多列多层半行走堆料法，堤内水运一次料场采取单列多层半行走堆料法，陆运一次料场根据原料品种的不同，分别选用鳞形堆料法、双列多层半行走堆料法，部分品种实行封、启堆制，半行走堆料法及鳞形堆料法等。

(2) 改 BLOCK 配料法为所有品种齐配法。在配料的任一时刻，所有品种同时下料，对于配比大的品种，实行双料槽同时下料，增加配料及堆积的绝对层数，实现了混匀工艺的又一次变革。

(3) 开发了变起点定终点的自动堆料控制系统，即利用可编程控制器（PLC）作为系统的控制核心设备，IPC 工控图形操作上位机作为设备运转监控机，将现场通过红外位置传感器、料流超声波传感器、料高超声波传感器采集的数据，经过计算机程序计算和逻辑处理，由上位机发出各种控制指令，堆料机即按预定程序自动操作，直至完成任务。

## 3.4　第二混匀料场的投产及达产攻关

港务公司第二混匀料场原为四烧车间的配套工程，该工程借鉴了第一混匀料场先进的装备和成熟技术，2003 年 11 月 17 日建成投产。其生产工艺与第一混匀料场类似，即所有含铁粉矿、精矿参与配料，烧结生产中仅对熔剂、燃料及返矿配料；实行变起点定终点的自动作业方式，端部料返回一次料场重新配料；配料槽卸料小车通过计算机控制自动行走对位，提高了对位精度；混匀取料机采用自动纠偏，确保了设备安全运行。

### 3.5 混匀料场超设计能力攻关

武钢生产规模的扩大，对混匀矿的需求量大幅度增长，两个混匀料场的总设计年生产能力 980 万 t，已不能满足高炉生产的要求。为此，近几年港务公司开展了进一步提高混匀矿产量、质量的技术攻关活动，主要内容如下。

#### 3.5.1 混匀工艺设备局部整改

最初混匀配料称量皮带没有清扫装置，作业过程中称量皮带上粘有的矿料循环计量，造成配料偏差，直接影响混匀矿质量。针对这种缺陷，第二混匀所有称量皮带头部加装了 H 型清扫器，同时对称量系统定期进行校检，提高了配料精度。改造配料槽的进料条，提高进料时的灵活性和互换性。H2 料条原为第一混匀料场进料条，经过改造，具备了既可向第一混匀料场进料、也可向第二混匀料场进料的功能。H1 料条为第二混匀配料槽的进料条，即将进行改造，使之具备向第一混匀配料槽进料的功能，2008 年内可以实施。第一混匀配料槽内壁安装“料仓疏松机”，有效避免料仓的棚料。第二混匀配料槽进料小车驱动机构进行改进，配料圆盘排料能力调整在 2008 年第三季度组织实施。第一混匀、第二混匀配料自动控制程序清理工作已经完成，对配料自控程序中存在的不足与管理漏洞计划在 2008 年第三季度组织整改，完善配料上位机的自动控制程序。

#### 3.5.2 应用管理措施提高生产效率

（1）应用 JIT（just in time，及时供应制或准时生产制）理论进行生产组织。混匀矿建堆及外发时，及时与烧结工序等相关单位联系，保持信息畅通，随时了解每个品种的槽存、维持生产时间、当前的最佳供料顺序，确定每个品种每批次的送料量及送料时间，实现生产均衡有序，提高作业效率，降低能耗。

（2）提高陆运一次料场混匀矿的储备量。陆运一次料场储备混匀矿，一方面为防止第一混匀、第二混匀的取料设备发生故障时不能向烧结供料，另一方面在雨季保产时可以取料堆顶部的“干料”，防止烧结混匀矿槽棚料。由于四烧和新二烧均没有混匀矿储存仓库，提高陆运一次料场混匀矿储备量可以降低保产压力。

（3）制订多项规程和管理制度。根据生产的需要，制订了各项规程和一系列的管理制度，规范了职工操作，及时发现设备隐患，降低了事故，提高了混匀矿质量。

（4）开展了多专业多工种技术培训。面对新工艺、新设备、新人员，开展了投产前理论知识及相关工艺培训、赴宝钢原料场学习取经，投产后所有人员实际操作培训，较好地满足了生产需要。

## 4 结语

建港以来，港务公司坚持以科技进步为先导，攻关改造与更新引进并举，实现了跳跃式发展，由一座名不见经传的企业小港一跃成为国内内河最大的企业专用港口和一流原料场，生产能力和装备水平均居于国内同行业先进水平，混匀矿质量也处于国内领先行列。

（原载《武钢技术》，2009（1））

# 武钢烧结矿质量的改进及高碱度烧结矿的生产

孙梦新

武钢烧结厂各车间从1959年陆续竣工投产，三个烧结车间共有烧结面积838米$^2$，年产烧结矿800多万吨，系国内大型烧结厂。随着国家的经济形势与武钢生产的发展，烧结生产技术不断进步。

烧结矿生产不仅从产量上要保证高炉熟料比的稳定，更要在质量上为高炉创造精料条件。

在长期的生产实践中，烧结工作者摸索总结出“烧结矿的质量就是高炉的产量”这一至理名言。它基本反映了烧结厂与炼铁厂供求之间的关系，完全符合高炉生产的精料方针。所以，生产优质烧结矿应该是烧结厂立厂之本。

实践证明，改善烧结质量是一项系统工程，要从原燃料条件、工艺流程与设备、燃料制备与添加、混匀造球、点火与料层、碱度水平、冷却与整粒、技术操作以及生产管理诸方面综合治理。

## 一、三十年来烧结矿质量概况

烧结生产经历了三个不同的年代，年代不同，生产形势与烧结矿质量有差异。

六十年代的烧结厂只有一烧车间，四台70米$^2$烧结机和四台直径8.5米的冷却盘全系苏联设计，在国内是第一家首次采用冷矿工艺与设备。由于烧结工艺流程与设备为四十年代水平，特别是所采用的冷却盘为试验品，在苏联也不成功，因此投产后冷却不过关，几经改造也不奏效，后被迫采用水冷却，使烧结矿严重粉化。同时一烧车间投产于“大破大立”（实质是只破不立）的年代，操作无规程，生产无管理，生产极不正常，又逢十年浩劫，所以烧结矿产量不稳定，质量不保证，造成高炉经常变料休风，炉况不顺行。这种被动局面持续了十多年。

七十年代后期，痛定思痛，饱受十年浩劫的烧结厂，出现了人心思安、人心思治的思潮。广大烧结工作者带着文化大革命的创伤，忍辱负重，投身于三烧结车间的开工调试生产和一烧结车间的改造，在唐山大地震，北京地动楼摇的危难情况下，向冶金部汇报了一烧车间的技术改造方案。

十一届三中全会以后，三烧车间的产质量趋向稳定，一烧车间冷却系统技术改造一次投产成功。烧结矿冷却彻底过关，并在提高产量、改善质量、降低成本、改变厂容面貌、稳定高炉熟料比等方面均达到了预期的效果。从此，烧结矿的质量进入新的历程。

进入八十年代，总结投产二十年的经验教训，加强以企业整顿与经济责任制为中心的企业管理，全面开展技术进步与技术改造，开展TQC活动与职工技术培训，有效地改善了烧结矿的质量。烧结矿的化学成分趋于稳定，转鼓指数明显提高，粒度组成更适中，筛分指数与沟下筛分指数不断降低，还原率逐步提高，低温还原粉化率维持在较好水平，为高炉增铁节焦和各项技术指标进入红旗高炉行列创造了精料条件。

## 二、改善烧结矿质量的主要内容与措施

### 1. 改善烧结矿的冷强度与粒度组成

当年，一烧结车间的冷却不过关，水冷却后破坏了冷强度，恶化了粒度组成，一般，烧结矿沟下筛分<5毫米部分经常维持在20%~24%。冷却改造成功，效果显著。改造前后比较，出厂烧结矿中<5毫米部分由18.90%降低到10.31%，与此同时，台时能力、作业率等均有提高。

吸收国外的先进技术，对三烧车间进行整粒铺底料等一系列技术改造，在成品系统增加一次冷破碎

和四次筛分。50~25毫米及15~10毫米的一部分为成品，15~10毫米的大部分为铺底料，5~0毫米部分为二次返矿。改造后，烧结矿的粒度组成趋向均匀，其平均粒径由15毫米提高到20毫米，转鼓指数提高3%，筛分指数降低2%，沟下烧结矿中<10毫米部分减少13%左右，如表1所示。

**表1 整粒前后沟下取样烧结矿粒度组成**

| 粒度/mm | >40 | 40~25 | 25~10 | 10~5 | 5~0 | 平均粒径/mm |
|---|---|---|---|---|---|---|
| 整粒前/% | 5.03 | 8.60 | 38.21 | 25.19 | 22.07 | 14.89 |
| 整粒后/% | 12.91 | 13.57 | 39.04 | 22.42 | 12.06 | 19.69 |

一般认为，入炉烧结矿中<5毫米部分每减少1%，高炉利用系数约提高2%，焦比约降低0.3%。

2. 提高烧结矿碱度，降低FeO含量

烧结矿碱度由1.0~1.2倍提高到1.5~1.6倍，可改善烧结矿的矿物组成和结构。由于铁酸盐矿物的作用，烧结矿的转鼓指数由78%提高到83%左右，FeO含量由19%降低到12%左右。提高烧结矿的碱度，明显地改善了烧结矿的机械强度与还原性能。

3. 提高烧结矿的MgO含量

从1979年开始，在烧结料中添加白云石，以提高烧结矿的MgO含量，借以改善烧结矿的质量，提高高炉渣的流动性及脱硫能力。MgO在烧结过程中能生成钙镁橄榄石复合硅酸盐矿物，其熔点低，结晶能力强，并有减少正硅酸钙的形成和抑制其相变裂碎的双重作用。实践证明，烧结矿中MgO含量由2%提高到3%~4%，烧结矿的FeO含量可降低1%~2%，转鼓指数提高1%~2%，<5毫米部分减少2%~3%，同时烧结矿的还原粉化率降低2%~3%。

4. 选择适宜的燃料和熔剂粒度

燃料及热制度是烧结过程的决定因素，燃料添加量要依据矿石种类、粒度、料层厚度等来确定与调整，燃料粒度也要选择适当并严格控制。因为过粗的燃料粒度会造成局部热量过剩或局部热量不足，从而导致渣相不能均匀分布；过细的燃料粒度的燃烧速度过快，即产生所谓“闪光”现象，高温持续时间短，液相量少，晶粒发育不完全。所以过粗过细的燃料粒度均不能生产出优质烧结矿。

试验与经验表明，用无烟煤粉作燃料时，<3毫米部分应控制在70%左右；用焦粉作燃料时，应控制在85%左右，<0.5毫米部分越少越好，平均粒径控制在2毫米左右为宜。

1979年7月，曾做过以无烟煤为主的不同燃料粒度组成的工业试验。当其他条件相同时，燃料粒度<3毫米部分由92.2%降低到70.4%时，烧结机的台时产量与烧结矿的机械强度均有所提高，特别是入炉烧结矿的粒度组成明显改善，即10~5毫米部分减少7%，<5毫米部分减少6%左右，如表2所示。

**表2 不同燃料粒度组成的工业试验结果**

| <3mm/% | 转鼓指数 (>5mm)/% | 台时产量 /吨·(台·时)$^{-1}$ | 入炉烧结矿粒度组成/% | | | | |
|---|---|---|---|---|---|---|---|
| | | | >40mm | 40~25mm | 25~10mm | 10~5mm | <5mm |
| 92.2 | 78.8 | 96.08 | 1.09 | 3.26 | 31.3 | 38.26 | 26.09 |
| 70.4 | 79.45 | 107 | 4.94 | 6.96 | 37.51 | 31.23 | 19.5 |

生产自熔性烧结矿特别是生产高碱度烧结矿时，应十分重视石灰石粉的粒度组成。粗颗粒的石灰石在烧结过程中反应不完全，而游离CaO以“白点”状态存在于烧结矿中，不仅造成烧结矿的不均质，还会吸收水分消化膨胀，致使烧结矿粉化。

进入八十年代以来，加强操作与考核，采取抓干料、加大块、缩小筛孔和改用钢丝筛网等措施，克服石灰石水分大堵筛孔以提高筛分效率，使石灰石粉中<3毫米部分由60%~70%提高到85%~90%，保证了高碱度烧结矿的正常生产，发挥了高碱度结矿的优越性。

5. 实行厚料层与保温烧结

烧结生产实行厚料层与保温工艺，在节约固体燃料的同时，能增加料层的蓄热能力，使料层上下部的温度水平趋于均匀，烧结过程的高温时间相应延长并增加料层的氧化气氛。因此可降低烧结矿的FeO含量，改善还原率，提高表层烧结矿的强度，使上下层烧结矿的机械强度趋向均匀。

过去传统的操作方法是“大水高碳，薄铺快转”。一般料层厚度为 250 毫米左右，烧结矿的 FeO 含量高达 18%~20%。在推行厚料层低碳操作过程中，采取相应措施使料层逐步提高到 500 毫米左右并辅以保温炉，明显地改善了烧结矿的质量。

三烧车间厚料层工业试验表明，提高料层后，烧结矿的转鼓指数提高 1%~2%，FeO 含量降低 2%~3%，成品率提高 5%以上。

6. 改造点火器

点火是烧结过程的第一道工序，对产质量及能耗等有直接影响。吸收国内外的先进技术，将苏联设计的点火器改造为新型结构，采用以高铝质耐火可塑料为炉衬的点火保温炉。

新型点火器的生产实践证明，表层烧结矿的转鼓指数提高 1%~2.5%，成品率提高 2%~3%。与此同时，对节能、延长炉龄及改善炉子周围的操作环境等均有积极作用。

此外，提高配料自动化水平以稳定烧结矿化学成分、延长二次混合机以强化造球、增设梭式布料器以改善料层结构、大烟道放灰改水封以减少漏风均有利于烧结矿质量的改善。采取沟下烧结矿入炉前的筛分措施，也是改善烧结矿入炉粒度组成的重要措施之一。

## 三、高碱度烧结矿的生产

五十年代末期，国内的炼铁、烧结工作者开始了高度烧结矿的试验研究工作。根据有关杂志的点滴信息，武钢烧结试验室在六十年代初期，从实验室到工业规模，从烧结到炼铁，在国内率先开始了高碱度烧结矿的试验研究工作，获得了肯定的成果。

1. 实验室试验结果

大量的试验研究结果表明，随着烧结矿碱度的提高，烧结矿的矿物组成与结构发生了显著的变化，烧结技术指标与烧结矿质量得到了很大的改善（见表 3 和表 4）。从表中可见，碱度提高后，烧结矿中的玻璃质和硅酸盐相应减少，而铁酸盐大量增多。玻璃质和硅酸盐作为黏结相时强度差，有碍于还原。相反，铁酸盐是较理想的黏结相，强度好，有利于还原。

**表 3 碱度对烧结矿矿物组成的影响** （%）

| 碱度 $CaO/SiO_2$ | 矿物组成 | | | | | | | | 气孔率 |
|---|---|---|---|---|---|---|---|---|---|
| | 铁酸一钙 | 铁酸二钙 | 钙铁橄榄石 | 玻璃质 | 石英 | 硅酸钙 | 金属铁 | 铁橄榄石 | |
| 0.24 | | | 0.96 | 8.8 | 3.37 | | | 16.0 | 25.0 |
| 0.81 | | | 10.5 | 13.4 | 2.29 | | | 2.53 | 26.7 |
| 1.31 | 12.7 | | 10.8 | 14.5 | 1.20 | 1.03 | | | 31.2 |
| 2.20 | 31.6 | 1.84 | 12.9 | 7.74 | 0.36 | 1.10 | | | 36.8 |
| 2.95 | 39.3 | 2.00 | 11.5 | 6.51 | | 2.87 | 0.50 | | 38.1 |
| 3.93 | 48.2 | 5.50 | 11.6 | 5.10 | | 1.58 | | | 41.1 |
| 4.91 | 52.5 | 6.02 | 10.1 | 5.14 | 0.8 | 2.31 | 0.60 | | 44.6 |

**表 4 碱度对烧结技术指标的影响**

| 碱度 $CaO/SiO_2$ | 烧结矿化学成分/% | | | | 垂直烧结速度 $/mm \cdot min^{-1}$ | 成品率 /% | 生产率 $/t \cdot (m^2 \cdot h)^{-1}$ | 转鼓指标 (<5mm)/% | 还原度 /% |
|---|---|---|---|---|---|---|---|---|---|
| | TFe | FeO | $SiO_2$ | CaO | | | | | |
| 0.41 | 60.11 | 24.30 | 8.54 | 3.53 | 20.0 | 83.75 | 1.68 | 16.3 | 61.1 |
| 0.87 | 57.32 | 23.30 | 8.36 | 7.26 | 25.1 | 60.60 | 1.48 | 18.6 | 80.3 |
| 1.10 | 55.92 | 21.25 | 8.40 | 9.25 | 27.0 | 57.90 | 1.49 | 19.2 | 82.4 |
| 1.35 | 54.38 | 19.20 | 8.15 | 11.50 | 23.9 | 50.00 | 1.25 | 22.2 | 89.7 |
| 1.93 | 50.61 | 18.85 | 8.56 | 16.49 | 33.8 | 55.20 | 1.53 | 19.6 | 93.2 |
| 2.40 | 47.75 | 16.20 | 8.20 | 19.65 | 34.2 | 58.25 | 1.55 | 16.0 | 92.8 |
| 2.65 | 45.73 | 14.30 | 8.72 | 23.12 | 34.9 | 64.00 | 1.73 | 14.0 | 92.5 |

续表 4

| 碱度 CaO/SiO$_2$ | 烧结矿化学成分/% | | | | 垂直烧结速度 /mm·min$^{-1}$ | 成品率 /% | 生产率 /t·(m$^2$·h)$^{-1}$ | 转鼓指标 (<5mm)/% | 还原度 /% |
|---|---|---|---|---|---|---|---|---|---|
| | TFe | FeO | SiO$_2$ | CaO | | | | | |
| 3.11 | 43.84 | 11.65 | 8.38 | 26.13 | 36.0 | 62.10 | 1.72 | 12.4 | 95.8 |
| 3.87 | 38.19 | 10.95 | 8.20 | 31.70 | 38.6 | 71.00 | 1.99 | 10.8 | 96.7 |
| 4.35 | 35.51 | 8.05 | 8.22 | 35.77 | 36.0 | 71.75 | 1.81 | 9.8 | 93.2 |
| 5.03 | 32.18 | 7.70 | 8.04 | 40.94 | 37.0 | 64.90 | 1.55 | 14.0 | 96.5 |

在实验室试验的基础上，进行了碱度为 1.3 和 3.5 的两种烧结矿的烧结生产试验及高炉冶炼试验，均获得成功的结果，为高碱度烧结矿的生产、为改善烧结矿的质量找到了新的途径。

2. 高碱度烧结矿的生产

为了推广高碱度烧结矿的技术成果，从多方面创造条件生产高碱度烧结矿。从八十年代开始，烧结矿的碱度逐步提高到 1.6 倍左右，主要技术指标及烧结矿质量均有不同程度的提高与改善（见表 5）。

**表 5　高碱度烧结矿生产的各项技术指标**　（%）

| 车间 | 年份 | 碱度 CaO/SiO$_2$ | FeO | MgO | 料层厚 /mm | 转鼓指数 (>5mm) | 筛分指数 (<5mm) | 沟下筛分 (<5mm) |
|---|---|---|---|---|---|---|---|---|
| 一烧 | 1969~1978 | 1.08 | 19.06 | 2.16 | 279 | 77.29 | 8.94 | 19.9 |
| | 1979 | 1.29 | 18.90 | 3.94 | 283 | 78.03 | 6.27 | 18.36 |
| | 1980 | 1.42 | 15.75 | 3.34 | 289 | 81.05 | 6.24 | 16.25 |
| | 1981 | 1.43 | 14.53 | 3.67 | 310 | 82.02 | 5.43 | 14.72 |
| | 1982 | 1.50 | 12.78 | 3.54 | 308 | 81.00 | 6.20 | 6.35 |
| | 1983 | 1.59 | 12.83 | 3.60 | 310 | 81.89 | 6.70 | 10.14 |
| | 1984 | 1.50 | 12.30 | 3.18 | 318 | 82.15 | 6.41 | 7.30 |
| 三烧 | 1973~1978 | 1.06 | 20.07 | 1.65 | | 78.52 | 8.47 | |
| | 1979 | 1.3 | 20.03 | 4.03 | 286 | 78.63 | 8.02 | |
| | 1980 | 1.35 | 16.22 | 2.82 | 316 | 79.72 | 7.67 | |
| | 1981 | 1.44 | 14.72 | 3.37 | 375 | 81.21 | 6.93 | 14.70 |
| | 1982 | 1.49 | 12.57 | 3.39 | 375 | 82.17 | 6.40 | 8.45 |
| | 1983 | 1.59 | 12.12 | 3.33 | 374 | 83.06 | 6.00 | 8.46 |
| | 1984 | 1.50 | 11.43 | 2.91 | 390 | 85.03 | 6.41 | 9.18 |

多年的生产实践表明、生产高碱度烧结矿是烧结生产的重大技术进步之一，是提高烧结矿强度、改善烧结矿冶金性能的一项重要措施。当烧结矿的碱度由 1.0 倍提高到 1.6 倍左右时，明显地改善了烧结矿的质量。即烧结矿中 FeO 含量由 19%降低到 12%，相应地烧结矿的还原率由 70%提高到 80%左右，烧结矿的转鼓指数由 78%提高到 82%左右，沟下筛分烧结矿中<5 毫米部分由 18%降低到 8%左右。高碱度烧结矿生产也是高炉增铁节焦的精料措施之一。

高碱度烧结矿能改善烧结矿质量的主要原因是随着碱度的提高，烧结矿的矿物组成与显微结构发生了明显变化的结果。大量的铁酸钙逐渐取代了铁橄榄石和钙铁橄榄石，同时，显微结构由铁酸钙和磁铁矿构成的以铁酸钙作为黏结相的溶蚀结构取代了由磁铁矿玻璃质和铁橄榄石构成的以玻璃作为黏结相的斑状结构。

试验研究与生产实践还表明，碱度为 1.3 倍的烧结矿正处于玻璃与钙铁橄榄石最多、机械强度最差的区间内，生产中应尽可能避开。而碱度为 1.5~1.6 倍的烧结矿仍处于强度与冶金性能较差的区间边缘，其黏结相仍以较复杂的硅酸盐系为主，铁酸盐系不起决定作用。这种碱度水平的烧结矿在冷却时产生相间应力与相变应力，致使烧结矿破碎与粉化。当烧结矿碱度提高到 1.7~1.8 倍或更高时，矿物成分趋向以铁酸钙为主，强度与还原率将继续提高。因此，在选择高炉料结构时应对烧结矿的碱度水平予以充分的重视。

武钢烧结矿生产三十年来，特别是自七十年代后期开始，在生产技术上取得了高碱度烧结矿的生产、一烧冷却系统改造、三烧整粒铺底料改造、点火器改造、厚料层工艺、低温低负压点火技术及电除尘器在烧结厂的应用等七项重大技术成果，相应地在改善烧结矿质量方面取得了七项技术进步，主要是烧结矿中 FeO 含量由 23%降低到 10%左右，烧结矿中 MgO 含量由 1.5%提高到 3.5%左右，烧结矿的转鼓指数由 77%提高到 84%，烧结矿的筛分指数<5 毫米部分由 12%降低到 6%左右，烧结矿的粒度趋向均匀，粉末减少，沟下筛分指数<5 毫米部分由 24%降低到 7%左右。在提高烧结矿碱度的同时，烧结矿的铁分仍维持在 52%左右，并相应降低了 $SiO_2$ 含量。

这一切作为精料条件对高炉利用系数由 1.0 左右提高到 1.8 以上、焦比由 700 公斤左右降低到 500 公斤左右起到了一定的积极作用。

总结过去，展望未来，尽管烧结矿质量得到了一定的改善，但与国内外先进指标和高炉精料的要求相比，仍存在一定的差距，仍有继续改善的必要与可能。为此，要为烧结生产创造精料条件，各种原料尽可能经过混匀以稳定化学成分；要继续完善烧结工艺流程和提高装备水平，尤其要提高有关质量的自动化操作水平；要采用新技术、新工艺及新添加剂，以继续提高烧结矿的冷强度，减少粉末并改善冶金性能；要继续深化群体质量意识，加强全面质量管理。相信，随着管理的加强与技术的进步，烧结矿的质量一定会出现新的飞跃。

（原载《武钢技术进步三十年》，1988）

# 烧结环保的重大技术进步

姚驻斌

武钢烧结厂于1959年建成投产，当时仅一烧车间4台75米$^2$烧结机。现发展为三个烧结车间，二烧车间原为球团车间，正在改建成烧结车间，为机上冷却，有效烧结面积193米$^2$，有效冷却面积200米$^2$；三烧车间4台90米$^2$烧结机于1973年建成投产，至今已生产15年。由于原设计（特别是一烧车间）工艺落后，装备水平低，环境保护技术差（一烧环保投资不到总投资的1%），致使六十至七十年代厂区环境污染严重。据测定，1972年全厂岗位粉尘浓度合格率仅4%，厂区内每月降尘量达560吨/千米$^2$，超过国家卫生标准150多倍。全厂粉尘弥漫，寸草不生，厂区积灰最厚处达1米以上，造成设备磨损严重，事故频繁。而现在厂区环境面貌发生了根本的变化。全厂已有大型电除尘器16台，布袋除尘器4台，水雾除尘器4台，制冷空调设备44台，装机容量为5720千瓦，总投资1500多万元，占全厂总投资的10%以上。昔日的“灰窝”，今天变得厂房整洁，空气清新，乔木灌木错落参差，春梅秋菊争芳斗艳。岗位粉尘浓度合格率1987年平均达到84%（见图1），绿化面积达29.1%。1986年被湖北省和冶金工业部分别命名为“无公害清洁工厂”和“清洁工厂”。烧结厂环境面貌的这一显著变化，主要依靠烧结工艺和环保技术的重大进步。

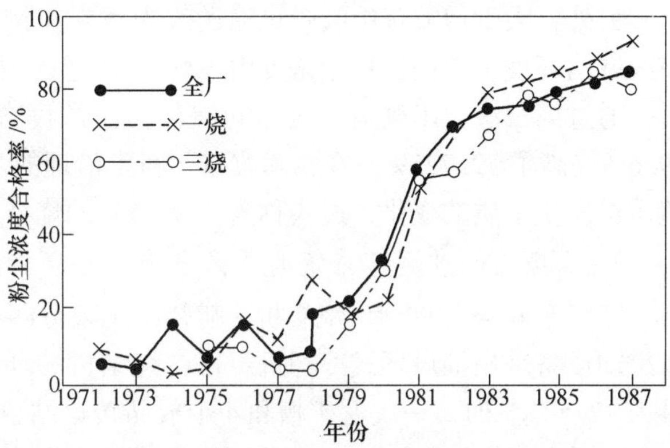


图1 粉尘浓度合格率

## 一、主要粉尘污染源的治理措施及改进

烧结厂采用的含铁原料其粒度大部分为0.074毫米，熔剂和燃料在厂内破碎至3~0毫米，因此从原料进厂开始，每次运转和每道加工工序都有粉尘飞扬，造成粉尘污染。而污染严重的岗位主要是烧结机机尾以下工序，称为烧结矿成品系统；其次有一次返矿、二次返矿系统、一次混合岗位、熔剂破碎筛分和燃料破碎。

### 1. 一烧冷却系统及其环保措施

一烧车间1956年由苏联设计，1959年建成投产。原设计采用$\phi$8.5米冷却盘冷却烧结矿。烧结矿冷却、成品和返矿各系统的岗位，除有一部分通风排气设施外，均无除尘设施。最高岗位粉尘浓度高达1466毫克/米$^3$以上。六十年代曾在烧结机机尾采用草帽湿式除尘，虽有较明显效果，但终因大量污水无法处理而中断，致使烧结矿成品系统灰尘堆积成丘，曾发生过房盖被积灰压垮的事故。

1971年首次对冷却工艺进行技术改造，取消了$\phi$8.5米冷却盘，采用90米$^2$烧结台车式冷却机，并在烧结机机尾和冷却机卸料处分别安装了两台自制的55米$^2$电除尘器。由于电除尘器配置不合理，四台烧结机机尾和四台冷却机机尾分别接入一台电除尘器，使该设备没有停产检修机会；加上电除尘器本体结构质量低劣，安装质量较差，除尘效率仅90%。由于此次改造工艺效果欠佳，虽花费了100多万元新建除尘设施，但一烧环境仍无明显改善。两台55米$^2$电除尘器运行不到5年，到1976年全部瘫痪而被拆除。

1978年至1982年，利用烧结机大修的机会，分两期先后完成了一烧1、2号和3、4号共4台烧结成品冷却系统的第二次技术改造。同时，每台烧结机机尾及其成品系统配置一台40米$^2$板卧式双式两电场电除尘器与自行设计的除尘室组成两级除尘系统，与所属烧结机自成体系，其处理风量为18.5万米$^3$/时。

根据当时国内外的经验，对除尘器的结构也作了相应的改进。在热矿筛等高温岗位还增设了冷风系统。此次改造总投资为 1359 万元，其中环保设施投资约 240 万元，占改造费用的 17.7%。经过这次技术改造，使长达 20 年之久的一烧烧结矿冷却问题得到彻底解决，每年创经济效益 922 万元，并从根本上治理了粉尘污染；电除尘器的静化效率高达 99.7%~99.8%，岗位粉尘浓度由 281.9~1050.7 毫克/米$^3$ 下降到 5~13.3 毫克/米$^3$（见表 1）。

**表 1　改造前后冷却系统各岗位空气含尘浓度测定结果**　（mg/Nm$^3$）

| 操作岗位 | 改造前 | 1、2 号改造后 | 四个冷却系统改造后 | |
|---|---|---|---|---|
| | | | 1、2 号系统 | 3、4 号系统 |
| | 1978 年 2 月 | 1979 年 3 月 | 1982 年 | 1982 年 |
| 单辊平台 | 119.7 | 13.3 | 8.79 | 7.25 |
| 烧结机尾部平台 | 279.3 | 13.3 | 8.88 | 7.79 |
| 热矿振动筛平台 | | 8.0 | 7.53 | 7.20 |
| 带冷机进料端平台 | 1050.7 | 8.1 | 5.35 | 5.40 |
| 带冷机卸料端平台 | 452.2 | 8.0 | 6.17 | 6.25 |

另外，大烟道放灰由胶带机输送改为水封拉链机输送，不仅减少了大烟道的漏风，而且彻底改善了该区域的环境，使岗位粉尘浓度由 300~400 毫克/米$^3$ 下降至 8~10 毫克/米$^3$。

通过第二次技术改造，全车间岗位粉尘浓度合格率直线上升，目前已达到 92.325%，比 1978 年的 19.6%提高了 72.725%。在技术改造、粉尘治理的基础上，进行了厂容整顿和植树绿化，使一烧老厂区环境质量发生了质的变化，过去称为“灰窝”的烧结机成品区，现在成了车间最大的风景点。

2. 三烧成品和返矿系统的环保设施

三烧车间 4 台 90 米$^2$ 烧结机冷矿烧结工艺分两个系列布置，于 1972 年和 1973 年先后交付生产。烧结矿冷却设备采用抽风环式冷却机。每台烧结机的环境除尘采用一台 25 米$^2$ 双式两电场电除尘器，处理风量为 12.5 米$^3$/时。一次返矿槽和 4 个成品转运站也安装了一台同型号的电除尘器。其余分散扬尘点，如 18#成品转运站、成品仓库、石灰石破碎筛分等岗位，分别安装了小型多管除尘器、旋风除尘器、小沫除尘器和泡沫除尘器等。烧结机头部、小格、二次混合等岗位采用集中送风装置，所有通风环保设施总投资为 151 万元，占三烧基建投资的 2.75%。

由于小型多管和旋风除尘器磨损严重，加上分散不便于管理，投运不到半年便瘫痪。5 台电除尘器管网阻力不平衡，星形卸灰阀和螺旋运输机等输灰设备磨损严重，曾一度使电除尘器面临瘫痪的危险。经改造后，虽保证了电除尘器的正常运行，使岗位环境有明显改善，但由于电除尘器的处理能力与实际所需能力相差太大。进口浓度偏高，粉尘在电场停留时间太短，既不能保证扬尘点粉尘不外溢，又无法使废气排放浓度达到国家标准（150 毫克/米$^3$ 以下）。因此三烧岗位粉尘浓度合格率仍然较低，厂区环保未尽人意。

进入八十年代后，公司和厂都作出了完善三烧烧结工艺、增设铺底整粒系统的决策。此项改造移植了十多项国内外先进技术。在环保方面，根据新增铺底整粒系统的要求和弥补原设计的不足，新建了 3 台三室三电场 60 米$^2$ 电除尘器和 1 台三室两电场 20 米$^2$ 电除尘器，处理风量分别为 24 万米$^3$/时和 7.1 万米$^3$/时。另外对计算机房、主要操作室、电控室、电除尘控制室等岗位，新增了两个集中制冷站。选用 4 台JZS-KF12.5 螺杆空调冷水机组，用于夏季室内降温。

三烧整粒铺底技术改造计划总投资 1692 万元，其中环保费用为 580 万元，占总投资的 1/3。第一期改造工程于 1984 年 10 月交付生产。4 台电除尘器收尘效率均在 99%左右，排放浓度均小于 100 毫克/米$^3$。

3. 熔剂破碎筛分系统的环保措施

一、二原料车间熔剂破碎筛分间，最早采用分散的水膜除尘器由于石灰石结垢严重，管道堵塞，且污水不便处理，因此寿命不长。1976 年前后，曾在二原料车间安装脉冲布袋除尘器，由于压缩空气压力偏低，脉冲效果不佳，造成布袋粘灰，阻力大。特别是雨季，除尘器难以运行。1979 年，我厂在一原料车间石灰石破碎间自行设计制造安装了一台 10 米$^2$ 仿原式电除尘器，处理风量为 2.8 万米$^3$ 时，1981 年

10月投产，除尘效率达99.7%，现一直运行正常。

## 二、电除尘器应用

在一原料仿原式电除尘器应用的基础上，在二原料熔剂系统技术改造中，大胆选用了两台三室三电场60米$^2$电除尘器，处理风量为15万米$^3$/(台·时)(表2)。此项改造总投资为496万元，除尘费用300万元，占总费用的60.7%，已于1987年12月底投入运行，将使该区域的环境发生根本的变化。

**表2　烧结厂电除尘器性能参数一览表**

| 型号 | SHW40 | 仿原式10 | 通304-25 | S3S-60 | SS-20 | S3H60 |
|---|---|---|---|---|---|---|
| 安装地点 | 一烧机尾 | 一原料石灰石破碎 | 三烧机尾返矿 | 整粒、4号机机尾 | 三烧二次返矿 | 二原料熔剂破碎 |
| 粉尘类别 | 烧结矿 | 石灰石 | 烧结矿 | 烧结矿 | 烧结矿 | 石灰石、石灰 |
| 除尘器断面积/m$^2$ | 40.6 | 10 | 23.4 | 60 | 21.3 | 60 |
| 电场个数 | 2/3 | 2 | 2 | 3 | 2 | 3 |
| 电场长度/m | 7.2 | 6 | 6 | 13.2 | 5.6 | 3.980×30.7 |
| 过滤风/m·s$^{-1}$ | | | | | | |
| 处理烟气量/m$^3$·h$^{-1}$ | 185000 | 35000 | 135000 | 242000 | 71000 | 150000 |
| 电晕线形式 | | | | | | |
| 一电场 | 星形/(芒刺) | 芒刺 | 星形 | 芒刺 | 芒刺 | 芒刺 |
| 二电场 | 星形 | 芒刺 | 星形 | 芒刺 | 星形 | 芒刺 |
| 三电场 | (星形) | — | — | 星形 | | 芒刺 |
| 阳极板形式 | Z | 管状 | 小C形 | 小C形 | 小C形 | 小C形 |
| 正、负极间距/mm | 300 | | 325 | 300 | 300 | 300 |
| 集尘面积/m$^2$ | 991 | 330 | 460 | 1900 | 364 | 4700.16 |
| 电晕线长度/m | 2268 | 150×2 | 1300×2 | 3×2216.5 | 551/1102 | 4642.56 |
| 供电设备型号 | GGK0.7/72 | GGK0.2/60 | GGK0.2/60 | GGK0.7/60 | GGK0.2/60 | GGAJ02 |
| 阳极振打方式 | 双面摇臂锤 | 摇臂锤 | 摇臂锤 | 摇臂锤 | 摇臂锤 | 摇臂锤 |
| 阴极振打方式 | 脱勾 | 同上 | 脱勾 | 脱勾 | 同上 | 同上 |
| 风机型号 | $Y_4$-73-11 22D | $Y_4$-73-11 10D | $Y_4$-73-11 18D | $Y_4$-73-11 22D | $Y_4$-73-11 14D | $Y_4$-73 20F |
| 流量/m$^3$·h$^{-1}$ | 210000 | 30000 | 135000 | 260000 | 70000 | 165000 |
| 负压/Pa | 1962 | 1570 | 1599 | 2384 | 2109 | 4176 |
| 电机型号 | JS-138-10 | $JO_2$-72-6 | JS-127-8 | JSQ-158-8 | $JQ_3$-280Sb | JSQ1410-6 |
| 功率/kW | 180 | 22 | 130 | 380 | 75 | 520 |
| 转速/r·min$^{-1}$ | | | | | | |
| 电压/V | 380 | 380 | 380 | 6000 | 380 | 3000 |
| 净化效率/% | | | | | | 99 |

1. 电除尘器的工艺配置与设计

原二烧球团车间两台25米$^2$电除尘器和一烧第一次冷却改造所配置的两台55米$^2$电除尘器，工艺上采取按区域配置，致使电除尘器不能与烧结机同时生产和同时检修。三烧设计和一烧冷却第二次改造时，吸取了上述教训，采用一台烧结机配置一台电除尘器。实践证明，只有这样，才能保证电除尘器的正常运行。

对于成品转运站和返矿系统，三烧原单独设计了一台25米$^2$电除尘器，由于系4台烧结机共用，无停机机会，造成检修困难。三烧为增设整粒铺底系统新增60米$^2$电除尘器时，为了除尘器的检修，将整粒系统两台电除尘器与4#烧结机系统的电除尘器用6台电动蝶阀和4套管网相联（见图2），当任意一台电除尘器检修时，只需停4#烧结机即可。

在选取电除尘器结构参数、特别是电场长度时，应充分考虑进口浓度和排放标准。八十年代以前，一般只有两个电场，其长度为 6～8 米。而烧结机尾电除尘进口浓度通常为 10～15 毫克/米$^3$，为了确保排放浓度在 150 毫克/米$^3$ 以下（设计按 100 毫克/米$^3$ 考虑），要求电除尘器的除尘效率必须高于 99%，因此必须选取三个以上电场。八十年代安装的电除尘器均按三个电场设计，据测定三个电场的电除尘器除尘效率可达 99.5%以上。

电除尘管网设计是系统设计的重要环节，原一烧自行设计的 55 米$^2$ 电除尘器管网因管道风速选择过低造成水平主管积尘，致使管道被积尘压塌。三烧原 25 米$^2$ 电除尘管网因阻力不平衡和局部风速高达 30 米/秒以上，致使管道磨穿，粉尘外溢。根据现场实践，对于烧结矿粉尘，选择 17～18 米/秒的风速较为适宜。

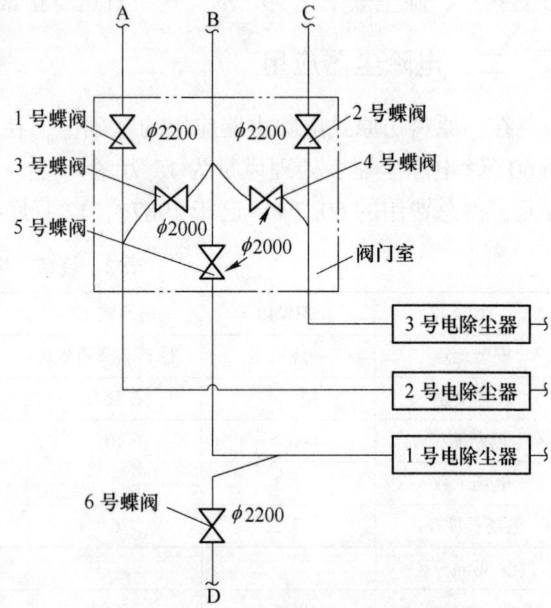


图 2　三台 60m$^2$ 电除尘阀门控制系统

A—整粒铺底 1#系统；B—外围公共系统；C—整粒铺底 2#系统；D—4#烧结机机尾系统

2. 电除尘器集尘的输送方式和设备

烧结矿粉尘本身是一种含铁原料，为了回收利用，将其返回配料和混合，以便重新参与烧结。我厂采用了三种输灰方式，第一种是干式输灰，即电除尘器收集的粉尘由卸灰阀（星形或双层）和螺旋（或埋刮板）运输机不经润湿直接卸至烧结工艺胶带机之前，将粉尘润湿（我厂采用混合机）。第三种是采用湿式运输，如三烧 60 米$^2$ 电除尘器放出的灰尘，采用水封拉链机送到工艺胶带上。实践证明，第二种方式比第一、三种方式合理。第一种方式会导致下段工序二次扬尘严重，第三种方式卸下的泥浆不利于烧结工序的处理，但第二种方式只适应于烧结矿的粉尘，石灰石粉尘的输送只能采用第一种方式，因为润湿后的石灰石粉尘无法精确配料。

输灰设备一般采用螺旋运输机和埋刮板运输机，这两种设备都能满足生产要求，只是在最初使用螺旋运输机时，由于运输量未加控制，使螺旋内积灰量超过轴瓦高度，造成轴瓦和轴磨损严重。之后在管理上采取细水长流的放灰制度，严格控制输灰量，螺旋运输机使用寿命延长至 4 年。

3. 电除尘器本体结构的改进

电除尘器的制造，七十年代以前多为仿制国外产品；七十年代开始国内组织联合设计，生产系列产品。八十年代以后，电除尘技术发展较快，电除尘器的设计制造达到了新的水平，其部件结构和形式也进行了不少改进。

（1）收尘极板

二烧最早采用鱼鳞袋式收尘板，该极板对防止积灰二次飞扬有明显作用，但造价高、收尘极钢板用量为一般极板的两倍。三烧 25 米$^2$ 电除尘器采用 380 毫米宽的 C 形板，这种极板制作、校正较方便，但对各种阴极线的适应性较差。一烧 40 米$^2$ 电除尘器采用 380 毫米宽的 Z 形板。二原料石灰石破碎 60 米$^2$ 电除尘器采用 480 毫米宽 C 形板（称为大 C 形板），且吊挂方式由过去铰链联接改为偏吊挂。大 C 形结构振打力分布较均匀，清灰效果好，刚性好，组装时出现的累计误差小，而且对各种阴极线有较强的适应性。一烧石灰石破碎采用的自制仿原式电除尘器是用钢管拼成的收尘极板，在相同的容积内增大了收尘面积，提高了收尘效果，但重量增加，造价提高。

（2）电晕线

三烧 25 米$^2$ 电除尘器采用星形线，该电晕线放电均匀，造价较低，电晕强度适中，但机械强度差，容易断裂，安装调试较困难，现一般只在第三电场中采用。一烧原 55 米$^2$ 电除尘器内安装 $\phi$2 毫米螺旋形电晕线，该线放电均匀，但强度低，极易腐蚀断裂。三烧 60 米$^2$ 电除尘器第一、二电场采用了 RS 管状芒刺线，该线起晕电压低，在低闪络状态下有良好的放电性能，且强度高，刚性好，安装方便，但放电不如星形线均匀。目前国内电除尘器在入口电场中多采用这种电晕线，其材质以往多为 $A_3$ 钢，目前有采用不锈钢的，特别是芒刺线的芒刺部分，一般均为不锈钢，这对防止结瘤有一定作用。

（3）阴阳极振打

七十年代阴极振打均为提升脱勾振打。该振打方式的振打较小，阴极部分积灰较严重，脱勾部分调整较困难，常发生不挂勾和不脱勾的现象，绝缘瓷瓶由于受冲击，容易损坏。八十年代产品均改为侧向锤式振打，清灰效果较前者好，事故少。阳极振打最早为脱勾振打方式，通过凸轮连杆机构使整块阳极板变位，然后靠自重与下部撞击杆碰撞地。这种振打方式的振打力小，清灰效果差，后改为摇臂锤振打方式。我厂1978年移植国外技术，采用S形振打锤。这种振打锤旋转半径小，而锤头落下高度大，锤头与撞击头接触时间短，有利于振打力的传递，使用效果较好。

（4）绝缘套管

阴极绝缘国内外均采用石英套管，由于国内石英套管造价较高，且现场损坏严重。为了寻找价廉物美的代用品。1976年我厂在国内首次与瓷厂联系采用瓷套管。实践证明，瓷套管的耐压程度和强度与石英套管相同，而造价只有石英套管的十分之一。这种瓷套管目前已在国内普遍推广。

（5）振打制度

为了减少电场内粉尘的二次飞扬，阳极一般采用间隙振打，最早由时间继电器进行控制，但时间继电器适应间隔时间较长的控制，而阳极振打调节时间一般为1～5分钟，故效果较差。1984年投产的60米$^2$电除尘器采用主令控制器控制，基本上能满足振打周期控制的要求，但该设备故障较多。即将投产的新二烧将采用微机控制。

4. 高压供电设备及控制装置的进步

电除尘器供电装置最早采用机械同步整流装置，由于实际与电源频率不可能完全同步，因此波形差，除尘效率低，噪音大，且空气中产生大量臭氧，危害人体健康，同时因不规则的火花放电，产生多次谐波，电气绝缘经常烧坏。后改用硅整流装置，不久也因元件质量差而淘汰。1975年我厂与龙岩无线电厂试制了GGK可控硅自动控制装置，采用了当时国外的一些先进控制技术，功能较全，上海电阻厂也试制了同类产品。但该供电装置仍不能满足不同场况的要求，电压调整范围有限，承受短路运行性能差，取样电阻易烧坏，控制特性不太好，无短路运行保护和偏励磁保护，使变压器易损坏。之后上海电阻厂对设备作了进一步改进，增大了功率，变压器增加了一次抽头，使电压调整范围变宽，但相对体积增大，且内阻小，承受短路运行性能差的问题仍未得到解决。1981年大连电子研究所收集了电除尘器多年运行的资料和数据，设计了全自动可控硅整流电源装置，采用火花跟踪，缩短了闪络控制时间，增大了内阻，并在电场输入端增加了阻尼电阻，有效地抑制了电场产生多次谐波信号的反馈，保护了室内取样电阻等元件，减少了变压器和控制柜等部件的烧损。目前这种装置能适应恶劣场况的条件，但也存在一些不足之处，如峰值放电未得到控制、欠二次保护等。

## 三、其他环保设施

1. 高温岗位设空调

武汉地区夏季气温高，且高温时间长。为了保护微机、电控设备在夏季的正常运行，改善岗位操作环境，从1976年开始在高温岗位安装空调设施，当时主要采用小型空调柜。1980年在需要空调的集中区安装了KT-10和KT-20空调。1984年开始选用JZS-KF125C螺杆制冷机组，末端采用风机盘管。目前，全厂有螺杆制冷机组9台，其他空调装置35台，所有高温岗位基本上采用了空调，夏季室温保持在30℃左右。在三个制冷站还安装了热水器，冬季通过管网给岗位送热水取暖，以减少蒸汽的消耗。

2. 噪声防治

我厂噪声主要来自机械振动和气体，超过90分贝的岗位占全厂岗位总数的24.6%，其中振动筛处为99分贝，锤式破碎机处为97分贝，四辊破碎机、抽风机处为96分贝。为了减轻噪声对人体的危害，1980年前后相继采取了一些措施，如有抽风机房内建隔音室，可降低噪声18分贝左右。另外还制作过一些隔音罩，平均降低12分贝左右。目前，由于种种原因，噪声防治技术还未普遍采用。

## 四、结语

烧结厂三十年来的粉尘治理、厂区绿化、空调制冷、噪声防治等环境保护方面，投入了大量资金，使烧结环境面貌发生了可喜的变化，收到了明显的社会效益和经济效益。“烧结厂粉尘大、事故多、半夜三更把人拖”的被动局面已一去不复返了。但也应该看到，粉尘污染并没有完全根治，在废气治理、噪声防治、污水处理等方面，有的仅作了一些尝试，有的技术问题还未得到解决。随着社会的进步，人们对环境质量的要求越来越高，因此今后环境保护的任务仍很艰巨。但可以相信，再过三十年，烧结厂的环境必将有更大的改善，技术进步的幅度一定更大。

（原载《武钢技术进步三十年》，1988）

# 武钢烧结厂技术进步的回顾与展望

张鉴琦

武钢烧结厂于1957年4月兴建，1959年8月29日第一台烧结机建成投产，至今渡过了39个不平凡的春秋。39年来共生产入炉烧结矿、球团矿16422.7万吨，其中烧结矿16001.8万吨，球团矿420.9万吨，为保证高炉生产做出了贡献。

烧结厂现有职工2465人，占地面积40.51万$m^2$，固定资产9.39亿元（资产评估后数据）。全厂共有三个烧结车间（简称一烧、二烧、三烧），9台带式烧结机，有效烧结面积823$m^2$，改造后的核定生产能力为入炉烧结矿703万吨/年，其主要设备及装备水平见表1。1997年生产入炉烧结矿734万吨，创历史最好水平，其主要技术经济指标见表2。

**表1　烧结厂主要设备装备水平**

| 车间 | 烧结机台数×面积 | 设计能力万吨 | 设备状况 | 投产日期 | 装备水平 |
|---|---|---|---|---|---|
| 一烧 | 4台×75$m^2$ | 240 | 国产 | 1959年8月 | 国内一般 |
| 二烧 | 1台×193$m^2$<br>2台×8.25$m^2$ | 183 | 法国二手设备 | 1989年9月 | 国际先进 |
| 三烧 | 2台×82.6$m^2$ | 280 | 国产 | 1973年6月 | 国内先进 |

**表2　烧结厂1997年主要技术经济指标**

| 车间 | 产量/万吨 | 台时能力/吨（台·时）$^{-1}$ | 利用系数/t·($m^2$·h)$^{-1}$ | 综合合格率/% | 综合一级品率/% | 作业率/% | 工序能耗/kgce·$t^{-1}$ |
|---|---|---|---|---|---|---|---|
| 一烧 | 251 | 83.04 | 1.107 | 98.67 | 84.04 | 86.37 | 62.82 |
| 二烧 | 183 | 232.13 | 1.203 | 98.00 | 91.81 | 90.01 | 74.86 |
| 三烧 | 300 | 92.49 | 1.121 | 98.80 | 90.93 | 92.57 | 64.90 |
| 全厂 | 734 | 104.04 | 1.135 | 98.55 | 88.79 | 89.53 | 66.60 |

武钢烧结厂的39年是工艺不断完善，技术不断提高，消耗不断降低，设备不断更新，环境不断改善，管理不断进步，职工素质不断提高，两代人奋力拼搏并不断创新的39年。

## 1　第一烧结车间（简称一烧）冷却工艺的改造

由前苏联国立有机矿物机械处理科学研究设计院设计的一烧车间，配有4台75$m^2$带式烧结机，原设计采用4台$\phi$8.5m，盘式冷却机进行烧结矿的冷却，年设计能力为223万吨烧结矿。

投产后进行了一系列的技术改造，如单辊破碎机的改造，增设热矿筛试验，采用$\phi$10m盘式冷却机等。但终因冷却料层厚，冷却风量较小，设备故障多，一直不能满足冷却烧结矿的要求，未冷却的高温烧结矿大量烧损胶带运输机的胶带。为了减少胶带的烧损，被迫采用在胶带上打水冷却。高温水汽既严重恶化劳动条件，同时又造成烧结矿粉化，烧结矿含粉率大量增加，生产难于正常进行。从投产到1970年的十年间，除个别年份外，一直未能达到设计产量。

1970年至1971年相继对一烧4台冷却系统进行了脱胎换骨的改造，拔掉了冷却盘，改用100$m^2$水平带式冷却机。该冷却机与烧结机相类似，采用烧结机的台车及框架，用大星轮传动，机尾设摆架，利用锅炉引风机从料面上抽风冷却。改造后的冷却机大大提高了烧结矿的冷却效果，劳动环境也有较大的改善，烧结矿质量明显提高，事故显著减少，1973 年首次超过设计能力，年产入炉烧结矿 248 万吨。

1978 年 1 号、2 号烧结机大修过程中，对 $100m^2$ 水平带式冷却机存在的一些缺陷再次进行改造，采用了 $126m^2$ 链节式带式冷却机，每台冷却机配用 3 台风量各为 $5400m^3/min$ 的轴流风机，并在冷却机前增设了热矿振动筛，大大改善了冷却效果，使成品烧结矿温度达到 150℃以下，整个设备运行可靠。同时在热矿筛和冷却机头尾采用电除尘器进行环境除尘，使环境得到彻底改善。1980 年接着完成了 3 号、4 号冷却机的改造，并重新核定一烧车间的生产能力为入炉烧结矿 240 万吨/年。一烧车间冷却系统改造前后的最好生产水平见表 3。

**表 3　一烧冷却系统改造前后最好生产水平比较**

| 时间 | 年份 | 产量/t | 利用系数/$t\cdot(m^2\cdot h)^{-1}$ | 作业率/% | 综合合格率/% |
|---|---|---|---|---|---|
| 改造前 | 1966 | 2230434 | 1.176 | 72.17 | 69.2 |
| 第一次改造后 | 1973 | 2480775 | 1.229 | 76.79 | 87.32 |
| 第二次改造后 | 1985 | 2580333 | 1.175 | 83.52 | 99.52 |
|  | 1989 | 2637949 | 1.108 | 90.57 | 99.60 |

## 2　熔剂性烧结矿到高碱度烧结矿的过渡

从投产到 70 年代末的近 20 年间，烧结厂一直使用含 $SiO_2$ 较高的磁铁矿及品位较低的粉矿，生产碱度（$CaO/SiO_2$）在 1~1.3 之间的熔剂性烧结矿。烧结矿的物理强度主要靠硅酸盐及玻璃质获得，因而普遍认为烧结矿 FeO 含量的高低代表着烧结矿强度的高低，烧结矿的 FeO 一直保持在 15%~17%左右，有的年份，如 1976~1977 年和 1978 年分别达到年平均值 21.56%、22.89%和 21.37%，接近或超过冶金部烧结标准中 FeO≤22%的规定。烧结矿冷却不下来也与 FeO 含量过高有一定关系。

70 年代末至 80 年代初，随着选矿技术的进步，国外进口粉矿的采用，促进了高铁低硅原料烧结技术的研究和发展。70 年代末，武钢使用的磁铁矿精矿的含 $SiO_2$ 量由 4%下降到 2.5%。采用从澳大利亚哈默斯利进口的粉矿，使粉矿铁的含量由 48%~50%提高到 60%以上，$SiO_2$ 由 15%~16%降到 5%~6%，从而使烧结矿的品位从 50%~51%提高到 53%~55%。在继续生产熔剂性烧结矿的条件下，黏结相数量明显减少，无法保证烧结矿具有足够的物理强度。开始人们企图采用提高烧结矿 FeO 含量的办法来保证烧结矿的物理强度不降低，然而生产实践并未获得希望的结果。

为此，烧结工作者进行了广泛的研究，并取得了理想的效果。研究表明，将烧结矿碱度提高到 1.6~1.8 倍，同时采用高料层、低水低碳烧结，改变传统的大水大碳、薄铺快转的操作习惯，并相应采取低温低负压点火，以避免过高点火温度造成烧结矿表面熔融而降低料层的透气性。以上措施推广采用，获得了以下明显效果：

（1）提高了烧结矿的转鼓强度，高碱度烧结矿黏相中出现较多的铁酸盐，它具有较高的机械强度。

（2）降低了烧结矿的 FeO 含量，提高了还原性。高碱度烧结矿不依靠硅酸铁作主要黏结相，铁酸盐的形成需要较好的氧化气氛，因而 FeO 的高低对铁酸盐的形成有一定影响，要获得烧结过程中的氧化气氛必须降低 FeO。

（3）降低了燃料用量。

（4）提高了烧结矿品位。

（5）烧结矿含粉率下降。

烧结矿性能的改变为高炉提高冶炼强度、减少渣量及降低焦比创造了有利条件。应该说，由熔剂性烧结矿到高碱度烧结矿的过渡及其相应工艺技术的采用，是烧结生产中的一次巨大变革，武钢烧结厂走在这次变革的前列。1986 年烧结矿碱度提高到 1.6 倍，1991 年又提高到 1.7 倍，料层厚度于 1980 年首次增加到 510mm（三烧车间）。由此，烧结技术经济指标得到明显改善（见表 4）。

表 4　武钢烧结厂生产不同碱度烧结矿时的主要技术经济指标

| 年份 | 年产量/万吨 | 利用系数/t·(m²·h)⁻¹ | 综合合格率/% | 一级品率/% | 烧结矿物化性能 | | | | 燃料消耗/kg·t⁻¹ |
|---|---|---|---|---|---|---|---|---|---|
| | | | | | TFe/% | FeO/% | RO | 转鼓指数/% | |
| 1977 | 286.6 | 0.995 | 64.52 | | 50.40 | 22.11 | 1.02 | 79.01 | 113 |
| 1978 | 414.9 | 1.114 | 87.49 | | 52.13 | 20.62 | 1.23 | 78.97 | 110 |
| 1980 | 490.3 | 1.173 | 96.64 | 41.95 | 55.37 | 15.99 | 1.39 | 80.39 | 86 |
| 1982 | 483.0 | 1.180 | 98.23 | 40.87 | 52.43 | 12.67 | 1.50 | 81.59 | 83 |
| 1983 | 505.6 | 1.151 | 98.37 | 45.09 | 51.69 | 12.48 | 1.50* | 82.93 | 91 |
| 1986 | 594.2 | 1.232 | 99.72 | 57.09 | 51.43 | 10.51 | 1.61* | 84.90 | 90 |
| 1991 | 586.4 | 1.048 | 96.38 | 76.80 | 53.84 | 10.22 | 1.71 | 84.75 | 87 |

## 3　铺底料技术的完善

80 年代中期，为了进一步满足大型高炉对烧结矿粒度均匀性和减少烧结矿含粉率的要求以及烧结生产自身减少过湿层的影响，减少炉篦条的烧损，延长抽风机转子寿命及提高烧结矿的质量，三烧车间进行了以采用铺底整粒工艺技术为主的技术改造，新增铺底整粒系统。由于场地限制，无法实现标准的四次冷筛分和一次冷破碎的铺底整粒工艺，而将一、二次冷筛分集中在一台双层振动筛上进行。1984 年底新系统投入生产后，维持了一段时间的正常生产，但因双层振动筛结构复杂，故障频繁，不能满足生产要求，加之环式冷却机存在的部分缺陷，烧结矿冷却效果不佳，因而铺底整粒系统处于间断生产状态。为了使铺底整粒系统正常化，厂做了三个方面的重要工作：（1）对双层振动筛进行不断的探索，先后采用了三代改型产品，均未获得满意结果。1990 年开始采用单层两面分级筛，单层筛的前段采用 $\phi$20mm 的间隙，获得了较为满意的结果。（2）对铺底程序的自动控制，特别是在单系统皮带如何同时实际对两个系列四台烧结机均匀供给铺底料程序的自动控制方面做了大量工作。（3）对环式冷却机进行改造，使其布料均匀化，提高环冷密封效果，使抽风环冷机满足烧结矿冷却的要求。

通过以上三个方面大的改进，铺底整粒系统实现了向 1991 年新建投产的 5 号高炉（3200m³）正常供料的要求。铺底整粒系统正常前后三烧车间主要指标见表 5。

表 5　三烧车间铺底整粒系统正常前后主要指标

| 年份 | 年产量/万吨 | 利用系数/t·(m²·h)⁻¹ | 综合合格率/% | 一级品率/% | 烧结矿物化性能 | | | | 燃料消耗/kg·t⁻¹ | 工序能耗/kgce·t⁻¹ |
|---|---|---|---|---|---|---|---|---|---|---|
| | | | | | TFe/% | FeO/% | RO | 转鼓指数/% | | |
| 1989 | 287.7 | 1.167 | 99.87 | 65.41 | 54.02 | 11.69 | 1.64 | 80.06 | 101 | 75.24 |
| 1990 | 263.7 | 1.152 | 97.15 | 75.31 | 53.88 | 10.72 | 1.64 | 85.92 | 93 | 67.22 |
| 1991 | 224.1 | 1.123 | 97.65 | 77.24 | 53.74 | 10.58 | 1.74 | 86.76 | 91 | 68.17 |
| 1992 | 284.9 | 1.134 | 98.08 | 76.04 | 53.76 | 9.42 | 1.77 | 85.72 | 90 | 68.52 |
| 1993 | 275.5 | 1.155 | 98.87 | 81.16 | 55.85 | 9.79 | 1.76 | 84.15 | 89 | 67.67 |

## 4　第二烧结车间生产正常化

武钢第二烧结（简称二烧）车间于 1965 年由长沙冶金研究设计院设计为生产烧结矿车间，在设计过程中，于 1966 年修改原设计，改为 135m² 的带式球团机生产球团矿，并于 1970 年 5 月投产。投产后由于原料水分较高，生球质量不佳，焙烧工艺、焙烧设备及有关配套设施、风机、焙烧炉等的不适应，因而焙烧机卸下的球团矿抗压强度不高，冷却不好，继而造成后续处理装置（球团矿筛分、返矿运输及磨矿等）无法正常作业，整个生产处于不正常状态，作业率低，事故多，球团矿质量不好，焙烧机台车及炉篦条烧损严重。从 1970 年投产到 1980 年完全停止生产 10 年间共生产球团矿 420.9 万吨。

1985 年 6 月国家计委批准武钢第二烧结车间改造工程引进国外闲置设备可行性研究报告后，1986 年 11 月通过初步设计审查，1987 年 3 月正式动土，1989 年 1 月开始负荷试车，5 月转入试生产，1989 年 9

月20日整体工程正式交工投产。

二烧改造工程主体设备为引进法国隆维二手烧结设备（393m$^2$ 机上冷却式烧结机，其中烧结面积193m$^3$，冷却面积200m$^2$），生产规模为年产成品矿215万吨（入炉烧结矿183万吨）。其主体工程分为配料、混合、铺底料、烧结、冷却、成品整粒及放灰七个子系统。

1989年改造后的二烧投产后一段时间内存在较多问题，影响了生产的正常进行。主要问题有：①炉篦条烧损、弯曲、断裂严重，风箱耐磨层脱落，造成双层卸灰阀堵塞，无法放灰，大烟道积灰过多，加之金属结构结点缺陷，于1989年10月导致B烟道前段20余米的一段断塌，使生产中断11天；②放灰系统皮带机配置不当，除尘灰带不上去而往下淌，经常停机搓料；③柔性传动装置204的电控有问题，使其经常损坏，造成停机频繁；④烧结抽风机电气控制有缺陷，风机启动困难；⑤一、二次混合机传动减速机发热，一、二次混合机入口处及接头处漏料严重；⑥除尘管道系统风的分布很不均匀，造成管道内积料，部分吸尘点吸尘效果差等等。对此公司在我厂组织攻关200余项。通过不断的工艺改进、设备革新、引进设备的国产化、操作熟练程度的提高等多方面的技术改进和攻关，于1991年以后逐渐走向正常，二烧投产后历年的主要技术经济指标见表6。

**表6　武钢烧结厂二烧车间历年的主要技术经济指标**

| 年份 | 生产量/万吨 | 入炉量/万吨 | 台时能力/t·(台·时)$^{-1}$ | 利用系数/t·(m$^2$·h)$^{-1}$ | 综合合格率/% | 综合一级品率/% | 作业率/% | 工序能耗/kgce·t$^{-1}$ |
|---|---|---|---|---|---|---|---|---|
| 1990 | 127.9 | 105.51 | 183.82 | 85.52 | 54.60 | 65.53 | 113.69 | |
| 1991 | 159.2 | 129.8 | 191.70 | 0.993 | 90.11 | 60.23 | 77.30 | 99.32 |
| 1992 | 196.1 | 152.17 | 211.72 | 1.091 | 93.09 | 62.04 | 81.82 | 92.27 |
| 1993 | 215.7 | 168.03 | 224.86 | 1.165 | 95.10 | 74.49 | 85.30 | 88.65 |
| 1994 | 223.0 | 175.70 | 232.60 | 1.205 | 96.85 | 85.60 | 86.23 | 84.46 |
| 1995 | 236.1 | 186.19 | 234.18 | 1.213 | 98.59 | 88.84 | 90.77 | 82.39 |
| 1996 | 195.5 | 151.73 | 233.86 | 1.212 | 98.79 | 91.10 | 73.86 | 78.44 |
| 1997 | 231.9 | 183.03 | 232.13 | 1.203 | 91.62 | 66.15 | 90.01 | 74.86 |

第二烧结车间引入了许多先进技术，如机头电除尘器、柔性传动装置、N-90计算机等。值得一提的是物料自动跟踪技术处于国内领先地位。随着烧结机机速的增减，在配比不变的情况下，配料总量也随之增减，而保持烧结机台车上面的18m$^3$ 混合料矿槽能保持中上限料位，使物料保持相对平衡。这对于二次混合机前没有混合料大矿槽的烧结机系统来说是相当重要的。

## 5　节能降耗取得明显成效

钢铁工业是能源消耗大户，而烧结工序能耗在钢铁企业中占吨钢可比能耗的10%，因此降低烧结工序能耗对整个钢铁企业而言有着明显的经济效益。

建厂39年来，通过加强能源管理和科技进步，使烧结厂节能降耗有了很大成效。1996年烧结厂及第一、第三烧结车间（简称一烧、三烧）工序能耗与国内主要冷矿烧结厂工序能耗比较（见表7）已达较好水平，全厂达冶金一级标准，一、三烧达冶金特级标准。

**表7　1996年武钢烧结厂及一、二、三烧车间工序能耗比较**

| 单位 | 固体燃耗/kg·t$^{-1}$ | 煤气消耗/MJ·t$^{-1}$ | 电耗/kWh·t$^{-1}$ | 工序能耗/kgce·t$^{-1}$ |
|---|---|---|---|---|
| 第一烧结车间 | 51.24 | 84.91 | 24.49 | 64.90 |
| 第二烧结车间 | 56.60 | 47.29 | 70.15 | 78.44 |
| 第三烧结车间 | 58.34 | 77.26 | 31.50 | 65.02 |
| 武钢烧结厂 | 55.33 | 73.64 | 37.33 | 67.87 |
| 鞍钢第三烧结厂 | 55.06 | 107.00 | 46.77 | 77.69 |
| 首钢烧结厂 | 52.50 | 50.52 | 42.32 | 68.27 |

续表 7

| 单位 | 固体燃耗/kg・$t^{-1}$ | 煤气消耗/MJ・$t^{-1}$ | 电耗/kWh・$t^{-1}$ | 工序能耗/kgce・$t^{-1}$ |
|---|---|---|---|---|
| 宝钢烧结厂 | 45.56 | 63.60 | 39.80 | 56.85 |
| 马钢第二烧结厂 | 77.00 | 117.00 | 39.18 | 82.70 |
| 太钢烧结厂 | 56.50 | 115.00 | 27.73 | 73.80 |
| 攀钢烧结厂 | 54.42 | 102.00 | 30.37 | 70.78 |

能源消耗的降低主要依赖于以下三个方面：

（1）能源管理的加强。从 1980 年初开始，设置了各级专职能源管理者，逐步形成了一个从厂到车间到班组的节能管理网络，并且扎扎实实地开展了节能管理的基础工作，如能源消耗的计量、统计分析、定额考核、成本核算、节能技术的培训等。以上这些都对节能降耗起到了很大的促进作用。

（2）工艺技术的进步。80 年代烧结矿碱度的提高和烧结料层厚度的增加，不仅提高了烧结矿的质量，而且大大降低了烧结矿 FeO 含量，从而使用固体燃耗有了大幅度降低，由原来的 100kg/t 以上降到 60~70kg/t（生产量计）。对适宜燃料粒度的研究及控制，消除了焦粉粒度过粗、煤粉粒度过细带来的不利影响，也相应降低了固体燃料的消耗。冶金废弃物的综合利用也是节约固体燃料的一个途径，如瓦斯灰、瓦斯泥、氧化铁皮的利用等。80 年代中期实施的低温低负压点火，使烧结过程中的点火温度由原来的 1200±50℃降低到 1100±50℃，这既有利于煤气消耗的降低，也避免了烧结矿表面因点火过熔而造成的料层透气性恶化的弊端。

（3）工艺设备的改进。点火煤气消耗的降低主要在于不断改进点火炉结构。1959 年投产到 1982 年使用的最大涡流烧嘴点火炉，依靠炉膛热辐射点火，点火时间长、点火煤气消耗高（200MJ/t 以上），炉子寿命短（1~2 年）。1982 年改为套筒式烧嘴可塑料点火炉，依靠热废气点火，点火时间相对缩短，点火煤气消耗有一定降低（160MJ/t），炉子寿命延长，可与烧结机大修同步（4~5 年）。1989 年又改为多缝式烧嘴点火炉，依靠火焰表面点火，点火时间较短，点火煤气消耗大大降低（80MJ/t 以下），炉子寿命也比较长（4~5 年）。该项技术除在烧结厂全部使用外，已推广很多同行业兄弟厂，均反映节能效果较佳。1991 年一烧 4 号带冷机上首次安装了热管余热低压蒸汽发生系统，可产生 0.5MPa 蒸汽（4t/h），用于该机系统的二次混合料预热有余，节省了厂外蒸汽管网供气。该系统将会陆续在其他烧结机系统安装。在降低电耗方面，烧结厂推广使用了节能型变压器和 Y 型电机，用可控硅整流代替了交直流系统，采用变频电机代替滑差电机和推广节能型电焊机等。

## 6　设备不断革新

39 年来，武钢烧结厂始终把设备革新改进放在重要位置，以提高设备可靠性、满足工艺要求、减轻劳动强度、改善工作环境为目标。据不完全统计，建厂以来，实现 7000 余项新改造或小改小革，其中较大的改造达 274 项，不少项目走在国内同行业之先。

烧结机的滑道密封装置，前苏联设计为水力弹性胶管密封，1964 年首次采用上弹压式密封装置，取得了一定进展，后又进行了多次改进。1993 年设计采用了板簧弹性滑道密封装置，取得了较好效果。烧结机机头、机尾密封装置先后采用过 6~7 种不同型式，目前以两体铰接组合弹簧浮动板式和两体铰接重力摆动板式为优，但烧结机的漏风率仍高达 45%~50%。

在烧结机前的混合、布料系统改造中，工厂于 1973 年将与 $75m^2$ 烧结机配套使用的 $\phi$28mm×600mm 圆筒混合机加长到 9000mm。1988 年烧结厂开始采用以胶轮支撑的摩擦传动混合机，1989 年投产的第二烧结车间采用了轮壳表面铸有聚氨酯的钢轮支撑摩擦传动混合机，筒体运转平衡，噪音大大降低（与钢轮支撑、齿轮传动的混合机相比）。布料设施以七辊布料机及直流电机换向的梭式布料机——圆筒布料机较为理想。这在一、三烧结车间已实现。

在成品烧结矿处理系统中，1964 年首先采用剪切式单辊破碎机，是较早采用 3.1m×7.5m 耐热振动筛的烧结厂之一。在冷却机的形式上，一烧结经历了 $\phi$8.5m 冷却盘、$\phi$10m 冷却盘、$100m^2$ 水平带式冷却机到 1978 年投产的 $126m^2$ 向上抽风带式冷却机改造的成功。第二烧结采用机上冷却。三烧设计采用了 $200m^2$（一系列两台）及 $134m^2$（二系列两台）抽风式环冷机，1991 年及 1993 年分别用新型结构的 $140m^2$

及 137m² 抽风式环冷机进行了更新，解决了烧结矿的冷却问题，为铺底整粒创造了条件。与冷却机配套的 $\phi$2400mm 轴流风机，也进行了改造，将电机从排气烟囱中移出烟囱外，改上传动为下传动，大大减少了电机的烧损，提高了作业率，便于维护检修。

1984 年投产的第三烧结车间铺底整粒系统中的双层筛一直不正常，经过了四次彻底改造。1990 年投入使用的 3000mm×8000mm 单层两段分级振动筛运行可靠，满足了高作业率的要求。1994 年又对该分级振动筛的振动器部分作了改进，目前使用效果良好。

在烧结机的同风系统中，1981 年首先在一烧采用水封拉链机取代了双层卸灰阀，大大改善了作业环境。近年来对其链板及刮料装置的改造，提高了该设备的可靠性及使用寿命。三烧车间Ⅰ系列 2 台抽风机设计中只配用风量为 6500m³/min 的抽风机（Ⅱ系列配用日本引进的风量为 8000m³/min 的风机），1980 年大修进行了改造，安装了陕西鼓风机厂制造的 SJ-8000-1.033/0.983 型抽风机。1993 年 4 月三烧 3 号、4 号多管除尘器（旋风子、导气管结构）由中科院广州能源研究所设计的 XC17 型反向型多管除尘器所代替，使烟囱的排放浓度达到国家规定的排放标准（100mg/Nm³）以下。

在原料准备及运输系统中，对翻车机、抓斗吊车、四辊破碎机、胶带运输机进行过多次改造，而对熔剂破碎用的 $\phi$1300mm 可逆式锤式破碎机的改革效果最佳。该破碎机的标准产品在使用中振动大，轴承座与篦板磨损严重，易损坏而且大块物料由破碎机入口漏斗等处四处飞出，很难维持正常生产。经过对轴承座的分体，破碎机壳体及篦板改造后，效果很好，生产正常，维护量较少，像多缝式点火炉一样，在国内部分烧结厂中得到广泛推广。

## 7 环境质量不断提高

烧结工艺过程包含各种物料的破碎、筛分、转运、贮存等作业，灰尘飞扬、水汽溢出，对环境控制造成诸多不利因素。武钢烧结厂 39 年来，在改善环境上狠下功夫，将有名的“灰窝子”变成了清洁卫生工厂、公司现场管理标样单位。至今全厂有大小电除尘器 24 台，各类布袋除尘器 12 台，多管除尘器 9 台，水雾除尘器 4 台，生产岗位空调机组 120 多台套。空气含尘量由开工时的 1466mg/m³ 下降到 10~13mg/m³，岗位粉尘合格率由开工时的 4%提高到 1997 年 85.5%，绿化覆盖率达 15.6%。39 年来走过了艰辛的历程。

### 7.1 电除尘逐步被广泛采用

武钢烧结厂现有电除尘器 24 台，规格有 20m²、30m²、40m²、50m²、60m²、150m²、164m² 等多种。

70 年代一烧拔掉冷却盘后，由科技人员和工人自行设计，自行制造极板、极线的 2 台 55m² 电除尘器首先在一烧使用，使用 5 年多因管道压塌而停用。与此同时，三烧结及原二烧投产时也配备了第一代 25m² 电除尘器用于机尾环境除尘。1978 年第一烧结改用 126m² 带式冷却机，相应对烧结机尾、带冷机头的环境除尘器也进行了规范配置。每台烧结机系统配用一台 40m² 电除尘器。此后三烧、二烧都进行了规格性的配置。

烧结厂自行设计制造安装了一台 10m² 处理风量为 3 万 m³/h 的仿原式电除尘器，为熔剂破碎采用电除尘积累了经验。在此基础上，1986 年第二原料车间熔剂破碎系统安装了两台 60m² 电除尘器，投产后改善了破碎系统的操作环境。此后一原料新熔剂破碎系统（给一烧、二烧供料）的两台 100m² 电除尘器于 1989 年投入生产。

1986 年在三烧 1 号烧结机旁安装了 6.3m² 机头电除尘试验装置，进行了各种参数的测试，为二烧车间机头主抽风机系统电除尘器的设计提供了依据。改造后的二烧车间机头抽风系统设置了 2 台 149m² 电除尘器，处理风量均为 85 万 m³/h，负压为 14000Pa。机头电除尘器的副作用大大减轻了抽风机转子的磨损。

不断增建电除尘器的同时，对电除尘系统也不断在进行着改造，如极线形式的不断改进，宽间距的采用，二电场改为三电场；振打装置的改进；除尘管道风量的合理分布；高压控制柜的换代；微机的采用等，以不断提高除尘效果。

### 7.2 布袋除尘器的不断探索

为了解决燃料破碎系统及分散转运站、移动式卸料小车等处的除尘问题，先后采用了多种形式的布袋除尘器。对布袋除尘器在反吹风的控制方面进行了多次改进，消除了布袋堵塞，提高了收尘效果。

### 7.3　特定环境下采用了水雾除尘

一、三烧车间在烧结机尾冷却机前设置了热矿筛分，热返矿直接加到混合料中进入一次混合机，致使一次混合机冒出大量的含尘水蒸气，恶化了环境，各种标准的除尘设备都很难适用。工程技术人员与工人群众一起经多次试验和改进，在一次混合室房顶的排汽烟囱上安装了水雾除尘器。除尘器喷出的高压水雾将通过除尘器的含尘水汽中的灰尘润湿，使之与水一起进入降水管而返回到一次混合机构，脱尘后的水汽由排汽烟囱排至大气。该系统结构简单，操作方便，除尘效果较佳，而且避免了污水处理的难题。

## 8　科学试验成效斐然

烧结厂设有专门的烧结技术研究室。1969 年 9 月以前，烧结研究室设在武钢钢铁研究所，后划归烧结厂管理，主要从事烧结工艺方面的科学试验研究。1993 年原从事技术改造的一部分工程技术人员与烧结研究室合并，设立烧结技术研究室，专门从事工艺、机电、环保等多种专业的试验研究和技术改进等工作。现将 39 年来烧结工艺方面的科学试验及研究成效简述如下。

60 年代，主要从事工艺条件及烧结基础试验的研究。围绕生产正常化和混合料水分、燃料粒度及其配入量及操作制度的探索，提出了稳定水碳铺平烧透不拉沟的操作方针。围绕高碱度烧结矿矿物组成、球团矿及矿粉热压团等进行了一系列的研究。

70 年代，二烧带式焙烧球团矿的投产，生产极不正常，以研究室为主的工程技术人员进行多方面的探索。如二烧设计参数的论证试验、生产现场的调查研究、辊式焙烧试验、内滚煤粉球团试验（工业性试验在湖南冷水江进行）、外滚煤粉球团试验等多种试验，力图球团矿生产过关，终因球团矿生产的基本条件太差而未获较好效果。与此同时为了给平炉供矿，进行过大型工业试验——杭钢竖炉球团试验，运去矿粉 10000 余吨，历时 15 天，获得了令人满意的试验结果。为了探索连平矿、大宝山矿开采使用的可能性，在北京矿冶研究院进行了较大规模的链篦机—回转窑焙烧球团试验，都获得了充分的数据。

改革开放以来，烧结厂科学试验更是硕果累累。

（1）为熔剂性烧结矿向高碱度结矿的过渡进行了大量的试验室试验及工业试验。有代表性的试验有：高铁低硅原料的烧结试验及实践，高料层的试验及实践，实现了由熔剂性烧结矿向高碱度烧结矿的过渡，极大地改善了烧结矿的质量。

（2）在 1989 年二烧改造投产以前的五六年间，烧结生产能力不足，为满足高炉生产的需要，提高烧结生产率成为科研的主攻方向。为此进行了配加及提高消石灰量的试验、配加生石灰和活性石灰的烧结试验，并使之在工业生产中应用。此外还进行了提高混合机制粒效果的试验、配加谷壳的工业试验及近期进行各种添加剂试验。

（3）随着烧结生产量的扩大，武钢矿山自给矿能力只有 30%～40%，为此公司在国内外采购了品种繁多的粉矿，因而进行了多种原料的配矿试验。多年来，对国内近十种粉矿和六个国家（澳大利亚、巴西、印度、南非、委内瑞拉、秘鲁）十余种粉矿进行了配矿试验。对其中国外三种粉矿（哈默斯利、罗布河、纽曼山）进行了详细的完整的系统试验，产分别于 1987 年及 1994 年两次派人赴澳大利亚合作进行了哈默斯利粉矿的烧结试验。

（4）对烧结点火炉进行多次试验及改进。

（5）进行多项综合利用冶金废弃物的试验，并使之用于生产。如炼钢红尘、轧钢污泥、钢渣、瓦斯灰、瓦斯泥、氧化铁皮等。

（6）提高烧结矿冶金性能方面的研究，我厂与钢研所有关单位一起共同进行在成品烧结矿中喷洒氯化钙的实验室试验及工业试验，使烧结矿的低温还原粉化率下降 10%。此法在二烧和三烧车间采用，高炉反映较佳。在降低烧结矿 FeO 含量方面进行了大量的试验。此外还就 $Al_2O_3$ 对烧结矿强度的影响进行了专题试验。

（7）为配合冶金部 GB 8209—87 标准的制订，提供了大量的新老转鼓指数及耐磨指数的建议标准值。研究室参加了烧结矿冶金高温性能测定方法的制订工作，承担了部颁“优质烧结矿标准（YB/T 006—

91）”的起草工作，还积极参加了地区性、全国性的及中澳技术交流活动。

## 9 管理及职工素质不断提高

武钢烧结厂前 20 余年的管理基本上属于经验型管理，1965 年曾学习推广了小指标竞赛，但未坚持多久而夭折。1982 年开始在企业整顿的基础上，首先推行了经济责任制考核。1985 年开始大力推广全面质量管理，使管理工作逐渐系统化、条理化。1985 年清洁工厂的命名使厂容绿化环境管理工作上了一个大的台阶。1985~1987 年间先后获二级计量单位、一级计量单位的称号，标志着能源计量管理的提高。1987 年开始争创省市质量管理奖，使管理的各项基础工作得到普遍加强，并于 1987 年一次性通过省质量管理奖的评审，使管理工作走上了科学管理的轨道。

1984 年开始，三烧铺底整粒系统采用可编程序控制器 PC584，配料系统开始采用单板机，上料及成品系统安装电子秤等，到 1989 年二烧采用 N-90 计算机控制全车间的生产过程，使生产控制水平上了一个大的台阶。

1989 年开始首次使用管理计算机进行数据统计及实现打字功能，到目前为止各车间及大部分科室都配备了管理计算机。用于原始数据的储存、各种生产报表的编制、财务管理及工资发放、设备运行及备件管理、人事管理等。1991 年开始推行 GB/T 1300 标准，1993 年进入公司现场管理标样单位，1994 年开始贯彻 GB/T 1900—ISO 9000 系列标准。

上述多方面的进展表明烧结的管理工作正走向现代化管理阶段，并不断地在深化提高。

烧结厂生产技术的进步、管理的加强与重视职工素质的提高息息相关。长期以来在坚持加强政治思想教育，坚持“爱岗、爱厂、爱公司、爱祖国”的爱国主义教育的同时，对职工的文化和技术教育给予了极大规模的“双补”（文化补习和技术补习）教育，对干部和工程技术人员进行了各种现代化管理知识和新技术的轮训。其中，文化补习有 1226 人取得了初中文化补习合格证，有 1810 人取得了初级技术补习合格证。为了加强职工技术教育，提高其素质，烧结厂于 1980 年成立了教育科，先后投资 100 万余元建起了烧结厂职工培训学校，配备了近 20 名专职教师，逐步完善了教学设施。1980~1981 年开办了两个技术中专班（烧结工艺班和机械班），培养了近 60 名工人和非技术干部，这批人后来都成了生产技术骨干或走上了领导岗位。1985~1986 年开办了中级技术培训和全面质量管理教育，全厂 2733 人参加了培训。从 1987 年开始，根据国家教委和冶金部有关文件精神，把开展岗位培训纳入教育方针目标体系，对职工进行初、中、高三个档次的岗位培训。在培训中坚持了以短期为主、业余为主、自学为主的原则，做到脱产培训与业余培训相结合，系统教育与技能培训相结合，课堂教育与现场练兵相结合，突出了培训的针对性、实用性，使职工教育取得较好成效，有 895 人取得中级工《岗位培训合格证》，490 人获得高级工合格证书。高级工中有 28 人聘任为工人技师。

从 1991 年下半年开始至 1993 年，根据公司调整工资的有关规定，对全厂职工在培训的基础上进行了“双考”（技术考试和工作考核），全厂 3212 名职工中，“应知”考试合格率达 97.2%，“应会”考试合格率达 100%。

为了做到有层次有系统地对职工进行技术知识和操作技能的培训，组织有关技术人员编写了冶金部通用的冶金工人操作技术培训教材《烧结》（上下册）、冶金工人技术理论培训教材（中级本）、《烧结工》、《烧结原料准备》，还编写了中级技能培训教材《烧结生产中常见故障的判断和处理》。以上教材均已在全国发行。另外还组织拍摄了两套电教片，《烧结工艺电教片》和《翻车机工电教片》，准备在冶金部所属厂矿发行。除了为冶金部编写了上述教材以外，还自行编写了 62 个工种初、中、高三个档次的《技术等级标准、培训大纲、技术问答》共 186 册以及《烧结设备维护及故障处理》等教材。

烧结厂职工教育多次受到公司、市、省教委和人民政府的表彰，被授予了多种光荣称号，为提高职工技术素质，促进生产发展起到了很大的作用。

## 10 新建第四烧结车间再创辉煌

随着生产的发展，在公司 700 万吨钢铁配套计划中，拟定新建第四烧结车间，配置一台 $435m^2$ 的带式烧结机，其技术装备水平要求按宝钢三期烧结工程考虑，不低于宝钢一、二期的烧结技术装备水平。其初步设计已于 1994 年 7 月审查通过，预计 1998 年底左右可建成投产。

第四烧结车间与现有的三个烧结车间相比，初步可以归纳为以下特点：

（1）设备大型化、劳动生产率高；

（2）烧结使用的含铁原料由混匀料场供给单一的混匀矿，保证了供料质量；

（3）采用完善的自动配料系统，保证烧结矿成分稳定；

（4）一、二次混合机配置在零米平面上，主厂房较矮，无大的振动；

（5）有完整的铺底整粒系统（一次冷破、四次筛分），成品烧结矿含粉率低，粒度均匀；

（6）配备大型计算机，自动化程度高；

（7）配备大型烧结矿露天堆场，增强了烧结生产的主动性；

（8）环境除尘及绿化得到充分重视。

随着第四烧结车间的建设及投产对烧结厂的工艺技术、生产操作、生产组织及设备管理、职工素质将提出更高的要求，需要不断学习和探索，尽快掌握，以适应现代化大生产的要求。

时代在前进，科技在发展，许多新技术、新工艺需要我们去研究去探索。烧结生产的人工智能模式、气垫皮带机的推广应用、各种耐磨材料的采用、混合料添加剂的使用及原理研究、节能措施的发展、烧结余热的利用以及废气中硫及 $NO_x$ 的脱除等等，将是今后若干年努力奋斗的方向，愿武钢烧结厂在前进中取得更大的辉煌。

（原载《武钢技术》，1994，增刊，有删改）

# 武钢第三烧结车间的技术改造与技术进步

姚驻斌　汪官华　周本华

## 1　概述

武钢第三烧结车间（以下简称三烧）原设计为4台90m²（现改为82.5m²）烧结机，设计年产量为280万吨。烧结机分两个主厂房布置，每个系列配2台，分别于1972年和1973年投产，是国内70年代大型烧结车间之一。但限于当时的历史条件和技术水平，工艺和设备均有许多指标不尽人意。特别是烧结矿强度差，入炉粉末量（-5mm）高达17.2%，制约着高炉技术经济指标的提高。

为了提高烧结矿的产量、质量、降低消耗，强化烧结矿的冶炼性能，从80年代开始，对三烧进行了系统的技术改造，完善了整粒铺底料工艺，先后研究应用了二十多项先进技术，其中一项获国家专利，二项获国家科学技术进步奖，三项获省、市科技进步奖。技术改造和技术进步给三烧和高炉生产带来了显著的经济效益。1991年与1974年（投产后的第一年）相比，烧结机利用系数提高了12.82%，烧结矿的质量合格率提高了51.04%，固体燃料消耗下降了10.63%，煤气消耗降低了73.80%，工序能耗下降了20.37%，达到国家特级一档水平（68.17kgce/t）。据不完全统计，累计经济效益近1亿元。相当于三烧基建投资的2倍。特别是1991年10月，武钢新3号高炉（3200m³）投产，三烧为新3号高炉提供了化学成分稳定、粒度均匀、强度高，冶炼性能好的优质烧结矿，保证了新3号高炉投产一次成功和生产的顺利进行（见表1）。

表1　1991.10~1992.4生产技术指标

| 时间 | 利用系数 /t·(m²·h)⁻¹ | 综合合格率/% | 一级品率/% | $R_0$±0.1稳定率/% | FeO±2稳定率/% | TFe±0.5稳定率/% | 转鼓指数(+6.3mm)/% | 筛分指数(-5mm)/% | 固体燃料消耗/kg·t⁻¹ | 煤气消耗/GJ·t⁻¹ | 工序能耗/kgce·t⁻¹ |
|---|---|---|---|---|---|---|---|---|---|---|---|
| 1991.10 | 1.62 | 99.73 | 90.03 | 95.97 | 94.35 | 93.55 | 74.67 | 4.2 | 69.23 | 0.0915 | 66.83 |
| 1991.11 | 1.58 | 99.17 | 84.59 | 93.06 | 90.56 | 88.16 | 73.61 | 5.2 | 70.84 | 0.0810 | 69.45 |
| 1991.12 | 1.52 | 98.37 | 83.70 | 91.03 | 93.48 | 91.30 | 72.67 | 6.7 | 67.54 | 0.0773 | 69.20 |
| 1992.1 | 1.42 | 97.12 | 70.77 | 83.01 | 84.12 | 83.01 | 72.16 | 7.3 | 70.31 | 0.0833 | 74.54 |
| 1992.2 | 1.49 | 95.54 | 63.24 | 83.93 | 83.33 | 71.73 | 72.97 | 7.1 | 69.83 | 0.0817 | 70.24 |
| 1992.3 | 1.57 | 96.31 | 67.05 | 79.61 | 90.34 | 77.96 | 74.31 | 7.2 | 68.09 | 0.081 | 67.19 |
| 1992.4 | 1.62 | 98.88 | 73.30 | 86.24 | 93.26 | 85.11 | 74.46 | 6.9 | | | |

## 2　整粒铺底料系统的技术改造

为了完善烧结矿处理工艺，提高烧结矿强度，减少入炉粉末，从1980年开始进行三烧整粒铺底料系统的技术改造，第一期工程于1984年完成，第二期工程于1991年6月交付使用，先后经历了11年，耗资3000多万元。新建部分包括3个筛分室、6个转运站、4个铺底料矿仓、17条胶带运输机通廊、27条胶带运输机、4座电气楼和5台电除尘器。主要建筑物布置在该车间预留的5号烧结机场地内，占地面积为16625m²，建筑面积为11769m²，设备总重1474.7t，装机容量为4217kW。与此同时，对烧结机系统作了相应的改造。

## 2.1　工艺流程及其特点

整粒铺底料工艺流程如图 1 所示。胶带运输机配置示意图如图 2 所示。

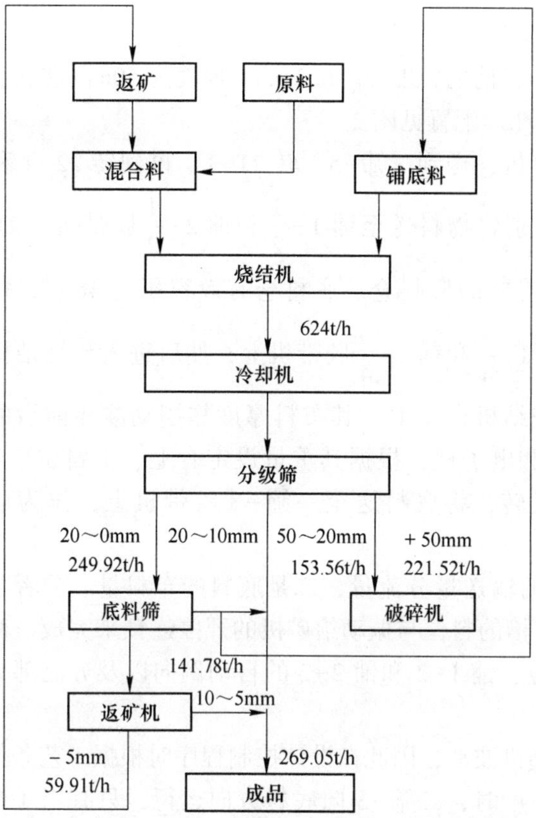


图 1　三烧整粒铺底料工艺流程及物料平衡

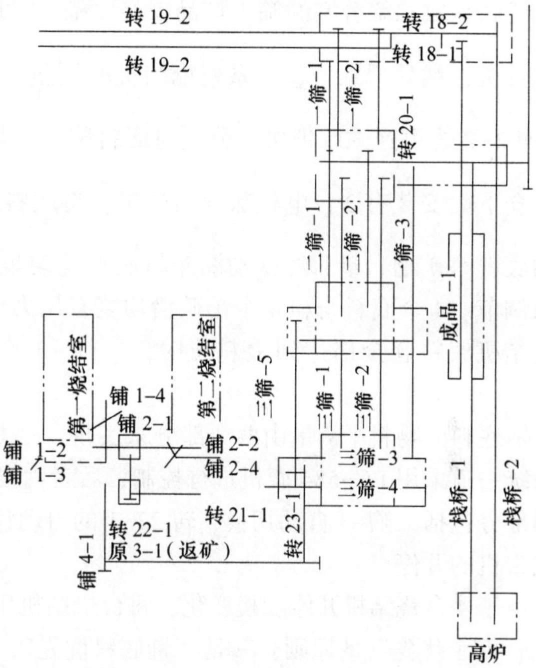


图 2　三烧整粒铺底料系统胶带运输机平面布置

烧结矿经新建的 19 号转运站由一筛-$\frac{1}{2}$胶带机送至一筛分室，经分级筛分成三个级别：+50mm 的粒级由 SPL120＊150 双齿辊破碎机进行破碎，然后落入三筛-$\frac{1}{2}$胶带机；50～20mm 粒级为成品进入转 20-1；-20mm 粒级由二筛-$\frac{1}{2}$胶带机送至二筛分室，经底料筛筛出 20～10mm 粒级作为铺底料。筛下产品（-10mm）连同齿辊破碎后的烧结矿进入三筛分室，筛出返矿（-5mm）。返矿经转 23-1、原 3、原 4（转 24-1）胶带机装入二次返矿槽；成品烧结矿（+5mm）经一筛-3、转 20-1、栈桥-$\frac{1}{2}$或转 20-2 胶带机分别送往 4 号高炉或新 3 号高炉。

此工艺流程具有以下特点：

（1）为了保证正常生产，冷破碎筛分（即整料）采用了双系统，一个系统工作，一个系统备用。同时各留了原 18 号转运站的通道，作为整粒的事故系统直接上 4 号高炉，或进入原中间矿槽缓冲，使生产组织有较大的灵活性。

（2）成品烧结矿经转 20-1 胶带机既可向新 3 号高炉供料，也可向 4 号高炉供料，还可通过高炉栈桥的互换，将烧结矿送到 1、2 号高炉，因此为全厂和高炉生产起到物料平衡的作用。

（3）由于受场地限制，工艺要求的一、二段筛分由分级筛承担，齿辊破碎后的烧结矿只能进入三筛分室，使这部分烧结矿不能分级，因而不能满足烧结矿分级入炉的要求，同时相应增加了返矿筛的负荷，降低了返矿的筛分效率。

（4）底料、返矿、成品均为单系统，对提高全车间的作业率造成不良影响，特别是底料系统，要使底料按烧结机的用量要求及时分配到两个主厂房的 4 台烧结机上，其物料平衡十分复杂，致使第一期工程投产 6 年，底料系统未能正常投运。

## 2.2　铺底料及物料平衡的控制

设计铺底粒度为 20~10mm，布料厚度为 40mm，实际目前的粒度 20~6.3mm，厚度为 50mm 左右。今后准备改为 16~6.3mm。总用料量正常生产时为 80~100t/h。配置见图 2。

铺底料取二筛分室的筛上产品，经二筛-3 可逆胶带机，送到三筛-5、转 21-1，再到转 22-1 移动式胶带机，然后根据一、二系列烧结机的用量情况，分别将物料送至铺 $1-\frac{1}{2}$和铺 $2-\frac{1}{2}$胶带机。铺 1-2、铺 2-2 为可逆式胶带机，分别将底料装入与烧结机对应的底料仓。底料仓有效容积为 $48m^3$，每个底料仓下面安装有 2 台电机振动给矿机，将底料送至铺 $1-\frac{3}{4}$和铺 $2-\frac{3}{4}$胶带机上，然后进入与烧结机对应的底料小矿槽，最后经摆动漏斗将底料均匀地布到烧结机台车上，其布料厚度靠摆动漏斗前沿的刮板来调节。4 个底料仓和 4 个小矿槽均装有压力传感器和电子秤，根据其重量设定有上、下料位。当 4 台烧结机底料仓全部达到上料位时，二筛-3 胶带机反转，将底料送至一筛-3 胶带机上，作为成品出厂。

铺底料的物料平衡量由两个部分来实现，一是底料的输送量分流量，二是底料的布料量。前者与整粒系统一道采用 PC-584 微机进行控制；后者则根据小矿槽的料位与振动给矿机的开停连锁来完成。微机控制部分包括二筛-3 自动切换、转 22-1 的自动移动对位、铺 1-2 和铺 2-2 的自动倒向以及分流部分所有胶带机的开停。

由于 4 台烧结机开停随机变化，每台烧结机用料量随机波动，因此在设计控制程序时根据工艺条件采取了“四个优先”的原则：一是“铺底料优先”，正常生产时，二筛-3 向底料方向运行，只有当 4 个底料仓同时处于上料位时才反向往高炉方向送料，且 20min 后自动回到底料方向，以保证底料的用量。二是“一系列优先”，当一、二系列同时有底料仓出现下料位二筛-3 开始供底料时，转 22-1 优先向一系列烧结机供料。三是“同系列优先”，当已向某系列供材料时，该系列与另一系列同时有下料位出现时，则优先满足本系列的供料。待供料 6min 后，再向另一系列供料。四是“序号优先”，当 4 个底料仓同时处于下料位或同时处于中间料位，二筛-3 开始供底料时，则按序号顺序供料。底料仓的上下料位均留有余地，以保证胶带机送料和停料滞后时间的要求。按上述原则设计了 20 多个程序。实践证明完全满足生产要求，能适应各种生产状态的变化。

## 2.3　生产实践及技术经济效益

整粒系统于 1984 年 10 月开始投运，原一筛分室采用重型双层筛，因设备不过关，1991 年改用分级筛，现运行正常。底料系统于 1991 年全国投运，其作业率目前均达 95%以上。其技术经济效益主要表现在以下几个方面。

### 2.3.1　烧结矿的物理性能得到改善

表 2 列出整粒改造前（1984 年）和改造后（1985 年）烧结矿粒度组成的统计数据。从表 2 可以看出，有整粒与无整粒相比，入炉烧结矿粉末降低了 2.53%，40~20mm 粒级增加了 5.76%，10~5mm 粒级减少了 7.38%，平均粒径增加了 14.46%，说明烧结矿粒度经整粒后趋向均匀。1985 年出厂与入炉平均粒径之差为 5.14mm，即入炉粒径比出厂粒径降低了 23.34%；而 1991 年底料生产正常后，入炉与出厂粒径之差仅为 3.37mm，只降低了 17.3%（见表 3）。表 3 为二期工程投产后的 1991 年至 1992 年从不同地点取样测定烧结矿粒度组成的平均值。从表 3 可见，烧结矿从远距离运输至新 3 号高炉槽上，-5mm 粉末增加 4.681%，从槽上至槽内贮存 24 小时后，粒度组成无明显变化，也就说低温粉化率很小。这充分说明，采用整粒铺底料工艺后，自然减粒效应明显下降。经烧结研究室现场取样测定，强度指标如表 4 所示，烧结矿平均转鼓指数、-5mm 含量和磨损指数均达到了国内先进水平。

表 2 改造前后的烧结矿的粒度组成

| 时间 | | 粒度组成/% | | | | | 平均粒径/mm |
|---|---|---|---|---|---|---|---|
| | | >40mm | 40~25mm | 25~10mm | 10~5mm | <5mm | |
| 1984 | 出厂 | 20.30 | 9.45 | 42.66 | 20.82 | 6.77 | 21.97 |
| | 入炉 | 4.63 | 7.43 | 41.00 | 37.76 | 9.18 | 14.73 |
| 1985 | 出厂 | 21.17 | 12.54 | 47.14 | 15.05 | 4.10 | 22.02 |
| | 入炉 | 9.74 | 8.44 | 45.75 | 30.38 | 6.67 | 16.88 |

表 3 不同地点烧结矿的粒度组成

| 时间 | 取样地点 | 粒度组成/% | | | | | 平均粒径 /mm | 备注 |
|---|---|---|---|---|---|---|---|---|
| | | >40mm | 40~25mm | 25~10mm | 10~5mm | <5mm | | |
| 1991.12 | 出厂 | 14.809 | 9.972 | 39.972 | 28.380 | 7.161 | 19.48 | 测定 10 次平均 |
| 1992.1 | 槽上 | 6.094 | 9.132 | 40.358 | 32.542 | 11.842 | 15.66 | |
| 1992.1 | 入炉 | 4.973 | 8.911 | 46.44 | 34.461 | 5.172 | 16.11 | |
| 1992.4 | 槽内 | 6.03 | 9.93 | 41.53 | 27.30 | 15.16 | 15.79 | 存放 24h |

表 4 烧结矿的强度指标

| 1991 年 | 转鼓指数 (+6.3mm)/% | 筛分 (-5mm)/% | 磨损指数 (-0.5mm)/% | 沟下筛分 | | TFe/% | FeO/% | $R_0$/% |
|---|---|---|---|---|---|---|---|---|
| | | | | (10~5mm)/% | (-5mm)/% | | | |
| 9 月 17 日 | 76.00 | 4.7 | 6.5 | 22.41 | 1.91 | 53.52 | 9.0 | 1.76 |
| 9 月 27 日 | 76.00 | 5.5 | 5.8 | 21.42 | 1.48 | 53.40 | 9.7 | 1.76 |
| 9 月 28 日 | 74.67 | 4.7 | 6.7 | 20.79 | 1.85 | 54.22 | 10.3 | 1.70 |
| 平均 | 75.56 | 5.0 | 6.3 | 21.54 | 1.74 | 53.71 | 9.7 | 1.74 |

### 2.3.2 改善了烧结矿的冶金性能

1991 年 3 月，北京科技大学、中南工业大学和烧结研究室等 6 个单位，分别对一、二、三烧结矿取样，测定其低温还原粉化率（一烧无整粒铺底，二烧无整粒有铺底，三烧有整粒无铺底），9 月，烧结研究室又对三烧烧结矿（有整粒有铺底）取样测定，其结果列于表 5。由表 5 可见，三烧有底料与无底料相比，在 FeO 含量相接近（8.9%和 8.8%）的条件下，低温还原粉化率下降 3.55%，比一烧低 13.65%，比二烧结 6.15%，而还原率平均达到 81.07%，这充分说明三烧烧结矿的冶金性能得到了明显改善。同时根据宝钢的经验，上述指标应适当放宽，以便降低 FeO 含量，节约能源。

表 5 烧结矿冶金性能对比

| 时间 | 膨胀率 /% | FeO /% | RDI (-3mm)/% | RI /% | 还原速度 /%·$min^{-1}$ | 软化温度/℃ | | |
|---|---|---|---|---|---|---|---|---|
| | | | | | | 开始 | 终了 | 区间 |
| 1991.3（无底料） | | 8.9 | 26.80 | | | | | |
| 1991.9（有底料） | 6.35 | 8.3 | 24.00 | 84.36 | 0.542 | 1230 | 1260 | 30 |
| 1991.9（有底料） | 7.15 | 8.8 | 23.25 | 82.35 | 0.517 | 1230 | 1265 | 35 |
| 1991.9（有底料） | 7.25 | 9.8 | 21.56 | 76.50 | 0.448 | 1235 | 1275 | 40 |
| 平均（有底料） | 6.92 | 8.8 | 22.94 | 81.07 | 0.502 | 1232 | 1267 | 35 |
| 武钢一烧(1991.3) | | 8.9 | 36.90 | | | | | |
| 武钢二烧(1991.3) | | 8.1 | 29.40 | | | | | |
| 宝钢（1989） | | 6.41 | 36.54 | 63.68 | | | | |

### 2.3.3 烧结生产操作进入良性循环

采用整粒铺底料以后，不仅改善了出厂烧结矿的质量，改善了冶金性能，而且稳定了烧结生产操作。

由于采用底料后消除了过湿层，因而返矿量（一次返矿）有所减少，返矿质量得到改善，这对稳定水、碳含量和稳定操作有重要作用。由于透气性改善，垂直烧结速度加快，加上成品率提高，扣除底料耗量后，产量有所提高。据现场测定（1991 年 12 月），有底料比无底料烧结机速度提高 27.35%，底料层厚度占料层厚度的 11%。按此计算，产量应提高 10%以上。1991 年 4 季度比 1990 年 4 季度利用系数实际提高 5.9%。由于消除了过湿层，保证了烧结料层断面烧透，因而稳定了主管废气温度，降低了进入多管除尘器废气中的粉末含量，减轻了多管除尘器的堵塞与磨损，降低了炉篦子和风机转子的消耗。更为重要的是，由于透气性改善，料层中氧化气氛增强，碳的燃烧等反应充分，烧结矿结晶发育完全，强度提高，为进一步提高料层、降低 FeO 含量，从而为逐步改善质量降低能耗创造了条件。半年多的生产实践证明，采用整粒铺底工艺之后，三烧生产操作已进入良性循环阶段。

2.3.4 高炉技术经济指标明显提高

三烧烧结矿 1991 年前供给 3、4 号高炉使用，因与三烧改造的同时，4 号高炉也进行了技术改造，可比性差，故采用外界条件变化不大的 3 号高炉（容积为 1513m$^3$）进行比较，各方面技术经济指标列于表 6。从表 6 看出，采用三烧整粒后的烧结矿，通过校正，焦比下降了 7.31kg/t（1.3%），产量增加了 143.2t/d（5.5%）。按当时的价格计算，仅节焦增铁一项，炼铁年效益达 700 万元。

**表 6 三烧整粒前后供给 3 号高炉的技术经济指标对比**

| 日期 | 平均日产 /t·d$^{-1}$ | 综合焦比 /kg·$t_{Fe}^{-1}$ | 入炉品位 /% | 休风率 /% | $CO_2$ /% | 风温 /℃ | 顶温 /℃ | 顶压 /kg·cm$^{-2}$ | Si 含量 /% | 焦炭灰分 /% | $\sum X$ (影响量/%) |
|---|---|---|---|---|---|---|---|---|---|---|---|
| 1984 年第三季度 | 2596.3 | 546.4 | 53.45 | 1.86 | 18.5 | 1086 | 172 | 1.25 | 0.549 | 13.43 | |
| 1985 年第一季度 | 2739.5 | 542.5 | 52.76 | 0.14 | 17.8 | 1076 | 150 | 1.29 | 0.611 | 13.49 | |
| 差值 | 143.2 | 3.9 | 0.69 | 1.72 | 0.7 | 10 | 22 | 0.04 | 0.017 | 0.06 | |
| 影响焦比 /kg·t$^{-1}$ | | +3.9 | +5.65 | −8.07 | +9.6 | +1.5 | −5.5 | −1.10 | +0.69 | +0.66 | +7.31 (1.3) |
| 影响产量 /t·d$^{-1}$ | 143.2 | | | | | | | | | | 143.2 (5.5) |

## 3 工艺设备的技术改造与进步

### 3.1 烧结点火器的研制

武钢烧结厂与长沙黑色冶金矿山设计研究院一道对三烧点火器进行了两次大的技术改造。第一次是 1983 年在三烧 2 号机上研制采用可塑料点火保温炉，并采用异地安装整体就位的方法，使煤气消耗下降了 15%~25%。第二次是 1989 年，引进日本住友金属株式会社技术软件，在 3 号机上研制采用多缝式烧嘴点火炉，使点火能耗在原来的基础上又下降了 50%。现在 4 台烧结机已全部采用这种点火器，煤气消耗降至 0.09GJ/t 以下。

### 3.2 环冷机的技术改造

三烧采用抽风环式冷却机，一系列冷却面积为 200m$^2$，后改为 154m$^2$；二系列冷却面积为 134m$^2$。长期以来冷却效果欠佳，成品胶带运输机上冷却后的烧结矿仍有不少在 300℃以上，不仅烧损胶带，而且胶带上被迫打水降温，造成烧结矿粉碎，降低了烧结矿的质量，特别是增加成品整粒以后，加工工序增多，未冷却的烧结矿使整粒条件恶化。1991 年投产的新 3 号高炉为无料钟高炉，对烧结矿的冷却质量提出了更高的要求。为此武钢烧结厂于 1991 年结合一系列大修，投资 800 多万元，对 1 号、2 号环冷机进行了彻底的改造。

此次改造，除了保留原 3 台轴流风机及其基础支架外，对环冷机本体（包括平台、支架、传动装置）重新进行了设计。冷却面积改为 140m$^2$，台车宽度由原 3200mm 缩小到 2600mm，改变了布料角度，使下料方向与环冷机径向一致，以保证沿台车宽度方向的烧结矿分布均匀。同时将热矿筛平台提高了1m，台车上的料层厚度由原250mm提高到400mm，降低了环冷机转速，使有效冷却时间由20min延长到26.4~39.6min。增加了一套驱动装置，使之成为双驱动，两组驱动轮的夹角为118°。

近一年的生产实践证明，此次改造达到了预期的目的。冷却后的烧结矿温度低于150℃，环冷机运行平稳，布料均匀，密封性能好，卸料干净。每年可节约胶带费用30多万元。烧结矿质量和劳动条件都有明显改善。

### 3.3　检测与控制

1984年三烧铺底料整粒系统改造后，采用了美国MODICON公司PC-584可编程序控制器及其相应的标准设备。它用特定的指令将逻辑运算等编制程序用于对整粒系统、铺料系统和二次返矿系统的程序控制。实践证明，运行可靠，满足了三烧复杂的工艺要求。

前几年，在3号烧结机上采用红外线水分计测定与自动控制二次混合料水分，与手动控制比较，混合料水分±4%的合格率从69.52%提高到99.31%，可提高产量5.6%，提高烧结矿强度2%，还可降低电耗和固体燃料消耗。

1992年，在二次返矿槽采用料位检测与控制，以稳定二次返矿下料量。同时在2号、3号烧结机上采用FeO在线检测后使FeO±1%的稳定率提高了11%，FeO±2%提高了9%。

在工艺设备上，还对布料装置、机头机尾密封等进行了改造，采用了胶轮支撑传动的混合机、混合机内采用橡胶衬板，在配料圆盘上采用了变频调速等装置，所以这些都对稳定操作、改善劳动条件、提高装备水平起到了应有的作用。

## 4　其他技术进步措施

### 4.1　低温低负压点火制度的研究与应用

1985年前，三烧点火温度在1200~1300℃之间，点火负压为7845~8826Pa，并采用正压操作。1985年将点火温度降至1150℃左右，点火负压降为2942~3923Pa，在保证质量不变的条件下，使点火煤气消耗降低了20%~25%，表层风速提高了0.071m/s(16%)，烧结机机速提高约5%，台时产量略有增加。

### 4.2　厚料层烧结

投产初期，三烧料层在300mm左右，后逐步提高，1985年以后最高达510mm（1号、2号机），1991年改为450mm，1992年3月开始1号、2号机为500mm，3号、4号约为480mm。据近两个月的生产实践，1992年3月、4月比1991年4季度利用系数平均提高0.016%(+1.35)，FeO降低1.43%（降低幅度13.45%），转鼓强度提高0.735%。

### 4.3　提高碱度降低FeO含量

1980年以前，三烧烧结矿碱度为1.3，FeO高达20%，后来碱度提高到1.75（一般为1.6），FeO降至12%，使烧结矿还原率由70%提高到80%，转鼓指数提高了5.6%，-5mm粉末降低了56%。之后在碱度不变的情况下，FeO降低了6.5%，固体燃料消耗下降了2.49%，转鼓指数提高了1.34%。

### 4.4　烧结矿喷洒$CaCl_2$溶液

为了进一步改装烧结矿的冶金性能，强化高炉冶炼，从1992年5月份开始，在出厂烧结矿上喷洒浓度为3%的$CaCl_2$溶液，使烧结矿低温还原粉化率下降了8%，高炉获得了增产、节焦的明显效益。

十多年来，三烧通过技术改造和技术进步取得了明显的技术经济效益，但与80年代新建的厂相比，还有不少差距，与现代化的大型高炉还不能匹配。在进一步拓宽已有技术改造和技术进步成果的基础上，还需采取一些强化措施，为高炉冶炼创造更有利的条件。

（原载《武钢技术》，1994，增刊）

# 武钢第一烧结车间生产的变革

滕连洁　李映模

## 1　概况

烧结厂第一烧结车间（简称一烧）系前苏联设计，于 1959 年建成投产，是我国第一个冷矿烧结车间。为 75m$^2$ 烧结机配套的烧结矿冷却设备为 $\phi$8.5m 冷却盘，其冷却效果很不好，不能满足 75m$^2$ 烧结机要求，出盘烧结矿平均温度高达 465℃，严重烧损成品运输胶带。若要出盘烧结矿不烧胶带，则需控制烧结矿温度，这样烧结机产量被压低一半，只能保持 40~50 吨/(台 · 时)。为了减少胶带烧损，且不过分压低产量，曾采取洒水辅助冷却措施，结果严重破坏了烧结矿质量，使入炉烧结矿中<6mm 粒级含量高达 37.6%，严重影响了高炉生产。与此同时，由于烧结矿冷不下来，使一烧成品系统设备事故增多，岗位温度增高，灰尘弥漫，劳动条件十分恶劣。

直到这次改造前的二十多年中，为解决这一“卡脖子”的老大难问题，几经攻关，多次改革，包括 1964~1965 年为确定包钢烧结厂建设方案由两部（冶金部和一机部）七单位（鞍山与长沙矿山设计院、西安重型机械研究所、上海冶金矿山机械厂、沈阳重型机器厂、合肥起重运输机械厂和包钢）在一烧联合进行的 $\phi$10m 冷却盘工业试验和 1970~1971 年烧结厂拔掉冷却盘代之以烧结机台车式冷却机。这些虽在一定程度上改善了一些冷却效果，但由于当时各种条件所限，均未能彻底解决问题。到 1978 年冷却系统改造之前，冷却后的烧结矿平均温度仍有 300~400℃，每年烧损运输胶带 1 万多米。洒“底水”保护胶带，烧结矿质量仍受到破坏，入炉烧结矿中<5mm 粒级占 18.9%。同时，冷却系统各岗位空气含尘浓度最低为 281.9mg/Nm$^3$，最高达 1050.7mg/Nm$^3$，超过国家工业卫生标准 28~100 倍。

为解决烧结矿冷却问题，1975 年公司决定并报请冶金部批准，对一烧冷却系统进行彻底改造。

改造工程设计由公司设计处（后改为设计院）完成一烧冷却系统改造工程设计，从烧结矿的破碎、筛分和冷却三个主要环节入手，采取综合措施，对冷却系统进行彻底的技术改造。

1976 年 10 月完成改造工程初步设计，1977 年 3 月完成施工图设计。工程总投资设计概算为 1200 万元，工程决算为 1350 万元。

由于要保证高炉生产用料，改造工程分三期进行：一期工程于 1977 年 5 月完成，下挖混合料通廊并对混合料系统进行改造，为在一烧老厂条件下增设热矿振动筛创造条件；二期工程利用烧结机大修机会对 1、2 号冷却系统的改造于 1978 年 12 月完成；三期工程也是配合大修于 1980 年 6 月完成对 3、4 号冷却系统的改造。到目前为止，1、2 号冷却系统已正常运行了 9 年，3、4 号冷却系统已正常运行了 7.5 年。实践证明，这次改造效果好，达到了预期的要求。

## 2　改造的主要内容

### 2.1　采用 $\phi$1500mm×2800mm 剪切式单辊破碎机对冷却前的烧结矿进行严格破碎

为提高冷却设备的效率，对冷却前的烧结矿进行严格破碎是必要的，理由是：

(1) 冷却机上烧结矿的最终冷却时间取决于其粒度上限，为使烧结矿在给定的冷却时间内冷却下来，必须控制其粒度上限不超过给定值；

(2) 为使冷却机上空气分布均匀，以提高冷却效果，需保证布料均匀，而烧结矿自身粒度均匀是前提；

(3) 一烧没有铺底料设施，烧结矿的烧透程度难以保证，大块烧结矿中常夹杂未烧好的“返矿”生烧料，在给入冷却机时受冲击而破裂分出，该“返矿”不仅影响冷却机上料层透气性，从而影响冷却效果，同时其中的残碳在通风冷却初期又二次燃烧，对冷却极为不利。

一烧机尾原 $\phi$1100mm×2550mm“狼牙棒”式单辊破碎机达不到严格破碎的要求，故将其拆除，代之以 $\phi$1500mm×2800mm 剪切式单辊破碎机。

## 2.2　采用热矿振动筛对冷却前的烧结矿进行彻底筛分

对冷却前的烧结矿是否筛分，采用何种筛分设备，这是烧结矿冷却工艺上一个重要问题。

为了给冷却创造有利条件，提高冷却效果，充分发挥冷却设备的能力，用高效振动筛对冷却前的烧结矿进行彻底筛分是完全必要的。但由于振动筛要承受 800~1000℃高温、激烈的磨损、连续运转的冲击和振动，在振动筛结构与材质选择不当的情况下，常出现筛体变形、侧板龟裂、小梁开裂、篦板严重磨损和脱落等事故，给生产带来影响，特别是当烧结机大型化后，热矿振动筛的设备问题更难解决。因此在不同的国家不同的具体条件下，就有不同的作法，有的采用耐热振动筛，有的采用固定筛，也有的不筛。

在一烧具体条件下，拆除了原有 2840mm×4500mm 固定筛，新增了 3100mm×7500mm 耐热振动筛，理由是：

（1）一烧的含铁原料是以精矿为主，混合料制粒效果很差，又没有铺底料系统，很难保证烧好烧透，返矿量大，且含有“欠烧”与“生烧”料。如不将其彻底筛除，进入冷却机后，进行二次烧结，会直接影响冷却效果。

（2）原固定筛篦条间隙为 20mm，其筛分效率不及 50%，即有一半的返矿进入冷却机，使冷却机上料层透气性变差，并给冷却机增加额外的机械负荷与热负荷。在成品二次筛分设备效率不高的情况下，这也是造成入炉烧结矿含粉率高的原因之一。

与此同时，一些 6~20mm 的成品矿又进入返矿，这一方面降低了成品率，另一方面粗大的返矿对混合料的制粒与烧结也不利。

（3）采用振动筛将返矿彻底筛降，将粉尘消灭在工艺流程中，在抽风冷却情况下可保证排风机叶片不受严重磨损，排风不污染环境，并使烧结矿在冷却以后的转运过程中扬尘较少。

（4）振动筛还起到向冷却机均匀布料的作用，使空气分布均匀，提高冷却效果。

（5）根据计算，采用振动筛时冷却机上料层阻力为 588Pa 左右，有相应的国产轴流风机可用。如保留固定筛，则无合适的轴流风机，在一烧冷却系统改造条件下，又不能指望试制新产品，所以采用振动筛也是使用现有轴流风机所必需的。

（6）一烧采用 75m$^2$ 烧结机，国内有与其配套使用的耐热振动筛，且兄弟厂多年生产实践证明，该筛是可靠可用的。

据此，拆除了固定筛，新增了 SZR3175 耐热振动筛（见图 1 和图 2）。

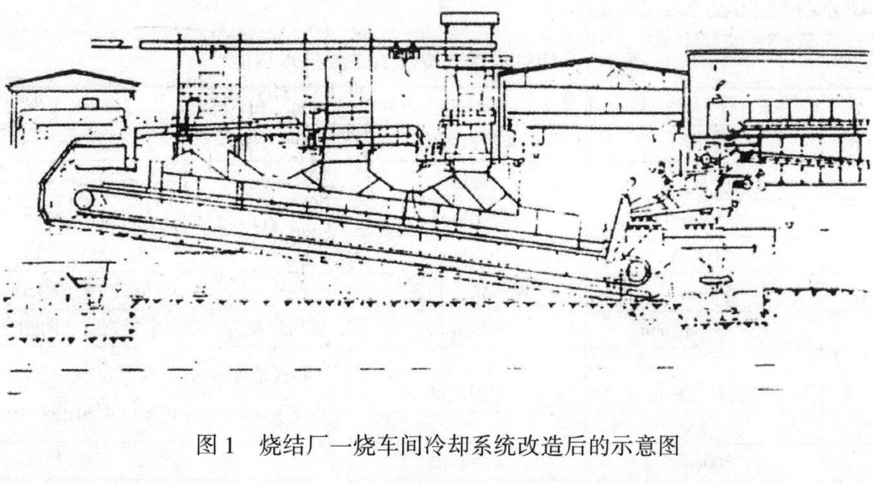

图 1　烧结厂一烧车间冷却系统改造后的示意图

## 2.3　新增热矿振动筛的布置

由于受一烧工艺流程和场地所限，新增设的热矿振动筛只能布置在热返矿槽上面。如何保证坐在热返槽上面的振动筛维持正常生产，这是个新课题。为此采取了如下措施：（1）将热筛除尘风量加大到 80000m³/h，对筛子辅助冷却；（2）热筛下面设百叶式隔热板，以防止热返矿对筛子的辐射烘烤；（3）将返矿槽中的热废气与热粉尘从筛下直接抽走，以免对筛子对流传热（见图 3）；（4）在热返矿槽中设置料面信号，控制热料面与筛子的距离；（5）为改善热筛操作与检修条件，千方百计保留了厂房内原有的 15t 桥吊，新增冷风系统，向筛子平台操作与检修区段送以冷风。

图 2　SZR3175 耐热振动筛
电机 $JO_3$-L-180mm，6.22kW，730rpm

图 3　热筛下热返矿槽内热气与热粉尘抽出用四通

## 2.4　混合料系统改造

为在一烧老厂条件下给增设热矿振动筛争取空间，将混合料通廊下挖 1.1m，并将 $\phi$2000mm 高温圆盘给料机由单刮刀一侧卸料改为双刮刀两侧卸料，又争得空间高度 1.7m。

为利用原混合料运输胶带运送返矿而又不使胶带受烧损，将运输机宽度由 1000mm 改为 1200mm，以便将混合料宽铺垫底。

## 2.5　新设计 126m² 上向抽风带式冷却机

解决一烧烧结矿冷却问题的重要一环是冷却。在一烧四台烧结机并列布置的条件下，先后作了三个方案，即对原有烧结机台车式带冷机进行改革，采用 134m² 环式冷却机和自行设计新型结构带式冷却机。综合比较结果，决定采用自行设计新型结构带式冷却机方案。

在冷却机主要工艺参数的选择与计算中，冷却风量系根据热平衡公式计算，料层阻力计算应用了活伊斯公式。计算中一些数据的选取，除参考国内抽风环冷机和 30m²、40m²、60m² 小型抽风带冷机之外，由于国内不曾作过某些数据的测定，也参考了国外（主要是日本与美国）一些资料。新设计的一烧抽风带式冷却机主要技术性能见表 1。

**表 1　一烧抽风带式冷却机主要技术性能**

| 参　数 | 性　能 | 参　数 | 性　能 |
|---|---|---|---|
| 有效冷却面积 | 126m² | 拉链机宽度 | 500mm |
| 台时能力 | 120t/h | 链速 | 282mm/s |
| 料层厚度 | 250mm | 传动电机 | $ZZJ_0$-51（直流），30kW，680Y/m |
| 台车有效宽度 | 2800mm | 传动用减速机 | CS-2000，i-2457 |
| 台车有效长度 | 600mm | 尾部张紧装置 | 重锤式，行程 450mm |
| 台车支行速度 | 1.5~3.0m/min | 密封装置 | 进出料端为四排扇形板密封；两侧为耐热橡胶垂帘密封 |
| 传动链轮直径 | $\phi$1941.62mm | 配用风机 | 立式轴流 $60A_1$-12，No.24 3 台；风量 5400m³/min；负压 588~686Pa 传动电机 SL128-10H，130kW，600rpm |
| 传动链轮节距 | 600mm | 安装角度 | 6° |
| 散料清理 | 拉链机机械清理 | 拉链机传动电机 | $JO_2$61×6，10kW |
| 冷却时间 | 25~30min | 冷却机设备总重 | 356.85t/台 |

冷却机实物参见图4和图5。

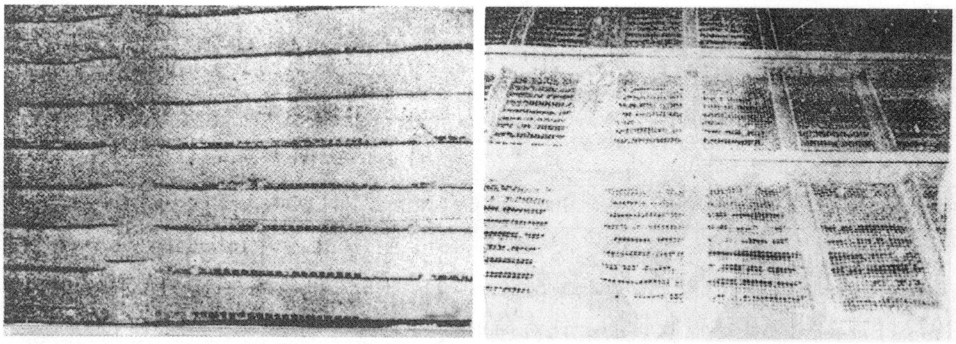

(a)　　(b)

图4　$126m^2$ 带冷机台车

(a) 正面；(b) 反面

## 2.6　采用电除尘器改善冷却系统劳动环境

冷却系统是一烧车间主要尘源，解决冷却系统的除尘问题对改善一烧的劳动环境有重要意义。为此新设计了 $40m^2$ 降尘室与 $40m^2$ 两电场板卧式电除尘器，组成两级净化系统，对冷却系统各扬尘点进行除尘。电除尘器收集的粉尘经新建的密闭放灰、运灰系统送至新建的 $\phi1200mm\times3500mm$ 圆筒混灰机，加湿混匀后返回混合料系统，回收利用。

图5　$126m^2$ 带冷机密封罩侧部耐热橡胶垂帘密封、台车端部、链条、托辊（$\phi195mm$）

## 2.7　新建一烧与炼铁之间缓冲矿槽

以往，一烧与高炉生产经常出现不平衡现象，两厂设备事故又多，因此两厂常因中间无缓冲余地而相互影响，据当时统计，影响烧结作业率约5%。这次改造新增缓冲矿槽4个，每个有效容积210t，共840t，但因场地所限，矿槽偏小，在有料1/2的情况下，只能缓冲1小时。

## 2.8　电气系统改造

原设计一烧1A与1B变电所位于厂房±0.00m标高大烟道放灰系统附近，条件恶劣，电气设备事故频繁，而每次检修又必须拆除附近的生产设备，实属不合理。此次冷却系统改造正值该变电所大修，决定将其外迁，与新建冷却系统和电除尘系统变电所合二为一，并与新建的电缆通廊、电缆桥和电缆隧道构成一烧车间新型电气中心。

# 3　改造后的技术经济效果

（1）一烧投产二十多年的老大难问题，即烧结矿冷却问题终于解决了。根据多次测定结果，无论是冬季还是夏季，冷却后的烧结矿平均温度均不超过100℃，此该厂三烧的环冷机冷却效果好（详见表2）。

**表2　一烧带冷机与三烧环冷机冷却效果比较**

| 一烧带冷机 | | | | 三烧环冷机 | | | |
|---|---|---|---|---|---|---|---|
| 测定时间 | 机号 | 烧结矿平均温度/℃ | | 测定时间 | 机号 | 烧结矿平均温度/℃ | |
| | | 入机 | 出机 | | | 入机 | 出机 |
| 1980.8.28 | 1号 | 约910 | 90 | 1979.8 | 1号 | 约900 | 332 |
| 1980.8.28 | 2号 | 约910 | 94 | 1979.8 | 2号 | 约900 | 351 |
| 1980.8.28 | 3号 | 约900 | 85 | 1980.8 | 3号 | 约900 | 442 |

续表 2

| 一烧带冷机 | | | | 三烧环冷机 | | | |
|---|---|---|---|---|---|---|---|
| 测定时间 | 机号 | 烧结矿平均温度/℃ | | 测定时间 | 机号 | 烧结矿平均温度/℃ | |
| | | 入机 | 出机 | | | 入机 | 出机 |
| 1980. 8. 28 | 4 号 | 约 900 | 60 | 1980. 8 | 4 号 | 约 900 | 380 |
| 1979. 10. 8 | 1 号 | 约 910 | 90 | 1979. 9 | 1 号 | 约 920 | 423 |
| 1979. 9. 14 | 2 号 | 1015 | 100 | 1979. 9 | 2 号 | 约 905 | 367 |

（2）由于烧结矿彻底冷却，不再烧损运输胶带，仅此一项每年节约宽 1200mm 的运输胶带 1 万多米。

改造前 1977 年成品烧结矿运输胶带的一代寿命最长为 30 天，最短仅 10 天。改造后，于 1983 年 2 月换上上述运输胶带，至 1984 年 9 月还在运行，从而使一烧的胶带单耗由改造前的单层 0. 122～0. 174$m^2$/t 下降到单层 0. 037～0. 038$m^2$/t（见表 3）。

**表 3　一烧冷却系统改造前后胶带单耗**

| 改造前后 | 年份 | 单胶带单耗/$m^2 \cdot t^{-1}$ |
|---|---|---|
| 改造前 | 1977 | 0. 174 |
| | 1978 | 0. 122 |
| 1、2 号改造后 | 1979 | 0. 080 |
| | 1980 | 0. 046 |
| | 1981 | 0. 025 |
| 四台全部改造后 | 1982 | 0. 055 |
| | 1983 | 0. 034 |
| | 1984 | 0. 040 |
| | 1985 | 0. 038 |
| | 1986 | 0. 037 |

（3）烧结矿彻底冷却了，无需再向运输胶带上洒“底水”，从而使烧结矿质量得到改善。

1、2 号冷却系统改造前后多次测定，入炉烧结矿中<5mm 粉末含量由 18. 9%下降到 10. 31%，即降低了 8. 59%（见表 4）。四个冷却系统全部改造后，高炉槽下烧结矿中<5mm 粉末 1981～1986 年 6 年平均为 8. 48%（见表 5），为高炉节焦增铁创造了有利条件。

（4）冷却系统作业率有显著提高，从而使一烧车间作业率和产量有了较大提高。

根据 1984 年的统计，冷却系统影响烧结机的作业率，改造前为 14. 36%，改造后为 1. 368%。一烧扣除外因作业率，改造前 6 年平均为 65. 95%，改造后 6 年平均为 93. 47%（见表 6）。烧结机台时产量也有所增长，改造前 6 年平均为 80. 94t，改造后 6 年平均为 85. 88t（见表 6）。由于作业率与台时能力的提高，给一烧带来大幅度增产的效果，冷却系统不再是“卡脖子”环节，消除了“后顾之忧”。1986 年，一烧车间扣除外因作业率达到 94. 06%，台时产量达到平均 88. 25t，年产入炉烧结矿 272 万吨。

**表 4　高炉槽下烧结矿粒度组成测定结果**　（%）

| 项　目 | | 粒径/mm | | | | |
|---|---|---|---|---|---|---|
| | | >40 | 40～25 | 25～10 | 10～5 | <5 |
| 1、2 号改造前 | 1973 年 7 月取样 24 次平均 | 8. 70 | 8. 70 | 29. 30 | 30. 50 | 22. 8 |
| | 1973 年 9 月取样 14 次平均 | 9. 00 | 11. 50 | 37. 40 | 27. 10 | 15. 0 |
| | 平均 | 8. 85 | 10. 10 | 33. 35 | 28. 80 | 18. 9 |
| 1、2 号改造后 | 1979 年 1 月栈桥贮存 24h | 8. 83 | 4. 78 | 37. 09 | 35. 92 | 13. 31 |
| | 1979 年 10 月栈桥贮存 24h | 13. 72 | 5. 59 | 51. 79 | 21. 60 | 7. 30 |
| | 平均 | 11. 275 | 5. 185 | 44. 44 | 28. 76 | 10. 31 |

表 5　四个冷却系统改造后高炉槽下烧结矿含粉尘率　（%）

| 年份 | 1981 | 1982 | 1983 | 1984 | 1985 | 1986 | 平均 |
|---|---|---|---|---|---|---|---|
| <5mm 含量 | 14.72 | 6.30 | 10.40 | 7.31 | 6.50 | 5.63 | 8.48 |

表 6　一烧改造前后扣除外因作业率与台时产量比较

| 项目 | 改 造 前 | | | | | | |
|---|---|---|---|---|---|---|---|
| 年份 | 1974 | 1975 | 1976 | 1977 | 1978 | 1979 | 平均 |
| 扣除外因作业率/% | 62.70 | 62.51 | 62.75 | 65.04 | 51.56 | 85.19 | 64.95 |
| 台时产量/吨·(台·时)$^{-1}$ | 92.46 | 83.36 | 69.90 | 74.10 | 82.76 | 83.06 | 80.94 |
| 项目 | 改 造 后 | | | | | | |
| 年份 | 1980 | 1981 | 1982 | 1983 | 1984 | 1985 | 平均 |
| 扣除外因作业率/% | 90.31 | 93.95 | 93.68 | 95.30 | 96.62 | 90.95 | 93.47 |
| 台时产量/吨·(台·时)$^{-1}$ | 85.97 | 84.13 | 86.35 | 84.86 | 85.86 | 88.12 | 85.88 |

（5）改造前冷却系统工艺设备装机总容量为 4495kW，改造后为 2654kW，减少了 1841kW。仅此一项每年节电 1370 万 kWh。考虑到改造后作业率提高、台时产量提高等增产低耗的效果，则节电更为显著。根据统计资料，改造前 1977～1978 年每吨烧结矿平均电耗为 44.76kWh，改造后 1979～1986 年每吨矿平均电耗为 32.63kWh。按改造后至今 8 年每年平均生产烧结矿 233.59t 计算，则平均每年节电 2833 万 kWh，折合标准煤 11300t/a。一烧车间 1977～1986 年历年产量及吨矿电耗详见表 7。

表 7　一烧冷却系统改造前后产量及吨矿电耗

| 项目 | 改 造 前 | | | | | | | |
|---|---|---|---|---|---|---|---|---|
| 年份 | 1977 | 1978 | | | | | | 平均 |
| 电耗/kWh·t$^{-1}$ | 49.15 | 40.37 | | | | | | 44.76 |
| 产量/万吨·年$^{-1}$ | 107.6 | 134.7 | | | | | | 121.1 |
| 项目 | 改 造 后 | | | | | | | |
| 年份 | 1979 | 1980 | 1981 | 1982 | 1983 | 1984 | 1985 | 1986 | 平均 |
| 电耗/kWh·t$^{-1}$ | 34.05 | 32.65 | 32.982 | 31.555 | 32.996 | 32.925 | 32.068 | 31.797 | 32.63 |
| 产量/万吨·年$^{-1}$ | 201.4 | 192.5 | 205.1 | 238.0 | 241.9 | 259.7 | 285.0 | 272.1 | 233.59 |

（6）自行设计的 126m$^2$ 抽风带式冷却机投产几年来一直运行正常，冷却效果好。这是当时我国最大的抽风带冷机（在此之前只有 30m$^2$、40m$^2$ 和 60m$^2$ 的小型抽风带冷机），是一烧冷却系统改造中一项新成果，为我国带冷机向大型化发展迈出可喜的一步。新带冷机生产可靠，运行平衡，事故极少。台车上布料均匀，气流分布均匀，密封性能好。1、2 号带冷机投产三个月后，1979 年 2 月测得其漏风率为 16.61%，经过近一年的运行磨损，于 1982 年又测得其漏风率为 31.24%～31.58%，均在设计预计的 35% 以内。在上述这些方面，一烧带冷机要比该厂三烧环冷机优越。

（7）改造后的生产实践证明，将热矿振动筛布在热返矿槽上面，简化了流程，减少了工艺设备，改善了劳动条件，同时解决了一烧老厂改造受场地限制的难题。所采取的措施起到了应有的作用，保证了筛子正常生产运行。这是一烧冷却系统改造中又一新成果。与兄弟厂热筛下不是热返矿槽的热筛工作条件比较说明，一烧热筛工作条件是较好的（见表 8）。

表 8　一烧热矿振动筛工作条件测定结果比较

| 项　目 | 武钢一烧 | 武钢三烧 | 梅山烧结厂 | 备注 |
|---|---|---|---|---|
| 入筛烧结矿温度/℃ | 约 800 | 约 800 | 约 800 | |
| 出筛烧结矿温度/℃ | 720 | 750 | 670 | |
| | 360 | | | 3 号 |
| | 410 | 440 | 305 | 4 号 |

续表 8

| 项 目 | 武钢一烧 | 武钢三烧 | 梅山烧结厂 | 备注 |
|---|---|---|---|---|
| 热筛小梁温度/℃ | 380 | 545 | 547 | 5号 |
| | 390 | 515 | 524 | 6号 |
| 筛下空间温度/℃ | 238 | 580 | 380 | |
| 热筛除尘用风量/$m^3\cdot h^{-1}$ | 80000 | 50000 | 90000 | |
| 筛下有无热返矿槽 | 有 | 无 | 无 | |

注：上述测定结果系1972年1、2号冷却系统改造后测得。

（8）一烧冷却系统的除尘问题彻底解决。1、2号冷却系统改造投产后，于1979年1月对除尘室与40$m^2$电除尘器组成的两级除尘系统的效果进行测定，除尘效率达到99.7%~99.8%，除尘系统的排放浓度为50~59mg/$Nm^3$（国家标准为150mg/$Nm^3$），测定结果详见表9。

改造后冷却系统各岗位空气含尘浓度，在1、2号冷却系统改造完毕3、4号尚未改造的情况下，1979年3月测定结果，最高13.3mg/$Nm^3$（单辊破碎机平台），最低8.0mg/$Nm^3$（热筛平台）；四个冷却系统全部改造后，于1982年进行测定，最高8.88mg/$Nm^3$（烧结机尾部），最低5.3mg/$Nm^3$（带冷机卸料端平台），均达到国家工业卫生标准10mg/$Nm^3$（详见表10）。一烧冷却系统的除尘问题解决了，使一烧车间环境面貌焕然一新。

**表9 1、2号除尘系统效率测定结果**

| 项 目 | 1号除尘系统 | | 2号除尘系统 | |
|---|---|---|---|---|
| 进口风量/$Nm^3\cdot h^{-1}$ | 156500 | | 144000 | |
| 出口风量/$Nm^3\cdot h^{-1}$ | 170000 | | 163000 | |
| 漏风量/$Nm^3\cdot h^{-1}$ | 13500 | | 19000 | |
| 漏风率/% | 8.3 | | 12.4 | |
| 电场过滤风速/$m\cdot s^{-1}$ | 1.39 | | 1.18 | |
| 进口含尘浓度/$mg\cdot Nm^{-3}$ | 22600 | | 31050 | |
| 出口含尘浓度/$mg\cdot Nm^{-3}$ | 50 | | 59 | |
| 两级净化效率/% | 99.7 | | 99.8 | |
| 二次电压/kW | 54 | 54 | 44 | 60 |
| 二次电流/mA | 280 | 280 | 48 | 240 |
| 电机电流/A | 180~190 | | 170~175 | |
| 废气温度/℃ | 86 | | 65 | |
| 测定日期（年.月.日） | 1979.1.19 | | 1979.1.19 | |

**表10 改造前后冷却系统各岗位空气含尘浓度测定结果** （mg/$Nm^3$）

| 操作岗位 | 改造前1978年2月 | 改造后1979年3月 | 四个冷却系统改造后 | |
|---|---|---|---|---|
| | | | 1、2号系统 1982年 | 3、4号系统 1982年 |
| 单辊平台 | 119.7 | 13.3 | 0.79 | 7.25 |
| 烧结机尾部平台 | 279.3 | 13.3 | 8.88 | 7.79 |
| 热矿振动筛平台 | | 8.0 | 7.53 | 7.20 |
| 带冷机进料端平台 | 1050.7 | 8.1 | 5.35 | 5.40 |
| 带冷机出料端平台 | 452.2 | 8.0 | 6.17 | 6.25 |

综上所述，一烧冷却系统改造在技术上解决上述一些难题，取得上述一些技术成果的同时，在经济上，根据粗略计算，每年为国家增产节约的价值大约为920万元。

（原载《武钢技术》，1994，增刊）

# 武钢强弱磁精矿用于烧结的试验研究及生产实践

吴　伟

## 1　前言

武钢铁山、金山店两矿山自投产以来生产原生精矿及混合精矿两种产品。在烧结应用中原生精矿不足，混合精矿过剩，加之混合精矿化学成分波动较大，用量又多，对烧结精料不利，矿山在生产流程上也比较麻烦。通过大冶铁矿与烧结厂共同努力，在公司的支持下，从1983年9月起烧结厂进行了研究室的试验工作，1984年11月正式分为弱磁精矿和强磁精矿两种新产品投入工业生产。本文就强、弱精矿在烧结的应用进行介绍。

## 2　精矿变更前后的比较

由表1可以看出原生精矿和混合精矿含碱金属K、Na都比弱磁精矿高。而原生精矿与弱磁精矿的TFe变化不大，其他元素也无很大差异。混合精矿与强磁精矿相比，TFe下降了7%左右。但生产统计表明，原生精矿与混合精矿用量比为3∶7，而由于强、弱磁精矿的生产，使生产的用量比发生了根本的变化，其弱磁精矿与强磁精矿之比为7∶3，从而使铁山少输出10万吨左右的铁矿，精矿的品位反而提高了3%。这样，既解决了混合精矿过剩的问题，又利于烧结矿成分的稳定，为高炉增铁节焦提供了良好的物质基础。

## 3　强磁精矿的试验

为了改造强磁精矿、弱磁精矿两种产品，特别是研究强磁精矿在烧结中如何应用，在实验室的条件下进行了模拟烧结试验。当时提供了强磁精矿的物理化学性质，见表1~表3。

**表1　两种精矿化学成分**　(%)

| 名称 | TFe | FeO | $SiO_2$ | CaO | MgO | Cu | $Al_2O_3$ | MnO | $K_2O$ | $Na_2O$ | Zn | Pb | S | P | 烧损 |
|---|---|---|---|---|---|---|---|---|---|---|---|---|---|---|---|
| 原生精矿 | 65.76 | 27.20 | 3.54 | 1.05 | 1.95 | 0.044 | 0.82 | 0.160 | 0.196 | 0.086 | 0.035 | <0.005 | 0.258 | 0.029 | 1.28 |
| 混合精矿 | 53.20 | 19.40 | 9.54 | 2.38 | 2.54 | 0.073 | 2.45 | 0.167 | 0.167 | 0.132 | 0.044 | <0.005 | 0.424 | 0.026 | 7.91 |
| 强磁精矿 | 46.24 | 12.20 | 12.64 | 4.38 | 2.78 | 0.105 | 2.64 | 0.262 | 0.262 | 0.077 | | | 0.386 | 0.084 | 10.2 |
| 弱磁精矿 | 65.77 | 24.65 | 4.21 | 0.49 | 1.72 | 0.051 | 1.24 | 0.186 | 0.186 | 0.048 | | | 0.329 | 0.013 | 8.51 |

**表2　强磁精矿化学成分**　(%)

| 成分 | TFe | FeO | $SiO_2$ | CaO |
|---|---|---|---|---|
| 含量 | 40.68 | 24.00 | 11.87 | 3.38 |

**表3　几种精矿的粒级组成分析**　(%)

| 矿种 | 粒级/目 | | | | | |
|---|---|---|---|---|---|---|
| | 40~100 | 100~120 | 120~140 | 140~180 | 180~200 | >200 |
| 铁山强磁精矿 | 2.22 | 10.0 | 4.46 | 24.51 | 7.34 | 45.88 |
| 金山店强磁精矿 | 2.10 | 5.20 | 2.89 | 5.28 | 7.53 | 74.52 |
| 铁山弱磁精矿 | 3.37 | 9.19 | 6.09 | 10.4 | 16.65 | 45.06 |

试验在实验室进行，采用人工配料，混匀加水后在 $\phi$600mm×1200mm 的小圆筒混合机内混合制粒 2min(23r/min)，然后再装入 $\phi$200mm 的烧结杯内进行烧结。控制烧结抽风负压 8000Pa，烧结料层为 360mm，烧结结果见表 4。

**表 4　强磁精矿试验结果汇总表**

| 试验号 | 配料比/% | | | | | | | 垂直烧结速度 /mm · $min^{-1}$ | 成品率 /% | 生产率 /t · $(m^3 \cdot h)^{-1}$ | 烧结矿理化分析/% | | | | | | | | |
|---|---|---|---|---|---|---|---|---|---|---|---|---|---|---|---|---|---|---|---|
| | 原生矿 | 强磁矿 | 澳矿粉 | 综合矿粉 | 海南矿粉 | 熔剂 | 煤 | | | | 转鼓 >5mm | 筛分 <5mm | TFe | FeO | $SiO_2$ | CaO | MgO | RO |
| 0 | 25 | | 18 | 28 | | 19 | 7 | 22.76 | 60.40 | 1.280 | 78.00 | 19.52 | 51.80 | 9.90 | 7.79 | 12.50 | 3.52 | 1.61 |
| 3 | 32 | | 18 | 16 | | 19 | 7 | 20.51 | 61.39 | 1.166 | 77.50 | 18.56 | 52.08 | 12.50 | 7.95 | 12.48 | 3.40 | 1.57 |
| 5 | | | | | | | | 21.43 | 64.14 | 1.250 | 78.00 | 16.98 | 41.94 | 12.50 | 8.30 | 12.20 | 2.87 | 1.48 |
| 6 | | | | | | | | 21.77 | 61.87 | 1.237 | 76.50 | 17.51 | 51.94 | 11.50 | 8.12 | 12.48 | 3.40 | 1.54 |
| 7 | | | | | | | | 21.51 | 60.34 | 1.197 | 77.00 | 16.76 | 52.22 | 12.70 | 8.12 | 12.06 | 3.75 | 1.54 |
| 8 | | | | | | | | 19.14 | 62.43 | 1.080 | 7.00 | 16.95 | 52.08 | 11.60 | 7.76 | 12.06 | 3.55 | 1.56 |
| 10 | 32 | 8 | 18 | 16 | | 19.5 | 6.5 | 20.87 | 60.28 | 1.166 | 76.00 | 17.77 | 52.22 | 11.40 | 7.65 | 12.36 | 3.50 | 1.62 |
| 11 | 31 | 8 | 18 | 16 | | 19.5 | 7.5 | 21.10 | 62.74 | 1.218 | 78.50 | 15.64 | 51.94 | 12.40 | 7.95 | 12.62 | 3.74 | 1.59 |
| 12 | 30 | 8 | 18 | 16 | | 20 | 8 | 21.49 | 64.24 | 1.264 | 78.00 | 14.79 | 51.80 | 12.90 | 7.95 | 12.36 | 3.74 | 1.56 |
| 16 | 30 | 8 | 18 | 16 | | 19 | 9 | 21.45 | 63.07 | 1.226 | 77.50 | 15.37 | 52.22 | 16.80 | 7.95 | 12.48 | 3.64 | 1.57 |
| 18 | 30 | 8 | 18 | 16 | | 20 | 8 | 21.46 | 64.20 | 1.248 | 77.00 | 14.49 | 52.22 | 12.80 | 7.75 | 12.48 | 3.28 | 1.73 |
| 19 | 31 | 12 | 18 | 12 | | 20 | 7 | 19.15 | 59.85 | 1.050 | 77.00 | 16.57 | 52.64 | 11.50 | 7.40 | 11.92 | 3.87 | 1.62 |
| 20 | 30 | 12 | 18 | 12 | | 20 | 8 | 19.45 | 63.09 | 1.118 | 77.00 | 14.31 | 52.64 | 12.20 | 7.40 | 11.92 | 3.87 | 1.62 |
| 22 | 45 | 12 | | | 16 | 18+2 | 7 | 20.57 | 61.04 | 1.183 | 77.00 | 15.14 | 51.94 | 11.20 | 8.12 | 12.68 | 3.80 | 1.56 |
| 23 | 45 | 12 | | | 16 | 18+2 | 7 | 22.89 | 62.21 | 1.319 | 78.50 | 15.74 | 51.94 | 10.50 | 8.30 | 12.36 | 4.33 | 1.49 |
| 26 | 41 | 16 | | | 16 | 17+3 | 7 | 12.76 | 59.44 | 1.197 | 77.50 | 19.94 | 51.94 | 11.80 | 8.48 | 12.76 | 3.28 | 1.50 |
| 28 | 23 | | 18 | 16 | | 20 | 7 | 21.33 | 59.29 | 1.167 | 78.00 | 18.03 | 52.08 | 11.50 | 7.40 | 12.2 | 3.61 | 1.71 |

试验结果表明，随着无烟煤的配比从 6.5%提高到 8%时，成品率和生产率增加。转鼓指数也有所提高，但同时 FeO 也在提高，因此势必引起烧结矿还原度降低。当无烟煤配比为 6.5%时，强度不好，成品率较低。当无烟煤配比为 9%时，烧结速度不仅不增加，反而开始下降。虽然 FeO 很高，但烧结矿的强度并不好。另由表 4 可以看出，强磁精矿配比为 8%时，生产率和强度都比较好。同时在配 8%强磁粗矿时还与配 16%的混合精矿作了比较，各项指标均无明显的差异。总之通过试验，强磁精矿配 8%是可以的，但要注意烧结料中水和碳的配量。

## 4　显微镜下结构

从显微镜下观察矿相结构（见表 5）可以看出，一烧配用混合精矿与配用强磁精矿相差不大，仅 CF 增加而 $CFS_2$ 下降，特别是影响强度较大的玻璃质基本一样，而三烧不配混合精矿与配混合精矿时矿相变化较大，玻璃质稍有下降。而 CF 增加 7%以上，而 $C_2S$ 下降明显。因此，三烧车间烧结矿强度提高，成品率也提高。

**表 5　配用不同矿种烧结矿固相结构比较**　　(%)

| 矿种 | 车间 | $Fe_3O_4$ | $Fe_2O_3$ | CF | $C_2$ | $CFS_2$ | CFS | MF | 玻璃质 | FeO |
|---|---|---|---|---|---|---|---|---|---|---|
| 配用混合精矿 | 一烧 | 58~62 | 5~8 | 11~12 | <1 | 9~10 | 1~2 | | 10~11 | |
| 配用混合精矿 | 三烧 | 58~62 | 6~8 | 13~14 | 2~5 | 3~4 | 4~5 | | 9~11 | |
| 配用混合精矿 | 一烧 | 60~62 | 3~4 | 18~19 | 1~2 | 2~3 | 2~3 | | 10~11 | 1~2 |
| 不配混合磁精矿 | 三烧 | 55~60 | 4~5 | 20~21 | <1 | 2~3 | 1~3 | | 9~10 | |

## 5 在烧结厂的应用

通过研究室试验，证明配8%~10%强磁精矿以满足烧结生产。根据矿山每年出36~40万吨的强磁精矿，因此把强磁粗矿集中给一烧车间使用。为了解配比小和设备下料困难的矛盾，由一原料车间将强磁精矿配入国内粉矿内成为“强磁综合料”给一烧车间使用，而弱磁精矿分别给第一、第三烧车间（以下简称一、三烧）使用。1985年1~9月第一烧结车间已使用强磁精矿31.69万吨。实践证明与试验结果相仿。一烧保持了使用混合精矿的生产水平。1984年1~9月与1985年同期指标见表6。

**表6 1984、1985年1~9月一烧车间技术指标比较**

| 项目 | 转鼓/% | 台时产量/吨·(台·时)$^{-1}$ | 合格率/% | 一级品率/% | FeO/% | RO | 出厂筛分/% | 槽下筛分/% | 煤耗/kg·t$^{-1}$ |
|---|---|---|---|---|---|---|---|---|---|
| 1984年1~9月 | 82.29 | 85.87 | 99.12 | 55.28 | 12.74 | 1.51 | 3.4 | 8.4 | 92.78 |
| 1985年1~9月 | 61.55 | 87.35 | 99.54 | 53.70 | 11.80 | 1.54 | 7.8 | 7.52 | 87.185 |

从表6可以看出，一烧出厂的烧结矿转鼓指数由82.29%降到61.55%，出厂筛分指数与槽下筛分指数变化均不大。燃耗有所降低，主要是料层增高所至。使用强磁精矿后的烧结矿对高炉冶炼也无影响，冶炼效果见表7。

**表7 1号、2号高炉冶炼效果比较**

| 时间 | 高炉 | 利用系数/t·(m$^3$·d)$^{-1}$ | 综合焦比/kg·t$^{-1}$ |
|---|---|---|---|
| 1984年1~6月 | 1号高炉 | 1.624 | 560.14 |
| | 2号高炉 | 1.457 | 575.46 |
| 1985年1~6月 | 1号高炉 | 1.738 | 530.6 |
| | 2号高炉 | 1.415 | 559.20 |

一烧车间重视强磁精矿的使用，对各种操作指标进行了较仔细地探索，因此使台时能力和综合合格率没有下降。但由于强磁品位波动较大，其强磁精矿品位（TFe±1%范围只占42.02%）比原混合精矿品位（TFe±1%范围66.30%）波动还大，使一级品率有明显的下降，这是急待解决的问题之一。

三烧车间没有使用强磁精矿，从原料结构上得到了改善，获得了较好的技术指标。由于1985年3月份才使用完混合精矿，7月份以后又陆续使用高S氧化精矿，因此以4~6月份的同期指标进行对比（见表8）。

**表8 1984、1985年4-6月三烧车间指标比较**

| 时间 | 台时能力/吨·(台·时)$^{-1}$ | 合格率/% | 一级品率/% | FeO/% | RO | 转鼓指数/% | 出厂筛分/% | 槽下筛分/% | 煤耗/kg·t$^{-1}$ |
|---|---|---|---|---|---|---|---|---|---|
| 1985年4月 | 111.10 | 99.64 | 63.13 | 11.68 | 1.50 | 85.83 | 4.1 | 6.91 | |
| 1985年5月 | 119.05 | 100 | 52.16 | 11.06 | 1.50 | 86.82 | 4.1 | 7.98 | |
| 1985年6月 | 107.77 | 99.81 | 60.57 | 10.36 | 1.57 | 87.26 | 3.70 | 8.51 | |
| 平均 | 112.40 | 99.82 | 58.62 | 11.03 | 1.52 | 86.64 | 3.97 | 7.8 | 94.35 |
| 1984年4月 | 107.59 | 99.54 | 38.87 | 11.06 | 1.50 | 84.19 | 6.5 | 8.09 | |
| 1984年5月 | 112.06 | 99.71 | 55.68 | 11.03 | 1.50 | 84.38 | 6.1 | 10.94 | |
| 1984年6月 | 102.52 | 99.69 | 56.70 | 11.12 | 1.49 | 84.50 | 6.4 | 11.32 | |
| 平均 | 107.39 | 99.65 | 50.42 | 11.07 | 1.50 | 84.36 | 6.33 | 10.12 | 80.23 |

可以看出矿山改产后给三烧车间带来了有利条件，台时能力提高了5.01吨/(台·时)（因3号、4号烧结机面积缩小，只有82.5m$^2$）经修正后提高9.9吨/(台·时)。合格率、一级品率分别提高0.17%与8.2%。至于出厂转鼓指数、筛分及槽下筛分粒度的改善及煤耗的上升，这与三烧工艺的改造（增设了整粒系统）有关。除了白灰正常供应和抓好操作等因素外，台时能力的提高与料种的改变有关。使用混合

精矿时，内在褐铁矿、菱铁矿等，含有大量结晶水，比重较轻，在预热过程中水分蒸发，造成小球破裂，降低烧结生产率。又菱铁矿在烧结过程中分解出 $CO_2$ 使烧结矿孔隙变大，强度变差，降低了烧结矿的成品率。而三烧没有使用强磁精矿，故没有褐铁矿、菱铁矿的影响，台时能力有了提高。仅台时能力提高（按年作业率 88%计）可增产 14.8 万吨。按增产 1t 节约加工费 2.1 元计算节约价值 31 万元以上。对高炉冶炼也带来了较好的效果，以 3 号高炉为例，1984 年 4~6 月与 1985 年 4~6 月相比，利用系数由 1.709t/($m^3$ · d) 上升到 1.767t/($m^3$ · d)，而综合焦比由 543.46kg/t 下降到 495.23kg/t。

## 6　结论

（1）一烧车间每年可使用 36~40 万吨强磁精矿，对一烧技术经济指标影响不大，并能满足高炉的需要；但烧结矿一级品率下降，由于铁山、金山店生产的强磁精矿品位波动较大，必须改进。

（2）由于分为强、弱磁精矿的生产，从全局的观点看，原料的成分比以前混合精矿的成分波动要小，对稳定烧结矿化学成分有利，特别使三烧车间台时能力提高获得年效益 31 万元以上。

（3）目前矿山强磁精矿工艺应改变，把强磁精矿量控制在最下限，也就是不采取添加弱磁矿的办法来保品位指标，虽然品位更低，但波动小，相对成分较稳定。

（原载《武钢技术》，1994，增刊）

# 武钢球团矿十年生产的经验教训

刘耀鹏 姜济民

## 1 武钢烧结厂球团矿车间概况

### 1.1 车间简介

武钢球团矿车间是我国自行设计建设的第一大型带式球团矿车间。该车间拥有两台135m$^2$ 的带式焙烧机，其有效长度54m，宽2.5m。设计年产球团矿200万吨，产品粒度为6~15mm，含铁量≥54%，含硫量≤0.15%，转鼓指数（<5mm）≤17%。含铁原料来自武钢大冶铁矿，有磁铁矿、赤铁矿两种精矿，其通常的化学成分见表1。

表1 铁精矿化学成分 (%)

| 品种 | TFe | FeO | CaO | MgO | $SiO_2$ | $Al_2O_3$ | S | MgO+$Na_2O$ | $H_2O$ |
|---|---|---|---|---|---|---|---|---|---|
| 磁铁精矿 | 63.8 | 25.5 | 1.18 | 1.67 | 4.15 | 1.24 | 0.626 | 0.279 | 10 |
| 赤铁精矿 | 53.2 | 20.8 | 3.59 | 2.36 | 8.78 | 1.99 | 0.962 | | 13 |

两种精矿的粒度-200网目的占50%~60%，通常的配比为1∶1，含水量为10%~13%。

武钢球团矿用消石灰作熔剂，通常配比为7%左右。消石灰来自武钢马龙泉矿，含CaO 65%左右，含水量为20%~30%，粒度为3~0mm。

球团矿生产流程如图1所示。设计工艺特点如下：用混合煤气焙烧，返矿磨碎自用，全抽风干燥，鼓风冷却与抽风冷却相结合。球团矿焙烧制度及参数见表2。

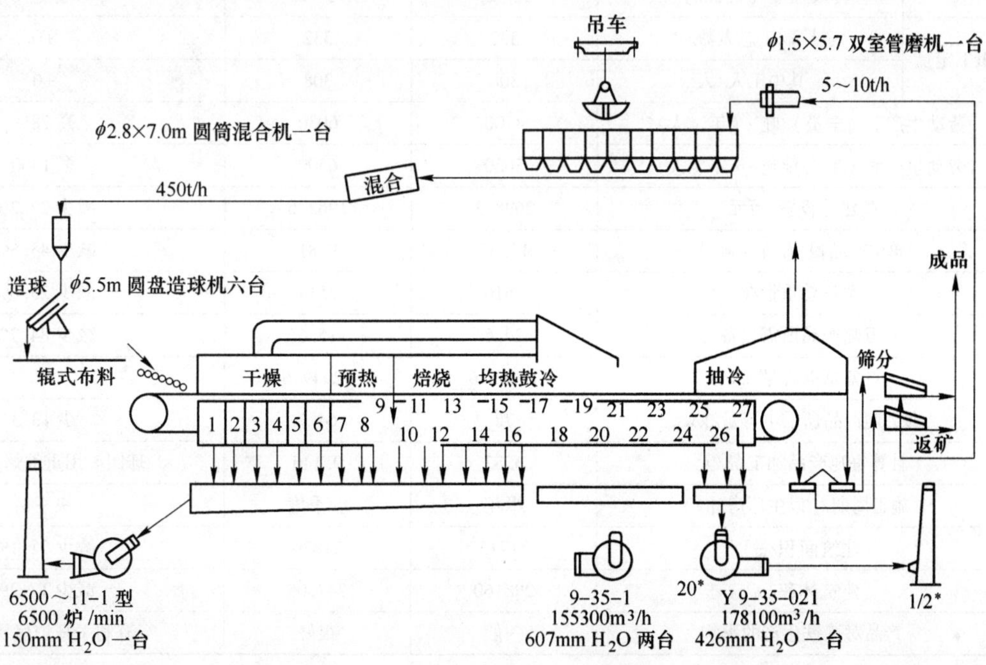


图1 武钢球团矿车间生产工艺流程

表 2 设计工艺参数

| 项 目 | 干燥 | 预热 | 焙烧 | 均热 | Ⅰ段 | Ⅱ段 | 抽风冷却 | 总计 |
|---|---|---|---|---|---|---|---|---|
| 风箱个数/个 | 6 | 3 | 5 | 2 | 4 | 4 | 3 | 27 |
| 各段长度/m | 12 | 6 | 10 | 4 | 8 | 8 | 6 | 54 |
| 各段面积/$m^2$ | 30 | 15 | 25 | 10 | 20 | 20 | 15 | 135 |
| 各段温度/℃ | 400~800 | 800~1100 | 1250 | 800~1000 | | | | |
| 料层通过的时间/min | 12 | 6 | 10 | 4 | 8 | 8 | 6 | 54 |
| 平均流速/$m \cdot s^{-1}$ | | 0.95 | | | 2 | 2 | 1.8 | |

## 1.2 设计与建设

1965 年武钢 200 万吨规模配套设计，确定在烧结厂新建第二烧结车间（简称二烧），设备选用已到货的两台 75$m^2$ 烧结机，拟用 $\phi$21m 的环冷机，设计年产 155 万吨冷烧结矿。长沙矿山设计院于 1965 年 2 月至 1966 年 5 月完成了烧结方案的初步设计和施工图设计。正值二烧准备施工之际，由于当时的球团矿热以及预计武钢自产精矿多，又对二烧设计中采用环冷没有把握；此外看到一烧当时因冷却不过关，生产被动，烧结矿产、质量低，满足不了高炉的需求，从变革出发，希望生产和使用比烧结矿更好的球团矿，以适应武钢生产发展的需要。在这种情况下，作出了将 75$m^2$ 烧结机改为 135$m^2$ 带式焙烧机的方案，并与原二烧的设计指标进行了对比（见表 3），从中可看出球团矿方案的主要技术经济指标优于烧结。就在这种内热外促的条件下，于 1966 年 6 月经上级批准决定将原二烧车间改为球团矿车间（仍习惯称之为二烧）。

表 3 75$m^2$ 烧结机改为 135$m^2$ 焙烧机主要技术经济指标比较

| 序号 | 技术经济指标 | | 烧结 | 球团矿 | 球团矿与烧结比较 |
|---|---|---|---|---|---|
| 1 | 设计年产量 | | 155 万吨 | 200 万吨 | 产量提高约 30% |
| 2 | 产品质量 | 含铁量/% | 50~52 | 52~54 | 品位高 2% |
| | | 粒度/mm | 5~150 | 6~15 | 粒度均匀 |
| | | FeO 含量/% | 约 20 | 约 15 | 还原性好 |
| | | 转鼓强度（<5mm）/% | 22~25 | 15~18 | 强度大 |
| 3 | 职工定员 | 全厂职工总人数/人 | 332 | 332 | ±0 |
| | | 其中工人/人 | 308 | 308 | ±0 |
| 4 | 劳动生产率（全员）/吨·(年·人)$^{-1}$ | | 4700 | 6030 | 高 28% |
| | 劳动生产率（工人）/吨·(年·人)$^{-1}$ | | 5060 | 6500 | 多 1400 |
| 5 | 基建总投资/万元 | | 2698.3 | 1962.6 | 减少 27.2% |
| | 单位产品投资/元·吨$^{-1}$ | | 17.35 | 9.81 | 减少 43.5% |
| 6 | 设备总重量/t | | 4616 | 3514 | 减少 23.6% |
| | 每万吨产品所需设备/t | | 29.8 | 15.6 | 减少 84.7% |
| 7 | 设备总电容量/kW | | 12083.6 | 12949.6 | |
| | 每万吨产品所需电容量/kW | | 78 | 64.7 | 少 13.3 |
| 8 | 计算每吨产品加工费/元 | | 6.83 | 9.146 | 球团矿用重油焙烧价高 |
| 9 | 施工周期（以主厂房计） | | 半年 | 一季度 | 快一倍 |
| 10 | 建筑面积/$m^2$ | | 31715 | 21870 | 减少 31.1% |
| | 建筑体积/$m^3$ | | 298160 | 247105 | 减少 17.2% |
| 11 | 产品对炼铁生产的影响 | | 一般 | 很好 | 有利于高炉优质高产 |

二烧球团矿工程建设正处在文革期间，未按常规进行程序设计，采用三结合的办法边设计边施工，

在施工中又受到设计革命的冲击，对土建工程进行抽筋扒皮，采用细梁瘦柱、薄壳结构和低厂房的施工方案。对于设备选用采取改、代、凑的办法，促其上马。为了节约投资，其他配套设备因陋就简，并尽量利用库存积压的构件。因此，二烧球团矿工程建设一次投资省、工程质量差（如抽风机室房盖塌落等）、遗留的问题及隐患很多，给以后的生产和改造带来困难。

## 2 武钢球团矿生产存在的问题

### 2.1 生产情况

武钢烧结厂球团矿车间于1970年5月投产，1980年6月停产，历时十年整，主要技术经济指标和产品质量及原料成分见表4和表5。

表4　1970~1980年球团矿生产主要指标

| 年份 | 产量/t | 台时产量/吨·(台·时)$^{-1}$ | 作业率/% | 质量合格率/% | 加工费/元·吨$^{-1}$ | 单位消耗 | | | |
|---|---|---|---|---|---|---|---|---|---|
| | | | | | | 水/t·t$^{-1}$ | 电/度·吨$^{-1}$ | 煤气/$10^6$kcal·t$^{-1}$ | 炉条/kg·t$^{-1}$ |
| 1970 | 295420 | 75.00 | 66.99 | 6.60 | 14.98 | 17.2 | 48.5 | 0.801 | |
| 1971 | 773264 | 71.42 | 61.80 | 40.24 | 11.84 | 10.3 | 59.6 | 0.530 | 1.717 |
| 1972 | 844010 | 73.54 | 65.33 | 67.54 | 14.37 | 9.7 | 53.8 | 0.509 | 4.199 |
| 1973 | 735077 | 75.97 | 55.23 | 71.01 | 17.23 | 12.3 | 52.1 | 0.372 | 4.003 |
| 1974 | 63857 | 58.03 | 6.28 | 40.19 | 22.19 | 31.6 | 57.1 | 0.355 | |
| 1975 | 286774 | 52.21 | 31.35 | 33.84 | 29.55 | 29.0 | 74.7 | 0.773 | 1.634 |
| 1976 | 316781 | 62.88 | 28.68 | 59.41 | 28.07 | 24.0 | 73.3 | 0.710 | 3.385 |
| 1977 | 148535 | 72.91 | 11.63 | 60.64 | 20.85 | 20.4 | 66.8 | 0.611 | |
| 1978 | 640483 | 90.64 | 40.33 | 85.86 | 13.02 | 14.7 | 47.2 | 0.312 | 1.977 |
| 1979 | 72284 | 70.19 | 5.88 | 89.48 | 19.47 | 36.0 | 51.0 | 0.499 | 0.116 |
| 1980 | 32398 | 50.00 | 3.69 | 72.15 | 35.34 | 17.5 | 105.7 | | |
| 平均 | 42000 | 72.9 | 31.14 | 57.00 | 20.63 | 20.25 | 62.7 | 0.547 | 2.433 |
| 设计值 | 2000000 | 126 | 90.5 | | 9.146 | 2.7 | 23.1 | 0.372 | 0.08 |

表5　1970~1980年球团矿原料及产品平均成分

| 品名 | 化学成分/% | | | | | | | | | 烧损/% | 转鼓指数(<5mm)/% |
|---|---|---|---|---|---|---|---|---|---|---|---|
| | TFe | FeO | CaO | $SiO_2$ | MgO | $Al_2O_3$ | S | P | $K_2O+Na_2O$ | | |
| 球团矿矿 | 58.86 | 4.75 | 5.37 | 6.51 | 2.15 | 1.71 | 0.162 | 0.041 | 0.415 | 0.91 | 13.97* |
| 磁铁精矿 | 64.22 | 25.66 | 1.29 | 3.92 | 1.83 | 1.24 | 0.530 | 0.035 | | 2.59 | 水分10.21 |
| 氧化精矿 | 53.47 | 20.04 | 3.73 | 9.07 | 2.34 | 2.04 | 0.855 | 0.071 | | 6.16 | 11.87 |
| 消石灰 | 1.69 | 0.59 | 65.78 | 1.98 | 1.22 | 1.02 | | 0.015 | | 30.45 | 24.77 |

球团矿车间投产后三年生产较好，1972年产量最高达84.4万吨，对缓和原料供应、提高高炉熟料率和入炉矿品位起了积极作用。1974年后由于事故停机的影响，生产每况愈下，长时间处于半停产状态，各项指标明显下降。从表4、表5可看出，十年生产的平均指标与设计相差甚远，主要表现为产量低、成本高、质量差。

（1）产量低的主要原因在于：1）台时产量低，平均仅72.9吨/(台·时)，只达到设计值的58%。这主要是由于生球质量差，焙烧风量不足，负压过高，过湿层厚，焙烧不完全而造成返矿多，成品率低。2）作业率低，平均仅31.14%。作业率低除改造停产外，日常生产事故频繁也是主要原因，如焙烧机赶道、台车塌腰、炉子烧坏、皮带烧断、链板“掉斗子”、振动筛“掉筛子”、提升机“脱裤子”、管磨机“胀肚子”等事故经常发生。

（2）成本高主要在于加工费成倍增加，各种原材料消耗高得惊人。如1972年炉篦子单耗达4.199kg/$t_{矿}$，比当年一烧车间高出12倍。台车挡板平均只能用一个月，台车寿命仅一年，工序能耗年平均为136.07$kg_{煤}/t_{矿}$。

（3）质量差，这是武钢球团矿的严重问题，十年质量综合合格率平均为57%，主要原因是强度低(冷抗压强度一般在110~130kg/(个·球))，同时夹生球多，补充冷却打水后在高炉贮矿槽内产生大量粉末。1975年6月，从3号高炉矿槽取样进行理化性能和还原强度等检验（见表6），发现其中未烧透的红球占一半以上。这部分球强度最低，还原后的粉末最多，这不仅影响料柱透气性，还有可能形成大块矿团矿，使炉况不顺造成悬料。炼铁厂的生产实践证明，当球团矿使用率超过20%时，高炉风量减小，利用系数下降（见表7）。

**表6 二烧球团矿理化性能及还原强度**

| 取样日期 | 编号 | 外部特征 | 试样比例/% | 化学成分/% | | | | |
|---|---|---|---|---|---|---|---|---|
| | | | | TFe | FeO | $SiO_2$ | CaO | $CaO/SiO_2$ |
| 1975年6月21日 | WP-2a | 表面铁灰色，焙烧较好 | 35.6 | 59.61 | 3.50 | 6.56 | 4.13 | 0.63 |
| | WP-2b | 表面熔结，有的成铁壳 | 9.2 | 59.61 | 12.5 | 6.46 | 4.65 | 0.72 |
| | WP-2c | 表面红色，未焙烧透 | 55.2 | 58.86 | 1.6 | 6.20 | 3.74 | 0.61 |

| 抗压强度/kg·个$^{-1}$ | 气孔度/% | 还原度/% | 900℃，CO还原 | | | | |
|---|---|---|---|---|---|---|---|
| | | | 还原强度(<5mm)/% | 粒度组成/% | | | |
| | | | | <2mm | 2~3.5mm | 3.5~5mm | >5mm |
| 171 | 58.0 | 81.7 | 46.0 | 20.6 | 8.2 | 17.2 | 54.0 |
| 114 | 31.0 | 59.2 | 31.5 | 7.9 | 6.4 | 17.2 | 68.5 |
| 88 | 64.5 | 96.2 | 61.7 | 49.5 | 4.9 | 7.3 | 38.3 |

**表7 二烧球团矿配比对高炉利用系数的影响**

| 二烧球团矿配比/% | <5 | 5~10 | 10~15 | 15~20 | 25~30 | >30 |
|---|---|---|---|---|---|---|
| 高炉利用系数/t·(m$^3$·d)$^{-1}$ | 1.13 | 1.35 | 1.02 | 1.045 | 1.00 | 0.96 |

## 2.2 存在的主要问题

### 2.2.1 原料条件差

武钢自产铁精矿粒度粗，比表面积小，达不到球团矿料粒度-325目>60%和比表面积>1500cm$^2$/g的要求（实际一般为751~874cm$^2$/g）。此外，精矿水分大，雨季高达13%以上，大大超过造球适宜水分≤9%的要求。因而武钢的精矿造球性能差，生球强度低（抗压仅1~2kg/个落下2~3次即碎），粒度合格率低（10~15mm只占30%~40%），严重影响干燥及焙烧后的成品质量。根据国外42个球团矿厂的统计资料，精矿粒度-325目的含量在79.59%~83.13%，比表面积1797~1974cm$^2$/g，水分9%~9.67%，可见武钢球团矿使用的精矿质量太差。实践证明，武钢生产的精矿不适合球团矿生产直接使用。

武钢生产自熔性球团矿，配用消石灰作熔剂，未用皂土作黏结剂，所用的消石灰粒度粗，杂质多(消化后不过筛)，含水量过大，黏结作用差。

### 2.2.2 工艺不完善

武钢球团矿工艺是在带式烧结机的基础上，参照隧道窑球团矿进行设计的，基本上属于球团发展初期第二代流程，存在着严重缺陷：

（1）精矿不干燥，靠配入返矿降低精矿水分。实践证明，不足以保证合适的造球水分，而且因返矿粒度粗不利于造球。

（2）生球不过筛，粉末多，影响料层透气性及干燥和焙烧的正常作业，导致成品球粉末多。

（3）干燥式设计为全抽风干燥，它与预热、焙烧共用一台抽风机（负压高，风量小），这样不相适应。此外，原设计干燥热源由鼓风段炉罩回热供给，由于风温高达700℃，超过生球干燥炸裂温度，造成生球炸裂，由于抽风导致下层球水分凝聚而破裂。

（4）无铺底铺边及熟球循环系统，不能保护台车免受高温烧损，也不能保证底层球焙烧完全，这是武钢球团矿台车塌腰、炉篦消耗高、焙烧不均匀的主要原因之一。

（5）焙烧制度与热风利用不合理。设计的无鼓风干燥和风箱废气回热系统，不能有效利用废热能源。

（6）冷却风量小，鼓风与抽风段串风，冷却效果差，机尾卸下料温度高达500℃，严重影响成品运输系统和筛分设备的使用寿命。由于往皮带上补充打水冷却，更加破坏了球团矿质量。

（7）台车与炉罩之间无密封装置和气封系统，高温气体外逸，烧坏台车挡板，且不能控制炉内气氛，产生边缘效应，恶化环境。

（8）采用一段混合和开路造球流程，混料不均，不能保证生球的合格粒度组成，成品球成分波动，合格率低。

### 2.2.3　设备代用，装备水平低

武钢球团矿焙烧机是由烧结机延长改造而成的带式焙烧机，无论是设备结构和材质均不适应球团矿焙烧工艺要求。最明显的是普通材质的烧结用的台车，经受不了比烧结还要温度高时间长的烘烤，烧损严重，无法保证正常生产。又如普通材质的辊式布料机易断和辊子磨漏。普通弯道式的焙烧机运转不平稳，易跑偏、赶道，机尾摆架很不灵活，台车拉缝、漏料。焙烧炉仍采用老式低压涡流烧嘴，煤气混合不均，消耗大，火焰分布不均。此外，冷却段的高温风机用锅炉引风机代替，风量小，不适用。返矿磨碎系统采用皮带斗式提升机和小型双室管磨机。造球盘结构笨重，转速和倾角不能调，刮刀不耐磨不能自调，造球效率低。

球团矿车间装备水平低还表现在整个工艺过程缺乏自动调节和控制系统，如煤气调节、炉温控制、定量给料、终点控制等均靠人工调整和手动操作，这与大型球团矿厂很不相称。

### 2.2.4　设计及其他

设计的主厂房狭窄矮小，其高度仅18m，两台焙烧机中心距仅10m，两边走台设在立柱之外，走道狭窄，不便行走和操作。焙烧机落地布置（平台标高仅5.8m），大烟道负于地下，放灰困难，积灰严重。又如建筑系数高，场地拥挤，给检修和改造带来困难。此外，配套设施不全，除尘设施缺少，劳动条件恶劣。

## 3　武钢球团矿车间历次改造

为了扭转球团矿生产被动局面，解决以上存在的问题，自1979年初就开始了攻关和一系列改造，历次改造情况见表8。

表8　武钢球团矿车间历次改造

| 时　间 | 项目及内容 | | 投资/万元 |
|---|---|---|---|
| 1971~1972年 | 内配煤粉 | ①煤粉仓及管道 | 75.87 |
| | | ②螺旋输送机 | |
| 1972~1975年 | 九项改造 | ①铺底铺边系统 | 48.94 |
| | | ②生球过筛系统 | 31.21 |
| | | ③大球磨机 | 46.18 |
| | | ④电除尘 | 25.81 |
| | | ⑤精矿干燥 | 预算 |
| | | ⑥鼓风干燥 | 260.00 |
| | | ⑦链板冷却机 | |
| | | ⑧炉体改造 | 预算 |
| | | ⑨台车改造 | 140.00 |

续表 8

<table>
<tr><th>时间</th><th colspan="2">项目及内容</th><th>投资/万元</th></tr>
<tr><td rowspan="6">1976~1977 年</td><td rowspan="6">外滚煤粉</td><td>①煤粉仓及管道</td><td rowspan="6">482.43</td></tr>
<tr><td>②煤粉定量给料</td></tr>
<tr><td>③滚煤机</td></tr>
<tr><td>④炉改造</td></tr>
<tr><td>⑤冷却改造</td></tr>
<tr><td>⑥造球盘改造</td></tr>
<tr><td rowspan="3">1971~1979 年</td><td colspan="2">①辊式焙烧试验</td><td rowspan="3"></td></tr>
<tr><td colspan="2">②合金台车试验</td></tr>
<tr><td colspan="2">③水冷台车试验</td></tr>
</table>

最早开始进行的改造项目是内配煤粉，由烧结厂组织攻关，成立了加煤粉生产试验小组，分别作出配煤比 2%~5%的试验，最后确定以生球含炭 1%~1.5%为宜进行生产。结果表明，加煤粉后焙烧高温段缩短，减轻了对设备的烧损。成品矿层冷却提前，产量有所提高。后来因加煤粉时灰尘大，若操作不慎易结大块，还原气氛加重和影响脱硫，成品球含硫由 0.1%上升到 0.3%以及长期供应煤粉有困难而中止生产。第二次内配煤粉是外滚煤粉，之后只生产了很短的时间，其结果与以前内配煤粉相似。

1972 年由冶金部成立由武钢、一冶、长沙设计院和北京钢铁研究院组成的攻关组，对武钢球团矿车间存在的问题进行了诊断，提出了九项改造项目，经部批准由长沙院负责设计（四项），一冶与武钢共同负责施工，钢铁研究院参加攻关组工作。本次改造规模最大，时间最长（从 1972 年到 1975 年），耗资巨大。按原来的想法，如果九项改造完成后，焙烧风量可增加 66.6%，台车使用寿命将适当延长，成品球团矿冷却进一步加强，预计二烧球团矿生产将有较大幅度的上升，台时产量可达 107t，作业率可达 80%，年产量可望达到 150 万吨。可是在后来的实施中碰到许多困难或因条件不具备而大部分项目未动工，如鼓风干燥所需的关键设备——耐热风机要进行试制，不能按期交货；链板冷却三台风机因厂房场地限制，无法布置；炉体及台车改造、机头电除尘、精矿干燥等项目因材料、设备及施工等问题而搁浅。从已完工的三项半（机尾电除尘算除尘项目的半项）来看，真正有效果的只有生球筛分和机尾电除尘一项半。铺底铺边料系统建成后，因机头电除尘未上，台车改造未进行，投产后铺料不均，掉料严重，灰尘飞扬而不得不停止使用。大球磨机安装后一直没有竣工投入使用而废弃。四年实践证明，九项改造难以全部实现，即使全部完成，也不能从根本上改变二烧面貌，解决不了原设计上存在的主厂房狭小拥挤等致命缺陷的问题，因而当年提出的九项改造方案受到历史局限性的限制，是不彻底的改造。

鉴于九项改造上不去，设备烧损严重，加之煤气供应不足等问题的出现，生产难以维持。为了解决上述问题，武钢决定自行改造——改全煤气焙烧为外滚煤粉焙烧，将造好的生球表面滚上一层薄薄的细煤粉，用来作为焙烧球团放的大部分热源，从而减少煤气消耗，减轻台车、炉篦和挡板受炉子的高温损。通过实验室试验和冷水江铁厂的工业试验后，于 1977 年开始了外滚煤粉改造工程，主要包括新建两个煤粉仓及其管道；安装煤粉自动称量给料装置及圆筒滚煤机；改造焙烧炉，由原来 28m 长缩短到 18m；改鼓风冷却为抽风冷却。

改造后煤气消耗减少 18%，台车高温停留时间缩短 10min，炉篦条消耗降低 $1kg/t_{矿}$，达到了预期的效果，但加煤粉后成品球矿含硫和氧化亚铁升高，还原度下降（由 47.5%降到 42%），特别是当煤粉用量≥0.8%时，平均冷抗压强度下降明显（由对比试验 138.3kg/个降到 101.66kg/个），转鼓指数（<5mm）上升 3.5%，软化开始温度下降，区间增大（各 30℃）。外滚煤粉球呈壳层结构，台车上下部球矿差异大，其性能还不如全煤气焙烧团矿好，故冶炼效果不佳。此外，在外滚煤粉生产中还存在许多致命的问题没有得到解决，如生球矿面滚煤粉的均匀性、滚煤机不破碎生球、返矿不含碳等问题尚待研究解决。总之，加煤粉不管是内配还是外滚均是以降低焙烧温度、缩短高温燃烧时间为目的，以此缓和生产与设备的矛盾，但球团矿质量下降，这是最大的弊病。因此，从球团矿生产发展和质量要求来看是不宜加煤粉的。

综上所述，武钢球团矿生产的十年，也是改造的十年，尽管从总体上说成效甚微，生产难于维持下去，最后被迫于 1980 年 6 月全部停产，但就局部来看，仍取得一些成效，积累了经验，为我国球团矿工业的发展提供了有益的经验和深刻的教训。

## 4　经验教训

（1）武钢球团矿十年生产，十年改造，由于“先天不足”，产质量低，消耗高，改造又受条件的限制，都没有达到预期的目的，终于被迫全面停产，以待彻底改造。这样给武汉“六五”和“七五”期间高炉生产用料带来困难，经济上造成巨大损失，投资和改造费用高达3000多万元，代价是高的，教训是深刻的。

（2）尽管武钢球团矿生产给武钢生产造成不良影响，但球团矿作为一种高炉优质炉料是无疑的。实践证明，带式球团矿工艺是生产球团矿的一种成功的工艺。但要有完善的工艺，装备精良的球团矿专用设备，适合造球的原料和添加剂，才能生产出满足高炉需要的优质球团矿。

（3）尽管武钢球团矿生产被动，但武钢广大的工程技术人员和工人，十年来积极投身于生产、探索和改造，付出了辛勤的劳动，发挥了智慧，锻炼了队伍，为我国球团矿工业的发展提供了宝贵的经验，可使我国球团矿工业建设少走弯路。

（4）由于当时的历史原因，仓促地将武钢烧结厂二烧车间烧结工艺生产流程改为球团矿工艺生产流程。作为一种新工艺的带式球团矿生产，我国当时没有成熟的经验，同时又未认真进行严密的科学试验和可行性研究，没有充分作好建设前期的准备工作，就急于一边建设一边施工，这种作法是不可取的，也必然带来严重的后患。所以，在工业大建设中，决策一种新工艺或一项技术改造工程，必须以科学的态度，从本企业的实际情况出发，考虑技术上的先进性和生产上的适用性，更要着眼于经济上的合理性，避免在决策上的失误。

（原载《武钢技术》，1994，增刊）

# 高碱度烧结矿工业试验及生产实践

黎成家 丁 矩 张鉴琦 曾泰生

## 1 前言

对高铁低硅原料的研究表明，生产碱度1.7~1.8左右的烧结矿，发展烧结矿中强度高、还原性好的铁酸钙是解决烧结矿成品率低、烧结矿强度差、粉末增多的措施之一。

1980年3~5月，烧结厂第一烧结车间（简称一烧）进行的高碱度工业试验表明：碱度为1.7~1.8的烧结矿较碱度为1.3左右的烧结矿转鼓指数增加3.45%，筛分指标降低0.92%，氧化度提高2%，高炉沟下筛分小于5mm量减少3%~4%，软化区间降低55~65℃。而碱度1.5左右的烧结矿无论转鼓指数、筛分指数、高炉沟下筛分及高温冶金性能都较碱度为1.7~1.8的烧结矿差，但比碱度为1.3左右的烧结矿转鼓指数提高1%，FeO含量下降3.73%。几个月的生产实践表明：生产碱度为1.5左右的烧结矿较1.3左右的烧结矿转鼓指数提高约2%，筛分指数降低约1%，FeO含量降低了1%左右。

## 2 概述

烧结矿生产和高炉实践已经证实，高碱度烧结矿是一种强度高、粉末少、粒度均匀、还原性能好、软化区间窄的优质人造富矿。

1963年，用武钢原料进行了从自然碱度一直到5.03的碱度区间共11种碱度的试验。同年10月在烧结厂和高炉进行了为期12天的1.3和3.5两种碱度烧结矿配合使用的冶炼试验。结果表明，碱度为3.5的烧结矿其转鼓强度（<5mm）指数为9.4%，FeO含量为13.4%，高炉沟下筛<5mm粒级量仅占5.3%，50~10mm粒级量占66.6%，烧结机利用系数为1.2t/(m$^2$·h)。的高炉冶炼中获得一定效果。但由于要生产两种不同碱度烧结矿，在生产组织和管理上有一定困难，因而未能长期使用。

近年来，由于铁精矿铁品位的提高，$SiO_2$含量降低，加之使用澳大利亚粉矿，造成烧结矿成品率低、强度差，10~5mm量增加。为了改善烧结矿的质量，1979年烧结研究室进行了一系列研究工作。试验结果表明，烧结矿碱度提高到1.8左右，可使烧结矿中铁酸钙含量明显增加，强度得到明显改善，还原性增加，软化温度区间变窄，这些都有利于高炉冶炼。

1980年3~5月，烧结厂一烧车间3号、4号烧结机大修改造期间进行了高碱度烧结矿的工业试验，并于1980年9~12月进行了碱度1.5左右的烧结矿的生产。

## 3 原料性质

试验用各种原料的化学成分、物理性能及燃料的工业分析分别见表1、表2、表3、表4。

**表1 原料的化学成分** (%)

| 名称 | TFe | FeO | $SiO_2$ | $Al_2O_3$ | CaO | MgO | MnO | P | S | Cu | 烧损 |
|---|---|---|---|---|---|---|---|---|---|---|---|
| 金山店原生精矿 | 65.34 | 20.20 | 2.93 | 1.28 | 0.70 | 2.00 | 0.142 | 0.023 | 0.328 | 0.060 | 1.90 |
| 铁山原生精矿 | 68.70 | 27.30 | 0.83 | 0.30 | 0.14 | 2.18 |  |  | 0.307 |  | 2.00 |
| 氧化精矿 | 55.01 | 25.00 | 4.53 | 1.43 | 4.62 | 2.54 | 0.151 | 0.034 | 0.455 | 0.073 | 10.14 |
| 中和矿 | 51.80 | 15.50 | 10.96 | 1.93 | 3.22 | 2.65 | 0.184 | 0.068 | 0.495 | 0.074 | 6.88 |
| 澳矿粉 | 61.00 | 1.16 | 6.57 | 2.18 | 0.36 | 0.15 | 0.085 | 0.080 | 0.035 | 0.05 | 3.12 |

续表 1

| 名称 | TFe | FeO | $SiO_2$ | $Al_2O_3$ | CaO | MgO | MnO | P | S | Cu | 烧损 |
|---|---|---|---|---|---|---|---|---|---|---|---|
| 轧钢皮 | 69.67 | 57.03 | 1.14 | 1.18 | 0.73 | 0.89 | 0.678 | 0.011 | 0.077 | 0.107 | 2.23 |
| 瓦斯灰 | 48.22 | 16.27 | 6.84 | 2.02 | 5.47 | 2.61 | 0.233 | 0.041 | 10.27 | 0.076 | 14.52 |
| 熔剂 | 2.09 | 0.77 | 0.58 | 0.36 | 42.50 | 9.75 | 0.043 | 0.005 | | | 42.84 |

**表 2　原料的物理性质**

| 名称 | 堆比重 /t·$m^{-3}$ | 粒度分析/% | | | | | |
|---|---|---|---|---|---|---|---|
| | | >10mm | 10~7mm | 7~5mm | 5~3mm | 3~1mm | <1mm |
| 澳矿粉 | 2.053 | 0.43 | 6.33 | 12.12 | 15.28 | 16.92 | 48.92 |
| 中和矿 | 1.896 | 12.25 | 17.22 | 10.39 | 15.26 | 20.95 | 23.93 |
| 轧钢皮 | 2.443 | 6.93 | 11.93 | 13.52 | 17.85 | 17.33 | 32.43 |
| 熔剂 | 1.192 | | | | 1.23 | 32.58 | 66.19 |
| 燃料 | 0.826 | | | | 18.61 | 81.39 | |

**表 3　精矿的粒度组成和比表面积**

| 名称 | 粒度组成/% | | | | | 比表面积 /$cm^2$·$g^{-1}$ |
|---|---|---|---|---|---|---|
| | >140 目 | 140~160 目 | 160~180 目 | 180~200 目 | <200 目 | |
| 铁山原生精矿 | 16.25 | 6.25 | 3.75 | 11.50 | 62.25 | 1770~1820 |
| 氧化精矿 | 15.0 | 7.0 | 3.5 | 10.0 | 64.50 | 1330~1390 |

**表 4　燃料的工业分析**　(%)

| 时间 | 挥发分 | C | 灰分 |
|---|---|---|---|
| 1980 年 2 月 | 5.94 | 74.69 | 19.37 |
| 1980 年 4 月 | 1.40 | 80.93 | 18.40 |
| 1980 年 5 月 | 0.73 | 80.82 | 17.88 |

注：中和矿为氧化粗矿和国产富矿混合物，熔剂为石灰石和白云石的混合物，燃料为无烟煤和焦粉的混合物。

## 4　试验结果

试验期间进行了几种不同的碱度不同品位的烧结矿生产，1980 年 2~5 月的生产技术指标见表 5；不同碱度生产时的技术指标及入炉前烧结矿的筛分组成见表 6 及表 7。

**表 5　试验期间烧结生产技术指标**

| 时　间 | | 1980 年 2 月 | 1980 年 3 月 | 1980 年 4 月 | 1980 年 5 月 |
|---|---|---|---|---|---|
| 台时能力/吨·(台·时)$^{-1}$ | | 86.67 | 83.89 | 82.37 | 86.43 |
| 利用系数/t·($m^2$·h)$^{-1}$ | | 1.156 | 1.118 | 1.098 | 1.152 |
| 转鼓指数/% | | 79.29 | 82.71 | 82.25 | 80.15 |
| 筛分指数/% | | 7.88 | 7.38 | 7.09 | 7.27 |
| 化学成分/% | TFe | 55.82 | 53.82 | 53.92 | 53.76 |
| | FeO | 18.79 | 15.91 | 14.01 | 16.60 |
| | $SiO_2$ | 7.03 | 6.77 | 6.69 | 7.45 |
| | CaO | 9.01 | 11.97 | 11.37 | 10.98 |
| | S | 0.033 | 0.046 | 0.039 | 0.036 |
| 碱　度 | | 1.28 | 1.769 | 1.701 | 1.47 |
| 脱硫率/% | | 86.75 | 81.89 | 85.34 | 87.59 |
| 氧化度/% | | 91.25 | 92.32 | 93.25 | 91.99 |

表6 不同碱度烧结矿的生产技术指标的比较

| 碱度 | 台时产量①/吨·(台·时)$^{-1}$ | 利用系数/t·(m$^2$·h)$^{-1}$ | 筛分指数/% | 转鼓指数/% | 沟下筛分(<5mm)/% | 化学成分/% | | | | |
|---|---|---|---|---|---|---|---|---|---|---|
| | | | | | | TFe | FeO | $SiO_2$ | CaO | MgO |
| 1.28 | 88.92 | 1.19 | 7.87 | 78.87 | 19.28 | 55.98 | 18.77 | 7.03 | 9.00 | |
| 1.52 | 95.28 | 1.27 | 7.62 | 79.85 | 16.25 | 54.31 | 15.87 | 6.93 | 10.53 | |
| 1.72 | 91.03 | 1.21 | 6.95 | 82.32 | 15.19 | 53.83 | 14.79 | 6.74 | 11.61 | 3.64 |

①为烧结厂自算台时产量。

表7 高炉沟下烧结筛分组成

| 碱度 | 粒度组成/% | | | | | 说明 | |
|---|---|---|---|---|---|---|---|
| | >40mm | 40~25mm | 25~10mm | 10~5mm | <5mm | 时间 | 方法 |
| 1.28 | 4.51 | 6.73 | 33.62 | 36.38 | 18.76 | 1980年1~2月 | 每日两次 |
| 1.70 | 4.16 | 7.61 | 40.37 | 31.97 | 15.89 | 1980年3~4月 | 机械筛分 |
| 1.47 | 6.33 | 9.54 | 35.04 | 30.74 | 18.36 | 1980年5月 | 粉末筛尽 |

## 5 分析与讨论

### 5.1 产量

生产碱度1.7~1.8的烧结与碱度为1.3的烧结矿相比，烧结矿产量有所增加，但不显著，约提高2.4%。

高碱度（1.7~1.8）生产时，熔剂用量较多，在烧结过程中分解放出$CO_2$产生较大的收缩，并形成较多的低熔点化合物，使料层中最高温度降低50~70℃，使阻力大的燃烧层减薄，加之返矿质量的改进，从而改善了料层的透气性。测定表明，料面风速从0.52m/s增加到0.6m/s，烧结有效风量增加近15%，但由于混合料堆比重的减小，烧损增大，因而产量的增加远小于烧结有效风量的增加。

生产碱度为1.5左右的烧结矿时，烧结机台时能力达到95.28t/(m$^2$·h)，较低碱度生产时提高6.7%，与高碱度生产时相比亦增加4.5%。这是由于在这段时间内提高了国产高硅粉矿及原生精矿的用量所致。

### 5.2 质量

将碱度为1.7~1.8的烧结矿与碱度为1.3左右的烧结矿相比较，转鼓指数提高了3.45%，筛分指数降低0.92%，高炉沟下筛分中小于5mm粉末量减少近3%，10~5mm减少了4.5%，而25~10mm量增加约7%。烧结矿中FeO含量降低了3.98%，氧化度为93.25%，烧结矿脱硫率稍有下降。

将碱度为1.5的烧结矿与碱度为1.7~1.8的烧结矿相比，转鼓指数下降了2.47%，筛分指数提高0.66%，高炉沟下筛分中小于5mm量增加2.47%，FeO含量增加1.08%；但与碱度为1.3左右的烧结矿相比筛分指数降低0.26%，高炉沟下筛分中小于5mm量仅减少0.4%，FeO含量下降2.9%。

提高碱度后，返矿率变化不显著，返矿率在31%~32%之间。返矿中小于5mm粒级部分为49.65%，返矿温度为400℃，比低碱度时低70℃左右。

### 5.3 高温性能

5.3.1 软化温度和软化区间

随着碱度的提高，软化开始温度稍有提高。软化终了温度也逐渐降低，软化区间变窄。碱度1.3烧结矿的软化区间为100~110℃。碱度提高后，软化区间缩短为55~65℃之间（见图1）。

5.3.2 热转鼓强度

测定表明，碱度为1.3时，热转鼓强度为71.7%，随着碱度的提高，在碱度为1.5左右时出现最低点，热转鼓强度只有61.3%。再继续提高碱度，热转鼓强度又逐渐提高到79.93%（见图2）。

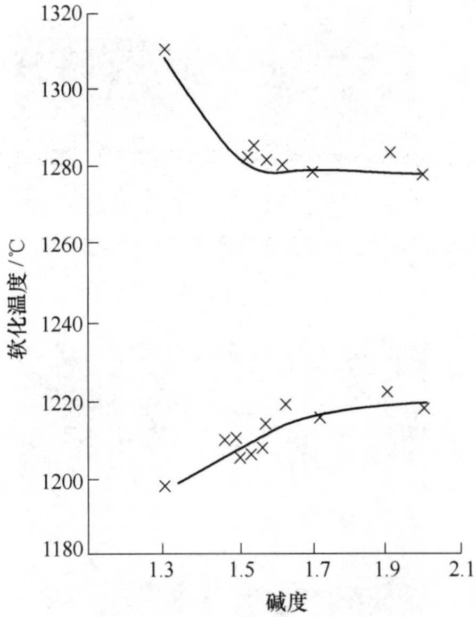


图 1　软化与碱度的关系

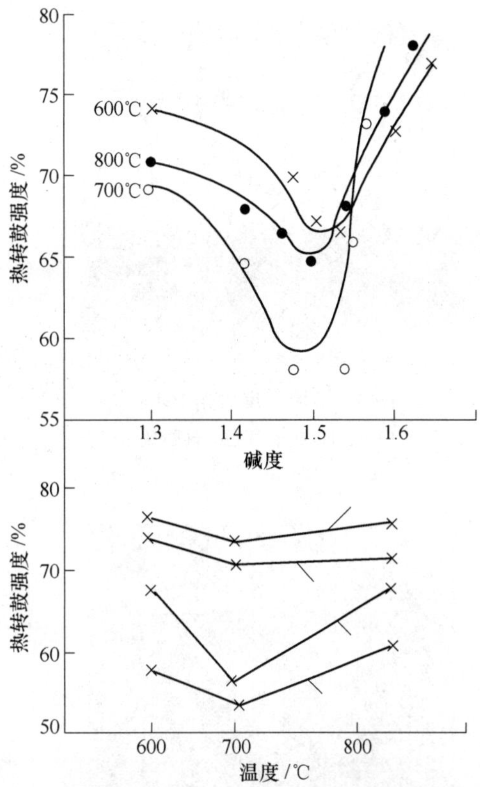


图 2　不同温度、不同碱度与热转鼓强度的关系

1—碱度 1.54；2—碱度 1.47；3—碱度 1.62；4—碱度 1.31

不同碱度烧结矿分别在 600℃、700℃、850℃高温下进行了热转鼓试验。

不同温度下热转鼓强度仍在碱度 1.5 左右出现最低点。

各种碱度在不同温度下热转鼓强度表明，在温度为 700℃时最差。这种变化尤以碱度 1.47~1.54 更为显著。

## 5.4　矿物组成（见表 8）和显微结构

**表 8　烧结矿的矿物组成**

| 碱度 | FeO/% | 矿物组成/% | | | | | | | 黏结相总量/% | 假比重 /g·cm$^{-3}$ | 气孔率 /% |
|---|---|---|---|---|---|---|---|---|---|---|---|
| | | 磁铁矿 | 赤铁矿 | 富氏体 | 铁酸钙 | 硅酸二钙 | 硅酸盐 | 玻璃质 | | | |
| 1.31 | 17.8 | 70 | 1~2 | 3 | 5~10 | 3 | 15 | 4~5 | 25~26 | 2.96 | 36.35 |
| 1.47 | 14.6 | 65~70 | 5 | — | 10~12 | 1~2 | 10~15 | 2~3 | 25~30 | 2.63 | 40.85 |
| 1.67 | 14.4 | 55 | 6 | — | 25~30 | 少量 | 5~8 | 5~7 | 40 | 2.59 | 40.62 |
| 1.70 | 15.3 | 55 | 3~5 | — | 30~35 | 少量 | 3~5 | 4~6 | 40~42 | 2.50 | 41.79 |

矿相鉴定表明：碱度 1.3 左右的烧结矿，其宏观结构主要呈大孔薄壁结构，磁铁矿结晶不完全，晶粒较小，赤铁矿仅集中在疏松多孔和空洞的边缘，黏结相主要以钙铁辉石（CaO·FeO·$2SiO_2$），钙镁橄榄石（CaO·MgO·$SiO_2$）和硅灰石（CaO·$SiO_2$）等硅酸盐为主，与磁铁矿形成熔蚀结构（见图 3）。玻璃质多为硅酸盐的基质，局部还为主要黏结相，并与 $Fe_3O_4$ 结合形成网络结构（见图 4）黏结相，总量也较少，约为 25%~26%，因此烧结矿强度较差。

碱度 1.5 左右的烧结矿、磁铁矿正处于由硅酸盐包裹逐渐变为铁酸钙包裹的过渡区，结晶不好，微孔较多（见图 5）。晶粒较碱度 1.3 左右的烧结矿增大。赤铁矿仍集中分布在疏松多孔和空洞的边缘，黏结相总量有所增加，达到 25%~30%。出现较多的铁酸钙与 $Fe_3O_4$ 共晶（见图 6），硅酸盐主要是钙铁辉石和硅灰，矿物成分复杂，又为多层结构。因此烧结矿强度在碱度为 1.3 左右的烧结矿为好，较碱度为 1.7~1.8 的烧结矿为差，而且引起烧结矿的热强度出现最低值。

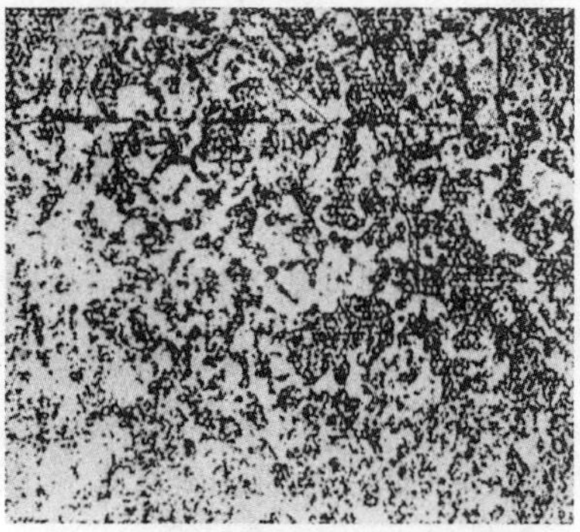

图3　熔蚀　反射光164×
白色：$Fe_3O_4$；黑色：硅酸盐

图4　网络结构　透视光（单偏）102×
黑色：$Fe_3O_4$；灰色：钙铁辉石；白色：玻璃质

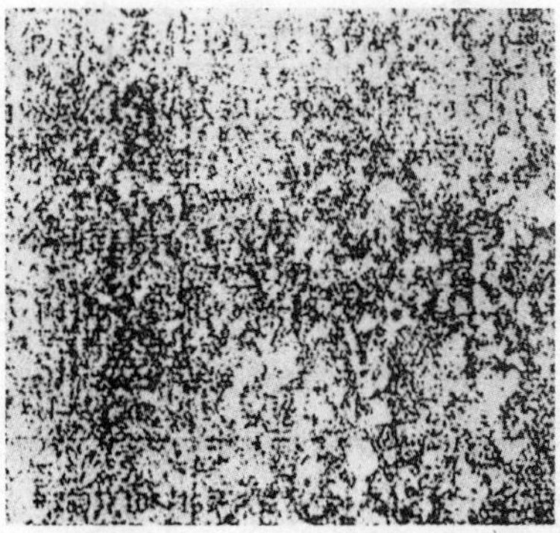

图5　铁酸钙包裸的过渡区　反射光164×
白色：磁铁矿；灰色：硅酸盐；黑色：微孔

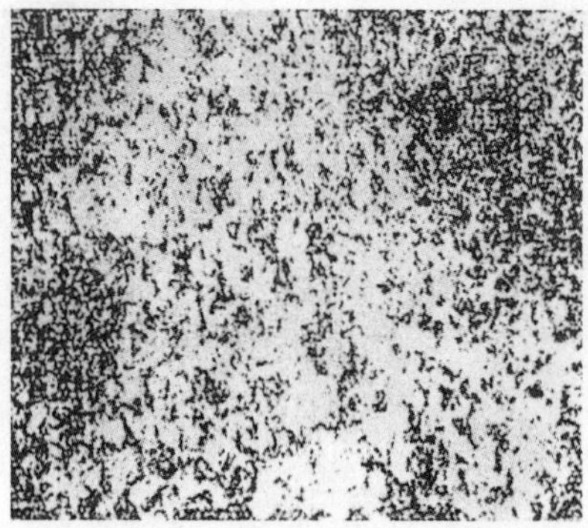

图6　铁酸钙与$Fe_3O_4$共晶　反射光160×
细小颗粒白色：$Fe_2O_3$；大块白色（稍暗）$Fe_3O_4$；
灰白色：铁酸钙；深灰色：硅酸盐；黑色：空洞

当碱度提高到1.7~1.8时，烧结矿的宏观结构呈微孔厚壁结构，磁铁矿结晶较好，多数被铁酸盐熔蚀形成交织结构（见图7）和粒状结构，晶粒较大。赤铁矿零星分布，局部也有富集（见图8）。黏结相中铁酸钙含量显著增多，达25%~35%。分布较密集，多呈柱状和粒状，与$Fe_3O_4$共晶（见图9）成为主要黏结相。烧结矿中黏结相的数量亦大量增加，达到40%左右，从而使烧结矿强度获得明显提高。

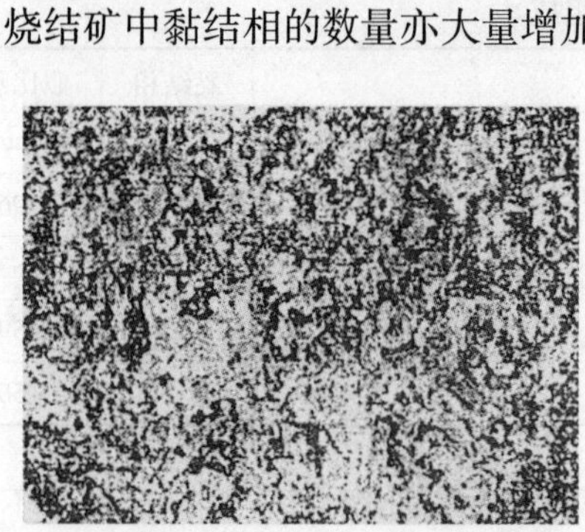

图7　磁铁矿交织结构　反射光164×
白色：$Fe_3O_4$；灰色：铁酸钙；
黑灰色：玻璃质；黑色：空洞

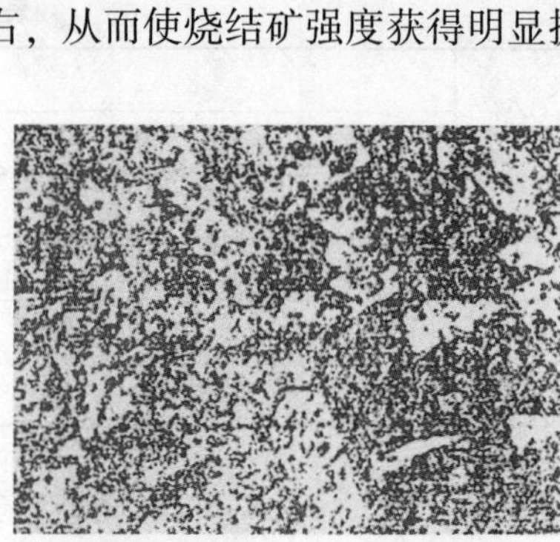

图8　赤铁矿　反射光164×
白色：$Fe_2O_3$；白色稍暗：$Fe_3O_4$；
灰色：铁酸钙；黑色：空洞

## 5.5　燃料消耗与FeO含量

高碱度烧结矿工业试验期间，燃料消耗虽有所下降，但总耗热量并未降低。

（1）试验期间燃料用量虽有下降，但因焦粉配比增加，燃料中的固定碳由2月份的74.69%提高到5月份的80.82%，按每吨烧结矿消耗的固定碳计，2月份为64.5kg，而3、5月份为66.2kg及63.2kg，并末减少。

（2）试验期间一段时间内配用了较多的轧钢皮，烧结过程中氧化放出一部分热量。

（3）高碱度烧结矿生产出了较多的铁酸钙系低熔点化合物，降低了液相形成的温度，因而燃烧层内温度降低；同时烧结矿中 FeO 含量下降，均可节约燃料消耗。有资料指出，烧结矿中 FeO 含量每降低 0.5%，烧结生产燃料可降低 0.75kg/t 烧结矿，试验期间烧结矿中 FeO 含量降低 2.88%～4.78%，可节约燃料 4～7kg/t 烧结；但高碱度烧结矿生产时，熔剂用量增加 70～75kg/t 烧结矿，消耗于碳酸盐分解的热量增加了 $13\times10^4$kJ/t 烧结矿，折合燃料 4～5kg/t 烧结矿。

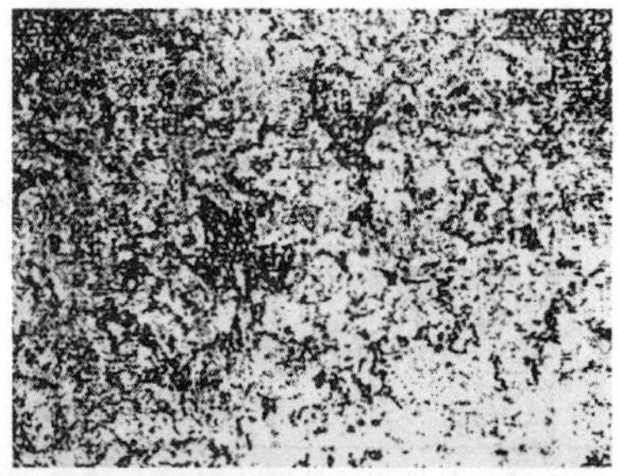

图 9　铁酸钙黏结相　反射光 160×
白色：$Fe_3O_4$；灰色：铁酸钙；
黑灰色：玻璃质；黑色：空洞

因此，高碱度烧结矿生产时能否节约燃料取决于 FeO 含量降低及低熔点化合物形成所节约的热量与碳酸盐分解多消耗的热量之间的差值。

工业试验期间耗热量并未降低，这与过去曾普遍认为烧结矿转鼓指数随着烧结矿 FeO 含量的增加而提高，习惯于用高碳操作有关，因而试验期间烧结矿 FeO 含量虽有下降，但仍高达 15%～16%，而不是更低。

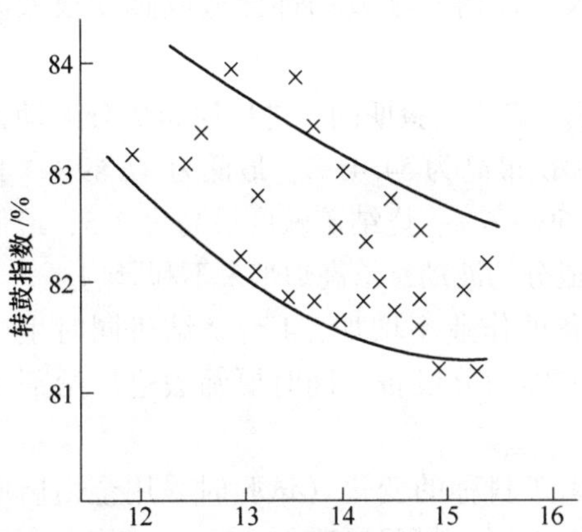


图 10　烧结矿 FeO 与转鼓指数的关系

图 10 所示为碱度 1.7 左右的烧结矿转鼓指数与 FeO 含量的关系，可以看出，高碱度烧结矿的转鼓指数不但不随 FeO 含量的增加而提高，反而有下降的趋势。这是因为当烧结矿层中还原气氛增强或温度过高时（FeO 含量高时）不利于磁铁矿的氧化和铁酸钙系黏结相的形成及稳定，而高碱度烧结矿则主要是依靠铁酸钙系作黏结相而获得较高强度的。所以 FeO 含量的增加不利于烧结矿强度的改善。

高碱度烧结矿生产时，若燃料用量较高，料层温度仍可达 1370～1400℃以上，烧结矿中 FeO 含量甚至高达 19%～20%，烧结矿中出现较多的富氏体。铁酸钙系黏结相很少，而以硅酸盐为主要黏结相。因此，高碱度烧结矿生产时，应避免采用高碳操作的方针，应将 FeO 含量控制在较低的水平，而达到提高烧结矿强度和降低燃料消耗的目的。

### 5.6　高炉冶炼效果

由于高碱度烧结矿强度高，粉末少，粒度均匀，还原性能好，软化区间窄，使高炉冶炼也获得良好效果，综合焦比降低 20～30kg/$t_{Fe}$，利用系数由 1.52t/($m^3$·d)，提高到 1.62～1.66t/($m^3$·d)。

## 6　碱度 1.5 左右的烧结矿的生产

1980 年 9～12 月份，武钢烧结厂一、三烧车间组织了为期 4 个月的碱度为 1.5 左右烧结矿的生产，与基准期对照的生产技术指标见表 9。

**表 9　碱度 1.5 左右烧结生产的技术指标**

| 车间 | 时间 | 台时产量 /吨·(台·时)$^{-1}$ | 利用系数 /t·($m^2$·h)$^{-1}$ | 转鼓指数① /% | 筛分指数① /% | 烧结矿成分/% | | | | 碱度 | 燃料消耗 /kg·$t_{矿}^{-1}$ |
|---|---|---|---|---|---|---|---|---|---|---|---|
| | | | | | | TFe | FeO | $SiO_2$ | CaO | | |
| 一烧 | 基准期 1980 年 6 月～8 月 | 86.26 | 1.150 | 80.28 | 6.25 | 56.05 | 15.74 | 6.95 | 8.94 | 1.27 | |
| | 生产期 1980 年 9 月～12 月 | 87.24 | 1.163 | 82.17 | 5.30 | 55.04 | 14.88 | 6.97 | 10.30 | 1.48 | |

续表 9

| 车间 | 时间 | 台时产量 /吨·(台·时)$^{-1}$ | 利用系数 /t·(m$^2$·h)$^{-1}$ | 转鼓指数① /% | 筛分指数① /% | 烧结矿成分/% | | | | 碱度 | 燃料消耗 /kg·$t_{矿}^{-1}$ |
|---|---|---|---|---|---|---|---|---|---|---|---|
| | | | | | | TFe | FeO | $SiO_2$ | CaO | | |
| 三烧 | 基准期 1980年6月~8月 | 105.59 | 1.173 | 79.67 | 7.53 | 56.09 | 15.81 | 7.20 | 9.29 | 1.29 | 87 |
| 三烧 | 生产期 1980年9月~12月 | 111.93 | 1.244 | 82.04 | 6.45 | 55.24 | 14.89 | 7.25 | 10.69 | 1.47 | 86 |

①从6月份起转鼓筛分用5mm筛子，并且筛分方法进行了改动，因此指标较6月份以前为好。

生产实践表明，生产碱度1.5左右的烧结矿时烧结机的利用系数有所增加，但不明显，而三烧车间的利用系数的增加则是由于11~12月份停用澳粉配用了较多的原生精矿及国产高硅粉矿所致。烧结矿转鼓指数分别提高1.89%及2.37%，筛分指数降低约1%，烧结矿中FeO含量仅降低1%左右，这一方面是由于基准期已经采用了厚料层的操作制度，烧结矿中的FeO含量已有明显下降，而另一方面碱度1.5左右烧结矿生产时燃料消耗并未降低所致。高炉沟下筛分中<5mm粒级含量变化亦不明显。

## 7　存在问题

（1）高碱度烧结矿生产时，随着碱度提高$CaO/SiO_2$比值增大。任何一项波动都会造成碱度很大波动。因此应加强原料管理及中和配矿，稳定原料的化学成分。

2月份生产1.3碱度烧结矿时，铁的波动为3%左右。而高碱度烧结矿试验期间，进厂原料成分波动很大。以4月份为例，原生精矿最高含铁68.78%，最低61.44%，中和矿最高为54.45%，最低为47.89%。其他含铁原料品位波动在5%~10%之间，致使烧结矿含铁的波动值达5%~6%。烧结矿碱度最高为2.5，最低为0.96。而每天碱度波动差值高达0.93。原料成分的波动造成烧结成分的波动，给高炉带来不利影响。

（2）由于碱度的提高，使熔剂的消耗量增加，破碎、筛分设备的作业率增加，4台烧结机同时生产时，无法保证对熔剂破碎的产量、质量要求。提高碱度必须增加破碎筛分设备，同时要筛去进厂熔剂中小于10mm的粉末。

（3）试验期曾组织过碱度为1.8含铁56%的烧结矿生产，但由于料种的变化（试验时采用金山店原生精），及停用富矿粉，使料层透气性恶化，机速下降到1.6~1.8m/min。料层厚度仅260mm。使料面风速降低到0.436m/s。给高碱度低铁比，有效风量降低26%左右，使台时能力降低17.6%。由于$SiO_2$含量为5.72%，使转鼓指数下降，FeO增加到17.98%，高炉沟下筛分中小于5mm增加以19.23%，贮存和泡水对大块有较明显影响。

生产TFe56%的高碱度试验，仅二、三天时间，又是采用金山店原生精矿，各项试验数据极不完善。因此应继续进行高铁高碱度结矿的试验。它是解决高碱度生产中熔剂破碎筛分能力不足及大量使用高品位原生精矿的有效途径之一。

## 8　结论

（1）碱度为1.7~1.8烧结矿工业试验表明，高碱度烧结矿转鼓指数为82.32%，筛分指数为6.95%，高炉沟下筛分小于5mm的为15.89%，软化区间为55~65℃，热转鼓强度为73%~76%，是一种强度高、粉末少、粒度均匀有利于高炉冶炼的优质烧结矿。

（2）碱度为1.5左右的烧结矿，无论转鼓指数、筛分指数、高炉沟下筛分及高温冶金性能都较碱度为1.7~1.8的烧结矿为差。但与碱度为1.3左右烧结在放相比FeO含量下降3.73%，转鼓指数提高1%。而碱度为1.5左右的烧结矿的生产获得了工业试验的相同结果。因此，应避免碱度1.3左右的烧结矿的生产。对进一步提高碱度1.5烧结矿的强度和质量应组织进一步研究。

（3）随着烧结矿碱度的提高，烧结矿的矿物组成和显微结构发生了显著变化。微孔厚壁结构逐渐代替大孔薄壁结构，黏结相中铁酸盐数量显著增加，逐渐代替了硅酸盐。显微结构由磁铁矿—铁酸盐的熔蚀结构逐渐代替了磁铁矿—硅酸盐的熔蚀结构，黏结相总量增多。

（原载《武钢技术》，1994，增刊）

# 武钢烧结矿喷洒 $CaCl_2$ 溶液新工艺

丁 矩 吴捐献 黎成家 郑修悦 陈先文

烧结矿在高炉上部还原初期（400~600℃）的还原粉化是高炉冶炼中极为重要的问题。它将引起高炉炉顶尘大量增加，降低炉料的透气性，直接影响高炉的产量和生铁质量，增加焦比。

武钢钢研所、烧结厂、炼铁厂、技术部的烧结炼铁技术人员根据近年来国外对烧结矿浸泡和喷洒卤化物溶液的启示，于1989年底对武钢烧结矿进行了表面喷洒 $CaCl_2$ 溶液新工艺的试验研究工作。在实验室和半工业试验的基础上，于1991年4月在烧结厂第二烧结车间（简称二烧）进行了工业性试验。试验结果表明，喷洒 $CaCl_2$ 溶液能大幅度地降低烧结矿的低温还原粉化率。在二烧目前条件下，喷洒 $CaCl_2$ 溶液时，烧结矿 RDI 值都在30%以下，RDI 值平均降低10.78%。提高 $CaCl_2$ 浓度和加大喷洒量，RDI 降低率可达40%。

3号、4号高炉的生产实践证明，烧结矿表面喷洒 $CaCl_2$ 溶液，高炉增产4%~8%，焦比降低1.3~2.4kg/$t_{Fe}$，年总经济效益为143万元。为了推广这项新工艺，使之发挥更大的效益，1992年又在第三烧结车间（简称三烧）安装了一台喷洒 $CaCl_2$ 溶液的装置，关于5月投入生产。

## 1 试验研究

目前我国各烧结厂生产的烧结矿除宝钢外，其 FeO 含量一般大大高于国外的先进烧结厂。武钢一、三烧结车间烧结矿 FeO 含量为10%左右。二烧车间采用机上冷却工艺，FeO 含量为8%左右，其低温还原粉化率为40.15%~43.5%。众所周知，烧结矿的低温还原粉化会使高炉固相区料柱透气性变坏，影响高炉产量和焦比。二烧工艺上采用机上冷却，FeO 含量控制在8%左右，因此改善 RDI 值是满足高炉生产的一项紧迫任务。武钢钢研所、烧结厂、炼铁厂和技术部的研究人员一道于1989年底开始在实验室对武钢烧结矿和攀钢烧结矿进行了卤化物（$MgCl_2$、$CaCl_2$）不同浓度、不同喷洒方法的试验，试验结果见图1。

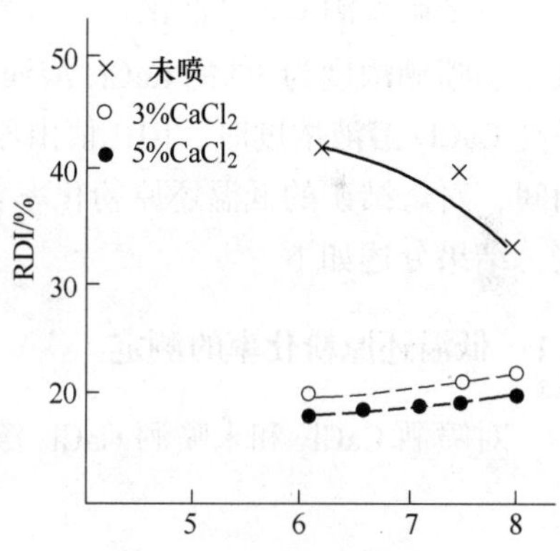

图1 烧结矿 FeO 含量、$CaCl_2$ 浓度与 RDI 的关系

从图1可以清楚地看出，烧结矿的 RDI 值是随着烧结矿 FeO 含量升高而降低的，当 FeO 含量低于7%时 RDI 值超过40%。

研究人员进行了不同浓度的 $CaCl_2$ 喷洒试验，烧结矿 RDI 值下降极为明显，下降了15%~20%，烧结矿 RDI 值为20%左右。这为减少烧结矿粉化、降低烧结矿 FeO 含量奠定了基础。

烧结矿 FeO 含量愈低，RDI 值降低的幅度愈大。试验表明，RDI 值的下降率可达42.5%。

烧结矿 RDI 值随喷洒浓度的增加而降低，但变化不显著。因此在生产中应满足高炉对烧结矿 RDI 值的要求的前提下，尽可能选用低浓度的卤化物溶液，以降低烧结成本。

烧结矿的还原度 RI 随着烧结矿的 FeO 含量的降低而增加。

当烧结矿 FeO 含量为8%时，喷洒3%浓度的 $CaCl_2$ 后，RI 值仅降低1%左右。当 FeO 含量为6%时，RI 值下降5%~6%。当喷洒浓度提高到5%时，烧结矿的 RI 值下降明显，下降了13%~15%。浓度太高，不仅引起烧结矿还原度下降，而且使成本增加（见图2）。

在卤化物种类选择方面，本着原料来源广、经济合理、技术可行和对高炉有利的原则，我们选择了 $CaCl_2$。

## 2 半工业性试验

根据实验室结果，于1990年9月进行了半工业性试验。该试验采用可调张角的喷嘴，喷嘴安装在二烧成转—1皮带头部，对喷嘴安装位置、喷嘴形式（包括张角）及其数量、$CaCl_2$ 浓度及其数量、喷洒方式等进行了全面的研究。并工业性试验结果表明，其基本规律与实验室试验完全相同。烧结矿表面喷洒浓度为3%的 $CaCl_2$ 后，RDI值明显下降（见图3），RDI值为20%左右，完全能满足高炉生产要求。对烧结矿RI的影响与实验室试验结果基本一致。

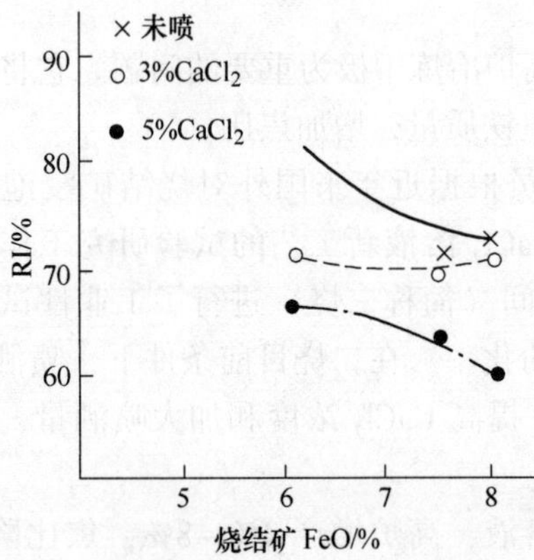


图2 烧结矿FeO含量、$CaCl_2$ 喷洒浓度与RI的关系

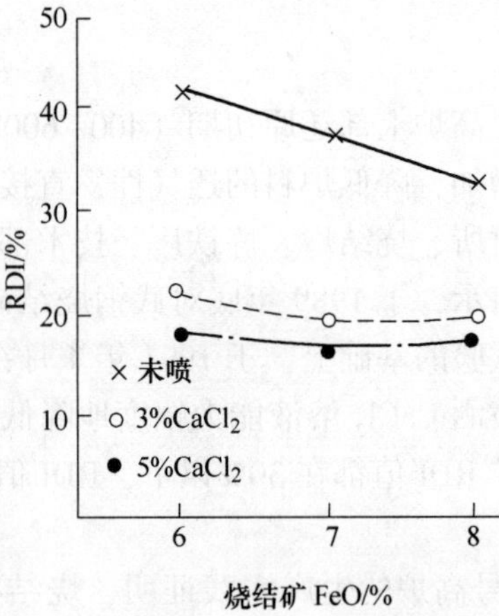


图3 烧结矿FeO含量、$CaCl_2$ 喷洒浓度与RDI的关系

## 3 工业性试验及生产

烧结矿喷洒 $CaCl_2$ 溶液的工业性试验在二烧车间进行。从1991年4月9日开始以来已取得良好的效果。当喷洒浓度为3%的 $CaCl_2$ 溶液时，烧结矿RDI值一般都在30%以下，RDI值平均降低10.78%。而当提高 $CaCl_2$ 溶液浓度时，RDI值由原来的33.1%降到19.7%。试验过程中喷洒装置一直运转正常。在试验期间，对烧结矿的低温还原粉化率及其理化性能进行了多次对比（与未喷 $CaCl_2$ 溶液的烧结矿相比）测定，结果分述如下。

### 3.1 低温还原粉化率的测定

对喷洒 $CaCl_2$ 和未喷洒 $CaCl_2$ 溶液的两种烧结矿同时取样，进行RDI值的对比试验，结果见表1。

表1 RDI对比测试结果

| 试样编号 | $CaCl_2$ 浓度/% | 未喷 $CaCl_2$ 烧结矿 | | | 喷 $CaCl_2$ 烧结矿 | | | RDI降低率/% |
|---|---|---|---|---|---|---|---|---|
| | | FeO/% | CaO/$SiO_2$ | RDI(−3.15mm)/% | FeO/% | CaO/$SiO_2$ | RDI(−3.15mm)/% | |
| 1 | 3 | 8.8 | 1.74 | 39.2 | 8.3 | 1.56 | 27.8 | 29.09 |
| 2 | 3 | 8.7 | 1.52 | 43.7 | 8.5 | 1.58 | 35.2 | 19.45 |
| 3 | 3 | 6.0 | 1.73 | 45.6 | 6.6 | 1.68 | 32.4 | 28.95 |
| 4 | 3 | 8.6 | 1.68 | 34.0 | 8.7 | 1.69 | 22.1 | 35.00 |
| 5 | 3 | 9.2 | 1.69 | 31.4 | 9.4 | 1.70 | 23.4 | 25.48 |
| 8 | 3 | 8.4 | 1.67 | 33.5 | 8.5 | 1.67 | 25.8 | 22.99 |
| 9 | 3 | 8.5 | 1.65 | 33.4 | 8.6 | 1.67 | 22.4 | 32.93 |
| 10 | 3 | 9.5 | 1.58 | 37.7 | 9.3 | 1.61 | 23.2 | 38.56 |
| 1~10平均 | 3 | 8.46 | | 37.31 | 8.49 | | 26.53 | 29.06 |
| 10* | 3 | 9.3 | 1.58 | 37.7 | 9.5 | 1.57 | 18.1 | 51.99 |
| 11 | 4 | 10.0 | 1.61 | 33.1 | 9.5 | 1.60 | 19.7 | 40.58 |

从表1结果看出，在目前二烧生产条件下，喷洒 $CaCl_2$ 溶液后，烧结矿RDI值一般在30%以下，平均为26.53%，RDI值平均下降10.78%。RDI降低值的波动范围比较大，除了与烧结矿中FeO含量波动有关外，主要是由于烧结矿在运输皮带上的料流量差别很大造成的。在喷洒等量溶液的条件下，料流较小时，$CaCl_2$ 溶液能均匀地喷洒在烧结矿表面，甚至产生多余的溶液流失而造成浪费。当料流量过大时，喷液又显得不足，部分烧结矿未能喷洒上 $CaCl_2$ 溶液。因此随机取样时，在小流量条件下取的试样RDI的降低率高，在大流量条件下取的试样RDI的降低率低。

10*号是从10号试样中缩分出一部分，是将其在 $CaCl_2$ 溶液中进行浸泡处理的试样。由于 $CaCl_2$ 对烧结矿表面的覆盖率达到理想状态，因而获得了最低的还原粉化率，其RDI值下降到19.5%。这种处理方法在实际生产中不可能采用。但它启示我们，通过喷洒方法的改进，可获得更好的技术效果。

11号是在喷洒浓度为4%的溶液时所取得的试样，其低温还原粉化率仅为19.7%，比未喷洒的降低13.4%，比喷洒一般浓度溶液有明显改善。但这将使烧结矿成本进一步增加。试验证明，喷洒 $CaCl_2$ 溶液后，烧结矿的还原度将随之降低3%~4%，喷洒浓度为4%的溶液时，还原度下降10%。过高的 $CaCl_2$ 浓度将使还原度大幅度下降。综合考虑技术经济指标，以3%浓度 $CaCl_2$ 为宜。

表2是1991年5月7日到28日期间在炼铁栈桥上随机取样的测定结果，喷洒了 $CaCl_2$ 的烧结矿，RDI都在30%以下。编号为2-5-28的两个对比试样的RDI值降低10.8%。这进一步证明了本次工业试验所取得的良好效果。

**表2　高炉栈桥取样测定结果**

| 生产样 | $CaCl_2$ 浓度/% | FeO/% | RDI(-3.15mm)/% | | RDI(-3.15mm)/% |
|---|---|---|---|---|---|
| | | | 喷洒前 | 喷洒后 | 下降值 |
| 2-5-7 | 3 | 7.90 | | 28.8 | |
| 2-5-14 | 3 | 8.50 | | 26.6 | |
| 2-5-21 | 3 | 9.15 | | 27.0 | |
| 2-5-28 | 3 | 9.97 | | 19.3 | |
| 2-5-28 | 0 | 8.17 | 30.1 | | 10.8 |

## 3.2　烧结矿理化性能测定及生产统计

为了考察 $CaCl_2$ 对有关烧结矿技术指标的影响，进行了工艺效果测定和生产结果统计（见表3、表4）。

**表3　烧结矿物理性能对比测定**

| $CaCl_2$ 浓度/% | 烧结矿水分/% | ISO转鼓/% | 粒度组成（mm）/% | | | | | | 平均粒度/mm |
|---|---|---|---|---|---|---|---|---|---|
| | | | +40 | 40~25 | 25~16 | 16~10 | 10~6.3 | 6.3 | |
| 0 | 0 | 75.11 | 9.82 | 16.31 | 16.83 | 21.63 | 28.05 | 7.26 | 19.97 |
| 3 | 0.17 | 76.89 | 5.83 | 13.58 | 17.56 | 24.86 | 30.34 | 7.83 | 17.46 |
| 0 | 贮存1h | | 8.72 | 15.52 | 17.00 | 23.74 | 28.46 | 6.56 | 19.37 |
| | 贮存24h | | 7.87 | 16.51 | 14.59 | 21.70 | 31.58 | 7.65 | 18.75 |
| 3 | 贮存1h | | 3.38 | 12.55 | 15.27 | 24.22 | 35.98 | 8.60 | 15.60 |
| | 贮存24h | | 2.89 | 12.52 | 15.25 | 22.92 | 37.08 | 9.34 | 15.23 |

从表3测定结果看出喷洒 $CaCl_2$ 溶液的烧结矿经一次转运后，烧结矿中-10mm级别增加3%~7%，平均粒度降低2~3mm，小于6.3mm的粉末增加1%~2%。引起上述变化的原因包含通过一次转运时的破损在内。喷洒 $CaCl_2$ 溶液后，ISO转鼓指数提高约2%。这并不意味着喷洒 $CaCl_2$ 溶液以后改善了烧结矿的冷却强度，而是由于烧结矿表面补充浸湿，做转鼓试验时，有一部分粉末黏结在大块烧结矿上未被筛除出来。喷洒 $CaCl_2$ 溶液以后，随机取样测定烧结矿水分，结果表明，烧结矿水分仅为0.2%左右。

根据烧结生产统计结果分析，4、5月与3月相比，台时产量略有下降，转鼓指数略有提高，返矿率增加约1%~2%，高炉沟下烧结矿粒度组成几乎无变化。

为进一步考察喷洒 $CaCl_2$ 溶液对入炉烧结矿粒度组成的影响，将其贮存 24 小时进行对比筛分分析，结果见表 4。

表 4 烧结矿生产统计结果

| 时间 | 高炉沟 | | | | | FeO /% | ISO 转鼓指数/% | 台时产量 /吨·(台·时)$^{-1}$ | 返矿率 /% |
|---|---|---|---|---|---|---|---|---|---|
| | +40 | 40~25 | 25~10 | 10~50 | -5 | | | | |
| 1991.03 | 12.55 | 12.82 | 47.44 | 24.40 | 2.79 | 8.00 | 73.03 | 203.06 | 17.32 |
| 1991.04 | 11.39 | 12.45 | 47.73 | 25.25 | 3.18 | 7.82 | 74.24 | 194.99 | 19.13 |
| 1991.05 | 12.08 | 12.87 | 48.16 | 24.10 | 2.79 | 7.95 | 74.31 | 200.07 | 18.39 |

从表 4 结果看出，无论喷洒 $CaCl_2$ 溶液与否，将其贮存 24 小时以后，粒度组成都有所下降。二者对比无明显差别，小于 6.3mm 粉末都增高 1%左右。

## 4 高炉使用效果及经济效益

在有一定温度的成品烧结矿的表面，在喷洒力的作用下，$CaCl_2$ 溶液渗入烧结矿的孔隙或晶间裂纹中，随之蒸发后，$CaCl_2$ 的微量溶质粘附在烧结矿表面或填充于微观孔隙，使烧结矿的晶间裂纹被覆盖，微孔表面形成薄膜。这种烧结矿在高炉炉身上部由 $Fe_2O_3$ 还原到 $Fe_3O_4$ 阶段反应速度减慢，致使内应力减小，故还原气体对烧结矿所产生的碎裂粉化作用减弱，RDI 值降低。随着炉料下移进入炉身中、下部高温区，在 900℃左右 $CaCl_2$ 挥发（$CaCl_2$ 熔点为 774℃）恢复正常还原速度。因此经喷洒 $CaCl_2$ 溶液的烧结矿在高炉中有利于改善高炉固相区的透气性。煤气中的 $Cl^-$ 自高炉炉顶排出，主要以 $NH_4Cl$ 形式存在，在煤气清洗塔可以完全分离，废水用石灰浆中和。只要炉顶温度保持在露点以上对金属结构不会发生腐蚀。从高炉煤气分析获知，煤气中含 $Cl^-$ 甚微。

### 4.1 二烧烧结矿表面喷洒 $CaCl_2$ 溶液对高炉产量的影响

在武钢二烧烧结矿表面喷洒 $CaCl_2$ 溶液，于 1991 年 4 月中、下旬和 5 月进行了工业试验。试验期间二烧烧结矿供给 3 号和 4 号两座高炉使用（供 3 号高炉约 1/3，供 4 号高炉约 2/3）。两座高炉使用情况与二烧烧结矿末喷洒 $CaCl_2$ 溶液的 3 月份为基准期进行了比较，其各项指标见表 5、表 6。

表 5 二烧烧结矿表面喷洒 $CaCl_2$ 溶液前后经济技术指标

| 项目 | | 2 号高炉 | | | 4 号高炉 | | |
|---|---|---|---|---|---|---|---|
| | | 3 月 | 4 月中、下旬 | 5 月 | 3 月 | 4 月中、下旬 | 5 月 |
| 平均日产/t·d$^{-1}$ | | 2092.1 | 2322.49 | 2346.3 | 4685.3 | 4874.55 | 4775.9 |
| 焦比/kg·t Fe$^{-1}$ | | 591.1 | 553.8 | 546.6 | 502.1 | 503.15 | 499.2 |
| 冶强/t·(m$^3$·h)$^{-1}$ | | 0.832 | 0.886 | 0.877 | 0.944 | 0.975 | 0.961 |
| 入炉品位/% | | 55.02 | 54.73 | 54.87 | 55.35 | 54.87 | 55.77 |
| 生铁含 [Si]/% | | 0.798 | 0.577 | 0.632 | 0.524 | 0.527 | 0.596 |
| 熟料率/% | | 76.11 | 76.86 | 76.8 | 74.65 | 76.63 | 75.08 |
| 炉顶压力/kPa | | 123 | 1.35 | 125 | 134 | 134 | 133 |
| 炉顶温度/℃ | | 173 | 155 | 145 | 190 | 181 | 186 |
| 风温/℃ | | 948 | 1022 | 1004 | 1021 | 1020 | 1013 |
| 炉顶煤气中 CO/% | | 15.6 | 15.5 | 15.7 | 16.8 | 17.35 | 17.4 |
| 油比/kg·t$^{-1}$ | | | | | 18.9 | 10.9 | 11.5 |
| 煤比/kg·t$^{-1}$ | | 50.2 | 66.5 | 64.5 | 30.6 | 30.9 | 31.0 |
| 焦炭灰分/% | | 14.12 | 13.92 | 13.76 | 14.12 | 13.92 | 13.76 |
| 休风率/% | | 1.71 | 1.22 | 2.92 | 0.99 | 1.27 | 1.27 |
| 装料制度 | K-焦炭 | 3KP↓+ | 3KP↓ | 3KP+ | 2PK+ | 3PK↓+ | 4PK↓+ |
| | P-矿石 | 2KPK | 2PK | 2PK | 3KPK | 29↓K↓ | P↓K↓ |

从表5中看出，由于二烧烧结矿表面喷洒 $CaCl_2$ 溶液后，低温还原粉化率降低，促使高炉冶炼强度提高，风量增加，高炉透气性和煤气利用率等均得到改善。

**表6　3号、4号高炉使用二烧烧结矿表面喷洒 $CaCl_2$ 溶液前后对产量的校正**

| 炉别 | 3号高炉 | | 4号高炉 | |
|---|---|---|---|---|
| 时间：1991年 | 3月份 | 4月中、下旬与5月平均值 | 3月份 | 4月中、下旬与5月平均值 |
| 实产/$t\cdot d^{-1}$ | 2092.1 | 2336.9 | 4685.3 | 4814.6 |
| 超差/% | | 11.7 | | 2.75 |
| 休风率影响/% | | -1.683 | | -0.279 |
| 铁分影响/% | | -0.63 | | -1.44 |
| 顶压影响/% | | 1.77 | | -0.183 |
| 生铁含［Si］影响/% | | 1.136 | | -0.252 |
| 焦炭灰分影响/% | | 0.96 | | 0.9 |
| 风温影响/% | | 2.52 | | 0.212 |
| 诸因素影响产量/% | | 4.253 | | -1.466 |
| 与实际产量超差/% | | 7.447 | | 4.216 |

注：根据高炉操作规程的规定校正产量。

由表6看出，虽然试验期入炉矿石含铁品位略有降低。但由于二烧烧结矿表面喷洒 $CaCl_2$ 溶液后的上述有利因素的影响，试验期中3号、4号高炉的产量比基准期均有不同程度的提高。

## 4.2　二烧烧结矿表面喷洒 $CaCl_2$ 溶液对高炉焦比的影响

**表7　二烧烧结矿喷洒3号高炉 $CaCl_2$ 溶液前后焦比校正**

| 炉别 | 3号高炉 | | 4号高炉 | |
|---|---|---|---|---|
| 时间：1991年 | 3月份 | 4月中、下旬与5月平均值 | 3月份 | 4月中、下旬与5月平均值 |
| 焦比/$kg\cdot t^{-1}$ | 591.1 | 549.44 | 502.1 | 500.74 |
| 焦比超差/$kg\cdot t^{-1}$ | | -41.66 | | -1.4 |
| 冶强影响/kg | | 0.058 | | 0.024 |
| 入炉品位影响/kg | | 1.86 | | 3.61 |
| 炉顶煤气 $CO_2$ 影响/kg | | 0 | | -8.74 |
| 风温影响/kg | | -11.34 | | 0.9 |
| 顶压影响/kg | | -1.74 | | 0.15 |
| 顶温影响/kg | | -3.25 | | -1.5 |
| 熟料比影响/kg | | 1.24 | | -1.56 |
| 生铁含［Si］影响/kg | | -10.8 | | 2.16 |
| 煤比影响/kg | | 9.06 | | 0.24 |
| 焦炭灰分影响/kg | | 378 | | -3.01 |
| 油比影响/kg | | | | 7.64 |
| 诸因素总影响/kg | | -39.29 | | -0.085 |
| 校正后的焦比超差/$kg\cdot t^{-1}$ | | -2.36 | | -1.314 |

注：根据高炉操作规程的规定校正焦比。

从表7看出试验期间3号、4号高炉校正后的焦比有所降低。由于二烧烧结矿表面喷洒 $CaCl_2$ 溶液后，低温还原粉化性能改善，为采用改善煤气利用的装料制度创造了有利条件。3号、4号高炉在试验期间对装料制度进行了调整，逐步增加了正装与分装的比例，结果煤气利用率得到改善。试验期中3号、4号高炉的煤气中 $CO_2$ 值均有所升高，还原性能略有下降，但未引起焦比上升，这是由于料柱透气性改善的结果。

### 4.3 经济效益

3号、4号高炉生产实践证明，在为期近两个月的二烧烧结矿表面喷洒 $CaCl_2$ 溶液的工业性试验中，两座高炉的产量均有所增加。

校正后3号高炉产量增加7.944%，4号高炉产量增加4.216%。试验期中两座高炉焦比也有所下降，经校正后，3号高炉焦比降低2.36kg/$t_{Fe}$，4号高炉焦比降低1.31kg/$t_{Fe}$，炼铁年总经济效益为143万元。

## 5 结论

（1）在烧结矿表面喷洒 $CaCl_2$ 溶液新工艺是国外80年代中期的研究课题，目前未用于生产。武钢开发的这一烧结新工艺，可在保持烧结矿强度的同时，降低FeO含量，获得较低的RDI值，是一种简易、经济、可行的新工艺。

（2）在武钢二烧条件下，采用这一新工艺可以保证FeO含量8%左右，RDI值小于35%，对改善高炉透气性、强化冶炼有明显效果。炼铁年经济效益为143万元。

（3）武钢开发的烧结矿表面喷洒 $CaCl_2$ 溶液新工艺流程合理，运行可靠，操作简易，喷洒均匀，有推广价值。

（4）在武钢二烧条件下，以喷洒浓度为3%的 $CaCl_2$ 溶液为宜。

（原载《武钢技术》，1994，增刊）

# 武钢第二烧结车间技术改造

刘耀鹏

原第二烧结球团车间为2台135$m^2$带式焙烧机，于1970年投产，因原料条件工艺流程、设备选型及主要厂房结构均不适应球团生产的要求，虽经多次攻关改造，仍无济于事，被迫于1980年全面停产，等待进行改造。

根据国务院（82）国函4号文的精神，第二烧结车间（简称二烧）改造工程被列为武钢"六五"规划中"双四百"重点配套项目。原计划新建一台264$m^2$烧结机，打算在技术装备水平上，全面消化从宝钢引起的烧结技术，力求做到工艺流程完善。根据此要求，主体设备大多数为非标，设计周期长，在冶金部设备公司召开全国重点厂家设备预安排会议上，遇到严重困难，交货周期和质量无法保证。同时，总体投资也较大，故武钢二烧改造工程无法按原计划进行下去。为此，武钢组织专门班子，向国际市场寻求二手设备。80年代欧共体作出了削减传统工业的生产、改组钢铁工业的计划安排，规定了各国钢铁生产的限额。由于改组进展迅猛，也不得不出售一些70年代设备。

1984年12月，公司领导同冶金部赴西欧进行二手设备考察，在法国隆维（LONGWY）参观了于西诺公司393$m^2$全套烧结闲置设备。该设备比较适合武钢二烧改造工程，1985年3月冶金部同意武钢购买该套烧结设备并与法国进行有关谈判，就供货范围和方式签订了意向性协议书。1985年6~7月武钢公司组团到法国LONGWY厂，对设备进行考察和鉴定，通过考察，发现该厂虽停产数年，但设备完整，该机具有70年代的技术水平，如用计算机取代逻辑程序控制，增加电除尘配置，其总体技术水平还可以进一步提高。经过全面研究讨论，武钢公司作出购买法国于西诺公司LONGWY厂二手烧结设备的决策。1985年6月国家计委批准了武钢上报的"可行性研究报告"。武钢向法国于西诺公司提交了总合同及技术附件文本，并签署了"备忘录"，1985年12月5日双方代表在布鲁塞尔合同正式签字生效。

二烧改造工程于1987年3月21日正式破土动工，1989年1月28日开始热负荷联动试车，1989年9月20日整体工程从基建改造正式移交生产。引进国外二手设备往往风险性比较大，由于武钢公司决策严谨，工作细致周密，武钢二烧8年来的生产实践取得了巨大的成就，从而证明武钢二烧改造引进二手设备是成功的。

## 1　改造简况

引进的原法国LONGWY厂烧结工艺流程见图1，该流程为典型的法国机上冷却烧结流程，烧冷面积分别为275$m^2$，118$m^2$，设计年产量为227万吨。

根据合同供货：

闲置设备理论重量4970.2t；

厂房结构理论重量3971.0t；

新购备品备件重量284.18t；

总计9225.38t。

实际从法国运闲置设备、构件、材料与新购备件总共9145.177t（毛重）。

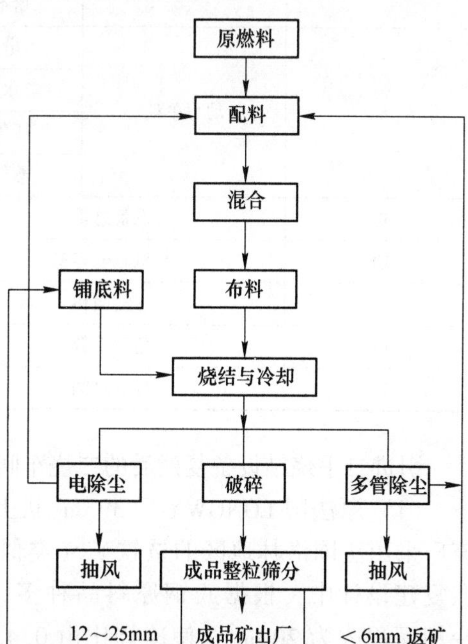


图1　法国LONGWY厂烧结工艺流程图

根据武钢公司决定，二烧引进二手烧结设备照原样复建。

武钢设计院负责二烧主体工程设计，武钢自动化部负责 N-90 计算机控制系统设计，武钢烧结厂负责烧结点火炉设计。1986 年 4~9 月完成二烧初步设计，1986 年 11 月冶金部组织初步设计审查，1987 年 3 月发场平设计图，1987 年 8 月全部完成施工图设计，施工图总量为 4200 张（见图 1）。

所有二手设备、材料从法国运回武钢之后，按机械、结构、电气、计控等分类，分别由武钢烧结厂、金结厂、电修厂、计控厂等进行修、配、改工作，保证满足新设计要求和安装后达到完好的性能。为便于今后的设备维修和管理，机电部还组织了部分设备的测绘工作。

引进二手设备的复用率达 92.26%，其中：厂房结构复用率为 94.30%，机电设备的复用率为 90.62%。

二烧改造工程由第一冶金建设公司承建。武钢于 1986 年 12 月正式成立二烧改造工程指挥部，1987 年 3 月 21 日正式破土动工，计划 1988 年底竣工，由于二烧占地面积只有 50000$m^2$，建筑系数高达 40.2%，施工场地狭窄拥挤，而工程量大，工期又短，整个施工组织的难度是很大的，经指挥部周密计划，精心指挥，按网络计划抓关键节点，找主要矛盾，把好质量关，群策群力，日夜苦战，终于在 1988 年 11 月底将全部设备安装完毕，12 月份开始单机试车和无负荷联动试车，1989 年 1 月 28 日进入负荷试车，经试生产阶段，于 1989 年 9 月 20 日整体正式交工投产。

新建二烧主要技术指标见表 1。

**表 1　二烧车间设计主要技术经济指标一览表**

| 序号 | 项　目 | | 单　位 | 数　量 |
|---|---|---|---|---|
| 1 | 生产能力 | | 万吨/年 | 183（入炉量） |
| 2 | 烧结面积 | | $m^2$ | 193 |
| 3 | 冷却面积 | | $m^2$ | 200 |
| 4 | 烧结机利用系数 | | $t/(m^2 \cdot h)$ | 1.2 |
| 5 | 烧结机作业率 | | % | 90 |
| 6 | 烧结矿质量 | 品位 | % | 52.4 |
| | | 碱度 | | 1.6 |
| | | 含 FeO | % | 11.5 |
| 7 | 原材料单耗 | 含铁原料 | t/t | 0.9 |
| | | 煤气 | 106kcal/t | 0.05 |
| | | 熔剂 | t/t | 0.24 |
| 8 | 动力单耗 | 电 | 度/t | 55.0 |
| | | 水 | t/t | 3.83 |
| | | 压气 | $km^3/t$ | 0.00616 |
| | | 蒸气 | t/t | 0.0474 |
| 9 | 设备总重 | | t | 9972 |
| 10 | 装机总电容量 | | kW | 31864 |
| 11 | 占地面积 | | $m^2$ | 50000 |
| 12 | 建设系数 | | % | 40.2 |
| 13 | 投资总额 | | 万元 | 17077 |

引进二手烧结设备复建后的二烧车间，在原法国 LONGWY 厂基础上进行了如下的改进：

（1）原法国 LONGWY 厂 393$m^2$ 机上冷却烧结机烧结面积为 275$m^2$，冷却面积为 118$m^2$，这是由于该厂采用法国洛林地区的贫铁矿（类似我国的褐铁矿、镜铁矿），基本上是结构单一的全粉矿烧结。在复建设计中，根据武钢原料品种多，且精粉率一般都在 40%~50%，故把烧结面积改为 193$m^2$，冷却面积改为 200$m^2$，使冷烧比由 0.43 提高 1.0 以上，设计入炉年度烧结矿为 183t（生产量为 215 万吨）。

（2）新设计采用了石灰石、白云石两种熔剂的破碎筛分流程，并采用消石灰作烧结强化剂。

（3）新设计燃料破碎系统流程灵活，可实现一段破碎生产和二段（粗、细）破碎生产相结合进行选择。

（4）新设计铁料系统可以预配料也可单一品种供料。

（5）原法国 LOGWY 厂采用传统的逻辑元件控制，进入 80 年代后显得落后。为此新建的二烧，武钢公司决定引进美国贝利公司 N—90 集散型控制系统，实现控制生产过程的自动化。

（6）新设计的二烧，增设了国产环境除尘设备，其中 150m$^2$、164m$^2$、50m$^2$ 三电场电除尘器各一台，9500m$^2$ 大布袋除尘器一台和小布袋除尘器多台，大大改善了二烧的现场环境。

（7）新建二烧在混合机上采用了红外线测水控制烧结混合料水分。

（8）新设计从国内新配冷却风机，把冷却风量提高到 204 万 m$^3$/h，负压为 8000~8500Pa。

总之，利用二手烧结设备复建的二烧车间，工艺流程完善，布局紧凑合理，自动化控制水平较高，环境保护措施得力，因此，它是我国具有 80 年代初期先进水平的一个新型的烧结车间。

## 2　引进二手设备的评价

二烧改造，引进了法国二手烧结设备和复建新设计的二烧在 80 年代中叶，下列技术在国内处于先进水平：

（1）烧结机、单辊破碎机采用柔性传动装置；

（2）烧结回车道阻尼机构；

（3）烧结机两侧胶皮密封装置；

（4）悬臂摇摆式布料器；

（5）湿式硬面圆辊辅底料布料器；

（6）大型混合机的聚酯酸合成材料摩擦轮传动装置；

（7）90 集散型控制系统；

（8）采用三电场宽间距机头电除尘；

（9）烧结配料过程，物料自动平衡；

（10）采用红外线检测混合料水分及混合料水分自动调整系统；

（11）新型烧结点火节能炉。

这些新技术在二烧生产实践，得到了充分的发挥。

表 2 是武钢二烧改造与国内同期建设的其他烧结（球团）车间主要技术经济指标对照表。

**表 2　国内同期建设的烧结车间对比表**

| 名　称 | | 厂　名 | | | | |
|---|---|---|---|---|---|---|
| | | 唐钢烧结车间 | 鞍钢新三烧 | 鞍钢球团车间 | 邯钢新烧结 | 武钢二烧 |
| 一、主要技术经济指标 | 烧结机（焙烧机）面积/m$^2$ | 100×1 | 265×2 | 321.6×1 | 90×2 | 193×1 |
| | 冷却机分类、面积/m$^2$ | 环冷 190×1 | 环冷 280×2 | 机上冷却 | 带冷 108×2 | 机冷 200 |
| | 烧结机（焙烧机）利用系数/t·(m$^2$·h)$^{-1}$ | 1.2 | 1.2 | 0.817 | 1.2 | 1.2 |
| | 年产量/万吨 | 171 | 508 | 200 | 170 | 215 |
| | 经济作业率/% | 90.4 | 90.4 | | 90 | 90 |
| | 设备总重/t | 5700 | 21000 | 2970 | 8035 | 9972 |
| | 总机总容量/kW | 16800 | 53040 | 24431 | 17792 | 31864 |
| 二、建设时间 | 破土动工时间 | 1987.2.11 | 1987.3.5 | 1987.3 | 1987.10.14 | 1987.3.21 |
| | 交工验收时间 | 1989.11 | 第一台 1989.12 | 1989.7.9 | 1990 年下半年 | 1989.9.20 |
| 三、投资 | 工程设计概算/万元 | 9913 | 39088 | 12047.8 | 7670.19 | 17215.13 |
| | 实际完成投资/万元 | 调整概算 12777 | 调整概算 50000 | 调整概算 20000 | 调整概算 9799.95 | 实际投资 18998.82 |

从表可看出，武钢二烧的指标、建设、投资也可算是矮子里面拔将军，效果是比较好的，经武钢各方面协调公关，生产调整很快步入国内先进水平，创造出新路子。

二烧改造充分发挥了引进二手设备投资少、速度快的优势，然而，武钢二烧自 1989 年 9 月 20 日总体竣工后，暴露的问题还比较多，主要是设备故障多，产品质量不稳定，工序能耗高。但 1990 年全年生产烧结矿 1279515t（生产量），综合合格率 85.41%，ISO 转鼓指数 73.76%，作业率 65.53%，利用系数 1.155t/($m^2$·h)，也取得了一定的成效，同时，摸索出一套使用法国设备的规律。围绕武钢二烧投产后暴露的一系列问题，武钢组织了 200 多项技术攻关，通过对流程的改造，设备更新，备件国产化及优化生产技术操作，于 1991 年逐步走上正常，1995 年达到设计生产能力。

武钢从 1990 年到 1996 年 7 年生产主要生产技术指标见表 3。

**表 3　武钢二烧 7 年主要生产指标**

| 时间 | 入炉产量/万吨 | 作业率/% | 利用系数/t·($m^2$·h)$^{-1}$ | 合格率/% | 工序能耗标煤/t |
|---|---|---|---|---|---|
| 1990 | 105.51 | 65.63 | 0.952 | 85.52 | 113.69 |
| 1991 | 129.80 | 77.30 | 0.993 | 90.11 | 99.22 |
| 1992 | 125.17 | 81.82 | 1.097 | 93.10 | 92.27 |
| 1993 | 168.03 | 85.03 | 1.165 | 95.10 | 88.65 |
| 1994 | 175.70 | 86.23 | 1.205 | 96.58 | 84.46 |
| 1995 | 186.20 | 90.77 | 1.313 | 98.57 | 82.39 |
| 1996 | 151.73 | 73.86 | 1.212 | 98.79 | 78.44 |
| 设计水平 | 183 | 90 | 1.2 | | |

从表 3 中可看到，武钢二烧 7 年来生产逐年提高，指标逐年完善，基本跨入国内先进行列。原法国 LONGWY 厂于 1973 年 7 月～1980 年 7 月从生产到停产出售，实际共生产 7 年，7 年总生产量为 912 万吨，平均年作业率为 64.09%，生产最好年份（1974）年，产量为 206t，作业率为 86.90%，原法国 LONGWY 厂 7 年生产和作业率见表 4。从表 3 中看出，武钢二烧生产 7 年（1990—1996 年），总生产量 1042.14 万吨，平均作业率为 80.07%。表 5 是武钢二烧产品与法国 LONGWY 厂产品及原料条件的对比，从中可以看出，武钢二烧产品无论成品粒度组成或转鼓强度大大优于原法国 LONGWY 厂的产品。

**表 4　法国 LONGWY 厂 7 年年产量、作业率**

| 年份 | 1974 | 1975 | 1976 | 1977 | 1978 | 1979 | 1970 |
|---|---|---|---|---|---|---|---|
| 产量万吨/年 | 206.6 | 147.6 | 145.1 | 118.5 | 129.0 | 107.1 | 50.2 |
| 作业率/% | 86.9 | 77.2 | 77.2 | 64.2 | 63.8 | 55.5 | 29.9 |

**表 5　武钢二烧产品与原法国 LONGWY 厂产品及原料条件对比**

| 名称 | TFe/% | 碱度 | FeO/% | ISO 转鼓/% | 成品粒度组成/% | | | 原料条件 |
|---|---|---|---|---|---|---|---|---|
| 法国 LONGWY 厂 | 44.0 | 1.35 | 8.4 | 67～68 | >25mm | 25～5mm | <5mm | 全粉矿 |
| | | | | | 9.48 | 59.29 | 31.23 | |
| 武钢二烧（1990 年） | 54.0 | 1.65 | 8.0 | 73.83 | >40mm | 40～10mm | <10mm | 精粉率 45% |
| | | | | | 3.75 | 71.68 | 24.57 | |

以上分析，也就是说武钢所购买的法国 LONGWY 厂在法国实际生产 7 年，武钢复建生产到 1996 年也是 7 年，对比之下，武钢二烧产品和质量都大大优于法国 LONGWY 厂。可见武钢引进国外二手设备虽照样复建，但装备水平大大提高，从武钢二烧 7 年生产实践，证明生产能力都大大超过原二手设备厂。所以武钢引进国外二手设备复建是成功的，经济成效是巨大的，为今后我国引进国外二手设备提供了借鉴经验。

## 3　体会

（1）由于引进二手设备，风险性大，所以决策尤为关键。引进二手设备总的目标是从市场建设和发展的实际需求出发，选用可靠的较为先进的生产工艺流程，追求投资省、见效快。二烧引进二手设备，选厂考察、定厂考察、可行性研究、立项考察、现场技术鉴定、技术协议和商务谈判、资料清点、设备拆卸、装运、初步设计、施工图设计、设备的修、配、改以及复建和附属配套建设等等。通过全面的深入细致的技术考察和现场周密的调查，证明符合武钢二烧改造实际，最终武钢决策选用法国 LONGWY 厂全套烧结设备，又经过精心的复建。多年生产实践证明武钢决策是正确的。

（2）引进国外二手设备进行技术改造与一般新建工厂完全不同，前者是一个二手设备的拆卸、清洗、包装、装运、国内存放，特别是还要有适应新设计。对二手设备进行修、配、改，生产单位要付出更大的精力和做好周密的安排。二烧改造之所以成功，就是武钢各单位全力投入，相互协调的结果。例如：针对原法国主抽风机大型电机电压等级不适应国内大电机电压的要求，将原 15750V，改为 10000V，适应国产化电压，这一技术措施是十分成功的，也是群策群力的结果。

（3）国外二手设备大多数已生产数年，技术先进性往往落后于时代发展，二烧改造购买法国二手设备也存在这个问题。由于武钢自行复建设计，思想比较明确，即一是照原样复建，二是要提高装备水平和整体技术水平，所以，二烧改造无论在工艺流程设备配套、自动化控制水平、环境治理、安全设施等方面，均达到了 80 年代国内先进水平。

（4）在复建原二手设备流程中，若取消某一个环节，必须慎重对待，否则会带来流程上的失调。例如：二烧生产后发现原法国 LONGWY 厂烧结机尾装的振动给料机以缓冲机尾卸料，复建中由于场地限制被迫取消，实际生产中给后面成品运输带来了严重困难。又如，一次混合机进口原有移动漏斗，主要是防止混合料进口下料点偏移引起堵料，复建过程取消了，结果生产后常堵漏斗，所以对原流程环节的改变万万不能大意。

（5）引进国外二手整套烧结设备的施工建设和生产实践中还证明：二手电气高、低压的盘、箱、柜、二手电缆、二手落后的变压器、二手皮带机的胶带、某些落后的仪表、电除尘设备等等都不宜复用。

（6）二烧投产和试生产暴露出的问题，如一些零部件，尤其是易损件均给投产带来不少困难。实践说明：二手设备备件的国产化是至关重要的，二烧初期备件跟不上，造成在流程上，设备上留下许多问题，迫使在较长一段时间内进行攻关改造，才加以解决，目前备件已基本实现国产化。

（7）原法国 LONGWY 厂冷烧比面积为 $118m^2$ : $275m^2$，主抽风机配二台，风量为 $14166.7m^3/min$，抽风机即设计选择风量为 $103m^3/(m^2 \cdot min)$，复建设计考虑到武钢原料结构不同，冷烧比改为 $200m^2$ 比 $193m^2$，二台主风机不变，这样风量多余了 $8454.4m^3/min$，即风量富余超过常规设计的 29.8%，加上环保设置了三台大型电除尘器，装机容量为 4200kW。另设一台大布袋是使投产后的二烧能耗高居不下的主要原因，虽然在购买二手设备和国内设计时也意识到这个问题，但由于时间紧迫，未能在改造时采取措施，这是一个很大的教训。

（8）引进二手设备对二烧进行技术改造，虽然风险大，但决策严密，选厂准确，应该说达到了预期目的，给炼铁提供了优质原料，获得了良好的经济效益，为武钢实现“双五百”万吨做出了很大贡献。

（原载《武钢炼铁四十年》，1998）

# 烧结厂技术进步的回顾与展望

张望兴

## 0　前言

自 1959 年 8 月 29 日一烧车间 1 号烧结机建成投产至今，武钢烧结厂已走过近 50 年的曲折历程，规模由建厂初期的 1 个烧结车间发展到 5 个烧结车间，由 4 台 $75m^2$ 小型烧结机发展到 5 台大型烧结机，有效烧结面积由 $300m^2$ 增加到 $1665m^2$，设计生产能力由最初年产入炉烧结矿 223 万 t 增加到 1524 万 t，厂区占地面积由 36 万 $m^2$ 扩展到 88.57 万 $m^2$，投产至今共生产了烧结矿 2.698 亿 t，球团矿 420.9 万 t，为武钢可持续发展做出了突出的贡献。

投产以来，为了满足高炉要求，武钢烧结厂对工艺和设备进行了大量的革新和改造，回顾武钢烧结技术的发展，按时间顺序大致可分为 4 个阶段。

（1）投产后的前 20 年，烧结生产处于摸索阶段。尤其前 10 年，一烧烧结矿冷却问题一直困扰着烧结矿的产量和质量，经过多年的攻关和一系列的改造，终于解决了这个老大难问题。在对一烧冷却工艺进行改造的过程中，使用过 10m 盘式冷却机，后来由烧结厂自行设计了 $100m^2$ 水平带式冷却机，最后由武钢自行设计了 $126m^2$ 抽风带式冷却机，还自行设计、制造极板、极线的 $55m^2$ 电除尘器，应用效果良好。这是当时我国最大的抽风冷却机，为我国带冷机向大型化发展迈出可喜的一步。在球团生产方面，于 1970 年 5 月投产的二烧是我国自行设计建设的第 1 个大型带式焙烧工艺球团车间，历经 10 年的生产和改造，由于原料条件差、工艺不完善、改造条件限制等问题，都没有达到预期的目的，被迫于 1980 年停产。尽管如此，在当时我国球团工艺尚不成熟的情况下是一种大胆尝试，它对我国球团技术的发展提供了宝贵的经验。

（2）投产后第 3 个 10 年可称为烧结工艺技术革命阶段。这期间，烧结工艺技术迅速发展，高碱度、高料层、高品位和低亚铁烧结等新工艺在试验研究和生产实践上都获得了巨大的进展，不仅提高了烧结矿的质量，而且大大降低了烧结矿 FeO 含量，从而使固体燃耗有了大幅度降低。这些新工艺新技术的发展，改变了之前以 FeO 含量代表烧结矿强度高低的观念，促使了熔剂性烧结矿到高碱度烧结矿的过渡，生产出高强度、高还原性、低亚铁的烧结矿，并开辟了厚料层与低温烧结矿的道路。铺底料技术在三烧铺底整粒系统的改造中得到了应用和改进，为 20 世纪 90 年代初新投产的 5 号高炉正常供料打下坚实的基础，对国内铺底料技术的广泛应用起到了积极的推动作用。

（3）投产后第 4 个 10 年为烧结机大型化起步阶段。随着武钢生产的发展，为形成年产钢铁双 700 万 t 能力，公司决定建设 1 台 $435m^2$ 大型现代化带式烧结机。1994 年初步设计通过后历经几年的设计、施工、消化吸收国外大型烧结机经验技术，1999 年 1 月这台 $435m^2$ 烧结机正式投产。这是我国自己设计、自己施工，除国内尚不成熟的关键设备从国外引进外，大多数设备均为国内制造的特大型烧结车间，其工艺流程完善，技术装备水平先进，自动化程度高，在当时行业中处于领先水平，标志着我国烧结机大型化的发展趋势。

（4）投产后第 5 个 10 年是烧结厂规模扩大、设备更新阶段。这期间，随着烧结机大型化的进展，烧结厂面貌发生了巨大的变化。2003 年 3 月三烧“四改一”大修改造的 $360m^2$ 烧结机投产，2004 年 12 月二烧易地大修改造为 $435m^2$ 烧结机，2006 年 12 月一烧易地改造新建 $435m^2$ 烧结机，步入 21 世纪的武钢烧结厂逐步跨入一流现代化烧结厂的行列。模糊控制、自动化控制技术、大型烧结机配用精矿技术、烧结余热利用、环保除尘、烟气脱硫等技术的应用和发展使武钢烧结厂逐步走向“高产、优质、低耗、清洁生产”的发展道路。

# 1　烧结生产的改革与发展历程

## 1.1　一烧车间

一烧车间于1959年8月29日建成投产，是我国第1个冷矿烧结车间，原系苏联设计，共有4台75m$^2$小型烧结机。因4台$\phi$8.5m盘式冷却机冷却效果不好，出盘烧结矿平均温度高达465℃，严重烧损运输胶带，被迫采取洒水辅助冷却措施，结果严重破坏了烧结矿质量，严重影响高炉生产。从投产开始延续20余年一直进行改造和技术攻关，1970年拔掉冷却盘，改用自行设计的100m$^2$水平带式冷却机，烧结矿冷却效果明显改善，烧结矿产、质量大幅提升。1973年首次超过设计能力。1977年至1980年间又对设备缺陷进行了多次改造："狼牙棒"式单辊破碎机改剪切式单辊破碎机，采用热矿振动筛对冷却前的烧结矿进行筛分，100m$^2$水平带式冷却机改为自行设计126m$^2$抽风带冷却机等，终于解决了烧结矿冷却问题，烧结矿平均温度不超过100℃，烧结矿产、质量明显提高，劳动环境得到改善。

为了适应现代化新1号高炉生产的需求，2000—2001年，对一烧又进行了完善工艺提高自动控制水平的技术改造。在我厂首次采用小球团烧结和燃料分加工艺，实行三段混合，料层由原来420mm提高到600mm；引进了奥钢联的模糊控制系统，在完善传统工艺过程检测及参数控制的基础上形成三级控制系统，在国内率先实现烧结生产的产量、质量工艺参数的全过程优化控制，开发出以BTP为核心的二级专家控制系统，使烧结控制水平达到国内一流、世界先进水平。

为配合武钢年产1800万t钢总体规划需要，原一烧区域用于公司新建8号高炉。公司于2005年对一烧进行异地改造，新建1台年产烧结矿400万t的435m$^2$大型现代化烧结机。一烧异地改造于2006年2月动工，12月26日热负荷试车成功并投产，实现了公司提出的"当年开工，当年竣工投产"的目标，比公司计划工期提前了5天竣工投产，建设速度为全国同类型技改工程之最。新一烧实现了700mm厚料层烧结，采用集中自动配料新工艺和烧结终点模糊控制技术，实现烧结过程的全自动化操作，采用了多项节能环保新工艺。2007年3月月产量达到设计水平，此后一直保持了稳定、优质、高产的顺行态势，多项技术经济指标居于行业先进水平，其中2007年点火煤气消耗为55.65MJ/t，居国内行业指标第1名，进入2008年以来又创出39MJ/t的新纪录。

## 1.2　二烧车间

二烧车间原为135m$^2$带式球团机，于1970年5月建成投产。因种种原因，其工艺不完善、设备不合理、产品质量差、成本高、劳动条件不好，被迫于1980年6月停产，10年间断断续续生产了420万t球团矿。1985年6月国家计委批准武钢第二烧结车间改造工程引进国外闲置设备可行性研究报告，二烧改造工程主体设备为引进法国隆维二手设备，393m$^2$机上冷却式烧结机（其中烧结面积193m$^2$），设计年产入炉烧结矿183万t。1987年3月21日正式动工，1989年9月20日正式投产。

为配合2004年7月投产的6号大型高炉对优质烧结矿的要求，公司决定对二烧进行易地改造，新建1台435m$^2$的现代化烧结机，设计规模为年产入炉烧结矿400万t。2004年12月31日投产，2005年3月如期达产，2006年实现了年达产，烧结矿的质量完全满足3200m$^3$大型高炉的要求。3年多来，新二烧立足工艺创新，各项技术经济指标位居国内领先行列。2007年新二烧车间更名为五烧车间，老二烧车间原地保留并计划进行技术改造。

## 1.3　三烧车间

武钢三烧车间原设计为4台90m$^2$(后改为82.5m$^2$）烧结机，分别于1972年和1973年投产，设计年产量280万t。受历史条件所限，工艺和设备均有不足之处，投产10年，各项技术经济指标均不尽如人意。为了满足1700mm轧钢系统对铁水质量的要求，1984年开始对三烧进行了系统的技术改造，完善了整粒铺底料工艺，移植了多项国内外先进技术，同时对环冷机也进行了改造，整个改造工程于1984年和1991年两期完成。改造后三烧烧结矿化学成分稳定、粒度均匀、强度高，冶炼性能好，为1991年10月投产的5号高炉（3200m$^3$）提供了优质烧结矿。

三烧在投产30年后，设备老化、自动化水平低等问题使其质量均逊色于其他车间。2002年5月1日对三烧进行技术改造，将4台82.5$m^2$烧结机改建为1台360$m^2$烧结机，2003年3月21日投产，创下当时全国烧结改造工程投产速度最快的纪录。三烧改造中消化吸收了一烧的模糊控制系统技术，采用双斜带式节能点火炉，在国内率先采用余热锅炉回收环冷高温烟气产生蒸气，预热混合料，采用九辊布料器偏析布料，实现700mm超高料层烧结。投产5年多来，三烧产、质量指标大幅提高，2007年转鼓指数达78.50%（比改前提高6.37%），烧结矿小于5mm粒级达4.82%（比改前下降3.45%），固体燃料消耗、耗电量、烧结矿合格率、碱度稳定率等指标位居国内领先水平。

### 1.4 四烧车间

四烧435$m^2$大型现代化带式烧结机是武钢原规划“双700万t”配套工程，于1994年通过初步设计，1996年破土动工，1999年1月正式投产。四烧是继宝钢之后最大的国内设计制造的大型烧结设备，其设计结合了武钢的实际情况，消化、吸收了国内外的生产实践经验，借鉴、移植了宝钢烧结技术，其投产标志着武钢烧结厂的整体技术装备、自动控制水平跃上一个新台阶，跨入一流现代化烧结厂的行列。四烧相比较之前其他车间，具有工艺完整、设备大型化、自动化程度高等特点。其配料实现自动化，各种物料都采用称量配料；率先采用了双斜式点火保温炉、新型结构的大型鼓风环式冷却机；取消了热矿筛，烧结饼经单辊破碎机破碎后直接给入鼓风环式冷却机，减少了工艺环节；具有完整的整粒流程，采用一次冷破碎、四次冷筛分；设有成品烧结矿中间露天堆场，能贮存成品矿6万t，返矿6000t。多年来，四烧生产不断走向成熟，烧结矿产、质量不断提高，为高炉的优质、高产、低耗打下了坚实的基础。

## 2 烧结技术进步

### 2.1 开展科研攻关，推动技术进步

#### 2.1.1 高碱度烧结生产

从投产到20世纪70年代末的近20年间，烧结厂一直生产碱度为1.0~1.3的自熔性烧结矿。提高产品质量，满足高炉要求一直是烧结工作者的努力目标。1980年3—5月在一烧进行了高碱度烧结矿试验取得了成功，将烧结矿碱度提高到1.7~1.8，同时采用高料层、低水低碳烧结等措施，使烧结矿强度明显提高，高炉沟下筛分小于5mm粒级减少，1号、2号高炉的产量显著提高，焦比大幅度降低。这是烧结生产中一次巨大的变革，由此奠定了武钢高炉炉料结构为高碱度烧结矿配加酸性块矿或球团矿的基本构架。此后，烧结矿的碱度进一步得到提高，1986年烧结矿碱度提高到1.6，1991年提高到1.7，目前烧结矿碱度已达到1.9。

#### 2.1.2 厚料层烧结生产

厚料层烧结作为一种工艺，能改善烧结矿的质量，同时能降低消耗。因此烧结机料层厚度成为衡量烧结技术水平的重要指标。武钢烧结厂从1980年开始进行厚料层烧结的研究和实践，将烧结料层由280mm逐步提高到340mm、380mm、420mm，取得了节约固体燃料、改善烧结矿冶金性能的明显效果。1985年8月在三烧无铺底料条件下将料层提高到510mm，当时为全国最高的烧结料层。此后，厚料层烧结在生产中得到推广应用。二烧1999年下半年实施小球烧结工艺后，料层可达650mm，当年投产的四烧车间料层厚度为650mm，2003年“四改一”后的三烧车间烧结料层达700mm。2004年及2006年底投产的五烧和一烧车间台车挡板提高到了700mm，烧结机的料层厚度达到700mm以上。

#### 2.1.3 降低烧结矿RDI技术

烧结矿在高炉上部低温段还原粉化（RDI）是高炉冶炼中极为重要的问题。针对二烧烧结矿RDI高达50%以上的问题，武钢烧结、炼铁等专业技术人员根据国外对烧结矿浸泡和喷洒卤化物溶液能够降低RDI的启示，于1989年底对烧结矿进行了表面喷洒$CaCl_2$溶液新工艺的试验研究工作，于1991年4月在烧结厂二烧车间进行了工业试验，使烧结矿RDI值降到30%以下，从而使高炉增产4%~8%，焦比降低1.3~2.4kg/t铁，获得了显著的效益。此后在全厂推广了该技术，有效降低了RDI，对高炉冶炼和节能创造了良好的条件。

#### 2.1.4 大型烧结机配用精矿技术

武钢烧结厂投产以来，一直使用武钢自产铁精矿。1999年投产的四烧是武钢首台435$m^2$大型烧结机，

其对原料的要求很高，国内外生产普遍是采用粉矿烧结以保持高料层透气性。为了很好的利用武钢矿山每年自产310万t左右的铁精矿，降低烧结原料成本，烧结厂在1999年开始研究435m$^2$大型烧结机配用精矿技术，通过试验研究得出适宜的精矿配比，于1999年5—10月在四烧进行了单配精矿的工业性试验，2000年1—12月进行精矿配入混匀粉的工业性试验，得出当精矿配比在20%左右时各项技术经济指标最好。据此2001年开始进行正常生产，设备作业率和各项技术经济指标稳步提高，大型烧结机配用精矿技术达到国内领先、国际先进水平。

武钢烧结机的大型化、工艺的完善和先进技术的开发应用，使烧结机的质量有了划时代的提高，不单从质量指标的数值上表现出来，最主要的是它为武钢3200m$^3$的大型高炉所接受，得到良好的冶炼效果就是最好的佐证。

## 2.2 开展节能降耗，发展循环经济

烧结工序能耗在钢铁企业中占吨钢可比能耗的9%左右，烧结工序能耗占烧结成本的11.6%左右。降低工序能耗对降低烧结成本，提高钢铁企业的竞争力具有十分重要的意义。

### 2.2.1 降低点火煤气消耗

1959年投产到1982年使用的是大涡流烧嘴点火炉，1982年改为套筒式烧嘴点火炉。1989年10月，在引进、消化日本技术的基础上，武钢烧结厂开发了WB—89型多缝式烧嘴点火炉正式投入生产，点火煤气消耗下降54%，点火炉寿命达4~5年。这项技术在全国37台烧结机得到推广应用，取得了良好的社会和经济效益。1999年投产的四烧采用了新型的双斜式点火保温炉，这种双斜交叉烧嘴直接点火的先进技术，可使高温点火时间与机速匹配，点火效率高、质量好、能耗低，此后在投产的一烧、三烧、五烧烧结机上均使用了双斜式点火保温炉。我厂的煤气消耗逐年下降，由1991年的105MJ/t下降到2007年62.16MJ/t，达到国内领先水平。

### 2.2.2 采用偏析布料、优化燃料粒度、小球烧结等工艺，降低固体燃耗

固体燃料消耗占烧结工序能耗的72%~83%，因此降低固体燃料消耗是烧结节能的关键。厚料层烧结因其自动蓄热作用及烧结矿成品率的提高能有效促使燃料用量的降低，而小球烧结工艺使混合料中≥3mm部分粒级达到70%左右，能有效改善厚料层烧结出现的料层透气性不好等问题。1999年4月18日—5月14日利用二烧大修机会，率先采用小球烧结新工艺和九辊布料器实现偏析布料，料层也从520mm提高到650mm，产、质量有所提高。此后，一烧、三烧、四烧和五烧烧结机均采用小球烧结和九辊布料工艺。

燃料粒度过粗或过细对烧结矿质量和能源消耗都有不利影响。据我厂试验和生产实践表明，当无烟煤粉中小于3mm粒级量在70%左右，平均粒度2.18mm，焦粉小于3mm粒级量在85%左右时，烧结矿产、质量最好，燃耗最低。1999年投产的四烧燃料粗破系统选用2台$\phi$1250mm×1000mm反击式破碎机，其破碎比大，对燃料水分适应性强，不发生堵塞现象。燃料细破选用2台$\phi$1200mm×1000mm液压调辊式四辊破碎机，可自动调节四辊的间隙，保证无烟煤粒度质量。2003年3月大修改造投产的三烧车间，同步将原4台$\phi$900mm×700mm四辊破碎机更换为液压调辊式$\phi$1200mm×1000mm四辊破碎机，提高了破碎效果，有效保证了燃料粒度的工艺要求。

由于工艺和设备的不断改进，固体燃耗已由1991年的68.62kg/t大幅下降到2007年的42.61kg/t。

### 2.2.3 应用电机“软启动”等技术，降低电耗

烧结厂积极推广节电新技术，20世纪80年代开始推广采用节能变压器，全年节电144万kWh。在国内烧结行业，首先对调速设备采用交流变频调速，年节电6.4万kWh。1999年在四烧车间率先采用大型抽风机软启动技术，根据生产需要随时开停，避免了抽风机空转费电。现一烧、四烧、五烧烧结机6台主抽风机电机采用的是美国AB公司软启动设备或西门子公司软启动设备，三烧采用国产软启动设备，有效降低大型风机电耗。此外，全厂广泛使用节能电机、电焊机、照明、线圈等。电耗已由2003年的45.00kWh/t降到2007年的41.79kWh/t。

### 2.2.4 环冷机废气余热回收，减少外购蒸气

长期以来，烧结矿冷却中的大量废气余热未被充分利用。1992年，烧结厂与南京化工学院合作，在一烧带冷机上设计安装了1套热管蒸气发生系统，生产低压蒸气，用于替代外部蒸气预热烧结混合料，这

在国内属于较早对余热利用。2003年又在三烧采用鞍山热能院制造的翅片管式余热锅炉生产蒸气，一部分蒸气并入厂区管网，一部分预热圆辊矿槽里的混合料，效果良好。此后四烧、五烧均采用了余热利用装置产生蒸气，全厂外购蒸气大幅下降，蒸气单耗已由1991年的97MJ/t下降到2007年的4.82MJ/t，从而明显地节省了生产成本。

2.2.5　实施余热发电

烧结厂自2006年开始进行低温烟气余热发电技术研究，2007年公司确立烧结余热发电项目，对3台435$m^2$大型烧结机实施余热发电，在四烧区域建设3台33MV的抽气补气凝气式汽轮发电机组，烧结矿的发电量可达23.6kWh/t，该项目是目前国内最大的低温余热发电机组，预计2008年10月投入发电，将为烧结厂带来巨大的环保效益和经济效益。

2.2.6　循环用水，降低新水消耗

烧结厂积极推广和采用节水措施，综合治理废水，循环用水。设备冷却用水自然回流至热水池，经水泵加压后送到冷却塔进行冷却处理，冷却后的水进入冷水池供循环使用，其中有小部分用于混合机加水，循环水利用率达95%以上，基本无废水排放，生产水复用率大于95%，达到一级技术标准。生活废水和厂区少量排水、雨水、污水进入生活废水处理池经搅拌沉淀净化后，用于绿化浇灌，消除了污水外排。由于不断采用各种节水措施，我厂的耗水量从1991年的6.21t/t下降到2007年的0.14t/t。

## 2.3　设备更新换代，装备水平提升

多年来，烧结厂始终把设备革新放在重要位置，由于设备功能改善使烧结矿产、质量明显提高，生产环境的改善，工人的劳动强度也大为减轻。

烧结机的滑道密封装置最初为原苏联设计的水力弹性胶管密封装置，它极易损坏。早在1964年我们就采用了上弹压式密封装置，降低了漏风率，该技术在全国交流推广。1993年我们又设计采用了板簧弹性滑道密封装置，效果较好。烧结机机头、机尾密封装置先后共采用过7种不同型式，目前以两体铰接组合弹簧浮动板式和两体铰接重力摆动板式密封，使用效果较为理想。

在烧结机前的混合、布料系统改造中，1973年我厂把75$m^2$烧结机配套使用的$\phi$2800mm×6000mm圆筒混合机加长到9000mm。1988年开始采用以胶轮支撑的摩擦传动混合机，1989年投产的第二烧结车间采用了钢轮表面铸有聚氨酯的托辊支撑摩擦传动混合机。这种摩擦传动使筒体运转平稳，噪音也大大降低（与钢轮支撑、齿轮传动的混合机相比）。另外，各车间均实现了以直流电机换向的梭式布料机—圆筒布料机—九辊布料机的理想布料。

在成品烧结矿处理系统中，我厂于1964年首先采用剪切式单辊破碎机，是较早采用3.1mm×7.5m耐热振动筛的烧结厂之一。在冷却机的形式上，一烧经历了$\phi$8.5m冷却盘、$\phi$10m冷却盘、自行设计的100$m^2$水平带式冷却机，到1978年武钢设计的126$m^2$链节式带式冷却机改造成功的过程；二烧393$m^2$带式机上冷却机改造成功；三烧设计采用了200$m^2$和134$m^2$抽风式环冷机，于1991年及1993年分别用新型结构的140$m^2$及137$m^2$抽风式环冷机进行了更新，解决了烧结矿的冷却问题，为铺底整粒创造了条件；1999年投产的四烧是采用新型结构的450$m^2$大型鼓风环式冷却机，此后各大烧结机均采用环式冷却机。

1984年投产的三烧铺底整粒系统中的双层筛一直不正常，经过了4次改造。1990年投入使用的3000mm×8000mm单层两段分级振动筛运行可靠，满足了高作业率的要求。1994年又对该分级振动筛的振动器部分作了改进，使用效果良好，使烧结工艺和设备装备水平跨上了新台阶。

在原料准备及运输系统中，我厂对翻车机、抓斗吊车、堆取料机、四辊破碎机、胶带运输机进行多次改造，满足了生产的需要。大修或新建的原料车间采用液压调辊式$\phi$1200mm×1000mm四辊破碎机，自动调节四辊的间隙，使固体燃料的粒度满足了生产的需要。同时在原料车间采用$\phi$1430mm×1300mm可逆锤式破碎机，破碎效率高，维护量较小，熔剂粒度满足了生产需要。

由前面的介绍可以知道，在进入21世纪之前，全厂4个烧结车间，共有10台烧结机，总面积1258$m^2$，而目前运行的4台烧结机的面积就达1665$m^2$。设备大型化的同时自动化水平与质量控制水平都空前提高。

## 2.4　运用先进环保技术，提升环境质量

1972年时，烧结全厂岗位粉尘合格率仅为4%，由于当时工艺落后，环保投资少，环保装备水平差，环境污染十分严重。随着环保投入的加大，以及电除尘等环保技术在我厂不断应用和改进，我厂环保装备水平不断提升，烧结厂环境得到较大幅度的改善。

### 2.4.1　粉尘的治理和控制

首先对散发粉尘的工艺设备和转运点都进行最大限度密闭，尽量减小各物料转运点的落差，以减少粉尘外逸。每个扬尘点在密闭的基础上设置机械抽风，含尘废气由高效除尘器净化后排入大气。

其次根据生产工艺特点、粉尘的性质同时兼顾地理位置等原则合理配置除尘系统，采用大型集中式除尘方式。烧结车间的熔剂、配料、烧结、整粒筛分、成品运输等系统都选用大型高效静电除尘器；燃料破碎系统采用大型的布袋除尘器，每个除尘系统均采用大型集中式除尘方式，这样不仅减少了占地面积，而且便于粉尘回收和设备维护管理。

对于除尘设备我们千方百计提高除尘效率。电除尘器同极极距几乎全部采用宽极距。因为加宽极距可以提高两极工作电压，不仅增大粉尘驱进速度，而且可使电晕线周围放电增强，使高比电阻粉尘荷电容易，提高捕集效率。另外针对烧结粉尘特性，电晕线选型作了较大改进，原锯齿线已被新型“十齿”管状芒刺线和改进型“RS”管状芒刺线所代替。“十齿”线和“RS”线具有起晕电压低、电流密度大、分布均匀、刚性好等优点，放电性能更佳。

为了改善一些污染严重地点的环境，我们在个别电除尘器（如三烧机尾190m$^2$电除尘）第三电场增设辅助电极。由于增加了辅助电极，使实际收尘面积增大，对于带正电荷的粉尘可通过辅助电极捕集，减轻了电晕极负担，可有效防止电晕闭塞。辅助电极的存在，区间电场力加大，粉尘驱进速度增加，提高了除尘效率。一烧、五烧机头电除尘为双室三电场结构，采用双区供电（6套电源）具有方便抢修，提高除尘设备的利用率等明显优势。2007年我们在三烧烧结机机尾电除尘器1电场使用高频电源，2、3电场采用EPIC控制器，有效提高除尘效率，粉尘排放浓度降低到30mg/m$^3$以下。我们还对四烧机头电除尘器采用了声波清灰装置，有效提高除尘效率。

此外我们还引入了电除尘计算机控制系统，采用以PLC为核心的计算机操作控制系统，通过计算机完成整个除尘系统参数与数据采集、过程监视、操作控制、报警显示、故障分析、报表打印、生产管理等功能，自动化程度大大提高，规范了操作，提高了管理水平。

对除尘管道采取耐磨措施和专有阻力平衡技术，主要是对容易磨损的部位（弯头、三通等）采取耐磨措施。对含尘浓度大及温度高的机尾除尘管道采用耐磨陶瓷，对整粒公用除尘管道采用增加护层填充熔融石英砂的耐磨技术，对熔剂返矿管道采用整体加厚及补加钢板的方法，以延长除尘管道的使用寿命，减少除尘管道的维护工作量。另外，在除尘管网系统中大量应用阻力平衡器，以有效控制系统各分支管段的阻力损失，避免发生失调现象，确保除尘系统各抽风点运行效果。

### 2.4.2　噪声的治理和控制

减少噪音污染是环境治理中十分重要的一项。对治理噪声污染我们也进行了巨大投资。首先改进了生产流程，对能在白天生产的岗位我们尽量在白班生产，在诸如401转运站、三原料熔5转运站等敏感点建设噪声治理设备，在设备选型上选择低噪音型号。对风机、泵类、振动筛等机械设备设置减振基座，安装消音器，通过隔声、减振、消声来防止噪声对人体的危害。

### 2.4.3　烧结烟气脱硫技术

烧结生产过程中，会产生大量的$SO_2$气体进入烟气，对大气造成污染，减少$SO_2$的排放是烧结环保工作的重要使命。近年来烧结厂积极开发烟气脱硫技术，与大连理工大学合作的四烧铁屑法烟气脱硫工业性试验于2004年10月获得成功，2008年正式对三烧进行烟气脱硫技改工程，可行性报告已经完成，设计目标脱硫率≥90%，2009年3月竣工投产，该项目投产后年脱硫量可达4200t，可使三烧车间硫化物浓度由原来的1000mg/m$^3$降为100mg/m$^3$，低于欧洲300mg/m$^3$，达到国际环保一流水平。

通过烧结工艺和环保技术的不断进步，烧结厂的环境面貌发生了翻天覆地的变化，取得了良好的社会、环境和经济效益。目前，各个环境敏感点的噪声全部达标，岗位粉尘排放浓度控制在了10mg/m$^3$以

内，烟囱排放浓度由150mg/m$^3$ 降到50mg/m$^3$ 以内，岗位粉尘合格率达90%以上。

改革开放30年来，烧结厂获国家科技进步二等奖1个，三等奖1个；获部省市科技进步一等奖3个，二等奖6个，三等奖8个；获公司科技进步一等奖6个，二等奖4个，三等奖7个；获公司级科技攻关一等奖23个，二等奖18个，三等奖23个；科技攻关、技术革新、小改小革活动共创效益5.2亿元；获国家专利局批准的专利6个；烧结厂曾先后获得“湖北省五一劳动奖状”、“湖北省文明单位”、“武汉市文明单位”等荣誉称号，已稳步跨入现代企业行列。如以1959年武钢第一台烧结机投产以来每隔10年相比较，变化是巨大的（见表1）。

**表1　烧结厂1959—2007年主要技术经济指标比较**

| 年份 | 烧结矿产量/t | 台时能力/t·(台·h)$^{-1}$ | 利用系数/t·(m$^2$·h)$^{-1}$ | 综合合格率/% | 日历作业率/% | RO | w(FeO)/% | 转鼓指数/% | 燃料消耗/kg·t$^{-1}$ | 工序能耗/kg·t$^{-1}$ |
|---|---|---|---|---|---|---|---|---|---|---|
| 1959 | 253680 | 74.71 | 0.996 | 23.65 | 55.22 | 0.77 | 14.63 | | 111.00 | 145.20 |
| 1969 | 1574564 | 83.00 | 1.107 | 23.65 | 54.14 | 1.12 | 13.80 | 75.39 | 88.00 | 110.62 |
| 1979 | 4276146 | 93.16 | 1.129 | 94.80 | 65.87 | 1.30 | 19.47 | 78.78 | 92.00 | 113.67 |
| 1989 | 7983307 | 122.55 | 1.526 | 99.71 | 86.10 | 1.64 | 11.26 | 84.10 | 65.00 | 76.11 |
| 1999 | 9701086 | 155.22 | 1.354 | 95.02 | 71.35 | 1.76 | 9.05 | 71.96 | 53.83 | 66.12 |
| 2007 | 15544192 | 516.75 | 1.286 | 97.65 | 76.38 | 1.82 | 7.09 | 77.67 | 52.94 | 61.59 |

注：1999年之后的转鼓指数取样方式按新规定进行。

## 3　展望未来，实现烧结新腾飞

烧结厂50年来烧结生产实现了一系列技术进步，发展很快。步入21世纪，在全球经济一体化和钢铁上下游产业急剧发展变化的推动下，世界钢铁行业结构调整步伐加快，形成了规模超级化、产品高端化、质量精细化、生产清洁化、资源全球化的格局，面对挑战，武钢提出在“十一五”末期努力实现进入世界500强行列，综合竞争实力进入世界钢铁行业前10名，规模效益居中国钢铁企业前3名三大目标。面对钢铁行业激烈的竞争，为适应武钢又快又好的发展需要，面对更大容积高炉的投产对烧结质量的新要求，烧结厂将继续做好“高产、优质、低耗、清洁生产”的烧结矿生产。我们将不断提高烧结厂整体工艺、设备、技术水平，做好新技术、新工艺、新设备的消化及创新工作；加大对新矿种及合理配比研究，优化配矿试验研究等；加大节能减排力度，继续推广模糊控制技术、大型电机软启动等节电技术，研究并实施余热发电技术、烧结烟气脱硫脱硝技术等节能环保技术，发展循环经济，努力建设资源节约型和环境友好型企业。随着未来不断的科技进步和创新，武钢烧结生产必将再创辉煌。

（原载《武钢技术》，2008（4））

# 武钢炼焦炉的技术进步

葛茂弟　范伯云

武钢设有六座65孔（炭化室宽407毫米、高4300毫米、长14080毫米）复热式焦炉。在大修改造前，1号、2号、3号、4号焦炉是IIBP型，5号、6号焦炉是58型，其中3号、5号焦炉蓄热室是黏土墙。1958~1960年1~4号焦炉投产后，加热温度未经过细调，即迅速达到和过高地超过设计生产能力。例如2号炉曾有短时间内结焦时间达到11小时15分，3号炉结焦时间也长期处在13小时左右，结果造成管理混乱，1961~1962年又转为低负荷生产，加之IIBP型焦炉没有设计直立缝炉头和大保护板夹住炉头砖等缺陷，致使炉头墙早期损坏。经广大科技人员、工人艰苦奋斗，坚持边维护、边生产的方针，创造了焦炉维护、热修的多种方法，才使焦炉基本能维持生产。1977年后，公司有计划地对1~5号焦炉进行了大修。在总结实践经验的基础上，借鉴了国内外技术成就，使第一代焦炉经过改造性大修和技术革新后在炉体结构、装备水平、环境保护、热工调节、炉体维护和节能诸方面都采用了国内较先进的技术。下面仅就30年来焦炉技术进步的几个主要方面概述如下。

## 一、上升管汽化冷却装置

为了利用焦炉上升管荒煤气的废热和改善炉顶操作条件，1978年以来，先后有5座焦炉（2、3、4、5、1号）应用了上升管汽化冷却装置。经过不断改进，应用效果十分明显，并获得冶金部1986年科技成果3等奖。

1. 运行机理

软水注入汽包与热水混后经下降循环管流入焦炉汽化上升管内，吸收了荒煤气中的热量，部分水变成蒸汽。因汽水混合物重度比水轻而上浮通过上循环管流至汽包内，汽水混合物分离，而完成闭路循环。

2. 改善了炉顶操作条件

上升管汽化冷却装置，改善炉顶操作条件是明显的，是应用的主要目的之一，表1所列数据是1979~1982年标定结果。

**表1　焦炉上升管内外及周围温度**　（℃）

| 炉号 | | 1号 | 2号 | 3号 | 4号 | 6号 | 3号 |
|---|---|---|---|---|---|---|---|
| 测定时间，年，月 | | 1979.10 | 1979.10 | 1979.12 | 1982.10 | 1979.10 | 1982.10 |
| 结焦时间，h：min | | 15：00 | 15：00 | 24：00 | 16：30 | 15：00 | 16：30 |
| 集气管 | | 单 | 双 | 双 | 双 | 单 | 双 |
| 有无汽化 | | 无 | 有 | 有 | 有 | 无 | 有 |
| 荒煤气进口温度 | | 796.3 | 630.5 | 634 | 610.5 | 740 | 645.6 |
| 荒煤气出口温度 | | 698.5 | 441.2 | 367 | 459.5 | 660 | 418 |
| 进出口温度 | | 97.8 | 184.3 | 267 | 191.0 | 80 | 227.6 |
| 上升管外壁温度 | | 142 | 95.2 | 47 | 49 | 134 | 43 |
| 上升管间 | 机侧 | 75 | — | 32 | 34 | 58 | — |
| | 焦侧 | — | — | 35 | 37 | — | — |

续表1

| 炉号 | | 1号 | 2号 | 3号 | 4号 | 6号 | 3号 |
|---|---|---|---|---|---|---|---|
| 上升管前 | 机侧 | 74 | — | 33 | 36 | 61 | — |
| | 焦侧 | — | — | 35 | 37 | — | — |
| 备注 | | 外壁未保温 | 未保温 | 保温 | 保温 | 未保温 | 保温 |

注：1. 各项温度是在炭化室装煤后的2/3结焦时间测定的，每项温度是测量7个炭化室所得到的平均温度；

2. 上升管间及管前温度是距炉顶表面0.8m的高度处测定的。

由表1数据可以看出，有无上升管汽化水磁的上升管外壁温差达50℃以上（不保温），若汽化水套保湿其温差在90~100℃；上升管间温度无汽化水套比有汽化水套的高25~40℃。对于武汉的夏季，双集气管炉的汽化冷却上升管水套更显示出它的优越性。

3. 上升管结构型式

目前采用的主要的两种型式，一种为向外翻边型式，另一种为U型式。这两种型式在全国许多焦化厂都在正常使用，武钢应用的是外翻边结构内部无焊缝型式，使用10年来未发现该处漏水、漏气现象。U型封头符合压力容器要求，但由于里面还有两条焊缝，当脱焊时，水就漏入炭化室，损坏炉体，故武钢未予采用。

4. 保证正常生产措施

为了保证焦炉正常生产和操作人员绝对安全，采取了以下技术措施：

（1）保证上升管不向炉内漏水，应用外翻边结构型式，使上升管内部无焊缝，这样上升管汽化水套没有可能向内漏水的机会。

（2）采用双汽包。该系统机焦侧既可单独控制，又可集中控制的双汽包型式，正常操作时各自单独循环。两个汽包间设联通管，当一侧需要检修可合用另一侧汽包集中循环，便于操作和维护。

（3）有可靠的控制仪表。配备有蒸汽产量、软水供给量、汽包压力指示、循环水量指示、水位控制报警等仪表。

（4）供水保证措施。该系统设有软水贮槽保证不间断向汽包供水。遇到断水事故时立即采用净化水作为补充，以保证正常生产。

（5）上升管等高度。为克服水套上升管制作困难，便于生产条件下的更换，采用了等高度的上升管。

（6）保温措施。为降低操作区域温度和减少散热，所有上升管外壁、上下循环管、汽包都进行了保温，这对于冬季焦炉开工更为必要。保温后的上升管外壁温度在45~50℃，而保温前其温度在100℃左右。

5. 经济效益

根据1980~1981年3号焦炉生产实际数据，结焦时间为16小时，平均产蒸汽量6吨/小时，压力为4~6公斤/厘米$^2$，一年产蒸汽量约5.26万吨，相当于回收标准煤5300吨/年，一年净收益32.6万元/座，一年半可收回投资。

## 二、采用双集气管及高压氨水代替中压蒸汽喷射装煤

多年的生产实践表明，双集气管比单集气管具有以下优点：（1）用蒸汽或高压氨水喷射装煤时，在炭化室内造成较大负压，有利于无烟装煤，改善了环境；（2）炭化室煤气压力在一个结焦周期内变化较小，可减少焦炉冒烟程度。单集气管焦炉炭化室内结焦初期压力为80~100毫米水柱，而末期压力为0.5毫米水柱压力变化较大；而双集气管焦炉结焦初期压力为40~50毫米水柱，而末期压力为0.5毫米水柱压力变化较小，可减少冒烟程度；（3）对于安装有上升管汽化水磁的焦炉，双集气管具有余热利用效果好，便于汽化冷却装置的检修；（4）双集气管的标高提高600毫米以后，改善了顶通风条件。

采用高压氨水代替中压蒸汽喷射装煤有以下优越性：（1）装煤时高压氨水压力可以调节，不受外界条件限制。目前，工作压力22~25公斤/厘米$^2$就可以保证无烟装煤；（2）节省大量蒸汽，减少了含酚高浓度的剩余氨水量。根据设计定额一座65孔双集气管焦炉（炭化室一次装干煤量16吨），在结焦时间为16小时的蒸汽消耗量为1.7万吨/年。1986年焦化厂对无烟装煤的蒸汽量仅为0.8万吨/年。从上述结果

表明，应用高压氨水代替中压蒸汽喷射装煤，既可节省蒸汽，又减少了含酚剩余氨水；（3）根据标定结果计算，每座65孔双集气管焦炉1年可节省操作费用4.5万元。

应用高压氨水装煤也存在缺点，主要表现在被吸入集气管中的煤尘量有所增加，焦油中含碳量增加0.4%~1.0%；煤气中一氧化氮含量略有提高。这些缺点，只要控制好操作条件，是可以减轻其影响程度。

## 三、焦炉热修维护

1. 焦炉破损原因分析

焦炉是硅砖砌筑的热工设备，破损原因与下述诸因素有关；硅砖质量、配煤比、操作设备性能、结焦时间变化的程度、技术规章制度状况和设计本身的缺陷等都会使炉体造成早期损坏。在此仅就IIBP型焦炉设计本身缺陷及我们所做的工作简介如下：

（1）大保护板同炉头砖圆弧部分间隙过小，生产期间夹住炉头砖圆弧部分（大修时发现有2/3的保护板内部都残存有夹住的炉头砖），随每次结焦周期的装煤、推焦或气候等因素变化的影响使保护板沿全长方向对被夹住的炉头砖时而拉伸，时而压缩，一般生产了3~5年就造成炉头墙面第一火道处产生裂纹，从而导致炉体早期损坏。

（2）IIBP型焦炉没有设计炉头墙直立砖缝，我们在1964年鉴定鞍钢7号焦炉时发现直立砖缝的优点，并于1966年在1号焦炉进行试验，效果良好，在焦炉大修时已经全部采用。

（3）燃烧室隔墙砖及丁字型砖没有设计舌槽结构，在墙面受到应力时易产生变形，同时墙面形成很多垂直裂纹。为此，焦耐院已在80型焦炉作了修改。

2. 焦炉热修维护方法

根据焦炉损坏程度不同，采用的热修维护方法也不同，其方法是：

（1）湿法喷补。一般炉头墙1~2火道出现小于20毫米的裂缝，局部剥蚀，小面积的凹面等采用先喷补（1963年以前是用水玻璃作黏结剂的硅质火泥喷补料；1963年后改用磷酸盐作黏结剂的黏土火泥喷料），然后用调配得较干的泥料抹补，最后再一次喷补。喷补较好墙面可以维持1年以上不损坏。

（2）干法喷补。1960年、1965年和1967年曾三次用苏式干法喷补对炉肩剥蚀，大面积坑凹部位和$\phi$100毫米以内的小洞进行喷补，效果良好。但操作繁琐，使用麻烦，故未予继续使用。

（3）炉墙挖补。燃烧室炉头墙面的一面墙的4个火道以内的墙面损坏，且高度在燃烧室过顶以下，一般采用挖补方法进行热修。挖补炉墙工艺经过不断实践和摸索，大致经历了4个阶段：

第一阶段，对炉头墙垂直裂缝处钉入砖片，涂上泥料，由于楔入的片是凭手感，因此砖片被夹紧的程度不均，半年后炉墙倒塌。

第二阶段，采用硅砖挖补，砌后砖面发生细裂纹。

第三阶段，对小面积使用黏土标准砖和磷酸料作黏结剂进行挖补，当结焦时间18小时效果良好。

第四阶段，硅砖预先放在抵抗墙小房内干燥预热到70℃，并用石棉被小车送往现场，从而解决了砌砖后产生裂纹的现象。

（4）对修炉墙。燃烧室两面墙损坏两个火道以上时采用对修方法修补。如果燃烧室过顶砖损坏较少，采用吊顶法将过顶砖吊住，仅修补炉墙及隔墙；若过顶砖大面积断裂，则需要揭顶翻修，工程量较大，并对钢柱及保护板要固定，对相邻燃烧室要采用严密的保护措施。

（5）燃烧室的通修。同一燃烧室机焦侧炉墙损坏的深度均在7个火道以上，且用其他方法无法修补时，采用全燃烧室通修的方法。1977年曾对4号焦炉的43~45，3个燃烧室进行了通修，从拆旧墙到修复后恢复生产仅用了48天时间，生产3年多时间，直至1980年大修拆除时，3个燃烧室及相邻的燃烧室墙面没有严重变形和损坏，这说明在生产条件下对焦炉个别燃烧室进行通修在技术上是可行的。

## 四、炉体结构的改进

1. 加热高度的改变

焦炉大修时将碳化室顶部与燃烧室过顶的高度差——加热高度由原来的600毫米改为800毫米，继而又将双集气管焦炉的加热高度改为700毫米。其基本情况是：

（1）当加热高度为600毫米时，炉顶空间温度在900℃以上，碳化室顶部及上升管内挂结石墨多，恶化了操作条件也影响了正常生产。

（2）苯产率降低。1977年兴建6号焦炉时，将其加热高度改为800毫米后，炭化室顶部及上升管壁碳素沉积物很少。2号、3号焦炉大修时应用双集气管和上升管汽化水套装置，其加热高度也改为800毫米，实践结果不好。一是上升管根部焦油饼生长速度快，每出一炉焦炭都需要清扫一次，结焦时间长达18小时尤其严重；二是炉顶空间温度800℃左右，甲苯产率提高，而降低了苯的产率。为此，4号、5号焦炉大修时应用双集气管和上升管汽化水套装置，并且将加热高度改为700毫米，实践结果表明效果良好，炉顶空间温度为850℃左右，解决了上述存在问题。

2. 燃烧室炉头墙改为直立砖缝

1958~1961年修建的1~5号焦炉，燃烧室炉头墙都没有设计直立砖缝。1~4号焦炉又是IIBP型结构，应用的是大保护板。

从1977年兴建6号焦炉开始，以及后来的1~5号焦炉的大修过程中，将燃烧室炉头墙全改为直立砖缝，10多年的生产实践表明，燃烧室炉头墙为直立砖缝能适应焦炉生产期间温度的变化，至今没有发现燃烧室炉头墙严重破损（2号、3号炉由于砖质量不好情况外），这一改进是成功的。

3. 焦炉采用四火道蛇形循环

我厂从1981年开始，借焦炉大修之机，与焦耐设计院研究，先后在4号、1号、5号焦炉燃烧室采用四火道蛇形循环的结构形式，即在没有循环孔的立火道隔墙下部增设一个废气循环孔，突破了焦炉传统的废气循环方法。该方法在焦炉加热调节方面达到了较好的效果：

（1）通过调节炉头部位的第4号火道斜道口开度大小达到了调节炉头1、2火道温度的目的，调节幅度为10~20℃；

（2）经过测量全燃烧室都采用了四火道蛇形循环方法的试验后温度表明，燃烧室立火道的最高温度点略有上移（与非试验号比较），炭化室焦饼上下温差可降低10~15℃，对改善焦炭质量是有效的；

（3）可降低焦炉耗热量1%~2%，提高冶金焦率1%。该方法效果良好，并于1987年12月由国家专利局授予专利权。

4. 蓄热室采用新型格子砖

大修改造时，蓄热室普遍采用9孔薄壁格子砖，比原来的6孔格子砖蓄热面积约增加19.7%，其小烟道温度由原来270~290℃降低到220~240℃（结焦时间16小时，用高炉煤气加热）。根据计算，一座65孔武-77型焦炉年产焦炭44万吨，可以降低的耗热量约$4.1819\times10^4$吉焦（煤水分7%），相当于节约标准煤1430吨/年。

由于采用新型格子砖，蓄热面积增加，烟道温度降低，因而显得烟囱吸力不足，尤其在夏季气温高达35~40℃时，烟囱吸力更显得不够，仅为32~35毫米水柱。为此，在焦炉大修时应将烟囱高度增加15米是合理的。

## 五、焦炉技术革新汇编

1. 上升管和桥管承插口水封装置

上升管口和桥管承插口外冒的焦炉煤气约占整个焦炉炉顶污染源的1/2，很多焦化厂在焦炉上升管附近测量排出的致癌物3.4苯并［a］芘含量远远超出卫生标准。为消除污染，1982年在3号焦炉进行了试验工作，1985年5号焦炉大修时应用上升管与桥管水封接口装置，使用效果良好，基本消除这两处冒烟的状况。从1988年后，其他焦炉的上升管与桥管承插口要逐步改造为水封装置。

2. 电磁铁启炉盖装置

1977年1号焦炉在一台试验装煤车上安装了用S道套筒一次定位电磁铁启炉盖装置，解决了用机械方法启炉盖时装煤斗中心线难以与炭化室炉口中心线相吻合的难题。1979年以来，先后有4座焦炉应用一次对位电磁铁启炉盖装煤车，使该技术得到了推广。其技术性能均能满足生产要求，操作简单，检修方便，减轻了劳动强度。

3. 推焦车平煤杆的改进

我国多数焦炉推焦车上平煤杆前端部分厚度逐步降低，宽度逐步变窄。例如4号焦炉原来平煤前端厚度由150毫米逐步减至100毫米，宽度由268毫米变窄至140毫米。由于这个原因平煤过程中受炭化室顶部空间较高温度的灼烤而使平煤杆烧弯，需要经常更换；焦侧炉口“堵眼”，煤平不通，炉口冒烟冒火焦侧装煤缺角，装煤达不到规定的煤量。

针对上述问题，对平煤杆前端部分（长4790毫米）进行改进：（1）前端部分的高度、宽度与中部一致；（2）前端加6块隔板和一个“小船”，其顶端呈圆弧形。

经过改进后，平煤杆寿命为2~3年；平煤的时间可以缩短约30秒；焦侧炉口不“堵眼”，焦侧装煤不缺角、1座焦炉年可多产焦炭4000余吨。该项革新获得公司1983年度技术革新奖励。

4. 尾焦自动收集装置

1969年在1号焦炉利用推焦车的提门机和移门机的动作完成翻斗的提升、放下、推焦完毕对好炉门后，翻斗后退并倾斜40°，尾焦翻斗后，落入侧面贮槽内定期排放在推焦车轨道旁，用人工送走，使用了6年。由于没有配备叉车送尾焦，而被迫停用。

1982~1985年，在4号、5号焦炉大修时，安装了类似于首钢的另一种尾焦自动收焦装置。

5. 废气拉条调整和铊杆行程的改进

IIBP型焦炉设计的交换机总行程为610毫米，煤气铊杆行程是59±1毫米，废气铊杆行程是175±5毫米。因设计时没有考虑拉条运行的特点和沿焦炉纵向各点受大气温度变化不同而引起大小行程发生变化的因素，所以实际上难以达到设计行程的要求。煤气行程改变2毫米影响上升气流吸力0.1~0.2毫米水柱。由于行程不稳定引起炉温波动是IIBP型焦炉较其他型式焦炉更为突出的问题。为此，我们经研究作了以下改进：

（1）使交换拉条上的固定轴，在交换时避免在滑槽内滑动，消除了交换拉条换向时产生最高点和最低点；

（2）在每侧拉条中部加一松紧器调整拉条前后两段由于温度不同造成小铊杆行程的差异；

（3）取消废气盘扇形轮，设计了一个不同曲率半径的球面，半径的变化使铊杆逐渐提起或降落，但最后一段半径又相等，解决了因温度变化产生拉条行程变化引起对铊杆行程的影响，1978年在1号焦炉制作了两个这样的球面，使用效果较好。

6. 煤气交换铊杆腐蚀漏气的处理

1号焦炉原来使用的是没有脱硫的焦炉煤气，使用焦炉煤气加热时高炉煤气铊杆腐蚀，直径减小1~1.5毫米。在结焦时间缩短到14：20小时发现铊杆与密封圈接触处是正压（0.665毫米水柱），高炉煤气向外泄漏，威胁工人生命安全。经多次试验，利用流体力学原理，在铊杆处设置一块角钢，当气体以很大的速度流过铊杆前角钢面时，在其后面的区域形成负压（-0.71毫米水柱），解决了煤气外漏问题。

7. 熄焦车道的改进和熄焦塔捕尘装置

我厂熄焦车道原来是砼垫层、轨枕道渣结构。1977年从6号焦炉兴建开始，以及后来的焦炉大修，一共做了5种结构型式熄焦车道。（1）即砼垫层轨枕道渣结构；（2）6号焦炉为砼结构型式；（3）2号、3号焦炉采用膨胀螺栓结构；（4）4号焦炉采用的是埋入式短枕木结构；（5）1号、5号焦炉采用的是短枕木S型结构。生产实践表明，1号、5号焦炉熄焦车道的结构较好，主要是考虑了熄焦车的偏重受力和轨道及道床的侧压力，避免了枕木长期浸泡于水中，维护检修方便。1号焦炉熄焦车道于1983年3月投入使用，至今未发现松动、变形现象。

1981年开始，利用焦炉大修的机会先后对三个熄焦塔进行了改造。原塔为圆筒形，现改为方形，高度有所增加，并且在塔的顶部安装有粉尘捕集装置，定期喷洒清水，冲洗沉积在捕集装置上的粉尘。测量结果表明，这种型式的熄焦塔与原来的塔相比其熄焦水蒸发量减少约1/3；排至大气中焦粉量约减少40%。

（原载《武钢技术进步三十年》，1988）

# 炼焦化学产品回收与精制及焦化环保技术

梁敏涛　陈竹铭

## 一、炼焦化学产品回收与精制及环保原设计水平状况

武钢焦化厂配合1~6#焦炉生产建有一回收车间，处理焦炉煤气能力为15万立方米/时，一回收分两系设计与建设，一系与1~4#焦炉配套，由苏联设计，二系与5#~6#焦炉配套，系国内设计，回收车间由鼓风工段、硫铵工段、粗苯工段组成，产品有焦油、硫铵、粗苯等，煤气不脱$H_2S$及HCN，工艺基本是40年代水平。

为了加工精炼回收车间的焦油及粗苯中间产品而设有焦油车间和精苯车间。

焦油分两系设计和建设，一系处理焦油能力10万吨/年，二系处理能力为7.5万吨/年，前者苏联设计后者国内设计，工艺采用管式炉加热及壹塔式连续蒸馏流程。生产萘饼、粗葱、防腐油、二蒽油、中温沥青、酚盐等产品。

精苯车间系苏联设计，年处理能力为3.8万吨/年粗苯，采用间歇洗涤原料，半连续精馏提取纯苯、甲苯、二甲苯等产品，焦油精苯工艺基本为50年代初水平。

焦化厂一期工程，苏联在环保设计中装备水平是比较低的，在酚氰污水的治理方面，也仅对高浓度酚水—剩余氨水，采用蒸氨后蒸汽脱酚，然后与全厂酚水集中到酚水站用于熄焦，结果造成熄焦设备腐蚀和熄焦过程中对大气的污染，原蒸汽脱酚装置脱酚效率低，一般只有50%。耗电、耗汽量大、维修困难、周期长，对长江工业港一段水域形成污染、危害极大。

## 二、三十年来的技术进步

1. 化产回收部分

1）煤气鼓风机采用液力耦合调速

回收车间5号大型电动焦炉煤气鼓风机加设调速型液力耦合器。

主要特点：

（1）通过调整耦合器转速以改变鼓风机转速，从而实现机前吸力稳定，可据控制室仪表吸力信号用调节器进行远方手动或自动调节，也可在机旁手动调节，控制回路有调节器反馈环节，大大提高了稳定性，操作很轻便，为我国大型焦炉煤气鼓风机首创应用。

（2）实现调速后，电动鼓风机不需像过去那样在固定的全速下靠开闭煤气循环管调整循环量，因煤气不必再循环而节省了电能，估算约1752000度/年。

（3）因可实现低速起动而减少鼓风机起动的瞬时冲击，延长鼓风机转子寿命，从而降低了维修量和费用。

（4）改善了笼型电机起动条件，降低了电机安装容量100千瓦，电机在轻载下起动，不仅节约了电能，延长了电机寿命，而且易于整定继电保护装置，提高了可靠性。

（5）新机用空气试车时，由于转速可调，可增加试车时间，避免风机机体过热。

2）从轻分缩油及重苯中取萘，以降低煤气中含萘量

武钢引导进的“○七”工程，对加热用焦炉煤气的质量要求高，规定含萘量小于0.15克/米$^3$，故要求焦化厂出厂煤气含萘小于0.4克/米$^3$。

根据萘在洗油和煤气中的平衡浓度物理性质，在适当的温度下，只要降低吸苯洗油中萘的浓度，就能降低煤气中的含萘量。

为了满足“〇七”工程的煤气质量要求，焦化厂与鞍山焦耐院合作建设了一套轻分缩油脱萘工业装置。该装置于1978年投产，它能连续地从焦炉煤气吸苯的循环洗油中提取萘，从而使吸苯洗油含萘量从8%~12%下降到2%~5%的水平，出厂煤气含萘量由原来的0.7克/米$^3$下降到0.3~0.35克/米$^3$左右。轻分缩油脱萘装置投产前后煤气含萘量对比见表1。

**表1　轻分缩油脱萘装置投产前后的煤气含萘量对比**

| | 时间 | 1977年 | | | | | 1978年 | | 平均 |
|---|---|---|---|---|---|---|---|---|---|
| 投产前 | | 7月 | 8月 | 10月 | 11月 | 12月 | 1月 | 2月 | |
| | 含萘量/g·m$^{-3}$ | 0.58 | 0.87 | 0.60 | 0.90 | 0.82 | 0.57 | 0.52 | 0.69 |
| 投产后 | 时间，1980年 | 1月 | 2月 | 3月 | 4月 | 5月 | 6月 | 7月 | 平均 |
| | 含萘量/g·m$^{-3}$ | 0.26 | 0.24 | 0.34 | 0.31 | 0.37 | 0.23 | 0.20 | 0.28 |

采用的工艺是将吸苯洗油蒸馏工段来的含萘轻分缩油及重苯混合后通过单炉单塔的连续蒸馏设备，精馏将其分为3种馏分，塔底产洗油塔顶产重苯，第17层塔盘抽提含萘70%~80%的萘馏分，脱萘后的塔底洗油返回煤气吸苯系统。

本装置特点：

（1）可维持吸苯循环洗油含萘在3%~5%水平。从而使焦化厂出厂煤气含萘降至0.3克/米$^3$左右；（2）提高了焦化厂萘的回收率5%左右；（3）本装置工艺为国内首创。

2. 焦油精制部分

1）切取三混馏分连续洗涤、蒸馏制取工业萘取代制取萘饼旧工艺

我厂用苏联原设计萘油加工采用冷却、结晶、离心压榨法制取萘饼，这种工艺流程落后，设备笨重，机械维修工作量大，设备事故多，由于敞开作业，有害化学气体充满操作岗位，工人劳动环境极差。由于工艺落后，萘的回收率比较低，1961~1974年的回收率见表2。

**表2　1961~1974年萘的回收率**　　（%）

| 年份 | 1961 | 1962 | 1963 | 1964 | 1965 | 1966 | 1967 | 1968 | 1969 | 1970 | 1971 | 1972 | 1973 | 1974 | 1961~1974年14年总平均回收率 |
|---|---|---|---|---|---|---|---|---|---|---|---|---|---|---|---|
| 年平均回收率 | 2.77 | 4.46 | 6.08 | 5.97 | 7.02 | 7.49 | 7.25 | 6.42 | 5.92 | 6.72 | 7.15 | 7.28 | 7.19 | 7.14 | 6.35 |

为了摆脱生产落后被动局面，为国家增产宝贵的萘资源，我厂自行设计建造了一套年处理2.5万吨工业萘，年产1.2万吨工业萘的萘连续洗涤蒸馏装置。并于1975年的投产，取代了旧有工艺，已彻底扭转了过去的被动落后局面，萘的回收率较旧工艺提高了39%左右（对焦油的回收率）见表3。

**表3　1975~1986年焦油的回收率**　　（%）

| 年份 | 1975 | 1976 | 1977 | 1978 | 1979 | 1980 | 1981 | 1982 | 1983 | 1984 | 1985 | 1986 | 1975~1986年12年总平均回收率 |
|---|---|---|---|---|---|---|---|---|---|---|---|---|---|
| 年平均回收率 | 8.85 | 8.75 | 9.05 | 9.86 | 9.79 | 9.42 | 9.32 | 8.44 | 7.87 | 8.31 | 8.32 | 8.16 | 8.85 |

采用的工艺是首先将萘馏分通过研酚和稀研泵前混合，泵后通过湍流强化管道反应器的两次连续洗涤流程，以脱除回收萘馏分中的酚。

脱酚后萘馏分采用双炉双塔连续蒸馏工艺，将萘馏分精炼为3种产品，即工业萘、低萘洗油、低萘酚油。

工业萘洗涤、蒸馏操作工艺为连续双塔联动的生产过程，因此配有比较先进的自动调节仪表，从而保证了各主要操作参数的稳定协调。

本装置特点：

（1）本装置为全国同类型装置处理能力最大的一个，投产较早，为兄弟厂提供了生产及建设经验，能连续稳定生产，设备紧凑，产品质量好。

（2）与旧工艺比较，萘回收率提高（历年平均值）39%，每年增产萘2500吨，多创财富225万元。

（3）劳动条件好，大大减少人与馏分及研酚直接接触。

（4）能提供含萘<5%低萘优质洗油，为焦化厂增产苯提供可靠原料。

（5）维修工作量与旧工艺比较减少50%以上。

2）从酚油及重苯中制取古马隆树脂

1970年我厂自行设计建设了一套年处理酚油及重苯2000吨的古马隆工段，该装置主要工艺有：（1）原料初步分馏；（2）馏分的浓酸缩聚与中和洗涤；（3）馏分最终蒸馏。

每年生产250~300吨橡胶工业用古马隆树脂和1700吨溶剂油用于本厂剩余氨水溶剂脱酚工艺作溶剂。

本装置用煤气直接加热为间歇操作工艺精简实用，所以生产的溶剂油满足我厂溶剂脱酚所需原料，也给橡胶工业提供树脂原料。

3. 粗苯精制部分

轻苯连续酸洗工艺取代旧的间歇洗涤工艺。精苯车间轻苯原料酸矸洗涤原苏联设计为间歇洗涤。1959年进行革新，实现了连续洗涤工艺，此流程为全国首创，经过多次反复的实践改进，已形成一个较完善的工艺流程，其后我国新建的精苯车间都采用这种工艺，该装置处理能力为6~6.5米$^3$/时。

连洗工艺是将初馏后的原料，在原料泵前与93%的浓酸混合，经泵轮搅拌后再通过强化湍流管道反应器进一步使浓酸与原料充分混合反应，以缩聚原料中不饱和化合物等杂质，然后依次连续进行加水，静置分离，加矸、静置分离等工序，全部过程都在密闭装置中进行，改善了操作环境，使工人劳动条件大大改善。

本装置特点：

（1）处理能力大，通过仪表控制，可实现全连续密闭稳定生产，质量稳定，为国内首创；

（2）实现废矸连续排放，废酸及废酸渣密闭排放，大大减小人与馏分及酸矸直接接触；

（3）减小设备维修工作量。

4. 环保部分

1）酚氰污水治理

剩余氨水采取溶剂脉冲萃取新工艺。鉴于蒸汽脱酚装置已严重腐蚀损坏及脱酚效率低，大修费用高等，因此，采用溶剂脱酚新工艺取代旧有的蒸汽脱酚工艺，并于1978年建成投产。

该装置处理能力为60米$^3$/时氨水，其特点为：（1）具有结构简单、操作方便、性能良好、效率高等优点；（2）设备结构加大，比目前国内同类装置能力提高50%，筛板数增加为23块，使脱酚效率稳定保持在80%~90%。本装置为国内处理能力大，效率高的装置之一。

自1985年该装置突破设计能力达70米$^3$/时氨水，因此，不仅降低了总排含酚，而且每年回收酚钠盐600吨左右。

2）从含氰终冷水提取黄血盐装置

1973年我厂学习兄弟厂自行设计建设了一套从终冷含氰废水中提取黄血盐装置。处理量为120吨/时。

原解析蒸馏塔是采用浮阀塔板，经常由于结垢，堵塞影响生产，使塔效由70%下降到50%以下。1982年以来，更换了舌形塔板，同时操作时加入少量蒸氨废水，使结垢情况有明显改善。同时塔效也提高到97%~99%，使终冷水氰化物由130毫克/升下降到3毫克/升。减轻了剧毒氰化物对大气的污染，同时使总排的氰化物含量远远低于国家标准。1986年对设备又进行了大修改造增设了节能换热、尾气捕集等措施，改善了操作条件和工作环境。本装置每年可产优质黄血盐100吨左右。

5. 废水气浮除油新技术

为了稳定酚氰污水生化处理，必须除去污水中的油类，1984年在安环处主持下，焦化厂与北京建研院合作，设计建设了3套高效气浮除油装置：200米$^3$/时、30米$^3$/时（生化除油预处理）、60米$^3$/时（萃取脱酚出水除油），并于1985年建成投产。

本工艺采用新型的YJH型高效气浮喷头，故工作压力、工程加压比、加压溶气水量，需气量及气浮池停留时间；油去除效率等主要工艺指标方面均为国内先进水平。

采用高效气浮除油装置后，每年可回收溶剂油100多吨，并对稳定进生化处理装置的水质，减轻污染起到了积极作用。其主要技术经济指标见表4。

表4　高效气浮装置的主要技术指标

| 项　目 | | 1 | Ⅱ |
|---|---|---|---|
| 水质水量 | 水种 | 终冷水等多种混合水 | 溶剂萃取水 |
| | 水量/$m^3 \cdot h^{-1}$ | 215 | 70 |
| | pH值及水温/℃ | 8~9；<72℃ | 8~9；<72℃ |
| | 进水油含量/$mg \cdot L^{-1}$ | 45~168 | 1280~4469 |
| | 进水COD/$mg \cdot L^{-1}$ | 4523 | — |
| 工艺指标 | 工作压力/kPa | 294 | 294 |
| | 工作水选择 | 部分回流水 | 部分回流水 |
| | 工程加压比$R$/% | 20~30 | 23~46 |
| | 工程溶气水量$Q'$/$m^3 \cdot h^{-1}$ | 40~60 | 14~28 |
| | 工程需气量$V$/$m^3 \cdot h^{-1}$ | 4~6 | 1.35~2.7 |
| 出水指标 | 平增多出水及油残留量/$mg \cdot L^{-1}$ | 34.5 | 527 |
| | 焦油去除率/% | 59.6 | 76 |
| | 平均出水COD/$mg \cdot L^{-1}$ | 2240 | — |
| | COD去除率/% | 50.5 | — |
| 经济指标 | 吨水占地/$m^2 \cdot (m^3 \cdot h)^{-1}$ | 0.77 | 1.9 |
| | 吨水投资（钢结构）/万元·(米$^3$·时)$^{-1}$ | 0.159 | 0.433 |
| | 运转费用（电费、人工费、折旧费）/元·米$^{-3}$ | 0.052 | 0.111 |
| | 回收油量/$t \cdot y^{-1}$ | >100 | 150 |

6. 酚氰污水生物脱酚

该装置由焦耐院设计，1981年投产。曝气池水处理量为500米$^3$/小时，由沉淀池、酚水站、凉水架、除油调节、曝气池及污泥沉淀池组成。在生产使用中进行了如下改进：

（1）1985年采用ZGL-420型双螺旋曝气头和SX-1型曝气器，解决了原曝气头堵塞问题。

（2）在污泥沉淀池中采用了塑料斜板填料代替酚醛蜂窝填料。

（3）曾采用加投铁盐法强化生化操作。

（4）从1982年以来，增设了一些净化装置处理措施，将各车间分散的含酚氰污水集中后，分送相应的净化装置进行处理。如将蒸氨废水，终冷水改为地面输送，粗苯分离水送终冷分离罐、精苯小股分离水集中，工业萘、粗酚、焦油、古马隆等高浓度小股酚水送往回收机械化澄清槽装置。上述措施都是使总排酚氰达标的有效措施。近年来焦化厂总排酚氰等指标，逐年下降，1987年已基本达到国家对酚氰污水排放的标准，其数值见表5。

表5　焦化厂总排酚氰等指标

| 名称 | 酚 | 氰 | COD | 油 | 悬浮物 |
|---|---|---|---|---|---|
| 年平均值/$mg \cdot L^{-1}$ | 0.37 | 0.04 | 61.98 | 3.66 | 71.68 |

7. 有毒气体的净化处理

1）$CO_2$分解酚盐工艺取代硫酸分解酚盐工艺

原有硫酸分解酚盐生产粗酚装置，不仅产量、质量低、耗酸高、设备管道腐蚀严重，而且在生产中所排出的废气造成大气大面积污染。

武汉钢铁设计院按8座焦炉规模采用烟道气的$CO_2$分解酚盐工艺，酚盐处理能力为17000吨/年，可生产粗酚3400吨/年，是国内最大装置之一。

该装置水平较高，有完整的监测调节手段，对噪音、废气、废液的处理采取有效措施，减轻了二次污染。

该装置将于1988年建成，投产后预计有以下经济效益。

（1）每年节省浓硫酸（93%）1580吨；

（2）每年减少污染排酚约70吨，同时消除硫酸分解时所产生的大量酸性气体；

（3）反应生成的碳酸钠废液回兑剩余氨水中，或净化后用于黄血盐、焦油蒸馏加矸、煤气脱硫等，不仅可以从固定铵盐回收氨，并可节约纯矸约500吨。

2）文氏管消烟装置的应用

该技术是鞍钢在引进的硬沥青工程中消化澳大利亚的技术。鞍山焦耐院在武钢的软沥青工程中采用，并于1986年投产。使用后消除沥青烟效果显著。本装置工艺主要是利用高速喷射的洗涤油在文氏管中产生50毫米水柱的吸力，将工艺中逸出的沥青烟吸入文氏管中，大部分烟气在文氏管中与洗油充分接触而被吸收，剩余的烟气再经具有6层筛板的洗涤顶塔部喷油清洗。洗涤油在装置中采用泵循环使用，并定期更换。

装置特点：具有操作方案、洗涤效果好，占地面积小，无噪音，易维修等特点。文氏管吸气量1000米$^3$/时，吸力50毫米水柱。

我厂在焦油车间移植并改进设计建设了一套消除酚盐分解所产生酚雾的设备。洗涤液采用稀矸，于1988年投产，同样取得良好的效果。目前在油罐区、馏分槽、结晶槽区也在相继增建此装置，以消除焦油车间有毒的烟气。

8. 炼焦与筛焦烟尘和粉尘的治理

1）炼焦1#、2#筛焦楼除尘

我厂于1982~1984年在1#、2#筛焦楼共安装了13套水泡沫除尘设备，将焦化厂整个筛焦系统的尘源点全部密闭，原该区粉尘浓度高达40~60毫克/米$^3$，投运后粉尘下降率可达80%左右。粉尘浓度下降至8~13毫克/米$^3$，接近国家标准10毫克/米$^3$。

水泡沫除尘设备适用于脱除含焦粉的空气，除尘后的水尘混合液进入粉焦池，经过沉淀后，水继续循环使用，不存在二次污染问题。1984年测得烟尘数据见表6。

**表6　1984年烟尘数据**　（mg/m$^3$）

| 岗位＼浓度＼月份 | 运转前 | 运转后 | | | | | | 下降率/% |
|---|---|---|---|---|---|---|---|---|
| | 5月 | 9月 | 10月 | 11月 | 12月 | 1月 | 平均 | |
| 滚筛 | 41.6 | 13.2 | 15.3 | 6.6 | 18.0 | 14.3 | 13.5 | 67.5 |
| 201#皮带 | 58.3 | 12.6 | 16.0 | 6.6 | 9.6 | 3.0 | 9.6 | 83.5 |
| 203#皮带 | 62.0 | 12.6 | 15.3 | 9.3 | 8.2 | 16.7 | 12.4 | 80.0 |
| 206#皮带 | 44.6 | 10.7 | 9.3 | 8.7 | 7.3 | 6.3 | 8.5 | 80.9 |

2）焦炉采用高压氨水喷射治理烟尘

本装置特点及效果详见焦炉技术进步部分。

3）沥青焦车间沥青烟的治理

沥青焦车间自1973年4月29日建成投产之后，由于设计上未考虑任何环保措施，致使含3、4苯并芘等强致癌物质的沥青烟对周围环境造成严重的污染，直接影响职工的身体健康。为此，在1974年采用钟罩水封式扫汽装置，解决了中温沥青输送管道的扫汽污染问题；对各槽放管放散的沥青烟，则用风机引至填料吸收塔，用洗油洗涤吸收而得到治理。对沥青焦炉产生的污染，则于1987年9月沥青焦炉大修投产时采用双集气管代替原来的单焦气管系统，有利炉内荒煤气的排出，降低炉内压力以减少跑油和打上升管放散而造成的污染；对泥封炉门处漏出的沥青烟，则采用风机抽吸经水洗涤后排出，这样沥青焦车间沥青烟的污染得到有效治理。

（原载《武钢技术进步三十年》，1988）

# 武钢历年来配煤方案的研究和发展

王汝源

## 1　配煤方案的发展和变迁

### 1.1　建厂前的配煤比选择

武钢焦化厂于1958年8月投产。早在1953年筹建武钢工作开始，编制设计任务书提供原料基地资料时就进行了大量的矿山调查和配煤研究工作。建国初期中南、华东地区炼焦煤资源尚未大规模开发，已开发矿井只有萍乡、资兴、贾汪、枣庄几个矿，重点煤田刚开始勘察阶段，如平顶山、鹤壁。其余可供考虑的就是华北峰峰、井径、开滦这些老矿了。

已开发的矿山规模不大，缺乏煤质资料，也没有全国炼焦煤分类方案。调查矿山煤资源必须下井考察，亲自组织采煤层煤样和生产煤样，画出煤层柱状图，煤样送北京钢铁研究所煤焦室检验，部分送国外检验。调查中发现河南平顶山煤田有炼焦煤；湖南牛马司、斗笠山低灰低硫焦煤；淮南、新汶、徐州的气煤。

在调查资源和鉴定煤质的基础上，1954年由国家计委及冶金、煤炭、铁道三部联合对武钢、包钢用煤在石景山钢铁厂（现首钢）焦炉进行全炉配煤炼焦试验，苏联米罗什尼琴可专家参加指导。对武钢用煤进行了32个配煤方试验。基本配比是：气煤15%，肥煤35%，焦煤30%，瘦煤20%。焦炭强度松格林转鼓鼓内大于330kg，鼓外小于10mm，强度小35kg。

根据当时条件，制定武钢用煤矿山如下：气煤—淮南；肥煤—萍乡、峰峰；焦煤—资兴、峰二、斗笠山、潞安、瘦煤、峰四、潞安。平顶山由于当时能采到煤样是老坑浅部大花煤（即现丁组以上不可采煤层），煤质差，不能代表现在开采的主要煤层已组煤和戊组煤，因而只作后备用煤。

配煤试验后提供了设计资料转入国外设计阶段。相应筹建巴头、邯郸、株洲、望峰岗洗煤厂。

由于高炉投产时间的提前，煤矿特别是洗煤厂建设跟不上，焦化厂投产前面临缺少原料煤的严重情况。因而在1957年又一次调查开工煤源，促建一批简易洗煤厂上马。如萍乡、资兴、峰峰、平顶山、观音堂、徐州、新汶、井陉、洪山等煤矿，呼吁巴头、邯郸、平顶山株洲大型洗选厂及早投产，以及建议平顶山煤田加速开发已组煤。1958年4月重新组织在石钢进行第二次炉组试验，为焦炉开工及投产前期准备用煤方案。

### 1.2　焦化厂生产用煤的几年发展阶段和各时期的焦炭质量（按重要煤种的变换和配用量划分）

（1）1958~1962年3月，焦炉生产时，出现大办钢铁的新情况，炼焦用煤更紧张。生产初期的供煤地区广，品种复杂，运距大，简易洗煤比重大。使配煤比变动频繁，焦炭灰分高达15%以上，鼓内强度值平均在310kg以下。供煤矿点最多的，如1960年达17个矿务局26个矿厂。马头、邯郸、望峰岗、株洲洗煤厂相继于1959~1961年投产开始供应武钢洗精煤。

（2）1962年4月至1964年，由于几个大洗煤厂正常生产供应，使煤矿局和煤种大为减少。同时配用了枣庄肥煤，减少了东北、河北、山东部分远离煤，使1963年供煤矿点减为8个矿局11个矿厂。焦面料强度提高到330kg，灰分15%左右。

（3）1965~1968年8月，为增加煤气发生量，大量配用山东气煤（55%~60%），加枣庄肥煤（20%）及部分邯郸瘦煤（20%~25%），使矿点进一步调整为6个矿局14个矿，配煤挥发分达29%以上，焦炭灰分降为12%~13.5%，强度为321kg以上。焦炭最低灰分为1966年的12.08%，是国内配用大量气煤生产优质焦炭应用于大型高炉的先例。

(4) 1968 年 9 月至 1977 年 5 月，仍由 4 种牌号配煤，肥煤配用量减少，主要肥煤枣庄矿局的陶庄煤转变为肥气煤性质，焦炭灰分 13.5%左右，1972 年起焦炭强度改用米库姆转鼓 $M_{40}$ 在 79%左右。

(5) 1977 年 6 月至 1981 年，平顶山煤入洗量增加，使洗精煤供应大增。平顶山肥气煤配用量由 10%~20%上升到 30%~40%，相应降低了新汶气煤和枣庄肥煤用量。平顶山肥气煤正式列入配煤组成即由 5 种牌号配煤。焦炭强度 $M_{40}$ 在 79%以上，灰分 13%左右。

(6) 1982 年至 1986 年，停用了枣庄肥煤，平顶山肥气煤配用量保持 35%~38%。1986 年平八矿洗煤厂投产，增加供应平顶山焦煤，使平顶山煤量占 43%。新汶气煤仍保持 10%~15%。这样生产用煤主要由平顶山、峰峰、新汶组成，配合少量山西、陕西煤，供煤矿点基本稳定（6 个矿局 8 个洗选厂）。焦炭质量也相应稳定，灰分小于 13.5%，强度 $M_{40}$ 达 79%以上，形成以大量肥气煤作为配煤基础煤，配合峰峰焦瘦煤生产优质焦炭的独特配煤形式。

(7) 经试验研究 1987 年起停用了水陆联运的新汶气煤，减少了运输管理环节及几经转运的大量损耗。而平顶山 1/3 焦煤（1986 年 10 月实行新煤方案后田庄洗选厂产品新名称）和焦煤（八矿洗选厂产品）比例增加到 50%以上，加上峰峰焦煤 30%（1985 年 3 月邯郸洗选厂改产焦煤），和山西、陕西的瘦煤组成武钢炼焦煤的供应基地，用 1/3 焦煤 40%、焦煤 40%、瘦煤 20%组成的配煤比，生产出优质焦炭供应武钢高炉顺利生产。

各时期有代表性年份配煤组成和焦炭质量见表 1。

**表 1　武钢焦化厂各阶段配煤组成和焦炭质量**

| 年份 | 配煤比/% | | | | | 配煤质量 | | | | | | 焦炭质量 | |
|---|---|---|---|---|---|---|---|---|---|---|---|---|---|
| | 气煤 | 肥煤 | 焦煤 | 瘦煤 | 肥气煤 | $A_g$/% | $V_g$/% | $S_g$/% | y/mm | $A_g$/% | $S_g$/% | 鼓内/kg | 鼓外<10mm/kg |
| | | | | | | | | | | | | $M_{40}$/% | $M_{10}$/% |
| 1960 | 24.7 | 11.1 | 43.3 | 20.9 | | 12.94 | 22.92 | 0.84 | 18 | 16.93 | 0.78 | 310 | 46 |
| 1963 | 35.8 | 28.5 | 23.6 | 12.2 | | 11.02 | 25.93 | 0.75 | 17 | 14.68 | 0.69 | 330 | 37 |
| 1965 | 60.0 | 19.8 | 3.8 | 16.4 | | 9.23 | 30.21 | 0.87 | 18 | 12.48 | 0.72 | 326 | 37 |
| 1975 | 30.0 | 18.0 | 21.1 | 26.6 | 4.3 | 10.41 | 24.45 | 0.95 | 16.5 | 13.38 | 0.64 | 79.3 | 7.4 |
| 1980 | 15.9 | 7.9 | 20.1 | 21.4 | 34.7 | 10.07 | 25.28 | 0.77 | 17 | 12.90 | 0.67 | 79.2 | 6.7 |
| 1985 | 15.3 | | 23.1 | 23.6 | 38.0 | 10.77 | 25.37 | 0.68 | 17 | 13.46 | 0.64 | 79.2 | 7.4 |
| 1978 | 0.4 | | 39.1 | 23.8 | 36.7 | 10.92 | 23.35 | 0.58 | 17 | 13.45 | 0.61 | 79.5 | 7.4 |

## 2　配煤比的选择研究和生产配煤总结

每次基本配煤比的改变和重要煤种的变换都要经过科学实验阶段，包括矿山调查、试验研究和生产总结。

对生产用煤和新矿点的调查工作由于煤矿生产、煤层、煤质的自然变化应有计划的定期进行，也可结合具体任务进行系统的全面调查。如 1965 年全面鉴定武钢用煤质量和区域配煤试验时的调查和 1982 年、1985 年制订的武钢用煤“四定”（定质、定量、定品种和定均衡运输）和规划的调查等。对重点矿山更应经常取得联系互通信息。如峰峰矿务局所属马头、邯郸洗选厂是为武钢设计的配套企业，30 年来一直与武钢保持良好关系，急武钢用煤之所急，是厂矿协作的范例。

煤的试验研究包括煤层煤样，生产大样的工业分析，元素分析及黏结性、结焦性测定，有条件的还可测定其显微组分和所得焦炭的热性质。1965 年 200kg 试验焦炉的建成和测量仪器的完善成立了武钢配煤试验站（冶金部命名）为预测焦炭质量提供有效手段。摆脱了过去依靠工业分析和胶质层控制配煤质量及配煤炼焦试验只能用铁箱试验方法和大炉炉孔试验方法的局限性，为配煤方案的选择创造了良好的条件。对重要配比和特殊配比还要经过大焦炉的炉组试验予以验证和肯定。这些试验面向生产，为生产服务，起到了很好的指导作用。

生产配煤总结是生产实践的结晶，客观反映煤的结焦特性。曾将生产前期的配煤比进行了三次整理归纳总结，获得宝贵的配煤、生产条件与焦炭质量的相关资料可作借鉴之用。下面将几次重大配煤研究介绍如下：

## 2.1　大量配用气煤在生产上的应用和以后又停用气煤的研究

武钢开工初期的主要气煤是淮南煤用至1965年止。以后逐渐被汶煤（气煤3号，下属5个洗选厂）取代，辅以部分徐州、肥城、官桥煤。1963~1964年对山东气煤进行了调查研究和检验；1965年进行了40个方案大量配用气煤的小焦炉配煤试验，获得各种用煤性质优劣的序列及特征。经试验配用气煤60%、肥煤20%、瘦煤20%可以获得优质合格冶金焦。接着又进行了系统的大焦炉配煤试验，配用45%~60%气煤获得鼓内325kg左右，鼓外小于10mm的40kg的焦炭。新汶类气煤在当时的结焦制度下配气量煤≤60%为宜。

在试验基础上为了缓和当时公司煤气紧张这一尖锐矛盾，1965~1968年正式在生产上大量配用气煤。基本配比如下：气煤60%~55%，肥煤20%，瘦煤20%~25%，不用或仅用极少量的焦煤，使配煤挥发分达29%以上，增加了煤气发生量和副产回收率。创大量配用气煤生产优质焦炭应用于大型高炉的先例。1965年全年平均配煤挥发分30.21%，鼓内326kg，鼓外小于10mm的37kg。

1969年以后气煤用量减为30%左右。1975年8月起新汶煤改由浦口转水运来工业港，再装车入厂，运距远，中转损耗大，达10%左右，且几次因故中断，面临停配威胁，管理也带来困难。但新汶煤仍保持15%~10%用量，以保证推焦顺利和适当煤气发生量。

随着产量的提高，6座焦炉全部投产，煤气问题获得缓解。能否用平顶山煤替代新汶煤，改用平顶山、马头、邯郸3种牌号煤（肥气、焦、瘦煤）配合生产？平顶山煤是具有较好黏结性和结焦性的过渡性煤种，能否替代收缩性大的气煤，配用量以多少为宜？既要保证焦炭质量，还要使焦炭收缩良好，顺利推焦。因此，在1981年11月和1986年7~8月分别在3号和5号焦炉进行了大炉炉组试验，取得成功，后者焦炭$M_{40}$为80%左右，$M_{10}$7.3%，推焦电流正常。1986年8月即应用于正常生产。1987年起正式停用了新汶煤，焦炭质量有所提高，含硫量达到国家一级标准，减少了来煤途耗和中转管理。仅以运费和按合理途耗计算即可节约成本330多万元（实际途耗更大）。配煤比简化后，其灵活性大大提高，现可配用平顶山煤（1/3焦煤、焦煤45%~60%，峰峰焦煤30%）及部分瘦煤皆可获得优质合格焦炭。

## 2.2　平顶山煤的试验研究及其在生产上的应用

平顶山煤田位于河南省中部，主要可采煤层为已、戊组煤。已组煤属中灰低硫中高挥发分、中等可选、黏结性与结焦性较好的1/3焦煤，部分地区为焦煤，是唯一可供入选用的炼焦煤。目前销售洗精煤牌号为肥煤、1/3焦煤、焦煤。

现有洗选厂两个：田庄洗选厂1970年11月投产，采用重介质分离，生产肥煤、1/3焦煤。八矿洗选厂1985年12月投产，采用跳汰分离法，生产灰分较低的优质焦煤。

平顶山矿距武钢493km，运输方便，是中南地区第一大矿。按区域配煤就近用煤原则理应考虑为武钢主要用煤基地。为此，对平顶山煤田煤质研究早在焦化厂产生不久就开始了。当时平顶山大型洗选厂尚待筹建，供应少量洗精煤来自二、三矿简易洗煤厂（产已组煤）。如何合理利用平顶山煤一直引起我们的重视。60年代初即与平顶山矿局取得密切合作，经过访问，深入调查，互寄煤样和分析资料，确信已组煤是优质炼焦煤。提出加速开发已组煤和建设大型洗选厂的要求。当时煤炭部曾提出武钢炼焦能配305的平顶山煤，则可恢复兴建田庄洗选厂。1963年11月为修改庄洗选厂设计在武钢焦化厂进行了平已、平戊煤的工业性全炉试验。试验用煤由株洲洗选厂特地加工后供给。共计三个方案，其中配用平已煤70%，马头焦煤20%，邯郸瘦煤10%，获得鼓内326kg的焦炭，其工业应用价值已得到肯定，说明平顶山煤可以大量配用的前景。虽仍需继续进行研究，而主要关键是加速已组煤的开发和洗选厂的建设问题。

试验焦炉建成后，面对当时大量配用气煤的情况即考虑了将来以平顶山煤替代华东气煤的可能性。当时平顶山已组煤的结焦性很好，平煤质量见表2。

表 2　1987 年矿山来煤质量

| 矿务局 | 洗煤厂 | 所在省 | 煤种 | 运距/km | 工业分析/% | | | 胶质层/mm | | 黏结指数/% | 小焦炉焦炭/% | |
|---|---|---|---|---|---|---|---|---|---|---|---|---|
| | | | | | $A_g$ | $V_g$ | $S_{Qg}$ | $X$ | $Y$ | $G$ | $M_{40}$ | $M_{10}$ |
| 平顶山 | 田庄 | 河南 | 肥煤 | 493 | 11.5 | 28.02 | 0.54 | 20 | 18.5 | 83.6 | 69.8 | 12.2 |
| 平顶山 | 田庄 | 河南 | 1/3 焦煤 | 493 | 11.30 | 28.52 | 0.46 | 20.5 | 17 | 82.9 | 70.5 | 11.6 |
| 平顶山 | 八矿 | 河南 | 焦煤 | 493 | 9.80 | 23.49 | 0.37 | 14 | 18 | 84.3 | 70.4 | 9.7 |
| 峰峰 | 马头 | 河北 | 焦煤 | 795 | 10.96 | 20.51 | 0.66 | 18 | 20 | 78.4 | 76.8 | 11.0 |
| 峰峰 | 邯郸 | 河北 | 焦煤 | 811 | 11.07 | 18.47 | 0.81 | 20 | 15 | 14.6 | 75.9 | 11.9 |
| 汾西 | 介休 | 山西 | 焦煤 | 1206 | 10.60 | 21.01 | 1.25 | 25 | 17 | 82.0 | 71.8 | 12.3 |
| 潞安 | 石圪节 | 山西 | 瘦煤 | 876 | 10.51 | 15.00 | 0.36 | 18.5 | 9 | 61.5 | 68.0 | 14.7 |
| 潞安 | 五阳 | 山西 | 瘦煤 | 876 | 9.68 | 15.06 | 0.46 | 17 | 9 | 53.4 | | |
| 西山 | 太原 | 山西 | 瘦煤 | 1160 | 10.68 | 15.31 | 0.67 | 25 | 6 | 22.8 | 43.2 | 42.3 |
| 韩城 | 下峪口 | 陕西 | 瘦煤 | 1351 | 10.95 | 15.87 | 0.52 | 20 | 11 | 59.4 | 64.4 | 21.6 |

1965 年即以平顶山已、戊组煤 60%为基础，配用部分肥煤和瘦煤进行了一组 9 个方案的配煤炼焦试验，获得强度合格的焦炭。平顶山地区煤的塑性体性质远较韩梁地区好（即西部比东部好）。经煤质鉴定和配煤试验，弄清了平顶山煤的工艺特性。随着田庄洗煤厂的建成投产，1977 年开始大量供应武钢洗精煤，使武钢用煤进入战略转移。1977~1981 年生产实践已证明配用 20%~45%平顶山煤在正常结焦制度下加适当焦、瘦煤、能获得高强度的焦炭。但能否完全替代新汶气煤和枣庄肥煤有待进一步探索。

1981 年又进行了一次系统的 29 个方案的配煤试验。平顶山煤样采取平九矿气原煤和平十二矿肥原料，经过浮沉试验和煤质鉴定，配煤方案配用平顶山煤量为 40%~70%，加入适量焦煤和瘦煤，证明扩大平顶山煤用量并可完全替代新汶煤，同时不用肥煤可以得到高强度焦炭，配用量以≤60%为宜。同时在 3 号焦炉进行了一周的生产试验，配用 50%平顶山肥气煤不用新汶煤是可行的。

按 1981 年全年生产上配用平顶山煤 35%与 1976 年用量 5%相比减少了新汶煤和枣庄煤，降低生产成本 350 多万元。若按最佳方案 60%计算，还可进一步取得 520 万元/年的经济效益，且每年可减少 9 亿多 tkm 的运输量，简化生产用煤煤种和管理。1982 年 12 月经冶金部钢铁司组织会议鉴定“以平顶山煤为主—配煤炼焦试验及其在生产上的应用”获冶金部科技三等奖，同时获武钢二等奖。

1986 年平八矿洗选厂投产，立即组织了对该矿洗精煤的煤质鉴定和配煤试验，确认为低灰结焦性的焦煤，可以置换马头煤，从而扩大平顶山的使用量，使 1987 年消耗煤量中平顶山煤的比例达 50.6%，形成以肥气、肥焦的过渡型煤种为基础煤和武钢配煤型式，生产供应大型高炉优质焦炭。

### 2.3　煤炭分类煤质指标的测定

中国新煤面料分类工作自 1973 年以来由煤炭、冶金两部的科研单位和全国重点矿山、焦化试验站共同进行，一共采取全国煤矿生产大样 177 个，小样 264 个进行全部煤质指标的测定。武钢焦化试验站承担了部分任务。1976 年开始经过一系列标准化工作后于 1978 年对 32 个大样检验，包括原煤洗选、浮沉、各项指标的检验和 200kg 焦炉试验。1988 年按冶金部布置继续检测平煤质量以作仲裁准备。

### 2.4　采用不同煤种配煤研究

还对 60 年代使用的华东气煤、肥煤和华北焦煤、瘦煤进行配煤研究；对生产前期使用过的南方萍乡、丰城煤和湖南煤进行配煤试验；对鹤壁煤、三给村煤、马关河煤瘦煤 1 号偏贫的煤种配煤研究，作出科学判断，指出上述煤种的配入常规应用，将明显影响焦炭耐磨性，一般不宜应用于大型高炉用焦炭；对山东兖州弱黏结性用煤的研究，认为在武钢现有工艺条件下其实用性尚有一定困难；对武钢冶金焦热性质及抗碱性进行了研究，认为武钢焦炭冷强度及热性质均很好，但抗碱性较差。从武钢高炉碱负荷高实际出发，应提高入炉焦的抗碱性；对煤的岩相鉴定，加深了对来煤特性的认识，并对焦炭质量的关系做了初步探索。

## 3　小结

（1）配煤方案的选择和应用应结合三个方面：即坚持矿山调查、通过科学实验，借鉴生产总结。

（2）30年来武钢用煤的发展过程是根据实际和可能，经过不断控制研究和科学实验取得的。它经历了不同阶段的调整，由初期的矿点多，煤质差，运距远逐步走向“四定”。焦炭质量长期保持较优水平，形成“以平顶山地区的肥煤、1/3焦煤、焦煤和峰峰地区的焦煤为主供煤基地，配合部分潞安、下峪口瘦煤”的用煤方针。

（3）按现有生产工艺，以平顶山煤作为基础煤（用量可达60%左右），配以部分焦煤和瘦煤，做到3种牌号配煤是武钢配煤的独特形式，可以生产合格焦炭满足大型高炉生产需要，符合地区配煤就近用煤原则。在今后发展中也可考虑提高焦炭质量的新工艺。由于平顶山煤的运距短，配用50%以上可节约成本数百万元，但由于牌号比价的调整，特别是地区差价的提高，使平顶山煤的到厂价格反而高于计划内的其他煤种，但仍为国家节约大量的运输量。

（4）新煤分类施行以煤种比价的调整，对武钢经济成本带来不利。对平顶山肥煤和五阳焦煤应做好煤质牌号鉴定工作，以便通过适当途径给予解决。

（原载《武钢技术进步三十年》，1988）

# 用岩相法指导配煤炼焦的研究

## 1 前言

在现代配煤炼焦技术中，许多学者均注意到煤岩的组分反射率（$\bar{R}_{max}$）与炼焦质量的关系。特别是近半个世纪来，各国学者相继用煤岩学的方法来探讨炼焦机理，指导配煤炼焦的研究。

近几年来，武钢技术部下达了一系列用岩相方法指导配煤炼焦的课题。在课题研究中，研究人员发现炼焦质量与配煤的 $\bar{R}_{max}$ 有直接相关关系，并在生产中加以应用。煤的镜质组分的反射率（$\bar{R}_{max}$）可以说明煤的变质程度，但在配煤中是否有叠加性，用其 $\bar{R}_{max}$ 测试方法所得直方图，如果能直接了解配煤中各种不同程度煤的含量，就可直接用于生产，判断其在配煤炼焦过程中配煤的稳定性与可靠性。

在研究煤的反射率（$\bar{R}_{max}$）及高炉的风口焦组分时发现，焦炭的惰性组分变化较小，而焦炭的粒状组分和片状组分破坏严重。在对焦炭进行扫描电镜研究过程中发现，粒状结构和片状结构的晶胞排列堆积和各相同性结构差异较大。同时在借助高压示差热分析仪研究各单种煤的热性能时，发现随着煤岩的变质程度加深，煤的片状组分和破片组分似乎与煤的半镜组分有一定的内在关系。此外，研究人员对中间相的小球体这一概念有一定设想。

## 2 配煤中 $\bar{R}_{max}$ 可加性的研究

用煤岩学指导配煤炼焦是除化学分析方法以外，用以判别煤的变质程度并决定各单种煤配入数量的另一种方法。问题的关键是不同变质煤的 $\bar{R}_{max}$，配煤后的 $\bar{R}_{max}$ 是否有像化学分析中 $Y$ 值一样有可加性。如果配煤后 $\bar{R}_{max}$ 的值有可加性，那么测定的反射率的直方图就能直接测定各单种煤的加入量。为了论证这一方法的可靠性，结合1990年武钢全年生产配煤和实验室的配煤进行测定。

从表1、表2、图1、图2中可以明显看出，只要配煤后测得的 $\bar{R}_{max}$ 与配前单种煤按配比计算的 $\bar{R}_{max}$ 之和相差<0.03时，则按直方图中所计算气（$\bar{R}_{max}$<0.7）、肥（$\bar{R}_{max}$0.7~0.95）、焦（$\bar{R}_{max}$0.95~1.35）、瘦（$\bar{R}_{max}$>1.35）的比例基本与配入量相吻合；若两者的误差>±0.03%时，则按直方图计算的配入各煤种量，就一定比原配入单种煤量要有明显差异。另外，从实测 $\bar{R}_{max}$ 与计算 $\bar{R}_{max}$ 误差值来看，若实测值大于计算值，则配煤中配入的气肥量比计划量要低，反之则高。

**表1 1990年武钢用煤的 $\bar{R}_{max}$ 测定结果**

| 煤种 | $\bar{R}_{max}$ | | | | | | | |
|---|---|---|---|---|---|---|---|---|
| | 2月 | 3月 | 4月 | 5月 | 6月 | 7月 | 9月 | 10月 |
| 新汶 | | 0.672 | 0.671 | 0.706 | 0.630 | 0.624 | 0.669 | 0.622 |
| 邹县 | 0.619 | | 0.591 | | | 0.554 | | 0.587 |
| 1/3焦 | | 0.723 | | 0.846 | 0.784 | 0.750 | 0.748 | 0.745 |
| 平八 | 0.766 | 0.840 | 0.900 | 0.898 | 1.019 | 0.897 | 0.840 | 0.848 |
| 马头 | 1.005 | 1.023 | 1.017 | 1.112 | 1.079 | 1.010 | 1.048 | 0.977 |
| 长治 | 0.983 | 1.456 | 1.476 | 1.496 | 1.526 | 1.535 | 1.566 | 1.508 |
| 昆士兰 | 1.536 | 0.948 | | | | | | |
| 加拿大 | | 1.074 | 1.016 | | | | | |
| 申肥 | 0.818 | 0.818 | 0.840 | 0.846 | 0.835 | 0.841 | 0.834 | 0.817 |

表 2　武钢工业生产配煤 $\bar{R}_{max}$ 测试及配入量的计算结果对比

| 试样 | 配煤比/% | | | | | | | | $\bar{R}_{max}$ | $\bar{R}_{max}$ 区间 | | | | $\bar{R}_{max}$ | $\Delta\bar{R}_{max}$ |
|---|---|---|---|---|---|---|---|---|---|---|---|---|---|---|---|
| | 申肥 | 平八 | 新汶 | 邹县 | 马头 | 长治 | 昆士兰 | 加拿大 | 计算 | <0.7 | 0.7~0.95 | 0.95~1.35 | >1.35 | 实测 | 差值 |
| 配 3-1 | 30 | 20 | 10 | | 20 | 20 | | | 1.12900 | 8.60 | 32.90 | 43.3 | 15.20 | 1.0300 | -0.9910 |
| 配 3-30 | 30 | 10 | 10 | | 15 | 15 | 20 | | 0.95805 | 22.60 | 24.89 | 42.99 | 9.52 | 0.9450 | -0.01305 |
| 配 4-6 | 35 | 10 | 10 | 10 | 10 | | | 25 | 0.92274 | 18.95 | 46.87 | 34.18 | | 0.8920 | -0.03072 |
| 配 4-15 | 35 | 10 | 10 | 10 | 10 | | | 25 | 0.92274 | 18.64 | 31.19 | 43.73 | 6.44 | 0.9430 | +0.02026 |
| 配 4-30 | 35 | 20 | 15 | | 15 | 15 | | | 0.94860 | 8.30 | 38.89 | 44.44 | 8.37 | 0.9670 | +0.01840 |
| 配 5-15 | 30 | 20 | 15 | | 20 | 10 | | 5 | 0.95400 | 8.50 | 45.32 | 27.20 | 18.95 | 0.9690 | +0.01500 |
| 配 5-23 | 35 | 15 | 10 | 10 | 15 | 15 | | | 0.93670 | 17.60 | 52.58 | 23.71 | 6.11 | 0.9180 | -0.01870 |
| 配 5-30 | 30 | 10 | 10 | 10 | 20 | 20 | | | 0.97490 | 24.22 | 35.50 | 26.81 | 17.47 | 0.9380 | -0.03600 |
| 配 6-6 | 35 | 15 | 10 | | 20 | 10 | | 10 | 0.98390 | 20.32 | 37.08 | 40.80 | 1.80 | 0.9080 | -0.07590 |
| 配 6-27 | 35 | | 10 | 10 | 20 | 25 | | | 1.06640 | 11.17 | 48.50 | 26.43 | 13.90 | 0.9550 | -0.11150 |
| 配 6-30 | 40 | | 15 | | 20 | 25 | | | 1.02580 | 15.23 | 34.10 | 26.66 | 24.01 | 1.0520 | +0.02620 |
| 配 9-7 | 40 | 10 | 15 | | 15 | 20 | | | 0.98835 | 12.60 | 48.52 | 25.00 | 13.88 | 0.9730 | -0.01535 |
| 配 9-13 | 40 | 10 | 15 | | 15 | 20 | | | 0.95540 | 38.70 | 18.02 | 36.49 | 6.79 | 0.9070 | -0.04840 |
| 配 10-7 | 40 | 10 | 10 | 5 | 15 | 20 | | | 0.95130 | 16.86 | 36.41 | 26.77 | 19.96 | 0.9800 | +0.02870 |

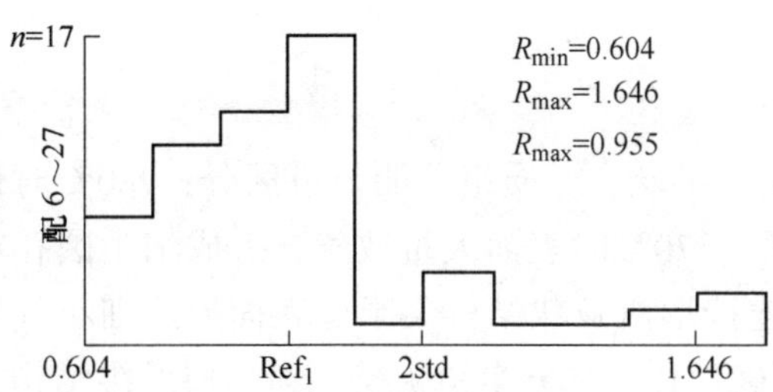


图 1　配 6-27 配煤直方图

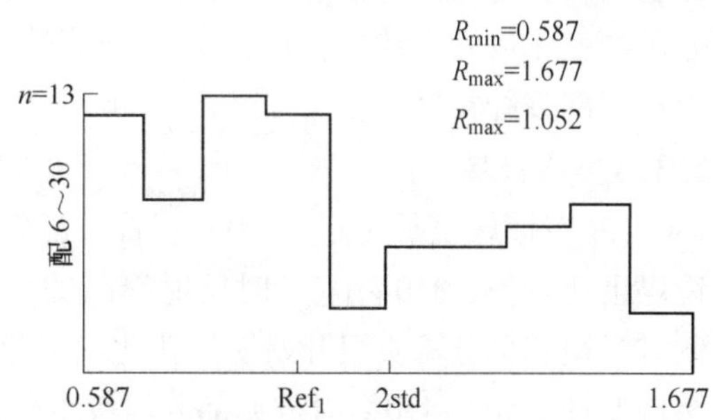


图 2　配 6-30 配煤直方图

## 3　不同变质程度单种煤相变过程研究

为研究煤的热化学反应过程，本研究选用武钢所用的几种不同变质程度的主要煤种进行研究。为了论证煤岩在炼焦过程中的中间相一小球体的生成过程以及煤岩各相的相变过程，借用 HM-100 型高温显微镜在抽真空条件下，以 10℃/min 的升温速率进行录像相变观察，其结果分叙如下。

### 3.1　单种煤的显微结构（见表 3）

表 3　单种煤的显微结构

| 煤种 | 反射率 | | | 组分/% | | | | | |
|---|---|---|---|---|---|---|---|---|---|
| | 最大 | 最小 | $\bar{R}_{max}$ | 镜质组 | 半镜 | 半丝 | 丝质组 | 黏土 | 稳定组 |
| 新汶 | 0.685 | 0.526 | 0.629 | 59.53 | 14.78 | 8.56 | 7.00 | 3.89 | 6.24 |
| 平八 | 1.040 | 0.780 | 0.929 | 55.05 | | 8.50 | 9.40 | 4.60 | |
| 马头 | 1.193 | 0.882 | 0.997 | 56.92 | 20.66 | 12.86 | 5.83 | 3.78 | |
| 长治 | 1.779 | 1.517 | 1.656 | 47.40 | 41.65 | 6.02 | 1.64 | 3.29 | |

### 3.2　单种煤的高压示差热分析（见表 4）

表 4　单种煤的高压示差热分析

| 项目 | 新汶 | 平八 | 马头 | 长治 |
|---|---|---|---|---|
| 开始反应温度/℃ | 330 | 355 | 370 | 448 |
| 终了反应温度/℃ | 455 | 470 | 475 | 520 |
| 失重率（600℃）/% | 15.33 | 10.00 | 7.49 | 6.15 |
| 600℃试样状态 | 膨胀严重，结焦 | 膨胀，结焦 | 膨胀，结焦 | 上部黑粉状，下部结焦 |

### 3.3 高温镜下观察相变过程

3.3.1 新汶煤

180℃时表面光滑未反应；187℃时镜质组开始变为深色收缩；220℃时开始有变化趋势；215℃时角子体中心变化，半丝开裂；240℃时镜质组明显解体分裂，半丝粒化；247℃时发现镜质组表面起泡，以小圆球体呈现；257℃时半丝裂解；270℃时镜质体起泡推移成纤维状结构；284℃时此反应激烈；320℃时大量放气推移加剧；330℃时镜质组自身裂解被挤压呈片状结构；340℃时推移强化，空孔增加，半丝在335℃时表面气孔化，有的被挤压呈破片；430℃时丝质组形成稳定的片状结构，半丝部分变为粒状结构，部分保持同性结构。

3.3.2 平八煤

195℃时开始镜质组表面深色化；200℃时低反射率开始变化；320℃时半镜与反射率高的镜质组表面气孔化，随温度增加，气孔向外推移；350℃时镜煤表面开始反应加剧，有小圆珠气泡向外溢出；378℃时半丝毕质组表面空孔化，受镜质组的气化，使空孔向外推移，这个力使兰丝和丝质组分向破片化和形成片状化，并且使镜质组粒化的颗粒受气体向外移动逐渐连接形成流线型纤维结构；410℃时高反射率的镜质组分表面气孔化加剧，且形成粒状结构，半丝组成大部分表面气孔形成同性结构，同时被反应向外推，使部分矿物变化成纤维结构；470℃时半镜同性结构粒状；580℃时半镜在低温转变成同性结构，且粒化完成，半丝有部分纤粒化。

3.3.3 马头煤

180℃左右镜煤表面变蓝；250℃左右时镜质组分、半镜、半丝、丝质组分明显可区分；280℃时低反射率镜煤迅速变黑；330~340℃时反射率高的镜煤表面变黑；370℃时表面大量放气，形成细小圆孔粒结构，此时半镜和部分镜质组开始使气孔化向外推移力逐个连接形成粒状结构，半丝表面形成细小气孔向同性结构变迁；400~450℃时可见部分丝炭组分被推力挤压破片化，部分半镜被挤压力形成纤维结构，部分半丝形成破片结构。

3.3.4 长治煤

166℃时表面变清晰，半丝明显可区分；200℃时反射率低，镜煤表面裂纹增加变黑；210℃时裂开；240℃时为纤条状（平行排列）；370℃时左右时反射率低的镜质组分表面空孔增加，逐渐分散为各个小粒点，此时半丝可以看到断裂的断纹；380℃时镜煤表面气孔增加；440℃时左右时反应加剧，但不像新汶、马头那样强烈地使许多小粒向外推移，聚合形成纤维和粗粒结构，而半丝和部分半镜被挤压成破片，部分半镜表面形成许多小圆珠空孔，同性结构化；470℃时同性结构表面光滑积聚，丝质组分被挤压形成片状或丝炭结构；700℃时推移层状结构变化不大；800℃时稳定。

### 3.4 600℃时条件下示差热分析后试样的组成鉴定（见表5）

表5 600℃时条件下示差热分析后主样的组成 (%)

| 试样 | 高压示差 | | | | | | 党压氩气保护 | | | | | |
|---|---|---|---|---|---|---|---|---|---|---|---|---|
| | 粗粒 | 细粒 | 片状 | 纤维 | 丝炭破片 | 同性 | 粗粒 | 细粒 | 片状 | 丝炭破片 | 同性 | 纤维 |
| 新汶 | 2.85 | 32.14 | 1.43 | | 10.0 | 53.57 | 6.12 | 20.00 | 6.12 | 5.44 | 62.31 | |
| 平八 | 38.27 | 1.86 | 15.43 | 1.85 | 24.69 | 17.90 | 28.00 | 14.85 | 14.86 | 24.10 | 18.19 | |
| 马头 | 10.66 | 0.66 | 19.34 | | 17.34 | 52.0 | 8.00 | 2.03 | 26.30 | 4.60 | 58.30 | 0.30 |
| 长治 | 未结焦不好看 | | | | | | 未结焦不好看 | | | | | |

## 4 焦炭与风口焦的显微结构研究

本文研究了煤岩随变质程度不同，其化学反应的相组成结构的变化。在大型高炉冶炼过程中，焦炭的冶金性能与其相组成有明显的关系（见表6）。

表 6　焦炭在武钢 2516m³ 高炉中的相组成

| 试样 | 配煤比/% | | | | | | 焦炭的组分/% | | | | | |
|---|---|---|---|---|---|---|---|---|---|---|---|---|
| | 马头 | 申肥 | 新汶 | 平八 | 长治 | 细化(细普) | 粒状 | 片状 | 惰性 | 同性 | 纤维 | $\bar{R}_{max}$ |
| 焦炭 | 15 | 35 | 15 | 10 | 25 | 4. 518 | 32. 530 | 24. 699 | 27. 710 | 1. 205 | 9. 330 | 0. 965 |
| 4 号高炉风口焦 | 15 | 35 | 15 | 10 | 25 | 57. 305 | 2. 318 | 11. 740 | 21. 646 | 1. 790 | 5. 130 | 0. 965 |

武钢 4 号高炉装料制度为 $4P_2K_2+K_2P_2$，利用系数为 1. 98~2. 025 时，其焦炭的变化是粒状结构大量破坏细化，片状结构明显减少，惰性组分与同性结构相对稳定。为了说明这个演变过程，本文对热力学的反应过程暂不研究，仅从焦炭的显微结构方面着手探讨。

## 4. 1　焦炭扫描电镜的研究

4. 1. 1　粒状结构

此结构在显微镜×500 条件下观察时，呈各向异性大小不等粒状体，无法判断其颗粒的结晶状态。为此，在扫描电镜×2150 条件下观察，发现粒状结构多为结晶完整晶体聚积而成。但由于集合体颗粒堆积方位不一致，致使集合体之间形成一定的空隙，呈浮雕状（见图 3）。导致其光学性能呈各向异性。

4. 1. 2　同性结构

此结构在显微镜×500 条件下观察，各向同性表面平滑，无法判断其结晶状态，从前述热反应过程中了解到，该结构是低变质煤的半镜或半丝转变而成。为了查明此原因，在扫描电镜×2480 条件下观察，发现同性结构多为不定型（高倍镜下仔细观察多为圆球体）聚合而成，各方位无明显结晶状态，多为球状集合体（见图 4）。因而，其光学性能呈各向同性。

图 3　粒状结构扫描电镜结构图×2150

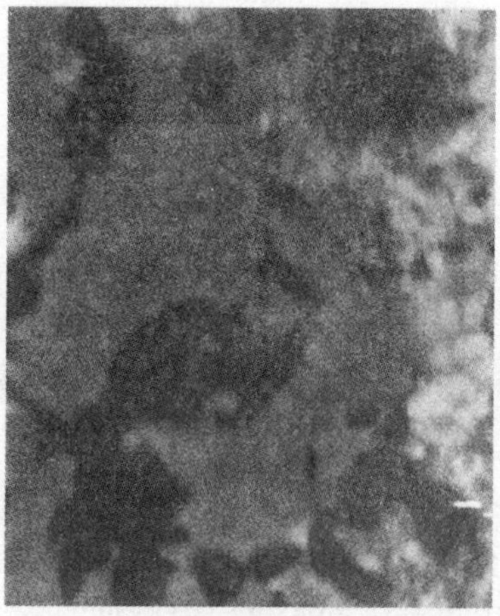

图 4　同性结构扫描电镜显微结构图×2480

图 5　流动状结构扫描电镜显微结构图×1360

4. 1. 3　流动状结构

此结构在光学显微镜×550 下观察，呈流动纤维状，各向异性。从前述热反应过程研究得知，此结构是气肥煤或肥焦煤中镜质组分，在大量气化反应急剧阶段，将各粒状结构推移挤压聚合连接而成。因而，其聚合面不像粒状结晶明显可分。但在扫描电镜×1360 条件下观察发现，它是由有一定结晶形的粒状体推移聚合而成。因而在高倍扫描电镜下只看到它的流动状态外表面聚有一定明显轮廓（见图 5）。因而，其光学性能呈各向异性，且产生片状重叠消光。

## 4. 2　风口焦扫描电镜的研究

4. 2. 1　细化粒状结构

此结构是高炉风口焦的明显组织结构。其光学性能与粒状结构相比，各向异性明显下降，粒度细化，多呈无定型结构。在扫描电镜×1050 条件下观察，发现细小孔洞明显增加，粒状结构的结晶面几乎无消光，仅只在个别颗粒较大部位可见（见图 6）。

4.2.2　同性结构

此结构在高炉风口焦中受破坏较少，其光学性能保持原有各向同性。在扫描电镜×2150 条件下观察，发现颗粒无明显破坏，还保持其原有的圆形结构聚合体（见图 7）。

4.2.3　流体结构

此结构在光学显微镜下观察多被割裂细化，光学性能明显减弱，波状消光不明显。在扫描电镜×2150 条件下观察，发现原流动态的组织明显破坏，其原有明显轮廓多为不定型或弧型，晶粒细化分解（见图 8）。

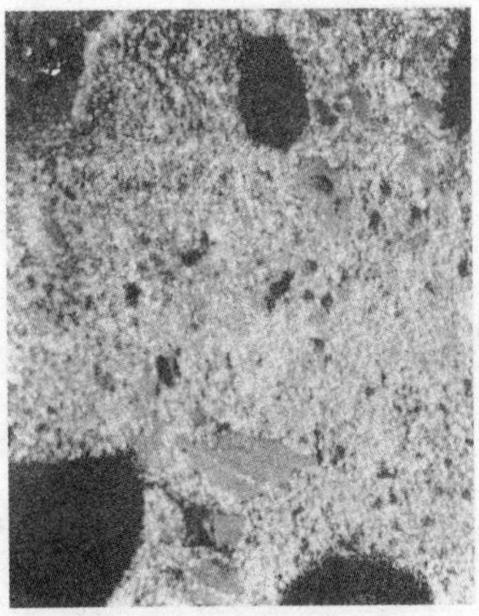

图 6　风口焦细化结构扫描电镜显微结构图×1050

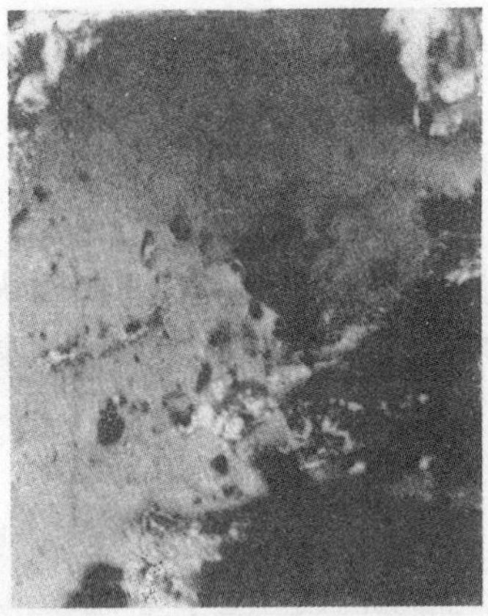

图 7　风口焦同性结构扫描电镜显微结构图×2150

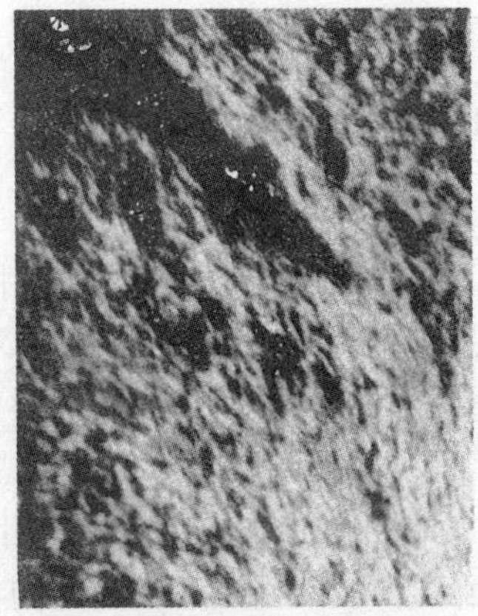

图 8　风口焦流体结构扫描电镜显微结构图×2150

## 5　几点看法

（1）从单种煤配煤的 $\bar{R}_{max}$ 测试中，可以看出配煤后的混合 $\bar{R}_{max}$ 基本与原配入各种煤量的计算 $\bar{R}_{max}$ 相吻合。由于大工业生产和称量的误差，这个误差值一般<0.03%，这时所测得的实际 $\bar{R}_{max}$ 以及各单种煤含量与原配入量相差较小。若误差值>0.03%，则由配煤直方图（$\bar{R}_{max}$ 直方图）明显指出各单种煤配入量与实际要求的误差。当误差为“+”时，则在配煤过程中表示实际配入焦瘦煤要高；若误差为“-”时，则在配煤过程中表示实际配入气、肥煤要高。显然，此结果明显指示了炼焦配煤的 $\bar{R}_{max}$ 是一个样物理参数。此参数在配煤中是有可加性的，同时还可以借助它了解工艺生产管理的好坏。

（2）从单种煤各组分在加热相变过程中的行为，可以认为随着煤岩变质程度不同，镜质组分开始反应的温度有很大差异。从高压差热研究中可知，开始反应温度低，变质的新汶煤为 330℃；中变质平八、马头煤为 355~377℃时；高变质长治煤为 448℃时。其失重率分别为 15.33%、10.00%、7.49%、6.15%。这些宏观数据表明，煤岩随变质程度增加，煤的主要相组成内在性质发生了变化。如低变质新汶煤的 $\bar{R}_{max}$ 为 0.624%；中变质平八、马头煤分别为 0.929%、0.997%；高变质长治煤为 1.656%。由于镜煤的变化，在高温过程中其相变温度和速率也随之而变。如新汶煤 220℃时开始发生变化，有小气泡向外溢出，330℃时镜煤表面反应激烈；而中变质马头煤 250℃时镜煤表面开始有气泡溢出，表面变黑，370℃时表面大量放气形成圆孔粒结构；而变质程度高的长治煤，370℃时反射率低的镜煤表面有气体溢出，形成圆形小气孔，而 440℃时加剧其反应。同时，在试验过程中看到，镜煤的加热反应过程表面均有气体溢出形成圆形小气孔，其反应快慢剧烈程度随变质程度增加而减小，其向外推力之大小也相应减弱。

（3）在高温相变过程中，镜煤的相变过程中所谓中间相—小球体存在的说法是不够确切的。在低变质程度的新汶煤中的确发现镜煤表面形成大量小的圆球状向外溢出，而后这些小球体逐个破裂向外推移，合并成焦炭的粒状结构。但在高变质程度煤中可明显看到，镜煤表面上这一反应不那么剧烈，其小球团也不那么明显，仅只是气化形成小孔，而到一定温度时形成急剧气化反应，使细小气孔聚合成大孔，而将残留的粒状物挤压聚合成粒状或流体结构。

基于单种煤的相变过程观察，作者认为所谓小球体是镜煤中的碳氢化合物在一定温度下发生裂解，释放出碳氢化合物，破坏镜煤熔体，以一个个小圆形气泡向外溢出，而不是中间相。由于在此冷却，势必形成一个中间相小球体的概念，而实际上并不是小球体聚合成粒状结构，而是小球体聚合成气孔，将脱氧分解后的碳推移聚合成粒状结构。这一反应过程的快慢、数量之多少、剧烈的程度势必与镜煤中所含有挥发分之高低有关。另外，又由于温度的关系，致使这些残留的熔融态的碳，在一定压力下聚合结晶形成在扫描电镜下所观察到的结晶面的聚合粒状和流体状结构。

（4）煤岩中的半镜组分随变质程度高低，其光学性能也同镜煤一样发生相应的改变，半镜的 $\bar{R}_{max}$ 也将随变质程度提高而提高。那么低变质煤半镜、半丝大多向同性结构演变；而中变质半镜、半丝则向破片和片状结构推移。

（5）焦炭中粒度结晶由多面体晶胞聚合而成。此结构按结晶力学概念，它的强化程度应该较高。但从武钢 2516m$^3$ 大型高炉风口焦研究中得知，它在高炉演变过程中比其他片状、同性、惰性组分反应要快。高炉风口焦研究发现颗粒细化，结晶面被破坏，片状结构也从它的裂隙和解理面被割裂细化（见图 9）。而同性和破片结构同样保持其原有的无定形聚合体结构（见图 4）。这一现象势必会破坏焦炭在高炉中的热稳定状态。一般认为，焦炭粒状结构愈高，则焦炭挤压和抗磨系数均会提高，且在高炉中的反应愈慢，可保持焦炭在高炉中的强化软融带的窗口作用。武钢 2516m$^3$ 高炉风口焦是如何产生的呢？经过研究发现，细化粒状结构周围含碱金属较高，即同性、丝炭结构周围碱金属富集较少（见表 7）。

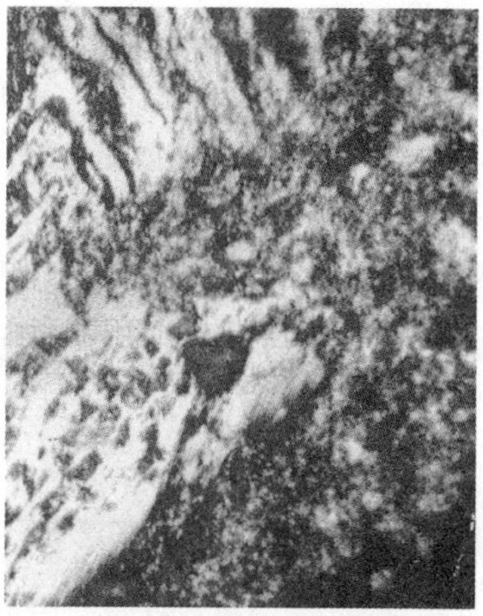

图 9　风口焦片状结构扫描电镜碱金属侵蚀组分解显微结构图

从表 7 中可知，粒状细化结构周围富集了大量的碱金属，这些碱金属由炼铁原料中带入。由于碱金属的富集，势必破坏焦炭各成分之间反应动态。根据化学热力学及动力学的概念，在 980℃时以上高炉中的碱金属将以蒸汽呈现。蒸汽与高炉中的煤气反应，形成碱金属氧化物蒸汽。此时，碱金属氧化物的蒸汽与焦炭作用，由于粒状结构有一定晶面，势必从晶界面边围与固化碳某一缺损而碳相化合，使其脱氧形成碱蒸汽。而焦炭界面获氧形成碳的氧化物，破坏其粒状结构的结晶结构，这样周而复始的催化反应，使其粒状结构全部细化分解。而同性结构由于表面是由无定型聚合而成，没有完整结构，表面光滑，所以碱金属氧化破坏作用势必减缓。

因此，焦炭在有碱金属的大型高炉中，首先是粒状结构破坏，其次为片状、流体纤维状、破片和丝炭结构破坏。

综上所述，目前我国各个大型钢铁企业原料中均有一定的碱金属。为了保证高炉焦炭的热稳定性，焦炭不宜过高要求 $M_{40}$、$M_{10}$ 的强度系数，而应在保证焦炭的冷态强度条件下，根据各高炉使用原料特点，采用岩相（$\bar{R}_{max}$）配煤，取得合理焦炭显微结构，以保证大型高炉高产稳产和降低能耗。

（原载《武钢技术》，1991（11））

# 武钢炼焦技术进步

丰恒夫　魏松波

在武钢 50 年的发展历程中，焦化技术伴随着炼铁生产的发展得到了长足的进步。在焦化建厂初期的 20 世纪 60 年代，只有备煤、炼焦（1~4 号焦炉）、回收、精苯、焦油等主体车间。1958 年武钢投产时 4.3m 焦炉是当时世界最先进的，现在已经建成了世界最先进的 7.63m 焦炉。50 年来，武钢焦化公司实现了从 4.3m、6m 到 7.63m 焦炉炼焦技术的 3 级大跨越，技术经济指标提高到崭新的水平。以下从 5 个方面总结武钢焦化公司 50 年来的技术进步。

## 1　炼焦配煤技术的研究与实践

### 1.1　自动配煤生产技术

武钢地处煤炭资源贫乏地区，主要依赖于外省的煤炭资源，受煤炭市场供应及铁路运输的影响很大。早在 20 世纪 60、70 年代，武钢炼焦配煤就处于无序管理状态。例如，1961 年 1 月储煤场存煤比例严重失调，其中贫煤、瘦煤比例达 74.9%，甚至包括胶质层为零的山西阳方口的煤没有经过化验便装进了焦炉；1972 年 7 月 13 日，错把邯郸瘦煤当作平顶山肥煤使用，使邯郸煤的比例增加到 40%，又造成 1 号焦炉大范围困难推焦，等等。

20 世纪 80 年代，武钢使用的炼焦煤有 10 多个品种，开始着手进行微电子及计算机配煤技术改造。1982 年采用抛盘式的半自动化配煤技术，1985 年采用 PC-584 工业控制计算机，初步实现了备煤生产工艺的集中自动控制。

到 90 年代中后期，炼焦煤品种数增加到 50~60 种。1999 年对一配煤系统实施核子秤自动配煤技术改造，将配煤盘滑差电机驱动系统改为 PLC 变频调速系统，14 台电子秤分单双号分布在两条主皮带上，圆盘给料机用 PLC 控制。技术改造以后配煤合格率大大提高，由原来的 80%提高到 90%以上。2007 年又将核子秤自动配煤系统改造为更为准确的电子秤配煤，配煤效果进一步改善。

### 1.2　20kg 试验焦炉的研制及应用

作为确定炼焦配煤比的试验手段，焦化厂早期使用 200kg 试验焦炉。由于其试验周期长且煤样不易采集保管，1985 年焦化厂开始试制 20kg 试验焦炉。经过 2 年的对比试验，20kg 试验焦炉与 200kg 试验焦炉试验结果的相关性达到 90%以上，而且与生产焦炉焦炭的机械强度同样具有显著的线性相关关系，说明 20kg 试验焦炉完全可以替代 200kg 试验焦炉。从 1987 年开始，焦化公司正式使用 20kg 试验焦炉进行配煤试验指导生产，包括煤质鉴定或选择配煤方案，为改善焦炭质量等提供了可靠的试验结果。20kg 试验焦炉采用电加热直接顶装式，对不同变质程度煤种的粘结性及结焦性具有良好的区分能力。1990 年，20kg 试验焦炉获得国家实用新型专利技术，此后 20kg 试验焦炉技术在国内焦化企业中得到了广泛的推广应用。

1988 年以来，武钢焦化公司利用 20kg 试验焦炉对来煤进行结焦性试验，每年为生产提供近 300 个数据，有效地指导了 4.3m 及 6m 焦炉的炼焦配煤。利用 20kg 试验焦炉，焦化公司完成了“焦炭结构与焦炭质量的影响”等重大研究课题 20 余项，为研究新的配煤方案提供了可靠的煤质数据。

### 1.3　煤焦数据库的建立及应用

武钢炼焦用煤的来源、数量和质量变化很大，从 1998 年底开始利用计算机技术把长期生产实践和科学研究积累的大量数据输入计算机，建立了煤焦数据库，用于指导来煤管理、配煤和炼焦生产。该数据库由矿山数据、生产数据、煤焦研究数据、矿山图和数据图 5 部分组成，有 4 万多个数据，200 多幅图形，占 20 多兆硬盘空间。其中矿山数据主要包括各矿务局煤种的牌号、煤质、产量、洗选方式等。整个数据库管理软件用 FOXBASE 编写，具有查询、插入、统计、修改、打印等功能，提高了访问、查询数据系统的效率。

### 1.4　“炼焦配煤专家系统”的研究开发

近年来武钢炼焦煤质量逐年下滑，供煤厂家已增加到 70~80 家，最多时有 90 多家。仅 1/3 焦煤就多达 40 多家，并且不同地区的 1/3 焦煤质量差异很大。不同矿点的同一种煤，即使用在同一个配比中，焦炭质量也明显不同，这给煤场管理及炼焦生产带来极不利的影响。1/3 焦煤的变质程度普遍偏低，偏向于气煤，$\overline{R}_{max}$在 0.75%左右。优质焦煤缺乏，混煤现象严重，煤质波动很大，这些问题促使武钢研究和开发炼焦配煤专家系统。2005 年起我们着手研究炼焦配煤专家系统，利用现有的计算机网络和炼焦生产配煤实时数据，实现配煤炼焦数据网络共享，采用数学方法进行数据统计、分析与处理，对来煤质量、数量、配煤和炼焦的全过程实施管理与优化。

利用现行的炼焦用煤、焦炭质量评价指标及煤岩学指标与焦炭质量评价指标，建立了配煤数学模型，其内容包括：煤岩学指标的镜质组反射率$\overline{R}_{max}$、镜质组反射率分布图特征、有机惰性物含量；焦炭的 $M_{40}$、$M_{10}$；CRI、CSR；焦炭光学组织、气孔结构；确立煤岩学指标与焦炭冷、热强度的关系。

该炼焦配煤专家系统具备煤源煤质管理、煤场管理、配煤管理、质量跟踪追溯、焦炭质量预测及配比指定等功能，可以和现有自动化管理系统接口和通讯，如车号识别系统、料线联锁控制系统、自动配料系统等。该炼焦配煤系统直接用于指导控制生产，可以减少人为因素的影响。

## 2　武钢焦炉热修补技术的进步

在焦炉的热修补维护技术方面，武钢走过了一条简陋起步、不断创新的道路，先后采用干法喷补、湿法喷补、火焰焊补、半干法喷补技术，探索先进的焦炉热修长寿技术，有效地遏制了焦炉老化的局面，延长了炉体寿命。

### 2.1　干法喷补

干法喷补是用压缩空气将火泥送至喷嘴，在混合器内与粘结剂混匀，然后喷涂在炉墙上。20 世纪 70 年代前期，曾多次使用前苏联的干式喷浆机，对 1 号、2 号焦炉大于 $0.2m^2$ 的剥蚀面进行喷补，效果较好。干法喷补的缺点是喷嘴易堵塞，挂料时间短，灰料浪费大而停用。

### 2.2　湿法喷补

20 世纪 70 年代初，采用湿法喷补技术对炉墙凹进深度超过 10mm 的凹面、小于 10mm 的裂缝进行喷补，挂料时间可达 6 个月以上。喷补范围还延伸到小烟道和砖煤气道的维护上。此方法有以下缺点：当墙面与常温含水泥料接触时会急剧冷却，产生肉眼看不到的龟裂；粘结力低，挂料时间只有 6~9 个月。随着更先进的补炉技术的出现，这种方法被淘汰是大势所趋。

### 2.3　火焰补炉

火焰补炉是利用丙烷和氧气燃烧产生的高温火焰将耐火粉料熔融，然后吹附到炉墙损坏处以达到补炉目的。通过分析焊补质量与粉料熔融性的直接关系，逐步认识并解决了两个难题：一是待补墙面的预热，以缓解墙面遇高温火焰易炸裂的问题；二是确立了喷嘴与墙面的距离、角度以及喷枪的移动速度等最佳参数。在 100~300mm 区间内炉料与墙面可获得最佳结合，否则喷补料在固态或半熔融态喷补时易产生气孔，使焊层疏松。火焰束应垂直于墙面，喷嘴移动速度要适当，根据粉料的堆积厚度、墙面损伤状况随时调整，并防止空料、偏料和落料。喷嘴与墙面的角度应做到垂直，炉料才能严密、均匀和粘附结实。

### 2.4 半干法喷补技术的应用与开发

半干法喷补焦炉是一种现代的喷补技术，喷补料的含水量只有12%，而且对炉墙不产生副作用。其原理是干粉料和液态粘结剂（生活用水）在喷管内各行其道，喷出前在掺混器内混匀，从喷嘴喷出，其水量可在10%~12%之间任意调节。

对补炉料的外观、出料的均匀性、料流的大小、反弹率以及喷补料与炉墙的粘结凝固时间等因素全面地进行了考证。使用武钢研制的喷补机，最大喷补量为400kg/h时，喷补后的覆盖层较为平整，交接面没有明显的变化。

根据补炉时的实际观察，研制料在炉墙上有较高的附着能力，适合于不同裂纹、小熔洞以及剥蚀较深的墙面的快速修补；喷补后的凝固时间小于70s；喷补料反弹率不大于15%，与德国料相吻合；喷补料加水量可控制在12%~15%以内，水分易于排出，因而气孔率低，对炉墙的负面影响小。

此后，武钢焦化公司一直采用半干法喷补技术，对4.3m、6m焦炉实施喷补，未因炉墙剥蚀而发生困难推焦现象，推焦电流在200A以下。实践证明，半干法喷补是一种有效可靠的焦炉长寿技术。

利用武钢自行研制的喷补机及喷补料，改进了压缩空气管网，对炭化室进行空压密封作业，寻找了合适的空气压力与风量。空气压力不得低于0.6MPa，才能把炉墙上细如发丝的细裂纹和缝隙密封，解决炉墙窜漏的难题。在实践中我们还摸索出烧空炉密封法，即炭化室烧空炉时能有效地烧掉炉墙砖缝中的石墨，石墨被烧掉使砖缝露出，让窜漏处细缝充分显露以便喷补作业。在炭化室充入密封细料过程中，细料进入缝隙并预热膨胀，可达到密封窜漏细缝的目的。

50年来，武钢焦化公司积累了比较丰富的护炉经验，焦炉的热修喷补技术已走向正规化、科学化和标准化。我们摸索出一套成熟有效的护炉方法，防患于未然，变被动维修为主动维修，减缓了炉体衰老，使一代焦炉突破了30年的炉龄。

## 3 武钢第一座6m焦炉的建设和达产

“七五”期间，武钢决定把钢铁生产能力扩大到双700万t，与此项目配套开始了7号和8号6m焦炉建设。

### 3.1 6m焦炉的技术改进

#### 3.1.1 焦炉本体

原设计煤车采用螺旋给料器或圆盘给料装煤车，装煤口设计为4个装煤口。考虑到当时国内各厂6m焦炉（包括4.3m焦炉）的机械装煤车都存在较大问题，而武钢焦化厂的双曲线煤斗装煤车采用重力装煤方法，操作比较简单，可提高煤的堆比重，改善焦炭质量，因此决定取消原设计的螺旋给料器或圆盘给料煤车，采用了双曲线煤斗煤车。为了防止中间炉口在装煤时发生堵塞煤气通路，决定在改为三斗炉体的同时把装煤口扩大，并改为3个装煤口，并对煤塔做了相应改动，上升管也取消了汽化冷却装置。

在耐火材料材质的改进方面，燃烧室炉头第50~57层由高铝砖改为硅砖，焦侧燃烧室有6个炉头从第50~57层试用了红柱石砖，烟囱根部内衬由红砖改为粘土砖，蓄热室封墙隔热罩内衬由硅藻土砖改为硅酸铝纤维，保护板与炉肩、炉框与保护板之间的密封填料由石棉绳改为硅酸铝纤维绳等。

#### 3.1.2 设备及护炉铁件

焦炉机械设备的控制由继电器系统改为PLC系统，液压系统中的关键液压单元从日本引进。热工仪表采用集散系统，机型为Ti545。推焦车平煤时带出的余煤回送到炭化室的装置取消，改为单斗余煤提升机。为了减少推焦烟尘的污染，从德国引进了热浮力罩技术。

钢柱由H型钢改用厚度为32mm的A3钢，上部三线小弹簧取消，保护板与钢柱接触由平面改为不等高凸台接触，炉门采用空冷悬挂式弹簧门栓。

### 3.2 7号焦炉系统工程的投产与达产

7号焦炉于1992年4月1日点火烘炉，6月20日改为焦炉煤气正常加热，6月30日装入第一炉煤，7

月 1 日下午推出第一炉焦炭。

7 号焦炉投产后解决了大量的施工遗留问题，1992 年 8 月 24 日改为高炉煤气加热，上下温差由 90℃降至 30℃。1992 年 7 月 1 日推出第一炉焦炭结焦时间近 30h，9 月 28 日结焦时间缩短到 20h，1993 年 3 月 7 号达到了设计水平。

与 7 号焦炉配组的 8 号焦炉于 1999 年开始设计，工艺参数及炉体主要尺寸与 7 号焦炉相同。1996 年 11 月 18 日 8 号焦炉破土动工，1999 年 3 月 18 日建成投产，两个月即达到了设计能力。

## 4　武钢第一套 140t/h 干熄焦技术的消化与改进

武钢 7 号、8 号焦炉装备了我国第一套 140t/h 干熄焦装置。这一项目是原国家经贸委“十五”规划期间确立的引进、消化、吸收、国产化的“一条龙”工程项目和重点节能项目，其目的是提高 140t/h 干熄焦装置国产化程度和掌握大型干熄焦工艺的操作技术，在全国推广十熄焦技术，推动冶金行业的技术进步。该工程于 2002 年 1 月开始设计，2002 年 9 月破土动工，2003 年 12 月 26 日建成。

该工程采用了当代干熄焦技术的最新、最合理的新工艺、新设备，并独创性地开发了与 140t/h 能力相配套的自动控制技术，具备多项技术装备优势。在吸取国内外同类技术经验教训的基础上，努力探索 140t/h 大型干熄焦技术的工艺设计，摸索运行规律，优化操作参数，寻找最佳运行指标，不但掌握了大型干熄焦装置的全套技术，而且在关键技术上有所改进和创新。

### 4.1　红焦冷却技术的开发与改进

红焦冷却效果评价的主要指标是气料比，指红焦冷却到设计温度以下时每吨焦炭所需要的循环气体量，计算公式如下：

$$\text{气料比}=\frac{\text{冷却焦炭所需循环气体量}}{\text{干熄炉排焦量}}$$

气料比越低，说明干熄炉冷却效果越好，经济效益越高。20 余年来，国内运行中的干熄焦装置的气料比都在 1200m$^3$/t 焦以上。为降低气料比，武钢采用并改进了多项技术，主要有：

（1）冷却室合理的高径比。武钢独辟蹊径，增大冷却室直径，干熄炉选择合理的 0.8 高径比，这是当时国内最小、最佳的高径比，使干熄炉冷却室的高度变小、焦炭厚度降低，从而减小了气流阻力，提高了传热效率。

（2）接焦、装焦及排焦技术。采用旋转焦罐接焦，使焦炭能均匀地分布在焦罐内，大块焦不出现偏析。采用带“+”字形料钟的装入装置，使装入冷却室的焦粒沿径向均匀分布，消除了焦炭堆积的凸形现象，也使气流分配均匀。电磁振动给料器及旋转密封阀的连续排焦系统加上调节棒排焦，以调节焦炭下落的速度，使排焦更均匀焦炭冷却效果更好。

（3）采用了中央与周边同时进风的供气装置。

（4）采用给水预热器。为进一步降低进入干熄炉内循环气体的温度并提高锅炉给水的温度，在循环风机和干熄炉之间增加给水预热器，使循环气体与锅炉用水再次热交换，以降低循环气体的温度，让循环气体吸收更多的焦炭显热，从而降低干熄炉的气料比。武钢 7 号、8 号焦炉干熄焦循环气体经风机加压后温度为 180℃，通过给水预热器后温度降低到 130℃。

（5）环形烟道安装调节板。武钢 7 号、8 号焦炉干熄炉循环气体入口温度保持在 128℃，出口温度 980℃，冷却风量为 149000m$^3$/h，其排焦能力为 125.8t/h，气料比为 1184m$^3$/t 焦，实际排焦温度为 140℃，远远低于设计温度 200℃。

### 4.2　武钢 140t/h 干熄焦 EI 系统的开发

4.2.1　“三电一体化”EI 系统的开发

这一大型工业装置和复杂生产过程的计算机控制系统的设计和系统软件的开发，从综合自动化的角度出发，坚持功能分散、管理集中、高可靠性的原则。

过程控制分为 16 个子系统，将 DCS 与 PLC 相互渗透融合为 EI 集成控制系统。控制系统的硬件选用美国 Allen-Bradley 公司产品，采用冗余 CPU、冗余电源、冗余通讯网络设计，对干熄焦压力系统、温度系统、循环气体成分及紧急连锁系统进行控制，使生产过程自动化、柔性化。以装焦控制系统为例，它由焦罐车、APS、提升机、走行装置、装入装置、除尘风机等子系统共同完成，对于工艺操作控制以及数据处理与记录，全部在 HMI 画面上以动画的形式显示。

武钢 7 号、8 号焦炉干熄焦自动化控制 EI 系统的软、硬件采用了当今计算机技术发展的最新成果，应用计算机网络技术、数据库技术、操作系统技术、冗余 CPU 技术、冗余电源技术和冗余网络技术，工艺过程实现了动画仿真效果显示。

4.2.2　自动控制程序及相关联锁

（1）旋转焦罐在接焦的过程中，焦罐和底部闸门以一定速度进行旋转，其旋转的最大速度 9r/min，旋转负荷 46.4t（21.4t 焦炭+旋转部件 25t）。为保证焦罐在台车上的精确定位，焦罐车采用了 PLC 和变频器控制。

（2）焦罐车与 APS 中心点位置的确定。利用标尺技术来检测焦罐车与 APS 的相对位置，测量精度 1cm，APS 夹具自动夹紧焦罐车并精确定位至 APS 中心点，这是国内第一次将红外标尺技术应用到干熄焦，保证了焦罐车的精确、可靠对位。

（3）焦罐车与 CDQ 中控室之间采用无线通讯技术进行数据交换。

（4）在干熄炉炉顶安装了检测旋转焦罐底部闸门脱钩的检测传感器。

（5）排焦、运焦及称量系统实现自动控制。

（6）预存段料位控制。

计算机系统根据投焦的次数自动计算固定的焦炭重量，并在设定的时间段内提示操作人员进行料位标定，迫使红焦经过 γ 射线时将料位强制校正于设定的料位值，同时对每次投焦的固定焦炭重量进行自动修正。

### 4.3　140t/h 干熄焦专用耐火材料的选择与改进

干熄炉和一次除尘器的容积大，耐火砖要承载上部砌体的荷重，并要在温度频繁波动的条件下抵抗循环气体的冲刷和焦粉的磨损。一次除尘器要耐高温、耐冲刷和磨损。因此，大容积干熄炉和一次除尘器对耐火砖和配套火泥有更严格的要求。

从国内干熄炉耐材的使用情况看，大于 100t/h 干熄焦装置，其斜道地区的莫来石—SiC 砖只用 1 年便出现严重磨损，国内不少厂斜道立柱砖同样发生不同程度的磨损。

在武钢 7 号、8 号焦炉干熄焦投产运行后，检查发现干熄炉内斜道立柱砖普遍存在龟裂、断裂。随后于 2006 年 9 月在干熄炉烟道砖上做了诸多技术改进：立柱砖采用“改良”型，增强了牢固性；对立柱耐火砖的成分及材质重新进行设计，选用了更高强度的指标；根据斜道立柱的结构及砌筑特点，配制出了新型的专用火泥，使用特殊的粘结剂等。耐火材料的常温及高温抗折强度、线变化率等指标有明显改进，能较好地适应烟道区域复杂工况的需要，顺利生产到 2008 年上半年未进行一次大修。

### 4.4　我国第一套大型干熄焦应用效果

（1）炼焦工序能耗明显下降。采用干熄焦工艺后炼焦工序能耗的下降幅度在 10kg/t 焦以上。

（2）改善了环境质量。干法熄焦技术消除了湿法熄焦过程向大气排放的酚、氰化物、氨，硫化物排放大幅度降低，粉尘含量降低了近 2/3。脉冲袋式除尘器的地面站除尘效率达 99%，烟尘净化后排放浓度低于 $50mg/m^3$，符合《大气污染物综合排放标准》（GB 16297—1996）中的二级标准。

（3）提高了焦炭质量。抗压强度 $M_{40}$ 平均提高了约 4.2%，耐磨强度 $M_{10}$ 改善 0.9%，反应性（CRI）平均降低了 3.38%，反应后强度（CSR）平均提高了 5.76%。

## 5　7.63m 焦炉的技术创新

### 5.1　焦化公司 7.63m 特大型焦炉的建设

武钢焦化公司 1 号、2 号焦炉均系 4.3m 的二代炉龄焦炉，其焦炭质量不能满足武钢 $3200m^3$ 高炉强化生产的需要。武钢“十一五”规划钢产量为 1800 万 t，将 1 号、2 号焦炉改造为 7.63m 焦炉是武钢“十一五”规划的重点配套工程。

武钢两座7.63m焦炉为2×70孔，年产全焦210万t，相应的配套项目包括稳定熄焦（CSQ）、备煤（不含煤场）、煤气脱硫（真空碳酸钾法）系统等公辅能源设施。

## 5.2　7.63m焦炉的施工建设

新1号焦炉于2006年12月26日破土施工，突破传统砌筑方式，实施交叉作业。2007年12月10日点火烘烟囱，12月20日点火烘炉，2008年3月18日如期投产出焦，只用了短短15个月。

## 5.3　武钢7.63m焦炉的创新技术

5.3.1　炉温差别系统的重大改进

随着焦炉炭化室的增高，其高向加热的均匀性一直是炼焦工作者的难题，而影响焦饼高向加热的煤气燃烧的速度、气流的速度以及炉墙的传热等因素起着重要的作用。焦饼高向加热的不均匀，直接导致焦炭成熟的不均匀，为此6m焦炉采用的是双联火道循环加热技术。10余年来，武钢在6m焦炉热工制度上积累了成熟的生产经验，为7.63m焦炉的消化、创新提供了借鉴。

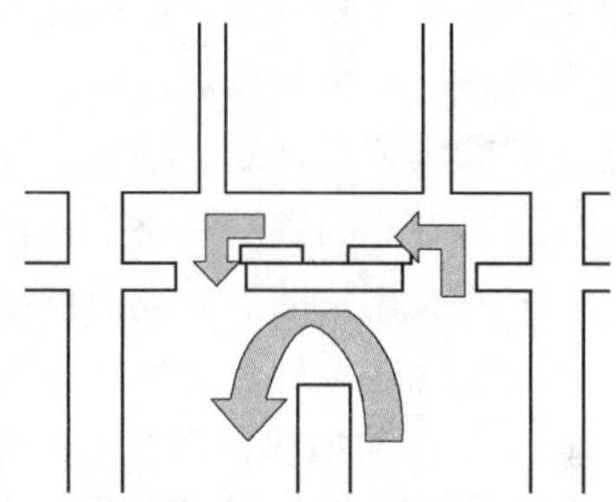
图1　跨越孔示意图

武钢7.63m焦炉燃烧室在每对立火道的上部特设一个可调节的跨越孔，如图1所示。跨越孔有两块可滑动的砖，可以根据需要调节滑砖。通过调节上孔的开度大小，调节废气循环量的多少，以控制火焰的长短，从而保证炭化室内焦饼上部与下部的同时成熟。而这一设计的依据是，德国焦炉加热的主要气源为焦炉煤气或其他富热值的混合煤气，因为焦炉煤气的火焰较高炉煤气短。

我国的国情是钢铁联合企业的焦炉的加热煤气一般以低热值高炉煤气为主。贫煤气本身就具备燃烧火焰长、高向加热性好的优点，能充分满足高向加热的需要，而可调节跨越孔的设计，会使立火道上部废气量产生富裕，燃烧室顶部温度过高，更引起炭化室炉顶空间温度过高而沉积石墨。国内某钢铁企业7.63m焦炉即使把可调节跨越孔全关闭，投产后炉顶空间温度仍在900℃居高不下。

武钢对该系统进行结构改造，选用具有隔热性的新型耐火材料，改变上部跨越孔尺寸，禁止废气向上流动而跨越上部跨越孔，有效防止了焦炉顶部空间温度的升高。

武钢新1号焦炉投产后的生产情况证明，可调节跨越孔的改进是成功的。与国内其他7.63m焦炉相比，炭化室顶部空间温度基本保持在830℃左右，大大低于其他同类型焦炉860~920℃的范围，改善了炉顶作业环境，保证了焦炉稳定生产。

5.3.2　自主开发“负压烘炉”技术

7.63m焦炉结构复杂，砖型多，炉体高，必须采用特殊的烘炉方法。国内外常用的焦炉烘炉方法是“正压烘炉”，即用鼓风机将煤气和空气混合燃烧后产生的废气鼓入焦炉来烘干炉体，并控制硅砖的安全膨胀。若采用引进的“正压”烘炉技术，不但要引进专用烘炉设备，而且其烘炉升温曲线设计欠合理，800℃以前的升温速度（51天）太快，会使炉体膨胀超标，而800℃后到投产的保温时间（35天）又过长，将对护炉铁件造成伤害。武钢根据焦炉砌筑的实际情况，借鉴6m焦炉的烘炉经验，采用了自行设计的“焦炉煤气负压烘炉”设备及技术。其原理是依靠烟囱的吸力，将焦炉煤气燃烧后的热气体吸入焦炉，并均匀分布于焦炉各部位。根据冬季筑炉砌体水分大、不易蒸发的特点，谨慎安排烘炉计划，精心编制升温曲线，适当延长了干燥期时间。2008年2月25日，在炉温达到810℃时就结束烘炉，打破了950℃以上转正常加热的常规，整个烘炉时间为68天。

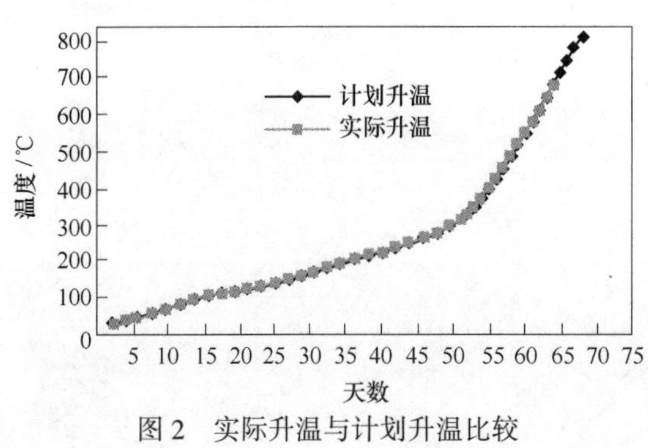

图2　实际升温与计划升温比较

整个烘炉期间注意控制炉顶、小烟道等处的负压值，实际升温曲线与计划升温曲线十分吻合（图2）。炉体各区膨胀率均在计划范围内，测温点的平均温度控制在±3℃的允许波动范围内，优于±4℃的常规烘炉方法。热态工程时间缩短对焦炉铁件及其附件更有利，达到了预期烘炉的效果及目标值。另外烘炉使用的焦炉煤气消耗减少，与正压烘炉相比平均减少 1000m³/h。

5.3.3 推焦控制及焦炉自动加热控制专家系统的开发

7.63m 焦炉机车操作自动化水平高，其加热系统具有独立加热单元的特点，通过对现有自动控制系统的整合，联成一体化，开发了自动装煤推焦计划系统和自动加热控制系统的专家系统。

（1）装煤推焦作业系统

从协调 PLC 系统 CO-PLC 采集推焦装煤数据，焦炉机车将各炉号的推焦和装煤时间传给本系统。根据计划结焦时间，系统可以自动编制出下一个炉号的计划推焦时间，并传给协调 PLC 系统。自动装煤和推焦计划系统在计算机（服务器）命令下运行，完成推焦时间的计算。

推焦和装煤计划系统能制定推焦计划并显示推焦装煤状况，焦炉机械把推焦和装煤时间信号发送给程序计算机计划系统，依据计划结焦时间，计划系统经过计算和优化，可以编制出下一次各炭化室计划推焦时间，并传给焦炉机械，并把信号传给操作工。实际的推焦装煤操作数据又返回计划系统来修正计算。班推焦装煤计划的编制，综合考虑了各炭化室的平煤时间、计划结焦时间、焦炉的检修时间以及乱签号的影响等因素。装煤推焦计划在实施时，还考虑到焦炉的生产实际情况，特别是依据 PROVEN 系统中焦炉各炭化室的焦炭成熟情况，计算出下一个要推焦的炭化室号和推焦时间。

该系统能做到自动化操作或无人操作，真正实现炼焦过程的在线控制和监控。

（2）自动加热控制专家系统

焦炉加热控制模型采用前馈控制和后馈控制相结合的控制原理，综合分析处理焦炉生产过程数据，通过优化控制模型计算出焦炉加热所需煤气量设定值和“间歇加热时间”等控制参数，优化加热控制。

通过前馈控制进行粗调内容包括：应用温度评估模型和加热控制模型，综合分析生产实时数据：煤气压力、流量、热值、温度、配合煤水分、加热煤气成分及实时推焦作业计划等，计算出每个换向周期的平均热源需量及焦炉加热煤气流量参数的设定值。反馈精调系统包括：依据基础自动化系统提供火道温度、废气含 $O_2$ 量等实时信息，对能量平衡进行反馈调节，对预测的能量需求进行校正，计算出每一个交换需“停止加热的时间”。

（原载《武钢技术》，2009（1））

# 关于武钢高炉的设计问题

张寿荣

武钢从 1958 年 1 号高炉投产至今已有 16 年了。16 年中间又先后有 3 座高炉投产。现有 4 座高炉，在结构上有共同点，也有不同点。16 年来在高炉寿命方面，武钢有成功的经验，如 1 号高炉从 1958 年投产至今尚未大修，至 1974 年底已生产生铁 783.8 万吨，预计这一代的产铁量可能达到 900 万吨。但武钢高炉也有失败的教训，如 2 号高炉第 1 代自 1959 年 7 月投产，1963 年 12 月中修，1964 年 6 月炉缸烧穿；又如 3 号高炉投产后，炉缸水温差经常过高，有时处于烧穿的边缘，而不得不减产，甚至休风。因此，对武钢高炉所采用的设计，根据 16 年的生产实践加以比较分析，找出经验教训，对武钢今后高炉的建设和改造都是有益的。本文试图对武钢高炉的设计问题加以讨论，错误之处请批评指正。

武钢 4 座高炉每代使用年限，产铁量以及中修情况见表 1。

**表 1　武钢高炉每代使用年限、产量及中修情况**

<table>
<tr><td colspan="2">高　炉</td><td>1 号高炉</td><td>2 号高炉</td><td>3 号高炉</td><td>4 号高炉</td></tr>
<tr><td colspan="2">投产日期</td><td>1958 年 9 月 13 日</td><td>1959 年 7 月 13 日</td><td>1969 年 4 月 9 日</td><td>1970 年 9 月 30 日</td></tr>
<tr><td rowspan="7">第 1 代</td><td>第 1 次中修日期</td><td>1962 年 6 月 19 日至 7 月 9 日</td><td>1963 年 10 月 30 日至 12 月 13 日</td><td>尚未中修</td><td>1974 年 2 月 17 日至 10 月 16 日</td></tr>
<tr><td>由投产至第 1 次中修的产铁量</td><td>189.3 万吨</td><td>196.7 万吨</td><td></td><td>234.7 万吨</td></tr>
<tr><td>第 2 次中修日期</td><td>1965 年 11 月 15 日至 12 月 14 日</td><td>无第 2 次中修，1965 年 5 月 30 日大修</td><td></td><td></td></tr>
<tr><td>第 1 次与第 2 次中修间产铁量</td><td>155.6 万吨</td><td>第 1 代共产铁 254.9 万吨</td><td></td><td></td></tr>
<tr><td>第 3 次中修日期</td><td>1970 年 3 月 5 日至 4 月 10 日</td><td></td><td></td><td></td></tr>
<tr><td>第 2 次与第 3 次中修间产铁量</td><td>180.7 万吨</td><td></td><td></td><td></td></tr>
<tr><td colspan="5"></td></tr>
<tr><td rowspan="3">第 2 代</td><td>投产日期</td><td>尚无第 2 代</td><td>1965 年 8 月 30 日</td><td>尚无第 2 代</td><td>尚无第 2 代</td></tr>
<tr><td>第 1 次中修日期</td><td></td><td>1971 年 5 月 26 日至 6 月 23 日</td><td></td><td></td></tr>
<tr><td>由投产至第 1 次中修的产铁量</td><td></td><td>289.2 万吨</td><td></td><td></td></tr>
<tr><td colspan="2">从第 1 代投产至 1974 年底止共产生铁量</td><td>783.8 万吨</td><td>第 2 代至 1974 年底止共产生铁 471.6 万吨</td><td>253.7 万吨</td><td>258.9 万吨</td></tr>
</table>

下面分几个问题对武钢高炉的设计问题加以讨论。

## 1　炉底与炉缸

武钢 4 座高炉采用 5 种炉底炉缸结构。1 号高炉是炭砖高铝砖综合炉底，炉底厚度 5600mm，炭砖炉缸。2 号高炉第 1 代是高铝砖炉底，黏土砖炉缸，炉底厚度 5600mm。2 号高炉第 2 代炉底厚度仍为

5600mm，但改为炭砖高铝砖综合炉底，增加了炉底风冷和炉底下部的平铺炭砖。3 号高炉炉底厚度为 5600mm，炉缸与炉底上部与 2 号高炉第 2 代相同，但炉底下 6 层不是炭砖而是炭捣预制块砌筑，炉底也有风冷。4 号高炉采用炭砖炉底炉缸，炉底为水冷，炉底下部为两层立砌炭砖，厚度 2300mm，其上为两层高铝砖，厚度 800mm，炉底总厚度 3100mm。各高炉炉缸炉底结构示意图见图 1。

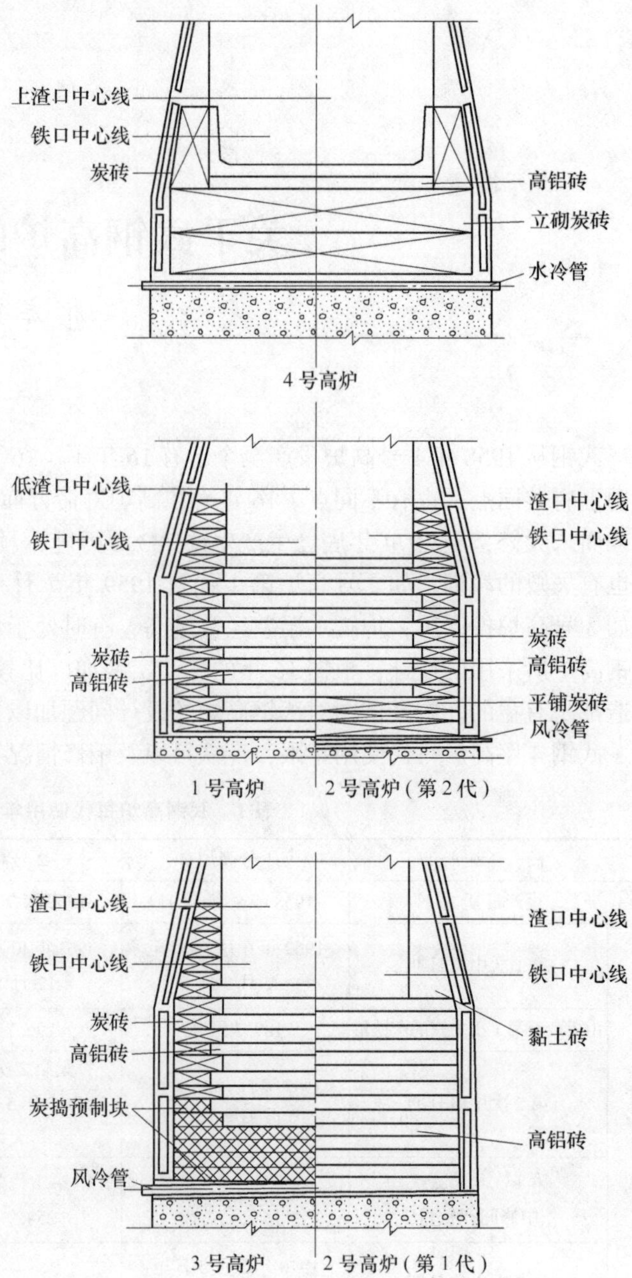

图 1　1~4 号高炉炉缸炉底结构

16 年来的实践证明：

（1）炭砖高铝砖综合炉底，炉底厚度 5600mm，无炉底冷却，可以达到炉底长寿，1 号高炉就是例子。

（2）高铝砖或黏土砖的炉缸炉底是不能长寿的，2 号高炉第 1 代就是证明。

（3）炭捣预制块砌筑高炉炉底是不安全的，3 号高炉是一个例子。

（4）炭砖炉缸炉底是有发展前途的，经多方面测定与计算，4 号高炉炉底虽在施工上有缺陷，现剩余厚度仍有 2000mm，炉底厚度减薄，并采用水冷砖炉底，是今后发展方向。

厚度 5600mm 的炭砖高铝砖炉底可以达到长寿。由于周围炭砖的冷却作用，炉底侵蚀深度受到限制，这样厚的炉底其冷却实际上不发挥作用。2 号高炉第 2 代虽有炉底冷却，但未使用。炉底最下层平砌的炭砖也未发挥作用。从武钢的实践看，这种炉底实际上是浪费，这样厚的综合炉底其冷却和底部砌炭砖都是多余的。

炭捣预制块代替炭砖看来不合要求。炭捣时加压很低，又不经焙烧，受热后必然产生收缩，从而在炉底产生缝隙。3 号高炉投产后连续炉底水温差过高与炭捣预制块分不开。

炭砖薄炉底加水冷看来是合理的。炭砖加水冷可以发挥炭砖的作用，待炉底侵蚀到建立新的平衡后炉底的侵蚀就停止了。实际上这种炉底是寿命最长的。它的另一优点就是投资低。

炉底要不要密封？1 号高炉炉底没有密封，炉底漏煤气。4 号高炉炉底加了密封板，但焊接得不好，也漏煤气。2 号高炉炉底密封板焊得较好，不漏煤气。对高压操作的高炉来说，炉底密封是必要的。同时要注意施工质量。

武钢采用过两种铁口结构。1 号、2 号、3 号高炉都是铁口区不用炭砖，代之以高铝砖。4 号高炉是炭砖铁口（图 2）。实践证明高铝砖比炭砖好。1 号、2 号、3 号高炉铁口虽有时过浅，但未出现过烧穿事故。4 号高炉东铁口烧穿过两次。堵铁口用的泥是含水分的，而炭砖是怕水的。铁口总是要用氧气烧的，而炭砖是怕氧化的。今后高炉铁口区以采用高铝砖为好。

铁口的数目，1 号、2 号、3 号高炉是 1 个，4 号高炉是 2 个。实践证明两个铁口好。武钢的实践用无水炮泥，1 个铁口 1 天可出铁 2500t。鞍钢、本钢二铁 2000m$^3$ 高炉 1 个铁口，日产可达 3000t。看来 1 个铁口 1 天出铁 3000t 以上有困难。

1~4 号高炉都是两个渣口。看来容积再大两个渣口也够用。

风口数目，看来 1 号、2 号高炉风口数目偏少。1 号、2 号高炉风口数目比 2×炉缸直径还少（1 号高炉炉

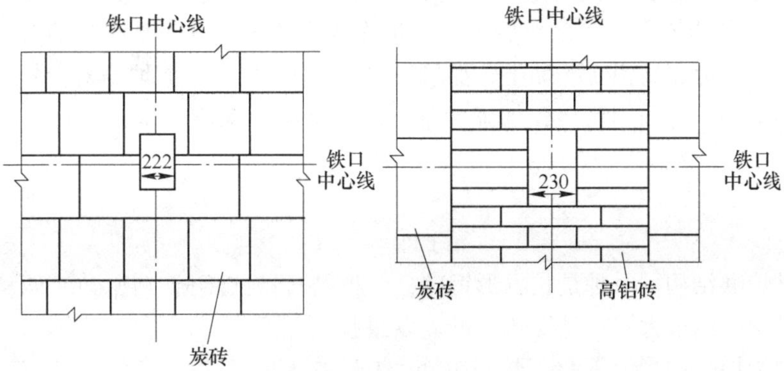


图 2　铁口砌砖的比较

缸直径=8.2m，2×炉缸直径=16.4m，实际为 16 个；2 号高炉炉缸直径=8.4m，2×炉缸直径=16.8m，实际为 16 个）。3 号高炉风口数目稍高于 2×炉缸直径（炉缸直径=8.6m，2×炉缸直径=17.2m，实际为 18 个）。4 号高炉风口数目相当于2×炉缸直径+2（炉缸直径=10.8m，2×炉缸直径+2=23.6m，实际为 24 个）。扩大高炉容积不增加风口数目，增产效果不大。风口数目多，操作起来比风口少的容易些。

## 2　炉腹、炉腰与炉身

武钢高炉都采用薄壁炉腹，外面是镶砖冷却壁。大、中修拆炉时观测炉腹砖虽已蚀去，但均有较厚的渣壁保护，只有个别的例外，炉腹冷却壁烧坏。烧坏的都是与边缘气流过分发展以及与局部长期管道行程分不开的。这种结构是可取的。炉腹镶砖冷却壁如采用双层水管冷却则更好。

1 号、2 号、3 号高炉有炉缸支柱和托圈。4 号高炉取消了炉缸支柱，也取消了托圈，代之以带鹅头的冷却壁。从停炉情况的比较看，有托圈的高炉，炉身砖不易在停炉过程中塌落，停炉后清理较容易。没有托圈，在停炉过程中上部的砖全塌下来，给施工造成很大困难。采取薄壁炉腹的高炉以不取消托圈为好。

武钢高炉采用过 5 种炉身结构：（1）托圈以上 4 层扁冷却水箱，其上系支梁式水箱；（2）托圈以上 1 层扁冷却水箱，其上砌炭砖至炉身高度 1/2，外部光面冷却壁，其上系支梁式水箱；（3）托圈以上 1 层扁冷却水箱，上砌高铝砖，外面是镶砖冷却壁，其上为支梁式水箱；（4）无托圈，炉身 1/2 和炉腰均为炭砖，外面是光面冷却壁汽化冷却，其上是支梁式水箱；（5）无托圈，炉腰砌 6 层炭砖，其上为高铝砖，外面是光面冷却壁，汽化冷却，其上为支梁式水箱（图 3）。

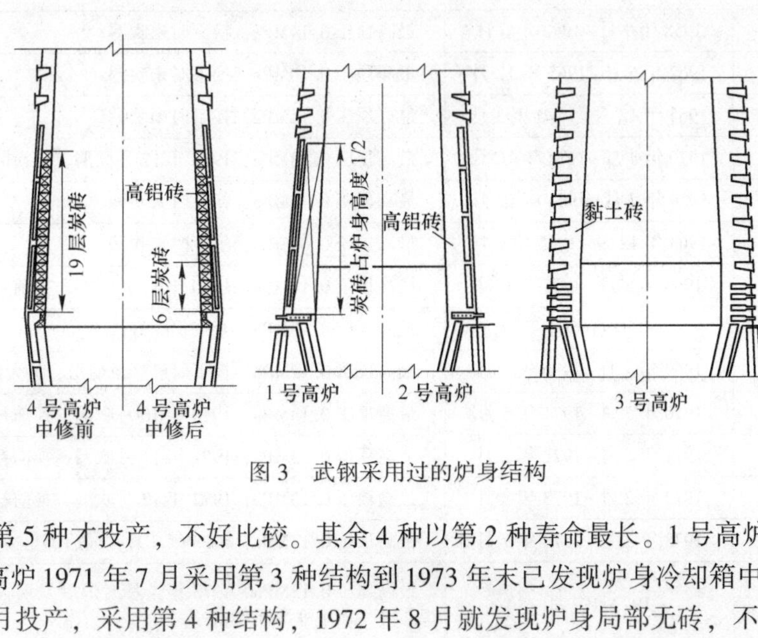


图 3　武钢采用过的炉身结构

上述 5 种结构第 5 种才投产，不好比较。其余 4 种以第 2 种寿命最长。1 号高炉 1970 年 3 月采用第 2 种结构至今。2 号高炉 1971 年 7 月采用第 3 种结构到 1973 年末已发现炉身冷却箱中间无砖，炉壳烧穿。4 号高炉 1970 年 10 月投产，采用第 4 种结构，1972 年 8 月就发现炉身局部无砖，不得不在 1974 年 2 月中修。第 1 种结构根据 1 号、2 号高炉实践，一般 3 年左右炉身即无砖，不得不靠炉壳喷水冷却。

采用炭砖炉缸炉底后，高炉炉缸和炉底寿命大大延长。大修一代寿命大都在 10 年以上。但炉身的寿命很少达到 10 年，5 年的也不多。所以今后提高高炉作业率的重要方面是延长炉身寿命。从上述 5 种结构的比较看，炭砖炉身寿命比高铝砖、黏土砖都长。4 号高炉用炭砖，而炉身寿命短的原因是汽化冷却设备漏水，使炭砖损坏。如炉身采用炭砖，加强冷却，同时又可确保不漏水，则炉身的寿命是可以大大延长的。

## 3　炉喉

武钢采用过两种炉喉结构。一种是长方形钢砖，一种是长条式钢砖（图 4）。两种钢砖都用吊挂板固定在炉壳上。第 1 种钢砖的最大缺点是受热变形，以致脱落。这样就改变了高炉炉喉内形，恶化了炉料分布。1 号高炉 1958 年 9 月投产，1962 年初即发现钢砖变形，部分脱落，影响顺行。1962 年 6 月更换钢砖后，由于煤气分布改善，焦比下降 20kg/t。2 号高炉钢砖在同一时期也严重损坏。其后对这种型式的钢砖多次改进，仍避免不了变形。

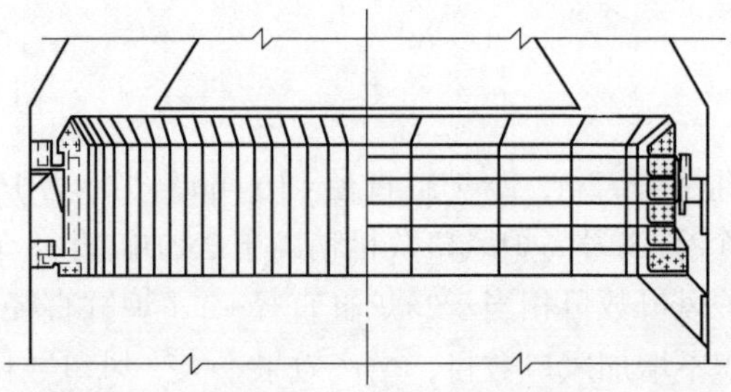

4 号高炉和 2 号高炉第 2 代中修后所用炉喉钢砖　　1 号、3 号高炉和 2 号高炉第 2 代中修前所用炉喉钢砖

图 4　长条式钢砖与长方形钢砖的比较

1970 年 4 号高炉采用长条式钢砖。1971 年 2 号高炉中修也改为长条式钢砖，1974 年中修时观察这种钢砖变形远比老式长方形钢砖为少。今后高炉大、中修均应改成这种钢砖。

## 4　炉顶设备

武钢高炉都采用传统的双钟式炉顶设备。1 号、2 号、3 号高炉炉顶设备尺寸相同，大钟直径为 4800mm，小钟直径为 2000mm。4 号高炉大钟直径为 6200mm，小钟直径为2500mm。高压操作的实践证明，当设备制造质量较好时，这种炉顶可以经受 0.13MPa 的炉顶压力，大钟寿命可达 3~4 年，小钟寿命可达 1.5~2 年。如设备制造质量较差时，则寿命大大缩短。武钢开工以来大钟使用情况见表 2。

大钟使用寿命短，主要原因是使用后大钟或漏斗变形，使大钟与漏斗接触面产生缝隙，从而将接触面吹漏。硬质合金焊接质量差、硬质合金硬度低，也有很大影响。

表 2　武钢高炉大钟使用情况

| 高　炉 | 钟　名 | 开始使用和更换时间 | 使用及损坏情况 |
|---|---|---|---|
| 1 号高炉 | 第 1 套大钟① | 1958 年 9 月 ~ 1962 年 6 月 | 最高顶压 0.14MPa，换下时未吹漏 |
| | 第 2 套大钟① | 1962 年 6 月 ~ 1965 年 12 月 | 最高顶压 0.10MPa，换下时未吹漏 |
| | 第 3 套大钟② | 1965 年 12 月 ~ 1970 年 3 月 | 最高顶压 0.14MPa，换下时未吹漏 |
| | 第 4 套大钟② | 1970 年 4 月 ~ 1974 年 10 月 | 最高顶压 0.13MPa，1975 年 12 月已漏，更换前补焊 2 次，常压操作 |
| 2 号高炉 | 第 1 套大钟① | 1959 年 7 月 ~ 1963 年 12 月 | 最高顶压 0.12MPa，换下时未吹漏 |
| | 第 2 套大钟③ | 1963 年 12 月 ~ 1965 年 6 月 | 最高顶压 0.04MPa，换下时未吹漏 |
| | 第 3 套大钟② | 1965 年 8 月 ~ 1971 年 6 月 | 最高顶压 0.14MPa，1970 年 11 月吹漏，换前补焊 2 次 |
| | 第 4 套大钟② | 1971 年 6 月 ~ | 最高顶压 0.13MPa，至今仍完好 |
| 3 号高炉 | 第 1 套大钟② | 1969 年 4 月 ~ 1970 年 5 月 | 最高顶压 0.12MPa，换下时已严重变形，但大钟未吹漏 |
| | 第 2 套大钟④ | 1970 年 5 月 ~ 1971 年 5 月 | 最高顶压 0.13MPa，1970 年 10 月吹漏，换前补焊 1 次 |
| | 第 3 套大钟⑤ | 1971 年 5 月 ~ 1972 年 2 月 | 最高顶压 0.13MPa，1971 年 11 月吹漏，换前补焊 1 次 |
| | 第 4 套大钟⑤ | 1972 年 2 月 ~ 1973 年 3 月 | 最高顶压 0.13MPa，1972 年 12 月吹漏，换前补焊 1 次 |
| | 第 5 套大钟⑤ | 1973 年 3 月 ~ 1973 年 7 月 | 最高顶压 0.13MPa，1973 年 7 月吹漏后即更换 |
| | 第 6 套大钟⑤ | 1973 年 7 月 ~ | 最高顶压 0.13MPa，1973 年 4 月封炉后发现大钟、漏斗均吹漏，已补焊 2 次，顶压维持 0.08MPa |

续表 2

| 高　炉 | 钟　名 | 开始使用和更换时间 | 使用及损坏情况 |
|---|---|---|---|
| 4 号高炉 | 第 1 套大钟⑤ | 1970 年 9 月~1972 年 2 月 | 最高顶压 0.14MPa，1971 年 11 月发现吹漏，换前补焊，顶压维持 0.05MPa |
| | 第 2 套大钟⑤ | 1972 年 2 月~1973 年 4 月 | 最高顶压 0.10MPa，1973 年 12 月发现吹漏，换前补焊，顶压维持 0.05MPa |
| | 第 3 套大钟⑤ | 1973 年 4 月~1974 年 2 月 | 最高顶压 0.09MPa，换下时发现局部接触合金损坏，但未吹漏 |

①沈阳重型机器制造厂；

②富拉尔基重型机器制造厂；

③沈阳重型机器制造厂制造毛坯武钢焊合金；

④富拉尔基重型机器制造厂不合格品；

⑤武汉钢铁公司。

实践证明，这种双钟式的炉顶设备，不能适应 0.15MPa 以上的炉顶压力，除了大、小钟外，布料器密封、拉杆密封也承受不了。为进一步提高炉顶压力，炉顶设备结构必须改进。

1974 年武汉钢铁设计院、武汉钢院与炼铁厂合作进行了双钟双阀炉顶设备的模型试验。由于今后大修改造时斜桥的高度不易改变，必须在现有的高度内装上双钟双阀。模型试验结果表明，在不改变现有高度的条件下，可以将炉顶设备改为双钟双阀。改造后大钟寿命将大大延长，炉顶压力将提高至 0.15~0.20MPa。双钟双阀炉顶设备示意图见图 5。

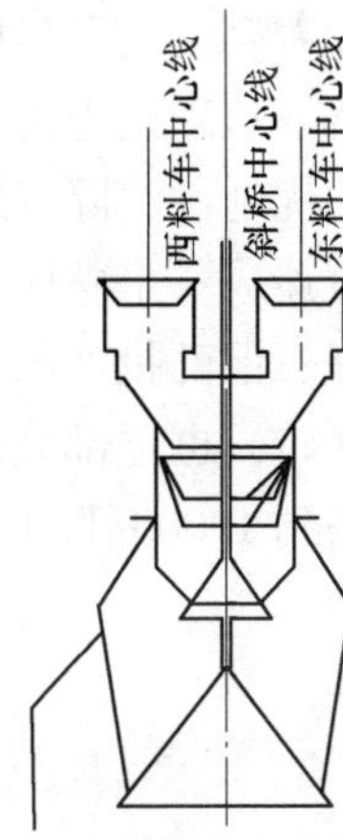


图 5　改进后双钟双阀炉顶设备示意图

## 5　高炉支撑结构

武钢 4 座高炉有两种支撑结构。1 号、2 号、3 号高炉是炉缸支柱式。4 号高炉取消了炉缸支柱，改为炉体 4 根支柱，取消了托圈。炉缸支柱的缺点是使用风口区过于狭窄，同时限制了风口数目。但由于托圈以上有炉身支柱，炉顶结构的重量被炉身支柱承受，与 4 号高炉相比也有优点。4 号高炉取消了炉缸支柱，风口区宽敞。但由于取消了托圈，炉身砖重全压在炉腰鹅头式冷却壁上面的炭砖上，高炉砖衬侵蚀后，炉身砖是不稳定的。1974 年 2 月 4 号高炉中修停炉过程中全部炉身砖衬塌落就是证明。这种现象 1 号、2 号、3 号高炉过去的大、中修中都没有过。由于炉顶设备和上升管等的重量都压在炉壳上，当砖衬严重侵蚀炉壳发红时就会造成炉壳变形、上升管下沉、炉喉钢圈变形倾斜，炉壳开裂等问题。4 号高炉中修前炉壳（第 7、8、9 段冷却壁区）严重变形下沉，东北上升管下沉开裂，中修时发现炉喉钢圈水平面已成波浪形。这些现象在 1、2、3 号高炉上都没有发生过。

虽然 4 号高炉支撑结构有这些问题，但我们不能再退回到 1 号、2 号、3 号高炉的炉缸支柱支撑结构上去。作者认为，如果取消托圈，采用自立式高炉，就必须采用厚壁炉腹。采用薄壁炉腹而取消托圈是不恰当的。作者建议应将现有的 4 根垂直支柱改为斜支柱，斜支柱在炉腰处构成大四方框架，保留托圈，将托圈用 8 个大吊挂挂在方框架上，方框架上立炉身支柱承受全部炉顶结构重量。这样的结构保留了 4 号高炉现用结构的优点，从而可以避免目前已发现的缺点（图 6）。

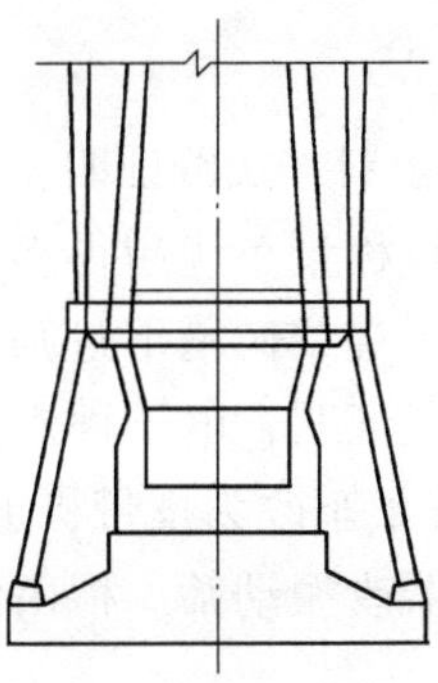

图 6　四斜柱高炉支撑结构示意图

炉身支梁式水箱对炉身砖衬有支撑作用。4 号高炉在炉身冷却壁以上有 2 层支梁式冷却水箱。中修停炉炉身砖全部塌落的事实证明，支梁式冷却水箱的支撑作用是有限度的。2 层支梁式冷却水箱是不够的，最少要装 3 层。此外，现在用的支梁式冷却水箱冷却效率太低，也应改进。

## 6　热风炉

武钢高炉热风炉都是两通式。1 号、2 号、3 号高炉热风炉蓄热室采用平板砖。4 号高炉蓄热室采用五孔砖。1 号、2 号、3 号高炉热风炉尚未大修过，只有个别热风炉因拱顶或燃烧室损坏进行过小修或中修。4 号高炉热风炉普遍发生燃烧室倒塌和蓄热室严重塌落，到现在 4 座热风炉都已修过 1 次。1 号、2 号、3 号、4 号高炉热风炉的风温都可达到 1100~1150℃。

两通式热风炉共同的缺陷，是燃烧室墙向蓄热室侧倾斜，在武钢热风炉上都存在。拱顶裂缝、或因砌筑质量不好而局部塌落，外部保温砖损坏引起热风炉外壳发红。10 多年来规定热风炉拱顶温度不低于 1300℃，就是为了保护拱顶。为进一步提高风温，提高拱顶温度，热风炉拱顶砖总厚度必须增加，在现有高铝拱顶砖外加 1 层轻质高铝砖和 1 层绝热砖是必要的。这样热风炉顶部必须扩大，即要在现有炉壳上加 1 个大帽子（图 7）。

4 号高炉热风炉五孔砖严重塌落主要原因是五孔砖外形尺寸公差太大，不能按要求错砌，而只能从下到上垛着砌，格子砖根本砌不紧。热风炉投产后蓄热室多次升降和水平位移，使蓄热室内产生空洞而造成塌落。从理论上讲，五孔砖应当比平板砖好。然而 4 号高炉的实践结果是五孔砖不如平板砖。为发挥五孔砖的优越性，除改进五孔砖的质量缩小尺寸公差外，五孔砖的外形应加以改进，便于咬砌（图 8），使蓄热室连成一个整体。外燃式热风炉比两通式热风炉优越，如能利用大修机会将两通式热风炉改为外燃式最好。但已投产的高炉由于场地的限制，大部分不具备改为外燃式热风炉的条件。如果采用上述改进的五孔砖，也可部分补救两通式热风炉的缺点，加上改进拱顶，高温区采用高铝砖等措施，热风温度也可提高到 1200℃以上。

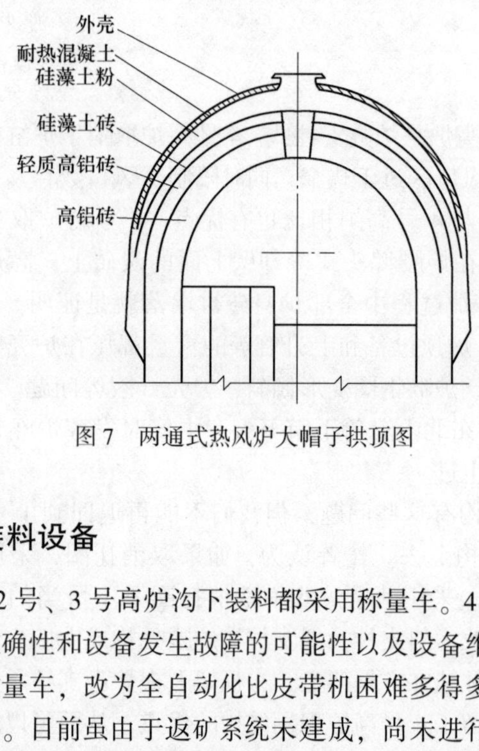


图 7　两通式热风炉大帽子拱顶图

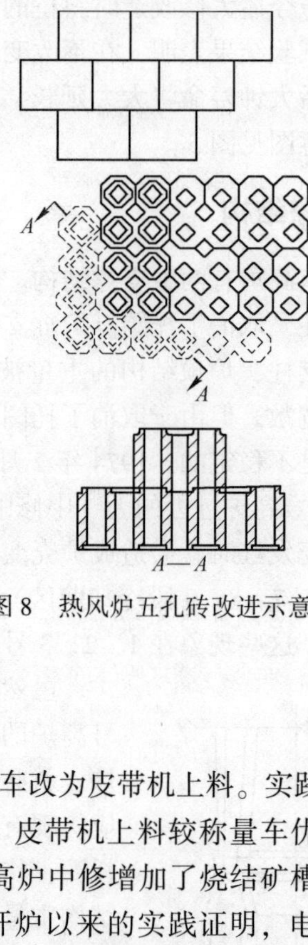


图 8　热风炉五孔砖改进示意图

## 7　沟下装料设备

1 号、2 号、3 号高炉沟下装料都采用称量车。4 号高炉取消称量车改为皮带机上料。实践证明，无论从装料的准确性和设备发生故障的可能性以及设备维修工作量来看，皮带机上料较称量车优越得多。使用转鼓的称量车，改为全自动化比皮带机困难多得多。1974 年 4 号高炉中修增加了烧结矿槽下过筛，改进了电子秤。目前虽由于返矿系统未建成，尚未进行过筛，但中修开炉以来的实践证明，电子秤皮带机上料设备是好的，比称量车好得多。因此，1 号、2 号、3 号高炉今后大修应取消称量车改为皮带机上料，为提高高炉产量，也应增加槽下烧结矿过筛。梅山铁厂试验成功用电磁振动给料器改振动筛。梅山的经验我们应当采取。

## 8　其他

武钢建设时原设计对以下问题是考虑不足的，如：原料运输系统和沟下装料系统的除尘、高温操作区域的通风与降温、繁重体力劳动的机械化、电气化与自动化、原料运输系统的集中操作和自动化、沟下装料系统的全自动化等。这些不足之处都要通过技术革新和科研在今后的改造中逐步解决。

## 9 结语

综上所述，作者认为在今后武钢高炉的设计中应考虑以下几点：

（1）用较薄的炭砖炉底代替目前的较厚的综合炉底。炉底总厚度由5600mm减至3200mm（其中炭砖厚度1600mm、高铝砖厚度1600mm），炉底水冷。炭砖炉缸，铁口渣口均砌高铝砖。这种结构不仅长寿，而且投资比综合炉底少。

（2）不增加风口数目，单纯扩大高炉容积，所得的增产效果是不明显的。扩大高炉容积必须增加风口数目。建议按“2×炉缸直径（m）+2”来计算风口数。两个渣口是足够的，扩大容积不必增加渣口。当高炉日产水平超过3000t时应考虑两个铁口。

（3）炉身以采用炭砖高密度黏土砖综合结构为佳。仍保留现在薄壁的炉腹，炉腰以上至炉身3/5为炭砖，其上为高密度黏土砖。为杜绝漏水以保护炭砖取消炉身冷却壁，改用炉壳外部喷水冷却。炭砖以上设3~4段支梁式冷却箱。这种结构比目前1号、2号、4号高炉的炉身结构投资要少，寿命要长。

（4）炉喉采用长条式钢砖。

（5）炉顶设备采用改进的双钟双阀式。

（6）逐步取消炉缸支柱，改用前述4个斜支柱的炉体支撑结构。

（7）4号高炉热风炉应改为外燃式。1号、2号、3号高炉热风炉，拱顶应改造为大帽子式。为弥补现在蓄热室砖的缺陷，建议采用改进的五孔砖（如上述）。热风管道系统应加以改进，并采用低级高铝砖。

（8）沟下装料设备应取消称量车，改为电子秤皮带机上料，并增加烧结矿槽下过筛，装料实现自动化。

（9）对灰尘区域的除尘问题，高温区域通风降温问题、繁重劳动的机械化、电气化问题以及生产过程的自动化、电子技术的采用等问题，在今后的设计中应加以充分考虑。

（原载《武钢技术》，1975（2）：38~46）

# 原料对高炉操作制度的影响

张寿荣

武钢高炉自 1958 年投产以来，技术操作上遇到炉缸堆积与烧结矿布料反常两大问题。在克服炉缸堆积与了解烧结矿布料规律的过程中对高炉操作制度之间的关系的认识逐步加深。

## 1　高炉炉缸工作状况（下部操作制度）

1961 年起高炉冶炼强度由 1.0t/(m³·d) 左右降至 0.6t/(m³·d) 以下，高炉炉况不顺，风口破损增多，铁水物理热不足，呈现明显的炉缸堆积。经过缩小风口进风面积、提高风速、减小矿石批重疏松中心等办法，炉况逐步好转。为研究炉缸工作状况，进行了风口取样，并测量了风口回旋区长度及取样管插入炉缸时所受的阻力。测试结果表明，风口回旋区过小时炉况大都不顺，有时插入 0.6~0.8m 时取样管所受阻力达 0.4~0.6t 以上。炉况正常时风口回旋区深度在 1.0~1.4m。炉缸煤气曲线因炉缸料柱状况而异。测试结果表明，风口回旋区大小与鼓风动能无明显关系。经过计算 $\frac{Q^2T_b}{AP_rWHN}$ 值，发现回旋区长度 $D$ 与 $\left(\frac{Q^2T_b}{AP_rWHN}\right)^{0.5}$ 有一定关系（图 1）。式中，$Q$ 为入炉风量，m³/min；$T_b$ 为风温，℃；$A$ 为风口进风面积，m²；$P_r$ 为风口风压，0.1MPa；$W$ 为炉料堆比重，kg/m³；$H$ 为风口以上料柱高度，m；$N$ 为风口数目，个。

$\frac{Q^2T_b}{AN}$ 代表风口鼓风动量($M$)，$P_rWH$ 代表风口平面上回旋区形成所受的阻力($R$)。由此推断风口鼓风动量是形成风口回旋区的推动力，而料柱在炉内的阻力则是限制风口回旋区形成的因素。风口回旋区长度 $D$ 是鼓风动量 $M$ 与所受阻力 $R$ 的函数，即 $D^2 = K\frac{M}{R}$。图 1 上各点离散度较大，因为 $P_rWH$ 不能完全代表阻力，尤其包括不了炉料粒度及炉料分布对阻力的影响。然而由此可得出结论：改善炉缸工作一方面要靠增大 $M$，另一方面要靠减小 $R$，既要改善下部操作制度也要从上部调剂及改善料柱透气性方面采取措施。

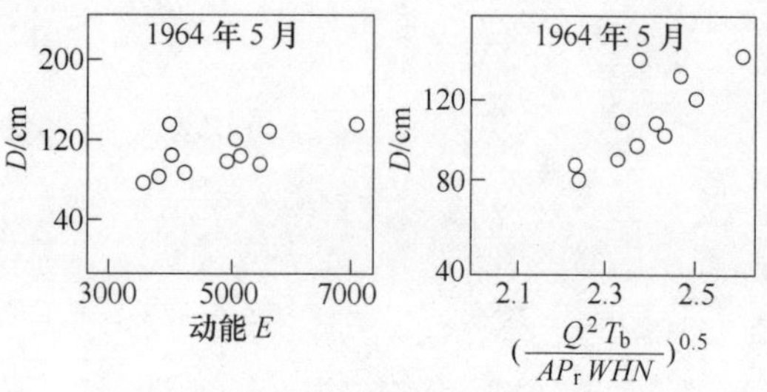


图 1　回旋区长度 $D$ 与鼓风动能 $E$ 和 $\left(\frac{Q^2T_b}{AP_rWHN}\right)^{0.5}$ 的关系

实际操作中利用上部调剂改善炉缸工作的例子很多。如 1964 年 11 月 19 日 1 号高炉炉况不顺，测得回旋区长度为 0.8m，炉喉煤气曲线中心重（图 2(a)）。将装料制度由全部“焦矿矿焦”改为“3 焦矿矿焦↓+2 焦焦矿矿↓”后，炉况好转。20 日测得回旋区为 1.06m。23 日炉缸煤气曲线为经典式，炉喉煤气曲线中心下降，风量增加 200m³/min（图 2(b)）。

顺便指出，炉缸煤气 $CO_2$ 含量与回旋区长度无关。用 $CO_2$ = 2%（体积分数）含量点确定回旋区长度是不正确的。

高炉风量水平是由炉料透气性决定的。透气性好时风量大，风口动量 $M$ 大，而允许高炉在布料上采取抑制煤气流的措施（加重边缘加大批重等）。采取这些措施虽使阻力 $R$ 增加，但由于 $M$ 增大仍能保持必要的风口回旋区长度使炉况工作正常。反之，如炉料透气性恶化风量减少，则必须缩小风口面积提高风口风速以保持必要的风口动量 $M$，同时也要从上部加以疏导以减少阻力 $R$ 才能保持炉缸工作正常。

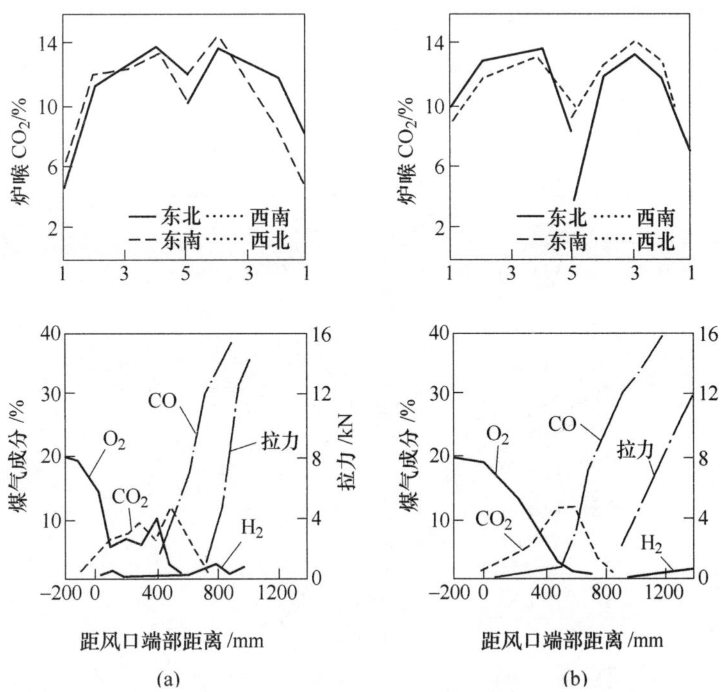


图 2　风口煤气成分和炉喉煤气曲线（体积分数）

（a）1964 年 11 月 19 日；（b）1964 年 11 月 23 日

造成炉缸堆积的主要原因之一是风量少，风口回旋区短，其根源大都是料柱透气性差。这在大高炉上表现尤为明显。武钢 4 号高炉（炉缸直径 10.8m）1970 年开炉后，由于烧结机未投产使用生矿质量差，风量少，炉缸堆积，风口烧坏多，产量低，生铁质量差，1972 年内共烧坏风口 750 个。1973 年三烧车间投产后情况开始好转，全年烧坏风口数减少到 479 个。1977 年 10 月中修后实现了烧结矿沟下过筛并用了 $7000m^3/min$ 风机，风口破损大为减少。1978 年全年总产铁量达到 140 万吨以上，有 6 个月平均日产 4000t 以上。由此可见改善炉料透气性对改善高炉炉缸工作的重要性。

## 2　武钢烧结矿布料特点（上部操作制度）

1959 年武钢高炉使用烧结矿后，发现其布料规律与传统观念不同：正装加重中心，同时略微加重边沿；倒装较强烈地疏松中心并发展边沿；半倒装发展边沿并加重中心，因而称为“布料反常”。为寻找原因，进行了操作中高炉的料面形状和下料速度的测量，测量了炉喉各点温度并取了矿石样；高炉开炉时进行了料面测量和料面解剖；并在 1：1 大模型中进行了研究。结果表明，烧结矿布料反常是在一次布料时形成的。烧结矿正装时，烧结矿堆角距炉墙较远而滚向中心，焦炭堆尖距炉墙较近堆角大滚向中心少，因而加重中心（图 3(a)）。烧结矿倒装时在从大钟落下过程中烧结矿产生超越现象，焦炭先落到料面滚向中心，其后是烧结矿与焦炭混合料落到料面将先落的焦炭挤向中心，最后烧结矿落在靠边沿的中间环带上并填进料面空隙（图 3(b)），所以疏松中心。半倒装时先落下的少量焦炭布在边沿，然后烧结矿与焦炭的混合料落在料面并滚向中心，其后烧结矿落在混合料上，最后是焦炭，所以疏松边沿加重中心（图 3(c)）。这是因为武钢烧结矿粒度小，粒度在 5mm 以下者占 20%~25%，5~10mm 者占 25%~35%，平均粒径 13~15mm（当量直径 6~7mm），而焦炭平均粒径 65mm（当量直径 55mm），因而堆角及落下轨迹差别大所致（表 1~表 3）。

**表 1　武钢烧结矿的粒度组成**

| 时　间 | 类　别 | 粒度组成/% | | | | | 平均粒径/mm | 当量直径/mm |
|---|---|---|---|---|---|---|---|---|
| | | >40mm | 40~25mm | 25~10mm | 10~5mm | <5mm | | |
| 1965 年 10 月 | 一烧① | 5.50 | 9.00 | 45.30 | 19.10 | 21.10 | 15.7 | 7.00 |
| 1979 年 5 月 | 一烧① | 8.65 | 7.71 | 30.66 | 27.83 | 25.15 | 15.1 | 6.28 |

续表1

| 时　间 | 类　别 | 粒度组成/% | | | | | 平均粒径 /mm | 当量直径 /mm |
|---|---|---|---|---|---|---|---|---|
| | | >40mm | 40~25mm | 25~10mm | 10~5mm | <5mm | | |
| 1976年3月 | 三烧① | 5.80 | 7.90 | 34.90 | 28.60 | 21.90 | 14.4 | 6.70 |
| 1978年7月 | 三烧② | 4.20 | 5.00 | 41.40 | 33.90 | 15.50 | 14.0 | 7.50 |
| 1979年5月 | 三烧② | 4.32 | 4.74 | 33.53 | 34.99 | 22.42 | 12.9 | 6.34 |

①未过筛；
②过筛。

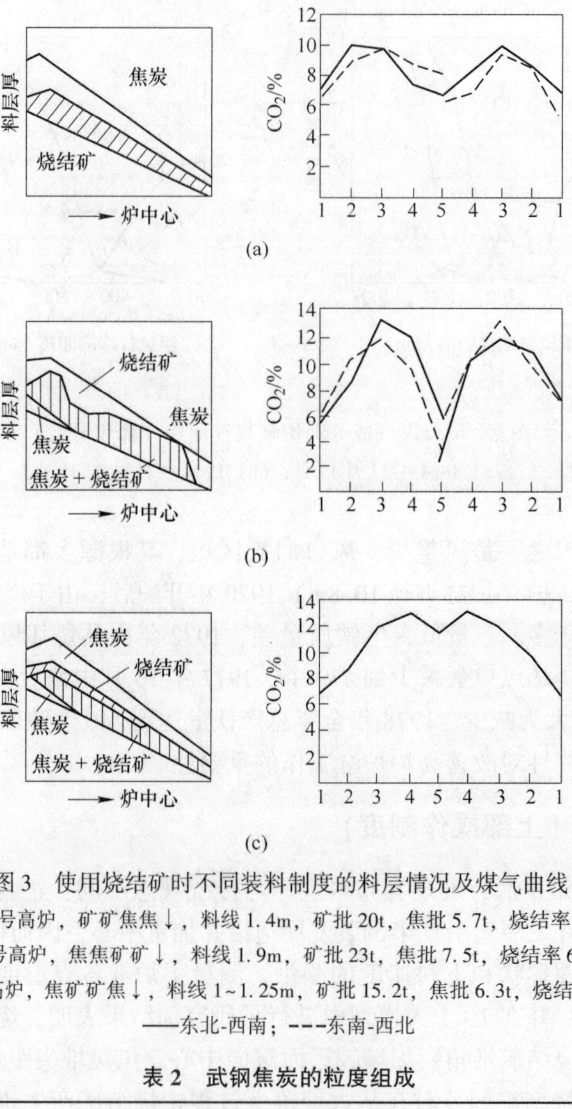


图3　使用烧结矿时不同装料制度的料层情况及煤气曲线

（a）2号高炉，矿矿焦焦↓，料线1.4m，矿批20t，焦批5.7t，烧结率75%；
（b）3号高炉，焦焦矿矿↓，料线1.9m，矿批23t，焦批7.5t，烧结率65.8%；
（c）1号高炉，焦矿矿焦↓，料线1~1.25m，矿批15.2t，焦批6.3t，烧结率76.5%
——东北-西南；---东南-西北

**表2　武钢焦炭的粒度组成**

| 时　间 | 粒度组成/% | | | | | 平均粒径 /mm | 当量直径 /mm |
|---|---|---|---|---|---|---|---|
| | >80mm | 80~60mm | 60~40mm | 40~25mm | <25mm | | |
| 1977年11月 | 26.9 | 38.5 | 27.6 | 4.9 | 2.1 | 65.4 | 55.6 |

**表3　武钢焦炭、块矿与烧结矿堆角测定结果**

| 类　别 | 料线/m | 焦炭 $\alpha_{炭}$ | 块矿 $\alpha_{矿}$ | 烧结矿 $\alpha_{烧}$ | 堆角比较 |
|---|---|---|---|---|---|
| 生产料面测量 | 1.125 | 27°46′ | 24°34′ | 21°45′ | $\alpha_{炭}>\alpha_{矿}>\alpha_{烧}$ |
| | 1.25 | 29°45′ | 15°52′ | 11°48′ | $\alpha_{炭}>\alpha_{矿}>\alpha_{烧}$ |
| | 1.50 | 27°59′ | 23°08′ | 19°22′ | $\alpha_{炭}>\alpha_{矿}>\alpha_{烧}$ |
| 1∶1模型试验 | 1.50 | 34° | 32° | 31° | $\alpha_{炭}>\alpha_{矿}>\alpha_{烧}$ |

既然武钢烧结矿“布料反常”是由烧结矿粒度小引起，只有烧结矿粒度组成有根本性改变后布料规律才能改变，而在未改变前只能按“反常”规律进行操作。武钢高炉装料制度多用倒装其原因就在于需

要疏松中心防止炉缸堆积。实践证明，不论冶炼强度高低都必须使炉喉 $CO_2$ 曲线中心低于边沿才有利于顺行和活跃炉缸。表 4 所列各高炉操作指标可以证明。

**表 4　武钢各高炉操作指标**

| 炉号 | 时间 | 平均日产量/t | 利用系数/$t\cdot(m^3\cdot d)^{-1}$ | 冶炼强度/$t\cdot(m^3\cdot d)^{-1}$ | 焦比/$kg\cdot t^{-1}$ | 熟料率/% | 矿石 Fe/% |
|---|---|---|---|---|---|---|---|
| 1 号 | 1966 年 11 月 | 2396.4 | 1.731 | 0.955 | 550.4 | 83.78 | 50.08 |
| 2 号 | 1966 年 11 月 | 2411.4 | 1.680 | 0.880 | 519.8 | 80.26 | 51.43 |
| 3 号 | 1978 年 3 月 | 2661.9 | 1.760 | 0.965 | 542.4 | 61.62 | 56.31 |
| | 1978 年 7 月 | 2550.0 | 1.685 | 0.818 | 477.4 | 72.63 | 56.08 |
| 4 号 | 1978 年 5 月 | 4294.0 | 1.707 | 1.003 | 544.7 | 90.96 | 53.98 |
| | 1978 年 9 月 | 4352.7 | 1.730 | 0.864 | 496.6 | 62.61 | 55.23 |

| 炉号 | 渣铁比/$kg\cdot t^{-1}$ | 风温/℃ | 炉顶压力/MPa | 热风压力/MPa | 装料制度及料线 |
|---|---|---|---|---|---|
| 1 号 | 778 | 1058 | 0.128 | 0.256 | 4 焦$_2$ 矿$_2$ ↓ +焦矿$_2$ 焦 ↓ 1.625m |
| 2 号 | 778 | 1075 | 0.131 | 0.262 | 4 焦$_2$ 矿$_2$ ↓ +<br>焦矿$_2$ 焦 ↓ 1.625~1.675m |
| 3 号 | 575.6 | 146 | 0.110 | 0.250 | 焦$_2$ 矿$_2$ ↓ 1.8~1.9m |
| | 578.6 | 1090 | 0.128 | 0.259 | 矿$_3$ ↓ 焦$_3$ ↓ 矿$_3$ ↓ 1.8m 焦$_3$ ↓ 1.25m |
| 4 号 | 水冲渣 | 1050 | 0.118 | 0.279 | 4 焦$_3$ 矿$_2$ ↓ +矿$_2$ ↓ 1.95m |
| | 水冲渣 | 1039 | 0.116 | 0.270 | 矿$_3$ 焦$_3$ ↓ 1.85~1.95m<br>矿$_2$ ↓ 矿 ↓ 焦$_3$ ↓ 1.25m |

| 炉号 | 矿石批重/t | 煤气 $CO_2$/% | | | 制钢铁/% | | 碱度 $CaO/SiO_2$ |
|---|---|---|---|---|---|---|---|
| | | 除尘器 | 边沿 | 中心 | Si | S | |
| 1 号 | 16 | 14.6 | 7.5 | 5.4 | 0.658 | 0.036 | 1.15 |
| 2 号 | 16 | 14.89 | 6.6 | 6.4 | 0.670 | 0.039 | 1.15 |
| 3 号 | 28~29 | 15.30 | 5.5 | 4.2 | 0.558 | 0.036 | 1.07 |
| | 38~39 | 18.00 | 10.9 | 8.2 | 0.519 | 0.025 | 1.11 |
| 4 号 | 约 36 | 14.60 | 5.6 | 4.6 | 0.527 | 0.021 | 1.04 |
| | 45~55 | 17.40 | 9.0 | 7.6 | 0.464 | 0.020 | 1.07 |

1977 年底 3 号、4 号高炉沟下烧结矿开始过筛，入炉烧结矿粉末减少 6%~10%。1978 年开始使用澳矿，渣量减少。此时，3 号、4 号高炉与提高冶炼强度的同时加大批重，并将装料制度由全倒装改为倒装加单矿和正分装，收到改善煤气利用降低焦比的效果。1978 年 10 月下旬起三烧烧结矿粒度在 10mm 以下部分增至 67%以上，3 号、4 号高炉均出现中心重（$CO_2$ 8%~10%），炉况不顺、悬料、崩料，而不得不增加倒装、减少分装、减小批重（矿石批重 3 号高炉由 38t 减至 22t，4 号高炉由 51t 减至 40t）。中心负荷减轻后顺行好转，但焦比升高产量下降。

由此可见，高炉上部操作制度是由原料特性决定的。而改进上部操作制度的关键在于改善炉料的透气性。

## 3　武钢炉渣特性（造渣制度）

武钢矿石中 $Al_2O_3$ 含量高，炉渣 $Al_2O_3$ 14%~15%。高炉投产初期，炉渣碱度 $CaO/SiO_2$ 维持 1.15~1.20，由于黏度高，炉温波动时引起不顺，冶炼低硫低硅铁困难，炉前清渣劳动繁重。1972 年起在烧结矿中加白云石，烧结矿强度改善，炉渣 MgO 由 5%提高到 10%~12%，流动性改善，脱硫能力提高，性能稳定。

1976~1977 年进行了实验室试验以确定武钢炉渣的适宜 MgO 含量。结果表明 MgO 以 9%~12%为佳。

根据生产数据统计 MgO 由 6%~7%提高到 10%~11%，炉渣脱硫能力指数 $K_{Si,S}\left(\frac{(S)}{[S]\sqrt{[Si]}}\right)$由 30~40 提高到 60~80（图 4）。由于使用高 MgO 渣，武钢高炉渣碱度由 1966 年以前的 1.15~1.20 降低到目前的 1.05~1.08。炼钢生铁含硅、硫明显降低，成分稳定性显著改善。此外必须指出，炉缸工作改善对冶炼低硅低硫生铁也有重要作用。而炉缸工作活跃的关键则在于改善料柱的透气性。

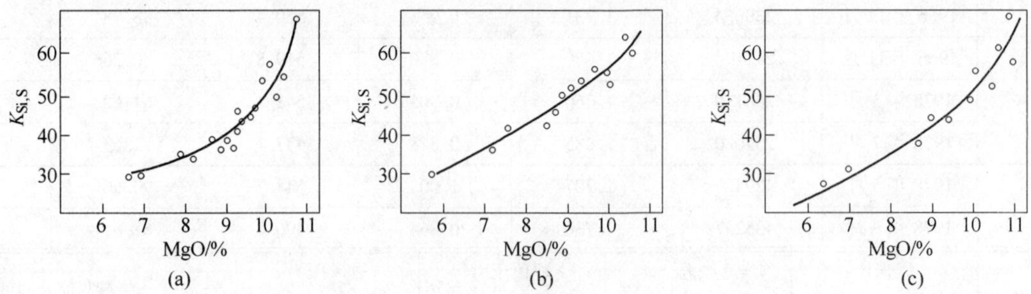


图 4　炉渣 MgO 含量与脱硫能力的关系$\left(K_{Si,S}=\frac{(S)}{[S]\sqrt{[Si]}}\right)$

（a）$CaO/SiO_2$ = 1.00~1.01；（b）$CaO/SiO_2$ = 1.03~1.04；（c）$CaO/SiO_2$ = 1.06~1.07

## 4　改善料柱透气性是改进高炉操作制度的中心环节

从上述例子可看出，高炉上下部操作制度是互相联系的。下部操作制度影响煤气分布（上部），上部操作制度也影响炉缸工作（下部），造渣制度影响透气性（煤气分布），炉缸工作又影响造渣制度。决定操作制度特点的则是炉料特性：粒度、强度、还原性、品位、脉石成分及结构等。由此可见，高炉技术操作必须以原料为基础。由于原料条件的不同，必然会出现高炉操作制度的多样化。在同一座高炉上，随着原料条件的变化其操作制度必须相适应地加以变化，才能获得较好的生产效果，这一点已为国内外许多高炉的实践所证实。那种认为可以不根据原料条件选择高炉操作制度的看法是脱离实际的，而认为对不同高炉，都可以找出一个标准操作制度的想法也是不对的。

武钢高炉的操作实践一再证明了改善炉料透气性的重要性。高炉的风量水平是由炉料透气性决定的。炉料透气性好，风量大，冶炼强度得以提高，此时风口鼓风动量大，料柱对风的阻力小，风口回旋区大，炉缸工作活跃，允许从装料制度上加重边沿负荷，改善煤气利用，提高炉身效率，获得低燃料比。高炉造渣制度直接影响高炉下部透气性，只有造渣制度合理且炉缸工作活跃时才能获得优质生铁，而炉缸工作是受炉料透气性制约的，这里又表现出炉料透气性对造渣制度的反作用。由此可见，改善炉料透气性是改善高炉操作制度的中心环节。

（原载《钢铁》，1980，15（4）：47~52）

# 碱金属与维护高炉合理操作炉型

张寿荣

高炉操作必须以原料为基础。其意义不仅仅在于只有抓好精料，高炉才能实现高效率生产——高产、优质、低耗、长寿，而是高炉操作制度必须根据其所使用的原料条件来确定。高炉操作制度能适应其原料特性时则可以达到正常生产或实现高效率生产。反之则不仅不能高效率生产甚至连正常生产都难达到。

对不同的原料条件选择适宜的操作制度必须经过反复试验与生产实践。走许多弯路，生产受损失常常是不可避免的。武钢烧结矿粒度偏小，粉末较多，矿石碱金属含量高，高炉碱负荷较高，吨铁约7kg。通过反复试验认识了小粒度烧结矿的布料规律，即称之为烧结矿布料反常。走了不少弯路最后选择了倒装为主的装料制度，使沿高炉断面边缘与中心都有适当发展的煤气流，且使中心气流强于边缘。在下部操作制度方面注意保持一定的风速与风口动能，并与上部操作制度相配合，保持必要的风口回旋区长度藉以防止炉缸堆积。在造渣制度方面则采用高MgO和较低的碱度$CaO/SiO_2$，以保持顺行和炉渣的良好流动性与脱硫能力。武钢采用上述操作制度是武钢原料特性所决定的。

## 1　3号高炉结瘤的教训

1977年末3号、4号高炉相继实现了烧结矿沟下过筛，入炉粉末（小于5mm部分）减少。炉料透气性改善后高炉冶炼强度提高，焦比降低。为降低焦比1978年6月份在3号高炉进行正分装（矿矿↓焦焦↓）装料制度的试验取得煤气利用改善、$CO_2$升高与燃料比下降的效果。其后又将正分装推广到4号高炉，也取得同样效果。3季度后原料条件变化，烧结矿小粒度部分增多。3号、4号高炉顺行普遍变差，崩料、悬料增多。不得已将装料制度改变为以倒装为主并缩小了批重。其后3号、4号高炉的生产水平都比1978年下降。3号高炉炉身中下部结瘤，炉瘤体积达$180m^3$。1979年9月炸除炉瘤。但因为炉瘤形成时炉型遭到破坏，虽炸除了炉瘤生产情况仍不好。经过半年多的调整，生产才恢复到1978年结瘤前的平均水平（图1）。4号高炉虽未结瘤，但也形成炉身不均匀侵蚀。1979年内月平均日产水平未超过4000t。经过1980年的调整，3季度后才有好转，9月份平均日产量恢复到4000t以上（图2）。

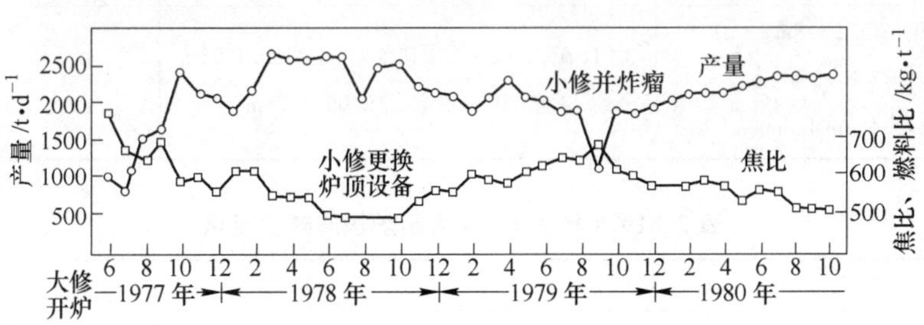


图1　武钢3号高炉产量、焦比的变化

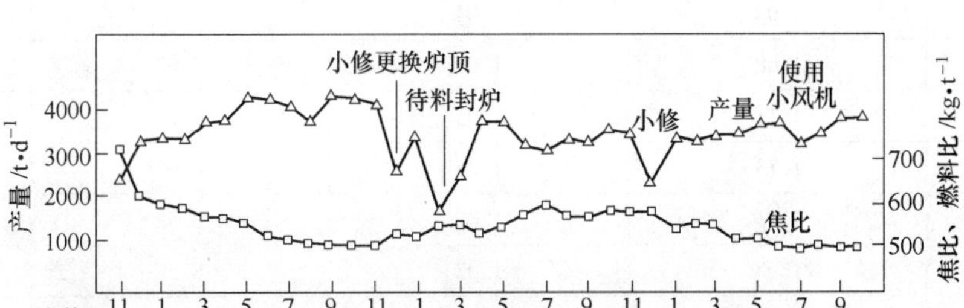


图2　武钢4号高炉产量、焦比的变化

分析 3 号、4 号高炉两年多来的生产变化，归结到一点，即所采用的操作制度与原料条件不相适应。沟下烧结矿实现过筛后究竟允许高炉装料制度边缘加重到何等程度心中无数。因而导致边缘负荷过重气流不足，产生局部管道，使炉墙结厚而最终结瘤。3 号、4 号高炉相比，3 号高炉受损失较大，4 号高炉受损失较少。其原因在于：

(1) 3 号高炉加重边缘时间较长而 4 号高炉加重边缘时间较短。3 号高炉用正分装比 4 号高炉早。4 号高炉在出现不顺后改变装料制度较快。3 号高炉在悬料较多的情况下未及时改变装料制度。3 号高炉边缘负荷比 4 号高炉重（表 1）。

(2) 4 号高炉炉渣碱度比 3 号高炉低（表 2）。

3 号高炉边缘负荷较重，边缘温度较低，炉渣碱度高，在武钢原料粉末多和碱金属负荷较高的情况下，这都是有利于炉墙黏结以致形成炉瘤的主要因素。

**表 1　1978 年 3 号、4 号高炉装料制度和边缘煤气 $\varphi(CO_2)$ 变化**

| 月份 | 装料制度 | | 边缘煤气 $CO_2$/% | |
|---|---|---|---|---|
| | 3 号 | 4 号 | 3 号 | 4 号 |
| 5 | 焦$_3$矿$_2$↓1.8m 1.9m | 4 焦$_3$矿$_2$↓+矿$_2$↓焦$_3$矿$_2$+矿$_3$ 1.95m | 7.0 | 5.6 |
| 6 | 矿$_3$↓焦$_3$↓1.8m 1.25m | 4 焦$_3$矿$_2$↓+矿$_2$↓1.95m | 10.3 | 6.4 |
| 7 | 矿$_3$↓焦$_3$↓1.85m 1.25m | 4 焦$_3$矿$_2$↓+矿$_2$↓1.95m 1.25m<br>矿$_3$焦$_3$↓1.85m 1.25m | 10.9 | 6.4 |
| 8 | 矿$_3$↓焦$_3$↓1.8m 1.0m | 矿$_3$↓焦$_2$↓1.75m 1.25m<br>矿$_3$↓焦$_3$↓1.85m 1.25m | 10.1 | 7.2 |
| 9 | 矿$_3$↓焦$_3$↓1.7~1.9m 1.0m<br>矿$_2$↓矿↓焦$_3$↓<br>1.65~1.9m 1.25m<br>焦$_3$↓矿$_2$↓1.8m | 矿$_2$↓矿↓焦$_3$↓1.95m 1.25m<br>矿$_3$↓焦$_2$↓1.95m 1.25m | 10.4 | 8.9 |
| 10 | 焦$_3$↓矿$_2$↓1.8m<br>矿$_3$↓焦$_3$↓1.6m 1.0m<br>3 矿$_2$↓焦$_2$↓+2 焦$_2$矿$_2$ 1.7m 1.0m | 矿$_2$↓矿↓焦$_3$↓2.07m 1.25m<br>3 矿$_2$↓矿↓焦$_3$↓+2 焦$_2$矿$_2$<br>1.96m 1.25m | 9.35 | 8.7 |
| 11 | 3 矿$_2$↓焦$_3$↓+2 焦$_3$矿$_2$↓<br>1.7m 1.0m<br>矿$_2$↓焦$_2$↓1.7m 1.0m<br>焦$_2$矿$_2$↓1.8m | 3 矿$_2$↓矿↓焦$_3$↓+2 焦$_2$矿$_2$↓1.8m 1.25m<br>4 矿$_2$↓矿焦$_3$↓+焦$_2$矿$_2$<br>1.8m 1.25m | 9.22 | 8.4 |
| 12 | 焦$_2$矿$_2$↓1.8m<br>3 焦$_2$矿$_2$↓+2 矿$_2$↓<br>焦$_2$↓1.7m 1.0m | 3 焦$_2$矿$_2$↓+2 矿$_2$↓矿↓焦$_3$↓2.1m 1.25m<br>4 焦$_3$矿$_2$↓+矿$_2$↓2.0m 1.25m | 8.15 | 7.33 |

**表 2　1978 年 3 号、4 号高炉炉渣碱度变化**

| 月　份 | $CaO/SiO_2$ | | MgO/% | |
|---|---|---|---|---|
| | 3 号 | 4 号 | 3 号 | 4 号 |
| 5 | 1.08 | 1.04 | 7.40 | 7.90 |
| 6 | 1.08 | 1.04 | 7.62 | 8.09 |
| 7 | 1.11 | 1.05 | 7.65 | 8.34 |
| 8 | 1.13 | 1.06 | 8.05 | 8.41 |
| 9 | 1.11 | 1.07 | 8.58 | 8.67 |
| 10 | 1.08 | 1.07 | 8.58 | 8.67 |
| 11 | 1.08 | 1.06 | 9.24 | 9.67 |
| 12 | 1.05 | 1.06 | 8.38 | 9.18 |

## 2　武钢高炉的碱金属

碱金属对高炉的危害已为高炉工作者所普遍认识。其所以造成危害在于在高炉内形成积累。如果装入高炉的碱金属能顺利排出则不会造成危害。武钢高炉内的碱金属主要来自人造富矿和焦炭。表 3 和表 4 列出 3 号、4 号高炉碱金属收支情况。

**表 3　3 号高炉吨铁碱金属收支情况**（1980 年 10 月 15 日）

| 收入 | | | | 支出 | | | |
|---|---|---|---|---|---|---|---|
| 原料名称 | 单耗/kg | 碱金属量/kg | | 原料名称 | 单耗/kg | 碱金属量/kg | |
| | | $K_2O$ | $Na_2O$ | | | $K_2O$ | $Na_2O$ |
| 烧结矿 | 1561.4 | 3.90 | 2.03 | 炉　渣 | 471 | 4.99 | 2.26 |
| 澳　矿 | 124.2 | 0.03 | 0.10 | 炉　尘 | 24.3 | 0.11 | 0.03 |
| 海南矿 | 88.7 | 0.11 | 0.03 | 洗涤塔水 | 7778 | 0.62 | 0.14 |
| 焦　炭 | 513 | 0.69 | 0.69 | | | | |
| 煤　粉 | 48.6 | 0.17 | 0.12 | | | | |
| 合　计 | | 4.90 | 2.97 | 合　计 | | 5.72 | 2.43 |
| 收支差值：4.90kg+2.97kg−5.72kg−2.43kg=−0.28kg | | | | | | | |

**表 4　4 号高炉吨铁碱金属收支情况**（1980 年 3 月）

| 收入 | | | | 支出 | | | |
|---|---|---|---|---|---|---|---|
| 原料名称 | 单耗/kg | 碱金属量/kg | | 原料名称 | 单耗/kg | 碱金属量/kg | |
| | | $K_2O$ | $Na_2O$ | | | $K_2O$ | $Na_2O$ |
| 烧结矿 | 1451.3 | 2.3 | 3.33 | 炉　渣 | 470 | 1.50 | 3.39 |
| 球团矿 | 69.8 | 0.11 | 0.17 | 炉　尘 | 21.1 | 0.04 | 0.10 |
| 澳　矿 | 239.4 | 0.07 | 0.03 | 洗涤塔水 | 5328 | 0.52 | 1.60 |
| 石灰石 | 42.1 | 0.009 | 0.003 | | | | |
| 焦　炭 | 554.5 | 0.47 | 0.47 | | | | |
| 煤　粉 | 19.2 | 0.04 | 0.04 | | | | |
| 合　计 | | 3.02 | 4.04 | 合　计 | | 2.06 | 5.09 |
| 收支差值：3.02kg+4.04kg−2.06kg−5.09kg=−0.09kg | | | | | | | |

碱金属平衡很难做到计算结果为收支相抵，取样很难做到有充分代表性是不平衡的原因之一。由于碱金属在高炉内能够积累，且有时又可将积累排出。收入多于支出、支出多于收入的情况都可能出现。

装入高炉的碱金属一部分随炉渣排出，一部分形成挥发物随煤气及炉尘排出。靠炉渣排碱是主要的。国内外的高炉实践都证明了采用低炉渣碱度操作对排碱有利。图 3 是武钢 3 号高炉炉渣碱度 $CaO/SiO_2$ 与碱金属含量的关系。从图 3 可以看出炉渣碱度 $CaO/SiO_2$ 由 1.05 提高到 1.15，碱金属质量分数降低约 30%。炉渣带出的碱金属多则形成碱金属气挥发的就少，从而造成碱金属在炉内积累的就少。实验室试验得到的数据证明：炉渣碱度 $CaO/SiO_2$ 愈高，碱金属挥发愈多，炉渣排碱愈少，与生产结果一致（图 4）。武汉钢铁学院进行的实验室测定指出，用 MgO 代替 CaO，降低 $CaO/SiO_2$ 值可以减少碱金属的挥发，有利于炉渣排碱（图 5）。武钢在 20 世纪 60 年代以前炉渣碱度 $CaO/SiO_2$ 维持1.15~1.20，常常引起炉况不顺且炉渣脱硫能力低。1972 年以后逐渐提高炉渣 MgO 含量，降低碱度 $CaO/SiO_2$ 至 1.05 左右不仅对高炉顺行有利，且很容易地冶炼出低硅低硫生铁。其所以如此，与武钢高炉碱金属负荷高有一定关系。

碱金属气在高炉炉身低温处凝聚是高炉内碱金属积累的基本原因。如果高炉布料边缘负荷过重，边缘气流不足，炉墙温度低，则为碱金属的积累创造了条件。为防止碱金属的积累，在装料制度上采取措施，保持适当发展的边缘煤气流是非常必要的。

加拿大 Dofasco 厂原料碱金属含量高。他们采取的办法是降低炉渣碱度排碱，生铁含硫高采用炉外脱硫。结果是高炉产量增加、燃料比下降。他们认为这种做法是成功的。

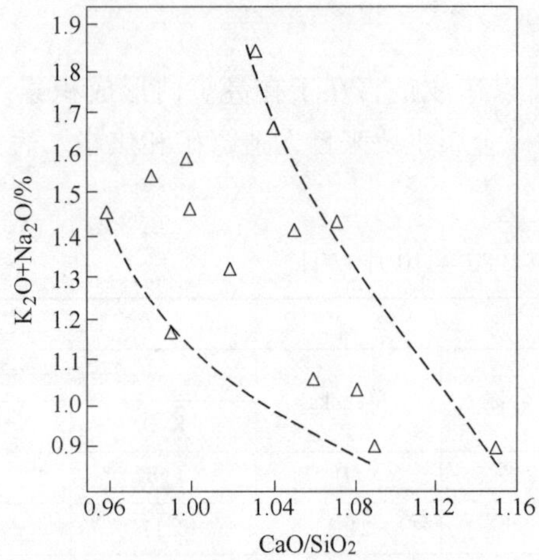


图 3　炉渣碱度与碱金属含量的关系

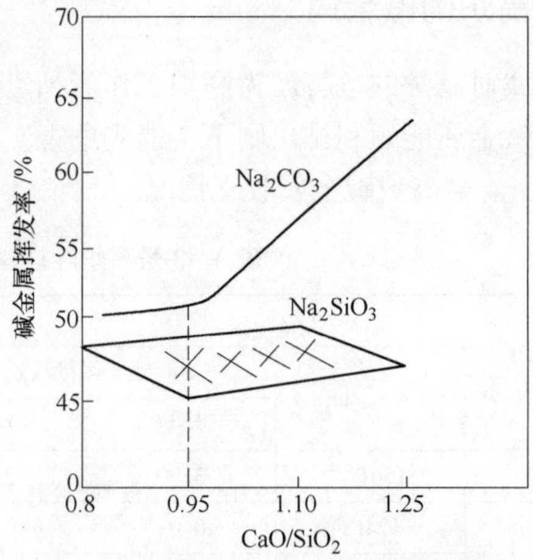


图 4　炉渣碱度对碱金属挥发的影响

## 3　造成结瘤的诸因素

1979 年 3 号高炉炸瘤是在冷却壁间隙中开孔装炸药，没有取到炉瘤试样，不可能了解炉瘤的碱金属含量。1978 年 1 号高炉大修时曾对炉身渣壁和残余砖衬进行了取样化验，发现残余砖衬中碱金属含量相当高（图 6），且其含量与高度有一定关系。由 1 号高炉的取样结果可以推测 3 号高炉炉瘤碱金属含量也相当高。对 3 号高炉来讲，碱金属是造成结瘤的因素之一。

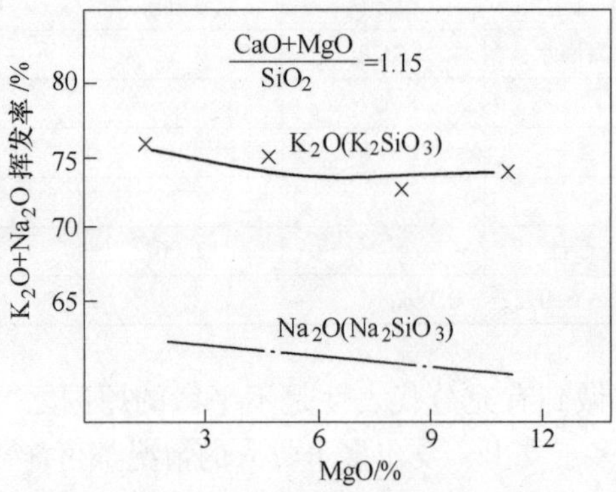


图 5　以 MgO 替代 CaO 对碱金属挥发的影响

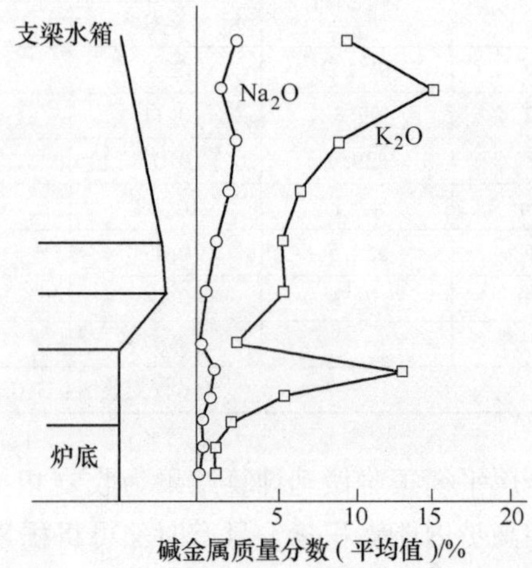


图 6　1 号高炉沿炉体高度碱金属含量的变化

是不是结瘤都是由碱金属引起？碱金属是可能引起结瘤的因素之一，但不是唯一的因素。1953～1954 年鞍钢高炉频繁结瘤，特别是 1954 年，当时有 5 座高炉生产，差不多 1 个月就要有 1 座高炉休风炸瘤。当时高炉炉身结构为冷却板，炸瘤时取样方便，曾对不同高炉不同部位的炉瘤取了试样并进行了化验。有的炉瘤碱金属含量高，有的碱金属含量低。现将部分化验结果列入表 5。

**表 5　20 世纪 50 年代鞍钢高炉炉瘤化学成分**　（%）

| 炉　别 | 取样地点 | TFe | MFe | FeO | $Fe_2O_3$ | $SiO_2$ |
|---|---|---|---|---|---|---|
| 1 号（1952 年 3 月） | 东西钢砖下 1.4m 外壳，距炉皮 1.1m | 65.8 | 60.40 | 6.47 | 2.12 | 16.40 |
| | 东西钢砖下 1.4m 外壳，距炉皮 0.9m | 51.55 | 25.70 | 20.98 | 13.66 | 18.58 |
| | 东西钢砖下 1.4m 外壳，距炉皮 0.9m | 58.70 | 42.70 | 15.88 | 5.85 | 19.34 |
| | 炉瘤内，距炉皮 0.9m | 42.00 | 29.46 | 15.09 | 1.17 | 26.02 |

续表 5

| 炉　别 | 取样地点 | TFe | MFe | FeO | $Fe_2O_3$ | $SiO_2$ |
|---|---|---|---|---|---|---|
| 4 号（1953 年） | 瘤壳，炉瘤上部距炉墙 1.2m | 65.57 | 58.59 | 5.75 | 3.59 | 14.78 |
| | 瘤内部 | 46.97 | 19.51 | 31.83 | 3.82 | 11.88 |
| | 瘤　壳 | 71.96 | 68.56 | 2.73 | 0.84 | 11.52 |
| | 瘤内部 | 25.47 | 21.00 | 5.55 | | 19.08 |
| | 瘤　根 | 80.96 | 75.22 | 6.74 | 0.73 | 8.40 |
| | 瘤　壳 | 43.28 | 40.89 | 2.08 | 1.10 | 20.36 |
| | 瘤内部 | 57.86 | 49.64 | 8.48 | 2.27 | 16.30 |

| 炉　别 | $Al_2O_3$ | CaO | MgO | $Na_2O+K_2O$ | C | MnO |
|---|---|---|---|---|---|---|
| 1 号（1952 年 3 月） | 1.64 | 5.26 | 0.36 | 2.06 | 0.54 | 0.54 |
| | 2.10 | 8.48 | 0.50 | 1.77 | 0.283 | 6.34 |
| | 1.34 | 6.17 | 1.15 | 2.21 | 0.829 | 0.66 |
| | 12.64 | 6.44 | 0.50 | 2.58 | 0.182 | 1.74 |
| 4 号（1953 年） | 2.66 | 4.59 | 1.88 | 6.77 | | 0.82 |
| | 2.06 | 3.70 | 2.33 | 0.49 | | 0.74 |
| | 3.47 | 3.36 | 0.92 | 7.70 | | 0.58 |
| | 5.52 | 14.95 | 3.55 | 11.90 | | 3.24 |
| | 2.09 | 3.30 | 1.52 | 2.63 | | 0.85 |
| | 5.22 | 10.75 | 3.76 | 15.26 | | 1.48 |
| | 2.66 | 7.34 | 1.77 | 7.28 | | 0.50 |

从表 5 炉瘤化学成分可以看出，碱金属并不是当时结瘤的主要原因。当时的情况是原料条件变差，铁分下降，渣量增加到 900~1000kg/t。为了保持原有的产量水平，期望将高炉冶炼强度提高到 1.1t/$m^3$ 以上来弥补焦比升高的损失。这个操作方针是不符合实际的。主观背离了客观条件造成高炉频繁结瘤。其后，总结了结瘤的教训，认识到高炉风量必须与原料透气性相适应这一基本原理，改变了单纯盲目追求冶炼强度的操作方针。高炉频繁结瘤的局面得到彻底扭转。引起结瘤的因素很多，如原料强度差，粉末多，焙烧温度低，碱金属或锌、$Al_2O_3$ 等杂质含量高，设备缺陷、高炉操作制度选择不当都可引起结瘤。高炉结瘤是许多因素综合造成的，而要防止结瘤也必须从多方面采取措施。从以上的分析可以这样说：高炉结瘤并非都是由碱金属引起；另一方面，原料碱金属负荷高也不一定非结瘤不可。克服碱金属危害的根本措施是用选矿方法除去。但在选矿除去条件不具备时，也有可能在操作工艺上加以适应，使高炉达到正常生产。这时可能技术指标差一些，但不至于频繁结瘤。

## 4　维护合理操作炉型是高炉上下部调剂的基本任务之一

高炉上、下部调剂的任务是根据高炉原料特性，在设备允许条件下，选择适当的操作制度（包括装料制度、送风制度及造渣制度），使高炉达到高产、优质、低耗、长寿。由于条件不同，高产、优质、低耗、长寿是相对的。对于这一点已为广大高炉工作者所认识。但如何使高炉长期稳定保持高效率生产，对大多数高炉来说问题并没有完全解决。如前面提到的武钢 3 号、4 号高炉在大修或中修之后都有一段生产较好的时期，但不久就保持不住而下降。原料条件不稳定是原因之一。然而尤其重要的是操作炉型受到破坏而限制了高炉的生产水平。除武钢外，国内也有某些高炉在大修或中修后生产创先进水平，但先进水平保持时间不太长，有的一二年后即开始下降，有的甚至每况愈下，只能等到再次大、中修后才能高效率生产。究其原因，最主要的就是我们在选择高炉操作制度时只注意一个时期的生产水平，而忽视了维持高炉合理操作炉型。国外有不少高炉长期维持高效率生产的典型。图 7、图 8 举出日本君津 3 号高炉及苏联契钢 4 号高炉的例子。它们产量水平是稳定的，燃料消耗是稳定并趋向下降的。它们原料稳定是重要因素。此外，注意炉型维护也是一个原因。我们在研究高炉上下部调剂时不仅要着眼于高炉一个时期的高产优质、低耗，而要看得更远些，努力使高炉一代稳定地达到高产、优质、低耗、长寿。而要做到这一点，就必须维护好合理的高炉操作炉型。因此，必须把维护高炉合理操作炉型作为高炉上、下部调剂的基本任务之一。

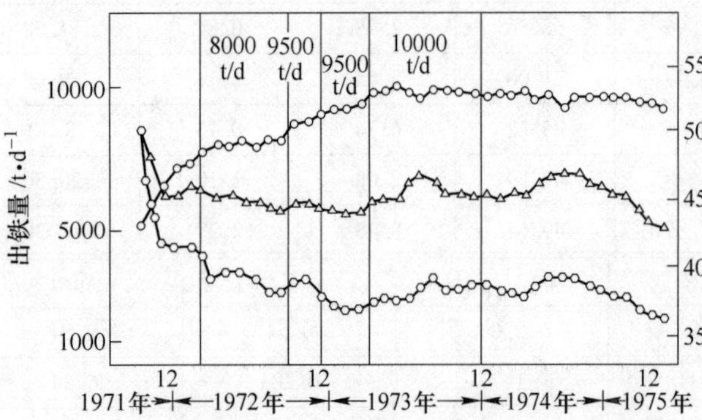


图 7　君津 3 号高炉焦比、燃料比和出铁量的变化

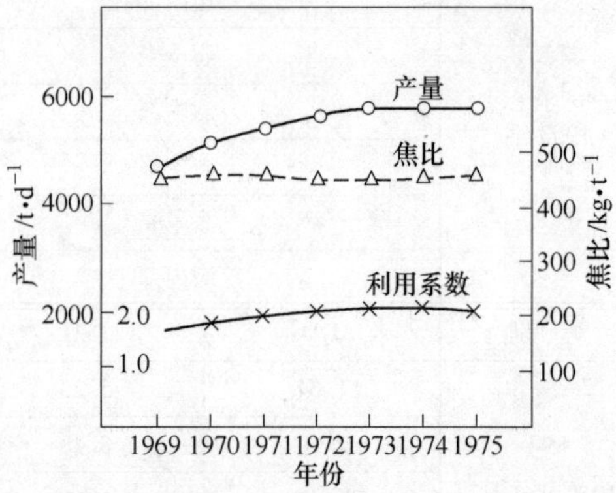


图 8　契钢 2700m³ 高炉产量、焦比和利用系数的变化

（原载《武钢技术》，1981（2）：1~7）

# 武钢高炉炉身结构及寿命分析

张寿荣　张世爵

武钢4座高炉（容积分别为1386m³、1436m³、1513m³、2516m³）炉身寿命一般仅3~4年，一代炉役中需要进行2~3次中修。因此炉身下部和炉腰是目前武钢高炉寿命短的关键部位。

影响炉身寿命的原因很多，如原燃料条件、冷却结构和冷却方式、内衬材质、操作和维护等，且互相制约，本文侧重讨论结构问题。

从1958年1号高炉建成投产到1984年4号高炉大修，按炉身冷却器的结构形式大体可分为3种类型：第1类为全部支梁式冷却箱结构（炉腰部分为4层冷却板）；第2类为冷却壁加支梁式冷却箱结构；第3类为全部冷却壁结构。其具体结构见图1。

## 1　结构和寿命分析

### 1.1　全部支梁式冷却箱结构

武钢1号、2号、3号高炉第一代均采用此种结构形式（图1(a)），炉身为厚炉墙黏土砖内衬。5个炉代的炉身寿命为50~90个月，产铁183万~346万吨，低冶炼强度操作（0.55~0.70t/(m³·d)）。从使用效果看，炉身寿命似乎不算太短，但实际状况是在大、中修开炉后1年左右，炉身下部砖衬即被侵蚀殆尽。随之表现为煤气流分布不稳，炉况失常增多，生产指标下降。1965年1号、2号高炉分别进行了中修和大修，1966年2座高炉焦比、冶炼强度等主要技术经济指标，都创历史最好水平。但开炉后1年左右冷却板又开始烧坏，此后随着砖衬侵蚀，冷却器破损增多，炉皮发红，后期被迫炉皮喷水。由于这种结构本身冷却效率低，又是点阵冷却，对砖衬的冷却呈不均匀状态。再则冷却箱插入炉墙较深，前部砖衬一旦被侵蚀就呈孤立犬牙状凸出，势必容易烧坏。

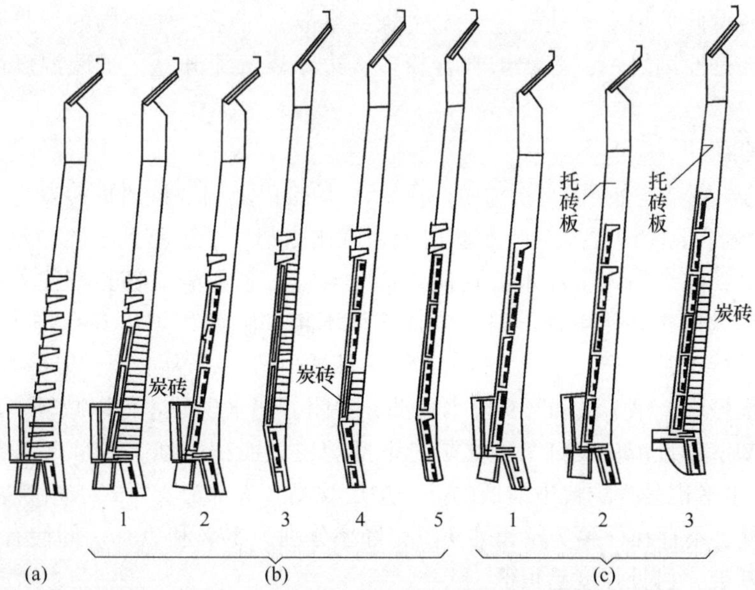


图1　炉身结构示意图

从砖衬材质看，黏土砖的抗渣、抗碱侵蚀性能都较差。已经查明，武钢高炉原燃料中碱负荷达8~

9kg/t。在 1973 年之前，为保证脱硫效果而采取了较高炉渣碱度的操作，导致大量碱金属在炉内的富集循环，这是造成耐火砖迅速侵蚀的重要原因之一。1977 年前没有槽下过筛设施，烧结矿粉末多，为维持顺行，边缘气流较为旺盛，炉墙温度高，促使碱金属在炉衬中富集，加快了炉衬侵蚀速度，导致炉身内衬寿命大为缩短。另外冷却箱烧坏漏水，往往不易及时发现，因此多次引起炉凉渣黑和生铁出格。再从 1 号高炉 1983 年中修看，3 层经改进的铸钢空腔式支梁水箱，尽管个个完好，但炉身上部砖衬仍不能稳固存在。它的托砖功能也很有限。据此，武钢已不采用这种结构。

### 1.2 支梁式冷却水箱加冷却壁结构

此类结构如图 1(b) 所示，又可分成有炉腰托圈和无炉腰托圈两大类。

#### 1.2.1 带炉腰托圈

根据炉身冷却壁和砖衬的不同，又可分为下面两种：

(1) 光面冷却壁配合炭砖内衬（图 1(b) 中的 1）。1970 年 1 号高炉中修时采用了这种结构，用工业水冷却。使用情况表明，这种结构形式寿命较长。1973 年底开始出现冷却壁破损。炭砖在炉身下部维持大约 3 年半时间。1975 年下半年，冷却壁破损加剧，说明砖衬已不复存在，冷却壁亦已至暮年。1978 年 10 月停炉大修。一代炉身寿命达 8 年半。在此期间，炉顶压力较高，特别是 1973 年年平均压力达到了 121.5kPa，这表明炉身密封性能良好。分析其寿命较长原因：首先是炉身下部使用炭砖内衬配合光面冷却壁加强冷却，有效地降低了砖衬温度。1978 年前 1 号高炉的原料条件也差，非计划封炉次数多，给炉体维护增加不少困难。但由于碳素材料具有良好的导热性、高温强度以及较强的抗碱金属和耐渣铁侵蚀能力，因此它在炉身的服役时间比一般黏土砖要长得多。据 1 号高炉破损调查中观测，炉腰托圈上还残存两层炭砖，紧贴冷却板的一层砖尚有 600mm 厚，其上层炭砖断面呈三角形，在残砖上并积有 400~600mm 厚的渣皮。经过 8 年半仍有炭砖幸存，充分显示了它的优越性能。

其次，炉腰托圈对上部砖衬有很好的支托作用，在结构上增强了砖衬的稳固性。从大修停炉观测：3 层支梁式水箱破损 50%以上，第 8 段冷却壁有 8 块完整，第 7 段冷却壁有 13 块较好，而位于炉腰托圈处的第 6 段冷却壁全部完好无缺，这是由于托圈以上的炭砖和渣皮保护了冷却壁不受高温直接侵袭的结果，从而大大降低了冷却壁表面温度，避免了铸件内铁的晶体转变，使其能保持固有的强度，同时可减小构件本身的温度应力。

(2) 镶砖冷却壁配高铝砖内衬（图 1(b) 中的 2）。1971 年 5 月，2 号高炉中修采用了此种结构，但效果不好。同年 12 月炉腰托圈处冷却板开始烧坏。表明该部位砖衬被迅速侵蚀掉。1973 年末从冷却箱中间打孔探测已数处无砖。此后炉皮多处鼓包并发生烧穿事故，可见这种结构的炉身寿命更短。炉身使用普通高铝砖抗碱性能差是原因之一，其次炉料含粉多，边缘煤气流旺盛，炉墙温度高，加剧了碱金属对砖衬的侵蚀。

#### 1.2.2 无炉腰托圈

4 号高炉新建时的炉身结构如图 1(b) 中的 3 所示。炉腰以上为 3 段光面冷却壁，由第 6 段冷却壁顶部钩头（凸台）支托炉身下部 19 层炭砖。炉腹以上为汽化冷却。开炉不到 1 年，汽化冷却便出了不少问题，特别是检漏不过关，向炉内大量漏水，致使风口大套、二套和渣口各套都往外淌水，渣铁冷凝，炉缸严重堆积，大量烧坏风口，并使生铁出格，以致不得不将炉缸部位炉皮开孔排水，水往外喷出 1m 多远。由于漏水，无法维持正常生产，因此于 1972 年 2 月被迫改气冷为水冷，但冷却壁烧坏仍难以控制。后将第 8 段冷却壁全部停用，第 7 段和第 9 段水管部分关闭，漏水现象才得以减轻。1973 年 1 月炉皮温度显著升高，第 8 段冷却壁部位炉皮发红，随之炉身下部炉皮大面积发红。1974 年 2 月停炉中修，一代炉身寿命 40 个月，生产水平也是各炉代中最低的。停炉后观测，大部分支梁式水箱断裂，有些已剥落 120~250mm，第 8 段冷却壁已不存在，第 7 段和第 9 段完好率分别为 27%和 20%。即使有部分挂在炉壳上像是完整的，但拆除时就断裂，可见强度已很低。

4 号高炉第 1 次中修炉身结构如图 1(b) 中的 4 所示。1974 年中修，对炉身结构进行了改进，将气冷管改为铜质材料，第 8 段和第 9 段改为镶砖冷却壁，内衬高铝砖，但第 7 段为利用剩余炭砖仍为光面冷却壁，内砌 6 层炭砖，保留自然循环汽化冷却。这一代炉身寿命也是短寿。1975 年 9 月第 7 段气冷管首先损坏，以后犹如防线崩溃，气冷管连续损坏，并大量向炉内漏水，后改为工业水冷仍无济于事，只得停炉中修。这一代炉身只维持生产 36 个月，第 7 段冷却壁全部烧坏，第 8 段和第 9 段破损也很严重，整个炉身已无砖衬。

4 号高炉第 2 次中修炉身结构如图 1(b) 中的 5 所示。1977 年中修设计全改为工业水冷，但并未因此扭转局面。1980 年 12 月小修，炉身上部已大面积无砖。为此进行了砌砖修补，1981 年 2 月底发生了上部砖衬全部塌落事故，被迫再次中修。这一代炉身寿命为 40 个月。

生产实践表明：4 号高炉不设炉腰托圈，其炉身寿命比有炉腰托圈的要短，可见炉腰托圈对延长炉身寿命是至关重要的。

4 号高炉第 3 次中修炉身结构没有改变。1984 年 7 月停炉大修，生产了 38 个月后冷却水箱以上砖衬大部分存在，炉墙剩余厚度为 600~700mm，炉墙断面无碎裂疏松带，很少发现碱金属、锌和碳的沉积。情况比前 3 次好。

4 号高炉三代炉身寿命都短，分析其主要原因是：(1) 按水冷常规设计来设计气冷构件，例如冷却壁仍采用普通铸铁，壁厚和水冷时相同，气冷管没有防渗碳措施等。(2) 取消了炉腰托圈，仅用第 6 段冷却壁上部的钩头托砖，钩头总长 560mm，减掉上端冷却壁厚和砖衬的间隙，实际支砖长度不足 400mm，当炉腹砖衬很快消失之后，上部砖衬就失去稳固性。(3) 由于检漏技术不成熟，汽化冷却壁破损并大量漏水，在炉身下部 1100~1200℃的温度条件下，炭砖被氧化侵蚀。(4) 在维护方面缺乏经验，1972 年 1 月频繁出现操作事故，加速了冷却壁的烧毁。(5) 缺乏必要的检测设施和手段，无法根据不同的热流强度和有关信息采取相应的措施。

第 3 次中修后至大修，炉身破损情况没有前几次严重，初步分析认为：(1) 重视了对碱害的认识，采用较低的炉渣碱度，加强了排碱工作。在 1984 年 4~6 月份 4 号高炉炉料和产品碱平衡计算中，曾多次出现排出多于加入的现象。(2) 这些年来随着原料条件的不断改善，为改善煤气利用和维护炉墙，长时间都采用加重边缘的装料制度。炉身温度显著降低，因此大大降低了碱金属的含量。如果不是因为炉底问题，估计还可以继续生产 1 年多。

### 1.3　全镶砖冷却壁结构

这种结构如图 1(c) 所示。其特点是取消了支梁式水箱，由最上一层冷却壁顶部的钩头支托上部砖衬（图 1(c) 中的 1、2、3 分别为 3 号高炉第 1 次大修、1 号高炉 1983 年中修和 4 号高炉 1984 年大修采用的结构)。3 号高炉冷却壁钩头长 640mm，炉身全为黏土砖衬。从 1977 年 6 月到 1982 年 12 月共生产了 5 年半。从调查中发现：(1) 炉身上部砖衬非常完整，无局部塌陷和开裂，上层砖衬磨损轻微。(2) 砖墙断面中间有一条宽 200~300mm 的碎砖带，该带外沿距炉壳约 400mm，在碎砖带缝隙中有碱金属、锌和碳的沉积物。(3) 在第 8 段冷却壁钩头以上 1.8m 范围内，砖衬侵蚀较严重（图 2），最薄处仅剩 320~350mm。(4) 第 7 段和第 8 段冷却壁的镶砖槽内均无残砖，大部分由焦粉、石墨碳及少量的碱金属化合物充填。(5) 炉腰托圈以上约 700mm 高度范围内尚有 6~7 层残砖，靠近冷却板的砖层尚有 600mm，最上层残砖仅有 80~90mm。(6) 镶砖冷却壁的边框及横肋有许多裂纹，而且边框裂纹比横肋深。

调查分析认为：(1) 化学作用侵蚀和炉料的机械磨损对炉身上部黏土砖并不严重。其他高炉炉身上部砖衬不能长期工作，主要原因是中部砖衬侵蚀以后，失去有效支托而脱落。(2) 钩头以上 1.6m 范围内侵蚀严重，此处温度较高并有初渣生成，砖衬易受到化学侵蚀，应适当增加冷却高度，以降低此部位的砖衬温度。(3) 炉身上部砌体中间砖体碎裂，裂缝中有大量沉积碳，在此温度范围，锌可能是 CO 分解的触媒剂。(4) 镶砖冷却壁槽内充填大量石墨碳和碱金属化合物沉积这一事实，表明石墨碳有很强的抗碱性能。为此建议采用炭质材料捣制冷却壁。(5) 冷却壁肋条上裂纹横向大于纵向，深度可达 170mm，易引起水管断裂。不少研究资料指出：镶砖冷却壁由框式改为单向条式，镶砖槽肋条高度适当降低，并且采用含铬铸铁，可提高耐高温及热冲击性能，利于延长其寿命。(6) 砖衬侵蚀后，镶砖冷却壁较光面冷却壁易结渣皮。3 号高炉炉身镶砖冷却壁使用了 5 年半仅破损 1 块，与此有密切关系。

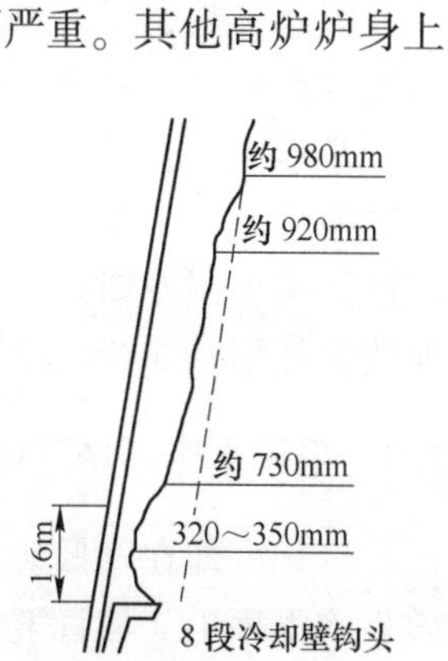


图 2　3 号高炉炉身上剩余砖衬示意图

另外，3号高炉炉身寿命较长，与炉内操作也密切相关。尽管原料的碱金属和锌负荷较高，若操作制度选择适当，不仅可取得较好的生产指标，也可以控制和减轻有害元素对炉衬的危害。在2号和3号高炉的破损调查中发现，两座高炉的碱负荷为8~9kg/t，锌负荷为0.5~0.6kg/t，条件基本相同，但2号高炉残砖中的碱金属含量比3号高炉高得多（表1）。其砖衬的侵蚀速度比3号高炉快，冷却壁破损也严重得多。据分析，一方面是3号高炉采用带钩头的镶砖冷却壁结构比支梁式水箱优越；另一个重要原因就是3号高炉基本上采用加重边缘的操作制度（边缘$CO_2$为6%~7%，炉墙温度也较低）。2号高炉边缘气流则较强（边缘$CO_2$只有4%~6%），炉衬温度也比3号高炉高。这样势必大大增加了碱金属在炉衬中富集。根据研究，进入砖衬的碱金属和锌不仅与煤气发生反应，也与砖中的莫来石（$3Al_2O_3 \cdot SiO_2$）作用，产生钾霞石化合物（$xK_2O \cdot yAl_2O_3 \cdot zSiO_2$）、铝酸钾和硅铝锌钾化合物等。钾霞石化合物将使砖衬发生体积增大70%的异常膨胀，钾锌化合物及沉积碳使砖质疏松，在煤气流作用下逐渐剥落，造成砖衬迅速破损。

**表1　2号、3号高炉炉身残砖碱金属含量比较**　（%）

| 2号高炉 | | | | | 3号高炉 | | | | |
|---|---|---|---|---|---|---|---|---|---|
| 取样位置 | $Na_2O$ | $K_2O$ | ZnO | C | 取样位置 | $Na_2O$ | $K_2O$ | ZnO | C |
| 支梁水箱上残砖 | 3.2 | 13.18 | 0.446 | 10.1 | 标高28m处残砖Ⅰ | 0.27 | 3.8 | 3.56 | 0.18 |
| | | | | | 标高28m处残砖Ⅱ | 0.35 | 1.88 | 32.4 | 13.77 |
| | | | | | 钩头上1.5m处残砖 | 0.58 | 3.4 | 2.31 | 1.99 |
| 炉腰托圈处残砖Ⅰ | 2.63 | 48.0 | 0.78 | | 炉腰托圈处残砖Ⅰ | 0.43 | 4.0 | 55.8 | 17.8 |
| 炉腰托圈处残砖Ⅱ | 2.26 | 19.5 | 0.96 | | 炉腰托圈处残砖Ⅱ | 0.69 | 8.9 | 27.5 | 24.1 |

## 2　几个问题的讨论

### 2.1　炉衬采用高铝砖还是炭砖

从武钢高炉实践看，炉身采用高铝砖内衬寿命都不长。4号高炉炉身使用炭砖内衬寿命短，其主要原因是炭砖下部缺乏良好的支托结构和汽化冷却失败。而1号高炉炉身采用炭砖加冷却壁水冷效果则较好。根据试验，目前所用$Al_2O_3$为70%左右的高铝砖，抗碱性能很差，在炉内将被迅速侵蚀。3号高炉1983年中修后，根据炉身热负荷测定推断，炉身下部冷却壁开炉后2个月即接近中修前热负荷值。最上一段冷却壁的热负荷开炉半年后也达到中修前水平。估计中修前冷却壁表面覆盖有不同厚度渣皮。这表明开炉后不久砖衬所剩无几，同时说明高铝砖不能持久。炭砖在高温下抗碱性能虽也减弱，但比高铝砖强得多。温度低于900℃时，它仍有较好的抗碱性。国外炉身下部使用自结合碳化硅砖取得了较为满意的效果，但目前国内生产的碳化硅材料，不但价格昂贵，而且质量也难以保证。从现实条件出发，采用炭砖还是可取的。

### 2.2　采用冷却壁还是密集冷却板

国外实践表明，密集式铜冷却板配以石墨砖或碳化硅砖炉衬，能有效延长炉身寿命。在西欧、北美等地区高炉炉身采用冷却壁也相当成功。武钢1号和3号高炉镶砖冷却壁分别使用了5年半和4年9个月，基本上没有破损漏水，效果较好。调查中发现镶砖冷却壁的肋上出现许多裂纹，原铸铁晶体改变，强度明显下降。为保证冷却壁有足够的高温强度和能承受更大的热负荷，其材质和结构尚需进一步研究改进。关于铜冷却板，由于铜的纯度要求非常高，工艺也复杂，加之当前我国铜的资源短缺，价格很高，而我们使用冷却壁已积累了一定的经验，因此使用冷却壁可能更为现实。

### 2.3　采用水冷还是汽化冷却

汽化冷却在降低动力消耗、节约用水等方面具有很大的优越性。但是武钢4号高炉两次采用汽化冷却效果均不理想。尽管第2次对气冷构件作了不少改进，但仍连续出现气冷管断裂漏水而被迫改为水冷。据分析，由于气冷时冷却壁的温度比水冷时要高得多，铸铁体有可能更早地出现金相转变，发生体积“长大”和力学性能变差。冷却壁水管接头及其连接处在水冷条件下很少损坏，但在气冷时破损却十分严重，表明汽化冷却时的热应力比水冷时要大得多。另外，在设计、制造、安装等方面还有不少缺陷，特别是检漏不过关，维护困难，这些都使冷却壁的寿命受到影响。在上述问题没有得到很好解决之前，大型高炉采用汽化冷却要持慎重态度。

### 2.4　加强冷却还是控制冷却

从武钢多年的生产实践看，高炉较好的技术经济指标是在大、中修开炉后一段时间取得的。这与形成一个合理的操作炉型是分不开的。加强冷却、降低耐火砖衬的温度是降低侵蚀速度和延长寿命的有效办法。但当炉身砖衬全被侵蚀后，冷却强度过大可能导致结瘤，而此时以控制冷却强度预防结瘤或者用来消除炉墙结厚，又是一种可行的措施。因此，加强冷却和控制冷却之间是一种相辅相成的辩证关系。

## 3　今后的改进意见

（1）从武钢几座高炉的破损调查情况看，炉身冷却高度目前仅为其高度的50%左右是不够的，应达到其高度的2/3。国外新建高炉一般为60%～70%。

（2）采用带钩头的冷却壁支托上部砖衬，取消支梁水箱的支托形式。

（3）采用钩头设置在镶砖冷却壁中部的结构（即鼻型），改变炉身下部砖衬仅由炉腰托圈单一支承的状态。

（4）目前以采用炭砖炉衬为宜，将来条件许可，可采用自结合碳化硅砖或半石墨化炭砖综合炉衬，增强炉衬抗碱侵蚀能力。

（5）加强炉身检测手段，监测炉衬厚度并及时调节冷却强度，维护合理操作炉型。

（原载《炼铁》，1985（1）：8～13）

# 高氧化镁渣和高碱原料冶炼的研究与实践

于仲洁　杨贵娥

## 1　高氧化镁渣冶炼

### 1.1　投产初期武钢高炉渣的特点

武钢高炉投产初期，高炉含铁炉料主要由大冶矿区的铁矿石组成。由于矿石中 $Al_2O_3$ 含量较高，炉渣中 $Al_2O_3$ 含量一般为14%~15%。这种炉渣黏度大，炉前清渣困难，加上风口、渣口破损多，炉前工作量十分繁重。此外，渣粘引起高炉下部区域料柱透气性差，影响高炉强化冶炼。为了提高生铁合格率，高炉渣的碱度较高，在1.15~1.20的范围内。这种高碱度炉渣的黏度和熔化温度在炉渣温度和成分波动时不够稳定，对高炉冶炼低硅低硫生铁和炉况顺行都有不利的影响。

### 1.2　高氧化镁渣的研究和工业试验

1.2.1　在60年代的研究工作

60年代中期，武钢钢研所炼铁研究室围绕着改善高炉造渣制度开展了一系列的研究工作。首先收集了国外，主要是苏联高炉工作者研究高氧化镁渣的结果，确定了采用高氧化镁的研究方向。此后筹建了炉渣实验室，进行炉渣黏度、熔化温度等性能的测定工作。性能测定用人工合成渣进行，按武钢高炉渣的成分配制而成，$Al_2O_3$ 含量15%左右，MgO 含量分别是为4%、6%、8%、10%、12%和14%，炉渣碱度 $CaO/SiO_2$ 为1.15和1.00。根据实验室的测定结果，MgO 4%左右的高炉合成渣在 $CaO/SiO_2$ 为1.00~1.15的范围内1450℃时黏度为5.08泊，黏度较高。在 $Al_2O_3$ 含量和 $CaO/SiO_2$ 均保持不变时，随着 MgO 含量增加，炉渣黏度降低。例如含 MgO 10%的 $CaO/SiO_2$ 为1.00~1.15的合成渣在1450℃时的黏度降到3.65~2.59泊，具有良好的流动性。含 MgO 10%的炉渣还具有稳定性好和实际脱硫能力高等优点。到60年代末期武钢的炼铁工作者，包括研究人员和生产人员，在采用高氧化镁渣方面取得了统一的认识。

1.2.2　高氧化镁渣工业试验

1972年9月，2号高炉首次进行了提高炉渣 MgO 含量的工业试验。提高炉渣 MgO 含量的途径是在烧结料中配入部分白云石熔剂。这使烧结矿中 MgO 含量达到2.5%~3.0%，炉渣中 MgO 含量由试验前的5.0%~6.0%提高到9.0%~10.0%。曾利用生产数据计算了采用高氧化镁渣前后炉渣的实际脱硫能力。计算结果表明，炉渣实际脱硫能力与平衡状况下脱硫能力的比值由试验前的45.6%提高到67.5%。虽然从热力学角度分析，MgO 脱硫能力低于 CaO，但由于高 MgO 渣黏度低，改善了硫在渣铁界面的扩散条件，使炉渣实际脱硫能力明显提高。

根据生产数据的统计，在 $CaO/SiO_2$ 值基本稳定（波动范围在0.01以内）的情况下；当 MgO 含量由6%以下提高到10%~11%时，表示炉渣脱硫能力的奥尔逊指数 $K_{Si,S}=\sqrt{[Si]\cdot(S)/[S]}$ 大约升高1倍，即从30左右提高到60以上（见图1）。

### 1.3　高氧化镁渣在生产中的应用

工业试验表明，采用高氧化镁渣冶炼明显提高了生铁合格率，并有利于炉况顺行，减少风口、渣口的破损。从1973年起第一烧结车间和第三烧结车间的烧结矿及第二烧结车间的球团矿都开始配入部分白云石熔剂，四座高炉全部实现了高氧化镁渣冶炼。

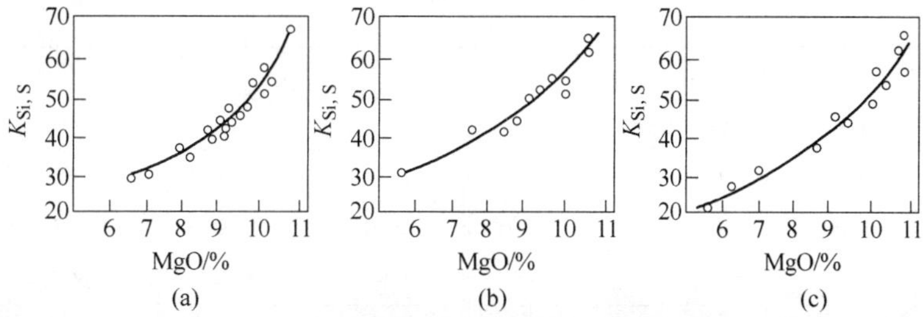


图1　不同 MgO 含量高炉渣的脱硫指数

(a) $CaO/SiO_2$：1.00~1.01；(b) $CaO/SiO_2$：1.03~1.04；(c) $CaO/SiO_2$：1.06~1.07

1.3.1　高氧化镁烧结矿的性能

在配入白云石熔剂以前，烧结矿中 MgO 含量在2%左右，相应的高炉渣中 MgO 含量约5%；烧结料配入白云石熔剂后，烧结矿中 MgO 含量提高到3.5%~4.0%，高炉渣中 MgO 含量3%以下时其强度和成品率变化不大；当 MgO 含量增加到3.5%~4.0%时，烧结矿强度提高，转鼓指数升高2%~3%，成品率提高5%~6%，还原后小于5mm 的粉末量减少约3%，生产率也趋于升高。对于高铁分、低 $SiO_2$、高 $Al_2O_3$ 的烧结料，配入白云石熔剂的作用尤为明显。根据矿相研究，MgO 较高的烧结矿液相量大，克服了高品位、低 $SiO_2$ 烧结料中黏结相不足的弱点；液相中钙镁橄榄石较多，液相流动性好，分布比较均匀，具有良好的黏结作用，提高了烧结矿的强度。如果烧结矿中 MgO 含量继续提高到4.5%以上而不增加燃料用量，则强度不再增加，成品率反而不降。估计这与液相流动性变差有关。从武钢的研究和实践结果看，烧结矿中 MgO 含量的上限以4.5%为宜，在这种情况下，炉渣中 MgO 含量为11%左右。这是确定炉渣中烧结矿中 MgO 含量上限的本质性因素。

1.3.2　对适宜炉渣碱度（$CaO/SiO_2$）的认识过程

在采用高氧化镁渣以前，1971~1972 年间高炉渣碱度一般为1.03~1.05。由于当时冶炼强度低，炉缸不活跃，炉渣性能欠佳，脱硫能力很低，生铁合格率仅为87.4%~86.4%。在采用高氧化镁渣冶炼后的1973 年，尽管炉渣碱度降低到1.02，生铁合格率却提高到98.47%，充分证实了高氧化镁渣在改善生铁质量方面所起的作用。但是，在这种情况下，对于维持一定的碱度有所忽视，在1975~1976 年间炉渣碱度一度降到0.91~0.89，使生铁合格率又一次下跌到92.80%~91.33%。针对这种生铁质量变差的趋势，武钢炼铁研究人员和昆明冶金研究所合作，又系统地研究了不同碱度和不同 MgO 含量的人工合成渣和武钢生产渣的黏度、熔化性温度、热焓和脱硫能力，又一次强调了适当提高炉渣碱度的必要性。1978 年起，纠正了过低的炉渣碱度（$CaO/SiO_2$ 为0.9 左右）操作，$CaO/SiO_2$ 恢复到1.03，生铁合格率提高到99.91%，创造了生铁合格率的历史最好水平。通过这几年的实践，使人们认识到，虽然高氧化镁渣对改善生铁质量有一定作用，但 $CaO/SiO_2$ 不宜低于0.95，一般应维持1.0 以上。对 $CaO/SiO_2$ 和 MgO 含量两个条件不可只强调其中一个，二者均有其适宜的范围。这已被武钢高炉工作者普遍承认并运用于生产实践，取得了显著的效果。1978 年以来，生铁含硫量已降到0.03%以下，生铁含硅量逐步降低，1987 年已降到0.508%。生铁质量的改善为“一米七”各厂产品质量升级提供了良好条件。表1 列出了1961~1987年间武钢高炉的生铁质量和造渣制度的演变情况。应当指出，武钢开工30 年来生铁质量的改善绝不只是造渣制度演变所致。原、燃料质量的改善，特别是高炉炉料的硫负荷逐年降低起了很重要的作用。例如，从1961 年到1976 年，武钢高炉炉料的硫负荷为6~9kg/(t·Fe)，1977 年以后由于炉料结构变化，澳大利亚矿等低硫矿配比增加，加上焦比降低，硫负荷降到了5kg/(t·Fe)以下。硫负荷的大幅度降低减轻了生铁脱硫的负荷，因而保证了生铁质量的逐年改善。

**表1　1961~1987 年武钢高炉制钢生铁成分和炉渣碱度**

| 年份 | 合格率/% | 生铁成分/% | | 炉渣碱度 | 年份 | 合格率/% | 生铁成分/% | | 炉渣碱度 |
|---|---|---|---|---|---|---|---|---|---|
| | | [Si] | [S] | | | | [Si] | [S] | |
| 1961 | 92.23 | 0.885 | 0.046 | 1.18 | 1975 | 92.8 | 0.853 | 0.044 | 0.91 |
| 1962 | 98.52 | 1.021 | 0.030 | 1.16 | 1976 | 91.33 | 0.946 | 0.049 | 0.89 |
| 1963 | 99.09 | | | 1.14 | 1977 | 92.40 | 0.895 | 0.047 | 0.92 |

续表1

| 年份 | 合格率/% | 生铁成分/% | | 炉渣碱度 | 年份 | 合格率/% | 生铁成分/% | | 炉渣碱度 |
|---|---|---|---|---|---|---|---|---|---|
| | | [Si] | [S] | | | | [Si] | [S] | |
| 1964 | 99.50 | 0.850 | 0.038 | 1.14 | 1978 | 99.71 | 0.632 | 0.026 | 1.03 |
| 1965 | 99.09 | 1.007 | 0.042 | 1.11 | 1979 | 99.96 | 0.647 | 0.022 | 1.05 |
| 1966 | 99.36 | 0.777 | 0.039 | 1.145 | 1980 | 99.99 | 0.695 | 0.024 | 1.05 |
| 1967 | 97.39 | 0.833 | 0.040 | 1.135 | 1981 | 100 | 0.737 | 0.023 | 1.02 |
| 1968 | 85.75 | | | | 1982 | 99.98 | 0.694 | 0.022 | 1.00 |
| 1969 | 82.94 | 0.928 | 0.040 | 1.06 | 1983 | 100 | 0.661 | 0.023 | 1.02 |
| 1970 | 87.10 | 0.855 | 0.051 | 1.03 | 1984 | 100 | 0.634 | 0.021 | 1.02 |
| 1971 | 81.40 | 0.844 | 0.053 | 1.03 | 1985 | 100 | 0.650 | 0.021 | 1.02 |
| 1972 | 86.40 | 0.884 | 0.044 | 1.05 | 1986 | 99.99 | 0.616 | 0.022 | 1.03 |
| 1973 | 98.47 | 0.808 | 0.034 | 1.02 | 1987 | 100 | 0.508 | 0.022 | 1.04 |
| 1974 | 95.83 | 0.955 | 0.038 | 0.90 | | | | | |

## 2　高碱原料冶炼

武钢高炉工作者认识碱金属（$K_2O+Na_2O$）对高炉的危害作用经历了一个相当长的过程。1977~1984年间，武钢的四座高炉先后进行大中修，在此期间对各高炉进行了全面的破损调查。根据对大量炉内残存耐火材料和沉积物的样品检验、化验以及对炉衬侵蚀形状的测绘，发现碱金属的存在是武钢高炉内衬侵蚀严重的主要原因之一。从70年代末期开始，研究人员便对武钢各高炉的碱金属平衡进行了测定、研究。同时从碱金属影响烧结矿和焦炭粒度变差的试验结果，重新认识了碱金属对高炉冶炼的不利影响。在以上工作的基础上，研究了高碱原料冶炼时的对策。

经过近十年的研究和实践，认识到尽量控制高炉炉料的碱负荷和采用适宜碱度的高氧化镁渣及维持合理的煤气分布是防治碱金属危害的主要措施。在高炉操作和原料管理方面双管齐下采取措施，武钢高炉在较高的碱负荷条件下防止了结瘤，保持了炉况顺行，使生产指标逐年稳步提高。

### 2.1　武钢高炉的碱金属平衡

表2列出了1984年到1985年武钢高炉炉料和冶炼产品间碱金属的平衡情况。一般情况下武钢高炉炉料的碱金属负荷为7~9kg/THM，这在国内属于中等偏高的水平，在大型钢铁联合企业中仅次于包钢，远高于鞍钢、首钢、本钢、宝钢等厂。

**表2　1984~1985年武钢高炉碱金属平衡**

| 收支 | 项目 | $K_2O$/% | $Na_2O$/% | ZnO/% | $K_2O+Na_2O$/kg·$t_{Fe}^{-1}$ | $K_2O+Na_2O$占入（支）量比率/% |
|---|---|---|---|---|---|---|
| 收入 | 海南矿 | 0.114 | 0.021 | 0.0036 | 0.426 | 5.97 |
| | 澳矿 | 0.014 | 0.024 | 0.0045 | 0.265 | 3.71 |
| | 烧结矿 | 0.250 | 0.122 | 0.0165 | 5.605 | 78.48 |
| | 焦炭 | 0.073 | 0.072 | 0.0029 | 0.683 | 9.56 |
| | 煤粉 | 0.311 | 0.104 | 0.004 | 0.163 | 2.28 |
| | Σ | | | | 7.142 | 100 |
| 支出 | 炉渣 | 0.843 | 0.380 | 0.0066 | 6.320 | 81.07 |
| | 生铁 | 0.0052 | 0.018 | 0.0039 | 0.230 | 2.95 |
| | 瓦斯灰 | 0.311 | 0.111 | 0.1922 | 0.052 | 0.67 |
| | 洗涤水 | 63.4mg/L | 20.1mg/L | 20.8mg/L | 1.194 | 15.31 |
| | Σ | | | | 7.796 | 100 |

可以看出，武钢高炉碱金属收入的88%是由于烧结矿和焦炭带入的；澳大利亚块矿几乎不含碱金属，海南岛块矿 $K_2O$ 含量较高，但配比有限，这两种块矿带入炉内的碱金属总量一般在10%以下。从高炉排碱情况分析，81%的碱金属是由炉渣带出，15.3%的碱金属由煤气洗涤水带走。上述数据证明，在高炉碱负荷一定的情况下，改善造渣制度和维持合理的煤气分布是防治碱金属危害的关键措施。武钢各高炉碱金属平衡情况见表3，各高炉相对应部位残砖和附着物的化学分析结果见表4。

**表3　武钢高炉的碱金属平衡**　（%）

| 高炉号 | 时期 | 碱金属平衡 | | | 备注 |
|---|---|---|---|---|---|
| | | 收入 | 支出 | 相差 | |
| 1 | 1983 年 5 月 | 7.610 | 7.451 | +0.159 | 二代一次中修前夕 |
| 2 | 1981 年 7 月 | 8.317 | 8.453 | −0.136 | 二代末期 |
| 3 | 1980 年 6 月 | 6.630 | 8.100 | −1.470 | |
| | 1982 年 6 月 | 9.013 | 8.423 | −0.590 | 二代一次 |
| | 1982 年 7 月 | 8.774 | 9.753 | −0.979 | 中修前夕 |
| 4 | 1980 年 3 月 | 7.046 | 6.798 | +0.248 | |
| | 1984 年 4 月 | 6.950 | 7.800 | −0.850 | |
| | 1984 年 5 月 | 6.329 | 7.920 | −1.591 | 一代末期 |
| | 1984 年 6 月 | 6.270 | 6.140 | +0.130 | |

**表4　武钢各高炉相对应部位残砖和附着物的化学分析结果**　（%）

| 取样位置 | 1 号高炉二代一次中修 | | | | 2 号高炉二次大修 | | | | 3 号高炉二代一次中修 | | | | 4 号高炉一代大修 | | | |
|---|---|---|---|---|---|---|---|---|---|---|---|---|---|---|---|---|
| | $K_2O$ | $Na_2O$ | ZnO | C | $K_2O$ | $Na_2O$ | ZnO | C | $K_2O$ | $Na_2O$ | ZnO | C | $K_2O$ | $Na_2O$ | ZnO | C |
| 炉身上部 | | | | | 7.20 | 0.69 | 13.10 | 4.16 | 7.50 | 0.8 | 1.68 | 86.40 | 0.78 | 0.13 | 1.53 | 0.055 |
| 支梁水箱区域 | 10.20 | 0.28 | 19.50 | 6.70 | 17.08 | 1.60 | 2.36 | 4.14 | 3.40 | 0.58 | 2.31 | 1.99 | 8.86 | 0.45 | 5.64 | 1.54 |
| 炉身中部 | 40.00 | 3.00 | 4.68 | | 40.40 | 11.00 | 0.99 | 14.30 | 6.54 | 0.46 | 1.31 | 63.40 | 10.00 | 0.84 | 0.09 | 1.19 |
| 托圈上沿 | 19.50 | 0.76 | 8.40 | 38.00 | 18.00 | 2.63 | 0.78 | | 8.90 | 0.64 | 27.50 | 24.10 | 8.80 | 0.67 | 0.35 | 32.53 |
| 风口区域 | 5.92 | 0.49 | 19.40 | 26.50 | 24.20 | 3.55 | 13.39 | | 6.08 | 0.87 | 6.64 | 19.20 | 25.75 | 0.48 | 0.31 | 14.05 |
| 炉缸碳砖环缝 | | | | | 20.00 | 2.45 | | 7.43 | | | | | 2.60 | 0.38 | 4.30 | 46.00 |
| 炉底碳砖 | | | | | 2.38 | 0.68 | 0.024 | | | | | | 0.20 | 0.044 | 0.01 | 79.00 |

在各高炉入炉料碱负荷悬殊不大的情况下，各高炉碱金属的富集程度和分布状况却很不相同。例如，$K_2O$ 含量的最高值3号高炉为8.9%，4号高炉为25.75%，1号高炉为40%，1、2号高炉为48%。这种差别主要与各高炉排碱情况不同有关。

炉身硅铝质耐火材料的侵蚀破坏主要受碱金属、锌、沉积碳影响。在一定的温度范围内，碱金属蒸气与莫来石起作用，使之逐步钾霞石化，体积膨胀，逐层剥落。在炉料中含有锌时，会促进烟炭沉积反应发展，沉积炭进入炉身上部的硅铝质内衬，也会加速耐火材料破坏。

根据在实验室所做的耐火材料抗碱试验，在硅铝质耐火材料中。黏土砖的抗碱性优于高铝砖，特别是经过浸磷酸处理的黏土砖，由于表面气孔率明显降低，从而提高了其抗碱金属侵蚀能力。1985年以来，浸磷酸黏土砖已在武钢各高炉炉身部位普遍采用，对延长炉身寿命起了较好的作用。从发展的眼光看，炉身下部应过渡到采用氮化硅结合的碳化硅砖。

武钢各高炉破损调查中，还发现存在炭砖环缝这一共同规律。根据对环缝中沉积物的化学分析，其中 $K_2O$ 含量较高（以2高炉例，炉缸炭砖环缝中 $K_2O$ 达6.2%~20.0%），并含有 $K_2CO_3$、$Na_2O$、$Fe_2C$ 等物质。由于炭砖中形成了上述物质，其结晶状态变化，强度降低，以致破损。当然风口漏水、$CO_2$ 氧化、铁水渗透等常规破坏炭砖的因素也是要考虑的，只是在碱负荷高的高炉上这些破坏因素叠加，加剧了炭砖破坏的严重程度。为了延长炉缸寿命，在改善炭砖性能方面已从提高导热性、抗碱性和抗铁水渗透性诸方面予以重视，从1987年已开始对炭砖性能进行较系统的研究工作。

## 2.2　高碱原料冶炼的对策

武钢炼铁技术人员通过近十年的试验研究和生产实践，总结的高碱原料冶炼的以下基本对策：

(1) 尽量降低炉料的碱负荷，已对铁矿石中允许的碱金属含量提出了要求，制定了技术标准和订货条件。

(2) 在装料制度上采取措施，保持适当的边缘煤气流，防止碱金属汽在炉身低温处凝聚积累。

(3) 采用低硅生铁冶炼的操作制度，控制碱金属在炉子下部过多挥发引起的炉内循环富集。

(4) 采用 $CaO/SiO_2$ 为 1.03~1.05，MgO 为 9%~10%的高氧化镁渣。研究表明，低 $CaO/SiO_2$ 和提高 MgO 取代 CaO 有利于从高炉内排除碱金属（见图 2、图 3）。

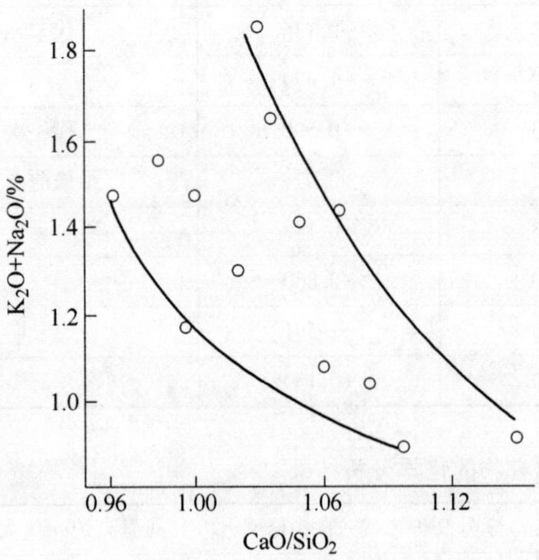


图 2　不同 $CaO/SiO_2$ 高炉渣中的碱金属含量（武钢 3 号高炉生产数据）

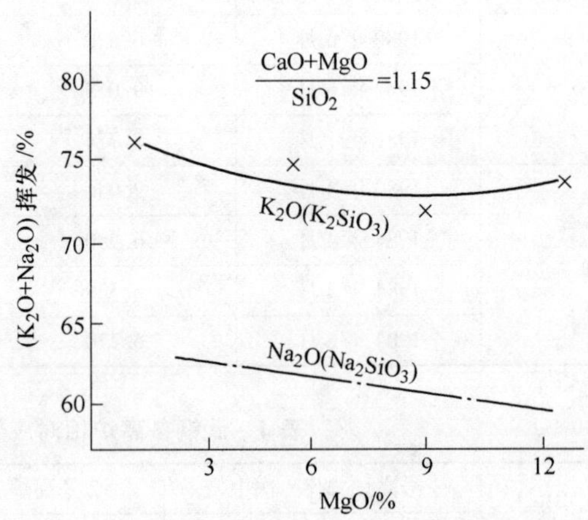


图 3　不同 MgO 含量合成高炉渣的碱金属挥发量（实验室数据）

（原载《武钢技术进步三十年》，1988）

# 武钢炼铁系统的技术改造

张寿荣　于仲洁

在武钢高炉投产后的头20年中（1958~1978年），炼铁生产水平一直较低，只有个别月份利用系数达到1.7t/($m^3$·d)以上。武钢高炉指标落后，曾是武钢以及国内炼铁工作者关心的主要问题之一。通过多年的研究和实践，我们已清醒地认识到：武钢高炉指标落后虽有多方面的原因，但最根本的是原料质量差，特别是入炉烧结矿强度低、粉末含量高，影响了高炉料柱的透气性和生产指标。在武钢的条件下，提高高炉精料水平是改善高炉操作指标的关键，也应当作为炼铁系统技术改造的重点。

1978年以来，武钢炼铁系统进行一系列重大的技术改造。随着这些技术改造项目的完成和其他工艺技术的进步，近年来，武钢炼铁生产有较大幅度的改善，开始摆脱落后被动的局面，走上了健康发展的道路。1985年，生铁产量比1978年增加86.6万吨，达到406.4万吨；入炉焦比比1978年降低45.3kg/t，达到487.4kg/t。本文着重介绍武钢近年炼铁系统技术改造的情况，并概述我们的认识和体会。

## 1　武钢炼铁系统的技术改造

1978年，在讨论武钢如何实现年产400万吨生铁的目标时，本文作者曾著文，从理论和实践两方面强调了改善原燃料质量、提高高炉料柱透气性对改变武钢炼铁生产落后面貌的特殊意义。当时指出，武钢高炉要达到利用系数1.8t/($m^3$·d)、入炉焦比450kg/t的水平，一要贯彻精料方针，二要克服设备缺陷，三要改善高炉操作，四要加强企业管理。并提出了对武钢的炼铁系统，包括矿石场、烧结厂、焦化厂、炼铁厂进行全面的技术改造的设想[1]。

这些年来，武钢炼铁系统的技术改造就是在以上指导思想的基础上进行的。表1列出了炼铁系统各厂主要技术改造项目和工艺技术进步的实施情况。

表1　1977~1985年武钢炼铁系统大修改造和工艺技术进步实施情况

| 厂别 | 项目 | 实施情况 |
|---|---|---|
| 炼铁厂 | 高MgO渣 | 1972年起采用高MgO渣 |
| | 大中修实现烧结矿过筛 | 1977年3号高炉大修，4号高炉中修；1978年1号高炉大修；1981年2号高炉大修；1982年起全厂高炉实现烧结矿沟下过筛 |
| | 碱金属对策 | 1982年起确定有利排碱的高炉操作制度 |
| | 大修技术改造 | 1984~1985年，4号高炉大修采用PC584上料、液压泥炮、炉前除尘 |
| | 贯流式风口 | 1984~1985年，1号、4号高炉采用高压水贯流式风口 |
| | 延长铁沟寿命 | 1985年起，采用SiC沟泥 |
| 烧结厂 | 一烧冷却改造 | 1978年起，一烧车间烧结机冷却系统改造 |
| | 点火系统改造 | 1979年起，点火器改造，保温炉 |
| | 高料层烧结 | 1980年起，提高烧结料料层高度到420~510mm |
| | 高碱度烧结矿 | 1980年起，提高烧结矿碱度到1.6 |
| | 辅底料整粒 | 1984年起，三烧上铺底料整粒 |
| | 点火工艺进步 | 1985年起，低温低负压点火 |
| 矿石场 | 扩建码头 | 1977年起，扩建码头堆场，增加装卸能力 |
| | 粉矿混匀 | 1980年起，用DQ3025型堆取料机进行粉矿混匀 |
| | 块矿过筛 | 1981年起，块矿振动筛过筛 |
| 焦化厂 | 大修焦炉 | 1978年起，5座焦炉相继大修 |

## 1.1　改革矿山工艺流程，降低精矿含硫量，提高输出精矿品位

### 1.1.1　降低精矿含硫量

大冶铁矿的部分矿床含磁黄铁矿。这种矿石中磁黄铁矿呈细粒嵌布，选硫比较困难。1978 年前后，选别后的精矿有时含硫量（质量分数）高达 0.71%～1.08%。1980 年武钢矿研所对含硫较高的矿石进行了强化选别试验，使精矿含硫量可降低到 0.28%～0.40%。1982 年大冶铁矿采用了再磨再选工艺，即对原流程生产的精矿经过再磨后进一步脱硫。采用这种工艺使精矿含硫量再降 0.1%～0.3%。这种工艺的缺点是增加矿山的生产成本，对铁的回收率有些不利影响，因此通常仅用在磁黄铁矿矿段的矿石处理。近年来，矿山地质条件变化，高硫矿体较多，仅靠再磨再选流程已不能完全保证精矿含硫合格（弱磁精矿 S≤0.6%，强磁精矿 S≤0.7%），今后须从分矿分选、磨矿细度、选矿流程和工艺制度等方面采取综合措施。

### 1.1.2　将精矿品种由原生精矿、混合精矿改为强磁精矿和弱磁精矿

20 世纪 70 年代初，武钢铁山和灵乡两铁矿的地质条件有了很大变化，出现了由磁铁矿、菱铁矿、赤铁矿组成的低品位混合矿石。两矿原用的浮选铜、硫精矿后得到合格精矿或粉矿的流程已不适用。为此，1981 年和 1983 年在大冶和金山店分别改用了浮选→弱磁→强磁和弱磁→浮选→强磁流程，将弱磁精矿和强磁精矿合并成铁分 50%～52%的混合精矿输出。但是，原生精矿不足，混合精矿过剩，给烧结厂生产带来很大困难。从 1984 年 10 月起，大冶和金山店选矿厂又改变选矿工艺流程，用生产弱磁和强磁两种精矿，取代原生精矿和混合精矿。新流程的弱磁精矿除弱磁选出的精矿外还包括原生精矿，而强磁精矿则是指经过强磁机入选的精矿。改革后，弱磁产量增加，在精矿金属量不变的前提下，大冶铁矿输出的精矿综合品位升高 3%左右，每年少运出尾矿 7 万～10 万吨。矿山改流程后，一烧配用 8%～10%强磁精矿，对烧结矿产量、质量没有不利影响；三烧配用弱磁精矿，则使烧结矿质量得到了提高。

## 1.2　矿石场扩建和技术改造

位于长江边的工业港是武钢的矿石场，过去以原燃料装卸为主。从 1980 年起，矿石场增设了 DQ3025 型堆取料机，进行粉矿混匀。同年又增设了块矿振动筛，筛除块矿中粒度在 8mm 以下的粉末。此后，矿石场逐步把向高炉提供精料作为其生产方针。1981～1985 年，在矿石场共筛选块矿 570 万吨，筛去粉矿 33 万吨。块矿过筛后，粒度在 8mm 以下粉末减少了 5%～7%，铁分波动降低 1.0%～6.5%，特别是综合矿过筛后，铁分波动极差已由原来的 17%左右降低到 11%左右。

为了使大部分原料在进入烧结厂和炼铁厂以前在工业港过筛或混匀，以减少化学成分波动和烧结、高炉的变料次数，1978 年以来，扩建了工业港码头，增加了装船和装车能力。1985 年，工业港散料卸船量达到 455 万吨，超过了设计能力 1 倍，总装卸量达到 1425 万吨。

## 1.3　生产高碱度烧结矿，改善炉料结构，取消石灰石入炉

1980 年以前，武钢高炉含铁炉料中 90%以上是碱度 1.2～1.3 的自熔性烧结矿。这种烧结矿强度差，粉末含量高，加上入炉前不过筛，高炉料柱透气性很差，影响高炉强化冶炼和指标的改善。

通过 1980 年的高碱度烧结矿工业试验，武钢开始生产碱度为 1.5～1.7 的烧结矿。与自熔性烧结矿相比，这种高碱度烧结矿的转鼓指数提高 3%～4%，<5mm 粉末降低 1%～4%，<10mm 粉末降低 5%～7%，RDI 指数也有所改善。根据 1 号、4 号高炉的生产实践，使用高碱度烧结矿后，产量分别增加 8.9%和 11.6%，综合焦比下降 15.5kg/t 和 13.0kg/t。此后，武钢高炉采用 80%左右的高碱度烧结矿，配加 20%左右的块矿，取消了石灰石入炉。采用这种炉料结构后，武钢烧结矿的产量、质量逐渐满足了高炉强化冶炼的要求，并且保证了高炉配比的稳定。

## 1.4　烧结工艺技术改造

### 1.4.1　一烧车间烧结机冷却系统改造

武钢一烧投产后，烧结矿冷却问题一直未能解决，成品烧结矿靠大量打水冷却，烧结矿中小于 5mm

的粉末高达20%以上，岗位空气粉尘浓度超过国家标准数10倍，成品皮带寿命只有20天左右。为了解决上述问题，1978~1980年对一烧车间进行了以下改造：

（1）为了控制冷却机上烧结矿粒度的上限，采用$\phi$1500mm×2800mm单辊破碎机，对烧结矿进行适当破碎。

（2）为彻底分出返矿，新增了3100mm×7500mm耐热振动筛。

（3）设计安装了台时产量为120t/h的带式冷却机，代替冷却效果差的冷却盘。

（4）增添了电除尘系统。

上述改造完成后，一烧烧结矿冷却问题得到了彻底解决，皮带烧损减少，烧结矿中小于5mm的粉末比改造前降低7%左右，岗位空气含尘量也达到了国家标准。

#### 1.4.2　三烧增设铺底料整粒系统

1984年10月，三烧车间有2台烧结机建成并投产了铺底料整粒系统。>50mm的烧结矿冷却后，用双齿辊破碎机进行一次破碎，50~20mm粒级的入炉，<20mm的进入二次筛分室，筛出10~20mm的作为烧结铺底料使用。

三烧实现铺底料整粒后，烧结矿10~40mm粒级增加6%，<5mm的粉末降低2%，平均粒度增加约2mm，转鼓指数提高1%。根据矿相鉴定，铺底料烧结矿中起固结作用的铁酸钙发育较好。另外，在铺底料烧结流程中，大块烧结矿破碎后去除了粘结较差的颗粒，使转鼓强度和筛分组成改善。

3号、4号高炉使用铺底料烧结后，生产指标明显改善。根据对3号高炉采用铺底料烧结矿前后的指标对比，由于采用铺底料整粒的烧结矿，3号高炉日产提高143.2t（5.5%），焦比下降7.3kg/t（1.3%）。按3号、4号高炉年产量计算，年经济效益为700万元，扣除烧结生产多支出的费用后，净收益约400万元/年。

#### 1.4.3　烧结点火保温炉改造及低温低负压点火工艺的采用

1979年以前，武钢烧结点火器结构不合理，不仅煤气消耗高，烧结料层断面的质量也不均匀。近年来，逐步改进点火器点火段的结构和烧嘴配置，并增设了保温段。

1983年3月，三烧2号点火器改造以后，煤气消耗降低约20%，固体燃料消耗降低3%~5%。由于烧结层表层质量的改善，转鼓指数提高1%~2%，烧结矿成品率提高2%~4%。1984年10月，三烧4台点火器改造全部完成，投产后煤气消耗降低27.4%，达到$1.82\times10^5$kJ/t。

在试验室研究的基础上，1985年5月，三烧车间进行了低温低负压点火试验。在烧结矿产量、质量基本不变的条件下，点火温度由原来的1200~1300℃降到（1150±50）℃，负压由7.85~8.83kPa降到2.94~3.92kPa，煤气消耗降低了20%~30%。此后，武钢8台烧结机全面推广了这一工艺。由于点火保温炉的改进和低温低负压点火工艺的应用，烧结煤气消耗降低约45%，年收益250万元。

#### 1.4.4　厚料层烧结工艺的采用

1980年以来，武钢烧结料层高度逐渐由280mm提高到380~420mm。1985年8月，三烧1号、2号烧结机又更换了料层挡板，料层高度进一步提高到510mm。

为了研究高料层烧结对产品质量的影响，沿烧结料层高度采集试样进行了对比。料层高度为510mm时，上下层烧结矿的转鼓指数比料层为410mm时提高0.5%~1.5%，中层几乎未变。此外，提高料层高度使固体燃料消耗降低6%左右。

### 1.5　对失修的焦炉进行大修，改善设备状况，稳定焦炭质量

武钢焦化厂有6座65孔焦炉，设计年产能力为270万吨。除6号焦炉于1977年6月1日新建投产外，1978~1980年大修了2号、3号焦炉，“六五”期间相继对1号、4号、5号焦炉进行了大修技术改造，包括上升管采用汽化冷却，采用双集气管排放荒煤气，消火塔安装焦粉捕集器，蓄热室用新型格砖，改进燃烧室结构，选用新型保温材料等。另外，对焦化回收系统的煤气管道及设备腐蚀穿漏进行了处理，以充分发挥焦炉的生产能力。通过技术改造和加强管理，1985年9月，6座焦炉全部达到了红旗焦炉标准，保证了焦炭质量的稳定（表2）。

表 2　1978~1985 年焦炭质量　（%）

| 年份 | 水分 | 灰分 | S | $M_{40}$ | $M_{10}$ |
|---|---|---|---|---|---|
| 1978 | | 13.05 | 0.71 | 78.10 | 7.30 |
| 1979 | | 13.20 | 0.67 | 78.55 | 7.1 |
| 1980 | | 12.89 | 0.66 | 79.17 | 6.71 |
| 1981 | | 12.87 | 0.65 | 79.90 | 6.60 |
| 1982 | 3.28 | 13.26 | 0.67 | 80.50 | 7.20 |
| 1983 | 3.40 | 13.21 | 0.73 | 79.86 | 7.20 |
| 1984 | 3.56 | 13.49 | 0.65 | 78.90 | 7.30 |
| 1985 | 2.81 | 13.49 | 0.64 | 78.92 | 7.45 |

## 1.6　高炉技术改造

### 1.6.1　烧结矿沟下过筛

1977~1982 年，利用各高炉大修（或中修），实现了烧结矿入炉前过筛。近年来，我们不断改进筛分设备，完善筛分工艺，包括多台筛同时筛料，扩大筛网过筛有效面积，改人字形筛孔为一字形筛孔，采用多层筛，采用铸造筛网代替钢板冲制的筛网延长其寿命，以及采用双振子给料器提高筛分效率等。烧结矿入炉粉末（<5mm）过筛前在 20%以上，1985 年已降到 7%左右，烧结矿的平均粒径也由过筛前的 13mm 左右提高到 1985 年的 16.8~18.6mm（图 1）。烧结矿粒度组成的改善，为高炉强化冶炼和改进操作制度，提供了重要的前提条件。

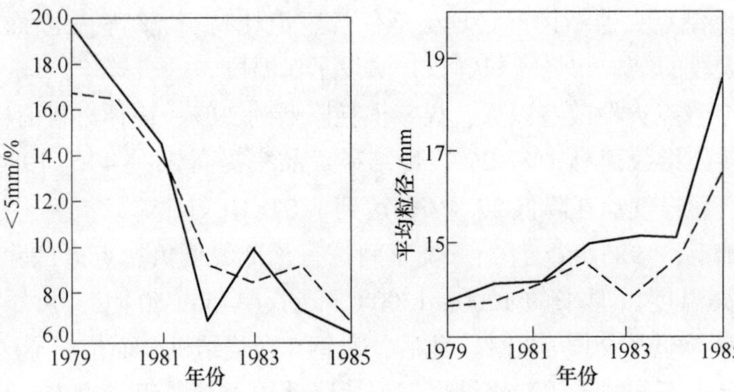


图 1　1979~1985 年武钢入炉烧结矿粉末含量和平均粒径

——一烧车间；- - -三烧车间

### 1.6.2　对失修的高炉抓紧大修，还清欠账，用新技术装备高炉

20 世纪 70 年代，1 号、2 号高炉中修时炉缸已严重破损。由于当时生产被动，检修欠账太多，各高炉大修不得不一拖再拖。直到 1978 年、1981 年和 1984 年，1 号、2 号、4 号高炉才分别进行大修。大修时除实现了烧结矿入炉前过筛外，各高炉还改进了炉体结构，采用了一些新技术，如 PC584 微型机上料（2 号、4 号高炉）、炉顶液压传动、液压泥炮以及炉热指数监测、CRT 画面等（4 号高炉），提高了高炉装备水平。

## 1.7　高炉工艺的改进

### 1.7.1　采用高 MgO 渣

武钢高炉渣中 $Al_2O_3$ 为 13%~15%，炉渣黏度大，冶炼低硅低硫生铁困难。1972 年起，在烧结矿中加白云石，不仅改善了烧结矿强度，还使高炉渣中 MgO 由 5%左右提高到 10%~12%，改善了炉渣流动性和脱硫能力。生产数据表明，碱度一定时，MgO 由 6%～7%提高到 9%～12%，可使脱硫指数 $K_{Si,S}=\frac{[S]}{[S]\sqrt{[Si]}}$由 30～40 提高到 60～80，保证了顺利冶炼低硅低硫生铁[2]。

1.7.2　碱金属对策

武钢烧结矿中 $K_2O+Na_2O$ 含量（质量分数）约 0.4%，炉料碱负荷 7～8kg/t，对高炉生产造成一定的危害，如内衬过早侵蚀，烧结矿、焦炭吸收碱金属后粒度变差、恶化料柱透气性等。通过试验研究，发现在炉渣中用 MgO 取代一部分 CaO，适当降低 $CaO/SiO_4$ 是提高炉渣排碱能力的有效途径。在武钢的条件下，当 $CaO/SiO_4$ 从 1.15 降低到 1.05，通过炉渣排出炉外的碱金属氧化物约提高 30%。根据以上研究，在保证炉渣脱硫能力的前提下，炉渣碱度已由 1978 年的 1.07 左右降到近年的 1.00～1.03；在碱负荷较高的条件下，改善造渣制度对生产指标的提高起了一定作用。

1.7.3　装料制度的演变

武钢对高炉装料制度进行过长期的研究，在烧结矿平均粒度过小时出现"布料反常"现象。这时只有采用小批重倒装，保持边缘和中心两道煤气流通路，才能保持炉况顺行。采用这种装料制度时，煤气利用率低（$CO_2$ 仅 13%～15%），焦比高。实现烧结矿入炉前过筛后，焦、矿的平均粒径比减小，料柱透气性改善，高炉可接受较大的风量。在这种条件下，与下部调剂的变化相适应，装料制度逐渐变为以正同装或正分装为主，批重相应扩大；煤气曲线由双峰式变为整个剖面 $CO_2$ 含量升高、边缘加重、中心疏通的型式。1985 年，全厂 4 座高炉煤气利用率相近，$CO_2$ 的平均值为 17.5%。

1.7.4　炉前技术进步

长期以来，繁重的炉前工作曾是武钢高炉强化冶炼的薄弱环节之一。其特点是风口破损多，铁沟（特别是主沟）寿命短。

1984 年 5 月，1 号高炉试验了由机械总厂、炼铁厂研制的高压水贯流式风口，风口平均寿命达到 131 天，比普通铸造风口的寿命提高 1 倍多（过去风口平均寿命为 55.6 天）。风口损坏已由过去主要是烧坏变为磨坏，损坏位置多在喷煤嘴处。目前有高压水系统的 1 号、4 号高炉均已采用这种风口。

1984 年炼铁厂试验成功硅铝质沟泥，其寿命比原来用的碳质沟泥提高 2～3 倍。1985 年 2 月又研制成功碳化硅质沟泥，使主沟上、下段寿命分别达到 15 天和 22 天，比硅铝质沟泥又提高 5～7 倍，已达到日本采用高级耐火材料捣制沟泥的水平。

## 2　炼铁系统技术改造的效果

表 3 为武钢炼铁系统技术改造主要项目的投资情况及其工艺效果。

**表 3　炼铁系统技术改造投资及工艺效果**

| 厂　别 | 项　目 | 固定资产投资/万元 | 技术经济效果 |
|---|---|---|---|
| 炼铁厂 | 烧结矿过筛 | 1039.65 | 入炉粉末（<5mm）由 1977 年的 20%以上降到 1985 年的 7%左右，1978 年数据为：筛除粉末 1%，增产 2.3%，节焦 0.3% |
| 烧结厂 | 一烧车间烧结机冷却系统改造 | 1340 | 使<5mm 粉末降低约 7%，解决了岗位粉尘污染 |
| | 三烧车间铺底料整粒 | 1850 | 入炉烧结平均粒度增大 2mm，转鼓指数提高 1%，3 号、4 号高炉用铺底料整粒烧结机，增铁节焦年效益 700 万元，年净效益 400 万元 |
| 矿石场 | 粉矿中和混匀 | 450 | 减少入炉矿石成分波动，铁分波动降低 1.0%～6.4%，筛除块矿粉末 5%～7% |
| | 块矿过筛 | 68.83 | |
| 矿　山 | 生产弱磁、强磁精矿 | 327① | 精矿输出品位提高 3%，每年少输出尾矿 7 万～10 万吨 |

①大冶流程改造。

随着这些技术改造项目的完成以及其他工艺技术的进步，高炉精料水平提高，对增铁节焦起了决定性作用。与 1978 年相比，生铁产量从 319.8 万吨提高到 1985 年的 406.4 万吨；焦比从 532.7kg/t 降低到

1985 年的 487. 4kg/t。图 2 和图 3 所示为 2 号高炉 1985 年中修前后和 4 号高炉 1984 年大修前后操作线的变化。2 号高炉中修前主要由于炉型失常，风温低，燃料比高（焦比 566kg/t，煤粉 46. 9kg/t）；中修后炉身效率提高 0. 1，煤气中 $CO_2$ 由 15. 05%提高到 17. 88%。4 号高炉大修后采用了铺底料整粒的烧结矿，炉料质量全面改善，炉身效率由 0. 81 提高到 0. 87，燃料比降低。1985 年与 1978 年相比，炼铁系统技术改造带来的经济效益为年增产生铁 86. 6 万吨，节焦 18. 41 万吨，生铁含硫由 0. 026%降至 0. 021%，扣除价格因素后，利税增加 67. 8%，达到 13071 万元；每吨生铁的利税额由 1978 年的 24. 26 元增加到 1985 年的 32. 16 元。

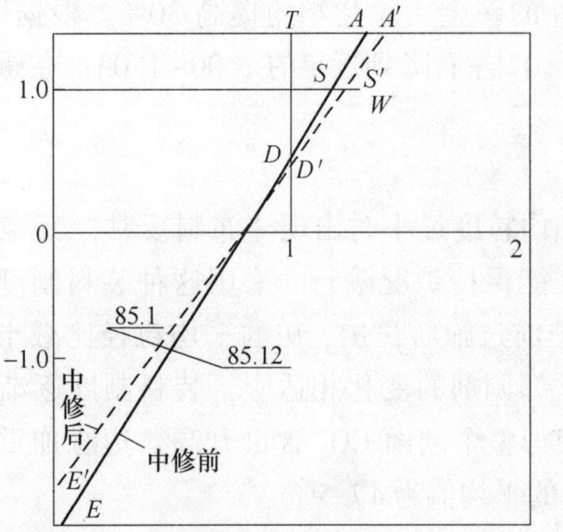


图 2　2 号高炉中修前后操作线变化

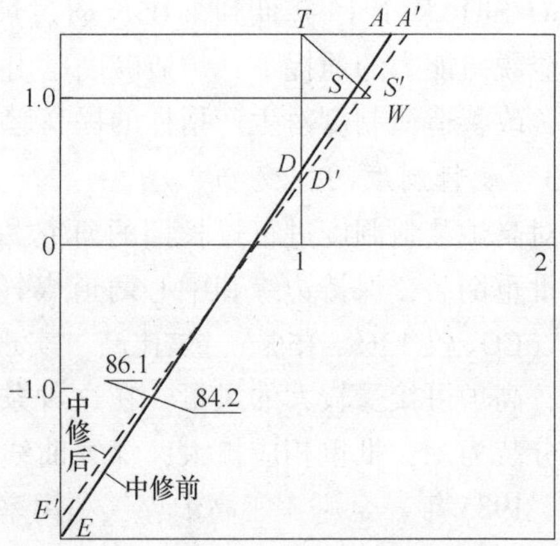


图 3　4 号高炉中修前后操作线变化

## 3　结语

1978~1985 年间，武钢炼铁系统以提高精料水平为中心进行技术改造，取得了明显的经济效益。“七五”期间，武钢将主要依靠技术进步、挖掘改造、3 号高炉易地大修，使生铁产量在 1990 年达到 500 万吨。在此期间，我们要继续加强精料工作。在矿山系统，抓好大冶、金山店铁矿降低采矿贫化率攻关，提高精矿品位。在矿石场投资 2. 36 亿元，完成中和混匀料场改造、扩建工程，以改善烧结用料，减少成分波动。采用新工艺、新技术建设好第 2 烧结车间。1989 年完成新 3 号高炉的易地大修，采用无钟炉顶、计算机控制等新技术。同时利用大中修机会改造其他烧结机和高炉。在焦化厂，抓好回收系统的技术改造，解决污染问题。“七五”后期将筹建第 4 烧结车间和 7 号焦炉，以便到“八五”期间，武钢的钢铁生产能力能达到“双 600 万吨”。

根据近年来武钢的生产实践，我们有以下体会：

（1）提高炼铁生产水平，必须用系统的观念对整个炼铁系统加以考虑。炼铁生产的优劣，决不只是炼铁厂一家的责任，更不单纯属于高炉操作问题。炼铁生产必须从原料抓起。1978 年以来，武钢炼铁系统的技术改造和技术进步基本上是以贯彻精料方针为中心进行的，因而对增铁节焦起了作用。

（2）现代化的新工艺最终都要渗透到设备改进中去。因此必须利用一切大中修机会，从实际出发，对现有设备进行技术改造。

（3）要使我国炼铁事业赶上国际先进水平，必须从原料抓起，把投资用在原料准备、炼结、炼焦方面，以及高炉技术装备的改善方面。

（原载《武钢炼铁四十年》，1998：5~13）

# 武钢高炉寿命与高炉结构的技术进步

张寿荣

高炉炉体的安全和长寿是炼铁生产中的关键问题之一。为了延长炉体寿命，30年来武汉钢铁（集团）公司（以下简称武钢）的炼铁工作者对炉体结构，包括炉底和炉身结构，进行了许多改进，本文扼要地回顾在这方面的技术进步。

## 1　武钢高炉炉体结构的变迁

### 1.1　20世纪50年代末及60年代

武钢1号、2号、3号高炉和1965年大修的2号高炉，沿用了苏联的高炉设计，其基本特征是：炉喉采用槽形钢砖；有炉缸支柱及炉腰托圈；托圈以上有4层扁冷却水箱，其上为支梁式水箱；炉腹为镶砖冷却壁，薄炉墙，黏土砖内衬，工业水冷却；炉底炉缸为浅死铁层厚炉底结构。高炉炉底采用过炭砖高铝砖的综合炉底及炭砖炉缸与全高铝砖炉底两种类型（图1）。

上述炭砖高铝砖综合炉底，炉底厚度5600mm，无炉底冷却，也有长寿的例子，如1号高炉。高铝砖的炉底不能长寿，且发生过烧穿事故，如2号高炉第1代。炉喉槽形钢砖结构不合理，受热易变形，使用不久便发生翘曲变形，互相挤压以致脱落，影响布料。用冷却箱冷却的炉身寿命比较短，高炉投产1年后炉身下部的冷却板开始烧坏，随后炉身中下部支梁式水箱破损，此后需靠炉壳外部喷水冷却。由于炉身砖衬侵蚀严重，只好中修重砌内衬。生产中煤气流难以控制，冷却箱漏水又常常是造成炉凉或失常的原因。针对这些问题，在实践的基础上，吸收国内外的先进经验，武钢高炉结构从20世纪70年代初开始，进入了自主发展的新阶段。

### 1.2　自主发展探索阶段

#### 1.2.1　炉喉采用长条形钢砖

1970年4号高炉首先采用纵向排列的长条形钢砖（图2），使用效果良好，以后几座高炉检修时相继采用，它的变形远比老式槽形钢砖小，能满足高炉生产的要求。

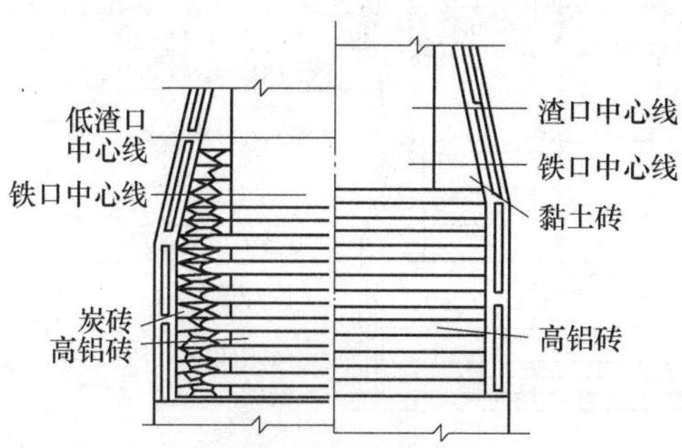


图1　1号、2号高炉第1代炉缸底结构

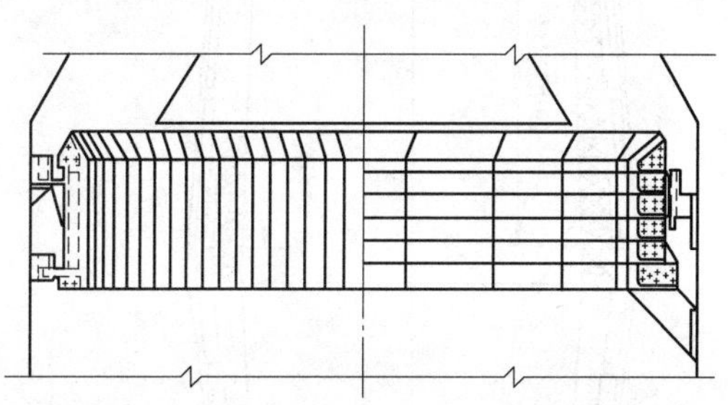


图2　长条式钢砖与长方形钢砖的比较

#### 1.2.2　1号高炉炉身采用炭砖

1号高炉1970年3月中修，在炉身下部采用3段光面冷却壁配炭砖内衬，炉身上部保留3层支梁式水箱。这一代炉身寿命达到8.5年。1978年大修时看到，炉腰托圈扁水箱上残留3层炭砖，最下层残余长度600mm。第6段冷却壁没有一处外露，也无一块破损。裸露的第7、第8段冷却壁和上部支梁式水箱则破损十分严重。这一情况表明，支梁式水箱的护砖和支托作用是有限的。光面冷却壁有不易粘结渣皮缺陷。

1.2.3　4号高炉炉身汽化冷却和全炭砖水冷炉底

为了节能，1970年新建的4号高炉，炉腹以上采用汽化冷却，炉身下半部和炉腰为炭砖内衬配光面冷却壁，取消了炉缸支柱和炉腰托圈。炉腰以上砖衬由炉腹冷却壁上端的钩头支托（图3）。炉身上部靠两层支梁式水箱支托。当时汽化冷却的工艺技术在冷却壁制作及维护检漏手段等方面还都处于探索阶段。自行设计的汽化冷却系统投产不久汽冷管大量破损漏水，炭砖损坏严重，生产很被动。第2次汽化冷却也未取得预想的结果。从4号高炉的生产实践看，取消炉腰托圈，仅靠炉腰冷却壁的钩头和炉身上部两层支梁式水箱，是砖衬不稳固、炉身寿命缩短的重要原因。

1970年设计的4号高炉在国内首次采用了炭砖炉底及炉缸炉底水冷装置。炉底为两层立砌炭砖，厚2300mm，其上为两层高铝砖厚800mm，炉底总厚3100mm，死铁层1100mm。与1号、2号、3号高炉相比，其炉底减薄了2500mm，死铁层也加深400mm。尽管因汽化冷却设备漏水危害了炉缸炉底砖衬，但寿命仍达到13年9个月，产铁1293万吨。实践表明，这种炉底结构是成功的。

1.2.4　3号高炉炉身结构的改进

在研究了支梁式水箱结构的缺陷和炉腹冷却壁钩头托砖存在的问题后，1976年在3号高炉炉身采用带钩头的镶砖冷却壁，取消了支梁式水箱（图4）。1982年年底中修时观察，钩头以上的砖衬相当完整。尽管因冷却高度不够，钩头以上1.0m处炉墙仅剩250~350mm，也未发现局部掉砖或塌落现象。采用这种结构的1号高炉1987年年底停炉，炉身上部砖衬完好程度又优于3号高炉，第9段冷却壁以上的砖衬十分完整，第9段的钩头仅有部分外露。实践表明，带钩头的冷却壁有良好的托砖功能。这一改进和长条钢砖的推广对稳定炉料和煤气分布，提高生产水平起了相当大的作用。

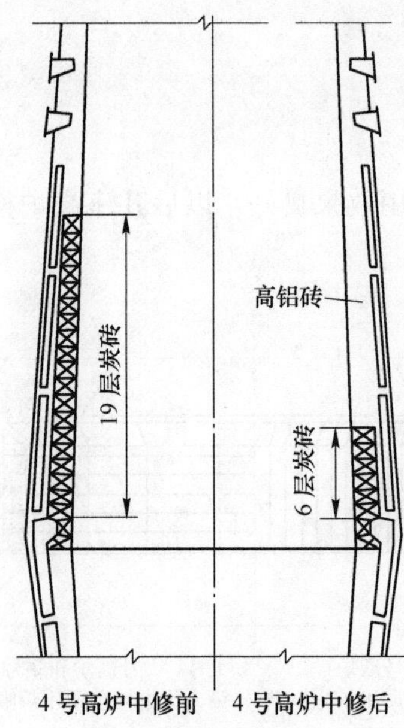


图3　4号高炉炉腰结构

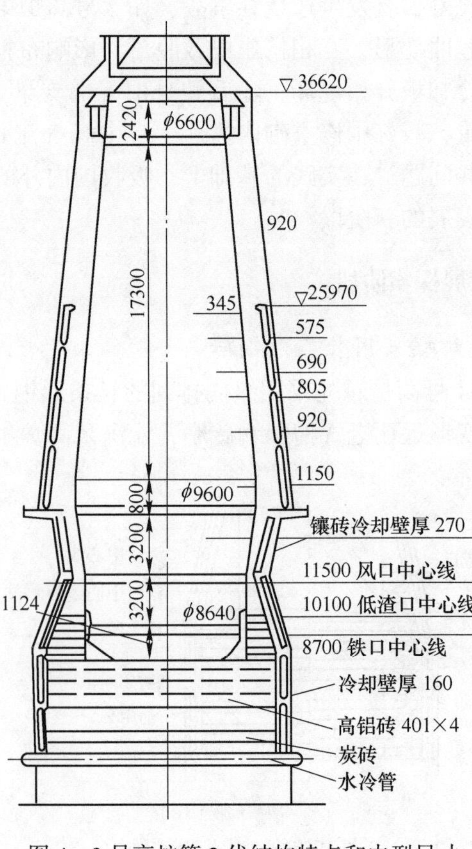


图4　3号高炉第2代结构特点和内型尺寸

（1977年大修后炉型）

1.2.5　全炭砖炉底推广

4号高炉第1次采用全炭砖水冷炉底结构（图5）。当时工期紧，施工质量差，开炉后不久炉基四周冒煤气严重，又由于汽化冷却系统大量漏水，造成了难以对付的局面，曾从风口大套间及炉底炉皮多处开孔排水，冷却壁水温差升高，生产十分被动。在1972年底就提出4号高炉大修问题，研究人员曾经采用多种方法对炉底和炉缸状况进行调查研究，认为炉底可继续使用5年以上，公司和冶金部领导决定把大修改为中修。这一决策不但节约物力、人力和财力，缩短了检修工期，增加了生铁产量，更重要的是使我国第1个炭砖水冷炉底免于夭折。与综合炉底相比，水冷炭砖炉底具有省料、省工和易于使砌筑、吊装机械化的优点，改善了施工条件，节省工期又能做到安全长寿。因此1977年大修的武钢3号高炉首先推广使用了炭砖水冷炉底。此后，武钢1号、2号高炉大修相继采用了这种结构，在防止炭砖漂浮及改善碳糊质量和砌筑工艺等方面都有了新的进展。1985年冶金部组织了技术鉴定，建议在国内新建或改建的大、中型高炉上普遍推广。

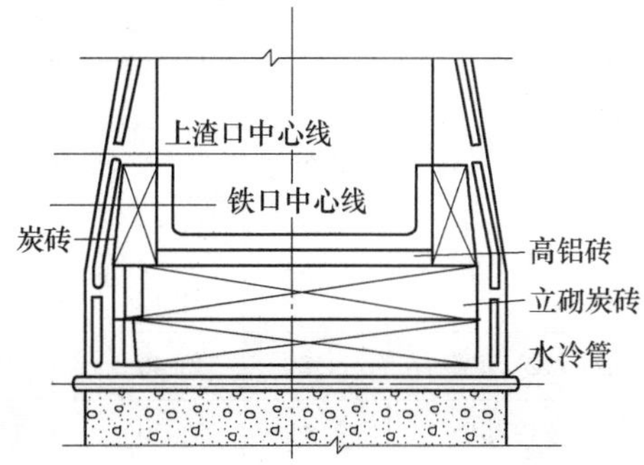

图5　4号高炉炉底结构示意图

1.2.6　取消汽化冷却

鉴于前面已提及的4号高炉采用汽化冷却后所暴露的问题，1972年2月被迫将冷却壁改为工业水冷。但冷却壁烧坏漏水仍很严重，后来将第8段全部冷却壁和第7、9段部分冷却壁停用，漏水问题才得以减轻。1973年1月起，第8段冷却壁区炉皮局部烧红。1974年中修时看到，第8段冷却壁全部烧掉，第7段完整的只有27%，第9段完整的仅20%。

1974年重新设计了汽化冷却的炉身结构，其使用结果和第1代情况基本相同。高炉投产1年后，第7段汽冷管出现破损，1975年年底损坏的冷却管已超过30根。此后改成工业水冷，但仍未扭转冷却壁继续破损的被动局面，最后只得靠对炉皮喷水维持生产。根据4号高炉投产后汽化冷却暴露的问题，1977年中修时决定取消汽化冷却。从世界范围看，原采用汽化冷却的一些高炉（如日本、澳大利亚和西欧的高炉）从20世纪70年代末开始也将汽化冷却改为软水或纯水密闭循环冷却，改变后效果较好。

## 2　炉体破损调查及炉体侵蚀机理的研究

### 2.1　1978年以来的炉底破损调查

1978年以来，武钢1号、2号、4号高炉各进行了1次大修，停炉后均进行过细致的破损调查和炉体寿命的研究。1号高炉1958年投产，第1代炉底寿命达到20年；2号高炉第2代炉底寿命达到16年。这两座采用综合炉底的高炉第1代炉役较长，调查中看到1号高炉炉底侵蚀深度为1600mm（为设计炉底厚度的28.5%）；2号高炉炉底侵蚀呈反锅底状，中心侵蚀为1200~1300mm，周边侵蚀成一个环形槽，侵蚀深度为2000mm，表明厚度5600mm是不必要的。采用水冷炭砖炉底的4号高炉第1代寿命为13年又9个月，侵蚀深度2000~2300mm，剩余厚度800mm左右，但底部侵蚀和下炉缸周壁的侵蚀比其他高炉严重。4号高炉第1代炉底800mm的剩余炭砖内，就有3处大的凝铁，不少残砖缝中亦有凝铁，证明砌筑时砖缝相当大。如能克服以上缺陷，水冷炭砖炉底的侵蚀深度将会减少。

### 2.2　碱金属对炉体侵蚀的影响

在几座高炉的破损调查中发现，高炉各区域炉衬不论是在黏土砖、高铝砖、炭砖还是渣皮中，都存在有碱金属和锌。不同高炉砖衬和渣皮里碱金属含量相差很大（表1）。

从试样的检验发现，碱金属与$SiO_2$、$Al_2O_3$反应，形成了新的化合物。耐火砖受碱金属侵蚀后结构受到破坏，其耐火度便会降低。高铝砖变成含钾的铝硅酸盐或含锌的铝硅酸盐并有沉积碳。沉积碳和氧化钠、氧化锌一起存在。碱金属和锌生成碳酸盐或氧化物，以及产生的沉积碳，都会引起体积增大，气孔扩大，砌体的结构就被破坏。可以认为这是武钢高炉炉身砖衬破损的主要原因之一。研究还表明：碱金属对硅铝质砖的侵蚀比炭砖严重，而铁水渗透破坏炭砖的作用较大。在高炉炉身下部和炉腹区域的条件下，没有任何一种耐火材料能完全不受钾的侵蚀。

表1　武钢2号、3号高炉附着物中碱金属含量对比　(%)

| 2号高炉部位 | $Na_2O$ | $K_2O$ | ZnO | C | 3号高炉部位 | $Na_2O$ | $K_2O$ | ZnO | C |
|---|---|---|---|---|---|---|---|---|---|
| 炉喉煤气取样孔 | 0.67 | 7.20 | 13.10 | 4.16 | 32.7m标高处 | 0.87 | 7.50 | 1.68 | 86.40 |
| 第9段冷却壁上部 | 0.65 | 27.52 | 0.79 | 27.30 | 28.38m标高处 | 0.59 | 3.87 | 1.41 | 3.57 |
| 第9段冷却壁 | 4.48 | 35.12 | 0.46 | 27.10 | 第8段冷却壁钩头上 | 0.38 | 2.50 | 63.05 | 3.55 |
| 第8段冷却壁 | 11.00 | 40.40 | 0.99 | 14.30 | 第7段冷却壁 | 0.65 | 5.58 | 1.93 | 13.12 |
| 第7段冷却壁 | 2.84 | 23.30 | 0.89 | 45.00 | 第6段冷却壁 | 0.46 | 6.54 | 1.31 | 63.40 |
| 第6段冷却壁 | 7.10 | 29.20 | 1.76 | 32.40 | 第5段冷却壁 | 0.98 | 8.14 | 2.79 | 65.25 |
| 第5段冷却壁 | 3.55 | 24.20 | 13.39 | 33.50 | 第4段冷却壁 | 2.05 | 18.85 | 16.57 | 38.95 |

## 2.3　炉缸底侵蚀机理探讨

通过几座高炉的破损调查，发现炉底炉缸侵蚀的两个基本特征：(1) 从铁口往下，周壁炭砖侵蚀逐渐严重，断面呈蒜头状；(2) 炉缸炭砖均出现环形断裂。这种裂缝有以下特点：1) 裂缝与冷却壁平行；2) 裂缝贯穿多层炭砖，上层裂缝较宽，其中充满渣铁或含有大量碱金属化合物的碳粉，下层裂缝中无填充物；3) 环形断裂延伸深度与炉底侵蚀深度一致。

铁口以下的炉缸侵蚀严重主要有以下原因：(1) 铁水流动的机械磨损；(2) 铁水对炭砖的熔蚀；(3) 铁水渗透炭砖产生气孔、裂纹而引起炭砖的侵蚀，在高压操作和提高冶炼强度的情况下侵蚀更趋严重。

据观察分析，在炭砖高铝砖综合炉底中，两种砖的热膨胀系数不同，产生的应力是综合炉底的高炉出现环形裂缝的主要原因。炭砖产生裂缝后煤气、水蒸气、碱金属和渣铁更易侵入，使炭砖强度急剧下降而被更大破坏。

## 2.4　影响高炉寿命的因素分析

高炉寿命受很多因素影响，主要有冷却方式和冷却器设计，耐火材料的性质和砌筑质量，高炉的操作维护和原燃料质量等。

武钢高炉自采用炭砖炉缸、综合炉底或水冷炉底以来，未发生过炉底炉缸烧穿事故。尽管炉缸下部的侵蚀比较严重，但由于我们多年来坚持热流强度检测并以它作为衡量炉衬侵蚀程度的标志，正确掌握侵蚀状况，采取相应维护措施，炉底炉缸寿命大为延长。

目前4座高炉都采用工业冷水。工业水易结垢，严重影响了冷却效率。不论是冷却箱或是冷却壁结构的炉身，寿命都不太长。改善水质亦是延长高炉寿命的关键措施之一。

1987年以前采用的普通铸铁材质的冷却壁延伸率低，抗热震性能差，不适应炉身下部的工作环境。

武钢高炉炉身的内衬采用过黏土砖和高铝砖，也用过炭砖。黏土砖或高铝砖都未实现长寿。1号高炉采用炭砖炉身是寿命较长的一例。破损调查表明：武钢入炉料中碱金属含量较高，在炉内的富集较严重，陶瓷材料不能有效地抵抗碱金属的侵蚀，是炉身寿命短的主因之一。碳素材料抗碱性能比陶瓷材料好可能是1号高炉炉身寿命较长的主要原因。

炉衬砌筑质量对延长炉体寿命有重要意义。1号高炉炉底寿命20年，炉底侵蚀仅1.6m，炉底高铝砖形成一个大的熔结层，但是没有金属铁渗入，应归于施工质量好。4号高炉炉底施工质量差，使炉底侵蚀深度大是另一个例子。2号高炉1982年6月投产，9月底炉身砖衬大面积塌落，主要原因也是砌筑质量差。建设高炉不但要选择优质耐火材料，而且一定要讲究砌筑质量。

高炉的操作维护是延长炉体寿命的又一关键。采用加重边沿的装料制度，控制边沿气流的发展，降低炉衬温度，能减缓炉衬侵蚀。武钢高炉使用高氧化镁渣冶炼，适当降低炉渣碱度，有利碱金属的排除。近年来炉身上部砖衬使用4~5年后仍能保护完整，除托砖方式的改进外，改进操作，减少碱金属的富集，也是重要因素。

## 3　以延长高炉寿命为目标的科研工作

### 3.1　冷却壁材质与结构的研究

根据多次调查资料，冷却壁材质结构的问题日益突出。1986 年钢研所与机总厂合作，研制成功球墨铸铁生产工艺，1987 年为 1 号高炉制造了 106 件冷却器并安装使用。这种球墨铸铁，延伸率达到 20%，抗拉强度达到 392.3MPa，抗热震超过 600 次，导热系数达到 34.8W/(m² · K)。实物质量达到和超过新日铁冷却壁的质量标准，预计将获得良好的使用效果。

原来的镶砖冷却壁在结构上存在若干缺陷：(1) 冷却壁热面有两条边框，妨碍冷却壁竖向自由膨胀，形成很深的横向开裂，深入到基体中易拉断水管。(2) 冷却壁没有凸台，不能托砖，一旦失去砖衬保护，它便加速了破损进程。(3) 基体厚 120mm，刚度不够，易于变形，影响长寿。(4) 水冷蛇形管为 $\phi$44.5mm×6mm，水量不足，冷却强度低，影响对炉衬的冷却。根据上述这些研究结果，对新设计的冷却壁进行了改进和完善。

### 3.2　耐火材料抗碱性能的研究及高炉内衬材质的选择

根据炉内不同区域的工作条件，合理选择适宜的耐火材料对延长炉体寿命有重大意义。在武钢条件下，炉身内衬主要受碱金属侵蚀而破坏。因此，几年来对多种耐火材料进行了试验研究。表 2 列出几种耐火砖在 1100℃ 的抗碱试验资料。根据多次试验的结果，高铝砖抗碱性能不如黏土砖，在较低温度下（小于 900℃）炭砖的抗碱性能明显优于高铝砖和黏土砖；但在高温下，其抗碱性能明显降低。葫芦岛自结合碳化硅砖抗碱性不太好，但仍优于陶瓷材料。浸磷酸的黏土砖有较好的抗碱性，但它的抗渣性差，用于炉身下部也不适合。国外认为 $Si_3N_4$ 结合的碳化硅砖是目前用于炉身下部恶劣条件的最佳选择，其强度、导热性和抗震性、抗碱性优于他种耐火材料，在大高炉上采用日渐增多。

炉底炉缸采用炭砖是成功的。但炭砖的质量也必须改进。表 3 列出国内几家碳素厂产品的实验数据。在抗碱性能方面，贵州炭砖优于吉林和兰州炭砖，但强度下降仍高达 23.3%，体积膨胀也大，和宝山使用的新日铁炭砖比较仍有较大差距，有改进必要。

**表 2　各种耐火砖抗碱试验**

| 材料名称 | 抗压强度下降率/% | 体积膨胀率/% | 试样外观及断口状况 |
|---|---|---|---|
| 浸磷酸黏土砖 | 16.6 | 7.03 | 表面光洁，无裂纹，断口渗碳 1mm 厚 |
| 葫芦岛碳化硅砖（自结合） | 20.1 | 6.40 | 出现裂纹 |
| 山东黏土砖 | 39.0 | 11.48 | 表面粗糙，断口碳侵入深度 8mm |
| 唐山高铝砖 | 41.0 | 7.78 | 表面疏松，掉边角，断口全变黑 |
| 吉林炭砖 | 55.4 | 10.83 | 裂纹多，掉边角 |

**表 3　国内几家碳素厂产品实验数据**

| 产品厂家 | 抗压强度 /MPa | 抗碱后强度 /MPa | 强度降低 /% | 导热系数 /W · (m² · K)⁻¹ | | 膨胀系数 (900℃) /℃⁻¹ | 体积密度 /g · cm⁻³ | 显气孔率 /% | 石墨化程度 /% | 灰分 /% |
|---|---|---|---|---|---|---|---|---|---|---|
| | | | | 300℃ | 900℃ | | | | | |
| 吉林炭砖 | 23.83 | 10.62 | 55.3 | 4.95 | 5.64 | 3.0×10⁻⁷ | 1.50 | 15.0 | <20 | 8.24 |
| 兰州炭砖 | 45.51 | 22.11 | 51.4 | | | | 1.54 | 11.35 | 63 | — |
| 贵州炭砖 | 27.26 | 20.99 | 23.3 | 5.8 | 7.07 | 6.94×10⁻⁷ | 1.55 | 13.15 | 55~63 | 7.3 |
| 宝钢炭砖 | 32.33 | 33.25 | 12.95 | 14.4 | 17.20 | 2.89×10⁻⁷ | 1.55 | 16.68 | 59 | 4.25 |

### 3.3　维护炉缸炉底的操作措施

一代炉缸炉底后期，不可避免地会出现局部严重侵蚀现象。这时冷却壁水温差升高，热负荷增大，威胁高炉安全生产。例如 1970 年 2 号高炉冷却壁第 3 段 34 号，水温差达到 6℃（常压水），热负荷曾高达 15. 35kW/m$^2$(13200kcal/(m$^2$ · h))。1 号高炉第 2 段冷却壁 31 号和 32 号，水温差达到 5. 0℃，热负荷达到 9. 77～10. 35kW/m$^2$(8400～8900kcal/(m$^2$ · h))。在这种情况下，维护时曾采取了清洗冷却壁、通高压水和改双联为单走供水冷却等措施。3 号高炉 1969 年炉缸水温差达到 6. 0℃，采取了堵风口、降顶压及休风凉炉的措施。这些防范措施有延长寿命的作用，但往往要影响高炉的技术经济指标。1984 年 9 月，3 号高炉第 2 段冷却壁 9 号、14 号水温差超过 5. 3℃，热负荷达到 13. 84kW/m$^2$(11900kcal/(m$^2$ · h))，根据国内外有关资料，进行了钒钛铁矿护炉的试验，取得了良好效果。在武钢条件下初次用量应达到二氧化钛 10～12kg/t 入炉，在生铁 Si 为 0. 6%时 Ti 可达 0. 1%。这一用量可使水温差在短期内降到规定范围。当热负荷降低后，用量可减少，二氧化钛一般维持在 5. 0kg/t 左右，水温差便可稳定，但不能一劳永逸。若停用钒钛矿时间太长，水温差又会增长，这时则必须迅速恢复使用。3 号高炉连续使用钒钛铁矿 3 个多月，停用 13 个月水温差再度增大，1986 年 9 月恢复使用，至今仍在继续。

### 3.4 新 3 号高炉延长炉体寿命的尝试

为满足后工序对铁水的需要，武钢将兴建新 3 号高炉。该炉容积 3200m$^3$，在国内是仅次于宝山的大型高炉。因此，有必要采取措施，使其生产指标和炉体寿命都跨入国际先进行列。

(1) 炉体冷却采用了软水密闭循环。这种冷却系统，消除了水管结垢，极大地改善传热过程，能有效地降低炉衬温度。国外采用这种方法冷却的高炉，炉身寿命已超过 10 年。

(2) 在镶砖冷却壁的结构上，设计为横向贯通筋，凸台在中间，砖衬与冷却壁相互依托。镶砖材料采用碳素材料，一方面增强抗碱金属侵蚀的能力，另一方面改善传热。

(3) 冷却壁内水管为 $\phi$70mm×6mm，增大水量，提高冷却能力。

(4) 冷却壁材质采用球墨铸铁。

(5) 炉身上部采用浸磷酸黏土砖或优质黏土砖，炉身下部采用碳化硅砖。

(6) 在死铁层，自铁口往下逐渐缩小炉缸内径增加周壁炭砖长度，抗衡铁水异常侵蚀。

(7) 炉底及下炉缸，采用高密度微气孔炭砖，增加石墨化程度，抵抗铁水的渗透侵蚀。

此外，将进一步改善砌筑工艺，提高砌筑质量。并在炉底和炉缸增加新的检测手段。

新 3 号高炉采取上述措施后，预计其寿命将会达到新水平。

（原载《武钢炼铁四十年》，1998）

# 1号高炉开炉总结

奚兆元

在党的正确领导和全国人民的大力支援下，武钢1号高炉比原订计划提前17天，在1958年9月13日3时20分点火开工。武钢1号高炉是国内第一座完全新建的巨型高炉，所以武钢1号高炉的开炉经验无论是对武钢还是对兄弟工厂说来都是很宝贵的。

1号高炉开炉总结分为如下四节：

（1）热风炉和高炉的烘炉；

（2）配料计算及装入填充料；

（3）点火、送风以后；

（4）开炉期间的事故及原因。

## 1　热风炉和高炉的烘炉

武钢第一焦炉在高炉开工前一个月，即8月10日投入生产，所以1号高炉热风炉全部利用焦炉煤气烘炉。

早在1958年2月，武钢炼铁厂曾派人去本溪第二炼铁厂学习用焦炉煤气烘热风炉的经验，发现在烘炉工作中有几个问题：

（1）送入焦炉煤气后，炉顶温度迅速上升，接近600℃，在整个烘炉过程中，炉顶温度几乎不受控制，与计划升温曲线出入很大。

（2）往火井中送焦炉煤气时经常发生爆炸，从燃烧器吸风口处向外喷火。

（3）煤气调节并不能切断焦炉煤气，全闭调节阀后，在燃烧器中仍有火焰燃烧。

为了切断煤气不得不在调节阀上喷水，以造成一个水封，结果使橡皮密封圈损坏。

（4）经常发生回火，在短管中有火焰燃烧，短管被烧得变形。

经过大家讨论以后，认为产生以上问题的原因是：

（1）因为本钢是将焦炉煤气送入净煤气主管，$\phi$1100mm的调节阀不能很精密地调节煤气流量，这是不能很好控制炉顶温度的主要原因。

（2）调节阀稍稍开启就有大量焦炉煤气被送入火井，因而点火时容易发生爆炸。

（3）由于管道粗，流量小，所以煤气流速度慢，燃烧速度却快，因而经常发生回火。

在苏联专家的具体指导下，武钢决定不用将焦炉煤气送入净煤气主管的方法，而在热风炉燃烧器一侧另外安装$\phi$300mm焦炉煤气主管一根。在主管上有六个带开闭器的$\phi$125mm接头，自接头用胶皮管将焦炉煤气引向火井，胶皮管一端接一根短钢管作为烧嘴，烧嘴自燃烧器东侧的两个人孔插入（见图1）。

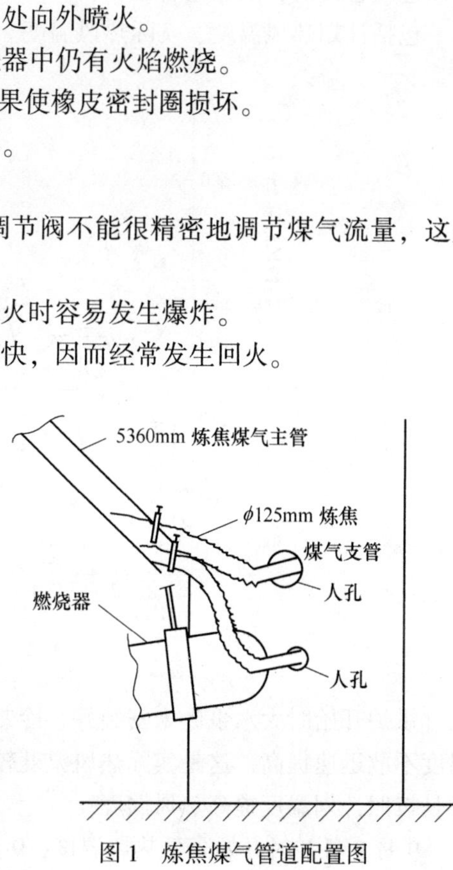


图1　炼焦煤气管道配置图

烘炉开始时开启燃烧闸板、烟道阀和人孔，自人孔投入木柴，待炉顶温度上升到100~150℃后，将在火井外点燃的烧嘴插入人孔，开焦炉煤气烘炉。

烘炉初期用一根烧嘴，以后用二根烧嘴同时插入人孔燃烧，在焦炉煤气压力为600mm水柱高时，二根烧嘴可将炉顶温度烧到1100℃以上。

采用以上方法烘炉非常安全，实际炉顶温度与计划炉顶温度相符合（见图2）。

1958年9月4日清晨零时30分开始用热风烘高炉，为了迅速干燥炉底，在炉内安装了特殊的设备（见图3）。

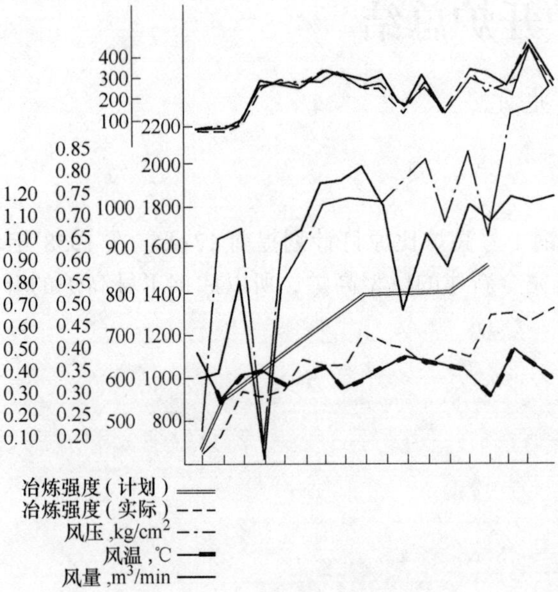


图2　热风炉烘炉曲线

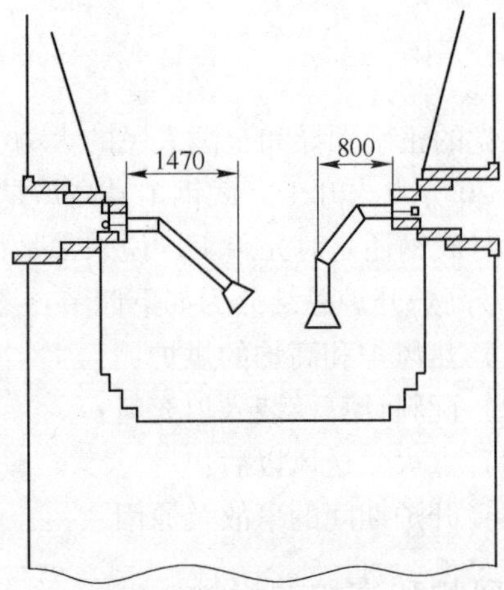


图3　烘炉设备

烘炉设备中所用进风管的直径是133mm，喇叭口附近扩大为200mm。自喇叭口到风口前端的距离有二种：一种是1470mm，一种是800mm，前者用来烘炉缸中心部分，后者用来烘炉缸周围，这二种进风管各有八个，间隔安装。

上述烘炉设备与鞍钢历年来所用的烘炉设备不同，它的主要优点是自风口三套以外利用了直吹管，所以进风管较短，制作时省工省料。

包括计划热风温度、实际热风温度、实际炉顶温度和风量曲线在内的烘炉曲线见图4。

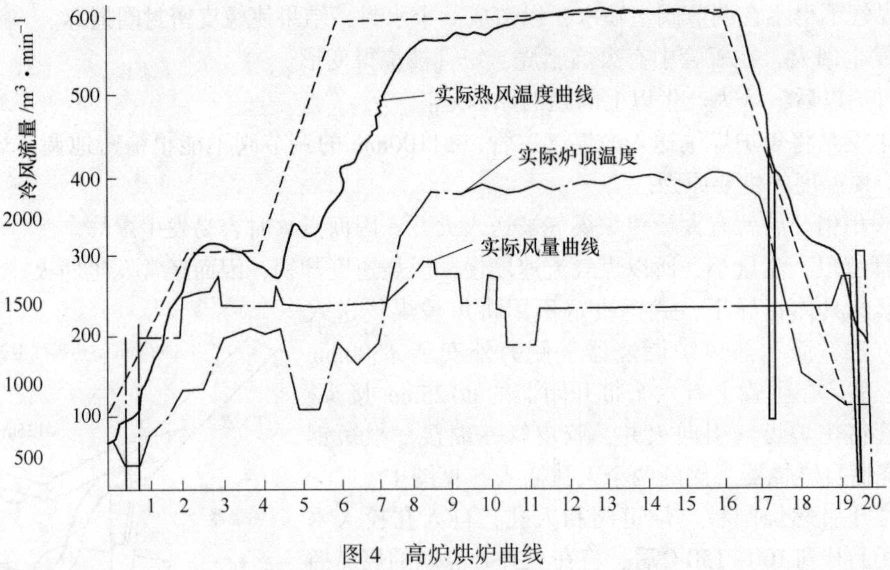


图4　高炉烘炉曲线

烘炉开始时大水泵尚未安装好，冷却水压力不够，炉身最上六层支梁式冷却水箱没有水，为此热风温度不敢迅速提高，这是实际热风温度较计划温度上升得慢的主要原因。9月7日6时10分大水泵运转，于是按照计划温度提高热风温度。

9月9日8时开始降低热风温度，9月10日14时吹冷风加速冷却。

实际热风温度和风量曲线的波动是由于烘炉期间冷却水压力常有波动（大水泵轴承发热）热风炉各阀门和放风阀屡出故障所致。烘炉期间的设备故障见表1。

需要指出，高炉和热风炉的烘炉是在和基建紧张施工时同时并进，炉旁遍地是脚手架、铁丝和构件等，工作条件复杂，在这样的工作环境下不仅没有发生重大设备事故，而且消灭了一切人身事故，按时完成了烘炉任务，这是这次烘炉的最大成功处。

**表1　烘炉期间的设备故障**

| 日期 | 事故情况 | 影　响 |
|---|---|---|
| 9月5日 | 2号热风炉冷风阀严重漏风 | 风压下降0.2atm，风量增加100m³/min（实际入炉风量减少了） |
| 9月5日 | 1号热风阀和3号炉燃烧闸板开启困难 | 换炉时风温波动达100℃ |
| 9月6日 | 2号热风阀打不开 | 换炉时风温波动 |
| 9月6日 | 换炉时热风阀自动关闭一次 | 造成突然休风炉顶温度迅速下降 |
| 9月7日 | 上六层支梁式水箱断水 | 被迫减风 |
| 9月9日 | 瓦斯工操作不当将冷风小门关死 | 风温由430℃下降到120℃ |
| 9月16日 | 放风阀自动开启 | 造成突然休风 |

## 2　配料计算及装入填充料

开炉料用的是鄂城赤铁矿、木圭锰矿、乌龙泉石灰石和武钢自产的焦炭，鄂城赤铁矿是红色的含二氧化硅较高，是还原性很好的赤铁矿。

锰矿较贫，含二氧化硅高而含锰低。武钢自产的焦炭强度不够好，转鼓指数在300kg左右，所有开炉料的粒度在25~75mm，焦炭的粒度>40mm，各种开炉料的成分见表2。

**表2　各种开炉料的成分**　（%）

| 开炉料 | TFe | $Fe_2O_3$ | $SiO_2$ | $Al_2O_3$ | CaO | MgO | Mn | P | S |
|---|---|---|---|---|---|---|---|---|---|
| 鄂城铁矿 | 50.25 |  | 27.80 | 0.71 | 1.18 |  | 0.095 | 0.074 | 0.117 |
| 木圭锰矿 | 8.77 |  | 38.50 | 8.87 | 0.63 |  | 22.410 |  |  |
| 石灰石 |  | 0.31 | 0.54 |  | 55.40 | 0.360 |  | 0.005 | 0.017 |
| 焦炭 | 1.37 |  | 6.76 | 4.6 | 0.50 | 0.112 |  |  | 0.750 |

虽然鄂城矿石的还原性很好，但由于初次使用，并且焦炭灰分较高（14.4%），因此决定采用较高的开炉料焦比，开炉料总焦比是3.6t/(t·Fe)，正常时焦比是1.0t/$t_{Fe}$，炉渣碱度$CaO/SiO_2$=1.0，炉缸、炉腹用枕木填充，配料计算见表3。

按上述计算，焦渣比=232617/502200=0.46。

渣铁比=232617/137059=1.69。

炉料填充按照配料计算，焦炭含水5%，因此填充时每批焦炭重量是8500kg，共装入64批，较原定计划多2批，装满后料线在2850mm左右。

因为称量漏斗有死角，滚筛的制动装置尚未投入生产，所以每批焦炭量有多有少，但由于配备了专人记录和校正，所以实际焦炭装入量较计划量仅多出约700kg左右。

9月11日23时开始往炉内装枕木，公司领导要求在4小时内装完，但全体工人鼓足干劲，3小时就将1400多根枕木装入高炉，9月12日清晨2时枕木装完，接着调整卷扬系统。

9月12日早晨8时零5分开始用卷扬机往高炉里装开炉料，因为边装料边调整，并且碎焦卷扬钢绳拉断，因而装料时间拖得较长，直到13日清晨1时才装完。由于设计不良和操作不当，碎焦卷扬一直是整个卷扬系统中的一段“盲肠”，点火后还屡次发生故障，影响上料速度。

**表 3　配料计算结果**

| 段数 | | Ⅷ | Ⅶ | Ⅵ | Ⅴ | Ⅳ | Ⅲ | Ⅱ | Ⅰ | 总计 |
|---|---|---|---|---|---|---|---|---|---|---|
| K | 焦炭 | | | | | | | 8100 | | 19400 |
| X | 焦炭 | 8100 | 8100 | 8100 | 8100 | 8100 | 8100 | 8100 | | |
| | 石灰石 | 1000 | 1000 | 1000 | 1000 | 1000 | 1000 | 1000 | | 31400 |
| H | 焦炭 | 8100 | 8100 | 8100 | 8100 | 8100 | 8100 | 8100 | | |
| | 鄂城 | 11500 | 11500 | 11500 | 11500 | 11500 | 11500 | 11500 | | 241500 |
| | 锰矿 | 400 | 400 | 400 | 400 | 400 | 400 | 400 | | 8400 |
| | 石灰石 | 5900 | 5900 | 5900 | 5900 | 5900 | 5900 | 5900 | | 123900 |
| 焦比 | | 1.5 | 1.75 | 2.03 | 2.48 | 3.1 | 3.69 | 24K | 枕木 | 3.53 |
| 填充次序 | | 5H+X | 2H+X+3H+X | 3H+2X | 3(H+X) | 2H+3X | 3(H+2X) | | | 24K,2H,27X |
| 出铁量 | | 32317 | 32317 | 19477 | 18601 | 13088 | 19726 | 1480 | | 137059 |
| 出渣量 | | 139150 | 40805 | 25807 | 29121 | 22597 | 37737 | 37400 | | 232617 |
| 渣成分/% | $SiO_2$ | 44.8 | 44.3 | 43.9 | 43.4 | | 40.7 | | | |
| | $Al_2O_3$ | 7.1 | 7.6 | 8.4 | 9.2 | | 16.1 | | | |
| | CaO | 44.9 | 44.5 | 44.1 | 43.6 | | 36.7 | | | |
| | S | 1.11 | 1.21 | 1.34 | 1.46 | | 2.68 | | | |
| 压缩率/% | | 5 | 8 | 10 | 10 | 10 | 10 | 12 | | |
| 压缩后的容积/$m^3$ | | 153.3 | 165.5 | 110.7 | 127.3 | 101.7 | 127.3 | 379 | 200 | 1364.8 |

注：总共装入炉焦炭 502.2t，鄂城矿 241.5t，锰矿 8.4t，石灰石 155.3t。

在装入最后 6 批料时，中央试验室会同炼铁厂作了料面测量。因为使用水平探尺测量，测量人员不进入高炉，所以料面测量没有影响装料。小钟上的料面测量结果见表 4，炉喉料面的测量结果见表 5。

**表 4　小钟上的料面测量结果**

| 料入炉料 | 料车位置 | 堆尖位置 | 堆　角 | | |
|---|---|---|---|---|---|
| | | | 水平距离 | 垂直距离 | 角度 |
| 焦炭 | 西料车 | 南偏东 70° | 2060mm | 2040mm | 44°43′ |

**表 5　炉喉料面的测量结果**

| 批数 | 旋转角度 | 装入次序 | 方向 | 料面距水平料尺的距离/mm | | | | | | | | |
|---|---|---|---|---|---|---|---|---|---|---|---|---|
| | | | | 0 | 350 | 750 | 1750 | 3250 | 1750 | 750 | 350 | 0 |
| 1 | 120° | PPKKK | 西北—东南 | 680 | 6700 | 6480 | 7000 | 7020 | 7720 | 7720 | 5400 | 6680 |
| | | | 东北—西南 | 7800 | 7790 | 6630 | 7370 | 7030 | 7050 | 7050 | 7050 | 6700 |
| 2 | 180° | PPKKK | 西北—东南 | 5830 | 5820 | 5820 | 5810 | 5940 | 6980 | 6980 | 6880 | 6000 |
| | | | 东北—西南 | 6364 | 6480 | 6365 | 6440 | 5940 | 4800 | 4800 | 5400 | 5400 |
| 3 | 240° | PPKKK | 西北—东南 | 4630 | 4950 | 4490 | 4420 | 5200 | 5890 | 5890 | 5590 | 5620 |
| | | | 东北—西南 | 5400 | 5400 | 4860 | 5720 | 5200 | 4400 | 4400 | 4000 | 4100 |
| 4 | 300° | PPKKK | 西北—东南 | 4590 | 4420 | 4320 | 4320 | 5050 | 5300 | 5300 | 4790 | 4830 |
| | | | 东北—西南 | 4520 | 4720 | 4320 | 5160 | 5050 | 4050 | 4050 | 4300 | 3850 |
| 5 | 0° | PPKKK | 西北—东南 | 3520 | 3450 | 3240 | 3240 | 3780 | 3760 | 3760 | 3750 | 3630 |
| | | | 东北—西南 | 3440 | 3780 | 3780 | 3540 | 3780 | 3100 | 3100 | 3600 | 3500 |
| 6 | 60° | PP | 西北—东南 | 2960 | 2760 | 3400 | 3440 | 3730 | 3080 | 3080 | 2860 | 2670 |

由上表可见，炉料分布按直径水平面最大相差 1110~1780mm，按整个料面最大相差 1200~2790mm。

## 3 点火送风以后

9 月 13 日 3 时 20 分送入热风点火，点火时用最热的一个热风炉——2 号热风炉，并且全闭冷风支管上的冷风大闸和冷风调节，以最高风温点火。最初风温为 850℃，当由风口视孔看到各风口燃烧良好后就开启冷风调节，调节风温至 750℃，并且固定。

点火时的风量是 2000$m^3$/min，不久减到 1200$m^3$/min，在出了第一次铁以后逐渐加风。在送风后的最初 32 小时内，实际冶炼强度和计划相接近，以后因为受卷扬屡出故障和原料供应的影响，实际冶炼强度和计划强度的差别愈来愈大，在 9 月 18 日前实际冶炼强度基本上都低于 0.6$t_{焦}/(m^3 \cdot d)$。

计划热风温度是 750℃，但受实际冶炼强度大大低于计划强度的影响，炉向热料难行，风温被迫降到 750℃以下。

点火后的热风温度、冷风量等见表 6 和图 5。

**表 6 点火后热风温度，冷风量、风压及炉温**

| 日期 | 班别 | 冷风流量 $/m^3 \cdot min^{-1}$ | 风压 | 热风温度 /℃ | 炉顶温度/℃ | | | | 冶炼强度 $/t_{焦} \cdot (m^3 \cdot h)^{-1}$ |
|---|---|---|---|---|---|---|---|---|---|
| | | | | | 1 | 2 | 3 | 4 | |
| 9 月 13 日 | 夜 | 1200 | 0.28 | 750 | 55 | 50 | 50 | 50 | 0.136 |
| | 白 | 1220 | 0.72 | 650 | 56 | 57 | 56 | 59 | 0.254 |
| | 中 | 1650 | 0.75 | 700 | 70 | 65 | 70 | 70 | 0.436 |
| 9 月 14 日 | 夜 | 800 | 0.23 | 710 | 280 | 250 | 270 | 240 | 0.400 |
| | 白 | 1620 | 0.71 | 680 | 270 | 250 | 255 | 280 | 0.436 |
| | 中 | 1800 | 0.74 | 700 | 240 | 270 | 270 | 240 | 0.583 |
| 9 月 15 日 | 夜 | 2000 | 0.85 | 720 | 270 | 260 | 300 | 310 | 0.545 |
| | 白 | 2200 | 0.85 | 670 | 340 | 310 | 320 | 300 | 0.541 |
| | 中 | 2160 | 0.89 | 690 | 250 | 260 | 230 | 240 | 0.709 |
| 9 月 16 日 | 夜 | 2000 | 0.79 | 720 | 300 | 270 | 240 | 240 | 0.054 |
| | 白 | 1500 | 0.85 | 740 | 130 | 130 | 130 | 130 | 0.618 |
| | 中 | 1860 | 0.90 | 730 | 280 | 280 | 250 | 270 | 0.545 |
| 9 月 17 日 | 夜 | 1700 | 0.75 | 720 | 120 | 120 | 130 | 1320 | 0.618 |
| | 白 | 2000 | 0.92 | 700 | 280 | 280 | 300 | 320 | 0.508 |
| | 中 | 1900 | 0.73 | 650 | 230 | 230 | 240 | 210 | 0.778 |
| 9 月 18 日 | 夜 | 2250 | 1.05 | 760 | 240 | 240 | 200 | 250 | 0.781 |
| | 白 | 2000 | 1.06 | 730 | 410 | 410 | 410 | 450 | 0.751 |
| | 中 | 2120 | 1.12 | 690 | 230 | 230 | 220 | 210 | 0.805 |

9 月 13 日 15 时 12 分出第一次铁，仅出铁 2t，出第一次铁前不放上渣，铁口用氧烧开，共耗氧六瓶。自 13 日到 18 日间的渣铁成分见图 6。

由图 6 可见，第 15 次出铁以后生铁含硅量才下降到 4.0%以下，含硅大于 4.0%的生铁总计 1773t。由开炉料熔化而得的生铁的含硅量平均为 7.6%，高出配料计算中计划含硅量的 3.6%，将近一倍，造成这种情况的原因是：

（1）开炉焦比的假定与生铁含硅量的假定不相适应；

（2）实际冶炼强度低于原定计划；

（3）变料时加料较慢。

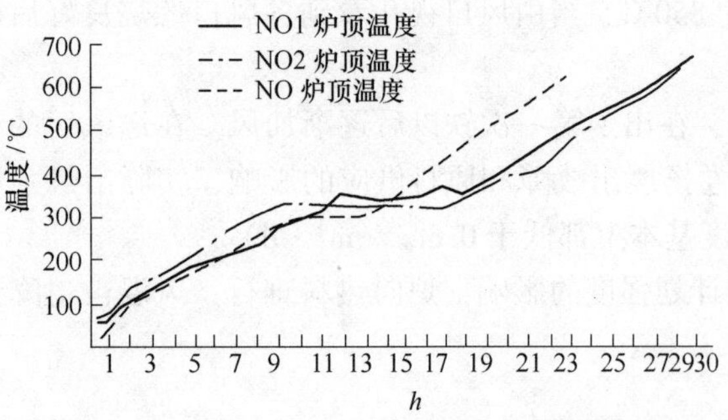


图 5　点火后风量风温等曲线图

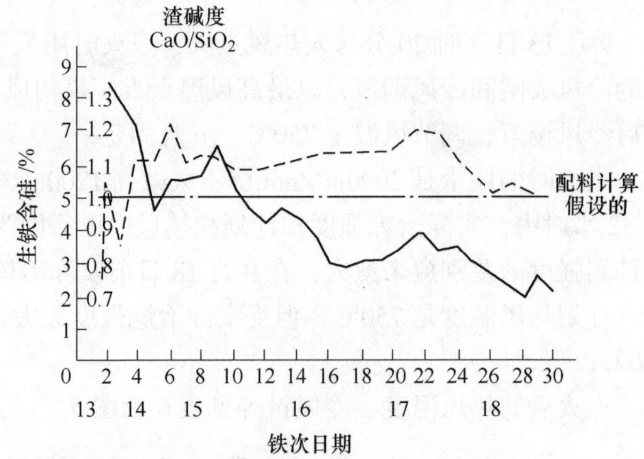


图 6　生铁含硅量和炉渣碱度

此外，炉渣碱度在 1.1 左右，高出预计碱度 0.1，当然这是受生铁含硅量高于预计含硅量的影响。

9 月 14 日白班开始用铁山、海南岛江宁等地矿石换下鄂城矿石，变料原则是最先采用还原性良好的矿石。最终炉料组成按原料来源规定为：铁山矿 40%，海南矿 40%，江宁矿 20%。

实际变料情况见表 7。

**表 7　实际变料情况**

| 次数 | 日期 | 鄂城矿 | | 铁山矿 | | 海南矿 | | 江宁矿 | | 铁矿石总重/kg | 锰矿/kg | 石灰石/kg | 焦炭/kg | 料尺深度/m |
|---|---|---|---|---|---|---|---|---|---|---|---|---|---|---|
| | | kg | % | kg | % | kg | % | kg | % | | | | | |
| 1 | 开炉料 | 11500 | 100 | | | | | | | 11500 | 400 | 5900 | 8400 | KPPKK2. 0 |
| 2 | 14 日白班 | 9600 | 80 | 240 | 20 | | | | | 12000 | 400 | 5500 | 8400 | 2. 0 |
| 3 | 14 日中班 | 6000 | 50 | 6000 | 50 | | | | | 12000 | 400 | 5500 | 8400 | 2. 0 |
| 4 | 15 日白班 | 7680 | 60 | 2560 | 20 | 2560 | 20 | | | 12800 | 400 | 5300 | 8400 | 2. 0 |
| 5 | 15 日白班 | 5280 | 40 | 2640 | 20 | 5280 | 40 | | | 13200 | 400 | 4000 | 8400 | 2. 0 |
| 6 | 15 日夜班 | 2760 | 20 | 5520 | 40 | 5520 | 40 | | | 13800 | 400 | 3700 | 8400 | 2. 0 |
| 7 | 16 日白班 | 2800 | 20 | 5600 | 40 | 5600 | 40 | | | 14000 | 440 | 3800 | 8400 | 2. 0 |
| 8 | 17 日白班 | | | 5680 | 40 | 5680 | 40 | 2840 | 20 | 14200 | 440 | 3200 | 8400 | 2. 0 |
| 9 | 17 日中班 | | | 5800 | 40 | 5800 | 40 | 2900 | 20 | 14500 | 440 | 3200 | 8400 | 2. 0 |
| 10 | 17 日夜班 | | | | | 11200 | 80 | 2800 | 20 | 1400 | 440 | 3800 | 8400 | 2. 0 |
| 11 | 17 日夜班 | | | 5800 | 40 | 5800 | 40 | 2900 | 20 | 14500 | 440 | 3200 | 8400 | 2. 0 |
| 12 | 18 日白班 | | | 5920 | 40 | 5920 | 40 | 2960 | 20 | 14800 | 440 | 3400 | 8400 | 2. 0 |
| 13 | 18 日中班 | | | 6000 | 40 | 6000 | 40 | 3000 | 20 | 15000 | 440 | 3800 | 8400 | 2. 0 |

注：表中第 10 次变料系铁山矿石没有及时运到而引起的强迫变料，铁山矿、海南矿和鄂城矿变换比例在 1.1∶1.0 左右，江宁和鄂城的变换比例在 1.06∶1.00 左右。

## 4　开炉期间的事故及原因

开炉期间基本上消灭了重大设备事故和重伤事故，但是一般设备事故还是很多，其中电气方面的事故最多，机械第二，原料第三。开炉期间的事故按各工段分类见表 8。

**表 8　设备事故分类表**

| 发生事故日期 | 事故及设备名称 | 对事故的原因分析 | 处理情况 | 对生产的影响 |
| --- | --- | --- | --- | --- |
| 9 月 14 日 | 称量车漏斗自开发生的跑料事故 | ①漏斗两端之铁板壁间隙过小，矿石过湿<br>②漏门曲杆互相卡而影响漏门关不严<br>③漏门极限不准确（漏门关不严），走行不接电 | ①将两端板壁割去 5mm<br>②曲柄割去了 10mm<br>③电磁阀改为手动 | 未影响上料 |
| 9 月 19 日 | 转鼓跑料 | 当转鼓漏料后闸门卡住下不来 | 调整了顶杆 | 未影响上料 |
| 9 月 17 日 | 转鼓顶杆拉弯事故 | 转鼓漏料后称量车气顶未下来并进行开车 | 修复了顶杆 | 未影响上料 |
| 9 月 17 日 | 碎焦料车第一次断绳事故 | ①可能超极限后钢绳松脱而脱槽以致将钢绳拉断<br>②可能超极限后料车卡住而下不来 | ①调整了轨道和结构<br>②换了新钢绳<br>③换了料车及轴 | 影响 20min 低压 |
| 9 月 18 日 | 碎焦料车第二次断绳事故 | ①对第一次断绳事故分析错误认为是道卡<br>②超极限硬拉断 | ①增加两个继电器<br>②调整了极限<br>③换了新车轮检修料车 | 未影响上料 |
| 9 月 17 日 | 大小钟卷扬机链子轴串出，未遂事故 | 由于施工质量不良而发生重大未遂事故幸被发现而避免了 | 将轴打入而插上开口销 | 未影响上料 |
| 9 月 15 日 | 东卷尺机事故探尺不下 | 探尺密封装置卷筒轴法兰过紧并且憋劲 | 将法兰卸开后而正常 | 未影响上料 |
| 9 月 16 日 | 西探尺掉入炉内 | 由于电动机不好用（在卸马达时而把探尺掉到炉内）将探尺损坏 | 更换新探尺，并对好了零位 | 未影响上料 |
| 9 月 13 日 | 1 号燃烧器鼓风机风扇及轴承烧坏 | 由误操作而成（打开冷风阀而未关闭燃烧闸） | ①检修调整好风扇<br>②更换了滚珠 | 未影响生产 |
| 9 月 14 日 | 2 号瓦斯阀跑瓦斯 | 管道未清扫好，掉入草席及木片而把瓦斯阀卡住 | 将草席及木片清除了 | 未影响生产 |
| 9 月 14 日 | 3 号冷风阀不开 | 管道未清扫干净被木块卡住 | 将阀卸开后把木块取出 | 未影响生产 |
| 9 月 13 日 | 3 号燃烧闸门打不开 | 上部钢绳及绳轮被人绑住了，是谁绑的未查出 | | 未影响生产 |
| 9 月 14 日 | 3 号燃烧器闸关不严 | 被木块卡住了 | | 未影响生产 |
| 9 月 15 日 | 铸铁机脱模装置损坏 | 违犯操作规程，将铸铁机倒开而将脱模装置憋弯 | | 未影响生产 |
| 9 月 21 日 | 铸铁机翻板刮坏 | 运输部机车操作事故（碰坏了） | ①换了新钢绳<br>②修复了翻板装置 | 未影响生产 |
| 9 月 26 日 | 铸铁机空压机事故翻车矿槽篦子压沉 | ①操作马虎；<br>②缺少润滑油翻潮湿的碎矿 | 更换涨圈及部分零件用 400mm 槽钢从下面加固 | 未影响生产影响 8 小时工作 |
| 9 月 15 日 | 翻车机小车的大腿折断 | 在翻小车皮时应将小车锁勾打开，但没有打开而发生事故（操作事故） | 用钢板加背板焊好 | 影响 6 小时工作 |
| 9 月 18 日 | 9 号皮带机尾部解调后粘住不转 | 由于润滑油少同时灰尘进去了 | 将套和轴卸下，锉去轴和套白毛刺 | 影响 2 小时工作 |

续表 8

| 发生事故日期 | 事故及设备名称 | 对事故的原因分析 | 处理情况 | 对生产的影响 |
|---|---|---|---|---|
| 9月16日 | Ⅱ3—2 皮带机增面轮螺丝断两轮裂开 | ①设计不合理，螺丝受力不均<br>②没有二次丝窠可以串 | 把两轮靠紧用 V 形大螺丝把轮的筋把起来 | 影响 5 小时工作 |
| 9月18日 | 10 号皮带机拉断 | ①皮带胶接质量不良<br>②超负荷走动 4~5 次（操作错，用皮带卡子接上） | | |

注：1. 自开炉以来，14 天之内共发生了一般事故 21 次，其中由于基建施工设备质量不良造成的事故为 7 次，由于设计不合理共 4 次，操作失当共 6 次，验次后管道清扫不干净 3 次，原因不明的事故 1 次。

2. 在 9 月 13 日~9 月 20 日共发生事故 19 次，9 月 20 日~9 月 26 日共发生 2 次，在 9 月 20 日前差不多平均每天发生事故 2. 8 次，而 9 月 20 日以后平均每天发生事故 0. 3 次。由上表可看出，在 9 月 20 日以后不论操作或设备事故逐渐减少，近于消灭。

3. 在开炉后 14 天内没有重大事故，可说基本上未影响高炉生产（影响高炉减风 20 分钟）所以 1 号高炉开炉在机械设备方面是很顺利的。

## 4.1　热风炉开炉后事故总结

4. 1. 1　1 号热风炉燃烧器火烧坏鼓风机风叶事故

（1）发生时间：1958 年 9 月 12 日 22 时左右（开炉前约 5 小时）。

（2）原因：当时 1 号热风炉正在燃烧，周厂长指示瓦斯工试验 1 号热风炉冷风阀。因为燃气车间利用鼓风机站的风进行试压，所以冷风管道内有风，当冷风阀打开以后，风吹入热风炉，致使热风炉火焰倒出烧坏燃烧器风叶。

（3）教训：1）冷风管道试风应使所有人员知道，特别是第二瓦斯工；2）应严格操作纪律，操作热风炉各阀门时，应通过一瓦斯工，且在热风炉燃烧时，不允许打开冷风阀和热风阀。

4. 1. 2　1 号热风炉燃烧鼓风机马达滚珠烧坏

（1）发生时间：9 月 18 日 5 时甲班。

（2）原因：因第一个事故，使滚珠退火，同时使机油丧失效能。

（3）教训：同 4. 1. 1，应加强在操作中的检查，在喷火后应换油。

4. 1. 3　2 号瓦斯阀调节阀关不严

（1）发生时间：9 月 15 日夜班与白班（甲、乙）。

（2）原因：有序头卡住。

（3）教训：验收时检查不周到，应加强检查。

4. 1. 4　除尘器人力清灰阀关不严

（1）发生时间：9 月 15 日上午 8 时。

（2）原因：验收时未加强检查。

4. 1. 5　3 号热风阀打不开

（1）发生时间：9 月 15 日乙班。

（2）原因：①电器接点不好使；②操作人员不熟练。

（3）防止措施：电气设备要好使，操作人员要熟悉电气设备。

4. 1. 6　3 号冷风阀关不严

（1）发生时间：9 月 16 日白班和中班。

（2）原因：由鼓风机管道吹来脏物卡住。

（3）教训：应加强验收工作（由鼓风机站负责）。

4. 1. 7　3 号燃烧闸板绳轮不转

原因：绳轮上系有铁管，已转专案组处理。

### 4.2 铸铁机事故总结

（1）9月15日甲班开动电车不当，将铁块车拉脱轨，自己处理好，没有影响生产。

（2）5t电葫芦接电滑线松，不接电。9月15日中班王志贤站在原机装所搭临时脚手架上用木棍桶滑弓，电葫芦接电行走后，将脚手架撞倒，王志贤摔下受伤。

（3）9月18日甲班将铁块车再拉脱轨，没有影响生产。

（4）9月17日甲班流嘴附近有铁块掉下落在链子板与从动轮间，链子板与从动轮错牙。

（5）9月17日丙班发生（4）同样事故。

（6）9月15日甲班将压缩空气开关箱线圈烧坏。

（7）9月19日甲班将钢绳挤入电绞车团轮，把钢绳绞断。

（8）9月16日丙班倒开铸铁机把脱模机轴杠顶弯。

存在问题：

（1）铸铁机支柱两旁应焊走台。

（2）铸铁机前部的冷却水管应改装。

（3）所有冷却水管应安装排水管。

（4）铁块车水冷应改装。

（5）电绞车牙轮保护罩应接长。

（6）卷扬机室边上走台应搭走桥。

（7）前部临时水管需要增加（现在只有一个）。

（8）流嘴底下的油管被烧坏打坏需修理。

（9）流嘴两侧五个托轮上应安装保护铁板。

（10）要修理厂按图纸新做一个流嘴。

### 4.3 矿渣场事故总结

（1）渣罐马达电源总变电所的易熔丝熔断，停止翻渣2小时多。主要原因是电工操纵电罐有问题。

（2）9月15日，有一个渣罐积水，放渣时发生爆炸，烧坏了马达动力线。

（3）9月15日17日乙班行政组长扣渣罐时渣块滑出打伤了脖子。

目前安全存在以下问题：

（1）翻罐马达应该安装极限。

（2）应该立即配备渣罐维护工，及时在轴杠、马轮等处注油，保证设备安全运转。

### 4.4 1号高炉开炉期原料系统事故分析

原料系统在开炉生产期间事故发生很多，严重影响正常生产的进行，为了更好的接受事故经验教训，有系统地整理和分析事故的性质与原因是十分必要的。下面分别叙述开炉期原料系统工作失常情况。

#### 4.4.1 皮带压料

自从开始进料以来，皮带压料现象特别严重，在一个班里最多压三次，总计压料约十次以上，这不仅影响了原燃料的及时运输或增加人工的劳动强度。更严重的是，重负荷起动皮带大大地降低了使用寿命。例如：10号皮带由9月12日开始运转至9月16日早5时30分皮带即断开，其原因在很大程度上是由于过多次数的重负荷起动所造成。

（1）原因分析：

1）卸料小车缺抱轨闸，铁矿石重量大，迫使卸料小车自动跑车，为避免卸混料被迫重负荷停车。

2）对槽存估计不足，联系欠妥，由于槽子装满被迫停车。

3）电气设备不良，致使正常运料的皮带突然停车。例如，9月16日10号皮带运铁山矿由于速度继电器B4PII不良致连续发生4~5次停车。

4）皮带工人操作马虎。例如，卸料小车在缺抱闸的情况下应该以木头将小车掩好，但由于不注意安全，致使发生几次跑车。

（2）解决方法：

1）迅速解决小车抱轨闸（已解决）。

2）加强对工人的操作安全教育。

3）指挥卸料要事先算好槽存，并与翻车机联系，保证送往栈桥。

4）值班维护电工要经常检查设备运行情况，保证在运料中电气设备处在良好状态。

4.4.2　10 号皮带折断

9 月 15 日白班发现 10 号皮带胶接头处已拉开一段，当时停车用铁钉卡住；9 月 16 日夜班于 4 时往栈桥运铁山矿，由于电气设备毛病迫使皮带先后停车 4~5 次，在 5 时 30 分正皮带运转时发现断开立即停车处理，至 8 时 30 分修好，影响 3 时之久，造成槽空，险些造成高炉待料。

（1）原因分析：

1）胶接质量不佳。

2）皮带重负荷起动次数过多。

（2）解决办法：

1）11 号皮带修好后有条件允许 10 号停车重新胶接控制适宜温度，保证质量。

2）加强操作避免重负荷起动。

4.4.3　12 皮带尾轮轴串出轴瓦磨损

9 月 17 日下午 8 时许发现 12 号皮带尾轮轴串出，当即卸开，发现轴瓦亦磨损，停车处理约 2 时之久（此时正值焦化厂 K4 皮带 28kW 马达烧坏），致使高炉因焦炭供应不及时低压 150 多分钟。

（1）原因分析：

1）安装质量差，整个原料系统皮带已发现几处轴串现象。

2）皮带工人缺乏勤检，更未做到勤注油，致使轴瓦磨损。

（2）解决办法：

1）加强对安装工程的检查与质量验收。

2）皮带工要经常检查皮带运行情况，反复注油。

4.4.4　12 号皮带小画 4.5kW 马达烧损

9 月 13 日于 22 时 40 分，正在运焦炭时卸料小车由于电气故障开不走，把值班维护电工找来处理，电工让皮带工向前开动，但皮带工按电钮后仍然开不走，此时操作人员没有立即将电源切断，致使马达烧损，幸亏该马达尚可使用，否则在没有备品的情况下将会造成高炉待料。

（1）原因分析：

1）操作人员工作疏忽。

2）维护电工缺乏经常性检查。

（2）解决方法

1）加强操作人员的安全教育，教会开车操作方法。

2）值班电工应经常注意检查。

4.4.5　10 号Ⅱ1~2 皮带吹风机 1.7kW 马达烧坏

9 月 16 日、9 月 18 日分别发现两台吹风机马达烧坏，造成两台吹风机均无法使用。

（1）原因分析：

10 号皮带因尾轮轴瓦过热，暂将胶接皮带用的吹风机装上，借以降温。由于没有很好交代和检查，致使马达长时间转动而烧坏。

Ⅱ1~2 皮带吹风机的马达烧坏主要原因是安装时保险丝接得不对（其中两相为 60A，一相为 10A）；另外操作人员缺乏检查。

（2）解决办法：

加强安装的检查与质量的验收，操作人员应经常检查与发现问题，避免事故。

4.4.6　朱全贵摔伤（轻伤事故）

9 月 21 日朱全贵（皮带工）由 1 号皮带下来，当时一不小心从 1 号皮带台阶上摔至 10 号皮带水泥板上。当时未觉得怎样，但回家后腰痛加剧，经医生检查开了诊断书，休息两天。

（1）原因分析：

主要是朱全贵自己疏忽，下梯子着急没站稳致使摔伤（该处无固定梯子，临时找个木梯放着）。

（2）解决办法：

1）安好梯子（已经解决）。

2）加强安全教育，树立在工作中注意安全的思想。

#### 4.4.7　Ⅱ20-1 皮带漏嘴堵塞

Ⅱ20-1 漏嘴经常堵塞致使料不能畅通，严重影响进料。

（1）原因分析：

1）漏嘴原设计有问题，矿石经过漏嘴不能直接下到 9 号皮带要经几个弯路，且又加上边嘴槽太短，无振动器，易积粉矿。

2）卸料打水过多，操作人员又缺乏经常性的疏通。

（2）解决办法：

1）速装振动器。

2）严格控制不打或少打水，使矿粉不潮即不易堵。

3）经常疏通漏嘴，遇有停车机会就干，特别是雨天更得注意疏通。

#### 4.4.8　Ⅱ3~2 皮带断开

主要是胶接质量太差的缘故。

#### 4.4.9　Ⅱ3~2 皮带换向轮螺丝松动致使轮子裂开

主要是安装质量不佳，已发现几处换向轮螺丝不紧，轮子裂开。

#### 4.4.10　翻车机锁钩坏了一个

9 月 12 日开始在栈桥贮料，翻车机翻 X1 型车时翻车司机锁钩锁上后，没有及时将档抽出，致使小车不能自动回来时将锁钩卡坏一个。

#### 4.4.11　9 号皮带磨损严重

9 号皮带自开始进料以来，皮带上磨损约 10 多块，严重影响了皮带的使用寿命。

原因分析：

（1）漏嘴下出胶皮档掉下，没有及时弄好，致使皮带刮在铁板上而损伤。

（2）重负荷起动次数过多。

（3）今后要加强操作工人的安全教育。

#### 4.4.12　翻车机重大未遂事故

9 月 23 日翻矿石时翻完的车尚未顶出，则翻车机即开始起翻第二辆车，险些造成重大事故。

今后要加强联络员的安全教育，一定看到车对准后再指挥翻车。

#### 4.4.13　原料系统事故分析表（见表 9）

**表 9　1 号高炉开炉原料系统事故分析**

| 日期 | 设备事故 | 原因分析 | 解决办法 | 影响生产时间 | 备注 |
|---|---|---|---|---|---|
| 9 月 10 日 | 东探尺电闸有时不吸 | 闸安装得不牢，机械被卡 | 电闸要调 | 没影响 | |
| 9 月 11 日 | 已到料线大钟不翻 | 因探尺 PI 及 PII 环能自锁，故探尺不能提起，大钟不翻 | 增加接点使其自锁 | 没影响 | |
| 9 月 12 日 | 手动开大钟时超极限数次 | 不明 | | | |
| 9 月 13 日 | 布料器不等料车倒完就布料 | $N_3$ 与 $N_{13}$ 接点断点太早 | $N_3$ 与 $N_{13}$ 向后调 | 没影响 | |
| 9 月 14 日 | 左车在下部位置时只能打开右焦炭闸门，而右车在下部位置时却又能先打开左闸门 | 调整队将 KBB 与 KHH 接点接反 | 线头倒过来 | 没影响 | |
| 9 月 15 日 | KKⅡ有时滑扣 | 因线圈选择的是ⅡB25%，故工作一段时间后便发热，使动作不灵 | 用风扇冷却 | 没影响 | |

续表9

| 日期 | 设备事故 | 原因分析 | 解决办法 | 影响生产时间 | 备注 |
|---|---|---|---|---|---|
| 9月16日 | 有时料车型下不到位置 | 因IPB来不及投入，PBA延时太长掉下，而料车已到检查位置停下 | 调整延时继电器PBA | 没影响 | |
| 9月17日 | 大小钟接触器H、JI、KT跳动 | 因H线圈吸力太弱 | 将线圈再并联一段300Ω的电阻 | 没影响 | |
| 9月18日 | 大小钟系统中PH不吸 | 接触不严 | 重新接线 | 没影响 | |
| 9月19日 | 主卷扬IPⅡ给不上 | 1号变电所内之6PⅡ（3PB-1）跳开 | 1号变电所将其垫注 | 没影响 | |
| 9月20日 | 不到料线大钟开启 | B台端板的接线将探尺四路短接 | 重新接线 | 没影响 | |
| 9月21日 | 主卷扬启动时跳闸数次 | 由于PTP打开早于1PTT之闭合，故使IPⅡ保持不注 | 调PTP弹簧箱松一点同时将IPTP间隙箱调 | 没影响 | |
| 9月22日 | 大钟关闭撞击厉害 | 因KT接点接触不良有，链子松弛，901制动电源没有，1号变电所PM跳开 | 电气更换接点机钳从扭动，螺丝使钢绳拉紧，1号变电所处理了过电流继电器 | 没影响 | |
| 9月18日 | 主卷扬机卷盘1PT螺丝烧红 | 螺丝接触不严，安装质量不良致使螺丝扣直接压在绝缘板上 | IPT电流线圈全部更换前面螺丝利用氧焊后面螺丝两面加帽压紧 | 影响25min | 第二次利用加漏料时间更换 |
| | 碎焦卷扬钢绳松绞断车二次 | 因电流开关手推次数太多，未砂光接触头贴上了使车超卷钢绳头绞断 | 在电气方面进行电磁开关全部更换并增加一台电源电磁开关 | 没影响 | 直接将碎焦漏到坑下 |
| 9月19日 | 主卷扬交流总配电盘下部电磁开关烧坏 | 电装—I区电工穿电缆之后不留心将铁丝碰到两线之间，使两相电源短路 | 由1号变电在将第二路电源处临时接线，因电装未接预备电源 | 1小时半 | |
| 9月19日 | 1号转动站通风机1.7kW马达烧坏一台 | 单相运转时主要生产人员将通风机开动后未通知电工检查 | 加强保险器按规程调整 | | |
| 9月15日 | 料车上料时，有时事故停车 | PM的接点不好震动时易掉 | 调整IPM | 没影响 | |
| 9月14日 | 大小钟系统中PH线圈烧坏二次 | ①可能此线圈的额写下电压不够220V（指线圈本身的额定电压）<br>②可能线圈的质量不好 | 在线圈回路中再串联一个灯泡 | | |
| 9月14日 | 大小钟电闸不吸二次 | 第一次是301线头掉下来<br>第二次是303线头掉下来 | 把掉的线头接上 | | |
| 9月16日 | 料车上行时1B几次不吸 | IB接点被消弧罩卡住 | 调整 | | |

（原载《武钢炼铁四十年》，1998）

# 高炉风口鼓风动能问题的研究

樊哲宽

早在1951年炼铁工程师周传典同志曾在鞍钢炼铁资料第二期中指出：调剂炉况不仅要从上部而且必须从下部（例如改变风口进风速度或鼓风动能）加以调整才能奏效。由于当时高炉大都采用中等的冶炼强度大力降低焦比的技术操作方针，风量变动不大，调整风口进风速度（或鼓风动能）这一重要手段尚不为人们所注意。1958年大跃进开始，随着高炉冶炼的强化，风量大大增加了，对鼓风动能的调整方被我国高炉工作者逐步认识和普遍采用。上下部调剂相结合的论点，已成为高炉调剂的指南。

高炉风口鼓风动能（$E$）按下式计算：

$$E=\frac{1}{2}mv^2=\frac{1}{2}\left(\frac{1.293Q}{9.81n}\right)=\left[\left(\frac{Q}{nf}\right)\left(\frac{t+273}{273}\right)\left(\frac{760}{760+760p}\right)\right]^2$$

式中，$E$为风口鼓风动能，kg·m/s；$v$为鼓风速度，m/s；$m$为鼓风质量，kg；$t$为风温，℃；$Q$为风量，$Nm^3/s$；$n$为风口个数；$p$为风压；1.293为空气比重，$kg/m^3$；$f$为风口面积，$m^2$；9.81为重力加速度，$m/s^2$。

国外高炉工作者均重视风口鼓风动能对高炉冶炼的影响。他们曾经认为，在一定炉子与炉料条件下，动能应保持一定才能最有利于高炉作业。我们研究的结果是：随着高炉风量的改变，风口鼓风动能不应保持一定，必须相应朝相反的方向改变。

本文就炉缸大小、炉料好坏和燃烧强度高低之不同，相应调整鼓风动能的规律及其过程进行探讨。

## 1　鼓风动能调整的规律

经过详细分析和研究国内先进高炉化及低产的资料，得出鼓风动能必须按下述规律调整：

（1）对于同一高炉，随着燃烧强度的改变，鼓风动能须作相应的改变，即随燃烧强度的升高而相应降低，随着燃烧强度的降低相应升高。鞍钢3、9、10号高炉和本钢1、2号高炉作业良好的情况都是如此（见图1）。

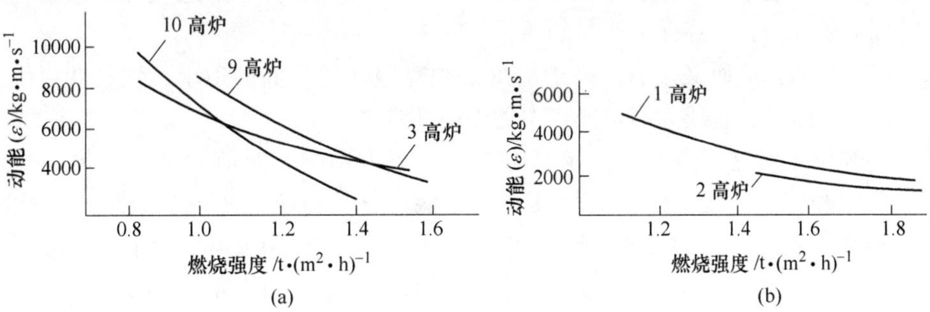


图1　鼓风动能与燃烧强度的关系

（a）鞍钢3号高炉 $E=144I^2-6228I+12964$，鞍钢9号高炉 $E=7550I^2-28500I+30600$，鞍钢10号高炉 $E=11875I^2-37188I+32081$；（b）本钢1、2号高炉（$E$—鼓风功能；$I$—燃烧强度）

（2）当燃烧强度相同时，大高炉所需动能更大，小高炉则小。并且，它们在低燃烧强度时差距增大，在高燃烧强度时差距减小（见图2）。

（3）当燃烧强度和高炉大小均相同时，使用“精料”比使用“粗料”所需动能小。

这就是说，由于高炉大小不同和炉料好坏不同，燃烧强度与鼓风动能相应的值各不相同，但它们的曲线形式是一致的，离开这条曲线，必须按照图 3 进行调整：或者改变燃烧强度或者改变风口内径，否则，不能保持炉况顺利。例如，本钢第一炼铁厂冶炼强度由 1.35t/($m^3$ · d) 提高到 1.4t/($m^3$ · d) 时，加大批重也无法抑制中心气流的过分发展，崩料多，高炉进一步强化受到阻碍。后来，经扩大风口内径降低鼓风动能，才消除中心管道，使冶炼强度获得进一步提高。1962 年 2 月该厂冶炼强度由强化时的 1.5t/($m^3$ · d) 降低到 1.06t/($m^3$ · d)，炉缸堆积，风口呆滞，经缩小风口，鼓风动能由强化时的 2000kg · m/s上下，提高到 5050kg · m/s 以上，风口才转为活跃，炉况转入顺行。

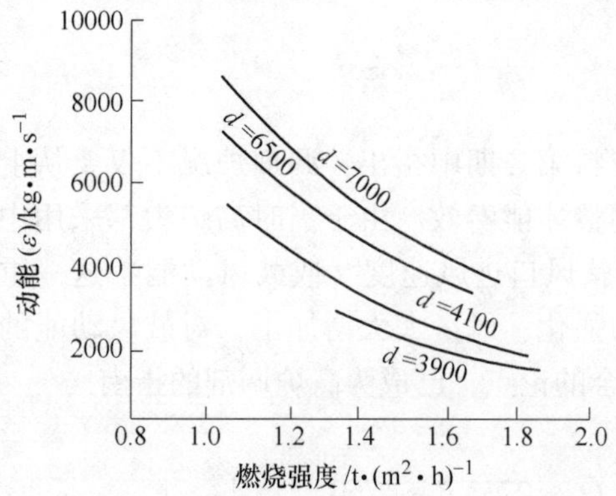


图 2　不同高炉动能与燃烧强度的关系

$d$—炉缸直径，mm

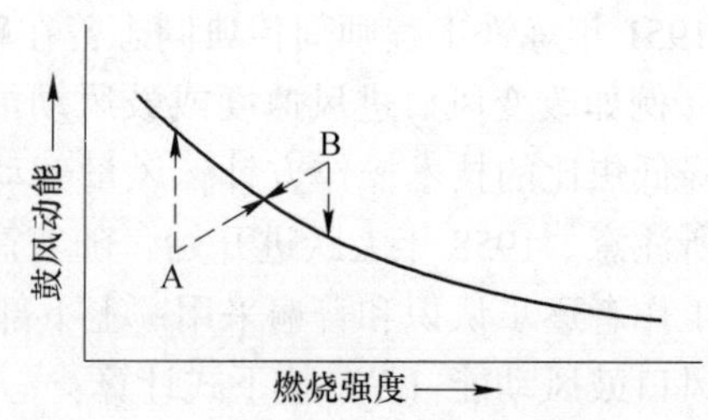


图 3　处于不同强度时动能的调整

武钢的情况也是这样，1 号高炉冶炼强度在 0.6t/($m^3$ · d) 上下时，动能 2000~3000kg · m/s，炉缸堆积严重，风口易于灌渣；将动能提高到 4000~5000kg · m/s 时，炉况转顺，焦比降低。

为什么风口鼓风动能必须按上述规律调整呢？因为高炉冶炼正常的发展，必须统一满足下列三个基本要求。

(1) 合理的煤气分布。这种分布既要保证煤气的良好利用，又要允许通过最大的煤气量。长期高炉生产实践证明，按炉喉煤气 $CO_2$%具有双峰式曲线，即边缘与中心具有两股较为发展的气流时，才最有利。尽管，峰谷的差距、边缘与中心之比随条件不同而异。

(2) 良好的炉料运动。在整个高炉料柱中，炉料运动愈活跃则透气性亦愈好，就愈能使煤气获得更大利用。使整个高炉各断面的炉料都更趋均匀地运动，消除呆滞现象，是改善炉料透气性降低压差，改善煤气的利用，降低焦比的重要条件。

(3) 正常的炉缸热制度。炉缸温度适当、稳定和均匀（圆周、边缘和中心），消除因为中心温度低所造成的渣铁填塞甚至焦炭凝结的区域，才能扩大炉缸工作空间，改善炉缸透气性，给合理的煤气分布和良好的炉料运动创造条件，并最终保证产品的质量。

这三个基本要求相辅相成而又矛盾。高炉冶炼必须克服任何片面的追求，使其获得统一，才能使高炉冶炼获得不断强化，因此，它成为高炉操作中的中心环节。

燃烧区的大小和位置对这三个基本要求具有直接的重大影响。而前者又为风量、鼓风动能、炉料的透气性、风口间距和伸出长度、焦炭的块度和反应能力等等所决定。风量或鼓风动能减小时，又均使燃烧区缩短，边缘气流增加。过小则造成边缘气流过，煤气利用变坏，焦比升高，炉墙侵蚀加快，中心气利用变坏，焦比升高，炉墙侵蚀加快，中心堆积炉缸工作空间缩小，风口易于灌渣，风口渣口烧坏增多，生铁含硫升高。所以，过大过小均无利于高炉作业，尤以过小为甚，这在大型高炉表现得十分明显。

在风量改变时，为了保持最有利的燃烧区长短，就必须将鼓风动能按风量改变的相反方向进行调整。

依据图 1 各曲线并参照国内外冶炼指标良好的高炉之鼓风动能数据进行计算，得出了不同炉缸直径（$d$，$m$）在不同燃烧强度（$i$，$t_{焦}/(m^2 \cdot h)$）炉缸面积时，相应鼓风动能（$E$，kg · m/s）的近似计算公式如下：

$$E = (764i^2 - 3010i + 3350)d$$

各高炉，随着炉料不同乘上一个 $K$ 值（修正值）后，均可采用上式来确定自己适当的鼓风动能大小。

## 2　鼓风动能调整过程

燃烧强度和鼓风动能调整的规律，就其总体来说，就是鼓风动能随燃烧强度的升高而相应降低。但是，这并不意味着欲将燃烧强度由 1.0t焦/(m²·h) 提高到 1.5t焦/(m²·h)，须事先将风口内径大大扩大，再行加风。这样做，可能导致相反的结果。燃烧强度能否提高，除了炉料条件是否允许外，在具体操作中，提高强度的整个过程，由许多局部过程所组成，所以，鼓风动能的调剂尚有它特定的过程，像所有的事物发展有其局部、整体、阶段和过程一样。

当增加风量提高强度时，在风口进风面积和压力等不变的情况下，鼓风动能随风量的增加而相应增大（这是一个过程，在这个过程中随着强度升高动能增大）。如果此时动能系由过低水平达到正常的水平，炉况将由坏变好（见图 3A 到 B 点）。如果风量的增加使动能达到上限（如图 3 中 A 点达到 B 点），则过大的动能有破坏顺行之虞，必须采取措施使其降低，才有可能进一步加风（这是一个新的过程，在此过程中动能随强度升高猛烈降低）。进一步加风的结果动能又随之提高，达另一上限后，必须复又采取措施使其降低（见图 4）。这是指提高强度而言，降低强度则与此相反。总括来讲，随着强度的改变，鼓风动能调整的过程是："提高—调整（降低）—提高"，由一个过程进入另一个新的过程，如此辗转向前。

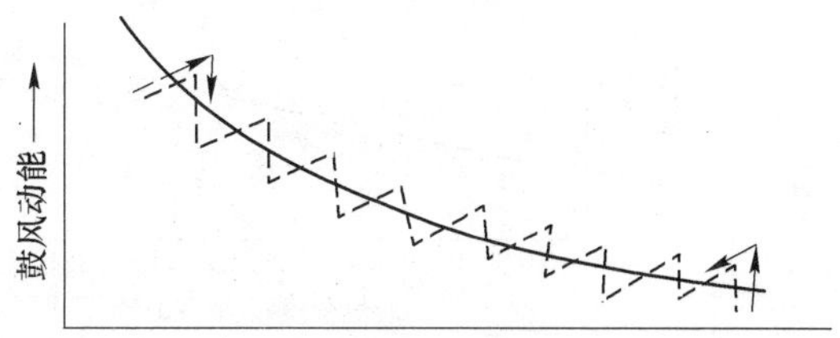


图 4　鼓风动能与燃烧强度调整关系的示意图

只有当按照鼓风动能调整的规律又符合其过程作正确的调整时，才能时刻避免炉缸堆积，保持顺行，促进低的焦比。我国某些高炉在动能偏低的情况下，欲求更高的强度，过早地扩大风口降低动能，造成炉况失常，这是应吸取的教训。

## 3　调整鼓风动能的意义

（1）在不同冶炼强度下均可获得低焦比。

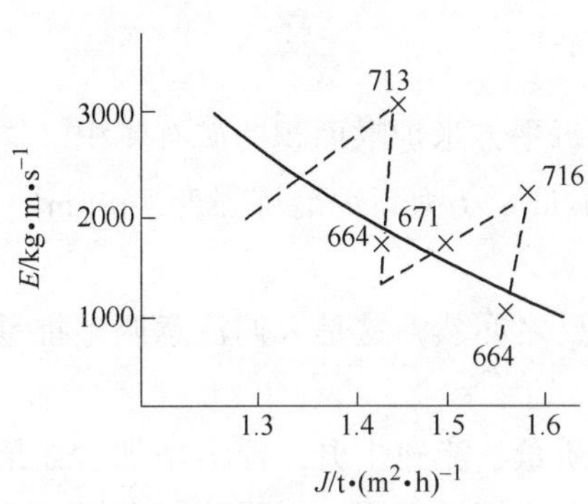


图 5　本钢 2 号高炉鼓风动能、冶炼强度与焦比的关系

正常调整鼓风动能来控制燃烧区的长短和位置，使煤气分布合理，焦比必然降低。本钢 2 号高炉 1959 年上半年不断提高冶炼强度时，鼓风动能的调整符合其规律，使焦比保持在 664～671kg/$t_{Fe}$（见图 5），而在动能过高时，焦比就升高到 713～716kg/$t_{Fe}$。所有的高炉情况都一样。

（2）有利于压差的降低。高炉增加风量，受到压差的限制。一般高炉在强化过程中，压差随风量的增加而增加，往后趋于缓慢。为什么压差不随风量成 1.8～2 次方增加呢？众所周知，采取某些措施如改善原料条件和改善操作，均有助于压差的降低，因此使得压差的冶炼强度关系能像图 6 曲线 2 那样发展。如前所述，鼓风动能作正确调整，能使煤气分布、炉料运动和炉缸热制度获得改善，压差势必降低。所以，过低或过高的动能水平，经调整到相应水平后，虽然冶炼强度同时提高，但压差仍可降低。

（3）在不同冶炼强度下均可采用高压操作。

提高顶压将使动能降低。随着强度升高正需要减少动能，所以不断提高强度同时提高顶压，对炉缸工作有利。降低强度能不能采用高压？只要保持适当动能同样可以。

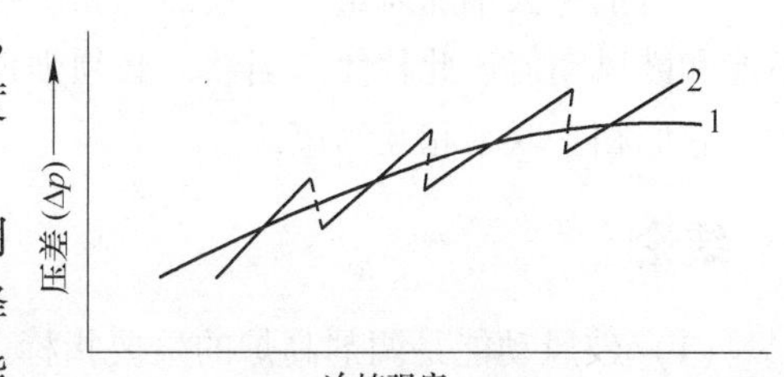


图 6　压差与冶炼强度升高的关系

武钢注意到鼓风动能的调整这一问题后，于低强度下采用高压操作使压差降低，炉况顺利，便于提高风温，焦比获得降低，尤其对煤气除尘，产生很大的效益。所以，只要鼓风动能大小符合于前述调整的规律，克服提高压力所造成的运能过低

之不利影响，无论在高冶炼强度还是低冶炼强度，均可采用高压操作，发挥高压效果。

## 4　鼓风动能和矿石批重的调整关系

能不能用改变矿石批重来代替鼓风动能的调整？为此我们研究了一些高炉（鞍钢 3、10 号高炉）变更批重与动能的情况，寻找其规律。鞍钢 3、10 号高炉在不同强度下批重的改变见图 7，其鼓风动能调整情况见图 1。

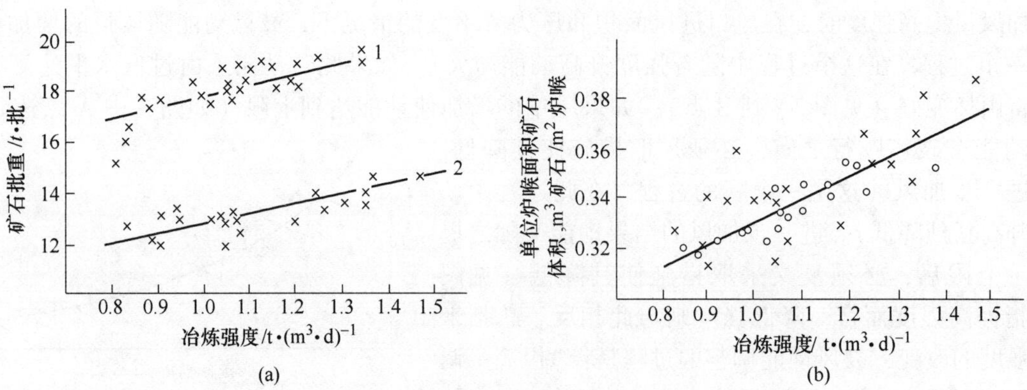

图 7　冶炼强度和批重的关系

（a）1—鞍钢 10 号高炉；2—鞍钢 3 号高炉；（b）○—鞍钢 10 号高炉；×—鞍钢 3 号高炉

经过分析研究得出，矿石批重也有其独特的调整规律。高炉大，冶炼强度和矿石堆比重大，所须矿石每批重量应相应增大，反之亦然。但是在同等冶炼强度下，无论大小高炉和用什么炉料，单位炉喉面积应具有的矿批体积一致。经过分析计算，不同情况下的矿石批重可从下述经验公式进行选择：

$$P = P_0 \times A \times S$$

$$P_0 = 0.09J + 0.21$$

$$P = (0.09J + 0.21) \times A \times S$$

式中，$P$ 为矿石每批重量（包括石灰石、白云石和锰矿），t/批；$P_0$ 为每平方米炉喉面积的矿石体积（同上），$m^3/m^2$；$A$ 为矿石（包括石灰石、白云石、锰矿平均）堆比重，$t/m^3$；$J$ 为高炉冶炼强度，$t/(m^3 \cdot d)$；$S$ 为炉喉面积，$m^2$。

增大矿石批重，可以在一定程度上对中心气流过旺起抑制作用，反之亦然。这是人们注意调整批量的一个方面，也是一个主要方面。其次，还有以下问题必须引起注意。

炉喉煤气以无数的小管道逸出。随着冶炼强度的提高，炉喉煤气质量、流速上升，浮力增加。如果矿批不相应增大，则从大钟落入炉内的矿石，无法制止这些小管道扩大成管道行程、料尺陷落和煤气流不稳定相应产生。操作人员常常用加大批重的办法来消除管理行程。如果按照不同冶炼强度，首先将矿石批重确定在适宜的水平，则可以防止料尺陷落和管道发生。有些高炉在中心气流不足和炉缸堆积时，想依赖减少批重解决问题，结果中心气流并未获得应有发展，炉缸堆积亦未消除，反而管道严重，煤气利用变坏，焦比升高。如果从调整鼓风动能着手，则问题可以解决。

矿石批重大小随风量、炉喉面积和矿石堆比重而异。和所有的调剂手段一样，有它自己的调整规律，不能和鼓风动能彼此替代。当然，必须强调指出：较大的鼓风动能可以用较大的批重与之适应，反之亦然。它们相互联系相互约束。

## 5　结论

（1）鼓风动能是调剂高炉的重要指标之一。调整的规律是随燃烧强度升高而相应降低。调整的过程是“提高—调整（降低）—提高”，按照其总规律并符合其过程作正确的调整，控制燃烧区的大小、长短和位置，以达到高炉合理的煤气分布、良好的炉料运动和正常的炉缸热制度，使料柱透气性和煤气利用获得改善，压差和焦比降低。不同高炉相应的鼓风动能大小可以按下式作近似的选择：

$$E = (764i^2 - 3010i + 3350)d$$

（2）像鼓风动能一样，矿石批重也有自己的调整规律，它们相互制约但不能彼此替代。批重可按下式确定：

$$P = (0.09J + 0.21) \times A \times S$$

（原载《武钢炼铁四十年》，1998）

# 高炉使用高氧化镁渣的研究

于仲洁

## 1　前言

武钢高炉炉渣中的 $Al_2O_3$ 含量较高，其 MgO 含量在烧结矿不加白云石时一般小于 3%，炉渣流动性差，有时甚至渣铁不分，给生铁产量和质量带来很不利的影响。

解决以上问题的关键，在于提高炉渣中的 MgO 含量以改善炉渣性能。通过对 1972 年 9 月下旬烧结矿加白云石的高炉冶炼结果（炉渣中 MgO 含量从 5%～6%提高到 9%～10%左右）的试验室测定数据的分析可以肯定，高氧化镁渣（10%～12%）对改善生铁质量，提高炉渣流动性，减少风渣口破损有显著作用。

## 2　高氧化镁渣的黏度特性

过去用旋转式黏度计测定过碱度（$CaO/SiO_2$）分别为 1.15 和 1.00，配以不同 MgO 含量的两组炉渣的黏度—温度曲线。试样成分及黏度—温度关系见表 1 和图 1。

**表 1　不同 MgO 含量的炉渣成分**　　（%）

| 编号 | CaO | $SiO_2$ | $Al_2O_3$ | MgO | FeO | MnO | $CaO/SiO_2$ |
|---|---|---|---|---|---|---|---|
| 1 | 40.72 | 35.20 | 13.15 | 4.91 | 0.503 | 0.601 | 1.15 |
| 2 | 39.50 | 34.20 | 12.70 | 8.00 | 0.490 | 0.586 | 1.15 |
| 3 | 37.70 | 32.60 | 12.01 | 10.00 | 0.466 | 0.558 | 1.15 |
| 4 | 36.20 | 36.20 | 18.00 | 4.36 | 0.440 | 0.534 | 1.00 |
| 5 | 33.80 | 33.80 | 16.80 | 10.00 | 0.415 | 0.500 | 1.00 |

根据试验结果可以看出，随着炉渣中 MgO 含量的增加，两组试样的黏度都降低；当 MgO 含量达到 10%时，黏度降低的幅度较大。在 1450℃，MgO 含量 10%的情况下，$CaO/SiO_2$ 为 1.15 的炉渣黏度为 2.6Pa · s；尽管 $Al_2O_3$ 高达 16%～18%，$CaO/SiO_2$ 为 1.00 的炉渣黏度也只有 3.65Pa · s，二者都有良好的流动性。考虑到炉况正常时渣温一般≥1450℃这一事实，MgO 含量为 9%～10%的冶炼期间，炉渣具有良好的流动性，上渣好放，上下渣比高，并减少了渣口破损。$CaO/SiO_2$ 为 1.15 的 1 号高炉渣黏度比 $CaO/SiO_2$ 为 1.00 的 4 号高炉渣黏度低，这可能与炉渣中 $Al_2O_3$ 的含量较低有关。

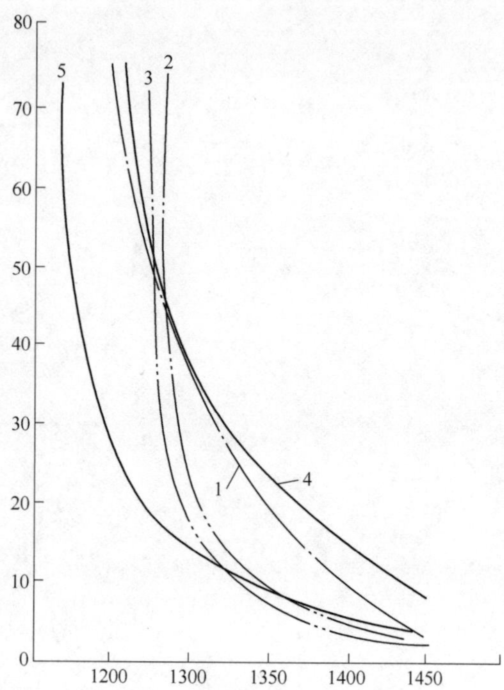

图 1　不同 MgO 含量的炉渣粘度—温度关系

根据熔渣结构的离子理论可以解释以上结果。武钢高炉渣中 $Al_2O_3$ 含量为 13%左右，$SiO_2$ 含量为 35%～40%，二者总和较高。在 $CaO-MgO-SiO_2-Al_2O_3$ 系统中，CaO、MgO 达到一定浓度以前，$O^{2-}$ 负离子，破坏了复合阴离子团的链状结构，形成了简单的单、双四面体，因而降低了熔渣的黏度。

## 3　高氧化镁渣的脱硫能力

为了研究高氧化镁渣的脱硫能力，整理了 2 号高炉 9~11 月的生产数据。由于脱硫能力 $L_S$ 与［Si］有关，为了在不同［Si］含量的情况下便于比较炉渣的脱硫能力，这里引用了文献中［4］的脱硫指数的概念：

$$K_{Si,\ S}=\frac{(S)}{[S]\sqrt{[Si]}} \tag{1}$$

式中，$K_{Si,S}$为奥尔逊（Oelsen）脱硫指数；［S］、［Si］分别为生铁中 S、Si 的含量,%。

必须指出，试验室研究和大量的生产统计都表明，$K_{Si,S}$暗含了 $L_S$ 对温度（指［Si］）的校正，用它可以更确切地反映炉渣的脱硫能力。将［Si］=1%代入（1）式，得到 $K_{Si,S}=\frac{(S)}{[S]}=Ls$，所以 $K_{Si,S}$就是［Si］=1%时的炉渣脱硫能力。

表 2、表 3 中炉渣、生铁的化学分析数据均系日平均值。根据表 2、表 3 中数据作出了图 2、图 3。由图 2、图 3 可以清楚地看出 MgO 和 $CaO/SiO_2$ 对 $K_{Si,S}$的影响。

**表 2　MgO 含量与 $K_{Si,S}$的关系**

| 组别 | $CaO/SiO_2$ 范围/% | 生铁 | | 炉渣 | | | $\frac{(S)}{[S]}$ | $\frac{(S)}{[S]\sqrt{[Si]}}$ |
|---|---|---|---|---|---|---|---|---|
| | | [Si]/% | [S]/% | (S)/% | (MgO)/% | $CaO/SiO_2$ | | |
| A | 1.00~1.01 | 0.852 | 0.041 | 1.17 | 6.67 | 1.00 | 27.4 | 29.2 |
| | | 0.973 | 0.039 | 1.15 | 6.87 | 1.00 | 29.6 | 29.8 |
| | | 0.813 | 0.033 | 1.04 | 8.06 | 1.00 | 31.5 | 34.8 |
| | | 0.722 | 0.033 | 1.05 | 8.71 | 1.01 | 31.7 | 37.3 |
| | | 0.975 | 0.036 | 1.23 | 8.81 | 1.00 | 34.1 | 34.4 |
| | | 1.061 | 0.028 | 1.13 | 8.87 | 1.00 | 41.3 | 40.2 |
| | | 0.856 | 0.032 | 1.12 | 9.03 | 1.01 | 34.8 | 37.7 |
| | | 0.807 | 0.039 | 1.29 | 9.19 | 1.00 | 33.0 | 36.6 |
| | | 0.892 | 0.046 | 1.55 | 9.52 | 1.00 | 33.6 | 35.7 |
| | | 0.972 | 0.031 | 1.17 | 9.82 | 1.00 | 37.8 | 38.3 |
| B | 1.03~1.04 | 0.863 | 0.054 | 1.30 | 5.81 | 1.04 | 24.1 | 27.8 |
| | | 0.839 | 0.046 | 1.21 | 5.96 | 1.04 | 26.3 | 28.8 |
| | | 0.941 | 0.045 | 1.42 | 6.77 | 1.04 | 31.6 | 32.6 |
| | | 0.771 | 0.039 | 1.19 | 6.87 | 1.04 | 30.5 | 34.7 |
| | | 0.831 | 0.041 | 1.31 | 7.25 | 1.04 | 32.0 | 35.0 |
| | | 0.888 | 0.035 | 1.20 | 7.60 | 1.04 | 34.3 | 36.6 |
| | | 0.745 | 0.028 | 1.10 | 9.35 | 1.03 | 39.3 | 45.6 |
| C | 1.06~1.07 | 0.967 | 0.046 | 1.40 | 5.48 | 1.07 | 30.7 | 31.4 |
| | | 0.699 | 0.042 | 1.31 | 6.45 | 1.07 | 31.2 | 37.5 |
| | | 0.846 | 0.026 | 1.09 | 8.06 | 1.07 | 41.8 | 44.8 |
| | | 0.985 | 0.023 | 1.13 | 8.55 | 1.07 | 48.2 | 48.6 |
| | | 0.690 | 0.021 | 1.05 | 9.52 | 1.06 | 49.8 | 58.7 |

表3　$CaO/SiO_2$ 与 $K_{Si,S}$ 的关系

| 组别 | MgO 范围/% | 生铁 | | 炉渣 | | | $\frac{(S)}{[S]}$ | $\frac{(S)}{[S]\sqrt{[Si]}}$ |
|---|---|---|---|---|---|---|---|---|
| | | [Si]/% | [S]/% | (S)/% | (MgO)/% | $CaO/SiO_2$ | | |
| A | 5.16～5.96 | 0.836 | 0.042 | 1.10 | 5.32 | 1.03 | 26.2 | 31.3 |
| | | 0.808 | 0.043 | 1.29 | 5.64 | 1.04 | 30.0 | 33.3 |
| | | 0.782 | 0.044 | 1.43 | 5.48 | 1.07 | 32.5 | 36.8 |
| | | 0.945 | 0.035 | 1.28 | 5.16 | 1.08 | 36.6 | 37.7 |
| | | 0.868 | 0.038 | 1.37 | 5.64 | 1.09 | 36.1 | 38.8 |
| B | 7.74～8.06 | 0.873 | 0.040 | 1.29 | 7.90 | 1.00 | 33.2 | 34.5 |
| | | 1.026 | 0.028 | 1.17 | 7.74 | 1.02 | 41.8 | 41.4 |
| | | 0.745 | 0.031 | 1.20 | 7.90 | 1.03 | 42.7 | 44.0 |
| | | 0.786 | 0.024 | 1.28 | 8.06 | 1.08 | 53.2 | 60.0 |
| C | 9.19～9.84 | 0.892* | 0.039 | 1.34 | 9.51 | 1.00 | 34.9 | 36.9 |
| | | 0.409 | 0.042 | 1.12 | 9.84 | 1.02 | 26.7 | 41.7 |
| | | 0.843* | 0.025 | 1.13 | 9.43 | 1.03 | 45.2 | 49.1 |
| | | 0.842 | 0.022 | 1.05 | 9.52 | 1.04 | 47.6 | 51.8 |
| | | 0.690 | 0.021 | 1.05 | 9.52 | 1.06 | 49.6 | 59.8 |

注：表3中带有＊者为 MgO 范围和 $CaO/SiO_2$ 相同的几天的平均值。

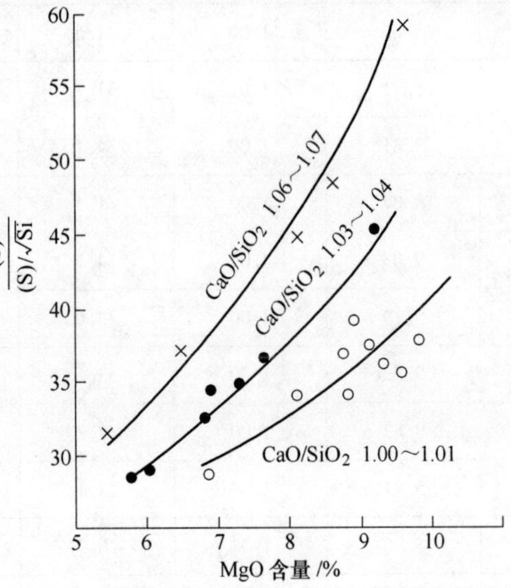


图2　不同碱度时 MgO 含量与 $K_{Si,S}$ 的关系

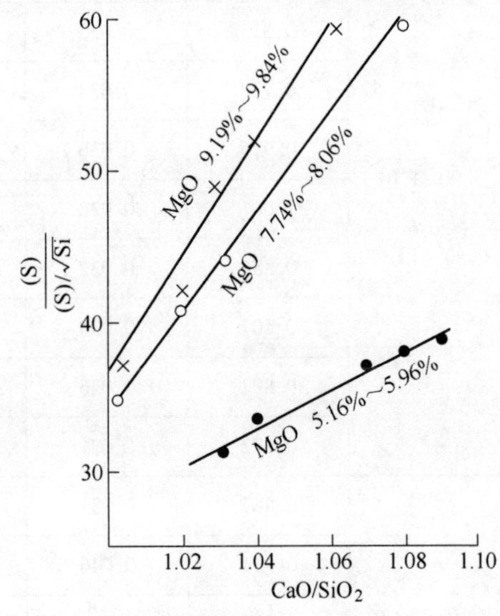


图3　不同 MgO 含量 $CaO/SiO_2$ 与 $K_{Si,S}$ 的关系

### 3.1　MgO 含量对 $K_{Si,S}$ 的影响

由图2看出，炉渣脱硫指数 $K_{Si,S}$ 随 MgO 含量增加而提高。在 MgO 含量为8%以下时，$K_{Si,S}$ 与 MgO 含量大致成直线关系；MgO 含量为9%～10%以上时，曲线的斜率变大，表明 MgO 含量在9.5%以上时，提高炉渣脱硫指数的效果更显著。这与国外报道的 MgO 含量从6%～8%提高到9.5%～11%时生铁含硫量大大降低的结果一致。

综合高氧化镁渣的黏度和脱硫能力特性，可以发现二者之间的紧密关系，当 MgO 含量增加到10%时，炉渣黏度大幅度降低，而脱硫能力显著升高。

这种现象可用硫在渣铁间的分配规律解释。如果用 $L_S^0$ 表示在渣—铁—碳—煤气系统中硫达到平衡分配时的炉渣脱硫能力，则 $L_S^0$ 可按下式计算

$$\lg L_S^0 = \frac{2000}{T} - 0.68 + \lg\frac{f[S]}{P_{CO}} + 8.45\lg B \tag{2}$$

式中，$L_S^0$ 为在渣—铁—碳—煤气系统中硫达到平衡时的脱硫能力；$T$ 为系统的温度,℃，武钢高炉取1500℃，即1773℃；$f[S]$ 为系数，对制钢生铁取 $f[S]=5.2$；$P_{CO}$为炉缸煤气中 CO 的分压，$P_{CO}=KP\partial$；$K$ 为系数，根据炉缸中铁的氧化物还原程度不同，其值为0.35~0.50，易还原的自熔性烧结矿和$P\partial=1.5$表压以上的高炉取下限，使用未经准备的炉料用上限，根据武钢条件取 $K=0.4$。

$$B = \frac{(CaO) + \alpha(MgO) + (MnO)}{(SiO_2) + 0.6(Al_2O_3)(B' - 1.19)}$$

$$B = \frac{(CaO) + A(MgO) + (MnO)}{(SiO_2)}$$

式中，$B$，$B'$ 分别为两种碱度指标；$\alpha$ 为系数，$\alpha=\frac{1.84(SiO_2)-0.9(CaO)}{(SiO_2)+0.9(MgO)}$；$(CaO)$、$(SiO_2)$、$(MgO)$、$(Al_2O_3)$、$(MnO)$ 分别为炉渣中各氧化物的相应含量。

如果 $L_S$ 表示实际状态下的炉渣脱硫能力，则 $\varepsilon=\frac{L_S}{L_S^0}$可表示炉渣脱硫能力的利用程度。随着炉渣 MgO 含量的提高，其黏度相应降低，硫在渣铁间的扩散条件改善，$\varepsilon$ 增大，$L_S=\varepsilon L_S^0$ 也增加。

为了比较不同 MgO 含量时期炉渣脱硫能力的 $\varepsilon$，用式（2）算出了（MgO）含量分别为5.16%~5.96%和9.19%~9.84%两个时期的 $L_S^0$ 及其他脱硫指标（MgO）含量为7%~8%时的数据不多，时间不连续，未统计。计算结果见表4。

**表4　炉渣脱硫能力利用程度 $\varepsilon$ 的比较**

| 日期 1972年 | 炉渣成分/% | | | | | $\alpha$ | $\beta$ | $\beta'$ | $P_\mu$ | $P_{CO}$ | $L_S^0$ | $L_S$ | $\varepsilon$/% | [Si]/% | $K_{Si,S}$ |
|---|---|---|---|---|---|---|---|---|---|---|---|---|---|---|---|
| | $SiO_2$ | CaO | $Al_2O_3$ | MgO | MnO | | | | | | | | | | |
| 9月14日~23日 | 36.58 | 40.01 | 12.85 | 5.82 | 0.219 | 0.740 | 1.28 | 1.25 | 3.37 | 1.348 | 70.0 | 32.0 | 45.6 | 0.938 | 34.59 |
| 9月24日~30日 | 35.62 | 38.91 | 13.21 | 8.01 | 0.192 | 0.708 | 1.26 | 1.22 | 3.46 | 1.384 | 57.2 | 38.6 | 67.5 | 0.942 | 38.60 |

由表4看出，两阶段的［Si］相近，MgO 含量为5.82%时期的综合碱度 B 比 MgO 含量为8.01%的试验期高，而实际脱硫能力却是后者高于前者，因为 MgO 含量为8.01%的试验期内，脱硫能力利用程度 $\varepsilon$ 比 MgO 含量为5.82%时期大大提高了（$\varepsilon$ 由45.6%提高到67.5%）。

### 3.2　$CaO/SiO_2$ 不同时 MgO 含量对 $K_{Si,S}$的影响

由图3看出，$CaO/SiO_2$ 与 $K_{Si,S}$呈直线关系。由于 $CaO/SiO_2$ 是比 MgO 更强的脱硫剂，所以在一定范围内增加炉渣 $CaO/SiO_2$ 会提高炉渣的脱硫能力。但 $CaO/SiO_2$ 增加到使炉渣黏度增高时，脱硫能力会降低。

根据表3中数据，用选点法求出在 $CaO/SiO_2=1.00\sim1.09$ 范围内，$K_{Si,S}$与 MgO 含量成直线关系：

MgO　51.6~5.96

$$K_{Si,S}=110CaO/SiO_2-81 \tag{3a}$$

MgO　7.74~8.06

$$K_{Si,S}=318.8CaO/SiO_2-284 \tag{3b}$$

MgO　9.19~9.84

$$K_{Si,S} = 372.5(CaO/SiO_2) - 336 \tag{3c}$$

利用以上方程可以求出，在相应的 $CaO/SiO_2$、MgO 含量范围内，$CaO/SiO_2$ 提高0.01时 $K_{Si,S}$增加的数值。

在 MgO 含量为5.16%~5.96%时，$CaO/SiO_2$ 提高0.01，$K_{Si,S}$提高1.1；

在 MgO 含量为7.74%~8.06%时，$CaO/SiO_2$ 提高0.01，$K_{Si,S}$提高3.19。

在 MgO 含量为 9. 19%~9. 84%时，$CaO/SiO_2$ 提高 0. 01，$K_{Si,S}$提高 3. 72。

MgO 含量 5%~6%提高到 8%左右时，$K_{Si,S}$也相应增加，可见 MgO 含量 10%不是提高 $K_{Si,S}$的上限。综合以上两节的讨论认为炉渣中 MgO 含量维持在 10%~12%是合适的。

### 3.3 ［Si］对 $L_S$ 的影响

一般来说，［Si］升高标志着渣铁温度升高，$L_S$ 亦相应增加。

利用上节得到的公式可以评价在给定条件下［Si］对 $L_S$ 的影响。

将 $K_{Si,S}=\dfrac{(S)}{[S]\ \sqrt{[Si]}}$代入（3a）、（3b）、（3c），则得：

对于 MgO 含量为 5. 16%~5. 96%的炉渣：

$$\frac{(S)}{[S]}=\sqrt{[Si]}\,110(CaO/SiO_2)-81 \tag{4a}$$

对于 MgO 含量为 7. 74%~8. 06%的炉渣：

$$\frac{(S)}{[S]}=\sqrt{[Si]}\,318.8(CaO/SiO_2)-284 \tag{4b}$$

对于 MgO 含量为 9. 19%~9. 84%的炉渣：

$$\frac{(S)}{[S]}=\sqrt{[Si]}\,372.5(CaO/SiO_2)-336 \tag{4c}$$

如果 $CaO/SiO_2$ 不变，可以看出$\dfrac{(S)}{[S]}$与$\sqrt{[Si]}$成正比。可见［Si］对 $L_S=\dfrac{(S)}{[S]}$的影响比 $CaO/SiO_2$ 小，是 0. 5 次方关系，这与实践结果一致。

在 MgO 含量为 5%~10%，$CaO/SiO_2$ 为 1. 0~1. 1 的范围内，可以利用得到的式（4a）、式（4b）、式（4c）根据 $CaO/SiO_2$ 和［Si］推算 $L_S$ 的实际值，不会有很大误差。

## 4 高氧化镁渣冶炼对炉缸维护的影响

由黏度试验结果可知，MgO 含量为 10%的炉渣具有良好的流动性。在目前高炉炉缸冷却水温差普遍升高的情况下，采用流动性好的高氧化镁渣是否会加速炭砖的侵蚀？这是值得探讨的一个问题。

研究者认为，冷却水温差升高主要是炭砖被侵蚀，冷却壁热负荷增大引起的。普遍认为，炭砖侵蚀的机理主要是冷却设备漏水后水蒸气与炭砖发生气化反应的结果。日本八幡钢厂技术研究所作的试验表明，水蒸气在 500℃开始氧化炭砖，1000℃以上能剧烈氧化。研究者认为，炉渣中与炭不起化学反应的成分 MgO 不可能侵蚀炭砖，因为在高炉炉缸的温度下，MgO 与 C 不起反应（根据参考文献中数据进行热力学计算，求出 MgO 与 C 开始的反应的温度约为 1890℃）。

根据鞍钢的资料，停炉时扒出的渣皮中 MgO 含量均在 9%左右，与高氧化镁渣成分相近，证明高氧化镁渣容易形成渣皮。鞍钢、本钢、首钢长期使用高氧化镁渣并未发现对炉缸有什么危害。根据统计，提高炉渣中 MgO 含量后水温差并未发生明显变化。

## 5 改善 4 号高炉炉渣性能的探讨

4 号高炉投产以来，曾发生以下现象：泡沫状炉渣，流动性差，甚至渣铁不分，风渣口大量烧坏，有时渣铁含硫比其他高炉高。产生上述现象的原因主要有：

（1）汽化冷却的冷却壁水管经常断裂，风口烧损多，炉缸内漏水多。

（2）炉缸不活跃，甚至堆积，发生崩料、偏料时，FeO 直接还原较多。

（3）块矿用量有时较大，单位生铁含硫量高，而高硫原料冶炼时经常产生泡沫渣。

（4）由于以上原因，4 号高炉渣铁温度较低，$L_S$ 也较低。曾为此提高了炉渣碱度，但在炉料成分波动或上料不准时，有时碱度过高，渣黏度大，CO 不易逸出，铁粒被渣包裹造成渣铁不分。

综上所述，为了改善 4 号高炉炉渣性能，应采取措施以减少向炉内漏水，保持炉况顺行，避免偏料、崩料，活跃炉缸和减少入炉含硫量。此外，应全部或部分地用中块白云石代替石灰石，并使球团矿中 MgO 含量达到 5%左右，以提高炉渣 MgO 含量，改善炉渣性能。

## 6　结论

（1）鉴于高氧化镁渣冶炼取得了良好效果，建议将烧结矿中 MgO 含量提高到3.5%～4.0%，并将烧结矿 MgO 含量作为烧结矿的一个质量指标，以保持高炉渣中 MgO 含量稳定在10%～12%的水平。

（2）为了改善4号高炉炉渣性能，应采取措施以减少向炉内漏水，保持炉况顺行，避免偏料、崩料，活跃炉缸和减少入炉含量。此外，应全部或部分地用白云石代替石灰石，并使球团矿中 MgO 含量达到1.5%左右。

（3）$CaO/SiO_2$ 为1.00～1.15，MgO 含量为10%的炉渣在1450℃已具有良好的流动性（2～3泊），并具有较高的脱硫性能。由于 MgO 含量为10%～12%的炉渣脱硫能力利用程度增大，在高氧化镁渣冶炼时，可保持较高的脱硫能力。

（4）高氧化镁渣对炭砖没有化学侵蚀作用，使用高氧化镁渣冶炼前后，炉缸冷却壁水温差没有明显变化，可以认为高氧化镁渣对炉缸维护没有不利影响。

（原载《武钢炼钢四十年》，1998）

# 低硫生铁冶炼的几个问题

于仲洁　刘海欣

## 1　概述

随着我国国民经济的飞跃发展，各部门对生铁产量、质量的要求越来越高。武钢一米七轧机工程投产以后，需要高炉提供数量足够的低硅、低硫生铁。这要求在改善入炉原、燃料质量（改善粒度组成、低含硫量等）的同时，对选择适宜的造渣制度必须给予足够的重视。

造渣制度对于生铁成分的控制、热制度的稳定、炉料的均匀下降和煤气流的合理分布有很大影响。对高炉冶炼过程有影响的炉渣的物理性能主要是黏度、熔化温度和脱硫能力。黏度过大，不仅影响硫从生铁向炉渣的扩散速度，而且在焦炭之间聚集的粘渣往往会破坏料柱的透气性，甚至会产生难行、悬料和崩料等问题。熔化温度过低则可能使渣铁温度低，炉缸热量不足，影响生铁脱硫和硅的还原。在原燃料含硫量一定时，炉渣脱硫能力则是直接影响生铁质量的重要因素。可见，选择适宜的造渣制度对提高生铁产量和质量非常重要。

炉渣的物理性能，主要取决于炉渣的成分和温度，最终则与熔渣的物理结构有关。目前的造渣制度能否满足一米七轧机投产后对生铁质量的要求是人们关心的一个问题。本文结合武钢历年来炉料硫负荷的变化，指出改善炉料质量的必要性，并结合近年来的生产实践和文献资料，对冶炼低硫生铁的适宜造渣制度作些探讨。

## 2　影响生铁含硫量的因素

影响生铁含硫量有3个主要因素：一是单位重量生铁的炉料带入炉内的总硫量（又称硫负荷），它决定着高炉内脱硫任务的繁重程度；二是造渣制度，主要指炉渣碱度和氧化镁含量；三是炉况顺利情况，它影响脱硫能力的利用率。实际的脱硫能力取决于以上三个因素的综合。历年来原、燃料含硫量、生铁质量和炉渣碱度等数据见表1。

**表1　历年生铁成分和炉渣碱度**

| 年份 | $CaO/SiO_2$ | 合格率/% | [Si]/% | | [S]/% | | 备注 |
|---|---|---|---|---|---|---|---|
| | | | 铸造铁 | 制钢铁 | 铸造铁 | 制钢铁 | |
| 1961 | 1.180 | 92.23 | 1.550 | 0.886 | 0.030 | 0.046 | |
| 1962 | 1.160 | 98.52 | 1.994 | 1.021 | 0.026 | 0.030 | |
| 1963 | 1.140 | 99.09 | 1.521 | | 0.033 | | |
| 1964 | 1.140 | 99.50 | 1.994 | 0.850 | 0.0275 | 0.038 | |
| 1965 | 1.110 | 99.09 | 1.698 | 1.007 | 0.025 | 0.042 | |
| 1966 | 1.145 | 99.36 | 1.454 | 0.777 | 0.027 | 0.039 | |
| 1967 | 1.135 | 97.39 | 1.505 | 0.833 | 0.035 | 0.040 | |
| 1968 | | 85.75 | | | | | |
| 1969 | 1.060 | 82.94 | 1.581 | 0.928 | 0.031 | 0.040 | |
| 1970 | 1.030 | 87.10 | 1.782 | 0.855 | 0.037 | 0.051 | |
| 1971 | 1.030 | 81.40 | 1.608 | 0.844 | 0.037 | 0.053 | |
| 1972 | 1.050 | 86.40 | 1.558 | 0.884 | 0.038 | 0.044 | 9月份采用MgO渣 |

续表1

| 年份 | $CaO/SiO_2$ | 合格率/% | [Si]/% | | [S]/% | | 备注 |
|---|---|---|---|---|---|---|---|
| | | | 铸造铁 | 制钢铁 | 铸造铁 | 制钢铁 | |
| 1973 | 1.017 | 98.47 | 1.500 | 0.808 | 0.027 | 0.034 | |
| 1974 | 0.903 | 95.83 | 1.533 | 0.955 | 0.031 | 0.038 | |
| 1975 | 0.910 | 92.80 | 1.537 | 0.853 | 0.033 | 0.044 | |
| 1976 | 0.885 | 91.33 | 1.477 | 0.946 | 0.035 | 0.049 | |

## 2.1　硫负荷的变化

根据表1中数据，用下式计算炉料的硫负荷：

$$S_{料}=S_{燃}+S_{矿} \tag{1}$$

式中，$S_{料}$ 为硫负荷，$kg/t_{Fe}$；$S_{燃}$ 为焦炭和喷吹物（如重油）等燃料带入炉内的硫量，$kg/t_{Fe}$；$S_{矿}$ 为矿石炉料（包括烧结矿、球团矿、块矿）带入炉内的硫量，$kt/t_{Fe}$。

燃料、矿石炉料带入炉内的硫量炉渣碱度、生铁合格率见图1。

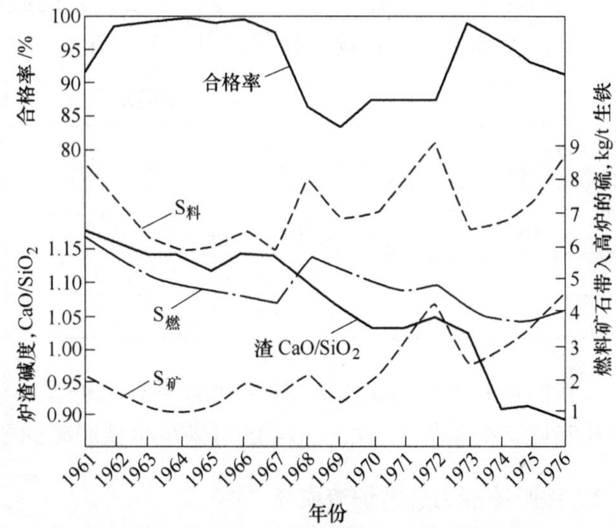


图1　历年入炉硫量、炉渣碱度和生铁合格率的变化

从图1中的数据看出：

（1）燃料带入炉内的硫量 $S_{燃}$ 通常占硫负荷 $S_{料}$ 的大部分，而1970年以前矿石带入的硫只占硫负荷的1/4~1/3，近年因矿石含硫量猛增使 $S_{矿}$ 约为硫负荷的一半。此外降低焦比可使 $S_{燃}$ 下降，这表明，降低焦比不仅对提高产量有作用，还可降低硫负荷，减轻炉内脱硫任务，有利于提高生铁质量。

（2）从 $S_{料}$ 与 $S_{矿}$ 的变化趋势看，二者的对应关系十分明显。以1973年以来的数据为例，在 $S_{燃}$ 变化不大的情况下，$S_{矿}$ 逐年升高，使硫负荷相应增大。将 $S_{料}$ 与合格率对照分析可以认为，$S_{料}$ 猛增是近年来合格率降低的主要原因之一。

前面已指出，硫负荷决定着高炉内脱硫任务的繁重程序，降低炉料（尤其是烧结矿、球团矿）的含硫量是获得低硫生铁的重要手段，应作为精料的一项内容，引起有关方面的重视。

## 2.2　造渣制度的演变

1972年前烧结矿不加白云石时，炉渣中MgO含量一般低于6%，$Al_2O_3$ 为15%左右。这种炉渣黏度大，脱硫能力差。为了保证生产脱硫，1967年以前的炉渣 $CaO/SiO_2$ 均高于1.15。1968~1972年间 $CaO/SiO_2$ 降到1.1，又未采取相应措施，生铁合格率只有85%左右。1972年9月以后，烧结矿、球团矿中添加白云石熔剂，使炉渣中MgO含量提高到10%左右，合格率上升到90%以上。采用高MgO渣后脱硫能力提高，操作中逐渐降低了炉渣碱度。1973年碱度为1.02，1976年以来，在硫负荷逐年升高的不利条件下大幅度低炉渣碱度，加上操作不稳定，炉况欠顺，使生铁合格率又呈现出下降的趋势。

从上述情况可知，1972年以后武钢造渣制度演变的特点是采用了高MgO（含量10%左右）；1974~1976年间碱度逐渐降低到0.9左右。这种渣型能否满足低硅、低硫生铁冶炼的要求引起了有关人员的重视。昆明冶金研究所为此进行了试验室脱硫试验，得出了武钢生产条件下冶炼低硅、低硫生铁（S≤0.035%）需将高MgO渣（MgO含量10%~13%）的 $CaO/SiO_2$ 提高到1.0~1.1或1.1~1.15的结论。本文后半部分，针对提高武钢高炉渣实际脱硫能力问题谈谈我们不同的看法。

# 3　适宜炉渣成分的选择

选择适宜的炉渣成分有三条原则：

（1）在渣量尽可能低的情况下具有获得合格生铁的脱硫能力；

（2）黏度低而稳定，即当炉渣的温度和化学成分变化时，黏度的变化最小；

（3）保证炉渣处于液相线以上的均匀液相区域，并有良好的矿物组成。

选择适宜的炉渣成分可按文献资料上 $CaO—SiO_2—MgO—Al_2O_3$ 四元系合成渣（以下简称为 C—A—M—S）的性能数据，因为在生产条件下试验测定炉渣性能比较困难，而 C—A—M—S 四种组成的总量可达 95%~98%，具有足够的代表性。

## 3.1　必须的炉渣脱硫能力

硫负荷、炉渣脱硫能力和生铁含硫量之间有以下关系：

$$[S] = \frac{S_{料} - S_{挥}}{1 + nl_s} \tag{2}$$

式中，$S_{挥}$ 为煤气挥发带走的硫量，炼制钢生铁时通常取 $S_{挥} = 0.05S_{料}$；$n$ 为渣铁比，kg/$t_{Fe}$；$L_S$ 为必须的炉渣脱硫能力，$L_S = \frac{(S)}{[S]}$；(S)、[S] 分别为炉渣和生铁的含硫量，%。

若规定 [S] 的值，可用式（2）求出必须的脱硫能力。对于 $[S] \leqslant 0.035\%$，$n = 600 \sim 800$kg/$t_{Fe}$，$S_{料} = 5.0 \sim 9.0$kg/$t_{Fe}$的情况，计算得到表 2 及图 2。

表 2　不同硫负荷、渣量时必须的脱硫能力 $L_S$　(kg/tFe)

| 渣铁比 | 硫负荷 | | | | |
|---|---|---|---|---|---|
| | 5 | 6 | 7 | 8 | 9 |
| 600 | 22.4 | 27.0 | 31.5 | 36.0 | 40.5 |
| 700 | 19.2 | 23.1 | 27.0 | 30.8 | 34.8 |
| 800 | 16.8 | 20.2 | 23.6 | 27.0 | 29.4 |

从图 2 看出，随着硫负荷升高和渣铁比降低，必须提高炉渣脱硫能力才能获得低硫生铁。在目前的渣铁比和硫负荷条件下，$L_S = 30 \sim 35$ 可满足生铁脱硫的要求。

## 3.2　按脱硫能力选定炉渣成分

按脱硫能力选定炉渣成分时我们采用文献 [3、4] 中的结果。图 3 所示的是 $Al_2O_3$15%，不同 $CaO/SiO_2$ 和 MgO 含量的脱硫能力 $C_S$ 值。$C_S$ 为实验室测定的值，实际脱硫能力 $L_S = mC_S$。在用 100%自熔性烧结矿，炉顶压力 1.0~1.4 大气压的条件下，系数 $m = 2.8$，必须的 $C_S$ 值应为 $L_S/m = 35/2.8 = 12.5$。从图 3 看出，当 MgO = 10%时，按 $C_S = 12.5$ 选择的炉渣碱度（$CaO/SiO_2$）不应小于 1.03~1.05。

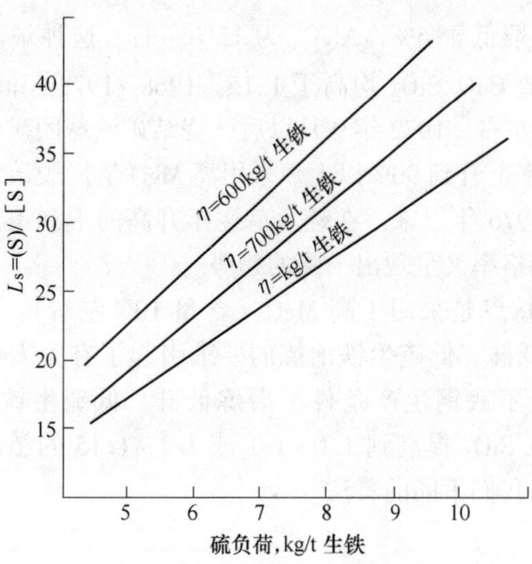


图 2　确定脱硫能力 $L_S$ 的图解

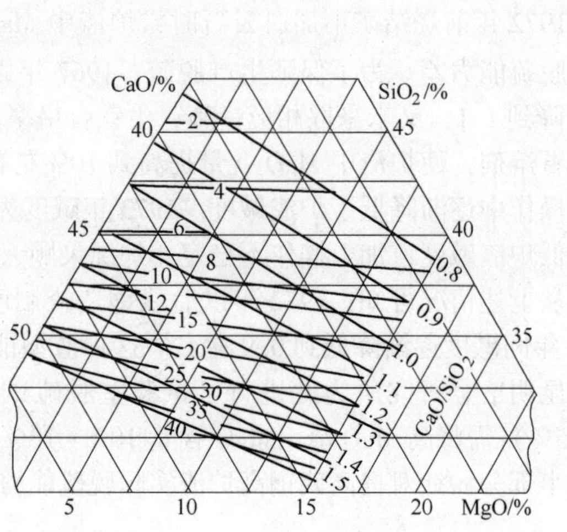


图 3　$Al_2O_3$ 15%时 C-A-M-S 四元系合成渣的 $C_S$ 值

### 3.3　炉渣黏度

图4示出MgO10%的高炉渣流动性良好（指黏度3泊）的温度。从图4中可见$Al_2O_3$为12%~14%、$CaO/SiO_2$为0.8~1.1炉渣的流动性良好的温度见表3。

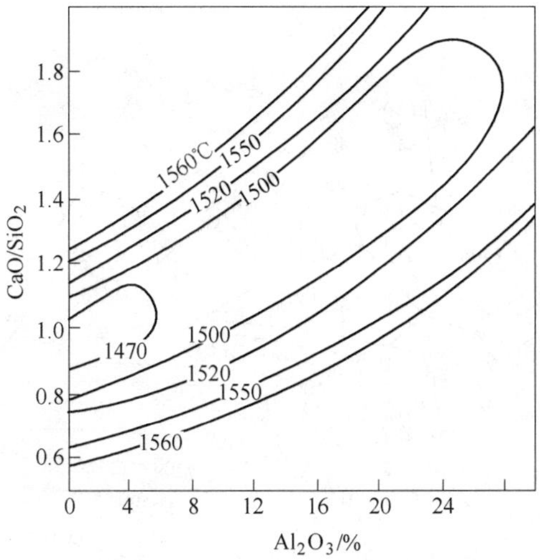


图4　不同碱度炉渣流动性良好的温度

MgO = 10%，黏度3Pa · s

**表3　不同$CaO/SiO_2$炉渣流动性良好的温度**

| $CaO/SiO_2$ | 0.8 | 0.9 | 1.0 | 1.05 | 1.1 |
|---|---|---|---|---|---|
| $t_{流}$/℃ | 1560 | 1530~1550 | 1510~1520 | 1500 | 1480~1490 |

由以上数据可知，随着$CaO/SiO_2$升高，炉渣黏度逐渐降低。碱度1.05~1.1的炉渣1500℃以下的黏度小于3泊，有良好的流动性。

### 3.4　熔化温度（结晶温度）

$Al_2O_3$为15%的C-A-M-S四元系合成渣的熔化温度如图5所示。图中标出了1973~1976年间$Al_2O_3$约15%，$CaO/SiO_2$为0.85~1.15的武钢高炉实际渣（折算为C-A-M-S四元系）在相图中的位置。炉渣成分见表4。由图5看出，随着碱度升高（顺箭头方向），熔化温度略有升高。

**表4　不同碱度武钢高炉渣的化学成分**　　(%)

| 编号 | $SiO_2$ | CaO | $Al_2O_3$ | MgO | FeO | MnO | S | C-A-M-S | $CaO/SiO_2$ |
|---|---|---|---|---|---|---|---|---|---|
| 1 | 38.60/40.08 | 32.96/34.23 | 14.58/15.11 | 101.6/10.58 | 0.86 | 0.222 | 1.26 | 96.30 | 0.85 |
| 2 | 36.30/38.09 | 32.52/34/12 | 14.38/15.10 | 12.10/12/69 | 1.07 | 0.194 | 1.16 | 95.30 | 0.90 |
| 3 | 36.00/38.49 | 34.10/36.46 | 14.07/15.04 | 9.35/10.01 | 0.86 | 0.198 | 1.28 | 93.52 | 0.95 |
| 4 | 35.709/36.92 | 35.89/37.11 | 14.58/15.63 | 10.0/10.34 | 0.86 | 0.295 | 1.20 | 96.17 | 1.00 |
| 5 | 34.20/35.96 | 35.89/37.73 | 14.68/15.45 | 10.33/10.86 | 0.86 | 0.255 | 1.26 | 95.10 | 1.05 |
| 6 | 35.20/36.19 | 38.81/39.90 | 13.25/13.63 | 10.0/10.28 | 0.72 | 0.228 | 1.24 | 97.26 | 1.10 |
| 7 | 34.20/35.06 | 40.38/41.39 | 14.58/14.74 | 8.39/8.81 | 0.70 | 0.505 | 1.78 | 97.55 | 1.15 |

### 3.5　矿物组成对炉渣黏度和熔化温度的影响

在图5中，武钢高炉渣多处于黄长石相区。$CaO/SiO_2$为0.8的炉渣只有MgO为13%时黄长石才占大部分（50.4%），而$CaO/SiO_2$=1.0的炉渣，MgO为8%时黄长石已占优势（55.4%）。在低碱度（0.8）、低MgO（8%以下）炉渣中，含有5.9%~19.5%的钙长石（C · A · $S_2$）。钙长石是一种网络状的复合阴离

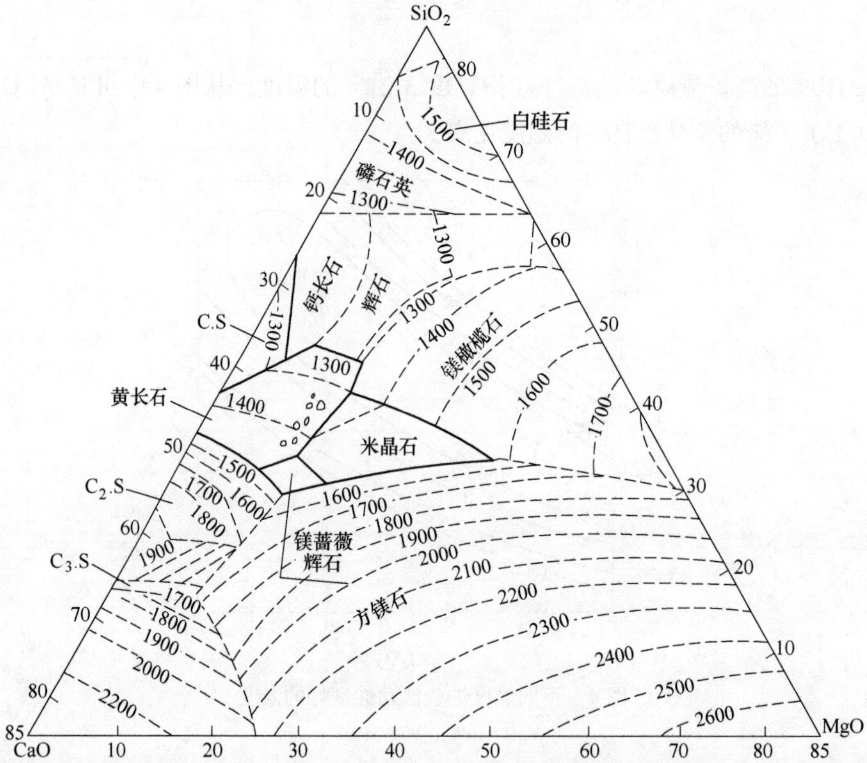


图 5　$Al_2O_3$ 15%的 C-A-M-S 四元系合成渣的熔化温度和相组成（图中渣的成分见表 5）

子团结构，它使炉渣黏度较高，因此，采用低碱度渣不利。黄长石属双四面体结构，渣的黏度较低。当 $CaO/SiO_2$>1.0，MgO>9.5%时，炉渣中出现钙镁橄榄石（C · M · S）。这是一种结构最简单的单四面体，可使渣的黏度大为降低。因此，就降低黏度来说，$CaO/SiO_2$ = 1.0 的炉渣中，MgO 含量达到 11%~12%是必要的。

碱度升高时熔化温度略有升高与黄长石中弹性地蜡（$C_2$ · A · S）增加有关。弹性地蜡的熔化温度为 1590℃，比钙长石高 40℃。

熔化温度较高的炉渣热焓量大，有利于提高渣铁温度，改善脱硫，对炉况顺行有好处。近十年来，根据铁水温度判断和控制高炉热状态技术有很大发展。日本高炉为了冶炼低硅、低硫生铁，炉渣碱度一般维持在 1.1~1.2 之间，铁水温度 1500℃以上。如住友金属小仓制铁所铁水温度控制在 1500~1520℃范围内，福山 No5 高炉铁水温度则为 1510±20℃。

## 4　提高炉渣脱硫能力的途径

炉内实际脱硫能力 $L_S$ 与平衡状态下的脱硫能力 $L_S^0$ 有以下关系：

$$L_S = \varepsilon L_S^0 \tag{3}$$

式中，$\varepsilon$ 为脱硫能力利用率,%。$\varepsilon$ 值通常为 0.3~0.8，与炉况顺行情况和炉渣成分有关。

由式（3）可知，提高 $L_S$ 有两条途径，一是提高 $L_S^0$，二是提高 $\varepsilon$ 值。

### 4.1　影响 $L_S^0$ 的主要因素

硫在生铁—炉渣—煤气—碳系统内达到平衡的分配系数 $L_S^0$ 可用 И. С. Куjiков 方法计算，在我们过去的文章中采用过。现摘要介绍如下：

$$\lg L_S^0 = \frac{2000}{T} - 0.68 + \lg\frac{f[S]}{P_{CO}} + 8.45\lg B \tag{4}$$

式中，$T$ 为系统的温度，取 $T$=1773°K；$f$[S] 为系统，对制钢铁，$f$[S] = 5.2；$P_{CO}$为炉缸煤气中 CO 的分压，$P_{CO}=KP\partial$；$P\partial$ 为热风压力，绝对大气压；$K$ 为系数，取 $K$=0.4。

$$B = \frac{(CaO) + \alpha(MgO) + (MnO)}{(SiO_2) + 0.6(Al_2O_3)(B' - 1.19)} \tag{4.1}$$

$$B' = \frac{(CaO) + \alpha(MgO) + (MnO)}{(SiO_2)} \tag{4.2}$$

$$\alpha = \frac{1.84(SiO_2) - 0.9(CaO)}{(SiO_2) + 0.9(MgO)} \tag{4.3}$$

式中，$B$，$B'$分别为两种碱度指标；$(CaO)$、$(MgO)$、$(SiO_2)$、$(Al_2O_3)$、$(MnO)$ 分别为炉渣中各氧化物的相应含量,%。

在式（4）中，$L_S^0$ 与碱度指标 $B$ 和 CO 分压 $P_{CO}$有关。从 B 的表达式可知，系数 α 表示脱硫达到平衡时 MgO 代替 CaO 的系数。按武钢高炉渣成分，$\alpha=0.7\sim0.8$，即 CaO 对 $L_S$ 的影响比 MgO 大。图 6 是说明碱度降低对 $L_S$ 不利影响的典型例子。1977 年 10 月23~24 日，3 号高炉在［Si］变化不大的情况下，因炉渣 $CaO/SiO_2$ 降低到 0.9 以下，$L_S$ 急剧减小到 10 以下，连续出了几炉号外生铁。

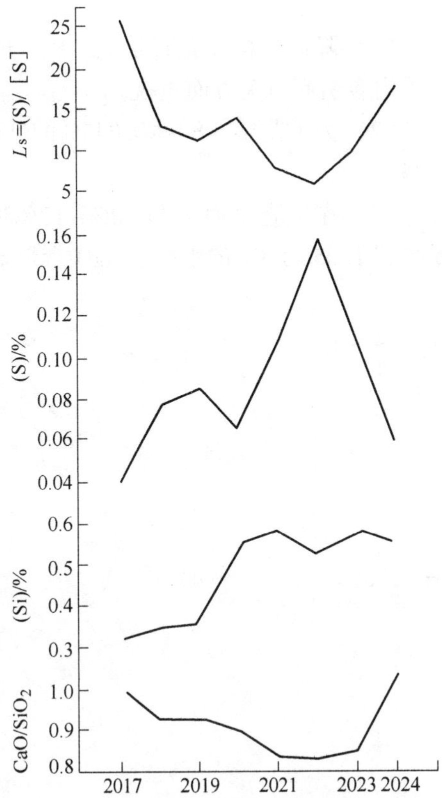

图 6　$CaO/SiO_2$ 对 $L_S$ 的影响

（3 号高炉 1977 年 10 月）

提高 CO 分压对脱硫不利。风压 $P_\partial$ 升高时，$P_{CO}$增大，脱硫能力降低，可从脱硫反应方程理解：

$$[FeS] + (CaO) + [C] \longrightarrow (CaS) + [Fe] + CO_{气}$$

根据吕查德里平衡移动原理，$P_{CO}$分压增大有利于反应向右进行。这表明高压操作时脱硫能力将降低，高炉强化冶炼时也有这种现象。

## 4.2　提高脱硫能力利用率的作用

脱硫能力利用率 $\varepsilon$ 对实际脱硫能力 $L_S$ 也有影响。$\varepsilon$ 值表示实际脱硫能力 $L_S$ 接近平衡状态脱硫能力 $L_S^0$ 的程序。在一般情况下，高炉内硫在渣、铁间的分配远未达到平衡状态，硫在渣、铁间的扩散速度是生铁脱硫的限制环节。在炉缸热量充足、炉况顺行和渣黏度低时，可以保持较高的脱硫能力，往往与 $\varepsilon$ 值较高有关。在武钢采用高 MgO 含量从 5.82%提高到 8.01%时，尽管 $L_S^0$ 下降 12.8，但因黏度降低，$\varepsilon$ 值从 45.6%增加到 67.5%，实际脱硫能力 $L_S$ 反而升高了。在目前生产条件下，MgO 含量从 8%~9%提高到 11%~12%对提高炉渣脱硫能力是完全必要的。

3 号高炉 1977 年 10 月有关生铁脱硫的数据就是典型的例证。这段时期生产上的特点是风量大（2800~3300$m^3$/min），产量高（2200t/d 以上），生铁［Si］、［S］较低，炉况稳定。中旬 MgO 含量约比上旬降低 2%以上，使炉渣脱硫能力明显降低。现按上旬、中旬各 5 天的平均数据，用式（4）计算得到表 5。

**表 5　降低炉渣 MgO 含量对 $L_S$ 的影响**

| 时期 | 炉渣成分/% | | | | | $CaO/SiO_2$ | ［Si］/% | α | $B'$ | $B$ | $P\partial$ | $P_{CO}$ | $L_S^0$ | $L_S$ | ε/% |
|---|---|---|---|---|---|---|---|---|---|---|---|---|---|---|---|
| | $SiO_2$ | CaO | $Al_2O_3$ | MgO | MnO | | | | | | | | | | |
| 上旬 5 天 | 36.12 | 36.00 | 12.13 | 11.63 | 0.214 | 1.00 | 0.476 | 0.731 | 1.237 | 1.226 | 3.46 | 1.38 | 58.5 | 37.8 | 64.6 |
| 中旬 5 天 | 36.56 | 36.73 | 12.42 | 9.13 | 0.236 | 1.00 | 0.472 | 0.764 | 1.199 | 1.202 | 3.57 | 1.43 | 47.9 | 26.7 | 55.9 |

从表 5 看出，两时期的 $CaO/SiO_2$、［Si］基本接近而脱硫能力下降了 10.7%。主要差别是后一时期 MgO 降低 2.5%。结果使 $L_S^0$（平衡时的脱硫能力）降低 10.6%，而脱硫能力利用率降低 8.7%，影响了实际脱硫能力。这说明在 $CaO/SiO_2$ 为 1.0 左右时，为了提高实际脱硫能力，炉渣中 MgO 维持在 11%~12%之间仍然是必要的。

综上所述，我们认为，炉渣中 MgO 为 10%~12%时，$CaO/SiO_2$ 可维持在 1.03~1.05；因原料成分波动，MgO 降到 10%以下，或硫负荷升高到 8~9kg/$t_{Fe}$ 以上，碱度应适当提高到 1.05~1.07。至于生铁含硅，可视具体情况而定。

有文献指出，在 MgO 为 10%~13%的条件下，冶炼［S］≤0.035%的低硫生铁时，$CaO/SiO_2$ 应为

1.1~1.15。从以上讨论我们认为，炉渣碱度 1.05 已可满足要求。将炉渣碱度提高到 1.1 以上是不必要的。根据经验，渣 $CaO/SiO_2$ 从 1.05 升高到 1.1 时，由于渣量增加，焦比将上升 1.25%，产量则下降 1.25%。

## 5　结论

（1）降低炉料（尤其是烧结矿、球团矿）的硫负荷是获得低硫生铁的重要前提，应作为高炉精料的一项内容引起有关方面重视。

（2）为了获得［S］≤0.035%的低硫生铁，在硫负荷 8~9kg/$t_{Fe}$，渣量 800kg/$t_{Fe}$左右时，必须保持 $L_S$ ≥35。

（3）在炉渣 MgO 含量 10%~12%时，适宜的 $CaO/SiO_2$ 为 1.03~1.05；在 MgO<10%时，碱度应相应提高到 1.05~1.07 的水平。MgO 含量<10%会产生不利影响。

（原载《武钢炼钢四十年》，1998）

# 1号高炉第一代大修破损调查及长寿原因分析

彭承系

武钢1号高炉是我国建国后兴建的第一座采用炭砖—高铝砖综合炉底的大型高炉，容积1386m$^3$，于1958年9月13日开炉，至1978年10月16日停炉大修，一代寿命20年，扣除检修、封炉及非计划休风时间，实际作业18年零1个月。一代产铁量942.96万吨，每立方米高炉容积产铁6804t。无论作业时间或一代单位容积产铁量均达到当时国内外先进水平。

为总结1号高炉长寿经验和分析炉体侵蚀损坏的规律，于高炉大修期间对高炉本体、热风炉等设备进行了调查。本文主要就1号高炉长寿及破损调查发现的有关问题进行讨论。

## 1　高炉炉体结构及作业情况简介

1号高炉炉体结构见图1。炉喉采用长方形块状钢砖。炉缸、炉底部位环砌炭砖18层，其中炉缸为4层，炉缸炭砖的上部与炉底中间部位为高铝砖，炉底厚度5.6m。炉缸至炉底冷却设备为4段光面冷却壁；炉腹处为镶砖冷却壁。因1970年中修时对炉缸以上砌体材质和炉腰以上冷却设备结构形式作了某些改进，按改进后的情况除炉身中上部仍保留黏土砖外，炉身下部至炉腰托圈处则由黏土砖改为17层炭砖；炉腹部位为高铝砖。冷却设备炉腰托圈上设有一层弧形扁水箱，炉身下部至炉腰改为3段光面冷却壁，其上仍保留了3层支梁式冷却箱。

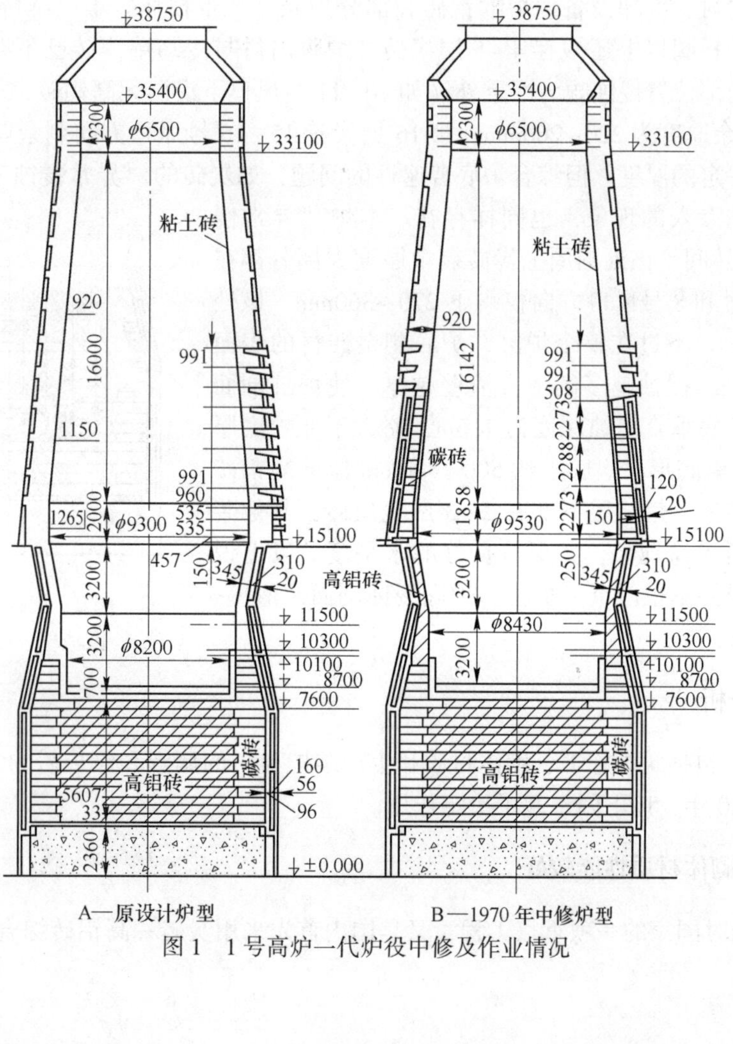

图1　1号高炉一代炉役中修及作业情况

高炉一代生产上出现过较好的年景，如 1966、1973 年利用系数超过了 1.3t/($m^3$ · d)，冶炼强度 0.955$t_{焦}$/($m^3$ · d)，焦比 500.4kg/t。在大修前的 9 个月焦比曾降至 500kg/t 以下。但是一代炉役中由于外界的干扰大，待料、待铁水罐休风情况比较频繁，以至高炉常处于不稳定不连续的生产条件下，仅停封炉一项就达 12 次之多，因此高炉大部分时间冶炼强度均在 0.55~0.65$t_{焦}$/($m^3$ · d) 之间。尤其是 1970 年至 1973 年，炉底、炉缸二、三段局部冷却壁水温差一度上升，虽然采取一系列措施后水温差下降到安全范围，但它也成为了限制高炉强化的一个因素。可见高炉一代强化时间不长，设备生产能力未能充分发挥。

一代炉役高炉进行过 3 次中修，1962 年小中修更换炉喉钢砖和钢砖以下 2m 范围的炉衬；1965 年 11 月中修更换风口以上全部内衬；1970 年 3 月中修更换渣口以上全部内衬。而炉缸渣口以下至炉底一直工作到大修。各次中修间隔时间及作业情况见表 1。

表 1　1 号高炉一代炉役中修及作业情况

| 生产起止时间 | 炉顶压力/MPa | 封炉次数 | 封炉天数 | 中修次数 | 更换大钟 | 中修时间 |
|---|---|---|---|---|---|---|
| 1958 年 9 月 13 日~1962 年 6 月 14 日 | 0.057 | 1 | 19 | 1 | 1 | 第一次小中修 1962 年 6 月 15 日至 7 月 8 日 |
| 1962 年 7 月 9 日~1965 年 11 月 14 日 | 0.029 | | | 1 | 1 | 第二次中修 1965 年 11 月 15 日至 12 月 13 日 |
| 1965 年 12 月 15 日~1970 年 3 月 5 日 | 0.074 | 3 | 358 | 1 | 1 | 第三次中修 1970 年 3 月 6 日至 4 月 10 日 |
| 1970 年 4 月 11 日~1978 年 10 月 16 日 | 0.081 | 8 | 265 | 3 | 3 | |
| 1958 年 9 月 13 日~1978 年 10 月 16 日 | 0.067 | 12 | 642 | | 6 | |

## 2　炉体破损调查情况综述

由于炉缸以上砖衬和冷却设备是 1970 年中修时更换过的，故此次调查的重点放在炉缸、炉底部分。调查发现，炉腰以上内衬、冷却设备、炉喉钢砖和部分炉壳已严重损坏，难以维持安全生产。炉腰、炉腹冷却设备尚属完好，托圈以上还残存 4~5 层炭砖，炉腹内衬与冷却壁镶砖已不存在，为渣壁所取代。炉缸、炉底的砌体除局部位置侵蚀颇为严重外（如 10~11 号风口下沿已无高铝砖；第 18 层炭砖靠 1 号和 9~10 号风口方向的剩余厚度为 220~260mm；第 16 层炭砖 15~16 号风口方向剩余厚度 330mm），绝大部分地区的内衬还残存一定的厚度。但综合炉底普遍性的问题，如炭砖的“异常侵蚀”，产生同心的环状断裂，以及裂缝中渣、铁渗入的现象，也同样存在。本炉“异常侵蚀”区在 12、13 层炭砖间，该处圆周上炭砖剩余厚度大部分都在 600mm 以下，12~13 号和 8 号风口方向仅剩下 270~360mm，该处成为了炉底的薄弱环节。不过在整个炉缸、炉底剩余砖衬的表面生成了一层很厚的渣壁，侵蚀越多的地方渣壁越厚，使炉缸剖面基本接近原来形状。炉底垂直侵蚀深度为 1.6m，略大于原炉底厚度的 1/4，侵蚀线呈平锅底形。锅底下约 500~800mm 厚的高铝砖已熔结成致密紧实的整体，熔结层下部有 2~3 层变质砖，其他砖衬还相当完好，无龟裂渗铁现象，并保持良好的水平度。以上说明炉缸、炉底侵蚀情况并不很严重。炉缸、炉底侵蚀剖面及渣壁、熔结层分布状态见图 2。

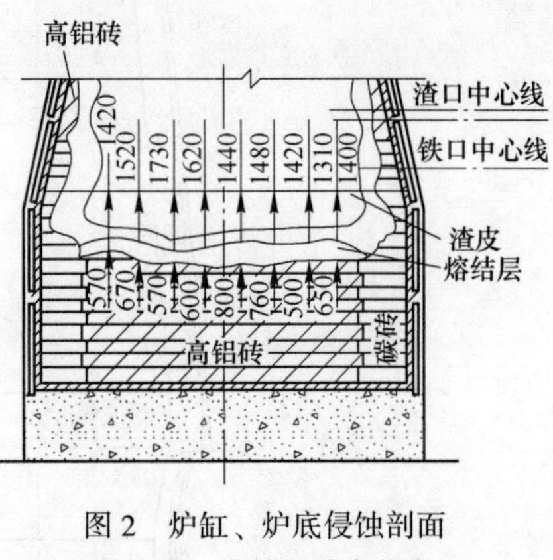


图 2　炉缸、炉底侵蚀剖面及渣壁、熔结层分布状态

## 3　高炉长寿原因分析

通过对历史情况（包括筑炉施工、砌体材质和生产维护等）的调查和停炉后的实测分析，高炉炉缸、炉底之所以能工作近 20 年，以下因素起了决定作用。

### 3.1　砌筑质量优良和砌体材质性能较好

1 号高炉建设是当时国家的一项重点工程，又是国内首先采用炭砖—高铝砖综合炉底结构的高炉，施工技术和质量水平要求高，各方面都很重视。施工前作了充分准备，如进行了炭砖的预装试验等。施工中又重点抓住一些技术关键，摸索和创造了一套行之有效的施工方法，并重重把关，严格要求，如炉缸、炉底高铝砖灰缝都保持在0.5mm以下；炭砖灰缝1.0~1.5mm以下，均分别低于当时苏联国家标准规定的1.0~1.5mm和2.0~2.5mm。

砌体材质方面，炉缸、炉底所用炭砖的理化性能，外形及尺寸公差都是经过生产与使用单位共同鉴定合格后才允许出厂，质量完全符合标准。所以高铝砖的一些主要指标，均达到或超过了当时欧美、日本等国家同类型砖的水平。

### 3.2　炉底炉缸结构形式较为合理

国内外高炉情况说明，炉底、炉缸采用炭砖—高铝砖结构，一代寿命和产铁量均大大超过黏土砖或高铝砖结构的高炉。如武钢2号高炉第一代即高铝砖炉底、炉缸，在与1号高炉相同的生产条件下，生产5年零10个月就发生了炉底烧穿事故，被迫停炉大修，寿命和产量不及1号高炉的1/3。冶金部曾组织过调查，过去国内硅铝质炉底、炉缸内衬的高炉，烧穿事故常有发生，铁水甚至渗入至炉底下部基础，高炉一代寿命平均5年左右。而采用综合炉底的高炉，寿命多数超过了10年。

### 3.3　低冶炼强度操作和冶炼铸造铁

由高炉一代生产情况可知，高炉强化时间不长，一般均处于低炼强度操作情况下，未能达到应有的生产水平，因此炉缸、炉底单位表面上所承受的工作负荷不是很大，这有助于减缓炉衬的损耗和延长高炉寿命。

此外高炉冶炼铸造铁所占比例较大，一代炉役中铸造铁约占总产铁量的20%，最高年份达到70%以上。冶炼铸造铁有利于石墨碳析出并沉积于炉缸周壁，能起到保护炉衬的作用。

### 3.4　后半期加强了对炉体的维护

由于生产条件不稳定，烧结矿粉末多，高炉冶炼强度低，常出现炉况不顺现象，故1970年以前高炉多采用发展边缘的操作制度，用锰矿、萤石洗炉较为频繁，这是不得炉体维护的。1970年中修后不久，发现炉底、炉缸二段30、31号和三段31号冷却壁水温差上升到4~5℃，引起了重视，除通高压水外，高炉操作上也相应地采取了调整风口进风面积、停止高渣口放渣、采用适当加重边缘的装料制度、禁止萤石洗炉等措施，取得一定的效果，如停炉前测得这几块冷却壁的水温差只有1.4~1.8℃，停炉观察该部位炭砖的侵蚀和渗铁现象虽然比较严重，但在残存的砖衬前较大面积上生成了一层厚度1.0m以上的渣壁，从而能保证高炉又运行了7~8年，如果在使用维护上措施不力，则这是很难达到的。

上述1号高炉长帮的几个原因，前两项是基础，后两项是辅助条件，它们相辅相成，高炉长寿应该是这些因素综合的结果。

## 4　有关问题探讨

### 4.1　综合炉底的优越性

炭砖—高铝砖综合炉底，利用和发挥了两种材质的特点。炉底周壁环砌炭砖，改善了下部炉衬的导热性，使侵蚀线能在炉底较高位置稳定下来。中间部位采用气孔率较低密度较高的高铝砖，外来物不易渗入砖体，尤其他在高温高压下，熔结成致密的整体，有阻挡铁水向下渗透的作用。按1号高炉炉底侵蚀深1.6m计算，平均每年侵蚀深度为89mm，每生产千吨铁侵蚀深度仅0.17mm，侵蚀速度大大低于一般硅铝质耐火砖炉底，在同类型高炉中也是最低的，以侵蚀速度快慢来评价炉底结构的好坏是具有说服力的。

1号高炉的实际证实了炭砖—高铝砖炉底的优越性，和全炭砖炉底一样，二都能保证炉缸、炉底长寿。但综合炉底在结构形式上，还可以改进，1号高炉炉底厚度5.6m，可减少一半，如与底冷相结合，估计效果会更好。

### 4.2 综合炉底存在的问题

炉底上部周边出现的“异常侵蚀”和炭砖自上而下产生的同心环状断裂现象，是综合炉底存在的两个较为突出的问题。关于前者，从此次调查所发现的铁水渗入炭砖的规律，提供了解释这一现象的线索。炉缸与炉底部位炭砖中渗入的金属铁不仅数量上不同，且分布状况也不一样，炉底炭砖中金属铁含量高（40.37%），呈经络状分布（见图 3）；炉缸炭砖中金属铁含量较低（11.59%），呈弥散的颗粒状分布（见图 4）。显然这是与炭砖气孔率较高，以及上下部承受铁水的压力不同所造成。锅底处承受了最大的压力，当侵蚀线处于稳定状态后，沿铁水底部由水平方向作用于炉底周壁的力量相对增大，铁水势力大量渗入贯穿于炭砖细小的气孔裂纹中，使该处炭砖组织的致密性遭到破坏的程度比其他地方大，再加上铁水流动对炭砖的机械磨损和熔蚀作用，从而形成了“异常侵蚀”区。

图 3 炉底炭砖中（第 10 层）金属铁分布 ×3 反光
白色为金属铁；黑色为孔隙（树胶充填）；灰色为无烟煤颗粒

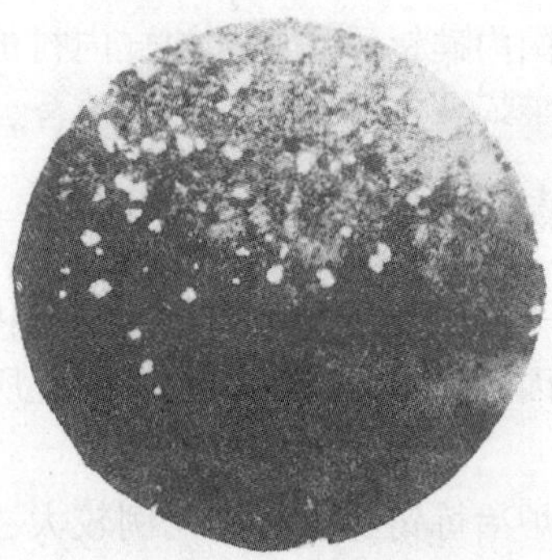

图 4 炉缸炭砖中（第 18 层）金属铁分布 ×102 反光
白色点为金属铁

关于后者断裂缝可以说是一个较普遍性的问题，不仅出现于炭砖，而且出现于硅铝质耐火砖，只是硅铝质砖往往损坏严重，不易观察到，如在 3 号高炉某次中修破损调查中发现甚至炉身上部保存尚较完好的黏土砖内衬也存在环裂的现象，显然断裂缝是由于内外温差形成的热应力作用而产生的。另外冷却设备漏水和高炉中修停炉时喷水冷却，以及含碱金属蒸气的渗入，也促使裂缝的生成。当炉缸、炉底炭砖出现裂缝，随之为渣、铁等外来物所填充；裂缝、孔洞中还发现有较多的钾、钠碱性物和炭粉（$K_2O$+$Na_2O$ 为 3%~12%），以至造成裂缝的扩大和外来物的不断增加，并产生新的裂缝，炭砖因此遭到破坏。同时在铁水压力作用下，炉底、砖砌缝渗铁现象亦较明显。

1 号高炉综合炉采用的炭砖基本满足了生产需要，但是考虑到高炉冶炼的强化，进一步提高炭砖的石墨化程序和致密度，降低其气孔率很有必要，以增强它的抗碱能力，防止铁水的渗入。

### 4.3 炉腹以上内衬的损坏和防止

由于炉缸、炉底寿命的延长，炉腹以上内衬和冷却设备的损坏成了突出的矛盾，对于硅铝质耐火材料，由于钾、钠等碱性物的渗入和炭素沉积的作用而产生化学物理变化，生成新相（钾、钠和硅、铝的化合物），改变了耐火材料的原始组织和理化性能（见图 5），从而使它在不太高的温度下即能遭到破坏，这是引起硅铝质炉衬损坏的一个主要原因。由图 6、图 7 可知，钾、钠等外来物广泛分布于高炉炉身至炉底的砖衬与渣壁中，风口以上 $K_2O$+$Na_2O$ 的含量一般都在 10%以上，尤其是炉身中部和风口区域钾、钠的总量高达 15%~20%，渣口以下明显减少。

为防止炉身部位内衬过早的损坏，针对上述问题，应在炉衬材质方面研究改进。炉身上部的内衬要求机械强度好，气孔率低，能防止外来物的侵入，可考虑采用有较好的物理性能和抗碱能力的浸磷酸铝代硅酸盐砖；炉身下部内衬要求致密度高，导热性好，具有良好抗渣、铁融蚀和抗碱的能力，可以采用致密炭砖和碳化硅砖。同时要相应地改进冷却设备的结构形式，以利炉衬的稳固，并在高炉生产中减小入炉原料的碱负荷，选择有利于排碱的操作制度，尽量避免向炉内喷水。

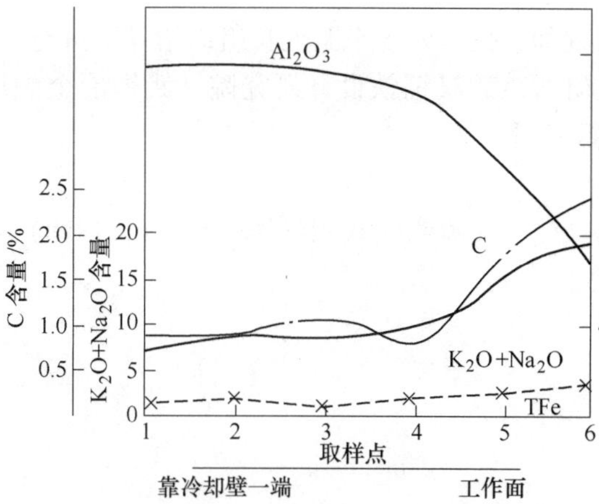


图 5　炉缸高铝砖主要成分变异情况

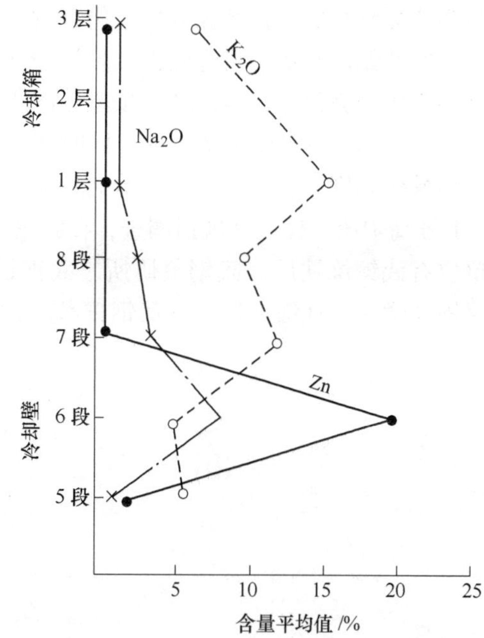


图 6　渣壁中钾、钠、锌沿炉身高度分布

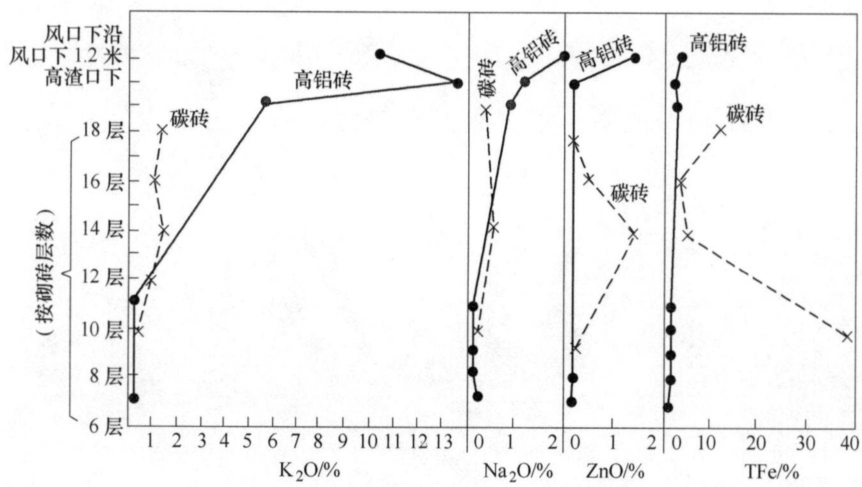


图 7　炉缸、炉底砖衬中碱性物与金属铁沿高度分布

## 4.4　保持冷却设备正常工作

1 号高炉中后期，炉缸、炉底二、三段冷却壁出现了水量减小（常压水时水速小于 1.7m/s，高压水时水速也只有 1.73~2.05m/a，流量数 5.12~6.11$m^3$/h），冷却效率降低，水温差一度升高的情况，对高炉生产造成威胁。为分析原因，于大修中取了炉缸冷却壁一块进行了解剖，发现冷却壁存在的主要问题是水管内壁局部地方出现了深主 2~4mm 的腐蚀性凹坑，如在 2.4m 长的半边管子内壁上有 6~7 处这样的凹坑，经金相检验，这种腐蚀凹坑与原来管子内壁存在缺陷和渗碳层较厚有关。此外水管内壁结垢现象不很明显，但管子拐弯处有结垢现象，使该处管径缩小了将近 2/3，特别是管内存在着一些片状或颗粒状铁质沉积物，最大颗粒直径 6~7mm，这势必在水管拐弯处断面积缩小的地方造成阻塞，从而引起冷却壁水量的减小。

为适应高炉长寿需要，应对冷却壁的加工制造严格要求，选择品质优良的管材，改进制作工艺，避免引起水管的渗碳。同时供水部门应保证高炉冷却用水水质，减少水中杂质和悬浮物；高炉生产要搞好冷却设备的检测维护工作，定期进行清洗吹扫。

## 5　结论

合理的炉底、炉缸结构，并辅以良好的砌体材质和优等的砌筑质量，是高炉长寿的基本条件。炭砖

—高铝砖综合炉底具有其优越性，仍有发展前途。但是炭砖的“异常侵蚀”和环状断裂问题，以及高炉内碱金属的循环和富集引起硅铝质炉衬损坏的问题，是高炉长寿的不利因素。这些问题如何解决是今后的一项重要研究课题。然而进一步改善耐火材料品质（特别是降低炭砖的气孔率，采用高密度砖）和提高施工质量，无疑是十分关键的。同时还应保持高炉稳定的生产条件；限制入炉原料的含碱量；采用相适应的操作制度。从高炉投产开始就必须制订维护炉体的具体措施，并严格执行。

1 号高炉第一代大修破损调查，在武钢公司张寿荣总工程师、技术处杨来鹏处长组织指导下进行，参加单位有武钢炼铁厂、武钢负研所、武钢设计院、一冶建研所、武汉钢铁设计研究院、武钢冶金炉厂、武汉钢铁学院。详细报告见《武钢技术》1979 年增刊。炼铁专辑。

（原载《武钢炼铁四十年》，1998）

# 武钢高炉寿命及内衬侵蚀的研究

张寿荣

武汉钢铁公司有4座高炉。1号高炉容积为1386m$^3$，于1958年9月13日开炉，1978年10月16日停炉。由于生产条件不稳定，该高炉曾封炉12次（最长封炉时间达264天），实际生产6601天，约18.1年。在较长的时期内生产水平不高。但是，它第一代共产铁9429641t，相当于每立方米炉容产铁6804t，在武钢高炉中1号高炉寿命是创纪录的。

1号高炉的设计剖面如图1所示。这座高炉是综合炉底，边缘砌炭砖，中间砌高铝砖。炉缸炭砌的砌筑高度为2m，其余部分是高铝砖。炉腹是薄壁的。托圈以上炉腰和炉身下部砌17层炭砖。炭砖以上从炉身上部到炉顶区域采用黏土砖。

1号高炉停炉后在拆炉过程中沿高炉高度方向取样，进行检验，研究，并做了试验室试验，以查明哪些是影响高炉寿命的主要因素以及内衬侵蚀的程序。并将1号高炉侵蚀情况同武钢其他高炉作了比较。1号高炉停炉后的剖面见图2。现将研究结果阐述如下。

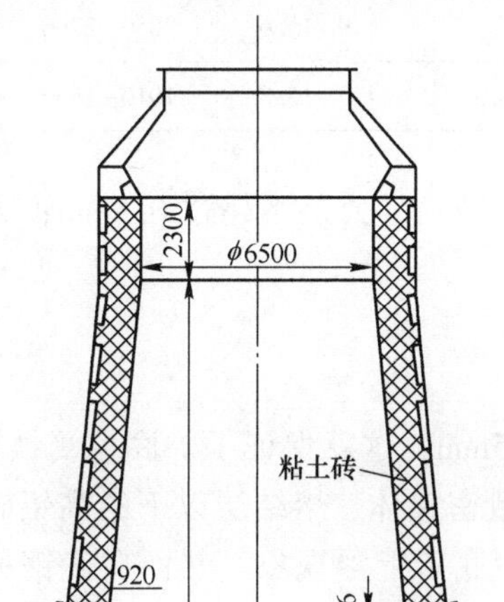


图1　1号高炉设计剖面

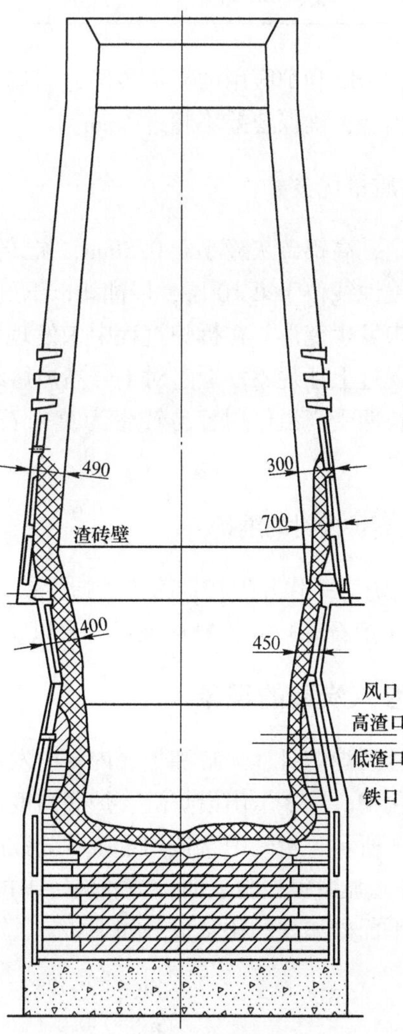


图2　1号高炉停炉后的剖面

## 1 决定高炉寿命的因素

据研究，对延长高炉寿命起重要作用的因素包括以下方面：

### 1.1 高炉设计适当

1 号高炉的设计与 50 年代流行的设计不同，后者通常将炭砖用于炉底上部，而高铝砖用于下部。1 号高炉设计恰恰相反，把炭砖用在炉底边缘。由于炭砖导热率较高，炉底周围强化冷却就有助于形成渣壁防止炉缸烧穿。如图 2 所示，1 号高炉炉底侵蚀并不严重，残铁侵蚀深度约为 1.6m（大致相当于炉底厚度的 1/30），而且侵蚀线近于平坦。由此可得出结论，高铝砖砌在炉底中间的综合炉底优于 50 年代的流行设计。高炉设计适当是实现高炉长寿的根本因素。

### 1.2 耐火材料质量良好

1 号高炉所用的炭砖和耐火砖的化学成分，物理性质列于表 1。

表 1 1 号高炉面料砖和耐火砖块主要化学成分和物理性质

| 耐火材料 | 化学成分/% | | | 耐火度 /℃ | 气孔率 /% | 抗压强度 /kg · cm$^{-2}$ | 荷重软化点 /℃ |
|---|---|---|---|---|---|---|---|
| | $Al_2O_3$ | C | 灰分 | | | | |
| 炭砖 | | >92 | <8 | | <24 | >250 | |
| 高铝砖 | 55. 79~56. 17 | | | 1790 | 14. 9~15. 6 | 2050~2206 | 1530~1560 |
| 黏土砖 | 45. 74~46. 46 | | | 1750~1700 | 14. 0~15. 8 | 1010~1530 | 1520~1530 |

炉底、炉缸和炉腹用的高铝砖经过磨制加工，以保证尺寸准确，公差不超过 0.5mm；无烟煤质炭砖经过加工预装，确保公差不超过 1mm。

### 1.3 砌砖质量优良

按规定，高铝砖灰缝小于 0.5mm，炭砖灰间缝小于 1~1.5mm，这就保证了炉底免受铁水渗透。1 号高炉炉底侵蚀线位于第 10 层，侵蚀线以下的高铝砖已熔结为致密整体，熔结层以下的高铝砖虽已变为灰黑色，但未发生变形。在拆炉过程中未发现铁水渗入灰缝或炉底砖上浮现象。然而在武钢另外几座高炉上却曾发现过上述现象。通过对 1 号高炉熔结层试样中灰缝的显微镜检验，发现有新生成的莫来石。这说明，灰浆长期受高温作用容易转变为莫来石。1 号高炉炉底侵蚀仅 1.6m，侵蚀线近于平坦的原因就在这里。

### 1.4 重视高炉内衬的维护

1 号高炉第一代开炉初期冶炼铸造生铁。一代中铸造生铁的产量约为总产量的 1/5，1965 年起限制使用洗炉剂（萤石等）并控制边缘煤气流以防炉墙过热。

## 2 铁水渗入炭砖的现象

在 1 号高炉炉身、炉缸和炉底内衬中发现了碱金属和锌的氧化物，而在炉缸、炉底内衬中还有金属铁或铁的炭化物。图 3 示出沿炉缸、炉底高度方向碱金属、锌和铁的含量。

如图 3 所示，炭砖中含铁的重量百分数随铁口水平面以下距离的增加而高，在炉底侵蚀线处达到最大值 40.37%。显微镜检验表明，炉底炭砖中的铁呈网状分布，炉缸炭砖中的渗铁却以弥散状的铁滴存在。侵蚀线水平面处渗铁的化学成分如下：

| | | | | | |
|---|---|---|---|---|---|
| Mn | 0. 125% | V | 0. 03% | P | 0. 424% |
| Sn | 0. 021% | C | 6. 40% | Si | 0. 258% |
| S | 0. 15% | Cu | 0. 083% | | |

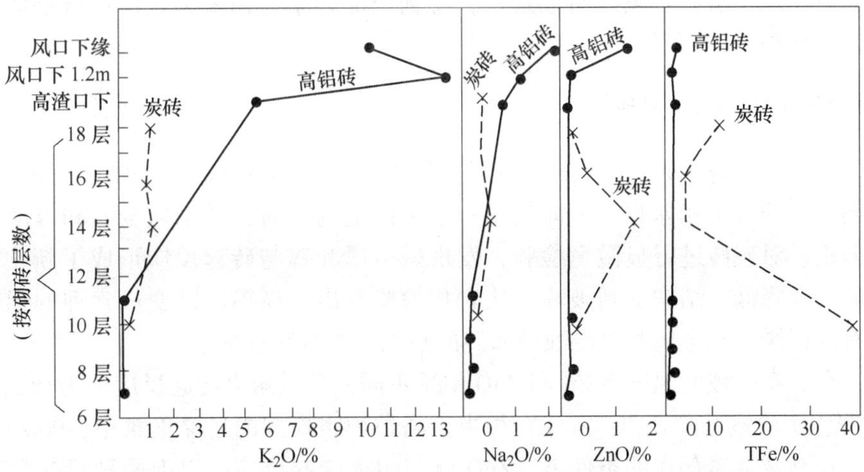


图 3　1 号高炉沿炉缸炉底高度方向碱金属、锌和铁含量的变化

铁水在 1300～1350℃温度范围内流动性良好，容易渗入炭砖气孔中，所以炉缸炭砖中有弥散状的铁滴存在。经过长期生产以后，炉底水平面处的铁水对炭砖产生较高的侧压力，进而填充炭砖工作端面几乎全部的气孔和裂缝。渗铁同炭起作用生成 $Fe_2C$ 或 FeC 使气孔和裂缝扩大，破坏炭砖的工作墙面，引起炉底的“异常侵蚀”。

## 3　炭砖的环状裂缝

1 号高炉和武钢其他炭砖高炉都曾发现炭砖中有环状裂缝。图 4 为 1 号高炉的炭砖环缝。武钢高炕的炭砖环缝有以下特征：

（1）裂缝与冷却壁平行。

（2）裂缝贯穿多层炭砖，上层裂缝较宽，充满渣铁或碱金属化合物含量高的炭粉，下层裂缝趋于狭窄，缝中没有填充物。

（3）环境延伸的深度与炉底侵蚀深度相一致。

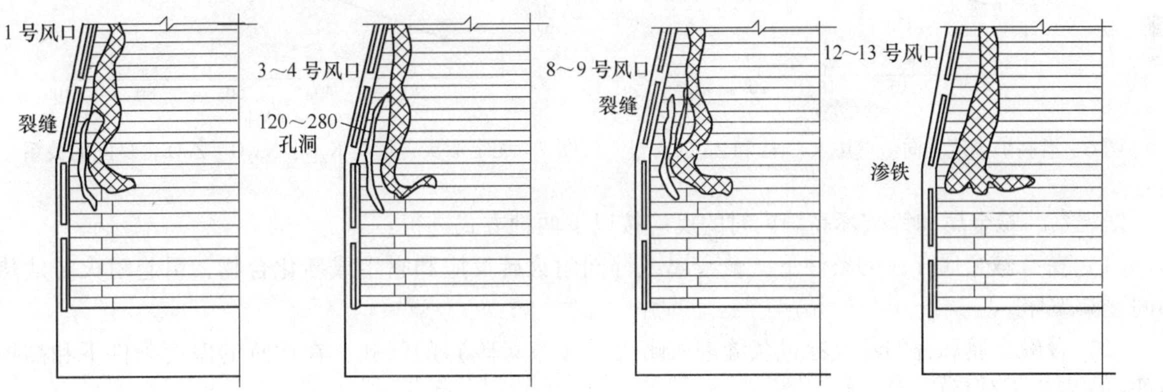


图 4　1 号高炉炉缸炉底的炭砖裂缝、孔洞加渗铁

根据观察，环缝是由于砖在热膨胀过程中产生应力造成的。炭砖膨胀系数较小，它限制高铝砖膨胀，内衬受热时由于两种砖膨胀系数不同产生了应力，从而导致炭砖开裂。

如图 5 所示，1 号高炉 1 号风口下方的炭砖裂缝证实了我们的推测。此处裂缝宽度不到 2mm，断口清晰，无填充物。炉底内衬受热时由于高铝砖膨胀系数较高，热膨胀量显然大些。热膨胀的不同使高铝砖有向上移动的趋势，但第 9 层炭砖限制它上移。高铝砖中产生的膨胀力大到

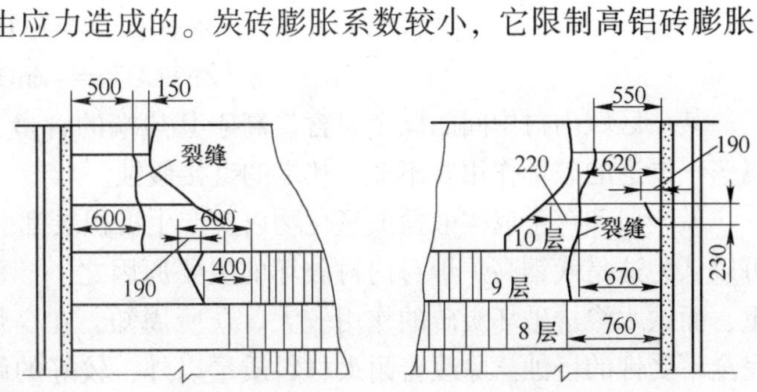


图 5　1 号高炉 1 号风口下方炭砖裂缝

足以使炭砖开裂时就出现了裂缝，裂缝向上延伸，直到全部膨胀力消失为止。这就是武钢每座综合炉底的高炉都出现炭砖环状裂缝的原因。

## 4 碱金属和锌对高炉内衬的影响

高炉各区域的内衬，不论炭砖、耐火砖还是渣壁都有碱金属和锌存在。如图 6 所示，1 号高炉不同高度的渣壁中碱金属和锌的含量相差很大。即使同一水平面上的内衬，其中碱金属和锌的含量在工作端面和中间也有较大差别。对残砖进行显微镜检验，发现碱金属和锌与砖起反应形成了新化合物。耐火砖受碱金属侵蚀后其耐火度降低，结构受到破坏。从岩相检验看出，高铝砖已变成含钾的铝硅酸盐或含锌的铝硅酸盐，并含有沉积炭。碱金属和伞侵蚀是从砖的热端向冷端转移的。

从理论上讲，在炉身区域的温度下 Zn 和 ZnO 似乎不同铝硅质耐火砖起反应。为什么残砖中确实存在着含 ZnO 的矿物呢？实验室试验表明，ZnO 在相当于高炉炉腹煤气的还原气氛中，900~1000℃时不和铝硅质砖起反应，但在有碱金属存在的条件下，ZnO 就与耐火砖起反应。以上两种情况都产生沉积炭（见图 7）。炉身残砖的化学分析表明，沉积炭和 $K_2O$、$Na_2O$、ZnO 一起存在极可能是高炉内衬破坏的主要因素。

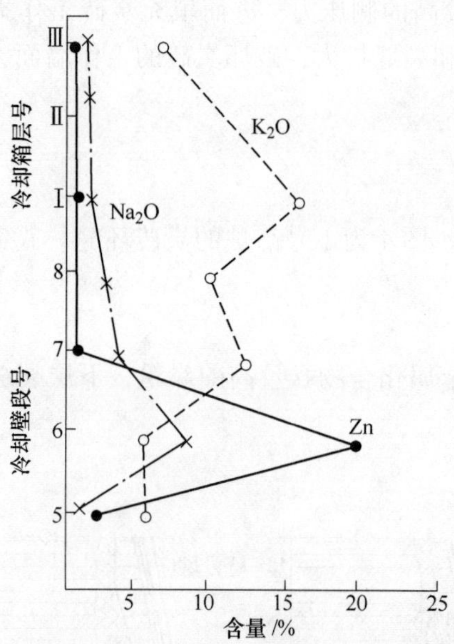


图 6 沿高炉高度方向渣壁中 K、Na 和 Zn 的含量

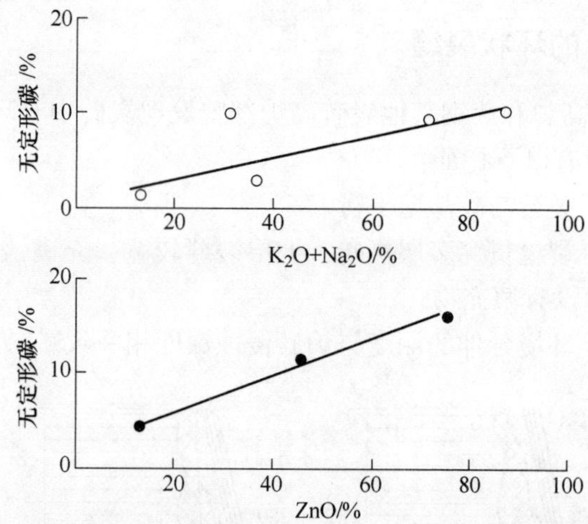


图 7 无定形炭含量与 $K_2O$、$Na_2O$、ZnO 含量间的关系

据观察、碱金属和锌破坏高炉内衬的反应按以下两种方式进行：

（1）在有碱金属存在的条件下，碱金属或锌同耐火砖反应和它生成新化合物，引起耐火砖从热端向中间逐渐破坏。

（2）含碱金属和锌的蒸气穿过灰缝进入耐火砖（或炭砖）的气孔，在适宜的温度条件下和高炉煤气中的 CO 发生下列反应：

$$4/3K+2CO = 2/3K_2CO_3+4/3C$$

$$2K+CO = K_2O+C$$

$$Zn+CO = ZnO+C$$

某一区域内衬中间的碱金属含量高于其热端的含量，这一事实说明了碱金属蒸气的渗透作用。碱金属蒸气渗透的破坏作用并不亚于热端的直接侵蚀。

碱金属和锌生成碳酸盐或氧化物以及产生沉积炭都引起体积增大，气孔扩大后砖体的结构就被破坏，可以认为这是武钢高炉炉身内衬破坏的主要原因之一。研究表明，碱金属对铝硅质砖的侵蚀比对炭砖严重，而铁水渗透破坏炭砖的作用较大。众所周知，在高炉炉身下部和炉腹区，没有任何一种耐火材料能完全不受钾的侵蚀。除改善耐火材料质量以外，较好的解决办法看来是采用适当的冷却系统把耐火材料热端温度降低到上述温度界限以下。

## 5 内衬侵蚀的估计

为了控制高炉内衬的侵蚀，建立了以传热为基础的数学方法以计算炉底或炉缸侧墙的剩余厚度。

### 5.1 炉底剩余厚度计算

1号高炉炉底结构见图8。炉底侵蚀达到稳定的状态时，从炉缸向炉底内衬的传热可认为是一维的，可用下列方程表示：

$$q = \lambda \frac{\Delta t}{\Delta z}$$

式中，$q$ 为沿 $Z$ 轴通过的热流，kcal/(m²·h)；$\lambda$ 为炉底内衬的导热率，kcal/(m·h·℃)；$\frac{\Delta t}{\Delta z}$为沿 $Z$ 轴的温度梯度，℃/m。

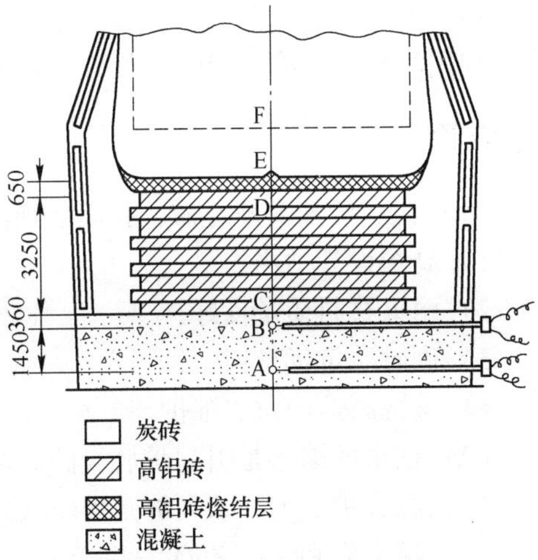


图8 高炉炉底侵蚀示意图

对1号高炉来说，$\overline{AB}=1.45$m，$\overline{BC}=0.36$m，$\overline{CF}=5.6$m，$A$ 点和 $B$ 点的测量温度分别为192℃和570℃。

由此算出通过耐热混凝土的热流为：

$$q = \frac{\dfrac{t_B - t_A}{\overline{AB}}}{\lambda_1} = \frac{\dfrac{570-192}{1.45}}{1.0} = 260\text{kcal/(m}^2\cdot\text{h)}$$

$C$ 点处的温度：

$$t_c = t_B + q \cdot \frac{\overline{BC}}{\lambda_1} = 570 + 260 \cdot \frac{0.36}{1.0} = 664℃$$

如果已知侵蚀线温度和高铝砖的导热系数就可算出剩余厚度。

取 $t_B=1250$℃，$\lambda_2=1.8$kcal/(m·h·℃) 炉底剩余厚度

$Z=\frac{1250-664}{260}\times 1.8=4.06$m，残铁侵蚀深度为（5.6−4.06）m＝1.54m≈1.6m。这一结果和实际侵蚀情况是一致的。

取侵蚀线温度为1250℃，而不取广泛采用的铁水凝固线温度1150℃，这是由于侵蚀线温度完全不可能等于铁水凝固温度，炉衬的侵蚀和铁水的凝固毫无关系。据实侧，炉底残铁的温度约为1330~1380℃，侵蚀线温度可能比平均残铁温度低100℃，因此可取1250℃作为侵蚀线温度。如果取1150℃代替1250℃，则算出的炉底剩余厚度为3.36m，与实际不一致。

### 5.2 炉缸侧墙剩余厚度的估计

通过炉缸侧墙的热流与炉缸炭砖剩余厚度密切相关。如图9所示，炉缸侧墙的热负荷与炉缸内衬的剩余厚度是成正比的。在炉缸侵蚀达到稳定状态时，通过炭砖的传热可认为是一维的，表示为：

$$\frac{d^2T}{dx^2} = 0$$

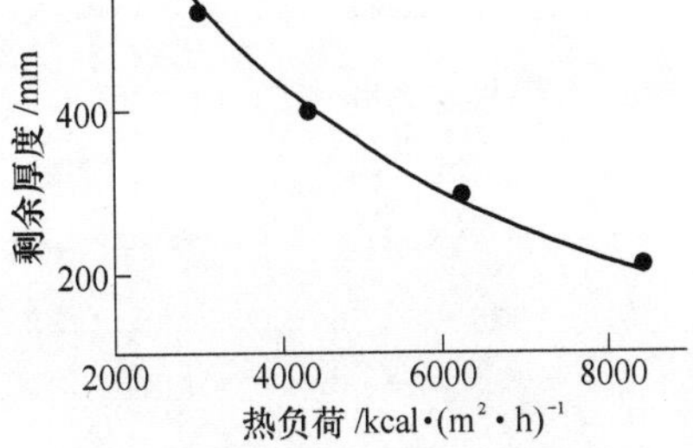


图9 热负荷与剩余厚度的关系

式中，$T$ 为炭砖中任意动点 $P$ 处的温度，℃；$X$ 为从冷端到 $P$ 的距离，m。

通过积分计算，则得：

$$X = \frac{T_m - T_E}{T_m - T_e}\left(\frac{\lambda}{h_r} = W_o\right)$$

式中，$X$ 为炉缸侧墙的剩余厚度，m；$T_m$ 为铁水温度，℃；$T_E$ 为侵蚀线温度，℃；$Tc$ 为炉缸侧墙冷端的温度，℃；$\lambda$ 为炉缸侧墙的导热率，kcal/(m·h·℃)；$h_r$ 为炉缸侧墙对冷却壁的径向传热系数，kcal/

$(m^2 \cdot h \cdot ℃)$。

利用测量炉缸冷却壁的热负荷，就可估计炉缸侧墙的侵蚀情况。

## 6　结论

（1）为了延长高炉寿命，我们必须做到：

1）高炉设计适当；

2）耐火材料质量良好；

3）砌砖质量优良；

4）重视高炉内衬的维护。

（2）铁水的渗透是引起炉底炭砖破坏的主要原因。降低炭砖的气孔率是最好的解决办法。

（3）综合炉底的环状裂缝是由于炭砖和高铝砖热膨胀不同造成的。

（4）碱金属和 Zn、ZnO 一起产生的侵蚀作用是高炉内衬，特别是炉身内衬破损的主要原因。除改善耐火材料质量外，较好的解决办法是设计一种冷却系统，保持内衬热端的温度低于碱金属起侵蚀作用的温度。

（5）估计炉缸和炉底的剩余厚度并控制内衬的侵蚀是有可能实现的。

参加高炉炉体侵蚀研究工作的有彭承系、于仲洁、许传智、刘海欣等同志。

（原载《武钢炼铁四十年》，1998）

# 高炉炉身热负荷与冶炼关系的研究

刘　淇

为了实现高炉高产、优质、低耗、长寿，不断提高经济效益，高炉工作者对维持合理的操作炉型日益重视。实践中发现，炉身热负荷准确地反映出炉型变化，并在一定程度上反映高炉内的冶炼过程，为操作者提供可靠的信息。本文在总结武钢3号高炉生产实践的基础上，初步探讨了不同条件下炉身热负荷变化特征，以及炉身热负荷与高炉冶炼的关系。

3号高炉有效容积1513m$^3$，第二代于1976年7月大修后投产。1979年9月曾在炉身中下部炸环形炉瘤一次。1982年12月停炉中修。该炉炉身冷却结构如图1所示。中修前，冷却设备损坏不多，生产指标较好。中修前一个月仍然达到冶金部红旗炉标准。停炉后，发现操作炉型较为完整合理。

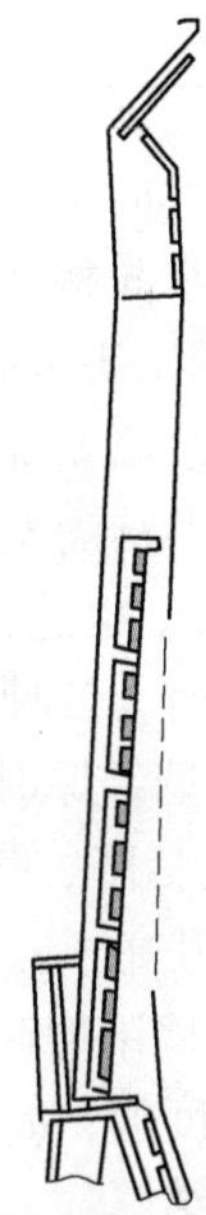

图1　3号高炉炉身冷却结构

## 1　炉型变异时热负荷变化特征

从1979年初起，坚持每周测量一次高炉炉腹以上各段冷却壁的水温差，而且定期测水量，计算出每个水头的热负荷，并折算出相应部位的热流强度。

### 1.1　正常炉型的热负荷特征

炸瘤后，高炉生产从1980年5月份起即恢复到正常水平，一直持续到1982年12月中修为止。为便于比较，将正常炉型时的热负荷有关参数介绍如下：

（1）各段冷却壁的年平均值，以中修停炉炉型为依据，证明1981~1982年所测热负荷反映了正常炉型情况。故对这两年的106次测量值求出各段冷却壁的年平均热流强度值（kW/m$^2$）：4段10.0×10$^3$；5段为4.3×10$^3$；6段为11.51；7段为15.12；8段为18.61。

（2）各段冷却壁的极低热流和离差对所测热负荷数据进行统计处理。先算出每段冷却壁平均热流强度$q_{平}$选出该段，冷却壁中最低热流强度$q_{低}$，再计算出该段各冷却壁热流强度之离差（即波动幅度）$6$对$q_{平}$的比值$B$（即$B=6/q$平），$B$代表热流的不均匀度。$B$值越大，表示热流分布越不均匀，$B$值越小则越均匀。在正常炉型时，$6$值一般不高，$B$值在20%~32%范围。没有出现水温差为零的水头。极低热流至少为平均热流的30%以上。

### 1.2　炉型变异时的热负荷特征

从1979年初起，高炉炉墙逐步结厚，最终导致环形炉瘤（9月份炸瘤）。根据热负荷测定，发现在高度方向和圆周方向均有一些特征。

在高度方向上，据热流强度测定值分析，在1979年3月，除6段冷却壁之外，其余各段均高于或接近年平均值。6段则低于年平均值。随着炉瘤的发展，半个月以后7段冷却壁热流强度开始大幅度下降，5月初，5、6、7、8段全面下降，大大低于平均值，详见表1和图2。由表1看出，炉瘤先从6段（位于炉身下部）开始，并逐步向上发展。炉腹部分无明显变化。

表1　各段冷却壁热流程度变化值　　($kW/m^2$)

| 段数 | 1979年 | | | | | 正常年平均值 |
|---|---|---|---|---|---|---|
| | 1月18日 | 3月26日 | 4月10日 | 5月7日 | 6月4日 | |
| 8段 | | 28.03 | 18.38 | 18.26 | 4.07 | 18.61 |
| 7段 | | 22.45 | 7.91 | 2.91 | 1.63 | 15.12 |
| 6段 | 11.51 | 7.68 | 5.12 | 5.12 | 2.56 | 11.51 |
| 5段 | 3.02 | 4.19 | 1.98 | 1.63 | 1.86 | 4.30 |
| 4段 | 3.95 | 14.54 | 11.05 | 7.33 | 10.12 | 10.00 |

在圆周方向上，热负荷变化特征是热流先在某一局部下降，然后逐步向整个圆周发展。在六段结瘤过程中，最初只有30%~40%的水头水温差偏低，经1~2个月的时间，逐步发展到全部水头水温差都降低。点降到$H_3$低点，反映了炉墙从局部结厚向环形结瘤发展。7月~9月，炉墙进一步结厚，$q$平进一步下降，$H_4$也达到峰值，表明局部更加结厚。综上所述，当炉型变异时，各种不同情况下热负荷变化有如下特征：

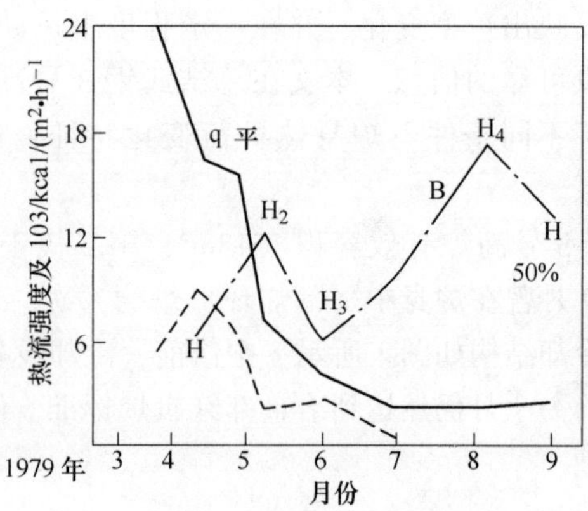


图2　8段冷却壁热流变化

(1) 炉墙结厚时，$q_{平}$由正常值猛降到很低值；各水头中$q_{低}$由正常值猛降，甚至出现零值，即水温差为零；$q_{平}$与$B$反应变化，$B$升高，$q_{平}$下降，出现局部结厚。

(2) 炉墙结瘤时，结瘤部位冷却壁$q_{平}$和$q_{低}$远远低于年平均热流强度值；$q_{平}$低，$B$值低，是环形结厚，$q_{平}$低，$B$值高，是局部结厚。

(3) 恢复正常时，$q_{平}$由低恢复至正常值；$B$值由高变低；$q_{低}$由低恢复正常。

## 2　新修炉身开炉后热负荷变化特征

3号高炉中修后于1983年投产。半年之内炉身热负荷变化见图3。送风5天后，位于炉腹区域的四段冷却壁即达到正常热负荷值（$1.05\times10^3$kW），并基本稳定在这一水平。说明炉腹砌砖寿命不超过15天。炉腰区域的五段冷却壁热负荷增加较为缓慢，80天后达到并保持中修前的年平均值（$0.41\times10^3$kW），由此推测该处砖衬经过80天已被侵蚀，并已达到中修前的侵蚀深度。炉身下部6段冷却壁，前两个月热负荷变化不大，在送风60天后迅速增加，100天后达到年平均值（$1.26\times10^3$kW）。7段冷却壁热负荷送风后120天开始急剧上升，140天就达到平均值（$1.40\times10^3$kW）。炉身中部8段冷却壁热负荷显增期比7段迟一个月，在送风后170天达到年平均值。整个炉身部分总热负荷在送风后150天达到年平均值$4.65\times10^3$kW的水平。

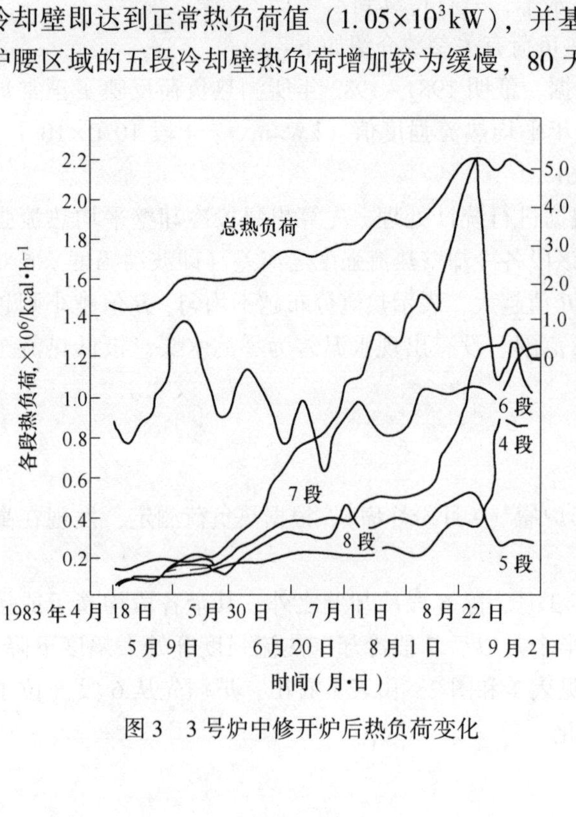


图3　3号炉中修开炉后热负荷变化

从以上分析表明，炉身下部新砌砖开炉后仅半年时间就大部分被侵蚀，使该区段的高炉内型与中修前相近。应该指出，该高炉送风后50天已采用了加重边缘的操作制度，炉顶煤气综合$CO_2$为18%左右，故不存在边缘气流过分发展的问题。为提高炉身寿命，今后应重视在内衬材质、冷却结构和抗碱能力诸方面采取综合治理措施。

## 3　不同装料制度热负荷变化的比较

在炉型正常、风量水平相接近的情况下比较了不同装料制度下热负荷变化特点。1982 年 2 月 8 日到 6 月 7 日，装料顺序为 $4K_2P_2\downarrow+P_2K_2\downarrow$，9 月 14 日到 11 月 30 日为 $P_2\downarrow K_2\downarrow$，各段冷却壁平均热负荷 $Q_{平}$、极高热负荷 $Q_{高}$、极低热负荷 $Q_{低}$ 分别绘于图 4 (a)～(c)。由图 4 看出：两种装料制度其炉墙热负荷有两点显著差别：

（1）总热负荷分装大于同装。分装时热负荷为 $13.96\times10^3$kW，同装时为 $5.42\times10^3$kW。分装时 4 至 7 段的热负荷增大，8 段热负荷减少，炉身和炉喉温度下降，高温区下移，这反映出高炉块状区扩大，间接还原发展。分装能改善煤气利用，这是大幅度降低焦比的原因之一。

（2）总热负荷极大值同装时为 $10.01\times10^3$kW，分装时为 $8.14\times10^3$kW。极小值则相反，同装小于分装。这反映了分装时热负荷波动范围比同装时小。

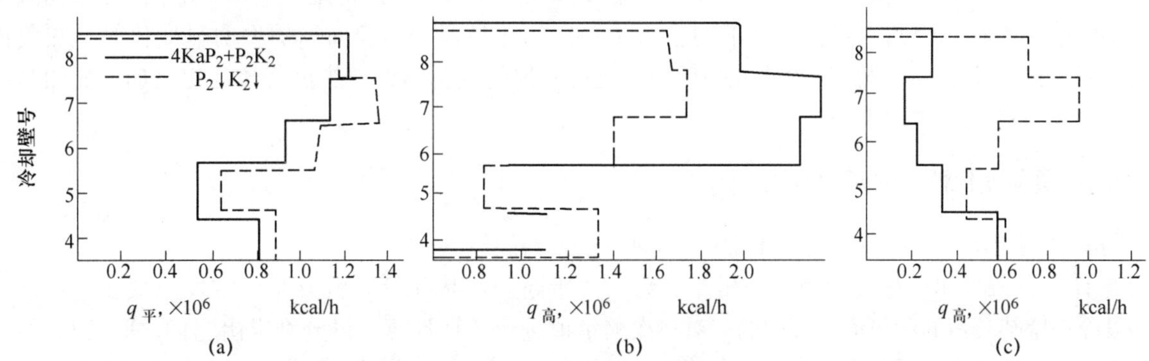


图 4　两种装料制度热负荷

图 5 是两种装料制度热负荷波动状况，6 是整个时期的热负荷离差。$Q+6$ 与 $Q-6$ 两条曲线所包围的区域是波动范围。显然，同装的波动范围大于分装。说明分装对煤气流有较好的控制作用，有利于维护炉墙砖衬。为了提高炉身寿命，采取分装无疑是有利的。为适应分装时下部热负荷大的特点，下部冷却强度应适当加大。冷却壁的结构和材质亦应加以改进。

## 4　适宜热负荷值的确定

从整个测量阶段可看出热负荷值有一个适宜的范围。与此相应高炉有良好的顺行和较低的燃料比。

图 6 所示的 3 号高炉 1983 年中修后半年里综合焦比与炉身热负荷的关系。随着炉墙被逐步侵蚀，热负荷值增加，焦比下降。在开炉后 4 个月时，达到最低燃料比 520kg/t，此时相应热负荷值是 $(3.49\sim5.23)\times10^3$kW。对此可做如下解释：炉身下部热负荷高，反映高炉冶炼过程旺盛活跃，炉型合理，炉墙光滑，高温区下移。此时必然是炉况顺行，煤气利用好，风温水平高，所以燃料比也较低。而当热负荷过大时，综合焦比上升。这一情况估计与炉墙侵蚀造成的炉型变化有关。曲线右侧是由于第 8 段冷却壁的砖衬被侵蚀后，操作炉型变异，高温区有所上移，造成焦比随热负荷增加而升高。

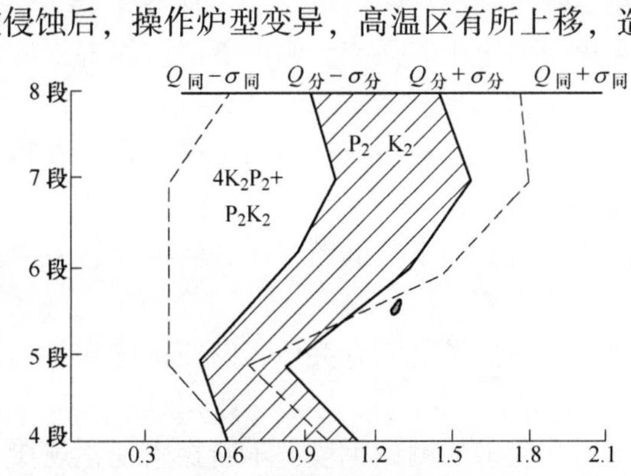


图 5　两种装料制度热负荷波动

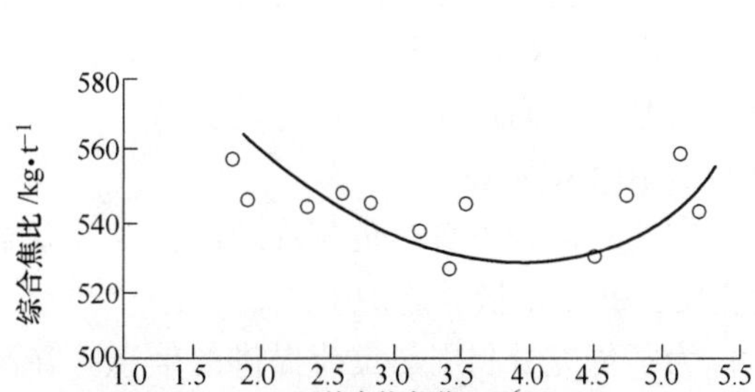


图 6　炉身热负荷与综合焦比的关系

根据以上分析，炉身热负荷应该有一个适宜的范围。在此范围内，高炉有较高的生产率和较低的焦比，炉墙寿命也较长。不能认为热负荷越低越好。当然，热负荷过高或者极不稳定是不利的。3 号高炉适宜热负荷值应在 $5.0\times10^3$kW 左右。据文献报道，苏联查波罗什厂容积为 1513$m^3$ 的 2 号高炉开炉 21 个月后炉身热负荷为 $5.2\times10^3$kW，切里雅宾斯克厂容积为 1719$m^3$ 的 5 号高炉开炉后 10 个月炉身热负荷为 $5.47\times10^3$kW。武钢 3 号高炉的数值与之相近。

## 5　对实测热负荷值的统计处理方法

### 5.1　影响炉身热负荷的主要因素

炉身热负荷是指单位时间内由冷却壁传出的炉内热量。根据传热基本公式 $q=\lambda\Delta t/s$（式中，$q$ 为热流强度，kW/$m^2$；$\Delta t$ 为温差，℃；$S$ 为厚度，m；$\lambda$ 为导热系数，kW/(m·℃)。对于一定材质，$\lambda$ 可视为定值）。热负荷的变化主要有两方面因素；一是 $\Delta t$，它取决于边缘煤气流的强弱和温度高低；二是 $S$，它取决于砖衬的侵蚀程度和渣皮的增减（即 $S$ 基本代表炉型变化）。当炉型稳定时（$S$ 一定），则煤气流的变化会直接影响热负荷，因此，装料制度不同会产生不同的热负荷分布。而当炉型明显变化时，热负荷的变化则主要受炉型影响。3 号高炉大修开炉后装料制度和风量变化不大。热负荷却逐旬增加，显然是砖衬被侵蚀使炉型发生变化的结果。

### 5.2　判断热负荷变化性质的两种方法

要判断已测定出的热负荷值是否正常，可采用两种方法：

（1）计算各段冷却壁热负荷变化的相差系数。由于高炉热状况及气流分布经常发生变化，不同时间对其各段冷却壁热负荷的测量值是不同的，对多次测量值进行统计计算，可分别求出它们之间的相关系数。如相邻几段的变化值相关系数大，说明炉内热状态改变对这几段冷却壁的作用有同一性。此时可判断炉型基本正常。表 2 是 1982 年 9 月~11 月间各段冷却壁热负荷变化的相关系数。有两个相关系数高的区域。说明从 4 段到 7 段这一区间内煤气流在同一时间内对各冷却壁发生加热，各段同步变化，因而炉墙是光洁的。

**表 2　各段冷却壁热负荷变化相关系数**

| 段数 | 4 段 | 5 段 | 6 段 | 7 段 | 8 段 |
|---|---|---|---|---|---|
| 4 段 | 1.00 | 0.80 | 0.60 | 0.57 | 0.29 |
| 5 段 |  | 1.00 | 0.80 | 0.76 | 0.01 |
| 6 段 |  |  | 1.00 | 0.86 | 0.20 |
| 7 段 |  |  |  | 1.00 | 0.19 |
| 8 段 |  |  |  |  | 1.00 |

（2）建立热负荷变化管理图。用统计方法求出正常状态下平均热流强度及其标准离差，划出上下界限，在此范围内的热负荷变化属正常变化。当所测值低于平均值时，应引起重视；当长时间低于平均值很多，就应检查炉墙是否结厚；当热负荷长期过高，应从操作上采取加重边缘的措施。

## 6　结论

（1）对炉身热负荷进行测定，可以有效地监视炉型变化。平均热流强度大幅度下降，热流不均匀度剧烈增大，极低热流强度的出现，都是炉型变异征兆。

（2）改变装料制度能改变炉身热负荷的大小和分布。分装能稳定热负荷，使高温带下移，有利于保护炉身上部砖衬。对炉身下部的砖衬，则要求有更高的抗侵蚀能力。

（3）对某一座高炉而言，炉身热负荷有一个适宜的范围，它对应于最低燃料比。武钢 3 号高炉其值大约为 $5.0\times10^3$kW 左右。

（4）应建立高炉炉身热负荷管理图，或计算各段冷却壁热负荷变化的有关性，以便正确判断热负荷变化的实质，并用来指导高炉生产。

（5）为了更充分利用热负荷提供的信息，在高炉上应建立完善的测试手段，不断探索变化规律，改进高炉操作。

（原载《武钢炼铁四十年》，1998）

# 武钢高炉布料研究

樊哲宽

武钢1号高炉于1958年9月13日点火投产，当时，在毛泽东主席亲临炉台视察时，放出了第一炉铁水，这标志着武钢从基本建设阶段转入到生产阶段。

高炉投产后，一开始就遇到一个重大技术难题：采用冷烧结矿冶炼，布料规律反常。由于人们都对新条件下的布料规律缺乏认识，从而，失去了控制手段，高炉像一匹烈马，难以驾驭：煤气分布失常而不能得到有效的调整，炉缸工作随之恶化而不能得到及时改善，技术经常指标低而难以提高。为了解决这一关键技术问题，武钢炼铁工作者进行了长期而广泛的研究工作，其中包括：生产过程炉料分布的统计分析，1386m$^3$ 高炉1比1布料模型试验，1386m$^3$ 高炉25比1全高炉模型试验，矿石筛分试验，炉喉半径矿石取样试验，高炉开炉料测量及料层结构解剖，炉喉头径料面堆角及下料速度测定，炉喉半径煤气取样分析和温度测量，风口煤气取样及阻力试验，连续测量铁水温度试验，透气性试验，生产性上部调节试验等等。通过试验研究，取得了一系列研究成果，揭示了高炉操作技术的规律，为强化高炉冶炼，提高生产率，起到了积极的作用。

## 1　武钢高炉布料规律研究

### 1.1　高炉布料新规律

传统的高炉布料一般规律是：正装PPKK↓加重边沿而疏松中心，倒装KKPP↓疏松边沿而加重中心，半倒装KPPK↓则介于二者之间。武钢高炉布料规律则异：正装加重边沿同时加重中心，倒装疏松边缘同时疏松中心，半倒装则发展边沿加重中心。这就是经过长期实践证明了的新规律，人们开始时叫它布料反常。

### 1.2　新布料规律的特定条件

为了寻找高炉新布料规律的特定条件，经过长期的筛分试验表明，武钢炉料粒度共有三个显著的特点：一是烧结矿粒度小，焦炭粒度大；二是矿石与焦炭的粒度差大；三是矿石粉末多。60年代中期槽下取样筛分，烧结矿粒度小于10mm占60%，小于5mm粉末占30%左右。80年代初，小于10mm占35%，小于5mm降低到16%左右。矿石的平均粒度小于11~7.5mm；武钢的焦炭以大块著称，大于80mm、80~60mm、60~25mm三级曾大约各占三分之一，平均粒度大，达65~45mm。烧结矿与焦炭的平均粒度差6倍。这种炉料特点，构成了布料新规律的特定条件。

### 1.3　粒度大小对布料的影响

武钢炉料的第一个显著特点是矿石粒度小，焦炭粒度大。这种粒度对布料产生什么影响？通过采用水平探尺对生产时的布料面堆角测定的结果发现：武钢炉料堆角关系是焦炭大于块矿，块矿又大于烧结矿（见表1）。

**表1　1号高炉生产时的料高堆角**

| 料线/m | 堆角 | | | 堆角关系 |
|---|---|---|---|---|
| | 焦炭 | 块矿 | 烧结矿 | |
| 1.125 | 27°46′ | 24°34′ | 21°45′ | K>P>A |
| 1.250 | 29°45′ | 15°52′ | 11°48′ | K>P>A |
| 1.500 | 27°59′ | 23°08′ | 9°22′ | K>P>A |

多次对开炉料的料面测量和运用 1 比 1 布料大模型试验所测得的炉料堆角关系，无一例外的都是：焦炭粒度最大而堆角最大，块矿粒度次之而堆角次之，烧结矿粒度最小而堆角最小。上述试验和炉料结构解剖都证明，除了受大钟布料特性所规定，矿石交边沿和中间环带的原料面焦炭推向中心，各种装料制度均为中间环带矿量最多外，分装 PP↓KK↓或正装 PPKK↓其炉料分布，各自分层，互不混杂，均按各自的堆角分布。堆角大则边沿多中心少，堆角小则边沿少中心多。武钢焦炭堆角大，边沿焦炭增多而中心减少，烧结矿堆角小，沙散性大，中心矿石增多，所以正装加重边沿同时加重中心。传统的布料规律是在矿石堆角胸有成竹于焦炭堆角的条件下形成的，而新的布料规律则是在矿石堆角小于焦炭堆角的新条件下形成的。研究结果表明：粒度改变了堆角，堆角改变了布料规律。

## 1.4　粒度差对布料的影响

武钢炉料第二个显著特点是焦炭与矿石的粒度差大，它不仅改变了堆角关系和堆角差距，而且影响到大钟开启后炉料从边沿滚向中心时的分布，这在倒装 KKPP↓时表现得特别明显。倒装的炉料从大钟下降后，前面的焦炭按自己较大的堆角先布于边沿，随之降落的焦炭和超越的矿石，从边沿向中心滚动的过程中，因焦炭粒度大，像石滚筛，将小块的矿石筛落在中间环带焦炭的缝隙中，矿石的动能又把焦炭推向中心，导致中心焦炭特多，并形成中心无矿区。倒装疏松边沿又疏松中心，生产时全倒装往往中心 $CO_2$ 接近于 0%，正是由于焦矿粒度差大这个原因所形成。

至于半倒装 KKPP↓疏松边沿加重中心的原因也是一样：第一车焦炭和部分超越的矿石，主要布于边沿形成大堆角料面，随之下降的矿石大多滚向中间环带和中心，又形成小堆角料面，最后降落的焦炭再次较多地布于边沿而形成大堆角料面。从而，边沿焦炭增多，中心矿石增多。

研究结果表明：焦矿的粒度差大，是改变布料规律的因素之一。

武钢矿石的第三个特点是粉末多。像所有散状料所形成的偏析一样，矿石粒度的分布，在无气流的情况下，粉矿和小块矿主要布于堆尖（边沿），大块矿滚向堆脚（中心），所以，开炉料取样筛分，炉喉中心全为大于 40mm，而边沿大于 40mm 只占 0.2%，小于 6mm 占 56.38%（见表 2）。然而，在生产时有气流的情况下，通过炉喉半径物料取样筛分，中心小于 6mm 高达 60%～70%（见表 3），这说明：传统的粉末加重边沿的观点，是在静态条件下取得的结果，研究结论：粉末加重中心，是在有气流的动态条件下取得的，这才真实地反映了高炉实际。这就解释了为什么武钢高炉矿石粉末多容易产生中心堆积，高炉生产在矿石粉末多时，必须采用疏松中心而不是疏松边沿的装料制度。

表 2　2 号高炉开炉料烧结矿粒度分布

| 距炉墙尺寸/mm | 粒度组成（mm）/% | | | | |
|---|---|---|---|---|---|
| | >40 | 40～25 | 25～10 | 10～6 | <6 |
| 3250 | 100 | 0 | 0 | 0 | 0 |
| 2050 | 2.85 | 9.27 | 32.13 | 22.84 | 33.13 |
| 850 | 2.16 | 3.61 | 26.00 | 24.54 | 43.68 |
| 50 | 0.20 | 0.34 | 17.15 | 25.93 | 56.38 |

表 3　生产时炉喉烧结矿粒度分布

| 到炉槽距离/mm | 粒度组成（mm）/% | | |
|---|---|---|---|
| | >10 | 10～6 | <6 |
| 3250 | 11～10 | 18～32 | 71～58 |
| 2050 | 2～25 | 10～35 | 88～40 |
| 850 | 9～10 | 18～29 | 70～73 |
| 50 | 13～20 | 29～59 | 58～21 |

## 1.5　料线对布料的影响

传统的观点是提高料线疏松边沿，降低料线疏松中心，但以撞击点为限，低于撞击点因撞击反弹而得到相反的结果。由于撞击点一般都在1.3~1.5m，所以，以前的高炉操作一般选择料线在1.15~1.50m之间。我们利用高炉开炉的机会，考察了料线1.105~3.970m区间的炉料分布，并解剖了料层结构（见表4），结果如下。

**表4　不同料线的炉料堆角及分布特征**

| 上料批数 | 料线/m | 堆角 | | | 炉料分布特征 |
|---|---|---|---|---|---|
| | | 块矿 | 烧结 | 焦炭 | |
| 60 | 3.970 | | | 29° | 炉喉半径全有焦炭 |
| 61-1 | 3.665 | 30°30′ | | | 中心无矿区 φ1230mm，焦炭升高 150mm |
| 61-2 | 3.305 | | | 29°30′ | 炉喉半径全有焦炭 |
| 62-1 | 3.105 | | 20°30′ | | 中心无矿区 φ500mm，焦炭升高 410mm |
| 62-2 | 2.480 | | | 36° | 炉喉半径全有焦炭 |
| 63-1 | 2.430 | | 26°15′ | | 炉喉半径全有矿石 |
| 63-2 | 1.705 | | | 36° | 中心无焦区 φ500mm |
| 64 | 1.630 | | 24°30′ | | 炉喉半径全有矿石 |
| 64-2 | 1.105 | | | 32° | 中心无焦区 1000mm |

（1）随着料线降低，焦炭堆角变小，烧结矿堆角变大。

（2）料线越低，矿石将原有料面的焦炭推向中心的数量越多。

（3）高料线时，中心有个无焦区；低料线时，出现中心无矿区。

研究结果证明：降低料线加重边沿疏松中心，并不以撞击点为最终界限。根据这一结论，1970年第一季度在3号高炉将料线降低到2.0~2.2m操作，对避免中心堆积，稳定煤气流分布，大幅度提高生产率，起到了积极作用。从此，这一操作法，在武钢内外得到普遍运用。

### 1.6　批重对布料的影响

增加批重加重中心，这与传统的观点一致。正装或分装因焦矿各自分层，互不混杂，加大批重有利于提高透气性和稳定气流分布，炉喉 $CO_2$ 曲线趋向于平峰式。由于焦矿粒度差大，加大批重倒装，矿石也难以布入中心，炉喉 $CO_2$ 曲线趋身于展翅飞式，往往中心 $CO_2$ 趋近于零。

### 1.7　形成新布料规律原因的结论

形成新布料规律的原因，是焦炭粒度变大，矿石粒度变小；焦矿粒度差大，焦炭堆角大于矿石堆角。国内外曾发表过许多论文来探讨这种布料新规律的产生原因，高深莫测。当认识到它的本质后，复杂也变成简单。以前常说武钢布料反常，现在可以作出结论，规律是一致的，凡是在同等条件下，布料规律也必然相同，国内国外概不例外。

## 2　布料与炉缸工作相关性研究

布料对高炉冶炼行程的影响，最终反映到炉缸工作上，既影响到风口燃烧区的性质，也影响到炉缸中心料柱的性质。

传统的观点认为：风口燃烧区随着风量和鼓风动能的增加，燃烧区的性质由固定床发展为扩展床，再发展为回旋区；炉缸中心料柱是个死料堆，它为焦炭所占据。因此，控制炉缸工作，在于从下部控制燃烧区。

研究结果认为：通过风量和鼓风动能来控制燃烧区，对改善炉缸工作状况具有积极的意义。但是，燃烧区的性质并不完全为风量和鼓风动能所规定，炉缸中心料柱也并不是全部为焦炭所占据，它有疏松的焦炭所占据及紧密的为渣铁和焦炭共同占据之分。影响燃烧区的性质和炉缸中心料柱性质的主要原因，是炉顶布料。

通过炉缸煤气取样、阻力试验和炉喉煤气取样，得出了如下结果：

（1）在同等风量和鼓风动能时，三种燃烧床同时出现（见表5）。

**表5　三种燃烧床情况**

| 燃烧区性质 | 固定床 | 扩展床 | 回旋床 |
|---|---|---|---|
| 风量/$m^3 \cdot min^{-1}$ | 1086~1640 | 995~1606 | 1185~1873 |
| 鼓风动能/$kg \cdot m \cdot s^{-1}$ | 2860~5750 | 1580~5227 | 1873~9000 |
| 燃烧区深度/mm | 1200 | 900 | 800 |

在上述条件下，燃烧床的性质并不完全由风量和动能所决定，此时的炉缸工作，既有正常的，也有不正常的。这反映燃烧床的性质，并不是炉缸工作正常与否的主要标志，更不是唯一标志。

（2）炉缸中心料柱的性质，有紧密的和疏松的两种。紧密的中心料柱，取样管插入的阻力大，$O_2$ 与 $CO_2$ 消失点的距离相近，CO 高达 87.5%，远远超过理论燃烧值，反映中央料柱多为渣铁所堵塞，此时炉缸工作往往失常。疏松的中心料柱，阻力小，$O_2$ 与 $CO_2$ 消失点的距离增大，CO 保持在理论燃烧值之内，一般只有 30%左右，这反映中心料柱为焦炭所占据，此时炉缸工作一般正常。紧密性的炉缸死，疏松性的炉缸活。

（3）导致中心料柱不同性质的原因，是布料。当炉料分布中心过重时，形成紧密性的中心料柱；相反，中心炉料轻时，形成疏松性的中心料柱。

因此，布料影响到炉缸中心料柱的性质，从而，影响到燃烧床的性质，最终影响到炉缸的工作的好坏。现代高炉大型化，炉缸直径 10m 以上，尽管增加风量和鼓风动能，燃烧区也只在 2m 以下，中心料柱直径 6m 以上。要使炉缸活，除了控制风量和鼓风动能借以控制燃烧区外，首先要使中心料柱搞活，搞活炉缸中心料柱的基本手段是疏松中心。实践证明，疏松中心有利于稳定煤气分布和搞活炉缸。

## 3　改善布料的试验

为了强化冶炼，提高冶炼强度和降低焦比，对改善布料进行了一系列的试验。除了降低料线以加重边沿，疏松中心以搞活炉缸中心料柱外，大批重和分装的采用，均取得了显著的成效。

### 3.1　大批重试验

武钢的批重原来只是 10~15t 之间，1973 年上半年在 4 号高炉开始进行大批重操作试验，装料制度为 $mK_3P_2+nP_4$ 或 $mK_3P_2+nP_4$，平均矿石批重增加到 30~33t/批，最大矿石批重 $P_4$ 为 50t，达到卷扬能力最大极限，以不断增加 P↓的比例提高平均批重。实践结果，风口烧损减少 50%，产量提高 23%，生铁含[Si]%降低 40%，生铁合格率保持 100%。

### 3.2　正分装试验

1978 年、1981 年和 1982 年曾在 3 号高炉作了三次正分装操作试验，都取得了显著的降焦比效果。第一次由 $K_2P$↓改为 $P_2K_2$↓，料线 1.9~2.4m，批重由 28.9t 增加到 36.3t，焦比降低 50.5kg/t；第二次由 $3K_2$↓+$2P_2K_2$↓改为全部 $P_2$↓$K_2$↓，料线由 1.75m 提到 1.60m，批重由 21.4t/批提高到 24.4t/批，料线高，批重偏小，降低焦比 18.2kg/t；第三次由 $3K_2$↓+$2P_2K_2$↓改为全 $P_2$↓$K_2$↓，料线 2.0m，批重由 24t 提高到 27.6t，降低焦比 41kg/t。正分装的效果，在国内具有广泛的影响。

分装由于焦炭与矿石在炉喉分布明显分层，并形成炉喉煤气 $CO_2$ 平峰式曲线，虽有利于降低焦比，但必须在矿石筛除粉末的条件下，才易于保持顺行。一遇矿石粉末增多，中心过重，恶化炉缸中心料柱，或者边沿过重，都必须及时调整。

（原载《武钢炼铁四十年》，1998）

# 高炉槽下过筛工艺效果

杨来鹏

武钢自1958年9月13日1号高炉投产以来，已经有了30年的炼铁历史。这30年，炼铁生产曾经走过了一段很长的曲折坎坷的道路。特别是前20年，炼铁生产，虽然时有起伏，但从总体上看，高炉生产技术指标，一直都很落后，其中生产情况最好的1966年，高炉的年平均利用系数也只有1.407t/($m^3$·d)。十年动乱期间，高炉经常处于休风、低压情况下，只有1973年情况稍好，利用系数为1.059t/($m^3$·d)，其他年份都在1.0t/($m^3$·d)以下。武钢为什么长期不能高产？这个问题，曾引起武钢和国内高炉工作者的严重关注。问题到底出在哪里？通过多年的研究和实践，现已非常清楚。武钢高炉生产技术指标落后，虽然有各方面的原因，但最根本的原因是武钢炼铁原料质量差，而烧结矿粉末多与强度差又是原料质量差的关键。这种低强度、多粉末的烧结矿，导致了高炉布料反常，料柱透气性恶化，因此，冶炼强度很难提高。1970年到1977年，全厂平均冶炼强度只有0.547t/($m^3$·d)。所以，要想提高武钢炼铁的生产水平，必须改变武钢烧结矿粉末多、强度差的被动局面，而实现高炉槽下烧结矿过筛工艺，是改变这一情况的最有效的手段。高炉槽下过筛就是在这个基本认识上提出来的。同时，对精料有了新的全面的认识。

精料是炼铁生产的基础，这在50年代早已为高炉工作者所确认。但是，什么样的原料才算精料？对这个问题，没有明确的规定，而且，随着新技术的不断开发，对精料的要求也日益严格。在50年代初期，人们认为使用自熔性烧结矿就是精料。到50年代末期，引入了冷烧结矿工艺，对精料的要求增加了新的内容。70年代开始成品矿整粒和烧结矿槽下过筛，对精料的要求又提高了一步。80年代使用高碱烧结矿，原料准备工作进一步完善，精料工作又达到了一个新的水平。现在人们对精料的认识，已基本趋于一致。所谓精料，是指矿石不但应具有良好的化学性能，而且还必须具备良好的物理性能，主要是粒度组成均匀，大块和粉末相对量少，低温和中温还原强度都比较高。高炉槽下过筛，筛除小于5mm的粉末，是提高矿石物理性能的有效手段。根据新日铁的统计，烧结矿粉末每增加1%，高炉焦比升高0.3%，生产率降低1%。武钢历年来的实践证明，入炉矿石粉末降低1%，高炉增产生铁1%~2.5%，节约焦炭0.2%~0.4%。可见入炉矿石的粒度组成，对高炉生产具有很大的影响。武钢高炉的利用系数，由1978年的1.33$t_{Fe}$/($m^3$·d)提高到1987年的1.779$t_{Fe}$/($m^3$·d)，高炉槽下过筛工艺效果的逐步发挥，起了很重要的作用。由于高炉槽下过筛工艺的不断完善和烧结工艺的进步，入炉烧结矿粉末逐年降低，小于5mm部分，已由过筛前的25%~30%，降低到1987年的7.38%，从而从根本上改变了武钢烧结矿粉末多，高炉料柱透性差的被动局面，为武钢炼铁生产进入全国先进行列，打下了良好的物质基础。

## 1　冲破重重阻力实现高炉槽下过筛

在武钢实现高炉槽下过筛，不是一件简单的事。因为武钢矿石资源不够，在用澳矿以前，即使在全国各地到处收购杂矿、高炉不但变料频繁，还经常处于待料休风的状况。在1972年决定搞高炉槽下过筛时，高炉配料中烧结率只有72.77%，大部分人认为，武钢矿石资源缺乏，烧结能力不足，设备不正常，高炉熟料比低，如果实行高炉槽下过筛，势必筛出大量冷返矿，大大降低入炉烧结率。他们估算，假如实现槽下过筛，一年要筛出60万吨粉末，等于少了60万吨烧结矿，没有办法弥补这个损失并认为烧结矿粉末多一点，总比用块矿好，更不用说待料休风了，因此他们坚决反对。可是，高炉工作者都不赞成这个意见。他们认为烧结矿粉末太多，即使矿石再多，高炉也吃不了，而且根据本钢的经验，槽下过筛后，烧结机配加部分透气性好的返矿，不会降低烧结产量，这个事实也为后来的实践所证明。

高炉工作者为什么要坚持高炉槽下过筛呢？这还得从武钢高炉的布料反常谈起。经过长期的炉顶布料研究，武钢的高炉工作者发现，武钢高炉的布料规律，与一般高炉的情况相反，我们称之为布料反常。长期以来，要维持炉况顺行，只能实行小料批倒装，但是在这种装料制度下煤气利用率低、焦比高和炉衬易被烧损，根本无法实现高炉的高产、低耗和长寿。高炉布料反常的原因是什么？经过深入研究，找到了入炉矿石粉末特多，是布料反常的根本原因。只有降低入炉矿石含粉量，使布料规律正常，才能改善布料，增大料批，实现正装以提高煤气利用率，达到提高产量降低焦比的目的。

此外，在武钢要坚持高炉槽下过筛，还有另一个原因。因为武钢是国内第一个引进冷烧结工艺的厂家，烧结矿经过冷却后，通过多条皮带运输，进入高炉栈桥。在冷却设备改造以前，成品矿温度一般为300~400℃，经常出现红热的大块，皮带烧损严重，每年成品胶带耗用一万米，经济上损失300多万元，而且更换频繁，大大影响烧结机的作业率，每年事故达1000台时。为了减少皮带烧损事故，必须在皮带上喷水，以延长皮带使用寿命。但这种喷水的烧结矿，进入矿槽后粉化严重，加上在运输过程中经过多次摔打，装入矿槽时落差约17m左右，根据国内经验，烧结矿落下1m，小于5mm的粉末便增加0.26%（日本烧结矿经过整粒多次过筛，减粒较少，每落下1m，粉末只增加0.1%）。因此，烧结成品矿筛分指标，小于5mm者一般为10%左右，但经过摔打和矿槽粉化后，在槽下取样筛分，小于5mm者平均为30%左右。所以不论第三烧结车间（以下简称三烧，一烧、二烧类同）经过了热筛，还是一烧以前用的成品筛，都不能改变入炉烧结矿粉末多的事实，只有进行高炉槽下过筛，才能根本解决入炉矿粉末多的问题。

问题已经很清楚了，必要性和可行性都经过了充分的论证，但是从下决心到实现高炉槽下过筛，由于思想上的障碍，还是走了一段很长的路程。从1972年到1977年10月开始实行槽下过筛，整整花了5年的时间。1973年夏拿出全部设计图纸，在1974年2月15日至10月16日，趁4号高炉中修的机会，由修建部安好了4号高炉沟下过筛的全部设备。但是由于返矿通廊不能及时建好，冷返矿不能返回烧结车间，安好的筛分设备，也无法按期投入使用。这在大批“唯生产论”的日子里，当然也是不足为奇的，只有在清除了“极左”思想的影响以后，在公司和冶金部领导的大力支持和干预下，高炉槽下过筛，才得以在1977年10~11月，在3、4号高炉先后相继投入生产，并逐步推广到1、2号高炉，过筛工艺也逐步得到完善。

## 2　不断改进过筛工艺提高筛分效率

从1977年10月3、4高炉开始槽下过筛，到1982年6月15日2号高炉实现槽下过筛，花了近5年的时间。开始时，筛子数量不多，设备故障不少，过筛数量只有50%左右。据3号高炉统计，1977年10月12日至10月23日，平均过筛量为48.6%，筛除了小于6mm的粉末约9.3%，高炉增产10%，加风200~200m$^3$/h。筛分效果是很明显的。但筛分情况还很不理想，一是矿石过筛数量少，这主要是筛子数量不够。二是筛分效率低，主要是料层太厚，加上筛孔结构不合理，筛不干净，但料层薄了又赶不上料线，而且控制也不容易，针对这两个问题又做了一系列的改进。

首先是增加筛子数量。1981年以前，入炉烧结矿只由一台振筛供料，1982年增加筛子数量，并改由多台筛子同时筛料，减少了筛上料层厚度，提高了筛分效率，使过筛数量在1982年提高到85%以上。

其次是将筛孔结构，由人字形改为一字形，并采用铸造筛网代替用钢板冲制的筛网，提高耐磨性，以延长筛网使用寿命。

其三是推广了在振动筛上安装振动给料器的先进经验，控制给料速度为1.5t/min，进一步提高振筛的效率。

在此期间也曾试用过双层筛，但效果不理想，没有继续使用，至1985年，可以说高炉槽下过筛工艺，通过上述的一些改进，已基本完成，过筛率达到了95%以上，筛分效率也有明显提高。改进后的槽下筛分设备情况见表1。

**表1　槽下筛分设备情况**

| 炉别 | 开始过筛时间 | 振动筛 | | | 筛网 | | | 给料器型式 |
|---|---|---|---|---|---|---|---|---|
| | | 台数 | 规格/m | 能力/t · h$^{-1}$ | 尺寸/mm | 块数 | 面积/m$^2$ | |
| 1 | 1979年9月 | 6 | 1.4×3 | 90 | 6×114 | 10 | 4.2 | 双偏心振动器 |
| 2 | 1982年6月15日 | 10 | 1.4×3 | 90 | 6×114 | 10 | 4.2 | 双偏心振动器 |
| 3 | 1977年10月12日 | 8 | 1.4×3 | 90 | 6×114 | 12 | 5.0 | 双偏心振动器 |
| 4 | 1977年11月18日 | 4 | 2×5 | 400 | 6×114 | 24 | 10 | 双振子振动器 |

通过上述筛分工艺的改进，入炉烧结矿粒度组成，发生了明显的变化。表2列出了筛分工艺改进前后入炉烧结矿的粒度组成变化情况。

**表2　筛分工艺改进后入炉烧结矿粒度组成变化**　（%）

| 炉别 | 时间：1981年 | 筛子形式 | 粒度组成 | | | | | |
|---|---|---|---|---|---|---|---|---|
| | | | >40mm | 40~25mm | 25~10mm | 10~5mm | <5mm | 平均粒径/mm |
| 1号高炉（一烧） | 8月 | 人孔筛 | 3.57 | 7.57 | 35.40 | 34.72 | 18.37 | 12.64 |
| | 9月 | 增加四台条筛及振动给料器 | 3.92 | 7.53 | 39.02 | 32.16 | 15.37 | 14.02 |
| | 10月 | 增加六台条筛及振动给料器 | 4.19 | 9.37 | 42.57 | 35.13 | 8.74 | 15.24 |
| | 11月 | 同上 | 3.62 | 8.80 | 41.27 | 36.2 | 9.87 | 14.74 |
| 3号高炉（三烧） | 10月 | 人孔筛 | 3.91 | 9.21 | 38.31 | 36.09 | 12.48 | 14.59 |
| | 11月 | 增加三台条筛及振动给料器 | 3.19 | 9.97 | 41.95 | 35.86 | 10.92 | 15.09 |

由上表可以看出，通过上述三项主要措施，即增加振动给料器和增加筛子数量并改变筛网形式，入炉烧结矿粉末，比改进前减少2%至8%，而10~25mm者则增加了3.6%~7%，平均粒径增大1至2mm，其效果是很明显的。

## 3　高炉槽下过筛工艺的效果

武钢炼铁生产，从1981年以后连年持续增长。全厂生铁产量1982年为305万吨，1987年增长到445.79万吨，平均每年增长28万吨，增长率为9.3%。炼铁综合焦比1982年为560.9kg/$t_{Fe}$，1987年降低至524kg/$t_{Fe}$，平均每年降低3.38kg/$t_{Fe}$，平均降低率为1.3%。在入炉矿石品位变化不大的情况下，取得这些成绩，除各方面的工作都有些改进外，高炉槽下过筛工艺的逐步完善，入炉烧结矿粉末的逐年减少，是取得上述成绩的根本原因。由于实现了高炉槽下过筛，不但降低了烧结矿的含粉量，而且也增加了烧结矿的平均粒度。特别是0~10mm的含量大量减少，粒度组成更趋均匀，更有利于提高料柱的透气性。根据Ergun方程，炉内气流压力损失为

$$\frac{\Delta p}{L} = 1.75\frac{G^2}{\rho}\left[\frac{1-\in}{\phi De\ \in}\right]$$

式中，$G$为表示质量流率；$\rho$为气体密度；$\in$为孔隙度；$De$为物料直径；$\phi$为物料形状系数。

由上式可知，炉内压力损失与孔隙度成指数关系，而根据Furnas的实验，孔隙度不但与物料大小颗粒组成有关，而且与物料粒度的均匀性有关，即大小块物料的直径比有关。粒度相差愈大，则孔隙度愈小；粒度愈均匀，则孔隙度愈大。经过沟下筛分，减少了小于5mm的粉末，同时使烧结矿的粒度更趋于均匀。从表3可以看出，1987年与1979年比较，入炉烧结矿小于5mm者减少13.41%，小于10mm者减少了19.81%，而10~25mm者则增加14.99%，平均粒径增加了4.33mm。

**表3　1979年与1987年烧结粒度组成比较（槽下筛分）**　（%）

| 年月 | 粒度组成 | | | | | 平均粒径/mm |
|---|---|---|---|---|---|---|
| | >40mm | 40~25mm | 25~10mm | 10~5mm | <5mm | |
| 1979年5月 | 6.48 | 6.22 | 32.10 | 31.41 | 20.79 | 13.67 |
| 1987年 | 11.26 | 9.28 | 47.09 | 25.01 | 7.38 | 18.00 |

应当指出，近年来入炉烧结矿粉末显著减少，除完善槽下过筛工艺外，还应归功于一、三烧结车间的技术改造和烧结工艺的进步，特别是高碱度烧结矿的采用。1980年一烧结车间冷却系统改造，采用冷却面积为126m$^2$的链带式冷却机，成品温度至100℃，成品矿不再打水。另外，三烧结车间于1984年实现了两系列成品整粒和铺底料，改善了出厂烧结矿的粒度组成，减少了槽下过筛时筛下物的含量，提高

了筛分效率，也是入炉粉末减少的一个很重要的原因。

$$筛分效率\ \eta = \frac{C}{Q \times \alpha} \times 100\%$$

式中，$C$ 为筛下物的重量，kg；$Q$ 为通过筛子的总物料量，kg；$\alpha$ 为原料中筛下级别含量，kg。

筛分效率与原料中筛下级别含量成反比，改进后烧结矿出厂时粉末含量一般由 10%降至 6%，以后虽经过运输储存等过程，自然减粒，但相对粉末减少，因此提高了槽下筛分的效率。

现将 1997 年以来高炉的主要经济技术指标列于表 4。1977 年由于高炉检修和待料休风等原因，全厂作业率只有 76. 16%，不能用来任务比较。取 1978 年与 1987 年比较，全厂生铁产量增加 125. 99 万吨，利用系数提高 0. 442t/(m$^3$ · d)，综合冶炼强度提高 0. 137t/(m$^3$ · d)，$CO_2$ 提高 3. 67%，综合焦比降低 62. 8kg/$t_{Fe}$。

**表 4　1977~1989 年高炉主要经济技术指标（全厂平均）**

| 年　份 | | 1977 | 1978 | 1979 | 1980 | 1981 | 1982 | 1983 | 1984 | 1985 | 1986 | 1987 |
|---|---|---|---|---|---|---|---|---|---|---|---|---|
| 产量/万吨 | | 162. 9 | 319. 8 | 303. 8 | 344. 3 | 285. 8 | 304. 9 | 328. 8 | 344. 7 | 406. 4 | 422. 5 | 445. 8 |
| 利用系数/t · (m$^3$ · d)$^{-1}$ | | 0. 757 | 1. 337 | 1. 231 | 1. 387 | 1. 314 | 1. 365 | 1. 436 | 1. 529 | 1. 639 | 1. 667 | 1. 779 |
| 综合冶炼强度/t · (m$^3$ · d)$^{-1}$ | | 0. 631 | 0. 817 | 0. 813 | 0. 854 | 0. 81 | 0. 836 | 0. 875 | 0. 863 | 0. 898 | 0. 908 | 0. 954 |
| 综合焦比/kg · $t_{Fe}^{-1}$ | | 668. 9 | 586. 8 | 605. 6 | 583. 4 | 587. 4 | 560. 9 | 564. 3 | 555. 9 | 531. 7 | 522. 3 | 524 |
| 风温/℃ | | 938 | 997 | 983 | 1060 | 1038 | 984 | 1012 | 1035 | 1050 | 1047 | 1032 |
| 炉顶压力/kPa | | 88. 9 | 98. 1 | 113. 8 | 114. 7 | 95. 1 | 111. 8 | 114. 7 | 120. 6 | 113. 8 | 123. 6 | 127 |
| $CO_2$/% | | 13. 2 | 13. 8 | 13. 7 | 14. 7 | 15. 7 | 15. 2 | 15. 9 | 17. 1 | 17. 5 | 17. 6 | 17. 5 |
| 渣铁比/t · $t_{Fe}^{-1}$ | | 0. 758 | 0. 705 | 0. 677 | 0. 75 | 0. 703 | 0. 677 | 0. 572 | 0. 545 | 0. 533 | 0. 526 | 0. 496 |
| 烧结率/% | | 93. 76 | 81. 48 | 80. 35 | 83. 03 | 87. 81 | 86. 03 | 82. 69 | 78. 83 | 77. 8 | 77. 9 | 79. 3 |
| 矿石含铁/% | | 50. 92 | 54. 87 | 55. 77 | 56. 42 | 53. 46 | 53. 08 | 52. 61 | 52. 77 | 52. 94 | 53. 22 | 54. 09 |
| 焦炭灰粉/% | | 13. 7 | 13. 05 | 13. 12 | 12. 65 | 13. 15 | 13. 28 | 13. 59 | 13. 49 | 13. 49 | 13. 46 | 13. 45 |
| 炉渣碱度 | | 0. 99 | 1. 04 | 1. 01 | 1. 02 | 1. 02 | 1. 02 | 1. 04 | 1. 02 | 1. 02 | 1. 02 | 1. 04 |
| 生铁含硅/% | | 0. 758 | 0. 705 | 0. 677 | 0. 75 | 0. 703 | 0. 677 | 0. 572 | 0. 646 | 0. 658 | 0. 616 | 0. 508 |
| 休风率/% | | 23. 84 | 5. 11 | 9. 71 | 6. 02 | 6. 16 | 9. 39 | 8. 14 | 1. 9 | 2. 89 | 4. 16 | 1. 89 |
| 透气性指数 $Q/\Delta P$ | | 1822 | 1983 | 2161 | 2230 | 2358 | 2307 | 2411 | 2242 | 2228 | 2295 | 2363 |
| 烧结<5mm，90①/% | 一烧 | 26. 4 | 20. 91 | 21. 16 | 19. 96 | 14. 55 | 6. 74 | 16. 2 | 7. 31 | 6. 51 | 5. 56 | 8. 06 |
| | 三烧 | | 21. 15 | 20. 64 | 16. 41 | 14. 86 | 9. 29 | 8. 46 | 9. 18 | 6. 69 | 5. 84 | 6. 7 |
| | 平均 | | 21. 03 | 20. 9 | 16. 69 | 14. 7 | 8. 02 | 9. 33 | 8. 24 | 6. 66 | 5. 71 | 7. 38 |

①1977 年炼铁沟下抽样筛分的平均值。

图 1 中的曲线，描绘了入炉烧结矿小于 5mm 粉末的含量与综合冶炼强度、利用系数和综合焦比的关系。

由图可以看出，随着入炉烧结矿粉末的逐年减少，因料柱透气性得到改善，综合冶炼强度和高炉的利用系数不断提高，综合焦比则逐步降低，其中 1979 年至 1987 年出现了一些曲折，主要是国家能源政策调整高炉取消喷油的缘故。

以 1979 年为基础，对 1987 年的各项经济技术指标进行校正，以观察筛除烧结粉末后对高炉产量、综合焦比和利用系数的影响，校正情况见表 5，校正结果见表 6。

**表 5　1987 年炼铁经济技术指标校正表**

| 项目 | | 风温 /℃ | 炉顶压力 /kPa | 渣铁比 /kg · t$^{-1}$ | 渣碱度 | 烧结率 /% | TFe /% | 焦炭灰分 /% | 生铁含量 /% | 休风率 /% | 烧结<5mm /% |
|---|---|---|---|---|---|---|---|---|---|---|---|
| 1978 年 | | 997 | 98. 1 | 705 | 1. 04 | 81. 48 | 54. 87 | 13. 05 | 0. 705 | 5. 11 | 21. 03 |
| 1987 年 | | 1032 | 127. 0 | 496 | 1. 04 | 79. 30 | 54. 09 | 13. 45 | 0. 508 | 1. 89 | 7. 68 |
| 差额 | | +35 | +28. 9 | −209 | ±0 | −2. 18 | −0. 78 | +0. 40 | −0. 197 | −3. 22 | −13. 05 |
| 影响 | 焦比 | −5. 25 | −1. 44 | −41. 8 | | +2. 18 | +6. 86 | +2 | −4. 14 | | −41. 59 |
| | /kg · t$^{-1}$ | +1. 12 | +27. 72 | | | −2. 09 | −6. 24 | | +3. 65 | +15. 44 | +39. 6 |

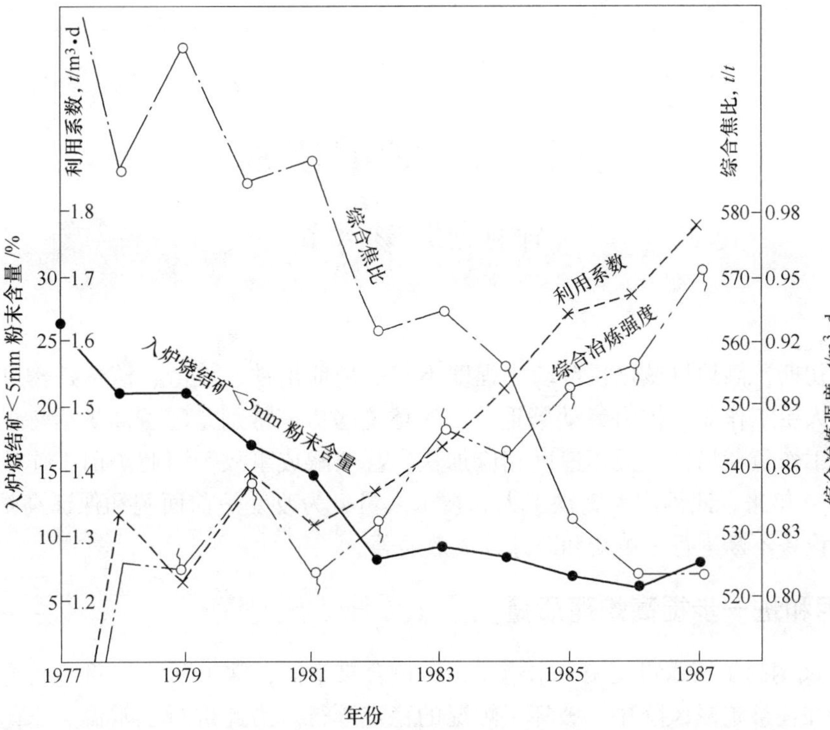


图 1　历年烧结矿入炉粉末含量与利用系数、综合焦比和综合冶炼强度的变化曲线

**表 6　1978 年与 1987 年校正后高炉主要经济技术指标比较表**

| 年份 | 产量/万吨 | 综合焦比/kg·$t_{Fe}^{-1}$ | 利用系数/t·($m^3$·d)$^{-1}$ | 综合冶强/t·($m^3$·d)$^{-1}$ | $CO_2$ | 透气性指数 $Q/\Delta P$ | 烧结含粉量<5mm/% |
|---|---|---|---|---|---|---|---|
| 1978 | 319.8 | 586.8 | 1.337 | 0.817 | 13.8 | 1983 | 21.03 |
| 1987 | 445.8 | 565.6 | 1.60 | 0.904 | 17.49 | 2363 | 7.83 |
| 差额 | +126.0 | -21.2 | +0.263 | +0.087 | +3.69 | +380 | -13.2 |

入炉烧结矿粉末，1987 年比 1978 年降低 31.2%，按当年烧结率 79.3% 计算，实际入炉矿石降低 10.48%，清除了其他因素的影响后，计算结果为入炉矿石含粉量每降低 1%，透气性指数提高 36.2，高炉利用系数增加 0.026t/($m^3$·d)，综合冶炼强度增加 0.008t/($m^3$·d)，高炉增产 2.57%，综合焦比降低 0.35%。

实现高炉槽下过筛，是否会减少入炉烧结矿的数量？几年来的生产实践，给予了明确的回答。表 7 是 1977 年以来入炉烧结的数量，十多年来，入炉烧结矿量持续增长，由 1977 年的 284.98 万吨，增加到 1987 年的 612.48 万吨，说明了高炉槽下过筛，事实上不影响烧结产量。

**表 7　历年入炉烧结矿数量表**　　（万吨）

| 年份 | 1977 | 1978 | 1979 | 1980 | 1981 | 1982 | 1983 | 1984 | 1985 | 1986 | 1987 |
|---|---|---|---|---|---|---|---|---|---|---|---|
| 入炉烧结矿量 | 248.98 | 414.95 | 427.62 | 490.42 | 452.43 | 483.06 | 505.38 | 499.09 | 577.15 | 594.27 | 612.48 |

综上所述，高炉槽下过筛，为炼铁生产带来了明显的经济效益。但由于受到槽下空间的限制、设备布置拥挤，同时由于筛孔磨损大，筛网不能及时更换，返矿中大于 5mm 部分高达 30%，浪费了资源。此外，槽下虽增添了电除尘器，但效果不甚理想，所以本工艺只适用于老厂改造。新建高炉，必须在烧结车间完善工艺，减少出厂烧结矿的自然减粒现象，使入炉烧结矿含粉量小于 5%，为高炉的高产低耗奠定基础。

（原载《武钢炼铁四十年》，1998）

# 武钢高炉炉前技术

钟自恕　彭承系

武钢炼铁投产初期，高炉机械化、自动化程度不高，炉前出铁、放渣、清垫铁沟和渣沟等，仍有大量工作依靠炉前工人手工作业，体力劳动繁重，工作环境恶劣。特别是随着高炉冶炼的不断强化，铁口砂口和铁沟渣沟的工作负荷加大，损坏速度相应加快，甚至酿成事故。因此炉前工作成为高炉冶炼强化的一个限制环节。30 年来，武钢广大炼铁工人和技术人员，为改变炉前面貌和保证高炉稳产、高产，对炉前工艺和工具、设备不断进行了革新和改造，成效显著。

## 1　使用无水炮泥和进一步提高炮泥质量

1965 年以前，武钢高炉堵铁口使用有水炮泥，铁口合格率低，常出现铁口潮“放炮”和铁口浅“跑大流”现象，高炉往往被迫减风降压，破坏了炉况的稳定顺行。为此进行了常温无水炮泥试验，获得成功。高炉使用这种炮泥，铁口合格率升高，潮铁口和出铁“跑大流”现象明显减少，减轻了炉前维护铁口劳动强度，为高炉正常生产创造了一定条件。

无水炮泥以焦化副产二蒽油为结合剂，将加水量减少到 1%~3%。该炮泥还有便于储存等优点，装箱存放三个月炮泥性能无明显变化。存在的问题是这种炮泥可钻性差，但开口机采用通风钻杆和合金钻头，问题得到解决。其次无水炮泥堵铁口后，要停留 25 分钟左右才能拔炮。

制作无水炮泥过去用焦化厂沥青池中温沥青作黏结剂，该沥青质量不纯，软化点低（实际为 61~63℃），气温高易熔化结块，人工挖取困难，且碾泥过程中很难与其他料混合均匀，影响炮泥质量的稳定。因此选择合适的黏结剂无论从改善劳动条件或炮泥质量来说，都是必要的。1973 年我们选用高温沥青代替中温沥青作黏结剂制泥进行了生产试验，炮泥质量有新的提高，两种沥青性质和试验结果见表 1、表 2。

**表 1　两种沥青的理化性能**　　(%)

| 种类 | 灰分 | 挥发分 | 游离碳 | 结焦率 | 软化点/℃ |
|---|---|---|---|---|---|
| 中温沥青 | 0.17 | 6.45 | 26.62 | 50 | <81.6 |
| 高温沥青 | 0.10 | 45~48 | 35~37 | 60~65 | 130±5 |

**表 2　用高温沥青作黏结剂的炮泥试验结果**　　(%)

| 沥青 | 潮铁口率 | | 漏铁口率 | | 顶铁口率 | | 烧铁口率 | | 铁口合格率 | |
|---|---|---|---|---|---|---|---|---|---|---|
| | 中温 | 高温 | 中温 | 高温 | 中温 | 高温 | 中温 | 高温 | 中温 | 高温 |
| 全厂平均 | 7.07 | 0.86 | 9.95 | 5.22 | 1.04 | 0.83 | 7.16 | 8.20 | 92.17 | 99.17 |

使用高温沥青作黏结剂的无水炮泥，潮铁口及铁口渗漏次数明显减少，铁口合格率进一步升高。然而烧铁口率增加，这主要是开铁口时，钻到了近铁口底部，剩有一层硬壳，钻不动，捅不开，往往要用氧气烧。上述现象随炮泥含油量增加而加剧，若适当控制含油量，烧铁口次数可减少。

用高温沥青作黏结剂改善炮泥质量，与高温沥青结焦率高有关，它能增加炮泥的自身强度和新旧泥之间的黏结强度。另外高温沥青软化点高，水分能在沥青软化前顺利排出，有利于防止炮泥产生裂纹和提高炮泥的干燥速度。上述因素对炮泥质量的改善具有重大作用。

使用高温沥青未出现打泥困难的现象，证明对炮泥塑性无影响。特别是高温沥青不软化结团，储运取用方便，能碾压均匀，提高碾制质量，又改善了碾泥工作环境，降低了劳动强度。

1980 年以后，高炉产量进一步增长，而来料质量下降，影响了炮泥的性能。为减少因炮泥收缩产生的裂纹，稳定炮泥质量，于 1986~1987 年先后铸造砂取代了砖粉，以焦作黏土取代了江西黏土，虽然有一定作用，但未能从根本上解决问题。为了适应今后武钢“双七百”万吨需要，进一步改进炮泥性能，仍然是今后的一项重要课题。

## 2　砂口结构形式和材质的改进

武钢高炉砂口内衬以往采用焦粉、黏土和熟料为主的砂口泥，做一次砂口最多只能流经 1.0~1.5 万吨铁水，检修时往往影响高炉铁次，甚至引起砂口放炮、渣罐烧穿、铁道烧毁等恶性事故。因此，高炉投产以来，对改进砂口结构形式及材质作了大量工作，收到了良好效果。

### 2.1　采用双砂口

1973 年，先后在 2 号和 1 号高炉进行了双砂口试验，首先采用的是并列式双砂口（见图 1），即增加了一段与原主沟平行的辅助主沟和一个辅助砂口，主辅两主沟共用一条下渣沟。辅砂口排放口开在靠下渣沟一侧，下部有小沟到达下渣沟，流入用吊车吊挂的特制小罐内。试验证明，采用并列式双砂口，工作量并未减少，因为倒换砂口必须撬去几个坝，再做几个新坝（见图 1 中虚线），同时还要垫一段辅助主沟。尤其是下渣坝如果筑得不适当，大量铁水将跑入渣罐，为此砂坝就要筑高些，主沟两边也得加高，这样容易烧坏电炮嘴。此外并列式双砂口占地面积大，用泥量大，炉前工人不愿使用它。

于是在 1974 年底，将 1 号高炉并列式双砂口改造为裤衩式双砂口（见图 2），将主沟下从而从中劈开，形成两条主沟和两个砂口，它们之间的夹角为 25°~30°。为便于弯沟的拐弯，辅砂口做得比主砂口短一些。

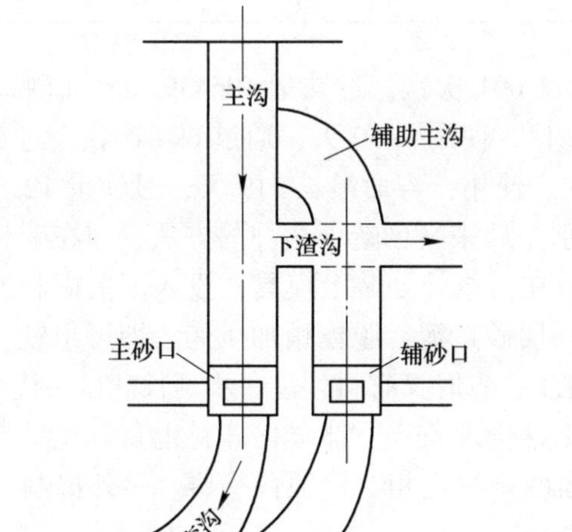


图 1　并列式双砂口

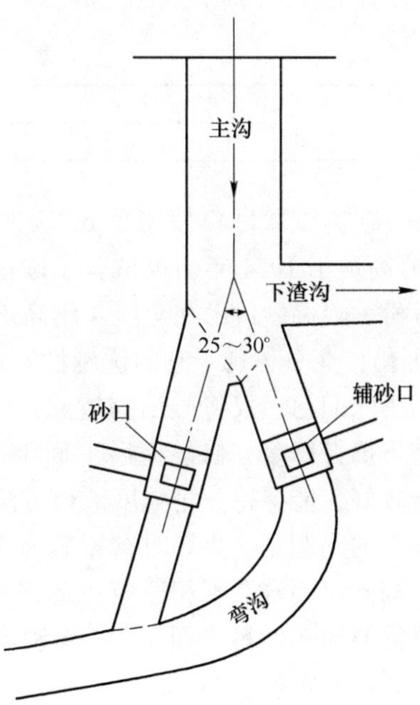


图 2　裤衩式双砂口

裤衩式双砂口布局紧凑，结构简单，占地少，无论使用那个砂口，下渣沟和砂坝的位置不动；倒砂口只需撬一个坝筑一个坝即可，缩短了处理时间，减少了事故，减轻了劳动强度，节省泥料，为高炉正点出铁和炉况的稳定顺行创造了条件。裤衩式双砂口试验成功后，陆续在各高炉推广使用。

### 2.2　流线型砂口

过去炉前采用方井和水平通道垂直的砂口（见图 3A），出铁时由于铁流的冲击，在砂口处形成涡流，使沟头和大梁容易磨损，影响了砂口寿命。1975 年对砂口形式作了如下改进（见图 3B）。

（1）方井由直井改为斜井，坡度为 45°；

（2）大梁下部和后侧与水平通道，井坡平行，通道断面固定；

（3）大梁和斜井拐弯处呈流线型；

（4）排放口移至通道前面。

砂口改成流线型，消除了涡流，可减轻沟头和大梁后侧损伤程度，延长使用寿命，经月余生产试验，效果令人满意，已推广使用。

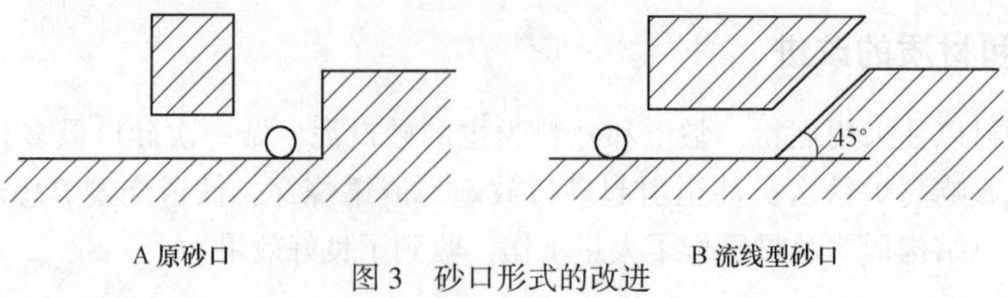


图 3　砂口形式的改进

## 2.3　砂口材质的改进

### 2.3.1　碳素料捣制砂口及砂口热修补

1973 年底，在 2 号高炉进行了碳素材料捣制砂口试验。碳素料是使用吉林 201 厂生产的厚缝糊，其配比见表 3。为防止氧化，砂口上部井口露出部位使用了少量自配碳化硅捣料，配比见表 4。砂口大梁是用炭砖断头加工而成，尺寸为 400mm×400mm×670（或 720）mm。

表 3　厚缝糊配比　（%）

| 原料名称 | 无烟煤 0~8mm | 冶金焦 0~0.5mm | 沥青油 |
|---|---|---|---|
| 成分 | 52±1 | 34±1 | 14+1 |

注：沥青油重量百分组成为沥青 70±1%，蒽油 30±1%。

表 4　碳化硅捣料配比　（%）

| 原料名称 | 焦粉 | 矾土砂 | 矾土粉 | 碳化硅 | 沥青（外加） | 煤焦油（外加） |
|---|---|---|---|---|---|---|
| 成分 | 30 | 25 | 20 | 25 | 10 | 4 |

2 号高炉第一碳捣试验砂口使用了 68 天，通过 601 次铁，过铁量 106439. 4t，而砂口底仅侵蚀 40~50mm。接着 1 号高炉于 1974 年初也试验了碳捣砂口，使用了 90 天，通过 694 次铁，过铁量 114704. 3t，到 1974 年 10 月份，碳捣砂口已在全厂 4 座高炉推广使用，寿命最长 119 天，过铁量 12. 8 万余吨，寿命比过去提高 7~8 倍，充分体现了它的优越性。特别是后来又创造了热补的方法，即在碳料内衬蚀损或开裂情况下，不需拆除旧衬，仅将凝结物撬除，然后在需修补处装上模具，投入阳极糊和沥青、镁砂组成的料，在热状态下捣打修复，修复完后上面压上一层砂口泥，脱模稍加烘烤，即可出铁。事实证明，新旧砂口内衬结合较好，能保持一定强度。该方法省工、省时又省料，进一步延长砂口一代寿命。

碳捣砂口存在的问题是：烘烤时碳素料有氧化燃烧现象，上部碳化硅料也易氧化呈粉状剥落；炭砖大梁侵蚀较快，与砂口底寿命不相适应；造铁水面的炭衬也相对侵蚀快一些。另外捣制一个砂口的时间仍较长，尤其是需要加热炒料，烟气大，劳动条件较差。

### 2.3.2　含碳化硅质砂口

1982 年在吉林 201 厂碳素料供不应求的情况下，又试验和使用了以磷酸作结合剂的含碳化硅料捣制的砂口，收到了与碳素料捣制砂口同样良好的效果。如 4 号高炉试验的碳化硅砂口，使用寿命 46 天，过铁量 83916. 8t；3 号高炉试验这种砂口使用时间 73 天（因休风，实际 59 天），过铁量 156911t，比使用吉林碳素料砂口过铁量最多的还提高 22%，碳化硅质砂口用料配比见表 5。

表 5　碳化硅质砂口用料配比　（%）

| 原料名称 | 黏土 | 高铝骨料 | 碳化硅 | 沥青 | 磷酸（外加，浓度 44%） |
|---|---|---|---|---|---|
| 成分 | 15 | 50 | 25 | 10 | 7~10 |

用碳化硅质砂口的捣制只用冷捣，不需炒料、烤料，改善了劳动条件，缩短了施工时间。砂口使用后内表光洁，无大的凹坑裂纹，渗铁粘铁少，易撬易拆除，减轻了劳动强度。但这种砂口成本较高，大梁使用寿命短，今后尚需进一步研究改进。

## 3 研究改进沟泥材质延长铁（渣）沟使用寿命

### 3.1 炉前主沟采用碳捣和闷铁水相结合新工艺

碳捣砂口采用闷铁水方法延长砂口使用寿命的成功试验，为主沟采用同样方法提供了依据。因此我们根据4号高炉有利条件（铁口标高距出铁场混凝土平台高差大，有利主沟下落），于该高炉1974年中修时，对主沟作了如下改造，进行了主沟碳捣和闷铁水的试验。

（1）将原主沟两侧混凝土挡墙中的砖衬全部拆除，重砌新砖。砌砖后铁口前2.0m范围内沟底坡度为10%，2.0m以外至砂口为3.5%。

（2）为保护铁口处冷却壁，铁口前1.0m范围内的主沟用碳料捣满。从1.0m处开始沟底垂直下落直至砂口，沟底用碳料捣结，其坡度为3.6%，计划这段主沟闷铁水深度为330~800mm。

（3）沟帮及砂口亦用碳料捣结，捣制完后主沟主上宽800mm，下宽400mm。

（4）因电炮混凝土基础距主沟中心线不到1.0m，为保护电炮基础，在该基础与主沟之间装了一块长2.0m、宽1.0m的管式冷却屏壁。

初次试验在4号高炉西场主沟进行（因其他原因，这次试验实际上只使用了距铁口5.0m以外的主沟下半段），使用了56天，流经铁次218次，过铁量58847.3t，因主沟南墙部分碳衬呈块状飘起而终止使用，但主沟下段寿命已达过去的6~7倍，在此期间，铁水面以上沟衬用砂口泥涂敷过4次。其中两次是未放砂口情况下进行的。

经检查，沟底侵蚀轻微，无积铁和凹坑，但沟帮出现了规律性的纵身裂纹，分析主沟南侧碳衬飘起与这些裂纹有密切关系；新砌主沟砖衬未烤干，有气体排出，则是造成沟帮出现裂纹的直接原因。另外靠铁水起落面的碳衬侵蚀较快，形成一道凹坑，因此需涂砂口泥。

1975年初，东场主沟也进行了闷铁水试验，启用了主沟上半段，几次试验的结果，主沟上段使用寿命16~32天，流经铁次65~141次，过铁量18700~34300t，寿命不如主沟下段，其原因是为保护电炮基础，将沟底抬高了200~350mm，所闷铁水较浅，铁口前沟衬受铁水冲击损坏较快。如解决电炮基础离主沟太近的问题，采用深闷铁水的方法，其寿命可接近主沟下半段。

### 3.2 铝—硅质沟泥试验和推广应用

武钢原有沟泥配比见表6，其主要缺点是泥料组成不合理，干燥时收缩过大，产生较大的裂缝，破坏了结构的整体性，因此强度低的，抗渣铁机械冲刷性能差。按实测当全厂日产生铁万吨以上时，主沟上半段日平均侵蚀深度达250~300mm，过铁量约2500~3000t，几乎每天要垫一次主沟，各高炉常因此造成出铁晚点。为此试验了以三氧化二铝为主体的铝—硅质沟泥，即以高铝骨料代替焦粉，并加入适量的石英砂。基本设想：欲借助高铝骨料中的$Al_2O_3$和在石英砂中的$SiO_2$，在高温下生成部分莫来石，以改善沟泥的高温性能，并利用$Al_2O_3$的高温下的膨胀性（绝对线膨胀300℃时为2.0mm/m，1800℃时为16.55mm/m）和$SiO_2$在高温下也略有膨胀的这一特性，以消除沟泥烧成后产生的裂缝。

铝—硅质沟泥于1983年经3号高炉近半年时间的半工业性、工业性试验和试生产，取得了较好的效果。主沟寿命为原来的2~2.5倍（过铁量5000~7500t）；弯沟及沟头寿命为原来的2.5~3.0倍（过铁量12000~18000t）。铁沟使用后表面光滑，无裂缝，易拆除，其结果基本符合原设想。问题是这种沟泥含有较高的$SiO_2$，抗渣性能较差。各阶段铝—硅质沟泥配比见表6。

表6 普通沟泥和铝硅质沟泥配比 （%）

| 名称 | 阶段 | 高铝骨料 | 高铝细粉 | 黏土 | 石英砂 | 焦粉 | 沥青 | 外加水分 |
|---|---|---|---|---|---|---|---|---|
|  | 原沟泥 |  | 23 | 24 |  | 38 | 15 | 适量 |
| 试验沟泥 | 半工业性试验 | 30~48 | 0~33 | 0~20 | 17~30 |  | 13~16 | 7~10 |
|  | 工业性试验 | 30~56 | 0~20 | 0~15 | 19~20 |  | 10~15 | 适量 |
|  | 生产使用 |  |  |  |  |  | 10 | 适量 |

该沟泥已于1984年4月在全厂推广使用，为实现武钢“双超万”起了一定的作用。

### 3.3 碳化硅质沟泥的试验和推广使用

为进一步延长铁（渣）沟寿命，于 1985~1986 年上半年又进行了碳化硅质沟泥的试验。从不增高生铁成本出发，我们仍以普通耐火材料为主体，同时选配了部分价廉的“W”级碳化硅，以提高沟泥的抗渣侵蚀和抗冲刷的能力，并工业性及工业性试验配比见表 7。

表 7　碳化硅质沟泥配比　（%）

| 阶段 | W 级碳化硅 | 高铝骨料 | 高铝细粉 | 充填物 | 沥青 | 外加水分 |
|---|---|---|---|---|---|---|
| 半工业性试验 | 12.5~25.0 | 30~42 | 24~25 | 7~9.5 | 12~13 | 5~7 |
| 工业性试验 | 适量 | 32.4 | 26.0 | 7.8 | 11.4 | 10.0 |

半工业性试验在 1 号高炉进行，沟泥由试验室小型强制搅拌机混制，当碳化硅配比自 12.5%增至 23%，主沟寿命达到 22 天（小修补过一次），过铁量 53132t。按铁口前 2.2 米处测量表明，前 3~4 天，沟底每天侵蚀 20~30mm，以后降到每天 10mm。

工业性试验由车间和实验室分别制泥，在 4 号高炉东、西出铁场主沟进行对比试验，未发现较大差异（东场使用了 8 天，过铁量 18488.8t；西场使用了 10 天，过铁量 23753.4t，但小修补过一次）。接着全部由车间供泥，以 1、4 号高炉为重点进行试验，曾克服了来料质量下降和碾泥操作不当而引起的沟泥“飘浮”现象。两座高炉主沟寿命一般都达到了 7~8 天，过铁量约 2.0 万吨左右，如小修补几次，使用寿命可达 20 天以上，总过铁量 6~8 万吨。试验达到预期目的后，于 1986 年 7 月正式转产，在全厂推广使用。

“W”级碳化硅沟泥有着较好的抗渣性和抗铁水冲刷能力，沟子使用后表面光洁，无明显裂纹，吨铁耗泥费用大大低于采用高级耐火材料的捣打沟泥，而且使用寿命可以与前者媲美。由于价格低廉，取材方便，因此普遍适用于我国大中型高炉，为从根本上改变武钢炉前面貌和进一步强化高炉冶炼创造了条件。

## 4 推广应用水冷渣沟和水冷渣沟流嘴

渣沟使用沟泥铺垫，2~3 天要整修一次，工作量大，常影响高炉放渣。1974 年 4 号高炉借鉴首钢采用水冷渣口套的成功经验，制作了水冷渣沟套和渣沟流嘴套。它是按渣沟底部和流嘴的形状，用 1.2 寸钢管制成，水管沿渣流方向呈蛇形并列，通高压水冷却。经试验取得了满意的效果，在各高炉推广应用。

水冷渣沟套和渣沟流嘴使用寿命一般 3~6 个月，维修简便，省工省泥减轻了体力劳动，有利于高炉正常放渣和顺行强化。

## 5 炉前辅助工具和机械设备的改革

30 年来，武钢高炉炉前辅助工具和机械设备的革新改造有十余项，现择主要几项介绍下。

### 5.1 研制成功 GZH 型可逆式振动夯实机

武钢高炉投产初期，炉前用夯捣工具是两人抬的夯锤的蛙式打夯机，劳动量大，施工时间长，夯实强度和表面光洁度不能满足工艺要求，影响沟衬寿命。1974 年采用了 ZH-280 型振动夯实机，虽然效果较好，但仍有许多缺陷，如该机底部是平板式，振压面大，使用范围受到限制，夯捣时只能前进，不能后退，逆行需用吊车吊起调头；机底螺栓易断，皮带也易松脱。为此武钢炼铁厂和武汉钢铁学院在分析了 ZH-280 型夯实机优缺点的基础上，结合炉前具体要求，于 1975~1976 年初共同设计研制成功 GZH 型可逆式振动夯实机，试用表明性能良好，很快在四座高炉及国内一些厂推广应用。本项目荣获 1982 年国家发明四等奖。

GZH 型可逆式振动夯实机结构及外貌见图 4。该机机身分为三层，底层为弧形钢板，中、上层为平置钢板，与外壳焊接连成一体，钢板最 16mm。上层和中层分别装有两台马达和两个偏心子。马达和偏心子之间各用一条三角皮带交叉相连。启动左边马达，驱动右边偏心子，则夯实机向右前进作业；反之则向左边前进作业；同时启动两台电机，夯实机原地作业。马达通过电缆和换向开关远距操作。

GZH 型可逆式振动夯实机，具有结构简单紧凑，操作方便，故障少，效率高，能来回振捣的特点。铁沟、砂口经夯捣后，压实均匀，表面光滑，使用寿命约提高 50%。由于能远距离操作，从而可以减少振动、高温和烟尘给炉前工人带来的危害。其主要不足之处是只能捣打沟底，不能捣打沟帮。

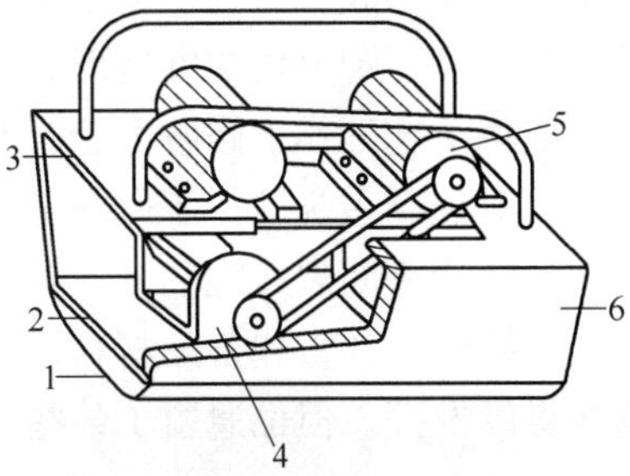

图 4　GZH 型振动夯实机结构及全貌
1—圆弧板；2—振动子减振板；3—电机减振板；4—振动子；5—电动机；6—夯体壳

## 5.2　采用通风式开铁口机

1965 年将炉前开铁口机实心钻杆钻头改为空主钻杆钻头，开铁口时钻杆钻头内通以压缩空气，气从钻头上的小孔吹出，这样既冷却了钻头，又能边钻边吹干净钻头周围钻出的泥料，有利于提高钻孔能力。以后为进一步提高钻头及其使用寿命和减轻更换钻头时的劳动强度，将钻头和钻杆分开，以丝扣联接固定，并在钻头前端焊上两块合金刀片，从而大大提高了钻孔能力，缩短了开铁口时间。钻头损坏后，单独将钻头卸下更换即可，拆卸安装十分方便。

## 5.3　通风堵渣机

1965 年前后，武钢炼铁厂对堵渣机作了某些改革，通风堵渣机试验成功，开渣口时将堵渣机头拔出，炉渣便自动流出，不需钎子捅，氧气烧，减轻了炉前工人劳动强度，有利于放好上渣。同时渣口吹压缩空气，还可以活跃炉缸渣口区域，减少渣中带铁，延长了渣口使用寿命。

通风堵渣机，仅在原堵渣机杆中装了通风管，改变了堵渣机头结构（见图 5），即将原堵渣机塞头改为由前端的通风堵头和后部的渣口塞座两部分组成，以丝扣紧密相连。在通风堵头内装有一个逆止阀，其尾部与堵渣机杆内的通风管连接。通风堵头前端开有排气口，大于炉内压力的压缩空气进入通风管，经逆止阀至通风堵头由排气孔吹入渣口。堵渣口时应先开压缩空气，否则炉渣将由排气孔灌入堵头凝死，需把通风堵头和逆止阀卸下更换。如需将渣口堵死，拔出堵渣机，只要缓缓将压缩空气关闭即可。这一改革大大方便了工人的操作。

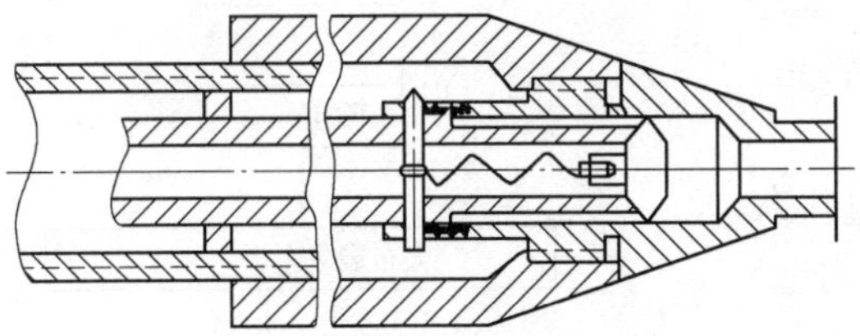
图 5　通风堵渣机机头结构

## 5.4　4 号高炉应用折叠式液压堵渣机

4 号高炉于 1984 年停炉大修时，将原高、低渣口四连杆电动堵渣机，更换为折叠式液压堵渣机。该堵渣机主要由液压缸、旋转臂、平衡杆、固定支架和塞杆、塞头组成。依靠驱动机构（液压缸）、两组连杆组合机构和平衡转化机构来完成开、堵渣口的整个动作过程，并能进行高度或水平方向的调整，以便堵渣机塞头的轨迹对准渣口中心级。在使用过程中，针对油缸寿命短，油压阻损大，机体自动下滑等问题，作了一些重要改进，保证了设备的正常运行。

通过改进后的使用情况证明，该机性能良好，与四连杆电动堵渣机比较，它不仅具有结构紧凑、使用调节灵活、堵口平稳、压紧力大、密封好和便于维修等优点，而且打开渣口时，堵渣机上升呈折叠状，所占空间小，不妨碍工人作业；又机件离开热源较远，不易烧坏变形，延长了使用寿命。

## 5.5　4 号高炉 IHI 型矮身液压泥炮的使用和改造

1984 年 4 号高炉大修改造，将东西两出铁场电动泥炮更换为 IHI 型 0.25$m^3$ 矮身液压泥炮。该泥炮主要由打炮、压炮、转炮、锁炮和液压装置组成。由于该泥炮是从日本引进的 60 年代液压技术，无论是控制系统或执行机构，以及泥炮本体结构，均存在着设计和工艺上的缺陷。使用的头两年，增出现过各种各样的故障，仅从 1984 年 11 月至 1985 年 3 月，因液压泥炮故障使高炉休风达 2004 分钟，影响正点出铁 30 余次。

为了保证高炉正常生产，曾组织攻关组对该泥炮存在的问题进行了一系列改造：如在炮体上增设了全封闭式保护罩；以两根特制的耐温、耐压软管取代了炮上的 12 个旋转接头；将泥炮油缸 B 腔压兰防尘圈材质改为氟橡胶，适当扩大了压环的内径，增加了固定螺栓；各油缸内的Y型密封圈也都改为氟橡胶材质，改进了压炮滑块的安装形式；在泥筒上、下部增设了筋带，泥筒设计内径由一种规格改为三种规格，相应将活塞环作了修改配套，并在泥筒外壳增设了冷却装置；液压泵站自炉台下11.5m处移至炉台上；以及对控制系统进行了原理上、结构上的改进等。设备经一年多时间的改造后，基本扭转了过去管路烧坏、活接头断裂、跑漏油、密封件磨损、泥筒变形和机构失灵等现象频繁发生的被动局面。部件寿命延长，维修工作量和备品材料消耗量大大减少，系统工作可靠，使该泥炮体积小、重量轻、推力大的优越性得以发挥。但也遗留了某些问题，有待继续研究解决。

## 6 武钢4号高炉出铁块布袋除尘设施

为适应武钢炼铁生产的不断发展，高炉出铁场的烟尘治理问题急待解决。因此于1984年利用4号高炉大修改造之机，增建了4号高炉出铁场大布袋除尘设施，于1986年9月份安装高度完毕，正式投入生产运行。这一环保项目的实施，不仅减少了4号高炉出铁场烟尘对环境的严重污染，改善了炉前工人劳动条件，而且也为其他几座高炉出铁场烟尘治理打下了基础。

该除尘系统，有布袋除尘器两台，用于4号高炉东西两出铁场的铁口、铁沟、渣沟、铁罐位等32个除尘点的一次性收尘。每台除尘器设有10个室，总计装有“聚脂729”滤袋2240条，除尘方式为内滤式，总过滤面积1900m$^2$。配有两台引风机，每台处理风量40万m$^3$/h；两台主传动电动机，容量为1600kW。传动方式采用两台1150液压耦合器进行机械传动，并实现风机的无级调速。

铁渣沟和砂口分段覆盖半圆拱形密闭罩，铁罐位安装有正方伞形开启罩，它们均与抽风管道相连。

布袋除尘的工艺流程如图6所示。尘源的吸收为下进风，出铁场含尘烟气经管道和蝶阀控制进入除尘器各室，经布袋过滤净化后，洁净烟气由除尘器顶部经排风出口汇集进入风机总管道，然后通过钢结构烟囱排入大气。

布袋过滤除下的粉尘经分离，较粗颗粒落入灰斗，通过排灰系统处理，最后由灰车运往堆场。较细的烟尘将附着于布袋内壁，逐渐增加布袋内阻，所以系统采用负压反吹装置进行布袋清灰，以减少除尘器进、出口间的压差，保证收尘效率。每台除尘器各设有10台排风阀和10台反吹阀，清灰顺序是按室进行顺序控制，也可实现跳步操作，整个过程自动进行。

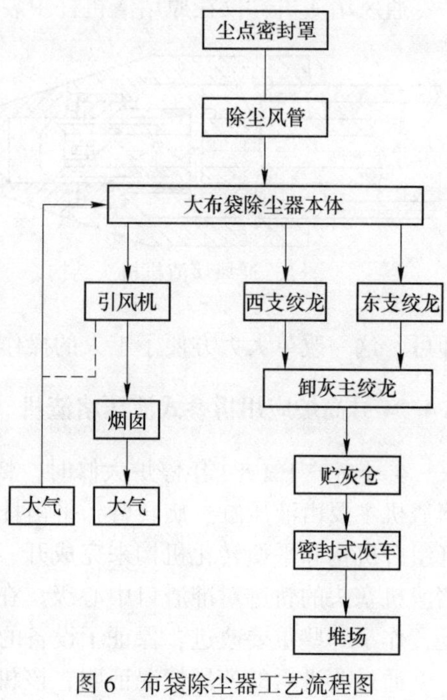

图6 布袋除尘器工艺流程图

反吹风原设计是引自风机出风管道，但因反吹风量达不到要求，为此改用大气风源进行负压反吹，改进后虽然效果有所好转，但尚需解决滤袋内部的结露问题，以免压阻升高。

公司于1987年6月曾组织对该除尘系统进行了运行性能的测试。结果表明系统的主要参数已达到设计指标；引风量（除尘器进口）为75万m$^3$/h；反吹风量27000m$^3$/h；除尘器系统漏风率为7.89%；平均除尘效率为99.2%；粉尘排放浓度为1.6~7.5mg/Nm$^3$，远低于国家规定排放标准150mg/Nm$^3$。由于大气负压反吹，潮湿空气冷凝结露，滤袋阻力可上升至305mm水柱，若加反吹风机，利用干燥循环烟气反吹，则除尘效率可达到99.5%以上，从而保证除尘器的正常工作。

以上所述，仅反映了武钢30年来高炉炉前技术进步的一个概况，还有一些生产中起了较大作用的技术，诸如风管的改进、双层螺旋式风口的研究与应用等未能纳入。但从本文的介绍中，已说明了武钢炼铁工人和技术人员对炉前技术进步付出的辛勤劳动与取得的可喜成绩。武钢高炉炉前面貌能有今日之改善。炼铁生产能超设计水平，与此是分不开的。但是还应该看到存在的差距和问题，特别是武钢要实现“双七百”的目标，任务仍然十分艰巨，高炉炉前还有许多新的课题需要解决，必须在巩固现有成果的基础上继续开拓前进，使高炉炉前工作适应新形式发展的需要。

（原载《武钢炼铁四十年》，1998）

# 武钢 5 号高炉的操作进步

傅连春

武钢 5 号高炉有效容积为 3200m³，于 1991 年 10 月 19 日开炉。该高炉在低于设计能力的情况下操作了相当长一段时间，其利用系数甚至低于武钢其他小高炉。主要原因是经常发生设备故障。而且，风口损坏也很严重。因此，我们不得不解决长期困扰着的设备问题。在改善设备状况和控制高炉操作方面，采取了一系列措施来强化高炉冶炼。因此，5 号高炉的操作上了几个台阶（见图 1）。

从 1992 年 10 月始，5 号高炉的生产进入正常阶段，1993 年 5 月，其利用系数达到 2.0t/(m³ · d)，并且焦比显著降低。

在武钢目前条件下，取得了操作高炉的一些经验。

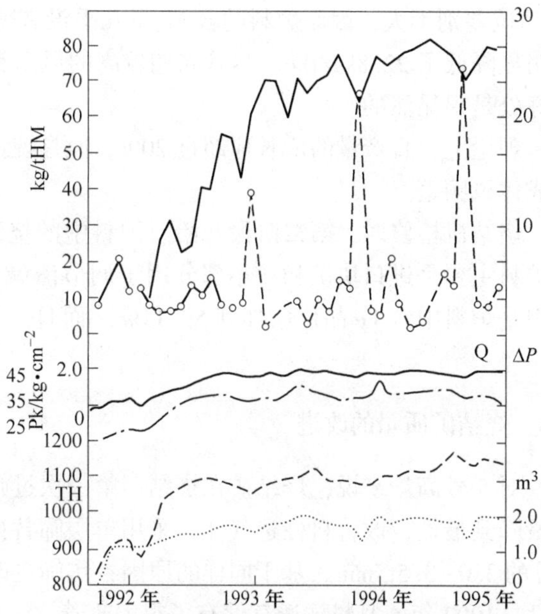

图 1　5 号高炉开炉后的技术经济指标

## 1　原料质量的改进

### 1.1　提高含 Fe 原料的品位

表 1 所示为提高含 Fe 原料品位前后，5 号高炉主要技术经济指标的变化情况。增加入炉原料的含 Fe 品位是为了提高 5 号高炉的利用系数。1992 年 10 月 12 日以前，炉料中烧结矿的配比一直维持在 76%，此后烧结矿的含 Fe 品位由 53.5%上升到 56%。改变进口矿石和国产矿石的比例以维持渣碱度不变。因此，高炉炉料的平均含 Fe 品位由 1-1 期的 55.13%上升到 1-2 期的 57.31%。5 号高炉的日产量由 5600~5700t 上升到 6000~6100t，净增长量为 350~400t，原因是含 Fe 品位增加了 2.18%。

同时，焦比显著降低。料柱的透气性（$Q/\Delta P$）从 38.03（1-1 期）增加到 38.84(1-2 期)。渣量也减少了，这就减轻了 INBA 渣处理设备的负荷，提高了设备利用率。

### 1.2　增加球团矿比例改善炉料成分

长期以来，武钢高炉炉料由 75%烧结矿和 25%块矿组成，其中 15%的块矿是进口的。烧结矿和球团矿的总比例比中国其他钢厂的低 10%~15%。由于烧结矿的供应不足，加装进口球团矿，使矿石含 Fe 品位由 1-3 期的 57.23%上升到 1-4 期的 59.11%，净增长 1.89%。日产量增加了约 200t。

从表 1 可以看出炉料中加入球团矿对操作参数的影响。

表 1　不同时期的技术经济指标

| 时期 | 日产量/t | 焦比/kg · $t_{Fe}^{-1}$ | 品位/% | 烧结矿/% | 球团矿/% | 小块焦/% | 风温/℃ | 透气性指数 |
|---|---|---|---|---|---|---|---|---|
| 1992.09 | 5034.9 | 521.3 | 55.13 | 76.5 | 0 | 14.6 | 1099 | 37.84 |
| 1992.10 | 5391.2 | 506.0 | 57.18 | 77.5 | 0 | 10.8 | 1089 | 37.43 |
| 1-1 期 | 5617.4 | 505.2 | 55.24 | 76.6 | 0 | 18.3 | 1089 | 37.80 |
| 1-2 期 | 6005.4 | 494.8 | 57.31 | 76.9 | 0 | 18.0 | 1096 | 37.84 |
| 1992.12(23 天) | 5519.6 | 519.6 | 56.96 | 77.7 | 0 | 15.3 | 1078 | 36.98 |

续表 1

| 时期 | 日产量/t | 焦比/kg · $t_{Fe}^{-1}$ | 品位/% | 烧结矿/% | 球团矿/% | 小块焦/% | 风温/℃ | 透气性指数 |
|---|---|---|---|---|---|---|---|---|
| 1993. 01 | 5518. 8 | 497. 7 | 56. 81 | 77. 6 | 12. 2 | 21. 0 | | |
| 1-3 期 | 5725. 4 | 496. 0 | 57. 23 | 75. 7 | 15. 7 | 18. 9 | 1097 | 36. 88 |
| 1-4 期 | 5899. 7 | 473. 3 | 59. 11 | 62. 0 | 21. 2 | 18. 1 | 1070 | 27. 50 |
| 1993. 03(1-15 日) | 5758. 9 | 478. 3 | 58. 84 | 62. 4 | 21. 2 | 20. 5 | 1079 | 36. 43 |
| 1993. 03(16-31 日) | 5937. 8 | 450. 9 | 58. 39 | 64. 9 | 18. 1 | 14. 5 | 1087 | 36. 59 |

在最初阶段，炉料中烧结矿的配比为77%，后来增加12%~14%球团矿。由于球团矿和进口块矿的含Fe品位差别不大，因而炉料的含Fe量几乎没有变化。与1992年12月（烧结矿配比为77.7%）相比，焦比明显降低了22. 8kg/tFe。尽管同期较高的风温和喷煤比有助于降低焦比，但是，增加球团矿比例所带来的好处是很显然的。

理论上，日产量的增长应超过200t。但是统计表明，产量仅增长了107. 9t。不利因素主要是设备故障造成休风频繁。

烧结机检修时，第二阶段开始。炉料中的烧结比率降到63%，而球团矿保持在20%左右。剩下17%的炉料主要是进口块矿和一小部分用于调节渣碱度的国产块矿。与前期相比，利用系数又增加了，主要原因是炉料中含Fe品位增加到59. 11%。而且，加入球团矿后，改善了透气性，促进了5号高炉的稳定操作。

## 1.3　烧结矿质量的改进

对5号高炉来说，烧结矿在烧结厂第一次过筛，而后在5号高炉烧结矿槽下再次过筛。为了将烧结粉矿量降到最低，改善料柱透气性，采用单层筛替换了双层筛，并将筛分速度由6~10t/min减慢到1992年3月的3. 0~3. 5t/min。基于同样的原因，焦筛也改成单层且筛孔尺寸增大。所有这些努力都是为了改善透气性，1992年4月料柱透气性有了很大改善。

## 1.4　改善高炉透气性

通过使用粒度较大的焦炭和矿石/小块焦混合入炉来改善高炉的透气性。80年代，冶金焦消耗量急剧增长，迫使将焦炭粒度下限由28mm降到25mm。这种焦炭粒度可适用于有效容积低于2000m$^3$的高炉，但对5号高炉这样的大高炉来说，粒度似乎太小。因此，1993年4月，决定将焦炭粒度由25mm增加到30mm。

为了充分利用粒度为10~30mm的小块焦，采用了烧结矿和小块焦混合装料。从表2可以看出，随着改进了焦筛数量，技术经济指标逐步得到改善。统计分析表明，3月份焦筛没有改变时，平均日产量为5580. 7t。而6月份改进所有焦筛后，平均日产量提高到6159. 6t。

**表2　不同焦筛尺寸时的技术经济指标**

| 指标 | P2-1<br>25mm×6 | P2-2<br>25mm×3<br>30mm×1 | P2-3<br>25mm×3<br>300mm×3 | P2-4<br>25mm×2<br>30mm×4 | P2-5<br>30mm×6 |
|---|---|---|---|---|---|
| 小块焦/kg · t$^{-1}$ | 17. 3 | 20. 17 | 23. 9 | 26. 6 | 32. 4 |
| 风量/Nm$^3$ · min$^{-1}$ | 5823 | 6173 | 6122 | 6290 | 6394 |
| 透气性 $Q/\Delta P$ | 37. 15 | 39. 41 | 40. 19 | 40. 26 | 40. 92 |
| $CO_2$/% | 17. 97 | 17. 87 | 17. 84 | 17. 83 | 17. 51 |
| 球团矿/% | 18. 16 | 19. 98 | 18. 59 | 16 | 17. 3 |
| 日产量/t · d$^{-1}$ | 5887. 2 | 6177. 5 | 6194. 1 | 6098. 3 | 6407. 5 |

在相同顶压下对生产数据的统计分析表明，随着筛孔的增大和小块焦比例的增加，风量逐步升高。

2-1 期顶压维持在 0.2MPa 时，风量保持在 5800~5900Nm$^3$/min。2-3 期，改进了 3 个焦筛，小焦比例增加到 23.9kg/t Fe 时，风量增加到 6200~6300Nm$^3$/min。改进了所有焦筛后，风量进一步提高到 6400Nm$^3$/min。同时，随着冶炼强度的增加，利用系数也有显著增长。与 2-1 期相比，2-5 期的日产量增加了 521t。

通过增加焦筛筛孔的尺寸来提高风量的原因如下：

（1）焦炭的平均粒度变大，即焦炭的最大当量直径和最小当量直径之比由 3.0 降到 2.5。

（2）烧结矿和小块焦混合入炉使软熔带的透气性更好，这可能是炉况改善的主要原因。上部的高炉煤气流不仅穿过焦炭层，还穿过烧结矿和小块焦的软熔层。这就为软熔层的煤气和含 Fe 炉料之间传热、传质提供了更佳的环境。

## 2　优化操作参数，稳定煤气分布

在多年实践经验的基础上，中国的高炉操作者认为，炉料分布的最佳方式是，保持中心气流的顺畅，稍微限制边缘气流的发展。一般来说，这会使炉料下降平稳，技术经济指标良好。因此，自 5 号高炉开炉，就采用了这种方法。

### 2.1　炉顶布料的调整

关于旋转溜槽倾斜角的位置，5 号高炉的布料矩阵主要由矿石 1~2 个位置和焦炭 1~3 个位置组成。这样的矩阵直到 1992 年 3 月 6 日才改变。这段时期，采用单环布料。不幸的是，高炉炉况及其技术经济指标均较差。例如，1992 年 2 月发生了 12 次悬料。

#### 2.1.1　采用多环布料的尝试

经过缜密的研究，认识到摆脱传统布料方法的唯一途径就是采用多环布料。

在此背景下，从 1992 年 3 月 6 日起决定采用 $C_{4821}^{8751}O_{541}^{876}$的矩阵，并向两边扩展，高炉的透气性和稳定性逐渐得到改善。这可被认为是强化 5 号高炉操作的首选措施。

#### 2.1.2　中心装焦的实验

为使高炉炉流稳定，将内环焦炭循序渐进地布在 3 号、2 号和 1 号位置。1992 年 5 月 8 日，着手将 1 号位置的倾斜角由原来的 15°减少到 10°，以加强中心装焦。中心装焦的数量约是焦炭总量的 15%。自此，透气性变得更稳定，没有发生大的炉况波动。因而，开创了 5 号高炉强化冶炼的新形势。

#### 2.1.3　料线的选择和决定

改变料线水平与改变每环物料旋转溜槽角度对炉况的影响相似。而且，料线的影响可能比只改变某一个角度或某一位置的物料分布的影响更大。高炉开炉前的实验表明，改变料线水平 100mm 相当于改变旋转溜漕倾斜角 0.2°~0.4°。适当降低料线便于高炉炉喉处物料漏半形状的形成，并能在一定程度上抑制中心和边缘气流。因而，可以提高高炉煤气的利用率，这也被实践所证实。目前，料线通常维持在 1.2~1.4m。

#### 2.1.4　螺旋布料的实验

自 1993 年 5 月，布料矩阵改成 $C_{432213}^{876541}O_{5441}^{8765}$，5 号高炉的状态更加稳定。该月，5 号高炉休风两次，分别为 120min 和 270min，平均日产量达到 6404.5t/d（其日产曾高达 7000t/d）。

1994 年 10 月，布料矩阵又改成 $C_{432213}^{876541}O_{3333}^{8765}$，生产指标进一步得到了改善，高炉休风率为 2.4%。同时，由于炉料供应系统的制约，焦炭批重仅为 19.5t。如果焦批能增加到 22t，将会得到更好的操作结果。

### 2.2　高炉下部的调整

#### 2.2.1　风口面积和热风动能的调整

开炉后，由于强化冶炼，风口总面积一度增加到 0.4586m$^2$。同时伴有风口前端风速不足，最终造成炉缸工作不活跃。因而，逐步将风口面积限定在 0.4502~0.4353m$^2$，以确保风速在 220~235m/s 范围内。这种改变使高炉运行状态良好，利用系数得到提高。

2.2.2　理论燃烧温度的优化

操作实践表明，合适的燃烧温度是高炉炉况稳定的基础。采用喷煤技术后，为将燃烧温度稳定在2200~2350℃之间，常采用鼓风中加蒸汽的办法。这么做的原因如下：

（1）武汉地区一年四季的大气湿度差别很大。

（2）5 号高炉未装备脱湿装置。

2.2.3　采用高风温

在 1992 年 2 月底，当时 5 号高炉使用全焦操作，由于加入蒸汽，将风温从 900℃提高到 1000℃。通过调整、检测、运行，自 1993 年 5 月始，热管型交换器将空气温度从 48℃提高到 139℃，煤气温度由 33℃提高 138℃。同时，改善了燃烧规程和燃烧效率。其后，在高炉煤气为唯一燃料的情况下，将热风炉炉顶温度提高到 1350~1380℃。这样，热风炉出口处的风温达 1200℃，月平均风温达到 1165℃，年平均风温达 1130℃。

2.2.4　提高喷吹煤粉的质量

主要做了如下工作：

（1）改进喷吹系统，提高利用率。

（2）改进喷煤的喷枪。

（3）严格控制煤粉罐的压力。

（4）所有的风口喷煤均匀。

（5）尽可能增加喷吹煤粉的数量。

最终，5 号高炉喷煤比接近 80kg/tFe，这也是煤粉输送系统的极限。

## 2.3　加强冷却保持合理的炉型

为了将高炉寿命延长到 10 年或 10 年以上，在设计、操作和管理方面采取一系列措施来改进冷却设备的质量。经过 3 年的运行，冷却设备状态依然良好，所采取的措施如下：

2.3.1　合理的高炉内型与优质耐火材料衬相结合

为 5 号高炉（$3200m^3$）选择了合理的炉型，其尺寸见表 3。

**表 3　冷却系统的参数**

| 部位 | 水量/$m^3 \cdot h^{-1}$ | 水压/MPa | 温差/℃ |
|---|---|---|---|
| 冷却壁 | 4416 | 0.83 | 8.6 |
| 炉底 | 440 | 0.48 | 2.5 |
| 风口压 | 2000 | 1.70 | 8.5 |

采用了炭砖、微孔炭砖、石墨化炭砖、硅线石砖、碳化硅砖与氮化硅砖、浸磷酸盐的黏土砖相结合的结构。另外，对砌筑质量进行严格控制。

2.3.2　采用新型高质量的冷却系统

所采用的是 PW 公司的冷却系统。从 5 号高炉炉喉保持板的下部到炉底，采用冷却壁。1~4 层冷却壁是光面冷却壁，而 5~17 层冷却壁是镶砖冷却壁。在风口区域，安装特殊形状的冷却壁。最上层冷却壁是 I 型的。因而，可以减少炉喉保护板下部砌砖体的损坏造成的缺陷对正常布料的影响。

在炉腰、炉腹这些热负荷高的区域，采用单管、双管、蛇形管等辅助冷却设备，以强化冷却效果。同时，改进安装方法使冷却壁稳定。冷却壁的材质改为高韧性铁素体基座的球墨铸铁。最后，在高炉底部安装水冷管。

2.3.3　采用高效、节能的软水闭路循环冷却系统

该系统可分为三个部分：①冷却壁；②风口区和热风阀；③炉底冷却系统。它们均由 S5 处理器进行控制。

为使冷却系统运行稳定，认真检查冷却壁的彩涂、吹扫、清洗、钝化、功能检测和运行检测情况。

在投入运行前，对管道进行压力检测。运行期间，水质和系统的运行状态受到严格检测。例如，冷却壁的温度和热负荷，进水温度通常都受到严密监测（见表4）。

**表4　冷却壁的运行参数**

| 项目 | 垂直管 | 蛇形管 | 凸台1 | 凸台2 |
|---|---|---|---|---|
| 水量/$m^3 \cdot h^{-1}$ | 7618 | 7120 | >156 | >156 |
| 水压/MPa | 0.64 | 0.4 | 0.4 | 0.4 |
| 进水温度/℃ | ≤40 | ≤40 | ≤40 | ≤40 |
| 水温差/℃ | <7.765 | <1.212 | <3.271 | <5.111 |
| 热负荷/$kJ \cdot h^{-1}$ | <20870000 | <581760 | <2040000 | <3189000 |

#### 2.3.4　为维持合理的工作炉型改进操作工艺

稳定的操作炉型是稳定高炉炉况，延长高炉寿命的基础。因此，根据冷却壁的温度分布及其热负荷，及时调整布料矩阵，以避免出现异常炉况和烧坏冷却壁。为了使冷却壁的总温差保持在3~5℃的范围内，应特别关注第8段冷却壁（100~150℃）。由于这些措施非常有效，因而，自开炉以来，冷却壁、炉缸和炉底的状况和运行情况良好。冷却壁和炉缸衬温度的变化情况见表5。

**表5　炉缸衬和冷却壁的温度**　（℃）

| 部位 | 时间 | 排数 | | | | | | | | | |
|---|---|---|---|---|---|---|---|---|---|---|---|
| | | 2 | 4 | 6 | 8 | 9 | 10 | 11 | 12 | 14 | 16 |
| 冷却壁 | 1992.10 | 63 | 59 | 75 | 74 | 77 | 75 | 85 | 70 | 69 | 59 |
| | 1993.08 | 66 | 54 | 95 | 120 | 99 | 76 | 83 | 81 | 71 | 66 |
| | 1994.10 | 69 | 58 | 87 | 136 | 119 | 115 | 96 | 80 | 64 | 60 |
| 炉缸衬 | 1992.10 | 58 | 65 | 80 | 97 | | 111 | | 107 | 89 | 74 |
| | 1993.08 | 57 | 65 | 86 | 106 | | 115 | | 97 | 73 | 68 |
| | 1994.10 | 60 | 68 | 94 | 111 | | 114 | | 94 | 72 | 69 |

## 3　今后的改进措施

必须从管理、操作及设备等方面解决所存在的与利用率和设备运行相关的一些问题。

### 3.1　烧结厂和焦化厂能力不足

烧结和焦化生产能力不足一直是武钢最棘手的问题之一，造成炉料变化频繁和质量不稳定，经常导致炉况不稳。

### 3.2　设备机械故障频繁

到目前为止，设备机械故障频繁仍是炉况稳定、下料平衡和强化冶炼的障碍。

### 3.3　其他

（1）检测仪表和基本的自动功能不齐备，特别是没有炉况判断的简便形式。

（2）喷煤系统存在一些问题。煤质不好，特别是灰分含量太高。所有这些因素限制了喷煤水平的提高。

（3）焦炭和风口质量较差，导致风口烧坏严重（1994年烧坏150个风口）。为得到更好的生产指标，应尽力解决上述提到的问题。

## 4 结论

采用了中文所述的种种措施后，5 号高炉的操作有了很大的进步。

(1) 在焦炭质量不太理想（$M_{40}$<80%，灰分>13.5%）和煤粉灰分含量（20%~22%）较高的情况下，煤比达 80kg/tFe。

(2) 仅用高炉煤气作为热风炉燃料，达到较高的热风温度（$T_b$≥1150℃）。

(3) 冷却壁运行状态良好，至今无一管道烧坏。

（原载《武钢炼铁四十年》，1998）

# 武钢 $3200m^3$ 高炉冷却壁软水密闭循环冷却系统的管理

连　诚　刘海欣　王永焰

## 1　前言

高炉冷却壁软水密闭循环冷却系统（以下简称软闭冷却系统）的应用成功与否，除了需要合理的设计外，还需要生产中严格的科学管理与控制。武钢 5 号高炉（$3200m^3$）的软闭冷却系统，是卢森堡 PW 公司 80 年代末的冷却新技术。由于武钢外汇不足，只引进了工艺流程基本设计，而最困难的冷却工艺操作软件则由中方自行开发。为确保软闭冷却系统正常运行，进行了一系列的工作，包括高炉投产前的基础技术工作和高炉投产后的控制与管理。

## 2　高炉投产前的基础技术工作

开炉投产前，对国内几座已投产的大型高炉进行了一些调查，发现采用了软闭冷却新技术的部分高炉炉体冷却壁的寿命，不但未达到设计预期 10 年以上的长寿目标，个别高炉甚至低于原普通工业水直流开路冷却的高炉寿命。究其原因，主要与设计、设备性能、技术操作和运行控制管理四个方面有密切关系。在设计上工艺流程和管路走向、布置存在一定缺陷，致使冷却壁管路排气功能差，实际冷却水流速达不到设计值。在设备上冷却壁凸台管路结构形式不能满足生产工艺要求，极易产生“汽塞”而烧坏。在运行管理上存在着开炉送水程序简化，忽视投运前的基础技术工作，而生产后又放松冷却水“水质稳定”控制的管理，在很大程度上降低了冷却壁的冷却效果。在工艺技术操作上缺少明确的水温和热负荷控制目标，软闭系统的工艺冷却参数与高炉冶炼强度的提高不相适应，同时，高炉技术操作还存在边缘煤气流发展、布料调剂不及时等操作失误。这些不足之处都是造成冷却壁早期破损的重要原因。基于以上分析，在高炉投产前严格按照专家要求全面做好前期基础技术工作，认真进行了冷却壁系统的流程“涂色”检查、冷却管路的严密试压、清扫、压缩空气吹扫和冷却壁水冷管核查挂牌、冷却系统管路工业净化水冲洗、冷却壁水冷管的化学清洗和钝化预膜、设备功能调试、生产试运行以及运行考核等阶段技术工作，从而为软闭冷却系统的正常运行和提高冷却壁寿命奠定了良好的基础。

## 3　高炉投产后的管理措施

在高炉投产后，不仅加强了冷却系统的安全运行管理，而且着重采取了以下几点关键措施（见表 1）。

**表 1　高炉冷却壁软闭冷却系统主要技术措施**

| 项　目 | 控制目标 | 措施内容 |
|---|---|---|
| 研究冷却壁破损原因 | 分析破损主导因素 | 制定具体对策 |
| 冷却壁系统水温差和热负荷控制范围计算 | 最大控制范围及目标：<br>水温差 $\Delta t \leqslant 7.8$℃<br>热负荷 $Q \leqslant 110\times10^6$kJ/h<br>最佳控制范围：<br>$\Delta t = 3\sim5$℃<br>$Q = (63\times10^6 \sim 84\times10^6)$kJ/h | 严格控制冷却系统的工艺冷却参数不小于设计值，禁止采用减少冷却壁供水量进行炉况调剂 |

续表1

| 项　目 | 控制目标 | 措施内容 |
| --- | --- | --- |
| 西欧技术资料揭示 | 冷却壁热面温度≤400℃<br>冷却壁测温电偶温度<200℃<br>冷却系统进水温度：30~40℃ | 连续检查冷却壁壁体和炉墙砖衬温度及冷却系统进水温度，及时采取防范措施 |
| 跟踪监视和调节系统的运行参数 | 冷却壁系统运行参数：<br>水量$M \geqslant 4550m^3/h$<br>水压$P \geqslant 0.8MPa$<br>进水温度$t_{进}=35\sim40℃$<br>氮气压力$P_{N_2}=0.1MPa$<br>水速>2.0~2.3m/s | 及时调节系统内28组冷却水量（$M_{垂} \geqslant 170m^3/h$、$M_{蛇} \geqslant 130m^3/h$），确保各冷却水管的流速大于规定值 |
| 按时、按日计算统计和分析冷却系统的水温差和热负荷及发展趋势 | 冷却壁系统：<br>$\Delta t=3\sim5℃$<br>$q=(63\times10^6\sim84\times10^6)kg/h$<br>$t_{进} \leqslant 40℃$ | 及时调节无钟布料$\alpha$角布料矩阵；跟踪调节水/水换热器的二次水量和水温 |
| 严密监视冷却系统的排气功能，防止冷却壁的冷却水管产生“汽塞”现象 | 确保冷却系统中各个部位管路的冷却介质脱气功能正常，$N_2$气压力稳定 | 掌握好系统内加压$N_2$自动控制功能；及时检查各部位排气阀是否集气 |
| 冷却系统安全运行管理 | 系统运行参数稳定率达到100%，安全运行率100% | 按规定制度做好系统中所有设备的正常运转；并定期检查PLC控制功能和柴油机泵及事故水塔安全供水 |
| “水质稳定”管理 | 冷却水的缓蚀剂量（W655）稳定；冷却系统管路腐蚀率<0.002mm/a | 日分析测定水质和缓蚀剂浓度；定期挂片检测腐蚀率 |

由表1可知，搞好冷却壁系统技术管理的首要工作是：计算出高炉软闭冷却系统的水温差（$\Delta t$）和热负荷（$Q$）的控制范围，并从中优化选择出合理的控制区间和目标值。本计算是根据联合设计所确定的高炉炉体冷却壁各区段的热流强度（$\alpha$）和水温差（$\Delta t$）分布梯度及受热面积（$S$），结合5号高炉实际状况，计算出软闭冷却系统运行时最大的$\Delta t$和$Q$值（见表2）。然后，根据开炉后实际运行情况和炉况顺利状况制定出最佳控制目标值（见表1）。与此同时，还根据西欧高炉有关资料，努力控制冷却壁受热面不致超过允许的热负荷及其相应的工作温度范围，以保持冷却壁能在其冶金极限和机械极限之内充分发挥优越的冷却性能（见表1）。由此可见，上述两项内容是软闭冷却系统运行控制的核心，是制定软水密闭系统冷却参数的基本依据。

**表2　5号高炉冷却壁软闭冷却系统最高水温差和热负荷计算结果**

| 区段 | 热流强度$q\times10^4$ /$kJ\cdot(m^2\cdot h)^{-1}$ | 冷却面积 $S/m^2$ | 冷却水，温度差 $\Delta t$/℃ | 冷却水热负荷$Q\times10^6$ /$kJ\cdot h^{-1}$ |
| --- | --- | --- | --- | --- |
| 炉身上部 | 2.93 | 246.14 | 0.750 | 7.20 |
| 炉身中部 | 10.05 | 265.72 | 1.839 | 26.67 |
| 炉身下部及炉腰 | 16.73 | 296.38 | 3.012 | 49.58 |
| 炉腹 | 12.55 | 127.94 | 1.212 | 16.05 |
| 风口带 | 8.36 | 60.20 | 0.448 | 5.04 |
| 炉缸 | 1.68 | 339.56 | 0.505 | 5.68 |
| | | (416.96) | (0.620) | (6.97) |
| 合计 | | 1335.94 | 7.8 | 110.2 |
| | | | (7.94) | (111.6) |

注：括号内数据包含Δ6100mm以下冷却壁部分。

根据PW公司炉体冷却系统工艺流程设计，冷却壁系统分为28组并联分路，各自的运行冷却参数和最大的热负荷及水温差控制范围见表3。由表3可见，规定的各区间的相同冷却分路的冷却参数亦相同，这是根据设计的冷却水流速和炉体热负荷所确定的。如果在运行过程中，随意减少各组的冷却水流量，则意味着降低冷却水管中的冷却水流速，恶化冷却壁的冷却能力，必然导致冷却壁过热而烧坏。其次这也是保证高炉圆周工作均匀的前提之一。

**表3　5号高炉冷却壁系统运行冷却参数**

| 项目 | 垂直管（1-4/8~11/15~18/22~25） | 蛇形管（5，12，19，26） | 凸台管Ⅰ组（6，13，20，27） | 凸台管Ⅱ组（7，14，21，28） |
|---|---|---|---|---|
| $M/m^3 \cdot h^{-1}$ | >168 | >120 | >156 | >156 |
| $P$/MPa | 0.64 | 0.4 | 0.4 | 0.4 |
| $t$进/℃ | ≤40 | ≤40 | ≤40 | ≤40 |
| $\Delta t$/℃ | <7.765 | <1.212 | <3.271 | <5.11 |
| $Q\times10^6/kJ \cdot h^{-1}$ | <87.28 | <2.43 | <8.53 | <13.33 |

注：括号内为冷却壁冷却水管分组代号。

高炉炉缸和炉底耐火砖衬的侵蚀状况，是决定高炉一代寿命的主要依据之一。耐火砖衬的侵蚀状况，除了监视各层测温电偶的温度变化外，重要的是通过连续测量炉缸冷却壁和炉底水冷管的水温差和热负荷变化间接地判断出来。根据武钢生产经验，分四档计算了炉缸冷却壁进出水温差和热负荷控制范围(见表4)。

**表4　炉缸冷却壁水温差和热负荷控制范围**

| 控制范围 | 热流强度 $q\times10^4$ /kJ·(m²·h)⁻¹ | PW方式 | | WISCO方式 | |
|---|---|---|---|---|---|
| | | $\Delta t$/℃ | $Q\times10^6/kJ \cdot h^{-1}$ | $\Delta t$/℃ | $Q\times10^6/kJ \cdot h^{-1}$ |
| 正常值 | ≤1.68 | ≤0.505 | ≤6.68 | ≤0.607 | ≤6.81 |
| 报警值 | ≤2.93 | ≤0.884 | ≤9.95 | ≤1.061 | ≤11.93 |
| 警界值 | ≤3.76 | ≤1.137 | ≤12.79 | ≤1.365 | ≤15.34 |
| 事故值 | ≤5.02 | ≤1.516 | ≤17.04 | ≤1.619 | ≤20.45 |

为了解决冷却壁早期烧坏和开炉初期炉墙容易黏结（或结瘤）两大难题。从高炉投产起，按时按日进行冷却壁系统的$\Delta t$和$Q$值跟踪监视，统计分析其发展趋势，并随着高炉冶炼强度的逐步提高，密切结合炉况变化趋势和炉墙砖衬及壁体温度的变化，认真贯彻和执行“强化凸台、力保本体”的冷却原则，及时采取分层次加大冷却系统28组的冷却水量、调节冷却系统的进出水温度和无钟布料矩阵，努力控制系统冷却水温差和热负荷壁体温度在管理目标范围之内，始终保持冷却壁水冷管的实际工作流速在设计的规定值以上，从根本上消除了冷却壁产生“汽塞”现象的可能性，达到了预期的最佳控制效果（见表5)。

**表5　5号高炉冷却壁系统进出水温度、温差、水量及热负荷变化统计数据**

| 年·月 | 进水温度(月平均)/℃ | 冷却水回水温度/℃ | | | 冷却水温度差/℃ | | | 一次水量 $/m^3 \cdot h^{-1}$ | 二次水量 $/m^3 \cdot h^{-1}$ | 热负荷 $Q\times10^6$ $/kJ \cdot h^{-1}$ |
|---|---|---|---|---|---|---|---|---|---|---|
| | | $t_{max}$(日平均) | $t_{min}$(日平均) | $t$(月平均) | $t_{max}$(日平均) | $t_{min}$(日平均) | $t$(月平均) | | | |
| 1991.10 | 38.02 | 42.80 | 25.90 | 38.89 | 3.46 | 0 | 0.87 | 4416 | 0 | 16.07 |
| 11 | 42.31 | 46.33 | 36.58 | 42.98 | 2.62 | 0 | 0.67 | 4416 | 0 | 12.37 |
| 12 | 42.37 | 49.54 | 30.94 | 42.81 | 1.85 | 0 | 0.44 | 4416 | 0 | 8.13 |
| 1992.01 | 46.99 | 51.42 | 42.25 | 48.03 | 2.25 | 0.27 | 1.037 | 4416 | 100~200 | 19.14 |
| 02 | 47.61 | 51.69 | 44.59 | 48.07 | 3.00 | 0.16 | 1.260 | 4416 | 200~310 | 23.27 |
| 03 | 47.58 | 52.50 | 44.73 | 49.56 | 3.55 | 0.50 | 1.981 | 4416 | 400~800 | 28.22 |
| 04 | 47.45 | 52.39 | 48.44 | 50.33 | 3.92 | 2.09 | 2.882 | 4416 | 1000~1500 | 53.22 |

续表 5

| 年·月 | 进水温度（月平均）/℃ | 冷却水回水温度/℃ | | | 冷却水温度差/℃ | | | 一次水量 /$m^3 \cdot h^{-1}$ | 二次水量 /$m^3 \cdot h^{-1}$ | 热负荷 $Q\times10^6$ /$kJ \cdot h^{-1}$ |
|---|---|---|---|---|---|---|---|---|---|---|
| | | $t_{max}$（日平均） | $t_{min}$（日平均） | $t$（月平均） | $t_{max}$（日平均） | $t_{min}$（日平均） | $t$（月平均） | | | |
| 05 | 46.70 | 52.46 | 49.15 | 50.95 | 5.73 | 3.09 | 4.247 | 4480 | 1000~1600 | 78.43 |
| 06 | 45.70 | 52.94 | 47.71 | 51.00 | 7.02 | 3.73 | 5.302 | 4480 | 1200~1600 | 99.33 |
| 07 | 43.44 | 53.73 | 44.85 | 50.49 | 8.44 | 5.44 | 7.053 | 4500 | 1300~1600 | 132.72 |
| 08 | 41.98 | 52.38 | 42.56 | 49.08 | 8.59 | 3.05 | 7.096 | 4500 | 1300~1600 | 133.54 |
| 09 | 40.87 | 46.82 | 42.56 | 45.50 | 5.35 | 3.10 | 4.634 | 4500 | 750~1000 | 87.21 |
| 10 | 41.29 | 47.46 | 44.08 | 46.18 | 5.88 | 4.23 | 4.898 | 4500 | 800~1100 | 92.12 |
| 11 | 41.40 | 47.58 | 41.90 | 45.81 | 5.65 | 3.29 | 4.407 | 4500 | 700~1100 | 82.93 |
| 12 | 41.39 | 47.71 | 44.13 | 46.45 | 6.54 | 3.38 | 5.065 | 4550 | 700~1100 | 96.35 |
| 1993.01 | 41.45 | 47.35 | 44.70 | 46.08 | 5.69 | 3.48 | 4.630 | 4550 | 700~1100 | 88.07 |
| 02 | 41.23 | 48.25 | 42.23 | 46.20 | 5.98 | 3.75 | 4.970 | 4550 | 700~1480 | 94.51 |
| 03 | 41.30 | 48.75 | 42.23 | 45.78 | 8.00 | 1.61 | 4.480 | 4550 | 700~1650 | 85.24 |
| 04 | 41.42 | 47.21 | 40.21 | 44.93 | 5.00 | 2.75 | 3.510 | 4550 | 700~1640 | 66.78 |
| 05 | 41.20 | 46.04 | 39.08 | 44.78 | 4.78 | 2.00 | 3.580 | 4550 | 1000~1500 | 6.81 |
| 06 | 41.26 | 47.21 | 43.38 | 45.25 | 5.79 | 3.00 | 3.990 | 4550 | 1000~1800 | 75.92 |
| 07 | 41.34 | 47.42 | 43.54 | 45.30 | 5.19 | 2.46 | 3.960 | 4550 | 1700~2400 | 75.32 |
| 08 | 41.49 | 47.08 | 42.44 | 45.83 | 4.96 | 3.13 | 4.340 | 4500 | 1450~2400 | 81.51 |
| 09 | 40.67 | 46.92 | 38.13 | 44.54 | 5.07 | 2.46 | 3.923 | 4500 | 1510~2300 | 73.82 |
| 10 | 41.19 | 48.63 | 36.73 | 45.66 | 5.79 | 1.99 | 4.464 | 4450 | 1060~2350 | 83.07 |
| 11 | 41.36 | 49.76 | 42.79 | 46.39 | 7.30 | 2.36 | 5.028 | 4500 | 960~1610 | 94.62 |
| 12 | 41.28 | 48.48 | 43.83 | 46.27 | 6.06 | 3.25 | 4.982 | 4500 | 820~1560 | 93.75 |
| 1994.01 | 41.36 | 51.58 | 40.83 | 46.59 | 7.50 | 3.66 | 5.228 | 4550 | 980~2280 | 99.48 |
| 02 | 40.99 | 49.66 | 41.13 | 45.97 | 6.93 | 2.25 | 4.973 | 4550 | 970~2280 | 94.62 |
| 03 | 40.89 | 47.98 | 43.54 | 45.96 | 7.48 | 3.69 | 5.065 | 4600 | 600~1280 | 97.43 |
| 04 | 41.10 | 48.38 | 44.13 | 46.27 | 6.17 | 4.00 | 5.168 | 4650 | 780~1810 | 100.49 |
| 05 | 40.97 | 48.35 | 42.81 | 45.75 | 6.56 | 3.27 | 4.779 | 4720 | 1220~2520 | 94.33 |
| 06 | 40.62 | 47.58 | 41.57 | 45.57 | 6.02 | 3.42 | 4.92 | 4700 | 1340~2380 | 97.33 |
| 07 | 38.76 | 45.94 | 40.92 | 43.60 | 6.67 | 2.60 | 4.843 | 4700 | 2080~3400 | 95.19 |
| 08 | 38.59 | 47.38 | 39.63 | 42.76 | 5.71 | 2.96 | 4.163 | 4650 | 2380~4380 | 80.95 |
| 09 | 38.60 | 45.00 | 40.25 | 42.65 | 5.77 | 2.45 | 4.045 | 4650 | 2150~3020 | 78.66 |
| 10 | 38.79 | 45.04 | 39.75 | 42.77 | 6.00 | 2.14 | 3.973 | 4650 | 1540~2520 | 77.26 |
| 11 | 38.51 | 46.67 | 40.58 | 42.95 | 6.00 | 2.58 | 4.440 | 4650 | 1270~2420 | 86.34 |

注：一次水量指软水密闭循环水量，二次水量为冷却软水的工业水量。

由图 1 可明显看出，从 1991 年 10 月~1992 年 4 月为开炉的初期阶段，根据西欧高炉经验，该期初始 2~3 个月的主要任务是如何防止炉墙黏结（或结瘤），我们采取了提高冷却水进出水温度 50~53℃ 的控制措施，取得了良好的效果。之后随着高炉冶炼强度的提高，以及炉体温度的升高，炉墙黏结的可能性明显减弱，高炉进入中等冶炼强度工作时期，此时高炉冷却水温差和热负荷逐月明显升高。冷却水 $\Delta t$ 值由 2℃ 陡升至 7℃（个别达 8.59℃）左右，相应的热负荷达到 $133.4\times10^6$kJ/h 的水平，明显地超过了计算的热负荷最高控制目标值。为防止冷却壁早期烧坏，我们从 1992 年 5 月份开始，根据高炉冶炼强度、冷却水温差和热负荷的变化趋势，一方面选择合理的高炉操作制度，搞好上下部调剂，及时调整了无钟 α 角布料矩阵，加重高炉边缘负荷；另一方面预防性增大冷却壁凸台 Ⅰ、Ⅱ 组的供水量，使其水冷管的冷却水流速保持在 2.3m/s 以上，同时连续三次采取了降低冷却系统的冷却水进水温度至 41℃ 左右的决定性技术措施，不但延缓了炉墙砖衬的侵蚀，有利于“渣皮”的形成和稳定，而且使冷却水温差和热负荷得到有效的控制。月平均冷却水温差由最高7.09℃下降至5℃以下，热负荷也明显下降至$84×10^6$～$63×10^6$kJ/h以内，有效地防止了冷却壁的早期破损。与此同时，随着炉腹以上部位冷却壁温度升高，又增大了蛇形冷却管和垂直冷却管的供水量。显然这些技术措施都有力地维护了冷却壁的使用寿命。

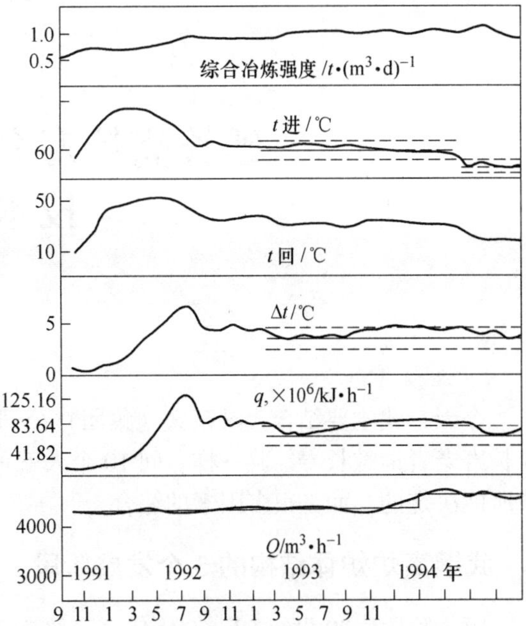

图1　开炉后冷却参数变化

炉体冷却壁的使用寿命，在很大程度上与软闭冷却系统管路的排气功能有着密切关系。因此，除了优化冷却系统的管路设计外，重要的是强化软水密闭冷却系统的运行管理。一方面保持稳定的系统充$N_2$压力，提高冷却介质的欠热度和系统设备的防氧化能力；另一方面要经常检查却壁水冷管出口端的排气功能，防止产生“汽塞”现象。这对于凸台水冷管尤为重要，如果凸台被烧坏，则意味着炉墙砖衬和渣皮失去附着能力，垂直水冷管失去保护屏障，冷却壁很快将被烧坏。另外，还必须做好“水质稳定”管理工作，严格控制冷却介质的水质、温度、缓蚀剂浓度等，使之达到规定的运行标准，以期达到最佳的缓蚀和冷却效果。5号高炉从1991年10月投产至今已逾3年，冷却壁未坏一块。

（原载《武钢炼铁四十年》，1998）

# 延长高炉寿命是系统工程高炉长寿技术是综合技术

张寿荣

今天，我主要结合武汉钢铁（集团）公司（以下简称武钢）高炉的长寿实践来阐述我的观点，正像向长寿老者请教长寿经验一样，问 10 个人就可能有 10 种说法。高炉长寿与此相似，长寿决不是一两项因素所能决定的，而是很多因素的综合。

## 1 武钢高炉炉体结构的 3 个发展阶段

第一阶段：20 世纪 50~60 年代完全照搬苏联设计的阶段。20 世纪 70 年代以前，武钢共有 3 座高炉（1 号、2 号、3 号高炉）投入运行。而且这 3 座高炉全都采用苏联的标准设计。这些高炉生产一段时间后，陆续出现了诸如冷却板烧坏、炉壳变形等问题，而且还发生过烧穿事故。造成这种状况的原因除了设计的毛病外，我们自己也有不可推卸的责任。2 号高炉炉底按苏联人的设计思路本是采用炭砖、高铝砖综合炉底，而当时的环境是提倡节约，为省钱将炭砖、高铝砖综合炉底全改成高铝砖。对此做法，当时我是极不赞成的。2 号高炉于 1964 年 6 月 2 日发生了炉缸烧穿事故，只好在次年的大修中将炉底、炉缸恢复炭砖、高铝砖综合结构。当然，苏联的炉体设计也存在许多问题，如炉身寿命特别短、炉喉钢砖易变形等。武钢的 1 号、2 号、3 号高炉和 1965 年大修的 2 号高炉炉喉均沿用苏联的设计，采用小块槽形钢砖，这种钢砖结构不合理，受热易变形，使用不久便发生翘曲变形，互相挤压以致脱落，影响布料。1 号高炉为更换炉喉钢砖还专门进行了小修。

第二阶段：20 世纪 70~80 年代的探索改进阶段。进入 20 世纪 70 年代，我们开始反思以前出现的种种问题。由于当时的冶炼强度不高，利用系数约为 1.5t/($m^3$ · d) 左右，因此，采用炭砖、高铝砖综合炉底是合适的。根据以往的经验和教训，我们主要依次进行了如下改进：

（1）1970 年建设 4 号高炉（是当时国内唯一的 2000$m^3$ 级以上高炉）时，采用纵向排列的长条形钢砖，使用效果良好，以后几座高炉检修时相继采用，它的变形远比老式槽形钢砖小，能满足高炉生产的要求。

（2）4 号高炉在国内首次采用炭砖水冷薄炉底。原来苏联设计的炭砖、高铝砖综合炉底采用风冷，厚度达 5.6m，而 4 号高炉炉底为 2 层立砌炭砖、2.3m，其上为两层高铝砖厚 800mm，炉底总厚 3100mm，采用水冷管水冷。

（3）为了节能，同时也为解决炉身长寿的问题，4 号高炉炉腹以上采用汽化冷却。汽化冷却最初是由苏联开发的，我们对其在公开刊物上发表的文章进行研究后，决定在 4 号高炉率先尝试。但当时汽化冷却的工艺技术在冷却壁制作及维护检漏手段方面都还处于探索阶段，为保险起见，将苏联的自然循环改为用水泵强制循环。开工 2 年后，汽冷管大量破损漏水，炭砖损坏严重，生产很被动。4 号高炉自开炉后，进行了多次中修。第一次中修时将强制循环汽化冷却改成自然循环冷却，使用效果仍不理想，2 年后汽冷管的破损已相当严重，1975 年底损坏的冷却管已超过 30 根。此后改成工业水冷却，但仍未扭转冷却壁继续破损的被动局面，最后只得靠炉皮喷水维持生产。根据 4 号高炉投产后汽化冷却暴露出的问题，1977 年中修时决定取消汽化冷却。

（4）在研究了支梁式水箱结构的缺陷和炉腹冷却壁钩头托砖存在的问题后，1976 年在 3 号高炉炉身采用了带钩头的镶砖冷却壁，取消了支梁式水箱。实践表明，带钩头的冷却壁有良好的托砖功能。这一改进和长条钢砖的推广对稳定炉料和煤气流分布，提高生产水平起了相当大的作用。

（5）1982 年 2 号高炉大修时炉身下部采用浸磷酸黏土砖。综上所述，经过一系列的改进和探索后，高炉长寿的问题仍旧没有得到很好解决。20 世纪 70 年代后期，我们专门成立了一个高炉长寿问题的研究小组。从 1978 年 1 号高炉大修时开始，各高炉大、中修时都做炉体破损调查。根据破损调查的结果来开发适合武钢情况的长寿冷却壁是该研究小组的主要任务之一，当时冶金部对这项工作也非常支持。正是在武钢高炉短寿以及逐步改进的实践结果和破损调查获得的认识的基础上，形成了3200$m^3$高炉的设计方案。在 3200$m^3$ 高炉设计建设过程中，武汉钢铁设计研究院的同志们和我们一起做了大量的工作。

第三阶段：20 世纪 90 年代的综合创新阶段。武钢 3200$m^3$ 的 5 号高炉于 1988 年 7 月动工兴建。1991 年 10 月 18 日正式投入运行。5 号高炉本体采用的长寿技术主要是：水冷全炭砖薄炉底，与其他几座高炉不同的是，在炉缸炉底交界区（通常称之为异常侵蚀区）使用了 7 层微孔炭砖，以缓解该区的异常侵蚀；采用全立式冷却壁炉身结构和软水全密闭循环冷却系统；对炉衬侵蚀状况进行监测；采用 PW 无料钟炉顶，提高控制煤气流的有效性；炉身采用抗碱侵蚀的耐火材料等。5 号高炉开工后的生产实践证明，我们关于延长高炉寿命的设想是可行的。因此，1996 年 4 号高炉大修时，将 5 号高炉的新技术推广到 4 号高炉。5 号高炉已运行了近 8 年，除垂直管损坏 1 根，钩头管损坏 8~9 根外，其他设备运行良好。目前，5 号高炉的年平均利用系数达 2.1~2.2t/($m^3$·d)，生产形势是稳定的。尽管 5 号高炉的设计炉龄为 10 年，但以其目前的生产、设备状况来看，运行 12 年后以较好的炉体状况进行大修完全是可能的。日本川崎千叶厂 6 号高炉的炉龄虽然长达 20 年，但其后期的利用系数仅为 1.6t/($m^3$·d)，经济效益和高炉的稳定性并不高。所以，我认为高炉长寿不应只片面追求运行时间长，还应强调其经济性和稳定性，既要“长寿”，又要“健康”。武钢 1 号高炉自 1978 年大修以来，中修了多次，现在也停炉了，准备将该炉由原来的 1386$m^3$ 扩容至 2200$m^3$，并采用和发展 5 号高炉的长寿技术，这样武钢采用上述新技术的高炉将达到 3 座（5 号、4 号、1 号高炉）。

## 2　炉体破损机理的研究

### 2.1　炉底、炉缸侵蚀机理

1978 年通过 1 号高炉大修破损调查得知，炉缸、炉底砌体的局部位置侵蚀颇为严重，炉缸炭砖层较薄，炉底的高铝砖已熔结成致密坚实的整体，还发现 1 号高炉的铁水渗入普通炭砖的现象非常严重。炭砖中铁质量分数随铁口水平面以下距离的增加而升高，在炉底侵蚀线处达到最大值 40.37%。炉体解剖时取出的炭砖上发现许多白色亮点，即渗铁。铁水在 1300~1350℃温度范围内流动性良好，而普通炭砖的气孔率较大，铁水容易渗入炭砖气孔，经过长期生产后，炉底水平面处的铁水对炭砖产生较高的侧压力，进而填充炭砖工作端面几乎全部的气孔和裂缝；渗铁同碳起作用生成 $Fe_2C$ 或 FeC 使气孔和裂缝扩大，破坏炭砖的工作端面，造成炉底的“异常侵蚀”。所以，如何改进炭砖的抗渗铁水性成为武钢刻不容缓要予以解决的问题。这些问题促使武钢十分重视微孔炭砖的研制开发，在研制成功后直接运用于 4 号高炉。其使用效果要等到将来 4 号高炉大修进行解剖分析时才能彻底弄清，但 5 号高炉目前的生产状况足以证明，在炉底炉缸的“异常侵蚀”区采用微孔和超微孔炭砖的发展方向无疑是正确的。另外，1984 年 4 号高炉大修破损调查得知，4 号高炉炉缸炭砖环裂严重，在炉缸炉底交界区形成“蒜头状”侵蚀。

### 2.2　碱金属和锌对炉体的侵蚀

通过破损调查，我们得知炉体侵蚀并不仅仅是由于砖衬的耐磨性不好或是砖的抗渣性不强，更重要的因素之一是钾、钠、锌的影响和破坏作用。但是这种破坏作用和冷却的关系密切。只要采用适当的冷却系统使冷却强度足够、把耐火材料热端温度降到碱金属和碳素沉积的化学侵蚀反应温度以下，那么炉身寿命的延长是有望达到的。

### 2.3　冷却壁破损的原因

4 号高炉的汽化冷却系统运行 2 年后，冷却壁破损严重。最初我们认为造成损坏的原因是受热后冷却壁和钢板的膨胀系数不一致，因而在第一次中修时，将冷却管改成套管式且内管可伸缩。但是改进后使用效果也不好、可见损坏并不仅是膨胀系数不同导致的。在对破损冷却壁解剖调查中发现，冷却壁水管渗碳非常严重，水管原碳质量分数不到 0.1%。由于冷却壁浇铸过程中渗碳，原来 7mm 厚的水管，完全没有渗碳的只剩下0.6mm，而且金相组织发生了质的变化，由原来纯粹的铁素体变成以珠光体为主的组织。因此，冷却壁水冷管的渗碳问题必须尽快解决，否则就会影响高炉冷却壁的长寿。为此，1986年我们专门成立了一个研究小组研究长寿冷却壁，解决冷却壁渗碳和延伸率等问题。普通铸铁的延伸率是较低的，而要保证冷却壁在高炉的炉温波动范围内不断裂，铸铁的延伸率必须达到22%。围绕上述问题，经过2~3年的研究，我们开发出了球墨铸铁冷却壁，解决了冷却壁结构及制造等问题。球墨铸铁冷却壁在5号高炉的使用效果不错，运行近8年来没有一块冷却壁损坏。

### 2.4 耐火材料抗碱及铁水渗入炭砖的研究

关于各种耐火材料性能的研究，我们做了大量的工作，并开发出了微孔炭砖、浸磷酸黏土砖、铝炭砖。实践证明，尽管高铝砖较贵，但在耐碱能力方面并不比黏土砖强。而SiC砖只有用$Si_3N_4$结合时抗碱性才好，若是用黏土结合，其抗碱性还不如较它便宜的铝炭砖。可见，耐火材料并不是越贵越好，高炉各段用什么材料，应该根据高炉不同部位的工作条件和侵蚀机理具体问题具体分析。

根据前面的论述可知，高炉长寿技术是多种技术的综合（高炉长寿技术包括的内容参见表1），延长高炉寿命是个系统工程。例如，不同的耐火材料需要不同的冷却装置，冷却壁和冷却板都有各自独特的优点与缺点，现代高炉结构的发展趋势是采用强化冷却的薄壁高炉，炉腹以上的内衬厚度已薄至100~150mm，并与冷却壁组合成整体结构，从而取消了该区域的内衬砌筑工程，以实现经济、高效、长寿的综合目标。我个人更倾向使用冷却壁，因为它具有全面冷却保护炉壳、密封性强、能形成光滑的操作炉型等最为重要的优势。据霍戈文公司的代表介绍，该公司使用密集冷却板的效果很不错，不仅容易更换，而且使用寿命长，当然该公司所用的砖衬结构与我们不同。日本人设计的高炉容易患“腰疼病”，日本人称之为“下部不活性”。如宝钢高炉投产后，常常“腰疼”，影响生产，主要原因是冷却板区域容易结厚。而武钢3200m³的5号高炉开炉后没有患过“腰疼病”。2500m³的4号高炉采用了同样的冷却装置，使用效果很好。因此，冷却板和冷却壁各有所长，同时也各有所短，但长寿的原则是相同的，采用的长寿技术是综合的。

**表1 高炉长寿技术包括的内容**

| 项 目 | 技 术 内 容 |
|---|---|
| 符合长寿要求的设计 | (1) 炉体结构；<br>(2) 冷却方式和冷却系统；<br>(3) 耐火材料的选用；<br>(4) 监控手段；<br>(5) 炉内煤气流控制手段；<br>(6) 精料保证手段 |
| 设备及材料的质量 | (1) 优质耐火材料；<br>(2) 冷却设备制造质量；<br>(3) 设备质量 |
| 优良的施工质量 | (1) 冷却设备安装质量；<br>(2) 筑炉工程质量；<br>(3) 计控系统施工质量 |
| 精料保证 | (1) 控制有害杂质；<br>(2) 良好的冶金性能 |
| 良好的高炉操作及管理 | (1) 煤气流控制；<br>(2) 冷却系统管理；<br>(3) 炉体侵蚀检测；<br>(4) 炉前出铁出渣管理 |

## 3 延长高炉寿命的探索

(1) 1970年3月中修时，1号高炉将炉喉钢砖改成条形。

（2）1970 年 3 月中修时，1 号高炉炉身下部，不再使用抗热震性差、抗碱金属和渣铁侵蚀性差的高铝砖。

（3）1970 年 9 月，4 号高炉开炉时，首次采用了水冷炭砖薄炉底。根据我们的实践，$2000m^3$ 级和 $3000m^3$ 级高炉炉底厚度约 3.2m（包括炭砖和高铝砖），可适应利用系数 2.1～2.2t/($m^3$·d) 的强化冶炼以及长寿要求。

（4）炉体采用汽化冷却，武钢在这方面经历了曲折的探索过程，由强制循环改为自然循环，最后采用了软水密闭循环。另外，在软水密闭循环冷却系统设计与生产中，我们还强调冷却水中不能有气泡聚集，气泡气膜隔热层的存在会导致冷却壁的升温，加速冷却元件的损坏。

（5）炉体采用 T 形冷却壁取消冷却水箱。这种冷却壁的环形凸台，比冷却板、冷却箱都可靠。

（6）水冷炭砖薄炉底技术目前已推广到 5 号高炉、3 号高炉、2 号高炉。即将大修改造的 1 号高炉也将采用这项技术。

（7）2 号高炉 1982 年大修时，炉身上部采用了浸磷酸黏土砖，不仅便宜，而且气孔少，使用效果非常好。

（8）1991 年 3 月 1 号高炉中修时，炉身下部开始采用铝炭砖。SiC 砖性能好，但价格较贵，而且 SiC 砖必须用 $Si_3N_4$ 或赛隆结合，若是黏土结合，其性能价格比还不如铝炭砖。

（9）5 号高炉综合长寿技术的采用。我个人认为无料钟炉顶比可调炉喉炉板使用效果好且方便，尽管日本人非常推崇后者。采用无料钟炉顶调节控制冷却壁的热负荷是高炉长寿必须具备的配套技术，不过开炉时一定要详细测量料面，并对不同原燃料条件下的布料规律与特点有清醒的认识，否则无法发挥无料钟炉顶根据炉况调节布料、合理控制煤气流的功能。

（10）1996 年 4 号高炉大修时，也基本采用了与 5 号高炉相同的炉体结构。

## 4　效果与展望

5 号高炉自 1991 年 10 月投产以来，运行状况一直不错，估计安全、稳定、高效地生产 12 年是不成问题的。4 号高炉 1996 年 9 月 28 日投产，目前冷却壁无一损坏。尽管我们在高炉长寿方面做了很多工作，但长寿技术仍需不断完善，特别是冷却壁凸台部分是薄弱环节，还需进一步改进。将要进行扩容改造大修的 1 号高炉（$2200m^3$）设计中就进行了一些改进，如：为了彻底消除冷却壁的凸台易破损、影响炉料和煤气流的合理分布等缺点，在炉腹以上至炉身上部全部采用砖壁合一的新型冷却壁，取消凸台，将内衬厚 150mm 带燕尾的衬砖镶铸入冷却壁的燕尾槽内：在炉腰及炉身下部高热负荷部位，采用 2 段厚 120mm 铜冷却壁进行强化冷却，以形成稳定的渣皮保护层；在软水密闭循环冷却系统，采用串联冷却工艺流程，节约循环水量 50%，以降低能耗和简化高炉冷却系统的工艺流程等。采用以上高炉长寿技术，并配套采用精料技术和炉顶布料技术，将为 1 号高炉实现炉龄 15 年、利用系数在 2.2t/($m^3$·d) 以上，燃料比在 500kg/t 以下的高效长寿目标创造有利条件。

（原载《炼铁》，2000，19（1）：1～4）

# 武钢 3200m³ 高炉的建设

## ——我国高炉炼铁走向可持续发展的一次尝试

张寿荣

## 1 引言

经过“八五”期间的努力，1986 年武钢实现了钢、铁年产量双超 400 万吨和“一米七”轧机系统超设计生产能力的目标。根据国民经济发展的需要，国家确定武钢的规模为钢、铁双 700 万吨。当时，有 4 座高炉生产，可以达到年产生铁 400 万~460 万吨。为将生铁年产量提高到 700 万吨，必须建年产 240 万吨生铁的高炉 1 座。经过反复研究比较，确定建设 1 座 3000m³ 级的高炉，采用当代国内外高炉炼铁先进技术，使这座高炉的技术装备进入 20 世纪 90 年代先进水平。这座高炉的建设将发挥以下作用：

（1）带动武钢炼铁系统的技术改造。武钢炼铁系统技术装备基本属于 20 世纪 60 年代水平，“六五”以来，为满足“一米七”轧机系统需要，虽然进行了一些技术改造，但主要技术装备仍停留在 20 世纪 60 年代后期水平。尽快将武钢炼铁系统技术装备提高到 20 世纪 90 年代水平，已是武钢进一步发展的需要。武钢建设一座集当代炼铁先进技术于一体的 3000m³ 级高炉，将推进武钢炼铁系统的现代化建设。

（2）自 20 世纪 70 年代以来，我国自主设计建设的大型高炉只达到 2500m³ 级，而且 2000m³ 以上高炉的技术经济指标不如 1000m³ 级高炉。当时有一种观点认为，我国原燃料质量差，高炉不宜大型化。1985 年，上海宝钢 4000m³ 级高炉建成投产，但宝钢的高炉是日本设计的，全套技术装备由日本提供，并且原燃料也是按日本的技术条件供应。采用中国的原燃料，中国的高炉能否大型化，这在当时仍是一个疑问。如果武钢依靠国内力量成功地设计并建设好 3000m³ 级高炉，将对我国高炉的大型化作出有益的贡献，并将推动我国高炉结构的重组。

（3）长期以来，我国高炉炉身寿命短，一代炉龄中间，往往需要中修 2~3 次，有时甚至在 4 次以上。而我国高炉的中修，不单是换风口以上的砖衬和冷却设备，有时连炉缸砖也更换，只保留炉底砖不动。这种中修方式，不仅减少了高炉的有效作业时间，而且浪费大量的耐火材料、设备和人力物力，属于粗放型生产模式。20 世纪 80 年代，国外已出现高炉一代炉役寿命（不中修）达 10 年以上的高炉。武钢能否在高炉长寿研究工作的基础上，采用先进技术，将 3000m³ 级高炉建成我国一代炉役寿命最长的高炉？如能达到这一目标，我国高炉炼铁将向可持续发展迈出重要的一步。

新建的 3000m³ 级高炉能否发挥上述三个作用，关键大于高炉的技术方案如何确定。

## 2 3000m³ 级高炉的技术方案

### 2.1 制定技术方案的基本原则

3000m³ 级高炉的技术方案必须满足以下要求：

（1）必须满足年产生铁 240 万吨的要求。

（2）原燃料必须是武钢自产的，即用国产煤炼出的焦炭和武钢自产的烧结矿。

（3）建设场地只能限制在 4 号高炉西侧预留的场地范围内。

（4）必须采用当代行之有效的先进技术，使高炉长寿，操作指标先进、经济，工作环境良好，使我国高炉炼铁向可持续发展前进一步。

国产原燃料的主要弱点是：焦炭灰分高、强度低；铁矿石含铁量低、渣量大。能否依靠当代炼铁新技术的综合效应来弥补国产原燃料的弱点，使 3000m³ 级高炉达到国际水平的技术经济指标和一代炉役寿命（不中修）10 年以上，是 3000m³ 级高炉建设必须解决的核心问题。

因此，3000m³ 级高炉技术方案的基本原则必须是：力求炉型选择和总体布局合理化，广泛采用 20 世纪 80 年代以来国内外高炉炼铁的新技术，使新技术的集成发挥综合效应，弥补国产原燃料的弱点，使 3000m³ 级高炉利用系数达到 2.0t/(m³·d) 以上，焦比 450kg/t 以下，一代炉役寿命（不中修）10 年以上。

## 2.2 高炉炉型的确定

年产生铁 240 万吨，如年平均利用系数在 2.0t/(m³·d) 以上，则高炉有效容积应不小于 3200m³。高炉炉型的确定必须以使用国产原燃料为前提：由于国产焦炭强度不高，所以高炉的高度不能太高；使用国产铁矿，渣量大，则炉缸要加高，炉腹要加大。另外，武钢 4 号高炉（2516m³）的炉型（表 1）可作为确定新建 3000m³ 级高炉炉型的参考，武钢 4 号高炉已不用渣口放渣，故新高炉不设渣口。新高炉炉型与国外 3200m³ 高炉炉型的比较见表 1。以武钢原燃料条件为基础，考虑到所采用新技术的效果，计算出 3200m³ 高炉的生产技术指标见表 2。

**表 1　3200m³ 高炉炉型的比较**

| 项　目 | 武钢 5 号 | 武钢 4 号（第二代） | 新利别茨克 6 号 | 苏联标准设计 |
|---|---|---|---|---|
| 有效容积 $V_u$/m³ | 3200 | 2516 | 3200 | 3200 |
| 炉缸直径 $d$/mm | 12200 | 11000 | 12000 | 12000 |
| 炉腰直径 $D$/mm | 13400 | 12000 | 13300 | 13100 |
| 炉喉直径 $d_1$/mm | 9000 | 8200 | 8900 | 8900 |
| 有效高度 $H_u$/mm | 30600 | 29400 | 32200 | 32130 |
| 死铁层高度 $h_0$/mm | 1900 | 1100 | 1200 | 1185 |
| 炉缸高度 $h_1$/mm | 4800 | 4000 | 4600 | 3900 |
| 炉腹高度 $h_2$/mm | 3500 | 3400 | 3400 | 3400 |
| 炉腰高度 $h_3$/mm | 2000 | 1200 | 1900 | 2300 |
| 炉身高度 $h_4$/mm | 17900 | 18300 | 20000 | 19600 |
| 炉喉高度 $h_5$/mm | 2400 | 2300 | 2300 | 2990 |
| 炉腹角 $\alpha$ | 80°16′20.7″ | 81°38′2.81″ | 79°10′37″ | 80°48′40″ |
| 炉身角 $\beta$ | 82°59′36.5″ | 84°13′44.6″ | 83°43′22″ | 83°53′4″ |
| 高径比 $H_u/D$ | 2.283 | 2.45 | 2.421 | 2.457 |
| 风口数/个 | 32 | 28 | 32 | 28 |
| 铁口数/个 | 4 | 2 | 4 | 3 |
| 渣口数/个 | 0 | 0 | 0 | 0 |

**表 2　3200m³ 高炉生产技术指标**

| 利用系数 /t·(m³·d)⁻¹ | 焦比 /kg·t⁻¹ | 煤比 /kg·t⁻¹ | 热风温度 /℃ | 烧结矿率 /% | 渣比 /kg·t⁻¹ | 炉顶压力/MPa |
|---|---|---|---|---|---|---|
| 2.0（最高 2.5） | ≤450 | 100~120 | 1200 | 80~85 | 470~480 | 0.195（最高 0.245） |

## 2.3 强化冶炼技术

为确保达到表 2 所列的生产技术指标，应采用以下一些技术措施：

（1）改善 3200m³ 高炉的原燃料的质量。国产煤、铁矿石质量，虽然不如进口焦煤和进口矿，但是，如果能在工艺技术装备上加以完善，入炉原燃料的质量仍有提高的潜力。具体措施包括：

1）原燃料入炉前过筛。高炉料槽中焦炭料槽与矿石槽均装有振动筛，以筛除烧结矿中小于 5mm 粉末和焦炭中小于 25mm 部分。筛下焦中，要筛分回收大于 10mm 的焦丁，然后再加入高炉。

2）配套建新焦炉与烧结机。为 3200m$^3$ 高炉配套新焦炉两座：每座 55 孔、炭化室高度为 6m，采用改进式的燃烧室结构，结焦时间由 16h 延长至 19h。在使用相同配煤条件下，新焦炉焦炭的 $M_{40}$ 比旧焦炉焦炭高 2%~4%，$M_{10}$ 低1%~1.5%。此外，在焦炭转运站加切焦机，将大于 80mm 焦块切小，也有利于提高焦炭强度。为 3200m$^3$ 高炉配套的四烧结车间，设 1 台 435m$^2$ 烧结机，采用当代烧结技术装备，烧结矿质量明显改善，转鼓指数提高 4%~6%。

3）改造三烧结车间。由于四烧结车间的建设滞后于 3200m$^3$ 高炉，3200m$^3$ 高炉投产的前几年还要由三烧结车间供料。因此，必须在新高炉投产前对三烧结车间进行改造，主要改进混合料系统、点火器、环冷机，整粒和铺底料系统。

（2）采用 PW 式无料钟炉顶。在 3200m$^3$ 高炉建设之前，武钢 4 座高炉均为双钟式炉顶，炉顶压力一般在 0.13~0.14MPa。为弥补炉料透气性差的不足，要提高炉顶压力水平。并增强炉顶布料调节的灵活性，为此决定引进 PW 并罐式无料钟炉顶。该装置的特性是：1）齿轮箱采用水冷替代原设计氮气冷却；2）旋转溜槽 4m 长，有 11 个倾角（16°~53°），溜槽倾动速度 1.6°/s，溜槽转速 8r/min；用 PLC 控制，可按环形、螺旋形或定点布料；3）料罐容积 70m$^3$。

（3）内燃式高风温热风炉。随着内燃式热风炉的不断改进，到 20 世纪 80 年代中期，供应风温的水平也可以达到 1200℃以上，而外燃式热风炉的造价比内燃式热风炉要高出 20%~25%，占地面积亦大，因此，3200m$^3$ 高炉采用内燃式热风炉。为确保热风温度可以达到 1150~1200℃水平，采取了以下技术措施：

1）采用眼睛形燃烧室和霍戈文式矩形陶瓷燃烧器，以确保煤气与助燃空气均匀混合与燃烧，降低空气过剩系数，提高拱顶温度。

2）利用热风炉废气对煤气及助燃空气进行预热。

3）4 座热风炉采用交叉并联送风制度。

4）使用混合煤气（高炉煤气掺焦炉煤气），以提高煤气发热值。

（4）喷吹煤粉。喷煤设施采用串罐式喷煤塔，共设 4 个喷煤塔，每塔供 8 个风口，喷煤量可达 32t/h。

上述 4 项措施的作用：一是改善炉料透气性；二是利用布料手段，充分利用煤气热能及化学能；三是提高炉顶压力，强化高炉冶炼过程；四是利用高风温和大喷煤量，强化高炉操作。

## 2.4 高炉长寿技术

高炉寿命愈长，一代炉龄中单位炉容所生产出的铁愈多，则吨铁的建设投资愈低，相应地也增强了最终产品的市场竞争力。炉龄愈长，一代炉龄中有效作业时间增加，相应增加了产量。一代炉龄中取消了中修，不仅增加了有效作业时间，而且节省了大量人力物力消耗。因此，高炉长寿是高炉炼铁走向可持续发展的重要步骤。3200m$^3$ 高炉建设以前，武钢高炉大修周期比较长，但两次大修中间有多次中修，并不属于真正的长寿。3200m$^3$ 高炉建设的重要目标之一，就是一代炉役寿命（不中修）要达到 10 年以上。所采取的技术措施如下：

（1）水冷全炭砖薄炉底。1970 年武钢建设 4 号高炉时，首先采用水冷全炭砖薄炉底。由于炭砖导热性好，水冷全炭砖薄炉底可使炉底侵蚀长期稳定在一个平衡界面上，实践证明炉底是长寿的。20 世纪 80 年代以来，武钢高炉均改为这种炉底结构。3200m$^3$ 高炉仍采用这种结构，炉底为 2 层 1200mm 炭砖立砌，其上砌 2 层 400mm 高铝砖保护层，炭砖以下为水冷管。与其他高炉不同的是，在炉缸炉底交界区（通常称之为异常侵蚀区），使用了 7 层微孔炭砖。

（2）全立式冷却壁炉身结构。武钢使用立式冷却壁已多年，发现存在不少缺点。20 世纪 80 年代中期武钢自行开发了一种球墨铸铁铸造的冷却壁，其平均抗拉强度为 395MPa，平均延伸率为 22%，耐热震性能好。与其他高炉不同的是，3200m$^3$ 高炉从炉底到炉喉保护板，全为立式冷却壁结构，共有 17 段立式冷却壁，炉身 8 段为带凸台的冷却壁，其余为光面冷却壁。炉身下部及炉腹采用 $Si_3N_4$ 结合的 SiC 砖，砌 1 环，炉身中部以上为浸磷酸黏土砖，炉身、炉腰砖衬内面喷 55~70mm 可塑料，炉衬总厚度为 400mm。

（3）软水密闭循环冷却系统。高炉能否长寿与冷却系统的有效性和可靠性有很大关系。因此，3200m$^3$ 高炉采用软水密闭循环冷却系统，该系统由 3 个子系统组成：

1）炉体冷却壁密闭循环冷却系统，水压 0.781MPa，流量 4416m$^3$/h。

2）风口（包括风口及二套），热风炉热风阀密闭循环冷却系统，水压 1.03MPa，流量 2640m$^3$/h。

3）炉底水冷管密闭循环冷却系统，水压 0.43MPa，流量 440m$^3$/h。此密闭循环冷却系统所携带的热量经板式换热器传给净化水冷却系统（该系统有冷却塔）。软水密闭循环冷却系统的补充水量为冷却水总流量的 3‰~5‰，即最多不超过 35t/h。

（4）炉衬监测。为准确掌握炉体侵蚀状况，除监测炉身砖衬温度和炉底砖衬温度外，还用监测冷却壁温度和各段热负荷的办法来监测炉衬变化。

## 2.5　改善炉前环境的技术

改善炉前环境主要从两方面入手：一是改善炉前通风除尘；二是减轻炉前劳动强度。主要有如下技术措施：

（1）环形出铁场。3200m$^3$ 高炉采用环形出铁场，高炉的 4 个铁口按夹角 90°均匀分布。出铁场设环行吊车 2 台，每台起重能力为 20t/5t+5t，沿环形轨道可围绕高炉 360°环行。出铁沟、渣沟均为固定式。2 台环行吊车可覆盖出铁场作业面积的 98%，卡车可直接到达出铁场。与常规的矩形出铁场相比，环形出铁场面积小，渣、铁沟短，吊车少且吨位小、覆盖面积大，自然通风条件好，具有明显的优越性。

（2）炉前炉渣粒化。为避免炉前冲水渣对环境的污染，提高炉渣粒化系统的作业率，减少维修费用，提高水渣质量，3200m$^3$ 高炉采用 INBA 粒化装置。2 个铁口共用 1 套装置，共设 2 套，设计平均熔渣流量为 3t/min，最大为 8t/min，吨渣粒化水消耗量为 5.2~10t，作业率不小于 97%。渣粒化后经转鼓过滤，用皮带运至原已废弃的渣坑，用抓斗吊车装车。在每套 INBA 装置旁设于渣坑 1 个，作为 INBA 系统故障时备用。

（3）炉前静电除尘。武钢 4 号高炉炉前曾采用布袋除尘器，因布袋易粘灰，阻力大，维修量大，使用效果不好，因此 3200m$^3$ 高炉拟改用静电除尘电器。为此，对出铁场粉尘进行研究，测定其特性，确认电除尘器对出铁场粉尘有效。3200m$^3$高炉的炉前除尘系统设 224m$^2$ 静电除尘器 2 台，静电电压 72kV，阻力损失 0.35~0.5kPa，设离心式抽风机 2 台，风量 7.0×10$^5$m$^3$/h，负压 4.4kPa，电动机功率 1600kW。电除尘器排出风的粉尘浓度低于 50mg/m$^3$。

## 2.6　节能技术

（1）煤气干式除尘。由于场地限制，3200m$^3$ 高炉不能采用常规湿式除尘，决定采用干式除尘。干式除尘有两种方案，一种是布袋除尘器，另一种是静电除尘器。经对布袋除尘器（BDC）和静电除尘器（EP）进行比较，结论如下：

1）BDC 建设投资少，但维修费用高。EP 建设投资高，但维修费用少、作业率高。

2）BDC 对煤气通过的阻损较大，EP 对煤气通过的阻损较小，对能量回收有利。

3）EP 可以承受较高的煤气温度（约 250℃），而 BDC 则以不超过 100℃为宜。

4）与 EP 相配合，由于煤气温度高，TRT 发电量较湿式除尘可多 30%。

为开炉初期或 EP 故障时备用，在高炉除尘器后装设一文氏管（湿法除尘），一文氏管的排水进入原有的高炉煤气洗涤水系统。

（2）高炉煤气余压透平发电（TRT）。3200m$^3$ 高炉采用的透平机为干式轴流反动式，型号为 MAT180D-3 型，发电机端输出为 25000kW。

（3）热风炉余热回收。如前所述，在热风炉烟道上装设有热管式余热回收装置，用废气余热加热热风炉煤气及助燃空气，可加热至 130℃以上，可提高热风炉拱顶温度 50~60℃，相应提高热风炉热效率 3%。

（4）采用电动鼓风机。为德国 GHH 公司生产的 AG120/16RL6 型，设计风量为 7710m$^3$/min，风压 0.48MPa。交流电动机启动时，通常对电网产生很大冲击负荷，因而采用交流变频启动，启动过程中不会产生冲击负荷。

# 3　3200m$^3$ 高炉生产操作实绩

1991 年 10 月 19 日 10：41，武钢 3200m$^3$ 高炉点火送风，10 月 20 日 4：54 出第一炉铁，至今生产已将近10年。开炉后的最初几年，由于焦炉建设进度比高炉晚，焦炭供应不足；高炉设备大都为国产的，某些属于首次制造，故障率高；操作人员掌握新设备需要一个过程等原因，高炉技术经济指标没有达到设计要求。随着国产设备运行过关，操作人员水平提高，新焦炉建成投产，原燃料质量改善，3200m³ 高炉的主要技术经济指见表3。应当指出的是，3200m³ 高炉在长寿方面取得了显著成绩：在这10年中，高炉炉衬不仅没有修过，连小修和喷补都未有过；炉体冷却壁的水管至今仅发现17根损坏漏水，其中4根已穿管通水。预计3200m³ 高炉第一代炉役寿命有可能达到15年，这将是我国第一座最长寿的高炉。

从总体上讲，武钢3200m³ 的建设与生产实践达到了预期的效果。从1991年10月投产至2001年6月累计产铁量已达2066.4136万吨，到2001年10月预计累计产铁量将达2150万吨，高炉单位炉容产铁量将达6720t/m³。预计到2006年10月，累计产铁量可达3375万吨，高炉单位炉容铁产铁量将达10550t/m³，属于国际先进水平。武钢3200m³ 的建设投产，推动了武钢高炉、烧结机和焦炉的技术改造，使武钢炼铁系统的技术装备总体上达到20世纪90年代国际水平。

**表3 3200m³ 高炉的主要技术经济指标**

| 年 份 | 平均日产量 /t·d⁻¹ | 利用系数 /t·(m³·d)⁻¹ | 焦比 /kg·t⁻¹ | 煤比 /kg·t⁻¹ | 焦丁比 /kg·t⁻¹ | 燃料比 /kg·t⁻¹ | 风量 /m³·min⁻¹ | 风温/℃ |
|---|---|---|---|---|---|---|---|---|
| 1991 | 3324.9 | 1.073 | 590.5 | 0 | 0 | 590.5 | 3212 | |
| 1992 | 4534.0 | 1.424 | 533.8 | 31.5 | 9.8 | 575.1 | 4941 | 1034 |
| 1993 | 5485.1 | 1.718 | 486.9 | 69.4 | 17.4 | 573.7 | 5843 | 1088 |
| 1994 | 5485.1 | 1.829 | 471.6 | 77.9 | 15.5 | 565.0 | 5902 | 1130 |
| 1995 | 5791.4 | 1.812 | 478.4 | 82.8 | 16.3 | 577.5 | 6001 | 1133 |
| 1996 | 5012.6 | 1.572 | 478.5 | 79.5 | 22.6 | 580.6 | 5313 | 1075 |
| 1997 | 6658.1 | 2.082 | 429.1 | 99.5 | 30.0 | 558.6 | 6133 | 1136 |
| 1998 | 7004.5 | 2.189 | 412.9 | 108.2 | 32.4 | 553.5 | 6224 | 1130 |
| 1999 | 6911.4 | 2.160 | 405.9 | 120.0 | 29.7 | 555.6 | 6274 | 1125 |
| 2000 | 6991.8 | 2.185 | 398.7 | 122.1 | 22.3 | 543.1 | 6283 | 1102 |
| 2001(1~6月) | 7192.4 | 2.187 | 392.9 | 124.5 | 26.7 | 544.1 | 6244 | 1100 |

| 年 份 | 热风压力 /MPa | 炉顶压力 /MPa | 压差 /MPa | 炉顶温度 /℃ | 入炉品位 /% | 熟料比 /% | [Si] /% | [S] /% | $CaO/SiO_2$ |
|---|---|---|---|---|---|---|---|---|---|
| 1991 | 0.234 | 0.104 | 0.130 | 126 | 53.80 | 80.4 | 0.975 | 0.022 | 1.04 |
| 1992 | 0.297 | 0.152 | 0.145 | 205 | 55.19 | 77.2 | 0.700 | 0.020 | 1.03 |
| 1993 | 0.342 | 0.187 | 0.155 | 206 | 57.89 | 88.3 | 0.612 | 0.020 | 1.07 |
| 1994 | 0.346 | 0.191 | 0.155 | 184 | 57.97 | 92.8 | 0.611 | 0.019 | 1.09 |
| 1995 | 0.345 | 0.188 | 0.157 | 177 | 57.91 | 88.7 | 0.623 | 0.021 | 1.11 |
| 1996 | 0.312 | 0.168 | 0.144 | 180 | 57.76 | 89.3 | 0.640 | 0.022 | 1.11 |
| 1997 | 0.356 | 0.199 | 0.157 | 166 | 57.91 | 87.2 | 0.602 | 0.021 | 1.13 |
| 1998 | 0.361 | 0.207 | 0.154 | 168 | 58.36 | 87.7 | 0.572 | 0.016 | 1.09 |
| 1999 | 0.364 | 0.210 | 0.154 | 185 | 58.52 | 87.3 | 0.548 | 0.016 | 1.09 |
| 2000 | 0.357 | 0.208 | 0.149 | 184 | 58.67 | 87.7 | 0.520 | 0.019 | 1.08 |
| 2001(1~6月) | 0.353 | 0.201 | 0.152 | 207 | 58.87 | 88.02 | 0.496 | 0.022 | 1.11 |

## 4 问题讨论

### 4.1 我国高炉大型化问题

原来担心我国铁矿石、焦炭质量差，妨碍高炉大型化的问题，现在看来，实际上只是焦炭质量有问题。我国生铁产量居世界首位，而铁矿石金属铁的蕴藏量居世界第8位，钢铁工业规模与铁矿石蕴藏量十分不适应，钢铁工业利用国内与国外两类资源已是定局。2000 年我国进口铁矿石量已近 7000 万吨，预计在 2005 年将达 1 亿吨。进口铁矿石含铁品位高，国内矿山在提高品位方面也在努力，入炉料含铁品位低的矛盾将会缓解。武钢 3200m$^3$ 高炉用的焦炭全是国内煤生产的，历年来焦炭质量变化见表 4。表 4 所列的焦炭质量指标，国内大部分钢厂都可以做得到。由此可以认为，国内高炉大型化到 3000m$^3$ 级应当是可行的。对我国高炉炼铁来讲，提高国际市场竞争力的主要对策之一就是高炉结构的重组，实现炼铁生产的集约化。根据具体条件，推行高炉大型化，减少高炉座数，提高劳动生产率，减轻环境负荷，是我国钢铁工业进入 21 世纪技术改造的主要任务之一。应当根据生产规模确定钢铁厂高炉的炉容，钢铁厂高炉座数可以 2~3 座为佳，最多以 4 座高炉为限。推行高炉大型化，不仅有利于提高劳动生产率，有利于提高铁水温度，对炼钢有好处，而且对减轻环境负荷有利，因为多一座高炉就多一个污染源。我国炼焦煤资源的质量不如某些工业发达国家，实践证明，经过选煤方面的改进是可以满足建设 3000m$^3$ 级高炉要求的。我国炼焦工艺装备，大部分落后，在工艺改进上提高焦炭质量还有很大空间。我国经过“十五”和“十一五”的技术改造，建立起以 2000~3000m$^3$ 高炉为主力的炼铁高炉结构完全是可以做到的。这对增强我国钢铁工业的总体竞争力将起到重要作用。

**表 4　3200m$^3$ 高炉用焦炭质量指标**　（%）

| 年　份 | 灰　分 | 硫 | $M_{40}$ | $M_{10}$ |
|---|---|---|---|---|
| 1991 | 13.88 | 0.50 | 78.5 | 7.8 |
| 1992 | 13.57 | 0.52 | 79.5 | 7.6 |
| 1993 | 13.30 | 0.52 | 80.5 | 7.5 |
| 1994 | 13.50 | 0.52 | 79.6 | 7.8 |
| 1995 | 13.22 | 0.52 | 79.4 | 7.5 |
| 1996 | 13.25 | 0.51 | 79.3 | 7.6 |
| 1997 | 13.01 | 0.54 | 78.8 | 7.5 |
| 1998 | 12.82 | 0.50 | 78.8 | 7.4 |
| 1999 | 12.42 | 0.50 | 81.4 | 6.8 |
| 2000 | 12.24 | 0.48 | 81.8 | 6.8 |
| 2001（1~6 月） | 12.23 | 0.49 | 81.6 | 7.1 |

注：$M_{40}$，$M_{10}$—1991 年为 5、6 号焦炉，1992~1999 年为 5、6、7 号焦炉，2000 年以后为 5、6、7、8 号焦炉的指标。

### 4.2　我国高炉长寿问题

武钢 3200m$^3$ 高炉的实践证明，我国高炉是可以做到一代炉役寿命（不中修）10 年以上，而且有可能达到 15 年。这里讲的长寿，是高炉稳定高产的寿命周期，而不是靠“特护”——花费大量人力物力的延长寿命特殊维护而换来的寿命周期。应当认为，长寿是高炉炼铁走向可持续发展的第一步。高炉长寿是为了降低人力物力消耗，如果靠消耗大量人力物力来延长高炉寿命，这样的长寿是不符合可持续发展要求的。武钢 3200m$^3$ 高炉一代炉役寿命（不中修）达到 10 年以上的事实表明，我国大型高炉依靠我国的技术和装备是可以实现长寿的。对于我国高炉结构重组和实现大型化，这是十分重要的技术支撑。高炉大型化以后，一个钢厂的高炉座数将减至 2~3 座，一座高炉大修将使钢厂产量减少 1/3~1/2，这时的最佳选择只能是力求高炉长寿。现在看来，利用现有技术使我国高炉一代炉役寿命（不中修）达到 10~15 年是有把握的。有人提出问题：有没有必要将高炉一代炉役寿命（不中修）延长到 20~25 年？20 世纪末叶，钢铁工业技术进步非常迅速，相当多的炼铁新技术必须利用高炉大修机会实现。高炉一代炉役寿命 20 年以上，则意味着 20 年技术不更新，从技术进步的这个观点来看是不可取的。

### 4.3　高炉炼铁如何走向可持续发展

20 世纪科学技术进步推动了人类社会的工业化进程，大规模生产创造了空前丰富的工农业产品，人类社会生活水平空前提高。大规模生产必然大量消耗自然资源，并排放大量废弃物和垃圾，这对人类的生活环境造成危害。人们认识到人类赖以生存的地球只有一个，自然资源是有限的。人类社会要想持续地延续下去，人类必须学会与地球和谐相处，于是提出了人类生产和消费必须走可持续发展道路。

21 世纪世界钢铁工业将继续发展，钢产量将继续增长。为了不再增加对地球环境的负荷，必须努力减少钢铁工业的资源消耗，对流程中的排出物实行无害化、再资源化，首先要做到的是对人类社会无害化，实现清洁生产，进而使钢铁工业成为绿色的先进制造业。

在 21 世纪，高炉炼铁走向可持续发展的重要步骤就是降低资源消耗（包括能源消耗）。高炉长寿，降低了人力消耗和物力消耗，提高了高炉有效利用率，因而是高炉炼铁走向可持续发展的重要一步。高炉进一步地节约能源和降低能耗，将是 21 世纪高炉炼铁技术进步的重要课题。目前，燃料比在先进高炉上已降到 450~500kg/t，如能把燃料比降到 450kg/t 以下，则全世界高炉排出的温室气体 $CO_2$ 将减少 1 亿吨以上，这将是对改善地球环境的重要贡献。对我国钢铁工业来讲，首先要在节能降耗的基础上实现清洁生产，并将钢铁工业逐步纳入可持续发展道路，这是 21 世纪我国钢铁工业技术进步的主旋律。

## 5 展望

武钢 3200m$^3$ 高炉投产 10 年来的实践表明，这项建设工程发挥了预期的作用，达到了设计的技术经济指标，应当认为是成功的。但是实践中，也显露了所确定的技术方案有不足之处，有待改进和提高。2001 年投产的武钢 1 号高炉（2200m$^3$）在大修改造中对某些方面已作出改进。我们期望 1 号高炉能成为新一代的长寿高炉，而且能成为高效、优质、低耗、环境负荷小的新型高炉。

（原载《炼铁》，2001，20（增刊）：2~7）

# 武钢炼铁技术进步50年

熊亚飞　于仲洁　李怀远

## 1　武钢炼铁技术进步50年历程概述

1958年9月13日武钢炼铁厂1号高炉出铁，在武钢建设史上揭开了崭新的一页。1号高炉投产50年以来，虽然武钢炼铁生产走过了漫长而曲折的道路，但在技术发展方向上是前进的。从技术层面讲，50年来武钢炼铁的技术进步可划分为4个阶段：引进消化原苏联炼铁技术阶段、自主发展阶段、引进消化国际先进技术阶段和自主集成创新阶段。

### 1.1　引进消化原苏联炼铁技术阶段

1.1.1　武钢高炉投产时的技术水平

武钢建设项目是“一五”期间原苏联援建我国的“156项”重点项目之一。炼铁一期工程设计建设1386m$^3$高炉2座，并留有二期续建2座高炉的场地。设计工作由原苏联列宁格勒黑色冶金设计院总负责，技术和主要设备由原苏联提供。设计的高炉有效容积利用系数1.49t/(m$^3$·d)，日产2070t，2座高炉的年产量147万t。高炉炉顶压力设计值0.15MPa，配置内燃式热风炉3座，设计风温1100℃。采用料车式装料系统，炉顶为马基式旋转布料器，矿槽下装料采用称量车。炉体结构，炉腹以下为铸铁冷却壁，炉身为铸铁冷却壁加支梁式冷却箱。综合炉底采用炭砖和高铝砖，炉底厚度5600mm。炉缸为大块炭砖，砌至渣口下沿，以上为粘土砖。上料系统采用继电器逻辑控制电气自动化系统。监测仪表多是自动记录的，有的是自动控制的（如热风温度）。与我国当时的高炉技术装备相比，武钢高炉在技术上提高了一个台阶。当时苏联的炼铁技术在国际上属于领先水平，向武钢提供的技术是当时世界上最新的技术。

1.1.2　投产初期高炉未达到设计指标的原因

尽管武钢高炉的装备水平先进，但熟练掌握设备性能有个过程，加上原燃料质量较差和其他客观条件限制，高炉投产后较长时期未达到设计指标。首先，武钢的生产技术骨干是从鞍钢成建制调来的，对引进的技术装备并不熟悉，有个学习掌握的过程。另外，原燃料质量较差对高炉生产组织和指标水平带来了很大的影响。当时设计的高炉炉料结构是100%自熔性烧结矿。由于烧结厂建设滞后，1958年投产的1号高炉和1959年投产的2号高炉全部使用块矿。1959年底烧结厂投产后，因冷却盘技术不过关，烧结矿质量差、粉末多，仍采用部分块矿入炉。原设计中未安排矿石混匀场，铁矿石全部从矿山用火车运来直供，矿石成分波动大，炉料质量不稳定，高炉难以正常生产。1962年以后，我国经济进入调整时期，高炉大幅减产，低冶炼强度操作，两座高炉的产量控制在1座高炉设计产量的水平。1965年，国家经济形势开始好转，高炉产量提高。到1966年上半年，武钢2座高炉才达到设计生产能力，从1958年9月13日1号高炉投产算起经历了7.5年。

1966年开始的10年文化大革命期间，武钢的2座高炉又陷入半停产状态，大部分时间只有1座高炉维持生产，封炉频繁，生产处于混乱状态。

### 1.2　自主发展阶段

原苏联向武钢提供的最新技术，存在一些没有解决的技术难题。20世纪60—80年代，武钢为解决这些问题在炼铁前工序做了大量的工作，取得了显著的成效。

（1）改进大冶铁矿氧化矿浮选工艺，降低了铁精矿的铜含量，提高了铁精矿的产量，使高炉生铁含铜量降低。

（2）弄清了武钢烧结矿布料反常的原因。布料反常是由于烧结矿粒度小，在料钟布料时一次形成的，这为武钢高炉炉顶调剂提供了依据。

（3）改造烧结机冷却盘，用带式冷却机取代冷却盘，解决了一烧车间烧结机的冷却难题，提高了入炉烧结矿的质量。

（4）在高炉矿槽下实施烧结矿入炉前过筛，筛除小于 5mm 的粉末，大幅度提高炉料的透气性，为高炉提高冶炼强度打下了基础。

（5）利用库存的 1513m$^3$ 高炉的主要设备，建成我国当时容积最大的 2516m$^3$ 的 4 号高炉。在 4 号高炉建设之前，我国没有 2000m$^3$ 以上的高炉。4 号高炉是依靠国内技术独立设计建造的，从技术层面看，属于武钢一期炼铁项目同一水平。

（6）确立了高炉的基本造渣制度。武钢入炉铁矿石含硫量高、$Al_2O_3$ 含量高，为改善炉渣的流动性和脱硫能力，经过试验研究，将高氧化镁渣作为高炉的基本造渣制度。

（7）采用风口喷吹技术。20 世纪 60 年代，首先进行喷吹沥青试验，以后改为喷吹重油，从 20 世纪 80 年代起改为全部喷吹煤粉。

（8）20 世纪 80 年代初，进行高碱度烧结矿高炉冶炼试验，取得良好效果。试验后，将武钢的炉料结构确定为高碱度烧结矿配酸性块矿。

（9）开展高炉炉体破损调查和高炉长寿的探索，包括炉体冷却结构改进、耐火材料改进、炉体各部分侵蚀损坏机理的研究等。

经过这一时期的自主技术发展，到 20 世纪 80 年代中期，武钢 4 座高炉年产量超过 400 万 t，比原设计一、二两期的 300 万 t 高 100 万 t 以上。但从技术层次上看，武钢的高炉炼铁技术总体上仍处于 20 世纪 60 年代的国际水平。

## 1.3 引进消化国际先进技术阶段

### 1.3.1 武钢 5 号高炉的建设

1980 年武钢 1700mm 轧机系统全部进入试生产，1981 年接受国家验收。为解决新、老工序不相适应的矛盾，20 世纪 80 年代武钢对炼钢以前工序进行了一系列改造。改造后武钢的炼铁系统虽有较大进步，但与国际水平相比仍有较大差距。80 年代末，利用武钢将生产规模扩大到钢、铁年产量 700 万 t 的机会，建设了 1 座 3200m$^3$ 高炉。该高炉采取多项炼铁有关的先进技术，如无钟炉顶、内燃式热风炉陶瓷燃烧器、软水全密闭循环冷却系统、环形出铁场、炉顶余压煤气发电（TRT）、高炉煤气干法除尘、炉渣炉前粒化装置（INBA）、电动交流变频鼓风机、高炉炉况监控计算机系统、炉前电除尘等。上述技术中除炉前电除尘是武钢自行开发的以外，其他技术均是从国外引进的。该高炉（后命名为 5 号高炉）设计由国内完成，引进技术由武钢负责集成，其设计目标是年产量 224 万 t，一代利用系数 2.0t/(m$^3$ · d)，一代炉龄寿命 10~12 年（不中修），焦比 450kg/t，喷煤比 100~120kg/t。武钢 5 号高炉于 1991 年 10 月 19 日建成投产。

### 1.3.2 武钢炼铁系统的技术改造

5 号高炉投产带动了武钢炼铁系统的技术改造。工业港建成了混匀料场，供烧结厂与炼铁厂的矿石全部改为皮带机运输。焦化厂开始建设 6.0m 高的焦炉，该焦炉是在引进日本 6m 焦炉的基础上国产化的。建设 435m$^2$ 烧结机，该烧结机是在引进日本 450m$^2$ 烧结机的基础上国产化的。对 4 台 90m$^2$ 的烧结机进行改造，改为 1 台 360m$^2$ 烧结机。这些技术改造项目的完成使炼铁原燃料水平有了明显的改善。

5 号高炉的技术装备与原来的 4 座高炉相比上升了一个大台阶。5 号高炉投产后第一个问题是使设备运转正常，而掌握新设备需要一个过程。与 3200m$^3$ 高炉配套的 6m 焦炉的建设滞后，当时焦炭日供应量只有 2000~2500t。因为设备问题较多和原燃料质量影响，5 号高炉投产后最初几年日产水平只能维持在 5000t/d 左右，在 1995 年以后才超过其设计指标。

引进技术在 3200m$^3$ 高炉上应用后取得了预期的效果，在 1996 年以后大修的武钢高炉上，这些先进技术得到了推广应用。如 1996 年大修的 4 号高炉和 2001 年大修的 1 号高炉，均取得了良好的效果。

### 1.4 自主集成创新阶段

20世纪70年代以来，武钢对高炉长寿技术进行了系统的研究。通过对大中修高炉的多次破损调查，对高炉炉体侵蚀机理及延长寿命的措施有了较深刻的认识。到2001年，5号高炉生产了10年，在未经中修（连喷补也未有过）的情况下，炉体仍十分完好。当时预计，5号高炉一代炉龄可能超过15年。在综合分析研究后认为：将已掌握的先进长寿技术综合运用和改进，并进行技术集成，有可能建成具有武钢特色的既长寿又高产的大型高炉。新长寿高炉的设计目标是：一代寿命（不中修）20年以上，一代炉龄单位容积产铁15000t以上，一代炉龄（按日历时间）容积利用系数2.0t/($m^3$·d)以上。根据以上目标建成的武钢7号高炉，于2006年6月28日投产。7号高炉除采用了5号高炉、6号高炉的先进技术外，还采用了烧结矿分级入炉技术和以下高炉长寿技术：衬砖镶入冷却壁的薄壁炉身结构，炉缸盛渣铁区域采用铸铜冷却壁和高导热率的超微孔炭砖，炉底厚度减薄至2800mm，炉缸炭砖壁厚减至1000~1200mm等。考虑高炉一代炉龄延长到20年后大修工期长，对全公司生产影响大，高炉大修工期有必要缩短到60天以内，为此在7号高炉的设计中预留了今后大修实施模块安装的必要装置。7号高炉的设计符合钢铁工业可持续发展的大方向。

为了提高高炉强化冶炼水平，2004年在6号高炉上进行了强化冶炼工业试验，取得了初步成果。2007年，7号高炉也开展了强化冶炼试验，月平均的日产生铁量达到9000t/d，利用系数单月达到2.940t/($m^3$·d)，全年累计达到2.660t/($m^3$·d)，为目前国际领先水平。如果武钢能把原燃料供应保证体系建立起来，认真实施精料方针，7号高炉达到的水平有可能变为所有高炉长期保持的水平。建立原燃料供应保证体系还有很多工作，有待今后继续努力改进。

## 2 武钢炼铁重大技术进步项目

武钢高炉投产50年来炼铁技术进步涉及诸多方面，对生产水平提高作用突出的主要项目有：烧结矿槽下过筛，高氧化镁渣冶炼，5号高炉建设中广泛采用的新技术、新工艺，高炉长寿技术，喷煤技术以及高炉强化冶炼技术等。

### 2.1 烧结矿槽下过筛的技术改造

武钢高炉生产的前20年，技术经济指标一直很落后，生产情况最好的1966年高炉年平均利用系数也只有1.407t/($m^3$·d)。武钢高炉指标长期落后有多方面的原因，但最根本的是炼铁原燃料质量差，尤其是烧结矿的强度差、粉末含量高。高炉使用这种强度差、粉末多的烧结矿，料柱透气性恶化，1970—1977年期间武钢高炉平均冶炼强度只有0.547t/($m^3$·d)。为了改善料柱透气性，提高炼铁生产水平，从20世纪70年代末起，武钢开始进行高炉槽下烧结矿过筛的技术改造。

#### 2.1.1 烧结矿过筛的必要性

烧结矿过筛是国内外高炉普遍采用的技术，而对武钢则显得更为重要。首先，武钢高炉工作者在20世纪六七十年代通过研究发现了武钢高炉“布料反常”的规律。在烧结矿粉末含量高、平均粒度小、堆角小的情况下，高炉装料制度对煤气流影响的规律与常规不同。武钢高炉生产实践表明，要维持炉况顺行，只能采用小料批、倒装为主的装料制度，大料批、正分装等装料制度没有条件采用。在这种操作制度下，煤气利用率低、焦比高，炉衬易被烧损，根本无法实现高炉的高产、低耗和长寿。

武钢实施高炉槽下过筛还有一个原因。由于前苏联提供的烧结矿冷却技术不过关，依靠在皮带上喷水冷却，造成烧结矿强度差、粉末含量高。烧结矿转运次数多、路径长，在矿槽内进一步粉化，入炉时小于5mm的高达30%。只有进行高炉槽下过筛，才能根本解决入炉烧结矿粉末多的问题。

#### 2.1.2 烧结矿槽下过筛的实现

1973年炼铁厂完成了烧结矿槽下过筛的设计，利用1974年4号高炉中修机会安装了烧结矿过筛设备。因当时返矿通廊未建好，冷返矿不能返回烧结车间，安好的筛分设备无法按期投入使用。1977年10—11月期间，具备了烧结矿过筛的条件，3号、4号高炉的过筛系统相继投入生产，此后烧结矿槽下过筛逐步推广到1号和2号高炉。

2.1.3 改进过筛工艺，提高筛分效率

1977年10月—1982年6月，武钢所有高炉实现了烧结矿槽下过筛。这一阶段的问题是，筛子数量少，设备故障多，过筛率只有50%左右。另外，料层太厚，加上筛孔结构不合理，过筛不干净，筛分效率较低。

针对以上问题进行了改进。1982年增加筛子数量，并改多台筛子同时筛料，降低过筛料层厚度，提高筛分效率，使过筛量在1982年提高到85%以上。其次是改进筛孔结构，将筛孔由人字形改为一字形，并采用铸造筛网代替用钢板冲制的筛网，提高耐磨性，以延长筛网使用寿命。另外推广了在振动筛上安装振动给料器的先进经验，控制给料速度为1.5t/min，进一步提高了振动筛的效率。通过上述改进，到1985年，烧结矿过筛率达到95%以上，筛分效率也明显提高。

2.1.4 高炉槽下过筛工艺的效果

由于实现了高炉槽下过筛，降低了烧结矿的含粉量，提高了烧结矿的平均粒度，有利于提高高炉料柱的透气性。1987年与1979年相比，入炉烧结矿小于5mm的减少13.41%，小于10mm的减少19.81%，而10~25mm的增加14.99%，平均粒径增加了4.33mm。

武钢炼铁生产指标从1981年以后持续改善。1982年生铁产量为305万t，1987年增长到445.79万t，其间平均年增长率为9.3%；综合焦比1982年为560.9kg/t，1987年降低至524kg/t，平均每年降低3.38kg/t。上述指标进步是在入炉品位改善不大的情况下取得的，除其他因素外，实现高炉槽下烧结矿过筛，过筛工艺逐步完善，入炉烧结矿粉末逐年减少是一个关键因素。

在炼铁厂不断完善槽下过筛工艺的同时，烧结厂的技术改造和烧结工艺的进步也取得了重大进展：高碱度烧结矿的采用，优化了高炉炉料结构；1980年一烧车间冷却系统改造，采用冷却面积为126m$^2$的链带式冷却机，使成品温度降至100℃，成品烧结矿不再打水冷却；1984年三烧车间实现了铺底料和成品整粒工艺，改善了烧结矿的粒度组成等。

## 2.2 高氧化镁渣冶炼

2.2.1 投产初期武钢高炉渣的特点

武钢高炉投产初期，含铁炉料主要由大冶矿区的铁矿石组成，矿石中$w(Al_2O_3)$较高，炉渣中$w(Al_2O_3)$一般为14%~15%。这种炉渣粘度大，高炉下部区域料柱透气性差，影响高炉冶炼强化。此外，炉前清渣困难，风口、渣口易破损，炉前工作十分繁重。为了提高生铁合格率，高炉渣的碱度较高，一般在1.15~1.20的范围内。这种高碱度炉渣的粘度和熔化温度在炉渣温度和成分波动时不稳定，对高炉冶炼低硅、低硫生铁和炉况顺行都有不利影响。

2.2.2 高氧化镁渣的研究和工业试验

（1）20世纪60年代的研究工作

20世纪60年代中期，武钢钢铁研究所炼铁研究室为改善造渣性能开展了系统的实验研究工作。首先通过国外文献调研，选定将高氧化镁渣作为研究方向；此后筹建了炉渣实验室，进行半合成渣的粘度、熔化温度等性能的测定工作。根据实验研究结果，炉渣中$w(MgO)$从4%提高到10%，其流动性明显改善，并具有稳定性好和实际脱硫能力高等优点。到60年代末期，武钢的炼铁工作者包括研究人员和生产人员，对采用高氧化镁渣冶炼取得了统一的认识。

（2）高氧化镁渣工业试验

1972年9月，在2号高炉首次进行了提高炉渣MgO含量的工业试验。提高炉渣$w(MgO)$的途径是在烧结料中配入部分白云石熔剂。烧结矿中$w(MgO)$达到2.5%~3.0%，炉渣中$w(MgO)$由试验前的5.0%~6.0%提高到9.0%~10.0%。利用生产数据计算了采用高氧化镁渣前后炉渣的实际脱硫能力。计算结果表明，炉渣实际脱硫能力与平衡状况下脱硫能力的比值由试验前的45.6%提高到67.5%。根据生产数据统计，在碱度$w(CaO)/w(SiO_2)$值基本稳定的情况下，当$w(MgO)$由6%以下提高到10%~11%时，表示炉渣脱硫能力的奥尔逊指数从30左右提高到60以上。提高炉渣$w(MgO)$的工业试验取得了成功。

（3）高氧化镁渣在生产中的应用

采用高氧化镁渣冶炼明显提高了生铁合格率，并有利于炉况顺行，减少风口、渣口的破损。从1973年起，第一烧结车间和第三烧结车间的烧结矿及第二烧结车间的球团矿都开始配入部分白云石熔剂，所有高炉实现了高氧化镁渣冶炼。

在配入白云石熔剂以前，烧结矿中 $w(MgO)$ 2%左右，相应的高炉渣中 $w(MgO)$ 约5%。当 $w(MgO)$ 增加到3.5%~4.0%时，烧结矿转鼓指数升高2%~3%，成品率提高5%~6%，还原后小于5mm的粉末量减少约3%，生产率也趋于升高。从武钢当时的研究和实践结果看，烧结矿中 $w(MgO)$ 的上限以4.5%为宜，在这种情况下，炉渣中 $w(MgO)$ 为11%左右。

在采用高氧化镁渣以前，1971—1972年间高炉渣碱度一般为1.03~1.05。由于当时冶炼强度低，炉缸不活跃，炉渣性能欠佳，脱硫能力很低，生铁合格率仅为87.4%~86.4%。在采用高氧化镁渣冶炼后的1973年，尽管炉渣碱度降低到1.02，生铁合格率却提高到98.47%，充分证实了高氧化镁渣在改善生铁质量方面所起的作用。此后一段时间，对维持一定的碱度有所忽视，在1975—1976年间炉渣碱度一度降到0.91~0.89，使生铁合格率又一次下跌到92.80%~91.33%。1978年起，纠正了过低的炉渣碱度 $w(CaO)/w(SiO_2)$ 0.9左右操作，$w(CaO)/w(SiO_2)$ 恢复到1.03，生铁合格率提高到99.91%，创造了生铁合格率的历史最好水平。

炉料硫负荷逐年降低对改善生铁质量也起了重要作用。1961—1976年，武钢高炉炉料的硫负荷为6~9kg/t，1977年以后由于炉料结构变化，澳大利亚矿等低硫矿配比增加，加上焦比降低，硫负荷降到了5kg/t以下。从1978年起，生铁 $w(S)$ 降到0.03%以下，生铁 $w(Si)$ 逐步降低，生铁质量的改善为“一米七”各厂产品质量升级提供了良好条件（见表1）。

**表1　1961—1987年期间武钢高炉的生铁成分和炉渣碱度**

| 年份 | 合格率/% | 生铁成分/% | | 炉渣碱度 |
|---|---|---|---|---|
| | | $w([Si])$ | $w([S])$ | |
| 1961 | 92.23 | 0.885 | 0.046 | 1.180 |
| 1962 | 98.52 | 1.021 | 0.030 | 1.160 |
| 1963 | 99.09 | | | 1.140 |
| 1964 | 99.50 | 0.850 | 0.038 | 1.140 |
| 1965 | 99.09 | 1.007 | 0.042 | 1.110 |
| 1966 | 99.36 | 0.777 | 0.039 | 1.145 |
| 1967 | 97.39 | 0.833 | 0.040 | 1.135 |
| 1968 | 85.75 | | | |
| 1969 | 82.94 | 0.928 | 0.040 | 1.060 |
| 1970 | 87.10 | 0.855 | 0.051 | 1.030 |
| 1971 | 81.40 | 0.844 | 0.053 | 1.030 |
| 1972 | 86.40 | 0.884 | 0.044 | 1.050 |
| 1973 | 98.47 | 0.808 | 0.034 | 1.020 |
| 1974 | 95.83 | 0.955 | 0.038 | 0.900 |
| 1975 | 92.8 | 0.853 | 0.044 | 0.910 |
| 1976 | 91.33 | 0.946 | 0.049 | 0.890 |
| 1977 | 92.40 | 0.895 | 0.047 | 0.920 |
| 1978 | 99.71 | 0.632 | 0.026 | 1.030 |
| 1979 | 99.96 | 0.647 | 0.022 | 1.050 |
| 1980 | 99.99 | 0.695 | 0.024 | 1.050 |

续表 1

| 年份 | 合格率/% | 生铁成分/% | | 炉渣碱度 |
|---|---|---|---|---|
| | | $w$([Si]) | $w$([S]) | |
| 1981 | 100.00 | 0.737 | 0.023 | 1.020 |
| 1982 | 99.98 | 0.694 | 0.022 | 1.000 |
| 1983 | 100.00 | 0.661 | 0.023 | 1.020 |
| 1984 | 100.00 | 0.634 | 0.021 | 1.020 |
| 1985 | 100.00 | 0.650 | 0.021 | 1.020 |
| 1986 | 99.99 | 0.616 | 0.022 | 1.030 |
| 1987 | 100.00 | 0.508 | 0.022 | 1.04 |

## 2.3 武钢 5 号高炉建设

### 2.3.1 5 号高炉的建设背景

20 世纪 80 年代后期，武钢年产生铁量已达 470~480 万 t，为实现年产钢铁“双七百”万 t 的规模，需新增生铁 220~230 万 t。武钢为此决定新建 1 座年产 220~230 万 t，有效容积 3200m$^3$ 的大型高炉（5 号高炉）。与 5 号高炉建设配套，焦化厂新建 6m 焦炉 2 座，对烧结厂三烧车间进行技术改造，改进了环冷机、整粒和铺底料系统，并新建 435m$^2$ 烧结机 1 台。5 号高炉技术方案的基本原则是：力求炉型选择和总体布局合理，广泛采用 80 年代以来国内外高炉炼铁新技术，使新技术发挥综合效应，弥补国产原燃料质量上的不足，使 5 号高炉在技术总体上达到国际先进水平。

### 2.3.2 5 号高炉的设计特点

5 号高炉的原燃料是使用国产焦煤炼制的冶金焦和以国内矿为主生产的烧结矿。与国外多数大型高炉不同，武钢 5 号高炉所用的焦炭强度低、灰分高，入炉矿石品位低、渣量大，冶炼条件不利。在炉型设计时考虑了上述因素，高度不宜太高，将炉缸加高、炉腹加大以适应渣量大的情况。高炉有风口 32 个，铁口 4 个，不设渣口。另外，根据武钢的研究和实践经验，设计中采用了一系列自行开发的高炉长寿技术。

### 2.3.3 5 号高炉采用的新技术

（1）PW 无料钟炉顶

在 5 号高炉建设以前，武钢高炉均为双钟炉顶，炉顶压力一般 0.13~0.14MPa。为将炉顶压力提高到 0.20MPa 以上，且对调节炉顶布料有较高的灵活性，决定引进 PW 并罐式无料钟炉顶。炉顶有 2 个并列布置的 70m$^3$ 料罐，上、下密封阀和料流调节阀为液压驱动，采用比例阀控制料流。传动齿轮箱采用水冷氮气密封。布料溜槽长度 4m，旋转速度 8r/min，倾动速度 1.6°/s，溜槽工作倾角 2°~53°。用 PLC 控制布料，可按环形、螺旋形、扇形及定点布料。为监测炉料分布，除常规仪表外，炉顶还装设了水平取样器和红外线摄像仪。

（2）内燃式高风温热风炉

5 号高炉配置 4 座内燃式高风温热风炉，因当时外燃式高风温热风炉的造价比内燃式的高 20%左右，占地面积也较大。为达到 1200℃的高风温，在设计时考虑了以下措施：①使用混合煤气（高炉煤气 90%+焦炉煤气 10%）提高煤气热值；②利用热风炉废气对燃烧煤气和助燃空气进行预热；③采用眼睛式燃烧室和霍戈文式矩形陶瓷燃烧器，以确保煤气和助燃空气的均匀混合和燃烧，以提高拱顶温度；④4 座热风炉采用交叉并联的送风制度等。

（3）喷吹煤粉

高炉采用无烟煤喷吹，平均喷吹量 100kg/t，最大喷吹量为 120kg/t。喷吹系统按武钢自行开发的串罐式喷煤塔设计，用 PLC 控制。喷煤塔共 4 个，每个塔可供 8 个风口，喷煤量可达 32t/h。

（4）高炉长寿技术

①水冷全炭砖薄炉底。水冷全炭砖薄炉缸炉底在 1970 年建设武钢 4 号高炉时首先采用，取得很好的

长寿效果，5号高炉仍采用这种结构。炉底为2层1200mm炭砖立砌，其上为2层400mm的高铝砖保护层，炉底总厚度3200mm。炉底以下为水冷管。在炉缸、炉底交界处的异常侵蚀区砌筑7层法国AM102型微孔炭砖。

②全立式冷却壁结构。20世纪六七十年代，武钢高炉炉身中下部冷却多采用支梁式水箱，炉身寿命很短。80年代中期，武钢自行开发了球墨铸铁冷却壁，其强度和延伸率均达到当时国际先进水平。5号高炉建设时决定炉体冷却采用全冷却壁结构，这是国内首次采用。

从炉底到炉喉保护板共有17段立式冷却壁。炉底1段至炉缸4段采用光面冷却壁，以利于炉底、炉缸散热。5~17段为镶砖冷却壁。5段为炉腹区域，热负荷最高，冷却壁易烧坏，该区域的镶砖冷却壁为双层水冷管结构，靠炉内一层为4根垂直水冷管，外层为蛇形管。8段炉腰以上至炉身中上部，考虑镶砖冷却壁支撑炉衬作用，分别采用了双排和单排水冷管带凸台的结构。

炉身下部及炉腹靠近冷却壁砌一层$Si_3N_4$结合的SiC砖，厚度575mm；炉身中部以上为磷酸浸渍粘土砖，厚度575mm；炉身及炉腰砖衬表面有55~70mm的喷涂料加以保护。

③软水密闭循环冷却系统。作为高炉长寿的一项重要措施，5号高炉引进了软水密闭循环冷却系统。该系统具有不结垢、无污染、冷却强度高、冷却效果好、泄漏少、运行可靠等优点。5号高炉软水密闭循环冷却系统由3部分组成：（a）冷却壁循环系统，水压0.83MPa，水量4410$m^3$/h；（b）风口（包括二套）、热风炉的热风阀系统，高压1.70MPa，水量1100$m^3$/h；中压1.08MPa，水量750$m^3$/h；（c）炉底水冷管循环系统，水压0.45MPa，水量450$m^3$/h。软水密闭循环冷却系统携带的热量经板式换热器传给净化水冷却系统。该系统补水量约为总循环水量的3%。

④炉衬监测。炉体侵蚀状况除用炉身砖衬温度和炉底砖衬温度监测外，还设有冷却壁水温差和热负荷检测。热负荷的监测和控制对于维护合理炉型、实现高炉长寿是很重要的措施。

（5）渣铁处理及炉前环境技术

①环形出铁场。为减轻炉前劳动强度和改善工作环境，5号高炉采用了直径为80m的环形出铁场，4个铁口按夹角90°均匀分布。设有两台多功能环形桥式吊车，吊车作业面可达整个出铁场的90%以上。环形出铁场一侧有坡道，汽车可直接上炉台。为改善炉前工作环境，消除出铁场的烟尘和减少热辐射对人的危害，在主铁沟、砂口、铁沟、渣沟、摆动流嘴上加盖，并进行抽风。在铁口处的风口平台下两侧还设有吸风口，极少量未抽走的烟尘可通过出铁场屋顶的气楼自然抽风排除。

②炉前炉渣粒化。为了避免炉前冲水渣对环境的污染，提高炉渣粒化系统的作业率，减少维修费用，5号高炉引进了INBA炉渣粒化系统。炉渣粒化系统配备两套，一套供两个铁口，设计平均渣流量为3t/min，最大8t/min，粒化水消耗量为5.2~10.0t/t渣，作业率为97%。水渣经转鼓过滤后用皮带运至堆渣场，再用抓斗吊车装车。在每套INBA装置旁各设1个750$m^3$干渣坑，作为INBA系统故障和检修时备用。

③炉前静电除尘。在建设5号高炉之前，4号高炉炉前除尘采用布袋除尘器。布袋易粘灰，阻力大，除尘效果差，检修比较困难。为改善炉前工作条件，5号高炉炉前除尘采用了静电除尘。炉前除尘器设抽风机两台，224$m^2$电除尘器两台，电除尘器排出风的粉尘浓度低于50mg/$m^3$，达到了环境标准的要求。

（6）节能技术

为了减少占地和有利于能源回收，5号高炉采用干式电除尘煤气清洗系统。设计工作温度范围80~300℃，阻力损失2~2.5kPa，出口煤气含尘量10mg/$m^3$以内。考虑到开炉初期和出现故障时不能用电除尘，在重力除尘器后设有一文氏管（湿法除尘）作为备用，一文氏管排水进入原有的高炉煤气洗涤水系统。为了回收炉顶煤气余压能源，配有TRT高炉煤气余压发电装置，其装机容量为25000kW。

为了提高热效率和热风温度，5号高炉热风炉烟道上装设有热管式废气余热回收装置，用废气余热加热热风炉煤气及助燃空气，使其温度达到130℃以上。可相应提高热风炉拱顶温度50~60℃，提高热风炉效率3%。

（7）电动鼓风机交流变频启动

由于场地所限，5号高炉采用了电动鼓风机。此风机从德国GHH引进，最大风量7100$m^3$/min，最高出口风压0.47MPa，额定输出功率9MW。为了减少风机启动对电网的冲击负荷，电动风机采用交流变频启动。

（8）计算机监控系统

5 号高炉计算机系统分为 2 级，第 1 级由 PLC 电气控制系统、TDC-3000 数字控制系统和红外线摄像仪计算机系统组成，第 2 级为监控计算机系统。计算机控制范围包括：贮矿槽、上料、无料钟炉顶，高炉本体、热风炉、煤粉喷吹、电除尘、TRT、鼓风机站和 INBA 装置等主要工艺生产设备。监控计算机采集和储存第 1 级计算机送来的全部信息和数据，配有趋势图、条形图、模拟图等 30 多个画面。

5 号高炉的建设对武钢乃至我国高炉炼铁技术进步做出了重要贡献。5 号高炉第 1 代炉役后期，技术经济指标持续改善。2002 年平均利用系数达到 2.313t/($m^3$·d)，2006 年全年煤比 181.2kg/t，单月最高煤比达到 210kg/t。5 号高炉在长寿方面积累了丰富的经验，创造了很好的业绩。在没有中修和喷补的情况下，生产 15 年 8 个月，累计生产生铁 35509161t，一代单位炉容产铁 11096.6t/$m^3$。上述高炉寿命指标达到了同期国际先进水平。武钢 5 号高炉这种 3200$m^3$ 炉型已在国内普遍推广。

## 2.4 高炉长寿技术研究与实践

20 世纪 70 年代以来，武钢科技人员对高炉寿命问题进行了系统的研究。通过对大中修高炉的多次破损调查，对高炉炉体侵蚀机理有了较深入的认识，并提出了延长高炉寿命的措施在高炉大修改造中实施，取得了显著成效。5 号高炉第 1 代的长寿实践是武钢高炉长寿理念、长寿技术综合应用的一个范例，包括设计、施工、生产维护等方面，现概括介绍如下。

### 2.4.1 5 号高炉长寿设计

合理的设计是实现高炉长寿目标的前提，包括高炉炉型、冷却系统和耐火材料的选择等。有些内容上面已经介绍，这里只给出一个概貌。

（1）优化高炉炉型设计

炉底死铁层深度由武钢其他高炉的 1.1m 左右加深到 1.9m，以减轻铁水环流对炭砖的冲刷侵蚀。适当加大了炉缸高度和直径，同时缩小炉身角、炉腹角与高径比。

（2）采用软水密闭循环冷却系统

20 世纪 80 年代以前，武钢高炉冷却都是用工业水，水质很差，经常堵塞水路，烧坏冷却设备。为了满足寿命 10 年的要求，5 号高炉引进了 PW 公司的软水闭路循环冷却系统。

（3）炉喉采用纵列式条形钢砖

20 世纪 70 年代以前兴建的武钢高炉，炉喉均采用横列式小块钢砖。这种钢砖易变形、烧毁和脱落。1970 年兴建的 4 号高炉采用的纵列式条形钢砖变形小、损坏少，5 号高炉建设时采用了纵列式条形炉喉钢砖。

（4）炉衬选用优质耐火材料

炉身上中部采用武钢钢铁研究所开发的浸磷酸粘土砖。与普通粘土砖相比，浸磷酸粘土砖抗压强度高、气孔率低、密度大，能适应炉身中上部工作环境。

炉腰至炉身下部通常是高炉软熔带所在的部位，工作条件恶劣，是影响高炉寿命的关键区域之一。这个部位的耐火材料，要求具有良好的抗热震性、抗碱性、抗渣性、耐磨性、抗氧化性和导热性。$Si_3N_4$-SiC 砖上述性能较好，在 5 号高炉得到了应用。

炉腹及风口区域。炉缸炭砖以上砌筑硅线石砖取代原来常用的高铝砖，靠近风口区域也采用了硅线石质的风口组合砖。

炉缸炭砖易产生环缝和环裂。为延长 5 号高炉寿命，炉缸炭砖侧墙采用了 7 层具有高导热率、抗氧化性和抗铁水熔蚀性等性能的法国 AM-102 型微孔炭砖。

炉底中心表面为 2 层 400mm 高铝砖，下面立砌 2 层 1200mm 国产普通炭砖。炉底侧墙微孔炭砖以下为 5 层平铺的国产普通炭砖。

（5）适应长寿要求的其他措施

①采用无钟炉顶。高炉内的煤气流分布状况对冷却壁和炉衬寿命有很大影响。武钢其他高炉过去采用双钟式炉顶，布料控制手段落后。5 号高炉引进了 PW 公司的并罐式无钟炉顶。

②采用环形出铁场。及时排净渣铁对维护炉缸安全生产是很重要的条件。为了改善出渣、出铁作业，5 号高炉采用了环形出铁场，并采用引进的泥炮、开口机设备和 INBA 水渣处理系统。

（6）重视高炉施工质量

高炉的长寿设计只是重要的第一步，实现高炉长寿还需要优良的施工质量保证。为了确保5号高炉内衬砌筑质量达到全优工程的目标，武钢与设计、施工和工程监理单位密切合作，将高炉工程细分为炉底、炉缸、炉腹、炉腰和炉身等分项工程，并确认炉底和炉缸为主要分项工程。针对质量检查的主控项目，在施工中进行严格控制，要求所有耐火材料的理化指标和砌筑施工检查标准高于相应的技术标准。每种耐火材料除具有出厂合格证外，还必须在武钢复检合格。5号高炉每种砖型的外形尺寸公差全部达到了设计要求，并提前对关键部位的耐火材料进行了检查和预组装验收（如炉底和炉缸炭砖、铁口和风口区域的组合砖等）。此外，对每种泥浆的配合比、稠度等性能指标提前检验，对碳素捣打料的压下量和浇注料的流动性等性能提前做使用试验，确保了施工过程中未发生质量问题。

### 2.4.2　5号高炉操作维护经验

高炉长寿是一项系统工程，在合理的设计和优良的施工质量基础上，还需要在生产过程中精心操作和维护。

（1）开炉前与开炉初期

①重视冷却壁系统的安装和调试。为了保证冷却壁的安装质量，在冷却壁安装前进行了通球试验。对管路严密试压，用压缩空气吹扫，用工业净化水冲洗系统，随后进行化学清洗除去锈斑。清洗后对冷却水系统进行纯化预膜处理，冷却壁系统才投入正式运行。

②重视开炉操作。开炉时使用低铁分、高 $SiO_2$、低 $Al_2O_3$ 的块矿，以生成大量炉渣加热炉衬，使开炉后高炉内衬很快形成渣皮，防止煤气流的直接冲刷。

③加强设备管理，减少设备故障。

（2）炉役中期

①改善炉料质量。从2002年7月开始，进口球团矿的配比由原来的16%提高到24%。2003年，熟料率由开炉初期的80%左右提高到90%，入炉品位提高到60.03%。从2001年开始，逐步改进烧结矿筛的结构，控制筛速，使烧结矿粉末逐步降低到3.0%以下。

②探索合理的高炉操作制度，控制煤气流合理分布。主要措施包括中心加焦、矿石和小块焦混装、适当降低料线抑制边缘气流和调整布料矩阵等。由于较好地控制了边缘气流，对减少冷却壁破损起了重要作用。

（3）炉役后期

2005年5号高炉进入炉役后期，主要表现在冷却壁损坏增多，炉型不规则，边缘气流不易控制，渣皮不稳定，局部区域炉壳发红，需要打水维持生产。另外由于设备老化，慢风率、休风率逐渐升高，给高炉操作制度的稳定及参数调剂带来较大影响。5号高炉炉役后期的操作维护主要采取了以下措施。

①上部调剂调节相结合。炉役后期炉型不规则，煤气流难控制，特别是大煤比条件下边缘煤气流易发展，冷却壁损坏增多，送风制度不稳定。通过反复探索，总结出5号高炉比较合适的布料矩阵 $C_{332213}^{987651}\downarrow O_{54322}^{98765}\downarrow$，料线1.3m；$C_{332214}^{987651}\downarrow O_{23321}^{98765}\downarrow$，料线1.6m。配合上部操作制度调整，对下部操作制度的风口直径、进风面积、风口布局以及风口长度等进行调整。为抑制边缘煤气流过度发展，在冷却壁、风口易损坏的部位换上了若干长风口（640mm）或加长风口（660mm）。风口直径大部分由 $\phi$140mm 调至 $\phi$130mm，风速稳定在230m/s以上。较高的风速和鼓风动能，改善了炉缸的工作情况，有效地抑制了发展的边缘气流，减缓了冷却壁的损坏，维持了合理的操作炉型。

②采用钒钛矿护炉。5号高炉投产后不到2年，1993年5—6月起，炉底第1层炭砖以下靠中心处温度明显升高，达到610~650℃。为此采用了钒钛矿护炉。开始阶段，钒钛矿用量占矿批的2.5%左右，生铁 $w$(Ti) 维持在0.10%~0.15%。使用钒钛矿半月左右后，炉底温度下降到550℃左右。此后，钒钛矿用量占矿批的比例维持在1.5%~2.5%，炉底第2层热电偶最高温度控制在600~700℃。炉役后期几年，5号高炉炉底第2层热电偶的温度均保持在650℃以下，高炉炉缸冷却壁水温差控制在0.8℃以内，保证了炉缸、炉底的生产安全。

③加强软水密闭循环系统的管理，加强对炉衬与冷却壁的维护。高炉炉衬与冷却壁的维护主要通过调节布料、控制煤气流分布、维持合理的操作炉型来实现。加强软水密闭循环系统的日常管理工作十分重要。另外，随着炉役增加，逐年提高了冷却壁系统水量：开炉初期仅4410m³/h，1998年超过5500m³/

h，2003 年 8 月份起增加到设备的最大运行能力 5800$m^3$/h 左右。提高冷却强度有利于形成稳定的渣皮，更好地保护砖衬。提高冷却强度的实质是控制冷却壁温度。5 号高炉的经验是，6 段冷却壁温度应控制在 100~200℃，8 段冷却壁温度应控制在 80~130℃，这种情况下冷却壁系统热负荷较为稳定，有利于炉况顺行。

④加强出铁和出渣的管理。维护好铁口对做好出铁、出渣工作非常重要，直接关系到高炉的强化及长寿。5 号高炉炉役后期重视改进炮泥质量，维持铁口深度 3m 左右，出铁时间 80min 左右，将铁口角度调整到 10°，达到了出净渣铁和维护好铁口的目的。

⑤损坏冷却壁的修复处理。5 号高炉冷却壁破损从 1995 年开始，损坏的冷却壁大都集中在炉腹、炉腰区域。5 号高炉采用软水闭路循环冷却系统的目标是在一代炉役中取消中修，破损冷却壁的尽快修复显得非常重要。武钢炼铁厂的技术人员通过多年探索，开发了冷却壁再生法。1997 年以来，采用冷却壁再生法对损坏的冷却壁垂直水冷管进行修复处理，对 5 号高炉寿命达到 15 年以上起了重要作用。

⑥炉体、铁口、风口压浆技术的开发和应用。生产过程中高炉各部位产生的裂缝，特别是铁口区域、风口区域内衬和冷却壁与炉壳填料间的裂缝、空洞等缺陷，对高炉寿命也有很大影响。根据 5 号高炉长寿的要求，武钢与武汉地区的一些研究院所和耐火材料厂家合作，研制了适用于不同部位的压入料，并开发了施工技术，实施后取得很好的成效，成为延长 5 号高炉寿命的又一项有效措施。

#### 2.4.3 武钢高炉长寿技术的新进展

在总结 5 号高炉长寿技术的基础上武钢进一步发展了高炉长寿技术，包括炉身下部、炉腰、炉腹及炉缸采用铜冷却壁，炉腹、炉腰和炉身采用薄壁炉衬，仅在冷却壁上镶砖，冷却壁内不砌砖衬，改进炉缸炉底结构等。高炉长寿新的目标是不中修达到 20 年，一代炉役单位炉容产铁 15000t/$m^3$ 以上。

（1）薄壁炉身和铜冷却壁的应用

2001 年 5 月 19 日大修开炉的武钢 1 号高炉，新建和大修的 6、7、4、5、8 号高炉都采用了薄壁炉身和铜冷却壁结构。

2006 年建成投产的 7 号高炉，近年大修后投产的 5 号、4 号高炉和在建的 8 号高炉，炉缸都采用了 2~3 段武钢机制公司生产的铸铜冷却壁。

（2）炉缸炉底结构的改进

为解决炭砖与冷却壁之间炭捣料导热率低、影响传热的问题，在靠冷却壁处砌筑 200mm 厚的高导热小块炭砖。炉缸炉底的异常侵蚀区，采用高热率、高抗铁水熔蚀的超微孔炭砖，以减少碱金属和锌的危害，延长高炉寿命。此外，还适当加深了死铁层深度和进一步减薄了炉底砖衬的厚度。

### 2.5 高炉喷煤技术进步

武钢高炉喷煤始于 20 世纪 70 年代后期，喷吹工艺为球磨机制粉、间接喷吹无烟煤，设计煤比仅 60kg/t。为适应增产和降焦的需要，90 年代进行了喷煤技术改造，主要是提高制粉能力，喷煤工艺流程和喷吹的煤种则基本未变。1993 年煤比突破 70kg/t，1999 年突破 100kg/t。为扩大煤种，采用混合喷吹，2001 年起进行喷吹烟煤的技术改造。2004—2006 年，在混合喷吹的条件下，煤比达到 179. 1kg/t。煤比提高、煤种扩大是制粉工艺、喷吹工艺和高炉接受能力共同进步的结果，现分别叙述如下。

#### 2.5.1 制粉系统技术改造

第一制粉车间 20 世纪 70 年代建成，有 4 台额定出力为 10t/h 的低速球磨机和 8 台仓式输送泵。第二制粉车间 1992 年建成，有 3 台额定出力为 35t/h 的低速球磨机和 6 台仓式输送泵。两座制粉车间担负全厂 5 座高炉喷吹煤粉的制备、输送和喷吹工作。

上述制粉系统工艺流程为：原煤仓+烟气炉→低速球磨机→粗粉分离器→一次旋风收粉器→二次旋风收粉器→布袋收粉器→单独粉仓的制粉工艺系统。80—90 年代，武钢高炉长期喷吹单一无烟煤，煤质差，灰分经常大于 20%，置换比只有 0. 6 左右，煤比低于 100kg/t。1995 年以后，随着高炉增产和提高煤比降低焦比要求的提高，制粉生产能力已不能满足高炉生产需求。1999 年，炼铁厂年平均煤比达到 108. 2kg/t，突破了设计能力，制粉能力不足和只能喷单一无烟煤成为制约高炉生产的瓶颈，为此进行了烟煤喷吹技术改造。

烟煤喷吹技术改造一期工程主要是满足4号和5号高炉扩大喷煤量和煤种的需要。该项目2001年3月动工，2002年9月投产。该系统采用原煤仓+热烟气炉→辊式中速磨煤机→高浓度大布袋收粉器→大粉仓及直接喷吹的新工艺和技术。随后进行了烟煤二期工程（与1号高炉和2号高炉配套）以及6、7号高炉的烟煤制粉系统的技术改造。武钢目前已形成4个制粉间8套制粉系统（4号和5号高炉2套，1号高炉和2号高炉2套，6号高炉2套，7号高炉2套），制粉能力达到并超过了设计能力。2006年，武钢炼铁厂全年喷煤比平均达179.1kg/t，全年平均焦比325kg/t，均创历史最好水平。

#### 2.5.2　喷吹工艺技术改造

武钢高炉煤粉喷吹工艺流程的发展经历了3个阶段：20世纪70—90年代初为球磨机制粉→仓式输送泵→高炉喷吹站→多支管高炉风口喷吹；90年代为球磨机制粉→仓式输送泵→高炉喷吹站→输煤总管→高炉分配器喷吹；2002年以来为中速磨制粉→喷吹罐→输煤总管高炉→分配器喷吹。前2次喷煤技术改造一直采用以高炉喷吹站为主体的间接喷吹模式，煤种为单一无烟煤。随着高炉喷煤量增加和烟煤喷吹的实现，第3次喷煤技术改造淘汰了间接喷吹工艺，实现了直接喷吹，喷吹煤种也扩大为无烟煤和烟煤的混合喷吹。

煤粉直接喷吹工艺系统分别由氮气调压组站系统，喷吹罐收粉、喷吹、卸压系统，输煤总管、分配器，高炉风口喷枪支管系统组成。所有喷吹系统均设计为以中压氮气为载体气源，适合于全烟煤喷吹的安全体系和煤粉浓相喷吹技术，正常喷吹量为高炉利用系数2.2t/(m³·d）时，喷煤比200kg/t，最大喷煤比达250kg/t，设计喷煤量总管误差不大于5%。

#### 2.5.3　高炉提高煤比的措施

高炉炉况能否接受高煤比是提高煤比的一个关键环节。武钢高炉操作中重视做好上、下部调剂，适当发展中心煤气流，对边缘煤气流进行适当抑制，为增加喷煤量创造条件。另外还采取了以下措施。

（1）提高风温，增加富氧

在保证高炉顺行的前提下，逐步提高高炉富氧率。2006年以来，富氧率提高到3%。富氧率的提高，使高炉冶炼得以强化，料速加快，利用系数提高，同时改善了煤粉在炉内的燃烧条件，为提高煤比及节能降焦提供了可靠的保证。在富氧大喷吹的同时，坚持使用高风温，采用全关冷风大闸操作，保证风温水平在1150℃以上，一方面充分利用鼓风带入的热量，使焦比降低；另一方面风温的提高也有助于煤粉在炉内的燃烧，达到以煤换焦，降低焦比的目的。

（2）改进原燃料质量

1997年以来，喷吹煤质逐步改善，灰分明显降低，由原来的20%左右下降到13%左右。6m焦炉投产以后，焦炭质量较原来有所提高。高炉操作中抓好烧结矿和焦炭的过筛，尽量减少粉末入炉。这些精料措施的实施，为提高高炉料柱的透气性、提高煤比创造了条件。

（3）改进插枪角度和长度

从1996年6月份开始，随着煤比提高，煤粉磨坏风口的数量迅速增加。通过对风口磨损情况进行调查，发现煤粉磨坏风口部位大都处在煤枪对面风口前沿100mm左右处，是煤粉直接磨损风口所致。通过分析，改进了煤枪与风口中心线的夹角和插入长度。现场调研表明，煤枪与风口中心线夹角11°~13°偏大，1997年1月份以后，此夹角改为9°，并将煤枪插入风口深度增加200~300mm。这些改进减少了风口磨坏的数量，避免了风口结焦，为提高喷吹量创造了有利条件。

武钢喷煤制粉能力是按照2.3t/(m³·d）的利用系数设计的，随着利用系数突破设计值，继续增加煤比又一次受到制粉能力的制约，有待进一步研究对策。

### 2.6　高炉强化冶炼技术的进步

武钢高炉原燃料和其他外围条件的不断改善，为高炉强化冶炼创造了条件。近几年来，武钢高炉强化冶炼水平有历史性的突破，达到了国际先进水平。武钢高炉主要的强化冶炼技术可归纳如下。

#### 2.6.1　烧结矿分级入炉技术

随着高炉喷煤比的提高和煤气利用的改善，焦比大幅度降低，在炉内起透气性骨架作用的焦炭量越来越少，烧结矿分级入炉在改善料柱透气性方面的作用开始显现出来。武钢高炉的烧结矿分级入炉是将烧结矿粒度分为大于13mm和5~13mm两个粒度级别，将5~13mm粒级的烧结矿布在炉喉边缘。两种粒级的烧结矿分别入炉，布在炉喉不同径向位置，可以改善料柱的透气性，强化高炉冶炼。烧结矿分级入炉技术首先在6号高炉实施，取得了明显效果，此后在7号高炉上进行了推广。

#### 2.6.2 提高上料能力和布料精度

烧结矿分级入炉要求每批料按照小粒度烧结矿、矿石、焦炭分3次装入高炉并布料，这对配料、装料速度提出了更高的要求。7号高炉原设计最大利用系数2.5t/($m^3$·d)，即最大生铁产量8000t/d，最大上料能力8600t/d。随着7号高炉强化冶炼水平提高，生铁日产量突破了8500t，高炉上料能力明显不够。为此，炼铁厂技术人员对炉顶上料程序和布料模型进行改进，改进内容包括：①建立无料钟炉顶料流跟踪模型；②建立无料钟炉顶步序控制模型，优化和完善无钟炉顶的工艺控制；③建立无料钟炉顶流量控制模型，提高无料钟炉顶布料调节控制的精确性；④建立无料钟炉顶操作控制模型，优化和完善无料钟炉顶布料的操作和控制。

通过以上改进，7号高炉无料钟炉顶的上料、布料效率明显提高，上料能力提高到10000t/d，布料误差由原来的15%减少到7%以内。

#### 2.6.3 高强度炮泥开发

2007年以前7号高炉使用的炮泥强度较低，每日需要出铁16次，每次出铁60~70min。由于出铁次数多，出铁稍受影响，渣铁出不净，就会影响高炉生产。为适应7号高炉强化冶炼要求，对炮泥进行改进，开发了高强度炮泥。从开铁口到堵口，铁水流量变化不大，避免了原用炮泥出铁后期铁口孔径变大、铁水流量越来越大的现象发生。高炉减风降压和INBA冲渣故障率大幅度降低，减少了环境污染，降低了工人的劳动强度。

#### 2.6.4 装料制度创新

突破传统思路，在布料矩阵的选择上采取了“拓宽边缘平台、均匀中间环带、缩小中心焦堆”的技术路线。这可减少布料过程中炉料的滚动、滑动带来的粒度偏析，形成合理的料面形状和料层结构。7号高炉的生产实践证明，这种装料制度使高炉气流更加稳定，炉况顺行，高炉指标优化。

#### 2.6.5 薄炉衬铜冷却壁的炉型维护

(1) 炉温控制

一般来说，较低的生铁$w$(Si)有利于降低燃料消耗和提高生铁产量。但是，7号高炉有其特殊性：一是原燃料中$w(Al_2O_3)$高，二是7号高炉采用铜冷却壁薄炉衬结构。若控制炉温水平低，热量储备不足，会给高炉冶炼带来一系列负面影响，因此，7号高炉的炉温水平相对较高，$w$(Si)的控制范围0.40%~0.50%，铁水温度一般控制在1500℃以上。

(2) 较低的软熔带位置

7号高炉的软熔带的根部一般控制在炉腹6段铜冷却壁处。根据铜冷却壁的温度水平，可以判断软熔带的位置。这样操作既可保证高炉顺行、改善煤气利用，又能使高温区域处于冷却能力大的铜冷却壁附近，有利于高炉长寿。

(3) 增加冷却水量

随着冶炼强度提高，7号高炉相应增加了冷却水量。投产初期冷却壁水量为4900~5000$m^3$/h，利用系数突破2.5t/($m^3$·d)的最大设计值后，2006年11月起冷却壁水量提高到5600$m^3$/h。

#### 2.6.6 下部调剂的改进

7号高炉合理选择进风面积等鼓风参数，标准风速为240~250m/s，风量一般为6500±200$m^3$/min。同时提高风温水平，提高压差水平和炉顶压力，增加富氧量和最大程度提高喷煤量。

通过以上强化冶炼技术的应用，武钢炼铁厂，特别是7号高炉的经济技术指标有了很大的提高。2007年全厂年利用系数达到2.529t/($m^3$·d)，其中7号高炉年利用系数为2.660t/($m^3$·d)，11月份2.940t/($m^3$·d)，达到了大型高炉的国际先进水平。

2007年，武钢7号高炉利用系数属于世界领先水平。按照欧洲习惯计算的高炉工作容积利用系数，7号高炉达到3.161t/($m^3$·d)，仍然是世界大型高炉的最高水平。7号高炉焦比也大幅度降低，但是燃料比与宝钢和世界先进水平相比还有一定差距，主要原因在于焦炭质量。

## 3　展望

50年来，武钢的炼铁技术装备和生产技术取得了巨大的进步。最近几年，武钢炼铁技术已进入自主集成创新的阶段。特别是高炉长寿技术、高炉专家系统、强化冶炼技术等引起了国内外同行的极大关注。与国内外先进高炉相比，武钢高炉的燃料比指标还比较高，存在着较大的差距。今后，武钢必须把建立炼铁原燃料供应保证体系放在突出位置，认真贯彻精料方针，优化高炉操作，大力降低燃料比。作为新中国新建的第一座钢铁联合企业，武钢有责任在高炉炼铁技术进步中发挥重要作用。武钢的炼铁工作者将继续努力，进一步加强研究开发工作，坚持技术创新，开发更多的具有武钢特色的、国际一流的炼铁技术，使武钢炼铁生产技术全面达到国际先进水平。

（原载《武钢技术》，2008（5））

# 武钢 8 号高炉高效冶炼实践

陈令坤 李向伟 陆隆文 张寿荣

钢铁材料作为重要的结构及功能材料，目前和将来很长一段时间内中国将维持年产钢 7 亿 t 左右的规模。到 2014 年底，国内共有高炉 1450 余座，其中大于 $1000m^3$ 高炉有 630 座。每座高炉都是一个巨大的环境污染源，要减少炼铁对环境的影响，只能千方百计减少高炉座数，减少高炉座数的主要方法是提高单座高炉的效率，即提高高炉利用系数、降低燃料比。

实际上，国际先进钢铁企业特大型高炉已经基本实现了高效冶炼，如浦项 $5600m^3$ 高炉在 2010 年 10 月投产后，利用系数实现了 2.662，燃料比低于 500kg/t。

为此，我们在中国工程院咨询研究项目——《大型高炉高效冶炼技术开发与推广应用》中，依托武钢 8 号高炉（$4117m^3$）2009 年投产以来的生产数据，并辅以必要的工业生产试验，在提高利用系数的同时，降低燃料比，实现高炉的高效冶炼。通过试验及总结达到以下目的：一是，立足于武钢波动变化的原燃料条件，实现大型高炉的高效冶炼；二是，总结大型高炉高效冶炼的经验，提出可推广的技术措施；三是，结合国内大型高炉状况，探讨在其他高炉进行高效冶炼的可行性。

## 1 高效冶炼的定义

### 1.1 项目调研

在项目实施前，对国内大型高炉的生产状况进行了调研，并和要进行试验的武钢 8 号高炉状况进行了对比。通过调研可以发现：

（1）除鞍钢鲅鱼圈高炉炉体冷却能力不足外，其他高炉冷却能力充足，具备进行高强度冶炼的条件。

（2）高炉操作过程中，宝钢高炉原燃料最稳定，高炉炉型控制最稳定，其次是沙钢、曹妃甸的 $5000m^3$ 以上的特大型高炉。因原燃料质量波动，兴澄、鞍钢、安钢、武钢普遍存在炉型稳定控制困难的问题，在炉型变化较大时，虽不至导致高炉失常，但因原燃料质量波动导致气流分布不稳定，高炉在维持较高利用系数的同时，燃料比也较高。

### 1.2 高效冶炼原则

基于以上调研的结果及武钢生产实际，对于 $4000m^3$ 以上的大型高炉，燃料利用效率已经很高，要同时实现提高利用系数、降低燃料比、减少 $CO_2$ 排放的目标，只能是在保证鼓风总量的前提下，千方百计提高煤气利用率，也就是说要千方百计降低高炉生产的吨铁风耗。

为此，提出了高炉高效冶炼的原则，即：高炉高效冶炼=尽可能少的吨铁炉腹煤气量消耗+高的煤气利用率，以期实现低燃料比（<500kg/t）的同时，稳定获取高利用系数（>2.7）。

### 1.3 高效冶炼思路

研究表明，在鼓风湿度 $40g/m^3$ 的情况下，炉腹煤气中各种气体的比例为 $N_2:CO:H_2=50:40:10$。为了有效利用好“大富氧+大加湿”产生的炉腹煤气，切实提高炉腹煤气利用率，降低燃料消耗，提出如下试验思路：

（1）提高富氧率。将富氧率提高到 8%~12%，使单位时间内产生更多的 CO 还原气体。

（2）采用加湿，将鼓风湿度提高到 $30g/m^3$ 以上。由于大富氧后，风口区单位时间内产生的热量更多，为保证风口区维持一个合适的理论燃烧温度，需要适当提高鼓风湿度，同时水和碳也会产生水煤气反应，生成 CO 和 $H_2$，$H_2$ 还原能力远大于 CO，也有利于铁矿石还原。

（3）稳定原料质量。避免试验期间的炉料质量的异常波动，尤其是避免炉料高温软熔性能的异常波动。

（4）及时调整上下部制度，稳定煤气流分布，提高煤气利用率。

（5）稳定操作炉型，减少冷却水带走的热量，为高效冶炼提供一个安全、稳定的冶炼环境。

## 2　高效冶炼的条件

### 2.1　合理设计的冷却系统是实现高效冶炼的前提

武钢 8 号高炉为砖壁合一薄内衬结构的高炉，设计内型即为操作炉型。其设计内型的特点是适当矮胖（$H_u/D$ 为 2.1）、减小炉身角及炉腹角、加深死铁层、大炉缸、多风口（36 个）等，是一个适宜强化冶炼的炉型。为确保炉况顺行和操作炉型长期稳定，炉腹、炉腰及炉身采用了砖壁合一冷却壁结构（其中第 6、7、8、9 段为轧制铜钻孔镶砖冷却壁），炉缸炉底采用了复合炭砖陶瓷杯水冷炉底炉缸结构（其中第 2、3、5 段为铸铜冷却壁，炭砖大部分为 SGL 超微孔炭砖）。

8 号高炉采用联合软水密闭循环冷却系统，设有完善的温度、流量、压力、热负荷等检测元件，为高炉操作系统提供必要的参数。冷却水量长期控制在 $5430m^3/h$，进水温度控制随季节变化调整，冷却壁水温差最佳范围控制在 4~6℃。8 号高炉从 2009 年投产以来，尽管一直在强化冶炼，但直到目前冷却壁无一损坏。

### 2.2　原燃料状况

8 号高炉焦炭质量见表 1，烧结矿质量见表 2。对于大型高炉来说，决定高炉顺行的原燃料指标是焦炭热强度、矿石软化开始温度及软化区间，在高炉操作中应密切关注这几个指标的变化。

**表 1　武钢 8 号高炉焦炭质量指标**　（%）

| $H_2O$ | $A_g$ | $V_g$ | S | $M_{40}$ | $M_{10}$ | *CRI* | *CSR* |
|---|---|---|---|---|---|---|---|
| 0.68 | 12.35 | 1.31 | 0.74 | 88.79 | 5.18 | 21.46 | 67.94 |

**表 2　武钢 8 号高炉烧结矿质量指标**　（%）

| TFe | FeO | CaO | MgO | $SiO_2$ | S | 转鼓指数 | 10~5mm | <5mm | 抗磨指数 |
|---|---|---|---|---|---|---|---|---|---|
| 55.73 | 7.35 | 11.04 | 2.04 | 5.57 | 0.02 | 80.17 | 26.00 | 3.29 | 5.35 |

## 3　8 号高炉高效冶炼的主要指标

### 3.1　高产低耗生产期（2011 年 11 月 11 日—12 月 20 日）

2011—2012 年，8 号高炉平均日产达 10000t/d，高炉作业效率保持了很高的水平。其中，2011 年 11 月 11 日—12 月 20 日，平均利用系数达 2.679，燃料比 495.89kg/t（如图 1、图 2 所示）。这期间，富氧率为 6%~7%，鼓风湿度即大气湿度（冬季武汉大气湿度为 $10\sim18g/m^3$）。

### 3.2　试验期（2015 年 1 月—2016 年 3 月）

试验期可分为以下几个阶段：

（1）试验准备阶段（2015 年 1—5 月）。开发炉况评估软件；加装富氧管道，以满足富氧率最高 12% 的要求；同时，改造加湿测量装置。

（2）第一次试验阶段（2015 年 6—9 月）。6—8 月，受烧结矿质量大幅波动的影响，试验没有达到目的；9 月，进行高效冶炼实践，中旬产量达到试验目标，燃料比稍高。

（3）第二次试验阶段（2015 年 10 月—2016 年 3 月）。10 月，因原料波动高炉炉墙黏结，不具备进行试验的条件。高炉经调整后，11 月下旬—12 月上旬及 1 月下旬—2 月上旬，基本达到试验目标。3 月，因

8 号高炉热风炉故障，试验终止。

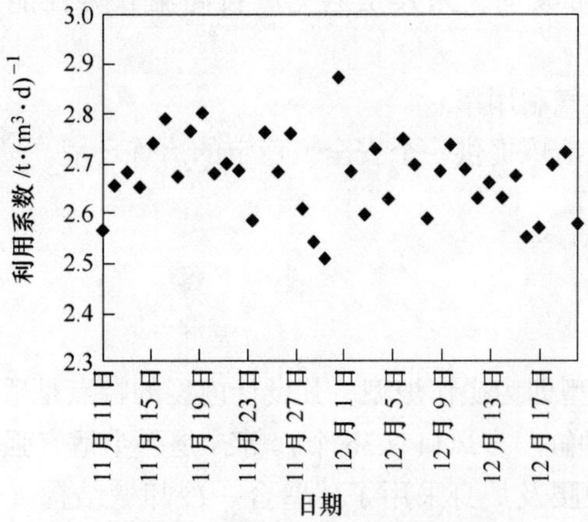

图 1　武钢 8 号高炉利用系数的变化

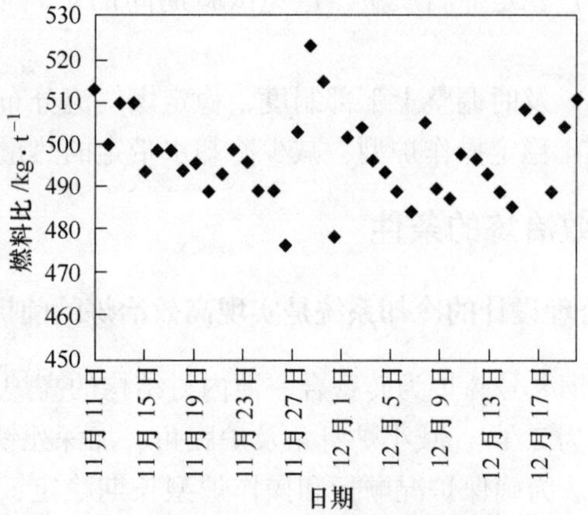

图 2　武钢 8 号高炉燃料比的变化

试验期有 3 个时间段内，高炉主要指标接近或达到了试验目标（如图 3~图 8 所示）。这 3 个时间段分别是：2015 年 9 月中旬；2015 年 11 月下旬—12 月上旬；2016 年 1 月下旬—2 月上旬。高炉之所以难以长时间维持在高产低耗的冶炼水平上，主要是武钢原料性能尤其是高温性能波动大，导致高炉炉型的操控性差，2015 年下半年经常发生炉墙黏结现象；此外，试验后期热风炉出现格子砖渣化现象。

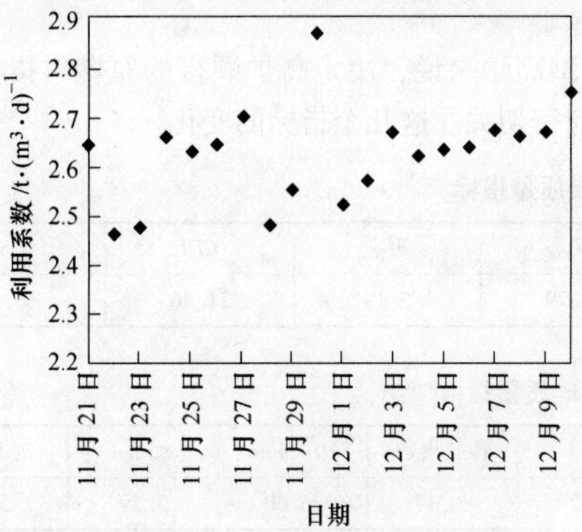

图 3　武钢 8 号高炉利用系数的变化
（2015 年 11 月下旬—12 月上旬）

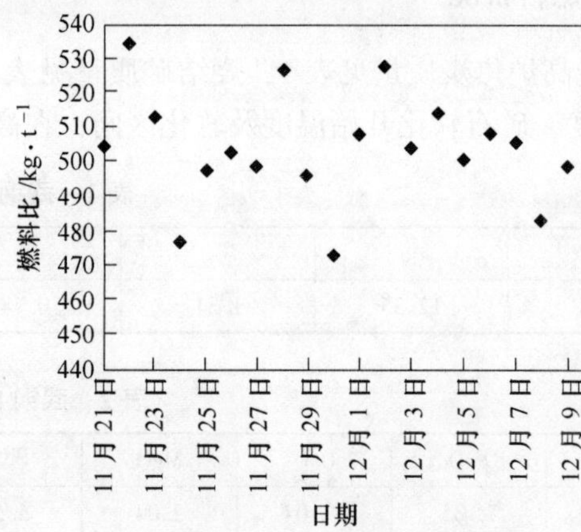

图 4　武钢 8 号高炉燃料比的变化
（2015 年 11 月下旬—12 月上旬）

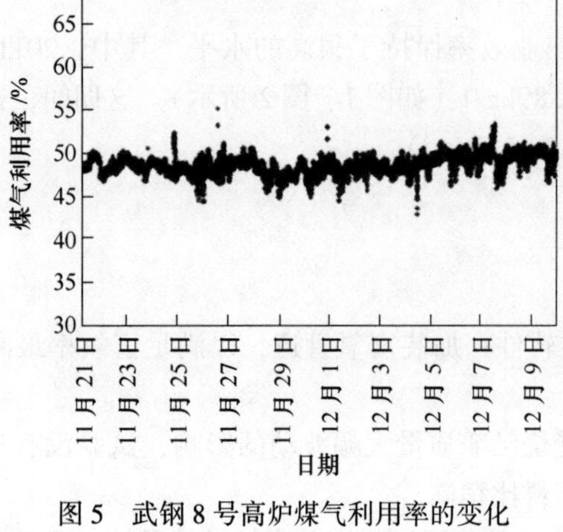

图 5　武钢 8 号高炉煤气利用率的变化
（2015 年 11 月下旬—12 月上旬 5min 过程数据）

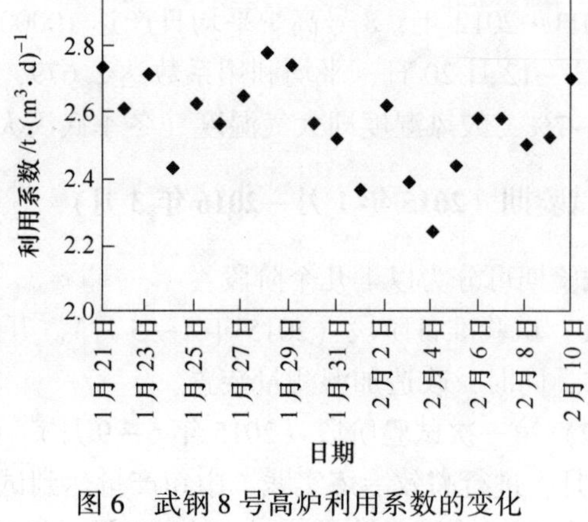

图 6　武钢 8 号高炉利用系数的变化
（2016 年 1 月下旬—2 月上旬）

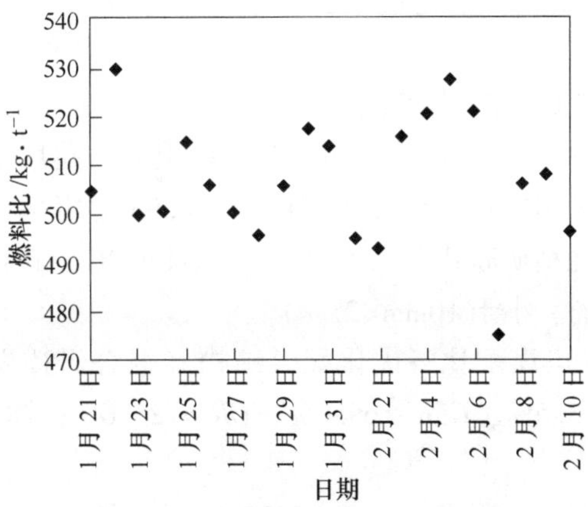


图 7 武钢 8 号高炉燃料比的变化
(2016 年 1 月下旬—2 月上旬)

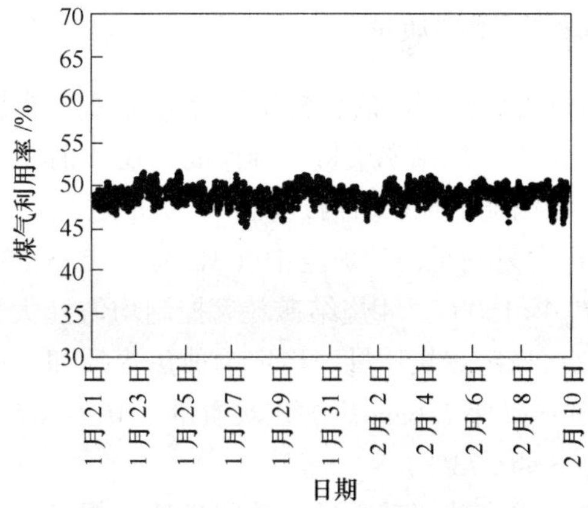


图 8 武钢 8 号高炉煤气利用率的变化
(2016 年 1 月下旬—2 月上旬 5min 过程数据)

## 4 8 号高炉高效冶炼的技术要点

### 4.1 大富氧+大加湿

(1) 提高富氧率。将富氧率提高到 8%~12%(如图 9 所示)。

(2) 冬季采用加湿鼓风。将鼓风湿度提高到 20~25g/m$^3$(如图 10 所示)。

(3) 炉腹煤气量及吨铁风耗。2015 年 9 月中旬炉腹煤气量及吨铁风耗的变化如图 11、图 12 所示)。

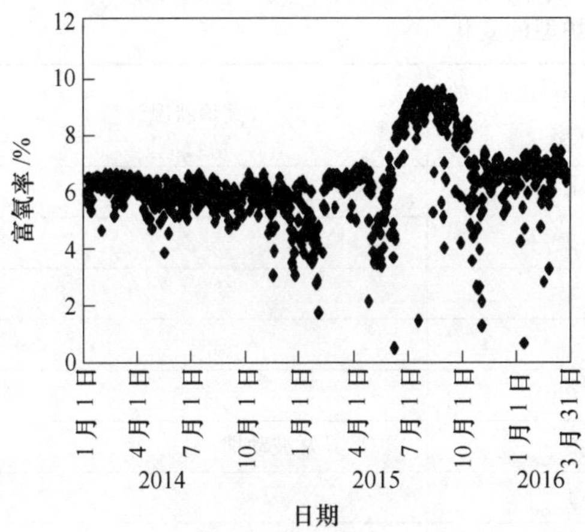


图 9 武钢 8 号高炉富氧率的变化

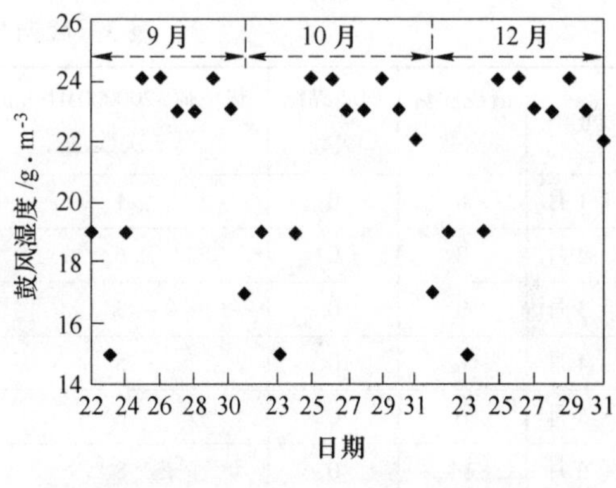


图 10 武钢 8 号高炉鼓风湿度的变化

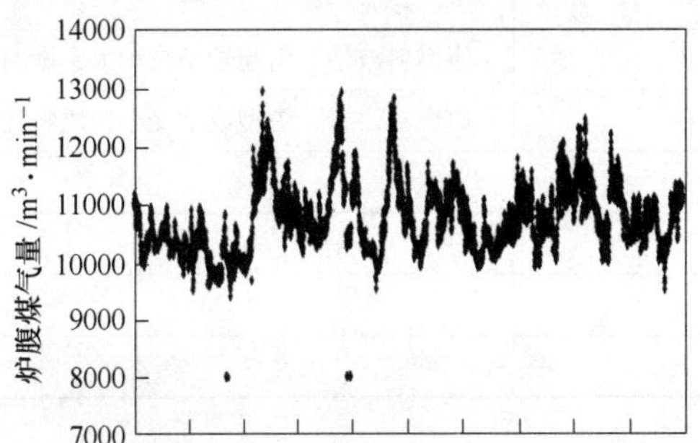


图 11 武钢 8 号高炉炉腹煤气量的变化

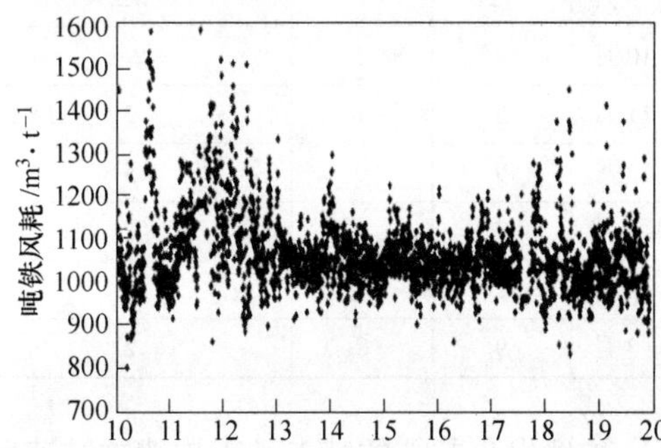


图 12 武钢 8 号高炉吨铁风耗的变化

2015 年 9 月中旬，产量高，吨铁风耗少，平均值是 1027.67m$^3$/t。这个数据和世界高水平吨铁风耗相比仍然高 50m$^3$/t 左右，造成这种状况的主要原因是煤气利用率偏低，还原效率低。通过提高煤气利用率能解决这个问题。

## 4.2 稳定原燃料质量

为避免试验期间的炉料质量异常波动，制定了下列炉料质量控制标准。

（1）改善烧结矿质量。确保混匀建堆前主要进口矿品种、数量、质量和库存，稳定混匀建堆基础矿结构，优化烧结配矿结构，烧结矿质量达到：①碱度控制在中心值±0.05 以内，$R_2$±0.05 稳定率>80%。②$Al_2O_3$ 含量满足高炉炉渣中（$Al_2O_3$）<15.5%的要求。③烧结矿软化开始温度（$T_{10}$）>1200℃，软化区间（$T_{40}-T_{10}$）<150℃。④烧结矿粒度控制均匀（大于 40mm<8%、小于 10mm<25%）。

（2）稳定焦炭质量。稳定单种焦煤质量，适当提高主焦煤配比，优化配煤结构（混合煤挥发分≤27.2%）；确保 7.63m 焦炉焦炭质量（$M_{40}$≥87.0%、$M_{10}$≤5.5%、$CSR$≥69.0%，$CRI$≤25.0%，挥发分<1.3%，$S$≤0.73%）。

（3）提高球团矿质量。球团矿适当提高铁分（≥63.0%），降低 $SiO_2$（≤5.5%），球团矿抗压强度>2500N/个达到 85%以上，平均抗压强度不低于 2400N/个。

## 4.3 控制合理操作炉型

利用 8 号高炉冷却壁温度监测数据（2015 年 1 月至 2016 年 3 月），按每段冷却壁取小时平均值制作模式识别样本，采用 K-means 算法，实现基于高炉冷却壁温度分布的操作炉型分类。将 8 号高炉操作炉型划分为 10 类，这 10 类操作炉型代表了炉墙黏结状况，利用操作炉型分类结果，可以实现操作炉型变化的连续评估。

8 号高炉操作炉型变化见表 3。从表中可看出，10 月之前，操作炉型稳定性不好，除了 9 月产量达标外，燃料比偏高。直到 11 月，操作炉型稳定性才略有改善，燃料比下降。

**表 3　武钢 8 号高炉操作炉型的变化**

| 时　间 | 渣皮脱落次数 | 炉墙黏结次数 | 热负荷>200000MJ/h 的次数 | 热负荷>250000MJ/h 的次数 | 高炉状况评价 |
|---|---|---|---|---|---|
| 2015 年 1 月 | 8 | 0 | 1 | 0 | 试验准备期 |
| 2 月 | 7 | 0 | 6 | 2 | |
| 3 月 | 9 | 0 | 3 | 1 | |
| 4 月 | 8 | 0 | 5 | 1 | |
| 5 月 | 6 | 0 | 3 | 0 | |
| 6 月 | 14 | 0 | 8 | 3 | 炉型异常波动期 |
| 7 月 | 20 | 1 | 20 | 1 | |
| 8 月 | 13 | 1 | 9 | 0 | |
| 9 月 | 12 | 1 | 12 | 0 | |
| 10 月 | 9 | 2 | 9 | 3 | 原燃料波动，引起炉型波动大，燃料比高 |
| 11 月 | 5 | 1 | 2 | 0 | 原燃料改善，炉型波动变小，燃料比下降 |
| 12 月 | 9 | 0 | 5 | 1 | |
| 2016 年 1 月 | 7 | 0 | 7 | 1 | |
| 2 月 | 7 | 1 | 6 | 0 | |
| 3 月 | 9 | 0 | 2 | 1 | |

（1）炉墙发生黏结的特点。①炉墙黏结速度很快，一个班的时间，水温差急剧下滑（6℃→2℃）；炉墙黏结部位上升，从第 5 段冷却壁到第 12 段冷却壁大面积黏结。②前 4 次炉墙黏结，通过调整操作制度和休风堵风口 2—3 天恢复，效果很好；但 10 月 31 日这次炉墙黏结，通过多次调整操作制度，长达 10 天才彻底消除炉墙黏结，处理难度极大。③每次炉墙黏结前，发生造渣制度失常，先是炉渣碱度过高，接着过低，大幅波动，高炉操作疲于调剂，难以应对。

（2）炉墙发生黏结的原因。原燃料质量降低和波动是高炉黏结的直接原因：①铁矿石化学成分变化大，导致（$Al_2O_3$）升高，炉渣流动性降低、黏度增加。②烧结矿软化开始温度（$T_{10}$）降低。③烧结矿碱度波动大，导致高炉炉渣性能不稳定。④原燃料质量不稳定，导致高炉煤气流、炉温大幅波动，高炉内固态和液态分界区域难以稳定。此外，高炉操作者对原燃料质量降低和波动危害程度估计不足，没有及时有效应对，炉温控制不好，有时过低，是高炉炉墙黏结的间接原因。

（3）炉墙黏结的处理。8 号高炉主要采用气流冲刷炉墙的办法来处理黏结，其处理过程操作参数的调整及效果见表 4。与采用集中加净焦热洗处理黏结相比，气流冲刷炉墙的方法，处理黏结的周期短，效果好。但在操作过程中，应注意控制好压差，保持较高的炉温水平，防止渣皮大规模脱落导致炉凉；并且密切监控冷却壁温度和水温差变化，避免烧坏冷却壁。

**表 4　武钢 8 号高炉炉墙黏结处理过程中操作参数的调整和控制**

| 风量 /$m^3 \cdot min^{-1}$ | 布料制度 | [Si] /% | 碱度 | 焦炭负荷 | 铁水温度 /℃ | 水温差 /℃ | 效　果 |
|---|---|---|---|---|---|---|---|
| 7500→7200 | $O_{s\,2\,2}^{\,10\,9}$ | 0.3 | 1.18~1.25 | 4.71 | 1520 | 1.7~2.4 | 未能处理炉墙黏结 |
| 7000~7400 | $C_4^1 O_{s\,2\,2}^{\,10\,9} \rightarrow C_5^1 O_{s\,3\,2}^{\,9\,8}$ | 0.4~0.6 | 1.13~1.18 | 4.64~4.82 | 1510 | 1.9~2.2 | 活跃炉缸，改善调整条件 |
| 7200 | $C_5^1 O_{s\,3\,2}^{\,9\,8} \rightarrow C_3^1 O_{s\,2\,2}^{\,9\,8}$ | 0.7 | 1.2 | 4.4~4.7 | 1517 | 2~6 | 渣皮脱落 |

综上所述，8 号高炉控制合理操作炉型有如下经验：

一是，通过布料调整，实现高炉上部煤气流的合理分布和软熔带的控制；通过缩小进风面积，保证足够的风速和鼓风动能，使高炉保持合理操作炉型。

二是，通过冷却水温差的控制，以及冷却壁温度和热负荷的优化管理，使高炉实现合理操作炉型的控制。

三是，通过布料调整，改变煤气流分布，采用气流冲刷炉墙的办法来处理炉墙黏结，行之有效。

## 4.4　调整上下部操作制度

（1）布料调整。通过实践探索，掌握了适合 8 号高炉自身强化冶炼的布料矩阵调整规律，即：适当抑制边沿气流，形成一定宽度的平台和深浅合适的中心漏斗，确保打通中心气流。

（2）风口进风面积调整。8 号高炉风口进风面积和风速的变化如图 13、图 14 所示。由图中可看出，风口缩小进风面积后，风速稳中有升，确保了中心气流打通，这是高炉稳定顺行的关键。但是，风口缩小进风面积对边沿气流具有强烈抑制作用，为此在布料调整上，要相应地将边沿布料角位内缩，减少边沿布矿环数，以控制两股煤气流合理分布。

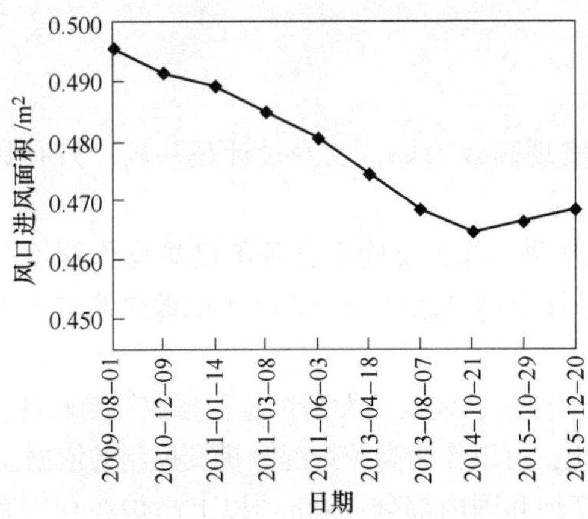


图 13　武钢 8 号高炉风口进风面积的变化

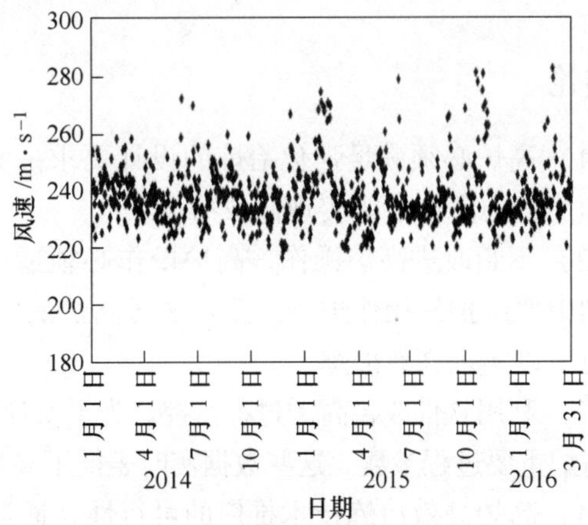


图 14　武钢 8 号高炉风口风速的变化

（3）水系统管理。冷却壁水温差控制在 4~6℃，相应的高炉热负荷控制在 80000~130000MJ/h，超出该范围则在布料制度上进行相应调整，防止操作炉型出现异常。

（4）冷却壁温度管理。8 号高炉冷却壁温度一般控制在 48~150℃。<48℃，表明高炉边沿气流变弱或出现黏结现象；>150℃，表明边沿气流过分发展；如果局部温度>200℃，则表明出现渣皮脱落现象。

（5）炉温控制。8号高炉推行精细化作业，标准化管理，以［Si］和物理热为基础，采取炉温趋势管理，固定风温操作，调节喷煤量控制炉温水平，确保铁水温度大于1500℃。

### 4.5 利用炉况评估软件精细化调控高炉过程参数

炉况评估软件可以实时监控、计算高炉炉腹煤气量、炉腹煤气构成、热负荷、高温区域热指数、碳素溶解损失反应消耗的碳量、富氧率、鼓风湿度、炉顶煤气成分等重要过程参数。这些数据实时表征了高炉状态的变化，可以作为高炉炉况分析及控制的依据。根据数据统计，可以获得下列有益的结论：

（1）在4000m$^3$以上的大型高炉上，采用富氧率8%~10%、鼓风湿度20~25g/m$^3$（冬季）的技术来实现高炉的高效冶炼是可行的。2015年9月中旬，产量达到攻关要求，但原燃料波动引起炉型波动大，燃料比高；2015年11月至2016年2月，2、3、4号热风炉出现渣化，风温1160~1030℃，高炉不具备强化冶炼的条件，虽然原燃料有所改善，炉型波动变小，燃料比下降，但利用系数达不到2.7。

（2）原燃料质量的波动会造成炉型变化，严重影响燃料比。计算发现，受原燃料变化的影响，8号高炉操作炉型每次大波动，热负荷都会上升50000~150000MJ/h，对应于燃料比则上升10~15kg/t。

（3）在高效冶炼过程中，存在一个合理的炉腹煤气量、吨铁风耗区间。2015年9月中旬，炉腹煤气量稳定在10500~11500m$^3$/min；2015年11月下旬至12月上旬，炉腹煤气量稳定在9500~11000m$^3$/min；2016年1月下旬至2月上旬，炉腹煤气量稳定在10400~11500m$^3$/min。从这三段区间高炉煤气利用率的状况看，只有提高煤气利用率，才能减少炉腹煤气量消耗。

（4）利用炉况评估软件分析高炉过程参数，可以发现都存在一个最佳控制范围（见表5）。

表5 武钢8号高炉过程参数的控制范围

| 项 目 | 高效冶炼范围 | 炉况波动时的变化范围 | 备 注 |
|---|---|---|---|
| 炉腹煤气量/m$^3$·min$^{-1}$ | 9500~11000 | 10500~11500 | 高效冶炼时可以降低500~1000m$^3$/min |
| 热负荷/MJ·h$^{-1}$ | 100000~150000 | 150000~250000 | 大渣皮脱落时热负荷可以短时上升50000~100000MJ/h |
| 热指数/MJ·t$^{-1}$ | 1800~2000 | <1800(炉凉)，>2500(炉热) | |
| 碳素溶解损失反应消耗的碳量/kg·t$^{-1}$ | 80~95 | >105 | 大渣皮脱落时可以上升到130kg/t以上，引起炉凉 |
| 吨铁风耗/m$^3$·t$^{-1}$ | 980~1050 | 1030~1150 | 和世界先进水平相比，高50m$^3$/t左右 |
| $\eta_{CO}$/% | 49.5~52.0 | 45~48 | |
| $Al_2O_3$/% | ≤15.5 | 16.0~18.5 | |
| 大渣皮脱落次数/次·月$^{-1}$ | ≤5 | ≥10 | 减少大渣皮脱落是降低燃料比的关键 |
| 烧结矿软化开始温度（$T_{10}$）/℃ | ≥1220 | ≤1210 | |

## 5 结论

（1）高炉必须满足强化冶炼的设计要求。大型高炉要实现高效冶炼，长寿设计是基础，只有具备足够冷却能力的高炉才能实现高效冶炼。

（2）不断改进高炉操作。高炉操作必须适应原燃料的波动，首先要确定合理的高炉操作制度，在日常调剂中要维护好操作炉型。武钢8号高炉的实践表明，尽管原燃料条件差，只要不断改进高炉操作，大高炉也可以实现高效冶炼。

（3）利用软件改善高炉过程监控。为了实现高炉过程实时监控，建议开发高炉过程参数控制软件，实时计算高炉重要过程参数。这些数据实时表征了高炉状态的变化，可以作为高炉炉况分析及控制的依据。

（4）高炉高效冶炼技术推广的可行性。通过武钢8号高炉和国内部分4000m$^3$以上高炉在利用系数及燃料比、炉料结构、高炉主要操作参数、布料调剂、炉渣成分、焦炭质量、烧结矿质量等方面的对比，可以看出，除了冷却能力不足的高炉外，其他高炉均具备实施高效冶炼的条件，时机成熟时都可以进行高效冶炼的相关工作。

（原载《炼铁》，2016（5）：1~7）

# 钢

# 武钢30年的炼钢技术进步

张寿荣　萧忠敏

## 1　导言

武汉钢铁公司拥有的两座炼钢厂。一炼钢厂于1959年投产，原设计生产能力为150万吨/年。该厂生产的钢基本上是轧制型材和中厚板用的中高碳钢。1974年~1988年间，共有六座500t的平炉得到改造，均采用了炉顶吹氧和电除尘烟气净化设备。因此，1990年该厂钢产量达到了253万吨，其中50%为低碳钢。一炼钢厂的技术进步使70年代后期从日本和德国引进的现代化轧机的需求得到了满足。

二炼钢厂于1977年11月投产，共有三座LD转炉（每座50t）和三台连铸机。原设计生产能力为150万吨/年，其中120万吨为连铸板坯，30万吨为钢锭。

该厂在早期付出了很大的努力掌握从国外引进的先进连铸技术。此后，又着重开发和改进LD转炉以及连铸技术。1984年7月，二炼钢厂采用了顶底复吹技术。1985年5月又实现了全连铸。它是在我国第一个实现全连铸的工厂。

本文概述了1978年以来武钢二炼钢厂所取得的技术进步。图1和表1示出了武钢钢产量的增长情况和二炼钢厂的主要技术经济指标。

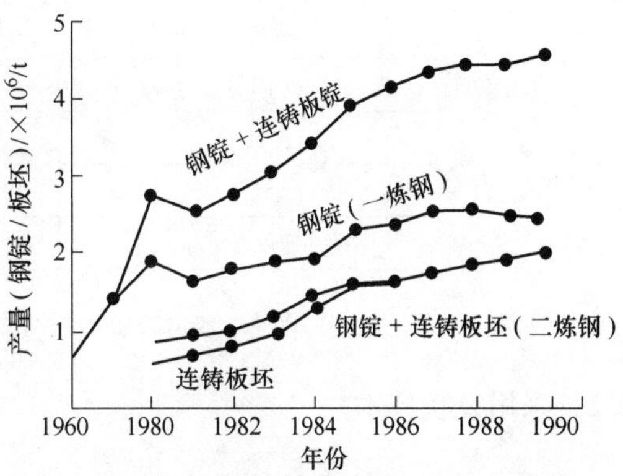


图1　武钢钢产量的增长情况（1960~1990年）

**表1　1980~1990年间二炼钢厂的主要技术经济指标**

| 项　目 | 1980 | 1985 | 1990 |
|---|---|---|---|
| 钢产量/$\times10^6$t | 85.1 | 161.2 | 203.0 |
| 连铸板坯产量/$\times10^6$t | 60.2 | 160.8 | 203.0 |
| 连铸比/% | 70.7 | 99.8 | 100.0 |
| 铁水和废钢消耗/kg·$t^{-1}$ | 1237 | 1144 | 1086 |
| 吹损/% | 15.56 | 8.96 | 8.58 |
| 炉衬寿命/炉 | 437 | 806 | 1566 |
| 平均连浇炉次/周期 | 2.44 | 6.31 | 6.21 |
| 连铸机作业率/% | 23.35 | 57.32 | 61.78 |
| 板坯收得率/% | 91.26 | 95.78 | 98.39 |

## 2　二炼钢厂在提高钢质量方面的技术进步

### 2.1　采用无碳CaO基脱硫剂

为了降低铁水中的硫含量，从日本新日铁引进了KR脱硫设备。专利规定用$CaC_2$作为脱硫剂。由于使用$CaC_2$粉剂既昂贵又具有一定的危险，因此，1985年以来便开发并成功地采用了一种新的CaO和$CaF_2$组成的无碳脱硫剂。实践证明这种脱硫剂的脱硫能力达到了$CaC_2$基脱硫剂的脱硫水平，脱硫后铁水中的硫含量降低到了0.005%。除此之外，它的成本与$CaC_2$比较也降低了56.8%。1988年在实验室进行了专门实验对含有活性炭或不含有活性炭的CaO基脱硫剂之间的区别做了比较。在脱硫能力方面未发现明显的区别（见图2a）。在某些情况下，无碳脱硫剂的脱硫能力甚至高于含有活性炭或沥青碳的脱硫剂（见图2b）。

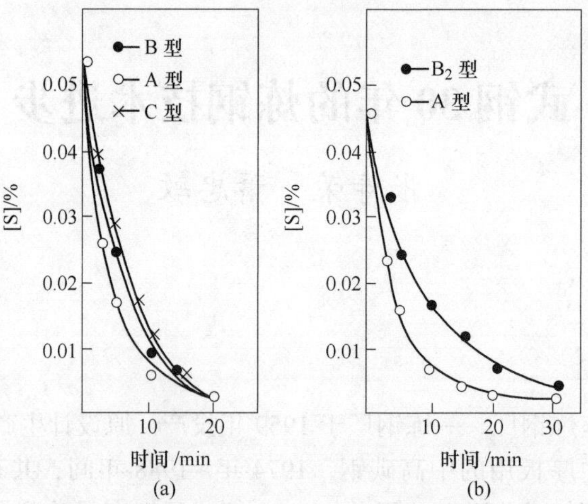


A— 活化时间（90%）+萤石（10%）；B— 活化时间（85.7%）+萤石（9.5%）+活性炭（4.8%）；C— 活化时间（85.7%）+萤石（9.5%）+沥青焦（4.8%）；$B_2$— 活化时间（77.1%）+萤石（8.5%）+活性炭（14.3%）

| 图号 | (a) | (b) |
|---|---|---|
| 温度/℃ | 1390 | 1320 |
| 气流 | 氩气，5L/min | 空气自然对流 |
| 搅拌速度/$r\cdot min^{-1}$ | 210~300 | 300 |

图2　通过含碳或不含碳CaO基脱硫剂处理后的铁水中硫含量的变化

## 2.2　采用复吹技术

### 2.2.1　复吹技术的吹气制度

1984年以来，三座LD转炉均采用了顶底复吹技术。但是，在早期只有氩气作为底部搅拌气体。1989年开发了计算机控制的供气系统后，为了降低成本，在冶炼前期供氮、后期供氩，实现$N_2$-Ar切换，在吹炼终点停氧后进行了用氩气搅拌的操作工艺。通过采用复吹技术，成功地生产了低碳钢和超低碳钢。处理不同钢种时，底吹气体流量在0.04~0.08$Nm^3/(t\cdot min)$范围内变化（见图3）。

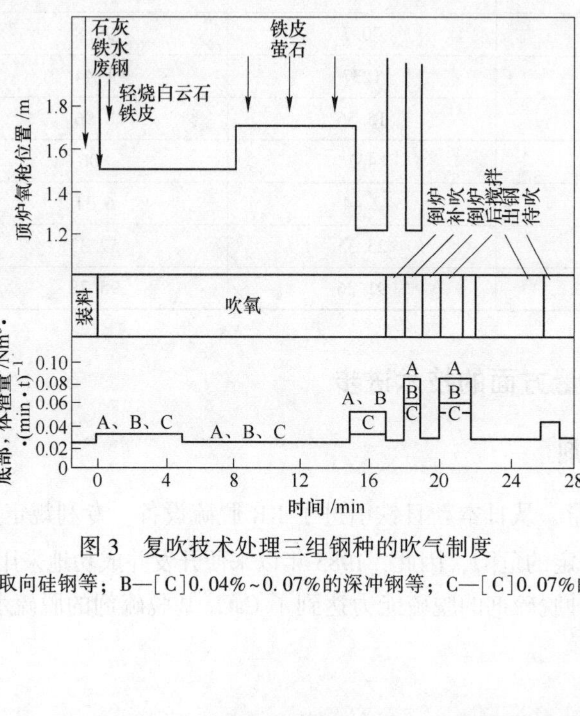


图3　复吹技术处理三组钢种的吹气制度

A—[C]<0.04%的无取向硅钢等；B—[C]0.04%~0.07%的深冲钢等；C—[C]0.07%的普碳钢，船板钢等

### 2.2.2 复吹技术的操作特点

图4~图7示出了复吹技术的典型冶金特性。从图4中可以看到，复吹工艺较普通的顶吹工艺更有效地使钢水达到较低的碳含量。表2和表3分别示出了采用顶吹工艺和1984年及1989年以后采用复吹工艺的效果比较。

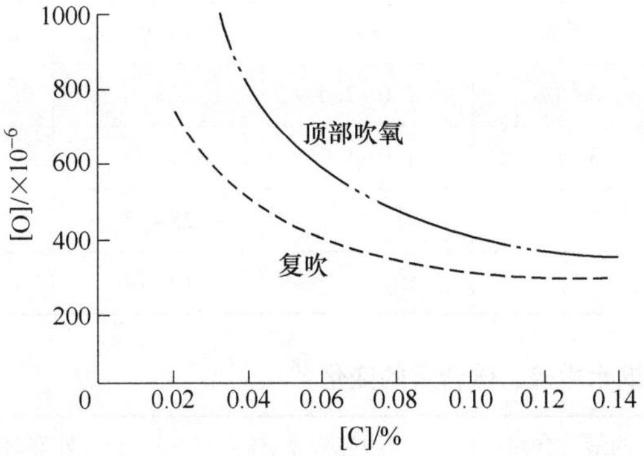


图4　顶底复吹与氧气顶吹钢水终点碳和溶解氮的关系

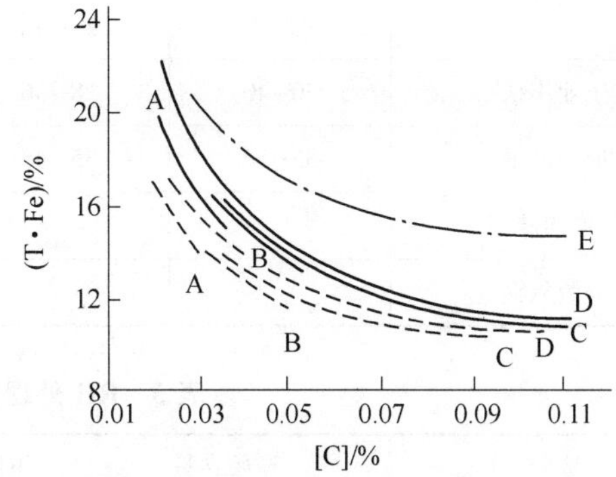


图5　终点碳与渣中总铁量的关系

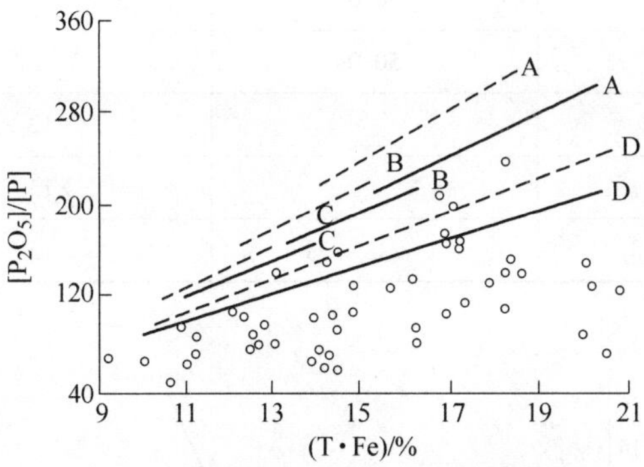


图6　终点磷分配比和总铁量的关系

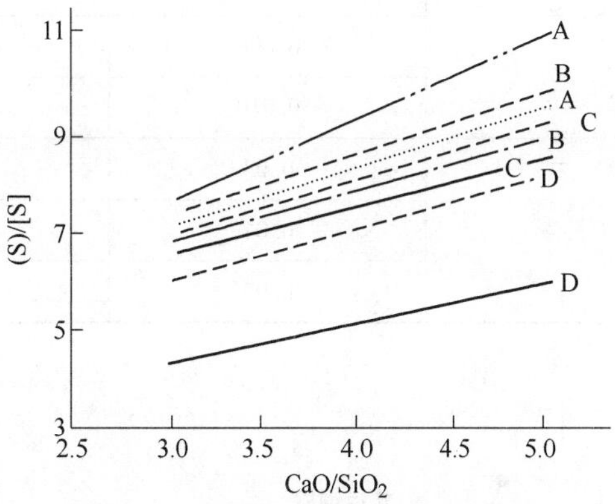


图7　终渣碱度与硫分配比的关系

**表2　顶吹和复吹条件下的效果比较**

| 项　目 | 复吹（1984年）与顶吹氧的比较 | 复吹（1989年）与复吹（1984年）的比较 |
|---|---|---|
| $\Delta[O]/\times10^{-6}$ | 150~250 | 40~130 |
| $\Delta(TFe)/\%$ | 2.0~3.0 | 0.2~1.3 |

**表3　不同复吹条件下的效果比较（1989年与1984年复吹比较）**

| 钢种 | 钢液中［O］下降值/×10⁻⁶ | | 脱硫率(S)/[S] 上升值/% | | 脱磷率（$P_2O_5$/[P]）上升值/% | |
|---|---|---|---|---|---|---|
| | 复吹结束 | 后搅拌结束 | 复吹结束 | 后搅拌结束 | 复吹结束 | 后搅拌结束 |
| A | 117~131 | 97~114 | 2.7~3.6 | 1.6~2.8 | 41.5~45.5 | 47.7~48.9 |
| B | 56~87 | 63~90 | 2.5~2.9 | 1.3~1.7 | 30.6~32.5 | 33.5~33.9 |
| C | 36~51 | 37~57 | 2.2~2.5 | 0.8~1.0 | 20.8~21.5 | 24.2~24.5 |

顶底复吹的进步使武钢在1984-1989年期间获得了极大的效益。图8示出了1984-1989年间轧后废品率的下降趋势。除此之外，二炼钢厂还可生产高牌号无取向硅钢（W07、W09）阴罩钢，高压容器钢（CF60、CF80），管线钢（X60、X80）、热轧和冷轧双相钢等多种高品位钢。

## 2.3 RH真空处理技术的开发

为了提高硅钢、低碳钢和船板钢等高质量要求的钢产量，1979-1990年以来对RH真空处理技术进行了多次改进。1号真空于1979年10月投产，设计生产能力为6.8万吨/年。RH真空处理装置主要用于生产硅钢。由于改进了技术，1 号真空在 1990 年处理钢水量达到了 17.2 万吨，其中 95%是无取向和取向硅钢，5%是表面涂层钢板用的弱脱氧钢，表 4、表 5 和图 9 示出了 RH 真空脱气技术的操作结果。

**表 4　1 号 RH 的脱气效果**

| 钢种 | 脱氮 [N]，$\times10^{-6}$ | | 脱氢 [H]/mL·$(100g)^{-1}$ | | 脱氧 [O] | |
|---|---|---|---|---|---|---|
| | 处理前 | 处理后 | 处理前 | 处理后 | 处理时间，min | 处理后，$\times10^{-6}$ |
| 工业用铁 | 30~40 | 28~36 | 3~5 | 1.0~2.0 | | |
| 取向硅钢 | 35~50 | 35~45 | 3~6 | 1.0~1.5 | 15~20 | 25~40 |
| 无取向硅钢 | | | | | 25~35 | 20~30 |
| 弱脱氧钢 | | | | | 12~18 | 20~40 |

**表 5　RH 处理前后的钢水中硫、碳含量的变化**

| 成分 | 原始含量 | RH 处理后的最终含量 | 脱硫效率,% | 处理时间，min |
|---|---|---|---|---|
| [S],% | 0.003 | 0.001 | 66.67 | |
| | 0.005 | 0.002 | 60.0 | |
| | 0.008 | 0.004 | 50.0 | |
| | 0.010 | 0.005 | 50.0 | |
| [C],% | 0.03 | 0.0045 | | 12 |
| | 0.04 | 0.005 | | 15 |
| | 0.05 | 0.0085 | | 15 |

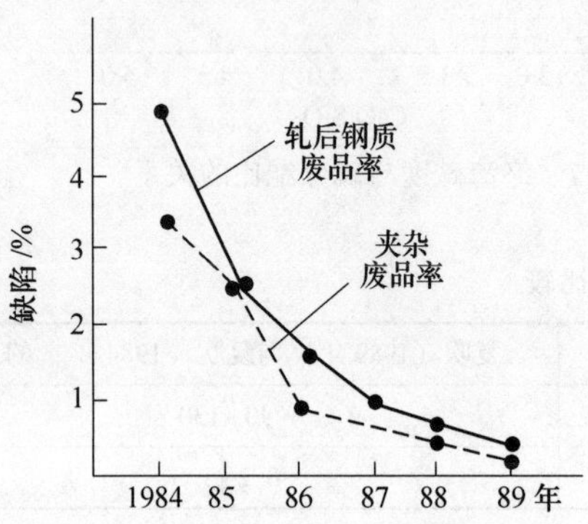


图 8　轧后钢质废品率降低情况

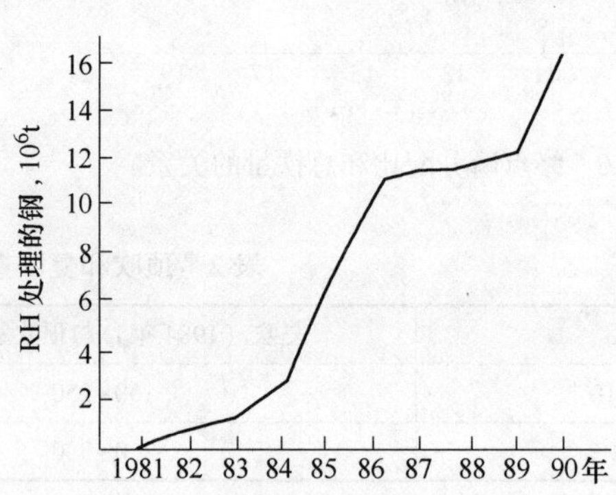


图 9　1 号 RH 真空处理钢水量的增长情况（1981~1990 年）

应该指出的是为了生产低硫钢或超低硫钢，1985 年开发了 RH 的深脱硫技术。实践证明 RH 处理后的钢水最终硫含量可降低到 0.0015%以下。

1990 年 5 月，2 号 RH 真空处理装置投入运行，年产能力为 50 万吨钢水。RH 处理后，钢水的最终碳含量和氢含量可分别降低到 $20\times10^{-6}$ 和 $2\times10^{-6}$ 以下。

## 2.4　船板钢和超低碳钢的生产

如上所述，由于 KR 脱硫，复合顶底吹及 RH 真空处理等技术的改进，硅钢、船板钢、低碳钢和超低碳钢等高质量钢已成为二炼钢的主要产品。

目前，碳含量低于 0.10%的钢产量占二炼钢总产量的 85%，硅钢、船板钢、汽车用深冲钢，涂层钢板用弱脱氧钢及其他专用钢占总量的近 30%。近几年来，付出了很大的努力对无取向硅钢（W09 和 W07），IF 钢等超低碳钢（碳含量低于 $30\times10^{-6}$）进行了试生产。在二次精炼后，钢水的最终碳，硫含量分别降低到 0.002%~0.003%和 0.001%~0.003%。

## 2.5 全连铸的实现

2.5.1 高牌号硅钢的连铸技术

投产初期，按引进专利要求，高牌号硅钢要通过锭模浇铸生产，一般牌号的硅钢则采用连铸工艺生产。1984-1985 年，通过改进技术及工艺操作解决了下述问题：

（1）降低了取向硅钢铸坯中的偏析，夹杂和内部裂纹。

（2）降低了生产无取向硅钢铸坯时产生的树枝状偏析并避免了由高 $Al_2O_3$ 夹杂导致的水口阻塞。

（3）减少了设备故障提高了铸机的作业率等。

1985 年以来，二炼钢厂的各种硅钢都实现了连铸生产。取向硅钢和无取向硅钢的总收得率与 1984 年以前的操作结果相比分别提高了 25%和 35%。

2.5.2 提高板坯质量的措施

（1）在结晶器中喂稀土丝

稀土元素在提高钢的性能方面起着重要作用。喂稀土丝后板坯的净化和微合金化都得到了改善。我们开发了一台自动控制的稀土喂丝机使钢产量达到了 19 万吨，31 个品种，占我国稀土总产量的 74%。

（2）电磁搅拌技术的应用

为了提高硅钢和其他专用钢的质量，1986 和 1987 年分别从日本和德国引进了两套电磁搅拌装置，装在 1 号和 3 号连铸机的二次冷却区内。分别用于生产硅钢和船用钢等专用钢种。电磁搅拌后，无取向硅钢的等轴晶率由 14%-21%上升到 53%~63%，硅钢片的表面质量也得到改善。取向硅钢的等轴晶率由 12.1%上升到 48%。总之，电磁坯的质量，对硅钢质量的提高尤为明显。电磁搅拌后船用钢质量的提高示于图 10。

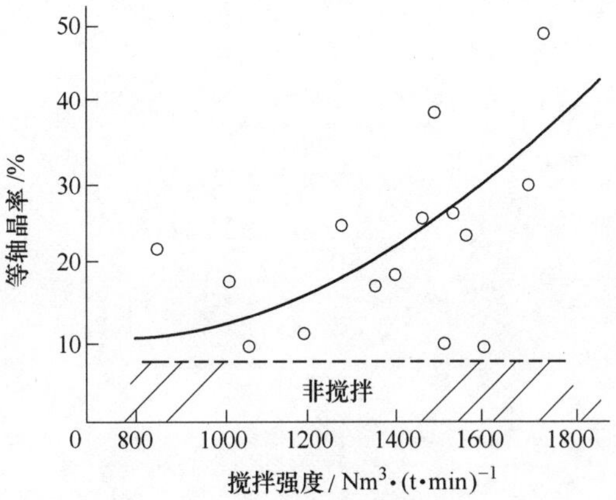


图 10　电磁搅拌强度

（3）硫印技术的开发

1987 年开发了用于控制板坯质量的硫印技术并应用于连铸生产。以从硫印中获得的质量信息为基础，能够判断铸机的运行状态并及时采取调节措施以便提高板坯质量。硫印技术是控制板坯质量的非常重要的一个措施。

## 2.6 连铸板坯的热装

实现全连铸并改进了板坯质量后，1985 年又实现了连铸板坯热装进热轧厂加热炉的工艺。目前，二炼钢厂热送连铸板坯已占总板坯量的 95%。热轧厂的热装比为 78%，平均热装温度在 430℃左右。现在正在考虑采取其他措施提高热装比和热装温度从而改善产品质量并节约能源。

# 3 武钢的炼钢前景

在武钢，轧机的生产能力大于炼钢。为了平衡轧钢和炼钢的生产能力，应该对二炼钢厂现有的转炉进行改造，并建设第三炼钢厂。

### 3.1 二炼钢厂的技术改造

如上所述，所建造的年处理钢水能力为50万吨的2号RH真空脱气装置和具有相同能力的4号炉的装入量已扩大至80t，并且不久还要进一步扩大到90t。为了提高炼钢工艺的控制能力和钢水质量，在转炉改造期间还将采用计算机过程控制系统。

这些技术改造后，二炼钢厂每年的钢产量将会达到230万吨，这意味着比原设计能力提高53.3%。

### 3.2 三炼钢厂的建设

1990年由国家批准的三炼钢厂工程将分两期完成。第一期要建设二座复吹转炉（每座250t）使年产能力达到300万吨钢，一台RH真空脱气装置和二台双流板坯连铸机。二期工程完成后，三炼钢厂最终年产能力可达到500万吨，这样，武钢的年产钢能力将超过700万吨。

（原载《1991 Steelmaking Conference Proceedings》，1991）

# 武钢第一炼钢厂40年来的技术进步

宰文新　赵继宇　李结根

## 1　概述

第一炼钢厂是1953年由原苏联国立冶金工厂设计院列宁格勒分院设计的，1957年动工，1959年第一期工程建成5座平炉，1959年9月29日1号平炉投产，1960年建成6号平炉（一期工程完成），第二期工程于1970年建成7号平炉，1973年建成8号平炉（二期工程原设计的9号平炉停建）。1988年全厂已改成6座500t顶吹氧气平炉，年产规模达到300万吨，全厂占地面积48.5万 $m^2$（其中厂房面积7.24万 $m^2$），固定资产3.89亿元，设备总重2.52万吨，装机容量6.9万kW，1995年产钢283.4万吨，1959.9~1997.9投产38年累计产钢6120万吨。

生产的品种有普碳钢、优质碳素钢、低合金钢，多种专用钢：如船用钢、桥梁钢、锅炉钢、容器钢、汽车用钢、耐大气腐蚀钢、装甲用钢、艇舰用钢、铁路用钢、自行车用钢、矿用钢等，近40年累计生产品种300余种，经常冶炼的有40余种。

一炼钢原模注工艺系统，1994年建成一座8机8流方坯连铸机，设计规模是年产50万吨方坯，1997年产方坯42.5万吨。

由于平炉炼钢工艺落后，能耗大，金属收得率低，生产成本高，公司于1997年初决定用6.5亿元改造一炼钢平炉模注工艺为转炉全连铸工艺，以降低生产成本、改善质量并生产高附加值品种，供高线、大型和汉阳棒厂。改造期维持100万吨平炉钢规模直至转炉投产。预计1998年底转炉可投产，届时将拆除平炉。

以下将简要汇报一炼钢厂40年来在平炉炼钢、炉子结构、工艺技术、方坯连铸及耐火材料诸方面的技术改进，侧重的是近十年来的技术进步。

## 2　一炼钢前30年技术进步的简要回顾

### 2.1　平炉的技术改造

#### 2.1.1　煤气平炉改为重油平炉

原设计平炉用焦炉和高炉混合煤气作为平炉燃料，平均每炉冶炼时间长达14h以上，从1965年开始到1968年将全部平炉改为以重油为燃料的平炉。使冶炼时间缩短1~2h。

#### 2.1.2　重油平炉改为氧气平炉

为适应增产的需要并生产出一米七轧机要求的低碳钢品种，从1983年开始改重油平炉为三枪顶吹氧气平炉，1988年6座平炉全部改完，由于单产提高，公司决定拆除2号、4号平炉，最终形成6座500t顶吹氧气平炉。

#### 2.1.3　平炉结构的改进

平炉顶吹氧后，对炉子结构进行了一系列改造。

（1）提高了炉顶标高，从3.3m改为3.9-4.0m。取消了炉顶曲节，减轻了吹氧期钢渣对炉顶的浸蚀。

（2）增大了炉头火焰口的尺寸，扩大了上升道断面，从9.3$m^2$扩大到13.35$m^2$，增加了吹氧后废气的排出能力。

（3）扩大蓄热室格子砖尺寸，从150mm×150mm改为340mm×340mm，扩大总烟道截面，从2.3m×2.6m增加到3.0m×3.4m，减少系统阻力。

2.1.4 平炉吹氧后相关技术的改进

(1) 采用关油减风、低氧压、大氧量的操作。

(2) 采用活性石灰造渣，减少渣量。

(3) 采用高铁镁砂、油拌料等补炉材料，实现一次补炉。

(4) 冶炼全过程碳温协调，采用 $C\times10^4+T=1660$ 协调冶炼过程碳含量与温度的关系，避免了吹氧后的高、低温钢，确保生产顺利、钢质稳定。

(5) 出钢口采用异形砖砌筑，扩大出钢口尺寸，使出钢时间从 30~40min 缩短至 20min 左右。

(6) 出钢槽改为等边对称形，炉下渣罐改为双渣罐电动渣车。

(7) 采用穿孔弹开启出钢口。

(8) 沉渣室渣箱改为 $16m^3\times2$ 渣罐活换渣车，缩短修炉周期。

(9) 采用电除尘收集吹氧后的烟尘，使吹氧后的烟尘排放达到国家规定的标准。

## 2.2 工艺技术的改进

2.2.1 500t 平炉冶炼 08F 钢

为满足一米七轧机需要的低碳品种，500t 平炉从 1980 年开始冶炼 08F 钢，成品 C0.05%~0.09%，经常发生钢水过氧化，注中沸腾差、轧后质量差，成坯率较低。为了控制钢中氧含量，提高 08F 钢供热轧成坯率，采取了以下措施：终点碳不低于 0.04%；终点温度≤1650℃；中碳锰铁脱氧；根据终点碳在罐内加铝块调氧，将氧含量调整到（200-250）$\times10^{-6}$；注中向模内加铝丸和助沸剂；注毕采用专用喷枪、吹氩喷铝丸封顶。

2.2.2 用氩气喷吹铝丸封顶

为提高 08F 钢供热轧成坯率，1980-1982 年研制并推广应用了以氩气为载体的加铝喷枪，在 0.5~0.6MPa 的压力作用下，铝丸沿喷枪加速喷出，穿透浮渣进入钢锭头部，从而使 08F 钢封顶良好，使供热轧成坯率提高 12%-13%，铝耗量降低了 4-5.5kg/锭，轧材机械性能稳定。

2.2.3 快速上注法生产半镇静钢

为解决炉后生产能力不足，半镇静钢质量差，成坯率低的问题，在公司技术部、钢研所协助下，学习国外经验，在国内率先试验成功快速上注工艺，快速上注是多种技术综合发展的结果，包括含氧量的控制、滑板材质改进、钢锭模与底板的喷涂修补等，1986-1994 年共生产上注半镇静钢近 100 万吨，开发了 Q275b、Q235b、RJ24b 等品种。

快速上注法生产半镇静钢的主要工艺特点是：顶吹平炉按 C—T 曲线控制，成分内控，罐内、模内调氧，采用 $\phi$70mm 水口上注，使模内钢水线速度达 1800~4500mm/min。

快速上注法生产的半镇静钢，锭→坯成坯率提高 4%，综合成材率提高 2%-3%。

2.2.4 270t 盛钢桶的喷补

从 1969 年开始断断续续进行过多次钢包喷补试验，1985 年开始增建固定喷补设施，建造了上料系统和贮料仓，安装了强力搅拌机和喷补机等，组建了专门喷补班，1986 年投入正式生产，喷补采用半干法。钢包经喷补后取消了小修，使罐底与罐壁寿命同步，喷补方式一般采用卧喷或立喷。

2.2.5 整体出钢槽

为满足吹氧平炉的要求，减轻砌槽工人的劳动强度，1986 年 10 月第一个全打结出钢槽在 5 号平炉试用。之后又经多次改进，最终确定为刚玉—碳化硅料浇注永久层，工作层再涂抹镁质料的复合层整体出钢槽。试验证明：该料耐冲刷性能好且粘渣少易清理，使用寿命达 200 余次。

2.2.6 滑动水口的改进

于 1973 年开始试验与研制，1975 年采用预装式滑动机械纳入试生产，1977 年设计制造了 W77 型滑动机械，对浇含 Ti 钢、高铝钢上水口结瘤问题进行攻关，使滑动水口可浇注所有品种。1985 年设计制造了 W85 弹簧压紧的滑动机构，采用了与 YPN-80 机械统一的 501 滑板，基本满足了快速上注的需要。1994 年方坯连铸用罐全部安装了 W92 机械。生产实践证明，这种滑动机械基本上可满足连铸大包多次启闭控制中包钢水量的需要。

2.2.7 钢包吹氩

1982年开始试验钢包底吹氩，吹氩砖的位置在罐底耳轴方面距罐底中心800mm位置处，南北各一个。透气砖材质采用高铝质夹缝式，1988年透气砖使用寿命已与罐底同步（约12-13次）。之后，又改用铬刚玉质直缝式透气砖。寿命进一步提高。基本满足了连铸钢包的需要。经吹氩处理后可提高钢水纯净度，还可起到均温、调温作用。

2.2.8 热帽技术的推广应用

1974年开始研制试验绝热板，1980年冶金部购买英国Foseco公司绝热板及相关技术，并在武钢进行试验，促进了武钢绝热板的应用，由于采用绝热板，使钢锭成坯率提高2.85%~3.18%。为进一步提高成坯率帽容减至11%，1987年采用轻质绝热板后，成坯率进一步提高0.2%-0.8%。

曾先后采用柳毛石墨，W-3渣，80年代又采用以粉煤灰、硅灰石为主要成分的“通用”渣至今。

在防缩孔剂应用方面，先用采用过炭黑、蛭石粉，低铝型发热剂，1987年试用复合渣替代了发热剂。

2.2.9 模型与底板的改进

（1）Z13.2t模型的改进

1985年对锭型进行了改进，底部改成锥台型，帽部改为双锥度，轧后肩疤与底部折叠明显减少，成坯率提高1%以上。

（2）上大下小无底模的采用

原用方模、扁模均为有底模，方形无底模底部改为双锥台形，相应将底板制造成凸台，从而减少了工序。并使切尾减少0.35%~1.0%，平均成坯率增加0.8%。

（3）上注凹型底板的采用

上述原采用平底板，形成较大的“鱼尾”，1986年设计上注专用凹型底板，浇出带凸底的钢锭，有效减少了切尾1%以上，提高了成坯率，此外，凹型底板用于上注后，使底板单耗下降3kg/t钢。

## 3 一炼钢近10年来的技术进步

### 3.1 用上小下大模型模口挂绝热板扩大生产镇静钢

80年代中后期，采用了保温性能较优的轻质绝热板和复合保护渣，新设计了上小下大的钢锭模C-8412模，进行了上小下大模型（C-8412）模口挂板生产镇静钢的工艺试验，试验结果表明，成坯率提高到86%以上，钢锭合格率达到99%。

1992年建成两条挂板线，从1993年3月逐步用上小下大模挂板取代原有的上大下小帽挂板生产镇静钢，比帽挂板镇静钢成坯率提高3%以上，生产的钢种有：Q195、Q215、Q235、NM150K、T52、T52L、YZ350K、35、45、16Mnq，1993年镇静钢比已达65.7%，以后逐年提高。1997年达87.62%。

### 3.2 TN钢包喷粉工艺

为扩大品种提高实物质量，从德国麦索（MESSO）公司引进一套可同时处理两罐270t钢水的钢包喷粉装置。1991年3月投入试生产，生产后取得一定效果。

### 3.3 马克法技术的开发

为了扩大品种和提高深冲薄板钢的质量，从美钢联工程咨询公司（UEC）引进马克法工艺与设备，可生产“外沸内镇”或“外沸内半镇”钢，具有良好的表面质量和深冲性能。

1988年8月试车成功，1989~1994年开发了马克钢的品种系列，研制了国产化马克设备及备件、易损件。共生产马克钢13.7万吨，开发马克钢品种6个，WM1—WM4、WMG（易开盖），TX-275MK（油箱钢），其综合锭—坯成坯率1994年达到87%。

### 3.4 稀土处理钢新品种的开发

“七五”期间，主要是对稀土加入方法进行了大量试验，取得较大成果，开发了模内吊挂稀土棒工艺和中注管喂稀土丝的新工艺。

“八五”期间主要是开发稀土处理钢新品种，共开发稀土新品种 12 个，生产稀土处理钢 72 万吨，使武钢生产厂，对全国提前完成“八 · 五”稀土钢扩大产量的计划起到决定性作用。

### 3.5　高钡复合脱氧剂的推广应用

以等量高 Ba 合金代替 SiAlBaFe 作连铸钢和耐大气腐蚀钢（09CuPTiRe）作终脱氧剂，既保证了正常浇注，又降低了生产成本，1996 年已在 09CuPTiRe 和连铸钢脱氧中全面推广。

### 3.6　方坯连铸工艺技术攻关

为了既解决三炼钢投产前多余的铁水，又弥补初轧开坯能力不足，公司决定在一炼钢建一套年生产能力为 50 万吨的 8 机 8 流方坯连铸机，弧形半径 8m，铸坯断面 200mm×200mm，1994 年 6 月建成，6 月 20 日至 8 月 8 日进行热负荷试车，8 月 22 日转入试生产。

1995 年一季度由于设计施工中存在的一些问题，又处于试生产阶段，边处理边生产，因此，产量不高，特别是铸坯质量不好，脱方较严重，在开展工艺攻关的同时也开展了减少脱方的攻关。

3.6.1　修改结晶器设计，改进二冷段喷嘴，减少铸坯脱方废品

将结晶器水套钢板从 5mm 改为 8mm，确保水缝在 5-6mm，冷却均匀；改进足辊段设计，确保足辊对中、对弧；二冷段外弧改为大喷嘴，以保内外弧冷却均匀，同时加强温度和拉速控制，使脱方逐渐减少，由攻关前 1996 年 2 月份的 39.88%下降到 1%以下。

3.6.2　中包上水口及塞棒改进

上水口材质从 $Al_2O_3$-C 质改为锆—石英复合水口，使 LF 炉加热温度下降 10~15℃；塞头头部从半球形改为锥形，使之便于控制钢流，同时改进中包机械使控制灵活。

3.6.3　改进滑板材质

原连铸大包滑板使用镁铝尖晶石质，由于连铸对此耐火材质不适应，经常漏钢，改用 $Al_2O_3$-C 滑板，其抗浸蚀性明显优于尖晶石滑板，使间隙漏钢大大减少。

3.6.4　改进透气砖和吹氩工艺

首先在平炉出钢过程中吹氩，减少下部冷钢及透气塞堵气的现象，每次浇注完及时翻罐，然后用高压煤气吹扫，如不通及时烧氧，如还不通及时更换。透气砖改为铬刚玉直缝式。采取以上措施后使吹成率达 95%以上，减少了因吹不通返浇的炉吹。

3.6.5　改善二冷段喷水状态

原设计内外弧，喷嘴数量型号完全一样，二冷一段水量 36%，二段 23%，足辊 41%，修改为二冷一段水量占 39%，二段 21%，足辊 40%，喷嘴角度由原来 50°改为 65°，外弧喷水量增大。

3.6.6　控制工艺参数

控制 LF 炉加热终点温度，提高中包温度合格率。增强精炼功能，降低钢水 S、P 的含量。

### 3.7　方坯连铸耐火材料及辅助材料的改进

修订了中包绝热板型设计，改善了接缝质量，缩短了组装时间。

3.7.1　中包塞棒、水口材质和形状的改进

原有 $Al_2Q_3$—C 质和石英质，由于 $Al_2Q_3$—C 质导热系数较大，开浇水口易结冷钢，石英质又不耐冲刷，试验改用锆—石英复合水口，这种水口导热系数小且耐冲刷，使 LF 加热温度下降 10~15℃。塞头头部原为半球形，有时不易落位而使塞头失控，后将塞头改为锥形，水口碗开浇顺利。

3.7.2　大罐砖材质改进及使用埋弧渣，提高大罐寿命

大罐工作衬砖原有 $Al_2O_3$-MgO-C 砖，因渣线浸蚀快，寿命短（仅 10 次），后改上部渣线为 MgO—C 砖，使大罐平均寿命达 20 次以上，由于埋弧渣的采用，减少了电弧对渣线的直接辐射，提高了加热效率，温升速度达到 2℃/min。

### 3.8　方坯连铸电磁搅拌的试验应用

为了使硬线钢有较好的铸态组织，武钢与武汉冶金科技大学合作，开发了方坯连铸二冷段电磁搅拌

技术，安装在第8流上，进行试生产。

3.8.1 电磁搅拌的基本参数

搅拌器：外径 $\phi$910mm

内径上口 $\phi$320mm

内径下口 $\phi$350mm

纵向长度 1150mm

调压器：容量 270kVA

输入电压 380V

输出电压 45~300V

尺寸：1200mm×1200mm×2200mm

3.8.2 安装位置

搅拌器安装在结晶器中心线成17度的扇形半径上，搅拌器上口与结晶器中心线距离约为1985mm。

3.8.3 试验结果

(1) 有效地减轻铸坯中间裂纹，中间裂纹由3级降为0级。

(2) 扩大等轴晶区面积，等轴晶率提高30%以上。

(3) 消除了铸坯中心缩孔，中心疏收得到改善。

(4) 由搅拌引起的白亮带的碳偏板可以控制在0.92~0.93。

(5) 采用了有效的防护措施，适应二冷区环境。

## 4 一炼钢近40年产品获优和获得技术进步奖情况

获国家、部、省、市优质产品奖12项，获市级以上科技进步奖18项，公司技术进步奖4项。

## 5 淘汰落后工艺，实现“平改转”

为适应公司生产发展和市场需要，公司决定对一炼钢进行“平改转”的技术改造，1998年将新建两座100t顶底复吹转炉，关闭平炉；1999年将新建2台5机5流方坯铸机，并配套新建铁水全脱硫处理和钢水二次精炼设施（钢包吹氩、LF钢包炉、VD真空处理），届时一座具有90年代技术装备水平，实现全连铸生产的转炉钢厂将为公司的生产发展作出新的贡献。

（原载《武钢技术》，1998（增刊））

# 武钢炼钢系统建设历程及技术装备概况

萧忠敏

## 1　引言

武汉钢铁公司（以下简称武钢）是新中国成立后在第一个“五年建设计划（1953-1957）”期间，国内首个新建的大型钢铁联合企业。它是前苏联援助我国建设的全国 156 项重点工程之一。武钢炼铁厂的 1 号高炉 1958 年 9 月 13 日生产出了第一炉铁水，标志着武钢正式建成投产。一年后，炼钢、初轧两厂相继投产。

武钢炼钢厂（第一炼钢厂）1959 年 9 月 29 日建成投产，1 号平炉炼出了武钢第 1 炉钢，它标志着武钢炼钢工序的诞生和炼钢生产的起步。此后又先后建成了第二、三、四炼钢厂和一条 CSP 薄板坯连铸连轧生产线。

武钢第一期工程设计的年产钢量为 150 万吨。炼钢系统现已具有年产钢量 1800 万吨以上的生产能力，2011 年钢产量已达 1816 万吨。

鉴于笔者是 1958 年 10 月从鞍钢调来武钢，经历、见证和参加了武钢炼钢厂从 1959 年 9 月 29 日投产到 2015 年 4 月 19 日公司炼钢系统累计产钢 3 亿吨的生产技术进步的全过程，故将武钢各炼钢厂的建设历程、生产工艺、技术装备和冶炼的主要钢种等内容简述于本文，作为炼钢系统的一部分历史资料，供炼钢同行、特别是中青年科技人员参阅。

本文内容主要是根据笔者为纪念武钢投产 50 周年暨产钢量达 2 亿吨所写的《武钢投产 50 年炼钢生产技术进步的回顾与展望》一文（该篇论文刊于《武钢技术》2008 年第 4 期，庆祝武钢投产 50 周的纪念特刊）和在“武钢股份公司纪念累计产钢 3 亿吨”（2015 年 5 月 5 日）座谈会上的主题发言的 PPT 内容摘要整理而成。文中一些生产数据仍引自上述两文，未再补充、改成近年生产的新数据，望阅者见谅。为保留当时文章的原貌，文中对钢厂名称的称谓仍按原来的表述。

本文献给武钢建厂六十周年纪念。

## 2　武钢炼钢系统建设历程

武钢现有的 5 个炼钢厂，2017 年 3 月之前分别隶属于条材总厂的有 2 个炼钢厂（现称条材厂，下属一炼钢分厂和一条 CSP 薄板坯连铸连轧生产线，或称 CSP 分厂），隶属于炼钢总厂的有 3 个炼钢厂（现称炼钢厂，下属二炼钢分厂、三炼钢分厂和四炼钢分厂）。各炼钢厂建成投产时间及到 2009 年炼钢投产 50 周年时的年钢产量、累计钢产量见表 1。

表 1　5 个炼钢厂的投产时间及 2009 年钢产量和累计钢产量　　（万吨）

| 钢　厂 | 投产时间 | 2009 年钢产量 | 截至 2009 年累计产钢量 |
|---|---|---|---|
| 一炼钢 | 1959-09-29<br>1998-11-18（改造后） | 236.48 | 8208.49 |
| 二炼钢 | 1977-11-25 | 153.35 | 6000.14 |
| 三炼钢 | 1996-08-10 | 574.31 | 6036.04 |
| 四炼钢 | 2007-11-28 | 312.70 | 623.69 |
| CSP 厂 | 2009-05-20 | 123.78 | 123.78 |
| 合　计 | | 1400.62 | 20992.16 |

1959~2014 年，5 个钢厂的累计钢产量在近 3 亿吨钢中（未包括 2015 年 1~4 月份的产量）所占比例见表 2。

**表 2　5 个钢厂累计产钢量在近 3 亿吨中所占比例**

| 厂名 | 累计产钢量/万吨 | 所占比例/% | 厂名 | 累计产钢量/万吨 | 所占比例/% |
|---|---|---|---|---|---|
| 条材总厂合计 | 10358 | 35.06 | 二炼钢 | 7122 | 24.11 |
| 一炼钢 | 9132 | 30.91 | 三炼钢 | 9527 | 32.24 |
| CSP 分厂 | 1226 | 4.15 | 四炼钢 | 2539 | 8.59 |
| 炼钢总厂合计 | 19188 | 64.94 | 总计 | 29546 | 100.00 |

## 2　各炼钢厂的建设历程和简况

### 2.1　第一炼钢厂（一炼钢）

1959 年 9 月该厂投产时称为武钢炼钢厂（以后相继改称第一炼钢厂、条材总厂一炼钢厂、条材厂一炼钢分厂），是由前苏联列宁格勒黑色冶金设计院设计的，采用平炉冶炼、锭模浇铸生产工艺。第一期工程设计的年产量为 150 万吨。投产初期的两座平炉容量为 250t，以后又建成了 6 座 500t 的大容量的平炉。

在新中国建国 10 周年的国庆节前夕，1959 年 9 月 29 日 23 点 10 分，炼钢厂 1 号平炉冶炼出了武钢第 1 炉钢，它标志着武钢炼钢工序的诞生和炼钢生产的起步。该厂平炉最多时达到 8 座，几经扩建和改造，以后较长时间保持了 6 座平炉生产，具有 280~300 万吨的生产能力。

1997~1999 年进行了淘汰平炉-模铸生产工艺的技术改造，1998 年 12 月 25 日上午 9 点 30 分，1 号平炉出完最后一炉钢后，武钢的平炉完成了历史任务后即全部停止了生产；1999 年 9 月 30 日最终关闭了模铸生产线。1999 年 10 月 1 日，武钢在当时国内 4 个年产钢 500 万吨以上的特大型钢铁企业中率先实现了全连铸生产。

技术改造后的一炼钢采用转炉-全连铸的现代化炼钢生产工艺，并配有铁水脱硫处理和钢水精炼装置。新建的 100t 第 1 座转炉（2 号转炉）于 1998 年 11 月 16 日投产，此后 1 号转炉和 2 台方坯连铸机及铁水、钢水等炉外处理装置亦相继投产。随着生产发展的需要，于 2006 年增建了 2 号 LF 钢包炉，2007 年增建了 RH-MFB 多功能真空精炼装置和 3 号大方坯连铸机，并对转炉进行了扩容至 120t 的改造。原设计的年生产能力为 170 万吨（未含 3 号大方坯连铸机）。转炉扩容至 120t 后年产能可达 230 万吨。该厂改造后的技术装备及其他 4 个炼钢厂的技术装备简况将另述于第 3 节。

一炼钢以生产优质线材和型材用钢、特别是优质硬线用钢和高速铁路用优质重轨钢等为其主导产品。为公司生产型、线、棒材用钢作出了重要贡献。

### 2.2　第二炼钢厂（二炼钢）

二炼钢于 1972 年兴建，原设计方案为建设 3 座公称容量为 50t 氧气顶吹转炉，设计年生产能力为 150 万吨。在钢厂建设过程中，国家决定把具有当时国际先进水平的 1700mm 板材轧机建在武钢，因此于 20 世纪 70 年代中期在引进 1700mm 板材轧机的同时，从联邦德国 CONCAST 公司引进了 3 台弧形单流板坯连铸机，设计的铸坯年生产能力为 150 万吨。考虑到铸机的正常运行状态和从日本新日铁引进的硅钢专利要求，高牌号硅钢需用模铸法生产，故配备了 30 万吨的模铸生产能力，因此，核定的连铸坯生产能力为 120 万吨。设计的连铸比为 80%。二炼钢于 1977 年 11 月 25 日建成投产。

为了满足 1700mm 板材轧机对铸坯质量的要求，在引进板坯连铸机的同时，二炼钢还配套引进了 KR 铁水脱硫、钢包吹氩和 RH 真空精炼等设备。随着生产技术发展的需要，进行了一系列的技术改造：1984 年对 3 座氧气转炉进行了技术改造，成功地实现了顶底复合吹炼；1985 年 3 月实现了包括高牌号硅钢在内的所有钢种的全连铸，成为国内第一家实现全连铸的钢厂；20 世纪 80 年代末建成了国产化设备的 4 号板坯连铸机。武钢第二炼钢厂成为我国第一个具有铁水预处理-氧气转炉顶底复合吹炼-钢水炉外精炼（钢包吹氩、喂线、真空处理）-全连铸技术的现代化的炼钢厂。

此后，1989-1992 年又进行了转炉装入量分步扩容至 90t 及前后工序配套的系统改造；1997 年对 1 号 RH 真空精炼装置进行了具有顶吹氧（KTB）和顶喷粉（WPB）功能的改造；2005 年对 2 号 RH 真空精炼装置进行了具有 MFB 多功能的改造；2001 年增建了 2 号 KR 铁水脱硫装置；2002-2005 年先后完成了 1 号、2 号、3 号弧形板坯连铸机的直弧形改造等。

二炼钢 1977 年投产以来，为公司 1700mm 板材轧机提供了优质铸坯，特别是为增加我国冷轧硅钢片和一系列重大工程用钢等做出了突出贡献。

## 2.3 第三炼钢厂（三炼钢）

三炼钢是“八五”期间利用外资建设的国家重点工程项目，是继宝钢投产之后我国当时建设的又一个具有国际先进水平的大型转炉-全连铸钢厂。按原设计方案全部工程分为二期建设。第一期为 250t 顶底复吹转炉 2 吹 1 加 1 台弧形双流板坯连铸机，设计能力为年产 180 万吨连铸坯；第二期为转炉 2 吹 1 同时新增 1 台弧形双流板坯连铸机，设计能力为年产 250 万吨连铸坯。主要设备由德国和西班牙等国引进。三炼钢于 1996 年 8 月 10 日投产。

在前两期工程建设中，主要建成了转炉 2 座，相应配套了混铁车铁水喷吹脱硫装置，钢包吹氩装置(含喂线和合金微调功能)，LF 钢包炉，RH 真空精炼装置，弧形双流板坯连铸机等。随着生产发展的需要，2003 年增建了 3 号直弧形双流宽板坯连铸机，2005 年增建了 3 号转炉、2 号铁水包喷吹脱硫站和 3 号钢水包吹氩站，2006 年增建了 2 号 RH-MFB 多功能真空精炼装置，2007 年增建了 2 号 LF 钢包炉等设备。

三炼钢为公司热轧系统提供优质铸坯，为公司生产汽车板用钢和管线钢、桥梁钢、电工钢等高性能工程结构用钢做出了重要贡献。

## 2.4 第四炼钢厂（四炼钢）

炼钢总厂四炼钢分厂是根据公司“十一五”发展规划，将武钢建成硅钢片、汽车板和高性能工程结构用钢三大生产基地的目标而建设的。与之配套并新建了 1580mm 轧机热轧生产线。以生产硅钢和低碳、超低碳用钢为主。四炼钢于 2007 年 11 月 28 日建成投产。

四炼钢的主体设备有：200t 顶底复吹转炉，相应配套了混铁车，铁水罐 KR 脱硫装置，钢包吹氩装置，RH-MFB 多功能真空精炼装置，LF 钢包炉，直弧形双流板坯连铸机等。设计的年生产能力为 360 万吨。

经过努力，四炼钢已于 2008 年 5 月实现了跨月达产的目标。同年 6 月下旬又一次性成功冶炼 2 炉 HiB 硅钢，标志着该厂已具备生产高难硅钢品种的冶炼能力。四炼钢为公司生产硅钢和低碳、超低碳用钢等做出了重要贡献。

## 2.5 CSP 薄板坯连铸连轧生产线（CSP 分厂）

武钢为了充分发挥设备的总体生产能力，提高钢材产量，进一步优化产品结构，提高经济效益，决定在条材总厂建设 1 条转炉-薄板坯连铸连轧生产线，其主导产品为无取向硅钢原料卷，直接供给硅钢片厂，以满足进一步增加硅钢片的需要，而且可降低能耗、缩短流程、降低硅钢片生产成本，从而提高硅钢产品的市场竞争力。

此条 CSP 生产线中，炼钢的主体装备有：150t 顶底复吹转炉，相应配备了铁水罐复合喷吹脱硫装置，钢包吹氩装置，LF 钢包炉，RH-MFB 多功能真空精炼装置，立弯式单流薄板坯连铸机，铸坯厚度 50~90mm，带钢厚度 0.8~12.7mm。设计的年产薄板坯 253.8 万吨，热轧带钢 250 万吨。该生产线 2009 年 3 月 28 日建成热试成功，2009 年 5 月 20 日全面投产。

CSP 分厂产品涵盖硅钢、集装箱板、碳素结构钢、优质碳素钢、低合金高强度钢、耐候结构钢、汽车结构钢、管线钢、超低碳钢等系列。该条薄板坯连铸连轧先进短流程工艺生产线，在取向及无取向电工钢的技术开发，低成本高性能钢制造等方面，都取得了优异的业绩。CSP 分厂采用短流程工艺，创新性的开发生产出硅钢和一系列专用钢，为公司生产发展做出了突出贡献。

## 3　各炼钢厂生产工艺和主体技术装备概况

### 3.1　工艺技术

武钢4个炼钢厂及CSP分厂均采用了“铁水脱硫预处理-氧气转炉顶底复合吹炼-钢水炉外精炼-连铸或薄板坯连铸连轧”的现代化炼钢生产工艺技术。这些先进的炼钢技术装备，为不断地提高钢的质量，开发钢的品种、增强钢材产品的市场竞争力等提供了重要的冶炼装备和奠定了坚实的技术基础。

### 3.2　主体工序技术装备简况

3.2.1　各炼钢厂主体工序技术装备

武钢各炼钢厂主体工序设备类型、数量及设计产能汇总见表3。

**表3　武钢各炼钢厂主体工序设备类型、数量及设计产能汇总**

| 主体工序 | 主体设备类型数量 | 设计产能/万吨 |
|---|---|---|
| 铁水脱硫 | 铁水脱硫装置10套，其中：KR搅拌式4套，铁水包喷吹式5套，混铁车喷吹式1套 | 1645.5（实际可达1800万吨） |
| 转炉冶炼 | 顶底复吹转炉12座，其中80t×3，100（120）t×2，250t×3，200t×2，150t×2 | 1743~1793 |
| 钢水精炼 | 各种钢水精炼装置16套，其中LF×7，RH×8，VD×1 | 2152.7 |
| 连铸、薄板坯连铸 | 各类连铸机14台，其中方坯铸机3台，板坯铸机9台，薄板坯铸机2台 | 1743~1793 |

3.2.2　各炼钢厂主体工序的技术装备简况

表4~表11分别列出了各炼钢厂的铁水脱硫、转炉冶炼、钢水精炼、连铸及薄板坯连铸等主体工序的技术装备简况及2009年达到的生产水平。

（1）铁水脱硫设备和2009年生产水平

各炼钢厂铁水脱硫设备和2009年生产水平见表4。

**表4　各炼钢厂铁水脱硫设备和2009年生产水平**

| 厂别 | 铁水脱硫工艺技术装备及装备数量 | 设计年生产能力/万吨 | 2009年实际铁水脱硫处理量/万吨 | 2009年铁水脱硫比/% |
|---|---|---|---|---|
| 一炼钢 | 100t铁水罐喷吹颗粒镁脱硫装置×2 | 164 | 165.8 | 82.21 |
| 二炼钢 | 80t铁水罐KR搅拌CaO脱硫装置×3 | 230 | 110.3 | 89 |
| 三炼钢 | 1号站320t混铁车喷吹$CaC_2$脱硫装置×1；2号站300t铁水罐喷吹颗粒镁脱硫装置×1 | 253（1号）<br>380（2号）<br>小计633 | 548.5 | 99.12 |
| 四炼钢 | 200t铁水罐KR搅拌CaO脱硫装置×2 | 354 | 303.09 | 99.93 |
| CSP线 | 170t铁水罐复合喷吹CaO+钝化Mg脱硫装备×2（3个脱硫工位，2套脱硫剂储存、输送系统） | 264.5 | （因该生产线当年刚投产，故未统计） | （因该生产线当年刚投产，故未统计） |
| 合计 | 11 | 1645.5 | 1277.94 | 95.07 |

（2）转炉冶炼设备和2009年生产水平

各炼钢厂的转炉冶炼设备和2009年生产水平见表5。

**表5　各炼钢厂转炉冶炼设备和2009年生产水平**

| 厂别 | 顶底复合吹炼转炉/座 | 设计年生产能力/万吨 | 2009年实际产钢/万吨 |
|---|---|---|---|
| 一炼钢 | 100t×2（扩容至120t） | 170（扩容后可按220考虑） | 236.48 |
| 二炼钢 | 80t×3 | 230 | 153.34 |

续表 5

| 厂别 | 顶底复合吹炼转炉/座 | 设计年生产能力/万吨 | 2009 年实际产钢/万吨 |
|---|---|---|---|
| 三炼钢 | 250t×3（副枪检测、动态控制） | 730 | 574.31 |
| 四炼钢 | 200t×2（副枪检测、动态控制） | 360 | 312.70 |
| CSP 线 | 150t×2（副枪检测、动态控制） | 253.8 | 123.78 |
| 合计 | 12 | 1743（1793） | 1400.62 |

（3）钢水精炼设备和 2009 年生产水平

各炼钢厂的钢水精炼设备较多，故按各炼钢厂单独列出，各炼钢厂的钢水精炼设备和 2009 年生产水平分别见表 6~表 10。

①一炼钢钢水精炼设备和 2009 年生产水平

一炼钢的钢水精炼设备和 2009 年生产水平见表 6。

**表 6　一炼钢钢水精炼设备和 2009 年生产水平**

| 钢水精炼工艺技术装备及装置数量 | 设计年生产能力/万吨 | 2009 年实际钢水精炼处理量/万吨 | 2009 年钢水真空精炼炼比/% |
|---|---|---|---|
| 100tLF 钢包炉装置×3 | 60.6（1 号）<br>90（2 号）<br>小计 150.6 | 114.6<br>（2007） | 64.48<br>（2007） |
| 100tVD 钢包真空脱气装置×1 | 43.3 | 37.1<br>（2007） | 20.88<br>（2007） |
| 100tRH-MFB 多功能真空精炼装置×1 | 80 | 117.85<br>（2009） | 56.83<br>（2009） |
| 100t 钢包吹氩装置×2 |  | 钢水全吹氩，无单独喂丝量 |  |
| 小　计 | 273.9 | 117.85 | 56.83 |

②二炼钢钢水精炼设备和 2009 年生产水平

二炼钢钢水精炼设备和 2009 年生产水平见表 7。

**表 7　二炼钢钢水精炼设备和 2009 年生产水平**

| 钢水精炼工艺技术装备及装置数量 | 设计年生产能力/万吨 | 2009 年实际钢水精炼处理量/万吨 | 2009 年钢水真空精炼比/% |
|---|---|---|---|
| 80tRH 真空精炼装置×2<br>（其中 RH-KTB、WPB 和 RH-MFB 各 1 套） | 100<br>（50×2） | 85.22 | 55.57 |
| 80t 钢包罩式升温精炼装置×1 |  |  |  |
| 80t 钢包吹氩装置×3 |  | 钢水全吹氩，无单独喂丝量 |  |
| 小　计 | 100 | 85.22 | 55.57 |

③三炼钢钢水精炼设备和 2009 年生产水平

三炼钢的钢水精炼设备和 2009 年生产水平见表 8。

**表 8　三炼钢钢水精炼设备和 2009 年生产水平**

| 钢水精炼工艺技术装备及装置数量 | 设计年生产能力/万吨 | 2009 年实际钢水精炼处理量/万吨 | 2009 年钢水真空精炼比/% |
|---|---|---|---|
| 300tRH 真空精炼装置×2，<br>其中 1 号 RH，2 号 RH-MFB 多功能 | 253（1 号）<br>260（2 号） | 309.15 | 53.83 |
| 300tLF 钢包炉装置×2 | 168（1 号）<br>270（2 号） | 206.3（2007 年数据） | 27.93<br>（2007 年数据） |
| 300t 钢包吹氩喂线 |  | （钢水全吹氩，单独喂线）<br>49.0 | 6.64 |
| 小　计 | 951 | 309.15 | 53.83 |

④四炼钢钢水精炼设备和 2009 年生产水平

四炼钢的钢水精炼设备和 2009 年生产水平见表 9。

**表 9　四炼钢钢水精炼设备和 2009 年生产水平**

| 钢水精炼工艺技术装备及装置数量 | 设计年生产能力/万吨 | 2009 年钢水精炼处理量/万吨 | 2009 年钢水真空精炼比/% |
|---|---|---|---|
| 200tRH-MFB 多功能真空精炼装置×2 | 245（122.6×2） | 212.26 | 67.88 |
| 200tLF 钢包炉装置×1 | 183 | | |
| 200t 钢包吹装置×2 | | 钢水全吹氩 | |
| 小　计 | 399.8 | 212.26 | 67.88 |

⑤CSP 分厂钢水精炼设备和武钢钢水精炼设备套数合计及 2009 年生产水平

CSP 分厂的钢水精炼设备和武钢钢水精炼设备套数合计及 2009 年生产水平见表 10。

**表 10　CSP 钢水精炼设备和 2009 年生产水平**

| 厂别 | 钢水精炼工艺技术装备及装置数量 | 设计年生产能力/万吨 | 2009 年钢水精炼处理量/万吨 | 2009 年钢水真空精炼比/% |
|---|---|---|---|---|
| CSP 生产线① | 150tRH-MFB 多功能装置×2（含 2014 年又建 1 台） | 102 | 3.41 | 2.76 |
| | 150tLF 钢包炉装置×2 | 297.8 | | |
| | 150t 钢包吹氩装置×2 | | | |
| | 小计 | 399.8 | 3.41 | 2.76 |
| 武钢精炼设备套数合计 | 主体精炼装置 18 套，其中 LF×8，RH×9，VD×1 | 2152.7 | 727.91 | 51.97 |

①CSP 生产线 2009 年刚投产，故表中钢水精炼处理量较少。2015 年 CSP 生产线钢水经 LF 处理的为 122.61 万吨，LF 精炼比达 59.01%；其中先经 LF 处理再经 RH 处理的为 88.35 万吨，RH 精炼比达 42.53%。

（4）连铸设备和 2009 年生产水平

各炼钢厂的连铸设备和 2009 年生产水平见表 11。

**表 11　各炼钢厂连铸机的机型、流数和 2009 年生产水平**

| 厂别 | 连铸机的机型及流数 | 设计年生产能力/万吨 | 2009 年实际生产铸坯量/万吨 |
|---|---|---|---|
| 一炼钢 | 全弧形 5 机 5 流方坯连铸机×3（15 流） | 170（扩容后按 220 考虑，其中 3 号铸机设计产能 110） | 236.48 |
| 二炼钢 | 直弧形单流板坯连铸机×3 | 230 | 153.35 |
| | 全弧形单流板坯连铸机×1 | | |
| | 小计 4 台（4 流） | | |
| 三炼钢 | 全弧形双流板坯铸机×2 | 730 | 574.31 |
| | 直弧形双流板坯连铸机×1 | | |
| | 小计 3 台（6 流） | | |
| 四分厂 | 直弧形双流板坯铸机×2 台（4 流） | 360 | 312.70 |
| CSP 线 | 单流薄板坯铸机×2 | 253.8 | 123.78 |
| 武钢合计 | 各类铸机 14 台 31 流，其中方坯铸机 3 台 15 流，板坯铸机 9 台 14 流，薄板坯铸机 2 台 2 流 | 1743（1793） | 1400.62 |

可以看出，武钢各个炼钢厂的主体技术装备已达到国内、国际钢铁企业的一流水平；2008 年已具备年产钢 1800 万吨以上的生产能力，其中板坯产能占 87.8%，方坯产能占 12.2%；2007 年铁水脱硫比已达 93.7%，并具有铁水全量脱硫的能力，钢水精炼比已达 72.5%，并具有 2000 万吨以上的精炼能力；2011

年钢产量实际已达 1816 万吨。这些主体技术装备和控制技术为武钢的可持续发展提供了重要的技术支撑和有力保证。

武钢投产六十年来（从投产至 2018 年 8 月），炼钢系统累计将生产出 3.52 亿吨钢，是我国钢铁工业的一个重要生产基地，对国家的建设发挥了重要的作用、做出了应有的贡献。

## 4　生产的主要钢种

### 4.1　条材总厂生产的主要钢种、产品

条材总厂所属的一炼钢分厂和 CSP 分厂具备年产钢 500 万吨以上的生产能力。

一炼钢分厂年产能力达 230 万吨以上。生产的主要钢种有：高速铁路用重轨钢、钢板桩钢、钢帘线钢、工业纯铁、热轧带肋钢筋钢等用来轧制型、线、棒材三大类精品系列钢种。

CSP 分厂具有年产钢 263 万吨、薄板坯 253.8 万吨、热轧卷 248 万吨的生产能力。生产的主要钢种、产品有：产品涵盖各种规格集装箱板、碳素结构钢、优质碳素钢、低合金高强度钢、耐候结构钢、汽车结构钢、管线钢、超低碳钢、硅钢等系列。轧制产品的最薄规格厚度为 0.8mm，带钢最大宽度为 1600mm。

### 4.2　炼钢总厂生产的主要钢种、产品

炼钢总厂所属二炼钢、三炼钢、四炼钢三个分厂，具备年产钢 1370 万吨以上的生产能力。是武钢冷轧硅钢、汽车板钢、高性能工程结构钢三大战略品种冶炼基地。

炼钢总厂主要产品有：以 NH 系列为代表的冷轧取向硅钢，以 W07 系列为代表的冷轧无取向硅钢，以 B1A1 烘烤硬化钢为代表的汽车板用钢，以 WNQ570 为代表的桥梁用钢，以 WH590 为代表的高性能压力容器钢，以 X80 为代表的管线用钢，以 Q420GJD 为代表的高层建筑用钢和以 HG70Ti 为代表的高强度工程系列用钢等高难品种钢。

## 5　结语

（1）武钢是新中国在“一五”期间，国内首个新建的大型钢铁联合企业。武钢炼铁厂的 1 号高炉 1958 年 9 月 13 日生产出了第一炉铁水，标志着武钢正式建成投产。2018 年是武钢建厂 60 周年。

（2）第一炼钢厂 1959 年 9 月 29 日建成投产，标志着武钢炼钢工序的诞生和炼钢生产的起步。此后历经了近 50 年的时间，又先后建成了第二、三、四炼钢厂和一条 CSP 薄板坯连铸连轧生产线。

（3）武钢炼钢系统主体工序的技术装备分别有：

①铁水脱硫装置 10 套，其中：KR 搅拌式 4 套，铁水包喷吹式 5 套，混铁车喷吹式 1 套，设计产能 1645.5 万吨，实际可达 1800 万吨；

②顶底复吹转炉 12 座，其中：80t×3，100（120）t×2，250t×3，200t×2，150t×2，设计产能 1743~1793 万吨；

③各种钢水精炼装置 16 套，其中：LF×7，RH×8，VD×1，设计产能 2152.7 万吨；

④连铸、薄板坯连铸各类连铸机 14 台，其中：方坯铸机 3 台，板坯铸机 9 台，薄板坯铸机 2 台，设计产能 1743~1793 万吨。

这些技术装备，使武钢炼钢系统具有年产钢量 1800 万吨以上的生产能力，2011 年钢产量已达 1816 万吨。其中，条材总厂所属的一炼钢分厂和 CSP 分厂具备年产钢 500 万吨以上的生产能力；炼钢总厂具备年产钢 1370 万吨以上的生产能力。

（4）武钢 4 个炼钢厂及 CSP 分厂均采用了“铁水脱硫预处理—氧气转炉顶底复合吹炼—钢水炉外精炼—连铸或薄板坯连铸连轧”的现代化炼钢生产工艺技术。这些先进炼钢技术装备，为不断地提高钢的质量，开发钢的品种、增强钢材产品的市场竞争力等提供了重要的冶炼装备和奠定了坚实的技术基础。

（5）条材总厂的一炼钢分厂生产的主要钢种有：高速铁路用重轨钢、钢板桩钢、钢帘线钢、工业纯铁、热轧带肋钢筋钢等用来轧制型、线、棒三大类精品系列钢种。CSP 分厂生产的主要钢种、产品有：产品涵盖各种规格集装箱板、碳素结构钢、优质碳素钢、低合金高强度钢、耐候结构钢、汽车结构钢、管

线钢、超低碳钢、硅钢等系列，轧制产品的最薄规格厚度为 0.8mm，带钢最大宽度为 1600mm。

炼钢总厂是武钢冷轧硅钢、汽车板钢、高性能工程结构钢三大战略品种冶炼基地。其三个炼钢厂生产的主要钢种有：以 NH 系列为代表的冷轧取向硅钢，以 W07 系列为代表的冷轧无取向硅钢，以 B1A1 烘烤硬化钢为代表的汽车板用钢，以 WNQ570 为代表的桥梁用钢，以 WH590 为代表的高性能压力容器钢，以 X80 为代表的管线用钢，以 Q420GJD 为代表的高层建筑用钢和以 HG70Ti 为代表的高强度工程系列用钢等高难品种钢。

（6）武钢投产六十年来，炼钢系统已累计生产出 3.52 亿吨钢，是我国钢铁工业的一个重要生产基地，对国家的建设发挥了重要的作用、做出了应有的贡献。今后应继续努力，砥砺前行，为武钢和国家炼钢生产的技术进步做出新的更大的贡献。

# 武钢含铜钢研究的方向

张春铭

武钢大冶铁矿含铜，在最近几年武钢生产的钢中含铜量在 0.30%以上，今后难选氧化矿用完后钢中含铜量仍在 0.20%左右。铜在钢中有不利的一面，也有有利的一面，但利多于害。应当利用铜在钢中的耐大气腐蚀性、提高强度和冲击韧性等优点，发展以锰硅为基础的含铜合金高强度钢。

## 1 含铜钢研究的目的和内容

武钢大冶铁矿含铜。原生矿含铜最高达 0.6%甚至 0.8%以上，但可选；氧化矿含铜达 0.34%~0.66%，却难选。

氧化矿据物相分析，所含的铜 80%以上亚铁酸盐，不先破坏结构，很难有希望直接用浮游选矿法选出。过去几年选矿研究院、化工冶金研究所、中南矿冶学院曾在直接浮选法之外，分别研究过硫化焙烧、氯化还原焙烧、硫酸化焙烧、氯化烧结等方法，后三种方法虽取得了试验室试验的一定效果，但如何应用到工业生产上的种种问题，迄今尚未解决。武钢选矿厂已经建成，将来即使研究出能适用于工业生产的选矿方法，改变流程将有实际困难。何况氧化矿预计到 1967 年可能用完，改建也不经济。故用选矿方法解决目前武钢钢中含铜问题，虽然言之合理，却不现实。

最近 5 年左右，武钢生产中势必搭用难选的氧化矿，这样，钢中含铜量估计将在 0.30%~0.40%上下。由于地质情况并未完全摸底，实际含铜量也可能与此估计有出入，而有一部分接近 0.50%。

1967 年以后，氧化矿用完，全部用原生矿时，选后的精矿粉含铜约在 0.10%上下，即钢中含铜量仍接近 0.20%。

近三年来武钢生产的钢，大部分含铜量为 0.30%~0.50%，少数在 0.50%以上，见表 1。

**表 1 铜中含铜量** (%)

| 年份 | <0.30 | 0.31~0.40 | 0.41~0.50 | 0.51~0.60 | 0.61~0.70 |
|---|---|---|---|---|---|
| 1960 | 7.6 | 60.7 | 26.9 | 4.2 | 0.5 |
| 1961 | 43.7 | 43.2 | 11.0 | 1.9 | 0.2 |
| 1962 | 25.2 | 55.4 | 17.8 | 1.6 | |

在某些情况下，钢中含铜量高到某种程度时，会引起热加工敏感性，而发生鳞裂缺陷，因此人们过去几十年曾把铜看成是像硫、磷那样有害。普通碳素钢的技术标准，许多国家都限制铜不许超过 0.30%。优质碳素钢限制更严，不许超过 0.25%或 0.20%，个别的钢种甚至 0.15%。铜钢问题国内外过去专题研究的不多，研究工作不完整也不系统，国外在这方面的研究大都是铜与镍铬等同时存在的合金钢，研究纯铜钢的很少，国内研究的更少，所以在技术资料不足的情况下，我国的技术标准，自然亦难有修改的根据。去年冶金工业部召开全国钢铁标准会议时，对铜钢问题讨论得十分热烈，可惜技术数据太少，仅能根据武钢鞍钢协作研究的一部分沸腾钢试验资料，将一般沸腾钢的含铜量在标准后面的附注中允许放宽到 0.40%，用在不重要的地方。虽然如此，使用部门仍多怀疑。

如果让这种情况继续下去，那么武钢不但近几年只能生产用在不重要地方的一般沸腾钢，而不能生产镇静钢和优质沸腾钢，并且到 1967 年以后钢中还含铜 0.20%上下时，要生产优质沸腾钢，优质镇静钢，一般不过是技术条件要求较高，实际上并不增加多少成本，价格却高得多，像目前情况只能允许生产一般沸腾钢，不但经济上非常不合适，更值得关心的是，国家花了巨大投资建成武钢这样一个现代化的大型钢铁企业，其产品不能用在重要的地方，这是远远不能发挥它在支援农业和国民经济建设国防建设中应有的作用的，所以这个问题是严重的。

因此，研究铜钢，十分必要。

既然过去几十年一般认为铜在钢中有害，那么研究铜钢能不能有发展前途？应该认为有。钢中含铜量到多少时才对各种钢引起的热加工敏感性并不见得是普遍的也不见得是一样的，而鳞裂缺陷也不见得都像资料中说的那么严重，只要研究出相适应的工艺制度，缺陷并不是不可避免的。

实际上，铜在钢中有害也有利，利往往多于害，它有很多有利作用，如：

铜能显著地提高钢的耐腐蚀性，尤其耐大气腐蚀；

铜能提高钢的强度，而且屈服强度比抗张强度提高的多，因而屈服比大；

铜能提高钢的常温冲击韧性，尤其对低碳钢；

铜能提高钢的可硬性；

铜还能改善金属流动性，并具有在某些要求下可以利用的沉淀硬化效应等等。

耐腐蚀性和提高强度两大优点，可普遍利用。特别值得珍贵的是铜钢的耐大气腐蚀性能。世界上每年由于腐蚀引起的钢铁制件毁坏所造成的损失，极其惊人。有人曾对全世界因腐蚀所损失的钢铁数量做过 60 年统计，也有人做过连续 70 年的统计，他们的数字大致相近，即每年由于腐蚀损失的钢铁达到全世界每年钢总量的 33%~40%，除去废料回收外，净损失还达 10%。由于钢铁的损失并不决定于每年的产量而决定于历年的积累使用量，所以这个数字必将逐年加大，尤其工业发达的国家更严重，因此资本主义国家发生经济危机而生产下降时，钢铁腐蚀所损失的数量，有时超过全年钢铁生产量，不过这种实情往往不容易为人察觉而已。腐蚀的危害尚不止此，船舶、桥梁、车辆、各种建筑和设备，经常因局部腐蚀毁坏而全部废弃，或因发生事故而停止工作，所造成的损失就更无法估计。故钢铁耐腐蚀问题，对国民经济和国防都有重大意义。

特别是现代先进工业国家为节约金属发展起来的经济断面钢材以及愈来愈竞相发展的高强度低合金钢，因为截面减小了，就更需要钢有高的耐腐蚀性能。据不完全统计，国外 105 种低合金高强度钢中就有 62 中含铜的，钢中含铜在 0. 2%时，一般便具有良好的耐大气腐蚀性，铜到 0. 30%或以上时，更为显著。含铜 0. 20%~0. 30%的钢对大气耐腐蚀稳定性，比相应的碳素钢约高一倍上下，在腐蚀气氛强烈的工业地区和潮湿地区还不止此。例如表 2 是将含铜与不含铜的低碳钢试样放置在工业区大气中进行两年暴露试验的结果。

**表 2 钢试样暴露试验**

| 试验场所 | | 最大的腐蚀深度/$mm \cdot a^{-1}$ | | |
|---|---|---|---|---|
| | | 无铜低碳钢 | 含铜钢 | 两者比例 |
| 公共场所 | 甲地 | 0. 102 | 0. 025 | 4. 0 : 1 |
| 公共场所 | 乙地 | 0. 197 | 0. 070 | 2. 8 : 1 |
| 公共场所 | 丙地 | 0. 235 | 0. 057 | 4. 1 : 1 |
| 锅炉房附近 | | 0. 288 | 0. 127 | 3. 0 : 1 |
| 化学试验室 | | 0. 445 | 0. 254 | 1. 8 : 1 |
| 平　均 | | 0. 273 | 0. 106 | 2. 7 : 1 |

可见含铜钢比碳素钢的耐腐蚀性在工业地区更高，平均高 2. 7 倍。我国试验的含铜钢轨铺设在宝成线绵阳工段龙坞二号隧道内，该隧道路基道床常年处在潮湿状态。普通钢轨很容易产生严重的锈蚀，含铜钢轨铺设半年的初步试验结果，其在潮湿情况下耐腐蚀能力比普通钢轨高 2~3 倍。此外，钢中含铜时还具有较好的表面磨光性和表面光滑性，从而提高钢材表面与覆盖层之间的结合强度和黏结性，有利于在钢材表面涂刷防腐油漆和镀锌，这也间接地提高钢的耐腐蚀能力。

铜加在钢中，主要目的在于提高钢的耐腐蚀能力，一般不是为了强化作用，但是它提高强度的有利效果还是值得重视和应予考虑的。铜提高钢的抗张强度，尤其提高屈服强度，另外还提高疲劳强度，而含铜钢的疲劳强度又十分合乎高强度钢的要求，疲劳比值在强度升高时能保持稳定，即疲劳极限对抗张强度稳定在 50%~60%范围内。

铜强化抗张强度的效果比锰、硅弱，对屈服强度则超过硅接近锰。铜在 0.80%以内每增加 0.1%，屈服强度与抗张强度相应提高的值，对低碳钢约为 1.00 与 0.80kg/mm$^2$，中碳钢约为 0.85 与 0.65kg/mm$^2$，高碳钢约为 0.50 与 0.40kg/mm$^2$。

在碳素钢中提高强度的元素主要是碳锰，在我国发展低合金高强度钢，结合国家资源情况，采用的合金元素主要是应是锰、硅。锰硅在提高强度的同时降低塑性，而铜在 0.50%以下对塑性无显著影响，断面收缩率几乎无变化，延伸率降低也少，比硅少，比锰则更少。但也有人认为铜在 0.5%以下还可以稍许改善塑性。锰、硅提高强度时韧性大大下降，铜则提高韧性，另外铜在提高强度时还能有利的降低变脆性温度，故铜在钢中提高强度的有利作用是值得重视和加以利用的。

近年来国外在实际生产中，已将含铜钢发展到 100 多种，以美国最多，其次是苏联、德国、日本。他们发展的含铜钢绝大部分便是低合金高强度钢。含铜的碳素钢较少，钢中含铜的数量大致是 0.20%~0.50%范围内的约占 60%~70%，0.50%~1.0%铜的 25%左右，0.20%以下及 1.0%以上的合起来不到 10%。从这里也可以看出，武钢钢中含铜 0.30%~0.50%，正适合发展含铜低合金高强度钢。它的用途很广，在农业机械方面，可以用来制造拖拉机、联合收割机和脱谷机等；在桥梁建筑方面，许多大跨度桥很多年前便已广泛运用；在船舶制造方面，可制造在型船舶并可作舰艇上的一部分代用材料；在车辆制造方面，可以制造重型卡车、自动卸料车拖车、铁路货车、矿山用车和无轨电车等；在起重运输设备方面，可以制造起重机、运输带、料仓料斗等；在石油工业方面，可制造钻井架、输油管、贮油塔等。

此外，铜在铸钢铸铁中也有很多优点，而热加工敏感性问题不存在，故含铜钢铁制造铸件有利而无害。铜能提高金属流动性，1%铜对钢的流动性的改善相当于提高金属温度 50℃，有利于铸造大型铸件和异形铸件。在某些特殊要求下还可利用铜钢的沉淀硬化效应发展高强度铸钢，苏联利用含铜铸钢的这一性能试制成功了很多机械结构钢，共含铜量 0.50%到 1.5%，低碳高铜铸钢国外已用于制造重要机件如水轮机叶片和大轴等。国内在这方面也开展过研究。前几年金属研究所曾获得了满意的结果，屈服强度达到 60kg 以上。由于铜能减慢 $\gamma \to \alpha$ 转变速度，延长奥氏体等温转变的孕育期，淬冷时可以不必很猛，这对形状复杂的铸件特别有利，可以简化操作而又不致挠曲开裂。

铜还能提高铸铁的强度、硬度和断面的均匀程度。国外已采用含铜铸铁制造重要机件，用在农业机械、矿山机械上。美国在第二次世界大战期间每年加入铸铁中的铜达 6000t。欧洲各国最近也多用含铜铸铁制造孕育铸铁、球墨铸铁，其强度分别达到 30kg/mm$^2$ 与 70kg/mm$^2$。

从以上所述，可见铜在钢铁中并不完全是坏事，而是可以变不利为有利的。利用钢铁中残余的铜研究发展含铜新钢种和含铜铸钢铸铁，把它们应用到支援农业、国民经济建设和国防建设的各个方面是合理的。所以铜钢研究的目的，不能简单地看作是企图把技术标准中规定的含铜量放宽一些，以便为武钢产品打开销路，重要的问题是在于按照钢中不同含铜量系统的试制含铜新钢种，制订新标准，以改变目前对铜钢铁任意使用或任意拒用的现象，不是规定用在不重要的地方，而是只允许用在重要的地方。这才能合理利用国家资源，使物尽其用。

综合上述，围绕铜钢研究课题，研究工作乃有三个方面：

（1）含铜钢新钢种研究；

（2）含铜钢各种性能研究；

（3）含铜铸钢铸铁研究。

这三方面研究工作需要齐头并进，尤其含铜钢种和含铜钢性能实质上是一个研究工作不可分割的两部分，这也是当前武钢铜钢研究的主要内容，兹仅将这两方面分述如后。

## 2　含铜钢钢种的研究

预计研究的钢号将有 40 个左右，这些钢号是根据武钢目前对外供坯情况和公司钢材生产日后发展拟订的，同时对全国需要情况也加以考虑，例如铜—磷钢就是考虑到当前包钢、马鞍山和将来鄂西的问题的。国家科委和冶金工业部最近颁发了科学研究十年规划草案和技术标准十年规划草案，含铜钢的钢种研究也是结合这两个十年规划草案所规定的武钢研究任务而拟订的。大致是前两年研究普通碳素钢和一部分比较成熟的强度35kg级的低合金高强度钢，后三年研究优质碳素钢和强度40~45kg的低合金高强度钢，最后五年研究公司将来发展有关的冷轧薄板、无缝钢管等，并探索强度45kg以上的低合金高强度钢。研究中以板钢偏多，这是根据武钢生产特点考虑的。拟订研究的钢号列举如下：

铁道用钢：

重轨—碳素钢钢轨M71、铜轨、含铜中锰钢轨、含铜高硅钢轨

车轴—40号车轴、46号车轴

钢板用钢：

造船板—$CT_3C$、$CT_4C$

桥梁钢—M16C、$CT_3T$

锅炉板—15K、20K、25K

火箱板—$CT_3T$

优质中厚板：

优质薄板—08沸、08镇、10号、20号

普通薄板—黑铁皮、屋面板

农用钢—50锰、60锰、65锰、70锰

无缝钢管钢：10号、20号、40号、45号

线材：通讯线、铁丝

低合金钢板：$09Mn_2Cu$，$09Mn_2CuTi$，10MnSiCu，15MnCu，15MnCuTi，16MnCu，10PCu

稀土钢：上述各项重轨及低合金钢

这些钢号归纳起来是碳素钢与低合金高强度钢两大类。

## 2.1 含铜碳素钢的研究

技术标准规定，普通碳素钢中含钢量一般不得超过0.30%，优质碳素钢一般不得超过0.25%或0.20%。根据这一规定，目前流行一种现象，凡是武钢出的钢只要铜超过这个规定，一有缺陷便往往忽略操作工艺和使用情况的因素而首先归咎于铜，不属于热加工敏感性形成的鳞裂范畴的粗裂缝大裂口怪铜高，焊接不良怪铜高，软钢铁丝拉断怪铜高，钢材表面不光怪铜高，甚至叠轧薄板发生粘连，车轴使用中折断也怪铜高，等等，但实际上粗裂缝大裂口往往是钢质，另外原因或加热轧热不当造成的；碳素钢含铜至少在0.50%以下对焊接无坏影响；铁丝拉拔工序中折断主要是该用1号钢而误用了3、4号钢，而且碳硫偏析过大；铜高不但不会引起叠轧钢板黏结，而应该是能防止黏结；车轴折断则根本不是武钢的钢，钢中并无铜。之所以产生这种种误解，造成视听混淆，虽然原因很多，但主要问题还在于对技术标准中含铜量限制不超过0.30%或0.25%，0.20%该作如何理解。

我们的理解认为这一规定似应具有两重意义，既有消极意义，更具积极意义。消极的一面是考虑铜高对钢的质量带来不良影响，积极的一面是因为铜系贵重金属，限制它不许超过，乃是为了防止铜的浪费，合理利用国家资源。而目前流行的看法，是强调前一消极意义，忽视后一积极意义，往往片面地过分强调铜高的害处，以致把各式各样缺陷都牵强附会地算在铜的账上。把标准中规定普通碳素钢中铜的限量，理解为一超过这道界限，便对所有钢都有害，这是既缺乏充分科学根据也不完全符合事实的。我们不敢同意这种看法有两个方面原因：

（1）先谈标准，普通碳素钢以及优质碳素钢要求的强度都不高，若要求提高强度也完全可通过经济途径如增加碳或锰来达到。论耐腐蚀性，按碳素钢一般用途，铜有0.30%或0.20%便相当良好了。所以对碳素钢的强度和耐腐蚀性上都没有必要多耗用铜。标准上这样的规定限量是即能满足碳素钢的要求，同时又可以对提高选矿技术合理利用国家资源有促进作用，从这个意义上来讲，这一规定是必要的正确的。

如果不考虑到这一方面意见而片面地仅认为普通碳素钢一超过0.30%优质钢一超过0.20%或0.25%就要引起钢的质量不好，引起钢的热加工敏感性，是很难说明问题的。实际上，标准中也有很多特许的例子，譬如国外就常有根据某一工厂的特殊条件而允许它的产品将铜的上限提高。锅炉钢苏联标准定铜不许超过0.30%（最近新标准不超过0.35%），但允许新塔吉尔厂可达到0.40%；车轴钢规定铜不得超过

0.20%（新标准不超过0.25%），但允许捷尔任斯基和新塔吉尔厂可达到0.30%。另外，根据某一钢种的特殊用途也允许用量比一般规定的高，譬如造船为了耐腐蚀而允许达到0.40%。软钢线材一般规定铜不得超过0.20%或0.30%，为了利用铜改善导电性而通讯线材铜允许达到0.40%。如果认为铜一超过0.30%或0.20%就会引起热加工敏感性，怎样解释铜超过这一规定时就对这类特殊条件的厂和这类特定用途的钢就不引起呢？显然这是在很大程度上为了节约铜，而不是完全因为铜超过0.30%（或0.20%）就对钢的质量有害。国外很多研究工作者早已指出："钢中含铜不超过0.50%在任何情况下无害"。我们也不完全同意这种看法，而是认为："钢中含铜不超过0.50%时，不应当对所有碳素钢都有害，仅是对其中部分特定钢种在超0.30%或0.25%、0.20%时才有害"。

国外一些研究认为铜不超过0.50%都无害，而国内很多人根据标准中的规定而误解为一超过0.30%（或0.20%）都有害，这两者似乎都失之笼统。因为钢的热加工敏感性等等缺陷不仅与含铜量有关，而且与操作工艺、加热制度等也都有关。若从钢的本身说，也与钢中其他元素含量有着密切关系。例如，碳的高低便是一个非常重要的因素，如果高碳钢含铜0.30%便引起热加工敏感性，那低碳钢就不至于也是0.30%，而可能是0.40%、0.50%或更高一些。因为碳也是促成钢的热加工敏感性因素之一，而碳高钢的塑性要降低。即使同一含量的钢，沸腾钢与镇静钢所能允许的含铜量亦应有所不同，含铜钢的热加工敏感性是与钢的晶间氧化有关的，而沸腾钢边缘带洁净，比起镇静钢来不倾向于晶间氧化。它所能允许的含铜量理应比相应碳量的镇静钢可以高些。因此我们觉得标准上限制铜含量的规定，从节约铜合理利用国家资源观点说，它有普遍意义，从铜对钢有危害影响方面说，则应该区别对待，要因钢种制宜，因用途制宜。从理论上推断，一般沸腾钢的含铜量可以比镇静钢高些，一般低碳钢可以比高碳钢高些，而不是笼统地把0.30%（0.20%）就当作铜对钢质有害无害的界限。

（2）再看事实，笼统地把0.30%（0.20%）当作铜对钢质有害无害的界限，是不完全符合事实的。国内外许多科学研究的实践，如果对照起标准中规定的含铜量时便会发现很大出入。大多数研究试验说明铜比规定的再高些才对钢有害，但也有一些比规定的还低时就不利。这些研究试验工作诚然做得不够系统，不足以修改标准，但也值得重视，也就是说，铜多高才对钢的质量不利，还有研究的必要，并不是所有的铜钢在0.30%（0.20%）以内就好，一超出这个界限就不好。

说明这类事实的例子很多，举一些与我们有关的实例如下：

①沸腾钢钢板。标准规定铜最高为0.30%，武钢含铜钢曾有4万吨左右，铜都超0.30%，大部分在0.50%以上，有的高达0.75%，它们在鞍钢轧成厚度为14~25mm的中板，共取6000多批试样检验，结果比同期鞍钢不含铜的钢板屈服强度高1.1kg/mm$^2$，抗张强度高3.3kg/mm$^2$，延伸率低2%（但仍比标准规定的25%还高3%）冷弯合格率高1.9%。故其机械性能基本上与不含铜钢相同，而有强度较高的优点。

其焊接性能船舶研究所和冶金建筑研究院等单位试验了41炉钢141试样，含铜量为0.50%~0.80%的占95.7%，经过基洛夫工厂法抗冷裂倾向试验，巴东研究所法刚性固定对接抗裂试验，Kinzel法纵向缺口弯曲试验，白脱利法热影响区硬度试验以及T型刚性固定抗裂试验，焊接接头机械性能和金相分析。所有试验结果均证明含铜沸腾钢具有良好的焊接性。

②造船钢板与锅炉钢板。武钢含铜为0.30%、0.37%、0.39%三炉低碳镇静钢在上海试验结果，具有较高屈服强度和抗张强度。屈服强度为30kg/mm$^2$，比标准高5kg/mm$^2$，疲劳强度为25.8kg/mm$^2$，约为抗张强度的50%。韧性较好，尤其低温韧性，-40℃时仍均在3kg · m/cm$^2$以上，最高达8.6kg · m/cm$^2$。冷脆倾向性好，转折点接近-30℃，为一般不含铜钢所达不到。缺口敏感性在常温及0℃时曲线均无陡降情况，时效后下降到原值的50%左右，其绝对值都在3kg · m/cm$^2$以上。断口纤维度在室温时超过30%，符合了破冰船要求。焊接性能试验按船舶材料规范全部通过，故认为适合作无限区焊接船舶用。此外，全部性能试验也都符合锅炉板要求，尤其时效后冲击韧性值在3kg · m/cm$^2$是目前上海生产的不含铜钢尚未能达到的。

③叠轧薄板。通常要求有良好的延伸性和冲击性，生产中最头痛的问题是黏结。武钢含铜0.34%~0.38%平三钢在鞍钢试轧了3000t左右，特地试轧容易生产黏结的0.6、0.7、1.0mm厚度的三种叠折薄板，前两种黏结率仅0.77%，后一种仅0.23%，而同期鞍钢用不含铜的高磷薄板的黏结率为5%左右。显然，含铜钢对黏结问题比高磷钢还大为改善，当然比一般不含铜的普通碳素钢就更好了。此外，延伸性、冲击以及晶粒组织也都比高磷薄板好得多，冲压性高40%，延伸性高4~5倍，高磷板为4.5%~6.0%，含

铜钢达 23%。

④深冲钢板。国外试验发现铜到 0.1%~0.2%时强度提高，抗形变能力减弱，因而拉伸性能和加工硬化模数降低，并且这种钢的冷轧退火薄板结晶取向改变，故认为用于深冲的钢（如 08Z、08F 等）含铜量不应大于 0.20%或 0.10%。这一要求比标准规定的低，但多数意见认为铜不超过 0.25%可以进行深冲。

⑤无缝钢管。德国有人试验认为含铜 0.08%即开始使管壁产生微细的发纹，不仅穿孔时且在冲管机上也发现这种发纹，它们大多散开表面或以螺旋形态不规则地布在钢管上，但苏联有人试验过含铜达 0.29%时轧管并未发现问题。

我们仅进行过含铜沸腾钢轧制无缝钢管试验，用武钢含铜 0.26%的平三钢锭（相当于 20 号钢）和含铜 0.43%平二钢锭（相当于 10 号钢）各一个在鞍钢进行轧制水煤气无缝钢管试验，钢锭在均热炉加热尚不正常，出钢温度高到 1320℃，加热时间长 15h20min，但钢坯轧出后表面并无任何网裂。大型厂轧成管坯后表面也很良好。管坯经过热预锻试验、热扭转试验、机械性能检验、金相组织检验，所有结果均符合标准要求。轧管时最高穿孔温度虽然超过规定的 1200~1220℃，而达 1230℃，但轧成的钢管表面质量仍良好，无裂纹，经压扁试验、扩口试验、卷边试验、冷变试验和机械性能试验，也都完全符合标准规定。

⑥焊接钢管。苏联用含铜 0.30%的钢生产焊接钢管，未发现对焊接性能有影响，而且机械性能提高，比普通不含铜钢屈服强度提高 17%，抗张强度高 10%，延伸率高 22%，焊缝坚实致密，焊缝耐腐蚀能力比碳钢高 12.3 倍。石景山钢铁公司 1950 年试验武钢含铜 0.37%~0.56%铜钢，进行闪光焊接，试验资料不够完整，初步认为铜的影响不显著，机械性能满意，可以保证钢管连续焊接。但 1954 年前后鞍钢轧沈阳冶炼厂含铜钢锭生产焊管时，管坯两侧边发生麻边，焊近两端部分焊接不够好，压力试验时，焊缝处水漏现象增多。

⑦钢轨。苏联库钢试验含铜 0.37%~0.69%钢轧制重轨，在各种不同温度的加热制度下，轧出的钢轨，均未发现铜的不良影响，各种含铜量的钢轨表面质量及机械性能均令人满意。库钢对含铜为 0.54%~0.56%的钢在 1250~1300℃炉温下加热 3h50min~4h5min，开轧温度 1140~1200℃，仅在轧制中间发现有细裂纹，继续轧制后便即消失，表面质量完全合格，因而证明含铜钢轨可以不用低温轧钢而获得完好的表面质量。但重钢与大冶钢厂从前进行的三次含铜钢轧制 38kg 重轨试验，一次铜为 0.33%~0.64%，一次铜为 0.15%~0.32%，一次铜为 0.14%~0.47%，表面质量都不佳，认为加热时须控制还原性炉气，若在氧化性气氛中加热，则温度不宜超过 1090℃。嗣后武钢又以含铜 0.18%、0.22%、0.37%、0.49%的 M71 钢四炉约 900t 在重钢试轧 38kg 重轨，以含铜 0.22%、0.35%、0.41%、0.50%的铜轨钢四炉约 500t 在鞍钢试轧 43kg 重轨，这两项试验都还未完全结束，不能作最后总结，但从表面质量比较，铜高的一级品率较低。

⑧车轴。因系毛坯经过不大的锻压比后便成成品，故要求钢坯质量很严，标准规定含铜量不超过 0.20%（近年苏联已改为 0.25%）。武钢以含铜 0.35%（复验为 0.39%）的钢在铁道部田心机车车辆厂试验，锻造成 D 车轴用作铁路车辆和煤水车的轴，曾试用低温 1100~1150℃，中温 1180~1220℃和高温 1220℃以上三种不同温度加热，也用三种不同温度锻造。锻造好的车轴经过表面质量检查，均未发现鳞裂，而机械性能十分满意，尤其屈服强度和常温冲击韧性很好，前者 56.6~59kg/mm$^2$，后者 8.25~12.3kg·m/cm$^2$。

⑨线材。硬钢线材一般铜超过 0.20%会影响韧性，降低疲劳强度，标准规定 0.20%为上限，生产中有时要求不超过 0.18%或 0.15%。武钢含铜 0.15%~0.40%的 6 个炉号曾在湘钢试验，第一批试验未看出铜对机械性能有什么不好的影响，第二批试验时发现超过 0.25%，电接便比较困难，更严重的是疲劳强度降低 1/3~1/2。但国外曾用 0.25%铜的高碳钢（0.7%碳）拉制成功高质量钢丝，也有人用 0.30%铜钢未发现拉丝性能不好。

软钢线材一般都承认铜的关系不大，可以高到 0.35%~0.40%，但也有人认为铜高影响冷加工性，容易在拉拔中折断。上海用武钢含铜钢，生产中折断有时较多，便怀疑是铜的影响。

线材镀锌时有的研究认为钢中含铜利用锌层不脱落，但也有人认为铜铁合金影响镀锌质量，或因为钢中含铜阻碍奥氏体分解，因而需要降低热处理机组速度而增长铅淬火槽。

分析标准规定的意义和从以上这些试验研究的实践都可以看出，无论普通碳素钢或优质碳素钢，铜究竟高到多少才对钢的质量发生不利影响，是不一样的，或者是 0.20%、0.30%，或者是 0.30%以上的 0.40%甚至 0.50%还无坏影响，而后者多数，因此大有研究余地，有必要每一类（不一定每一个）钢号按无铜与含铜 0.50%~0.41%、0.40%~0.31%、0.30%~0.21%或 0.20%以下系统地作比较试验，然后根据试验结果按综合性能最好时的含铜量另作含铜新钢号，制订新标准，扩大品种，用于重要用途。

## 2.2 含铜低合金高强度钢种的研究

低合金高强度钢强度高可以满足重要用途需要，又可节约钢材，并能提高设备和建筑物的利用率。例如，与钢三相比，用它制造机车车辆，除节约钢材 15%~33%外，还可减轻车辆自重 20%~25%，因而同样功率的机车，可多牵引很多车皮。如用于制造吊车，除节约钢材外，可减轻自重 30%，从而相应地减少了厂房结构的荷重，节约建筑投资。由于节约钢材后计算截面的减少，就更特别要求钢具有高的耐腐蚀性，故近年来低合金高强度钢都趋于含铜，现含铜低合金高强度钢国外已发展了 100 多种。美国、日本等国往往为此而宁愿增加成本将金属铜加入钢中。武钢得天独厚，不需要额外加铜，利用矿石中残余铜大量试制含铜低合金高强度钢。这不仅有远大前途，而且也是铜钢研究的重要方向。我们是社会主义计划经济的国家，国家可以把全国所需要的低合金高强度钢的生产任务合理地首先交给武钢完成。低合金高强度钢生产过程简单，适合于大量生产，而武钢现代化的企业，有头等技术装备，应争取承担这个任务，这是对国民经济有重大意义的一件大事。

低合金高强度钢为保证良好焊接性，碳一般不超过 0.20%，最好不大于 0.18%~0.15%。武钢将来主要生产板钢属低碳钢，这一点正与武钢生产相符合。为了获得耐腐蚀性，铜大都是 0.20%~0.50%，这与武钢资源情况又符合。至于其他合金元素则根据各国资源而定，或利用矿石或矿钢中残余的镍铬等或加入一些廉价的锰硅等。另外，则有加入少量磷、钛、铝、钒、钼的。

现在国外大量生产的含铜低合金高强度钢主要有：锰铜钢、镍铜钢、铬铜钢，强度达到 35kg、40kg 级。

锰铜钢：苏联多用以制造桥梁，德国作为 ST52 的变种制造车辆和军舰。我国试制的 16 锰铜将用于试验船舶、车辆。

铬铜钢：欧洲较发展，此钢的机械性能对厚度影响少，加工硬化和时效倾向都不敏感。

镍铜钢：镍有防止铜对钢热加工敏感性的作用，铜又有代替一部分镍的作用，所以它们常结合相同，用在一起时还能更大的提高钢的耐腐蚀性。苏联曾较多的用它作运输及特别机器焊接结构，因为它好焊。最近镍铜钢中还往往加入 0.20%钼，这在含铜超过 0.65%以上时很必要，因为钼可提高沉淀硬化效应。

结合我国资源情况可以暂考虑铬铜钢、镍铜钢，而应该利用便宜而又容易获得的锰硅为主要合金元素，研究以锰硅为基础强度达到 35、40 或 45kg 级的锰铜钢与锰硅铜钢。锰为 1%~1.6%，硅在 1.0%上下，其中应考虑加入少量的钛、铝、磷、稀土元素等。

钛能显著提高强度，又可降低冷脆倾向性和时效敏感性，还可改善一些焊接性能，也能有效地改善耐海水腐蚀性，这对重要的造船用钢很必要。自去年以来，我们已在这方面开始了一些工作，最近将与有关部门拟订计划，进行系统的研究，希望在第三个五年计划内研究出一个系列来。

铝能大大提高低温韧性，还可防止脆裂，加铝还有一个试图，即加热时产生保护层，减少铁的氧化或形成较稳定的合金，期望它因此而使钢的表面不富集或减少富集铜，避免或减轻热加工敏感性。

磷能显著地提高强度，美国很早就有不少含磷的低合金高强度钢，而铜与鳞同时存在时，抗腐蚀性更好。国外曾试用过铜磷钢作铁道枕木和制造车辆，很成功，屈服强度达到 35kg，耐腐蚀性国外资料介绍，超过碳素钢 5~6 倍，或许夸大，但苏联试验证明超过 2 倍。此钢令人担心的是冷脆问题，但用铝处理，可以解决。马鞍山、湖南、鄂西的铁矿均含磷，把它们与大冶铁矿含的铜结合起来发展铜鳞应该是合理的，而磷钢钢渣作肥料也可支援农业。不过磷钢名誉比铜钢还臭。两个“害物”加一起，人们会更害怕，故虽列为试验项目，若找不到订户，就不一定研究。

铜钢中加入稀土合金是结合国家资源的一项重要研究方向，钢铁研究院和包钢研究所过去曾在这方面作过一些试验，包钢研究所试验磷铜钛钢，含铜量在 0.2%~0.4%范围内，稀土元素以合金形态加入。试验结果认为，能降低过热敏感性，提高抗氧化性，提高韧性，-60℃比-20℃时冲击值只降低 31%，而不加稀土的降低 56%。钢铁研究院试验硅锰铜钢，含铜量在 0.4%~0.5%范围内，稀土元素无论以氧化物形态或合金形态加入，都未发现有好反应，而认为加入稀土反而降低韧性。这种互相矛盾的现象不足奇怪，稀土元素加入的形态、数量、时间等等条件不同都会得出不同结果，甚至相反结果，故研究稀土元素对铜钢的影响，还需要进一步做系统试验，从基础工作研究起，先确定一些基本问题，如加入方法、数量、时间，然后再研究它对铜钢的作用和影响。如果笼统的赞同“钢中加稀土像人吃维他命丸”那种说法，在铜钢中随便加点稀土就以为一定能改善塑性，不见得能做出可靠的结论。应该是系统地研究，选择地使用。我们打算在铜钢中仅试验一些低合金高强度钢和少数有问题优质碳素钢。在低合金高强度钢中试验的意义很大。采用锰硅提高强度，甚至在不影响其他性能的要求下也适当的考虑碳（不把碳往下限降），而这些元素在提高强度时降低塑性（硅降低较少）。例如，16锰钢冷弯性能差，采用降低碳低碳锰的措施肯定有限处，但不可避免地要损失强度，若加稀土改善塑性，即可免除这个矛盾。有些含铜的高碳优质钢容易产生鳞裂者，采用低温轧钢的办法，对产量和轧辊磨损都不利，通过稀土元素改善塑性，就有可能既防止鳞裂而又不影响产量和轧辊寿命。含铜钢加稀土元素，能否获得这样的效果，还有待从基础工作研究起。前几天全国稀土钢会议上已通过这一研究项目并列入国家计划。

## 3 含铜钢性能的研究

这方面研究项目不下20~30项，下面只讲一些主要的而又为人们比较关心的。

### 3.1 热加工敏感性

人们怕铜钢主要在此。当钢中含铜到某种数量时，在氧化气氛中加热，铜氧化后被氧化铁还原而富集在钢的表面，在超过或接近铜的熔点1083℃时，处于热压力加工状态的钢，表面产生很大的拉伸应力，所富集的铜便大量渗入晶粒边界，减弱晶间结合力，而引起鳞裂的形成，特别是棱角部分易于产生沿轧制方面排列的鳞裂，故钢材的一级品率降低。鳞裂与温度有关系，1050℃轻微，1100℃较重，1150℃严重。因此，一般主张在非氧化气氛中加热，并在1083℃或1050℃以下轧制，但这对生产操作不利。另外的试验指出，加热温度超过1150℃后，铜便和铁同时氧化，就无从发生铜的富集，鳞裂也可避免，因此主张高温装炉，在950~1150℃之间加热时间尽量短，而在1150℃以上进行一定时间保温，使铜也同时氧化掉。显然，这一方法适合于工业生产，故应当就这一方法对沸腾钢、镇静钢、低碳钢、高碳钢进行试验，对不同钢种分别建立合理的加热制度。

### 3.2 加工性能

与加热有密切关系的是加工工艺，裂纹是加工变形时在张应力下产生的，如轧板坯和钢板侧面产生裂纹，轧方圆型辊缝处产生裂纹。因此，轧含铜钢时应尽量减少不均匀变形，尽可能限制宽展，并力求在一次轧制中尽量增大其总延伸率，而在高温下第一二道变形量多大合适，应按不同钢种不同含铜量进行研究，研究含铜钢由于变形抗力增大能相适应的压下制度。重钢在轧制含钢钢轨中，上腿经常过薄和充填不满，上腿轧裂也最多，后来修改孔壁设计并给予较大的加工压缩，这些缺陷便大为减少。当钢坯加热的阴阳面温差较大时，他们将高温部分翻轧轨头也对减少裂纹起到明显的效果，故对轧制含铜钢的孔型设计应特别注意变形均匀，并尽量改善工艺操作使之合理化。在轧制钢管和锻造热锻冷锻时，受力条件是不利的。如何减少张应力的问题，在冷加工时由于铜使拉伸性能和加工硬化模数降低，如何适应这一特性的工艺制度问题，都比较困难，但也得探讨和研究。

### 3.3 焊接性能

焊接性能包括两个方面，一是钢在一定焊接工艺条件下能经受焊接时所发生的热周期作用而不产生裂纹，一是焊接结构焊后的性能不低于母材金属。它的基本要求就是要保证焊接后不产生裂纹并有良好机械性能而焊接工艺又简便易行。

焊接已成为制造金属结构的主要方法，钢的焊接性现已成为选用钢材的一个重要因素，尤其造船钢已成为一个决定性因素。但决定钢焊接性能的因素乃是多方面的，与钢的成分性能（尤其塑性）和热作用敏感程度有关外，与焊接条件和焊接工艺也有密切关系。焊接不良时，有些人不全面找原因，而对铜特别敏感。譬如，臆测铜钢有热脆性不利于焊接，这是一种陈旧观点，实际上，鳞裂乃表面现象，并非什么热脆性，或以为铜增加钢的淬透性，而将提高热影响区硬度，其实铜在这一性能上比锰弱，而锰在低合金高强度钢中经常达到 1.5%上下也不碍于焊接（当焊接会增强淬透性合金元素的钢时，应按其含量相适应地调节焊接速度和电流才合理）。国外有人作了一系列含铜钢的焊接试验也证明，铜钢对硬度的影响小，且其母材硬度与热影响区硬度之间差距小，故铜钢焊接区的硬度比较均匀。或因为铜钢有沉淀硬化效应担心焊后韧性要大大降低而影响焊缝缺口韧性，其实铜在钢中引起沉淀硬化效应是在铜相当高时才发生，一般要在 0.65%以上，而武钢今后钢中含铜不超过 0.3%~0.5%，不致引起这一效应。有人试验过铜高到 1.0%时熔化区和焊接金属的缺口韧性才低于母材和热影响区，即使这样，该韧性仍超过同样强度的不含铜的碳素钢，所以这种顾虑似乎有些过分。其实早有很多资料证明铜在 0.60%以下对钢的焊接性能并无不良影响。苏联许多用于焊接的钢规定铜为 0.30%~0.50%，欧美也常用含铜 0.5%的作焊接钢材。美国有些研究者认为含铜 0.75%甚至 1.0%采用电弧焊或气焊也很好。但目前国内对之方面怀疑仍多，还有必要在研究的钢种中选一些有代表性的钢号进行试验。由于焊接过程变化复杂和多样性，不可能只用某一种方法试验，开始时不妨全面些，试验基洛夫工厂法、巴东研究所法、白脱利法、CTS 法、Kinzel 法以及焊缝焊接接头的机械性能检验等。以后则根据用途试验一些特别需要的方法。另外，由于焊接是否良好往往在很大程度上决定于焊接工艺的选择，故有条件时还应当研究焊接工艺和电流、电压、焊速、焊条、焊药等。

### 3.4 耐腐蚀性能

腐蚀过程是金属与周围介质起化学作用和局部电解作用而逐渐引起损坏的过程，钢材接触的介质有大气、海水、河水等，这些介质引起的化学作用不同，因此钢受大气腐蚀与受海水或河水腐蚀也不一样。铜钢耐大气腐蚀性能高，TomauuOB 认为是由于与阳极过程的阻滞作用有关。铜钢在开始腐蚀时，铁离子与铜离子同时转入溶液后，铜离子在钢的表面以分散状态析出，因此阳极面积减少，而电流密度加大，易生钝化。但在海水及含铜离子介质中，这种钝化性容易被破坏，故铜钢能耐大气腐蚀，在海水中则与碳素钢无显著差别，但美国有些研究工作说明铜钢耐海水腐蚀性虽不显著，也有一定提高。

铜钢在大气中耐腐蚀性高，看法虽一致，但究竟多高，铜多少才起作用，铜多高后其作用才不随铜增高？说法很有分歧。有说它比普通钢耐大气腐蚀能力高 1~2 倍，或说 5~6 倍甚至 10 倍，也有的说只高 50%；铜多少才起作用，有说 0.15%~0.25%或说 0.1%、0.3%；铜多高后其作用才不随铜增高，有说 0.25%~0.30%、0.3%以上便无必要，或说增高到 0.40%~0.50%也有好处。这些分歧显然是与试验的钢种和试验的条件不同有关，为了合理、经济、有效地利用铜，就需要在不同介质和不同条件下确定各个钢种的这些数值。因此，必须系统地进行试验，如潮湿大气试验、盐雾试验、人工气体试验、全浸间浸试验、凝聚试验等，同时选择武汉、广州、青岛、上海等地区在自然条件下进行暴露试验，海水腐蚀则在营口、青岛、海南岛等海港进行挂片试验。另外，在试验室还需进行电化学试验，研究铜钢在电解液中腐蚀行为和机理，并进行极化曲线、充电曲线、击穿电势等测定，以研究其腐蚀速度和机理。必要时，还须根据钢材使用的具体情况考虑进行高温低温方面试验、液流试验以及应力腐蚀试验等。

### 3.5 机械性能

#### 3.5.1 强度

强度：铜提高钢的强度因钢中含碳量高低而效果不同，同时强度随含铜量增高而提高的过程中在不同情况下（加工工艺、结晶方面等）有出现低谷现象。例如，近几年有人根据应力应变关系求出铜在超过 0.30%（或说 0.43%）时屈服强度将比 0.20%时有所降低。在低合金高强度钢的研究过程中查清这个关系是十分必要的。

#### 3.5.2 塑性

国外不少人研究铜对钢的机械性能后认为，铜在 0.50%以下时，强度提高而塑性无显著影响。塑性是表示经受巨量残余变形而不断裂的能力，一般用延伸率和断面收缩率来衡量。在实际检验中，特别是对板钢试样由于测定延伸率比断面收缩率简单，一般只用延伸率来表示。武钢含铜钢板所检验过的大批数据，绝大多数只有延伸率而断面收缩率少，因此已发表的一些研究报告往往从延伸率有所降低而认为含铜钢在提高强度时塑性下降，这是值得商榷的。在抗张试验中产生缩颈的塑性金属由延伸率所表示均匀变形的值要比由断面收缩来表示集中变形的值小得多，因此用断面收缩来表示塑性要比延伸率表示更为合理。如用这更合理的指标来衡量铜对钢的塑性，从表3可以看出，它与仅用延伸率衡量时有很大出入。

**表3 铜对含碳0.02%~0.11%的低碳钢的机械性能影响**

| 含铜量/% | 屈服强度/kg · mm$^{-2}$ | 抗张强度/kg · mm$^{-2}$ | 延伸率/% | 断面收缩率/% |
|---|---|---|---|---|
| 无铜 | 21.5 | 36.5 | 39.2 | 75.2 |
| 1.09 | 31.8 | 40.2 | 33.2 | 75.8 |
| 1.84 | 34.6 | 42.5 | 34.5 | 76.5 |
| 2.54 | 33.7 | 43.0 | 34.5 | 75.6 |
| 3.32 | 39.6 | 46.2 | 35.0 | 74.4 |

铜在0.50%以下时，国外很多人也说与钢的塑性并没有显著影响，甚至有人认为可以稍许提高。M，*Φ*，阿列克辛克等曾用碳为0.16%~0.20%的铬镍钢比较含铜与不含铜时的塑性情况也无明显影响，见表4。

**表4 含铜量小于0.5%钢的机械性能**

| 含铜量/% | 纵试样 | | | 横试样 | | |
|---|---|---|---|---|---|---|
| | 抗张强度/kg · mm$^{-2}$ | 延伸率/% | 断面收缩率/% | 抗张强度/kg · mm$^{-2}$ | 延伸率/% | 断面收缩率/% |
| 痕　迹 | 142.6 | 10.7 | 45.8 | 141.3 | 7.4 | 22.7 |
| — | 150.4 | 11.1 | — | 148.3 | 7.5 | — |
| 0.12 | 142.9 | 7.9 | 20.8 | 140.1 | 7.1 | 24.0 |
| 0.19 | 143.3 | 11.2 | 41.9 | 141.6 | 5.8 | 16.3 |
| 0.25 | 143.4 | 11.2 | 40.5 | 135.3 | 6.6 | 24.5 |
| 0.28 | 150.4 | 10.8 | 45.4 | 148.7 | 6.8 | 19.6 |
| 0.50 | 150.0 | 12.5 | 49.9 | 148.4 | 8.4 | 25.7 |

这些意见与国内已发表的报告和一些人的看法有分歧，故有必要进一步研究，加以澄清。

### 3.5.3 韧性

韧性是表示使金属断裂所需要的功，能最灵敏地反映金属断裂阻力和引起金属脆性过程的特性。冲击韧性值虽不直接用于强度计算中，在实际应用上却是很重要的一项指标。铜能显著地提高低碳钢的冲击韧性，一般低碳钢在0℃时只有0.5kg · m/cm$^2$左右，含铜钢到-40℃还有4kg · m/cm$^2$上下，但含铜量与冲击值之间的定量关系以及铜增加到什么程度（或说接近α铁中铜的溶解度极限时）韧性反又大大下降，再继续增加铜量又有某些提高，这些问题还待研究搞清楚。

### 3.5.4 冷脆倾向性

金属当温度降低到一定程度时都呈现脆性，即不经塑性变形便可断裂。冲击韧性能够最明显地表现出这种倾向来，当温度降低时，冲击韧性随之降低，降低到临界温度时金属即呈脆性状态。某些资料说，铜钢含铜量在0.28%~1.43%范围内对冷脆倾向性敏感，但B. A. делле等进行合金元素对平衡状态下低碳钢过渡到脆性状态的温度影响的研究中证明铬锰硅等都有害，只有铜与镍显著地降低钢对冷脆的倾向性，因而增加了钢的低温韧性，非合金钢在过渡到脆性状态的温度为-80℃，含铜钢则随铜量增高而下降。含铜0.5%约-90℃，1.0%约-100℃，2.0%约-150℃，3.0%约-140℃。可见铜对抗冷脆性倾向具有仅次于镍的良好效果，因而有可能使含铜钢适用于特定的重要用途。这对造船方面远洋船舶、破冰般以及化工方面裂化反应器等可能适用。故研究这一特性对充分利用铜钢很必要。

### 3.5.5 其他

铜能提高高温强度适合制造锅炉以及能提高疲劳强度而其比值稳定又符合低合金高强度钢要求等也有必要进一步试验研究。

3.5.6　沉淀硬化效应

碳素钢在中温回火时软化。含铜到一定高含量时的铜钢与此相反，中温回火后反而硬化。这个现象是由于铜钢有沉淀硬化效应的结果。铜在铁素体中的溶解度随温度降低而减少。室温下铜在 α 铁中的溶解度为 0.35%（有人测定为 0.40%或 0.20%）。多余的铜在冷却过程中形成饱和固熔体，它在室温下稳定。当再加热到中温时，引起了足够的原子动能，使固熔体发生变动，铜就以一种临界的弥散形态析出。析出的铜呈高铜相（ε 相）包围着滑移面，从而提高变形阻力，故塑性降低，强度大大提高，硬度也提高。利用这一作用，可以获得高强度钢，含铜量大约在 0.65%上下时便发生这种效应，接近 1.5%时效应最大，抗张强度可提高一倍，屈服强度提高 50%。这种突出的效应对铸钢特别有利，因为硬化效果与截面无关，而又可避免淬火容易发生的缺陷。这种效应的发生并不需要很快的冷却速度，可以不经淬火，只经过常化甚至连常化也不用，只要较快一些的冷却速度便能达到，所以很方便。再热也勿需要，只要在冷却过程中冷至发生沉淀的温度保温一定时间就行，所以又很经济。苏联利用这些优点创制了一些适用于机械结构的钢。我们研究这一项目，一方面是想将来在某些重要铸钢上采用（因为数量不大，即使残余铜量外补加一点铜也为数不多），一方面还是为了配合含铜钢研究所必需。由于沉淀硬化提高强度的同时韧性塑性有所降低，因此有人也在这方面对铜钢使用有顾虑。譬如，讨论铜钢焊接性、回火脆性时，就烦愁它，其实铜在钢中要比在 α 铁的最大溶解度 0.35%高得多，低碳钢发生沉淀硬化的最低含铜量大致要 0.65%左右，我们今后利用大冶矿中剩余铜发展铜钢并不致高到这个程度。所以这项研究没有必要作很多钢号，除了铸钢上运用的研究外，为武钢含铜钢研究只要试验一种普通低碳钢（如 10 号钢）就足有代表性，因为沉淀硬化在低碳钢中效应最大。我们所研究的含铜钢并无与沉淀硬化有影响的特种合金元素，只不过含硅、锰，而硅锰是减弱这个效应的，所以只要武钢有自己的试验数据证明低碳钢中含铜到 0.5%~0.60%没有沉淀硬化，那其他含铜在 0.50%以内的钢，包括锰硅为基础的低合金高强度钢，就可以使人置信了。

3.5.7　淬透性能

这是钢铁标准十年研究规划草案中指定武钢负责研究的课题。钢的淬透性能亦即钢的可硬性，钢加热到 $A_{c3}$ 在奥氏体均匀的溶解的高温下，以最慢的速度冷却而达到最高的硬度，即为钢的可硬性。由于溶解硬化和沉淀硬化两大效应的存在，使钢中加铜后对可淬硬性发生了重要影响，同时由于铜对降低钢的临界淬火速度的影响很大，故钢中含铜时能提高淬火能力。Kramer 提出，加入 0.1%铜可提高钢的可淬能力。Kramer 提出，加入 0.1%铜可提高钢的可淬硬度 17%。苏联进行含铜钢轨试验时，用末端淬火方法测定含铜 0.30%~0.40%、0.41%~0.45%、0.46%~0.50%、0.51%~0.55%以及大于 0.56%的各种钢轨，最高硬度值达到 50~53Rc，离淬火端的距离都有 5~7mm，而不含铜的普通钢轨为 5mm。另外，用断口试验方法比较，含铜钢轨完全淬透，不含铜的则未淬到中心，可见含铜钢淬透性较大。也有人认为铜很怪，少量铜在钢中淬透性比镍似乎还有效（铜对降低钢的淬火速度的影响比镍大得多）但≥0.2%~0.4%时就不如镍。И. Е. Коиторич 研究各种合金元素对钢的可硬性影响所得的图解认为，1%以内铜对可硬性的作用方面与镍锰相同。但实践证明铜的影响要比镍小，更不如锰。我们金相研究室去年比较铜轨含铜 M71 钢轨与不含铜钢轨时，也证明铜不如锰的影响大，见表 5。

**表 5　铜和锰对钢轨淬透深度的影响**

| 试样 | | 成分/% | | | 淬透深度/mm | |
|---|---|---|---|---|---|---|
| | | C | Mn | Cu | 金相法 | 硬度法 |
| 铜轨 | (1) | 0.67 | 1.12 | 0.47 | 10.5 | 10.5 |
| | (2) | 0.69 | 1.07 | 0.36 | 8.2 | 8.0 |
| 含铜 M71 铜轨 | (1) | 0.79 | 0.76 | 0.15 | 4.7 | 4.5 |
| | (2) | 0.74 | 0.82 | 0.17 | 5.1 | 5.0 |
| | (3) | 0.86 | 0.79 | 0.46 | 5.2 | 5.5 |
| 不含铜普通钢轨 | | 0.52 | 0.88 | 0.06 | 4.3 | — |

由于评定淬透性能必须考虑：①加热到淬火温度的奥氏体的均匀性；②奥氏体晶粒的大小；③非金

属夹杂物的存在；④未溶解于奥氏体中的碳化物的存在等因素。由于比较各元素对钢的淬透性时有很大困难，再加上缺少测定和评定淬透性的统一方法，所以直到现在为止还没有关于各个合金元素对淬透性影响的完整资料，以致研究结果还有分歧。武钢要彻底研究这个问题也有困难。看来，只能做一些系统性的比较试验，不过这些武钢铜钢应该已够满足，因为铜在钢中溶解度有限，一般加铜又不多，而武钢钢中溶解度有限，一般加铜又不多，而武钢钢中残余铜也只有 0. 30%～0. 50%左右，在实践上利用这些含量铜的淬透性其意义并不怎么大。

3. 5. 8 回火脆性

在铁素体溶解度变化较大的合金元素回火后将发生比较明显的分散硬化现象，从而钢的强度硬度增高，而塑性韧性降低。由于铜在铁素体中溶解变化较大，常把铜钢视为有回火脆性的典型。但 B. A. делле 试验铜钢和铬铜钢时，回火脆性敏感性时发现，纯铜钢含铜高至 0. 64%～2. 90%均不倾向于回火脆性。只有铬铜钢在高温回火后才具有某些敏感性。这种完全相反的意见，主要由于铜对回火脆性影响的问题几乎还没有系统研究过，仅从推论或少数试验数据各自提出看法，往往会完全不同的。

我们研究这一问题时必须注意到下述一些因素。影响回火脆性的因素很复杂，与它的熔炼方法、化学成分、热处理条件都有关系。同是一成分的钢，平炉熔炼的比电炉熔炼的倾向回火脆性；同是平炉钢，碱性法操作的比较酸性法操作的倾向大；同一炼钢的操作方法下，同一钢号也具有不同的回火脆性倾向。少量成分不一致就会发生很大不同的影响。在我们将研究的钢种中，虽不另外加入特殊合金元素，但是对磷、锰、硅、氮等也必须严密注意，否则很容易把它们对回火脆性的不良倾向算在铜的账上。

磷含量是钢对回火脆性敏感的决定性因素之一，结构钢中大致在 0. 030%上下时便发生影响，0. 035%以上时影响便显著。有人研究磷和锰对铬镍钢回火脆性影响时就发现，500℃时就反复回火后韧性的降低率，在锰 0. 40%～0. 50%情况下，磷为 0. 020%～0. 035%时降低 11. 6%，而磷为 0. 036%～0. 045%时降低了 19. 0%；在锰 0. 61%～0. 75%情况下，磷为 0. 026%～0. 035%时降低 14. 9%，而磷为 0. 036%～0. 045%时降低了 23. 3%。

从所引这几个数字可以同时看出，锰也明显地引起钢的回火脆性，实际上也确实如此。它对钢的回火脆性的影响仅次于磷，锰在 1%以下时对钢就有回火脆性倾向，超过 1%时更强烈。不过应当指出，锰的影响是与磷有密切关系的，磷愈低锰必须愈高才发生影响。有人试验过，钢中磷低时，锰达到 1. 35%还观察不到回火脆性的敏感性，要到 1. 85%时才出现。

硅也是增高钢对回火脆性敏感的元素，但比锰弱，含量到 1. 50%以上才表现出来。当钢中已含有其他引起回火脆性的元素时，硅就会加强其影响，故在我们试制锰硅铜钢时要考虑。

氮也有重大影响，譬如回火脆性不敏感的碳素钢在氮气流中为氮饱和后，无论冷却速度快慢，冲击韧性都降低。

还要注意这一点，即氮与磷都很倾向于偏析，因此同一钢锭取样部位不同，表现的回火脆性也可能不一致。研究时注意这些事，才可能得出正确的结果，才可能避免将铜的关系搞混淆了。

铜钢性能方面要研究的项目还很多，如时效敏感性、耐磨损性等等不下几十项。此外，如铜在钢中的溶解度也需要尽快掌握，以 X 光分析法和电阻法来测定室温下铜在 α 铁中的溶解度。文献上多认为是 0. 35%，但在钢中究竟为多少，由于碳、锰、硅等元素的直接间接影响，迄今尚无统一认识。正因为如此，在回火脆性、沉淀硬化、焊接等性能上便产生了不同看法。目前，铜轨、造船含铜钢板试验中有不少实际问题，归根到底与这一基本问题未弄清楚有关。像这类看法似乎不直接与实用有关系的项目，实际上对研究含铜钢是重要的问题。不过也必须声明一下，研究项目中有一部分诚然是国外未研究过或未系统研究过，而必须研究的，但也不少是由于铜钢在国内还是新事物，难免不惹人怀疑。如果不拿出自己的试验数据，就难以释群疑，因此很多工作是属于为了“以释群疑”的。

## 4 结语

铜钢背了几十年不好的名誉，研究铜钢有些似乎是恢复名誉的工作。作翻案文章，往往要费很多的力、正证反证有时全部要，要求更多的试验数据也是在所难免的。

正常情况下定型一个钢号，无论国内外往往要几年或更多的时间，因为它既要有充分的试验室试验数据，也要有可靠的半工生产和工业生产的数据，还要经过实践考验，有满意的实际试用数据。这一系列不可少的过程相当长。铜钢这个问题武钢研究晚了，再不集中人力物力大力抓，将会嫌更晚或以为再晚几年难选氧化矿用完后全用原生矿时钢中含铜不会再超过0.30%，可以合乎技术标准交货便了事了，这种看法是不大正确的。这既不符合合理利用国家资源的要求，也关系武钢今后发展的方向。武钢在难选氧化矿用完以后，钢中含铜仍在0.20%以下。这样数量的铜如果不经过研究试验，就难以决定是否将来可建无缝钢管厂、冷轧薄板厂，也难以确定今后能生产要求严格的某些优质钢，而无视这0.2%铜利用它发展对国民经济有益的低合金高强度钢也是不合理的。

武钢已开工好几年，天天在出产含铜的钢得不到合理的应用，现在开始注意研究铜钢，是好现象，但要研究很多钢号，而每个钢号又有许多是为了以释群疑的试验项目，要拿出无数的试验数据，这个工作量就非常大。

试验数据要通过试验仪器设备才拿得出来，目前武钢研究条件差，研究力量弱，研究水平不高，必须要的仪器设备尚很不完整，这是一个矛盾。另外，铜钢研究工作量非常大，而生产上许多并不属于探索未知的研究工作，如沸腾钢怎样防止气泡结疤这类老技术工人都了解的问题，生产厂的工程师技术员完全有能力研究解决的事以及一些诸如用水量、钢锭模体积多大、用秤称钢锭多重的技术管理工作也要试验室“研究”，这是又一个矛盾。以上这两个矛盾是武钢开展铜钢研究工作必须解决的问题。外部的问题则需要国家科委和冶金工业部大力组织领导，从技术力量、技术装备方面给予大力协助，组织有关科学研究机构协助武钢进行研究，以保证国家科学研究十年规划中这一课题能胜利完成。

（原载《武钢技术》，1963（1））

# 发展含铜低合金钢

张春铭

在以普通低合金钢的生产和试制为中心的钢铁产品革命中，武钢应积极地发展具有耐腐蚀特点的含铜低合金钢。

## 1 铜在钢中的利弊

铜在钢中有害更有利。

其害是铜在钢中高到一定量时，钢在氧化气氛中加热，铜氧化后被氧化铁还原而富集在钢的表面，当超过或接近铜的熔点1083℃时，处在加热工状态的钢，受到拉伸应力，所富集的铜便大量渗入晶粒间界，减弱晶间结合力发生鳞状裂纹缺陷，使钢材表面质量变坏。防止鳞裂缺陷的方法很多，或在炼钢过程中加入某种合金元素与铜“中和”，或在烧钢前刷上某种涂料保护钢不氧化，或在钢的加热过程中控制加热温度不超过铜的熔点，或控制加热炉气勿为氧化性气氛……但这些方法在生产实践上都不经济或不适用，因此人们都怕铜钢。其实，钢中含铜量在0.50%以下时只要控制好加热操作，一加好热就及时轧钢，鳞裂的危险性是不大的。几年来实践证明含铜0.20%~0.50%的钢采用高温快烧，烧好就轧的措施，能够有效地防止鳞裂，特别是“快烧”很为关键。

铜在钢中的有利作用多得很。如提高钢的耐腐蚀性，提高钢的强度，提高钢的韧性，提高钢的可硬性，等等。兹就有关发展低合金钢方面几个主要优点简述如下。

### 1.1 铜能提高钢的耐腐蚀性，尤其耐大气腐蚀

钢中有铜0.15%~0.20%时，就可以很好地抗大气腐蚀，耐腐蚀能力比碳素钢高一倍左右。耐腐蚀的机理或说与阳极过程的阻滞作用有关，有人认为含铜钢在开始腐蚀时，铁离子与铜离子同时转入溶液后，铜离子在钢的表面以分散状态析出，因此阳极面积减少，电流密度加大，易于钝化，故能耐腐蚀。有人研究在大气中含铜钢与碳素钢的锈层指出，含铜钢的锈层比碳素钢的色暗、光滑，而且附着性好，因此这种锈层在水蚀后可以很快干燥。另外含铜钢在腐蚀过程中能在钢的表面形成一层附着性坚固的铜层，随着腐蚀的进展，锈层与铜层之间生产的氧化铜层在较长时间内是致密的，经过一定时期才逐渐疏松，但在其剥落后，又产生铜层，如此循环渐进，故腐蚀慢。

含铜钢不仅腐蚀的速度慢，并且还具有较好的表面磨光性和表面光滑性，从而提高钢材表面与涂料之间的结合强度和黏结性，有利于钢材表面涂刷防腐油漆和镀锌，使之不易剥落，这也间接提高钢的耐腐蚀性。

### 1.2 提高钢的强度

国外将铜加到钢中，目的在于提高耐腐蚀能力，不是为了强化作用（仅有加入较多量铜时要求起到沉淀硬化作用时才是为了使钢强化），但我们利用天然残余铜，发展耐腐蚀的低合金钢时，对铜能提高强度的有利效果，还是值得考虑的。铜能提高屈服强度与抗张强度，0.1%铜便提高约1kg/mm$^2$与0.8kg/mm$^2$左右。因此屈服比值也相应提高。当前国内发展的低合金钢绝大多数是以锰、硅为基，而锰、硅在提高强度的同时塑性降低，铜在0.5%以下，对塑性则无明显影响，断面收缩率几乎无变化，延伸率降低也少，比硅少，比锰更少。

铜还能提高疲劳强度，含铜钢的疲劳强度非常合乎高强度钢的要求，疲劳比值在强度升高中能保持稳定，对抗张强度稳定在50%~60%范围内。

另外铜在提高强度时，还提高韧性降低变脆性温度，这对低合金钢的机械性能的良好配合有利。

### 1.3　提高钢的可淬性

铜对降低钢的临界淬火速度的影响很大，故含铜钢比碳素钢具有较高的淬火能力。有人认为 0.1%铜可提高钢的可淬硬度 17 度，苏联进行含铜钢轨试验时，用末端淬火方法测定含 0.3%~0.56%铜的钢轨，最高硬度达到 302~340HB。国产碳素钢钢轨硬度一般为 220~240HB，含铜钢轨则为 260~280HB，还有少数接近 300HB。因此含铜钢轨对改善当前国产钢轨不耐磨和寿命低方面，很有发展前途。

至于含铜钢的焊接性问题，前几年人们很关心。其实铜的碳当量只有碳的 1/13，国外在这方面做了大量试验研究工作，都认为铜在 0.7%、0.6%，或 0.5%以下，对钢的可焊性无影响。我们这几年与制造单位和大专院校协作好几种含铜低合金钢的焊接试验，并且在制造部门经过生产实践的考验，都证明了 0.20%~0.50%铜钢，焊接性能是良好的。

由于含铜钢有许多主要优点，武钢利用大冶资源发展低合金钢是必要的。所以前几年在开始研究含铜钢时，就在《武钢含铜钢研究的方向》（见《武钢技术》1963 年第 1 期）一文中指出：“武钢发展低合金高强度高，不仅有远大前途，而且也是含铜钢研究的重要方向。”

## 2　研制情况

武钢自 1962 年来试验试制的含铜低合金钢有：16MnCu、16MnCu 稀土、16MnTiCu、10MnSiCu、09Mn2Cu、09MnCuPTi、09MnCuP 稀土、Cu-P，以及含铜合金钢轨，含铜 P71 钢轨，稀土含铜 P71 钢轨，含铜高硅钢轨，含铜中锰钢轨等。其中已使用的有低合金高强度钢 4 种和钢轨 4 种。为研究含铜低合金钢的耐腐蚀性能，在兄弟单位协作下，已在青岛、厦门两个海洋地区进行挂片试验（周期 5 年，每年检验、总结一次），在北京、武汉、广州、青岛、包头、成都、武汉长江大桥 7 个地方建立暴露站进行大气腐蚀试验（周期 15 年，第 1、2、3、5、7、10、15 年检验总结一次）。含铜钢轨已在全国十个地区——内蒙古、柳州、大冶、娘子关、滨绥线、宝天线、石太线、京广线、丰沙线进行了铺轨试验。这些低合金钢的主要特性简介如下。

### 2.1　16MnCu 钢

16MnCu 钢是一种 35kg 的高强度钢。低温拉伸试验表明：在化学成分基本接近 16Mn 时，16MnCu 较 16Mn 强度较高，塑性较好。钢板厚度达 32mm 时，仍能保持很满意的机械性能指标：$\sigma_s=35.5\sim39kg/mm^2$，$\sigma_b=57\sim59.5kg/mm^2$，$\sigma_5=26\%\sim28.5\%$，$\alpha_K(-40℃)=5.2\sim5.5kg\cdot m/cm^2$，冷弯 $d=2a$，180°时 100%合格。并且疲劳强度高到 $32\sim37kg/mm^2$，也比较稳定，为强度极限的 55%~60%上下。

腐蚀性能具有特色，室内加速试验表明，耐腐蚀能力，在干燥气氛下比 16Mn 钢高 2.2 倍，在潮湿气氛下高 1.8 倍。在 5%$H_2S$ 中 48h 腐蚀相对比值（下同），设碳素钢 $A_4$ 失重为 100，16MnCu 失重仅为 54.9，耐腐蚀能力提高 82%。进行室内模拟油船条件试验 21 天，在汽油的液相中，设 16Mn 失重为 100，16MnCu 失重则为 80；气相中，设 16Mn 失重为 100，16Mn 失重则为 60，耐腐蚀能力比 16Mn 提高 25%与 70%。

北京钢铁研究院在沈阳、北京、广州、青岛 4 个不同气候条件的地区进行大气暴露，5 年的试验结果表明：16MnCu 的耐腐蚀能力比 16Mn 高 29%，比钢三高 59%。

武钢与钢铁研究院、包钢研究所、915 部队等单位在青岛、厦门两地进行海港挂片试验，一年后试验结果表明：海洋大气、码头大气潮差的 3 种情况下，16MnCu 的耐腐蚀稳定性均比 16Mn 和 $A_4C$ 优良，在青岛海洋大气中 16Mn 失重为 $0.143mg/m^2$，16MnCu 仅为 $0.095mg/m^2$，其耐腐蚀稳定性的次序为 16MnCu-$CX_Л$-4-15MnTi-16Mn-$A_4C$。

用 16MnCu 制造的两艘小型机动船舶，经过造船工艺考验，证实 16MnCu 钢性能良好。在海洋中经过一年风浪考验也证实其耐腐蚀性优异，基本无锈蚀，油漆比较完好，而不含铜的油漆脱落较多。

16MnCu 现正在沪东造船厂试制 3000t 油轮。

## 2.2 16MnCu 稀土钢

16MnCu 稀土钢的强度、低温韧性、耐大气腐蚀性都比 16Mn 稀土和 16Mn 高，是一种耐腐蚀较好的低合金高强度钢。主要的机械性能指标比较见表 1。

6mm 厚的 16MnCu 稀土钢板已在长春第一汽车厂试冲汽车大梁 54 根，结果 100%合格。另一批钢板正在青山造船厂试用。

在工业大气中耐腐蚀能力比 16Mn 高 50%，比 16Mn 稀土高 40%。

**表 1 机械性能试验**

| 钢种 | $\sigma_5$/kg · mm$^{-2}$ | $\sigma_b$/kg · mm$^{-2}$ | $\delta_5$/% | $\psi$/% | 冷弯 180° | $d=0$ |
|---|---|---|---|---|---|---|
| | | | | | $b=2a$ | $b=8a$ |
| 16MnCu 稀土 | 43.6 | 66.3 | 27.3 | 64.5 | 100%完好 | 100%完好 |
| 16Mn 稀土 | 40.7 | 59.1 | 30.6 | 64.6 | 100%完好 | 100%完好 |
| 16Mn | 40.0 | 59.8 | 29.6 | 60.7 | 100%完好 | 53%完好 |

## 2.3 15MnTiCu 钢

15MnTiCu 钢是一种 40kg 级的高强度钢，将来有可能提高一级到 45kg。其综合性能较好，比同强度级的苏联 $CX_Л$-4 和国产 15MnTi 钢有较好的塑性和韧性，以及低的时效敏感性和缺口敏感性，并有较高的耐腐蚀稳定性。

可见 15MnTiCu 比 $CX_Л$-4 和 15MnTi，$\sigma_5$ 提高 30%与 20%以上，$\alpha_\kappa$提高 50%~100%以上。

冷弯性能，规定是 $d=3a$，实际 $d=a$ 也全部完好；650℃淬火后 $d=a$ 也仍完好。

焊接性能经过很多试验方法考验，都能满意。T 形焊接试验比 $CX_Л$-4 好；15MnTiCu 为一级，$CX_Л$-4 为三级（表 2）。

**表 2 焊接试验**

| 钢种 | $\sigma_5$/% | $\psi$/% | $\alpha_\kappa$(40℃)/kg · m · cm$^{-2}$ | $\alpha_\kappa$(时效)/kg · m · cm$^{-2}$ |
|---|---|---|---|---|
| 15MnTiCu | 27.5~31.5 | 64.5~72 | 11.9~19.9 | 12.9~19.6 |
| $CX_Л$-4 | 21~26 | 61~63 | 7 | |
| 15MnTi | 20.5~26 | 63~67 | 7.1~8.9 | 9.6 |

耐大气腐蚀能力，试验表明：在干燥气氛中比 15MnTi 约高 35%，在潮湿气氛中约高 80%。室内加速腐蚀试验的结果，其耐腐蚀顺序为 15MnTiCu—$CX_Л$-4—15MnTi。

## 2.4 10MnSiCu 钢

10MnSiCu 钢是一种 35kg 级的高强度钢。实际上 $\sigma_s$ 和 $\sigma_b$ 分别较标准高 4kg/mm$^2$ 和 4.5kg/mm$^2$ 以上。在 5%$H_2S$ 气中 24h 加速试验表明，耐腐蚀稳定性比 $A_4$ 高 30%以上。这种钢适用于输送管道和高压容器，石油部宝鸡钢管厂用高频螺旋焊焊接直径为 426mm 的钢管，生产实践证明，工艺性能良好，爆破压力比钢三高 1.4 倍。

## 2.5 09Mn2Cu 钢

09Mn2Cu 钢是一种 30kg 级高强度钢。实际上 $\sigma_s$ 和 $\sigma_b$ 分别较标准高 4kg/mm$^2$ 和 7kg/mm$^2$ 左右。工业气氛大气暴露试验结果表明：耐腐蚀能力比钢三高 40%，比 16Mn 高 30%，比 15MnTi 高 25%，比 16Mn 稀土高 23%。

据铁道部四方机车车辆厂试验后反映，此钢的焊接性、加工性和机械性都能满足铁路客货车的车体用钢要求。即将试制时速 150km 的高速客车。

### 2.6　含铜合金钢轨

含铜合金钢轨强度较高，抗张强度比碳素钢轨高10%~20%，屈服强度约高50%。硬度高达280~300$H_B$，接近淬火钢轨硬度下限，疲劳性能亦较满意。

腐蚀性能，室内加速试验：在$SO_2$气氛中铜轨比碳素钢轨提高21%，对于潮湿气氛提高30%。

宝天线隧道内铺设三年试验结果，能抗大气腐蚀高1~2倍，耐磨性能亦较高，约高50%。同时对车轮的磨耗则较少。

### 2.7　含铜P-71钢轨

含铜P-71钢轨是在鞍钢协助下轧制的。与鞍钢同时期轧制的碳素钢P-71钢轨比较，抗张强度高12kg/mm$^2$以上，延伸率断面收缩率也都较好，分别降低了3.2%和9.3%。低倍组织良好，缓冷后无白点。值得注意的是耐磨性和疲劳强度也都高，耐磨性比碳素钢轨高60%~70%，疲劳强度比碳素钢轨高5kg/mm$^2$以上。

在哈尔滨杜草隧道，内蒙平庄及黔桂线乐平各区段的铺设试验表明：耐磨性在曲线段平均高38%，直线段高17%。耐大气腐蚀性能比碳素钢轨高30%~107%。抵抗惯性缺陷的能力和冷作硬化的速度也低于碳素钢轨。

### 2.8　含铜P—71稀土钢轨

含铜P—71稀土钢轨的机械性能基本与含铜P—71钢轨同。白点孕育期试验表明，直到120天还未出现白点。轨底弯曲试验表明变形到8.7~11mm时仍无裂纹。

### 2.9　含铜高硅钢轨

含铜高硅钢轨强度高，低倍组织良好。铺设在丰沙线和石太线区段，经多次调查，耐磨性比碳素钢轨约高1~2倍。在0.05%~0.34%$SO_2$气氛中经500h腐蚀试验，耐腐蚀能力比碳素钢轨高40%。在大气中耐腐蚀能力更高。

### 2.10　含铜中锰钢轨

含铜中锰钢轨的抗张强度比标准高10kg/mm$^2$以上，低倍组织良好。铺设在丰沙线的南峪和京广线的坪石区段，经多次调查，耐磨性比碳素钢轨约高1~2倍。在工业性$SO_2$气氛中耐腐蚀稳定性也较碳素钢轨大为优越。

### 2.11　P-Cu钢

P-Cu钢是一种含碳为0.12%左右，含磷为0.08%~0.12%比含铜钢耐腐蚀能力更高的钢。强度比钢三高25%，塑性、韧性也都较好。

$\sigma_5 \geqslant 30\%$，$\psi \geqslant 60\%$，$\alpha_\kappa$值在-20℃下有8~14kg·m/cm$^2$，时效冲击值5kg·m/cm$^2$。冷弯性能：$b=2a$，$d=0$，在180°下100%完好，耐腐蚀能力比含铜钢高1倍上下，比碳素钢高3~4倍。

### 2.12　09MnCu-P-Ti与09Mn-Cu-P-Ti-Re钢

09MnCu-P-Ti与09Mn-Cu-P-Ti-Re钢强度35kg/mm$^2$，$\sigma_5 \geqslant 30\%$，$\psi > 65\%$，$\alpha_\kappa$值在-40℃下有10~12kg·m/cm$^2$，时效冲击值5kg·m/cm$^2$上下。缺口敏感性在零度时完全合格，冷弯性能：$b=2a$，$d=0$，在180°时100%合格。

这些已经研制的含铜低合金钢，虽然综合性能都还令人满意，但从发展看，还需要进一步研究，需要做不少改进、巩固、提高工作—包括调整成分，改善工艺，稳定质量，提高成材率，降低成本，扩大用途，扩大生产等等。

## 3 发展方向

兹就发展含铜低合金钢方面有关方向性的问题，提出几点意见。

### 3.1 从实际出发提高强度

发展低合金钢，重视提高强度，是一个重要方向。但需根据使用情况和生产条件考虑。在力量安排上应有所侧重。第三个五年计划内应优先发展 30~40kg 级高强度钢，积极研制 45~70kg 级的特高强度钢，努力突破 70kg 以上的超高强度钢。这才符合武钢生产设备条件的实际。另一方面从使用实际出发，大量使用的也是 30~40kg 强度的钢。使用部门从强度上节约钢材有一定的限度，结构的刚性和挠度对结构有重要意义，在设计时究竟选用多高强度的材料，必须衡量结构的截面模数与惯性矩在应用场合下应有的适当比例，当强度过高超过允许的比例时，便满足不了结构的要求，这种过高的强度便失去使用价值，减不下钢材来。目前世界上的设计水平（和安装水平），大多数情况下，一般还只能大量使用 30~40kg 的高强度钢。少数特殊结构才用更高强度的钢，所以优先发展使用量最广的这一级钢材是适宜的也是迫切的。

### 3.2 从资源出发发展低碳微量多元素低合金钢

碳高利于强度不利于焊接。焊接性不好强度再高也不能使用。强度高低是个节约钢材多少的问题，焊接性好坏是个钢能不能用的问题。根据钢的性能、要求与用途不同，碳应向 0.18%~0.16%，0.14%~0.12%甚至 0.10%以下降，这不仅利于可焊性，且对塑性，韧性、抗脆性等等也有一系列好处。

降低碳引起的强度损失，由微量多元合金元素和热处理来补偿。

合金元素可以使钢的奥氏体分解缓慢，在空气冷却过程中能在较低温度下产生珠光体转变，从而使珠光体细化，钢的强度提高，或者合金元素与铁素体形成固熔体，从而铁素体强化，钢的强度提高。钢中加入合金元素概括的讲就是起降低转变温度和固熔强化的两种作用，但单元合金元素往往某一作用很强，另一作用很弱。要获两者之强就需要多元化。

我国富产的锰、钒、钛、铌等都属于形成碳化物的合金元素，一般低合金钢中不宜多加，多加塑性韧性变坏，如果热处理，那又不经济。所以只有加入微量。

单一微量元素提高钢的强度有限，这也需要多种配合，使它们取长补短，弊相互克制，利相得益彰，强度既高，综合性能又好。

我们发展微量多元合金元素低合金钢，比外国有有利条件，目前国内还缺铬少镍，添加镍铬不是方向，但稀土、钒、钛、铌等既有且富，可以广泛地用来发展低合金钢。武钢天然含铜，就更有条件多元化了。我们应当在天然含铜的优越条件下，以锰、锰硅为基，配合富有的稀土、钒、钛、铌、钼和廉价的硼、铝等来创制新钢种，但更应该考虑不受锰束缚以研制磷、铌钼、硼——起主要作用的新钢种。世界上低合金高强度虽然 80%以上是以锰为基，但我国钢种革了命，将比其他各国的低合金钢多，如果不走自己的道路，也是锰字当头，都以锰为基，那锰铁合金势必紧张，而且大家都搞锰，单打一，也不会各有特色，因此突破锰的框框十分必要。从科学继承性、钢种稳定性和技术上种种困难考虑，暂时还不能不用锰，也应当研究少用的途径，过渡到不用。

### 3.3 从特点出发发展耐腐蚀性能更高的磷铜钢、钼铜钢

磷的名誉比铜还臭。通常总从“冷脆”“热脆”考虑，强调“磷”“铜”的有害一面。这不全面。在一定条件下，铜、磷都有他们有利的另一方面。铜能提高钢的耐腐蚀性和强度，磷在这方面的有利作用更大。所以在《武钢含铜钢的研究方向》一文中也提出过发展铜磷钢的问题。

磷之所以引起钢铁冷脆是由于脆性固溶体的磷化铁沿晶粒边界和树枝晶轴间分布，再加上它会影响晶粒度。当钢中碳高时，在剩余的未形成碳化物的 α 铁中，磷的浓度也越高，有害作用就越大。对此，降低碳到 0.12%以下，并加入不多的铝或微量钛，或稀土，就可以防止冷脆。如果有铜，那更能防止冷脆而低温韧性又可进一步改善。因为铜能降低磷在 α 铁中的溶解度，析出的脆性固溶体磷化铁，已经不再是沿晶界分布，而是为钢的基体组织结合，以微粒形式分布，这种分布导致冷脆的原因得到了消除。

同时这种分布状态，又能提高强度而不降低塑性。此外，钢中有铜磷共存时，耐腐蚀性相得益彰。假设含铜钢比碳素钢的耐腐蚀提高一倍，磷铜钢又比铜钢约高一倍。

武钢钢中天然含铜，发展磷铜钢非常合适。可以满足广大用户对高耐性钢的要求。

附带提个问题，铜磷共存既然无害有益，那在武钢具体条件下，炼钢过程中是否可以考虑提高操作技术控制好回磷问题，而在熔炼时不必过分脱磷。把磷控制到比规格稍低即可。

另外，为了发展更高一级的耐腐蚀性低合金钢，以适用于耐一般弱酸弱碱介质，也可以研制钼磷钢。钼较贵，但我国资源不少。为了经济起见，可考虑不直接使用铁合金，而用钼矿加到炉中冶炼。

### 3.4　从品种出发发展热处理的钢材

目前 30~40kg 级的低合金钢品种占低合金钢 80%~85%的地盘。特高强度超高强度是个待开发的新领域。这只靠合金元素还不够，需要热处理。微量多元合金元素加上热处理如虎添翼。在综合性能良好配合下，强度能成倍的猛增。武钢发展热处理低合金钢材的条件是具备的，板轧厂热处理设备比鞍钢好，能力也大，能满足常化和调质处理的要求。为了腾出处理能力生产强度更高的品牌，在钢种革命中应从研究合金成分和改进生产工艺入手，挖掘所能有的强度，力求做到 30~35kg 级的厚板不热处理，40~50kg 级只正火和部分正火，60kg 以上才调质并争取一部分不调质。另外，还应当研究和采用余热淬火。

### 3.5　从需要出发工艺—性能—理论研究三结合

研制新钢种比改进钢质量要研究更多的方面。生产技术与工艺流程，钢材性能与用途要求，以及有关基础理论，不可偏废。研制新钢种必须达到—工艺流程经济合理，生产技术易于掌握，性能稳定且有一定的储备能力，用途突出而又适应性大。理论研究要能指导实践和解决实践中的问题。

工艺研究要特别注意含铜钢的特点，严格控制热工操作，加强科学管理，做到有节奏的生产，钢一烧好就轧，否则将带来许多麻烦。

性能研究要注意综合性能。重视预见性，勿临用恨晚。特别是焊接性和腐蚀性。焊接性要研究不同钢种的焊接工艺和相应的焊条材质；腐蚀性要研究不同介质的影响。含铜钢耐腐蚀好是事实，但绝非不锈钢，更非万能钢，有所能有所不能。

理论研究很重要，要知其然还要知其所以然，才有助于从必然王国到自由王国。否则，只能仿，难以创；只能赶，难以超。应该研究微量合金元素在钢中的作用和热处理中的基础理论问题。在钢种的发展史中偶然性的事例不胜枚举，“炒菜法”也是可以炒出新钢种来的。中国药有效，中国菜有名，都是多种药材多种菜配合起来的，但并不能乱配药乱炒菜。不能提倡盲目性。

### 3.6　扩大用途适得其所

已研制的含铜低合金钢，用途还不广，要发挥其性能特别，积极扩大用途。另外对于结构的不同构件，应按使用部位所受应力的不同，分别选用不同钢种。

### 3.7　扩大品种，具有特色

厂有名厂，钢有名钢。武钢得天独厚，钢中含铜，应充分发挥其特点发展耐腐蚀性的含铜低合金钢。炼钢厂应将碳素钢的生产减到最少。板轧厂主要应该生产低合金的中厚钢板，并增大国防用钢的比重。大型厂应增常化炉，只生产配合板轧厂所需的型钢和轻型薄壁型材，此外就不生产其他型钢而全部生产含铜合金铜轨。

这样设想既符合资源结合利用，利于发展含铜低合金钢，为创名牌钢创造条件，同时由于钢材专用在大型结构和钢轨方面，将来也便于回收含铜废钢。目前这样生产、含铜钢既未用得其所，几十年后，含铜废钢遍布全国各地，也难回收，这对资源也是一种浪费，并且还将造成制钢工业上的困难。武钢专生产某些特定用途的钢，事关目前利益和长远利益，也关系当前钢铁产品革命大事，宜引起重视。

## 4　奋斗目标

上面设想的发展方向，这里拟设想一下奋斗目标。

创名片钢的奋斗目标，应当在立足于国家资源和赶超世界先进水平的指导思想下，从实际出发，从需要出发，对当前国内使用最广的和世界上比较有名的钢的“头上动土”。

当前使用最广的碳素钢有所谓“三座大山”，即“钢三”“20K”“重轨钢”，这三种钢占我国钢产量的比重最大，仅“钢三”就占50%以上，把这三种钢搞好了，就能解决使用部门很大问题。

使用较广的还有半镇静钢，它比镇静钢能大大节约钢材，又比沸腾的钢偏析较轻。

世界上比较有名的低合金高强度钢，35kg 级的有德国的 St52，英国的 DuC01，40kg 级的，国内相当迷信苏联 $CX_Л$-4，45kg 级的有英国 Forfiweld，另外还有美国 56kg 的 Hy-80 和 63kg 级的 T-1，以及耐腐蚀著称的美国 Corten 和日本 Euji-corten。

值得提出的是这些钢都大部分含有镍铬合金元素，而且锰都相当高。我们要不用镍铬少用锰，就得创。

因此提出一个“代二、复一、创七”的设想，作为我们的奋斗目标。

（1）代钢三：现在我国的钢三，完全是苏联硬搬过来的，C = 0.14% ~ 0.22%。由于我国钢中缺少合金元素，如果碳做到下限，屈服强度便达不到 $24kg/mm^2$ 的要求。碳的下限形同虚设，一般都要做到 0.18% ~ 0.22%。这样强度虽然合格了，但某些构件在特定焊接下又发生焊接困难。因此有必要考虑将碳降低 0.01%或 0.02%，试制一种 18Cu 加入极微量铌的新钢种，钢中含铌为 0.01%，碳 = 0.15% ~ 0.20% 或 0.15% ~ 0.21%。磷控制在规格上限。也可以试验一下加入 0.02% ~ 0.03 上下的钒或钛。

（2）代 20K：在原有基础上加微量钛补充脱氧，细化晶粒。钢中含钛 0.01% ~ 0.02%，质量可大为改善，也可试制 20 铜钼。

（3）恢复半镇静钢名誉：半镇静钢的质量，关键在于脱氧，如果脱氧程度掌握恰当，则兼有沸腾钢与镇静钢之长，收得率高，化学成分均匀性较好；否则兼有两者之短。过去我国生产半镇静钢质量不好，苏联专家建议停止生产了近十年。这种取消办法是消极的，近几年我国已有少数厂恢复生产，但质量还未过关。武钢生产的半镇静钢也存在问题，应积极研究脱氧制度，保证质量，恢复名誉。并准备研制铜铌高强度半镇静钢，铌对半镇静钢细化组织，提高强度，比对镇静钢更有效。

（4）创 30kg 级高强度钢新钢种：这一级钢使用部门要求得殷切，但国内高强度钢都在 35kg 级以上。面向用户，有必要补充这一级。30kg 级如果仍然锰字当头，那不困难。要研究的问题是不以锰为基，创制 16Si 稀土或 P-稀土或 Cu-P，必要时以钛补充脱氧。

（5）创 35kg 级高强度新钢种：碳的上限不超过 0.18%，在现有的 16MnCu 基础上试制 15MnCu 加钛补充脱氧，也可考虑降低锰，加微量钒或钼，并以钛补充脱氧。这样很能超过德国 St52 与英国 DuC01 钢。

（6）创制 40 ~ 45kg 级高强度新钢种：目前的 15MnTiCu 是一个很有发展前途的钢，虽说是 40kg 强度，实际上达到 45kg 很有希望，最好是加入微量钒作成 14MuVTiCu 钢。倘使通过调质处理，有希望达到 60kg 级。它是可以超过苏联 $CX_Л$-4 的。

（7）创 45 ~ 70kg 高强度钢种：用钼、硼，试制贝茵体钢是完全可以达到这样高强度的，问题是要研究如何不加铬而能保证它们的可焊性，另一问题是对 45kg 级的贝茵体钢要做到不正火而能热轧状态交货。解决这两个问题那就是超过英国 Forfiweld。

不用铬、镍创制超过美国的 Hy-80 和 T-1，看来还要先作不少探讨工作。

（8）创超高强度钢：这也不待探讨，初步考虑不用铬、镍，而利用钒的沉淀硬化效应，加钒 0.5% ~ 1.0%，通过调质处理，有希望达到 70 ~ $80kg/mm^2$ 以上的强度，其性能将可接近或超过美国的 T-1，英国的 Forfiweld-70。

（9）创耐腐蚀性能高的新钢种：美国的 Corten 和日本的 Eujicorten 都含有 0.40% ~ 0.65%的铬；Corten 厚板有铬 0.30% ~ 1.25%，还有≤0.65%镍，我们应当结合国家资源创制用于大气腐蚀下的铜磷钛、铜磷稀土钢以及适用于弱性酸碱盐的铜磷钼钢，或在这些钢中可加入 0.02% ~ 0.10%钒。

（10）创新化学成分钢轨钢：P71 重轨成分是完全抄袭苏联的，苏联为提高钢轨强度，过分地提高碳，使上限高到 0.77%，综合性能和使用结果并不好。为了创制耐腐蚀、耐磨损、耐压的优质钢轨，在天然含铜的基础上，应将碳降为 0.60% ~ 0.70%，外加微量的钒或钛，并考虑将磷提高到 0.06% ~ 0.08%，P≥0.06%既提高耐腐蚀性又能提高耐磨性，此外还应试制含铜高硅钢轨与含铜中锰钢轨。

## 5　结语

以低合金钢为中心的钢铁产品革命，既有重大的经济意义，更有重大的政治意义。低合金钢是一种符合总路线精神的多快好省的钢。武钢应充分综合利用大冶资源，按资源固有特性办事，就客观规律办事，迅速地积极地采取一切必要的措施，大力发展独具特色的耐腐蚀性好的含铜低合金钢。

（原载《武钢技术》，1965（4））

# 高硅含铜低合金45kg/m钢轨的研制

萧忠敏

我国铁路事业，突飞猛进，对于联系城市和乡村，交流工农业产品，以及巩固国防，都发挥了纽带作用。可是，过去沿用的普通碳素钢（以下简称普碳钢）等钢轨，在曲线轨道上，耐磨、耐压性能较差，在潮湿地段易锈蚀，不能适用国民经济日益发展的需要。

1967年9月，我国政府同坦桑尼亚，赞比亚两国政府签订了“关于修建坦桑尼亚—赞比亚铁路的协定”。为了适应坦、赞两国的具体地形、气候条件和运输量等特点，研制一种新型钢轨就成为一项迫切而重要的任务。

考虑矿石中含铜的天然条件，综合利用资源，研究成功并大量生产了一种高硅含铜低合金钢轨钢 $WP_2$；铁道部第三设计院和铁道部科学研究院改进钢轨轨型，成功地设计出一种有自己特点的、每米重45kg的、新型断面的钢轨。按新设计的轨型生产的 $WP_2$ 钢轨，经4~6年以上的铺设试验，与同期铺设的其他钢轨相比，综合性良好、高硅含铜低合金45kg/m钢轨，已用于我国的铁路建设和修建坦、赞铁路。

## 1 钢种成分设计

设计45kg/m钢轨的钢材成分是从铁矿石含铜的资源情况出发，以含铜钢为基础，适当调整合金成分，炼成高硅含铜低合金钢轨钢，其化学成分和抗拉强度要求见表1。

表1 钢轨的理化指标 (%)

| 项目 | C | Si | Mn | Cu | P | S | 抗拉强度 $\sigma_b$/kg·mm$^{-2}$ |
|---|---|---|---|---|---|---|---|
| 含量 | 0.65~0.77 | 0.70~1.10 | 0.80~1.20 | 0.15~0.40 | ≤0.040 | ≤0.040 | ≥92 |

由试验结果得出：钢中硅中含量在1.0%以下时，硅含量增加，可以提高钢轨的综合性能，抗拉强度显著增加，冲击韧性和屈服强度有所改善。当硅含量超过1%再增多时，虽然钢轨硬度仍有提高，但抗拉强度增加不多，冲击韧性和屈服强度反而有下降趋势，钢中锰含量增加，有利于提高钢轨硬度，并可增加强度和耐磨性。

对钢中铜含量的影响，进行过有关性能试验，在一定范围内，铜含量每增加0.1%，抗拉强度大约可以增大0.67kg/mm$^2$。含铜0.20%~0.47%的钢轨，与不含铜的普碳钢轨相比，抗拉强度提高2~5kg/mm$^2$，屈服强度也相应提高，延伸率和断面收缩率相近，韧性稍有增加，轨顶基体硬度增大约20~40HB。对比含铜钢轨与普碳钢轨的磨耗试验和疲劳（旋转疲劳、打击疲劳、缺口疲劳）试验的结果，如表2、表3和图1所示。

表2 含铜钢轨与普碳钢轨磨耗试验

| 钢种 | 钢轨磨损 | | 轮箍磨损 | |
|---|---|---|---|---|
| | 10万转 | 20万转 | 10万转 | 20万转 |
| 含钢0.30%钢轨 | 0.1953 | 0.4151 | 0.1861 | 0.3508 |
| 普碳钢轨 | 0.5760 | 0.6695 | 0.3261 | 0.6158 |

表3 不同含铜量的钢轨的缺口疲劳试验

| 含铜量/% | 碳当量 $C+\frac{1}{4}Mn$/% | 缺口疲劳极限/kg·mm$^{-2}$ | 一般疲劳极限/kg·mm$^{-2}$ |
|---|---|---|---|
| 0.22 | 0.912 | 14 | 36 |
| 0.47 | 0.912 | 16 | 38 |

由表2、表3和图1看出，含铜钢轨的耐磨耗和疲劳性能均较普碳钢轨好。此外，缺口静弯试验的结果也有同样情况。

试验初期曾发现含铜0.37%～0.67%的钢轨，在300～450℃回火时，有冲击韧性降低和硬底升高的现象。为了研究含铜钢轨消除白点时所进行的缓冷或等温处理后的钢轨是否有时效现象，特别是当钢轨在车轮往复作用下，在钢轨踏面附近由于塑性变形加速了这一过程，是否因时效而降低钢轨的冲击韧性。因此，对普碳钢轨和不同含铜量的钢轨分别进行了时效试验。选取普碳钢轨和含铜量为0.33%、0.39%、0.64%的含铜钢轨试样，分别经过常化、等温、缓冷和回火等4种方式处理，普碳钢和含铜0.64%的试样，并在处理后经240℃下不同保温时间的人工时效。然后，各种试样均测定机械性能和电阻。测试结果表明：3种含铜量的钢轨经4种方式处理，其冲击值并无降低现象。含铜0.64%的钢轨经不同时间时效处理，其机械性能相差很小，这说明含铜0.33%～0.64%范围内的钢轨在进行消除白点处理时，采用等温处理或缓冷工艺，均不至于影响钢轨性能。电阻测定结果表明，铜虽然提高钢轨电阻值，但变化很小。此外，在热膨胀系数测定实验中，也看不出含铜0.64%的钢轨与普碳钢轨的比容有何明显变化。至于轧制状态却经400℃回火处理的钢轨试样，虽其冲击韧性有所降低，但硬度变化却无规律。从这些实验结果均看不出铜（含量在0.64%以内）对钢轨的时效性能有值得注意的影响。近年来，随着资源变化，钢中含铜量大多波动在0.20%～0.30%范围之内，因此，$WP_2$钢轨更不会有明显的时效作用。

钢轨含铜可以降低冷脆转变点，含铜0.22%和0.47%的钢轨，其冷脆转变点分别0～20℃和−20～40℃。实验结果整理绘于图2。

此外，钢轨中含铜量的增多，可以使其淬透深度有增大的趋势。

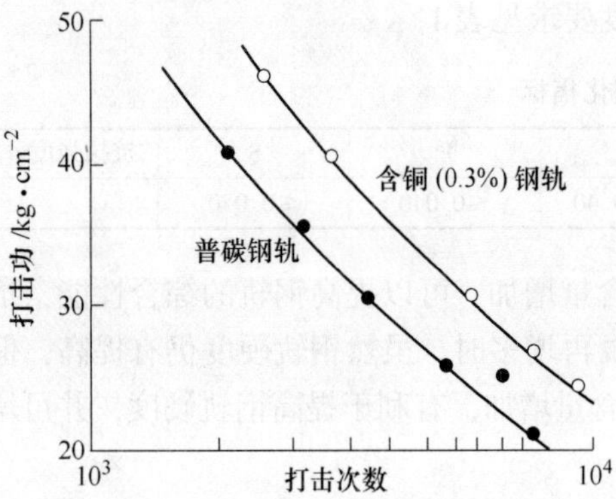


图1　含铜钢轨与普碳钢轨相同能量下的打击次数

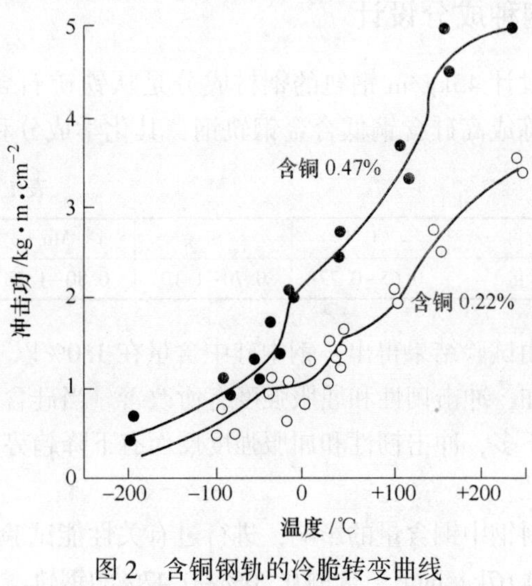


图2　含铜钢轨的冷脆转变曲线

## 2　生产工艺

钢在250t或500t碱性平炉中冶炼，出钢温度为1580～1600℃。钢锭开轧温度一般≥1150℃，由钢坯至钢轨总的延伸系数为8.75，钢轨终轧温度≥850℃，空冷至550℃进行缓冷，然后经矫直、铣头和钻孔出入。

生产初期，钢轨轨底两侧和边缘处出现多“网裂”，主要是钢坯加热操作不当所致。特别是钢坯在1100℃左右高温区停留时间过长，很容易造成钢轨后在轨底两侧边和边缘处出现0.3～0.5mm深的人字形裂纹，即“网裂”。这种“网裂”是由于含铜钢在加热时因铁和铜对氧的亲和力不同所致。在氧化气氛下加热，铁先氧化而使铜富集于钢的表面。渗入晶界，在高于铜的熔点下加工时，钢轨轨底两侧和边缘处于拉应力部位，易产生网状人字形裂，即所谓“铜脆裂纹”。生产实践表明，采用“高温快烧”，适当控制加热期和均热期的温度和时间，并尽量防止和减少待轧时间，已经基本上消防这种缺陷。

# 3 钢轨性能

## 3.1 抗拉强度和基本硬度

钢轨的抗拉强度和基本硬度是衡量其耐磨、耐压性的重要指标。多年生产检验结果见表 4。

**表 4 $WP_2$45kg/m 钢轨抗拉试验和基体硬度**

| 项目 | 抗拉强度 $\sigma_b$/kg · mm$^{-2}$ | 屈服强度 $\sigma_{0.2}$/kg · mm$^{-2}$ | 延伸率 $\sigma_{10}$/% | 断面收缩率 $\psi$/% | 轨顶基体硬度试验 HB |
|---|---|---|---|---|---|
| 范围 | 92.0~112.0 | 44.5~61.0 | 5.0~11.0 | 6.5~24.5 | 273~327 |
| 平均值 | 100.0 | 53.4 | 8.1 | 12.0 | 299.7 |
| 试样数 | 2896 | 338 | 338 | 338 | 284 |

表 4 可以看出，$WP_2$ 钢轨具有比较高的抗拉强度。轨顶的基体硬度达到了普碳钢轨轨端淬火硬度范围（HB260~350）的要求，接近全长淬火试验钢轨硬度值的下限。这种钢轨可以不进行轨端淬火使用。避免了一般普碳钢常常因为轨端淬火工艺不好而造成的轨头掉块，由于轨端淬火而引起的不均匀压溃等常见病害。因此，$WP_2$ 钢轨可以延长钢轨使用期限，减轻养护工作，也可简化生产工序，提高生产率，降低成本。

应当指出，用作生产检验的抗拉试样取自热锯头，未经缓冷（仅埋入水渣中模拟缓冷）或冷却速度较快，残余应力消除不良，因此，抗拉试验时出现韧塑性有偏低现象。

研究钢中各元素对抗拉性能的影响得出；大约 5 份硅含量相当于 1 份碳的作用，如果不考虑硫、磷、铜的较小变化所出现的很少影响，以 $C+\frac{1}{4}Mn+\frac{1}{5}Si$ 作为碳当量，则其与抗拉强度和不同尺寸试样的延伸率有如图 3 的关系，即随着碳当量的增大，抗拉强度提高，延伸率降低。长试样的延伸率随碳当量增大而降低的变化较短试样小。随着钢中硅含量的增加，其抗拉强度提高（见图 4），当硅含量增至 1.0%时，强度提高趋势变缓慢，表明硅对钢轨的强化作用已经减弱。

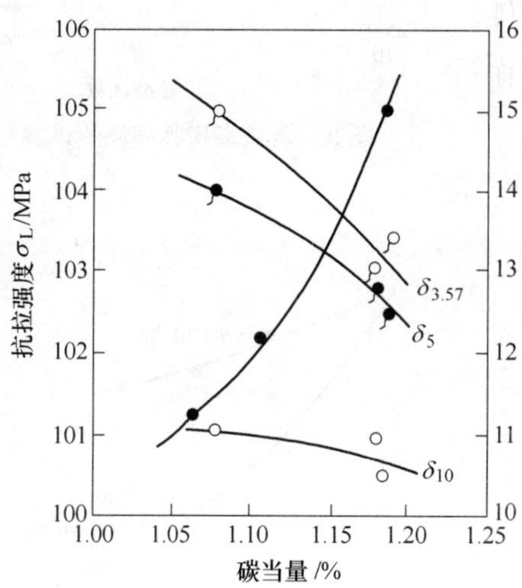


图 3 平均碳当量与抗拉强度、延伸率的关系

$\delta_{3.579}$、$\delta_5$、$\delta_{10}$分别代表试样标距（$L_0$）与直径（$\phi$）比值为 3.57，5、10 的延伸率

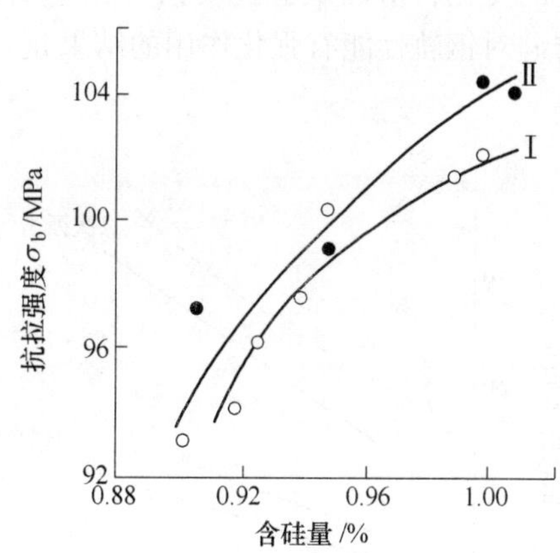


图 4 含硅量与抗拉强度的关系

Ⅰ、Ⅱ分别代表 $C+\frac{1}{4}Mn$ 等于 0.96%和 0.99%

## 3.2 低倍组织

$WP_2$ 钢轨低倍组织良好。相当于钢锭头部轧出的钢轨，按低倍组织评级标准，一级品率在 95%左右，不合格部分主要因为钢坯剪切不当而残留的缩孔残余和分层缺陷。下注法生产钢轨的实践表明，相当于钢锭尾部轧出的钢轨的低倍组织全部良好，评级情况见表 5。

表5　钢轨低倍组织

| 钢轨 | 头部低倍组织 | | 尾部低倍组织 | |
|---|---|---|---|---|
| 检验试样数 | 一级品率% | 二级品率 | 检验试样数 | 一级品率% |
| 2864 | 92.75 | 0.3 | 1061 | 100.0 |

### 3.3　疲劳试验

旋转疲劳试验的样品取自钢轨头部，在循环达 $10\times10^{-6}$ 次数的情况下计算出钢轨的疲劳极限。试验结果见表6。

表6　钢轨机械性能

| 钢种 | 疲劳极限 $\sigma_{-1}$/kg · mm$^{-2}$ | 抗拉强度 $\sigma_b$/kg · mm$^{-2}$ | $\sigma_{-1}/\sigma_b$ |
|---|---|---|---|
| WP2 | 40.0~46.0 | 99.3~101.2 | 0.395~0.464 |
| 普碳钢 | 27 | 76.5 | 0.354 |

实物脉冲疲劳试验的结果中比较典型的疲劳曲线示如图5。按循环 $2\times10^6$ 次时断裂的负荷计算，$WP_2$ 钢轨与国内其他品种钢轨的实物疲劳试验数据相比，其疲劳极限和试样遭 $2\times10^6$ 次脉冲打击所加的负荷也高。

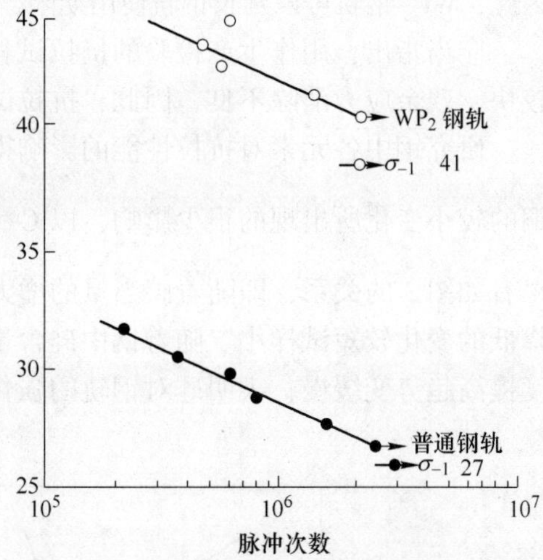


图5　钢轨实物脉冲疲劳试验结果

### 3.4　落锤试验

由于45kg/m钢轨系新设计的轨型，落锤试验暂按43kg/m钢轨标准进行。通过对1119罐次的锤击试验，$WP_2$ 钢轨一次锤击后的挠度均小于45mm，满足挠度≤55mm的技术条件要求。

为了制订新的落锤试验标准，对落锤高度和不同试验机底座进行试验，结果如图6所示。在试验中发现：随着 $WP_2$ 钢轨的碳当量 $\left(C+\frac{1}{4}Mn+\frac{1}{5}Si\right)$ 的变化和相同 $C+\frac{1}{4}Mn$ 的情况下含硅量的变化，落锤试验挠度值有相应的变化，如图7所示，这与硅对钢轨性能有强化作用的结果是一致的。

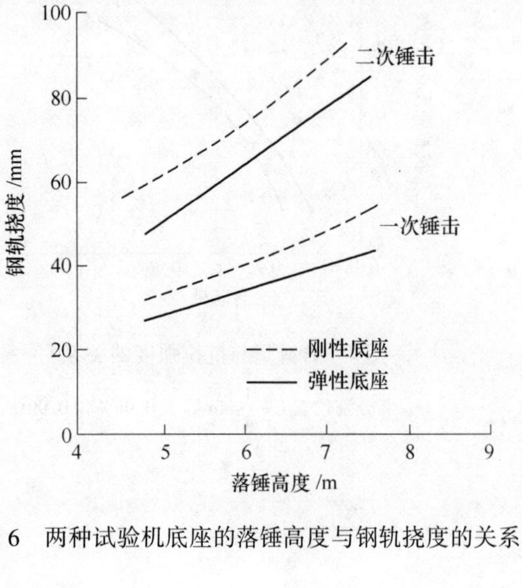


图6　两种试验机底座的落锤高度与钢轨挠度的关系

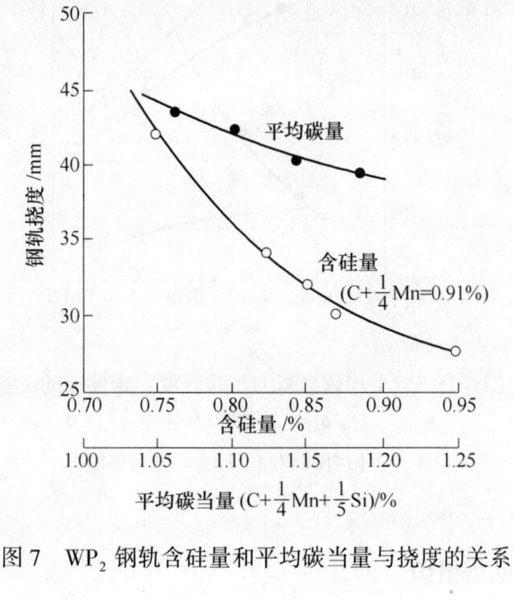


图7　$WP_2$ 钢轨含硅量和平均碳当量与挠度的关系

### 3.5　冲击韧性

试验得出：$WP_2$ 钢轨不但强度高、硬度高，而且在常温和低温下，轨底横向试样有较好的冲击性能，常温冲击值波动于 1.2~2.3 (kg·m)/$cm^2$ 范围内，一般大于 1.0 (kg·m)/$cm^2$。

试验条件：弹性底座落锤高度：对含硅量试验 5.5m，对平均碳当量试验为 7.0m。

### 3.6 轨底弯曲试验

在加压正常和试样表面无缺陷的情况下，$WP_2$ 钢轨轨底均有较好的抗弯性能。

### 3.7 气体和夹杂物分析

测定钢中氢含量的试样取自浇注中，其他样品取自成品钢轨相当于钢锭头部轧出的部位，测定结果见表 7。

**表 7 钢中气体和夹杂物含量**

| 项目 | 氢/mL·$100g^{-1}$ | 氮/% | 氧/% | 电解获得的夹杂物总量/% |
|---|---|---|---|---|
| 范围 | 5.74~8.76 | 0.0032~0.0049 | 0.0008~0.0013 | 0.0013~0.0071 |
| 平均含量 | 7.21 | 0.0038 | 0.0011 | 0.0039 |

夹杂物的类型主要有 MnS，$CaO\cdot Al_2O_3$，TiCN 以及（$MnS+CaO\cdot Al_2O_3$），（MnS+TiCN）复合夹杂物等 5 种。在钢轨腰部有缺陷（如缩孔残余、分层等）时，还发现有硅酸盐夹杂。夹杂物分布情况，钢轨相当于钢锭头部处含量最高，中部次之，尾部较低。在横截面上则主要集中于钢轨腰部，轨头和轨底较少。

夹杂物金相评级，氧化物为 1~2 级，硫化物为 2~3 级，硅酸盐为 2~3 级。

### 3.8 金相组织

在放大 115 倍下观察，$WP_2$ 钢轨的金相组织为珠光体加少量不连续网状铁素体。由于铁素体很少，网状又不完整，无法准确评定其实际晶粒度。在放大 600 倍下观察，其珠光体呈片状和粒状分布，组织较细，弥散程度较高。

由于硅、锰等元素的加入，阻碍奥氏体中碳原子的扩散，同时因为其本身在奥氏体中的扩散速度缓慢，延缓并推迟了奥氏体的分解，使奥氏体向珠光体的转变速度减慢，因此，使 $WP_2$ 钢轨获得了弥散程度较高的珠光体，强化了钢的结构。此外，钢中硅、锰含量的增多，使碳原子在钢中的共析点向左移，降低了碳的溶解度，增强了 $WP_2$ 钢轨的性能。铜也有使钢轨性能强化的作用。

## 4 白点的消除

$WP_2$ 钢轨生产初期，出现过落锤试验中击断次数多，以及钢轨矫直时断裂等情况，对此进行分析研究，发现落锤试验试样，是未经缓冷的钢轨，凡是击断的试样几乎都有白点；有分层缺陷同时也有轻微白点的试样，仍可承受锤击；分层缺陷较严重但无白点的试样，可以承受两次以上锤击，对落锤试验断裂试样的同一炉号，缓冷后另取试样进行落锤试验，则一般平均可承受 4 次以上锤击而不断裂。

通过对 12000 根钢轨矫直时的观察，发现矫断的 283 根中，除了表面缺陷引起断裂以外，都是未经缓冷或缓冷极不充分而有大量白点的钢轨。几年来共检查未经缓冷的钢轨试样（炉罐号）2840 个，有白点的有 1622 个，白点出现率为 57.2%。经过缓冷后，对 5234 坑试样的检验结果，仅发现有 9 坑出现白点，且主要出现在生产初期，而占检验坑数的 99.93%均示出现白点。

钢轨中的白点是在热轧后冷却速度较快的情况下于 200~20℃的较低温度时形成，且有一孕育期。过去国内生产普碳钢和低合金钢轨时，曾分别测定过白点孕育期，一般在钢轨热锯取样后 1h30min 到 3h 白点即可形成。因此，我国生产钢轨的各厂均规定白点试样在热锯切后空冷 5h 再检验。武钢自从采用超声无损检测钢轨白点后可对试样进行连续检测，在检验 $WP_2$ 钢轨试样（炉罐号）1126 个中发现白点出现率为 51.4%，5h 白点出现率为 42.9%，超过 5h 白点出现率有 8.5%，即同一试样在 5h 内未发现白点，5h 后才出现白点。超过 5h 出现白点试样数占出现白点试样总数的 16.5%，它表明 $WP_2$ 钢轨比普碳钢有较长的白点孕育期。

白点孕育期的长短，一般认为与氢在钢中的扩散系数有关。多数合金元素都能降低氢在α-铁中的扩散系数，现以硅为例，曾将 $WP_2$ 钢轨和另一种含硅量平均为 0.23%的钢轨对比，由于 $WP_2$ 钢轨含硅较高（约 0.9%），白点孕育期延长。另一种含硅 0.23%的钢轨，同法检验白点出现率，全部出现在 5h 以内，超过 5h 出现白点试样数占出现白点试样总数为 0。此外，随着 $WP_2$ 钢轨中硅、锰含量的增加，使其导热性降低，延钢轨在轧后冷却速度较小，也促使氢在钢中扩散聚焦的过程变慢。这些因素均将延长白点的形成时间。至于冶炼操作，轧后冷却速度等的差异，可引起钢中氢含量的不同，也将使得同一钢种的不同炉号有不同的白点孕育期。为了保证钢轨质量，生产中应加强检验。

对 $WP_2$ 钢轨出现白点的可能性和白点孕育期较长的特点有所了解以后，即可在生产中采取相应的措施予以消除。最主要的是严格执行缓冷工艺制度，确保钢轨的缓冷。同时在冶炼过程中减少钢中含氢量；改善钢锭（钢坯）表面质量，尽量减少火焰清理量；适当提高清理时的钢坯温度和清理质量，尽可能组织热送；适当地调整矫直压力等，以消除钢轨和钢坯脆断。

## 5 “小麻点”问题

$WP_2$ 钢轨经缓冷后白点均予以消除，但在对缓冷后的钢轨作白点检验时，酸洗后曾偶尔出现过几次“小麻点”的现象。这种“小麻点”的分布位置与一般白点出现的部位颇为近似，呈密集的类似疏松的小点状。

“小麻点”分布在通常白点出现的区域内，麻点异常细小，多数只有 0.1~1.0mm，在放大 5~8 倍下，看出是具有一定深度的小孔。麻点暴露于空气中不易生锈。

（1）金相观察

“小麻点”区域为珠光体和沿着珠光体、共析体的晶粒间界或珠光体周围界有许多“显微裂纹”。在无“小麻点”区域为珠光体和铁素体组织，但基底上没有“显微裂纹”存在。金相试样热酸侵蚀后发现，有“显微裂纹”的区域就产生了“小麻点”，而没有“显微裂纹”的部位则未见到。这种“显微裂纹”是成簇地，只有在受试剂腐蚀后才能看到。多次试验表明，这种“显微裂纹”，不是真正的裂纹，而是一种析出相。

（2）热处理可以消除“小麻点”

实验得出“小麻点”在不同温度、不同保温时间和不同冷却速度的热处理后，有着不同的变化。在 550℃保温 2h，“小麻点”无变化，保温 4h 后，“小麻点”基本消除；在 800℃保温 2h，“小麻点”随冷却速度不同而变化，炉冷只能少量消除，空冷则能大量消除；在 1000℃保温 0.5h，“小麻点”即全部消除，与冷却速度无关。“小麻点”的消除，“显微裂纹”也被消除。观察热处理后“小麻点”的消失情况，发现其数量和存在范围，由轨顶踏面和轨腰向轨头中心减少和缩小，而在沿轧制方向即使是 15mm 宽的试样边缘也存在着“小麻点”。

由此可以认为：“小麻点”是一种析出相。如果钢中真正存在显微裂纹，总会占有一定的空间位置，不可能只经热处理而消除；假如是夹杂物更不能在一般热处理条件下，特别是 550℃保温 4h 消除得了的。

（3）扫描电子显微镜观察

用扫描电子显微镜在放大 10000 倍以上观察未经侵蚀的磨光试样，除有条带状的硫化物夹杂外，未见到裂纹、疏松、气体孔洞和其他夹杂物存在。试样经轻微腐蚀 2s 后，在放大 500、2000、5000 倍观察，均可看到珠光体的晶粒界上或珠光体团的周界上有一种析出相存在。试样腐蚀 6s 后观察，则可以看到这些析出相已被腐蚀掉。这就表明了“小麻点”不是白点，而是一种析出相。这种析出相的成因和鉴定，将进一步研究。

## 6 铺轨试验

### 6.1 新轨型设计

我国铁道部第三设计院和铁道部科研院为了适应铁路运输事业的发展和援外的需要，设计了 45kg/m 的新型断面钢轨（见图 8）。这种钢轨与原 43kg/m 钢轨相比，增加了高度，使之具有足够的惯性力矩和断面系数，以承受机车车辆通过时所产生的动弯应力；增加了轨底宽度，使之有足够的稳定性，轨高与轨底宽度之比为 0.87；适当地减小轨头宽度和增加轨头高度，以减少车轮作用于轨顶边缘时的偏心矩，降低钢轨的附加应力，并降低轨头下颚产生疲劳裂纹的几率；适当地选择轨头两侧的倾斜度；轨头顶面采用 3 个不同半径的圆弧形，以及螺栓孔排列位置也有改进。

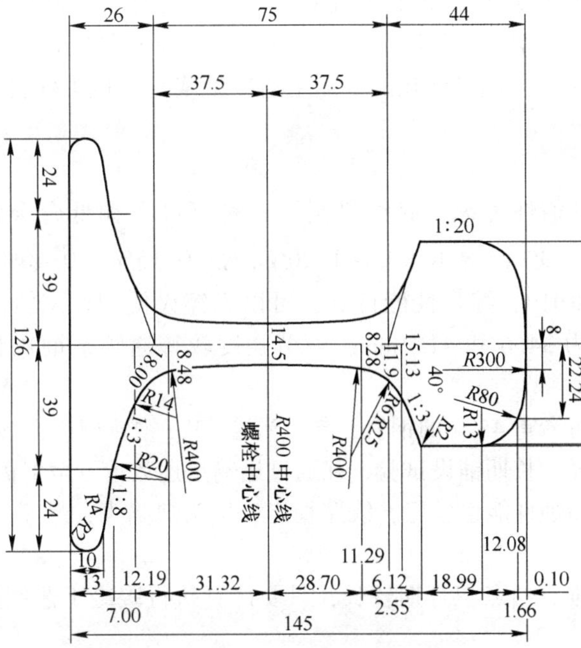


图 8　45kg/m 钢轨横断面图

由于新轨型具有这些特点，使用中表明有足够的稳定性，较大的刚度，减少轨头下颚产生疲劳裂纹，易于养护等优点。

## 6.2　铺设试验

为了考察 $WP_2$ 钢轨的使用性能，已经在国内不同条件的线路上（如小半径弯道、大坡度、隧道、沿海……）作了铺设试验。使用历时 4~11 年，通过运量数千万至 1 亿吨，情况良好。

（1）耐磨、耐压性能良好

铺设试验表明：$WP_2$ 钢轨的耐磨和耐压性能较不含铜的高硅钢轨有提高，较普碳钢轨有显著的提高。铺于弯道半径 600m 的 A 线试验钢轨，营运 3 年后，钢轨磨耗量：$WP_2$ 钢轨上股侧面磨耗 0.29mm，下股垂直磨耗 0.79mm；同期铺设的对比普碳钢轨磨耗分别为 2.83 和 1.29mm。运行 10 年，总运量达 1 亿吨以上，$WP_2$ 钢轨上股侧面总磨耗平均为 1.3mm，下股垂直总磨耗平均为 2.8mm，而同一地段铺设原普碳钢轨一般只使用 4、5 年就需要更换。铺设于 D 线隧道的试验钢轨使用 3 年后磨耗 0.29mm，而同期铺设的普碳钢轨则为 0.97mm，铺于 C 线 221~340mm 的小半径弯道处的试验钢轨，经 5 年 1 个月的使用，通过运量 5000 万吨，曲线上股侧面磨耗达 2.2mm，即年平均磨耗，$WP_2$ 为每年 0.395mm，中磷普碳钢轨为 1.94mm。近海的 B 线铺设 5 年多，通过运量 1700 万吨，在线路条件复杂，弯道多（半径 300~390m），坡度大（11.4‰~20.4‰），重车下坡抱闸制动行驶条件下，试验钢轨弯道下股垂直磨耗量最大处于 2.4mm，一般为 0.6~0.9mm，上股侧面磨耗最大达 4.4mm，一般为 2.0~2.8mm。

（2）耐冲击性能较好

所有试验钢轨经过不同气候条件 4~11 年的运营考验，未发现与钢种有关的断裂现象。在 B 线和 C 线的试验钢轨运行 5 年多，通过运量数千万吨，没有发现剥离。在 A 线试验钢轨通过 1 亿吨货运后，只出现轻微的剥离，这是目前其他种钢轨所不能比拟的。

（3）耐大气腐蚀性较好

试验钢轨在 A 线使用 11 年后，轨腰处的炉罐号和标记仍然清晰可见，C 线的工人反映，一般钢轨（包括中锰和不含铜的高硅钢轨）每年腐蚀 1mm 以上，最多达 2mm；而 $WP_2$ 钢轨仅有 0.8mm。B 线近海，大气相对湿度约为 80%，试验钢轨又铺设在隧道内，多处终年滴水，但钢轨轨腰并没有因此锈蚀，5 年多来，标志清晰。

(4) 接头良好，习惯性缺陷少

$WP_2$ 钢轨基体硬度高，轨端未经淬火交付使用，这样避免了通常由于淬火工艺不当而引起的淬火过渡层硬度不均匀造成大量的习惯性缺陷，如由于轨端淬火而引起的不均匀压溃、低接头、轨头掉块等。在种线路长期铺设试验结果，试验钢轨接头良好，表面光滑，而在 C 线同地段铺设时间 1 年半的 50kg/m 中磷普碳钢轨，其轨头压宽 2mm，并出现明显的“眉毛边”缺陷（即接头处轨顶面被辗压挤出）。

## 7　结语

从铁矿石含铜的天然资源条件考虑，武钢研制了一种高硅含铜低合金钢轨（代号 $WP_2$），含碳 0.65%~0.77%，硅 0.70~1.10%，锰 0.8%~1.20%，铜 0.15%~0.40% 等。其抗拉强度 $\sigma_b \geq 92kg/mm^2$，轨顶基本硬度≥280HB，综合性能良好，可以不淬火使用。钢轨落锤试验的挠度值在落锤高度 5.5 和 7.0m 下分别平均为 34.6 和 41.3mm。疲劳强度较普通碳素钢轨有较大的提高，韧塑性也较好。

我国自行设计的新型断面每米重 45kg 的钢轨，与每米重 43kg 钢轨相比，具有足够的稳定性，较好的耐磨性和防疲劳缺陷等优点。经过长期铺设试验，在通过运输量达数千万至 1 亿吨后表明，钢轨耐磨、耐压、耐冲击性能良好，耐大气腐蚀性能也较好，线路稳定，接头缺陷少，易于维护保养。列车通过平移、震动小，钢轨磨耗大为减轻。

$WP_2$ 钢轨的白点敏感性较强，白点孕育期较长，只要认真执行缓冷工艺制度，尽可能降低钢中含氢量，可以消除钢轨中的白点。

（原载《金属学报》，1977，13（1，2））

# “六五”期间武钢低合金钢的发展

张寿荣 张 钊

“六五”期间武汉钢铁公司在企业整顿改革中，依靠技术进步和认真贯彻加快发展低合金钢的政策，在国家科委、冶金部的领导下，通过技术人员和广大职工的积极努力，及各院、校、所、厂的大力协作，在发展低合金钢生产和新品种的研制中，取得了一定成绩。

## 1 概况

“六五”期间武钢在低合金钢产量、质量和品种上有较大的发展。“六五”期间共生产和试生产48个低合金钢品种，总产量为800823t。1981年武钢低合金钢产量为86100t，其后逐年提高，1985年产量达到232383t，为1981年产量的2.7倍。“六五”期间，特别是1982年以后，武钢低合金钢的品种增加较快，共新研制了24个新钢种，占“六五”期间生产的低合金钢品种的50%。在这24个新产品中，属国家科委下达的攻关课题项目的钢种9个，已全部按进度完成攻关课题的各项任务，其中7个品种已经鉴定转产；属冶金部下达的8个试制品种，已鉴定转产5个；武钢根据使用单位需要，自定的7个试制品牌，已经鉴定转产6个。

“六五”期间，我们开发转产的各类低合金钢，在技术性能和适用性方面都达到国内同类产品的先进水平，有的赶上和超过了国外同类产品水平。“六五”期间，在开发的低合金钢新产品中，武钢有五项获国家经委新产品奖，有二项获冶金部重大科技成果奖，有三项获冶金部优质产品证书。

## 2 “六五”期间武钢发展低合金钢生产的做法

### 2.1 发挥一米七系统三厂一车间的优势，扩大低合金钢生产

自1982年一米七系统三厂一车间生产转入正常后，在进行企业整顿、加强设备管理和消化掌握引进先进技术的同时，我们根据武钢和国内资源特点，以国家急需、需求量大、社会经济效益显著的品种为重点，利用武钢一米七系统三厂一车间的设备、工艺特点和优势，大力组织了低合金钢的生产和研制工作。“六五”期间，武钢一米七轧机生产了大量优质冷、热连轧板，共有低合金钢等八大类别产品，填补了国内钢材生产中的很多空白。特别在完成国家科委下达的4项攻关课题（耐候钢板、石油管线钢带、高强度造船钢板和裂纹敏感性低的钢板）的研制任务中，发挥了一米七轧机优势，挖掘老厂设备潜力，扩大了低合金钢板材品种规格，使武钢初步形成品种比较齐全，规格系列化的板材基地。

“六五”期间，武钢已经生产出船体钢、桥梁钢、容器钢、管线钢、锅炉钢、集装箱用钢、汽车用钢和耐蚀钢（包括耐大气、耐海水、耐弱酸、耐锌液腐蚀）等类低合金钢板材，基本上满足了国家需要，并且取得了显著的社会经济效益。例如，武钢生产的铁路客车用耐大气腐蚀钢WSPA及货车用耐大气腐蚀钢09CuPTiRE，可使客车大修周期由5~6年提高到18年，货车大修周期由4~5年提高到12年。到1985年底，我们已向铁路部门提供厚度为2~12mm的WSPA热轧板卷9100余t，制造了各类客车800辆，已提供了厚度2~16mm的09CuPTiRE热轧钢板13100余t，制造各类货车1200多辆。铁道部计划1986年用耐候钢造车6830辆，武钢一定积极组织耐候钢的生产，为完成我国铁路车辆用钢更新换代的光荣任务而努力。

### 2.2 严格按照国家标准要求生产和研制低合金钢

随着工业技术的发展，在使用单位对低合金钢的性能和质量要求日益提高的形势下，我们根据市场需要，在生产和开发低合金钢时，首先参照同类产品的国际标准制定技术条件，然后制订相应钢种的企

业内控成分、工艺流程和专用生产技术规程。各生产厂根据钢种的工艺要求，制订较为详尽的操作要点和规定，并通过岗位经济责任制进行落实，从而保证了钢材质量和各项性能符合要求。例如，适应国家能源开发的需要，我们承担了石油管线钢的研制任务。为了保证钢的质量和性能达到国外同类产品水平，我们参照国际 API 标准，确定了武钢企业标准。武钢企业标准高于国际 API 标准，如 API 标准规定硫含量不大于 0.050%，我们企业标准规定硫含量不大于 0.025%。实际通过内控生产出的石油管线钢含硫量为 0.004%~0.015%，充分保证了石油管线钢的韧性。

1983 年以来，我公司试制了 2190t 石油管线钢，供给宝鸡石油钢管厂等单位，制作了 $\phi$377mm×8mm、$\phi$529mm×8mm、$\phi$270mm×8mm 的钢管，各项性能均达到 API 标准要求，完全满足石油、天然气输送管线用钢的要求。

## 2.3　采用先进技术、开发新的工艺流程，发展低合金钢连铸技术

武钢一米七系统三厂一车间具有 70 年代装备水平。设有铁水脱硫、钢水吹氩、RH 真空处理以及轧机新技术。根据这一情况，1982 年起，我们便将低合金钢的生产和开发的重点，转移到一米七系统方面，使它的优势在低合金钢生产、开发新品种上发挥更大作用。

在国家科委下达的四项攻关课题带动下，在低合金钢生产、研制中，我们根据不同要求采用了铁水 KR 脱硫、钢包吹氩、真空处理、连铸技术、控制轧制、层流冷却等技术。这使我们在原来的平炉、模铸、初轧、轧板生产低合金钢工艺流程之外，又开辟了新的工艺流程：铁水 KR 脱硫、转炉复合吹炼、钢包吹氩或真空处理、连铸到热轧或连铸到轧板。武钢研制和生产的钢种 WSPA、09-CuPTiRE、$WX_{60}$、$WX_{65}$、高强度般板、采油平台钢和 $CF_{60}$ 钢等都是通过新开辟的工艺流程生产的。实践证明，新的工艺流程是成功的。

根据武钢设备特点和国际炼钢新技术、新工艺的发展趋势，以及四化建设对低合金钢质量的要求越来越高，我们认识到必须大力开发低合金钢连铸生产的技术。所以 1982 年以来，组织了连铸生产低合金钢的技术攻关，着重建立了连铸机的维护管理制度，解决了连铸保护渣、连铸二次冷却配水、连铸轻压下工艺、低合金钢的最佳矫直温度、低合金钢铸坯的冷却和热送、热装等技术问题，从而扩大了连铸低合金钢生产的品种及数量，并提高了成材率，增加了企业的经济效益。

在“六五”期间，我们用连铸工艺生产的低合金钢品种有 19 个，总产量约 38 万吨，占“六五”期间武钢低合金钢总产量的 47%。

## 2.4　着眼于社会效益，以发展的观点大力开发低合金钢新品种

低合金钢材具有较高的社会经济效益。用低合金钢代替普通碳素钢制造同样设备和建筑结构，可以节约钢材 10%~20%。因此，在国家加快发展低合金钢政策指引下，我们认识到，武钢拥有 70 年代水平一米七系统三厂一车间及前工序的新技术，应该为满足国民经济发展需要，为发展低合金钢生产难度大、周期长、冶炼命中率低、废品多、生产成本高和影响本企业经济效益的顾虑，抵制了前一阶段社会上出现“一切向钱看”的不正之风和错误做法，积极、坚定不移地按公司的低合金钢发展计划，组织新产品试制工作。例如，1985 年内，新产品试制量近 5000t 钢，其中为完成国家科委攻关课题任务就签订了 2688t 钢材的新产品试制合同，从而保证了攻关课题任务按期完成。

## 2.5　实行一贯管理，科研、生产、技术形成“一条龙”，促进低合金钢生产

为加快低合金钢生产与开发的步伐，根据企业管理现代化要求和低合金钢开发特点，我们将低合金钢的科研、试生产、转产及组织大批量生产纳入了生产计划、建立产品质量保证体系以及创优等方面工作中，实行一贯管理，形成从科研到生产“一条龙”。在执行中以各专用钢种为体系，由公司技术部牵头，将钢研所、生产部、技术监督部门和生产厂组织起来，按照公司总工程拟定的统一计划开展工作。为保证新品种试制按计划进行，将低合金钢的生产和试制计划，列入公司下达的月生产作业计划中，并纳入经济责任制，对各生产厂及部门进行考核。由于采取了这些管理办法，加上参与低合金钢生产、开发“一条龙”系统的各部门的努力，从 1983 年以来，每年下达的低合金钢试制任务，大都在上半年即可完成，彻底改变了过去新品种试制计划完不成的局面。由于低合金钢生产、试制任务完成的好坏直接纳

入公司对各厂的经济责任制的考核办法，所以各生产厂均能认真地贯彻技术操作规程和按计划完成试制任务。

## 3 “六五”期间发展低合金钢的几点体会

“六五”期间武钢低合金钢生产和科技攻关任务相当繁重，我们按计划高质量地完成了国家科委下达的四项课题任务。通过这几年的工作，我们体会到：

（1）必须坚定不移地贯彻执行党的十一届三中全会以来的路线、方针、政策，充分发挥知识分子的作用，才能开创低合金钢生产的新局面，完成各项攻关课题任务。“六五”期间国家科委和冶金部组织的工厂、院校、科研单位的联合攻关是正确的。在攻关过程中，各单位发挥各自的长处，为完成课题任务密切合作，保证了高质量地完成任务，促进了低合金钢生产技术的发展。

（2）必须认真贯彻全国低合金钢会议精神和国家发展低合金钢政策，把发展低合金钢与企业的技术进步、技术改造计划结合起来，方能不断扩大低合金钢生产，提高质量，提高产品水平，发展新品种，增加企业和社会的经济效益。

（3）必须认真贯彻经济责任制，用经济责任制推动攻关和低合金钢的生产开发。我们由于将低合金钢生产、试制纳入公司的年、季、月生产计划，并进行考核，促进了低合金钢的发展。同时制订了每个品种的实验室工作、工业试制、试生产、鉴定转产、转产后创优的通盘统一计划，并以“一条龙”的管理形式，做到了科研、技术、生产、质量保证各项工作一起抓。结果使低合金钢生产和开发工作，统一纳入全面质量管理的轨道。

（4）必须依靠技术进步和技术改造，采用国际先进标准，积极应用新工艺、新设备，方能促进低合金钢生产技术的发展，不断增加新品种，填补国内空白，赶上国际先进水平。

## 4 “七五”奋斗目标和规划

按照公司“七五”规划，“七五”期间发展低合金钢的重点是继续发挥一米七系统的优势，进一步挖掘“老三轧”的潜力，大力采用新技术新工艺，以能源、交通、轻工、建筑用钢为重点，进一步完善武钢低合金钢材品种，形成钢种系列并发展专用低合金钢钢材。

（1）在现有低合金钢材的基础上，要着重研究，开发高牌号低合金钢材，使武钢成为可以生产多种牌号、品种规格系列化的低合金钢板基地。

（2）初步规划，低合金钢材产量在1990年达到40万吨以上，比1985年增加一倍，低合金钢材的年平均增长率约10%。对现有的低合金钢材，进一步整顿和开发，要在强度级别、品种规格方面形成系列。

（3）“七五”期间计划研制51个低合金钢钢号，其中45个要达到鉴定转产水平；同时还要发展控轧钢材及单元和多元微合金化钢材。为使“七五”期间的低合金钢品种发展规划能如期实现，准备进一步抓好低合金钢生产与试制工作的科研、试生产、转产和创优的一贯体制，以实现生产与技术的统一，近期与长远的结合。对技术复杂的重点低合金钢材，要着重抓好实验室工作。发展低合金钢品种一定从武钢现有技术装备和工艺特点出发，使试制后的低合金钢能很快形成生产能力。不能形成生产能力的品种，原则上不进行开发。

“七五”期间将积极地参加由国家科委和冶金部组织的各项重点产品的技术攻关，为发展我国低合金钢生产贡献力量。

在低合金钢品种开发顺序上，本着先易后难，力争近期有所突破，以尽快完成公司的品种发展计划。

为了推动低合金钢生产和开发工作，将进一步加强品种开发的管理工作，继续完善经济责任制，建立健全新产品开发的各项规章制度。

“六五”期间武钢的低合金钢生产和开发方面，虽取得一定成绩，但还存在着钢材品种数量与国家要求不相适应，钢材牌号规格仍未形成系列化这两个主要问题。我们将努力工作，力争在“七五”末期解决。

发展低合金钢任重道远，我们决心抓好国家交给我们的各项任务，为我国的四化建设作出应有的贡献。

（原载《武钢技术》，1986（4））

# 含铜钢的研究与开发

张春铭

早在1890年满清政府湖广总督张之洞创建汉阳铁厂，就用大冶铁矿炼制的生铁在酸性平炉炼钢。投产初期，因钢中含磷量较高，影响钢质，麻烦了多年。以后派工程师到国外考察，改为碱性平炉，问题才解决。半个多世纪后的50年代，武钢建成，从第一炉钢起就因钢中含铜量高，又惹起麻烦。大冶铁矿选后残留的铜量较高，炼铁除不了炼钢氧化不掉，全部残留在钢中。而铜残留在钢中较多时，会引起钢热加工敏感性，使钢表面产生网状鳞裂，因此国内外都认为铜比硫、磷更有害而视为“瘟疫”。武钢的用户遍及全国，因此有人认为生产含铜钢，将有一天害及全国，于是上书冶金部，呼吁不能让含铜钢“泛滥成灾”。70年代，武钢从日本、联邦德国引进一米七轧机。合同签订后，首先日本认为含铜钢不能生产硅钢，无法实现硅钢专利，继而联邦德国认为含铜钢表面会产生“舌头”缺陷，不能保证钢板质量。武钢投产20多年来受到含铜钢两次挑战，为记下含铜钢挑战的历史，去年《中国冶金史料》发表了《攻克含铜钢》一文。兹以该文为蓝本，删繁编简，以纪念武钢投产30周年。

## 1 大冶铁矿石中含铜

武钢大冶铁矿含铜，其中原生矿含铜0.6%，甚至0.8%以上，氧化矿含铜0.34%~0.66%。武钢筹建期间，委托苏联列宁格勒矿山设计院根据国家计委1954年4月批准的武钢设计任务书为大冶铁矿的重建进行设计。该院作了选矿试验，原生矿含铜0.58%~0.83%时可选到0.04%；但氧化矿难选，含铜0.66%时只能选到0.34%。国内按该院氧化矿选矿选，效率更低。因为氧化矿中的铜矿物多呈氧化铜与碳酸铜的结合形式存在，一部分赤铜矿与赤铁矿紧密嵌生或与褐铁矿组成胶状结构，所以极难达到充分的单体解理和有效分散。据物相分析，铁矿中所含的铜矿物，为亚铁酸形式的占82.58%，为结合氧化铜形式的占9.32%。如不先破坏铜矿物而直接浮选是困难的。为修改苏联原设计流程，国内开展了大量研究。中国科学院、矿山研究院、化工冶金研究所、中南矿冶学院等先后研究过硫化焙烧、氯化还原焙烧、硫酸化焙烧、氯化烧结等法。除硫化焙烧法外，都取得了实验室试验的一定效果；但若应用到工业生产上，则有种种不好解决的问题；再加上武钢选矿厂已经建成，改变流程也有实际困难，所以只好将氧化矿与原生矿搭配使用。武钢选矿人员与研究院所从原设计流程上不断探索，精心操作，尽可能地提高选矿效率，将铜选到0.2%~0.3%的水平。由于铜在炼铁炼钢中均不能除去，钢中残余钢含量超过国家技术标准规定允许值0.30%的占92%~98%，个别的含铜量高达0.71%~0.85%。

## 2 含铜钢的挑战

1958年武钢1号高炉投产。大冶钢厂用武钢生铁11批，炼出的钢平均含铜0.46%。结果，优质钢出现的网状鳞裂缺陷高达80%以上而不得不拒用。1959年武钢1号平炉投产，有鉴于此，只生产普通沸腾钢。当时初轧厂尚未开工，钢锭运到鞍钢开坯，钢坯含铜量平均0.5%~0.6%，不仅表面布满网状鳞裂，棱角还有裂口，大都成为废品。其原因在于冷锭烧钢时间太长，烧钢温度不均而且太高，特别危险的是在铜的熔点1083℃以上的时间太长。这些都是含铜钢应避免的操作。含铜钢要过关，关键在于严格控制烧钢的温度和时间。鞍钢操作人员不习惯，难于贯彻，致使用含铜钢坯的上海等地轧钢厂，和用含铜钢材再热加工的制造厂，都对武钢含铜钢怨声载道，纷纷拒用。影响所及，连用武钢含铜铸铁也忧心忡忡。铸铁件一般不热加工，并不受热加工敏感性的影响，而且为了提高铁水流动性，高级铸铁件还特地加铜化铁。武钢铸造铁天生有铜，竟误视有利为有害，弃之不用。含铜钢要热加工，更被视若洪水猛兽，惊呼“武钢含铜钢要在全国范围内泛滥成灾”了。

面对含铜钢如此严峻的挑战，武钢怎么办？

武钢接受含铜钢的挑战，挑战也是机会。积极的对策是选择了含铜钢发展的战略。共策略则是剖析含铜钢，研究含铜钢，试制含铜钢，开发含铜钢，还要进一步发展高一级的含铜低合金钢。措施是以武钢钢研所为尖兵，以试验室和生产厂为基地，以全国兄弟厂和院校为联盟军，以全国用户为主战场，来开展大联合、大协作、大兵团作战。

## 3 含铜钢的研究与开发

首先是要剖析含铜钢。铜在钢中既有害又有利，利多于害，研究的指导思想是把有害转化为有利。

钢中含铜量达到一定值时，在一定的加热和加工条件下，不会因热加工敏感性而产生网状鳞裂缺陷。当研究出与其相应的工艺制度后，缺陷即可避免。而铜的有利方面则有很多：

铜能提高钢的耐腐蚀性能，尤其耐大气腐蚀；

铜能提高钢的强度，并且屈服强度比抗张强度提高得多，因此屈强比大；

铜能提高钢的冲击韧性，尤其是对低碳钢；

铜能增强钢的淬透性，提高可硬性；

铜能改善金属流动性，并在某些要求下要利用其沉淀硬化效应等。

为使人们全面了解含铜钢的利与害，武钢发表了《武钢铜钢研究的方向》一文，武汉大学编写出《铜钢研究的现状》论文，都实事求是地介绍了含铜的利害所在及其可资利用与其发展前景。同时为解决武钢当时的生产问题，向冶金部建议按苏联的高铜铁矿的钢厂，允许某些产品将钢中含铜量从0.3%放宽到0.40%的先例，对武钢放宽限量。冶金部为尊重标准的权威性和严肃性，不同意修改标准，只同意在标准的附注中加一条：允许在一定条件下放宽到0.40%，但含铜钢不许做重要用途。武钢为了突破这个限制，抓紧了含铜钢的研究。1960年8月“全国含铜钢计划协调会议”在武钢召开，会上钢铁研究院在“关于进行含铜钢试验研究工作的初步意见”的发言中，要求武钢一定要胜利地完成这一重大的科研任务。在共同协作研究中，鞍钢、重钢、上钢各厂都同意在武钢初轧厂、大型厂、轧板厂未投产前为武钢加工轧制科研所需用的各种钢材，铁道部、轻工业部、交通部、一机部等部门也大力协助，同意提供条件为武钢做模拟试验和实物使用试验。中国科学院、金属研究所、上海材料研究所、长春机械研究所、冶金部钢铁研究总院、北京钢铁学院、东北工业学院、洛阳耐火材料研究所、武汉钢铁学院、武汉大学、华中工学院等院校都给予了大量技术支援。湖北省图书馆还特地抽出两位专家代为搜集世界各国有关含铜钢研究的文献资料，编制卡片、索引，编写文献摘要，及时提供科技情报。这一切都同引进一米七轧机一样，在建成前后，100多个兄弟生产厂、制造厂、使用厂，以及科研院所、大专学校都大力协助进行试验研究，这在历史上是永志不忘的。

国家各部委对含铜钢的研究十分关注。在“武钢含铜钢要泛滥成灾”的声浪中，国家计委几次派专家来调查研究，系统地听研究汇报，全面地看试验结果。当其确信含铜钢只要坚持研究下去，就能变害为利而大有发展时，转告给国家科委。国家科委张有萱副主任专程来武钢了解，并视察了中央试验室。他看到试验室仪器设备简陋，且试验楼因靠近初轧厂震动大，认为研究条件不够。回北京后便报请国家科委拨专款在武钢建立铜试验基地，即现今的钢铁研究所和试验工场，并投资配备必需的仪器设备。后来在北京仪器展览会上有一台国外的直读光谱仪，由于国内稀缺，很多科研院都千方百计争购，而国家科委武衡副主任委员认为研究含铜钢最需要，优先批给了武钢。在国家制定1963~1972年科学技术发展规划时，国家科委又把含铜钢研究列入国家科技发展规划内，并指定由武钢担任课题负责人。这一切都为含铜钢研究创造了许多便利条件。

含铜钢研究的首要问题，是要研究如何克服热加工敏感性，以避免引起网状鳞裂而形成缺陷。很多专家学者引据国外经验，提出很多建议和措施，如控制加热温度在铜的熔点1083℃以下，不让铜熔化而侵入晶粒边界破坏钢的结构。这在大冶钢厂和重钢都试验过，结果并不理想，且低温轧制要求轧机功率大，设备承受不了。外国专家建议加镍缓解热加工敏感性，但当时我国镍资源发现尚少，合金钢都在研究不加镍、少加镍，碳素钢哪能允许加镍，即使允许加，价贵也用不起。还有人建议在钢锭坯表面涂刷涂料，保护钢的表面不直接接触火焰避免氧化；或采用还原性火焰，这些方法在大生产中都是难以实现的。最后，还是武钢广大科研人员在研究试验的实践中摸索出一套加热工艺，解决了这一难题。在含铜钢一些基础研究方面，研究了加工性、焊接性、耐腐蚀性、机械性能以及淬透性、回火脆性和沉淀硬化效应等。

为了突破对含铜钢只能用于不重要用途的消极性限制，在武钢初轧厂投产后，得到铁道部的大力支持，以钢轨作突破口，只要含铜钢轨在关系着人民生命财产的很敏感的铁路上能够安全可靠的使用，就可以突破牢笼了；同时也为武钢大型厂投产后生产钢轨开了路。重钢也发扬了共产主义大协作风格，同意用武钢初轧厂开工生产的含铜钢方坯试轧钢轨，轧出的 1088 根钢轨，不但表面质量好，而且落锤试验和白点检验全部合格。这是含铜钢第一次突破不能做重要用途的禁令，在生产工艺上首战告捷。为了取得彻底胜利，大型厂投产后轧出的含铜钢轨，先后运到全国各个不同气候、不同条件的线段，进行铺轨行车试验。试验结果，不但安全可靠，而且耐腐蚀性比不含铜的高出一倍到几倍；耐磨性能也很好。1963 年进一步研制的含铜低合金钢轨、含铜高硅钢轨和含铜中锰钢轨，既耐腐蚀也耐磨耗，尤其是含铜高硅钢轨，其磨损耗量仅为不含铜钢轨的十分之一。从此不但解除了含铜钢不许用作重要用途的禁令，而且在 1969 年我国与坦桑尼亚、赞比亚两国签订《关于修建坦赞铁路的协定》时，铁道部鉴于当地环境特别恶劣，天热地温、腐蚀严重，便选中了耐腐蚀、耐磨损、综合性能特优的武钢 $WP_2$ 锰硅铜钢轨。这是建国以来规模最大的援外工程，周总理对此十分关心，要求“在技术上要高于周围地区的水平”。因为周围地区都是西方的势力范围。坦赞铁路主干线和支线总长 2180km，迄今，已安全运行近 20 个年头了。

在试制含铜钢轨前，还在机总小平炉试制了 16 锰铜钢。由于当时轧板厂尚未建成，就运到上钢三厂轧制钢板。钢板先用于试制 50t 小型运输船，在此基础上扩大到桥梁、车辆、拖拉机、石油井架、广播塔、高压容器和其他结构，成为应用最广泛的钢。

继而又与船舶研究所、铁道研究院共同试制 15 锰钛铜钢制造船舶。进行航行试验后，经国家经委、六机部、海军装备部、江南造船厂、武汉造船厂等单位技术鉴定，一致认为 15MnTiCu 钢不但强度高，还具有良好的塑性、韧性、可焊性和不淬硬性，乃选用制造军用舰艇。“含铜钢不许用于重要用途”的消极性限制，至此就彻底突破了。

以后还用含铜钢板制造了许多条万吨级到几万吨级远洋巨轮，航行于不同海域。

含铜钢的研究开发除了从普通沸腾钢扩展到镇静钢、优质钢和低合金钢外，还延伸到半镇静钢。研制成功的 16 铌铜半镇静钢，用以代替同类强度级别的镇静钢，提高了钢材收得率。南京化工机械厂用以制作氨蒸发器、氨凝结器、氯气换热器等，南京第二石油化工厂用以制作油吸收塔、抽提塔、酸油塔等；研制成功的 26 锰铜半镇静钢，制作槽帮钢，河北张家口煤机厂用在截煤机上，使用效果都很好，完全可以代替镇静钢。

1965 年冶金部为满足第三个五年计划农业发展的需要，提出以低合金钢为中心的钢铁产品革命，决定在全国范围大力发展低合金钢。低合金钢强度高，可减少钢材截面，节约钢材 10%～30%，但截面减小就特别要求耐腐蚀，以保证其使用寿命。含铜钢耐腐蚀，武钢得天独厚，所以武钢在 1965 年全国低合金钢大会上作了《武钢含铜低合金高强度钢的发展方向》的发言。1964 年武钢生产含铜低合金高强度钢 3300t，到 1966 年就生产了 12.4 万吨，猛增 37.5 倍。

含铜钢和含铜低合金钢的最大优越之处是其耐腐蚀性能远比一般碳素钢好，为确知其含铜量在不同条件下的优越程度，武钢联合包头冶金研究所、铁道科学研究院、成都冶金试验厂等单位，对 19 种含铜钢及含铜并含稀土或钛或锰等元素的低合金钢进行了不同条件下的暴晒试验。在全国不同地区——南方潮湿地区、北方风沙干燥地区、东部海洋大气地区、西部多露多雾地区、大气洁净的农村、污染严重的工厂、阴暗潮湿的隧道、风吹日晒、霜打雪压的桥梁，以及陡坡上、急弯处进行试验；在青岛、广州、成都、北京、包头、鞍山、武汉等地建起了 10 个露天暴露站进行挂片。暴露时间最短 5 年，最长 15 年(同时期世界上最长挂片时间是英国，12 年)。研究含铜钢耐腐蚀性能的科技战士，长年累月坚持在荒僻空寂的山野和浪涛怒吼的海边，克服工作上、生活上种种困难，即使十年动乱中也未间断试验。15 年如一日，为祖国提供了一套完整的含铜耐腐蚀性的文献资料，做出了珍贵的奉献。

## 4　含铜钢再次挑战

1973 年，武钢决定从国外引进一套一米轧机。在“左”的干扰下，荒唐到谈判中不许向外商透露“武钢”两字。合同签订后，1975 年 2 月日本新日铁代表团来武钢学术交流，询知武钢当时钢中含铜

0.20%~0.35%时，大惊失色。要求立即进行领导级的小组谈判，认为铜的问题严重，如不能把铜降到0.01%或至多不超过0.02%，硅钢便通不过热轧，也不能冷轧，磁性必坏，绝对无法实现专利。为此提出多加不含铜的废钢或用外地不含铜的矿石炼铁的要求。这在实际生产中都是不能实现的。中国人早有准备，1974 年就开始进行研究，钢铁研究院试炼的含铜 0.30%的无取向硅钢，磁性接近日本高牌号硅钢 $H_{10}$；以后钢研所与上钢研究所、上钢一厂、上钢十厂合作，在高频电炉试炼的含铜 0.22%~0.36%无取向硅钢，以及在 6t 顶吹氧气转炉试炼的含铜 0.2%~0.42%取向硅钢，轧钢过程中都未发现异常现象。从实验室试验、半工业试验到工业试验，用感应电炉、氧气转炉炼钢，在钢不浇铸时往钢锭模中加铜，或直接用铜生铁炼硅钢，将其铜含量控制在 0.20%~0.72%的不同含量范围内，经轧制都未发生加工脆性或其他问题，表面质量和磁感也都符合技术要求。从而得出“武钢完全可以生产高牌号冷轧硅钢片”的结论。这个结论经过硅钢厂投产后的生产实践检验，终于使新日铁发明 HiB 硅钢的博士诚恳地承认：“中国人有经验”。

联邦德国人也纠缠过含铜钢冷轧不行。1975 年 11 月蒂森厂负责钢质量的专家说：“根据蒂森厂多年经验，钢中含铜是不行的。所以蒂森厂在 A. T. H 标准中限制钢中铜含量不得超过 0.15%，实际生产不超过 0.10%；对于高质量冷轧板不能大于 0.08%，否则带钢表面要产生缺陷，现在还未找到解决办法”。我们未置可否，只说正在进行试验。冶金部为此决定上钢十厂轧机停产改造，加快轧制速度，以便接近引进的轧机速度好做试验。由于时间紧，未等改造完工就先在鞍钢平炉试炼 08Al 汽车钢，罐内加入 0.33%~0.34%铜，轧后钢坯表面只有两块出现微裂，其他全都良好，可见那两块微裂与铜无直接关系而是操作原因。板坯经过半连轧和冷轧厂轧出来的钢板，表面质量与性能和不含铜的一样。送往第一汽车厂冲压成水箱罩盖、门里板、门外板、乙字板和前围外板等汽车最难冲的五大件，件件合格。送往北京汽车厂冲制的气门室罩、气油箱口、变压器盖等也一一通过。

与此同时，在上钢一厂 30t 氧气转炉、鞍钢 150t 氧气转炉及上钢五厂 8t 侧吹氧气转炉分别试炼 08F 钢，钢中含铜量分别为 0.66%、0.24%和 0.40%，轧成的镀锡原板均无网状鳞裂，全部运到改造好的上钢十厂镀锡，按镀锡板要求的各项技术提标考核，含铜的与不含铜的质量无差异。因此可以认为铜在 0.40%以下能保证镀锡板质量。为了考核镀锡板的耐腐蚀性及其对各种不同食品的适应性，分别在漳州、福州、苏州、广州、汕头、北京、天津、锦州、大连、烟台、巴中、武汉等地，装入菠萝、糖水杨梅、莱阳梨、干装苹果、蘑菇、青豆、清水马蹄、番茄块、番茄汁、凤尾鱼、猪肉、赤贝等几十个不同品种的罐头，按品种的不同要求，作为期 1~2 年的贮藏试验。每三个月开罐检查一次，分析其溶锡量和溶铜量，同时对食品的色、香、味的感觉质量和罐壁腐蚀与不含铜的镀锡板罐头进行对比鉴定。经过两年时间，对比了 20 多个品种，结果表明：含铜镀锡板可以制作罐头盒，而且对酸性较大的水果更有广泛的适应性，对罐头外面的涂印也有广泛的适应性。

在武钢进行冷轧的钢板试验的同时，负责冷轧厂开工的联邦德国专家也在蒂森厂进行了含铜量为 0.30%的 ST52 冷轧钢板试验，却得出钢板表面有缺陷试验结论。他以 4mm×153mm×107mm 一块原板试样为例，说钢板上的表面缺陷是由于铜的富集引起的。但该缺陷呈舌状，丝毫没有铜富集所呈现的网状鳞裂特征。出于礼貌未当面道破，留下这块试样，我们作了低倍、高倍和激光检验。检验结果低倍组织正常，200~1200 高倍检验却发现缺陷处有许多断续的氧化铁皮。腐蚀后检查显微组织正常，并无丝毫的铜渗入晶界的痕迹。因此完全可以判断舌状缺陷与铜无关而是操作不当，致使加热过程中的氧化铁皮在轧钢中被压入基体金属造成的。冷轧投产后，此一结论像硅钢一样也为生产实践所证实。

## 5 挑战是机会研究出成果

武钢从 1958 年开始到 1982 年，研究开发含铜钢 20 多年，截至 1981 年底，共试制、开发了 65 个含铜钢和含铜低合金钢，产量达 300 多万吨；钢研所编写了大量含铜钢研究报告和论文，仅收入含铜钢文集、译文集铅印出版的就有 8 本，约 200 万字；拍摄过一集含铜钢新闻纪录片；参加过多次科研成果展览会；受到过全国科学大会和其他奖励，但更大的收获是人才。通过含铜钢研究与开发的实践，涌现出一批研究铜钢的人才，为含铜钢恢复了名誉，为武钢赢得了声誉。事实证明，含铜钢并不是只能用在不重要的地方，而是能做重要用途用在重要地方的。

1964 年试制的 16 锰铜钢，在沪东船厂建造了一艘 300t 油轮，试航考验结果综合性能优良，以后十几年又陆续建造了大庆 27 号、28 号、29 号、30 号 15000t 油轮和 15000t 货轮，以后又建造了几十条巨轮，川流不息地远航在洋中。1969~1974 年为坦赞铁路生产的含铜锰硅钢轨，铺设在地球另一端大陆上。含铜钢制造的车辆和船舶，奔腾飞驶在祖国的天涯海角。在这之前，铁路车辆用碳素钢制造，5~6 年要大修一次；成渝地区新车运行 6 年，车厢顶板就腐烂穿孔，需要全部更换；长春客车厂由于修车频繁，耽误了造新车，致使铁路运输紧张。自从改用含铜钢，由于耐大气腐蚀，大修一次从 6 年延长到 12~18 年，比不含铜车辆寿命高 2~3 倍；若在含铜的基础上进一步添加少量磷镍铬元素制造仿美“考登 A”，耐腐蚀性能更强，使用年限可比碳素钢高 5~6 倍。齐齐哈尔客车厂用 09 锰铜磷钛钢造车，运行了十几年还在继续使用。唐山机床厂用 09 锰铜磷钛钢造车，运行许多年连油漆还未剥落。铁道部用 09MnCuTi 等几种含铜低合金钢制造的轻、快、稳型高速列车，时速可达 140~160km，耐腐蚀性能比不含铜的三号碳素钢高 50%。

16 锰铜钢除了用于造船外，还适用于制造石油井架、拖拉机、机车、广播塔和高压容器以及建造桥梁。山海关桥梁厂用 16 锰铜钢建造了一孔 64m 跨度的栓焊桥（嫩江桥，其他 18 孔为铆接桥），在-20~-30℃的低温下考验了 20 来年，还坚如磐石，山海关桥梁厂又用它建造了 701 大桥；宝鸡桥梁厂用它建造了黄河大桥；枝江长江大桥也是用 16 锰铜钢建造的。

含铜钢轨铺在宝天线拓石段和宝成线八庙沟隧道，耐磨性比碳素钢轨提高 1.5~2.6 倍。含铜中锰钢轨铺在石太线南裕段寿命比碳素钢轨高 1~3 倍。含铜高硅钢轨铺在石太线、丰沙线、京广线和海南岛石八线等地，使用 10 年以上，货运量达亿万多吨，仅磨耗 2.8mm，耐磨性比碳素钢高 3 倍左右。一米七轧机投产，顺利地生产出硅钢片、汽车板、镀锡板和镀锌板。

以上虽是含铜钢研究开发的部分成果，但它已为含铜钢轨铺在祖国的四面八方；含铜钢车辆驰骋在天南地北；含铜钢巨轮乘风破浪航行，在远洋大海中，含铜钢桥梁象长空彩虹飞架在黄河、长江之上揭示了含铜钢的新篇章。由此证明，含铜钢既是完全可用做重要构件，对含铜钢的研究也是一个挑战。挑战是机会，它给武钢研究开发和发展含铜钢、含铜低合金钢带来了压力与活力。

（原载《武钢技术进步三十年》，1988）

# 低合金钢的研究和开发

陈贵杰

## 1 前言

低合金钢是指在碳素钢（一般 C≤0.2%）基础上，加入少量（一般在 5%以下）合金元素，显著地改善和提高强度、韧性、耐蚀、耐磨、加工成型和焊接等性能的低碳、低合金焊接结构钢。

对这样划分的低合金钢，在国外，一般都是指低合金高强度钢，缩写为 HSLA 钢。而在我国，除此以外，还包括低合金高强度钢筋钢、低合金重轨钢等。

低合金钢因其强度高，综合性能好，可以减少使用钢材的截面，节省钢材；可以提高制造产品的工作参数和使用寿命，有多方面的好处。因此，低合金钢被广泛用于建造桥梁、船舶、高压容器、机车车辆、建筑结构、起重设备以及国防建设等方面，生产也相应地得到迅速发展。

在国外，低合金钢自 19 世纪 70 年代开始在工业上应用，迄今已有 100 多年的历史。我国低合金钢的研制和生产起步较晚，1957 年，首先在鞍钢试制成功了现在低合金标准中的 16Mn 钢，揭开了我国低合金钢发展史的第一页。经过 30 多年来的努力，特别是几次全国低合金钢科技攻关和推广会议，大大推动了我国低合金钢的生产、使用和发展，缩短了与国外低合金钢在产量、比例、质量和品种上的差距。

## 2 武钢低合金钢发展经过

武钢过去全部使用大冶铁矿的矿石炼铁，由于当时矿石中含铜较多，使钢中含铜量超过了一般标准的规定。1959 年 10 月，1 号平炉刚投产时，所炼钢中的最高含铜量达 0.83%，其中有一半以上的钢中含铜量超过 0.50%，因此，大家也就把武钢生产的钢统称为含铜钢。

为了掌握含铜钢的生产，了解含铜钢的性能，消除用户对使用含铜钢的顾虑，并指出含铜钢今后的发展方向，从 1959 年起，就由当时中央试验室主任张春铭同志负责，组织含铜钢研究试验工作。他在《武钢含铜钢汇编》第二集上发表的武钢含铜钢研究方向一文，实质上就是含铜钢研究的课题任务书，明确了含铜钢研究的目的、意义、内容和方法。低合金钢研究则是其中的一个重要组成部分。

钢中含铜可以提高其强度和耐腐蚀性能，特别是耐大气腐蚀性能极为显著，因此，铜是发展含铜钢，特别是含铜低合金钢的有利合金元素。有资料统计，在国外 105 种低合金高强度钢中，含铜的即占 62 种。武钢含铜低合金钢研制是从 1961 年 11 月开始的。首先是在机械总厂 35t 平炉上冶炼了含铜量≤0.35%、0.36%~0.45%和 0.46%~0.55%的 16Mn 试验钢，其轧制的钢板在江南造船厂建筑了两艘 50t 小型机动船，经过造船工艺和一年半的风浪航行试验，证实了含铜 16Mn 钢板的制造和使用性能良好。与此同时，还在试验室开展了一些含铜量对低合金钢的加热、轧制工艺和性能影响的研究试验，取得了试验工艺参数和性能数据，为工业试制打下了可靠基础。1964 年，在一炼钢平炉上试制成功了第一个含铜低合金钢——16MnCu 钢，同时用这批试制的 16MnCu 钢板在沪东造船厂成功地建造了一艘 3000t 油轮，从此，开始了武钢含铜低合金钢生产发展史。到 1966 年，乘全国推广低合金钢东风，这一年武钢低合金钢产量由 1965 年的 3535t 猛增到 98803t，其生产的钢号也由原来的 4 个增加到 10 个。以后，“文化大革命”的 10 年动乱，给武钢低合金钢的生产和发展带来了干扰和影响，产量上升缓慢，老钢种质量、性能波动大，虽然也研制了不少新钢种，但工作做得不细，数据不全，质量不高。从 1979 年起，武钢由于矿源变化，大冶铁矿全部开采原生矿以及选矿厂选铜能力提高，钢中含铜量已降到 0.2%以上，按照一般标准规定，铜已只能作为钢中残余元素，使武钢失去了含铜低合金钢的特点和优势。然而，在 1987 年前后，第二炼钢厂、一米七冷、热轧带钢厂和硅钢片厂相继建成投产，这几个厂的设备、工艺技术先进，又给武钢低合金钢的生产和发展带来了生机和活力。到 1987 年，第一炼钢厂平炉共生产和试制了近 100 个低合金钢钢号。从 1964 年到 1978 年底，共生产含铜低合金钢约 287 万吨，占钢总产量的 17.25%；从 1964 年到 1987 年底，共生产低合金钢和含铜低合金钢约 410 万吨，占钢总产量的 11.69%。其原因是 1979 年以后，含铜低合金重轨钢产量逐步减少。若按 1978 年到 1979 年底生产的低合金钢产量计算，低合金钢比例仅为 6.68%，远远低于 1987 年全国低合金钢比例 13.26%。第二炼钢厂转炉钢主要用于生产一米七系统的汽车板、镀锌板和硅钢片，冶炼的大都是低碳碳素钢和硅钢，从 1981 年起，才开始试制和生产低合金钢，到 1987 年底，共生产和试制了 35 个低合金钢号，约 25 万吨，占钢总产量的 2.12%。虽然其产量和低合金钢比例不高，但却是逐年上升的趋势，1981 年的产量为 2139t，到 1987 年已增加到 107285t；1981 年的低合金钢比例为 0.24%，到 1987 年已上升到 5.96%。不仅如此，第二炼钢厂因其冶炼条件好和铸坯质量好，这几年来，一直担负了武钢主要的新钢种试制任务，为低合金钢“六五”和“七五”国家重点攻关课题作出了贡献。

1979 年全国第二次低合金钢推广会议以后，我们对原有的低合金钢种进行了整顿，根据择优录用、自然淘汰的原则，保留了量大面广、用户需用、生命力强的钢种；同时，我们把发展低合金钢的重点从对新钢种的研制转移到对老钢种的工艺研究，以稳定性能、提高质量、创优质产品为目标，进行扎实的基础工作。对于国家急需研制的新钢种，我们采取以仿制为主，重点放在研究工艺和性能方面，较之过去国内研制的状况，显著地缩短了研制周期。经过几年来的努力，武钢一些老钢种的质量有较大的提高，大部分低合金钢材的性能合格率、成材率都超过了武钢历史最好水平。16MnCu 低合金高强度钢板于 1979 年获得湖北省优质产品证书；军工 903 钢于 1980 年获得湖北省优质产品证书，16Mnq 桥梁用钢板于 1984 年和 1986 年分别获得湖北省、冶金部优质产品证书和国家银牌奖；16Mn 普通低合金热轧钢带于 1985 年获武汉市优质产品证书。

## 3 发挥资源特点和装备优势发展低合金钢

从 1959 年起，由于我们抓紧了对含铜钢的研究试验工作，不仅逐渐地消除了用户对使用含铜钢的恐惧心理，而且也使用户逐渐地增加了对含铜钢有利作用的认识。1965 年底，张春铭同志在冶金部召开的推广低合金钢座谈会上作了武钢低合金高强度钢的发展方向报告，引起了到会同志的很大兴趣和反响，连过去反对生产和使用含铜钢的同志也改变了态度，连声赞好。因为低合金钢强度高，钢板减薄和钢材截面减小后，就特别要求钢材有极好的耐腐蚀性能，尤其是耐大气腐蚀性能，而铜在钢中恰好具有这方面的性能。根据国家科委下达的含铜钢 15 年大气暴露试验研究课题，在我国不同气候、气氛条件的 10 个地区进行了暴露试验，其中有北方干燥大气，南方潮湿大气，东部海洋大气，西部多雾潮湿大气，还有污染严重的工业大气，阴暗潮湿的隧道等。试验结果表明，含铜钢的耐腐蚀性能比不含铜钢好，含铜低合金钢的耐腐蚀性能也比不含铜低合金钢好。并且随着时间延长，其好处愈加明显。以南方潮湿较重的广州为例，暴露 1 年、5 年和 15 年后的耐大气腐蚀性能，相同钢号的含铜低合金钢比不含铜的分别提高 8%~25%、14%~26% 和 20%~40%。含铜钢能提高耐大气腐蚀性的另一个原因还在于铜能提高油漆与钢材表面的粘附性。根据含铜钢与不含铜钢的涂漆试样在化工厂氯碱大气中暴露 28~37 个月的对比试验结果，不含铜 $A_3$ 钢的表面脱漆起泡、溃烂、腐蚀严重，而含铜 $A_3$ 钢只有少量小气泡，含铜低合金钢则保持原来的油漆色彩。含铜钢在某些酸类、碱类和有机介质中也有优良的耐腐蚀性能。此外，通过对不同钢种的试验还得出，钢中每增加 0.1%Cu，$\sigma_s$ 可提高 0.4~0.8kg/mm$^2$，而对塑性没有不良影响。30 年来，由于铜对钢材的有利作用逐渐被用户认识，促使武钢的含铜低合金有了很大的发展。其中比较突出的 WSPA（相当于 Conten A 钢）和 09CuPTiRE 两个耐大气腐蚀用钢，因其优良的耐大气腐蚀性能，已被铁道部定为客、货车辆专用钢；$U_{71}$ 锰硅铜钢既耐磨又耐蚀，70 年代被用作援助坦赞铁路的重轨钢。

国外为了提高低合金高强度钢的性能和质量，所采取的措施有，使用高质量的炼钢原材料；铁水脱硫；钢水真空脱气；LD 转炉先进的控制技术，控制化学成分以得到超低碳和低含硫量、降低碳当量；特别的精炼操作（钢包精炼，真空去气操作）；先进的轧制技术、先进的轧制设备进行控制轧制；特殊的热处理；合适的合金元素组合，微合金化等；控制硫化物形态（使用稀土、钙、钛、锆等）。武钢第二炼钢厂，冷热连轧带钢厂以及硅钢片厂的先进设备和工艺技术，这些均为生产高质量、高性能的低合金钢提供了优越的条件。第二炼钢厂的 KR 铁水脱硫装置，可以将铁水含硫量降至 0.005% 以下；钢包吹氩站可以对钢水进行调温；RH 真空处理装置可以将钢水中含氢量降至 $2\times10^{-6}$以下、含氧量降至 $60\times10^{-6}$以下、碳降至 0.01%以下，并可进行成分微调；连铸机上采用长水口保护浇注、电磁搅拌；用喂丝机喂稀土丝，可使铸坯内部的偏析、夹杂和组织得到改善。热轧带钢厂的热轧线上有高压除鳞系统、厚度自动控制装置（电动和液压 AGC）和工作辊正负弯辊，可以提高钢板表面质量，控制钢板轧制精度和板型。此外，还可以通过先进的轧机进行控制轧制和冷却，进一步改进和提高钢板的性能。冷轧带钢厂五机架连轧机上有液压自动调厚系统和正负弯辊装置，可以保证薄板厚度均匀，将厚度公差控制在±5μm。硅钢片厂 20 辊森吉米尔冷轧机上带有自动厚度控制装置，以控制厚度；三套连续退火机组可以进行带钢热处理。为了配合这几个厂的生产，钢研所从国外引进了一些新的仪器设备，如电子显微镜、电子探针、电子图像分析仪、伺服液压万能材料试验机、快速定氢和定氧分析仪等。这均对低合金钢产品的质量研究和钢种开发起了推动作用。

充分发挥这几个厂的设备优势，对于发展高质量、高性能的低合金钢是非常有利的。由第二炼钢厂、冷、热轧带钢厂和硅钢片厂试制和生产的低合金钢有 35 个，其中包括耐大气腐蚀用钢 06-CuPRE、06CuPTiRE、09CuPTiRE、WSPA、10CuPRE；冷轧热处理双相钢 $S_{07}$Mn；热轧双相钢 RS50；石油、天然气管线用钢（API 标准的钢号共 8 个）；海洋平台用钢 D · E32、D · E36；焊接裂纹敏感性低的 CF 钢等。这些通过第二炼钢厂和新三轧生产的带钢质量好、性能高、板型好、尺寸精度高，对用户有很大吸引力。热轧带钢厂生产的 $T_{52}$L 钢，与国内同类同级别的钢号相比，不仅合金含量少，而且板型好，尺寸精度高，性能比较稳定，用作汽车大梁板受到汽车制造厂的欢迎。通过第二炼钢厂 KR 装置脱硫，RH 真空处理装置去气和连铸机浇注的 CF-60 钢连铸坯，在轧板厂轧制和调质处理，厚度为 50mm 钢板的性能仍然良好，且与日本同一强度级别的 CF 钢的实物水平相当。

经过 1979 年对原有低合金钢钢种整顿，以及以后新开发的低合金钢钢种，武钢现经常生产和经试制短期内可能转产的钢种有：

（1）低合金高强度钢

①$\sigma_s\geqslant30\text{kg/mm}^2$：09MnRE；

②$\sigma_s\geqslant35\text{kg/mm}^2$：16Mn、16MnRE 钢；

③$\sigma_s\geqslant40\text{kg/mm}^2$：15MnTi、15MnV 钢；

④$\sigma_s\geqslant45\text{kg/mm}^2$：14MnVTiRE、15MnVN 钢；

⑤$\sigma_s\geqslant50\text{kg/mm}^2$：WCF60（62）、HG60 钢；

⑥$\sigma_s\geqslant60\text{kg/mm}^2$：14MnMo 钢。

（2）耐大气腐蚀钢

①06CuPRE 钢（汽车用钢）；

②09CuPTiRE 钢（铁路货车用钢）；

③WSPA 钢（铁路客车用钢）。

（3）军用钢

①902、903、904 钢；

②602、$r_4$；$r_5$ 钢。

（4）专用钢

①石油液化气瓶用钢和乙炔气瓶用钢：15-MnHP、15MnHPY 钢；

②石油、天然气管线用钢：$X_{65}$、$X_{60}$、$X_{56}$、$X_{52}$、$X_{46}$、$X_{42}$钢；

③海洋平台用钢：D · E23 钢、D · E36 钢；

④汽车用冷轧热处理双相钢和热轧双相钢：$S_{07}$Mn（冷轧热处理）、RS50（热轧）钢；

⑤汽车结构件用钢：$T_{52}$L、$T_{52}$、$T_{42}$钢；

⑥自行车用钢：$Z_{17}$Mn、$Z_{13}$Mn 钢。

此外还有 GB 1591—79 低合金结构钢技术条件、GB 712—80 造船用结构技术条件、GB 713—72 制造锅炉用碳素钢及普通低合金钢钢板技术条件、YB 149—70 汽车大梁用钢板、YB 536—69 压力容器用碳素钢及普通低合金钢热轧厚钢板技术条件、YB(T)10—81 桥梁用结构钢等标准中的低合金钢号。

## 4 低合金钢“六五”“七五”国家科技攻关和钢种开发

1983 年 3 月，国家科委、冶金部联合召开了全国低合金钢和合金钢的科技攻关会议，这次会议为进一步发展我国低合金钢起了有力的推动作用。在低合金钢“六五”国家重点科技攻关项目中，武钢承担了铁路车辆耐大气腐蚀用钢的开发——耐大气腐蚀热轧钢板的仿制与研制（仿制 SPA 钢——相当于 Corten A 钢，研制 09CuPTiRE 钢）；石油、天然气输送管线用钢的开发——$X_{60}$、$X_{65}$级管线用钢的研究；采油平台用钢的开发——$\sigma_s \geqslant 32$、36kg 级可焊接高强度钢的研制；焊接裂纹敏感性低的 CF 钢（CF-60）的研制及工艺研究等 4 个课题，这都是直接关系到我国能源和交通发展，是加速 4 个现代化建设和国民经济发展迫切需要解决的课题。铁路车辆用耐大气腐蚀钢——客车用 SPA 钢的仿制和货车用 09CuPTiRE 钢的研制成功，已逐步地取代了我国铁路车辆历来使用碳素钢的状况，填补了国内铁路车辆用耐大气腐蚀钢的一项空白。仿制的 SPA 钢具有与进口的同钢号同等水平的耐大气腐蚀、力学和成型性能。铁路车辆使用耐大气腐蚀钢后，可以延长检修周期和使用寿命，提高车辆运输率，经济效益很大。1986 年获得了国家科委、冶金部“六五”低合金钢、合金钢科技攻关有重大成果的专题奖。$X_{60}$、$X_{65}$管线用钢研究的攻关结果，其性能不仅满足国外 API 标准要求，而且达到了国外同类产品的实物水平。以后，$X_{60}$、$X_{65}$管线用钢可以立足国内生产，节省外汇。1986 年也获得了国家科委、冶金部“六五”低合金钢、合金钢科技攻关有重要贡献的专题奖。$\sigma_s \geqslant 32$、36kg 级可焊接高强度钢和焊接钢裂纹敏感性低的 CF 钢都是用于采油平台结构的重要构件（如导管架大腿等），过去全靠国外进口。攻关结果，$\sigma_s \geqslant 32$、36kg 级可焊接高强度钢的各项性能均与日本同类同强度级产品的实物水平相当，填补了国内空白。这个课题的科研成果通过了部级鉴定。CF 钢是 70 年代在日本和西德等国新开发的钢种，焊接时可不预热或降低预热温度，焊后可不热处理，技术难度较大。武钢研制的 WCF-60（62）钢的综合性能不仅达到了日本 NK-HITEN62U（日本同强度级别的 CF 钢，是“六五”本课题的攻关目标）的标准要求，而且与日本 Welten 62CF 实际钢板性能相当，填补了国内空白。这个课题的科研成果通过了部级鉴定。

除上述“六五”低合金钢国家重点科技攻关课题涉及和开发了 7 个钢种外，在“六五”期间，还有载重汽车大梁、横梁、保险杠等重要构件用 $T_{42}$、$T_{52}$、$T_{52}$L 钢；高频螺旋焊油田集输管线用的 $X_{60}$G 钢；液化石油气瓶用的 15MnP 钢；军民两用的 909 钢等 6 个低合金钢新钢种，都通过了部级鉴定。其中 $X_{60}$G 对高频螺旋焊的适应性好，焊接接头不存在淬硬组织，焊后不需热处理，简化了工艺，降低了成本，同时使高频焊管工艺从原来只能生产 API 标准 B 级钢（$\sigma_s \geqslant 24kg/mm^2$）提高到 $X_{60}$级（$\sigma_s \geqslant 42kg/mm^2$），上升了 5 个强度等级，大幅度地提高了钢管的承载压力和输送能力，还可以在寒冷地区使用。15MnP 钢板和钢瓶的综合性能与日本 SG30 钢相近，能够满足制造液化石油气瓶的工艺要求，是我国目前制造钢瓶较好的材料，填补了我国液化石油气钢瓶的空白。

在“七五”低合金钢国家重点科技攻关项目中，武钢还承担了对耐大气腐蚀钢系列化研究（包括 Cu-P 系的 $\sigma_s \geqslant 25$、35、$40kg/mm^2$ 级汽车和建筑用耐大气腐蚀钢的研究；Corten 系的 $\sigma_s \geqslant 35$、$42kg/mm^2$ 级桥梁等用 Corten B、C 耐大气腐蚀钢的研究）；高强度焊接结构钢的开发和应用（焊接裂纹敏感性低的 CF 钢系列化研究——CF80 钢的研究）；双相钢的开发和应用（包括 $\sigma_b \geqslant 50$、$55kg/mm^2$ 热轧双相钢的研究，$\sigma_s \leqslant 35kg/mm^2$、$\sigma_b \geqslant 50kg/mm^2$ 冷轧热处理双相钢卷板的研究）；水面舰艇用 945 钢及其配套焊接材料的研究等 5 个课题。在“七五”国家重大技术装备科技攻关项目中，武钢还承担了露天矿设备特殊钢材的研制（包括 Welten 60、80kg 级钢板和耐磨合金钢板的研制课题）。所有这些课题全都是我国经济建设和国防建设中迫切需要解决的问题。在 1986 年、1987 年两年中，又有溶解乙炔气瓶用 15MnHPY 钢通过了部级鉴定；$Z_{17}$Mn、$Z_{13}$Mn 自行车专用钢通过了市级鉴定；耐大气腐蚀钢 06CuPRE 冷轧钢板、裸露桥梁用 NH35q 耐大气腐蚀钢和 $S_{07}$Mn 冷轧热处理双相钢都已通过了武钢技术鉴定，正上报国家经委、国家科委和冶金部进行鉴定转产。冷轧热处理双相钢经过多年试验室研究和工业试制，其卷板性能指标达到了“七五”国家重点科技攻关要求，相当于日本、美国同一级别冷轧双钢产品水平。经汽车制造厂冲击、造车，可以满足其工艺要求，填补了国内生产冷轧双相钢卷板的空白。

回顾 30 年来武钢在研究和开发低合金钢所走过的道路，从以国内研制的钢种为主，发展到以仿制国外成熟的钢种为主；从综合利用大冶铁矿含铜资源，研究和开发含铜低合金钢，发展到充分利用从国外引进的先进的炼钢和轧钢设备优势，生产和发展质量和性能好、尺寸精度高、板型好的低合金钢新产品，以及不断改进和提高低合金钢老产品的质量和性能，方向是正确的，成绩是显著的。

今后，为使低合金钢的研究和开发更上一层楼，应该做到：

（1）把品种质量放在首位，不断采用新技术，改进设备和工艺，提高科研人员素质，加强科学研究，努力推进研究深度，大力提高产品质量。严格按照国家标准生产和检验交货，不但要尽快采用国际先进标准生产，而且要研究其实物水平，据以制订武钢内控标准，使产品能满足用户要求。

（2）掌握科技发展动向，根据市场需要，科研走在前头，做好技术储备，不但要积极研制新钢种和扩大钢材品种规格，努力完成“七五”低合金钢国家重要攻关课题的新钢种，并且要开展研究开发“八五”小轿车的汽车用钢和预测需要的新钢种的开发和研究。

（3）增加低合金钢的产量和比例。在武钢产品结构发生变化的情况下，可利用热轧厂的一部分商品材的生产能力和改造后的轧板厂、大型厂的设备，把低合金钢比例提高到10%以上。

（原载《武钢技术进步三十年》，1988）

# 1959～1976 年武钢钢中铜含量下降简析

萧忠敏

1890 年，时任满清王朝湖广总督的张之洞在我国首创了中国的钢铁工业——汉阳铁厂，其高炉炼铁所用的铁矿石就是开采的大冶含铜铁矿。大冶铁矿含铜，经精心选矿，可将铜选到一定的含量。但铁矿中所含的铜在炼铁、炼钢过程中均不能除去，故钢中仍留有一定量的铜含量。

武钢高炉设计所用铁矿即选用的大冶含铜铁矿。武钢在投产前和投产后的十几年内，就含铜对钢性能的利弊影响进行了系统的研究分析，在此基础上开展了含铜钢的开发、研制及应用等开创性的研试工作，取得了创新性的显著成绩。详情可参见张春铭先生撰写的相关论文。

经过几十年的开采，用大冶含铜铁矿所炼出的生铁中含铜量亦较高。1958 年 9 月 13 日武钢 1 号高炉投产，当时武钢的炼钢厂尚未建成，故将武钢生产的生铁 11 批运至大冶钢厂进行炼钢试验，所炼出的钢中 Cu 含量平均达 0.46%（均指 Cu 的质量分数，下同）。

1959 年 9 月 29 日武钢一炼钢平炉建成投产。1959 年刚投产时钢中 Cu 含量在 0.61%～0.70%范围内的炉数曾达 19.6%，个别炉次的含铜量高达 0.71%～0.85%；投产初期的 1960～1963 年的 4 年间，钢中 Cu 含量在 0.31%～0.40%范围的比例达 41.7%～59.4%，钢中 Cu 含量在 0.41%～0.50%范围的比例达 41%～59%；此期间钢中 Cu≥0.30%的比例高达 42.8%～91.9%。钢中残余铜含量超过国家技术标准规定允许值 0.30%的比例达 92%以上。

由于大冶铁矿的储量减少，满足不了武钢生产的需要，因此，武钢高炉所用不含铜的铁矿比例日趋增多，故钢中含铜量日趋降低。从 1964 年开始到 1976 年，一炼钢冶炼的平炉钢中 Cu 含量≤0.30%的比例大幅增加，这期间很多年份钢中 Cu 含量≤0.30%的比例多在 85%～95%。从 1977 年开始，平炉钢的含铜量已全部小于 0.30%。从此，要生产含铜钢，就必须向钢中加入铜了（注：①从 1959 年 9 月 29 日一炼钢投产，到 1977 年 11 月 25 日二炼钢投产的 18 年间，武钢生产的钢都是用平炉冶炼的。②在此 18 年间共统计平炉钢含铜量 30636 炉次，其中 1959～1963 年为 5322 炉，1964～1976 年为 25314 炉）。

1959～1976 年武钢一炼钢的平炉钢含铜量的变化见图 1。

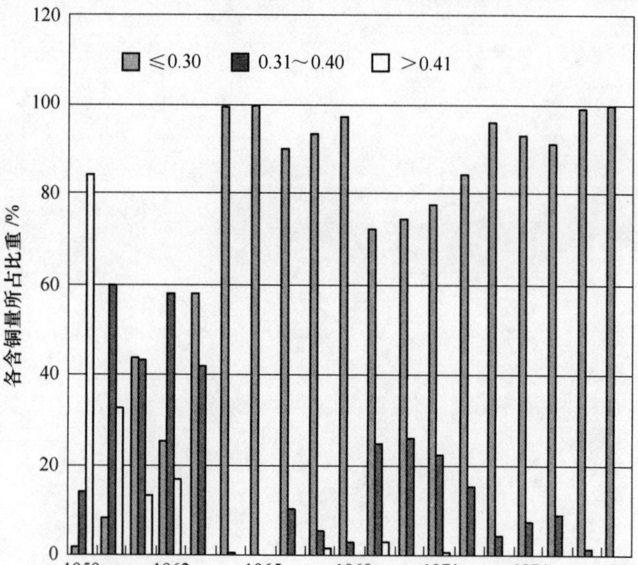


图 1　1959～1976 年武钢一炼钢平炉钢中含铜量统计

# 大力发展半镇静钢

傅师曾

## 1 半镇静钢的优点和应用

半镇静钢是一种脱氧度介于沸腾钢与镇静钢之间的钢种。这种钢既具有沸腾钢与镇静钢的某些优点，而又免除了沸腾钢与镇静钢的某些缺点。比沸腾钢化学成分均匀，机械性能超过沸腾钢；与镇静钢相比可节约大量的金属切损，性能接近同类镇静钢，因此可代替某些镇静钢。生产半镇静钢的主要经济效果，可以概括为以下几点。

### 1.1 简化生产工序，解放了生产力

半镇静钢除脱氧工艺外，对熔炼没有特殊要求。这种钢适应低温快注，出钢温度要求比同种类钢较低，这有利于缩短冶炼时间，节约燃料消耗，提高炉体寿命。在浇注方面，不需用保温帽，只要用沸腾钢的锭模即可浇注，既简化生产工序，又减轻工人的体力劳动；特别是采用快速浇注，可以解放炉后生产力，以武钢为例，270t 盛钢桶采用 65~70mm 水口，每罐钢的浇注时间约需 40min，而目前沸腾钢和镇静钢每罐浇注时间约需 90~100min，相当于炉后生产力可提高一倍。

### 1.2 减少大量金属切损

半镇静钢在初轧开坯的切头率一般为 3%~5%，而镇静钢切损为 12%~16%，沸腾钢一般为 2%~5%，这说明生产半镇静钢代替镇静钢，可节约 10%左右的金属切损，相当于增加 10%左右的钢产量。

### 1.3 节约大量的脱氧材料

由于半镇静钢的含硅量较低，规定上限不超过 0. 17%，因此生产半镇静钢的硅铁消耗，只相当于镇静钢的三分之一或更少；特别是铝的消耗，每吨半镇静钢只相当于同类镇静钢的四分之一。这就说明生产半镇静钢可以节约 70%以上的脱氧材料。

### 1.4 成本低

根据武钢的情况，每吨半镇静钢的成本比同类镇静钢低 15~20 元。这就不难看出，半镇静钢是一种符合多、快、好、省的钢种。

要使这种钢实现多快好省，必须重视技术操作，认真实践，认真总结，不断提高。过去有人认为生产半镇静钢工艺不易掌握，反对生产半镇静钢，不肃清这种错误思想的流毒，当然不对。但也有人把生产半镇静钢，当作临时突击产量的手段，而不顾这种钢所要求的一定工艺条件，认为工艺简单，甚至把脱氧度介于所谓的沸腾钢与镇静钢之间的某些不正常脱氧的钢，统归为半镇静钢。这种思想当然也是有害的，它可能败坏半镇静钢的名誉。生产半镇静钢所要求的一定工艺条件，并不是高不可攀。要理解它的特性，不能认为工艺简化便简便从事。半镇静钢与其他钢相比，在工艺上有共性的东西，也有特性的地方，例如半镇静钢就更适应于较低的出钢温度，采用大水口快注，这点已被国内外的实践经验所证实。如何控制好半镇静钢的脱氧度，在生产工艺中很重要，但并非唯一因素，不能只强调脱氧，而忽视其他。实际上，在生产操作中，要真正把脱氧度控制到十分理想，作成所谓“平衡钢”，却往往不容易，还必须

配备一定的有关测试手段，这就更有必要利用其他工艺因素来作补济，例如注速与脱氧度有关，用慢注，可多脱点氧；用快注，少脱点氧，以此来相互调整操作。

由于不太容易将脱氧控制得恰到好处，这就可能出现偏镇静或偏沸腾。这个问题在生产中可启发我们加以利用。但如何利用，要根据钢的用途，如果所生产的半镇静钢是代替沸腾钢，可偏沸腾，如果是代替镇静钢，可偏镇静，这样既可节约，又可保证用半镇静钢代替镇静钢时具有比较均匀的机械性能。当然，采用偏镇静，可能要增加钢坯切头率。有人一提切头率，就把半镇静钢与沸腾钢相比，这样不全面，因为半镇静钢锭结构介于沸腾钢与镇静钢之间，在钢锭头部既有气泡，也有程度不同的缩孔，因此，总的轧后切头率要稍高于沸腾钢，但低于镇静钢，但应该认为合理，不能片面追求。根据半镇静钢的结构特点，在初轧开坯过程中，要特别注意钢锭的烧钢加热制度，不得烧化钢锭头部，烧好就要及时轧钢。头部烧化，将引起头部气泡与缩孔连通，造成切头率增加。

半镇静钢具有多快好省的特点，所以它有广阔的发展前途。除苏联和东欧一些国家注意较晚外，很多国家早就生产和发展半镇静钢，它的生产比例甚至大于镇静钢。

到目前为止，用半镇静钢可以轧制很多钢材品种，例如：桥梁、造船及锅炉用钢板，大型工字钢和槽钢，各种中厚板及薄板，冷轧薄板及带钢，钢轨，无缝管及焊管，线材，电焊条，钢筋及其他中小型材与异型钢材。半镇静钢已广泛用于建筑结构、农业、一般机械、石油化工、造船及其他运输等各部门。

发展半镇静钢早已成为世界潮流，解放初期，我国就生产半镇静钢，后受苏联影响，生产部门和使用部门都盲从而未发展。苏联后来纠正了，而我们却到现在还未给予应有的重视，今后要在我国发展半镇静钢，对这个错误思想的斗争，是值得注意的。

## 2 武钢生产半镇静钢概况

1961 年武钢曾经试验并生产过一部分半镇静钢（约 8900t），但由于工艺没有很好掌握，严重影响质量，致使 1962~1964 年没有再生产。

随着形势发展需要，1965 年 3 月试验半镇静钢 B5b 代替 B5 镇静钢，轧制 11 号工字钢作矿井支柱，开始受到用户的信任，同年 4 月 B5b 半镇静钢正式转产，从此 B5b 每年均有订货任务。1965 年 8 月 B4F 沸腾钢供鄂城钢厂等地轧小型钢材出口，因性能经常不合格，影响出口任务，开始试验 B4b 半镇静钢供出口，性能良好，同年转产。1967~1968 年试验半镇静钢轻轨 UQ1b 代替镇静钢轻轨 UQ1，1968 年转产，从此每年均有订货任务，主要供杭钢等地轧制 24kg/m 轻轨。

为了进一步扩大半镇静钢生产，开展半镇静钢研究工作，1967~1968 年在高频感应炉及电弧炉试验含 Nb 及 V-N 低合金半镇静钢，其中含 Nb 半镇静钢 16NbCub 强度为 35kg 级，含钒氮半镇静钢为 40kg 级。16NbCub 于 1969~1970 年在大型平炉试验生产 3 罐，用于轧制钢板，供化工、石油制造中低压容器。

1974 年为了用半镇静钢代替镇静钢生产载煤机用 18 号槽帮钢，试验较高含锰量的半镇静钢 26MnCub。

从 1961~1976 年，武钢共生产半镇静钢约 42 万吨，半镇静钢的生产比例平均约占钢总产量的 3.1%，其中以 B5b 最多，约 21 万吨，占半镇静钢总产量的一半，其次是 UQ1b、UQ2b 轻轨半镇静钢，约生产 8.3 万吨。

武钢生产半镇静钢以来，对工艺作了一些大胆革新。我国第一个 65mm 大水口，1966 年开始在武钢用于半镇静钢生产，到 1974 年又试验用 70mm 大水口进行半镇静钢快速上注，这些都有利于提高生产率和改善钢的质量。

### 2.1 普通碳素半镇静钢

近年曾经生产过的这类半镇静钢有：B3b、B4b、B5b、B6b，其中以 B5b 最多。

钢的化学成分参照同类镇静钢的标准，含硅量按标准控制≤0.17%，除出钢温度控制较低以外，对冶炼不作特殊要求。全部采用罐内脱氧。脱氧剂（合金）加入顺序，先 Fe-Mn，后 Fe-Si，在合金化后下渣之前加完铝，加铝量：B3b、B4b 为 100g/t，B5b、B6b 为 80~90g/t，用沸腾钢锭模浇注，并在浇注过程中，根据脱氧度是否合适，在浇注过程用铝进行调整脱氧。所浇注的钢锭顶部，一般为平型，少数头部也有下凹或凸起的。

钢锭在初轧开坯的切头率，一般规定3%，切尾2%。在正常情况下，根据108个钢锭实际测定，切头率未超过3%，而切尾率却超过2%。

切尾率高，主要是受尾孔的影响。在不正常情况下，由于表面结疤裂纹，或剪切断面出现流渣、空洞，切头率则远远超过3%。

曾经对这类半镇静钢的表面质量问题进行过调查研究。钢锭轧成200方坯后，表面待处理约占轧出量的70%，其中主要是表面裂纹占38%，其次是气泡占13.45%。考虑到这种表面小裂纹缺陷，在大型轧制加热过程中有可能烧除，故在1965年4月试验表面小裂纹在初轧不处理，只处理大结疤和裂纹，经过两个月的生产实践，证明对大型厂轧材表面质量无大影响。

在没有认真严格按照工艺规程进行生产的情况下，这类半镇静钢的主要缺陷是钢坯剪切时出现流渣。因这种缺陷所引起的切损，占钢锭量的3%左右。占当前半镇静钢总废品的80%左右。在严重情况下，这种钢坯在初轧未切尽送大型和板轧成材时，容易产生分层。对这个问题做过工艺性的研究，证实与注速有关。当下注线速度控制在每分钟>400mm（或5~6min/盘）时，没有发现流渣，随着注速减慢，流渣废品增加。

钢锭在均热炉内加热不当，顶部烧化亦使缩孔废及分层缺陷增加。

这类半镇静钢的机械性能，一般均能达到同类镇静钢的标准要求。

B4b半镇静钢轧制出口用16mm圆钢，机械性能可满足国外要求，屈服点达到31~33kg/mm$^2$（国外要求23.1~25.2kg/mm$^2$），抗拉强度47~49.5kg/mm$^2$（要求44.1~52kg/mm$^2$），延伸率达到25%~36%（要求20%~24%）。

可以看出，半镇静钢各部位的机械性能还是比较均匀的。

### 2.2 轻轨半镇静钢

半镇静钢轻轨UQ1b，除控制硅不超过0.17%外，其他化学成分参照同类镇静钢UQ1。采用罐内脱氧，加铝量为80~110g/t。试验测定结果：钢坯切头率小于3%，比镇静钢节约金属切损10%。在杭州钢铁厂轧成24kg轻轨后，进行了机械性能的生产检验，结果$\sigma_s$为39~43kg/mm$^2$，$\sigma_b$为76~84kg/mm$^2$，$\delta_{10}$为12.5%~14.5%，HB为202~224（对轻轨性能只要求$\sigma_b \geqslant$70kg/mm$^2$，HB≥197），落锤完全合格，全部轻轨试样经白点试验，未发现缺陷。

UQ1b轧成24kg轻轨后，按钢锭不同部位取样，作低倍组织检验，情况良好。各部位的抗拉强度和硬度，均能满足标准要求。

### 2.3 低合金半镇静钢

（1）高含锰半镇静钢

高含锰半镇静钢26MnCub，是为了代替镇静钢24Mn$_2$K用于轧制18号槽帮钢所研究的一种半镇静钢。经过在高频感应炉进行工艺和性能调整后，已开始在大型平炉进行工业性试验。这种钢的设计成分为C0.22%~0.30%、Mn1.0%~1.5%、Si≤0.17%、P≤0.045%、S≤0.05%、Cu≤0.40%；机械性能要求$\sigma_s \geqslant$36kg/mm$^2$，$\sigma_b \geqslant$55kg/mm$^2$，$\delta_5 \geqslant$23%。1974年在大型平炉生产一炉，脱氧炉内加大块锰铁，罐内加小块锰铁，不加铝。钢锭轧成18号槽帮钢性能检验结果：$\sigma_s \geqslant$36.5kg/mm$^2$，$\sigma_b \geqslant$58.5kg/mm$^2$，$\delta_5$为22%。此项工作尚待继续进行。

（2）含铌半镇静钢

16NbCub是利用加入微量铌，以达到细化晶粒，提高强度的一种低合金半镇静钢。钢中含Nb为0.02%~0.05%，C为0.12%~0.20%，Si≤0.17%，Cu<0.40%，Mn0.6%~0.90%，P、S均小于0.05%。机械性能$\sigma_s \geqslant$35kg/mm$^2$，$\sigma_b \geqslant$45kg/mm$^2$，$\delta_5 \geqslant$20%，冷弯$d=2a$180°合格，常温冲击值≥6kg/cm$^2$，低温-40℃冲击值≥3kg/mm$^2$。

这个钢在大型平炉试生产3罐，采用罐内脱氧，铁合金加入顺序为Fe-Mn，Fe-Si，Fe-Nb，最后加铝，加铝量为250~400g/t。用沸腾钢锭模浇注。

这种钢轧制8~28mm厚的钢板，终轧温度控制在850~950℃，轧后性能全部合格。质量问题主要是钢板分层和厚度大于20mm的钢板冲击值不稳定。

对厚度20mm的钢板，曾进行正火（920℃）处理，改善了钢的综合性能，常温冲击值达到10kg · m/$cm^2$，低温-40℃冲击值达到5kg · m/$cm^2$以上。

16NbCub的焊接性能良好。南化公司化机厂于1970年采用16NbCub钢，已制成氨蒸发器、氯气换热器等化工压力容器共12台，设备总重115t。1971~1972年南京第二石油化工厂用此钢共制造24台石油压力容器。

全部用16NbCub钢所制造的石油、化工压力容器，投产使用后至今一般正常。

根据制造与使用意见，16NbCub达到35kg级，可以代替相同强度的16Mn（16MnCu）之类的普通低合金钢，用来制造常温使用的中低压石油、化工压力容器。

为了进一步改进工艺，提高钢质量，稳定性能，今后尚需继续完成有关试验研究工作。

(3) 含钒氮半镇静钢

曾经利用加入微量V-N，在高频感应炉进行了低合金半镇静钢15VNCub的试验。钢的设计成分为C0.12%~0.18%，Mn0.6%~0.90%，Si≤0.17%，S、P≤0.05%，Cu≤0.40%，V0.02%~0.08%，N0.01%~0.02%。

根据19炉的初步试验结果，屈服强度有15炉超过40kg（其中达到50kg的有3炉，60kg的有4炉）。15炉试验钢的热轧性能波动情况：$\sigma_s$40~62kg/$mm^2$，$\sigma_b$55~81kg/$mm^2$，$\delta_5$15%~25%，$\psi$45%~59%，冲击韧性常温4~9.2kg · m/$cm^2$，低温-20℃，2.2~6.4kg · m/$cm^2$，-40℃0.4~4.6kg · m/$cm^2$。

这种钢尚需继续进行研究。看来，15VNCub今后的研制方向应是40~50kg级。

## 3　发展半镇静钢的设想和建议

根据以上情况，认为我国大力发展半镇静钢生产应该受到重视。

有几种思想，现在应该得到统一。

(1) 半镇静钢是符合多、快、好、省精神的钢种；

(2) 用半镇静钢完全可以代替某些镇静钢；

(3) 在我国大力发展半镇静钢有着重要的现实意义；

(4) 国外发展很快，我们已经落后，应该加速赶超。

如果以上思想能统一，过去几种思想顾虑现在也应该解除：

(1) 怕生产工艺不易掌握，质量不好。我们的观点是实践第一，只承认半镇静钢好，但又不实践、不生产，怕字永远解除不了，半镇静钢也就谈不到发展。困难当然有，但只有通过实践，不断总结，才能提高，才能突破。

(2) 怕没有用户。质量不好，用户不敢用，这很自然。另一种情况是用户对半镇静钢没有足够认识，或者有误解，这要我们多做工作，在实践中统一认识。如果我们能做到使半镇静钢的性能满足使用，用户就没有理由不欢迎。

(3) 怕有隐患。这种怕，实质还是对半镇静钢缺乏足够认识，若认识到国际上早已发展的事实，就用不着提心吊胆，顾虑重重。

(4) 怕领导不重视，不支持，工作无法开展。

发展半镇静钢生产国外有很多经验，我们国内也有一些经验。如果现在只片面强调增加镇静钢比例，而不采取有效措施来发展多快好省的半镇静钢以代替镇静钢，这对国民经济建设是不利的。要认真贯彻总路线，就不能年年讲发展半镇静钢，而又年年不大进展。在本世纪末，我国实现四个现代化，钢铁要大干快上，决不能拖后腿，因此，现在大力发展半镇静钢就更有重要的现实意义。我们希望把这个问题拟订一个发展规划，组织力量攻技术关，掌握生产，扩大品种，逐年发展，在尽量保证使用性能的前提下，宣传和鼓励使用部门采用，有计划地减少某些镇静钢的生产比例，增加半镇静钢生产，并用半镇静钢代替一部分沸腾钢，以进一步解放我国炼钢生产力，满足早日实现四个现代化的需要。为此，我们提出以下设想。

(1) 今后8年内，我国的半镇静钢生产比例应占钢总产量的一定比重。

(2) 进一步稳定国内已生产的半镇静钢工艺和质量，建立或健全有关生产工艺制度，并严格认真执行。

（3）扩大半镇静钢品种，积极将普碳镇静钢改用半镇静钢生产。

（4）研究用半镇静钢代替优质碳素钢。

（5）研究造船、桥梁、锅炉、钢轨等专用钢，改用半镇静钢生产。

（6）研究并发展含微量 Nb、V、N 及高 Mn 含量等低合金半镇静钢生产，建立屈服强度 30、35、40、45 甚至 50kg 级的低合金半镇静钢的生产体系。

（7）用半镇静钢（包括外沸内镇钢）代替部分沸腾钢。

（8）研究并发展冷轧、深冲用半镇静钢板的生产。

（9）在全国范围内，建立并健全半镇静钢的生产体系，制定半镇静钢的国家标准。重视技术情报交流工作。

（10）广泛开展半镇静工艺和理论研究，配合半镇静钢的生产和研究工作，在最近 1~2 年内，采取切实措施，解决快速定氧问题。

（11）建立试验、生产与使用的协作关系，要求用户配合发展半镇静钢提供有利条件。

根据上述设想，武钢从现在开始至第六个 5 年计划末，对发展半镇静钢提出以下建议。

### 3.1 用半镇静钢代替碳素镇静钢

（1）在已投产的碳素半镇静钢（如 B4b、B5b、UQ1b 等）基础上，扩大用户，增加产量，建立、完善、贯彻工艺规程，稳定工艺操作，提高质量，逐渐扩大品种，最后建立普碳半镇静钢（包括 1~6 号半镇静钢）生产系列（1978~1982 年）。

（2）研究用半镇静钢代替优质碳素镇静钢（1980~1985 年）。

（3）研究造船、桥梁、锅炉、钢轨等专用钢改用半镇静钢生产（1980~1985 年）。

### 3.2 用半镇静钢代替部分沸腾钢

武钢一米七轧机投产后所需沸腾钢，在连铸过关前需研制半镇静钢。配合二炼钢连铸生产，研究用 08B 代替 08F。

另外，根据用户需要，可考虑用半镇静钢代替其他沸腾钢（1978~1982 年）。

### 3.3 研究并发展低合金半镇静钢

（1）16NbCub（35kg 级）的研制

此钢已在大型平炉生产 3 罐。在完成 1977 年协议基础上，1978 年继续签订和扩大协议内容，进一步完善有关试验项目，代替 16Mn（Cu）类，向经济钢发展，1980 年争取定型转产并赶超日本名片经济钢 YES36 或苏联 1918гълс（1978~1980 年）。

（2）26MnCub 研制

代替 $24Mn_2K$ 镇静钢作槽帮钢。已在 250t 平炉生产一炉，性能达到 $24Mn_2K$ 水平，在此基础上，继续研制完成有关试验项目（1978~1980 年）。

（3）研制 40kg 级低合金半镇静钢

利用微量 V、N 强化半镇静钢。已在试验室冶炼 19 炉，性能良好。在此基础上，继续研究适宜脱氧度和工艺制度，提高质量、稳定性能（1978~1982 年）。

（4）逐步建立低合金半镇静钢生产系列

利用微量 Nb、V、N 的强化作用，研究出适宜的脱氧度和工艺制度，逐步建立屈服强度 30、35、40、45kg 级的低合金半镇静钢系列（包括 Nb 系列或 V-N 系列）（1978~1985 年）。

（原载《武钢技术》，1977（4））

# 取向硅钢连铸技术的研究

余志祥

## 1　序言

武钢二炼钢厂拥有三台CONCAST单流弧形板坯连铸机。其弧形半径为10300mm，结晶器长700mm，冶金长度为21930mm，铸坯厚度为170、210、250mm，宽度为700～1600mm，生产主要钢种为低碳钢、低合金钢及硅钢。

刚开始试生产取向硅钢时，便遇到极大困难。最初两炉因为在浇铸过程中发生严重鼓肚而被迫停浇。后来便着手对板坯鼓肚的研究。以板坯鼓肚理论为基础，着重试验和研究了铸速、铸温及二次冷却等关键课题，终于在吸取国外有关技术的基础上，建立了一套完整的连铸技术，其特点为："低温-快注-中庸冷却"。

目前我们已可用简单的工艺流程，即转炉—吹Ar调温—连铸，生产出质量满意的取向硅钢。

本文着重介绍硅钢连铸技术中的几个关键环节的研究与发展过程。

## 2　成分范围

本文论及的取向硅钢代号为DL，其典型化学成分见表1。

表1　DL取向硅钢的典型化学成分　（%）

| C | Si | Mn | P | S | Als | N |
|---|---|---|---|---|---|---|
| 0.035～0.075 | 2.7～3.2 | 0.045～0.125 | ≤0.05 | 0.010～0.026 | <0.008 | <0.005 |

## 3　凝固与铸速

### 3.1　凝固速度的初步确定

硅钢由于含硅量较高（特别是当Si≥1.7%），其导热率则比普碳钢低，所以凝固速度也较低，这可以从其晶粒粗大的铸造组织得到证明。

为了定量地求得硅的凝固速度，我们曾对一次漏钢后所留得的完整的坯壳进行了测定。可测量到坯壳厚度的范围从液面算起约有400mm，测量部位在宽度方向约1/4处（内弧）。表2列出了漏钢的主要参数及离开弯月面不同距离处相应的坯壳厚度。

根据表2的数据，可描绘出一条硅钢在结晶器内的凝固曲线，见图1。显然，这条曲线是很接近幂函数图形的，也即凝固公式

$$D = Kt^n \tag{1}$$

式中，$D$为凝固厚度，mm；$t$为凝固时间，min；$K$为凝固系数，mm/min；$n$为幂指数。

表2　漏钢主要参数及坯壳厚度实测值

| 与液面距离/mm | 50 | 70 | 90 | 110 | 120 | 140 | 160 | 180 | 200 | 220 |
|---|---|---|---|---|---|---|---|---|---|---|
| 坯壳厚度/mm | 4 | 8 | 8.5 | 10.5 | 11 | 11.5 | 12.5 | 13.5 | 14.5 | 15 |
| 与液面距离/mm | 240 | 260 | 280 | 300 | 320 | 330 | 340 | 360 | 380 | 400 |
| 坯壳厚度/mm | 16.5 | 17 | 18 | 18.5 | 19 | 19 | 20 | 20.5 | 20.5 | 21 |

化学成分（%）：C 0.0455、Si 2.914、Mn 0.047、P 0.006、S 0.017、$\Delta T=5$℃，$V_c=0.6$m/min。

为了进一步根据现有的数据求得凝固系数 $K$ 和幂指数 $n$，将幂函数变换成线性关系来进行处理，即将式（1）两边取常用对数，得：

$$\lg D=\lg K+n\lg t \tag{2}$$

式（2）直线与纵坐标截距的反对数就是我们要求的凝固系数 $K$，而该直线的斜率便是幂指数 $n$。于是进而用一元线性回归的方法对式（2）进行了处理，最后求得：

$$n=0.56,\ K=27$$

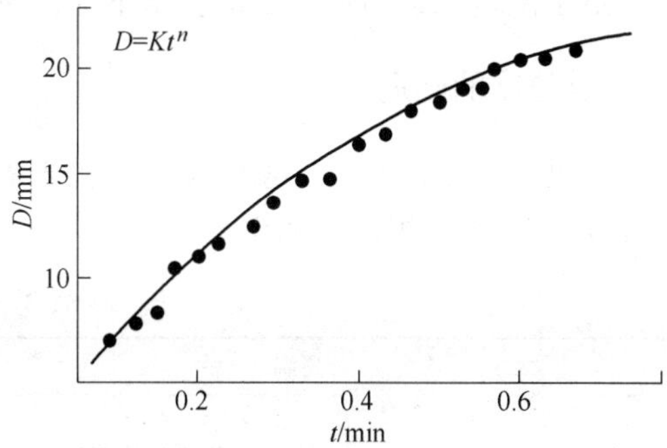

图 1　凝固壳厚 $D$ 与凝固时间 $t$ 的关系

考虑到所测得的数据在结晶器范围内所占的比例，以及漏钢后残留的坯壳一般厚于实际坯壳的原因，从而确定了硅钢在结晶器内的凝固公式为：

$$D=25\sqrt{t}$$

目前正在研究一种可以测定全凝固带的方法，以求迅速而准确地预报液相穴长度。

### 3.2 铸速的选择

试生产硅钢连铸的最大问题是鼓肚。

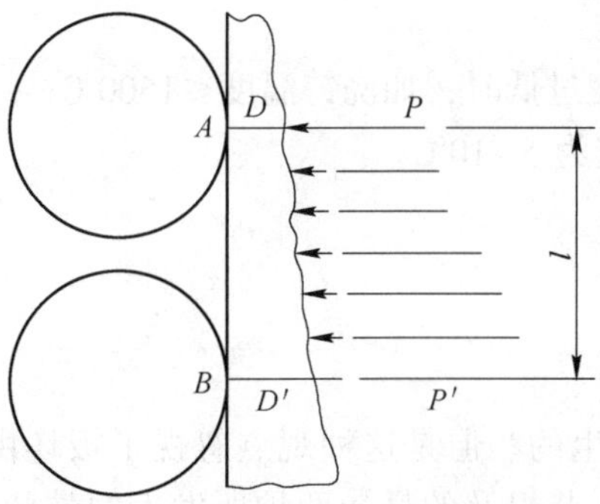

图 2　钢水静压力作用示意图

试浇坯的断面为 170mm×1000mm。最初两炉因当铸速上升到 1.1m/min 时发生严重鼓肚而被迫停浇。鼓肚开始于离钢液面 6～7m 处，都发生在夹辊辊缝之间，显然这是由于铸速制度（包括二次冷却制度）不合理所致。因而便开始对板坯鼓肚进行研究。

凝固过程中钢水静压力对于坯壳的作用示于图 2。将处于 $A$、$B$ 间长度为 $l$，厚度为 $D$ 和 $D'$ 的坯壳看作一弹性梁，假定不考虑钢水静压力 $P$ 的增加，与坯壳 $D$ 增厚的影响，则板坯鼓肚可以近似地由弹性梁变形公式来描述：

$$\delta=K\frac{Pl^4}{\varepsilon D^3}\sqrt{t} \tag{3}$$

式中，$\delta$ 为鼓肚量；$K$ 为鼓肚系数；$P$ 为钢水静压力；$l$ 为辊距；$\varepsilon$ 为弹性模数；$D$ 为坯壳厚度；$t$ 为蠕变时间。

根据武钢连铸机的具体特点，可以将式（3）推导为式（4）：

$$\varepsilon=K\cdot\sin\frac{L}{R}\cdot V_c\cdot L^{-3/2} \tag{4}$$

式中，$\varepsilon$ 为鼓肚量；$K$ 为综合鼓肚系数；$L$ 为浇铸长度；$V_c$ 为铸速；$R$ 为弧形半径。

其中综合鼓肚系数 $K$ 中包含了凝固系数、弹性模数、钢水密度以及辊距等因素。

上述模型预报了在不同铸速条件下，鼓肚在浇铸长度方向上的分布。

据此研究结果，我们为硅钢制定一套合理的铸速制度，配之以合理的温度制度和冷却制度，便可以顺利地进行硅钢的连铸了。这种铸速制度的合理性，表现在既能防止由于过高的铸速而引起板坯鼓肚，同时又比传统的低速浇铸提高生产效率 20%～30%，而铸坯的冶金质量及轧材的性能都达到或超过了预定目标。

## 4 浇铸温度

### 4.1 液相线温度的计算公式

世界上各钢厂采用的液相线温度的计算公式不尽相同。武钢采用的公式如下：

液相线温度＝1539℃－[65×(%C)＋8×(%Si)＋5×(%Mn)＋30×(%P)＋25×(%S)＋5×(%Cu)＋4×(%Ni)＋2×(%Mo)＋2×(%V)＋1.5×(%Cr)]

由于微量元素的影响可以忽略不计，所以实际计算时，只需考虑 C、Mn、Si、P、S 就可以了。

### 4.2 过热度的确定

从世界上生产硅钢厂家的实践经验来看，浇铸温度无疑可分为高温浇铸和低温浇铸两种。这两种浇铸温度的利弊可由表 3 看出。

表 3　高、低温浇铸的主要优缺点

| 高温 | 低温 |
|---|---|
| 优点：1. 水口不易堵塞（特别是使用铝碳质水口时）。<br>2. 有利于非金属夹杂物上浮 | 优点：1. 有利于提高浇铸速度。<br>2. 等轴晶带宽的铸造组织。<br>3. 减轻中心偏析程度 |
| 缺点：1. 铸速受限制。<br>2. 柱状晶发达。<br>3. 中心偏析严重且易产生中心线裂 | 缺点：1. 非金属夹杂含量增加 |

武钢的低温浇铸生产实践得到了如下结论：

(1) 浇铸温度对于铸造组织的影响非常明显。当过热度控制在≤10℃时，可以获得理想的铸造组织，等轴晶常可≥30%。在过热度更小时（-5~-10℃），可获得几乎全等轴晶的组织。

(2) 在上述过热度范围内，铸坯的中心偏析轻微，大部分≤1.5 级。

(3) 由于采用熔融石英水口，中间包水口堵塞仅仅发生在浇铸温度过低时，如浇铸温度≤1500℃。

鉴于上述理由，在武钢采用低温浇铸是合理的。最佳的过热被确定为 5~10℃。

## 5 二次冷却

### 5.1 冷却强度的选择

主张进行“弱型”冷却的观点，是担心硅钢对热裂纹的敏感而产生的。但是这种观点忽视了板坯由于得不到充分冷却，表面温度回升而增大板坯鼓肚的危险性。本文第 3 节提及的最初两炉所发生的鼓肚，除了铸速选择不当以外，与选择过弱的二次冷却也是分不开的。当时的总的比水量约 0.85L/kg，而在开始发生鼓肚处的表面温度已回升 1000℃以上。在调整（降低）了铸速的同时，又增大了二次冷却强度，才使硅钢得以通过连铸。

按照“强型”冷却的思想试将比水量增大到 1.7L/kg 左右，结果并不令人满意：

(1) 出现严重的内部裂纹，根据裂纹总是起源于凝固前沿的观点，可以推断是因为二次冷却使板坯在凝固过程中发生变形，而这种变形使相应部位的凝固前沿受到过大拉伸应变而产生裂纹。

(2) 铸坯出拉矫机后的温度过低（约 700℃），这对热送不利，同时容易产生角部裂纹，给轧制带来断带危险。

至于为什么主张采用“强型”冷却的理由尚不清楚，也许是因为采用了高温浇铸的原因。

根据上述实践经验，又参照了文献所阐述的有关二次冷却的控制原则，我们为硅钢连铸制定了一套中庸的冷却方式，即在不同的铸速下，比水量变化在 1.1~1.4L/kg 范围内。采用这种中庸冷却方式的结果，解决了上述两种冷却方式带来的所有麻烦。

### 5.2 比水量的控制

所谓比水量的控制，是指在不同铸速条件下对冷却强度的控制。

有一种观点认为不管铸速如何变化，铸坯接受的冷却强度应当是恒定的，认为只有这样控制，铸坯表面温度才能被控制在一个很小的范围内。因而冷却水量必定与铸速成线性关系（见图 3）。

显然，这是不符合传热理论的。

图 4 表示经过不断修改的最终能用于生产的比水量控制原则，在这种原则指导下，铸坯温度的变化幅度为 50~70℃。

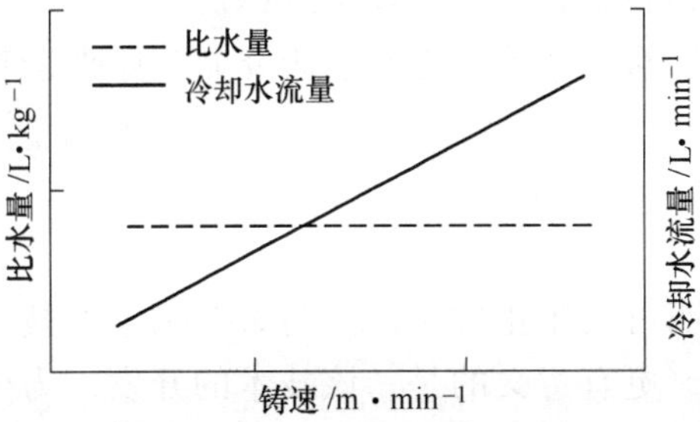


图 3　不合理的比水量控制

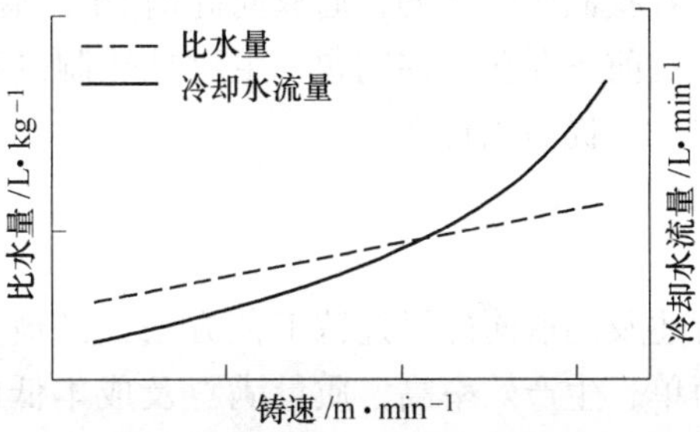


图 4　武钢目前采用的比水量控制

为了在铸速发生瞬时变化时，仍然保证在整个铸流表面维持最佳的温度分布，我们采用了一种完全可将上述冷却制度用于生产过程的计算机控制，它比根据铸速变化而随即调节水量的手动控制具有铸坯表面温度波动小的优越性。

目前，我们已为取向硅钢的连铸建立了一套较为成熟的冷却制度，从而获得外形理想和内部、外部质量满意的铸坯。

## 6　振动制度

武钢采用的负滑脱恒定的正弦型振动制度。即：振幅为 10mm，负滑脱为 40%。

$$\left(\text{注：负滑脱} = \frac{\text{振动平均速度} - \text{铸速}}{\text{铸速}} \times 100\%\right)$$

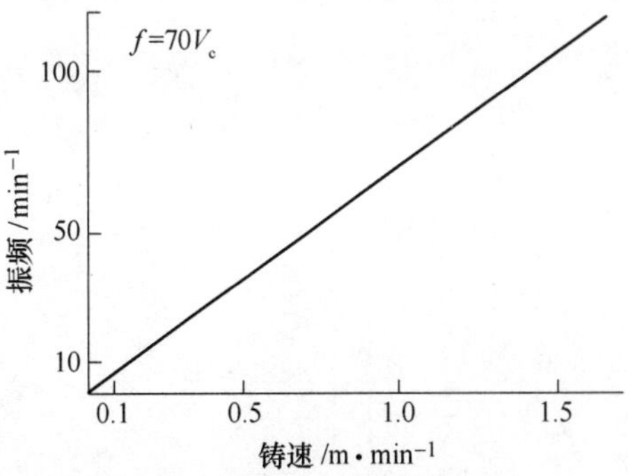


图 5　振频与铸速的关系

图 5 示出了振动制度的控制原理，显然，振动频率是铸速的一次函数，即

$$f = 70V_c$$

式中，$f$ 为振动频率，$min^{-1}$；$V_c$ 为铸速，m/min；70 为系数，$m^{-1}$。

世界上不少厂家采用固定型振动，即振帽和振频均保持不变。然而这种振动的控制虽然简单，但负滑脱变化过大，有可能使初生坯壳受到过大的机械应力，这也就是我们之所以没有采用固定型振动的理由。实践证明，使用我们的振动制度，可以获得表面铸波清晰，裂纹极少的硅钢板坯。

## 7　板坯质量及成材性能

除了以上几项连铸技术的发展外，我们还在钢水过程温度控制、结晶器冷却、伸入式长水口、保护渣等几个方面进行了研究，从而建立一整套完善的取向硅钢的连铸工艺方法，并获得了质量满意的板坯和板材。

### 7.1　表面质量

硅钢板坯表面表现出铸波浅而清晰，裂纹、夹渣等缺陷极少的优点。

### 7.2　铸造组织

如前所述，只要过热控制在 10℃之内，等轴晶带宽可≥30%。

### 7.3　中心偏析

为了有效地控制质量，每一炉硅钢均做了 S 印检验。按有关评级标准，中心偏析绝大多数≤1.5 级。

### 7.4　成材性能

如图 6 所示，经过对 18 炉 106 块（卷）板坯（带材）的检验，结果表明，92%达 Q10 牌号。

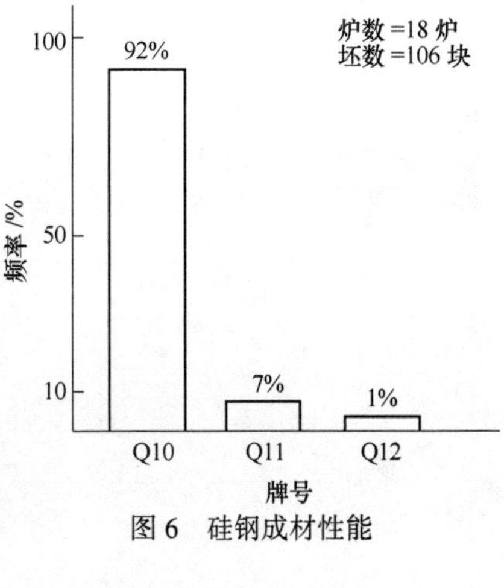


图 6　硅钢成材性能

这意味着我们所生产的普通取向硅钢 DL，本质上可以代替日本高牌号硅钢 GO。

当然，目前还存在一些问题，主要是轧制过程中发生断带现象。正着手研究非金属夹杂物及角部缺陷，以便进一步提高成材率。

## 8　结语

本文所述及的取向硅钢连铸工艺方法，已被实践证明可用于正常生产。与某些国家的技术相比，体现了工艺简单，生产效率高，质量满意及成本低的优点。更有意义的是，该技术的开发，为今后采用钢包精炼，保护浇铸及电磁搅拌，实现硅钢全连铸开拓了前景。

（原载《钢铁》，1983（11））

# 连铸弱脱氧钢的生产

张 钊

## 1 前言

70年代后期，连铸生产发展迅速。由于转炉炼钢炉外精炼，连铸过程防止钢液二次氧化和高速连铸技术的进展，使连铸生产弱氧钢（或标准沸腾钢）成为可能，从而为扩大连铸生产品种，特别是为可以生产各类品种的全连铸车间提供了保证。因为连铸生产的弱脱氧表面质量及其有关性能均可满足各种用途，且生产成本低，产量高，所以这类钢种能迅速地扩大产量，广泛地用于各类轻工产品。

武钢“七五”计划期间将兴建第三炼钢厂。该厂必须能以连铸的方法，生产出大部分类似沸腾钢的品种，以供冷轧厂生产镀锡板是绝对必要的。

因此，本文就连铸生产弱脱氧钢的一些基本生产技术工艺情况，予以综述，试图今后在开发类似品种中，能起些作用。

## 2 连铸弱脱氧钢的特点

在长期的连铸生产中，铝镇静钢、含硅锰系的镇静钢是连铸生产的主要钢种。这类钢种比低碳沸腾钢，在生产某些涂层薄板和深冲板上，在同样的轧钢工艺生产条件下，钢材的性能存在着差异，因而，在用途方面受到一定限制。例如含硅锰镇静钢，因硅锰夹杂物的影响，对热轧带钢的延伸性能不利；铝静钢对镀锡板的镀层有影响，因热轧后 AlN 的析出，使钢板硬度增加，这些都是钢中硅、锰、铝含量的不利影响。为解决这一问题，苏联有在连铸机上浇注沸腾钢的报道，70年代初期美钢联曾研制过 Riband 钢，但因其含 Si 偏高，在钢材性能上尚不能满足要求。日本新日铁引进美钢联的 Ribnad 钢软件后，又在此钢种基础上，调整了化学成分，即有效地控制钢水中［O］含量在较低水平，并尽可能低的控制钢中 Als 含量，在降低锰含量的同时，脱氧时不加入硅。与此同时在生产工艺方面采取了新工艺。这便是连铸生产弱脱氧钢的特点。

目前，日本各钢铁公司用连铸生产弱脱氧钢已相当普遍，其典型的弱脱氧钢的化学成分如下：

C 0.04%~0.08%，Mn 0.15%~0.50%，P≤0.020%，S≤0.015%，Als 0.005%~0.01%。

现就弱脱氧钢的化学成分作简要说明。

### 2.1 碳含量

因［C］对钢材的硬度影响最大，特别是对深冲性能有影响，所以［C］均控制在0.08%以下。当钢中碳在0.01%~0.03%范围时，因时效性能差，特别是从转炉生产角度来看，碳含量过低给工艺操作、炉龄等造成不利影响。而生产弱脱氧钢时，必须经过真空处理装置脱氧、脱碳，所以碳含量偏低、偏高均导致真空处理时时间延长，相应须提高转炉出钢温度，增加了转炉的负荷。因此，一般认为弱脱氧钢的［C］含量在0.04%~0.08%为宜。

### 2.2 锰含量

锰是提高强度和韧性的有效元素。因为锰具有增加钢材强度的因素，所以在深冲用钢上，锰含量均控制在0.50%以下。尤其是在冷轧深冲钢板方面，为提高其深冲性能，［Mn］多控制在0.30%以下。然而，为了避免热轧时产生热脆问题，一般要求 Mn/S 比大于10。

### 2.3 铝含量

从生产成本、表面和内在质量考虑，铝含量低为好，所以有必要将 Als 含量控制在 0.01%以内。在生产弱脱氧钢时，经真空处理脱碳后，多根据［O］量相应加入少量铝，以保证钢的质量。当然，最终加入的铝量，应按钢种的用途进行调整。例如生产热轧钢板时，将 Als 含量控制在 0.01%或略高一些，则 $Al_2O_3$ 系夹杂物含量少，钢的洁净度高；在生产镀锡板时，因铝含量高影响锡的密着性能，所以，为了获得与以沸腾钢生产的镀锡板具有相同的有锡的黏附性能，Als 含量必须控制在 0.01%以下。

### 2.4 硅含量

硅对于冷轧钢板有很多不良影响。如对于深冲性能、回火颜色方面的问题。所以生产弱脱氧钢时，脱氧时不加硅。而钢中硅含量仅仅是残余量，一般在 0.03%以下。

### 2.5 钛含量

由于钢中微量的钛含量，可用来控制连铸过程钢流二次氧化带入钢液中的氧，以减少连铸在浇注初期和末期铸坯表面容易产生针孔的问题。当然，如果钢中钛含量超过 0.01%时，钢材的硬度急剧增加，所以［Ti］量应控制在 0.005%~0.01%之间。

## 3 关于弱脱氧钢连铸坯的针孔

生产弱脱氧钢连铸坯的最大难点在于控制钢液中具有较低的氧化度，以免在铸坯表面产生针孔缺陷而致废。现就这个问题予以讨论。

一般认为，铸坯产生针孔的条件如下式：

$$P_t = P_{CO} + P_{H_2} + P_{N_2} > P_0 + F + \Sigma$$

式中，$P_t$ 为钢液中 CO、$H_2$、$N_2$ 气分压的总和；$P_0$ 为大气压；$F$ 为钢液的静压；$\Sigma$ 为钢液的表面张力。

一般认为，当气泡的直径在 0.5~1mm 范围，其表面张力可忽略，另外连铸坯的浇铸状态，钢液面的静压力可不考虑。所以，可以认为，在连铸生产条件下，在连铸坯内部生产针孔的唯一条件是：$P_t > P_0$。为此，要想解决弱脱氧钢连铸坯的针孔问题，除了如何减少钢液中氢、氮气体含量外，关键在于控制［O］量。关于连铸弱脱氧钢中氧含量问题，有不同看法，一般认为，氧含量控制在 $(50\sim200)\times10^{-6}$ 是必要的。然而，从保证质量和连铸生产工艺条件是否稳定这方面考虑，多数认为钢液中氧含量控制在 $60\times10^{-6}$ 以下，方可把握。从图 1 可看出［C］、［O］含量同 CO 气泡产生的临界关系。当［C］≥0.08%，产生 CO 气泡［O］的临界值为 $60\times10^{-6}$，而当［C］<0.04%时，产生气泡［O］的临界值急剧增大。再有 CO 气泡的产生条件与连铸浇注条件，连铸坯的凝固界面的钢液成分有关，而 Als 含量更起决定性作用。图 2、图 3 示出这一关系。

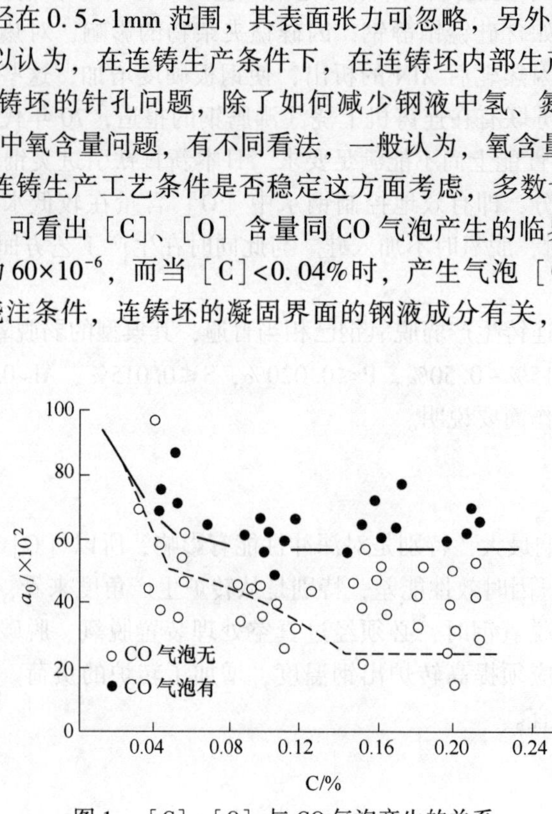


图 1 ［C］、［O］与 CO 气泡产生的关系

因此可认为，连铸弱脱氧钢的铸坯凝固时，随着钢液中 Als 含量的降低，相应在凝固界面处的氧浓度增大，便容易产生针孔的缺陷。根据图 3，当 Als 含量在 0.004%以上，则可控制在连铸坯表面产生针孔问题。

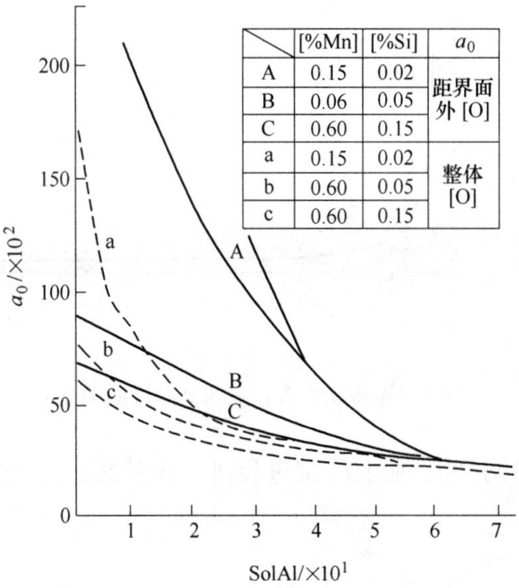


图 2　钢液成分与 $a_0$ 的关系

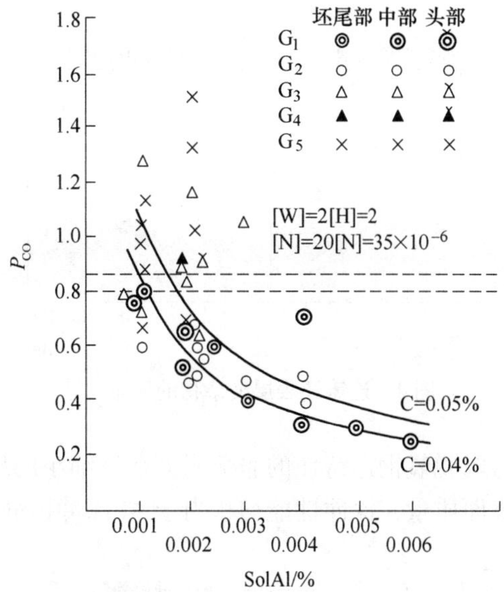


图 3　［Als］与 CO 的关系

## 4　生产工艺（表 1）

**表 1　连铸弱脱氧钢的生产**

| 工序 | 主要控制项目 | 措施 |
|---|---|---|
| 转炉 | 转炉吹炼 | 1. 稳定转炉终点碳，［C］控制在 0.10%~0.11%范围 |
| | | 2. 控制转炉终点［O］<150×10⁻⁶ |
| | | 3. 转炉终渣（FeO）<15% |
| 真空处理 | 处理方法 | 1. 以轻处理方式脱氧、脱碳 |
| | | 2. 可减少金属铝加入量，尽可能地降低［O］含量 |
| | | 3. 根据测定的实际［O］量，确定金属铝加入量 |
| 连铸 | 防二次氧化措施 | 1. 在大罐与中间包间采用长水口、氩封 |
| | | 2. 连铸开浇初期和多炉连浇时，中包内尽可能多的控制钢水量 |
| | | 3. 采取防止中包内熔渣进入结晶器和防止大包内熔渣进入中包内的措施 |
| | | 4. 转炉出钢脱氧时，加少量钛铁，控制［Ti］在 0.005%~0.01% |
| | 连铸工艺 | 1. 高速浇注和使用电磁搅拌 |
| | | 2. 多炉连铸时，连浇炉次的初期尽可能地不降低拉速 |
| | | 3. 增大中间包容积 |
| 精整 | 处理方法 | 1. 不进行火焰清理 |
| | | 2. 连铸坯热送的铸坯温度不低于 700℃ |

## 5　弱脱氧钢连铸坯的质量

弱脱氧钢连铸坯和硅镇静钢连铸坯在厚度方向夹杂物的分布情况，见图 4。因弧形连铸机所固有的缺陷，即从连铸坯内弧铸坯表面算起，距占铸坯厚度 1/5 处是夹杂物集中的高峰区。而弱脱氧钢连铸坯此处的夹杂数量，仅是硅镇静钢铸坯的 1/4~1/5。

众所周知，决定钢材质量的因素是钢中夹杂物的组成、形状、数量及其分布状况。因弱脱氧钢中 Als 含量低，所以与镇静钢，特别是铝镇静钢相比，其非金属夹杂物的形态和组成均有很大差异。从图 4 可见，弱脱氧钢的连铸坯的非金属夹杂物呈细小的球状，且呈分散状态。图 5~图 8 表明，Al 的加入量、Als 含量与钢中非金属夹杂物的数量和夹杂物组成的关系。

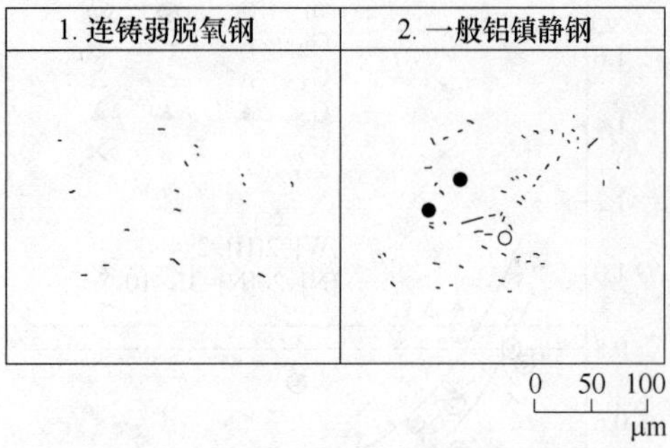


图4　连铸坯表层夹杂物的形态

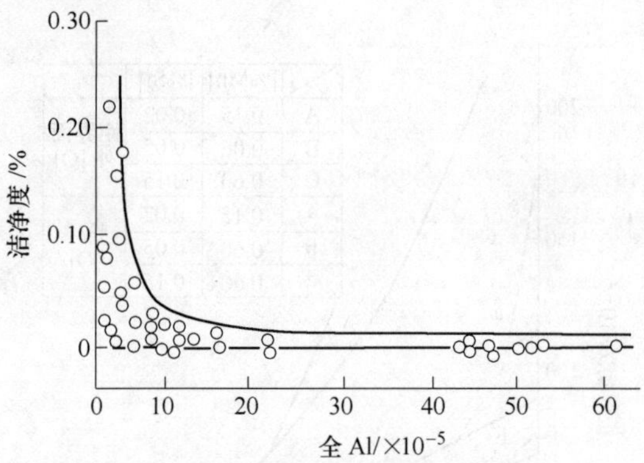


图5　连铸坯中含铝量与洁净度的关系

因为弱脱氧钢连铸坯的非金属夹杂呈细小的球状，且分散，加上轧制过程进一步碎裂，则经冷轧后，钢板的表面质量，深冲性能均相当于 Al 深冲镇静钢。

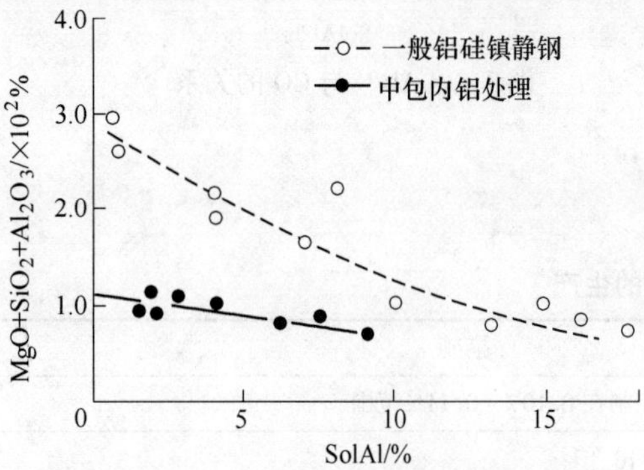


图6　［Als］与铸坯中夹杂物含量的关系

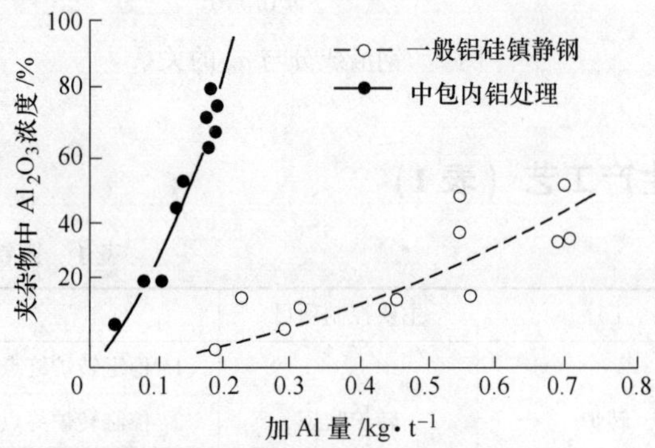


图7　加铝量与铸坯中夹杂物的关系

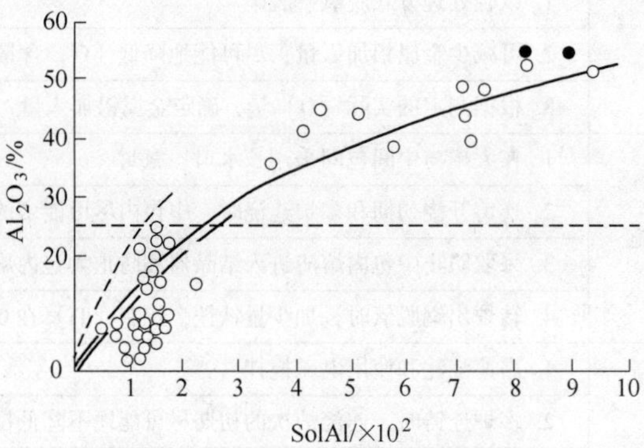


图8　铸坯中 Als 与 $Al_2O_3$ 含量关系

总之，用连铸弱脱氧钢生产的各类钢板，能适用于各种用途，而没有什么问题，其各种性能见表2。

**表2　使用弱脱氧钢连铸坯生产的冷轧板性能情况**

| 热轧钢板 | | 冷轧钢板 | | 镀锌板 | | 镀锡板 | |
|---|---|---|---|---|---|---|---|
| 项目 | 评价 | 项目 | 评价 | 项目 | 评价 | 项目 | 评价 |
| 表面质量 | ◎ | 表面质量 | ◎ | 表面质量 | ◎ | 表面质量 | ◎ |
| 板形 | ◎ | 板形 | ◎ | 板形 | ◎ | 板形 | ◎ |
| 穿板性能 | ◦ | 穿板性能 | ◦ | 粘附性 | ◦ | 硬度 | ◦ |
| 加工成形 | ◎ | 加工成形 | ◎ | 加工性能 | ◎ | 耐腐蚀性 | ◦ |
| 表面处理性 | ◦ | 退火性能 | ◦ | 表面处理性 | ◦ | 表面处理性 | ◦ |
| 焊接性能 | ◦ | 表面处理性 | ◦ | | | | |
| | | 焊接性能 | ◦ | | | | |

注：◎—优；◦—与一般冷轧板相同。

## 6 结语

本文综述了70年代后期开发的连铸弱脱氧钢的生产技术状况。生产连铸弱脱氧钢的基本点是：确定符合用途要求的化学成分，从转炉到连铸生产过程的一系列技术措施。特别是针对连铸表面针孔缺陷问题的一些对策是必不可少的。

由于连铸弱脱氧钢的生产成本低廉，适用性广泛，特别是自党的十二届三中全会以后，随着城市经济体制改革工作的进展，人民生产水平大幅度提高，轻工产品需要与日俱增，连铸弱脱氧钢的生产必定提到日程上来。而武钢二炼钢和一米七轧机装备具有一定先进水平，完全可以用来开发连铸弱脱氧钢的生产。在这方面应走在全国钢铁行业的前列。

（原载《钢铁研究》，1985（1））

# 平炉炼钢工艺技术的改进

徐秉新　张　钊

## 1　概况

第一炼钢厂由苏联国立冶金工厂设计院列宁格勒分院设计。第一期工程建 3 座 250t 和 2 座 500t 固定式平炉，规模 150 万吨/年。第二期工程增建 4 座 500t 平炉，采用富氧炼钢和重油增碳技术，连同一期工程最终规模为 9 座平炉，年生产能力 300 万吨。一期工程的施工设计后改为 1 座 250t 平炉和 4 座 500t 平炉。1959 年 9 月 29 日 1 号平炉投产，1960 年 12 月 27 日 6 号平炉投产，一期工程结束。在我国平炉建设史上，一年时间连续建成 6 座大型平炉是没有先例的，在国际上也罕见。后因苏联单方面撕毁合同，撤走专家，带走图纸资料，富氧炼钢及重油增碳技术未能按计划实现。第二期工程由武汉黑色冶金设计院设计。1969 年 12 月增建 7 号平炉，1973 年建成 8 号平炉，均为 500t 固定式平炉。至此二期工程完成，共 8 座平炉（250t×1，500t×7），年生产能力 250 万吨。粉碎“四人帮”后，经企业整顿、恢复和健全规章制度、实行按劳分配及奖励制度等，随着经济体制改革的不断深化，钢厂面貌发生了巨大变化。1983 年后，进行边生产边改造性大修，同时拆除 2 号和 4 号平炉。截至 1987 年底，第一炼钢厂共有 6 座 500t 氧气顶吹平炉（其中 4 座装 3 支氧枪，2 座装 2 支氧枪）和 2 座 1300t 混铁炉。配有 125t 铁水吊车 7 台，10t 地上装料机 5 台。有 4 个车铸钢平台和 9 台 350t 铸钢吊车，可同时停放 12 套模子。主厂房东侧有高架式散状和磁性原料场各一间，通过栈桥与主厂房两头连接。西侧有一整模场和二整模场（1986 年夏季投入使用）。南有脱模间，备有 250t 钳式脱模吊车。前接高炉，后连初轧。全厂共有 47 台吊车，建筑面积 73000 多 $m^2$，已形成年产钢 300 万吨生产能力。

平炉投产至 1987 年的 28 年中累计产钢 3699.45 万吨，在边生产边改造的情况下，1984 年首次突破 200 万吨/年之后，连续三年每年以 20 万吨的幅度递增，1987 年产钢 260.1 万吨。现可冶炼的钢号由开工至 1965 年底的 40 个扩大到包括轻工、化工、锅炉、容器、桥梁、耐候、舰船、装甲、钢轨、结构用钢等 135 个。1982 年 4C 船板首获国家优质产品银牌奖，截至 1986 年底，共获国优产品 6 块奖牌，部优产品 18 块奖牌，省优产品 19 块奖牌，市优产品 2 块奖牌。1987 年的工序能耗 93.81kg 标准煤/t 钢，达到国家特级能耗标准。1987 年 11 月 23 日消灭了最后一条“黄龙”（指用氧后排放含黄色烟尘的废气），钢厂上空一片蓝天，造福于子孙后代。

## 2　平炉改造

### 2.1　煤气平炉

1959 年 9 月 29 日 1 号平炉投产至 1968 年 10 月 10 日最后一座平炉改用重油，为煤气平炉阶段。以发热值（9.6~10.8）$\times 10^6 J/m^3$ 的高炉—焦炉混合煤气为燃料。三上升道温吐里式炉头，沉渣室、蓄热室、支烟道为砌砖双系统。500t 平炉的年平均冶炼时间为 13h20min 至 14h3min。1965 年采用高炉富余的透平鼓风强化燃烧，增大了火焰的动能和刚性，同时建立了规章制度和实行部分奖励制度，使 500t 平炉的年平均冶炼时间缩短到 12h46min。1964~1966 年是第一炼钢厂第一个较好的时期，主要技术经济指标达到了当时国内同类型平炉的先进水平，与当时苏联平炉的指标差距不大。例如，平炉炉龄达 750~950 次，最高的 2 号平炉达 1109 次，钢铁料消耗 1010~1020kg/t 钢，4 号平炉 1966 年产钢 28.8 万吨。

### 2.2　重油平炉

大庆油田的开发摘掉了“中国贫油”的帽子。1965 年 9 月 1 日 1 号平炉率先使用发热值约 41.87×

$10^6$J/kg 的重油为燃料，到 1973 年元月开始顶吹氧，此期间为重油平炉阶段。使用 C 型油枪伸入炉头，火焰动能大、较长且铺展性好。1966 年 4 月 13 日开始，首先在 3 号平炉采用单上升道、单沉渣室、双蓄热室系统，之后逐步改造全部平炉为单上升道、单沉渣室、单蓄热室、单支烟道系统。从而简化了炉子结构，减小了系统阻力，缩短了修炉工期，减轻了修炉工人的繁重体力劳动。在当时国内同类型平炉改成单系统、简化炉型，第一炼钢厂是走在前列的。

1969 年新建 7 号平炉，按双床工艺设计施工，后因氧气跟不上，仍按单床砌筑，出钢口下增设小渣道，供出钢后使用。

1973 年 10 月，武钢设计处设计的 8 号平炉投产，烟道断面积比其他平炉有较多扩大，平均冶炼时间明显缩短。

这段时间由于“文革”带来的种种原因，重油平炉的平均冶炼时间与煤气平炉相比没有明显缩短，炉龄有所降低。

煤气和重油平炉采用废钢矿石法炼钢。铁水与废钢的比例为 70%~80%比 30%~20%。铁矿石和石灰石加入量分别为平炉装入量的 20%~25%和 7%~8%。冶炼一炉钢有补炉、装料、加热（堵假门坎）、兑铁水、熔化、精炼（矿石沸腾和纯沸腾）、脱氧出钢等 7 道工序。每炉钢的冶炼时间为 12h30min 至 14h，其中熔化期约占一炉冶炼总时间的一半。铁水从高炉经混铁炉后按需兑入平炉；金属料（冷料）和散料经火车运至炉前由装料机加入平炉。冶炼合格的钢液经双流出钢槽盛入钢桶，再经铸锭、脱模后的钢锭送均热炉。

公司一台 $600m^3/h$ 制氧机建成投产，1971 年 4 月开始采用小管从炉门窥视孔、假门坎等部位向熔池吹氧，取代向熔池吹压缩空气。它改善了熔池的氧化气氛和动力学条件，平均冶炼时间有所缩短（1973 年 6 号炉的年平均冶炼时间为 12h12min），但小管吹氧喷溅大，使炉龄再次下降。

## 2.3 氧气平炉

1972 年底，公司 $6000m^3/h$ 制氧机生产正常达产，1973 年 1 月 7 号平炉率先试验顶吹纯氧炼钢，冶炼时间缩短一半。但因氧气不足，炉型不适应，未能充分发挥作用。在新建 A、B 两台 $10000m^3$ 制氧机的同时，于 1974 年 10 月，8 号平炉大修改为双枪顶吹氧气平炉。针对其特点，对炉子结构、热工用氧、枪位、造渣、碳温制度及收尘等做了大量的试验研究工作，摸出了规律。1982 年 9 月，C、D 两台 $10000m^3$ 制氧机相继投产，1983 年开始逐步改造 1、3、7、8 号平炉为三枪顶吹氧气平炉。改造内容主要有：

（1）炉顶标高由 3.3m 提高到 3.9~4.0m，同时取消曲节，拉平炉顶，减轻了吹炼期钢渣及红尘对炉顶的侵蚀。

（2）1986 年 4 月开始，3 号平炉率先分前、中、后三排垂直于炉顶吊装 36 台 T-35 型轴流式风机吹扫炉顶积灰，加速炉顶散热，有利于提高炉龄，同时减轻了工人的劳动强度。

（3）上升道截面积由 $9.3m^2$ 扩大到 $13.35m^2$，格子孔由 150mm×150mm 扩大到 340mm×340mm；总支烟道的截面由 2.3m×2.6m 扩大到 3.0m×3.4m。减少了系统阻力，有利于提高炉龄和缩短冶炼时间。

（4）砖砌沉渣室改为双渣罐（$16m^3$/罐）电动换渣车，缩短冷修时间 48h 以上。大大减轻了工人劳动强度，避免了沉渣室清渣爆破的伤害。

（5）中间渣道的单渣罐车改为双渣罐车，同时将出钢槽改为对称式的出钢槽，有利于两罐钢水均匀及发挥顶吹氧平炉的作用，减少耽误时间。

（6）采用复合平炉底。在炉底侧砌和立砌镁砖之间捣打一防护层，表层立砖改用较高纯度和高密度的大块镁砖，对防止炉底漏钢，确保安全生产有重要作用，还为今后逐步取消炼炉工艺创造了条件。

（7）用氧炼钢排放的烟气含尘浓度高达 $24g/m^3$ 以上，严重污染环境，成为一大公害。在 7 号平炉原建两台 $20m^2$ 电除尘器（能力过小，因系双床平炉使用）的基础上，从 1981 年至 1985 年先后增建了 7、1、3、8 平炉的电除尘器。没设置收尘器的 5 号和 6 号平炉也先后与 8 号平炉收尘器连网，于 1987 年 11 月 23 日消灭了最后一条“黄龙”。烟气排放浓度降低到 $50 \sim 79mg/Nm^3$，低于国家允许排放标准（$\leq 150mg/Nm^3$），实现了钢厂上空一片蓝天，还综合利用了资源。

（8）厂内氧气干管由单行一头调压，改为环形两头调压，保证了安全供氧，为高产稳产创造了条件。

（9）初期使用的氧枪，受热表面大，冷却水流量小，因而寿命低。经改进后，在增加供氧量 67%~100%的基础上，枪龄提高约 15h/支。

## 3　顶吹氧气炼钢工艺的改进

### 3.1　改变铺炉底材料

1984年底为适应顶吹氧气炼钢，改用石灰石取代铁矿石铺炉底，实践表明：炉型正常；熔毕碳温基本协调；熔毕碱度合格率高；冶炼时间稳定；还可冷却和保护炉底。

### 3.2　使用活性石灰

1987年4月开始，采用活性石灰取代冶金石灰在吹炼中期集中造渣。它杂质少、气孔率高、粒度小、活性度大。实践证明，使用后成渣快，去除磷、硫效果好，消耗低，是氧气平炉的良好造渣剂。

### 3.3　低氧压、大氧量变量吹炼

1981年开始吹氧压力由8~8.5kg/cm$^2$减到6kg/cm$^2$，三支枪的供氧量由5000~5500Nm$^3$/h提高到7500Nm$^3$/h，减少了钢渣喷溅侵蚀炉顶。1986年10月开始，兑完铁水至吹炼终点为三枪供氧。从而提高了氧气利用率，减少熔渣带入沉渣室，还有利于控制炉体下部温度。

### 3.4　用氧后热工制度的改变

（1）1978年开始，在废钢比小于30%的情况下，实行从放完初期渣至吹炼终点的三枪吹氧期停止供油并减少风量，以充分利用铁液中杂质氧化热与溢出液面的CO燃烧热。这一“关油减风”操作有利于提高炉龄，降低油耗约32kg/t钢。

（2）顶吹氧气炼钢对助燃的空气需要量明显减少，1979年初开始试验停止运转强力供风机，仅开空气进气阀顶盖，让其自然抽风来满足助燃的需要。废气分析表明，燃烧完全，继之推广，节省了6台115kW强力风机的耗电量。

（3）1986年二季度开始，在氧气平炉的沉渣室采用喷雾化水技术，避免了格子砖过热，使炼钢操作顺利。

（4）大中修和中修后的烘炉升温时间分别从1978年前的72h和64h缩短到1987年的32h和30h，相应增加了作业时间。

### 3.5　控制吹炼全过程使碳温协调

1975年制定了氧气顶吹平炉的标准碳温曲线（C+T=1660），并纳入操作规程。操作者从熔化末期开始直至出钢，必须认真调整有关参数，使操作曲线向标准曲线靠拢或重合。从而有效地控制全过程，稳定冶炼周期，对确保新三轧高标准要求的品种质量起了重要作用。

### 3.6　使用穿孔弹开启出钢口

采用PC-48A型穿孔弹取代人工烧氧开启出钢口，经过较长时间的多次试验，已于1979年1月纳入操作规程，成为正常生产不可缺少的工具。它具有操作简便，安全，准时出钢，提高品种质量，减轻工人劳动及改善劳动环境等特点。

### 3.7　护炉材料及工艺的改进

氧气炼钢炉渣氧化性强，温度高及搅动强烈等，加速了炉衬的侵蚀。对于炉顶改进吊挂、采用中销镁铝砖、局部水冷炉顶、使用喷补技术，用以提高炉顶寿命。

对前后墙采用水冷板、管，设置外端墙水冷框等，以提高炉墙寿命。

提高炉底寿命的工作做得最多，如采用烧结白云石保护炉底及油拌料补炉；用0~10mm和0~5mm冶金镁砂，0~5mm和0~3mm高铁镁砂炼炉或烧结炉底；用烧结、半打结半烧结、全打结工艺制作炉底；打结材料采用冶金镁砂、镁水泥、铁皮、卤水混合料或用35号柴油（废机油）浸高铁镁砂及其粉料、铁皮混合料；用从美国引进的玛丽埃塔 SSK-102 捣打料等；还采用了复合炉底新工艺。这些材料的使用及工艺的改进，对高产稳产起了重要作用。

### 3.8 用异型出钢口砖及扩大出钢口

为使出钢口寿命与炉底同步，曾使用过 1 号镁砖、浸焦油镁砖、油浸镁钙砖（二钙砖）、电熔镁质钢口异型砖、镁铬质钢口异形砖、镁碳质钢口异型砖砌筑出钢口。目前以镁碳质异型钢口砖的效果最好。用该砖砌里口的寿命达 58 次，砌外口的寿命 13~58 次（1 号镁砖的寿命为 2~4 次），且每次因炼炉而更换，潜力较大，现已达到了与炉底寿命同步的目标。该砖的内孔直径为 $\phi$160mm，比原砖砌钢口断面（130mm×140mm）扩大较多，缩短了出钢时间，并有利于提高钢的质量。

## 4 改造为顶吹氧气平炉的经济效益

氧气转炉的优点使转炉正在逐渐取代平炉，这是不可逆转的趋势。但在我国目前经济情况下，对现有平炉进行必要的改造，发挥其更大的潜力也是必然的。武钢第二炼钢厂的效益稳步增长的同时，平炉也以更大的幅度增长，仍占公司钢产量的 60%左右，有举足轻重的地位。这个 50 年代建成的老厂能否满足 70 年代技术建成的“新三轧”的需求？一直是人们心目中的疑团。在公司领导下，强化了为一米七轧机服务的指导思想，采取挖潜改造、技术进步、改善管理、控制工序、提高质量等一系列措施。几年的实践证明，这个老厂基本满足了一米七轧机的高标准要求。以镀锡镀锌板的 08F 钢为例，第一炼钢厂是全国独家生产 08F 钢的厂家，其供热轧轧制的成坯率由 1981 年的 78.1%提高到 1986 年的 87.27%，产品获国优奖牌。按老、新三轧的销售合同要求，第一炼钢厂克服了种种困难，按国际标准而制订的内控成分钢种，冶炼合格率 1987 年达 99.89%。在边生产边大修改造的情况下，1984 年首次突破年产 200 万吨钢的大关，并连续 3 年以每年 20 万吨钢的幅度递增，为确保公司上缴利税每年增长 10%起了重要作用。

平炉改造为顶吹氧气炼钢后，主要技术经济指标有明显变化，见表 1。改造 4 座平炉的投资额见表 2。

**表 1 平炉改造前后指标对比情况**

| 项目 | 年份 | 冶炼时间/h：min | | | 年产钢量/万吨·炉$^{-1}$ | | |
|---|---|---|---|---|---|---|---|
| | | 3 号 | 7 号 | 1 号 | 3 号 | 7 号 | 8 号 |
| 重油平炉① | | 12：01 | 16：00 | 17.7251 | 25.5234 | 24.2009 | 23.0035 |
| 氧气平炉（3 枪） | 1987 | 6：12 | 6：27 | 50.0073 | 50.0629 | 50.1782 | 50.4336 |
| 增减量 | | -5.49 | -9.33 | +32.2822 | +24.5395 | +25.9777 | +27.4301 |

①冶炼时间为重油平炉的最短年平均值，产量也是重油平炉的最高年产量。

**表 2 平炉大修改造投资额** （万元）

| 炉号 | 年份 | 平炉主体 | 电除尘 | 余热锅炉 | 合计 |
|---|---|---|---|---|---|
| 1 | 1983 | 2056.5 | 459.242 | 117.56 | 2633.30 |
| 3 | 1985 | 2181.25 | 520.0 | 220.0 | 2921.25 |
| 7 | 1973 | 328.2① | 343.76② | 喷淋塔 | 672.38 |
| 8 | 1985 | 787.41③ | 671.79 | 喷淋塔 | 1459.19 |
| 合计 | | | | | 7686.12 |

①7 号平炉的本体改造费用仅为 1973 年首次改顶吹氧平炉的投资；

②7 号平炉电除尘费用不包括 2×20m$^2$ 电除尘器的投资；

③8 号平炉本体费用仅为 1985 年改为三枪吹氧的投资。

从表 1、表 2 可以看出：

（1）三枪顶吹氧气平炉的年平均冶炼时间比改造前重油平炉期的最短年平均时间缩短 5h49min~9h33min（1 号炉原为 250t，8 号炉用重油时间不足一年，无可比性）。

（2）单炉年产钢量比重油平炉期的最高年产量翻了一番还多。

（3）改造为三枪顶吹氧气炼钢系统，每座平炉的总投资为 2600~3000 万元，1、3、7、8 号 4 座平炉改造总投资约 7700 万元。

（4）1987 年 4 座氧气平炉比重油平炉增产钢 110.2295 万吨，以扣除投入后的纯利润 37 元/t 钢计算，1987 年净增收 4079.49 万元，只需两年时间就可收回全部投资，其经济效益是可观的。可重要的是，它为一米七轧机提供了优质钢坯，为公司年年增长效益作出了贡献。

## 5 第一炼钢厂未来的展望

（1）1990 年第一炼钢厂的目标是年产钢 280~300 万吨，三枪顶吹氧气平炉的年产量达 55~60 万吨/炉。具体措施是：提高耐火砖质量，延长炉龄；拆炉机械化，缩短烘炉时间等以降低冷修率；改进炉底材料和炼炉工艺降低炼炉率；改善管理降低保温率，把作业率提高到 80%以上；改进和推广高质量易烧结的补炉材料；扩大炉门，废钢打包，采用精料，缩短加料时间；使用新型喷孔氧枪，缩短冶炼时间。

（2）采用炉外精炼和精料技术，进一步加强全面质量管理，提高实物质量，并不断开发新品种，为新、老三轧服务。

用铁水预脱硫，把铁中硫降低到 0.015%以下；全部使用活性石灰造渣；用含硅量为 0.4%左右的铁水；使用含硫量<1%的重油做燃料，进一步提高钢的质量。

净化钢液是提高实物质量的重要措施，到 1990 年实现全部钢液底吹氩处理。充分发挥引进的“TN”喷吹设备的作用，将容器、桥梁、汽车、装甲、舰船、耐候、钢轨等钢全部进行喷射冶金处理。引进的 MA-RK 设备 1988 年上半年试车，将进一步扩大 08F、半镇静钢、内镇外沸钢的生产比例，提高钢的性能，将会获得更大的经济效益，有更多的产品创优夺牌。

（3）到“七五”计划末期，平炉钢在公司总产量 500 万吨中仍占 60%的比例，并将继续为公司的“双七百”做出较大贡献。当第三炼钢厂全部建成投产后，第一炼钢厂以冶炼重点品种、多加废钢为主，在调剂平衡公司生产，保证中厚板等专用品种质量上发挥作用。为此，将继续深化改革，以技术进步为主，改善管理为手段，提高职工主人翁精神和收益为动力，使第一炼钢厂在品种质量、能耗、管理、效益等方面达到新的水平，为公司每年递增 10%的利税做出更大的贡献。

（原载《武钢技术进步三十年》，1988）

# 武钢模铸工艺技术进步

夏侯纲　张定凯

## 1　前言

1959年9月30日，武钢第一炼钢厂250t固定式平炉流出了第一炉钢水。当时绝大部分技术工艺，都沿袭了鞍钢的操作，只是炉容量大了；盛钢桶大了，因而塞棒在钢水中的时间和浇钢的时间长，以致经常漏钢。炼钢厂在开始的几年中，基本上是围绕漏钢进行攻关。1973年开始试用滑动水口，随着滑动机械的改善，滑板的改进，及以液压驱动代替人工驱动等一系列技术进步，漏钢问题得到了基本解决。特别是1974年，武钢派出了一个4人小组访问捷克，学习了一些值得借鉴的新技术，如活换炉顶、用绝热板代替保温帽及快速上注等。之后，第一炼钢厂开始采用这些新技术和新工艺。1976年技术进步逐渐被人们重视，认识到只有技术进步，才能在原有设备上增加产量，改进质量，扩大品种，降低消耗。因此，第一炼钢厂在原有模铸工艺上，开发了新技术，引进了一些新工艺，以满足生产需要。下面仅就第一炼钢厂30年来在模铸的几个重要方面的发展简述如下。

## 2　滑动水口

塞棒漏钢一直是270t钢包铸钢的难题。过去曾采用加粗棒芯、加大袖砖和塞头砖、冷却棒芯，以及改进耐火材料材质等措施，都没有解决漏钢问题。1973年开始研制和试用滑动水口，选用预装式机械，并纳入试生产。之后，又自行设计、施工安装了液压驱动装置，大大改进了滑动水口启闭的控制操作，为全面推广滑动水口奠定了良好的基础。

W77型滑动水口机械、420mm滑板，以及中心液压泵站，就是在上述基础上设计的。同时改进了快速接头以及防止在浇铸Al、Ti合金钢种时水口结瘤等。1978年进一步完善了滑动水口操作，所以钢包实现了滑动水口化，大大减少了钢包漏钢。

为了配合沸腾钢快速上注，对复合滑板进行了研制。滑板孔接触钢液处采用电融镁质烧成材料，周围为镁质不烧材料。这样组成的滑板，提高了质量，满足了要求，并于1985年12月通过了冶金部鉴定。

在参考国内外滑动水口资料和总结经验后，近期第一炼钢厂又率先设计制造出W85型滑动水口。其特点是加长到500mm，采用弹簧压紧，并且压缩空气冷却，经试用效果良好。预计1988年将全面取代W77型滑动水口。

## 3　采用瓶式模及机械封顶生产沸腾钢

武钢第一炼钢厂开始生产时，对7t沸腾钢锭采用压盖封顶。由于借助于人力搬运，压盖重量轻，加以沸腾不良，致使封顶效果不理想。常产生冒钢、焊盖、“菜花头”等缺陷，既影响脱模，又影响钢锭质量。1962年中央实验室与第一炼钢厂决定采用瓶式模机械压盖封顶。7~8t以上钢锭，瓶口压盖一般重400~500kg，须用机械启闭。由于当时铸台悬臂吊车不好用，仍用人工压盖，并将压盖重量减至48kg。在工艺操作方面，要严格掌握铸锭高度、沸腾时间和压盖时间。瓶式模浇出的钢锭，除能保证一定坚壳带厚度外，还具有偏析小，头部结构致密和切头率低的优点。据当时敞口模与瓶式模的同罐同盘下注对比试验和钢锭解剖、低倍组织以及化学成分分析结果，瓶口模S、P偏析比敞口模轻。偏析严重区，瓶口模在距头部约15%处，敞口模约在9%处。切头率敞口模约为4%，瓶口模约3%，可节约金属1%。

## 4 热帽技术—三位一体浇铸

热帽技术包括采用绝热板、保护渣和防缩孔剂 3 种技术工艺。将这 3 种工艺集中使用在钢锭浇铸上，俗称三位一体浇铸。武钢是国内首先使用绝热板的企业。1973 年访问捷克回来后，曾以半干成型、吸滤成型试制绝热板供一炼钢使用。这种绝热板，因易吸潮、强度低，不能满足使用要求。但可改善劳动条件，减轻工人劳动强度。可惜未坚持改进和试用，直到取得满意的成果，是浅尝辄止的教训。1982 年在冶金部购买了英国 FOSECO 公司生产的绝热板 Profax-10 后，通过分析发现：使用酚醛树脂作结合剂，绝热板质量发生较大变化，质量趋于稳定。这种绝热板配合保护渣和防缩孔剂使用，成坯率显著提高。

1980 年以前，第一炼钢厂用的保温帽，是用砖砌或耐火混凝土打结内衬，帽部容积因钢种不同而异，约占 15%~18%，其切头率约为 15%。1982 年 1~11 月，试用方形和扁形带绝热板的保温帽，但因受脱模和扁模模帽接头处肩疤缺陷的影响，钢锭成坯率仅提高 1%~2%。方帽由于无明显的肩疤，成坯率提高 2%~4%。

1981 年 10 月进行了同炉不同罐扁绝热帽与砌砖帽浇钢对比试验，其成坯率分别为 84.56% 和 81.38%。前者成坯率提高 3.18%。用于 8.6t 方模重轨钢的浇铸试验，其成坯率提高 2.95%。

三位一体浇铸的应用，使钢锭一次缩孔的形状由过去的 V 形变成了浅碟形或浅盘形，深度仅 40~50mm，而且偏析部位提高，大大有利于切头率的减少。为了进一步减少切头，缩小帽部容积（本体不变保定尺）和降低浇高，在保证顺利脱模和卸锭的前提下，帽部浇高由过去的 450~480mm 降低为 350mm。帽部容积也由过去 15%以上降低到 11.0%。

目前正在设计双锥度保温帽，进一步缩小帽部容积，减少肩疤缺陷。从试验结果来看，成坯率可再提高 0.706%~1.187%。如果采用轻质绝热板（容量 0.5~0.6g/cm$^3$），代替容量为 0.9~1.1g/cm$^3$ 普通绝热板。前者比后者可提高成坯率 0.14%~0.88%。据目前国外介绍，绝热板的容重已减到 0.4~0.5g/cm$^3$，切头率可低于 5%。可见提高成坯率还是大有潜力的。

作为保护渣，武钢曾用过土状石墨同柳毛石墨尾进行保护浇铸。结果钢锭表面质量不好，有石墨堆集凹坑。1975 年公司曾拟就近使用江西金溪和湖南鲁塘石墨尾矿，仿大冶钢厂 721 渣，试制 W-1 和 W-2 渣，但均未形成工业性试验。1979 年以含碳量为 25%左右的麻山鳞片石墨为主料，并对碱度进行控制，研制出取名为 W—3 渣。试用情况良好，在改善钢锭质量，特别是表面质量方面，起了一定作用。1980 年在剖析了 FOS-ECO 的 EP7140、7141、7142 三种保护渣后，发现这 3 种保护渣均含有粉煤灰，并有飘珠和硅灰石。基于此和在 W—3 渣的基础上，技术中心又研制了一种不含 F 的 P—1 低碳保护渣，含有粉煤灰、硅灰石等成分，使用结果比 W—3 渣还要好。其对比试验表明，因裂纹、夹杂、结疤缺陷造成的废品，均大大减少。现已取代 W—3 渣，在模铸镇静钢上广泛使用。

防缩孔剂曾使用过蛭石粉、细粒焦炭及炭黑等，有的因效果不佳，有的因污染环境，均未长期使用，最后仍采用低铝型的发热剂。

有人认为大型钢锭帽部钢液本身热量，除帽部吸收和辐射外，足以保证缩孔的减少，因此只需绝热型防缩孔剂即可。据此，第一炼钢厂试用一种复合渣，即保护渣中加入一定量的膨胀石墨。1987 年 9 月浇铸了 5000 多 t 钢的工业性试验，结果缩孔和精整废品均少于当时使用的 P-1 渣和加低铝型发热剂，提高了成坯率约 0.5%。复合渣的使用减轻了工人的劳动强度，还可降低钢锭成本，并进一步推广使用。

## 5 快速上注

武钢开始浇铸沸腾钢和半镇静钢时，就采用慢速下注。慢速下注不可避免要提高出钢温度，延长熔炼时间，侵蚀炉体和钢包内衬，恶化钢质，减少注台周转，增加整模工作和减少钢的收得率。上注法虽然是个古老的方法，但它具有上述下注法所没有的优点。直到今天世界各大产钢国的模铸，除少数特殊钢种，必须采用下注法外，都是采用上注法浇铸。特别是快速上注法，其所用水口直径由 70mm 增大到 120mm，钢液在 7~10t 模内的上升速度达到 5~7m/min。

在国内第一炼钢厂最先试验快速上注，1974 年就开始采用 $\phi$70mm “十字型”（水口下部断面形状）水口进行整流快速上注。由于塞棒漏钢，试验未能进行到底。但试验表明，要快速上注，在解决漏钢问题的同时还须降低出钢温度。

首批70余炉快速上注钢锭的平均成坯率，经过精整处理，只有88%左右，远不如下注94%以上的成绩（未包括下注流钢砖及中心注管砖内的废钢）。

其后，滑动水口代替塞棒，使用锭模底板涂料及$\phi$65mm水口，以1~3m/min的上升速度进行快速上注半镇静钢。钢锭合格率平均为95.9%，比下注（91.3%）高4.6%。1985年10月快速上注正式纳入公司半镇静钢生产技术操作规程。同年底通过冶金部鉴定。用作矿山支柱的11、12号工字钢（$B_5b$），1984年荣获国家银牌奖，这是国内对快速上注工艺技术的首次鉴定。

有关沸腾钢的快速上注，拟对08F、$B_2F$等钢种进行工业性试验。这里指出沸腾钢的快速上注，除必须严格控制出钢温度外，还要控制钢中氧含量，使［C］、［O］保持平衡。为此，从浇铸开始，就要控制钢液在模内的沸腾。根据沸腾的情况，向模内轮换地加入适当的助沸剂或铝丸，以求得合适的和强有力的沸腾，从而获得良好的钢质量。

有关快速上注这项新技术、新工艺的应用，正在不断地深入，镇静钢的快速上注，还须进一步开发。

## 6 钢包吹氩、钢液测温

炉外精炼是近20年来发展起来的一项新技术，它可把钢质量提高到一个新的高度。目前的高纯净钢，大多通过炉外精炼。炉外精炼的方法很多，可根据实物质量的要求，采用不同方法。对普碳钢和一般优质钢，钢包吹氩是其中最简单而又易行的。

第一炼钢厂1982年开始，在270t钢包底部耳轴中心线投影上，两旁距包底中心810mm处，各安装高铝质夹缝式透气砖一块吹氩，其使用寿命与包底同步，约12~13次。修砌时，透气砖须高出包底工作层面约30mm，以避免包内残渣、余钢淤塞气孔。出钢毕，将钢包移至铸台连接氩气管带后，进行钢液测温并吹氩。钢液测温由安装在铸台钢梁柱上的机械手，用浸入式热电偶及Elec-tro Nite公司生产的Celox定氧仪进行测温、定氧。由于国内生产的定氧探头尚未过关，只能采用国外探头，在试验钢和优质钢中使用。一般吹氩启动压力为0.4~0.6MPa，工作压力为0.3~0.5MPa。吹氩时，压力缓慢加大，以钢水在包内略有波动，而不大翻为限。吹氩量约为0.04$Nm^3$/t钢，吹氩时间则视钢水温度而定，一般降温3℃/min，一般控制在5~10min内。

底吹氩的细小气泡，由下而上浮动，这种浮动搅拌了包中钢液，起到了均匀钢液温度和成分的作用。同时也有利于钢中气体、夹杂的聚集上浮，提高钢的纯净度。

在快速上注时，为了严格控制温度，必须吹氩，这样才能低温快注，有利于提高钢的质量。

## 7 08F钢采用氩气喷铝丸封顶

08F钢1980年正式投入工业生产。由于08F钢用于镀锌、镀锡板，而不能用硅铁封顶。因此开始生产时，以人工加入铝丸封顶。这种加入法铝丸烧损大，加大模内不均匀，封顶效果差。造成疏松废品高，切头损失大，按照轧厂定尺需要的合格钢坯仅达69.6%。

1981年12月开始研制喷铝丸封顶设备及其操作工艺，试验效果良好。此项技术曾在全国总工会举办的10大城市科技成果展览会上展出。其工艺要点和效果简述如下：

钢液注至模内要求高度后，约沸腾5min，然后用一个特制的喷枪，用氩气将铝丸喷入模内，抑制钢液沸腾，进而达到封顶的目的。喷入模内氩气的压力为0.6~0.8MPa，氩气流量约为200$Nm^3$/h。每个钢锭喷吹时间30s，氩气耗量约0.15$Nm^3$/h，铝丸耗量为0.55~0.6kg/t钢。

由于喷入的铝丸有一定的动能，能射入钢液内，减少了铝丸烧损，改善了封顶效果，从而减少疏松废品，提高钢坯定尺合格率。试验的8罐钢的结果，喷铝丸封顶比人工加铝丸封顶疏松废品降低5.24%，热轧成坯率提高13.67%，铝丸消耗降低0.4kg/t钢。

## 8 外沸内镇钢的研制

1966~1976年，第一炼钢厂曾用方模首先试生产外沸内镇钢$B_3F$和$B_4F$，约25000余吨。其工艺是在沸腾钢下注，钢液将要达到规定高度前，向中注管加入含铝量约50%的铝铁粉160~170g/t钢，抑制沸腾减少偏析。实现外沸内镇轧成的钢坯、型材和板材，经取样进行低倍、硫印、化学分析和电解夹杂等一系列对比试验。结果证明，抗拉强度与塑性指标均显著改善。特别是提高了冲击韧性，降低了脆性转变温度。其后，又生产约50000余吨，同样取得良好效果。当时因铝铁粉供应困难，加入方法欠佳，未能全面推广。

1985年为了适应冷轧厂生产深冲薄板的需要，引进了美钢MA—RK和MA—RS法，专为生产外沸内镇静钢和外沸内半镇静钢。这种方法是用液态铝脱氧镇静，据介绍，用这种方法浇铸的钢，其深冲性能优于铝镇静钢，且耗铝量少。目前，正在调试设备，尚未进行试生产。

## 9　钢锭模、底板涂料的应用

第一炼钢厂的沸腾钢锭模与镇静钢锭模，原分别用石墨浆和焦油涂刷，效果不好。特别是焦油分解挥发异味气体，有害工人健康，在60年代已被废弃。

为了改善钢锭表面质量，满足沸腾钢快速上注的需要，剖析了NALCO公司的有机质NIB76215涂料，研制出适合第一炼钢厂使用的国产涂料MT-1有机质钢锭模涂料和DT-2镁质底板涂料。试验结果，MT-1涂料在快速上注钢锭模上使用，粘模率由原15%~24%下降到5.35%。钢锭表面光洁，消除了结疤、裂纹和严重的重皮缺陷。在下注钢锭上使用，据初轧坯不清理热送大型厂的$B_3F$方坯统计，仅结疤废品一项，由原不涂料的7.954kg/t钢，降低到3.991kg/t钢。DT-2涂料在快速上注底板上使用，底板消耗由原垫钢板或砌砖的41kg/t钢，下降到10.6kg/t钢，粘锭率由原来15%降到4.02%。

1987年末，在原有MT-1和DT-2涂料的基础上，又研制了MT-3复合钢锭模涂料和DT-3硅质底板涂料，已投入工业性试验，它将进一步提高使用效果。此外，第一炼钢厂与技术中心共同研制成功WM86A型钢锭模喷涂机，喷涂一个钢锭模仅需13s，一台机一人操作，喷一炉钢的锭模仅需20min，现已推广使用。

## 10　改进锭模、延长寿命和提高成坯率

### 10.1　上大下小无底模设计改进

第一炼钢厂原用的上大下小方、扁模，均为有底模，见图1(a)。

方形无底模的底部为开口式，见图1(b)。为了减少切尾，控制钢锭底部形状，将有底模底部半球形(见图1(c)）改成双锥度台形（见图1(d）及图2)。扁底模因寿命短，尚未试验成功。

在工艺操作方面，无底模少四道工序（如不用草绳包捆模底砖等)，并且列型方便。虽然无底模模底要堵塞垫板防止产生飞边，但总的工作量减少了，深受工人欢迎。特别是无底模钢平均切尾率比有底模少0.35%~1.0%，平均成坯率提高0.8%。还可节约大量模底砖，减轻模重，经济效益显著。

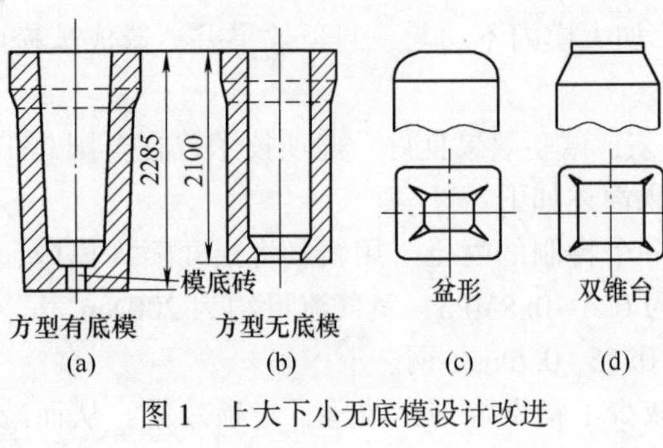


图1　上大下小无底模设计改进

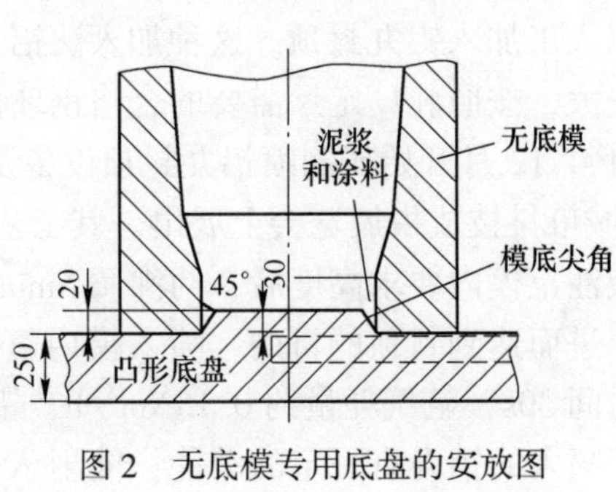


图2　无底模专用底盘的安放图

### 10.2　WZ-84-1扁模

WZ-84-1扁模的保温帽壳呈双锥度，缩小了$Z_下$ 13.22t扁模钢锭与帽底部肩宽，限制每边在7.5~10mm范围内（见图3)。这样的钢锭在轧成钢坯时，不会产生肩疤或折叠，有利于减少切头。WZ-84-1锭型尾部，由原盆形改为截锥体形（见图4)。原盆形体积为0.11657m³，新底截锥体积比原盆形小0.0075m³，切尾率可少0.5%左右（因钢坯规格不同而异)。

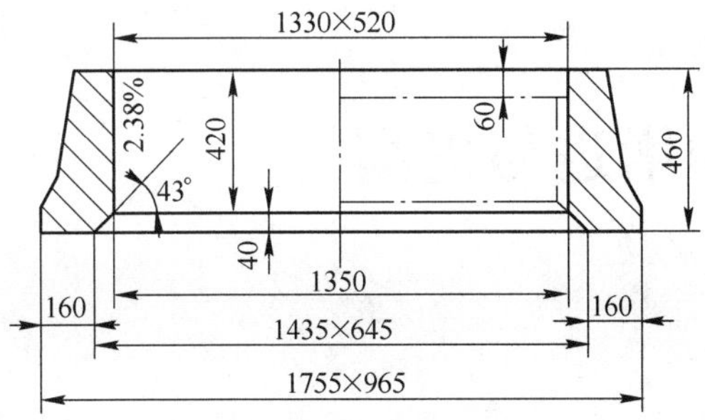


图 3 扁模双锥度保温帽剖面图

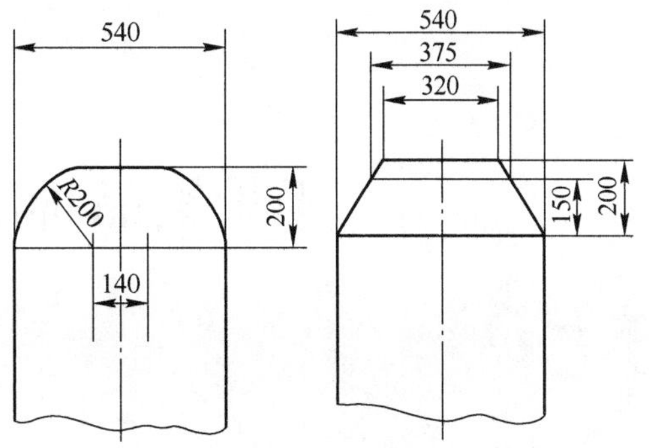


图 4 盒形和截锥体形尾部示意图

通过两次试验，新模（WZ-84-1）所注钢锭的成坯率分别比 $Z_下$ 13.22t 扁模，高 1.174%和 0.766%~1.187%。工业性生产结果，其平均成坯率比旧模型高 1.195%（81.791%~82.986%）。

在使用 WZ-84-1 锭型时，要特别注意安装绝热板及模帽位置。帽要坐正，每边的模帽边缘相差≤7.5~10mm。这样才能消除头部钢坯肩疤，减少切头，提高成坯率。

## 10.3 上注用凹型底盘

凹型底盘是专为减少钢坯切尾率而设计的，底盘中心具有二台阶截锥体凹坑，其尺寸依次为 750mm×660mm/630mm×540mm/230mm×230mm（见图 5）。底盘凹形体积为 1.59%，为便于锭模列型，还设计有高 50mm 的定位标桩。座模后，可在标桩与模底边缘间填入铁屑或砂子，防止模底漏钢。

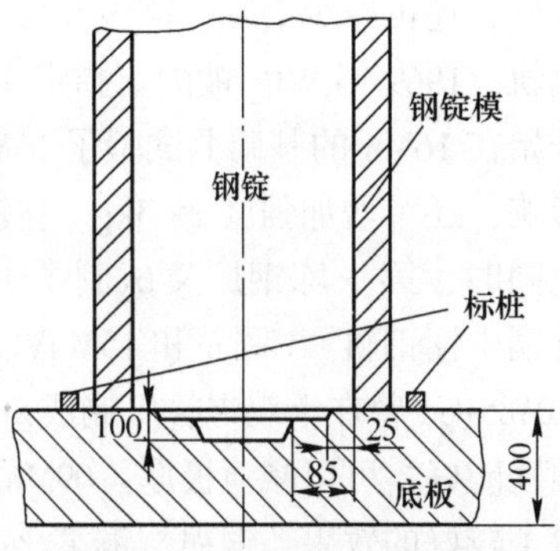


图 5 上注用凹型底盘

用凹型底盘生产凸底半镇静钢锭 14926.02t，成坯率达 97.27%。比 1986 年用平面底盘生产钢锭的成坯率高出 1.833%。

据 13 块凹型底盘使用寿命统计，最低 17 次，最高 65 次，平均 38.2 次，较平面底盘平均寿命 34 次高 4 次。如若喷涂底盘涂料，则更有利于延长寿命和脱锭。

除上述几项较重大的技术进步外，还有改进钢包结构及提高砖的材质，使钢包寿命从 8~12 次延长到 30 次以上；用可塑代替出钢槽工作层砌砖，由使用 1 次增加到 50 次左右；将原 100mm×100mm 断面的流钢砖加大到 110mm×110mm，基本消灭了流钢砖漏钢；钢锭温度控制在 950℃以上，液芯送锭，液芯装炉，既节约热能，又减少了烧损，有利于提高钢的质量和均热炉生产能力。此处就不一一枚举了。

（原载《武钢技术进步三十年》，1988）

# 平炉钢品种质量的增进与提高

夏侯纲

武钢含铜矿石炼铁，铜在炼铁、炼钢的冶炼过程中，目前无法去掉。因此在武钢初期生产的钢中，含铜量都超出标准规定（≤0.30%）。由于铜在表面富集并浸入晶间，导致产品网裂，影响钢材质量。在 50 年代中期，我国各地用钢单位，把钢中含铜称为铜害。武钢投产初期，有些地区大呼铜害泛滥，限制含铜钢入境。因此，当时不解决铜在钢中对各种性能的影响及其所能允许的含量范围，含铜钢是谈不上品种质量的。鉴于此，武钢在投产初期，集中了全部科研力量进行含铜钢的开发研究，以变害为利。为了解决这一重大课题，国家科委投资武钢，成立含铜钢研究室，隶属于武钢。通过试验结果证明：在严格控制加热条件的情况下，钢中 Cu≥0.30%，并不恶化机械性能、物理性能、工艺性能及使用性能等。除了有良好的抗大气腐蚀性能外，还可减少磨耗。铺设在隧道内，含铜钢轨比普碳钢轨耐蚀性能要高出 2~3 倍；其疲劳极限也优于普碳钢轨。1969 年 $WP_2$ 被国家指定为援外修建 2180km 长的坦赞铁路的钢轨。在探索含铜轨之前，科研工作者就开始在 16Mn 的基础上试验了 16MnCu，其有关性能并不亚于 16Mn；而且 Cu 含量≤0.7%时，焊接性能也无影响，还可增加强度 2~3kg。在铁道部共同合作下，曾用于嫩江桥中跨度为 60m 的一孔，一直使用良好。与此同时，第一炼钢厂又试制了 10MnSiCu、09Mn2Cu、09MnTiCu、09MnCuPTi、15-MnVCu、含铜高硅钢轨、含铜中锰钢轨、U-Cu 和 15MnVCu、含铜高硅钢轨、含铜中锰钢轨、U-Cu 和 15MnVCu 等一系列含铜钢种。10MnSiCu 曾在宝鸡焊管厂制成，用在胜利油田的输油管道。强度较大，虽对卷板设备加工有困难，但抗腐蚀性能好，可以减薄板厚。$09Mn_2Cu$ 用于长春客车厂制造轻便快速列车，时速可达 140~160km/h。这些都取得了较好的效果。铜祸、铜害泛滥之说，不攻而破。相反当钢中含铜量下降时，用户自愿带铜来加入钢中，以达到所需的性能。这是武钢全体职工，在含铜钢攻关上取得的重大成果。

1973 年武钢引进一米七轧机，含铜钢能否适应一米七轧机新工艺，又是一次特大的考验。用作深冲薄板、镀锌板和镀锡板的钢其含铜量，德国人认为不能超过 0.15%（优质薄板不能超过 0.10%）。但武钢多次试验结果，证明铜含量超过 0.30%无影响；倒是对第一炼钢厂模铸钢锭要求一锭一坯，需要进行优质沸腾钢攻关。现仅就平炉过去 30 年，有品种质量方面的技术进步简述如下。

## 1　品种

第一炼钢厂 30 年来，已生产 5 大类、22 个钢种、135 个钢号。

第一炼钢厂初期产品，限于型钢。1966 年轧板厂投产后，增加了中厚板。1980 年一米七轧机投产，又增加了 08F、$B_1F$ 等钢种。第二炼钢厂全连铸后，沸腾钢的产量全部由第一炼钢厂承担。现在第一炼钢厂已按国际先进标准生产的产品有 5 个钢号，按国际一般标准生产的有 15 个钢号。按两项标准生产的钢产量，约占总产钢量 80%左右。1980~1987 年，计有 7 项国优，25 项部优，24 项省优及 6 个市优产品，详见表 1。

**表 1　优质产品获奖情况**

| 序号 | 产品名称 | 使用钢号 | 名优等级及获得年份 | | | |
|---|---|---|---|---|---|---|
| | | | 国优 | 部优 | 省优 | 市优 |
| 1 | 连续热镀锌薄钢板 | 08F、$B_1F$ | 1983 金牌奖 | 1982 | 1982、1986 | 1986 |
| 2 | 4C 造船用结构钢板 | 4C | 1982、1987 银牌奖 | 1981、1987 | 1980、1984 | |
| 3 | M 建筑模板用钢板 | $A_3$、$A_3F$、$B_2F$ | 1983 银牌奖 | 1982 | 1982、1986 | 1986 |
| 4 | $I_{11、12}$矿用工字钢 | $A_5b$ | 1984 银牌奖 | 1983 | 1983、1987 | |

续表 1

| 序号 | 产品名称 | 使用钢号 | 名优等级及获得年份 | | | |
|---|---|---|---|---|---|---|
| | | | 国优 | 部优 | 省优 | 市优 |
| 5 | 电镀锡薄板 | 08F | 1984 银牌奖 | 1982 | 1987 | |
| 6 | 自行车用热轧带钢 | $Z_2F$、$Z_3F$ | 1985 银牌奖 | 1984 | 1984 | |
| 7 | 16Mnq 桥梁用钢板 | 16Mnq | 1986 银牌奖 | 1984 | 1984 | |
| 8 | 16Mn 压力容器钢板 | 16MnR | | 1982、1985 | 1983、1987 | |
| 9 | HG 焊管用热轧钢带 | $B_2$、$B_3$、$A_2$、$A_3$、$A_2F$、$A_3F$、$B_2F$、$B_3F$ | | 1982、1985 | 1981、1985 | |
| 10 | $QG_{42}$汽车车厢专用钢带 | $B_2$ | | 1982、1985 | 1981、1985 | |
| 11 | 20 号、22 号造船用球扁钢 | 2C、3C | | 1984、1987 | 1984 | |
| 12 | 热轧 16~25 普通槽钢 | $A_2$~$A_4$、16Mn、$A_2F$~$A_4F$ | | 1984、1987 | 1984、1986、1987 | 1986 |
| 13 | 45 号优质碳素结构钢钢板 | 45 号 | | 1985 | 1985 | |
| 14 | 普通碳素冷轧薄钢板 | $A_1$、$A_2$ | | 1985 | 1985 | |
| 15 | 自行车用冷轧钢带 | $A_1$、$A_2$ | | 1984、1987 | 1984 | |
| 16 | $I_{16,18}$热轧普通工字钢 | $A_3F$ | | 1985 | 1985 | |
| 17 | 普通碳素镇静钢热轧板（卷） | $A_2$、$A_3$ | | 1983、1986 | 1983 | |
| 18 | 热轧 16 号等边角钢 | $A_2$~$A_4$、$A_2F$~$A_4F$ | | 1987 | | |
| 19 | $A_3$ 普通碳素镇静钢钢板 | $A_3$ | | 1987 | 1985 | |
| 20 | 20g 制造锅炉用优质碳素钢板 | 20g | | 1987 | 1987 | 1986 |
| 21 | 优质碳素结构钢钢板（卷、带） | 10 号、15 号、20 号、08F | | 1987 | 1986 | 1986 |
| 22 | 09CuPTiRe 铁路货车车厢用耐候钢 | 09CuPTiRe | | 1987 | | |
| 23 | 普通碳素沸腾热轧钢带（板） | $B_2F$、$B_3F$、$A_1F$~$A_3F$ | | 1987 | | |
| 24 | 2C、3C 造船用结构钢板 | 2C、3C | | 1983、1986 | 1983、1987 | |
| 25 | T52L 汽车大梁用钢板 | T52L | | 1986 | 1985 | |
| 26 | 903 舰艇钢板 | 903 | | | 1980 | |
| 27 | 16Mn 普通低合金钢热轧带钢 | 16Mn | | | | 1985 |

上述各产品是通过技术攻关和技术进步获得的。下面仅就几个重要牌号专用钢板，简略地分析于后。

## 1.1 08F 钢

08F 钢是镀锡板原料。在 1979 年一米七轧机投产前就开始试制。其热轧成坯率只达 44.59%，包括不足 4000mm 的短尺坯也只有 77.05%。主要原因是头部疏松、切头率高，其次则是气泡暴露和夹杂缺陷。近两年来，08F 钢锭合格率及轧后废品率，见表 2 及表 3。

**表 2 历年 08F 钢锭合格率**

| 年份 | 1981 | 1982 | 1983 | 1984 | 1985 | 1986 | 1987 |
|---|---|---|---|---|---|---|---|
| 钢锭合格率/% | 88.93 | 89.82 | 93.86 | 95.59 | 97.03 | 97.70 | 95.87 |

**表 3 08F 轧后废品率及其原因**

| 年份 | 生产量/t | 废品量/t | 轧废原因/% | | | |
|---|---|---|---|---|---|---|
| | | | 疏松 | 气泡 | 夹杂 | 其他 |
| 1986 | 115631 | 2666 | 47.02 | 32.55 | 8.10 | 12.33 |
| 1987 | 139429 | 5930 | 31.79 | 51.39 | 8.40 | 8.42 |

08F 开始按 GB 699—65 标准生产，合格率都在 80%以下。通过试验及生产分析，1983 年提出内控标准（见表 4），并制定专用规程。1984 年以来质量上升较前更为明显。

**表 4 W08F 内控标准** （%）

| 钢号 | | C | Si | Mn | P | S | Cu |
|---|---|---|---|---|---|---|---|
| GB 699—65 | 08F | 0.05~0.11 | ≤0.03 | 0.25~0.50 | ≤0.040 | ≤0.040 | ≤0.30 |
| 内控 | W08F | 0.05~0.09 | ≤0.03 | 0.25~0.45 | ≤0.030 | ≤0.030 | ≤0.15 |
| 内控 | W08F | 0.05~0.07 | ≤0.03 | 0.25~0.40 | ≤0.020 | ≤0.025 | ≤0.15 |

通过钢锭和切头解剖，头部结构是随钢中氧含量、沸腾时间、偏析程度（特别是硫的偏析），以及封顶方法的不同而不同。头部气泡有的集中，甚至形成气囊，但也有的分散分布。硫不但是偏析元素，也是活性物质，它既恶化钢的质量，还影响钢液沸腾。出钢温度高是另一个原因，特别是 08F 这类低碳钢，过多的［O］也会造成沸腾不良，气体不易排出。在轧制时，分散的小气泡，可能焊合成为致密的组织。大气泡尤其是气囊，则不能焊合，甚至形成空洞。高硫偏析在剪切温度 1000℃时，剪切应力使金属流变成疏松缺陷。这是由于在 γ-Fe 晶界有液态 Fe-O-S 化合物而造成的。气泡暴露多由沸腾不良或在轧制塑性变形时产生的。

出钢时钢中氧含量，一般在 0.05%左右，个别的达到 0.07%以上。因此沸腾不良，气泡接近表面。攻关初步表明：$[O]_{包}$ 应控制在 0.03%~0.041%。日本生产含碳 0.06%~0.07%钢时，［O］为 0.02%~0.03%。为了控制钢中含氧量（出钢时特别是钢锭模中钢液的含氧量），要根据沸腾的强弱采用铝来控制。1982 年攻关试验中，得出［C］［Mn］≥0.025%的启示。据此［C］和［Mn］都不能在下限，但这是有碍钢板深冲性能的。1987 年 3~6 月，为了提高 08F 钢锭合格率，减少疏松和夹杂废品的攻关中，得出的结论是：

（1）终点［C］应≥0.07%；

（2）出钢温度≤1645℃；

（3）［C］［Mn］≥0.025%；

（4）注毕封顶时间≥5min；

（5）装炉锭温≥870℃。

攻关期间，钢锭合格率达到了 98.08%。比同年 1~2 月（96.41%）高 1.67%，比历史最高水平 1986 年（97.70%）高 0.38%。

1988 年初，第一炼钢厂又组织攻关，在上两次攻关的基础上共冶炼了 9 炉 W08F 钢。其中 180012 炉未定氧，也未调氧，含硫量 0.030%，出钢温度 1650℃，出钢量 503.10t，浇铸温度甲、乙两罐分别为 1560℃和 1565℃。轧后结果，疏松废品 58.384t，气泡废品 10.485t，钢锭合格率仅 86.91%。另 180027 炉，硫含量甲、乙两罐中为 0.025%和 0.024%，炉前定氧为 0.0574%，出钢时按终点［C］两罐各加铝 48kg 调氧。$[O]_{包}$ 均为 0.0292%，浇铸温度 1545℃，出钢量 470t，仅乙罐有疏松废品 0.847t，钢锭合格率 99.82%，其中 7 炉和 1 炉合计合格率为 98.31%，比 1987 年试验时（98.08%）提高 0.23%。这次攻关的结论是：

（1）按终点［C］进行调［O］；

（2）注温控制在 1550℃；

（3）注速（下注 4 个 11.20t 钢锭）13min；

（4）封顶时间 5~7min。

其他与前几次攻关取得的结论一致。

可见要提高 W08F 钢质量，首先要按内控成分出钢，特别是降低钢中硫含量；控制钢中氧含量，即根据终点［C］进行调氧使 $[O]_{包}$ 含量在 0.03%左右；保证强有力沸腾 5~7min，用氩气喷吹、铝丸封顶。要获得［C］≤0.07%，［Mn］≤0.40%的 08F 深冲优质薄板钢，还需要探索。

### 1.2 造船钢板

早在 1964 年，就用低合金钢 16MnCu 钢板制造一艘 300t 油轮。嗣后 4C 船板得到国际造船单位信任，公认为万吨级以上的造船免检钢板。2C、3C、4C也在1981年和1983年分别得到英国劳氏船级社和西德GL船级社同样的认可。

60年代后半期到1973年，已建造万吨级巨轮12艘。其中红旗造船厂用16MnCu建造15000t级的油轮大庆27号、28号共6艘；广州造船厂用16-MnCu建造了15000t货轮辽阳号。但是当时船板性能不够稳定，往往因韧性不合格而不能作为造船钢板。经多次试验和生产分析，了解到原4C钢中含碳（0.21%）较高，后在制定内控成分时，降低了碳含量，见表5。按内控成分生产的各类船板，性能得到了提高，国内外厂家用它制造了多艘远洋货轮。

**表5 降低碳含量的船板内控成分** （%）

| 钢号 | C | Si | Mn | P | S | $C+\frac{1}{6}Mn$ |
|---|---|---|---|---|---|---|
| W4C | 0.07~0.14 | 0.10~0.35 | 0.75~1.10 | ≤0.035 | ≤0.035 | <0.40 |
| W3C | 0.10~0.17 | 0.10~0.35 | 0.60~1.00 | ≤0.035 | ≤0.035 | <0.40 |
| W2C | 0.10~0.17 | 0.10~0.35 | 0.40~0.80 | ≤0.040 | ≤0.040 | <0.40 |

在此基础上，从1983年开始试制$\sigma_s \geq 315$MPa、$\sigma_s \geq 355$MPa可焊性能好的高强度低合金钢板。它不仅具有良好的可焊性能，而且低温韧性、抗时效敏感性好。是建造大型船舶、海上平台、桥梁和工程机械及大型结构钢的理想用材。它是在4C、5C船板成分上，经过调整，采用微合金化及控制轧制生产的，其化学成分见表6。

**表6 微合金化及控轧生产船板的化学成分** （%）

| 钢号 | C | Si | Mn | P | S | Als | Nb |
|---|---|---|---|---|---|---|---|
| W32C | 0.12~0.16 | 0.35~0.55 | 1.2~1.6 | ≤0.030 | ≤0.030 | ≥0.015 | — |
| W36C | 0.12~0.16 | 0.35~0.55 | 1.2~1.6 | ≤0.030 | ≤0.030 | ≥0.015 | 0.20~0.05 |

这种钢板综合性能达到了国际同类钢材标准，还超过了国际同类产品的实物质量。该项产品已分别获得了1987年武汉市新产品一等奖及二等奖。并为西德船东建造4艘12310t多用途集装箱出口船。1985年第二炼钢厂按上述成分经过脱硫生产的钢板，已用于我国自行设计的勘探3号钻井平台，荣获国家一等奖，填补了国家空白。

1988年江南造船厂已订货用W32C制造65000t级4艘多用途集装箱货轮；上海造船厂采用W36C建造28000t多用途集装箱货轮8艘。

### 1.3 16Mnq桥梁钢板

1966年山海关桥梁厂，曾用16MnCu建造跨度为60m栓焊结构的嫩江桥中的一孔，常在-20~30℃气温中经受考验，嗣后又制造了栓焊结构的701大桥。宝鸡桥梁厂也用16MnCu建造了黄河大桥。由于含Cu钢板具有良好的耐大气腐蚀性能，所以采用16MnCu钢板制造桥梁的越来越多。16MnCu钢投入批量生产时，钢板常因夹杂引起断裂纹，甚至发生分层现象，合格率仅30%。1982年对化学成分、出钢温度、注温、注速等进行了统计分析，发现这些工艺参数对16Mnq热轧钢板合格率影响显著。1983年改为内控成分生产（见表7）；同时制定了专用规程，规定出钢温度为1620~1640℃，注速11~16min，终轧温度860℃，误差±20℃。再加上平炉顶吹氧，少用重油，钢中硫含量有所降低，一级品率年年上升（见表8）。1985年用其建造跨度108m，全长10km的亚洲第二长桥——长东黄河大桥。

**表7 桥梁钢板内控成分** （%）

| 钢种 | C | Si | Mn | P | S | Cu | 脱氧剂 |
|---|---|---|---|---|---|---|---|
| YB 168—70 | 0.12~0.20 | 0.2~0.6 | 1.2~1.6 | ≤0.035 | ≤0.035 | ≤0.030 | 加Al补充脱氧 |
| 16Mnq（1983） | 0.12~0.16 | 0.2~0.4 | 1.3~1.6 | ≤0.035 | ≤0.035 | ≤0.030 | |

续表 7

| 钢种 | C | Si | Mn | P | S | Cu | 脱氧剂 |
|---|---|---|---|---|---|---|---|
| 16Mnq（1983 年开始） | 0.13~0.18 | 0.3~0.6 | 1.3~1.6 | ≤0.035 | ≤0.035 | ≤0.030 | 加 Al 补充脱氧 |

表 8　历年来一级品率统计　（%）

| 年份 | 1981 | 1982 | 1983 | 1984 | 1985 | 1986 | 1987 |
|---|---|---|---|---|---|---|---|
| 一级品率 | 77.80 | 82.00 | 92.4 | 96.9 | 98.95 | 99.05 | 99.40 |

1980 年以前，为了改善断口性能，曾采用稀土加 Al 作为终脱氧剂，钢中夹杂得到控制，断口合格率上升到 83.6%。1985 年开展模内吊挂稀土棒，代替包内加 1 号稀土工艺。当模内 RE/S≥1.74 时，-40℃，$\alpha_K$ 平均值为 8.9kg · m/cm$^2$，最高 12kg · m/cm$^2$，较原工艺提高了 65%。$\alpha_K'$平均值达到 7kg · m/cm$^2$，最高值达 9kg · m/cm$^2$ 以上，较原工艺提高 52%。

目前，正在此基础上试制 $\sigma_s$ ≥42kg 级微合金梁钢板，采用模内挂稀土棒工艺控制钢中夹杂物，-40℃ V型冲击功达到 15kg · m/cm$^2$。

## 1.4　压力容器钢板

压力容器钢板要求在一定温度下耐高压、耐介质腐蚀。经过多次试验研究，确定内控成分，见表 9。

表 9　压力容器钢内控成分　（%）

| 钢号 | C | Si | Mn | P | S | Cu | 脱氧剂 |
|---|---|---|---|---|---|---|---|
| 16MnR | ≤0.20 | 0.20~0.60 | 1.2~1.6 | ≤0.040 | ≤0.045 | ≤0.035 | （750g/t）Al |
| W16MnR | 0.14~0.19 | 0.30~0.60 | 1.3~1.6 | ≤0.035 | ≤0.035 | ≤0.030 | 加 Al 补充脱氧（500g/t）Al+Fe-Ti |
| W16MnR 球 | 0.14~0.19 | 0.30~0.60 | 1.3~1.6 | ≤0.035 | ≤0.035 | ≤0.030 | （500g/t）Al+Ca-Si（800~1000g/t）Al |

1981 年修改内控成分时，用户对 W16MnR 提出，应按超声波探伤标准 JB 1150—73 二级以上合格交货。当时由于夹杂严重，成品率仅 20%。钢中的 MnS 夹杂，是以Ⅱ型硫化物、复合硫化物、氧化物、氮化物断续地沿晶界分布。经轧制成钢板后，MnS 沿轧制方向呈细长条状分布，有时密集成群。考虑到 TiN、$Al_2O_3$ 则是粒状弥散分布。当时 16MnR 和 W16MnR 是采用 750g/t 铝终脱氧，主要夹杂物是 MnS、含 $Al_2O_3$ 的 MnS 及 $Al_2O_3$。如利用硅钙合金脱氧，可以在 CaO-$Al_2O_3$ 尖晶石状夹杂物周围析出球状的 CaO-MnS 相夹杂物；再以 Fe-Ti 终脱氧，可使 MnS 形成（TiMn）S 夹杂，用其复合夹杂物来细化晶粒，改变夹杂物形态，提高钢板探伤合格率。但钢中铝、钛的增加，会增加钢液黏度。因此要相应的提高出钢温度(1635~1655℃)。从而将 W16MnR 球按 Al(500g/t)+Fe-Ti(400~500g/t)+Ca-Si(800~1000g/t) 脱氧，并采用高温（I 型）轧制。探伤合格率逐年上升，1986 年为 89.67%，1987 年为 92.92%。一级品率分别为 87.29%和 91.87%；二级品率分别为 2.38%和 1.05%。

09MnTiCuRe-70℃低温抗 $H_2S$ 腐蚀压力容器钢板，第一炼钢厂生产的这种钢已制造压力容器 17 台。其中南京 6 台，海安石油化工厂 11 台。由于要进一步提高抗 $H_2S$ 腐蚀能力，钢中硫含量至少要降低到 0.01%以下。现暂改由建有脱硫设备的第二炼钢厂生产。

## 1.5　锅炉钢板

锅炉钢板长期在高温烟气和高压蒸气下使用，除要有强的韧性外，时效性能也要求严格，$\alpha_K'$≥3.5kg · m/cm$^2$，同时高温疲劳性能也是一个重要参数。过去钢材在制造加工中，常因钢板时效硬化产生裂纹报废；或锅炉在使用过程中出现裂纹而发生爆炸事故。由于质量不好，加上 2800 轧机压下量大，供货钢板厚达 50mm 以上等原因，导致武钢长期以来 20g 钢综合合格率最高仅为 61%。因而只得增加热处理常化工序。

“六五”期间，进行了 20g 钢微钛处理研究，20g 钢中加入微量 Ti（≤0.02%），能有效地固定钢中氮，并形成 TiN 粒子弥散分布于钢中，形成晶核细化晶粒，改善了钢的时效韧性。如果采用微钛加 Re

(0.3kg/t) 复合处理，效果更佳。1985 年第一钢厂生产的 20g 钢，除按内控成分控制外，还制定了专用规程。规程规定冶炼中末期渣 $R \geq 3$；在目前情况下，出现温度为 1635℃±5℃；脱氧和合金化顺序为硅锰→钛铁（0.7~0.8kg/t）；吹氩；采用 13.22t（500g/t）→钛铁（0.7~0.8kg/t）；吹氩；采用 13.22t 大扁锭，每组四锭下注 11~16min 以及初轧和轧板等工序的要求。

1987 年共生产微钛处理 20g 钢 15691t。热轧性能综合合格率提高到 87.22%，平均为 80.32%；与 1986 年无钛处理，常规生产的 20g 钢板的热轧合格率（48.16%）相比，提高了 32.16%。热轧时效冲击值平均提高 14J/cm$^2$，而微钛加 Re 复合处理 20g 钢板的平均时效冲击值，可提高到 25J/cm$^2$ 以上。1986 年 7 月微钛 20g 钢投入工业大生产；1987 年 7 月按国家颁布优质标准组织生产。

## 2 质量

第一炼钢厂钢的质量是随着产品结构而变化，历年来的质量变化见表 10。

**表 10 第一炼钢厂历年来的质量变化**

| 年份 | 1959 | 1960 | 1961 | 1962 | 1963 | 1964 |
|---|---|---|---|---|---|---|
| 钢锭合格率/% | 95.43 | 97.46 | 97.01 | 98.2 | 99.5 | 99.57 |
| 年份 | 1965 | 1966 | 1967 | 1968 | 1969 | 1970 |
| 钢锭合格率/% | 99.11 | 98.5 | 97.3 | 97.51 | 97.81 | 96.88 |
| 年份 | 1971 | 1972 | 1973 | 1974 | 1975 | 1976 |
| 钢锭合格率/% | 96.84 | 96.82 | 95.7 | 93.47 | 91.18 | 90.72 |
| 年份 | 1977 | 1978 | 1979 | 1980 | 1981 | 1982 |
| 钢锭合格率/% | 95.32 | 97.6 | — | 98.07 | 94.46 | 93.77 |
| 年份 | 1983 | 1984 | 1985 | 1986 | 1987 | |
| 钢锭合格率/% | 96.16 | 97.06 | 97.4 | 98.45 | 98.46 | |

1959 年 9 月底第一炼钢厂开始投产，在初轧前，钢锭外发，合格率因厂内废品多少决定。1960 年 7 月初轧厂投产，由于成材厂尚未建成，铜坯外发，钢坯质量检查不严，轧后退废少。1963 年底大型厂投产，并有部分方坯热送，轧后废品不多。嗣后钢厂操作渐趋熟练，设备渐趋完善，厂内废品逐年减少，钢锭合格率逐年上升，至 1964 年达到 99.57%。1965 年 8 月轧板投产，板坯质量要求要比方坯严格得多，因此钢锭合格率转向下降。“十年动乱”破坏了规章制度，开始了所谓的“对号入座”。炼出什么钢，按成分对钢号，何质量之有？直到“四人帮”垮台，钢锭合格率下降到了最低值 87.06%。1978 年开始，质量才又为人们所重视，恢复了过去一些行之有效的制度，钢锭合格率开始回升。1979 年“一米七轧机”投产，平炉既要增加品种，又要高质量供锭。由于要求严格，钢锭合格率又开始下降。经过几年的攻关，钢质量才逐步提高，并趋稳定（达 98.46%），超过国家规定一级企业钢锭合格率（98.30%）的规定。但与特级企业钢锭合格率（99.00%）尚有差距，还需努力。第一炼钢厂近 5 年来影响钢锭合格率的因素，见表 11。

**表 11 近 5 年来影响钢锭合格率的因素**

| 年份 | 钢锭合格率/% | 废品率/% | | | | | | | | |
|---|---|---|---|---|---|---|---|---|---|---|
| | | 合计 | 厂内废品 | 轧后废品 | 轧后退废 | | | | | |
| | | | | | 气泡 | 裂纹 | 夹杂 | 疏松 | 结疤 | 其他 |
| 1983 | 96.16 | 3.84 | 0.36 | 3.48 | 29.79 | 14.60 | 8.55 | 21.68 | 12.46 | 12.92 |
| 1984 | 97.06 | 2.94 | 0.26 | 2.68 | 29.08 | 11.74 | 15.16 | 13.94 | 16.79 | 13.29 |
| 1985 | 97.40 | 2.60 | 0.18 | 2.42 | 22.38 | 13.69 | 17.80 | 15.97 | 20.42 | 9.74 |
| 1986 | 98.45 | 1.55 | 0.10 | 1.45 | 17.31 | 17.28 | 23.56 | 15.33 | 20.68 | 5.84 |
| 1987 | 98.46 | 1.54 | 0.07 | 1.47 | 22.01 | 25.16 | 12.50 | 17.03 | 12.99 | 10.31 |

注：1. 轧后退废各项原因百分数，按废品总量为 100%而计算的。

2. 裂纹包括拉裂。

3. 其他一项包括缩孔、空洞、分层等。

从表 12 中看出，厂内废品逐年减少，问题还在轧后退废。现行的退废制度，判为属于钢质量的是从钢材的最终废品一直退到炼钢厂。有些废品如裂纹，也可能在加热轧制的过程中产生，但因难以判断而列入炼钢。由于产品各类不同，各厂质量指标也是没有什么可比性的。

回顾这 30 年钢锭质量的变化，它既是因产品结构的变化而变化，也是随着技术进步的变化而变化。目前第一炼钢厂正在新建铁水脱硫站，采用 MA-RK 法浇铸外沸内镇钢和安装 TN 脱硫装置等，钢锭质量会进一步改善。

## 3　今后努力方向

不断地扩大品种和提高质量是客观的必然。因此必须精益求精，以满足新的发展对新材料、新品种和高质量的更高要求。

品种的开发和质量的提高，应结合当前实际及可能来作出新贡献。要注意：

（1）充分利用国家资源，发挥资源优势，变有害为有利，开发新品种。特别是如何适应当前国内和国外所需的品种。

（2）要生产新品种及高质量的钢，必须根据国际上最先进的实物标准来制定超国际标准的内控标准及专用规程，生产具有竞争力的实物产品，才能打入国际市场。

①对钢中含碳量，应根据产品要求，限制在最小范围，保证产品性能稳定。

②对 S、P 有害元素采用脱 S、脱 P 技术降低其含量。国际上硫含量都控制在 0.015%～0.010%以下，甚至双零以下，显然前面所列举的各专用钢内控成分中的硫含量偏高，所以要重视精料。应加速建成铁水脱硫和钢水脱硫 TN 装置。目前可以试行钢包内合成渣脱硫。

（3）大力减少钢中夹杂和气体。夹杂和气体都会破坏钢材的连续性，极大的影响钢的质量。要贯彻挡渣出钢，改善耐火材质，加强冶炼操作，排除钢中气体，减少外来夹杂和脱氧生成物。重视脱氧制度，采用复合脱氧剂，进行变性、变态处理。对于钢中气体特别是［O］，需要良好沸腾，控制沸腾钢（FeO）≤14%～12%，镇静钢（FeO）≤10%，另加钢包吹氩及防止二次氧化。

（4）严格控制出钢温度，采用红包出钢，减少钢包过程温度损失。使其过热温度控制在 20～30℃内。

（5）重视技术进步，加强测试技术，如测温、定碳、定氧等。认真实行科学炼钢，使钢的实物质量不断提高。

（原载《武钢技术进步三十年》，1988）

# 实现全连铸的工艺技术

萧忠敏

## 1 概述

我公司第二炼钢厂的三座公称容量为50t的氧气顶吹转炉，设计生产能力为150万吨。70年代中期在引进三套1700mm薄板轧机的同时，从西CONCAST公司引进了三台单流弧形（$R=10.3m$）板坯连铸机，铸坯年生产能力为150万吨。考虑到铸机的正常运行状态和从日本新日铁引进的硅钢专利要求，高牌号硅钢需用模铸法生产，故配备了30万吨的模铸生产能力，因此，核定的连铸坯生产能力为120万吨。设计的连铸比为80%，铸坯收得率为96%，铸坯合格率为92.7%。

为了满足三套1700mm薄板轧机的铸坯质量的要求，在引进大型板坯连铸的同时，还配套引进了KR铁水脱硫、钢包吹氩和RH真空处理等设备。随着生产技术发展的需要，1984年又对三座氧气转炉进行了技术改造，成功实现了顶底复合吹炼，为向连铸提供质量合格的钢水奠定了基础。这样就使第二炼钢厂成为我国第一个具有铁水预处理——氧气转炉顶底复合吹炼——炉外精炼（钢包吹氩、真空处理）——连铸技术的较现代化的炼钢厂。

1978年10月25日1号连铸机建成投产，1979年2月28日和3月31日2号连铸机和3号连铸机相继建成投产。三台连铸机投产以后，连铸坯的产量和连铸比均逐年增加，1981年连铸比提高至79.86%，达到设计水平。此后两年因生产、技术、设备和管理等方面的原因，连铸坯产量虽然随着产量的增加仍有明显增加，但连铸比增长幅度却较小，徘徊在81%~82%之间。

在上述较先进的生产装备和技术条件下，如何大幅度提高连铸坯的产量和质量，迅速增加连铸比，争取尽快赶上国际连铸生产技术先进水平，取消模铸工艺，实现全连铸来满足三套1700mm薄板轧机对扩大连铸坯量的需要，就成为第二炼钢厂生产发展中的一个非常突出的问题。

1980年以来，第二炼钢厂就开始在逐步消化引进技术的基础上进行了一些连铸新工艺、新技术的试验。随着公司技术进步的发展，1983年以来，加快了试验速度，增加了试验项目，落实了攻关组织和措施，借鉴国外连铸先进技术，在公司生产、科研、管理部门的协作下，通过试验研究和技术攻关，突破了高牌号硅钢连铸工艺的难点，大幅度减少了连铸中断现象的发生。与此同时，还制订了一套比较完善、科学的全连铸操作工艺和设备管理、生产组织管理制度。通过采用这些措施，从1984年9月起，连铸比提高到98%以上，当年连铸坯产量达到127.7万吨，超过了核定的设计产量。1985年3月实现了全连铸，全年共生产连铸坯160.8万吨，连铸坯的产量和连铸比均超过了国外的设计水平，成为我国第一个实现全连铸的炼钢厂，连铸的生产技术赶上了国际先进水平。

从1979年三台铸机全部投产到1987年的九年期间已生产连铸坯968.56万吨；从1980年连铸机正常生产以来到1987年的八年间，连铸坯的总增长率为149.4%，每年以13.95%的年递增率增长。

实现全连铸以后，按1985年产铸坯160.8万吨，仅第二炼钢厂即获得综合经济效益4746.5万元，此后随着产量的增加，钢厂和公司获得的经济效益远远超过此数。

鉴于第二炼钢厂成功地实现了全连铸，连铸生产的主要技术经济指标在国内居于领先地位，连铸生产技术水平进入国际先进行列，1985年获得国家科学技术进步二等奖，1986年被冶金部授予我国第一个特等连铸机工厂的称号。

第二炼钢厂连铸机投产以来，历年的主要技术指标列于表1；连铸坯和连铸比的增长情况见图1。

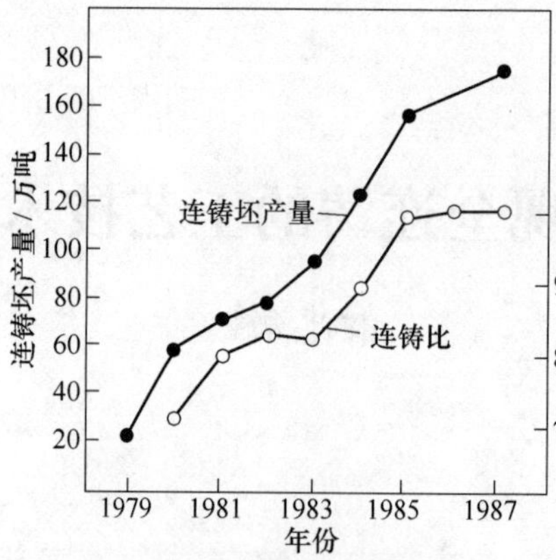


图 1　连铸坯产量和连铸比增长情况

表 1　1979~1987 年连铸生产主要技术经济指标

| 项目 | 1979 年 | 1980 年 | 1981 年 | 1982 年 | 1983 年 | 1984 年 | 1985 年 | 1986 年 | 1987 年 |
|---|---|---|---|---|---|---|---|---|---|
| 转炉钢产量/万吨 | 79.3 | 85.1 | 90.4 | 96.2 | 117.3 | 144.4 | 161.2 | 170.0 | 180.0 |
| 连铸坯产量/万吨 | 23.0 | 60.2 | 72.1 | 79.4 | 95.3 | 127.7 | 160.8 | 170.0 | 180.0 |
| 连铸比/% | 29.0 | 70.72 | 79.86 | 82.58 | 81.19 | 88.42 | 99.76 | 100.0 | 100.0 |
| 铸坯合格率/% |  | 95.95 | 95.35 | 96.54 | 98.56 | 99.05 | 99.42 | 99.76 | 99.85 |
| 平均连烧炉数/炉 · 次$^{-1}$ |  | 2.44 | 2.48 | 2.39 | 2.47 | 4.05 | 6.31 | 6.15 | 7.06 |
| 浇铸成功率/% |  | 84.93 | 82.86 | 79.87 | 85.10 | 91.05 | 98.53 | 99.28 | 99.27 |
| 铸机漏钢率/% |  | 0.34 | 0.31 | 0.18 | 0.40 | 0.29 | 0.17 | 0.09 | 0.079 |
| 滑板漏钢率/% |  |  |  |  | 0.194 | 0.061 | 0.039 | 0.039 |  |
| 铸机纯作业率/% |  | 23.35 | 25.11 | 29.75 | 33.68 | 52.65 | 57.32 | 57.21 | 60.8 |
| 合格坯收得率/% |  | 91.26 | 95.33 | 96.54 | 97.40 | 97.51 | 96.59 | 97.72 | 98.49 |
| 回炉率/% |  |  |  |  |  |  | 0.80 | 0.49 | 0.48 |

## 2　实现全连铸的技术进步

如前所述，要实现全连铸工艺，取消模铸工艺，就是要解决原设计中占钢产量 20% 的 30 万吨的模铸锭转为连铸坯的问题。这 20% 的钢锭来自两大部分，一部分是引进的高牌号硅钢，按当时引进专利要求用模铸法生产的钢锭；另一部分则是由于中间包、大包系统发生故障、连铸机发生操作事故或设备故障、钢水温度不合要求等原因造成连铸中断，被迫转为模铸的事故钢锭。

分析造成连铸中断的原因可以看出，按浇钢总炉数计，其故障率中间包系统所占比例最大。实现全连铸前、后引起浇铸中断的故障原因如图 2 所示。

因此，解决高牌号硅钢的连铸问题，减少或消除各种设备和操作故障，进而取消事故模铸，就成为实现全连铸的关键。通过采用一系列的新工艺、新技术，先后解决了这两方面的问题，并进一步提高了连铸坯的产量和质量，实现了全连铸。其主要技术进步项目简述如下。

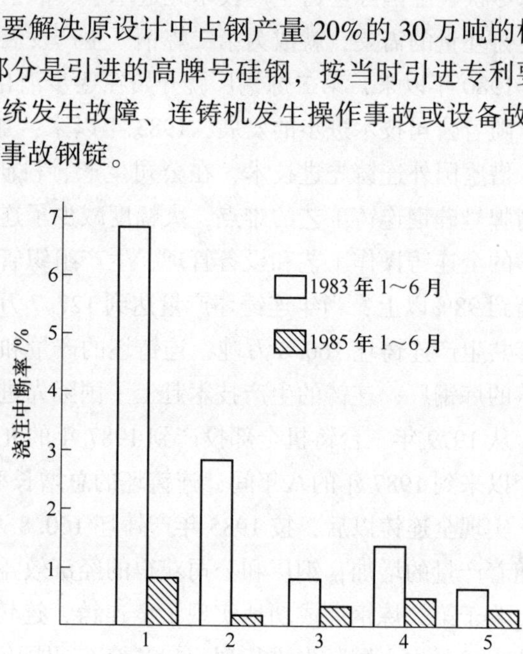


图 2　引起浇注中断的故障原因

1—中间包；2—钢包滑动水口；3—操作；4—设备；5—其他

### 2.1　高牌号硅钢连铸技术

引进的取向和无取向硅钢的 8 个品种中，按专利要求有 5 个高牌号硅钢品种只能按模铸法生产，这不但影响了全连铸的实现，而且模铸硅钢的综合成材率，仅 55.9%（1983 年数据）。

高牌号硅钢当时不能通过连铸的主要原因，对高磁感取向硅钢（Hi-B）来说，是技术操作水平不能满足铸坯内部质量的严格要求。偏析、夹杂和内裂等铸坯内部缺陷，都足以造成后工序加工困难、成品材磁性不均或不好的结果。对无取向硅钢来说，由于含硅、铝量高，不仅导热性差，铸坯易产生裂纹，而且钢水黏度大，钢中 $Al_2O_3$ 夹杂易沉积于水口，造成水口堵塞；此外还因其碳低硅高，铸坯柱状晶特别发达，易导致成品叠片系数降低、磁性降低的结果。

1983 年在暂时尚未采用电磁搅拌技术的条件下，通过各工序的工艺调整、试验，积累了经验，在此基础上，于 1983 年 10 月～1984 年 6 月进行了试生产。通过多项技术，终于 1984 年 9 月份实现了高牌号硅钢的连铸化。

（1）在净化钢质方面

冶炼无取向硅钢采用铁水脱硫措施，使铁水［S］≤0.003%；取向硅钢采用底吹氩进行钢包内合金粗调。所有硅钢均进行 RH 真空处理，以获得成分准确、钢质纯净和温度适宜的钢水。

（2）在连铸工艺方面

采用“低温快铸”的方法，主要采用的技术有：严格控制钢水温度，使中间包内钢水过热度<15℃；大包至中间包之间采用氩气密封保护浇铸；研制出适于硅钢低温浇铸的中间包和结晶器保护渣；二次冷却采用计算机静态控制；控制好夹送辊的开口度，保持良好的对中状况。

通过冶炼、炉外处理、连铸各工艺环节的控制，解决了取向硅钢连铸坯的偏析、夹杂、内裂等问题和无取向硅钢连铸坯的柱状晶以及浇铸时堵水口等问题，铸坯质量符合后工序的要求。

采用“低温快铸”的工艺，使拉坯速度得到大幅度提高。原引进的硅钢生产专用诀窍中规定，连铸硅钢的最高拉速为 0.55m/min，现已提高到 0.9m/min，相当于提高浇铸能力 64%，使一炉钢水一般可在 50min 内浇完，从而解决了连铸与真空处理周期相互协调的问题。

在后工序，高牌号无取向硅钢还采用了低温热轧、热轧卷常化、高温连铸退火等技术。

由于采用了上述各项工艺技术，使高牌号硅钢顺利地通过了连铸，并获得了良好的铸坯，满足了轧制工序的要求，硅钢的综合成材率显著提高，从模铸法的 55.9%提高到连铸法的 78.8%（1985 年），综合成材率提高了 22.9%，按 1985 年计算，实现高牌号硅钢全连铸，钢厂可向公司增缴内部利润 216.8 万元，公司收益则更大。

## 2.2 中间包系统的技术进步

过去中间包系统存在的主要问题有：控制中包钢水进入结晶器的袖砖组合式塞棒系统故障较多，塞棒用耐火材料使用时间短，满足不了多炉连浇的要求；中包浸入式水口在浇铸中发生堵塞，特别是浇铸含铝量高的钢种或钢温低的情况下尤为明显。由于这些原因，往往引起浇铸中断。针对这些问题，先后采用以下技术。

（1）采用吹氩整体塞棒

等静压成型并有防氧化的铝碳质吹氩整体塞棒，具有很多优点，诸如可避免可减少棒芯软化、掉棒头、水口堵塞等故障以及耐侵蚀、消耗低、操作简便、安全可靠等，对提高操作的稳定性和净化钢质方面都有明显的效果。1981 年从美国引进了少量此种塞棒，使用效果良好。经剖析、仿制，1983 年试制成功并在生产中试用。

与袖砖组合式塞棒比较，采用吹氩整体塞棒，平均侵蚀量降低了 84.37%，塞棒故障率降低了 73.36%。由于故障减少，相应地提高了浇成率和连铸比约 3%。铸坯中夹杂物含量、大小和分布均有明显改善。

吹氩整体塞棒于 1984 年 9 月全面用于生产，使用一年表明，年效益达 138 万元。

（2）扩大中间包容量

中包的设计容量为 6.5t。由于容量小，在换大包过程中必须降低拉速 50%以上来实现连浇，由此又往往引起水口堵塞；钢水供应或换大包过程稍不顺利即造成连浇中断。此类事故约占事故率的 15%。1984 年 8 月在对原中包小车液压升降能力、支承架倾翻装置进行核算的基础上，将原中间包钢壳加宽 300mm，底部倾斜坡改为水平，由此将其容量扩大至 10.78t，较设计容量增加 65.85%，于 1985 年 3 月全部用于生产。

采用扩大容量的中包后，换大包时可以不降低拉速，减少水口堵塞，为多炉连浇和提高铸坯质量创造了重要条件。经计算，此项改进提高连铸机单位时间的生产能力 4.52t/h，年效益 289 万元。

（3）采用双隔墙

为提高连铸坯质量，1982 年公司钢研所进行多方案的双隔墙水力模型试验。在此基础上，选用了效果较好的高墙前加一矮墙的方案，并于 1982 年 8 月投入生产使用。由于双隔墙改善了中包内钢水流股形状，延长了钢水在包内的停留时间，促进了夹杂物的分离和上浮，因而大大减少了流入结晶器夹杂物的数量。生产统计表明，单隔浇铸的铸坯的轧后杂废品率为 1.53%，采用双隔墙后降低至 0.67%，降低幅度达 57.34%，铸坯质量明显提高。随着中间包采用绝热板砌筑，双隔墙也相应采用了绝热材质。采用双隔墙后，由于轧后废品的减少，1982 年至 1984 年 8 月期间统计，年效益达 144.8 万元。

（4）浸入式水口几何尺寸的改进

原引进的浸入式水口，内径为 $\phi$55mm，侧孔倾角向下为 35°，使用中发现水口堵塞严重，断裂事故率达 5.18%。且钢流在结晶器内穿透深度大，不利于夹杂上浮。1982 年，在水力模型试验的基础上，将内径改为 $\phi$65mm，向下倾角改为 15°，水口制作工艺由泥浆成型改为颗粒浇注成型。改进后的水口故障率降至 1.24%，平均每炉侵蚀量减少 0.6mm，浇 08Al 钢时的水口堵塞率降低了 50%，铸坯夹杂废品也明显下降。

（5）采用“冷中包”浇钢工艺

连铸机投产以来，一直采用“热中包”浇钢工艺，即中包内衬工作层采用 Mg-Cr 涂料，非工作层采用黏土砖砌筑。采用此种工艺存在使用前要高温烧烤，使用后拆除困难，使用次数少，影响连铸生产等缺点。1979 年曾引进少量绝热板进行试验，在此基础上，1984 年开发了“冷中包”浇钢工艺，即非工作层采用整体浇铸成型，工作层采用绝热板砌筑。1985 年 4 月正式用于生产，开浇成功率达到 98.54%，比同期“热中包”浇钢工艺提高了 4.11%；中包系统故障影响率下降，浇铸成功影响率和开浇成功影响率分别下降了 2.52%和 2.16%；非工作层平均寿命从“热中包”的 6.34 次/包提高到 51.57 次/包；加速了中包的周转，中包周转一次要 16h，冷中包周转一次仅需 8h。同时还杜绝了中包外壳变形，保证了座砖、侵入式水口装正、装直和水口碗的规则化，大大提高了中包的质量；降低了能耗和耐材消耗，减轻了劳动强度。按 1985 年生产 160 万吨连铸坯计，效益达 106.2 万元。

## 2.3　大包系统的技术进步

大包系统特别是控制钢流的滑动水口的装置，使用时安全可靠，对连铸生产的正常进行，十分重要。生产实践表明，大包系统故障的 85%来源于滑动水口装置及其耐火制品，而大包钢流控制系统又占连铸故障率的 8.5%~12%。因此，针对大包系统的主要问题，采用以下技术进步措施。

（1）采用“501”滑动水口装置

在引进日本 YPN80-180L 型滑动水口装置的基础上，从 1982 年开始，结合武钢生产实际情况，进行了研制，并对机械装置做了必要的改进，试制了铝碳质滑板。使这套装置设计合理、耐材选用恰当、使用安全可靠。经两年（1982~1984 年）的生产使用表明，研制的滑动水口的漏钢率从原用的 $L=420$mm、$\phi$50mm 型滑动水口的 1.14%下降至 0.149%，并进一步下降至 0.021%，下降幅度达 86.9%~98.1%。这不但减少漏钢率，降低了滑动机械消耗，而且为按计划组织生产、改善劳动条件提高大包周转率、确保红包出钢、降低出钢温度，特别是为提高连浇率、连铸坯产量、实现全连铸创造了极为重要的条件。按 1985 年实际使用结果，大包采用 501 型滑动水口年效益可达 137.3 万元。

（2）引流砂的研制与应用

大包采用滑动水口后，自开率一直很低，不到 80%，严重影响连铸正常开浇。虽经几度改进，但成效不大。1984 年钢研所在剖析国外引流砂的基础上，研制出 WS-1 型大包引流砂，它是一种颗粒均匀、流动性好、含杂质少、低熔点相少、不易烧结、适用钢种范围宽、包装和使用方便的滑动水口填料。生产试用证明，大包自开率由 78.5%提高到 93%以上。1985 年已全面推广应用。

（3）大包长水口加氩封保护浇铸

在连铸生产过程中，对大包至中包之间的钢流实行保护浇铸，是提高铸坯和钢材质量的有效措施。

特别是对含铝量较高的08Al深冲钢和硅钢来说，更是必要的工艺条件。

1981年曾引进少量大包长水口进行试验。1984年在参考国外有关资料的基础上，结合现有铸机大包旋转装置只能平移不能升降的特点，研制了装卸长水口用的机械手和吹氩保护装置，1986年初正式用工08Al钢和硅钢，同年7月普遍推广。经一年使用表明，采用大包长水口加氩封保护浇铸，有效地防止了钢水的二次氧化，显著地提高了钢的清洁度。与敞开浇铸相比，08Al钢中包钢水的平均含氮量降低$26\times10^{-6}$，含氧量降低了$66\times10^{-6}$，酸溶铝损失减少53.8%，夹杂物的级别、含量、大小和分布均有明显改善。生产统计表明，轧后夹杂废品率比使用前降低52.4%，其中08Al钢降低91.7%，硅钢降低85%。硅钢高牌号级别提高16.61%。按1986年计算，年效益达159.3万元。

（4）大包采用底吹氩工艺

原从西德引进的大包吹氩工艺为顶吹法，采用顶吹氩工艺时，钢水裸露严重，吹氩棒使用次数仅4次左右，冶金效果较差。1986年试用底吹氩搅拌，冶金效果良好，底部供气砖使用次数大约14次。1987年已全面用于生产。

## 2.4 多炉连浇技术的开发

1984年以前的平均连浇炉数很低，主要是由于浇铸中断事故的影响和部分钢种技术上尚不能多炉连浇的限制。1984年成功地采用了快速更换中间包、开发了异钢种连浇的技术，为提高连铸比、实现全连铸提供了重要条件。

（1）快速更换中间包

铸机投产以来，由于一个浇次的最高连浇炉数是以一个中包的耐火材料的使用次数为限。1983年平均连浇炉数2.47炉/次，生产能力受到很大限制。鉴于每台铸机两侧各配有一台液压升降、机械传动横移的中包小车，为快速更换中间包进行多炉连浇提供了设备条件。1980~1982年曾进行过3次快速更换中间包的试验，取得初步效果。在此基础上，1984年1月，在做了详细研究和充分准备的情况下，进行了快速更换中间包的试生产，获得成功，并于同年3月正式用于生产。

快速更换中间包的关键在于控制铸坯停拉时间，要求控制在3min以内，现在一般均可在2min内完成此项工作，保证了正常生产。

采用快速更换中间包后，提高了连浇炉数，1984~1985年提高到4.6炉/次，1987年进一步提高到7.06炉/次，其间还创造了连浇117炉/次的纪录；由于减少了送引锭的次数，使铸机作业率从33.68%提高到63.86%；减少金属切损50%左右。按1985年计算，经济效益达187万元。

（2）异钢种连浇技术的开发

在采用快速更换中包操作实现同钢种多炉连浇以后，根据生产品种多的特点，1984年6月又成功地开发不同钢种的多炉连浇技术，同年9月正式用于生产。

异钢种连浇，除了在操作上要实施更换大包的同时更换中包以外，还必须用连接件把两种不同成分的钢液隔开并牢固地衔接住，以尽可能减少两种成分钢液在铸坯内的混合长度，确保在浇钢过程中接浇处能承受30~100t的拉矫力而不致脱开。根据试验，采用了箱体形连接件，它具有连接强度大和切损小的优点。对衔接处的检验表明，混坯长度均小于规定的1000mm切损范围，最大长度为650mm，最小长度为220mm，保证了铸坯质量。按生产统计，年效益达115.8万元。

1986年又研制出另一种板式连接件，它具有更好的使用效果，现正在试用中。

## 2.5 提高铸坯质量的技术进步

如前所述，在实现全连铸的技术进步项目中，有相当部分是为提高铸坯质量而采用的。诸如铁水脱硫、大包底吹氩、RH真空处理、中包吹氩整体塞棒、双隔墙、扩大中包容量、改进浸入式水口的几何尺寸、大包长水口加氩封保护浇注等。此外，还采用和开发了以下技术来提高铸坯质量。

（1）保护渣的研制

在科研和生产部门的密切配合下，研制出适用于不同钢种连铸要求的保护渣，包括无取向硅钢结晶器GW-4、取向硅钢结晶器用GQ-6保护渣、普碳钢用的中包T-1渣、低合金钢用BZW-2渣等。所有这些保护渣，对提高铸坯质量均取得了良好效果。

（2）自动测缝仪的应用

引进了一台辊缝自动测量仪，对铸机夹辊的开口度进行定期检测，保证了铸机的良好状态和铸坯质量。

（3）运用硫印检验，诊断铸机设备状态

从 1985 年开始，科研部门与生产单位合作，制定了硫印检验评级标准。通过硫印显示的缺陷，运用铸坯凝固理论，推断铸机异常状况发生的原因和位置，从而及时调整铸机，保护铸坯质量。此方法已于 1986 年用于生产。

（4）电磁搅拌技术的应用

为提高硅钢和其他专用钢铸坯的质量，1986 年和 1987 年先后从西德和日本引进两台不同型式的电磁搅拌装置，分别安装于 3 号和 1 号连铸机的二冷段。通过试生产表明，采用电磁搅拌技术，对于提高硅钢的等轴晶率、减少专用钢的中心偏析等均有良好效果。

（5）稀土喂丝法的应用

通过向结晶器喂入稀土丝，可以明显地减轻铸坯硫的中心偏析，铸坯的等轴晶率可以增加 10%～15%，并改善了钢中硫化物夹杂的形态、大小和分布状况，对于提高低合金钢的性能和开发新钢种均十分有利。

投产 10 年来，在公司生产、科研、管理部门密切合作和共同努力下，第二炼钢厂的连铸生产技术虽然有了明显进步，但在某些方面与世界连铸技术迅速发展的情况相比，还存在一些差距。因此，必须继续开发连铸系统的新技术、新工艺来适应发展生产提高质量的要求。例如研究和采用结晶器在线调宽技术；提高拉速及相应保护渣的开发；二冷段气雾冷却技术的应用；新钢种连浇技术的开发；无缺陷铸坯的研究；进一步提高连浇炉数和铸机作业率等。为继续保持连铸生产技术的先进水平，为提高我国连铸生产技术做出更大的努力。

（原载《炼钢》，1988（4）；《武钢技术进步三十年》，1988）

# 硅钢冶炼技术的发展

张家宏 马秉荣

## 1 前言

现代硅钢片的生产方法，有两个基本特点，一是对化学成分的高精度控制，二是成品轧制的冷轧化。

在化学成分的高精度控制方面，取向和无取向的控制目标各不相同。取向硅钢对常规元素有极严格的要求，同时还要严格控制有利夹杂的含量。加入有利夹杂是为了抑制硅钢一次结晶晶粒的长大，使二次结晶晶粒有充分生长的可能，从而获得晶粒取向度高、有方向性的高磁感低铁损的取向硅钢片；无取向硅钢则要求具有超低碳、超低硫、高铝含量的纯净钢质，从而获得具有磁性各向一致的低铁损的无取向硅钢片。成品轧制方法的冷轧化，使硅钢片的厚度、板形和机械性能方面，与热轧硅钢片相比有无可争议的优点。用现代化生产方法生产的硅钢片，满足了当代电器设备功率的大型化、铁芯体积的微型化、节省磁性金属和降低能耗的要求，是国民经济中令人注目的重要材料。

我国硅钢片的生产比较落后，在武钢批量生产冷轧硅钢片之前，基本上只生产热轧硅钢片，只有太钢、鞍钢零星生产少量的冷轧硅钢片，由于设备和技术落后，金属收得率低，电磁性能差，产品成本高，先后停止生产。

1974年，国家决定武钢从新日铁引进冷轧硅钢片及包括前工序在内的全套生产技术，签订了CJ7411合同。合同规定引进的专利硅钢有8个牌号，它们是高磁感取向硅钢Hi-B、一般取向硅钢GO、高牌号无取向硅钢$H_{10}$、$S_{12}$、$S_{14}$、$S_{18}$和低牌号无取向硅钢$S_{20}$、$S_{23}$。其中用连铸工艺生产的是低牌号的GO、$S_{20}$和$S_{23}$ 3个牌号，5个高牌号品种用模铸工艺生产。

武钢的硅钢生产，经历了由知之甚少到掌握全部专利硅钢生产技术并发展为全连铸的艰难过程。其中生产准备阶段，是特别困难的时期。生产准备从技术角度看主要包括工艺、装备和材料3个方面，从日方提供的4本专利技术标准和有关资料来看，对这3个方面提出的许多技术要求，是我国前所未有的，其困难程度可想而知。

新日铁的硅钢专利技术，对冶炼提出的要求主要是对硅钢化学成分的高精度控制。对取向硅钢来说，一般取向硅钢采用MnS、高磁感取向硅钢采用MnS+AlN作一次结晶晶粒的生产抑制剂，其目标含量很低，波动范围很窄。随着牌号不同，其波动值也不一样。[Mn]的波动值最大为0.030%，最小为0.017%；[S]的波动值最大为0.012%，最小为0.006%；[Al]的波动值最大为0.010%，最小为0.005%；[N]的波动值最大为0.0030%，最小为0.0020%。其他元素，除[P]以外，对[C]、[Si]的要求也是很严格的。[C]的波动值最大为0.025%，最小为0.009%；[Si]的波动值虽然不小，但其含量值较波动值大一个数量级，因此其命中难度也很大。显而易见，上述各元素的含量，若用转炉常规工艺冶炼，是很难命中的，必须采用炉外精炼方法，进行合金化、成分微调、脱硫、脱碳等工艺处理，才有可能命中目标。这也就是二炼钢厂必须配备快速分析、KR脱硫、RH真空处理以及大罐底吹氩、保护浇注等设施的原因。

专利硅钢的成分，是日方多年生产实践筛选的结果，化学成分对成品材性能的影响比其他钢种大得多，为保持成分的精确性，专利技术标准对冶炼硅钢用的一些原材料提出不同寻常的苛刻要求。比如无取向硅钢用的铁水要求S≤0.005%；取向硅钢用的铁水常规成分Mn要求≤0.30%等。对非常规成分的Ni、As等6个元素含量要求限制在微量的范围之内；对铁合金要求的严格程度也是如此；对石灰、废钢等原材料也分别提出了程序不同的要求。

为了保证按专利条件生产硅钢，武钢于1979年在公司总调度室下设硅钢科，此后又成立了硅钢办公室，统筹安排硅钢生产准备工作。1975 年，日方首次派代表团来武钢进行技术交流，根据交流结果，双方同意为满足专利条件，二炼钢厂需进行配套改造，项目见表 1。

**表 1　配套改造项目及有特殊要求的原材料**

| 序号 | 项目 | 主要技术要求 | 解决途径 |
|---|---|---|---|
| 工艺设施配套改造 | | | |
| 1 | 出钢截渣设施 | 要求出钢后盛钢桶内渣厚≤150mm | 设计增建 |
| 2 | 出钢时罐底吹氩 | 取向硅钢出钢时用 | 设计增建 |
| 3 | 金属硅烘烤设施 | 在 600℃下烘烤 5h | 改造 |
| 4 | 盛钢桶滑动水口 | 水口 $\phi$=70、80、90mm | 引进 |
| 5 | RH 排气能力 | 66.7Pa 时要求达到 400kg/h | 改造 |
| 6 | RH 真空室高度 | 要求达到 5130mm | 改造 |
| 7 | RH 合金漏斗个数 | 要求有 11 个 | 设计增建 |
| 8 | RH 合金称量精度 | ±1kg | 引进 |
| 9 | 连铸保护浇注 | 防止浇注时二次氧化 | 本厂准备 |
| 10 | 硫印检验设施 | 检查取向硅钢连铸坯的内部质量 | 设计增建 |
| 11 | 锭模清刷设施 | 机械清刷钢锭模 | 设计增建 |
| 12 | 钢锭浇注防溅系统 | 配备防溅筒、防溅网等 | 本厂准备 |
| 13 | 石墨底盘系统 | 防止钢注冲蚀锭盘 | 外委研制 |
| 14 | 快速分析系统 | 5min 内报出分析结果 | 引进 |
| 需要准备的原材料 | | | |
| 1 | 低硫铁水 | S≤0.005%（无取向用） | 引进 KR 脱硫装置 |
| 2 | 低锰铁水 | Mn≤0.30%（取向用） | 公司组织 |
| 3 | 低硫废钢 | S≤0.010%（无取向用） | 公司组织 |
| 4 | 低锰废钢 | Mn≤0.35%（取向用） | 公司组织 |
| 5 | 活性石灰 | 活性度≥400mL，S≤0.020% | 引进回转窑 |
| 6 | 铁合金 | 包括金属硅、特殊硅、低碳硅铁、钢芯铝、金属锰、硅铁、硫铁、$CaCN_2$ 等 8 种 | 外委研制及外购 |
| 7 | 特殊用料及耐火材料 | 包括粉状电石、炭化糠壳等 28 种 | 外委研制及外购 |

此后日方又于 1979、1980、1981 年 3 次派团来武钢了解改造项目的进展情况和提供咨询。我方也分别于 1975、1976 年两次派团到新日铁广畑厂考察学习。通过这些技术交流，基本弄清了硅钢专利技术的实质，使我们认识到硅钢专利技术是工艺、设备、材料等诸种新技术的综合体，实施硅钢专利技术，需要武钢各有关部门的共同努力和全国炼钢相关单位的支援，同时也将带动武钢的炼钢技术和相关技术的发展。

1979 年硅钢片厂投产，同年二炼钢厂在不具备生产专利硅钢的条件下，开始冶炼国内牌号硅钢。在武钢和全国各协作单位的努力下，1982 年基本上完成了硅钢前工序的配套改造和各项生产准备工作，顺利地进行了硅钢专利技术的考核，制订了符合武钢实际情况的硅钢技术标准，开始批量生产具有国际水平的硅钢，揭开了我国硅钢生产史上的新篇章。此后硅钢产量逐年大幅度增加（见表 2），质量稳定提高。1984 年没有电磁搅拌装置的条件下，高牌号硅钢全部连铸成功，实现了硅钢全连铸技术的重大突破，通过了冶金部的鉴定。

**表 2　历年硅钢的产量**

| 年份 | 1979 年 | 1980 年 | 1981 年 | 1982 年 | 1983 年 | 1984 年 | 1985 年 | 1986 年 | 1987 年 |
|---|---|---|---|---|---|---|---|---|---|
| 产量/t | 819 | 3492 | 20299 | 22623 | 47283 | 64783 | 72948 | 99516 | 106928 |

## 2 国内牌号硅钢的试制和生产

1979年，硅钢片厂建成投产，二炼钢厂为给硅钢片厂提供原料，积累冶炼硅钢的经验，在RH真空处理尚未投产的情况下，于1979年5月开始仿日本专利生产硅钢的方法试制国内牌号硅钢。

1979年试制一般取向硅钢$D_{310}$（模铸）和$D_{310}L$（连铸），当年试制22炉，1980年转入生产，以后产量逐年扩大，1985年停止生产。同年试制的无取向硅钢是仿$S_{18}$、仿$S_{18}L$、仿$S_{23}L$，共试制26炉。1981年开始了C系列无取向硅钢$C_{12}$、$C_{18}$和$C_{20}$的试制，1982年又增加了$C_{14}$、$C_{23}$、$C_{18}L$、$C_{20}$、$C_{23}L$等，这些品种于1983、1984两年产量成倍数增加，1985年停止生产。历年国内牌号硅钢的冶炼炉数、命中炉数及命中率见表3。

**表3 历年硅钢冶炼炉数、命中炉数及命中率**

| 年份 | 硅钢 | 冶炼炉数/炉 | 命中炉数/炉 | 命中率/% |
|---|---|---|---|---|
| 1979 | 取向 | 22 | 18 | 81.8 |
| | 无取向 | 26 | 17 | 65.4 |
| 1980 | 取向 | 38 | 21 | 55.3 |
| | 无取向 | / | / | / |
| 1981 | 取向 | 199 | 171 | 85.9 |
| | 无取向 | 30 | 19 | 63.3 |
| 1982 | 取向 | 217 | 142 | 65.4 |
| | 无取向 | 93 | 69 | 74.2 |
| 1983 | 取向 | 429 | 336 | 78.3 |
| | 无取向 | 298 | 225 | 75.5 |
| 1984 | 取向 | 368 | 336 | 91.3 |
| | 无取向 | 308 | 268 | 87.1 |
| 1985 | 取向 | 1273 | 1024 | 80.4 |
| | 无取向 | 755 | 598 | 79.2 |

在试制、生产国内牌号硅钢的过程中，二炼钢厂在技术上作了一些有益的探索。一是积累了转炉脱Mn经验。用MnS作有利夹杂的工艺，要求转炉终点含Mn量≤0.04%，日本广烟厂用的是经过脱Mn的铁水，转炉不存在脱Mn问题，武钢铁水含Mn量比广畑高出1~2倍，要达到这个目标，是个不小的难题，解决这一难题，扫除了冶炼取向硅钢的一大障碍。二是对于连铸操作，没有墨守专利的高过热度、大二冷水量、低拉速的规定，参照日本和西德的经验，根据二炼钢厂铸坯厚度和铸机设备状况，进行了理论结合实际的调查比较，制定了降低中包钢水热度、中等二冷水量的操作制度，将拉速比专利规定提高了0.2m/min以上，实行效果良好，以后纳入了专利硅钢的技术标准。

国内牌号硅钢的磁性，都达到了原牌号标准，$D_{310}$部分成品磁性达到了$D_{340}$的水平，达到了国内用常规工艺生产冷轧取向硅钢从未达到的高度。但是，与专利硅钢相比，$D_{310}$不仅磁性相形见绌，而且成材率的差距也不小；C系列无取向硅钢虽然磁性和成材率都不错，但钢质含碳量高，使硅钢片的退火速度减慢，降低了生产率。这些缺点是显而易见的，是当时RH真空处理尚未正常，硅钢未经RH处理的结果。随着硅钢配套改造工作的完成，RH处理运转日趋正常，导致国内牌号硅钢及仿日本硅钢牌号的停产，这是历史的必然，是武钢炼钢技术发展到一个新阶段的标志。几年来，国内牌号硅钢的生产，为硅钢片提供了相当数量的国内最高水平的原料，积累了丰富的生产经验，打通了从二炼钢厂到硅钢片厂的生产线，所有从事这一工作的人员，都做出了艰苦努力，可以说没有这几年冶炼国内牌号硅钢的实践，就不会有硅钢专利技术考核以后专利硅钢产量的迅猛增长。

1980年硅钢片厂提出试制低硅、无硅电工钢DW，生产冷轧硅的钢片，以适应家用电器发展的需要，缓解硅钢原料的不足。这种钢用常规工艺冶炼，硅含量有的要求比普通钢高出一倍以上，有的则不加硅，但铝含量都高达0.20%以上。1982年最高生产427炉，占二炼钢厂提供硅钢片厂的锭、坯总量的50%。

但是，这种钢是低级产品，不是拥有现代化生产设备和技术的硅钢片厂的发展方向，为国家生产高、精、尖的电工钢产品，才是我们的目标。

## 3 硅钢专利技术考核

硅钢专利技术考核，对二炼钢厂来说，是考核日方工艺技术的可靠性，考核我方技术装备是否符合专利要求，双方都负有责任。1981 年 5 月日方第四次派团来武钢实地考察，确认我方前工序配套改造项目基本完成，各种准备工作（包括向日方买进的部分铁合金、耐火材料）基本就绪，双方商定 1982 年 2 月 1 日至 7 月 31 日为考核期。

1979 年 RH 真空处理投产以后，在公司组织下，二炼钢厂于 1980 年 3 月，在没有日方人员指导的情况下，按照专利硅钢技术标准，开始自行冶炼专利硅钢。1980~1981 年冶炼的炉数、牌号和命中率情况见表 4。用这些硅钢轧成的硅钢片的磁性，都达到了原牌号要求。

表 4 1980~1981 年冶炼硅钢的情况

| 年份 | 牌号 | 冶炼炉数/炉 | 命中炉数/炉 | 命中率/% |
|---|---|---|---|---|
| 1980 | QM(GO)$W_{12}$($S_{12}$) | 18 | 11 | 61.1 |
| | $W_{12}$($S_{12}$) | 7 | 2 | 28.5 |
| 1981 | HM(Hi-B) | 2 | 1 | 50 |
| | QM | 41 | 31 | 75.6 |
| | $W_{12}$ | 3 | 2 | 66.7 |
| 合　计 | | 71 | 47 | 66.2 |

1982 年元月 30 日，日方技术指导人员来汉参加考核，二炼钢厂转炉冶炼、真空处理、模铸、连铸和品质管理共 5 人配合，双方协商 2 月 12 日在日方指导下开始炼钢。计划考核 8 个牌号共 23 炉，其中 Hi-B 3 炉；GO 4 炉；$H_{10}$ 3 炉；$S_{12}$ 3 炉；$S_{14}$ 2 炉；$S_{18}$ 2 炉；$S_{20}$ 3 炉；$S_{23}$ 3 炉。在冶炼考核材之前，先炼练习材 57 炉，冶炼过程中，出现异常情况者，均做出练习材不计入考核炉次。另外我们还在此期间用国产合金材料作了对比试验，因此实际冶炼 109 炉，日方确认 26 炉，冶炼情况及考核结果见表 5。考核期间，中日双方配合良好，共同制订了武钢硅钢生产 A、B 两个技术标准，考核工作按期顺利结束。

表 5 硅钢专利技术考核结果

| 牌号 | 冶炼炉数/炉 | 命中炉数/炉 | 命中率/% | 磁性合格率/% | |
|---|---|---|---|---|---|
| | | | | 考核指标 | 实际达到 |
| HM（Hi-B） | 17 | 9 | 52.9 | 30 | 64.5 |
| QL（GO） | 40 | 30 | 75 | 40 | 100 |
| $W_{10}$（$H_{10}$） | 13 | 9 | 69.2 | 20 | 100 |
| $W_{12}$（$S_{12}$） | 6 | 5 | 83.3 | 50 | 100 |
| $W_{14}$（$S_{14}$） | 6 | 3 | 50 | 50 | 100 |
| $W_{18}$（$S_{18}$） | 18 | 14 | 77.8 | 50 | 100 |
| $W_{20}$L（$S_{12}$） | 3 | 3 | 100 | 50 | 100 |
| $W_{23}$（$S_{23}$L） | 6 | 3 | 50 | 50 | 100 |
| 合计 | 109 | 76 | 69.7 | — | — |

经过日方确认的 26 炉考核材中，$W_{18}$ 11 卷，磁性合格率仅 9.62%，大大低于考核指标。日方承认纯属他们的责任，要求中方加炼 5 炉 $W_{18}$进行第二次考核，但仍不合格，磁性合格率仅 10.3%。日方又提出将第二批考核料在硅钢片厂增加常化退火工艺，进行第二次考核。这一要求超出合同规定之外，我方当然不能答应，日方无奈，被迫向我方介绍 CJ7411 合同中没有的 $W_{18}$连铸技术作为交换条件，第三次考核才合格。考核结果说明日方的技术是基本可靠，但有个别牌号的磁感余量不大，有待改进。

## 4 消化创新实现硅钢全连铸

硅钢专利技术考核以后，一直是冶炼硅钢难点的 RH 真空处理的维护检修工作，逐步得到加强，生产率迅速提高，1985 年 RH 处理量超过了设计指标，专利硅钢产量迅猛增长。

1983 年和 1984 年，武钢又两次派团前往广畑厂考察学习高牌号硅钢的连铸技术。

1982 年，二炼钢厂开始了高牌号硅钢的连铸试验，1984 年 5 个高牌号硅钢的连铸试验全部完成并转入正常生产，1982~1984 年试验及生产的高牌号连铸硅钢的牌号、炉数及命中率情况见表 6。

**表 6 1982~1984 年生产的高牌号连铸硅钢的情况**

| 牌号 | 冶炼炉数/炉 | 命中炉数/炉 | 命中率/% | 牌号 | 冶炼炉数/炉 | 命中炉数/炉 | 命中率/% |
|---|---|---|---|---|---|---|---|
| HL | 13 | 6 | 46.2 | $W_{14}L$ | 6 | 6 | 100 |
| $W_{10}L$ | 18 | 15 | 83.3 | $W_{18}L$ | 164 | 132 | 80.5 |
| $W_{12}L$ | 78 | 60 | 76.9 | | | | |

硅钢全连铸的实现，解决了二炼钢厂实现全连铸的最棘手的问题。连铸工艺的硅钢与模铸工艺的硅钢相比，磁性不相上下，综合成材率则高得多，以 $W_{12}L$ 为例，提高了 24.89%。实现了超专利标准的目标。

1985 年以来，采用 RH 重脱碳和脱硫以及在二炼钢厂实现的多项技术进步措施，研制了 Q7G1、Q7G2、ZL2 试、ZL3 试、W09 试、W07 试等高纯净度钢种，其成品磁性的牌号，比专利硅钢的最高牌号还高出 2~3 个。此外，还进行了 $W_{12}L$ 一次冷轧材的试制，结果表明，磁性虽然达到原牌号标准，有的甚至达到 $W_{10}$的标准，但存在瓦楞状缺陷。现在从新日铁引进的电磁搅拌装置，已在 1 号连铸机安装完毕，对今后生产更高牌号的硅钢是十分有利的。此外，还试制成功了 $W_{18}BL$ 试、$J_{23}L$ 试、$DW_1L$ 试等钢种，使二炼钢厂生产的硅钢品种由 8 个扩大到 22 个。

## 5 结语

武钢引进日本新日铁的硅钢专利技术，使我国有了第一个工艺先进、装备齐全、产品质量达到国际水平的冷轧硅钢片的生产基地，形成了我国自己的冷轧硅钢片的系列；促进了二炼钢厂工艺装备的更新改造，带动了炼钢相关技术的发展；使人们认识到，没有炼钢工艺装备、材料等技术的提高，提高炼钢技术水平只是一句空话。

10 多年来，二炼钢厂经过消化创新，硅钢冶炼技术有了很大发展，现在不但可以冶炼合同规定的、质量合格的 8 个牌号的硅钢，而且实现了硅钢全连铸；并试制了一批比引进最高牌号还高出 2 个以上牌号的新产品；在工艺操作制度上，突破了专利技术某些限制，有所创新；目前硅钢冶炼技术已渗透到其他钢种的冶炼中，推动了凭经验炼钢向科学控制到其他钢种的冶炼中，使二炼钢厂的炼钢技术提高到一个新水平。

据我们所知，目前我们的硅钢冶炼技术水平，与我们的硅钢专利技术的提供者——广畑厂相比，在化学成分控制的高难程度、工艺装备的完善程度、产品质量特别是科学的管理制度等方面，都有很大差距。为了我国硅钢技术的更大发展，我们必须继续努力。

（原载《武钢技术进步三十年》，1988）

# 军工钢的研制

毛占元　杨菊娣

## 1 概况

按国家扩大军工生产布点的要求，武钢自 1967 年起接受了军工钢的试生产任务。生产军工钢要求质量高，因而难度大，当时除“文革”干扰外，武钢在生产条件上与同类型钢铁厂相比，差距较大。在只有大型固定式平炉和原材料质量较差的情况下，要生产出高质量的军工钢困难是很多的，加之武钢矿石中含铜，每试制和生产一种钢无一例外的要增加一项铜对钢性能影响的试验。为了满足国家的需要，我们积极采取了各项措施，成立军工钢生产专业管理机构，制订严格的军工钢专用规程，兴建缓冷坑、铁合金烘烤炉和常化炉，并吸取兄弟厂已取得的经验，在有关部门的大力支持和协助下，终于试生产成功了 901、902、903、904 舰艇用钢和 603、2π、43$\pi_{CM}$装甲钢。

党的十三届三中全会以来，武钢又多次组织对主要军工钢种 903、904、603、2π、43$\pi_{CM}$钢质量的攻关，使成材率和性能合格率有了明显提高。903 钢于 1984 年获冶金部优质产品奖，2π、43$\pi_{CM}$和 603 钢的攻关分别获冶金部、武钢科技成果奖。为了稳定和提高军工产品的质量，1984 年武钢开始执行军工钢品质管理（暂行）规定，使武钢军工钢的生产管理提高到一个新水平。

为进一步满足国防的需要，早在老的军工钢种试生产期间，武钢就开始研制了新的军工钢种，先后负责和参加了 909、910、921、929、402、400 的舰艇用钢和 611、612、630、681 装甲钢的研制工作，其中 611、612、618 钢已通过设计定型或鉴定投产用以装备部队。1982 年试验的 681 复合材料获国家发明三等奖；武钢主要参加的穿破甲机理研究中的“破甲射流弯曲不规则断裂失稳的研究”也同时获国家重大技术改进四等奖。

“七五”规划开始以来，武钢在军工钢研制上发挥二炼钢厂和 1700mm 轧机的先进技术装备优势，积极采用铁水脱硫、复合吹炼、吹氩搅拌、真空处理、保护浇铸、连续铸钢、稀土处理及控轧控冷等新工艺，又取得了新的进展，使研制的 903A 和 945 舰艇用钢的性能又有了新的改善，受到冶金部、海军和中船公司等的好评。

20 年来，武钢共生产和新试制的舰艇用钢和装甲钢有 12 个钢号，33 余万吨，为我军的装备建设和现代化国防作出了贡献。

## 2 主要军工钢的生产和研制

### 2.1 904 钢的生产和质量攻关

904 钢是一种低镍铬调质型的可焊接高强度钢，用以建造大中型潜艇的耐压壳体。武钢于 1970 年 9 月正式试生产。在试生产阶段，参照鞍钢的生产工艺进行冶炼、轧制和热处理，钢板性能合格率很低，主要表现在 $\sigma_s$、$\psi$ 和 $\alpha_k$ 不合要求。为此，多次组织质量攻关，并对生产的 1 万余 t 钢进行了全面的统计分析。

通过质量统计分析发现，钢质不良是性能不合格的主要原因。根据武钢当时的生产条件制定了 904 钢操作要点。其主要特点是强化熔池活跃沸腾，以利钢中气体和夹杂物的排除；要求脱氧材料的 70%以上在炉前加入，使脱氧产物能较充分地上浮，使钢质有所改善。同时，根据 5 号合金成分与鞍钢不同，通过试验，将加入量从原来 2kg/t 降为 0.8kg/t，并控制钢中硼含量在 0.001%～0.0015%范围内；此外，还对轧钢工艺和热处理工艺进行深入的探索，采用横轧、控制调质工艺。经过这一系列改进取得了较好的效果，使钢板性能合格率从10.3%提高到61.2%。此后，又根据六机部和冶金部的联合决定，对904钢进行“055”工艺适应性试验，达到预期目的。

## 2.2 603厚装甲钢板的质量攻关

针对武钢生产中出现的603钢打靶试验合格率低，靶板脆性损伤严重等问题，1973年至1980年先后组织4次质量攻关，使质量逐年提高，尤其1978年以后第三、四次攻关，取得了明显成效。攻关组首先对20块靶板试样进行剖析，宏观和微观分析表明，打靶试验出现的脆性损伤主要是由于硫化锰夹杂呈片状集聚分布，化学成分偏析严重，晶粒粗大、混晶，局部出现稀土硫氧化物夹杂堆等原因引起。

为此，必须首先提高603钢的纯净度。武钢于1979年专门成立了270t大罐底吹氩小组，经过半年时间的反复试验，罐内钢水成分和温度均匀。此外，在平炉冶炼603钢时，采用低硫铁水和优质废钢，多放初期渣等措施，使钢中硫磷含量降至0.014%以下，并严格控制注温注速，改善了钢锭内硫化锰夹杂的尺寸和偏析；在轧钢中采取高温大压下，角轧或横轧，取消平整道次等工艺，终于在第四次打靶试验时，23块靶板全部达到技术条件要求，打靶试验合格率由攻关前的83.5%提高到100%，打靶试板崩落损伤率由原来的41%降至8.7%，钢板组织均匀，晶粒细（8级），硫化物夹杂明显减少。于1980年通过冶金部、五机部、总参装甲兵联合考核验收，同意603装甲钢板在武钢扩大生产批量，用以装备部队和援外。

## 2.3 2π和$43\pi_{CM}$钢质量攻关

1982年，617厂在使用武钢生产的$43\pi_{CM}$、2π钢板时，发现有较严重的质量问题，次年，国防科工委和冶金部决定把武钢的$43\pi_{CM}$、2π钢列为重点攻关项目，为此公司成立了攻关组。

攻关组首先对质量现状作了调查研究，摸清了质量问题主要是钢纯净度低造成钢板分层、裂纹及打靶试验不合格；其次，$43\pi_{CM}$钢板综合成材率很低（1984年仅为45.77%）。为此采取下列措施：制定生产内控标准；钢水大罐底吹氩，调整注温；改进钢锭均热制度和钢板热处理工艺等，以此进行攻关。共试验了$43\pi_{CM}$3炉5罐、2π钢2炉4罐，计1100t钢板。经617厂打靶试验和使用，质量明显改善，钢板抗弹性能由攻关前的75%提高到100%，$43\pi_{CM}$钢靶板的背面强度提高了33m/s以上，而且未出现任何崩落现象；$43\pi_{CM}$和2π钢单位面积夹杂量由原来的1.03%和1.5%分别降到1.5~3级，零部件无裂纹，热处理一次交验合格率由攻关前的84.4%提高到95%以上，综合成材率提高了12.7%。1984年9月，冶金部和兵器部联合通过了2π、$43\pi_{CM}$装甲质量攻关技术鉴定，并给予很高的评价。

## 2.4 909钢的研制

1967年9月，武钢承担了无镍、铬强度600N/mm$^2$潜艇及大型水面舰艇用钢909的研制。课题组首先在电炉进行半工业性成分设计试验，试验结果表明，909钢设计的成分简单、合理、性能稳定，可焊性良好。轧制的钢材有6~60mm厚钢板及20号球扁钢。为满足性能要求，武钢建了缓冷坑和压力淬火机，使试验钢避免了白点，并能顺利地进行调质处理，同时还对试验钢全面开展了基本性能、工艺性能及焊接性能试验，1971年1月，海军正式批准用909钢制造“055”首舰。1985年12月冶金部和中船公司联合通过909钢鉴定，认为909钢及其配套材料的研制，性能要求高，技术难度大，经过多年研究，各项性能达到国内无镍铬相同强度级别产品的先进水平，生产工艺稳定，可转入批量试生产。近几年，909钢已转向民用产品，利用武钢二炼钢的先进工艺设备，试制出了性能优良的钢板，用作化工容器、机械工程及矿用强力支架，得到用户好评。

## 2.5 681金属—非金属复合装甲板的研究

随着反坦克武器的迅速发展，均质装甲的防御能力已明显不足，为此早在1970年，冶金部、五机部和装甲兵司令部就联合下达了金属—非金属复合厚装甲板681的研究课题。武钢在收集国内外资料的基础上开发了泡沫钢，进行了浇注复合钢锭的半工业试验，轧成20~80mm不同规格的“软—硬—软”复合钢板，经超速脱壳穿甲弹和破甲弹打靶试验，抗弹性能比均质钢有较大提高，后因武钢当时不具备成批生产复合钢板的条件，试验停止。1976年有关部门根据反坦克武器发展的情况，再次下达了681金属—非金属复合装甲板的研制课题。对此，武钢主要进行了以下几方面的工作：

（1）金属—非金属复合装甲板结构型式的研究。试验了不同厚度和不同强度组合的复合结构。

（2）复合装甲板中高强度金属背板的研制。在电炉试制了调质钢（$27Mn_2NiCrMoV$）、低碳马氏体钢（$15SiMn_2NiCrMoB$ 钢）的临界区热处理试验。

（3）非金属材料结构型式的研究。经过多次试验，最后确定了金属—非金属复合结构最佳方案和金属及非金属板的材质。打靶试验表明，新型681复合装甲板能有效地抵御新的反坦克特种弹，达到了课题考核指标要求。1981年通过了五机部和装甲兵司令部的技术鉴定和设计定型，而且认为该复合装甲板的研制成功填补了我国装甲防护领域中的一项空白，同时也极大地促进了我国大口径反坦克弹药的研制和发展。

### 2.6　903钢工艺和质量的研究

903钢系无镍铬屈服强度大于450N/mm$^2$级的水面舰艇用钢，海军需要量较大，最初是在鞍钢、上钢三厂生产，武钢于1969~1973年试生产成功。为进一步提高903钢质量，1977~1979年进行了攻关试验，针对该钢性能合格率和综合成材率低的情况，采取如下攻关措施：

（1）严格冶炼要求，高温薄渣操作，多放渣；

（2）严格按内控成分出钢；

（3）控制轧制，并加快轧后冷却速度；

（4）严格控制热处理温度。

攻关使903钢性能连续3年创历史最好水平，1979年性能合格率由历年平均60.7%提高到92.1%，锭到材综合成材率也从20%提高到48.2%。1987年，平炉冶炼903钢模注时，进行模内吊挂混合稀土棒取代大罐加稀土硅铁，使硫化物夹杂改性，冲击韧性大幅度提高，性能合格率提高到98%以上。

1986年以来，为进一步满足海军对冲击韧性值的更高要求，开始研制903A钢，采用KR铁水脱硫、顶底复合吹炼、RH真空微调、长水口保护浇注、连铸、控轧等一系列先进工艺，使903A的4、6、8mm热连轧板和12、14、16mm厚板性能均明显优于国内同类钢种水平，满足了新标准的要求。

### 2.7　945钢的研制

945钢系新型的大型水面舰艇用钢。1987年因海军建造的“052”首舰需要，武钢承担了945钢的研制。根据武钢1700mm热连轧的特点，设计了合理的成分和热轧工艺参数，试制出的945薄板，强韧性良好，并已成功地用于制造模拟分段。

## 3　武钢军工钢的展望

回顾武钢军工钢的生产过程，我们体会和感受最深的一条就是必须依靠技术进步。不对老设备进行相应的技术改造，不采用新技术、新工艺，要生产出满足国防需要的军工钢是不现实的。

“六五”期间，为了进一步发挥1700mm轧机的优势，国家给武钢7亿多元投资，不仅使武钢的钢铁达到双400万吨和1700mm轧机达到了核定的设计能力，更重要的是上了很多技术措施，使武钢生产军工钢的技术手段更加完备和完善。“七五”以来的这几年，军工钢生产的质量有较大幅度的提高就充分证明了这一点。

在今后的两个5年计划过程中，武钢由于负债经营将承受极大的风险，要依靠国家的优惠政策和筹集国内外资金，来实现武钢的宏伟目标，即1993年钢铁产量实现双七百万吨。“七五”以来，已经开始动工的几项重点工程，如矿石混匀料场改造，二烧改造，新建4号连铸机等，这不仅仅是实现“七五”末钢铁双500万吨的重要手段，更重要的是改善了原料的质量，为生产优质钢创造了一个良好的物质条件。展望未来，“七五”末期、“八五”初期，当我们的新3号高炉和三炼钢建成之后，武钢的年产量将达到双700万吨以上，到那时，不仅在产量上能够给国家提供大量的军工钢材，而且在生产装备和技术手段上将会发挥更大的质量优势，在产量和质量上满足国家的需要，为国家和人民做出武钢人应该作出的贡献。

（原载《武钢技术进步三十年》，1988）

# 转炉钢品种质量的提高发展及相关技术

杨菊娣

从1977年底二炼钢转炉和1978年底连铸机相继投产以来，随着管理和技术的进步，转炉生产的品种不断扩大，产品性能和质量逐步提高，目前不仅可以生产设计规定的全部品种，而且由于工艺装备的逐步完善和多项技术进步措施的实现，1980年以来，开发了一大批新品种，至1987年底，能生产的品种总数已达110个，满足了国民经济的急需，填补了我国能源开发，石油化工、交通运输、压力容器、轻工和国防等领域一些重要钢种的空白，为加快我国"四化"建设作出了一定的贡献，为此，武钢多次受到国家科委、部、省、市的好评。

## 一、转炉和连铸投产初期钢的品种质量

投产初期，转炉仅能生产2C、3C、D8A1、BY等品种，质量和冶炼命中率都不高，针对08Al钢Al命中率低和船板钢质量问题，公司组织了技术攻关，采取高拉补吹、两步脱氧、沉箱法加铝等措施，提高Al命中率；通过控制转炉造渣和吹炼温度、降低钢中硫含量、制定钢水传热温度制度、控制连铸温度、改进连铸二冷水表和采用轻压下等技术措施，提高船板钢质量。攻关虽有成效，由于操作经验不足，加之工艺装备不完善，提高幅度不大。

## 二、"六五"期间转炉钢品种质量出现飞跃

自1982年武钢一米七系统生产转入正常后，二炼钢的工艺装备也渐趋完善，并着手进行了一些新工艺、新技术的开发工作，初步具备了开发新品种的条件。公司根据自己和国内资源特点，以国家急需、需求量大、社会经济效益显著的品种为重点，利用二炼钢厂的设备、工艺特点和优势，大力组织了低合金钢、高牌号硅钢的生产和新产品开发工作，将新产品的开发重点由一炼钢转到二炼钢，由模铸转向连铸。

"六五"期间，在国家科委下达的四项攻关课题带动下，根据各类质量要求严格的钢种的技术条件，开辟了新的工艺流程：铁水脱硫、转炉复合吹炼、钢包吹氩、RH真空处理和全连铸，与此同时，又开发了一系列新工艺及相关技术，如铁水KR脱锰、钢包底吹氩、铝线机的开发与应用、RH真空处理二步脱硫、连铸保护浇注、扩大中包容量、连铸结晶器喂入稀土丝等，从而提高了连铸坯的洁净度，改善了钢材各项性能，为新产品开发创造了极为有利条件，基本上满足了国家对武钢的要求。

1985年通过部级鉴定的转炉生产的耐大气腐蚀钢09CuPTiRe和WSPA，具有优良的耐大气腐蚀性能，在工业条件下，约为碳钢的2~3倍，并有稳定的机械性能，良好的加工性和可焊性，被铁道部分别定为货、客车专用钢。目前此类使用大面广的高效钢材已大量生产供铁道车辆使用，大大延长了车辆的厂修周期，社会效益明显。

为满足石油、天然气开发的需要，1985年二炼钢试制成功石油、天然气输送管线用钢X60、X65，该钢生产中采用KR铁水脱硫处理，转炉顶底复吹、大包吹氩等工艺，将钢中硫含量控制在0.003%~0.008%；钢中氧含量为30~60ppm；采用结晶器内喂入稀土丝，对硫化物作变态处理，取得明显效果。热轧钢板具有高强度、高韧性，尤其是横向冲击值成倍提高，各项性能满足了API标准要求，达到国外同类钢实物水平，已制造螺旋埋弧焊管2000吨，大幅度提高了管道输送压力，经济效益显著，"六五"末通过国家科委鉴定，并获得部科技成果一等奖。

中厚板及厚板，长期由平炉生产，但由于平炉受工艺、设备条件的限制，难以满足较高综合性能钢板的要求。此类钢成分较复杂，含有Ni、Cr、Mo及微合金化元素Nb、V、Ti、B等，C含量有时相对较

高，转炉冶炼难度大，加上连铸坯成材压缩比小，影响钢板各向机械性能和表面质量。“六五”期间，武钢为完成国家科委下达的中厚板攻关任务，努力攻克了四个难题。

1. 成分命中率

通过严格控制转炉顶底复吹工艺，降低钢水氧化度；采用挡渣操作，减少大包中渣量；根据炉况精确计算铁合金加入量，选择适宜的加入方式，使冶炼成分命中率达 90%以上。

2. 钢水纯净度

采用转炉复吹后搅工艺，加上 KR 脱硫、RH 真空处理或大包吹氩以提高钢水纯净度。在连铸时采用长水口保护浇注、整体塞棒吹氩、中包双隔墙等技术防止二次氧化，促使夹杂物上浮，把氧化物夹杂总量控制在 0.008%以下，硫含量小于 0.010%。

3. 硫化物夹杂变态处理

采用在结晶器中喂稀土丝的方法，处理低硫钢水，通过控制适当的 RE/S 比，改善硫化物形态。

4. 铸坯质量

在控制适宜的连铸温度的同时，对不同品种采用相应的二次冷却水的注水比；避免在高温脆性区矫直，选择适宜的保护渣和连铸工艺参数，从而改善了微合金化钢坯的都在 Z25 和 Z35 级以上；COD 试验 $\sigma_M$ 值为 1.51~1.80mm，与日本同类钢板性能相当，达到国际先进水平。

焊接裂纹敏感性低的 CF 钢，要求 60kg 级高强韧性和优良的可能性能，成分复杂，难度大，转炉生产的 CF60、62 钢，成分命中率高，经 RH 真空处理后，钢中氧和氮分别去除 55%以上，连铸坯轧成 16~50mm 厚板，性能稳定，焊前不预热，各项指标相当或略高于日本同类钢实际水平；填补了国内空白，经济效益显著，已制造的 1000m$^3$ 低温乙烯球罐、400m$^3$ 氮气球罐和 200m$^3$ 氢气球罐，制罐性能良好，满足了用户要求。

## 三、“七五”以来转炉钢品种质量稳步提高

近年来，转炉的新工艺、新品种的开发工作继续发展。1986 年底，转炉复吹采用计算机控制，使冶炼命中率进一步提高，同时在转炉后配备了铝线机加铝，以提高 Als 命中率，在炉外精炼方面开发了 RH 真空处理深脱硫、RH 轻处理工艺、连铸电磁搅拌等新工艺。这些新工艺的实施，进一步推动了新品种试制工作的开展。

根据武钢“七五”期间品种开发计划和“七五”国家重点科研攻关项目的要求，公司在转炉钢品种开发上实现系列化的同时，又在双相钢、耐大气腐蚀钢、有机涂层钢板、焊接裂纹敏感性低的 CF80 钢、高强度焊接结构钢 Welten60、80、高牌号冷轧硅钢方面，开展了一系列工作。

在 30kg 级铁路车辆用钢研制成功以后，继续从 Cu-P-Ti-RE 系列开发屈服强度为 25、35、40kg 级耐候钢，作为一般耐候钢材用于汽车车厢、集装箱等方面，同时从仿 Corten 钢系列，开发各种裸露用焊接结构用钢，用于桥梁、钢结构架等方面。“七五”期间研制的 25 公斤级冷轧汽车车厢用钢（06CuPRE）和 35kg 级裸露桥梁用钢（NH35q），综合性能均良好，两钢种已通过部级鉴定。

在管线行业中，强度低于 X56 钢的需要量约占 60%以上，因此继 X60、X65 试制成功以后，现已开发了量大面广的 A、B、X42、X46、X52、X56 等六个钢号，形成 API 标准中 A~X65 的热轧钢板系列，根据国家需要，正在开发 WX60YJ 军工用管线钢、X70 钢及 K55、J55 石油套管用钢。

在国民经济建设中，为建造大型高压球罐、大型水电站高压叉管、海洋采油平台，需要各种焊接裂纹敏感性低的高强度焊接结构钢，目前正在开发 80kg 强度的 CF80 钢。同时根据市场不同层次的需要，积极开发了一般焊接性能的高强度结构钢系列，如 Welten60、80 钢，用转炉连铸坯轧成的 3.2~25mm Welten60（即 HG60R）中厚钢板，性能稳定，能减轻车重，提高机械能力，深受用户欢迎，为满足武钢新 3 号高炉炉壳用钢的需要，在转炉试制了 SM41C、SM50C 钢，连铸成 250mm 厚板坯，轧成 14~85mm 厚钢板，性能均达到要求。SM41C 钢 $\sigma_b$>480MPa 时冲击功达 120 焦以上，焊接性能良好，已通过公司鉴定转入生产，为武钢节约了外汇。

此外还开发了自行车系列用钢（ZY1、ZY2、ZY2Al、ZY3Al、Z13Mn、Z17Mn、Z6Al、Z9Al、Z9MnAl、ZL55 等）、气瓶用钢（15MnP、15MnHP）等。

在系列化开发转炉钢品种的同时，还积极开发国家急需和经济效益好的品种，在汽车用钢方面，公

司大力开发了冷轧深冲双相薄板S07Mn钢，供BJ122型及其变型车的外覆盖件、冲压件用；热轧双相钢RS50、RS55钢作为新型吉普车轮和汽车钢板；冷轧高强度汽车板WP22、WP28钢，用作汽车覆盖件，能减轻车重，深受汽车厂欢迎。

耐腐蚀的化工用钢，要求钢材高度纯净，并含有耐腐蚀元素，生产难度大，武钢有生产含Cu钢的丰富经验，加上转炉生产线工艺先进，因此近年来，转炉开始开发抗硫化氢腐蚀钢09MnTiCuRE，耐锌液腐蚀钢03Cu，轧成中厚板，性能均满足了用户要求。

此外，在化工搪瓷开发上，也取得了成果。近年来研制的热轧化工搪瓷板08HT钢，通过转炉顶底复吹加工搅拌工艺，使钢中夹杂总量降到0.005%水平；加Si-Ca使MnS夹杂变态；采取合适的轧制工艺，使08HT钢机械性能稳定，涂搪性好，开拓出一条综合性能好、成本低的碳素钢化工搪瓷板的新路，深受用户欢迎。

为满足公司引进新建彩涂板生产线对钢板的要求，1985年以来，着重开发了连铸冷沸腾钢。该钢需解决的技术关键是提高钢液纯净度，控制钢中氧的活度，防止在铸坯表面产生针孔，为此采用复吹加后搅对转炉终点碳、温度进行严格控制、挡渣出钢、RH处理、保护浇注等工艺，把钢中氧含量控制在65ppm以下，并适当提高连铸拉速。目前已生产准沸腾钢近200炉，供试制镀锡板、彩涂板、深冲镀锌板和一般冷轧薄板，性能基本达到进口原板水平，成材率比平炉模注的08F钢提高约15%。

目前，转炉可以生产设计规定的普钢，低合金钢、深冲钢、硅钢及开发的全部新品种，见表1，这些品种的试制成功，相当程度上有赖于相关新技术（见表2）的应用。1987年转炉试制成新品种钢21个，新试量约17000吨，试验钢炼成率达93.19%，由于公司重视成果推广，积极创造生产条件，使历年开发鉴定的新品种钢不断转化为生产力，1987年转炉品种钢产量已占转炉全年产量的40%，为公司创造了明显的经济效益。

预计到1991年，四号连铸机、二号真空处理和三炼钢将先后建成投产，转炉，炉外精炼，连铸等设备和工艺将进一步完善，必将推动转炉钢的品种开发出现新的局面。

**表1 武钢转炉钢主要产品一览表**

| 产品 | 用途分类 | 规格/mm | 品种 | 鉴定或生产情况 |
|---|---|---|---|---|
| 中厚或厚钢板 | 高强度造船板 | 12~16 | A32、D32、E32、A36、D36、E36 | 1985年国家科委鉴定，转产 |
| | 海洋平台用钢 | 12~16 | A32、D32、E32、A36、D36、E36 | 国家科委鉴定，转产 |
| | | 16~50 | CF60（62） | 国家科委鉴定，转产 |
| | 压力容器用钢 | 16~50 | CF80 | 正试制 |
| | | 12~32 | 14MnMo | 1985年部级鉴定，转产 |
| | 机械工程用钢 | 4~32 | HG60R，HG80 | 正试制 |
| | 耐大气腐蚀钢 | 12~50 | NH35g | 1988年部级鉴定 |
| | 化工用钢 | 12~32 | 09MnTiCuRE，03Cu | 正试制 |
| | 军工舰艇用钢 | 12~16 | 903A、945 | 正试制 |
| | 高强度结构钢 | 14~85 | SM41C，SM50C | 1988年公司鉴定，转产 |
| | 管线用钢 | 6~12 | A、B、X42、X46、X52、X56、 | 1984年公司鉴定，转产 |
| | | 6~9 | X60、X65、X60g | 1985年国家科委鉴定，转产 |
| | | 2.5 | WX60JY | 正试制 |
| 热轧钢板 | 耐大气腐蚀钢 | 2.3~12 | 09CuPTiRE，WSPA | 1985年国家科委鉴定，转产 |
| | | 2.0 | 09CuPRE | 正试制 |
| | 军工舰艇用钢 | 4~8 | 903A、945 | 正试制 |
| | 搪瓷用钢 | 1.2 | 08HT | 1988年部级鉴定，转产 |
| | 气瓶用钢 | 3.0~4.5 | 15MnP，15MnHP | 1986年部级鉴定，转产 |
| | 汽车用钢 | 2.85~4 | 热轧双相钢（RS50，RS55） | 正试制 |
| | 自行车用钢 | 2.75~3.0 | Z13Mn，Z17Mn，ZL55 | 1987年部级鉴定，转产 |
| | | 2.75~3.0 | ZY1、ZY2、ZY2Al、ZY3Al | 已转产 |

续表 1

| 产品 | 用途分类 | 规格/mm | 品种 | 鉴定或生产情况 |
| --- | --- | --- | --- | --- |
| 冷轧钢板 | 汽车用钢 | | Z9Al、Z9MnAl、Z6Al | 正试制 |
| | | 1~2 | 05Al、08Al | 已转产 |
| | | 1~1.75 | WP22 | 正试制 |
| | | 0.7~1.0 | 冷轧双相钢（S07Mn） | 正试制 |
| | 耐大气腐蚀钢 | 1~1.5 | 06CuPRe | 1988 年部级鉴定，转产 |
| | 一般钢板 | 0.9~2 | CY1 | 正试制 |
| 表面处理钢板 | 镀 Sn 板原板 | 2.2 | WR | 正试制 |
| | 镀 Zn 板原板 | 0.9~2 | CY2 | 正试制 |
| | 彩涂板原板 | 0.4~1.0 | WLC | 正试制 |

**表 2　转炉新品种开发应用的相关技术**

| 工艺 | 目的 | 主要技术 |
| --- | --- | --- |
| KR | 铁水脱硫 | 用 CaO 代替 CaCl 脱硫，使 [S]<0.005% |
| 转炉 | 吹炼 | 1. 顶底复合吹炼加后搅； |
| | | 2. 转炉计算机静态控制； |
| | | 3. 用挡渣帽、挡渣球挡渣出钢； |
| | | 4. 用沉箱法、Al 线机加 Al |
| RH | 真空处理加微调 | 1. 真空轻处理； |
| | | 2. 脱硫深处理 |
| 大包吹 Ar | 均匀成分和温度 | 顶吹 Ar 改为底吹 Ar |
| 连铸 | 1. 防止二次氧化及提高钢液纯净度 | 1. 长水口加 Ar 封； |
| | | 2. 在浇注初期和多炉连浇时，保证中包内钢水量； |
| | | 3. 双隔墙中包； |
| | | 4. 整体塞棒吹 Ar； |
| | | 5. 结晶器喂稀土丝 |
| | 2. 改善铸坯表面和内部质量 | 1. 适应注温注速和与钢种相适应的二冷水表； |
| | | 2. 轻压下； |
| | | 3. 气水喷嘴； |
| | | 4. 与钢种相适应的结晶器保护渣； |
| | | 5. 电磁搅拌 |
| 精整 | 保证送轧制铸坯的表面质量 | 1. 热送热装； |
| | | 2. 按不同钢种的要求用火焰清理表面 |

（原载《武钢技术进步三十年》，1988）

# 电工钢的研制与开发

方泽民

1974年6月，武钢从日本新日铁株式会社引进了具有当代冷轧硅钢片先进生产技术水平的成套设备和专利技术，并于1978年10月21日正式生产。截至1987年底，共生产取向硅钢片148t、347t，无取向硅钢片266t、210t。产品牌号有取向硅钢片DQ13～DQ09，DQ09G～DQ08G；无取向硅钢片DW60～DW09和其他工钢。说明武钢已经掌握和消化了全部引进技术。在此期间，还对原材料国产化，备品备件国产化、新产品新工艺的研制与开发等方面做了大量工作，说明武钢对引进技术已有所发展。现仅就电工钢的研制及工艺的开发叙述如下。

## 一、引进硅钢生产专利技术的前期准备

专利技术规定，用于冶炼硅钢的铁水Cu≤0.02%，因武钢的矿石含铜，致使铁水实际含Cu 0.1%～0.3%。这些残铜是否恶化硅钢磁性和引起带钢网裂，必须彻底查明，才能做出建厂决策。为此，1972年与上海冶金局，1975年与北京钢铁研究院，太原钢铁公司等单位合作，对一般含铜取向硅钢的含铜量做了半工业性和工业试验。结果表明：Cu≤0.72%时，对一般冷轧取向硅钢片在强磁场下的磁性没有坏的影响。

1976年在北京钢铁研究院合作，用武钢原料对含Cu 0.1%～0.3%的HiB硅钢在实验室作了试验，结果表明，用武钢含铜铁水可以生产出高磁感取向硅钢，而且铜不仅不会恶化磁性，反而有利于磁性的改善。

在研究铜对取向硅钢影响的同时，亦研究了铜对无取向硅钢磁性的影响。得出：Cu≤0.4%时，对无取向硅钢的磁性没有不良的影响。Cu<0.35%时，对硅钢板坯网裂，带钢网裂和加工性能没有影响。

投产后近十年的生产实践亦充分证明了上述结论是正确的。

## 二、电工钢的研制

### 1. Q7G高磁感取向硅钢片的研制

原引进的牌号中最高为Q8G，而当今国外已研制出更高的牌号，因此开展Q7G以上牌号的研究，不仅是变压器制造业发展的需要，亦是赶超世界先进水平的攻关课题。从1986年开始，摸索了炼钢成分和后工序工艺制度，在实验室条件下得出了下列结果，将HiB硅钢中的酸溶铝和氮控制在最佳范围内，提高硅、碳含量，添加晶界偏聚元素锡，同时添加一定量的钼，可将加热温度降到1275℃，在慢冷的常化制度下，磁性比Q8G提高两个牌号，达Q6G的水平，部分试样达Q5G。二次再结晶后，特别是板坯低温加热或降低常化温度的宏观晶粒普遍细小，相当于一般取向硅钢片的晶粒。成品厚度减到0.18mm仍未出现混晶。可见，所选取的成分和工艺都显示出了良好的前景，预示着在实际高磁感取向硅钢研究上将会有重大突破。

### 2. 无取向电工钢的开发

无取向硅钢正在向高、低级牌号两极延伸，一方面为制造大型电动机、发动机需要加速研制高级无取向硅钢W09～W07，另一方面为满足家用电器制造业的迅速发展而需要研制相当于W20以下牌号的低硅或无硅电工钢。与此同时，还为提高中小型电机效率，开发研制了高效电机用钢。

(1) 高牌号无取向硅钢片的研制

冶炼高牌号无取向硅钢时，采用了三段（铁水、LD钢水和RH钢水）脱硫、顶底复合吹炼技术、RH

强化脱碳、低碳硅铁和保护浇注新工艺技术，从而获得了低硫、低碳、低氮的硅铝总量等于 3.8%的超纯净硅钢；热轧时，采用板坯低温加热，以减少阻止晶粒长大的有害析出相；提高冷轧前的常化温度，使晶粒均匀，织构改善；冷轧时采用中等压下的两次冷轧法。为了防止钢片氧化，采用加大干氢气量的中间退火和成品退火，碳可脱至 20~25ppm，从而获得了 0.5mm 的 W09 甚至 W07 的高牌号无取向硅钢片。

此外，还试验了添加晶界偏聚元素（锡锑）和能改变微细夹杂物形态的稀土元素，结果发现，锑抑制成品退火时晶界上的［111］有利，可提高（100）面织构；稀土能提高成品晶粒度 0.5~1.0 级；在硅、锰、铝总量等于 3.8%~4.0%的基础上，再添加适量的磷、锑和锡，也可以获得较高牌号的硅钢。以上说明在高牌号无取向硅钢方面已开始突破专利技术，正在开创自己的工艺道路。

（2）高效电机钢的研制

为了电机的小型化和提高效率，国内外电机厂都期望能得到磁感高，铁损低的电工钢，在原 W18、W20 和 W23 的基础上，将硅控制在 1.0%以下，添加少量磷，研制出了 W18G、W20G、W23G。由于该牌号的碳高达 0.05%，脱碳过程形成柱状晶，因此具有较高的（100）面织构，获得了铁损 $P_{15/50}$ 为 4.65W/kg 和 5.11W/kg 时，磁感 $B_{kb}$ 分别为 1.745 和 1.753 泰斯勒磁性很好的低硅电工钢。如能在冷轧前再进行常化处理，其铁损 $P_{15/50}$ 可降至 4.50W/kg（与 W18 相当），磁感 $B_{kb}$ 达 1.806 泰斯勒（与 W18 相当），磁感 $B_{kb}$ 达 1.806 泰斯勒（比 W18 高于 0.166）。用 W18G、W23G 制作的电机比用 W18、W23 制作的电机效率分别高 3.6%和 2.3%。试制的 1.0%硅、0.12%磷 DW 材，因铸坯必须热送而未能大量生产。

由于高碳高效电机钢在脱碳退火时，机组速度降至 15~20m/min，使生产率大大降低，为了把退火提高到 45m/min，在 RH 真空处理时应把碳降至 0.02%以下，但是，降低碳，柱状晶的形成条件消失，（100）面织构相应减弱，使磁性相应降低，为了取得优良的综合性能，目前正在研制低碳 DGX1 和 DGX2，高效电机钢，并已投入批量试验，试制出了铁损 $P_{15/50}$ 低于 4.65W/kg 和 4.00W/kg，磁感高达 1.7 泰斯勒的高效电机钢。

（3）家用电器用钢的研制

家用电器应具有高的磁感，但并不要求有很低的铁损，我们采用无硅或低硅加磷的方案，试制成功了磁感 $B_{kb}$ 较日本 H30~H60 高的产品，碳对磁性影响最大，如热轧板中 C≤150ppm，即可生产出 W30、W40，如碳高于 500ppm 时，可向钢中加适量的硼，并在较高的机组速度下退火，则可生产出 W50、W60，此外，在无硅、铝的情况下，表面涂脱碳促进剂后，可缩短退火时间约 28%。

3. 特殊用途电工钢的研制

（1）高能加速器及正负电子对撞机用料的研制

1）1mm 厚纯铁

用作高能加速器主环磁铁的材料，要求有高的饱和磁感值，低矫顽力，在弱和强磁场下有高的磁导率，且磁性稳定，为此研制了微碳、微硫，夹杂总量低于 0.01%的超低碳纯铁，经低温热轧，一次冷轧或两次脱碳纯铁，经低温热轧，一次冷轧或两次脱碳退火，控制成品晶粒度，可获得磁感 $B_{kb}$，为 0.039~0.042 泰斯勒，$B_{kb}$ 为 1.55±0.015 泰斯勒，$B_{kb}$ 为 1.815±0.005 泰斯勒，$B$ 为 2.04 泰斯勒和矫顽力 $H$ 为 0.813±0.03 Oe 特殊磁性材料。

2）0.15mm 厚 W10。

该产品用于高能加速器注入段，既宽又薄，因此轧制和连续退火都有困难。采用罩式炉高温 950~1000℃退火，使电磁性能，外形尺寸都达到了理想指标，填补了国内空白，见表 1。

**表 1　W10 参数**

| 项目 | $P_{10/100}$/W · kg$^{-1}$ | 迭片系数 | 厚度偏差/mm |
|---|---|---|---|
| 试制标准 | <15 | >91 | <0.02 |
| 实际 | 12.68 | 96.1 | <0.01 |

3）正负电子对撞机用 0.5mm 厚 J23 磁性材料。

冶炼含硅 0.8%无取向硅钢 J23 磁性材料，铁水需预先脱硫，RH 真空处理，连铸成 210mm 板坯，然后经热轧轧制成 2.2mm 的卷材。冷轧前先常化处理，再冷轧成 0.5mm 板，连续退火后涂 T1（R）涂层。

1985 年试制成功，成品磁感 $B_{kb}$平均达 1.75 泰斯勒，铁损为 4.54W/kg。

（2）DWK1、DWK2 无取向硅钢开关料的研制

为了提高开关铁芯的撞击寿命，1984 年研制成功了 0.7mm 厚，含硅 3.0%的无取向硅钢开关专用料，其性能相当于日本同类产品 HMS，寿命可由过去的 300 万次提高到 1200 万次以上。

（3）通讯用 0.2mm 取向薄钢带的研制

0.2mm DG1～DG2 薄钢带，用作雷达控制系统的铁芯，要求在 400Hz、1000Gs 下具有高的磁感和低的铁损，为此选择了合适的热轧原料，用两次冷轧法（第二次冷轧压下率为 55%），冷轧成 0.2mm 厚，经脱碳退火，涂 MgO 溶液后再在罩式炉内进行高温退火，即可得到如表 2 所示的优良磁性材料。

**表 2　性能参数**

| 项目 | | $P_{10/400}$/W·kg$^{-1}$ | $B_{kb}$/T | 达到牌号/% | |
|---|---|---|---|---|---|
| | | | | DG1 | DG2 |
| 标准水平 | DG1 | 9.0 | 1.70 | | |
| | DG2 | 8.0 | 1.74 | | |
| 实际最优水平 | | 7.86 | 1.85 | 54.65 | 45.35 |

## 三、新工艺开发

1. 无取向硅钢 W18 一次冷轧法工艺的开发

专利规定，W 用模注坯，后工序采取二次冷轧，即在一次冷轧后经中间退火，随后用临界压下率 6%～8%轧制，以促进成品晶粒长大，达到改善磁性的目的，但在 W18 的质量考核时发现，按上述工艺磁性达不到考核现定的指标，日方提出了把成分中硫由 0.015%降至 0.003%，并在冷轧前增加对热轧卷的常化处理，终于获得了良好磁性，通过了质量考核。

在板坯改为连铸工艺后，为获得好的磁性和消除柱状晶对产品表面瓦楞状的影响，相应的采取降低硅量、控制低硫、降低板坯加热和进精轧机的温度，热轧卷增加常化处理，以及一次冷轧、一次退火的一系列新工艺，终于取得了良好的磁性效果，这样虽然在后工序增加了常化处理，但热轧厂降低了燃料消耗，硅钢厂的工序由于原来的 8 道减为 5 道，从而提高了轧机和退火的能力，降低了成本，意义重大。

2. 高牌号无取向硅负一次冷轧法

W14 可按 W18 工艺一次冷轧，但更高牌号的 W12～W09 一次冷轧法的研究。结果表明：提高钢液的纯净度，并适当提高铝含量，采用低温轧制和较高温度的干氢退火，用一次冷轧法也可得到晶粒适当的 W12～W09 产品，但目前成品表面存在瓦楞状缺陷，预计电磁搅拌投入使用后，该问题会得以解决。

（1）进一步提高钢的纯净度

采用低硫铁水和石灰石加强造渣，争取 S≤10ppm；出钢后经 RH 处理，浇注中采用长水口，保护浇注等措施，争取 N≤15ppm，是一次冷轧法的重要措施。

高牌号无取向硅钢中，酸溶铝高达 0.8%～1.0%，在退火过程中，钢板表面被氧化形成薄蜡，阻止脱碳的进行，严重时氧化深入到内部形成氧化层，阻止晶粒长大，为此，在炼钢厂必须经 RH 真空深处理脱碳，以及选用含碳低于 0.01%的硅铁和含碳低的结晶器保护渣以及控制增碳，在硅钢厂采用干氢脱碳，从而可生产出碳低于 28ppm 的无时效的无取向高牌号硅钢片。

（2）提高铝含量

为了进一步降低铁损，又不使冷加工塑性变坏，提高铝含量是最好的办法，当 W09 采用硅加铝等于 3.5%～3.8%，W08 采用硅加铝等于 4.0%，W07～W06 采用硅加铝等于 4.5%时，在干氢气中以 950℃退火，可获得磁性好的硅钢片。

（3）热轧时采用低温加热，冷轧前采取常化处理

W18 采用板坯低温（1100℃）加热，铁损 $P_{15/50}$可降低 0.15W/kg，并可防止柱状晶长大，有利于避免瓦楞状缺陷的形成。

冷轧前的常化处理，铁损 $P_{15/50}$可降低 0.2～0.4W/kg，由于高牌号冷轧无取向硅钢中硅、铝很高，常

化后晶粒粗大，塑性降低，造成冷轧困难，对此，应从常化温度和冷轧工艺上采取相应的措施。

（4）干氢气退火

一般退火时，由于湿气对带钢表面和内部产生氧化，阻止了脱碳和晶粒长大，铁损明显增加，采用水氢分压比等于 0.015 的干氢气比用水氢分压比等于 0.1～0.3 的湿气退火，铁损 $P_{15/50}$ 低 0.2W/kg，退火温度为 930～950℃，露点 D·P 小于零，含氢 30%时，水氢分压比小于 0.03，就可有效地防止带钢表面和内部晶界氧化，而且在干氢下可以将碳由 50ppm 降到 30ppm。

如成品碳高于 40ppm，为了脱碳和防止氧化，可采取 790～810℃低温退火，这时碳可从 56ppm 下降到 35～40ppm。

（5）提高退火温度

提高退火温度，可将成品晶粒尺寸控制在 150μm，且晶界呈 120°角，铁损最低。W12 次冷轧法指出：退火温度由 900℃提高到 950℃，铁损 $P_{15/50}$ 下降 0.2W/kg。W10 以上的高牌号退火温度，国外已提高到 1020～1050℃，但高温停留时间必须缩短（26s），以防止带钢氧化。

国外为满足高温退火，改造了退火设备，增加了二次加热和二次均热工序，目前正在改进炉底辊材质，以适应高温需要。

3. W18～W10 无取向硅钢的工艺调整

由于硅高，导热性差，铸坯易产生裂纹，加上碳低柱状晶发达，轧后表面出现瓦楞状缺陷，故日本原专利采用模注，1977 年采用电磁搅拌后才改为连铸，武钢在没有电磁搅拌装置的条件下，于 1983 年至 1985 年间，调整了原成分中的硅、酸溶铝，降低硫含量，加强出钢后的过程温度控制，选择对使夹杂上浮、减少柱状晶和内裂缺陷的拉速和结晶器振动频率；中包使用 H-1 或 H-P 型渣，结晶器使用 LGW-4 型渣，从而全面实现了 W18～W10 的连铸工艺。

按上述工艺生产的铸坯质量良好，1985 年合格率达 99.04%；低倍组织柱状晶占 70%左右，中心自由晶占 30%。

磁性水平，1985 年 1～9 月，统计了 0.35mm W12 和 0.5mm W12、W10 三种规格，其原牌号合格率均达到 100%，很少有瓦楞状缺陷，W12L 从坯到材综合成材率达 78.85%与 W12 模注相比，综合成材率提高了 24.89%。此外，由于铸坯热送和取消钢锭的加热和开坯，因而大大降低了成本和能耗。

4. 高磁感取向硅钢 HiB 连铸工艺的开发

Hi-B 硅钢专利规定为模注生产，新日铁于 1981 年 10 月试制成功厚度为 250mm 的连铸坯，武钢按原模注化学成分，降低钢水过热度以降低“黑带”级别，加强真空处理至中包之间钢中酸溶铝和氮的控制，适量降低配水比，调整内外弧的喷水量，使铸坯中心的等轴晶分布正位，这样生产的 210mm 厚板坯合格率达 97.52%，黑带偏析、中心裂纹都在 3 级以内，成品磁性 Q9G 达 72.45%，综合成材率从模注的 47.93%提高到 73.44%且取消了钢锭加热，开坯等工序，具有重大的技术经济价值。

5. 降低一般取向硅钢板坯的加热温度

为了使铸态 MS 固溶，一般取向硅钢板坯的加热温度达 1370℃，重油消耗增加，烧损高达 4%，熔渣也大大增加，需经常停炉检修。为了降低加热温度，1984 年，与北京钢铁研究总院合作，通过加入晶界偏聚元素锡以抑制初次晶粒长大，降低钢中锰、硫、碳含量，以降低固溶温度，通过以上措施将加热温度降至 1300℃后，即可获得 97%的 Q11，其中有 45%可达到 Q10 牌号的磁性水平。

我公司钢铁研究所，采用降低锰、硫、酸溶铝、氮和碳，添加微量元素钼，板坯在 1300℃加热，按一般取向硅钢工艺轧制，生产出了 Q9>90%，Q10>60%的磁性水平。

6. 板坯涂料的开发

为减少取向硅钢板坯在高温加热时的氧化，1986 年开展了板坯涂料研究，涂料中除 MgO，$Cr_2O_3$ 外，还辅以多种无机与有机添加物，以保证涂层有良好的导热性和实用性。该涂料在高温下，有少量低熔点组分与板坯表面的微量铁橄榄石液相相互渗透，形成 0.02～0.06mm 厚的致密层，从而可有效地防止板坯表面氧化，减少烧损和渣量，提高一次加热钢坯量的一倍，为扩大取向硅钢的生产开辟了道路。

7. 无取向硅钢以硼代铝的研究

为了节铝，根据新日铁的经验，开展了以硼代铝的试验研究，通过半工业性试验表明，在 W18 和

W20 中加微量硼，可取代 70%~80%的铝，使原牌号合格率不变。

8. 无取向硅钢加稀土的研究

无取向硅钢中加稀土，在较宽的热轧温度范围内，采用一次冷轧法，最终经一次或两次高温短时间退火，可将成品晶粒控制在 150μm 左右，铁损 $P_{15/50}$低于 2.7W/kg，磁感 $B_{kb}$达到 1.647 泰斯勒水平。

当钢中 S≤0.005%，添加适量的稀土，也可降低铁损 $P_{15/50}$为 0.6W/kg。

## 四、机理方面的研究

配合新品种新工艺的开发，进行机理研究，对深入消化引进技术和新技术的开发部是十分必要的。

1. 无硅和低硅电工钢脱碳柱状晶的形成机理

在开发含碳 0.05%的低硅和无硅电工钢时，经脱碳退火后会在钢板截面上开成对称性的二列脱碳柱状晶铁素体，据 165 颗晶粒蚀坑图像统计，板面上（100）晶粒占 40%，（hk0）晶粒占 31.5%，$T_p$ 值介于 1.32~3.14，晶粒（ASTM 标准）达到 2~3 级，因此磁感 $B$ 高达 1.75~1.77 泰斯勒，铁损 $P_{15/50}$低于 4.0W/kg。

脱碳性状晶形成的根本原因是：碳较高并在两相区脱碳时，钢板由表及里逐层发生 γ→α 相变，在钢板厚度方向上存在下述两类界面迁移速度，即脱碳层界面迁移速度 $v_0$ 和 α 相晶界迁移速度 $v$。当 $v_0 \geqslant v$ 时，表面层 α 相晶界就能持续向心部推进，从而得到柱状晶组织；反之，如中途产生了新的 α 相晶核，就会中断原 α 相晶界的持续迁移，只能得到等轴晶。

2. 含磷冷轧电工钢板的脆裂机理

含磷电工钢的反复弯曲值很低（<1 次），冲剪时严重边裂和掉块，同一钢卷的头部和尾部，或同一头（尾）部的不同部位，其反复弯曲值也有明显差别，反复弯曲值低的为脆性断口，反复弯曲值高的为韧性断口，这是由于磷在晶界上大量富集的结果，局部的磷偏析导致了局部的晶间断裂。

3. 高牌号无取向硅钢铁损机理分析

高牌号无取向硅钢 W12~W09，其硫、氮、铝、硅的含量和日本的基本相同，但铁损 $P_{15/50}$高 0.4W/kg。经研究认为，这是钢板表面层下形成了 6μm 的氧化膜，阻碍晶粒长大，钉轧畴壁运动，使铁损增高。

4. 稀土对含硅 3.0%无取向硅钢铁损的影响

含硅 3.0%的无取向硅钢中加入稀土后，可形成固溶温度比通常氧化物高的稀土硫化物，在铸坯加热和带钢热处理过程中，稀土氧化物几乎不固溶，不会以细小的硫化物析出，而且氧化物含量由 0.007%降到 0.004%，加入 0.0135%稀土后，（100）面积构参数，由 0.256 提高到 0.365。因此，在钢液不够纯净的情况下可以降低铁损。

5. 含铜 Hi-B 硅钢中的 AlN 和 MnS 的固溶和析出

试验结果表明，含铜 0.21%的硅钢，在 1360℃加热，可以使 AlN、MnS 固溶，MnS 在 1050~1250℃范围内即有明显析出，析出的最快温度区为 1150~1200℃；AlN 在≤1150℃时有明显析出，析出最快温度为 900~950℃。即含铜 HiB 硅钢中的 MnS 显著析出温度比不含铜的要高。

6. 含铜 Hi-B 硅钢的二次再结晶

含铜 Hi-B 硅钢的二次再结晶开始温度比不含铜的低 50℃，晶粒的长宽比小，说明二者再结晶行为有差别。因此，含铜 Hi-B 硅钢在高温退火时，开始慢升温的温度应降低 50℃。

7. 一般取向硅钢成品温度变化对二次再结晶温度的影响

厚度 0.2mm 的一般取向硅钢二次再结晶开始温度比 0.335mm 的高 20~40℃，0.335mm 的单位体积最大磁转矩延续温度范围比 0.2mm 的宽 40℃，磁性稳定，这是因为成品愈薄，脱碳退火后单位体积中（110）01 的组分及 MnS 质点相对减小的缘故。

8. 硅钢织构的研究

（1）日本与国产 Hi-B 热轧板织构的测定和比较

用 X 射线和金相蚀坑法对烟厂产和国产 Hi-B 硅钢热轧板进行逐层的织构测定发现，烟厂样品表层存在漫散的（110）［001］，中心存在｛hk｝<110>和｛001｝<uvw>，其中又有较强的（100）［011］和（112）组分，由表及里的过渡层中织构类型混乱，但各层均存在（112）［110］组分；国产 Hi-B 钢的

（110）［001］和（112）［110］组分较日本样品弱。

（2）日本 Hi-B 硅钢各工序织构的测定

日本 Hi-B 硅钢热轧和常化后，表层等轴晶对应为（11）［001］织构，延伸组织对应为（100）［011］、（112）［110］；冷轧板形变带织构为（100）［011］、（112）［110］，其次为（110）［112］，（332）［533］，其次为（112）［110］及微弱的（110）［011］，成品具有（110）［001］位向织构。［001］偏离轧向在±5°范围内，（110）面偏离轧向小于 3°。

（3）无取向硅钢织构的研究

对冷轧无取向硅钢 H10、W10、W12、W18 及武钢自制的 W18G、W20G，进行了织构参数 $T_F$、正极图、反极图的测定，结果得出：H10、W10～W18 为（111）或（334）织构，织构参数 $T_F$ 小于 1；W18G、W20G 为（100）或（334）。$T_p$ 大于 1，其中（hk0）≥59%，因此，W18G 和 W20G 磁性较好。

对 W12 热轧板常化后织构的测定表明，常化处理比不常化处理样品的（100）、（110）、（IKO）织构有明显的增高，当常化温度>900℃时，织构参数 $T_p$≥1。

9. 磁畴观察的新方法

在 FeCl、NaOH 内加入润滑性能较好的溶质制成悬浮液，涂在硅钢片上，3 秒钟左右能显示出清晰的图像。高磁感取向硅钢片几乎全部 180°畴，畴壁上出现小的燕尾畴，畴宽 0. 30mm 左右；一般取向硅钢以 180°畴为主，畴壁上出现大的燕尾时，畴宽 0. 5mm。

10. ODF 法的应用

1985 年，武钢用 ODF 法检查了高牌号无取向硅钢 W09～W07 的最终织构，其特殊是：{hko} 型面织构密集分布，而相当于 W07 的川崎 RM10 具有发达敏锐的 {100} 型面织构，故武钢不如川崎产品的织构好。

随着国内市场对硅钢产量、质量、品种需求的不断扩大和提高，以及国际上硅钢生产工艺技术的进步，武钢在考虑扩大生产规模的同时，必须加强硅钢科研队伍和研究手段的建设，为武钢硅钢生产赶超国际水平，为我国电器制造业的发展做出更大的贡献。

（原载《武钢技术进步三十年》，1988）

# 武钢二炼钢4号连铸机工程设计

张玉莲

武钢第二炼钢厂现有3台$R=10.3$m的弧形板坯连铸机；3座公称容量50t的复吹转炉。1987年产出合格铸坯180万吨。预计1988年产量将达到190万吨。

为了使连铸能力与转炉扩容相匹配和提高硅钢产量的需要，武钢公司决定再建第4号连铸机，同时，对现有出坯系统进行改造，以满足铸坯热送的工艺要求。

该项工程的工厂设计及全部设备设计均由武汉钢铁设计研究院承担。该院在设计过程中与武钢第二炼钢厂密切配合。该院在设计过程中与武钢第二炼钢厂密切配合，仅用了约一年时间便完成了初步设计及施工图设计。1987年初动工建设。原计划1988年3月投产，但由于受设备制造等的影响，目前尚处于全面调试阶段，预计1988年底能建成投产。

## 1 工艺设计主要参数

### 1.1 计划生产钢种及其产量分配（表1）

表1 钢种及产量分配比率

| 钢种 | 产量分配/% | 生产合格铸坯/万吨·年$^{-1}$ | 钢种 | 产量分配/% | 生产合格铸坯/万吨·年$^{-1}$ |
|---|---|---|---|---|---|
| 硅钢 | 25 | 12.5 | 碳素钢 | 50 | 25.0 |
| 08Al、低铝钢 | 19 | 9.5 | 合计 | 100 | 50.0 |
| 低合金钢 | 6 | 3.0 | | | |

### 1.2 铸坯规格

铸坯厚度：170mm、210mm、250mm

铸坯宽度：700~1600mm

铸坯定尺长度：4~8m、8~10m

### 1.3 工艺设计主要参数（表2）

表2 工艺设计主要参数

| 项目 | 数值 | 项目 | 数值 |
|---|---|---|---|
| 盛钢桶钢水容量/t·炉$^{-1}$ | 75 | 普碳钢 | 8.0 |
| 中间罐平均容量/t | 10.7 | 优碳及低合金钢 | 6.0 |
| 平均浇注时间/min·炉$^{-1}$ | | 硅钢 | 4.0 |
| 普碳钢 | 32 | 合格铸坯收得率①/% | |
| 优碳及低合金钢 | 35 | 碳素钢及低合金钢 | 96.0 |
| 硅钢 | 50 | 硅钢 | 94.0 |
| 浇注准备时间/min·次$^{-1}$ | 50 | 连铸机作业率/% | 74.1 |
| 平均浇注炉数/炉·次$^{-1}$ | | 铸坯热送率/% | ≥90 |

①由钢水到合格坯。

### 1.4　4 号连铸机性能参数（表 3）

表 3　4 号连铸机的主要参数

| 项目 | 主要参数 | 项目 | 主要参数 |
|---|---|---|---|
| 机型 | $R_{10.3}$—1700 | 尾坯最大输出速度/m · min$^{-1}$ | 3.0 |
| 机×流/数 | 1×1 | 送引锭杆速度/m · min$^{-1}$ | 6.0 |
| 冶金长度①/m · min$^{-1}$ | 0.3~2.0 | 铸机设计能力/万吨 · 年$^{-1}$ | ≈63 |
| 工作拉速/m · min$^{-1}$ | 3.0 | | |

①现有连铸机的冶金长度约为 22m。

## 2　工艺流程及设备组成

其概况如图 1 所示。

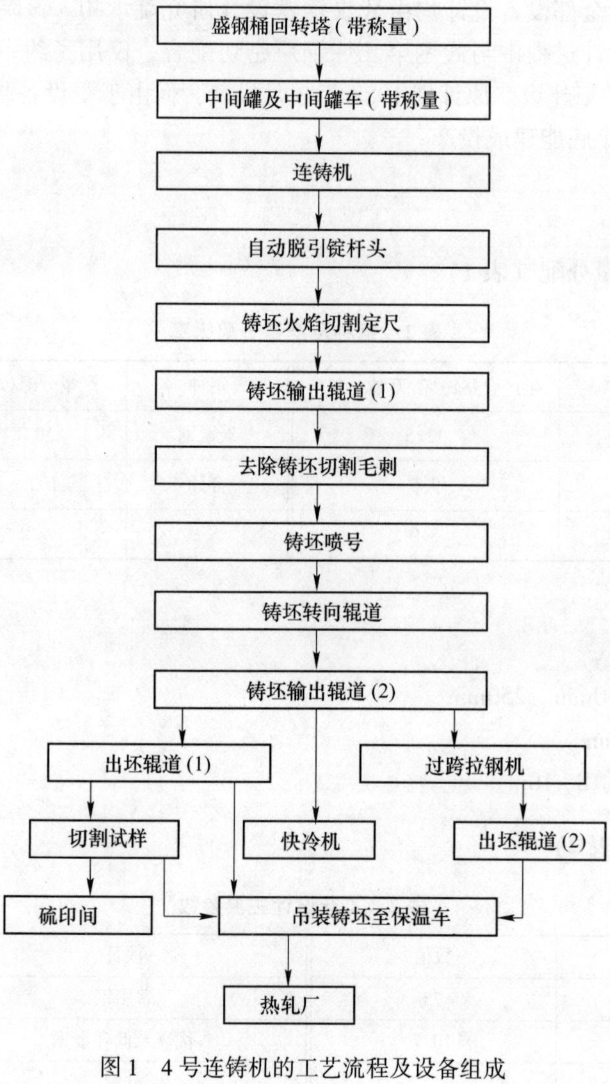


图 1　4 号连铸机的工艺流程及设备组成

## 3　设计所采用的新技术、新设备

根据武钢公司所确定的设计原则，即 4 号连铸机的机型要与现有的基本相同；备品备件能与现有铸机互换。为此，设计中既充分考虑了该厂的生产经验，也采用了一些连铸新技术，主要的有以下 12 个方面。

### 3.1 无氧化浇注技术

为了确保铸坯质量，提高铸坯热送率，设计中采用了无氧化浇注技术，即从钢包至中间罐、中间罐至结晶器的钢流都用保护管及氩气加以保护，以免钢液受到二次氧化。

### 3.2 改变结晶器的振频、振幅

为了进一步改善铸坯表面质量，在设备结构不做大的改变前提下，将结晶器的振动频率，从原有的最大值 125 次/min 提高到现在的最大值 200 次/min；振幅减少至±2~12mm，以消除振动痕迹对铸坯表面质量的影响。

### 3.3 采用气—水喷嘴

为了进一步提高铸坯质量和热送温度，在铸坯的二次冷却中，除Ⅰ冷段采用全水冷外，其余各冷却段均采用了气—水喷嘴。此喷嘴是由武汉钢铁设计研究院设计与制造的。这种喷嘴能使铸坯冷均匀，并可实现弱冷，从而，使铸坯的热送温度得到提高。同时，气—水喷嘴的喷出孔径较大，对水质要求不高，且不易堵塞。另外，采用气—水喷雾冷却后，每对辊间喷嘴只设一个，故当铸坯宽度变化时，可通过调整喷嘴的高度来适应其宽度变化，从而，提高了喷嘴对工艺的适应性，见图 2。而现在铸机，每对辊间 3 个水冷喷嘴，且为分组控制。其工作程序是：当浇宽坯时，3 个喷嘴都喷水；当浇坯宽<1000mm 时，仅开启处于中位的 1 个大喷嘴，而两侧的 2 个小喷嘴则实行断水，因此，当需变化宽度时，这种冷却方式是难以满足工艺要求的，见图 3。

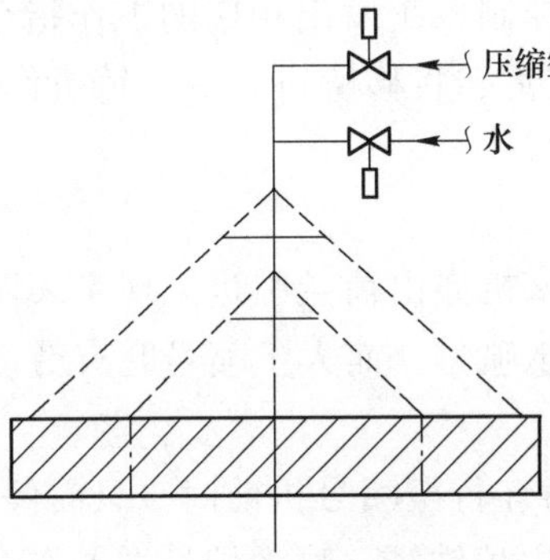


图 2 气—水喷嘴的布置

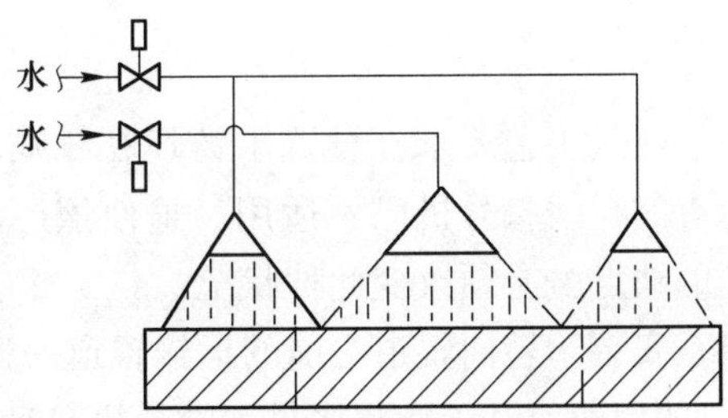


图 3 水冷喷嘴的布置

### 3.4 采用新的辊架结构

4 号连铸机弧形导向段的各扇形段，其内、外弧辊架间采用了新的支承与夹持结构。这样，可避免现有铸机扇形段，仅由一对油缸去完成夹持和支承所引起的弊端，即可解决因使用变形后辊缝不符生产要求时，造成铸坯在二冷区产生内部缺陷的问题。新的结构有两种形式：一是，在扇形段机架两侧进、出铸坯端，各设一个定距块支承点（每段计 4 块）和以一对油缸控制升降及夹持动作，见图 4。1~3 号连铸机扇形示意图，见图 5；二是，还设计了每个扇形段以两对油缸控制夹持、支承的结构型式。最终，将根据使用实效，决定改造现有铸机扇状段的选用型式。

### 3.5 增加冶金长度

在可能的条件下，将 4 号连铸机的冶金长度增加到 24m，比原有连铸机约增长 2m，以利提高铸机的生产能力。

### 3.6 采用去除铸坯切割毛刺装置

为了降低连铸、热轧机前轧道的磨损和改善铸坯表面质量，采用了铸坯在线去除切割毛刺装置，它是由荷兰引进的。这是当今生产无缺陷铸坯必备的技术措施。

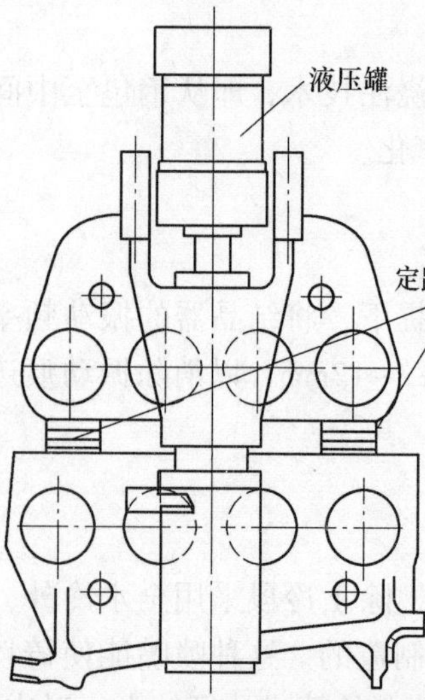


图 4　4 号连铸机扇形段示意图

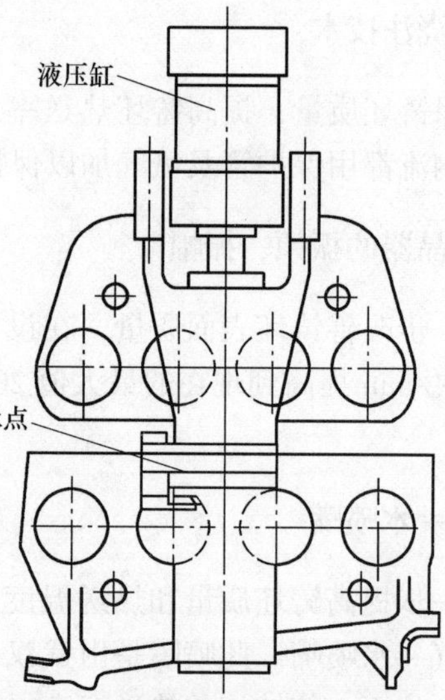


图 5　1~3 号连铸机扇形段示意图

荷兰产的此装置与宝钢从日本引进的同类设备相比：重量轻，结构简单，易于仿制；便于安装、维护；去毛刺时，不增加操作环节，铸坯也不需停留。其工作原理是：由电机带动一根像铸坯辊道一样的辊子，而这辊子是由一根长轴和带有若干小锤片的轴外套组成的；当轴转动时，由于离心力的作用，将小锤片的一端抛出并打在铸坯断口的下表面，从而达到去除切割毛刺的目的。另外，由于辊轴的升降是由液压驱动的，加之，又有光电管检测铸坯的行进位置并向控制系统发出相应的工作指令，所以，去除毛刺的全过程均为自动控制。当此装置在 4 号机上取得实效之后，将移植到 1~3 号铸机作业线上。

### 3.7　铸坯在线喷号

为了满足铸坯热送工艺要求，设置了铸坯在线喷号机，该机亦由荷兰引进。现实表明，当采用铸坯热送工艺后，原有的在线打号机已不适用，迫使该厂改由人工喷号，而人工喷号既有劳动条件差，又有要人工跟踪铸坯的缺点，必须改变此种状况。

该热喷号机系安装于转向辊道之前的运输辊道一侧，当铸坯行至喷号机前时，只需停留 1min 便可完成喷涂 12 个字符的作业。其工作程序是：喷号机自动对位—去掉铁鳞—喷涂炉号。工作全过程均由电脑自动控制。所用涂料是经电弧熔化的铝丝，再以压缩空气作为驱动气源的。铝的耗量较低，且不污染环境。

### 3.8　铸坯转向辊道

由于布置上的原因，当铸坯切割成定尺后，要先经过一段辊道输送，然后再旋 90°输出。这里采用了不同设计对策，即：采用了铸坯转向辊道。该设计系国内首创。

原铸机的铸坯输送是通过绕中心轴回转的辊道转盘之后，再经拉钢机送入纵向输出辊道的；而 4 号机则取消了拉钢机，代之以转向辊道。这种转向辊道的回转半径相当于辊道转盘的直径，是国内首次采用的新设备。

### 3.9　微机控制作业线

现有铸机是以继电器逻辑电路进行控制的，它不仅比微机系统庞大繁杂，而且故障率高、难以维护。相反，微机控制除无上述缺点外，还有在生产中很容易改变操作程序的最大优点。因此，4 号机生产作业线上的传动设备均采用了微机控制。

### 3.10　扩大计算机的控制功能

现有铸机的计算机只能控制二冷水，而 4 号铸机的计算机除能控制二冷介质及最佳定尺切割外，还带有彩色终端显示器，用以监控生产过程。当然，二者均有同样的其他功能，例如：搜集、储存有关生产数据；打印浇注报表等。

### 3.11 液面自控装置

非放射性结晶器液面自动控制装置，正拟引进中。

### 3.12 工业电视

采用了用于监视铸坯输出过程的工业电视。

## 4 出坯系统工程的改造

武钢第二炼钢厂连铸车间的出坯系统，原设计是按年产量150万吨，其中，热送硅钢坯占8%、计12万吨；另138万吨均为冷送坯，其中，约有70万吨08Al深冲坯，需经火焰清理后再送往热轧厂的。由于近10多年来，连铸技术的大发展，尤其是采用无氧化连铸技术以来，铸坯质量有了明显提高。无疑，其表面质量的提高，为铸坯热送创造了必要条件。1986年，该厂铸坯热送率>83%。

为了进一步提高铸坯热送率和热送温度，改变出坯过程先落地再装车的现状，对现有出坯系统进行了改造设计，其布置见图6。

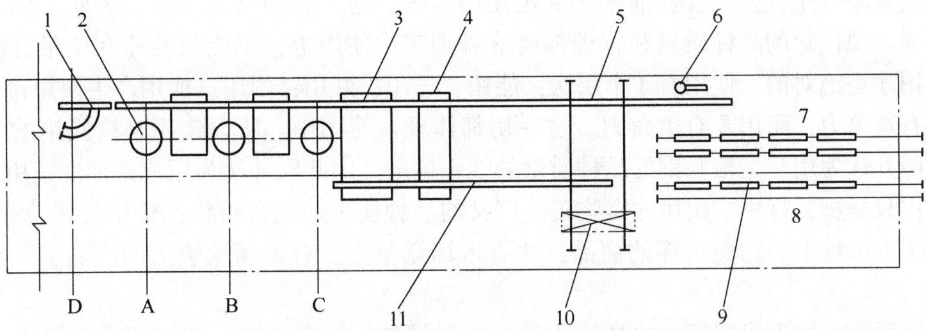


图6 铸坯热送的出坯工艺布置

A、B、C、D—1~4号连铸机；1—转向辊道；2—辊道转盘（现有）；3—快冷机（现有）；4—拉钢机；5—出坯辊道（1）；6—取样切割机；7—第二出坯跨；8—第一出坯跨；9—保温车；10—门型磁吊（现有）；11—出坯辊道（2）

改造设计的主要内容有：

（1）拆除火焰清理机作业线；

（2）拆除板坯翻钢机；

（3）增建过跨拉钢机，为第二出坯跨的铸坯不经门型吊而分流到第一出坯跨吊装热送坯创造了条件；

（4）延长第一出坯跨纵向输送辊道至装车线区，以减轻吊车的作业负荷，满足产量增加的需求；

（5）第一、二出坯分别再建一条装车铁路线，即每个出坯跨设两条停车线，一条停放空车待装，一条装坯待运。从而，解决了目前存在的铸坯落地等车，车来后再装的不合理流程。

（原载《炼钢》，1989（1））

# 钢的品种质量与管理

张春铭

## 1　前言

质量标准的本性是运动。它是长运不停、变动不居的。钢的质量标准具有运动性、时空性，随社会发展而不断提高，因时、因地、因用不同而有不同要求。同是桥梁钢，适用于铆接法施工的不适用于焊接法，要求可焊性；适用于造小型公路桥的不适用于造大型铁路桥，承受重荷载，要求高强度；适用于常温地区的不适用于严寒地带，防止冷脆，要求低温韧性好；用在潮湿环境比干燥环境要求高耐蚀性。钢的使用条件、使用要求都千差万别，任何标准也难不变应万变。有限的标准怎能满足无限的要求。标准只能是作为交货验收条件。符合标准未必满足使用要求，这一普通常识，足以表明，标准并不是判别质量的唯一准绳。现代化的品种质量和管理都要落脚到实物使用上，不能只凝滞在质量标准上。标准总是相对的，使用才是绝对的。使用有 4 个层次：能用；适用；好用；耐用。能用产生使用价值，适用才有用户，好用才有竞争力，耐用才有生命力。这一切都体现在使用中。所以使用是检验钢的品种质量的唯一标准。因此国外认为用户是检验钢的品种质量的唯一标准。因此国外认为用户是标准，用户是王。

能用、适用只是物，好用、耐用才是物美。广义的品种质量还包含价格，价格合理，才是物美价廉。在商品经济、买方市场上，物美价廉的商品，才有市场竞争力。有市场竞争力的产品，才有用户，才能生产下去。

以物美价廉原则，试评我国钢材的品种质量，仁者见仁，智者见智。若按用户为王来衡量，国内库存钢材 2000 来万吨竟无用户，却每年进口 1000 来万吨。而这 1000 来万吨又有半数是属于品种、质量、规格不能满足用户要求才不得不进口的。这一事实说明，国内钢材的品种质量，虽然大多数能用、适用，但是，还有不少并未达到适用、好用、耐用。要改善这一现状，方方面面需要解决很多问题，如卖方市场、优质优价、竞争机制、管理体制等等。但都不是企业解决得了的。现仅从科技进步与品质管理浅谈一些不成熟的意见。

## 2　科技进步

关于钢的质量问题，已在“影响钢质量的 4 项要素和提高钢质量的 6 项要求”中阐述过。至于改善钢材品种质量，则认为必须赶上科学技术的发展潮流。把握以下有关近代科技进步趋势和特征，或将有益于品种质量进步，庶可同步。

### 2.1　通用钢向专用钢发展

解放初期生产无正式标准，生产恢复正常后才引进苏联通用钢标准，移植平一、二、三、…，钢一、二、三、…钢号。50 年代中期仿苏联 SXL 系统开始试制 15MnTi、16Mn 等低合金钢。60 年代前后冶金部才正式颁布专用钢标准，但不细，只有一些船舶、桥梁、锅炉、容器、汽车之类的标准。自行车专用钢就没有标准。70 年代以后才逐步深化、细化，例如自行车钢就从塑性、强度半折中的材料改进到结合使用要求，对冲压成形的构件专用强度高的钢。这样，既经济、好用，又耐用。制造者好加工，用户欢迎。

### 2.2　大批量生产向中小批量生产发展

通用钢面广量大，适用大批量生产。二次大战后恢复建设，大量要钢，生产装备大型化，规模经济优势大。科学发展快，使用多种化，要求多样化。因此品种要多，质量要高，生产要专业化。大企业改造难，规模大的优势转为劣势。中小企业结构简单，好改造，改造快，灵活性大，专业化容易，比大企业适应能力强，富有竞争力。所以近10年来国外大企业日子难过，中小企业却蓬勃发展，现已发展到500来个，产量达到世界钢总产量的1/4。国内近两年不少地区，特别是沿海一带，针对紧缺的薄板钢管，筹建新厂的积极性很高，方向对头。但一定要落实资金、能源、资源。

### 2.3 成分向“杂”与“纯”优化

生物杂交优生良好。钢中添加有利杂质也可新增品种，优化钢质。近年推行微量合金化，结合钢水脱氧过程加入某些微量元素或化合物，用来改善结晶条件，或优化组织结构，或净化晶粒边界，或提高钢的纯净度，或清除、中和钢中有害杂质，从而提高钢的质量。与此相反的是钢的纯净化，将钢中微量有害元素尽量除尽，控制到高纯度。过去只强调硫、磷是有害元素，现已加上氢、氧、氮，其实还应加上砷、铋、铅、锡、锑。它们是铁矿或废钢带入钢中的非氧化元素，即使极少的痕量，也会沿晶界析集而对高质量钢的韧性有严重影响。对轿车深冲薄板、高压容器板、高压锅炉管、装甲板等特别有害，会影响焊接影响区的性能，小于50~100μm的夹杂物难以上浮、不易清除。新开发的钢水过滤技术，争取能早日应用于高纯净钢。

### 2.4 生产技术向“精”与“新”发展

冶炼到成材一系列工序都要求精。除精料、精炼、精轧、精装外，检测手段也要精确。钢材表面要高精度，包装技术也要精，质量更要精益求精。要质量精益求精，生产技术就得不断更新。铁水炉外处理，转炉复合吹炼，活性石灰造渣，镁碳砖砌炉衬，出钢机械挡渣，钢水炉外精炼，保护浇铸，连续浇钢，电磁搅拌。炼钢一道工序，10年就有这么多新技术，可见当代生产技术，确实是年年新、月月新。国外调查结果，提高钢质量的生产线，一般寿命3年，过长便失去竞争力。科技进步如此快，对我国钢铁工业来说，是可怕的，新技术靠引进总新不了。因为最新的引不进，等引进时最新已不存在了，所以，搞科学技术还是要靠自己研究。最近，在对金属理论研究和电子技术成就的基础上，开发出不少新钢种、新材料。通过纯净钢的冶炼技术和控轧、控冷技术，开发的沉淀硬化型微合金高强度钢，就具有低合金高强度钢板在同等强度级别下，无法达到的低温韧性和良好可焊性。而且工艺简化、设备少、投资省、成本低，已经在海上采油平台、输油气管线等方面应用。国外还生产沉淀硬化型深冲高强度钢板，用以制造轿车，质量好，油耗少；用以生产深冲搪瓷薄板，对钢中所含的氢有很强的陷阱作用；还可以用以生产家用电器的硅钢片，铁损低，磁导率高。这些新品种都是在总结当代金属理论研究的基础上，通过综合新技术而实现的。

### 2.5 炉内精炼向炉外精炼转移

气体、非金属夹杂物和有害元素对钢的内部质量有严重影响，炉内精炼的脱除率低，炉外精炼采用RH真空处理，可脱氢到$2\times10^{-6}$以下，避免钢内白点缺陷；氧降到$20\times10^{-6}$以下；碳从0.04%降到0.01%达到超低碳钢水平；还可排除非金属夹杂，获得纯度较高、变形性能好的钢材，并能调整钢水成分，实现合金化及成分微调，达到成分均匀化。钢包吹氩搅拌技术能排除夹杂，均匀钢水成分和温度。如温度过高可加入小块废钢进行冷却，达到合适的铸钢温度。但吹氩露出的钢水会被空气和渣氧化，用钢包精炼则可防止这种氧化，并促进夹杂上浮；如钢水温度低还可升温。出钢时保护浇铸技术可使钢水含氮降到$20\times10^{-6}$。最近广泛推广的钢包喷射冶金技术，可使钢水中硫降到0.01%，氮下降到60%~90%。这些炉外精炼技术，为扩大钢的品种和提高质量创造了条件。

### 2.6 优化质量从炼钢向前后工序延伸

前工序为提高钢的纯净度创造条件后，后工序为改进钢的性能再度深加工，矿石采选脱除硫、磷等有害元素；对某些有特殊要求的钢种禁用含有砷、铋、锡、铅、锑不氧化元素的铁矿和废钢。炼钢降低硫、硅含量；提高铁水温度。实行铁水炉外脱硫、脱磷、脱硅。出钢后炉外精炼排除气体、夹杂。钢坯火焰清理表面缺陷。钢坯或钢材进行缓冷处理，驱除氩气、防止内部白点。进行退火、正火、淬火热处理，提高钢的强度、韧性、塑性；汽车板退火后改变组织，提高深化率；硅钢片退火后获得有利织构，提高磁性。

## 2.7　质量要内外兼优、充分重视表面质量

过去偏重机械性能，强调内部质量，其实表面质量也是非常重要的，微小缺陷即使疤痕、划伤也往往是腐蚀坑或疲劳源的起点，会导致慢性破坏；板形不好，精度不高会影响使用甚至无法使用。表面质量有时比内部缺陷还难解决。例如彩色电视机，国内已引进了 100 多条生产线，显像管内荫罩带钢，研制了 10 年还全部要进口，内部质量、性能问题早已解决，表面颜色难关长期未攻破，最近太钢才有少数合格品，大多数作废。另外一个全套设备从国外引进的现代化工厂，直到目前还生产不出一张合格品。表面颜色不是美不美的问题，而是生产技术水平、管理水平高低问题。板形不高、精度不高，就会有眼睛看不见的无数极微小的棱角面，密密麻麻地布满在钢板表面上，在光线照射时，由于反射、折射作用影响下就闪光出五颜六色，要消除这种颜色，需要非常高精度的轧机和轧辊，还要高度的精心操作。有时还要联系内部质量夹攻，才可能攻破这种质量关。钢材内部的显微组织结构和非金属夹杂物的种类、数量、形态等都会对产品质量产生一定影响。几年后将会出产轿车，所有钢板不同于一般汽车板，内部、表面都要求高质量；早应开展研究工作，其中表面质量也有个研究过程，临渴掘井，边生产边研究，不搞技术储备，到时又不免还得靠进口。进口荫罩带钢是几吨、几十吨问题，进口轿车板是万吨问题，大得多啊。

## 2.8　生产向连续化发展

现在连续浇铸、连续轧钢已渐渐盛行，直接轧钢、连续退火也开始推行。连铸钢坯能避免钢锭内部成分的严重偏析、表面裂纹和结疤等缺陷，因此，连铸可以提高钢的质量和质量均匀化。热连轧时钢坯在步进式加热炉加热，加热质量高；连轧线上有精确的检测部件和电子计算机进行控轧，轧前经过有力的高压水除鳞装置，可以把加热时钢坯表面的氧化铁皮完全清除干净，提高了表面质量。粗轧微张力连轧采用宽度自动控制系统，使带钢宽度公差小于 35mm；精轧采用厚度控制系统，使带钢厚度公差控制在 0.05mm 以下，所以带钢板形好、精度高、质量好；最后经层流冷却，计算机控制冷却水量和卷取温度，一般沸腾钢便能达到低合金钢的高度。冷连轧时，轧前先酸洗和机械除鳞，提高了表面质量；机组尾部采用拉力圆盘剪，提高了带钢边部剪切质量；计算控轧全过程，采用全液压压下，保证带钢板形好、质量高、厚度公差达到 0.005%~0.007%mm。最后连续退火，不但大大缩短生产周期，还能使钢质均匀化。

## 2.9　向高档商品发展

在当代高新科学技术推动下，不断出现成批的技术密集的高利润工业。钢铁工业相形见绌，相对地变成了低利润工业，为了保持活力，不削弱竞争力，加强产品针对性，与用户紧密结合形成有经济联系又互相竞争的工业集团，如新日铁与日产汽车公司、川崎与丰田汽车公司联合，在产品的规格、质量、品种的使用要求上加强针对性。同时开发深加工，追求附加值，增加利润，把低价钢材尽量转化为高档商品；另外还承包工程建设，推销使用量大的优质高价钢材，如包建海上采油平台、输油气管线等。新日铁就争夺我国海南岛到莺歌海油海的海下输送天然气管线工程，以求高利润。

## 2.10　检测手段精确化、现代化

检测是生产的眼睛，现代化眼睛要有特殊功能，观察微观世界放大千百万倍，透视内在世界明如指掌，还能入水出火，准确及时。杜绝缺陷产品流入下工序或荧光仪分析钢、渣和夹杂物，加热炉用辐射温度计控制炉温，钢板用超声波检测内部缺陷，激光检查表面缺陷，用表面成分分析仪检查镀层质量。为直接轧钢创造条件，实现了钢在线检测，通过涡流检测仪分离出有缺陷的钢坯，同时反馈给生产线防止缺陷重复。国内现今不但无在线检测装置，离线检测也不普遍。连成分化检验都很简陋，全国的现代化试验室还不到 20%。现代化检测装置一般几年就换代，而我们一用就一二十年，检测十分吝啬，生产不惜浪费。检测面不全、准确性不足、精确度不高，这些基本条件不具备，质量如何管理。需要紧急解决。

### 2.11 向电子计算机过程控制和管理进军

70年代以来美国钢铁工业即将电子计算机用于生产过程自动控制，特别在氧气顶吹转炉和连续轧钢上应用效果很好，炼钢提高终点碳、氧和温度的命中率，提高了钢的质量水平。热轧带钢产量比人工控制提高几倍，尤其板形和精度提高到前所未有的新水平。将电子计算机同通讯技术结合形成的联合系统和计算机网络用于企业管理，使计算机与远程终点相接，对接收到的信息进行综合处理，按要求输出结果或发回终点所需信息。计算机网是在联机系统的基础上将许多计算机联结成的网络。由于联机系统和计算机网络的使用，克服了企业管理工作的空间距离，提高了时效；对分析数据、信息资料等进行集中处理和综合判断创造了条件。因此，能高效率的满足生产需要。对品种质量进行离线管理，按炉罐号数据进行处理、编制质量报表进行工艺和质量分析，以提高质量管理的素质。

### 2.12 品种质量结合生产与使用统一研究

品种质量长期单向研究，厂家不与用户结合，只片面研究生产工艺和试验室中理化性能、机械性能，只关心符合标准上的技术指标，不了解使用情况和使用出现的问题。达到国际“先进”标准到处报喜，使用依靠进口钢材不忧。例如我国石油多藏在地层深处，环境恶劣；高温、高压；硫化氢、二氧化碳浓度高、腐蚀严重。但只对标准生产石油管，不针对这种使用条件开发品种，改进质量，只有依赖进口。厂家与用户为了使用目的，协作研究共同协议如何生产才能保证使用，通过共同研究生产出的钢材使用效果好，这是活标准，虽无喜报但有实效。

## 3 品质管理

科技进步是硬件，品质管理是软件，彼此相依而存在，同等重要。只是不同情况下不得不有所侧重。我国钢铁工业科技进步，如果回头望（只与自己比）进步不小；若左右看（与日本、德国和朝鲜比）进步不大。而品质管理现在基础还未打好，就更落后，因此就更需要引起重视。

对品质管理，从本质看，其动态属性也是很明显的。品质管理的理论和方法都具有运动性、时空性，随社会发展而发展。特别是管理方法因时、因地、因条件不同而不能相同，同一管理方法在不同时代、不同国情、不同社会、不同文化，其效果大不一样。例如全面质量管理产生在美国，却见效于日本。其原因就在于这两个虽然同是资本主义国家，而在国情、民情、历史文化等方面有很多不同。现代化质量管理的发展过程，是从经验管理发展到科学管理，再从科学管理发展到管理科学，再从经验管理发展到科学管理阶段，美国泰勒首创的科学管理泰勒制，在20世纪初期是时髦的。以后福特倡导的“单一化”“专业化”“标准化”和大批量流水生产方式，在20世纪中期也是时髦的。现在已快跨入21世纪，它们已时过境迁、不可同日而语了。但是，他们的科学管理为现代化管理的理论和方法所奠定的基础，以及某些部分的基本原理、原则至今仍对发达、发展程序不同的国家，还有不同程度的应用价值。梅约教授到工厂通过实验，研究了泰勒制管理方法后认为，泰勒制不是人在使用机器，而是机器在使用人。因此提出人际关系学说，强调发挥人的积极性和创造性理论。这种理论又为后来的行为科学奠定基础。泰勒片面强调严格管理出效率，梅约片面强调人际关系出效率，都不全面。西蒙最后将科学管理与包含行为科学的人际关系两者相互结合，相互补充，形成了现代化科学管理的理论与方法。美国的全面质量管理就是在这一基础上产生的。后来为日本引用，促进质量创世界第一流水平，超过了美国。美国开花，日本结果。一个主要原因是美国物质文明高度发达，见物不见人。日本乃一资源小国，唯有人是最大的资源，特别重视人。不生搬硬套美国的全面质量管理，而根据国情、民情，结合人文、历史、社会加以改造，以适应本国生产力发展水平。其指导思想：用户是帝王、质量是生命、竞争是动力、教育是资本、人才是资源。坚持质量第一，始于用户，终于用户，为用户服务在前，利润在后。坚持教育为主，始于教育，终于教育，强调自尊自主，不靠行政命令。踏踏实实做好基础工作，认认真真抓好质量管理。因此才收到实效，达到第一流质量水平。

全面质量管理是现代化管理的一种方法。它也要有与之相适应的先进的管理思想、管理组织、管理方法和管理手段，这是4大支柱，也是基础，踏踏实实做好这些基础工作，才能真正实行全面质量管理。

基础工作 4 大支柱是管理思想、管理组织、管理方法和管理手段：

(1) 管理思想是灵魂，灵魂就是质量第一。没有用户是王的观念，不可能有质量第一的思想。平时讲质量第一，但在质量与产量有矛盾、质量与利润有冲突的时候，质量便居于第二、第三了。这种全面质量管理是没有灵魂的全面质量管理。

(2) 管理组织是躯干。管理体制的集权与分权是否已合理解决？管理环节的经济责任制是否已健全？组织结构采用规划—目标结构，还是多维结构、系统结构、矩形结构？劳动组织是否已优化？哪种生产组织最能提高生产率？直接生产与间接生产和主要管理与参与管理的人员如何成为一物两面而不是两张皮？怎样组织好保证体系内的各类人的工作质量与品种质量有效地做到万众一心。解决好这些问题是很重要的。

(3) 管理方法是关键。按 PDCA 循环程序，用数理统计工具，通过保证体系的活动，进行工序的质量控制，周而复始地进行管理。但管理离不开人，在目前的社会风气、物价等以及多年来形成的人际关系的情况下，如何做好人的思想工作，启发人们自主管理是关键的关键。严格管理并非严惩重罚。强调行政命令，就免不了工作阳奉阴违，记录弄虚作假。现在已不是泰勒时代。现代化管理要求泰勒+梅约+行为科学，要遵循社会心理学，研究人的行为与效果，尊重人、关心人，调动人们积极性，发挥人们创造性，这是管理科学的精髓，也是企业文化的特征。运用行为科学，推动自主管理，才能实行得了全面质量管理。

(4) 管理手段是条件。采用电子计算机编制计划、组织生产、控制生产、管理质量是高层次的条件。有了要完备，没有要争取。但检测装置，计量仪表必须齐全而准确；原始记录必须真实而无误；这是质量管理最起码条件，但都还不具备。这无论如何要限期解决。

桌子 4 条腿，以上 4 大支柱就是全面质量管理的腿，没有腿，就不成其为桌子。基础和条件是不可少的。日本能率协会咨询公司专为企业诊断难题，荟萃许多善于解决难题的专家，其中志田正俊来考察过 10 多次，认为中国当前学会管理比引进设备更重要。日本引进美国统计质量管理 SQC 就难普及而未奏效。后来将美国工业工程 IE 的管理理论经过改造，适合日本实际，才得到广泛普及，收到实效。中国也有许多管理理论，如华罗庚的“优选法”，就因缺乏基础和条件而未能普及见效。要推广全面质量管理，也要考虑条件如何？基础如何？这当然是一家之言，但强调基础与条件还是中肯的。所以当前的质量管理，不在虚名，而在务实。要紧的是踏踏实实做好基础工作，创造好条件。

## 4　提高质量与开发品种

品种与质量是不可分割的。质量管理广义理解应为品质管理。世界是矛盾的。有矛盾才有发展，才有世界；有对立才有统一。有厂家与用户，才有品种质量，不问用户如何使用的，品质管理即使厂家管理再全面，也是不全面的，这是从哲学上讲。从科学上讲，由于科学技术进步推动社会发展，对钢材的要求越来越多样化，通用钢材已不能满足多样化要求，从而发展了各类品种的专用钢材。专用钢材乃是工程材料，是制造各类工程结构用的。因此专用钢材的属性已不单纯的属于金属学或材料学，而是属于金属材料学与工程技术之间的一门边缘科学。既要研究生产中的生产工艺、理化性能、机械性能等问题，还要研究在制造工程中的加工性能和制造工艺问题，以及工程使用适用、好用、耐用问题。所以国外某些钢铁企业的科研费，工艺研究占 25%，基础研究占 5%，而使用研究占 70%。武钢 70 年代末 80 年代初就设立了钢材使用研究室，后来精简掉了。最近联合国工业发展组织提出，发展中国家的钢铁工业与主要用户挂钩同步发展，这是很值得重视的战略。不管用户使用中的适用、好用、耐用方面遇到的问题，只在生产范围内以产品标准为目标的质量管理再全面，从战略眼光或矛盾统一原理衡量也是不全面的。达到产品标准，只能保证质量。而研究生产又研究使用，研究实物使用中的行为和问题，则既能提高质量，又能及时发展品种。汽车工业随着时代的发展，不断开发新车型，制车工艺就要相应发展，钢板质量性能也要相应发展，从耐冲压提高到耐深冲，再提高到耐超深冲。此外随着社会经济发展，汽车多了，速度快了，交通事故也多了，因此要求钢板强度高。与此同时，为了节约汽油，要减轻车重，减薄钢板，也要提高强度。而提高强度与提高耐深冲性是相互矛盾的，生产要满足使用的要求，就要开发出耐深冲性高，强度也高的钢，双相钢这个新品种便相应而生。铁路客车车厢板，即使产品标准管理得再全面，也只能保证质量，可耐用 6 年左右。研究了使用中出现的腐蚀及腐蚀行为问题，就开发出了质量好的耐候钢新品种，含铜钢耐用12年左右，Corton钢耐用20年以上，可见品种与质量是不可分割的。品种管理要管质量，管品种，要结合使用，研究使用。脱离使用只扫自家门前雪，莫管他人瓦上霜所生产的钢材，只能在产品经济卖方市场有用户，不可能在商品经济买方市场上有竞争力。

（原载《钢铁研究》，1989（3））

# 连铸坯缺陷剖析

邓佳荣　刘嘉苓

## 1　前言

连续铸钢自50年代中期用于生产以来，发展异常迅速，国内各钢厂相继兴建投产了连铸设备，连铸钢的比率逐年增加。如何正确评估连铸坯缺陷及其类别，找出它们与工艺和设备之间的关系，提出改进措施，以利改善铸坯质量，现已成为大家十分重视的问题。武钢在引进一米七轧机的同时，对连铸技术的开发相当重视，并借鉴国外有益的经验，建立了在线切割和硫印试验室，成立了连铸坯硫印试验组，从1985年开始，先后对1120炉连铸坯的硫印进行了分析研究，对铸坯中出现的各种缺陷进行了剖析。剖析的钢种有$BY_1$、08Al、船用钢、硅钢和低合金钢。剖析所用样品是在每个浇次第一炉的第二块铸坯或第四块铸坯尾部切取，试样规格为长70~100mm×对应的铸坯断面。通过大量的硫印试验，建立了各种缺陷评定标准，并将结果反馈，诊断铸机运行状况，收到了良好效果。与此同时还在缺陷部位截取小试样，在金相显微镜和扫描电镜上进行观察，探讨缺陷产生的原因与其防止办法。

## 2　铸坯缺陷分类

通过硫印试验和铸坯外观检查，连铸坯缺陷分类基本归纳有21类，见图1。

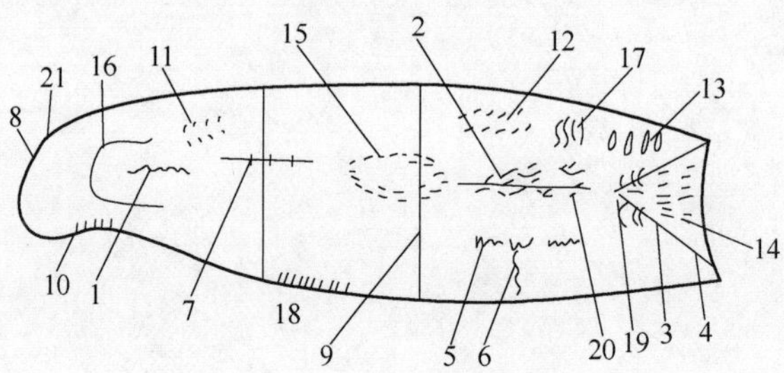


图1　缺陷分类示意图

1—中心偏析；2—中心裂纹；3—三角区裂纹；4—角部裂纹；5—内裂纹；6—内裂纹距边缘距离；7—中心偏析偏移；8—铸坯侧面凸鼓；9—铸坯长边凸鼓；10—皮下裂纹；11—针孔状气泡；12—$Al_2O_3$夹杂；13—蜂窝状气泡；14—铸坯侧面凸边；15—中心负偏析；16—方框负偏析；17—柱状晶内；18—激冷层；19—三角区；20—等轴晶区；21—铸坯台状

## 3　缺陷剖析

### 3.1　中心裂纹

3.1.1　缺陷的宏观特征

中心裂纹是在连铸坯断面的中心部位出现的宏观裂纹，严重时在铸坯切割时肉眼可见。在缺陷评定标准上对中心裂纹划分有、无两级。铸坯断面上凡发现肉眼可见的裂纹长达铸坯宽度的1/4时才进行判定，并决定是否切除。当裂纹细微且长度小于铸坯宽度的1/4时，往往与中心偏析混在一起。

在硫印图上的中心裂纹为连贯的白色条纹，条纹边缘为齿状，有一定的弯度，裂纹边缘往往有硫偏析存在。具有中心裂纹的铸坯柱状晶发达，严重者柱状晶直达铸坯中心。

3.1.2 显微分析

显微镜下的中心裂纹是由尺寸不等的孔洞将它们互相连接。裂纹附近的夹杂物较多，主要为硫化物，多沿晶界分布，其次还有颗粒状硅酸盐夹杂。显微组织为铁素体+珠光体。部分铁素体具有针状特征。

将有中心裂纹的试样进行冲击，形成以中心裂纹处开裂的新断口，置于扫描电镜上观察，裂纹面上可见到鱼骨状硫化物夹杂以及一些具有一定几何形状的颗粒状夹杂；另外可见有无变形痕迹的自由表面，颗粒夹杂分布在自由表面上，还有十分典型的包状、线状、点状特征。

3.1.3 一般防止措施

在生产工艺方面主要有两种情况易造成铸坯中心裂纹：（1）当浇注温度过高，中间包钢水过热度大于25℃且拉坯速度过快时；（2）当连铸二冷区夹持辊开口度大时，铸坯鼓肚形成中心裂纹。因此消除中心裂纹的措施是控制浇注温度，避免高温快拉操作，使中间包钢水过热度小于25℃，并定期调整二冷辊开口度，使之在最佳状况下工作。

## 3.2 中心偏析

3.2.1 缺陷在硫印图上的特征

中心偏析系指铸坯厚度1/2的区域呈褐色斑点状硫偏析带，在硫印图上明显可见，偏析形式分三类：A类在连铸坯宽向上硫偏析带连续，有时伴有中心裂纹；B类在连铸坯宽向上硫偏析带断续；C类在铸坯断面上硫分布均匀，有时中心部位有大小不一的呈分散分布的偏析斑点，严重时有不同程序的聚集。

在连铸坯缺陷评定标准上，中心偏析A、B、C三类各分7个级别。A、B两类偏析以其厚度为准，取其绝对值，按图2查其级别；C类偏析的划分是以分散的偏析斑点的厚度为标准，同时考虑偏析斑点聚集的长度；偏析斑点厚度的测定是在铸坯厚度方向进行，用测定的偏析斑点的厚度平均值制定级别。

中心偏析缺陷在任何钢种中均会出现，只是随着钢种工艺条件的差异，其不合格级别有所不同而已。通过对船用钢的跟踪试验表明，中心偏析A类在2.5级以下，B类在4级以下，而C类各级别均合格。

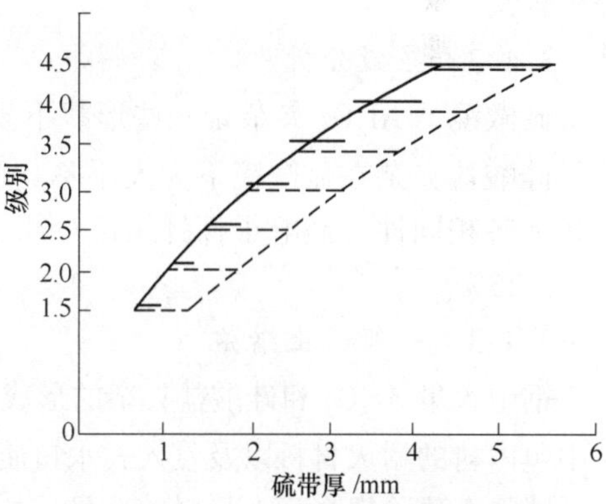


图2 硫带厚度与级别之间的关系

3.2.2 显微分析

在显微镜下观察各类偏析均有较多的硫化物夹杂分布在柱状晶间和等轴晶区沿晶界分布，呈团状和滴状，其数量由A类向C类逐渐迭减。

在中心偏析处除有低熔点的杂质硫化物外，往往还可见到磷的偏析，在碳、锰元素较高的低合金钢中，有时还有碳偏析和锰偏析，从而对钢的显微组织产生明显的影响。

3.2.3 一般防止措施

当浇注温度过高，中间包钢水过热度大于25℃时，中心偏析严重；另外当铸坯冷却速度缓慢，结晶层次清楚，硫磷元素能在铸坯中充分聚集，造成偏析严重；当钢中硫含量过高时也提供了偏析的先决条件，所以减轻中心偏析应从以上三方面着手。

## 3.3 三角区裂纹、内部裂纹、角部裂纹

3.3.1 缺陷在硫印图上的特征

三角区裂纹：这是在铸坯断面上三角区硫印图上清楚显示的数条近似于平行的线状裂纹。严重时裂纹可分内外几层，一般在铸坯断面上的两个三角区出现。

内部裂纹：这是铸坯激冷层内部柱状晶区清晰显示的裂纹。裂纹分单根、成簇或闪电状等形状，内外弧均可出现，但一般内弧侧较多。

角部裂纹：是在铸坯的硫印图上4个尖角部位清晰显示的裂纹。裂纹长短不一，呈平行分布，有时在

四个角部同时出现，有时在一端的两角出现，有时又是沿对角线的两角出现。

这三种裂纹共同的特点是均出现在连铸坯上固定的部位，裂纹沿晶界分布。在连铸坯缺陷评定标准上均以其数量的多少、裂纹的长短分级，评定级别各自均分为7级。

3.3.2 显微分析

显微镜下这三种裂纹均与钢中硫化物夹杂有一定的亲缘关系，即多数是硫化物沿晶界弯曲延伸，部分裂纹尾部较直，且直伸入铁素体晶粒内部。

3.3.3 一般防止措施

三种裂纹的产生与冷却辊间距不当、冷却快柱状晶发达、矫直应力大有关，因此应从这几方面防止。

## 3.4 夹杂

3.4.1 缺陷在硫印图上的特征

夹杂在硫印图上呈大颗粒肉眼可见。此处所描述的 $Al_2O_3$ 夹杂系指在08Al钢连铸坯中有一定几何尺寸的夹杂物聚集块，在硫印图上呈大颗粒云朵状分布，云朵为浅黄白色，连缘不规则，常位于铸坯内弧侧距边缘30~50mm的条带区域内，轻者分散分布，重者布满整个铸坯断面直至边缘。此类夹杂常常造成热轧板表面夹杂暴露，或冷轧板深冲不合格，从而增加了废次品数量。

硅酸盐夹杂多呈球状或椭圆状，其边缘光滑规整，硫印图上呈深棕色，在铸坯断面上无规则地单个分布，其颗粒较大，直径多在2~3mm，有时达5mm。此类夹杂多在 $B_1$ 钢中出现时，常造成冷轧断带或镀锌板露铁。

3.4.2 显微分析

显微镜下 $Al_2O_3$ 夹杂是一些形状不规则的颗粒堆聚，明场呈深褐色，暗场透明，偏振光下各相异性。硅酸盐夹杂在显微镜下为大小不均的球形颗粒，或单个或成堆存在，明场呈褐色，暗场透明，偏振光下各相同性。经电子探针微区分析，其成分为：Si 31.73%，Ca 15.55%，Mn 1.73%，Al 6.73%，Fe 44.25%。

3.4.3 一般防止措施

钢中大量 $Al_2O_3$ 和硅酸盐夹杂的形成与钢脱氧不良、浇注过程中钢液二次氧化有关，也与补炉材料、大中包内衬的耐火材料以及浸入式水口质量有关。

消除办法除提高耐火材料的质量外，还要控制好温度，浇注时采用保护浇注和合适的保护渣等。

## 3.5 气泡

3.5.1 缺陷在硫印图上的特征

连铸坯上的气泡分两种：一种针孔状，一种为蜂窝状。针孔状气泡多密集分布在连铸坯内弧侧距边沿30~50mm区域，呈带状；当连铸换包时气孔较多且大，并在整个断面上不规划分布，也往往伴生黑棕色夹杂物。蜂窝状气泡分布在铸坯四周，轻微时只在激冷层内局部存在，严重时蜂窝增大，由激冷层长入柱晶柱内，有时直到铸坯中心。蜂窝气泡在硫印图上为椭圆形白斑，排列整齐，气泡长度方向垂直铸坯四壁，严重时宏观可见。

3.5.2 显微分析

显微镜下针孔状气泡为不规则的小孔洞，附近往往有数量不等的 $Al_2O_3$ 和硫化物夹杂。蜂窝状气泡一般为豌豆形孔洞，其周围钢质纯净，无夹杂等脏物。两种气泡周围显微组织正常，少数蜂窝气泡附近有气沟存在。

3.5.3 一般防止措施

为了防止气泡的产生与发展，应使钢水完全脱氧，保护中间包钢水免与空气接触，确保大包、中包及铸锭材料的干燥。

## 3.6 负偏析

负偏析有中心负偏析、方框负偏析和电磁搅拌产生的白带。

3.6.1 缺陷在硫印图上的特征

负偏析在硫印图上呈白色条纹。中心负偏析是在连铸坯中心部位的白色条纹；方框形负偏析是位于铸坯断面上呈方框分布的白色条纹，条纹的数量不等，有时是平行排列，一般出现在柱状晶尾部，有时铸坯边部也可见。电磁搅拌产生的负偏析是位于连铸坯内部，分别距内、外弧 55mm 左右呈对称分布的白带，白带的宽度和亮度、条数因搅拌强度不同而异。

3.6.2 显微分析

负偏析处 C、S 含量偏低，剖析电磁搅拌的 3C 钢可知，在连铸坯断面上任取一条通过中心线且与中心线垂直的直线，在此直线上等距离取 5 个点，测得 C、S 元素的平均含量为 C 0.12%，S 0.016%，而负偏析区的 C、S 含量均低（C 0.09%，S 0.012%）。负偏析区的显微组织为铁素体+珠光体，但珠光体量比其他区有所减少。经图像仪分析，柱状晶和中心线处珠光体的百分含量为 9%，而负偏析区只有 6%~7%。负偏析区为粗大的等轴晶粒。

3.6.3 一般防止措施

负偏析与换包和电磁搅拌有关。若想加大等轴区则出现白带，这是相互矛盾的。因此必须适当控制搅拌电流强度和时间，既使等轴晶区达到最宽，又使负偏析最小。

## 3.7 表面裂纹

3.7.1 表面裂纹的硫印特征

在铸坯表面上肉眼可见的裂纹较多，有纵裂、横裂、谷波裂、星状裂等，此处仅介绍最常见的纵裂纹。纵裂多在坯宽的 1/3 中部、裂缝贯穿铸坯且在试样表面可见时，在硫印上则可见到从铸坯边缘开裂的痕迹，一般为白色，与硫偏析无关。热酸试验表明，柱状晶发达，断面上冷却层次不规则，裂缝从表面伸入铸坯内部，裂缝较直，个别裂缝直到铸坯中心。

3.7.2 显微分析

显微镜下铸坯表面上的粗裂纹呈“之”字型，其边部和尾部有扩展细纹。显微组织为珠光体加少量沿晶界分布的铁素体。铸坯表面上有比较多的短小细纹，纹内有夹杂物，激冷层较薄，树枝晶严重，裂纹沿枝晶间延伸。

3.7.3 一般防止措施

浇注时要严格控制注温，使中间包钢水过热度小于 25℃；定期检查结晶器倒锥度及表面状况，检查冷却管是否堵塞及水温。

## 3.8 铸坯夹心

3.8.1 硫印表面特征

该缺陷在硫印图上分布较异常，外壳硫的褐色较重，壳内部较轻，或反之。其颜色中心部位与外围相差较大，交接处有一条白色分界，热酸后内外两部分钢基组织有明显不同。

3.8.2 显微组织

两部分显微组织不同，衔接处呈犬牙交错。

3.8.3 一般防止措施

应将异钢种连浇时的接浇段切尽。

## 3.9 皮下夹杂

3.9.1 在硫印图上的特征

硫印显示的皮下夹杂是在铸坯边缘零散分布的深棕色点状颗粒，颗粒较大时在刨磨好的试面上肉眼可见，热酸后更明显。

3.9.2 显微分析

显微镜下分析为硅酸盐夹杂。

3.9.3 一般防止措施

稳定注速，加强液面控制，防止保护渣卷入，改进浸入式水口材质，加强操作，防止中包下渣。

## 3.10 皮下裂纹

3.10.1 硫印宏观特征

硫印图片上可见在铸坯边部有时出现一排短小的细缝，有这种裂纹的铸坯部位往往向内凹陷，此种裂纹多分布在距铸坯侧边 300~400mm 处。测量裂纹和铸坯边距一般为 15mm 左右。

3.10.2 显微分析

皮下裂纹与三角区裂纹、角部裂纹、内部裂纹一样，也与硫化物夹杂共存。

3.10.3 一般防止措施

实施铸坯正确冷却。

## 3.11 柱状晶发达

3.11.1 硫印宏观特征

硫印图上树枝状晶明显，严重时可见有粗大的柱状晶，有时柱状晶直至铸坯中心，热酸后更明显。

3.11.2 显微特征

显微镜下可见较大的柱状晶粒，晶界由铁素体围绕。

3.11.3 一般防止措施

## 3.12 降低浇注温度

3.12.1 硫印宏观特征

硫印图上明显可见中心偏析线偏离铸坯中心线，热酸后更明显。

3.12.2 显微分析

以 250mm×1550mm 铸坯为例，测量各区尺寸，激冷层内弧侧为 10~13mm，外弧为 25~30mm，中心偏析线距内弧边缘 110mm，距外弧边缘 135~140mm。

3.12.3 一般防止措施

这种缺陷与冷却有关，应调整二冷水工艺制度。

## 3.13 连铸坯表面异形

在硫印图片上，除上述各种缺陷外，还可见到铸坯外观尺寸不规整，严重者造成表面异形，一般常见的有：长边凸鼓，侧边凸鼓或凹陷，长边局部凹陷，铸坯呈台状。这种缺陷不需要硫印热酸即可明显看到。

一般防止措施是控制注温，检查辊缝，控制冷却和拉坯速度。

# 4 结论

（1）通过对连铸坯缺陷剖析可以看出，武钢的连铸坯出现的缺陷大致可分为 5 大类：偏析、裂纹、气泡、夹杂和尺寸异样；详细划分每类缺陷又有不同的特征。

（2）各种缺陷都有一定的显微特征，从而可以对照其工艺参数分析缺陷形成原因，找出防止和消除的措施，保持铸机的最佳运行状态，从而提高铸坯质量，增加企业经济效益。

（3）通过对缺陷的分析可以看出，与铸坯质量关系比较密切的工艺及设备参数为：

①注意拉速与注温的配合，中包钢水的过热度应小于 25℃；

②冷却区辊间距不能过大，应定期测量；

③严格控制冷却水压、水量和水温，定期检查冷却水管及喷嘴运行情况；

④根据钢种特性正确设定一次冷却水水量及流速；

⑤对补炉和中包、水口等应选用优质耐火材料及严格的工艺制度；

⑥注意钢水充分脱氧，采用中包隔墙、保护渣、浸入式长水口和保护浇注等新技术，防止钢水二次氧化，减少钢中夹杂；

⑦注意保护渣的干燥，保持结晶器液面稳定，防止保护渣卷入钢中；

⑧正确确定不同钢种的接浇段尺寸，并切割尽。

（原载《武钢技术》，1990（5））

# 武钢50t转炉顶底复吹技术的开发

萧忠敏　张文华　鄢宝庆　刘昆华　刘东夫　区　铁

## 1　概述

武钢第二炼钢厂有3座公称容量为50t的氧气顶吹转炉，设计年产钢能力为150万吨，是装备比较先进的转炉—连铸炼钢厂，生产的钢均用于一米七轧机系统轧制热轧带钢、冷轧薄板和冷轧硅钢片。因此，冶炼的钢种都是低碳钢，碳含量小于0.10%的钢占总产量的85%以上。其中电磁硅钢和低硅钢、汽车用深冲薄板钢、低合金钢和一些专用优质钢等钢种的产量约占总产量的30%左右。硅钢、08铝钢和部分冷轧钢种的终点碳要求控制在0.06%以下，无取向硅钢的终点碳要求低于0.03%。采用顶吹转炉冶炼这些低碳钢时，终点钢液含氧量可达$1000\times10^{-6}$左右，终渣TFe可达23%左右。不仅影响钢的质量，也使炉龄降低，钢铁料消耗和合金消耗增高。采用顶底复合吹炼则能有效地解决这些问题。与此同时，武钢第二炼钢厂在提高连铸比、实现全连铸的过程中，对钢水的质量提出了更高的要求。采用顶底复合吹炼可以有效地提高钢水的洁净度和稳定钢水成分。因此，武钢确定把提高低碳品种钢的质量以炼钢的技术经济指标作为武钢第二炼钢厂开发顶底复合吹炼技术的主要目的。

1980年武钢即开始进行复吹技术开发的前期工作，先后进行多种方案的可行性研究、试验选点和冷热模型试验。在此基础上，于1984年3月5日首次在3号转炉上一次调试成功并投产，实现了顶底复合吹炼。第一个炉役就实现了全炉役复吹，炉龄提高了100炉以上，初步取得了复吹效果。到9月底的试生产期，采用复吹工艺吹炼了11个炉役，炼钢7498炉、产钢47.4万吨，取得了明显的冶金效果和经济效益。1984年12月冶金部对武钢50t转炉顶底复合吹炼工艺试验（第一阶段的工作）作了技术鉴定。鉴定意见指出：武钢在冶炼低碳钢和超低碳钢时在国内首先采用终点停氧后氩搅拌的“后搅”工艺，取得良好的冶金效果，并在供气元件的研制、应用以及复吹经济效益等方面达到国内先进水平。

1988年8月，武钢参加“七五”国家重点科技攻关。在攻关期间用复吹工艺共吹炼80个炉役，累计产钢732.3万吨，1990年计划产钢205万吨，因此，“七五”期间，武钢复吹钢的总产量将达到937.3万吨。采用复吹工艺后，钢中氧含量、终渣的TFe量、金属消耗等均明显降低，炉龄、品种、钢炼成率显著提高，各项主要技术经济指标都有大幅度的增长。以复吹法（1989年）与顶吹法（1983年）比较：炉龄从446次提高到1467次（含实现镁碳质砖衬等效果），钢铁料消耗从1198kg/t降到1084kg/t。全厂金属收得率（含实现全连铸带来的效益）从81.05%提高到88.34%，日历利用系数从21.43t/(t·d)提高到35.66t/(t·d)，转炉钢（连铸坯）的合格率从94.68%提高到99.83%，石灰和萤石等消耗均有降低。采用顶吹和复吹工艺的转炉主要技术经济指标见表1。

**表1　采用顶吹和复吹工艺的转炉主要技术经济指标**

| 年份 | 钢产量/万吨 | 炉役数 | 平均最高炉龄/次 | | 转炉钢合格率/% | 连铸比/% | 日历利用系数/t·(公称t·d)$^{-1}$ | 金属收得率/% | 吹损率/% | 钢铁料消耗/kg·t钢$^{-1}$ | 石灰消耗/kg·t钢$^{-1}$ | 萤石消耗/kg·t钢$^{-1}$ | 备注 |
|---|---|---|---|---|---|---|---|---|---|---|---|---|---|
| 1983 | 117.3 | 43 | 446 | 596 | 94.68 | 81.19 | 21.43 | 81.05 | 9.4 | 1198 | 87 | 12.6 | 顶吹 |
| 1984 | 144.4 | 39 | 585 | 832 | 96.33 | 88.42 | 26.31 | 82.8 | 9.1 | 1182 | 73 | 10 | 吹和复吹 |
| 其中复吹 | 86.1 | 20 | 674 | 832 | | | | | | | | | |
| 1985 | 161.2 | 29 | 806 | 1222 | 99.36 | 99.76 | 29.45 | 87.4 | 8.96 | 1110 | 67 | 8 | 复吹 |

续表 1

| 年份 | 钢产量/万吨 | 炉役数 | 平均最高炉龄/次 | | 转炉钢合格率/% | 连铸比/% | 日历利用系数/t·(公称t·d)$^{-1}$ | 金属收得率/% | 吹损率/% | 钢铁料消耗/kg·t钢$^{-1}$ | 石灰消耗/kg·t钢$^{-1}$ | 萤石消耗/kg·t钢$^{-1}$ | 备注 |
|---|---|---|---|---|---|---|---|---|---|---|---|---|---|
| 1986 | 170.0 | 21 | 1196 | 1505 | 99.76 | 100 | 31.05 | 88.74 | 9.02 | 1099.83 | 69.92 | 7.34 | 复吹 |
| 1987 | 180.0 | 21 | 1321 | 1463 | 99.85 | 100 | 32.89 | 89.36 | 9.02 | 1099.93 | 65.74 | 7.12 | 复吹 |
| 1988 | 187.1 | 19 | 1399 | 1635 | 99.84 | 100 | 34.09 | 88.97 | 8.62 | 1099.27 | 64.25 | 7.94 | 复吹 |
| 1989 | 195.2 | 19 | 1467 | 1688 | 99.83 | 100 | 35.66 | 88.34 | 9.75 | 1084 | 64.83 | 7.83 | 复吹 |

注：1. 1984~1989 年复吹钢总计 979.7 万吨，其中 1986~1989 年复吹钢合计 732.3 万吨，预计“七五”期间（1986~1990 年）复吹钢将达到 937.3 万吨（1990 年预计复吹钢共产 205 万吨）。
2. 1989 年钢铁料消耗系按入炉料计算的。

采用顶底复吹工艺后，钢中气体和夹杂物含量降低，特别是溶解氧的降低，渣中总铁量得到控制，钢水的成分、温度进一步均匀，钢水纯洁度得到进一步均匀，钢水纯洁度得到进一步改善，因而对提高钢的质量和扩大钢的品种以及研试、开发新的钢种起到了重要作用。与顶吹工艺相比，钢种炼成率、成品性能合格率均有提高，连铸钢水回炉率和轧后废品明显降低。过去用顶吹工艺难以冶炼的钢种和未冶炼过的钢种，采用复吹工艺后成功地冶炼出来并大批转产（见附表 1）。

武钢第二炼钢厂采用复吹工艺和相关技术后，不仅获得了明显的冶金效果，而且也得到显著的经济效益。据不完全的核算，1986~1989 年的攻关期间与顶吹工艺比较：已累计受益 4082.3 万元，1989 年年效益达 1263.4 万元，预计“七五”攻关期间累计效益可达 5643 万元。

武钢第二炼钢厂已形成一条包括 KR 铁水预处理（采用新研制的无碳 CaO 基脱硫剂）—转炉复合吹炼（采用微机自动控制的 $N_2$-Ar 切换系统、新复吹供气模式、噪声法监控炉渣系统、镁碳质多孔定向供气砖、挡渣出钢、煤气回收和扩容至 80t 等）—炉外精炼（采用钢包底吹 Ar、铝线机加铝、钢水包罩式升温装置、开发 RH 深脱硫技术，新建了年处理量为 50 万吨的 2 号 RH 真空处理装置）—全连铸（开发和采用一系列连铸新工艺新技术，新建了 4 号板坯连铸机）—铸坯热送的较现代化的炼钢生产工艺流程。

## 2 复合吹炼的装备技术

### 2.1 供气砖的研制与改进

炉底供气装置是顶底复合吹炼技术的关键之一，在使用过程中，除要经受钢液强烈冲刷和炉渣侵蚀外，还承受着温度梯度大和变化频率高而产生的应力作用，因此供气砖应具有强度高、抗冲刷、耐崩裂、抗侵蚀等性能，既要满足复吹工艺要求，又要结构简要、使用安全可靠、寿命与炉龄同步。

#### 2.1.1 W-1 型供气砖的研制与应用

从 1980 年开始复吹气砖的开发工作，1984 年研制成 W-1 型镁质缝隙式供气砖，这种供气砖在供氩强度为 0.02~0.04m$^3$/(min·t) 条件下，经不断提高供气砖质量和改善装配技术，在使用过程中采用特定工艺和修补料对供气砖进行热修补、粘渣敷涂及开新炉前 3 炉底部不供气、从第 4 炉开始正常供氩等措施，使供气砖的寿命与炉龄基本同步。1984 年平均使用次数达 674 次，蚀损速率平均约 0.5mm/炉，满足了当时的复吹技术要求。W-1 型供气砖的主要优点是供气稳定，可调范围大，可以随意停止供气而不致被钢渣堵塞等。

增大供气强度时（如>0.04m$^3$/(min·t)），W-1 型砖剥落、断裂情况较严重，因此，一般只宜维持小气量供气，同时这种气砖组装制作较困难，往往因组装不好、加之生产工艺不够稳定造成供气不均，导致供气砖的理化性能下降，有时蚀损速率较大，甚至发生渗钢、漏钢现象。

#### 2.1.2 W-2 型供气砖的研制与应用

针对 W-1 型供气砖的研制与供用中出现的问题，1985 年在 W-1 型供气砖的基础上，对供气砖的材质、生产工艺、构件尺寸、组装工艺、安全防护等方面进行了改进，研制了镁质和镁碳质的 W-2 型供气砖。W-2 型供气砖在理化指标和高温使用性能等方面都较 W-1 型供气砖有所改善。提高了供气砖的抗侵蚀性能，剥落、断裂现象明显减少。在气室内装了防漏装置和密封措施，减少了漏钢、渗钢情况。通过

11 个炉役的使用表明，在原供氩强度下 W-2 供气砖的寿命达到 1159 次、蚀损率降到 0.27mm/炉。

1987 年武钢转炉底全部采用镁碳砖砌筑后，曾出现供气砖上浮的情况。为此改进了供气砖的外形尺寸和组装结构，用不锈钢板包覆镁碳质耐火组件，然后造缝、密封焊接而成。使供气砖直接砌入炉底并与炉底形成一个整体，减少了供气砖的上浮问题。1987~1988 年转炉炉龄平均达到 1300 炉以上，供气砖使用寿命基本与炉龄同步。但是受组装量影响的问题并未得到完全解决，热工作状态下固有的缺点未能得到根治，供气砖的堵塞、上浮及漏钢现象仍偶有发生。

2.1.3 多孔定向式镁碳质供气砖的研制与应用

为了进一步提高武钢复吹转炉的技术水平，适应较高供气强度的要求，研制了镁碳质多孔定向底部供气砖，该砖选用电融镁砂、鳞片石墨及其他加入物为主要原料，按适当的配比，经预成型和等静压成型，在 200℃保温 16h 以上干燥而成。这种供气砖具有良好的抗渣性和抗热震性。1989 年正式投入生产，经 16 个炉役的使用结果表明：这种镁碳质多孔定向底部供气砖的供气效果明显优于原用的缝隙式供气砖，供气强度可在 0.02~0.08$m^3$/(min · t) 范围内调节，给增大供气强度、提高复吹冶金效果提供了条件，由于它具有良好的抗侵蚀性能、抗热震性能，因此使用性能较稳定，平均损蚀速率 0.27mm/炉，在采用套砖砌筑配合的情况下，可把供气砖、套砖和炉砖共砌牢固，较好地解决了供气砖的组装困难和供气砖的断裂上浮，改善了供气砖的使用性能，提高了使用次数，基本上满足了复吹工艺的要求。这种供气砖的使用次数基本与炉龄同步，平均可达 1500 次以上。

## 2.2 底部供气点的布置

1984 年，采用顶底复吹之初。4 块 W-1 型供气砖布置在炉底 0.6$D$ 环上，靠耳轴侧两块夹角为 60°，加料和出钢侧夹角为 120°。其目的是增加渣料落点的搅拌强度，促进造渣过程、保证倒炉取样或出钢时 4 块供气砖能处于钢液面以上。

1985 年在原 $d=0.6D$ 4 点供气的基础上，另于 $d=0.3D$ 节圆上的加料侧和出钢侧的轴线上对称各布置一块供气砖（此砖与耳侧相邻的供气砖夹角为 60°），即形成两个节圆上的 6 点供气的方式。通过试验两环 6 点供气与一环 4 点供气相比，熔池搅拌更均匀，改善了钢液成分和温度的不均匀性；在底部供气强度相同的情况下，6 点供气的单个供气强度减小，有利于延长供气砖的寿命。这种双环 6 点供气布置一直使用到 1989 年。

在采用多孔定向供气砖后，由于其供气量较缝隙式砖大，4 块多孔定向砖的气体流量已大于 6 块缝隙式砖，加之多孔定向供气砖砌时较困难（使用多孔砖的初期，尚未采用套砖配砌，以后才逐步解决），为增加安全因素起见，1989 年曾仍采用 0.6D 位置 4 块的砌筑试验，使用结果，未发现冶金效果有明显的变化，这可能与加大了底吹气体流量有关。故暂采用 4 块砖的布置形式。待下步扩容到 90t 时再考虑采用两环 6 块或其他更好形式的布置。

供气砖在炉底的布置示意见图 1。

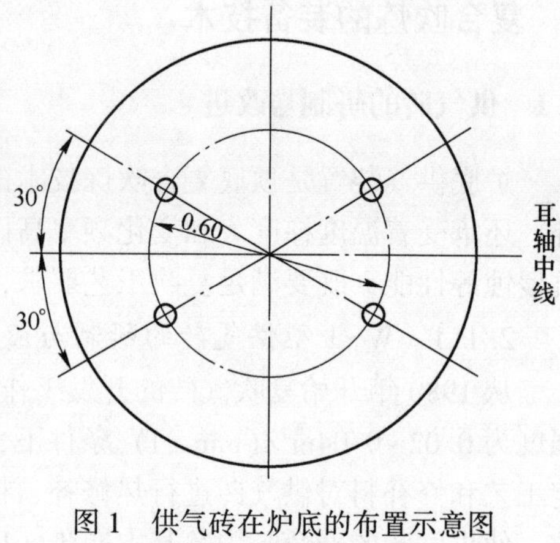


图 1 供气砖在炉底的布置示意图

## 2.3 底部供气的检测、管网和微机的控制系统

武钢复吹是按两个阶段分步进行的，因此底部的检测系统和微机自动控制系统也经历了初期、开发期和提高期等 3 个阶段，达到不断完善和提高控制水平。

2.3.1 底部供气过程的检测和管网系统

由质量高、功能强的 FOXBOROSPEC200 组装仪表组成。基本设计思想如下：

(1) 氮氩共用一套管网检测和控制系统，在供氮时计算机对测量的参数进行补偿处理。

(2) 系统中设有一个分气包，系统的压力调节分气包压力。尽量减少分支路流量调节与系统压力调节之间的相互干扰。

(3) 采用分支路流量调节，不设总流量调节，以判断每个供气砖的堵塞现象，避免个别供气砖堵塞导致其余供气砖超负荷供气而快损坏。

（4）设有一个切断气源的装置，避免长期空炉时气体浪费。

（5）氮-氩切换，实现经济用气。

2.3.2 供气模式的微机自动控制系统

选用结构简单、抗干扰能力强的WAC-Ⅲ型微型工业控制机作主机；配有模拟量输入输出通道板、开关量输入通道板和输出通道板各一板。配置有相应的电源系统。为了减少故障和屏蔽干扰，在安装结构上做了一些布置。供气模式的开发经历了3个时期。

（1）初期（1984~1985年）：采用常规仪表显示底吹压力和流量，全程供氩，进行手动流量调节，未采用微机控制。在吹炼过程中基本不改变供气强度。

（2）开发期（1986~1989年）：在控制系统中引入了仪表调节系统、工业控制微机（WAC-Ⅱ型）和可编程序过程控制器（PC），实现了分支路流量自动调节、微机自动控制、屏幕自动显示和 $N_2$-Ar 自动切换，在吹炼过程中按工艺要求对底部供气强度（流量）进行自动控制和调节。

（3）提高期（1990）：经过近4年的使用，武钢对微机控制系统进行了升级换代，并根据运行情况新编了软件控制程序，进一步提高了系统的可靠性和自控率，实现了全自动控制。新的微机自动控制系统具有以下功能和特点：

①WAC-Ⅲ型机，可接受、储存6条工艺控制供气曲线，根据冶炼的钢种、工艺要求，通过选择形状开关进行选择，在吹炼过程中即实现按曲线对底吹气体流量的自动控制和 $N_2$-Ar 自动切换。

②根据工艺需要，还可通过外接键盘对6条曲线中的任意1条进行参数的重新设定，因此实际上所存储的6条曲线可方便地扩展为6个“曲线族”，每族可为若干条曲线，以适应不断开发新钢种的需要。

③通过微机和PC对切换阀门的双重控制，达到对 $N_2$-Ar 切换的双机运行。以保证即使在出现设备故障时，也能可靠地达到吹炼后期不对钢水进行误吹 $N_2$ 操作。

④具备汉字化屏幕显示，可显示吹炼曲线，实际流量、压力、设定流量、压力等各类画面。

⑤每炉吹炼结束，可自动打印出该炉次底吹工艺的各种参数。

⑥控制系统对现场恶劣环境具有较强的适应性，对频繁的掉电、停电、误操作等情况均具有一定的容错性。

### 2.4 噪声法—微机监控炉渣技术

武钢研制和转炉噪声法—微机监控炉渣技术，在工业性应用试验中取得了良好的效果。预报炉渣返干和喷溅的命中率，分别达到98%和89%，对指导冶炼操作和减少或防止返干、喷溅有重要作用。该系统主要由拾音位置的引导装置、“STD”工业测控机、彩色显示器等组成。CRT显示的动态现场的恶劣环境，系统稳定可靠，功能较全，便于扩展，能实时记录渣况曲线，操作简单，每次只需按一次启动按钮即可完成开机、复位、曲线显示等功能。

## 3 复合吹炼的工艺技术

### 3.1 吹炼操作

武钢第二炼钢厂的3座氧气顶吹转炉，公称容量为50t，炉子有效容积52.25m$^3$，实际装入量为75~76t，出钢量约69t左右，顶吹氧枪喷头结构为三喉式，供氧强度为3.1m$^3$/(min·t)，氧气流量为12000m$^3$/h，废钢比约10%~12%，铁水成分平均约为（%）：Si 0.30~0.55；Mn 0.10~0.15；P 0.10~0.14；S 0.015~0.030；铁水温度1244~1344℃。

采用顶底复合吹炼工艺与顶吹操作一样，控制造渣过程仍是吹炼过程最根本的操作。

在顶底复合吹炼中，氧枪枪位仍具有控制造渣过程的功能，氧枪枪位的调整要与底部供气模式相配合，配合不当，造渣过程仍失控。由于存在底搅拌，采用顶吹法中点火枪位（1.2m）显然是不适宜的，否则会发生前期成渣慢，脱碳期炉渣返干严重并发生金属喷溅。在吹炼中期，尽管底部采用维持定量供气，氧枪枪位也应比顶吹法高，否则炉渣容易返干。总的说，因吹炼前期、中期底部供气强度增高，必须相应提高氧枪枪位。

吹炼前、中期的枪位提高到 1.5～1.7m。吹炼后期采用较高的底部供气强度和较低的氧枪枪位，对降低炉渣 FeO 含量和钢液含氧量有效，这样就能取得吹炼平稳、成渣块、消耗低、炉龄高等效果。

在复吹条件下进行造渣工艺试验，取得了较好的效果。复吹的造渣制度和顶吹、复吹工艺的造渣效果的对比情况如表 2、表 3 所示。

**表 2　复吹的造渣制度**

| 造渣制度参数 | 冶炼过程 | | |
|---|---|---|---|
| | 初期开吹～4min | 中期 4～12min | 末期 12min～吹止 |
| 氧枪枪位/m | 1.5 | 1.7 | 1.2 |
| 底吹供氩强度/$m^3 \cdot (min \cdot t)^{-1}$ | 0.03 | 0.025 | 0.05～0.08 并后搅 1～3min |
| 铁皮加入量/kg | 400 | 从第 8min 开始视炉况分小批加入 | |
| 配加碱度 | 2.8 | | |

**表 3　两种吹炼工艺的造渣效果**

| 操作参数 | 复吹造渣试验 | 顶吹造渣试验 | 复吹与顶吹比较 |
|---|---|---|---|
| 终渣平均碱度 | 3.10 | 3.60 | -0.50 |
| 终渣平均 ΣFeO/% | 13.69 | 18.52 | -4.83 |
| 终渣平均 MgO/% | 7.49 | 10.00 | -2.51 |
| 石灰消耗/t · 炉$^{-1}$ | 3.20 | 3.30 | -0.10 |
| 萤石消耗/kg · t 坯$^{-1}$ | 3.65 | 5.15 | -1.5 |
| 终渣量/t · 炉$^{-1}$ | 6.5 | 9.03 | -2.53 |
| 供氧时间/min：s | 16：33 | 17：44 | -1：11 |

## 3.2　供气模式

转炉复吹装备水平从简易逐步完善。相应地复吹工艺水平也渐进提高。大体可分两个阶段，第一阶段采用全程恒定小流量底吹氩和终点停氧后进行后搅拌的供气模式（简称原复吹工艺），第二阶段采用吹炼前期供氮、吹炼后期供氩、实现 $N_2$-Ar 切换、变供气流量和后搅拌的供气模式（简称新复吹工艺）。新复吹工艺对于冶炼低碳和超低碳钢种更具有良好的冶金效果。

### 3.2.1　原复吹工艺

第一阶段鉴于受供气系统的装备和气源条件的限制，复吹工艺采用了全程恒定小流量供氩和后搅拌的供气模式。见图 2。

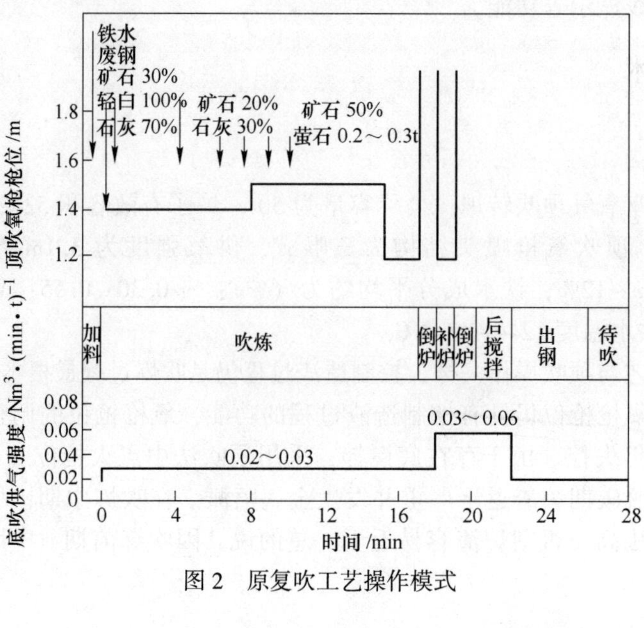


图 2　原复吹工艺操作模式

原复吹工艺的生产实践表明，当底吹供气强度在0.02~0.03$m^3$/(min·t)范围内，吹炼前期和中期的氧枪枪位控制在1.4~1.5m（比顶吹提高0.1~0.2m），末期枪位为1.2m时，可保证开吹3~4min成渣，较顶吹法提前了2~3min，使第二批渣料的加入时间相应提前。这种吹炼过程较平稳，不易发生喷溅，终渣较粘。

后搅的供气强度采用0.03~0.06$m^3$/(min·t)，后搅的时间一般为1~3min。主要根据钢种和转炉后部工序对出钢温度的要求确定。后搅操作可以钢、渣间反应更接受平衡，提高脱硫、脱磷效率，降低钢、渣的氧化性、去除气体和夹杂物，并使熔池的成分和温度更均匀，对提高终点控制、改善钢的质量和减轻真空处理等炉外精炼工艺的负担起到良好的作用。武钢在国内首次采用后搅工艺取得了明显的冶金效果。

### 3.2.2 新复吹工艺

在复吹装置水平提高、底吹气源解决和采用多孔定向供气砖的基础上，为进一步提高复吹的冶金效果，特别是提高冶炼低碳和超低碳钢种的冶金效果，1989年通过试验研究，在原有的基础上又开发了新的（现有的）复吹供气模式。它对于冶炼低碳和超低碳发挥了良好的作用。

按武钢转炉冶炼的钢种情况，选定三组有代表性的不同含碳量的低碳和超低碳钢种进行试验，其复吹工艺的区别主要在吹炼末期和后搅拌期的供气强度大小不同。

根据三组钢种的不同含碳量和熔池内各相位间不平衡的程序、设计的底吹供气强度范围和目前供气砖的质量等，确定新复吹工艺的供气模式，如表4和表5所示。

**表4 三组钢种的含碳量及代表钢种**

| 钢种组别 | 钢种碳含量/% | 代表钢种 | 钢种特点 |
|---|---|---|---|
| A | <0.04 | 无取向硅钢、电工钢等 | 碳极低、硫极低 |
| B | 0.04~0.07 | 深冲钢、管线钢 | 碳低、硫低 |
| C | >0.07 | 普碳钢、船板钢、耐候钢、气瓶钢、低合金钢 | 碳较低、硫低 |

**表5 三种钢种的供气强度**

| 钢种组别 | 含碳量/% | 底部供气强度/$m^3$·$(min·t)^{-1}$ | | | | |
|---|---|---|---|---|---|---|
| | | 吹炼前期 | 吹炼中期 | 吹炼末期 | 补吹期 | 后搅拌期 |
| A | <0.0 | 0.030 | 0.025 | 0.05 | 0.08 | 0.08 |
| B | 0.04~0.07 | 0.030 | 0.025 | 0.05 | 0.06 | 0.06 |
| C | >0.07 | 0.030 | 0.025 | 0.03 | 0.05 | 0.05 |

新复吹工艺与原复吹工艺相比，操作特点如下：

（1）改变加料顺序。现在采用石灰—废钢—铁水的加入顺序，减轻了废钢对炉衬的冲击，增加石灰的预热时间，提高了初期渣的碱度，有利前期去磷。主要渣料改为一批加入，减轻或避免了炉渣返干喷溅，提高了成渣速度和去除硫、磷的效果。

（2）提高氧枪枪位。由于铁水含硅量的降低，使渣量有所减少（80~90kg/t钢），炉渣易返干，炉底侵蚀程序增加，因此将吹炼前期、中期的氧枪枪位提高到1.6~1.7m。

（3）采用$N_2$-Ar切换工艺。吹炼10min时（相当于吹炼期的60%）将氮气切换成氩。

新复吹工艺的底部供气强度为0.025~0.08$m^3$/(min·t)。在正常情况下，每块多孔定向供气砖的供气量达0.40$m^3$/(min·t)方能保证不被堵塞。按此计算，4块供气砖布置的最低供气强度应为0.023$m^3$/(min·t)。因此将多孔定向供气砖的最低供气强度定为0.025$m^3$/(min·t)。

三组钢种在吹炼前期和中期的底吹供气强度相同。吹炼前期的供气强度定为0.03$m^3$/(min·t)，可以促进前期成渣速度，并可防止渣中聚焦过多的FeO、减少或避免“大喷”，保持吹炼平稳。

第一阶段复吹工艺试验时，在底部供气强度为0.03$m^3$/(min·t)以及后搅期供气强度为0.03~0.06$m^3$/(min·t)、后搅时间1~3min的条件下，比较了顶吹、复吹和后搅的冶金特点。当碳含量小于0.08%时，顶吹终点[%C]·[%O]=0.0032；复吹终点[%C]·[%O]=0.0030；后搅终点[%C]·[%O]=0.0022。与Chipman发表的1640℃碳氧平衡积为0.0021相比，后搅终点[%C]·[%O]已接近平衡；顶吹终点距平衡最远；复吹终点略好一些。这说明吹炼末期0.03$m^3$/(min·t)的底部供气尚未充分发挥复吹优越性。通过后搅拌可弥补这种不足。因此新的复吹供气模式均采用了不同供气强度的后搅工艺。其后搅时间仍定为1~3min。由于补吹期熔池氧位增高很快，因此采用了与后搅期相同的供气强度，采用新的复吹工艺后，进一步提高了冶金效果，钢的质量和终点控制水平。

## 3.3 冶金特征

### 3.3.1 钢中碳和氧

图3示出了顶吹、复原吹和新复吹工艺钢中［C］和［O］的关系。采用原复吹工艺与顶吹同钢种相比，终点钢中氧含量［O］降低100~200ppm，在后搅情况下，［O］可再降低150~200ppm。新复吹工艺（现行）与原复吹工艺相比，钢中溶解氧又有进一步降低，见表6。

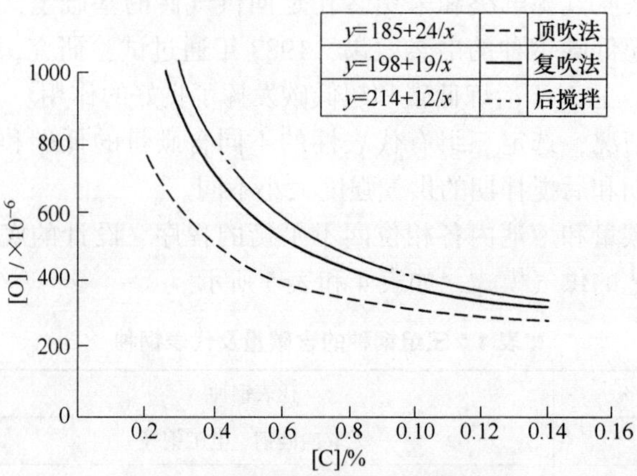


图3 终点碳和渣中总铁量的关系

**表6 新复吹工艺比原复吹工艺［O］降低情况**

| 钢种组别 | 新复吹工艺比原复吹工艺钢中［O］降低量/ppm | |
|---|---|---|
| | 复吹终点 | 后搅终点 |
| A | 117~131 | 97~114 |
| B | 56~87 | 63~90 |
| C | 36~52 | 37~57 |

随着碳含量的降低和底吹供气强度的增加，钢中溶解氧降低显著。对严格成分控制和减少钢中夹杂及合金消耗等均起到良好的作用。

### 3.3.2 渣中总铁量

图4示出了终点碳和渣中总铁量的关系。随钢种碳含量的降低和底吹供气强度的提高，渣中总铁量（TFe）降低。采用原复吹工艺与顶吹相比，渣中总铁量（TFe）降低1%~2%，在后搅情况下，（TFe）可再降低1%~2%。新复吹工艺与原复吹法相比，在碳量相同时，渣中（TFe）均进一步降低，如表7所示。

**表7 新复吹工艺比原复吹工艺（TFe）降低的情况** （%）

| 钢种组别 | 复吹终点 | 后搅终点 | 钢种组别 | 复吹终点 | 后搅终点 |
|---|---|---|---|---|---|
| A | 0.99~1.33 | 0.83~0.99 | C | 0.20~0.36 | 0.24~0.61 |
| B | 0.39~0.58 | 0.53~0.77 | | | |

随钢种含碳量的降低和底吹供气强度的提高，渣中（TFe）含量降低，因此新复吹工艺必然能提高金属收得率。

### 3.3.3 钢中锰

图4示出了终点碳和残锰的关系。在碳含量小于0.08%时，原复吹终点和后搅终点的残锰均高于顶吹。当碳含量大于0.08%时，则与顶吹法无明显差别。虽然后搅终点较复吹终点钢中残锰略有降低，但新复吹工艺与原复吹工艺相比，在相同碳含量时，无论复吹终点或是后搅终点，钢中残锰仍有所提高。

加之后搅拌操作可降低（FeO）和［O］，因此，仍有利于降低合金的消耗。

3.3.4 脱磷

图 5 示出了终点磷分配比$\frac{(P_2O_5)}{[P]}$与渣中总铁量（TFe）的关系。脱磷能力随渣中总铁量的增加进一步加强。当渣中（TFe）含量为 12%~18%时，原复吹工艺后搅终点磷的分配比原复吹终点提高 6.7%~12.28%。在相同的（TFe）含量范围内，新复吹工艺与原复吹工艺相比，磷的分配比提高更多，见表 8。

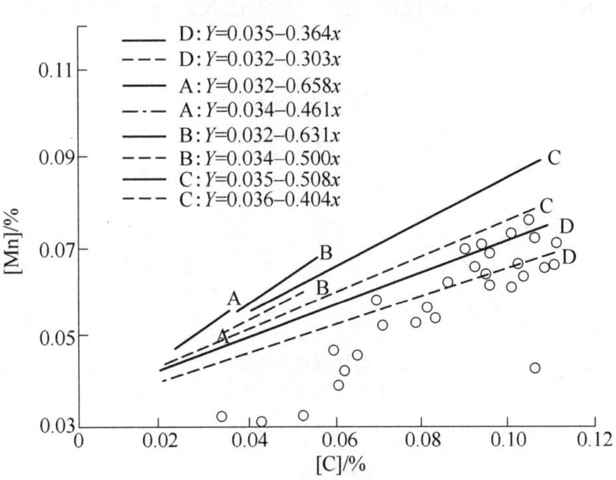


图 4 终点碳和残锰的关系

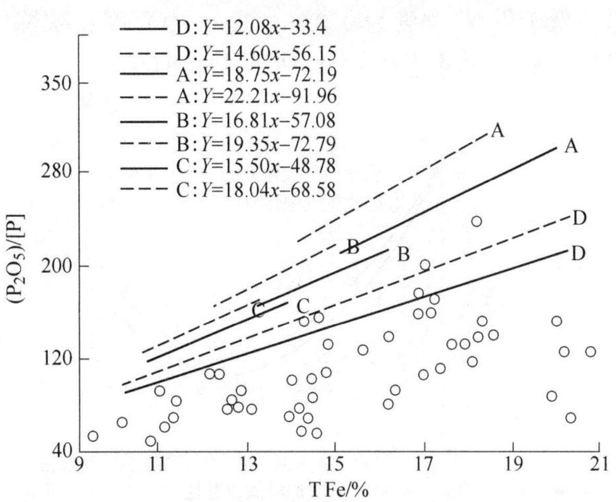


图 5 终点磷分配比和总铁量的关系

**表 8 新复吹工艺比原复吹工艺磷分配比提高的情况** （%）

| 钢种组别 | 复吹终点 | 后搅终点 | 钢种组别 | 复吹终点 | 后搅终点 |
|---|---|---|---|---|---|
| A | 41.5~45.5 | 47.7~48.9 | C | 20.8~21.5 | 24.2~24.5 |
| B | 30.6~32.5 | 33.5~33.9 | | | |

虽然吹炼末期和后搅期渣中总铁量有所降低，但由于熔池搅拌加强，钢渣接触充分，温差趋于消失，因而仍然获得良好的脱磷效果。

3.3.5 脱硫

图 6 示出了终渣碱度（CaO）/（$SiO_2$）与硫分配比（S）/［S］的关系。碱度提高硫分配比亦增大。

在碱度为 3.0~4.5 时，原复吹工艺后搅拌终点硫分配比较后搅前提高 37.8%~38.5%。原复吹工艺的平均脱硫率为 30%，较顶吹法提高 6%。在碱度相同时，新复吹工艺与原复吹工艺相比，硫的分配比得到进一步提高，见表 9。

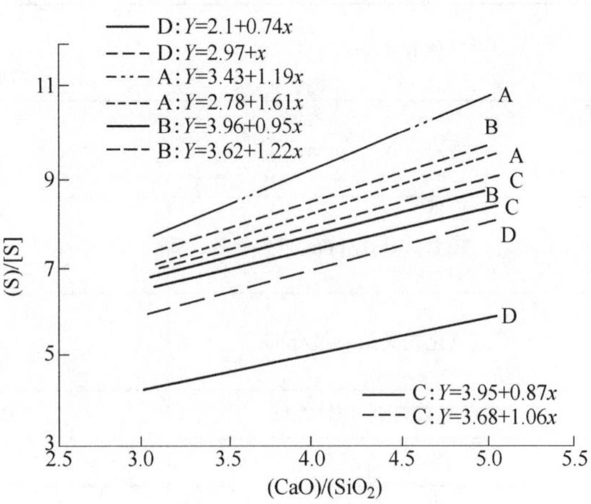


图 6 终渣碱度与硫分配比的关系

**表 9 新复吹工艺与原复吹工艺（S）/［S］提高的情况** （%）

| 钢种组别 | 复吹终点 | 后搅终点 | 钢种组别 | 复吹终点 | 后搅终点 |
|---|---|---|---|---|---|
| A | 2.7~3.6 | 1.6~2.8 | C | 2.2~2.5 | 0.8~1.0 |
| B | 2.5~2.9 | 1.3~1.7 | | | |

## 3.4 氩氮切换

在气源和设备条件具备的基础上，1988 年进行了吹炼前期和空炉期供氮、后期供氮的 $N_2$-Ar 切换试验，确定了武钢目前操作条件下 $N_2$-Ar 切换的合理供气模式，并已正式用于生产。

气体的纯度：顶吹 $O_2$ 99.58%，底吹 Ar 99.99%，底吹 $N_2$ 99.999%。

供气制度：顶吹 $O_2$ 压力 1.0~1.05MPa，流量 12000m³/h。底吹 $N_2$、Ar 气压力 0.6~0.8MPa。从有利吹炼前期化渣和提高溶池搅拌效果考虑，$N_2$-Ar 切换和全程度吹 Ar 供气强度均为 0.03m³/(min · t)，试验确定的切换时间为吹炼 10min 时（相当于吹炼期的 60%）切换。

复吹转炉底吹 $N_2$ 供气强度为 0.02m³/(min · t) 和 0.03m³/(min · t) 时，吹炼过程熔池［N］含量的变化和脱碳速度的变化情况见图 7、图 8。底吹 $N_2$ 搅拌，熔池吸 $N_2$ 强度为 0.02m³/(min · t) 的条件下，二者吹炼过程的脱碳速度和［N］含量的变化规律是一致的；供 $N_2$ 强度为 0.02m³/(min · t) 时［N］含量稍低于供 $N_2$ 强度为 0.03m³/(min · t) 时；吹炼 10min 时，二者的脱碳速度均为最大，［N］含量均为最低，显然此时是 $N_2$-Ar 切换的最佳时机。

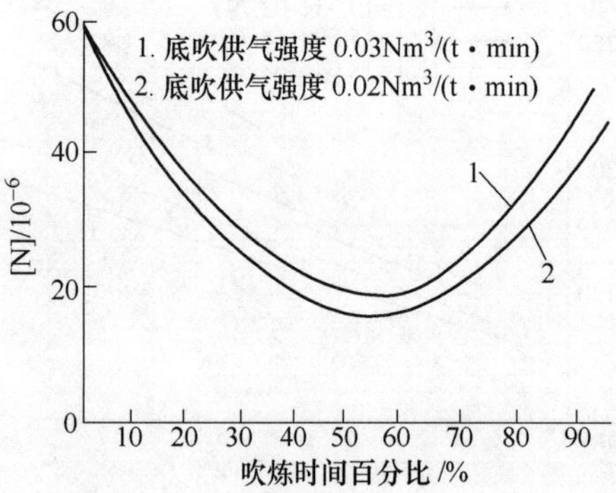


图 7　吹炼过程［N］含量的变化

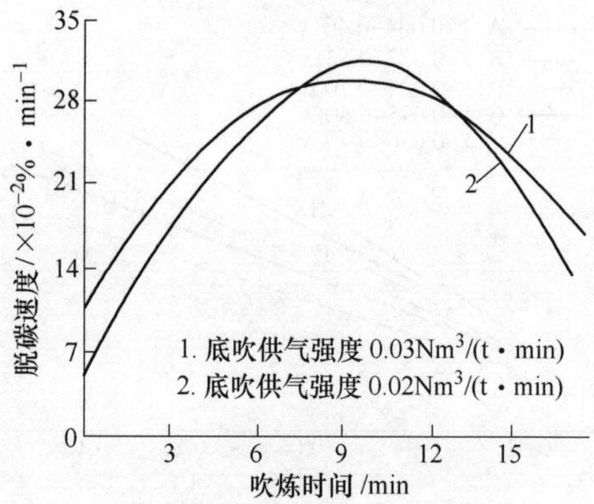


图 8　吹炼过程脱碳速度的变化

在底吹供 Ar 强度均为 0.03m³/(min · t) 的条件下，于吹炼 10min 时进行 $N_2$-Ar 切换工艺与全程底吹 Ar 工艺比较，两种工艺吹炼终点的［N］、［H］、［O］和非金属夹杂物含量基本相同，表明这种切换操作不会影响钢的质量。钢中气体和夹杂物含量如表 10 所示。

**表 10　两种工艺吹炼终点气体和夹杂物含量**

| 气体和夹杂类别 | 冶炼工艺 | |
|---|---|---|
| | 底吹 $N_2$-Ar 切换 | 全程底吹 Ar |
| 终点［N］/ppm | 21.1 / 13 ~ 29 | 20.5 / 14 ~ 27 |
| 终点［H］/ppm | 1.81 / 1.48 ~ 2.51 | 1.86 / 1.22 ~ 2.54 |
| 终点氧化物夹杂总量/ppm | 30.3 / 13.0 ~ 57.0 | 34.3 / 9.2 ~ 94.0 |
| 终点参数终点［C］/% | 0.049~0.088 | 0.048~0.062 |
| 终点温度/℃ | 1645~1683 | 1644~1670 |
| 终点［O］/ppm | 312~440 | 311~438 |

注：分子为平均值，分母为范围。

采用 $N_2$-Ar 切换工艺后，用廉价的 $N_2$ 代替部分价格昂贵的 Ar，可获得显著的经济效益。考虑到要确保钢的质量，严格控制［N］量，故目前生产中 $N_2$-Ar 切换时间控制在 5~7min（1988 年为 5min，1989 年增加到 7min）。按武钢内部价格计算（Ar 2.0 元/m³，$N_2$ 0.0325 元/m³）采用 $N_2$-Ar 切换后 Ar 气消耗可降低 0.49m³/t 钢，吨钢效益达 0.93 元，按 1989 年产量计，年效益可达 181.5 万元。

## 3.5　质量品种

在复吹条件下，特别是吹炼末期和后搅期的大气量用氩搅拌，显著降低了钢中溶解的氧和渣中的总铁量（TFe），结果必然会对改善成分控制、减少钢中气体和夹杂物含量、提高钢水的纯净度和合金收得率有良好作用，尤其是对冶炼低碳和超低碳钢种，以及开发新产品更显重要。同时，对组织全连铸的生产也提供了重要基础。

(1) 质量提高

成分控制：表 11 示出了不同冶炼工艺的钢种炼成率。

气体和氧化物夹杂：表 12 示出了不同冶炼工艺的出钢前钢水气体和夹杂物含量。

**表 11　不同冶炼工艺的钢种炼成率**　(%)

| 冶炼工艺 | 08Al 钢 | 硅钢 | 船板钢 | 冶炼工艺 | 08Al 钢 | 硅钢 | 船板钢 |
|---|---|---|---|---|---|---|---|
| 顶吹工艺（1984 年） | 71.50 | 77.90 | 73.10 | 原复吹工艺与顶吹法比较 | +13.90 | +8.8 | +12.2 |
| 原复吹工艺（1984 年） | 85.40 | 86.70 | 85.30 | 新复吹工艺与原复吹工艺比较 | +6.16 | +10.08 | +14.1 |
| 新复吹工艺（1986 年） | 91.56 | 96.78 | 99.40 | | | | |

**表 12　不同冶炼工艺的钢种炼成率**　(%)

| 气体和夹杂物 | 1984 年 | | 1989 年 | |
|---|---|---|---|---|
| | 顶吹工艺 | 原复吹工艺 | 原复吹工艺 | 新复吹工艺 |
| 出钢前 [N] /ppm | 17 / 13 ~ 19 | 13.8 / 7 ~ 24 | 20.5 / 14 ~ 27 | 17.9 / 11 ~ 24 |
| 出钢前 [O] /ppm | 2.7 / 1.8 ~ 4.4 | 2.6 / 1.3 ~ 3.8 | 1.86 / 1.22 ~ 2.54 | 1.81 / 1.48 ~ 2.51 |
| 出钢前氧化物夹杂总量/% | 0.0328 / $\sigma$ = 0.015 | 0.0235 / $\sigma$ = 0.007 | 0.0343 / $\sigma$ = 0.035 | 0.0303 / $\sigma$ = 0.018 |

原复吹工艺与顶吹法比较，[N] 平均降低 3ppm、氧化物夹杂总量平均降低 28.35%；新复吹工艺与原复吹比较，[N] 平均降低 2.6ppm、氧化物夹杂总量平均降低 11.66%。同期的氧含量则基本相当。

关于近年来钢中氮含量的水平普遍有所提高的原因，估计可能与氧气纯度降低有关。不过同期的新复吹工艺仍然有较好的效果。

回炉率：由于全连铸对钢水成分、温度和生产周期的严格要求，因此冶炼终点的控制就更显重要。采用复吹工艺后，加之钢厂管理水平和生产水平的提高使得因钢水成分、温度不合连铸要求及其他设备故障而不能进行连铸的钢水明显减少，见图 9。

轧后废品：在采用复吹工艺和前后工序提高质量的条件下，轧后钢质废品率尤其是其中的夹杂废品大幅度降低，见图 10。

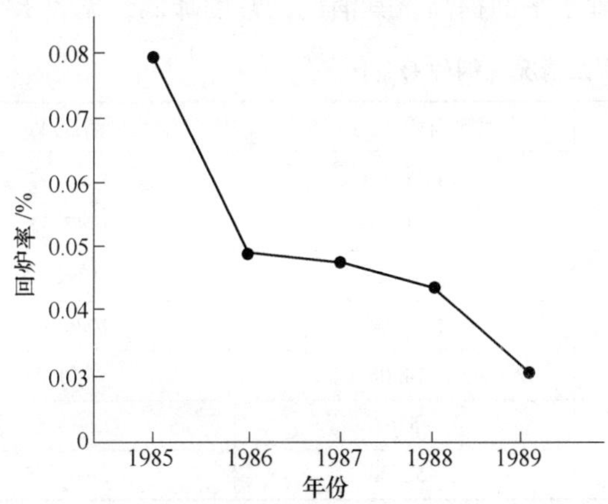


图 9　回炉率降低情况

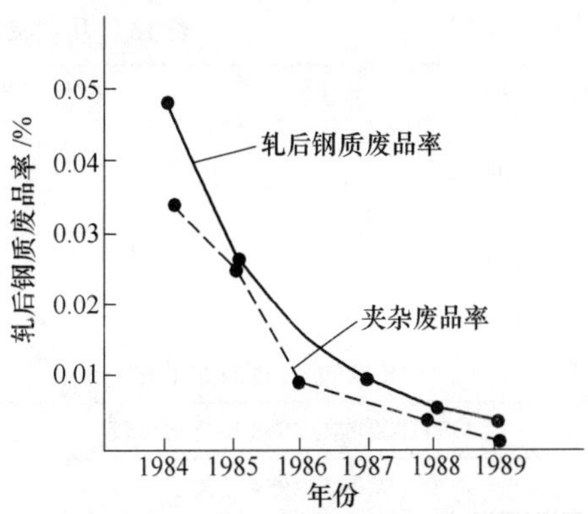


图 10　轧后钢质废品率降低情况

(2) 品种增加

采用复吹工艺后，一方面提高了钢的质量和技术经济指标，另一方面也为开发新品种，并使其较快转产提供了有利条件。一些过去用顶吹工艺难炼的钢种或难以转产的品种，由于复吹工艺的特点，现在能比较顺利地冶炼出来并较快的转入正式生产。

采用复吹工艺，冶炼出的一批成分要求严格、洁净度要求高的钢种，包括高牌号无取向硅钢（$W_{07}$、$W_{09}$等）、高磁感低铁损取向硅钢（$Q_7G$）、彩色涂层板用连铸弱脱氧钢（WLC）、石油及天然气输送管线钢（$X_{60}$、$X_{65}$等）、焊接裂纹敏感性低的压力容器钢（$CF_{60}$、$CF_{80}$）、电磁开关用钢（$DGX_1$、$DGX_2$）、舰艇用钢（945）、裸露桥梁用钢（NH35q）、彩色电视机用阴罩带钢（WY）、热轧双相钢（$RS_{50}$）和冷轧双相钢（$S_{07}Mn$）等。

“六五”末期和“七五”初期鉴定的武钢承担国家科委下达的4个重点钢种，有的曾分别于平炉和转炉试制。在武钢转炉采用复吹工艺后，并有前后工序配合，现基本用复吹工艺生产。如耐大气腐蚀用钢09CuPTiRE和09CuPCrNi钢，其耐大气腐蚀性能较碳钢提高2~3倍，1986~1989年期间，采用复吹工艺生产了31.2万吨，使铁道部节省开支年均达1.4亿元以上。石油、天然气管线用钢$X_{60}$、$X_{65}$，钢中[S]含量控制0.003%~0.008%、[O]含量控制在$(30\sim60)\times10^{-6}$，并在结晶器喂入稀土丝，成品钢材性能达到国外同类钢的实物水平，使管道输送压力从4MPa提高到6.4MPa，可节约钢材19%，减少工程投资30%，1986~1989年已用复吹工艺生产了3.9万吨。这对于发展我国能源、交通工业提供了重要条件。

为了发挥武钢1700mm轧机的作用，开发了技术难度大的连铸用弱脱氧钢，用作加工镀层和涂层板的基材。这类钢要求严格控制钢水纯净度、[O]含量和某些成分，以防止铸坯表面出现针孔。在用复吹和后搅拌工艺控制终点成分、温度的基础上，在炉后工序的配合下，研制出的钢材性能基本达到进口原版的水平。

硅钢片是电力、电讯、电子仪表、自动化行业和军工工程的关键材料之一。生产这些硅钢、特别是高牌号硅钢，成分控制的范围要求十分窄，例如无取向硅钢要求超低碳、超低硫、高铝、高纯净度，一般终点[C]要控制在0.03%以下，[O]要控制在$900\times10^{-6}$左右，采用顶吹时，一般[O]含量都超过$1000\times10^{-6}$，(TFe)都在23%以上，用顶吹法是很难冶炼的。采用复吹工艺后，已试制出$W_{07}$、$W_{09}$等高牌号硅钢，其成品材性能达到国际先进水平。

由于复吹工艺提供的基础和炉后工序的配合、“七五”期间，在开发新品种的基础上，又加强了系列化的研究，现在已形成耐大气腐蚀钢系列、焊接裂纹敏感性低的CF系列、管线钢系列、自行车用钢系列、气瓶用钢系列、船用钢系列、电磁开关用钢系列、高效电机用钢系列、高磁感无取向硅钢系列、高牌号无取向硅钢系列及特殊用途硅钢等。

### 3.6 钢铁料及金属料消耗

采用复吹工艺以来，对金属料和钢铁料的消耗进行了典型测试以及测试与实际生产指标相结合的综合计算，结果表明随着复吹工艺的改进和生产技术管理水平的提高，其消耗大幅度降低，见表13。

表13 几次物料平衡测试情况（钢种$Q_{195}$）

| 时间 | 吹炼工艺 | 金属料消耗/kg · t坯$^{-1}$ | 钢铁料消耗/kg · t坯$^{-1}$ |
|---|---|---|---|
| 1984年 | 顶吹 | 1170.90 | 1160.97① |
| | 复吹 | 1156.82 | 1147.73① |
| 1988年 | 复吹 | 1110.13 | 1092.68 |
| 1990年 | 复吹 | 1104.46 | 1086.18② |
| 1984年复吹与顶吹工艺比较 | | −14.08 | −13.24 |
| 1990年复吹与1988年复吹比较 | | −5.67 | −6.5 |
| 1990年复吹与1984年复吹比较 | | −52.36 | −61.55 |

①1984年数据系根据物料平衡测试和实际生产的技术经济指标综合计算出的，计算全程底吹氩工艺的经济效益即以此数为依据。

②1990年的测试是在新的供气模式生产条件下进行的。

### 3.7 炉龄

武钢第二炼钢厂3座氧气转炉设计的周转指数为3吹2，设计年生产能力为150万吨，设计炉龄为

250 次。1989 年产钢量为 195.2 万吨，3 座转炉周转指数已达 3 吹 2.69。由于近年在改进炉衬材质，实现综合砌筑，同时采用复吹工艺并改善冶炼操作，加强炉体维护及应用激光测厚仪检测措施，使炉龄逐年提高。1989 年全年平均炉龄为 1467 次。历年来炉龄情况见表 14。

表 14　1983~1989 年产品结构和炉龄情况

| 项目 | 1983 年 | 1984 年 | 1985 年 | 1986 年 | 1987 年 | 1988 年 | 1989 年 |
|---|---|---|---|---|---|---|---|
| 低碳优质钢比/% | 29.8 | 27.4 | 33.5 | 42.7 | 43.0 | 47.85 | 46.74 |
| 炉龄平均 | 446 | 585 | 806 | 1196 | 1321 | 1399 | 1467 |
| 次数最高 | 596 | 832 | 1222 | 1505 | 1463 | 1635 | 1688 |
| 炉衬砖单耗/kg · t 钢$^{-1}$ | 5.1 | 4.2 | 2.7 | 1.73 | 1.55 | 1.55 | 1.43 |

### 3.8　供气砖的维护

目前武钢转炉炉衬寿命已达 1450 次以上。由于底部供气砖尚采用不可更换结构，供气砖必须与炉龄同步才能实现全炉役复吹。为此，供气砖的维护显得十分重要。采用的维护方法有以下几种：

（1）粘渣敷涂法是维护好供气砖最经济、最有效的方法，其特点是与冶炼操作紧密结合，耗时少、效果好。具体方法是：在吹炼终点造粘渣敷涂，“拉碳”前 0.5~1mm 内加入一定数量的石灰或轻烧白云石稠渣，并注意造好过程渣。终渣碱度一般控制在 3.0~3.5 之间，渣中 MgO 量为 8%~10%，（TFe）≤15%。这种渣，在倒炉及出钢过程中，一般能获得较好的敷涂效果，如留渣摇炉敷涂，则效果更好；另一种是出完钢后留少量渣，再加适量的生白云石，并摇动炉子，使生白云石充分发生分解反应，加速炉渣降温变稠，也可得到很好的敷涂效果。

（2）泥浆火焰喷补法。

当某一供气砖侵蚀效果严重或出现断裂上浮时，可直接从炉后倒渣，留小气量，用专门的喷补设备和喷被料对难被侵蚀部位直接喷补。这种方法喷补速度快、用料少，很快能将凹坑补平。再配合粘渣敷涂，能得到较好的修补效果。

（3）热修补法。

当炉子“零位”大于正常范围或有几块供气砖同时出现凹坑时，一般采用此法进行修补。热修补法同一般补炉操作，用废钢槽装焦油搅拌料，焦油含量要高于补炉料的 1%~2%。修补时要维持小气量供气。补炉料倒入炉内后，要摇动炉子，并用低氧压将料吹开，加速烧结。一般每次修补厚度为 150mm 左右。

（4）吹气维护。

为了加强对供气砖的维护，在出完钢当底吹氩气切换成氮气后，用 0.04m$^3$/(min · t）的供气强度底吹 1min，以保持良好的供气效果。

## 4　经济效益

武钢采用复吹工艺后，不但获得了明显的冶金效果，而且也取得了显著的经济效益。主要包括以下几项：

（1）采用全程底吹氩工艺，物料消耗降低，每吨连铸坯（代表钢种 $Q_{195}$）的成本降低 5.21 元（从 1986 年开始计算）。

（2）采用 $N_2$-Ar 切换节约 Ar 气消耗，吨钢成本下降 0.93 元（从 1989 年开始计算）。

（3）采用无碳 CaO 基铁水脱硫剂，处理每吨铁水成本下降 1.95 元（从 1988 年开始计算）。

（4）按三类不同含碳量制定的新的底吹供气模式，进一步减少了物料消耗，吨钢成本在已有基础上再降低 1.16 元（将从 1990 年开始计算）。

此外，其他一些可获得的经济效益，例如噪声法微机监控炉渣技术、RH 真空处理用直接结合镁铬砖以及质量提高、品种增加，给后工序带来的效益均暂未计算。

综合经济效益分析见表 15。

**表 15　综合经济效益分析**

| 年份 | 产量/万吨 | | 经济效益/万元 | | | | 效益合计 | 备注 |
|---|---|---|---|---|---|---|---|---|
| | 复吹钢 | 脱硫铁水 | 原复吹工艺 | 无碳 CaO 脱硫剂 | $N_2$-Ar 切换 | 新复吹工艺 | | |
| 吨钢（铁）效益/元·吨$^{-1}$ | | | 5.21 | 1.95 | 0.93 | 1.16 | | |
| 1986 | 170.0 | | 885.7 | | | | 885.7 | |
| 1987 | 180.0 | | 937.8 | | | | 937.8 | |
| 1988 | 187.1 | 10.6 | 974.8 | 20.6 | | | 995.4 | |
| 1989 | 195.2 | 33.3 | 1017.0 | 64.90 | 181.5 | | 1263.4 | |
| 1986~1989 | 732.3 | 43.9 | 3815.3 | 85.5 | 181.5 | | 4082.3 | |
| 1990 | 205.0 | 33.3 | 1068.0 | 64.9 | 190.6 | 237.8 | 1561.3 | 为预计数 |
| 1986~1990 | 937.3 | 77.2 | 4883.3 | 150.4 | 372.1 | 237.8 | 5643.6 | 为预计数 |

## 5　下步工作

为了不断提高武钢转炉复吹的水平，我们将继续认真地做好以下主要工作：

——在进行转炉 90t 扩容的同时，同步进行转炉采用计算机静态控制和副枪技术；

——推广转炉噪声法微机监控炉渣的技术；

——进一步提高供气砖的质量，改进和研试新的供气砖，提高供气砖的寿命和供气效果；

——利用复吹技术、继续扩大新产品的研制；

——进行快速出钢技术的研试等。

## 6　结语

（1）在原有打基础上，“七五”攻关期间武钢在第二炼钢厂完成了一系列技术改造和技术开发任务。现在，武钢第二炼钢厂已形成了一条较现代化的炼钢生产工艺流程：

KR 铁水预处理（采用新研制的 CaO 基脱硫剂）—转炉复合吹炼（采用微机自动控制的 $N_2$-Ar 切换新的复吹供气模式、噪声法—微机监控炉渣技术、镁碳质多孔定向供气砖、煤气回收、挡渣出钢并完成了扩容至 80t 的任务等）—炉外精炼（采用钢包底吹氩、铝线机加铝、钢包钢水罩式升温装置、开发了 RH 深脱硫技术、新建了 2 号 RH 真空处理装置等）—全连铸（开发和采用了一系列连铸新工艺新技术、新建了 4 号连铸机）—铸坯热送。

（2）开发研试了适合武钢条件下的转炉复合吹炼的装备技术和工艺技术。主要包括供气砖的研制生产与应用、底部供气的检测、管网和微机自动控制系统的开发、噪声法—微机监控炉渣技术的开发、低碳和超低碳钢的复吹工艺的开发、$N_2$-Ar 自动切换工艺的研究与应用、新复吹工艺条件下冶金特征的研究以及供气砖的维护技术等。

（3）武钢第二炼钢厂在 1988~1989 年用复吹工艺共生产了 80 个炉役、产钢 732.2 万吨，1990 年计划产钢 205 万吨，因此“七五”期间武钢复吹钢的产量将达到 937.4 万吨。采用复吹工艺后，取得了明显的冶金效果和显著的经济效益。转炉和连铸生产的各项主要技术经济指标居国内同类钢厂的先进行列。复合吹炼的装备已达到国外 80 年代初期或中期的水平，冶金效果已接近国外 80 年代的中期水平。

（4）采用复吹工艺后，取得明显的冶金效果，各项主要技术经济指标均有大幅度增长。

①复吹主要技术经济指标优于顶吹工艺。复吹工艺（1989 年）与顶吹工艺（1983 年）比较：钢铁料消耗从 1198kg/t 钢降低到 1084kg/t 钢，全厂金属收得率（含实现全连铸带来的效益）从 81.05%提高到 88.34%，炉龄从 446 次提高到 1467 次（含实现镁碳砖衬等效益），日利用系数从 21.43t/(t·d) 提高到 35.66t/(t·d)；钢（连铸坯）的合格率从 94.68%提高到 99.83%；石灰和萤石等消耗均有降低。

②复吹工艺终点的［O］、（TFe）含量优于顶吹工艺。复吹工艺（1984 年）与顶吹工艺（1984 年）

相比终点氧含量降低（100~200）$\times10^{-6}$，渣中总铁量（TFe）降低1%~2%。在停氧后继续吹氩搅拌（后搅）的情况下，钢中氧含量［O］可再降低（150~200）$\times10^{-6}$，渣中总铁量（TFe）可再降低1%~2%。硫、磷在渣、钢间的分配比分别提高37.8%~38.5%和6.7%~12.28%，钢中氮、氢含量也有不同程度的下降。

③新的复吹工艺冶金效果优于原复吹工艺。新的复吹工艺（1989年）与原复吹工艺（1984年）相比，冶金效果在已有的基础上又有改善：终点氧［O］含量降低（36~131）$\times10^{-6}$，渣中总铁量（TFe）降低0.20%~1.33%，硫、磷在渣钢间分配比分别提高0.8%~3.6%和20.8%~48.9%，同期钢中的氮含量仍有降低。物料平衡测试结果表明，钢铁料、合金料、造渣剂、气体和吹损均有进一步的降低。

④钢的质量明显提高，为全连铸的生产提供了重要基础。

钢种炼成率提高。08Al钢、硅钢、船板钢的炼成率，原复吹工艺较顶吹工艺分别提高13.9%、8.8%和12.2%；新复吹工艺较原复吹工艺又分别提高6.16%、10.08%和14.1%。

气体和氧化物夹杂降低，原复吹工艺与顶吹工艺相比，氧化物夹杂含量降低28.35%，［N］含量降低$3\times10^{-6}$；新复吹与原复吹工艺相比，氧化物夹杂含量又降低了11.66%，同期［N］含量又降低$2.6\times10^{-6}$。

回炉率降低，从1985年的0.801%降至1989年的0.3%。

轧后钢质废品率降低，从1984年（顶吹工艺）的0.492%降低至1989年（复吹工艺）的0.038%，其中夹杂废品率相应从0.338%降到0.015%。

按国际标准组织生产的钢产量比例提高，1989年已有95%以上的钢按国际标准组织生产。保证了一米七轧机生产的钢材的性能达到国际标准的要求。

（5）采用复吹工艺以来在前后工序的配合下，1986~1989年攻关期间共开发、试生产或转产了成分要求严、洁净度和成品钢材性能要求高的钢种30个、牌号56个。经冶金部组织鉴定的17个钢种、25个牌号中，已有10个钢种13个牌号的钢材性能水平达到80年代同类产品的国际先进水平，有6个钢种10个牌号的钢材性能水平达到同类产品的国际水平。满足了国家建设需要。

（6）在现有的条件下，吹炼前期和中期的底吹供气强度为0.02~0.03$m^3/(min\cdot t)$，$N_2$-Ar最佳切换时间为吹炼10min（相当于吹炼期的60%）。此时进行的$N_2$-Ar切换和全程底吹氩工艺相比（供气强度均为0.03$m^3/(min\cdot t)$），钢中氮含量基本相当、甚至还略有降低，这种切换工艺和供气模式既保证了钢的质量、又节约了大量的氩气。

（7）采用复吹工艺和相关技术，取得了显著的经济效益。1986~1989年攻关期间，按3项成果核算已获利4082.3万元。1989年年效益达1263.4万元。1990年预计可达1561.3万元，因此“七五”攻关期间累计将受益5643.6万元。而全部投资（含技术改造和科研费）为447万元、半年以内的效益即可收回投资费用。

**附表1　1986~1989年用复吹工艺开发、试生产的新钢种的产量**

| 钢种产量/t | | | |
|---|---|---|---|
| 1. 工程机械用钢 | 14MnMo | 276 | 1989年冶金部鉴定，国际水平 |
| 2. 热轧乙炔气瓶钢 | 15MnHPY | 1242 | 1986年冶金部鉴定，国际水平 |
| 3. 石油、燃气输送管线钢 | X46、52、56 | 732 | 1989年冶金部鉴定，国际水平 |
| | X60、65 | 138 | 1986年冶金部鉴定，国际先进水平 |
| | A、B | 350 | 1989年冶金部鉴定，国际水平 |
| 4. 热轧搪瓷用钢 | 08HT | 741 | 1988年冶金部鉴定，国际水平 |
| 5. 冷轧耐候钢 | 06CuPRE | 10483 | 1988年冶金部鉴定 |
| 6. 热轧自行车带钢 | Z17Mn | 2586 | 1987年武汉市鉴定 |
| | 213Mn | 136 | 1987年武汉市鉴定 |
| | Z9MnA1 | 136 | 1989年武汉市鉴定 |
| | Z6A1 | 700 | 1989年武汉市鉴定 |
| | Z9A1 | 136 | 1989年武汉市鉴定 |

续附表 1

| 钢种产量/t | | | |
|---|---|---|---|
| 7. 军用钢 | 903、903A、904 | 1717 | 1988 年冶金部鉴定，国际先进水平 |
| | 945 | 1857 | |
| 8. 热轧双相钢 | RS50 | 991 | 1989 年冶金部鉴定，国际先进水平 |
| | RS50 | 563 | |
| 9. 裸露桥梁用钢 | NH35q | 277 | 1987 年冶金部鉴定，国际先进水平 |
| 10. 焊接裂纹敏感性低的钢 | CF-60 | 2056 | 1989 年冶金部鉴定，国际先进水平 |
| | CF-80 | 195 | |
| 11. 冷轧取向硅钢 | Q7G | 1142 | |
| 12. 冷轧双相钢 | W07 | 2282 | 1989 年冶金部鉴定，国际先进水平 |
| | W09 | 278 | |
| 13. 冷轧双相钢 | S07Mn | 136 | 1989 年冶金部鉴定，国际先进水平 |
| 14. 冷轧含磷钢 | WP370 | 136 | 1988 年冶金部鉴定，国际先进水平 |
| | WP390、340 | 1314 | |
| 15. 焊接结构钢 | WSM41C | 68 | 1988 年冶金部鉴定，国际先进水平 |
| | WSM41C | 204 | |
| 16. 高强度焊接结构钢 | HG60 | 3568 | 1989 年冶金部鉴定，国际水平 |
| | HG80 | 262 | |
| 17. 耐锌液腐蚀钢 | 03Cu | 136 | |
| 18. 军用管线钢 | X60JY | 407 | |
| 19. 高效电机用无取向电工硅钢 | DGX | 734 | 1989 年冶金部鉴定，国际水平 |
| 20. 彩涂板用钢 | WLC | 6899 | |
| 21. 矿山用耐磨钢 | NM360 | 130 | |
| 22. 石油套管网 | H-40 | 140 | |
| | J55 | 262 | |
| 23. 汽车车轮钢 | RCL370、410、330 | 358 | |
| 24. 镀锡板用弱脱氧钢 | WLF | 442 | |
| 25. 汽车大梁用钢 | 09MnREL | 774 | 1989 年武汉市鉴定 |
| 26. 阴罩带钢 | WY | 133 | |
| 27. 耐候钢 | NFS35、40 | 281 | |
| 28. 冷轧搪瓷用钢 | 06YT | 204 | |
| 29. 电磁开关用钢 | DEK2 | 703 | 1988 年冶金部鉴定，国际先进水平 |
| 30. 海洋平台钢 | $\sigma_s$<315MPa | | 1987 年冶金部鉴定，国际先进水平 |
| | $\sigma_s$<355MPa | | 1987 年冶金部鉴定，国际先进水平 |
| 合计 | | 46394 | |

**附表 2　武钢与奥钢联林茨第二炼钢厂有关指标对比**

| 项目 | 奥钢联林茨第二炼钢厂 | | | 武钢第二炼钢厂 | | |
|---|---|---|---|---|---|---|
| 统计时间 | 1985~1987 | 1985 | 1986 | 1987 | 1988 | 1989 |
| 转炉公称吨位/t | 58 | 50 | 50 | 50 | 50 | 50 |
| 转炉座数 | 3 | 3 | 3 | 3 | 3 | 3 |
| 转炉周转指数 | 2/3 | >2.5 | <2.6 | >2.6 | >2.6 | 2.69 |
| 钢产量/万吨 | 14.35① | 161.2 | 170.0 | 180.1 | 187.1 | 195.2 |
| 平均每炉冶炼时间/min：s | 33：8 | 31：14 | 32：36 | 31：59 | 32：00 | 37：00 |

续附表 2

| 项目 | 奥钢联林茨第二炼钢厂 | | | 武钢第二炼钢厂 | | |
|---|---|---|---|---|---|---|
| 其中供氧时间/min：s | 17：2 | 17：47 | 17：18 | 16：45 | 16：00 | 17：00 |
| 转炉吹损率/% | 8.85 | 8.96 | 9.02 | 9.08 | 8.62 | 9.75 |
| 总收得率/% | 89.16 | 87.40 | 88.74 | 89.36 | 88.97 | 88.34 |
| 铸坯收得率/% | 98.87 | 95.78 | 97.72 | 98.49 | 97.23 | 97.76 |
| 炉龄/次 | 753② | 806 | 1196 | 1321 | 1399 | 1467 |
| 石灰消耗/kg·$t^{-1}$ | 60.2 | 67.2 | 69.92 | 65.94 | 64.25 | 64.83 |
| 钢铁料消耗/kg·$t^{-1}$ | 1091 | 1117.8 | 1099.85 | 1099.93 (<1090)③ | 1099.27 | 1084 |

①奥钢联林茨第二炼钢厂量指钢液量，武钢指连铸坯量，吨钢消耗亦不同。

②林茨第二炼钢厂炉衬砖为白云石质，武钢 1985 年部分为白云石质，部分为镁碳质，以后逐渐扩大镁碳质砖，1987 年实现了全镁碳砖砌筑。

③括号内的钢铁料消耗，是按照与国外的宝钢的计算方法一样计算的，即从转炉的计量算起。

（原载《氧气转炉炼钢顶底复合吹炼技术（“七五”攻关资料汇编）》，1992）

# 武钢稀土处理钢

陈祝清

## 1　前言

我国拥有极为丰富的稀土资源，已在很多领域中应用，尤以在钢中应用最为突出。“七五”以来，武钢在钢中应用稀土方面，开展了一系列研究工作，促进了武钢稀土方面，开展了一系列研究工作，促进了武钢稀土处理钢的发展，使稀土处理钢产量品种均居全国之首。全文着重介绍钢中稀土加入方法，稀土在钢中的作用，稀土在钢中的应用实例。

## 2　钢中稀土加入方法

### 2.1　钢锭模内吊挂稀土金属棒法

钢锭模内吊挂稀土金属棒法见图 1。采用该法，稀土在钢中分布均匀，稀土金属回收率稳定在 80%左右，同时改善了浇注状态，大大提高了良锭率，降低了生产成本。

该方法适用于下注法浇注镇静钢。

### 2.2　中注管喂稀土金属丝法

采用中注管喂稀土金属丝法，见图 2。该法有利于稀土与钢中氧硫等充分作用和夹杂物上浮而去除，使稀土利用率提高，稀土与硫在钢板中头、中、尾分布均匀，稀土回收率达 80%。

该方法适用于下注法浇注镇静钢。

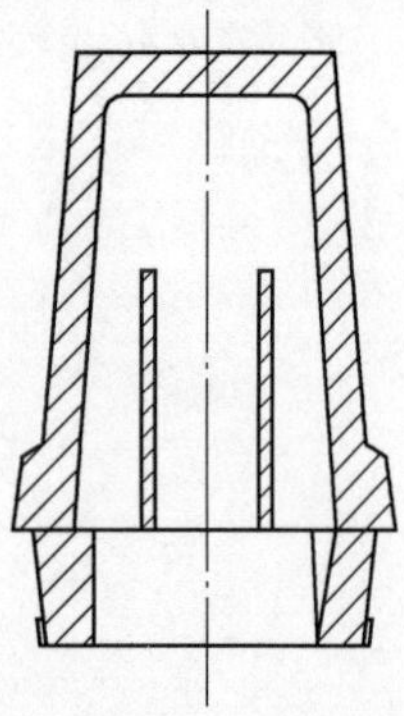

图 1　模内吊挂示意图

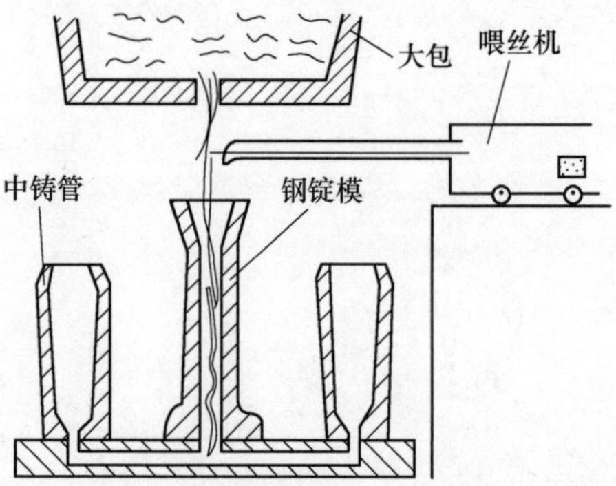


图 2　中注管喂稀土丝示意图

### 2.3　连铸结晶器喂稀土金属丝法

这种方法是用喂丝机将一定直径的稀土金属丝，以一定速度穿过保护渣层，喂入结晶器钢液中。

采用连铸结晶器喂稀土金属丝法，能有效地改善连铸坯质量，控制钢中夹杂物的形状、大小和分布，提高钢板塑韧性，改善方向性和深冲型性。

该方法适用于板坯连铸。

## 3 稀土在钢中的作用

### 3.1 变质夹杂作用

稀土钢中能控制硫化物形态。连铸16Mn钢在充分脱氧（钢中氧含量为$20\times10^{-6}$~$30\times10^{-6}$），硫含量不高（S为0.020%）的条件下加入稀土。铸坯试样经金相、扫描电镜观察表明，钢中夹杂物绝大部分由在基体中随机分布的球状稀土硫氧化物（$RE_2O_2S$）和稀土硫化物（$RE_xS_y$）组成。它代替了无稀土铸坯中具有良好变形特性，呈链状分布的条状MnS夹杂物。稀土球化硫化物的效果与钢中稀土含量（RE/S比值）密切相关。表1为09CuPTiRE钢中不同稀土含量对硫化物夹杂的球化效果。可见，当钢中稀土含量在0.020%~0.030%范围内能使硫化物球化。特别是当稀土含量在0.025%（RE/S=1）时，$Q$值为1.514，达到较为理想的球化效果，夹杂物面积也最小。

**表1 09CuPTiRE钢不同稀土含量对夹杂物形状因子的影响**

| RE/% | 平均面积$A/\mu m^2$ | 平均长度$L/\mu m$ | 平均宽度$W/\mu m$ | 形状因子$Q$（$L/W$） |
|---|---|---|---|---|
| 0.030 | 89.828 | 37.380 | 5.238 | 6.527 |
| 0.025 | 45.597 | 8.104 | 5.544 | 1.514 |
| 0.020 | 93.431 | 33.093 | 6.437 | 4.987 |
| 0.005 | 273.489 | 118.760 | 7.675 | 15.538 |
| 0 | 307.864 | 148.239 | 8.263 | 17.024 |

稀土在钢中能变质氧化物夹杂。用Al脱氧的钢中，夹杂物以氧化铝及铝酸盐为主。钢中加入稀土使棱角状高硬度的$Al_2O_3$夹杂变成较低硬度粒状的稀土铝酸盐。这种转变取决于钢中RE/Al比值。RE/Al比值提高有利于实现这种转变。16Mn钢中，当Al<0.05%，RE>0.012%，钢中$Al_2O_3$夹杂能全部转变成$REMO_3$。在稀土含量更高时，$REAlO_3$还可进一步转变成球状$RE_2O_2S$，这取决于钢中Al：O/Ce：S的比值。

稀土控制硫化物形态和变质氧化物夹杂的结果，有利于提高钢的塑韧性，特别是横向冲击韧性，改善钢材的各向异性。

### 3.2 净化钢液作用

稀土与钢中氧硫有很强的结合能力。稀土有强的脱氧、脱硫作用，减少并细化夹杂物。生产中采用不同的稀土加入方法，脱氧率可达20%以上，钢中夹杂物数量减少10%~50%，由于硫化物夹杂上浮不够充分，脱硫率低于10%。

钢中稀土含量与硫、氧及夹杂物数量关系如图3所示。由图3看出，随着钢中RE/S比增加，钢中硫、氧及夹杂物明显降低。到一定RE/S比增加，钢中硫、氧及夹杂物明显降低。到一定RE/S值后，硫降低趋于平缓，而钢中氧和夹杂数量开始回升。热力学计算也表明，稀土处理钢有含氧最低点。因此稀土处理钢有个最佳的RE/S比值范围。试验确定，对于09CuPTiRE钢，RE/S=1.0~1.5；对于16Mn、WX60、WX65钢，RE/S=1.8~2.5。

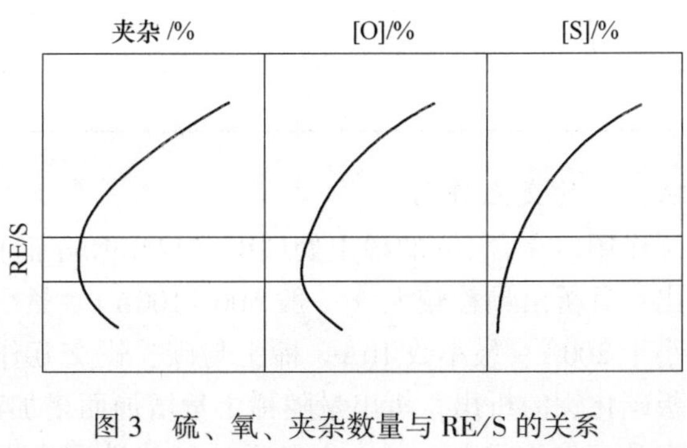

图3 硫、氧、夹杂数量与RE/S的关系

稀土细化夹杂物的效果如表2所示。由表2可见，不同钢种含有最佳稀土量后，夹杂物面积减少一半左右；粗夹杂物减少，细夹杂物增加，0~10μm 的细夹杂增加平均为不加稀土的 3 倍；夹杂物的平均弦长减少 2.5~3.5 倍。

稀土净化钢液的结果，改善了钢的内部质量，有利于提高钢的综合机械性能。

**表 2 稀土对不同钢种夹杂大小、分布的影响**

| 钢种 | RE/S | 夹杂物面积/% | 夹杂物尺寸分布/% | | | | | | 平均弦长/μm |
|---|---|---|---|---|---|---|---|---|---|
| | | | 0~10μm | 10~20μm | 20~30μm | 50~100μm | 100~200μm | 200~400μm | |
| 09CuPTi | 0 | 0.454 | 29.887 | 3.966 | 8.215 | 4.523 | 2.266 | 1.137 | 17.663 |
| | 1.0 | 0.298 | 82.927 | 14.191 | 2.611 | 0.222 | | | 7.372 |
| 16Mn | 0 | 0.570 | 29.500 | 20.000 | | | | | 12.600 |
| | 2.28 | 0.220 | 99.200 | 0.700 | | | | | 2.290 |

## 3.3 微合金化作用

### 3.3.1 稀土在钢中固溶规律及影响因素

稀土在钢中有一定的固溶量。研究表明，武钢稀土处理钢中的固溶量为 $2\times10^{-6}\sim15\times10^{-6}$，其中多数在 $6\times10^{-6}$ 以下。钢中硫化锰完全变质前，稀土固溶量仅有几个 $10^{-6}$；RE/S>2.0 后，稀土固溶量随钢中 RE/S 比增大，增加显著（见图 4）。降低钢中硫、氧含量，有利于提高稀土在钢中的固溶量。在氧含量相似的条件下，钢中硫量从 0.025%降低到 0.005%，稀土固溶量提高一倍以上。

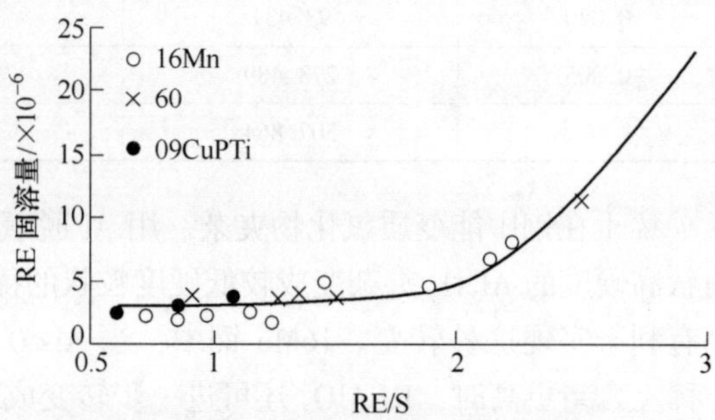


图 4 钢中稀土固溶量与 RE/S 的关系

### 3.3.2 稀土对铸坯凝固组织的影响

稀土可改善铸坯组织，增加等轴晶达 10%~15%（见表 3），减少铸坯三角区裂纹（见表 4）。

**表 3 RE/S 比与铸坯等轴晶率的关系**

| 钢种 | 铸坯断面/mm | RE/S | 等轴晶 | | 等轴晶率增加值/% |
|---|---|---|---|---|---|
| | | | 宽度/mm | 百分率/% | |
| 08Al | 210×1050 | 0 | 0 | 0 | 14.3 |
| | | 1.6 | 30 | 14.3 | |
| 16Mn | 210×1300 | 0 | 35 | 16.7 | 9.5 |
| | | 2.4 | 55 | 26.2 | |

**表 4 RE/S 比与铸坯内裂的关系**

| 钢种 | 08Al | | 16Mn | |
|---|---|---|---|---|
| RE/S | 0 | 1.8 | 0 | 2.4 |
| 一般内裂纹/条 | 16 | | | |
| 三角区裂纹/条 | 23 | 3 | 3 | |

### 3.3.3 稀土与碳、钒、钛、铌的交互作用

稀土与钢中其他元素有交互作用。在含 Nb 的稀土处理钢（14MnNbq 钢）中，加入稀土，可使碳化铌由原来多在晶界或晶界附近析出，且析出颗粒较大（一般 500~100Å）、量少改变成析出量增多，大量弥散于铁素体基体，颗粒大部分小于 200Å、最小数 10Å。稀土与碳、铌交互作用的结果，改变了碳化铌的析出规律，稀土促进热轧态钢板碳化铌的析出，析出量随稀土量增加而增加；在 950℃下稀土抑制碳化铌在奥氏体区的析出，并随着温度升高作用显著；稀土在奥氏体区使碳铌析出和终止析出时间比未加稀土的长，最快析出温度略有下降；稀土使碳化铌在奥氏体区析出的孕育区延长，沉淀速度降低。

3.3.4　稀土对钢性能的影响

稀土对钢综合性能的影响如图5所示。由图5可见，在X60H高韧性管线钢中，随着RE/S比值增加，钢的速度（$\sigma_s$ 和 $\sigma_b$）稍许增加，塑性（$\delta_5$）和冲击韧性（$-20℃A_{kv}$）显著提高。

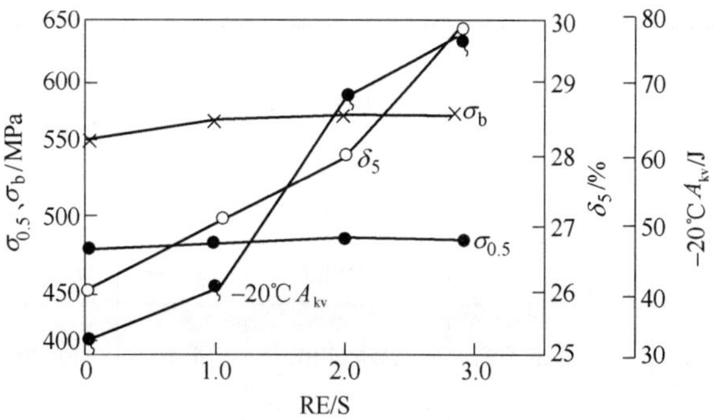

图5　X60H钢RE/S比与 $\sigma_{0.5}$、$\sigma_b$、$\delta_5$、$-20℃A_{kv}$ 的关系

稀土改善钢材的冷加工性。Cu-P钢具有冷脆性，这给钢材冷加工增加了难度。在Cu-P钢中添加适量稀土，可大大改善钢材的冷冲压成型性。

稀土提高钢的耐蚀性。稀土提高钢材耐大气腐蚀性能主要是稀土变质了钢中夹杂物，使钢基内微区域电化学腐蚀发生了变化（见表5）。

**表5　不同稀土夹杂物腐蚀率**

| 夹杂物类型 | 稀土硫氧化物 | 稀土硫化物 | 硫化锰 |
|---|---|---|---|
| 腐蚀率/$mm \cdot a^{-1}$ | 0.060 | 0.093 | 0.300 |

稀土在钢中的微合金化作用，有利于开发高强韧性的低合金钢。

## 4　稀土在钢中的应用实例

稀土在钢中应用效果如表6所示。由表6可见，武钢已有26个系列钢应用稀土元素，加入量依据稀土在钢中应用目的而确定，其效果表面在提高钢的塑韧性，改善冷加工成型性，提高耐蚀性等。

**表6　稀土在钢中应用实例**

| 序号 | 产品名称 | 钢号 | 生产炉型 | 稀土加入工艺 | | | 稀土应用效果 |
|---|---|---|---|---|---|---|---|
| | | | | 合金品种 | 加入量/$g \cdot t^{-1}$ | 加入方法 | |
| 1 | 耐大气腐蚀钢 | 09CuPTiRE | 平炉 | 稀土棒 | 300 | 吊挂 | 1. 稀土使09CuPTiRE钢-40℃冲击性能合格率由60%提高到100%；平均横向冲击功达90J（标准要求30J）；<br>2. 稀土提高06CuPRE钢耐大气腐蚀性能60%，并显著改善其冷弯性能 |
| | | | 平炉 | 稀土丝 | | 喂丝 | |
| | | 06CuPRE | 转炉 | 稀土丝 | RE/S=1.5 | 喂丝 | |
| 2 | 经济耐候钢 | JN235 | 平炉 | 稀土棒 | 300 | 吊挂 | 添加稀土提高耐蚀性，改善冲击韧性 |
| | | JN255 | | | | | |
| | | JN345 | | | | | |
| 3 | 高强度结构钢 | HG50 | 转炉 | 稀土丝 | RE/S=2.5 | 喂丝 | 添加稀土提高韧性 |
| | | HG60 | 平炉 | 稀土棒 | 300 | 吊挂 | |
| | | | 转炉 | 稀土丝 | 300 | 喂丝 | |
| | | HG70 | 转炉 | 稀土丝 | RE/S=2.5 | 喂丝 | |
| | | HG80 | | | | | |
| 4 | 汽车梁用钢 | EQL375 | 平炉 | 稀土棒 | 300 | 吊挂 | 添加稀土提高冷冲压成型性 |
| | | | 转炉 | 稀土丝 | | 喂丝 | |
| | | WL440 | 转炉 | 稀土丝 | | 喂丝 | |
| | | WL510 | 转炉 | 稀土丝 | 200 | | |
| 5 | 铁路罐车钢 | WTG420 | 平炉 | 稀土棒 | | 吊挂 | 添加稀土提高钢材韧性和冷加工成型性 |
| | | | 转炉 | 稀土丝 | | 喂丝 | |
| 6 | 桥梁钢 | 16Mnq | 平炉 | 稀土棒 | 300 | 吊挂 | 添加稀土调氧，变质硫化物，改善钢材断口，提高韧性 |
| | | 14Mnbq | | | | 喂丝 | |

续表 6

| 序号 | 产品名称 | 钢号 | 生产炉型 | 稀土加入工艺 | | | 稀土应用效果 |
|---|---|---|---|---|---|---|---|
| | | | | 合金品种 | 加入量/$g \cdot t^{-1}$ | 加入方法 | |
| 7 | 结构钢 | JY235RE | 平炉 | 稀土棒 | 300 | 吊挂 | 添加稀土提高钢材冷加压成型性 |
| | | JC235RE | 转炉 | 稀土丝 | 300 | 喂丝 | |
| 8 | 自行车链条钢 | L25MnBRE | 平炉 | 稀土棒 | 300 | 吊挂 | 添加稀土提高韧塑性，改善冷轧边裂和冲压成型性 |
| 9 | 舰船钢 | 903 | 平炉 | 稀土棒 | 300 | 吊挂 | 添加稀土提高-40℃冲击值合格率 |
| 10 | 结构钢 | 16MnJ | 平炉 | 稀土棒 | 300 | 吊挂 | 添加稀土提高韧塑性和冷加工成型性 |
| 11 | 吊车梁用钢 | 16MnDJ | 平炉 | 稀土棒 | 300 | 吊挂 | 添加稀土提高韧性 |
| 12 | 高韧性压力容器钢 | 16MnRC（WH510） | 转炉 | 稀土丝 | RE/S=1.5 | 喂丝 | 添加稀土提高韧性 |
| 13 | 低温压力容器钢 | 16MnDR（WH530） | 转炉 | 稀土丝 | RE/S=1.5 | 喂丝 | 添加稀土提高钢材低温韧性 |
| | | 09MnNiDR | 转炉 | 稀土丝 | RE/S=2.5 | | |
| 14 | 焊接裂纹敏感性低钢 | CF62<br>CF80 | 转炉 | 稀土丝 | RE/S=2.5 | 喂丝 | 添加稀土提高钢材低温韧性，改善焊接性能 |
| 15 | 热轧双相钢 | RS50<br>RS55 | 转炉 | 稀土丝 | RE/S=2.5 | 喂丝 | 添加稀土提高冷冲压成型性 |
| 16 | 高炉炉壳钢 | SM50C | 转炉 | 稀土丝 | 300 | 喂丝 | 添加稀土提高钢材韧塑性，改善加工成型性 |
| 17 | 气瓶钢 | 15MnHP(RE)<br>16MnP(RE) | 转炉 | 稀土丝 | 250 | 喂丝 | 添加稀土改善冷压成型性，降低冲废率 |
| 18 | 管线钢 | X56<br>X60<br>X60H<br>X65H | 转炉 | 稀土丝 | 300 | 喂丝 | 添加稀土提高钢韧塑性，改善各向异性 |
| 19 | 焊接结构钢 | HJ41<br>HJ53<br>HJ58 | 转炉 | 稀土丝 | 200 | 喂丝 | 添加稀土提高钢材韧塑性，改善冷加工成型性 |
| 20 | 含P汽车板 | WP340 | 转炉 | 稀土丝 | 200 | 喂丝 | 添加稀土提高钢材冷冲压成型性 |
| 21 | 耐磨衬板钢 | NM360 | 转炉 | 稀土丝 | 200 | 喂丝 | 添加稀土提高钢材韧塑性 |
| 22 | 结构钢 | Q235-CRE | 转炉 | 稀土丝 | 300 | 喂丝 | 添加稀土提高冲击值合格率100%，改善冷弯型钢加工性 |
| 23 | 热轧国轮钢 | RECL330<br>RCL370<br>RCL410 | 转炉 | 稀土丝 | 300 | 喂丝 | 添加稀土提高冲击值合格率达100%，改善冷弯型钢加工性 |
| 24 | 套管钢 | J23<br>J55 | 转炉 | 稀土丝 | 300 | 喂丝 | 添加稀土提高钢材冷加工成型性 |
| 25 | 结构钢 | J490 | 转炉 | 稀土丝 | 300 | 喂丝 | 添加稀土提高钢材韧塑性 |
| 26 | 矿用钢 | YZ500K | 转炉 | 稀土丝 | 300 | 喂丝 | 添加稀土提高钢材韧塑性，改善加工成型性 |

## 5 结语

（1）发展稀土处理钢的必要手段是钢中稀土加入方法。武钢结合自身的工艺流程特点开发了钢锭模内吊挂稀土金属棒法、中注管喂稀土金属丝法、连铸结晶器喂稀土金属丝法等3种加入方法，满足工艺要求，适用于生产。

（2）稀土在钢中有变质夹杂、净化钢液和微合金化等作用。

（原载《第八届全国炼钢学术会议论文集》，1994）

# 低焊接裂纹敏感性 WDL 系列钢的力学性能及组织结构

陈　晓

随着钢结构向大型化、高参数化方向发展，大型钢结构（特别是大型球罐）的安全可靠性引起了人们高度重视。为了尽快满足国内石化、化工、冶金、城建、石油、水电、机械等系统对国家重大技术装备工程用材的需求，近年来，武钢联合冶金部钢铁研究总院、中国通用石化机械工程总公司、机械部通用机械研究所、北京工业大学、中国科学院金属研究所、兰州石油化工机器总厂等十余个单位共同研制开发了新一代的低焊接裂纹敏感性 WDL 系列钢。

WDL 系列钢已于 1995 年初通过了省部级鉴定，其实际钢板的综合力学性能达到了国际先进水平，其中冲击试验技术要求严于国外相应钢板的有关规定（国外相应钢板规定为：5～-15℃纵向试样 $A_{KV}\geqslant 47$J，我国 WDL 钢为：-20～-40℃横向试样 $A_{KV}\geqslant 47$J）；WDL 钢板的低温韧性实物水平与国外同类钢板相比，处于领先地位。该钢厚度不大于 50mm 的钢板焊前可不预热或稍加预热而不产生焊接冷裂纹，厚度不大于 38mm 的钢板可不进行焊后热处理，其应用前景十分广阔。

## 1　钢板主要技术条件（GB 150）

### 1.1　化学成分

通过大量的试验研究确定了 WDL 系列钢的化学成分，见表 1。

表 1　WDL 系列钢的化学成分　（%）

| 钢种 | C | Si | Mn | P | S | Ni | Cr | Mo | V | B | $P_{cm}$ |
|---|---|---|---|---|---|---|---|---|---|---|---|
| 07MnCrMoVR | ≤0.09 | 0.15～0.40 | 1.20～1.60 | ≤0.030 | ≤0.020 | ≤0.30 | 0.10～0.30 | 0.10～0.30 | 0.02～0.06 | ≤0.0030 | ≤0.20 |
| 07MnNiCrMoVDR | ≤0.09 | 0.15～0.40 | 1.20～1.60 | ≤0.025 | ≤0.025 | 0.20～0.50 | 0.10～0.30 | 0.10～0.30 | 0.02～0.06 | ≤0.0030 | ≤0.21 |
| 07MnCrMoV-D | ≤0.11 | 0.15～0.40 | 1.00～1.60 | ≤0.030 | ≤0.020 | ≤0.30 | ≤0.30 | ≤0.30 | 0.02～0.06 | ≤0.0030 | — |
| 07MnCrMoV-E | ≤0.11 | 0.15～0.40 | 1.00～1.60 | ≤0.030 | ≤0.020 | ≤0.50 | ≤0.30 | ≤0.30 | 0.02～0.06 | ≤0.0030 | — |

注：$P_{cm}$ = C+Si/30+Mn/20+Cu/20+Cr/20+Ni/60+Mo/15+V/10+5B/%。

### 1.2　力学性能

对 WDL 系列钢力学性能的要求见表 2。

表 2　WDL 系列钢的力学性能要求

| 钢种 | 交货状态 | 取样方向及部位 | 板厚/mm | $\sigma_a$/MPa | $\sigma_b$/MPa | $\delta_5$/% | $A_{KV}$/J 温度/℃ | $A_{KV}$/J 平均值 | $A_{KV}$/J 单个值 | 冷弯 180° |
|---|---|---|---|---|---|---|---|---|---|---|
| 07MnCrMoVR | 调质 | 横向 $t$/4 | 16～50 | ≥490 | 610～740 | ≥17 | -20 | ≥47 | ≥33 | $d=3a$ |
| 07MnNiCrMoVDR | 调质 | 横向 $t$/4 | 16～50 | ≥490 | 610～740 | ≥17 | -40 | ≥47 | ≥33 | $d=3a$ |
| 07MnCrMoV-D | 调质 | 横向 $t$/4 | 12～60 | ≥440 | 570～710 | ≥17 | -20 | ≥47 | ≥33 | $d=3a$ |
| 07MnCrMoV-E | 调质 | 横向 $t$/4 | 12～60 | ≥440 | 570～710 | ≥17 | -40 | ≥47 | ≥33 | $d=3a$ |

注：$t$—板厚，下同。

## 2　全面力学性能的试验研究

### 2.1　拉伸试验

试验结果见表 3。

表 3 WDL 钢拉伸试验结果

| 板厚/mm | 取样部位 | 取样方向 | $\sigma_a$/MPa | $\sigma_b$/MPa | $\delta_5$/% |
|---|---|---|---|---|---|
| 36 | $t/4$ | $L$ | 590 610 | 675 675 | 20 20 |
| | | $T$ | 570 570 | 645 635 | 22 23 |
| | | $L$ | 575 575 | 635 645 | 20 21 |
| | | $T$ | 555 585 | 630 640 | 22 19 |
| 50 | $t/4$ | $L$ | 600 600 | 665 675 | 21 22 |
| | | $T$ | 570 630 | 685 695 | 18 19 |
| | | $L$ | 600 600 | 675 675 | 21 21 |
| | | $T$ | 610 625 | 675 685 | 21 20 |

## 2.2 系列温度冲击试验

按标准 GB 4159—84《金属低温夏比冲击试验方法》的规定，对不同板厚及不同取样方向、部位的 WDL 钢试样进行了系列温度冲击试验，其结果见表 4。

表 4 WDL 钢系列温度冲击试验结果

| 板厚/mm | 取样部位 | 取样方向 | 温度/℃ | $A_{KV}$/J | | | 晶状断面率/% | | | 侧膨胀值/mm | | |
|---|---|---|---|---|---|---|---|---|---|---|---|---|
| 24 | $t/4$ | $T$ | 20 | 193 | 199 | 191 | 0 | 0 | 0 | 2.19 | 2.18 | 2.11 |
| | | | 0 | 192 | 198 | 184 | 0 | 0 | 0 | 2.24 | 2.23 | 2.17 |
| | | | -20 | 194 | 165 | 180 | 8 | 15 | 10 | 2.22 | 2.13 | 2.06 |
| | | | -40 | 140 | 160 | 165 | 19 | 17 | 16 | 1.78 | 1.97 | 2.14 |
| | | | -60 | 109 | 83 | 104 | 32 | 43 | 35 | 1.50 | 1.15 | 1.48 |
| | | | -80 | 112 | 86 | 120 | 32 | 43 | 21 | 1.54 | 1.22 | 1.68 |
| 36 | $t/4$ | $T$ | 20 | 151 | 163 | 183 | 20 | 0 | 0 | 1.96 | 2.13 | 2.07 |
| | | | 0 | 175 | 156 | 176 | 20 | 0 | 0 | 2.12 | 1.83 | 1.83 |
| | | | -20 | 156 | 171 | 143 | 40 | 0 | 37 | 1.65 | 1.90 | 1.71 |
| | | | -40 | 121 | 127 | 128 | 55 | 50 | 46 | 1.65 | 1.68 | 1.77 |
| | | | -60 | 94 | 129 | 128 | 72 | 40 | 80 | 1.32 | 1.43 | 0.85 |
| | | | -80 | 19 | 50 | 77 | 100 | 95 | 75 | 0.35 | 0.64 | 1.03 |
| 44 | $t/4$ | $L$ | 18 | 236 | 213 | 210 | 0 | 0 | 0 | 2.01 | 2.35 | 2.33 |
| | | | 0 | 236 | 228 | 244 | 0 | 0 | 0 | 2.05 | 2.01 | 2.10 |
| | | | -15 | 235 | 248 | 247 | 0 | 0 | 0 | 2.21 | 2.15 | 2.14 |
| | | | -40 | 186 | 170 | 112 | 36 | 45 | 76 | 2.30 | 2.05 | 1.51 |
| | | | -60 | 117 | 163 | 164 | 72 | 48 | 82 | 1.63 | 2.24 | 2.02 |
| | | | -75 | 106 | 171 | 108 | 79 | 47 | 45 | 1.44 | 2.32 | 1.31 |
| | $t/4$ | $T$ | 18 | 209 | 193 | 193 | 0 | 0 | 0 | 2.03 | 2.31 | 2.30 |
| | | | 0 | 178 | 172 | 195 | 35 | 35 | 35 | 2.05 | 2.01 | 2.10 |
| | | | -15 | 163 | 159 | 177 | 36 | 40 | 35 | 2.14 | 2.02 | 2.17 |
| | | | -40 | 131 | 164 | 145 | 60 | 41 | 45 | 1.81 | 2.35 | 2.06 |
| | | | -60 | 129 | 118 | 195 | 66 | 66 | 100 | 1.80 | 1.79 | 2.01 |
| | | | -75 | 70 | 114 | — | 90 | 78 | — | 1.00 | 1.61 | — |
| 50 | 表层 | $T$ | 20 | 178 | 176 | 178 | 0 | 0 | 0 | 2.35 | 2.10 | 2.43 |
| | | | 0 | 154 | 185 | 149 | 19 | 0 | 26 | 2.12 | 2.21 | 2.24 |
| | | | -20 | 148 | 179 | 180 | 24 | 0 | 0 | 2.23 | 2.11 | 2.32 |
| | | | -40 | 129 | 134 | 105 | 34 | 33 | 49 | 1.95 | 1.93 | 1.55 |

续表 4

| 板厚/mm | 取样部位 | 取样方向 | 温度/℃ | $A_{KV}$/J | | | 晶状断面率/% | | | 侧膨胀值/mm | | |
|---|---|---|---|---|---|---|---|---|---|---|---|---|
| 50 | 表层 | $T$ | -60 | 100 | 44 | 127 | 64 | 80 | 42 | 1.32 | 0.67 | 1.80 |
| | | | -80 | 38 | 85 | 49 | 88 | 74 | 81 | 0.67 | 0.67 | 0.78 |
| | $t/4$ | $T$ | 20 | 147 | 148 | 162 | 18 | 19 | 16 | 1.77 | 1.84 | 1.92 |
| | | | 0 | 163 | 134 | 149 | 17 | 31 | 26 | 1.94 | 1.74 | 1.90 |
| | | | -20 | 151 | 142 | 140 | 33 | 31 | 40 | 1.92 | 1.82 | 1.80 |
| | | | -40 | 95 | 100 | 99 | 53 | 52 | 51 | 1.30 | 1.38 | 1.37 |
| | | | -60 | 75 | 67 | — | 61 | 67 | — | 1.17 | 0.90 | — |
| | | | -80 | 14 | 20 | — | 95 | 96 | 100 | 0.16 | 0.32 | 0.12 |

## 2.3 高温拉伸试验

试验材料为 36mm 厚 WDL 钢板，取样部位在 $t/4$ 处，试样取向为横向。试验结果见表 5。

**表 5 07MnCrMoVR 钢板高温拉伸试验结果**

| 温度/℃ | $\sigma_{0.2}$/MPa | | $\sigma_b$/MPa | | $\delta_5$/% | | $\psi$/% | |
|---|---|---|---|---|---|---|---|---|
| 20 | 550 | 555 | 635 | 635 | 21 | 22 | 76 | 76 |
| 100 | 545 | 555 | 610 | 610 | 18 | 20 | 71 | 74 |
| 150 | 520 | 515 | 595 | 590 | 18 | 18 | 70 | 72 |
| 200 | 565 | 560 | 635 | 620 | 17 | 18 | 70 | 70 |
| 250 | 565 | 580 | 625 | 635 | 18 | 18 | 70 | 72 |
| 300 | 515 | 545 | 630 | 645 | 19 | 18 | 70 | 69 |
| 350 | 520 | 515 | 620 | 615 | 18 | 20 | 68 | 72 |
| 400 | 525 | 520 | 600 | 595 | 20 | 20 | 73 | 72 |
| 450 | 505 | 485 | 550 | 535 | 18 | 18 | 74 | 76 |

## 2.4 低温拉伸试验

试验材料为 44mm 厚 WDL 钢板，试样取向为横向。试验在 CSS—1110 型电子拉伸试验机上进行。其结果见表 6。

**表 6 07MnNiCrMoVDR 钢低温拉伸试验结果**

| 板厚/mm | 取样部位 | 取样方向 | 温度/℃ | $\sigma_a$/MPa | | $\sigma_b$/MPa | | $\delta_5$/% | |
|---|---|---|---|---|---|---|---|---|---|
| 44 | $t/4$ | $T$ | 25 | 550 | 545 | 615 | 615 | 21 | 22 |
| | | | 0 | 555 | 550 | 620 | 625 | 23 | 26 |
| | | | -20 | 560 | 565 | 630 | 645 | 22 | 21 |
| | | | -40 | 565 | 575 | 650 | 645 | 22 | 24 |
| | | | -60 | 590 | 585 | 670 | 670 | 22 | 21 |

## 2.5 Z 向拉伸试验

试验材料为 50mm 和 44mm 厚 WDL 钢板，将其加工成直径（$d_0$）= 10mm、标距（$L_0$）= 1.5$d_0$ 的圆柱形 Z 向拉伸试样（每种材料 6 件）。试样在 WE—30kN 万能试验机上进行，环境温度为室温，空气介质。试验结果见表 7。

表 7　Z 向拉伸试验结果

| 材料 | 板厚/mm | $\sigma_b$/MPa | $\psi_Z$/% |
|---|---|---|---|
| 07MnCrMoVR | 50 | 675~695 | 42~53 |
| 07MnNiCrMoVDR | 44 | 605~625 | 50~58 |

与钢的 Z 向最高标准值（$\psi_Z \geqslant 35\%$）比较，表明 WDL 钢抗层状撕裂 Z 向性能优良。

## 2.6 落锤试验

由落锤试验结果（表 8）可以看出，随板厚增加无延性转变温度（NDT）略有升高，但均保持在-45~-55℃内。

表 8　落锤试验测定的 NDT

| 板厚/mm | 24 | | 36 | | 44 | | 50 |
|---|---|---|---|---|---|---|---|
| 取向 | *L* | *T* | *L* | *T* | *T* | *L* | *T* |
| 冲击能/J | 400 | 400 | 400 | 1400 | 1400 | 400 | 400 |
| 试样型号 | P-2 | P-2 | P-2 | P-1 | P-1 | P-2 | P-2 |
| NDT/C | -55 | -55 | -55 | -50 | -50 | -50 | -45 |

## 2.7 断裂韧性试验结果

### 2.7.1 $J_{IC}$试验结果

由 $J_{IC}$试验结果（表 9）可知，WDL 钢 $J_{IC}$值优异，约为常用压力容器用钢 16MnR（$J_{IC}=100\text{kJ/m}^2$）的 3 倍。

表 9　$J_{IC}$试验结果

| 板厚/mm | 取样方向 | 取样部位 | $J_{IC}$/kJ · m$^{-2}$ | $J_R$-Δ*a* 曲线方程 |
|---|---|---|---|---|
| 44 | *T* | *t*/2 | 330 | $J_R=488\ (\Delta a)^{0.544}$ |
| | | | 320 | $J_R=460\ (\Delta a)^{0.491}$ |
| | | | 349 | $J_R=472\ (\Delta a)^{0.438}$ |
| | | *t*/4 | 313 | $J_R=484\ (\Delta a)^{0.565}$ |
| | | | 342 | $J_R=485\ (\Delta a)^{0.487}$ |
| | | | 367 | $J_R=440\ (\Delta a)^{0.584}$ |

### 2.7.2 CTOD 试验结果

试验结果见表 10。

表 10　CTOD 试验结果

| 板厚/mm | 试样尺寸/mm | 取样方向 | 试验温度/℃ | $\delta_1$/mm | $\delta_{0.05}$/mm |
|---|---|---|---|---|---|
| 24 | 20×24×116 | *L-T*<br>*T-L* | 室温 | 0.144<br>0.114 | 0.250<br>0.171 |
| 44 | 40×40×180 | *T-L* | -40 | 0.125 | 0.161 |

## 2.8 应变时效敏感性试验结果

试验结果见表 11。

表 11　应变时效敏感性试验结果

| 应变时效规范 | | 常温 $A_{KV}$/J | | | | | | 应变时效敏感系数（C） |
|---|---|---|---|---|---|---|---|---|
| | | 时效前 | | | 时效后 | | | |
| 3%×250 | C×1h | 168 | 158 | 152 | 168 | 154 | 150 | 1.26 |
| 5%×250 | C×1h | 169 | 152 | 158 | 163 | 159 | 147 | 2.09 |
| 7%×250 | C×1h | 169 | 158 | 152 | 156 | 147 | 151 | 5.22 |

## 3　组织结构的研究

### 3.1　调质热处理状态的组织结构

对 36mm 及 50mm 厚的调质（淬火+高温回火）WDL 钢板的表层、1/4 部位及 1/2 部位进行组织结构分析。金相检验结果表明，WDL 钢板调质处理后的组织主要为板条状回火马氏体、回火索氏体和贝氏体，它们间的数量比例沿板厚方向有所变化。

### 3.2　强韧性最佳匹配的控制

综上所述，该钢淬火后经高温回火的组织包括了回火过程中的分解析出、回复及再结晶三个过程中所出现的全部形态。在分解析出过程中，上贝氏体与板条马氏体条片间的残余奥氏体原地形成微小的索氏体区。板条马氏体在条界、条内沉淀析出碳化物，因其条片内部有高密度位错（数量级为 $10^{11}$ ~ $10^{12}$cm/cm$^3$），局部已出现了位错墙或内孪晶等缺陷，可同条片边界一样成为第二相的沉淀核心。而上贝氏体的条片内部过饱和碳原子很少，且无位错、孪晶等缺陷作为沉淀析出核心，故其回火后条片内没有碳化物粒子。若淬火组织的回复过程过快，则碳化物将大部分沉淀于束界。随着大角度晶界的迁移，再结晶过程开始，逐步形成多边形铁素体，其内部的位错进一步减少，原先偏聚于晶界、束界的粒子趋向均匀分布。从观察的几个回火试样看，若回火温度不超过 $Ac_1$，随回火温度升高则回复或再结晶愈甚。

综合分析试验结果表明，WDL 系列钢最佳的强韧性匹配，应对应于回火过程中回复阶段末期的组织结构，即使进入再结晶初期，其综合性能仍保持良好的状态。据此，为确定该钢合理的调质热处理工艺提供了可靠的理论依据。

## 4　结论

（1）系统介绍了 WDL 系列钢的力学性能和组织结构等方面的试验研究结果，取得了大量的工程技术数据，为该钢板在工程领域里的广泛应用提供了科学依据。

（2）WDL 系列钢板的实物综合力学性能水平达到了国际先进水平，其中钢板的低温韧性实物水平和低温冲击试验要求均为国际领先水平。

（3）WDL 系列钢板具有强韧性匹配最佳的组织结构。

（原载《钢铁》，1996（12））

# 武钢二炼钢转炉扩容系统改造的实践

萧忠敏 杨荫芦 刘昆华 李凤喜

## 1 前言

武钢第二炼钢厂是20世纪70年代末建成投产的一座设计钢产量为150万吨/a的转炉炼钢厂。其主体设备有：公称容量50t的转炉3座，弧形单流板坯连铸机4台（$R=10.3$m），机械搅拌式KR铁水脱硫装置1套，大包钢水吹氩装置3套，RH真空处理装置2套以及钢水罩式升温精炼装置1套等。其中3座转炉、1台连铸机和钢水罩式升温装置为国内设计制造，其余设备由国外引进。

该厂的技术装备和流程是比较先进的。生产的钢全部用于一米七轧机系统轧制热轧带钢、冷轧薄板和冷轧硅钢片。通过一系列技术进步和技术改造，生产技术水平不断提高，1985年在国内率先实现全连铸生产，钢和连铸坯的产量达到160万吨，双双超过转炉、连铸机的设计能力。

此后5~6年间（1986~1991年），第二炼钢厂经过继续挖掘生产潜力，1990~1991年钢产量（铸坯，下同）达到202~203万吨，平均每年增加产量7万吨。鉴于新的4号铸机和2号RH真空处理装置于1989年和1990年分别建成投产，铸坯和钢水精炼能力进一步增大，再要增产钢和铸坯，转炉容量较小则成为主要制约因素。

需要指出的是，武钢一米七轧机系统的热轧带钢厂具有301万吨/a的设计生产能力，第二炼钢厂即使要将铸坯产量提高到200万吨的生产水平，也远远满足不了三个薄板厂对坯料的需要，所缺钢坯只能用第一炼钢厂的平炉—模铸及初轧开坯生产的钢坯供应。但此种工艺生产的初轧坯，其重量仅为二炼钢连铸板坯的1/3~1/2.5，既影响轧机产量的提高，其质量也满足不了高质量薄板对坯料的要求。为充分发挥轧机能力，缓解铸坯的供应紧张状况，1985~1990年间从宝钢购进270万吨连铸板坯，最高年购入量达65万吨。随着宝钢热轧厂的投产，此部分坯料即停止供应。而武钢第三炼钢厂尚处于引进谈判和设计阶段，距离投产还有相当时间。鉴于上述情况，1988年决定立项，对二炼钢50t转炉进行扩容的可行性研究并逐步实施。以期较大幅度增加连铸坯和薄钢材的产量，有效地增加公司经济效益。

经过扩容的可行性研究、主体设备测试计算和相关系统的技术改造，1992年完成了对3座50t转炉扩容到装入量90t的改造，1996年生产钢244.3万吨，与扩容前比较，年增产40万吨以上，经济效益与社会效益均十分显著。

## 2 扩容可行性研究

为了解原设计的50t转炉炉体有关设备在扩容后的承受能力，对转炉耳轴、托圈及倾动系统的主要部件的性能进行了测试、理论校核和综合分析，从而得出了较科学的扩容依据。

### 2.1 测试内容和校核项目

测试了直流电动机的电流、电压、耳轴扭矩、托圈的温度分布，校核了耳轴强度、托圈强度及热应力、电动机功率、倾动系统主要部件强度。

### 2.2 测试和理论校核的结论

（1）原设计确定的50t转炉耳轴最大工作力矩1370kN·m是足够的，确定的耳轴最大瞬时过载扭矩3630kN·m也是恰当的。转炉倾动系统可以在设计的负荷下安全工作。

（2）在原炉型的条件下，随着装入量的增加，耳轴正常工作力矩相应增大，当装入量增至85.6t时，其工作力矩仍小于原设计值 1370kN · m，设备可以安全工作。

（3）对某些特殊操作，如刮炉口粘渣和倾翻过程的制动等，耳轴扭矩增大，但其值也未超过原设计确定的最大瞬时过载力矩，因而设备也是安全的。

（4）对于受热应力影响较大的托圈，在控制其内、外圈表面温差不超过 100℃的条件下，其强度也是足够的。测试表明，装入量增加对炉壳和托圈温度的影响很小。

（5）原设计的 50t 转炉炉体主要设备有较大的超装潜力，在装入量达到 85. 6t 时可以安全工作。

（6）经过进一步校核转炉炉体的主要设备是可以承受装入量 90t 的负荷。

## 3　转炉扩容改造

### 3.1　装入量 90t 的试验性扩容改造

扩容工作分两阶段进行，第一阶段先进行 80t 装入量的试验改造，其主要途径是炉壳直径增加 50mm，其他设备未做改动。试验取得好的效果。在成功地将装入量扩大到 80t 的基础上，进行了第二阶段装入量扩容到 90t 的改造。经过校核，转炉本体扩容还有潜力。但转炉的进一步扩容必然涉及前后工序一系列设备的适应能力，诸如铁水运送设备，转炉煤气风机、钢水运送设备和铸机回转塔承重能力等重要问题。铁水包和钢水包可以通过改造或逐步更新解决，而对于转炉煤气风机、连铸钢包回转塔以及有关吊车能力的校核验算表明，这些关键设备经过挖潜改造，可以适应转炉装入量扩容到 90t 的要求。但如果再增大装入量，则这些关键设备就需要进行根本性的改造或换型，以致大大增加工程量和投资金额。因此确定装入量按 90t 来进行扩容改造。

#### 3.1.1　炉型的改造

转炉扩容改造是以设备基础不动和托圈外径不能扩大为前提。设备的基础不动就要求转炉倾动系统设备各部件的标高和中心线位置在改造后仍要保持原位，因而扩容所需要的空间受到很大限制。因此，扩容的主要途径是在保证托圈有足够强度的条件下尽可能地扩大托圈内径，达到 $\phi$5500mm，其次适当减薄炉衬砖的厚度，从 610mm 减至 600mm，从而增加了炉子有效工作容积，达到 62. 85m$^3$，炉容比为 0. 75m$^3$/t，基本保证了装入量 90t 的生产条件。装入量扩容至 90t 和原设计炉型主要参数见表 1。炉壳钢材质采用 20G，厚度 65mm。

**表 1　装入量 90t 与原设计 50t 转炉炉型主要参数**

| 参数名称 | 符号 | 装入量 | |
|---|---|---|---|
| | | 50t | 90t |
| 平均产钢量/t | $t_{avg}$ | 60 | 83. 7 |
| 初期装入量/t | $t_{initial}$ | 55 | 70 |
| 最大装入量/t | $t_{max}$ | 77 | 90 |
| 有效工作容积/m$^3$ | $V$ | 52. 25 | 62. 85 |
| 单位容积（平均产钢量）/m$^3$ · t$^{-1}$ | $V/t_{avg}$ | 0. 87 | 0. 75 |
| 单位容积（初期装入量）/m$^3$ · t$^{-1}$ | $V/t_{initial}$ | 0. 95 | 0. 8979 |
| 全高/mm | $H$ | 7470 | 7470 |
| 炉壳外径/mm | $I \cdot D$ | 5000 | 5370 |
| 全高与炉壳外径比 | $H/E \cdot D$ | 1. 46 | 1. 3582 |
| 熔池直径/mm | $d$ | 3500 | 3770 |
| 熔池深度（初期装入量）/mm | $h$ | 1085 | 1235 |
| 熔池直径与熔池深度比 | $d/h$ | 3. 226 | 3. 0526 |
| 熔池表面积/m$^2$ | $S$ | 9. 621 | 11. 1517 |
| 单位熔池表面积（初期）/m$^2$ · t$^{-1}$ | $S/t_{initial}$ | 0. 175 | 0. 1594 |
| 炉口直径/mm | $d_0$ | 1850 | 2520 |
| 炉口直径与熔池直径比/% | $d_0/d$ | 52. 86 | 66. 84 |

续表 1

| 参数名称 | 符号 | 装入量 | |
|---|---|---|---|
| | | 50t | 90t |
| 炉衬工作层厚度/mm | | 610 | 600 |
| 炉衬总厚度/mm | | 750 | 750 |
| 炉底工作层厚度/mm | | 480 | 500 |
| 炉底总厚度/mm | | 840 | 869 |
| 出钢口直径/mm | | 120 | 130 |

#### 3.1.2 托圈的改造

采用水冷托圈，降低托圈的热应力。冷却水从耳轴内孔引入托圈，循环一周后再从短耳轴内孔排出。在保证托圈强度、刚度，满足安全要求，又要在托圈外径不动、内径尽可能扩大条件下，确定了托圈的断面参数。

#### 3.1.3 耳轴、轴承和轴承座的改造

由于耳轴直径加大，耳轴承重增加，选用了较原轴承内径大 50mm 的滚动轴承，耳轴直径也相应增加 50mm。

#### 3.1.4 炉体其他主要设备的改造

抗扭止动器增加了弹簧缓冲装置。炉口水箱和托圈供水采用多路旋转接头，供排水各行其道，并可单独调节水量，工作可靠、安装维修方便。把持器则改变了螺栓的连接方式，改善了缓冲性能，使转炉旋转更平稳。

#### 3.1.5 倾动力矩计算

（1）理论倾动力矩和最大计算力矩

装入量 90t 转炉的最大理论力矩发生在倾角 58°时，其值为 981kN · m 原炉的最大理论力矩发生在倾角 63°时，其值为 1059.5kN · m。考虑到安全因素，用来校核传动系统零件强度的最大计算力矩应为理论力矩的 1.2~1.3。

（2）短时过载力矩

①冻炉力矩：经计算，装入量 90t 冻炉力矩为 2629.2kN · m；

②塌炉力矩：经计算，塌炉时的过载力矩为 2700kN · m。

计算表明，最大工作力矩不大于 1370kN · m，短时过载力矩不大于 3630kN · m，均未超过原 50t 转炉设计的规定值。故扩容装入量 90t 时，其倾动系统的电动机、主减速机、主齿形联轴器和悬挂式减速机等均可不动。

#### 3.1.6 炉型改造后耳轴、轴承和托圈强度核算

（1）耳轴和轴承强度

装入量 90t 的转炉耳轴轴承选用了与 120t 炉型配套的轴承，其承载能力是足够的。耳轴直径亦与 120t 转炉耳轴相同，且两端支点距离小于 120t 炉型数值，故耳轴强度也有充分保证的。

（2）托圈强度

经过计算，托圈的最大机械应力很小，仅为 36.3MPa；在最不利条件下，上、下盖板边界效应区的最大热应力为 97.1MPa，内腹板边界效应区的最大热应力为 82.3MPa。

在采用水冷托圈后，其内、外圈的温差若控制在 50℃，按相同方法计算，托圈的热应力则减少为 66.7MPa。因此水冷托圈安全性更大。

#### 3.1.7 扩容后耳轴扭矩和电机电流测试

（1）耳轴扭矩

在装入量 88t 时，实测的耳轴工作倾动力矩小于原 50t 转炉设计规定的 1370kN · m。

（2）电动机电流

电动机电流电最大值出现在倾角 40°~55°时，其电流在 139.3~361.6A 范围波动，最大值为 361.6A，

也小于原设计的额定值。

测试结果表明，实测的耳轴扭矩和电机电流均小于原 50t 转炉设计规定值，因而扩容后沿用原来的传动系统是安全、合理和经济的。

（3）负力矩和配重

实测时发现，最大倾动力矩出现时的倾角比理论计算的超前较多，且在 70°角之后产生了负力矩。它可能与炉型变化、炉壳安装的标高有所增加有关。为克服负力矩可能带来的炉体不稳定的影响，通过在炉底增加适当配重予以解决。四年多的生产实践表明，这一措施是安全、可靠的。

## 4 主要相关设备的配套改造

在转炉扩容到 90t 的同时，对主要相关设备进行了配套改造，因篇幅所限，故略去内容，只列出改造项目名称，包括：扩大铁水脱硫能力；铁合金料仓的改扩建；副原料输料、卸料系统改扩建；底吹供气系统改造；炉底车改造；转炉润滑改造；氧枪改造；一次烟气净化改造；基础自动化系统改造；吊车改造；钢包的改造；连铸钢包回转塔的补强加固改造等。

## 5 扩容改造的效果

### 5.1 水力模型研究

在装入量 90t，采用原 80t 氧枪喷头、顶吹供氧强度 2.7Nm$^3$/(min·t)（流量 14580Nm$^3$/h）、底吹 0.6*D* 布置 4 点供气条件下，进行水模试验，结果表明：

（1）冶炼前、中期，枪位、底吹供气强度是影响混匀时间的主要因素，枪位的影响略大于底吹强度。冶炼后期，底吹供气强度则是影响混匀时间的主要因素。

（2）枪位始终是影响喷溅量的主要因素。

（3）建议的工艺参数。冶炼前期枪位 1.6~1.8m，底吹供气强度为 0.03~0.04Nm$^3$/(min·t)。冶炼后期枪位 1.3m，底吹供气强度为 0.05~0.09Nm$^3$/(min·t)。

（4）应设计新的氧枪喷头。

### 5.2 冶金效果

#### 5.2.1 冶金过程

吹炼过程熔池金属成分和温度的变化，炉渣成分的变化，脱磷效率与（TFe）的关系，脱硫效率与铁水［S］的关系，终点［C］和［O］的关系，以及终点［C］和［TFe］的关系分别见图 1~图 6。

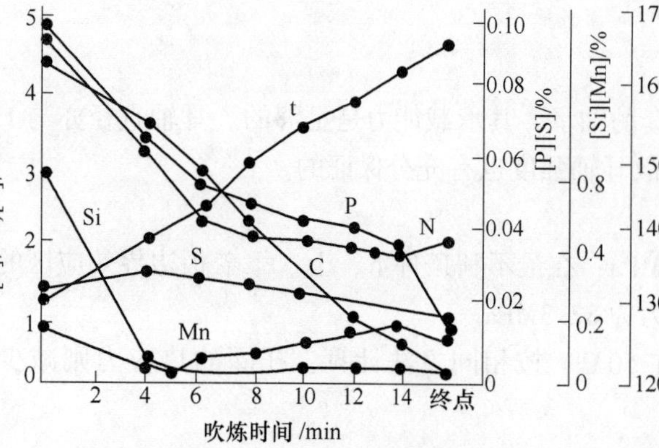


图 1 金属成分和温度变化

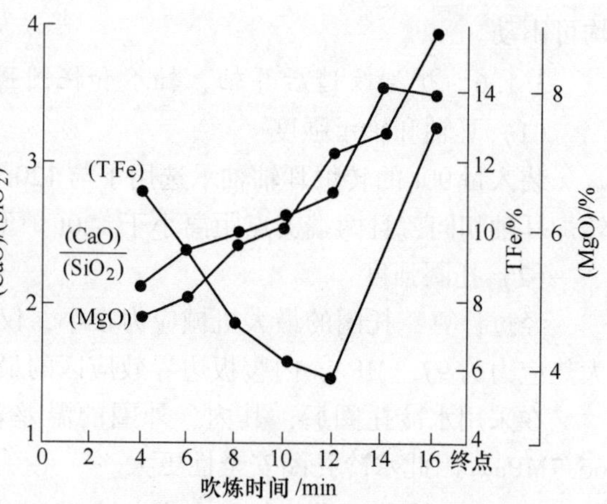


图 2 炉渣成分的变化

扩容后顶底复吹炼过程平稳，枪位稳定，过程及终点炉渣成分控制较好，成渣速度快、去磷、去硫效率高、氧气利用率高，纯吹炼时间短，生产效率高，满足了扩容的要求。主要参数为：吹炼终点钢中熔解氧含量接近［C］-［O］平衡线，平均脱磷率 91.2%，平均脱硫率约 30%，平均［N］含量 18.7×

$10^{-6}$，[C]>0.04%时渣中全铁含量（TFe）小于16%，纯供氧时间为16min，较前缩短1min以上。

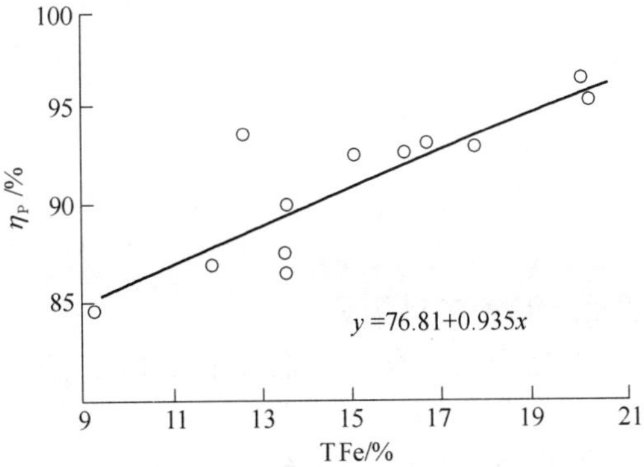


图3 $\eta_P$ 与（TFe）的关系

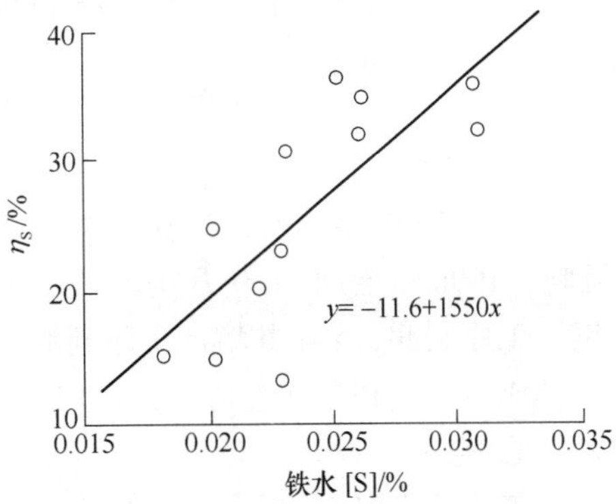


图4 $\eta_S$ 与铁水［S］的关系

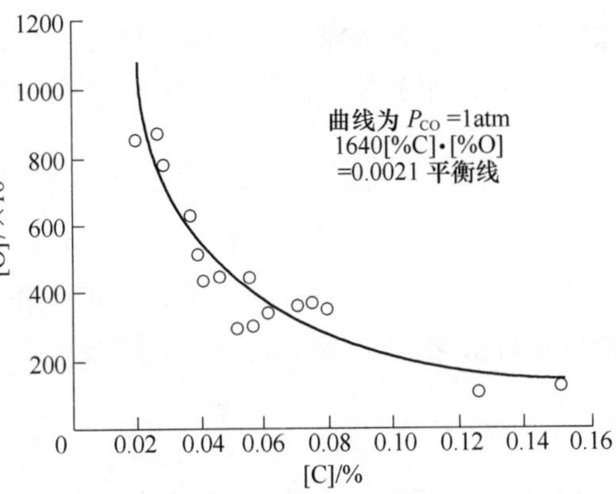


图5 终点［C］和［O］的关系

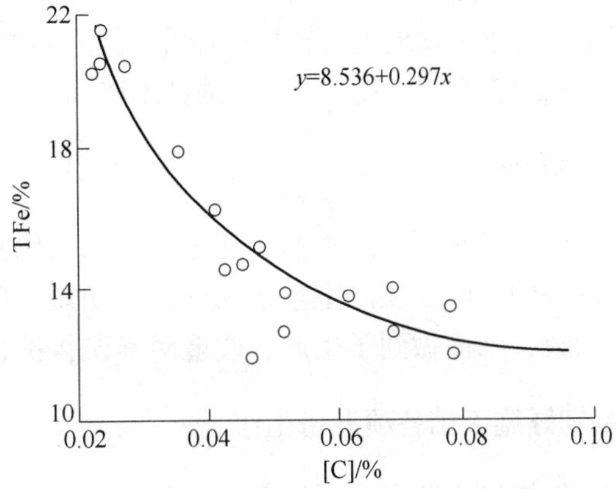


图6 终点［C］和［TFe］的关系

### 5.2.2 技术经济指标

1989~1990年有1座转炉扩装至80t，1991~1992年3座转炉相继改造完，1993年开始按90t装入量试生产，并逐步稳定地扩大生产。以1991年作为扩容前的基数进行比较，扩容前后主要技术经济指标变化见表2。各项指标均有大幅度改善。

**表2 转炉扩容前后主要技术经济指标**

| 指标 | 1989年 | 1990年 | 1991年 | 1992年 | 1993年 | 1994年 | 1995年 | 1996年 | 1996年与1991年比较 |
|---|---|---|---|---|---|---|---|---|---|
| 连铸坯产量/万吨 | 195.2 | 203.0 | 202.4 | 207.4 | 228.1 | 235.6 | 240.2 | 244.3 | +41.9 |
| 转炉钢合格率/% | 99.83 | 99.79 | 99.81 | 99.72 | 99.75 | 99.79 | 99.77 | 99.81 | 0 |
| 优质钢比例/% | 29.62 | 29.89 | 34.92 | 41.43 | 37.57 | 50.61 | 58.90 | 54.50 | +10.39 |
| 日历利用系数/t·(t·d)$^{-1}$ | 35.66 | 37.08 | 36.97 | 37.79 | 41.66 | 43.04 | 43.87 | 43.62 | +7.65 |
| 日历作业率/% | 67.38 | 72.87 | 71.58 | 69.62 | 72.75 | 74.23 | 75.55 | 77.23 | +5.65 |
| 转炉吹损率/% | 9.75 | 8.58 | 9.14 | 8.56 | 8.35 | 7.85 | 8.11 | 8.20 | −0.94 |
| 钢铁料消耗/kg·t$^{-1}$ | 1107 | 1086 | 1092 | 1094 | 1090 | 1089 | 1089 | 1088 | −4.22 |
| 工序能耗（标煤）/kg·t$^{-1}$ | 18.2 | 16.1 | 15.5 | 12.4 | 13.4 | 7.6 | 9.8 | 7.5 | −8.0 |
| 平均炉龄/次 | 1467 | 1566 | 1602 | 1823 | 2266 | 2861 | 3447 | 3547 | +1945 |
| 平均炉产量（坯）/t | 69.27 | 71.03 | 72.39 | 75.71 | 78.17 | 77.97 | 78.34 | 78.72 | +6.33 |
| 平均冶炼时间/min | 37 | 40 | 40 | 39 | 39 | 39 | 39 | 39 | −1 |
| 石灰消耗/kg·t$^{-1}$ | 64.83 | 71.51 | 74.29 | 75.01 | 66.15 | 67.11 | 65.35 | 65.36 | −8.93 |
| 萤石消耗/kg·t$^{-1}$ | 7.83 | 9.04 | 8.66 | 8.72 | 8.17 | 7.26 | 6.15 | 5.78 | −2.88 |

### 5.2.3 能耗分析（表3）

在未考虑消耗废钢比例的情况下，可以大致看出，生产1t连铸坯消耗的能耗18.8kg/t，仅为生产1t初轧坯的1/8左右。扩容后，1年增加40万吨连铸坯将使公司降低能耗约52840t标煤。还减少约10%的金属消耗。

表 3　1996 年武钢不同炼钢、浇铸工艺吨坯能耗比较

| 时间 | 平炉模铸工序能耗/kg · $t^{-1}$ | 初轧工序能耗/kg · $t^{-1}$ | 转炉工序能耗/kg · $t^{-1}$ | 连铸工序能耗/kg · $t^{-1}$ |
| --- | --- | --- | --- | --- |
| 1996 年 | 89.9 | 61.0 | 7.5 | 11.3 |

5.2.4　经济效益

（1）产量，与 1991 年比较，扩容后 1993~1994 年 4 年间共多生产钢（连铸坯）38.55 万吨，年均增加 34.63 万吨，1996 年增加 41.9 万吨。

（2）钢厂工序利润，4 年共增产工序利润 3.0218 亿元，年增 7554 万元。

（3）降低成本，代替外购连铸坯，4 年间可降低成本 8.63 亿元，年均降低成本 2.1575 亿元。吨坯降低成本 622.9 元/吨。

（4）扩容工程总投资 9305 万元，该工程 15.7 个月可收回全部投资，效益十分显著。

5.2.5　社会效益

武钢二炼钢成功地进行转炉扩容后，国内同类型的转炉钢厂，如包钢、重钢、湘钢等单位，与武钢进行了多种形式的合作，或技术交流、或技术咨询、或提供图纸、或技术服务等，借鉴了此次扩容的经验。

## 6　施工管理

扩容改造是利用转炉大修工期进行的，其他两座转炉维持正常生产。前后分 3 次，共 102 天改完。每座转炉设备的拆除安装总重量达 900t，工期短，场地小，施工难度大，由于施工组织和管理工作较科学、周密、细致，因而做到了生产、改造两不误，扩容改造取得良好效果。

### 6.1　策划好施工前各项准备工作

做到组织机构落实；图纸资料、备件、材料落实；抓好备件的预组装；充分研究并确定大型备件的吊装方案。

### 6.2　组织好现场施工管理工作

做到检修通道明确，物流有序；现场及时协调，生产、检修两不误；建立完善严格的检查制度，确保改造工程的质量和安全，做到一次试车成功。

## 7　结语

（1）转炉扩容改造应进行充分的可行性研究，使改造工程建立在严格、科学的测试、核算基础上，才能做到决策正确，措施得当。

（2）在对转炉炉体进行扩容改造的同时，还必须同步做好前后工序的系统配套改造，并提前进行有关工艺试验研究和氧枪等关键设备的研制，使扩容工程尽快转化为生产力，充分发挥扩容作用。

（3）武钢二炼钢转炉装入量扩容至 90t 后取得了显著的经济效益，1993~1996 年 4 年间共增产 138.55 万吨连铸坯，年均增产 34.63 万吨，1996 年达到 41.9 万吨。钢厂工序利润，4 年间已获得 3.0218 亿元，年均 7554 万元。如与外购钢坯比较，4 年间可降低成本 8.63 亿元，年均降低成本 2.1575 亿元。吨坯节支 622.9 元/t。为公司创收提供了重要条件。扩容工程总投资 9305 万元，15.7 个月即可收回全部投资，效益十分显著。

（4）扩容后由于进一步改进了工艺操作和生产管理，顶底复合吹炼过程平稳，枪位稳定，过程及终点熔渣控制较好，成渣速度快，去硫去磷效率高，氧气利用率高，纯供氧时间短。主要参数为：吹炼终点钢中熔解氧含量接近［C］-［O］平衡线，平均［N］含量 $18.7\times10^{-6}$，［C］>0.04%时渣中全铁含量（TFe）小于 16%，纯供氧时间为 16min，较前缩短 1min 以上。

（5）此次转炉扩容成功，对国内同类型转炉钢厂的扩容改造和生产有启迪和借鉴作用。

（原载《1997 中国钢铁年会论文集（下）》，1997：32；《炼钢》，1998（5））

# 武钢第一炼钢厂淘汰平炉—模铸工艺的技术改造

萧忠敏　宰文新　刘昆华　赵继宇　李结根

## 1　引言

武钢第一炼钢厂是我国第一个5年建设计划期间由原苏联设计的，1959年9月30日第一座平炉建成投产。以后几经扩建、改造，现有500t固定式平炉6座，具有280~300万吨的年生产能力。由于受到苏联钢铁工业发展模式的影响，一炼钢长期以来主要采用平炉冶炼、锭模浇铸的生产工艺。90年代初，鉴于三炼钢投产前和扩大生产过程期间，铁水尚有富余，初轧开坯能力不足等情况，新建1台设计能力为50万吨/a的8流方坯铸机，并配有250t LF钢包炉1座。至1997年，一炼钢已生产钢6178万吨，占武钢累计钢产量的63.15%。其生产的钢主要供轧制型材、中厚板和薄板。投产39年来，生产技术水平也有一定的发展和提高，对武钢，对国家的钢铁工业生产技术的发展做出了贡献。但是，由于平炉、模铸生产工艺本身固有的缺点，在世界范围内，特别是工业发达国家，这一工艺早已被淘汰，我国的钢铁工业技术发展方针已明确提出，要尽快地淘汰落后的平炉、模铸工艺，用全连铸取代模铸，使原有的所谓万能工厂，从产品结构、工艺流程、装备及总图运输都发生根本的变化。建立在炼钢—炉外处理—连铸组合优化基础上的全连铸生产体制已成为现代钢铁工业生产高水平的综合标志。

鉴于武钢型材厂系统设计生产能力为160万吨，即大型材60万吨、高速线材70万吨、棒材30万吨，共需方坯约170万吨，在淘汰模铸工艺后，必须由连铸机来生产。武钢公司对新方坯铸机厂址选择事项，非常慎重和高度重视，委托设计院先后作了7个方案的可行性研究，多次组织论证，广泛听取意见。经过全面分析，认为将方坯铸机建在一炼钢，将平炉改成转炉的方案，具有生产工艺匹配好、物流运输顺畅、公司生产组织灵活、整体布局合理、原有厂房设备利用率较高等优点，同时可以充分发挥二、三炼钢厂板坯连铸机的生产能力和板材基地的作用，因此最终确定将新的方坯连铸机建在一炼钢，并将平炉淘汰，改建成顶底复吹炼转炉，从而使公司实现全连铸生产。一炼钢的技术改造工期短、要求高、投资省，它是武钢实施工艺结构和产品结构调整的重大举措，对提高武钢产品的市场竞争能力，增加武钢经济效益和满足国家建设需要都将产生重要的作用。

## 2　技术改造的主要内容

### 2.1　改造规模

在淘汰平炉和模铸工艺的技巧工程中，保留利用的主体设备有：1300t混铁炉1座，250t LF钢包炉1座（容量将减小为100t，含钢包吹氩和合金微调功能），8机8流方坯连铸机1台；新建的主体设备有：100t铁水罐喷吹脱硫站2座，100t顶底复吹转炉2座，100t钢包吹氩站2座（含喂线和合金微调功能），100t LF钢包炉1座，5机5流方坯连铸机2台等。改造后的生产规模为年产铸坯170万吨。

### 2.2　产品大纲

根据公司型钢轧机、高速线材轧机和棒材轧机对坯料的品种、质量和数量的要求，确定了一炼钢的产品大纲，见表1。

**表 1　一炼钢改造后的产品大纲**

| 钢种 | 硬线钢 | 弹簧钢 | 建筑用线材 | 冷镦钢 | 焊线用钢 | 重轨钢 | 低合金钢 | 合金结构钢 | 优质碳素钢 | 普碳钢 | 合计 |
|---|---|---|---|---|---|---|---|---|---|---|---|
| 合格铸坯/万吨 · 年$^{-1}$ | 21 | 3 | 38 | 7 | 4 | 15 | 39 | 3 | 11 | 29 | 170 |
| 所占比例/% | 12.35 | 1.77 | 22.35 | 4.12 | 2.35 | 8.82 | 22.94 | 1.77 | 6.47 | 17.06 | 100.0 |

硬线钢中包括钢帘线、胎圈钢丝、高强度预应力钢丝和钢绞线等高质量要求的钢种。

## 2.3　工艺流程

淘汰落后的平炉—模铸工艺后，一炼钢将采用一条现代化的炼钢工艺流程：铁水全脱硫预处理—转炉顶底复合吹炼—钢水炉外精炼（吹氩、喂线、LF 钢包炉调温和成分微调、VD）—连铸，生产高品质、高附加值的产品。

## 2.4　平面布置

一炼钢技术改造的设计原则之一是充分利用现有厂房和设施，尽可能节约投资，同时要保证边改造、边生产（年产 100 万吨钢）的条件，因此选定了在现厂房的南端改造，北端保留两座平炉生产的方案。该方案的特点是，保留原铸锭跨、新建 27.5m 加料跨、14m 转炉跨、22m 出钢跨（钢水接受跨），连铸机横向布置，连铸跨为 17m，2 号混铁炉东移且改低架式，与 27.5m 加料跨同跨，废钢由原废钢间用高架栈桥运至加料跨，散状料由散料间用皮带运输送至转炉高位料仓，活性石灰由耐火厂活性石灰车间用皮带直接送至转炉高位料仓，铁合金用汽车运至厂房内，由垂直提升机运至合金料仓。本平面布置工艺流程顺畅，钢渣分流互不影响，混铁炉一次改造到位，铁水供应方便，精炼设施同跨布置流向合理，新建铸机双跨出坯运送通畅，向老铸机供应钢水运距较短，保留的北端两座平炉生产受施工影响较小。

## 2.5　主要技术工艺和装备

### 2.5.1　铁水脱硫预处理

采用顶部喷吹脱硫工艺，选用金属镁粉加石灰粉为脱硫剂，2 个喷吹工位年处理铁水量设计为 164 万吨，入转炉铁水全部经过脱硫处理，其中 75%为轻处理，脱硫后［S］≤0.010%，25%为深处理，脱硫后［S］≤0.005%。喷粉速度为 30~80kg/min，每罐铁水平均脱硫时间 50min，其中喷吹 12min。设计的铁水脱硫主要作业指标见表 2。

**表 2　铁水脱硫主要作业指标**

| 项目 | 数值 | 项目 | 数值 |
|---|---|---|---|
| 铁水脱硫规模/万吨 · 年$^{-1}$ | 164 | 每昼夜脱硫铁水罐数 | 二次一时　二次二时 |
| 脱硫站站数 | 2 | | 平均 32　58 |
| 高炉铁水含硫量/% | ≤0.035 | | 最大 38　69 |
| 脱硫后铁水含硫量/% | ≤0.01~0.005 | 脱硫站年工作天数 | 350 |
| 每罐铁水平均装入量/t | 94 | 脱硫站年有效工作天数 | 292 |
| 每罐铁水脱硫周期/min | 50 | | |

### 2.5.2　转炉冶炼

（1）采用的主要技术工艺和质量保证措施

①转炉倾动机构采用全悬挂，四点传动、三点球面支撑、扭力杆平衡式；氧枪采用双小车、双卷扬能实现自动换枪。

②采用顶底复合吹炼，前程吹氮，后程吹氩，氮氩自动切换，PC 控制。

③采用挡渣出钢、钢包加顶渣工艺。

④采用噪声控渣技术。

⑤采用计算机静态过程控制。

⑥冶炼中、高碳钢采用耐浸蚀包衬的专用钢包；转炉低碳出钢，炉后增碳技术（通过转炉加料系统加增碳剂），LF 炉及 VD 炉成分微调。

⑦转炉出钢过程钢水采用全程底吹氩。

⑧转炉烟气冷却采用全汽化工艺，蒸汽回收，烟气净化采用湿法除尘和煤气回收系统。

⑨采用溅渣护炉技术，氮氧切换，氧枪共用。

（2）设计的转炉炼钢主要技术经济指标（见表 3）

**表 3　设计的转炉炼钢主要技术经济指标**

| 指标名称 | 数值 | 备注 | 指标名称 | 数值 | 备注 |
|---|---|---|---|---|---|
| 转炉公称容量/t | 100 | | 转炉车间年工作天数 | 350 | |
| 平均出钢量/t | 100 | | 转炉年有效作业天数 | 292 | 炉座允许达到的年有效作业天数 |
| 最大出钢量/t | 110 | | 转炉年有效作业率/% | 80 | 炉座允许达到的年有效作业率 |
| 转炉座数 | 2 | | 转炉年出钢炉数 | 17525.8 | |
| 经常吹炼座数 | 1.6 | | 年产合格钢水/万吨 | 175.3 | |
| 平均冶炼周期/min·炉$^{-1}$ | 38.2 | 其中吹氧时间 14min | 年产合格铸坯/万吨 | 170 | |
| 其中：普碳钢/min·炉$^{-1}$ | 36 | | 钢铁料消耗/kg·t$^{-1}$ | 1080 | |
| 中、高碳钢/min·炉$^{-1}$ | 45 | | 转炉炉龄/次 | 6000 | |
| 计算冶炼周期/min·炉$^{-1}$ | 46 | | | | |

### 2.5.3　钢水炉外精炼

（1）炉外处理和精炼装置

①吹氩站

每座转炉炉后均设有 1 座吹氩站，它具有底吹氩、喂线、测温、定氧、取样、合金微调、添加废钢等功能，并备有底吹系统出现故障状态时用的顶吹氩枪。钢包底吹氩透气砖采用外装方式，便于红包更换供气元件。喂线装置可以喂铝线或包芯线，喂线速度 0~300m/min，双线制，喂线直径 6~15mm。

②LF-VD 装置

LF 钢包精炼炉和 VD 装置均有钢包底吹氩设施和备用顶吹氩枪、铁合金加料系统和喂线设施。因此，LF 炉及 VD 装置具有温度调整、成分微调、钙处理以及脱气和去除夹杂物等功能。

LF 钢包炉采用单臂式三相交流形式，引进了精炼渣及精炼技术，用于生产高强度钢帘线等高品质的铸坯。VD 装置采用双工位，蒸汽喷射泵采用二级增压四级泵，全焊接结构。

（2）设计的 LF-VD 钢包炉主要参数及指标（见表 4）

**表 4　设计的 LF-VD 钢包炉主要参数及指标**

| 指标名称 | 数值 | 指标名称 | 数值 |
|---|---|---|---|
| LF-VD 公称容量/t | 100 | LF 变压器额定容量/kVA | 18000 |
| 处理容量/t | 70~110 | LF 平均升温速度/℃·min$^{-1}$ | ≥4.5 |
| LF 处理周期/min | 约 40 | VD 蒸汽喷射泵工作真空度/Pa | 67 |
| VD 处理周期/min | 约 40 | 极限真空度/Pa | 30 |
| 车间年作业天数/d | 350 | 抽气能力/kg·h$^{-1}$ | 400③ |
| 设备有效作业天数/d | 282 | 抽真空所需时间/min | ≤5④ |
| LF 精炼比/% | 35① | 处理后［H］/×10$^{-6}$ | ≤5 |
| VD 精炼比/% | 25 | ［H］/×10$^{-6}$ | ≤50 |
| 年处理制水能力/万吨·年$^{-1}$ | 43.3② | ［O］/×10$^{-6}$ | ≤15 |

①其中 10%为协调转炉与连铸生产的量；
②设备能力可达 100 万 t/a；
③67Pa 时；
④至 67Pa 时。

（3）设计的各类钢种钢水精炼工艺路线（见表 5）

表 5　设计的各类钢种钢水精炼工艺路线

| 钢水处理工艺路线 | 处理钢种范围 | 处理比例/% |
|---|---|---|
| 转炉—钢包吹氩站—连铸 | 碳素结构钢、低合金钢、建筑用线材 | 65 |
| 转炉-LF-VD-连铸 | 硬线、重轨、弹簧钢 | 25 |
| | 碳素结构钢、低合金钢、优质碳素结构钢、冷镦钢、焊丝钢。协调转炉连铸机生产（低榻倒水） | 10 |

2.5.4　连铸

鉴于改造后要生产以钢帘线为代表的高品质和高附加值的产品，实物质量要达到国际一流水平，有的品种还要填补国内空白，故新建铸机的关键设备及个别钢种生产工艺由奥钢联（VAI）设计或供货。

（1）设计的铸机主要参数和指标（见表 6）

表 6　设计的铸机主要参数和指标

| 名称和指标 | 数值 | 名称和指标 | 数值 |
|---|---|---|---|
| 铸机台数、机数、流数/台×机×流 | 2×5×5 | 铸注间距/mm | 1300 |
| 铸机形式 | 全弧形 | 铸机作业率/% | >70 |
| 铸机基本半径/m | 10 | 连浇炉数 | 6 |
| 铸坯断面 | 200×230 | 拉坯速度/m · min$^{-1}$ | max2. 0 |
| | 200×200 | 合格铸坯收得率/% | 97 |
| | 230×250 | 合格铸坯产量/万吨 | 170 |
| | 250×250 | 冶金长度/m | 28. 5 |
| 铸坯定尺/mm | 250×280 | 结晶器高度/mm | 800 |
| | 3600~4200 | 结晶器振幅/mm | 0~±6 |
| | 5200~6000 | 频率/次 · min$^{-1}$ | 40~250 |

（2）采用的主要技术：

①蝶形钢包回转台，具有升降、称量及钢包加盖装置。

②大容量 T 形中包，容量 35t，塞棒开浇并实现自动控制，钢液深度 850mm，钢液停留时间约 10min。

③DLAMOLD 型结晶器（钻石型，上部 1/3 抛物线加多锥度）；2 组足辊；Co60 液面控制，测量范围 40~160mm，测量精度±2. 5mm；平稳可调的液压振动系统，采用液压非正弦振动方式，根据拉速情况在线自动调节振动频率和振动幅度。

④二次冷却采用高压弱冷（0. 4~0. 7L/kg）喷淋冷却制度，二冷水量随拉速变化可自动调节。

⑤电磁搅拌技术，在 1 台铸机采用结晶器电磁搅拌技术（M-EMS），以确保高碳钢等品种的铸坯质量，并预留铸坯液心末端电磁搅拌（F-MES）余地。

⑥保护浇铸技术。

⑦柔性引锭杆。

⑧铸坯质量跟踪系统（CAQA）并预留自动在线可疑坯分离系统。

⑨最佳切割长度模型。

（3）铸坯的质量保证指标

①铸坯表面无缺陷率≥95%。

②铸坯中心碳偏析和等轴晶比（见表7）。

表7 铸坯中心石灰偏析和等轴晶比

| 微碳含量/% | 过热度/℃ | 中心偏析 | 等轴晶区/% | 微碳含量/% | 过热度/℃ | 中心偏析 | 等轴晶区/% |
|---|---|---|---|---|---|---|---|
| 0.15~0.42 | ≤30 | 1.10 | | 0.13~0.43 | ≤30 | | 40 |
| | ≤50 | 1.15 | | | ≤50 | | 30 |
| 0.43~0.95 | ≤30 | 1.15 | | 0.44~0.95 | ≤30 | | 35 |
| | ≤50 | 1.20 | | | ≤50 | | 20 |

③铸坯内部裂纹≤2级，其中≤1级占95%。

④不允许有皮下气泡。

## 2.6 钢帘线铸坯质量的目标要求

改造后的重要目标之一，就是要生产出国际一流水平的、以钢帘线为代表的一批高质量品种。钢帘线用钢要达到的主要目标要求如下：

（1）较高的纯净度（max）

T[O]$40\times10^{-6}$，[N]$70\times10^{-6}$，[P]0.015%，[S]0.010%，[P+S]0.020%，[Cu]0.05%，[Cr]0.05%，[Ni]0.05%，[Al]0.005%。

（2）稳定的化学成分（主要成分波动范围）

[C] ±0.03%，[Mn] ±0.06%。

（3）良好的内部性能

铸坯中心偏析，高碳钢C偏析≤1.15。

铸坯等轴晶率35%~40%。

## 2.7 原有铸机的利用

原有的1台8机8流方坯铸机与500t平炉和250t钢包配合，设计能力为50万吨，1997年生产方坯42.5万吨。在一炼钢改造期间和近几年内还将发挥作用，生产方坯供应型材厂和高线用料。随着新铸机的投产，它将逐步减产，视公司铁水供应情况和型材、线材、棒材市场需求来安排调整其产量。

## 2.8 改造工期安排

一炼钢改造工程分两步实施。第一步将平炉改为转炉，其工程已于1998年3月20日正式开工，2号转炉将于11月建成投产，1号转炉1998年12月投产，实现淘汰平炉的目标；第二步于1999年9月以前建成2台新铸机，淘汰模铸工艺，实现公司全连铸的目标。

## 2.9 投资费用和效益评估

武钢要求全部改造费用要控制在6.5亿元以内。据技改工程初步设计预测，财务内部收益率为19.13%，全部投资回收期（含建设期）为6.53年。财务内部收益率和投资回收期均属较好水平，具有较好的盈利性，该工程具有较强的抗风险能力。

# 3 结语

（1）武钢第一炼钢厂淘汰平炉—模铸工艺的技术改造，遵循国家钢铁工业技术发展方针，满足公司线材、型材和棒材的生产需要。

（2）方坯连铸机建在第一炼钢厂，具有生产工艺匹配好、物流运输顺畅、公司生产组织灵活、整体布局合理的优点，又可充分发挥第二、三炼钢厂板坯连铸机的生产能力、优势和板材基地的作用。

（3）改造后的一炼钢将形成一条铁水脱硫预处理—转炉顶底复吹—钢水炉外精炼—全连铸的现代化生产工艺流程，并实现武钢炼钢生产全连铸的目标。随着炼钢工艺流程和产品结构的优化，可生产以钢帘线为代表的高质量、高附加值的一批钢种，从而将提高武钢产品的市场竞争能力，增加公司的经济效益。

（4）技改工程费用 6.5 亿元，财务内部收益率为 19.13%，全部投资回收期（含建设期）为 6.53 年，具有较好的盈利性和较强的抗风险能力。

（5）在保证工程施工质量和进度的同时，做好开工调试及生产准备、技术培训、引进设备技术的消化、掌握等工作，做到技改工程按期按质建成投产，尽快达产，早创效益。

（原载《第十届全国炼钢学术会议论文集》，1998；《武钢技术》，1998（9））

# 武钢第三炼钢厂投产与展望

余志祥

## 1 主要技术装备特点

武钢三炼钢是利用西班牙贷款进行建设国家重点工程项目，德国的DEMAG公司对所有的技术问题负责。一期工程包括两座公称容量为250吨的转炉（以二吹一方式生产）和一台双流弧形板坯连铸机，并配有铁水脱硫（国内设计与供货）和钢包吹氩、钢包炉、RH真空脱气装置，形成年产180万吨的设计生产能力。二期工程则增加一台双流弧形板坯连铸机，并配备相关辅助设备，形成年产250~300万吨的设计能力（仍按二吹一方式生产）。

武钢三炼钢的平面布置见图1，主要技术与设备特点见表1。

由于武钢三炼钢在铁水脱硫、转炉炼钢、二次精炼及连续铸钢各主要工序分别采用了先进而适用的技术，同时又配以有由基础自动化、计算机过程控制和计算机生产管理构成的较完善的三级自动化系统，使武钢三炼钢成为具有20世纪90年代初世界先进水平的大型炼钢厂。

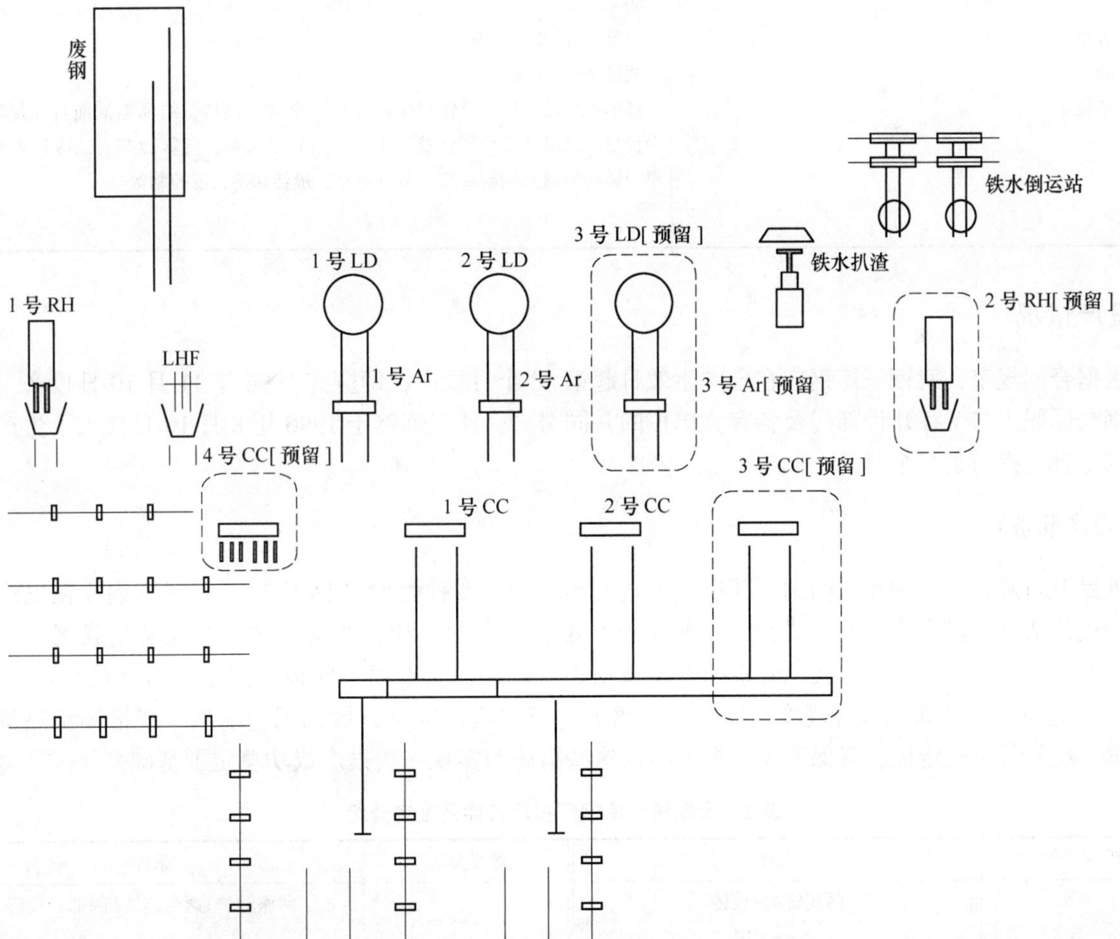


图1 武钢第三炼钢厂平面布置示意图

表 1　主要工艺技术与设备特点

| 项目 | 指标和工艺 |
|---|---|
| 鱼雷罐车容量/t | 320 |
| 铁水脱硫比/% | 100 |
| 脱硫深度/% | 轻脱≤0.015 |
| | 深脱≤0.005 |
| 转炉容量/t | 250 |
| 转炉类型 | 顶底复合吹炼 |
| 底吹/$m^3 \cdot (min \cdot t)^{-1}$ | LBE 16 块透气砖 |
| | 供应强度：0.02~0.12 |
| | $N_2$-Ar 自动切换 |
| 吹炼控制方式 | 静态模型与副枪动态模型相结合 |
| 挡渣方式与效果/$kg \cdot t^{-1}$ | 挡渣塞，≤2.5 |
| 倾动 | 4 点啮合全悬挂 |
| 炉壳与托圈 | 柔性螺栓 |
| 吹氩站 | 底吹方式，喂丝，合金微调，加盖 |
| 钢包炉 | 加热速度（最大），4℃/min，合金微调，喂丝 |
| RH 真空处理 | 双室平移，整体吊装，抽气能力 600kg/h（66.7Pa 时） |
| | 双流全弧形板坯连铸机 |
| 连铸机 | $R$=10.5 |
| 铸机半径/m | 900 |
| 结晶器长度/mm | 1 号 CC：33.36 |
| 冶金长度/m | 2 号 CC：33.69 |
| | 60 |
| 中间包容量/t | 厚度 210、230、250 |
| 断面/mm | 宽度 800~1600 |
| 连铸主要技术 | 蝶形钢包旋转塔，全密封保护浇铸，全自动浇铸，结晶器液面自动控制，漏钢预报，结晶器在线调宽及软夹紧，高频小振幅，气雾冷却。二冷计算机动态模型铸坯质量判别与跟踪，多点矫直，最佳切割长度控制等 |

## 2　投产情况

根据合同规定，武钢三炼钢应在合同生效日起第 48 个月投产，即应在 1996 年 11 月 10 日投产。经过三炼钢全体职工与工程建设部门及各有关单位的共同努力，使三炼钢于 1996 年 8 月 10 日投入了生产，比合同规定日期提前了三个月。

### 2.1　投产准备

世界上与武钢三炼钢类似的钢厂其投产方式大致可分为四种类型（见表 2），而三炼钢要在仅建有一台连铸机的情况下以全连铸的方式投产，属于投产难度最大的一种。实现一次投产成功是武钢三炼钢全体职工的目标与心愿。为此，我们着重抓好全员培训、练兵，基本而牢固地掌握主要引进技术；按 ISO-9000 标准建立质量体系和各种规章制度；认真落实生产物资的准备，做到无一漏项；严格编制热负荷试车方案，反复讨论而定稿，确保万无一失。所以这些措施为实现一次投产成功奠定了基础。

表 2　大型转炉炼钢厂投产条件及难度分级

| 难度分级 | 条件 | 难度分级 | 条件 |
|---|---|---|---|
| 1 | 两座转炉+模铸<br>（二吹一）<br>以 100%模铸方式投产 | 2 | 两座转炉+两台连铸机+部分模铸<br>（二吹一）<br>以模铸方式投产，一段时间后将连铸投产，并逐步减少模铸，最后实现 100%连铸 |

续表 2

| 难度分级 | 条件 | 难度分级 | 条件 |
|---|---|---|---|
| 3 | 两座转炉+两台连铸机<br>（二吹一）<br>以 100%连铸方式投产 | 4① | 两座转炉+一台连铸机<br>（二吹一）<br>以 100%连铸方式投产 |

①武钢三炼钢属于这种难度最大的投产方式。

### 2.2 第一炉钢的热负荷试车情况

第一炉钢的钢种为 Q195，连铸坯的断面规格为 230mm×1550mm。

1996 年 8 月 10 日 17：00 时，1 号转炉开始点火烘炉，3h 后兑铁吹炼，出钢后经吹氩调温、合金化送至连铸平台，整包钢水顺利地通过 1 号连铸机铸成板坯，武钢三炼钢宣告了它的一次投产成功。

### 2.3 其他设备的投产

在总结 1 号转炉、1 号连铸机成功投产经验的基础上，武钢三炼钢还相继在其他投产的设备上都取得了同样的成绩。如 1996 年 8 月 18 日钢包炉实现了一次投产成功；1996 年 11 月 10 日 2 号转炉实现了一次投产成功，并立即转入三班连续作业；1996 年 12 月 28 日 2 号连铸机实现了一次投产成功；1997 年元月 17 日 RH 真空处理实现一次投产成功。至此，武钢三炼钢所有主体设备一次投产成功。

## 3 达产情况

武钢三炼钢投产后的第一个重要任务就是要在尽可能短的时间内达到设计的生产能力，形成生产规模，以最快的速度取代平炉—模铸—初轧开坯的落后工艺，为公司创造经济效益。因此，尽快达产就成为武钢三炼钢在实现一次投产成功之后的又一个目标。世界上类似的钢厂从投产开始到达到设计能力为止，通常需要 1~1.5 年的时间，而武钢三炼钢确定了要用不到一年的时间实现达产的目标。下面的一组数据表明武钢三炼钢在实现上述目标过程中所取得的成绩。

（1）投产后两周实行两班作业，投产后一个月实行三班连续生产。

（2）投产后第 4 天连铸机实现两炉连浇，第 10 天实现三炉连浇，第 12 天实现四炉连浇。

（3）1996 年 10 月份生产的钢产量已达到月设计能力的 50%（年产 180 万吨时）。

（4）1997 年元月份生产的钢产量已达到和超过一期工程设计的月生产能力。

（5）从 1997 年 7 月份开始，实现了年产 250 万吨的月设计能力，并一直保持和稳步上升（见图 2）。

至此，武钢三炼钢用不到一年的时间（11 个月）实现了达产的目标。

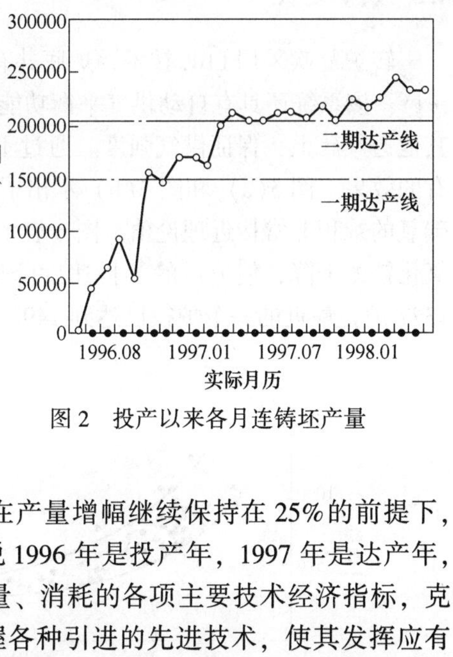

图 2 投产以来各月连铸坯产量

## 4 质量现状及部分新技术应用情况

武钢三炼钢在实现了一次投产成功和尽快达产的目标以后，在产量增幅继续保持在 25%的前提下，将工作中心转移到了开发品种、提高质量和降低成本上来。如果说 1996 年是投产年，1997 年是达产年，那么三炼钢将 1998 年确定为品种质量年，也即瞄准有关品种、质量、消耗的各项主要技术经济指标，克服人员少，技术复杂难度大的困难，通过强化培训加紧消化、掌握各种引进的先进技术，使其发挥应有的功能，同时坚持严格而科学的管理思想和方法，使这些指标提到很高的水平上。以下诸方面成绩的取得，表明武钢三炼钢在实现新一轮目标方面又大大前进了一步。

### 4.1 入炉铁水的硫含量控制

入炉铁水［S］的高低，是衡量炼钢工序产品总体质量水平的重要标志之一。为了使入炉铁水的［S］控制在合理的、较低的水平上，我们花费近一年的时间，在没有鱼雷罐铁水脱硫经验的情况下，通过对脱硫不断摸索、改进，对脱硫操作的不断优化，基本上掌握了这项技术。从 1998 年开始，将入炉铁水硫的平均含量控制在 0.0064%~0.0079%之间（见图 3），达到国内一流水平。

### 4.2 转炉采用计算机控制炼钢

为了从根本上改变上往转炉采用传统经验炼钢的操作模式，确保出钢时钢水的质量稳定，我们的冶炼工程师和计算机工程师紧密结合，在投产后没有外国专家指导的情况下，首先突破了副枪在使用与维护上的技术难点，将正常使用率提高到 95%以上，在此基础上逐步改进、完善计算机控制软件，调整、优化工艺参数，使计算机炼钢控制率从 1998 年元月的 61.2%上升到 9 月份 87%，吹氧终点碳、温双命中率从 34.5%上升到 70.5%，见图 4（注：转炉终点［C］≤0.10%时命中精度［C］±0.015%；$T^{+13}_{-12}$℃，均按国际标准），取得全国转炉采用计算机控制炼钢的最好成绩。特别值得提出的是：出钢时实际［C］的控制精度≤±0.010%者占 82%，温度控制精度≤±8℃者占 77%，显示提高双命中率尚有很大潜力。

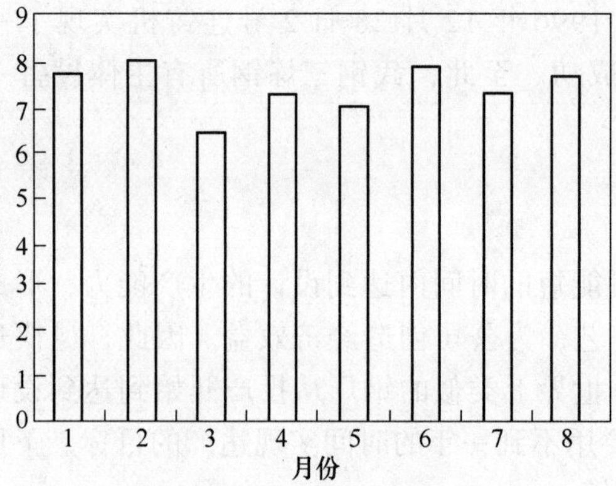


图 3　1998 年入炉铁水硫含量

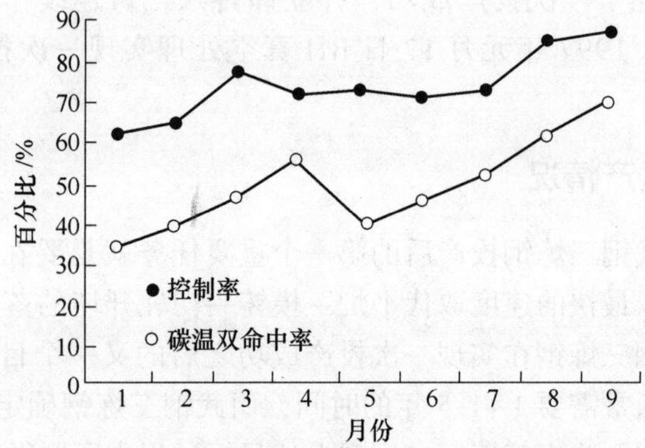


图 4　计算机炼钢控制率和碳温双命中率

### 4.3 转炉复吹

转炉复吹采用 LBE 技术，炉底共有 16 块透气元件，氮氩自动切换，供气强度为 0.02~0.12Nm³/(min·t)，该系统还具有自动供气平衡功能，即当某一块或数块透气砖堵塞后，系统便自动将剩余气体分配到其他透气砖上，保证供气强度。通过不断学习、实践，基本上掌握了复吹技术，并使这项技术发挥其应有的效果。图 5(a) 和图 5(b) 示出了无复吹和采用复吹时碳氧的平衡关系，可见复吹的效果十分明显，碳氧的乘积非常接近理论值。图 6 表示无复吹、一般复吹和优化复吹时终渣总氧化铁的变化，同时因为总氧化铁的下降，使炉衬的溶损速度降低。如图 7 所示，不补炉的炉龄已由原来的 539 炉上升到现在的 1377 炉，最近的一个炉役已达到 1493 炉，超过 1500 炉指日可待。

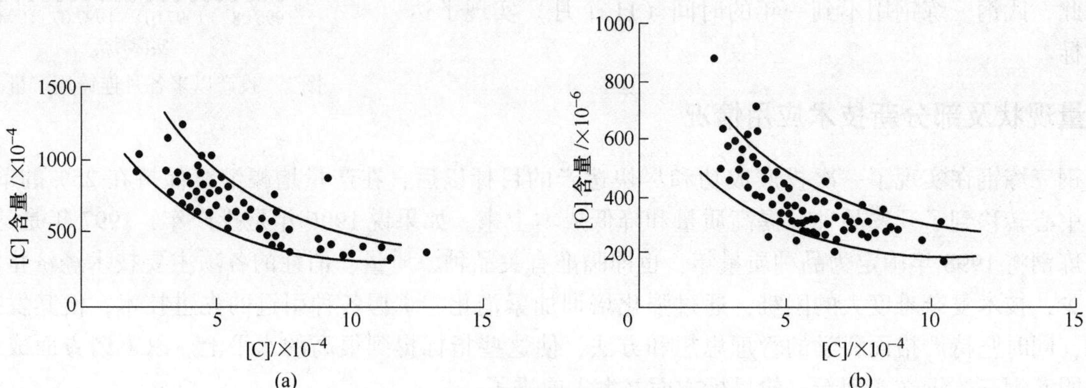


图 5　转炉吹氧终点时碳氧平衡

（a）无复吹；（b）复吹

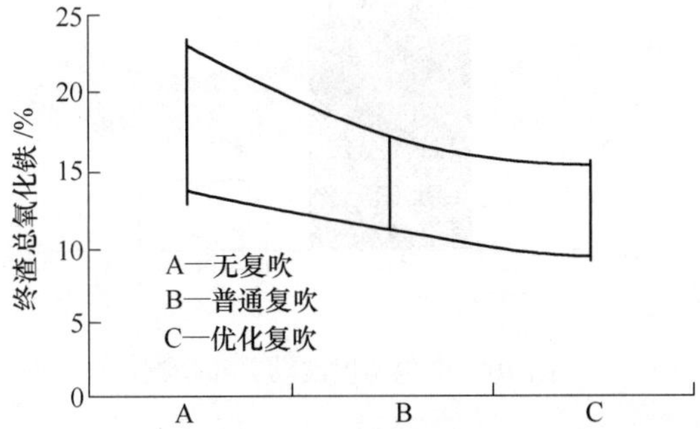


图 6 转炉不同复吹方式下终渣氧化铁的变化

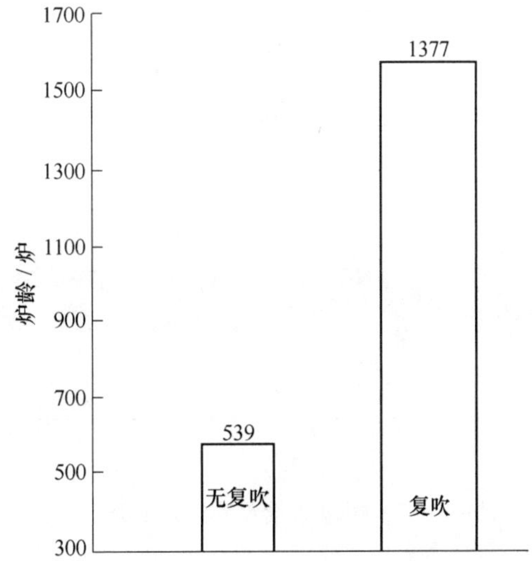


图 7 转炉不补炉炉龄比较

## 4.4 出钢挡渣

采用挡渣塞技术。开始采用这项技术时遇到不少问题，如操作时挡渣塞不易定位，耐材质量不过关，设备方面尤其是气动系统经常出现动作缓慢等故障。经过不断摸索、改进，现已基本掌握这项技术，目前的挡渣成功率已达到 84.13%，流入钢包的钢渣约 3kg/t 钢，效果最好时可达到<2.5kg/t，钢包内钢渣厚度平均为 40mm 左右，对防止出钢时钢水回磷起了很好的作用。

未挡渣：平均回磷为 $3.9\times10^{-5}$；

挡渣：平均回磷为 $1.1\times10^{-5}$。

## 4.5 钢水温度控制

对于全连铸钢厂而言，钢水温度的控制是影响正常生产和质量稳定的最重要的因素之一，三炼钢近一年来在这方面下了很大功夫，主要做了以下几方面工作。

4.5.1 控制好出钢到二次精炼的钢水温度

主要影响因素是出钢温度、出钢时间、合金加入量及钢包状况，其中钢包状况尤为重要。对钢包这个环节必须控制好桶底（努力减少残铜）、烘烤时间以及掌握钢包周转时间对温降的影响（见图 8）。目前到站钢水温度合格率（控制精度为目标温度±10℃），已达到 77%~80%。

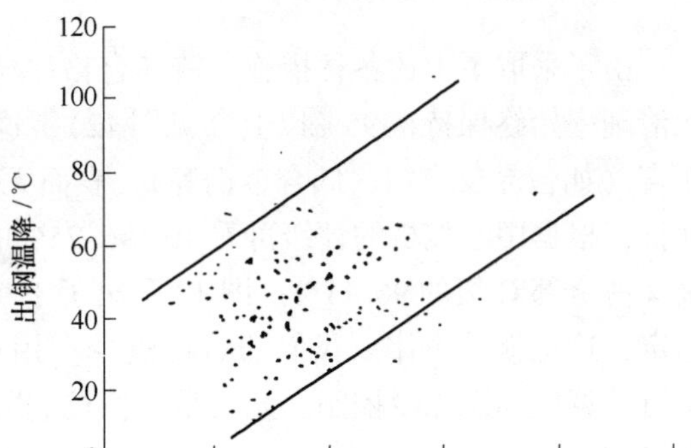


图 8 钢包空罐周转时间对出钢温降的影响

4.5.2 控制好二次精炼结束温度

二次精炼结束时的钢水温度实际上决定了浇铸温度。因此，这是十分关键的一环，而这主要取决于二次精炼本身的温度控制能力以及生产节奏的协调。我们采取的措施是钢包采用双透气砖底吹氩，使底吹成功率始终保持在 99.3%左右。同时不断完善全连铸操作与管理制度，使周期合格率逐渐提高，目前二次精炼结束时温度合格率达到 96%，从而保证钢水在中间包内的温度合格率达到 85%左右，图 9 示出了中间包温度合格率逐月上升的情况。

4.5.3 减少中间包温度的波动

为了实现“恒速”浇铸的目标，必须尽可能减少钢水在中间包内的温度波动。通过采取钢包加盖、大容量中间包、合适的中间包保温剂等措施，我们已使中间包钢水温度极差（即最高温度减去最低温度）≤10℃的比例上升到 86%，其余 14%的温度极差为≤11~15℃，而>15℃的情况基本上未发生（见图 10）。

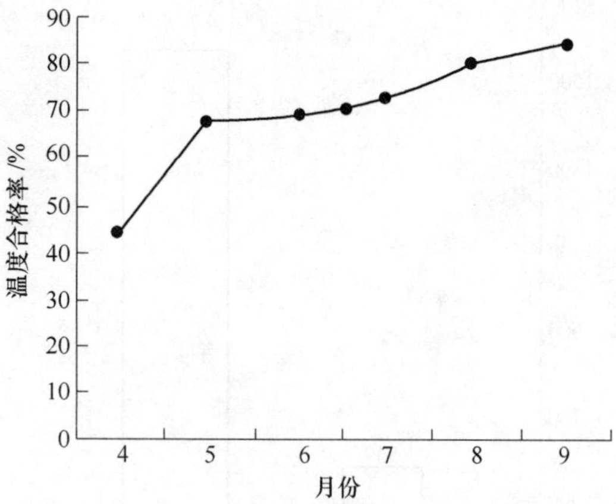


图 9　中包钢水温度合格率逐月上升

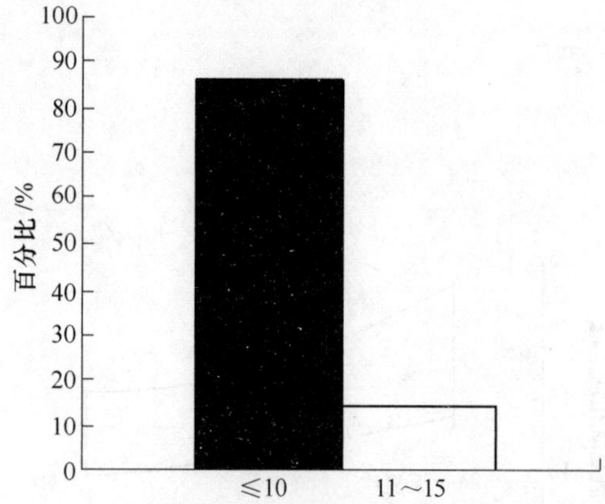


图 10　中包温度波动分布情况

## 4.6　连铸保护浇铸

武钢三炼钢的连铸拥有许多新技术，如钢包下渣监测，钢包钢流自动控制、结晶器液面自动控制、结晶器漏钢预报与铸中调宽、全程保护浇铸、大容量中间包、汽水冷却、计算机动态二冷水控制、多点矫直、辊缝检测、硫印检验等等，经过不断学习、消化，大部分新技术已正常投运；尚有一部分，目前正在解决技术难点，即将投运。关于连铸保护浇铸，通过对设备的不断摸索、改进，以及对长水口的结构、材质及氩封形式的反复试验、改进，使钢水防止二次氧化的效果逐月提高。图 11 示出了保护浇铸钢水增氮情况的改善。

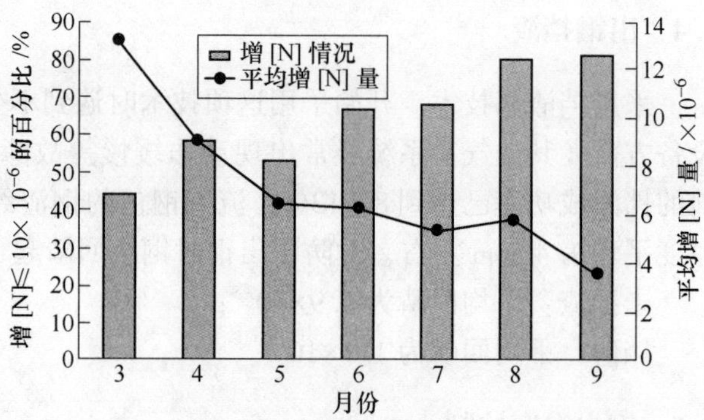


图 11　1998 年连铸保护浇铸增［N］情况

## 4.7　铸坯表面与内部质量

由于采取了上述各种措施，铸坯合格率始终保持在 99.5%以上。从实物质量来讲，1998 年铸坯表面无清理率始终保持在 95%以上（见图 12），这是对出口坯的检查而统计得到的数据，而对于裂纹敏感的钢而言（如包晶反应钢、低合金钢等），表面无清理率则达到 85%左右，铸坯内部质量主要通过硫印检验来评价，根据中心偏析的评级可看出。96.75%的铸坯属于轻微的中心偏析（即 C 级），而 C 级偏析中≤1.5 级又占全部 C 级的 96.11%。图 13 示出了 1998 年各月中心偏析评级情况，可以看出铸坯内部质量良好且稳定，这也就是为什么我们的铸坯极少在用户处发生分层质量异议的原因。降低浇铸温度、稳定拉速，实行计算机动态二冷控制，尤其是严格控制好连铸机开口度精度，是保证铸坯不发生严重中心偏析的根本措施。

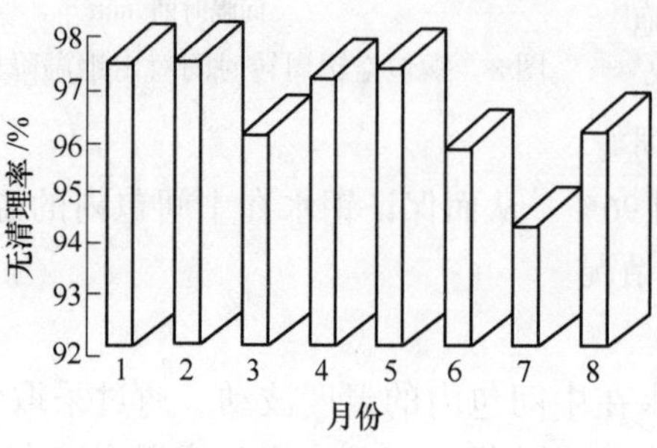


图 12　1998 年连铸出口坯表面无清理率

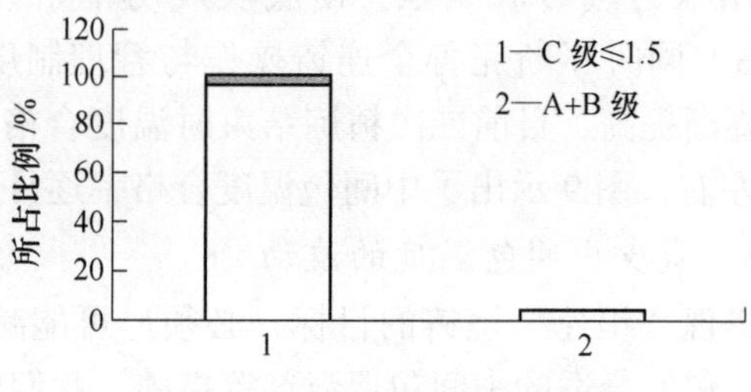


图 13　连铸坯 S 印评级（中心偏析）

## 4.8 品种钢的开发

经济效益和装备水平决定了武钢三炼钢开发高附加值品种钢的必要性和可行性。因此自1998年以来，我们致力于开发质量要求十分严格的IF汽车用钢和管线钢，并初步取得了成效。

（1）IF钢。IF钢对各工序都有十分严格的要求，因此，我们在铁水脱硫、扒渣、炼钢终点控制、真空脱碳、连铸工艺等各有关环节都做了严格规定，经过对数十炉钢的反复试验、实践，目前初见成效，各项指标见表3、表4。

表3 化学成分 （%）

| C | Si | P | S | N | ΣO |
|---|---|---|---|---|---|
| 0.002～0.004 | 0.008～0.015 | 0.008～0.013 | 0.005～0.009 | 0.003～0.005 | 0.003～0.005 |

表4 机械性能（板厚1.5mm）

| $\sigma_S$/MPa | $\sigma_b$/MPa | $\delta_{10}$/% | $n$ | $r$ |
|---|---|---|---|---|
| 130～150 | 280～290 | 46～47 | 0.25 | 2.4（最好值） |

试生产的IF钢中，性能达到IF钢标准已接近60%，达到ZF级别近80%。

（2）管线钢。管线钢的技术难点是深脱硫和对硫化物的改性球化。目前我们正在自行开发钢包炉深脱硫技术，同时进行钙处理球化硫化物的试验。通过已经进行了几炉钢的试验来看，武钢三炼钢有望将[S]降低到$30\times10^{-6}$以下，甚至更低。钢水中溶解钙可望得到稳定控制，硫化物球化率可达预期效果，直缝套管的焊缝探伤合格率有望达到95%。

## 5 今后的打算

武钢三炼钢在确定1998年为品种质量年的同时，已经对今后几年发展确定了新的目标，即从1998年起，用三年的时间，至本世纪末，把武钢三炼钢初步建成一个世界一流的现代化钢厂，世界一流钢厂的标志是：指标一流，管理一流，人员一流，环境一流。

为实现上述目标，关键在于建设一支高素质的职工队伍。因此，我们始终不渝地将该项任务作为基础之基础的大事来抓，培养职工队伍具有为钢厂发展乐于奉献的价值观、为追求事业成功百折不挠的精神、良好的思想道德素质、精湛高超的技术水平，这样，到2000年将三炼钢初步建成世界一流钢厂的目标就一定会实现。

（原载《武钢技术》，1998（增刊））

# 武钢RH多功能真空精炼技术开发

刘建功　张　钊　刘良田

## 1　前言

RH真空精炼技术产生于50年代末期。在近30年的时间里，RH的功能和精炼的钢种范围不断扩大，发展成为多功能真空精炼技术，在炉外精炼中占主导地位。至今，全世界已有100余台。在西欧、日本、美国得到普遍推广，仅日本就有40余台，1989年日本转炉钢真空精炼率达56.5%，新日铁大分厂、川崎制铁水岛厂已全量进行RH真空精炼。实践证明，RH真空精炼技术是提高产品质量，降低成本，扩大品种，提高炼钢生产能力，保证连铸顺行，实现全连铸，优化炼钢生产工艺的重要手段。

到1992年止，我国只有10台RH设备（其中3台在机电部机械厂），除宝钢RH—OB和武钢2号RH设备水平较高外，其余的水平较低，功能有限。

从钢铁工业发展来看，炉外精炼已成为炼钢生产不可缺少的重要工序，铁水预处理—转炉复合吹炼—RH精炼（炉外精炼）—连铸是现代炼钢厂的最佳工艺流程。而我国RH普及率很低，1990年全国冶金系统不包括吹氩、喂丝的钢水精炼比为2.68%，其中电炉钢3.6%，转炉、平炉钢精炼比2.49%，真空精炼比仅1.99%。预计未来5~10年里，将有7~10家企业采用RH真空精炼技术。

日本川崎钢铁公司1988年开发成功的RH—KTB技术将RH技术发展推向一个新阶段。在三年多的时间里已发展到10台，并已有几个国家表明准备新建或在原RH上采用KTB技术，到1997年止已建成31台RH—KTB多功能真空精炼炉，见表1。

**表1　KTB装置（川崎顶吹氧循环脱气装置）在世界各地**

| 公司 | 投产年份 | 盛钢桶容量/t | RH装置类型 |
|---|---|---|---|
| 日本川崎公司千叶钢厂3号RH | 1986 | 23 | 双真空室 |
| 日本川崎公司水岛钢厂3号RH | 1987 | 180 | 单真空室 |
| 日本川崎公司水岛钢厂2号RH | 1988 | 250 | 双真空室 |
| 日本川崎公司水岛钢厂1号RH | 1989 | 180 | 单真空室 |
| 日本川崎公司千叶钢厂1号RH | 1990 | 85 | 单真空室 |
| 川崎公司水岛钢厂4号RH | 1991 | 250 | 双真空室 |
| 神户制钢加古川钢厂1号RH | 1991 | 235 | 双真空室 |
| 中山制钢船町钢厂 | 1991 | 120 | 单真空室 |
| 日新公司吴厂1号RH | 1991 | 90 | 单真空室 |
| 美国阿姆科公司未德尔顿钢厂 | 1991 | 220 | 单真空室 |
| 日本东亚公司仙台钢厂 | 1992 | 110 | 双真空室 |
| 英国钢公司托尔波特钢厂 | 1993 | 340 | 罗索系统 |
| 埃尔格里钢铁公司 | 1996 | 120 | 双真空室 |
| 日本钢管公司福山钢厂4号RH | 1993 | 250 | 双真空室 |
| 日本钢管公司福山钢厂2号RH | 1994 | 300 | 双真空室 |
| 美国家钢公司大湖分公司1号RH | 1994 | 250 | 双真空室 |
| 南韩光阳二炼钢厂1号RH | 1994 | 250 | 双真空室 |
| 日本钢管公司Keihin厂1号RH | 1994 | 300 | 双真空室 |

续表 1

| 公司 | 投产年份 | 盛钢桶容量/t | RH 装置类型 |
| --- | --- | --- | --- |
| 武钢二炼钢厂 2 号 RH | 1997 | 80 | 双真空室 |
| 台湾中钢二炼钢厂 4 号 RH | 1996 | 250 | 双真空室 |
| 宝山钢厂二炼钢厂 1 号 RH | 1998 | 275 | 双真空室 |
| 南韩韩宝钢厂 1 号 RH | 1997 | 250 | 双真空室 |
| 南韩韩宝钢厂 2 号 RH | 1992 | 200 | 双真空室 |
| 美国 US 公司埃德戈汤姆逊厂 1 号 RH | 1996 | 225 | 单真空室 |
| 美 LT 公司克利夫兰厂 1 号 RH | 1996 | 250 | 单真空室 |
| 布罗希尔公司肯布拉厂 1 号 RH | 1996 | 280 | 单真空室 |
| 巴西柯巴哈国家钢铁公司 1 号 RH | 1997 | 225 | 双真空室 |
| 巴西 S·A 钢厂 1 号 RH | 1996 | 180 | 单真空室 |
| 巴西 CST 钢厂 1 号 RH | 1997 | 300 | 单真空室 |
| 南韩光阳一炼钢厂 1 号 RH | 1997 | 265 | 双真空室 |
| 南韩浦项二炼钢厂 2 号 RH | 1997 | 300 | 双真空室 |

RH—KTB/WPB 多功能真空精炼是 90 年代炉外精炼的一种新工艺。它除具有常规 RH 脱气、脱［C］、去除夹杂、均匀和调整钢液成分外，还有如下功能：

（1）加速脱碳反应；

（2）热补偿；

（3）吹氧加 Al 升温；

（4）喷粉脱硫。

由于有以上功能，消化吸收和开发应用该项技术对满足高质量钢需求的增长和降低生产成本、提高生产效率具有重要意义。

1992 年冶金部批复了武汉钢铁（集团）公司委托武汉钢铁设计研究院编制的《国家重大引进技术消化吸收项目技术开发可行性研究报告》，同年 10 月，在国家经贸委和冶金部的组织下，武钢作为总承包单位与参加《RH 多功能真空精炼技术》开发的 12 个单位分别签订了专项合同，并批复了《武钢第二炼钢厂 1 号 RH 真空处理装置技术改造可行性研究报告》。此后，武汉钢铁（集团）公司与武汉钢铁设计研究院、西安重型机器厂、西安冶金机械厂、北京冶金液压机械厂、冶金部钢铁研究总院、冶金部自动化研究院、北京冶金设备研究院、北京科技大学、上海大学、东北大学、武汉冶金科技大学等单位共同承担了《RH 多功能真空精炼技术》项目，并着手在武钢第二炼钢厂炼钢车间建成 1 号 RH—KTB/WPB 炉外精炼炉。

自从同国家主管部门签订专项合同以来，在冶金工业部、机械部的组织和领导下，武钢把这项工作列为公司的重点科技开发项目，进行了认真组织、协调和落实，在各开发单位的共同努力下，为全面按合同完成开发任务做了大量的工作，并完成了开发合同规定的主要任务。在武钢二炼钢厂建成了 1 号 RH 多功能真空精炼炉，并投入了正常运转。

## 2 武钢二炼钢厂及 1 号 RH 多功能真空精炼炉的基本情况

武钢二炼钢厂现有 1 台 KR 铁水脱硫装置、三座 90t 顶底复合吹炼转炉、2 台 RH 真空精炼炉、4 台弧型单流板坯连铸机以及钢包吹 Ar 和喂丝机等设备。年生产能力 240 万 t，主要生产硅钢、深冲钢、涂层钢等优质冷轧薄板。

新 1 号 RH 年处理能力为 50 万 t，钢水容量 80t，循环速率为 30t/min，真空泵的抽气能力为 400kg/h。主要处理硅钢、深冲钢等超低碳、高质量钢种。

### 2.1 RH 多功能真空精炼炉的构成（即新 1 号 RH）

RH 多功能真空精炼炉在 2 号 RH 北面，其主要设备布置在过渡跨，辅助作业布置在模注跨。主控室、电器室布置在过渡跨的 6.7m 和 10.3m 平台上。地面布置有插入管烘烤装置、液压室及各种车辆等设备。

RH 多功能真空精炼炉采用双真空室平移式配有水冷弯头及其运输车，在车上装有煤气烘烤。

蒸汽喷射泵系统由 6 级蒸汽喷射泵和三级辅助真空泵、5 级冷凝器、真空滑阀、气冷器、伸缩接头等组成。

铁合金系统由上料系统和加料系统组成。上料系统包括运送皮带和 18 个高位料仓；加料系统由 3 个称量斗、2 个真空料斗和 3 个加料电振组成。

KTB/WPB 系统主要由顶枪、顶枪升降装置、密封装置、贮粉罐、输送罐、喷吹罐等设备组成。

过程检测和控制系统主要由基础自动化和计算计控制系统组成。基础自动化配有 3 台 S5—155U 型和三台 S5—115U 型 PLC；计算机系统主要由 RM—400—255 及软件所组成。

此外还有钢包车及运输系统、钢包液压顶升系统、插入管喷补系统、$N_2$-Ar 切换系统、取样测温及风动送样系统等。

### 2.2　武钢二炼钢厂 RH 多功能真空精炼炉的主要工艺参数

武钢二炼钢厂 RH 多功能真空精炼炉的主要工艺参数详见表 2。

表 2　武钢 RH 多功能真空精炼炉主要工艺参数

| 序 号 | 项 目 | 数 值 | 备 注 |
|---|---|---|---|
| 1 | 年处理能力/$t \cdot a^{-1}$ | 500000 | |
| 2 | 处理容量/t | 80 | |
| 3 | 纯处理时间/min | 34 | 平均值 |
| | 无取向硅钢/min | 32~44 | |
| | 石油管线钢/min | 30 | |
| | 945 钢/min | 30 | |
| | 汽车用钢/min | 26 | |
| | 冷轧薄板钢/min | 26 | |
| 4 | 脱气钢水合格率/% | 99 | |
| 5 | RH 设备作业率/% | 80 | |
| 6 | 循环速率/$t \cdot min^{-1}$ | 30 | |
| 7 | KTB 供氧速度/$Nm^3 \cdot h^{-1}$ | 300~1200 | |
| 8 | KTB 吹氧脱碳/$min^{-1}$ | ~5 | |
| 9 | 喷粉速度/$kg \cdot min^{-1}$ | 150~200 | |
| 10 | 真空泵抽气能力/$kg \cdot h^{-1}$ | 400 | 67Pa，20℃干空气 |
| | | 3000 | 20kPa，20℃干空气 |
| 11 | 极限真空度/Pa | 26.67 | |
| 12 | 抽气时间（从 $1\times10^5$Pa 到 133.32Pa）/min | ≤4 | |

## 3　武钢 RH 多功能真空精炼炉冶金效果

1997 年 10 月 16 日，武钢二炼钢厂 RH 多功能真空精炼炉投入生产，投产以来已处理 2000 余炉钢，其中，有冷轧取向硅钢、无取向硅钢、冷轧薄板等 30 种钢，1998 年 6 月达到了设计的生产能力月处理钢水 563 炉。

吹氧和喷粉采用同一支顶枪，KTB 处理低碳和超低碳钢，WPB 处理低硫钢，根据过程温度需要，用铝热法对钢水升温。通过真空环流使成分和温度均匀化，处理后的钢水经连铸成板坯。

### 3.1　RH 多功能真空脱碳的效果

在 RH 中采用 KTB 真空顶吹氧技术，从两个方面对 RH 真空脱碳带来影响。

（1）提高脱碳速度，缩短 RH 真空脱碳时间

RH 真空脱碳按如下反应进行：

$$[C] + [O] \longrightarrow \{CO\}$$

经过脱碳反应，可以使［C］降到 $20\times10^{-6}$ 以下。现代转炉吹炼终点碳≤0.04%时，钢含氧量足够脱碳反应的需要，并有剩余。决定真空脱碳反应速度的主要因素是钢中碳的传递速度，从这个角度来说是不需要吹入氧气来促进碳氧反应的。利用 RH 真空精炼炉进行自然脱碳，经过 13min 到 17min 的脱碳，可以达到降碳的目的。

对 KTB 真空吹氧技术给真空脱碳的反应的影响进行研究结果表明：在真空脱碳的反应初期，真空度低，气体传质阻力大，这时经 KTB 氧枪供氧，可以有效地促进脱碳反应，提高脱碳速度。

（2）提高 RH 真空脱碳前钢水中碳含量

转炉冶炼时为防止钢水过氧化，提高转炉终点含碳量，按照 C—O 平衡原理，钢中含氧量随之减少，不能充分满足真空脱碳反应的需要。在这种情况下，［O］的传质速度就成了 RH 真空脱碳反应的决定因素，经 KTB 供给氧气，就可以有效地防止脱碳速度的下降。采用 KTB 技术，就可以较大幅度地提高 RH 真空脱碳前钢水含碳量，即转炉吹炼终点的碳含量，一般可以提高 $200\times10^{-6}$ 以上，这主要取决于各个钢厂转炉、RH、连铸机的生产周期的相互配合关系。若转炉、连铸机的生产周期允许，则转炉吹炼终点的碳含量可以提高到 $700\times10^{-6}$ 左右。

图 1 示出 KTB 与常规 RH 操作过程碳含量的变化。武钢 RH 多功能真空精炼炉投产以来的生产实践表明，初始碳含量为 $(350\sim550)\times10^{-6}$ 时，采用 KTB 经 13min 左右可以使碳含量降至 $20\times10^{-6}$ 以下，RH 常规脱碳所需要的时间缩短 3min。脱碳速度常数 $K$ 为 0.214，最高为 0.243。比 RH 的 $K=0.179$ 高 0.035，使进一步深脱碳或提高出钢碳、减轻转炉负荷成为可能。

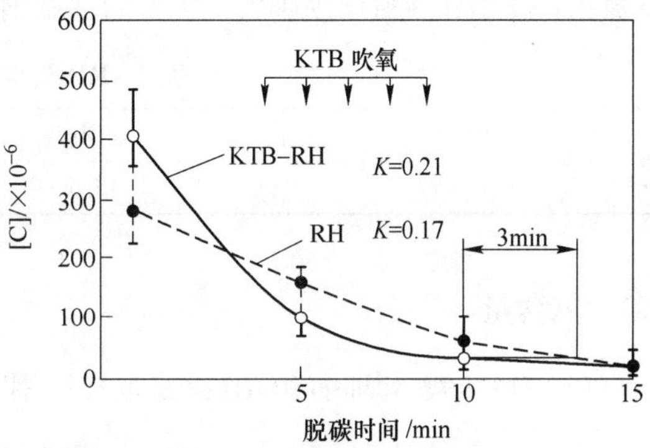


图 1　处理过程碳含量的变化

## 3.2　热补偿能力

RH 多功能真空精炼过程的热补偿能力是 RH—KTB 的主要冶金功能之一。因采用 RH—KTB 技术，可以使转炉出钢温度下降，防止 RH 真空室内结瘤，并在 KTB 过程中熔化真空室内的结瘤。

KTB 的热补偿功能由以下几方面组成，见表 3。

**表 3　KTB 真空脱碳时热补偿效果分类**

| 热补偿的总原因 | 热补偿效果的来源 |
|---|---|
| 由于出钢碳含量和出钢温度的变化 | 1. 由于转炉出钢碳含量的增加，脱碳反应发热量增加<br>2. 真空脱碳结束时，氧含量下降，脱氧剂加入量减少<br>3. KTB 吹氧脱碳<br>4. RH 真空精炼时，冷却剂用量减少<br>5. 由于转炉出钢温度下降，RH 真空精炼前的散热量减少了 |
| RH 真空精炼时间的缩短二次燃烧 | 6. RH 真空脱碳时间的缩短，RH 真空精炼过程中钢水温度的下降减少了<br>7. KTB 吹氧产生的二次燃烧而放热 |
| 其他 | 8. 不明热 |

## 3.3　温度补偿

图 2 是 KTB 处理与常规 RH 处理的钢水温度随时间的变化，KTB 操作使温降速率减缓，吹氧结束时钢水的温降值仅 3℃，表明顶吹氧产生的燃烧热量用于对钢水热补偿，达到 13℃以上。因此可降低转炉出钢温度。

### 3.4　Al 升温

KTB 铝热法对钢水升温的影响，经测定每吨钢添加 1kg 铝吹氧以后钢水温度上升 30℃以上，升温速度为 3℃/min 以上，氧气利用率为 70%以上，热效率达 90%。

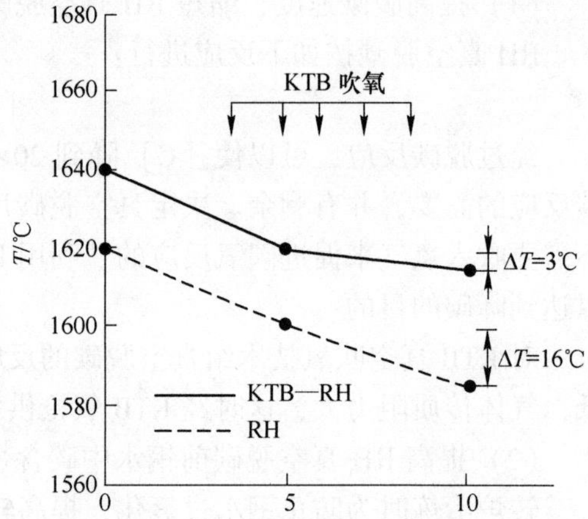

图 2　处理过程的温度变化

### 3.5　脱硫

WPB 法采用 $CaO-CaF_2$ 系粉剂脱硫，处理普碳钢时，脱硫效率随粉剂用量增加而增大。在初始硫含量 $190\times10^{-6}$ 条件下，喷吹 6.6kg/t 粉剂获得 47%的脱硫效率，改善了以往常规 RH 添加熔剂法对硅钢以外钢种脱硫困难的局面。

### 3.6　氮含量

表 4 是 RH 处理前后钢中氮含量的变化。有脱氮效果的炉次仅点 10%，处理后钢中氮含量 $<20\times10^{-6}$。低氮条件下 RH 脱氮作用不大，主要的抑制钢水从炉气吸氮。

**表 4　RH 处理前后［N］含量平均值（20 炉）**

| 处理时期 | 处理前 | 处理后 | 变化 |
|---|---|---|---|
| ［N］$/\times10^{-6}$ | 15.6 | 18.5 | +2.9 |

### 3.7　氢含量

在 RH—KTB 处理前和 RH 终点取样，钢水氢含量测定结果见表 5。

**表 5　RH—KTB 处理的氢含量**

| ［H］变化 | 处理前 | 处理后 |
|---|---|---|
| ［H］$/\times10^{-6}$ | 2.5~2.8 | 1~1.5 |

初始氢含量（2.5~2.8）$\times10^{-6}$时，脱氢效率为 47%~60%，最低氢含量降至 $1\times10^{-6}$。可保证低氢钢生产的要求。

### 3.8　钢水纯净度

测定表明：RH—KTB/WPB 处理后总氧含量为（43~75）$\times10^{-6}$，与常规 RH 相似。

以下列出了精炼处理分别可达到的碳、磷、氮、全氧和氢含量：

| 元素 | C | S | N | Cr | H | P |
|---|---|---|---|---|---|---|
| 含量$/\times10^{-6}$ | 9 | （20） | 12 | 43 | 1 | 60 |

（常规 RH 添加脱硫处理硅钢）

进一步降低上述元素含量还须综合改进精炼和耐火材料工艺条件。

### 3.9　专用钢命中率

表 6 列出了 RH—KTB/WPB 热负荷试车期间专用品种钢的命中率，无取向硅钢产品因成分失控占 4.8%，电工钢 WYK、WCP、XYB 等合格率达到 100%。

**表 6　专用钢命中率**

| 钢种 | 命中率/% | 钢种 | 命中率/% |
|---|---|---|---|
| 电工钢，BDG 等 | 100 | 取向硅钢，无取向硅钢 | 95.2 |
| WYK、WCP、XYB 等 | 100 | | |

### 3.10 冶金效果

武钢第二炼钢厂 RH—KTB/WPB 法投产热试期间得到以下冶金效果：

（1）RH—KTB 操作使碳含量达到 $20\times10^{-6}$的处理时间缩短约 3min，钢水温度补偿 13℃，加铝后平均升温，1.6℃/min，升温幅度 55℃。

（2）RH—WPB 操作喷吹 6.5kg/t，$CaO-CaF_2$，粉剂处理普碳钢，可获得 47%的脱硫效率。

（3）处理后钢中氮含量$<20\times10^{-6}$，氢含量可降至 $1\times10^{-6}$，总氧含量（43~75）$\times10^{-6}$，专用钢综合命中率大于 95.2%。

由于武钢 RH 多功能真空精炼工艺改善了常规 RH 法的脱碳、脱硫和升温功能及处理效率，可实现超低碳、超低硫等优质品种钢低成本大批量的稳定生产。

## 4 主要技术经济指标水平

（1）武钢第二炼钢厂 1 号 RH 多功能真空精炼装置技术改造工程质量优良，装备国产化率为 66.5%。

（2）在掌握引进技术和 RH 设计、制造技术的基础上，武钢 80tRH—KTB/WPB 装置一次热负荷试车投产成功，装备水平和冶金功能优于 2 号 RH 真空精炼炉。

（3）冶金效果好，可稳定生产［S］$\leqslant20\times10^{-6}$，［N］$\leqslant30\times10^{-6}$，［H］$\leqslant1.5\times10^{-6}$的优质钢，精炼终点命中率≥95%。

（4）RH 多功能真空精炼炉耐火材料寿命武钢 RH 多功能真空精炼炉投产几个月来的生产数据，各部位耐火材料的使用寿命正常，1998 年 6 月份除生产量达到设计能力外，其寿命见表 7。

**表 7 多功能真空精炼炉各部位耐材寿命**

| 部　位 | 平　均 | 最　高 | 备　注 |
|---|---|---|---|
| 中部 | / | 1309 | 目前在使用中 |
| 底部 | 118 | 159 | |
| 插入管 | 47 | 70 | |

（5）经济效益

RH—KTB/WPB 技术的应用，能将低碳钢的转炉出钢碳提高到 0.045%~0.055%，出钢温度可降低，从而减轻转炉负担，提高金属收得率和转炉炉龄。同时能稳定全连铸生产并对事故钢水进行升温处理和成分调整，减少钢水回炉和改钢，使回炉率降至<0.15%。

新 1 号 RH 投产后，据估算年增加效率 1 亿元。

## 5 结论

武钢与各项合同承担单位共同努力，联合开发，完成了国家经贸委和冶金部下达的“八五”期间国家重大引进技术消化吸收项目——炉外精炼技术项目的重点课题《RH 多功能真空精炼技术》开发的主要任务。

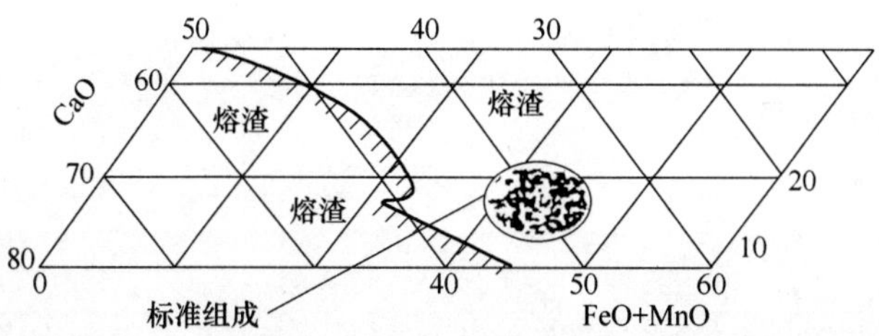


| 成分/% | |
|---|---|
| FeO | 20～35 |
| CaO | 30～40 |
| $SiO_2$ | 15～18 |
| MgO | 8～12 |
| $Al_2O_3$ | 5～10 |
| MnO | 4～9 |
| $P_2O_5$ | 1～1.5 |

图 3 水泼渣的合适的成分区间

90 年代新建的电炉炼钢企业中的应用取得了明显的经济效益和社会效益，如张家港钢厂、江阴钢厂等，由于这种技术的优越性日益受到重视，而得以进一步推广，在这个过程中，出现了一些新的延伸和发展方向，如在对于精炼渣的处理方面，引入了水泼渣技术的思想，形成了半地坑式的水渣处理方法，当连铸大包浇注时运用下渣检测技术的前提下，在精炼跨挖两个带坡度的地坑，周围用耐材砌筑，底面铺上碎石和盖铸铁板，清渣采用举臂式铲车及自卸汽车，运出生产区。两坑交替使用，虽然由于扬尘而导致车间环境恶化的问题没有得到彻底解决，但在一定程度上来说，它代表着一种新思路和新的发展方向，而且在大幅提高生产效率方面的作用及潜能是不可低估的。

水泼渣技术的运用必须与电炉的冶炼工艺紧密联系，只有在充分运用泡沫渣等技术的前提下，才能达到扬长避短的目的。不难看出，它在投资、设备、处理时间及面积、相互干扰及生产效率等方面所具有的优越性，也代表了渣处理过程简单化的一种新趋势。

（原载《炼钢》，1999（1））

# 洁净钢的生产实践

余志祥　郑　万　汪晓川　邹　阳

## 1　前言

钢的洁净度是反映钢的总体质量水平的重要标志，是钢的内在质量的保证指标。钢的洁净度通常由钢中有害元素含量以及非金属夹杂物的数量、形态和尺寸来评价。为了获得“清洁和纯净”的钢，常常要降低和控制钢的C、P、S、N、H和T.O，因为这些元素的单一或综合作用的结果，可以大大地影响钢的性能，如抗拉强度、成型性、韧性、可焊性、抗裂纹和抗腐蚀性、各向异性、疲劳性能等。因此，为了改善钢的性能，当今钢铁冶金技术特别注意降低钢中的P、S、N、H、T.O，并根据钢种需要降低和控制钢中C的含量。近半个世纪以来，特别是钢铁产品面临被新型工程材料如铝、塑料、玻璃等取代的巨大压力和挑战的今天，提高钢的洁净度越来越成为钢铁冶金技术研究的重要课题，也可以说提高钢的洁净度已成为每一个钢铁产品的任务，比如，为了满足管线钢不断提高的韧性要求，特别是酸性气体输送管道抗HIC性能的提高，在过去40年里，对钢中S含量有不断降低的要求（见图1）。对汽车板（轿车外壳）则要求C、N、T.O都小于$20\times10^{-6}$，而饮料罐不仅要求T.O小于$20\times10^{-6}$，同时要求夹杂物直径必须小于20μm，轮胎钢芯线、夹杂物直径要求小于10μm，而电视机屏幕荫罩钢则要求夹杂物直径更小，即<5μm。又如对于滚珠轴承钢来说，为了提高接触疲劳性能，使钢中全氧降低到$10\times10^{-6}$以下，甚至更低。正是由于这种巨大的压力，使提高钢的洁净度的冶金技术得以飞速发展，至80年代末，钢中P、C、S、N、T.O、H已可降低到$50\times10^{-6}$左右。

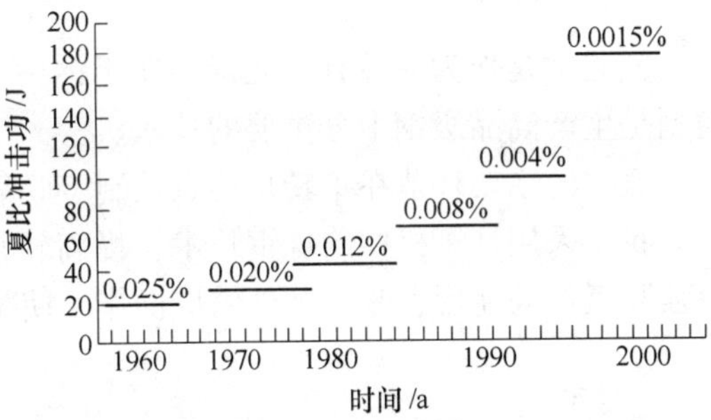


图1　对管线钢冲击韧性要求的发展情况

因此，提高钢的洁净度是提高钢铁产品竞争力，免于被其他材料取代的十分重要的任务，而且将不断地发展下去。

武钢三炼钢厂是具有90年代世界先进水平的大型炼钢厂，自1996年8月10日实现全连铸一次投产成功以来，在不到一年的时间达到了设计能力。之后武钢三炼钢厂致力于开发品种、提高质量、降低消耗，自投产三年来，已取得较可喜成绩。本文将着重介绍武钢三炼钢厂在提高钢的洁净度，即去除钢中有害元素、夹杂物以及夹杂物改性方面所做的初步工作。

## 2　洁净钢生产技术的发展与产品质量现状

### 2.1　三炼钢简介

武钢三炼钢是利用西班牙贷款进行建设的国家重点工程项目，德国的DEMAG公司对工程的技术问题负责。一期工程包括两座公称容量为250t的转炉（以二吹一方式生产）和两台双流弧形板坯连铸机，并配有铁水脱硫（国内设计与供货）和钢包吹氩、钢包炉、RH真空脱气装置，形成年产250~300万t的设计生产能力。

### 2.2　脱碳技术与碳的控制

碳作为钢中的间隙原子，在超深冲薄板，尤其是汽车板IF钢中成为主要控制对象，要求尽可能低。为了获得碳含量小于$30\times10^{-6}$甚至更低的超低碳钢，关键是真空脱碳的水平及精炼后控制钢水增碳的能力。

2.2.1　真空脱碳技术

提高真空脱碳效果的措施如下：

（1）真空室快速降压；

（2）加大插入管驱动气体流量；

（3）改变调温和合金化顺序。

通过采取上述措施，RH 真空脱碳可使碳含量降低到（9～14）$\times10^{-6}$，比原脱碳操作大大提高脱碳效果。

2.2.2　增碳的控制

由于经过真空脱碳的钢水还要继续与钢包包衬、钢包保温剂、中包耐材、中包保温剂及结晶器保护渣接触反应，因此这一过程会发生增碳现象，而最大限度地控制过程增碳是十分重要的。其关键是采用无碳或极低碳耐材和保温剂、保护渣的选用。如使用无碳钢包衬砖可减少增碳（5～7）$\times10^{-6}$，使用含碳1%的中包渣比含碳4.4%的中包渣可减少增碳$5\times10^{-6}$。目前我厂正在逐步扩大无碳材料的使用。从 RH 结束至中包的增碳达到（7～10）$\times10^{-6}$（钢包仍为含碳砖），这是需要今后继续努力的。

通过以上两项技术，我厂生产的汽车板（IF 钢）的含碳量已降低到$28\times10^{-6}$（见图 2）。

## 2.3　氮的控制

氮通常是作为一种有害元素存在于钢中，因为其对钢的性能大多会产生不良影响。因此对钢中氮的控制是生产高品级钢十分重要的技术。

氮控的主要环节在于转炉终点控制、脱氧方式及连铸保护浇注。

我厂采用计算机控制炼钢技术，提高转炉终点命中率，控制钢水的氧化性，同时严格控制出钢过程中强脱氧剂的使用，改善炉外精炼操作、使精炼结束时氮含量降低到$20\times10^{-6}$左右（见图 3）。

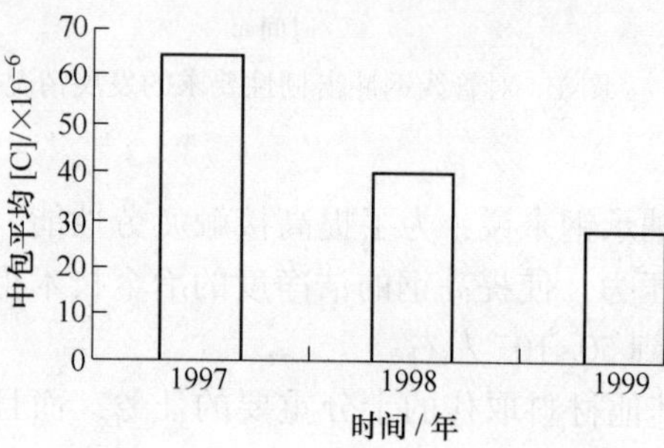


图 2　IF 钢中包碳含量的降低

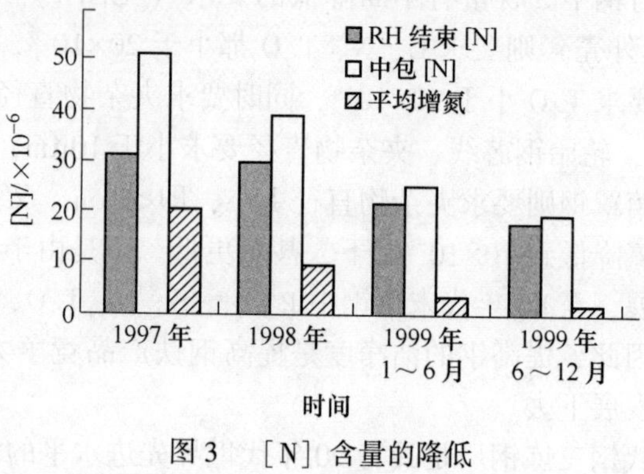


图 3　[N] 含量的降低

连铸保护浇注的效果是氮控的关键环节。因此，我们在保护浇注系统作了大量改进工作。

（1）在长水口与钢包下水口之间采用特殊密封材料和氩封方式；

（2）确保氩气系统无泄漏；

（3）提高操作水平，确保长水口水口碗的残钢清除干净；

（4）控制吹氩气量，确保中包液面不暴露；

（5）提高钢包开浇自开率（目前稳定在 97%～99%）。

通过上述措施，连铸过程增氮得到了很好的控制，尤其是最近几个月，连铸大包到中包的钢水增氮已控制在$<2\times10^{-6}$，因此，我们目前生产的 IF 钢的氮含量可控制在（12～25）$\times10^{-6}$之间（见图 3）。

## 2.4　氢的去除

钢中氢元素的去除要靠 RH 真空处理实现。借助于 RH 真空度的控制，钢水氢含量可降低到$1\times10^{-6}$左右，这完全满足了对氢有要求的钢种的需要。另外需指出的是，凡与钢水接触的耐材、保温材料等必须严格控制其干燥度，避免钢水增氢。

## 2.5　钢水总氧的降低与控制

降低钢水全氧是提高钢水洁净度的基础，而且可以说是涉及到炼钢、精炼及连铸全过程众多因素的系统工程。我厂这方面的工作主要体现在以下诸方面。

（1）计算机全程控制炼钢技术的应用。目前控制率已>90%，双命中率已>80%（图4）。对于IF钢来说，终点[O]可控制在$(700\sim900)\times10^{-6}$；

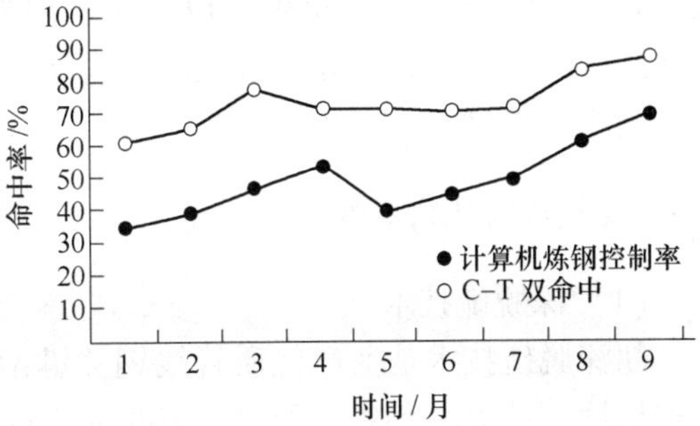


图4　1999年计算机炼钢控制率和C—T双命中率

（2）复吹技术的成功应用可大大降低终渣FeO含量和[O]含量，使其更接近C—O平衡曲线（图5）；

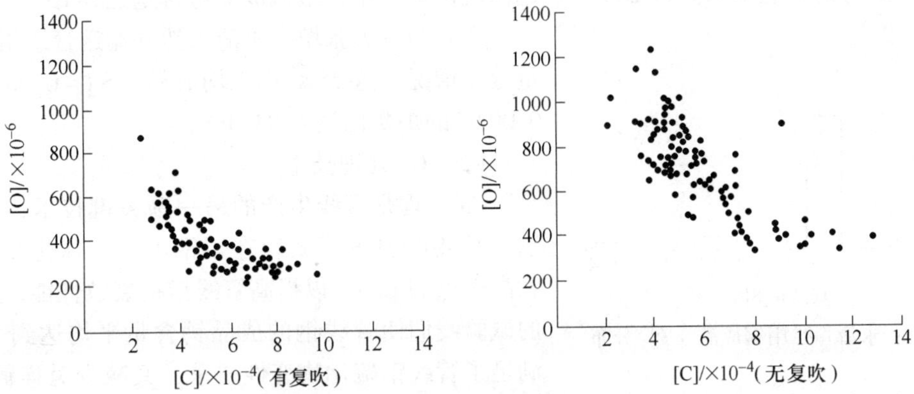


图5　转炉复吹和无复吹时的碳氧平衡

（3）出钢挡渣。目前成功率已>80%。流入钢包的渣层厚度可控制在40~60mm；

（4）钢包渣改质，降低钢渣FeO和MnO含量，目前可达到FeO+MnO<1%；

（5）充分利用二次精炼手段净化钢水；

（6）连铸保护浇注技术，降低二次氧化程度；

（7）钢包下渣监测技术；

（8）大容量中包的使用，使夹杂物与钢水分离，钢液深度≥1m时钢水在中包内平均滞留时间≥10min；

（9）碱性中包内衬和保温剂的使用；

（10）减少中包吹氩量；

（11）结晶器液面自动控制技术，确保精度为≤±3mm。

通过采取上述各项措施，使钢水的全氧大大降低，尤其是IF钢，目前铸坯的全氧已下降到$25\times10^{-6}$左右。

由于我厂能较好地控制钢中C、N和全氧含量，因此已能成功地生产出IF汽车用钢。目前IF钢达到的水平如下。

（1）已实现了批量生产，1998年1月~1999年7月份共生产IF钢222炉，约5.8万t，炼成率为96%。表1列出IF钢的主要技术指标。

**表1　IF钢的主要技术指标**　　$\times10^{-6}$

| 元素 | C | N | 全氧 | 电解夹杂物总量 |
|---|---|---|---|---|
| 范围 | 15~35 | 12~35 | 16~35 | 15~36 |
| 平均 | 28 | 24.8 | 24 | 25 |

（2）通过对IF钢的碳、硅、氮和洁净度的控制，有效地提高了IF钢的机械性能。目前，按此工艺生产的IF钢的机构性能完全合格，$n$值达到0.245~0.269，$\gamma$值达到2.273~2.554，为国际同类产品的先进水平。

（3）生产的 IF 钢性能合格率为 100%，在二汽、一汽和江铃汽车公司试制难冲件，100%合格；为争取市场，1998 年 3 月～1999 年 12 月生产用来顶替 08AL 的 WIF（08AL）钢 5.8 万多 t，统计轧制后的钢板 3.762 万 t，按 08AL 评级，83.33%符合 ZF 级，98.55%符合（ZF+HF）级，而在此以前武钢 08ALA 的 ZF 级合格率一直徘徊在 30%左右。

## 2.6　脱硫及硫化物变性

（1）深脱硫技术

超深脱硫技术是生产优质管线钢关键冶金技术之一，硫含量的高低决定了管线钢的一些性能，如：冲击韧性、抗 HIC 性等。经过半年的试验攻关，终于自行开发出了超深脱硫技术。该技术主要应用了系统控制的思想，从控制原辅材料中的硫含量着手，从铁水脱硫开始加强各个工序的脱硫，整体控制，分步实施，取得了很好的脱硫效果。在 200 多炉超深脱硫炉次中，最低成品硫含量达$5\times10^{-6}$。

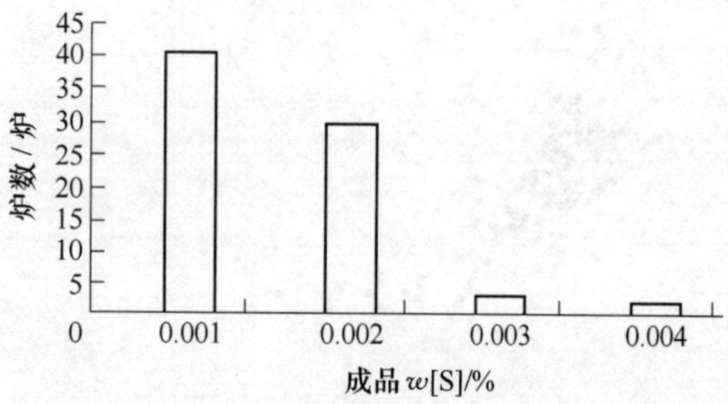


图 6　大张坨—永清管线用钢成品［S］分布

图 6 为供大张坨—永清天然气输送管线用钢的成品硫含量分布情况。这 75 炉钢平均成品［S］=0.00156%，［S］≤0.002%的炉次已达到 93.3%。

（2）Ca 处理技术

Ca 处理是管线生产的另一项关键技术，其作用使硫化物（主要以 MnS 形式存在于钢水中）球化改性，即变为球状高熔点的 CaS，以提高管线钢抗裂纹性能。通过近一年多的试验我们使管线钢的成品钙含量平均达到$20\times10^{-6}$左右，满足了管线钢硫化物变性要求，又减少对连铸耐材的侵蚀，且使钙收得率达到 15%～17%的较高水平。

由于上述两项技术的成功应用，目前我厂生产的管线钢已达到了较高水平。

此外，由于脱磷技术在我厂尚处于开发阶段，今后将在此领域开发进行探索。

## 2.7　钢的性能

（1）钢的冲击韧性

钢的冲击韧性反映钢中硫含量和纯净程度，由冲击试验得出的冲击功值是钢中硫含量和纯净程度的综合反映。从图 7 可以看出，忠—荆管线用钢的冲击韧性在-20℃时均大于 110J，远大于忠—荆管线技术条件规定的 40J。这无疑会很好的提高使用效果。

（2）抗氢诱发裂纹（HIC）性能和抗硫化物应力开裂（SSC）性能

武钢于今年 2 月生产的两炉 WX60 供忠—荆管线用钢经湖北沙市钢管厂制成 $\phi$711.2×8 螺旋缝埋弧焊管，取样送四川石油管理局油气田材料腐蚀检测评价中心进行 SSC 和 HIC 检测，结果表明，该焊管的裂纹长度率（CLR）、裂纹厚度率（CTR）、裂纹敏感率（CSR）均优于目前国际上用于输送湿的、含 $H_2S$ 油气管道广泛采用的抗 SSC 要求，达到了可用于含 $H_2S$ 酸性天然气环境同类产品的抗 SSC 水平。

（3）直缝焊管的探伤合格率

由于我们成功地应用超深脱硫和钙处理技术，使直缝焊管钢 J55 的超声波探伤合格率逐步提高，目前已达到 99%（见图 8）。

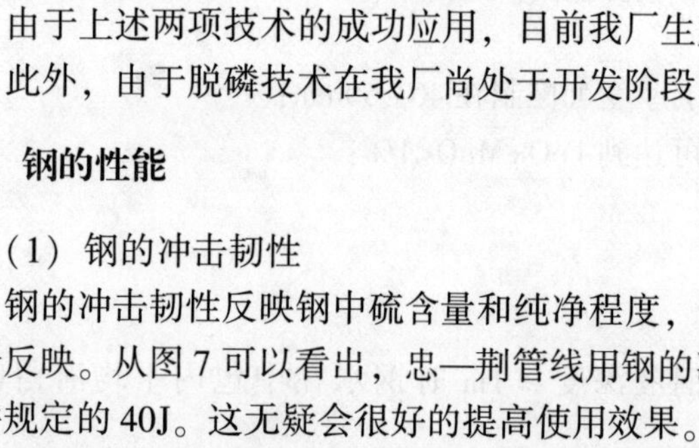


图 7　忠—荆管线用钢的冲击韧性

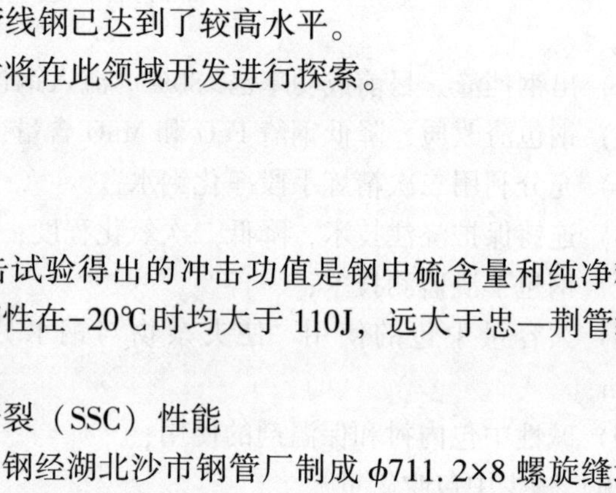


图 8　J55 钢制管时超声波探伤合格率

## 3 结论

（1）提高钢的洁净度是生产高技术含量和高附加值品种必须具备的技术，而且竞争日益剧烈的市场将会对此提出越来越高的要求。

（2）能否生产出高洁净度的钢是钢厂技术水平和能力的标志，有竞争力的钢厂必须具备这种能力。

（3）能否连续稳定地生产高洁净度的钢是钢厂质量管理和企业素质的总体反映，员工的素质是决定性因素。

（4）钢的洁净度应该是一种相对概念，每一具体钢种都存在满足其性能与使用需要的洁净度的标准。用“最洁净”的标准要求任何一个钢种是一种浪费。

（5）武钢三炼钢厂下一步将继续致力于生产高洁净度钢的技术能力的提高，同时加快高素质职工队伍的建设和全面质量管理，为提高我们产品在国际市场的竞争力和加快使我国由钢铁大国转为钢铁强国而作贡献。

（原载《炼钢》，2000（3））

# 武钢二炼钢复吹转炉溅渣护炉及冶金效果分析

骆忠汉　徐静波　喻承欢　李凤喜　佟溥翘　刘　浏

## 1　前言

溅渣护炉是提高转炉炉龄的重大新技术。1998 年，美国 LTV 钢公司采用溅渣工艺，炉龄达到 24609 炉，创造了世界炉龄的最高纪录。转炉采用溅渣工艺后，炉龄成倍增加，但复吹转炉的底吹元件寿命未能同步增加，使转炉复吹效果明显减弱，以致最终丧失了底吹功能。许多发达的钢铁生产国，至今尚未采用溅渣工艺。其主要的原因是：根据他们国家的具体情况，复吹转炉获得的经济效益几乎与转炉溅渣延长炉龄的经济效益相当。如果采用溅渣延长转炉炉龄，放弃复合吹炼效果，既影响炼钢品种、质量，经济上也并不合算。这说明，复吹转炉溅渣工艺在国际上并没有完全成功。

根据国家经贸委下达的科研任务和武钢公司的实际经济效益，武钢二炼钢和钢铁研究总院合作开发的“复合吹炼转炉溅渣护炉”工艺技术，必须通过解决溅渣提高转炉炉龄和同步提高底吹元件寿命的世界性技术难题。

## 2　复吹转炉溅渣护炉的概况

武钢二炼钢厂有 3 座 80t 的顶底复合吹炼转炉，4 台板坯连铸机，1998 年生产 230 万 t 连铸板坯(最高产量是 1996 年达到 242 万 t)。生产的铸坯主要供轧制热轧带钢、冷轧薄板和冷轧硅钢片及中厚钢板，品种达 300 多个牌号。冶炼钢种以低碳钢为主，[C]<0.10%的钢占总产量的 85%以上。其中电工钢、深冲薄板钢和低合金优质钢等钢种产量占总产量的 30%左右。硅钢、08Al 系列和部分冷轧钢种的终点 [C] 要求控制在 0.06%以下，超低碳钢的终点 [C] 要求在 0.025%~0.04%（以上成分均为质量分数）。

武钢二炼钢在采用复吹工艺前，终点钢中的平均氧达到 $1000\times10^{-6}$，终渣（TFe）高达 25%。不仅影响钢的质量，而且转炉寿命低，金属料消耗高。1984 年开始采用复合吹炼工艺技术后，获得了较好经济技术效果。平均炉龄从 446 炉提高到 3000 炉以上，底吹元件寿命可与转炉寿命同步。钢铁料消耗从 1198kg/t，降到目标的 1088kg/t；终点钢水氧平均降低了 $100\times10^{-6}\sim200\times10^{-6}$，渣中（TFe）降低 1%~2%（均为质量分数）；每吨连铸坯生产成本降低 5.21 元。在采用溅渣护炉工艺以前的 1998 年，转炉最高炉龄达到 4148 次。

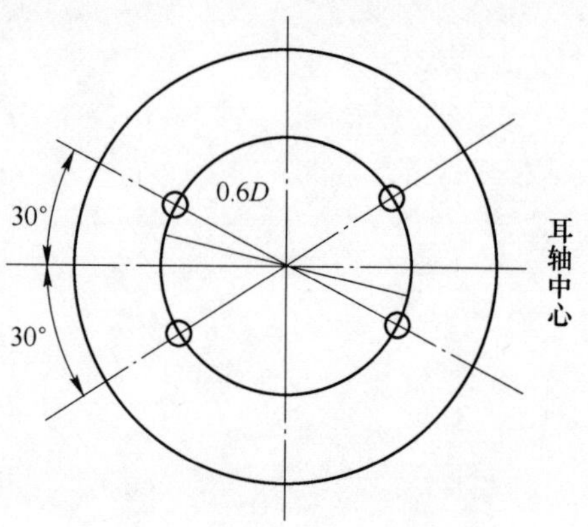


图 1　供气砖在炉底的布置示意图

采用溅渣工艺后，冶炼过程中沿用以前的复吹工艺。炉底透气砖仍采用武钢公司自产的多孔定向镁碳透气元件，供气强度可在 0.02~0.08Nm$^3$/(t · min) 的范围内调节。如图 1 所示，4 块底吹透气元件布置在炉底 0.6$D$ 的圆周上，靠耳轴侧两块砖的夹角为 60°；加料和出钢侧夹角为 120°。底吹供气模式按钢种略有变化，一般在吹炼前中期（约 10min 以内），采用供气强度为 0.02~0.06Nm$^3$/(t · min)，$N_2$ 气吹炼，中后期切换为 Ar 气，末期供气强度提高到 0.04~0.08Nm$^3$/(t · min)。

为了大幅度提高转炉炉龄，采用复吹转炉溅渣护炉工艺技术。针对武钢复吹转炉的工艺操作特点，采用以下溅渣工艺：

（1）采用高（FeO）炉渣溅渣工艺，注重对终渣（MgO）含量的调整；

（2）前期用轻烧白云石造渣，控制过程渣（MgO）在6%~8%范围内（质量分数）；

（3）后期加入终渣改质剂采用高（MgO）炉渣操作工艺，炉渣改质后进行溅渣操作；

（4）溅渣注重对炉形和炉底的控制，保持良好的炉膛内型形状。

（5）控制好炉底，加强对炉底供气元件蘑菇头的维护和控制。

采用上述溅渣工艺技术后，不仅炉龄大幅度提高，而且底吹元件得到良好的维护。目前，复吹转炉炉龄已经达到15208炉，属国际先进水平。而底吹透气砖的寿命也同步增长，停炉前、供气元件仍在有效供气。由于底吹元件表面受到蘑菇头的保护，到一定程度后基本不再侵蚀，达到一种平衡；底吹透气砖的供气强度保持不变，气量的调节范围也保持不变。底部气体通过蘑菇头的弥散气孔向钢水吹气。炉底高度的控制在一个较稳定的范围，逐渐平缓下降。使底吹透气砖的寿命创造了新的世界纪录，达到国际领先水平。

## 3 溅渣复吹转炉的冶金效果

为了研究溅渣工艺条件下底吹透气砖采用蘑菇头维护技术后转炉复吹的冶金效果，在2号转炉溅渣炉龄达到10000炉和15000炉后，对转炉的复吹冶金效果进行了综合评估。

### 3.1 复吹对熔池C—O反应平衡的影响

采用复合吹炼工艺，增强转炉吹炼末期熔池的搅拌强度，可以使钢液中发生的C—O反应接近或达到平衡，避免冶炼低碳钢时钢水的过氧化，采用溅渣护炉工艺后，虽然炉龄超过了10000炉，但底吹透气砖受表面生成的蘑菇头的保护，剩余部分能保证正常供气，供气强度和供气模式仍保持不变。熔池内C—O反应也和原复吹转炉基本相同。根据实验数据统计，当终点［C］<0.08%时（质量分数），顶吹终点［C%］·［O%］=0.0032；原复吹转炉终点［C%］·［O%］=0.0030；图2示出炉龄11000次时，吹炼终点碳、氧含量在1600℃时熔池［C］—［O］平衡值的关系。采用溅渣工艺炉龄突破15000炉以后，复吹转炉终点［C%］·［O%］=0.00251，显示复吹效果很好。图3示出同一时期内，在转炉吹炼终点进行短时间（≤3min）后吹氩气搅拌时，熔池［C］—［O］浓度与平衡值的关系。对炉龄在15000次后测的［C］和［O］与原顶吹时比较，可以清楚地看到15000次后的复吹效果。从以上图示的结果可以看出，当复吹转炉底吹元件寿命超过15000次以后，仍能保持终点钢［C］—［O］反应接近平衡值，完全可避免低碳钢冶炼时发生钢水的过氧化。

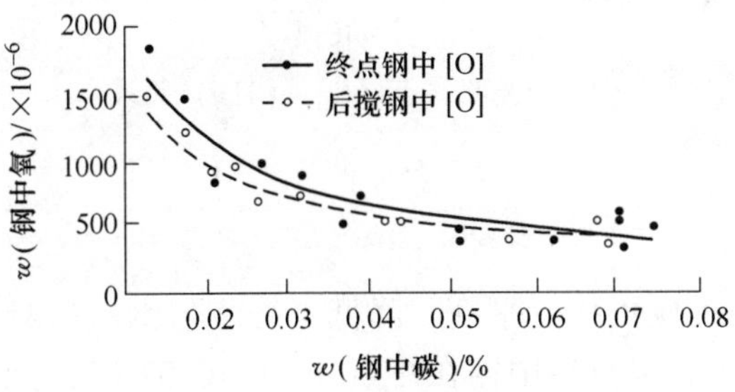


图2 炉龄为11000次时复吹条件下终点及后搅［C］—［O］平衡曲线

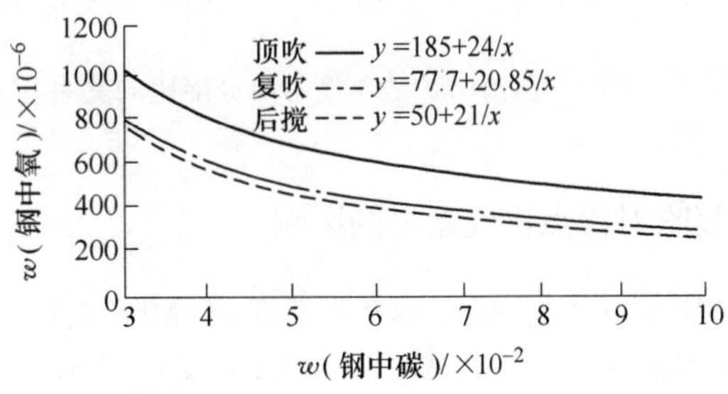


图3 15000次复吹与原顶吹C—O平衡曲线

### 3.2 复吹对熔池脱硫能力的影响

图5示出采用溅渣工艺后炉龄达到11000炉时，渣—钢间硫的分配比与炉渣碱度的关系，随炉渣碱度升高，渣钢间硫的分配比相应提高。碱度在3.5~4.5的范围内，硫的分配系数（S）/［S］波动在3~12的范围内（图4），与未溅渣时转炉复吹转炉的脱硫能力（图5）大体相当。平均脱硫率为30%，比原顶吹法提高6%。对于不同钢种，终点钢水硫波动在0.0035%~0.023%（质量分数）的范围内，平均终点钢水硫为0.018%。但在冶炼超低硫钢时，前炉普铁冶炼的钢终渣不适合于溅渣，否则转炉内会增硫。

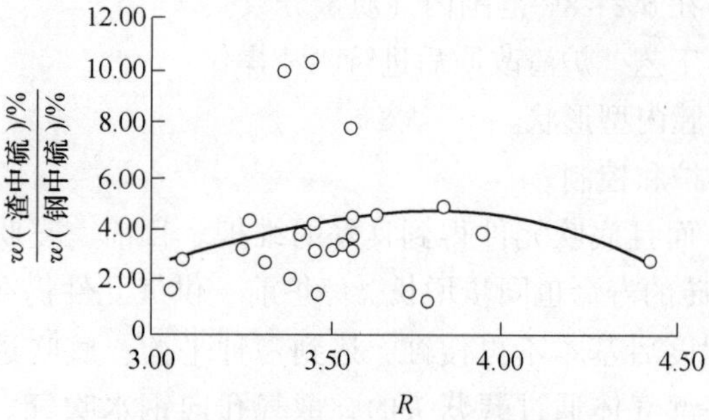

图 4　溅渣时炉渣碱度与硫分配比的关系

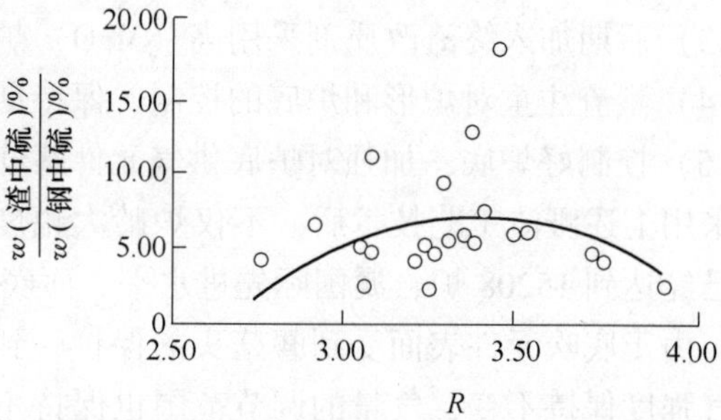

图 5　未溅渣时炉渣碱度与硫分配比的关系

### 3.3　复吹对熔池脱磷能力的影响

溅渣前后渣·钢间磷的分配比 $(P_2O_5)\%/[P]\%$ 与炉渣碱度的关系。随炉渣碱度的升高，复吹转炉的脱磷能力提高，溅渣前后炉渣与钢水间磷的分配比大致相同，波动在 70~250 之间（图 6），平均脱磷约 90%。采用溅渣工艺后，钢水中磷波动在 0.005%~0.024%之间，平均终点钢水磷为 0.0077%（均为质量分数）。平均脱磷率 90%。

复吹转炉采用溅渣护炉工艺后，终渣氧化性没有因炉龄显著提高而发生明显的改变。溅渣前，终渣（TFe）波动在 8%~25%之间，平均为 15.73%（$\sigma_s=3.64$）；溅渣后（TFe）波动在 14%~23%之间，平均为 16.668%（$\sigma_s=1.85$）。图 7 给出溅渣后复吹终点［C］与终渣（TFe）的关系，随终点［C］的升高，渣中（TFe）稍有降低（均为质量分数）。

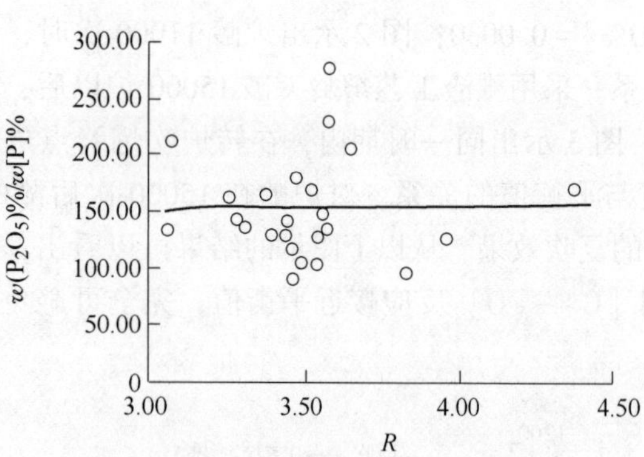

图 6　溅渣时炉渣碱度与磷分配比的关系

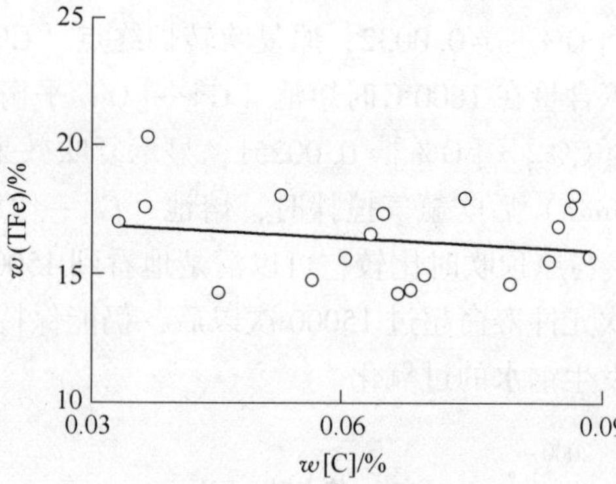

图 7　复吹终点［C］—(TFe) 关系

### 3.4　复吹对终点钢残锰量的影响

采用复吹工艺加强了转炉末期熔池的搅拌，使钢渣反应更接近平衡，降低了终渣与钢水的氧化性，有利于提高终点钢中［Mn］。武钢二炼钢采用复吹工艺后，终点钢中锰在终点［C］≥0.07%时有明显提高，［Mn］波动在 0.03%~0.08%的范围内。采用溅渣工艺后，尽管炉龄大幅度提高，但复吹效果并未减弱，终点钢中［Mn］波动在 0.02%~0.09%的范围内，平均终点钢中［Mn］为 0.058%，如图 8 所示，随着钢水［C］量的升高，终点钢中［Mn］明显提高（以上成分均为质量分数）。

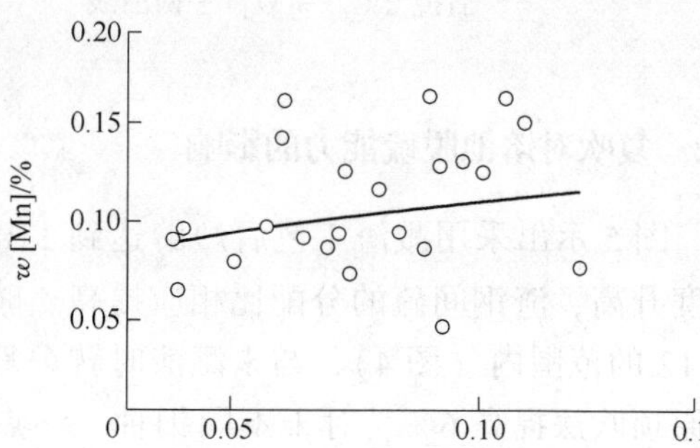

图 8　复吹终点［C］—［Mn］关系

## 4　结论

武钢二炼钢复吹转炉，不仅解决了转炉溅渣护炉工艺技术问题，而且解决了底吹透气砖的寿命与炉龄同步的世界性难题。复吹转炉炉龄达到 15208 次的国际先进水平。转炉底部供气元件的使用寿命超过 15000 次，达到国际领先水平。

溅渣后复吹转炉仍保持有良好的冶金效果。

(1) 生产实践证明，采用适宜的溅渣工艺技术不仅使转炉炉龄大幅度提高，而且采用生长蘑菇头的办法，始终控制好炉底高度可以保证底吹供气元件不再继续受到浸蚀，大幅度提高其使用寿命。

(2) 溅渣后复吹转炉炉龄在11000次和15000次后，测得碳氧积均低于顶吹转炉，在15000次后测得碳氧积为0.00251。后搅可进一步降低碳氧积，使钢渣间反应趋于平衡，避免低碳钢终点钢过氧化。

(3) 溅渣后的转炉炼钢脱硫、脱磷效果与溅渣前基本相当，平均脱硫率为30%，平均脱磷率约90%，终点钢中［Mn］保持了复吹转炉的水平，实际钢中［Mn］平均为0.058%；但在冶炼低硫钢时，如果前一炉次采用普通铁水炼钢后，则不进行溅渣操作。

(4) 采用溅渣护炉后的转炉炉龄和底吹元件使用次数目前达到15208炉，并仍能获得良好的冶金效果，渣、钢反应接近平衡，避免了低碳钢冶炼时炉渣与钢水过氧化，保证了钢中残锰的含量，并保持了复吹转炉除磷、脱硫等冶金性能。

(原载《炼钢》，2000 (6))

# 武钢第二炼钢厂提高铸坯质量的技术改造设想

萧忠敏　刘振清　李凤喜　刘昆华　喻承欢　朱功火　张先贵

## 1 前言

武钢第二炼钢厂是 70 年代末建成投产的一座设计钢产量为 150 万 t/a 的转炉炼钢厂。其主体设备有：公称容量 50t 的转炉炼钢厂。其主体设备有：公称容量 50t 的转炉 3 座，弧形单流板坯连铸机 4 台（$R$=10. 3m），机械搅拌式 KR 铁水脱硫装置 1 套，大包钢水吹氩装置 3 套，RH 真空处理装置 2 套及钢水罩式升温精炼装置 1 套。其中 3 座转炉、1 台连铸机和钢水罩式升温装置为国内自行设计制造，其他设备由国外引进。

该厂的工艺技术和生产流程是比较先进的。生产的钢的连铸坯用于一米七轧机系统轧制热轧带钢、冷轧薄板和冷轧硅钢片。通过一系列技术进步和技术改造，1985 年在国内率先实现全连铸，90 年代初成功地对转炉进行了扩容至出钢量为 80t 的系统改造，1996 年钢和连铸坯产量最高达 244. 3 万 t，超过设计能力 62. 86%，改造后的 2 台 RH 真空处理能力已达 100 万 t，并且引进了具有 90 年代国际一流水平的 RH-KTB、PB 技术等，这些技术进步措施，显著地提高了转炉冶炼和钢水精炼能力及钢液净化处理水平。但由于铁水脱硫处理能力不足，仅为全年铁水用量的 1/3 左右；尤其是铸机投产运行已达 20 余年，未对其进行过根本性的改造，原有铸机因时代限制在设计上存在的不足，这些均已明显影响铸坯的质量、成品材的质量和市场的竞争力。今年，国家对冶金工业提出了“控制总量、调整结构、优化品种、提高效益”的生产技术方针。虽然武钢生产建设资金十分紧缺，但为了改变上述状况，利用限产调整之机公司仍然决定本着尽量节约、先进、实用的原则，对第二炼钢厂进行以提高铸坯质量为目的的分步技术改造。

## 2 技术改造的必要性

### 2.1 铁水脱硫能力不足

1976 年，武钢在引进硅钢生产专利技术时，同时从日本新日铁引进了 KR 机械搅拌式脱硫装置，年设计铁水脱硫能力为 47. 5~53. 5 万 t。经过技术改造和工艺技术进步，铁水脱硫的生产技术水平较原设计有了大幅度的提高，1998 年处理脱硫铁水达到 83. 9 万 t，较设计能力平均值（50 万 t）提高 67. 8%，虽然如此，但经脱硫处理后的铁水量，仍仅占实际炼钢铁水的 36. 0%，远远满足不了生产高质量钢的需要。国家冶金工业“十五”科技规划要求，100 万 t 级钢厂要实现铁水脱硫处理。国内外先进钢厂实践亦表明，用优质铁水冶炼优质钢水，是提高产品质量、扩大品种、增加效益和增强产品市场竞争力的重要条件之一。因此，进行扩大铁水脱硫能力改造，实现铁水全脱硫预处理是非常必要的技改措施。

### 2.2 原有铸机存在的主要问题

（1）全弧型铸机不能满足生产高质量板坯的需要。其固有的缺点是铸坯内夹杂物不易上浮且分布不均，内弧坯厚 1/4 处夹杂物明显聚集。此外铸坯单点弯曲矫直，容易引起内部裂纹；又因内外弧冷却不均，亦易造成铸坯中心偏析等。对于要求高纯净度、高性能的钢材来说，铸坯中夹杂物的明显聚集是十分有害的。80 年代以后国内外新建的板坯铸机有相当多的钢厂都选用了直弧型。连铸生产技术先进的日本，已将部分弧型铸机改造成直弧型，其改造台数已占日本现建成的立弯（或直弧）型铸机台数的 25%。因此，铸机选型是本次改造的重要内容之一。

（2）中间包容量过小。原设计仅 6. 5t，后扩容至 10. 78t，钢液面虽增至 650~680mm，但仍然偏小，钢水停留时间短，不利于夹杂物上浮去除和钢液温度控制。中包容量偏小给多炉连浇带来不便，在更换大包时，必须降低拉坯速度，中包钢水液面常处于临界高度浇注，往往造成钢液卷渣，这在几次典型钢种夹杂物行为的研究中已得到反映。

（3）大包缺乏钢水下渣监测技术，无法实现全程钢液保护浇注，导致部分钢二次氧化污染。

（4）结晶器系统存在诸如长度偏小仅 700mm、液面高度为 600mm，3 台铸机无液面自动控制装置，振动装置较落后，采用机械 4 连杆偏心近似正弦式振动、振频偏小仅 0～125 次/min，振幅偏大以及结晶器水流速偏低、冷却水量小、水缝设计欠佳，结晶器无足辊等问题。这些不足，既影响铸坯质量，又影响拉坯速度和炉机匹配衔接。

（5）二冷系统落后，仅 4 号铸机采用气—雾冷却，其余 3 台铸机仍采用全水冷却。冷却控制系统落后，一次仪表可靠性差，不能实现二冷的闭环控制。

（6）铸机基础自动化设备、计算机、仪器仪表落后、老化、故障率高，且这些电气、仪器仪表有些部件因国外已经淘汰无法订货。二冷水计算机存在无法修复而有停机可能。这些将影响到铸机的正常运行并导致铸坯质量下降。

（7）铸机单点矫直。据计算，当坯厚为 250mm，拉坯速度为 1m/min 时，单点矫直的综合应变为 0.5%，已经达到此种坯厚综合应变的允许值。因此，铸机在浇铸 250mm 厚的铸坯时，拉速只能小于 1m/min，实际生产中一般多采用 0.7m/min。这样，为防止带液芯矫直，只能采用较低的拉坯速度，从而造成转炉与铸机衔接匹配困难。转炉扩容至 80t 后，炉机匹配问题更加突出。过程温度控制不当，既影响铸机的正常运行，也影响铸坯质量。

（8）辊径差距悬殊。在零号段格栅以后，辊径差距悬殊，分别为 $\phi$180、$\phi$245、$\phi$310、$\phi$360 和 $\phi$420mm，因此，在板坯浇注过程中，鼓肚量增加、鼓肚应变增加并出现较大跳跃，辊子应变出现较大突变。同时影响铸坯质量。

（9）拉矫机辊距太大。拉矫机辊矩大多为 500mm，个别达到 515mm，由于拉矫机辊距过大，大部分辊子处铸坯两相界的综合应变都超过了 0.5%，最大综合应变达到 0.63%（比水量 0.8L/kg 时），因此在生产对裂纹较敏感的钢种时铸坯易产生内裂和沿铸坯表面的振动痕迹线上产生横裂。这样，为了正常生产，拉速就要降低，从而铸坯表面温度也随之下降，对一些浇注高温脆化温度较高的钢种，在矫直区域易产生脆化温度较高的钢种，在矫直区域易产生高脆化裂纹，单点矫直时更甚。

此外，在机械设备、液压设备和自动化设备方面也还存在一些不足。

有鉴于此，必须有计划地对铸机进行系统技术改造。

## 3 技术改造的目的

（1）增建铁水脱硫装置，实现铁水全脱硫预处理。

（2）采用较先进的技术装备和技术工艺以适应生产高质量、多品种钢的要求，以开发和生产深冲和超深冲汽车用钢、涂（镀）层用钢、纯净和超纯净钢、高牌号硅钢和各种专用钢、进一步提高公司产品市场竞争力。同时也解决炉机匹配问题，进一步理顺生产组织。

## 4 技术改造的主要内容

### 4.1 扩大铁水脱硫能力

经多次研究，二炼钢全铁水脱硫技术改造已作了两个设计方案，即新建一个喷吹式脱硫站（方案 1）或再建一个机械搅拌式脱硫站（方案 2）。

4.1.1 新建喷吹式脱硫站（方案 1）

拆除现有 2 号混铁炉，在此建 1 个喷吹脱硫站，设 1 个喷吹工位，2 个兑铁及扒渣工位。新建喷吹脱硫站按轻脱硫考虑，脱硫后铁水含量≤0.010%，深脱硫的任务由已有的 KR 脱硫站承担。脱硫剂选用来源广泛、价格低廉，又勿需特殊防护的 CaO 基脱硫剂，以节省建设和生产费用。预留将来采用镁基脱硫剂的条件。每 2 罐 1 组的铁水平均脱硫时间为 48min，其中喷吹时间为 10min，作业率按 80%计算，1 个喷吹脱硫站的年处理铁水能力为 140 万 t。预计 1999 年现有 KR 脱硫站可处理铁水 90 万 t。因此可实现处理 230 万 t 铁水的目标。

4.1.2　增建机械搅拌式脱硫站（方案 2）

鉴于武钢二炼钢厂采用 KR 机械搅拌式脱硫工艺已有 20 余年，钢厂不但熟练的掌握了该项技术，而且在消化引进技术的基础上有了不少创新，生产技术水平和技术经济指标均较原设计能力有大幅度的提高，除脱硫铁水产量增长 67.8%外，脱硫处理前后铁水温降 $\Delta T$ 从过去的 40~50℃减至 28℃，脱硫效率 $\eta_s$ 平均达 92.5%，脱硫处理后［S］≤0.005%的罐次比率在 98%以上，实际［S］≤0.002%时的脱硫剂（CaO 基）耗量由 8.5kg/t 铁降至 5.35kg/t 铁，专用脱硫罐罐龄已达 400 次以上，搅拌头的使用次数已达 460 次，脱硫处理成本 23.6 元/t 铁，铁损约 3%，这些技术经济指标大都优于喷吹法，但存在的问题是设备比较复杂，尤其是液压式搅拌系统是国产的机械设备，加之现有的一些设施如搅拌头的制作、备件的共用等，可以节省建设投资，如果改建投资与喷吹法相近，采用机械搅拌式脱硫工艺，也是一种可以考虑的方案。

4.1.3　两方案均具有的主要优点

（1）工艺布置紧凑占地少，脱硫站数量少，劳动定员少，生产率高，并且能够充分利用现有厂房、吊车、铁路、除尘系统等设施，基建投资费用低。

（2）工艺流程顺畅，脱硫铁水可以直接进入转炉炼钢。

（3）3 台 140/30t 吊车均可到脱硫站两边吊运铁水罐，吊车调度灵活。

（4）脱硫站两边各有 1 座混铁炉，而且铁水线连为一体，铁水吊运灵活方便。

（5）将来脱硫站不作任何改造，只需在外部增设高架式罐口清理机以解决铁水罐口结铁渣问题，就能顺利过渡为直接在高炉铁水罐中脱硫，同时脱硫能力增加 20 万 t/a。

（6）预留了采用镁基脱硫的条件，有利于今后技术进步和生产发展的需要。

但两方案亦均存一个共同的问题是，周转用 100t 铁水罐和 16m³ 渣罐，在脱硫站附近无存放位置，吊运不便，有待研究解决。

对以上两个方案尚待审查选定。

### 4.2　铸机改造

铸机改造按总体规划设计、分步实施安排。针对原弧型板坯铸机存在的不足，参考、借鉴近几年国内外新建和改造板坯铸机的经验，计划先改建成 1 座直弧式板坯铸机并采用较先进、实用和经济的装备和工艺技术，以适应高质量钢的要求。另 2 台铸机的改造将根据第 1 台铸机改造的效果及生产需要再研究确定。

4.2.1　采用直弧型铸机

（1）铸机改造的前提条件

将原有 1 台全弧型板坯铸机改建成直弧型板坯铸机的原因分析已如前述。考虑到今后的生产、管理、改造资金和改造工程量等问题，初步确定的改造前提条件是：车间厂房、吊车轨面标高不动；10.75m 浇注平台高度不动；水冲输出氧化铁皮沟底标高不动，二冷区扇形段侧向更换方式不动，但需将原有的出坯辊道标高下降 0.7m 左右（采用升降辊道满足出坯要求），利用此有限的出坯线标高下移后形成的总高度空间，布置一种较合理、先进、实用、经济的直弧型板坯铸机。经多方论证比较，此种“向下”改造的方案较之另一种“向上”改造的方案（浇注平台以下基础不动，采用抬高现有浇注平台、回转塔横臂、吊车轨面及厂房高度等）具有生产衔接可行、管理方便、投资较节约、改造工程量较少，工期较短等优点。

（2）铸机改造机号的选择

二炼钢厂现有 4 台弧型板坯铸机，1 号、2 号、3 号铸机自北向南布置，80 年代末新建的 4 号铸机紧靠转炉、布置在 1 号铸机的北侧。经研究，确定将位于最南端的 3 号铸机先行改造，其优点是：铸机的基础设施相对较独立，处理起来对其他铸机的影响较小；改造后出坯工艺流程不干扰其他铸机出坯；改造期间对生产影响较小。改造 1 号或 2 号铸机则不具备这些优点，改造 4 号机虽有上述一些优点，但改造期间对生产影响大，且 4 号铸机的装备及性能均优于其他 3 台铸机，投产运行时间还不太长，拆除损失大。

因此，先行改造3号铸机是最佳选择。

（3）直弧型铸机弯矫方式的选择

带液芯弯曲矫直的直弧型板坯铸机，其辊列设计大致分为3类：即70年代后期由日本研究设计的基于多点弯曲、多点矫直技术的直弧型机；由奥钢联（VAI）研究设计的渐近弯曲、渐近矫直技术的直弧型机；由康卡斯特（Concast）研究设计的连续弯曲、连续矫直技术的直弧型机。随着带液芯弯矫理论和技术的出现，对铸坯内裂敏感的铸坯两相区应变的控制技术也不断发展。连铸生产技术发展的趋向表明，影响铸坯内裂的主要原因是铸坯两相区的综合应变的大小，要尽量使其综合应变值控制在较低水平，对普碳钢综合应变一般控制在0.4%~0.45%以下，对特殊钢要控制在0.35%以内。对于直弧型铸机存在的在铸流坯壳较薄时经受弯曲变形有引起内裂的倾向，可以采用分节辊细辊密排连续弯曲而予以避免。3号铸机的改造也应满足这些要求。考虑到要尽量节约改造资金，设计和主要设备制造均要立足国内，同时又考虑到国内的设计水平、经验，以及国内现有引进的直弧型铸机机型和生产实践等因素，因此，3号铸机改造的辊列设计选择，倾向于采用连续布置的多点弯矫或连续（渐近）弯矫方式。最终选用何种弯矫方式有待初步设计时研究确定。

（4）铸机的基本参数

在厂房高度、浇注平台不变的基础不大动的情况下，铸机的基本弧形半径和直线段高度要尽可能的大些，即基本弧形半径≥8.0m，直线段≥2.0m。

铸坯断面与其他3台铸机生产的规格一致，即厚度为210mm、230mm、250mm，宽度700~1600mm。

在未生产硅钢的条件下，此台铸机的年设计能力为80万t左右。

### 4.2.2 采用的主要装备和工艺技术

计划在改造后的3号直弧型铸机上，采用：

（1）钢包水口下渣自动检测技术及钢包加盖装置。

（2）钢包-中间包钢流用带氩封的长水口保护和机械化操作。

（3）中间包-结晶器钢流用密封、防堵性能较好、钢液面波动较小的浸入式水口保护。

（4）大容量（≥20t）、高液面（1m）中间包，并增大钢包水口与中间包水口间的距离。

（5）中间包水口快速更换技术。

（6）结晶器长度增加至900mm，增大冷却水量及压力，铜板表面镀Ni-Cr层。

（7）液压非正弦振动装置、高振频、小振幅振动技术。并考虑采用在线停机电动调宽技术。

（8）结晶器液面自动控制，预留采用钢流电磁制动技术。

（9）二冷区气-雾冷却并实现动态控制。

（10）二冷区利用原电磁搅拌装置。

（11）铸流导向辊列布置采用分节辊细辊密集排列。

（12）多功能辊缝测量技术。

（13）过程机最佳切割长度计算模型和铸坯质量判定模型。

### 4.2.3 铸坯的质量指标要求

改建成直弧型板坯铸机后生产的铸坯，其质量应达到以下要求。

（1）铸坯综合合格率≥99.80%

（2）铸坯在最终矫直点处的表面温度≥900℃

（3）铸坯表面质量无清理率≥98%

（4）铸坯内部质量

①中心线裂纹发生率为0；

②中心偏析硫印评级≤C，1.0级率≥90%，A级率为0，中间裂纹硫印评级≤1.0级率≥90%；

③低倍评级Ⅰ级率≥90%；

（5）钢的洁净度

①中间包钢水夹杂物去除率≥65%；

②中间包钢水全氧T［O］≤$30\times10^{-6}$；

③铸坯中小于 50μm 的显微夹杂物≤3 个/$mm^2$；

（6）铸坯外形尺寸误差

①铸坯厚度±2.5mm，宽度±0.5mm；

②翘曲度≤4mm/m，侧向弯曲≤4mm/m。

### 4.3 改造工期安排

扩大铁水脱硫能力改造项目，设计方案 1999 年 4 月中旬已提出，待审查后即可进行初步设计，争取下半年组织实施，2000 年实现全铁水脱硫。

铸机改造项目，在 1997~1998 年可研报告的基础上，又邀请了 3 家设计院（所）编制新的可研报告，预计 1999 年 5 月中旬提出该报告，但需待审查后再进行初步设计，争取 1999 年 4 季度开始组织实施。

## 5 结语

（1）武钢第二炼钢厂提高铸坯质量的技术改造，既是钢厂生产发展、市场竞争的需要，也符合国家冶金工业的技术发展方针。鉴于当前资金紧缺，改造必须遵循尽量节约、立足国内的原则。

（2）新建 1 个年产 140 万 t 的喷吹工艺（或机械搅拌式）的铁水脱硫站，扩大铁水脱硫能力，连同已有的 90 万 t KR 机械搅拌脱硫处理，即可实现年产 230 万 t 的全铁水脱硫处理，为生产优质钢、连铸坯创造条件。

（3）连铸机的改造按总体规划设计、分步实施安排。计划先改建成 1 座直弧型板坯连铸机，改造采用“往下”发展的方案，它具有生产衔接可行、管理方便、投资较节约，改造工程量较少和工期较短等优点，基本弧形半径≥8m，直线段≥2.0m，采用较先进、实用和经济的装备与工艺技术，以适应提高质量、开发品种、扩大市场和增加效益的需要。另 2 台铸机的改造将根据第 1 台铸机改造的效果及生产需要进行。

（4）改造工期的安排，在完成可研报告、方案审查和初步设计的基础上，1999 年下半年起组织实施。

（原载《炼钢》，2000（1））

# 钢水精炼技术在武钢的开发应用

刘本仁　萧忠敏　刘振清　余志祥　李凤喜
宰文新　刘良田　郑　万　喻承欢　赵继宇

## 1　前言

钢水炉外精炼在现代炼钢生产流程中已成为一个不可缺少的关键环节。生产实践表明，在转炉（电炉）—炉外精炼—连铸生产流程中，钢水精炼技术对于保证和提高铸坯质量，开发新的钢种，协调生产节奏和保证生产顺行等方面均发挥着越来越重要的作用。钢水精炼技术在国外先进产钢企业得到广泛应用，很多钢厂钢水全部经过二次精炼，日本一些钢厂经真空处理的钢水比例已达到80%~90%。90年代以来，钢水精炼技术在我国虽已有了较快的发展，但我国1999年钢水精炼比仅为21%，与国外先进水平相比较仍有很大差距。我国2000~2005年冶金科技发展指南要求，2005年钢水精炼比要达到50%以上。武钢正积极贯彻国家科技发展指南技术方针，为不断提高钢水精炼生产技术水平和实现奋斗目标而努力。

武钢在优化工艺结构，实现全连铸的过程中，对钢水精炼技术给予了高度重视，2000年经过炉外精炼的钢水为249.29万t，钢水精炼比为37.53%，较1999年的27.44%提高了10.09个百分点，增加幅度达36.77%；较1996年的9.09%提高幅度达3倍以上。它对于提高武钢钢的质量，开发新的品种，增强产品的市场竞争力和增加企业效益与可持续发展等方面，都发挥了重要作用。

## 2　炼钢主要装备及生产规模简况

武钢现有三座钢厂，主要工艺技术装备及生产规模简况，见表1。

**表1　武钢三座钢厂主要装备及2000年生产简况**

| 厂　别 | 铁水脱硫 | | 转炉冶炼 | | 钢水精炼 | | 连　铸 | |
|---|---|---|---|---|---|---|---|---|
| | 装备/台 | 产量/万t | 装备/座 | 产量/万t | 装备/台 | 产量/万t | 装备/台 | 产量/万t |
| 合　计 | 6×工位 | 445.21 | 7×LD | 664.11 | 22① | 249.27 | 8×CCM | 664.11 |
| 一炼钢 | 铁水罐喷吹式×2 | 76.35 | 100t×2 | 133.41 | 8 | 57.19 | 2（方坯） | 133.41 |
| 二炼钢 | KR搅拌式×2 | 93.44 | 80t×3 | 226.71 | 8 | 70.71 | 4（板坯） | 226.71 |
| 三炼钢 | 鱼雷罐喷吹×2 | 275.42 | 250t×2 | 303.99 | 6 | 121.37 | 2（板坯） | 303.99 |

①精炼装置详见表2。

武钢第二炼钢厂1985年即实现全连铸生产，随着1996年8月三炼钢的投产和1999年6月一炼钢平炉—模铸工艺改造成转炉—连铸工艺的完工，近几年来武钢连铸比有了大幅度提高，1999年年底实现了全连铸生产，相应对钢水精炼生产技术水平提出更高的要求。武钢1996~2000年连铸坯和连铸比增长情况见图1。

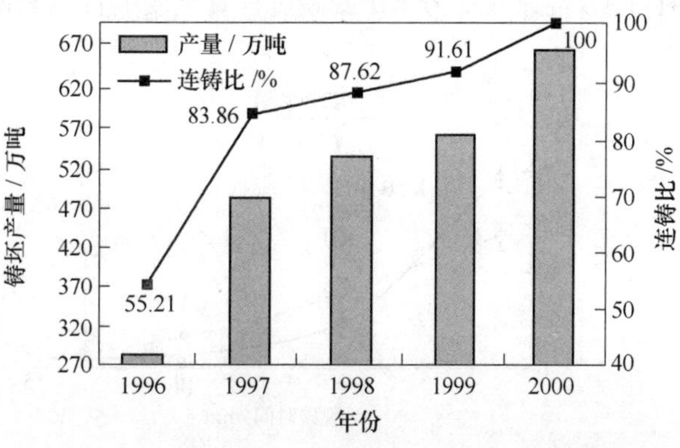


图1　1996~2000年武钢连铸坯和连铸比增加情况

## 3　钢水精炼装置、工艺技术和冶金效果

### 3.1　钢水精炼装置、精炼量增长简况

武钢三座钢厂现有不同类型钢水精炼装置22套，见表2。

表 2　武钢三座钢厂钢水精炼装置简况（套）

| 钢厂 | 合计 | RH | RH-KTB WPB | VD | LF | 喂线 | 钢包钢水升温和精炼 |
|---|---|---|---|---|---|---|---|
| | 22 | 2（250t×1）（80t×1） | 1（80t×1） | 1（100t×1） | 2（250t×1）（100t×1） | 15 | 1（80t×1） |
| 一炼钢 | 8 | | | 1（100t×1） | 1（100t×1） | 6 | |
| 二炼钢 | 8 | 1（80t×1） | 1（80t×1） | | | 5 | 1（80t×1） |
| 三炼钢 | 6 | 1（250t×1） | | | 1（250t×1） | 4 | |

其中 15 台喂包芯线装置的布位：一炼钢 6 台，布置于吹氩站 2 台，LF 炉 2 台，VD 炉 2 台；二炼钢 5 台，布置在吹氩站 3 台，RH2 台；三炼钢 4 台，布置于吹氩站 2 台、LF 炉和 RH 真空处各 1 台。

上述各类钢水精炼装置总的生产能力可达 700 万 t/a 以上，其中 3 套 RH 装置为 350 万 t/a，1 套 VD 炉为 100 万 t/a，2 套 LF 炉为 250 万 t/a。1996~2000 年武钢钢水精炼量、精炼比增长简况见图 2。

## 3.2　二炼钢 RH-KTB、WPB 多功能真空精炼技术的采用、开发

RH-KTB、WPB 多功能真空精炼是 90 年代炉外精炼的一种新工艺，它除具有常规的 RH 脱气、去除夹杂、均匀和调整钢液成分外，还有加速脱碳反应、热补偿、吹氧加铝升温和喷粉脱硫等功能。1997 年 10 月在武钢二炼钢建成投产，1998 年 6 月即达到月处理钢水 563 炉的设计能力。生产实践表明，该技术可获得良好的冶金效果。许多在常规 2 号 RH 上难以冶炼的钢种也可以顺利冶炼。

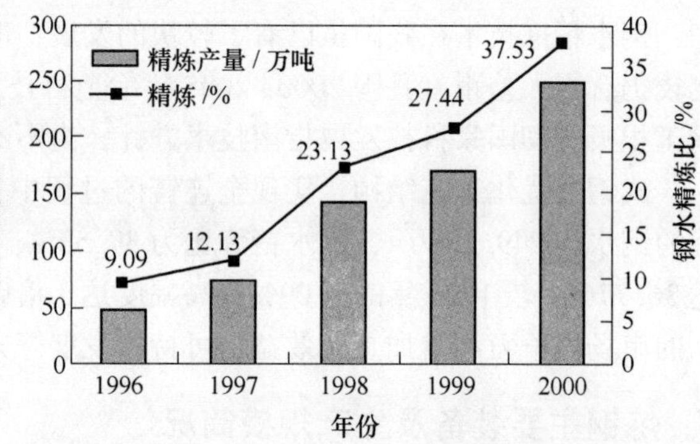


图 2　1996~2000 年武钢钢水精炼量增长情况

### 3.2.1　RH-KTB 多功能真空脱碳效果

在 RH 中采用 KTB 真空顶吹氧技术，从两方面对 RH 真空脱碳带来影响：(1) 提高脱碳速度，缩短 RH 真空脱碳时间约 3min；(2) 提高 RH 真空处理前钢中碳含量，即转炉吹炼终点［C］（质量分数，下同）一般可提高 $200\times10^{-6}$ 以上，这取决于 LD-RH-CC 的生产周期与匹配。二炼钢应用 RH-KTB 多功能真空精炼技术以来，初始碳为 $350\times10^{-6}$~$550\times10^{-6}$ 时，可以使碳降到 $20\times10^{-6}$ 以下。1999 年采用 1 号 RH-KTB 脱碳的各类超低碳钢种共 1950 炉，其中无取向硅钢 747 炉，电工钢 725 炉，低碳薄板用钢 474 炉，钢中碳均降至 $20\times10^{-6}$ 以下，占精炼总炉数的 42.83%。2000 年进一步发挥了 RH-KTB/WPB 多功能的技术优势，冶炼了超低碳钢 1946 炉，其中包含了电视机框架钢 WYK-1，磁屏蔽用钢 WCP，此外还冶炼了常规 2 号 RH 难以完成的军工钢，高合金钢，为国防工业建设作出了重要贡献。经 1 号 RH-KTB 脱碳的钢种，转炉出钢碳提高幅度达 $150\times10^{-6}$，出钢温度视不同钢种下降 15~27℃。图 3 示出了 RH-KTB 与常规 RH 操作过程中碳量的变化，图 4、图 5 分别示出 1 号 RH-KTB 与常规 2 号 RH 脱碳过程真空度的控制和两种真空工艺下的脱碳曲线。

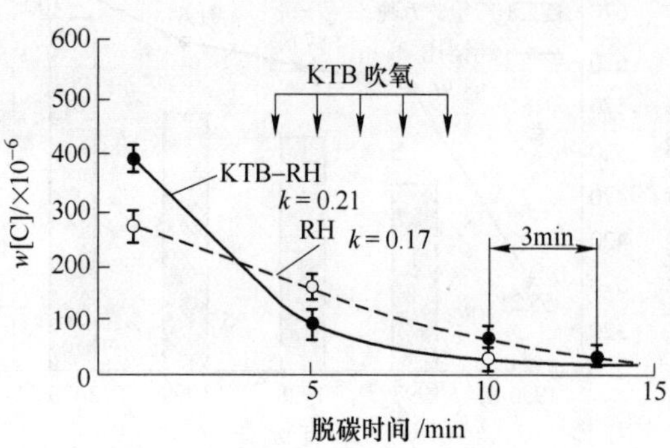


图 3　1 号 RH-KTB 与常规 2 号 RH 处理过程碳含量的变化

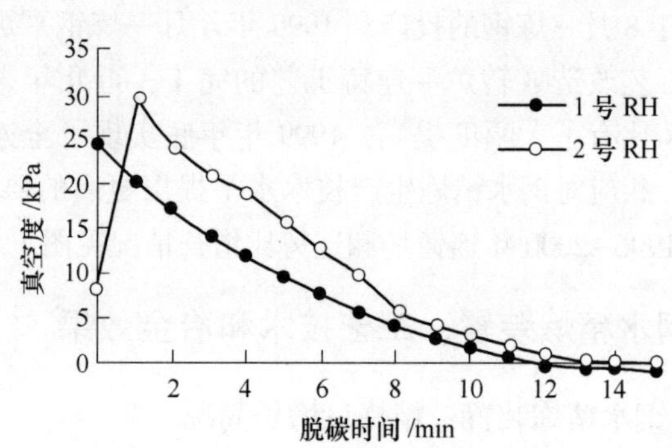


图 4　1 号 RH-KTB 与 2 号常规 RH 过程真空度的控制

3.2.2 RH-KTB 工艺温度补偿效果

图6示出了 RH-KTB 处理与常规 RH 处理的钢水温度随时间的变化，KTB 操作使温降速率减缓，吹氩结束时钢水的温降值仅 3℃，表明顶吹氧产生的燃烧热量用于对钢水热补偿达到 15℃以上，因此可相应降低转炉出钢温度。

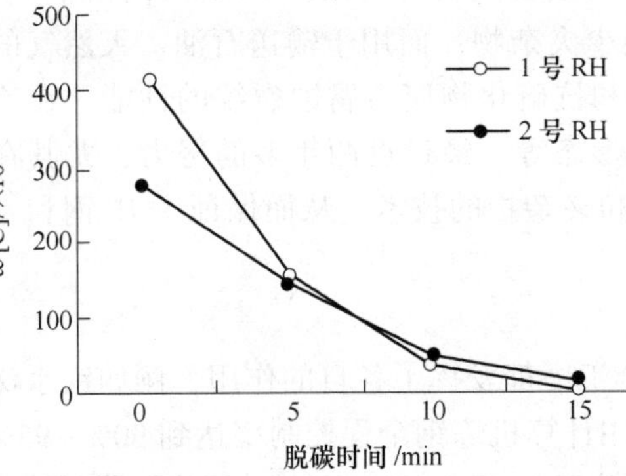


图5 1号 RH-KTB 与2号常规 RH 脱碳曲线

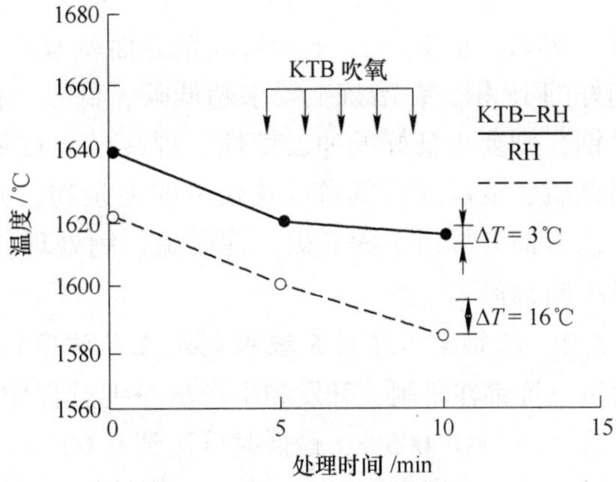


图6 1号 RH-KTB 与常规2号 RH 处理过程的温度变化

3.2.3 RH-KTB 工艺加铝升温效果

RH-KTB 铝热法对钢水升温的影响，经测定每吨钢添加 1kg 铝吹氧以后钢水温度上升 30℃以上，升温速度为 3℃/min 以上，氧气利用率为 70%以上，热效率达 90%。

3.2.4 RH-WPB 工艺脱硫效果

武钢只引进了 RH-PB 喷粉装置，喷粉脱硫工艺是自行开发的。分别研试了钢包顶渣改质、顶喷脱硫粉剂、喷枪高度等技术工艺参数，生产实践取得良好效果。RH-WPB 法采用 $CaO-CaF_2$ 系列粉剂脱硫，对无取向硅钢进行脱硫，在初始硫为 $50\times10^{-6}$ ~ $100\times10^{-6}$ 的条件下，喷吹 4~7kg/(t·s) 粉剂，可以使钢中硫降到 $10\times10^{-6}$ 以下，脱硫效率最高可达 70%以上。1999 年采用 RH-WPB 工艺进行深脱硫处理 158 炉钢水，为生产低硫钢和超低硫钢开创了新的途径。图7、图8分别示出了脱硫粉剂、喷吹枪位与真空顶喷粉钢水脱硫的关系。

3.2.5 钢中气体含量

采用 RH-KTB 工艺与常规 RH 处理相比，钢中［H］、［N］、［O］含量无明显变化，均达到国际一流水平。

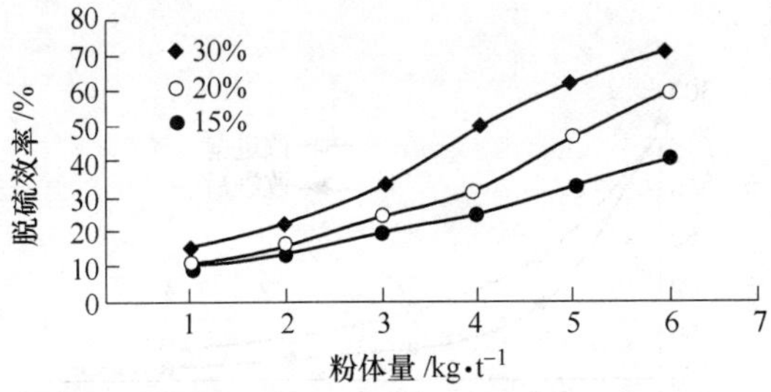


图7 粉体中 $w(CaF_2)$ 对脱硫效率的影响

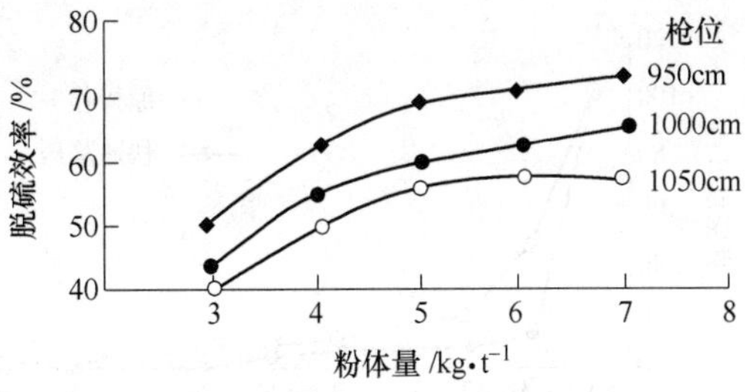


图8 喷吹枪位与脱硫效率的关系

3.2.6 RH-KTB、WPB 的综合冶金效果

采用 RH-KTB、WPB 后取得了良好的冶金效果，可稳定生产［S］≤$20\times10^{-6}$，［N］≤$30\times10^{-6}$，［H］≤$1.5\times10^{-6}$，［C］≤$30\times10^{-6}$ 的超低碳、超低硫的优质钢，精炼终点命中率≥95%以上，达到国际一流水平。

耐材消耗，插入管使用寿命年平均 47 次，最高 70 次，真空室底部使用寿命平均 120 次，最高 159 次。在钢种冶炼难度大于2号 RH 的条件下，其使用寿命与2号 RH 基本相同。

### 3.3　三炼钢钢水精炼技术的采用开发和洁净钢的生产

#### 3.3.1　洁净钢生产

武钢三炼钢是 1996 年建成投产的具有世界一流技术装备水平的大型现代化炼钢厂。为了充分发挥其技术优势，近几年来在研试和生产洁净钢和提高其质量上，开发了一些新的技术工艺，取得较显著的成效。例如，在生产 IF 钢和管线钢方面就取得了更突出的成绩。众所周知，要求深冲性能和表面质量特别好的 IF 钢，在冶炼上要求超低碳、低氮、低氢和很少夹杂物；而用于输送石油、天然气的高性能管线钢，则要求良好的冲击韧性、焊接性、抗氢致裂纹和抗硫化物应力腐蚀裂纹的性能，在冶炼上要求超低硫、低磷或超低磷以及较少的夹杂物，并控制其形态等。经过近两年多的努力，尤其在钢水精炼工艺方面开发出了深脱碳、深脱硫、钙处理，控制氮和夹杂物的技术，从而保证了 IF 钢和管线钢的质量不断提高。

#### 3.3.2　炼钢全工序的系统控制是生产洁净钢的基础

武钢三炼钢在研制、开发和生产洁净钢过程中，炼钢全工序都发挥了各自的作用，例如铁水深脱硫预处理后，[S]≤0.005%，最低时可达到 0.002%；转炉采用计算机炼钢全程控制率达到 90%~95%，终点碳、温度双命中率为 85%~90%；IF 钢的终点 [O] 可控制 $700\times10^{-6}\sim900\times10^{-6}$；复吹可降低渣中 FeO 含量 1%~2%，使 [C] [O] 积更接近平衡；出钢挡渣成功率>85%，流入钢包的渣层厚度一般可控制在<80mm 以内，最好时可控制到 40~60mm，进入钢包的渣量可控制在 3kg/(t · s)；钢包下渣监测；碱性中包内衬和保温剂的使用；钢包渣改质后，可控制 FeO+MnO<1%等。这些措施和效果为后工序钢水精炼及高质量洁净铸坯的生产提供了重要保证。

#### 3.3.3　RH 精炼脱碳技术及精炼后碳含量的控制

碳作为钢中的间隙原子，在超深冲薄板，尤其是汽车板 IF 钢中成为主要控制对象，要求尽可能低。为了获得碳含量小于 $30\times10^{-6}$ 甚至更低的超低碳钢，关键是真空脱碳的水平及精炼后控制钢水增碳的能力。

(1) 真空脱碳技术

提高真空脱碳效果的措施如下：

①真空室快速降压；

②加大插入管驱动气体流量；

③改变调温和合金化顺序。

通过采用上述措施，RH 真空脱碳可在 15~20min 内，将钢中碳含量降低到 $10\times10^{-6}\sim15\times10^{-6}$，比原脱碳操作大大提高脱碳效果，为生产超低碳钢打下了基础。图 9、图 10 示出不同的 RH 操作工艺的真空室压力下降曲线和降碳曲线。

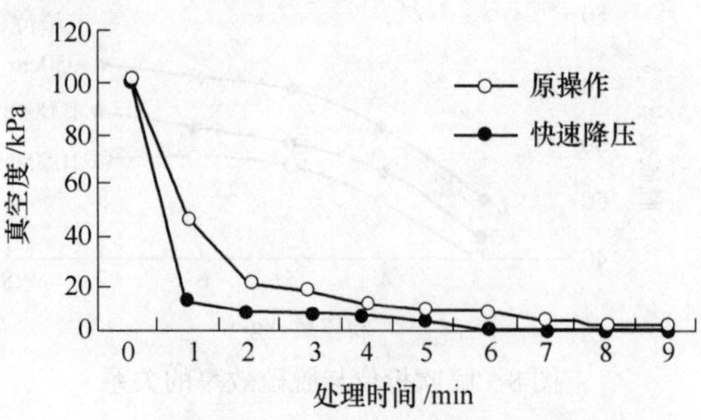


图 9　不同操作的 RH 真空室压力下降曲线

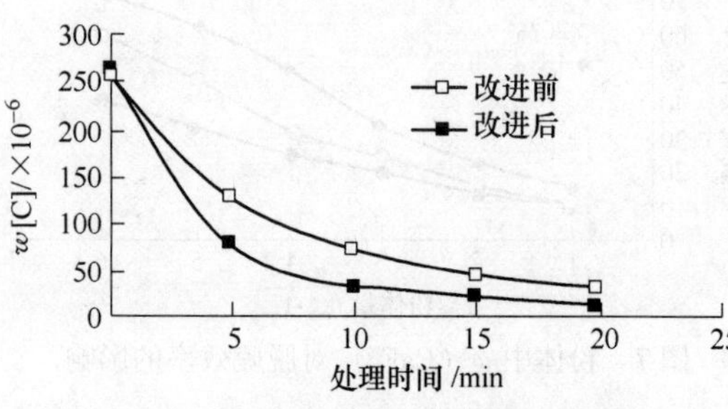


图 10　RH 操作改进前后的降碳曲线

(2) RH 处理后钢水增碳的控制

RH 真空脱碳使钢液中碳含量已控制到相当好的水平，但此后钢液还要继续与钢包包衬、钢包保温剂、中包耐材、中包保温剂及结晶器保护渣等接触反应，均会发生增碳现象。因此在相应工序采用无碳或极低碳的耐材和保温剂、保护渣就成为十分重要的任务。如使用无碳钢包衬砖可减少增碳 $5\times10^{-6}\sim7\times10^{-6}$，使用含碳 1%的中包渣比含碳 4.4%的中包渣可减少增碳 $5\times10^{-6}$。目前这方面还存在一定的差距，从

RH 结束至中包的增碳约为 $7\times10^{-6}\sim10\times10^{-6}$，IF 钢成品碳含量可降至 $25\times10^{-6}$。今后将继续努力，采取措施，减少增碳幅度。图 11、图 12 分别示出了中包渣对钢液增碳的影响及中包钢液碳含量逐年降低情况。

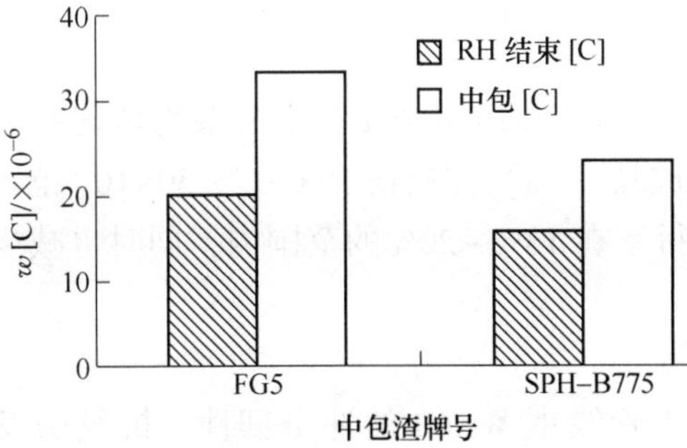


图 11　含碳中包渣 FG5 与 SPH-B775 对钢水增［C］的影响比较

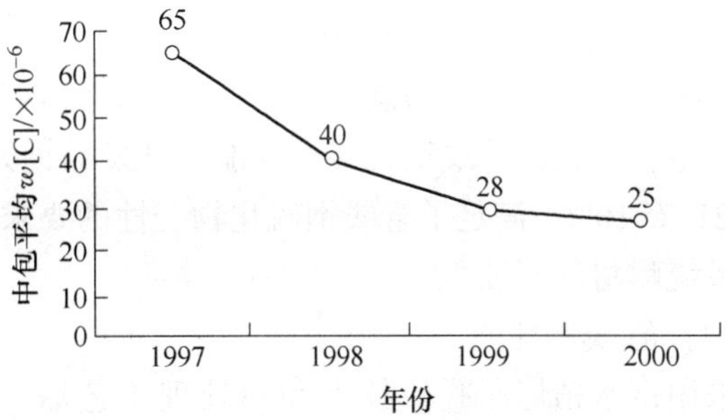


图 12　IF 钢中包钢水碳含量的降低情况

3.3.4　氮的控制

氮控制的主要环节在于转炉终点控制、脱氧方式及连铸保护浇注。

采用计算机控制炼钢技术，提高转炉终点命中率，控制钢水的氧化性，同时严格控制出钢过程强脱氧剂的使用，改善炉外精炼操作、使精炼结束时氮含量降低到 $20\times10^{-6}$左右（见图 13），连铸保护浇注的效果是氮控制的关键环节。因此，在保护浇注系统作了大量改进工作：

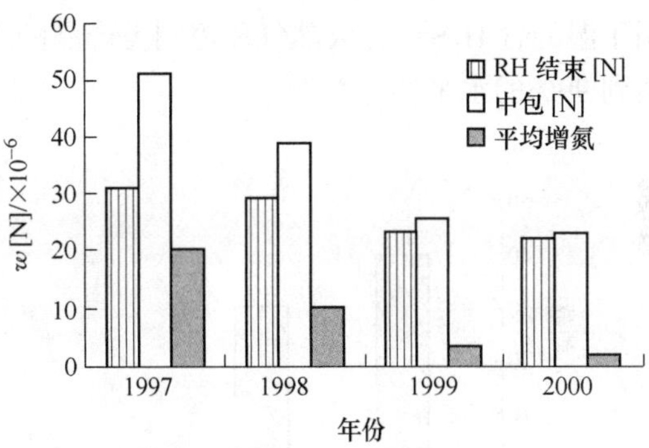


图 13　IF 钢［N］含量降低情况

（1）在长水口与钢包下水口之间采用特殊密封材料和氩封方式；

（2）确保氩气系统无泄漏；

（3）提高操作水平，确保长水口水口碗的残钢清除干净；

（4）控制吹氩气量，确保中包液面不暴露；

（5）提高钢包开浇自开率（目前稳定在 97%~99%）。

通过上述措施，连铸过程增氮得到了很好的控制，目前连铸大包到中包的钢水增氮已控制在 $<2.0\times10^{-6}$，IF 钢的氮含量可控制在 $12\times10^{-6}\sim25\times10^{-6}$范围，平均 $22.8\times10^{-6}$。

3.3.5　氧的控制

降低钢液中 T［O］的含量是提高钢洁净度的关键，如前所述，它涉及到炼钢、精炼及连铸全过程诸多因素的影响。通过采取前已述及的措施，钢中氧含量已得到较好的控制。IF 钢铸坯的 T［O］已控制到 $14\times10^{-6}\sim25\times10^{-6}$范围，平均 $18\times10^{-6}$。电解夹杂物总量可控制到 $14\times10^{-6}\sim30\times10^{-6}$范围，平均 $20.5\times10^{-6}$。

由于较好地控制了 IF 钢的［C］、［N］、［Si］、T［O］和夹杂物含量，成品材的机械性能完全合格，深冲性能优异，$n$ 值达到 0.254~0.269，$r$ 值达到 2.273~2.554，为国际同类产品的先进水平。

近几年，已试制出 12.4 万 t IF 钢，其中 2000 年生产 6.5 万 t。在二汽、江铃汽车等公司试制难冲件，100%合格。

3.3.6　氢的控制

钢中氢的去除要靠 RH 真空处理实现。借助于 RH 真空度的控制，钢水氢含量可降低到 $1\times10^{-6}$左右。需指出的是，凡与钢水接触的耐材、保温材料等必须严格控制其干燥度，避免钢水增氢。

3.3.7　超深脱硫和钙处理技术的开发应用

（1）深脱硫和超深脱硫技术的开发应用

深脱硫和超深脱硫技术是生产高性能管线钢的关键技术之一。［S］含量的高低决定了管线钢的主要性能。开发超深脱硫技术应用了系统控制的思想，即铁水脱硫—转炉控硫—精炼深脱硫—连铸防止回硫。采取的主要措施有：降低转炉终点［O］，出钢挡渣，钢渣改性，钢水脱氧，炉渣碱度和流动性及气体搅拌等工艺的控制。从而取得了显著的脱硫效果。在供给修建陕京管线大张坨—永清段用的 75 炉钢中（钢材 1.6 万 t），平均成品［S］为 $15.6\times10^{-6}$，［S］$\leqslant20\times10^{-6}$的炉次达 93.3%，最低成品［S］达到 $5\times10^{-6}$ 的水平。其［S］含量的分布见图 14。

（2）钙处理技术开发应用

对钢水进行钙处理精炼，是生产优质管线钢的另一关键技术。其作用是使钢中夹杂物球化并减少夹杂物数量，以提高管线钢抗裂纹性能。开发的钙处理工艺使成品［Ca］控制在 $15\times10^{-6}$~$30\times10^{-6}$范围，平均约 $21.7\times10^{-6}$，满足了管线钢硫化物变性的要求，Ca 的收得率在 13%~20%的范围内，同时也减少了对连铸系统耐材的侵蚀。

（3）管线钢性能

采用钢水精炼深脱硫技术和钙处理工艺后，生产的优质管线钢 WX60 的冲击韧性、抗氢诱发裂纹（HIC）和抗硫化物应力开裂（SSC）性能得到明显提高。武钢供货的修建四川忠县至湖北荆州的忠—荆段管线用钢的冲击韧性在-20℃时均大于 110J（图 15），远远大于该线技术条件要求的 40J。用于该线的螺旋埋弧焊管的裂纹长度率（CLR）、裂纹厚度率（CTR）、裂纹敏感率（CSR）等指标，经石油部门的检测结果认为均优于目前国际上用于输送湿的、含 $H_2S$ 油气管道广泛采用的抗 HIC 和 SSC 要求，达到了可用于湿的含 $H_2S$ 酸性天然气环境同类产品的水平。直缝焊管钢 J55 的超声波探伤合格率逐步提高，目前已达到 99%的水平。

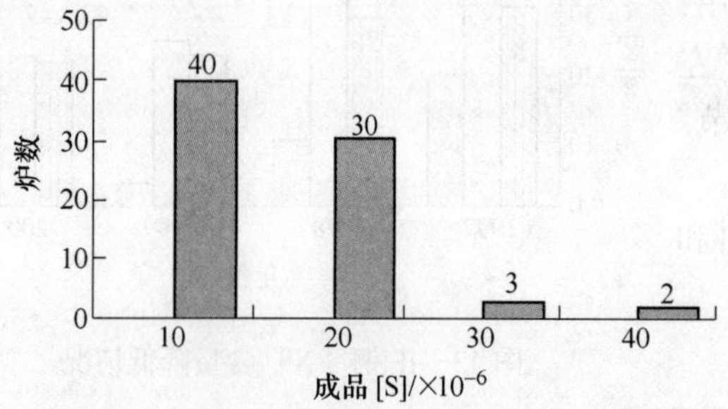


图 14　大张坨—永清管线用钢成品［S］分布

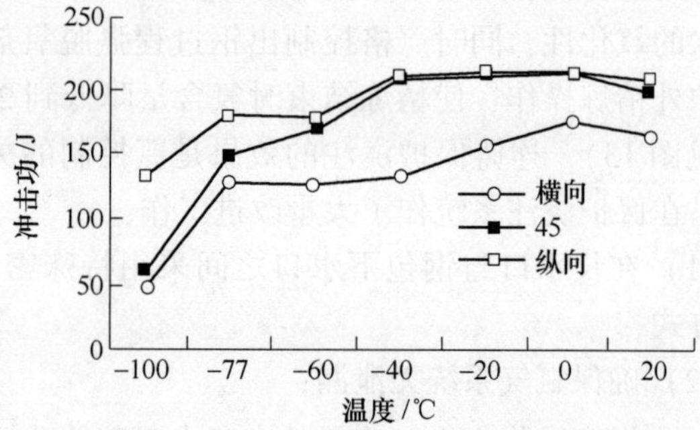


图 15　忠—荆管线用钢的冲击韧性

## 3.4　一炼钢钢水精炼技术在优质线材钢的开发应用

一炼钢技术改造后，主要生产供轧制线、型和棒材的连铸方坯。重点是开发和生产技术含量高、市场急需而国内尚不能生产或产量不多而需进口的线材，尤以优质硬线钢的开发和生产为关键。这些优质线材用钢不但要严格控制钢的成分，高的洁净度，而且还要控制夹杂物的结构、形态和尺寸等，以保证在轧制和成品深加工过程中，钢中夹杂物为可变形的塑性夹杂。这些要求除全工序严格控制外，钢水精炼更是其中的关键环节。

### 3.4.1　化学成分控制

为了保证用户生产工艺的稳定，硬线钢必须有相对稳定的成分控制范围。在控制好转炉冶炼终点的基础上，经 LF 钢包炉成分微调则是提高成分命中率的重要手段。目前硬线内控成分命中率已达 90.8%，炼成率已达 99.97%。

SWRH72B、SWRH82B 和帘线钢等钢种的成分控制水平见表 3。

表 3　硬线钢成分控制水平

| 化学成分（$w$） | C | Si | Mn |
|---|---|---|---|
| 目标值控制标准/% | ±0.02 | ±0.03 | ±0.03 |
| 内控率/% | 92.85 | 93.90 | 93.90 |

### 3.4.2　夹杂物控制

一些硬线钢在成品厂拉拔后直径通常较小，甚至达 0.3mm 以下（未含钢帘线），因此必须有效控制脆性夹杂物的尺寸和数量。经优化脱氧及合金化工艺，LF 炉炉渣精炼和喂钙线处理，取得了较好效果，钢中夹杂物多变性为塑性夹杂，且尺寸较细，与进口的同类产品水平相近，见表 4。

**表 4 硬线钢夹杂（钢材检验结果）**

| 钢 种 | | 某厂进口 72(A) | 70（A） | SWRH82B | WDT47A |
|---|---|---|---|---|---|
| 夹杂物评 级 | 氧化物 | B1.0 | B1.0 | D0.5 | D1.0 |
| | 硫化物 | A1.0 | A0.5 | A0.5 | A0.5 |
| 夹杂物尺寸 | 最大尺寸/μm | 37.5 | 19.5 | 8.5 | 7.0 |
| | 平均尺寸/μm | 4.75 | 4.63 | 2.80 | 3.46 |
| | ≤5μm 比例/% | 88.06 | 90.5 | 97.0 | 95.8 |

3.4.3 氮、氧、氢的控制

一些硬线钢如 70（A）、SWRH72A、SWRH82B 和帘线钢等优质高碳钢经 VD 真空炉和 LF 钢包炉脱气处理后，钢中［N］、［H］、［O］含量见表 5~表 7。

表中分子为范围，分母为均值（成分均为质量分数）。

**表 5 VD 炉脱［N］效果**

| VD 前［N］/$\times10^{-6}$ | 处理时间/min（67Pa） | VD 后［N］/$\times10^{-6}$ |
|---|---|---|
| $\frac{28\sim44}{34.3}$ | $\frac{15\sim25}{20.0}$ | $\frac{17\sim36}{25.6}$ |

**表 6 LF 炉和 VD 炉［O］控制效果**

| LF 前 $a_O/\times10^{-6}$ | LF 后 $a_O/\times10^{-6}$ | VD 后 $a_O/\times10^{-6}$ | 中包 T[O]/$\times10^{-6}$ |
|---|---|---|---|
| $\frac{27\sim45}{32.0}$ | $\frac{12\sim27}{20.0}$ | $\frac{10\sim22}{14.0}$ | $\frac{18\sim26}{23.0}$ |

**表 7 VD 炉脱［H］效果**

| VD 前［H］/$\times10^{-6}$ | 处理时间/min（67Pa） | VD 后［H］/$\times10^{-6}$ |
|---|---|---|
| $\frac{5.5\sim7.8}{6.2}$ | $\frac{15\sim28}{18}$ | $\frac{0.8\sim2.0}{1.5}$ |

VD 处理前钢中［H］含量较高，是由于转炉吹炼终点拉碳较低，出钢后加增碳剂约 7~8kg/t 所致。

3.4.4 钙处理

对优质硬线钢如 SWRH82B、帘线钢和铝镇静钢，一般均采用喂钙线处理，经钙处理后中包钢水［Ca］为 $20\times10^{-6}\sim35\times10^{-6}$，酸不溶铝为 $20\times10^{-6}\sim35\times10^{-6}$，钙的收得率 $\eta_{Ca}$ 约 10%以上。

2000 年共生产硬线钢 41.79 万 t，其中胎圈钢丝用钢为 6.08 万 t，高强度预应力钢丝、钢绞线用钢为 11.96 万 t。在帘线钢、冷镦钢、重轨钢等品种上也均取得较好的效果，受到一些用户好评。目前正在进一步改进工艺技术操作、稳定和提高质量。

## 4 结语

（1）钢水精炼是提高钢的质量、扩大钢的品种、优化炼钢工艺流程、提高生产效率的重要手段，是生产洁净钢不可缺少的关键工艺环节。

（2）武钢三座钢厂已有 22 套钢水精炼装置，包括 4 套真空处理装置和 2 套 LF 钢包炉，年精炼钢水能力达 700 万 t 以上，为生产优质钢和洁净钢提供了有利条件。

（3）“九五”期间（1996~2000 年）钢水精炼能力有了快速增长，2000 年武钢共精炼钢水 249.29 万 t，钢水精炼比37.53%，较1996年提高幅度达3倍以上。

(4) 武钢采用RH和RH—KTB、WPB真空处理技术，取得了良好的冶金效果，钢水经真空处理后，可稳定地生产［S］$\leqslant 20\times10^{-6}$、［N］$\leqslant 30\times10^{-6}$、［H］$\leqslant 1.5\times10^{-6}$、［C］$\leqslant 30\times10^{-6}$的超低硫、超低碳洁净钢，精炼终点命中率≥95%以上，部分钢种的T［O］和洁净度及其板材产品性能已达到国际一流水平；经LF炉和VD炉精炼的线材用钢亦取得良好的精炼效果。

(5) 武钢现有的钢水精炼设备能力较大，将根据钢种质量要求、市场需要和企业效益综合考虑，充分发挥现有炉外精炼设备的功能和生产能力，进一步扩大钢水精炼比。

（原载《炼钢》，2001（6））

# 钢帘线用高碳钢（82B）氧化物夹杂控制热力学

薛正良　于学斌　刘振清　吴　杰　韩　俊

## 1　前言

钢帘线在冷拔和捻股过程中发生断丝，最主要的原因之一是钢中存在硬而不变形的脆性夹杂物。意大利著名的钢帘线生产厂家皮里列（Pirlli）公司在进行研究时发现，当钢丝拉拔至0.176mm时，断口表面上均发现夹杂物，并处在线材的边缘附近，夹杂物横向尺寸在20~60μm之间，能谱分析表明它们主要是$Al_2O_3$夹杂。经验表明，钢中非金属夹杂物尺寸只要大于被加工钢丝直径的2%，即可导致钢丝在冷拔和捻股过程中脆性断裂。那些很细小的脆性夹杂物颗粒，虽然侥幸通过钢丝拉拔和捻股关，必然会在成品钢帘线的动态疲劳性能试验或在轮胎的实际应用中导致早期断裂。

钢液脱氧过程中一旦析出$Al_2O_3$夹杂，精炼过程中无法将它们从钢液中彻底去除；特别是那些尺寸小于50μm的夹杂，要通过常规的精炼工艺从钢液中有效去除是十分困难的。因此，即使将钢液全氧质量分数降低到$5\times10^{-6}$~$6\times10^{-6}$，材料疲劳断口上仍然发现直径为10~20μm的$Al_2O_3$颗粒。由此可见，高碳帘线钢生产过程中氧化物夹杂控制的关键是避免钢液脱氧过程中析出$Al_2O_3$夹杂，取而代之的是通过脱氧和精炼过程的控制，使脱氧过程析出的氧化物夹杂具有良好变形能力的塑性夹杂物。

## 2　氧化物夹杂的变形能力

氧化物夹杂的变形能力决定于氧化物夹杂的组成，图1为$MnO_2$—$Al_2O_3$—$SiO_2$和CaO—$Al_2O_3$—$SiO_2$三元系氧化物夹杂的组成及其在热加工前后的形态。图1中区域①为不变形的均相夹杂物区；区域④为两

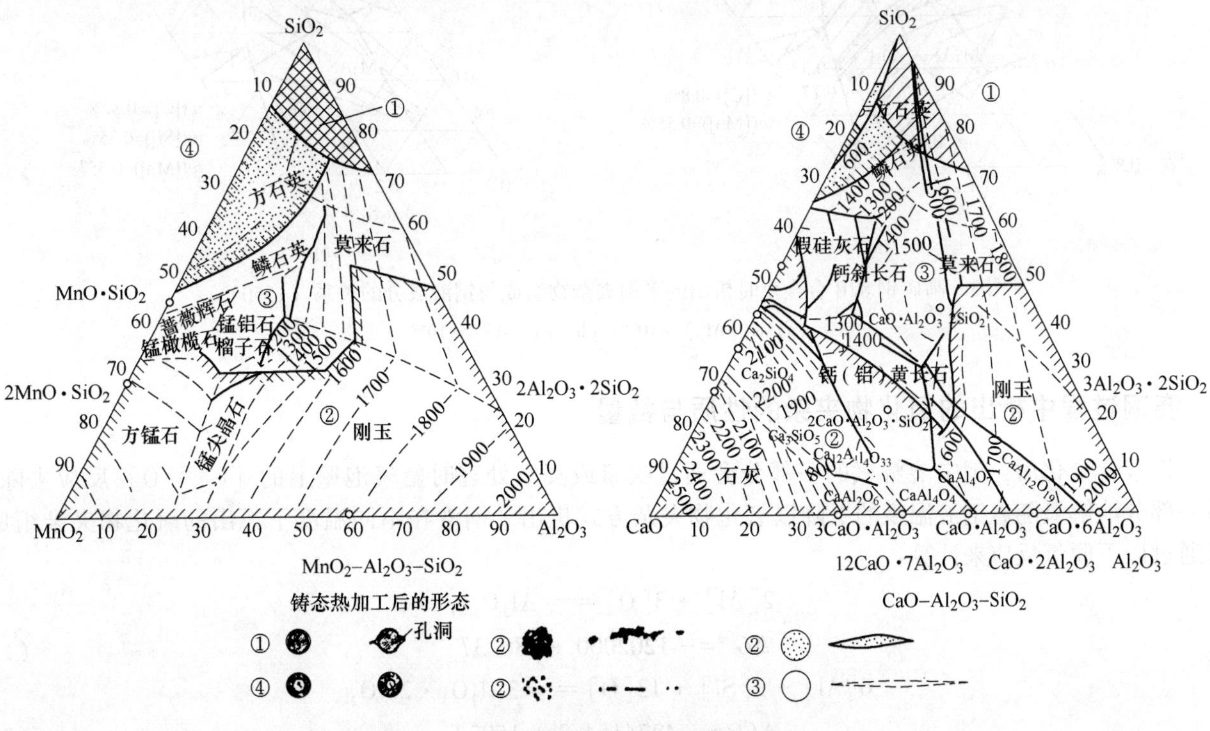


图1　$MnO_2$—$SiO_2$—$Al_2O_3$和CaO—$SiO_2$—$Al_2O_3$系氧化物夹杂的变形性

相区，其中一相不能变形；在富含 CaO 和 $Al_2O_3$ 的一侧，即区域②具有很强的结晶能力，因而也是不能变形的；区域③为可变形的夹杂物区域，即：对 $MnO_2$—$Al_2O_3$—$SiO_2$ 系三元夹杂，具有良好变形能力的夹杂物组成分布在锰铝榴石（$3MnO \cdot Al_2O_3 \cdot SiO_2$）及其周围的低熔点区，在该区域内 $Al_2O_3/(MnO+Al_2O_3+SiO_2)=15\%\sim30\%$；而在 CaO—$Al_2O_3$—$SiO_2$ 三元系中，钙斜长石（$CaO \cdot Al_2O_3 \cdot 2SiO_2$）及其周边低熔点区域具有良好的变形能力。

## 3　高碳帘线钢脱氧分析

钢中析出的脱氧产物主要包括两大部分，一部分是用硅铁和锰铁合金化（和用铝终脱氧）时析出的一次脱氧产物；另一部分是钢液分别从精炼温度冷却至液相线温度和从液相线温度冷却到固相线温度时析出的二、三次脱氧产物。各次脱氧产物的析出比例决定于钢液中的铝含量高低，对高碳钢 82B，当忽略固相线温度以下析出的四次夹杂物时，计算出一、二和三次脱氧产物的比例见图 2。

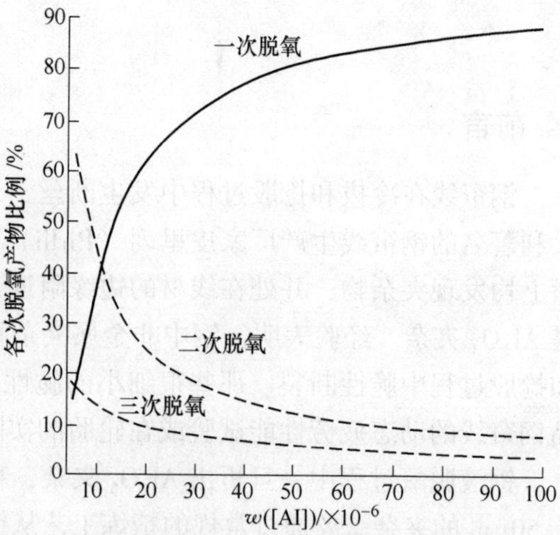


图 2　高碳钢 82B 中析出的各次脱氧产物的比例

图 2 表明，一次脱氧产物的数量决定于钢液中的铝含量，当钢中 $w([Al])<3\times10^{-6}$ 时，一次脱氧产物量小于 10%，此时的脱氧产物（合金化时析出的脱氧产物）组成分布在具有良好变形能力的锰铝榴石范围内（见图 3）；若钢中 $w([Al])=30\times10^{-6}$，此时析出的一次脱氧产物量达到 70%以上。由图 3 外推，此时的一次脱氧产物是 $Al_2O_3$。

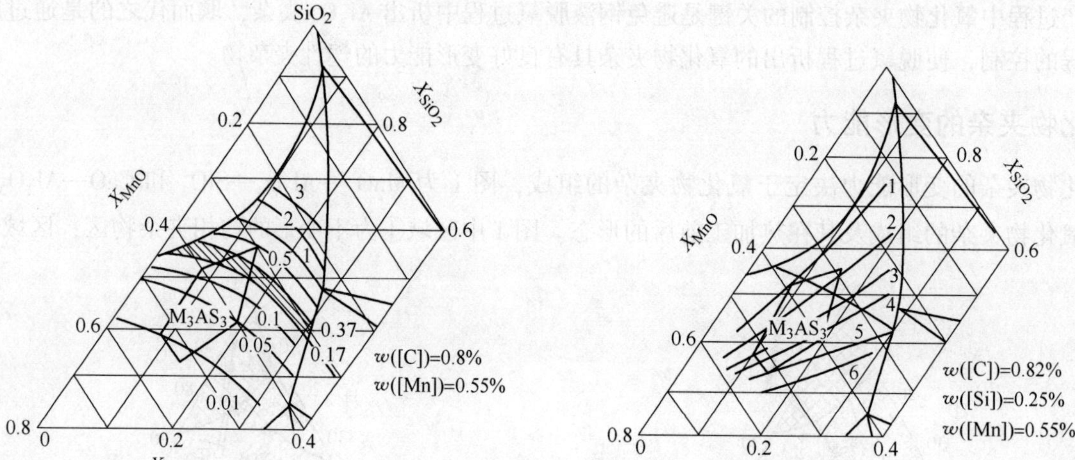


图 3　高碳钢 82B 合金化时析出的平衡夹杂物组成与钢液成分的关系（1550℃）

(a) $w([Al])/\times10^{-6}$；(b) $w([Al])/\times10^{-6}$

## 4　浇钢过程中析出的氧化物夹杂的性质与数量

钢液合金化后，钢中溶解氧的一部分会通过吹氩或真空处理时氩气泡壁上的［C］-［O］反应去除，另一部分溶解氧随着钢液温度的下降以氧化物夹杂方式析出。钢液在不同温度下析出的氧化物夹杂组成可通过以下脱氧反应来计算：

$$2[Al]+3[O] = Al_2O_{3(s)}$$

$$\Delta G^{\ominus}=-1202000+386.3T \tag{1}$$

$$6[Al]+2[Si]+13[O] = 3Al_2O_3 \cdot 2SiO_2$$

$$\Delta G^{\ominus}=-4774154.3+1592T \tag{2}$$

$$[Ca]+[Si]+3[O] = CaO \cdot SiO_2$$

$$\Delta G^{\ominus} = -1301477 + 359.73T \tag{3}$$

$$[Ca] + 2[Al] + 2[Si] + 8[O] = CaO \cdot Al_2O_3 \cdot 2SiO_2$$

$$\Delta G^{\ominus} = -3088133 + 942.88T \tag{4}$$

钢液温度分别在1550℃、1500℃和液相线1477℃下计算的脱氧产物组成与钢液中强脱氧元素钙和铝含量的关系见图4。

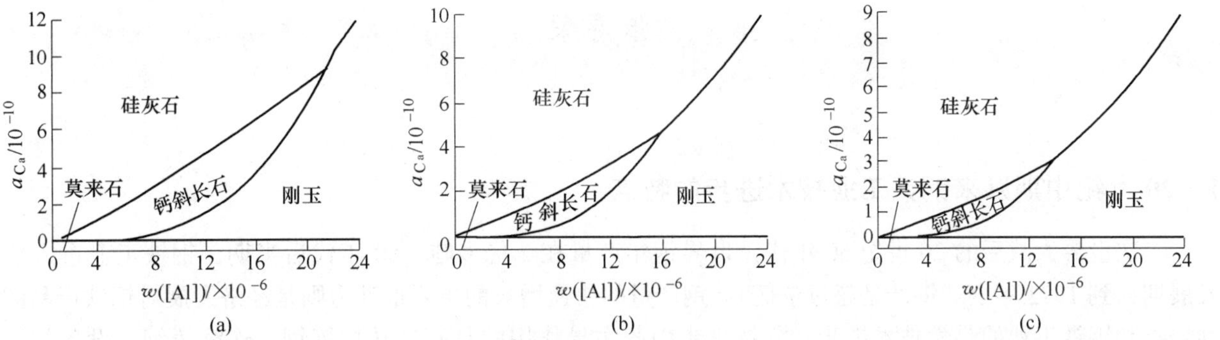


图4 钢帘线用高碳钢82B在不同温度下析出的脱氧产物组成与钢液中强脱氧元素含量的关系

(a) 1550℃；(b) 1500℃；(c) 1477℃

从图4可以看出，随着钢液温度的下降，钙斜长石析出的区域逐渐变小。此外，由于钙的活度系数目前还不能精确计算出来，故钢液中适宜的钙含量只能通过实验来确定。尽管如此，当钢液中［Al］降低到极低水平（如$w([Al])<3.5\times10^{-6}$）时，基本上就可以避免钢中析出$Al_2O_3$夹杂。在这种情况下，脱氧产物组成随钢液中钙含量的不同可分布在假硅灰石（$CaO \cdot SiO_2$）、钙斜长石或莫来石（$3Al_2O_3 \cdot 2SiO_2$）析出区内。生产实践表明当高碳帘线钢$w([Al])>3.7\times10^{-6}$时，钢中就会析出$Al_2O_3$夹杂，这与我们的热力学预测结果相一致。

关于钢液中二、三次脱氧产物的析出数量，决定于精炼过程的吹氩数量或真空处理的时间。由于钢液含碳量高，钢液吹氩过程可以脱除大部分溶解氧。根据日本川崎公司的生产经验，当仅用钢包吹氩处理时钢中全氧质量分数小于$35\times10^{-6}$。生产实践表明，经过充分LF精炼而未经真空处理的82B钢液的全氧质量分数大多分布在$20\times10^{-6}$左右。

## 5 结论

在高碳帘线钢生产过程中的合金化阶段，钢中析出的脱氧产物的性质主要决定于钢液中的铝含量。钢液用硅铁和硅锰合金化时，当钢中$w([Al])<30\times10^{-6}$，一次脱氧产物为具有良好变形能力的锰铝榴石，相应的一次脱氧产物析出量小于10%。

在钢液精炼过程中，钢-渣之间的化学反应（$(CaO)+C=[Ca]+CO$）会使钢液增钙，从而使脱氧产物的组成逐渐从$MnO—Al_2O_3—SiO_2$系向$CaO—Al_2O_3—SiO_2$系转变。热力学计算表明，钢液从1550℃降温至1500℃时，钢中$w([Al])<3.5\times10^{-6}$就可以避免析出$Al_2O_3$夹杂。若要使钢中完全避免析出$Al_2O_3$夹杂，钢液中$w([Al])$应小于$2.25\times10^{-6}$。如果钢液通过钙处理溶解有较多的钙，则对应的铝含量控制范围可适当放宽。

（原载《炼钢》，2002（2））

# 薄板坯连铸连轧技术在我国大有可为

张寿荣

## 1　20 世纪中期以来钢铁工业技术进步的特点

二次世界大战后的 20 世纪 50 年代，世界钢年产量在 2 亿多吨。50 年代后半期，钢铁工业进入快速发展期，到 1973 年全球钢产是超过 7 亿 t。钢产量的快速增长的主要推动力则是经济发展对钢铁产品的强劲需求和钢铁工业的科学技术进步。科技进步中起主导作用的是氧气转炉炼钢、连续铸钢、设备的大型化、自动化和连续化。19 世纪，科学技术进步促进了钢铁工业的形成。20 世纪，科学技术进步则促进了钢铁工业的大发展。

20 世纪中期以来的技术进步可以归纳为三种类型：

（1）用新开发的工艺替代旧工艺。如：氧气转炉炼钢替代平炉炼钢（和空气转炉炼钢），用风口喷吹燃料部分替代从炉顶装入的焦炭等。

（2）工序功能分解的开发。如转炉炼钢的功能包括脱碳、脱硅、脱磷、脱硫，温度控制与气体含量控制。为提高效率和控制精度，将脱硫及部分脱磷功能分解为铁水预处理，成分微调和气体含量控制分解为炉外精炼，转炉的主要功能则变成脱碳与升温。功能分解使钢水质量大幅度改善，设备效率提升到一个新水平。

（3）工序功能集成的开发。如连续铸钢是钢锭模铸与初轧开坯的集成。薄板坯连铸是连续铸钢与热轧粗轧工序的集成等。

这三类技术进步的共同点是：提高效率，降低消耗，提高收得率，改善质量，提高钢铁制造工艺的总体水平。

## 2　薄板坯连铸连轧技术是新工艺开发与成熟工艺集成的产物

薄板坯连铸连轧技术主要由两部分组成：薄板坯连铸技术与热连轧技术，连接这两部分的是加热炉。薄板坯连铸技术属于常规连铸与热轧粗轧功能集成的技术开发，是新工艺。热连轧技术已是成熟的广泛应用的工艺。连接这两部分的加热炉，可有多种选择，均属于成熟工艺。薄板坯连铸连轧技术的核心创新点是薄板坯连铸。从理论上讲属于钢水凝固过程的基础研究和控制技术的应用开发。长期以来，钢铁界理论研究的重点是钢铁冶金的物理化学过程。20 世纪 80 年代以来，钢水凝固过程成为研究的重点，这一趋向将延续到 21 世纪初。

薄板坯连铸连轧技术与常规连铸及常规热轧机的比较见表 1。

**表 1　薄板坯连铸连轧与常规连铸及热轧的比较**

| 分类 | 常规工艺 | 薄板坯连铸连轧 |
|---|---|---|
| 常规连铸 | 板坯厚度 150~250（300）mm | 结晶器出口坯厚 50~90mm |
| | 连铸机拉速 1.0~2.0m/min | 连铸机拉速 4~6m/min |
| | 冶金长度 30~40m | 冶金长度<10m |
| 热连轧机 | 粗轧机 2~4 架将连铸坯压缩至 40mm 左右 | 薄板坯经加热炉直接进精轧机 |
| | 精轧机 6~7 架 | 精轧机 5~7 架 |

薄板坯连铸连轧技术采用的热连轧机是成熟工艺，其生产能力可达 350~450 万 t/a。薄板坯连铸机是

开发的新工艺，由于厚度薄，即使宽度增加，单流的年产量也只有 100~120 万 t/a 的水平。新工艺与成熟工艺集成在一起就出现连轧机能力大而连铸机能力小的不匹配问题。过去常规热连轧机产品中薄规格比例少，主要原因是生产薄规格产量大幅降低，经济上不合算。薄板坯连铸连轧技术中的不匹配为生产薄规格的热轧产品提供了机遇。

## 3 如何发挥薄板坯连铸连轧技术的优势

### 3.1 常规热连轧机产品结构的特点

下面举出我国最新建设的常规热连轧机产品中不同厚度产品的产量以说明其产品结构的特点。

从表 2、表 3 可以看出，常规热连轧机薄规格产品比例低。表 2 所列 1780mm 轧机≤1.5mm 产品比例占 3.42%，1.5~2.0mm 产品比例占 8.60%，2.0~2.5mm 产品比例占 7.30%，≤2.5mm 产品比例合计为 19.82%。表 3 所列 2250mm 轧机≤2.0mm 产品比例占 1.42%，2.0~2.5mm 产品比例占 13.87%，≤2.5mm产品比例合计为 15.29%。产量比例最大的是厚度为 3.0~40mm 的产品。

**表 2 1780mm 热连轧机设计的不同规格产品的年产量及采用的小时产量** (t)

| t/mm | b/mm | | | | | | |
|---|---|---|---|---|---|---|---|
| | 900 | 1000 | 1100 | 1200 | 1300 | 1400 | 1500 |
| 1.5 | 19150<br>(375) | 19750<br>(427) | 17500<br>(457) | 63200<br>(613) | | | |
| 2.0 | 43001<br>(443) | 41000<br>(517) | 217001<br>(538) | | | | |
| 2.5 | 43750<br>(446) | 140001<br>(550) | 164500<br>(632) | 28000<br>(651) | | | |
| 2.6 | 15950<br>(456) | 15750<br>(534) | 291500<br>(554) | 472501<br>(632) | 70000<br>(651) | 1500<br>(651) | 1000<br>(600) |
| 3.0 | 14006<br>(456) | 14000<br>(548) | 303000<br>(561) | 451000<br>(649) | 203300<br>(651) | 465000<br>(651) | 2500<br>(620) |
| 4.0 | 10500<br>(468) | 10500<br>(548) | 51000<br>(568) | 112000<br>(649) | 126000<br>(651) | 70000<br>(651) | 35000<br>(620) |
| 6.0 | | | 24500<br>(575) | 45500<br>(651) | 47000<br>(651) | 17500<br>(651) | 10500<br>(626) |
| 8.0 | | | 10500<br>(583) | 14000<br>(652) | 24500<br>(654) | 14000<br>(654) | 7000<br>(650) |
| 10.0 | | | | 28000<br>(651) | 15000<br>(656) | 3500<br>(656) | 3500<br>(656) |
| 16.0 | | | | | 10000<br>(658) | 7000<br>(658) | 3000<br>(650) |

注：1. 平均带钢尺寸为 2.8mm×1170mm；2. 平均小时产量为 597.5t/h；3. 括号内为小时产量。

**表 3 2250mm 热连轧机设计的不同规格产品的年产量及采用的小时产量**

| 厚度范围/mm | 代表厚度/mm | 总计/t · a$^{-1}$ | 产品所占比例/% | 作业时间/h | 平均小时产量/t |
|---|---|---|---|---|---|
| 1.2~2.0 | 1.5/1.8 | 49840 | 1.42 | 168.6 | 295.6 |
| 2.0~2.5 | 2.3 | 485485 | 13.87 | 971.1 | 499.9 |
| 2.5~3.0 | 2.8 | 638120 | 18.23 | 1230.4 | 518.6 |
| 3.0~4.0 | 3.5 | 1102885 | 31.51 | 2075.7 | 531.3 |
| 4.0~6.0 | 5.0 | 608650 | 17.39 | 1156.3 | 526.3 |

续表 3

| 厚度范围/mm | 代表厚度/mm | 总计/t · a$^{-1}$ | 产品所占比例/% | 作业时间/h | 平均小时产量/t |
|---|---|---|---|---|---|
| 6.0~10.0 | 8.0 | 245315 | 7.01 | 429.7 | 570.9 |
| 10.0~14.0 | 12.0 | 182035 | 5.20 | 321.7 | 565.8 |
| 14.0~18.0 | 16.0 | 121345 | 3.47 | 117.3 | |
| 18.0~25.4 | 20.0 | 66325 | 1.90 | | |
| 合　计 | | 3500000 | 100 | 6470.8 | 540.89 |

注：平均宽度为 1389.499mm；平均厚度为 4.945mm。

### 3.2　生产薄规格产品和替代部分冷轧薄板是薄板坯连铸连轧的优势

由于生产薄规格产品热连轧机小时产量低，我国拥有热连轧机的钢厂普遍不愿意生产薄规格产品。然而，我国市场对薄规格热轧卷有需求，只有靠进口。如 2000 年，我国进口热轧薄板 271.6 万 t，其中<3mm 热轧卷 194.3 万 t，占 71.6%。2001 年，我国进口热轧薄板 263 万 t，其中<3mm 热轧卷 198.7 万 t，占 75.5%。国内对薄规格热轧薄板的需求将会继续增长。这就为薄板坯连铸连轧技术在我国的发展提供了大的发展空间。

我国冷轧薄板生产中也存在相同的倾向，薄规格（≤0.5mm）产品比例小。薄规格冷轧薄板进口量大。2000 年我国进口冷轧薄板 552.9 万 t，其中 0.5~1.0mm 产品为 260.8 万 t，<0.5mm 产品为 166.6 万 t，合计 427.7 万 t，占总量的 77.4%。2001 年我国进口冷轧薄板 548.6 万 t，其中 0.5~1.0mm 产品为 247.4 万 t，<0.5mm 产品为 163.4 万 t，合计 410.8 万 t，占总量的 74.9%。自薄板坯连铸连轧技术问世以来，一部分对表面质量要求不高的冷轧产品（≥1.0mm 冷轧板）已被热轧薄规格产品所替代，而冷连轧机则专用来生产更薄规格的产品。在我国用薄规格热轧板（1~3mm）代替冷轧薄板存在很大潜力，这也是我国薄板坯连轧技术另一大的发展空间。

### 3.3　发挥薄板坯连铸连轧技术的途径

薄板坯连铸与常规热连轧机能力上的不匹配为薄板坯连铸连轧工艺生产薄规格产品创造了条件。为解决不匹配问题还必须提高薄板坯连铸机的生产能力，可行的办法是增加连铸机的流数，用 2 流连铸机对 1 套热连轧机组，同时提高连铸机拉速和增加结晶器连铸坯出口厚度。现在运行的连铸机拉速与铸坯厚度的关系示于图 1。

表 4 为按图 1 数据计算出的不同结晶器出口铸坯厚度时单流铸机的年产量。

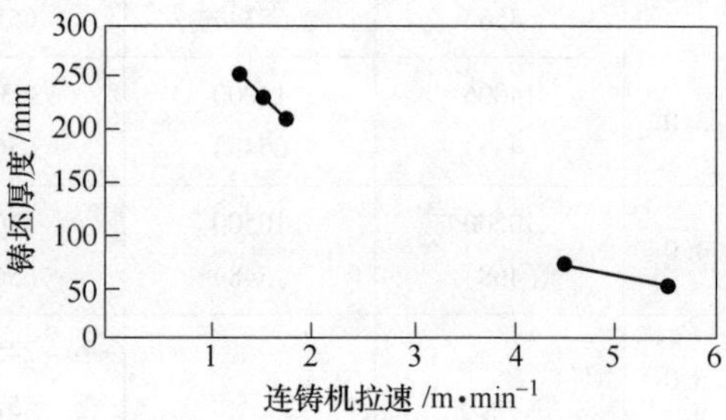


图 1　连铸机拉速与连铸坯厚度的关系

**表 4　结晶器出口铸坯厚度与连铸机单流年产量的关系**

| 项　目 | 指　标 | | | | | |
|---|---|---|---|---|---|---|
| 连铸机结晶器出口厚度/mm | 50 | 70 | 90 | 210 | 230 | 250 |
| 单流年产量/万 t | 80~90 | 95~105 | 100~115 | 120~130 | 120~130 | 115~125 |

表 4 中的计算结果表明，在目前已普遍达到的拉速的情况下，两流配一套热连轧精轧机组，铸坯可达到年产 230 万 t 的能力。如拉速比现在的水平提高，年产量还可增加。

常规热连轧机组年产量可达 350~450 万 t。是以现在通行的产品结构为基础的。薄规格产品的比例如果增大，年产量有何变化？表 5 为增加薄规格产品后的热连轧机组生产能力的计算结果。

**表 5　增加薄规格产品后热连轧机生产能力**

| 产品厚度范围/mm | 作业时间所占比例/% | 小时平均产量/t | 按年作业 6000h 计算的产量/t | 按年作业 5860h 计算的产量/t | 在产品中所占比例/% |
|---|---|---|---|---|---|
| <1.5 | 50 | 300 | 900000 | 879000 | 36.36 |
| 1.5~2.0 | 20 | 450 | 540000 | 527400 | 21.82 |

续表 5

| 产品厚度范围/mm | 作业时间所占比例/% | 小时平均产量/t | 按年作业 6000h 计算的产量/t | 按年作业 5860h 计算的产量/t | 在产品中所占比例/% |
|---|---|---|---|---|---|
| 2.0~3.0 | 15 | 550 | 495000 | 483450 | 20.20 |
| >3.0 | 15 | 600 | 540000 | 527400 | 21.82 |
| 合 计 | | 412.5 | 2475000 | 2417250 | 100.00 |

计算表明，≤2.0mm 产品的比例如超过 50%，则铸机与轧机的能力基本匹配，设备能力可较好地发挥。由此可见，发挥薄板坯连铸连轧技术优势的途径在于多生产薄规格产品。

## 4 我国薄板坯连铸连轧技术大有发展前途

自 1989 年第一台薄板坯连铸连轧生产线在纽柯的 Crawfordsuille 投产以来到 2001 年末全世界已投产和在建的薄板坯连铸连轧生产线已有 36 条，总设计生产能力约 5500 万 t/a。我国已投产的薄板坯连铸连轧生产线有 4 条，生产能力超过 500 万 t/a，在建的有 3 条，合计生产能力近 1000 万 t/a。我国这 7 条生产线都有第二期工程，建成后总生产能力将达 1500 万 t/a，超过全世界薄板坯连铸连轧生产能力的 1/4。我国拥有薄板坯连铸连轧生产线之多，仅次于美国居世界第二位。

我国薄板坯连铸连轧技术发展快的主要原因是市场对钢材需求的快速增长。自 1996 年我国钢年产量超过 1 亿 t 以来，连续 5 年均以年超过 1000 万 t/a 的速度增长。目前我国热轧薄板的产量约在 2000 万 t/a 水平，在钢材结构中比例较低，必须增加热轧薄板的生产能力。与常规热连轧机相比，薄板坯连铸连轧工艺具有多方面优势：单位产量投资省，除珠钢因第一套投资高外，如包头为 1630 元/t，涟源为 1810 元/t，马鞍山为 1140 元/t，均大大低于常规热连轧机；能耗低，劳动生产率高。在我国钢铁企业结构调整、增加板材生产能力的进程中，薄板坯连铸连轧技术必然成为采用的重点。

为保证我国在 21 世纪中期实现第三步战略目标，我国钢年产量将不低于 1.8~2.2 亿 t，热轧薄板的年需求量将不低于 4000~4500 万 t，现有生产力还有 1000 万 t/a 的缺口。这部分缺口要靠新建生产线补足。我国薄板坯连铸连轧技术还有很大的发展空间。

我国与工业发达国家的情况不同。这些国家钢产量增长的可能性很小，甚至还会缩减。这些国家热连轧机生产能力过剩，薄板坯连铸连轧工艺的采用要靠淘汰老的热连轧机。我国薄板坯连铸连轧技术的采用主要靠建新的生产线，而老热连轧机的淘汰则是少量的。由此可以预见，我国将成为全世界薄板坯连铸连轧生产线最多，生产能力最大的国家。

这样，就为我国薄板坯连铸技术进入国际先进行列提供了机遇。氧气转炉炼钢是奥地利的发明，而氧气转炉炼钢技术的发展完善并在国际上领先的则是日本。如果充分利用这一机遇，我国就能够在凝固理论及工程应用方面有所发现、创新并开发出大量具有自主知识产权的技术来。薄板坯连铸机的效率有待提高，板坯质量有待改善，薄板坯连铸生产的钢种有待扩展和开发。薄板坯连铸技术发展前景广阔。

作者并不认为薄板坯连铸连轧技术会完全淘汰常规热连轧机工艺。这两种工艺技术应当是互补的，两种工艺应当逐渐形成合理的比例布局，以求得产品范围的合理分工，提高我国钢铁工业的总体竞争力。

（原载《炼钢》，2002（6））

# 武钢二炼钢复吹转炉溅渣护炉工艺技术

徐静波　喻承欢　刘　浏

## 1　项目的主要研究内容

### 1.1　项目的基本状况

项目承担单位开展大量研究，提出利用“炉渣-金属透气蘑菇头”保护底吹供气元件，实现长寿的工艺思想，并形成系统的工艺控制技术，主要包括：

（1）利用溅渣，快速生成炉渣-金属蘑菇头技术。

（2）炉渣-金属蘑菇头生长控制技术，保证炉渣-金属蘑菇头具有良好的透气结构、供气面积和生长高度及抗氧化、耐高温性能。

（3）底吹供气流量的调节控制技术，保证炉渣-金属蘑菇头具备足够的流量调节范围，并能在线调整气流量。

（4）复吹工艺优化技术，保证炉渣-金属蘑菇头供气达到熔池最佳搅拌条件取得良好的冶金效果。

（5）复吹转炉长寿技术，将溅渣护炉工艺与底吹供气元件维护技术相结合，大幅度提高复吹转炉炉龄。

上述技术用于武汉钢铁（集团）公司第二炼钢厂（以下简称武钢二炼钢）装入量为90t的复吹转炉，于1999年，2000年和2002年分别创造了15208，19238和29942炉的世界复吹转炉最高炉龄纪录。采用本项技术炉龄超过2万炉后，复吹转炉终点钢水［%C］·［%O］平衡值为0.0026，达到国际先进水平。1999~2000年，武钢二炼钢共获得经济效益2999.74万元。每吨钢效益为5.17元；随着炉龄的增长2000年吨钢效益增至7.99元（不包括保留复吹工艺所获得的经济效益6.47元/t）。

### 1.2　项目的主要研究内容

#### 1.2.1　开发长寿复吹转炉的技术思想和技术路线

本项目的关键技术为大幅度地提高复吹转炉底吹供气元件的寿命，大量的研究和实践已证明，复吹转炉底吹供气元件的熔损机理是：气泡反击——吹入熔池的气流以气泡方式进入熔池。当气泡脱离供气元件瞬间气流对供气元件周围耐火材料进行冲击（后坐力）的现象称为“气泡反击”。

水锤冲刷——是气泡脱离供气元件时引起四周钢水流动，冲刷供气元件周围耐材的现象。气流量越大，水锤现象引起的钢水冲刷侵蚀更严重。

凹坑熔蚀——由于气体与钢水的冲刷，在供气元件周围形成凹坑。凹坑越深，对流传热越差，加剧侵蚀作用。

为了实现底吹供气元件长寿，使底吹供气元件寿命与溅渣后转炉炉龄同步，应避免底吹供气元件的熔蚀。为实现这一目标，利用溅渣技术，在供气元件端部生成1种“炉渣-金属永久性透气蘑菇头”。实现以下目标：

可以显著减轻“气泡反击”、“水锤冲刷”侵蚀，严格避免形成“凹坑”；

炉渣-金属蘑菇头具有较高的熔点和抗氧化能力，不会在吹炼中熔损；

炉渣-金属蘑菇头具有良好的透气性能，可满足炼钢过程中底部供气灵活调整的技术要求；

炉渣-金属蘑菇头具备良好的防堵塞性能，不易发生堵塞使气体流量减小；

炉渣-金属蘑菇头流出的气体对熔池有良好的搅拌作用。

1.2.2 炉渣-金属蘑菇头通气能力的控制与调节

为保证良好的复吹冶金效果，大量研究结果表明，底吹供气元件应符合以下要求：

(1) 能够按工艺要求及时调节和控制底吹气体流量；

(2) 底吹气流对熔池产生良好搅拌，缩短混匀时间；

(3) 流量稳定，压力-流量关系基本保持不变。

为适应上述技术要求，生成的炉渣-金属蘑菇头应保持良好的内部结构（见照片 1）。

金属蘑菇头-气囊带：是开炉初期，由于气流冷却作用，在金属毛细管端部冷凝形成单一的小型金属蘑菇头。并在每个金属蘑菇头间形成气囊（见照片 1 中 A、B 部分）。

放射性气孔带：是在溅渣过程中，气流以射流形式穿透渣层，冷凝后形成。

迷宫式弥散气孔带：在放射性气孔带上方，炉渣继续冷凝，由于炉渣-金属蘑菇头长大对气流的阻力加大，使气体的流动受炉渣冷凝不均匀的影响，随机改变流动方向，形成弥散细小的气孔带。

迷宫式气孔带流出的气流流股极细，冷凝后形成的气体通道 $\phi \leqslant 1$mm。不仅增加了气流阻力而且由于炉渣-钢水界面张力的作用，钢水难以浸润，避免了堵塞现象。同时，由迷宫式气孔带流出的气体被炉渣加热，冷却能降低，使炉渣-金属蘑菇头难以长大。具有上述透气结构的炉渣-金属蘑菇头，可通过控制喷吹压力灵活调整气体流量。炉渣-金属蘑菇头供气和传统集束管式透气砖（$\phi = 2$mm）所形成的气流有明显差别：

供气面积增大数倍；

单位面积供气强度大幅度降低；

无数细小气流汇合成流速很低的气柱。

如图 1 所示，通过水模型测定发现：在同一气量条件下，随供气面积增大，气孔直径变小，熔池混匀时间显著缩短，从单孔供气元件（$\phi$0.4mm×4）的 160s，降低到（供气面积 132cm$^2$）55s。说明，炉渣-金属蘑菇头供气对熔池的搅拌效果优于集束管式或单管式底吹供气元件。

照片 1 炉渣-金属蘑菇头内部结构

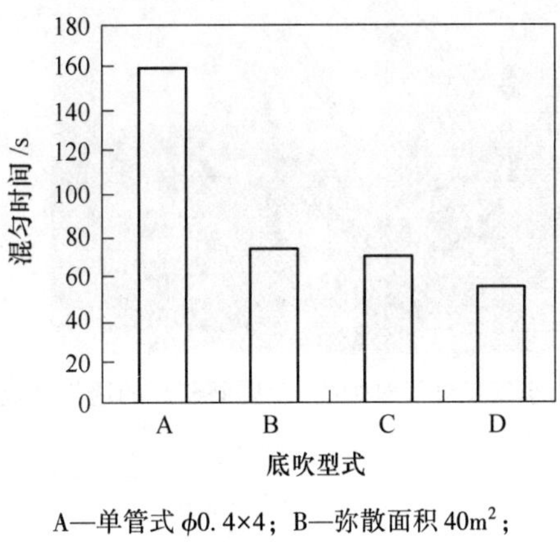


A—单管式 $\phi$0.4×4；B—弥散面积 40m$^2$；C—弥散面积 80m$^2$；D—弥散面积 132m$^2$

图 1 各种形式的供气效果比较

## 1.3 项目的主要研究成果

1.3.1 炉渣-金属蘑菇头快速生成技术

在炉役初期，应尽快形成具有良好透气结构的炉渣-金属蘑菇头，避免底吹供气元件耐火材料的严重侵蚀。因此，要求开新炉后在短期内尽快形成炉渣-金属蘑菇头。采用溅渣技术，可促进“炉渣-金属蘑菇头”生长：

溅渣时，炉内没有过热金属，炉温低，有利于气流冷却形成“炉渣-金属蘑菇头”；

溅渣过程中顶吹 $N_2$ 气射流迅速冷却液态炉渣，降低了炉渣的过热度；

溅渣中可大幅度提高底吹供气强度，有利于形成放射性气泡带发达的炉渣-金属蘑菇头。

1.3.2　炉渣-金属蘑菇头生长控制技术

炉役中、后期采用溅渣工艺往往会造成炉底上涨（炉渣-金属蘑菇头过高），堵塞底吹供气元件，影响复吹的冶金效果。为解决这一问题，采用炉渣-金属蘑菇头生长控制工艺技术，保证炉渣-金属蘑菇头的透气性。其技术关键在于：

控制炉渣-金属蘑菇头的生成结构，要具有发达的放射性气泡带；

控制炉渣-金属蘑菇头的供气面积，要求≥500cm²；

控制炉渣-金属蘑菇头的生长高度，要求炉底升高≤250mm。

炉渣-金属蘑菇头透气性好坏的评价标准主要通过炉内冶金反应，特别是钢渣平衡值来确定。一旦发现炉渣-金属蘑菇头透气性不好，影响冶金效果，采用以下 3 种工艺控制炉渣-金属蘑菇头生长：

(1) 调整冶炼钢种：当蘑菇头过分发达时，应尽可能安排超低碳钢种冶炼，达到洗炉底的目的。

(2) 调整溅渣频率：通过适当减少溅渣次数避免炉底上涨。

(3) 采用顶吹氧洗炉工艺：当炉底上涨过分严重时，可采用该项技术，但要严格控制，避免炉底烧损。

(4) 特殊情况下，如发生气源断气，造成底吹供气元件堵塞时，可采用复通技术。

1.3.3　炉渣-金属蘑菇头供气流量控制技术

炉渣-金属蘑菇头通气能力的控制与调节是保障复吹转炉冶金效果的技术核心。采用炉渣-金属蘑菇头实现底吹供气元件长寿，并采用以下工艺方法调节与控制底吹气体流量：

控制炉渣-金属蘑菇头的生长结构，保证透气性；

控制炉渣-金属蘑菇头的高度，避免气体流动阻力增大；

控制炉渣-金属蘑菇头具备足够的通气面积；

在上述条件下，可通过改变供气压力，调节底吹气体流量。

照片 2、3 分别给出工厂实际炉渣-金属蘑菇头在小、大流量范围内的透气性能。图 2 给出武钢二炼钢 80t 复吹转炉底吹供气的基本供气模式。

照片 2　小气量供气时炉渣-金属蘑菇头的透气性能

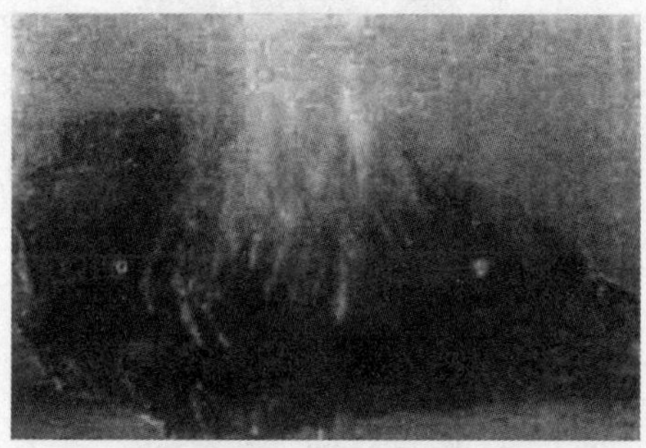

照片 3　大气量供气时炉渣-金属蘑菇头的透气性能

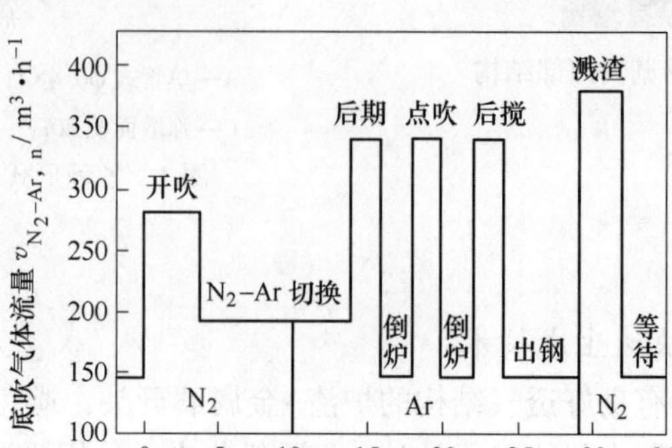


图 2　武钢 80t 复吹转炉底部供气模式

### 1.4 项目应用效果

采用转炉吹炼终点时熔池内［%C］·［%O］浓度积作为衡量复吹冶金效果的主要标准，评价渣-钢反应是否接近平衡。1600℃时，［%C］·［%O］平衡的浓度积为0.0023。对于顶吹转炉终点［%C］·［%O］=0.0032；武钢二炼钢原80t复吹转炉终点［%C］·［%O］=0.0030；采用溅渣工艺后实现长寿复吹转炉，终点［%C］·［%O］积最低可达到0.0025。钢渣反应接近平衡。

表1给出武钢二炼钢复吹转炉不同时期钢水［%C］·［%O］积变化。图3给出当炉龄大于18500炉以后，终点钢水［%C］［%O］积的关系。图4给出在整个炉役期内RH进站前测定的（$w$(C)=0.03%~0.05%）炉龄与终点钢水［%O］的关系。从图4可以看出：随炉龄的延长，炉衬和炉底炉渣-金属蘑菇头变化趋于平稳，终点钢水$w$(O)波动在$(500\sim550)\times10^{-6}$间。随炉龄延长，终点钢水氧有下降趋势。

**表1 武钢二炼钢不同炉龄时期的钢水［%C］·［%O］积对比**

| 炉龄/炉 | 顶吹法未溅渣 | 复吹前 | | |
|---|---|---|---|---|
| | | 溅渣前 | 溅渣后 | |
| | | | 2000年 | 2002年 |
| <10000 | 0.0032 | 0.0030 | 0.00308 | 0.00259 |
| >1500 | | | 0.00251 | 0.00258 |
| >2000 | | | 0.00282 | 0.00263 |

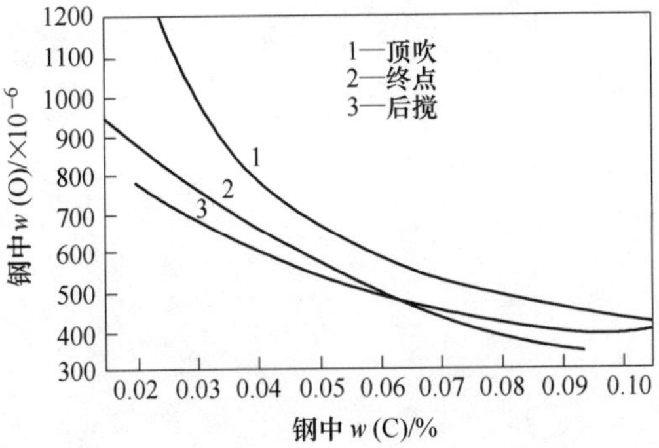


图3 终点钢中［%C］·［%O］积的关系

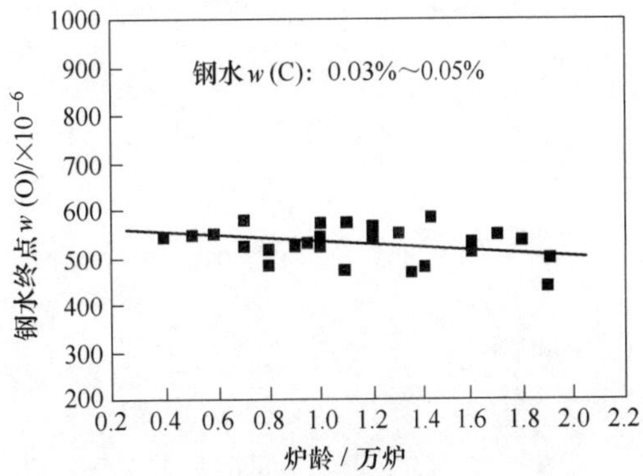


图4 不同炉龄期的钢水终点氧含量

采用长寿复吹工艺后，渣钢间硫的分配系数波动在3~12之间，平均脱硫率为30%，比顶吹法提高6%。渣钢间磷的分配系数波动在70~350之间，平均终点钢水$w$(P)为0.0077%，由于长寿复吹工艺提高了钢水质量，可以在整个炉役期内（30000炉以内）安排硅钢、深冲钢等超低碳钢种的生产。

## 2 项目的创新点

武汉钢铁（集团）公司与钢铁研究总院合作研究开发的“复吹转炉溅渣工艺技术”，解决了提高底吹供气元件一次寿命的世界难题，显著提高了复吹转炉炉龄，并保留了复吹转炉的冶金效果。连续创造出复吹转炉炉龄的世界最高纪录。

（1）“炉渣-金属蘑菇头”取代传统的金属蘑菇头的技术思想，实现了永久性蘑菇头的设想，有效地保护底吹供气元件不被熔损。

（2）利用复吹条件下顶吹氮气溅渣及底吹氮气辅助溅渣生成蘑菇头的成套工艺，保证蘑菇头具备良好的通气能力。

（3）控制蘑菇头生成结构、生长高度和供气面积。通过调整气体压力控制底吹气体流量的工艺方法。实践证明具有良好的效果。

（4）通过生产实践和科学试验证明，透气性炉渣-金属蘑菇头对熔池具有良好的搅拌效果。熔池平静不易喷溅，气泡细小提高了对熔池的搅拌能力，缩短了熔池混匀时间，达到传统复吹转炉的冶金效果。

## 3　项目的最新进展情况

2002 年武钢复吹取得新的成果，创造了炉龄 29942 炉的世界新纪录，复吹比 100%。同时目前在运行中的转炉，底吹状况良好。

长寿复吹转炉溅渣护炉技术开发成功后，不仅在武汉钢铁（集团）公司得到成功应用，而且先后在国内许多钢厂推广应用。

如：涟钢三炼钢（90tLD×3），炉龄>10000 炉，［%C］·［%O］= 0. 0026。（新建第一个炉役）包钢炼钢厂，复吹炉龄>10000 炉。

另外，正在湘潭钢厂、川威钢厂、宣化钢厂等数钢厂的推广应用，也取得了初步成效。

（原载《炼钢》，2004（2））

# 大线能量焊接耐火耐候建筑用钢的研制及应用

陈　晓　刘继雄　董汉雄　李平和　习天辉　卜　勇

20 世纪土建结构领域的重大进展之一就是高层钢结构和大跨度空间结构的兴建。21 世纪随着高层、超高层、大跨度及轻钢轻板建筑的兴起，钢结构必将成为建筑业发展的方向，必将逐步替代土建结构。钢结构建筑对于中国人来说并不陌生，虽然秦砖汉瓦的时代让现代都市人留恋，但随着我国国民经济的发展与城市建设速度的加快，钢结构建筑必将与日俱增，尤其是超高层建筑均采用了钢结构的形式。我国《国家建筑钢结构产业“十五”计划和 2015 年发展规划纲要》的目标是争取达到每年建筑钢结构的用钢量占全国钢材总产量的 3%。但钢结构建筑的耐火性能远较砖石结构和钢筋混凝土结构为差。钢材的机械强度是温度的函数，一般说来，可以认为钢材的强度和弹性模量随温度的升高而降低，而且在高温下钢材的力学性能会发生明显变化，主要表现在强度和刚度的明显降低。温度为 400℃时，其屈服强度降低一半，温度为 600℃时，钢材基本丧失承载力。当钢材的温度升高到某一值（破坏极限时的温度值）而使其失去支撑能力的温度值定义为该钢材的临界温度。

近年来，武汉钢铁公司自主开发成功的具有国际领先水平的高性能耐火耐候建筑用钢，其耐候性能与美国的 Cor-ten 钢相当，为普通钢材的 2~8 倍；其耐火性能与日本的 FR 钢相当，即保证在 600℃高温下其屈服强度不低于标准要求屈服强度的 2/3，这也是保证建筑结构用钢安全性的一个必要的许用指标。该钢获得了国家发明专利（专利号：ZL01 133562.9），2001 年 10 月通过 4 位院士参加的省部级鉴定，一致认为该成果“属技术首创，达到国际领先水平”。本文作者通过该钢力学性能实验、焊接热模拟实验、组织结构分析及焊接性能实验等，对该钢的力学性能、焊接性能及其组织结构和典型应用进行了分析和研究。

## 1　力学实验

高性能耐火耐候建筑用钢 WGJ510C2 的力学性能及冷弯性能应满足表 1 的规定。按不同试验要求，选取不同厚度的钢板进行了以下力学性能试验。

### 1.1　拉伸试验

1.1.1　常温拉伸性能

对厚度为 10mm、50mm 的 WGJ510C2 钢板取纵、横向试样，在常温下进行拉伸试验。试验结果见表 2。

从试验结果可以看出，各项指标均满足表 1 的要求，且有较大的富裕量，相同厚度试样纵横向以及不同取样部位的拉伸性能无明显差异。

1.1.2　高温拉伸性能

厚度为 10mm 的 Q235、Q345 和 WGJ510C2 钢板及 50mm 的 WGJ510C2 钢板均取横向拉伸试样（直径均为 10mm）在 100kN 电子拉伸试验机上进行高温拉伸试验，采用 E45 型红外加热炉对试样加热并保温，保温时间不小于 20min，试验温度小于 300℃时所测屈服强度为 $\sigma_s$。试验结果如图 1 和图 2 所示。

从图 1 中可以看出，随着温度的升高，WGJ510C2 钢屈服强度下降平缓，在 600℃下屈服强度为 265MPa，不低于室温下屈服强度的 2/3，完全满足耐火建筑钢板的设计要求，在 700℃下仍有 212MPa。但 Q235 和 Q345 钢在 300~400℃下屈服强度急剧下降，这说明该类钢在此温度范围已开始软化，进入更高温度，其强度性能更加恶化。

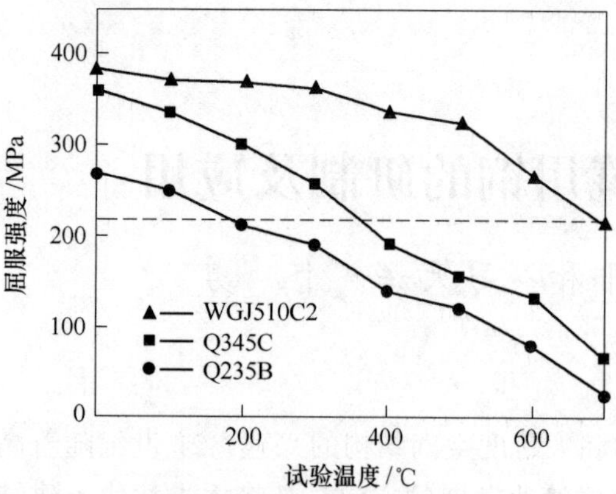


图 1　10mm 厚 WGJ510C2 和 Q345、Q235 钢板系列温度下屈服强度的对比

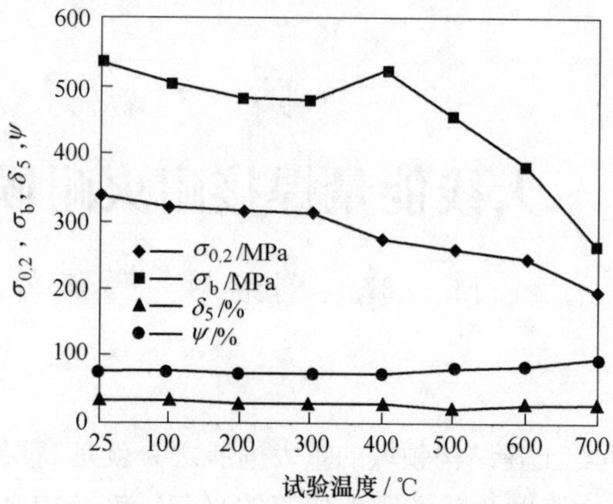


图 2　50mm 厚 WGJ510C2 钢板高温拉伸试验结果

同图 2 的结果相比较，在温度小于 400℃时，10mm 板厚试样的抗张强度与室温下的试验结果相当，屈服强度略有降低，50mm 板厚试样的强度结果则均有下降。但总的趋势还是：强度随着温度的升高而降低，在 400℃左右时出现蓝脆现象，这在 10mm 板和 50mm 板中均存在。塑性数值随温度的升高而缓慢下降，整个波动幅度不大。

1.1.3　*Z* 向拉伸性能

对厚度为 50mm 的 WGJ510C2 钢板取厚度方向拉伸样块，经摩擦焊接夹持样头后加工成直径 $d_0$ = 10mm、标距≥1.5$d_0$ 的圆柱形 *Z* 向拉伸试样，钢板厚度均位于试样的平行部。试验在 WE-300kN 万能材料试验机上进行，环境温度为室温，空气介质。试验结果见表 1～表 3。

**表 1　力学性能及冷弯性能技术要求**

| 交货状态 | 取样方向 | 拉伸试验 | | | | 冲击试验 | | 冷弯试验 | 高温拉伸 |
|---|---|---|---|---|---|---|---|---|---|
| | | 板厚/mm | $\sigma_s$/MPa | $\sigma_b$/MPa | $\delta_5$/% | $A_{kv}$(0℃)/J | | 180° | 600℃屈服点 $\sigma_s$/MPa |
| 热轧或正火+回火 | 纵向 | 4～16 | ≥325 | ≥510 | ≥21 | ≥47 | | $d$=2a | ≥217 |
| | | >16～36 | ≥315 | ≥490 | | | | | ≥210 |
| | | >36～60 | ≥305 | ≥470 | | | | $d$=3a | ≥204 |

**表 2　钢板拉伸试验结果**

| 板厚/mm | 取样方向及部位 | $\sigma_s$/MPa | | $\sigma_b$/MPa | | $\delta_5$/% | | $\psi$/% | | $\sigma_s$/$\sigma_b$ | |
|---|---|---|---|---|---|---|---|---|---|---|---|
| 10 | L，全厚 | 425 | 425 | 560 | 560 | 31 | 28 | — | — | 0.76 | 0.76 |
| | T，全厚 | 430 | 465 | 580 | 560 | 28 | 28 | — | — | 0.74 | 0.83 |
| 50 | L，表层 | 380 | 390 | 545 | 550 | 32 | 30 | 73 | 76 | 0.70 | 0.71 |
| | L，$t$/4 | 360 | 345 | 545 | 540 | 30 | 31 | 77 | 76 | 0.66 | 0.64 |
| | T，表层 | 365 | 370 | 545 | 545 | 33 | 33 | 76 | 76 | 0.67 | 0.68 |
| | T，$t$/4 | 350 | 355 | 545 | 545 | 30 | 30 | 74 | 74 | 0.64 | 0.65 |

注：L—纵向；T—横向；$t$—板厚。以下同。

**表 3　钢板 Z 向拉伸试验结果**

| 试样编号 | $\sigma_b$/MPa | $\psi_Z$/% | 试样编号 | $\sigma_b$/MPa | $\psi_Z$/% |
|---|---|---|---|---|---|
| 1 | 540 | 57 | 4 | 530 | 43 |
| 2 | 545 | 77 | 5 | 545 | 76 |
| 3 | 540 | 56 | 6 | 545 | 54 |

厚壁钢材焊接的致命缺陷是发生沿母材板厚方向的层状撕裂，这与母材的 Z 向性能有很大关系，所以钢结构用厚钢板在订货时一定要提出 Z 向性能的等级要求，并按规定进行抽样复验。一般认为，在钢材中含有硫、磷等有害杂质，在轧制过程中易形成片状硫化夹杂物等材质缺陷，可能导致钢材沿板厚方向（Z 向）受力时（通常为焊接收缩应力）容易分层撕裂，产生层状撕裂后一般很难修复。从表 3 可以看出，WGJ510C2 钢板 $\psi_Z$ 最大为 77%，最小为 43%，高于 Z 向钢最高级别 Z35 要求的 $\psi_Z$ 大于等于 35%，表明 WGJ510C2 钢板具有优良的抗层状撕裂能力。

### 1.2 冲击性能试验

对不同板厚（10mm、50mm）、不同取样方向（纵向、横向）、不同取样部位（表层、t/4、t/2）试样进行系列温度冲击试验，试验结果见图 3，其中 10mm 板厚的试样尺寸为 7.5mm×10mm×55mm。

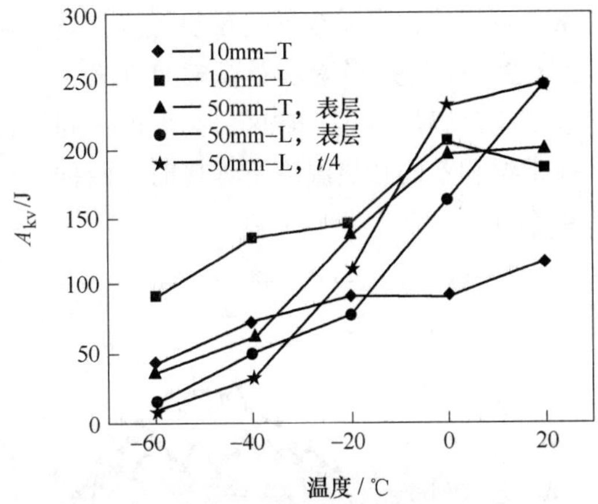


图 3 10mm、50mm 厚钢板系列温度冲击试验结果

从试验结果可以看出：

1）WGJ510C2 钢板具有优良的冲击韧性。不同板厚不同取样部位的冲击功，在 0℃ 试验温度下均大于 100J，对照高性能技术条件的要求，仍具有较大的富裕量。

2）按脆性转变温度的常规判据，对照图 3 可得：脆性转变温度 $t_c$(10mm－T)＜－40℃，$t_c$(10mm－L)＜－60℃，$t_c$(50mm－T，表层)≈－30℃，$t_c$(50mm－L，表层)≈－10℃，$t_c$(50mm－L，t/4)≈－20℃。在冲击功为 47J 时，所有试验材料的温度均低于－30℃。

3）10mm 和 50mm 两种厚度的钢板，无论是纵、横向取样还是不同厚度部位（表层或 1/4 处）取样，当试验温度≥－20℃时，其冲击韧性均在 100J 以上，即使是在－40℃，其冲击韧性仍保持较高的水平。

## 2 焊接实验

手弧焊采用 HHJ506 焊条，扩散氢含量为 3.4mL/100g。按不同试验要求选取不同厚度的高性能耐火耐候建筑用 WGJ510C2 钢板进行了以下性能试验。模拟焊接热影响区试验在 Gleeble－2000 上进行。

### 2.1 焊接冷裂纹敏感性试验

2.1.1 钢的冷裂纹敏感性评估

$P_{cm}$ 值是日本焊接协会 WES3009—1983《低焊接冷裂纹敏感性高强度钢》标准中用于评定焊接冷裂纹敏感性的指标。根据该标准规定，只有当钢的 $P_{cm}$≤0.20%时，防止根部裂纹（根部裂纹是在拘束条件下进行焊接时最易产生的冷裂纹）的焊接预热温度才不会高于 50℃。

$$P_{cm}/\% = w(C)+w(Si)/30+w(Mn+Cu+Cr)/20+w(Ni)/60+ w(Mo)/15+w(V)/10+5w(B) \quad (1)$$

若考虑到焊缝金属中扩散氢以及板厚对焊接冷裂纹的影响，可在 $P_{cm}$ 的基础上进一步得到 $P_c$ 指数。根据 $P_c$ 值可以计算小铁研试验时不产生根部裂纹的预热温度值 $t_0$。

$$P_c/\% = P_{cm}+[H]/60+t/600 \quad (2)$$

$$t_0/℃ = 1440P_c-392 \quad (3)$$

式中，$P_{cm}$ 为焊接裂纹敏感性组成，%；$P_c$ 为焊接裂纹敏感性指数，%；[H] 为焊缝扩散氢含量，mL/100g；$t$ 为钢板厚度，mm；$t_0$ 为防止产生焊接冷裂纹的预热温度，℃。

根据以上公式，试验钢的 $P_{cm}$、$P_c$ 及需预热的温度如表 4 所示。

表 4 $P_{cm}$、$P_c$ 及焊接预热温度计算

| 板厚/mm | $P_{cm}$/% | [H]/mL·(100g)$^{-1}$ | $P_c$/% | $t_0$/℃ |
|---|---|---|---|---|
| 10 | 0.19 | 3.4 | 0.28 | 7 |
| 50 | 0.19 | 3.4 | 0.34 | 103 |

注：[H] 是采用甘油法测定的 HHJ506 焊条的扩散氢含量。

以上计算结果表明，WGJ510C2 钢板的 $P_{cm}$ 值<0.20%。当板厚为 10mm 时，焊前可不用预热；但当板厚增加以及其他因素造成焊接拘束应力较大时，就应采用预热等工艺措施，并在选用焊接材料时尽量采用低氢或超低氢型焊接材料，以降低钢板的焊接冷裂纹倾向。但总的来说，计算结果表明，即使要求在预热条件下焊接，只需较低的预热温度，就可避免焊接冷裂纹的产生。

2.1.2 焊接热影响区最高硬度试验

该试验是以焊接热影响区最高硬度来间接评价钢板焊接冷裂纹倾向的试验方法。

在常温和不同预热温度下焊接时，两种规格 WGJ510C2 钢板焊接热影响区的硬度分布分别见图 4（a）和图 4（b）。

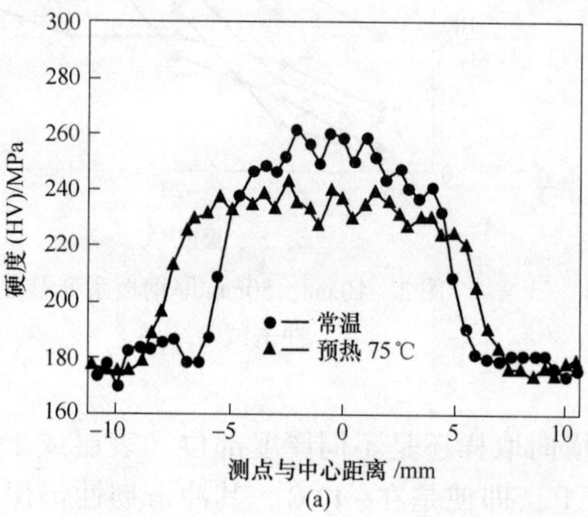


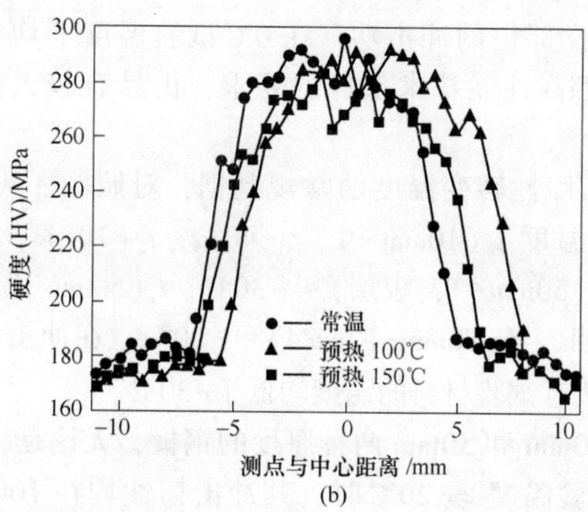


图 4 焊接热影响区最高硬度曲线

（a）10mm 板；（b）50mm 板

结果表明，厚度分别为 10mm 和 50mm 的钢板，常温下焊接时热影响区最高硬度值分别为 HV262 和 HV292，在预热情况下最高硬度值更低，且均低于国际焊接学会提出的钢的焊接冷裂纹倾向的临界硬度值 HV350。从最高硬度试验来判断，该钢的抗裂纹性能是良好的。

2.1.3 斜 Y 坡口焊接裂纹试验

试板厚度为 50mm，采用低氢型碱性焊条 HHJ506 进行焊接，环境温度 26℃，环境湿度 65%。每一预热温度下焊接 3 副试板，焊后先对每副试板进行表面裂纹检查，然后根据标准沿试验焊缝长度方向取出 5 个横截面，进行断面裂纹检查，并对裂纹长度进行统计分析。试验结果如表 5 所示。

由于 052#试样的拘束间隙过大，所以在受检焊缝断面上出现了贯穿了整个断面的裂纹。该裂纹从根部起源，经过热区拐向焊缝，然后又折向 HAZ。053#试样在断面上的裂纹，也是从根部起源，经过热区拐向焊缝并停止。排除 052#异常试样后可以看出，厚度为 50mm 的钢板在常温下的断面裂纹率为 4.8%。预热到 100℃时，受检焊缝表面和断面均不存在任何形式的裂纹，说明在此预热温度下进行焊接，可以完全避免焊接冷裂纹的产生。

表 5 斜 Y 型坡口焊接裂纹试验结果

| 预热温度/℃ | 间隙/mm | 表面裂纹率/% | 断面裂纹率/% |
|---|---|---|---|
| 常温 | 1.9 | 0 | 0 |
| | 2.0 | 0 | 4.8 |
| 100 | 2.1 | 0 | 0 |
| | 2.2 | 0 | 0 |

续表 5

| 预热温度/℃ | 间隙/mm | 表面裂纹率/% | 断面裂纹率/% |
|---|---|---|---|
| 150 | 2.1 | 0 | 0 |
| | 2.3 | 0 | 0 |

## 2.2　焊接热模拟试验

取厚度为 16mm 的试板在热模拟试验机上进行焊接 HAZ 模拟试验，线能量与相应的峰值温度及 $T_{8/5}$ 见表 6，控制冷却终止温度低于计算的马氏体相变点 $M_s$（约为 450℃）。试验过程中，为了减小实际采样温度曲线与模型温度曲线的差别，可根据线能量的不同适当调整 Free Span 间距，以达到两者较好的吻合，减小实验误差。每一线能量下模拟 5 个试样，其中 2 个加工成拉伸试样，3 个加工成夏比冲击试样，不同线能量下的热影响区性能见图 5 和图 6。

表 6　焊接线能量 $E$ 与 $T_{8/5}$

| $E$/kJ · cm$^{-1}$ | $T_{8/5}$/s | $t_{max}$/℃ | $E$/kJ · cm$^{-1}$ | $T_{8/5}$/s | $t_{max}$/℃ |
|---|---|---|---|---|---|
| 30 | 14.8 | 1320 | 80 | 174.2 | 1323 |
| 60 | 96.6 | 1321 | 100 | 267 | 1323 |

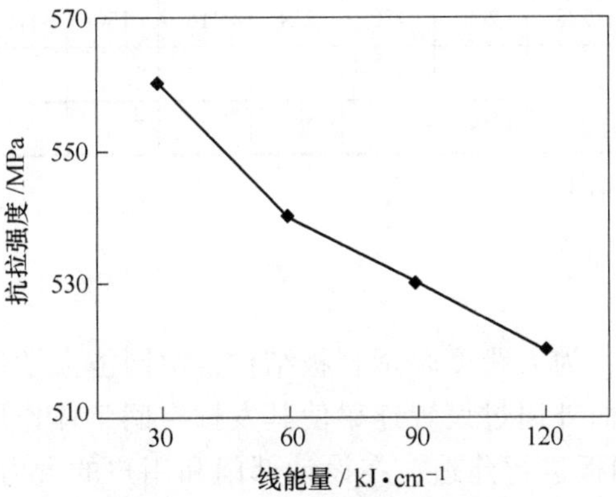


图 5　不同线能量下的拉伸性能

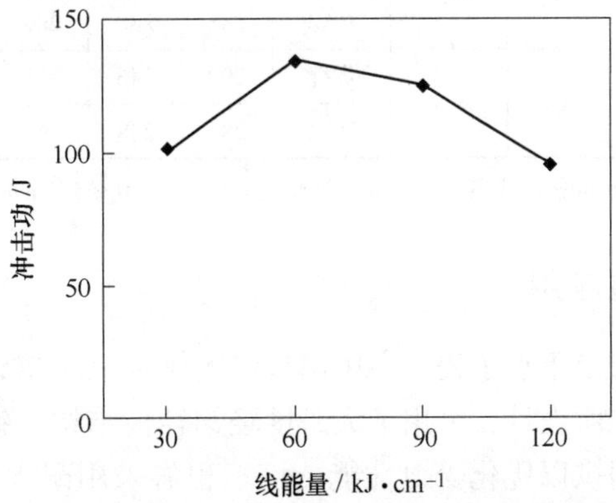


图 6　不同线能量下的冲击性能

可以看出，随着线能量的增加抗拉强度有所下降，但仍在 510MPa 以上，冲击功随着线能量的增加先增加，随后下降，但仍具有 100J 左右。这说明，WGJ510C2 钢能承受大线能量（50～100kJ/cm）焊接。虽然大线能量焊接技术给传统的 HSLA 钢带来了焊接粗晶区（CGHAZ）强韧性恶化的问题，但是为了改善 CGHAZ 的韧性，可以通过添加 Nb、V、Ti 等微合金元素，利用冶炼过程中形成高熔点的第二相质点，抑制奥氏体晶粒长大和阻止 HAZ 晶粒粗化。另一方面，在大线能量焊接条件下，第二相质点既能促进针状铁素体的形成，又能促进 M-A 组元分解，使 CGHAZ 组织转变为以针状铁素体为主。针状铁素体本身较稳定，不易长大，具有优良的韧性、较大的应变和位错密度，且交错排列，具有较高的强韧性和阻止裂纹扩展的能力。

## 2.3　手弧焊接头试验

采用 HHJ506 焊条对 10mm 及 50mm 的钢板进行了焊接接头性能试验。为了与工程应用相对应，本实验中所选 10mm 厚钢板为大生产热轧状态钢板，50mm 厚钢板为大生产热处理状态钢板。焊接时环境温度为 25～27℃，环境湿度为 60%～65%。采用的焊接参数根据线能量 17～22kJ/cm 进行设计。

手弧焊接头拉伸及弯曲性能试验结果见表 7，焊接接头冲击试验结果见表 8。

试验结果表明，厚度为 10mm 和 50mm 的 WGJ510C2 钢板采用 HHJ506 焊条焊接时，接头板拉试样均断于母材处，焊接接头冷弯性能良好，焊接接头各个区域在 0℃下有很高的冲击韧性，即使在-20℃下，也远超过母材的技术指标要求（0℃时的 $A_{kv}$ ≥47J）。由表 8 还可以看出，两种厚度试样的焊缝脆性转变温度约为

-40℃，不同的是，10mm 板的 HAZ 脆性转变温度约为-20℃，50mm 板的 HAZ 脆性转变温度低于-40℃。

**表 7　手弧焊接头拉伸力学性能**

| 试板编号 | 板厚/mm | 对接方向 | 接头拉伸 | | | 冷弯 $d$=3a，120° |
|---|---|---|---|---|---|---|
| | | | $\sigma_b$/MPa | | 断裂位置 | |
| 011 | 10 | 横向 | 555 | 565 | 母材 | 完好 |
| 012 | 10 | 纵向 | 565 | 565 | 母材 | 完好 |
| 051 | 50 | 横向 | 560 | 555 | 母材 | 完好 |
| 052 | 50 | 纵向 | 560 | 555 | 母材 | 完好 |

**表 8　手弧焊接头冲击试验结果**　　($A_{kv}$/J)

| 试板编号 | 板厚/mm | 对接方向 | 缺口部位 | 冲击功 | | | | | | | | | | | |
|---|---|---|---|---|---|---|---|---|---|---|---|---|---|---|---|
| | | | | 20℃ | | | 0℃ | | | -20℃ | | | -40℃ | | |
| 011# | 10 | 横向 | 焊缝 | 170 | 167 | 166 | 130 | 130 | 142 | 130 | 124 | 126 | 112 | 102 | 34 |
| | | | HAZ | 166 | 154 | 225 | 144 | 142 | 154 | 140 | 78 | 50 | 42 | 30 | 24 |
| 012# | 10 | 纵向 | 焊缝 | 177 | 166 | 178 | 100 | 122 | 138 | | | | | | |
| | | | HAZ | 183 | 113 | 170 | 92 | 70 | 104 | | | | | | |
| 051# | 50 | 横向 | 焊缝 | 274 | 280 | 293 | 240 | 256 | 242 | 232 | 222 | 164 | 128 | 16 | 38 |
| | | | HAZ | 288 | 288 | 289 | 261 | 278 | 268 | 180 | 224 | 216 | 156 | 170 | 110 |
| 052# | 50 | 纵向 | 焊缝 | 290 | 246 | 275 | 208 | 240 | 234 | | | | | | |
| | | | HAZ | 288 | 248 | 269 | 228 | 214 | 204 | | | | | | |

注：10mm 板接头各区域的冲击试验均采用 7.5×10×55（mm）的非标试样。

## 3　典型应用

上海市重点工程——中国残疾人体育艺术培训基地，为大跨度轻钢轻板结构，由同济大学建筑技术设计研究所设计，采用了大跨度轻钢轻板结构。钢架平面外通过设置连梁使其发挥空间整体作用，形成一个空间拱以优化受力性能。该工程需采用耐火耐候钢板进行建造，在设计部门和用户的大力支持下，决定首次采用武汉钢铁（集团）公司研制开发的高性能耐火耐候钢建造这一具有特殊意义的宏伟建筑，2001 年 10 月武汉钢铁（集团）公司为中国残疾人体育艺术培训基地提供了急需的耐火耐候钢管 $d$219mm 和 $d$273mm 共计 200 多 t，网架建成时的雄姿如图 7 所示，建成后的局部如图 8 所示。

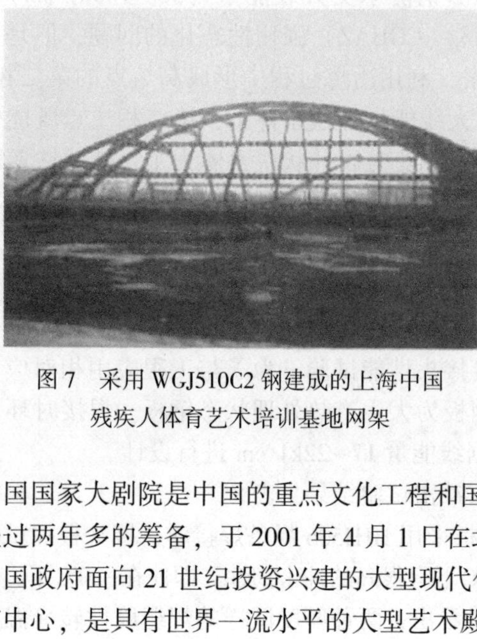

图 7　采用 WGJ510C2 钢建成的上海中国残疾人体育艺术培训基地网架

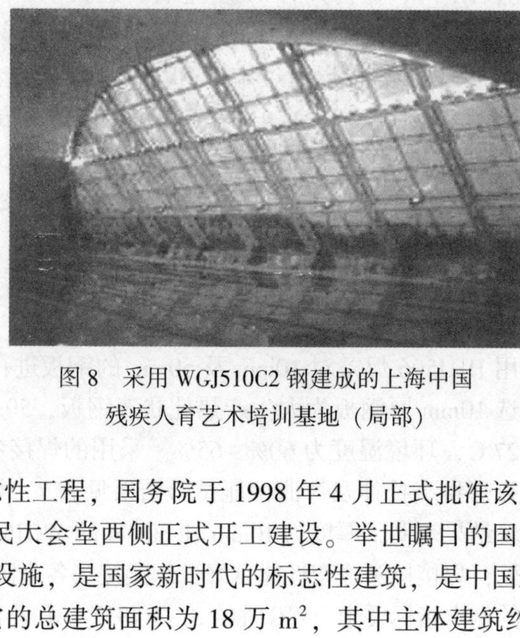

图 8　采用 WGJ510C2 钢建成的上海中国残疾人育艺术培训基地（局部）

中国国家大剧院是中国的重点文化工程和国家标志性工程，国务院于 1998 年 4 月正式批准该工程立项，经过两年多的筹备，于 2001 年 4 月 1 日在北京人民大会堂西侧正式开工建设。举世瞩目的国家大剧院是中国政府面向 21 世纪投资兴建的大型现代化文化设施，是国家新时代的标志性建筑，是中国最高艺术表演中心，是具有世界一流水平的大型艺术殿堂。它的总建筑面积为 18 万 m$^2$，其中主体建筑约 13 万

$m^2$，地下附属设施约5万$m^2$。2002年2月，武汉钢铁（集团）公司的耐火耐候钢又成功地在国家大剧院钢管劲性柱工程项目招标中中标，2002年8月中旬，国家大剧院用$d$406mm和$d$508mm耐火耐候钢管共计254根近300t全部按要求发运到北京。经工程设计、采购、施工、监理等部门组成的验收小组验收，所有钢管均符合国家大剧院工程技术条件的要求，全部检验合格，并已成功应用到工程中（见图9和图10），受到了有关方面的高度赞扬。

图9 采用WGJ510C2钢制成的国家大剧院用钢管劲性柱

图10 WGJ510C2钢应用在国家大剧院的钢管劲性柱

## 4 结论

1）WGJ510C2钢板在600℃温度下的屈服强度均高于其室温下屈服强度的2/3，完全满足建筑结构用钢耐火安全性的强度许用指标。在交货使用状态下具有足够强度的同时，还具有较低的屈强比，这保证了该材料具有良好的冷变形能力和高的塑性变形功，即降低了材料脆性断裂的可能性。该钢具有优良的Z向性能，其$\psi_Z$全部高于Z向钢最高级别Z35的要求，即$\psi_Z \geqslant 35\%$。WGJ510C2钢板具有优良的综合力学性能。

2）WGJ510C2钢HAZ的淬硬性倾向性低，该钢具备低的冷裂纹敏感性，但焊接50mm厚板时，需预热100℃为宜。WGJ510C2钢在大线能量条件下焊接时，其焊接热影响区仍具有优良的强韧性，焊接接头具有良好的抗拉、抗弯和抗冲击性能。

3）该钢已成功应用于上海中国残疾人体育艺术培训基地和北京中国国家大剧院的建造，且实用效果良好。

（原载《中国有色金属学报》，2004（s1））

# 高性能耐火耐候建筑用钢 WGJ510C2 的研制及应用

陈　晓　刘继雄　卜　勇

## 1　前言

钢结构建筑的耐火性能远较砖石结构和钢筋混凝土结构为差。钢材的机械强度是温度的函数，一般说来，钢材在高温下的力学性能会发生明显变化，主要表现在强度和刚度明显降低。温度为 400℃时，钢材的屈服强度降低一半，温度为 600℃时，则基本丧失承载力。钢材在温度升高到某一值而失去支撑能力时，此时的温度值（破坏极限时的温度值）被定义为该钢材的临界温度。

近年来，武钢自主开发成功了高性能耐火耐候建筑用钢 WGJ510C2。该钢集高耐火性（温度为 600℃时的屈服强度不低于室温屈服强度的 2/3）、高耐候性（耐大气腐蚀性能明显优于普通建筑用钢 Q235 和 Q345）、高 Z 向性能（$Z_Z \geqslant 35\%$）和能承受大线能量（50~100kJ/cm）焊接等高性能于一体，并获国家发明专利。本文通过相关的试验，对 WGJ510C2 钢的力学性能、焊接性能和典型应用进行了分析和研究。

## 2　力学试验

高性能耐火耐候建筑用钢 WGJ510C2 的力学性能及冷弯性能应满足表 1 的规定。按不同试验要求，选取不同厚度的钢板进行了以下力学性能试验。

**表 1　WGJ510C2 钢的力学性能及冷弯性能技术要求**

| 交货状态 | 取样方向 | 板厚/mm | 拉伸试验 | | | 冲击试验 | 冷弯试验 | 高温拉伸 |
|---|---|---|---|---|---|---|---|---|
| | | | $\sigma_s$/MPa | $\sigma_b$/MPa | $\delta_5$/% | $A_{kv}$(0℃)/J | 180° | 600℃屈服点 $\sigma_s$/MPa |
| 热轧或正火+回火 | 纵向 | 4~16 | ≥325 | ≥510 | ≥21 | ≥47 | $d=3a$ | ≥217 |
| | | >16~36 | ≥315 | ≥490 | | | $d=2a$ | ≥210 |
| | | >36~60 | ≥305 | ≥470 | | | | ≥204 |

### 2.1　拉伸试验

2.1.1　常温拉伸性能

对厚度为 10mm、50mm 的 WGJ510C2 钢板取纵、横向试样，在常温下进行拉伸试验。试验结果见表 2。

**表 2　WGJ510C2 钢板拉伸试验结果**

| 板厚/mm | 取样方向及部位 | $\sigma_s$/MPa | $\sigma_b$/MPa | $\delta_5$/% | $\psi$/% | $\sigma_s/\sigma_b$ |
|---|---|---|---|---|---|---|
| 10 | $L$，全厚 | 425　425 | 560　560 | 31　28 | — | 0.76　0.76 |
| | $T$，全厚 | 430　465 | 580　560 | 28　28 | — | 0.74　0.83 |
| 50 | $L$，表层 | 380　390 | 545　550 | 32　30 | 73　76 | 0.70　0.71 |
| | $L$，$t$/4 | 360　345 | 545　540 | 30　31 | 77　76 | 0.66　0.64 |
| | $T$，表层 | 365　370 | 545　545 | 33　33 | 76　76 | 0.67　0.68 |
| | $T$，$t$/4 | 350　355 | 545　545 | 30　30 | 74　74 | 0.64　0.65 |

注：$L$ 为纵向；$T$ 为横向；$t$ 为板厚。以下同。

从试验结果可知，各项指标均满足表 1 的要求，且有较大的富裕量，相同厚度试样纵横向以及不同取样部位的拉伸性能无明显差异。

2.1.2 高温拉伸性能

厚度为 10mm 的 Q235、Q345 钢板和 WGJ510C2 钢板及 50mm 的 WGJ510C2 钢板，均取横向拉伸试样（直径均为 10mm）在 100kN 电子拉伸试验机上进行高温拉伸试验，采用 E45 型红外加热炉对试样加热并保温，保温时间不小于 20min，试验温度小于 300℃时所测屈服强度为 $\sigma_s$。试验结果见图 1 和图 2。

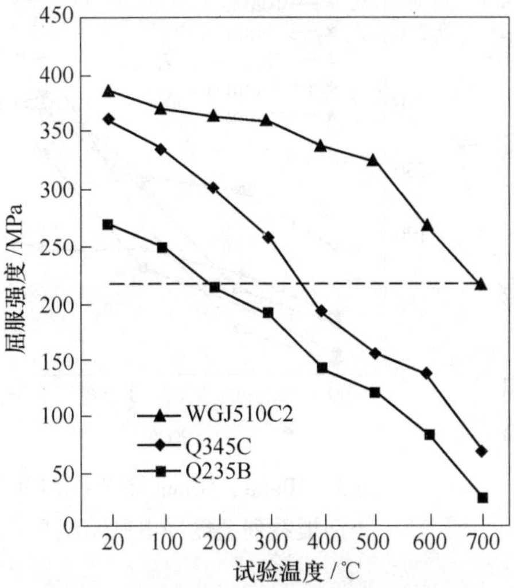


图 1 10mm 厚 WGJ510C2 和 Q345、Q235 钢板系列温度下屈服强度的对比

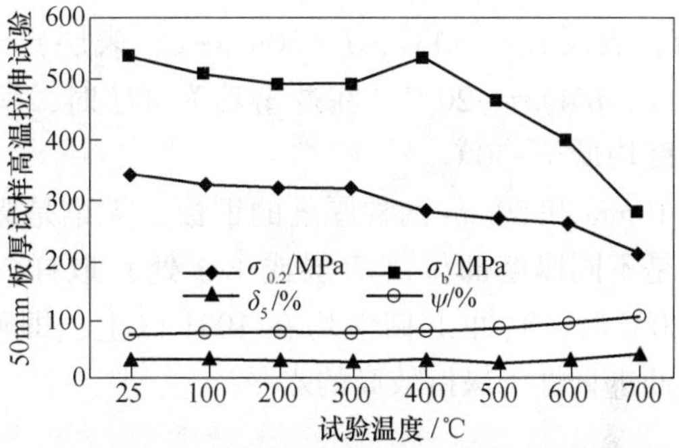


图 2 50mm 厚 WGJ510C2 钢板高温拉伸试验结果

由图 1 可见，随着温度的升高，WGJ510C2 钢屈服强度下降平缓，在 600℃下屈服强度为 265MPa，不低于室温下屈服强度的 2/3，完全满足耐火建筑钢板的设计要求；在 700℃下，屈服强度仍有 212MPa。但 Q235 和 Q345 钢在 300~400℃下，其屈服强度急剧下降。这说明这类钢在此温度范围已开始软化，进入更高温度，其强度性能将更加恶化。

同表 2 的结果相比较，在温度小于 400℃时，10mm 板厚 WGJ510C2 试样的抗张强度与室温下的试验结果相当，屈服强度略有降低，50mm 板厚试样的强度结果则均有下降。但总的趋势还是：强度随着温度的升高而降低，在 400℃左右时出现蓝脆现象，这在 10mm 板和 50mm 板中均存在；塑性数值随温度的升高而缓慢下降，整个波动幅度不大。

2.1.3 *Z* 向拉伸性能

对厚度为 50mm 的 WGJ510C2 钢板取厚度方向拉伸样块，经摩擦焊接夹持样头后加工成直径 $d_0$ = 10mm、标距≥1.5$d_0$ 的圆柱形 *Z* 向拉伸试样，钢板厚度均位于试样的平行部。试验在 WE-300kN 万能材料试验机上进行，环境温度为室温，空气介质。试验结果见表 3。

**表 3 WGJ510C2 钢板 *Z* 向拉伸试验结果**

| 试样编号 | $\sigma_b$/MPa | $Z_Z$/% | 试样编号 | $\sigma_b$/MPa | $Z_Z$/% |
|---|---|---|---|---|---|
| 1 | 540 | 57 | 4 | 530 | 43 |
| 2 | 545 | 77 | 5 | 545 | 76 |
| 3 | 540 | 56 | 6 | 545 | 54 |

厚壁钢材焊接的致命缺陷是发生沿母材板厚方向的层状撕裂，这与母材的 *Z* 向性能有很大关系，故厚钢板用户在订货时一定要提出 *Z* 向性能的等级要求，并按规定进行抽样复验。一般认为，由于钢材中含有硫、磷等有害杂质，在轧制过程中易形成片状硫化夹杂物等材质缺陷，因而钢材沿板厚方向（*Z* 向）受力时（通常为焊接收缩应力）容易导致分层撕裂，产生层状撕裂后一般也很难修复。由表 3 可见，WGJ510C2 钢板 $Z_Z$ 最大为 77%、最小为 43%，高于 *Z* 向钢最高级别 Z35 要求的 $Z_Z$（大于或等于 35%），这表明 WGJ510C2 钢板具有优良的抗层状撕裂能力。

## 2.2 冲击性能试验

2.2.1 系列温度冲击试验

对不同板厚（10mm、50mm）、不同取样方向（纵向、横向）、不同取样部位（表层、$t/4$、$t/2$）试样的 WGJ510C2 钢进行系列温度冲击试验。试验结果见图 3。其中 10mm 板厚的试样尺寸为 7.5×10×55mm。

从试验结果可以得知以下 3 点。

（1）WGJ510C2 钢板具有优良的冲击韧性。不同板厚不同取样部位的冲击功，在 0℃试验温度下均大于 100J，对照高性能技术条件的要求，仍具有较大的富裕量。

（2）按脆性转变温度的常规判据，对照图 3 可得：脆性转变温度 $T_c$(10mm-T)<-40℃，$T_c$(10mm-L)<-60℃，$T_c$(50mm-T，表层)≈-30℃，$T_c$(50mm-L，表层)≈-10℃，$T_c$(50mm-L，$t/4$)≈-20℃。在冲击功为 47J 时，所有试验材料的温度均低于-30℃。

（3）10mm 和 50mm 两种厚度的钢板，无论是纵、横向取样，还是不同厚度部位（表层或 1/4 处）取样，当试验温度≥-20℃时，其冲击韧性均在 100J 以上，即使是在-40℃，其冲击韧性仍保持较高的水平。

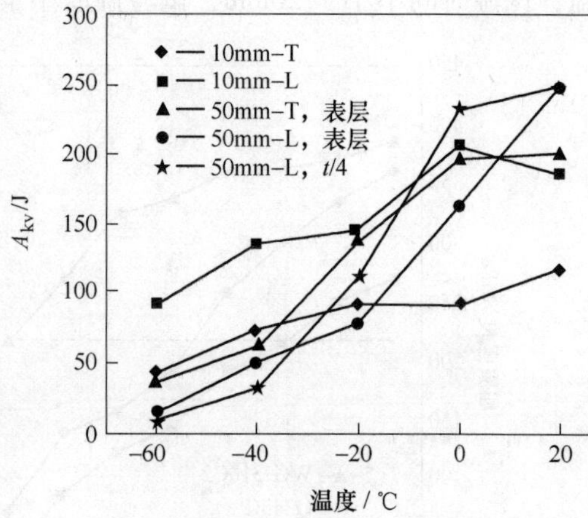


图 3　10mm、50mm 厚 WGJ510C2 钢板系列温度冲击试验结果

## 3 焊接试验

手弧焊采用 HHJ506 焊条，扩散氢含量为 3.4mL/100g。按不同试验要求选取不同厚度的 WGJ510C2 钢板进行了下述性能试验。模拟焊接热影响区试验在 Gleeble-2000 上进行。

### 3.1 焊接冷裂纹敏感性试验

3.1.1 钢的冷裂纹敏感性评估

$P_{cm}$值（式 1）是日本焊接协会 WES 3009—1983《低焊接冷裂纹敏感性高强度钢》标准中用于评定焊接冷裂纹敏感性的指标。根据该标准规定，只有当钢的 $P_{cm}$≤0.20%时，防止根部裂纹（根部裂纹是在拘束条件下进行焊接时最易产生的冷裂纹）的焊接预热温度才不会高于 50℃。

若考虑到焊缝金属中扩散氢以及板厚对焊接冷裂纹的影响，可在 $P_{cm}$ 的基础上进一步得到 $P_c$ 指数（式 2）。根据 $P_c$ 值可以计算小铁研试验时不产生根部裂纹的预热温度值 $T_0$（式 3）。

$$P_{cm}=C+Si/30+(Mn+Cu+Cr)/20+Ni/60+Mo/15+V/10+5B(\%) \quad (1)$$

$$P_c=P_{cm}+[H]/60+t/600(\%) \quad (2)$$

$$T_0=1440P_c-392(℃) \quad (3)$$

式中，$P_{cm}$为焊接裂纹敏感性组成，%；$P_c$ 为焊接裂纹敏感性指数，%；［H］为焊缝扩散氢含量，mL/100g；$t$ 为钢板厚度，mm；$T_0$ 为防止产生焊接冷裂纹的预热温度，℃。

根据以上公式，试验钢的 $P_{cm}$，$P_c$ 及需预热的温度如表 4 所示。

表 4　$P_{cm}$、$P_c$ 及焊接预热温度计算

| 板厚/mm | $P_{cm}$/% | [H]/mL · 100g$^{-1}$ | $P_c$/% | $T_0$/℃ |
|---|---|---|---|---|
| 10 | 0.19 | 3.4 | 0.28 | 7 |
| 50 | 0.19 | 3.4 | 0.34 | 103 |

注：［H］是采用甘油法测定的 HHJ506 焊条的扩散氢含量。

以上计算结果表明，WGJ510C2 钢板的 $P_{cm}$值<0.20%。当板厚为 10mm 时，焊前可不用预热；但当板厚增加以及其他因素造成焊接拘束应力较大时，就应采用预热等工艺措施，并在选用焊接材料时尽量采用低氢或超低氢型焊接材料，以降低钢板的焊接冷裂纹倾向。但总的来说，计算结果表明，即使要求在预热条件下焊接，也只需较低的预热温度，就可避免焊接冷裂纹产生。

3.1.2 焊接热影响区最高硬度试验

该试验是以焊接热影响区最高硬度来间接评价钢板焊接冷裂纹倾向的试验方法。

在常温和不同预热温度下焊接时，两种厚度规格 WGJ510C2 钢板焊接热影响区的硬度分布分别见图 4（a）和图 4(b)。

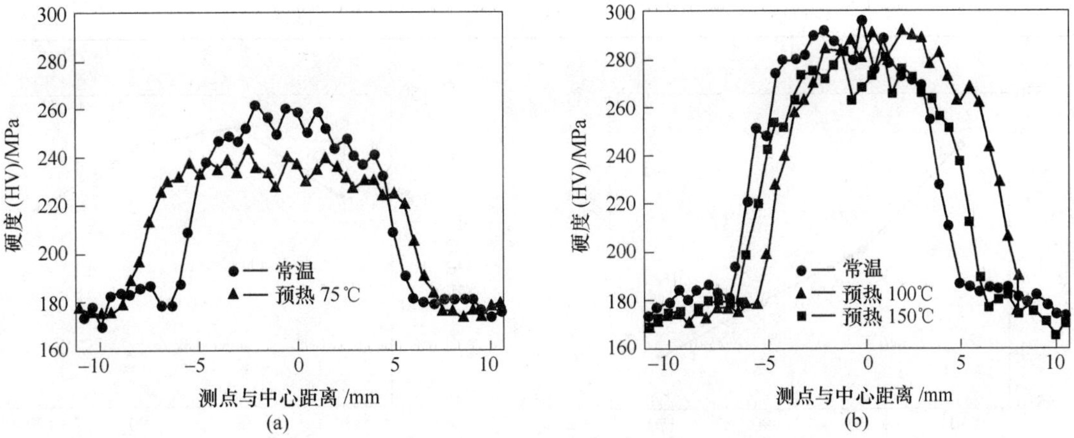


图 4 WGJ510C2 钢板焊接热影响区硬度分布

（a）10mm 板；（b）50mm 板

结果表明，厚度分别为 10mm 和 50mm 的 WGJ510C2 钢板，常温下焊接时热影响区最高硬度值分别为 HV262 和 HV292，在预热情况下最高硬度值更低，且均低于国际焊接学会提出的钢的焊接冷裂纹倾向的临界硬度值 HV350。

从最高硬度试验来判断，该钢的抗裂纹性能是良好的。

3.1.3 斜 Y 坡口焊接裂纹试验

WGJ510C2 试板厚度为 50mm，采用低氢型碱性焊条 HHJ506 进行焊接，环境温度为 26℃、环境湿度为 65%。每一预热温度下焊接 3 副试板，焊后先对每副试板进行表面裂纹检查，然后根据标准沿试验焊缝长度方向取出 5 个横截面，进行断面裂纹检查，并对裂纹长度进行统计分析。试验结果如表 5 所示。

表 5 中编号为 52 的试样，由于其拘束间隙过大，所以在受检焊缝断面上出现了贯穿整个断面的裂纹；该裂纹从根部起源，经过热区拐向焊缝，然后又折向 HAZ。53 号试样在断面上的裂纹也是从根部起源，经过热区拐向焊缝并停止。排除 52 号异常试样后可以看出，厚度为 50mm 的钢板在常温下的断面裂纹率为 4.8%；预热到 100℃时，受检焊缝表面和断面均不存在任何形式的裂纹，这说明在此预热温度下焊接可以完全避免焊接冷裂纹的产生。

**表 5 斜 Y 型坡口焊接裂纹试验结果**

| 预热温度/℃ | 间隙/mm | 表面裂纹率/% | 断面裂纹率/% |
|---|---|---|---|
| 常温 | 1.9 | 0 | 0 |
| | 2.0 | 0 | 4.8 |
| 100 | 2.1 | 0 | 0 |
| | 2.2 | 0 | 0 |
| 150 | 2.1 | 0 | 0 |
| | 2.3 | 0 | 0 |

## 3.2 焊接热模拟试验

取厚度为 16mm 的 WGJ510C2 试板在热模拟试验机上进行焊接 HAZ 模拟试验，线能量与相应的峰值温度及 $T_{8/5}$ 见表 6，控制冷却终止温度低于计算的马氏体相变点 $M_s$（约为 450℃）。试验过程中，为了减小实际采样温度曲线与模型温度曲线的差别，可根据线能量的不同适当调整 Free Span 间距，以达到两者较好的吻合，减小实验误差。每一线能量下模拟 5 个试样，其中 2 个加工成拉伸试样，3 个加工成夏比冲击试样。不同线能量下的热影响区性能见图 5 和图 6。

**表 6 焊接线能量 $E$ 与 $T_{8/5}$**

| $E$/kJ · cm$^{-1}$ | 30 | 60 | 80 | 100 |
|---|---|---|---|---|
| $T_{8/5}$/s | 14.8 | 96.6 | 174.2 | 267 |
| $T_{max}$/℃ | 1320 | 1321 | 1323 | 1323 |

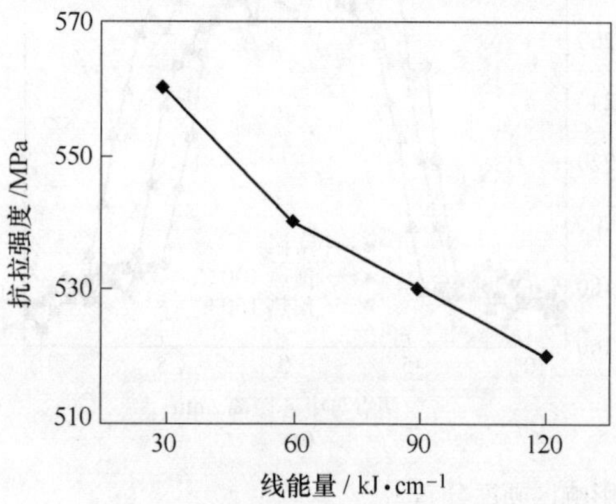

图 5 不同线能量下的拉伸性能

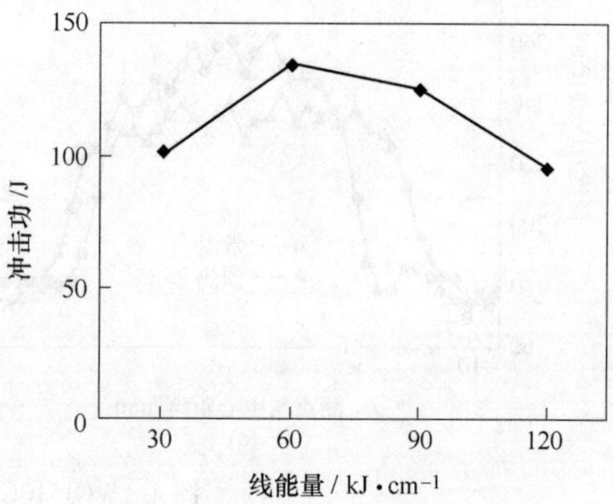

图 6 不同线能量下的冲击性能

可以看出，随着线能量的增加，抗拉强度有所下降，但仍在 510MPa 以上；冲击功随着线能量的增加先增加，随后下降，但仍具有 100J 左右。这说明，WGJ510C2 钢能承受大线能量（50~100kJ/cm）焊接。虽然大线能量焊接技术给传统的 HSLA 钢带来了焊接粗晶区（CGHAZ）强韧性恶化的问题，但为了改善 CGHAZ 的韧性，可以通过添加 Nb、V、Ti 等微合金元素，利用冶炼过程中形成高熔点的第 2 相质点，抑制奥氏体晶粒长大并阻止 HAZ 晶粒粗化。另一方面，在大线能量焊接条件下，第 2 相质点既能促进针状铁素体的形成，又能促进 M-A 组元分解，使 CGHAZ 组织转变为以针状铁素体为主，针状铁素体本身较稳定，不易长大，具有优良的韧性、较大的应变和位错密度，且交错排列，具有较高的强韧性和阻止裂纹扩展的能力。

## 3.3 手弧焊接头试验

采用 HHJ506 焊条对 10mm 及 50mm 的 WGJ510C2 钢板进行了焊接接头性能试验。为了与工程应用相对应，本实验中所选 10mm 厚钢板为大生产热轧状态钢板，50mm 厚钢板为大生产热处理状态钢板。焊接时环境温度为 25~27℃、环境湿度为 60%~65%。采用的焊接参数根据线能量 17~22kJ/cm 进行设计。

手弧焊接头拉伸及弯曲性能试验结果见表 7，焊接接头冲击试验结果见表 8。

**表 7 手弧焊接头拉伸机械性能**

| 试板编号 | 板厚/mm | 对接方向 | 接头拉伸 | | 冷弯 $d=3a$，120° |
|---|---|---|---|---|---|
| | | | $\sigma_b$/MPa | 断裂位置 | |
| 011 | 10 | 横向 | 555 565 | 母材 | 完好 |
| 012 | 10 | 纵向 | 565 565 | 母材 | 完好 |
| 051 | 50 | 横向 | 560 555 | 母材 | 完好 |
| 052 | 50 | 纵向 | 560 555 | 母材 | 完好 |

**表 8 手弧焊接头冲击试验结果**

| 试板编号 | 板厚/mm | 对接方向 | 缺口部位 | 冲击功 $A_{kv}$/J | | | | | | | | | | | |
|---|---|---|---|---|---|---|---|---|---|---|---|---|---|---|---|
| | | | | 20℃ | | | 0℃ | | | −20℃ | | | −40℃ | | |
| 011 | 10 | 横向 | 焊缝 | 170 | 167 | 166 | 130 | 130 | 142 | 130 | 124 | 126 | 112 | 102 | 34 |
| | | | HAZ | 166 | 154 | 225 | 144 | 142 | 154 | 140 | 78 | 50 | 42 | 30 | 24 |
| 012 | 10 | 纵向 | 焊缝 | 177 | 166 | 178 | 100 | 122 | 138 | | / | | | / | |
| | | | HAZ | 183 | 113 | 170 | 92 | 70 | 104 | | / | | | / | |

续表 8

| 试板编号 | 板厚/mm | 对接方向 | 缺口部位 | 冲击功 $A_{kv}$/J | | | | | | | | | | | |
|---|---|---|---|---|---|---|---|---|---|---|---|---|---|---|---|
| | | | | 20℃ | | | 0℃ | | | -20℃ | | | -40℃ | | |
| 051 | 50 | 横向 | 焊缝 | 274 | 280 | 293 | 240 | 256 | 242 | 232 | 222 | 164 | 128 | 16 | 38 |
| | | | HAZ | 288 | 288 | 289 | 261 | 278 | 268 | 180 | 224 | 216 | 156 | 170 | 110 |
| 052 | 50 | 纵向 | 焊缝 | 290 | 246 | 275 | 208 | 240 | 234 | | / | | | / | |
| | | | HAZ | 288 | 248 | 269 | 228 | 214 | 204 | | / | | | / | |

注：10mm 板接头各区域的冲击试验均采用 7.5×10×55(mm) 的非标试样。

试验结果表明，10mm 和 50mm 的 WGJ510C2 钢板采用 HHJ506 焊条焊接时，接头板拉试样均断于母材处，焊接接头冷弯性能良好，焊接接头各个区域在 0℃ 下有很高的冲击韧性，即使在-20℃下，也远超过母材的技术指标要求（0℃的 $A_{kv}\geqslant47$J）。由表 8 还可以看出，两种厚度试样的焊缝脆性转变温度约为-40℃；不同的是，10mm 板的 HAZ 脆性转变温度约为-20℃，50mm 板的 HAZ 脆性转变温度低于-40℃。

## 4 耐火试验

### 4.1 中型炉耐火试验

分别用 10mm 厚的普通碳素结构钢 Q235 和 WGJ510C2 钢板焊接成 H 型中型炉用钢梁，其规格均为：长 1560mm、高 80mm、凸缘宽 40mm、整个试件重 17.8kg、截面抗弯矩（截面模数）$W_x$ 为 29.17cm$^3$。选用北京航空材料研究院研制的 GJ-3 超薄型钢结构防火涂料和德国 Herberts 38091 超薄型钢结构防火涂料（这两种涂料均已在国家检测中心做过多次试验，性能较好，质量相当稳定），按产品标准规定的方法将这两种涂料分别涂覆在两种钢材制成的中型钢梁上。由于德国涂料样品比较少，故对每种钢梁只做了 1 种厚度（1.46mm），GJ-3 涂料则涂覆了两种厚度（1.50mm 和 3.00mm）。涂覆完毕再经过 20 天的养护后，在中型耐火极限炉中进行耐火试验。

表 9 是两种钢梁涂覆两种涂料的结果对照表。裸露时，Q235 钢梁达到耐火极限的温度大约在 580~600℃，WGJ510C2 钢梁达到耐火极限的温度大约在 700℃。这些结果是钢材本身内在质量的反映，与涂覆涂料的厚度和种类无关。

至于耐火极限从裸钢状态下的相差 10min，到 1.50mm GJ-3 的 14min，3.00mm GJ-3 的 20min，再到 1.46mm 38091 的 19min，表明耐火耐候钢与防火涂料有相辅相成之功效。所用防火涂层在 580~700℃温度区间的隔热性能越好、高温强度越好，对钢梁升温速率减缓越强，更能体现出耐火耐候钢 WGJ510C2 的耐火优势。即在不同涂层条件下，WGJ510C2 相比于 Q235 延长的耐火时间不同，新钢种耐火极限优势的体现比 Q235 钢更明显。

**表 9 两种小型钢梁在裸露和不同涂覆状态下的试验结果对照表**

| 钢种 | 裸钢 | | GJ-3（1.50mm） | | GJ-3（3.00mm） | | 38091（1.46mm） | |
|---|---|---|---|---|---|---|---|---|
| | 耐火极限/min | 失效温度/℃ | 耐火极限/min | 失效温度/℃ | 耐火极限/min | 失效温度/℃ | 耐火极限/min | 失效温度/℃ |
| Q235 | 23 | 587 | 72 | 575 | 83 | 560 | 72 | 583 |
| WGJ510C2 | 33 | 694 | 86 | 707 | 103 | 713 | 91 | 692 |
| 延长时间/min | 10 | | 14 | | 20 | | 19 | |
| 提高幅度/% | 43.5 | | 19.4 | | 24.1 | | 26.4 | |

从表 9 可知，在 1.50mm 左右时，GJ-3 和 38091 涂料涂覆在 Q235 钢梁上时的耐火极限一样，若使用 WGJ510C2 钢梁，则 38091 涂料的结果比较好，这说明 38091 涂料的高温隔热性能更好。即在采用厚度相同而品质不同的涂料时，钢梁耐火时间的提高也不同。主要原因在于，不同防火涂料形成的膨胀体在钢梁从 580℃升高到 700℃范围内的隔热性能有差异。因此，防火涂料膨胀体在梁温为 580~700℃范围内隔热效率越高、强度越高，钢梁耐火时间的延长就越多。

从涂层减薄率（见表 10）来看，对于 GJ-3 防火涂料要达到 83min 的耐火时间，使用耐火耐候钢 WGJ510C2 时可以减薄 50%以上。对于 Herberts 38091 涂料要达到约 90min 的耐火时间，使用耐火耐候钢 WGJ510C2 时，涂层可以减薄近 40%。这说明对高性能的钢结构防火涂料，采用高性能耐火耐候建筑用钢 WGJ510C2 时，可以在很大程度上减少涂料的使用量，从而大大降低工程成本，提高钢结构的有效使用空间。

**表 10　在相同耐火时间下 Q235、WGJ510C2 涂料厚度的对比表**

| 钢种 | GJ-3 | Herberts 38091 |
|---|---|---|
| Q235 | 3. 00mm（83min） | 2. 30mm（87min） |
| WGJ510C2 | 1. 50mm（86min） | 1. 46mm（91min） |
| 减薄率/% | 50 | 36. 5 |

## 4. 2　标准炉耐火试验

本试验采用新钢种高性能耐火耐候建筑用钢 WGJ510C2 和普通建筑用钢 Q235，并制成符合上述规格尺寸的构件，在天津“国家固定灭火系统和耐火构件质量检验测试中心”进行耐火对比试验，在相同的载荷条件和加热条件下，分别测定各自的变形挠度。按 GB/T 9978—1999 标准中 8. 2 条款的规定：梁的最大挠度超过 $L/20$mm（$L$ 为试件计算跨度，单位：mm），则表明试件失去稳定性。此处 $L/20=260$mm。

按正常要求各种耐火建筑构件均应按 GB 14907—94（钢构件防火涂料通用技术条件）标准要求，其表面施涂同种类型的防火涂料（GJ-IH 厚型防火涂料）。但由于施涂防火涂料干燥时间较长，故决定本试验第 1 轮仅采用裸露的构件（梁）对比 WGJ510C2 和 Q235 的耐火性能，然后再进行不同厚度防火涂料构件的对比试验，其中 WGJ510C2 的涂层厚度为 20mm，Q235 的涂层厚度为 27mm，在均布载荷为 132. 74kN 时，所得结果见图 7 和表 11。

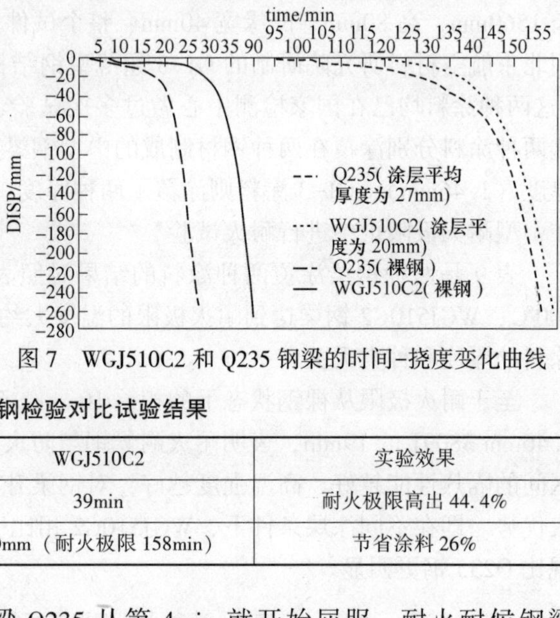


图 7　WGJ510C2 和 Q235 钢梁的时间-挠度变化曲线

**表 11　Q235 钢和 WGJ510C2 钢检验对比试验结果**

| | Q235 | WGJ510C2 | 实验效果 |
|---|---|---|---|
| 裸钢 | 27min | 39min | 耐火极限高出 44. 4% |
| 厚型涂料 | 27mm（耐火极限 155min） | 20mm（耐火极限 158min） | 节省涂料 26% |

由图 7 可以明显看出，在相同的载荷下，裸露钢梁 Q235 从第 4min 就开始屈服，耐火耐候钢梁 WGJ510C2 从第 7min 才开始屈服；在挠度达到 260mm 时，两裸钢达到耐火极限。此时 Q235 为 27min，WGJ510C2 为 39min，这说明裸露耐火耐候钢的耐火极限比裸露 Q235 的耐火极限高出 44. 4%。这与中型炉的同类实验结果是相当接近的，说明中型炉的实验结果与标准炉的实验结果有很强的可比性。

在涂覆不同厚度的厚型防火涂料时，还是利用上述裸钢梁相同的载荷。总体来讲，WGJ510C2 和 Q235 均比它们在裸露条件下的耐火极限明显要长（见图 7）。Q235 在涂层厚度为 27mm 时的耐火极限为 155min，WGJ510C2 在涂层厚度为 20mm 时的耐火极限为 158min，两者的耐火极限基本相同，均大于《建筑设计防火规范》标准一级防火 150min（2. 5h）的要求。这说明，在相同的耐火极限要求 150min 下，耐火耐候钢 WGJ510C2 比普通建筑用钢 Q235 可以节省防火涂料 35%，而且此时 Q235 钢在较厚的厚型涂料下从 91min 开始屈服，WGJ510C2 在相对较薄的厚型涂料下直到 119min 才开始屈服。

综上所述，新钢种高性能耐火耐候建筑用钢 WGJ510C2 的耐火性能明显优于普通建筑用钢 Q235。

# 5　耐候试验

图 8 是经过 5 个周期的加速循环腐蚀试验后所得到的各对比试样的腐蚀动力学曲线。可以看出，随着

腐蚀时间的延长，1 号样（WGJ510C2）腐蚀损失的增加没有 2 号样（Q235）和 3 号样（Q345）快，而且腐蚀失重的顺序依次为 1<2<3。这说明耐火耐候钢的耐蚀性较普通建筑用钢要好。时间越长，耐火耐候钢的耐蚀性表现得越明显。从曲线斜率的变化也可很明显地看出，在 720h 以前（前 2 个周期），各钢种的腐蚀速率保持相对均匀；后 3 个周期（1080h、1440h、1800h）内，每个钢种的表现均是随着腐蚀时间的延长腐蚀速率逐渐减小。但无论在哪个阶段（周期），4 个钢种的腐蚀速率顺序依然是 1<2<3。经过 1800h 加速循环腐蚀以后，1 号样的腐蚀率为 2 号样的 80%，为 3 号样的 71%，即分别减少 20%和 29%。从总体表现来看，同普通建筑用钢相比，耐火耐候钢腐蚀速率降低的倾向大，稳定的腐蚀速率也小。

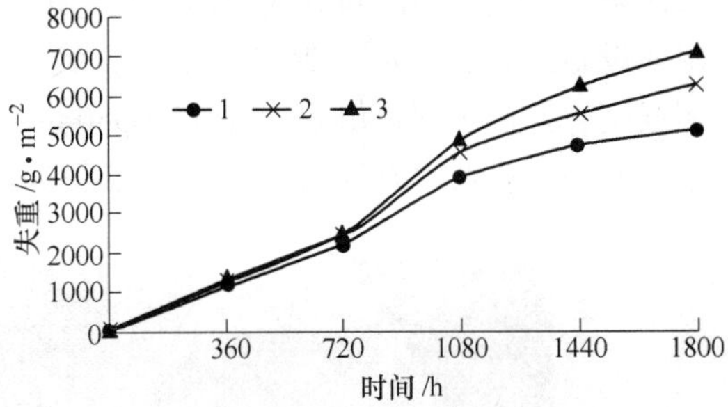


图 8　WGJ510C2、Q235 和 Q345 腐蚀时间与腐蚀失重之间的关系曲线

对于耐大气腐蚀钢来说，掌握其耐大气的腐蚀性能尤为重要，现场曝晒试验是研究大气腐蚀最常用的办法，其优点是能反映现场实际情况，所得数据直观、丰富、可靠，在一定程度上能综合反映金属材料在大气条件下的腐蚀性能，并可用来估算自然环境下金属的腐蚀寿命，为合理选材、有效设计和制定产品防护标准提供依据。

在武汉 10 个月大气曝晒下锈层引起的失重计算结果见表 12。虽然该腐蚀率远小于室内加速循环腐蚀实验所得到的腐蚀率，但与文献［4］中在沈阳的 1 年挂片数据很接近。由本实验结果可知，在 10 个月的时间段内，真实大气曝晒对比试样的年腐蚀率按由小到大的顺序排列为 1<2<3。这说明耐火耐候钢的耐腐蚀性能优于普通建筑用钢。这一结果与室内加速循环腐蚀实验结果总体上是吻合的，出现波动的方面可能是大气曝晒时间较短的缘故。

**表 12　WGJ510C2、Q235 和 Q345 在 10 个月真实大气腐蚀对比样的失重结果**

| 编号 | 长 /mm | 宽 /mm | 高 /mm | 表面积 /mm² | 原始重量 /g | 除锈重量 /g | 失重 /g | 试验时间 /h | 腐蚀率 /mm · a⁻¹ |
|---|---|---|---|---|---|---|---|---|---|
| 1 | 99.56 | 99.88 | 4.02 | 21492 | 314.1 | 310.5 | 3.6 | 7200 | 0.0260 |
| 2 | 99.90 | 99.60 | 3.88 | 21448 | 300.0 | 296.2 | 3.8 | 7200 | 0.0274 |
| 3 | 99.86 | 99.56 | 4.02 | 21488 | 312.3 | 308.1 | 4.2 | 7200 | 0.0303 |

## 6　典型应用

上海市重点工程——中国残疾人体育艺术培训基地，由同济大学建筑技术设计研究所设计，采用了大跨度轻钢轻板结构。该工程决定首次采用武钢研制开发的高性能耐火耐候钢 WGJ510C2 钢。为此，武钢为该工程提供了耐火耐候钢管 $\phi$219mm 和 $\phi$273mm，共计 200 多 t。该工程网架建成时的雄姿见图 9，建成后的局部照片见图 10。

图 9　采用 WGJ510C2 钢建成的上海中国残疾人体育艺术培训基地建筑网架

图 10　采用 WGJ510C2 钢建成的上海中国残疾人育艺术培训基地建筑（局部）

国家大剧院是中国新时代的标志性建筑，其总建筑面积为 18 万 $m^2$，其中主体建筑约为 13 万 $m^2$、地下附属设施约为 5 万 $m^2$。2002 年 2 月，武钢成功地在国家大剧院钢管劲性柱工程项目招标中中标使用耐火耐候钢，并向工程提供 $\phi$406mm 和 $\phi$508mm 耐火耐候钢管 254 根，共近 300t。经验收，所有钢管均符合国家大剧院工程技术条件的要求，并成功应用到工程中（见图 11 和图 12）。

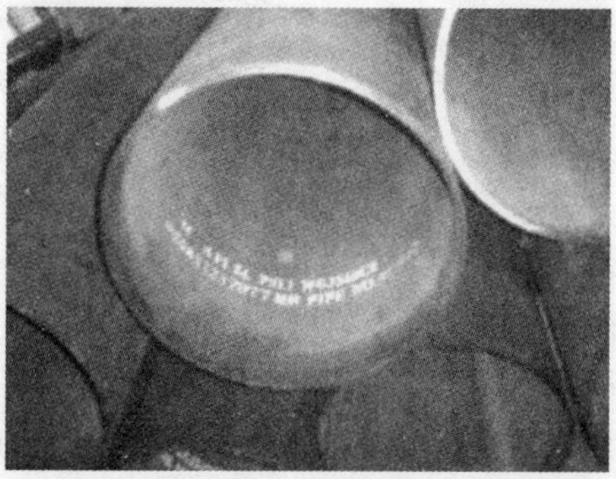

图 11　采用 WGJ510C2 钢制成的国家大剧院用钢管劲性柱

图 12　应用在国家大剧院的 WGJ510C2 钢钢管劲性柱

## 7　结论

（1）WGJ510C2 钢在 600℃温度下的屈服强度均高于其室温下屈服强度的 2/3，完全满足建筑结构用钢耐火安全性的强度许用指标。在交货使用状态下，该钢具有足够强度的同时，还具有较低的屈强比，既保证了该材料具有良好的冷变形能力和高的塑性变形功，也降低了材料脆性断裂的可能性，具有良好的抗震性能。该钢具有优良的 $Z$ 向性能，其 $Z_Z$ 全部高于 $Z$ 向钢最高级别 Z35 的要求，即 $Z_Z \geqslant 35\%$。WGJ510C2 钢具有优良的综合力学性能。

（2）WGJ510C2 钢 HAZ 的淬硬性倾向性低，具备低的冷裂纹敏感性，但焊接 50mm 厚板时，需预热 100℃为宜。WGJ510C2 钢在大线能量条件下焊接时，其焊接热影响区仍具有优良的强韧性，焊接接头具有良好的抗拉、抗弯和抗冲击性能。

（3）中型炉耐火试验，WGJ510C2 裸钢梁比 Q235 裸钢梁耐火极限的提高幅度高达 43.5%，WGJ510C2 钢比 Q235 钢的软化温度高出约 100～120℃，随着防火涂料厚度增加，WGJ510C2 耐火极限增加的优势比 Q235 要明显。标准炉耐火试验的结果也表明，裸露 WGJ510C2 钢梁的耐火极限比裸露 Q235 钢梁的耐火极限高出 44.4%，这与中型炉的同类实验结果相当接近。在考虑建筑设计一级防火标准（150min）时，试验结果表明，同 Q235 钢相比，使用 WGJ510C2 钢可以使薄型防火涂料节省 36.5%～50%，厚型防火涂料可节省 26%。由此可见，新钢种 WGJ510C2 的实际耐火性能明显优于普通建筑用钢 Q235。

（4）室内加速循环腐蚀试验的结果表明，经过 1800h 加速循环腐蚀以后，WGJ510C2 的腐蚀率为 Q235 钢的 80%、为 Q345 钢的 71%，即分别减少 20%和 29%。经过武汉 10 个月大气曝晒试验的结果也表明，WGJ510C2 的耐候性能也明显优于 Q235 和 Q345。

（5）该钢已成功应用于上海中国残疾人体育艺术培训基地和北京中国国家大剧院两大工程的建造，且实用效果良好。

（原载《科技导报》，2005（3））

# 薄板坯连铸技术的现状及应用分析

吴健鹏　余新河

薄板坯连铸连轧技术是20世纪90年代以来世界钢铁工业迅速推广的一项重大新技术，它的开发成功是近终形连铸技术的重大突破。薄板坯连铸工艺具有流程短、生产工艺简化、节能、减少投资费用、降低生产成本和提高钢材收得率等优点。与传统钢材生产技术相比，从原料到成品，薄板坯连铸设备吨钢投资降低19%~34%，每吨钢材成本降低80~100美元，生产时间可缩短10倍以上，厂房面积减少24%，金属消耗减少66.7%，加热能耗减少40%，电耗减少80%。

自1989年世界上第1套薄板坯连铸连轧设备投产以来，该技术发展迅速，已有十多种工艺出现，比较典型的有：CSP工艺、ISP工艺、FTSR工艺和CONROLL工艺等。这些工艺的开发成功和实现商业化生产，已经为许多钢铁企业带来了显著的经济效益和竞争优势，使一些中小型钢厂，如美国的纽柯公司、动力钢公司等，利润大增，成为钢铁工业结构改革成功的典范，而且一些长流程钢厂也竞相新建或改建成薄板坯连铸厂。

据统计，截至2001年12月，全球已有包括生产及少数在建项目共36条作业线（54流），其年产能约为6000t。其中CSP：26条生产线（包括ISP5条），42流（包括ISP7流），其中年产能约为4200万t（包括ISP765万t）；FTSR：4条作业线，5流，其年产能力为500万t；QSP：3条作业线，4流，年产能力约为500万t；CONROLL：3条作业线，3流，年产能力约为315万t。

我国自1999年8月，珠江钢厂CSP投产以来，至今已有邯郸、鞍山、包头、唐山、马鞍山、涟源7条线投入生产；并有本溪、酒泉2条作业线开始建设。可以看出，薄板坯—热连轧工艺将在我国钢铁生产中占有更加重要的地位。

## 1　技术发展阶段

薄板坯连铸连轧技术的发展到目前为止大体可分为如下3个阶段：

开发期（1984~1989年）：德国施罗曼-西马克（SMS）公司于1984年率先投资进行薄板坯连铸连轧技术的开发工作，并于1987年在美国纽柯公司建成了第1代CSP薄板坯连铸连轧设备，在1989年7月成功投产，此阶段为该技术的开发期。

20世纪80年代，常规板坯连铸技术已日益成熟，把常规板坯连铸的成熟技术应用到薄板坯连铸上，成为研究、开发的指导思想。对此，德国的SMS公司走在了研究和开发的前列。德国施罗曼-西马克（SMS）公司于1985年在1台立弯式连铸机上开发了漏斗形结晶器，并成功地浇注了薄板坯。1986年，SMS公司在Thyssen公司的铸钢车间成功地进行薄板坯连铸机试验，使薄板坯连铸进入了新的篇章。薄板坯连铸机的成功使薄板坯连铸连轧成为可能，1989年7月美国纽柯公司引进德国的SMS型铸机，建立了世界上第1条把薄板坯连铸机和四辊连轧机组合运行的紧凑型带钢生产线（CSP工艺），设计能力为年产80万t，生产钢种为普碳钢、结构钢和深冲钢等；薄板坯厚度为50mm，宽度1000~1350mm，成品厚度为2.5~12.7mm，宽度1000~1300mm。

推广期（1989~1997年）：1989年美国纽柯公司克劳福兹维尔厂的CSP工艺投产以后，薄板坯连铸连轧的技术优势为人们所认识，并成为20世纪90年代世界钢铁工业的投资热点。除了SMS公司的CSP工艺外，还出现了德国德马克公司（MDH）的ISP、意大利达涅利公司（DANIELI）的FTSR、奥地利奥钢联公司（VAI）的CONROLL和日本住友金属公司的QSP等第2代薄板坯连铸工艺，这段时期为薄板坯连铸连轧技术的推广阶段。

在推广期，各种工艺作了许多改进，体现在：（1）具有了改变连铸板坯宽度和厚度的调整装置（也称可调薄板坯连铸机），允许在 40~80mm 厚度范围内浇铸板坯。（2）采用液芯压下工艺，减少甚至消除了板坯中央疏松，改善了晶粒结构，改进了板坯表面质量，从而提高了板坯质量。（3）优化连铸振动控制，从而提高浇速和产量。同时还对板坯的下游设备进行了一些改变，如改善板坯冷却和除鳞设备、加强轧制控制提高表面质量和板型控制精度，还使用了人工智能神经网络来强化过程控制。

提高期（1997 年至今）：从 1997 年开始，各国对原来的薄板坯连铸机技术存在的不足之处进行了不断的改进，并建造和投产了第 3 代薄板坯连铸机。代表生产线如加拿大阿尔戈马和中国唐钢的 FTSR 生产线，南非萨尔达尼亚的 ISP 生产线，我国包钢、邯钢、涟钢和马钢的 CSP 生产线等。

在提高期，通过应用软件技术的开发，使生产更加稳定，同时在生产线上成功地运用了半无头轧制技术和铁素体轧制技术，使该生产线在生产低碳钢、薄规格产品上更具优势，另外，在此阶段还开发出硅钢、多相钢等品种钢生产技术，使该工艺生产的品种在覆盖面上更接近传统工艺。

## 2 工艺技术特点

薄板坯连铸连轧的工艺技术特点为：

（1）通过一系列有别于传统板坯连铸机的工艺装备，将铸出的板坯厚度减薄到某一合理的临界区间，以至可以省去传统热轧板生产机组中的粗轧机架，而只用 5 架以上精轧机架轧成热轧薄带卷。

（2）通过一系列精确的工艺控制，使生产过程中各工序点的温度控制在某一合理范围内，且只需连铸机和热轧机之间予以较小的热量补充，从而在充分节能的条件下实现长时间的连铸连轧工艺运作，达到能量充分利用的目的。

（3）通过一系列调控措施，使生产过程的物流维持在一个合理范围内（如拉速 3~6m/min），使之在保持一定流量的前提下，控制 1 个合理的时间节奏。

（4）通过一系列的技术措施，使从钢水进入结晶器至热轧卷取完毕的时间节奏缩短到 25~40min。

（5）铸坯厚度尽量减薄到热带轧机可以取消粗轧机组，从而使板坯直接进入精轧机组轧成成品带，以达到减少工序和设备，降低投资和生产成本的目标。

（6）实现快速浇铸，提高连铸机生产能力，达到与冶炼和轧机的生产能力相匹配的目标，进而取得最佳的规模效应和良好的经济效益。

（7）实现连铸连轧，从冶炼到轧制产品一次成材，充分利用冶炼能力，降低能耗，降低成本，缩短生产周期，加快资金周转。

（8）生产无缺陷坯，取消轧制前的板坯检查、清理并能保证产品质量。

（9）连铸和连轧间的中间衔接技术能在热量输入很少的条件下满足铸坯加热/均热和缓冲的要求。

（10）实现自由轧制，增加二次换辊间同宽度带钢轧制长度，减少换辊次数。

（11）强化带钢厚度、板型和平直控制，提高带钢尺寸精度。

## 3 技术现状

自第 1 条薄板坯连铸连轧生产线问世至今，在短短十余年间，全世界已建及在建各种形式的薄板坯连铸连轧生产线已超过 40 条、60 多流，产能约 6000 万 t，2002 年薄板坯连铸连轧产品的市场占有率达 17%。在技术开发方面，已形成各具特色的薄板坯连铸连轧工艺十余种。从全世界已建成投产的薄板坯连铸连轧生产线来看，CSP 工艺、ISP 工艺、FTSR 工艺以及 CONROLL 工艺在工业化应用方面更为成熟，并普遍在最近新建的薄板坯连铸连轧生产线中被采用。以下主要围绕上述 4 种成熟工艺展开详细论述，其他工艺则由于应用较少或尚处于实验阶段，一般不会作为工艺选型的对象，故不作介绍。

### 3.1 CSP 工艺（Compact Strip Production）

#### 3.1.1 工艺布置及特点

CSP 工艺是由施罗曼—西马克公司（SMS）开发的，第 1 套工业化 CSP 生产线在美国纽柯公司投产后取得了满意的生产效果和良好的经济效益，因而得到广泛应用，是目前世界上处于主流地位的薄板坯连铸连轧工艺。其典型工艺流程为：冶炼炉→钢包精炼炉→钢包回转台→中间包→浸入式水口→漏斗形结晶器→均热（保温）炉→热连轧机→层流冷却→地下卷取。典型工艺布置见图 1。

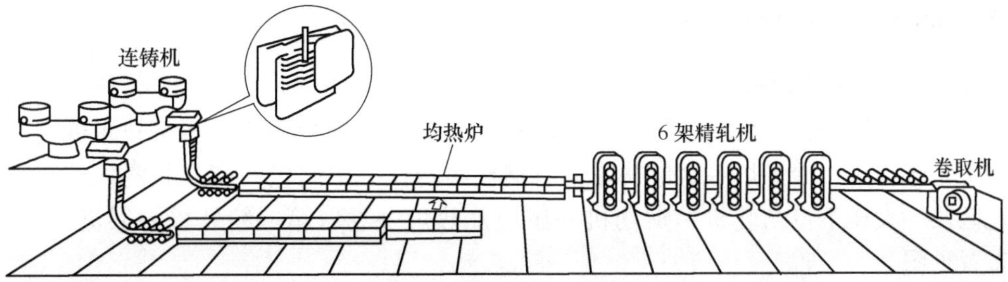


图1 CSP典型工艺布置图

CSP技术的主要工艺特点如下：

(1) 首创漏斗形结晶器，其示意图如图2所示。结晶器具有较厚的上口尺寸，便于浸入式水口的插入，水口和结晶器壁间的距离不少于25mm，有利于保护渣的熔化。

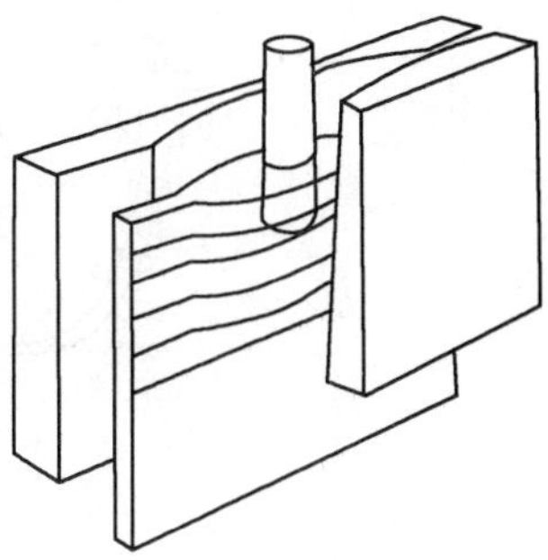

图2 CSP漏斗形结晶器

(2) 典型铸坯厚度为70/50mm，最高铸速可达7m/min，从钢水的冶炼到成品的离线仅需1.5h，能生产1~1.25mm厚的热轧带卷。

(3) 铸机与轧机之间采用辊底式均热炉连接，炉子长度200~300m；薄板坯入炉温度约1080℃，出炉温度1150℃，升温较少，均热炉能耗少。

(4) 精轧机列一般由5~7机架组成。

(5) 铸坯保温后直接进精轧机轧制成卷，单流年产能力80~150万t；双流最高年产能力可达250~300万t，双流配置时，结晶器-卷取机的生产线总长为310~340m，单流配置时可缩短50m。

3.1.2 生产钢种

CSP工艺经过不断的实践改进，可生产的品种范围不断扩大。目前在采用CSP工艺的工厂中可以批量生产10个钢种组，尚有2个钢种组正在试验之中。这批钢种组分别是：

第1组：建筑用的可焊接非合金钢，即一般建筑用结构钢；

第2组：中碳钢，相当于我国Q345；

第3组：冷轧用的低碳钢，相当于St14；

第4组：冷加工和冷轧用的高强度微合金钢，该钢种用于汽车和机器制造工业中的冲压部件，其显微组织的均匀性比传统的热轧板带略胜一筹；

第5组：高强度含磷合金钢，这组钢种也称“烘烤硬化钢”，大部分用于汽车工业；

第6组：改善后的耐大气腐蚀的低合金高强度钢，这组钢也称“CORTEN”，相当于我国的耐候钢和JIS标准的SPA-H；

第7组：微合金高强度钢，这组钢种具有高抗拉强度和屈服点，广泛应用于工程机械、大型厂房结构、桥梁以及大梁等结构件的制造；

第8组：电工用硅钢，生产的热轧硅钢带在纵向和横向上机械性能都很均匀，物理性能良好，可与传统方法生产出的冷轧硅钢片相媲美；

第9组：热处理合金钢，CSP工艺可以确保低的偏析率，显微组织在厚度上非常均匀；

第10组：铬不锈钢，即铁素体不锈钢AISI409，CSP工艺能生产铁素体不锈钢。

目前，正在试验的2组钢种是：铬镍不锈钢和高碳钢（$w(C)>0.60\%$）。

3.1.3 应用现状

CSP工艺自1989年7月首次在美国纽柯公司克拉夫兹维尔厂建成投产以来，世界范围内已订购了26套CSP工厂，其中21套已投产，有8套是所谓的整体CSP工厂，即全套的炼钢和CSP工厂设备。所有已订购的CSP工厂的总年产能力为4000万t左右。最近建成投产的代表着当前CSP先进水平的生产线有德国蒂森—克虏伯公司、我国包钢、邯钢、马钢和涟钢的生产线。这些新建的生产线中普遍采用了高压水除鳞、电磁制动、液芯压下、结晶器液压振动、第1架精轧机架前加立辊轧机、板型和平整度控制、新型旋转式卷取机等多项新技术，使CSP生产线更优于传统长流程工艺来生产更多的热轧带钢。

## 3.2　ISP 工艺（Inline Strip Production）

3.2.1　ISP 工艺布置及特点

ISP 工艺由德国曼内斯曼—德马克公司（MDH）开发，是最先采用液芯压下技术的薄板坯连铸连轧工艺。其典型工艺流程为：冶炼炉→钢包精炼炉→钢包回转台→中间包→薄片状浸入式水口→平行板型结晶器→铸轧区段→大压下量初轧机→剪切机→感应加热炉→卷取箱→精轧机→层流冷却→地下卷取。其典型工艺布置见图 3。

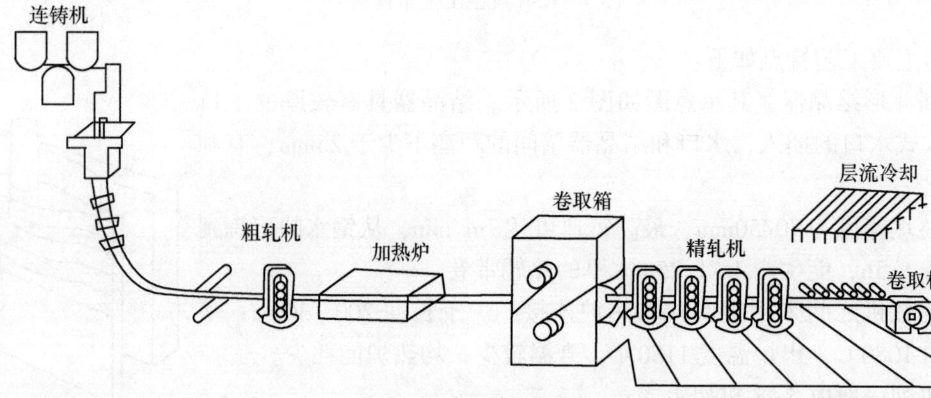


图 3　ISP 典型工艺布置图

ISP 生产线的特点为：

（1）早期采用的平行板型结晶器限制了浸入式水口的形状，导致水口钢流量有限且寿命低。近年来已将结晶器改为小漏斗形，这使得其采用的薄片型浸入式水口壁厚随之增大，出钢孔也改为底部出钢，寿命得到显著提高。

（2）生产线更短，设备布置更为紧凑。该工艺采用了中间卷取箱，不使用长的均热炉，因此生产线总长度仅 180m，从钢水变成热轧带卷仅需 20~30min。

（3）为了使铸坯厚度能够减薄到可以卷取的程度，在卷取箱和铸机之间增加了 2~3 架大压下粗轧机，可将铸坯从 40mm 轧到 15mm。可生产厚度为 15~25mm、宽度为 650~1330mm 的薄板坯，如不进精轧机，可作为中板直接外售。

（4）为了保证中间卷取时铸坯的温度，在大压下轧机与卷取箱之间采用了大功率感应加热炉，所以 ISP 的电耗相对较高。

（5）铸坯在长 18m 的感应加热炉中加热和均匀温度，操作较为灵活且升温有效。克日莫那炉实际是一双卷取机，通过气体来加热铸坯，同时将长铸坯卷取送至精轧机，可提供 9min 的缓冲时间，但其设备较复杂，维修困难。

（6）铸坯的二次冷却采用气雾冷却或空冷，有助于生产较薄断面且表面质量要求高的产品。

（7）因为经粗轧后的中间坯比较薄，所以精轧机仅需 4 个机架就可以将中间坯轧至最小厚度 1.2mm。

3.2.2　应用现状

目前 ISP 工艺可以生产深冲钢、结构钢、高碳钢、管线钢及不锈钢，其技术含量较高，该工艺采用的液芯压下、大压下粗轧机、感应加热等技术都很有特色，但是设备复杂，对管理水平和技术水平要求较高。现采用 ISP 工艺的厂家主要有意大利克雷莫纳阿维迪厂、韩国浦项光阳厂、美国 ISPCO 蒙彼利埃厂、南非萨尔达尼亚厂以及荷兰霍高文艾莫伊登厂，国内尚无钢厂采用。

## 3.3　FTSR 工艺（Flexible Thin Slab Rolling）

3.3.1　工艺布置及特点

FTSR 由达涅利公司开发，该技术的最大特色是采用了 $H^2$ 结晶器。该工艺按不同工艺要求有两套可供选择方案：第 1 种方案是浇铸 50~75mm 厚的铸坯，其后接 6~7 架精轧机，用于生产碳素钢和低合金钢；第 2 种方案是浇铸 80~90mm 厚的铸坯，其后接二机架粗轧机和四、五机架精轧机，可生产各种不同钢种的带钢。其典型工艺流程为：炼钢炉→炉外精炼炉→薄板坯连铸机→旋转式除鳞机→隧道式加热炉→二次除鳞机→立辊轧机→粗轧机→保温辊道→三次除鳞装置→精轧机→输出辊道和带钢冷却段→地下卷取机。

FTSR 工艺主要的技术特点是：

（1）采用 $H^2$ 结晶器。结晶器为漏斗形，长 1.2m，在结晶器的下口宽面仍具有凸出的形状，一直延伸到二冷零段末铸坯才逐步从凸形变成矩形，结晶器连带零段一起被称为长漏斗形结晶器，或称 $H^2$ 结晶器。它具有 CSP 漏斗形结晶器的优点，但又减小了铸坯的变形率，有利于生产包晶钢在内的一些裂纹敏感性钢种并有利于提高拉速。FTSR 工艺采用的结晶器如图 4 所示。

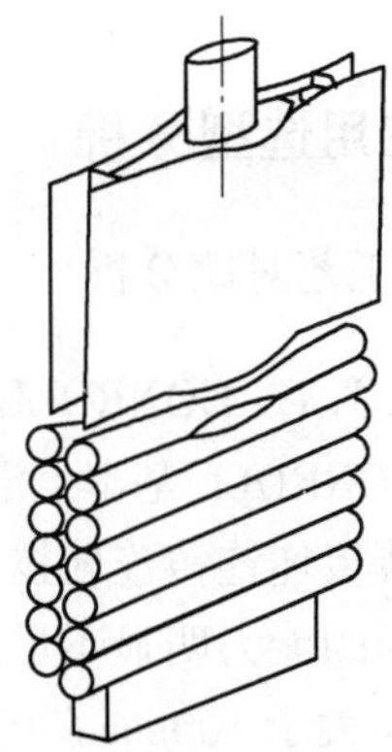

图 4 FTSR 工艺采用的结晶器示意图

（2）采用动态液芯压下技术（DSR），但它不同于 CSP 只在零段完成液芯压下，而是应用一套液相穴长度控制软件系统，通过所浇钢种、铸坯断面、中间包温度、拉速、结晶器冷却及二冷条件等参数来测算和控制铸坯液相穴长度，并合理分配各扇形段的压下量，使最终的压下点接近液穴的末端，以获得中心偏析和疏松均小、晶粒细小的内部质量。

（3）按不同的要求，结晶器出口铸坯厚度为 50~90mm，经动态液芯压下后为 35~70mm。

（4）采用辊底式均热炉作为铸机与轧机之间的连接，精轧机一般由 6~7 机架组成。

（5）在采取半无头轧制的情况下最薄的产品可达到 0.8~1.0mm，单流铸机生产线年生产能力可达 160 万 t。

（6）综合吸取了 CSP 漏斗型结晶器和 ISP 液芯压下技术的优点，减轻了坯壳的变形率，具有相当的灵活性，能浇铸范围较宽的钢种，可提供表面和内部质量良好、力学性能和化学成分均匀的汽车工业用板。

### 3.3.2 应用现状

FTSR 工艺可满足大型钢铁联合企业的要求，按大型钢铁联合企业的质量标准铸造和轧制所有钢种，是比较灵活的生产高质量产品的薄板坯连铸连轧工艺，其产品能够达到比过去更好的尺寸公差。现已被加拿大阿尔戈马苏圣玛丽厂、美国纽柯赫特福德厂以及我国唐钢等厂家采用。

值得指出的是，从加拿大阿尔戈马苏圣玛丽厂的生产实践来看，FTSR 工艺具有生产能力和质量要求均令人满意的技术优势。这种技术优势的特点之一就是能够浇注包晶钢。由包晶钢轧制的板卷 97% 以上没有缺陷，产品质量达到北美汽车工业的标准。目前，其按商业规模生产的包晶钢板带已经得到用户的认可并逐渐代替传统板坯连铸工艺产品。

## 3.4 CONROLL 工艺（Continuous Thin Slab Casting and Rolling Technology）

### 3.4.1 工艺布置及特点

CONROLL 工艺是 20 世纪 80 年代中期由奥钢联与瑞典阿维斯塔谢菲尔德（AVESTASHEFFIELD）AB 厂共同开发和推广的，该工艺用于生产特殊钢、不锈钢。后来在奥钢联林茨厂的试验过程中证实了其生产优质碳素钢种的灵活性。CONROLL 工艺实际上是由常规板坯连铸和热轧发展而来的，因此其工艺布置与传统工艺也十分类似，只不过更为紧凑和连续。

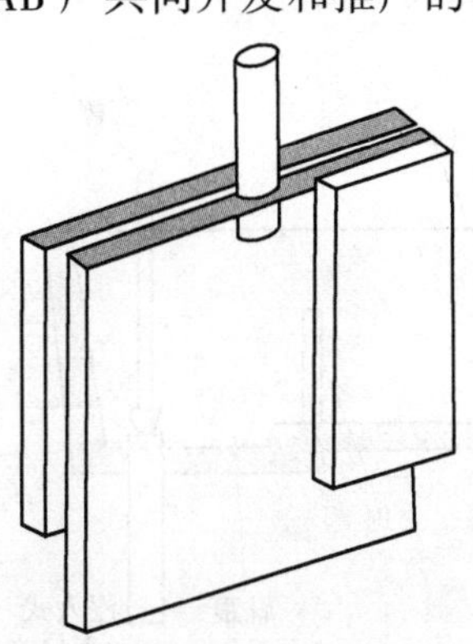

图 5 CONROLL 工艺采用的结晶器示意图

该工艺的主要特点是：

（1）采用平行板式结晶器（见图 5），铸坯厚度为 80~150mm，典型铸坯厚度 90mm。

（2）新的设计方案中推荐使用液芯压下技术，可将铸坯从 90mm 压缩到 70mm。

（3）采用了步进式加热炉作为铸机与轧机之间的联接。

（4）轧机与传统板带生产线一样，分为粗轧和精轧两部分，粗轧机架一般为 2 架，精轧机架为 5~6 架，粗轧与精轧之间设卷取机。

3.4.2　应用现状

该技术可生产的品种比较宽，包括低碳钢、包晶钢、高碳钢、管线钢、硅钢、合金钢、铁素体不锈钢和马氏体不锈钢。目前已被美国阿姆科公司曼斯菲尔德厂、捷克的NovaBut厂和我国的鞍钢等钢厂采用。CONROLL虽然也提供薄板坯（小于90mm）的生产技术，但从已投产的CONROLL生产线来看，主要还是采用了其中等厚度铸坯的配置模式。

## 4　应用选型分析

### 4.1　工艺对比分析

4.1.1　CONROLL工艺和ISP工艺

CONROLL基本上沿用了传统连铸技术的特点。从某种角度来看，可以认为该技术是传统连铸连轧技术和薄板坯连铸连轧技术的折中方案，在生产的钢种范围方面似乎没有什么问题，但在生产超薄规格产品方面的能力明显不足。现有的几个采用CONROLL工艺的厂家均是用于对传统生产线的改造，采用中等厚度（大于100mm）配置方案，成功轧制的最薄规格为1.2mm，而奥钢联声称可提供的薄板坯（小于90mm）连铸连轧方案还没有实际应用的报道。

ISP工艺的工业化应用较早，最初因采用液芯压下技术而独具特色，但随着液芯压下技术的普遍应用，其技术优势已不复存在。目前建设使用的ISP生产线为了满足实际生产的需要，几乎都要进行一些改进才能达到要求。2000年投产的荷兰霍戈文公司的ISP生产线并非全部采用了ISP技术，而是多种技术的组合，以致在有些报道中将其称为DSP工艺。从ISP产能和产品品种规格来看，该技术的发展应用前景非常有限。随着西马克（SMS）和德马克（MDH）的合并，该工艺很可能完全被CSP所取代，因此不必过多考虑该工艺。

4.1.2　CSP工艺和FTSR工艺

CSP工艺是目前技术最为成熟、应用最为广泛的薄板坯连铸连轧工艺，其生产应用经验丰富、操作可靠、维护方便，通常也是优先考虑采用的技术。FTSR工艺的开发在CSP工艺之后，它充分借鉴了其他薄板坯连铸连轧技术的优点，虽然目前应用的厂家只有两三家，但均取得了成功，该工艺代表了当代薄板坯连铸连轧技术的先进水平，应用前景广阔。以下分几个方面对这两种工艺进行比较。

（1）生产钢种及产能

CSP工艺可生产超低碳钢、低、中、高碳钢和高强度合金钢，虽然西马克公司声称CSP工艺可在适当的操作条件生产包晶钢，但目前没有应用CSP工艺成功生产包晶钢的实例。CSP采用立弯型铸机，受厂房高度的限制其冶金长度一般都较短，通常小于10m，目前最大只能达到9705mm，拉速进一步提高的潜力有限，单流年产能一般在120万t以下，极限年产能不超过140万t。

FTSR工艺可生产包括包晶钢在内的许多钢种，且90%的铸坯内裂及中心偏析等级均可达到曼内斯曼评级等级的一级水平，100%的铸坯可达二级水平。在加拿大阿尔戈马的FTSR生产线上已大量生产包晶钢。FTSR采用直弧型铸机，单流产能可达150万t，由于冶金长度的设计不受厂房高度的限制，铸机的冶金长度为14.240m，因此具有通过提高拉速或增加铸坯厚度来进一步提高产能的潜力。

（2）钢水保护及中间包冶金技术

FTSR工艺及CSP工艺在大包到中间包之间均采用了长水口保护浇铸，在水口连接处均采用氩气保护。

但在中间包设计方面，FTSR工艺采用了双效冲击板（DEP）技术，可以在中间包钢流冲击区直接获得向上流动的流场，有利于夹杂物上浮，同时还可以减少开浇时的飞溅。其中间包中特有的“鞋跟”结构，如图6所示，可在保证中间包钢流不出现涡流的前提下，减少停浇时的残钢量（一般为5t，而CSP工艺中间包残钢量一般为8t），从而使得其金属收得率要高于CSP。

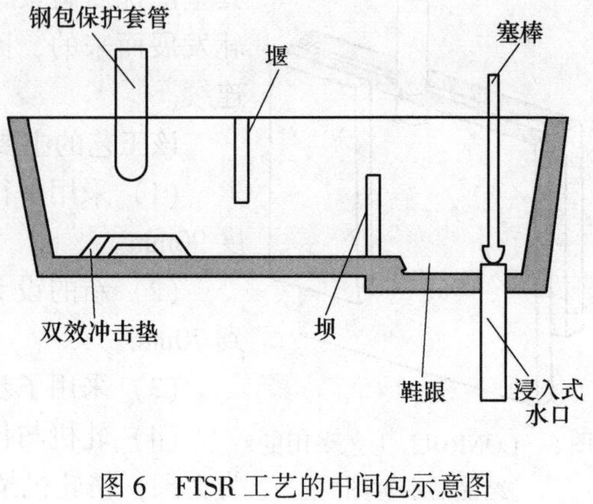

图6　FTSR工艺的中间包示意图

在浸入式水口设计方面，FTSR工艺优化设计的4孔圆柱形浸入式水口是达涅利公司的又一专利技术。采用该水口浇注时，可以获得非常理想的结晶器流场，减轻液面扰动，且化渣效果好。其水口壁厚可达28mm，水口寿命可达12h。而CSP采用2孔扁形水口，水口壁厚在15mm左右，水口寿命较短，一般在9h左右。

（3）结晶器及振动装置

FTSR工艺采用长漏斗形的$H^2$结晶器，横断面为透镜形，使结晶器内液面更宽，与优化的4孔浸入式水口配合使用，使结晶器液面波动减小。当拉速为5.5m/min时，液面起伏仅为±1mm，所以FTSR没有必要配备昂贵的电磁制动（EMBR）设备。由于结晶器形状的优化及铸坯变形长度的增加，结晶器中铸坯坯壳所受的机械应力很小，钢种适应能力强，因而可顺利浇铸包晶钢等裂纹敏感性钢。

而CSP工艺的结晶器，漏斗长度比$H^2$结晶器短了100mm，铸坯变形速度比FTSR工艺来得大，坯壳所受的变形应力也相对较大，进而导致了浇铸包晶钢等裂纹敏感性钢种的难度加大。虽然CSP采用优化的浸入式水口也能较好地控制结晶器液面波动，但浇铸质量要求较高的钢种或高拉速操作时，EMBR仍必不可少。

两者的结晶器调宽技术和结晶器振动装置大体相同。其差别之处在于FTSR的液压振动装置中的每个液压缸有2个伺服阀，当1个工作阀出现故障时，另1个阀可自动启用，从而提高了振动装置的可靠性。

（4）结晶器漏钢预报与热相图

FTSR工艺的结晶器漏钢预报系统采用了多达194个热电偶检测结晶器铜板温度，可以准确地发现结晶器内的“冷点”和“热点”，因此不仅能准确地预报粘结性漏钢，而且能预报裂纹漏钢以及铸坯裂纹和凹陷缺陷，并将信息收集到质量管理系统中，用于判断带卷的质量。当出现漏钢报警时，系统能自动降低拉速甚至停车，直至警报解除。CSP技术只能预报粘结性漏钢，在出现报警时只能降低拉速而不能自动停车。

FTSR工艺的热相图是根据结晶器热电偶检测结果分析绘制出来的，因此比较准确，对实际操作具有一定的指导意义，也可用于凝固过程的冶金行为研究，如保护渣开发、不同钢种的凝固传热模型研究等。CSP工艺的热相图所用的温度不是结晶器纵向各点的温度，而是进水温度和结晶器冷却水槽的出水温度，因此不能准确地反映结晶器中的温度分布。

（5）二次冷却及液芯压下技术

FTSR工艺二冷采用气水雾化冷却，可实现铸坯弱冷，并可根据拉速和钢种选择冷却模型，钢种适应能力强。CSP工艺二冷采用高压喷水冷却，冷却均匀性不如气水雾化冷却，且其冷却水量的调节范围也有限。

FTSR工艺采用了动态轻压下技术，其特点是压下过程动态跟踪铸坯的凝固终点，使最终压下位置始终保持在凝固终点前，可明显改善铸坯内部质量，并防止压下所致的裂纹。CSP工艺采用的是静态压下技术，即在第I扇形段规定的区域内完成铸坯的减薄，压下过程不随工艺参数的变化而变化，对铸坯内部质量的改善效果有限。

## 4.2 工艺选型分析

从以上工艺技术比较可知，同CSP工艺相比，FTSR工艺的优势在于：产品的品种规格没有特别的限制；单流年产能可达150万t以上，进一步提高产能的潜力大；在漏钢预报技术方面领先，能够有效地控制薄板坯连铸的生产事故；动态液芯压下技术可灵活适应不同钢种的生产要求，有利于生产高质量的产品；结晶器液面控制更加平稳，不必安装昂贵的EMBR就能满足生产要求，减少了投资并降低了工艺复杂性。当然，正如前文所介绍的，FTSR国内工业也有一些尚存的问题，例如：应用实例很少，工艺的先时性和成熟性还需要进一步的证实，可借鉴的经验少；设备及控制系统相对复杂，对维护水平和操作技能的要求更高。

可见，对于生产以低碳钢为主且表面质量要求较低的工厂而言，CSP工艺是一种非常理想的选择；而对于产品大纲中包括不锈钢、包晶钢、高碳钢等难浇品种，而且对表面又有很高要求（如汽车裸露件）的工厂来说，FTSR工艺是一种较为理想的选择。

# 5 结论

CSP、ISP、FTSR和CONROLL都是较为成熟的薄板坯连铸连轧工艺，实际应用时，应根据具体的生产条件和产品大纲来选择生产线。相比较而言，FTSR工艺是一种技术上较为全面的薄板坯连铸连轧工艺，该工艺虽应用实例较少，但其先进可靠性明显，更利于生产高质量的产品。CSP工艺应用实例最多，有生产包括取向硅钢、铁素体不锈钢等高附加值钢种的生产实践。

（原载《炼钢》，2005（4））

# 彩管用荫罩框架钢带 WYK-1 的研制

程方武　杨大可

中国彩管工业起步于20世纪70年代末，到2000年国内彩色显像管和彩色显示管生产量分别达到4000万只，1200万只，约占世界产量的16%，预计2005年将分别达5000万只、2500万只。

按年产彩管4000万只和彩显1000万只计算，年需求荫罩框架钢为10~15万t左右，其市场需求量相当可观。

## 1　材料的特性

电视荧光屏上之所以能映现出彩色图像，是三色电子枪发射的电子束穿过荫罩小孔到达荧光屏时而产生的光点和色泽。荫罩框架的主要作用是强固荫罩，与内磁屏蔽等构件共同对电子束的通过方向进行磁屏蔽。

框架用钢带的通常厚度为0.8~2.0mm，经彩管制造厂冲压加工后，还需在550~650℃的湿热气氛中实施黑化（氧化膜）处理。黑化处理是彩管用钢不同于其他电工钢的特殊处理方式，其目的是防锈、散热和吸收散射电子。

可见，荫罩框架钢带所必备的特性是电磁屏蔽特性（磁性）、黑化处理特性和成型性。目前，荫罩框架钢钢质向着超低碳、高纯净钢方向发展，其成品具有优良的综合性能。

## 2　生产工艺技术分析

### 2.1　化学成分

根据化学成分中碳、硫、磷对磁性能综合影响（图1）的分析，可看出随其质量分数的增加，矫顽力亦增大。当 $w(\mathrm{C})\leqslant 30\times10^{-6}$、$w(\mathrm{S+P})\leqslant 300\times10^{-6}$ 时，矫顽力则在0.5~1.5波动。

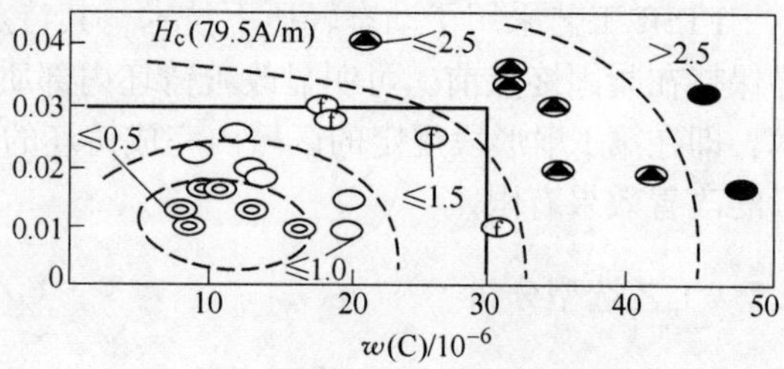


图1　化学成分对磁性能的影响

武钢冶炼系统具备先进的炉外精炼技术装备，可实现化学成分的精确控制，降低钢中夹杂元素的质量分数。荫罩框架钢WYK-1的开发未采用添加Ti，Cr，Ni，B等合金元素的工艺路线，这有利于降低其生产成本、简化生产工艺。WYK-1成分设计见表1。

表1　WYK-1化学成分　（%）

| $w(\mathrm{C})$ | $w(\mathrm{Si})$ | $w(\mathrm{Mn})$ | $w(\mathrm{P})$ | $w(\mathrm{S})$ | $w(\mathrm{Al_s})$ | $w(\mathrm{N})$ |
|---|---|---|---|---|---|---|
| ≤0.0050 | ≤0.05 | 0.10~0.50 | ≤0.030 | ≤0.010 | ≤0.060 | ≤0.0050 |

### 2.2　热轧工艺的研究

热轧工艺对成品性能控制有极其重要的影响。如何减少MnS、AlN的固溶并防止其弥散析出，使其热轧后的铁素体组织粗大化，是热轧工艺的首要控制目标。

2.2.1　加热温度对析出相的影响

通过在热模拟试验机上模拟4种不同加热温度（均保温30min，水淬），将试样在透射电镜中观察形貌，用能谱仪分析析出相的成分，得到板坯加热温度对析出相的影响结果：1250℃时未见明显的第2相；1200℃时存在少量20~60nm大小的椭球和条状第2相；1150℃时第2相数量高于1200℃，其中存在

100nm 左右的第 2 相；1100℃时第 2 相数量更高，存在 200nm 左右的第 2 相。第 2 相主要成分为 Mn，S，N，Al，C 等。

热温度对析出相的影响试验结果表明，随加热温度的提高，WYK-1 钢第 2 相固溶量明显增加，第 2 相粒子数量减少，1200℃可视为第 2 相粒子固溶的临界点。

2.2.2 热模拟试验

荫罩框架钢与传统的低碳铝静钢比较，碳有较大幅度下降，因此，其相变点会相应提高。

按图 2 中工艺曲线测定荫罩框架钢 WYK-1 的动态相变点温度 $A_{r1}$ 为 810~819℃、$A_{r3}$ 为 877~880℃。

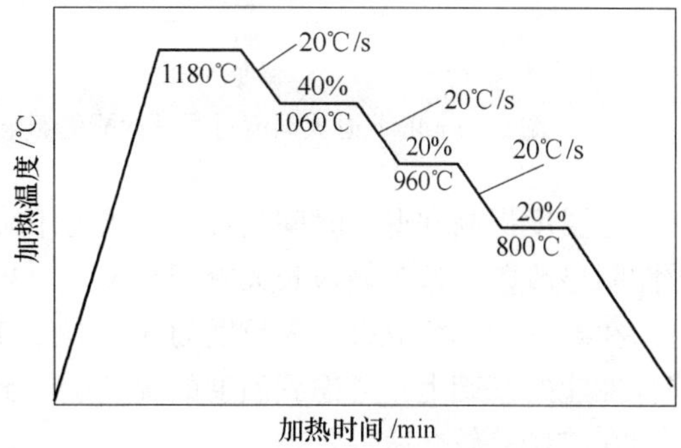


图 2 热模拟试验设定工艺曲线

2.2.3 热轧温度制度的确定

（1）加热温度

上述研究表明，为使连铸时析出的粗大 MnS 等不充分再固溶，加热温度应控制在第 2 相粒子固溶的临界点 1200℃以下。

（2）卷取温度

通过高温卷取后的回复再结晶，有利于第 2 相粒子的聚集长大和铁素体晶粒粗大化。卷取温度应控制在 660~750℃。

## 2.3 冷轧工艺试验

2.3.1 五机架冷连轧机的压下率

五机架冷连轧机的压下率一般为 60%~85%。但从荫罩框架钢的磁性要求看，过大的压下率会使退火再结晶的晶粒过于细小，不能得到良好磁性的发达织构，应以完全形变再结晶为宜。试验结果表明，65%左右的变形量即可达到形变再结晶的条件，且此时的再结晶温度较低。

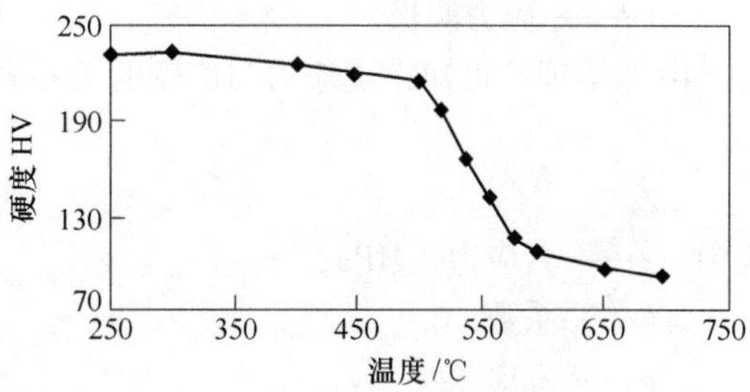


图 3 WYK-1 再结晶温度曲线

2.3.2 退火工艺试验

确定新钢种退火工艺的前提条件是测定其再结晶退火温度。

取经冷轧、厚度为 1.2mm 的 WYK-1 轧硬板，试验绘制成再结晶退火曲线见图 3。

图 3 表明，WYK-1 钢碳的质量分数低、在约 65%压下率时的再结晶温度约为 560℃左右。考虑到炉温的均匀性和晶粒长大，WYK-1 退火温度控制在 650~710℃较为合适。

为了选择最佳的退火工艺，还须对退火工艺与组织和性能的关系做进一步研究，故进行了模拟罩式炉退火工艺试验。

退火工艺对力学性能和磁性能的影响见图 4~图 7。从中可知，在 650~720℃下，WYK-1 的 $\sigma_S$ 和 $\sigma_b$ 值变化不大，$\delta$ 值有所提高，硬度值降低。

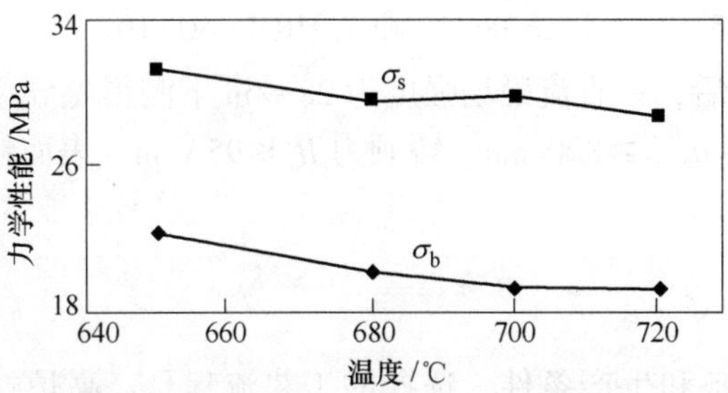


图 4 $t=2h$ 下退火温度对力学性能的影响

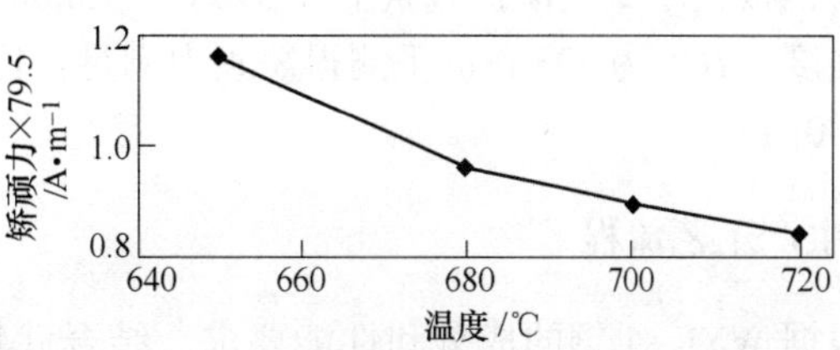


图 5 $t=2h$ 下退火温度对矫顽力的影响

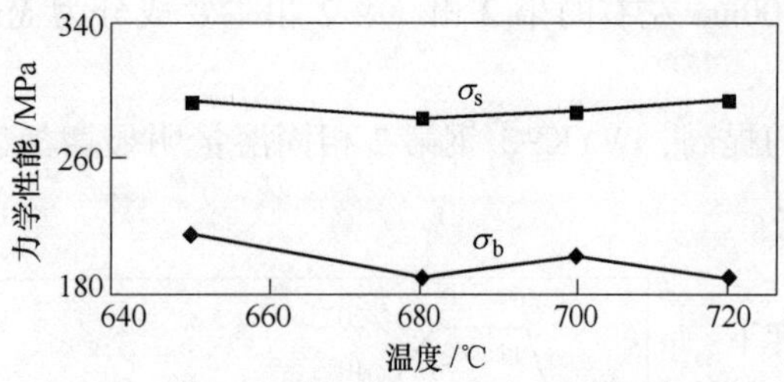


图 6　$t=4\text{h}$ 下退火温度对力学性能的影响

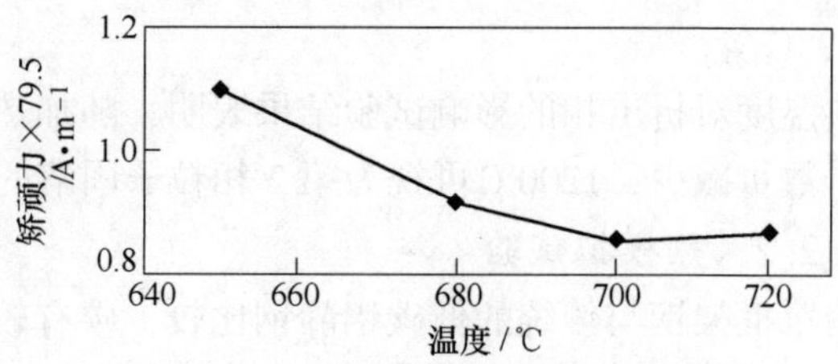


图 7　$t=4\text{h}$ 下退火温度对矫顽力的影响

随温度提高和退火时间延长，矫顽力下降（特别是与650℃时相比），退火温度提高到 680~720℃时，磁性明显改善，这与晶粒长大密切相关。

在 650~720℃退火，晶粒度为 5~9 级，表明再结晶已完成并长大。三次渗碳体在 1~1.5 级。在保证综合性能的基础上，考虑到温度的提高会导致钢卷粘结、能耗增加等问题，荫罩框架钢的退火温度选定在 680~710℃较合适。

2.3.3　平整工艺的研究

由磁学理论可知，平整对磁性能和力学性能的影响如下：

$$H_c \approx \frac{\lambda_s \cdot \sigma_m \cdot \delta}{\mu_0 \cdot M_s \cdot I} \tag{1}$$

式中　$\lambda_s$——饱和磁致伸缩；

$\sigma_m$——应力峰的平均值；

$\delta$——畴壁厚度；

$\mu_0$——起始磁导率；

$M_s$——饱和磁化强度；

$I$——应力波长。

由力学理论可知，真应力与应变的关系式是：

$$s = k \cdot e^n$$

$$D_s = k \cdot n \cdot e^{n-1} \cdot \mathrm{d}e$$

式中　$s$——真应力，MPa；

$k$——系数；

$e$——真应变；

$n$——形变强化指数。

平整工艺对框架钢的综合性能有较大的影响。大的轧制力和平整量将使钢的屈服强度升高，内应力显著增加，从而恶化磁性能和成形性能。因此，WYK-1 的平整伸长率，在确保板形的条件下，平整伸长率应尽可能低。

## 3　生产试制及应用

### 3.1　试制主要技术指标

WYK-1 化学成分见表 1。其力学性能：$\sigma_b=270\sim355\text{MPa}$，$\delta_{10}\geqslant38\%$，硬度 HRB=40±10。

将钢板置于氮气保护气氛下经 590℃、15min 热处理后，在直流磁场强度为 28A/m 下测得磁导率和在磁场强度（$H$）为 795A/m 下测得矫顽力满足：比磁导率 $\mu_{0.35}\geqslant800\text{emu}$，矫顽力 $H_c\leqslant95\text{A/m}$。表面粗糙度 $R_a\leqslant2.0\mu\text{m}$。

### 3.2　生产工艺流程

根据 WYK-1 钢的成分和性能要求，结合武钢的设备和生产条件，选择的工艺流程是：高炉铁水→KR 铁水脱硫→LD 转炉顶底复合吹炼→RH 真空处理→连铸→板坯加热→1700mm 轧机热连轧→卷取→酸洗→1700mm 五机架冷连轧→全氢罩式炉退火→单机架平整→剪切涂油→检验→入库。

### 3.3 各工序间产品质量的检测分析

在 WYK-1 钢工业性试制过程的各工序取样进行了化学成分、夹杂物、组织、磁性能及力学性能等检验分析。

3.3.1 铸坯化学成分及夹杂物分析

中包成分与成品成分除碳的质量分数有所增加外，其他成分较接近。结晶器保护渣存在一定的程度的增碳现象。

夹杂以 $Al_2O_3$ 为主，占总量的 70%左右，其次是 MnS、$SiO_2$，其他夹杂的质量分数较低。总体上，框架钢夹杂物的质量分数低，钢质纯净。

3.3.2 钢的低倍检验评级

铸坯低倍检验评级结果见表 2，低倍组织见图 8。从中看出铸坯质量较好。

**表 2 WYK-1 连铸坯低倍检验评级结果**

| 时间 | 硫印代号 | 中心偏析 |
|---|---|---|
| 2002 年 | 1198 | C 0.5 |
| | 1645 | 0 |
| | 1651 | 0 |
| 2003 年 | 2958 | C 0.5 |
| | 2961 | 0 |

图 8 WYK-1 连铸坯低倍组织

3.3.3 热轧板组织

热轧板组织为铁素体+少量三次渗碳体；晶粒度按 GB 4335—84 评定，为 6.5~8 级；夹杂物按 GB 10561—89 评定，一般为氧化夹杂 0~1.5 级，且分散分布；渗碳体按 GB/T 13299—91 评定，一般为 0~1 级。

3.3.4 冷轧成品板组织

冷轧成品板组织为等轴铁素体+少量三次渗碳体；晶粒度按 GB 4335—84 评定，一般为 5~8 级；夹杂物按 GB 10561—89 评定，一般为氧化夹杂 0~1.0 级，且分散分布；渗碳体按 GB/T 13299—91 评定，一般为 0~1.0 级。

### 3.4 应用效果

荫罩框架钢带 WYK-1 先后取得北京松下、广东福地、上海永新、长沙 LG 等彩管公司质量认定。1995—2003 年累计产量 9 万 t，达到国外先进工业国家产品质量水平。

## 4 结论

（1）采用铁水脱硫、转炉顶底复合吹炼、RH 真空处理和全程保护浇铸等冶炼控制技术，严格控制各种原材料和耐火材料的质量，将 C，S，N，O 等杂质元素控制在极低水平，在不添加其他合金元素的条件下，也能达到荫罩框架钢的性能要求。此外，钢中夹杂物的控制与成品表面的“起皮”缺陷有密切关系。

(2) 热轧在 1100~1200℃ 加热、680℃ 卷取的工艺，可有效控制第 2 相粒子的固溶、析出及聚集长大，有利于铁素体晶粒的粗化。

(3) 冷轧退火和平整工艺是综合控制荫罩框架钢的磁性能和成型性能的关键。退火温度与炉型、退火粘结的难易程度有关，但不应低于 650℃。平整伸长率一般控制在 0.6%~1.2%，实际操作中要结合板形条件，尽可能采用较小的平整度。

(原载《中国冶金》，2005 (12))

# 超细晶高强贝氏体钢析出相的研究

陈庆丰　关　云　陈邦文　刘昌明　严　翔

近年来，国内外越来越多的学者从事晶粒超细化的研究，以提高材料的性能来满足制造业、建筑业节能环保等更高要求。在新一代钢铁材料的基础研究中，关于超细晶粒800MPa级钢及其组织结构方面有许多研究报道，主要是侧重理论或实验室等温状态下的研究，真正应用于生产特别是对连续冷却过程下高强超细贝氏体钢组织结构的研究报道较少。本文对武钢试制的超细晶800MPa级贝氏体钢的组织结构、析出相开展研究，为今后武钢生产超细晶800MPa级贝氏体钢打好基础。

## 1　试制过程及结果

武钢试制的800MPa级超细晶贝氏体钢生产过程为：

转炉冶炼→RH真空→连铸→板坯加热→1700热连轧→分段控冷→卷取→开卷平整。

试验钢成分见表1，力学性能见表2，金相组织结构见图1和图2。为了进一步了解这种组织内在结构，将回火钢试样制备成萃取碳复型和金属薄膜样品，用JEM-2000FXⅡ型透射电镜和INCA能谱仪进行观察和分析，见图3。

表1　试验钢成分（$w_B$）　（%）

| C | Mn | Si | P | S | Mo | Cu | Nb | Ti |
|---|---|---|---|---|---|---|---|---|
| 0.04 | 1.54 | 0.25 | 0.011 | 0.007 | 0.26 | 0.44 | 0.06 | 0.01 |

表2　试验钢力学性能

| 状　态 | $R_{el}$/MPa | $R_m$/MPa | $A$/% | $A_{kv}$(-20℃)/J | | |
|---|---|---|---|---|---|---|
| 轧态 | 691 | 747 | 25.2① | 94 | 96 | 100 |
| 回火态 | 755 | 795 | 18 | 100 | 160 | 76 |

①伸长率为$\delta_{50}$，其余为$\delta_5$。

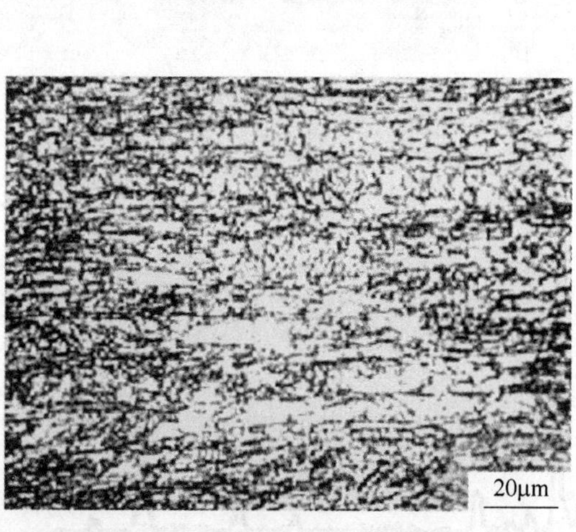


图1　试验钢热轧态组织

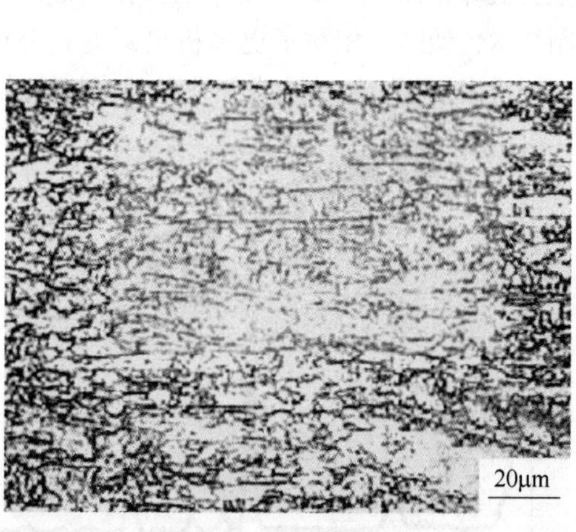


图2　试验钢回火态组织

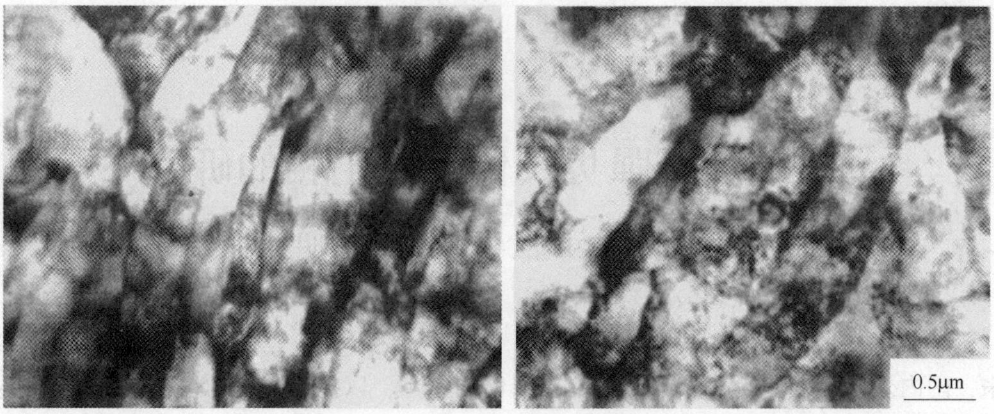


图 3　试验钢回火态微观组织结构

## 2　分析讨论

### 2.1　微观组织结构分析

从图 2~3 可以看出，800MPa 级超细晶贝氏体钢回火组织为：板条贝氏体+少量针状铁素体+块状中温铁素体和极少量马氏体，其中单个板条贝氏体尺寸，长度方向为：2~5μm，直径方向为：0.2~0.5μm，板条上分布高密度的位错线，针板条间夹角为小角度晶界，几根小角度的针板条紧密连在一起，组成了一束板条团。在同一个束团中，贝氏体板条具有几乎相同的晶体取向，束团之间的边界为亚晶界。不同束团的边界为大角晶界，晶体取向也不同。块状铁素体与板条束团间的夹角也是大角晶界，且其方向是任意的，块状铁素体一般位于板条束团间，其大小在 1~2.5μm 范围。在部分板条束团中还有 M-A 岛，其位置一般在针尖部位，并且还被同一板条束团中其他的针条所包围，形成了一个封闭整体。

针板条间的界面清晰，板条束团的界面很小、窄，这是超细晶粒所固有的性质，晶界比较清洁，只有少数元素和杂质聚集和析出。另外在某些小角度针条间的晶界上，还有一些很薄的物质，此经北科大研究证实为残余奥氏体膜。针板条贝氏体单个组织尺寸越小，特别是直径越小，钢的强度就越大，冲击韧性也较好。但实际很难测量单个针条，故只测量板条束团的大小，试验钢的板条束团的大小在 3~5μm 范围。

### 2.2　析出第二相型貌及结构

高强贝氏体钢加入了微量 Nb、Ti，在轧制时采用弛豫—析出—控制技术，使第二相粒子更多析出，提高钢板的强度。试验钢第二相析出形貌、尺寸及成分见图 4~图 6、表 3 和表 4。

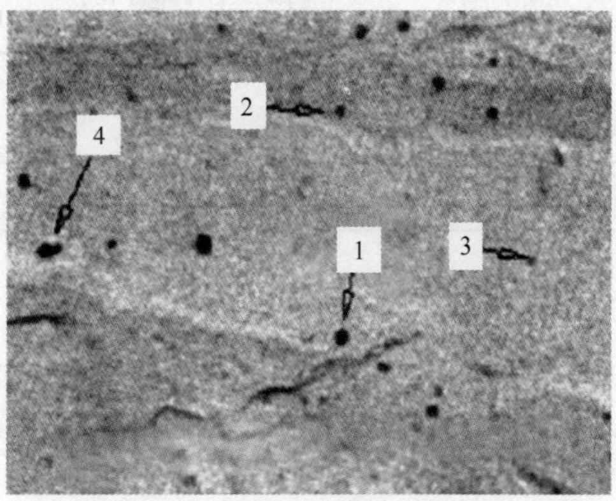


图 4　试验钢析出物颗粒及分布

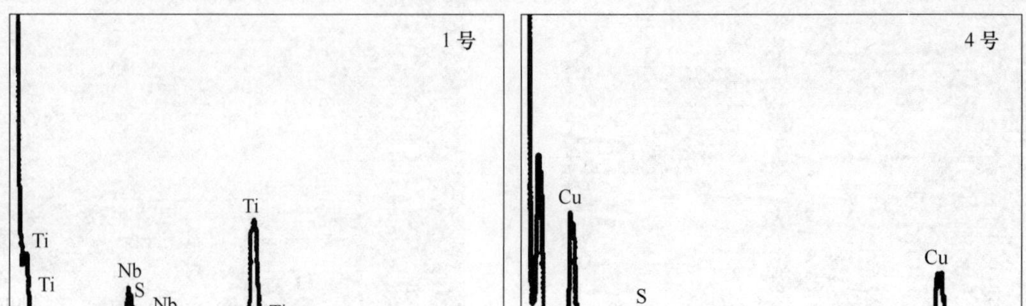


图 5　图 4 中析出颗粒 1、4 号能谱

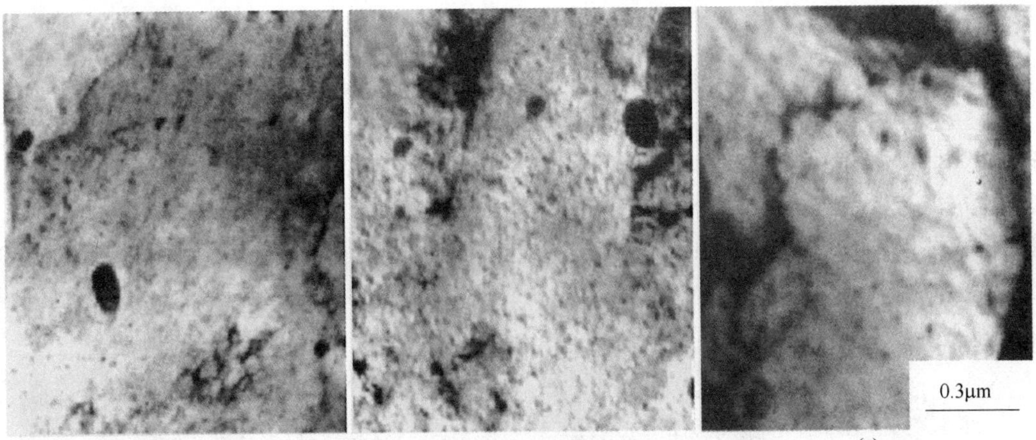


(a) (b) (c)

图 6 试验钢析出相形貌

**表 3 图 4 中析出颗粒成分**

| 试验钢种 | $w_b$/% | | | | 原子分数 | | | |
|---|---|---|---|---|---|---|---|---|
| | S | Ti | Cu | Nb | S | Ti | Cu | Nb |
| P1 | 1.72 | 53.81 | 2.92 | 41.54 | 3.22 | 67.25 | 2.76 | |
| P2 | | 54.30 | 4.74 | 40.96 | | 68.74 | 4.53 | 26.73 |
| P3 | | 49.49 | 3.83 | | | 64.74 | 3.77 | 31.49 |
| P4 | 16.89 | | 83.11 | 46.69 | 26.77 | 28.71 | 71.29 | |

**表 4 第二相的成分定量结果**

| 编号 | 试样 | 尺寸/nm | 原子分数/% | | | | | |
|---|---|---|---|---|---|---|---|---|
| | | | S | Ti | Mn | Cu | Nb | Mo |
| 1 | 薄膜 | 30 | 46.90 | 14.05 | 39.05 | | | |
| 2 | 薄膜 | 50 | 5.38 | 30.02 | 29.28 | 31.52 | 3.80 | 5.44 |
| 3 | 薄膜 | 120 | 10.54 | 35.04 | 8.65 | 10.26 | 35.52 | 5.43 |
| 4 | 薄膜 | 45 | 38.59 | 15.42 | 40.10 | 5.89 | | |
| 5 | 薄膜 | 80 | 8.52 | 32.65 | 19.31 | 39.52 | 2.27 | |
| 6 | 薄膜 | 40 | 51.04 | 8.74 | 33.40 | 6.83 | | |
| 7 | 薄膜 | 100 | 3.32 | 56.13 | 3.64 | 36.91 | 1.10 | |
| 8 | 薄膜 | 50 | 52.57 | 3.38 | 36.48 | 7.56 | | |
| 9 | 薄膜 | 70 | 53.43 | 4.39 | 32.84 | 9.34 | | |
| 10 | 复型 | 90 | 15.95 | 25.16 | 26.59 | 32.30 | 1.67 | |

对钢中析出第二相尺寸大小、分布状态分析，发现析出相颗粒尺寸为 30~250nm，析出颗粒有的均匀分布，有的则偏聚在晶界（图 4）。大部分析出相颗粒尺寸集中在 50~100nm，形态呈圆球形、椭圆形和不规则颗粒。

对这些析出颗粒进行能谱分析，发现成分主要为了 Ti、Nb 和少量 Cu、S（表 3 及图 4）。析出相主要为（Ti，Nb）（C，N）和 $Cu_xS$($x$=1~2)，从图 4 中可以看出 $Cu_xS$ 析出颗粒的形貌呈椭圆（图 4 中 4 号）或长条形，Nb、Ti 含量高的析出碳氮化物则为球状物（图 4 中 1~3 号），而一般认为 Ti 含量高的析出碳氮化物则为立方形。

对含 Ti、Nb 的第二相进行定量分析（表 4）发现，在（Ti，Nb）（C，N）或其复合相中除 $Cu_xS$($x$=1~2) 外，几乎都有富余的 Cu，已知 Cu 为非碳化物形成元素，多以游离态或 ε-Cu 形式存在，（Ti，Nb）（C，N）与基体的相界为畸变区，既容易富集游离 Cu，也容易成为 ε-Cu 的形核点，形成复合析出相，使（Ti，Nb）（C，N）等第二相的能谱定量成分结果中总有一定的多余 Cu。

### 2.3　大尺寸复合析出相

在试验钢卷还发现有少量的大颗粒析出物，直径在150~250nm（图7），这类析出相中$w(Mn)$较高（相对含量为5%~30%）时，以MnS为核心，外围被Nb、Ti和Cu的析出物所包裹，且这两种析出相很规则地分布在MnS颗粒两边，没有互相交叉析出。这说明在终轧结束后，随着温度逐渐降低，首先MnS析出，其间也可能有少量Nb、Ti化合物与其同时析出。当MnS析出颗粒长到50~150nm，Nb、Ti及Cu开始大量析出，并以MnS颗粒为核心，有方向性选择析出呈球壳状长大，直到两种析出物相碰才停止，这样就把整个MnS核心完全包裹住，Cu的析出物和Nb、Ti析出物分界线比较明显，它们之间没有混杂。

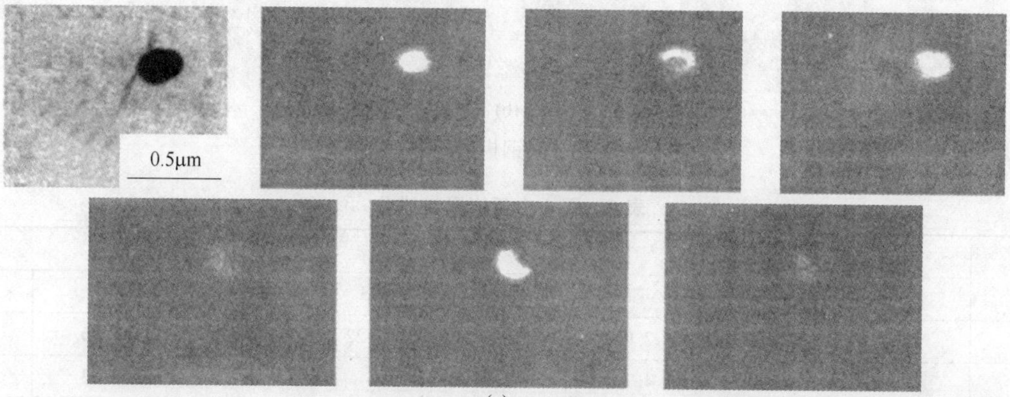


(a)

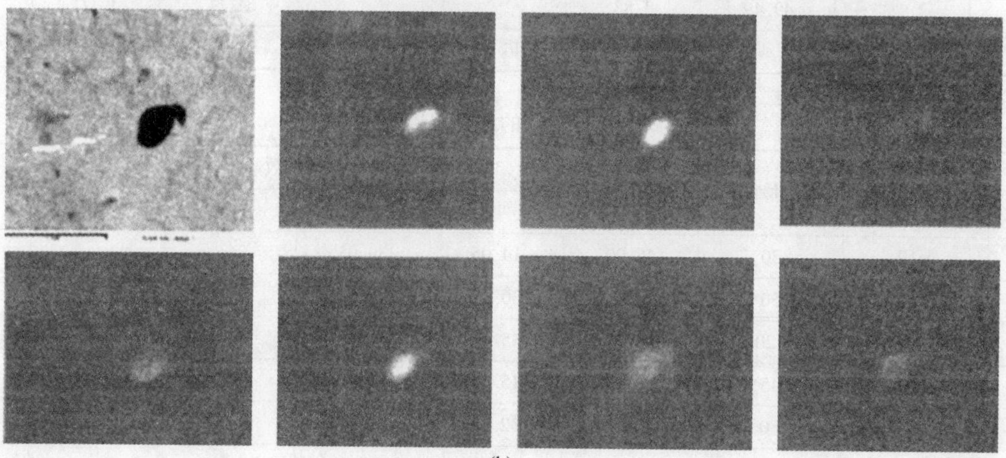

(b)

图7　较大尺寸复合相的元素面分布图

## 3　结论

（1）高强超细贝氏体钢组织主要是细小板条贝氏体，单根贝氏体条长2~5μm，直径0.2~0.5μm，小角度夹角的针板条紧密连在一起，组成了一束板条团，有效晶粒尺寸在4μm左右，钢的屈服强度达700MPa以上。

（2）钢中析出第二相颗粒尺寸大部分为30~150nm，成分主要为（Ti，Nb)(C，N）和$Cu_xS$，$Cu_xS$析出颗粒呈椭圆或长条形，$w(Nb)$高的析出碳氮化物则为球状物。

（3）大颗粒析出物（150~250nm）则为含Mn较高的Nb、Ti和Cu的复合析出物，其中MnS为核心。Nb、Ti和Cu的析出物很规则地分布在MnS颗粒两边。

（原载《钢铁研究》，2006（6））

# 不同铁水脱硫技术在武钢的应用与进步

萧忠敏　余志祥　李凤喜　余新河　陈清泉

## 0 前言

铁水脱硫技术已广泛应用于现代炼钢生产。国外知名转炉钢厂铁水脱硫比一般均达到100%，日本的钢铁企业铁水“三脱”（脱 Si、P、S）预处理比已超过90%。为适应我国炼钢生产发展的要求，资料提出的我国该项技术的发展目标是：2006 年铁水脱硫比应达到35%以上；2010 年铁水脱硫比应达到60%以上；2020 年转炉用铁水基本实现全脱硫。

近几年，武钢在优化生产工艺，调整产品结构的进程中，对铁水脱硫技术给予了高度重视，铁水脱硫能力不断扩大，2005 年武钢集团公司共生产钢 1304 万 t，其中武汉钢铁股份公司（以下简称武钢股份公司）三个炼钢厂共生产钢 1038.49 万 t，不同工艺技术的铁水脱硫处理量 831.47 万吨，平均铁水脱硫比为 82.92%，为提高钢的质量，开发新的钢种，增强产品市场竞争力提供了重要条件。

## 1 不同铁水脱硫技术的应用概况

### 1.1 脱硫设备类型和产量

武钢股份公司三个钢厂均采用铁水脱硫预处理—转炉复吹—钢水炉外精炼—连铸的生产工艺。三个钢厂不同的铁水脱硫技术装备和 2005 年的铁水脱硫处理量、铁水脱硫比和钢产量见表 1。

表 1　三个钢厂的铁水脱硫设备和 2005 年生产简况

| 厂名 | 铁水脱硫 | | | 转炉冶炼 | |
|---|---|---|---|---|---|
| | 设备类型及工位 | 处理量/万 t | 脱硫比/% | 吨位及座数/座 | 钢产量/万 t |
| 一炼钢 | 铁水罐喷吹式×2 | 136.50 | 81.30 | 100t×2 | 174.14 |
| 二炼钢 | 铁水罐 KR 搅拌式×2 | 205.28 | 82.70 | 80t×3 | 240.19 |
| 三炼钢 | 混铁车喷吹式×2<br>铁水罐喷吹式×1 | 489.69 | 83.49 | 250t×3 | 624.16 |
| 合计 | 工位×7 | 831.47 | 82.92 | LD×8 | 1038.49 |

### 1.2 采用不同铁水脱硫技术的缘由

武钢股份公司三个钢厂采用不同铁水脱硫技术的缘由，按三个钢厂投产时间的先后，简述如下（关于不同铁水脱硫技术的应用和进步详情将另述于后）。

#### 1.2.1 二炼钢采用 KR 脱硫

20 世纪 70 年代后期，二炼钢从新日铁引进硅钢生产技术专利的同时，配套引进了第一套 KR 机械搅拌 $CaC_2$ 铁水脱硫技术装置。鉴于 KR 法具有良好的脱硫动力学条件和很高的脱硫效率等优点，加之在消化、吸收的基础上，积累了丰富的操作经验，改进了很多工艺技术，使脱硫的技术经济指标有了大幅度的进步，因此，1999 年该厂在扩大脱硫能力时，仍然选择了 KR 法，脱硫剂为 CaO，并于 2000 年 11 月建成投产。

#### 1.2.2 三炼钢采用混铁车喷吹脱硫和增建铁水罐喷吹脱硫

1）采用混铁车喷吹脱硫。1996 年 8 月投产的三炼钢，转炉公称容量为 250 吨，设计时选用 320 吨混铁车运输铁水，并在钢厂外采用顶喷脱硫工艺。“浅脱”硫时，设计采用 CaO 基脱硫剂，约占 80%；“深脱”硫时，则采用 $CaC_2$ 作脱硫剂。投产后，为适应生产的需要，必须大幅度提高脱硫铁水的处理量和脱硫效果，故基本上采用了喷吹 $CaC_2$ 脱硫剂，少量采用了 CaO 加颗粒镁混合脱硫剂的工艺。

2）增加铁水罐喷吹脱硫。三炼钢混铁车顶喷铁水脱硫工艺，其设计能力 252.6 万 t/年（一期为 188.9 万 t/年）。2002 年实际脱硫铁水量虽然已达 297.8 万 t，当时预计经过挖掘生产潜力，脱硫铁水量可望达到 350 万 t/年，但仍满足不了两座 250 吨转炉的生产需要。随着第 3 座转炉和第 3 台铸机的增建，原有的混铁车脱硫能力显然更适应不了生产的需要，必须相应增建新的铁水脱硫装置。

在选择新的铁水脱硫方式时，钢厂曾提出可选择复合喷吹或喷吹颗粒镁技术，两者各具有其特点。招标时，由于喷吹颗粒镁技术在经济上有较明显的优势，由乌克兰“钛”科研设计院中标。300t 铁水罐喷吹颗粒镁技术装置已于 2005 年 5 月建成投产。

1.2.3　一炼钢采用喷吹脱硫

1.2.3.1　设计的喷吹工艺

1998 年一炼钢技术改造时，初步设计的铁水脱硫方式为铁水罐喷吹工艺，采用的脱硫剂是以 $CaC_2$ 为基的混合物。初步设计说明书指出：KR 搅拌法最大的优点就是脱硫效率高，对冶炼低硫钢和超低硫钢是很适用的，其缺点是搅拌作业较复杂，设备维修量较大，脱硫成本较高；而顶喷法脱硫效率虽不如 KR 法高，但喷吹作业较简单，设备维修量较小，脱硫成本较低，且能满足一炼钢长材用钢生产要求，顶喷法也能获得超低硫铁水。故初步设计时推荐了上述技术工艺。

1.2.3.2　采用 20%Mg+80%CaO 混合脱硫剂

从减少投资、降低成本和生产安全考虑，1999 年 2 月该设备投产时，一炼钢就采用了 CaO 脱硫剂。其后，为提高脱硫的综合效果，从 1999 年 6 月开始改用 20%Mg+80%CaO 的混合脱硫剂，并取得一定效果。

但采用 20%Mg+80%CaO 混合脱硫剂后，又出现如下问题：①由于 CaO+Mg 混合脱硫剂为离线混合，比重粒度不一样，输送不均匀，脱硫剂效率不稳定，影响脱硫喷吹模型的建立；②喷吹时间长，与转炉冶炼周期不匹配；③容易出现堵枪，扒渣铁损多、温降大、喷枪寿命低；④处理成本较高；⑤由于脱硫命中率较低，给转炉冶炼低硫钢种带来困难。

1.2.3.3　采用喷吹颗粒镁脱硫技术

为解决喷吹混合脱硫剂存在的上述问题，经多方面比较和实地考察，鉴于颗粒镁脱硫剂具有脱硫能力强、脱硫速度快、单耗低、脱硫后渣量少、铁损少、热损失少、环境污染小等优点，国外早已应用于铁水脱硫生产，武钢也进行了工业性试验，验证了上述优点，因此，从中乌（乌克兰）合资的戴斯玛克公司购买了喷吹颗粒镁铁水脱硫的部分设备和控制元件，在原有喷吹设备的基础上作了适当改造，于 2001 年 8 月正式用于生产至今，取得较好的效果。

## 1.3　铁水脱硫技术的应用简况

经过上述技术改造和增建脱硫装置，目前，武钢股份公司三个炼钢厂已具备了现有产钢能力下铁水全脱硫处理的能力。不同脱硫工艺在“深脱”后，铁水［S］≤0.005%，最好时可达到［S］≤0.001%；“浅脱”后根据不同钢种的要求，［S］可分别控制在≤0.015%和≤0.010%，铁水脱硫效率一般可达 90% 以上。2001~2005 年间，武钢股份公司的钢产量、脱硫铁水量和铁水脱硫比增长情况如图 1 所示，三个钢厂的铁水脱硫比情况如图 2 所示，不同铁水脱硫工艺的脱硫剂消耗如图 3 所示。

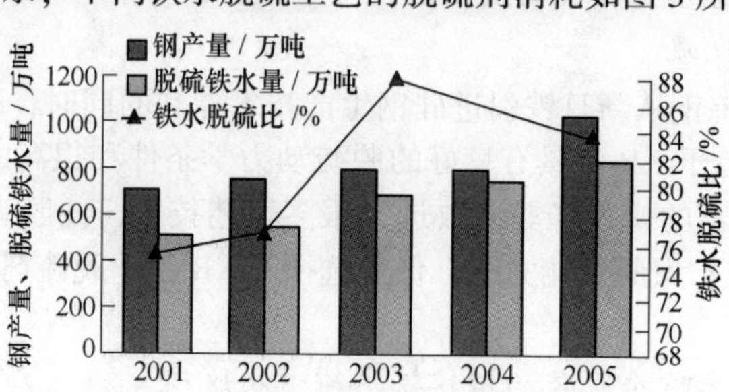


图 1　2001~2005 年钢产量、脱硫铁水量和铁水脱硫比增长情况

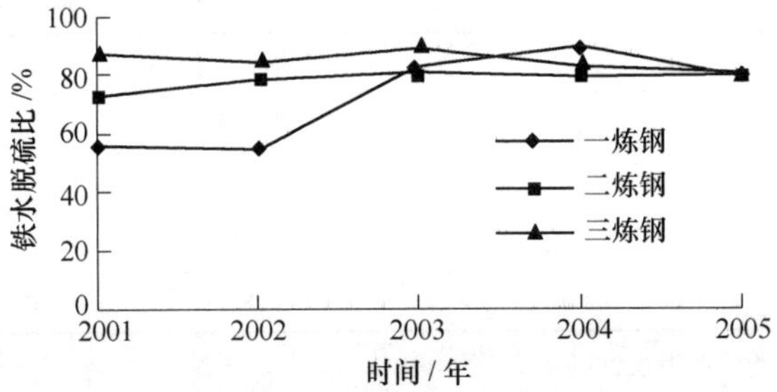


图 2　三个钢厂的铁水脱硫比增长情况

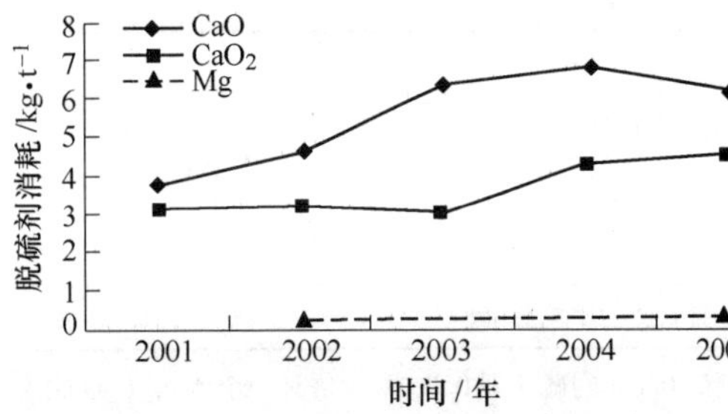


图 3　不同铁水脱硫工艺的脱硫剂消耗

## 2　KR 搅拌 CaO 脱硫技术的应用和进步

### 2.1　生产应用

第二炼钢厂第一套 KR 搅拌式铁水脱硫装置是 1979 年引进投产的。其设计脱硫能力为 47.5~53.5 万 t/年，主要用于硅钢生产。后经过技术改造和不断的技术进步，使铁水脱硫生产水平较原设计能力大幅提高，2000 年最高处理量达 93.4 万 t，比原设计能力提高了 86%，虽然如此，其经脱硫处理的铁水量，仍仅占实际消耗铁水的 41.82%，远远满足不了生产高质量钢的要求。第二炼钢厂承担了大量高难度钢种和新试钢种的生产，为了满足生产的需要，1999 年决定扩大二炼钢的脱硫能力，在全面分析比较喷吹和 KR 法工艺优缺点的基础上，决定仍采取 KR 脱硫工艺。2000 年 11 月，由国内设计的一套 140 万吨 KR 脱硫"一搅双扒"装置建成投产（2 号脱硫），加上原有 1 号 KR 处理 90 万 t，年处理量可达 230 万 t，具备了铁水全脱硫的能力。根据钢种的要求，采用"深脱"和"浅脱"方式。"深脱"使铁水［S］≤0.003%，以满足超低硫钢的生产。"浅脱"［S］≤0.015%，用于一般钢种冶炼。KR 铁水脱硫设备主要由扒渣机、搅拌器和脱硫剂储存和输送系统 3 个主要部分组成，其装置主要参数见表 2、表 3。2005 年达到的主要技术指标与引进时设计指标对比见表 4。

**表 2　KR 脱硫设备的扒渣机主要参数**

| 前后行程/m | 行进速度/m · min$^{-1}$ | 上下行程/mm | 旋转角度/(°) | 压缩空气压力/MPa | 压缩空气耗量/m$^3$ · min$^{-1}$ |
|---|---|---|---|---|---|
| 3~5（最大 6） | 0.5~1.5 | 900（最大 1000） | ±12.5 | 0.55~0.70 | 14 |

**表 3　搅拌装置和脱硫剂给料系统主要参数**

| 搅拌装置 | | | | 脱硫剂给料系统 | | |
|---|---|---|---|---|---|---|
| 旋转速度 /r · min$^{-1}$ | 搅拌时间 /min | 搅拌力矩 /N · m | 搅拌提升速度 /m · min$^{-1}$ | 给料装置运输能力/t · h$^{-1}$ | 存储料罐容量/t | 旋转给料器能力/t · h$^{-1}$ |
| 90~120 | 5~9 | 820 | 6 | 30 | 35 | 10 |

**表 4　2005 年达到的主要技术指标与引进时设计指标对比**

| 参数 | 引进时指标 | 2005 年实际指标 |
|---|---|---|
| 脱硫剂种类 | $CaC_2$ | CaO 脱硫剂 |
| 脱硫周期/min | 62（单罐） | 66±2（双罐）　33±2（单罐） |
| 铁水脱硫处理量/万 t · a$^{-1}$ | 47.5~53.5 | 205.28（第一套最高年产达 93.4） |
| 脱硫比例/% | | 82.70 |
| 脱硫前平均［S］/% | | 0.0276 |
| 脱硫后平均［S］/% | | 0.0022 |
| 脱硫效率/% | | 91.77 |
| 脱硫剂吨铁个硫（10ppm）消耗/kg · t$^{-1}$[S]① | | 0.24 |

续表 4

| 参数 | 引进时指标 | 2005 年实际指标 |
|---|---|---|
| 深脱硫比例/% | | 85.95 |
| 轻脱硫比例/% | | 14.05 |
| 搅拌头寿命/次 | 90~110 | 469 |
| 脱硫过程平均温降/℃ | 30~50 | 28 |

①每脱除 10ppm 的硫（即 0.001%，俗称一个硫），CaO 脱硫剂的平均消耗为 0.24kg/t。

## 2.2　技术进步

### 2.2.1　CaO 基复合脱硫剂取代 $CaC_2$

原引进的 KR 脱硫设备和技术专利规定，脱硫剂采用 $CaC_2$，故从投产后至 1985 年一直采用 $CaC_2$ 来进行铁水脱硫。$CaC_2$ 脱硫剂虽有脱硫能力强、脱硫速度快等优点，但也存在以下两个问题：一是由于细小颗粒的 $CaC_2$（0.1~1.0mm）极易与水和空气中的水分发生反应，其生成物乙炔气体（$C_2H_2$）易燃易爆，危及安全。因此，在加工、运输、贮存和使用过程中必须有严密的安全措施和保护系统；二是 $CaC_2$ 加工困难、价格较贵。鉴于上述情况，从 1981 年开始研究以 CaO 为主要成分的复合脱硫剂，进行了多方案、大批量（共 6 万余吨）的工业性试验，取得了良好的脱硫效果，1985 年采用这种 CaO 基复合脱硫剂成功地取代了 $CaC_2$，在此种 CaO 基复合脱硫剂中，配有一定量的活性炭或沥青焦，以期保持脱硫反应界面处的还原气氛来提高脱硫效果。为了进一步研究加入碳成分对 CaO 基复合脱硫剂脱硫效果的影响，武钢委托钢铁研究总院对 CaO 复合脱硫中活性炭的作用进行实验室模拟实验，对配碳和不配碳的 CaO 脱硫剂进行对比实验，结果表明：配碳和不配碳的 CaO 基复合脱硫剂，其脱硫曲线十分接近，不配碳的 CaO 脱硫剂脱硫速度还要略高一些。根据实验结果，优化了 CaO 基复合脱硫剂成分，去除了脱硫剂中配加的活性炭，从 1988 年使用至今，其效果良好。

### 2.2.2　优化制作工艺，大幅提高搅拌头寿命

KR 脱硫法的最大难点就是搅拌头寿命低而制约该技术的发展。第二炼钢厂为提高 KR 搅拌头使用寿命，从 1996 年起经过攻关，不断改进工艺操作和搅拌头烘烤技术，使搅拌头寿命有了大幅度提高，图 4 为 1996~2005 年搅拌头平均使用寿命提高情况。需要说明的是，近 3 年由于“深脱”硫的比例增加，搅拌头寿命略有降低，但仍保持在 460 次以上。

### 2.2.3　低硫钢的生产和入转炉铁水硫含量

二炼钢是武钢股份公司新钢种的生产和试验基地，2005 年冶炼“双高”产量比例达 83%。生产的钢种中有 69.8%属低硫钢种，30%左右为超低硫钢种，要求入转炉铁水［S］≤0.001%。图 5 是 2002~2003 年转炉入炉铁水［S］的分布情况。

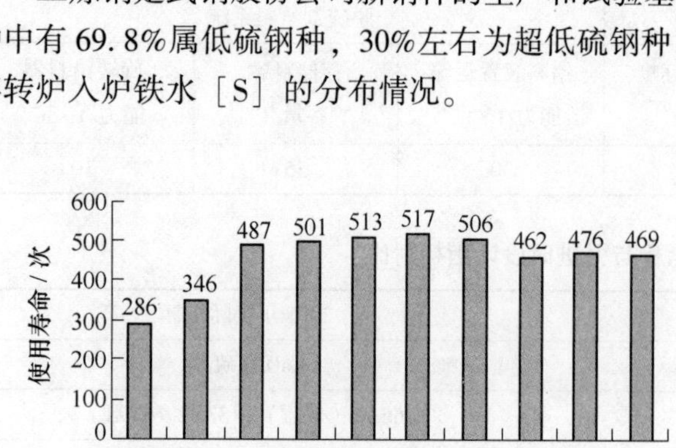


图 4　1996~2005 年搅拌头使用寿命的状况

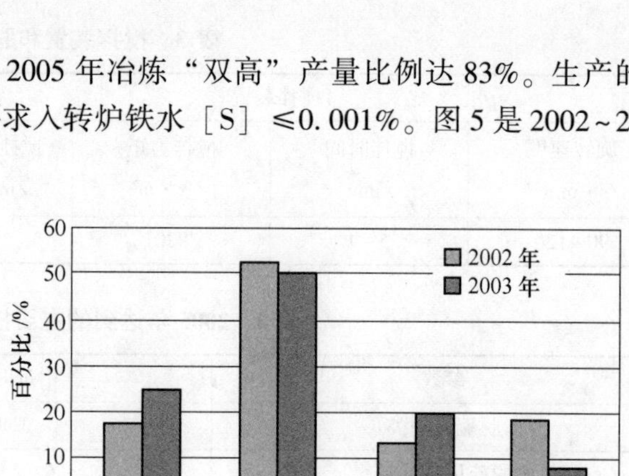


图 5　2002~2003 年转炉入炉铁水［S］含量情况

### 2.2.4　“深脱”硫技术及回硫的控制

“深脱”硫须将铁水［S］脱除到≤0.003%，“深脱”硫及回硫的控制，主要与高炉渣的扒除、脱硫剂的质量、加入量和加入时机、搅拌时间和效果、搅拌头插入深度和旋转速度等因素有关。

通过多年来的生产实践，二炼钢在 KR 铁水深脱硫的工艺技术操作方面积累了较丰富的经验，并不断

取得新的进步。

2.2.4.1 铁水高炉渣的扒除

铁水带来的高炉渣（见表5）中含硫量高，同时含（$SiO_2$）、（$Al_2O_3$）等不利于脱硫的成分，KR处理前一定要将高炉渣扒除，以提高脱硫效率。通常扒前渣（高炉渣）应达到铁水液面裸露≥1/3的状态。

表5 高炉渣抽样化验成分 (%)

| CaO | $SiO_2$ | $Al_2O_3$ | S |
|---|---|---|---|
| 42 | 33.6 | 14.4 | 1.2 |

2.2.4.2 搅拌速度的控制

KR铁水脱硫时的搅拌速度是根据铁水硫含量、铁水温度以及搅拌头状况确定的。铁水温度与含硫量一定值时，在一定范围内搅拌器转速越高脱硫效率越高。但搅拌器转速过高，在搅拌时会造成脱硫铁水罐内铁水严重喷溅，同时加速搅拌头的磨损。使用新搅拌头时，同样的搅拌效果，设定其转速可比已经使用一段时间的搅拌器降低10~20r/min。加入脱硫剂时搅拌器转速应比正常转速降低2~5r/min，在投料剩余100kg时，开始均匀增速到所需的正常转速，以防止在加入脱硫剂时出现喷溅。

2.2.4.3 脱硫剂加入时间的控制

脱硫剂加入过早，即涡流未形成时，脱硫剂不能随涡流充分弥散到铁水中，部分脱硫剂粘于搅拌头的轴部，生成"蘑菇"，影响脱硫效果，增加人工处理"蘑菇"的次数。加入过晚，高速搅拌时，易产生飞溅，脱硫剂利用率降低。加入时间控制在1~1.5min之间，待脱硫剂加完后，再根据搅拌头的状况，适当提高旋转速度。现场操作时依靠观察搅拌铁水时产生的铁水火花、亮度判断搅拌效果：通常罐口火花飞溅强烈、罐口亮度高，表明搅拌速度偏快；罐口无火花飞溅、且亮度昏暗，表明搅拌速度偏慢。

2.2.4.4 搅拌头插入深度的控制

搅拌头的插入深度，必须适中。如果插入太深既无旋涡部也不能使脱硫剂充分扩散到铁水中，脱硫的效果不太好；如果插入太浅，铁水飞溅严重，同时也不会产生旋涡，脱硫效果也不太好（如图6所示）。从图6可见搅拌头的插入深度（从铁水液面起到搅拌头叶片上部的距离）600mm为最好。

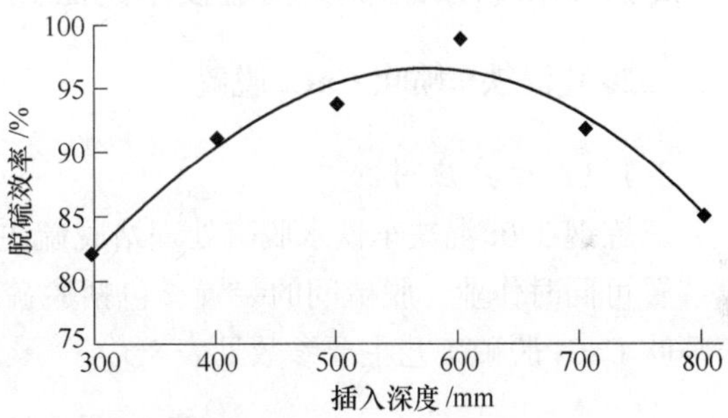

图6 搅拌头插入深度与脱硫效率的关系

2.2.4.5 脱硫后渣的扒除

扒除脱硫后渣是稳定脱硫效果防止回硫的关键。由于脱硫后渣成分（见表6）中［S］含量很高（通常是脱硫后铁水硫含量的几百倍甚至上千倍），因此在生产低硫、超低硫钢种时，少量未扒除的脱硫渣进入转炉都会造成转炉钢水"回硫"。二炼钢要求铁水脱硫后扒后渣（脱硫渣）时，铁水液面应裸露≥2/3~3/4并尽可能扒除干净。

表6 脱硫后渣成分 (%)

| $SiO_2$ | $Al_2O_3$ | CaO | MgO | TFe | MnO | $P_2O_5$ | S |
|---|---|---|---|---|---|---|---|
| 11.18 | 1.22 | 63.82 | 3.96 | 5.30 | 0.066 | 0.045 | 2.22 |

2.2.4.6 铁水脱硫后静置时间的控制

搅拌结束后铁水需要进行一段时间的镇静，以促使脱硫产物充分上浮。二炼钢曾经进行"静置"与"未静置"的统计分析："未静置"时进行取样，混铁炉低硫铁水回硫0.002%~0.003%；"静置"一段时间，让脱硫产物充分上浮，混铁炉的低硫铁水回硫仅为0.0005%。

此外，为了控制回硫，脱硫后的铁水（除直兑外）不能倒入普通铁水罐，必须倒入新设置的低硫专用铁水备用罐，以避免超低硫铁水发生回硫。

2.2.5 改单罐脱硫模式为双罐脱硫模式

1号KR原作业模式为单罐脱硫模式，单罐周期长达62min，单罐生产时，总有一个主要设备工位闲置（如搅拌时，扒渣位闲置）造成脱硫设备生产能力受到限制。改造为双罐脱硫作业方式后，单位时间作业率提高了40.77%。同时，通过加强脱硫剂的管理，降低了搅拌和扒渣时间。双罐处理时间缩短到66±2min。在1号KR实践经验基础上，新建的2号KR铁水脱硫处理站采用一座KR机械搅拌装置和两座扒渣装置（俗称："一搅双扒"）的设备布局，显著提高了生产效率。

2.2.6 底吹试验取得初步效果

近年来，为进一步提高KR工艺的脱硫效果，进行了铁水罐底吹工艺试验，取得了初步效果：缩短处理时间3min，降低了脱硫剂的消耗0.5~1.0kg/t，减少炉渣带铁约100kg/罐，钢水回硫量从0.004%降至0.002%。

### 2.3 KR脱硫技术国内推广应用简况

鉴于武钢二炼钢在采用KR铁水脱硫工艺的20多年间，在消化引进技术基础上的诸多技术进步和取得的优异效果，近年来，先后有四川川威钢厂、昆明钢厂、济南钢厂和江苏华西钢厂与武钢二炼钢合作采用了此技术，取得良好效果。其推广应用的情况见表7。

表7 KR脱硫技术国内推广应用情况

| 厂别 | KR处理方式 | 单罐处理量/t | 处理前铁水[S]/% | 处理后铁水[S]/% | CaO脱硫剂消耗/kg·t⁻¹ | 搅拌头使用寿命/次 | 平均班处理量/罐 |
|---|---|---|---|---|---|---|---|
| A厂 | "一搅双扒" | 50 | 0.035 | 0.018 | 6 | 380~450 | 17 |
| B厂 | "一搅一扒" | 50 | 0.030 | 0.015 | 5.8~6 | 450 | 20 |
| C厂 | "一搅一扒" | 120 | 0.035 | 0.010 | 5.5~6.2 | 400 | 12~15 |
| D厂 | "一搅一扒" | 45~48 | 0.035 | 0.020 | 6~7 | 350 | — |

## 3 混铁车和铁水罐喷吹脱硫技术的应用和进步

### 3.1 320吨混铁车喷吹$CaC_2$脱硫

3.1.1 生产应用

三炼钢320t混铁车铁水脱硫处理站脱硫主要设有混铁车脱硫间和倒渣间。脱硫间为双工位布置，两套装置可同时作业。脱硫间的装置，包括脱硫剂卸料系统、储料系统，喷吹系统和喷枪储存区等。混铁车喷吹$CaC_2$脱硫工艺主要参数见表8。

表8 混铁车喷吹$CaC_2$脱硫工艺主要参数

| 铁水脱硫处理量/万t·a$^{-1}$ | 混铁车公称装载能力/t | 混铁车脱硫时装载能力/t | 喷吹速度($CaC_2$剂)/kg·min$^{-1}$ | 喷吹压力/MPa | 喷吹流量/Nm$^3$·h$^{-1}$ | 喷枪形式 | 处理周期/min |
|---|---|---|---|---|---|---|---|
| 253 | 320 | 290 | 35~100 | 0.2~0.4 | 150~400 | 2孔，倒T形 | 约41 |

采用混铁车喷吹$CaC_2$脱硫后，"深脱"后，铁水[S]可控制到≤0.005%，其比例可达到80%左右，脱硫效率一般可达到90%以上。

3.1.2 影响混铁车喷吹脱硫效果、回硫因素的分析与控制

3.1.2.1 影响混铁车喷吹脱硫效果的因素

采用混铁车铁水喷吹脱硫工艺的动力学条件较差，而且无法扒除铁水带来的高炉炉渣，从而影响铁水脱硫效果和增大脱硫剂的用量。同时，混铁车脱硫后倒罐时容易回硫，且周期较长。这些问题都难以完全解决。采用混铁车喷吹$CaC_2$脱硫的生产实践表明，影响其脱硫效果的主要因素为铁水温度、脱硫剂耗量、铁水装入量等。图7、图8分别示出了铁水温度、$CaC_2$脱硫剂单耗对混铁车喷吹脱硫效率的影响。

3.1.2.2 混铁车铁水回硫因素分析与控制

混铁车喷吹$CaC_2$脱硫后，一般[S]可脱至0.005%（深脱）和0.015%（浅脱）以下的目标值，完全达到冶炼要求。但将混铁车脱硫后的铁水倒入铁水罐后，往往出现回硫现象。它主要与混铁车内口粘渣、结瘤、二次装铁、铁水装入量、脱硫喷吹后是否进行"后吹工艺"、脱硫后铁水等待时间等因素有关。

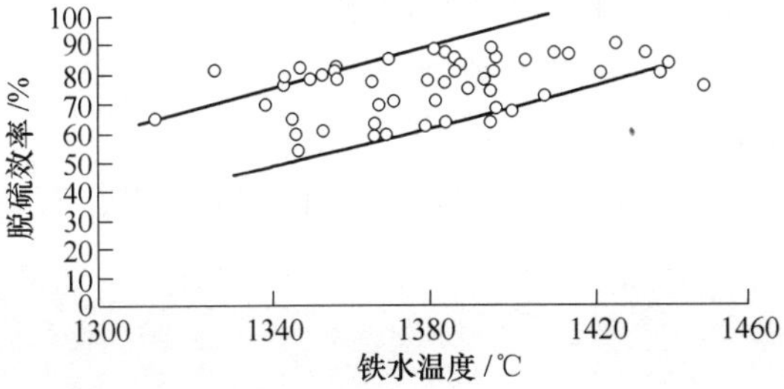


图 7 铁水温度对脱硫效率的影响

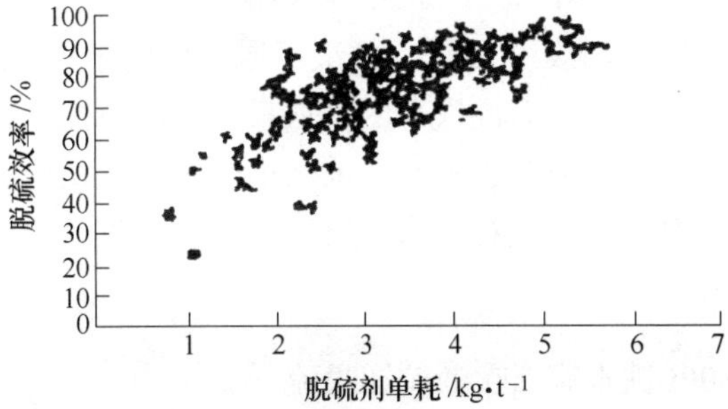


图 8 $CaC_2$ 单耗与脱硫效率的关系

1）铁水回硫情况。统计了 5800 余炉经混铁车喷吹脱硫再倒入铁水罐后的铁水回硫情况如图 9 所示。

2）混铁车内口粘渣、结瘤的影响。混铁车在周转运行过程中，由于高炉铁水带渣及脱硫后生成的脱硫渣熔点高、黏度大、流动性差，很容易附结在罐壁上，尤其集中在罐口周围，产生形似井桶的渣墙。井筒形渣墙高约 500~1000mm，严重影响脱硫喷吹流场，形成死区，铁水兑入时重新混合，硫含量回升。为此，根据粘渣情况及时清理罐口，打掉积渣结瘤。通过研制试用的稀渣剂有较好的稀释粘渣作用，在铁水脱硫之前投入混铁车，可随铁水的搅动与铁渣很好地混合，明显降低罐内铁渣的熔点，改善渣子的流动性，便于翻车倒渣。

3）混铁车二次装铁的影响。通常 320t 容量的混铁车在高炉装铁水时，是由同一高炉或不同高炉两次出铁装入的。一般情况下，高炉出铁时间间隔约在 1~2 小时内，有时甚至更长。因此将会增加铁水温降。第二次装铁时，不能使两次出铁的铁水很好地混合，造成混铁车内的铁水温度梯度。在喷粉脱硫搅拌时，脱硫反应只能在上层进行，下层相对静止或搅动缓慢。统计结果显示，两次装铁引起铁水回硫比例大约在 73.4%，回硫值为 0.003%~0.004%。因此，应积极协调高炉出铁与混铁车装铁节奏，尽可能避免混铁车二次装铁。

4）混铁车装入铁水量的影响。$CaC_2$ 脱硫剂从倒“T”字形喷枪喷出，其喷出距离随供气压力、供气量的大小变化。喷气量过大，则容易形成铁水喷溅；喷气量过小，则喷射距离缩短。喷枪的插入深度应固定，脱硫剂上浮路径随铁水液面的高度变化，铁水量大，则铁水液面高，脱硫剂上浮路径长，有利于提高脱硫效率，混铁车铁水装入量与 $CaC_2$ 脱硫剂单耗的对应关系如图 10 所示。

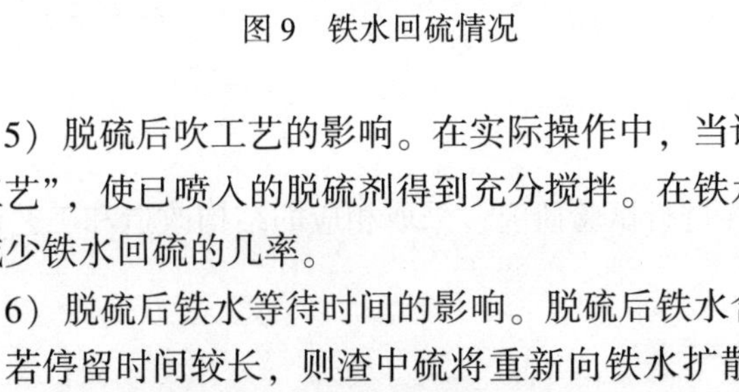


图 9 铁水回硫情况

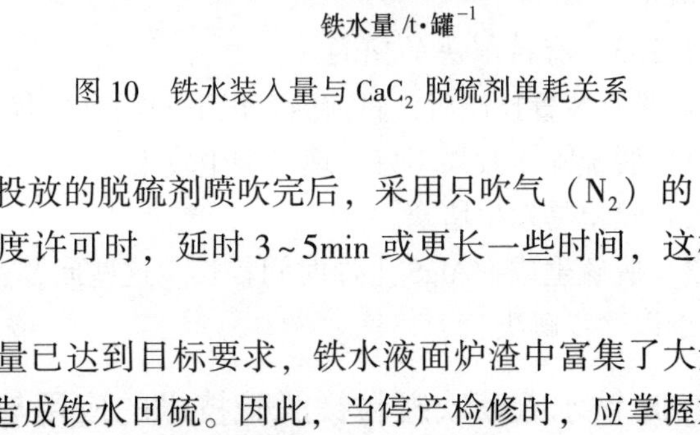


图 10 铁水装入量与 $CaC_2$ 脱硫剂单耗关系

5）脱硫后吹工艺的影响。在实际操作中，当计算投放的脱硫剂喷吹完后，采用只吹气（$N_2$）的“后吹工艺”，使已喷入的脱硫剂得到充分搅拌。在铁水温度许可时，延时 3~5min 或更长一些时间，这样可以减少铁水回硫的几率。

6）脱硫后铁水等待时间的影响。脱硫后铁水含硫量已达到目标要求，铁水液面炉渣中富集了大量的硫，若停留时间较长，则渣中硫将重新向铁水扩散，造成铁水回硫。因此，当停产检修时，应掌握好合适的铁水等待节奏，尽可能缩短铁水停留等待时间，防止渣中硫返回铁水。

### 3.1.3 技术进步

1）喷吹气力的浓相输送改为稀相输送。采用这一措施后，可以提高脱硫剂的利用率，减少脱硫剂的消耗。同时在此基础上，再用稀渣和“后吹”措施，使混铁车的内壁形状得以改善，稳定了脱硫效果，基本保证混铁车的正常周转和生产需要。

2）脱硫剂改用 $CaC_2$，解决了原设计中采用 CaO 基脱硫剂带来的一系列问题。

3）稳定和提高混铁车的出铁量，应尽可能将铁水控制在 250~270t 范围。

4）混铁车喷吹脱硫时，采用供气砖吹气试验，已取得初步效果，有待扩大试用。

5）对混铁车脱硫喷枪进行添加压制气体的改造，已完成初步试验，并有一定效果，有待扩大试用。

## 3.2　300t 铁水罐喷吹颗粒镁脱硫

3.2.1　生产应用

三炼钢增建的铁水罐喷吹颗粒镁脱硫装置（二脱硫），于 2005 年 5 月投产。其主要设备包括：上料罐、喷吹、两支喷枪传动、测温取样、两个铁水罐车和两个渣罐车及就地操作、两个扒渣机、除尘等系统。主要设计参数见表 9。

**表 9　铁水罐喷吹颗粒镁脱硫主要设计参数**

| 铁水脱硫处理/万 t · $a^{-1}$ | 脱硫处理工位/个 | 铁水脱硫前［S］/% | 铁水脱硫后［S］/% | 铁水温度下降速度/℃ · $min^{-1}$ | 颗粒镁的实际单耗/kg · $t^{-1}$ | 喷镁强度/kg · $min^{-1}$ | 转炉回硫量［S］/% | 喷吹处理时间/min | 铁水处理周期/min |
|---|---|---|---|---|---|---|---|---|---|
| 380 | 1（两个扒渣位） | ≤0.035 | ≤0.005 的控制能力为 90% | 1 | 脱硫前［S］≤0.035%时为 0.23~0.42 | 6~12 | ≤0.004 | 6~13 | 16~27 |

考虑到三炼钢铁水罐容量大（300t），喷吹到铁水的脱硫剂有较多的反应时间和界面，故未用带有气化室的喷枪。采用喷吹颗粒镁脱硫，脱硫后铁水［S］≤0.005%的比例可达到 90%左右，但转炉内钢水回硫量较多，转炉终点钢水［S］一般可控制在 0.005%~0.015%的水平。目前，采用喷吹颗粒镁铁水脱硫的月处理量，已达到设计水平。

3.2.2　技术进步

由于 300t 大容量铁水罐采用喷吹颗粒镁脱硫工艺的参考资料较少，该项装置投产后，为了稳定其铁水脱硫的效果，借鉴了一炼钢铁水罐喷吹颗粒镁的经验，采取了以下技术进步措施，取得了初步效果。

1）稳定铁水量。要求混铁车兑入铁水罐的铁水量要≥250t，以保证扒渣操作。

2）铁水罐侧壁安装供气装置。在铁水罐侧壁适当位置安装供气装置，便于提高扒渣效果并显著缩短扒渣时间，从 16min 缩短至 9min，最好时可缩短 5~6min，该项研试取得一定效果。

3）镁脱硫稀渣的稠化处理。通过对此种稀渣进行稠化处理，有利于提高扒渣效果，减少转炉终点钢水回硫量。

3.2.3　有待解决的问题

该脱硫装置投产后，目前尚存以下问题有待解决：

1）脱硫除尘效果不好，现场烟尘较大。

2）喷枪易发生堵塞。

3）脱硫生成物 MgS 上浮时间较长。这些问题，正在进行试验研究、采取相应的结构改造和工艺改进措施予以逐步解决。

# 4　100t 铁水罐喷吹颗粒镁脱硫技术的应用与进步

## 4.1　生产应用

一炼钢 100 吨铁水罐喷吹颗粒镁脱硫装置是 2001 年 8 月投产的。其主要设备包括：贮料、喷吹给料、喷枪等，喷枪头部配有使颗粒镁气化的装置。主要设计参数见表 10。

表 10　100t 铁水罐喷吹颗粒镁脱硫主要设计参数

| 脱硫年处理能力 /万 t · $a^{-1}$ | 脱硫日处理能力/罐 | 铁水罐装载能力/t | 铁水罐有效自由空间/mm | 喷吹罐容积/$m^3$ | 喷吹压力 /MPa | 喷吹流量 /$Nm^3 \cdot min^{-1}$ | 喷吹速度 /kg · $min^{-1}$ |
|---|---|---|---|---|---|---|---|
| 164 | 64 | 98～110 | 800（108t 时） | 0.5×2 | 0.3～0.5 | 30～60 | 6～15 |

设备供货方对采用颗粒镁铁水脱硫在下述条件下即：脱硫处理前铁水［S］含量在 0.035%左右，铁水温度为 1280～1350℃，每罐铁水量为 105～116t 时，提供的技术保证值见表 11。

表 11　采用颗粒镁脱硫的技术保证值

| 指标 | 镁单耗/kg · $t^{-1}$ | 氮单耗/$Nm^3 \cdot t^{-1}$ | 喷吹温降/℃ | 喷吹时间/min |
|---|---|---|---|---|
| 浅脱后［S］≤0.010% | 0.37±0.03 | 0.2±0.05 | 10±1 | 5±1 |
| 深脱后［S］≤0.005% | 0.46±0.03 | 0.2±0.05 | 12±1 | 7±1 |

通过几年来的生产实践，不断改进工艺操作，采用颗粒镁脱硫的生产技术水平不断提高，上述技术保证值均已超额达到。2005 年根据钢种实际需要，"深脱"后［S］≤0.005%的比例为 9.92%（约 14 万 t，"深脱"能力远较此数大），［S］平均为 0.003%，［S］最低可控制到 0.002%以下。"深脱"的平均脱硫效率一般可达 90%，其他钢种则进行"浅脱"处理。

## 4.2　技术进步

### 4.2.1　优化喷吹控制模型，完善脱硫自动控制系统

在确定了喷吹工艺参数之后，通过理论计算及生产数据的统计分析，找出铁水温度、铁水重量、脱硫剂用量的影响，从而得出喷吹脱硫的数学模型，整个喷吹过程采用数学模型控制，颗粒镁脱硫的命中率已达 90%以上。

### 4.2.2　提高喷枪使用寿命

生产初期，喷枪寿命为 60 次左右。通过改进喷枪材质，并对喷枪的气化室部位喷涂脱渣涂料，减少了因气化室粘渣而堵枪的现象和处理气化室粘渣而造成的耐材大面积剥落，同时也保证了喷吹效果，使喷枪平均寿命提高到 150 次以上。

### 4.2.3　开发高效粘渣剂

采用颗粒镁脱硫后，脱硫渣量减少且流动性增加（渣稀），扒渣十分困难。为此，2001 年年底开发了高效粘渣剂，生产中根据铁水温度、钢种情况加入不同种类和重量的粘渣剂，以及确定最佳的加入时机，粘渣效果良好，显著地改善了扒渣效果，对减轻转炉钢水回硫发挥了重要作用。

### 4.2.4　开发侧吹供气装置

为进一步提高脱硫渣的扒除效果，2005 年开发了铁水罐罐嘴另一侧采用侧吹供气装置，于扒渣同时供气，将脱硫渣吹向罐嘴，进一步提高了扒渣效果并缩短了扒渣时间。现在，平均扒渣时间从未采用此装置的 11～12min，降至 7min 以内，大多罐次可控制在 5～6min；平均渣铁损失从 15kg/t 降至 13kg/t 以内。

### 4.2.5　提高镁脱硫的利用率

按理论计算，Mg 与［S］作用生成 MgS 时，其反应消耗应为 0.758kgMg/kgS。2004 年实际镁反应消耗为 1.592kgMg/kgS，镁的利用率为 47.6%。为提高镁脱硫的利用率，进行了水模实验，并据实验结果改进了喷吹工艺，取得了较好效果。混匀时间与喷吹流量、枪位的关系如图 11 所示，喷吹流量对颗粒镁单耗的影响如图 12 所示，喷枪材质改进前后的理化指标和喷枪结构改进前后镁脱硫的利用率见表 12、表 13。

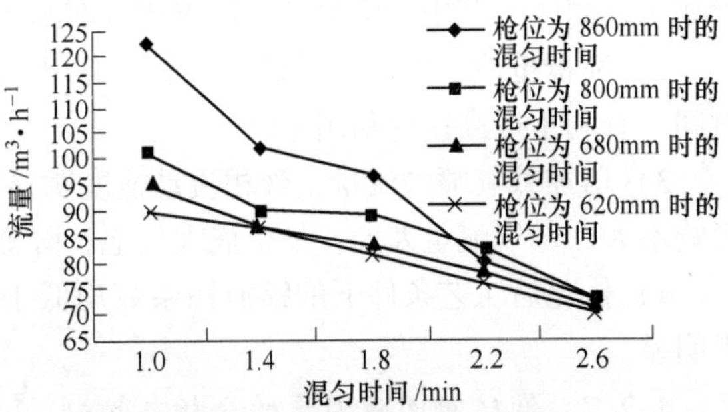


图 11　混匀时间与喷吹流量、枪位的关系
（试验条件：喷枪夹角 10°、喇叭口高度 705mm）

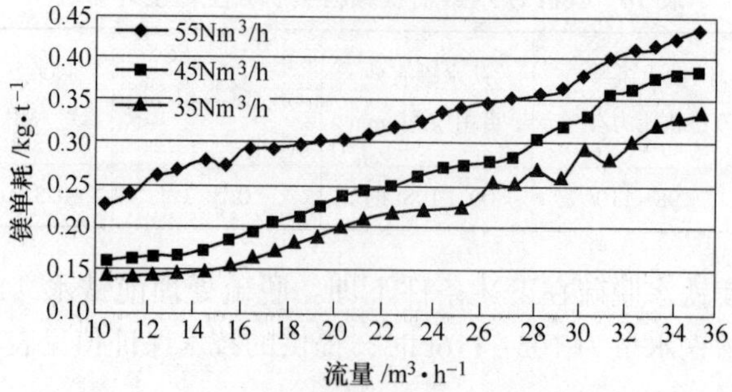


图 12　喷吹流量对单耗的影响

**表 12　喷枪材质改进前后耐材理化指标变化**

| 项目 | 耐火度/℃ | 耐压强度/MPa (110℃×24h) | 耐压强度/MPa (1500℃×3h) | 抗折强度/MPa (110℃×24h) | 抗折强度/MPa (1500℃×3h) |
|---|---|---|---|---|---|
| 改进前 | 1790 | 31.2 | 50.6 | 4.4 | 15.1 |
| 改进后 | 1795 | 32.3 | 52.4 | 4.6 | 15.8 |

**表 13　喷枪结构改进前后镁脱硫的利用率**

| 项目 | 镁脱硫剂单耗/kg·t$^{-1}$ | 脱除公斤硫的镁耗/kgMg·kgS$^{-1}$ | 镁脱硫的利用率/% |
|---|---|---|---|
| 改进前 | 0.24 | 1.592 | 47.11 |
| 改进后 | 0.218 | 1.375 | 54.55 |

4.2.6　优化喷镁脱硫工艺

通过水模实验和数值模拟计算，研究了喷枪夹角、喇叭口高度、枪位、载气流量等因素对喷镁脱硫时混匀时间及流量的影响。据此对喷镁脱硫工艺进行了优化，结果表明，采用夹角 110°、喇叭口高度为 705mm 的喷枪，在枪位为 2150mm，喷吹载气流量为 35Nm$^3$/h 的条件下，获得了较好的生产效果（如图 13 所示），可使镁的消耗系数在不同脱硫量的条件下分别降低 13.58%、8.39%、0.63%和 7.88%。

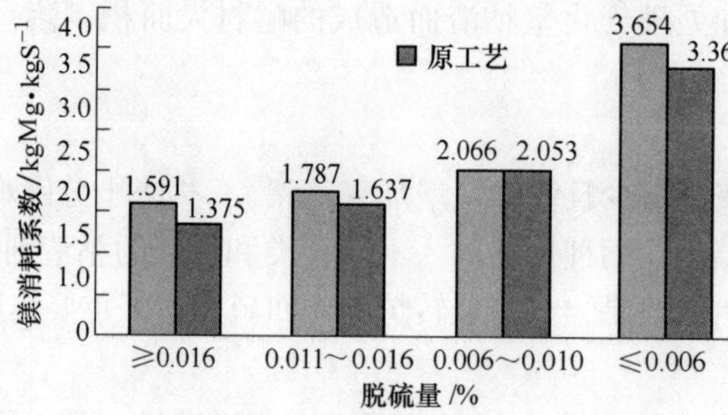


图 13　优化前后工艺条件下镁消耗系数的比较

水模实验和生产应用表明：

1）对铁水罐内液相混匀时间的影响程度由强到弱依次为：喷枪枪位，载气喷吹流量，喷枪夹角，喷枪喇叭口高度。其中喷枪枪位的影响程度明显大于其他因素。

2）喷枪枪位的增加会明显缩短液相混匀时间，改善混匀效果，同时也增加了镁气泡在铁水中的停留时间，有利于提高镁的利用率。

3）增加载气喷吹流量，液相流动速度明显加快，平均动能增大，混匀时间明显缩短，但对混匀效果影响不大。载气流量太大，易生成大气泡，降低镁的利用率。

4）优化后工艺条件下的镁消耗系数均低于原工艺条件下的镁消耗系数，减幅最大可达 13.58%，效果明显。

4.2.7　低硫钢回硫因素的分析与控制

一炼钢研究了影响低硫钢 H08GX（[S]≤0.005%）冶炼过程的回硫因素，并提出了相应的控制措施。共试验 5 炉，入炉铁水 [S]：3 炉为≤0.001%，2 炉为≤0.005%。对试验炉次进行硫的物料平衡计算见

表 14，其转炉吹炼终点钢液回硫情况如图 14 所示。

**表 14 试验炉次硫的物料平衡表** (kg/炉)

| 炉号 | 硫收入 | | | | | | 硫支出 | | | |
|---|---|---|---|---|---|---|---|---|---|---|
| | 铁水中硫 | 废钢中硫 | 造渣料中含硫 | 铁水脱硫渣中含硫 | 转炉残留渣中含硫 | 总计 | 钢液中硫 | 炉渣中硫 | 气化及其他 | 总计 |
| A | 1.10 | 1.42 | 1.53 | 1 | 8.01 | 13.06 | 9.20 | 3.24 | 0.62 | 13.06 |
| B | 1.10 | 1.40 | 1.91 | 1 | 4.50 | 9.91 | 6.90 | 2.55 | 0.46 | 9.91 |
| C | 1.10 | 1.40 | 1.97 | 1 | 2.78 | 8.25 | 5.75 | 2.11 | 0.39 | 8.25 |
| D | 2.24 | 1.40 | 1.91 | 1 | 1.97 | 8.52 | 5.76 | 2.35 | 0.41 | 8.52 |
| E | 2.21 | 1.42 | 1.90 | 1 | 2.05 | 8.58 | 5.74 | 2.42 | 0.42 | 8.58 |

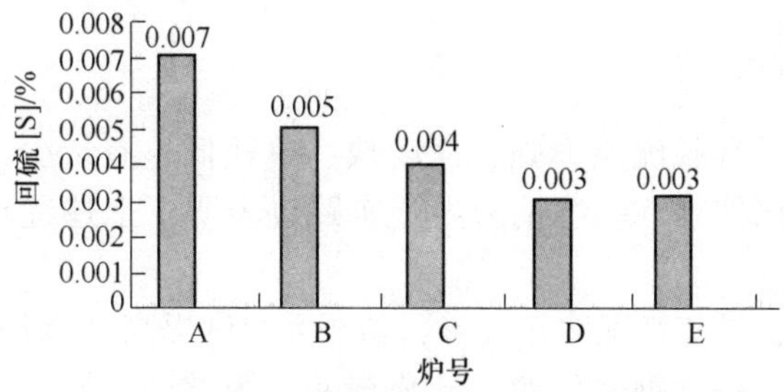


图 14 试验炉号吹炼终点钢液回硫情况

在冶炼低硫钢种时，其控制吹炼终点钢水回硫的措施主要有：

1）尽可能提高入炉铁水温度，缩短废钢熔化时间，保证炉渣脱硫反应的时间；

2）铁水残渣带入硫量占总硫量的 8%~12%，扒渣时应尽量扒尽，应保证较高的终渣碱度（$R$=4.4）、较低的终渣（FeO）（不大于 16.40%）及适宜的终点温度（$t$≈1680℃），以增强炉渣脱硫能力；

3）控制转炉残留渣量，应考虑停止溅渣 1~2 炉后再冶炼，在炉况允许的情况下，连续冶炼低硫钢种时也应该停止溅渣；

4）造渣材料要满足低硫要求。

## 5 不同特点的铁水脱硫技术生产实践简析

如上所述，武钢股份公司三个钢厂在不同的投产时期、生产钢种和生产条件下，采用了三种不同技术的铁水脱硫工艺。多年的生产实践表明，总体来看，均满足了现有生产的需要。但三种不同铁水脱硫技术也有其各自的特点。

### 5.1 90t 铁水罐 KR 搅拌 CaO 脱硫

KR 搅拌式铁水脱硫技术最突出的优点是脱硫反应的动力学条件好，脱硫反应充分，脱硫效率高，脱硫剂改用 CaO 的条件下，同样可以将［S］脱至≤0.005%以下。过去一般认为该技术存在设备较复杂，维修量较大、且液压搅拌设备国内不能制造需进口、搅拌头寿命较低、温降较大等问题，经过二炼钢做了很多改进，现已有了明显的改善和进步。如搅拌头使用寿命已提高至 450~500 次，维修量已大幅降低，温降已可控制在 28℃左右，液压搅拌设备国内合资企业已可制造，脱硫效率已达 91.77%，“深脱”硫比高达 85.95%，两罐同时作业的比例高达 90%，处理周期可控制在 66+2min 范围。KR 铁水脱硫技术特别适合于低硫钢和超低硫钢的生产，由于采用 CaO 脱硫剂，也适宜一般优质钢的生产。且日本一些钢厂近几年来也恢复了该法的应用。由于二炼钢“深脱”硫比很高，目前成本较一炼钢高一些。近几年来，国内已有 4 家企业与二炼钢合作相继采用了此技术，使用效果良好。

### 5.2 320t 混铁车喷吹 $CaC_2$ 脱硫

国内采用大容量（300t 以上）混铁车运输铁水和喷吹脱硫技术，宝钢炼钢厂是第一家，武钢第三炼钢是第二家。该法的优点是铁水保温效果较好，脱硫时铁水温度较高，热力学条件较好，车内反应空间较大，喷粉速度可大一些。但该法的不足也是明显的，突出的是反应动力学条件差，脱硫反应不易充分进行，且脱硫前不能扒除铁水带来的高炉渣，从而会影响脱硫效果和脱硫剂的耗量。由于三炼钢不断改进该法的操作工艺和有关装备，仍然取得了如前所述的较好脱硫效果，脱硫后［S］可控制在≤0.005%的水平，脱硫效率可达到90%以上。当然也应看到，混铁车口易结瘤粘渣，增加了维修量，此外，二次装铁装入量不准等原因，也会给生产带来一定的影响。但是，对于用作大容量（如 300t 以上）铁水运输装备的混铁车，目前国内尚未研制出较为理想的替代装备。混铁车运输及其喷吹脱硫技术仍在国内外被广泛应用。

### 5.3 300t 铁水罐喷吹颗粒镁脱硫

如前所述，三炼钢在增建铁水脱硫设备时，在招标时从控制费用考虑，选用了喷吹颗粒镁脱硫技术，其综合脱硫效果目前基本满足了生产需要。但由于应用该技术的时间较短，实践经验尚少，目前尚存在一些如前已述及的问题，有待研究改进。

### 5.4 100t 铁水罐喷吹颗粒镁脱硫

采用颗粒镁进行铁水脱硫具有脱硫能力强、速度快、单耗低、渣量少、铁损少、温降小等优点，近几年国内有不少企业相继采用该技术。一炼钢的生产实践也表明了上述优点。同时也出现渣少且稀的情况，给扒渣操作带来困难。

经过如上所述的一些改进，扒渣情况明显改善，如要大幅度提高“深脱”硫的比例和防止铁水回硫，还有待进一步改进。此外，由于一炼钢“深脱”比例较小，因此全年脱硫成本较低，但考虑到颗粒镁的价格贵，如何进一步提高颗粒镁的利用率也有待继续研究。

## 6 结语

1）铁水脱硫处理是提高钢的质量、开发新的钢种、优化炼钢工艺流程、提高生产效率等方面的重要手段之一。武钢股份公司三个钢厂已具备年处理脱硫铁水 1000 万吨以上的产能，为实现铁水全量脱硫处理创造了条件。

2）“十五”期间（2001~2005 年）三个钢厂不断扩大铁水脱硫能力，三个钢厂铁水脱硫比稳定增加，近三年股份公司铁水脱硫比均保持在 82.92%以上。

3）三个钢厂分别采用了 100t 和 300t 铁水罐喷吹颗粒镁、90t 铁水罐 KR 搅拌 CaO 和 320t 混铁车喷吹 $CaC_2$ 等铁水脱硫技术，均取得好的和较好的脱硫效果。“深脱”后［S］可控制到≤0.005%，最低时［S］可达≤0.001%，脱硫效率可达 90%以上，满足了生产需要，并为提高钢的质量和开发新的钢种发挥了重要作用。

4）在原有铁水脱硫技术的基础上，三个钢厂均采用了不少技术进步措施，包括 KR 法中 CaO 取代 $CaC_2$、大幅度提高搅拌头寿命、深脱硫技术工艺操作的改进等；喷吹颗粒镁脱硫渣的粘渣和侧吹技术的开发、优化喷吹模型和喷镁工艺、提高镁的利用率、提高喷枪寿命等；混铁车的浓相输送及相关改进等；三种方式脱硫后防止钢水回硫的控制技术等。这些均对保证铁水脱硫效果发挥了重要作用。

5）不同铁水脱硫技术的生产实践表明，三种脱硫技术各具特点，对不同的生产条件均能满足和基本满足生产需要。KR 铁水脱硫技术特别适合于低硫钢和超低硫钢的大量生产，因已采用 CaO 脱硫剂，也适合一般优质钢的生产；铁水罐喷吹颗粒镁脱硫技术具有良好的脱硫效果，但必须解决好脱硫渣的粘渣和扒渣工艺操作，防止钢水回硫；300t 以上的铁水运输设备目前国内仍采用混铁车，其脱硫处理也采用混铁车喷吹 $CaC_2$ 等技术，汽车运输大容量铁水罐的装备还有待研制。

6）武钢三个钢厂不同铁水脱硫技术脱硫剂的平均消耗为（未分“深脱”和“浅脱”）：CaO 6.22kg/t、$CaC_2$ 4.50kg/t、颗粒镁 0.26kg/t。

7）无论采用何种铁水脱硫技术，十分关键的是要尽可能扒除脱硫渣，防止钢水回硫。同时应对不同脱硫技术影响其脱硫效果的诸多因素进行研究，找出适宜各自生产条件的最佳工艺参数，以求得低生产成本的最佳脱硫效果。

8）为适应洁净钢和超洁净钢的生产和进一步提高产品的市场竞争力，三个炼钢厂将在现有基础上，有计划地开展铁水脱硫、脱硅、脱磷（“三脱”）技术的开发应用。

（原载《2006 年全国炼钢、连铸生产技术会议文集》，2006）

# 我国薄板坯连铸连轧技术创新前景广阔

张寿荣

## 1 我国薄板坯连铸连轧技术发展之快超过预期

从 1999 年广州珠江钢厂第一台 CSP 生产线建成投产以来，我国薄板坯连铸连轧技术发展愈来愈快。到 2004 年我国已有 7 家钢厂的 7 条生产线正常生产。这 7 条生产线均有引进技术，包括 CSP、Conroll 和 FTSR 的技术。薄板坯连铸连轧生产线的轧材产量逐年增长（见表 1）。

表 1 我国历年薄板坯连铸连轧生产线产量

| 年份 | 产量/万 t | 备 注 |
|---|---|---|
| 1999 | 4.6 | 珠江钢厂与邯郸钢厂的 CSP 投产 |
| 2000 | 117.8 | 鞍钢集团的 ASP（包括 Conroll）投产 |
| 2001 | 265.0 | 包头钢厂的 CSP 投产 |
| 2002 | 487.2 | |
| 2003 | 494.2 | 唐山钢厂的 FTSR 投产 |
| 2004 | 1359.6 | 马鞍山钢厂与涟源钢厂 CSP 投产 |

今年预计将增加 FTSR 生产线两条，ASP 生产线 1 条。2005 年我国薄板坯连铸连轧生产线的产量有望超过 1700 万 t，位居全球第一。

我国薄板坯连铸连轧生产线的达产速度快于国外同类型生产线。邯钢、包钢和唐钢均被供货外商当作典型向外介绍。今年我国已投产的 7 条生产线中至少有 5 条将超过设计生产能力。

我国薄板坯连铸连轧技术发展快，有以下三方面的因素。第一，我国与工业发达国家起步时间相差不大。世界第一条薄板坯连铸连轧 CSP 生产线 1989 年在美国 Nucor 的 Crawfondsville 厂投产。我国第一条 CSP 生产线 1999 年在珠江钢厂投产，相差 10 年。而钢铁方面其他技术我国起步要晚得多。以氧气顶吹转炉为例，西欧、北美、日本等国家在 20 世纪 50 年代起步，而我国这一技术的成套引进是在 80 年代投产的宝钢。我国工业技术落后的重要原因之一是我国工业现代化起步过晚。第二，我国从 20 世纪 90 年代以来，国民经济增长速度加快，国内市场对钢材的需求强劲，为薄板坯连铸连轧技术的发展，提供了巨大空间。第三，我国地方重点钢铁企业面临结构调整，需要由长材为主转向以板材为主。薄板坯连铸连轧技术由于其独有的优势——工艺紧凑、投资省、建设周期短，适应了结构调整的需要。薄板坯连铸连轧技术的应用加快了省属重点钢铁企业结构调整的步伐。这一些都超出了人们的预料。

## 2 当务之急是充分发挥薄板坯连铸连轧技术特点进行产品开发

我们不能满足于薄板坯连铸连轧生产线产量的增长，而应把注意力转向产品品种的开发上。

### 2.1 薄板坯连铸连轧技术的基本特点

薄板坯连铸连轧工艺的实质是连铸技术与热连轧机粗轧机组的技术集成，见图 1。

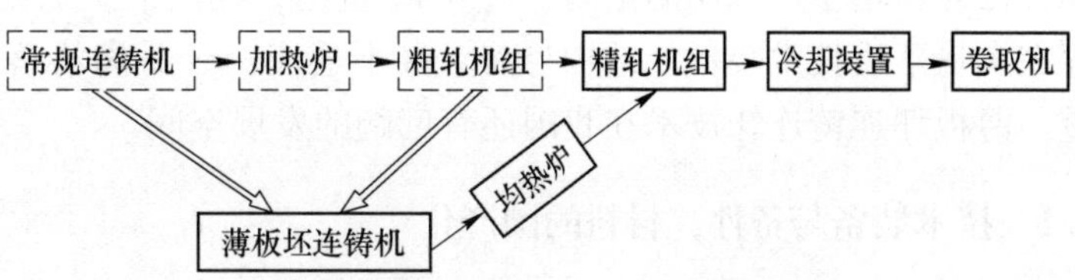

图 1 薄板坯连铸连轧技术集成示意图

这一技术集成，取消了粗轧机，使连铸机与热连轧精轧机衔接起来。其效果一是减少了工序，促进节能；二是取消了常规热连轧机中粗轧的限制环节，使连铸与热轧连续化；三是改变了钢水的凝固过程。

这一技术集成同时带来新的矛盾。由于精轧机通用的是与常规热连轧机相匹配的设备，带来连铸机能力与精轧机能力的不平衡。以下例子可以说明。

常规连铸机，坯厚 210mm，平均坯宽 1300mm，拉速 1. 5m/min，1 流生产能力为 191. 6t/h，一机两流，产量为 383. 2t/h。按每年作业 6500h 计，1 台铸机年产量为 249 万 t/h。两台常规连铸机配 1 套常规热连轧机，连铸坯供给量可以保证热连轧机产量达 450~500 万 t/a。热连轧机可以充分发挥能力。

薄板坯连铸机，坯厚 70mm，平均坯宽 1300mm，拉速 4. 5m/min，1 流每小时产量为 191. 6t；拉速 5m/min，1 流每小时产量 212. 9t。按每年作业 6500h 计，两流薄板坯连铸机，拉速 4. 5m/min 时，年产量 249 万 t，拉速 5m/min 时，年产量 298 万 t。

由此可见，薄板坯连铸连轧生产线的精轧机的生产能力是有剩余的。

### 2. 2　薄板坯连铸连轧生产线的产品开发

#### 2. 2. 1　利用精轧机能力有余的特点开发薄规格产品

常规热连轧机轧制厚度为 3~4mm 的产品时，产量可达 500~700t/h，甚至更高。然而在轧制厚度 2mm 以下的产品，产量有时低至 150~200t/h，特别是薄而宽的品种。常规热连轧机的操作人员不愿意生产薄规格产品已成为普遍现象。薄板坯连铸连轧生产线的精轧机能力有余，为大量生产薄规格产品提供了条件。薄规格的热轧产品可以替代表面质量要求不高的冷轧板。

#### 2. 2. 2　利用薄板坯连铸机冷却速度快的特点，生产高强度普碳钢钢材和微合金高强度钢材

Nucor 公司在薄带连铸生产过程中，将其冷却过程的参数与常规连铸及薄板坯连铸进行对比，见表 2。

表 2　不同连铸技术凝固特点的比较

| 连铸类型 | 坯厚/mm | 铸速/m · min$^{-1}$ | 结晶器平均热流强度/MW · m$^{-2}$ | 凝固时间/s | 坯壳平均冷却速度/℃ · s$^{-1}$ |
|---|---|---|---|---|---|
| 常规连铸 | 220 | 2 | 1. 0 | 1070 | 12 |
| 薄板坯连铸 | 50 | 6 | 2. 5 | 45 | 50 |
| CASTRIP | 1. 6 | 80 | 14 | 0. 15 | 1700 |

薄板坯连铸的冷却速度是常规连铸机的 4 倍，对铸坯的组织结构，特别是结晶尺寸有很大影响。细化晶粒将提高轧材的强度。这一点已为许多厂的实践所证实。

### 2. 3　薄板坯连铸连轧生产线的产品与常规热连轧的产品应当互补

薄板坯连铸连轧机应和常规热连轧机一样，发挥工艺技术特点带来的优势。薄板坯连铸连轧生产线应努力开发薄规格热轧板材，部分冷轧产品的替代材，低碳高强度热轧板材，低合金高强度热轧板材以及部分电工钢，不锈钢等。与常规热连轧机相比，薄板坯连铸连轧机具有能耗低和收得率高的优势。薄板坯连铸连轧生产线的产品不可能覆盖常规热连轧机的全部产品。产品开发的思路应是发挥特长，优势互补。

## 3　薄板坯连铸连轧技术有可能成为 21 世纪我国钢铁工业技术创新的一个亮点

自第一台薄板坯连铸连轧生产线投产至今已有 16 年。虽发展速度超过人们的预料，但仍然处于不断开发与完善的过程，其技术成熟程度远不如高炉炼铁及转炉炼钢。工业发达国家的钢铁工业已进入稳定期，已无新增生产规模的空间。进入 21 世纪，我国钢铁工业高速发展，生产规模已接近需求上限，但仍存在大量落后技术装备，结构与需求极不适应，今后淘汰落后、技术装备更新及结构调整的任务十分繁重，薄板坯连铸连轧技术在我国还有广阔的发展空间。

### 3. 1　技术装备与备件、材料的国产化

近年来我国新建的薄板坯连铸连轧生产线装备国产化的比例显著提高。但关键设备仍主要靠引进。

国产化装备的设计也依靠国外。相当一部分备件和关键材料仍靠引进。对引进技术的消化必须十分重视。消化掌握是自主创新的基础。

### 3.2 对钢水凝固过程要进行深入的理论研究

20 世纪后期钢铁冶金技术的重大突破之一是对钢水凝固和加工过程认识的深化和技术创新。从钢水模铸到连铸，从普通连铸到薄板坯连铸，给钢铁工业带来史无前例的变化。然而迄今为止，仍然存在许多未知领域有待于进一步认识。我们必须对钢水凝固的理论研究予以高度重视。薄板坯连铸连轧技术上新的突破有赖于凝固技术的进一步创新。

### 3.3 创造我国钢铁工业 21 世纪技术创新的新亮点

我国已是世界第一产钢大国。钢铁工业生产规模虽大，但并非强国。主要表现为钢铁工业总体上仍属于粗放型。形成总体粗放型的缘故，有历史性原因，也有政策性及发展思路等方面的原因。在采取一系列结构调整的基础上，我国应当在 21 世纪前期由产钢大国走向产钢强国。由大变强的关键在于实施开放式的自主集成创新。如前所述，我国薄板坯连铸连轧工艺的技术创新应当成为我国钢铁工业技术创新的一个新亮点。

（原载《炼钢》，2006（1））

# 中国炼钢技术的发展、创新与展望

刘 浏 兰德年 萧忠敏

## 1 中国炼钢生产技术发展的简要回顾

回顾 57 年来我国炼钢生产工艺技术的发展，大致可划分为 3 个发展阶段：自力更生阶段、改革开放阶段和集成创新阶段。

自力更生阶段（1949~1977 年）：1949 年 10 月新中国成立后，在自力更生、艰苦奋斗的方针指导下，新中国的炼钢生产得到了迅速恢复和较快发展。但由于受到西方工业发达国家的技术封锁，我国炼钢生产技术与国际先进水平有很大差距，炼钢生产仍以落后的平炉—模铸工艺为主，中小型钢铁企业占相当大的比例。对 20 世纪 50~60 年代国际上开发投产并迅速推广的氧气转炉、连铸、钢水炉外精炼和铁水预处理等新工艺、新技术国内迟迟未能大量采用。这一阶段建设了新中国钢铁工业的脊梁，培养了优良的作风和大批优秀的技术、管理人才，为中国钢铁工业的振兴奠定了基础。

改革开放阶段（1978~1996 年）：这一历史时期我国采取对外开放的基本国策，通过学习、引进、消化和吸收国外先进技术使我国炼钢生产技术逐步实现现代化。其中宝山钢铁（集团）公司（以下简称宝钢）的成功建设和迅速发展是最重要的历史标志，在国内第 1 次建设起现代化的具有国际一流水平大型钢铁联合企业。通过宝钢和武汉钢铁（集团）公司（以下简称武钢）1700 工程以及其他企业的建设和发展，国内炼钢生产技术逐步提高，并掌握了铁水预处理、大型转炉炼钢、复合吹炼、终点动态控制、炉外精炼和连铸等重大的现代化炼钢生产技术。随着炼钢技术的飞速发展，中国钢铁工业的产量不断提高，1996 年粗钢产量突破 1 亿 t，钢产量位居世界第一。

集成创新阶段（1997 年至今）：20 世纪 90 年代中期国内开始学习并引进美国溅渣护炉技术，通过不断的技术再创新和集成创新形成了具有中国特色的溅渣护炉技术，在全国广泛推广，获得巨大成绩。这标志着我国炼钢生产技术的发展开始从单纯学习、引进国外先进技术为主，逐渐转移到以国内自主创新和集成创新为主的发展道路。随着国内炼钢生产技术的发展，我国钢产量快速增长，从 1966 年的 1 亿 t 增加到 2005 年的 3.49 亿 t，约占全世界钢产量的三分之一，其生产技术的发展令全世界瞩目。

## 2 中国炼钢技术发展的主要成绩

近几年国内许多著名学者纷纷著文总结近 10 年来中国钢铁工业迅速发展的主要成就、发展动力和技术进步，对此本文仅就炼钢技术的发展作一简单的概括。

中国炼钢技术发展的成绩主要表现为以下几方面。

### 2.1 钢产量迅速增加

近 10 年随着国民经济的迅速发展，受市场需求对钢铁生产的拉动，国内粗钢产量迅速增长，1996 年中国粗钢产量第 1 次超过 1 亿 t，2003 年国内粗钢产量超过 2 亿 t，2005 年达到 3.494 亿 t，国内粗钢产量的迅速增长充分反映了炼钢生产技术的迅速发展。

### 2.2 建立了现代化的炼钢生产流程

目前，国内绝大多数炼钢厂均已实现了炼钢生产现代化，建立起包括铁水脱硫预处理—转炉复合吹炼—炉外精炼—连铸的现代化转炉炼钢生产流程和以大型超高功率电炉为主体，实现炼钢—精炼—连铸—连轧四位一体的短流程生产线，淘汰了平炉、模铸、化铁炼钢等落后的生产工艺。2005 年我国大、中型钢铁企业连铸比已达到95.68%；转炉平均炉龄达到5647炉，最高炉龄超过30000炉；炉外精炼比接近30%。现代化炼钢生产流程的确立为我国迅速提高炼钢生产效率、改善产品质量和扩大生产品种发挥了极为重要和关键的作用。

## 2.3 大幅度提高钢的纯净度

现代化炼钢生产流程的建立为我国大幅度提高钢材质量特别是提高钢的纯净度作出了巨大的贡献，使我国钢水的纯净度，即钢中杂质元素质量分数的总量 $\Sigma(S+P+T.O+N+H)$ 从传统流程（550~600）$\times 10^{-6}$直接跨越到现代化钢铁流程（200~250）$\times 10^{-6}$，宝钢、武钢等先进钢铁企业已经达到小于$100\times 10^{-6}$的国际先进水平。表1给出典型高附加值钢的纯净度要求及国内外的对比数据。

从表1可以看出，国内生产钢的纯净度水平已接近国际先进水平，但和国际领先水平尚有较大差距。进一步提高钢水的纯净度，稳定和扩大超纯净钢的生产是今后国内炼钢技术中急待解决的重大技术问题。

**表1 典型高附加值钢的纯净度要求及国内外水平的对比** (%)

| 标准 | 线材 | | 长型材 | | | 薄板 | | 管线钢 | | 电工钢 | |
|---|---|---|---|---|---|---|---|---|---|---|---|
| | 帘线钢 | | 轴承钢 | 齿轮钢 | 弹簧钢 | IF 钢 | | ×10 | | 无取向 | |
| | $w_B/10^{-6}$ | $d_s$ | $w_B/10^{-6}$ | $w_B/10^{-6}$ | $w_B/10^{-6}$ | $w_B/10^{-6}$ | $d_s$ | $w_B/10^{-6}$ | $d_s$ | $w_B/10^{-6}$ | $d_s$ |
| 纯净度 | (T.O) ≤30 | ≤10μm | (T.O) ≤10 | (T.O) ≤20 | (T.O) ≤15 | C≤20 | ≤20μm | S≤20 | ≤10μm | C≤20 | ≤20μm |
| 标准 | $Al_s$≤4 | | Ti≤30 | Ti≤20 | Ti≤30 | N≤25<br>S≤50<br>P≤100 | | P≤100 | | S≤20 | |
| 国际领先 | | ≤5μm | (T.O) ≤6 | (T.O) ≤10 | (T.O) ≤8 | 杂质总量<br>Σ≤80 | | | S≤5 | C+S≤20 | |
| 国际先进 | | ≤10μm | (T.O) ≤8 | (T.O) ≤15 | (T.O) ≤15 | 杂质总量<br>Σ≤100 | | | S≤10 | C+S≤30 | |
| 国内先进 | | ≤20μm | (T.O) ≤12 | (T.O) ≤20 | (T.O) ≤20 | C+N≤100 | | | S≤20 | C+S≤50 | |

注：$d_s$为夹杂的直径。

随着我国钢的纯净度的大幅度提高，国内钢材的生产品种正在逐年扩大，表2给出我国典型高品质钢种的增长率。从表2可以看出，2000~2005年期间，国内钢铁厂生产的高品质、高附加值钢种（如重轨钢、大型工程结构钢、冷轧薄板、电工钢、无缝钢管等）增长率波动在96.6%~287.6%，平均增长率为174.4%，说明国内钢铁厂已逐步从规模发展为主的模式走向产品效益的发展模式。

**表2 2000~2005年典型高品质钢种增长率**

| 钢种 | 2000年产量/万t | 2005年产量/万t | 增长率/% | 钢种 | 2000年产量/万t | 2005年产量/万t | 增长率/% |
|---|---|---|---|---|---|---|---|
| 铁道用钢 | 158 | 311 | 96.6 | 冷轧薄板 | 495 | 1527 | 203.8 |
| 大型型钢 | 360 | 726 | 101.4 | 镀层板 | 328 | 796 | 142.8 |
| 特厚板 | 76 | 219 | 187.6 | 冷轧电工钢板 | 64 | 212 | 228.7 |
| 中厚板 | 1668 | 6466 | 287.6 | 无缝管 | 415 | 1023 | 146.6 |

## 2.4 炼钢节能与环保技术迅速发展

节能与环保是21世纪钢铁工业可持续发展的重要研究方向，对于炼钢而言，转炉炼钢主要应实现“负能炼钢”，而对于电炉炼钢应努力降低冶炼电耗，提高资源、能源转换效率。总结近几年国内转炉“负能炼钢”的基本经验是：

（1）提高转炉作业率，例如本溪钢铁集团公司（以下简称本钢）炼钢厂150t转炉采用顶底复吹和终点动态控制技术后，大幅度提高供氧强度，使转炉冶炼周期缩短45%，生产能力提高44%，每吨钢冶炼能耗降低了5.04kg标准煤，实现了“负能炼钢”。

（2）优化二次除尘风机运行参数，实现节电。降低氧气消耗，如武钢采用计算机终点控制技术后，每吨钢氧气消耗（在标准状态下）从 57m³ 下降到 50. 9m³，每吨钢工序能耗降低 1. 4kg 标准煤。

（3）缩短钢包周转时间可使出钢温度降低 8℃，每吨钢工序能耗降低 0. 7kg 标准煤。采用蓄热燃烧技术烘烤钢包，钢包烘烤实现节能 38%。

（4）加强设备维护，减少煤气、蒸汽放散比例。如图 1 所示，为了实现转炉"负能炼钢"，转炉煤气回收量每吨钢应大于 90m³。

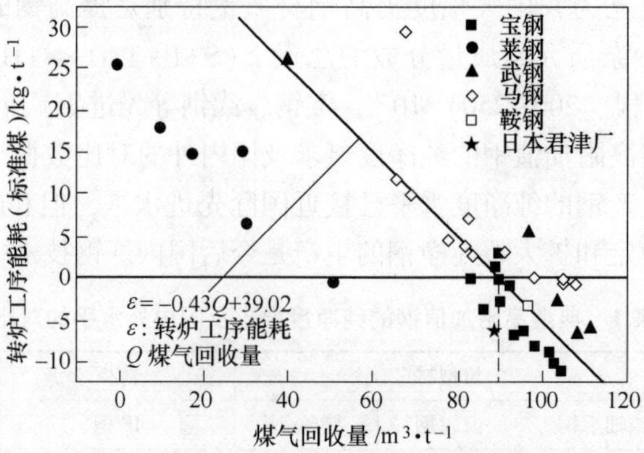


图 1　转炉煤气回收量与工序能耗的关系

表 3 给出我国转炉主要技术参数与能耗指标。从表 3 可以看出，以实现"负能炼钢"为目标，国内转炉炼钢尚有较大的节能空间。

对电炉炼钢流程，采用兑铁水冶炼的生产工艺使吨钢冶炼电耗大幅度降低。采用铁水比 30% 的电炉，国内最好指标已达到冶炼周期 46min，每吨钢冶炼电耗 234kW · h，每吨钢电极消耗 0. 847kg。

**表 3　我国转炉主要能耗指标**

| 炉型 | 铁水比/% | 冶炼周期/min | 氧耗①/m³ · t⁻¹ | 钢铁料消耗/kg · t⁻¹ | 电耗/kW · h · t⁻¹ | 煤气消耗（标准煤）/kg · t⁻¹ | 工序能耗（标准煤）/kg · t⁻¹ |
|---|---|---|---|---|---|---|---|
| 大型转炉 | 86. 98 | 37. 57 | 56. 71 | 935. 42 | 37 | 1. 1 | 11. 55 |
| 中型转炉 | 90. 35 | 30. 89 | 56. 74 | 1094. 61 | 20 | 1. 6 | 16. 40 |
| 小型转炉 | 85. 15 | 24. 70 | 58. 90 | 1079. 50 | 16 | 2. 6 | 25. 66 |

①在标准状态下。

## 3　中国炼钢技术的重大创新

### 3.1　溅渣护炉与长寿复吹转炉工艺技术

自 1997 年以来，国内大力开展溅渣护炉技术的研究开发和推广应用工作，使转炉炉龄大幅度提高，如图 2 所示。至 2002 年国内 95. 2% 的转炉采用了溅渣护炉技术，大型转炉平均炉龄达到 10181. 5 炉，中型转炉平均炉龄达到 15298. 2 炉，地方骨干企业的小型转炉钢厂的平均炉龄也已达到 10316 炉。国内在引进美国溅渣护炉技术的基础上开展了以下技术创新：

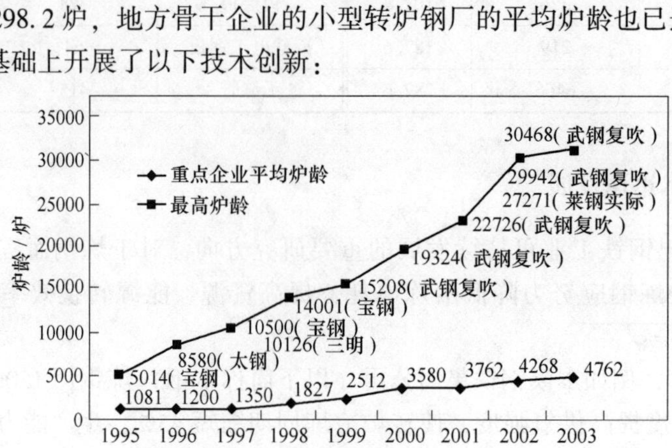


图 2　采用溅渣护炉技术后炉龄变化趋势

（1）美国研究开发了溅渣护炉技术是以大型转炉生产板带材为基础，终点碳含量较低，属于高氧化铁炉渣溅渣工艺。针对国内大量的中、小型转炉以生产中、高碳钢、长型材为主，炉渣 FeO 含量较低的特点，研究开发了低 FeO 渣溅渣工艺，获得成功。

（2）研究提出不同溅渣工艺溅渣层与炉衬的结合机理，以及溅渣层熔损的热力学、动力学条件，提出正确选择开始溅渣的时机，实现炉衬零浸蚀的工艺技术。

（3）研究开发出适宜钒、钛铁水冶炼的溅渣护炉工艺，通过添加含碳镁球对终渣进行改质，降低炉渣 FeO 含量，保证溅渣效果。

转炉采用溅渣护炉后炉龄大幅度提高，如何实现全程复吹，提高底吹喷嘴的寿命是全世界钢铁厂急待解决的重大技术难题。为了解决这一问题，武钢与钢研总院合作，率先发明了炉渣蘑菇头保护底吹透气砖的先进技术，使底吹喷嘴的一次寿命与炉龄同步，并保证复吹比 100%。表 4 给出炉渣透气蘑菇头与金属蘑菇头的技术比较。炉渣蘑菇头以氧化物为主，体积大，透气性良好。经水模实验证明，在相同的气量下，可使熔池混匀时间缩短 40%~50%。

**表 4 两种“蘑菇头”的技术比较**

炉渣蘑菇头

| 形貌 | $w_B$/% | | | | 生成机理 | 与熔池的作用 |
|---|---|---|---|---|---|---|
| | CaO | $SiO_2$ | MgO | T. Fe | | |
| 体积大，表面有微细孔 | 47.9 | 13.78 | 11.6 | 15.18 | 气流冷凝炉渣后形成 | 出口流速低，流股细小，成微小气泡上浮；透气面积增大，混匀时间缩短 50%，搅拌时熔池平稳，不易喷溅。 |

金属蘑菇头

| 形貌 | $w_B$/% | | | 生成机理 | 与熔池的作用 |
|---|---|---|---|---|---|
| | Fe | C | 其他 | | |
| 体积小，中心孔较大，侧面有微细气孔 | ≥91 | 1.48 | 4.7 | 气体冷凝金属后形成 | 出口流速高，气流较大，上浮的大气泡形成气泡柱，搅拌时熔池不平稳，有喷溅。 |

转炉复合吹炼技术开发成功近 30 年，但如何提高底吹喷嘴的寿命，进而提高复吹比和复吹转炉的作业率是全世界炼钢工作者多年来致力于解决的重大技术难题。表 5 给出国际上主要国家发明的各种提高复吹转炉作业率的工艺技术比较，从表中可以看出，中国研究开发的长寿复吹转炉技术保证了炉底喷嘴与溅渣后转炉炉龄同步，转炉平均寿命达到 10000 炉，最高炉龄可长达 30000 炉，并实现复吹比 100%，各项技术指标优于国外开发的各种工艺方法。

长寿复吹转炉技术的开发成功，对炼钢生产技术的发展产生了深刻的影响，不仅降低了转炉炼钢的生产成本，提高了转炉作业率，而且改变了转炉的操作制度，使我国炼钢厂均不再采用“三吹二”或“二吹一”的生产模式，实现了“三吹三”，充分发挥每个转炉的生产效率。

**表 5 提高复吹转炉作业率的各种新工艺技术比较**

| 发明国家 | 工艺措施 | 炉衬寿命/炉 | 底吹喷嘴寿命/炉 | 复吹比/% |
|---|---|---|---|---|
| 日本 | 高 MgO 炉渣快速吹炼更换底吹喷嘴 | 5000~6000 | 2000~2500 | 100 |
| 德国 | 金属蘑菇头保护底枪（用于不锈钢） | 200~300 | 200 | 100 |
| 瑞典 | 快速更换炉体 | 1000~2000 | 1000~2000 | 100 |
| 美国 | 溅渣护炉（更换底吹喷嘴） | >10000 | 2000 | <20(100) |
| 中国 | 溅渣护炉炉渣蘑菇头保护底枪 | >10000 | >10000 | 100 |

## 3.2 转炉高效吹炼工艺技术

为了满足国内市场对钢材产品的巨大需求，国内大力开展提高转炉生产效率，加大供氧强度，实现平稳吹炼的技术研究，开发出一整套转炉高效冶炼技术，使转炉的生产效率得到大幅度提高。表 6 给出国内大、中、小型转炉生产效率的技术比较。

表 6　国内大、中、小型转炉技术经济指标的比较

| 炉型 | 统计台数 | 炉容比 $/m^3 \cdot t^{-1}$ | 供氧强度* $/m^3 \cdot (t \cdot min)^{-1}$ | 底吹强度* $/m^3 \cdot (t \cdot min)^{-1}$ | 钢铁料消耗 $/kg \cdot t^{-1}$ | 氧耗* $/m^3 \cdot t^{-1}$ | 冶炼周期 /min | 炉龄/炉 | 利用系数 $/t \cdot (t \cdot d)^{-1}$ | 日历作业率/% |
|---|---|---|---|---|---|---|---|---|---|---|
| 大型转炉 | 19 | 0.88 | 3.35 | 0.03~0.22 | 935.42 | 56.71 | 37.57 | 10181.5 | 23.920 | 63.23 |
| 中型转炉 | 25 | 0.83 | 3.36 | 0.02~0.15 | 1094.61 | 56.74 | 30.89 | 15932.0 | 32.930 | 76.35 |
| 小型转炉 | 33 | 0.60~0.70 | 3.90 | — | 1079.50 | 58.90 | 24.70 | 10316.0 | 64.872 | 85.91 |

*为在标准状态下。

从表 6 中可以看出，国内小型转炉的作业率、利用系数均高于大、中型转炉，平均冶炼周期为 24.7min，最短的可达到 23min，接近日本钢铁厂采用"三脱"铁水少渣冶炼转炉的生产效率。其原因主要是小转炉的辅助作业时间（如出钢兑铁时间）短，易于扩装。总结国内小转炉强化冶炼的基本经验归纳为：

（1）采用高速供氧技术，强化冶炼。小转炉的供氧强度（在标准状态下）一般在 $3.5m^3/(t \cdot min)$ 以上，其中济钢、莱芜、唐钢二炼等十余家钢厂的供氧强度（在标准状态下）达到 $4.0m^3/(t \cdot min)$ 以上，使纯吹氧时间缩短到 11.8min，冶炼周期缩短到 24min。

（2）加快生产节奏，提高转炉作业率。如表 6 所示，小转炉的日历作业率平均可达到 85%以上，最高达到 97.7%。说明小转炉采用各种措施，减少热停时间，避免各类事故，保证转炉高效、有序稳定地生产。

（3）采用复合吹炼工艺，加快炉渣熔化速度，保证吹炼平稳是提高供氧强度的技术保证。随着供氧强度的提高，吹炼时间明显缩短，要求用更短的时间实现化渣，并尽可能减小炉渣金属喷溅。实践证明，采用底吹强搅拌技术可以加速转炉初渣的熔化，避免中期炉渣返干，减少喷溅。

（4）适当扩大装入量。对于小转炉扩大装入量相对容易，但对大、中型转炉难以实现扩装。同时扩大装入量带来的问题使炉容比变小，给平稳吹炼造成困难。

如图 3 所示，传统的观点认为提高转炉供氧强度受到炉容比的严格限制，但采用以下技术有利于进一步提高供氧强度，提高转炉的生产效率：

（1）大幅度减少渣量，对于少渣冶炼转炉由于渣量减少，可以大幅度提高供氧强度；

（2）优化改进氧枪结构，提高喷枪化渣速度，减少熔池喷溅和避免产生大量 FeO 粉尘是大幅度提高供氧强度的技术关键；

（3）采用底吹强搅拌工艺，促进初渣熔化，实现渣钢反应平衡是提高熔池供氧强度的基础；

（4）采用计算机终点动态控制，实现不倒炉出钢以及提高出钢口寿命，缩短出钢时间，进而缩短转炉辅助作业时间，也是提高转炉生产效率的重要技术措施。

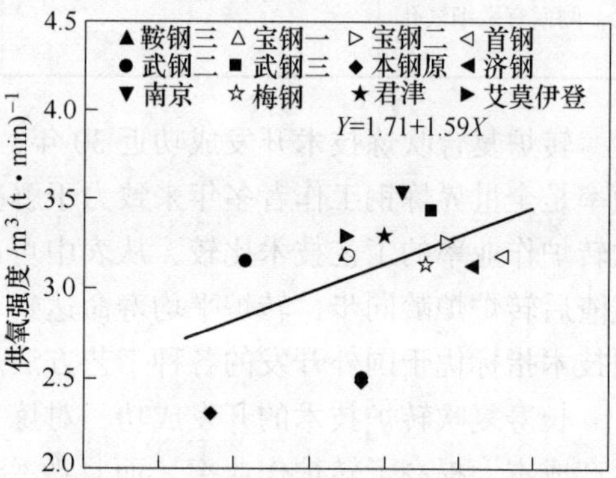


图 3　大、中型转炉炉容比与供氧强度（在标准状态下）的关系

## 3.3　电炉兑铁水高效冶炼工艺

实践证明各国电炉生产技术的发展深受地区资源特点的影响，例如瑞典水、电发达，电价便宜，通常采用超高功率电炉冶炼技术，比功率每吨钢高达 1000kVA，不采用强化供氧技术，冶炼周期可以缩短到 1h。而日本电价较高，通常采用高功率电炉强化供氧技术，也使电炉的冶炼周期缩短到 1h。而德国通常采用炉壁烧嘴、熔池吹氧、二次燃烧和废钢预热等综合供氧技术，达到降低电耗，缩短冶炼时间的目的。

我国大型电炉最初的发展受德国的影响较深，曾大量引进直流电弧炉、交流高阻抗电炉、竖炉电炉和 Consteel 等国际上最先进的电炉装备技术，综合采用了超高功率供电、炉门氧枪和炉壁烧嘴以及废钢预

热等先进工艺技术，但并未达到预期的效果。由于我国煤炭资源丰富，炼铁成本较低。结合国内的这一资源特点，为进一步缩短电炉冶炼周期，降低电耗，推广采用了电炉兑铁水冶炼工艺，取得了明显的效果。如表7所示，大型电炉采用兑铁水工艺比全废钢工艺平均降低冶炼电耗每吨钢约67kW·h，缩短冶炼周期10min，减少电极消耗35%，降低生产成本约200元/t。2003年安阳钢铁集团公司100t电炉采用兑铁水工艺后，最高日产炉数达到37炉，平均冶炼周期41min，冶炼电耗220kW·h，达到国际先进水平。

电炉采用兑铁水冶炼工艺不仅仅是增加了铁水的物理热，更重要的是改变了废钢的熔化方式，基本解决了传统电炉熔池缺乏搅拌，炉渣上部供热充足，电炉上、下部热量传递困难的主要弊病。如表8所示，电炉采用兑铁水冶炼后，废钢的熔化由高温传热转为碳扩散溶解，使炉料的熔化温度和过热度降低，有利于提高废钢的熔化速度，减少炉衬和电极损耗，全面提高电炉生产的技术经济指标。

**表7 国内大型电炉全废钢与兑铁水冶炼工艺的技术经济指标比较**

| 统计工厂数/个 | 吨位/t | 生产工艺 | 铁水比/% | 电耗/kW·h·t$^{-1}$ | 氧耗①/m$^3$·t$^{-1}$ | 电极消耗/kg·t$^{-1}$ | 冶炼周期/min |
|---|---|---|---|---|---|---|---|
| 4 | 50~120 | 全废钢+预热 | 0 | 334.25 | 36.59 | 2.57 | 57.00 |
| 10 | 50~150 | 兑铁水 | 20~30 | 267.32 | 43.24 | 1.67 | 47.39 |

①在标准状态下。

**表8 两种电炉冶炼工艺的技术比较**

| 冶炼工艺 | 炉料结构 | 炉料熔化温度/℃ | 炉料熔化机理 | 炉料熔化过热度/℃ | 冶炼周期/min | 电耗/kW·h·t$^{-1}$ | 电极消耗/kg·t$^{-1}$ |
|---|---|---|---|---|---|---|---|
| 全废钢冶炼 | 100%废钢或70%废钢+30%海绵铁 | ≥1400 | 高温传热 | >100 | 60 | 400 | 1.3（直流）1.7（交流） |
| 兑铁水冶炼 | 30%铁+70%废钢 | 1300~1400 | 碳扩散降低熔点 | 20~50 | 50 | 220~280 | 0.8 |

## 4 21世纪初我国炼钢技术的发展展望

21世纪初炼钢生产技术的发展方向是实现大批量、低成本、稳定生产超纯净钢。为实现这一目标要求在20世纪现代化炼钢的基础上研究和开发21世纪初更先进的炼钢技术，其主要内容应包括：

（1）进一步优化国内炼钢生产工艺装备技术，加速实现设备大型化，加快淘汰小转炉、小电炉、小连铸等落后设备；

（2）在设备大型化的基础上研究开发高效化生产工艺技术，推广采用转炉铁水“三脱”预处理工艺、少渣转炉高速吹炼技术、高速连铸技术，使炼钢生产效率大幅度提高；

（3）研究开发转炉全自动吹炼、连铸机无人操作等先进的控制技术，实现生产过程自动化、工艺控制智能化和生产调度信息化；

（4）积极推广转炉负能炼钢、干法除尘、转炉渣集成处理与溅渣、留渣操作等先进工艺，实现炼钢厂“零”排放，无公害化生产。

为了加速21世纪初先进钢铁厂的建设，应加大国内自主创新、原始创新和集成创新的力度，使中国炼钢生产工艺技术达到国际领先水平。

（原载《炼钢》，2007（2））

# 钢中非金属夹杂物塑性化研究

高文芳　赵继宇　易卫东　王新华　张炯明

钢中非金属夹杂物根据其在轧制过程中的变形性能，分为塑性夹杂和脆性夹杂两类，即在轧制过程发生变形的为塑性夹杂物，不发生或基本不发生变形的为脆性夹杂物。脆性非金属夹杂物会造成钢帘线、硬线盘条拉丝和合股过程断丝。生产经验表明，帘线钢中非金属夹杂物尺寸大于加工钢丝直径的2%，即可导致钢丝在冷加工过程中发生脆性断裂。少量尺寸很细小的脆性夹杂物颗粒，即使侥幸通过拉拔和合股关，却极有可能成为动态疲劳性能试验或轮胎使用过程中的断裂源。所以，严格控制钢中非金属夹杂物的变形性能、尺寸及分布，对于以帘线钢为代表的优质高碳钢的生产非常重要。为此，在实验室对塑性非金属夹杂物的控制机理进行了系统研究。分析了炉渣成分，钢中Al、Ca、O与非金属夹杂物组成之间的相互关系及作用机理。在实验室研究的基础上，进行了生产工艺优化研究。采用新工艺后，帘线钢中非金属夹杂物平均评级系数由30以上，降低至3.5以下。

## 1　实验室研究

为了防止生成高 $Al_2O_3$ 含量的不变形非金属夹杂物，优质高碳硬线钢种大多采用Si-Mn脱氧。所以，钢中非金属夹杂物主要为 $MnO-SiO_2-Al_2O_3$ 系和 $CaO-SiO_2-Al_2O_3$ 系夹杂物。其中 $MnO-SiO_2-Al_2O_3$ 系主要为脱氧产物，$CaO-SiO_2-Al_2O_3$ 系主要为脱氧产物与顶渣复合作用的产物。图1为 $CaO-SiO_2-Al_2O_3$ 系和 $MnO-SiO_2-Al_2O_3$ 系的相图，图中阴影部分为熔化温度低于1350℃的成分区域，该区域的非金属夹杂物在轧制过程可以发生较好变形。

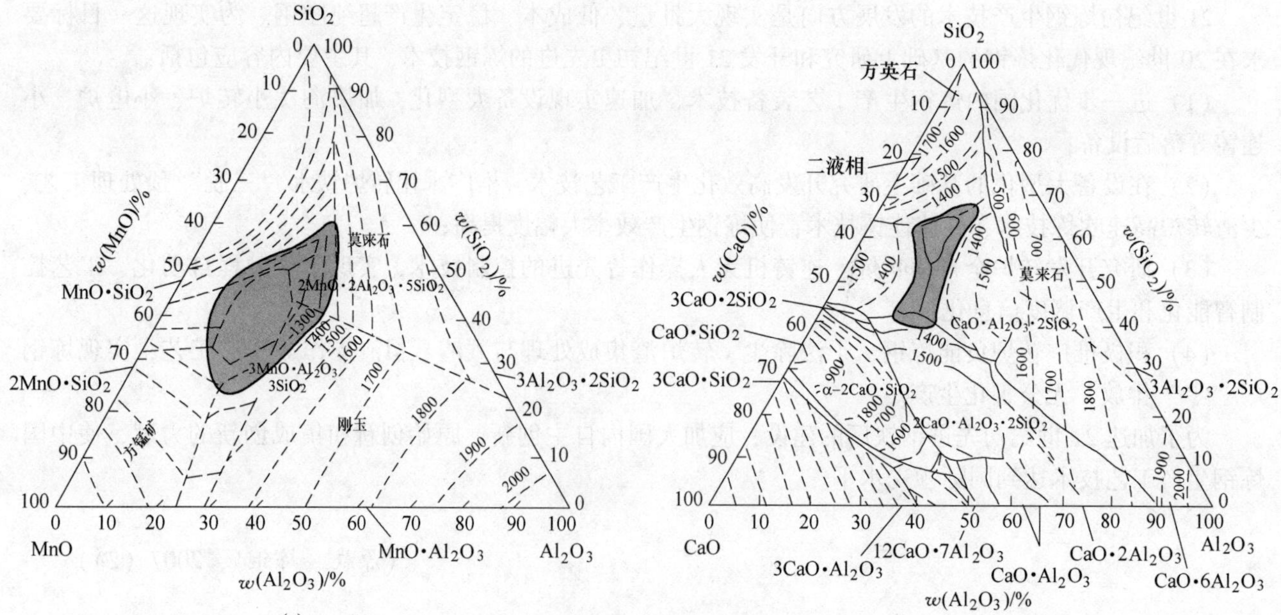


图1　$MnO-SiO_2-Al_2O_3$ 系和 $CaO-SiO_2-Al_2O_3$ 系相图

（a）$MnO-SiO_2-Al_2O_3$ 系；（b）$CaO-SiO_2-Al_2O_3$ 系

由图1可知，对于 $MnO-SiO_2-Al_2O_3$ 系和 $CaO-SiO_2-Al_2O_3$ 系夹杂物，塑性夹杂物成分区的 $w(Al_2O_3)$ 为15%~25%。另外，对于 $MnO-SiO_2-Al_2O_3$ 系，夹杂物的 $w(MnO)/w(SiO_2)$ 在1左右；

对于 $CaO-SiO_2-Al_2O_3$ 系，夹杂物的 $w(CaO)/w(SiO_2)$ 在 0.6 左右。可见，夹杂物中 $Al_2O_3$ 含量、$w(MnO)/w(SiO_2)$ 和 $w(CaO)/w(SiO_2)$ 比值控制是优质高碳硬线钢夹杂物塑性化的关键。

## 1.1 实验方法

实验在高温炉内进行，实验装置见图2。实验时，分别取钢、渣试样，分析钢、渣试样的化学成分随时间的变化。

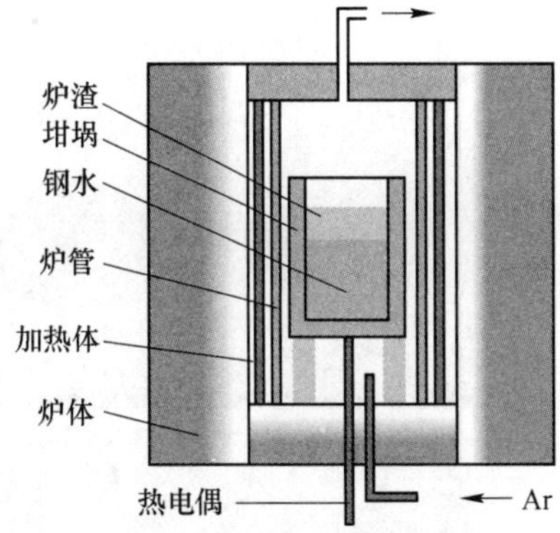


图2 实验装置示意图

## 1.2 实验结果与分析

钢中非金属夹杂物主要有两类：第一类 $MnO-SiO_2-Al_2O_3$ 系，主要是脱氧产物。第二类 $CaO-MgO-SiO_2-Al_2O_3$ 系，主要为脱氧产物与精炼渣复合作用的产物。这两类非金属夹杂物均呈球状，尺寸较小，绝大多数在 4~10μm，约占夹杂物总个数的 90%，此外还有少量硫化物和其他类型的夹杂物。

### 1.2.1 $MnO-SiO_2-Al_2O_3$ 系非金属夹杂物

$MnO-SiO_2-Al_2O_3$ 系非金属夹杂物（见图3）。

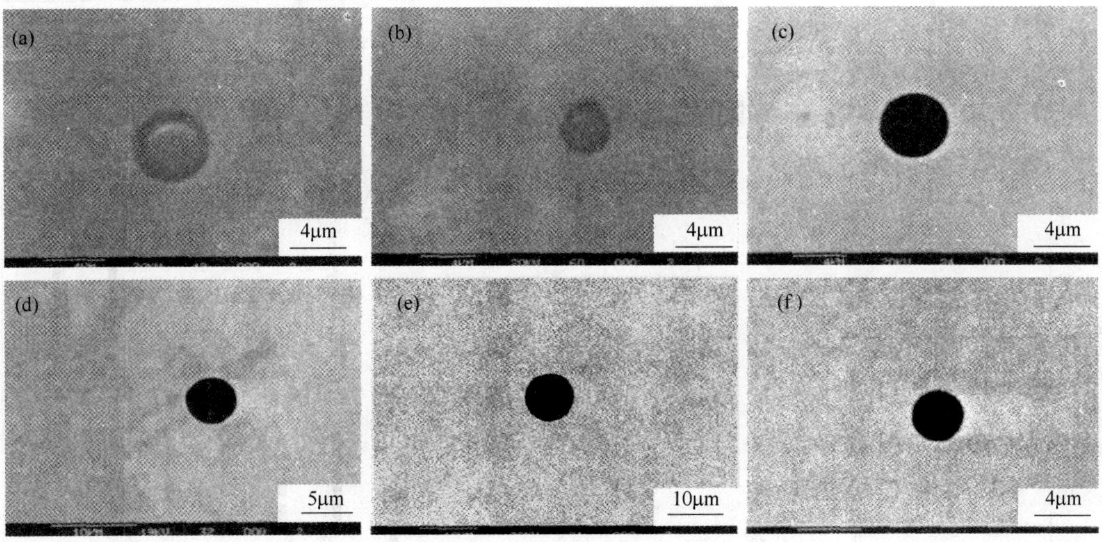


图3 $MnO-SiO_2-Al_2O_3$ 系非金属夹杂物照片

夹杂物 $Al_2O_3$ 含量与钢液 $Al_s$ 含量的关系见图4，精炼渣 $Al_2O_3$ 与钢中 $Al_s$ 含量关系见图5。

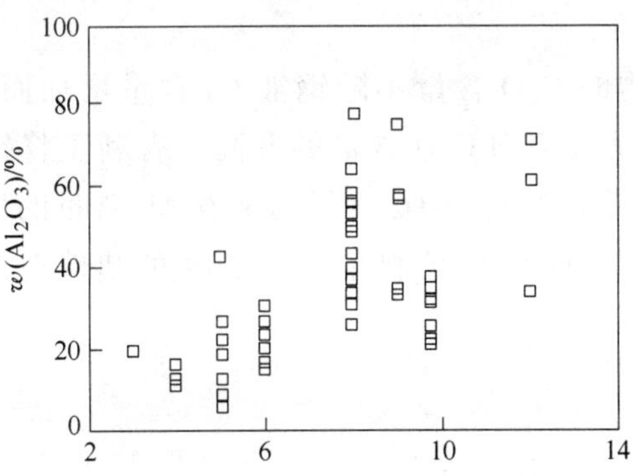


图4 夹杂物 $w(Al_2O_3)$ 与钢液 $w(Al_s)$ 的关系

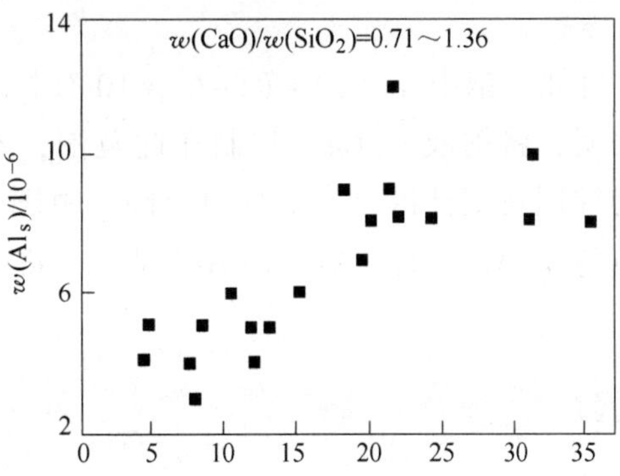


图5 精炼渣中 $w(Al_2O_3)$ 与钢液中 $w(Al_s)$ 的关系

由图4和图5可知，此类非金属夹杂物中的 $w(Al_2O_3)$ 随钢液 $w(Al_s)$ 的增加而提高。当钢液中 $w(Al_s)$ 和精炼渣的 $w(Al_2O_3)$ 分别为 $(3\sim5)\times10^{-6}$ 和 7%~10%时，有利于钢中塑性非金属夹杂物的形成。

1.2.2 $CaO-MgO-SiO_2-Al_2O_3$ 系非金属夹杂物

$CaO-MgO-SiO_2-Al_2O_3$ 系非金属夹杂物（见图6）。

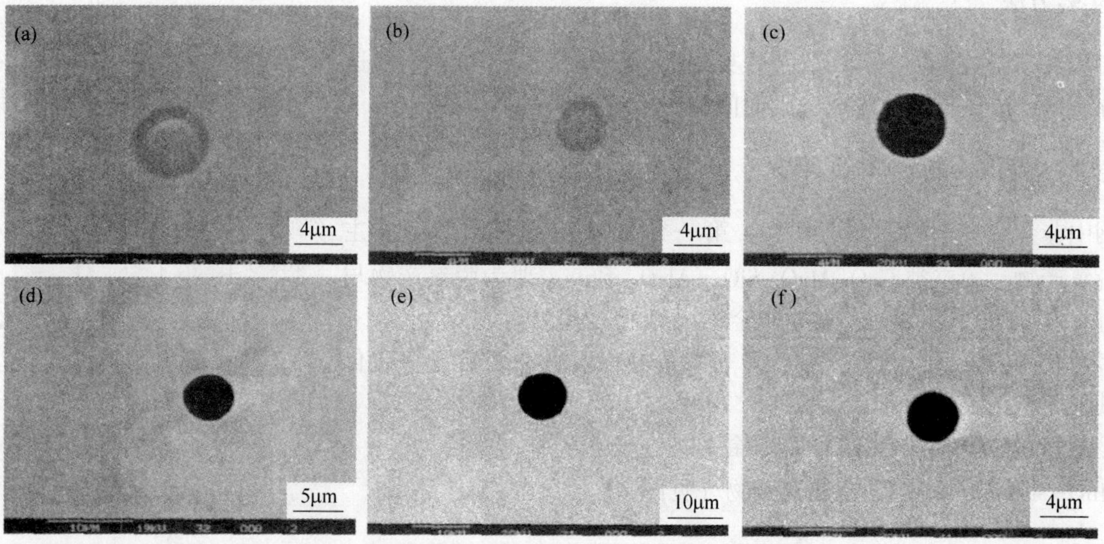

图6 $CaO-MgO-SiO_2-Al_2O_3$ 系非金属夹杂物照片

夹杂物中CaO含量与钢液Ca含量关系见图7，钢液中 $Al_s$ 含量与夹杂物 $Al_2O_3$ 关系见图8。

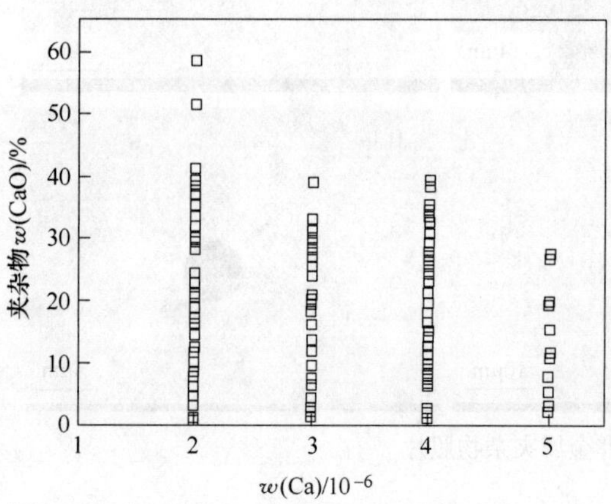

图7 夹杂物中 $w(CaO)$ 与钢液中 $w(Ca)$ 关系

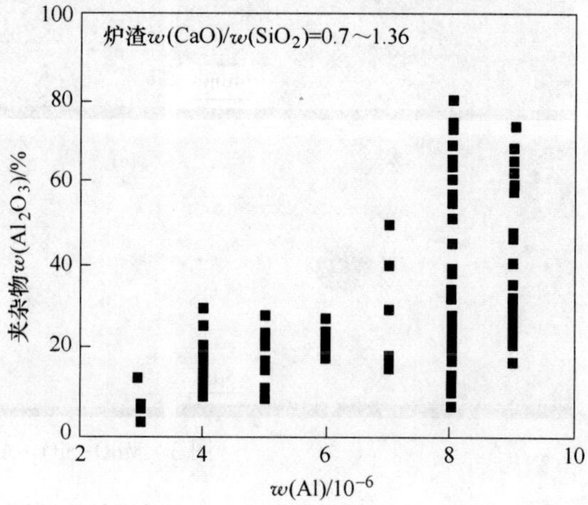


图8 钢液中 $w(Al_s)$ 与夹杂物中 $w(Al_2O_3)$ 关系

由图7可知，钢中 $w(Ca)=(1\sim6)\times10^{-6}$ 时，夹杂物的CaO含量不随钢液Ca含量增加而增加。这一结果表明，将钢液 $w(Ca)$ 控制在此范围，不会造成夹杂物CaO含量的升高，有利于将钢中非金属夹杂物控制在塑性区要求的理想范围。由图8可知夹杂物中 $Al_2O_3$ 含量随钢液 $Al_s$ 含量的增加而提高，钢液的 $w(Al_s)$ 为 $(3\sim4)\times10^{-6}$ 时，可将夹杂物 $w(Al_2O_3)$ 控制在8%～20%的塑性夹杂物成分范围。

## 2 生产试验

### 2.1 试验方法

对脱氧工艺进一步优化，将钢液 $w(T.O)$ 降低到0.002%以下，并通过控制精炼渣和钢液组成，从而将钢中非金属夹杂物控制在狭小的塑性夹杂物成分区域内。生产试验工艺流程为转炉→LF→VD→连铸机。试验过程中在转炉出钢、LF、VD、中包分别取钢水和精炼渣试样，在铸坯及盘条分别取铸坯和盘条样。分析钢样和精炼渣化学成分，非金属夹杂物的组成和形貌。

## 2.2 试验结果与分析

### 2.2.1 钢中 T.O 含量

炼钢工序钢液 $w$(T.O) 平均控制水平见图 9。

由图 9 可知，经 LF 精炼处理后，钢液试样 $w$(T.O) 为 0.0022%以下，真空精炼后，$w$(T.O) 为 0.0018%以下。有文献报道：Si、Mn 复合脱氧的高碳钢进行钢中非金属夹杂物的塑性化处理时，$w$(T.O) 应控制在 0.005%~0.009%。T.O 含量过高或过低，会形成 $SiO_2$、$Al_2O_3$、CaO 或 MnO 含量高的不变形非金属夹杂物。钢液中 T.O 含量高，还会使钢的延性、韧性、抗疲劳、耐腐蚀等性能变差。所以，在高 T.O 含量条件下，进行夹杂物的塑性化有利有弊，即在获得良好加工性的同时会牺牲其使用性。

### 2.2.2 钢液 $Al_s$ 含量

钢液 $w(Al_s)$ 与 $CaO-SiO_2-Al_2O_3$ 系非金属夹杂物 $w(Al_2O_3)$ 的关系见图 10。生产试验结果表明，$w(Al_s)=(3\sim5)\times10^{-6}$时，即可将夹杂物 $w(Al_2O_3)$ 控制在低熔点区，与实验室研究结果一致。工艺优化后，帘线钢中 $w(Al_s)$ 大幅下降，由 $(9\sim49)\times10^{-6}$下降到 $(4\sim7)\times10^{-6}$，且波动范围明显变窄。

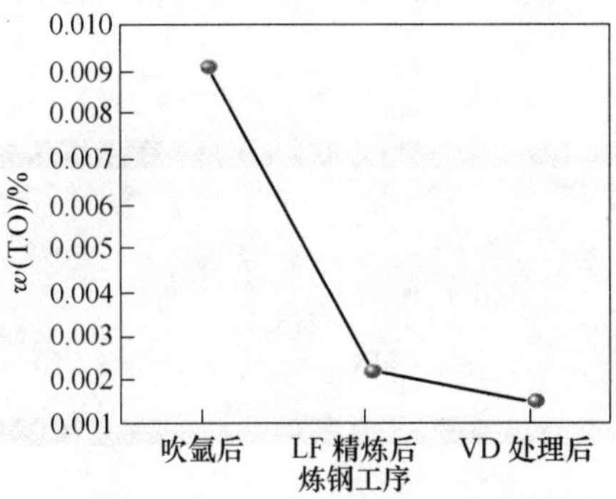


图 9 炼钢工序钢液 T.O 含量平均控制水平

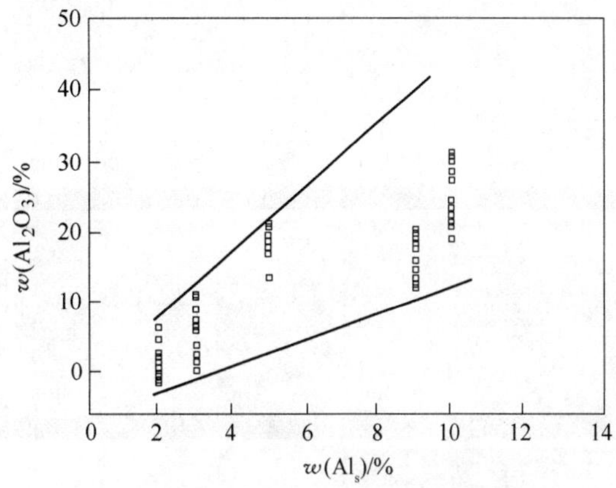


图 10 钢液 $Al_s$ 与夹杂物 $Al_2O_3$ 之间关系

### 2.2.3 钢液 Ca 含量

工艺优化后帘线钢液 $w$(Ca) 较原工艺显著降低，钢中 $w$(Ca) 可稳定地控制在 $(4\sim11)\times10^{-6}$。

### 2.2.4 连铸坯非金属夹杂物的形貌和成分

工艺优化前、后铸坯试样中非金属夹杂物在三元系相图中的分布见图 11、图 12。

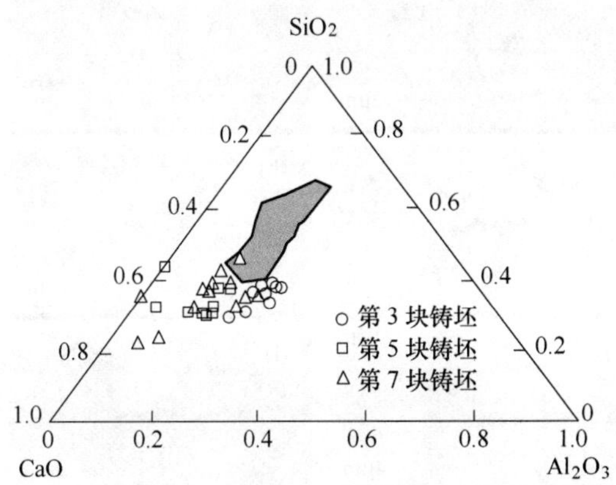


图 11 工艺优化前铸坯试样中硅酸盐类夹杂物在 $CaO-SiO_2-Al_2O_3$ 三元系分布

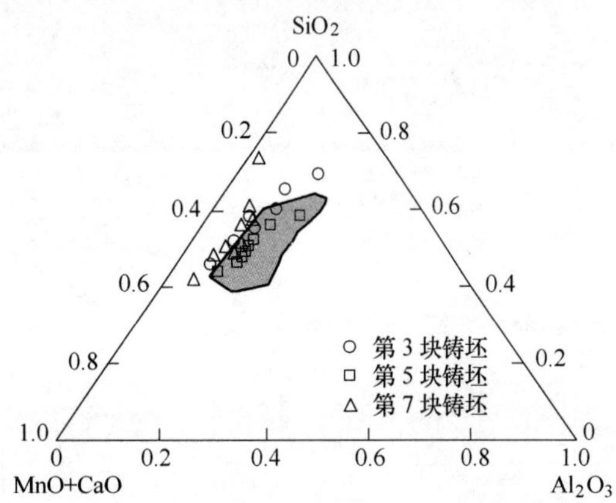


图 12 工艺优化后铸坯试样中非金属夹杂物在 (CaO+MnO) $-SiO_2-Al_2O_3$ 的分布系中的分布

由图 11 和图 12 可知，工艺优化后帘线钢铸坯试样中的非金属夹杂物与工艺优化前相比，大部分位于该塑性成分区内，少部分位于塑性成分区边缘附近。铸坯中非金属夹杂物绝大多数为硅酸盐类夹杂物，主要组

分为 $SiO_2$、$Al_2O_3$、MnO、CaO、MgO，还含极少量 $TiO_2$。其形貌以球状为主，尺寸很小，绝大多数在 2~10μm。

2.2.5　盘条非金属夹杂物形貌及评级

工艺优化前、后，帘线钢盘条中非金属夹杂物形貌见图 13、图 14。

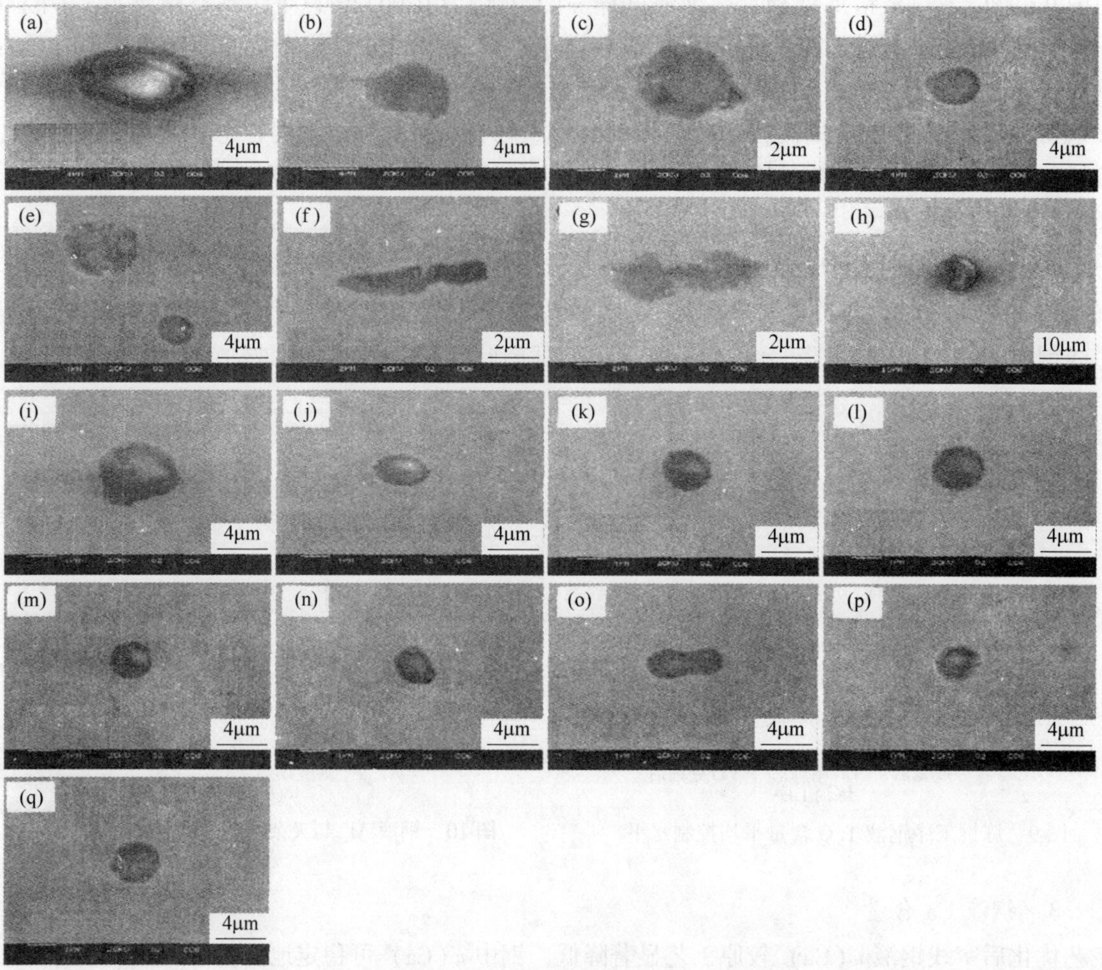


图 13　工艺优化前盘条试样中非金属夹杂物形貌

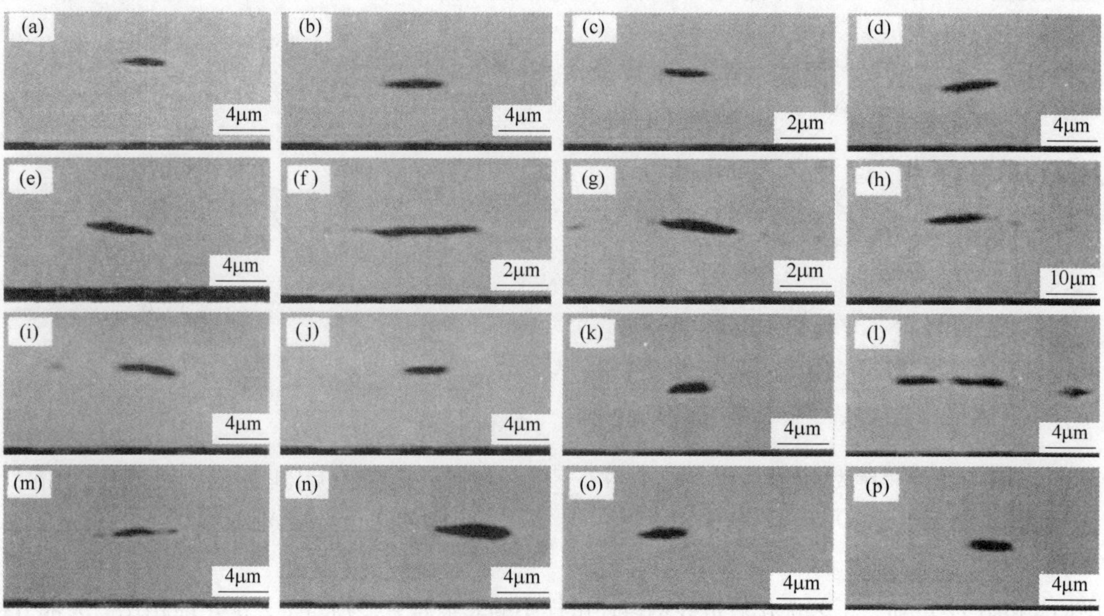


图 14　工艺优化后盘条试样中的非金属夹杂物形貌

由图13~14可知，工艺优化前，盘条中夹杂物经轧制后，基本没有变形。而优化工艺后，盘条中绝大多数夹杂物沿轧制方向发生了显著变形，演变为细长型，其横向直径小于4μm，绝大多数在1~3μm，达到了高牌号细径帘线钢丝的夹杂物要求。全球知名轮胎制造商对采用优化工艺生产钢帘线的夹杂物检验结果（见表1）也表明：盘条中非金属夹杂物评级系数平均为3.5。大大优于非金属夹杂物平均指数≤10标准值。

**表1　全球知名轮胎制造商对新工艺生产帘线钢盘条夹杂物评级**

| 样号 | 夹杂物指数 | | | |
|---|---|---|---|---|
| | CL1 | CL2 | CL3 | I |
| 1 | 0 | 2 | 0 | 10 |
| 2 | 1 | 0 | 0 | 1 |
| 3 | 1 | 0 | 0 | 1 |
| 4 | 1 | 0 | 0 | 1 |
| 5 | 2 | 1 | 0 | 7 |
| 6 | 3 | 0 | 0 | 3 |
| 7 | 3 | 0 | 0 | 3 |
| 8 | 2 | 0 | 0 | 2 |
| 9 | 1 | 0 | 0 | 1 |
| 10 | 3 | 0 | 0 | 3 |
| 11 | 6 | 0 | 0 | 6 |
| 平均 | | | | 3.5 |

注：标准要求夹杂物平均指数≤10，表中11个试样全部取自同一个炉号。

## 3　结论

（1）对脱氧工艺进一步优化，将钢液 $w$(T.O) 降低到0.002%以下，再通过控制精炼渣和钢液组成，从而将钢中非金属夹杂物控制在狭小的塑性夹杂物成分区域内。实现了优质高碳钢非金属夹杂物的塑性化控制。

（2）盘条中非金属夹杂物绝大多数沿轧制方向发生了显著变形，演变为细长型非金属夹杂物，夹杂物的横向直径全部小于4μm，绝大多数在1~3μm。全球知名轮胎制造商对夹杂物评级结果也表明：采用新工艺生产的盘条中非金属夹杂物评级系数由工艺优化前的30以上，降至3.5以下，大大低于非金属夹杂物平均指数≤10的标准值。

（原载《炼钢》，2008（6））

# 薄板坯连铸连轧工艺与电工钢生产

吴健鹏　张永锟　张　超　王金平　谭佳梅

1989年在美国印第安纳州的纽柯拉福兹维莱厂的电炉—CSP生产线投产，这是世界上第一条薄板坯连铸连轧生产线，在1991—1992年，该厂即成功生产出 $w$(Si) 分别为1.32%和2.35%的无取向电工钢。自1992年起，AST、SMS和意大利CSM钢铁研究所三方联合在意大利特尔尼建设试验铸机进行硅钢生产试验，而于2001年8月在特尔尼开始投产的CSP生产线，在2002年硅钢产量即占该生产线总产量的12%，其中取向和无取向各占一半。德国TKS的CSP生产线2003—2004年度电工钢产量占总产量的21.6%。目前国外采用薄板坯连铸连轧工艺生产过或正在生产电工钢的厂家有AST、TKS、Hylsa、Nucor、ACB等公司，并实现了 $w$(Si) 为3.2%的无取向硅钢以及高磁感取向硅钢的批量生产。

国内北京钢铁研究总院与马钢对CSP流程生产无取向电工钢的热轧织构及冷轧退火过程中的演变，化学元素含量对析出物和织构的影响等进行了相应的研究。东北大学进行了试验室的模拟研究。“薄板坯连铸连轧生产电工钢新技术研究”被纳入国家“十五”科技攻关计划项目。目前马钢已采用CSP流程批量生产中低牌号的无取向硅钢，而唐钢、涟钢等进行了探索研究和试生产。国内于1999年投产的第一条薄板坯连铸连轧生产线（珠钢CSP）对采用电炉—CSP工艺开发电工钢的可行性进行了研究。

自第一条薄板坯连铸连轧生产线诞生，许多研究机构及生产厂即开始研究采用该流程开发高附加值产品——电工钢，且很快取得了成效，生产难度最大的HiB亦在意大利特尔尼的CSP生产线实现了生产。这一方面体现了薄板坯连铸连轧工艺流程的独特工艺特点激发了钢铁工作者的研究兴趣，另一方面也说明了该流程具备生产电工钢的能力。本文介绍该流程生产电工钢的工艺优势和潜在不足。

## 1　薄板坯连铸连轧工艺流程与无取向电工钢生产

### 1.1　工艺优势

1.1.1　铸态组织优良

相对于传统厚板坯的连铸过程，薄板坯在单位时间内通过结晶器的比表面积更大，凝固速度更快，而高温时采用快速冷却工艺，使板坯的凝固时间只有传统厚板坯（250mm）的1/15~1/10，如50mm厚的薄板坯在1.5min内凝固完毕，而200mm厚传统板坯则需要15min。快速凝固限制了柱状晶的发展，增加了中心部位等轴晶的形核位置，快速冷却加速了其形核速率，使得心部组织均匀细小。此外快速凝固和冷却也使得二次和三次枝晶更短，230mm厚板坯的平均二次枝晶间距约为300μm，而50mm厚板坯只有100μm。枝晶间距的减小改善了成分的波动，从而减少了溶质原子的偏析，薄板坯在铸坯中部的偏析程度只有厚坯的20%。综上优势将带来如下好处：（1）减少连铸坯出现内裂纹和冷轧后产生瓦楞状缺陷的情况；（2）元素偏析程度的降低有利于改善铁损和磁时效性。

此外，薄板坯连铸过程中可采用液芯压下技术，该技术有利于晶粒的细化，中心偏析和疏松的改善。

1.1.2　温度控制更加优越

薄板坯连铸连轧生产线在精轧机组前往往配置均热炉，这使得其在温度控制方面相对于传统流程更有优势，这可以带来如下好处。

（1）目标终轧温度更高

采用传统工艺流程生产无取向电工钢，板坯加热温度需保证第二相粒子不能回溶，因而温度值往往控制在1150℃左右，采用粗轧机进行板坯的减薄，过程温降不可避免，此时精轧终轧温度控制在850~950℃难度很大。而现今采用薄板坯连铸连轧工艺，均热炉出口温度为1150~1170℃，终轧温度很容易控制在950℃左右。终轧温度的提高使热轧板再结晶更充分，晶粒尺寸均匀粗大，可与常规热轧板常化后的组织相媲美。

(2) 终轧温度控制精度更高

传统厚板坯工艺采用步进梁式加热炉，板坯纵向存在温度的波动，通常±30℃。而薄板坯连铸连轧工艺，板坯在精轧机组前位于均热炉内，带坯断面及纵向温度波动可控制在±10℃。因而在精轧机组能力相同的条件下，薄板坯连铸连轧工艺的终轧温度控制精度更高。这使得带钢磁性更加均匀。

(3) 成品实物质量优异

带坯断面温度均匀，纵向温度波动小，热轧板的板形和尺寸的控制精度更高。热轧原料质量的提升，为冷轧生产创造更优异条件，使得冷轧后产品质量（同板差）得以提升，叠片系数提高，更能满足用户的使用需求；此外热轧板可提升冷轧的轧制速度，增加冷轧产量。

(4) 减薄成品规格

一般来说，钢板厚度（$t$）减薄，$P_h$（磁滞损耗）增高，而$P_e$（涡流损耗）明显下降，因而对总的铁损而言，存在一个临界厚度$t_c$。当其他条件不变时，$w$(Si) 3.15%的无取向硅钢的$t_c$=0.25~0.35mm；约0.5mm厚，$w$(Si) <1%的电工钢板每减薄0.025mm，铁损约下降0.26W/kg。而目前冷轧硅钢成品厚度多为0.5mm，可见减薄厚度有一定的空间。板坯良好的温度均匀性，为采用薄板坯连铸连轧流程生产薄规格的电工钢板原料创造了良好的条件，王小燕等总结了CSP流程减薄厚度采用的一系列手段，而德国TKS试制生产了$w$(Si) 为3.0%，厚度为1mm的无取向电工钢。

### 1.1.3 能耗低，成材率高

薄板坯连铸连轧工艺流程板坯全部直接热装，采用辊底式加热炉进行均热，有效地减少了板坯中间冷却和再加热过程的能耗，这对降低任何钢种的生产成本都是有利的，无取向硅钢也不例外。

传统工艺长时间的加热过程，导致氧化烧损严重，而薄板坯工艺单坯生产时氧化烧损小，仅0.4%。此外，优异的铸坯组织，去除冷却和再次长时间加热，从而避免了铸坯产生内裂纹、降低了轧制过程中边裂的现象，减小了切边量。德国TKS的生产实际表明，$w$(Si) <2.5%时，不需要切边；$w$(Si) >2.5%时，两侧分别切边10mm，总切边量为20mm；而传统厚板坯工艺的切变量约为50mm。

## 1.2 潜在问题

尽管薄板坯工艺有上述各种优势，但相比于传统工艺，采用该工艺生产无取向硅钢的时间并不长，仍存在一些技术问题没有解决；现将可能影响无取向硅钢质量的潜在问题，以及部分工厂在生产无取向硅钢中遇到的实际问题进行简单的总结。

### 1.2.1 铸坯浇铸质量

国内很多薄板坯厂家都遇到过由于铸坯质量造成的表面裂纹、边部缺陷等质量问题。意大利AST在生产无取向硅钢过程中出现如下问题：(1) 铸坯产生边裂；(2) 浇铸过程中，辊缝收缩过大，使铸坯受到夹持力，内部质量不理想。

### 1.2.2 带钢表面质量

除铸坯质量的影响，辊底式均热炉辊环的不当使用也会影响表面质量。相对于常规工艺，薄板坯表面的氧化铁皮更难除去，除鳞水压力高达40MPa。而对于无取向硅钢，硅含量高，氧化铁皮较其他钢种更难以除去。意大利AST公司生产无取向硅钢时，板卷表面有初生氧化铁皮和红色氧化铁皮，马钢在生产中也遇到氧化铁皮难以酸洗的问题。Hylsa甚至采用酸洗前进行平整的方式来保证酸洗效果。

### 1.2.3 过渡材和烫辊材浪费

薄板坯连铸连轧工艺流程生产组织刚性强，连续生产时，难以采用常规钢种进行过渡。考虑到最终产品厚度和冷轧压下率，作为烫辊材和过渡材的无取向硅钢往往作回炉处理，这造成了原料的浪费和成本的升高。

### 1.2.4 第二相尺寸

无取向电工钢工艺控制过程中，希望热轧板中的杂质元素尽可能以粗大的第二相形式存在，常规热连轧工艺流程以板坯低温加热来防止已析出的第二相回溶的方法实现对其的控制。薄板坯连铸连轧工艺流程中，铸坯直接进入均热炉，在炉时间由浇铸速度和炉子长度决定，出炉温度变化范围有限，因此没有足够充分的手段控制合金元素的存在形式。裴英豪等人研究结果表明，相比于常规热连轧，CSP流程生产的热轧板中第二相尺寸略小。

## 2 薄板坯连铸连轧工艺流程与取向电工钢生产

蒂森克虏伯在意大利特尔尼的薄板坯连铸连轧生产线批量生产过取向硅钢，而最近该公司已将取向硅钢转移到常规工艺流程生产线生产，在此对该流程生产取向电工钢的特点进行介绍。

### 2.1 工艺优势

采用薄板坯连铸连轧生产取向硅钢的优势与生产无取向硅钢有一些相似之处，主要有如下几点。

（1）铸坯凝固和冷却速度快，元素偏析程度低，有助于MnS和AlN的尺寸缩小及均匀分布，固溶温度降低，热轧析出的MnS和常化析出的AlN更细小，抑制力更强。

（2）铸坯直接高温热装，低温短时加热，成材率高，成本低。

（3）由于板坯厚度相对于传统厚坯减薄很多，保证抑制剂的固溶效果所需的表面加热温度更低，加热时间也相应缩短。

（4）铸坯温度更加均匀，整体性能更加均匀和尺寸精度更高；热轧板厚度更薄，采用一次冷轧法即可生产0.23mm甚至更薄规格的产品。

### 2.2 技术特点

取向硅钢的连铸连轧工艺的最主要特点是铸坯直接热装，为保证铸坯温度的均匀和抑制剂的固溶状态，需要连铸机能够生产高温的无缺陷铸坯，保证装炉温度在1150~1200℃（即使铸坯在开轧以前始终保持在抑制剂析出温度以上，保持S化物和C、N化合物的固溶状态），而实际的入炉温度为850~1050℃，难以达到要求，即作为抑制剂的元素必然会部分析出。辊底式均热炉的板坯加热温度受限，不能使析出物完全回溶（MnS为1320℃，AlN为1280℃），这将导致抑制剂的能力不足，退火过程中二次再结晶不完整，最终产品的磁性能得不到保证。因而薄板坯连铸连轧工艺流程生产取向硅钢必须考虑采用后添加抑制剂的方法，来满足织构控制的需要。Klaus Gvnther等提到薄板坯工艺采用板坯低温加热工艺，固有抑制剂和后添加抑制剂相结合的方法生产取向硅钢。意大利特尔尼曾采用CSP工艺，以AlN和$Cu_2S$作为抑制剂，脱碳退火后进行渗氮的方法生产取向硅钢。

毛为民，杨平在关于经济型取向电工钢的定位与发展的论述中提到，采用薄板坯连铸连轧工艺生产部分性能介于高牌号无取向硅钢和一般取向硅钢之间取向硅钢产品，满足中小型变压器类电器产品的需求。这为薄板坯连铸连轧工艺生产取向硅钢提供了一个可以尝试的新思路。

## 3 结语

相比于常规流程，薄板坯工艺流程生产电工钢有成材率高，能耗低，铸坯组织优良等优势；采用薄板坯流程生产电工钢是薄板坯工艺流程品种开发的一个重要方向。但利用该流程生产电工钢还需要对该流程工艺特点的全面理解和认识，并且将涉及炼钢、热轧以及冷轧全面的工艺革新，具有一定的难度。尤其是取向硅钢的生产，对抑制剂的控制相比于常规流程存在很大的差异，需要克服的难点很多，这需要钢铁行业的整体努力，加强薄板坯流程生产取向电工钢的研究，缩小与发达国家在薄板坯生产技术上的差距。

（原载《武钢技术》，2009（3））

# 转炉自动炼钢技术应用与发展

邹继新 任朝廷 赵 元 张志君 南晓东 孙 铁

## 1 前言

武钢在自动炼钢技术发展过程中，先后研发出了多项具有自主知识产权的自动炼钢的配套技术，包括预出铁模型、静态模型系数快速调整技术、动态模型快速调整技术、自动拉碳技术、快速出铁技术等一系列计算机自动炼钢技术，通过多年的不断改进、完善、创新，最终实现了一键式炼钢，即在整个吹炼过程中操作工均不进行人为干预，在开吹下枪指令发出后，吹炼过程枪位、供氧、熔剂加入、冷却剂加料、副枪测量、拉碳提枪均由计算机模型自动控制，并最终使碳、温、磷达到出钢目标。自动炼钢技术的推广首先在首钢迁钢应用成功，随后在武钢四炼钢厂推广应用，获得良好经济效益。研发成功后在国内其他钢厂大规模推广应用，全面提升了中国转炉自动炼钢控制水平，获得了显著的经济效益和社会效益。

## 2 武钢转炉自动炼钢技术

### 2.1 计算机炼钢模型发展过程

武钢三炼钢厂投产时装备有2台250t转炉，配套引进了一套转炉计算机炼钢模型。从1996年8月投产以来，一直致力于计算机炼钢模型的开发和应用。在掌握了引进的2座转炉共用的一套计算机炼钢控制系统之后，2002年成功地将其改造为2套计算机炼钢模型，实现了2座转炉计算机炼钢模型独立控制，2005年又为扩建的第三座转炉自主研发和装备了自动炼钢控制系统。

在技术研发过程中，武钢根据设备系统状况、实际工艺操作过程及原辅材料的供给条件，先后开发了预出铁模式、静态模型系数快速调整技术、动态模型快速调整技术、自动拉碳技术、快速出钢技术、模型自学习优化技术等一系列计算机自动炼钢技术。随后，通过推广应用、不断总结改进和系统功能调整优化，使得近2年来转炉平均终点C-T双命中率稳定控制在95%以上，补吹率控制在3%以下。

### 2.2 自动炼钢技术改进

#### 2.2.1 预出铁模型的改进

转炉冶炼静态过程结束时钢水碳和温度能否准确进入控制范围，从而达到冶炼终点碳和温度命中目标，很大程度上决定于冶炼前主原料（铁水、废钢）的计算和准备得是否合适。为达到准确计算铁水和废钢量的目的，并满足全连铸生产节奏的要求，我厂开发了预出铁模型。具体操作步骤是：提前2炉用脱硫站铁水温度和成分数据进行第一次主原料计算，铁水进厂后立即预出占入炉总铁量约90%的铁水，实测得到铁水温度后，进行第二次主原料计算，确定最终铁水比，然后补齐所需铁水，并准备好废钢。模型如图1所示。

但随着产量的提高，3号炉的投产，生产模式由“二吹二”变成了“三吹三”模式，同时新投产了铁水罐脱硫站，有大部分的铁水不经过厂外的鱼雷罐脱硫站，必须先出铁，然后在厂内的铁水罐脱硫站进行脱硫。因此铁水不可能在前四炉进行准备。为此，我们改进了二次出铁模型。我厂废钢装入的最大废钢量为53t，根据总装入量不变的原则，则铁水的最小装入量为250t，因此我们将铁水分成两种。一部分铁水是只在鱼雷罐脱硫站进行处理，不在铁水罐脱硫站进行处理的铁水，根据脱硫后温和

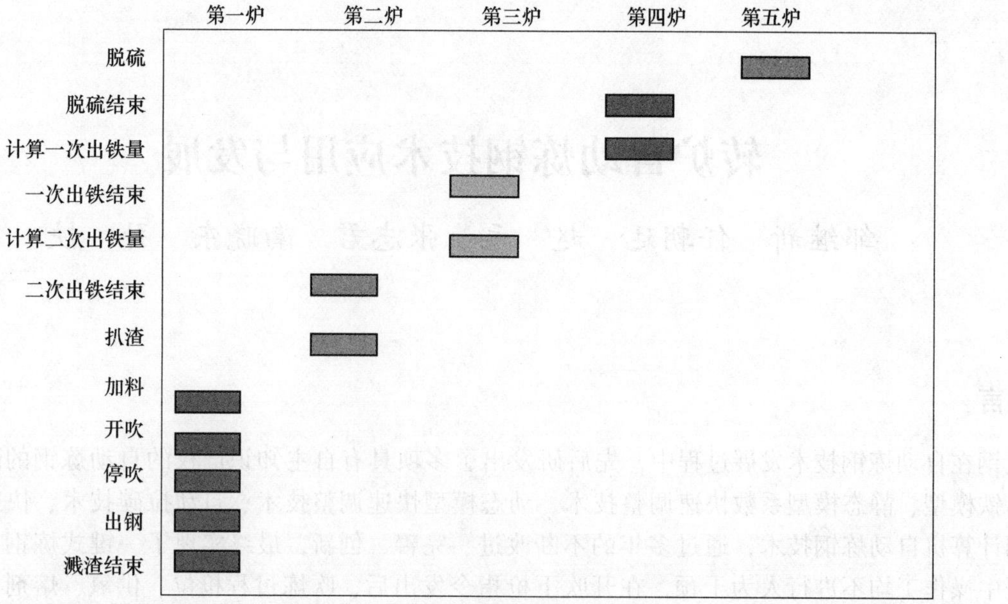


图1 原计算机炼钢预出铁模型

前样成分，在进行系数修正后进行出铁计算，出完后直接入炉。另外一部分铁水是需在铁水罐脱硫进行脱硫的铁水，这部分铁水必须在鱼雷罐脱硫进行取样，得到铁水成分，在到达倒罐后直接出250t铁水之后测温，根据测量的温度和铁水成分（混合计算后的成分）进行计算，之后根据计算结果将铁水补齐。之后在铁水罐脱硫站进行处理，处理后测温并取样并作为入炉成分和温度进行静态计算。

采用新的预出铁模型后，铁水只需要提前三炉就能预备好，如图2所示。

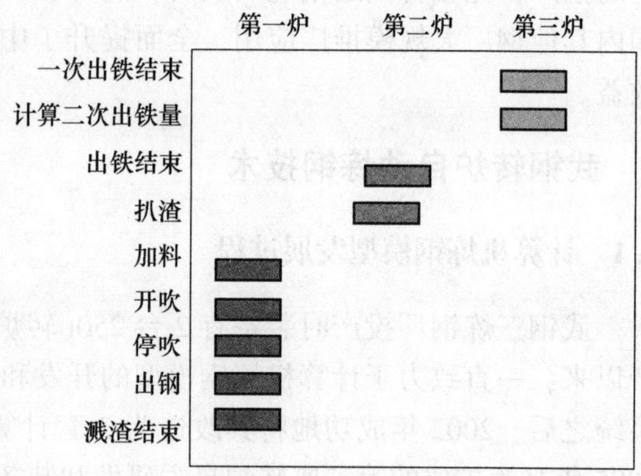


图2 改进后的预出铁模型

预出铁模型改进后，能较好地满足“三吹三”铁水组织的需要，同时对静态模型影响较小，静态命中率达到保持在82%的水平。

2.2.2 静态模型的调整和优化

2.2.2.1 重新对废钢进行分类，并根据对铁水比系数进行调整

吹炼时加入轻重类废钢的比例不同，不仅影响冶炼前期温度变化，而且影响脱碳期熔池内脱碳反应的反应程度，从而影响吹炼期的热反应效率。经对所用废钢结构进行研究发现，在废钢加入量相同的情况下，随所加废钢中重废比例增大，脱碳期熔池反应生成热相应减少。基于这种研究，在进行铁水比计算时，我厂根据不同废钢结构，确定了5类废钢模式，分别为全低硫（方式1）、含少量普废（方式2）、普废和低硫各半（方式3）、全普废（方式4）、全自产废钢（方式5），并各自设定了对应调的铁水比计算系数，保证铁水比计算准确。图3为废钢结构与标准铁水比的关系图。随着废钢资源形势的紧张，公司决定大量使用自产废钢和还原铁、热压铁等废钢。自产废钢中包含部分废硅钢，这部分废钢硅含量较高，对热平衡计算有较大影响，同时因前期熔化快导致前期硅高产生喷溅。热压铁和还原铁在前期熔化快，前期温低，产生低温喷溅，对热平衡也有较大影响。对此，我们重新定义了废钢方式，形成了5种新的废钢模式，分别对应含大量低硫切头（模式1）、切头和轻废各半（方式2）、轻废（方式3）、含硅废（方式4）、含热压铁和还原铁（方式5），并重新设定了铁水比系数，如图4所示。

2.2.2.2 供氧量计算的修正

如前所述，不同的废钢结构影响熔池脱碳反应程度，由此带来对冶炼氧气消耗量的影响。如图5所示，经过研究发现，随着重废使用比例的增加，氧气消耗量相应减少。当废钢中含硅废时，因废钢中含

硅，硅的增加导致供氧量会大幅增加；当废钢中含有热压铁和还原铁时，因前期温低，碳温反应受到抑制，导致耗氧量增加，同时因温低导致前期渣化不好，影响了氧的传质，导致氧的利用率降低，也会导致耗氧量增加。因此，依照使用不同类型的废钢结构，调整计算供氧量的系数，达到供氧量的准确计算。

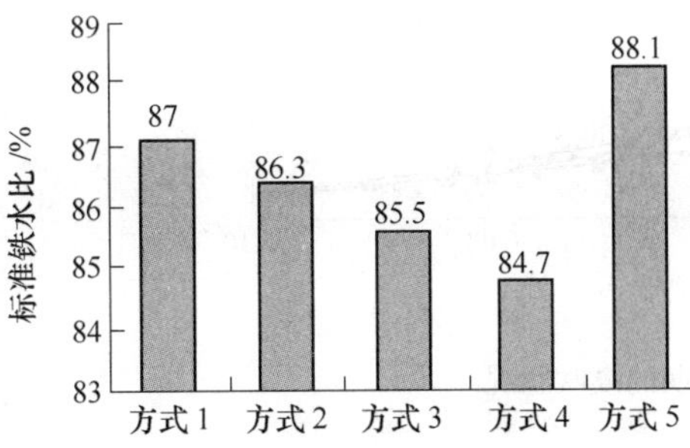


图 3　原废钢模式与标态铁水比

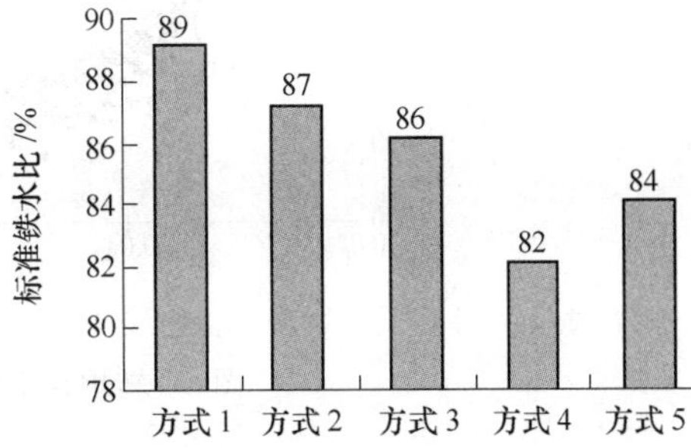


图 4　改进后废钢方式与标态铁水比

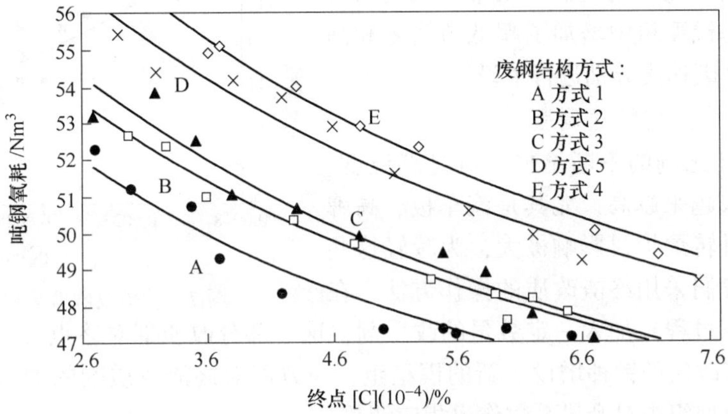


图 5　不同废钢结构对供氧量的影响

2.2.3　静态自学习模型的调整

静态模型计算的基础就是参考炉次，在静态自学习模型中根据设定条件能自动进行参考炉次的选取。原自学习模型中对参考炉次选取的条件有吹氧不中断、终点命中等条件，为保证自学习的频率，这些条件比较宽松，导致部分并非最佳操作的炉次被选入到参考炉次中，从而影响到了静态计算的准确性。我们对自学习模型的条件进行了修改，增加了全过程矿石加入量的限制、动态矿石加入量的限制、熔剂加入量与标准量差的限制、动态供氧量与计算量差的限制等条件，使静态自学习模型能选取到最佳的操作炉次作为参考炉次，使静态计算更加准确，提高了静态命中率。同时，我们正在进行增加参考炉次的手动选取功能的改进攻关，当有计算和操作均非常标准的炉次产生但又未被选取时，能由工程师进行人为选取为参考炉次。通过工程师的手动选取来加快自学习的频率，使静态能更快地适应操作条件的变化。这项工作仍在进行中。

2.2.4　动态模型系数的快速调整

2.2.4.1　对脱碳系数的快速调整

转炉采用溅渣护炉后，在不同的炉龄时期其复吹效果是不一样的，如图 6 所示。通过对吹炼末期脱碳行为的研究，发现吹炼末期的脱碳行为与转炉复吹状况有很密切的关系，如图 7 所示。当转炉复吹效果较好时（[C%][O%]≤0.0025），末期脱碳速度较快，脱碳系数较大；当转炉复吹效果较差时（[C%][O%]≥0.0030），末期脱碳速度较慢，脱碳系数较小。因此，我厂开发了根据不同转炉复吹状况，对动态模型的脱碳系数快速调整的技术，从而改善动态模型碳的预测精度，提高终点命中率。

在实际生产中，我们发现除了复吹效果是影响脱碳系数的主要因素外，还有其他一些因素也会对降碳速度造成较大影响，如冶炼超低磷钢（指成品磷小于0.010%）炉次和高磷钢（指成品磷高于0.060%）炉次。在冶炼超低磷钢时，为保证去磷的需要，会采用高枪位操作，同时在计算热平衡时操作工会在计算机计算的偏差范围内采用较小的废钢比以得到较大的矿石加入量，这样过程渣必然泡沫化严重，从而

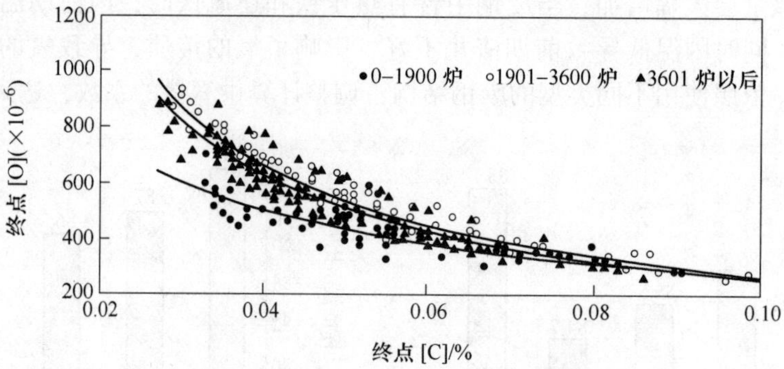


图 6　转炉在不同炉龄时期的复吹状况

导致降碳速度下降。与之相反，在冶炼高磷钢时，操作工为能得到更高的金属收得率，会采用较低的枪位以减少渣中 FeO，这些炉次的降碳速度会比正常炉次高。对此，我们在原有的动态模型组中增加了超低磷钢组和高磷钢组，并根据实际降碳速度分别进行了设定。

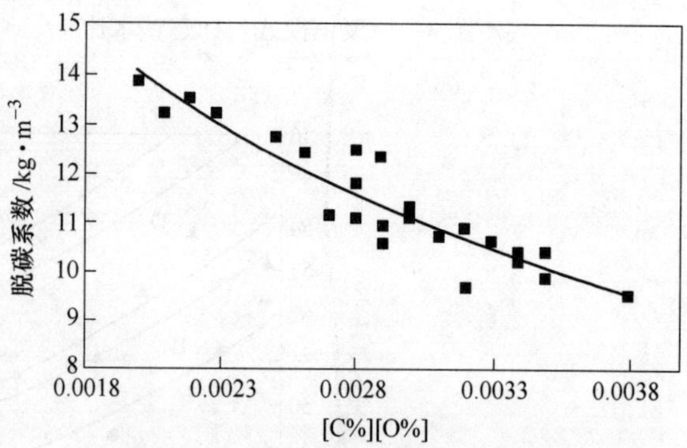


图 7　转炉复吹效果对脱碳系数的影响

2.2.4.2　对升温系数的快速调整

随着我厂双高品种比例的不断增加，对终点温度、终点磷、终点碳的要求越来越高，尤其是汽车板、高牌号管线钢、部分硅钢对转炉炉衬影响极大，为减轻这些钢种对炉况的侵蚀，我们采用终渣改质的操作方法，在冶炼中后期（包括动态过程）加入一定数量的改质剂，这一部分改质剂对终点升温造成了较大影响，为此，我们对需进行终渣改质的钢种增设了新的模型组，一方面对终渣改质剂的加入时机和加入量进行规范，同时在终渣改质模型组中对升温系数作出相应调整。

2.2.5　应用效果

自应用自动炼钢技术以来，尽管工艺条件、钢种标准发生变化，通过不断对计算机炼钢模型进行修正完善，能较好地适应并满足工艺需要，取得了较好的效果。转炉终点 C–T 双命中率显著提高（图 8），按以下 C–T 精度范围统计：

当 [C]≤0.05%时，[C]±0.01%，T±12℃；

当 [C]>0.05%时，[C]±0.02%，T±12℃。

到 2009 年全年平均达到了 96.3%。补吹率显著降低，2009 年平均补吹率仅为 2.2%。

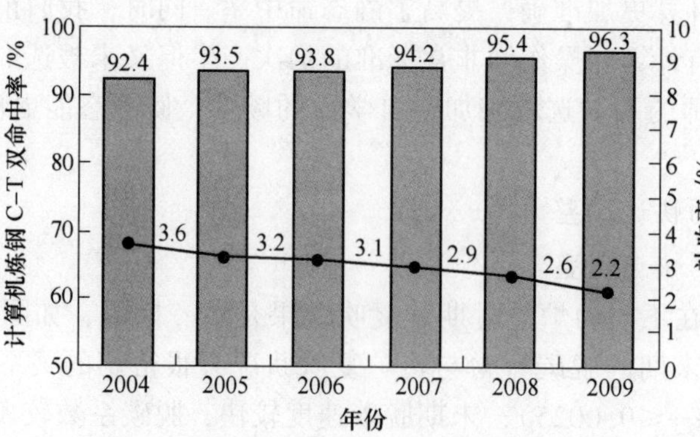


图 8　武钢三炼钢厂 C–T 双命中率和再吹率

## 2.3　“一键炼钢”的实现

“一键炼钢”，也称作全自动炼钢，即在整个冶炼过程中操作工均不进行人为干预，在开吹下枪指令发出后，吹炼过程枪位、供氧、熔剂加入、冷却剂加料、副枪测量、拉碳提枪均由计算机模型自动控制，

C-T 能够命中终点目标范围。武钢三炼钢厂在 2008 年开始，通过升级改造和调整控制系统硬件和软件，以及对计算模型优化、操作模式调整，实现了全自动“一键式”炼钢。

实现“一键炼钢”从基础设备自动化控制和操作管理两个方面入手。主要完成了以下工作：

(1) 修改通讯软件，增加吹炼模式程序传送稳定性

(2) 根据通讯系统的响应速度修正自动提枪指令，提高吹炼氧量精度

(3) 优化动态矿石发送程序

(4) 优化动态模型程序，提高终点 C-T 双命中率

(5) 优化转炉过程控制计算机一级机应用程序，重点在控制模式的传递

(6) 在异种通讯设备之间，提高网络数据传输效率

(7) 提高设备安全性，增加副枪计算机控制方式安全连锁

总之将涉及到自动炼钢操作的工艺设备通过通讯网络连接起来，实现整体联动。在操作管理方面，把影响“一键炼钢”的关键条件清理出来。从操作方法的统一、操作条件的变化控制、应急操作的引导、工程师对模型的及时维护、对操作工违规行为的检查等多方面的综合措施，最终使操作适应一键炼钢的需要，全自动计算机炼钢率达到 80%以上的水平。

### 2.4 武钢四炼钢厂的自动炼钢技术特点及应用效果

#### 2.4.1 武钢四炼钢厂简介

武钢四炼钢厂于 2007 年 11 月 28 日投产竣工，主体装备为 2 座 200t 转炉及配套的铁水预处理、LF 和 RH 等精炼设施、两台双流板坯连铸机。2009 年实际钢产量 312.7 万吨，主要产品为硅钢。

武钢四炼钢厂 200t 转炉采用武钢自主开发的副枪及自动炼钢模型，于 2008 年 5 月，2 座转炉开始投入运行，通过对影响自动炼钢的加料系统、副枪等设备改进，对转炉供氧模式、废钢模式、吹炼模式及模型进行优化，2009 年 9 月 2 座转炉先后实现了全自动炼钢，转炉工序作业逐步稳定，产能也逐渐提高。

#### 2.4.2 自动炼钢技术特点

武钢四炼钢厂应用自动炼钢技术，其特点表现在以下几个方面。

1) 全自动炼钢的实现速度快

通过 2008 年投入自动炼钢后重点对设备进行优化改造工作，稳定设备运行，为自动炼钢运行奠定基础，2009 年重点清理制约自动炼钢的相关条件，稳定原材料使用、完善模型功能、优化模型参数，2009 年 9 月后实现了全自动炼钢。

2) 自动炼钢设备运行稳定

自动控制系统前期投入运行时，故障率较高，如副枪测量系统因副枪孔积渣造成 TSC 测量失败，动态校正模型不能启动，造成系统运行率低。通过调整吹炼模式，控制钢渣防止喷溅，使得系统运行稳定。

3) 炼钢原材料精料管理

由于冶炼高端硅钢的需要，武钢四炼钢厂所使用的主辅原料均选用资源等级较高的，这些条件为自动炼钢技术提供了可靠的保证。

4) 对比法培训操作技能

炼钢厂的操作工大部分来自 80t 转炉炼钢厂，操作工没有掌握自动炼钢技术，传统经验炼钢根深蒂固，通过对比两种模式操作，使得操作工从实践中认识到差异，加快了操作技能的培训速度。

5) 应用效果显著

2009 年 9 月以来终点 C-T 双命中率稳定在 90%以上；炼钢补吹率稳定在 6%以下；出钢磷控稳定，成分控制精度提高。

## 3 转炉自动炼钢技术的推广应用

### 3.1 首钢迁安钢一炼钢厂推广应用

#### 3.1.1 迁钢应用概述

首钢迁钢炼钢作业部一炼钢厂 2004 年 10 月 12 日投产，主体装备为 3 座 210t 转炉及配套的铁水预处

理、LF 和 RH 等精炼设施、两台双流板坯连铸机和 2 台方坯连铸机。2009 年实际钢产量 485.36 万吨，其中板坯 357.23 万吨。

自 2004 年开始，武钢与首钢共同开发迁钢副枪自动炼钢技术。自 2006 年 8 月 8 日，3 座转炉相继投入使用。副枪自动炼钢系统投入后，通过对设备、模型不断改进，系统投运率达 100%。于 2007 年 3 月，3 座转炉全部实现全自动炼钢。目前已连续 3 年转炉终点 C-T 双命中率（图 9）稳定在 90%以上，炼钢补吹率稳定在 3%以下。

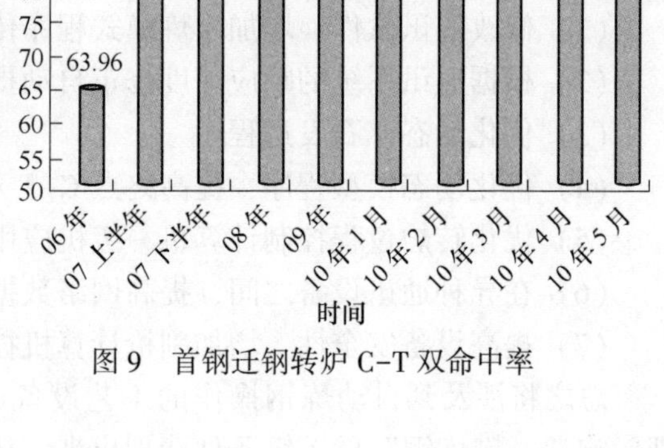


图 9　首钢迁钢转炉 C-T 双命中率

3.1.2　自动炼钢技术创新及应用效果

通过合作研制和应用，成功开发出了完全国产化转炉炼钢副枪自动化成套技术，重点在以下几方面。

1）精确计量技术，为炼钢模型创造好外部环境

2）原料质量稳定技术，避免主要成分波动干扰

3）静态炼钢数学模型优化，促进终点 C-T 双命中率提高

4）动态炼钢数学模型优化

5）国产副枪技术研发成功，提高设备使用维护水平

6）自动控制系统和装备不断改进，实现与自动炼钢技术整合

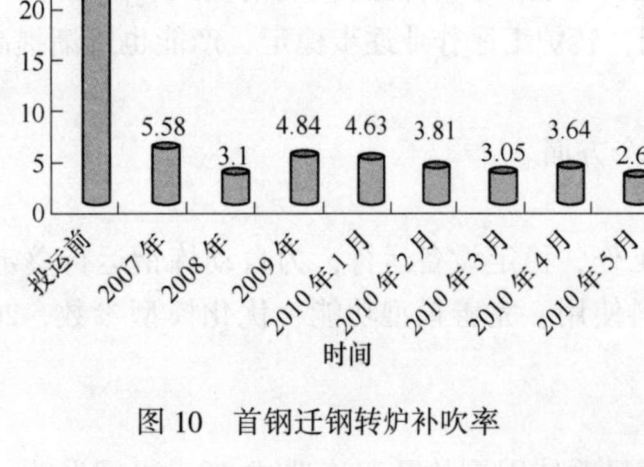


图 10　首钢迁钢转炉补吹率

7）系统管理技术提高，炼钢全工序整体组织水平提高

以上技术的应用，实现了转炉炼钢全过程计算机自动控制，使得炼钢工序的稳定，提升了企业装备水平，并获得了较好的使用效果。

1）转炉终点 C-T 双命中率显著提高，补吹率显著降低（图 10）

通过建立合适的吹炼模式，转炉终点 C-T 双命中率稳定在 90%以上。转炉 C-T 双命中率标准见表 1。炼钢补吹率有较大的减少，由投运前的平均 28.37%，减少到目前的 2.62%。

**表 1　首钢迁安钢厂 C-T 双命中率标准**

| 终点目标碳 | | | | | 终点目标温度 |
|---|---|---|---|---|---|
| <0.05% | 0.05%≤C%<0.06% | 0.06%≤C%<0.12% | 0.13% | 0.17% | |
| ±0.01% | ±0.015% | ±0.02% | ±0.03% | ±0.05% | ±12℃ |

2）冶炼终点脱磷效果好

通过不断优化模型参数，使炼钢过程化渣良好，终点控制脱磷效果稳定（图 11）。采用自动炼钢技术后，在终点碳≤0.06%，磷平均下降 0.005%；终点碳 0.06%～0.10%，磷平均下降 0.008%；终点碳>0.10%，磷平均下降 0.009%。在终点碳≤0.06%，终点磷控制水平平均达到 0.007%。自动炼钢前后终点磷控制水平对比见图 11。

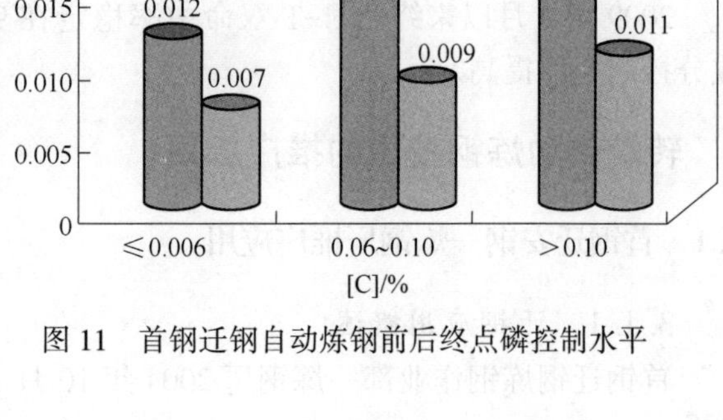


图 11　首钢迁钢自动炼钢前后终点磷控制水平

3）扩大自动炼钢模型适应范围，满足中高碳钢冶炼需要

为了适应迁钢多品种需要，针对中高碳钢终点碳

要求较高的特点，开发相应吹炼模式，优化模型参数，获得较低的氧、磷、氮含量，终点控制稳定，满足中高碳钢冶炼需要。

4）实现直接出钢，缩短转炉冶炼周期

副枪自动炼钢技术投入后，2007 年 11 月开始对可直接出钢钢种吹炼终点不用 TSO 测量直接出钢，目前直接出钢率达到 75%的水平。转炉减少补吹操作，节省倒炉测温取样等辅助时间，冶炼周期缩短 7min。

5）副枪系统便于维护

结合迁钢实际厂房结构特点，副枪枪体可降到炉后平台便于对副枪插接件进行校验，检查副枪枪头粘渣情况，更换把持器等操作。

6）副枪系统投运率高

迁钢炼钢自动化成套技术，自主开发的副枪数据分析系统，TSO 测成率达到 98.27%，TSO 测成率达到 99.05%；开发了炼钢控制工艺模型，改进模型自学习方式，提高了模型自学习效果；开发的副枪电气自动控制系统，使系统稳定控制，副枪系统投运率达 100%。

7）管理水平提升

随着副枪自动化炼钢成套技术的开发和成功应用，实现了标准化操作，保证了生产稳定顺行，全面提升了首钢迁钢整体管理水平。

### 3.2 在中国其他钢厂推广应用

2008 年以来，在中国大量推广使用计算机自动炼钢技术，先后推广副枪自动炼钢技术 22 套，无副枪自动炼钢技术 3 套（表 2）。

表 2 中国转炉自动炼钢技术应用表

| 序号 | 应用钢厂 | 公称容量 | 数量 | 合同日期 | 投运日期 | 备注 |
|---|---|---|---|---|---|---|
| 1 | 首钢迁钢炼钢厂 | 210t | 3 | 2004-08 | 2006-08 | 首套研制 |
| 2 | 武钢四炼钢厂 | 180t | 2 | 2007-01 | 2007-12 | |
| 3 | 柳钢转炉厂 | 120t | 3 | 2007-08 | 2008-09 | |
| 4 | 宁波钢厂 | 180t | 1 | 2008-02 | 2008-12 | |
| 5 | 涟源钢厂 | 210t | 2 | 2008-03 | 2009-08 | |
| 6 | 武钢 CSP 厂 | 150t | 2 | 2008-04 | 2008-11 | |
| 7 | 重钢炼钢厂 | 180t | 3 | 2008-04 | 2009-12 | |
| 8 | 湘潭钢厂 | 120t | 2 | 2008-06 | 2009-10 | |
| 9 | 宣化钢厂 | 150t | 2 | 2008-01 | | 计划 2010-8 投运 |
| 10 | 武钢二炼钢厂 | 80t | 3 | 2009-05 | 2010-06 | 倒炉人工测量 |
| 合计 | | | 23 | | | |

特别需要说明，武钢二炼钢厂是 80 吨的小转炉，因炉口直径和副枪探头成本限制不能采用副枪测量。但借助大中型转炉上成熟的自动炼钢经验，通过改造基础自动化系统，增加计算机控制模型，为该厂建立了自动炼钢控制系统。并将炼钢模型与末期倒炉人工测量 C-T 相结合，模拟副枪完成自动炼钢过程。2010 年开始实施自动炼钢技术后，钢铁料消耗吨钢降低 9kg，终点 C-T 双命中率提高到 75%以上。该项目为小型转炉推广应用自动炼钢技术积累了实践经验，摸索出了一套与小型转炉相适应的自动炼钢实施方案。

## 4 结语

武钢三炼钢开发并首先在首钢迁钢成功应用自动炼钢模型，获得了一系列成熟推广应用经验，并在应用过程中丰富内涵，不断改进和完善。

（1）实现全自动炼钢技术的良好应用，首先在管理阶层必须牢固树立起推行计算机控制炼钢技术的坚定信念，力排各种干扰和困难，同时亲自对推行过程中的各方面工作进行协调；

(2) 通过加强管理使操作工的炼钢操作实现规范化和标准化，最大限度减少操作的随意性；

(3) 提高设备运行质量，将设备故障控制在最低限度，同时保持设备的完整功能和精度，尤其是基础自动化和副枪设备；

(4) 对炼钢原、辅材料的管理，如铁水、废钢、熔剂、合金等等是实现自动化模型准确的重要保障；

(5) 自动炼钢技术还需要继续发展，如采用辅助测量手段全程跟踪动态炼钢过程控制、监控动态过程的成分和温度变化、综合直接出钢技术等是我们今后的研究方向。

（原载《第三届中德（欧）冶金技术研讨会论文集》，2011）

# 复吹转炉深脱磷技术在国内的应用与进展

朱英雄　钟良才　萧忠敏

脱磷、脱硫是炼钢工艺的重要任务。采用铁水预处理脱硫或者钢水炉外精炼脱硫技术后，脱硫不再成为难题，能够满足任何钢种对硫含量的要求。

尽管采用铁水预处理或者复吹转炉传统工艺进行脱磷，但都未能达到最优化操作工艺和低能耗、稳定的深脱磷目标。21世纪以来，我国开展了复吹转炉深脱磷工艺路线研究与应用，在不同吨位、不同钢种、新建厂与老厂等复吹转炉上，采用单渣法、双渣法、双渣留渣法、单炉新双渣法、两炉双联法等全面深入开展深脱磷工艺技术的研究与应用，取得了很大的进展。本文总结和分析了近几年来国内相关钢厂根据各自的生产条件，采用单渣法、单炉新双渣法、两炉双联法深脱磷工艺技术和应用简况，供有关钢厂采用复吹转炉冶炼低磷和超低磷钢时参考、借鉴。

## 1　深脱磷的基础理论分析

众所周知，复吹转炉传统脱磷工艺主要依靠高碱度、高氧化性、大渣量的炉渣进行脱磷。但是要想深脱磷，首先必须按照铁水中硅、锰、磷、碳等元素的先后氧化顺序，创造条件使铁水中的磷能够被大量氧化进入炉渣，才能达到深脱磷目标。

在冶炼过程中，复吹转炉熔池中磷与硅、锰以及碳等同时发生氧化反应，但是硅、锰、碳等氧化反应对磷的氧化反应均有不同程度的限制作用。冶炼前期低温阶段，铁水中硅、锰氧化的自由能绝对值$\Delta G^{\ominus}$分别高于磷的70%和30%左右；铁水中硅、锰的质量分数，一般分别高于磷的4和3倍左右。无论是对氧亲和能力，还是含量，硅、锰两元素都比磷大很多，因此，在冶炼前期低温的环境里，铁水中磷的氧化受到硅、锰氧化的限制。只有铁水中硅被氧化到$w(\mathrm{Si})\leqslant 0.1\%$时，即转炉吹氧约4min后，磷才有机会开始被大量氧化。但是，由于硅、锰等氧化放热使熔池温度很快升高，当升高到超过磷、碳氧化的转化温度以后，脱磷反应又被碳的氧化反应限制。其原因是随着温度升高，铁液中碳的氧化自由能$\Delta G^{\ominus}$绝对值比磷逐渐增大；特别是当硅、锰氧化结束时，熔池$w(\mathrm{C})\approx 3.0\%\sim 3.5\%$，高于$w(\mathrm{P})$的29~34倍之多，无论对氧的亲和能力，还是含量多少，碳元素都比磷大很多。因此，在冶炼中、后期钢中磷的氧化反应完全被碳的氧化反应所抑制，甚至还有被还原的可能。

由上述理论分析可知，在复吹转炉吹炼前期的低温阶段有利于脱磷氧化反应的热力学条件下，脱磷反应受到硅、锰氧化反应的影响，磷的氧化量仅占30%~40%。在熔池温度升高的中、后期阶段不利脱磷氧化的热力学条件下，又受到碳的氧化反应的影响，磷的氧化几乎停止。由此可见，在复吹转炉传统的脱磷冶炼工艺过程中，很难把铁水中磷含量脱到极低的水平。只有按照元素氧化先后的规律，抓住冶炼前期硅、锰元素氧化完毕与中期碳元素氧化开始前之间的契机，优化脱磷各项工艺参数，使铁水中磷大量的被氧化进入炉渣中，为深脱磷创造条件；在同一个冶金容器—复吹转炉熔池里，在温度这一热力学条件上，脱磷与脱碳是相互矛盾的。如果创造条件将二者氧化反应按照先后顺序进行，或者分别在不同的冶金容器进行处理，即分而炼之，排除或减少干扰脱磷氧化反应的因素，就能够达到深脱磷的目的。

## 2　目前国内深脱磷工艺路线研究与应用

在20世纪末期，曾经采用铁水罐和鱼雷罐等设备进行脱硅、脱磷的铁水预处理工艺以及复吹转炉采用传统的双渣法或双渣留渣法等冶炼工艺进行脱磷操作，在实际应用中均取得了一定的效果。但是由于铁水预处理设备容量小、冶金反应动力学条件差、生产效率低、消耗高、环境污染以及脱磷效果还未达到深脱磷目标，无法满足低成本、大批量的生产低磷含量的洁净钢种的要求，逐渐被新的深脱磷工艺取代。

21 世纪以来，国内冶金工作者经过学习、研究、开发初步形成复吹转炉深脱磷工艺。目前，国内钢厂复吹转炉采用深脱磷工艺有：冶炼低碳钢的单渣法、单炉新双渣法、两炉双联法。

## 2.1 冶炼低碳钢的单渣法深脱磷工艺

采用单渣法深脱磷工艺主要是冶炼低碳钢为主，以鞍钢 180t 复吹转炉为代表的脱磷工艺，要求冶炼终点钢水 $w(P)\leqslant 0.008\%$。其单渣法深脱磷工艺参数如表 1 所示。

**表 1　鞍钢 180t 复吹转炉单渣法深脱磷工艺参数**

| 前期冶炼时间/min | 前期供氧强度/$m^3\cdot(t\cdot min)^{-1}$ | 造渣剂加入量/$kg\cdot t^{-1}$ | 终渣碱度 | 终渣 $w(TFe)/\%$ | 终点钢水 $w(P)/\%$ |
|---|---|---|---|---|---|
| 8 | 2.4 | 86.7 | >3.0 | >25 | ≤0.008 |

注：铁水 $w(P)=0.05\%$，正常供氧强度 $3.0m^3/(t\cdot min)$。

从表 1 可知，该厂 180t 复吹转炉采用单渣法深脱磷工艺的特点是：1）延长冶炼前期脱磷时间；2）降低冶炼前期供氧强度；3）大渣量、高碱度、高氧化性操作。复吹转炉单渣法深脱磷前期冶炼采用延长时间和降低供氧强度的操作，在国内外尚属首次。该工艺充分利用冶炼前期低温有利脱磷的热力学条件，优化工艺参数，进行深脱磷操作，并结合造高碱度、高氧化性以及大渣量的炉渣，保证前期脱磷产物 $P_2O_5$ 全部被渣中 CaO 固化成 $3CaO\cdot P_2O_5$ 或 $4CaO\cdot P_2O_5$ 高熔点化合物稳定在渣中，达到深脱磷的目的。该厂 180t 复吹转炉单渣法深脱磷终点钢水达到 $w(P)\leqslant 0.008\%$ 水平。但是该工艺造渣剂等消耗偏高。国内武钢、鞍钢、攀成钢等钢厂的复吹转炉，均采用单渣法不同程度优化深脱磷工艺参数，都取得了较好的脱磷效果。

## 2.2 单炉新双渣法冶炼前期深脱磷工艺

### 2.2.1 单炉新双渣法、两炉双联法工艺选择

采用单炉新双渣法，还是采用两炉双联法深脱磷工艺，主要由下述因素决定：1）产品即钢种磷含量要求；2）低磷或超低磷钢种产量规模大小；3）产品种类以及规模效益；4）相关配套铁水脱硫、炉外精炼设备以及连铸等生产系统设备是否能够配合低磷含量的洁净钢种冶炼；5）依据新建厂和老厂的现场设备、物流等条件是否畅通。

根据上述条件，新建厂若采用两炉双联法工艺，有两种方案：一种是建专用脱磷炉和专用脱碳炉分别布置在不同的跨间；另一种方案是加料跨具有一定宽度条件下，转炉预脱磷完后出半钢，经钢包车运至加料跨，从炉前平台开口吊起半钢罐兑入其他转炉内进行半钢脱碳少渣冶炼。老厂往往因加料跨宽度不够，无法从平台开口提升半钢罐，因此可采用单炉新双渣法。

国内一些老厂，80~300t 的复吹转炉相继开发应用单炉新双渣法冶炼低磷或超低磷钢。所谓单炉新双渣法是在传统双渣法基础上，调整优化前期脱磷冶炼工艺参数，在一座转炉内完成深脱磷任务和半钢冶炼任务。其冶炼工艺流程见图 1。

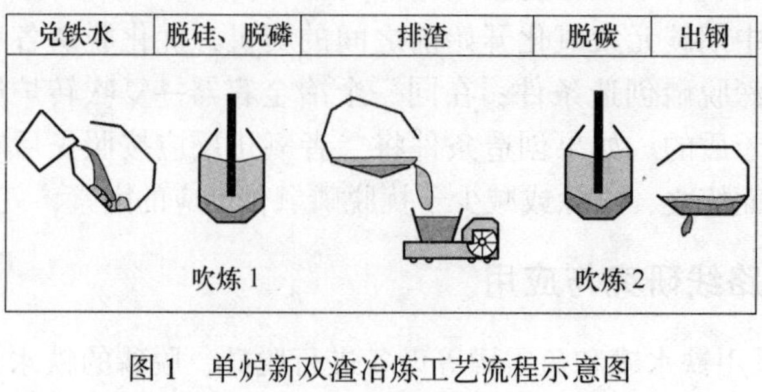


图 1　单炉新双渣冶炼工艺流程示意图

老厂选择单炉新双渣工艺的优点：不需要增加大设备、投资少；既可以生产低磷钢种，又可以迅速恢复常规的单渣法生产一般磷含量的钢种；生产调控方便，适合市场变化需要。

### 2.2.2 单炉新双渣法冶炼前期深脱磷工艺参数确定

1）适当延长前期脱磷时间。在冶炼前期低温条件下，铁水的磷比硅、锰对氧的亲和力小，含量又少，因此磷的氧化速度慢。从文献可知，吹炼开始至5min时，铁水 $w$(Si) 由0.54%降至约0.05%左右，此时脱磷率为44%；至9min时，脱磷率高达59%。传统的双渣法冶炼，一般在5min左右倒渣，如果按上述结果，传统的双渣法冶炼前期脱磷率也仅仅只有44%的水平。由此可见，适当延长吹炼前期的时间，并且在合理优化的供氧强度和温度等条件下，铁水中磷就能得到充分的氧化而被去除，脱磷率就可以大幅度提高。目前国内外实践证明吹炼前期脱磷时间一般控制在8~12min。具体时间要根据铁水中硅、锰、磷含量高低或者冶炼钢种要求深脱磷程度而决定。适当延长前期脱磷时间，还有利于石灰熔化，也有利于脱磷反应进行。

2）适当降低冶炼前期脱磷的供氧强度。目前国内采用单炉新双渣法工艺的钢厂，复吹转炉冶炼前期深脱磷的供氧强度差别很大，分别采用正常脱碳时供氧强度的1/1、1/2、2/3、4/5等。按照铁水一般条件，即主要成分在 $w$(C) = 4.5%、$w$(Si) = 0.5%、$w$(Mn) = 0.4%、$w$(P) = 0.1%条件下，经过计算，结果表明，若前期硅、锰、磷和部分碳、铁元素氧化需要的氧气量为1；中期碳氧化需要的氧气量较前期增加50%左右；后期少量碳和铁的氧化需要的氧气量则降低至前期的20%左右。

复吹转炉传统的冶炼供氧制度：早期是恒枪位、变压力和变流量操作，后来采用变枪位、恒压力和恒流量操作；现在已有很多厂采用变枪位、变流量和变压力操作。由上述计算结果比较可以认为冶炼过程不同时期供氧强度适当变化，是根据各时期元素氧化需要氧气量来决定的，这样供氧更为合理。单炉新双渣法冶炼前期主要是硅、锰、磷以及部分碳和铁等元素被氧化，与中期快速脱碳为主的需要氧气量相比，不需要很大的供氧强度即可满足。各厂可以根据本厂铁水条件计算硅、锰、磷和部分碳、铁元素氧化需要的氧气量，就可以确定冶炼前期的供氧强度。如前面的铁水条件计算结果，冶炼前期合适的供氧强度约为正常供氧强度的2/3左右，并且在冶炼4min左右，即硅元素氧化将要结束时，只剩下磷氧化为主，由于磷含量低，供氧强度还可以进一步降低至正常时的1/2左右。

冶炼前期，在满足硅、锰、磷以及部分碳和铁元素所需要的氧气量的条件下，适当降低前期的供氧强度，避免了在大的供氧强度下，剩余过多的氧气去氧化铁水碳、铁等元素，造成熔池升温加快影响脱磷效果。降低供氧强度冶炼，就是实施软吹操作进行化渣脱磷。

3）冶炼前期脱磷温度控制。当铁水中硅、锰氧化终了，磷将开始大量氧化时，如果不能控制好因硅、锰等元素氧化放热使熔池温度快速上升，达到或超过碳、磷氧化的转化温度，那么磷的氧化将被碳的氧化所抑制。因此必须通过热平衡计算后加入一定数量的冷却剂和降低供氧强度等措施控制熔池升温速度。在冶炼前期将温度控制在碳、磷氧化的转化温度以下，使铁水中磷的氧化反应在低温、相对较长时间里得到充分进行。

目前，大多数钢厂把冶炼前期脱磷温度控制在1350℃以下。但也有不少钢厂把冶炼前期脱磷温度控制得较高，如1400℃、1450℃、1490℃等。通过理论计算，可以得出铁水磷、碳氧化反应达平衡时的温度，文献称之为磷、碳氧化反应的转化温度。一般铁水条件下，理论计算其转化温度在1350℃左右。低于此温度为［P］-［O］氧化反应优先，高于此温度为［C］-［O］氧化反应优先。国内许多钢厂实践证明，转炉前期脱磷温度控制在1330~1350℃为最佳。既能保证脱磷效果，又能为后续半钢冶炼提供温度和碳含量的保证。

4）冶炼前期提高底吹供气强度。为了弥补由于冶炼前期降低顶吹供氧强度而使熔池搅拌效果减弱，影响脱磷的冶金反应动力学条件，因此在冶炼前期必须提高底吹供气强度。提高底吹供气强度不仅加速铁液中硅、锰、磷等元素向第一反应区（冲击区）的扩散速度，同时也使渣-钢混合良好，加速脱磷反应进行。

作为冷却剂加入熔池的废钢量，国内一般在8%~10%，废钢熔点约在1500℃。冶炼前期脱磷温度一般控制在1350℃以下，因此依靠熔池温度的物理热熔化是不可能的，提高底吹供气强度，有助于废钢熔化。其原因是因为废钢（碳含量低）表面层被铁液中碳（含量高）渗入而降低熔点被熔化，称为化学熔化原理。底吹强度的提高，加快了向废钢表面输送铁水中碳含量渗入的同时，又将渗入碳的废钢表面熔化层携带走，使废钢表面层不断更新而逐渐被熔化。但是由于熔化脱磷温度控制在1350℃以下的低温条件，因此不宜采用大块、厚的废钢，尤其在转炉双联法中专用脱磷炉，更需要注意，避免挂冷料。

目前国内大多数钢厂在冶炼前期底吹供气强度控制在0.15~0.25$m^3$/(t·min)。

5）冶炼前期炉渣碱度、T.Fe含量控制。脱磷与炉渣碱度、氧化性有着密切关系。转炉冶炼前期脱磷温度控制在1350℃左右，很难使石灰熔化提高炉渣碱度。因此，应采用有利化渣的喷孔夹角大的氧枪喷头，加入适量的铁矿石、烧结矿、污泥球、铁矾土等造渣剂，有利于提高渣中T.Fe含量，促进石灰快速熔化。

正如前述冶炼前期脱磷温度控制在碳、磷氧化转化温度之下，因此减缓或减少［C］与［O］、(FeO)、($Fe_2O_3$）的反应，也有利提高渣中T.Fe含量。文献介绍传统工艺冶炼开始至5min，铁水中$w$(C）仅剩下2.8%~3.0%，渣中$w$(T.Fe）只有7%。而单炉新双渣法冶炼开始至8~12min的冶炼前期，铁水中$w$(C）还剩3.0%~3.5%，渣中$w$(T.Fe）高达12%~16%。实践结果比较，尽管单炉新双渣法冶炼前期供氧强度降低，但是消耗在铁水碳需要的氧气量和渣中（FeO)、($Fe_2O_3$）量大幅度减少，因此渣中$w$(T.Fe）相对比较高，一般控制在12%~16%。

单炉新双渣法冶炼前期脱磷加入石灰量仅在15~30kg/t，但是由于渣中T.Fe含量高，冶炼时间延长等原因，能够促使石灰熔化完全，所以炉渣中碱度仍然较高，一般能够达到1.5~2.0。

传统理论认为，炉渣碱度必须达到2.5以上时，才能形成（$3CaO\cdot P_2O_5$)、($4CaO\cdot P_2O_5$）的高熔点化合物固化脱磷产物（$P_2O_5$）不被还原，达到提高脱磷效率。单炉新双渣法冶炼前期碱度控制在1.5~2.0，很多钢厂控制在1.5~1.8，仍然获得较高的脱磷率。其原因在于前期冶炼过程中，渣中（$P_2O_5$）未必都能形成上述高熔点化合物，也可以形成（$3FeO\cdot P_2O_5$)、($3MnO\cdot P_2O_5$）等过渡化合物，随着前期终点倒渣时，将含有磷的各种化合物一起倒掉，仍然达到较高的脱磷率。

6）冶炼前期脱磷终点时多倒渣。单炉新双渣法提高冶炼前期脱磷效果，很重要的操作是把冶炼前期含磷高的炉渣倒掉。国内有部分钢厂开始采用单炉新双渣法初期阶段终点磷含量较高的一个很重要原因是不能把冶炼前期脱磷的炉渣倒掉。在后续半钢冶炼过程中，未与渣中（CaO）结合的自由（$P_2O_5$)，以及（$3FeO\cdot P_2O_5$)、($3MnO\cdot P_2O_5$）等过渡不稳定的化合物，都有可能被钢液中碳所还原，加重半钢脱磷任务。只有渣层厚、活跃的泡沫渣才能顺利地被倒出。应该掌握前期脱磷时间的最后时刻内造好泡沫渣，观察炉口炉渣向上涌动或抛出状况，确定倒渣时间，一般能够倒出2/3~3/4的炉渣。

上述单炉新双渣法冶炼，前期脱磷的主要参数的确定，必须考虑它们之间相互制约的关系，缺一或选择不正确都会影响其他工艺参数正常实施或发挥作用。文献介绍了福建三钢100t复吹转炉单炉新双渣法前期脱磷工艺参数，如表2所示。该厂100t复吹转炉采用单炉新双渣法冶炼中、高碳钢，终点钢水达到$w$(C）平均为0.11%，$w$(P）平均为0.010%的水平。

**表2 福建三钢100t复吹转炉单炉新双渣法前期脱磷工艺参数**

| 前期供氧强度/$m^3\cdot(t\cdot min)^{-1}$ | 前期终点半钢温度/℃ | 前期底吹供气强度/$m^3\cdot(t\cdot min)^{-1}$ | 前期终点炉渣碱度 |
|---|---|---|---|
| 2.4或2.7 | 1350 | 0.2 | 1.54 |
| 前期终点炉渣$w$(TFe)/% | 前期加入石灰量/$kg\cdot t^{-1}$ | 前期脱磷率/% | 总加入石灰量/$kg\cdot t^{-1}$ |
| 12~16 | 30 | 70 | 40.9 |

注：铁水$w$(P）=0.103%，正常供氧强度4.0$m^3$/(t·min)。

由于单炉新双渣法工艺实施快，并且各厂都具有传统的双渣法冶炼技术基础，因此在国内已经有较多钢厂开展研究与应用。目前应用该技术的钢厂，如武钢、沙钢、首秦等，冶炼前期脱磷率达到65%~70%水平以及各项技术经济指标比传统的双渣法前期冶炼均得到很大的改善。

## 2.3 两炉双联法深脱磷专用炉冶炼工艺

我国新建的转炉两炉双联法迄今为止只有首钢京唐钢厂5座300t大转炉，其中建在异跨间的两座脱磷专用炉，与其相配的3座半钢少渣冶炼的脱碳专用炉。从整体装备、流程和技术水平而言，是世界一流的转炉两炉双联法冶炼工艺。另外，如文献介绍，宝钢300t、莱钢120t、鞍钢100t等复吹转炉先后经过小的改造后，将深脱磷后的半钢倒出，重新再兑入同一座转炉内或其他转炉内进行半钢冶炼操作，即在同跨间同一座转炉或其他转炉内完成两项任务的双联法冶炼工艺。两炉双联法冶炼工艺流程见图2。

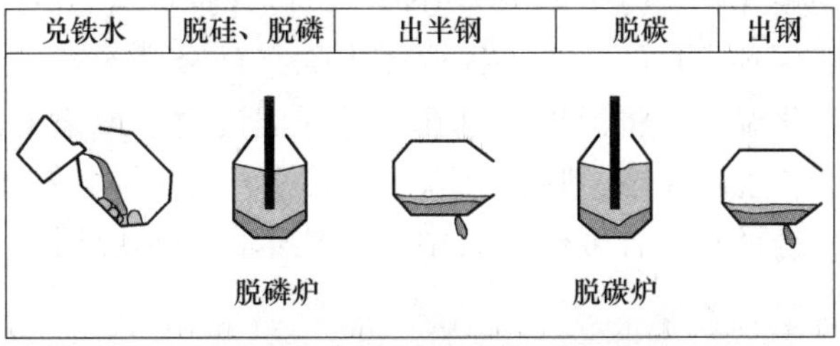


图 2 转炉两炉双联法冶炼工艺流程

2.3.1 两炉双联法深脱磷专用炉冶炼工艺参数

脱磷专用炉冶炼工艺参数为：1）适当降低脱磷期间的供氧强度；2）适当延长脱磷期的时间；3）脱磷期温度控制；4）提高专用炉脱磷期底吹供气强度；5）脱磷期炉渣碱度和 T. Fe 含量控制。

脱磷专用炉冶炼工艺参数确定原则，大致与前述的单炉新双渣法的相同。文献介绍首钢京唐钢厂 300t 复吹转炉两炉双联法脱磷炉的脱磷工艺参数，如表 3 所示。两炉双联法专用脱磷炉进行脱磷处理后，出半钢与含磷高的炉渣完全分离，避免后续半钢冶炼脱磷任务加重及其脱磷效果不稳定性，是目前国内外最优化的深脱磷工艺路线。从首钢京唐 300t 脱磷专用炉效果可知，一般脱磷率可稳定在 70%以上。该厂 300t 转炉采用两炉双联法冶炼低碳钢时，终点钢水 $w(P)$ 稳定控制在 0.005%以下。

**表 3 首钢京唐 300t 复吹转炉两炉双联法脱磷炉脱磷工艺参数**

| 供氧强度 $/m^3\cdot(t\cdot min)^{-1}$ | 终点半钢温度/℃ | 底吹供气强度 $/m^3\cdot(t\cdot min)^{-1}$ | 终点炉渣碱度 | 造渣剂量/$kg\cdot t^{-1}$ | 脱磷率/% | 总造渣剂量 $/kg\cdot t^{-1}$ |
|---|---|---|---|---|---|---|
| 3.5 | 1343 | 0.2 | 1.8~2.2 | 35.3 | >70 | 59.7 |

注：铁水 $w(P)=0.085\%$，正常供氧强度 $4.5m^3/(t\cdot min)$。

2.3.2 两炉双联法出钢挡渣技术

两双联法脱磷专用炉和脱碳专用炉的两次出钢过程下渣量控制是深脱磷冶炼工艺最后关键的工艺操作。目前国内一些大钢厂均采用国内开发研制的滑板挡渣技术，文献介绍钢包渣层厚度可控制在 27mm（渣量 5kg/t），避免回磷或大幅度降低回磷率。

### 2.4 半钢少渣冶炼

单炉新双渣法和两炉双联法在半钢冶炼操作工艺大致相同，它们具有的特点：

1）不再加废钢，保证出钢温度。经过脱磷后的半钢温度一般在 1350℃左右，$w(C)=3.2\%\sim3.5\%$，半钢冶炼终了出钢温度一般在 1630~1670℃。

2）少渣操作。经过脱磷后的半钢 $w(P)=0.02\%\sim0.03\%$，后续半钢冶炼石灰加入 15~25kg/t 就可以把 $w(P)$ 脱到 0.004%~0.010%。据文献介绍脱磷期间和脱碳期间石灰加入量总和分别在 41kg/t、32kg/t。

3）实现“一键式”自动化炼钢。半钢冶炼期间，恢复正常的顶吹供氧强度和底吹供气强度操作工艺。因为半钢冶炼任务主要是降低碳含量、升温为主，因此便于实现“一键式”自动化炼钢，首钢京唐复吹两炉双联法脱碳炉终点 C-T 双命中率大幅度提高，大于 90%。

4）降碳过程加锰矿直接合金化。利用半钢冶炼降碳过程，加入锰矿被钢液中碳直接还原合金化，如文献介绍可降低出钢加锰合金成本。

5）终点炉渣返回脱磷工艺应用。冶炼终点的炉渣，除了溅渣护炉应用一部分，余后的炉渣返回脱磷期应用。文献介绍 300t 脱磷炉脱磷期应用其脱碳炉的炉渣量 5t。返回渣应用不仅降低原料成本，而且有利于脱磷渣的快速形成。

## 3 复吹转炉双联法功能扩大及进一步深入研究开发

### 3.1 单炉新双渣法和两炉双联法功能扩大

双联法工艺不仅限于深脱磷操作工艺，早在 2005 年攀钢就采用复吹转炉双联法，优化专用脱钒转炉操作工艺参数，成功的冶炼残余钒低（$w(V) \leq 0.05\%$）、碳含量高（$w(C) = 3.37\%$）、温度合适（≥1360℃）的半钢，达到了提钒保碳的目的。为了提取或去除某种金属元素，或者冶炼钢种需要加入的元素，利用该元素与碳的氧化转化温度，将温度控制在该转化温度之上或之下，就可以实现脱磷保碳、提钒保碳、提镍保碳、提钛保碳、脱碳保铬、脱碳保磷（耐候钢）等，并且在冶炼半钢中加入锰矿、铬矿、钒和钛等元素的氧化物原料，进行直接合金化。其中一些技术已得到应用，一些技术还有待进一步研究开发。

### 3.2 进一步优化单渣法、单炉新双渣法、两炉双联法脱磷工艺参数

脱磷期或脱磷炉的供氧强度、熔池温度、炉渣碱度和T.Fe含量、底吹供气强度以及脱磷期时间长短等工艺技术参数各厂差别较大。需要进一步优化工艺参数和有关基础理论支撑以及进一步研究开发。如在降低供氧强度条件下提高底吹供气强度时，需要考虑低的供氧强度和高的底吹供气强度条件下的底枪结构、支数和布置等是否合适。另外溅渣护炉炉底易上涨，使底吹效果降低，对提高底吹供气强度有很大影响，因此如何维护底枪，保证提高底吹供气强度的效果尤为重要。

## 4 结论

1）根据铁水中硅、磷含量高低，冶炼钢种时深脱磷的要求，复吹转炉单炉新双渣法、两炉双联法脱磷期的工艺参数为：适当降低顶吹供氧强度；大幅度提高底吹供气强度至0.15~0.25$m^3/(t \cdot min)$；适当延长脱磷时间到8~12min；温度控制在碳、磷氧化的转化温度之下，一般控制在1350℃以内；控制炉渣碱度在1.5~2.0、$w(T.Fe) = 12\% \sim 16\%$；单炉新双渣法适时尽可能多倒出含磷炉渣。

2）复吹转炉采用传统的单渣法在优化冶炼前期脱磷工艺参数条件下，也能够达到深脱磷的目的，终点钢水可控制到$w(P) \leq 0.008\%$的水平，但是造渣剂、钢铁料等消耗比较高。

3）应用单炉新双渣法工艺，脱磷期的脱磷率可达65%~70%的水平，冶炼中、高碳钢时，终点钢水$w(C)$平均为0.11%，终点$w(P)$平均可控制到0.01%。单炉新双渣法深脱磷工艺适应我国众多老厂应用。该方法不需要增加大的投资、投产快；既可冶炼低磷钢种，也可恢复单渣法冶炼一般磷含量的钢种；生产调控方便，适应市场需要。

4）转炉双联法脱磷工艺最佳，脱磷炉的脱磷率可达到70%以上，冶炼低碳钢时，终点钢水$w(P)$可控制在0.005%以下的水平。该脱磷工艺适应大批量稳定生产低磷或超低磷的高品质钢种，是洁净钢生产或实现炼钢自动化操作最佳工艺路线。

（原载《炼钢》，2013（4））

# 中国薄板坯连铸连轧技术的发展

毛新平　高吉祥　柴毅忠

20世纪70年代世界第一次能源危机之后，钢铁工业面临各方面的结构调整，在推进钢铁企业大型化、全球化的同时，钢铁工业迫切需要新的工艺和装备，改变传统生产流程，实现技术结构优化，以提高竞争能力、适应市场变化、增加经济效益。薄板坯连铸连轧技术的出现，适应了这种客观形势的需要，是近30年来世界钢铁工业取得的重要技术进步之一，是继氧气转炉炼钢、连续铸钢之后，又一项带来钢铁工业技术革命的新技术。

## 1　概述

薄板坯连铸的概念早在20世纪60年代就已提出，前苏联和英国的一些实验室曾经进行过试验。20世纪80年代中期以后，国际上多家公司竞相进行大量的研究和开发，并取得了突破性进展。1989年，美国纽柯钢铁公司克劳福兹维尔钢厂的第一条CSP生产线的建成投产，标志着薄板坯连铸连轧技术在世界上首次实现了工业化生产。目前，薄板坯连铸连轧技术已得到广泛推广和应用，已投入商业运行的薄板坯连铸连轧技术有德国西马克公司开发的CSP技术、意大利达涅利公司开发的FTSCR技术、奥地利奥钢联公司开发的CONROLL技术，原德国德马克公司（现已经归并入德国西马克公司）开发的ISP技术、日本住友公司开发的QSP技术、以及中国鞍钢开发的ASP技术。其中CSP技术应用最为普及，约占全球50%以上的市场份额。截至2013年底，全球已建薄板坯连铸连轧生产线63条97流，年生产能力达11008万t，薄板坯连铸连轧已成为热轧薄板的重要生产方式之一。

中国钢铁业界很早就关注到薄板坯连铸连轧技术，自1990年起，原冶金部（冶金局）多次组团考察国外薄板坯连铸连轧生产线；“七五”计划期间，科技部将“薄板坯连铸”列为重点攻关课题，1990年10月，由钢铁研究总院牵头的兰州薄板坯连铸试验机组成功热试；1996年国家决策由珠钢、邯钢、包钢捆绑引进CSP生产线，这是中国继武钢1700工程、宝钢工程之后又一次由政府组织引进的大型冶金装备和技术，拉开了中国大规模建设薄板坯连铸连轧生产线的序幕。从“七五”计划到“十一五”计划，中国一直将薄板坯连铸连轧技术列为高新技术和重点鼓励技术范围，2002年3月由中国工程院产业科技委员会发起成立了“薄板坯连铸连轧技术交流与开发协会”，极大地促进了薄板坯连铸连轧技术在中国的发展。截至2013年底，中国已建成或在建15条（30流）薄板坯连铸连轧生产线，年生产能力约3724万t(表1)。中国已成为全球拥有薄板坯连铸连轧生产线最多、产能最大的国家。

**表1　中国薄板坯连铸连轧生产线建设状况**

| 序号 | 钢铁公司 | 工艺类型 | 铸机流数 | 开发商 | 铸坯规格（厚×宽）/mm | 产品厚度/mm | 设计年产量/万t | 轧机 | 投产期 |
|---|---|---|---|---|---|---|---|---|---|
| 1 | 珠钢 | CSP | 2 | SMS | (50~60)×(1000~1380) | 1.2~12.7 | 180 | 6CVC | 1999-08 |
| 2 | 邯钢 | CSP | 2 | SMS | (60~90)×(900~1680) | 1.2~12.7 | 247 | 1+6CVC | 1999-12 |
| 3 | 包钢 | CSP | 2 | SMS | (50~70)×(980~1560) | 1.2~12.0 | 200 | 7CVC | 2001-08 |
| 4 | 唐钢 | FTSR | 2 | Danieli | (70~90)×(1235~1600) | 0.8~12.0 | 250 | 2+5PC | 2002-12 |
| 5 | 马钢 | CSP | 2 | SMS | (50~90)×(900~1600) | 0.8~12.7 | 200 | 7CVC | 2003-09 |
| 6 | 涟钢 | CSP | 2 | SMS | (55~70)×(900~1600) | 0.8~12.7 | 240 | 7CVC | 2004-02 |
| 7 | 鞍钢 | ASP | 2 | 鞍钢 | 100/135×（900~1550) | 1.5~25.0 | 240 | 1+6ASP | 2000-07 |
| 8 | 鞍钢 | ASP | 4 | 鞍钢 | 135/170×（900~1550) | 1.5~25.0 | 500 | 1+6ASP | 2005 |

续表 1

| 序号 | 钢铁公司 | 工艺类型 | 铸机流数 | 开发商 | 铸坯规格（厚×宽）/mm | 产品厚度/mm | 设计年产量/万 t | 轧机 | 投产期 |
|---|---|---|---|---|---|---|---|---|---|
| 9 | 本钢 | FTSR | 2 | Danieli | (70~85)×(850~1605) | 0.8~12.7 | 280 | 2+5PC | 2004-11 |
| 10 | 通钢 | FTSR | 2 | Danieli | (70~90)×(900~1560) | 1.0~12.0 | 250 | 2+5PC | 2005-12 |
| 11 | 酒钢 | CSP | 2 | SMS | (52~70)×(850~1680) | 1.2~12.7 | 200 | 6CVC | 2005-05 |
| 12 | 济钢 | ASP | 2 | 鞍钢 | (135~150)×(900~1550) | 1.5~25.0 | 250 | 1+6ASP | 2006-11 |
| 13 | 武钢 | CSP | 2 | SMS | (50~90)×(900~1600) | 1.0~12.7 | 253 | 7CVC | 2009-02 |
| 14 | 日钢 | ESP | 1 | Simens/VAI | (70~110) × (900~1600) | 0.8~6.0 | 222 | 3+5 | 2014-11 |
| 15 | 日钢 | ESP | 1 | Simens/VAI | (70~110) × (900~1600) | 0.8~6.0 | 222 | 3+5 | 2015-05 |
| 合计 | | | 30 | | | | 3724 | | |

## 2 中国薄板坯连铸连轧技术发展历程

根据中国薄板坯连铸连轧技术发展不同时期的技术和产业特征，可将中国薄板坯连铸连轧技术的发展划分为以下 4 个阶段：1984—1999 年为探索引入期，1999—2002 年为消化吸收期，2002—2008 年为推广应用期，2008 年至今为稳定发展期。

### 2.1 探索引入期（1984—1999 年）

在此期间，中国国民经济处于改革开放的起步阶段，钢铁工业也正逢计划经济模式向市场经济模式转变阶段，热轧板卷仅有宝钢、武钢、鞍钢、攀钢和本钢等少数几家企业可以生产，全国板带比不到 30%，供需严重失衡，需要大量进口。

20 世纪 80 年代中期以后，德国的施罗曼 · 西马克公司和曼内斯曼 · 德马克公司、意大利的达涅利公司、奥地利的奥钢联以及日本的住友金属等国际上多家公司，竞相进行大量的研究和开发，并取得了突破性进展。1986 年西马克建立了一台采用“漏斗型”结晶器的立弯式薄板坯连铸机，并以 6m/min 的拉速成功地生产出 50mm×1600mm 的薄板坯。后来，德马克于 1997 年采用改进的超薄型扁形水口和平板直弧形结晶器以 4.5m/min 的拉速成功地生产出 60mm×900mm 和 70mm×1200mm 的薄板坯。此外，首次在二冷段采用了液芯压下技术，使铸坯出铸机时的厚度可减到 40mm。奥钢联于 1988 年在对瑞典阿维斯塔的传统连铸机进行改造时，采用薄平板型结晶器及薄型浸入式水口浇出第一块厚度为 70mm 的不锈钢薄板坯。与此同时，达涅利和日本住友等公司也着手相关的研究工作。中国“七五”重点攻关研究课题“薄板坯连铸技术研究”与国家“八五”重点科技攻关项目“中宽带薄板坯连铸-连轧成套技术研究”，由原冶金部钢铁研究总院牵头，兰州钢厂和原冶金部自动化院等单位参加。1990 年，国内第一台薄板坯连铸坯试验机在兰钢建成，同年 10 月拉出中国第一块 50mm×900mm 铸坯。项目研制成功薄板坯连铸保护渣、浸入式水口和椭圆双曲面内腔的变截面结晶器三大关键技术。

1989 年 6 月，世界上第一条薄板坯连铸连轧生产线在美国纽柯公司克劳福兹维尔钢厂建成投产，采用西马克的 CSP 技术，年产热轧卷 80 万 t。1992 年一条年产 50 万 t 的 ISP 生产线在意大利阿维迪钢厂建成投产。鉴于此，1992 年 9 月，国家计委批准珠钢建设年产 80 万 t 的薄板坯连铸连轧产线；1994 年原冶金工业部提出以市场换技术的方针，计划珠钢、邯钢和包钢以项目捆绑的方式一次购买 3 条薄板坯连铸连轧产线。在此期间，来自企业和设计院等方面的国内各相关专业的技术人员与当时技术相对成熟的西马克和德马克就引进 CSP 和 ISP 产线进行了深入、系统的交流。讨论的关键问题包括：（1）CSP 和 ISP 技术合理性，作为最早开发成功的薄板坯连铸连轧技术，究竟谁代表了薄板坯连铸连轧技术的发展方向；（2）生产组织问题，炼钢→连铸→均热炉→轧机生产工序如何高度衔接，按照当时钢铁企业管理水平，这难以想象；（3）高拉速条件下的连铸顺行和产能问题，漏钢率、连浇炉数、铸坯厚度及铸坯表面质量等指标成为争议的焦点；（4）产品质量问题，尤其是表面质量问题。

通过这一阶段引进设备的技术谈判，中国相关专业的技术人员对薄板坯连铸连轧技术的工艺、设备和控制系统，特别是关键技术和装备有了全面系统的了解。基于人们当时的认识和技术发展水平，珠钢、邯钢和包钢捆绑引进的 3 条薄板坯连铸连轧产线采用的是第一代 CSP 技术，主要技术特征是：采用单坯轧制技术，精轧机组采用 6 个机架，恒速轧制，产品最薄厚度为 1.2mm，均热炉长度约为 200m，最高轧制速度为 12.6m/s，轧机主电机容量为 4.0~5.5 万 kW。

薄板坯连铸连轧技术进入市场的初期主要是与电炉炼钢技术配合，用于新建中小型钢厂，从而使中小型钢厂以比较低的投资，迅速进入有史以来一直被大型钢铁联合企业所垄断的扁平材市场。邯钢和包钢首次成功采用了转炉—薄板坯连铸连轧流程。转炉工艺提供的优质、低成本的钢水有助于薄板坯连铸连轧生产线生产出高质量、更具竞争力的产品，使薄板坯连铸连轧技术具有更广阔的市场前景。中国现有的 13 套薄板坯连铸连轧生产线，除珠钢外其他生产线均采用了转炉—薄板坯连铸连轧流程。

这一时期标志性的事件是 1999 年 8 月 26 日珠钢电炉—薄板坯连铸连轧产线成功热试，顺利生产出中国第一个采用薄板坯连铸连轧技术生产的热轧板卷。

## 2.2 消化吸收期（1999—2002 年）

这一阶段，中国钢铁工业处于改革开放以来第一个高速发展期，也是中国加入“世贸”前后，钢铁进口关税大幅降低，进口钢材大量涌入，打破了国内钢材价格固有运行规律，钢材和钢铁原料的市场定价机制正逐步形成。在热轧板卷领域，国内除武钢和鞍钢分别投产一套 2250mm 和 1780mm 热连轧机组外，国内传统中小钢企和新兴民企大量上马了窄带钢机组，热轧板卷市场形成传统热连轧企业、窄带钢企业、进口渠道和薄板坯连铸连轧流程制造的热轧板卷四方竞争的格局。

珠钢、邯钢和包钢 3 条 CSP 产线的相继建成投产拉开了中国对薄板坯连铸连轧技术和装备消化、吸收、再创新的序幕。国内相关院校、设备制造企业、关键材料供应商等围绕薄板坯连铸连轧技术的基础理论、工艺技术、重大装备和关键材料等展开了系统地研究工作，例如：

（1）薄板坯连铸连轧基础研究的开展。国内相关研究机构就薄板坯连铸连轧流程凝固特征、物理冶金规律、微观组织特征以及强化机理等开展了系统研究，北京科技大学和珠钢首次发现薄板坯连铸连轧产品中纳米粒子的存在。

（2）关键设备和材料的国产化。如西峡龙成和钢铁研究总院针对薄板坯连铸结晶器，西保集团针对保护渣，首钢冶金机械厂针对扇形段，邢台轧辊针对薄板坯连铸连轧专用轧辊等进行了大量国产化研究试验并取得成功。

（3）符合薄板坯连铸连轧流程特点的产品开发。发挥薄板坯连铸连轧流程温度均匀的特点，批量生产超薄规格产品；发挥薄板坯连铸连轧流程产品组织均匀细小、析出物弥散的特点，首次基于薄板坯连铸连轧流程采用 C-Mn 钢化学成分开发出抗拉强度达 500MPa 级的系列产品；特别是珠钢结合电炉流程特点开发并批量生产集装箱板。

先期投产的 3 条薄板坯连铸连轧产线 3 年的生产实践表明，中国不仅能够驾驭薄板坯连铸连轧产线，而且主要关键工艺技术指标和达产速度均达到或超过国际先进水平。

## 2.3 推广应用期（2002—2008 年）

薄板坯连铸连轧技术最初主要生产低档次扁平材，随着薄板坯连铸连轧技术的不断发展和完善，特别是先期投入使用的 3 条产线快速达产并取得良好的经济效益，人们逐步认识到薄板坯连铸连轧技术所特有的优势，对薄板坯连铸连轧技术的要求不仅是生产中、低档次产品，而是从品种、质量和产量等方面提出更高的要求。同时由于在 2002—2008 年期间，中国钢铁工业进入前所未有的高速发展期，钢产量年均增长速度超过 20%，热轧板卷需求急剧膨胀。上述因素推动了薄板坯连铸连轧技术在中国的广泛推广应用。在此期间，中国共建设了 9 条 20 流具有第二代薄板坯连铸连轧技术特征的产线，其主要技术特征是采用半无头轧制技术，精轧机组采用 7 个机架，升速轧制，产品最薄厚度为 0.8mm，均热炉长度约为 250~315m，最高轧制速度为 22.0m/s，轧机主电机容量为 6.7~7.0 万 kW。这一时期建设的产线具备了下列特点：

（1）产品的品种范围不断扩大，质量、产量日趋提高，接近传统流程生产水平和能力。1）生产能力提高，实现连铸工序与热轧工序的经济配置。初期的单流薄板坯连铸机的生产能力为 50~80 万 t/a，如意大利阿维迪钢厂的 ISP 生产线设计生产能力为 50 万 t/a，美国纽柯 1 号线设计生产能力为 80 万 t/a，而这一时期建设的薄板坯连铸连轧生产线具备更高的产能，如唐钢 FTSCR 生产线 2005 年产量达到 301 万 t，是世界上首家年产量突破 300 万 t 的薄板坯连铸连轧生产线。2）产品范围不断拓宽。这一时期建设的薄板坯连铸连轧生产线的产品覆盖了 12 大类热轧带钢产品中的 10 个大类，另有奥氏体不锈钢和含 $w(C) \geq 0.6\%$，$w(Mn) \geq 0.45\%$的高碳钢 2 类处于试生产阶段。珠钢首次采用单一 Ti 微合金化技术开发并批量生产屈服强度 700MPa 级高强钢；马钢 CSP 生产线生产的冷轧基料实现大批量生产。包钢也开展了双相钢的生产试制。3）产品质量进一步提高。薄板坯连铸连轧技术开发初期曾定位于低成本生产中、低档次产品，随着技术的不断地发展和完善，特别是薄板坯连铸的核心技术——结晶器的结构和参数以及保护渣技术的不断优化，产品质量有了较大幅度提高。4）设备配置不断完善。在继承和发挥最初的薄板坯连铸连轧技术投资少、生产成本低等优点的同时，随着对产品质量、品种的更高要求，不断发展和完善原有的技术和装备，例如，热连轧机的配置由最初纽柯 1 号线的 4 机架，逐步发展到普遍采用的 7 个机架配置。特别是为实现半无头轧制又配置了复杂的高速飞剪和轮盘式卷取机等装备。此外，结晶器漏钢预报系统、液芯压下、电磁制动等技术得到了广泛应用。5）机组速度提高。第二代薄板坯连铸连轧技术采用半无头轧制技术，为此生产线的轧制速度相对于第一代的薄板坯连铸连轧技术有较大幅度的提高并采用升速轧制工艺，如涟钢和马钢的 CSP 产线最高轧制速度达 22m/s，接近传统热连轧产线。

（2）充分发挥薄板坯连铸连轧技术的优势，开发新的工艺和技术。1）薄规格或超薄规格产品比例增大。充分发挥薄板坯连铸连轧技术中连铸坯温度均匀性高的优势，生产超薄规格产品，为实现以热轧薄带钢替代部分冷轧带钢创造了条件，有效地提高了薄板坯连铸连轧技术的竞争力，为实现以热轧薄带钢替代部分冷轧带钢创造了条件。2）普遍采用半无头轧制技术。薄板坯连铸连轧产线采用直接轧制技术，为连续化生产创造了条件，半无头轧制技术的开发和使用也增强了薄板坯连铸连轧产线的活力。为批量生产高质量薄规格产品，这一时期建设的产线普遍采用了半无头轧制技术，产品最薄厚度达到 0.8mm。涟钢采用半无头轧制技术批量生产超薄规格产品，实现了 269m 长坯（切分 7 卷）生产 0.78mm 产品的历史性突破。

（3）各种薄板坯连铸连轧技术互相渗透，殊途同归。1）采用变截面型结晶器。除西马克采用漏斗型结晶器外，达涅利采用被称为 $H^2$ 的长漏斗结晶器，进一步发展了漏斗型结晶器的优势，德马克放弃了最初采用的平板型结晶器，而改为被称为“橄榄形”的结晶器。尽管具体的形状和尺寸各异，但采用漏斗型结晶器浇铸薄板坯已被人们所认同。2）铸坯厚度增加。薄板坯连铸连轧技术开发之初，人们基于近终形连铸的思路，追求尽量薄的连铸坯，但近年来，随着人们对产品质量和产量提出更高的要求，所采用铸坯的厚度有所增加，达涅利和德马克基本采用 90/70mm 铸坯，西马克也从最初的 50mm 增加到 70mm，鞍钢开发的 ASP 技术采用 170/100mm 铸坯。

### 2.4　稳定发展期（2008 年至今）

薄板坯连铸连轧技术经过近 20 年的发展、完善，已从开发初期的以低投资、低成本、生产中等档次产品，帮助中小企业进入扁平材生产领域并取得良好经济效益的初衷，发展到目前与传统的钢铁联合企业的转炉工艺有机结合，以薄规格、高强度、复杂成分钢等高附加值产品为主导产品，与传统流程产品分工，发挥各自的优势。目前，薄板坯连铸连轧技术已步入稳定发展期，工艺技术、设备配置的基本框架已经形成。

这一阶段正处于国际金融危机爆发后的恢复期，中国钢铁产能包括热轧板卷产能均处于严重过剩状态，热轧板卷市场竞争空前激烈，各企业不再追求产能扩大，转向以成本、质量和品种优化为目标。珠钢、涟钢、唐钢以及武钢先后开发并批量生产中高碳复杂成分钢系列产品，武钢和马钢开始大批量生产无取向电工钢、取向电工钢的开发取得进展，涟钢采用半无头轧制技术生产的超薄规格的比例在不断扩大。

日照钢厂计划于 2014 年和 2015 年投产的 2 条 ESP 产线，主要技术特征是采用无头轧制技术，3+5 个机架，恒速轧制，产品最薄厚度为 0.8mm，在线感应均热技术（整条生产线更加紧凑高效，全长仅 125m），80mm 铸坯最高拉速为 6.0m/min，单流年产量 200 万 t。这 2 条 ESP 产线的建设标志着中国薄板坯连铸连轧技术进入新纪元。

如果把轧制工艺的连续性作为划分薄板坯连铸连轧技术先进性的标志，例如第一代技术采用单坯轧制技术，第二代技术采用半无头轧制技术，无头轧制技术无疑是第三代技术的标志。实现无头轧制技术要求薄板坯连铸连轧技术的全面进步：1）连铸装备、技术和关键材料的进步，确保实现连铸工序的高拉速；2）在线换辊装备和技术的进步，确保实现在线换辊和长周期轧制过程的稳定进行；3）自动控制技术的提升，确保连铸和热连轧工序的高度协调。

## 3 中国在薄板坯连铸连轧技术领域的主要成就

### 3.1 薄板坯连铸连轧物理冶金过程研究

3.1.1 阐明了薄板坯连铸连轧物理冶金特点及其组织演变规律

由于薄板坯连铸连轧工艺与传统工艺在钢铁冶金过程中的热历史不同（图 1），不存在传统热连轧流程的 γ→α 和 α→γ 两次相变过程，薄板坯在均热后仍呈铸造枝晶形态，在仅有的 6~7 道次变形中完成铸造枝晶的碎化、等轴化、均匀化和细化等复杂过程，呈现了很多新的物理冶金现象。薄板坯连铸连轧技术进入中国后的前几年，珠钢、北京科技大学和钢铁研究总院基于普通 C-Mn 钢进行了大量基础研究，揭示了薄板坯连铸连轧物理冶金过程中的组织演变规律。

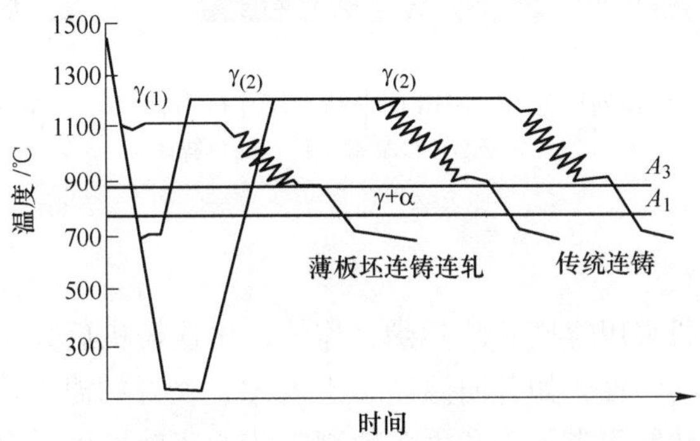


图 1 薄板坯连铸连轧工艺与传统连铸连轧工艺热历史的比较

（1）连铸凝固速率高，铸态组织晶粒细小、均匀。由于减小了铸坯厚度（通常为 50~100mm）、提高了连铸拉速（通常为 3.5~7m/min），增加了铸坯表面积（约为传统厚板坯的 3~5 倍），在结晶器内的冷却强度远远大于传统的厚板坯，高的凝固速率改善了铸造组织。薄板坯二次、三次枝晶更短（50mm 厚的板坯的二次枝晶间距约为 90~180um，传统厚板坯的二次枝晶间距约为 200~500μm），这是由于铸坯在凝固过程和凝固后的 δ→γ 相变过程中，存在非常好的高形核率条件，通过凝固过程的强冷使奥氏体组织明显细化，并且晶粒的细化作用随铸坯在冷却过程（1500~1350℃）中冷却速率的提高而加强。原始的铸态组织晶粒更细、更均匀，为最终组织的细化创造了条件。同时，由于冷却强度大，板坯的宏观及微观偏析可得到较大的改善，分布也更均匀。

（2）轧制前原始奥氏体晶粒粗大，仍呈现为铸造树枝晶状。传统的生产工艺中，铸坯要经过冷装或热装进行再加热的过程，经历：钢水→δ 铁素体→$\gamma_{(1)}$奥氏体→α 铁素体→$\gamma_{(2)}$奥氏体的过程，铸坯通过中间冷却、再加热的 $\gamma_{(1)}$→α→$\gamma_{(2)}$ 的相变过程，细化了晶粒，形成细小的奥氏体组织 $\gamma_{(2)}$。薄板坯连铸连轧工艺采用直接轧制工艺，没有 γ→α 相变温度区的中间冷却，铸坯经历：钢水→δ 铁素体→$\gamma_{(1)}$奥氏体，铸坯组织是粗大的原始奥氏体晶粒 $\gamma_{(1)}$（约 900~1000μm）。传统轧制工艺中，进入精轧机的是经过初轧的中间坯，晶粒均匀、细小（约 30~100μm）。

（3）虽然薄板坯连铸连轧过程总变形量小，但通过高速大应变量的道次变形，最终产品晶粒明显细化。CSP 连轧中原始奥氏体经历了两个重要的组织转变过程：铸造树枝晶通过再结晶实现向等轴晶的转化及等轴奥氏体的均匀化过程；等轴奥氏体组织通过再结晶进一步细化过程。

3.1.2 钢中纳米粒子的发现

研究发现，普通 C-Mn 钢采用相同的成分设计和轧制工艺，薄板坯连铸连轧的产品强度比传统流程的高 50~100MPa，即使考虑薄板坯连铸连轧流程的产品晶粒尺寸更加细小，根据 Hall-Petch 理论尚不足以解释产生这一差距的原因。

珠钢及北京科技大学在研究上述问题时，首次发现钢中存在大量纳米尺寸的氧化物和硫化物，其尺寸一般为几十纳米至几百纳米，并发现钢中存在大量尺寸小于 20nm 的沉淀粒子，它们具有尖晶石类型的结构；钢铁研究总院之后在包钢、马钢和涟钢薄板坯连铸连轧产品中也观察到小于 20nm 的沉淀粒子；北京科技大学在 CSP 生产的低碳钢板带中观察到存在的纳米 AlN 粒子，其尺寸为几个纳米至几十纳米，并进行了动力学研究，同时还观察到薄板坯连铸连轧低碳钢铸坯、轧卡件和钢材中均存在大量尺寸小于 20nm 的铁碳析出物（图 2），研究了析出物的类型，尺寸分布及体积分数，讨论了铁碳析出物对钢屈服强度的贡献，根据 Orowan 理论的位错越过粒子机制和 Gladman 等的理论，采用 Ashby-Orowan 修正模型模拟计算表明：纳米析出物起到沉淀强化作用。

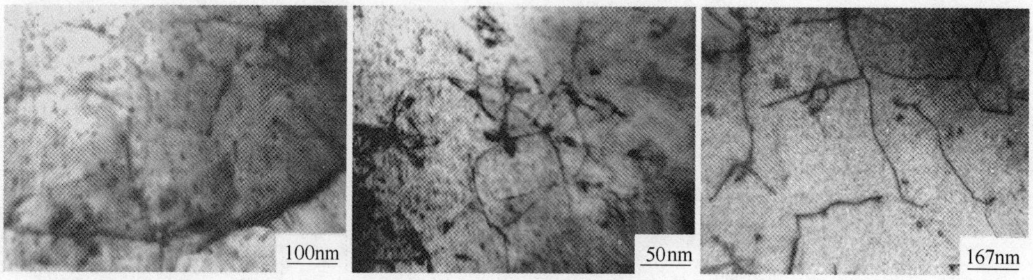


(a)　(b)　(c)

图 2　薄板坯连铸连轧 C-Mn 钢中纳米尺寸析出颗粒的 TEM 形貌像

(a) 板材；(b) 轧卡件；(c) 铸坯

## 3.2　薄规格产品生产技术

薄板坯连铸连轧技术衔接段采用辊底式均热炉，连铸坯出连铸机后处于加热或均热的环境中，使铸坯在进轧机前具有良好的温度均匀性，如各向温差小于 10℃，良好的温度均匀性是进行均匀热变形的前提条件；另一方面连铸坯直接轧制为半无头和无头轧制工艺的实施提供了有利的条件，即不需复杂庞大的焊接设备焊接铸坯，因此薄板坯连铸连轧流程适于生产薄和超薄规格产品。为此，国内各相关企业做了大量的工作，并取得良好的效果。

### 3.2.1　单坯轧制技术

薄规格热轧钢板轧制过程中轧辊凸度变化大，增加了板形控制的难度，轧制节奏快、轧制负荷大导致板形和表面质量恶化产品无法使用、轧制过程不稳定事故频发。要实现高质量薄规格热轧钢板的批量生产必须针对其轧制过程的特点，系统解决板形控制、轧制工艺、轧制过程稳定控制等关键技术问题。为此，珠钢提出了薄规格热轧钢板生产技术路线图（图 3）。

珠钢根据上述技术路线图，针对薄规格轧制过程中机架负荷较大、轧辊磨损严重、轧机振动剧烈、轧破堆钢甩尾等关键技术难题，提出轧辊凸度控制技术，包括热凸度模型、轧辊磨损模型和工作辊辊型，解决了轧辊凸度变化复杂、导致板形严重恶化的关键技术。通过研究轧机振动控制技术、微张力控制技术、轧件稳定运行控制技术和轧制时序控制技术，解决了轧制过程无法稳定进行的技术难题，堆钢、甩尾事故减少 90%。通过轧辊长寿技术，包括低应力抗剥落支撑辊辊型、新型工艺润滑技术、轧辊材质和辊径配置的研究，使前段、后段工作辊和支撑辊的轧制周期分别延长了 80%、33%和 50%。

通过采取上述措施，实现了薄规格产品的批量生产，以珠钢 2009 年 12 月为例：普通碳素钢 2.0mm 以下比例达 85%，1.5mm 以下比例达 53%，1.35mm 以下比例达 7.7%。武钢采用超薄规格轧制新技术已批量生产厚度 1.2mm、屈服强度 700MPa 级超高强钢和厚度 1.4mm、碳质量分数 0.3%～1.0%复杂成分钢，产品已广泛应用于汽车、集装箱、工程机械、特种设备、高端锯片以及专用器具等领域。唐钢采用超薄规格轧制新技术最薄生产规格达到 0.8mm，已批量生产厚度 1.0mm 薄规格产品。

### 3.2.2　半无头轧制技术

半无头轧制技术能显著提高产品的厚度精度和板形质量，同时提高产品的通卷组织性能稳定性、均匀性和成材率。近年来，唐钢、涟钢和马钢等多家薄板坯连铸连轧生产企业在工艺、设备等方面做了大量工作。涟钢采用长 269m、厚 70mm 超长连铸坯轧制出 0.77mm 的热轧超薄宽带钢，并具有良好的技术

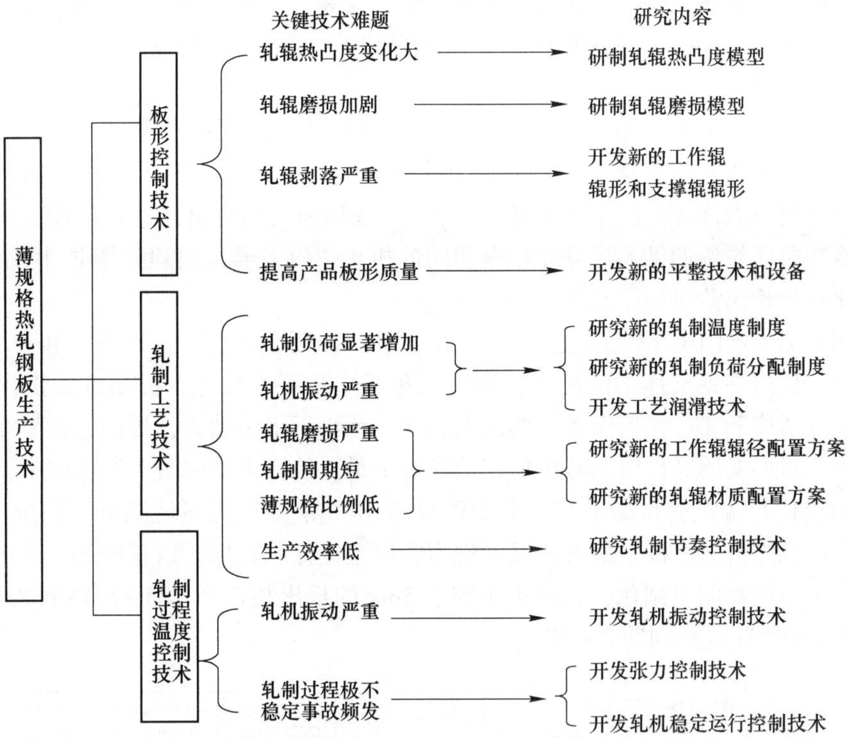

图 3 薄规格热轧钢板生产技术路线图

指标。目前已采用半无头轧制技术批量生产高质量薄及超薄规格宽带钢系列产品，包括中低碳钢、冲压用钢、低合金高强钢、双相钢和电工钢等 12 个钢种。

目前，涟钢采用半无头轧制技术能实现：（1）超长铸坯温差波动控制在 30℃以内（温差小于等于 20℃达 97%）；（2）F1～F7 机架间的张力波动在 2MPa 以内；（3）厚度不超过 2.0mm 板凸度控制在±20μm 内达 99%，中心厚差在±20μm 内超过 97%，平坦度控制在±15IU 内超过 98%；（4）终轧温度命中率（±10℃）达 98.3%，卷取温度命中率（±15℃）超过 99%；（5）6000m 余超长带钢 Q235（一切四）屈服、抗拉强度波动低于 15MPa，伸长率波动低于 2%；（6）薄规格（$h \leq 2.0$mm）超薄规格（$h \leq 1.5$mm）占半无头轧制总产量的比例达到 96%以上；（7）堆钢事故率从 1.67 次/万 t 降低到 0.57 次/万 t。

## 3.3 薄板坯连铸连轧微合金化技术

微合金化技术是提高钢材综合性能的有效的技术措施，基于传统流程的微合金化技术的研究有几十年的历史，已形成了较系统的理论体系，而薄板坯连铸连轧流程存在许多有别于传统流程的特点，对薄板坯连铸连轧流程微合金化元素的行为产生较大影响，使薄板坯连铸连轧工艺条件下的微合金化技术具有新的特征，如薄铸坯直接热装、较低的均热温度、较短的均热时间、粗大的铸态组织直轧等，微合金元素的固溶、析出特点及其对再结晶、相变的影响规律必然不同于传统流程，其工艺控制原则也不能简单套用传统流程中的情况。

随着薄板坯连铸连轧技术的推广应用，人们研究了基于薄板坯连铸连轧流程微合金化技术的相关问题，取得了许多成果，初步形成了薄板坯连铸连轧微合金化技术体系的框架。

### 3.3.1 薄板坯连铸连轧钛微合金化技术

钢中常用微合金元素 Nb，V，Ti 中钛是最廉价的微合金元素，特别是中国拥有占世界储量 46%的钛资源。因此中国发展钛微合金化技术对提高产品的竞争力具有重要的意义。然而，钛微合金钢的性能对成分、温度、变形和冷却速度的敏感性较大，造成传统流程钛微合金钢性能波动大的问题，限制了钛微合金化技术在传统流程中的广泛应用。薄板坯连铸连轧流程良好的温度均匀性和洁净钢冶炼技术的进步为钢带性能的稳定创造了条件。开展薄板坯连铸连轧钛微合金化技术的研究可为低成本、高性能钢的生产开辟出一条新的途径。

从 2003 年开始，珠钢与北京科技大学、钢铁研究总院合作，系统研究了薄板坯连铸连轧流程钛微合金金化技术的相关问题，对钛微合金化技术有了新的认识。珠钢、武钢据此开发出钛微合金化钢生产技术，批量生产屈服强度为 450~700MPa 级的钛微合金化高强和超高强耐候钢，产品已广泛应用于集装箱、汽车和工程机械制造等领域。

（1）确定了薄板坯连铸连轧流程中各含钛（Ti）析出物的析出规律。大量的 TiN，TiC 和 $Ti_4C_2S_2$ 的析出物存在于薄板坯连铸连轧流程生产的钛微合金化钢中，这些析出物形成于连铸到卷取的各阶段，并有其各自特点：在连铸以及冷却阶段中 TiN 和 $Ti_4C_2S_2$ 的液相和固相析出，连轧阶段奥氏体中 TiC 的形变诱导析出，层流冷却阶段更细的纳米尺寸 TiC 在相间的析出，以及卷取阶段铁素体中 TiC 的过饱和析出。图 4 是各类含钛化合物析出阶段的示意图。

（2）提出“Mn-Ti 协同 TiC 粒子细化技术”，通过 Mn-Ti 复合添加并控制终轧和卷取温度，抑制 TiC 在奥氏体中的析出、促进在铁素体中的析出，同时细化析出相平均尺寸，提高沉淀强化作用。锰降低奥氏体中钛，碳原子的活度和 TiC 在奥氏体中的过饱和度，减小析出驱动力，提高锰含量能够推迟热连轧过程中 TiC 在奥氏体中的形变诱导析出，减少形变诱导析出量，使更多钛固溶于奥氏体中，增加铁素体区析出量。因此，采用较高的锰含量和高于 TiC 形变诱导析出“鼻尖”的终轧温度，减少形变诱导析出量；同时将铁素体中 TiC 沉淀析出形核率最大的温度作为卷取温度控制目标，以获得最佳的析出细化效果。通过上述措施，钢带中析出物明显细化，粒径小于等于 5nm 的析出相比例从 5%提高到 23%，如图 5 所示，沉淀强化作用从约 130MPa 提高到约 200MPa。

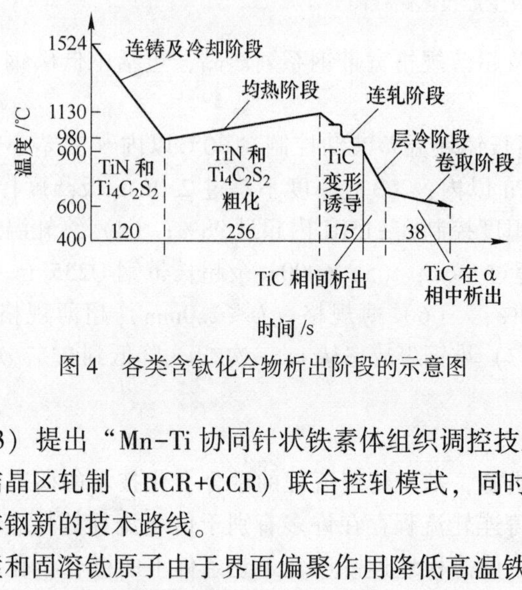


图 4 各类含钛化合物析出阶段的示意图

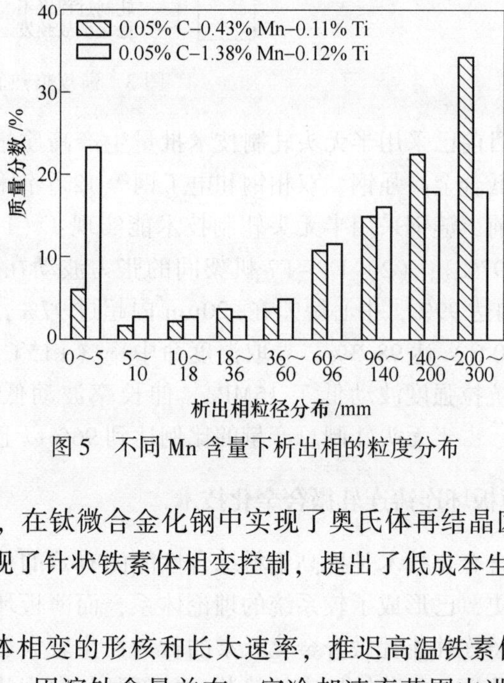


图 5 不同 Mn 含量下析出相的粒度分布

（3）提出“Mn-Ti 协同针状铁素体组织调控技术”，在钛微合金化钢中实现了奥氏体再结晶区轧制+未再结晶区轧制（RCR+CCR）联合控轧模式，同时实现了针状铁素体相变控制，提出了低成本生产针状铁素体钢新的技术路线。

锰和固溶钛原子由于界面偏聚作用降低高温铁素体相变的形核和长大速率，推迟高温铁素体相变，有利于针状铁素体组织的形成。因此，采用提高锰含量、固溶钛含量并在一定冷却速率范围内进行加速冷却的方法可获得中温相变针状铁素体组织。同时，热连轧上游机架充分利用固溶钛原子对奥氏体再结晶抑制作用较弱的特点，采用高温大变形促进铸态奥氏体再结晶细化和均匀化，在热连轧下游机架利用少量 TiC 形变诱导析出就可以强烈抑制奥氏体再结晶的特点，进行未再结晶区轧制，提高奥氏体缺陷密度，为针状铁素体组织的细化创造条件。通过 Mn-Ti 复合添加并实施严格的控轧控冷工艺，获得了针状铁素体组织，平均晶粒尺寸 2.9~3.8μm（图 6）。

#### 3.3.2 薄板坯连铸连轧钒微合金化技术

钒微合金化技术是最早应用于薄板坯连铸连轧流程的微合金化技术。通过大量的基础研究和生产实践，人们已认识到钒在奥氏体中固溶度大、析出温度低、对粗晶奥氏体再结晶的抑制作用小的特点，与薄板坯连铸连轧流程加热温度低、加热时间短、铸造粗晶组织直轧的特点相适应，特别是氮含量高的电炉→薄板坯连铸连轧流程更有利于发挥钒的作用。

采用钒微合金化技术可获得较高的强度，但传统流程上的钒微合金钢的主要强化机制是 V（C，N）粒子的沉淀强化，在强度提高的同时韧性却降低。通过研究薄板坯连铸连轧钒的固溶与析出规律，合理控制连铸和均热工艺，可在薄板坯连铸连轧铸坯上获得纳米级 V（C，N）析出物，并通过其细化晶粒的作用，获得超细化组织，使产品在具有高的强度的同时具有良好的韧性。

珠钢与钢铁研究总院基于电炉→薄板坯连铸连轧流程采用 V-N 微合金化技术获得铁素体晶粒尺寸 3~4μm 的超细晶组织（图7）。钒微合金钢组织演变研究表明：铸坯中有大量的析出物，以 V（C，N）为主并有少量 TiN 或（Ti，V）（C，N）复合析出，平均粒度仅数十纳米。强化机制分析表明，晶粒超细化对强度贡献为 300~320MPa，晶格阻力、固溶强化以及珠光体组织强化的综合贡献约 200MPa，沉淀强化对强度贡献为 60~100MPa。研究认为：热连轧开始前铸坯中大量存在的 V（C，N）析出物，通过抑制后续热连轧过程中变形奥氏体再结晶晶粒长大和促进晶内铁素体形成，使带钢铁素体组织超细化；薄板坯连铸连轧 V-N 微合金钢的强化机制是以细晶强化为主、沉淀强化为辅；钢中部分钒在热连轧前已沉淀析出，导致在铁素体中细小析出物减少，从而减小沉淀强化增量。

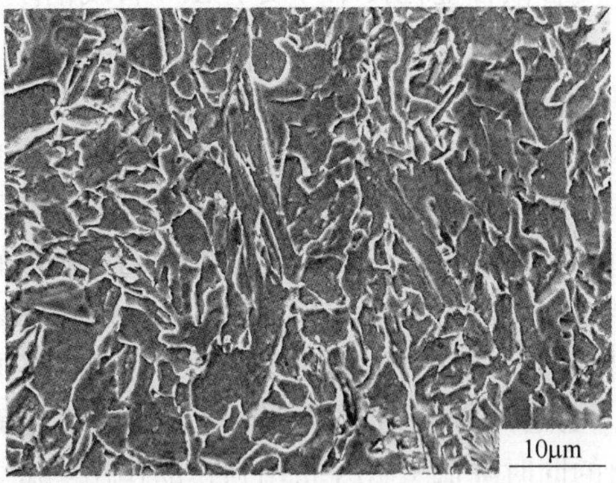


图6 Mn-Ti 微合金化钢成品钢带的微观组织

图7 6.3mm V-N 微合金带钢的微观组织

珠钢通过 V-N 微合金化技术，已在电炉→薄板坯连铸连轧流程上生产出屈服强度达到 550MPa 级高成形性结构钢，铁素体晶粒尺寸 3~4μm。马钢和安徽工业大学在转炉—薄板坯连铸连轧流程上采用钒氮微合金化技术开发了 X60 管线钢和 Q345D、Q460D 低合金高强度钢，研究结果表明：X60 的金相组织由多边形铁素体和微量珠光体组成，铁素体晶粒尺寸细化至 5μm 以下；CSP 流程存在 V（C，N）析出不充分的现象；X60 的主要强化机制为细晶强化，V（C，N）沉淀强化产生的强化增量约为 60MPa，纳米析出物产生的强化增量约为 40MPa。

### 3.3.3 薄板坯连铸连轧铌微合金化技术

试验研究结果和工业化生产经验表明，混晶是铌微合金化技术应用于薄板坯连铸连轧流程面临的关键技术问题，为此，人们展开了系列的研究并找到一定程度上解决问题的办法。

产生混晶的直接原因是在奥氏体部分再结晶区的变形。导致在奥氏体部分再结晶区变形的原因主要有：薄板坯连铸连轧流程轧前的奥氏体组织是粗大的铸态树枝晶组织，原始奥氏体由树枝晶向等轴晶的转化、等轴组织的均匀化、细化都是在变形过程中完成的，难度比传统流程大很多，这是薄板坯连铸连轧流程本身带来的问题；铌是阻止奥氏体再结晶最有效的元素，随着铌含量的增加，奥氏体再结晶温度将显著提高，减小了奥氏体完全再结晶的温度区间，这是铌微合金化带来的问题。如果在薄板坯连铸连轧过程中粗大奥氏体再结晶不完全，已发生再结晶的奥氏体较细小，未发生再结晶的奥氏体晶粒较粗大，那么细小的奥氏体将转变成细小的铁素体，粗大的奥氏体将转变成粗大的铁素体，从而导致组织不均匀即混晶。

解决混晶问题的关键是避免在部分再结晶区的变形。为此，解决混晶问题的技术方案如下。

（1）通过适度控制铌含量来控制奥氏体完全再结晶温度，保证在奥氏体完全再结晶温度以上的充分变形，从而获得均匀的奥氏体组织。目前铌质量分数控制在 0.05%以下可以避免混晶问题。

（2）合理调整轧制过程的负荷分配，尽可能增加轧机前段 F1、F2 和轧机后段 F5、F6 的负荷，降低轧机中段 F3-F4 的负荷。目的是尽可能扩大在奥氏体完全再结晶区变形的效果，使粗大奥氏体通过充分的再结晶使晶粒细化、均匀化；最大限度地减小在部分再结晶区的变形；最大限度地在未再结晶区使奥氏体“饼形化”，为相变细化晶粒创造条件（图8）。

（3）尽可能提高开轧温度，即提高 F1、F2 的变形温度，避免这两道次变形进入奥氏体部分再结晶区。

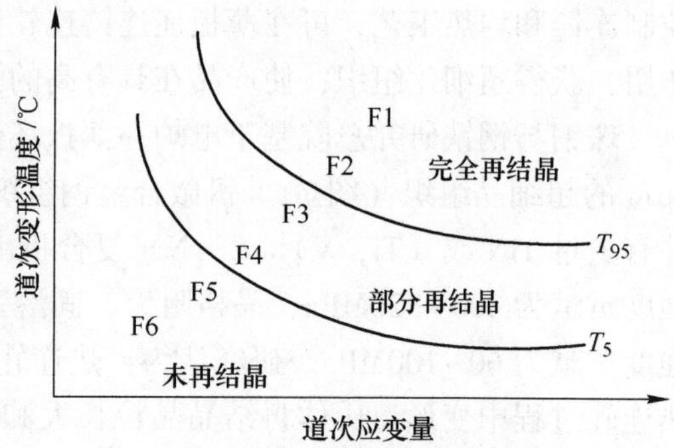


图 8 轧机负荷分配示意图

目前，铌微合金化技术已广泛地应用于薄板坯连铸连轧流程。珠钢采用 Nb-Ti 复合微合金化技术开发了 QStE340-460TM 系列高强汽车用钢；用 60mm 铸坯开发出 9.5mm 的 X60 管线钢和 7.1mm 的 X65 管线钢以及 J55 石油套管用钢。涟钢开发了汽车大梁板 LG510L、LG590L 和 Q345C。包钢开发了 X52、X56 和 X60 等系列管线钢和 J55 石油套管等产品，利用铌、钛复合微合金化技术开发了汽车冲压结构用高强度钢带 QStE380TM、FAS355L。马钢开发了低合金高强度钢 Q460D。邯钢开发了汽车大梁板 H510L，采用铌、钒、钛复合微合金化技术开发了 X60 管线钢。

#### 3.3.4 硼微合金化技术

薄板坯连铸连轧流程生产的热轧板卷组织细化、强度偏高，不适于用做冷轧原料，受在传统流程上向低碳铝镇静钢加入微量硼能够实现晶粒粗化的经验启发，人们研究了薄板坯连铸连轧硼微合金化技术。

薄板坯连铸连轧流程不加硼钢的铁素体的晶粒度为 9~10 级、晶粒尺寸为 13.8μm，采用硼微合金化技术加硼后铁素体的晶粒度为 7~8 级、晶粒尺寸为 23.3μm。研究表明：薄板坯连铸连轧流程热轧前铸坯中析出的细小 AlN 颗粒是抑制变形奥氏体再结晶长大并导致最终产品铁素体组织细化、强度偏高的主要原因；粗大 BN 在高温奥氏体中的优先析出显著抑制钢中细小 AlN 的析出，减弱了 AlN 在晶界的钉扎作用，另外硼元素在奥氏体晶界的偏聚抑制了铁素体形核，上述两方面的原因共同导致薄板坯连铸连轧硼微合金化钢晶粒的粗化；粗大 BN 析出抑制细小 AlN 析出的同时降低了 AlN 析出强化的作用、微合金硼与钢中 N 结合形成 BN 能有效降低钢中自由氮含量、以及晶粒粗化 3 方面的原因使薄板坯连铸连轧硼微合金化钢强度显著降低。

珠钢采用硼微合金化技术，钢中 B/N 质量分数范围控制在 0.3%~0.8%，同时降低 C、Si 和 Mn 等强化元素及 O，N，S，P 等杂质元素含量，开发出冷轧原料 SPHC、SPHD 和 SPHE，产品组织显著粗化、强度降低。唐钢采用硼微合金化和铁素体轧制等技术措施，使 SPHD 钢的平均屈服强度降到 230MPa，比传统流程生产的同类产品降低 61MPa。马钢采用硼微合金化技术生产 SPHC 钢，发现加硼钢的屈服强度比不加硼钢的平均降低约 19MPa。涟钢加入质量分数为 0.003%~0.007%的硼使屈服强度降低 20~30MPa。

薄板坯连铸连轧冷轧原料用钢采用硼微合金化确实可以起到增大热轧板的晶粒尺寸，从而降低屈服强度作用。但进一步的研究表明，加硼后的冷轧原料冷轧退火后的冲压性能比不加硼的下降（如 $r$ 和 $n$ 值、有利织构降低、屈强比提高等），因此现在薄板坯连铸连轧冷轧原料用钢不添加硼，而是通过控制 C，Si 和 Mn 成分，控制钢中纳米 AlN 析出及晶粒细化，控制均热、热轧、冷却方式和路径以及提高卷取温度等措施，从而降低钢的屈服强度。

### 3.4 中高碳钢生产技术

中高碳钢是薄板坯连铸连轧技术两类难生产的钢种（奥氏体不锈钢，含 $w(\mathrm{C})\geqslant0.6\%$ 和 $w(\mathrm{Mn})\geqslant0.45\%$ 的高碳钢）之一。中高碳钢的特点是凝固速度慢、热强度差、裂纹敏感性大、容易产生表面裂纹；钢的液相线温度低，浇注温度和浇注速度低；初生坯壳凝固收缩小容易产生粘结漏钢。

薄板坯连铸连轧流程钢水凝固速率高，铸坯在均热炉温度低、时间短，道次压下量大，有助于抑制化学成分偏析、细化非金属夹杂物、降低表面脱碳、减小珠光体片层间距，一定程度上缓解了传统流程生产中高碳板带钢存在的成分偏析、表层脱碳、组织性能不稳定等问题，适于生产高质量的中高碳钢板带。

目前，珠钢、涟钢、武钢和唐钢等基于薄板坯连铸连轧流程开发并批量生产中高碳优质碳素钢（30，45，50，60 和 65）、碳素工具钢（T7，T8，T10，SK85，SK4，SK5 和 M100）、弹簧钢（65Mn 和 60Si2Mn）、合金结构钢（20CrMo，30CrMo，42CrMo，40Cr 和 50CrV4）及合金工具钢（75Cr1，8CrV2 和 SKS51）等在内的 5 个系列、35 个牌号的中高碳钢，最高碳质量分数达到 1.0%，拓展了薄板坯连铸连轧流程的产品范围，产品已广泛应用于汽车制造、工程机械、特种设备、高端锯片以及专用器具等领域。

与传统热连轧流程相比，薄板坯连铸连轧流程生产的中高碳钢板带具有良好的产品质量：碳的最大偏析度小于1.2，较传统流程的2.0有明显改善；单面脱碳层深度小于1.0%，为传统流程脱碳层深度的30%~60%；厚度波动小于±10μm（头尾部分小于±25μm），平直度控制在±10I之内，凸度偏差小于±10μm；珠光体片层间距显著减小，有利于提高材料的综合性能。

## 3.5 硅钢生产技术

当今冷轧硅钢以高性能为技术发展方向，产品趋向薄、铁损更低、磁感更高为主攻目标，紧紧围绕着薄板坯连铸连轧工艺流程的改进展开研究。继德国蒂森1999年首次利用CSP流程生产无取向硅钢之后，意大利AST钢铁公司（该公司已被德国蒂森克虏伯钢铁公司收购）在特尔尼（Terni）建成的CSP流程不仅生产过无取向硅钢，而且还生产过一般取向硅钢和高磁感取向硅钢。中国利用薄板坯连铸连轧流程生产硅钢也取得了较好的效果，特别是中低牌号无取向硅钢的生产技术取得了重大成果。

国内涟钢、唐钢、邯钢、通钢、马钢和武钢等多家薄板坯连铸连轧生产厂纷纷开展了无取向硅钢的开发研究。其中，马钢于2005年3月CSP流程第1次（第1炉）生产，钢号为MGW540，MGW800和MGW1300，冷轧工序在武钢完成，2006年实现批量生产和供货，2007年40万t冷轧生产线投产。当年生产牌号为M50W1300，M50W1000，M50W800，试验M50W600和M50W470，生产产品铁损低和磁感高。目前CSP系统生产的最高牌号M50W470，铁损低于3.5W/kg，截至2013年累计生产中低牌号无取向硅钢183万t。涟钢主要生产半工艺无取向硅钢为主。唐钢FTSR生产线生产的无取向硅钢TCW800。邯钢生产H50W800冷硬卷，生产高效电机用无取向硅钢。武钢在不断消化CSP线生产技术的基础上，取得了新的突破，已批量生产中低牌号无取向硅钢（50W1300—50W470），通过大生产开发出取向硅钢，解决生产中的一些技术难题。

# 4 展望

面对目前钢铁产能过剩，特别是热轧板卷严重过剩的现实，薄板坯连铸连轧生产线面临传统产线日益严峻的挑战。近30年薄板坯连铸连轧技术发展历程表明，与传统热连轧产线相比，薄板坯连铸连轧生产线在部分高附加值产品以及制造成本方面具有明显的优势，相信通过发挥流程优势和解决存在的问题，薄板坯连铸连轧技术将具有更加广阔的发展前景。

（1）充分发挥薄板坯连铸连轧产线在生产薄规格、高强度、复杂成分钢（包括中高碳钢和硅钢）等产品方面的优势，与传统产线合理分工，提高薄板坯连铸连轧产线的盈利能力和竞争力。

（2）继续开展均热炉炉底辊结构和材料的研究，解决产品表面质量，特别是下表面不良的问题，为高附加值产品开发生产奠定基础，如高牌号电工钢。

（3）开展连铸机高拉速技术的研究，一方面使连铸工序与热连轧工序生产能力的匹配更趋合理，提高整体产线的竞争力，另一方面进一步改善铸坯的质量，扩大品种范围。

（4）研究开发辊底式均热炉的节能技术，进一步降低能耗，提高产线竞争力。

（5）无头轧制关键技术和装备的研究开发，实现无头轧制技术的国产化，推动无头轧制技术的产业化。

（原载《钢铁》，2014（7））

# CSP 产线高强钢冶炼关键工艺技术

杜秀峰　王春锋　刘先同　赵继宇　谭佳梅　吴维轩　朱志强

薄规格高强钢 WYS700 在满足安全要求的同时达到减重、降耗、减排的目的，因此成为新一代环境友好型材料，市场应用前景广阔。与常规产线相比，CSP 生产的高强钢要避开包晶区，WYS700 钢成分范围窄，P、N 等钢中有害元素含量要求严，成分精准控制难度大。而且结晶器水口尺寸小，最窄处仅 40mm，所以当钢水中夹杂物种类、尺寸、数量和分布处置不当时易造成水口结瘤。另外，由于合金成分含量高，裂纹敏感性强，连铸机采用漏斗形的结晶器，高拉速（拉速比常规产线高 3~6 倍）条件下坯壳承受应力大，容易出现铸坯表面质量缺陷甚至漏钢。因此，设计合适的钢水成分、工艺流程，严格控制夹杂物，改善钢水可浇性，控制漏钢率及提高铸坯质量是高强钢炼钢的关键技术。2011 年至今，武汉钢铁股份有限公司（以下简称武钢）CSP 产线工程技术人员一直致力于高强钢关键工艺技术研究和应用。

## 1　高强钢成分设计及工艺流程确定

### 1.1　成分设计

根据 CSP 产线的工艺特点，考虑现场生产稳定性和带钢的焊接与成型性能，高强钢 WYS700 主要成分设计参照以下原则：1）为回避结晶器内钢水包晶反应给铸机浇铸过程带来的漏钢风险，通过中碳和低碳成分体系的对比工艺试验结果，选择低碳成分体系：$w(C) = 0.03\% \sim 0.07\%$；2）为保证薄材轧制过程稳定且满足温度要求，添加高温控轧合金元素 Ti（$w(Ti) = 0.03\% \sim 0.15\%$），并辅助添加一定量的 Cr、V 元素，以降低轧制负荷，同时利用细晶强化和 TiC 的析出强化作用保证带钢的强度；3）Mn 和 Si 为主要固溶强化元素，但 Si、Mn 加入会增加高温轧制负荷，且 Mn 过高导致珠光体条带的形成，Si 过高不利于表面氧化铁皮的去除，因此控制 $w(Mn) = 1.3\% \sim 1.9\%$，$w(Si) = 0.1\% \sim 0.4\%$。

为保证产品的成型和焊接性能，充分发挥 Ti 的微合金化作用，对钢中有害元素 P、S、N 等元素含量提出严格要求，具体成分设计见表 1。

表 1　高强钢 WYS700 成分设计（$w_B$）　（%）

| C | Si | Mn | P | S | Ti | Cr | N |
|---|---|---|---|---|---|---|---|
| 0.03~0.07 | 0.1~0.4 | 1.3~1.9 | ≤0.020 | ≤0.01 | 0.03~0.15 | ≤0.5 | ≤0.008 |

### 1.2　工艺流程选择

根据 LF、RH 工艺流程的特点，结合钢种化学成分和现场生产的实际状况，初期拟定了 3 条工艺流程，即：1）BOF→LF→CC（LF），2）BOF→RH→CC（RH），3）BOF→LF→RH→CC（LF+RH），并进行了对比工艺试验，试验结果见表 2。

表 2　不同工艺路线的成分控制结果对比

| 工艺流程 | C 命中率/% | Ti 收得率/% | 成品 $w(N)/10^{-6}$ | 离站温度/℃ | 优势 | 劣势 | 生产组织难易程度 |
|---|---|---|---|---|---|---|---|
| LF | 60 | 65 | 80 | ±5 | 过程温度、节奏受控 | LF 加热过程增氮，成品氮高成分精确控制难度大 | 易 |
| RH | 90 | 86 | 30 | −20 | 成分控制精度高合金收得率高 | 过程温降大，真空需吹氧升温钢水离站温度波动大 | 难 |

续表 2

| 工艺流程 | C 命中率/% | Ti 收得率/% | 成品 $w(N)/10^{-6}$ | 离站温度/℃ | 优势 | 劣势 | 生产组织难易程度 |
|---|---|---|---|---|---|---|---|
| LF+RH | 100 | 84 | 31 | ±5 | 成分、温度、节奏均能满足设计要求 | 工艺流程长 | 易 |

由表 2 可知，LF 工艺过程温度、节奏受控，但加热过程增氮，成品氮含量高不能满足设计要求；RH 工艺控制较好，但合金量大温降较大，RH 温度补偿能力有限，是该工艺的控制难点；LF+RH 双联工艺的合金收得率和成分命中率高，且过程增氮少、成品氮含量低，对过程成分控制更有利。因此选择 LF+RH 作为高强钢批量生产的工艺路线。

## 2 非金属夹杂物控制

生产初期，考虑到部分夹杂物可能存在于高熔点区域，为使钢液清洁化，通过真空处理工艺减少 $Al_2O_3$ 和 $TiO_2$ 等高熔点夹杂物含量，并适当提高拉速，试验是否存在顺利浇钢的可能。但多次试验证明，采用常规工艺（未采用钙处理）浇铸过程并不顺利。塞棒从第 2 炉开始已呈上涨趋势，浇至第 3 炉尾期或第 4 炉刚开浇时便出现水口结瘤导致塞棒上涨，为了浇铸安全不得不采取自动尾出的措施，检查发现水口内壁富集大量淡黄色的附着物。

### 2.1 夹杂物特性

从浇次第 2 炉开始，在真空结束前提取的钢水试样，利用扫描电镜观察非金属夹杂物形貌，夹杂物以 $Al_2O_3$ 夹杂为主，并含有少量的 $TiO_2$ 夹杂，且夹杂物中尖晶石（$MgO-Al_2O_3$）的含量有所增加，夹杂物的尺寸基本小于 10μm。

对夹杂物进行了系统检测，发现夹杂物中 MgO 含量较高，分析主要原因为大罐渣线部位侵蚀较严重，为保证渣线寿命对其进行喷补，喷补料主要为镁质材料，钢包炉加热过程中部分镁质材料进入钢液，氧化后导致钢中 MgO 含量较高。根据夹杂物类型和数量将夹杂物绘制在 $MgO-CaO-Al_2O_3$ 的三元相图中，所处区域如图 1 所示，从图 1 可以看出夹杂物基本处于高熔点范围，这类夹杂物熔点约为 1450~1650℃，在浇铸过程仍处于固态，是导致钢水流动性变差、浇钢无法顺利进行的根本原因。

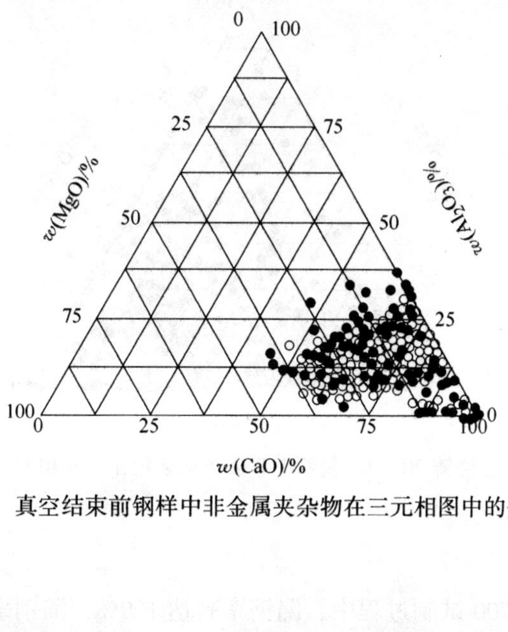


图 1 真空结束前钢样中非金属夹杂物在三元相图中的分布

### 2.2 夹杂物的控制措施

鉴于夹杂物基本上集中在 $MgO-CaO-Al_2O_3$ 三元相图中的高熔点区域，要使浇钢得以顺利进行，采用以下 2 种办法对夹杂物进行控制：

1）按照传统做法，先将熔渣适当处理，使其达到钙处理的条件，然后对钢液进行钙处理，使夹杂物进入到低熔点的范围；2）可以考虑采用轻钙处理的方式，即在熔渣基本满足钙处理的条件下，不再进一步处理熔渣，对夹杂物进行适当干预，使得夹杂物不再集中在高熔点范围，使其分散从而改善钢水流动性。这样做的好处是简化了处理工艺，降低了生产成本。因此，根据集装箱钢轻钙处理的成功经验，对高强钢精炼工艺进行了部分优化后，RH 精炼过程中熔渣（具体组分见表 3）已满足精炼需求，因此未对熔渣做特殊处理。

表 3　真空处理后熔渣对比

| $w_B$/% | | | | | $R$ |
|---|---|---|---|---|---|
| CaO | $SiO_2$ | $Al_2O_3$ | MgO | MnO | |
| 27.43 | 9.05 | 24.02 | 9.98 | 8.21 | 3.03 |

## 2.3　轻钙处理后钢中夹杂物特性

在 RH 循环结束后，对钢水进行轻钙处理（硅钙线用量 0.88kg/t，是正常处理的 1/3），轻钙处理工艺后，连浇炉数由 4 炉提高至 7 炉，达到对钢中 $Al_2O_3$ 夹杂进行变性的目的，大幅减少了钢中大颗粒夹杂，改善了钢水可浇性。根据浇铸结束水口内的夹杂物富集状况，可以判定采用轻钙处理的方式，如果生产计划允许，高强钢的最大连浇炉数可以提高到 10 炉左右。2 种工艺效果对比见表 4。

表 4　工艺优化前后钢中氧、氮含量对比

| 工艺 | RH 合金化结束 $w_B/10^{-6}$ | | 钙处理后 $w_B/10^{-6}$ | | 最大连浇炉数/炉 |
|---|---|---|---|---|---|
| | O | N | O | N | |
| 未钙处理 | 13.5 | 37.3 | 11.1 | 39.3 | 4 |
| 轻钙处理 | 13.8 | 35.2 | 10.6 | 33.4 | 7 |

采用轻钙处理工艺后，第 5 炉大包浇铸 20t 时从中间包提取的钢水试样中观察到的非金属夹杂物扫描电镜形貌，中间包钢中非金属夹杂物基本呈球形，主要是含有少量 $TiO_2$ 的钙铝酸盐夹杂物，在 MgO-CaO-$Al_2O_3$ 的三元相图中分布比较分散，且夹杂物的尺寸基本小于 5μm，在浇铸温度下基本呈液态分布，其夹杂物类型和分布见图 2。

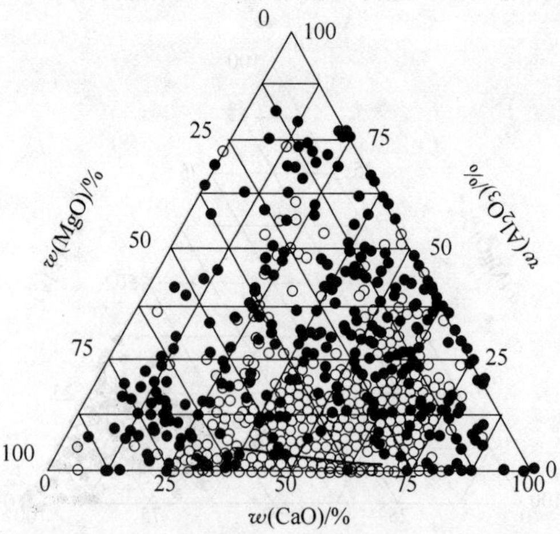


图 2　大包浇铸 20t 中间包钢中非金属夹杂物在三元相图中的分布

# 3　稳态浇铸技术

武钢 CSP 厂在高强钢 WYS700 试制过程中，漏钢率高达 1.9%，漏钢事故主要为开浇阶段的纵裂漏钢和正常浇钢过程的粘连漏钢。

## 3.1　开浇时纵裂漏钢的控制

1）开浇钢水的过热度及起步拉速优化。薄板坯的凝固过程属于快速凝固，由于冷却速率快，其包晶反应区域和包晶点的位置会发生变化。因此，CSP 连铸机在浇铸该钢种时，严格控制开浇时的钢水过热度不高于 38℃，过热度高于 42℃严禁开浇。

2）二冷水的优化。由于 WYS700 钢的成分设计，液固两相温度差较大，约为 30℃，是普碳钢的 2 倍，两相区较宽，因此，控制合适的二冷制度很重要。通过对二次冷却的实践摸索，确定了合适的冷却曲线，在拉速 4.0m/min 时比水量约为 1.87L/kg。

3）倒锥度的优化。对于 WYS700 钢，由于包晶反应凝固收缩大，倒锥度过小，铸坯窄边得不到结晶器的支撑，宽边坯壳会因钢水静压力而导致纵裂纹，但如果倒锥度过大，又会导致已经形成的铸坯凹陷加剧。

## 3.2 正常浇钢时粘连漏钢的控制

WYS700 钢在浇钢时发生粘连的部位在铸坯的 2 个宽面的中心。漏钢发生后，结晶器内通常留有“V”形的坯壳，结晶器下方的扇形 1 段上面有大量残钢。分析认为，WYS700 钢的粘连漏钢主要受保护渣的变性、结晶器流场的影响。

### 3.2.1 保护渣的优化

为控制粘连漏钢，对保护渣进行了优化。优化前后保护渣理化性能与拉速 4.0m/min 时的热流值对比见表 5。

**表 5 保护渣优化前后效果对比**

| 时间 | 碱度 | 黏度/Pa·s | 熔点/℃ | 热流/$MW \cdot m^{-2}$ | 保护渣用量/$kg \cdot t^{-1}$ |
|---|---|---|---|---|---|
| 优化前 | 1.03±0.1 | 0.147±0.5 | 1080±50 | 约 2.25 | 0.30~0.35 |
| 优化后 | 0.95±0.1 | 0.122±0.5 | 1055±50 | 约 2.45 | 0.40~0.45 |

优化后的保护渣碱度、黏度、熔点降低，而热流、用量增加。碱度降低后，热流增加，有利于坯壳厚度的增加，增强坯壳强度，以抵抗保护渣润滑效果变差后摩擦力的增加。同时，黏度、熔点降低后，保护渣的耗量增加，有利于保护渣变性后的及时更新，减缓保护渣的变性加重。

### 3.2.2 结晶器流场的优化

武钢 CSP 连铸机主要采用的是 2 种类型的水口，分别为Ⅰ型和Ⅱ型，其发生粘连漏钢的发生率见表 6。

**表 6 不同水口类型对 WYS700 钢粘连漏钢的影响**

| 水口类型 | 发生粘连漏钢次数 | 漏钢比率/% | 使用浇次数 | 水口类型 | 发生粘连漏钢次数 | 漏钢比率/% | 使用浇次数 |
|---|---|---|---|---|---|---|---|
| Ⅰ型 | 16 | 13.79 | 116 | Ⅱ型 | 4 | 3.67 | 109 |

从表 6 可见，使用Ⅰ型水口粘连漏钢率大幅增加。分析其原因为，Ⅰ型水口的流场上回流较Ⅱ型水口弱，一方面不利于钢水与保护渣的换热，熔化效果变差；另一方面也不利于吸附了 Ti 氧化物液渣的更新、消耗，导致液渣中含 Ti 的氧化物含量增多，保护渣的析晶作用导致传热性能变差。二者共同作用，恶化了保护渣的熔化润滑和传热，促进了粘连的发生。

通过采取上述综合措施，武钢 CSP 连铸机在生产 WYS700 钢时，漏钢事故大幅减少，综合漏钢率从 1.90%降至目前的 0.35%。

# 4 实施效果

高强钢未采用钙处理工艺时钢液中夹杂物以 $Al_2O_3$ 类为主，并含有少量的 $TiO_2$ 夹杂，且夹杂物中 $MgO-Al_2O_3$ 尖晶石的含量较高，夹杂物的尺寸基本小于 10μm。通过工艺优化和采用轻钙处理工艺后，中间包钢中非金属夹杂物基本呈球形，主要是含有少量 $TiO_2$ 的钙铝酸盐夹杂物，在 $MgO-CaO-Al_2O_3$ 的三元相图中分布比较分散，且夹杂物的尺寸基本小于 5μm。武钢 CSP 高强钢 WYS700 的主要经济技术指标和实物质量得到了显著提升，取优化前（2011-03—2012-12）15 炉数据与优化后（2013-01—2014-03）32 炉数据进行对比，见表 7。

表7　WYS700钢重点指标攻关前后对比

| 重点指标 | 优化前 | 优化后 | 重点指标 | 优化前 | 优化后 |
|---|---|---|---|---|---|
| 钢中平均 $w(P)$ | 0.018% | 0.013% | 典拉合格率 | 72.5% | 86.8% |
| 钢中平均 $w(N)$ | 0.0049% | 0.0031% | 保护浇铸吸氮质量分数不超过 $3\times10^{-6}$ 的合格率 | 94.3% | 98.2% |
| 成分内控率 | 82.3% | 95.8% | 裂纹改判率 | 5.5% | 0.45% |
| 离站温度合格率 | 83.3℃ | 93.3℃ | | | |

## 5　结论

1）根据LF和RH工艺的特点，综合考虑钢种化学成分和现场生产的实际状况，将LF+RH工艺作为CSP产线高强钢批量生产的工艺流程。

2）在RH钢水精炼过程中未对熔渣做特殊处理，仅精炼结束后对钢水采取了轻钙处理，达到对钢中$Al_2O_3$夹杂进行变性的目的，减少钢中大颗粒夹杂、改善钢水可浇性。通过轻钙处理工艺后，高强钢连浇炉数由4炉提高至7炉。

3）为减少铸坯纵裂、横裂缺陷，采取综合措施进行控制，如精准控制钢水成分、温度，选择合适的结晶器倒锥度、比水量，保证热流，规范操作等，使得高强钢漏钢率由1.90%降低到0.35%，铸坯裂纹的改判率由5.5%降低到0.45%。

（原载《炼钢》，2015（1））

# 倒角结晶器在武钢板坯连铸中的应用

李俊伟　杨新泉　唐树平　张　余　黄　君　徐之浩

## 1　倒角结晶器研究背景

武钢炼钢总厂三炼钢采用直弧形宽板坯连铸机，该铸机投产后有2个问题无法得到根治，其一是微合金化钢板坯角横裂缺陷时有发生；其二是超低碳钢、低碳钢热轧板卷的边部翘皮，主要分布在距钢板边缘大约20~30mm的区域，表现为舌状、块状或鱼鳞状等不规则形态，其比例高达25%以上。给正常生产组织和生产成本造成很大影响，严重影响炼钢及轧制2个工序的物流顺行。

大倒角结晶器技术成为控制铸坯边角部缺陷的有效措施之一，近年来已经引起了冶金工作者的广泛关注。该技术的目标是使得铸坯原有的直角改为两个钝角，用以消除铸坯角部的应力集中，同时达到提高角部温度的目的，从世界各大钢铁公司、技术研究院相继竞相开发该技术就可以清楚的表明这一事实。

因此，该武钢炼钢总厂三炼钢开展了板坯连铸新型倒角结晶器及其配套技术的研究与应用，并进行了大量的工业化生产试验。

据文献介绍，矫直过程中铸坯的最大等效应力和等效应变并不发生在铸坯的角部，而是窄面距角部30~40mm附近区域，故板坯窄面倒角部分边长度不能够太小，否则失去了采用它的意义。

## 2　倒角结晶器技术的应用

### 2.1　倒角结晶器技术应用概况

2013年4月至2013年8月倒角结晶器技术在3号机6流进行钢水浇铸试验。该铸机为引进德国和西班牙等国关键技术设备，双流2150mm板坯连铸机，生产铸坯断面为厚230mm，宽1350~2150mm；铸机冶金长度为37.4m，设计最高拉速为2.0m/min。主要用于生产汽车板、低合金钢、管线钢、容器钢、船板钢等等，其中每年生产约100万吨铌、钒、钛微合金化钢。

2.1.1　基本指标

(1) 铸坯断面规格为厚度230mm，宽度1350~2150mm。

(2) 钢种为超低碳钢、低碳钢、微合金化钢（管线钢、船板钢等）等。

(3) 连铸机拉速为0.8~1.5m/min。

(4) 连铸坯角部无缺陷率不低于99.7%。

(5) 结晶器窄边铜板镀层的一次使用寿命大于600炉。

2.1.2　与直角结晶器对比分析

2.1.2.1　热态铸坯形貌

倒角铸坯和直角铸坯在矫直段测温如表1所示，出扇形段温度如表2所示，可以看出在矫直段倒角铸坯窄面比直角铸坯窄面温度高126℃，铸机出口高20℃。

**表1　矫直段测温结果**

| 铸坯 | 温度/℃ | | | |
|---|---|---|---|---|
| 倒角 | 倒角面 | 830 | 窄面 | 900 |
| 直角 | 角部 | 730 | 窄面 | 784 |

表 2　出扇形段测温结果

| 铸坯 | 温度/℃ | | | |
|---|---|---|---|---|
| 倒角 | 倒角面 | 730 | 窄面 | 800 |
| 直角 | 角部 | 710 | 窄面 | 780 |

试验过程中，通过矫直前铸坯角部温度的在线检查，发现相同拉速下倒角结晶器技术能够提高连铸坯的角部温度，矫直过程中倒角坯角部温度可提高 100～120℃，达到 850℃以上，有利于角横裂纹的控制。

2.1.2.2　铸坯低倍分析

低倍分析得到铸坯边部横截面组织如图 1 所示。可见，铸坯三角区为细小致密的等轴晶组织。此外铸坯斜面有所凹下，凹下量大约为 2mm。表 3 为板坯角部酸洗结果。

图 1　铸坯横截面形貌

表 3　板坯角部酸洗结果

| 取样炉次 | 坯号 | 取样位置 | 酸洗结果 |
|---|---|---|---|
| 2<br>（6 流倒角） | 332417603 | 内弧左侧 | 正常 |
| | | 内弧右侧 | 正常 |
| | | 外弧左侧 | 正常 |
| | | 外弧右侧 | 正常 |

## 2.2　倒角结晶器在试验过程中的优化

在倒角结晶器使用过程存在的问题主要有：（1）窄面倒角处出现了角部结疤缺陷，又称渗钢条，渗钢条的长度可达 500mm，铸坯窄面形貌及横向局部凝固组织如图 2 所示。

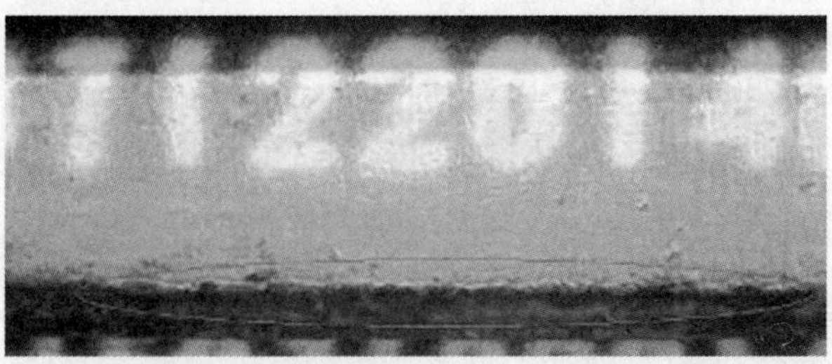

图 2　倒角型板坯窄面角部结疤及凝固组织形貌

从图 2 所示的凝固组织形貌来看，渗钢条横截面为致密细小的等轴晶组织，与正常表面的激冷层相同，在渗钢条与铸坯的结合处未见存在柱状晶间的微裂纹。角部火焰清理深度为 1～2mm 后，铸坯典型角部形貌照片如图 3 所示。可见，渗钢条处没有皮下角纵裂纹，即渗钢条对应的铸坯角部不存在深度超过 2mm 的皮下纵裂纹。

在没有明显皮下角纵裂的情况下，出现上述渗钢条的原因是：角部温度偏高，坯壳较薄，抗挤压能力差，调宽过程中由于窄面铜板的挤压导致钢水溢出渗入到坯壳角部外表面。

（2）角纵裂缺陷，缺陷均发生在倒角坯窄面平直面与斜面相交的倒角部位，典型照片如图 4 所示。

图 3　扫角处理后倒角坯窄面角部典型形貌

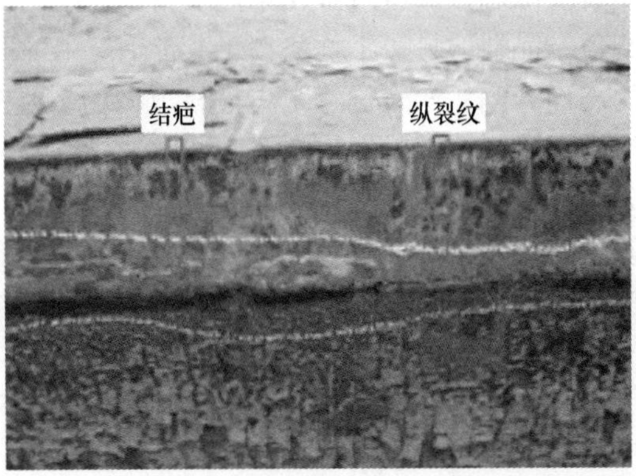


图 4　生产 M2A1 时倒角型板坯角部的结疤与纵裂

角部结疤过程是：先出现凹陷同时弯月面钢水立即渗入到凹陷与铜壁之间的气隙内。对纵裂位置进行了扫描电镜观察，发现裂纹内部存在 MgO、CaO 等夹杂物，如图 5 所示。由此说明，角纵裂及结疤在结晶器内发生，倒角结晶器窄面铜板工作面的结构应进一步优化以适应超低碳钢和低碳钢的凝固收缩。

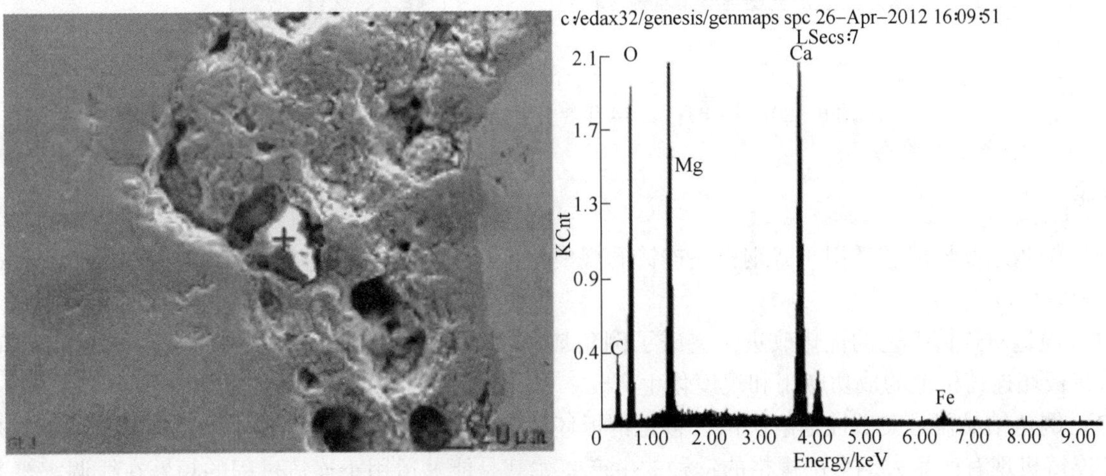


图 5　角部纵裂纹内部的扫描电镜分析

针对角部渗钢条及纵裂缺陷，采取了如下控制措施：

(1) 改进倒角结晶器铜板工作面结构，增加低碳钢、超低碳钢的总锥度；

(2) 增加结晶器窄面水量；

(3) 低碳钢在现有基础上增加窄面足辊水量；

(4) 防止结晶器出现“跑锥”；

(5) 稳定拉速及结晶器液位。

另外，三炼钢优化了配套工艺使得倒角结晶器适用于在线调宽。倒角结晶器对角缝的控制相对更高，采用在线调宽后，窄、宽面铜板之间的夹渣必然相对严重，在角缝填补材料的优化、铜板侧面的清渣方面开展了大量工作，这对角部纵裂的控制起到了关键作用。目前，除武钢外，国内外尚无企业采用倒角结晶器进行在线调宽规模化生产。

经过前期不断摸索和改进，倒角坯的角部渗钢结疤现象未再发生，在后续的生产过程中未出现批量边裂和翘皮现象，由此确保倒角结晶器能够适应于现有产品大纲中全部钢种的规模化生产，结晶器寿命达 800 炉以上，能够满足现场使用和周转要求。

### 2.3　倒角坯的轧制情况

自 2013 年 4 月~2014 年 1 月，采用倒角结晶器技术在 3 号连铸机进行了多轮次的双流对比试验，累计浇注 4851 炉 93.5 万吨钢水，累计出现角部结疤和渗钢条缺陷的板坯为 4 块，角横裂缺陷的板坯为 16 块，其余板坯均未出现角部裂纹缺陷，可见倒角结晶器技术能够有效提高绝大部分钢种的板坯角部质量，尤其是裂纹敏感性的微合金化钢。

倒角结晶器的另一个优势在于其能有效控制热轧板卷边部翘皮缺陷的发生。边部翘皮是出现在钢板边部的表面缺陷，产生位置距离板材边缘约10~30mm。武钢二热轧在生产低碳及超低碳钢时，边部翘皮缺陷经常出现，严重时发生率达到30%，改判率达2.8%以上。采用倒角坯进行轧制后，热轧板的边部翘皮缺陷明显得到了控制。

倒角结晶器角部缺陷发生量以及改判量与直角坯对比情况如图6所示，可见倒角结晶器技术有利于板卷边部质量的提高。

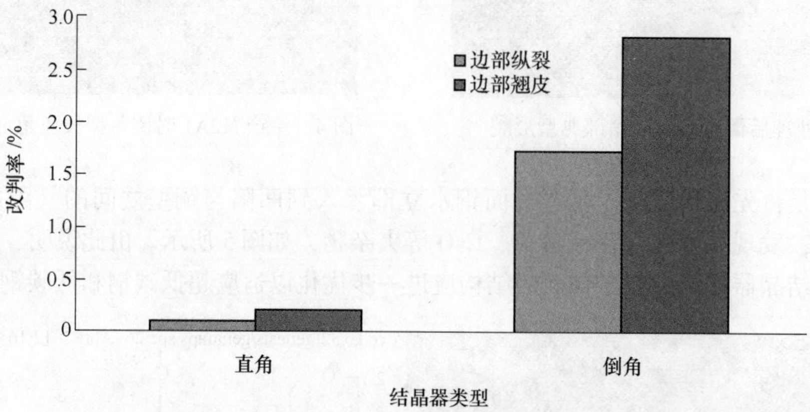


图6　2013年4月~2014年8月倒角与直角结晶器改判对比

## 3　结论

（1）倒角结晶器能够适用于武钢板坯连铸的规模化生产，拉速可稳定在0.8~1.5m/min，单次寿命能够达到800炉以上。

（2）通过对连铸工艺的优化改进，突破了倒角坯角部纵裂等易于发生的技术难题，实现了倒角结晶器技术在板坯连铸机上的成功应用和规模化生产。

（3）倒角结晶器是突破性地解决微合金化钢板坯角部裂纹缺陷的创新性技术，可适用于武钢三炼钢3号板坯连铸机现有产品大纲全部规格的钢种的生产，尤其是能够适用于连铸过程的频繁在线调宽要求。

（原载《第十届中国钢铁年会暨第六届宝钢学术年会论文集Ⅱ》，2015）

# 帘线钢生产中钛夹杂的析出与控制

薛正良 金武涛 雷家柳 蒋跃东

帘线钢是生产汽车和飞机轮胎子午线（俗称钢帘线）用的特殊高碳钢。按照 GB/T 27691—2011《钢帘线用盘条》，帘线钢钢号分为亚共析钢 LX70A、LX70B 和过共析钢 LX80A、LX80B，其中 B 级的质量要求高于 A 级。但国内钢厂仍有沿用 JIS G3506 标准中的 SWRH72A 和 SWRH82A 组织生产。目前，武钢、宝钢等先进的帘线钢生产企业已经研制成功 92A 超高强度级帘线钢，并着手研制 96A 极高强度级帘线钢。

帘线钢盘条通常是轧制成 $\phi$5. 5mm 的以索氏体为主要金相组织的高品质热轧线材，经过多道次拉拔最终变成 $\phi$0. 15~0. 38mm 的钢丝。为了保证钢丝在拉拔和随后的捻股过程中尽可能不断丝，必须避免在炼钢和钢水浇铸过程中析出变形能力差的所谓脆性夹杂物，同时还要控制凝固过程中碳的宏观偏析在许可范围。帘线钢中存在的不变形非金属夹杂物包括氧化物夹杂（如 $SiO_2$，$Al_2O_3$ 以及含 $Al_2O_3$ 或 CaO 很高的硅酸盐夹杂）和钛夹杂（TiN 和 $Ti(C_xN_{1-x})$）两大类。有关氧化物夹杂成分和形态控制技术的大量理论和应用研究已经很好地解决了帘线钢生产中不变形氧化物夹杂的析出问题，但对帘线钢中钛夹杂析出规律和危害程度的研究和认识还远远不够。本文试图通过应用热力学、动力学和试验检测方法，讨论帘线钢中钛夹杂的析出与长大规律，不同强度级别帘线钢中析出的钛夹杂的特点，以及控制帘线钢中钛夹杂尺寸的方法，为帘线钢盘条中钛夹杂控制及更高强度级别帘线钢的开发提供建议。

## 1 帘线钢中钛夹杂的评价方法

国家标准 GB/T 27691—2011 仅对帘线钢盘条钛夹杂的最大尺寸提出了要求，如 LX70A 和 LX80A 盘条中钛夹杂尺寸不大于 10μm，LX70B 和 LX80B 盘条中钛夹杂尺寸不大于 5μm。国际著名的钢帘线生产商比利时贝卡尔特钢帘线有限公司则根据帘线钢盘条中钛夹杂的尺寸和数量建立了钛夹杂罚分体系：

$$S = 8N_1 + 19N_2 + 47N_3 + a \tag{1}$$

式（1）中，$S$ 为钛夹杂罚分值；$N_1$、$N_2$ 和 $N_3$ 分别为尺寸 1~4μm，4~9μm 和大于 9μm 的钛夹杂个数；$a$ 为与视场中钛夹杂个数有关的加分值（1~4）。钛夹杂尺寸越大，罚分系数值就越高，表明其对拉拔性能的危害程度越大。对直拉帘线钢，$S \leq 23$ 分为合格盘条，$S>23$ 分的盘条将被降级使用或作退货处理。因此，盘条试样中不允许出现尺寸大于 9μm 的钛夹杂。从用户返回的信息看，帘线钢盘条钛夹杂罚分值超标主要集中在过共析帘线钢中。比如某公司 2011 年生产的直拉帘线钢 82AE 和 72AE 的钛夹杂罚分合格率分别为 62. 5%和 76. 19%，但两个钢种具有基本相同的钛、氮含量。这表明过共析帘线钢中析出的钛夹杂的尺寸和数量大于亚共析钢，帘线钢强度级别越高，钛夹杂问题越突出。

目前，国产帘线钢盘条大多能将单丝拉拔到 $\phi$0. 22mm 左右，部分先进企业生产的优质盘条能拉至 $\phi$0. 175mm。帘线钢强度级别越高，或单丝直径拉得越细，对盘条中不变形夹杂的尺寸和数量提出的要求越高。帘线钢中典型的脆性夹杂 $\alpha-Al_2O_3$、TiN 和 $Ti(C_xN_{1-x})$ 的维氏硬度（HV）分别为 2058，2300~2500，3000~3500kg/mm$^2$，相对于氧化物夹杂而言，钛夹杂的硬度更高，危害性更大。此外，在不同级别的帘线钢中用金相显微镜观察到的钛夹杂呈不同深度的颜色，过共析钢 82A 中的钛夹杂大多呈砖红色，而亚共析钢 72A 中的钛夹杂颜色相对较浅，这主要是与钢中析出的 $Ti(C_xN_{1-x})$ 夹杂的组成有关。

## 2 帘线钢中钛夹杂的凝固析出

### 2.1 TiN 夹杂析出热力学

钢液凝固开始后由于各溶质元素的偏析行为，当凝固前沿 Ti 和 N 的实际活度积达到凝固前沿温度下的平衡活度积时，就会按式（2）析出 TiN 夹杂。

$$[\mathrm{Ti}] + [\mathrm{N}] = \mathrm{TiN(s)}$$

$$\Delta G^{\ominus} = -291000 + 107.91T \tag{2}$$

$$\lg(a_{\mathrm{Ti}} \cdot a_{\mathrm{N}}) = \lg K_{\mathrm{TiN}} = 5.673 - 15200.8/T_{\mathrm{s-1}} \tag{3}$$

式（3）中，$K_{TiN}$为 TiN 夹杂析出时的平衡活度积，它仅取决于钢液凝固前沿温度 $T_{s-1}$。凝固前沿温度 $T_{s-1}$可以表达为式（4）：

$$T_{\mathrm{s-1}} = T_0 - \frac{T_0 - T_1}{1 - g(T_1 - T_{\mathrm{s}})/(T_0 - T_{\mathrm{s}})} \tag{4}$$

式（4）中，$T_0$，$T_1$ 和 $T_s$ 分别为纯铁熔点、钢的液相线温度和固相线温度，K；$g$ 为钢水凝固分数。钢液凝固前沿 Ti 和 N 的实际活度积 $Q_{TiN}$可以表示为：

$$Q_{\mathrm{TiN}} = f_{\mathrm{Ti}} \cdot f_{\mathrm{N}} \cdot w(\mathrm{Ti}) \cdot w(\mathrm{N}) \tag{5}$$

式（5）中，$f_{Ti}$和$f_N$ 分别为 Ti 和 N 在凝固前沿温度下的活度系数；$w$(Ti) 和 $w$(N) 分别为钢液中 Ti 和 N 在凝固前沿的实际质量分数,%，可用 Ohnaka 方程计算：

$$w(i) = w(i)_0 \left[1 - \left(1 - \frac{\beta k_i}{1+\beta}\right) g\right]^{(k_i - 1)/(1 - \beta k_i/(1+\beta))} \tag{6}$$

$$\beta = (4D_i \cdot \tau)/L^2 \tag{7}$$

式（6）和式（7）中，$w(i)$ 和 $w(i)_0$ 分别为溶质元素 $i$ 在凝固前沿的实际和初始质量分数,%；$k_i$ 为溶质元素 $i$ 在钢液和 γ-Fe 中的平衡分配系数；$D_i$ 为溶质 $i$ 在 γ-Fe 中的扩散系数，$cm^2/s$；$L$ 为二次枝晶距，可以表达为与冷却速率 $R_c$(K/min) 相关的函数：

$$L = \begin{cases} (169.1 - 720.9w(\mathrm{C})) \times R_{\mathrm{c}}^{-0.4935}, & (0 < w(\mathrm{C}) \leqslant 0.15) \\ 143.9R_{\mathrm{c}}^{-0.3616} \cdot w(\mathrm{C})^{(0.5501 - 1.996w(\mathrm{C}))}, & (w(\mathrm{C}) > 0.15) \end{cases} \tag{8}$$

局部凝固时间 $\tau$ 可以按式（9）计算：$\tau = (T_1 - T_s)/R_c$　　(9)

以 82A 为例，钢液平均成分为：$w$(C)= 0.82%，$w$(Si)= 0.20%，$w$(Mn)= 0.50%，$w$(P)= 0.01%，$w$(S)= 0.008%，按式（3）和式（5）可分别计算得到 Ti 和 N 在凝固前沿的平衡活度积 $K_{TiN}$和实际活度积 $Q_{TiN}$与钢水凝固分数（$g$）之间的变化关系曲线。这两条曲线相交处为析出 TiN 夹杂时的初始凝固分数，计算结果见图 1。

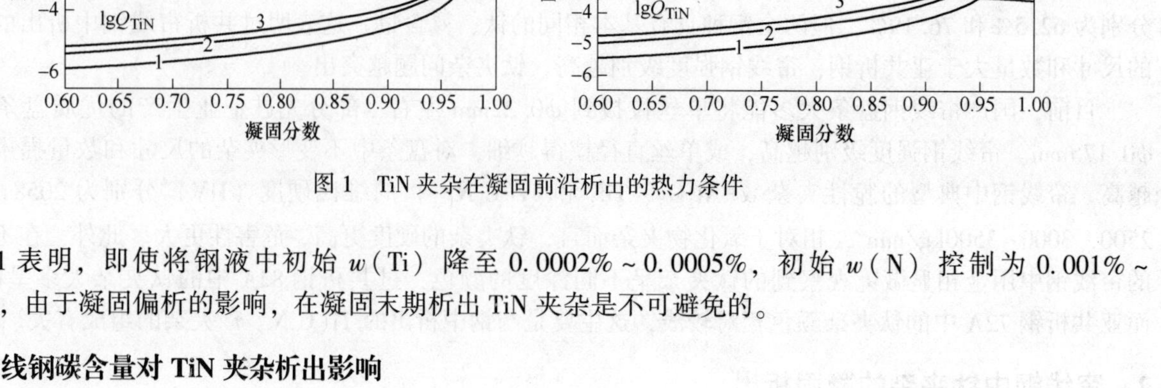


图 1　TiN 夹杂在凝固前沿析出的热力条件

图 1 表明，即使将钢液中初始 $w$(Ti) 降至 0.0002% ~ 0.0005%，初始 $w$(N) 控制为 0.001% ~ 0.005%，由于凝固偏析的影响，在凝固末期析出 TiN 夹杂是不可避免的。

## 2.2　帘线钢碳含量对 TiN 夹杂析出影响

假定不同强度级别的帘线钢 72A，82A 和 95A 除碳含量不同外，其他溶质元素含量相同。若这 3 个钢种的初始 Ti，N 质量分数分别都为 0.0006%和 0.004%，则可以按上述同样的方法计算得到 72A，82A 和 95A 凝固析出 TiN 夹杂时对应的初始凝固分数（$g$）。将这一初始凝固分数值代入公式（4），就可计算出开始析出 TiN 夹杂时的凝固前沿温度 $T_{s-1}$，计算结果见图 2。

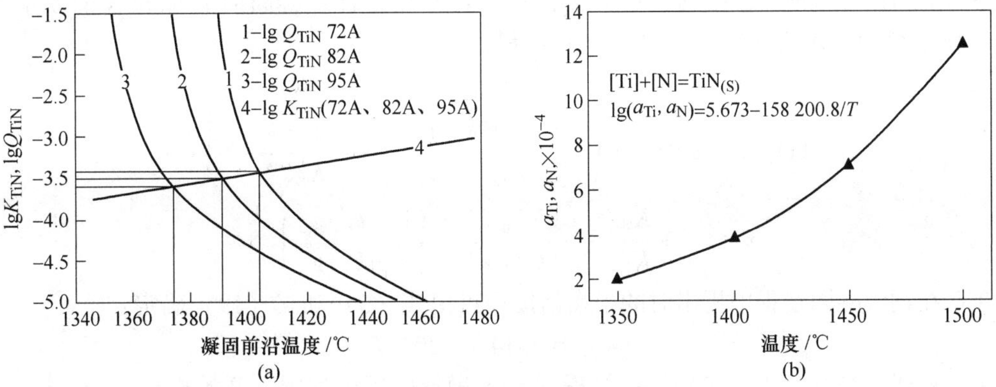


图 2 帘线钢碳含量对凝固前沿析出 TiN 夹杂的影响

由图 2(a) 可知，随着帘线钢碳含量的增加，TiN 夹杂析出时的凝固前沿温度下降。相应地，析出 TiN 夹杂所需的 Ti，N 平衡活度积也下降（见图 2(b)）。若用 $S_a = Q_{TiN}/K_{TiN}$ 表示凝固前沿 TiN 夹杂析出的过饱和度，在冶炼不同强度级别的帘线钢时，当 Ti，N 控制水平相当，则强度级别越高的钢种凝固析出 TiN 夹杂的过饱和度越大，TiN 夹杂形核和长大的推动力就越大。因此，为了控制超高强度级别过共析帘线钢中 TiN 夹杂的数量和尺寸，必须实施比冶炼亚共析帘线钢更为苛刻的炼钢和连铸工艺措施，以进一步降低钢水中的 N 和 Ti 的含量。

## 2.3 Ti($C_xN_{1-x}$)夹杂在凝固前沿析出热力学

帘线钢为高碳钢，钢中形成 TiN 夹杂的同时也具备形成 TiC 的热力学条件，而 TiC 与 TiN 的晶格结构基本相同，点阵常数十分接近。因此，TiC 与 TiN 两者之间可以形成连续固溶体 Ti($C_xN_{1-x}$)，$x$ 为连续固溶体中 C 或 TiC 的物质的量比。在中低碳钢中析出的钛夹杂主要是 TiN，在金相显微镜下呈金黄色；而在高碳钢中观察到的钛夹杂由金黄色向浅红色和深红色转变，预示着 Ti($C_xN_{1-x}$) 连续固溶体中 C 的物质的量比在逐渐增加，相应地这种钛夹杂的硬度也随 C 的增加而增加。

仍以 82A 为例，钢液平均成分为：$w$(C) = 0.82%，$w$(Si) = 0.20%，$w$(Mn) = 0.50%，$w$(P) = 0.010%，$w$(S) = 0.0080%，$w$(Ti) = 0.0006%，$w$(N) = 0.004%，其液相线温度 $T_l$ 和固相线温度 $T_s$ 可按文献［22］给出的公式计算，分别为 1480℃ 和 1368℃。凝固开始后钢液中的溶质元素 C，N，Ti 在凝固前沿不断富集，当达到 Ti($C_xN_{1-x}$) 析出的平衡活度积时，将按式（10）析出 Ti($C_xN_{1-x}$) 夹杂：

$$[\mathrm{Ti}] + x[\mathrm{C}] + (1-x)[\mathrm{N}] = \mathrm{Ti}(\mathrm{C}_x\mathrm{N}_{1-x}) \tag{10}$$

Ti($C_xN_{1-x}$) 是 TiC 和 TiN 的连续固溶体，其中 TiC 和 TiN 的溶度积可用式（11）和式（12）表示：

$$w(\mathrm{Ti}) \cdot w(\mathrm{C}) = xK_{\mathrm{TiC}} \tag{11}$$

$$w(\mathrm{Ti}) \cdot w(\mathrm{N}) = (1-x)K_{\mathrm{TiN}} \tag{12}$$

式（11）和式（12）中，$w$(C)，$w$(N) 和 $w$(Ti) 分别为钢液中 C，N 和 Ti 的质量分数，%；$K_{TiC}$ 和 $K_{TiN}$ 分别为形成 TiC 和 TiN 的平衡常数；$x$ 为 Ti($C_xN_{1-x}$) 中 C 的物质的量比，$x$ 值决定于钢液初始成分和凝固前沿温度。由式（11）和式（12）可得：

$$w(\mathrm{Ti}) \cdot \left(\frac{w(\mathrm{N})}{K_{\mathrm{TiN}}} + \frac{w(\mathrm{C})}{K_{\mathrm{TiN}}}\right) = 1 \tag{13}$$

$$x = \left(1 + \frac{w(\mathrm{N})}{w(\mathrm{C})} \cdot \frac{K_{\mathrm{TiC}}}{K_{\mathrm{TiN}}}\right)^{-1} \tag{14}$$

由于溶质元素凝固偏析，钢液凝固前沿 C，N 和 Ti 的实际含量可按式（6）计算。为了便于简化算式，令式（6）中反向扩散系数 $\beta$=0 或∞，就得到 Scheil 方程（式（15））和平衡方程（式（16））来计算溶质元素 $i$ 的凝固偏析：

$$w(i) = w(i)_0(1-g)^{k_i-1} \tag{15}$$

$$w(i) = w(i)_0[1-(1-k_i)g]^{-1} \tag{16}$$

式（15）用于计算凝固前沿 Ti 的质量分数；式（16）用于计算凝固前沿 C 和 N 的质量分数。将式（15）和式（16）分别代入式（13）和式（14）可得：

$$w(\mathrm{Ti})_0(1-g)^{k_{\mathrm{Ti}}-1}\cdot\left(\frac{\dfrac{w(\mathrm{C})_0}{1-(1-k_{\mathrm{C}})g}}{K_{\mathrm{TiC}}}+\frac{\dfrac{w(\mathrm{N})_0}{1-(1-k_{\mathrm{N}})g}}{K_{\mathrm{TiN}}}\right)=1 \tag{17}$$

$$x=\left(1+\frac{K_{\mathrm{TiC}}}{K_{\mathrm{TiN}}}\cdot\frac{w(\mathrm{N})_0}{w(\mathrm{C})_0}\frac{[1-(1-k_{\mathrm{C}})g]}{[1-(1-k_{\mathrm{N}})g]}\right)^{-1} \tag{18}$$

TiN 和 TiC 在钢液凝固过程中析出时的平衡活度积可由式（3）和式（19）确定：

$$\lg K_{\mathrm{TiC}} = 5.14 - 9393/T \tag{19}$$

由式（4）和式（17）~式（19）可计算得到 82A 钢液凝固过程中，开始析出 $\mathrm{Ti(C_xN_{1-x})}$ 夹杂时的钢水凝固分数 $g$ 为 30%，凝固前沿温度 $T_{s-1}$ 为 1465℃，$\mathrm{Ti(C_xN_{1-x})}$ 夹杂中的 $x$ 值为 0.118。用同样的方法可计算出亚共析钢 72A 和过共析钢 92A 中析出的 $\mathrm{Ti(C_xN_{1-x})}$ 夹杂的成分、析出时的凝固率和凝固前沿温度，计算结果见图 3。由图 3 可见，帘线钢碳含量越高，凝固过程 $\mathrm{Ti(C_xN_{1-x})}$ 夹杂析出越早，$\mathrm{Ti(C_xN_{1-x})}$ 析出时的凝固前沿温度越低，析出的 $\mathrm{Ti(C_xN_{1-x})}$ 夹杂中的 $x$ 值越高。这表明：1）由于析出 $\mathrm{Ti(C_xN_{1-x})}$ 夹杂时的溶质平衡活度积随温度降低而下降，因此在相同的钢水氮、钛含量条件下，帘线钢强度级别越高（碳含量越高），凝固前沿析出 $\mathrm{Ti(C_xN_{1-x})}$ 夹杂的溶质过饱和度越大，$\mathrm{Ti(C_xN_{1-x})}$ 夹杂析出和长大的推动力越大；2）帘线钢强度级别越高，$\mathrm{Ti(C_xN_{1-x})}$ 夹杂析出越早，就越有更多的机会通过扩散长大；3）帘线钢强度级别越高，析出的 $\mathrm{Ti(C_xN_{1-x})}$ 夹杂中的碳含量越高。

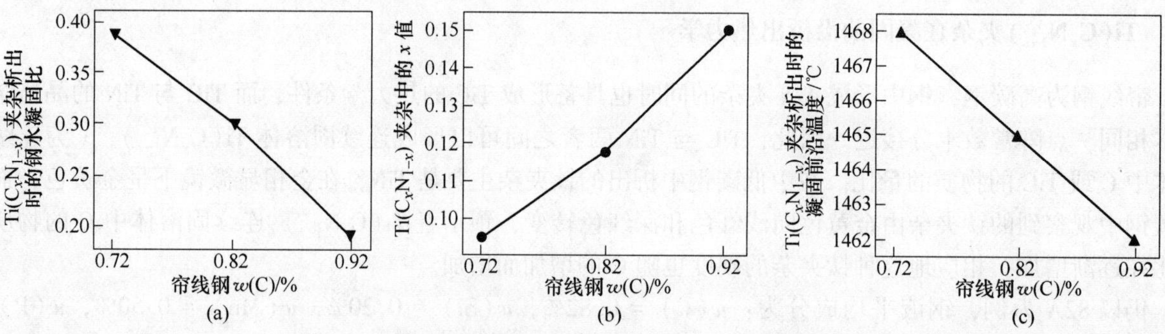


图 3　帘线钢碳含量对凝固析出 $\mathrm{Ti(C_xN_{1-x})}$ 夹杂的影响

上述计算可以发现，帘线钢在凝固过程的前期，$\mathrm{Ti(C_xN_{1-x})}$ 夹杂首先达到饱和在凝固前沿析出并长大，当到达凝固末期，TiN 在更低的温度下饱和析出。因而，在金相显微镜下可以在同一试样中观察到不同深浅颜色的钛夹杂存在。

## 3　影响钛夹杂析出长大的因素

### 3.1　钢液中氮和钛含量对钛夹杂析出长大的影响

钢液凝固开始后溶质元素发生偏析，当凝固前沿液相中形成钛夹杂的溶质元素的过饱和度 $S_a \geqslant 1$ 时，理论上讲已经具备了析出钛夹杂的热力学条件。当然从动力学角度看，钛夹杂形核还需要克服一定的势垒，也就是说 $S_a$ 必须远大于 1 才能形成钛夹杂的晶核。但是钢液中总会存在大量微小的脱氧产物颗粒，可以作为钛夹杂非均质形核的核心，通过这种异相形核的方式可大大降低钛夹杂形核的过饱和度。钛夹杂一旦形核，便可以通过钢液中溶质元素的扩散逐渐长大。凝固前沿的溶质元素一方面因偏析不断得到富集，另一方面在浓度梯度的作用下向钢液深处扩散。钢液中钛和氮的扩散系数分别为 $D_{\mathrm{Ti}} = 0.796\times10^9 e^{-442304/RT}$ 和 $D_{\mathrm{N}} = 3.25\times10^{-3}e^{-11500/RT}$，1400℃下，$D_{\mathrm{Ti}} = 1.23\times10^{-5}\mathrm{m^2/s}$，$D_{\mathrm{N}} = 142\times10^{-5}\mathrm{m^2/s}$，氮的扩散系数要比钛大 115 倍，Ti 原子比 N 原子更容易在凝固前沿富集。因此，扩散较快的溶质元素 N 是阻碍钛夹杂长大的限制环节。

以 TiN 夹杂为例，凝固前沿钛夹杂析出后的长大过程可用下式描述：

$$r\frac{\mathrm{d}r}{\mathrm{d}t}=\frac{M_s\rho_m}{100M_m\rho_s}D_N[w(\mathrm{N})-w(\mathrm{N})_e] \tag{20}$$

对式（20）积分得：

$$r=\sqrt{\frac{M_s}{50M_m}\cdot\frac{\rho_m}{\rho_s}D_N[w(\mathrm{N})-w(\mathrm{N})_e]\cdot\tau} \tag{21}$$

式（20）和式（21）中，$r$ 为钛夹杂颗粒半径，m；$t$ 为凝固时间，s；$M_m$ 为铁的摩尔质量，0.056kg/mol；$M_s$ 为 TiN 的摩尔质量，0.062kg/mol；$\rho_m$ 为钢液密度，7070kg/m$^3$；$\rho_s$ 为 TiN 的密度，5430kg/m$^3$；$D_N$ 为钢液中氮的扩散系数，m$^2$/s；$w(\mathrm{N})$ 为钢液凝固前沿氮的质量分数，%，按式（16）计算；$w(\mathrm{N})_e$ 为与钛夹杂析出反应达到平衡时氮的质量分数，%，按式（3）计算；$\tau$ 为局部凝固时间，s，按式（9）计算。从式（21）可见，影响钛夹杂尺寸的因素主要有钢液凝固分数 $g$、冷却速率 $R_c$ 和溶质元素的初始含量。

计算在冷却速率为 50200K/min 时，钛夹杂颗粒尺寸与凝固分数 $g$ 的关系，如图 4 所示。

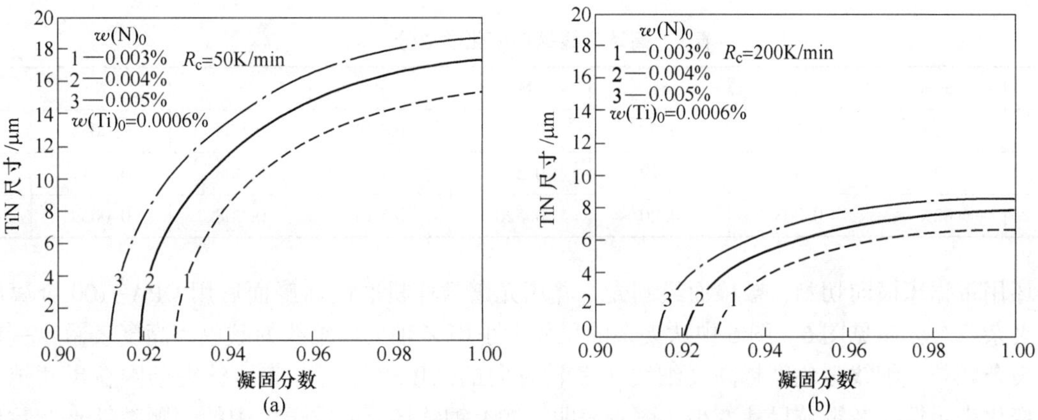


图 4 冷却速率和不同初始 N 含量对 TiN 长大的影响

由图 4 可得，随着凝固分数 $g$ 增加，凝固前沿的 $w(\mathrm{N})$ 增大，加速 N 向 TiN 晶核扩散，TiN 夹杂逐渐长大。当初始 Ti 含量一定时，钢水初始 N 含量越高，凝固析出的 TiN 夹杂尺寸越大；钢液凝固冷却速率 $R_c$ 升高，局部凝固时间 $\tau$ 变小，凝固析出的 TiN 颗粒尺寸明显变小。

当钢水初始 N 含量一定时，不同初始 Ti 含量对 TiN 颗粒长大的影响如图 5 所示。由图 5 可知，钢液初始 Ti 含量变化对凝固析出 TiN 夹杂颗粒最终尺寸的影响不大。

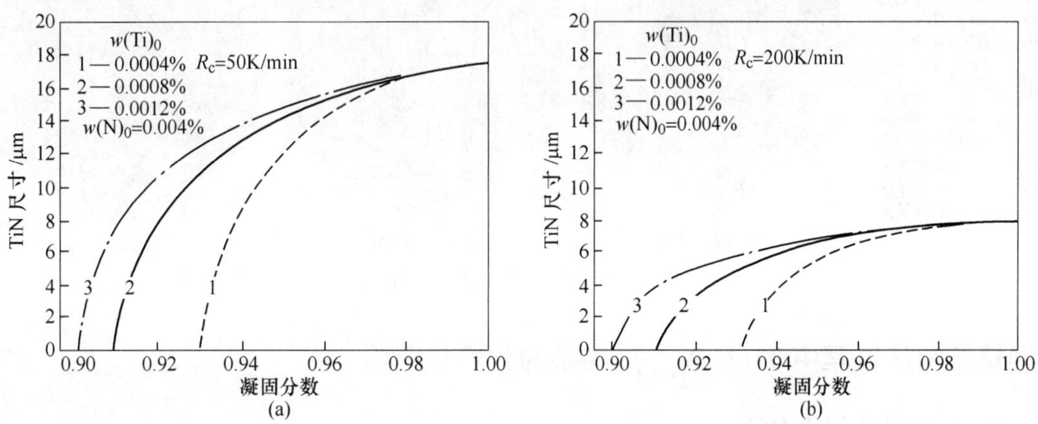


图 5 冷却速率和不同初始 Ti 含量对 TiN 长大的影响

文献计算了钢液凝固结束时 TiN 夹杂最终尺寸与钢液初始 Ti、N 含量和冷却速率之间的关系，指出：钢液初始 N 含量和凝固冷却速率均显著影响 TiN 夹杂最终尺寸，且冷却速率越小，初始 N 含量对 TiN 夹杂最终尺寸的影响越大；当初始 N 含量一定，降低钢液初始 Ti 含量对凝固析出 TiN 夹杂的最终尺寸影响甚小。

受轴承钢生产中控制钛夹杂技术思想的影响，实际生产中为了控制帘线钢中的钛夹杂，一些企业在控制铁水 Ti 含量上下功夫，如在高炉出铁过程中加入氧化性熔剂来对铁水脱 Ti，或通过控制高炉炉料 $TiO_2$ 负荷和采取低炉温操作来控制铁水中的含 Ti 量，但实际效果并不明显。这是因为转炉终点钢水 Ti 含量主要决定于终点钢水温度和终点碳含量，转炉吹炼过程中铁水中的 Ti 被大量氧化进入渣中，通过良好的出钢挡渣操作，可以避免来源于铁水中的 Ti 进入钢包，这是其一；其二是对钢水中 N 对钛夹杂析出的影响认识不足，转炉出钢过程中钢水增氮质量分数通常达到 0.001%~0.002%，有的甚至更高。转炉出钢过程中的增氮量一部分来自于增碳剂中的氮，另一部分来自于出钢过程从大气中吸氮，前者一般采用低氮增碳剂来控制，后者可通过降低转炉出钢温度及避免脱氧钢水裸露来控制。

关于铸坯凝固过程冷却速率的影响，较为有效的方法是采用小方坯连铸配以较大的二冷比水量。

### 3.2　连铸坯中钛夹杂的原位分析检测

利用金属原位统计分布分析技术（OPA）对帘线钢铸坯中的钛夹杂的三维分布进行检测，以验证上述理论分析的合理性。帘线钢铸坯尺寸 200mm×190mm，化学成分见表 1。

表 1　高碳帘线钢铸坯化学成分（$w_B$）　（%）

| 编号 | 钢种 | C | Si | Mn | P | S | N | Ti |
|---|---|---|---|---|---|---|---|---|
| 1 | 72A | 0.718 | 0.20 | 0.543 | 0.018 | 0.008 | 0.0055 | 0.0013 |
| 2 | 82A | 0.803 | 0.19 | 0.520 | 0.018 | 0.008 | 0.0041 | 0.0011 |
| 3 | 82A | 0.803 | 0.20 | 0.520 | 0.018 | 0.008 | 0.0039 | 0.0016 |

将铸坯用带锯床横向切割，被检面经刨光，并用光谱磨样机磨出新鲜面后用 OPA-100 金属原位分析仪检测钛夹杂三维分布见图 6。图 6 中钛夹杂的尺寸大小用 $Z$ 轴方向细线的颜色和高度表示，一根细线表示一个钛夹杂颗粒。细线暖色度越高（细线在 $Z$ 轴方向的高度也越高）表示钛夹杂颗粒尺寸越大。由暖色向冷色变化表示钛夹杂颗粒尺寸变小。图 6 表明，72A 钢铸坯（1 号样）中的大颗粒钛夹杂数量明显比 82A 钢铸坯中多，这主要是因为 72A 钢铸坯的 $w$(N) 高达 0.0055%，而 82A 钢铸坯的 $w$(N) 要比 72A 钢低 0.0015%左右。分析 82A 钢的 2 个铸坯样的钛夹杂可以看出，$w$(N) 相对较低的 3 号样中的大颗粒钛夹杂数量明显少于氮含量较高的 2 号样中的大颗粒钛夹杂数量，而钛含量的影响是不明显的。试验检测结果与前节理论分析是一致的。从钛夹杂分布看，有向中心偏聚的倾向。

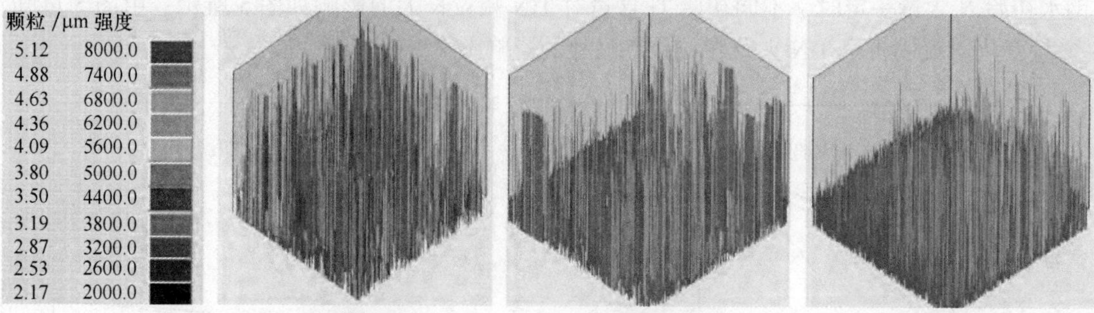


图 6　帘线钢铸坯钛夹杂三维分布图

## 4　帘线钢铸坯加热过程中 $Ti(C_xN_{1-x})$ 夹杂的分解与固溶

### 4.1　$Ti(C_xN_{1-x})$ 夹杂分解热力学

钢水凝固形成铸坯后，钢中的 C、N 和 Ti 分别以 $Ti(C_xN_{1-x})$ 夹杂形式存在和以固溶于金属基体中的原子形式存在，在一定温度下两者之间达到热力学平衡。随着温度升高，$Ti(C_xN_{1-x})$ 分解的平衡浓度积不断增大，当其平衡浓度积大于溶解于奥氏体中的实际浓度积时，$Ti(C_xN_{1-x})$ 夹杂发生分解，以及 C、N 和 Ti 原子在奥氏体中的扩散（即固溶）。

根据图 3，82A 钢凝固过程中，$Ti(C_{0.118}N_{0.882})$ 夹杂开始析出的温度为 1465℃，但轧钢加热炉温度远低于 1465℃。那么钢坯中的 $Ti(C_xN_{1-x})$ 夹杂在高温加热过程中是否能发生分解和固溶，从而使 $Ti(C_xN_{1-x})$ 夹杂颗粒尺寸变小，甚至消失，这对提高过共析帘线钢盘条钛夹杂罚分合格率具有重要意义。

$Ti(C_xN_{1-x})$ 在奥氏体中的分解反应可用式（22）表示：

$$Ti(C_xN_{1-x})(s) = [Ti]_\gamma + x[C]_\gamma + (1-x)[N]_\gamma$$

$$K_{Ti(C_xN_{1-x})} = w(Ti)_r \cdot w(C)_r^x \cdot w(N)_r^{1-x} \tag{22}$$

该反应式可看作是由以下几个反应组成：

$$Ti(C_xN_{1-x})(s) = xTiC + (1-x)TiN$$

$$K_a = x^x \cdot (1-x)^{1-x} \tag{23}$$

$$xTiC = x[Ti]_\gamma + x[C]_\gamma$$

$$K_b = \frac{w(Ti)_\gamma^x \cdot w(C)_\gamma^x}{x^x} \tag{24}$$

$$(1-x)TiN = (1-x)[Ti]_\gamma + (1-x)[N]_\gamma$$

$$K_c = \frac{w(Ti)_\gamma^{(1-x)} \cdot w(N)_\gamma^{(1-x)}}{(1-x)^{1-x}} \tag{25}$$

若 TiC 和 TiN 二元系的平衡浓度积公式仍可应用于 $Ti(C_xN_{1-x})$ 中，即可得式（26）和式（27）：

$$K_b = (K_{TiC})^x = \left\{\frac{w(Ti)_\gamma \cdot w(C)_\gamma}{x}\right\}^x \tag{26}$$

$$K_c = (K_{TiN})^{(1-x)} = \left\{\frac{w(Ti)_\gamma \cdot w(N)_\gamma}{1-x}\right\}^{1-x} \tag{27}$$

式中 $K_{TiC}$ 和 $K_{TiN}$ 分别为奥氏体中形成 TiC 和 TiN 的平衡常数。处于固溶态的 C、N 和 Ti 原子在奥氏体中的固溶度积可由式（28）和式（29）确定：

$$\lg\frac{w(Ti)_\gamma \cdot w(C)_\gamma}{x} = \lg K_{TiC} = 2.75 - \frac{7000}{T} \tag{28}$$

$$\lg\frac{w(Ti)_\gamma \cdot w(N)_\gamma}{1-x} = \lg K_{TiN} = 0.32 - \frac{8000}{T} \tag{29}$$

由式（28）和式（29）可得 $Ti(C_xN_{1-x})$ 分解达到平衡的条件：

$$w(Ti)_\gamma \cdot \left(\frac{w(C)_\gamma}{10^{2.75-7000/T}} + \frac{w(N)_\gamma}{10^{0.32-8000/T}}\right) = 1 \tag{30}$$

假定式（30）中，$w(C)_\gamma$、$w(N)_\gamma$ 和 $w(Ti)_\gamma$ 等于帘线钢中 C、N 和 Ti 的平均质量分数,%，即分别为 0.82%、0.004%和 0.0006%，由式（30）可计算得到帘线钢 82A 钢中 $Ti(C_xN_{1-x})$ 夹杂在奥氏体中的平衡分解温度为 1087℃，即温度达到 1087℃时，$Ti(C_xN_{1-x})$ 夹杂将开始分解。由于夹杂物的析出，固溶于奥氏体基体中的 C、N 和 Ti 的浓度会小于其在钢中的平均浓度。因此，82A 钢铸坯中 $Ti(C_xN_{1-x})$ 的实际分解温度会低于 1087℃。用同样的方法可以计算出 72A 和 92A 钢中 $Ti(C_xN_{1-x})$ 的分解温度，见图 7。由图 7 可见，帘线钢 C 含量对 $Ti(C_xN_{1-x})$ 夹杂分解温度影响不大，但钢中 N 和 Ti 的含量对 $Ti(C_xN_{1-x})$ 夹杂分解温度影响很大。

钢液凝固过程中 TiN 较 $Ti(C_xN_{1-x})$ 析出得晚，析出温度也更低。相应地，铸坯在加热过程中 TiN 的分解温度也较 $Ti(C_xN_{1-x})$ 的低。如 82A 钢中当 Ti、N 质量分数分别为 0.0006%和 0.004%时，可计算出 TiN 的分解温度为 1074℃，比 $Ti(C_xN_{1-x})$ 的分解温度低 13℃。

### 4.2 铸坯热加工过程中 $Ti(C_xN_{1-x})$ 夹杂的固溶与再析出

钛夹杂达到热力学分解温度后，溶质原子从夹杂物向基体深处形成浓度梯度，促使溶质原子向奥氏体内扩散，这一过程便是固溶。理论上，不同颗粒尺寸的钛夹杂都会发生分解和固溶，而钛夹杂周边溶质元素的平衡浓度除与温度有关外，还与夹杂物颗粒本身的曲率半径有关。根据 Gibbs-Thomson 定理，半径为 $r$ 的球形颗粒周围溶质元素的平衡浓度 $C_r$ 与半径为无限大的颗粒周围溶质元素的平衡浓度 $C_e$ 之间存

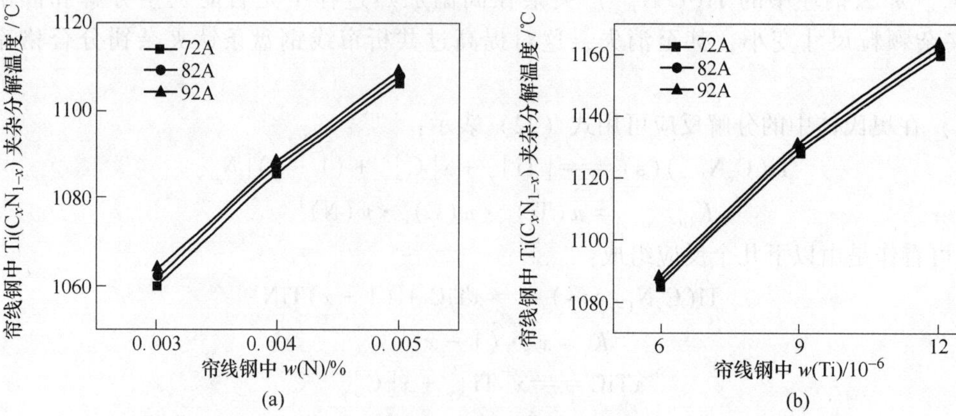


图 7　帘线钢 C、N、Ti 含量对铸坯中 $Ti(C_xN_{1-x})$ 夹杂分解温度的影响

(a) $w(Ti)=0.0006\%$; (b) $w(N)=0.0040\%$

在如下关系：

$$C_r = C_e \exp\left(\frac{2\sigma \cdot V_M}{RT \cdot r}\right) \approx C_e\left(1 + \frac{2\sigma \cdot V_M}{RT \cdot r}\right) \tag{31}$$

式（31）中，$\sigma$ 为夹杂颗粒的表面自由能，$J/m^2$；$V_M$ 为夹杂颗粒的体积分数,%；$R$ 为理想气体常数，J/(mol · K)；$T$ 为温度，K。由式（31）可见，小夹杂颗粒周围溶质元素的浓度将大于大颗粒夹杂周围溶质的浓度。当两个大小不同的夹杂物颗粒相距不远时，从小颗粒夹杂到大颗粒夹杂之间，溶质元素因存在浓度梯度而发生扩散现象。扩散的结果造成小颗粒夹杂不断溶解并最终消失，相反大颗粒夹杂的分解受到抑制，甚至不断长大。这一过程使钢中夹杂颗粒的平均尺寸增大，这就是 Ostwald 熟化过程。

钢坯加热过程中钛夹杂颗粒的粗化也服从上述机制，但对 Ti、N 含量均很低的帘线钢而言，钢中的钛夹杂颗粒分布可谓“地广人稀”。因此，在帘线钢铸坯高温加热过程中，发生小夹杂溶解消失和较大尺寸夹杂物逐渐变小。铸坯在轧后冷却过程中，溶解于奥氏体中 Ti、C、N 元素的平衡固溶浓度会逐渐降低，当溶质元素的平衡浓度积小于实际浓度积时，奥氏体中处于过饱和状态的 Ti，C，N 会重新结合再析出钛夹杂。由于轧后冷却速度较快，除了那些与未分解完的较大颗粒钛夹杂距离较近的原子（“近程”原子）会以其为形核核心析出长大外，处于“远程”的 Ti，N 原子当温度降低处于过饱和状态时会就地再析出钛夹杂颗粒而没有机会长大。

实验室对成分为：$w(C)=0.80\%$，$w(Si)=0.18\%$，$w(Mn)=0.53\%$，$w(P)=0.010\%$，$w(S)=0.0064\%$，$w(Ti)=0.055\%$，$w(N)=0.0167\%$的钢样，经过以下 3 种不同的热处理工艺：1）1150℃保温 2h 后水冷；2）1250℃保温 2h 后水冷；3）1250℃保温 2h 后随炉缓冷到 1000℃后水冷。热处理后的钢样制成金相试样，在金相显微镜下放大 500 倍依次检测 50 个视场，通过图像分析仪统计钛夹杂的尺寸和数量，见图 8。

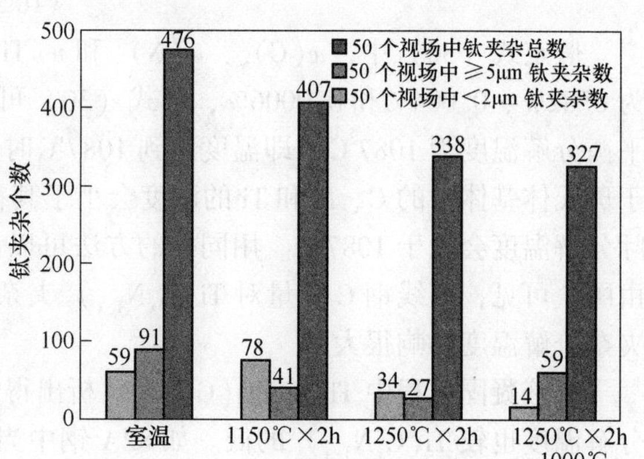


图 8　不同热处理工艺对钛夹杂数量影响

从 50 个视场统计的钛夹杂总数的变化规律看，随着钢样加热温度升高，因小颗粒钛夹杂分解消失和大颗粒钛夹杂变小，使钛夹杂总数和尺寸大于 5μm 的大颗粒钛夹杂个数不断下降。将 1250℃保温 2h 后随炉缓冷到 1000℃再水冷的试样与在 1250℃保温 2h 后直接水冷的试样比较，可以发现钛夹杂总数变化不大，但 2μm 以下的钛夹杂比例下降，而 5μm 以上钛夹杂比例明显增加。根据 Ostwald 熟化机制，试样在缓冷过程中小颗粒钛夹杂周围溶质元素的浓度大于大颗粒钛夹杂周围溶质的浓度。这样从小颗粒钛夹杂到大颗粒钛夹杂之间，存在 C、N 和 Ti 浓度由高到低的梯度，小颗粒钛夹杂周围的 C、N 和 Ti 原子向大颗粒钛夹杂周围扩散，结果是小颗粒钛夹杂不断溶解，而大颗粒钛夹杂则不断长大。

## 5 结论

1）钛夹杂（TiN 和 $Ti(C_xN_{1-x})$）是在钢液凝固过程中析出的一类高硬度的不变形夹杂，对高强度和超高强度级别的帘线钢盘条的拉拔性能产生十分有害影响。钛夹杂的粒径越大，对盘条拉拔加工性能，特别是深度拉拔性能危害更大。

2）钢液凝固过程中碳氮化钛（$Ti(C_xN_{1-x})$）夹杂先于 TiN 夹杂析出。帘线钢强度级别越高，析出钛夹杂时的凝固前沿温度越低，溶质元素的过饱和度越大，也就越有利于钛夹杂的析出形核和长大。帘线钢强度级别越高，钛夹杂析出越早，析出的 $Ti(C_xN_{1-x})$ 夹杂中碳的物质的量比越高。

3）帘线钢碳含量一定时，凝固析出的钛夹杂的尺寸主要决定于钢液冷却速率和钢水初始氮含量。当钛含量一定时，随着钢液初始氮含量下降，凝固析出钛夹杂颗粒的最终粒径相应减小；冷却速率越小，钢液初始氮含量的影响越大。当氮含量一定时，随着钢液初始钛含量下降，对凝固析出的 TiN 夹杂最终粒径影响不大。

4）帘线钢铸坯中的钛夹杂在热加工前的高温加热过程中存在分解的热力学条件，不同钢种的碳含量对钛夹杂分解温度的影响很小，但钢中氮和钛含量对钛夹杂热分解温度影响很大。钛夹杂开始分解后，溶质原子通过扩散发生固溶，使小颗粒夹杂溶解消失，较大颗粒夹杂逐渐变小。铸坯在轧后的冷却过程中，过饱和的溶质原子会再次析出钛夹杂，但在快速冷却过程中没有机会长大。

（原载《炼钢》，2016（4））

# 武钢大型转炉顶底复吹控制实践

刘路长　肖邦志　饶江平　杨　松　梁明强

转炉顶底复合吹炼，加强了熔池的搅拌力，使熔池内成分和温度的不均匀性得到改善，可降低转炉吹炼过程中的喷溅发生率，提高金属收得率，从而降低冶炼成本。在良好的复吹条件下，可降低钢液中的氧含量，提高钢液质量。炼钢厂利用各种方法改善复吹效果，国外主要通过降低转炉炉龄来确保复吹效果，国内一些厂家通过热换透气砖来延长复吹寿命。武汉钢铁集团公司炼钢总厂由3个钢厂组成，二炼钢、三炼钢及新二炼钢（以下称四炼钢）。三炼钢厂装备3座250t转炉，四炼钢厂装备2座180t转炉，均为顶底复吹转炉。三炼钢转炉吹炼过程中喷溅发生率3.4%（偏高），吹炼终点碳氧积0.0020~0.0025(偏高)，四炼钢转炉废钢熔化不好。针对这些问题，炼钢总厂在改善复吹效果上做了一些工作。三炼钢技术人员对氧枪喷头参数及底吹参数进行了优化，取得了良好的冶金效果。四炼钢通过优化氧枪喷头参数及吹炼过程枪位解决了废钢熔化不好的问题，通过底吹后搅试验降低了出钢时钢液中的碳、氧含量。

## 1　转炉主要设备参数

三炼钢及四炼钢的转炉均为顶底复吹转炉，均装备有副枪，并采用计算机炼钢，在吹炼终点，通过副枪测量氧含量，并取样分析碳含量，由此得出转炉终点碳氧积，以下所涉及的碳氧积均以此方法得出。转炉主要参数见表1。

表1　转炉主要参数

| 单位 | 转炉公称容量/t | 炉容比/$m^3 \cdot t^{-1}$ | 氧枪喷孔数/个 | 供氧强度/$m^3 \cdot (t \cdot min)^{-1}$ | 底吹气体 | 底吹强度/$m^3 \cdot (t \cdot min)^{-1}$ | 底吹元件数/个 |
|---|---|---|---|---|---|---|---|
| 三炼钢 | 250 | 0.90 | 5 | 3.45 | $N_2$-Ar自动切换 | 0.02~0.12 | 16 |
| 四炼钢 | 180 | 0.95 | 6 | 3.35 | $N_2$-Ar自动切换 | 0.02~0.08 | 12 |

## 2　氧枪参数优化

### 2.1　三炼钢氧枪参数优化

2.1.1　氧枪喷头参数优化

三炼钢厂原用氧枪喷头，此处称原始喷头，其参数见表2中编号为0号的参数，在供氧流量为57000$m^3$/h时，计算氧枪实际工作氧压$P_1$与设计氧压$P_0$的比值（$P_1/P_0$）为1.27。据武钢炼钢总厂对氧枪使用的认识和实践，氧枪$P_1/P_0$最合适的取值范围为1.0~1.15，可见在该流量下原喷头的$P_1/P_0$偏大。氧枪设计流量为45000$m^3$/h，而实际供氧流量为57000$m^3$/h，实际供氧流量大于设计流量，造成操作压力在1000kPa左右，偏大。吹炼时，表现为前期喷溅多，返干期提前，容易导致磷高，并造成炉口、烟罩粘渣严重。

为了降低喷溅发生率，减少磷高发生频次，三炼钢厂进行了氧枪喷头参数优化，通过调整喷头喉口及出口直径，来降低操作压力，降低$P_1/P_0$，从而改善冶炼效果。试验了5种不同参数喷头，具体参数见表2。

表 2 不同氧枪喷头参数

| 编号 | 喷孔数 | 喉口直径/mm | 出口直径/mm | 马赫数 | 夹角/(°) | $P_1/P_0$ |
|---|---|---|---|---|---|---|
| 1 | 6 | 42.0 | 56.4 | 2.08 | 16 | 1.17 |
| 2 | 5 | 45.9 | 62.2 | 2.10 | 16 | 1.20 |
| 3 | 5 | 50.4 | 67.1 | 2.06 | 16 | 1.03 |
| 4 | 5 | 46.7 | 63.3 | 2.10 | 16 | 1.13 |
| 5 | 5 | 48.1 | 65.1 | 2.10 | 16 | 1.07 |
| 0 | 5 | 43.7 | 59.2 | 2.10 | 16 | 1.27 |

注：0 号为原始氧枪喷头。

试验过程中，氧气流量采用 57000m$^3$/h。1 号氧枪喷头采用 6 孔喷头，造成终渣氧化铁含量较高，对炉况影响较大。2 号氧枪喷头的 $P_1/P_0$ 偏大，喷溅发生率较高，表现偏硬。3 号氧枪喷头 $P_1/P_0$ 偏小，降碳速度偏慢，表现为软吹。4 号氧枪喷头的 $P_1/P_0$ 还偏大，在试验过程中，脱磷效果略差。1 号、2 号、3 号、4 号氧枪喷头的冶金效果未能达到预期效果。

5 号氧枪喷头在试验过程中，操作压力为 993kPa，正常枪位下动态降碳速度与同期对比相当，终渣 TFe 质量分数均值为 15.49%，与同期同座转炉终渣 TFe 质量分数均值 15.99%相比下降 0.5%，且过程化渣平稳，喷溅较少；脱磷率为 86.61%，相对于同期同座转炉提高 0.65%。

综合上述分析，5 号喷头的试验效果最佳，比较适合三炼钢的实际工艺参数要求，故选用 5 号喷头。

2.1.2 吹氧流量优化

喷头参数优化后，冶炼效果有一定的改善。5 号喷头喷溅发生率为 3.4%，低于原始喷头，但在严格的环保要求下，仍需要进一步降低。而炉口、烟罩粘渣的问题并没有得到有效解决，于是进行了降低氧气流量的试验，当氧气流量由 57000m$^3$/h 降低到 54000m$^3$/h 时，氧枪操作压力降低到 900kPa，炉口、烟罩的粘渣问题得到了明显改善，喷溅发生率由 3.4%降低到 1.5%，效果显著。

## 2.2 四炼钢氧枪参数优化

四炼钢投产以来，氧枪表现为吹炼偏软，废钢不能完全熔化。为了解决这个问题，调整了氧枪喷头参数，把 6 孔改为 5 孔，并调整了喉口直径及喷头的中心夹角。氧枪喷头的中心夹角加大后，可使氧气射流对熔池的作用范围扩大而且吹炼过程熔池活动平稳。吹炼和溅渣时，试验氧枪操作压力均提高约 50kPa，压力波动幅度与原有氧枪无明显区别。调整了吹炼过程枪位，废钢不能完全熔化的现象得到了明显改善。四炼钢氧枪喷头改进前后参数见表 3。

表 3 四炼钢氧枪喷头改进前后的参数

| 时间 | 马赫数 | 实际氧气流量 /m$^3$ · min$^{-1}$ | 喷孔布局 | 中心喉口直径/mm | 周围喉口直径/mm | 中心出口直径/mm | 周围出口直径/mm | 中心扩张段长/mm | 周围扩张段长/mm |
|---|---|---|---|---|---|---|---|---|---|
| 改进前 | 2.06 | 750 | 外围 5 孔均布，中心 1 孔，外 5 孔倾角 14° | 36 | 41.0 | 47.9 | 54.6 | 97.3 | 97.2 |
| 改进后 | 2.10 | 750 | 外围 5 孔均布，倾角 15° | — | 42.9 | — | 58.2 | — | 97.2 |

通过降低吹炼过程中的枪位，增大了冲击深度及冲击面积，改善了搅拌效果，在改善废钢熔化的同时，保持较好的脱磷率及脱锰率，满足了低磷钢及低锰钢冶炼。改进前后的冶金效果见表 4。

表 4 改进前后的冶炼效果

| 对比项 | 终渣平均 $w$(TFe)/% | 出钢 $w$(Mn)/% | 脱锰率/% | 出钢 $w$(P)/% | 脱磷率/% | 平均枪龄 |
|---|---|---|---|---|---|---|
| 改进前 | 17.50 | 0.058 | 68.3 | 0.0116 | 85.5 | 284.7 |
| 改进后 | 17.48 | 0.054 | 68.7 | 0.0115 | 86.2 | 273 |

## 3 底吹优化

### 3.1 三炼钢底吹优化

三炼钢底吹属于 LBE 型，设计最大底吹强度可达 0.12m³/(t · min)。炉底共 16 个透气砖，在直径 2426，2790mm 上各均匀分布 8 个，可进行 $N_2$-Ar 切换。每个透气砖上有单独的供气系统，能独自调节流量。

3.1.1 吹炼后期增加底吹流量

三炼钢投产早期，转炉吹炼过程中，底吹总流量一直保持在 350m³/h 不变，每根支管流量 20~25m³/h。通过技术攻关，对底吹流量进行优化，各个时期的流量动态控制如图 1 所示。在吹炼过程中，吹炼至 84%以前采用较低流量；当吹炼至 85%时，副枪第 1 次测量，在副枪 1 测量时，会降低底吹流量至 200m³/h，提高副枪 1 的测成率；在副枪 1 测量后的动态过程及出钢前，提高流量至 700m³/h，改善后期的搅拌效果。

副枪 1 测量后，底吹流量增加，加强后期的搅拌，转炉吹炼终点的碳氧积会有相对明显的下降。图 2 是不同条件下吹炼终点碳含量和终渣 TFe 含量的关系，在相同的碳含量条件下，有复吹比无复吹终渣 TFe 含量低，优化复吹后，转炉终渣 TFe 更低。

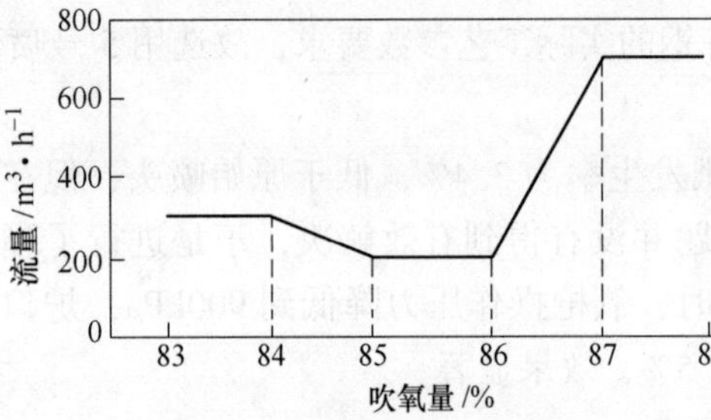


图 1 改进后底吹供气模式

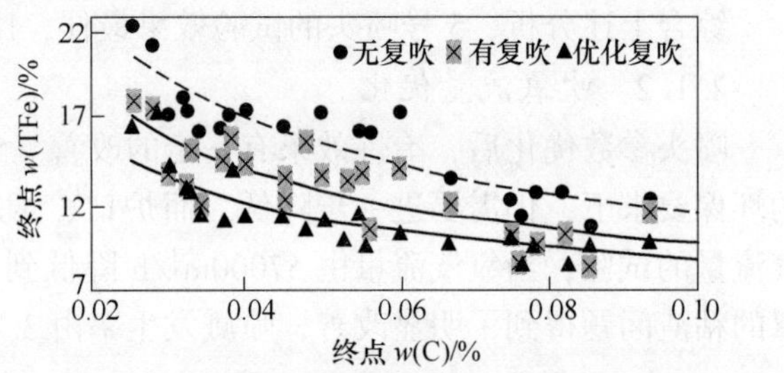


图 2 底吹供气模式改进前后终点 TFe 含量和碳含量的关系

3.1.2 延长可见透气砖寿命

透气砖供气良好，出钢后可见到透气砖在炉底上的黑色轮廓，这样的透气砖称之可见透气砖。三炼钢转炉炉龄在 10000 炉左右，在高炉龄的压力下，可见透气砖仅维持在 2000~3000 炉。超过 3000 炉，透气砖被较厚的渣层覆盖，复吹效果不明显。炉役结束，拆炉后的残余透气砖长度 500~550mm，残余透气砖见图 3，透气砖还有继续使用的潜力。传统大型转炉虽然炉衬寿命可达到 10000 炉以上，但有效转炉复吹寿命一般在 3000~4000 炉以内。为此，采取了根据炉底激光测厚数据延长可见透气砖寿命的做法。新开转炉，炉底厚度一般为 1000mm 左右，可见透气砖 16 个；炉役过程中，测厚大于 800mm，保持 12 个以上的可见透气砖；测厚 600~800mm，保持 4 个以上的可见透气砖；测厚 500~600mm，保持 1~2 个可见透气砖。当测厚一旦低于 500mm，则可覆盖所有透气砖，并立即把炉底渣层厚度维护起来。当透气砖个数少于制定目标，则采用开旁通气路（每个透气砖有 2 条供气通路，正常情况下，只使用 1 条通路，另 1 条为旁通，透气砖堵住时使用）、涮炉底等措施，让透气砖再现。采用激光测厚监控炉底厚度后，可见透气砖寿命达到 4000 炉。

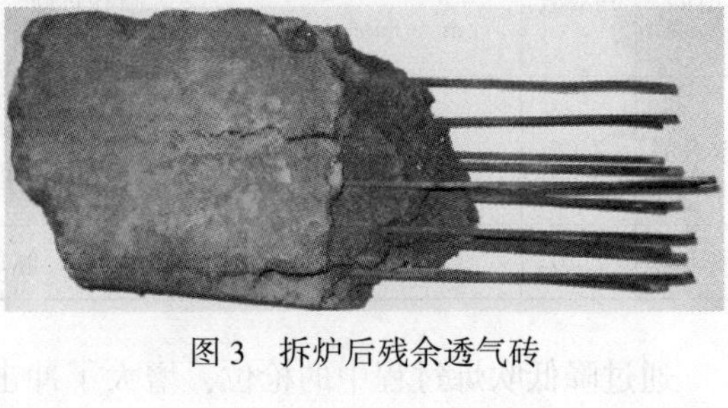

图 3 拆炉后残余透气砖

3.1.3 调大底吹流量

根据拆炉后透气钢管被堵不深的状况，可以考虑适当调大底吹流量，以降低透气钢管被堵的风险，从而延长可见透气砖寿命。三炼钢转炉底吹设计强度为 0.02~0.12m³/(t · min)，在第二次优化底吹后一直采用低流量 650m³/h，底吹强度仅为 0.039m³/(t · min)，接近于设计强度下限，此处称之为低强度底吹。当底吹流量调大到 1400m³/h，此时底吹强度为 0.085m³/(t · min)，接近于设计强度的中间值，此处称之为中强度。

调大底吹强度后，在相同可见透气砖个数的条件下，碳氧积也明显降低，底吹效果改善，统计不同流量相同可见透气砖个数的冶炼炉次各 30 炉，碳氧积均值具体对比见图 4。在有 8 个可见透气砖的条件下，转炉终点的碳氧积在 0.0018 以内，达到了较好的底吹效果。

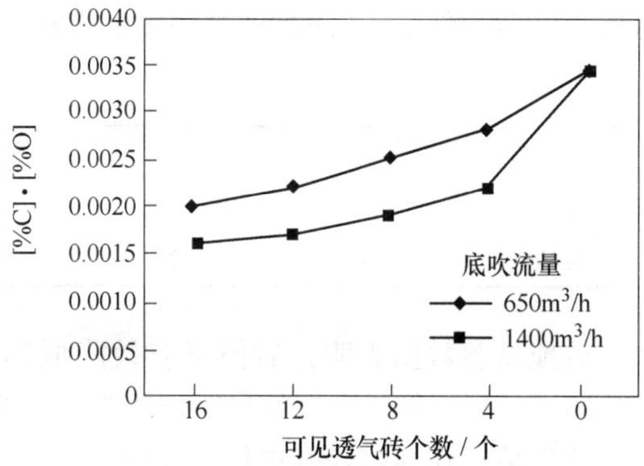

图 4 碳氧积与可见透气砖个数、底吹流量的关系

3.1.4 强底吹的冶炼效果

三炼钢转炉投产早期，底吹流量 350m³/h，碳氧积在 0.0024 左右；增大流量至 650m³/h，碳氧积在 0.0022 左右；进一步增加流量到 1400m³/h，碳氧积最低可达 0.0015，达到较好的效果。其后，增加流量到 1700，1900m³/h，碳氧积并没有显著差异；而流量低于 1100m³/h 时，碳氧积会增加。不同流量碳氧积对比见表 5，其中流量 350，650m³/h 为较早的生产数据，流量 1100m³/h 为现在使用流量，其余是试验炉次，可见，并非流量越大底吹效果越好。基于此，三炼钢提出了不只以流量大小为依据的强底吹定义，在 8~16 个可见透气砖的条件下，流量控制在 1100~1400m³/h，碳氧积在 0.0018 以下，即为强底吹。

表 5 不同底吹流量碳氧积

| 底吹流量/m³·h⁻¹ | 统计炉数 | 可见透气砖/个 | 碳氧积 |
|---|---|---|---|
| 350 | 30 | 8~16 | 0.0022~0.0025 |
| 650 | 30 | 8~16 | 0.0020~0.0024 |
| 1100 | 60 | 8~16 | 0.0015~0.0018 |
| 1400 | 30 | 8~16 | 0.0015~0.0018 |
| 1700 | 30 | 8~16 | 0.0015~0.0018 |
| 1900 | 30 | 8~16 | 0.0015~0.0018 |

延长可见透气砖寿命，采用强底吹，冶炼效果改善明显。图 5 为改进前后相同炉役期底吹效果对比图，改进后，3000 炉以内碳氧积均值在 0.0020 以下，4000 炉以内碳氧积均值在 0.0024 以下。大于 4000 炉时，碳氧积均值没有较大的波动，统计炉龄为 7950~8050 的数据，可代表 4000 炉以后的碳氧积。

在强底吹条件下，改进后冶炼效果明显优于改进前。除了碳氧积明显降低，吹炼过程，喷溅发生率明显降低，钢液中氧含量降低，吹炼终点锰含量即残锰明显增加，钢液收得率明显增加。吹炼终点残锰及钢液收得率对比见图 6。强底吹比没有底吹的吹炼终点残锰质量分数高 0.024%，钢液收得率高 0.7%，可有效降低冶炼成本。

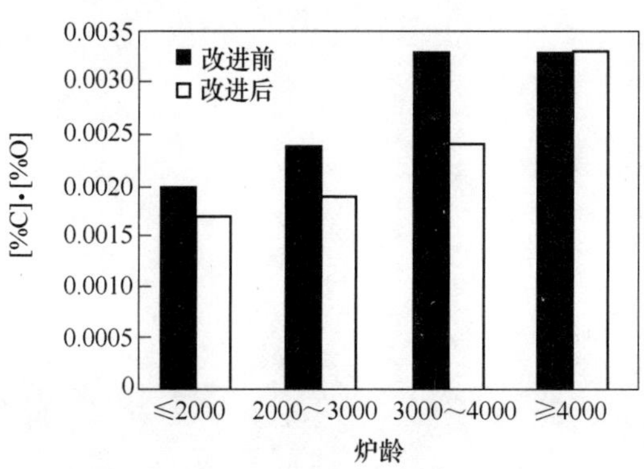

图 5 改进前后相同炉役期碳氧积对比

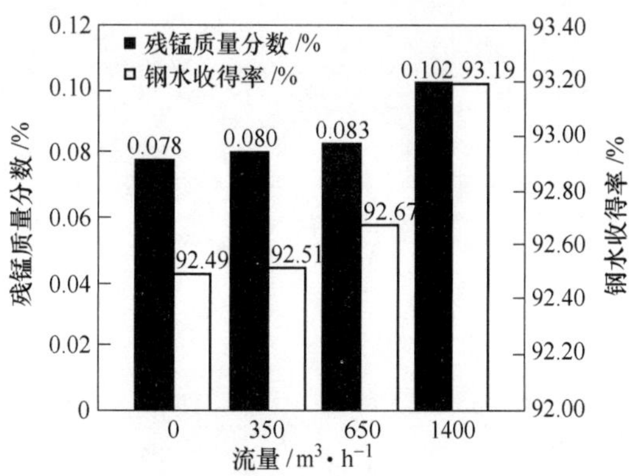

图 6 不同底吹流量条件下的残锰含量和钢水收得率

## 3.2 四炼钢转炉底吹大气量后搅工艺

在四炼钢进行了转炉底吹大气量后搅试验，在有无可见透气砖条件下，采用不同的后搅流量，试验数据见表 6。在有 4 个可见透气砖条件下，后搅流量为 500m³/h，试验效果显著，故只试验了 7 炉。在无

可见透气砖条件下，后搅流量为1080m³/h，试验效果不太显著，试验了24炉。

表6 后搅试验对比

| 对比项目 | 可见透气砖/个 | 试验炉数/炉 | 后搅流量/$m^3 \cdot h^{-1}$ | 后搅时间/min | 降氧速度/$10^{-6} \cdot min^{-1}$ | 降碳速度/$10^{-6} \cdot min^{-1}$ |
|---|---|---|---|---|---|---|
| 有可见透气砖 | 4 | 7 | 500 | 3~4 | 20.47 | 29.23 |
| 无可见透气砖 | 0 | 24 | 1080 | 3~4 | 15.39 | 12.22 |

后搅试验数据表明，后搅可有效降低转炉终点的碳氧积，在有可见透气砖的条件下，碳氧积下降0.0005。后搅对转炉渣层的侵蚀也较明显，要采用大气量后搅，必须加强转炉炉衬维护，减缓炉衬的侵蚀，使后搅操作能够获得更佳的效果。

## 4 结论

1）通过氧枪喷头工艺参数优化，有效改善了转炉冶金效果，转炉终渣TFe质量分数降低0.5%，转炉脱磷率提高0.65%。优化喷头参数及吹炼枪位，改善了废钢熔化。

2）通过激光测厚监控炉底厚度，可见透气砖寿命达4000炉。在8~16个可见透气砖和底吹气体流量控制在1100~1400m³/h的条件下，碳氧积在0.0018以下，改善了冶金效果，转炉停吹锰质量分数提高0.024%，钢液收得率提高0.7%。

3）大气量后搅试验结果表明，在4个可见透气砖条件下，转炉终点碳氧积降低0.0005，但对转炉炉衬的侵蚀较快，在采用大流量后搅时，须做好炉况维护。

（原载《炼钢》，2016（5））

# 武钢薄板坯连铸连轧产线技术创新实践

王春锋 李具中 杜秀峰 陈 浩 吴维轩 朱志强

薄板坯连铸连轧是目前国际上最先进的钢铁制造短流程工艺，实践表明该工艺在节约能源、提高生产效率和成材率、降低生产成本等方面具有明显的优势。迄今为止，全球已建成薄板坯连铸连轧生产线66条101流，年生产能力超过1.1亿t。我国已建成薄板坯连铸连轧生产线15条30流，年生产能力达到3700万t。武钢薄板坯连铸连轧（以下简称武钢CSP）生产线，设计年产热轧材248万t，规格厚度为0.8~12.7mm，宽度为900~1600mm。CSP于2007年6月18日动工，2009年5月20日实现全线一次热试通板投产成功。自投产以来，武钢CSP产线一直致力于技术创新，通过技术创新带动工艺技术、品种开发和产品实物质量稳步提升。在此，主要介绍了CSP产线近几年来的技术创新实践情况，主要包括低耗高效铁水脱硫技术、低成本转炉冶炼技术、洁净钢冶炼技术、稳态浇铸技术和薄材稳定轧制技术。

## 1 薄板坯连铸连轧产线技术创新实践

### 1.1 低耗高效铁水脱硫技术

武钢CSP的铁水复合喷吹脱硫设备从DANIELI CORUS公司引进，采用钝化镁和流化石灰在线复合喷吹技术，采取2个喷吹工位配置3个扒渣位的高效设计，如图1所示。

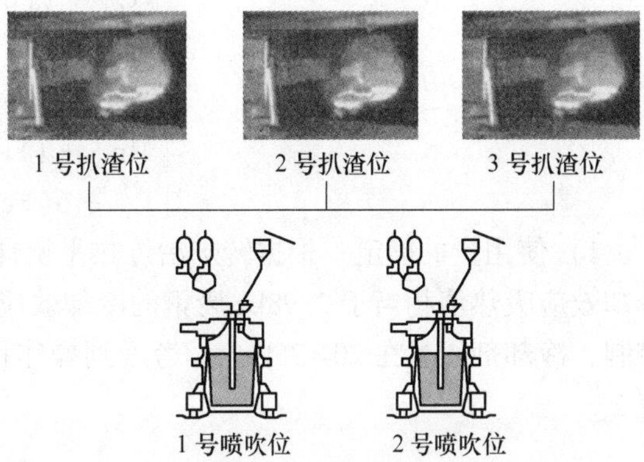


图1 脱硫工位设计示意图

前期采用铁水一次喷吹脱硫工艺（扒前渣—喷吹—投入粘渣剂（静置）—扒后渣），该工艺存在的主要问题有：脱硫剂消耗高，超低硫钢（要求S质量分数不大于$40\times10^{-6}$）返硫偏高，工序控制能力指数偏低等。为此，CSP产线自主开发了新型脱硫工艺。

自主开发的新型低耗高效铁水脱硫工艺（如图2所示）主要采用一次喷吹（Mg-CaO脱硫剂）+二次喷吹（流化石灰粉）的喷吹工艺，其具有如下技术特点。在脱硫前期进行一次喷吹Mg-CaO脱硫剂，主要利用了铁水脱硫前期气化镁与铁水中［S］反应速度快的特点，加速脱硫反应进行，将铁水中硫含量迅速降到较低值，同时CaO可起到转移脱硫产物的作用，即将脱硫产物MgS转换为CaS，并固定于顶渣中，因此一次喷吹阶段也称作主喷吹阶段。在一次喷吹结束后，在脱硫后期进行二次喷吹流化石灰粉，主要是鉴

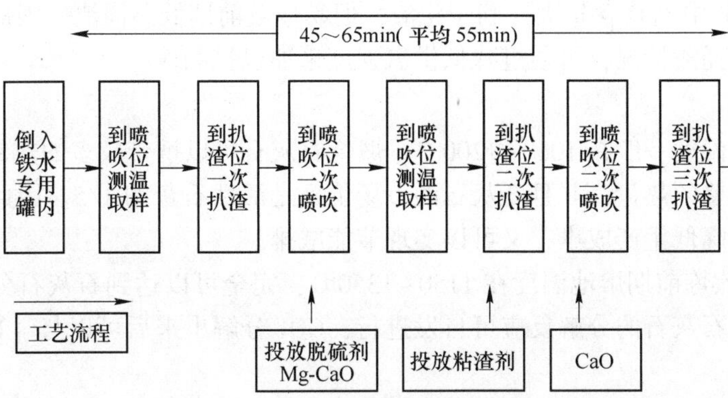


图2 武钢CSP新型复合喷吹脱硫工艺流程

于铁水脱硫后期，铁水中的硫含量已降至较低值，而溶解镁浓度则处于高值。此时喷吹流态化 CaO，一方面可利用 CaO 作为 MgS 析出的核心，促进铁水中溶解［Mg］与铁水中［S］通过过饱和析出反应（[Mg]+[S]═MgS）进一步实现脱硫；同时，继续喷吹流化 CaO 可促进脱硫渣的形成，方便扒渣，防止回硫，从而实现严格的目标硫要求。新型低耗高效铁水脱硫工艺与原工艺相比，钝化镁消耗和转炉返硫均得到了明显的降低，主要工艺参数和指标详见表 1。

**表 1　新型低耗高效脱硫工艺与原工艺对比**

| 指标 | 原脱硫工艺 | 新型低耗高效脱硫工艺 |
|---|---|---|
| 喷吹流量/$Nm^3 \cdot h^{-1}$ | 20~22 | 16~18 |
| 喷枪插入深度/m | 2.4 | 2.7 |
| 喷入方法 | 钝化镁粉与流化石灰复合喷入 | 二次喷吹 |
| 脱硫剂配比控制 | 石灰与镁粉配比在 3∶1~5∶1 | 石灰与镁粉配比在 4∶1~6∶1 |
| 脱硫剂（Mg）消耗/$kg \cdot (t \cdot s)^{-1}$ | 0.025 | 0.018 |
| 平均返硫质量分数/% | 0.0027 | 0.0021 |
| 超低硫无铝钢种 $w(S)$ 不超过 $40\times10^{-6}$ 的过程能力 CPU | 1.38 | 1.65 |

## 1.2　低成本转炉冶炼技术

### 1.2.1　块矿的使用

转炉脱碳反应是氧化性的过程，在脱碳初期块矿中的 FeO，$Fe_2O_3$ 可作为氧化剂参与反应，从而将 Fe 还原出来，控制块矿加入时机是块矿使用的关键。反应式如下。

$$[C] + (FeO) = CO(g) + [Fe] \quad (1)$$

$$3[C] + (Fe_2O_3) = 3CO(g) + 2[Fe] \quad (2)$$

$$[Si] + 2(FeO) = (SiO_2) + 2[Fe] \quad (3)$$

$$[Mn] + (FeO) = (MnO) + [Fe] \quad (4)$$

$$2[P] + 5(FeO) = (P_2O_5) + 5[Fe] \quad (5)$$

1）使用量的确定。根据转炉冶炼热平衡计算，对比块矿和废钢的冷却效应吸热值可知，1kg 块矿的冷却效应吸热值相当于 2.98kg 废钢的冷却效应。CSP 产线转炉按装入量 180t，废钢比不大于 60kg/t 进行控制，冷却剂用量在 20~25kg/t。考虑到操作稳定性，块矿消耗 15kg 左右最为合适，块矿成分组成详见表 2。

**表 2　块矿成分组成**　（%）

| Fe | $SiO_2$ | P | S | As | Cu | Ti | Mn |
|---|---|---|---|---|---|---|---|
| ≥61 | 6.5 | ≤0.1 | ≤0.05 | ≤0.005 | ≤0.1 | ≤0.1 | ≤0.4 |

2）工艺参数调节。块矿加入必须充分利用前期脱碳反应的时间，将 Fe 还原出来。因此，需控制在吹炼进程 60%之前将块矿加完。可在加入废钢后兑铁前向炉内加入总量的 30%~50%，余量在吹炼至 30%~60%时少量多批加入。块矿中 FeO 含量大，利于化渣，但易造成前期低温涌渣。因此，吹炼前期以低枪位快速升温为主，出现低温涌渣情况，可通过降低供氧强度来加以控制。

### 1.2.2　石灰石的使用

石灰石煅烧成为石灰的温度一般在 1000~1200℃。煅烧石灰石可以携带较多的热量，转炉在吹炼过程中可以提供石灰石分解所需要的热量，并且石灰石的市场价格是活性石灰的 1/5。因此，使用石灰石熔剂代替活性石灰炼钢，既可以降低生产成本，又可以实现节能减排。

1）石灰石分解。转炉吹炼前期熔池温度在 1150~1350℃，完全可以达到石灰石分解所需温度。根据热力学计算，高温条件下，石灰石的分解反应可自发进行，$CO_2$ 分解出来后可以与［Fe］，［Si］，［Mn］，［C］等发生氧化反应。

2）石灰石的冷却效应。石灰石分解吸收大量的热量，在炼钢过程中可用来平衡富余的热量，其分解的平衡反应方程式如下。

$$(CaCO_3) \longrightarrow (CaO) + CO_2(g)$$
$$\lg P_{CO_2} = -8908/T + 7.53 \tag{6}$$

由上式可知，石灰石的分解温度约为910℃，1kg石灰石的冷却效应相当于2kg的废钢。

3）石灰石的冶炼效果。

（1）石灰石对初期渣的影响。石灰石按2t/炉在吹炼300s前加入，同时加入2t/炉的石灰，在吹炼400s时取渣样，与未使用石灰石（使用的石灰）的炉次对比，渣样数据见表3，钢样数据见表4。

**表3　渣样分析结果**

| 序号 | $w(CaO)/\%$ | $w(SiO_2)/\%$ | $w(P_2O_5)/\%$ | $w(FeO)/\%$ | 碱度 |
|---|---|---|---|---|---|
| 1 | 38.42 | 21.32 | 0.76 | 6.35 | 1.80 |
| 2 | 43.24 | 24.36 | 2.42 | 10.30 | 11.77 |
| 3 | 44.26 | 26.25 | 1.71 | 8.23 | 1.69 |
| 4 | 39.56 | 18.91 | 3.26 | 13.30 | 22.09 |

**表4　钢样分析结果**

| 序号 | 铁水 $w(P)/10^{-6}$ | 钢水 $w(P)/10^{-6}$ | 脱磷效率/% |
|---|---|---|---|
| 1 | 960 | 750 | 21.87 |
| 2 | 810 | 350 | 56.79 |
| 3 | 1260 | 460 | 63.49 |
| 4 | 850 | 210 | 75.29 |

表3、表4中1号是未使用石灰石，吹炼400s后所取渣样和钢样数据。2号、3号、4号都是使用石灰石，吹炼400s所取的渣样和钢样数据。从表中可以看出，使用石灰石的炉次渣中$P_2O_5$和FeO的含量明显高于未使用炉次，是由于大量的石灰石在吹炼前期的铁水面上分解时，产生的$CO_2$对铁水没有冲击，是一种“最软”的供氧方式，会产生比吊吹还要强的快速生成FeO的效果，提高了初期渣的氧化性，脱磷效率提高。

（2）石灰石对吹炼过程的影响。石灰石加入后，在吹炼时间250~350s，会发生低温涌渣现象，并且在加入石灰石后300s左右，石灰石分解速率达到最大，并且此时C-O反应也处于加剧的状态。在加入石灰石后200s左右，主动采取减小氧量或提高枪位的操作，可降低炉内氧化反应速率，不必进行倒炉双渣操作。另外，每批次石灰石加入量不宜过大，应采取少量多批加入模式，能够使石灰石分解气体产物不过度富集，能够有效控制涌渣。

1.2.3　块矿和石灰石的使用效果

经过不断摸索和实践，CSP产线转炉采用块矿和石灰石冶炼的工艺日趋完善，块矿用量为15kg/t，石灰石用量为11.67kg/t，冶炼过程平稳、终点受控，转炉活性石灰消耗降低9.67kg/t，转炉钢铁料消耗降低8.32kg/t。

## 1.3　洁净钢高效冶炼技术

1.3.1　转炉终点钢水氧含量控制

通过优化转炉自动炼钢模型，提高动态计算准确率；提高终点一次命中率，减少点吹和过氧化情况；增加吹炼后期底吹供气强度，终点碳氧积［%C］·［%O］≤0.0027；保证出钢前的后搅时间不少于2min；转炉终点钢水中氧质量分数不大于$700\times10^{-6}$的比例达到95.24%。

1.3.2　高效精炼技术

1）LF低成本高效精炼技术。

（1）快速深脱硫技术。LF到站钢水快速进行升温、造乳化渣，并采用大气量搅拌，以加快渣-钢界面反应，促进钢水快速脱硫，目前普钢成品中硫质量分数不大于$50\times10^{-6}$比例达98.35%。

（2）复合脱氧技术。为降低成本，钢包炉采用小颗粒硅复合脱氧，即 LF 到站钢水先采用硅合金脱氧，然后再加铝进行深脱氧，每吨钢铝耗比定额下降 0.15kg/t。

（3）轻钙处理技术。通过降低钙前炉渣中 $w$(FeO+MnO)，延长钙前软吹氩时间至 10min 以上，对钢水成分（Als，S 含量等）进行稳定控制，并通过优化喂线速度，普钢钙耗控制在不大于 0.5kg/t，同比下降 26.7%。

2）RH 高效精炼技术。

（1）RH 快速混匀技术。通过对插入管进行改造，真空插入管氩气小管由原来的上下 2 层 12 个增加到上下 2 层 14 个，同时将原来的调节阀二合一控制改造为调节阀独立控制，减少了插入管的堵塞，改善了钢水效果混匀。对 RH 装置进行钢水混匀测定，根据测定结果对提升气体流量进行优化，驱动气体流量由原来的 $110m^3/h$ 增大至 $130m^3/h$ 后，循环流量明显增加（见图 3），钢水混匀时间由原来的 71s 减少到 60s。

（2）RH 高效脱碳技术。通过对到站钢水碳含量受温度的影响进行控制，配合脱碳过程真空度的优化和循环时间等进行了系统优化，真空脱碳效果明显提升。钢中 $w$(C) 可在 12min 左右控制在 $15\times10^{-6}$以内，如图 4 所示。

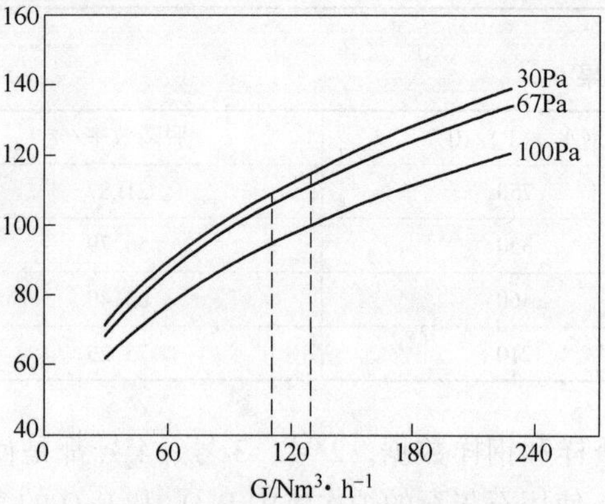

图 3　提升气体流量与循环流量的关系

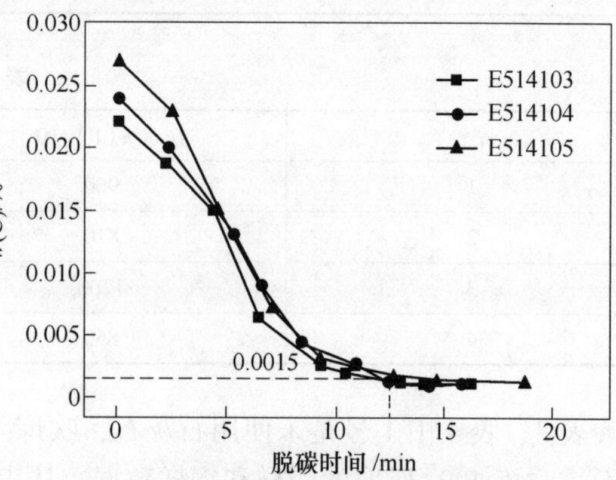

图 4　脱碳过程 $w$(C) 随时间的变化

（3）钢水高纯净化控制技术。通过脱硫扒渣工艺优化，废钢合理使用，减少出钢下渣量，真空气密性检查，合金替代等措施，无取向硅钢钢中 $w$(C+S+N+Ti) 不大于 $80\times10^{-6}$的比例达到 93.6%，T.O 质量分数小于 $20\times10^{-6}$的比例达到 93.5%。

1.3.3　夹杂物控制技术

通过控制 RH 到站钢水氧含量，减少真空处理过程吹氧脱碳，脱碳结束钢中 $w$(O) 可控制在 0.03%左右，有效减少了脱氧产物。钢水脱氧后，通过添加精炼剂、脱硫剂等进行调渣，碱度尺不小于 3.5，终渣 $w$(MnO+FeO) 可控制在 6%以内，钢中夹杂物的去除效果明显改善，钢中不大于 5μm 的夹杂比例达到 89.82%，主要为细小夹杂，且夹杂组成主要位于液相区附近，如图 5 所示，有效改善了水口结瘤，超低碳铝钢钢水连浇炉数达 10 炉以上。表 5 对比了 CSP 厂与国内某先进钢厂 RH 处理结束与中包钢水 T.O 含量控制水平，武钢 CSP 产线钢水洁净度与常规产线相当。

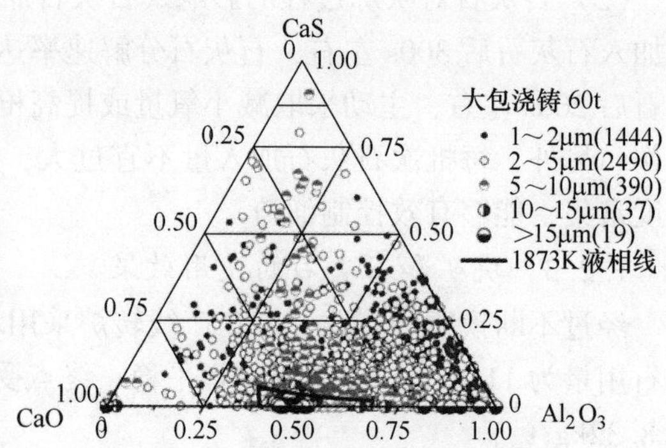

图 5　钢中非金属夹杂物控制情况

表 5　钢中全氧与氮含量的分析对比

| 钢厂名称 | 钢包质量/t | RH | | TD | |
|---|---|---|---|---|---|
| | | $w$(T.O)/$10^{-6}$ | $w$(N)/$10^{-6}$ | $w$(T.O)/$10^{-6}$ | $w$(N)/$10^{-6}$ |
| 某先进钢厂 | 300 | 13.0 | 12.1 | 13.6 | 16.2 |
| 武钢 CSP | 160 | 12.2 | 13.2 | 13.2 | 17.6 |

注：RH 代表精炼试样，TD 代表中包试样。

## 1.4 稳态浇铸技术

连铸非稳态浇铸是指中间包开浇、更换钢包连浇、浇钢结束收尾坯等钢水液面波动大、拉速变化频繁的浇铸状态。非稳态浇铸时钢液的保护浇铸状态、中包钢液流场及覆盖剂性质和作用、结晶器流场和液面波动等都受到较大影响，造成钢水二次氧化加剧，结晶器卷渣发生几率增加，最终影响铸坯质量甚至连铸生产的顺行。非稳态浇铸是连铸过程中不可避免的状态，为控制非稳态浇铸、改善铸坯质量，武钢 CSP 厂开展了一系列工作。

### 1.4.1 提高保护浇铸水平

为提高连铸工序保护浇铸水平，采取如下措施：采用带吹氩功能的中间包盖，如图 6 所示，在开浇前及浇钢过程中向中间包内吹入氩气；采用特制的保护管密封环，确保钢包下水口和保护管之间的紧密接触；优化钢包下水口尺寸设计，使之与保护管碗口配合良好；把握开浇炉覆盖剂的加入时机，防止加入过早导致覆盖剂卷入钢水中。保护浇铸过程中 $w$(Als) 损失不大于 $50\times10^{-6}$合格率和增氮质量分数不大于 $3\times10^{-6}$合格率分别为 97.69%，90.58%。

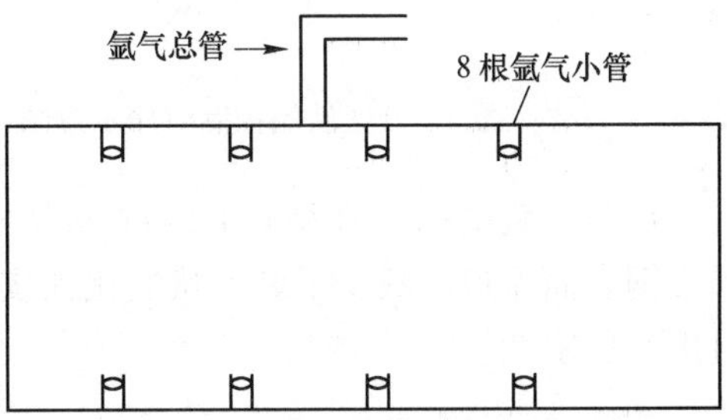

图 6 中间包盖吹氩装置示意图

### 1.4.2 提高钢包自浇率

优化引流砂（铬含量增加至 35%），改善引流砂在长时间周转状态下而烧结的状态；清理干净大罐滑动机构通道中的多余耐火材料和残钢残渣，确保机构通道通畅；保管好引流砂，使之不受潮；制定规范的引流砂加入方式，根据水口使用状况，合理调整引流砂的使用量，确保引流砂在水口碗部呈锥形；当大罐在线、离线烘烤时间大于 10h，更换引流砂。大罐自浇率提高后，可有效避免大包不自浇而带来的烧氧引流以及中间包液位的剧烈波动。通过上述措施，钢包自浇率达到 98.5%。

### 1.4.3 控制结晶器液面波动

系统分析引起结晶器液面波动的现象和原因，制定针对性的控制措施，具体见表 6。

**表 6 结晶器液面波动原因及控制措施**

| 序号 | 现象 | 原因分析 | 措 施 |
|---|---|---|---|
| 1 | 塞棒卡阻 | 机械故障或有异物进入机械内部 | 向塞棒机械加油，并加强对机械电流的关注 |
| 2 | 射源故障 | 射源或接收源未紧固 | 每次换结晶器后，仔细检查射源是否安装到位 |
| 3 | 水口结瘤 | 保护浇铸未做好，钢水不纯净 | 做好保护浇铸，减少引流，降低拉速，将液面波动控制在±1mm 以内 |
| 4 | SEN 破损 | 水口材质不合格 | 将中间包抬高，观察是否有漏洞 |
| 5 | 包晶反应 | 碳当量进入包晶钢范围 | 降低拉速，将液面波动控制在±1mm 以内 |
| 6 | 鼓肚 | 二冷水流量波动，温度过高，钢水过热度高，拉速过高 | 增加二冷水量，通知水处理人员降低水温，降低拉速，将液面波动控制在±1mm 以内 |

## 1.5 薄材稳定轧制技术

### 1.5.1 薄材升速轧制技术

为进一步提高薄材质量和生产的稳定性，武钢 CSP 开发了升速轧制技术。1）低速穿带，避免带钢头部出精轧机组最末机架后在输出辊道上发生翻起；2）高速轧制，减少纯轧时间，增加均热炉缓冲时间；3）尾部降速，给予操作人员更多板型调控时间，减少甩尾伤辊，如图 7 所示。在薄材稳定生产中力求提高轧制速度、减少纯轧时间和增加均热炉的缓冲空间，提高头尾轧制稳定性，改善板型，进一步提高了薄材生产和质量的稳定性。

### 1.5.2 薄材轧制润滑技术

武钢 CSP 在大批量生产薄材后，生产过程中开始暴露出一些问题，如轧机负荷大，机架震动大，下机辊面不良，工作辊辊耗过大，备辊矛盾突出等。为此，武钢 CSP 开发了薄材轧制润滑技术。轧机二级根据轧制带钢的厚度、宽度、来料温度、带钢硬度等特性进行分类，自动从模型计算表中选择各机架所配置的轧制油油量，并通过轧机一级跟踪控制，带钢头部在本机架咬钢后开始喷油，带钢尾部在带钢离开高压除鳞机 1 号夹送辊后开始关闭阀门，如图 8 所示。该模式可以提供轧辊咬钢后的润滑，避免头部打滑。

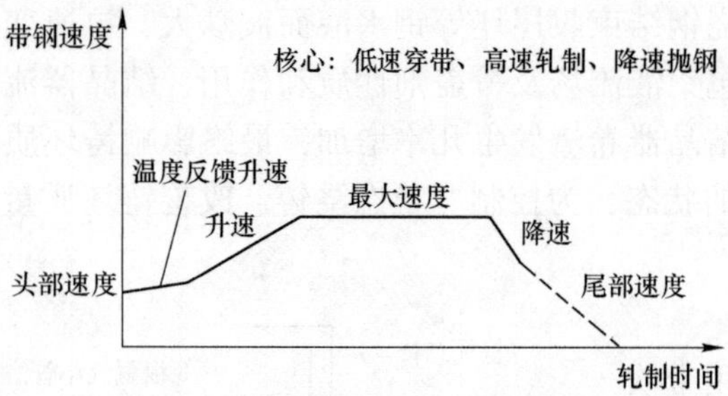


图 7　升速轧制控制时序示意图

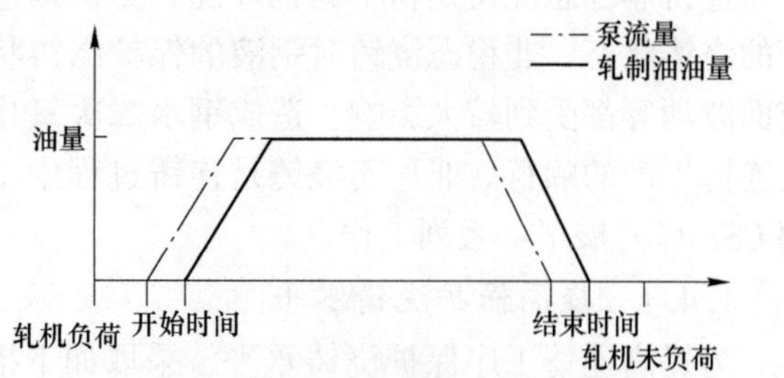


图 8　轧制油油量的时间函数

目前，武钢 CSP 在精轧 F2～F6 机架实现了全部规格稳定投入轧制润滑，缓解了轧机振动，基本消除了带钢表面振痕，减少了麻点状氧化铁皮出现几率，延长了换辊周期，降低了轧制力，有效地提高了薄材生产稳定性。

## 2　技术创新应用效果

通过武钢 CSP 产线 8 年来的技术创新，带动工艺技术、品种开发和产品实物质量稳步提升。现已批量生产碳素结构钢、低合金钢钢、集装箱钢、薄规格高强钢、无取向硅钢和中高碳钢等八大系列 40 余个品种 800 多种规格，产品广泛应用于电力、机械、化工、造船、汽车结构、轻工业等众多行业。主要经济技术指标持续提升，详见表 7。

表 7　主要经济技术指标统计

| 序号 | 项目 | 单位 | 完成值（2016-01-01—2016-06-08） |
|---|---|---|---|
| 1 | 钝化镁脱硫剂消耗（超低硫无铝钢种） | kg/(t · s) | 0.018 |
| 2 | 转炉石灰消耗 | kg/t | 23.11 |
| 3 | 钢铁料消耗 | kg/t | 1052 |
| 4 | $w$(C+S+N+Ti) 不大于 $80\times10^{-6}$的比例 | % | 93.6 |
| 5 | 浇铸过程液位波动不高于 3mm 的比例 | % | 99.6 |
| 6 | 厚度规格不大于 2.0mm 的月产量 | 万 t/月 | 8.28 |

## 3　结语

1）武钢 CSP 产线自主开发的新型低耗高效铁水脱硫工艺主要采用一次喷吹（Mg-CaO 脱硫剂）+二次喷吹（流化石灰粉）工艺，与原工艺相比，超低硫无铝钢的钝化镁单耗降低了 0.007kg/(t · s)，转炉冶炼平均返硫减少 0.0006%。

2）经过不断摸索实践，CSP 产线转炉冶炼工艺日趋完善，其中块矿用量为 15kg/t，石灰石用量为 11.67kg/t，冶炼过程平稳、终点受控，转炉石灰消耗降低 9.67kg/t，转炉钢铁料消耗降低 832kg/t。

3）通过降低转炉出钢氧含量以及 LF 低成本高效精炼技术和 RH 高效精炼技术的实施，无取向硅钢钢中 $w$(C+S+N+Ti) 不大于 $80\times10^{-6}$的比例达到 93.6%，$w$(T.O) 含量小于 $20\times10^{-6}$的比例达到 93.5%。与国内先进钢厂对比，CSP 产线钢水洁净度与常规产线相当。

4）武钢 CSP 开展了提高保护浇铸水平和钢包自浇率，同时减少结晶器液面波动等工作，推行稳态浇铸技术，铸坯实物质量改善效果明显。其中，浇铸过程保护浇铸 $w$(Als) 损失不大于 $50\times10^{-6}$合格率和增氮质量分数 $3\times10^{-6}$合格率分别为 97.69%，99.58%。

5）为进一步提高薄材质量和生产的稳定性，CSP 产线开发升速轧制技术，同时运用薄材轧制润滑技术，厚度规格不大于 2.0mm 的月产量达到 8.28 万 t/月。

6）武钢 CSP 产线将持续致力于技术创新，通过技术创新继续带动工艺技术、品种开发和产品实物质量稳步提升，增强武钢 CSP 产线的核心竞争力。

（原载《武钢技术》，2016（6））

# 现代连铸技术在武钢三炼钢2号连铸机的应用

闵浩然　宋泽啟　刘光明　杨新泉

## 0　前言

武钢三炼钢3#连铸机主要生产较宽规格铸坯汽车板，而窄规格汽车板在1#、2#连铸机上生产铸坯质量差、成材率低，随着武钢产品升级结构调整的要求，汽车板产量的增加，客户对板材质量要求的不断提高，因此需在三炼钢安排生产窄规格汽车板。但1#、2#连铸机机型为弧型连铸机，对于夹杂物的内弧侧偏聚问题具有先天不足，同时，1#、2#连铸机辊子为整体辊，辊径大，辊间距大，对生产高质量深冲钢都是不利的因素。直弧型连铸机有至少2.5m长的直线段，有利于夹杂物上浮和细颗粒夹杂物弥散分布，新的连铸机设计为分节辊小辊密排，鼓肚小，钢液面稳定减少卷渣。因此，武钢于2016年9月开始改造2#弧型连铸机为直弧型连铸机。近一年来，武钢自主集成的连铸技术应用为新2#机的生产顺行及质量保证提供了良好的技术支持。

2#连铸机改造前后基本参数对比见表1。

**表1　连铸机改造前后基本参数对比**

| 序号 | 项目名称 | 单位 | 性能及参数 | |
|---|---|---|---|---|
| 1 | 连铸机台数 | 台 | 1（改造前2#） | 1（改造后2#） |
| 2 | 连铸机机型 | | 弧型 | 直弧型 |
| 3 | 连铸机基本半径 | mm | 10.5 | 9.5 |
| 4 | 直线段 | m | 无 | 约2.5 |
| 5 | 连铸机流数 | 流 | 2 | 2 |
| 6 | 冶金长度 | m | 36.71 | 32.45 |
| 7 | 中间包控流方式 | | 滑板 | 塞棒 |
| 8 | 电磁搅拌 | | 无 | 结晶器电磁搅拌 |
| 9 | 结晶器振动 | | 机械振动 | 液压振动 |
| 10 | 辊列 | | 4点矫直 | 连续弯曲连续矫直 |
| 11 | 在线调宽功能 | | 无 | 有 |
| 12 | 大包下渣检测 | | 无 | 有 |

## 1　直弧型机型

新2#机为直弧型铸机，900mm直结晶器，有效垂直高度2528mm，与原弧型铸机相比：

(1) 铸坯与结晶器铜板全长接触，坯壳形成迅速且均匀，有利于铸机漏钢控制；

(2) 直结晶器及弯曲段垂直部分方便非金属夹杂物的上浮，减少了铸坯内弧侧非金属夹杂物的集聚。

(3) 直结晶器铜板还便于调整对中、维修及磨损铜板的再加工利用。

从汽车板夹杂、气泡改判分析中可看出（图1~图3），同改造之前相比，新2#机汽车板夹杂、气泡缺陷大幅下降，直弧型铸机优势得到充分体现（因弧型铸机汽车板夹杂、气泡改判率较高，2012年起1、2#机未安排汽车板计划）。

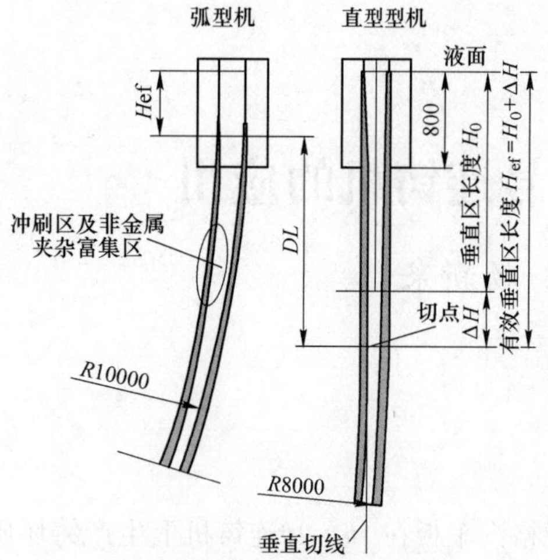


图 1 直弧型铸机与全弧型铸机夹杂物上浮示意图

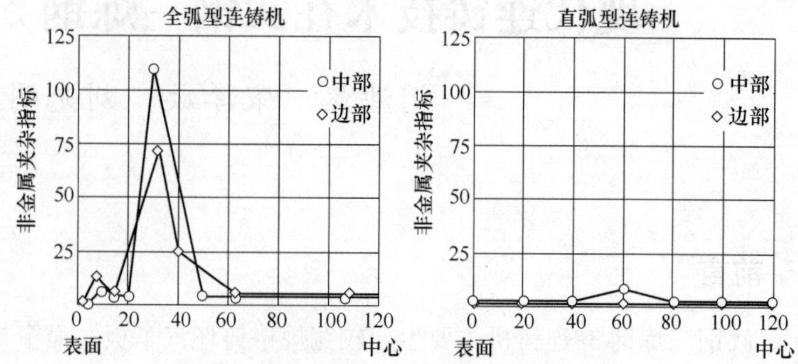


图 2 新/旧铸机夹杂物沿厚度方向分布

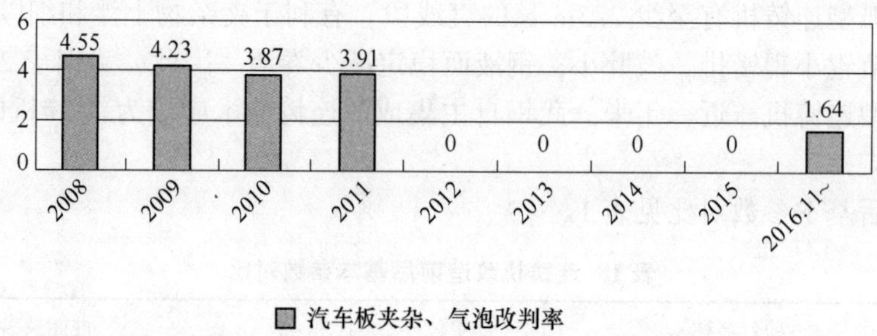


图 3 2008~2017 年 7 月 2#机汽车板夹杂、气泡改判对比

## 2 塞棒控流技术

2 号连铸机改为塞棒控流，塞棒机构采用电动缸驱动，能够实现自动开浇和一键快换水口功能。塞棒控流相对于滑板控流而言，结晶器内钢水流场要均匀且稳定，可以有效防止卷渣，提高铸坯质量。液位控制系统主要由液位传感器、以 PLC 为中心的结晶器液位控制器、拉速反馈及控制塞棒开口度的伺服控制系统组成。其控制原理如图 4 所示。

## 3 结晶器在线调宽

在线调宽结晶器（图 5）是新 2#机采用的一项重要技术装备，可方便实现结晶器冷、热态宽度调整以适应生产计划的要求，从而大幅减少结晶器的备件数量，降低生产费用，节约换断面（宽度）生产准备时间，提高了铸机的作业率。先进的热调宽模式（S 模式），可在正常浇铸速度情况下使调宽速度及梯形坯长度最优化（图 6）。正是由于采用热态在线调宽技术，2016 年 11 月，新 2#机改造复产后当月实现多品种异断面连浇 179 炉，在线调宽 22 次。新 2#机投产至今，共生产 6039 炉钢，其中汽车板 1416 炉。

## 4 连续弯曲与连续矫直

直弧型高速连铸机的一个基本特征即带液芯弯曲/矫直，为了避免在弯/矫过程中坯壳内的拉延力对铸坯质量的不利影响，弯曲/矫直变形应连续渐进式地变化，使变形应力始终不超过最大允许值，这是带液芯铸坯弯曲及矫直而不产生内部裂纹的先决条件。在二冷区，如果各扇形段之间的冷却不均匀，就会导致铸坯表面温度回升，引起坯壳膨胀，当施加到铸坯凝固前沿的张应力超过其高温允许强度和临界应变力时，铸坯表面和中心之间就会出现中间裂纹，从而产生皮下裂纹。连续弯曲和连续矫直，选择合理的弯曲半径和矫直半径，板坯凝固前期的弯曲段和弧线段采用小辊密排，辊子采用 42CrMo，表面堆焊不锈钢约 3mm，有利于减小铸坯鼓肚应变；铸坯弯曲采用连续弯曲，有利于减小弯曲应力的峰值。上述措

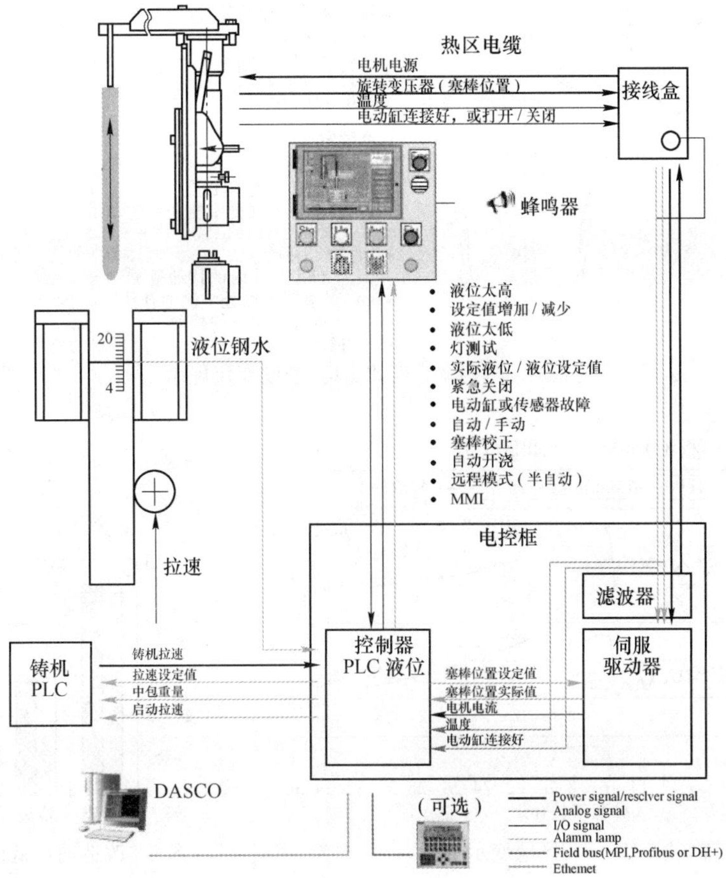


图 4　塞棒机构的控制架构图

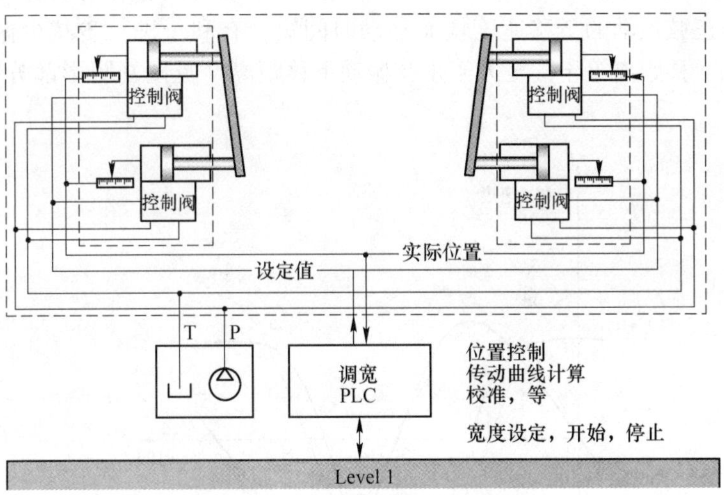


图 5　结晶器在线调宽工作原理图

施均可降低铸坯产生内裂的危险，提高铸坯质量。

新 2#机采用连续弯曲与矫直技术（图 7），结合优化后的辊列分布和动态二冷配水技术，投产以来，铸坯低倍样分析裂纹（内裂、特裂、角裂）发生率同改造前（全弧型/完全凝固矫直）对比有改善（图 8）。

## 5　液压非正弦振动

随着高速连铸无缺陷铸坯技术的发展，对铸坯表面质量要求越来越高，于是严格控制振痕深度，日益受到人们的重视。提高振动频率，减少负滑脱时间，是减少振痕深度的有效工艺措施，但提高振动频率会造成保护渣耗量的下降，增加结晶器摩擦阻力，导致坯壳的黏结。非正弦振动方式（图 9）具有振动上升速度小而移动时间长，下降速度大而移动时间短的特点，既保证了结晶器和坯壳反向运动时，由两

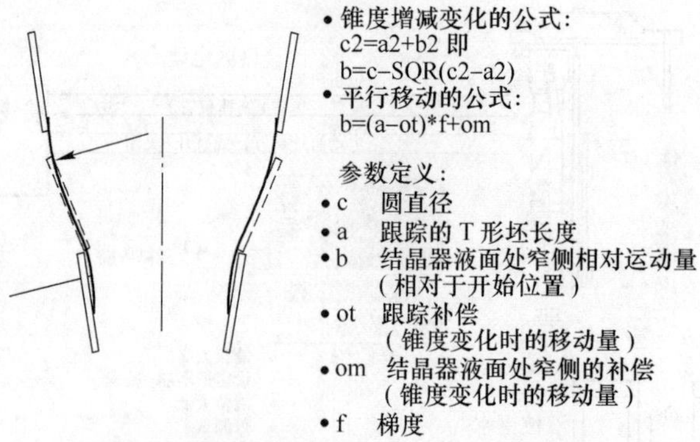


图6　热调宽S模式宽度/锥度变化规律

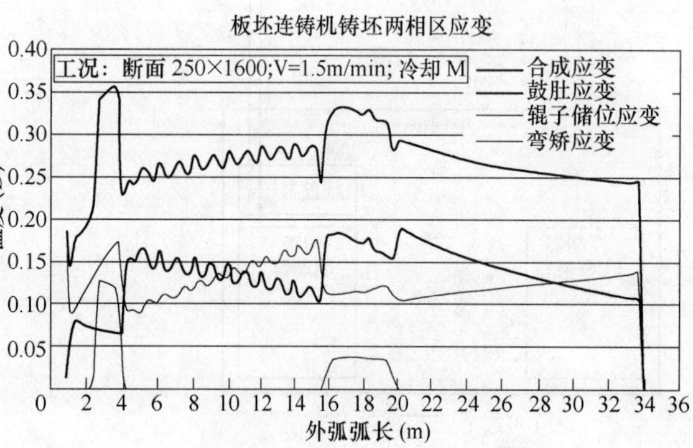


图7　铸坯矫直区两相区应变示意图

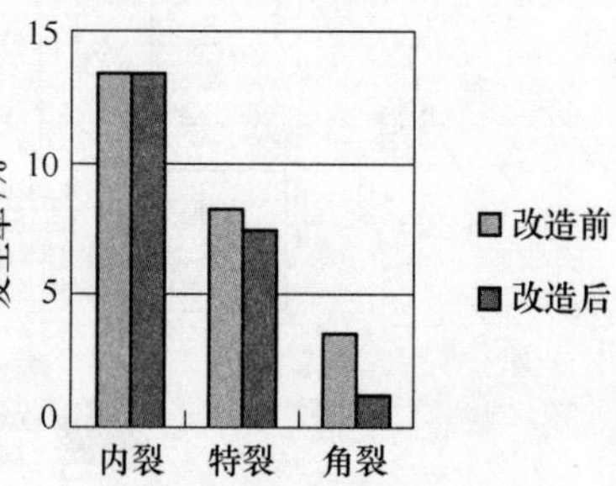


图8　改造前后低倍裂纹发生率对比

者速度之差决定的摩擦力小于正弦振动的摩擦力，且由于正滑动时间长，有利保护渣的填充；同时，在结晶器下移过程中，非正弦振动的下移速度快而移动时间短，有利于进一步减少振痕深度，且在负滑脱时间内结晶器相对坯壳下移距离等于甚至大于正弦振动下移距离（见图9阴影部分），由此保证对坯壳的愈合效果。

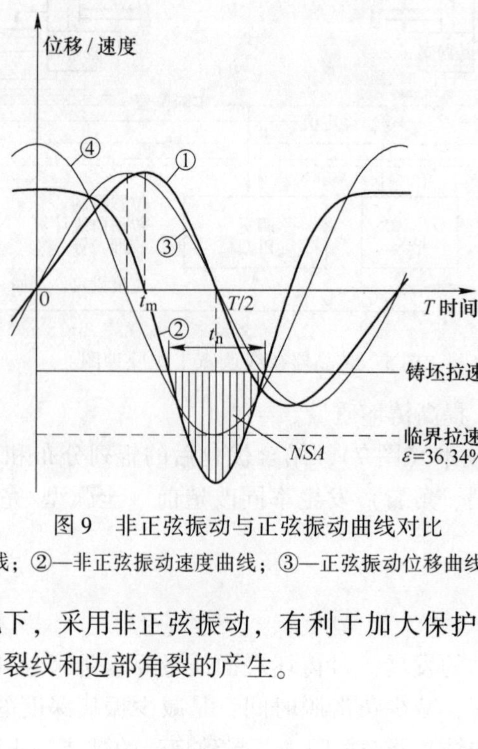


图9　非正弦振动与正弦振动曲线对比

①—非正弦振动位移曲线；②—非正弦振动速度曲线；③—正弦振动位移曲线；④—正弦振动速度曲线

实践证明：在高速浇铸情况下，采用非正弦振动，有利于加大保护渣耗量，减少振痕深度，减少摩擦阻力，从而有效控制铸坯横向裂纹和边部角裂的产生。

## 6　动态二冷水

板坯连铸机二次冷却水动态自动控制是连铸核心技术之一。经过二次冷却的铸坯容易出现表面缺陷和内部缺陷，表面缺陷通常起源于结晶器，内部缺陷主要是二次冷却不均匀所导致。二次冷却局部过冷产生纵向凹陷而导致表面纵向裂纹；二次冷却的水量过大或角部水量过大容易造成表面、角部横向裂纹；铸坯在凝固过程中过冷或不均匀二次冷却产生的热应力作用在树枝晶较弱的部位产生中间裂纹；二次冷却过激易造成中心星状裂纹；二次冷却不均匀，使柱状晶生成不规则，产生“搭桥”而导致中心偏析和中心疏松。动态二冷系统的目标是即使在不稳定的浇铸条件下也能取得最好的铸坯质量，其设计思想如图 10 所示，首先根据铸坯厚度和钢种组的冷却性能不同建立冷却模型，一个冷却模型由一套冷却表格组成，包括：鼓肚坯壳厚度或表面温度控制表，速度控制表，触发点表。动态二冷系统提供两种冷却铸坯方式，即鼓肚极限控制和表面温度控制，铸坯冷却方式由冷却模型确定。在进行水量设定时，先由动态二冷系统的在线热跟踪模型对铸坯在线跟踪计算，这也是整个系统的核心，热跟踪模型采用有限元法，将铸坯划分成许多单元，根据钢水特性、中包温度、铸坯表面的散热、铸坯移动情况，按照基本的一维不稳定传导方程，并采用表面散热作为边界条件，通过计算形成沿浇铸方向的一维温度曲线（图 11）。该曲线包括铸坯表面温度曲线、中心温度曲线和坯壳厚度曲线。然后，设定值计算根据热跟踪模型提供的温度曲线和确定的冷却模型，计算各冷却区所需水量，在设定水量时，若采用鼓肚极限控制，为了保证鼓肚低于一定的极限值，冷却模型规定了与坯壳厚度，钢水静压力，辊距等因素有关的单位水流量，通过铸坯样点处的坯壳厚度计算单位水流量。若采用表面温度控制，则确定的水流量其结果应使铸坯表面温度接近冷却模型本身为各冷却区规定的平均铸坯表面温度。

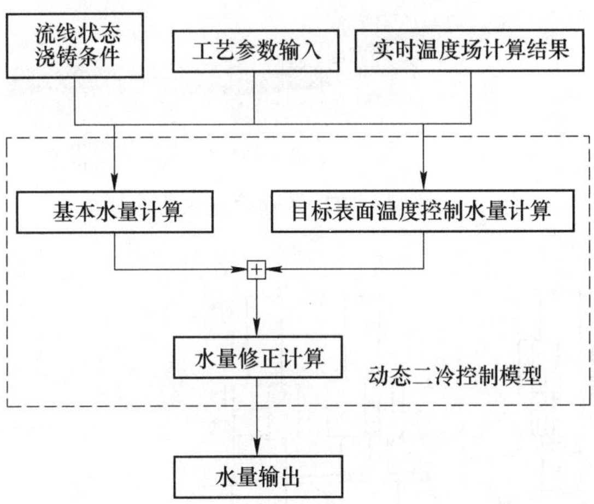


图 10 动态二冷系统控制模型示意图

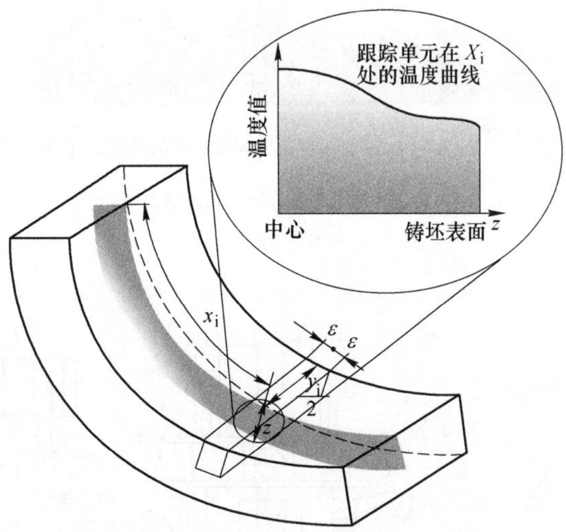


图 11 动态二冷系统铸坯在拉速方向上的温度曲线

新 2#机投产以来，动态二冷系统得到较好运用，但也出现了部分钢种（如中碳、合金中碳）浇次头坯发黑下弯切后输出困难及超低碳钢高拉速情况下铸坯鼓肚的问题，经过对配水模型的修正，已得到较好解决（图 12）。

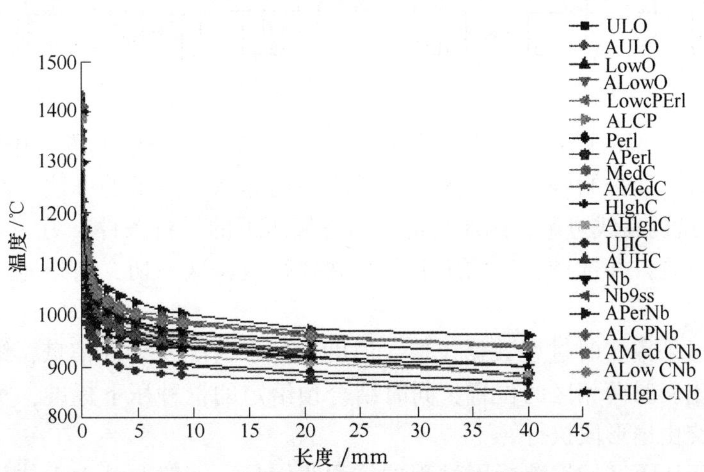


图 12 不同钢种铸坯目标表面温度曲线

## 7　动态轻压下

中心偏析及疏松是中高碳钢连铸坯中常见的内部缺陷。由于钢水凝固过程中存在选份结晶的问题，凝固前沿的富含杂质元素的钢液向凝固末端固液共存的糊状两相区（mushy region）流动造成铸坯的偏析（图 13）。采用动态轻压下技术就是在凝固末端给铸坯进行轻微压下，以补偿富集偏析元素所致钢液凝固时的体积收缩，防止该处钢液的流动，从而减少或消除铸坯在此处的中心偏析与疏松。

对两相区进行适当的压下（轻压下）可抑制钢液的流动，从而达到控制铸坯偏析的作用。但是，在实际浇铸过程中，随着浇铸条件（如温度，拉速、水量、钢种成分等）的变化，铸坯的两相区的位置是在不停变化的（图 14），只有随时正确的对铸坯的两相区进行合适的轻压下（即动态轻压下，如图 15 所示），才能保证各种工况条件下的内部质量。

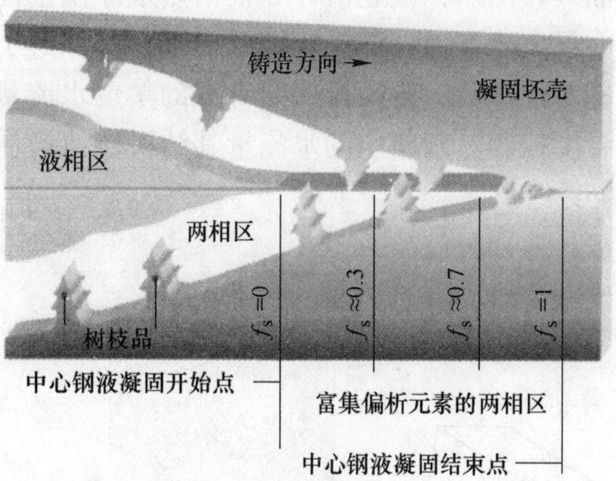


图 13　偏析形成示意图

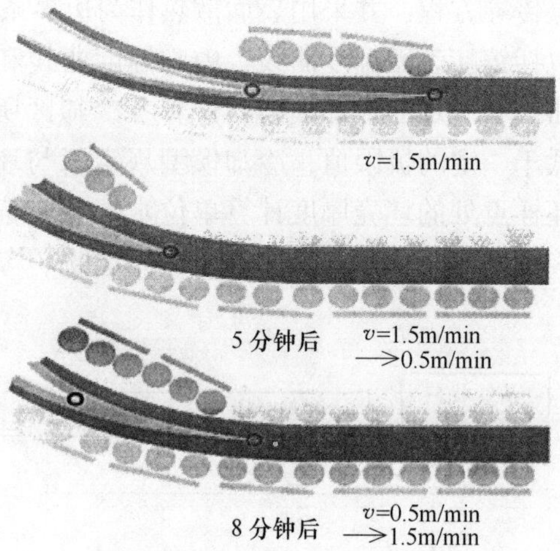


图 14　两相区随拉速变化而移动

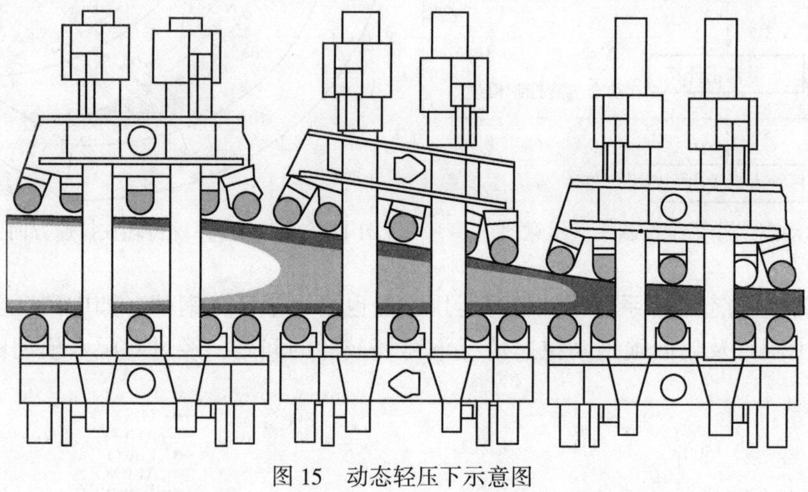

图 15　动态轻压下示意图

要实现动态轻压下，必须从设备、工艺上具备一定的条件。传统扇形段采用定距块来控制开口度，因而不可能铸中调整辊缝从而控制轻压下的区域，只能采用静态轻压下的办法。而动态轻压下通过扇形段（图 16）来实现开口度的在线可调，因而具备了动态轻压下的设备条件。另一方面，实现动态轻压下应动态计算出两相区的位置，并选择合适的压下参数并执行之，这一切，则是通过动态轻压下模型系统来实现。

动态轻压下模型通过采集实时过程数据拉速、温度、配水情况及事件信息，结合钢种成分，铸坯规格，按热跟踪模型计算出实时两相区的位置，同时结合预给定的钢种压下标准，实时给出各扇形段的实际辊缝控制目标值，并交由扇形段执行。

压下量的确定取决于压下区域钢液凝固过程的体积收缩量，一般要稍大于体积收缩量，这样才能保证凝固末端富集溶质元素的流动。压下量过小，对改善中心偏析效果不明显；压下量过大，铸坯受到过

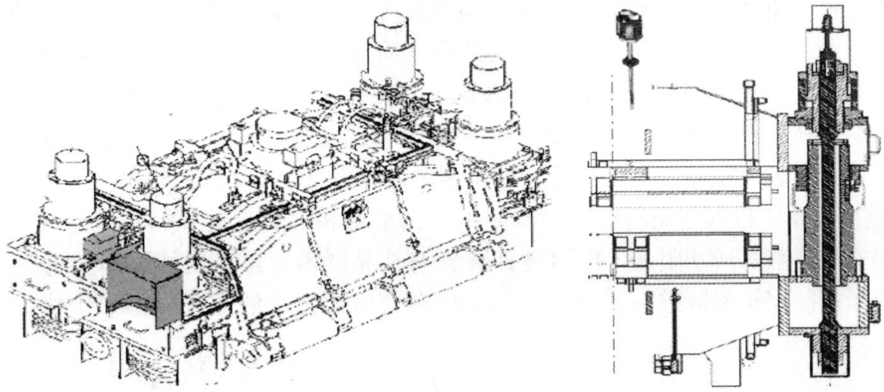

图 16 动态轻压下扇形段

度挤压，铸坯易产生内部裂纹（图 17），同时加剧辊子的磨损。根据钢种不同，铸坯由液相转为固相的收缩率不一样，一般收缩率在 3%～4%之间。碳含量和合金含量高的钢种，其收缩率较大，同时这些钢铸坯中心部位的碳和合金元素的偏析较严重，在动态轻压下技术中压下量比低碳钢大，对各钢种的压下量进行了多次调整，最终确定了各钢种的最佳压下量。

采用动态轻压下工艺，新 2#机完全消除了 A 级偏析，C1. 0 以上评级达 95. 37%（图 18）。

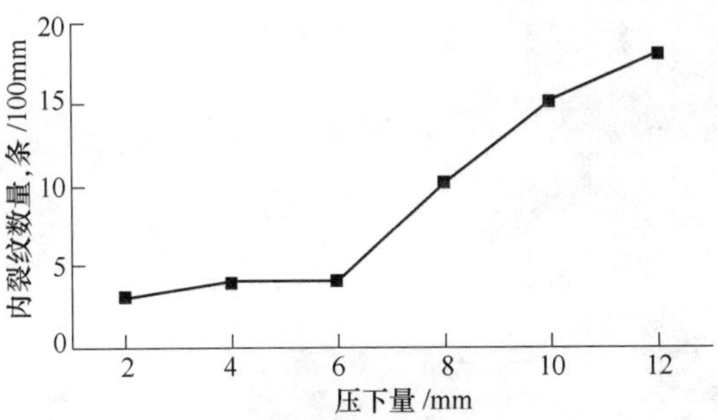


图 17 压下量与内裂纹的关系

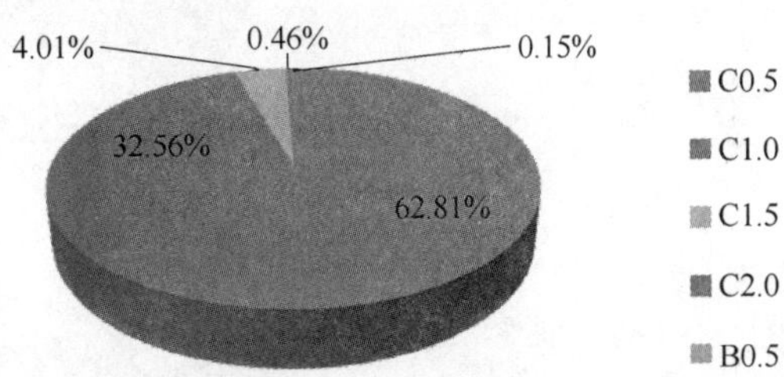


图 18 新 2#机偏析发生情况统计

## 8 结晶器电磁搅拌技术

多模式板坯结晶器电磁搅拌器与控流器（Multimode Electromagnetic Stirring and Flow Control，FC-MEMS）的实质是借助在铸坯液相穴中感生的电磁力，强化钢水的运动。具体地说，搅拌器激发的交变磁场渗透到铸坯的钢水内，就在其中感应起电流，该感应电流与当地磁场相互作用产生电磁力，电磁力是体积力，作用在钢水体积元上，从而能推动钢水运动（图 19）。

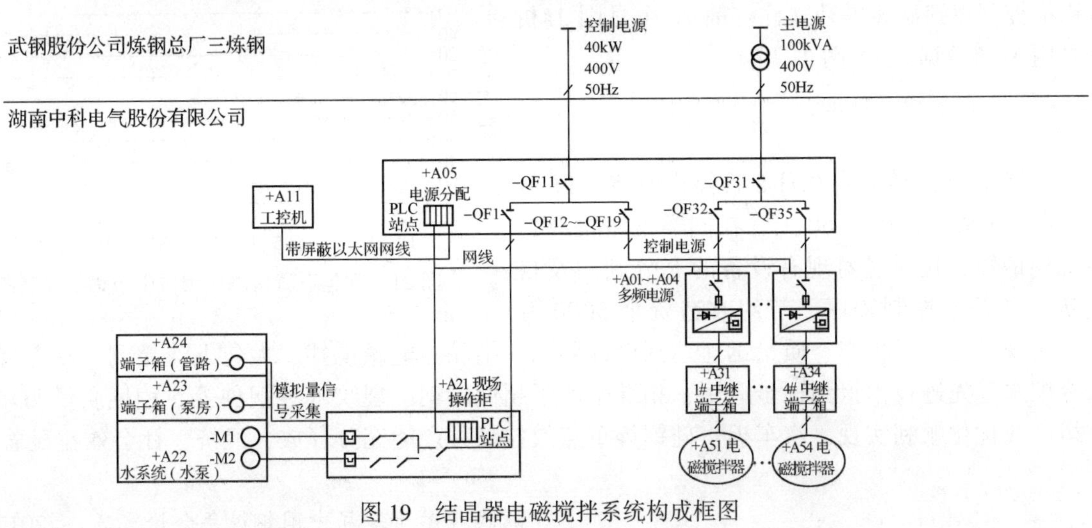


图 19 结晶器电磁搅拌系统构成框图

多模式板坯结晶器电磁搅拌器与控流器有多种搅拌模式可以选择，不同的搅拌模式可以产生不同的冶金效果。通常来讲，单一旋转模式具有减少表面和皮下的夹杂物、气泡，减少表面裂纹等作用；加减速模式有稳定弯月面，防止卷渣的作用；二区旋转模式有细化铸坯晶粒，减少中心偏析和疏松，提高等轴晶率等作用。其主要作用改变了结晶器内流场形态，减少了回流区和冲击深度，有利于钢液中夹杂物和气泡的上浮，切断枝状梢，从而减少表面和皮下夹杂物、气洞与针孔，增加表面和皮下致密性，使得坯壳均匀化，改善铸坯表面质量、细化晶粒，减少铸坯内部夹杂及中心疏松，提升铸坯内外部质量。

新 2#机电磁搅拌系统投入使用后对结晶器漏钢预报系统和液面自动控制系统造成一定的干扰，通过在漏钢预报末端安装屏蔽器成功阻止了电磁搅拌装置对结晶器内置热电偶的影响。同步，邀请 VSV 专家现场对结晶器液面控制探头参数进行调整，并探索出渐变电流大小的方式降低了干扰强度稳定了结晶器液面的控制。

## 9　钢包下渣检测技术

采用电磁感应下渣检测技术，检测精度高，防止钢包渣进入到中间包内污染钢水，提高了钢水的纯净度和收得率，改善了水口的堵塞，提高了中间包连浇炉数。AMEPA 钢渣检测系统（ESD100）在内水口（钢包）直接检测带入中间包的钢渣，并且将下渣信号与大包滑板控制联锁，通过自动关闭大包滑板来减少带入中间包的钢渣。XESD100 工作原理示意图如图 20 所示。

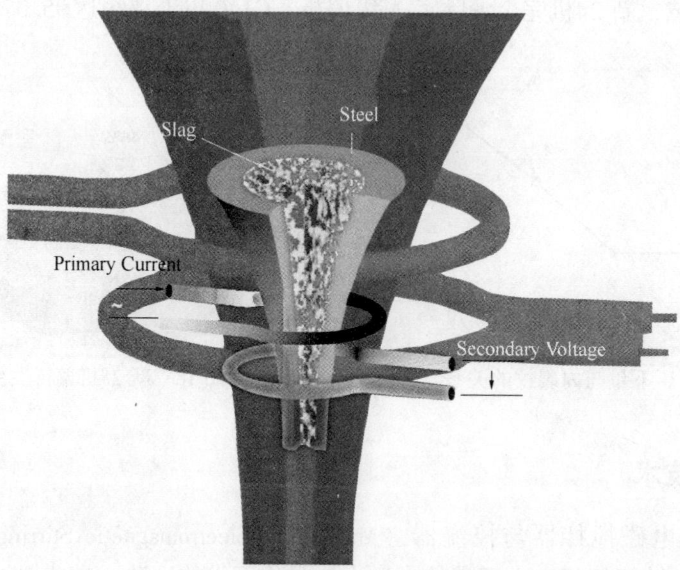


图 20　XESD100 工作原理示意图

通过钢包下渣检测系统大罐投入量的增加，2#机 M 汽车板铝损控制得到显著提升（注：前 10 个月因 2#机未生产采用 3#机数据），如图 21 所示。

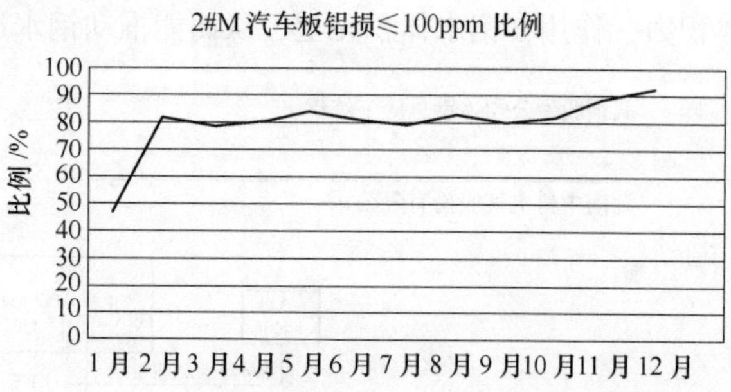


图 21　钢包下渣检测应用后中包铝损控制图

## 10　结语

武钢三炼钢 2#连铸机自 9 月 8 日停产改造，11 月 8 日热负荷试车成功，历时 60 天，在同类型铸机改造项目中工期最短，且通过对现有设备的充分利旧及自主集成新工艺技术控制程序，节约改造资金 5000 万元，随即实现月达产，生产、质量迅速达到设计要求。结晶器电磁搅拌、大包下渣检测、动态轻压下、动态二冷配水等先进技术得到逐步应用，相继生产了超低碳钢、裂纹敏感钢种等，铸坯质量明显提升；同时公司产线优化顺利实现，汽车板、硅钢等重点效益品种产能充分释放，经济、社会效益显著。

（原载《第十一届中国钢铁年会论文集》，2017）

# 薄板坯连铸中碳钢角横裂缺陷成因及控制

张剑君 张 慧 席常锁 谭 文 王春峰

武钢条材厂 CSP 产线（简称武钢 CSP）于 2009 年投产，年产量 250 万 t。中高碳钢包括优质碳素钢、结构钢、弹簧钢、工具钢等，是应用于航空航天、汽车制造、工程机械、特种设备、高端锯片以及专用器具等领域的高端钢铁材料。薄板坯生产中高碳钢产品具有成分均匀、偏析轻、厚度薄、脱碳层小等优点，然而，中高碳钢生产之初，由于碳质量分数高，铸坯的裂纹敏感性强，加上薄板坯连铸厚度薄、冷却速度快等特性，铸坯表面横裂及边裂发生率高，热轧后表面结疤和破边缺陷高达 0. 39%，严重影响了薄板坯中高碳钢的质量。

角横裂纹位于铸坯边角部振痕的波谷处，在热应力、机械应力和相变应力作用下产生，关于铸坯角横裂纹形成机理及控制方面，国内外学者和机构已进行了大量研究，所采用的控制方法主要有：提高钢水质量、调整保护渣传热特性、优化二冷配水、采用倒角结晶器、提高设备管理精度等。然而，高拉速、立弯式薄板坯铸机生产裂纹敏感性较高的中高碳品种钢时，边角部缺陷控制的问题仍未彻底解决，相关形成机理及控制措施相对较少，因此，武钢与钢铁研究总院合作，针对薄板坯连铸品种钢进行了相关技术的开发。

本文主要针对薄板坯生产中高碳钢（50CrV4）边角部裂纹缺陷进行了分析，并结合铸机基本特性，建立了中碳钢的铸坯凝固模型，对中碳钢铸坯冷却及凝固过程进行了计算，测定了典型中碳钢的高温热塑性曲线，确定了铸坯在弯曲和矫直时温度处于“塑性低谷”是造成角横裂的主要原因，据此，对二冷配水、拉速和铸机设备精度 3 方面提出了控制措施，各项措施应用后，中高碳钢铸坯边角部横裂纹得到明显改善。

## 1 产线装备及铸机主要工艺参数

武钢 CSP 产线主要装备有 2 座 150t 转炉、2 台 LF 精炼炉、2 台 RH 真空装置、2 台 CSP 连铸机、2 座辊底式隧道炉、1 台七机架精轧机、2 台卷取机。武钢 CSP 生产中碳钢的主要工艺流程如图 1 所示。

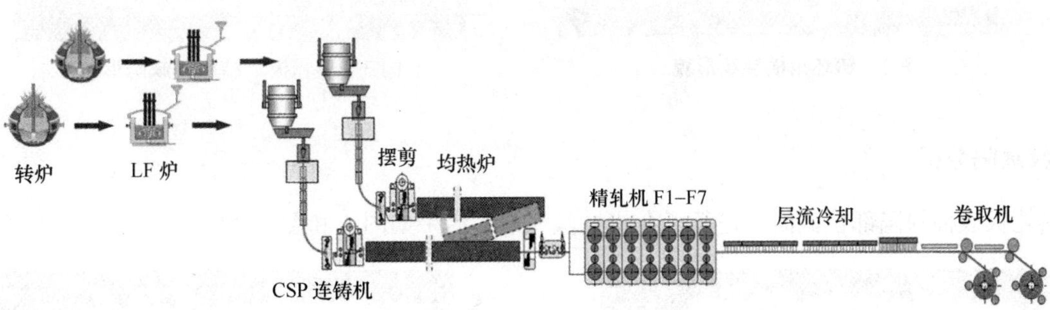


图 1 武钢 CSP 生产中碳钢主要工艺流程

武钢 CSP 装备有 2 台立弯式薄板坯连铸机，具备电磁制动、液芯压下、动态二冷配水等功能，连铸主要参数见表 1。

**表 1 武钢 CSP 铸机主要参数**

| 项目 | 参数 | 项目 | 参数 |
| --- | --- | --- | --- |
| 机型 | 立弯式薄板坯连铸机 | 辊缝 | 扇形段液芯压下（LCR） |
| 铸机长度/mm | 18185 | 振动 | 液压正弦振动 |
| 二冷配水 | 动态二冷水 | 结晶器/mm | 长 1100，漏斗区域 880×850 |

续表 1

| 项目 | 参数 | 项目 | 参数 |
|---|---|---|---|
| 液面波动/mm | ±2 | 拉速/m · $min^{-1}$ | 3~6 |
| 顶弯位置/m | 12. 88 | 冶金长度/mm | 10305 |
| 基本半径/m | 3. 25 | 钢包容量/t | 150 |
| 铸坯尺寸/mm×mm | (50~90)×(900~1600) | 中间包容量/t | 45 |

## 2 裂纹形成原因分析

### 2.1 缺陷形貌

热轧中碳宽带钢广泛应用于汽车零部件、工具刃具、工程机械等领域，典型中碳钢化学成分见表 2。生产过程中铸坯内弧侧和外弧角侧的边角部均有裂纹出现，所形成的横向裂纹与拉坯方向垂直，长度一般为 5~30mm，宽度不超过 1mm，裂纹严重时肉眼可见，通常隐藏于皮下 1~2mm，图 2 所示为缺陷坯酸洗后边角部横裂纹形貌。

薄板坯的表面横裂轧制后就会演变成热轧板的“结疤”缺陷，距边部 20~40mm 呈“∧”形开裂，如图 3 所示，边角部细小横裂纹则表现为破边缺陷。

**表 2　典型中碳钢化学成分（质量分数）**　　　（%）

| C | Si | Mn | P | S | $Al_s$ |
|---|---|---|---|---|---|
| 0. 51 | 0. 22 | 0. 88-1. 5 | ≤0. 012 | ≤0. 003 | 0. 025 |

图 2　铸坯角横裂纹形貌

图 3　热轧板“结疤”缺陷形貌

### 2.2 裂纹缺陷分析

取热轧板表面缺陷部位截面，进行了金相显微观察，结果如图 4 和图 5 所示。

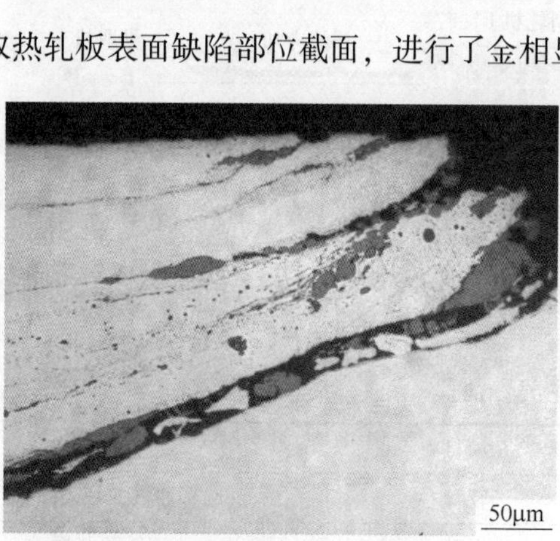


图 4　截面样裂纹附近氧化特征

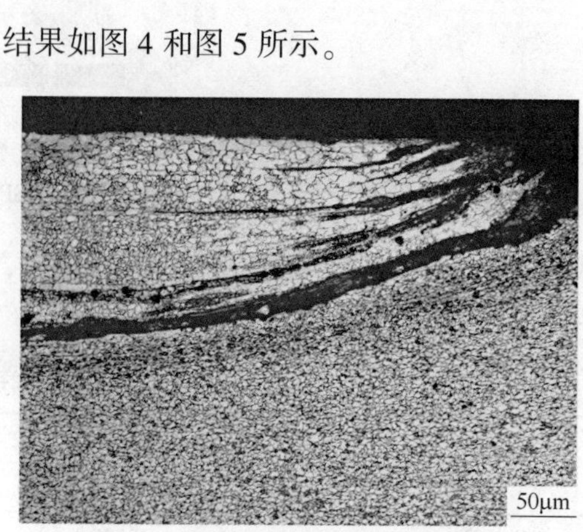


图 5　裂纹附近脱碳及晶粒长大现象

可观察到试样裂纹由表层斜向伸入钢基，取多个截面后，并未观察到聚集分布的夹杂物，这表明缺陷产生与夹杂物无关。裂纹内充满氧化铁，裂纹周围有弥散分布颗粒状高温氧化产物（图4）。经3%硝酸酒精试剂浸蚀后进行观察，组织为珠光体，裂纹周围有明显脱碳及晶粒长大特征（图5）。分析认为，CSP热轧板表面产生的缺陷是由铸坯表面横裂纹热轧后扩展而形成的。

## 2.3 热塑性曲线分析

对典型中碳钢（50CrV4钢）的高温热塑性进行了测试，结果如图6所示。

依据50CrV4钢的热塑性温度曲线，按照断面收缩率 $Z=60\%$（图6）作为划分塑性良好区域和塑性较差区域的界限。将 $Z\geqslant60\%$ 的区域称为良好塑性区；$Z<60\%$ 的区域称为塑性较差区域。50CrV4钢存在第Ⅰ脆性区（$t\geqslant1281$℃）和第Ⅲ脆性区（650~945℃）两个脆性温度区。

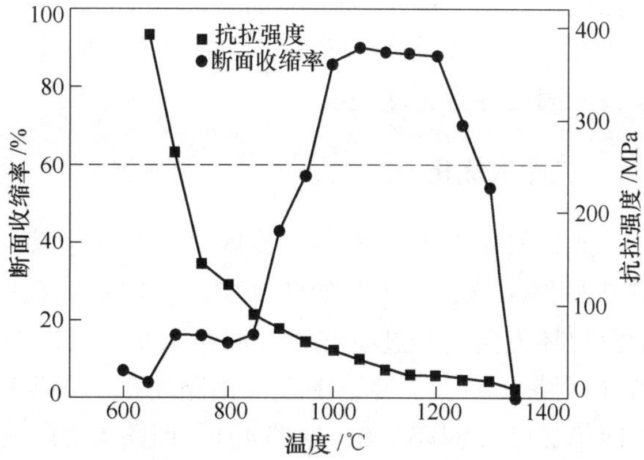

图6 典型中碳钢（50CrV4钢）的热塑性温度曲线

## 2.4 铸坯温度模拟与验证

使用Visual Basic编程工具，针对武钢CSP连铸开发了薄板坯二冷模拟仿真软件，其主要功能是计算不同工况下铸坯的温度分布、液芯长度、坯壳厚度等。采用二冷模拟计算软件对原工艺（断面1250mm×70mm，拉速3.5m/min，过热度25℃）条件下典型中碳钢（50CrV4钢）铸坯的凝固过程和温度分布进行了计算，结果如图7和图8所示。

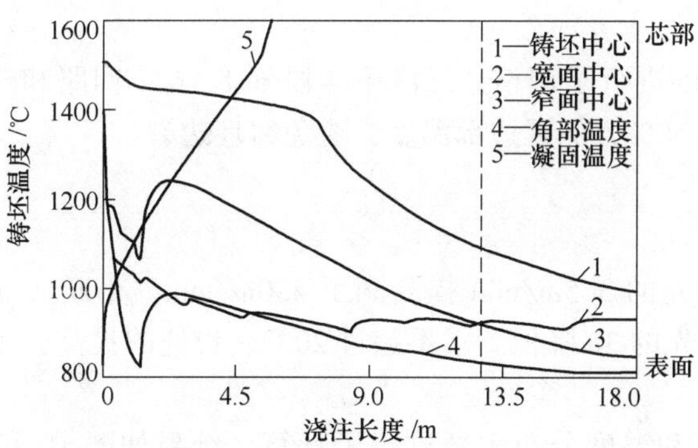

图7 铸坯温度分布图

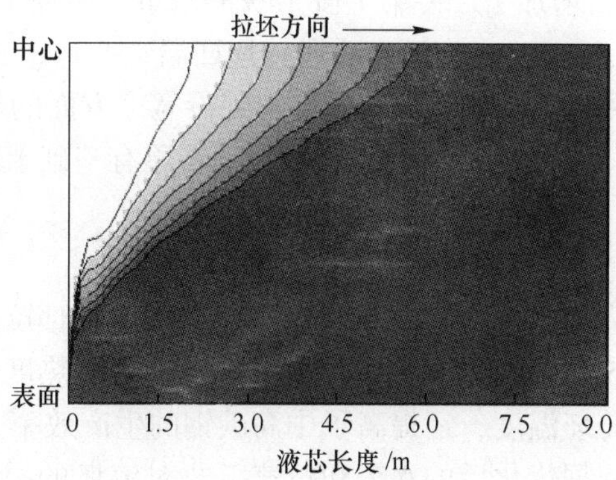

图8 铸坯凝固末端

计算结果表明，原工艺条件下50CrV4钢液芯末端位于结晶器液面以下5.85m处，边角部在铸机的弯曲和矫直处的温度仅为850℃，处于塑性低谷区（650~945℃），这是造成铸坯边角部裂纹的主要原因。

为了验证二冷模型的正确性，在原工艺条件下，浇铸50CrV4钢时，采用防水汽在线红外测温的方式，测量了二次第5段和铸机出口处铸坯的温度。实测温度与软件计算的温度值对比见表3。

**表3 典型中碳钢铸坯模拟计算与实测温度结果对比**

| 测温位置 | | 实测温度/℃ | 计算温度/℃ | 误差/% |
|---|---|---|---|---|
| 测温点（宽面中心） | 距离/m | | | |
| 二冷第5段出口 | 12.0 | 910 | 928 | 1.9 |
| 铸机出口 | 18.1 | 891 | 926 | 2.9 |

由表3可知，实测温度稍低，主要是由于铸坯表面渣膜及水汽影响，总体模拟计算与实测结果误差在3%以内，因此建立的凝固传热数学模型是可靠的，该计算模型能够较准确地模拟薄板坯在铸机内的凝固过程。

## 3　应对措施

针对薄板坯浇铸中碳钢铸坯表面及边角部温度低，导致铸坯弯曲和矫直处开裂的问题，提出了连铸工艺优化思路，即采用连铸高拉速，配合二冷前段强冷，增加二冷前段坯壳厚度，防止鼓肚；降低二冷后段和边部冷却强度，防止边角部过冷，防止在弯曲和矫直段产生横裂纹，同时，提高铸机精度，避免设备原因而导致铸坯裂纹。

### 3.1　二冷水优化

武钢 CSP 薄板坯连铸二冷区采用水冷喷嘴，整个二冷区由 17 个回路组成，其布置如图 9 所示。薄板坯在向下运动的过程中沿拉坯方向需经过喷淋环（回路 1.0）、二冷第 1 段 2~4 排喷嘴（回路 2.0）、二冷第 1 段（回路 3.0、回路 3.1、回路 3.2）、二冷第 2 段（回路 4.0、回路 4.1、回路 4.2）、二冷第 3 段（回路 5.0、回路 5.1、回路 5.2）、二冷第 4 段（回路 6.0、回路 6.1、回路 6.2）和二冷第 5 段（回路 7.0、回路 7.1、回路 7.2）几个不同冷却区段。

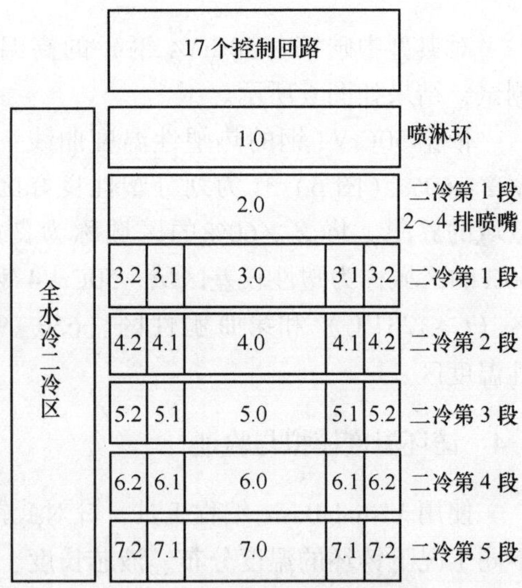


图 9　二冷区控制回路的结构

采用薄板坯凝固仿真软件模拟计算，得出了二冷水量的优化方案，二冷总水量为 3802L/min，比水量为 1.63L/kg，较原二冷工艺水量略低。考虑到中高碳钢铸坯传热差，出结晶器时坯壳薄，增加水量以强化坯壳，减少漏钢风险，新设计的水表增加了结晶器出口喷淋环和二冷第 1 段 2~4 排喷嘴的水量 9.4%，增加了二冷第 1 段 15%的水量，增加了二冷第 2 段 3%的水量，同时，降低了二冷第 3 段~5 段水量 25%~30%，有助于后段铸坯回温。

另外，依据铸坯宽度，对二冷宽度方面的水流密度进行了调整，二冷第 4 段 6.1、6.2 回路和二冷第 5 段 7.1、7.2 回路边部水量分别在原有基础上降低了 50%，保证边部温度，避免铸坯边裂。

### 3.2　拉速优化

为提高铸坯表面温度，连铸中高碳钢时拉速从原先的 3.5m/min 提高到了 4.0m/min，小断面（不超过 1250mm）拉速达到 4.2m/min，连铸过热度也由原先的 30 降低到了不超过 20℃，拉速的提高，不仅提高了铸坯温度，还提高了中高碳钢的生产效率。

依据优化后的水表和拉速工艺对铸坯的凝固过程和温度分布重新进行了计算，结果如图 10 和图 11 所示。

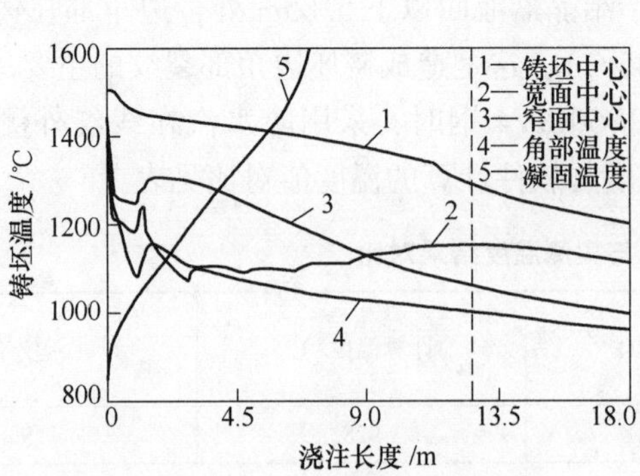


图 10　优化后的铸坯温度分布图

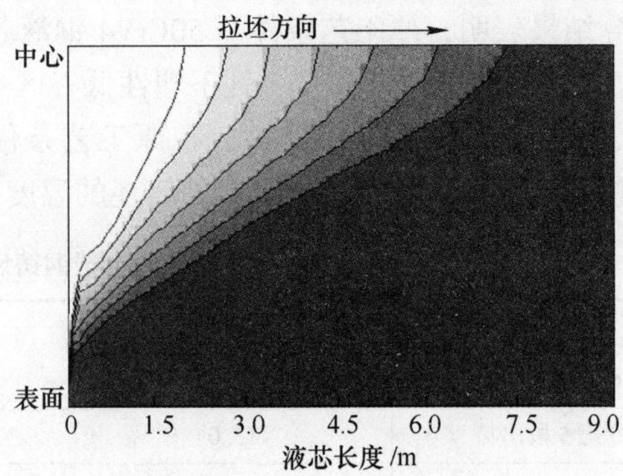


图 11　优化后铸坯凝固率分布

由图 10 和图 11 可知，薄板坯连铸 50CrV4 钢，在断面为 1250mm×70mm、拉速为 4.0m/min、过热度为 20℃条件下，铸坯液相末端位置由原来的 5.85 延长到 7.6m，矫直段坯边角部温度显著提升，达到 950℃以上，能够避开 50CrV4 钢第Ⅲ脆性区。

### 3.3 提高铸机精度

制定了“铸机开浇条件确认制度”规定在每次更换结晶器之后，必须再次校准结晶器液位监测系统，同时，做好连铸保护浇注，防止钢水二次氧化“结瘤”而造成结晶器液位波动，保证结晶器液位的稳定。另外，对于二冷段支撑辊对中精度差、喷嘴堵塞或移位的现象，制定了“结晶器、扇形段维护管理制度”，确定了结晶器和二冷段定期下线标准、维修精度标准和上线验收标准。

通过一系列设备维护管理制度的制定和实施，设备维护水平和精度大幅提高，满足了对弧误差不超过 0.5mm 的设计要求，保证设备的平稳运行，使由设备故障而造成铸坯横裂纹缺陷的现象基本消除。

## 4 铸坯及产品质量评价

现场实测连铸出口铸坯边角部温度达到 953℃以上，铸坯边部照片如图 12 所示。

(a) (b)

图 12 50CrV4 钢铸坯及热轧板边部情况

（a）铸坯边部；（b）中碳钢热轧卷

由图 12 可以看出，连铸工艺优化后，中高碳钢铸坯边部亮红色，温度显著提高，铸坯边角部质量良好。新工艺应用后，热轧板边部缺陷发生率高的情况得到有效控制，热轧板边部“结疤”和“破边”缺陷发生率由 2014 年的 0.39%降低到 0.1%以下，中碳钢热轧板表面质量显著提升。

## 5 结论

（1）对 CSP 典型中碳钢热轧板表面边角部横裂纹金相分析认为，缺陷周围有明显脱碳及晶粒长大特征，主要是由铸坯边角部横裂纹热轧后扩展而形成。

（2）对 50CrV4 钢的热塑性温度曲线分析结果表明，该钢种第Ⅲ脆性区在 650~950℃。采用二冷模拟计算软件对原工艺条件下 50CrV4 钢铸坯的温度分布进行了模拟，结果表明，边角部在铸机的弯曲和矫直处的温度仅为 850℃，处于“塑性低谷区”，这是造成铸坯边角部裂纹的主要原因。

（3）典型中碳钢连铸拉速从原先的 3.5m/min 提高到了 4.0m/min（窄断面拉速 4.2m/min），同时，对二冷水表进行了优化，新工艺铸坯液相末端位置延长至 7.9m，凝固后期冷却强度降低，矫直段坯角部温度回升，达到 950℃以上，避免了边角部裂纹的产生。

（4）强化生产管理，提高铸机精度和设备的维护水平，可基本消除由设备故障造成铸坯横裂纹缺陷的现象。采用 CSP 铸机生产中碳钢，连铸工艺稳定，产品各项性能满足客户要求。

（原载《钢铁》，2017（11））

# 轧

# 武钢热轧带钢厂的技术改造

白云阶　肖　哲　于世果　梁永林

## 1　武钢热轧带钢厂的现状

武钢热轧带钢厂生产设备是成套引进日本的。1978 年 12 月 20 日正式投产并获得一次试轧成功。截至 1988 年底为国家生产 2031 万 t 热轧板卷。一些主要经济指标均达到或超过原设计值，但在近年来的生产中也存在一些问题。

（1）产品质量下降

投产初期的产品质量精度较高。如±50μm 厚度偏差的占全长 95%，±20mm 以内宽度偏差的达 99%，终轧和卷取温度偏差控制在±30℃范围内的达 90%以上。而 1986 年厚度偏差±50μm（厚度≤3. 5mm）和±100μm（厚度>3. 5mm）仅达 57%~78%，宽度偏差±20mm 以内仅达 55%~84%，终轧温度偏差控制在±30℃的为 65%~85%，卷取温度偏差在±30℃达 57%~83%。同时供冷轧用的钢卷曾出现头尾浪形，给冷轧酸洗线造成了困难。

（2）加热能力不足

1988 年热轧带钢的产量超过了原设计值，但由于 3 号步进式加热炉加热硅钢每月停炉打渣时间长达 14 天，远远超过原设计的每月七个班的规定，因而加热炉的能力明显不足。存在板坯加热温度不够，且不均匀，炉底滑轨黑印温度为 40~45℃，有的高达 50℃等问题。要大幅度提高产量就必须解决加热炉这一薄弱环节。

（3）成品宽度受限制

目前因二炼钢三台连铸机不能在线调宽，经常只供应 210×1050，210×1300 和 250×1550mm 规格的连铸板坯，RSB（大立辊）轧机只能轧一道次，侧压量为 50~80mm，调宽能力差，致使产品宽度规格受限制，不能完全按照用户要求供货。

（4）辊道损坏严重

（5）粗轧能力受到限制

粗轧 $R_3$、$R_4$ 轧机原设计的压下量为 48mm，实际上只有 24~28mm，迫使 $R_2$ 轧机在轧机宽度大于 1250mm 时须轧制 5 道次，延长了粗轧机的轧制时间，影响粗轧机的产量。

（6）精轧机组 $F_1$ 入口侧导板磨损严重，更换频繁；精轧换辊设备限位开关锈蚀严重，影响自动换辊操作；工作辊冷却喷嘴位置不合适，水量也不足，影响轧辊冷却效果和轧辊辊型的稳定性。

（7）卷取机设备故障多，卷筒寿命低。

## 2　技术改造的指导思想

（1）确保年产 410 万 t 热轧钢卷（含硅钢卷 50. 8 万 t）。提高产品质量，降低消耗，节约能源，降低生产成本，提高经济效益。

（2）生产和改造同步进行，尽量做到技术改造施工时不停产或少停产。

（3）改造工程设计和设备制造的原则是立足于国内，消化移植引进国外新技术，对国内属难的设备可采取与国外合作设计和制造的方式，少量引进单机、零部件等。

（4）整个改造工程用全面设计规划、逐步实施的方法。

## 3 技术改造的主要措施

### 3.1 增建 4 号加热炉

根据有关方面的计算结论，为完成增产规划必须增建 4 号加热炉。全部板坯冷装时轧机年负荷为 6566.5h，负荷率 96.4%，为此还必须用 60% 的热装板坯（550℃），使轧机年负荷 6230.7h，负荷率 91.5%。

### 3.2 板坯选择

根据规划，热轧厂扩大生产能力的第二步就是增加板坯单重，全部用连铸坯，这是非常重要的。此时热轧钢卷平均卷重为 19.138t，不包括硅钢卷时为 21.026t，比原设计单重增加 22.7%。

连铸板坯厚度单一，操作稳定，质量也稳定。若板坯厚度变化频繁会使加热炉热工控制不稳定且增加热耗。

用厚度 250mm 的板坯比 230mm 的可增加单位宽度卷重 8.7%，可提高精轧机小时产量 2.1%~5.5%。当板坯宽度≤1250mm 时，可提高粗轧机小时产量 3%~7.7%，但当坯宽>1250mm 时，因 $R_2$ 要轧 5 道，小时产量降低 31%~34%。因精轧机轧薄而窄的产品是薄弱环节，加热炉是宽而厚产品的薄弱环节，对 250mm 厚坯，粗轧机组对宽度≥1250mm 的部分产品又成为限产的因素。故综合计算轧制线的生产能力用 250mm 厚坯的年产量反而会下降（约降 4.0%），其因是提高精轧小时产量对整个轧制线年产量起作用的比例仅占 18%（不含硅钢）。加热炉按相同小时产量计算的 230mm 板坯小时产量为 416 万 t，250mm 的为 414 万 t。

### 3.3 热送热装

随生产发展和技术进步，二炼钢厂与热轧带钢厂已基本掌握了板坯热送热装技术。但目前板坯库的保温设施效果还不太好，上料设备还不适应。为达到 410 万 t 的扩建规划，还必须提高热装比和热装温度。为达到 550℃的热装温度和 60%热装率，二炼钢厂应供的 200 万 t 板坯是关键。为将大批量同宽板坯热装，连铸机在线调宽技术、精轧工作辊抽动实现“自由轧制”及热轧大立辊调宽轧制，已是直接轧制与热装不可缺的并存技术。

### 3.4 加强粗轧机压下能力

1700mm 热轧机原设计粗轧组轧普碳钢时，用 6 道将 250×1550×10000mm 板坯轧成 30mm 厚的带坯，$R_3$ 压下量为 27mm，$R_4$ 为 18mm。但 1979 年功能考核时，$R_3$ 只达 18mm，$R_4$ 达 13mm。1986 年新日铁大分厂曾主张增大 $R_2$ 主传动功率，以使板坯宽度≥1300mm、厚度≥210mm 时 $R_2$ 可从 5 道改为 3 道次轧制。但这对投产不到 10 年的轧钢厂更换两台大直流电机在我国是非同小可的问题。

为增强粗轧机组的压下能力，将 $R_4$ 速度从 300m/min 降为 240m/min，因减速比增大，在相同功率条件下，低速轴传动力矩可提高 25%，从而达到增大 $R_4$ 压下量的目的。$R_3$ 匹配速度亦相应降低，并在接近电机的基速下轧钢。因 $R_3$ 直流主电机的磁场增强而提高了电机出轴力距 28%，同样可使 $R_3$ 压下量增大。

为证实上述计算，1986 年 10 月组织了测试，结果表明，$R_3$ 压下量可达 23mm，$R_4$ 达 15mm（试验用 250×1550×8400~9400mm 板坯，轧成 4.9×1520mm 钢卷，材质为 3C）。

在技术改造可行性研究中，曾对粗轧组用 230×1550×9250mm 板坯经 6 道次轧制成 36×1550mm 带坯的验算，各轧机轧制压力、力矩、功率都在允许范围内。其轧制表中，$R_3$ 压下量为 20mm，$R_4$ 为 15mm，轧制速度 $R_3$ 为 159m/min，$R_4$ 为 240m/min。从而认为，用 230mm 厚全部宽度的板坯在粗轧机组轧制 6 道次是可行的。最后决定将 $R_4$ 主减速机更换一对齿轮，将轧速降到 240m/min。

### 3.5 精轧机的改造

热轧带钢厂日产 1.0 万 t 以上，扩大生产后日产要达 1.3 万 t，需采取相应措施增加单位轧制量，目前支承辊用仿 NBCM 大凸度辊为双锥度辊型。1987 年商品材浪形废品 0.044%，轧制厚度≤30mm 产品及宽度≥1220mm时容易出现双边浪形，而这种规格的带坯正是冷轧深加工的原料。从武钢讲，要进一步提高社会效益及经济效益，应增加深加工后的冷轧材比例，因而从质量或效益的角度上考虑都需解决带钢的板形问题。

随着热装热送的发展，炼钢产品基本上是大批量同一宽度的连铸坯。为提高热装率及热装温度，在精轧机上应取消从宽到窄编排的“轧制单位”及同宽度限量的传统规程，精轧机不仅应能从宽到窄也应能从窄到宽轧制带钢，即要求实现“自由轧制”。

近年国外改造精轧机采用一种新发展起来的HCW技术，能适应热送热装，减少板坯在库停留时间，可适应从窄到宽的逆返轧制，实现“自由轧制”，对提高产量、节约能源有利，与强力弯辊配合还可减少板带凸度，控制浪形及边部减薄现象，以提高质量及成材率。

HCW轧机是将四重式轧机的工作辊轴向抽动，强力弯辊，按目的要求用下述方法之一进行轧制。

（1）同期移动法（CS法）工作辊周期式地抽动，使工作辊磨损均匀及热膨胀的凸度均匀化。此法可使在一个周期内由窄到宽的反向轧制，并减少一个周期内凸度变化，延长同宽度规格的轧制长度。

（2）带钢凸度控制法（HCS法）当抽动工作辊时，减少工作辊产生的有害弯矩，延长弯辊的力臂，使弯辊作用更大，或结合强力弯辊的设置及板形测量仪，通过计算机控制可闭环控制板形。

（3）一侧斜坡辊位调节法（TA法）上下工作辊都只有辊身一侧带锥度，并互相对称。按带钢宽度及厚度不同将带钢两侧边缘对应在轧辊斜坡部分进行轧制，此时带边减薄现象可由几何形状改变而得到改善。

HCW的实施需对有关的部件做改造。抽辊用伺服阀控制，抽动液压缸放在工作侧（或传动侧），要对牌坊做部分加工。连接杆用可伸缩式的，弯辊装置在轧辊抽动量大的情况下，为防止受力点偏移保持弯辊缸平衡，用T形块强力弯辊及凸度仪、平坦度仪（浪形仪）构成AFC自动控制装置。

### 3.6　卷取机改造

因日本IHI原设计的缺点，投产后不久1号卷取机助卷辊大支承框架和3号卷取机助卷辊小支座先后发现裂纹。虽然日本来人对其修理并修改原设计，赔偿了损失，但卷筒仍存在收缩不良的问题，收缩用弹簧易高温疲劳，扇形块变形，与芯轴间滑动面的润滑油进不去以致磨损严重，运转不久就偏转，一个卷筒一般只卷取20~30万t就需更换。因开始3~4圈卷不紧，助卷辊压住时间长，震动厉害，噪音大，加速了设备的损坏。据1986年统计，轧制线设备故障率为5.1%，卷取机的故障率就占其中的60%。而且还存在钢卷塔形严重、“缩颈”（拉窄）等缺陷。

在生产条件下改造卷取机是相当艰巨的。经反复研究决定从改造卷筒入手，原设计卷筒胀径时只有一级，最大只能胀到762mm，带钢咬入瞬时形成小的松套又无法吸收而发生打滑。现代新型卷取机的卷筒都设有二级胀缩，在胀开情况下咬入带钢，边卷取边胀开时建立张力，过渡时间短很快可卷紧。改造方案是将卷筒改为拉杆式不通水的结构，材质也相应改进；改进助卷辊的气动系统，保证助卷辊对带钢的恒定压紧弯曲力，减轻卷取咬入时的回弹震动和冲击，以达到减少故障、延长卷筒寿命的目的。

### 3.7　粗轧机宽度自动控制（RAWC）

热轧带钢宽度波动的主要因素，一是大立辊侧压时板坯头尾出现宽度收缩；二是加热炉底滑轨造成的黑印。这两个因素都必须在粗轧时解决。精轧和卷取时都要求带钢宽度保持不变。大立辊轧机因受设备尺寸限制，辊径不可能加大，用液压短行程控制技术是唯一的办法。

为提高宽度精度，日本开发了RAWC用于粗轧机最后两架上，利用立辊原有电动侧压装置增设测压头及RAWC。宽度命中率高对提高成材率是明显的，对武钢也是可行的，但因投资限制只能据投资情况决定取舍或排列次序。

## 4　技术改造的效果

（1）生产能力按改造后的产品方案（平均厚4.1mm，平均宽1287.3mm）；100%连铸坯，四座加热炉，550℃ 60%热装炉；操作和设备保养水平达86%的作业率和年工作6811h，计算结果轧机负荷率为96.56%，完全可能实现年产410万t钢卷（其中硅钢卷50.8万t）的规划。

（2）加热单位热耗由1.99GJ降到1.26~1.465GJ。

（3）轧制线成材率由98.32%提高到98.5~99%。

（4）电力单耗由103kWh/t降到80kWh/t。

（5）产品精度

厚度≤3mm±50μm的85%；

厚度>3mm±100μm的90%；

宽度由0~10mm 77%提高到85%。

（6）经济效益按净增收入计算，可在改造设备投产1.75年后收回全部基建投资。

（原载《钢铁》，1990（1））

# 型钢轧制工艺润滑的试验研究

孙一锋　钟爱华　邱　莉　孙汤铭

热轧工艺润滑在国外用于工业生产已有20多年历史，我国近几年也进行了不少研究，但大部分是在连轧或半连轧板带轧机上。在型钢轧机上的应用尚不多见，而且大多试验是在小型型钢轧机的成品孔型上采用工艺润滑。为了探讨在大型型钢轧机上采用工艺润滑的可行性，笔者于1988年下半年在武钢大型厂$\phi$760轧机上进行了生产性工艺试验，研究和选择宜于大型型材轧制的轧制油品种、喷油方式及供油工艺。

## 1　试验内容

### 1.1　油品选择

由于钢材热加工的特殊条件，要求热加工状态下使用的轧制油具有良好的润滑性、粘着性、耐水淋性及耐热性，其中最重要的是润滑性和耐水淋性。因为轧机上使用大量冷却水，耐水淋性差的热轧油易被冷却水冲刷掉，不能充分发挥作用，因此轧制油的耐水淋性是其有效发挥作用的前提条件。

因型钢轧制工艺润滑尚无经验可循，所以在油品选择上参照了热连轧及中厚板轧机的用油情况。选用的$H_3$热轧油是混成系热轧油，在武钢热连轧机组和2800中厚板轧机上试用过，已证明效果良好，且价格较低，原材料有保障。其理化指标如表1所示。

表1　$H_3$热轧油的理化指标

| 牌号 | 黏度/$mm^2\cdot s^{-1}$ | | 酸值/mg KOH·$g^{-1}$ | 皂化值/mg KOH·$g^{-1}$ | 凝固点/℃ | 闪点/℃ |
|---|---|---|---|---|---|---|
| | 100℃ | 50℃ | | | | |
| $H_3$ | 20.5 | 115 | 30.8 | 29.6 | 25 | 203 |

### 1.2　供油方法的选择

试验采用的供油方法为注入水法，如图1所示。

通过装在油箱上的油泵将油注入已通水的静态混合器中，利用混合器中的混合元件使油水分割、旋转、汇集，从而获得均匀的油水混合物。这种方法的优点是：①喷油量少（0.2L/t）且易调整；②稳定性好；③不堵喷嘴，供停油迅速；④宽度方向上供油均匀。

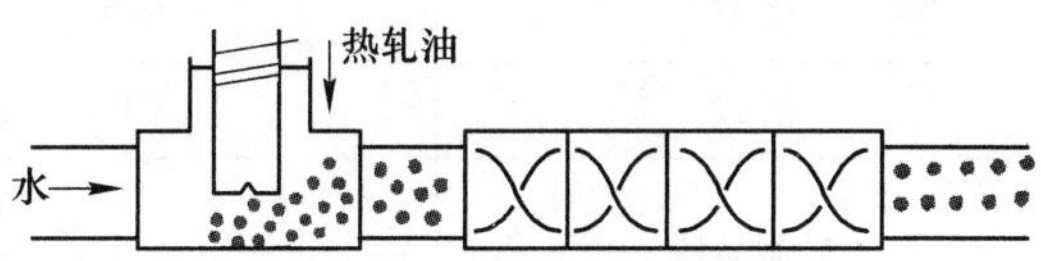

图1　注入水法原理

实践证明，热轧油通过静态混合器能均匀混入冷却水中，形成绝大部分为10~11μm、少部分为5~6μm的油颗粒，其形态如图2所示。

### 1.3　供油系统的建立

根据武钢大型厂$\phi$760轧机供水系统的实际情况及水压状态，我们采用旁通管道内置混合器的方法，即试验时将阀门打开，使大部分冷却水从旁通管道送到轧机上，水量不足部分由原供水管补充。上、中辊孔型用水管道中装有2台$\phi$100静态混合器，下辊孔型用水管道中装有2台$\phi$50静态混合器。油水通过混合器混合后，经管道泵加压再被喷至轧辊孔型上。供油系统如图3所示。

由于 $H_3$ 热轧油的凝固点较高，在使用过程中要有保温措施。

图 2　热轧油在冷却水中的形态

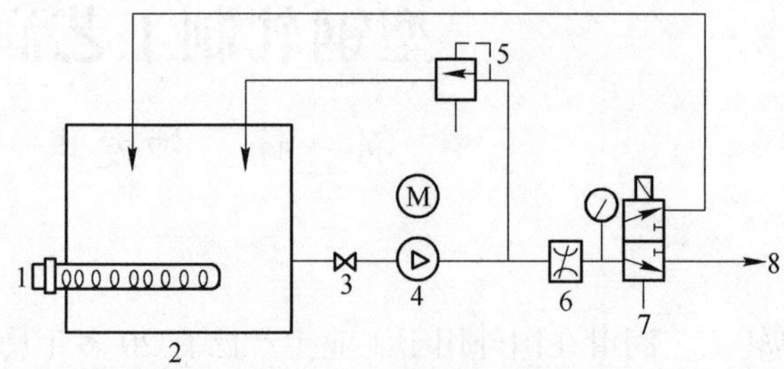


图 3　供油系统简图

1—加热器；2—油箱；3—闸阀；4—泵；5—溢流阀；
6—单向调节阀；7—二位三通阀；8—静态混合器

### 1.4　试验的工艺条件

$\phi$760 轧机共 3 架，第Ⅰ、Ⅱ架为三辊轧机，上下交叉轧制，第Ⅲ架为二辊成品轧机，共轧 7 道次。试验轧制品种为槽 25、槽 22，使用的轧辊材质为球墨铸铁辊，供油量 0.21～0.5L/t，冷却水压 0.2MPa，水量 $100m^3/h$，钢坯出炉温度 1180～1200℃，$\phi$760 轧机开轧温度 950～1000℃，终轧温度 840～890℃，平均道次压下量约 2.5mm。

试验中 3 个机架的 7 个孔型全部采用工艺润滑，轧制槽 25 时，进行了短期对比试验；轧制槽 22 时，进行了整批（4136t）连续工艺润滑试验。

## 2　试验结果分析

### 2.1　工艺润滑对主电机电流的影响

由表 2 可见，采用工艺润滑改善了变形区的摩擦条件，降低了主电机的轧制电流。采用工艺润滑与无润滑相比，轧制槽 25 时，轧机的主电流平均值下降了 20.1%，冲击峰值下降了 10.7%；轧制槽 22 时，轧机主电流平均值下降了 19.8%。

**表 2　$\phi$760 轧机主电流对照表**

| 轧制品种 | 轧制电流平均值/A | | 轧制电流下降率/% |
|---|---|---|---|
| | 无润滑 | 润滑 | |
| 槽 25 | 4638 | 3747 | 20.1 |
| 槽 22 | 3505 | 2810 | 19.8 |
| 轧制品种 | 轧制时冲击负荷平均值 | | 轧制电流下降率/% |
| | 无润滑 | 润滑 | |
| 槽 25 | 7966 | 6475 | 10.7 |

轧制槽 22 时，电耗（包括 800 和 760 轧机）由 60.63kWh/t 降低至 53.92kWh/t，下降率为 11.07%。此外，因主电机电流冲击峰值下降，可减轻冲击负荷对传动系统的影响，降低设备故障率。

### 2.2　工艺润滑对轧辊磨损的影响

$\phi$760 轧机使用的是球墨铸铁辊，采用工艺润滑后，孔型磨损明显下降，且孔型的周边磨损也较以前均匀，如图 4 所示。

从图 4 可见，轧辊的吨钢磨耗量 1 孔下降了 64.1%，成品孔下降了 51.1%。

| $C_{22}$ 孔型号 | 未用热轧油 | | | | 试用热轧油 | | | |
|---|---|---|---|---|---|---|---|---|
| 760 Ⅰ孔 | 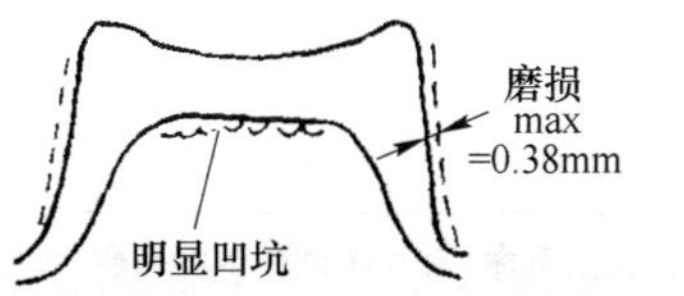 | | | | 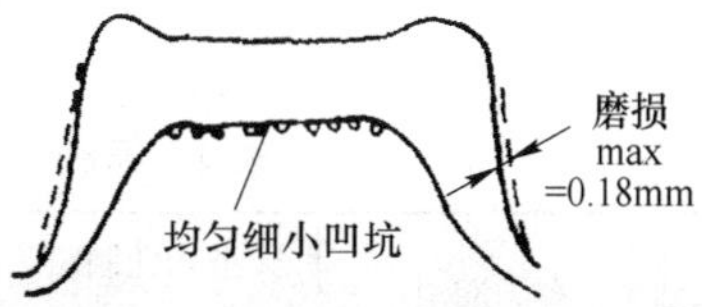 | | | |
| | 平均轧出量 | 3137t | 吨钢磨耗 | 0.0001211 mm/$t_{钢}$ | 平均轧出量 | 4136t | 吨钢辊耗 | 0.0000435 mm/$t_{钢}$ |
| 760 Ⅶ孔（成品孔） | 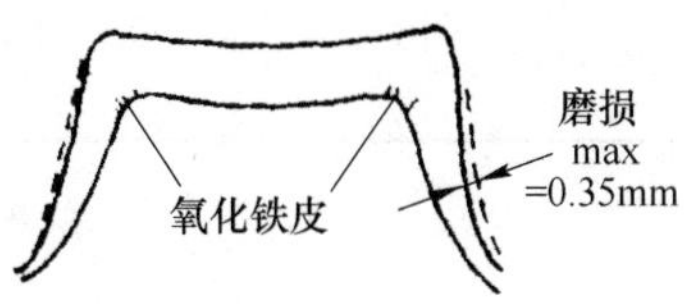 | | | | 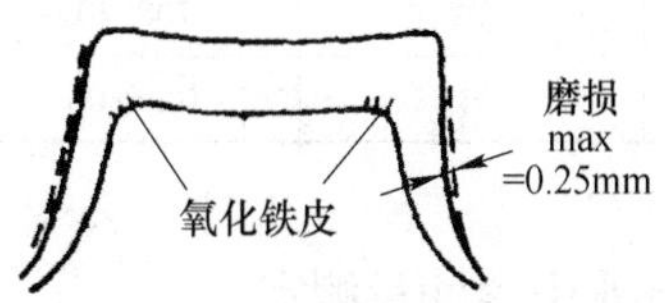 | | | |
| | 平均轧出量 | 708t | 吨钢磨耗 | 0.0004943 mm/$t_{钢}$ | 平均轧出量 | 1034t | 吨钢磨耗 | 0.0002417 mm/$t_{钢}$ |

图 4　轧辊磨损对比

采用工艺润滑减轻了轧辊孔型磨损，因而也降低了辊耗。由表 3 可见，轧制槽 22 未采用工艺润滑时，吨钢轧辊消耗为 4. 84kg，采用工艺润滑时，吨钢辊耗为 3. 58kg，辊耗下降 26. 03%。

**表 3　轧制槽 22 时辊耗对照表**

| 轧制品种 | 1988 年 1～10 月份平均吨钢辊耗/kg | 试验对吨钢辊耗/kg | 吨钢辊耗下降率/% |
|---|---|---|---|
| 槽 22 | 4. 84 | 0. 58 | 36. 03 |

## 2. 3　工艺润滑对轧件尺寸精度的影响

以槽 22 为例，由图 5 所示的抽样检验结果可知，型钢工艺润滑对轧件的尺寸公差无不良影响，轧件尺寸在允许的公差范围内波动。

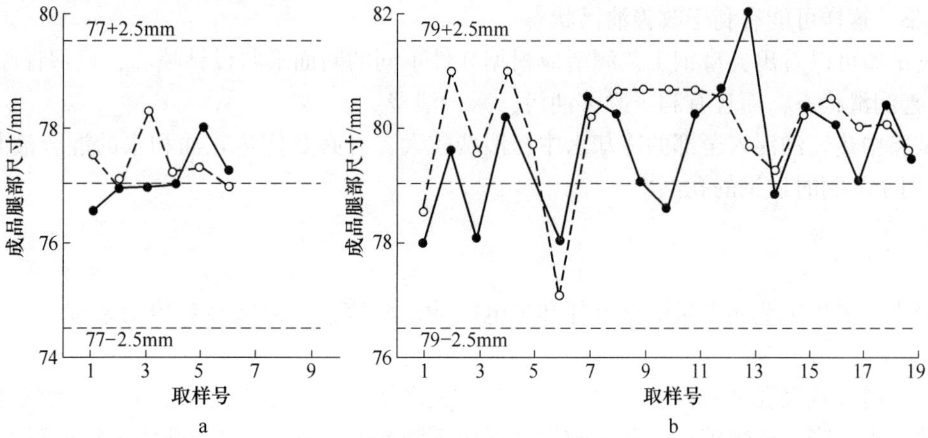


图 5　轧件尺寸控制图

a—槽 22A；b—槽 22B

●—左腿；○—右腿

成品检查未发现腿部长度和腰部厚度超差的现象，产品一次轧制合格率为 99. 69%，即工艺润滑没有影响金属在槽钢孔型中的充满程度。这可能是由于轧制变形区内摩擦系数下降，整个变形区内金属的流动是向阻力最小的方向进行的，即在变形区内的纵横方向上金属的流动速度是同时改变的。本次试验虽然主要是在槽钢孔型的腰部喷油，但因水的飞溅及流动，实际腿部也喷到一些，因此，腿部的充满情况比未喷油时更好。

### 2.4　工艺润滑对作业率的影响

由于采用工艺润滑后减少了换辊次数，所以作业率显著提高。有润滑和无润滑情况下的换辊周期列于表 4。

**表 4　无润滑与润滑状态下的换辊周期对照表**

| 试验机架 | 有无润滑 | 平均轧制量/t | 延长孔型寿命/% | 本次试验节约换辊时间/h | 轧制此品种全年可节约时间/h | 提高作业率/% |
|---|---|---|---|---|---|---|
| Ⅱ | 无 | 1071.243 | 93.06 | 3.2 | 32 | 7.5 |
| | 有 | 2068.166 | | | | |
| 成品孔 | 无 | 708.403 | 45.97 | | | |
| | 有 | 1034.083 | | | | |

### 2.5　试验用冷却水中含油量测定

轧制槽 25 时，供油管输出的油全部混入上辊孔型冷却水中，取水样分析油水比为 87mg/L。轧制槽 22 时，冷却水供给量约 110t/h，加油量 0.6～0.7L/min，供油管输出的油混入上辊孔型和下辊的冷却水中，取样分析油水比为 67.5mg/L。本次试验吨钢耗油量为 0.305kg。

## 3　经济效益分析

采用工艺润滑后，降低了电耗和辊耗，提高了作业率，扣除轧制油费用后，每吨钢可增利 5.6 元。若按大型厂全年生产钢材 28.8 万吨计算，可增收 167.20 万元。

## 4　存在问题

4.1　由于没有合适的小流量计量泵，所用泵的能力（6L/min）远远大于试验要求（0.3～0.5L/min），因此不易调节供油量，造成试验中供油量偏大。

4.2　由于该热轧油 $H_3$ 是为适用于热连轧机组而研制的，能适应于大流量高压水的冲刷，而型钢轧机冷却水量大、水压低，因而热轧油就不需要这样高的抗水淋性。今后的试验可针对热轧油的某些添加剂作适当的调整，这样可能有利于改善油污状态。

4.3　通过试验可以看出，型钢工艺润滑应根据轧件不同的断面形状设计喷嘴，以保证喷油的均匀性，这样不仅可改善润滑状态，而且有利于改善油污、减少浪费。

4.4　本试验中热轧油混入全部的冷却水中，浪费较大，有必要使热轧油和水的混合液与轧辊冷却水分开，单独使用于轧制时过钢的孔型中。

## 5　结论

5.1　型钢生产采用工艺润滑可降低电耗和主电机冲击峰值，从而减轻对传动系统的影响，降低设备故障率。

5.2　工艺润滑可减轻孔型磨损，减少换辊次数，提高作业率，也减轻了工人的劳动强度。

5.3　工艺润滑可降低轧辊消耗，孔型吨钢磨耗可下降 51%～64%，平均吨钢节约轧辊 1.26kg。

5.4　工艺润滑对产品尺寸精度无不良影响，通过试验可以看出，若根据钢材断面尺寸配以合适的喷嘴则更为有利。

（原载《钢铁》，1990（4））

# 热连轧机轧制压力数学模型

周纪华　管克智　刘文仲　刘　玠

## 1　前言

武钢1700mm热连轧机成套设备，是由日本引进的具有70年代水平的计算机控制系统，全部控制用的数学模型均属专利。其中轧制压力模型式（1）是以日本所生产的钢种为对象，在日本的实验机上得到的。

$$F = Q_p \sigma A \tag{1}$$

式中　$Q_p$——应力状态系数；

$\sigma$——流动应力；

$A$——轧件与轧辊接触面积。

式（1）在武钢应用有三个明显的不足，①流动应力模型中，由于只考虑了碳、锰的影响，与武钢生产的含铜钢（铜最大0.30%）不相适应。研究表明，碳钢中，铜元素的存在能导致流动应力增大15%～20%。②考虑碳、锰含量的影响时，只用碳当量表示，且把$\frac{1}{6}$Mn看作1个碳，这不恰当，文献指出，化学元素对流动应力的影响规律在诸变形条件中各不相同。③轧制压力模型不配套，把具有不同化学元素的日本钢和武钢含铜钢的流动应力等同，采用实测生产数据所建立的轧制压力模型，在预报时势必导致较大偏差。这表明，研究适合于武钢热轧的轧制压力模型势在必行。针对上述存在的问题和武钢的生产实际，拟订了研究途径，①以武钢生产钢种为对象，在凸轮塑性计上测定流动应力，建立流动应力模型。②采集整理现场生产数据，并以研究得到的流动应力模型为基准，建立应力状态系数模型，从而得到整个轧制压力新模型。③新轧制压力模型离线和在线分析。④新轧制压力模型在线控制生产。

## 2　流动应力模型的建立

### 2.1　流动应力的测定方法

采用恒应变速率的凸轮塑性计，用压缩端面上带凹槽并在凹槽里充满润滑剂的圆柱形试件。

### 2.2　试验范围

变形温度 $t$=850～1150℃；

对数应变 $\varepsilon$=0.05～0.69；

应变速率 $\dot{\varepsilon}$=5～80$s^{-1}$。

### 2.3　试验钢种及成分

试验料由精轧入口前的带坯上截取，经锻造、退水后制作试样，化学成分见表1。

表1　试样的化学成分　（%）

| 钢种 | C | Mn | Si | Cu | S | P | Al |
|---|---|---|---|---|---|---|---|
| 08F | 0.06 | 0.31 | <0.005 | 0.10 | 0.015 | 0.012 | |
| 08Al | 0.06 | 0.35 | 0.036 | 0.10 | 0.014 | 0.009 | 0.69 |
| AD1 | 0.08 | 0.40 | 0.15 | 0.09 | 0.018 | 0.015 | |
| AD2 | 0.09 | 0.30 | 0.26 | 0.09 | 0.013 | 0.019 | |

续表 1

| 钢种 | C | Mn | Si | Cu | S | P | Al |
|---|---|---|---|---|---|---|---|
| B2F | 0.12 | 0.40 | 0.01 | 0.11 | 0.016 | 0.011 | |
| B3F | 0.16 | 0.46 | 0.01 | 0.16 | 0.021 | 0.027 | |
| A2 | 0.14 | 0.45 | 0.24 | 0.08 | 0.031 | 0.022 | |
| A3 | 0.23 | 0.62 | 0.27 | 0.12 | 0.033 | 0.011 | |
| A3F | 0.20 | 0.43 | 0.14 | 0.12 | | | |

## 2.4 试验数据的分析

1）流动应力与变形温度的关系

在所测定的9个钢中，其流动应力与变形温度的定性关系相一致（图1）。从中可看出，在γ相的流动应力与变形温度在半对数坐标中有较好的线性关系，其直线斜率与钢种有关。所以在γ相，变形温度对碳钢流动应力的影响项可用式（2）和式（3）表示。

$$\sigma_t = ae^{At} \tag{2}$$

或

$$\sigma_t = a'e^{\frac{A'}{t}} \tag{3}$$

式中，$a'$、$a$、$A$、$A'$为与钢种有关的系数。

$$A = f(x\%)$$

式中，$x\%$为钢的化学成分。

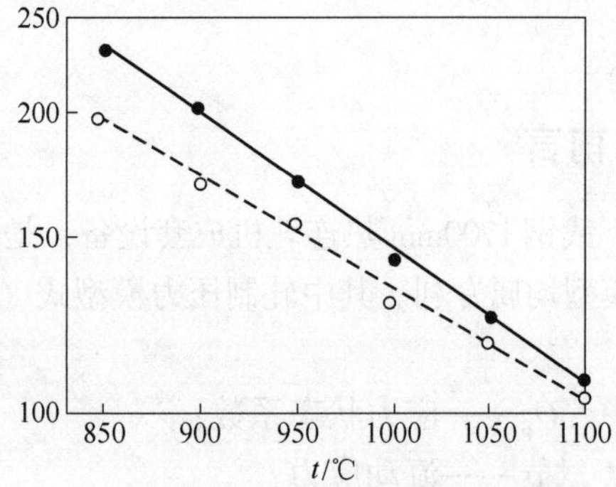


图1　流动应力（$\sigma$）与变形温度（$t$）的关系

$\varepsilon$=0.30；$\dot{\varepsilon}$=10s$^{-1}$；●—A3；○—B$_2$F

2）流动应力与应变量的关系

由图2可以看出，流动应力与应变量并非是一个简单的幂函数关系。随着变形温度、应变速率的变化，存在着两种不同的应力—应变曲线形状，即下降型和上升型。在变形温度高和应变速率低时，一般呈下降型，反之呈上升型，而且其曲线的形状与钢种有关，可用式（4）拟合，即

$$\sigma_\varepsilon = b(\beta\varepsilon^B - \gamma\varepsilon) \tag{3}$$

式中　$b$，$\beta$，$\gamma$——取决于钢种的系数。

$$B = f(x\%)$$

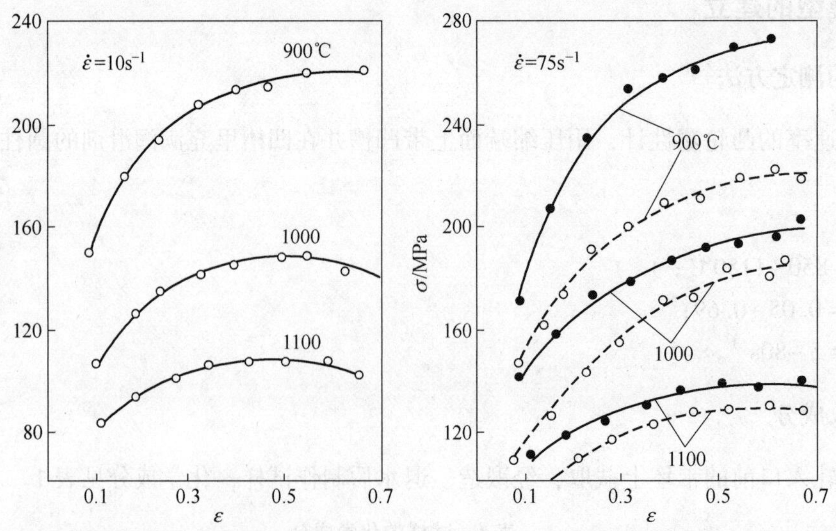


图2　流动应力（$\sigma$）与应变量（$\varepsilon$）的关系

●—A3；○—B$_2$F

3）流动应力与应变速率的关系

研究表明，应变速率对流动应力的影响不仅与钢中化学成分有关，而且与变形温度有关（图3）。

由图 3 可看出，流动应力与应变速率在双对数坐标中呈线性关系，其直线的斜率与钢种、温度有关。同时，A3 钢的流动应力高于 $B_2F$，但当温度在 1150℃时，两种钢的流动应力差别不十分显著。经分析，应变速率对流动应力的影响项可用式（5）拟合，即

$$\ln(\sigma/\sigma_0) = m\ln(\dot{\varepsilon}/\dot{\varepsilon}_0) \tag{5}$$

式中　$\sigma_0$，$\dot{\varepsilon}_0$——基准流动应力和基准应变速率；

$m$——应变速率影响指数，与钢的化学成分和温度有关。

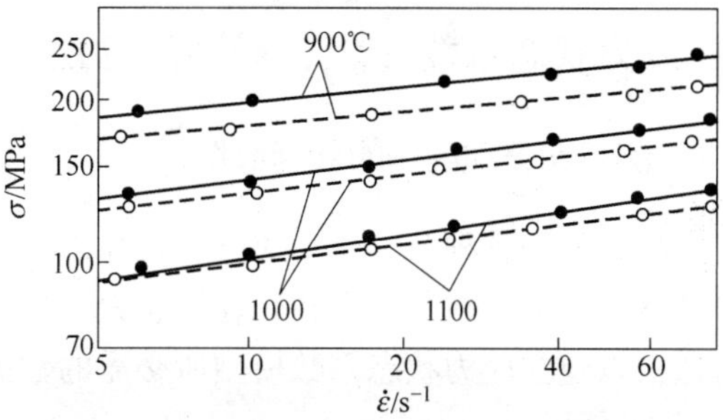


图 3　流动应力（$\sigma$）与应变速率（$\dot{\varepsilon}$）的关系

$\varepsilon=0.30$；●—A3；○—$B_2F$

4）碳钢流动应力模型的构思

①在流动应力数学模型中，不仅要考虑钢中碳、锰含量的影响，也要考虑铜、硅等元素对流动应力的影响；且不宜用碳当量的形式表示，而应逐个分别考虑其影响。

②变形温度对流动应力的影响最强烈，故在温度影响项中应包含碳、锰、铜、硅作为自变量来考虑。

③应变量对流动应力的影响项，不能简单地用单调递增的幂函数表示，而应用非线性函数和考虑化学成分、变形温度和应变速率对流动应力的影响。

④应变速率的影响项采用 $\dot{\varepsilon}^m$ 表示，$m$ 应与变形温度和化学成分有关。

⑤在线控制使用的数学模型结构要简单，且便于计算机实时控制计算。

5）碳钢流动应力模型的建立

对试验测定的 9 个钢种的 5139 组 $\sigma=f$（$t$、$\varepsilon$、$\dot{\varepsilon}$、C、Mn、Si、Cu）数据，用 7 种结构形式的流动应力模型做非线性回归。其中用新日铁提供的流动应力模型回归的方差为 0.981，其余 6 个模型的方差为 0.853～0.860，明显优于原模型。

经分析，用于武钢热轧精轧机组的流动应力模型为

$$\sigma = K_T K_t K_{\dot{\varepsilon}} \tag{6}$$

$$K_T = a_1\exp(a_2/T + a_3\text{C} + a_4\text{Mn} + a_5\text{Si} + a_6\text{Cu})$$

$$K_\varepsilon = a_{10}\left(\frac{\varepsilon}{0.4}\right)^{(a_{11}+a_{12}\text{Mn}+a_{13}\dot{\varepsilon}-a_{14}T)} - (a_{10}-1)\varepsilon/0.4$$

$$K_{\dot{\varepsilon}} = (\dot{\varepsilon}/10)^{(a_7+a_8\text{C}+a_9T)}$$

$$T = \frac{t+273}{1000}$$

对新、旧模型的反算结果如图 4。可以看出，实测武钢的流动应力高于原模型的计算值。温度为 1000℃时，差别达 10%左右，温度为 900℃时差别减小。从定性的规律看，应变量为 0.20～0.55 时，流动应力差别较大。

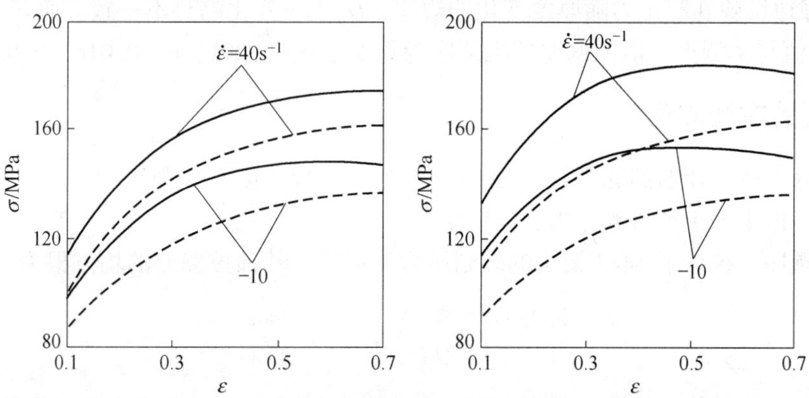


图 4　流动应力（$\sigma$）的反算结果

a—$B_2F$；b—A3

$t=1000$℃；——新模型；-----原模型

## 3　应力状态系数（$Q_p$）模型的建立

### 3.1　测量和整理现场的轧制数据

收集整理钢种及其化学成分、粗轧出口板厚和温度、精轧入、出口温度、成品厚度和宽度、各机架中带钢的温度、板厚、辊径、轧制压力、接触弧长、应变率、应变速率及机架间喷水方式等，进行人工筛选，以建立应力状态系数模型所必需的数据。

### 3.2　回归分析应力状态系数模型

应力状态系数模型的结构可分两类

$$O_p = f(r、l/h_m) \tag{7}$$

$$Q_p = f(r、R/h) \tag{8}$$

新日铁提供的模型以式（7）为基础，即

$$Q_{pi} = a_{1i}\sqrt{\frac{D'_i}{2h_{i-1}}} + a_{2i}r_i\sqrt{\frac{D'_i}{2h_{i-1}}} + a_{3i}r_i + a_{4i} \tag{9}$$

式中　$D'_i$——轧辊弹性压扁后直径；

$h_{i-1}$——各机架入口板厚；

$r_i$——应变率，$r_i = (h_{i-1} - h_i)/h_{i-1}$；

$a_{1i} \sim a_{4i}$——回归系数；

$i$——轧机序号。

为研究建立实际可行的应力状态系数模型，用以式（8）为基础的公式，即

$$Q_{pi} = a_{1i}\frac{l_i}{h_{mi}} + a_{2i}r_i\frac{l_i}{h_{mi}} + a_{3i}r_i + a_{4i} \tag{10}$$

式中　$l_i$——轧辊和轧件接触弧长的水平投影；

$h_{mi}$——各架轧机入、出口的平均板厚；

余同式（9）。

用同批实测数据，以新建立的流动应力模型为基准，对式（9）、式（10）回归分析得出不同的 $a_{1i} \sim a_{4i}$。

### 3.3　应力状态系数模型的确定

$Q_p$ 反映三向应力状态的程度，在轧机入口板厚不变的前提下，出口板厚越小，三向应力状态程度越强，$Q_p$ 也越大。即 $r$ 增加，$Q_p$ 增大。

为分析检验式（9）、式（10）的实际应用性，用离线分析在广泛范围内比较结果表明，在某些条件下式（8）不能很好地反映轧制压力随厚度变化的规律，$Q_p$ 与 $r$ 变化趋势不一致。而式（10）可得到满意的结果，$Q_p$ 的预报值与实测推算值的偏差按机架序为 0.11，0，0.001，0，0.016，0.004，0.022。

## 4　轧制压力模型的在线应用

在线分析，实际上就是让新的轧制压力模型投入在线运行，预报轧制压力、计算轧机弹性变形量和轧辊的辊缝设定值，但不向生产过程输出计算结果。

按照实际轧钢顺序，统计了 1447 架次的轧制压力预报值，其预报偏差的均方根为

| | |
|---|---|
| 新轧制压力模型 | 144t |
| 新日铁原模型 | 236t |

可见，新轧制压力模型比原模型的预报精度高，为新轧制压力模型的投入在线控制提供了科学依据，并于 1984 年 11 月在武钢 1700mm 热轧厂正式投入使用。7 年多的生产实践证明，用新轧制压力模型在线控制生产，其轧制过程稳定，带钢头部厚度精度高。对新、旧轧制压力模型控制生产的带钢头部偏差分别统计 5981 块钢的数据中，新模型的命中率为 97.9%，原模型为 91.6%。

## 5 结论

（1）以武钢生产的钢作为试验对象，用实验室凸轮塑性计测定流动应力所建立的模型，全面考虑了影响流动应力的各个因素及其交互作用，适用于武钢热轧厂。

（2）以建立的流动应力模型为基准，由实测现场轧制参数回归得到的应力状态系数模型，建立整个轧制压力模型，在武钢热轧厂计算机控制使用是成功的。

（3）用新轧制压力模型控制生产，轧制过程稳定，安全可靠，轧制压力预报精度高于日本提供的模型，带钢头部命中率提高6.3%，各机架轧制压力偏差小于100t的频数提高15.6%。

（4）新轧制压力模型投入在线控制生产，提高了负公差的轧制率，经济效益显著。

（原载《钢铁》，1992（8））

# 武钢热轧厂4号加热炉液态出渣的试验研究

丁翠娇 肖坤伟 肖世华 蒋杨虎 张茂杰 王 苓 金承瑛 赵利洪

## 1 前言

武钢热轧厂4号加热炉是利用法国Stein公司技术加热取向硅钢的专用炉。按设计，取向硅钢周期轧制量最高为1.5万t，且配备了一套液态出渣系统。在生产高牌号取向硅钢的大型步进梁式加热炉上，采用液态出渣在国内尚无先例，在国外，也只有少数发达国家（如日本、法国等）有此设备与技术。由于4号炉在1993年正式投产后，液态出渣系统不能正常工作，取向硅钢周期轧制量达不到设计能力（仅7500t左右），故进行了该项研究。

## 2 出渣系统

4号加热炉液态出渣系统由炉底化渣烧嘴、渣口火封烧嘴、出渣口炉门及粒化渣装置组成。炉底化渣烧嘴为煤气可调焰烧嘴，布置在炉子侧烧嘴的下部；渣口火封烧嘴采用多孔煤气烧嘴，烧嘴的有关设计参数见表1。两者均使用混合煤气，其煤气发热值为11.3MJ/m$^3$，成分见表2。两种烧嘴各12个，均匀的分布在炉子加热段和均热段的两侧。出渣口和粒化渣装置成对设置，共12套。

表1 烧嘴特性

| 名称 | 烧嘴 | | 烧嘴能力/kW | 压力/Pa | | 烧嘴调节比 |
|---|---|---|---|---|---|---|
| | 型式 | 规格 | | 空气 | 煤气 | |
| 炉底化渣烧嘴 | BMF | G3 | 300 | 4000 | 1000 | 1/8 |
| 渣口火封烧嘴 | BMA | G1 | 200 | 3500 | 1000 | 1/10 |

表2 煤气成分

| 成分/% | | | | | 发热值/MJ·m$^{-3}$ | 理论空气量/m$^3$·m$^{-3}$ |
|---|---|---|---|---|---|---|
| CO | $H_2$ | $CH_4$ | $C_nH_m$ | $CO_2+N_2+H_2O$ | | |
| 11.1 | 37.5 | 14.3 | 0.8 | 35.9 | 11.3 | 2.6 |

据设计，如液态出渣系统正常工作，在生产取向硅钢时，液态出渣量可达40%，使取向硅钢在每个炉役的轧制量最高可达15000t，平均10000~12000t，与新日铁广畑1985年投产的新热轧加热炉一样。

## 3 现状调查

4号炉自1993年正式投产后，液态出渣系统就一直不能正常工作，出渣口易堵塞，钢渣不能连续从炉内排出，钢渣在炉内堆积，堵塞炉底化渣烧嘴，无法实现液态出渣。1994年6月以后，停止使用。由于4号炉不能实现液态出渣，其取向硅钢周期轧制量仅7500t左右。为尽快的寻找到液态出渣系统不能正常工作的根本原因，进行了现状调查。调查的主要内容及分析结果如下。

### 3.1 钢渣成分化验

经取样化验，钢渣成分波动较大，其中酸性氧化物$SiO_2$、$Al_2O_3$的含量比碱性氧化物CaO、MgO高。钢渣成分见表3。

表 3　钢渣成分　(%)

| 样号 | $SiO_2$ | $Al_2O_3$ | CaO | MgO | FeO | $Fe_2O_3$ | $K_2O$ | P |
|---|---|---|---|---|---|---|---|---|
| 1 | 3.88 | 0.20 | 0.04 | 0.11 | 19.49 | 79.11 | 0.004 | <0.01 |
| 2 | 6.54 | 1.50 | 0.13 | 0.43 | 36.73 | 54.12 | 0.013 | 0.023 |
| 3 | 7.16 | 0.61 | 0.09 | 0.31 | 23.80 | 68.09 | 0.004 | 0.017 |

### 3.2　钢渣熔点和粘度测定

取样做熔点和粘度试验。因试验炉炉温最高只能到 1350℃，而渣样在 1350℃时仍无变化，故未能取得具体的数据，估计其熔点在 1350~1400℃之间。

### 3.3　成渣量计算

停炉期间，到炉内观察，发现钢渣在炉内凝结成一个整块，表面平展，下面致密，可以推断钢渣在炉内已经熔化，皆因出渣口堵塞，不能排出而在炉内凝结。钢渣在炉内的平均厚度约 450mm，以此计算一个生产周期内的成渣总量：

$$Q = S \times H \times \rho = 330(\mathrm{t})$$

式中　面积 $(S)$ = 炉长×炉宽-立柱围堤面积 = $163(\mathrm{m}^3)$

密度 $(\rho) = 4.5\times10^3(\mathrm{kg/m^3})$（取样化验所得）

计算小时成渣量：

$$q = \frac{Q}{t} = \frac{Q}{W/w} = 5.4(\mathrm{t/h})$$

式中　周期轧制量 $(W)$ = 7500t

小时烧钢量 $(w)$ = 123t/h

### 3.4　出渣口温度测定

要实现连续出渣，需要解决的主要问题是提高炉底及出渣口的温度，保证钢渣在从炉内流出到炉外的全过程中温度在其熔点之上，并具有良好的流动性。经现场实测，出渣口温度仅为 1150℃左右，温度偏低。经试验证明，提高出渣口温度后，有渣液稳定流出，说明炉底温度满足化渣要求。液态出渣系统不能实现连续出渣的关键原因是出渣口温度偏低，造成渣液在出渣口凝结，堵塞出渣口，使出渣中断。

## 4　研试方案

在液态出渣系统中，保证出渣口温度的主要措施是渣口火封烧嘴，提高火封烧嘴燃烧产物的实际温度即可提高出渣口的温度。根据文献［1］，燃烧产物的实际温度为：

$$t = \frac{Q_d + Q_k + Q_r - Q_c - Q_b - Q_f}{V_n \times C}$$

式中　$t$——燃烧产物的实际温度（℃）；

$Q_d$——燃料的低发热量（MJ）；

$Q_k$——空气带入的物理热（MJ）；

$Q_r$——燃料带入的物理热（MJ）；

$Q_c$——燃烧产物传热热损失（MJ）；

$Q_b$——不完全燃烧热损失（MJ）；

$Q_f$——燃烧产物中某些气体在高温下热分解反应消耗的热量（MJ）；

$V_n$——燃烧产物的实际体积（$\mathrm{m}^3$）；

$C$——燃烧产物的平均比热（$\mathrm{kJ/m^3 \cdot ℃}$）；

（以上各项均按每立方米燃料计算）。

依据此公式及出渣口处的传热过程，拟定以下方案以提高出渣口温度。

（1）加大火封烧嘴煤气流量

出渣口温度偏低，其可能的原因之一是火封烧嘴供热能力不够，燃烧产物能提供的总有效热少。

（2）提高助燃空气预热温度

采用预热空气可显著提高燃烧温度。火封烧嘴原用空气由风机供给，风温约 30℃左右，4 号炉换热器出来的预热风温一般在 450℃以上，火封烧嘴助燃空气使用热风后，对发热值为 11. 3MJ/m$^3$ 的煤气而言，燃烧温度可提高 250℃左右。

（3）改进烧嘴结构

改进烧嘴结构可加强混合，促进燃烧，减少不完全燃烧热损失，提高燃烧温度。

（4）改进出渣口结构

公式中 $Q_c$ 项一部分为加热出渣口的有效热，还有部分则为逸气热损失、辐射热损失、出渣口吸冷风造成的热损失等，改进出渣口结构可防止吸冷空气，减少辐射热损失，以提高燃烧温度。

（5）富氧燃烧

当烧嘴富氧燃烧时，由于燃烧产物大大的减小（即公式中的 $V_n$ 一项），燃烧温度可显著的提高。

（6）将烧嘴使用燃料由发热值低的混合煤气改为发热值高的焦炉煤气（因武钢焦炉煤气比较紧张，此方案列在最后）。

## 5　试验结果

### 5.1　加大火封烧嘴煤气流量

将煤气管由原 25. 4mm 改为 50. 8mm，做加大火封烧嘴煤气流量试验。煤气流量加大后，因空气流量不能相应的增加，燃烧状况并不理想，试验效果欠佳。

### 5.2　提高火封烧嘴供风温度

根据现场管道布置情况，为求施工方便、改动最小，将火封烧嘴空气管改接至炉子下烧嘴空气管上，使用热风。空气管路改动后试验，仍不能保证连续出渣。

### 5.3　改进火封烧嘴结构

对火封烧嘴结构进行改进：在烧嘴空气、煤气喷出口处分别加装旋流叶片，旋流叶片各 6 片，角度约 18°，旋向相同。试验证明：烧嘴结构改进后，燃烧情况有明显的改善，燃烧温度有所提高。

### 5.4　改进出渣口结构

原出渣口结构为外大内小的喇叭形（如图 1 所示），现改为外小内大型（如图 2 所示）。改进后，出渣口温度有所提高，渣子流动状况有一定的改善。

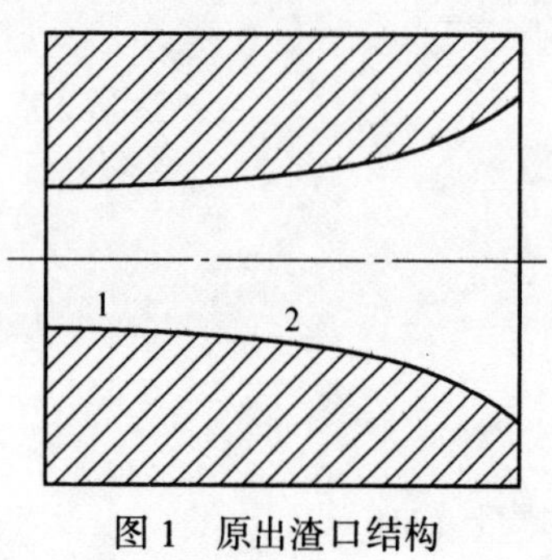


图 1　原出渣口结构

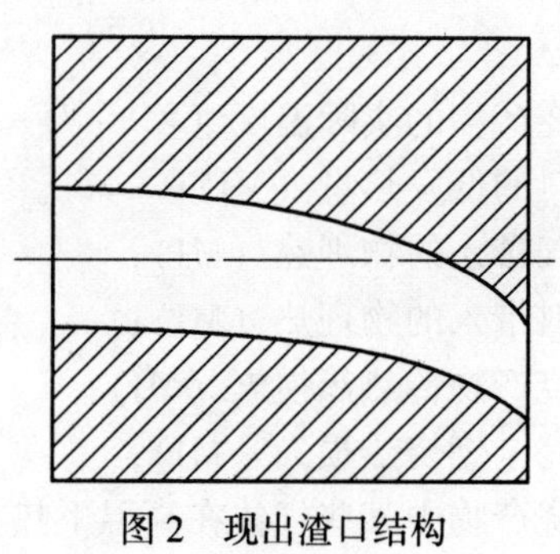

图 2　现出渣口结构

### 5.5　火封烧嘴富氧燃烧试验

试验 1：分别测出火封烧嘴在正常燃烧、富氧燃烧和纯氧燃烧三种不同情况下出渣口温度分布。测点位置如图 1 所示，测定结果见表 4。

**表 4　出渣口温度分布**　(℃)

| 测点部位 | 正常燃烧 | 富氧燃烧 | 纯氧燃烧 |
|---|---|---|---|
| 1 | 1044 | 1316 | 1416 |
| 2 | 1145 | 1270 | 1369 |
| 3 | 1194 | 1219 | 1375 |

从试验结果看，富氧燃烧缩短了火焰长度，减少了燃烧空间，并显著的提高了燃烧温度。

试验 2：根据文献介绍，采取富氧燃烧来提高燃烧温度时，富氧空气 $w\%$ 在 27%~30% 以下有明显的效果。为此测定最佳富氧比例。在试验烧嘴前空、煤气管路上增设流量计和压力表，按烧嘴试验方法和要求进行试验。试验时采用的仪器仪表如表 5 所示，试验装置见图 3。

**表 5　试验用仪表**

| | 检测项目 | 采用仪器或方法 | | 检测项目 | 采用仪器或方法 |
|---|---|---|---|---|---|
| 1 | 流量 | 玻璃转子流量计 | 4 | 废气成分 | DH-9004 型燃烧效率仪 |
| 2 | 压力 | U 型压力计 | 5 | 煤气成分 | 取样送燃气厂化验 |
| 3 | 温度 | 单铂铑热电偶 | | | |

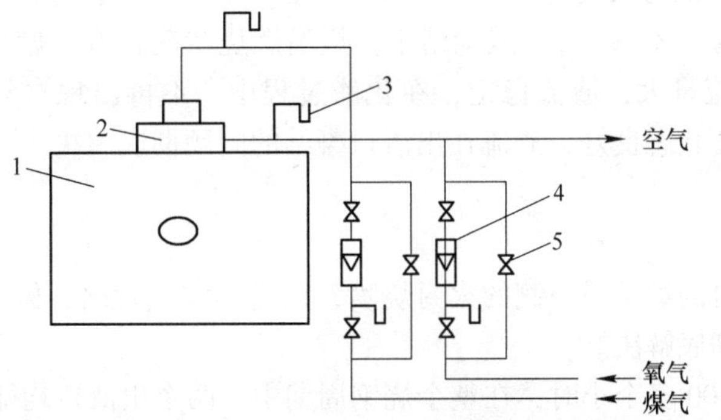


图 3　富氧比测定试验装置图

1—出渣口；2—火封烧嘴；3—U 型压力计；4—玻璃转子流量计；5—调节阀

试验中因开、闭空气阀对燃烧状况影响不大，才发现烧嘴供风量不足，无法测得最佳富氧比。完全关闭空气阀门即火封烧嘴为纯氧燃烧时测得一组数据见表 6。此状态下，出渣口温度为 1376℃，渣液流出顺畅。试验进行到 2h 后，火封烧嘴被烧红，出渣口被严重冲蚀，渣液流到罐外，试验被迫停止。

**表 6　富氧比测定试验数据**

| 混合煤气 | | | 氧气 | | | 废气成分/% | | | 出渣口温度/℃ |
|---|---|---|---|---|---|---|---|---|---|
| 流量/$m^3 \cdot h^{-1}$ | 压力/Pa | 温度/℃ | 流量/$m^3 \cdot h^{-1}$ | 压力/Pa | 温度/℃ | $O_2$ | $CO_2$ | CO/ppm | |
| 116 | 1380 | 40 | 45 | 200 | 40 | 2.4 | 11.9 | >4000 | 1376 |

试验结果表明，若出渣口温度在 1367℃ 以上，即可实现连续出渣。纯氧燃烧满足此温度要求，但用氧量大费用高，且化渣设备无法承受，在实际生产中是不可行的。为此，解决火封烧嘴供风量不足的问题成为进一步试验的必要条件。

## 5.6　提高火封烧嘴供风量

对火封烧嘴空气管路系统进行全面分析，找出了供风量不足的原因有以下两点：

(1) 空气管接点位置不对

(2) 空气管管径不够

因为使用预热风，空气管接在炉子下烧嘴的风管上，其接点前有一节流阀，下烧嘴前风压低（约 3430Pa 左右），供风量难以上去，且空气管径仅有 50mm，而经计算分析得空气管径需扩大至 100mm。计算过程如下：

烧嘴设计能力 $Q=200(\mathrm{kW})$

烧嘴使用煤气热值 $Q_d=11.3(\mathrm{MJ/m^3})$

则烧嘴煤气流量应力： $V_m=\dfrac{Q}{Q_d}=64(\mathrm{m^3/h})$

理论空气需要量为： $V_0=2.6\times V_m=166(\mathrm{m^3/h})$

取 $n=1.1$，计算实际空气需要量：$V=n\times V_m=183(\mathrm{m^3/h})$

实际生产中，风温 $t=450℃$，风压 $P=10000\mathrm{Pa}$，工况下空气流量为：

$$V_k=V\times\frac{(t_0+t)\times P_0}{t_0\times(P_0+P)}=440(\mathrm{m^3/h})$$

取风速 $v=15(\mathrm{m/s})$，计算空气管径： $V_k=\dfrac{1}{4}\pi D^2 v$

$$D=\frac{4\times V_k}{\pi\times v}=100\mathrm{mm}$$

要提高火封烧嘴供风量，需改变空气管路。改变空气管路最好是将空气管接于总风管上，但是在总风管上施工难度太大，影响到正常生产，且受现场空间位置的限制，管径无法扩大。因炉底烧嘴很少使用，且空气管径为 100mm，故将火封烧嘴空气管接至炉底烧嘴风管上，管径由 50mm 扩大至 100mm。

改变空气管管路后试验（不掺氧）。试验结果：烧嘴燃烧状况良好，燃烧温度高，在整个烧钢周期，均能保证连续出渣，且渣流量大，渣流稳定，在化渣过程中，不再出现富氧燃烧时出现的烧嘴被烧红、漏渣等异常现象，化渣设备状态良好，渣流在出渣口凝结的问题彻底解决。

### 5.7 扩大试验

选择与原试验烧嘴相对的炉子另一侧的火封烧嘴，改变其空气管路，做扩大试验。试验结果表明：4 号加热炉液体出渣已得到彻底解决。

此次试验持续时间达 100 多个小时，在整个烧钢周期中，两个出渣口均能连续出渣，火封烧嘴燃烧良好，化渣设备运行正常，取向硅钢周期轧制量达到了 10300t。待改进方案在 12 个烧嘴上全面推广后，出渣问题将不再成为制约取向硅钢周期轧制量提高的因素。

## 6 结论

（1）通过多次反复试验，发现 4 号加热炉液态出渣系统不能正常运行的根本原因，是出渣口温度偏低。

（2）通过多种方案的比较，且经现场试验，改变火封烧嘴空气管路，提高火封烧嘴供风温度是解决出渣问题的最佳办法。

（3）试验期间出渣系统得以正常运行，取向硅钢周期轧制量超过 10000t。预计改进方案全面实施后，取向硅钢的周期轧量将达到设计值，出渣问题将不再成为制约取向硅钢周期轧制量提高的因素。

（原载《钢铁研究》，1997（5））

# 钢坯切轧中旁弯和折叠的形成与控制

陈贻宏　黄　杰　周家林　梁中权　李　平　陆在学　涂立钧

## 1　前言

切分轧制技术近年来发展迅速，广泛地应用于钢材改制，线材、棒材、型材和钢坯的热轧生产中，技术上呈现出多样化，是一种重要的金属材料加工新技术。

为了缓解武钢初轧厂目前面临无米之炊的困境和高速线材生产供坯的不足，1996 年武钢公司拟定了“采用连铸板坯通过 1150 初轧机切轧方坯”的方案。经过反复试验和改进，迄今初轧厂已为高速线材生产提供了 9 万 t 200mm×200mm 的切分方坯。钢种有弹簧钢、焊条钢和普碳钢等。由于生产中还存在着许多问题有待进一步解决，如轧件弯曲度大、产品表面存在折叠、轧制欠稳定、咬入较困难等，从而对产量、能耗、产品质量和收得率都有很大的影响，因此有必要分析和研究现有轧制条件、切轧工艺和所存在的各种问题。为了优化孔型设计、改进轧制工艺和操作，本文主要对钢坯切轧中旁弯和折叠的形成与控制从理论上进行分析和研究。

## 2　切轧工艺和切分孔型

### 2.1　切轧工艺

在武钢的切分轧制中，原料通常采用连铸板坯，其规格为：$H\times B\times L=250\text{mm}\times(1000\sim1300)\text{mm}\times(3200\sim3600)\text{mm}$；产品为高速线材生产用方坯，尺寸为：$h\times b\times l=200\text{mm}\times200\text{mm}\times6000\text{mm}$。

切分坯生产工艺流程如下：

板坯—加热—切分—轧制—火焰切割—堆冷（或缓冷）—检查—精整—入库

板坯在均热炉中加热，均热炉全部采用计算机控制。加热温度为 1260～1280℃，在炉时间为 4～5h。

切轧工艺关键是临界切分厚度、轧制温度的确定，和各道压下量（切入量）的分配。表 1 为焊条用钢坯的切轧规程。厚 245mm 的连铸板坯，经切分辊环往复二道次一分为二，然后通过立轧孔轧成 200mm×200mm 的方坯，总道次为 9～11 道，轧制周期为 3. 5min。该规程比较合理，40 块连铸板坯均实现了二道次切分。

**表 1　焊条用钢坯切轧规程**

| 道次 | 孔型 | 轧件尺寸/mm | | 压下量/mm | 指针位置 |
|---|---|---|---|---|---|
| | | 高度 | 宽度 | | |
| 0 | | 245 | 1300 | 0 | 1 |
| 1 | I | 145 | 1300 | 100 | 135 |
| 2 | I | 15 | 650 | 130 | 5 |

注：1. 钢种为低碳钢；轧制温度为 1100℃；2. 高度是指上、下辊环楔尖距离；3. 压下量指上、下辊楔道次切入量之和；4. 当指针为 0 时，辊缝值为 50mm，上下辊楔尖距离为 10mm。

### 2.2　切分孔型

切分孔型实际上是一对上下轧辊配置不对称的双锥度切分辊环，即环形楔刀。切分辊环是利用旧轧辊在Ⅰ号轧槽中部进行堆焊，经热处理和机械加工而成。上下辊切分辊环截面均由双锥度组成，上辊环的顶锥和底锥的角度分别小于下辊环的顶锥和底锥的角度，而上辊环顶锥和底锥的高度又分别高于下辊环顶锥和底锥的高度。辊环的这种配置方式，可实现上切为主、下切为辅，降低轧件重心，提高轧制稳定性和改善咬入条件。图 1 为切分轧辊孔型图。图 2 为辊环切分锥示意图。

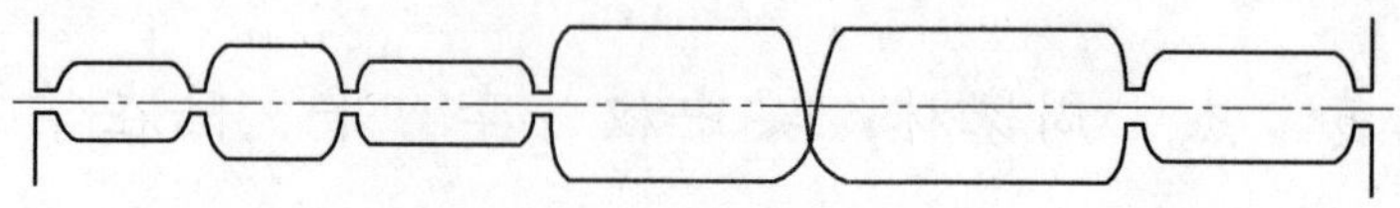

图 1　切分轧辊孔型图

## 3　切分原理

由于是在可逆式初轧机上进行切分轧制，除了能利用轧机原有推床和翻钢机外，很难在轧机前后安装专用的切分导卫和辅助切分工具，因而只能采用辊切法先将板坯切分，然后通过立轧孔将切分开的轧件逐根轧成方坯的切轧方案。

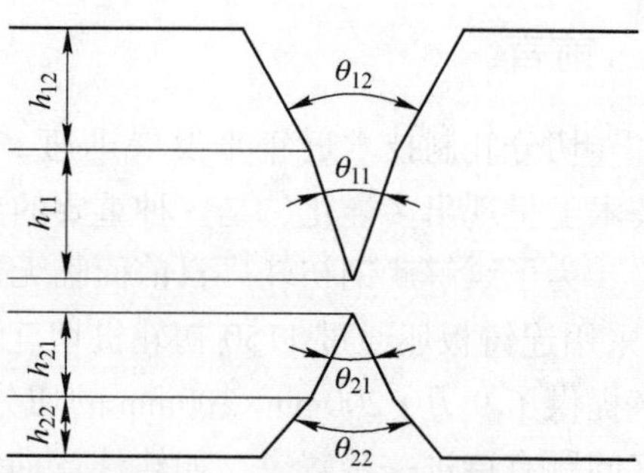


图 2　辊环切分锥示意图

试验中，采用环形楔刀切分法。环形楔刀切分法属于孔型切分法（或辊切法），它是利用强迫宽展产生的横向拉力和不均匀变形产生的撕拉力在无任何辅助切分工具的条件下使轧件沿纵向切分开。板坯切分采用 2 道次切分工艺。第 1 道称为预切分道次，主要强调对中轧制，为切分道次轧出用于导向的三角形槽，同时也要求有一定的压下量。第 2 道主要是顺利切分。当满足下面条件时，经预切分道次形成的并联轧件即可沿切分带切分开。

$$F_1 - F_2 \leqslant S\sigma_b \tag{1}$$

式中　$F_1$——切分带横向张力，N；

$F_2$——切分带横向阻力，N；

$S$——切分带断面积，$mm^2$；

$\sigma_b$——变形温度条件下金属的抗拉强度，MPa。

## 4　轧件旁弯与控制

环形楔刀切分法，其切分机理是建立在强迫宽展和不均匀变形基础上，切分后轧件产生旁弯现象不可避免，问题是如何在顺利切分的前提下，尽量减小轧件的旁弯度。从切分目的出发，轧件旁弯度越大，对切分带产生的撕拉力也越大，因而也就越有利于轧件的切分。但是，切分后轧件的旁弯度太大，翻钢将十分困难，即使翻了 90°，轧件在辊道上输送和进行立轧时咬入也比较困难。一般是利用推床将切分后的轧件矫直后再翻钢和进一步轧制。另外，当切轧不对中时，两块钢的弯曲度是不一样的，较窄的一块弯曲度较大，在切分过程中很难用推床帮助导向。若推床夹持太紧，轧件在前进过程中将受到很大的阻力，同时也不利于轧件的切分；若推床开口度较大，弯曲度较大的一块钢，其头部将先与推床接触而产生一个侧向力矩，结果是后面一段轧件在切分中越轧越偏，因此第一道预切分时，对中轧制十分重要。图 3 为轧偏与弯曲示意图。另外，轧制不对中对收得率影响很大，较宽的一块轧件切头量增大，而较窄的一块钢又可能短尺。

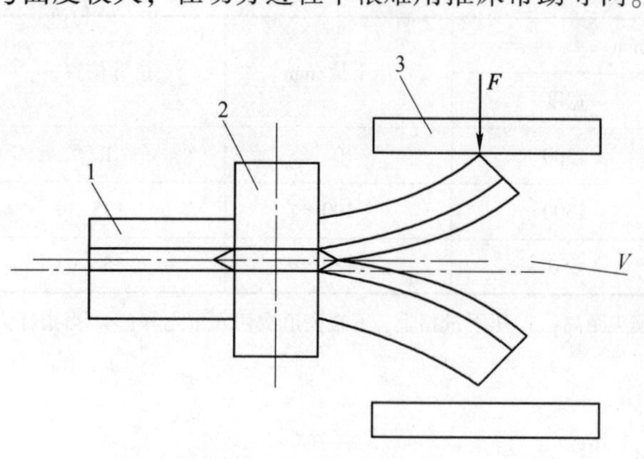


图 3　轧偏与弯曲

1—轧件；2—轧辊；3—推床

轧件的弯曲度与切分锥的角度、切入量、轧件的宽度、摩擦系数和临界切分厚度等一系列因素有关。试验结果表明，切分后轧件的弯曲度 $E$ 与切分锥角度 $\theta$ 和轧件的宽高比 $B/H$ 均呈线性关系。$E$ 随着 $\theta$ 增大而增大；而随着 $B/H$ 的增大，$E$ 则减小。

## 5　表面折叠与控制

切分方坯的表面缺陷主要有两种：一种是原料内部缺陷在切分断口处暴露出来，轧后没有得到彻底的焊合。这种缺陷的出现主要取决于内部缺陷的大小、性质及轧制温度和变形程度；另一种是由于切分断口不整齐，经轧后形成的表面折叠。这里仅对后者的形成与控制从理论上进行分析和研究。

切分断口不整齐的原因之一，是上下轧辊切分辊环没有对齐或轧制过程中轧辊产生轴向窜动。初轧机的机械加工精度不高，零部件之间的装配间隙较大，轧制中轧辊难免有一定的窜动量，当上下辊切分辊环有错动时，轧件的切分断口会有飞边或毛刺，轧后则形成折叠。上下辊错位量一定时，切分带愈薄，轧件切分断口产生的飞边愈尖锐，因而钢坯表面产生折叠的现象也就愈不可避免。钢坯表面产生折叠的另一个原因是，当前后两道在板坯上的切轧位置不重复，如第 1 道已经轧偏，而第 2 道又强行对中，则切分后轧件斜面上即已存在折叠，因此产品的表面也一定存在折叠。上下切分辊环错动时形成的飞边如图 4 所示。图 5 为轧制位置不重复时形成的折叠。如上分析，在切轧过程中，保证上下切分辊环对中并尽量减小轧辊窜动，保证道次间切分位置的重复性，提高临界切分厚度，可减少钢坯表面折叠。研究结果表明，当辊环切分锥角度为 70°，和满足自由宽展条件下切分时，可有效地增加临界切分厚度。

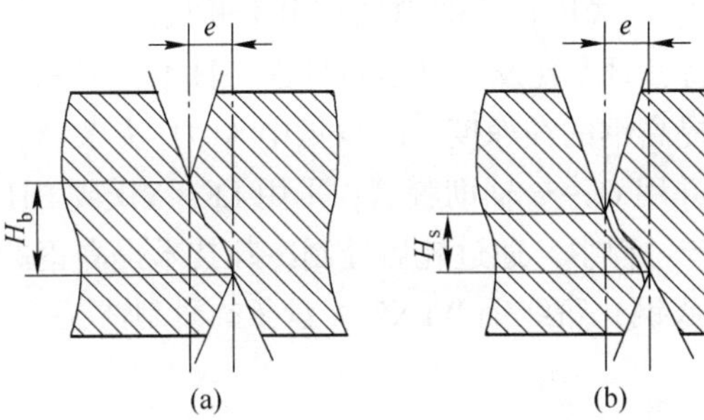


图 4　上下切分辊环错动时形成的飞边

（a）临界切分厚度大时；（b）临界切分厚度小时

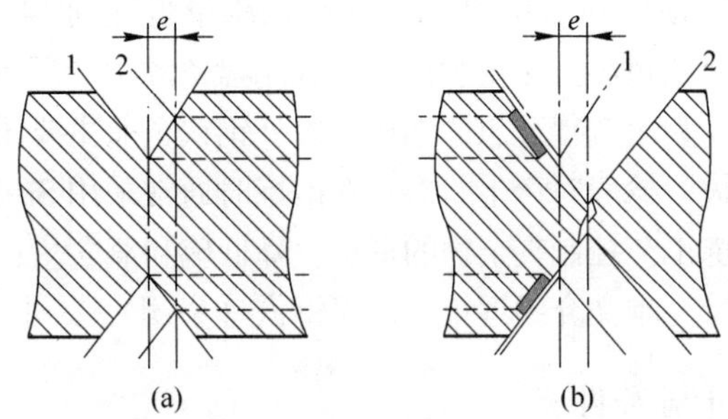


图 5　道次间轧制位置不重复时形成的折叠

（a）第二道切分楔刚接触轧件；（b）切分后形成的折叠

在焊条用钢坯的切轧工艺规程中（表 1），切分道次的上下辊环楔尖距离为 15mm，基本上能顺利切分，但偶尔也有切不开的现象，说明此时处于临界状态，若考虑到轧辊的弹跳值，此时的临界切分厚度应当是 20mm 左右，若优化孔型设计和改进轧制工艺制度，如适当增大切分锥，尤其是底锥的角度和切入深度，并采用上辊槽底不带压下或少带压下的切分工艺，满足自由宽展条件，可望将临界切分厚度提高到 25～30mm，这样可显著减少甚至避免出现这种表面折叠。

## 6　结论

（1）环形楔刀切分法是建立在强迫宽展和不均匀变形的基础上，切分后轧件产生旁弯现象不可避免。弯曲度大，有利于实现切分，但弯曲度太大，翻钢、运输和后续道次的咬入将增大困难。

（2）旁弯度可以控制。轧件的弯曲度与辊环切分锥的角度、切入量、轧件的宽度、摩擦系数和临界切分厚度等一系列因素有关。切分后，轧件旁弯度 $E$ 与切分锥角度 $\theta$ 和轧件的宽高比 $B/H$ 呈线性关系。$E$ 随着 $\theta$ 增大而增大，但随着 $B/H$ 的增大，$E$ 是减小的。

（3）切分坯的表面折叠，主要因切分断口不整齐，经轧后形成。切分断口的飞边和毛刺是由于上下切分辊环不对齐或轴向窜动所引起，提高临界切分厚度有利于减少切分断口的飞边或毛刺，因而可减少钢坯的表面折叠。另外，当前后道次切轧位置不重复时，钢坯表面也会产生折叠。

（4）在现有孔型和工艺条件下切轧焊条用坯时，临界切分厚度约为 20mm；通过优化孔型设计和轧制工艺，满足自由宽展切轧条件，可望将临界切分厚度提高到 25～30mm，从而可大大地减少钢坯的表面折叠。

（原载《钢铁》，2002（2））

# 帘线钢盘条的研制

蒋跃东　桂美文

钢帘线是线材制品中高技术含量的产品。从 1946 年由法国米其林（Michelin）首创开始，钢帘线因具有很高的拉伸强度、突出的耐热性、耐冲击性，作为骨架材料被广泛地应用于轮胎、胶管、运输等橡胶制品中。

钢帘线规格极细（$\phi$0.15~0.38mm），在轮胎中如同地球的子午线排列，这种轮胎被称为钢丝子午线轮胎。随着汽车工业和高速公路的迅速发展，汽车的钢丝子午线轮胎的使用量也不断增长，在 2000 年发达国家钢丝子午线轮胎率已达到 90%。我国起步较晚，在 2001 年国内轮胎行业对钢帘线的需求量为 8 万 t 左右，预计到 2005 年对钢帘线需求量将达到 14 万 t 以上。钢帘线用盘条的市场将会不断增大。

目前世界上主要生产钢帘线用盘条的生产厂有德国撒斯特、日本住友、日本新日铁、日本神户和韩国浦项等。为了获得理想的钢质，国外钢铁企业主要研究方向是提高钢的纯净度，减少钢中 $Al_2O_3$ 夹杂物，以避免冷拔、捻股时产生断裂，在冶炼时通常采用 Si-Mn 脱氧，并用 Ca-Si 辅助脱氧；采用 LF、VD 或 RH 等二次精炼工艺控制夹杂物的形态，降低硫和氧含量；在轧钢生产过程中，通过轧后控制冷却技术提高钢的索氏体含量。本文介绍近年来武汉钢铁（集团）公司（以下简称武钢）帘线钢 WLX72A 盘条的研制情况。

## 1　研制条件

主要设备规格如下。

复吹转炉：2 座，公称容量 100t，冶炼周期 45min/炉。

LF：升温速度 4.5℃/min，变压器功率 18MVA。

VD：抽气能力 400kg/h。

方坯连铸机：5 流，铸机断面 200mm×200mm，Co 60 控制结晶器液面波动<±5mm，结晶器电磁搅拌。

加热炉：双排步进式。

轧机：30 道次，最大轧制速度 120m/s。

斯太尔摩线：93m 长。

## 2　研制方法

### 2.1　质量要求

目前国家标准 GB 4354《优质碳素钢盘条》及 ZBH44002《优质碳素钢无扭控冷热轧盘条》都不能满足钢帘线用盘条的技术要求。国内尚未制定钢帘线用盘条的技术标准。我国一些钢帘线生产厂大多参照国外一些钢帘线用盘条的企业标准。武钢参照一些钢帘线用盘条的企业标准，制定了武钢 WLX72A 盘条的技术要求，其化学元素质量分数和力学性能如表 1 和表 2 所示。

**表 1　帘线钢 WLX72A 要求的化学元素质量分数**　（%）

| C | Si | Mn | P | S | Cu | Ni | Cr | Als | N |
|---|---|---|---|---|---|---|---|---|---|
| 0.70~0.76 | 0.15~0.30 | 0.44~0.56 | ≤0.020 | ≤0.015 | ≤0.06 | ≤0.06 | ≤0.05 | ≤0.005 | ≤0.007 |

**表 2　帘线钢 WLX72A 的力学性能要求**

| $\sigma_b$/MPa | $\delta_s$/% | $\psi$/% |
|---|---|---|
| 1050±70 | ≥10 | ≥40 |

### 2.2　工艺流程设计

根据武钢目前的工艺设备条件，选择的工艺流程如下：

高炉铁水→脱硫→转炉冶炼→LF→VD→方坯连铸→高线轧制→集卷→检验→包装→入库。

### 2.3　工艺参数设计

2.3.1　转炉冶炼—钢水精炼—连铸

(1) 复合吹炼，转炉冶炼后搅拌强度≥0.05$m^3$/(t·min)，后搅时间≥1min；

(2) 转炉终点采用高拉补吹工艺，补吹不得大于2次，严防钢水过氧化，确保C—T协调出钢，终点温度控制目标$T$≥1640℃；

(3) 帘线钢专用钢包，挡渣出钢，渣层厚度≤100mm；

(4) LF处理时间≥30min；

(5) VD脱气：真空处理时间≥25min；

(6) 连铸采用长水口和浸入式水口保护浇铸；

(7) 中包钢水过热度：25±5℃（$T_L$=1470℃）；浇铸过程严格按温度、拉速匹配操作；

(8) 采用EMS，$I$=300A，$f$=3.0Hz。

2.3.2　高线轧制

(1) 通过双排步进式加热炉，采用单排布料，温度控制：均热段950~1050℃；

(2) 入精轧温度≤900℃，吐丝温度≤910℃。

## 3　研制结果

### 3.1　成分控制

WLX72A帘线钢的实际成分控制情况见表3和图1。

表3　WLX72A帘线钢中各元素质量分数实际控制值　(%)

| 项目 | C | Si | Mn | P | S | Cu | Ni | Cr | Als | N |
|---|---|---|---|---|---|---|---|---|---|---|
| Max | 0.74 | 0.24 | 0.53 | 0.011 | 0.007 | 0.03 | 0.02 | 0.002 | 0.003 | 0.0040 |
| Min | 0.71 | 0.20 | 0.49 | 0.007 | 0.004 | 0.02 | 0.01 | 0.01 | 0.001 | 0.0024 |

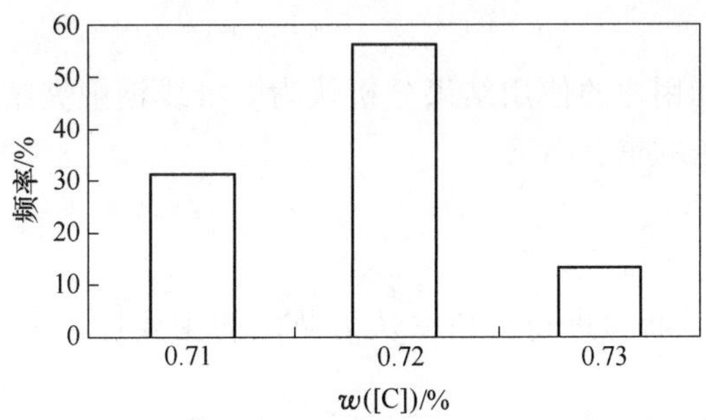


图1　帘线钢WLX72A的碳质量分数分布

由表3和图1可见，成分波动小，特别是碳的控制十分严格。

### 3.2　盘条的性能控制

由于合理的控轧控冷工艺使金相组织中高比率地索氏体化，获得了理想的性能。WLX72A帘线钢盘条的实际性能控制情况见表4。

表 4 WLX72A 帘线钢盘条的实际性能控制

| 项 目 | 力学性能 | | |
|---|---|---|---|
| | $\sigma_b$/MPa | $\delta_s$/% | $\psi$/% |
| 平均值 | 1050 | 18 | 51 |
| 最大值 | 1078 | 20 | 57 |
| 最小值 | 1021 | 16 | 47 |
| 极差 | 57 | 4 | 10 |

## 4 钢帘线生产工艺及 WLX72A 帘线钢盘条使用情况

### 4.1 钢帘线生产工艺

钢帘线的生产工艺流程为：半成品拉拔→热处理→中拉→电镀黄铜→成品拉拔→捻制成绳→检验入库。每道工艺又由许多详细的工艺组成。

### 4.2 用户使用情况

1999 年至今，武钢 WLX72A 帘线钢盘条经江阴贝卡尔特钢帘线厂、东方钢帘线厂、上海米其林钢帘线厂使用，已成功生产出单丝直径为 0.22mm、0.25mm、0.35mm 的钢帘线产品，其试制情况见表 5。由于用户生产单丝直径为 0.20~0.15mm 的钢帘线的产量少，所以武钢 WLX72A 帘线钢盘条还没有试制单丝直径为 0.20~0.15mm 的钢帘线。

表 5 武钢 WLX72A 帘线钢盘条试制钢帘线情况

| 钢帘线结构规格 | 数量/$\times10^4$m | 断丝率/$\times10^4$m · 次$^{-1}$ |
|---|---|---|
| 2×0.20mm+6×0.35mm | 102 | 8.9 |
| 4×0.25mm | 35 | 22 |
| 3+9×0.22mm | 25 | 12.5 |

用户认为武钢 WLX72A 帘线钢盘条在拉拔（0.22mm、0.25mm、0.35mm）过程中无断丝情况，其捻制过程断丝率已接近国外进口材（20~30）$\times10^4$m/次的水平，成为国内第一家通过连铸工艺生产帘线钢的厂家。

## 5 分析讨论

通过对帘线钢盘条的检验和用户的使用结果分析认为，帘线钢中夹杂物的控制、高比率的索氏体金相组织是保证高质量帘线钢盘条的重要因素。

### 5.1 夹杂物的控制

通过电子探针等分析方法对断丝进行分析，认为断丝的主要原因是夹杂物造成的。断口的形貌见图 2。

从转炉炼钢到连铸过程中，都可能产生脆性氧化夹杂物，其主要来源为以下 3 种。

脆性氧化夹杂物
- 外来氧化夹杂物
- 脱氧生成的氧化夹杂物
- 二次氧化生成的氧化夹杂物

#### 5.1.1 外来大型夹杂物的控制

外来大型夹杂物主要来源于钢包、中间包的耐火材料。夹杂物一般尺寸较大（30~50μm），钢帘线盘条在生产 0.15~0.25mm 规格的钢帘线时极易断丝。通过电子探针分析外来大型夹杂物，其形貌和成分见图 3 和表 6。

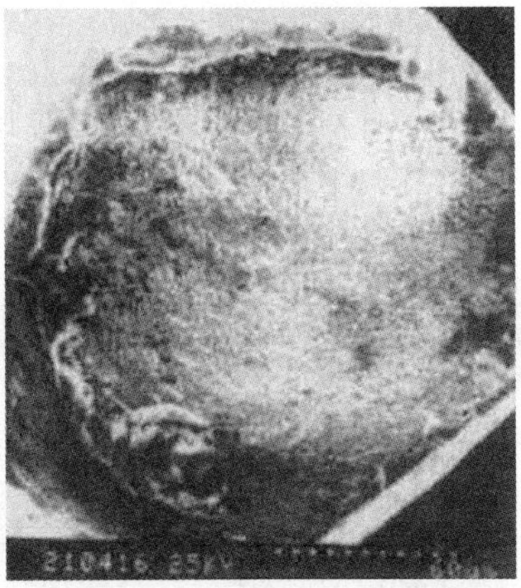

图 2　断口的宏观形貌×300

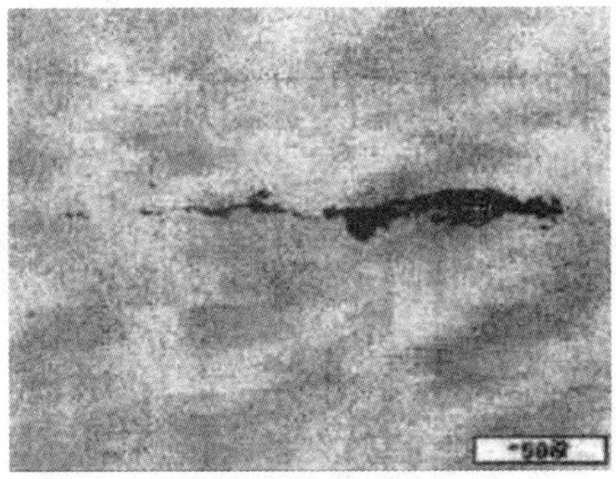

图 3　外来大型夹杂物的形貌×300

**表 6　外来大型夹杂物各组分的质量分数**　　　　(%)

| MgO | $Al_2O_3$ | $SiO_2$ | $K_2O$ | CaO | $TiO_2$ | MnO |
|---|---|---|---|---|---|---|
| 5.35 | 62.33 | 15.97 | 0.44 | 9.18 | 2.30 | 4.42 |

为减少外来夹杂物采用了以下措施：

(1) 钢包、中间包使用专用耐火材料；

(2) 在吹氩站、LF、VD 真空处理时延长吹氩时间，使大型的外来夹杂物上浮。

图 3 为未延长吹氩时间时在盘条中发现的外来夹杂物，延长吹氩时间后极少发现外来夹杂物。

5.1.2　脆性氧化夹杂物的控制

由于在拉拔盘条时，在高熔点的脆性氧化夹杂物附近出现裂纹而断丝，因此必须控制和减少脆性氧化夹杂物。主要生产工艺措施如下。

(1) 脱氧工艺

选用 Si-Mn 脱氧来减少钢液中的溶解氧，并用 Ca-Si 辅助脱氧，而不用 Al 脱氧，最终目的是把夹杂物中 $Al_2O_3$ 含量控制在 20%左右。国外研究表明，帘线钢中 $Al_2O_3$ 含量与轧制期间夹杂物塑性变形的关系如图 4。

由图 4 可见，当夹杂物 $w(Al_2O_3)$ 含量在 20%左右时，不变形夹杂物接近最小值。

(2) 夹杂物变性处理

在整个处理过程中形成可变形夹杂的过程如下：用硅和锰脱氧→$MnO \cdot Al_2O_3 \cdot SiO_2$(锰铝石)→向钢液加入合适成分顶渣→钢包电弧精炼→$CaO \cdot Al_2O_3 \cdot 3SiO_2$ 夹杂物（钙长石）。夹杂物目标成分范围如图 5所示，$w(CaO+MgO+Ca_2F) = 20\% \sim 40\%$，$w(Al_2O_3) = 10\% \sim 30\%$，$w(SiO_2) = 40\% \sim 70\%$。

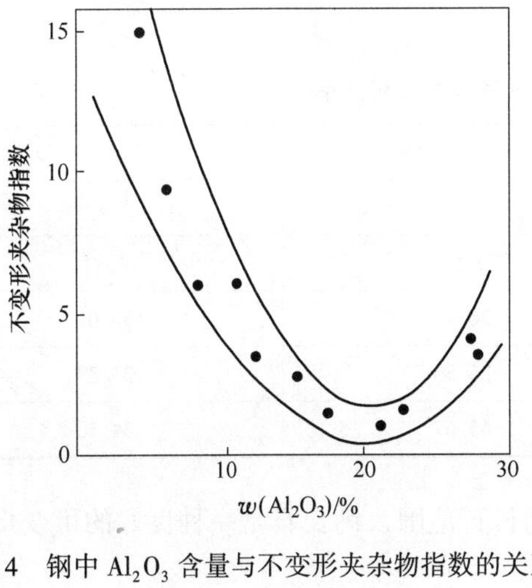


图 4　钢中 $Al_2O_3$ 含量与不变形夹杂物指数的关系

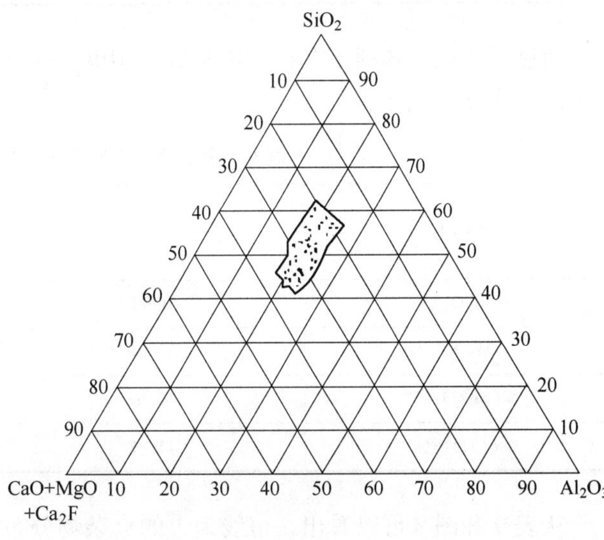


图 5　夹杂物目标成分范围

（3）保护浇注，防止二次氧化

从钢水精炼至盘条的全氧的分析，见图 6。

从图 6 可以看出：在生产过程中，钢中全氧含量逐步减少，从而有效地控制了钢中的脆性氧化夹杂物。

5.1.3　氮化钛夹杂物的控制

氮化钛夹杂物外形的几何形状较明显，造成拉丝时应力集中而断丝。因此必须控制氮、钛含量，以及它们的产物——氮化钛。图 7 为未采取措施时在盘条中的氮化钛夹杂物。

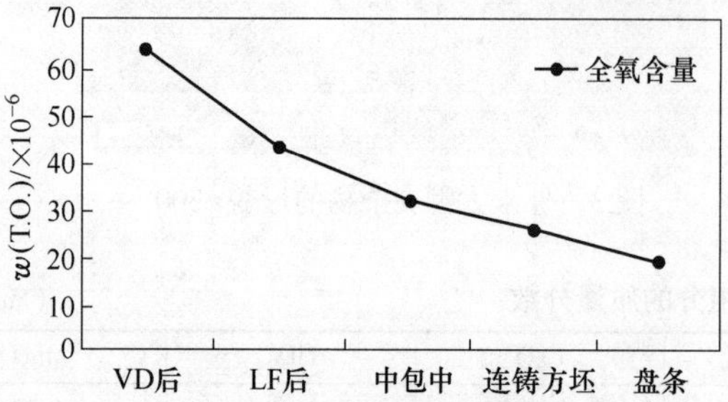


图 6　过程全氧含量图

图 7　未采取措施时盘条中的氮化钛夹杂物

氮通常是作为一种有害元素存在于钢中，因为其对钢的性能大多数会产生不良影响。因此对钢中氮的控制是生产帘线钢十分重要的技术。

武钢第一炼钢厂采取的措施是控制转炉终点命中率和钢水的氧化性；严格控制出钢过程中强脱氧剂的使用，改善炉外精炼操作，在连铸过程中采用全保护浇铸。通过以上措施，在冶炼帘线钢的过程中，通过 VD 真空处理后氮含量范围在 $(25\sim40)\times10^{-6}$，连铸工艺中增氮范围在 $(0\sim3.0)\times10^{-6}$。

钢水中的钛主要是铁水和废钢中带来的。为减少钢水中的钛含量，应对铁水成分和废钢成分进行严格控制，见表 7 和表 8。

**表 7　铁水中各化学元素的质量分数**　（%）

| Si | P | S | Cu | Ti |
|---|---|---|---|---|
| 0.30~0.60 | ≤0.15 | ≤0.005 | ≤0.050 | ≤0.050 |

注：表 7 中数据为脱硫后的铁水成分。

**表 8　废钢中各化学元素的质量分数**　（%）

| P | S | Cu | Ti |
|---|---|---|---|
| ≤0.02 | ≤0.015 | ≤0.050 | ≤0.050 |

通过采用以上各项工艺控制措施后，用电子探针对帘线钢 WLX72 盘条中夹杂物的成分进行分析。分析结果见表 9 和图 8。

**表 9　帘线钢 WLX72 盘条中夹杂物的电子探针分析结果**

| 夹杂物组分 | 试样 | | |
|---|---|---|---|
| | 1 | 2 | 3 |
| $w(MgO)/\%$ | 0.90 | 2.92 | 1.91 |
| $w(Al_2O_3)/\%$ | 33.60 | 26.82 | 30.06 |
| $w(SiO_2)/\%$ | 20.62 | 26.59 | 33.33 |
| $w(CaO)/\%$ | 44.88 | 43.67 | 34.70 |

从表 9 和图 8 可以看出，帘线钢中的夹杂物分布主要在钙长石范围，钙长石是一种良好的可变形夹杂物，使钢具有良好的加工性能。

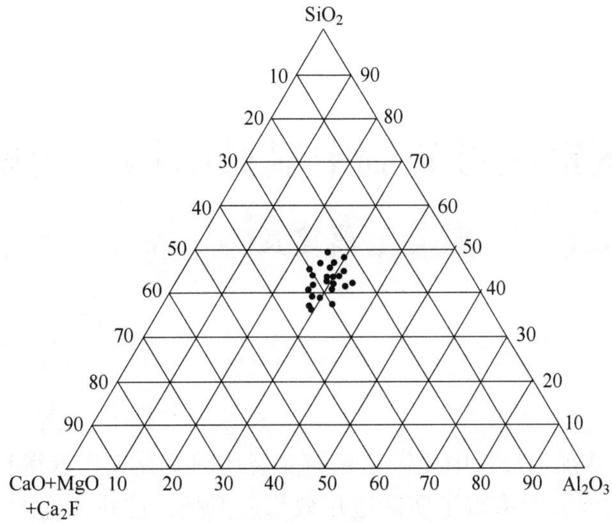


图 8　帘线钢中夹杂物的三元相图

### 5.2　获得索氏体组织

高线轧制严格按照设计的工艺参数，通过微张力和活套控制及联调轧制工艺，对盘条在斯太尔摩冷却线进行控制冷却工艺的调节，通过全套自动化控制系统保证获得索氏体组织。如图 9、图 10 所示。

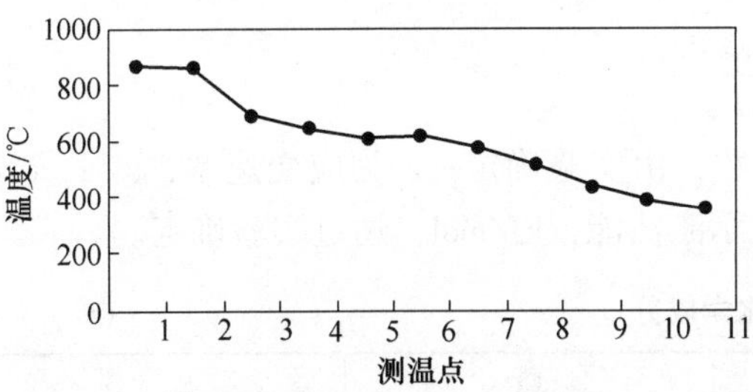


图 9　斯太尔摩冷却线的冷却速度图

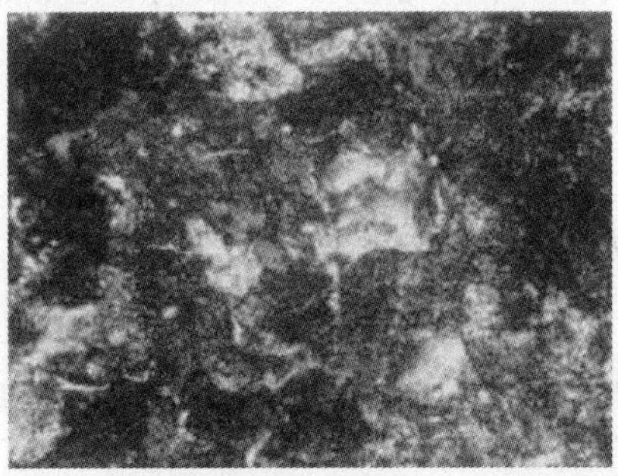

图 10　帘线钢 WLX72A 盘条的金相组织图（索氏体约占 98%）

## 6　结语

（1）帘线钢盘条 WLX72A 的化学成分设计较为合理。在实际生产控制中，波动范围小；

（2）夹杂物控制是影响帘线钢盘条质量的重要因素。通过各种工艺措施，武钢帘线钢 WLX72A 盘条中的夹杂物主要在钙长石范围，使钢具有良好的加工性能；

（3）工艺参数设计较为合理。实际生产控制中，盘条中索氏体含量达 98%，力学性能控制能达到生产钢帘线的要求；

（4）武钢帘线钢 WLX72A 盘条在多家用户成功地试制生产了 3+9×0.22mm、4×0.25mm 等多个规格的钢帘线产品，拉拔过程中无断丝情况，捻制过程断丝率已接近国外进口材 $20\sim30\times10^4$m/次的水平。今后将进一步试制单丝直径为 0.20~0.15mm 的钢帘线。

（原载《炼钢》，2004（1））

# 高碳钢线材轧制中显微组织演变规律

熊建良

## 1 前言

近年来，定量把握钢材热加工过程中显微组织演变规律的研究工作取得长足进展，并在利用计算机仿真技术来预测预报钢材性能方面取得了实际应用效果。但是，这些研究大多集中在板带钢轧制方面，线材轧制过程的研究很少。本文对含碳量为 0.8%左右的高碳钢线材在轧制过程中奥氏体组织的演变规律进行了研究。

## 2 临界应变模型

钢在奥氏体区的临界应变量 $\varepsilon_c$ 与金属的化学成分及轧制工艺参数有关，可通过实验研究建立材料的临界应变模型。本研究采用的高碳钢的化学成分见表 1。通过对棒线材轧制过程中组织演变规律的研究，Ettore Anelli 提出了临界应变 $\varepsilon_c$ 的计算公式：

$$\varepsilon_c = a \cdot d_0^m \cdot \left[\dot{\varepsilon} \cdot \exp\left(\frac{Q_{def}}{RT}\right)\right]^n \tag{1}$$

式中，$d_0$ 为晶粒原始尺寸，μm；$a$、$m$、$n$ 为与钢种有关的常数，由实验确定；$\dot{\varepsilon}$ 为应变速率，$s^{-1}$；$R$ 为气体常数，取 8.319J/(mol · K)；$T$ 表示绝对温度，K；$Q_{def}$表示激活能，kJ/mol，通过实验确定。

表 1 实验研究用高碳钢的化学成分 (%)

| C | Si | Mn | Cr | S、P |
|---|---|---|---|---|
| 0.79~0.86 | 0.15~0.35 | 0.60~0.90 | 0.10~0.30 | ≤0.025 |

对上述非线性模型两边取对数线性化，得：

$$\ln\varepsilon_c = \ln a + m \cdot \ln d_0 + n \cdot \ln\dot{\varepsilon} + \frac{n \cdot Q_{def}}{RT} \tag{2}$$

利用实验数据对式（2）进行线性回归，得到系数 $a$、$m$、$n$、$Q_{def}$的值，则临界应变模型为：

$$\varepsilon_c = 0.01 \cdot d_0^{0.177}\left[\dot{\varepsilon} \cdot \exp\left(\frac{165282}{RT}\right)\right]^{0.143} \tag{3}$$

## 3 奥氏体组织演变

热轧过程中，线材内部各质点的变形量、变形速度与变形温度决定了奥氏体晶粒的回复和再结晶行为。当道次变形量大于式（3）给出的临界变形量时，金属组织内部将发生动态再结晶，否则只产生加工硬化。

### 3.1 动态再结晶

发生了动态再结晶的奥氏体，在道次间隙时间里将发生亚动态再结晶，变形后再结晶百分数 $X$ 可由以下公式确定：

$$X = 1 - \exp\left[-0.693\left(\frac{t}{t_{0.5}}\right)^{1.5}\right] \tag{4}$$

式中，$t$ 为道次间隙时间，s；$t_{0.5}$ 为再结晶发生 50%所需的半软化时间，s。

$$t_{0.5} = 1.1 \cdot Z^{-0.8} \exp\left(\frac{230000}{RT}\right) \tag{5}$$

发生完全亚动态再结晶后的晶粒尺寸为：

$$d_{\mathrm{MRX}} = 260000 \cdot Z^{-0.23} \tag{6}$$

式中，$Z$ 为 Zener-Hollomon 参数。

### 3.2 静态再结晶

变形过程中没有发生动态再结晶的部分，在间隙时间内可能发生静态再结晶。当软化机制是静态再结晶时，静态再结晶百分数 $X_s$ 为：

$$X_s = 1 - \exp\left[-0.693\left(\frac{t}{t_{0.5}}\right)^n\right] \tag{7}$$

式中

$$n = 6.1 \times 10^{-6} \varepsilon^{0.02} d_0^{-0.30} \exp\left(\frac{-18400}{T}\right) \tag{8}$$

$$t_{0.5} = 4.5 \times 10^{-5} \varepsilon^{-1} d_0^{0.6} \exp\left(\frac{-6900}{T}\right) \tag{9}$$

发生完全静态再结晶的晶粒尺寸为：

$$d_{\mathrm{SRX}} = 95.5 \cdot \varepsilon^{-0.5} d_0^{0.39} \exp\left(\frac{-3500}{T}\right) \tag{10}$$

式中，$\varepsilon$ 为道次应变量。

### 3.3 结晶长大

当再结晶完成 95%后，一般认为完全再结晶完全发生，所需时间为：

$$t_{0.95} = 2.65 \cdot t_{0.5} \tag{11}$$

因此晶粒长大时间为道次间隙时间与完全再结晶时间之差，Hodgson 认为在 0~1s 内，晶粒长大较快，应采用晶粒尺寸的 2 次方公式；当晶粒长大时间大于 1s 后，晶粒长大较慢，采用晶粒尺寸的 7 次方公式。

对于亚动态再结晶：

$$d^2 = d_{\mathrm{MRX}}^2 + 2.2 \times 10^7 t \cdot \exp\left(\frac{-113000}{RT}\right) \tag{12}$$

$$d^{7.5} = d_{\mathrm{SRX}}^{7.5} + 4.2 \times 10^{27} t \cdot \exp\left(\frac{-400000}{RT}\right) \tag{13}$$

对于静态再结晶：

$$d^2 = d_{\mathrm{SRX}}^2 + 4.0 \times 10^7 t \cdot \exp\left(\frac{-113000}{RT}\right) \tag{14}$$

$$d^7 = d_{\mathrm{SRX}}^7 + 1.5 \times 10^{27} t \cdot \exp\left(\frac{-400000}{RT}\right) \tag{15}$$

式中，$t$ 为晶粒长大时间。

如果两道次间没有发生完全再结晶，则进入下一道次的晶粒尺寸可由“复合型”公式算出：

$$d = X^{4/3} \cdot d_{\mathrm{RX}} + (1 - X)^2 \cdot d_0 \tag{16}$$

此时的残余应变为：

$$\Delta\varepsilon = (1 - X) \cdot \varepsilon \tag{17}$$

式中，$d_{\mathrm{RX}}$ 为再结晶晶粒尺寸，由式（6）或式（10）确定。

### 3.4 组织演变的计算机模拟

根据现场的设备、工艺条件及上述模型，开发出线材热轧过程中奥氏体显微组织演变的计算机模拟软件。图 1 给出 $\phi$12.5mm 高碳钢线材奥氏体晶粒变化的模拟结果。可见，晶粒尺寸的总趋势是不断减小的，但在粗轧-中轧、中轧-预精轧、预精轧-精轧的机组间隙时间内，晶粒长大的时间较长，晶粒尺寸有较大增加。

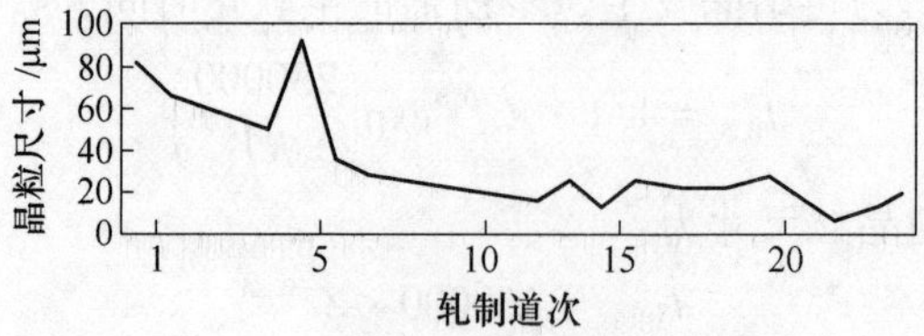


图1 奥氏体晶粒尺寸模拟预报曲线

为验证该软件模拟结果的可靠性，从预精轧与精轧间的飞剪处取样，将剪取的试样迅速置于水中淬火，并用秒表记录试样从剪断到落入水中的时间。测得该试样的奥氏体晶粒度为7.5级。用模拟软件计算得出，该处奥氏体晶粒度预报值为28.6μm，计算结果与实测结果吻合。

## 4 结语

通过建立合适的数学模型，并采用计算机技术对线材热轧过程中的奥氏体组织演变进行模拟预报，具有一定的预测精度。同时证实了动态再结晶受温度、应变速率的影响较大，温度越高，应变速率越小，动态再结晶越容易发生，而原始晶粒尺寸对动态再结晶的影响不大。而且在实际轧制过程中，道次变形量大多能够达到临界应变值，因此在轧制间隙时间里，亚动态再结晶机制对晶粒尺寸起着重要作用。另外，通过降低中轧温度、提高轧制速度、提高道次变形量等方法可以有效抑制奥氏体晶粒长大。

（原载《轧钢》，2005（4））

# X70 钢级厚板卷热连轧工艺探讨

郭斌　宋平　郑琳　魏钢城　孔君华　温盾　张超　刘昌明

## 0 前言

为了满足我国大型天然气管线工程的要求，武汉钢铁（集团）公司已成功试制出高性能、厚规格的X70级管线钢，生产并批量供应于西气东输工程、陕京二线等国内重大天然气管道工程。在试制中涉及的影响因素很多，但其中热连轧工艺是研制、生产X70钢最为关键的因素之一。通过对X70钢的冷却速度、轧制温度等热连轧工艺进行分析，对今后生产性能优良的高钢级管线钢具有一定的指导意义。

## 1 钢种设计

以西气东输技术条件要求为依据，钢种设计为针状铁素体型管线钢，化学成分以低C-Mn-Nb为基体，适当添加少量Cu、Ni、Mo等元素。X70钢的主要化学成分见表1。

表1　X70钢的主要化学成分　(%)

| $w$(C) | $w$(Si) | $w$(Mn) | $w$(P) | $w$(S) | $C_{eq}$ | $P_{cm}$ |
|---|---|---|---|---|---|---|
| 0.05 | 0.21 | 1.58 | 0.014 | 0.0008 | 0.393 | 0.168 |

## 2 相变特点与冷却速度

利用热加工模拟试验机（GLEEBLE-2000）测得了X70钢的CCT曲线，如图1所示。曲线内组织为针状铁素体+多边形铁素体+珠光体。从该钢的CCT曲线图可看出，在较大的冷速范围内，X70钢组织均为针状铁素体+多边形铁素体+珠光体，只是随着冷速的不同，发生铁素体转变的起始温度和转变时间、针状铁素体转变量的多少有所不同（见图2）。冷却速度越快，针状铁素体的量越多，要获得以针状铁素体为主的组织，其冷却速度不能低于10℃/s。

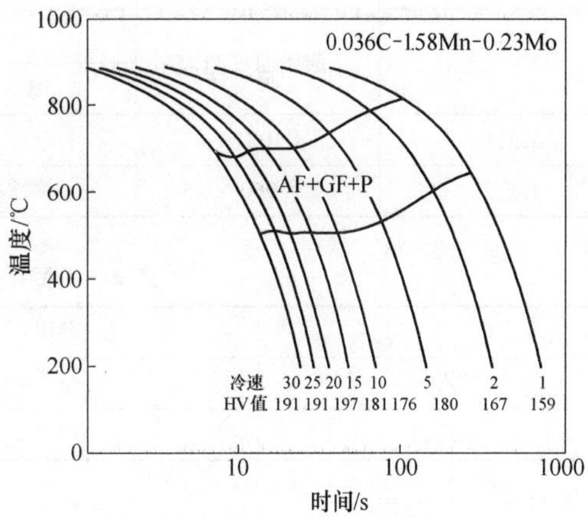


图1　X70钢CCT曲线

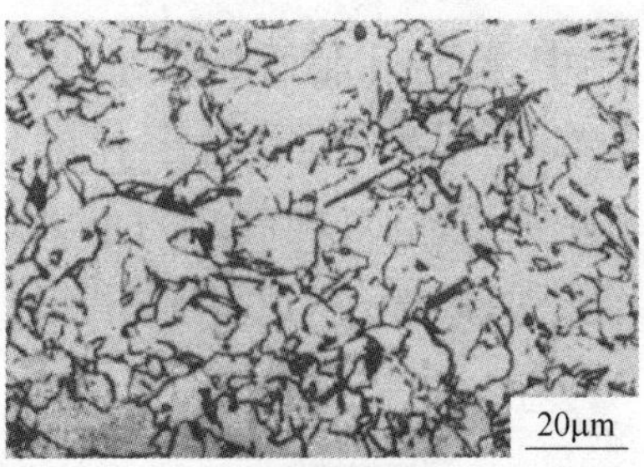


(a) 冷速 5℃/s

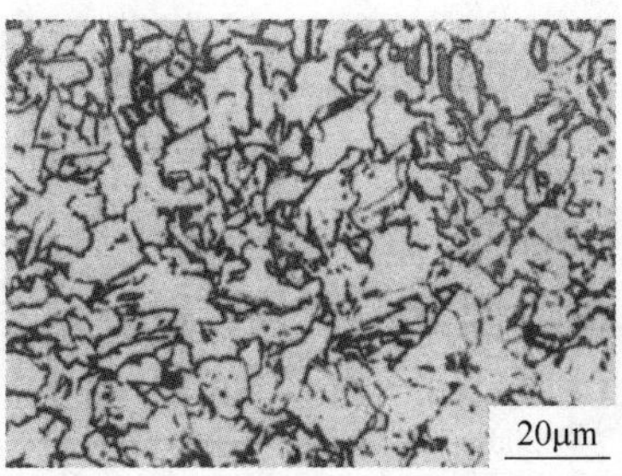


(b) 冷速 10℃/s

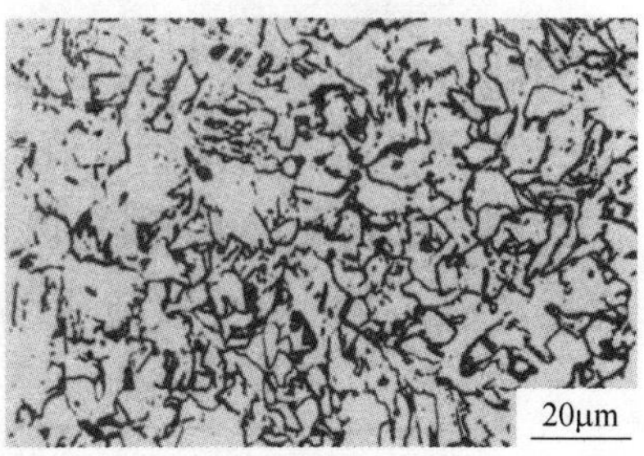


(c) 冷速 20℃/s

图2　不同冷却速度的金相组织

## 3 精轧制度

如表2~表4及图3、图4所示，提高精轧轧制力、精轧压下率及精轧入口温度，X70钢的组织变得更加均匀细小，针状铁素体的数量明显增加，落锤试验的剪切面积大幅提高，强度略有增加。X70钢的动态再结晶温度 $T_r$ 在900~950℃左右，在 $T_r$ 以下，加工量越大，针状铁素体量越大[1]。针状铁素体的优点之一就是具有高DWTT值；另外随着 $T_r$ 以下加工量加大，使奥氏体晶粒充分压扁，并在晶粒内部形成滑移带，位错及亚结构数量增加，当 $\gamma \to \alpha$ 相变时，变形 $\gamma$ 晶界、大量的位错和滑移带为 $\alpha$ 形核提供了大量的形核位置，使 $\alpha$ 细化，铁素体量增加，珠光体、贝氏体量减少，从而达到提高强韧性的目的。

表2　X70钢的精轧压下制度

| 机架号 | 工艺一 | | 工艺二 | |
|---|---|---|---|---|
| | 厚度/mm | 压下率/% | 厚度/mm | 压下率/% |
| F0 | 39.0 | | 60.746 | |
| F1 | 30.9 | 20.77 | 45.692 | 24.8 |
| F2 | 28.9 | 6.47 | 31.899 | 30.2 |
| F3 | 25.0 | 13.49 | 25.016 | 21.6 |
| F4 | 20.9 | 16.40 | 20.016 | 18.6 |
| F5 | 17.8 | 14.83 | 16.858 | 17.2 |
| F6 | 15.1 | 15.17 | 14.986 | 11.1 |
| F7 | 14.9 | 1.32 | 14.986 | 0 |
| Σ | | 61.79 | | 75.33 |

表3　X70钢的精轧轧制力

| | 起始温度/℃ | 轧制力/kN | | | |
|---|---|---|---|---|---|
| | | $F_1$ | $F_2$ | $F_3$ | $F_4$ |
| 工艺一 | 1021 | 16435 | 15572 | 16778 | 14651 |
| 工艺二 | 960 | 32202 | 34003 | 27986 | 25928 |

| | 起始温度/℃ | 轧制力/kN | | |
|---|---|---|---|---|
| | | $F_5$ | $F_6$ | $F_7$ |
| 工艺一 | 1021 | 12387 | 10976 | 11103 |
| 工艺二 | 960 | 21388 | 15827 | 0 |

表4　不同的精轧制度对X70钢性能的影响

| | $R_{t0.5}$/MPa | $R_m$/MPa | (−15℃)DWTT $S_A$/% |
|---|---|---|---|
| 工艺一 | 545 | 667 | 69 |
| 工艺二 | 577 | 699 | 100 |

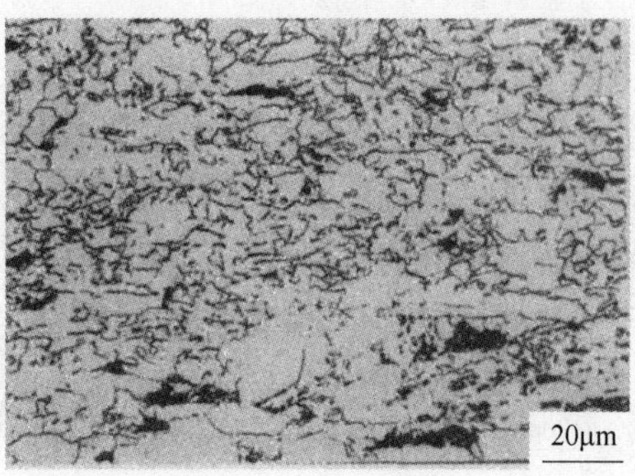


图3　工艺一的组织

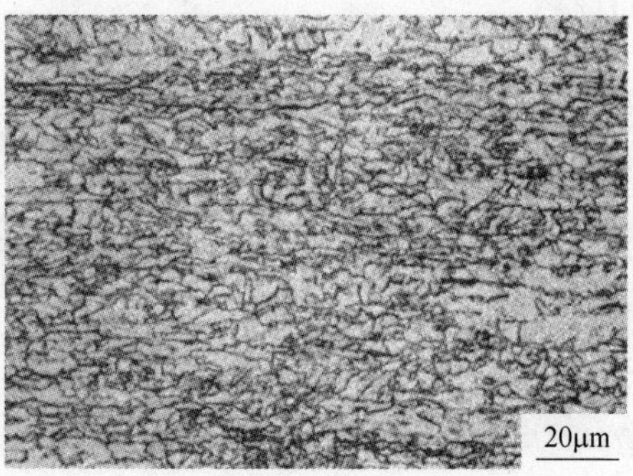


图4　工艺二的组织

## 4　X70钢变形抗力

利用THERMECMASTOR-Z热加工模拟试验机模拟X70钢工业性生产的粗轧和精轧阶段在不同条件下

的变形抗力，采取多道次压缩试验，其试验参数和测定的高温变形抗力结果见表5。由表可知，在粗轧阶段1180~1050℃间，第2道次变形屈服应力 $R_{y1}$ 比第1道次变形屈服应力 $R_{y2}$ 高出1倍多；如果变形板坯在1000~950℃进入 $F_1$~$F_3$ 精轧区间变形，每后一道次的变形抗力比前一道次成倍递增；但温度在900~850℃间进入 $F_4$~$F_7$ 精轧阶段变形时，第2道是第1道变形抗力的3倍多，第3道抗力是第2道变形抗力的1.5倍多。这种现象表明，X70钢在该试验条件下有残余应变存在，残余应变效应十分明显。因此，X70钢在实际轧制中，随着轧制道次增加，道次压下率应逐渐降低，特别是精轧阶段，应合理分配 $F_1$~$F_7$ 各机架压下量，否则对轧制能力不大的轧机，将引起精轧机组过流、跳闸，以至于损害轧机。

**表5　X70(ULC-Mn-Mo-Nb系）钢变形抗力试验**

| 实验号 | 变形条件 | | | | | | | | | | | | 变形抗力 | | | | | |
|---|---|---|---|---|---|---|---|---|---|---|---|---|---|---|---|---|---|---|
| | 第1道次 | | | | 第2道次 | | | | 第3道次 | | | | 第1道次 | | 第2道次 | | 第3道次 | |
| | 变形温度/℃ | 变形速率/$s^{-1}$ | 应变量 | 道次压下率/% | 变形温度/℃ | 变形速率/$s^{-1}$ | 应变量 | 道次压下率/% | 变形温度/℃ | 变形速率/$s^{-1}$ | 应变量 | 道次压下率/% | $R_{y1}$/MPa | $R_{m1}$/MPa | $R_{y2}$/MPa | $R_{m2}$/MPa | $R_{y3}$/MPa | $R_{m3}$/MPa |
| 14 | 1180 | 5 | 0.5 | 39 | 1050 | 5 | 0.40 | 33 | | | | | 20 | 100 | 69 | 130 | 90 | 172 |
| 13 | | | | | 1050 | 20 | 0.40 | 33 | | | | | 21 | 103 | 68 | 132 | 97 | 187 |
| 11 | | | | | 1000 | 20 | 0.40 | 33 | 950 | 20 | 0.13 | 12.2 | 17 | 102 | 72 | 134 | 90 | 138 |
| 12 | | | | | 1000 | 20 | 0.40 | 33 | 950 | 20 | 0.29 | 25.2 | 29 | 100 | 60 | 132 | 82 | 162 |
| 15 | | | | | 1000 | 20 | 0.40 | 33 | 950 | 20 | 0.47 | 37.5 | 48 | 96 | 60 | 127 | 63 | 167 |
| 8 | | | | | 950 | 25 | 0.40 | 33 | 900 | 35 | 0.13 | 12.2 | 24 | 98 | 69 | 142 | 127 | 159 |
| 9 | | | | | 950 | 25 | 0.40 | 33 | 900 | 35 | 0.26 | 22.9 | 20 | 100 | 60 | 149 | 130 | 184 |
| 10 | | | | | 950 | 25 | 0.40 | 33 | 900 | 35 | 0.39 | 32.3 | 17 | 95 | 71 | 145 | 132 | 196 |
| 4 | | | | | 900 | 35 | 0.40 | 33 | 850 | 45 | 0.13 | 12.2 | 26 | 98 | 61 | 163 | 157 | 191 |
| 5 | | | | | 900 | 35 | 0.40 | 33 | 850 | 45 | 0.29 | 25.2 | 30 | 99 | 75 | 165 | 165 | 215 |
| 7 | | | | | 900 | 35 | 0.40 | 33 | 850 | 45 | 0.36 | 30.2 | 35 | 106 | 75 | 173 | 180 | 233 |
| 1 | | | | | 850 | 45 | 0.40 | 33 | 770 | 55 | 0.10 | 9.5 | 32 | 100 | 71 | 183 | 183 | 222 |
| 2 | | | | | 850 | 45 | 0.40 | 33 | 770 | 55 | 0.20 | 18.1 | 23 | 100 | 93 | 183 | 180 | 239 |
| 3 | | | | | 850 | 45 | 0.40 | 33 | 770 | 55 | 0.36 | 30.2 | 55 | 98 | 77 | 183 | 170 | 274 |

## 5　X70钢高温强度

为制定X70钢合理的轧制工艺，我们分别在热加工模拟试验机（GLEELE-2000）、高温拉伸试验机上进行了高温拉伸试验，试验结果如图5、图6所示。对比900℃热模拟试验机与高温拉伸试验机的检测结果，抗拉强度相差10~20MPa。由于热模拟是对试样进行局部加热，故得出的抗拉强度值略偏高。X70钢高温拉伸试验机试验结果表明：一方面，550~800℃抗拉强度呈直线下降，800~900℃抗拉强度保持相对稳定，900℃以后又急速下降；另一方面，说明武钢热轧厂，特别是二热轧已具备足够的生产X70钢的能力。

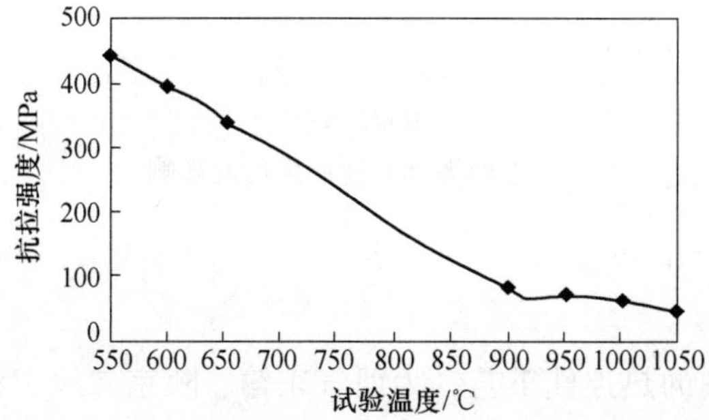


图5　用热模拟试验机测得的X70钢高温拉伸曲线

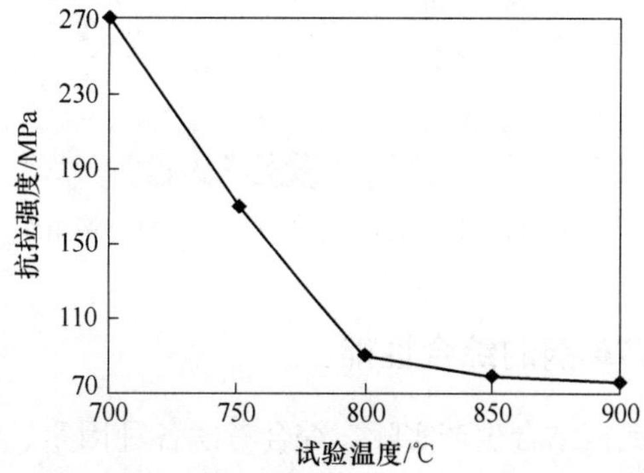


图6　用高温拉伸试验机测得的X70钢高温拉伸曲线

## 6　终轧温度

由图 7~图 11 可见，在 850~790℃范围内，随着终轧温度的降低，强度增加，DWTT 性能提高；当进一步降低终轧温度至 740℃时，强度下降，特别是屈服强度下降明显，−15℃的 DWTT 无明显变化。当终轧温度适中、并配相应的冷却速度和卷取温度时，得到的组织以针状铁素体为主，见不到珠光体组织，这时强度最高；当终轧温度过高或过低时，组织以块状铁素体为主，中部出现了珠光体偏析带，其强度低，韧性差。

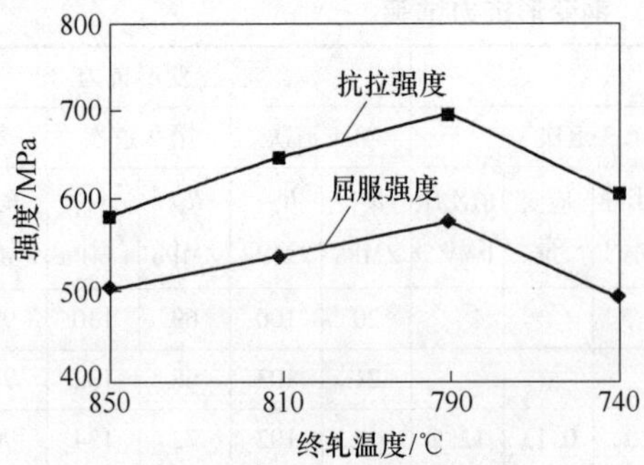

图 7　终轧温度对屈服强度的影响

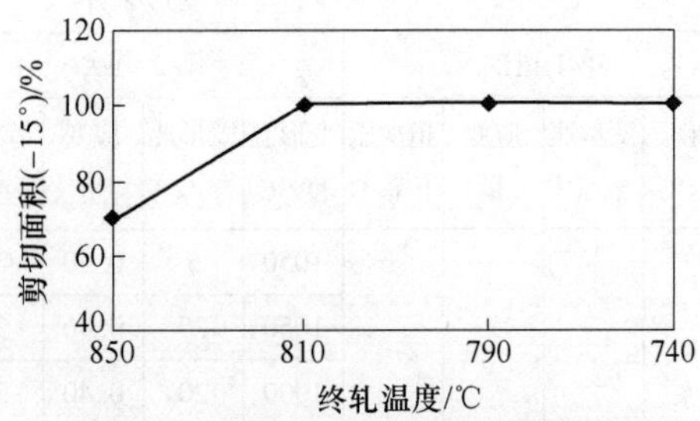

图 8　终轧温度对落锤撕裂的影响

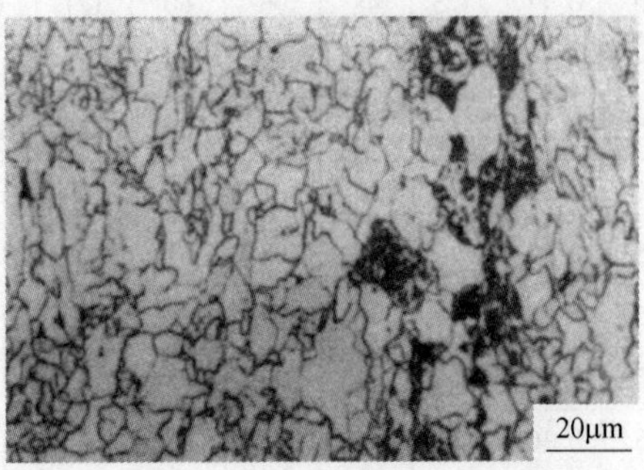

图 9　850℃终轧、640℃卷取的金相组织

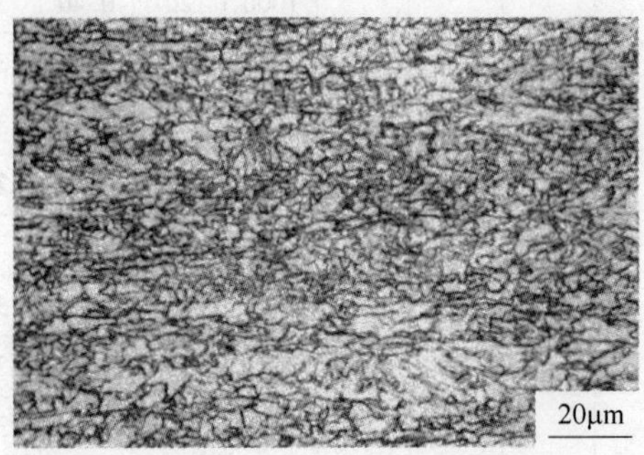

图 10　790℃终轧、500℃卷取的金相组织

## 7　卷取温度

由图 12~图 15 可见，随着卷取温度的降低，针状铁素体的数量增加，强度增加。卷取温度为 550℃时，整个基体组织比较细小均匀，呈典型的针状组织特征，$R_m$ 高达 675MPa。卷取温度为 660℃时，其组织以块状铁素体为主，并出现了珠光体组织，钢卷的强度低，$R_m$ 仅为 585MPa。

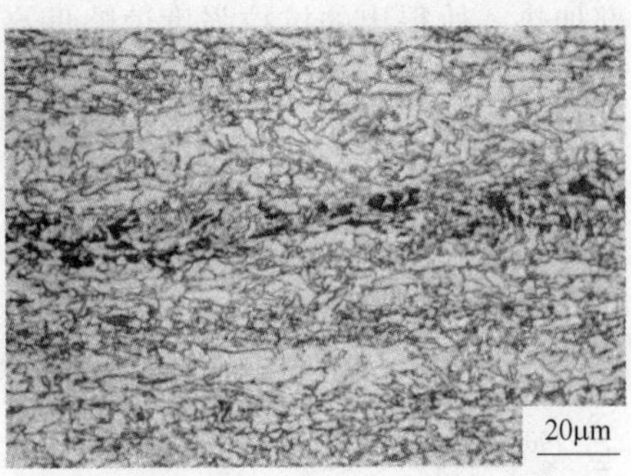

图 11　740℃终轧、640℃卷取的金相组织

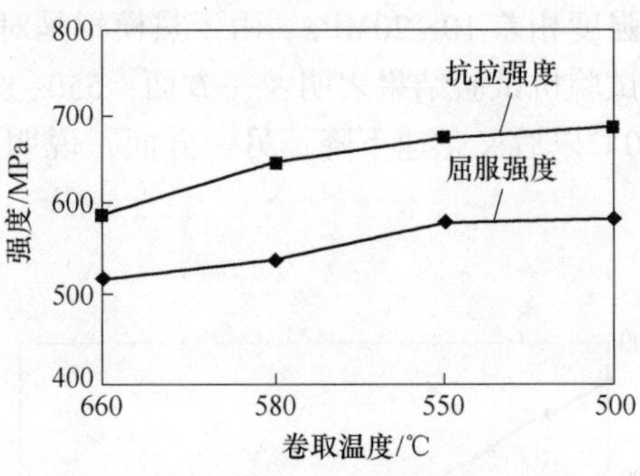

图 12　卷取温度对屈服强度的影响

## 8　X70 钢的综合性能

武钢结合生产实际，综合考虑各种因素，设计了合理的热连轧工艺，为西气东输、陕京二线工程生产 X70 级厚板卷 32 万余吨，主要性能见表 6。其性能完全满足“西气东输工程制管用热轧板卷技术条件”的要求，且具有较大的强度富余量和良好的韧性配合。

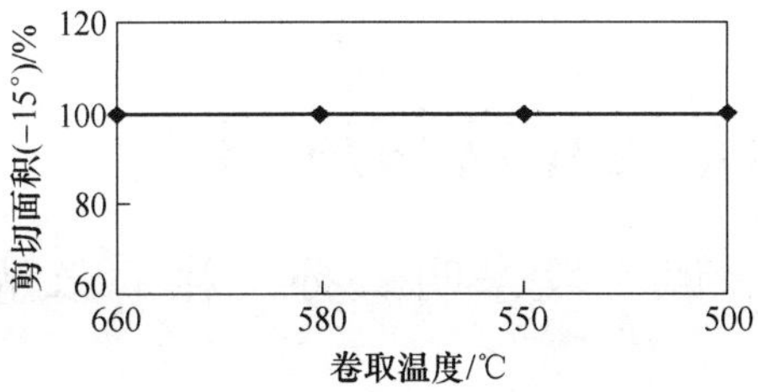


图 13　卷取温度对落锤撕裂的影响

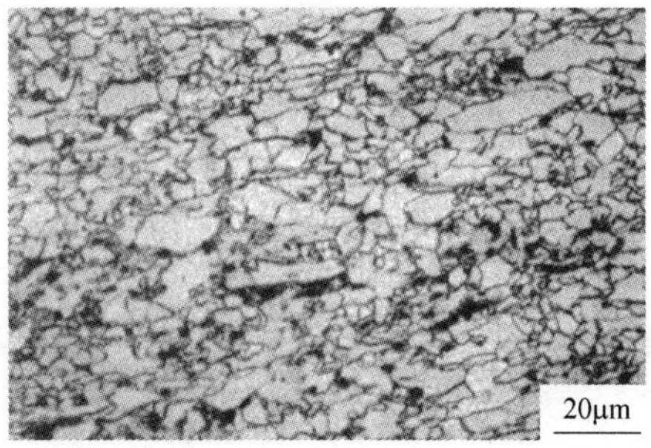


图 14　660℃卷取温度的金相组织

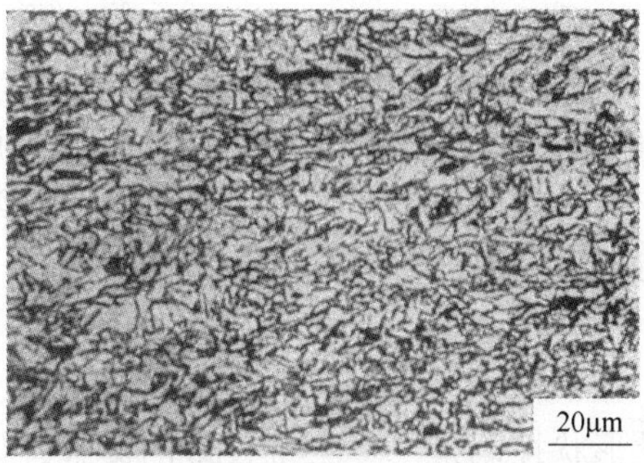


图 15　550℃卷取温度的金相组织

**表 6　生产的 X70 钢的主要性能**

| 板厚/mm | $R_{t0.5}$/MPa | $R_m$/MPa | $A$/% | $R_{t0.5}/R_m$ | −20℃ $A_{kV}$/J | −15℃DWTT $S_A$/% |
|---|---|---|---|---|---|---|
| 14.6 | 551.57 | 654.36 | 38.26 | 0.845 | 314 | 100 |
| 17.5 | 560 | 630 | 44.6 | 0.89 | 320 | 100 |
| 技术标准 | 530~620 | ≥570 | ≥22 | ≤0.90 | ≥180 | ≥85 |

## 9　结论

（1）随着冷却速度的增加，X70 钢的针状铁素体比例增加，要得到以针状铁素体为主的组织，其最低冷却速度不能低于 10℃/s；

（2）随着精轧压下量、轧制力的增加，X70 钢的针状铁素体数量增加，钢的强韧性增加；

（3）过高过低的终轧温度均不利于针状铁素体的获得和增加钢的强韧性，可选择适中的终轧温度；

（4）随着卷取温度的降低，针状铁素体的比例增加，钢的强度增加；

（5）随着精轧轧制道次的增加，X70 钢的形变抗力增加，必须根据轧机能力合理分配精轧各机架的压下量；

（6）采取合理的热连轧工艺生产的 X70 钢，其组织以针状铁素体为主，板卷的各项性能完全满足“西气东输工程制管用热轧板卷技术条件”的要求，且具有优良的强韧性匹配。

（原载《焊管》，2005（5））

# 2800mm中厚板精轧机辊型开发与应用

宋耀华　吴炳火　戴根宝　张光新　周　佩　段东明　孙　林　张清东

## 1　前言

武汉钢铁股份有限公司轧板厂2800mm精轧机生产中经常出现钢板头尾中间超厚、板形不良等质量问题，为此进行了大量试验研究，将平面变厚度有限元方法应用于中厚板轧机辊系受力和变形分析，采用模拟退火算法建立轧辊磨损模型、热凸度预报模型，并对工作辊与支撑辊辊型进行同步解耦设计，开发出PMR和PWR辊型，减小了钢板凸度，提高了板形和厚控精度。

## 2　板形控制策略

中厚板的几何特征，决定了其形状控制是一个三维投影的集合，如图1所示。设轧制方向平行于$x$轴，$y$轴和$z$轴分别表示宽度和厚度方向。轧件在$x$方向上的投影是在$yoz$平面内的一个封闭图形，用$\phi_x$表示，在长度一定的条件下，$\phi_x$的内截矩形$|y|\cdot|z|$最大，则横向凸度最小；轧件在$y$方向上的投影是在$xoz$平面内的一个封闭图形，用$\phi_y$表示，在宽度一定的条件下，$\phi_y$的内截矩形$|x|\cdot|z|$最大，则纵向平直度最好。由于横向凸度与纵向平直度又有一定的内在联系，因此，寻求$\max\{|y|\cdot|z|\}\cup\max\{|x|\cdot|z|\}$作为控制板形和提高厚控精度的途径，而原始辊型的优化设计则是改善凸度的关键。

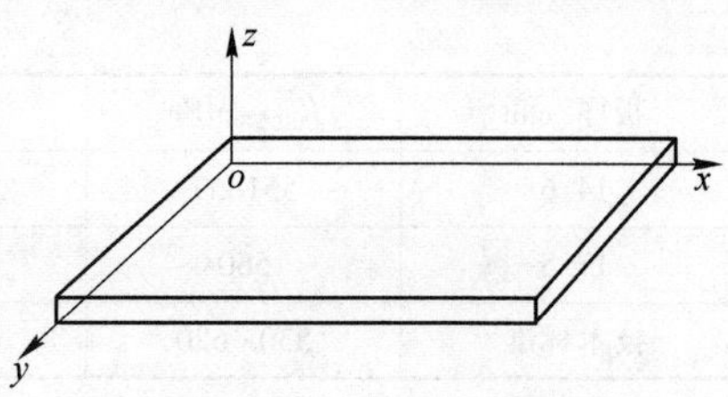


图1　板形三维示意图

## 3　轧辊磨损辊型预报模型

### 3.1　影响轧辊磨损的因素

影响工作辊磨损的因素主要包括3个方面：一是轧件的温度、材质、宽度、厚度及表面状况等；二是轧辊的材质、原始辊型、硬度、表面粗糙度及直径等；三是轧制力、轧制速度、轧制长度、润滑状况、冷却条件及轧制计划安排等。除系统原因外，还有随机因素，而且诸多因素之间存在交互作用，致使磨损机理十分复杂，难以建立精确的理论预报模型，只能通过大量的实测和分析，建立磨损预报统计模型。目前最有代表性的经验公式通常都是考虑轧辊的磨损与几个主要影响因素（轧制力、轧件宽度、接触弧长、轧制长度等）之间的关系，采用不同的数学方法对预报模型进行处理以得出轧辊磨损模型的参数。

### 3.2　工作辊磨损模型

工作辊磨损预报模型计算方法采用切片法，沿工作辊辊身长度方向均匀切成$s$片，计算各片的磨损量。在综合考虑中厚板轧机工作辊磨损特征的基础上，认为轧过第$i$块钢第$m$道次后，工作辊第$j$片的磨损量为：

$$\omega_{wimj} = k_{w0} L_z p_{w1}^{k} \frac{l_s}{D_w}(1 + k_{w2} f_{wj}) \tag{1}$$

式中，$L_z$为轧制长度，km；$p$为单位面积轧制力即比压Pa；$l_s$为接触弧长，m；$D_w$为工作辊直径，m；$k_{w0}$为模型参数，与钢板材质、工作辊材质、钢板温度等有关；$k_{w1}$为单位面积轧制力影响指数；$k_{w2}$为板宽范围内不均匀磨损系数；$f_{wj}$为描述轧辊轴向不均匀磨损程度的函数，其形式为：

$$f_{wj}=\begin{cases}0 & \text{与钢板非接触区}\\ a_0+a_2x^2+a_4x^4 & \text{与钢板接触区}\end{cases} \tag{2}$$

式中，$x$ 为钢板宽度范围内的正则坐标，$x\in[-1,\ 1]$。

一个轧制单位结束后，工作辊磨损辊型为：

$$W_w(j)=\sum_{i=1}^{n}\sum_{m=1}^{r}\omega_{wim}(j),\ j\in[1,\ s] \tag{3}$$

式中，$n$ 为一个轧制单位内所轧钢板的块数；$r$ 为一个轧制单位内所轧每块钢板的道次；$s$ 为沿工作辊辊身均匀分割总块数。

## 3.3　支撑辊磨损模型

支撑辊的磨损是在与工作辊滚动摩擦中产生的，因此其磨损取决于辊间接触压力的大小和分布。轧过第 $i$ 块钢第 $m$ 道次后，支撑辊第 $j$ 片的磨损量可表示为：

$$\omega_{bim}(j)=k_{b0}L_z q_a^{k_{b1}}\frac{b}{D}(1+k_{b2})(1+k_{b3}f_{bj}) \tag{4}$$

式中，$L_z$ 为轧制长度，km；$q_a$ 为平均单位面积接触压力，kg · m$^{-2}$，$q_a=q/2b$；$q$ 为平均单位长度辊间压力，kg · m$^{-1}$，$q=P/L_b$；$b$ 为辊间接触半宽，m；$D$ 为支撑辊直径，m；$P$ 为两侧压下力之和，N；$L_b$ 为支撑辊长度，m；$k_{b0}$为模型参数，与材质、轧制速度有关；$k_{b1}$为平均单位面积接触压力影响系数；$k_{b2}$为工作辊辊面状态影响系数，在钢板宽度范围外，$k_{b2}=0$；$k_{b3}$为钢板宽度范围内不均匀磨损程度系数；$f_{bj}$为描述轧辊轴向不均匀磨损程度的函数，其形式为：

$$f_{bj}=\begin{cases}0 & \text{与工作辊非接触区}\\ a_0+a_2x_r^2+a_4x_r^4 & \text{与工作辊接触区}\end{cases} \tag{5}$$

其中 $x_r$ 为钢板宽度范围内的正则坐标，$x_r\in[-1,\ 1]$。

一个换辊周期后，支撑辊磨损辊型 $W_b(j)$ 为：

$$W_b(j)=G_b(j)-\sum_{i=1}^{n}\sum_{m=1}^{r}\omega_{bim}(j),\ j\in[1,\ s] \tag{6}$$

式中，$G_b$ 为支撑辊磨削上机辊型；$n_b$ 为支撑辊换辊周期内所轧钢板块数；$r$ 为支撑辊换辊周期内所轧各块。

## 3.4　模拟退火算法对模型参数的优化

轧辊磨损模型是一个多峰且高度非线性模型，用传统计算方法很难快速和高精度地解决，因而采用有记忆的模拟退火算法，在大量实测配辊数据基础上进行参数估算。目标函数为：

$$\min F=\sum_{i=1}^{e}(W_w(x_i)-W_0(x_i))^2 \tag{7}$$

式中，$k_{w0}>0$，$k_{w1}>0$，$k_{w2}>0$；$W_w(x_i)$、$W_0(x_i)$ 为沿工作辊辊身坐标 $x_i$ 处的预报和实测的磨损辊型值；$e$ 为工作辊磨损辊型实测的总点数。计算得到的工作辊与支撑辊模型参数见表 1、表 2。

**表 1　工作辊磨损预报模型参数**

| 道次 | 1 | 2 | 3 | 4 | 5 | 6 | 7 | 8 |
|---|---|---|---|---|---|---|---|---|
| $k_{w0}$ | 1.020 | 1.073 | 1.134 | 1.093 | 1.077 | 1.069 | 1.055 | 1.019 |
| $k_{w1}$ | 1.351 | 1.317 | 1.416 | 1.367 | 1.422 | 1.440 | 1.365 | 1.365 |
| $k_{w2}$ | 0.216 | 0.216 | 0.216 | 0.216 | 0.216 | 0.216 | 0.216 | 0.216 |
| 数值 | $a_0=0.06$，$a_2=0.4$，$a_4=0.3$ | | | | | | | |

**表 2　支撑辊磨损模型参数**

| 道次 | 1 | 2 | 3 | 4 | 5 | 6 | 7 | 8 |
|---|---|---|---|---|---|---|---|---|
| $k_{b0}$ | 7.876 | 8.852 | 7.729 | 7.952 | 8.593 | 9.461 | 7.172 | 7.442 |
| $k_{b1}$ | 0.294 | 0.337 | 0.289 | 0.301 | 0.327 | 0.360 | 0.273 | 0.278 |

续表 2

| 道次 | 1 | 2 | 3 | 4 | 5 | 6 | 7 | 8 |
|---|---|---|---|---|---|---|---|---|
| $k_{b2}$ | 0.002 | 0.002 | 0.002 | 0.002 | 0.002 | 0.002 | 0.002 | 0.002 |
| $k_{b3}$ | 0.050 | 0.058 | 0.050 | 0.051 | 0.057 | 0.059 | 0.047 | 0.048 |

采用此轧辊磨损模型预报得出的磨损曲线与实测值基本吻合，见图 2。从该模型预报曲线还可看出，2800mm 精轧机轧辊磨损有以下规律：

（1）上下辊的磨损沿轴线分布不均匀，整体形状呈箱形，箱形底部宽度 2m，口部宽度 2.6m，两者比值为 69%。“箱形”的形状除与轧制单位编排有关外，主要由轧制宽度分布比例所决定。轧板厂轧制宽度在 1800~2000mm 的占 51.65%以上，而宽度大于 2600mm 的不足 4%。

（2）上下工作辊的磨损形状相似但磨损量不同，下工作辊较大，上工作辊的 $k_{w0}$ 值为下工作辊的 84%~97%。为保持轧件头部微上翘，下工作辊辊径比上工作辊大 3mm，且通常下工作辊的转速大于上工作辊的转速，因此两者受力和摩擦状态不对称。

（3）轧辊长度方向的磨损形状不一致，传动侧和操作侧的磨损程度一般相差±（2%~4%）。

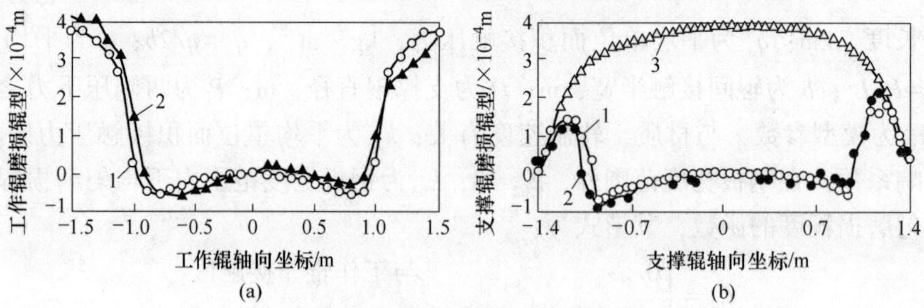


图 2 轧辊磨损模型预报值与实测值的对比

（a）工作辊；（b）支撑辊

1—预报值；2—实测值；3—上机辊形

## 4 辊型设计与优化

### 4.1 辊型解耦同步设计

采用已建立的模拟退火算法进行辊型优化计算时，不管是轧制非超平材还是超平材，轧辊的初始辊型参数（$A_2$，$A_4$，$A_6$）和（$B_2$，$B_4$，$B_6$）初始点都取为（100，100，100），衰减系数都取 $\alpha=0.95$，初始温度 $T_0=100$，最大迭代次数为 $n_{max}=300$。当迭代次数 $n \to n_{max}$ 时，计算程序运行停止，最终计算出轧辊初始辊型曲线。

### 4.2 支撑辊辊型

通过理论计算和实际上机试验，结合热连轧的变接触支撑辊（VCR）技术与中厚板轧机板形控制实际情况，确定支撑辊辊型为 PMR。VCR 技术能使工作辊和支撑辊间的接触长度与所轧钢板的宽度相适应，消除或减小辊间有害接触区，显著降低辊间接触压力尖峰值，从而在改善板形、提高厚控精度的同时，减少支撑辊的疲劳破坏与剥落，提高支撑辊的辊型自保持性。

### 4.3 工作辊辊型

为便于磨辊加工，在非超平材生产中，与 PMR 支撑辊配合的工作辊采用余弦辊型曲线：

$$y = a\cos(\pi/L)x, \ x \in (-L/2, \ L/2)$$

式中，$L$ 为辊身长度；$x$ 为沿辊身轴向坐标；$a$ 为轧辊使用周期 $t$ 的函数，即：

$$a = f(t)\begin{cases} -0.05, & t = 1 \sim 3 \\ 0, & t = 4 \sim 6 \\ 0.05, & t = 7 \sim 9 \\ 0.10, & t \geqslant 10 \end{cases}$$

当生产超平材时，在支撑辊服役期的第 1 周内，工作辊采用 PWR 辊型，见图 3。

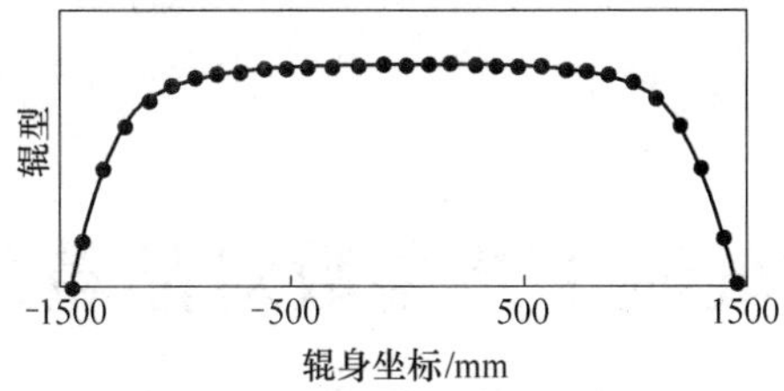


图 3 PWR 辊型曲线

## 5 应用效果

采用上述辊型设计后，取得了明显效果：

（1）钢板横向厚差明显减小。钢板凸度平均值由 0.221mm 降为 0.106mm，凸度波动范围由 0.545mm 降为 0.390mm，样本凸度值大于 0.2mm 的比例由 43.1%降为 12.2%，其中凸度值在-0.07～0.10mm 的比例由 7.7%升至 43.2%，各项变化幅度都在 100%以上。凸度值下降使板形边浪明显减少，边部减薄也有所改善，边部减薄平均值由 0.047mm 降为 0.039mm，边部减薄量标准差由 0.040mm 降为 0.028mm，样本边部减薄量大于 0.1mm 的比例由 11.1%降为 3.9%，其中小于 0.05mm 的比例由 55.5%升至 85.5%；再者，钢板楔形度有一定改善，楔形度平均值由 0.043mm 降为 0.002mm，波动范围由 0.740mm 降为 0.572mm，样本楔形度大于 0.15mm 的比例由 26.2%降为 23.4%。

（2）轧辊表面磨损改善，辊耗降低。PMR 支撑辊技术的使用，使轧辊表面磨损明显改善，每次磨削量由应用前的 4mm 以上降至 2mm 以下。以轧辊辊身长度上的最大磨损量计算，支撑辊单位轧制量由 97315.7t/mm 上升到 102054.4t/mm，提高 5%；工作辊单位轧制量由 4872.1t/mm 增至 6843.3t/mm，提高 40%。

（3）厚控精度提高。由于摸清了支撑辊和工作辊的辊型磨损趋势，因而能准确制定出钢板厚控目标参数，提高了厚控精度，负偏差轧制普及率和利用率得以提高，2001 年因厚度不合改判、因板形不良至废的钢板，比应用前下降 46.6%。

（4）成材率升高。由于钢板凸度减小，理论上可使成材率提高 0.307%，而由于辊型优化后使成材率提高，2001 年累计成材率提高 1.19%。

## 6 结语

（1）平面变厚度有限元法是精确且快速计算中厚板轧机轧辊变形的有效方法。

（2）以经验公式和试验数据为基础，应用模拟退火算法，建立的轧辊磨损模型具有较高的精度，较真实地反映了轧辊磨损变形规律。

（3）开发的 PMR 和 PWR 辊型曲线，经长期使用，控制凸度效果显著，钢板凸度平均下降 52%。

（原载《轧钢》，2005（4））

# 高碳钢线材轧制工艺参数对晶粒尺寸的影响

张云祥　杭乃勤　赵嘉蓉　董素梅　褚双学

高碳钢线材是钢丝绳和钢绞线的原料，要求有细小的珠光体片层间距，以获得足够的强度和加工性能。这就需要控制相变前的奥氏体再结晶过程及轧后的晶粒大小。本文在参考物理冶金模型的基础上，结合高线车间的实际，研究各道次轧制的再结晶和晶粒长大规律，对生产工艺的改进提出了合理的建议，从而达到细化奥氏体晶粒，提高成品物理性能的目的。

## 1　现场简介及实验钢的化学成分

轧制线上共有 30 架轧机，其中粗轧机 6 架、中轧机 10 架、预精轧机 4 架、精轧机 10 架。精轧机组前后都设有水冷箱，通过喷水来控制温度。坯料规格 200mm×200mm×6000mm。本文所研究高碳钢的化学成分见表 1。

表 1　高碳钢的化学成分（$w_B$）　（%）

| C | Si | Mn | P | S | Cr | Cu | Als |
|---|---|---|---|---|---|---|---|
| 0.81~0.85 | 0.15~0.35 | 0.60~0.90 | ≤0.02 | ≤0.015 | 0.15~0.23 | ≤0.20 | ≤0.04 |

## 2　奥氏体组织演变的计算模型

高线热连轧是一个高变形速率多道次轧制过程，变形速率可高达 1000s$^{-1}$。因为轧制速度高，且轧制间隙时间短，所以在某些道次不能发生显著的再结晶，而奥氏体的晶粒状态对随后冷却过程中的相变发挥重要作用。所以奥氏体晶粒尺寸的计算很重要。轧制终了时的奥氏体晶粒尺寸通过动态再结晶的临界应变模型、静态再结晶模型、亚动态再结晶模型、晶粒长大模型和不完全再结晶模型计算出来。其中本文由试验加以修正了前 3 个子模型如式（1）~式（5）。

### 2.1　临界应变模型

$$\varepsilon_c = 0.017 d_0^{0.175} \cdot Z^{0.145} \tag{1}$$

$$Z = \dot{\varepsilon}\exp(129324/RT) \tag{2}$$

式中，$\dot{\varepsilon}$ 为应变速率，s$^{-1}$；$R$ 为气体常数；$T$ 为温度，K；$d_0$ 为轧前奥氏体晶粒直径，μm。

### 2.2　静态再结晶模型

$$X_S = 1 - \exp(-0.639(t/t_{0.5}(\dot{\varepsilon}))^n) \tag{3}$$

$$n = 6.1 \times 10^{-6} \cdot \varepsilon^{0.02} \cdot d_0^{-0.30} \cdot \exp(-18400/T)$$

$$t_{0.5} = 4.5 \times 10^{-5} \cdot \dot{\varepsilon}^{-1.0} \cdot d_0^{-0.6} \cdot \exp(-6900/T)$$

$$t_{0.5}(\dot{\varepsilon}) = t_{0.5} \cdot (3.6/\dot{\varepsilon})^{0.28}$$

$$d_{SRX} = 95.5 \cdot (\varepsilon)^{-0.1} \cdot \varepsilon^{-0.5} \cdot d_0^{-0.39} \cdot \exp(-3500/T)$$

式中，$X_S$ 为静态再结晶体积百分数；$t$ 为再结晶时间，s；$\varepsilon$ 为应变；$d_{SRX}$ 为静态再结晶晶粒直径，μm；$n$ 为时间指数。

## 2.3 亚动态再结晶模型

$$X_M = 1 - \exp(-0.639(t/t_{0.5})^n) \tag{4}$$

$$t_{0.5} = 1.1 \cdot Z^{-0.8} \cdot \exp(230000/RT)$$

$$Z = \dot{\varepsilon} \cdot \exp(300000/RT)$$

$$d_{MRX} = 2.6 \times 10^4 \cdot Z^{-0.23} \tag{5}$$

式中，$X_M$ 为亚动态再结晶体积百分数；$d_{MRX}$ 为亚动态再结晶晶粒直径，μm。

# 3 模拟计算结果及分析

根据以上模型编制了模拟软件，针对现场生产情况，在程序中改变轧制参数模拟计算奥氏体晶粒尺寸的变化情况。

## 3.1 奥氏体晶粒尺寸演变规律

对高碳钢 $\phi$12.5mm 线材进行奥氏体晶粒尺寸模拟计算，其轧制工艺参数见表 2 和表 3，计算各道次的奥氏体晶粒演变见图 1 和图 2。从图 1 中可以看出，粗轧和中轧基本上发生亚动态再结晶；中轧后两个道次和预精轧及精轧的大部分道次发生静态再结晶，这是因为这些道次温度较低且应变较大，难以达到临界应变。第 22 道及 24 道次发生亚动态再结晶，这是因为道次间的间隙时间短，为不完全再结晶，造成残余应变的累积，使得这两道次的累积应变超过临界应变，从而诱发亚动态再结晶。

**表 2　高碳钢轧制工艺参数**

| 直径 /mm | 开轧温度 /℃ | 吐丝温度 /℃ | 空气温度 /℃ | 水温 /℃ | 粗轧道次 | 粗轧道次 | 预精轧道次 | 精轧道次 | 末架速度 /m · s$^{-1}$ |
|---|---|---|---|---|---|---|---|---|---|
| 12.5 | 1050 | 860 | 35 | 25 | 6 | 10 | 4 | 4 | 26.78 |

**表 3　水冷箱集管开启状态**

| 水冷段 | 水压/kPa | 开关 | 水冷段 | 水压/kPa | 开关 |
|---|---|---|---|---|---|
| 1 | 440 | 开开开 | 5 | 300 | 开开开 |
| 2 | 440 | 关开开 | 6 | 500 | 开开开 |
| 3 | 300 | 开开开 | 7 | 500 | 关关关 |
| 4 | | 关关关 | | | |

图 2 是每道次的温度和奥氏体晶粒尺寸曲线图，图中每一道次的晶粒尺寸是指进入该道次的奥氏体晶粒大小；第 1 道次为 180μm，是初始晶粒尺寸。从图 2 看出，晶粒尺寸总的变化趋势是不断减小的，第 6、第 16、第 20 道次是粗轧-中轧、中轧-预精轧、预精轧-精轧的过渡段，间隙时间较大，晶粒长大的时间较长，晶粒尺寸有较大的增加。可见，减少道次间隙时间能有效地减少晶粒尺寸。

图 1　每道次再结晶百分数柱状图

在现场轧制高碳钢 $\phi$12.5mm 线材时，在 4 号预精轧机出口切头尾处（即第 20 架出口）取样立即水淬，测定了此处的奥氏体晶粒尺寸为 30.1μm（见图 3）。而利用模拟软件计算此处的奥氏体晶粒尺寸为 28.9μm（见图 2 的第 20 道次值），可见计算值与实测值很吻合。

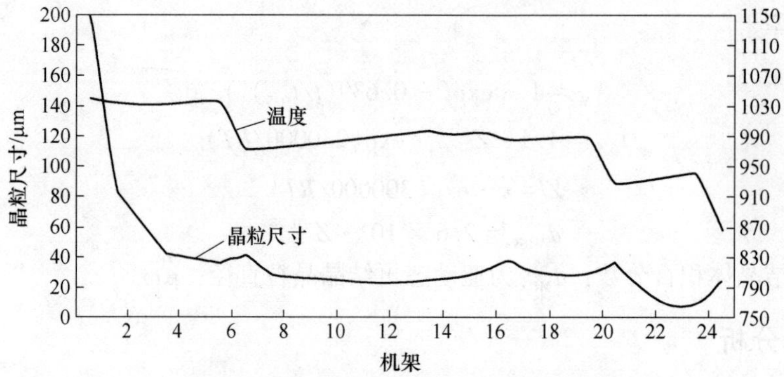


图 2　各道次轧件温度和奥氏体晶粒尺寸

图 3　4 号预精轧出口水淬后的金相组织

## 3.2　轧制参数的改变对奥氏体晶粒尺寸的影响

对于某一个规格的线材来说由于孔型系统已固定，所以变形量对奥氏体晶粒尺寸的影响可以不考虑。下面研究高碳钢 $\phi$12.5mm 线材轧制时轧制温度和轧制速度对奥氏体晶粒尺寸的影响。

### 3.2.1　改变终轧温度

在模拟计算中，改变出炉温度和水冷箱 1 和 2 号的开启使得终轧温度不同，由计算结果可以得到，在终轧温度为 940℃的情况下，计算奥氏体晶粒尺寸为 8.56μm，若将精轧各道次轧制温度降低 20℃，则计算出的奥氏体晶粒尺寸为 7.14μm，若将精轧各道次温度提高 20℃则奥氏体晶粒尺寸为 10.30μm。所以终轧温度对奥氏体晶粒尺寸的影响较大。

通过调节水冷箱 3~7 号的开启，模拟计算标准吐丝温度（870℃）、高吐丝温度（900℃）和低吐丝温度（850℃）下，吐丝机处的晶粒尺寸变化情况见表 4。由表 4 可见，轧后穿水冷却对阻止晶粒的长大有很重要的作用。

表 4　吐丝温度对晶粒尺寸的影响

| 吐丝温度/℃ | 终轧温度/℃ | 末架晶粒尺寸/μm | 吐丝晶粒尺寸/μm |
|---|---|---|---|
| 850 | 920 | 7.14 | 22.14 |
| 870 | 920 | 7.14 | 23.05 |
| 900 | 920 | 7.14 | 25.59 |
| 850 | 940 | 8.56 | 24.07 |
| 870 | 940 | 8.56 | 24.79 |
| 900 | 940 | 8.56 | 26.48 |
| 850 | 960 | 10.30 | 25.70 |
| 870 | 960 | 10.30 | 26.34 |
| 900 | 960 | 10.30 | 27.82 |

3.2.2　改变轧制速度

从最后一道次出来的线材经过 1.73s 后到达吐丝机，当最后一道次到吐丝机的时间从 1.73s 变为 1.0s 时，其奥氏体晶粒尺寸由 24.79μm 变为 20.23μm。

改变最后一道次的轧制速度，根据秒流量相等原理，精轧其余道次的轧制速度也相应改变。当提高轧制速度 1 倍时，最后一道次的应变速率由 $550s^{-1}$增加到 $1180s^{-1}$，间隙时间从 1.732s 减少到 0.808s，奥氏体晶粒尺寸从 8.56μm 减少到 5.28μm，这主要是晶粒长大时间缩短所造成的。

## 4　结语

通过用数值模拟高线轧制中奥氏体再结晶过程，计算出各道次的奥氏体晶粒尺寸，模拟计算结果表明，亚动态再结晶在粗轧和中轧阶段起主要作用，在轧制后半程，静态再结晶起主要作用，但在某些道次，由于不完全再结晶造成应变累积，也可能发生亚动态再结晶。降低终轧温度，提高轧制速度，缩短从最后一道次到吐丝机的时间，都可以有效地减少最终的奥氏体晶粒尺寸，为奥氏体相变做好组织上的准备。

（原载《武钢技术》，2007（1））

# 武钢中厚板生产技术进步

洪　伟　李东晖

武汉钢铁股份有限公司轧板厂（现为中厚板分厂）于 1966 年 8 月 27 日建成投产，经过 40 多年的发展和积累，已经能够生产各类大型船舰、桥梁、锅炉、压力容器、油气管线、工程机械、高层建筑、模具、海上石油钻井平台及国防军工等领域高性能中厚板产品 400 余品种，先后为坦赞铁路、西昌卫星发射中心、三峡工程、西气东输工程、奥运工程、江海大跨度桥梁、东海石油钻井平台、国家石油战略储备工程、拉萨火车站及国防建设等国内外一系列重大工程提供了大量优质钢材，累计为国民经济和国防建设供货 2000 余万 t。许多品种取代了进口。4C 船板和 16Mnq 桥梁用钢板于 1982 年和 1987 年先后获国家质量银质奖牌，16MnR、16Mnq、20g、船板系列、"WDL" 系列高性能容器钢板和 14MnNbq 大跨度桥梁用钢板等重点产品先后获国家钢铁产品最高奖"冶金产品实物质量金杯奖"。造船用钢板先后获得英国、法国、德国、挪威、美国、中国等 6 国船级社认可。

## 1　投产初期的装备水平及生产工艺条件

### 1.1　生产品种大纲

轧板厂投产时是当时全国最大的中厚钢板生产厂。设计年产量为 56.8 万 t，主要产品结构为碳素结构钢板 46.8 万 t，低合金钢板 5 万 t，特殊钢板 5 万 t，热处理设计年产量为 28 万 t。

### 1.2　生产工艺

1.2.1　热轧工艺

初轧厂输送来的板坯经验收后，由坯料输送辊道送至加热炉，再用 120t 推钢机推入炉内，板坯在炉内经预热、加热、均热 3 个阶段，板坯加热到 1150～1310℃，由炉后推钢机按顺序自后向前推出板坯。板坯由辊道输送到立辊轧机进行侧面挤压，同时用 100～120kg/cm$^2$ 高压水冲击板坯表面，除去氧化铁皮，再经二辊轧机往复轧制，控制坯料的宽度和板形，轧成规定厚度，由四辊轧机往复精轧成材，钢板经中压水冷却、矫直机矫直后送精整工序。

1.2.2　精整工艺

由热轧工序送来的钢板经自然冷却，然后经翻板机翻板进行上下表面检查、修磨缺陷，进行头尾、纵边的剪切，并切取试样，按标准要求对钢板的钢种、牌号、规格进行喷漆、打印、垛板，进入半成品库待处理。

1.2.3　热处理工艺

热处理是将部分专用钢板送辊底式热处理炉加热到指定温度，并保温一定时间后，再进行不同程度的冷却，其目的是消除内部应力和改变组织结构，改善钢板机械性能。大于 50mm 厚度的优质结构板、特殊钢板由罩式炉进行回火、退火处理。对于需淬火的钢板则用压力淬火机按工艺要求进行处理，16MnRq 等钢板还需逐块进行超声波无损探伤。

### 1.3　初期的生产及设备改造

1966 年 8 月正式投产后，年产量上升缓慢，到 1972 年 6 年间，一直徘徊在 10 万～35 万 t 左右。1973 年年产量完成了 46.17 万 t，并对高压水进行了改造，使高压水压力由 100kg/cm$^2$ 提高到 120kg/cm$^2$，解决了钢坯除磷撒盐问题，除磷效果较好。1978 年武钢轧板厂共生产各种类型板材达 60.559 万 t，第一次突破设计能力。当时轧板厂生产的中厚钢板占全国中厚板总产量的75%，产品遍及全国各地，有一部分产品还远销到日本、马来西亚、新加坡、孟加拉等国家和地区，广泛用于交通运输、石油化工、机器制造、机电设备、水利工程等部门和行业。

## 2　重大技术改造项目

随着市场经济的快速发展，中厚板市场竞争愈来愈激烈，对产品的质量要求也越来越严格，原有的设备远不能满足工艺要求。公司从1995年开始对热处理炉、精轧机等重大设备进行了改造，使轧板厂的工艺装备水平达到国内先进水平，为生产“双高”产品创造了有利条件。

### 2.1　2号热处理炉工程

轧板厂2号热处理炉、淬火机等主机部分由德国LOI工业炉设备有限公司引进，系全计算机过程控制的无氧化辐射管加热辊底式热处理炉和连续辊道式无压淬火机。附属设备抛丸机等由国内配套，总投资近1亿元。由于2号热处理炉采用当代世界上最先进的“无氧化辐射管加热”新技术，因而使武钢中厚板热处理技术产生了质的飞跃，达到20世纪90年代世界先进水平，先进的热处理炉加热温度均匀，同板温度极差仅为4℃，淬火工艺数学模型保证钢板不平度小于0.7%。整个热处理过程全部采用计算机控制，所生产的产品规格范围为（8～50）mm×(1200～2500)mm×(4000～12000)mm，不仅提高了钢板表面质量，而且为开发高强度、高韧性、高焊接性能的产品提供了技术保证。可生产70kg级以上的高牌号钢板、低温压力容器用钢板、耐磨用钢板等高附加值产品，在国内具有明显的技术优势。

### 2.2　2800mm轧机改造工程

1999年3月2日武钢2800mm轧机技术改造工程竣工，新轧机一次通板成功，改造历时84天。3月8日交付试生产。改造后轧机年设计生产能力为60万t，工程总投资2.6亿元。

这次轧机改造，严格遵照“关键设备和核心技术从国外引进，主体设备如轧机牌坊、轧辊、矫直机等立足国内配套”的原则，引进了世界一流的中厚板轧钢技术和关键设备。

从二辊粗轧机的钢坯输送辊道到新精轧机主传动、液压AGC系统以及推床等轧钢主要环节实现计算机程序控制。新轧机具有高灵敏度自动厚度调整功能，即“纠厚”功能，能够根据钢坯来料的厚度差异、温度差异等数据自动进行补偿整理，有利于钢板厚度同板差和异板差的控制，实现同板差不超过±0.3mm、异板差达±0.4mm、厚度大于50mm的钢板平直度高于国家标准，厚度小于50mm的钢板经11辊矫直机后，平直度可控制在0.4%以内。这次技改完成后，精轧机的轧制压力由20000kN增加到45000kN，为控制轧制获得良好性能和内在组织提供了强有力的保证。

### 2.3　2号加热炉技术改造工程

轧板厂2号加热炉技术改造工程经过建设者8个多月的施工，于2002年5月13日顺利竣工并开始点火烘炉，5月31日投入试生产，标志着武钢中厚板加热技术实现了跨时代的飞跃。2号加热炉改造工程，采用了国内一流新技术，炉底传动机构采用步进式结构，烧嘴采用平焰可调焰烧嘴，确保炉温更均匀易控制，钢坯断面温差低于35℃，钢坯装出炉及在炉运行自动控制，可以提高产量等。该炉采用的加热新技术，从根本上消除了原推钢式加热炉易粘钢、能耗高，加热效果差，钢坯下表面易划伤等弊端。轧板厂2号加热炉技改工程是2800mm轧机技改工程的配套项目，对提高武钢中厚板技术水平和产品质量具有重要作用。除加热炉电控设备由德国西门子公司引进外，其余设备均立足国内、立足武钢制造，整个工程节约投资约100万元。2号加热炉的投产，有效地提高了武钢中厚板产品技术档次和市场竞争力。

### 2.4　轧后控制冷却系统

轧板厂于2003年第二季度成功实施了轧后控制冷却系统技改项目，并于7月初竣工投产。轧后控冷是现代化轧钢生产的重要环节，它采用轧制后快速冷却的办法，细化钢板晶粒组织，达到提高钢板强度和韧性的目的，可以有效提高产品质量。同时该系统还利用钢板轧后余热对钢板进行直接淬火，节能降耗，减轻了热处理工序的生产压力。2007年轧板厂使用轧后控制冷却系统完成了重大科技专项——TMCP

生产工艺技术的开发工作，优化了高强度焊接结构钢 HG 系列、船板、桥梁钢板、高强度工程机械用钢 4 个重点品种的 TMCP 生产工艺。简化了生产流程，缩短了生产周期，提高了生产效率。

### 2.5　中厚板全自动板坯修磨机

2004 年 9 月，轧板厂具有国内领先水平的全自动板坯修磨机投入生产运行。该设备主体部分由意大利引进，附属设备立足武钢及国内配套。全自动板坯修磨机是针对特殊钢及部分双高产品生产过程中氧化铁皮难以除掉，严重影响产品质量这一难题而设计的。在板坯进入加热炉加热之前，就对板坯进行细致有效的修磨，将附着在板坯表面的绝大部分氧化铁皮加以清除，为确保轧制钢板表面质量创造条件。全自动板坯修磨机的应用，从根本上改变了长期以来沿用的人工修磨办法，避免了人工修磨厚薄难以掌握，容易超标而判废的风险。确保了产品质量，提高了成材率，而且还有效改善了工人的劳动环境，降低了噪声污染。

### 2.6　新建 3 号热处理炉

2006 年 1 月 18 日轧板厂 3 号热处理炉点火成功开始烘炉，1 月 26 日一次通板成功，4 月顺利投入生产，5 月实现达产，创造了国内同类机组功能考核和达产的新纪录。3 号热处理炉核心设备由德国 LOI 工业炉设备有限公司引进，辐射管、炉底辊道、炉壳等由国内厂家生产和武钢制造，配套设备抛丸机由德国 DISA 公司引进。3 号热处理炉是武钢中厚板重要的效益工程，其竣工投产缓解了高性能压力容器钢板、耐磨钢板、工程机械用钢板及高性能建筑用钢板等“双高”产品市场的需求压力，进一步提高武钢中厚板“双高”产品的档次和市场占有率。2006 年投产后共生产了 9 个月，3 号热处理炉装炉量高达 14.63 万 t，完成调质钢合同量 9.8 万 t，达到并超出该设备的设计产能。使轧板厂年热处理装炉量达 40 万 t 以上。

### 2.7　强力矫直机建成投产

2007 年 3 月轧板厂引进并建成了一台由欧洲 SIEMENS-VAI 公司制造的强力矫直机。该矫直机采用当前国际上成熟的一流技术，其性能优良、运行安全、操作维护方便，矫直钢板温度范围 200~800℃，最大矫直力 32000kN，矫直速度 0.5~1.5m/s，液压平衡、液压压下、辊缝整体调整，板温小于 500℃时矫直钢板平直度小于 0.5%，装备水平达到了高质量、高效率、节能、无环境污染。由于强力矫直机安装在原 50mm 矫直机的位置，该处是热轧钢板必经之地，而矫直机拆旧装新需要经过几个月的时间，如果采用停产改造的方式，生产将受到极大影响。为确保生产、技术改造两不误，轧板厂决定利用第一次年修机会拆除了老的 50mm 矫直机，在矫直机处先架设过渡辊道；利用第一次年修到第二次年修之间的时间开挖修建地下油库、改造电气室、修建新强力矫直机基础。利用第二年年修 10 天时间安装强力矫直机的机架及机上除辊系外的所有部件，在机架内安装临时过渡辊道，使年修结束后强力矫直机处能顺利过钢，又不影响强力矫直机液压、电气、机械部分的调试。自 2005 年 4 月 21 日强力矫直机合同签字到 2007 年 3 月 29 日试矫成功，该项目历时 23 个月，从未影响正常生产。新的强力矫直机功能达到了全部主要技术参数的要求，满足了轧板厂生产高性能品种钢的要求，达到了预期的效果。

## 3　生产工艺技术攻关

### 3.1　控制轧制工艺的研发与船板创优

20 世纪 70 年代末，我国海运事业和造船工业迅速发展，造船吨位不断增大，船板需求量日益增加。用于船壳板、主甲板等船体结构重要部位的 4C（D 级）船板对质量要求更严、更高，尤其是低温冲击韧性，更是决定能否实现全部用国产船板制造出口船的关键，而当时国内仅有武钢生产 4C（D 级）造船钢板，但由于低温冲击韧性合格率低，武钢生产的 4C 船板大部分需采用正火处理后交货，有时甚至正火后低温冲击韧性仍不合格。为了解决这个生产质量关键问题，武钢和北京钢院（现北京科技大学）共同开展了 4C（D 级）船板控制轧制的国家重点科研项目。武钢 4C（D 级）船板控制轧制机理及工艺研究主要包括以下几个方面：

（1）控制轧制工艺参数对热轧奥氏体的再结晶规律及晶粒大小、对转变后的铁素体晶粒大小、形态的影响规律，热轧工艺参数对铁素体晶粒度的综合影响；

（2）控制轧制工艺参数及控制冷却制度与4C（D级）造船钢板组织和机械性能之间的关系；

（3）控制轧制工艺参数对热轧奥氏体相变温度的影响；

（4）化学成分在钢号范围内波动对热轧奥氏体再结晶规律及控制轧制效果的影响；

（5）现场条件下适宜的控制轧制工艺方案的选择和确定；

（6）历年来生产4C造船钢板的化学成分及机械性能的数理统计分析。

该项目从1978年初开始研究，1980年9月后进入工业性大生产，取得显著的成果，热轧性能合格率从31.1%提高到90%左右，实现了用控制轧制法生产厚度小于35mm的4C（D级）船板。1981年轧板厂共生产造船钢板3.38万t，其中有2.24万t是按英国、联邦德国、法国船级社标准供货。上海造船厂用A、B、D级船板为中波航运公司建造的1.2万t“SS18号”货轮加入了联邦德国船级社，大连红旗造船厂、江南造船厂为香港环球航运公司建造的2.7万t货轮“长城号”和“世沪号”加入英国劳氏船级社，沪东造船厂亦用同样船板建造的3.6万t散装干货轮“东星”号加入英国劳氏船级社，红旗造船厂采用15MnCu钢板建造了我国第一台万吨级双体钻井船。当时，武钢轧板厂已经成为国内生产造船钢板的重要基地。

### 3.2　16Mnq钢板跃入国优行列

16Mnq板用途广泛，主要用于建造大跨度焊接桥梁。1986年，轧板厂把16Mnq板创国优纳入年度方针目标，为了实现这一目标，轧板厂按国际标准或超国际标准的内控标准组织生产，对钢板的时效、断口等薄弱环节，发动全厂职工攻关。技术科组织16Mnq板攻关小组广泛开展QC小组活动，并加强了一条龙管理，从钢坯入厂到产品出厂各工序都有技术要求，层层把关，专人跟踪。对关键工序，增设管理点，制定工序标准，进行严格控制，每道工序均按先进标准组织生产和发货，实现了16Mnq钢板跃入国优行列。

### 3.3　辐射管式热处理炉—辊式淬火机组工艺开发与设计改进

应用大型成套辊底式热处理炉—淬火机组，开发的“正火+加速冷却”、“正火+快速冷却+回火”工艺生产高性能专用板，对工艺的拓展是科学、合理的，属国内首创。辐射管柔性支承技术先进合理、技术成熟、安全可靠、适用广、效果良好，达到了世界先进水平。

### 3.4　2800mm四辊轧机板形控制功能完善及雪橇板控制参数优化

2002—2003年，“武钢2800mm四辊轧机板型控制功能完善及雪橇板控制参数优化”通过优化支撑辊和工作辊辊型模型，解决了中厚板板凸度控制手段的难题，使钢板横向板凸度控制在0.1mm范围内。

该项目研究中厚板轧机的板形控制策略和方法，首次提出工作辊和支撑辊初始辊型的解耦同步设计理论和方法，创造了自动变接触支持辊（PMR）技术和轧制超平材专用的工作辊（PWR）技术。赋予辊系辊间接触线长度能自动适应轧制宽度的特性，通过“软”（工艺）改造，挖掘和拓展轧机的板形控制能力，形成有特色的中板轧机系列板形控制技术，相对稳定的支撑辊初始辊型、变化的工作辊初始辊型、有规律的轧制序列编组、多道次压下负荷最优分配的板形动态调整。使武钢中厚板轧机的板形质量达到国内先进水平。该成果因质量和成材率提高以及损耗降低，在武钢中厚板轧机上成功地长期稳定使用。全部成果具有我国自主知识产权，具有独创性。该成果已有偿转让到国内其他两套同类轧机上，对国内中厚板品质的提高产生重大影响。

### 3.5　2号热处理炉炉辊结瘤技术攻关及热处理产能攻关

轧板厂热处理车间的2号热处理炉是武钢生产中厚板双高产品的重要设备，但利用率不高。2002—2005年，为了解决“双高”产品生产的瓶颈问题，轧板厂花大气力对2号热处理炉炉辊结瘤问题展开技术攻关，反复探索这一引进设备的生产规律，从而使该炉的作业率大幅度上升，双高产品产量上升，对增加效益具有重要作用的调质钢淬火产量大幅攀升，达到6.48万t，比2001年增长209%以上，为提高品种钢比例创造了有利的条件。

2006 年 4 月，轧板厂 3 号热处理炉顺利投产。为了进一步提高调质钢及热处理产能，轧板厂摸索出了 3 号热处理炉淬火、2 号热处理炉回火、1 号热处理炉正火的最佳生产组合方案，减少了热处理炉工艺调整的时间消耗，提高了热处理炉的有效作业率，同时固化拖炉方案，优化热处理生产工艺计划，坚持批量生产发挥热处理炉生产能力，2007 年，轧板厂实现热处理装炉量 52.67 万 t，完成调质钢合同量 12.54 万 t，使武钢中厚板调质钢的产能及水平成为国内第一。

### 3.6 轧板厂 TMCP 生产工艺技术的开发

2007 年轧板厂借新项目强力矫上线带来的机遇，将创新的目光锁定在 TMCP 生产技术开发上。从 2003 年 TMCP 上线以来，轧板厂相继开发了容器板、低合金板、锅炉板、桥梁板等钢板的控冷模型，并投入生产应用，取得了较好的预期效果。但随着市场需求的变化，无论是系统的运行状态，还是 TMCP 工艺技术应用开发，仍有许多不足。为进一步开发 TMCP 工艺技术，更好地发挥控冷系统作用，轧板厂与武钢研究院通力协作，以高强度焊接结构 HG 系列、船板、桥梁钢、高强度工程机械用钢 4 个重点钢种的 TMCP 工艺应用作为突破口，围绕目标开展了攻关推进活动。控制轧制温度、轧后冷却速度、开冷温度和终冷温度，这是 TMCP 工艺的核心。攻关过程中，轧板厂采取了一系列举措：针对 Q460-G 钢板要求强度高、综合机械性能好的特点，控制轧制采用工艺节奏控制法，以稳定开冷温度，同时针对该钢成分特性开发了控冷模型；为解决大胜关桥板终轧温度波动大的问题，攻关组优化排程，形成批量轧制，并实行按规格范围固化工艺规程，规范操作，既方便操作工控制温度，又可减少频繁的计算规程，提高作业效率；针对高强度焊接结构钢 HG 系列在线淬火后瓢曲较严重的现象，通过调整控冷模型、优化强力矫矫直参数等措施，较好地解决了板形问题。

## 4 新产品开发

面对激烈的市场竞争，武钢中厚板大力优化产品结构，不断开发生产适应市场需要的“双高”产品，先后研制生产了具有自主知识产权的高性能压力容器和压力钢管用系列钢、高性能桥梁用系列钢、高性能建筑用系列钢、高性能船舶海洋平台系列钢、高性能管线用系列钢、高性能锅炉系列钢和军工系列钢等。

### 4.1 高性能压力容器和压力钢管用系列钢

从 20 世纪 80 年代初开始，武钢便研制低焊接裂纹敏感性、大线能量焊接高强度、高性能低温、中常温、中温抗氢和大线能量低焊接裂纹敏感性等 6 大系列共 16 个新钢种。

低焊接裂纹敏感性钢特点，是集高强度（600MPa 级）、高韧性（-40℃ $A_{KV} \geqslant 80J$）和优异的焊接性（厚度小于 50mm 的钢板焊前不预热或稍加预热而不产生焊接冷裂纹；厚度小于 8mm 的钢板，焊后可不进行 SR 处理）于一体。低焊接裂纹敏感性钢不能承受大线能量（50~100kJ/cm）焊接。

大线能量焊接高强度钢的特点：通过添加某些微量合金元素，利用氧化物冶金技术，在冶炼过程中形成氮化物、氧化物的高熔点的第二相质点，抑制奥氏体晶粒长大和阻碍 HAZ 晶粒粗化。在大线能量焊接条件下，第二相质点能促进针状铁素体的形成，针状铁素体具有优良的韧性、较大的应变和位错密度，且其位向杂乱，具有较好的阻止晶粒粗化和防止裂纹扩展的能力。大线能量焊接用钢不具备低焊接裂纹敏感性的特点，焊前仍需预热。

大线能量低焊接裂纹敏感性钢特点：集高强度（600MPa 级）、高韧性（-20℃ $A_{KV} \geqslant 80J$）和优异的焊接性（厚度小于 50mm 的钢板焊前不预热或稍加预热而不产生焊接冷裂纹；厚度小于 38mm 的钢板，焊后可不进行 SR 处理）于一体。能承受大线能量（50~100kJ/cm）焊接，在大线能量焊接条件下，钢板的热影响区（HAZ）仍具有高的强度和优良的韧性。

低焊接裂纹敏感性钢和大线能量低焊接裂纹敏感性钢已累计制造了大庆石化和兰州石化 1500m$^3$ 低温乙烯球罐等 300 余台球形储罐，还制造了 2000 余台（套）铁道储罐车和高寒地区使用的工程机械等；还制造了新疆喀什水电站、新疆恰布箕海水电站、四川彭水电站（直径 14m）、贵州响水电站、四川瀑布沟水电站等引水压力钢管和岔管。大量替代了进口日本钢板，成为我国高参数球形储罐和水电站压力钢管及岔管的主力钢号。

高性能低温系列钢：-40～-70℃用钢已制造300余台（套）各类低温压力容器。特别是-70℃级低温用钢中约0.5%的含镍量远低于美国和日本-70℃低温用钢约2.3%的含镍量，降低了生产成本。

高韧性中常温钢、中温抗氢钢制造了500余台球形储罐和其他容器。特别是正火高强度WH530钢板，大量替代16MnR钢板用于球形储罐、多层热套容器和大型塔器，减薄了容器壁厚，提高了容器使用的安全性。该钢还制造了三峡工程左岸6条首批发电的特大型引水压力钢管（直径12.4m）、吉林丰满水电站和贵州索风营水电站等引水压力钢管和岔管。

## 4.2　高性能桥梁用系列钢

（1）桥梁钢板技术进步的历程

国内桥梁用钢板的发展起步早，但发展缓慢，工程应用非常被动，20世纪60—80年代，桥梁钢实际上仅有16Mnq可供应用，其发展历程经过了五代变化。1957年以武汉长江大桥的建成通车为标志，万里长江天堑变通途，也诞生了我国第一代桥梁钢板，当时应用的是A3。随着桥梁业的发展，到1968年我国自己设计建设的南京长江大桥应用的桥梁钢板是Q345级的16Mnq，产生了我国的第二代桥梁钢板。到1993年九江长江大桥建设时，国内研发应用了第三代桥梁钢板，Q420级的15MnVNq和15MnVq桥梁钢的应用越来越多，但板厚效应严重，铁路桥仅能用到32mm。1999年，以芜湖长江大桥开始投建为契机，武钢研发生产了我国第四代桥梁钢板，Q370级的14MnNbq，该钢采用降碳加铌合金超纯净的冶金方法，具有优异的-40℃低温冲击韧性（芜湖桥标准要求-40℃ $A_{KV}\geqslant 120J$），同时焊接性能也大大提高，可大批量供应32～50mm厚钢板，武钢也供应了芜湖长江大桥建设的全部用钢。现在，南京大胜关京沪高速铁路桥正在建设，武钢研发生产了我国的第五代桥梁钢板并全部供货，大跨度、重载钢桥需要高强度等级钢材，整体焊接结构需要具有良好焊接性能与高韧性，现场焊接施工需要能适应大线能量、高湿度与不预热的条件，武钢研发的WNQ570D、WNQ570E等钢种满足了这些苛刻的要求，并继续保持了国内桥梁钢生产技术的龙头地位。

（2）武钢桥梁系列用钢的研发生产

武钢桥梁钢的设计原理是通过单个或复合微合金元素添加，发挥控轧优势，使微合金元素充分发挥其碳化物的沉淀及细晶强化效果。优化工艺设计，对于高韧性及高表面质量要求的钢种，采用钢板表面喷丸及无氧化辐射管加热炉正火热处理后交货。从20世纪80年代起武钢相继研发生产了铁路桥梁用系列钢、公路桥梁用系列钢、跨海大桥管桩用钢和耐候桥梁系列钢等4大系列12个新钢种。

武钢高性能桥梁系列钢已成功应用于30多座桥梁和重大工程，使我国桥梁钢在国产化的道路上迈出了重要的一步。芜湖长江大桥是亚洲最大的公铁两用桥，单跨达312m，集数10项国际领先技术于一体，总投资45亿元，代表了当时我国桥梁建设的最高水平。建桥方出于工程质量百年大计的考虑，对武钢生产的新一代桥板14MnNbq的性能提出了更高的要求。如低温冲击性能，国家技术标准为40J，而建桥方要求必须在120J以上。武钢轧板厂为了充分满足用户的要求，制定了更高的内控标准，使该产品低温冲击值不仅都在120J以上，甚至有的钢板高达220J，大大超过国外同类产品的性能，受到用户和有关桥梁工厂的赞扬。

南京二桥专用板WQ490E在生产上的难度更大，该桥采用全焊接新工艺，因而对专用板提出了相应的严格要求。设计用板超薄超宽，而且工期短，不允许采用热处理工艺，只能一次热轧成功。武钢轧板厂在生产超宽产品中，距极限宽度仅差4～5mm，稍有偏差，钢板就会因“镰刀弯”而卡在辊道里或者矫直机里造成废钢。在生产超薄产品中由于轧制中薄板降温快，如轧制速度跟不上，极易造成波浪形，甚至弯曲钻到辊道地沟里，造成事故。针对上述难点，武钢轧板厂组织技术力量对钢板超宽超薄、板形产生波浪问题进行会诊，首创“高温大压下量快速轧钢法”并迅速加以推广完善，解决了薄规格钢板难轧问题，为桥梁专用板的生产做出了贡献。

此外武钢还接连供应了武汉军山长江大桥、武汉白沙洲大桥、秦沈高速铁路桥、松花江大桥、四川长寿大桥、沪宁高速铁路桥、山东滨州黄河公铁两用大桥、天兴洲长江大桥、天津大沽桥、天津灵通桥、润扬长江大桥、柳阳河大桥、重庆鹅士岩大桥、武汉阳逻长江大桥、京九铁路赣江大桥、黄河长东特大铁路桥、杭州湾跨海大桥、我国援外“坦桑铁路”上多座桥梁、缅甸央东大桥等重点工程用钢板。共30余座大桥（包括应用我国第五代桥梁钢正在建设的京沪高速铁路南京大胜关桥）大量应用了武钢生产的高性能钢材，武钢的桥板为高性能桥板钢国产化做出了突出的贡献。

### 4.3 高性能建筑用系列钢

武钢近年来研制开发了高性能耐火耐候建筑用系列钢、高韧性建筑用系列钢、高性能抗震建筑用系列钢、高性能耐火建筑用系列钢、高性能耐候建筑用系列钢和高性能极低屈服强度建筑用系列钢等6大系列共18个新钢种。

### 4.4 高性能船舶海洋平台系列钢

海洋石油钻井平台用钢的需求量近年来大幅度增长，但由于钻井平台用钢科技含量高，生产难度较大，这一市场基本上被进口产品占据。2002年11月武钢轧板厂首次大规模轧制海洋石油钻井平台用钢，用户单位为东海油田，合同总量4000t。武钢对这批高附加值产品合同非常重视，技术中心、炼钢厂、质检中心等单位与轧板厂密切配合，严格按照国际标准和挪威船级社的认证标准进行生产。在轧制过程中克服了钢板宽达2.5m以上、接近轧机极限宽度的困难，精心轧制，确保宽度和各项技术指标符合用户要求；为了保证钢板的平直度，将每一块钢板都矫直3道，严把质量关，以一流的产品质量和优质的服务赢得了用户的赞誉，扩大了武钢中厚板在“双高”产品市场的占有率。

近年来武钢开发了高强度船板、高韧性船板、大线能量焊接船板、船体机构用TMCP钢和高性能海洋平台用钢等五大系列32个钢种。

### 4.5 管线用系列及钢锅炉系列钢

从1983年开始，武钢率先在国内成功研发生产了X42~X80级管线钢。中厚板管线钢的主要应用业绩有：胜利油田海底石油管线、西气东输管线、番禺管线、武汉市城市管网、南京市城市管网、东海油田、苏丹管线及伊朗石油管线等重大管道工程。

## 5 存在的问题及技术改造方案

### 5.1 武钢中厚板生产装备存在的问题

武钢中厚板的品种优势为业界公认，但生产能力不足也留下了太多的遗憾，投产42年的轧板厂整体装备水平在国内宽厚板轧机新一轮大发展中也已明显落后。存在的问题主要有：没有实现连铸坯的热装热送；设备严重老化、故障率高、控制水平低、精度不高；产线布局不合理，部分设备功能作用与产能发挥不理想；轧制氧化铁皮始终是钢板表面质量的顽疾；合同批量小，来料不均衡，新试产品多，生产计划组织困难。

### 5.2 武钢中厚板生产装备技改工程

#### 5.2.1 鄂钢4300mm宽厚板工程破土动工

武钢为提升宽厚板的市场竞争力，决定在武钢兼并后的鄂钢投资建设4300mm宽厚板厂。2006年12月鄂钢公司4300mm宽厚板工程破土动工。4300mm宽厚板工程是鄂钢“十一五”规划中投资最大的技改项目，是武钢鄂钢联合重组后进一步推进鄂钢产品结构调整和优化、提高产品市场竞争力、增强企业抗风险能力的重大举措。4300mm宽厚板工程占地21.6万$m^2$，建筑面积14万$m^2$，建设周期22个月，工程总投资30亿元。产线采用双机架四辊轧机的布置型式，粗轧机和精轧机规格均为4300mm。设计产量为160万t/a，分二期建设。一期建成后的年产量为120万t，主要建设包括两座加热炉、4300mm精轧机、冷床、剪切线、精整线和热处理生产线。二期将增建一座加热炉、4300mm四辊粗轧机、1号和4号冷床、冷矫直机等，扩大产品规格范围，同时调整产品结构，增加耐磨板、高强度板等高附加值产品，年产量将达到160万t。

鄂钢公司4300mm宽厚板工程采用国际宽厚板生产的先进技术和工艺，可生产高标准、高技术含量、高附加值的宽幅专用钢板，将从根本上改变鄂钢产品结构单一、生产规模偏小、工艺设备较落后的现状，也为武钢高性能结构钢基地的建设提供条件。

### 5.2.2 轧板厂“十一五”技术改造方案

轧板厂“十一五”技术改造方案设计年产量为100万t/a。按照适度提高产能，调整产品结构，改善品种质量，降低能源消耗的原则，轧板厂“十一五”技术改造方案的主要内容包括：新增二次切割线；拆除1号加热炉，新建4号步进梁双蓄热式加热炉；将除鳞箱从现有位置移到2号加热炉出炉辊道后；拆除现有二辊轧机和1号加热炉，在原1号炉位置新上一架立辊轧机和四辊粗轧机，与精轧机的间距由现有的37.88m增加到约60m，提高高压除鳞水压力；将2号拉钢式冷床改为滚盘冷床，冷床横向扩宽纵向延伸至成品库，以增加冷床面积；更新改造2号剪切线，新上滚切式双边剪；磨辊间新增轧辊磨床及延长磨辊间厂房。

（原载《武钢技术》，2009（1））

# AGC 在重轨万能轧制中的应用

段 文

AGC 技术即厚度自动控制技术，已被广泛应用到板带生产中，而在型钢轧制生产中，由于金属的变形比较复杂，在绝大多数的复杂断面的型钢生产中没有采用 AGC 技术。然而在型钢的万能轧制技术中，万能轧制可以近似看成 3 块钢板或者 2 块钢板的轧制，这样使得 AGC 技术在万能轧制中的应用成为可能。

## 1 武钢大型分厂 AGC 系统简介

武钢大型分厂轨梁线是 2007 年新建的 1 座万能轧机生产线，主要生产 43kg/m、50kg/m、60kg/m 和 H200、H300、槽钢、钢板桩等轨梁产品。轧机在工艺上的布置为：方坯通过 2 架开坯轧制，进入万能轧机，为保证轨梁产品精度，特别是百米重轨所要求的极高精度，万能轧机配置了厚度自动控制技术 (AGC)。

压力 AGC 的实质是一种模型控制方法，其理论基础是轧机弹跳方程。提高压力 AGC 厚度控制精度有 3 个难点：1）轧机弹跳量与轧制力呈非线性关系，特别是在小轧制力段，这是由于轧机各个零件以及轴承之间存在间隙和接触变形；2）轧件的塑性随温差变化的增大呈非线性关系，温度越低塑性越差；3）位置传感器对某些原因造成的实际辊缝变化检测不到，如轧辊热凸度变化、轧辊磨损、油膜轴承厚度、轧辊偏心等，从而产生厚控偏差。所以高精度的厚度控制模型必须采用与具体轧机相对应的非线性模型及精确的辊缝补偿功能。

同时，由于位置控制系统 HGC 与厚度控制系统 AGC 构成内外双闭环系统，AGC 调整的动态响应时间是直接有效控制调整效果的关键。TCS 系统中的 E 调节器在接收到位置信号之后，与 AGC 的动态计算值比较，一般补偿偏差越小，调节速度越快，一般可保证在 200ms 之内，而在遇到异常情况之后，从允许补偿范围的正向最大值到负向最大值需要的时间大概为 2s。

因此，压力 AGC 的评价准则为轧件厚度控制精度和系统动态响应特性。

重轨的万能轧法的 UF 机架是对尺寸精度影响最高的机架。只要保证 UF 机架补偿的稳定性，就能保证重轨的尺寸精度。

## 2 AGC 在万能重轨轧制的合理性

### 2.1 压力 AGC 算法的数学描述

板带生产中一般采用测厚计型压力 AGC。由于调节的是纵向厚差，弹跳方程的系统偏差不会产生严重的不良影响。同时，轧制过程中直接用到的只有实时辊缝 $S$ 和压力 $P$。定义 $M$ 为轧机刚度，kN/mm；$Q$ 为轧件塑性系数，kN/mm；$S_0$ 为设定辊缝值 mm；$P$ 为设定压力值，kN；$S_i$ 为第 $i$ 时刻辊缝采样值，mm；$P_i$ 为第 $i$ 时刻压力采样值，kN；$\Delta S$ 为第 $i$ 时刻辊缝调节量，mm；$\Delta S_{i-1}$ 为第 $i-1$ 时刻辊缝调节量，mm；$\Delta P$ 为第 $i$ 时刻压力差，kN；$k_{\mathrm{AGC}}$ 为 AGC 公式系数；$\alpha_{\Delta S}$ 为 AGC 公式中关于 $S$ 的加权系数；$\alpha_{\Delta P}$ 为 AGC 公式中关于 $\Delta P_i$ 的加权系数。

假设弹跳方程精确、塑性系数准确、辊缝定位准确，则得到 2 个基本轧制关系：

$$h = S + P/M \tag{1}$$

$$\Delta h = \frac{M}{M + Q}\Delta S \tag{2}$$

式（1）反映了理想轧机的弹跳特性；式（2）描述了对于给定轧机参数 $M$ 和给定轧件参数 $Q$ 前提下

辊缝修正量和相应厚差间的关系。

可以证明，此时准确的压力 AGC 公式是：

$$\Delta S_i = \frac{Q}{M}\Delta S_{i-1} + \frac{M+Q}{M^2}\Delta P_i \tag{3}$$

当系统动态响应无限快时，不论来料厚差、温差、硬度等因素产生压力波动的频率和幅值如何变化，当然是在轧机能力允许范围内，只要调节周期足够快，利用式（3）可以把纵向厚差控制在任意指定的公差范围内。

但是不存在这样的理想轧机，所以式（3）只能是一个近似公式，AGC 调节变成一个复杂问题。此时，影响厚度控制效果的主要因素有轧机刚度 $M$ 的精度、轧件塑性系数 $Q$ 的精度、实际辊缝测量精度、轧辊磨损和热膨胀、轧制力检测精度、压下系统动态响应速度和 AGC 调节周期等。

所以实际应用中压力 AGC 的通用公式可写为：

$$\Delta S_i = -k_{AGC}(\alpha_{\Delta S} + \alpha_{\Delta P}\Delta P_i) \quad (0 \leqslant k_{AGC} \leqslant 1) \tag{4}$$

对于本轧机的算法为：

$$\Delta S_i = -k_{AGC}\left(\frac{Q}{M}\Delta S_{i-1} + \frac{M+Q}{M^2}\Delta P_i\right) \tag{5}$$

对于特定道次，$M$ 和 $Q$ 近似为常数，所以式（5）是关于 $\Delta S_i$ 的一阶常系数差分方程，可以求得理论上的通解。其特征方程的特征值是

$$\lambda = -k_{AGC}\frac{Q}{M}$$

故通解为：

$$\Delta S_K = A\left(-k_{ACG}\frac{Q}{M}\right)\kappa$$

当 $|\lambda|<1$ 时，才是动态 AGC 可稳定调节范围。

### 2.2 判定标准及合理性的判定

$k_{AGC}$越大说明调节力度越大，同时 $|\lambda|<1$ 时，调节才会稳定。只有在保证 $k_{AGC}$ 和 $|\lambda|<1$，AGC 才能取得最好的调节效果。

在连续轧制时，也就是通常的温度波动较小，压下量均匀分布，UF 轧机轧制重轨时水平辊和立辊负荷大概在 1200~1500kN，而轧件的塑性系数在此负荷下稳定在 $Q=1000\sim1250$kN/mm，重轨的底部和腰部在此负荷下的塑性变形和负荷呈线性关系，而机架延伸系数 $M=1233$kN/mm。

UF 在负荷大于 650kN 之后轧机的延伸和负荷为线性关系（图 1），基本可保证 $0.7<k_{AGC}<1$；而 $0.8\leqslant Q/M\leqslant1$，可以保证 $|\lambda|<1$，即可以保证轧件在机架中补偿的稳定性和力度。

通过 $|\lambda|$ 和 $k_{AGC}$ 的判定，AGC 在万能轧机的重轨轧制中是合适的。

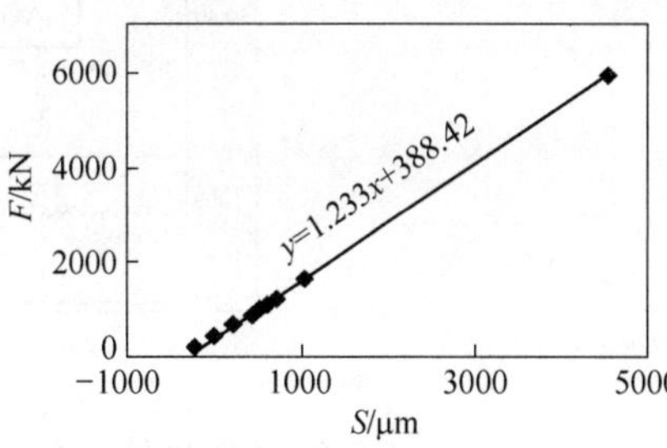


图 1　根据系统实际测算出的 UF 延伸曲线

## 3　AGC 实际中的应用

### 3.1　动态 AGC 的实际补偿

动态 AGC 的实际补偿含有轧机延伸的补偿和辊缝本身的补偿两部分。

万能轧机 AGC 技术可以看成为板带轧机 AGC 的移植，采用 GM—AGC，以厚度计模型为基础，在控制中实测出轧制力和辊缝值，间接计算出轧件出口厚度，再求出与目标厚度之差，以此为根据改变辊缝值，使轧出厚度恒定。可见这种厚控策略是以目标厚度为基准值，而不是锁定厚度，从理论上可以严格达到目标厚度，并被广泛地应用到实际的轧机控制中。而理论上出口厚度和目标厚度之差是机架延伸部分和变化的塑性变形部分。AGC 的补偿还考虑了辊缝本身意外变化（诸如轧件厚度突然变化、承受突然的冲击等）的情况，它和塑性变形的变化量都属于 AGC 的辊缝修正这一部分。图 2 是在设置轧制力大于

实际轧制力时 AGC 的补偿过程。

由图 2 可知，AGC 的计算值补偿包括轧机延伸补偿和辊缝本身补偿两部分，轧机延伸补偿取决于设定值和实际值的偏差，而辊缝本身补偿包括前时刻轧制力下的塑性变形补偿和轧件本身的尺寸变化。尽量减少轧制力设定值与轧制力实际值之间的误差，无效补偿就会越小，响应就越快，补偿就会更加精确。

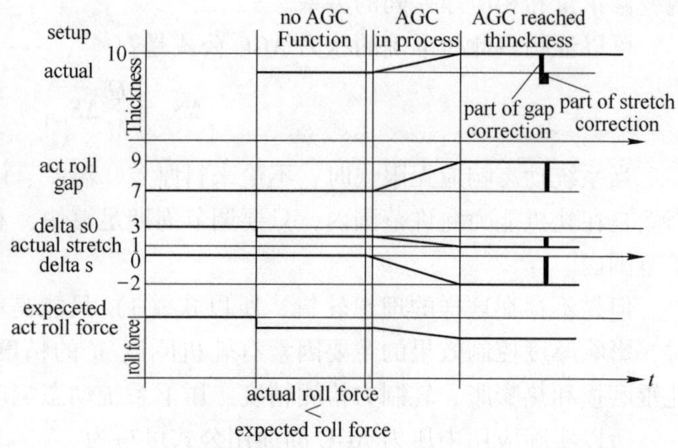


图 2　动态 AGC 补偿示意图

## 3.2　AGC 在百米重轨生产中存在的问题

通常在轧制 P60、P50 时，轧件末道次头部约 4m 长的底宽尺寸总是小于中间和尾部 0.5~1mm，轨高总是高于中间和尾部 0.5~1mm，头部上下腿部的金属量和中间有明显区别，形成了底厚和对称的通长不均匀。这是由于头部的动态补偿的辊缝修正部分和补偿量差异大，导致 E 调节响应时间偏长，形成此缺陷。它严重影响了百米重轨的挑出率。

重轨头部约有 100~300mm 长的超低温区，在其咬入 UF 轧机时，立辊和水平辊任何一者先接受到轧制压力，动态 AGC 激活。咬入瞬间，由于轧件的撞击和液压缸的瞬间加力，AGC 瞬间激活，导致 AGC 的辊缝修正值突然增大；另外，进入稳定段后补偿量相差太大，会使调节响应时间增加。即 E 调节器的计算量在咬入段与稳定段相比增加了辊缝变化量，导致补偿由正向最大值到补偿最小值，最长时间用了 2s，也就是在头部咬入 2s 内补偿为不稳定和不准区域。如图 3 所示，不稳定的补偿导致 2s 内辊缝偏大，轧制力偏小。使水平辊和立辊在头部 2m 内，辊缝由最大差 0.5~0.6mm 逐渐趋于相同，导致头部差异。

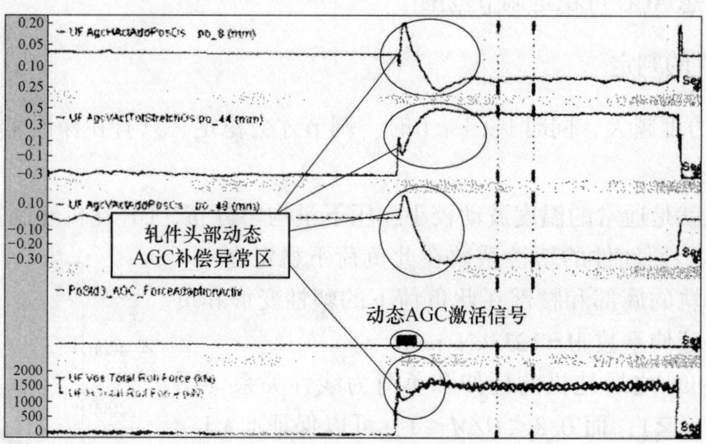


图 3　轧件末道次动态 AGC 辊缝补偿

延迟开启 AGC 的补偿功能，除掉不稳定补偿阶段，使 AGC 在相对稳定阶段内补偿。在 AGC 的延迟开启投入后，头部偏差控制在 0.5mm 之内。

# 4　结语

1）通过 AGC 的公式算法验证了万能轧机的动态 AGC 系统能够满足重轨的轧制。

2）保证万能轧机 AGC 在稳定状态的关键是保证通长温度波动小、压下量均匀分布、消除辊轴瓢曲。

3）保证轧制力的设定值和实际值之间的差别足够小，可以提高 AGC 补偿的精确性。

4）实际应用中，延后 AGC 补偿一定的时间，即排除咬入时的低温不稳定段，可改善百米重轨头部的断面尺寸缺陷。

（原载《武钢技术》，2010（2））

# 热轧酸洗带钢直接热镀锌工艺探讨

张　立　李九岭　宫贵良

传统的热轧板热镀锌工艺采用单张钢板溶剂法热镀锌，但由于污染环境、产量低、质量差，已经被淘汰。目前的薄板坯连铸连轧工艺（CSP），使热轧带钢的厚度逐渐减薄，目前最薄可达0.8mm。采用CSP工艺生产的热轧板在一定领域内可取代冷轧板。与冷轧板相比，热轧板经酸洗后表面干净并且内部组织结构为等轴晶粒，热镀锌时不用脱脂和再退火，并且少了一道冷轧工序，所以生产成本较低，有市场竞争力。目前，随着热轧酸洗板直接热镀锌工艺的发展和表面质量的提升，其用途也越来越广泛，主要用于建筑C型钢、焊管、送变电金具结构件、高速公路护栏管桩等。

## 1　直接热镀锌工艺特点

### 1.1　采用卧式炉

卧式炉具有如下特点：(1) 钢板厚度大，运行传输要求动力较大，要机组稳定运行就要降低重心，卧式炉较为适应；(2) 运行速度低，退火炉长度一般为70~100m，普通卧式炉就可满足要求；(3) 卧式炉具有投资成本低，操作维护方便等优点。

### 1.2　NOF法工艺

采用NOF法具有以下特点：(1) 钢板厚，要求加热速度快，所以一定选取无氧化加热炉明火加热；(2) 热轧板对NOF工艺较适应，NOF炉温较高，理想炉温控制是1250℃，但热轧酸洗钢镀锌板的板厚较高，不会被烧变形或被烧断；(3) NOF炉明火加热虽然对炉子有一定污染，并可能会影响到成品的表面质量，但是热轧板镀锌后，一般应用于建材领域，对表面要求不是很高，产品质量可满足市场和用户的需求。

### 1.3　不设脱脂段

热轧带钢经酸洗后表面干净不含铁粉油污，但有时考虑到较长时间的保存或需要长途运输，就必须涂一层防锈油。如果机组采用美钢联法工艺，由于其加热炉为辐射管间接加热，对表面油污的清理效果较差，则必须在镀锌机组退火炉前加装脱脂段。但采用卧式炉的NOF法工艺的镀锌机组，带钢的油污在经过第1段NOF炉明火加热时，在1250℃的高温之下，可以完全挥发掉，所以不用设脱脂段进行脱脂。

### 1.4　加热制度

热轧带钢没有经过冷轧加工硬化，所以本身就是等轴晶粒的组织结构，不需要退火软化处理；在退火炉内，只要表面存在的薄层氧化铁皮能够被氢气还原就达到了热处理的要求；而且氧化铁在还原炉中被氢气还原的温度，只要高于500℃即可；所以，带钢在炉中被加热到550℃就可以满足工艺要求。

热轧板镀锌时，带钢入锅温度一般控制在470~480℃，这样带钢在冷却段只降低70~80℃就可以满足入锌锅温度需求，所以冷却段的冷却能力比冷轧板时要低很多，这样就可以少设置快冷风机，由此可降低投资成本。

### 1.5　锌层厚度控制

热轧镀锌板一般用于室外并且不进一步涂层保护，让镀锌层直接暴露大气中，所以常常要求厚镀层，一般为 200~400g/m$^2$（双面），最大厚度可达到 600g/m$^2$（双面）。但由于规格越厚，带钢运行速度越低，要增加镀锌层厚度就非常困难，只有通过合理调节气刀参数来满足镀层厚度的要求。

## 2　生产难点及对策

### 2.1　露钢

#### 2.1.1　原板露钢

为了降低成本和增加钢质强度，常常向钢基中添加较高的硅元素，例如 $w$(Si) 一般为 0.10%~0.55%。硅元素的过量加入会增加表面张力，降低钢板对锌液的润湿能力，所以就会增加露镀的可能性。

此外，由于含硅较高的热轧板，在热轧时，硅会造成深层氧化，并且 $SiO_2$ 又是酸性氧化物，所以在酸洗时很难被清除，进入热镀锌退火炉中也难以被氢气还原，从而易在 $SiO_2$ 聚集区形成露钢缺陷。

为解决此问题，开发了一种称为无酸洗热轧钢带连续热镀锌的工艺，即热轧带钢不经酸洗直接进入还原炉，并将带钢在还原炉温度提高到 650~750℃，保温时间增长至 120~400s。保护气体 $H_2$ 体积分数提高至 20%以上。在此条件下，热轧带钢由于氧化皮的体积膨胀产生裂纹和孔隙，$H_2$ 可通过这些裂纹和孔隙进入，使氧化皮变成由纯 Fe 和 FeO 构成的多孔质层。在热浸镀锌时，这种多孔质层可促进锌和铝的扩散并形成质地较软的 Fe-Al-Zn 合金层，从而可提高镀层的附着性，并能够消除漏钢缺陷。

另外，提高锌液中的 Al 含量也是取得镀层良好附着性的重要方法。试验指出，如果不提高还原炉中带钢的温度，如仍保持为 550℃，就需要提高锌液中 Al 含量，试验表明，这时的 $w$(Al) 应提高到 3%以上，才能获得同样的效果。

#### 2.1.2　炉中气氛锌层脱落

热轧板常采用 NOF 炉，必须保证燃烧气氛始终为燃气过剩、空气不足的状态。但是在实际生产时常常会因为燃气的发热值偏低、压力产生波动等原因而使 NOF 炉内出现氧化气氛，从而会造成锌层脱落，缺陷形貌见图 1。

图 1　锌层脱落形貌图

当炉子整体控制为燃气过剩、氧气不足的非氧化气氛时，因燃气烧嘴结构不良或操作调节不佳，也会由于空气、燃气局部混合不均而造成带钢氧化，使镀锌层的韧性变坏。这时，第一就是要选择燃烧性能良好的燃气烧嘴：若选择短火焰涡流旋风烧嘴，火焰长度在 400mm 之内必须要把氧气烧尽，不使燃烧火焰直接接触带钢；选择长火焰烧嘴时，必须要加强操作，适当控制燃气的压力、流量，提高火焰燃烧的刚度，缩小火焰燃烧直径，使之在燃烧过程中的火焰也不能直接接触带钢，以避免带钢接触到正在燃烧过程中的助燃空气而发生氧化。一旦燃烧中的火焰飘入带钢运行区，就有可能造成带钢高温氧化，在后部的还原炉中就很难充分还原，会导致锌层粘附力下降或产生露钢缺陷。为此，应采取如下对策：(1) 选择燃烧性能优良的燃气烧嘴；使空气、燃气的压力保持在规定范围内；(2) 燃气发热值波动范围低于±5%；(3) 明火加热段炉温高于 1000℃；(4) 无烧嘴预热段炉温高于 800℃；(5) 带钢出 NOF 炉温度低于 650℃。

### 2.2　厚边

热轧板规格较厚，带钢运行速度低，所以常常会产生厚边缺陷，见图 2。

当热镀锌带钢边沿的锌层比中部的锌层厚时，就是厚边缺陷。这种缺陷对带钢的卷取特别有害，轻微边厚不影响使用，若卷取时出现喇叭口卷，则打开卷后就会使带钢产生严重浪边影响使用。因为在张力卷取时，边部厚，卷成卷之后带卷的边部直径就会大于中部直径，边部直径大就产生拉力大，所以易把边部拉长，进而形成浪边缺陷。

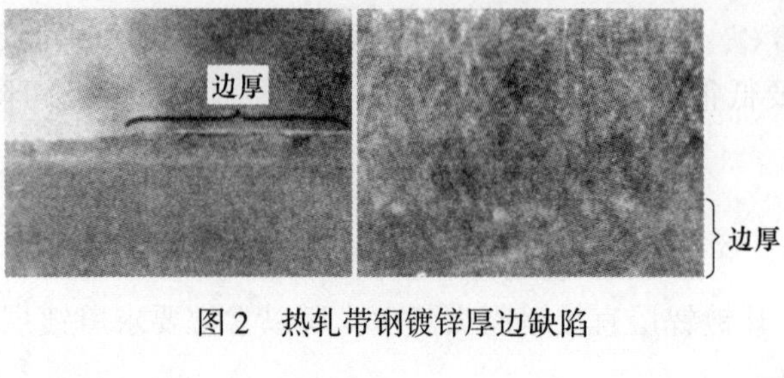


图 2　热轧带钢镀锌厚边缺陷

根据经验，厚边既可在高速下（带钢速度高于 120m/min）形成，称为高速厚边，也可在低速下（带钢速度低于 30m/min）形成，称为低速厚边。高速厚边主要是由于气刀的角度调整不佳，造成对吹，形成扰流而产生的。适当调整气刀角度即可排除此缺陷。带钢运行速度低于 30m/min 时，最容易产生厚边缺陷，特别是当带钢速度降到 20m/min 以下时，由于速度低边部散热量大；再者喷嘴两端的气流向外散失一部分，这样即减小了边部气流的冲量，造成边部刮锌量比中部小，所以形成厚边缺陷。这时，镀锌板每面边部的锌层质量往往比中部的锌层质量多 15g/m$^2$ 左右。为了消除厚边缺陷，可在带钢边部装设附加喷嘴来增加带钢边部的喷气压力，根据经验，当附加喷嘴喷增加的气压力超过 0.015MPa 时，可以消除低速厚边缺陷。但是当气刀没有装设附加喷嘴不能提高喷气压力时，可采取另外一种措施，即在带钢两侧使用移动式挡板来消除低速厚边缺陷。目前现代化气刀全部增设了自动挡板装置，见图 3。

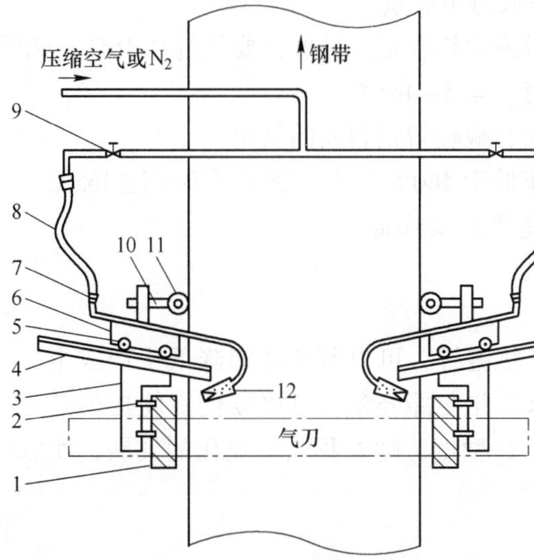


图 3　气刀挡板装置

1—挡板装置；2—固定螺栓；3—挡板固定架；4—轨道；5—滑动轮；6—滑动小车；7—管接头；8—软管；9—压力调节阀；10—距离调节螺栓；11—接触辊；12—辅助喷嘴

在相同的条件下窄带钢比宽带钢更易形成厚边缺陷。这是由于气刀的刀形曲线为中间窄两头宽，而窄带钢只在中部运行，没有利用到边部缝隙宽气流冲击力大，刮锌能力强的优势，故易形成厚边缺陷，最好的解决办法是把窄带钢和宽带钢分批生产，应按照窄带钢的宽度专门调节一个刀形曲线。

## 2.3　镀前划伤

### 2.3.1　传动系统划伤

热轧板的板形较差，经常带有较大的浪边和瓢曲缺陷，当浪边和瓢曲高度大于通行空间时，由于产生相对运动就容易产生镀前划伤，这时应采用加大张力或扩大通道空间办法来解决这一问题。

### 2.3.2　炉鼻子内结渣划伤

由于锌液面上下波动，就扩大了炉鼻子内锌液面处的结渣范围，缩小了带钢穿过的空间，当升速减速造成带钢张力不稳定时就增加了带钢摆幅，摆幅过大碰到结渣时就会产生镀前划伤。

## 2.4　锌粒和锌疤

热镀锌板面上分布有类似米粒的小颗粒，习惯上称为锌粒。它造成表面粗糙不平，不仅妨碍美观，而且对使用也有害。通过 X 射线显微组织分析和电子探针分析都确定锌粒实际是铁锌化合物，其组成为 $FeZn_{10}$，近似 $\zeta$ 相的结构，和锌锅底渣有相同结构，故也有人称之为锌渣缺陷。如果这些微小的铁锌合金颗粒聚集在一起形成大块锌渣，粘附于带钢表面，习惯上又称为锌疤。

### 2.4.1　形成锌粒和锌疤的主要原因

（1）锌液中铁的质量分数超过 0.03%，由于铁达到超饱和状态，析出的铁粒便弥散在锌液中，带钢穿过锌液时，吸附在板面上就形成锌粒缺陷。

（2）当锌液中铝的质量分数低于 0.16%时，就会产生锌锅底渣，底渣过多被沉没辊机械搅动而浮起，从而伴随锌液粘附在镀锌板面上。

（3）锌锅中的锌液温度过高，例如超过 480℃时，铁被锌液腐蚀的速度呈抛物线关系增长，使锌液中铁的含量迅速增多。

（4）原板表面过度粗糙，例如热轧板的轧制麻面或过酸洗麻面易造成锌粒缺陷。

2.4.2 消除锌粒和锌疤缺陷的措施

（1）采用铁锌锅时，由于控制铝含量偏低，往往会产生大量底渣。这时就必须按时捞取底渣，使底渣与沉没辊之间的距离不小于 300mm。根据经验，用铁锌锅时，每生产 5000t 镀锌板，必须要捞取一次底渣，最好是适当提高铝含量，减少底渣生成量。

（2）使用陶瓷锌锅时，提高锌液中铝含量，最低也要超过 0.16%，必须杜绝锌锅底渣产生。

（3）降低锌液温度，使其保持在 455~465℃。

（4）缩短镀锌原板的库存时间，减轻带钢表面的氧化。

（5）降低带钢入锌锅温度，应低于 480℃，使锌液温度不超过 465℃。

（6）防止过酸洗，使表面粗糙度 $R_a \leqslant 1\mu m$。

## 3 结语

采用热轧带钢酸洗板直接进行热镀锌，可以节约能源降低生产成本。选择合理的工艺方法，同样能生产出优质热镀锌板满足市场需求，并在部分领域可以取代冷轧板热镀锌的功能。目前热轧带钢酸洗板直接热镀锌产品，主要应用于建材 C 型钢，随着我国工业化的发展，使农村城市化的建设不断加快，此品种将有广阔的应用前景。

（原载《武钢技术》，2010（6））

# Q550 热轧中厚板的控轧控冷（TMCP）工艺优化

段东明

武钢 Q550 高强度钢原来主要采用调质工艺生产，但是受成本限制，调质工艺逐渐被控轧控冷（TMCP）工艺取代，特别是近年来随着中厚板生产装备水平的大幅提高，采用 TMCP 工艺生产 Q550 高强钢已是主流趋势。武钢在 2003 年 ACC 冷却系统投入使用后，开展了高强度中厚板轧后直接淬火+回火（DQ-T）工艺代替调质工艺的研究，通过轧后直接淬火代替离线淬火生产高强度结构钢，以改善钢材的组织和力学性能。

## 1　化学成分及性能要求

本次试验生产的 Q550 钢全部采用转炉冶炼、真空处理。其主要化学成分要求见表 1，机械性能要求见表 2。

表 1　Q550 钢主要化学元素质量分数　（%）

| C | Si | Mn | P | S | Nb+Cr+Mo |
|---|---|---|---|---|---|
| ≤0.12 | ≤0.35 | ≤1.70 | ≤0.025 | ≤0.020 | 适量 |

表 2　Q550 钢的力学性能要求

| 钢板厚度/mm | $R_{eL}$/MPa | $R_m$/MPa | $A$/% | $R_m$/MPa | C 级纵向 KV2/J | D 级纵向 KV2/J | E 级纵向 KV2/J | 180°弯曲试验 $d=3a$ |
|---|---|---|---|---|---|---|---|---|
| ≤16 | ≥550 | 670~830 | ≥16 | 670~830 | ≥55 | ≥55 | ≥55 | 完好（$d=2a$） |
| >16~40 | ≥530 | 670~830 | ≥16 | 670~830 | ≥47 | ≥47 | ≥47 | 完好（$d=3a$） |
| >40~60 | ≥520 | 620~810 | ≥16 | 620~810 | ≥31 | ≥31 | ≥31 | 完好（$d=3a$） |

## 2　CCT 曲线的测定及分析

利用热加工模拟试验机 GLEEBLE-2000，采用热膨胀法测定 Q550 钢的 CCT 曲线。将热模拟试样奥氏体化一定时间后，从 850℃开始分别以不同的冷却速度冷却到室温，采用切线法测出相变点，并绘制出 Q550 钢的动态 CCT 曲线（见图 1）。

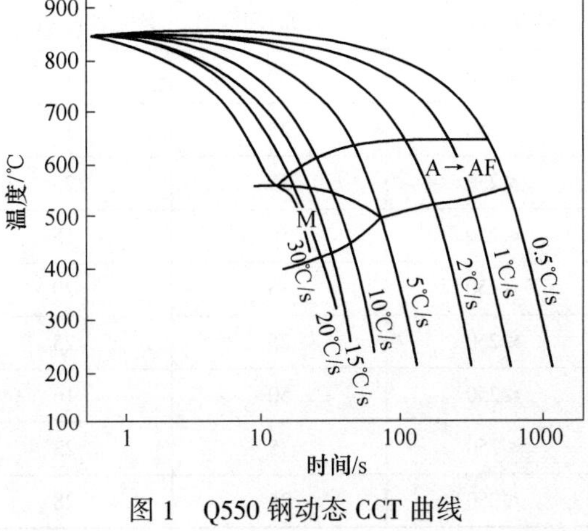


图 1　Q550 钢动态 CCT 曲线

从图 1 可知，对于 Q550 钢，当冷速大于 5℃/s 时，才会有马氏体形成，当冷速大于 30℃/s 左右时，才能得到完全的马氏体组织。由于生产中受 ACC 系统冷却能力的限制，冷速最快只能达到 20~25℃/s，因此为了获得尽可能多的马氏体，要求返红温度控制在 250℃以下（设备检测温度在 250℃以上）。试验钢终轧、开冷及返红温度要求见表 3。

**表 3　Q550 试验钢终轧、开冷和返红温度要求**　（℃）

| $B_s$ | $M_f$ | 终轧目标温度 | 开冷温度 | 返红温度 |
|---|---|---|---|---|
| 643 | 403 | 850 | ≥770 | ≤250 |

注：1）$B_s$ 为贝氏体开始相变温度，$M_f$ 马氏体相变结束温度；2）控冷数学模型要求开冷温度必须≥770℃。

## 3　工艺试验及金相组织分析

由于 16mm 以下薄钢板轧后散热快，终轧温度较低，$A_{r3}$附近析出先共析铁素体，控冷后难以获得足够多的马氏体组织；而 35mm 以上厚度的钢板，受设备条件限制，钢板冷却不均，快冷后强力矫都难以矫平，也不适于 TMCP 工艺生产。因此，根据现场实际对 16~35mm 厚度规格按 DQ-T 工艺生产，而对于厚度小于 16mm 或大于 35mm 的钢板仍采用原调质工艺进行生产。

### 3.1　TMCP 工艺设计

取 3 块 Q550 钢坯分别轧成 16、20 和 35mm 厚的钢板进行试验，加热及控轧工艺见表 4，DQ 工艺见表 5。

**表 4　实际加热和控轧工艺**

| 试样号 | 板厚/mm | 加热温度/℃ | | 粗轧温度/℃ | | 精轧温度/℃ | | 末 3 道次压下率/% |
|---|---|---|---|---|---|---|---|---|
| | | 加热段 | 均热段 | 开轧 | 终轧 | 开轧 | 终轧 | |
| 1 | 16 | 1285 | 1230 | 1173 | 1040 | 936 | 815 | 31 |
| 2 | 16 | 1287 | 1238 | 1175 | 1046 | 938 | 820 | 32 |
| 3 | 16 | 1278 | 1226 | 1165 | 1032 | 930 | 809 | 29 |
| 1 | 20 | 1278 | 1233 | 1165 | 1047 | 948 | 826 | 32 |
| 2 | 20 | 1282 | 1228 | 1178 | 1052 | 942 | 829 | 33 |
| 3 | 20 | 1276 | 1233 | 1173 | 1049 | 947 | 822 | 34 |
| 1 | 35 | 1269 | 1236 | 1170 | 1049 | 950 | 851 | 34 |
| 2 | 35 | 1272 | 1243 | 1164 | 1056 | 947 | 849 | 32 |
| 3 | 35 | 1283 | 1235 | 1183 | 1039 | 942 | 852 | 33 |

**表 5　控冷试验工艺**

| 试样号 | 板厚/mm | 开冷温度/℃ | 终冷温度/℃ | 冷却时间/s | 冷却速度/$℃\cdot s^{-1}$ | 辊速/$m\cdot s^{-1}$ | 水量/$m^3\cdot h^{-1}$ |
|---|---|---|---|---|---|---|---|
| 1 | 16 | 777 | ≤250 | 50 | 14 | 0.5 | 150 |
| 2 | 16 | 788 | ≤250 | 35 | 17 | 0.8 | 170 |
| 3 | 16 | 781 | ≤250 | 25 | 23 | 1.0 | 180 |
| 1 | 20 | 793 | ≤250 | 50 | 15 | 0.5 | 150 |
| 2 | 20 | 798 | ≤250 | 35 | 20 | 0.8 | 170 |
| 3 | 20 | 789 | ≤250 | 25 | 25 | 1.0 | 180 |
| 1 | 35 | 836 | ≤250 | 50 | 16 | 0.5 | 150 |
| 2 | 35 | 830 | ≤250 | 35 | 23 | 0.8 | 170 |
| 3 | 35 | 839 | ≤250 | 25 | 28 | 1.0 | 180 |

### 3.2 金相分析

现场选取大生产钢板制备金相试样观察组织，其中20mm厚试样的1号样和3号样的金相组织见图2、图3。

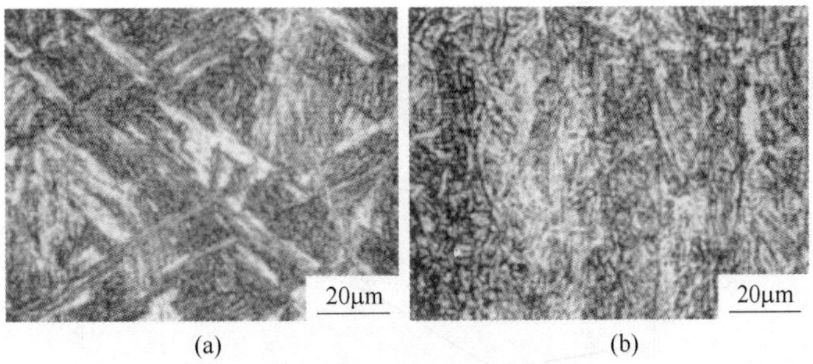


图2　1号样金相组织
（a）表层；（b）芯部

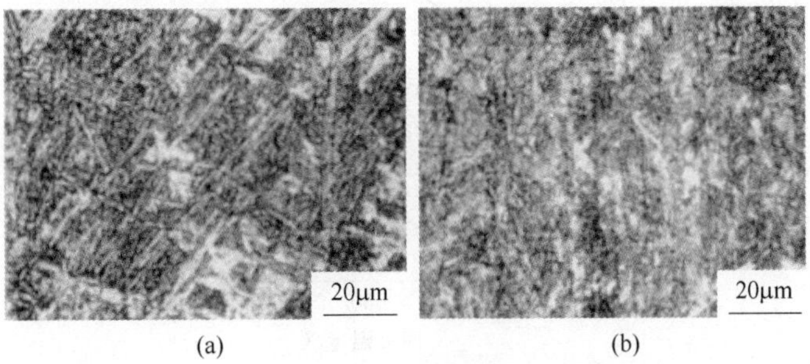


图3　3号样金相组织
（a）表层；（b）芯部

从金相组织来看，2种试样表层均为马氏体带，而芯部组织主要是B+M。钢板中部有贝氏体存在，主要因为芯部冷却速度较慢，钢板发生中温转变，形成贝氏体，其中1号样芯部贝氏体组织中混有部分粒状贝氏体，马氏体与粒状贝氏体混合组织强度更高，粒状贝氏体组织回火后稳定性很好，会造成钢板回火后强度偏高。

### 3.3 回火试验及性能分析

为摸索TMCP型Q550钢的回火工艺，现场取3种DQ状态试样在实验室进行回火试验，对其性能进行分析。Q550钢原调质路线中的回火工艺为660℃×(25+1.8×$h$)min（$h$为钢板厚度，mm，下同），参照在实验室对试板在640、660、680、700℃的4种温度下进行回火，根据现场经验，每种温度回火时间定为（25+3.0×$h$)min。不同控冷工艺对20mm厚的钢板回火后力学性能的影响见图4。

图4显示，不同控冷状态的钢板回火后强度都能满足性能要求。1号样控冷的钢板进行回火实验，冲击功和伸长率在采用700℃回火时最好；2号样控冷的钢板进行回火实验，在不同的回火工艺条件下，各项性能都在要求范围内，伸长率在采用700℃回火工艺时最好；3号样控冷的钢板进行回火实验，在不同的回火工艺条件下，其冷弯及冲击大都不合格，伸长率也是在采用700℃回火时最好。所以20mm厚试验钢的最佳回火工艺为700℃×(25+3.0×$h$)min。

综上所述，2号样的冷却工艺最合适，因此试验钢20mm厚度规格钢板最佳DQ工艺为：终轧温度800~850℃、开冷温度≥780℃、返红温度≤250℃，最佳回火工艺为：700℃×(25+3.0×$h$)min。经现场实践，通过微调终轧温度及辊速等工艺参数，对于16~35mm厚度规格的钢板均达到力学性能要求，考虑到板形问题，现场调试可得最优的控冷水比。

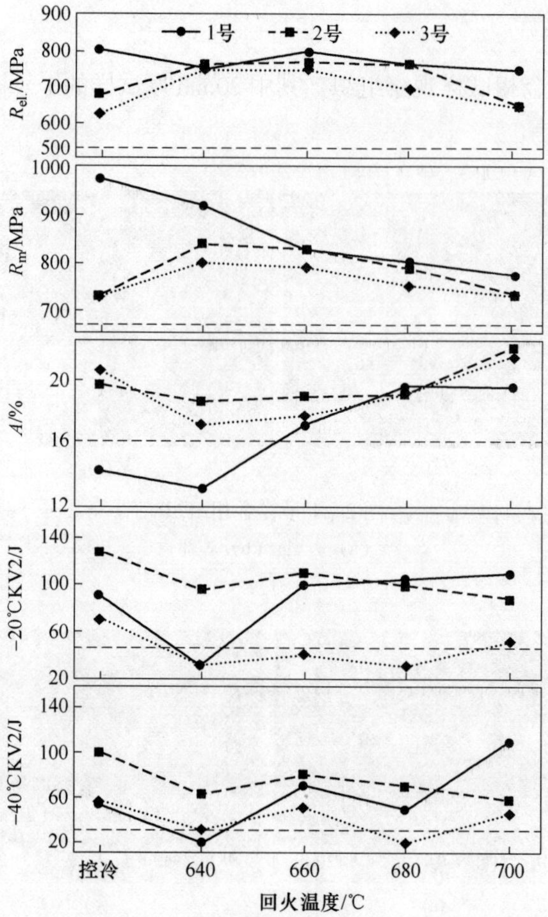


图 4 控冷工艺对钢板回火后力学性能的影响

## 4 DQ-T 与调质工艺大生产一次性能合格率对比分析

对近期采用 DQ-T 与离线热处理（调质）工艺生产的 Q550 钢进行统计，统计结果见表 6。

表 6 DQ-T 与调质工艺大生产一次性能合格率对比统计

| 工艺 | 统计批数/批 | 合格批数/批 | 一次性能合格率/% |
|---|---|---|---|
| DQ-T | 107 | 103 | 96.3 |
| 调质 | 335 | 314 | 93.7 |

由表 6 中的数据对比分析可知，采用轧后 DQ-T 工艺生产的 Q550 钢一次性能合格率为 96.3%，比离线热处理（调质）的一次性合格率 93.7%高了 2.6%。采用轧后 DQ-T 工艺不但缩短了生产周期，减轻热处理生产线的压力，而且综合力学性能得到了进一步提高。在工业化生产中，严格执行本试验总结出的基本工艺参数，并进一步优化，DQ-T 工艺完全可以取代调质工艺生产 Q550 钢。

## 5 DQ-T 工艺批量生产 Q550 钢的情况

目前武钢已经采用固化的 DQ-T 工艺大批量生产 Q550 中厚钢板，其各项指标良好，综合力学性能稳定。具体指标的过程能力指数 CPK 见表 7。

表 7 各项指标的过程能力指数（CPK）

| $R_{eL}$ | $R_m$ | $A$ | KV2 |
|---|---|---|---|
| 2.06 | 1.48 | 1.51 | 4.85 |

## 6 存在的问题及下一步打算

1）由于现有生产装备的限制，Q550 轧后原始板形存在一定的问题，造成 DQ 后厚钢板板形较差。为此正研究万能轧机后加预热矫直机，以改善控冷前钢板的原始板形，为轧后 DQ 创造一定的条件。

2）ACC 控冷系统冷却不均匀对较薄或较厚钢板的板形有很大的影响，现正与东北大学合作，即将对 ACC 系统进行改造，以提高 ACC 系统的控制精度。

## 7 结语

1）16~35mm 厚钢板通过控轧 DQ-T 工艺，完全可以取代调质工艺生产，钢板综合力学性能满足技术标准的要求。

2）对于 16~35mm 厚度规格的钢板，最佳 DQ-T 工艺为终轧温度 800~850℃，最佳回火工艺为 700℃×$(25+3.0\times h)$min。

3）Q550 钢采用低碳+微合金化成分设计，保证了钢板具有良好的强韧性匹配的同时还具有良好的焊接性能，满足了工程机械用钢需要，形成了批量供货能力。

4）为了进一步改善 DQ 钢板板形，应增加轧后预热矫直机和对 ACC 系统进行改造，拓宽 DQ 钢板的厚度生产范围。

（原载《武钢技术》，2011（6））

# CSP 热轧 Q235 钢再结晶与混晶的判定

张超　吴润　宋畅　谭佳梅　吴志方

## 0　引言

冶金技术最新进展之一是薄板连铸连轧工艺得以成功实施，其特点是在“一火”条件下完成了钢板的冶炼、铸造、轧制等冶金过程，并可在线对其组织、性能进行控制。目前，在这一技术中 CSP（紧凑式带钢生产）工艺得到了迅速发展，其产品已占热轧板材的 15%。带坯在 CSP 热连轧过程中固溶合金元素的量要比传统工艺的大，其再结晶规律也与传统工艺的不同。在其产品还存在许多问题，其中最常见的就是显微组织容易出现混晶，从而严重影响了热轧板材的品质与性能。

在部分再结晶区轧制是产生混晶的主要原因，因此掌握钢在 CSP 生产中的动态再结晶规律，避免在部分再结晶区变形是控制混晶产生的关键措施之一。所以，作者以武钢 CSP 热轧 Q235 钢为研究对象，采用热模拟的方法研究了其动态再结晶规律，建立动态再结晶模型，并将得到的部分再结晶变形区判据与生产实际对比，为实际生产提供参考。

## 1　试样制备与试验方法

以武钢 CSP 工艺生产的 55mm 厚连铸薄板坯为原料，其化学成分（质量分数/%）为 0.07C，1.2Mn，0.33Si，<0.01S，<0.01P。将其加工成 $\phi$8mm×12mm 的圆柱试样，在 Gleeble-1500 型热模拟试验机上进行单道次压缩试验，测得不同热变形工艺条件下的真应力-真应变曲线。先期试验证明在 1280℃时试样中固溶的合金元素含量与进入 CSP 线上 F1 机架连铸坯的相当。因此，热模拟时先将试样以 20℃/s 的加热速率升温至 1280℃（使合金元素固溶量与实际生产条件接近），保温 5min 后以 5℃/s 的速率冷却至不同变形温度（分别为 1080，1030，970，910，850℃），保温 10s 后以 0.1，1，5.0$s^{-1}$ 的应变速率等温压下 70%，然后快冷至室温。将所有压缩后的试样沿纵、横截面切开，经 4%硝酸酒精溶液腐蚀，用 Olympus PMG3 型光学显微镜观察显微组织。

为了进行实际生产验证，在连铸坯进入连轧机组（F1，F2，F3，…，F7）轧制成型时，待钢板头部终轧完从第 7 架轧机（F7）出来后，停止轧制，把带钢卡住，抬起轧辊，利用机架间冷却水和轧辊冷却水对轧件进行水淬处理，以防止因缓慢冷却而发生再结晶转变。

## 2　试验结果与讨论

### 2.1　真应力-真应变曲线

由图 1 和表 1 可见，在应变速率 $\dot{\varepsilon}$ 为 1$s^{-1}$ 时，变形温度越高，所对应的应力越低；且随着变形温度的降低，峰值应力对应的应变值增大。在变形温度为 1030℃时，应变速率越大，应力越高；且随着应变速率的增加，峰值应力对应的应变也增大。

### 2.2　动态再结晶模型及其判据

Q235 钢变形发生动态再结晶的过程受以 $T$、$\dot{\varepsilon}$ 为变量的热激活过程控制，以变形因子 $Z$ 来表征的热变形方程为：

$$Z = \dot{\varepsilon}\exp\left(\frac{Q_{\mathrm{d}}}{RT}\right) = A\sigma_{\mathrm{p}}^{n} \tag{1}$$

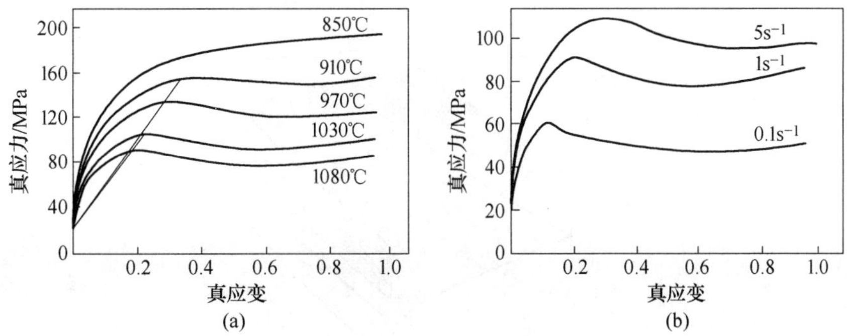


图 1　CSP 热轧 Q235 钢在不同变形条件下的真应力-真应变曲线

（a）$\dot{\varepsilon}=1\text{s}^{-1}$；（b）1030℃

**表 1　从真应力-真应变曲线上测量的峰值应力**　　（MPa）

| 应变速率/$\text{s}^{-1}$ | 变形温度/℃ | | | | |
|---|---|---|---|---|---|
| | 1080 | 1030 | 970 | 910 | 850 |
| 0.1 | 62.19 | 73.20 | 88.94 | 112.89 | 137.06 |
| 1 | 93.43 | 107.03 | 136.13 | 156.98 | — |
| 5 | 111.71 | 139.96 | 146.26 | — | — |

式中，$T$ 为变形温度，K；$R$ 为气体常数，8.314J/(mol · K)；$Q_d$ 为激活能，J/mol；$n$ 为应力指数；$A$ 为由变形材料决定的常数；$\sigma_p$ 为峰值应力。

将在不同应变速率和变形温度下试验所得的峰值应力数据（表 1）进行非线性回归分析得到该钢的热变形方程：

$$Z=\dot{\varepsilon}\exp\left(\frac{262401.30}{RT}\right) \tag{2}$$

$$Z=0.0013\sigma_p^{6.63} \tag{3}$$

钢在热变形过程中能否发生动态再结晶取决于 $Z$ 和应变 $\varepsilon$。当 $Z$ 一定时，随着应变 $\varepsilon$ 的增大，钢依次发生加工硬化→动态回复→部分动态再结晶→完全动态再结晶。物理冶金理论中定义发生动态再结晶的临界应变量 $\varepsilon_c\approx0.83\varepsilon_p$（$\varepsilon_p$ 为峰值应力时的应变），发生完全动态再结晶的临界变形量为稳定应力开始点对应的应变 $\varepsilon_s$，利用回归分析求得 $Z$ 与 $\varepsilon_c$、$\varepsilon_s$ 有如下关系：

$$Z=2.67\times10^8\exp(23.12\varepsilon_c) \tag{4}$$

$$Z=1.18\times10^5\exp(18,92\varepsilon_s) \tag{5}$$

由式（4）、式（5）做动态再结晶图，如图 2 所示，其 $\varepsilon_c$ 曲面表示开始发生动态再结晶的临界变形量，在 $\varepsilon_c$ 曲面以下不会发生动态再结晶；$\varepsilon_s$ 曲面表示发生完全动态再结晶的临界变形量，在 $\varepsilon_s$ 曲面以上发生完全动态再结晶；而在 $\varepsilon_c$ 曲面与 $\varepsilon_s$ 曲面之间只能发生部分动态再结晶。若实际生产中根据应变量、变形温度和变形速率确定的点落在 $\varepsilon_s$ 曲面与 $\varepsilon_c$ 曲面间时容易产生混晶，应尽量避免。

将现场生产各道次的变形温度、应变速率、压下率数据（表 2）代入公式（4）、式（5），并与图 2 对比可知，在 F3、F4 轧机轧制后，该钢处于部分动态再结晶区，会发生部分再结晶，导致混晶出现。

**表 2　Q235 钢从 55mm 轧至 1mm 的主要工艺参数**

| 机架 | 变形温度/℃ | 应变速率/$\text{s}^{-1}$ | 压下率/% | 出口厚度/mm | 换算真应变 |
|---|---|---|---|---|---|
| F1 | 1030 | 4.56 | 63.65 | 19.99 | 1.01 |
| F2 | 981 | 16.99 | 59.00 | 8.20 | 0.89 |
| F3 | 950 | 53.74 | 51.00 | 4.02 | 0.71 |
| F4 | 928 | 121.85 | 44.00 | 2.25 | 0.58 |
| F5 | 912 | 208.07 | 31.87 | 1.53 | 0.39 |
| F6 | 880 | 261.87 | 22.76 | 1.18 | 0.26 |
| F7 | 847 | 276.34 | 15.52 | 1.00 | 0.17 |

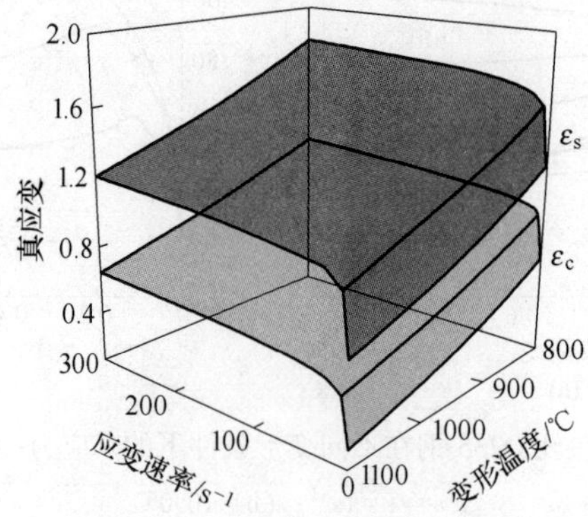


图 2 Q235 钢的动态再结晶图

## 2.3 在实际生产中的部分动态再结晶判定

钢在热连轧经过不同机架轧后的显微组织称为轧卡件组织。由图 3 可见，F3 机架轧卡件的表层组织中存在晶粒分布不均、粗细不等的混晶现象，而其厚度方向的 1/4 处和中心部位的显微组织中铁素体晶粒大小均匀。F4 机架轧卡件组织中未出现混晶现象，表层、沿板厚度方向的 1/4 处和中心部位的显微组织中铁素体晶粒大小均匀，这与动态再结晶模型的分析结果相矛盾。

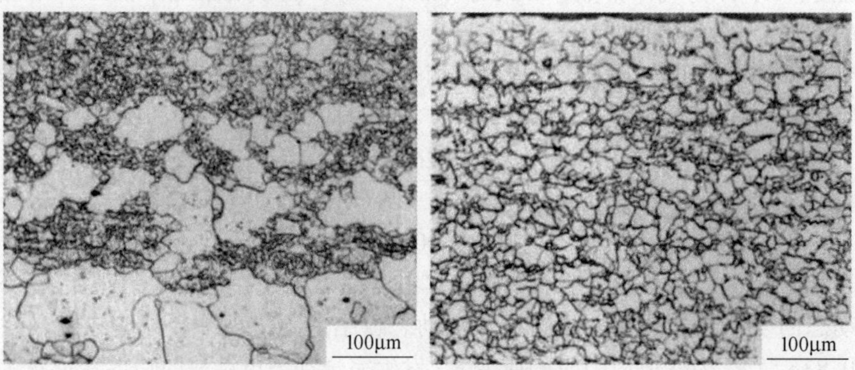


(a) (b)

图 3 经不同机架后轧卡件横截面的显微组织

(a) F3 机架；(b) F4 机架

## 2.4 讨论

经典动态再结晶理论指出，随着真应变增加，若钢的真应力不增加或下降，说明钢在热变形时发生了动态再结晶，如图 1(a) 中 1080℃ 曲线；而随着真应变的增加真应力也增加，说明钢中只发生了动态回复，如图 1(a) 中 850℃ 曲线。动态再结晶的奥氏体相变组织一般为等轴铁素体，其晶界内凹，多晶粒交界处一般为三叉晶界，见图 4(a)。

动态回复型奥氏体的相变组织遗传了奥氏体的变形特征，即铁素体在被压缩变形的奥氏体上形成，晶粒仍然保留了“扁平”状的形态，晶界有不稳定的四叉晶界。从图 4(b) 可知，动态回复组织中有少数晶粒发生了动态再结晶，所以，简单以真应力-真应变曲线来判断 Q235 钢是否发生动态再结晶，会导致动态再结晶判据的误差。再结晶与形变功的储存、释放等因素有关，在以后建立模型时应予以考虑。

## 3 结论

(1) 根据 Q235 钢连铸坯在模拟 CSP 热轧时的真应力-真应变曲线，回归得到动态再结晶的动力学模型，$Z = \dot{\varepsilon}\exp\left(\frac{262401.30}{RT}\right) = 0.0013\sigma_p^{6.63}$；以及开始和完全动态再结晶的判定条件，$Z = 2.67\times10^8\exp$

图 4　不同条件下热模拟动态再结晶和动态回复试样的显微组织

（a）1050℃，$1s^{-1}$，动态再结晶；（b）850℃，$1s^{-1}$，动态回复

$(23.12\varepsilon_c)$，$Z=1.18\times10^5\exp(18.92\varepsilon_s)$。

（2）在实际生产中，利用动态再结晶图来判定是否在部分再结晶区轧制产生混晶现象，有一定的局限性；因为奥氏体发生动态回复后转变的铁素体组织中也有少数晶粒发生了动态再结晶；再结晶与形变功的储存、释放有关，建立模型时应考虑这些因素。

（原载《机械工程材料》，2011（11））

# 武钢CSP生产线产品定位及开发实践

吴健鹏　谭佳梅　赵继宇　张　超　何金平　张永锟　廖德生

与传统工艺相比，薄板坯连铸连轧（CSP）工艺流程具有如下优点：铸态组织晶粒更细、更均匀；连铸铸坯具备液芯压下功能（70~55mm），均热后铸坯温度均匀性好，在均热炉内无相变，合金元素基本固溶于奥氏体中，利于在后续轧制和冷却过程中沉淀析出发挥其合金化作用，降低成本，提高强度；生产薄规格轧制板形控制精度较高，公差尺寸精度波动小。同时，CSP工艺具有如下缺点：由于浇铸速度快，结晶器为漏斗形，铸坯发生夹杂结疤、裂纹、破边等缺陷的几率大；板坯直接入炉，不能下线清理，铸坯缺陷遗留影响成品表面，轧线只有F1前有高压除鳞设备，不及常规热轧多道除鳞，表面氧化铁皮缺陷较常规流程严重；轧制厚规格时，由于铸坯薄、变形量不够，铸态组织没有完全破坏，造成钢材塑性下降，也易出现冷弯开裂现象；连铸区域不具备中包快换功能，不如常规产线生产组织灵活，因此决定了CSP流程生产品种的轧制规格（宽度）比较单一，宽度变化小。

武钢CSP生产线于2009年开始投产，随着生产线的调试、达产和生产工艺的稳定，如何根据CSP工艺技术特点，充分发挥其工艺及装备优势，避开其不利因素，开发具有产线特点并适销对路的产品成为武钢CSP产线需要解决的重点问题。

## 1　武钢CSP产线产品定位研究

### 1.1　国内外CSP产线产品开发现状

目前国内外CSP流程生产的主要产品有：再轧及冷成形用中碳钢（DD11-DD14）、结构钢及低合金钢（S355、S260-S420NC、耐候钢等）、管线钢（X65、X70等）、可再处理钢（碳钢、碳铬钢、碳锰钢、碳锰硼钢等）、弹簧钢、工具钢（碳素工具钢、合金工具钢）、耐磨钢（90Mn4）、电工钢（取向硅钢和无取向硅钢）、不锈钢（铁素体钢409、奥氏体钢304）及双相钢（DP600、DP800）、多相钢（TRIP700）等。

具有代表性的CSP生产线及其产品开发情况有：（1）德国蒂森克虏伯CSP生产线，电工钢（包括无取向硅钢和取向硅钢）的生产比例达到20%，并逐步开发汽车用热轧双相钢；（2）第1条CSP生产线纽柯厂典型品种为V微合金化产品和不锈钢品种，并逐步推进无取向硅钢的生产；（3）国内珠钢CSP流程批量生产厚度≤1.6mm的普通集装箱钢和700MPa以上级别的超高强集装箱薄板；（4）马钢CSP生产线利用其LF+RH双联工艺，冷轧基料生产比例超过70%，包括普通冷轧板、镀锌料、彩涂板和无取向硅钢等；（5）涟钢CSP流程利用半无头工艺进行薄规格和极薄规格带钢的生产，广泛应用于以热代冷。

### 1.2　武钢CSP品种定位的基本要求

武钢CSP生产线于2009年5月开始双线生产，具体配备为：2座170t转炉、2台LF炉和1台真空RH炉，2流SMS铸机，2台辊底式均热炉和1组7机架大功率精轧机，分段式层流冷却，2台地下卷取机，1条运输链和1条平整线，设计年产能250万t，铸坯宽度范围为900~1600mm，产品厚度规格为0.8~12.7mm。生产线建设投产于市场低迷、产能过剩的金融风暴时期，综合考虑武钢一、二、三热轧和CSP产线的工艺特点及技术装备，武钢CSP产线产品应满足如下要求：（1）从市场考虑，开发市场需求大（包括现有需求和潜在需求），前景广阔的产品，最大限度发挥产线效益；（2）从产线特点考虑，CSP产线应与武钢常规热轧产线合理分工，与热轧产品应存在一定的互补关系，充分发挥产线优势，避开CSP产线劣势；（3）CSP产线轧制品种、规格相对较为单一，但批量生产成材率高、成本优势明显，同时钢卷板形、卷形控制好，尺寸精度高，硅钢生产磁性能均匀性好等，因此可考虑普冷材和无取向硅钢等的规模化生产，降低生产成本，提高武钢此类产品的市场竞争能力。

### 1.3　武钢 CSP 产线的产品定位

根据上述分析，结合国内外同类 CSP 产线的品种开发实际情况，武钢 CSP 产线产品定位于：(1) 薄板以热代冷市场前景巨大，以生产薄板（包括普碳钢和低合金钢）为主，充分发挥热轧薄板、超薄板的优势，减少厚板生产量；(2) 充分利用 CSP 产线批量大、板形、卷形控制好、尺寸精度高的优势兼顾生产供冷材；(3) 利用温度均匀，磁性能良好、批量生产成材率高的优势生产无取向硅钢产品；(4) 利用 CSP 分段式的层流冷却 2 段式设计、冷却强度大的装备特点，稳步推进汽车先进高强钢如双相钢、多相钢等的生产，提高产线产品竞争能力。

## 2　武钢 CSP 产线产品开发情况

根据武钢 CSP 产线的产品定位，结合设备功能调试和最终验收等因素，武钢 CSP 产线自投产以来，积极推进品种开发，目前已能批量生产的钢种如表 1 所示。

表 1　武钢 CSP 产线目前能稳定批量生产的钢种

| 钢　种 | 比率/% |
|---|---|
| 普碳钢：Q235A、Q235B、S235JR+AR（欧标）、SS400（日标） | 47~55 |
| 优碳钢：SPHC、08Al | |
| 低合金高强钢：Q345A、Q345B | |
| 集装箱钢：SPA-H | |
| 船板：CCSB | |
| 制管用钢：SPHT1 | |
| 酸洗钢：WMB-P、SPHC 等 | |
| 普冷材：DC01、SPHC 等 | 40~45 |
| 镀锌料：DX51D+Z、SAE1006 | 3~5 |
| 无取向硅钢：W20P、W30P 等 | 5~10 |

由于 CSP 连铸坯发生裂纹等几率较大、薄板坯压缩比较小、厚规格带钢易发生冷弯开裂等，武钢 CSP 产线前期生产的厚规格 Q235B 和 Q345B 等，也有一定程度的折弯开裂质量异议发生，因此已大幅减少厚规格带钢（8.0mm 及以上规格）的生产量。对于采用 Nb-Ti 微合金化的 X52、X70 和汽车大梁钢 WL510，以及采用 Ti 微合金化的低合金高强度钢 Q460C，以及双相钢 DP580 等均在 CSP 产线试制，其中 Nb 微合金化钢如汽车大梁的表面微裂纹和管线钢的铸坯边裂，结合热轧各产线的合理分工，此 2 类产品暂未继续推进，而 Q460C 和 DP580 的市场需求也限制了此类产品的扩大生产。

### 2.1　薄材生产

薄规格产品市场前景广阔，尤其是 1.4~2.0mm 的高精度薄板，使用户可以大量地以热轧板代替冷轧板，市场需求逐步扩大。然而薄规格产品生产具有轧件变形量大、机架负荷大、带钢运行速度快、通板过程不稳定等特点，轧制过程中较难控制，易出现甩尾和堆钢等异常情况，轧辊的磨损也较严重，影响轧件板形和表面质量如麻点等的控制。

经过逐步摸索和优化，武钢 CSP 形成了一系列优化的薄材生产工艺制度，其生产工艺主要特点为：(1) 钢水质量和铸坯质量的控制——优化精炼工艺，保证钢水可浇性和铸坯质量，同时优化连铸工艺，确保连铸关键质量设备满足标准要求，通过过程工序质量控制以保证铸坯质量要求，为批量轧制薄规格热轧带钢创造有利条件；(2) 选择合理的铸坯均热温度和终轧温度，降低轧制负荷，控制成品板形；(3) 工作辊辊型曲线优化，轧制负荷分配、机架间用水策略、速度和张力设定、板形控制系统、层冷等轧制工艺优化，提高薄材轧制过程稳定性和板形控制；(4) 优化连铸拉速、均热炉燃烧和轧钢节奏控制，保证薄材轧制过程稳定，并防范轧机故障时延长均热炉缓冲时间，改善铸坯质量；（5）投用并优化辊缝润滑工艺，减少薄规格轧制负荷，缓解轧机震动，减少轧辊损耗，同时优化薄材轧制换辊制度，保证薄材轧制稳定和板形控制精度。

通过上述薄材生产工艺制度的制定和逐步完善，武钢 CSP 流程的薄材轧制量和综合质量稳步提高，已具备 2.0mm 及以下薄材月产 5 万 t 的能力，2010 年 6 月 2.0mm 及以下薄材轧制量突破 9 万 t，1.6mm 及以下规格极薄材产量突破 1.6 万 t。同时，积极拓宽薄材的品种结构，除普通低碳钢外，武钢 CSP 产线已能批量生产薄规格低合金钢 Q345B、耐候 SPA-H 钢等，同时通过 Ti 微合金化工艺初步具备 550MPa 及以上级别薄规格高强钢的批量生产能力，产出产品质量稳定，成功开拓了武钢薄规格产品市场，有效地发挥了 CSP 产线流程优势。

## 2.2　CSP 冷轧料和镀锌料生产

武钢 CSP 冷轧料的工艺技术主要特点为：（1）为保证冷轧料和镀锌料的交叉生产，化学成分控制方面严格控制 $w(\mathrm{Si}) \leqslant 0.03\%$、$w(\mathrm{P}) \leqslant 0.02\%$，同时控制 $\mathrm{Al_s}$、S、N 等元素，减少铸坯缺陷；（2）优化精炼、连铸和高压除鳞工艺，优化均热炉气氛控制，控制成品带钢表面质量；（3）适当降低 C 含量，采用高温轧制和高温卷取工艺，并优化层冷策略，适当降低冷轧料强度，提高延伸率。

表面质量是 CSP 生产冷轧料质量控制的关键。因 CSP 产线固有特点，CSP 产线带钢表面缺陷较常规产线严重。CSP 热轧带钢主要表面缺陷为长条状缺陷（疑似热轧卷带钢裂纹）和短条状的夹杂、氧化铁皮压入等缺陷。夹杂缺陷的形成与连铸设备、工艺、操作等因素相关，裂纹缺陷主要由钢水质量控制、连铸生产工艺、设备状况或保护渣型号选择等引起，氧化铁皮缺陷则与均热炉的气氛控制、隧道炉炉底辊清理不及时或除鳞系统等有关。

针对表面质量问题，武钢 CSP 产线采取了一系列措施，如优化冶炼工艺和浇铸工艺，改善铸坯质量，通过均热炉气氛控制、除鳞参数优化、除鳞设备维护，炉底辊在线清理和离线清理、炉底辊辊环材质优化等，降低了热轧表面氧化铁皮缺陷，产线的冷轧料生产比率稳步增加。2010 年开始，各月的外发普冷材料产量均在 40%以上。在冷轧料批量生产和外卖的基础上，开始冷轧镀锌料的推进，主要开展了多轮镀锌料的试验，表面质量逐步提高，完全达到冷轧镀锌料的标准。

CSP 生产镀锌料采取的生产工艺控制措施如下：（1）开拓镀锌料的生产组织方式，由于 CSP 流程难以保证整个浇次生产的热轧板都能够用于镀锌，因此与普冷板混浇次生产，表面质量好的用于镀锌；（2）建立镀锌板用热轧原料的表检判定标准，进行试验修正，提高 A 级品的下送合格率，目前镀锌料的浇次挑出率在 70%左右；（3）在普冷料基础上，完善镀锌料生产过程控制工艺，改进表面质量。

## 2.3　硅钢生产

武钢 CSP 生产硅钢的生产工艺技术特点如下：（1）采用转炉加 RH 精炼流程，提高钢水纯净度，有利于改善夹杂物的形态和数量；（2）薄板坯冷却强度大，凝固速度快，板坯宏观偏析和中心疏松较厚板坯小；（3）采用均热炉均热，板坯横断面和长度方向上温度均匀，轧制稳定性改善，也有利于提高硅钢的磁性能均匀性；（4）板坯温度均匀性好，热轧硅钢板边裂小，切边量减小，有利于提高硅钢的成材率。

目前武钢 CSP 产线的各类型、各牌号硅钢正在推进中，生产过程控制稳定，产品磁性能良好，表面质量满足要求。

## 2.4　双相钢生产

双相钢室温组织为铁素体+马氏体，通过在软的铁素体基体上均匀分布硬质的马氏体相（体积分数 5%~20%左右），以获得低屈强比、高强度与良好延展性相结合的钢种，其成型性能较好，在汽车行业中应用日益扩大。国外已开始在汽车的悬挂件、底盘结构件、保险杠和加强梁等对材料的成型性能和吸能性要求较高的部位采用双相 DP 钢或多相 TRIP 钢等。目前国内热轧双相钢主要用于轮辋和轮辐等，但是作为先进高强钢的重点品种之一，替代高屈服点的普通低合金高强钢板，以满足汽车材料高强度化和汽车轻量化的发展，双相钢的潜在市场非常巨大。而同时利用 CSP 产线薄带钢生产优势，生产 2.0mm 或更薄规格的双相钢“以薄代厚”和“以热代冷”，是具有良好发展前景的。而双相钢关键在于层流冷却的控制以获得双相组织。因此做好前期的技术储备工作，并加速双相钢市场的开拓，提前介入汽车行业，对于丰富品种结构，扩大市场占有率具有重要意义。

武钢 CSP 产线于筹备时就预计了双相钢的生产，采用 2 段式层流冷却工艺，并于 2009 年开始进行多轮双相钢的试验开发，CSP 生产双相钢主要技术特点为：(1) 采用低碳成分，添加一定的 Si 和 Mn，不添加其余合金，降低合金成本，通过轧制规程的合理搭配获得经济型双相钢；(2) 低温轧制适当增加未再结晶区轧制变形量，同时降低轧制速度，保证空冷段缓冷时间；(3) 两段式冷却，中间温度和缓冷时间合理选择确保水冷后轧件在空气中冷却，获得足够的铁素体组织；(4) 低于 $M_s$ 点卷取以确保残余奥氏体能完全转变成马氏体。

通过上述成分和控轧控冷工艺的结合，成功开发了 4.0mm 厚度规格双相钢 DP580，其性能水平达到了日本 JFE 相同钢级的性能水平，马氏体组织体积分数在 15%~20%范围。

## 3　结语

(1) CSP 适宜生产薄规格的低碳和低合金钢，发挥“以热代冷”的优势，生产超高强度钢，如高强集装箱钢、车厢用钢等，并往薄规格拓展，替代较厚规格的一般强度板，实现“以薄代厚”，同时拉开同类 CSP 产线差距，避开同质化竞争。

(2) 利用 CSP 产线温度均匀、再结晶充分等特点，大力推进硅钢的生产，扩大硅钢产能。

(3) 充分发挥批量生产成本低、成材率高的优势，扩大冷轧料的生产。同时，利用武钢 CSP 配备有 RH 和 LF 的工艺配置，加快超低碳深冲型钢，如 DC04 等产品的开发，以降低生产成本。

(4) 随着汽车轻量化项目的推进和先进高强度钢项目的发展，热轧双相钢具有较大发展前景。CSP 产线可继续优化双相钢工艺参数，加强热轧双相钢生产的技术储备，并加速开拓双相钢和多相钢的潜在产品市场。

(5) 因 CSP 铸坯偏薄，应尽量减小厚规格产品的生产，避免总压缩比不足对性能的影响。

(6) 对于含 Nb、V、Mo 等合金元素、表面裂纹敏感性强的低合金钢，CSP 产线不具备优势，因此在 CSP 整体工艺完全深入和持续改进前，暂不建议生产。

(原载《武钢技术》，2011 (4))

# CSP 线生产薄规格超高强带钢的轧制工艺与组织性能

陈 良　张 超　朱 帅　康永林

目前，薄规格高强钢因其能在满足安全和使用要求的同时达到减重、降耗、减排的目的，成为新一代环境友好型材料，市场应用前景广阔。常规热轧产品受铸坯厚度制约，其带钢厚度在 1.6mm 以上；薄板坯连铸连轧生产线因铸坯厚度薄，已能批量生产厚度在 1.0~1.5mm 的热轧薄带钢，但其屈服强度级别主要为 235 或 345MPa。屈服强度 550MPa 以上，厚度 2.0mm 以下的薄规格高强钢目前主要还是依靠冷轧。开展热轧高强薄材的开发，有利于提高武钢 CSP 产线产品竞争力。

和其他薄板坯连铸连轧生产线一样，武钢 CSP 生产线以铸坯薄、铸机拉速高为特征，带钢厚度精度高、板形良好。整条生产线主要包括，常规的转炉炼钢和精炼工艺及设备，漏斗形结晶器的立弯式铸机，摆动剪，辊底式均热炉，高压水除鳞机，多机架轧机，层流冷却与输出辊道，地下卷取机，以及钢卷输出装置。为适应高强薄材的生产，武钢 CSP 生产线进行了相关工艺技术开发，主要在降低变形抗力的同时保证铸坯表面质量的加热工艺，为保证薄材生产负荷的均衡分配，配置了高刚度 7 机架热连轧机；为高强度薄材控轧控冷工艺的需要，层流冷却为分段式冷却，具备 5 种冷却方式；为实现高强度钢的卷取，保证卷形，配置大功率的卷取机。

近年采用 CSP 生产高强和超高强度钢板已有了一定研究，涟钢 CSP 线生产低碳贝氏体钢时，加入了 Mn，Mo 和 Cr 等合金元素，降低了珠光体和先共析铁素体新相的形核和长大速度，使先共析铁素体区右移，保证了较宽冷速范围内得到均匀的贝氏体组织。另外对采用 CSP 生产高强钢时热轧工艺的研究表明：低温卷取得到多边形铁素体和少量珠光体的组织，并且渗碳体破碎成细小的碳化物粒子分布于基体上，有利于强度的提高。

在珠钢 CSP 线，采用 Ti 微合金化在降低成本的同时，同样可以得到力学性能优异的高强和超高强耐候钢产品。在本文中，主要介绍了武钢采用 CSP 生产的 Ti 微合金化的高强超高强带钢，通过高强钢的合金化成分控制技术、连轧及冷却过程控制等实际生产中的问题，试验分析了钢的组织性能及钢中的纳米尺寸 TiC 析出粒子与轧制冷却工艺参数的关系及规律，实现了薄规格高强钢的批量稳定生产，产品质量满足了用户的需求。

## 1　武钢高强钢的成分设计和冶炼控制技术

在采用 CSP 生产高强钢的成分设计时，考虑带钢的焊接和成形性能，采用了低碳成分体系，同时为了保证薄材在轧制过程中的稳定性和经济因素，选择高温控轧的合金元素 Ti，不添加 V，Nb，Mo 等贵合金，具体的成分设计如表 1 所示。

**表 1　高强钢的成分（质量分数）设计**　　(%)

| C | Si | Mn | Ti | P | S | N |
|---|---|---|---|---|---|---|
| 0.03~0.07 | 0.1~0.4 | 1.3~1.9 | 0.03~0.15 | ≤0.025 | ≤0.01 | ≤0.008 |

冶炼时，考虑化学成分和现场生产的实际情况，根据 LF 和 RH 工艺成分控制特点，将 LF+RH 双联工艺作为初期批量生产的工艺路线，并对脱氧合金化工艺进行适当的优化调整，以达到精准控制成分的目的。采用先加 Al 进行预脱氧，再加入 Ti 进行微合金化处理。钢水精炼结束后对钢水进行微钙化处理，达到对钢中 $Al_2O_3$ 夹杂进行变性的目的，以减少钢中大颗粒夹杂，提高钢水质量，改善可浇性。

## 2　CSP 生产高强薄材的轧制工艺

CSP 生产薄规格产品因轧制变形量大、轧机负荷大、轧制速度快，导致轧制难度大。采用高于 1180℃的出炉温度，通过控轧控冷工艺进行细化晶粒和控制第二相质点的析出尺寸、数量及分布，改善组织和性能。在生产 Ti 微合金高强钢时，采用了高温控制工艺，终轧温度控制在 850~920℃，同时为研究细晶强化和 TiC 粒子的析出强化作用，对不同厚度规格的产品选用了头部连续、头部间隔和尾部连续 3 种不同的冷却方式，以及 600~630℃和 570~600℃两种不同的卷取温度，以研究冷却工艺对钢的组织性能的影响规律。

## 3　薄规格高强钢的组织与性能

### 3.1　板材厚度对组织的影响

在采用 CSP 生产薄规格高强超高强度带钢时，采用高的压下率可以细化晶粒，提高强度和塑性。图 1 为热轧平整后不同厚度 CSP 产品力学性能与厚度规格的关系。可以看出在厚度规格为 3，4 和 6mm 的带钢中，随厚度增加，抗拉强度从 828MPa 降低到 767MPa，屈服强度从 776MPa 降低到 691MPa，伸长率保持在 20%左右。

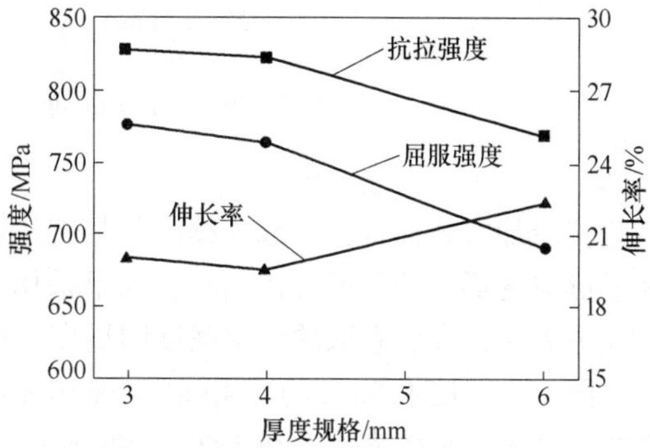


图 1　不同厚度规格 CSP 产品的力学性能变化

图 2 为 3 种厚度规格产品厚度中部组织的 SEM 照片，可以看出，高强钢的组织主要是准多边形铁素体，随着产品厚度的减薄，组织细化。在 3.0 和 4.0mm 厚度的钢板中，小于 3μm 的晶粒占总数的比例较大。极少量的珠光体呈岛状分布于组织当中；6.0mm 厚度的钢板晶粒尺寸明显高于薄规格产品的晶粒尺寸。

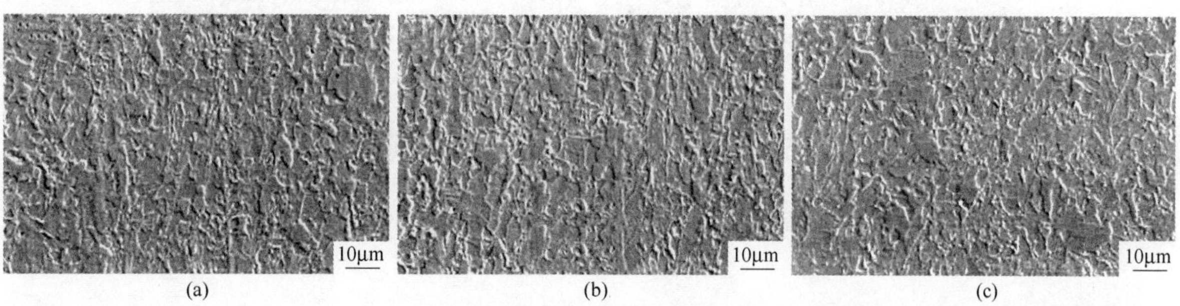


图 2　热轧平整后不同厚度 700MPa 级 CSP 产品的显微组织

（a）3.0mm；（b）4.0mm；（c）6.0mm

### 3.2　层冷制度的影响

另外在同样成分和热轧制度的条件下，采用了头部连续、头部间隔和尾部连续 3 种层流冷却方式和高温卷取（600~630℃）和低温卷取（570~600℃）2 种不同的卷取温度。对不同的冷却方式下的带钢相同位置（距头部 5m）取样进行力学性能测试，层流冷却制度对带钢力学性能的影响如图 3 所示。

从拉伸试验结果可以看出，抗拉强度和屈服强度的变化与带钢厚度差别不大。根据前面的试验结果和分析得到，随着厚度规格减薄，钢的强度呈现上升的趋势。图 3 中钢的强度与厚度变化不大说明，不同的冷却方式对强度也会产生影响。武钢 CSP 生产 700MPa 级超高强度带钢的终轧温度范围是 850~920℃，进入层流冷却阶段后，不同冷却方式造成终轧到卷取之间的冷速不同。

因此可以判断出现这种现象的原因是由于在层流冷却过程中冷速不同造成的。热轧终轧时钢的组织为奥氏体，在层流冷却过程中出现铁素体的形核、长大过程，而形核速率和长大速率决定最终晶粒的尺寸。形核速率和长大速率均随着冷速的增加而增加，其中形核速率增加幅度更大。因此冷速的增加可以细化晶粒，提高强度。

在 3 种冷却方式下，头部连续冷却具有最高的冷速，前段间隔冷却次之，尾部连续冷却的冷速最低，

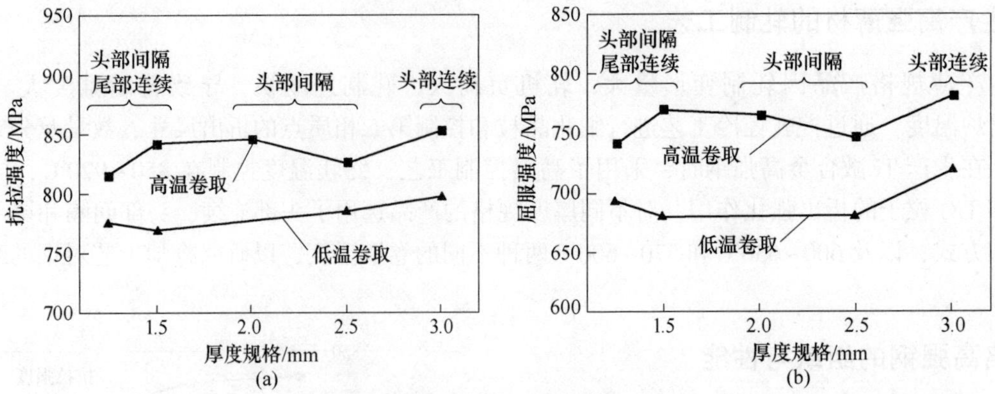


图3 冷却制度对700MPa级超高强带钢力学性能的影响

（a）抗拉强度；（b）屈服强度

因此就冷却方式而言，头部连续冷却具有最高的强度，薄规格产品在轧制过程中具有高的变形量，热轧终了形成变形显著的奥氏体晶粒，如果采用相同的冷速和卷取温度，薄规格产品的晶粒尺寸最细小。在图3中表明，高温卷取的带钢强度明显高于低温卷取的带钢强度，强度差异在50~100MPa。

图4为厚度1.5mm的屈服强度700MPa级高强钢在不同卷取温度的显微组织。从图4中可见，其组织主要是准多边形铁素体。在582℃卷取钢的组织中，晶粒边界和内部出现了大量白色颗粒，经过在1万倍条件下（图5）的能谱分析表明析出物为$Fe_3C$，即在低温卷取时出现了渗碳体。

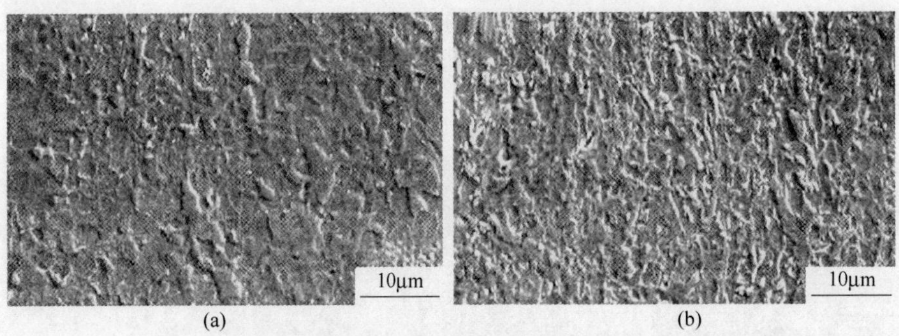


图4 不同卷取温度条件下的700MPa级超高强带钢的显微组织

（a）630℃；（b）582℃

钢中C质量分数为0.03%~0.07%，Ti质量分数最高达0.15%的成分体系，最主要的强化机制为依靠形成细小的纳米尺寸TiC粒子进行强化。但在快速热轧和冷却过程中TiC缺乏充足的时间完成析出，卷取成为TiC析出的重要阶段。

在TiC的析出过程中，Ti的长程扩散是控制性因素，卷取温度的降低减缓了Ti的扩散速度，抑制了TiC的析出，从而造成低温卷取钢中纳米尺寸粒子的数量大为减少。由于碳在铁素体中的固溶度很低，碳原子必然要以其他形式存在，所以在钢中形成数百纳米的$Fe_3C$粒子。

图5 低温卷取$Fe_3C$析出粒子观察

图6是不同卷取温度得到的析出粒子的TEM照片，可以看出在582℃的低温卷取时，得到的析出物数量较少，并且尺寸高于630℃卷取试样中的析出粒子尺寸。经统计，630℃卷取试样中的TiC析出粒子尺寸低于20nm的占70%以上，582℃低温卷取试样中的析出物尺寸较为均匀，平均尺寸在35nm左右。这也进一步解释了卷取温度影响带钢强度的原因。

### 3.3 CSP薄规格高强钢产品的应用

在武钢CSP生产线通过技术攻关，生产的薄规格高强钢已经形成耐候和非耐候两大系列，厚度1.2~

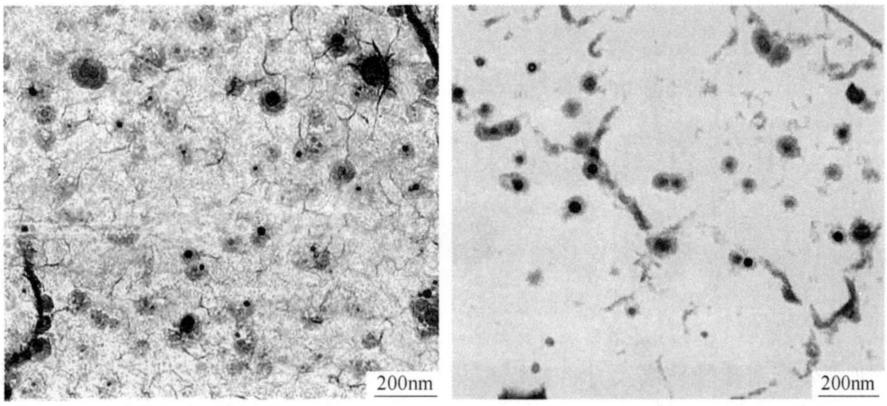


(a)　　(b)

图 6　不同卷取温度带钢中 TiC 析出物的形貌

(a) 630℃；(b) 582℃

6. 0mm，屈服强度 500~700MPa。具有厚度精度高，性能均匀，成形性好，板形平直及表面质量优良等优点。批量生产的薄规格高强钢力学性能情况见表 2。

非耐候系列主要应用于汽车制造领域，其中厚度 1. 2mm、屈服强度 700MPa 的产品被应用于大型客车生产以替代同等强度级别冷轧板，主要用于制作安全结构部件，可大幅降低材料成本。其他规格和强度的板带产品被载重汽车生产企业用来替代过去的厚规格、低强度热轧带钢原料，这对实现汽车轻量化及节能减排具有重要意义。

**表 2　武钢 CSP 线生产高强钢的力学性能**

| 钢的强度级别/MPa | 板带规格/mm | 屈服强度/MPa | 抗拉强度/MPa | 屈强比 | 伸长率/% |
|---|---|---|---|---|---|
| 700 | 1. 2~4. 0 | 720~810 | 770~844 | 0. 85~0. 90 | 15~23 |
| 600 | 1. 2~4. 0 | 575~650 | 620~720 | 0. 82~0. 91 | 22~29 |
| 500 | 1. 2~6. 0 | 530~605 | 590~680 | 0. 81~0. 91 | 21~32 |

耐候系列应用于集装箱制造行业，其中厚度 1. 2mm、屈服强度 700MPa 的产品因其优良的力学性能及较低的材料成本，已被世界最大集装箱制造企业用以替代同等强度级别冷轧板。

## 4　结论

1）考虑带钢的焊接和成形性能，采用了低碳成分体系，同时为了保证薄材在轧制过程中的稳定性和经济因素，选择高温控轧的合金元素 Ti，不添加 V，Nb，Mo 等贵合金，工业生产结果证明该成分体系可以达到薄规格高强钢的性能要求。

2）轧制时的高压下率可以细化晶粒，提高强度和塑性。厚度规格从 3mm，4mm 增加到 6mm，平均晶粒尺寸明显增大，抗拉强度从 828MPa 降低到 767MPa，屈服强度从 776MPa 降低到 691MPa，伸长率保持在 20%左右。

3）采用了头部连续、头部间隔和尾部连续 3 种层流冷却方式和高温卷取（600~630℃）和低温卷取（570~600℃）2 种不同的卷取温度。头部连续冷却具有最高的冷速，可以细化晶粒，600~630℃较高温度卷取试样中的 TiC 析出粒子尺寸低于 20nm 的占 70%以上，析出强化起重要作用。

（原载《钢铁》，2014（1））

# 重轨连轧过程中尺寸稳定性的研究

董茂松

高速列车的快速运行对重轨轨高尺寸控制精度提出了严格要求，国内相关生产厂家相继在 2002 年至 2007 年间对重轨生产线进行了改造升级，由原来的两辊孔型轧制改为万能孔型轧制，生产的重轨断面尺寸精度和全长尺寸稳定性有了大幅度的提高，但在成品道次采用连轧工艺轧制重轨时，连轧过程中的张力、咬入和抛尾过程中的张力波动会对重轨全长尺寸的稳定性产生较大的影响。在此，对该现象进行了分析，并提出了有效的控制措施。

## 1　重轨轧制孔型系统

控制重轨通长尺寸稳定性的关键设备是万能轧机。万能轧机由粗轧机（UR）、轧边机（E）和精轧机（UF）3 架轧机组成。根据 UR、UF 轧机"万能孔型"的特点（如图 1 所示），重轨轨高和底宽的位置为开口孔，轨高（尺寸为 $G$）和底宽（尺寸为 $B$）容易波动，机架间张力会直接影响这 2 项尺寸在重轨通长方向的稳定性；而对于底厚、头宽、腰厚尺寸，只要控制好装配和轧辊车削过程，一般波动较小。

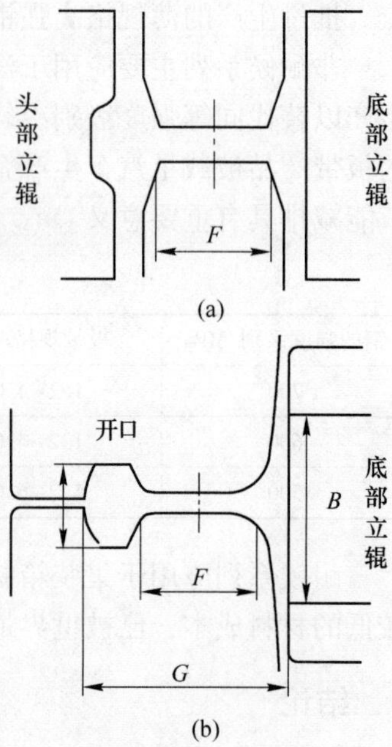


图 1　轧机孔型示意图
（a）UR 孔型；（b）UF 孔型

## 2　连轧时张力对尺寸的影响

对于重轨万能连轧生产线，控制机架间的张力是尺寸稳定性控制的关键因素之一。特别是轨高，如果控制不当，不仅轨高会出现偏差，而且会对平直度产生直接的影响。图 2 是分别采用"堆轧"和"拉轧"工艺时测得的重轨全长尺寸分布情况。结果表明，不同张力状态对钢轨的轨高和底宽有较大影响，而对腰厚和头宽的影响较小。其主要原因在于腰厚和头宽部位的金属与轧辊直接接触，并且压下量相对较大，张力状态不足以对其尺寸产生影响；而轨高和底宽均为开口尺寸，张力状态对金属在孔型中的充满度有较大的影响，从而对钢轨的断面尺寸产生影响。

在试验过程中，采用较小堆钢系数进行轧制，对钢轨的尺寸波动影响不大，有时甚至有利于轨高的通长尺寸稳定性。这种情况可能是由于钢轨特殊的断面形状（各个部位的延伸不一致）在轧制过程中对金属的流动形成一定的阻力，减轻了张力对金属流动的影响，使其尺寸不受影响。但是，采用较大的堆钢系数和拉钢系数，都会造成尺寸较大的波动，严重时会造成堆钢事故。

## 3　尺寸稳定性控制

连轧通常由 3 个过程组成，即低速咬入—高速轧制—低速抛尾。在升速、降速的过程中，如果速度变化过大，对底宽和轨高尺寸会造成一定的影响；在抛尾的瞬间，轨高尺寸也会有波动，并对平直度产生影响。

对重轨通长方向的轨高数据进行测量，发现在距钢轨尾部约 $L$ 和 $2L$ 处都有轨高尺寸变化，$L$ 处轨高比附近轨高高 0.5~0.6mm，$2L$ 处轨高比附近轨高高 0.3~0.4mm，如图 3 所示。通过对抛尾过程中的轧制参数进行分析发现，在抛尾瞬间，UR 轧机的转速有一定幅度上升，而同时该轧机还承受了一定的负荷。这说明在抛尾瞬间"UR—E—UF"连轧形成了较大幅度的堆钢轧制，使在 E 轧机（$L$ 处）和 UF 轧机（$2L$ 处）的轧件展宽量增加，造成轨高波动。

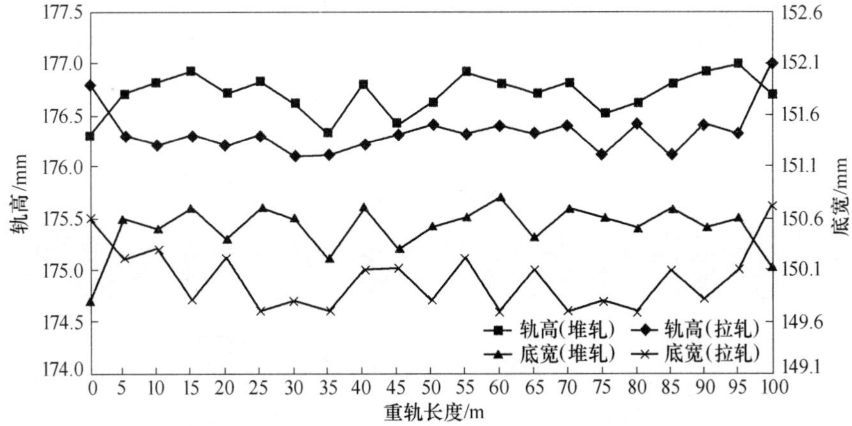


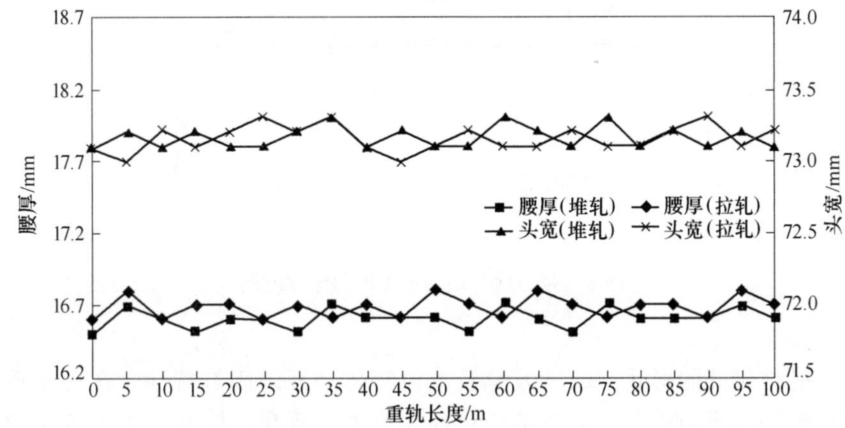


图 2　不同张力状态下的尺寸分布

（a）不同张力状态下轨高、底宽分布；（b）不同张力状态下头宽、腰厚分布

针对钢轨在连轧生产过程中出现的这种尾端轨高波动问题，制定了如下试验方案：（1）让整个抛尾过程处于升速过程中；（2）让整个抛尾过程处于减速过程中；（3）在抛尾瞬间给予 UR 轧机一定的速度补偿，减少速度波动；（4）优化过程的微张力，调快轧机的响应速度；（5）拆分道次，进行单机架轧制。

采用方案（1）、（2）的主要目的是为了验证轧机在加速或减速过程中，通过轧机自身的主动加速或减速，弥补或减轻抛尾过程的速度波动，而试验表明该方法对抛尾过程的抑制速度波动作用不大，轨高波动仍然存在，如图 4 所示。

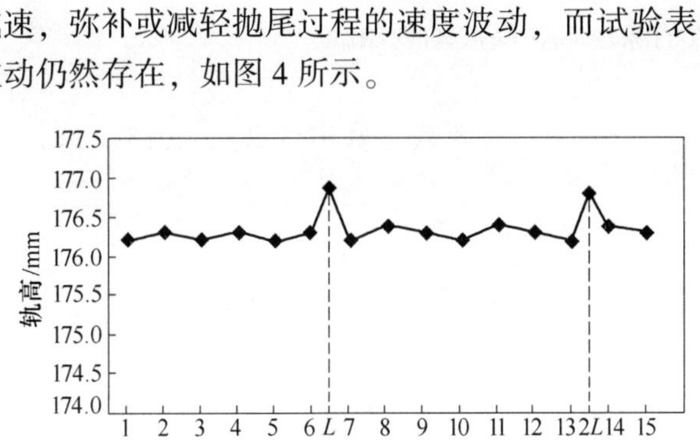


图 3　重轨尾部轨高波动

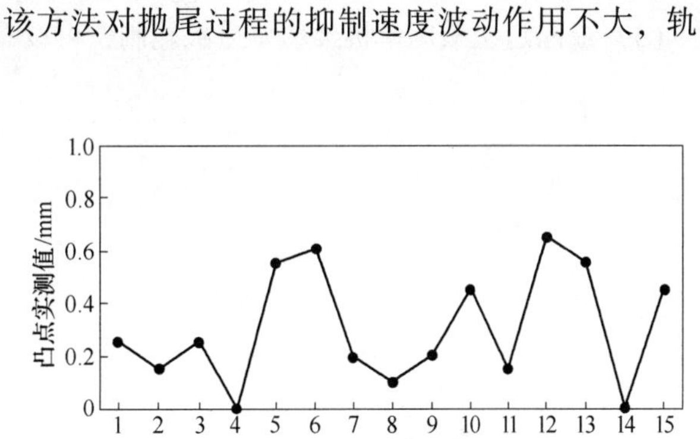


图 4　抛尾速度补偿试验尾端轨高波动值

方案（3）主要是在抛尾过程中，选择适当的时间点，主动降低 UR 机架速度，消除或抵消 UR 机架速度升幅，保持微张力轧制。这种方法对于抑制抛尾瞬间 UR 转速波动较有效果，然而控制不稳定。分析轧制参数发现，同样的设定参数情况下，UR 的转速波动有的变缓、有的加剧，造成对应钢轨轨高波动值不稳定。主要原因是在抛尾过程中速度波动的时间非常短暂，只有 80~100ms，对减速时间点的精度要求非常高；而由于轧件形态、检测信号、传输及信号处理的差异，造成了系统给出的降速时间点存在偏差，对于抑制速度波动效果不一，造成轨高波动值变大或变小。方案（4）主要调整了电机的响应速度，对减

少抛尾速度波动有一定效果，如图5所示，但抛尾速度波动仍然存在。方案（5）主要是采用单机架轧制进行连轧，虽然抛尾过程中仍然存在速度波动，但由于不存在堆拉关系，不会对轧件的宽展造成影响，从而杜绝了尾端轨高波动。

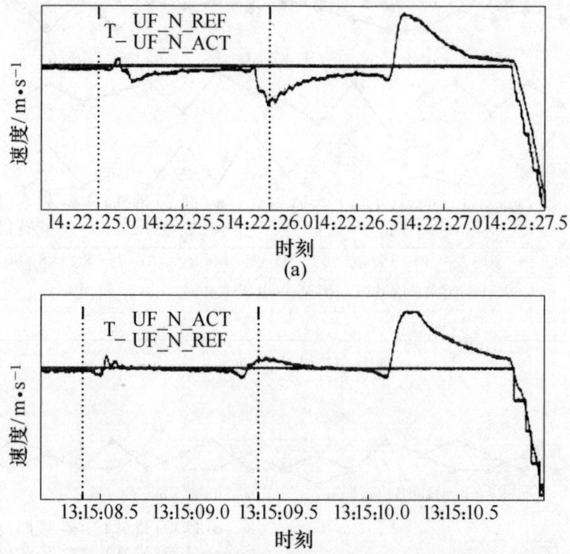


图5　张力优化前、后UR抛尾速度图

（a）优化前；（b）优化后

试验表明，由于轧件尾部的形状、温度差异及电机等传动系统固有特性，在抛尾瞬间产生了机架的速度波动，影响了机架间的张力关系，最终造成尾端轨高波动现象。因此，为了解决抛尾瞬间的速度波动问题，需进一步对传动系统、钢轨变形规律进行系统研究。现阶段最有效的控制尾端轨高波动的方法是在成品道次轧制时采用单机架轧制，可以完全避免抛尾时因速度波动引起张力波动，消除尾端轨高波动现象。

## 4　结语

（1）连轧张力对钢轨轨高和底宽影响较大，对其他断面尺寸影响不大；

（2）连轧抛尾过程中，速度（张力）波动大小与尾端轨高波动大小有较强对应关系；

（3）成品道次采用单机架、单道次轧制，可以有效消除尾端轨高波动现象。

（原载《武钢技术》，2015（2））

# HRB400热轧带肋钢筋弯曲加工断裂原因分析

丁礼权　徐　志　范植金　王晓东　张　帆　徐志东

HRB400热轧带肋钢筋是建筑行业常用的钢材之一，也是建设部重点推广应用的新型钢筋，因其强度高、塑性好、可焊性好而被广泛应用于高楼大厦、桥梁、地铁、高速公路等。某钢厂生产的HRB400热轧带肋钢筋用户普遍反映良好，但某施工工地在使用该钢厂生产的$\phi$22mm HRB400钢筋时，发生弯曲加工断裂现象。为查明该批热轧带肋钢筋弯曲断裂原因，笔者对其进行了检验和分析。

## 1　理化检验

### 1.1　宏观分析

整个断裂试样全貌见图1(a)，断口宏观形貌见图1(b)。可见断口凹凸不平，其中约1/3断面呈暗灰色纤维状，剩余2/3断面呈平面状，可见金属光泽。

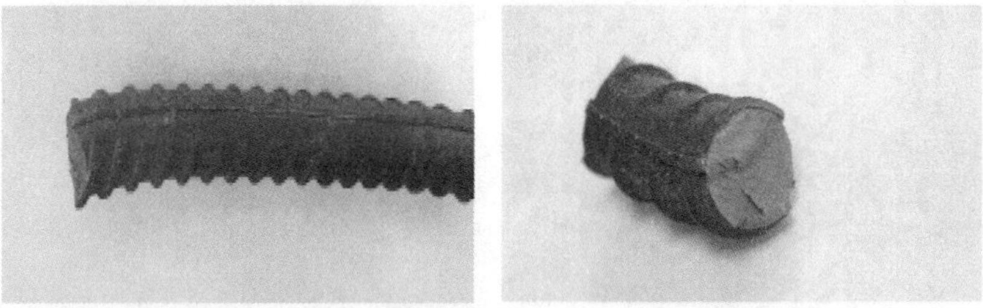

(a)　(b)

图1　断裂试样宏观形貌

(a) 断裂钢筋；(b) 断口

### 1.2　断口扫描电镜分析

钢筋断口经酒精超声波清洗后，用Quanta 400扫描电镜观察。断口低倍形貌见图2 (a)，断裂起源于断面下部边缘。断裂源微观形貌为韧窝，见图2 (b)。断裂源以外的其他部位微观形貌为典型的河流花样，呈解理断裂特征，见图2 (c)，(d)。整个断口上未发现比较明显的夹杂物。

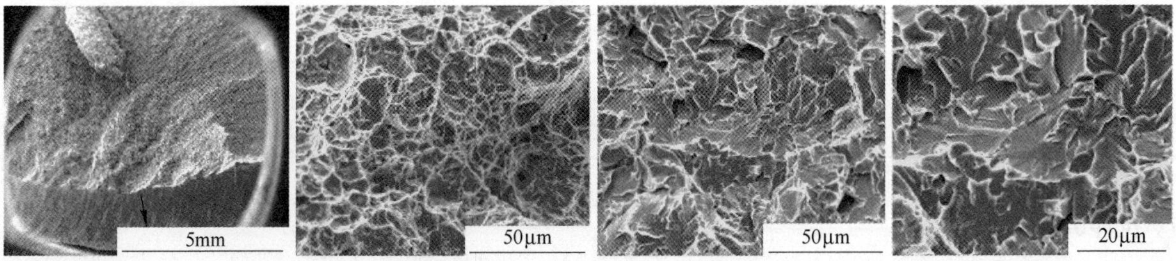


(a)　(b)　(c)　(d)

图2　断口扫描电镜形貌

(a) 低倍形貌；(b) 裂纹源；(c) 断口中部；(d) 断口边缘

## 1.3　化学成分及气体含量分析

在脆断试样上取化学成分分析试样，结果见表 1。对断裂钢筋进行气体含量分析，结果全氧含量为 0.0015%，氮含量为 0.0053%，且断裂试样的平均气体含量（O，N）与正常试样的无明显差异。可见该 HRB400 钢筋的化学成分符合 GB 1499.2—2007《钢筋混凝土用钢　带肋钢筋》技术要求，其中有害元素硫、磷含量均没有超标；且气体成分氧、氮控制良好，钢质纯净，在正常加工使用状态下不会造成材料的脆性增加或开裂。

表 1　断裂钢筋化学成分（质量分数）　　(%)

| 项目 | C | Si | Mn | P | S | V |
|---|---|---|---|---|---|---|
| 断裂钢筋 | 0.22 | 0.42 | 1.59 | 0.019 | 0.024 | 0.046 |
| 炼钢成分 | 0.22 | 0.48 | 1.35 | 0.027 | 0.017 | 0.053 |
| 标准值 | ≤0.25 | ≤0.80 | ≤1.60 | ≤0.045 | ≤0.045 | — |

## 1.4　金相检验

在钢筋断裂处垂直轧制方向切取金相试样，经树脂镶嵌后磨制成抛光面，用 3%（体积分数）硝酸酒精溶液化学侵蚀，置于 OLYMPUSPME3-323/μn 型光学显微镜下观察试样显微组织。钢筋边部显微组织为铁素体+珠光体，见图 3(a)；中心部位显微组织为铁素体+珠光体+马氏体，见图 3(b)。

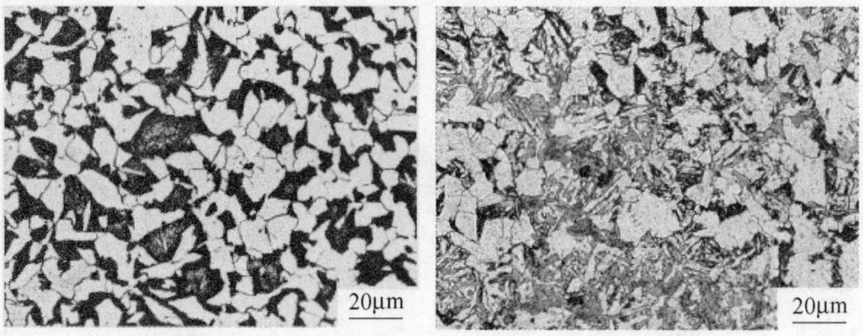


(a)　(b)

图 3　断裂钢筋的显微组织

(a) 边部；(b) 心部

## 1.5　能谱分析

在断裂试样金相分析的基础上，对其中两个试样的横截面进行了扫描电镜能谱微区成分分析，微区分析部位由钢筋表面向心部分别定为 A~F。其中锰元素含量能谱分析结果见表 2，可见由钢筋表面到心部，锰元素含量分布是极其不均匀的，基本上是由表面到心部逐渐增加。

表 2　断裂钢筋横截面锰元素含量能谱分析结果（质量分数）　　(%)

| 微区部位 | A | B | C | D | E | F |
|---|---|---|---|---|---|---|
| 1 号试样 | 0.92 | 1.30 | 1.18 | 1.33 | 1.51 | 1.59 |
| 2 号试样 | 0.87 | 1.38 | 1.16 | 1.50 | 1.41 | 1.60 |

## 1.6　拉伸试验

在断裂钢筋剩余部分（远离断口处）截取标准拉伸试样，在万能试验机上进行拉伸试验，结果见表 3。可以看出该钢筋的各项拉伸性能指标均符合要求，但强度较高。拉伸试验过程中拉伸曲线没有明显屈服平台，延性一般。对比正常试样（$R_{eL}$=450MPa，$R_m$=610MPa，$A$=24%），断裂钢筋的屈服强度提高了 115~145MPa，抗拉强度提高了 180~185MPa，断后伸长率则降低了 6%。

表 3　拉伸试验结果

| 试样编号 | 规格/mm | $R_{eL}$/MPa | $R_m$/MPa | $A$/% |
|---|---|---|---|---|
| 1 号 | $\phi$22 | 595 | 790 | 18 |
| 2 号 | $\phi$22 | 565 | 795 | 18 |
| 标准值 | $\phi$22 | ≥400 | ≥540 | ≥16 |

### 1.7　弯曲试验

在断裂钢筋剩余部分（远离断口处）截取标准弯曲试样，按 GB 1499.2—2007 规定在弯曲试验机上进行弯曲试验，弯心直径为 4$d$（$d$ 为钢筋直径），即 4×22 = 88mm，弯曲角度 180°，结果见表 4。钢筋受弯曲部位表面完好，未产生任何裂纹，见图 4。弯曲试验结果表明，该钢筋弯曲性能完全合格。

表 4　弯曲试验结果

| 试样编号 | 规格/mm | 结果（4$d$） | 试样编号 | 规格/mm | 结果（4$d$） |
|---|---|---|---|---|---|
| 1 号 | $\phi$22 | 完好 | 2 号 | $\phi$22 | 完好 |

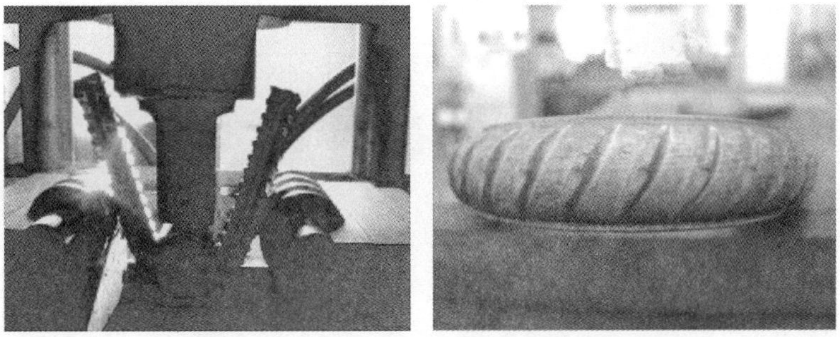

(a)　(b)

图 4　断裂钢筋的弯曲试验及弯曲部位形貌

（a）钢筋受力弯曲 180°；（b）钢筋受弯部位未见裂纹

## 2　分析与讨论

### 2.1　弯心直径对弯曲加工的影响

弯曲同一支钢筋，为何工地上会产生断裂现象，而试验室里会完好无损？

经调查，工地弯曲加工钢筋时采用的是弯心直径为 50mm 的压头，且采取简易弯曲机进行弯曲，钢筋一端固定，围绕直径为 50mm 的圆棒（弯心），另一端机械受力弯曲。

施工中规定，钢筋末端需作 90°或 135°弯折时，HRB400 钢筋弯曲直径不宜小于 5$d$。对于规格 $\phi$22mm 的 HRB400 钢筋，施工规定弯曲直径至少为钢筋公称直径的 5 倍，即 22×5 = 110mm，但实际工地所用弯心加工直径仅为 50mm，远小于规定要求。由于弯心直径较小，导致钢筋弯曲变形区外层材料的拉应力过大，已经超出钢筋的抗拉强度而产生了裂纹，因此弯曲直径过小是造成该批钢筋弯曲断裂的主要原因。

### 2.2　化学成分对性能的影响

锰元素在钢中有固溶强化作用，由于锰元素降低了共析点的碳含量。因此在相同的碳含量下，锰含量的升高会增加钢中碳化物的数量，使钢的强度增高、塑性降低。断裂试样心部锰元素含量高达 1.59%，基本达到了 GB 1499.2—2007 技术要求的上限值 1.60%。

### 2.3　化学成分对显微组织的影响

按照常理，钢筋在生产时其表面冷却速率高于心部冷却速率，即便形成马氏体，应该首先出现在钢筋表面而不是心部。

锰是稳定奥氏体的元素，使奥氏体能够保持到较低的温度，奥氏体的低温转变产物就是马氏体。此即为马氏体会违反常理不在钢筋表层、反而在钢筋心部出现的必要条件。断裂钢筋心部的锰元素含量偏高，其实质就是成分偏析。连铸过程中冷却速率小、冷却条件差异大等原因将引起枝晶偏析严重，在随后的轧制过程中改变 C 曲线的位置，使 C 曲线右移，从而造成在钢筋心部出现马氏体异常组织。

## 3 结论及改进措施

HRB400 热轧带肋钢筋弯曲断裂起源处断口呈韧性断裂特征；钢筋加工弯心直径过小是造成其弯曲断裂的主要原因；另钢筋中心部位存在马氏体异常组织，导致其强度增高、塑性降低，这是造成该批钢筋弯曲断裂的另一个原因。

为了有效降低 HRB400 热轧带肋钢筋弯曲加工断裂现象，建议在弯曲施工作业过程中，必须严格按照施工规范要求，选择合适的弯心直径进行钢筋弯折作业，避免钢筋弯曲部位受到过大的应力集中。同时，降低钢液过热度，降低连铸拉速，适当调整二冷水参数，并采用多段电磁搅拌，减少锰元素偏析和心部马氏体组织的出现。经过以上改进措施的实施，大大降低了 HRB400 热轧带肋钢筋弯曲加工断裂现象。

（原载《理化检验（物理分册）》，2015（10））

# 980MPa 耐蚀钢轨 U68CuCr 的开发和应用

朱 敏　徐 光　张昌强　吉 玉

钢轨的腐蚀问题一直是铁路发展过程中一个不容忽视的问题，为增强钢轨的耐腐蚀性能，国内外相关科技工作者进行了多方面的技术性探索和尝试，大多采用表面涂覆技术和电极保护方法提高钢轨耐腐蚀性能。随着铁路的高速发展，钢轨腐蚀带来的安全隐患和经济损失越来越受到重视。武钢通过添加 Cu、Cr、Nb 等合金成分方式，开发出了低合金高强耐蚀钢轨 U68CuCr，其产品具有高纯净度、细晶组织、强度高、耐蚀性好等特点，用于客运或客货混运铁路。成品钢轨抗拉强度≥980MPa，断后伸长率≥10%，组织为索氏体+少量珠光体，2%NaCl 溶液周浸试验结果表明，耐蚀钢轨 U68CuCr 使用寿命比 U75V 可延长 70%，目前已在京广线等地使用，各项性能均满足铁路运输和行业发展的要求。

## 1　成分设计

本钢种主要定位于客货混运线路，既要考虑到客运的安全要求钢轨韧性好、又要兼顾货运要求钢轨耐磨，并且要具有良好的焊接性能。在此基础上，钢轨的耐腐蚀性能要优于目前普遍采用同级别 U75V 钢轨。因此在成分设计上，U68CuCr 钢采取的是适当降低碳含量，利用 Cu、Cr、Nb 来补充由于降低碳含量带来的强度损失。

Cu 在海洋环境中可以提高钢材基体腐蚀电位，同时 Cu 的存在，还可以降低硫化物的腐蚀性能，并能促进致密锈层的形成，具有较好的保护作用；Cr 对钢的耐候性有很好的作用，当钢基体腐蚀后，原先固溶在 Fe 内的 Cr 在锈层中就要重新分配，并可能取代 Fe 原子的位置形成多元氧化物，并且易于在锈层裂纹和孔洞处析出，以降低表面能，使合金元素在锈层中富集而非均匀分布；添加 Nb 的目的在于起到晶粒细化、析出强化的作用。新研发的耐蚀钢轨成分见表 1。

**表 1　U68CuCr 钢轨的化学成分**　　(%)

| C | Si | Mn | Cu | Cr | Nb | P | S |
|---|---|---|---|---|---|---|---|
| 0. 65~0. 75 | 0. 40~0. 80 | 1. 00~1. 30 | ≤0. 50 | ≤0. 50 | ≤0. 05 | ≤0. 030 | ≤0. 025 |

## 2　生产工艺

### 2.1　工艺路线的选择

铁水脱硫→120t 转炉冶炼→吹氩→LF 精炼→RH 精炼→连铸→铸坯堆垛→加热→轧制→冷床冷却→矫直→检查→入库。

### 2.2　冶炼和连铸工艺

硫是钢中有害元素，铁水采用喷镁粉脱硫工艺，控制出站硫含量［S］≤0. 005%；在 120t 顶底复吹转炉冶炼碱度控制在 3. 0~4. 0；转炉终点成分 C≥0. 10%，出钢温度控制在 1660℃，钢包容量 120t，出钢时加入合金进行脱氧和合金化。转炉出钢后在氩站进行吹氩处理，出氩站后在 LF 进行精炼，采用 48% CaO+25%$SiO_2$+15%$Al_2O_3$+5%MgO 精炼渣，适当加入活性石灰、萤石、电石等调整熔渣，炉渣碱度控制目标 2. 5~3. 5。LF 精炼完成后，送到 RH 进行真空脱气处理，RH 处理结束后，钢水氢含量≤$1.5\times10^{-6}$。

连铸过程中，钢包至中间包采用长水口、中间包至结晶器采用浸入式水口保护浇铸，铸坯尺寸（mm）为 280×380×7800，中间包钢水过热度控制在 20~30℃，铸坯拉速控制在 0. 4~0. 7m/s。

### 2.3　加热及轧制工艺

由于耐蚀钢轨 U68CuCr 中加入了 Cu 元素，Cu 的熔点为 1083℃，当加热温度超过 Cu 的熔点后，继续加热导致 Cu 沿晶界扩散，造成成品钢轨表面出现裂纹，因此需要采用高温快烧工艺。正常轧制过程中，要求铸坯加热时间<240min。当铸坯在加热炉中加热时间达到 360min，发现 Cu 在铸坯表面分布，轧制后的钢轨表面表现为网状裂纹，如图 1 所示。通过微观分析可发现钢轨网络晶界上有黄颜色产物铜元素分布，因此设定铸坯加热时间<240min。

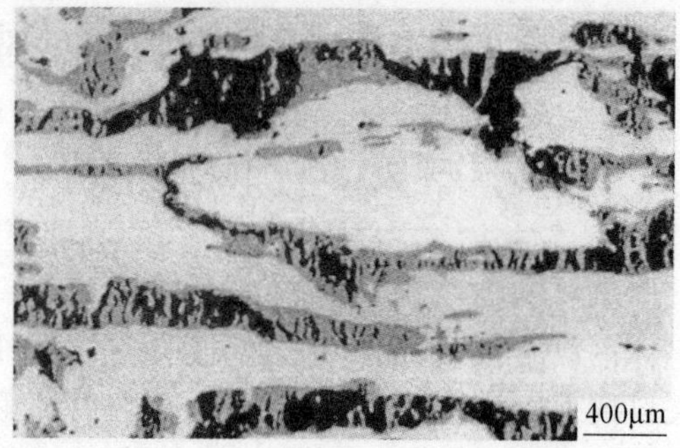


图 1　U68CuCr 钢轨表面缺陷形貌

钢中添加 Nb 元素，当加热温度≥1150℃时，Nb 可以完全固溶到奥氏体中，从而抑制奥氏体晶粒长大。为了保证 Nb 元素在钢中能完全固溶，且保证奥氏体晶粒不能太大，要求加热温度在 1180~1200℃，保温时间<30min。

轧制耐蚀钢轨采用 280mm×380mm 矩形坯。铸坯出炉后经高压水除鳞，进入 BDl、BD2 轧机进行开坯轧制，开轧温度≥1100℃，随后进入万能精轧机组轧制，在万能轧制过程中采用未再结晶区控制轧制，变形量要求≥60%，终轧温度在 880℃以下，轧后进入冷床自然冷却到室温。

## 3　结果及分析

### 3.1　微观组织

采用 Leica DM5000M 金相显微镜对 U68CuCr 钢微观组织检验结果见图 2(a)，金相观察表明 U68CuCr 钢的珠光体团较细小，较为均匀，通过 Quanta400 扫描电子显微镜观察可以看出 U68CuCr 钢珠光体片层细且很短，片层间距为 0.2μm，见图 2(b)。一般认为，片状珠光体的片间距为 0.6~1.0μm；索氏体的片间距为 0.25~0.30μm；在更低的温度下发生相变形成的片间距为 0.10~0.15μm 的珠光体在生产上被称为屈氏体。U68CuCr 钢通过合理的成分选择、工艺控制实现了生产热轧空冷索氏体钢轨的目的。

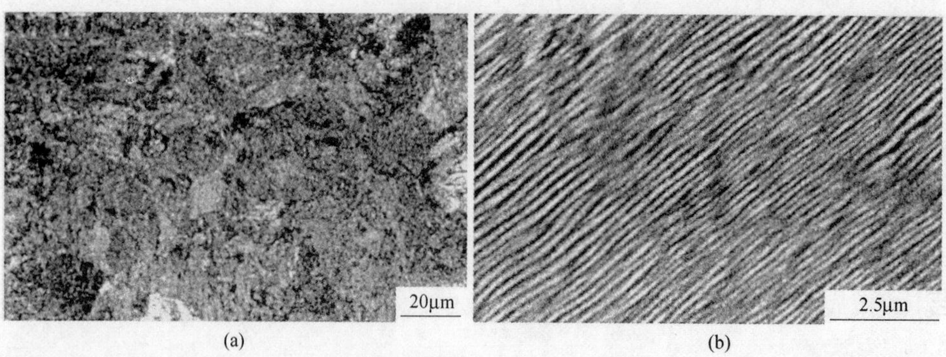


图 2　U68CuCr 钢组织形貌（a）和珠光体片间距（b）

### 3.2　析出相分析

耐蚀钢轨 U68CuCr 中添加了 Nb 元素，起到了第二相沉淀强化作用，生成 Nb(C，N) 连续固溶体，从而显著提高钢的强度。第二相成点析出的必要条件是固溶体合金的溶解度随着温度的降低而减小，因此加热后得到的过饱和固溶体将随着温度的降低而析出。

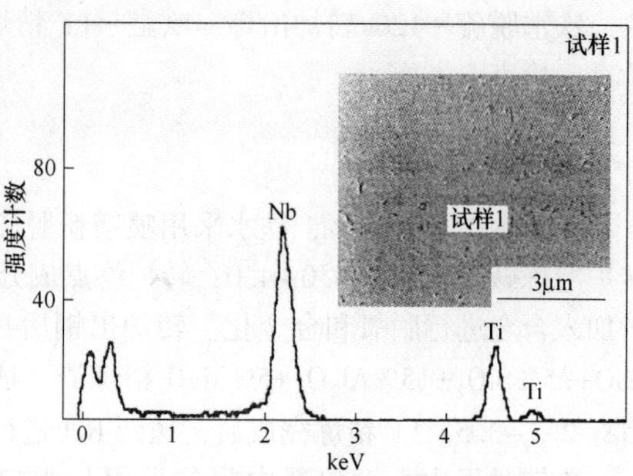


图 3　U68CuCr 钢轨析出相形貌和能谱

采用 JEM-2100F 型场发射透射电镜观察第二相析出情况，可以发现有单个分散的析出物颗粒分布在晶界处和铁素体中，见图 3。通过能谱分析成分可以看出，析出相类型为 Nb(C，N) 和少量 Ti(C，N)（图 3），尺寸主要为

65~95nm，形态主要为不规则形，同时还有类型为 CuS 的析出相，尺寸主要为 15~90nm。这些析出物粒子由于尺寸小而能够起到显著的析出强化作用。

### 3.3 夹杂物

随着铁路运行速度的提高，重轨的伤损形式由过去的磨损为主转变为接触疲劳伤损。研究表明，重轨的疲劳伤损主要和钢中存在的脆性夹杂物有关。为减少重轨中的脆性夹杂物，提高重轨的抗疲劳性能，采用低铝合金和无铝脱氧剂，控制渣中 $Al_2O_3$ 含量。

硅钙钡是一种无铝脱氧剂，它不仅脱氧能力强，使钢液中氧活度降低，而且形成的脱氧产物为低熔点化合物。成品钢轨按照 TB/T 2344—2012 取样要求，在钢轨头部取面积为 200mm$^2$ 的试样分析夹杂物，钢轨中 B 类夹杂物（氧化铝类）含量≤0.5 级的比率达到 95%以上，从而可以降低钢轨接触疲劳伤损。

### 3.4 力学性能

对耐蚀钢轨 U68CuCr 进行拉伸和钢轨踏面硬度进行检测，钢轨抗拉强度 $R_m$≥1060MPa，断后伸长率≥12%，踏面 HB 硬度值在 300~310。根据力学性能可以看出，耐蚀钢轨 U68CuCr 在力学性能方面与 TB/T 2344—2012 中 980MPa 处于同一级别，具有较高的强度和硬度，适用于客运及客货混运铁路。

### 3.5 耐磨性

随着货运铁路的发展，火车轴重和年通过总量不断增加，就要求钢轨具有良好的耐磨性能。根据研究，钢轨耐磨性与钢轨的硬度成正比关系，因此在选用钢轨时，通过根据用途选择不同硬度的钢轨进行使用。

钢轨磨损试验在 M200 型摩擦磨损试验机上进行，试验过程中，两试样为对滚接触，上试样为车轮试样，下试样为钢轨试样，直径均为 40mm。上试样转速为 180r/min，下试样转速为 200r/min，转动滑差率为 10%；接触应力水平为 1915MPa，相当于现场轴重 25t，对应施加法向载荷为 170N，每对试样累计磨损 40h，测定磨损失重量，耐蚀钢轨 U68CuCr 和 U75V 钢与车轮钢对磨损后磨损失重量对比见表 2。

**表 2　U68CuCr 钢轨和 U75V 钢轨磨损失重量对比**　(mg)

| 对磨时间/h | U68CuCr | U75V | 对磨时间/h | U68CuCr | U75V |
|---|---|---|---|---|---|
| 5 | 22.4 | 32.2 | 25 | 95.7 | 104.1 |
| 10 | 46.7 | 53.1 | 30 | 112.5 | 117.2 |
| 15 | 68.3 | 85.0 | 35 | 120.5 | 113.2 |
| 20 | 83.0 | 89.8 | 40 | 123.5 | 125.4 |

通过采用耐蚀钢轨 U68CuCr 与处于同一硬度级别的 U75V 钢轨钢与车轮钢进行对磨试验发现，耐蚀钢轨 U68CuCr 的磨损失重量从开始阶段明显小于 U75V 钢轨，随着时间的增加，磨损失重量差别逐渐缩小，但 U68CuCr 的磨损失重量一直小于 U75V 钢轨，说明耐蚀钢轨 U68CuCr 耐磨性优于 U75V 钢轨。

采用耐蚀钢轨 U68CuCr 和 U75V 钢轨分别加工成尺寸（mm）为 40×60×4 试样，两种材料平行试样两组各 5 片，其中一片做空白片。

具体试验参数：2%的 NaCl 腐蚀溶液，PH 值为 6.0~7.5；水槽温度为（45±2)℃；试验机内相对湿度为 60%~80%；循环周期为 60min，其中浸润时间（12±1.5）min；试验时间为 125，150，250h。试验结束后，对其中 3 片进行除锈处理后称重，计算不同试验时间条件下的腐蚀率；对另一片采用 D/max-2500PC 型 X-射线衍射仪分析试样表面的腐蚀产物。

经过 250h 加速腐蚀试验后，从腐蚀除锈后试样表面形貌看，U75V 钢轨试样表面存在大量腐蚀坑，而 U68CuCr 钢轨的腐蚀表面较为光滑均匀，未见严重腐蚀坑。通过微观观测发现 U75V 钢的腐蚀表现为少量局部粗大点蚀行为，U68CuCr 钢则表现为大量较为均匀分布的细小点蚀行为，这种特点有效抑制了局部坑蚀破坏性的发展。

U68CuCr 和 U75V 钢轨试样在不同时间的加速腐蚀的失重速率见表 3。从表 3 可以看出，耐蚀钢轨

U68CuCr 失重速率小于 U75V，说明 U68CuCr 钢轨耐蚀性好于 U75V 钢轨。

**表 3　U68CuCr 钢轨和 U75V 钢轨腐蚀失重速率对比**　　g/(m·h)

| 试验时间/h | U68CuCr | U75V | 试验时间/h | U68CuCr | U75V |
|---|---|---|---|---|---|
| 125 | 6.4 | 11.1 | 250 | 11.4 | 14.9 |
| 150 | 8.5 | 11.0 | | | |

## 4　应用研究

耐蚀钢轨 U68CuCr 在京广线韶关段隧道内铺设使用，当地属于高热高湿环境，隧道内常年高温、潮湿。铺设使用 3 年后，运输总重量超过 3 亿吨，通过跟踪测量钢轨使用情况发现，耐蚀钢轨 U68CuCr 表面光洁，基本无伤损，钢轨踏面加工硬化较小，踏面硬度 HB 值在 320~325，钢轨垂磨量小于 1.2mm，未发现侧磨，使用后光亮带宽度 30mm。使用钢轨廓形仪测量使用 3 年后的钢轨，廓形保持良好，各项使用性能均达到铁路行业的发展需求。

与同期铺设的 U75V 钢轨对比，耐蚀钢轨 U68CuCr 表面呈均匀腐蚀，未发现明显的腐蚀坑。U75V 钢轨则表现为表面都发生腐蚀生锈，局部地区可以发现较明显的腐蚀坑，从而给钢轨的安全使用带来隐患。

## 5　结论

（1）通过对化学成分、生产工艺、组织性能的研究，开发出耐海洋大气腐蚀钢轨 U68CuCr，其强度级别为 980MPa，适用于客运或客货混运铁路。

（2）U68CuCr 钢轨克服了传统钢轨钢种局部坑蚀现象严重的缺点，表现为均匀腐蚀。加速腐蚀试验结果表明，耐蚀钢轨 U68CuCr 腐蚀速率只有 U75V 钢轨的 57%，具有良好的耐蚀性。

（3）通过研究耐蚀钢轨 U68CuCr 使用性能可以看出，耐蚀钢轨各项使用指标良好，满足铁路行业标准要求。

（原载《特殊钢》，2016（2））

# 薄板坯连铸连轧流程钛微合金钢控制轧制技术

毛新平　孙新军　汪水泽

控制轧制技术是通过控制热轧工艺参数，在奥氏体基体中引入高密度的铁素体形核点，从而细化相变后钢材的组织，改善其综合性能。微合金元素对加热时奥氏体晶粒长大、形变过程再结晶的抑制以及析出强化等有重要影响，是控制轧制技术不可或缺的元素，其中，铌微合金元素的应用始于20世纪50年代末，利用其对奥氏体再结晶的强烈抑制作用，实现未再结晶区控制轧制，细化晶粒并改善钢材性能；20世纪80年代，针对铌微合金钢控制轧制时出现的轧制力增大和旧轧机需要改造的问题，又开发了基于钒微合金化的再结晶控轧技术，由于钒对再结晶的抑制作用较弱，轧制过程中奥氏体能够进行反复再结晶，细化奥氏体晶粒，从而实现再结晶控制轧制；钛微合金元素早在60年代末美国杨斯顿板材及管材公司就将其作为一种强化元素用于提高钢材性能。中国钛资源丰富，占世界总储量的45.6%，发展钛微合金化技术具有显著的资源优势和战略意义，因此，钛微合金化技术在中国发展迅速，1960年就开始了钛微合金钢的生产及物理冶金过程机理研究，2004年薄板坯连铸连轧流程与钛微合金化技术的结合更是显著促进了钛微合金化技术的发展，之后关于钛微合金钢的析出行为、强化机理及产品开发的研究成果不断涌现，但是钛微合金钢的控制轧制技术目前尚未见系统研究，薄板坯连铸连轧流程钛微合金钢的控制轧制模式也鲜有报道。本文基于作者近年来在钛微合金化技术上所做的研究工作，详细阐述了薄板坯连铸连轧流程钛微合金钢的控轧模式及其机理，以期对钛微合金化技术的进一步完善有所裨益。

## 1　薄板坯连铸连轧流程钛微合金钢再结晶区控制轧制

### 1.1　铸态粗大奥氏体再结晶

由于热履历的不同，薄板坯连铸连轧流程轧前奥氏体组织与传统热轧流程存在显著差异。传统热轧流程轧前奥氏体晶粒尺寸一般为150~300μm，而薄板坯连铸连轧流程达到700~1000μm，是传统流程的2~3倍。粗大的原始奥氏体组织显著增大了再结晶的难度，再加上微合金元素钛对奥氏体再结晶具有一定的抑制作用，可能导致再结晶不完全，对最终产品的性能造成不利影响。因此，实现铸态粗大奥氏体的完全再结晶，是薄板坯连铸连轧流程钛微合金钢进行再结晶区控轧的前提。

本文采用热模拟试验研究了钛微合金钢铸态粗大奥氏体的再结晶过程。结合现场工艺条件，确定试验方案如图1所示。

试样先在1350℃保温30s，然后在1150℃保温10min，获得了晶粒尺寸约为800μm的粗大奥氏体组织，如图2所示，与薄板坯铸态奥氏体晶粒尺寸相当。

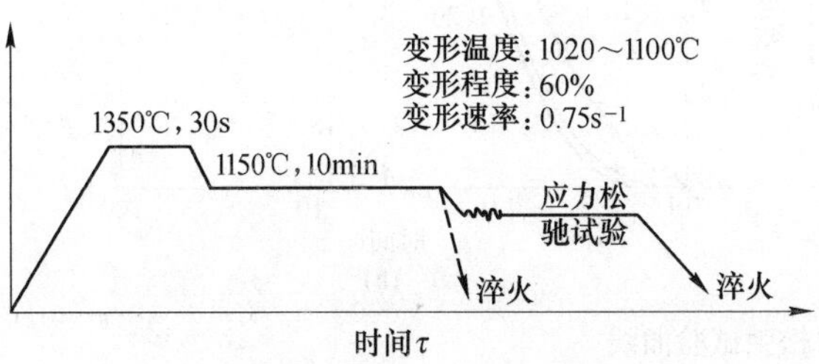


图1　钛微合金钢（0.05%C-0.5%Mn-0.112%Ti）应力松弛试验方案

图2　热模拟试验获得的粗晶奥氏体组织

利用单道次压缩试验模拟现场 F1 机架的高温大压下变形，不同温度和变形速率下的应力-应变曲线如图 3 所示。由图 3 可见，在不同的变形条件下，应力一直呈现上升的趋势，表现出较强的加工硬化，这表明试验钢未发生动态再结晶。

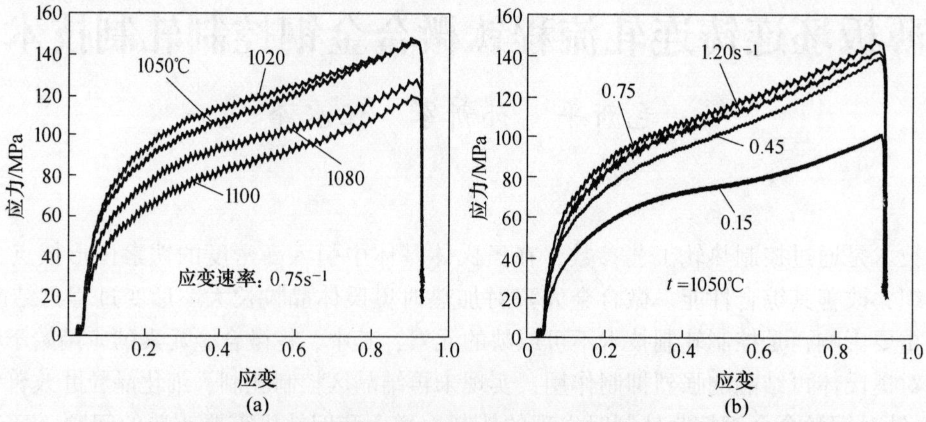


图 3　铸态粗大奥氏体在不同温度和不同应变速率下的应力-应变曲线

（a）变形温度不同；（b）应变速率不同

图 4 所示为试验钢和普碳钢在原始奥氏体晶粒尺寸基本相同情况下的应力-应变曲线。普碳钢的应力-应变曲线上出现峰值，这表明变形过程中发生了动态再结晶。可见，钛对奥氏体动态再结晶具有明显的抑制作用。

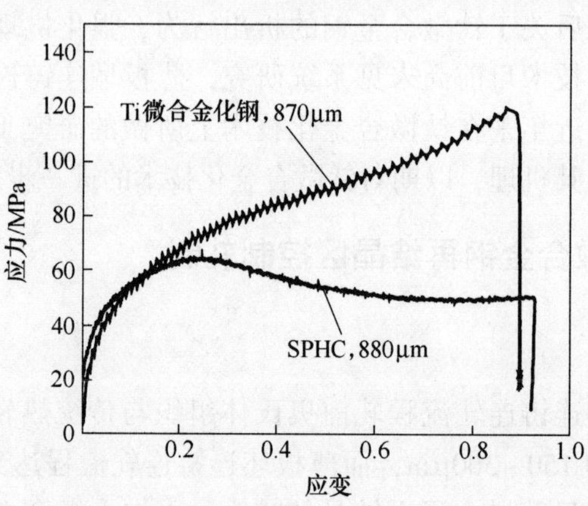


图 4　试验钢和普碳钢铸态粗大奥氏体的应力-应变曲线

试验钢变形后通过应力松弛试验得到应力松弛曲线，并根据应力松弛曲线计算出其静态再结晶动力学曲线，结果如图 5 所示。

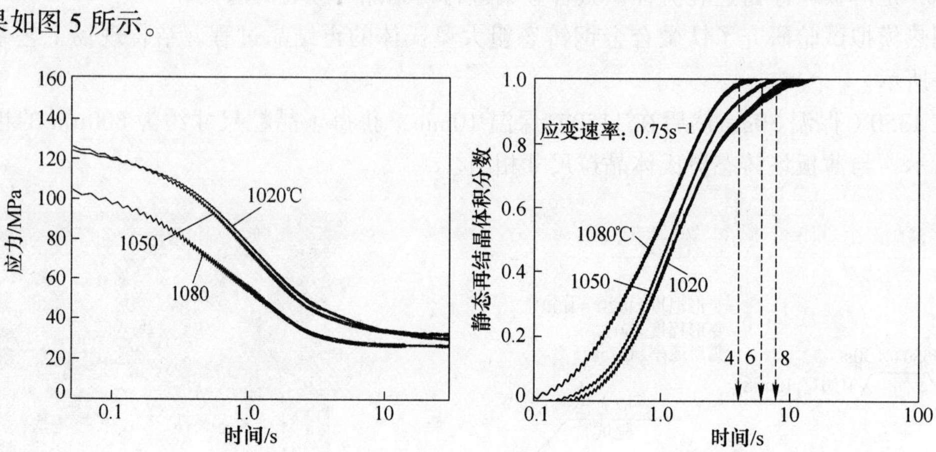


图 5　应力松弛试验曲线

（a）应力松弛曲线；（b）静态再结晶动力学曲线

由图 5 可见，1020℃变形时奥氏体静态再结晶在 8s 内基本完成，1050 和 1080℃变形时再结晶完成时间可分别减小至 6 和 4s 以内。在薄板坯连铸连轧生产线上进行了工业轧卡试验，试验钢成分（质量分数）为 0.05%C-0.48%Mn-0.10%Ti，变形温度为 1050℃，道次压下量为 57%，机架间停留时间为 5~7s，对上述试验结果做进一步验证。试验结果表明：F1 采用高温大变形工艺，可以实现钛微合金钢铸态粗大奥氏体的完全再结晶，再结晶后的晶粒尺寸约为 108μm，如图 6 所示。

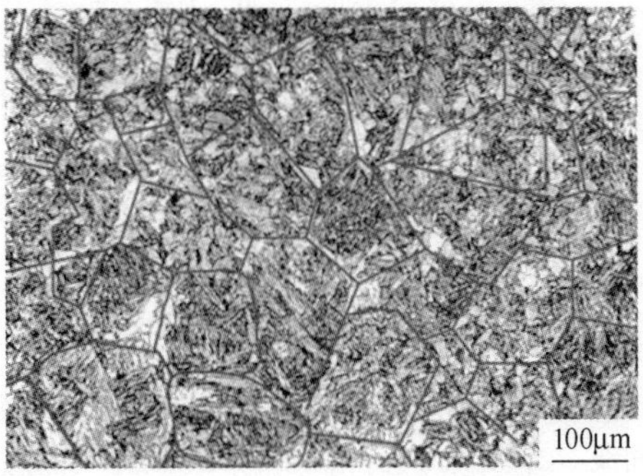


图 6　钛微合金钢 F1 轧后的奥氏体组织

### 1.2　固析 TiN 粒子对奥氏体再结晶行为的影响

#### 1.2.1　铸坯中 TiN 粒子的析出及粗化行为

TiN 在奥氏体中的固溶度积很小，通常在连铸钢水凝固后就会大量析出，当钛、氮质量分数较高时，还会发生 TiN 在液态钢水中析出（简称液析）。TiN 在液态铁和固态奥氏体中的溶度积公式为

$$\lg(w([\mathrm{Ti}])\cdot w([\mathrm{N}]))_{\mathrm{L}} = 5.90 - 16586/T \tag{1}$$

$$\lg(w([\mathrm{Ti}])\cdot w([\mathrm{N}]))_{\gamma} = 0.32 - 8000/T \tag{2}$$

液析 TiN 的典型形貌如图 7(a) 所示，析出粒子尺寸约为 1μm；固相中析出的 TiN（简称固析 TiN）典型形貌如图 7(b) 所示，粒子尺寸为 30~60nm。可见，液析 TiN 比固析 TiN 的尺寸大 1~2 个数量级。

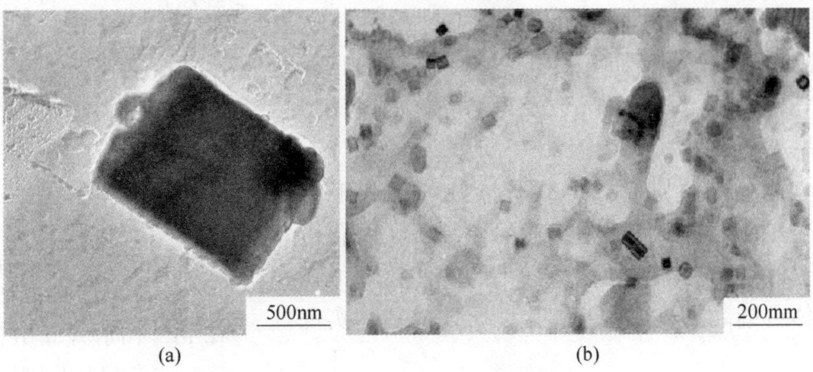


图 7　铸坯中 TiN 粒子典型形貌

（a）液析 TiN；（b）固析 TiN

根据式（1）、式（2）以及析出 TiN 中钛、氮质量分数的理想化学配比，可以计算得到不同钛质量分数下铸坯中固态析出 TiN 的体积分数，结果如图 8 所示。

同时，根据式（2）计算可知，TiN 析出在 1350℃可基本完成，在随后铸坯降温及均热过程中主要发生粒子粗化。TiN 在奥氏体中粗化动力学的计算公式为

$$d_{\tau}^{3} = d_{0}^{3} + \frac{64D\sigma V_{\mathrm{TiN}}^{2}\mathrm{C}_{0}}{9RTV_{\gamma}}\tau = d_{0}^{3} + m^{3}\tau \tag{3}$$

式中，$d_{\tau}$、$d_0$ 分别为 $\tau$ 时间后和初始时 TiN 的平均尺寸；$D$ 为钛在奥氏体中的扩散系数，$D=0.15\exp[-251000/(RT)]$；$\sigma$ 为 TiN 与奥氏体之间的界面能，$\mathrm{J/m^2}$，$\sigma_{\mathrm{TiN-\gamma}}=0.8737-0.3902\times10^{-3}T$；$V_{\mathrm{TiN}}$ 为 TiN 的摩尔体积；$V_{\gamma}$ 为奥氏体的摩尔体积；$\mathrm{C}_0$ 为钛元素在基体中的平衡原子浓度；$R$ 为气体常数；$T$ 为温度（热力学温度）；$m$ 为 TiN 粒子的粗化速率。

根据式（3）可计算得到不同温度和钛质量分数下 TiN 粒子的粗化速率，结果如图 9 所示，由此可获得不同条件下 TiN 粒子粗化后的尺寸。

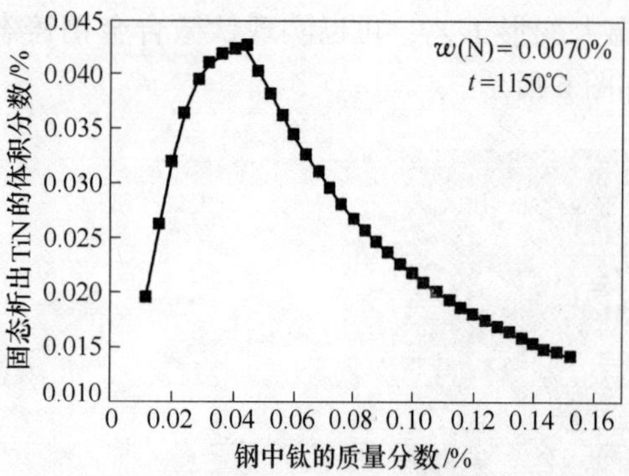


图 8 钢中钛的质量分数与固态析出 TiN 体积分数的关系曲线

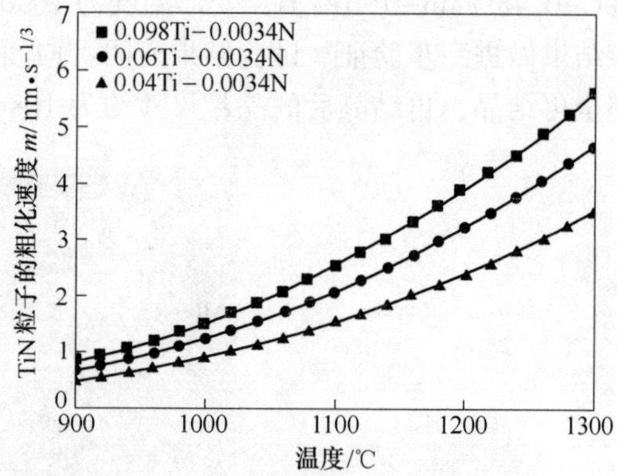


图 9 TiN 粗化速率与钢中钛质量分数和温度的关系

1.2.2 固析 TiN 粒子对奥氏体再结晶晶粒长大的抑制作用

根据第二相粒子对晶界迁移的 Zener 钉扎理论，Gladman 给出了一定尺寸（$d$）和体积分数（$f$）的第二相粒子所能钉扎的奥氏体晶粒尺寸（$D_\gamma$）为

$$D_\gamma = \frac{\pi d}{6f}\left(\frac{3}{2} - \frac{2}{Z}\right) \tag{4}$$

式中，$Z$ 为晶粒不均匀性因子，即最大晶粒与平均晶粒尺寸之比，正常晶粒长大时为 1.7。

根据不同钛质量分数钢固态析出 TiN 尺寸的实测结果和体积分数的计算结果（图8），利用式（4）计算了不同体积分数及粒子尺寸的 TiN 所能钉扎的奥氏体晶粒尺寸，结果如图 10 所示。

由图 10 可见，钛质量分数为 0.112%的钛微合金化钢其固析 TiN 所能钉扎的奥氏体晶粒尺寸为 50μm。薄板坯连铸连轧流程铸坯轧前奥氏体晶粒尺寸为 700~1000μm，工业轧卡试验也表明，铸坯经 F1 机架大压下轧制后奥氏体的晶粒尺寸为 100μm 左右，此时固析 TiN 粒子对轧前奥氏体晶粒及再结晶后的奥氏体晶粒长大的抑制作用非常显著。

可见，通过化学成分（特别是钛、氮质量分数）和工艺参数的控制，可实现对 TiN 的析出和粗化行为的控制，从而获得一定体积分数的相对弥散细小的 TiN 粒子。细小的 TiN 粒子可在一定程度上抑制奥氏体再结晶晶粒长大，细化奥氏体晶粒，实现再结晶区控制轧制。

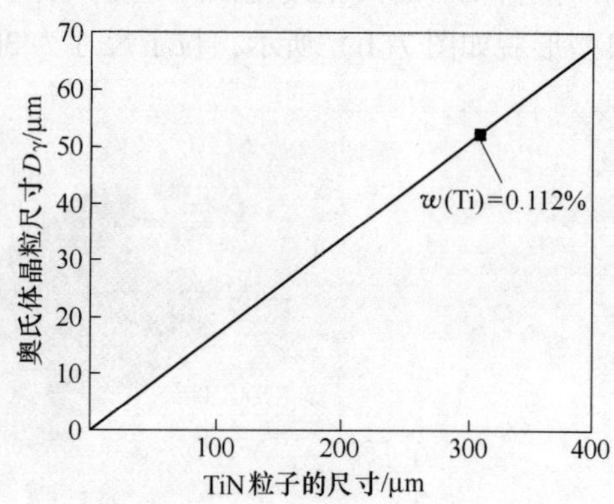


图 10 不同体积分数和粒子尺寸的 TiN 所能钉扎的奥氏体晶粒尺寸

## 2 薄板坯连铸连轧流程钛微合金钢未再结晶区控制轧制

### 2.1 固溶钛对奥氏体再结晶的抑制作用

奥氏体再结晶动力学可以用 Avrami 方程来描述。

$$X = 1 - \exp\left[-0.693 \times \left(\frac{\tau}{\tau_{0.5}}\right)^n\right] \tag{5}$$

式中，$X$ 为再结晶分数；$\tau$ 为时间；$\tau_{0.5}$为再结晶 50%所需的时间；$n$ 为常数。

$\tau_{0.5}$与原始奥氏体晶粒尺寸 $d_0$、应变速率$\dot{\varepsilon}$、应变 $\varepsilon$ 以及变形温度 $T$ 有关，可以用式（6）表示。

$$\tau_{0.5} = A{d_0}^m \varepsilon^{-p} \dot{\varepsilon}^{-q} \exp\left(\frac{Q_{rex}}{RT}\right) \tag{6}$$

采用应力松弛试验法测定 2 种不同钛质量分数钛微合金钢的应力松弛曲线，并根据应力松弛曲线计算出其静态再结晶动力学曲线，结果如图 11 和图 12 所示。由图 11 和图 12 可见，再结晶动力学曲线未出现“软化平台”的显著抑制再结晶现象，此时对奥氏体再结晶的影响主要是固溶钛原子的溶质拖曳作用。

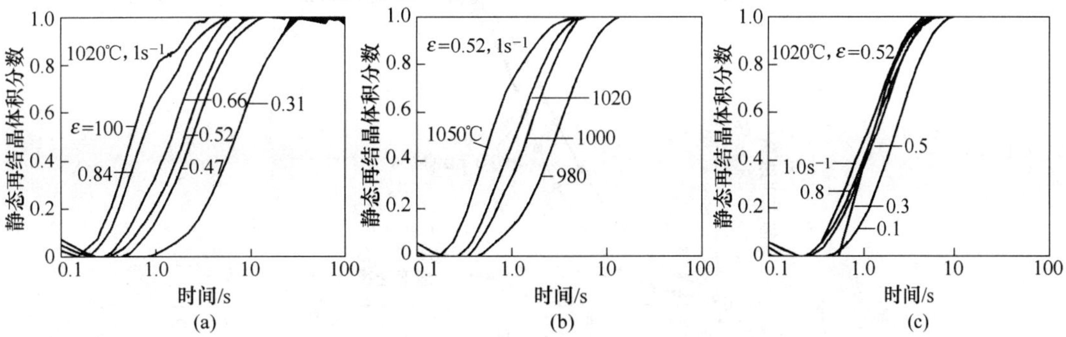


图 11　钛微合金钢（钛质量分数为 0.079%）不同变形量、变形温度和变形速率下的再结晶动力学曲线

（a）变形程度不同；（b）变形温度不同；（c）变形速率不同

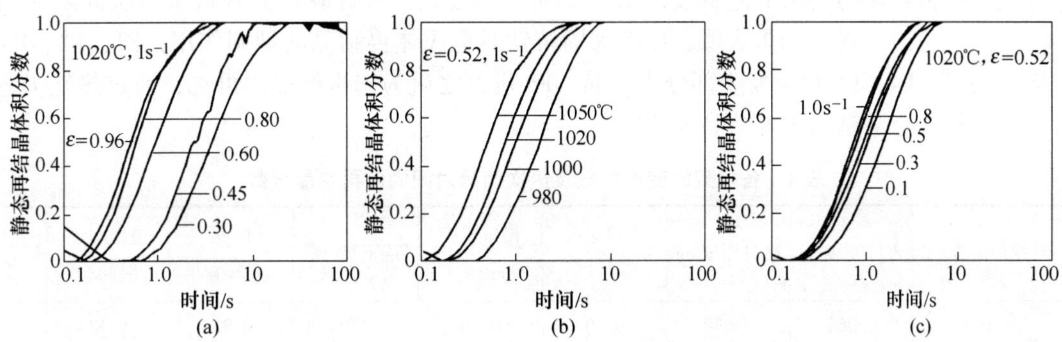


图 12　钛微合金钢（钛质量分数为 0.112%）不同变形量、变形温度和变形速率下的再结晶动力学曲线

（a）变形程度不同；（b）变形温度不同；（c）变形速率不同

利用上述试验数据对 Avrami 方程进行回归计算，确定其模型参数如 $n$、$m$、$p$、$q$ 和激活能 $Q_{rex}$，并最终得到其再结晶动力学方程，结果如式（7）和式（8）所示。计算值与实测值的比较如图 13 所示，可见两者符合较好。

$$\tau_{0.5} = 2.8091 \times 10^{-15} d_0 \varepsilon^{-212} \dot{\varepsilon}^{-0.296} \exp\left(\frac{302189}{RT}\right) \quad (w(\mathrm{Ti}) = 0.112\%,\ n = 1.35) \tag{7}$$

$$\tau_{0.5} = 8.3851 \times 10^{-13} d_0 \varepsilon^{-214} \dot{\varepsilon}^{-0.31} \exp\left(\frac{235184}{RT}\right) \quad (w(\mathrm{Ti}) = 0.079\%,\ n = 1.10) \tag{8}$$

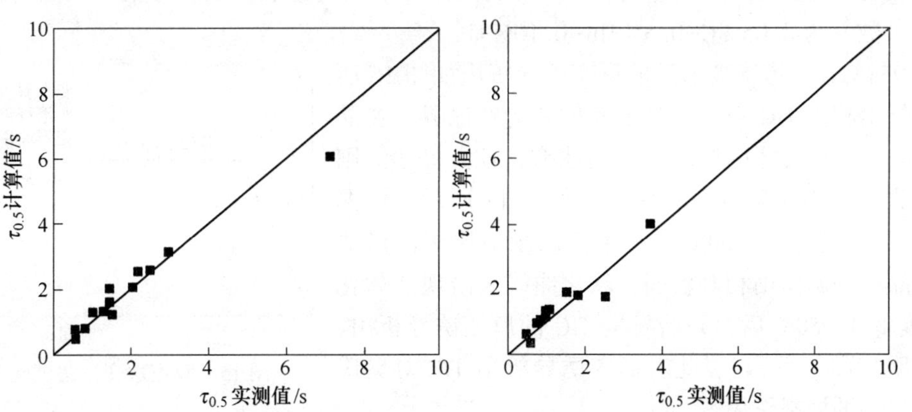


图 13　试验钢 $\tau_{0.5}$ 实测值与计算值的比较

（a）$w(\mathrm{Ti}) = 0.079\%$；（b）$w(\mathrm{Ti}) = 0.112\%$

根据式（5）、式（7）、式（8）计算得到不同钛质量分数微合金钢在一定条件下的再结晶动力学曲线，结果如图 14 所示。由图 14 可以看出，提高钛质量分数将延迟奥氏体再结晶。可见固溶钛原子对奥氏

体静态再结晶具有一定的抑制作用。

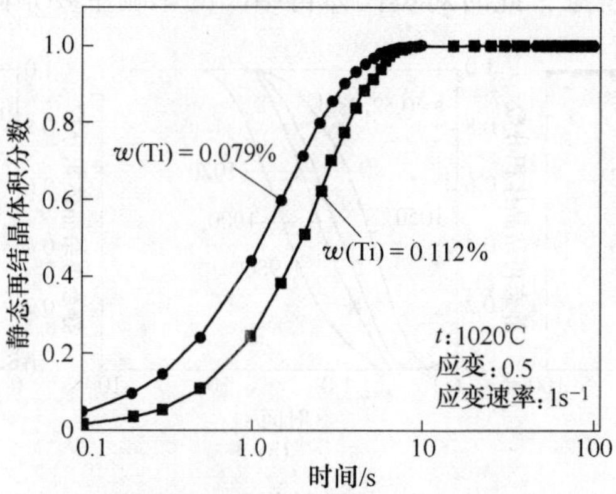


图 14　不同钛质量分数钢的再结晶动力学曲线

采用薄板坯连铸连轧的现场工艺参数，结合上述回归公式，可计算得到各机架道次间隔时间内再结晶分数 $f_{rex}$，结果见表 1。计算结果表明，仅考虑固溶钛对奥氏体再结晶的抑制作用，F1、F2、F3 各机架间发生完全再结晶，F4、F5 机架发生部分再结晶，F5 机架之后为未再结晶。可见，通过热轧工艺参数的控制，可以实现钛微合金钢的未再结晶区控轧。

**表 1　各机架的变形参数及道次间隔时间内的再结晶分数**

| 机架序号 | 变形温度/℃ | 入口厚度/m | 出口厚度/m | 入口速度 /m · s$^{-1}$ | 出口速度 /m · s$^{-1}$ | 压下量/% | 应变速率/s$^{-1}$ | 道次间隔时间/s | 再结晶分数 $f_{rex}$ |
|---|---|---|---|---|---|---|---|---|---|
| F1 | 1030 | 0. 060 | 0. 030 | 0. 30 | 0. 60 | 50 | 2. 25 | 9. 17 | 1. 00 |
| F2 | 990 | 0. 030 | 0. 015 | 0. 60 | 1. 20 | 50 | 6. 38 | 4. 58 | 1. 00 |
| F3 | 970 | 0. 015 | 0. 009 | 1. 20 | 2. 00 | 40 | 14. 86 | 2. 75 | 0. 98 |
| F4 | 950 | 0. 009 | 0. 006 | 2. 00 | 2. 86 | 30 | 25. 78 | 1. 93 | 0. 42 |
| F5 | 930 | 0. 006 | 0. 004 | 2. 86 | 4. 08 | 30 | 51. 40 | 1. 35 | 0. 20 |
| F6 | 910 | 0. 004 | 0. 004 | 4. 08 | 5. 10 | 20 | 67. 25 | — | — |

## 2. 2　形变诱导析出 TiC 对奥氏体再结晶的抑制作用

采用双道次变形法研究形变诱导析出 TiC 对奥氏体再结晶的影响，试验方案如图 15 所示，试验钢主要成分（质量分数）为 0. 05%C-0. 5%Mn-0. 10%Ti。

试验钢在 950℃经一道次变形后的形变诱导析出如图 16 所示，形变诱导析出相为 TiC 粒子，其形核位置为亚晶界，亚晶尺寸约为 140nm；较小尺寸的析出相呈近球形，较大尺寸的则呈现方形。试验钢在不同温度下软化曲线如图 17 所示。由图 17 可以看出，在高温时（1000℃）钛主要以固溶原子的形式存在，对再结晶的抑制作用相对较弱，软化曲线未出现“软化平台”；当温度低于 950℃后，开始发生 TiC 的形变诱导析出，软化曲线出现明显的“平台”，此时形变诱导析出 TiC 对奥氏体再结晶产生强烈的抑制作用。

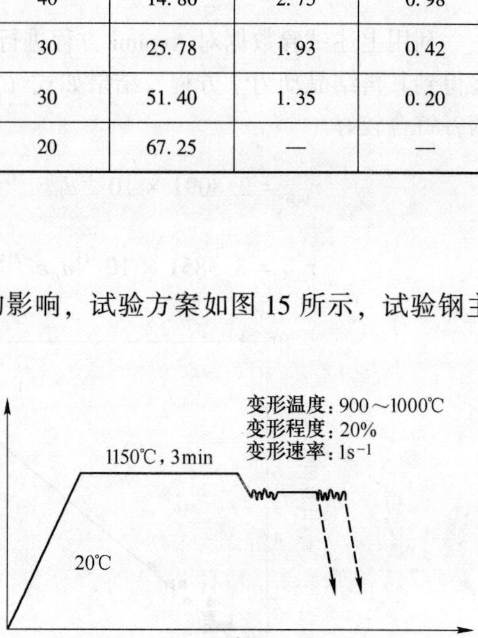


图 15　双道次变形法试验方案示意图

结合薄板坯连铸连轧流程的现场工艺条件，F4 机架的变形温度约为 950℃，变形量约为 30%，变形速率大于 20s$^{-1}$，具备了 TiC 形变诱导析出的动力学条件，并且后续机架由于应变速率进一步提高，以及累计变形的存在，将更有利于 TiC 的形变诱导析出。综合固溶钛以及形变诱导析出 TiC 对奥氏体再结晶的抑制作用，可实现钛微合金钢的未再结晶区控制轧制。

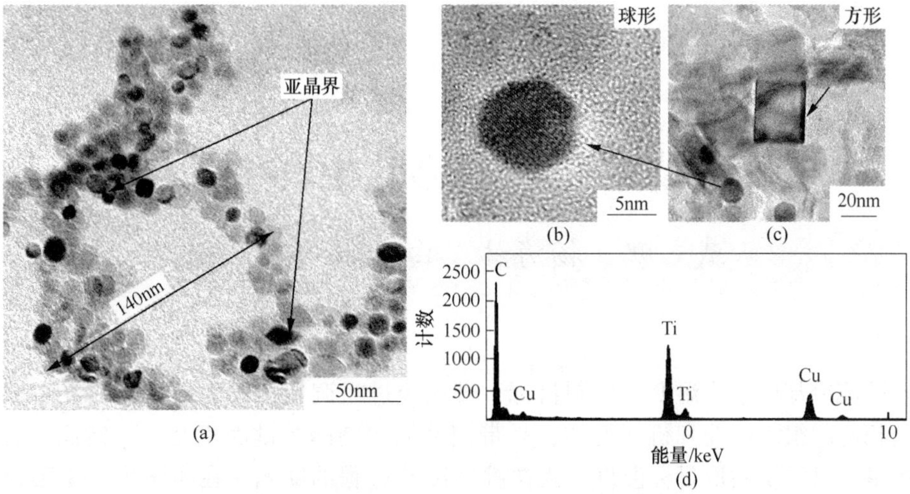


图 16　TiC 粒子在亚晶界上的形变诱导析出

（a）形变诱导析出；（b）近球形析出物的局部放大图；（c）亚晶界析出物的局部放大图；（d）近球形析出物的能谱图

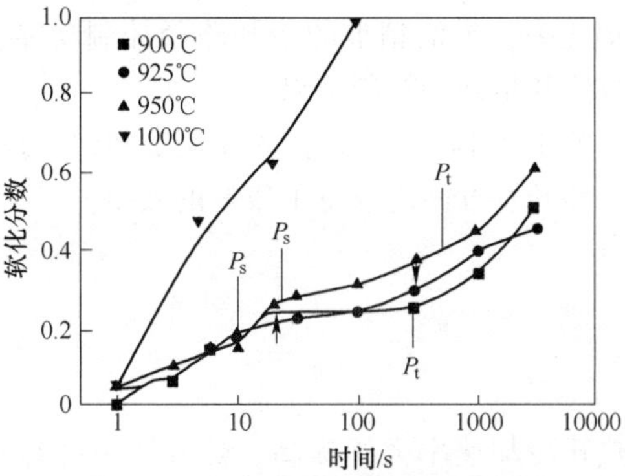


图 17　试验钢不同温度下的软化曲线

## 3　薄板坯连铸连轧流程钛微合金钢控制轧制技术的应用

基于上述分析，通过化学成分与热轧工艺参数控制，实现了薄板坯连铸连轧流程钛微合金钢的再结晶区与未再结晶区联合控轧，并开发出屈服强度为 450~700MPa 级的系列钛微合金高强钢，广泛应用于汽车、集装箱、工程机械等领域。典型产品 700MPa 级钛微合金钢（0. 05%C-1. 45%Mn-0. 12%Ti）微观组织的 EBSD 检测结果如图 18 所示。检测结果表明：大角度晶界（晶界取向差大于 15°）的晶粒尺寸约为 3. 3μm。可见控制轧制技术的应用对钛微合金钢铁素体晶粒尺寸的细化效果显著。

图 18　700MPa 级钛微合金钢铁素体晶粒取向图

## 4　结论

（1）薄板坯连铸连轧流程钛微合金钢轧前粗大的原始奥氏体铸态组织经过 F1 机架一定的高温大变形后，可以实现完全静态再结晶；铸坯中固态析出的 TiN 粒子可以有效阻止奥氏体再结晶晶粒的长大，实现再结晶区控轧。

（2）固溶钛的溶质拖曳作用以及形变诱导析出 TiC 粒子对奥氏体再结晶具有一定的抑制作用，可以阻止奥氏体再结晶的发生，实现未再结晶区控轧。

（3）通过有效控制关键的工艺参数，可在薄板坯连铸连轧流程实现钛微合金钢的再结晶区控轧+未再结晶区控轧。

（4）实现了薄板坯连铸连轧流程钛微合金钢的控制轧制，开发出 450~700MPa 级钛微合金高强钢，典型产品的铁素体晶粒尺寸可细化至 3. 3μm。

（原载《钢铁》，2016（1））

# 超快冷技术在武钢热轧生产中的应用

戴　鹏　杨海林　白春雷　周一中

传统的热轧层流冷却以卷取温度为控制目标，带钢经过粗调和精调两段冷却后在卷取机前达到目标温度，从而得到相应的组织性能和机械性能，是带钢性能控制的关键因素之一。然而，其单一的控制方式，固定的水流量，只注重卷取目标温度，无法控制冷却过程的缺陷，在实际生产中不仅仅会出现带钢全长性能不一致的问题，同时在产品结构、成本等方面也难以满足不断提升的市场需求。近年来，随着自动化技术的飞速发展和设备制造的日趋成熟，作为实现新一代TMCP技术核心手段的超快冷技术成为新的研究和发展方向，其较高的冷却速率，灵活精准的冷却路径控制功能，不仅提升了冷却能力，更为带钢冷却提供了多样化的过程控制方法和精确的控制结果。

武钢热轧二分厂轧后超快冷系统于2014年11月投入使用，超快冷技术成功应用于实际生产中，在提高带钢性能均匀性、降合金、新品种开发方面均取得了较好的效果。

## 1　基本原理与特性

### 1.1　冷速的提高

超快冷即快速冷却，较传统热轧冷却速率大幅提高。热轧层流冷却水与带钢表面接触时产生的热交换状态如图1所示。

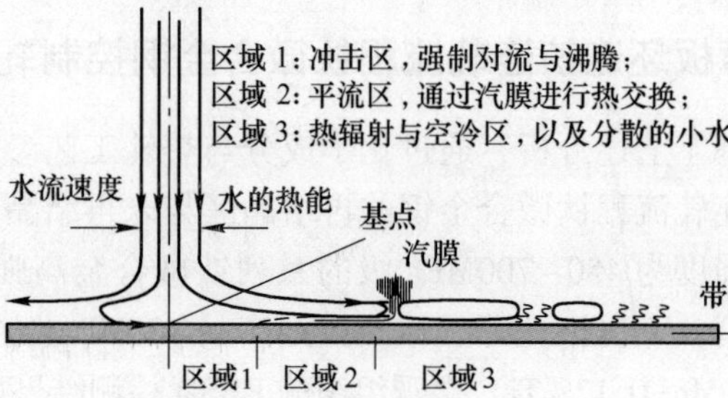

图1　热交换状态图

由图1可以看到，水与带钢表面接触后以水柱中心为基点（又称为停滞点）沿轧制方向散开，形成水与带钢3种不同的热交换模式。区域1：水与带钢表面接触后直接发生热交换，形成强制热对流与沸腾热交换；区域2：水与带钢表面之间形成一层汽膜，热量通过汽膜进行传导，同时还包括水体内部的热交换；区域3：带钢与空气之间的热传导，以及带钢与辊道等设备环境之间的热辐射，还包括一些分散的小水体与带钢之间的热传导。以上3种热传导方式中，主要以区域1中的热传导为主，占整个热传导的80%以上。区域2中的汽膜会严重影响热交换效率，其效率仅仅只有区域1的10%~30%。而区域3中的热传导几乎可以忽略不计。

普通的层流冷却，包括加密冷却系统；其冷却水均来自于高位水箱，利用自由落体产生的压力对带钢进行冷却；其流速不高，区域1中的冷却效率受限；即使是增加水嘴密度，也只是增加带钢表面单位面积上区域1的数量，减小区域2的数量，并未从本质上改变冷却速率。而超快冷系统通过增压泵进行二次加压，形成较大流速的冷却水，让更多的新水能够与带钢表面直接接触，提高区域1中的热传导效率，从而大幅提高冷速，同时大幅提升水嘴密度。两者共同作用，使得超快冷系统的冷却速率相比普通层流冷却和加密冷却系统有了质的飞跃。

### 1.2　控制特性

武钢热轧二分厂超快冷系统控制模型基于Gibbs自由涵理论，根据热平衡方程，可精确计算出任意时刻下带钢的任意位置经过冷却后所具备的热涵值、温度以及相变状态。加之采用的变频泵和流量调节阀，可对冷却集管流量进行控制，实现冷却速率的调节，继而达到冷却路径精确控制的目的。其特性与作用归纳如图2所示。

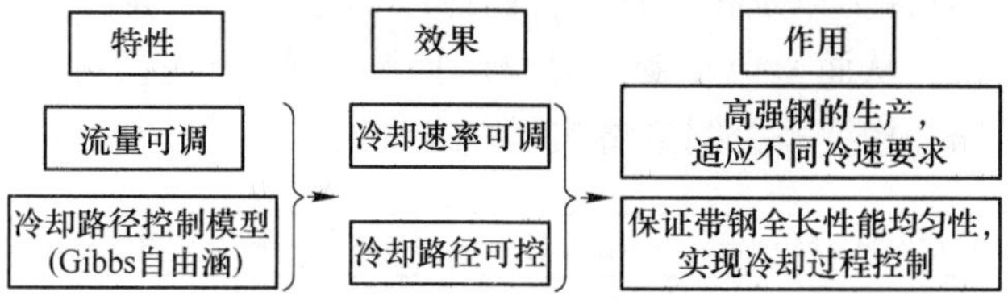


图 2　超快冷系统控制特性

## 2　设备布置

图 3 是冷却线设备布置图。超快冷集管布置在精轧出口，经增压泵供水，采用流量调节阀控制流量。紧跟着是普通层流冷却，由开关阀进行控制，两段集管之间留出足够的间隙作为测量段，布置相应的测温计、测速仪、断面扫描仪等测量设备。层流集管后面是加密集管，采用与超快冷段一样的流量调节阀。最后是精调段，由开关阀进行控制。卷取温度计放置在层流辊道下面。

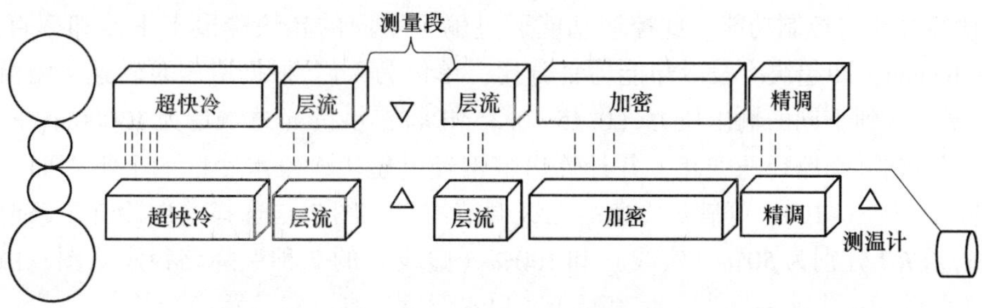


图 3　冷却线设备布置图

图 4 是超快冷增压系统结构示意图。可以看到，高位水箱中的冷却水经由 2 路水管输送至超快冷集管，一路连接加压泵站，一路与集管直连，通过 1 个 AUMA 阀进行切换。当使用高压模式时，AUMA 阀关闭，增压泵开始运转，冷却水流经加压泵进行加压后输出到超快冷集管，余水再通过溢流阀回流至高位水箱中。反之，切换至低压模式时，AUMA 阀开启，增压泵停止运行，冷却水直接流到冷却集管，即为层流冷却模式。

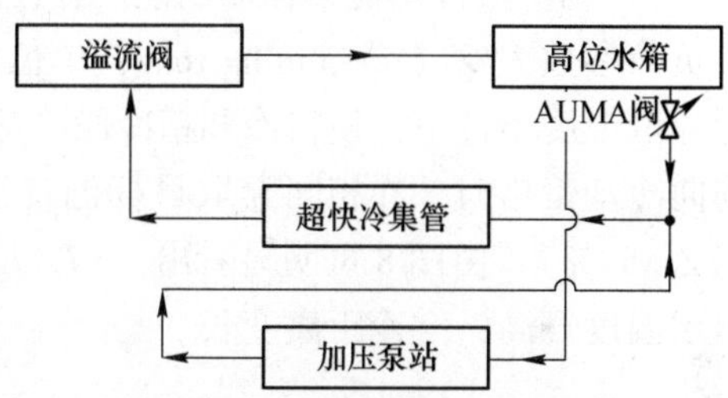


图 4　超快冷增压系统结构示意图

## 3　冷却路径控制功能

### 3.1　冷却过程控制策略

武钢热轧二分厂超快冷控制系统完全取代原有层流冷却控制系统，除了具备传统的前向、后向、中间冷却策略外，新增多窗口和微晶结构目标控制 2 种冷却过程控制策略。

1）多窗口冷却策略。所谓多窗口，如图 5 所示，即冷却段存在 2 个空冷窗口，将整个冷却段分为水冷+空冷+水冷+空冷+水冷，多个水冷和空冷相互交替的冷却段，满足在某一时刻或者某一温度下带钢的不同冷却要求，实现多段冷却路径控制。3 个水冷段分别位于超快冷段、加密段和精冷段，空冷区位于普通层流冷却段和加密段（虚线所示），可分别对水冷区 1 和 2 的冷却速率、水冷出口温度以及水冷后的空冷时间进行控制。多窗口冷却策略又细分为双相钢和多相钢 2 种控制模式。在生产双相钢时，无水冷区 3，带钢经过 2 段水冷后达到卷取目标温度。

2）相变率控制策略。此方式适用于高碳钢和高合金钢，引入相变分数（fraction for transformation）的概念，单位为%，即在卷取目标温度的基础上，结合相变分数（奥

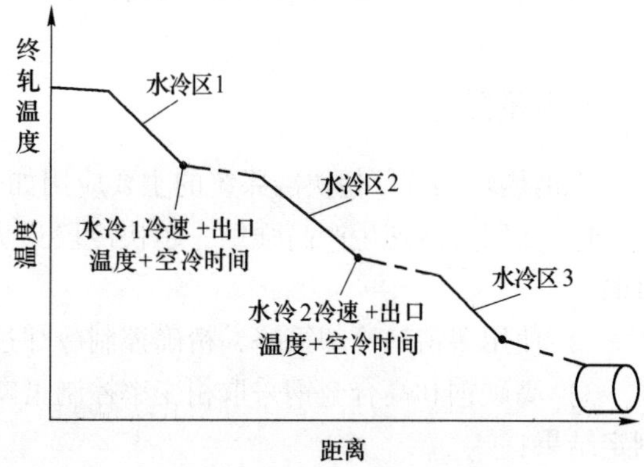


图 5　多窗口冷却策略

氏体转变率），计算带钢冷后热涵值以及相变状态，始终以热涵值为控制目标进行前馈控制，不再将卷取温度测量值作为反馈控制基准，从而避免相变热对温度控制造成的干扰，保证带钢全长得到一致的组织和性能。图6为温度控制策略和相变率控制策略控制方式对比。

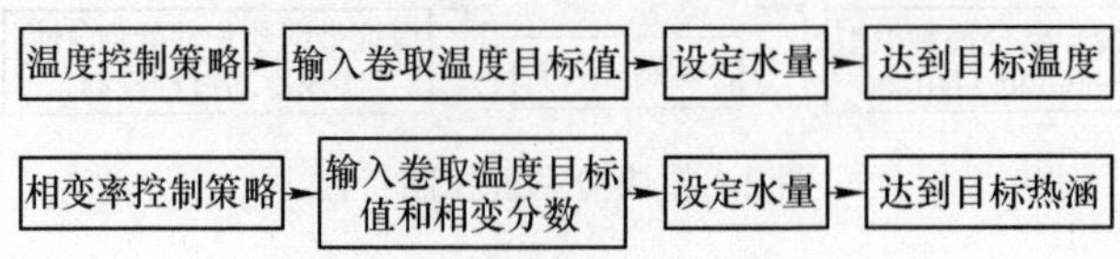


图6 控制方式对比图

## 3.2 冷却能力控制功能

超快冷系统在各种以温度控制为基准的冷却策略下，还可以对冷却能力进行调节，满足相同冷却策略下的不同温降路径要求。

1）超快冷段冷却能力控制功能。此控制功能通过输入不同的超快冷段上下冷却率百分数 *CRT/CRB*（cooling rate top/bottom，即超快冷段冷却能力百分比，单位为%），根据增压泵转速、溢流阀开度、压力和水量的对应关系，得到不同的输出压力（0.15~0.35MPa），水量（总水量为13000$m^3/h$），以及集管水阀开度，从而实现带钢温降路径的变化，并计算出带钢经过超快冷段水冷区的上下表面以及平均冷却速率。*CRT/CRB* 输入范围0~100，可满足冷速的无级调节需求。图7是选择前向冷却策略时，在相同卷取目标温度下，*CRT/CRB* 分别为50%（实线）和100%（虚线）的2种温降路径示意图。由图7可明显看出，*CRT/CRB* 增大后，水冷速率增大，距离减小，出水温度升高，空冷距离变长。

2）精冷段冷却能力控制功能。在使用前向、后向以及中间冷却控制策略时，此控制功能通过对精冷段负荷参数 *FTZ*（fine tuning zone，单位为%，范围0~100%）的调节，改变精冷段冷却能力，在相同目标卷取温度条件下，使粗冷和精冷段冷却分配比重发生变化，从而得到不同的带钢温降路径。图8是使用前向冷却策略时，在相同卷取目标温度下，*FTZ* 分别为30%和50%的2种温降路径示意图（虚线表示 *FTZ*=50%）。由图8可明显看出，*FTZ* 增大后，带钢在精冷段冷却温降增大，导致粗冷段冷却距离减小，出水温度升高，空冷距离变长。

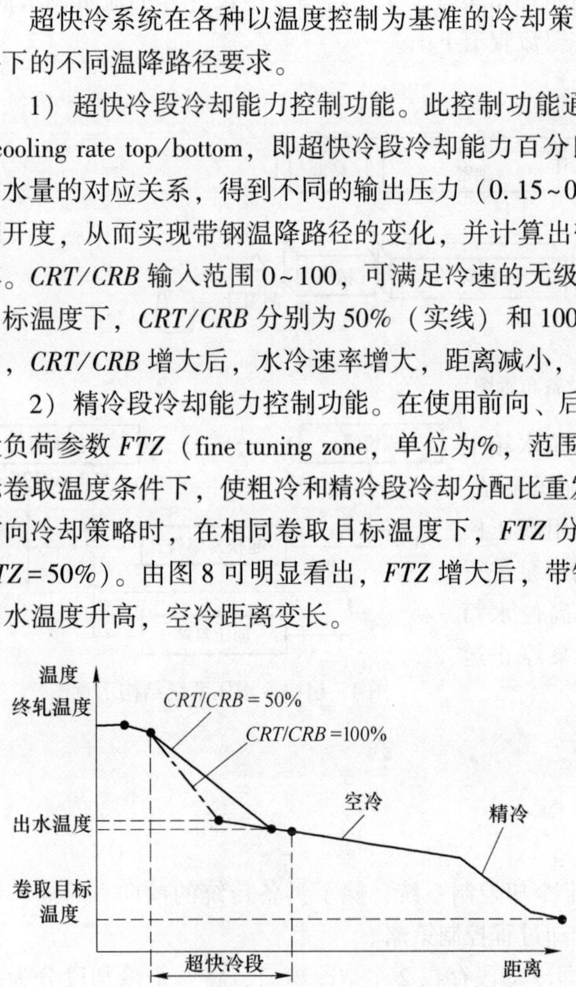


图7 2种不同的前段冷却路径

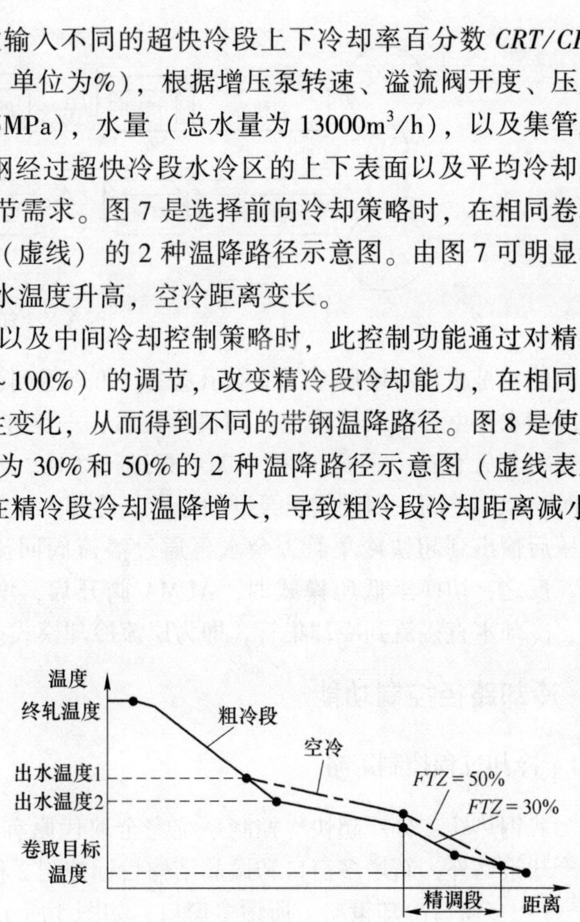


图8 2种不同的精调段冷却能力分配

# 4 应用及效果

武钢热轧二分厂超快冷系统的主要应用如下：

1）使用大冷速生产高强钢，超快冷段最大冷速可达400℃/s，达到提高带钢强度、降合金、降成本目的；

2）使用多窗口冷却策略，精确控制冷却过程，实现双相钢和多相钢的全自动化生产；

3）高碳钢和高合金钢采取相变率控制策略，取消温度控制评价标准，以实际带钢组织性能作为最终判定结果；

4）利用超快冷系统灵活多变的冷却路径控制功能，开展大量的试验工作，不断完善和探索轧后冷却工艺策略，优化现有产品结构，着力开发新品种。

在实际生产过程中，超快冷系统得到了充分应用，并取得了理想的效果，无论是控制精度还是带钢实际质量都超过了原有层流冷却系统。新的控制理论，大冷速，灵活多变的冷却路径控制功能得到了充分验证。同时，经过1年多的系统调试，超快冷系统功能投入率达到设计标准，完全取代原有层流冷却控制系统，实现全自动化稳定生产。

## 5　结语

超快冷系统强大的冷却能力，新的控制理论以及灵活精确的冷却路径控制特性极大地提升和加强了热轧轧后冷却能力与控制功能，为改善产品性能，丰富和优化产品结构，降低生产成本提供了有力支撑。同时，其全自动稳定的运行状态标志着武钢热轧二分厂成功地将超快冷技术运用到实际生产中，具有里程碑式的重要意义，为新一代热轧轧后冷却技术的发展提供了宝贵的实践经验。

（原载《钢铁研究》，2017（2））

# CSP 薄规格花纹板生产主要问题及控制措施

郑海涛　陈宏涛　田军利　王成　赵敏

## 0　前言

我国的花纹板在 20 世纪 60 年代首先由鞍钢半连轧试制成功，发展到如今已经成为热轧典型性产品，也是热轧高附加值产品。花纹板由于表面花纹豆的存在，具有良好的表面摩擦力、优良的防滑性能，广泛应用于汽车底板、建筑通道防滑等方面。2013 年 7 月条材总厂 CSP 分厂成功开发了花纹板，厚度规格：1.4~8.0mm，2.0mm 以下薄规格花纹板是武钢 CSP 盈利产品之一。表面有花纹的带钢称为花纹板，其花纹成扁豆形、菱形、圆豆形、扁圆混合形状。武钢主要生产花纹为扁豆形花纹板，见图 1。主要生产工艺：脱硫→转炉→吹氩→LF→连铸→均热炉→精轧→层冷冷却→卷取→平整。

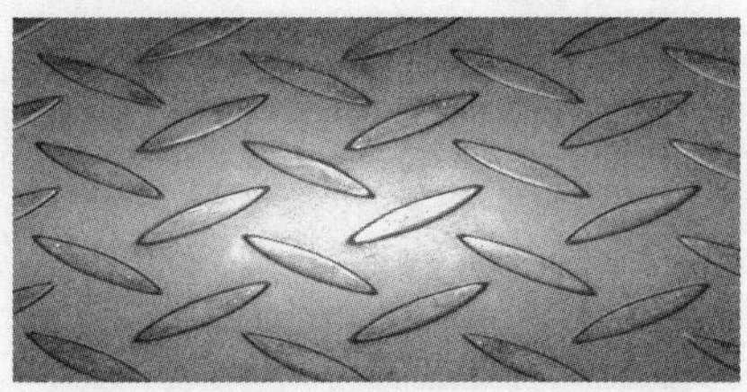

图 1　武钢 CSP 花纹板实物照片

## 1　花纹板主要问题及原因分析

由于花纹板使用的特殊性，在生产时与其他钢种有很大的区别。花纹板不保力学性能，但是对其表面质量、花纹的防滑性能却有特殊要求。在武钢 CSP 的长期生产实践中，花纹板生产的问题主要表现为以下几个方面。

### 1.1　花纹辊花纹边部剥落、掉肉

武钢 CSP 采用 F7 上辊为花纹辊生产花纹板。为了保证花纹的豆高等要求，往往 F7 机架的轧制力比其他钢种要大，这使得轧辊挠度增加，轧辊边部容易形成应力集中。在生产过程中，由于 CSP 产线的浇次宽度限制，只能同一个宽度规格的花纹板集中生产，目前武钢 CSP 产线较多的是 1250mm 断面规格，实际控制在 1265mm 左右。这样就导致在花纹辊表面磨损不均匀，产生一个 1265mm 宽度的凹槽，在轧制过程中凹槽的边部应力集中加剧。而花纹辊辊身有 3.5mm 左右的花纹刻槽，使得花纹辊边部极易产生剥落、掉肉；另外轧辊本身的质量问题也有可能导致剥落、掉肉，轧辊经磨削加工后，本身有毛刺、微裂纹等缺陷，轧制过程中在冷热交变应力作用下，缺陷逐渐扩大，最终出现轧辊掉肉。花纹辊的剥落、掉肉反映在钢板表面就是花纹的缺陷。

### 1.2　带钢头部翘头“翻起”

武钢 CSP 生产的花纹板主要规格是 1.5~2.0mm 厚度，在日常生产过程中，经常发生带钢头部在层流冷却辊道上翘头“翻起”。有时甚至由于头部“翻起”严重，导致卷取夹送辊不能顺利咬钢造成废钢。主要原因是由于花纹辊表面的凹槽，金属在流动过程中，有花纹的一面受到的摩擦力较大，且约 10%的金属流入花纹辊槽中，造成上下表面金属线速度不等。为保证带钢表面金属流动速度相等，花纹板顺利脱槽，花纹机架采用“上压配辊”（上辊为花纹辊），但辊压（辊径差）越大，力矩集中到花纹辊传动轴上的可能性也就增加，致使速降增加，便会产生翘头的问题。并且在薄规格花纹板的轧制过程中，由于穿带速度很快（10m/s 左右），进入层流冷却后，在层流冷侧喷水的作用下，更容易产生“翻起”现象。

### 1.3 花纹板豆高问题

武钢 CSP 生产的花纹板是改进后的扁豆形花纹，技术标准中对于薄规格花纹豆高有明确的要求。如表 1 所示。

表 1　薄规格花纹豆高要求

| 公称厚度/mm | 厚度公差/mm | 花纹豆高允许范围/mm | 公称厚度/mm | 厚度公差/mm | 花纹豆高允许范围/mm |
|---|---|---|---|---|---|
| <1.8 | ±0.25 | ≥0.20 | ≥1.8~2.0 | ±0.25 | ≥0.25 |

花纹板的豆高作为一项重要的质量指标，直接影响花纹板的合格与否。在日常生产过程中，经常因为各种原因导致花纹的豆高不合格，从而引起改判，影响合同的执行。

花纹板豆高不够的主要原因是在轧制过程中没有充分的塑性变形，末道次压下率不够，导致花纹辊刻槽内的金属填充不充分，轧制后豆高达不到要求。其次是尽管在精轧轧制后花纹的豆高负荷要求，但是由于夹送辊、助卷辊等间隙设定不合理，造成花纹被压扁，豆高不足。

### 1.4 花纹板的扁卷问题

CSP 分厂生产的薄规格花纹板主要是：1.5~2.0mm，生产中发现，带钢卷取后钢卷均出现扁卷现象。带钢越薄越容易出现扁卷，且扁卷的程度越大，见图 2。

由于花纹板表面存在花纹豆，带钢卷取成卷后，花纹豆造成带钢层与层之间存在间隙，而生产的钢卷呈卧式摆放，钢卷在自身重力作用下易发生扁卷。因扁卷导致钢卷内径偏小，平整无法上料。如果扁卷的程度较轻则通过切除钢卷内径，人工扩大钢卷内径，便于钢卷上平整线开卷机，扁卷会造成上平整机开卷机时间较长，约 30~60min，切除的部分按废品处理，平均废品率在 10.5%；如果扁卷程度较重时因无法上平整线开卷机，只能做废品处理。

图 2　花纹板钢卷扁卷实物照片

经对花纹板带钢进行分析，花纹板表面存在花纹豆，带钢卷取过程中，由于张力设定不合理，造成带钢层与层之间存在间隙，而生产的钢卷呈卧式摆放，钢卷在自身重力作用下易发生扁卷。薄规格花纹板扁卷问题是钢铁行业的难题，采取的普遍性措施是加大带钢的卷取张力和降低带钢的卷取温度。按照经验值，带钢的单位卷取张力取值一般是热态屈服的 5%~15%。但是，带钢的单位卷取张力不能太大，否则在卷取夹送辊咬钢、建张过程中会造成轧机 F7 和卷取机夹送辊之间的带钢宽度拉窄；降低卷取温度，就意味着带钢强度提高，但是强度的提升又会导致花纹板太硬，客户无法使用。因此，仅通过这两种手段不能很好的解决扁卷问题，必须进行优化。

## 2 解决措施

### 2.1 花纹辊花纹边部剥落、掉肉控制

2.1.1　花纹机架工作辊采用合适的辊形配置，同时采用边部倒角的辊形。

2.1.2　针对 CSP 产线的宽度限制造成的轧辊磨损不均匀，产生凹槽现象，结合 CSP 产线 CVC 窜辊模式，制定适当的窜辊方案，避免轧辊磨损长期固定位置接触带钢，减少凹槽的产生，减少花纹边部剥落、掉肉现象。

### 2.2 带钢头部翘头“翻起”问题

2.2.1　为了防止“翻起”，现场主要控制 F7 变形速度，降低带钢头部在层流辊道上“相对低速”运行，确保卷取机低速顺利咬钢。

2.2.2　层流采用下喷不喷水，用上喷压住带钢，并且通过推迟侧喷开启时序，防止带钢头部被侧喷“吹起”。

2.2.3　在保证花纹板轧制过程中，带钢出 F7 不扣头的情况下，适当降低花纹机架的辊压配置。目前 CSP 按照表 2 配置。

**表 2　花纹辊压差范围**

| 厚度/mm | 花纹辊辊压范围（上下辊辊径差）/mm |
|---|---|
| $H$≤2.0 | 2.0~3.0 |

## 2.3　花纹板豆高控制

### 2.3.1　成品机架压下率控制

通过调整 F7 机架压下率，确保花纹豆充分填充，确保花纹豆高。目前采用的是表 3 方案。

**表 3　成品机架压下率要求**

| 厚度/mm | 成品机架（F7）压下率/% | 厚度/mm | 成品机架（F7）压下率/% |
|---|---|---|---|
| $H$≥1.8 | ≥17 | $H$<1.8 | ≥16 |

### 2.3.2　卷取控制

卷取以基板厚度的 1.10 倍作为新的目标厚度进行相关设定（卷取过程示意图见图 3）。由于卷取夹送辊辊缝、助卷辊辊缝是根据花纹板基板厚度设定的，因此，为防止生产出的花纹板花纹在卷取过程中被夹送辊或助卷辊损伤，造成豆高不合等现象，对夹送辊、助卷辊等辊缝值进行修正：

夹送辊辊缝修正值：-0.5mm；

助卷辊辊缝修正值：WR1：-0.5mm、WR2：-0.5mm；WR3：-0.5mm。

优化助卷辊控制模式：

基板厚度 H>1.8mm 时，助卷辊采用踏步控制；

基板厚度 H≤1.8mm 时，助卷辊采用压力控制。

花纹板生产卷取过程示意图见图 3。

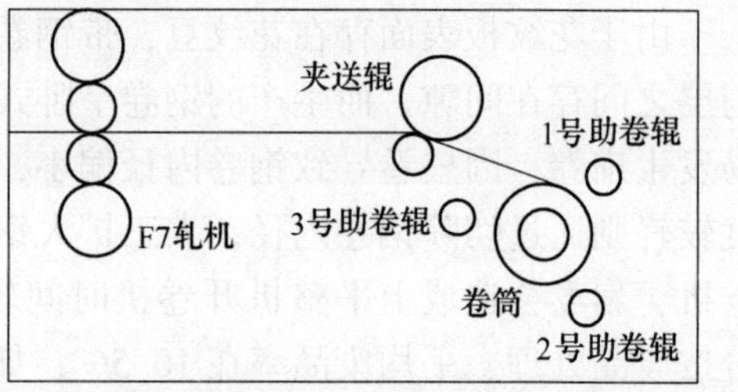


图 3　花纹板生产卷取过程示意图

## 2.4　花纹板的扁卷控制

### 2.4.1　确定带钢单位张力

卷取生产过程中，张力是最重要的控制参数之一，它直接影响到带钢卷取的质量。在卷取实际生产过程中，张应力过小，不能将带钢绷紧，造成扁卷。卷取张力是经验值，与卷取带钢厚度和卷取温度下带钢屈服极限有关。带钢张应力一般按表 4 选用，表中 $\sigma_s$ 为卷取温度下带钢屈服极限。

**表 4　卷取张力与带钢厚度的关系**

| 带钢厚度/mm | 1~4 | 4~8 | 8~10 | 10 以上 |
|---|---|---|---|---|
| 卷取张应力 | $(0.1\sim0.08)\sigma_s$ | $(0.08\sim0.06)\sigma_s$ | $(0.06\sim0.04)\sigma_s$ | $(0.04\sim0.03)\sigma_s$ |

生产花纹板时，在花纹豆的影响下卷取机张力模型发生变化，如不重新建立将影响张力的建立，造成不能正常卷取，另外还会对花纹板表面质量产生影响，故需将花纹高度考虑在内重新建立卷取机张力模型。卷取机电动机轴上总力矩为：

$$M_{dj} = M_{zl} + M_{wq} + M_{mc} + M_{dl}/I \tag{1}$$

式中，$M_{zl}$为由卷取张力引起的力矩；$M_{wq}$为由带钢在卷筒上塑性弯曲引起的力矩；$M_{mc}$为卷筒的机械摩擦力矩；$M_{dl}$为卷筒加、减速引起的动力矩；$I$ 为卷筒轴至电动机轴的速比。

带钢张力力矩：

$$M_{zl} = T \cdot D/2 \tag{2}$$

式中，$T$ 为卷取张力；$D$ 为带卷直径。

考虑到花纹造成卷径增大，导致张力力矩、弯曲力矩的增大，同时也导致卷机摩擦力矩增大，为适应这种变化，优化数学模型，经过不断优化调整，将带钢卷取张力在普通钢种的基础上增加 20%左右。按照经验结合现场实践，按表 5 进行带钢单位张力设定。

**表 5　按带钢厚度设定的单位卷取张力**

| 带钢厚度/mm | 单位卷取张力/(N/mm²) | 带钢厚度/mm | 单位卷取张力/(N/mm²) |
|---|---|---|---|
| 1.4≤$H$≤1.6 | 40 | 1.8<$H$≤2.0 | 35 |
| 1.6<$H$≤1.8 | 38 | | |

### 2.4.2　优化调整张力分配

卷取过程中的张力被分割成两部分，两部分之和为 100%，第一部分是轧机末机架与夹送辊之间的张力，第二部分是夹送辊与卷筒之间的张力（见图 4）。

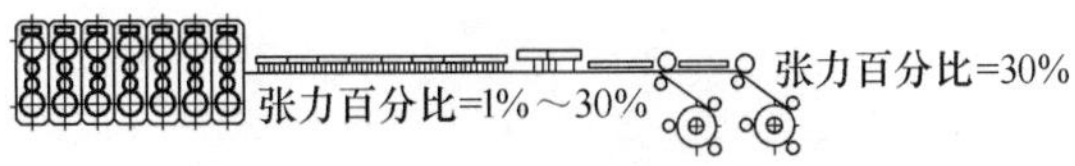


图 4　张力分配为 30%的示意图

张力分配是按照钢种的强度进行设定，张力分配是指夹送辊与卷筒之间的张力占总的卷取张力的百分比。张力分配的原则是：带钢越硬张力分配越大，反之越小。张力分配是确保钢卷层与层之间卷紧的最主要参数。经实践，薄规格花纹板应按表 6 进行张力分配。

**表 6　按带钢厚度设定的张力分配**

| 带钢厚度/mm | 张力分配/% | 带钢厚度/mm | 张力分配/% |
|---|---|---|---|
| 1.4≤$H$≤1.6 | 65 | 1.8<$H$≤2.0 | 45 |
| 1.6<$H$≤1.8 | 55 | | |

## 3　效果

3.1　措施实施后未发现花纹辊有花纹边部剥落、掉肉现象，也未产生过由于花纹破损导致的带钢辊印、花纹不全现象；

3.2　带钢头部翻起现象明显减少，未出现过由于头部翻起造成废钢等生产事故发生；

3.3　花纹豆高得到有效控制，由于花纹豆高不合造成的改判由改进前的 1.05%降低到 0.35%；

3.4　通过以上控制措施，武钢 CSP 厂薄规格花纹板卷形质量得到明显提升，图 5 为调整前后钢卷对比。

图 5　调整前后薄规格花纹板卷形对比

## 4　结论

通过措施的实施，有效地解决了花纹板轧制过程中存在的花纹辊花纹剥落、掉肉、花纹板头部“翻起”、豆高不合和扁卷等问题，提高了花纹板的产品质量。

（原载《金属材料与冶金工程》，2017（5））

# 冷轧工作辊异常剥落分析及防范措施

沈伟芳　王　聪　范庆国　雷泽红　陈光明　阮新建　吴忠杨

## 1　前言

2000年2~4月，在五连轧机上接连发生了10支冷轧工作辊异常剥落的事故，导致轧钢废品增多，生产成本特别是辊耗急剧上升。在市场经济激烈竞争的情况下，如不对轧辊剥落原因进行分析，及时有效地遏制，该事故将危及企业的正常生产和生存。

为了对冷轧工作辊的异常剥落原因进行分析，对有关轧钢、轧辊等大量生产质量记录调查，从宏观到微观，从理性到实践进行分析，初步找到冷轧工作辊剥落的原因和规律，针对轧辊频繁剥落，提出了有效的防范措施，取得了良好的效果，从5~7月未发生一起异常爆辊事故。

## 2　冷轧工作辊异常剥落的宏观形貌

### 2.1　工作辊剥落的发展过程（图1、图2）

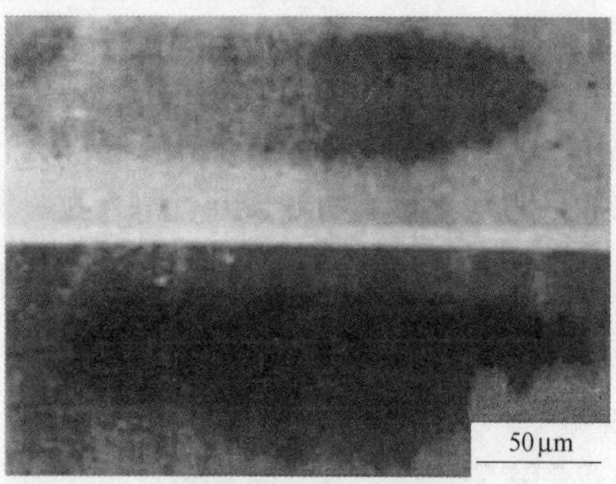


图1　深度热冲击形貌

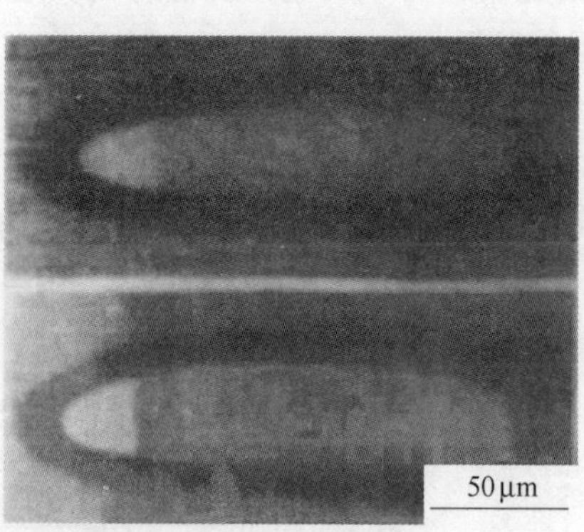


图2　二次淬火马氏体组织形成脆裂源

### 2.2　工作辊异常剥落形貌（图3~图6）

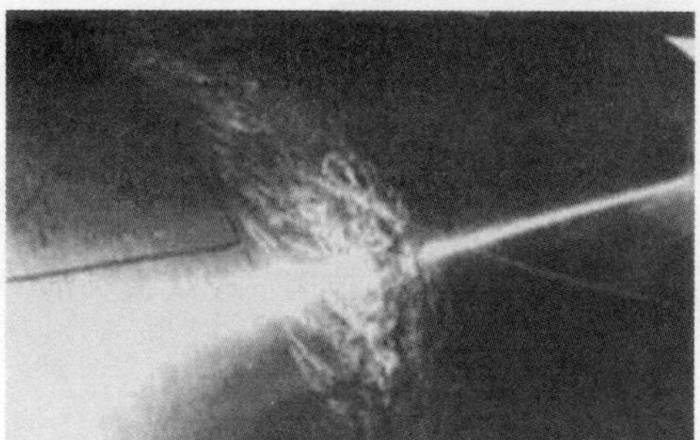

图3　冷轧辊粘辊热冲击实物形貌

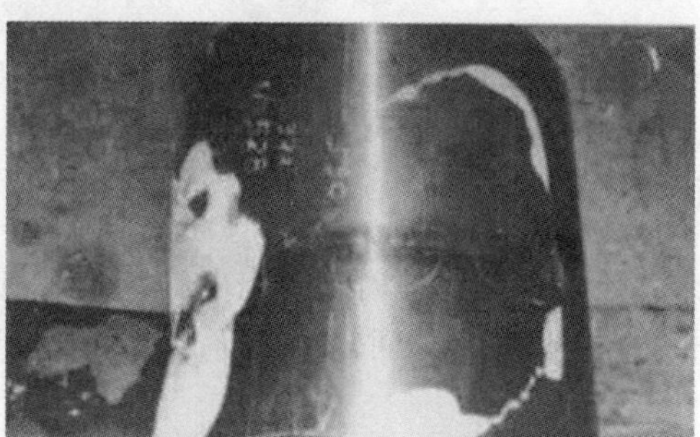

图4　疲劳裂纹在通板部位形成面积带状剥落实物形貌

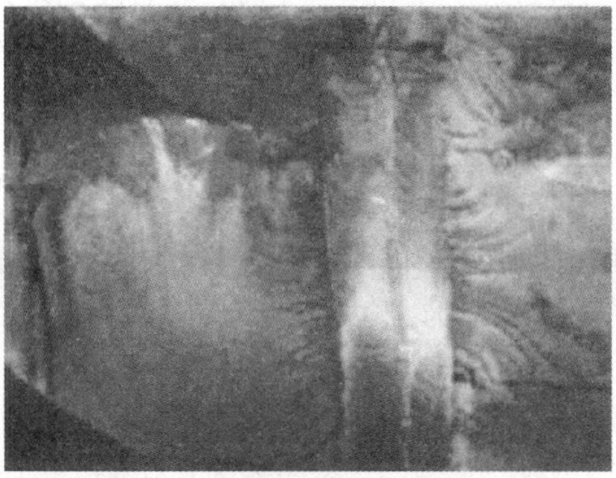
图5　冷轧辊带状剥落实物形貌

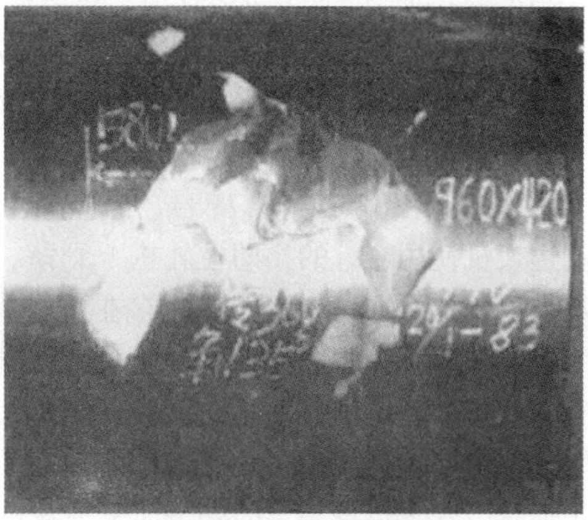

图6　冷轧辊脆裂形成猫舌状剥落实物形貌

## 3　冷轧辊异常剥落调查与分析

### 3.1　异常剥落情况调查（表1）

表1　冷轧五机架工作辊异常剥落调查

| 序号 | 冷轧辊号 | 异常剥落时间 | 剥落直径/mm | 制造厂家 | 辊面硬度(HSD) | 新辊探伤 | 异常剥落原因分析 | 备注 |
|---|---|---|---|---|---|---|---|---|
| 1 | 141 | 2000. 2. 3 | 590. 05 | 常冶 | 93~95 | OK | 粘辊磨后未探伤送用 | 剥废 |
| 2 | 492 | 2000. 2. 7 | 594. 60 | 邢冶 | 92~94 | OK | 辊面压印四条，通板部位严重烧伤 | 剥废 |
| 3 | 147 | 2000. 2. 17 | 597. 80 | 齐钢 | 92~95 | OK | 严重勒辊 | 剥废 |
| 4 | 143 | 2000. 3. 9 | 601. 90 | 齐钢 | 93~94 | OK | 轧辊磨后未探伤送用 | 剥废 |
| 5 | 449 | 2000. 3. 17 | 565. 45 | 常冶 | 92~94 | OK | 轧机操作侧压偏 | 剥废 |
| 6 | 115 | 2000. 3. 30 | 606. 00 | 常冶 | 95~97 | OK | 硬度太高脆性过大 | 剥废 |
| 7 | 126 | 2000. 4. 13 | 604. 25 | 常冶 | 92~95 | OK | 大面积过烧疲劳痕发展 | 剥废 |
| 8 | 178 | 2000. 4. 20 | 566. 60 | 邢冶 | 92~94 | OK | 粘辊磨后未探伤送用 | 剥废 |
| 9 | 149 | 2000. 4. 24 | 600. 50 | 邢冶 | 95~98 | OK | 硬度太高脆性过大 | 剥废 |
| 10 | 144 | 2000. 4. 26 | 599. 20 | 齐钢 | 96~99 | OK | 硬度太高脆性过大 | 剥废 |

### 3.2　异常剥落原因分析

（1）由表1可见115号、149号、144号因硬度太高，脆性过大导致剥落，此类轧辊占剥落数30%。一般来讲，硬度过高因此带来的残余应力过大，这种残余应力会在使用中因轧制应力的叠加成为剥裂或剥落潜在因素。以本厂五机架工作辊的工作情况为例；20年工作实践表明：硬度上限不宜超过HSD95，以HSD92~95为好，否则会在使用中硬度太高导致脆裂趋势加大使轧辊剥落，冷轧辊硬度对寿命的影响见图7，冷轧辊的硬度与应力的关系见图8。

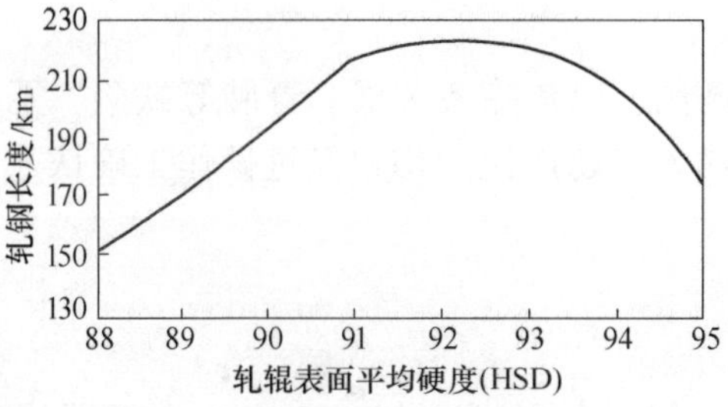

图7　冷轧辊硬度与寿命的关系

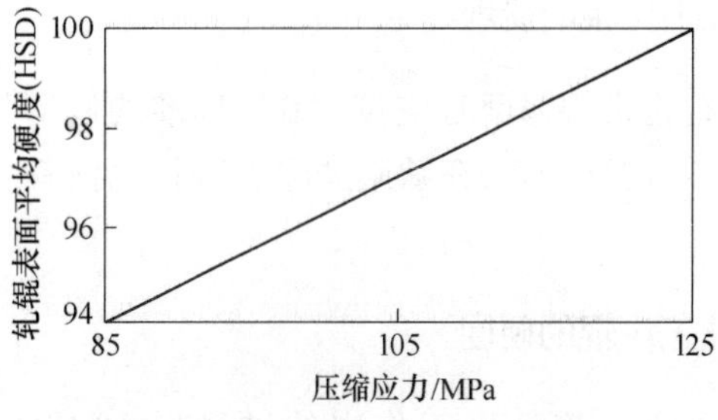

图8　冷轧辊硬度对应力的影响

有人测定冷轧辊硬度每增加 1HSD，残余应力增加 12.5MPa，据此推算，硬度提高 4HSD，就会使残余应力增大 50MPa，这是十分惊人的，同时认为，当冷轧辊硬度为 HSD90～94 时，轧辊使用寿命最高，这一发现值得借鉴。因此将回火温度提高，以降低冷轧辊的硬度和残余应力是冷轧工作辊行业提高使用寿命，消除残余应力的主要方向之一。

（2）表 1 中列出 141 号、178 号、143 号因粘辊而热冲击严重，磨消后未用超声波探伤检测，裂纹没有消除就送轧机使用，有的当即在轧机上剥落，有的轧制几小时后剥落，这是必须杜绝带裂纹上机的原因，一旦带裂纹上机，轻者钢板表面存在质量问题降组处理，重者发生剥落，经济损失巨大，此类轧辊也占剥落辊数 30%。从磁粉检测显示可见，粘辊磨除轧辊表面，有明显表面“热裂纹”，有的裂纹纵横交错，呈破碎状态，此轧辊在使用中，裂纹极易发展，容易发生剥裂或剥落。就是有较小的裂纹，磨辊时没有完全磨除掉，也会作为裂纹源起破坏作用。国内外对轧辊剥落的研究认为，剥落的发生和发展大致归纳为 4 个阶段：①辊身表层的外表面出现数量不一的显微裂纹，产生的因素主要为：轧辊受热冲击，过热后产生的网状微裂纹；换辊周期过长引起辊身表面的冷作硬化；辊身表面硬度过高；重磨时修磨量太小，不足以消除疲劳微裂纹层。②轧辊继续使用过程中，显微裂纹扩展，一条或若干条裂纹从表面领先向纵深发展到过渡的组织带（有时从断口可见连续的短距重复线，表明这种开裂属于疲劳破坏）从而形成疲劳断裂中心。③过渡组织中 2 次疲劳断裂中心沿与辊身圆弧几近平行的层次继续发展成为断裂带，有的甚至绕辊几周。④残余破裂和剥落，对于大面积带状剥落的轧辊可以在各种因素的影响一次性破裂和剥落。造成若干剥落块或尚未脱开的剥离块，小块掉肉的轧辊可以直接从第 2 阶段导致残余破裂和剥落。

（3）表 1 中还列出 126 号、147 号、492 号均因使用不当造成轧辊剥落，此类轧辊占剥落辊数 30%。因各种大面积过烧疲劳、严重烧伤、勒辊和严重压印等热冲击故障导致剥落，见图 6。

北京科技大学金相室曾用严重烧伤疲劳和粘辊后的剥落块进行试验与研究，发现将过烧疲劳和轧辊的轧材去除以后，轧辊表面是一层厚度约 0.03～0.06mm 的白亮层，经过各种检测手段分析得出，此白亮层系二次淬火马氏体组织，在白亮层的下面是不同程度的热影响区。这是由于热冲击所造成的局部温升，由表及里逐步降低，导致某一深度范围内，轧辊温升超过了临界点，马氏体组织回火得到回火马氏体组织，其厚度约为 0.1mm，再往里才是轧辊的原始组织。因此，修磨轧辊时必须消除轧辊表层的二次淬火马氏体组织和回火马氏体组织，按照规定再磨 0.5mm 后才能送轧机使用。否则，未磨尽的二次淬火马氏体组织和回火马氏体组织因与辊身的正常金相组织不一致而产生拉应力，导致裂纹的产生，甚至发展成为剥落。

（4）由表 1 还可见 449 号因发生压下偏斜故障导致轧辊剥落，此类轧辊占剥落辊数 10%，这里不作详述。

## 4　轧辊异常剥落的防范措施

### 4.1　冷轧工作辊的使用

冷轧辊上轧机使用因各种事故经常发生断带粘辊导致严重或一般烧伤热冲击辊面，有的甚至换辊周期太长，导致辊面疲劳裂纹的产生，有的还发生严重的压下偏斜和压印热冲击，所以冷轧辊在上轧机使用时首先应减少或杜绝诸如断带、粘辊、压下偏斜、严重勒辊、压印等事故，若未按工艺规定换辊，一旦出现疲劳裂纹，需按规定增大修磨量。

### 4.2　冷轧工作辊的管理

冷轧辊正常辊修磨时应按“B”标准的修磨量控制磨削，以消除疲劳层、青肿等缺陷，不能借故少磨。非正常辊修磨时需在缺陷磨除后进行涡流探伤检查或人工超声波探伤，经过操作工确认才能上轧机使用。

### 4.3　冷轧工作辊的硬度

本厂五机架连轧机工作辊的硬度以 HSD92～95，为好，上限不宜超过 HSD95。新辊检测若超过 HSD95，须进行二次回火才能送用，中间修复淬火的轧辊在淬火—回火后硬度控制在 HSD92～95，回火按规定时间处理，充分消除应力。

### 4.4　冷轧工作辊的组织

对于86CrMoV7钢冷轧辊进行修复双频淬火时，50/250Hz淬火温度控制：895±5℃控温需精确。控制淬火加热温度超过905℃时，成品金相检验组织为：针状马氏体+细小马氏体+粒状碳化物+残余奥氏体，针状马氏体的出现，使冷轧辊抗事故性能变坏，脆性增加，发生裂纹的几率加大；控制淬火加热温度低于885℃时淬硬层深度不够，硬度值偏低或达不到规定的硬度值。

## 5　结语

（1）冷轧工作辊异常剥落是由轧机严重事故、裂纹未检使用和冷轧辊辊面硬度太高造成。

（2）全方位控制到位后，2000年5～10月未发生一例异常爆辊事故，证实本措施在遏制异常剥落辊上收效显著。

（原载《钢铁》，2001（6））

# IF钢搪瓷板析出相的研究

田德新　叶仲超　李平和

## 1 前言

冷轧搪瓷板主要用于制造食品加工机械、日用品和卫生厨房用具等，其中许多搪瓷板产品在制造过程中钢板要经过深冲压变形，这就要求搪瓷板不仅具有良好的涂搪性能，而且也要具有很好的深冲性能。

国内以前生产的低碳钢搪瓷板在深冲性能方面难以满足搪瓷行业制作高档豪华搪瓷浴盆的要求，在制作过程中易出现冲压开裂问题。为提高搪瓷板的深冲性能，满足用户需求，2001年武钢开始生产IF钢搪瓷板，钢板的涂搪性能和深冲性能均满足了用户要求。

本文通过电镜观察和成分分析，研究IF钢搪瓷板中析出相的形态和组成，探讨析出相的析出机理和作用，以及分析IF钢搪瓷板成分设计的合理性等。

## 2 试验方法

从大生产中取冷轧成品样进行析出相分析，试样用二次碳复型法制成电镜样品，在JEM-2000FXⅡ型透射电镜上观察析出相的形态，用INCA能谱仪对第二相进行成分分析。试样的编号及化学成分见表1，其中：1~3号样为搪瓷板，4号样是普通IF钢。

表1　试样的编号及化学成分　(%)

| 编号 | C | Si | Mn | P | S | Ti |
|---|---|---|---|---|---|---|
| 1号 | 0.0036 | 0.012 | 0.10 | 0.009 | 0.0230 | 0.073 |
| 2号 | 0.0030 | 0.013 | 0.10 | 0.008 | 0.0250 | 0.070 |
| 3号 | 0.0055 | 0.015 | 0.11 | 0.008 | 0.0190 | 0.068 |
| 4号 | 0.0031 | 0.014 | 0.11 | 0.007 | 0.0073 | 0.059 |

钢的热轧和退火工艺参数如下：

板坯加热温度：1200~1300℃；终轧温度：870~930℃；卷取温度：650~700℃；罩式炉退火温度：700~750℃。

## 3 结果与讨论

### 3.1 钢中的析出相

对试样中的析出相进行了观察，1、2和3号样中的析出相基本相同，尺寸为50~350nm，100nm以上的粗大析出相多为$Ti_4C_2S_2$相，有少量的TiS和TiN。100nm以下的第二相主要为FeTiP复合相。析出相多为多边形颗粒和球形颗粒，其形态和能谱分析曲线分别见图1和图2。

4号样是成分相近的普通IF钢，其析出相大部分为细小的FeTiP复合相（20~50nm），大颗粒的析出相很少，只有少量的$Ti_4C_2S_2$相。析出相的形态和能谱见图3。

### 3.2 析出过程的热力学计算

对奥氏体态下钢中的析出相平衡进行了计算，所采用的热力学关系式如下：

$$\lg[Ti][S] = -3252/T - 2.01 \quad (1)$$

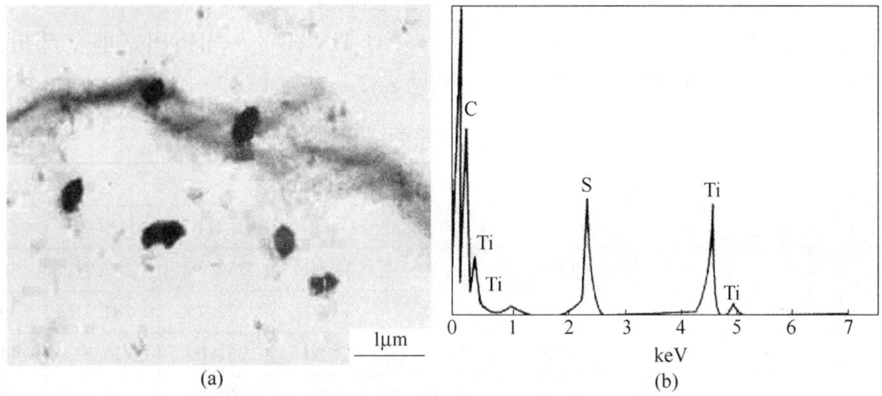


图1　1号试样中的TiS相的形态及能谱曲线

（a）TiS形貌；（b）TiS能谱

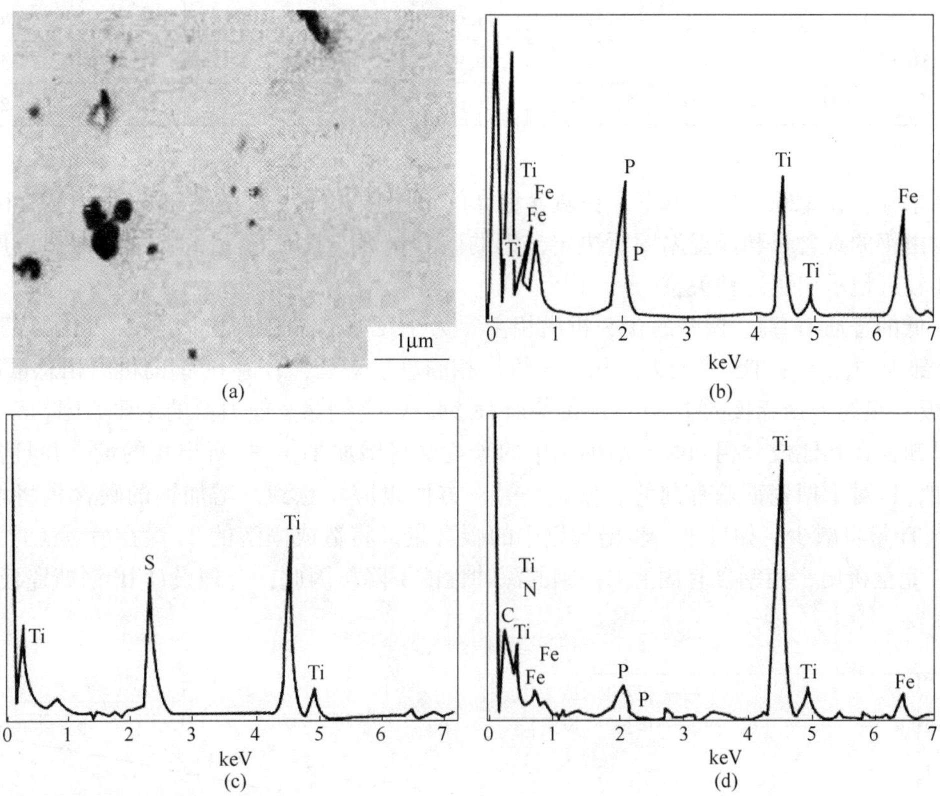


图2　2号试样中第二相的形态和能谱曲线

（a）析出相形态；（b）细小的FeTiP相能谱曲线；（c）粗大$Ti_4C_2S_2$相能谱曲线；（d）多边形TiN相能谱曲线

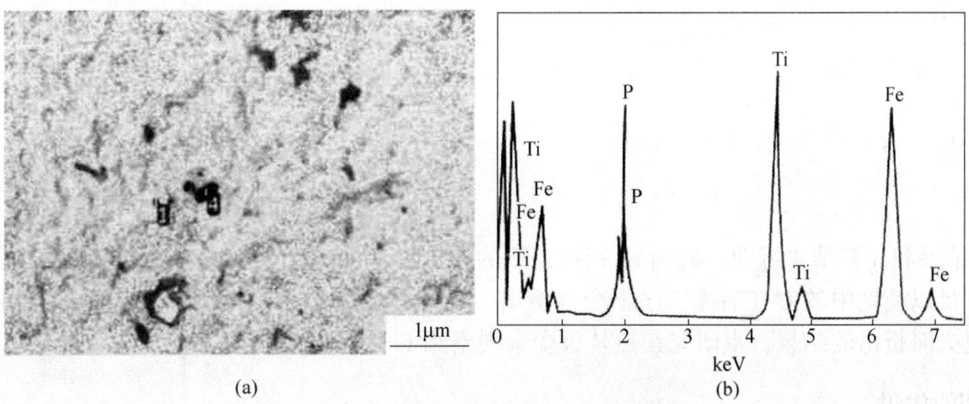


图3　4号试样中的析出相形态及能谱曲线

（a）$Ti_4C_2S_2$相形态；（b）$Ti_4C_2S_2$能谱

$$\lg[\mathrm{Ti}][\mathrm{C}]^{0.5}[\mathrm{S}]^{0.5} = -5208/T - 0.78 \tag{2}$$

设 IF 钢在高温下的析出相为 TiN、TiS 和 $Ti_4C_2S_2$，并且 TiN 在含 S 相析出之前全部析出。以这种假设为基础，对 IF 钢中的析出相平衡进行了计算，其结果见表 2。

**表 2　钢中析出相及平衡浓度计算结果**

| 试样编号 | 主要成分①/$10^{-6}$ | | | 保温温度/℃ | 平衡固溶量/$10^{-6}$ | | | 平衡析出量/$10^{-6}$ | | |
|---|---|---|---|---|---|---|---|---|---|---|
| | C | S | Ti | | [C] | [S] | [Ti] | $Ti_4C_2S_2$ | TiS | 总计 |
| 1 号 | 36 | 230 | 730 | 1200 | 15.29 | 24.00 | 252.38 | 242.31 | 369.69 | 612.00 |
| | | | | 1250 | 20.25 | 26.00 | 272.75 | 184.31 | 397.83 | 582.14 |
| | | | | 1300 | 26.13 | 27.80 | 301.00 | 115.52 | 433.21 | 548.73 |
| 3 号 | 55 | 190 | 680 | 1200 | 18.67 | 29.30 | 206.73 | 425.10 | 152.81 | 577.91 |
| | | | | 1250 | 24.14 | 31.00 | 230.88 | 361.06 | 185.59 | 546.65 |
| | | | | 1300 | 30.45 | 32.40 | 258.27 | 287.24 | 224.30 | 511.54 |
| IF | 31 | 73 | 590 | 1200 | 11.69 | 18.35 | 330.16 | 225.95 | 5.26 | 231.21 |
| | | | | 1250 | 15.92 | 20.44 | 350.15 | 176.47 | 28.42 | 204.89 |
| | | | | 1300 | 21.06 | 22.41 | 373.40 | 116.29 | 58.24 | 174.53 |

①N 均为 $27\times10^{-6}$。

由计算结果知，在 1200~1300℃下，在硫含量高的 IF 钢搪瓷板中，含 S 析出相为 TiS 和 $Ti_4C_2S_2$，其相对量的多少由钢的碳含量和保温温度所决定，钢的碳含量高，$Ti_4C_2S_2$ 量高；加热保温温度高，$Ti_4C_2S_2$ 量则低，图 4 较好地示出了这种关系。

对于含 S 低的普通 IF 钢，钢中的含 S 析出相主要为 $Ti_4C_2S_2$，TiS 量很少，在 1200℃以下，钢中的含 S 析出相将全部为 $Ti_4C_2S_2$，TiS 将消失。从含 S 析出相的总量来看，普通 IF 钢的析出相总量远小于含 S 高的 IF 钢搪瓷板（只约为搪瓷板的 1/3），这是普通 IF 钢较搪瓷钢储氢能力低的主要原因。

由图 5 可知，在其他成分相同时，增加钢中的碳含量将增加 $Ti_4C_2S_2$ 析出相的量，并且含 S 析出相的总量也将增加，这对于搪瓷钢是有利的。但是，另一方面也应注意到，增加钢的碳含量将增加钢中固溶碳量，而固溶 Ti 量将减少。如果进一步增加钢中的碳含量，将造成固溶的 Ti 量在后续工序下（如退火）不能将固溶 C 完全析出，使钢含有固溶 C，钢的深冲性能下降。因此，合理设计 IF 钢搪瓷板的 C、S 和 Ti 的成分非常重要。

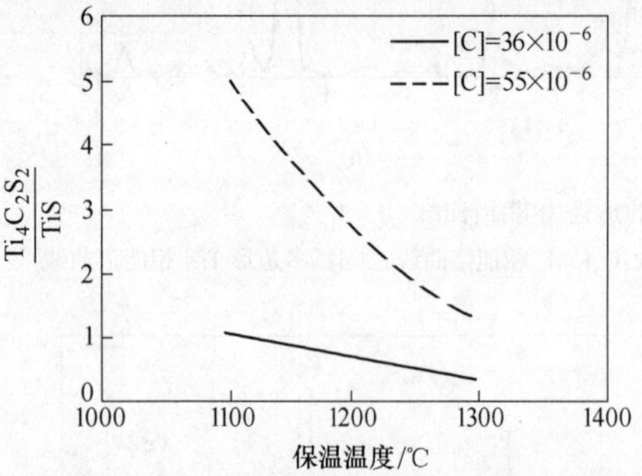


图 4　含 S 析出相的比值与温度的关系

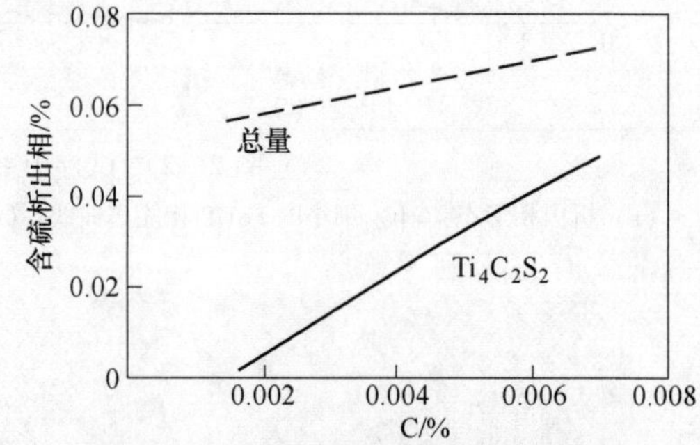


图 5　含 S 析出相的量与钢碳含量的关系
（计算成分：Ti 0.07%，S 0.025%，N 0.003%）

由观察结果和计算结果可知，武钢 IF 钢搪瓷板的成分设计能确保钢中的 C 全部析出，这是因为热轧后固溶的 Ti 足以使钢中的 C 在后续工序下全部析出。由观察结果也可知，钢中还有 FeTiP 相，这是富余固溶 Ti 在退火时析出的结果，本研究在热轧板中未观察到 FeTiP 相。

## 3.3　析出相的作用

由以上观察和计算结果可知，当碳含量在（30~60）$\times10^{-6}$、S 在（20~25）$\times10^{-6}$和 Ti 在 $700\times10^{-6}$左右

时，钢中析出相多，尺寸较大，并且有较多的粗大 $Ti_4C_2S_2$ 相和 TiS 相。然而，在硫含量低的 IF 钢中，析出相多为细小的 FeTiP，钢中较难产生粗大的含 S 相。

钢中含较多的 S 是形成 $Ti_4C_2S_2$ 和 TiS 相的必要条件，由 4 号样观察结果可知，普通 IF 钢中 $Ti_4C_2S_2$ 相很少，无 TiS 相，这是普通 IF 钢做搪瓷板不利的主要原因。

普通 IF 钢板在涂搪时易产生一种称为鱼鳞皮的缺陷，该缺陷是在烘烤时氢在涂层与钢基之间形成气泡而产生的，这种缺陷的产生与钢板的储氢能力和炉子炉气的氢含量有关。

鱼鳞皮缺陷的产生不仅受钢储氢能力的影响，而且也受其他因素（如炉气 $H_2$ 露点、搪瓷的气泡结构以及搪瓷与基材之间的粘附力）的影响，但是，如果钢板具有足够的储氢能力，即使其他因素都不好，鱼鳞皮缺陷也不会产生。由此可见，搪瓷板的储氢能力是搪瓷板极为重要的性能。

钢板的储氢能力由钢中的储氢场地决定（储氢场地为空洞、晶界、相界、析出相和夹杂物附近的微孔洞等)。对于深冲用的 IF 钢搪瓷板，提高钢板储氢能力的主要手段是增加钢中的 Ti、S 析出相的量，这是因为其他场地对钢的深冲性能不利。

IF 钢搪瓷板中产生 $Ti_4C_2S_2$ 相的作用主要有两点：形成储氢场地和固定钢中的间隙原子 C，这样，钢不仅具有好的涂搪性能，而且也具有好的深冲性能。$Ti_4C_2S_2$ 相的析出使 C 在高温下得到固定，这样热轧终轧时钢基中无间隙原子，所得到的织构对深冲性能极为有利，这是人们希望在 IF 钢中多产生 $Ti_4C_2S_2$ 析出相的主要原因。

含 S 析出相有利于提高钢板的储氢能力和防止鱼鳞皮缺陷产生。根据这种规律，研究者们开发了一些 IF 钢搪瓷板。IF 钢搪瓷板的成分设计原理是在钢中加入 S 等元素，使钢中产生较多的 S 二次相来提高钢的储氢能力，与此同时，也要保证钢中间隙原子（C，N）以第二相析出，以确保钢板具有好的深冲性能。

从以上分析结果可知，要开发深冲性能好的搪瓷板，必须增加 IF 钢中的硫含量，控制好钢的热轧和退火工艺，使钢中尽可能多地产生 $Ti_4C_2S_2$ 析出相。

## 4　力学性能

IF 钢搪瓷板主要用来制造杯、盆、缸等深冲件，它们都由一块板冲制成型，因此，对 IF 钢搪瓷板的深冲性能也有很高的要求。为了了解析出相对钢板性能的影响，对 IF 钢搪瓷板的力学性能进行了检测，其结果见表 3。

**表 3　钢板的力学性能**

| 试样编号 | $\sigma_s$/MPa | $\sigma_b$/MPa | $\sigma_{80mm}$/% | $\bar{r}$ |
|---|---|---|---|---|
| 1 号 | 130 | 295 | 46 | 2.2 |
| 2 号 | 130 | 300 | 45 | 2.2 |
| 3 号 | 128 | 290 | 45 | 2.4 |

由以上结果可知，钢板的力学性能都很好，达到了超深冲级水平，这说明钢中析出粗大的含 S 相对钢的力学性能并无有害影响，这就保证了 IF 钢搪瓷板既具有好的涂搪性能，又有良好的深冲性能。

## 5　结论

（1）在冷轧 IF 钢搪瓷板中，析出相主要为 TiS、$Ti_4C_2S_2$、TiN 以及细小的 FeTiP 相。

（2）钢中碳含量增加和钢的热轧加热温度降低能增加钢中 $Ti_4C_2S_2$ 析出相的量，但高的碳含量必须有足够的钛含量以确保 C 在后工序下全部析出。

（3）IF 钢搪瓷板中的 FeTiP 相是在退火时析出的，如果钢中无富余的固溶 Ti，钢中将不形成 FeTiP 相。

（4）粗大的 TiS、$Ti_4C_2S_2$ 析出相即使钢板具有良好的涂搪性能，又对钢的深冲性能无有害影响，因此，IF 钢搪瓷板具有很好的涂搪性能和深冲性能。

（原载《钢铁》，2002（12））

# 武钢冷轧厂技术改造介绍

欧阳金明　胡吟萍

## 1　前言

武汉钢铁股份有限公司冷轧厂全套工艺设备和生产技术是 20 世纪 70 年代从原西德引进的，于 1978 年 9 月建成投产，拥有连续酸洗，5 机架冷连轧，HC 可逆式六辊轧机，电解脱脂，罩式炉光亮退火，单、双机平整，连续热镀锌，连续电镀锡，彩色涂层，纵、横剪，重卷等 19 条生产作业线，是我国第 1 个现代化冷轧薄板的生产基地。然而，随着钢铁企业国际化经营趋势日益明显，竞争更加激烈，武钢冷轧厂的产品结构已逐步显现出不合理，且产品质量落后。为此，武钢投资 22 亿元对冷轧厂进行了全面技术改造。

## 2　武钢冷轧厂技术改造概况

### 2.1　联合机组（CDCM）

将原酸洗机组和 5 机架冷连轧机组改造成酸轧联合机组 CDCM。CDCM 机组设计年产能力 177.69 万 t（酸洗入口），原料规格为（1.5~6.0）mm×(600~1570)mm，最大酸洗段速度可达 240m/min，最大轧制速度可达 1700m/min。

CDCM 机组采用了以下工艺、技术：

（1）酸洗头部设置钢卷测量装置，具有开卷机自动上卷功能，原闪光焊机更换为激光焊机，以满足联机后连续化生产对焊缝质量的要求及焊接硅钢的要求。

（2）酸洗采用浅槽紊流酸洗。

（3）第 1 机架入口采用大张力张紧辊，以改善第 1 机架的压下率和轧制的稳定性；第 1、第 2 机架采用带锥形的可移动工作辊，以减少边部减薄，特别是对轧制硅钢更具有重要意义；第 5 机架采用 CVC 可移动工作辊，以改善带钢板形。

（4）乳化液系统增设磁棒过滤器、真空过滤器、搅拌器、反冲洗过滤器，可确保乳化液和带钢表面的清洁度，以满足汽车制造厂对轿车面板的表面质量要求。

（5）检测设备的配备。在 1#、5#机架前后有 4 台 X 射线测厚仪；5#机架出口有 1 台边降检测仪；在 1#、5#机架前后共有 4 台激光测速仪；5#机架出口有一个板形辊，以提高厚度控制精度和板形控制水平。

### 2.2　热镀锌机组

该机组改造后年产能力为 25 万 t，产品规格为（0.25~2.50）mm×(700~1530)mm。更新了搭接焊机、连续退火炉、锌锅、气刀、高频感应加热合金化炉、四辊光整机、拉伸矫直机和飞剪，新增了化学清洗段、热张紧辊组、耐指纹装置；为精确控制锌层厚度，采用了冷态测厚闭环控制系统。

## 3　技术改造的主要特点

### 3.1　改造与新建并举

技术改造以酸轧联机为主线，涉及 13 条生产作业线，以产品结构调整和工艺水平提高为目标，不仅把传统设备改造作为工作重点，同时还立足于企业的长远发展和综合竞争力的增强，改造与新建并举。

新上了1条产能22万t/a无取向硅钢片连续退火生产线、1条年产22万t轿车面板的高水平2#重卷生产线及1条推拉式酸洗生产线。

### 3.2　突出品种结构优化

改造后冷轧厂年产能力由原122万t增至185万t，产品由原4大类（冷轧普碳钢板卷、电镀锡板卷、热镀锌板卷、彩涂板卷）扩展到7大类（新增了精密带钢、热轧酸洗钢卷和低硅无硅无取向电工钢）。改造后产品情况见表1。

**表1　武钢冷轧厂产品品种、规格和产量**

| 产品品种 | 规格/mm | | 产量/万t | 备　注 |
|---|---|---|---|---|
| | 厚度 | 宽度 | | |
| 冷轧板卷 | 0.30~3.00 | 800~1530 | 115 | 其中轿车、家电用板15万t |
| 精密带钢 | 0.15~0.30 | 550~1000 | 5 | 内磁屏蔽钢、荫罩钢带等 |
| 热轧酸洗卷 | 1.80~4.00 | 1050~1350 | 8 | |
| 热镀锌板卷 | 0.25~2.50 | 700~1530 | 19 | 其中轿车、家电用板9万t |
| 电镀锡板卷 | 0.15~0.55 | 550~1024 | 10 | TH50+SE~TH65+SE |
| 彩涂卷 | 0.28~1.20 | 600~1200 | 6 | |
| 低硅无硅无取 | 0.35~0.65 | 750~1250 | 22 | 50W470~50W600 |
| 向硅钢 | | | | 50W800<br>50W1300 |

### 3.3　提升产品质量

武钢是我国最早的汽车板生产基地，但由于装备水平落后，一直不能生产高级汽车面板。改造后，冷轧产品质量得到了很大提升，满足了市场需求。

（1）CDCM联机改造后带钢的质量。

CDCM联机改造后带钢质量见表2。此外，带钢边降为5μm；表面残油量≤250mg/m$^2$（单面）；表面残铁≤60mg/m$^2$。

**表2　CDCM机组生产的带钢厚度（纵向）精度**

| 目标厚度/mm | 厚度精度/% | | 板形/I |
|---|---|---|---|
| | 稳态 | 加、减速状态 | 稳态 |
| 0.34~0.40 | ±1.2 | ±1.8 | ±8 |
| 0.41~0.60 | ±1.0 | ±1.5 | ±8 |
| 0.61~1.00 | ±0.8 | ±1.2 | ±8 |
| 1.01~2.00 | ±0.7 | ±1.0 | ±7 |
| 2.01~3.00 | ±0.7 | ±1.0 | ±6 |

（2）热镀锌产品质量。

热镀锌产品质量为：GI板锌层等厚30~300g/m$^2$，锌层差厚30~180g/m$^2$，镀层精度±2%（单面）；GA板锌层厚度60~180g/m$^2$（双面），Fe含量8%~12%。锌粒气刀条痕、馒头纹、边厚等表面缺陷得到较大改善。

（3）2#重卷机组产品质量。

2#重卷机组产品质量情况如表3所示。在整个机组线上，带材表面没有新缺陷或划痕，达到了05带材等级的要求。

**表3　2#重卷机组产品质量**

| 项　目 | | 参　数 | 项　目 | 参　数 |
| --- | --- | --- | --- | --- |
| 板形/I | 轿车面板 | ≤3 | 邻圈错层/mm | ≤0.5 |
| | 家电用板 | ≤1 | 第1圈与第3圈/mm | ±7 |
| 最小切边宽度/mm | | 6 | 中间　整卷塔形/mm | 5 |
| 切边精度/mm | | ≤0.5 | 分切　邻圈错层/mm | ≤0.5 |
| 板宽精度/mm | | ≤0~0.5 | 钢卷　第1圈与第3圈/mm | ≤±10 |
| 整卷塔形/mm | | ≤2.5 | | |

## 4　结语

随着技术改造的完成，武钢冷轧技术装备水平达到了国际先进水平。实践证明，技术改造采用改造和新建并举，并立足于产品结构调整、产品质量优先，能给本企业带来新的生机。

（原载《轧钢》，2005（4））

# 武钢板带材生产技术与工艺装备的发展

王　岭

## 1　国内板带材生产的现状

发展板带材生产是近年我国钢铁行业结构调整的重点。近年来，随着国民经济的快速增长，对板带材的需求急剧增加，在板带材生产能力、进口数量方面均呈快速上升势头。主要体现在：

（1）板带材需求与生产连续同步增长。2003 年板带材表观消费量占我国钢材消费总量的 42%，消费增长率达 32.5%。板带材进口量达到当年钢材进口总量的 89.5%。

（2）板带材生产线的新建和改造，使我国板带生产逐步向自动化、连续化和高精度化方向发展。据不完全统计，目前我国在建和已建成的薄板坯连铸连轧生产线达 8 条、连续酸洗冷轧生产线超过 10 条、热连轧带钢生产线超过 36 条。在中厚板生产方面，一些中厚板厂争先进行技术改造，宝钢的 5m 宽厚板轧机已建成投产，中厚板生产向超宽、超厚、超强方向发展。

（3）板带材新产品的开发取得重大成果。如武钢、宝钢等企业开发出的管线钢、桥梁钢及容器钢等系列钢种，不仅满足了国家建设需要，而且部分产品出口国外，得到国际市场的认可。同时，我国在新一代钢铁材料的开发方面，如汽车用钢板、800MPa 及 1500MPa 级超细晶钢等研制也取得进展，为工业生产奠定了良好基础。

## 2　武钢板带材生产的发展历程

武钢是新中国成立后兴建的第 1 座特大型钢铁联合企业，自 1958 年建厂至今，已形成了年产 1000 万 t 钢的生产能力，是我国重要的优质板材生产基地之一。武钢板带材生产的发展大体经历了 2 个阶段：第 1 阶段是 1958 年建厂至 1978 年一米七工程投产之前，武钢以生产普碳钢、低合金钢中厚板和大型型材为主，板带比为 50%。20 世纪 70 年代后期，为了缓解当时我国连轧宽带钢生产长期严重不足的矛盾，武钢引进了国内第 1 套具有国际先进水平的生产线，即 1700mm 热连轧带钢生产线、冷轧生产线及硅钢生产线，并将当时国际先进的钢铁生产管理理念引入武钢，实现了武钢板带材生产的第 1 次腾飞。武钢的产品结构迅速扩大到热轧薄板、冷轧薄板和硅钢片，填补了当时国家稀缺品种的空白。第 2 阶段是从 20 世纪 90 年代中期开始，武钢加快进行产品结构调整，在精品名牌战略思想指导下，一方面投资 300 多亿元进行技术改造，新建了三炼钢、二热轧等具有国际先进水平的生产线；另一方面加大新产品、新技术开发力度，成功开发出大量具有世界先进水平的新产品和新工艺，实现了武钢板带材生产的第 2 次腾飞。2004 年武钢板带材产量已达 700 万 t，板带比接近 90%。十余年来武钢开发出的桥梁、容器、管线、汽车、铁道车辆、集装箱、电子产品及建筑耐火耐候用钢板等系列产品已达到国际先进水平，确保了武钢在国内板材生产中的重要地位。

## 3　武钢板带生产技术和装备特点

为实现调整产品结构、提高企业国际竞争力这一目标，近年来武钢对中厚板、热连轧和冷轧带钢及硅钢片等生产线进行了多项技术改造。这些项目汇集了当今世界上机械制造、自动控制系统、电气传动、检测仪表等先进技术，使武钢板带材生产技术装备达到 20 世纪 90 年代末期国际先进水平。同时，武钢从引进、借鉴、吸收，到自主创新，已经形成一批具有世界一流、拥有完全自主知识产权的板带生产核心技术，并正在逐步实现产品系列化、规模化及创造价值最大化。

### 3.1 2800mm 中厚板轧机生产线

20 世纪 90 年代后期，武钢开始对 2800mm 中厚板轧机生产线进行一系列改造。1997 年率先从德国引进了具有 90 年代国际先进水平的全计算机过程控制的无氧化辐射管辊底式热处理炉和连续淬火机，其加热同板温度极差为 4℃，热处理后硬度极差小于 HB10，淬火工艺数学模型可保证钢板不平度小于 7‰，大幅度提高了产品性能。1999 年对四辊精轧机进行了改造，从德国西门子等公司引进了精轧机控制系统、液压 AGC 系统、交流变频传动系统，精轧机轧制力由 20MN 增加到 45MN。2003 年，武钢又对轧板厂进行了冷却系统改造，采用高密度管层流冷却、终冷温度控制和双高位水箱、自动控制系统等先进技术和设备，不仅提高了钢板的强度和韧性、降低了生产成本，同时也为开发不同强度、韧性级别的中厚板创造了条件。

2800mm 中厚板生产线是国内生产品种最齐全、专用钢比例最高的中厚板生产线之一，可生产厚 6~120mm 各种钢板。其开发的桥梁用钢 14MnNbq、低焊接裂纹敏感性钢、中低温压力容器钢、石油管线钢等产品，赢得了三峡工程、芜湖大桥、战略石油储备、西气东输等国家重点工程供货合同，顶替了进口产品，创造了巨大的经济效益。

### 3.2 1700mm 热连轧带钢生产线

1700mm 热连轧带钢生产线主要生产厚 1.2~16.0mm 的板带材，它是武钢冷轧硅钢片和冷连轧带钢的主要原料供应者，尤其是目前它是我国唯一一条生产取向硅钢热轧原料卷的生产线。因此，无取向硅钢、取向硅钢热轧原料卷仍是其优势品种。它还可生产汽车大梁钢板、船板、耐候钢板、集装箱钢板、管线钢板、焊瓶钢板等。

该生产线是我国 20 世纪 70 年代后期从国外成套引进的第 1 条具有国际先进水平的生产线，由 3 座步进式加热炉、4 架粗轧机、7 架精轧机和 3 台地下卷取机组成。投产 20 多年来，武钢成功地对在线设备进行了 460 多项技术革新和改造，并于 90 年代先后引进了具有当今国际先进水平的液态出渣 4#加热炉、精轧机 $F_4$~$F_7$，工作辊弯辊窜辊板形控制技术、卷取机液压伺服控制式对中装置和自动弹跳卷钢技术，以及精轧机 $F_4$~$F_7$ 液压厚度控制 AGC 系统。同时，与美国西屋公司共同开发更新了轧制线计算机控制系统，从而使热轧厂整体技术装备达到了 20 世纪 80 年代末和 90 年代初国际先进水平。1986 年该生产线的产量全面超过设计水平，2003 年产量达 377 万 t，超设计能力 20.67%。目前武钢 1700mm 热轧带钢厂拥有多项独立自主开发的知识产权，如取向硅钢热轧原料卷生产技术、3#加热炉液态除渣技术、无取向硅钢高温卷取技术等。

经过上述技术改造后，1.2~2.5mm 厚度范围的带钢凸度值可控制在（40±12）μm 水平，并且 1200mm 宽度以上的带钢头部平直度可稳定在±27I 水平；楔形不超过凸度目标值的 50%；镰刀弯不超过 20mm/10m；全宽范围内硬度每 50mm 测量 1 个点，硬度波动范围不超过±HRB10；温度控制具有全长不同目标值设定功能，允许波动范围 15℃($2\sigma$)；钢卷塔形不大于 25mm，层间错位不超过±3mm。

### 3.3 2250mm 热连轧带钢生产线

武钢 2250mm 热连轧机是我国 20 世纪建设的第 1 套特大型热轧带钢轧机，年设计能力为 450 万 t，具有强大的设备能力、高精度的控制系统、齐全的现代化仪表检测和设备监控系统，能生产厚 1.2~25.4mm、宽 800~2130mm、800MPa 级抗拉强度的热连轧板带钢，主要产品包括轿车用钢、管线钢、桥梁用钢、集装箱钢、船板及工程结构用钢、军用钢、冷轧用钢等高品质钢种的钢板。

其主要设备包括 2 座步进式加热炉、1 台定宽侧压机，2 架粗轧机、7 架精轧连轧机、3 台卷取机、1 条平整线和 1 条亚洲剪切能力最大的横切线。定宽压力机可实现 300mm 的最大减宽能力，从而使板坯宽度规格减少，连铸机可最经济的运转，即呈现最少的宽度变化和最大的生产效率。粗轧机立辊液压辊缝调整具有短行程控制 SSC 功能、宽度自动控制 AWC 功能及渐进宽度控制 PWC 功能。这些技术的采用提高了宽度控制精度，并使剪切损失最小化，提高了成材率。粗轧机还配备有厚度自动控制（AGC）系统，以改善中间坯厚度公差和控制镰刀弯，使精轧更加稳定。精轧机组配备有高性能切头剪、液压活套、液压厚度控制系统（AGC）以及板形控制系统 CVC/SFR 工作辊和强力弯辊系统，实现了高精度的尺寸控制、板形控制和温度控制。通过使用 SFR 模型还可实现自由轧制，提高轧制效率，实现灵活的轧制计划编制。

该生产线还采用了一系列先进的控制技术，包括将先进的神经网络系统应用到计算机数学模型，使质量控制更优；使用带钢性能预报和控制系统，实现了在线性能控制和预报预警显示；采用了先进的带钢表面质量在线检测系统，实现了动态监控；炼钢和轧钢生产线通过辊道直接连接，实现了 75%的板坯直接热送热装；卷取机配置 AJC 踏步控制技术和全自动调节系统、分段张力控制和自动对尾控制，使带钢卷形质量非常整齐。

## 3.4　1700mm 酸洗冷连轧生产线

武钢冷轧薄板生产工艺设备和技术是 20 世纪 70 年代从原西德引进的。1984 年以来，武钢与美国西屋公司、德国 AEG 公司、西门子公司联合设计，先后对 5 机架冷连轧机、单机架和双机架平整机、电镀锡机组、酸洗机组的自动化系统进行了改造，并引进了 ABB 公司的板形仪和控制技术。使生产的自动化水平达到 20 世纪 90 年代初期世界先进水平。从 2000 年开始，该厂又进行了大规模的技术改造，重点将原酸洗连续机组和 5 机架冷轧机组改造成酸洗-轧机联合机组，并采用了新的工艺技术：如高效全自动激光焊机装置，以保证焊缝的焊接质量，减少断带率；酸洗工艺采用数学模型进行自动控制、酸槽采用浅槽紊流酸洗，明显缩短热轧钢板酸洗时间和改善酸洗效果；第 1、2、5 机架采用带锥形的可移动工作辊，以改善带钢板形和减少边部减薄；5 机架采用最完善的自动厚度控制系统——西门子现代秒流量控制技术等。另外，为使热镀锌产品满足家电行业及轿车面板的质量要求，对原连续热镀锌线进行了全面改造；为提高冷轧普板的生产能力，改善普板的性能及表面质量，将 48 座普通罩式退火炉改造成全氢罩式退火炉；新建一条年产 22 万 t 无取向硅钢片的连续退火线。

冷轧厂整体改造后的年生产能力由 122 万 t 增至 185 万 t，工艺装备和技术优势进一步增强，产品质量可达到国际先进水平，可生产满足轿车用的超深冲冷轧薄板。如以厚度小于 0.5mm 钢板为例，冷轧薄板的厚度公差可达到 5μm，头尾及焊缝超差小于 20μm，超差长度不大于 10~12m，表面平直度达到 6~8I。

目前 1700mm 冷轧薄板生产线共开发了十大品种系列用钢板：冷轧超深冲汽车用钢板、热镀锌超深冲汽车用钢板、彩电行业专用钢板、精密钢带、耐大气腐蚀钢板、热轧酸洗钢板、电镀锡板、彩色涂层钢板、冷轧磁级钢板及其他专用钢板等。

此外，兴建中的 2150mm 冷轧生产线总产能为 215 万 t/a，产品定位于轿车用板和高档家电用板，预计 2005 年底完成。届时，该生产线的生产工艺和产品综合质量将具有当今世界先进水平，尤其是可生产幅宽超过 2m 的轿车面板，且其性能、规格和精度均可满足国内急需的高档轿车用板的要求，它将填补国内又一空白。

## 3.5　冷轧硅钢生产成套技术

1974 年武钢从日本新日铁公司引进冷轧硅钢片生产技术，1992 年又一次引进了新日铁冷轧取向硅钢片生产专利。27 年来，武钢已从原来消化吸收专利技术发展到以自主开发创新为主，开发出了大量的冷轧取向硅钢和无取向硅钢新产品及多项武钢特有的硅钢片核心生产技术，申请专利 33 项，开发了 73 个产品规格牌号，取代了大量进口产品。目前武钢在国内冷轧硅钢片生产领域中，是生产品种最齐全、生产规模最大的厂家。

为提高硅钢片的磁性水平、降低生产成本、提高产量及节能降耗，武钢开展了以下工作：

（1）自主开发了转炉顶底复合吹炼硅钢技术、硅钢全连铸生产工艺。为了提高无取向硅钢的磁性，开发了无取向硅钢低碳铸坯制造技术，形成了武钢专有的纯净钢冶炼技术，并达到国际先进水平。

（2）除前述的硅钢热轧生产技术外，在冷轧生产方面，20 世纪 80 年代初，武钢完成了硅钢生产的大卷化改造，硅钢热轧卷由 7t 提高至 16t 以上，使硅钢后工序的产能及成材率提高到一个新水平。从 80 年代中期开始，武钢相继引进了一系列具有国际先进水平的硅钢生产技术，如森吉米尔轧机高温轧制和板形控制、酸洗常化机组的 RT/CT 加热、连续退火机组的 TAL 退火、钢卷环行连续高温退火等技术，为冷轧硅钢新工艺技术的开发提供了平台。近年来，武钢先后开发了高牌号无取向电工钢、高磁感低铁损无取向硅钢、半工艺型无取向硅钢和特殊用途无取向硅钢等新产品，拥有 Q092C 一般取向硅钢生产、中等温度板坯加热的 Hi-B 硅钢生产等专有技术。尤其是近两年武钢成功开发的低温取向硅钢 QRD，是取向硅钢生产技术的又一重大突破。

（3）20 世纪 90 年代，武钢还自主开发了国内第 1 条无取向硅钢高速连续退火机组，使近年武钢冷轧硅钢片产量达到 40 万 t 规模，正在建设中的二硅钢工程将新建 20 条机组，包括 2 座取向硅钢环行高温退火炉，主要生产机组装备由国内设计、供货。到 2007 年，武钢将成为世界上最大的冷轧硅钢片生产基地。

## 4　目前武钢板带生产技术研究开发重点

当前武钢板带生产技术研究开发的重点是：

（1）开展无缺陷连铸坯生产技术、热送直接轧制工艺、直接热送热装工艺及自由轧制技术的研究。以充分发挥武钢在技术装备上的优势，提高 2250mm 热连轧生产线板坯热装率，节能降耗，降低成本，提高产量和生产率，确保产品质量。

（2）进一步开展超细晶钢理论和工业生产研究。武钢已成功开发出新一代钢铁材料——超细晶 355MPa 级碳素钢热连轧板。其性能完全满足汽车车厢纵梁、横梁的冲压和装配要求。目前正在开发屈服强度达 500MPa 级超细晶碳素钢，从而实现以 500MPa 级的超细晶钢逐步代替该强度级别的低合金高强度钢的目标。此外，超细晶 800MPa 和 1000MPa 级低合金钢、超细晶高强度耐候钢的研究工作也正在进行。

（3）加快武钢轿车用钢板品种系列化及其生产技术的开发。在武钢原有汽车用钢品种基础上，积极研究开发 O5 轿车面板和新型汽车用高强度钢板，如烘烤硬化钢、双相钢、TRIP 钢等，以满足轿车行业减重、节能、安全的要求。

（4）开展高产、优质、低成本的冷轧硅钢片生产技术研究，如低温取向硅钢生产技术、CSP 工艺生产硅钢技术等，以不断降低冷轧硅钢片生产的难度与成本。

（5）重视对清洁生产技术和生态友好材料的研究，走可持续发展的道路。如：采用高效、低耗、优质的先进工艺装备和轧钢废油、废水、废酸、氧化铁皮、铁尘处理回收技术；开发环保型的无铬光整 PC 涂层热镀锌产品，以满足电脑机箱、家电业等需求，与社会协调发展。

（6）持续优化 ERP 产销系统，以信息化推动流程再造，建设智能型钢铁厂。实施 ERP 管理，使炼钢、连铸、轧钢工序紧凑化，连续化，高效化，大大提高企业生产作业率和经营管理水平。

## 5　展望

武钢板带材生产技术和工艺装备已接近或达到国际先进水平，目前正向高精度化、集成化、高速化、信息化方向发展。而且随着自动化和连续化水平的不断提高，品种规格更加系列化，产品质量更完美，产量和生产率显著提高。展望未来，武钢“十一五”发展规划的初步目标已确定为把武钢建成世界一流的钢铁企业，建成我国汽车板主要生产基地和全球最具竞争力的冷轧硅钢片生产基地，实现高效、低耗、优质、清洁生产。

（原载《轧钢》，2005（4））

# 冷连轧机轧制力的影响因素

周富强　曹建国　张　杰　尹晓青　贾生晖　曾　伟

## 0　前言

为进一步提高冷轧带钢的产品精度和市场竞争力，须要对冷轧过程控制数学模型深入研究。轧制力预报和在线控制对带钢板形和板厚控制技术研究和应用具有重要意义，而在冷连轧的轧制过程中，轧制力的计算设定值与实际值往往有较大的差异。在变形区内，轧制力影响因素的变化规律存在严重的非线性特征，而且这些因素相互影响。非线性以及耦合关系有以下特点：带钢的变形抗力与材料的化学成分、机械加工过程等因素相关；带钢所受的摩擦力与润滑状态、轧辊速度、轧辊表面的粗糙度等多种因素相关；摩擦力的方向在中性点处发生改变，中性点的确定影响着前滑值的计算；轧辊在轧制力的作用下发生弹性压扁，使得轧制力的分布和大小发生变化，反过来影响轧辊压扁，存在紧密的耦合关系。常用的计算模型中无法反映在变形区内轧制因素的上述特点，使得轧制因素的计算结果与实际轧制过程中的实测值相差较大。本文采用在变形区划分微单元的方法对以上关系进行研究，可进一步提高控制模型的计算精度。

## 1　变形区内微单元的受力分析

在轧制变形区内，带钢厚度的变化导致张力、摩擦力、带钢的变形抗力等力学因素在带钢横断面上的应力分布不同。为了反映变形区内轧制因素的变化情况，沿轧制方向进行微单元划分。笔者对每个划分的单元进行受力分析，根据带钢轧制的边界条件，利用计算机技术和计算方法来求解整个变形区轧制因素的变化规律。为保证计算速度，划分的单元数 $n$ 根据经验取为 150。微单元的受力情况如图 1 所示。

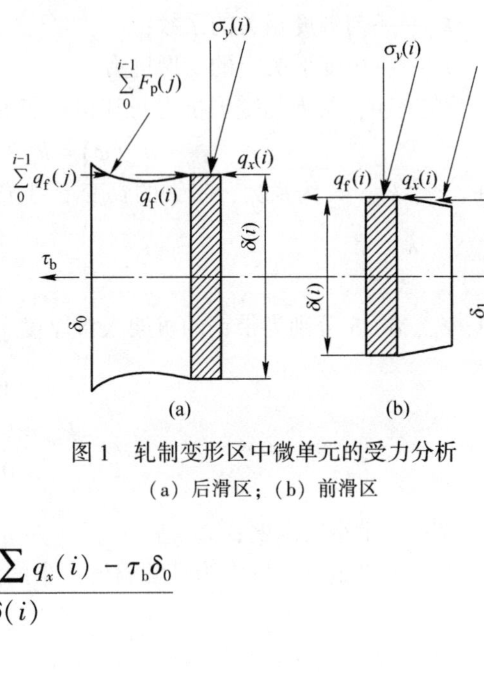


图 1　轧制变形区中微单元的受力分析
（a）后滑区；（b）前滑区

根据 Von Mises 准则，在后滑区微单元 $i$ 的塑性变形方程式为

$$\sigma_y(i)=\frac{2}{\sqrt{3}}\sigma_f(i)+\frac{\sum q_f(i)-\sum q_x(i)-\tau_b\delta_0}{\delta(i)} \tag{1}$$

式中　$\sigma_y(i)$——轧制应力的垂直分量（N·m$^{-2}$）；

$\sigma_f(i)$——带钢的变形抗力（N·m$^{-2}$）；

$q_f(i)$——单位弧长上水平方向的摩擦力（N·m$^{-1}$）；

$q_x(i)$——作用在单位弧长上轧制力的水平分量（N·m$^{-1}$）；

$\delta(i)$——$i$ 单元的板厚（m）；

$\tau_b$——后张应力（N·m$^{-2}$）。

$q_f(i)$、$q_x(i)$ 的计算方法如下

$$q_f(i)=\mu[3\sigma_y(i-1)-\sigma_y(i-2)]\Delta l_d \tag{2}$$

$$q_x(i)=[3\sigma_y(i-1)-\sigma_y(i-2)]\Delta l_d\tan\alpha \tag{3}$$

式中　$\Delta l_d$——单元的接触弧长；

$\alpha$——单元的接触角；

$\mu$——摩擦因数。

在前滑区摩擦力的方向与后滑区相反，塑性变形方程式为

$$\sigma_y(i)=\frac{2}{\sqrt{3}}\sigma_f(i)+\frac{\sum q_f(i)-\sum q_x(i)-\tau_f\delta_1}{\delta(i)} \tag{4}$$

式中　$\tau_f$——前张应力。

摩擦力等的数值求解与后滑区类似。对 $\sigma_y(i)$ 沿轧制变形区求和，即可得到带钢产生塑性变形所受的轧制力

$$F_p=\sum_{i=1}^{n}\sigma_y(i)b\Delta l_d \tag{5}$$

式中　$b$——带钢的宽度。

## 2　变形区内带钢变形抗力的分析

冷轧带钢的变形抗力与多种因素相关，综合起来可分为两大类：一类是带钢的化学成分；另一类是带钢的机械加工过程。化学成分与带钢变形抗力之间的关系很难量化，特别是掺入某些合金成分后，虽然其量很小，但对带钢变形抗力的影响很大。对于某一品种的带钢，成分基本确定，只在小范围内波动，其影响可以用影响系数修正，如神经网络的方法。带钢的变形抗力可表示为

$$\sigma_f(C,\ \varphi,\ T)=k_{fC}(C,\ \varphi,\ T)k_{fT}(T)\sigma_{f\varphi}(\varphi) \tag{6}$$

式中　$\sigma_f$——带钢的变形抗力；

$k_{fC}$——神经网络校正系数；

$k_{fT}$——与温度相关的系数；

$\sigma_{f\varphi}$——由变形决定的变形抗力。

研究表明，带钢的变形抗力与其相对变形呈指数关系，且与加工过程相关，可表示为

$$\sigma_{f\varphi}(\varphi)=k_0+(k_1-k_0)[1-\exp(-\varphi)]^{k_2} \tag{7}$$

式中，$k_0$、$k_1$、$k_2$ 为系数，带钢的真变形可按式（8）计算

$$\varphi=\frac{2}{\sqrt{3}}\ln\frac{\delta_0}{\delta}+\ln\frac{\delta'_0}{\delta_0} \tag{8}$$

式中，$\delta_0$、$\delta$、$\delta'$分别为带钢的机架入口厚度、轧制厚度、原料厚度。变形抗力的温度相关系数可表示为

$$k_{fT}=\frac{0.5-\arctan\left(\dfrac{T-T'}{\pi T_\sigma}\right)}{0.5-\arctan\left(\dfrac{20-T'}{\pi T_\sigma}\right)} \tag{9}$$

式中　$T$——带钢的温度；

$T'$——带钢变形抗力为其常温值一半的温度。

$$T_\sigma=0.25(T'-20)$$

由于对化学成分等一些因素的影响规律无法量化，这里采用神经网络校正的方法对变形抗力进行修正。选取由变形和温度值构成6个工作点为：[-0.2，20]、[0.4，20]、[1.0，20]、[-0.2，120]、[0.4，120]、[1.0，120]，用 [$\varepsilon'_i$，$T_i$] 表示，$i=1$，…，6，则校正系数 $k_{fC}$ 为

$$k_{fC}=\frac{\sum_{i=1}^{6}\alpha_i\exp\left(-\dfrac{(\varepsilon'-\varepsilon'_i)^2}{\sigma_{\varepsilon'}^2}\right)\exp\left(-\dfrac{(T-T_i)^2}{\sigma_T^2}\right)}{\sum_{i=1}^{6}\exp\left(-\dfrac{(\varepsilon'-\varepsilon'_i)^2}{\sigma_{\varepsilon'}^2}\right)\exp\left(-\dfrac{(T-T_i)^2}{\sigma_{T'}^2}\right)} \tag{10}$$

式中，$\alpha_i$ 为第 $i$ 个工作点影响因子，$i=1$，…，6，可以通过神经网络 LGMP 学习得到。$\sigma_{\varepsilon'}=0.42$，$\sigma_{T'}=70.0$。

对某厂5机架冷连轧机组轧制品种为Q195的带钢时第3机架的轧制数据进行分析。热轧来料的带钢厚度为2.435mm，机架入口厚度为1.359mm，出口厚度为1.030mm，工作辊直径为569.50mm。带钢的变

形抗力与相对变形的关系为：$\sigma_{f\varphi}=300+500\varepsilon'^{0.6}$，其中 $\varepsilon'=1-\exp(-\varphi)$。在轧制力和轧辊压扁解耦后，轧制变形区中微单元的变形抗力曲线如图 2 所示。

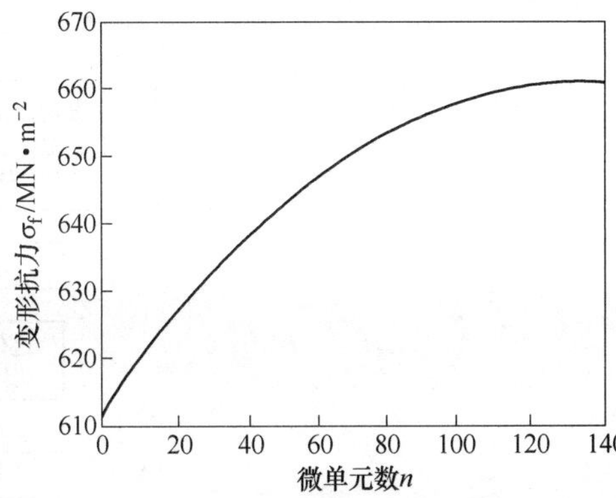


图 2　轧制变形区中微单元的变形抗力曲线

## 3　摩擦因数的研究

在轧制变形区内，由于带钢速度与轧辊表面速度不同而发生相对滑动，因此带钢在受挤压的同时，还受到轧辊的摩擦办。假定在变形区的前滑区和后滑区，带钢所受的摩擦为库仑摩擦。摩擦因数的确定是摩擦力计算的关键。采用与带钢变形抗力类似的方法研究，摩擦因数可以表示为

$$\mu=S(\mu_b\mu_c) \tag{11}$$

式中，$\mu$ 为带钢与轧辊表面发生相对滑动的摩擦因数，$S$ 为平滑处理函数，$\mu_c$ 为神经网络校正系数，$\mu_b$ 为基本摩擦因数。$\mu_b$ 可表示为

$$\mu_b=\left[\mu_0+\mu_v\exp\left(-\frac{v}{v_0}\right)\right][1+C_r(R_a-R_{a0})]\left(1+\frac{C_w}{1+\dfrac{L}{L_0}}\right) \tag{12}$$

式中　$\mu_0$——与润滑相关的系数，乳化液取 0.03；

$v$——轧制速度；

$v_0$——参考轧制速度；

$\mu_v$——与润滑相关的速度系数；

$R_a$——轧辊表面的粗糙度；

$R_{a0}$——轧辊表面的参考粗糙度；

$C_r$——粗糙度系数；

$L$——轧辊轧制带钢的累积长度；

$L_0$——轧辊轧制带钢的基准轧制长度；

$C_w$——与轧制长度有关的系数。

对于难于量化的影响因素，采用校正系数和工作参考点的方法。考虑到轧制过程中速度的变化较大，对基本摩擦因数的计算影响较大，选定两个速度的参考点，即 $v_{r1}=0.0$m/s 和 $v_{r2}=20.0$m/s。相应的系数利用神经网络学习得到，则摩擦因数的影响因子 $\mu_c$ 可以表示为

$$\mu_c=\frac{a_{\mu1}\exp\left(-\dfrac{(v_r-v_{r1})^2}{\sigma_v^2}\right)+a_{\mu2}\exp\left(-\dfrac{(v_r-v_{r2})^2}{\sigma_v^2}\right)}{\exp\left(-\dfrac{(v_r-v_{r1})^2}{\sigma_v^2}\right)+\exp\left(-\dfrac{(v_r-v_{r2})^2}{\sigma_v^2}\right)} \tag{13}$$

式中，系数 $a_{\mu1}$、$a_{\mu2}$为工作点影响因子，可以通过神经网络 LGMP 学习得到，$\sigma_v=14.0$。

为避免神经网络的输出波动过大，采用双曲正切函数平滑。对上述第 3 机架，参考轧制速度 $v_0$ 取 3.0m/s，与润滑相关的速度系数 $\mu_v$ 取 0.02，轧辊参考表面粗糙度 $R_{a0}$取 0.6μm，表面粗糙度系数 $C_r$ 取 $0.1\times10^6$，轧辊轧制带钢的基准轧制长度 $L_0$ 取 1000m，与轧制长度有关的磨损系数 $C_w$ 取 0.1。实际轧制时，轧辊表面粗糙度 $R_a$ 为 0.6，轧辊轧制带钢的累积长度 $L$ 为 10km，轧辊表面的圆周线速度 $v$ 为 6.1m/s，将以上数据代入式（13），可求得摩擦因数 $\mu$ 为 0.03413。

## 4　轧制力与轧辊压扁的解耦

在变形区，轧辊压扁和轧制力相互影响，因此采用迭代计算的方式解耦。在循环迭代过程中，轧制力的计算采用微单元模型，同时考虑了变形抗力、前后张力、摩擦力等在变形区的变化规律，分别由轧机的入口和出口向轧制变形区内计算，利用单位轧制压力峰值对应的微单元位置，可确定中性角和前滑值。利用微单元分析方法迭代解耦的轧辊压扁半径和轧制力迭代计算模型如图 3 所示。

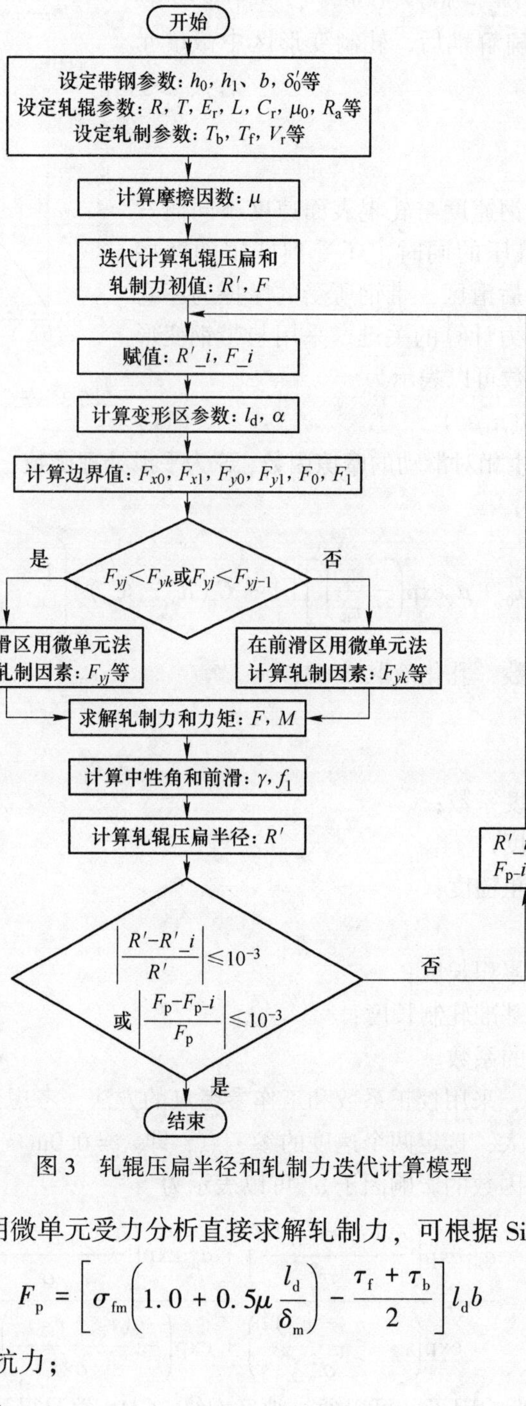


图 3　轧辊压扁半径和轧制力迭代计算模型

由于迭代开始时，无法利用微单元受力分析直接求解轧制力，可根据 Siebel 公式估算轧制力初值

$$F_p = \left[\sigma_{fm}\left(1.0 + 0.5\mu\frac{l_d}{\delta_m}\right) - \frac{\tau_f + \tau_b}{2}\right] l_d b \tag{14}$$

式中　$\sigma_{fm}$——带钢的平均变形抗力；

$l_d$——带钢的接触弧长；

$\delta_m$——带钢的平均厚度。

将估算的轧制力初值代入，循环迭代解耦。根据 Hitchcock 公式，轧辊的压扁半径为

$$R' = R\left(1 + \frac{C_v F_p}{b\Delta h'}\right) \tag{15}$$

式中　$R'$——轧辊压扁半径；

$C_v$——轧辊的压扁系数。

对上述第 3 机架轧制 Q195 的过程参数进行分析，带钢宽度为 1020mm，轧辊表面线速度为 6.1m/s，后张应力为 142.1MPa，前张应力 155.1MPa，经 3 次迭代后，满足收敛条件，得到的轧制变形区单位轧制压力变化规律如图 4 所示。

对单位轧制压力求和就可得到作用在带钢上的轧制力，通过将变形区划分成微单元的方法计算得到的轧制压力为 8.42MN，生产中实际测量的轧制力为 8.59MN，误差为 1.9%。利用该模型对其他机架的轧

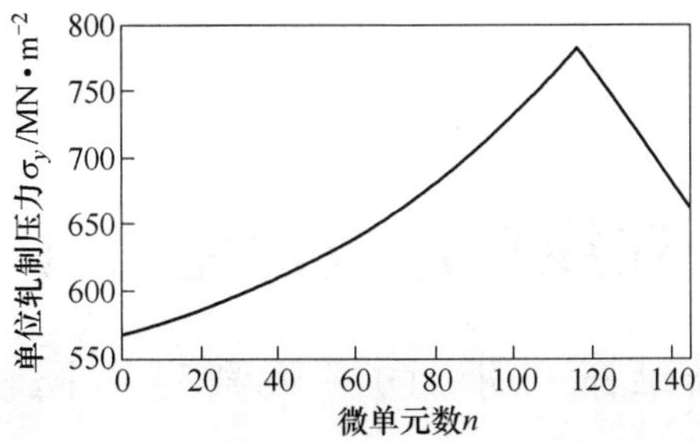


图4　轧制变形区中微单元的单位轧制压力

制因素进行分析，轧制力的精度在6%以内。可见，采用以上方法对轧制力的影响因素进行计算，得到的轧制力设定值具有较高的精度，可满足冷连轧过程控制的要求，因此该模型可以在线应用。

## 5　结论

通过将轧制变形区划分为微单元，对变形区内的轧制因素的变化规律进行了研究，建立了求解轧制压力分布、微单元变形抗力、摩擦因数等非线性因素的数学模型，并利用神经网络对计算模型进行校正，针对轧辊压扁和轧制力计算的耦合现象，建立了计算机迭代计算的模型。经生产验证，轧制因素具有较高的计算精度。

（原载《机械工程学报》，2007（10））

# 全氢罩式炉在线自适应优化仿真平台的开发

李卫杰　陆继东　张向　阮新建　高伟　梁勇

## 引言

全氢炉模拟辅助试验分析平台实现了全氢炉钢卷堆垛退火工艺制度的预测，进而为全氢炉退火过程的控制执行提供了依据。但由于实际退火过程中，燃料供应品质的波动、设备性能的变化、设备故障和人为故障发生等原因的影响，导致全氢炉退火过程往往偏离离线预测退火工艺曲线，因此为了确保全氢炉退火后钢卷产品达到质量标准，进行全氢炉退火过程的在线控制调整也就显得至关重要。目前国内外对于全氢炉退火过程的在线控制研究方面更多的集中在控制系统的构造、功能和各子环路的控制系统回路（如温度控制、压力控制、安全控制等）的分析和研究方面，对于退火过程中钢卷温度在线模拟预测方面有所涉及，如国外 Anton J. R 和 Sterling 等人利用在线模型进行了钢卷冷点温度的在线预测；国内的孙晨等人开展了钢卷退火过程温度在线跟踪方面的研究。但由于现场生产条件方面存在的差异和难以达到生产所需的“及时响应”方面的不足，导致无法进行全氢炉退火过程的在线退火工艺优化，另一方面无法自主地在炉型、钢种、设备性能和气氛方面进行扩展。基于此，本文结合某冷轧薄板厂的全氢炉进行了退火过程在线自适应优化技术及其仿真平台的研究开发工作，旨在建立一套全氢炉退火过程在线自适应优化技术，并开发相应的仿真平台，应用于具有类似监控系统的全氢炉，实现退火过程退火工艺的自适应优化调整，并扩展其在炉型、钢种、设备性能等方面的适应性，进而为提高我国罩式炉控制技术及国产化控制系统改造技术奠定基础。

## 1　全氢炉退火过程在线自适应优化方法建立

依据现场监控条件进行退火过程的优化是建立全氢炉退火过程在线自适应优化技术的关键，基于此，对某冷轧薄板厂全氢炉监测布置情况进行了深入的调研。其中现场全氢炉监控系统主要包括温度监控系统、流量监控系统和压力监控系统。具体监控温度对象包括炉台温度和加热室空间温度；流量监控对象包括保护气体补充流量、助燃空气流量、燃料供应流量监控；压力监控主要为炉台压力。这些监控数据通过数据滤波技术每隔一段时间通过 PLC 系统进行一次相关数据的存储，对存储数据进行信息提取分析后得到了如表 1 所示的主要监控信息列表。

**表 1　全氢炉退火过程主要监控信息列表**

| 退火时间 | | |
|---|---|---|
| 底部风机频率 | 炉台实际温度 | 氮气流量 |
| 燃烧室规定温度 | 氢气补充量 | 含氧量 |
| 燃烧室实际温度 | 燃料供应量 | 阶段状态 |
| 炉台规定温度 | 炉台压力 | 助燃空气流量 |

依据以上的主要监控信息，结合对全氢炉退火传热过程的分析，出于在线生产退火过程中根据全氢炉的实际退火情况进行退火工艺制度优化调整的目的，本文建立了如图 1 所示的在线自适应优化技术体系进行退火工艺制度的在线优化。所建立的“在线自适应技术”包括两部分：“在线优化启动前退火过程再现”和“在线优化启动后退火过程优化预测”。其中“在线优化启动前退火过程再现”是依据 PLC 所采集存储的退火过程在线监控信息数据，结合所建立的钢卷温度场模型进行退火过程的模拟，以实现具体

退火过程温度场的重现，以获得“在线优化启动”时刻的温度场；而“在线优化启动后退火过程优化预测”则依据“在线优化启动”时刻的温度场进行后续退火过程的模拟预测，进而优化退火堆垛的退火工艺制度，将优化后的退火工艺制度传递于PLC系统以更新原有退火工艺制度，进而指导后续退火过程的控制。

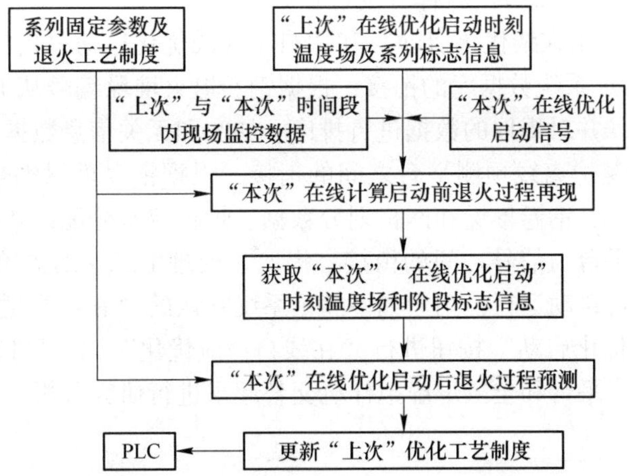


图1　全氢炉退火过程在线自适应优化技术逻辑框图

另外由于退火堆垛和退火过程运行情况的差异，导致在加热阶段或冷却阶段将不止进行一次“在线自适应优化”，因此本文又建立了如图2所示的前后两次“在线自适应优化”之间的处理体系，与图1所述的“在线自适应优化技术”结合起来形成一套完整的“在线自适应优化控制技术”体系。

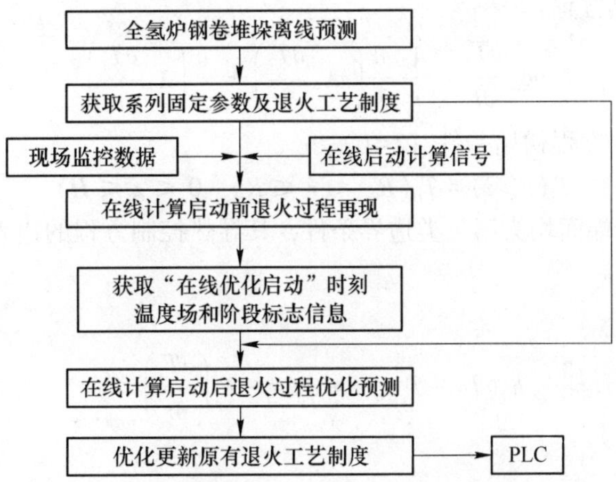


图2　全氢炉“不同次”在线自适应优化技术逻辑框图

## 2　全氢炉退火过程在线自适应优化仿真平台的开发过程

基于对现场控制系统的分析和“全氢炉退火过程在线自适应优化技术”的建立，结合数值模拟和计算机仿真技术，进行了全氢炉退火过程在线自适应优化仿真平台的开发，其中该平台主要包括前处理、求解器和后处理三个部分，下面将针对这三个部分进行展开性的讨论。

### 2.1　前处理开发

全氢炉退火过程在线自适应优化仿真平台属于嵌入性仿真平台，该平台在执行前需要与现场控制软件系统（主要为PLC系统）及全氢炉离线预测平台相结合进行信号、数据之间的传递，其中具体的传递关系分别如下：

（1）仿真平台与PLC系统之间的信号、数据传递关系：仿真平台的在线启动需要从PLC系统获取启动信号，同时从PLC系统中提取全氢炉退火过程的监控数据，并进行相应的数据处理，因此前处理开发需要建立仿真平台与PLC系统之间的衔接；

（2）仿真平台与全氢炉离线预测平台之间的数据传递关系：为了使开发出的仿真平台在新钢种、新退火工艺、新炉型、新气氛等方面具有扩展适应性，本仿真平台采用了模型化的方法；同时为了满足在线优化的速度要求，对于模型化计算所需要的炉台结构尺寸、网格划分以及其他一些参数采用了直接从全氢炉离线预测平台调用的方式，因此前处理开发需要建立仿真平台与全氢炉离线预测平台之间的衔接。

基于以上的分析，“前处理”部分的具体开发过程如下：

（1）建立仿真平台与“人工在线优化启动”和“自动在线优化启动”信号的衔接；

（2）建立仿真平台与PLC系统数据库的衔接，根据钢卷退火堆垛编号从PLC系统数据库中查找并提取对应的退火过程记录数据，并对提取的数据进行排序、加密和无关信息数据排除等处理；

（3）建立仿真平台与全氢炉离线预测平台之间的衔接，根据钢卷堆垛编号查找对应的离线预测数据库，并从中提取炉台结构尺寸、钢卷堆垛和网格划分数据、炉台流量分配以及模型化研究相关数据参数。

开发过程中，对于仿真平台与信号之间的衔接、提取并处理PLC系统中的监控数据以及调用离线预测数据库中的数据都将在后台自动运行，用户如不满足系统默认的“在线自适应优化启动规则”，则可以人工点击“人工在线自适应优化启动”按钮进行“在线自适应优化”。如要进行新钢种、新工艺、新炉型的扩展性试验，则可将该仿真平台和全氢炉虚拟样机交替起来进行研究分析。

## 2.2 求解器开发

“求解器”开发过程中分两部分进行，分别为“在线优化启动前退火过程再现”和“在线优化启动后退火过程优化预测”两部分，对于该两个部分采用自动衔接的方式。

不论是对于“在线优化启动前退火过程再现”部分，还是“在线优化启动后退火过程优化预测”部分，其核心均是钢卷温度场的计算，对于钢卷温度场分布计算本文采用了如下的系列数学模型：

式（1）为钢卷内部导热方程：

$$\rho c_p \frac{\partial T_i}{\partial t} = \frac{1}{r}\frac{\partial}{\partial r}\left(r\lambda_r \frac{\partial T_i}{\partial r}\right) + \frac{\partial}{\partial z}\left(\lambda_s \frac{\partial T_i}{\partial z}\right) \tag{1}$$

式（2）为钢卷导热控制方程初始条件（$t=0$）：

$$T_i(r,\ z) = T_0(R_{ia} \leqslant r \leqslant R_{ib};\ 0 \leqslant z \leqslant H) \tag{2}$$

钢卷的内、外表面与两个端面均为第三类边界条件，其导热控制方程的边界条件分别为式（3）~式（6）所示：

钢卷内表面：

$$h_1(T_f - T_{r=a}) + q_R^a = -\lambda_r\left(\frac{\partial T_i}{\partial r}\right)_{r=a} \tag{3}$$

钢卷外表面：

$$h_2(T_f - T_{r=b}) + q_R^b = -\lambda_r\left(\frac{\partial T_i}{\partial r}\right)_{r=b} \tag{4}$$

钢卷的下端面：

$$h_3(T_f - T_{z=0}) + q_R^0 = -\lambda_s\left(\frac{\partial T_i}{\partial z}\right)_{z=0} \tag{5}$$

钢卷的上端面：

$$h_4(T_f - T_{z=H}) + q_R^H = \lambda_s\left(\frac{\partial T_i}{\partial z}\right)_{z=H} \tag{6}$$

上述式中，$\rho$ 为钢的密度，$C_p$ 为钢的质量热容，$\lambda_s$ 为钢的导热系数，$\lambda_r$ 为钢卷径向等效导热系数，$T_i$ 为钢卷温度，$h$ 为表面对流换热系数，$q_R$ 为内罩与钢卷表面的辐射热流密度，$T_f$ 为氢气温度。

而对于其关键的核心技术：对流换热系数、径向等效导热系数所采用的数学模型分别如下：

（1）对流换热系数：

采用管内湍流换热的实验关联式，引入入口段效应和温度修正效应，结合炉内高速强旋流的特点和现场的试验修正和验证，建立了式（7）所示的钢卷表面对流换热系数的计算模型：

$$h = 0.023\xi \frac{\lambda}{d} Re^{0.8} Pr_f^{n_1}\left(\frac{T_f}{T_w}\right)^{n_2}\left[1 + \left(\frac{d}{l}\right)^{n_3}\right] \tag{7}$$

式中，$\xi$ 为钢卷外表面旋流修正系数，$\lambda$ 为介质导热系数，$D$ 为气体的通道当量直径，$Re$ 为气体的雷诺准数，$Pr$ 为气体的普朗特准数，$T_f$ 为气体的温度，$T_w$ 为钢卷表面温度，$l$ 为气体流动路线的长度。

（2）径向等效导热系数：

采用无限大平板间接触热阻模型，结合现场的试验修正和验证，采用式（8）所示的钢卷径向等效导热系数的计算模型：

$$r_r = \psi \frac{s+b}{\dfrac{s}{\lambda_s} + \left[\dfrac{4(1-\varphi)\varepsilon\sigma T_m^3}{2-\varepsilon} + (1-\varphi)\dfrac{\lambda_F}{b} + \dfrac{1.13\lambda_s \tan\theta}{\sigma_p}\varphi^{-0.94}\right]^{-1}} \tag{8}$$

式中，$\psi$ 为钢卷径向等效导热修正系数，$s$ 为带钢厚度，$b$ 为钢卷打卷张力，$T_m$ 为相邻两层带钢的温度，$\lambda_s$ 为带钢的导热系数，$\lambda_F$ 为保护气体的导热系数，$\varepsilon$ 为带钢黑度，$\sigma_p$ 为带钢表面的粗糙度，$\tan\theta$ 为带钢表面形状的平均斜度，$\sigma$ 为斯蒂芬·玻耳兹曼常数。

## 2.3 后处理开发

对于在线自适应优化的结果在通过与 PLC 系统衔接进行优化退火工艺制度传递之外，可以通过后处理开发直接在线显示，其中后处理部分主要采用 Visual C++和 OpenGL 相结合的方法，可以直接显示如下几方面的内容：

（1）优化得到的退火工艺制度；

（2）已退火过程中加热室温度、炉台温度和各堆垛钢卷的冷点、热点的温度变化曲线；

（3）优化预测的后续过程中加热室温度、炉台温度和各堆垛钢卷的冷点、热点的温度变化曲线；

（4）退火过程中钢卷温度场的动态温度场的云图显示。

## 2.4 全氢炉退火过程在线自适应优化仿真平台内部过程开发

图 3 为全氢炉退火过程在线自适应优化仿真平台工作过程的示意图，结合以上的各部分开发过程讨论

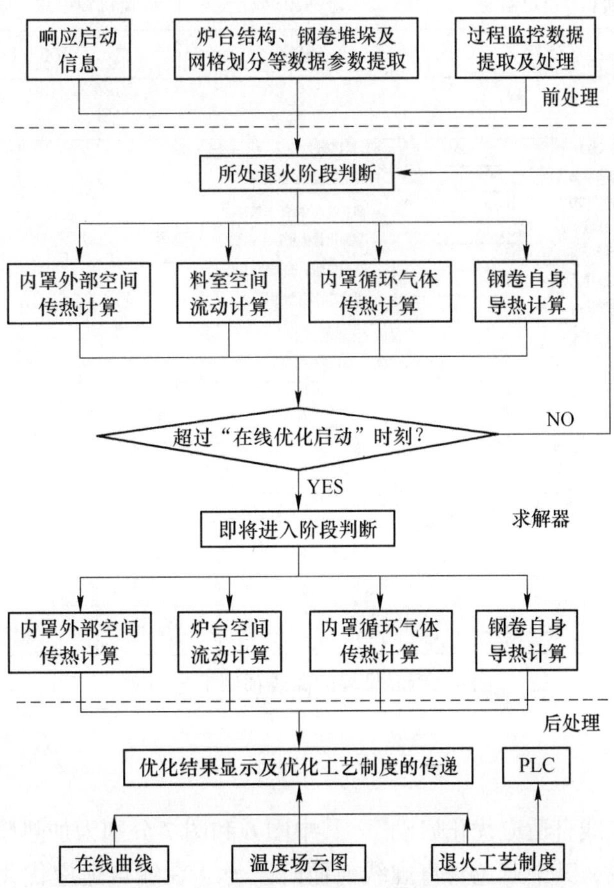


图 3　全氢炉退火过程在线自适应优化仿真平台工作过程的示意图

分析可以看出，该仿真平台能够响应“人工在线自适应优化启动”和“自动在线自适应优化启动”两种方式，并且在响应了启动信号后，将自动进行退火过程监控数据的提取、处理及炉台结构、钢卷堆垛、网格划分等数据参数的提取，并自动进行“在线优化启动前退火过程再现”和“在线优化启动后退火过程的优化”，优化的结果以退火工艺制度、离线曲线和退火过程中温度场动态显示的形式显示出来，优化的退火工艺制度将自动传递于 PLC 系统，指导后续退火过程。

## 3　仿真结果及应用效果分析

根据某冷轧厂罩式炉现场改造项目的需求，实现了全氢炉退火过程在线自适应优化仿真平台的嵌入运行，为了进行全氢炉退火过程在线自适应优化仿真平台实用性和有效性的验证，在此进行了某冷轧薄板厂某一堆垛工况在线仿真试验，通过仿真结果和现场的插片试验结果、钢卷退火质量性能进行了比较。

### 3.1　仿真工况

表 2 为在线仿真试验的炉台堆垛信息情况，表 3 为该堆垛的对应退火工艺信息。图 4 和图 5 分别为该堆垛的离线预测工艺制度和退火曲线。

**表 2　在线仿真试验炉台炉料堆垛信息**

| 外径/m | 宽度/m | 内径/m | 厚度/mm | 重量/t | 钢种 |
|---|---|---|---|---|---|
| 1.870 | 1.149 | 0.610 | 1.518 | 22.00 | DC01 |
| 1.818 | 1.162 | 0.610 | 1.521 | 20.89 | DC01 |
| 1.876 | 1.149 | 0.610 | 1.519 | 22.13 | DC01 |
| 1.736 | 1.082 | 0.610 | 1.522 | 17.52 | Q195 |

**表 3　在线仿真试验炉台退火工艺信息**　　(℃)

| 退火工艺 | 加热罩设定温度 | 冷却频率 | 风机频率减少温度 | 开始水冷温度 |
|---|---|---|---|---|
| 710~600 | 850 | 65Hz | 300 | 380 |

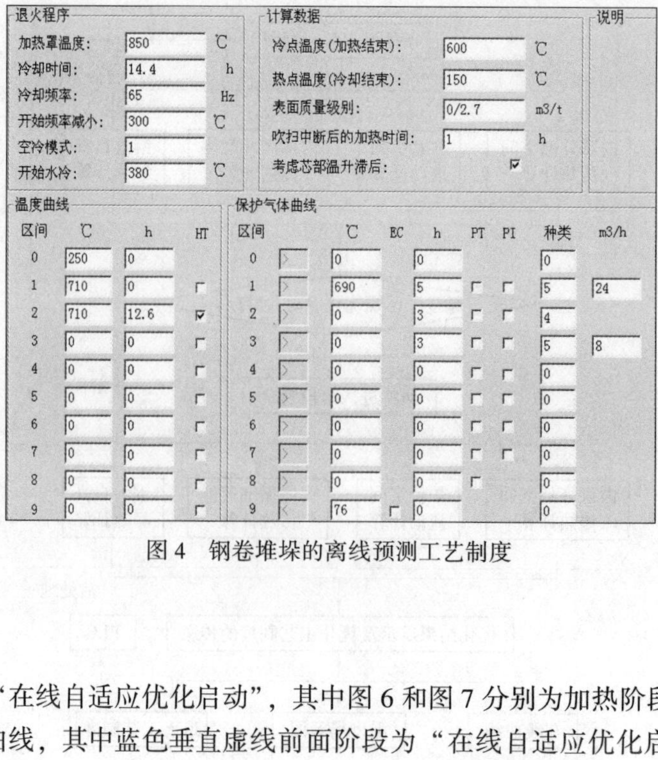


图 4　钢卷堆垛的离线预测工艺制度

### 3.2　仿真结果

该堆垛进行了两次“在线自适应优化启动”，其中图 6 和图 7 分别为加热阶段和冷却阶段“在线自适应优化启动”仿真在线曲线，其中蓝色垂直虚线前面阶段为“在线自适应优化启动”前退火过程的再现曲线，后面阶段为“在线自适应优化启动”后退火过程的优化预测曲线。

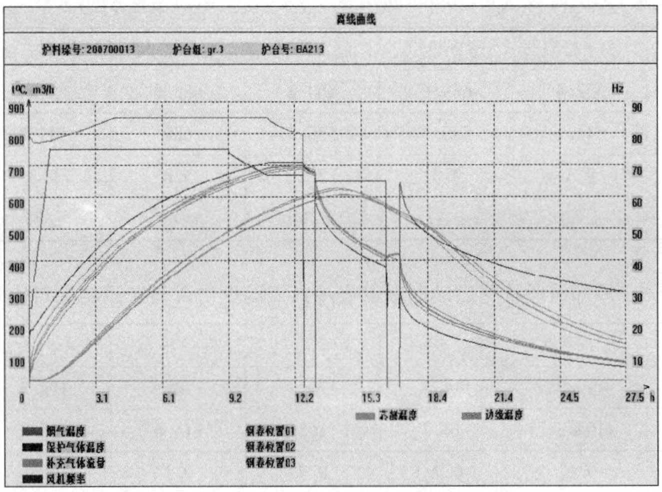


图 5　钢卷堆垛的离线曲线

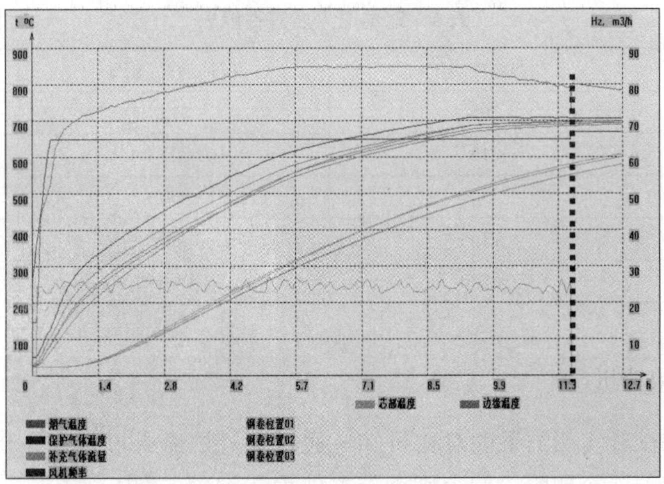


图 6　加热阶段“在线自适应优化启动”仿真在线曲线

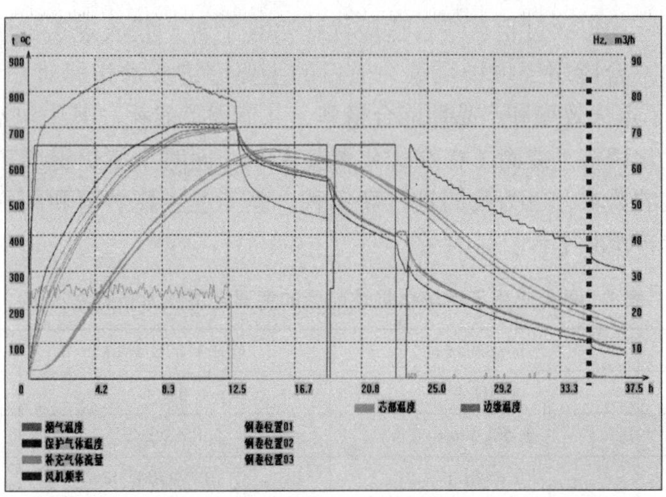


图 7　冷却阶段“在线自适应优化启动”仿真在线曲线

表 4 和表 5 分别为堆垛钢卷冷点、热点加热阶段和冷却阶段“在线自适应优化启动”时刻优化结果与插片试验测试结果的对照表，其中通过加热阶段的“在线自适应优化”得到原有加热阶段退火工艺制度由离线预测的 12.6h 优化为 12.75h，而冷却阶段的“在线自适应优化”得到原有冷却出炉温度由 76℃优化为 74℃，而表 6 为退火结束后堆垛钢卷的机械性能测试列表。

表 4　加热阶段优化启动时刻钢卷冷热点温度仿真与实测结果对比表

| | 卷 1 热点 | 卷 1 冷点 | 卷 2 热点 | 卷 2 冷点 | 卷 3 热点 | 卷 3 冷点 | 卷 4 热点 | 卷 4 冷点 |
|---|---|---|---|---|---|---|---|---|
| 仿真结果/℃ | 685.9 | 552.4 | 689.6 | 564.2 | 685.8 | 551.1 | 696.7 | 581.8 |
| 实测结果/℃ | 679.7 | 544.1 | 680.3 | 556.7 | 680 | 541.8 | 687.3 | 587.4 |
| 温度偏差/℃ | 6.2 | 8.3 | 9.3 | 7.5 | 5.8 | 9.3 | 9.4 | 5.6 |
| 相对误差/% | 0.91 | 1.50 | 1.37 | 1.34 | 0.85 | 1.71 | 1.36 | 0.95 |

表 5　冷却阶段优化启动时刻钢卷冷热点温度仿真与实测结果对比表

| | 卷 1 热点 | 卷 1 冷点 | 卷 2 热点 | 卷 2 冷点 | 卷 3 热点 | 卷 3 冷点 | 卷 4 热点 | 卷 4 冷点 |
|---|---|---|---|---|---|---|---|---|
| 仿真结果/℃ | 113.5 | 173.9 | 114.4 | 170.7 | 114.9 | 172.7 | 112.8 | 155.9 |
| 实测结果/℃ | 114.7 | 164.3 | 114.2 | 162 | 114.6 | 165.2 | 111.2 | 146 |
| 温度偏差/℃ | 1.2 | 9.6 | 0.2 | 8.7 | 0.3 | 7.5 | 1.6 | 9.9 |
| 相对误差/% | 1.05 | 5.8 | 0.18 | 5.37 | 0.26 | 4.53 | 1.43 | 6.78 |

表 6　钢卷退火质量性能表

| 钢卷号 | 屈服强度/MPa | 拉伸强度/MPa | 延伸率/% |
|---|---|---|---|
| 1 | 205 | 315 | 36.5 |
| 2 | 215 | 325 | 36 |
| 3 | 250 | 330 | 43 |
| 4 | 215 | 310 | 44.5 |
| 质量标准 | ≤280 | 270~410 | ≥28 |

### 3.3　仿真结果及应用效果分析

结合以上仿真结果和试验实测结果的对比可知，通过全氢炉退火过程在线自适应优化仿真平台优化得到的钢卷冷热点温度偏差除冷却阶段的个别钢卷之外均在+10℃之内，这在工程应用可接受范围之内，并且根据优化的退火工艺制度退火后钢卷的各项质量性能也均在质量要求范围之内，进而验证了全氢炉退火过程自适应优化仿真平台得到的仿真结果是合理的。

另外将所开发的“全氢炉退火过程在线自适应优化仿真平台”投入现场控制系统进行了四个月的现场应用，表 7 为所开发的平台应用于现场全氢炉前后的主要经济技术指标对照情况，从表中明显看出，“自适应优化”技术提高了退火效率和产品性能合格率，并节省了能耗（其中包括电能消耗和煤气消耗），实现了退火过程的自动优化调整，提高了在线优化调整水平。同时全氢炉退火过程在线自适应优化仿真平台满足了在线实时优化的需求，也为我们进行新钢种、新工艺、新炉型和新气氛的扩展试验研究提供了一个十分有利的在线分析试验平台。

表 7　平台应用于现场全氢炉前后的主要经济技术指标对照表

| | 未应用的现状 | 应用后的实际值 | 幅度 |
|---|---|---|---|
| 炉台效率 | 1.56t/h | 1.63t/h | 0.07t/h |
| 电能（能耗） | 6.50kWh/t | 5.85kWh/t | 10% |
| 煤气（能耗） | 0.85GJ/t | 0.74GJ/t | 12.9% |
| CQ（性能合格率） | 98.00% | 99.82% | 1.86% |
| DQ（性能合格率） | 96.0% | 98.68% | 2.79% |

## 4　结论

本文基于对全氢炉监控布置情况和现有控制软件系统的监控数据存储情况的分析，提出了一套完整的“在线自适应优化预测技术”，并结合所建立的退火过程的模型化仿真体系，通过前处理、求解器和后处理三个模块进行了全氢炉退火过程在线自适应优化仿真平台的开发，结合在线运行仿真结果与插片热电偶实测结果的比较，以及现场应用效果统计分析验证了全氢炉退火过程在线自适应优化仿真平台的实用性和有效性，该仿真平台能够实现“人工在线启动优化”和“自适应在线启动优化”两种方式的响应，进行全氢炉冷轧钢卷退火过程的在线模拟仿真，预测退火工艺制度的优化调整方案之外，同时也为新退火工艺、新钢种和新炉型的退火过程在线自适应优化的开发和改造提供了试验分析平台。

（原载《系统仿真学报》，2009（16））

# 冷轧连续退火机组中张力辊组主要参数的设计

郭良斌　罗治平　韩笑非

## 1　S 辊组的张力变化模型

### 1.1　不带压辊时的张力变化

不带压辊时，发电状态 S 辊的张力变化，如图 1 所示。

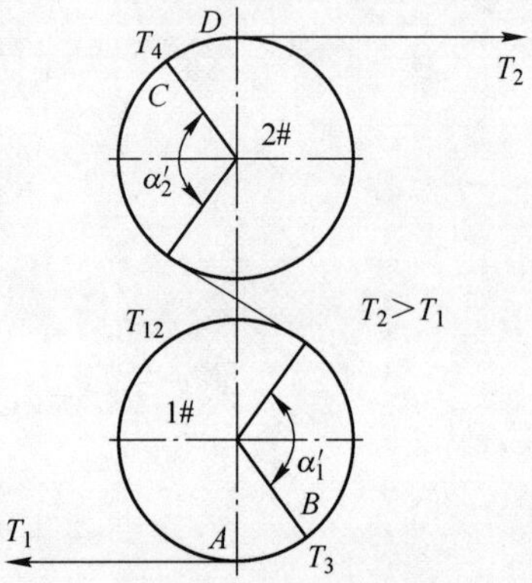


图 1　不带压辊的发电状态 S 辊

由于入口端和出口端都没有压辊，1#张力辊的 $AB$ 弧段和 2#张力辊的 $CD$ 弧段都会产生弹塑性弯曲导致的张力损失 $T_{弹\cdot塑}$，所以 1#张力辊和 2#张力辊的实际包角都小于其理论包角，分别为 $\alpha_1'$ 和 $\alpha_2'$。带钢从 $A$ 点进入，从 $D$ 点送出，因此 $S$ 辊处于发电状态，带钢张力从 $A$ 点到 $D$ 点逐渐增加，列出各点的张力，如图 1 所示。

$$T_3 = T_1 + T_{弹\cdot塑},\ \frac{T_{12} - qv^2}{T_3 - qv^2} = e^{\mu\alpha_1'},\ \frac{T_4 - qv^2}{T_{12} - qv^2} = e^{\mu\alpha_2'},\ T_2 = T_4 + T_{弹\cdot塑}$$

式中　$q$——单位长度的带钢质量，kg/m；

$v$——带钢运行速度，m/s；

$qv^2$——带钢的离心张力，它是进出口张力的一部分，作用在张力辊包角范围内的带钢上，与离心惯性力平衡。

综合上面的 4 个式子，有：

$$T_2 = (T_1 + T_{弹\cdot塑} - qv^2)e^{\mu(\alpha_1'+\alpha_2')} + qv^2 + T_{弹\cdot塑} \tag{1}$$

1#辊产生的感生电流平衡力矩为：

$$M_1 = (T_1 + T_{弹\cdot塑} - qv^2)(e^{\mu\alpha_2'} - 1)\frac{D_1}{2} \tag{2}$$

式中　$D_1$——两张力辊的直径。

2#辊产生的感生电流平衡力矩为：

$$M_2 = (T_1 + T_{弹\cdot塑} - qv^2)e^{\mu\alpha_1'}(e^{\mu\alpha_2'} - 1)\frac{D_1}{2} \tag{3}$$

按照文献，两张力辊不打滑的条件为：

$$T_2 \leqslant (T_1 + T_{弹\cdot塑} - qv^2)e^{\mu\alpha_2'}e^{\mu\alpha_1'} + qv^2 + T_{弹\cdot塑} \tag{4}$$

显然，要保证张力辊在工作中不打滑，实际的出口张力不能大于按实际入口张力、实际包角得到的出口张力计算值。

### 1.2　两端带压辊时的张力变化

入口端压辊的压紧力为 $P_1$，出口端压辊的压紧力为 $P_2$，由于入口端和出口端都加了压辊，整个 $S$ 辊没有弹塑性弯曲导致的张力损失 $T_{弹\cdot塑}$，所以 1#张力辊和 2#张力辊的理论包角与实际包角相同，分别为 $\alpha_1$ 和 $\alpha_2$，如图 2 所示。发电状态时，带钢张力从 $A$ 点到 $B$ 点逐渐增加，列出各点的张力，如图 2 所示。

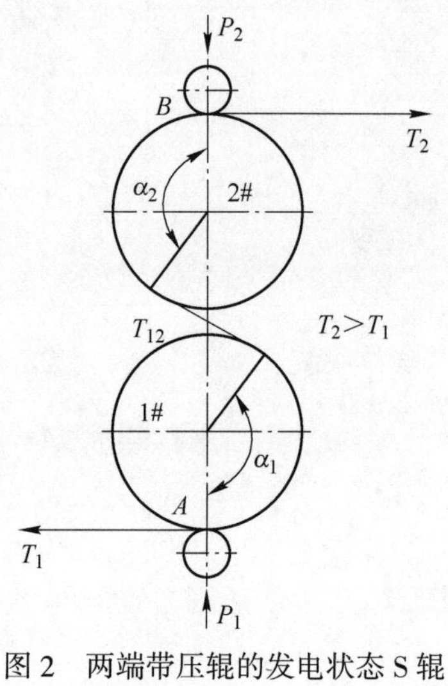


图 2　两端带压辊的发电状态 S 辊

$$T_A = T_1 + \mu P_1,\quad \frac{T_{12} - qv^2}{T_A - qv^2} = e^{\mu\alpha_1},\quad \frac{T_B - qv^2}{T_{12} - qv^2} = e^{\mu\alpha_2},\quad T_2 = T_B + \mu P_2$$

综合上面的 4 个式子，有：

$$T_2 = (T_1 + \mu P_1 - qv^2)e^{\mu(\alpha_2+\alpha_1)} + qv^2 + \mu P_2 \tag{5}$$

1#辊产生的感生电流平衡力矩为：

$$M_1 = (T_1 + \mu P_1 - qv^2)(e^{\mu\alpha_1} - 1)\frac{D_1}{2} \tag{6}$$

2#辊产生的感生电流平衡力矩为：

$$M_2 = (T_1 + \mu P_1 - qv^2)e^{\mu\alpha_1}(e^{\mu\alpha_2} - 1)\frac{D_1}{2} \tag{7}$$

按照文献，两张力辊不打滑的条件为：

$$\mu P_2 \leqslant T_2 - (T_1 + \mu P_1 - qv^2)e^{\mu\alpha_1}e^{\mu\alpha_2} - qv^2 \tag{8}$$

若入口端和出口端压辊的压紧力相等，$P_1=P_2=P$，则式（8）可写为：

$$P \geqslant \frac{1}{\mu}\frac{T_2 - qv^2 - (T_1 - qv^2)e^{\mu(\alpha_1+\alpha_2)}}{e^{\mu(\alpha_1+\alpha_2)} + 1} \tag{9}$$

只要压紧力 $P$ 能满足式（9），则 1#、2#张力辊包角处和压辊处都不会打滑。

## 2　发电状态 S 辊组主要参数的设计

S 辊组的工作机构简图，如图 3 所示，其主要尺寸参数包括张力辊半径 $R_1$，压辊半径 $R_2$，两张力辊中心线的水平距离 $L_1$ 和垂直距离 $L_2$，$L_1$ 和 $L_2$ 决定了 S 辊组的总包角。

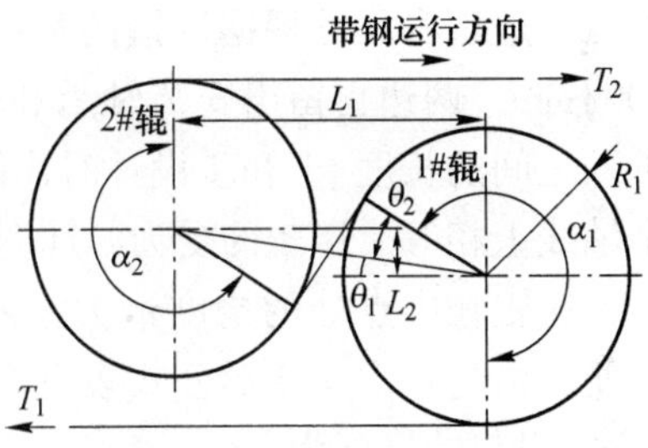


图 3　S 辊组的工作机构

### 2.1　张力辊半径 $R_1$ 的确定

张力辊直径的选择，应以带钢最外层表面不达到屈服极限为出发点，这样可防止带钢产生永久变形。因此张力辊的最小半径为：

$$R_1 \geqslant \frac{Eh_{max}}{2\sigma_s} \tag{10}$$

式中，$h_{max}$为带钢的最大厚度。为尽量减小 S 辊组的总体尺寸，$R_1$ 应取满足式（10）的最小圆整值。

### 2.2　S 辊最小包角 $\alpha_{min}$的确定

由于正常工作时压辊打开，只在卷尾或断带时压辊压上，因此设计 S 辊包角时先不考虑压辊。取 1#、2#张力辊辊径相同，辊速相同，离心拉力及弹塑张力相同，辊身表面均衬氯丁橡胶。离心张力 $T_c$ 等于：

$$T_c = qv^2 = bh\rho_{钢} \tag{11}$$

假想弹塑性分界区域的带钢厚度 $h_1$ 等于：

$$h_1 = \frac{1.2 \times 2R_1\sigma_s}{E} \tag{12}$$

弹塑弯曲损失的弹塑张力为：

$$T_{弹·塑} = \frac{b\sigma_s}{6D_1}(3h^2 - h_1^2) \tag{13}$$

S 辊所需的最小实际包角为：

$$\alpha_2' + \alpha_1' = \frac{1}{\mu}\ln\frac{T_2 - T_{弹·塑} - qv^2}{T_1 + T_{弹·塑} - qv^2} \tag{14}$$

设计时使两张力辊的包角相等，取实际包角为 0.9 倍的理论包角，则最小理论包角为：

$$(\alpha_2 + \alpha_1)_{min} = \frac{\alpha_1' + \alpha_2'}{0.9} \tag{15}$$

### 2.3　两张力辊中心线偏移距的确定

从图 3 中的几何关系，可知：

$$\theta_1 + \theta_2 = 1.5\pi - \arctan\frac{L_2}{L_1} + \arccos\frac{2R_1}{\sqrt{L_1^2 + L_2^2}} = 1.5\pi - \alpha_1 \tag{16}$$

张力辊理论包角与两辊中心线偏移距的关系式为：

$$\alpha_1 = 1.5\pi - \arctan\frac{L_2}{L_1} - \arccos\frac{2R_1}{\sqrt{L_1^2 + L_2^2}} \tag{17}$$

当张力辊半径 $R_1$ 取 600mm，$L_1$ 的取值范围在（1205mm，1805mm）之间，$L_2$ 的取值范围在（5mm，595mm）之间时，编制 Matlab 程序，计算取不同 $L_1$、$L_2$ 时的理论包角 $\alpha_1$ 的值（表略）。

### 2.4　压辊半径 $R_2$ 的设计

卷尾时，S 辊入口张力为 0，上下压辊压上，形成初始张力，为了使两压辊的工作寿命接近，取两压辊的压紧力相同，即 $P_1=P_2=P$。由式（5）可计算所需的压紧力：

$$P = \frac{T_2 - qv^2 - (T_1 - qv^2)e^{\mu(\alpha_2+\alpha_1)}}{\mu(e^{\mu(\alpha_2+\alpha_1)} + 1)} \tag{18}$$

一般辊身尺寸根据带钢的宽度 $b$ 选取，通常是带宽加（200~300）mm，两边再留出安装轴承和轴承座的尺寸 $a$，便得到压辊两轴颈之间的长度 $l$。初步设计时作简化计算，认为压辊的直径在整个轴线上相等。压辊的受力，如图 4 所示。

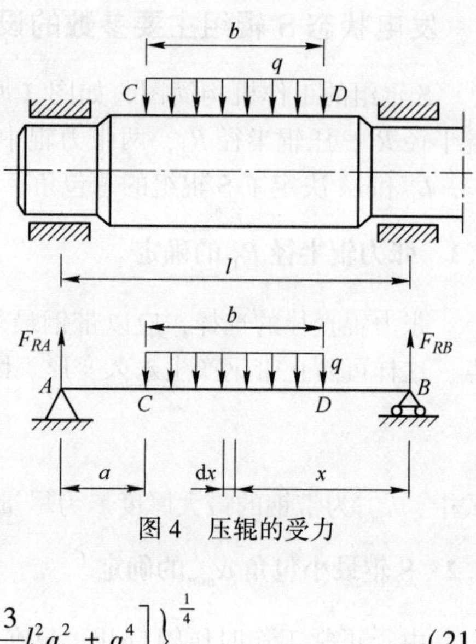

图 4　压辊的受力

压辊在中点处的挠度最大，采用叠加法求解压辊的变形较为方便。由材料力学变形公式表可查得，跨度中点处由微分载荷 $\mathrm{d}F=q\mathrm{d}x$ 引起的挠度为：

$$\mathrm{d}\omega_c = -\frac{\mathrm{d}F \cdot x}{48EI}(3l^2 - 4x^2) = -\frac{qx}{48EI}(3l^2 - 4x^2)\mathrm{d}x \tag{19}$$

整个均布载荷使跨度中点处产生的挠度应为 $\mathrm{d}\omega_c$ 的积分，即：

$$\omega_c = -\frac{q}{48EI}\left[\frac{3}{2}l^2(a+b)^2 - (a+b)^4 - \frac{3}{2}l^2a^2 + b^4\right] \tag{20}$$

将 $I=\pi(2R_2)^4/64$，$\omega_c \leqslant [\omega_c]$ 代入上式，有：

$$2R_2 \geqslant \left\{\frac{4q}{3E\pi[\omega_c]}\left[\frac{3}{2}l^2(a+b)^2 - (a+b)^4 - \frac{3}{2}l^2a^2 + a^4\right]\right\}^{\frac{1}{4}} \tag{21}$$

## 3　计算实例

已知带钢厚 $h=(2\sim4)$mm，宽 $b=(800\sim1350)$mm，弹性模量 $E=200$GPa，屈服极限 $\sigma_s=670$MPa。带钢最小速度为 10m/min，最大速度为 90m/min。正常工作时入口带钢张力为 1.2kN；出口带钢张力为 22kN，带钢水平进入，水平送出，如图 3 所示。正常工作时，入口与出口处两个压辊打开；当处于带卷料尾时，上下压辊都压下，初始张力靠下压辊与 1#张力辊之间的摩擦力形成，同样保证出口张力为 22kN 不变。

将带钢的性能参数代入式（10），可得：

$$R_1 \geqslant \frac{200 \times 10^9 \times 4}{2 \times 670 \times 10^6} = 597\text{mm}$$

设计辊径比最小半径稍大即可，将张力辊半径圆整到标准半径系列值，取 $R_1=600$mm。

带材的最大线速度为：

由式（11），离心张力 $T_c$ 等于：

$$T_c = 1.35 \times 4 \times 10^{-3} \times 7.8 \times 10^3 \times 1.5^2 = 94.77\text{N}$$

由式（12）计算假想弹塑性分界区域的带钢厚度 $h_1$ 为：

$$h_1 = \frac{1.2 \times 1.2 \times 670 \times 10^6}{200 \times 10^9} = 4.824\text{mm}$$

按式（13）计算由于弹塑弯曲损失的弹塑张力为：

$$T_{弹·塑} = \frac{1.35 \times 670 \times 10^6}{6 \times 1.2}(3 \times 4^2 - 4.824^2) \times 10^{-6} = 3107\text{N}$$

对于包胶辊，取摩擦系数为 0.21，由式（14）可计算 $S$ 辊所需的最小实际包角为：

$$\alpha_2' + \alpha_1' = \frac{1}{\mu}\ln\frac{22000 - 3107 - 95}{1200 + 3107 - 95} = 7.123 \approx 408.1°$$

取实际包角为 0.9 倍的理论包角，则最小理论包角为：

$$(\alpha_2 + \alpha_1)_{\min} = \frac{7.123}{0.9} = 7.914 \approx 453.46°$$

设计时使两张力辊的包角相等，则：

$$\alpha_2 = \alpha_1 \geqslant \frac{453.46°}{2} = 226.73°$$

为使理论包角大于 226.73°，偏移距 $L_1$、$L_2$ 应在表 1 中粗线的左上方取值。在能够顺利实施穿带操作的情况下，$L_1$ 应尽量取小值，以减小张力装置的纵向尺寸；在保证带钢进入张力装置时不与 2# 辊发生摩擦和碰撞的情况下，$L_2$ 也应尽量取小值，以减小整个张力装置的高度尺寸。综合考虑，取 $L_1 = 1300\text{mm}$，$L_2 = 200\text{mm}$，此时张力辊的理论包角为 237.1°，即表 1 中加方框的数据。实际包角为 $\alpha_1' = 0.9 \times 237.1° = 213.39° = 3.7244\text{rad}$，S 辊的总实际包角为 7.4488rad。

在入口张力为 1.2kN 且不加压辊的条件下，可按式（1）计算 S 辊可以输出的最大张力为：

$$T_2 = (1200 + 3107 - 95)e^{0.21 \times 7.4488} + 95 + 3107 = 23.33\text{kN}$$

显然，生产中的实际张力小于 S 辊可以输出的最大张力，满足式（4）规定的不打滑条件。

由式（2）计算 1# 辊所需的平衡力矩为：

$$M_1 = (1200 + 3107 - 95)(e^{0.21 \times 3.7244} - 1) \times 0.6 = 2997.5\text{N/m}$$

张力辊最大转速为：

$$n_{\max} = \frac{90}{2\pi R_1} = 23.87\text{r/min}$$

1# 辊所需的电机功率为：

$$N_{W1} = \frac{M_1 n}{9550\eta} = \frac{2997.5 \times 23.87}{9550 \times 0.8} = 9.36\text{kW}$$

由式（3），2# 辊所需的平衡力矩为：

$$M_2 = (1200 + 3107 - 95) \times e^{0.21 \times 3.7244}(e^{0.21 \times 3.7244} - 1) \times 0.6 = 6553\text{N} \cdot \text{m}$$

2# 辊所需的电机功率为：

$$N_{W1} = \frac{M_2 n}{9550\eta} = \frac{6553 \times 23.87}{9550 \times 0.8} = 20.47\text{kW}$$

取两个电机的功率为 22kW，能满足无压辊时的平衡力矩要求。

取两压辊的压紧力相同，若压辊直接压在带钢与张力辊的水平切点上，由式（18）可计算所需的压紧力：

$$P = \frac{2200 - 95 + 95 \times e^{0.21 \times 7.4488}}{0.21 \times (e^{0.21 \times 7.4488} + 1)} = 18.42\text{kN}$$

两端加压辊后，由于各张力辊的进出口张力会发生变化，因此需要重新计算一下电机功率。由式（6）计算 1# 辊所需的平衡力矩为：

$$M_1 = (0.21 \times 18424 - 95)(e^{0.21 \times 3.7244} - 1) \times 0.6 = 2685.9\text{N/m}$$

1# 辊所需的电机功率为：

$$N_{W1}=\frac{M_1 n}{9550\eta}=\frac{2685.9\times 23.87}{9550\times 0.8}=8.39\text{kW}$$

由式（7）计算2#辊所需的平衡力矩：

$$M_2=(0.21\times 18424-95)e^{0.21\times 3.7244}(e^{0.21\times 3.7244}-1)\times 0.6=5871.6\text{N/m}$$

2#辊所需的电机功率为：

$$N_{W2}=\frac{M_2 n}{9550\eta}=\frac{5871\times 23.87}{9550\times 0.8}=18.35\text{kW}$$

显然，增加压辊后，降低了两张力辊的张力差，也降低平衡电机的功率要求。选取电机功率为22kW是可行的。

按照式（9）计算加压辊后不打滑的条件为：

$$P\geqslant 18.42\text{kN}$$

在实际使用中，只要压紧力大于18.42kN，S辊就不会打滑，不妨取$P=20\text{kN}$。压辊两轴颈之间的长度为：

$$l=b+300+2\times 200=2050\text{mm}$$

将许用挠度$[\omega_c]=0.2\text{mm}$，$q=P/b$，代入式（21），可求得：

$$R_2\geqslant\frac{194.5}{2}=97.25\text{mm}$$

考虑到辊体可能采用空心结构，且与滚动轴承配合处的轴颈直径还要减小一些，所以选取的压辊半径要增大一些，以留出裕量。初步设计时，选$R_2=125\text{mm}$。压辊采用两轴端与辊筒焊接结构，最后的校核结果满足刚度要求。

上述计算结果与生产设备的实际尺寸一致，表明上述设计方法是可行的。

## 4 结论

以发电状态下两端带压辊和不带压辊的S辊组张力变化模型为基础，比较了不加压辊和加压辊以后张力辊上平衡力矩的变化，得到两张力辊中心线偏移距、压辊直径的定量计算公式，计算中考虑了防止打滑应满足的条件。

张力辊组在冷轧线中应用广泛，通过计算分析，能够更好地合理布置机组设备，实现更好的张力控制。

（原载《机械设计与制造》，2009（6））

# 武钢冷轧生产技术进步

宫贵良　王　聪　贾生晖　刘家宁

武钢股份公司冷轧总厂由3个分厂组成。一分厂是我国引进的第1条1700mm宽带钢冷连轧生产线，即武钢“一米七”轧机工程的主体生产厂之一，设计产能为100万t/a，其中冷轧普冷板卷75万t/a、热镀锌板卷15万t/a、电镀锡板卷10万t/a。冷轧厂的生产全过程均采用计算机进行严格地控制与管理，具有大型化、连续化、自动化和高速化的特点。具有当时国际先进水平，填补了我国冷轧宽带钢连轧机的空白，大大缩短了我国与国际先进水平的差距，为我国经济建设提供了大量的优质钢材，为我国其他企业培养和输送了大批的技术骨干和管理人才，为我国冶金工业的快速发展做出了巨大贡献。随着我国经济建设的高速发展，市场对钢材的强劲需求，冷轧厂进入21世纪后先后建设了二、三冷轧分厂，使设计产能达到510万t/a。成为我国重要的汽车板生产基地。

## 1　工艺装备技术进步

### 1.1　一冷轧大规模技术改造

一冷轧分厂于2003年9月—2003年11月进行了大规模改造，主要由奥钢联、西门子等世界知名企业提供技术和关键设备，国内合作制造进行改造。此次改造是以酸轧联合机组为核心，新建了推拉式酸洗机组、无取向电工钢连续退火机组、2号重卷机组，改造了热镀锌机组、罩式炉机组，以及配套的能源公辅设施、主厂房扩建等。改造后一冷轧拥有酸轧联合机组、连续热镀锌机组、无取向硅钢片连续退火线、推拉式酸洗线等在内的21条生产机组和60座全氢罩式退火炉及能源介质配套设施，年生产能力可达到185万t，品种由普板、镀锌板、镀锡板和彩涂板4大系列100多个规格扩展到5大品种2000多个规格，新增了无取向硅钢片产品，具有生产大批量高附加值、高技术含量产品的能力。

### 1.2　二冷轧先进工艺装备技术

为实现建设国际一流汽车板基地的规划目标，公司自2002年开始筹建二冷轧，于2005年12月建成投产，成为武钢生产汽车板的主力军。主体设备由国外引进，拥有全流程汽车板生产技术支持，关键设备均采用世界最先进的控制技术及硬件配置，配备有世界前沿技术的仪器仪表检测装备及检测技术。产品主要定位于高档轿车用板，品种规格齐全，包括CQ、DQ、DDQ、EDDQ、SEDDQ等软钢系列以及烘烤硬化钢、高强度IF钢、微合金钢、结构钢、双相钢、相变诱导塑性钢（TRIP钢）、复相钢等高强钢系列，高强钢最大抗拉强度可达到1000MPa。产品广泛应用于汽车制造、轻工、化工、食品、建筑、机电、家用电器等众多行业。年设计产能为215万t，其中冷轧薄板90万t、热镀锌板卷105万t、彩涂板卷20万t。能生产具有钢质纯净、性能稳定、尺寸精度高、表面光洁等特点，最大板宽可达2080mm的产品。

#### 1.2.1　酸轧联合机组

酸洗-轧机联合机组由世界知名的机械公司和电气公司提供设计和制造，采用目前世界上最先进的酸洗-轧制技术。酸洗工艺段采用浅槽紊流酸洗槽，使用盐酸酸洗液，最大工艺速度约为300m/min。冷轧机采用五机架串列式6辊轧机，最大轧制速度约为1500m/min，联合机组年酸洗轧制量230万t。机组装备有先进的设备：双开卷机、激光焊机、拉伸矫直机、紊流酸洗槽、回转式切边剪、五机架串列式6辊轧机、滚筒剪、轮盘卷取机及张力仪、激光测速仪、X射线测厚仪、板形仪等设备。主要技术优势为：自动厚度控制（AGC）系统采用X射线测厚和激光测速，进行压下和速度的前馈、反馈控制及金属秒流量控制，同时具有相应的轧辊偏心补偿、油膜补偿、弯辊补偿、流量补偿等补偿功能；动态变规格控制（FGC）系统在轧机动态过焊缝过程中，同步控制各机架的速度、张力、压下、轧制力等，保证在稳定、快速、连续的前提下，最大限度地减少超差长度。同时，根据不同的规格变化趋势采用不同的轧制策略；自动板型控制（AFC）系统使用板型仪检测实际板形，通过轧辊倾斜调整、弯辊、轴向窜辊、5号机架精细冷却等执行机构的调节，进行电气闭环控制；所有工艺参数均按照上位计算机下传的产品信息自动给定，实现全过程闭环自动控制；采用全交流传动和三电一体化的全数字控制系统，能完成全线的逻辑控制、顺序控制、位置控制、运行控制、速度控制、张力控制、工艺控制、物料跟踪及全过程同步控制的协调等，同时能完成在线实时数据的采集、分析及故障诊断功能；具有先进的物流跟踪系统，配合先进的工艺参数和产品质量测量记录系统，确保带钢连续进行相应工艺参数和产品质量跟踪记录；拥有先进的在线检测控制设备，其中高精度的酸浓度检测仪、激光测速仪、板形仪和测厚仪等保证了良好的带钢表面质量、板形质量及厚度精度。

产品质量水平如下：厚度控制精度在±0.9%以内；带钢平直度控制在8I.U. 以内；带钢凸度控制在1%以内；带钢超差长度在轧制相同规格时小于5m，轧制不同规格时小于15m；轧后带钢表面残油量小于220mg/m$^2$（单面，含残铁），轧后带钢表面残铁量小于60mg/m$^2$（单面）；带钢的卷取质量整卷的塔形小于3mm，层间的溢出小于1mm。

1.2.2　连续退火机组

连续退火机组将带钢冷轧后的脱脂、退火、平整、精整等工序集中在一条作业线上进行。与传统的罩式退火工艺相比，具有生产周期短、产品质量好、成材率高、便于生产管理、劳动定员少、占地面积小等优点，具有快冷处理和过时效处理优势，尤其适合薄规格带钢的退火生产。机组工艺速度最高为450m/min，产品宽度可达2080mm，冷却速率可达到50℃/s以上。品种包括具有高成型性的软钢（EDDQ、S-EDDQ）和高强钢（BH-HSS、DP-HSS、TRIP-HSS）等，年处理量为99万t。退火炉为立式结构，由预热段、加热段、均热段、缓冷段、快冷段、过时效段、最终冷却段和水淬8个部分组成，采用全辐射管间接加热。

主要技术优势有：拥有世界知名钢铁企业汽车板生产技术支持，采用目前世界上最先进的连续退火工艺；机组自动化程度高，所有工艺参数均按照上位计算机下传的产品信息自动给定，其中温度、浓度、液位、延伸率等均可闭环自动控制；拥有先进的物流跟踪系统，配合先进的工艺参数和产品质量测量、记录系统，确保连续进行带钢相关工艺参数记录；拥有先进的在线产品质量控制设备，包括在线带钢表面质量缺陷检测仪、带钢表面粗糙度检测仪、带钢机械性能检测仪、宽度测量仪和厚度测量仪，可以在线检测带钢表面质量缺陷、表面粗糙度、带钢机械性能、带钢宽度和厚度等。

产品质量水平为：屈服强度、抗拉强度控制精度为±20MPa以内；带钢平直度控制在6I.U. 以内；粗糙度 $R_a$ 控制在±0.2μm以内，PPI≥80；宽度精度0~+1mm；涂油精度±10%以内；带钢的卷取质量整卷的塔形小于3mm，层间的溢出小于1mm。

1.2.3　热镀锌机组

3条热镀锌机组主要是采用目前世界上最先进的“美钢联法”，主要工艺装备有：全自动激光焊机、电解脱脂清洗段、入口立式活套、全辐射立式退火炉、双锌锅系统、气刀、三辊式锌锅辊系、合金化炉（加热段和电辐射管式均热段）、中间立式活套、四辊湿式光整机、拉伸矫直机、辊涂机、出口立式活套、旋转塔式切边圆盘剪、静电涂油机。配备的在线检测设备有冷态锌层测厚仪、合金化层Fe含量测量仪、在线带钢表面缺陷检查仪、带钢表面粗糙度检测仪、化学涂层膜厚测量仪、宽度测量仪、厚度测量仪。整个机组自动化程度高，所有工艺参数均按照上位计算机下传的产品信息自动给定，实现全过程闭环自动控制；拥有先进的物流跟踪系统，配合先进的工艺参数和产品质量测量、记录系统，确保连续监控、记录工艺参数和产品质量。

产品定位于高档轿车面板、高档家电板和高档建筑板。品种齐全（包括普通热镀锌板（GI）、合金化热镀锌板（GA）、热镀锌铝板（GF）、热镀铝锌板（GL））、规格超宽（是世界第4条、国内唯一的可以生产宽度在2000mm以上的热镀锌产品的生产线，充分满足汽车制造业对板宽的要求），性能和表面质量优良，具有多种表面处理方法，如钝化、预磷化、耐指纹、自润滑涂层、润滑防锈油，可以充分满足用户需求。产品质量水平为：屈服强度、抗拉强度控制精度为±20MPa 以内；锌层重量 GI60～350g/$m^2$(双面)，GA60～180g/$m^2$(双面)，控制精度±8%以内；合金化镀层抗粉化性能 V 弯 2 级以上，Double Olsen 2 级以上；带钢平直度控制在 6I. U. 以内；粗糙度 $R_a$ 控制在±0. 25μm 以内，PPI>140；宽度精度 0～+1mm；化学涂层精度±15%以内；涂油精度±10%以内；带钢的卷取质量整卷的塔形小于 2. 5mm，层间的溢出小于 1mm。

目前已经具有高档轿车面板批量供货能力，轿车内板合格率 90%以上，轿车外板合格率 80%以上，轿车内板已经为上海通用、上海大众、神龙、重庆驰骋、东南汽车、东风、奇瑞、上汽等汽车用户稳定供货；轿车外板已经为神龙、东风乘用、沈阳华晨供货。具有高档 C 级家电面板批量供货能力，高档 C 级家电面板合格率 80%以上，已经为海尔和富士康供货。具有最大宽度 2050mm 的宽幅板供货能力，深冲系列、高强钢系列达先进水平。

#### 1.2.4　彩色涂层机组

彩色涂层机组采用先进的辊涂和两涂两烘生产工艺，最大机组速度为 180m/min，年处理量 20. 8 万 t，是国内技术最先进、工艺速度最快、宽度最大、品种最全、产品质量最高的彩涂机组。品种包括有机漆板、有机溶胶、印花、压花、PVC 贴膜板等，产品厚度为 0. 2～1. 6mm，宽度 800～1450mm。

主要技术优势有：机组采用单滑道涂层机，可实现涂层厚度的闭环控制，并可实现涂料的快速切换；固化炉采用清洁空气加热技术，可实现炉温的精确控制，并配套有板温在线跟踪装置；具有高速的在线压花、印花和贴膜功能；可实现全线工艺参数过程自动化控制。

### 1.3　三冷轧工程

三冷轧工程是武钢“十一五”发展的重点工程，采用国内集成方式建设。

#### 1.3.1　酸轧机组

三冷轧酸轧机组是一条以生产高级家电板和轿车板为主的生产线，机组年生产能力为 120 万 t。主要技术特点有：

(1) 全线自动控制功能。引进国外西门子程序化自动控制技术。

(2) 酸洗入口段设有全自动激光焊机。采用国外米巴赫焊机技术。

(3) 机组 3 个活套为钢丝绳闭环传动，在没有带钢的情况下，活套小车可自由行走。活套高速运行平稳（可以 150m/min 稳定运行），事故处理方便。活套内带钢张力均为张力计直接控制方式。

(4) 酸洗工艺段设有二弯一矫式拉矫机。拉矫机是国外先进技术。

(5) 浅槽紊流酸洗。酸洗槽为全封闭式，带有内盖和外盖，外盖采用水封，内盖放置在耐酸衬里上面，与酸液面直接接触，形成紊流酸洗的封闭腔体，同时减少了酸液的挥发。

(6) 酸洗出口设双头旋转式圆盘剪，采用国外 VAI 先进圆盘剪技术。

(7) 全线纠偏装置均使用国外 EMG 纠偏技术。

#### 1.3.2　连退机组

三冷轧连退机组采用整线由国外公司技术总负责，分别带一家炉子商和一家电气商的方式，关键设备打包引进，其他配套设备国内合作制造，另有部分单体设备（静电涂油机和打捆机）单独对外招标。主要技术特点有：三冷轧连退机组定位为生产轿车板和高级家电板，其技术门槛高，技术难度大。产品品种覆盖普通商用级 CQ 产品，冲压级的 DQ、DDQ，超深冲的 EDDQ、SEDDQ，高强钢从普通的 340MPa 级的 HSS 到 1000MPa 级的高强 DP 钢和 TRIP 钢，厚度为 0. 3～2. 0mm，宽度为 700～1430mm，年产量 79. 6 万 t，工艺段速度高达 420m/min。

#### 1.3.3　热镀锌机组

三冷轧热镀锌机组是按照集团公司走自主集成、自主创新之路的精神，根据产品大纲、产品定位及冷轧实际生产情况进行工艺设备选型。电气商国内招标，整个机组有 9 个单体设备分别谈判、招标引进，其他机组部分（包括退火炉部分作为中冶南方的分供商）由中冶南方设计。主要技术特点有：

(1) 采用了最新型的传动系统 SINAMIC，极大地提高传动系统的控制性能、精度，便于传动系统维护。

（2）使用了数据采集系统对生产过程数据进行跟踪分析，有利于质量分析。

（3）使用了多点受控系统，提高了对设备故障预知、预防能力；针对性检修成为可能，提高设备使用率。

## 2　产品开发与应用

自投产以来，冷轧厂始终围绕满足顾客的需求及期望，发挥自身优势，坚持技术进步，不断开发新产品。建厂 30 年来，冷轧厂已开发新产品有 112 个品种、368 个规格，其中许多产品是武钢独家生产的，并填补了国内空白。这些产品技术含量高，试制难度大，凝聚着冷轧人的心血，这些新产品的成功试制也代表着武钢冷轧厂的科技创新能力。

在投产试车成功以后，1983 年正式开始接订新产品，第一个新产品就是东风汽车厂使用的汽车车厢板 QG40。此新产品要求冷加工性能好，整个车身侧面主厢板受力，钢结构整体冲压成型，车厢体要求安全系数高，所以要求产品机械性能值波动小。在普通碳素钢的基础上，调整了成分和制定了合适的冷轧工艺，当年就试制成功投入使用，并通过公司科技成果技术鉴定转产批量生产。

1984 年天津自行车厂要求试制自行车带钢 Z6Al。相比普通碳素钢 Z6Al，Z6Al 试制的难点是表面质量要求高，钢板表面不容许有明显缺陷，冷加工性能好，冷弯成型好。它通过公司科技成果技术鉴定并转产批量生产。

1984 年为家电行业试制了合金化镀锌板，为镀锌板增加了新品种，也为国内印铁制罐和建筑用材增加新的原料，试制难点是要控制锌层均匀，合金化炉控制不过烧。它也通过公司科技成果技术鉴定并转产批量生产。

1984 年应铁道部要求开始试制普通耐候钢带 06CuPRe。在国内，武钢是第一家开始研制这个品种，它充分利用了国内丰富的稀土资源，相比普通碳素钢，该产品具有良好的耐腐蚀性。用普通碳素钢制作的客车车体 6 年内必须更换部件，3 年就有明显腐蚀，而用普通耐候钢带 06CuPRe 制作的客车车体 5 年才发现腐蚀，可以 9 年才更换部件。试制难点是原料含有合金化元素，强度高，轧制难以控制板形。

1988 年顺应市场需要，在机械工业部和汽车工业部的要求下，开始研制深冲冷轧板 WY08Al，深冲级别分 3 挡（F 级，HF 级，ZH 级），主要制作各类难以变形的冷加工件，广泛用在机械制造和汽车零件制造方面。深冲冷轧板 WY08Al 产品的研制成功代表着武钢冷轧产品更新换代的开始，钢质优化创新的起步。

1989 年开始试制的 WP（含磷）系列高强钢，它是最早开始试制的汽车用高强钢，试制难点是罩式炉和平整工艺的控制，最终得到良好的板形和表面质量。其中 WP340-370 生产量最大，许多小型汽车都使用。

1989 年随着食品工业的发展，需要大量装罐食品用电镀锡板和食品印铁制罐电镀锡板，为了提高防锈能力，厂家希望试制差厚电镀锡板，试制难点要求上下表面电镀层均匀，达到要求镀层量。

1990 年年初，中国轻工业部为建设亚运村运动员公寓，需要深冲搪瓷浴缸钢板，武钢接订 200t 合同，同时随着国内人民生活水平的提高，住房人居面积的增加，也急需搪瓷浴缸。用户对 06BT 产品的冷加工性能要求很高，深冲时不能够有一点变形纹，不能够拉裂，浴缸要求边缘光滑，冷变形一次整体完成，冷变形后涂搪工艺不能够起爆（磷爆）。06BT 钢的试制难点是轧制板形的控制，力学性能波动范围小，还要求良好的表面质量，金相组织均匀以保证良好的涂搪性能。

1992 年国内汽车行业加快了对轿车开发的步伐，超深冲变形钢的需求很大，武钢顺应用户使用要求，开始研制无间隙原子钢 WIF。首批使用在微型面包车车门上的冲压件得到了用户的肯定。产品的试制难点是要求轧制厚度精度高，轧制板形要优良，表面无明显缺陷，退火工艺执行准确，力学性能和金相组织性能达到超深冲板要求。

1993 年我国家电工业如火如荼地发展起来，其中彩电制造业发展最快，如果全部使用进口材料将大大提高成本，电视机框架钢 WYK 就是在市场急需的条件下，为国内几家显像管电视机厂配套研制的钢种。产品的试制难点同无间隙原子钢 WIF 一样，要求轧制厚度精度高，轧制板形优良，表面无明显缺陷，力学性能和金相组织性能达到超深冲板要求外，还要求磁性指标达标。武钢成为国内第一家研制成功电视机框架钢 WYK 的钢厂，从此结束了中国靠进口电视机框架钢的历史，给中国的家电工业作出了巨大的贡献。

1993 年铁道部车辆装配部为了更新客车车体，提出请武钢研制高强度高耐候客车车厢钢 GN310，要求钢材既要有良好的冲击韧性，又要有高强度耐大气腐蚀性，造车后 8~10 年才进入更换期。该产品试制的难点是，五机架冷连轧轧机的刚度对原料抗拉强度有限制，为安全轧制必须限制化学元素总含量，但又要兼顾高强度和耐大气腐蚀合金元素的含量，同时要求有良好的板形，该产品是武钢独家生产，占有绝对市场份额。

另外需要说明的是，1999 年应国家钢铁司和铁道部车辆装配部要求，高强度高耐候客车车厢钢 GN310 更名叫高强度高耐候客车车厢钢 05CuPCrNi，其钢质化学成分不变。

1995 年受轻工业部的要求，武钢接订试制冰箱压缩机配件邦迪管 WBD 钢。该产品要求良好板形和表面质量，冷成型性能好。试制难点是轧制变形量大，良好板形和表面无明显缺陷，对平整工艺要求高。

为了给汽车制造和零件加工供应高强度抗冲击钢材，1996 年开始试制系列高屈服强度钢 GQ280-360。该产品要求有良好的冷加工性能，良好的抗冲击韧性，是汽车制造和轿车制造抗冲击力结构件的首选用材。试制难点与高强度高耐候客车车厢钢 GN310 类似，目前已经占有国内很多市场份额，深受用户好评。

1996 年冷轧厂开始接单生产各种系列酸洗板，牌号很多，涉及范围有低碳钢、深冲钢、普通碳素钢、高强度钢、系列热轧钢种等，钢种牌号有 SB300、RSCA、RSCB、ST37、QJ320-420、WBY、RST300-360-390、SPCC-CD 等。用户使用范围也很广，有制造汽车零件、微型车前后保险杠、防盗门、结构件、冰箱压缩机外壳、热水器内胆等许多行业，用户对武钢酸洗板一致好评。其中深冲酸洗板 RSCA、RSCB 在 2003 年获公司技术进步二等奖；冰箱压缩机外壳钢 2004 年获公司技术进步二等奖。系列酸洗板的试制难点是要求冷轧厂通过各种手段改变热轧板表面质量缺陷和板形，而且表面不能有锈斑，其生产对于气候比较潮湿的武汉来说，是比较困难的。

1999 年国内大客车制造业发展很快，客车面板如果全部进口，制造成本很高，用户要求武钢试制低碳耐候钢 WNQ300。用户使用该产品做豪华客车外车体（例如金龙客车集团），要求产品冷加工变形性能好，焊接性能好，表面质量好。试制难点是，要求轧制变形量大，轧制厚度精度高、板形好。

2000 年国内水力发电事业大发展，黄河小浪底发电站、长江三峡水电发电站等国内一大批自然资源发电站的建设，需要大量冷轧磁极钢板制造大型水轮发电机和大型电动机，武钢就是在市场紧缺冷轧磁极钢板的时候开发研制了系列磁极钢（WEDL250-400-450），现在国内独家生产。产品用户是国内著名大型电机制造厂东方电机厂、哈尔滨电机厂和杭州水电设备厂等，原来这些厂家使用的冷轧系列磁极钢完全依赖进口。值得一提的是最先研制的产品是用来制造武钢二热轧的大型电动机，至今电动机运转一切正常，没有发现任何问题。

2001 年随着家电工业的进一步发展，彩色电视机制造厂家希望内磁屏蔽钢原材料国产化，要求武钢能够开发研制。彩电内磁屏蔽钢带 WCP1、WCP2 的用户对产品质量非常严格，从钢质纯净度到热轧轧制组织和冷轧的一系列质量要求都是冷轧产品中最严格的，任何一个小的忽视就会前功尽弃，所以试制难点和困难非常大。经过一年多的艰苦试验，跟踪、优化工艺，多次循环，2001 年成功试制出产品 2000t 以上，以后每年都保证在 6000t 以上，占有国内产品市场份额 60%以上。

2001 年武钢开始开发研制造币钢 WZB。产品试制难点是轧制厚度精度要求很高，同板差要求很小，不到标准允许值的 50%，表面质量要求高。该产品研制成功投放市场，使得我国的人民币制造有了稳定原料，南京造币厂现在为世界上许多国家冲压钱币坯料，包括欧元等货币。

2008 年 1—6 月生产的高精度钢板 30 万 t，其中超宽汽车板 2212t，连续退火线生产汽车面板 14889t，镀锌面板 3723t，高强度汽车板 1874t，烘烤硬化钢板 108t；高精度高质量的汽车板投放市场，用户反映良好，部分汽车零件加工单位还用武钢汽车板制作汽车零件和部件出口。二冷轧目前已经能够大批量生产双相钢（DP 钢）、多相钢（CP 钢）、相诱导塑性钢（TRIP 钢）、低合金高强度板（HSLA）。2006—2008 年已经先后小批量生产过以上品种，产品质量优良。

2008 年 1—6 月生产家电板 30 万 t。产品在海尔集团、美的集团、格力集团等国内著名家电生产企业中使用，武钢生产的家电板制作的家电产品已经走入千家万户。

## 3 技术进步

### 3.1 自主集成全氢国产化改造技术

2000年以来面对国内外钢铁企业的激烈竞争，武钢冷轧产品工艺的优化升级又迎来了一个新的高潮。在这个时期，武钢二冷轧、二硅钢等新建项目纷纷建成投产，为提高武钢产品市场竞争力创造了良好的条件。但是在一冷轧，由于罩式炉机组的62座氮氢炉是1978年从德国引进，至今已经使用28年，存在技术落后、设备严重老化、使用成本高、功能丧失、备件淘汰等一系列问题。而引进的60座全氢炉又无法满足“双高”产品对退火产能的要求，极大地限制了产能发挥，氮氢炉的全氢化改造刻不容缓。同时，冷轧厂通过对国外全氢炉退火技术的引进、消化、吸收和创新，基本上掌握了全氢炉设计制造技术、工艺过程控制技术、安全技术等核心技术，已经具备了自主开发、设计、制造全氢罩式退火炉的良好条件。

全氢罩式退火炉由于性能稳定，退火效果极佳，现已在国内外各大钢厂广泛应用。但是，每座炉台价格昂贵，备品备件大部分只能依靠进口，运费高且周期长。2006年初，集团公司批准由冷轧厂、武钢设计院、计控公司3家联合设计，共同研发，由一冶、十九冶配合施工安装。仅用13个月就实现了自己制造的第一座全氢炉顺利点火生产的目标，单炉造价还不到原进口设备价格50%，其退火后的钢卷质量达到了国际同类全氢炉的先进水平，真正走出了一条国产化的创新之路。

由于全氢炉工艺技术是全氢炉技术集成研发的基础，全氢炉的安全技术、控制技术、模型软件技术以及相关的设备技术开发都是围绕工艺技术进行的，因此，消化吸收先进的工艺技术，掌握退火工艺技术的细节，就显得尤为重要。为此，冷轧厂成立了专门的技术攻关组，结合实际应用经验和自身技术，大胆进行技术创新，顺利完成了全氢炉安全技术、重要设备技术、退火过程控制技术、退火模型及自适应软件技术、生产及质量管理软件等的研发和攻关，并对所有相关工艺、设备、控制和软件技术进行集成，形成了完全拥有自主知识产权的全氢罩式退火炉技术，该自主技术拥有技术创新点20余项，其中5项已申报国家专利。

武钢自主知识产权的“WHF全氢炉”的成功研发，标志着武钢在我国率先攻克了国外全氢炉主要技术难关和保护壁垒，已全面掌握了其核心技术，并且开发的全氢炉的设备性能、炉台产能、产品性能质量和表面质量，均达到甚至部分指标超过了国外同等设备的水平，而投资仅占进口设备的54.16%，因此具备良好的市场推广前景。

### 3.2 四辊连轧机边降控制技术

随着计划经济向市场经济转变，硅钢市场供求发生变化，武钢硅钢产品同板差这个多年来没有解决的老问题，在激烈的市场竞争中显得更为突出。原来同板差不大于30μm的标准已经远远不能满足用户需求，开展同板差不大于10μm的攻关已势在必行。

冷连退机组投产后不久，在2005年市场调研中，用户普遍反映的冷轧无取向硅钢横向厚度差较大，材料利用率较低，且直接影响了下游电机产品的性能和实物质量。冷轧厂酸轧联机改造后，是国内首次采用窜辊机架和普通机架混合布置的特定轧机机型，在国外也不多见，具有先进、合理和适用的“酸轧联机”改造机型特点。负责这次改造的奥钢联提供了1、2架的单锥度工作辊辊型及其使用方法，但外方在一年有余的调试过程中出现的“剪边”、断带、控制效果不对称、控制精度不足等问题仍旧没有得到有效解决，致使这项引进武钢两年多的先进边降控制技术未能投入正式生产。为加快消化、掌握引进技术，并结合生产实践进行自主技术创新，冷轧厂和北京科技大学一起合作开展了冷连轧机带钢边降控制研究。通过酸轧机组综合跟踪测试、边降控制理论研究、热连轧-冷连轧跟踪轧制试验、酸轧机组窜辊功能和边降控制轧制试验，开展了单锥度工作辊探索性窜辊功能和边降控制轧制试验，建立了单锥度辊磨削工艺制度及磨削验收标准，并投入工业试验应用，使得边降控制水平由原来的不大于10μm的比率只有29.2%，提高到现在可达85%以上，得到广大用户的肯定。同时通过技术创新提高了技术队伍的自身素质，并形成两项专利。

## 4 展望

通过技术改造和引进先进的装备，使装备水平保持着世界一流水平，当前面临的主要任务是，如何把装备优势转化为产品优势、效益优势和竞争优势。

冷轧厂自建厂伊始，就坚持"从严治厂、质量第一、用户至上"的方针，在成长过程中，始终坚持科学发展观，目前基本建立了"共赢和协调发展"的价值观，在历次的攻坚克难工作中，逐步构建起了以"精心、精良、精诚、精品"为核心的"四精"企业文化，秉承冷轧人"永争一流的执着精神、用心工作的敬业精神、精诚协作的团队精神、勇于攻关的创新精神"，在武钢集团公司和股份公司的领导下，冷轧厂的职工有信心、有能力把冷轧厂建成国内重要的汽车板和家电板的生产基地。

（原载《武钢技术》，2009（1））

# 一种冷轧带钢吹吸式粉尘治理新技术研究

刘汉杰 陈旺生 吴高明 幸福堂 彭炜 梅丹

## 1 冷轧带钢生产中粉尘污染现状

冷轧厂是钢铁企业中最终成品生产厂，是出产品、出效益的成材厂，无论从产品质量要求还是从环境效益来讲，都要求冷轧厂必须是清洁生产。

冷轧厂生产过程中产生粉尘的主要部位有酸洗机组、平整机组及磨辊机组等，其中酸洗机组的矫直机、焊接机处产生的烟尘最为严重。由于带钢从热轧机组出来后，进入喷水装置，而后卷成带钢卷并缓慢冷却，在这段时间内，带钢表面被氧化而生成氧化铁皮。当带钢通过酸洗机组入口端的夹送辊矫直机、拉伸矫直机和闪光对焊机时，带钢表面经过挤压、拉伸、弯曲、矫直等工艺过程，带钢表面的氧化铁皮发生脱落。

由于传统除尘系统无法有效控制带钢表面产生的扬尘，生产现场氧化铁皮沉积现象严重，在酸洗机组入口端的地面、地坑、设备、除尘管道等处均有大量氧化铁皮沉积，车间粉尘污染不仅会影响工人的身体健康，而且对带钢的正常生产也造成一定的危害。一方面，开卷机至酸洗槽前的辊子表面因积存的氧化铁皮而受到损伤，严重时产生了带钢表面划伤等缺陷；另一方面，现场氧化铁皮沉积将造成酸洗入口纠偏系统工作失效。

## 2 传统的粉尘治理方法

对于带钢上氧化铁皮的控制或者捕集，目前多从两方面着手：一是从轧制工艺考虑，从开轧温度、在炉时间和冷却时间 3 方面进行控制；二是传统的除尘方法，目前国内外广泛采用的是利用吸气罩抽吸的技术进行控制。

为了捕集带钢产生的氧化铁皮粉尘，通常在夹送辊矫直机本体上设上、下吸气罩，焊接机上方设有吸气罩，拉伸矫直机上方设一个半密封罩，下方设吸气罩。对带钢矫直、焊接、拉伸过程产生的含尘气体经各自的吸气罩捕集后汇集到主风管内并进入脉冲喷吹袋式除尘器中净化，然后由风机排入大气。

但是上述粉尘控制措施的效果并不理想，原因是带钢表面松动的氧化铁皮在带钢高速运行的过程中由于振动而沿程发生脱落，面广、范围大，即不是仅仅在矫直机、焊接机及拉伸矫直机处产生大量的扬尘，而是在整个酸洗机组入口端之前的带钢上、下表面均有不同程度的扬尘，其质量浓度可达到 5mg/L，致使车间环境污染严重，影响产品的质量和工人的身体健康。

因此，冷轧厂迫切需要开发出一种新的带钢尘源控制技术，将尘源控制在一定的范围内，并利用较少的抽风量对扬尘进行有效地控制，从而达到改善车间环境、提高产品质量及回收氧化铁皮粉尘的目的。

## 3 吹吸式尘源控制新技术原理

针对传统带钢氧化铁皮粉尘治理措施存在的问题，本文提出一种能缩小尘源范围、对尘源控制效果好、结构简单、运行可靠的带钢氧化铁皮粉尘控制新技术，即压缩气体吹吸式尘源控制技术，利用喷嘴产生的高速射流将带钢上下表面松动的氧化铁皮粉尘清除下来，然后经吸气罩抽走，并进入除尘系统进行净化。该技术的原理如图 1 所示。

在该技术方案中，上喷嘴和下喷嘴与压缩气体管道连接，当带钢高速运行时，上、下喷嘴同时工作，从上、下喷嘴喷出的压缩气体以一定的速度分别冲刷带钢上、下表面，利用射流产生的冲刷作用，使带钢上、下表面松动的氧化铁皮发生有效脱落，并在射流的作用下冲向对面的吸气罩，从而将氧化铁皮尘源控制在有限的范围内，便于捕集。为了达到理想的捕集效果，对于比较宽的带钢可适当增加上喷嘴和下喷嘴的数量。

## 4　吹吸式尘源控制新技术喷吹效果数值模拟

针对上述技术，采用CFX商业软件对压缩气体的喷吹效果进行了初步模拟计算。喷嘴直径为25mm；带钢宽度为2000mm；吸气罩进口尺寸为800mm×800mm，出口为400mm×400mm。喷嘴与带钢平面的夹角$\alpha$设定为15°和20°两种情况进行优化和比较。计算几何模型结构如图1所示。

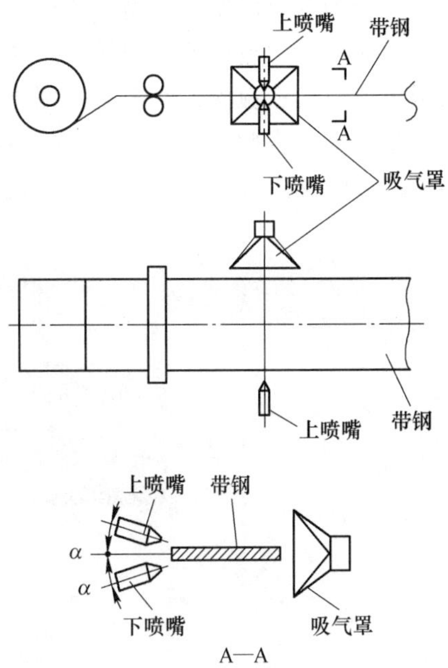


图1　技术原理

### 4.1　计算条件设置

新技术采用高压气体，喷嘴出口气流速度初步拟定为100m/s，使喷出的高压气体达6kPa。吸气罩吸气速度为17m/s。介质采用理想空气，运用$k$-$\varepsilon$双方程模型对计算域内紊流场进行数值计算。

### 4.2　计算结果的比较分析

分别对喷嘴安装角$\alpha=15°$、$\alpha=20°$两种情况进行计算，得到图2所示的气体速度分布云图，图3所示的气体速度矢量图，图4所示的计算域内压力分布图。

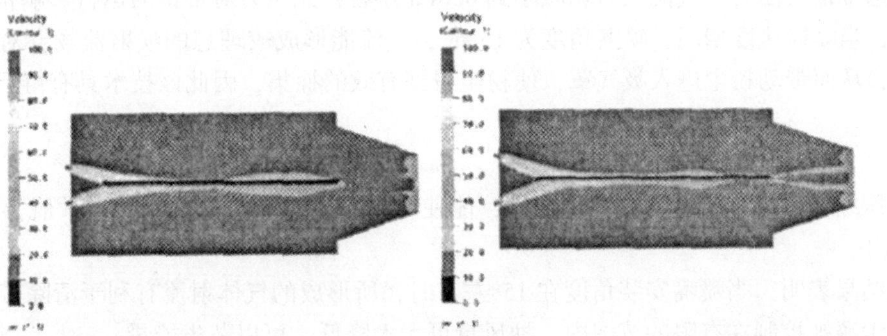


(a)　　(b)

图2　气体速度分布云

（a）喷嘴安装角度为15°；（b）喷嘴安装角度为20°

从图2中可以看出，当喷嘴出口气流速度为100m/s，到达带钢左侧，速度达60m/s左右。不论安装角度如何，高压高速的气流都紧紧沿着带钢板流动，势必会卷走钢板表面粉尘，使氧化铁皮随着气流运动。气流速度快速衰减，到达钢板右侧边缘时气流速度均在15m/s左右。

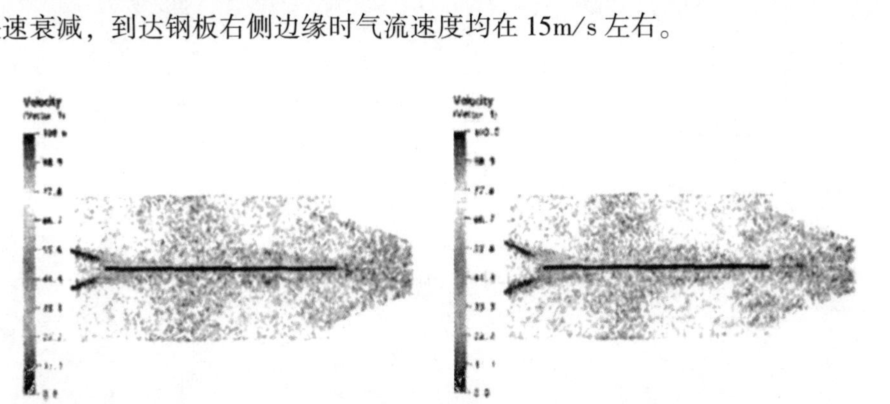


(a)　　(b)

图3　气体速度矢量

（a）喷嘴安装角度为15°；（b）喷嘴安装角度为20°

比较图3可以发现，喷嘴角度为15°时，计算域内速度方向较为单一，气流从喷嘴喷出向吸气罩运动，漩涡和二次流现象不明显，这样不会引起二次扬尘。而当喷嘴角度为20°时，气流在钢板右侧即将进入吸气罩时形成漩涡，有明显的回流现象，会带动粉尘扬起，甚至会有粉尘逃出吸气罩的卷吸，影响收尘效果。所以在此计算条件下，喷嘴角度为15°时除尘效果更好，可以确保带钢表面的氧化铁皮粉尘随着射流进入喷嘴对面的吸气罩，被有效地收集。

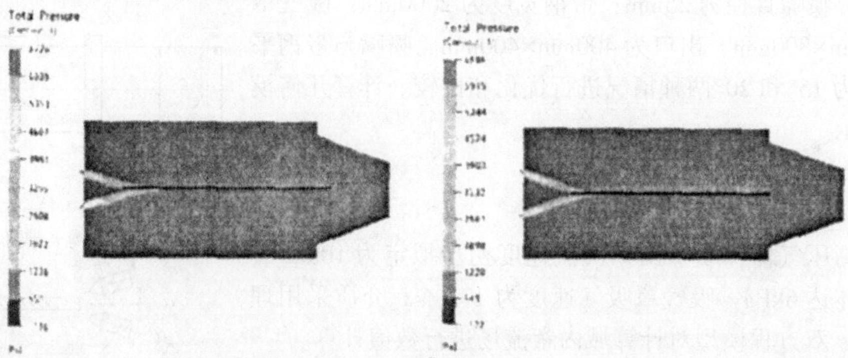

(a)　　(b)

图4　计算域内压力分布

（a）喷嘴安装角度为15°；（b）喷嘴安装角度为20°

由图4可知，当喷嘴安装角度为15°和20°时，两种情况下的全压分布（图中值为相对压力值）基本一致。射流到达带钢表面后，气流压力均减小到800Pa左右，此压力对带钢的运行影响很小。

综上所述，当喷射速度相同，喷嘴角度为15°时，气流能形成较理想的喷射流场，对氧化铁皮起到很好的卷吸作用，从而带动粉尘进入吸气罩，使粉尘得到有效的捕集，因此该技术具有可行性。

## 5　总结

（1）利用压缩气体产生的射流的冲刷作用，能使带钢表面的氧化铁皮发生有效脱落，并将尘源控制在有限的范围内。

（2）模拟结果表明，当喷嘴安装角度在15°左右时，所形成的气体射流有利于清除带钢表面的粉尘。

（3）由于尘源被控制在有限的范围内，抽风量可大大降低，可以节省能量。

（4）利用该技术，易在现有除尘系统上进行改造，有利于推广和产业化。

（原载《工业安全与环保》，2010（5））

# 连退时效温度对高铝双相钢组织及性能的影响

王 辉 邓照军 林承江 叶仲超 钟定忠

双相钢是一种以相变强化为基础的先进高强钢，微观组织由高延性的铁素体加强韧的马氏体所构成。独特的组织结构形成了双相钢在力学性能上的屈服点低、强度高、初始加工硬化速率高以及强度和延性配合好等优良性能特点，高的强度和加工硬化指数、低屈强比和良好的烘烤硬化特性等特点，已成为一种强度高成形性好的新型冲压用钢。先进连续退火装备及生产技术的发展促进了双相钢产品的开发。

为了确保双相组织的获得，双相钢的生产通常采用两相区保温后快速冷却的工艺方式。快速冷却一方面促进了马氏体组织的形成，同时也导致铁素体中碳的过饱和，从而造成成形性能的不良影响。为了改善连退双相钢的强度和成形性，双相钢快速冷却后通常要经过过时效处理。

作者成功开发出一种新型的高铝低硅双相钢。为了研究确定时效温度对新型双相钢的影响，本研究针对不同时效温度下高铝双相钢的组织及性能进行研究分析。

## 1 实验

实验材料的化学成分列于表 1。

表 1 试验材料化学成分 (%)

| Element | C | Si | Mn | Al | Cr+Mo | P | S |
|---|---|---|---|---|---|---|---|
| Content | 0. 10 | <0. 1 | 1. 5 | 1. 0 | <1. 0 | <0. 01 | <0. 006 |

通过采用国外引进的热浸镀模拟试验机 HDP Simulator 进行不同工艺下的连续退火试验。退火试样尺寸为 120mm×220mm（宽×长）。试样在加热至临界保温区温度保温一定时间后，首先缓冷后再快速冷却至不同温度进行时效处理，时效保温一段时间后冷却至室温。通过控制喷吹的气体流量可以很好的控制快速冷却速率。

退火试样机加工成欧标 DIN EN 10002 标准试验，采用 ZWICK Z050 薄板力学拉伸试验机对退火试样的成形特性进行分析。

采用光学显微镜和透射电镜对不同时效温度的试样金相组织进行观察分析。

## 2 结果与分析

### 2.1 拉伸试验结果

表 2 为不同时效温度下退火试样的力学性能结果。

表 2 试验钢拉伸实验结果

| No. | Temperature/℃ | Yield strength，$R_{p0.2}$/MPa | Tensile strength，$R_m$/MPa | $n_{4-6}$ | $n_{10-20}$ |
|---|---|---|---|---|---|
| 1 | 380 | 478 | 592 | 0. 209 | 0. 166 |
| 2 | 340 | 430 | 608 | 0. 223 | 0. 170 |
| 3 | 300 | 331 | 648 | 0. 254 | 0. 178 |
| 4 | 280 | 298 | 666 | 0. 249 | 0. 170 |

不同时效温度下的材料应力应变曲线如图 1 所示。可以看出，时效温度为 380℃和 340℃时，拉伸曲

线中存在明显的屈服平台，并且其屈服强度较高、抗拉强度较低；当时效温度降至 300℃ 和 280℃ 时，屈服平台消失，拉伸试样表现为一种连续屈服，且屈服强度降低，抗拉强度提高，屈强比降低。

图 2 为时效温度对试样屈服强度、抗拉强度的影响规律。可见，随着时效温度的降低，退火试样的屈服强度降低，抗拉强度提高。

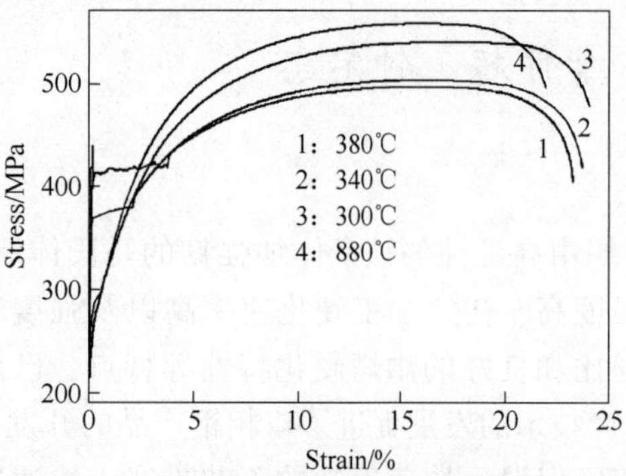


图 1　不同时效温度下试样的拉伸曲线

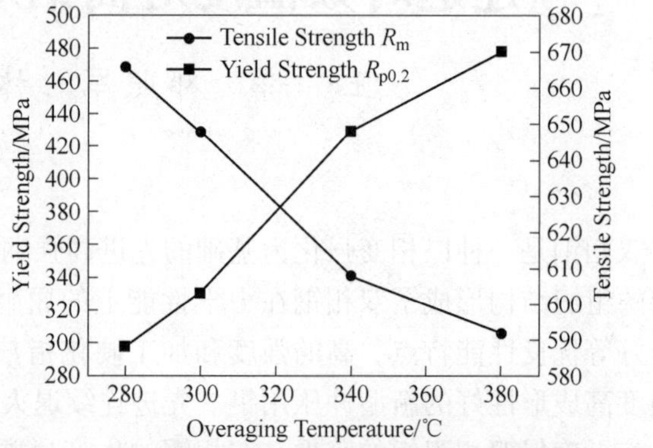


图 2　屈服强度和抗拉强度随时效温度的变化规律

图 3 为时效温度对加工硬化指数的影响规律。可以看出，时效温度降低，退火试样的加工硬化指数升高。研究同时发现，新型铝系双相钢具有较高的初始加工硬化指数。时效温度 300℃ 时，初始加工硬化指数为 0.25，而均匀延伸段的加工硬化指数为 0.18。高的初始加工硬化指数有助于提高钢板的成形性能。

不同时效温度下试样的拉伸试验结果表明，时效温度降低，新型双相钢的力学性能更加优越，主要表现在较低的屈服强度，较高的抗拉强度，较高的加工硬化指数。

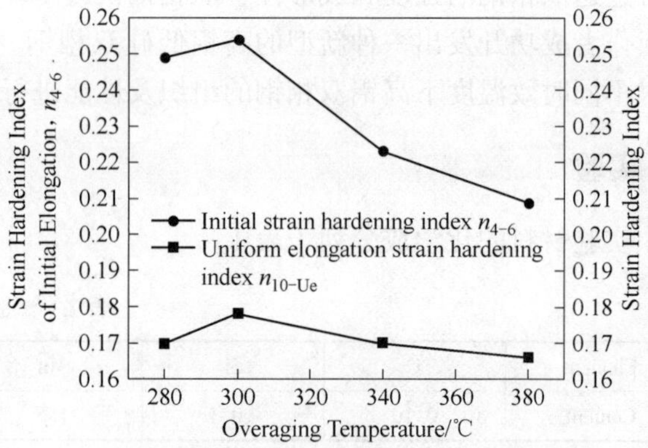


图 3　加工硬化指数随时效温度的变化规律

## 2.2　微观结构分析

采用光学显微镜和透射电镜对 380℃ 和 300℃ 不同时效温度下的退火试样的显微组织进行了观察分析。观察发现，退火试样的金相组织为铁素体+弥散分布的第二相组成，而 380℃ 退火试样的第二相组织为岛状马氏体+珠光体组织，而 300℃ 退火试样的第二相组织则主要为岛状马氏体组织。退火试样的金相组织如图 4 所示。

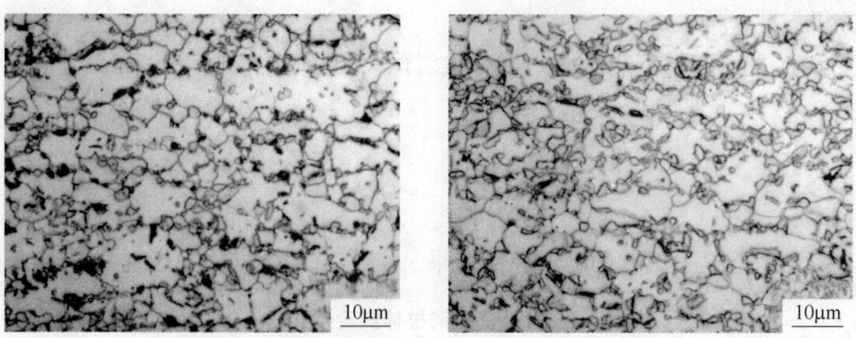


(a)　　(b)

图 4　不同时效温度下退火试样的金相组织

(a) 380℃；(b) 300℃

采用透射电镜对不同时效温度下的第二相结构进行分析发现，380℃ 退火试样中的第二相中存在明显的细珠光体组织，且铁素体中几乎无位错存在（如图 5 所示）。

透射电镜对比分析发现，300℃ 退火试样中的第二相为孪晶马氏体组织，且铁素体中存在高密度的位错。研究发现，在马氏体中除发现有大量的孪晶结构外，还发现有层错结构等微观结构存在（图 6 和图 7）。

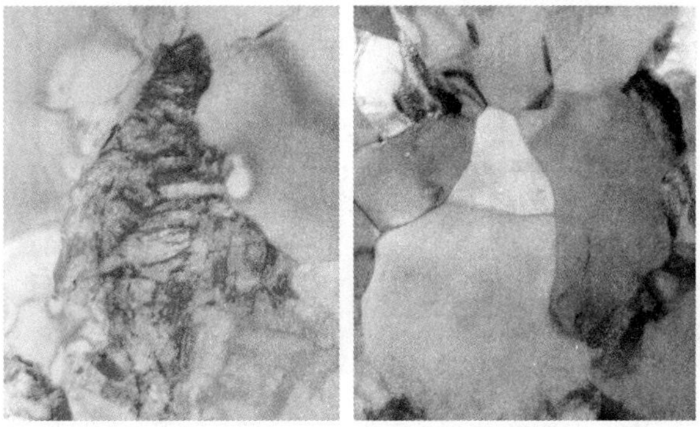

(a)　　　　　　　　(b)

图 5　380℃退火试样透射电镜微观组织

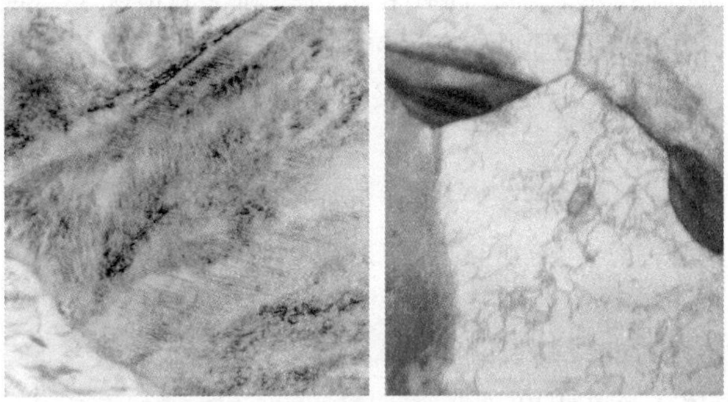

(a)　　　　　　　　(b)

图 6　300℃时效试样透射电镜微观组织分析

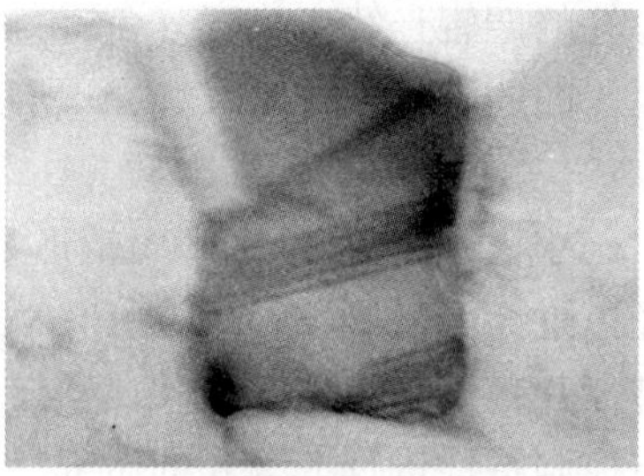

图 7　300℃时效试样马氏体中的层错结构

透射电镜微观结构分析结果表明，时效温度降低，将会促使孪晶马氏体等低温组织的形成及稳定存在，同时有助于铁素体中形成高密度位错，从而改善退火试样的综合力学性能。

## 3　结论

（1）随着时效温度的降低新型双相钢表现出更加优良的综合力学性能：较低屈服强度，较高抗拉强度，较高加工硬化指数以及连续屈服行为。

（2）高时效温度下的双相组织由铁素体+岛状细珠光体+马氏体组成，且铁素体中的位错密度很低；时效温度降低后，双相钢组织由铁素体+岛状马氏体组成，同时马氏体中可见明显的孪晶结构和层错结构，而铁素体中有高密度的位错存在。

（3）低温时效有助于退火试样获得独特微观组织结构，从而促进新型双相钢具有优良力学性能。

（原载《稀有金属材料与工程》，2011（增刊））

# 五次 CVC 工作辊辊形与板形控制特性

李洪波　张　杰　曹建国　程方武　胡伟东　张　艺

## 0　前言

板形控制是大型宽带薄板热、冷连轧机的核心控制技术之一，而在轧机机型确定的情况下，辊形是板形控制最直接、最活跃的因素。20 世纪 80 年代，国内从德国西马克（SMS）公司引进了第一台用于宽带钢冷轧的四辊连续变凸度（Continuously Variable Crown，CVC）轧机，采用如图 1 所示的 CVC 工作辊辊形曲线，曲线半径函数如式（1）所示

$$y(x) = a_0 + a_1x + a_2x^2 + a_3x^3 \tag{1}$$

式中，$x$ 为辊身坐标；$a_0 \sim a_3$ 为辊形系数。

经过近 30 年的研究与发展，CVC 轧机已成为宽带薄板生产的主流机型，并普遍采用三次 CVC 辊形。国内外很多学者对曲线的设计方法与控制特性进行了深入的研究，张杰等最早提出了三次 CVC 辊形的思想与参数计算方法；刘宏民等分析了六辊 CVC 冷轧机的辊间接触压力特点；CHENG 等给出了基于凸度调控范围的三次 CVC 辊形设计方法；曹建国等针对某 1700mm 冷连轧机板形控制需求设计了三次 CVC 辊形，并与 SMS 提供的辊形进行了对比分析；魏钢城等对某 2250mm 热连轧机 SMS 提供的三次 CVC 辊形进行了研究和优化，取得了较好的改进效果；XU 等计算了三次 CVC 辊形实际工作段的有效凸度，并提出了相应的辊形设计方法；闫沁太等分析了六辊 CVC 冷连轧机的板形调节能力。以上研究和实践使得 CVC 辊形在生产中更好地发挥了板形控制功能。

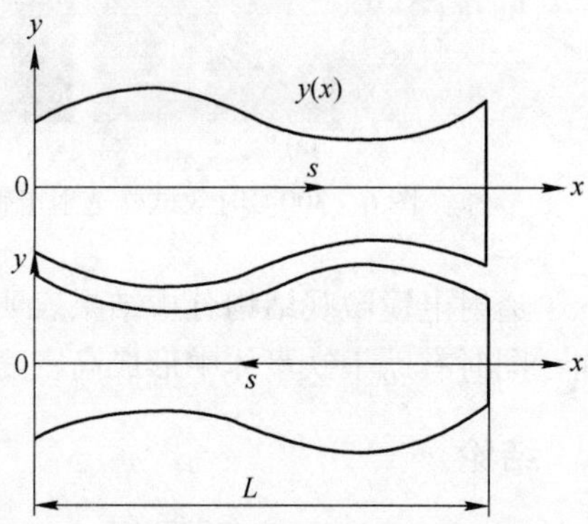


图 1　CVC 工作辊辊形曲线

而张杰提出三次 CVC 辊形不具备高次凸度控制能力，而对于目前越来越多的宽带钢轧机，尤其是 2m 以上的超宽带钢轧机，边中复合浪、1/4 浪等复杂浪形已逐渐成为控制的主要对象；另外，三次 CVC 辊形的凸度控制能力与带钢宽度之间呈抛物线关系，随带钢宽度减小，凸度控制能力下降较快，使得宽带钢轧机尤其是超宽带钢轧机在轧制窄带钢时表现出凸度控制能力的不足。为此，本文提出一种五次 CVC 工作辊辊形曲线的设计方法，并将详细分析其板形控制特性。

## 1　五次 CVC 辊形曲线的研究进展

对于五次 CVC 辊形，国内学者在 20 世纪 90 年代就开始了研究，张杰将二次凸度与四次凸度的比值定义为凸度比，并提出以窜辊过程中凸度比近似保持相等为原则进行辊形设计；JIANG 等开发出五次 CVC 辊形，并利用仿真模型进行分析，但未给出明确的辊形设计方法，且开发的辊形拐点较多，并不适用于实际生产。

21 世纪初，我国武汉钢铁（集团）公司 2250mm、马钢集团 1800mm 的热轧机组开始使用了 SMS 提供的 CVCplus 辊形曲线，曲线半径函数如式（2）所示

$$y(x) = a_0 + a_1x + a_2x^2 + a_3x^3 + a_4x^4 + a_5x^5 \tag{2}$$

式中，$a_4$、$a_5$ 为辊形系数。

但由于其中 $a_4$ 和 $a_5$ 的取值非常小（$0.1\times10^{-25}$），所以曲线实际仍只具备三次 CVC 辊形的板形控制特性。

21世纪初，我国梅钢公司1422mm热轧机组进行技术改造，SMS提供了一套具有高次凸度控制能力的五次CVC辊形曲线参数，何伟等对该辊形进行了详细的研究，并基于凸度比相等的原则对辊形曲线设计方法进行了分析。但文献分析认为五次CVC辊形的凸度比在窜辊过程中并非定值，并针对凸度比在窜辊过程中不断变化的问题，提出了基于初始凸度比的五次CVC辊形曲线设计方法，利用梅钢公司1422mm轧机辊形数据进行验证，表明该方法与实际曲线的半径误差仅为1.3μm。

但以上对五次CVC辊形曲线的分析和研究尚未能深入地揭示五次CVC辊形曲线的板形控制特性，由于缺乏深入的了解，梅钢公司1422mm轧机的五次CVC辊形也未能得到长期应用，现场最终仍采用了三次CVC辊形曲线；另外，五次CVC辊形的设计方法局限于凸度比的概念，在二次凸度调控范围确定的情况下，在一定程度上限制了四次凸度的调控范围，不能根据生产现场四次凸度的控制需要进行灵活设计。

## 2　五次CVC辊形的设计方法

对式（2）所示五次CVC辊形，其空载辊缝名义二次凸度 $C_q$ 和四次凸度 $C_h$（空载辊缝名义凸度指以轧辊辊身全长进行计算的凸度值，且不考虑窜辊对辊缝长度的影响，以下简称为辊缝凸度）可分别表示为

$$C_q(s)=\frac{1}{2}a_2L^2+\left(\frac{3}{4}a_3L^3-\frac{3}{2}a_3L^2s\right)+\left(\frac{7}{8}a_4L^4-3a_4L^3s+3a_4L^2s^2\right)+\left(\frac{15}{16}a_5L^5-\frac{35}{8}a_5L^4s+\frac{15}{2}a_5L^3s^2-5a_5L^2s^3\right)\tag{3}$$

$$C_h(s)=\frac{3}{128}a_4L^4+\left(\frac{15}{256}a_5L^5-\frac{15}{128}a_5L^4s\right)\tag{4}$$

式中，$L$ 为轧辊辊身长度；$s$ 为窜辊位置。

在窜辊范围 $[-s_m, s_m]$ 已知的情况下，分别给出对应的空载辊缝二次和四次凸度的调控范围 $[C_{q1}, C_{q2}]$ 和 $[C_{h1}, C_{h2}]$，则辊形系数 $a_2\sim a_5$ 可通过式（5）求出

$$\begin{cases}a_2=\dfrac{C_{q1}+C_{q2}}{L^2}-\dfrac{3}{2}a_3L-\dfrac{7}{4}a_4L^2-6a_4s_m^2-\dfrac{15}{8}a_5L^3-15a_5Ls_m^2\\ a_3=\dfrac{C_{q1}-C_{q2}}{3L^2s_m}-2a_4L-\dfrac{35}{12}a_5L^2-\dfrac{10}{3}a_5s_m^2\\ a_4=\dfrac{64(C_{h1}+C_{h2})}{3L^4}-\dfrac{5}{2}a_5L\\ a_5=\dfrac{64(C_{h1}-C_{h2})}{15L^4s_m}\end{cases}\tag{5}$$

可以看出，$a_4$、$a_5$ 是仅与四次凸度调控特性有关的系数，当四次凸度调控范围 $[C_{h1}, C_{h2}]$ 确定后，即可得到；当 $a_4$、$a_5$ 确定后，结合二次凸度调控范围 $[C_{q1}, C_{q2}]$，可进一步求得 $a_2$、$a_3$；系数 $a_1$ 与辊缝凸度调控特性无关，一般由轴向力或者辊径差决定。所以，五次CVC辊形设计的关键即根据板形控制的需要给出合理的二次和四次凸度调控范围。

根据传统三次CVC辊形曲线的定义，一般 $C_{q1}>C_{q2}$，即当轧辊正向窜动时，辊缝二次凸度逐渐减小。在此前提下，$C_{h1}$ 与 $C_{h2}$ 的关系成为决定五次CVC辊形调控特性的关键。

当轧制宽度为 $b$ 的带钢时，五次CVC辊形的实际辊缝二次凸度

$$\begin{aligned}C_{qb}=&\frac{1}{2}a_2b^2+\frac{3}{4}a_3Lb^2-\frac{3}{2}a_3b^2s+\frac{1}{8}a_4b^4+\frac{3}{4}a_4L^2b^2+3a_4b^2s^2-3a_4Lb^2s+\frac{5}{16}a_5Lb^4+\\&\frac{5}{8}a_5L^3b^2-5a_5b^2s^3+\frac{15}{2}a_5Lb^2s^2-\frac{5}{8}a_5b^4s-\frac{15}{4}a_5L^2b^2s\end{aligned}\tag{6}$$

进而求得对宽度为 $b$ 的带钢，五次CVC辊形的实际辊缝二次凸度调控能力

$$\Delta C_{qb}=\frac{b^2}{L^2}\left[(C_{q1}-C_{q2})-\frac{16(C_{h1}-C_{h2})}{3}\left(1-\frac{b^2}{L^2}\right)\right]\tag{7}$$

可以看出，对宽度为 $b$ 的带钢，五次CVC辊形的实际辊缝二次凸度调控能力受其四次凸度调控范围的影响。以2250mm轧机（工作辊辊身长度 $L=2550$mm；$s_m=150$mm，即具有±150mm的窜辊能力；理论

最大可轧宽度 $b_{max}=L-2s_m=2250$mm，考虑到轧制过程中的宽展，实际最大可轧宽度还要小 100~150mm）为例，分析 $C_{q1}-C_{q2}=1$mm，$C_{h1}-C_{h2}$ 分别取-0.6mm、-0.3mm、0mm、0.3mm 和 0.6mm 时，五次 CVC 辊形的实际二次凸度调控能力随带钢宽度的变化情况，如图 2 所示。

可以看出，当 $C_{h1}-C_{h2}>0$ 时，与三次 CVC 辊形（$C_{h1}-C_{h2}=0$）相比，五次 CVC 辊形的实际二次凸度控制能力随着带钢宽度的减小而更迅速下降，且 $C_{h1}-C_{h2}$ 越大，下降速度越快，甚至出现了非单调变化以及凸度调控能力小于 0 的情况，即 $C_{qb1}<C_{qb2}$，这主要是因为此时辊形曲线的拐点较多（如图 3 所示，该辊形曲线为辊身全长轧辊半径与初始点轧辊半径的相对差值），所形成的辊缝亦不规则（图 4），显然不利于板形控制。

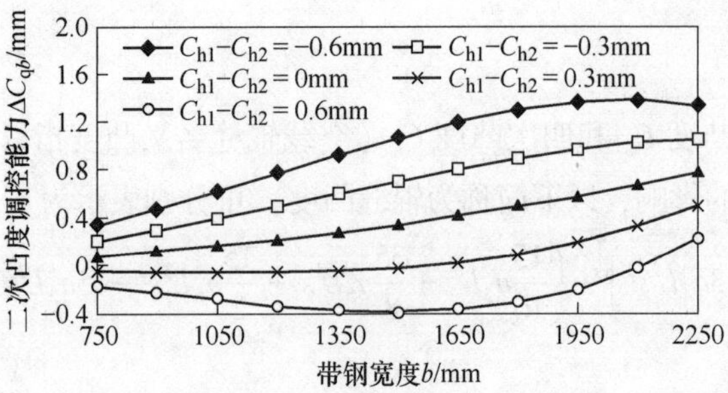


图 2　五次 CVC 辊形在不同带钢宽度下的二次凸度调控能力

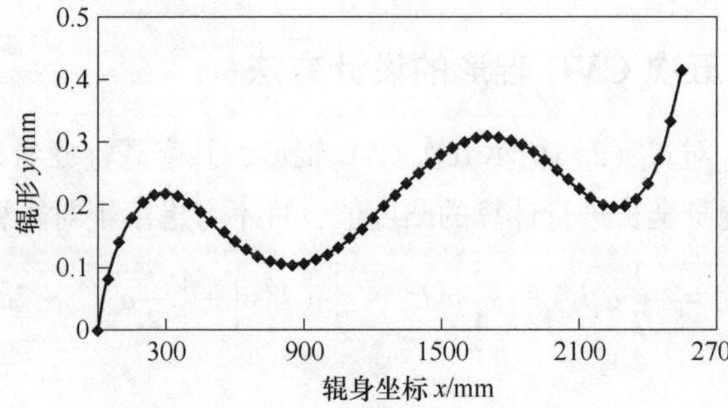


图 3　$C_{h1}-C_{h2}=0.6$mm 时的五次 CVC 辊形

而当 $C_{h1}-C_{h2}<0$ 时，五次 CVC 辊形的实际二次凸度控制能力随着带钢变窄而下降的趋势明显放缓，且 $|C_{h1}-C_{h2}|$ 越大，即四次凸度控制能力越强，则其在某一带钢宽度下的实际二次凸度控制能力表现得越强，尤其当 $C_{h1}-C_{h2}=-0.6$mm 时，随着带钢宽度减小，二次凸度调控能力并非单调下降，这是由于轧辊在窜辊过程中形成的辊缝在边部出现了拐点（图 5），将对宽带钢的板廓控制产生不利影响。因此，在二次凸度调控范围确定的情况下，四次凸度调控范围不宜过大。由式（7）可知，实际二次凸度控制能力随带钢宽度单调变化，即保持式（7）一阶导数不小于零的条件为

$$C_{h1}-C_{h2}>-\frac{3(C_{q1}-C_{q2})L^2}{32b_{max}^2-16L^2} \tag{8}$$

式中，$b_{max}$ 为轧机理论最大可轧宽度。

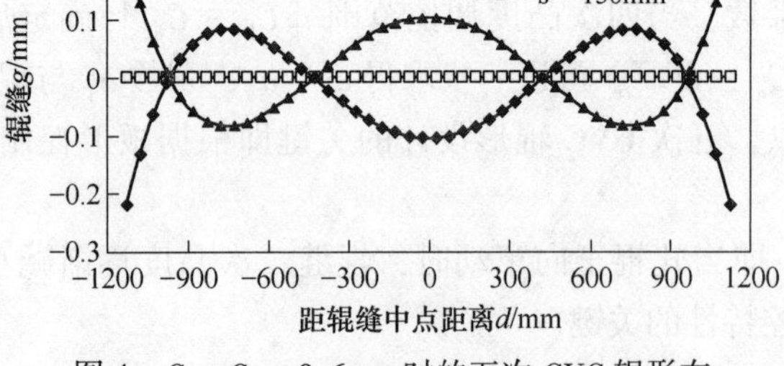


图 4　$C_{h1}-C_{h2}=0.6$mm 时的五次 CVC 辊形在不同窜辊位置形成的辊缝

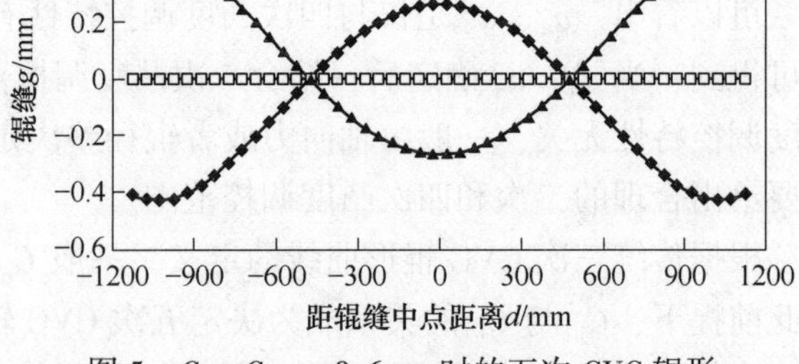


图 5　$C_{h1}-C_{h2}=-0.6$mm 时的五次 CVC 辊形在不同窜辊位置形成的辊缝

所以，对于该 2250mm 轧机，当 $C_{q1}-C_{q2}=1$mm 时，由式（8）可得到 $C_{h1}-C_{h2}>-0.34$mm。

综上所述，对五次 CVC 辊形的设计，当给出辊缝的二次凸度调控范围 $[C_{q1},C_{q2}]$（$C_{q1}>C_{q2}$）以及辊缝的四次凸度调控范围 $[C_{h1},C_{h2}]$，且满足

$$-\frac{3(C_{q1}-C_{q2})L^2}{32b_{max}^2-16L^2}<C_{h1}-C_{h2}<0$$

并结合轧辊轴向力最小原则即可唯一确定一条辊形曲线。该辊形曲线能有效均衡轧机对宽窄带钢的二次凸度控制能力。

## 3　五次 CVC 辊形的板形控制特性

由式（3）、式（4）可知，五次 CVC 辊形的二次凸度与窜辊量呈三次函数关系，而四次凸度与窜辊量呈线性关系。以 2250mm 轧机为例，当辊缝二次凸度和四次凸度的调控范围分别为［0.5mm，-0.5mm］和［-0.15mm，0.15mm］时，设计出五次 CVC 辊形曲线如图 6 所示。计算其不同窜辊位置的辊缝凸度如图 7 所示，可以看出，五次 CVC 辊形的二次凸度与窜辊量亦近似呈线性关系，这主要是由于式（3）中 $s^2$ 和 $s^3$ 项的系数与 $s$ 项系数相比数量级较低。所以，五次 CVC 辊形的二次凸度和四次凸度均与窜辊量呈线性关系，这对实际生产中的板形控制是十分有利的。

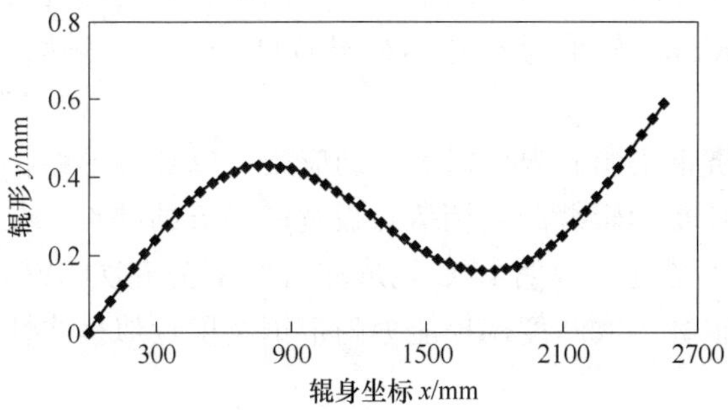


图 6　2250mm 轧机五次 CVC 辊形曲线

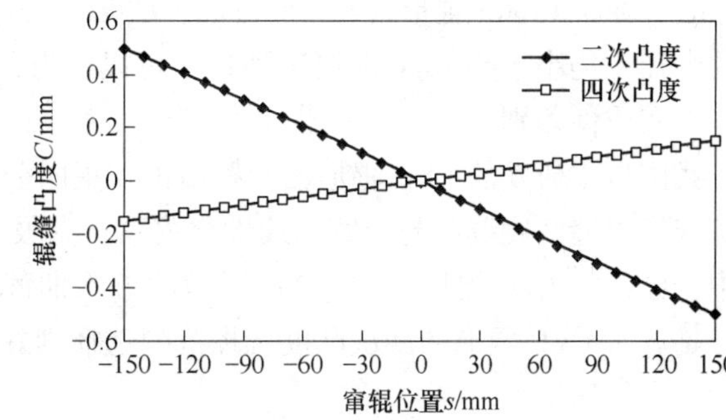


图 7　五次 CVC 辊形曲线的辊缝凸度

前文分析表明，与三次 CVC 辊形相比，五次 CVC 辊形的二次凸度控制能力随着带钢变窄而下降的趋势明显放缓，同理分析五次 CVC 辊形在不同宽度时的四次凸度调控能力，求得四次凸度调控能力

$$\Delta C_{hb} = \frac{C_{h2} - C_{h1}}{L^4} b^4 \tag{9}$$

计算图 6 所示五次 CVC 辊形在不同宽度下的二次和四次凸度调控能力如图 8 所示，可以看出，对五次 CVC 辊形，四次凸度调控能力随带钢宽度减小呈四次方曲线下降，说明对宽带钢（1650mm 以上），曲线可表现出一定的四次凸度控制能力，而对于较窄带钢（1650mm 以下），四次凸度控制能力相对较弱，甚至消除（对 1050mm 以下带钢）。这与 2250mm 超宽带钢轧机的板形控制需求完全相符，当轧制较宽带钢时，四次凸度缺陷，如边中复合浪、1/4 浪等成为板形控制的主要难点，要求轧辊具有较强的四次凸度控制能力，而对于窄带钢，二次凸度缺陷，即中浪和边浪为控制的主要目标，并不需要四次凸度控制能力。因此，五次 CVC 辊形十分适合宽带钢轧机尤其是超宽带钢轧机的板形控制需求。

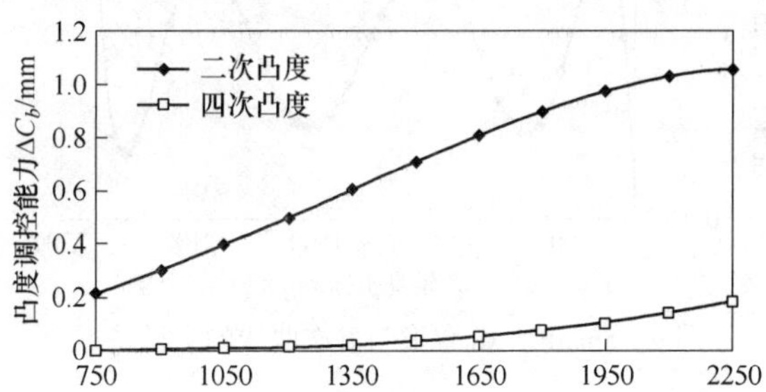


图 8　五次 CVC 辊形在不同带钢宽度下的凸度调控能力

由图 7 可知，对于四次凸度的调整不可避免地要改变辊缝的二次凸度，为避免四次凸度的控制导致二次凸度缺陷的产生，一方面应在辊形设计时结合生产现场板形控制特点和常见板形缺陷对凸度调控范围进行合理的选择；另一方面应充分发挥弯辊力在二次凸度控制中的作用，使得窜辊和弯辊的有效结合实现对板形的良好控制。

特别地，当五次 CVC 辊形表达式（2）中的 $a_5=0$ 时，CVC 曲线表现为四次多项式形式，由式（4）可知，$C_h$ 成为一常量。因此，四次 CVC 辊形在提供了固定的四次凸度控制效果的同时，并未改变窜辊过程中二次凸度的控制效果，这种情况适用于生产现场长期出现固定的四次凸度控制缺陷。进一步当 $a_4$ 也等于 0 时，辊形即为三次 CVC 辊形，辊缝四次凸度恒为 0，所以可以认为三次 CVC 与四次 CVC 均为五次 CVC 辊形的特殊形式。

## 4　五次 CVC 辊形与 SmartCrown、LVC 和 AVC 辊形

SmartCrown、线性变凸度（Linear variable crown，LVC）和先进变凸度（Advanced variable crown，

AVC）工作辊辊形分别为奥钢联工程技术公司（VAI）和我国学者提出的变凸度工作辊辊形。

SmartCrown 辊形已在我国武汉钢铁（集团）公司、沙钢集团等钢铁公司得到应用，其辊形曲线可表示为

$$y(x) = a_1 \sin\left[\frac{\pi\alpha}{90L}(x - s_0)\right] + a_2 x + a_3 \tag{10}$$

SmartCrown 辊形的特点是理论上具有对高次浪形即四次凸度的控制能力。文献提出 SmartCrown 辊形的四次凸度控制能力由其形状角 $\alpha$ 所决定，随着 $\alpha$ 角的增大，四次凸度控制能力增强。由于 VAI 提供给我国武汉钢铁（集团）公司、沙钢集团等的 SmartCrown 辊形的形状角较小（$\alpha=40°$），可以认为我国所应用的 SmartCrown 辊形即为三次 CVC 辊形。即使增大形状角，提供较强的四次凸度控制能力，如当 $\alpha=180°$时，SmartCrown 辊形（$L=2550$mm，$C_q \in [0.5\text{mm}, -0.5\text{mm}]$）与采用最小二乘法拟合得到的五次曲线的半径差仍小于 5μm（图 9）。所以，可以认为，SmartCrown 辊形为五次 CVC 辊形的正弦函数表达，两者并无实质性差别。

我国自主研发的 LVC 辊形已在鞍山钢铁集团公司、济钢集团有限公司等得到应用。LVC 辊形的特点是实现了辊缝凸度调节与板宽的线性化关系，克服了 CVC 辊形辊缝凸度调节与板宽成平方的缺点。在文献中，已经将 LVC 辊形用式（2）所示的五次曲线进行了描述，说明 LVC 辊形亦可归结为五次 CVC 辊形，是五次 CVC 辊形的四次凸度调控范围选择刚好使其辊缝二次凸度调控能力随带钢宽度近似呈线性变化的一个特殊情况。

AVC 辊形是文献提出的一种新的变凸度工作辊辊形，其主要目的亦是解决三次 CVC 辊形二次凸度控制能力随带钢宽度减小而快速下降的问题。AVC 辊形曲线可表示为

$$y(x) = R_0 + a_1 x + a_2 x^2 + a_3 x^3 + a_4 \sin\left[\frac{4\pi}{L}\left(x - \frac{L}{2}\right)\right] \tag{11}$$

AVC 辊形提供的是对称的四次凸度控制范围［$-C_{hm}$，$C_{hm}$］，当给定不同的四次凸度调控范围时，其辊缝实际二次凸度控制能力与带钢宽度之间的关系如图 10 所示，可以看出，随着四次凸度控制能力的增强，其二次凸度调控能力亦有所增大，这一特性与五次 CVC 辊形相同。这说明 AVC 辊形在设计过程中同样需要对四次凸度的调控能力进行限制，以避免出现轧辊在窜辊过程中形成类似图 5 所示的非规则辊缝。

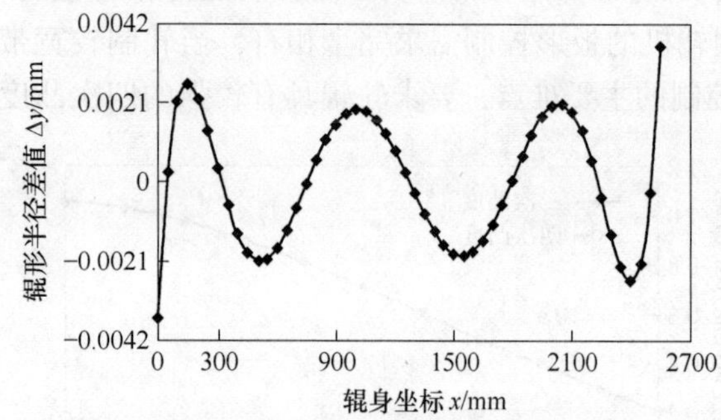


图 9　SmartCrown 辊形与五次曲线的半径差

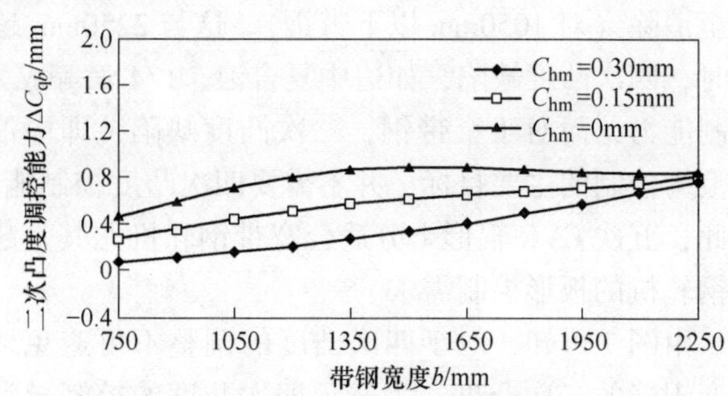


图 10　AVC 辊形在不同带钢宽度下的实际二次凸度调控能力

当 $C_{hm}$分别为 0.05mm、0.10mm 和 0.15mm 时，设计 AVC 辊形（$L=2550$mm，二次凸度调控范围为［0.5mm，-0.5mm］）与采用最小二乘法拟合得到的五次曲线的半径差如图 11 所示，可以看出，当 $C_{hm}=0.05$mm 时，AVC 辊形与五次曲线之间的半径差约为 8μm，可近似认为是五次 CVC 辊形；而随着 $C_{hm}$的增大，AVC 辊形与五次曲线之间的半径差越来越大，而此时 AVC 辊形所形成的辊缝也在四分之一处附近变化较为剧烈（图 12），设计时一般应慎重考虑。

## 5　结论

（1）在对以往五次 CVC 辊形研究成果进行分析的基础上，提出了一种五次 CVC 辊形曲线的设计方法，该方法给出了现场二次凸度和四次凸度的选择原则，能够根据现场二次凸度与四次凸度的控制需要对辊形进行灵活设计，使得五次 CVC 辊形曲线能有效均衡轧机对宽窄带钢的二次凸度控制能力。

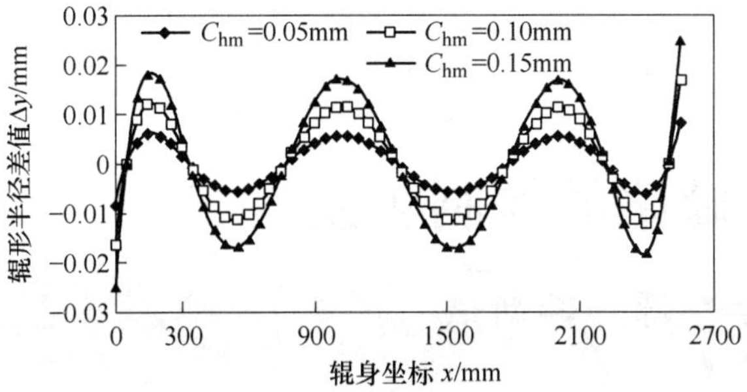


图 11　AVC 辊形与五次曲线的半径差

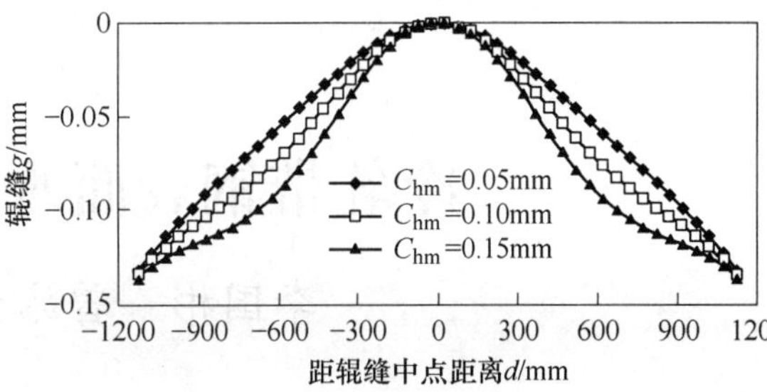


图 12　不同四次凸度调控能力的 AVC 辊形形成的辊缝

（2）分析了五次 CVC 辊形的凸度调控特性，其辊缝二次凸度和四次凸度均与窜辊量呈线性关系，且在有效均衡轧机对宽窄带钢的二次凸度控制能力的基础上，对宽带钢表现出相对较强的四次凸度控制能力，而对于较窄带钢四次凸度控制能力较弱，符合宽带钢轧机尤其是超宽带钢轧机的板形控制需求。

（3）分析了五次 CVC 辊形与现有变凸度工作辊辊形之间的关系，提出三次 CVC 辊形与四次 CVC 辊形均为五次 CVC 辊形的特殊形式；而 SmartCrown 辊形与 LVC 辊形亦为五次 CVC 辊形的某种表达；AVC 辊形虽与五次 CVC 辊形不同，但其四次凸度调控能力应谨慎选择，当四次凸度调控能力较小时，亦为五次 CVC 辊形。

（4）提出的五次 CVC 辊形，其设计方法简单，板形控制特性符合宽带钢轧机尤其是超宽带钢轧机的板形控制需求，且几乎能够涵盖目前常见的各种变凸度工作辊辊形，具有极强的推广应用价值。

（原载《机械工程学报》，2012（12））

# 冷轧带钢表面水淬斑缺陷的控制实践

李国彬　曾冰林　李　源　李新斌

## 1　前言

冷轧产品发挥着越来越重要的作用。轧后热处理是冷轧生产中的重要工序，冷轧带钢轧后热处理通常为在退火炉中进行再结晶退火。冷轧连续退火机组具有生产效率高、产品质量高、生产成本低等优势。经过多年的努力，连续退火的生产能力不断扩大，该技术也得到进一步发展。

连续退火炉由预热段、加热段、均热段、缓冷段、快冷段、过时效段、最终冷却段以及水淬段等组成。在带钢的快速冷却过程中，水淬具有十分重要的意义。水淬的作用是带钢经过最终冷却之后，在充满循环脱盐水的水淬槽内从 170℃冷却到平整机所需要的大约不超过 45℃的温度。

武钢某连续退火机组自热负荷试车开始，出退火炉水淬槽后带钢表面存在水淬斑缺陷，当气温偏高且生产厚料时这一缺陷尤为突出，严重影响机组产品质量和产能发挥。

## 2　水淬斑形貌及出现规律

### 2.1　形貌特点

水淬斑表现为带钢表面无固定形貌的整板面斑纹，颜色为黄褐色、浅黑色等颜色，如图 1 所示。

### 2.2　出现规律

当生产规格为 1.5~2.0mm 厚料且炉子速度较大时，容易产生水淬斑。

图 1　水淬斑缺陷

## 3　水淬斑产生原因及改进措施

### 3.1　水淬槽水质的影响

3.1.1　水淬槽水质情况

根据水淬斑形貌特点，首先考虑水淬斑产生原因为水淬槽水质有问题，当较高温度的带钢通过水淬槽时，水中杂质粘附在带钢表面。对水淬槽内循环水取样化验，并和某同类机组水淬槽水质进行对比，化验结果见表 1。通过表 1 可以发现，两条机组水淬水质区别最大的为 $Na_2O$ 含量，本机组水淬 $Na_2O$ 含量远高于对比机组，其次是 Si、Fe 和 pH 值的含量也要高于对比机组，其余 Mn 和 $SO_4^{2-}$ 的含量差别不大。说明本机组清洗段的清洗效果要比对比机组差，较多的碱和残铁带入了水淬槽内。

**表 1　某同类机组与本机组水淬槽水质化验对比表**　　(μg/mL)

| 机组 | Si | Fe | Mn | $SO_4^{2-}$ | $Na_2O$ | Al | pH 值 |
|---|---|---|---|---|---|---|---|
| 某同类机组 | 0.38 | 0.7 | 2.23 | 0.42 | 0.67 | <0.01 | 5.33 |
| 本机组 | 0.64 | 1.06 | 2.32 | 0.37 | 9.39 | <0.01 | 7.61 |

3.1.2　改进措施

为了减轻水淬槽内水质对带钢表面质量的影响，采取以下改进措施。

1）利用停机检修时间对水淬槽进行彻底清洗，并对槽内已经生锈的螺栓、螺母进行更换，保证槽体内的清洁。

2）正常生产过程中每天对水淬槽进行一次换水，厚料生产过程中如出现水淬斑马上换水，减少水淬水质杂质含量偏高对板面的影响。

3.1.3　改进效果

通过以上两种措施可以在一定程度上减少水淬斑缺陷，但是频繁更换脱盐水增加了工序成本，况且并不能根本控制水淬斑的产生，因此需进一步分析查找水淬斑产生的根本原因。

## 3.2　水淬槽水温的影响

3.2.1　水淬槽水温的影响

通过长期的统计发现，水淬斑大多出现在厚料上，且机组速度接近或等于相应规格、钢种的最大速度，此时水淬槽内水温较高，有时甚至接近于设计的最高温度。考虑到因水直接接触带钢表面，会造成带钢表面氧化。分析水淬斑产生原因为水温偏高造成水淬槽内水蒸气含量较高，带钢进入水淬槽内和水蒸气接触产生氧化。

为了验证水淬斑是否为带钢在水淬槽内产生的氧化层，取正常样与缺陷样，通过扫描电镜对带钢表面形貌及化学成分进行分析，未能找到两者之间（尤其是氧含量）的明显区别（图2、图3）。

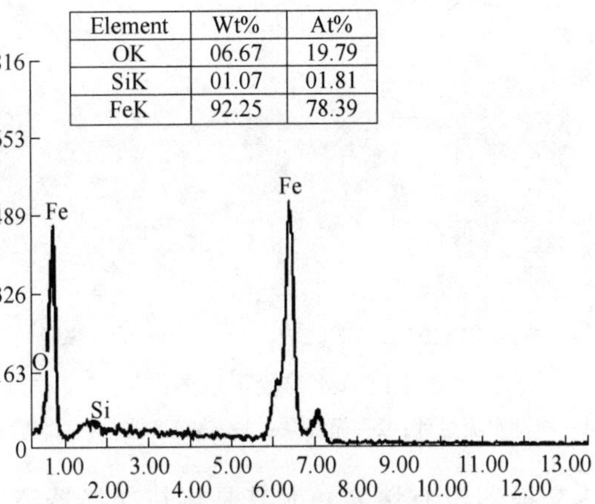

| Element | Wt% | At% |
|---|---|---|
| OK | 06.67 | 19.79 |
| SiK | 01.07 | 01.81 |
| FeK | 92.25 | 78.39 |

图2　正常试样的电镜扫描

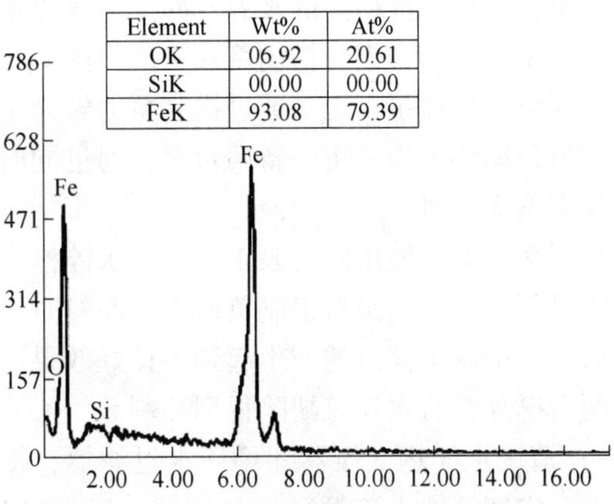

| Element | Wt% | At% |
|---|---|---|
| OK | 06.92 | 20.61 |
| SiK | 00.00 | 00.00 |
| FeK | 93.08 | 79.39 |

图3　水淬斑样的电镜扫描

随后用辉光检测带钢表面不同深度的成分，发现正常样和水淬斑样在氧含量上有明显区别（图4、图5），图中横坐标为检测深度 μm，纵坐标为氧含量。

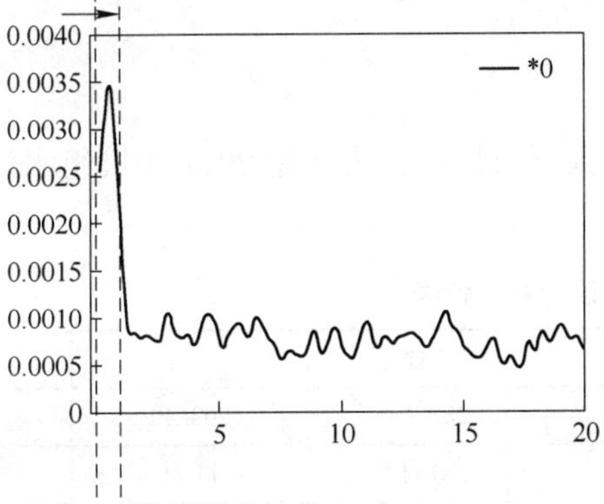

图4　正常试样的辉光检测氧含量

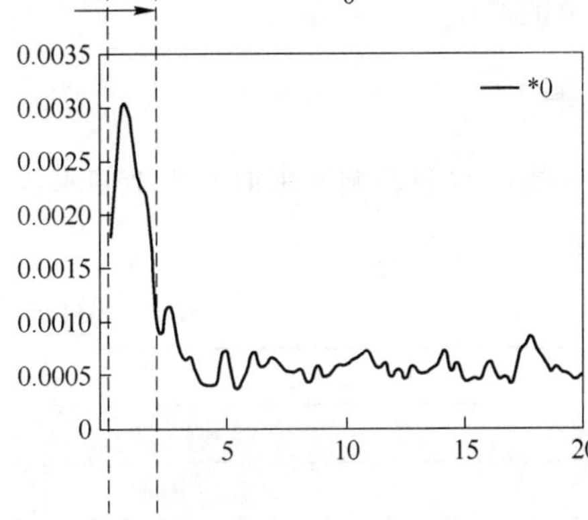

图5　水淬斑样的辉光检测氧含量

从图4和图5可以看出，正常试样氧含量在深度 1μm 范围内较高，而水淬斑试样氧含量在深度 2μm 范围内较高，之后氧含量均趋于正常。这说明水淬斑试样和正常试样表面都发生了氧化，但水淬斑试样的氧化层深度要大于正常试样。水温偏高会造成水淬槽内水蒸气含量增加，使得带钢表面更容易发生氧化，板面上较大深度的氧化层表现为水淬斑缺陷。

3.2.2　改进措施

在现有设备的基础上，对水淬工艺参数进行了多次调整试验（图 6、表 2），以降低水淬槽内水温和水蒸气含量，防止水淬斑的产生。

**表 2　改进措施及效果表**

| 序号 | 措　施 | 效　果 |
|---|---|---|
| 1 | 冷却水流量增加 150$m^3$/h | 冷却水出口温度降低 4℃ |
| 2 | 循环泵一台泵改为两台泵工作 | 循环水出热交换器温度降低 3℃，水淬槽内水温降低 6℃ |
| 3 | 清洗热交换器和过滤器 | 循环水流量增加 7$m^3$/h |
| 4 | 水淬槽排雾阀门开度增大 50% | 水淬槽内水蒸气浓度降低 |

1）增大冷却水的流量，提高热交换器的换热效果，降低水淬槽内的水温。将冷却水流量多次调高，以加强热交换器的冷却效果。

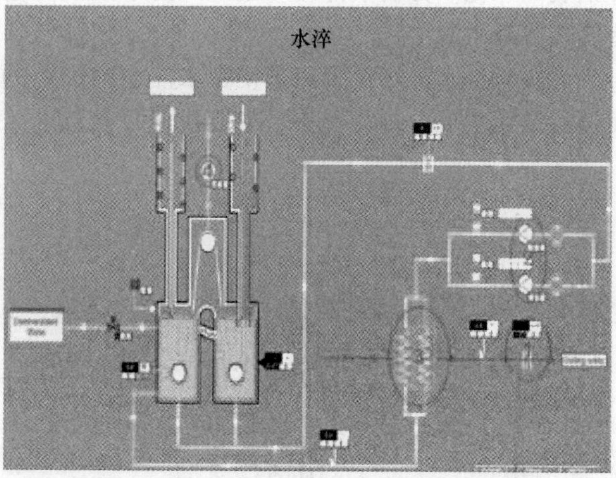


图 6　水淬段示意图

1—冷却水流量计；2—循环泵；3—热交换器；4—排雾阀

2）增大水淬槽内循环水流量，提高热交换器的换热效果；降低水淬槽内的水温，并加速水淬槽内水的流动速率，提高带钢与槽内循环水的换热效果。因水淬循环泵为恒速泵，无法通过提高泵的转速来增大流量，但是循环泵为一用一备两台泵，通过同时开启两台泵来增大流量。

从表 2 可见，使用两台泵工作后，水淬槽内最大水温明显降低，尤其是机组满负荷生产厚料时的水温降低后，对抑制水淬斑的产生起到了良好效果，通过投入两台循环泵后水淬斑缺陷得到控制。

3）清洗水淬热交换器和循环水过滤器，提高冷却效果。定期清洗水淬循环水过滤器，确保循环管路和热交换器没有堵塞，尤其是将热交换器清洗后，热交换器内附着的杂质、污垢等得到了有效清洗，通过热交换器的循环水流量增加了 7$m^3$/h 左右，对降低水淬槽内水温起到了一定作用。

4）增大水淬槽排雾阀门开度，降低水淬槽内水蒸气浓度。水淬排雾阀门开度设定在 50%~60%左右，试着将排雾阀的开度设定至 100%，在没有改变排雾电机功率的情况下增大排雾功率，这也在一定程度上抑制了水淬斑的产生。

## 4　取得效果

针对水淬槽内水温影响所采取的措施使水淬斑缺陷得到有效控制，表 3 是 2011 年机组水淬斑缺陷改判量统计表。

**表 3　2011 年水淬斑缺陷改判量统计表**

| 上半年 | 1 月 | 2 月 | 3 月 | 4 月 | 5 月 | 6 月 |
|---|---|---|---|---|---|---|
| 水淬斑改判量/t | 0 | 14.29 | 228.12 | 283.54 | 203.49 | 3.79 |
| 下半年 | 7 月 | 8 月 | 9 月 | 10 月 | 11 月 | 12 月 |
| 水淬斑改判量/t | 16.61 | 10.44 | 21.20 | 17.45 | 5.20 | 0 |

需要说明的是低温季节因为环境温度低，水淬槽内水温通常不会太高。2011 年 1、2 月水淬斑缺陷量很小，但随着气温升高以及集中生产厚料等原因，3、4 月水淬斑改判量较大，改判量均列当月各缺陷改判首位。5 月底采取措施后水淬斑缺陷得到控制，6~9 月高温季节水淬斑改判量明显降低。另外，先前更换水淬槽内脱盐水及降低机组速度实际上也是降低水淬槽内脱盐水的水温，减轻了水淬斑产生。但是频

繁更换脱盐水增加了工序成本，并且生产厚料时为了不产生水淬斑缺陷不得不降速，影响了机组产能的发挥。针对水淬槽内水温影响所采取的措施避免了以上问题。

## 5　结论

水淬斑缺陷是带钢表面在水淬槽中产生的较大深度的氧化层，水淬斑的产生机理为水温偏高造成水淬槽内水蒸气含量增加，使得带钢表面更容易发生氧化。通过增大冷却水流量、增大循环水流量、清洗热交换器和过滤器、增大排雾阀门开度可以降低水淬槽内水温和水蒸气含量，减小带钢表面在水淬槽中的氧化深度，使水淬斑缺陷得到有效控制。

（原载《钢铁研究学报》，2012（增刊））

# 冷轧带钢表面白斑缺陷形成机理分析

李名钢　罗　军

某钢厂处理机组陆续发现带钢下表面操作侧有白斑缺陷，主要出现在普板。缺陷成水滴状，有延伸。退火过后呈白色，形成白斑缺陷。缺陷主要发生在宽幅板，对低表面等级要求的带钢影响不大，但对高等级表面要求较高的带钢造成很大的影响，造成大量的改判，给厂质量控制带来很大影响。

## 1　缺陷形成原因分析

### 1.1　缺陷呈现的特点

从后处理线的跟踪情况来看，出现白斑缺陷的钢卷呈以下特点：

1）发现白斑缺陷带钢规格宽度大于 1400mm，缺陷表现都为带钢上表面操作侧椭圆形白点状缺陷。

2）白斑缺陷在带钢表面不连续分布，没有手感，没有固定的规律可循。

3）从跟踪的情况来看，白斑缺陷大部分出现在带钢头尾，长度约为 50 ~ 80m。带钢其他部分板面正常。

4）发现缺陷带钢都为普板，锌板没有发现有此缺陷。

从白斑缺陷所呈现的特点来看，无法确定缺陷产生的工序。于是，从缺陷的形态进行分析。

### 1.2　缺陷形态分析

首先对缺陷部位进行低倍显微镜观察，缺陷图片如图 1 所示，在 8 倍显微镜下，缺陷部位呈明显的白色斑点状，有明显的延伸痕迹。类似退火机组的油迹缺陷。但观察缺陷形态时发现缺陷有压入延伸的痕迹，也即白斑缺陷不是附在带钢表面，而是由异物压入带钢钢基，形成缺陷（图 1）。由低倍显微镜观察无法确定产生的原因及产生的部位。

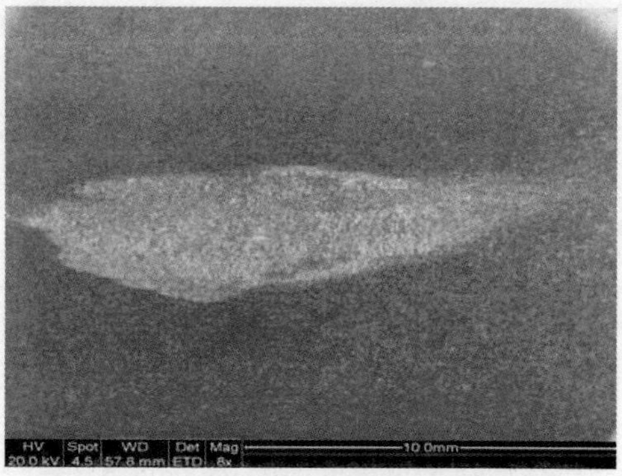


图 1　8 倍显微镜下缺陷形态图

为了更准确的判断缺陷形成原因，进一步对缺陷部位进行扫描电镜分析。从电镜扫描结果来看，缺陷部位与正常钢基有明显不同，存在凹凸不平及阴影区域（图 2），故判断白斑缺陷不是油迹。

从电镜扫描元素成分结果可发现，缺陷部位阴影区域位置除含 Fe 元素之外，还有大量的 C、O 元素，及少量的 S 元素（图 3）。

缺陷部位详细的成分组成如表 1 所示，主要是 C、O 元素，缺陷其他阴影部位元素组成相同。

**表 1　缺陷部位成分**

| Element | wt% | At% | Element | wt% | At% |
|---|---|---|---|---|---|
| C | 70.76 | 81.47 | S | 02.35 | 01.01 |
| O | 17.60 | 15.21 | Fe | 09.29 | 02.30 |

综合以上分析的结果，可以确认白斑缺陷形成是带钢在轧制时由异物压入带钢表面形成斑点。且异物极大可能为有机物，根据普冷板全线工艺特点，只可能为油污或者胶辊的衬胶胶皮。因此初步确定白斑缺陷是轧钢机组胶辊掉胶所致。

图 2　600 倍电镜扫描照片

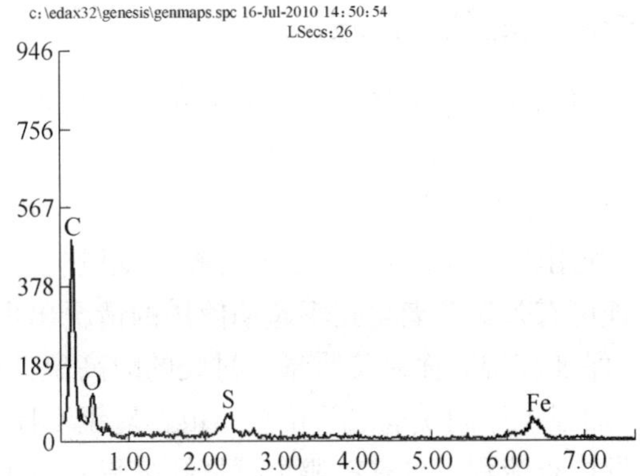


图 3　缺陷部位阴影区域元素分布

## 1.3　查找缺陷产生的原因

初步确定产生白斑缺陷的机组过后，对全线衬胶辊进行查找，重点对全线托辊、挤干辊、S 辊（张力滚）进行排查。在排查过程中，发现轧钢机组 1 号 S 辊操作侧有明显的破裂，其表面衬胶有大量脱落现象（图 4）。通过测量，其破裂区域出现在 S 辊操作侧距中线约 700~900mm 部位，与白斑缺陷出现在≥1400mm 以上宽度规格带钢跳起点相吻合（图 5）。且跟踪过程中，发现轧机下线钢卷上表面操作侧有形态相似的黑色斑迹，将斑迹表面黑色物质擦除后，呈白色斑点。故确定其为白斑缺陷产生的原因。

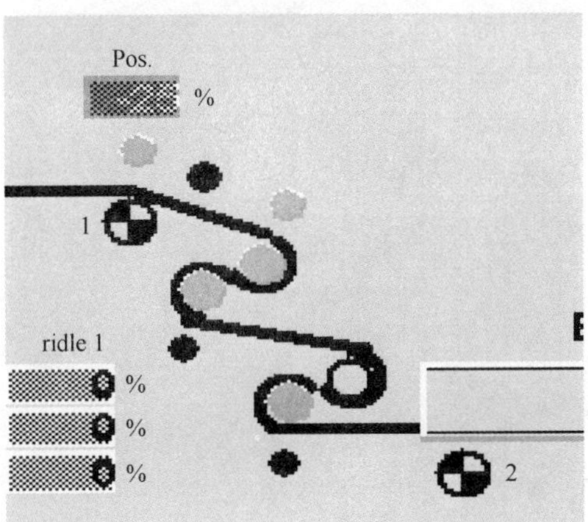


图 4　1 号 S 辊示意图

图 5　1 号 S 辊辊面情况

随后，轧钢机组对 1 号辊进行更换。更换后，带钢头尾表面没有发现白斑缺陷。带钢表面质量恢复正常。但其形成原因仍然存在一些疑问，如为什么只有带头尾比较明显；锌板没有出现此类缺陷等。随后对这些问题进行了分析。

## 1.4　白斑缺陷形成机理

通过对白斑形成的机理进行分析。经过调查发现如下情况：

1）出现缺陷的带钢中，有一部分带钢在轧钢前库库冷却时间没有达到 72h，在料源紧张的情况下，将冷却 48h 的带钢进行轧制，带钢表面温度在 80~90℃，带钢温度偏高。

2）1 号 S 辊长时间未进行更换，超出 S 辊使用周期。

由此，不难得出白斑形成的机理。高温带钢在生产过程中，使 S 辊表面衬胶严重老化，导致脱胶，粘在带钢表面。在正常情况下，带钢表面胶皮在经过拉矫机时脱落。但带钢头尾区域带钢运行有加速和减速的过程，带钢与 S 辊表面衬胶摩擦加剧，使胶皮粘在带钢表面，带入轧机，经轧机轧制后，形成黑色斑迹，经连退机组退火后表面胶皮燃烧形成白斑缺陷。

由于退火过后，胶皮经高温和还原气氛，导致其表面的胶皮迅速燃烧，从而使带钢表面形成凹入的微小凹坑。而镀锌板经过镀锌后，锌层覆盖住白斑缺陷，故镀锌板没有发现明显的白斑缺陷。

## 2　白斑缺陷的预防措施

通过对白斑缺陷的形成机理的分析，发现严格执行工艺要求及周期设备管理要求可以避免此类缺陷的发生。具体措施如下：

1）机组生产过程中严禁高温卷上及生产。高温卷对酸洗连轧机组全线胶辊衬胶的损害较大。

2）利用辊系周期管理，及时更换到期胶辊。胶辊表面衬胶的老化是造成掉胶的重要因素。利用辊系周期管理可有效避免老化胶辊超期使用的情况出现，可有效预防掉胶发生。

3）保证胶辊表面衬胶质量。衬胶的耐高温性能、韧性对预防此类缺陷产生起到重要作用。

4）加强工序间质量把关检查。虽然轧钢工序质量检查工作存在很多的困难和不完善的地方，但标准化的质量检查流程，可有效避免批量缺陷流入下工序，减少因此而造成的质量改判和事后的分析工作。

## 3　结束语

通过对白斑缺陷形成原因和机理的分析，对白斑缺陷的形成原因、形成的生产环节和基本的控制预防措施都有了深刻的认识。对今后此类缺陷的控制，起着指导作用。在运用相关分析手段的过程中，对缺陷的基本分析，更加娴熟，有助于进一步提高质量分析和管理水平。

（原载《钢铁研究学报》，2012（增刊））

# 冷轧连续退火炉燃烧控制原理

陈晓海　吕　成　汪磊川　石洪波

## 1　引言

现代冷轧薄板通常的生产工艺是：酸洗、冷轧、电解清洗、罩式炉退火、平整、精整（横切、纵剪、重卷）、成品（板、卷）包装。20世纪70年代出现了一种新的生产工艺，它把冷轧后的电解清洗、罩式退火、钢卷冷却、平整等工序联结成一条生产机组，用立式的连续炉代替间歇式的罩式炉，实现了连续化生产。但由于连续退火机组速度快，对产品质量要求严格，因而对机组的加热要求极高；同时机组在生产过程中，带钢的规格、材质、速度都会随时发生变化，因而要求对加热炉的控制变量（混合煤气流量）作出及时调整，避免带温、炉温出现过高或过低波动而影响产品质量。由于加热炉具有纯滞后和延迟等动态工艺特性，因而受操作条件的影响很大，这大大增加了故障分析的难度。因此，需要更深入的了解整个温度控制系统的控制方式和热工学原理，本文以某连续退火炉为原型，来分析退火炉加热过程的温度控制。

## 2　连续退火炉的结构

连续退火炉由预热段、加热炉、均热炉、缓冷段、快冷段、过时效段和最终冷却段组成，带钢在炉内被加热的过程是通过煤气和空气按一定比例在辐射管内燃烧，被辐射管辐射加热的过程。退火炉的加热和均热段由2~3个分开的炉室组成，并各由一个水平通道相连。带钢在第一个炉室（即加热1段）中共有15~22个道次，第二或第三个炉室被分为加热段和均热段，带钢在加热段有9~13个道次，在均热段中有9~13个道次。这两个炉室内安装有300~400根辐射管，辐射管有U型和W型等几种型号，以交叉的形式布置在带钢的两侧，通过辐射管内推拉式烧嘴燃烧煤气来加热辐射管，进而将热量通过辐射传递到带钢上，燃烧废气通过排烟系统排出（图1）。

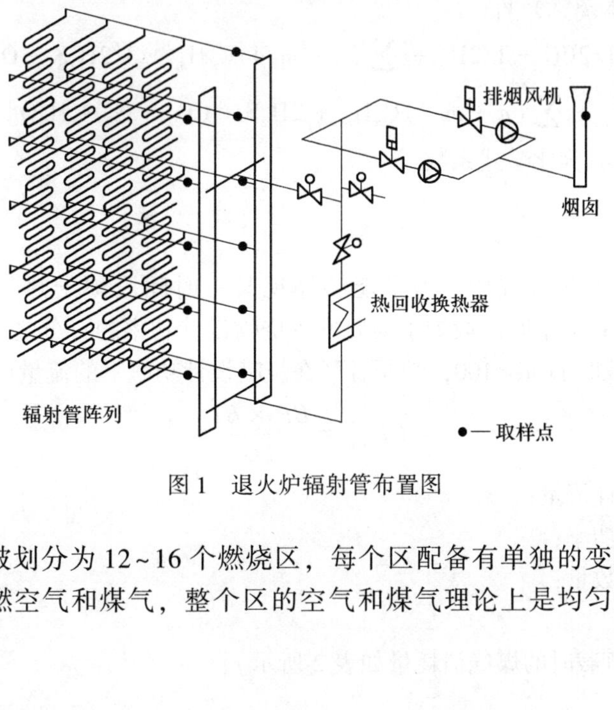


图1　退火炉辐射管布置图

退火炉整个加热区域被划分为12~16个燃烧区，每个区配备有单独的变频助燃风机和煤气流量控制阀以控制供给烧嘴的助燃空气和煤气，整个区的空气和煤气理论上是均匀分配给燃烧区内的每个烧嘴的。

每个烧嘴上配备有电火花点火器和一个火焰探头，其由一个自动运行高压变送器和电子控制系统控制用于火焰监视。同时每个烧嘴煤气输送管上安装有自动切断阀，以便在火焰故障的情况下单独的切断而不引起对其他烧嘴的任何扰动（图2）。

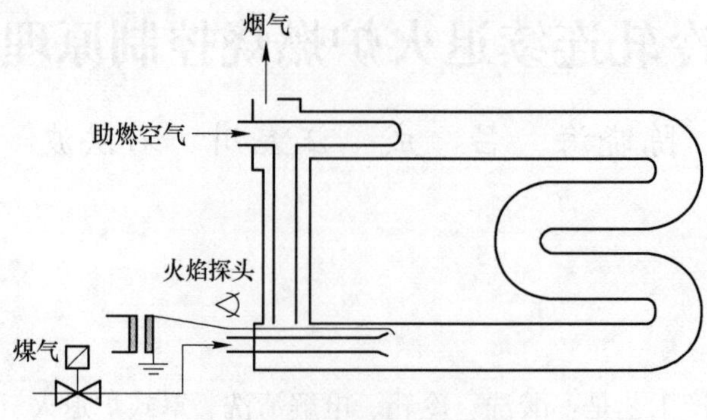


图2　烧嘴点火控制流程图

炉区燃烧系统是由带钢在炉内的温度来控制的，为了实现这一系列的控制，整个加热区域设置如下一些测量点：

带钢的温度，通过不同区域的板温计动态测量；

炉温，即炉内环境温度，每个区配置有3个热电偶，其中两个用于测量该区的炉温，另一个用于该区过热保护；

区域烟气中的 $O_2$ 含量，用于判断燃烧情况以及负载；

区域煤气流量和空气流量。

## 3　退火炉燃料的性质和热工参数

退火炉所使用的燃料为天然气或混合煤气，混合煤气热值为1800~2000kcal/Nm³，其成分见表1。

**表1　混合煤气成分表**　（%）

| 成分 | $CO_2$ | $N_2$ | CO | $H_2$ | $CH_4$ | $O_2$ | $C_nH_m$ |
|---|---|---|---|---|---|---|---|
| 体积含量 | 6.3~7.1 | 39.8~41.8 | 18.6~20 | 9.5~20.85 | 7~8 | 0.27~0.43 | 0.65~0.78 |

根据燃烧学理论可以计算出单位体积该混合煤气在炉内完全燃烧所需的空气量 $V_{as}$，以及理论燃烧产物生成量（不考虑空气中水蒸气）$V_{fs}$。

$$V_{as} = K_0[1/2CO + 1/2H_2 + \sum(n + m/4)C_nH_m + 3/2H_2S - O_2] \times 10^{-2}$$

$$V_{fs} = [CO + H_2 + \sum(n + m/2)C_nH_m + 2H_2S + CO_2 + N_2 + H_2O]/100 + 0.79L_0$$

式中，$K_0$、$L_0$ 为常数，$m$、$n$ 为化学式系数。

## 4　燃烧过程控制

在退火炉燃烧系统的加热过程中，为了能够体现某一时间段炉子热量的需求，引入了“负载”（Load）这一概念，它表明在某个时间段炉子需要发挥烧嘴设计功率的百分之多少来完成热量的需求，其数值范围为0~100，满负载时Load=100，炉子各区在烧嘴设计功率下的流量可由如下公式计算：

$$GF_{Nom} = \frac{BP \times BT}{LG}$$

式中　$GF_{Nom}$——区煤气设计流量；

$BP$——烧嘴设计功率；

$BT$——某区烧嘴数量；

$LG$——煤气热值。

由此得到各区在最大负载时的煤气消耗量如表2所示。

**表 2　炉子各区煤气消耗**

| 区域 | 方位 | 烧嘴功率/kW | 烧嘴数量 | 煤气流量/$Nm^3 \cdot h^{-1}$ |
|---|---|---|---|---|
| 1 | MS | 165 | 26 | 2042 |
| 2 | OS | 165 | 25 | 1964 |
| 3 | MS | 165 | 31 | 2435 |
| 4 | OS | 165 | 30 | 2357 |
| ⋮ | ⋮ | ⋮ | ⋮ | ⋮ |
| $n$ | MS | 165 | 16 | 1257 |

注：MS 为机组的动力传动侧，OS 为机组的人工操作侧。

假如温度控制器输出某节点的负载需求为 Load，则可以转化成煤气流量输出：

$$GF_{\mathrm{Conv}} = \frac{\mathrm{Load} \times GF_{\mathrm{Nm}}}{100}$$

式中　$GF_{\mathrm{Conv}}$——区煤气过程转化计算流量。

由此可以通过负载来调节煤气流量进而控制温度。为了延长辐射管的使用寿命、环保节能和安全生产，系统控制烧嘴燃烧时会始终保持空气过剩，以保证煤气完全燃烧，减少 CO 和氮氧化物的产生。

但煤气和空气混合燃烧时，空气消耗系数（空燃比）会影响燃烧产物的生成量和成分，从而影响燃烧温度，因此仅从负载所计算出的煤气流量值还不能固定燃烧的温度区间。而空气消耗系数（空燃比）的大小可以通过燃烧废气中 $O_2$ 的含量来间接判定，根据燃烧学理论推导公式：

$$V_{\mathrm{ae}} = \left(\frac{O_{2\mathrm{sp}}}{21 - O_{2\mathrm{sp}}} \times \frac{V_{\mathrm{fs}}}{V_{\mathrm{as}}} + 1\right) \times V_{\mathrm{as}}$$

式中　$V_{\mathrm{ae}}$——空燃比（空气过剩系数）；

$V_{\mathrm{as}}$——理论空气需要量；

$V_{\mathrm{fs}}$——理论干烟气生成量；

$O_{2\mathrm{sp}}$——干烟气氧含量。

根据实际生产情况，一般取 $V_{\mathrm{as}} = 1.701\mathrm{Nm}^3/\mathrm{Nm}^3$，$V_{\mathrm{fs}} = 2.562\mathrm{Nm}^3/\mathrm{Nm}^3$，则 $V_{\mathrm{ae}} = 2.562O_{2\mathrm{sp}}/(21-O_{2\mathrm{sp}}) + 1.701$。可以得出，空燃比仅是烟气中 $O_2$ 含量的单值函数。

退火炉根据自身燃烧系统的特点以及负载、温度因素的影响制定了负载与 $O_2$ 含量关系的实际控制曲线（图 3），以减少 CO 的产生并达到最佳的工况。

根据图 4 曲线的控制模型，炉子的需求负载可以换算成固定的 $O_2$ 含量设定值，进而获得合理的燃烧空燃比。

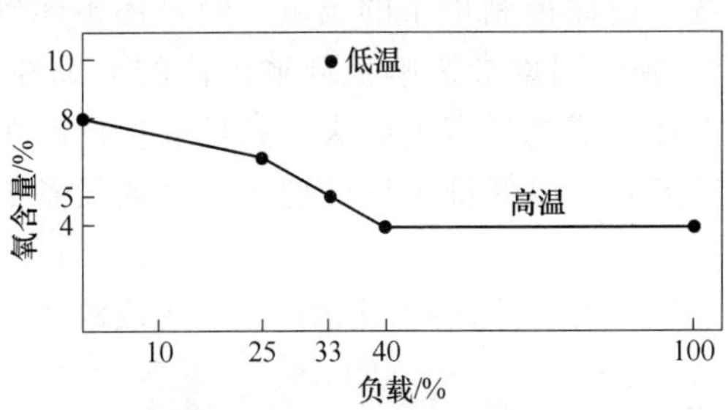


图 3　负载/氧含量曲线

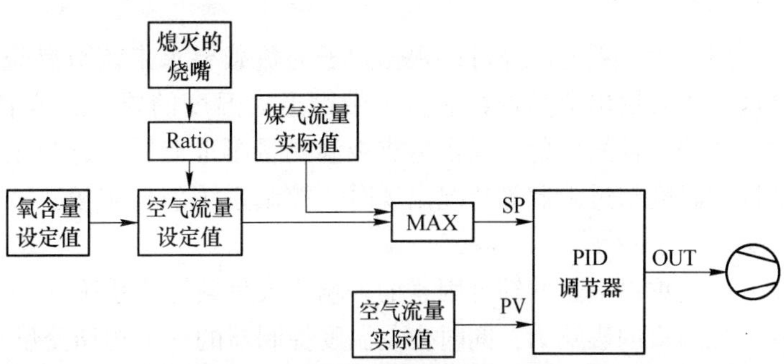


图 4　助燃空气逻辑控制流程图

在实际生产中，各个分区总是存在一些因为故障而无法点火的烧嘴，但助燃风机仍需要给这些烧嘴分配等量的空气，因此需要根据无法点火烧嘴的比例来定量一个修正因子，以使助燃风机增加这一部分烧嘴的空气需求。实际输出给助燃风机的空燃比则为：

$$\mathrm{Ratio} = V_{\mathrm{ae}} \times Brn_{\mathrm{cor}}$$

式中，Ratio 为空燃比，$Brn_{\mathrm{cor}}$为无法点火烧嘴的修正系数，该系数和无法点火烧嘴的比例相关。

最后，可以将最终的空燃比应用到助燃控制的控制逻辑中，如图 4 所示。

虽然系统通过负载控制输出了理论上合理的空气流量和煤气流量，但机组在升降速、产品规格变化中需要频繁的改变炉温，进而造成负载频繁的变化，空气和煤气的流量输出也会作出相应的响应，由于各种因素造成响应时间的差异，最终会打破稳定状态下空燃比的平衡，比如升温时煤气流量增加过快或降温时助燃空气流量下降过快都会造成燃烧的不充分，为了避免这一现象，系统将助燃空气和煤气流量的控制相关联，形成交叉限幅控制，如图 5 所示。

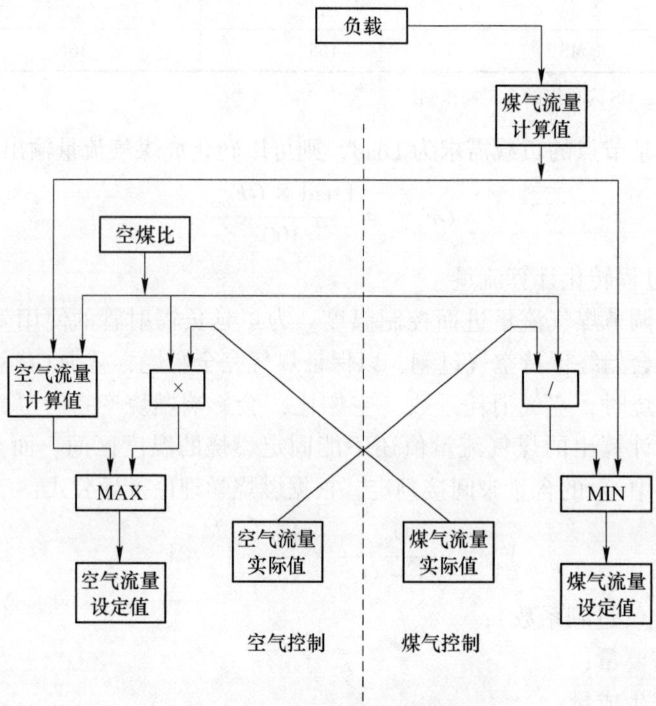


图 5　煤气/空气交叉限幅控制

从图 5 中可以看出，系统对各种名义的煤气流量设定值取最小值，对各种名义的助燃空气设定值取最大值，在负载增加的情况下，助燃空气流量将驱动煤气流量控制器，助燃空气流量可以直接输出增加值，但煤气流量必须等到助燃空气的测量值达到要增加的目标值才可以输出变量；在负载下降的情况下，煤气流量将驱动助燃空气流量控制器，煤气流量可以直接输出减少值给执行机构，但助燃空气流量必须等到煤气的测量值达到要减少的目标值才可以输出变量。

## 5　负载控制

到此为止系统已经可以根据炉子的负载要求来调节燃烧系统，进而控制炉子的温度，但是还不能判断这个负载输出值是否真的符合带钢退火温度的要求，或者还有哪些因素会影响负载输出值的准确性，比如部分钢种的反射率异常造成板温测量不准确、部分热电偶损坏造成测量点的缺失、高负载生产时炉子排烟温度超过限制等情况出现时，控制系统怎样来校正或规避风险，以保证带钢的退火温度或设备的安全。

退火炉以上这些综合因素的影响均被负载控制系统（图 6）予以量化，这些量化值的大小也反映了这些干扰因素的影响力，同时也是温度控制器的一个扰动变量。

### 5.1　板温计校正的影响

由于操作人员只能按照工艺标准和经验来设定炉温，以期获得符合工艺要求的板温，但实际运行中总是存在一些偏差，在对偏差容忍较低的条件下，可以开启板温计校正功能，系统动态调节以达到更高的温度控制精度；另外，每个控制区对，炉温的测量有 4 个不同位置的热电偶，以便能更真实的反映炉内温度，并与设定值做比较来响应操作人员的要求，例如：

操作人员设定 1&2 区炉温为 $T_{SP}=784$℃，实际炉内 4 个热电偶显示的值分别为 810℃、793℃、

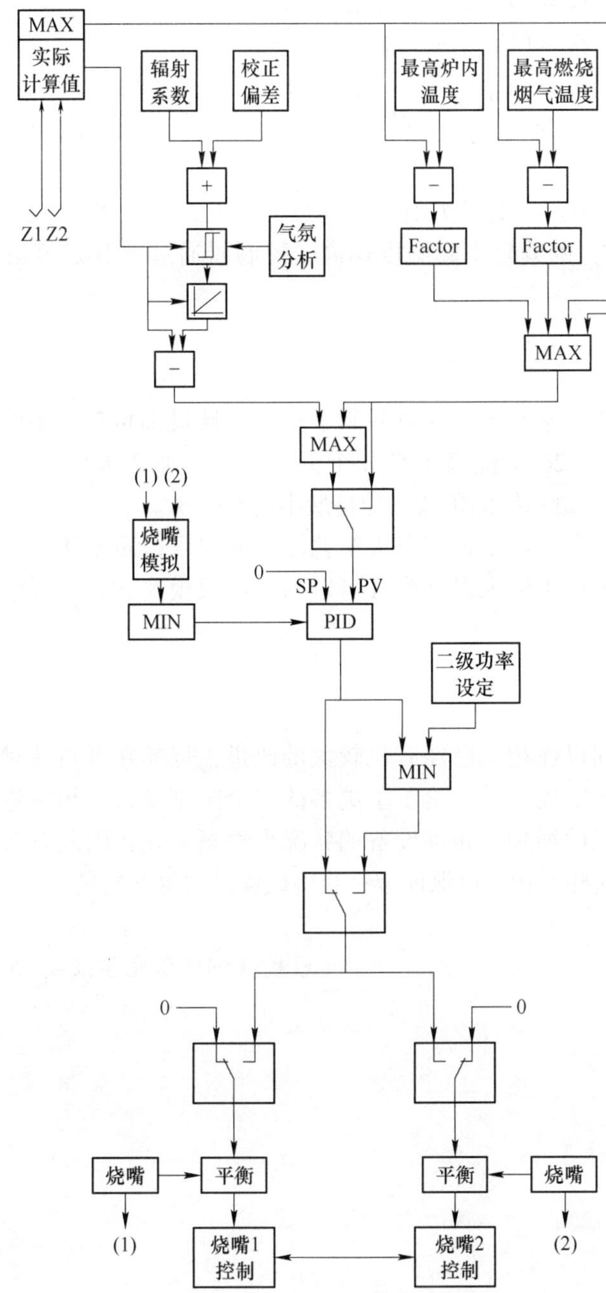

图6　负载控制逻辑示意图

791℃、690℃，经过加权平均运算得到 $T_{Cal}=786℃$，如果不开启板温校正，将 $T_0=T_{Cal}-T_{SP}=2℃$ 的偏差输入下一步运算，如果开启板温校正，则需计算出校正偏差：

$$PyroCor=\frac{Out-50}{50}\cdot T_{Lim}$$

式中，50 为常数，$Out$ 为计算输出值，$T_{Lim}$ 为温度限定值，其数值与带钢辐射系数和品种有关，由系统内置的运算器计算出。

## 5.2　热保护因素的影响

为了保证炉子设备的安全，炉子各部位的设备均设置了最高使用温度限制，包括：最高炉内温度 $T_{zoneSP}$、最高燃烧烟气温度 $T_{FumeSP}$、最高排烟温度 $T_{ExhSP}$、辐射管最高使用温度 $T_{TubeSP}$，系统将实际温度与这些限制温度对比并赋予一定的权重，最终以量化的数值影响炉子负载的输出。

计算得出偏差：

$$T_1=(T_{zonePV}-T_{zoneSP})\times 1$$

$$T_2 = (T_{\text{FumePV}} - T_{\text{FumeSP}}) \times 2$$
$$T_3 = (T_{\text{ExhPV}} - T_{\text{ExhSP}}) \times 2.5$$
$$T_4 = (T_{\text{TubePV}} - T_{\text{TubeSP}}) \times 1$$

式中，$T_{\text{zonePV}}$为炉内实际温度，$T_{\text{FumePV}}$为燃烧烟气实际温度，$T_{\text{ExhPV}}$为实际排烟温度，$T_{\text{TubePV}}$为实际辐射管温度。

取 MAX[$T_1$，$T_2$，$T_3$，$T_4$] 为温度偏差中的最大值，将其与上一步的偏差 $T_0$ 比较，取最大值。假设最终输入温度控制器的偏差 $T_{\text{Diff}}=2$℃，也就是实际温度偏高，控制器通过 PID 运算后输出的负载值降为 74.4%。

### 5.3　各区烧嘴的硬件条件

由于生产过程中部分区域烧嘴无法正常点火，这就限制了这个区域最高负载，要保证负载输出在这个被限制了的负载之内。假设 1 区总共 26 个烧嘴中有 8 个无法点燃，那么 1 区的最大加热能力只有 (26-8)/26=69.2%，那么最终输出给燃烧系统的负载只能是最小值 69.2%。

因此，最终燃烧系统获得负载值综合考虑了带钢退火工艺温度的要求以及基于设备保护的要求，使操作人员的操作更加简单明了。其中操作工输入温度模式可以切换成数模模式，按程序和生产计划自动录入温度参数。

## 6　小结

目前新建连续退火炉的温度控制同以往相比已经有比较大的改进，烧嘴在低负荷时采用 ON/OFF 模式，使低负荷状态下温度更加准确，各个控制环节给予了更多的安全限制条件，相关热工参数的更改需要更高一级的权限，随着炉子使用年限的增加，相关设备的状况也逐渐恶化，因此对系统有了充分的了解后，可以通过修改部分参数来避免这些干扰，以保证带钢获得最优异的退火质量。

（原载《钢铁研究学报》，2012（增刊））

# 冷轧辊毛化辊面形貌研究

范庆国　卢劲松　金　力

## 1　前言

汽车板生产中，用户在认证、提货过程中通常会提到板面粗糙度 $Ra$ 和板面 PC 值 $R_{pc}$，欧美客户和日韩客户要求通常有些差异，但其目的都是为了保证板面的涂覆性能，下面简要介绍粗糙度 $Ra$ 和 PC 值 $R_{pc}$。

$Ra$ 全称表面轮廓算术平均偏差，见图 1。

$$Ra = \frac{1}{I_r}\int_0^{l_r} |Z(x)| \, dx$$

式中，$I_r$ 为测量长度；$Z(x)$ 为轮廓曲线。

同一个 $Ra$ 值通常可有很多条曲线 $Z(x)$ 与之对应，为了限制轮廓曲线，提出了波峰数 $R_{pc}$ 概念。$R_{pc}$ 全称单位长度表面波峰数，见图 2。

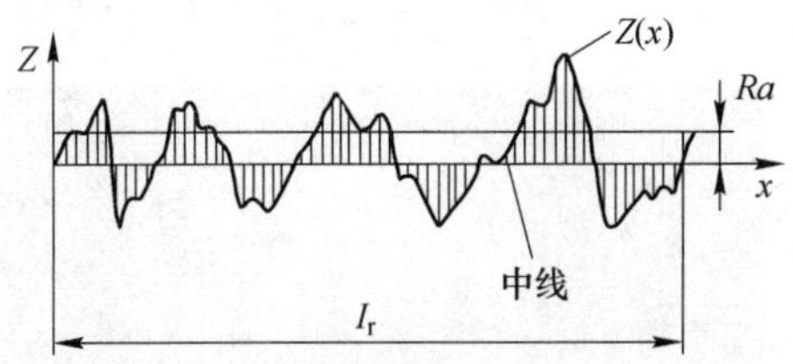

图 1　表面轮廓算术平均偏差

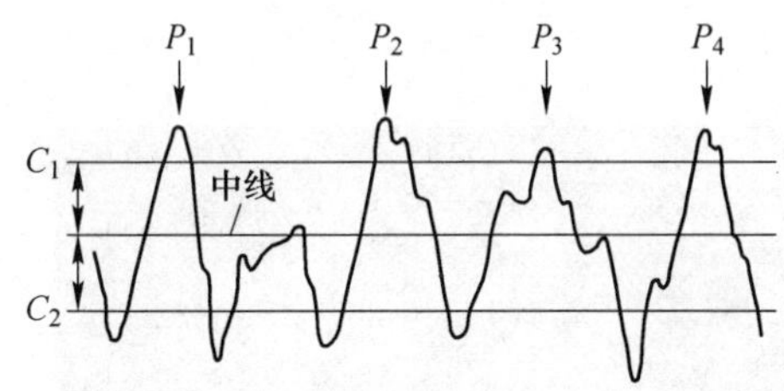

图 2　长度表面波峰数

$$R_{pc} = \text{波峰数}(P_i)/10\ \text{毫米}$$

式中，$P_1$，$P_2$，…，$P_n$ 为到中线距离超过 $C_1$、$C_2$ 的波峰数。

## 2　冷轧辊面、板面 PC 值存在的问题

目前市场上可以买到的汽车板质量较好的以某钢厂最优，尤其在板面质量上看，其他钢厂钢板面光反射均匀性差，板面具体参数见表 1，微观表面形貌见图 3~图 5。

**表 1　板面具体参数**

| 序号 | 厂商 | 表面粗糙度（$Ra$） | 波峰数（$R_{pc}$） |
| --- | --- | --- | --- |
| 1 | 某 1 钢厂 | 1.23 | 105 |
| | | 1.35 | 100 |
| | | 1.31 | 110 |
| 2 | 某 2 钢厂 | 1.16 | 125 |
| | | 1.16 | 133 |
| | | 1.08 | 125 |
| 3 | 某 3 钢厂 | 1.19 | 85 |
| | | 1.02 | 89 |
| | | 0.99 | 88 |

图3　某3钢厂镀锌板（200×）

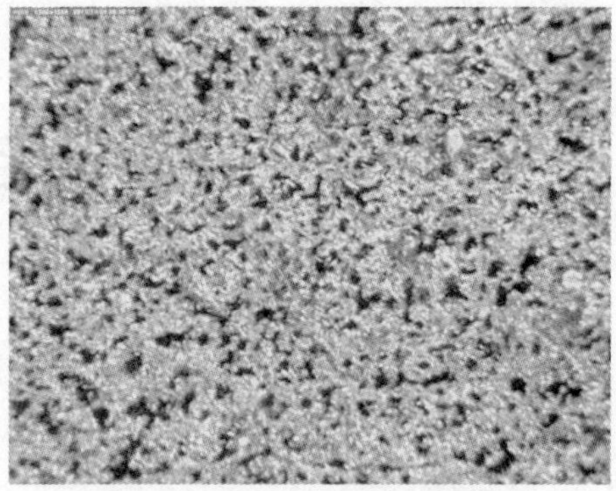

图4　某2钢厂镀锌板（200×）

钢厂轧辊毛化方式主要有电火花、激光，轧辊表面形貌见图6、图7，电火花毛化加工辊面粗糙度 $Ra2.5$，$R_{pc}87$，激光刻花加工辊面粗糙度 $Ra3.5$，$R_{pc}140$，图7所示激光刻花表面粗糙度和波峰数很好，但有方向性，如果轧制板带将会影响涂覆性能，电火花模式加工的轧辊轧制板带涂装性能更好，但目前二冷电火花机床毛化加工的辊面PC值偏低，见表2，通常来说表面粗糙度和表面波峰数有一定的相关性，表面粗糙度越大，波峰数越小，以下讨论同一表面粗糙度下如何提高辊面PC值。

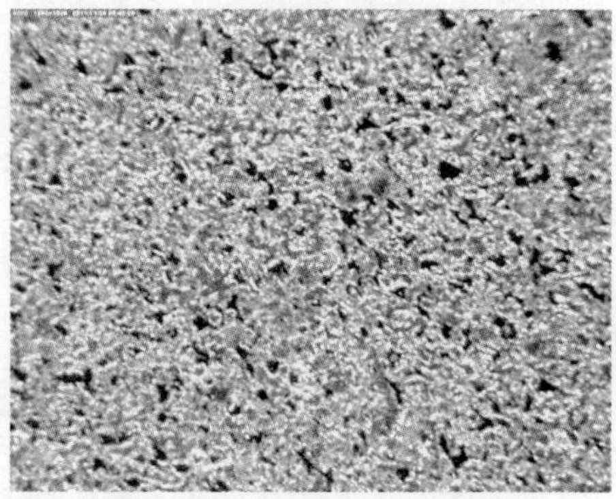

图5　某1钢厂镀锌板（200×）

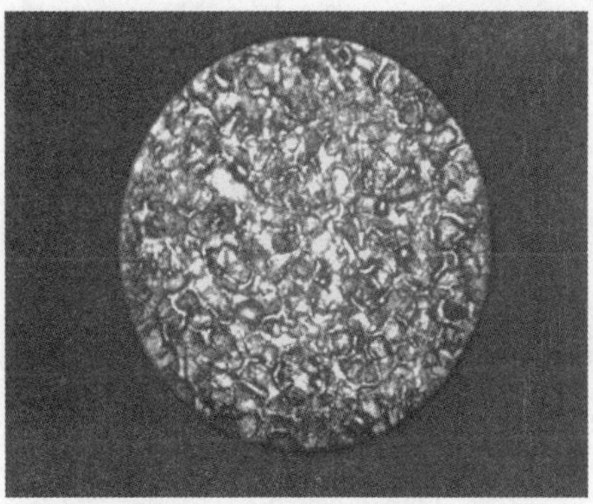

图6　电火花辊面（200×）

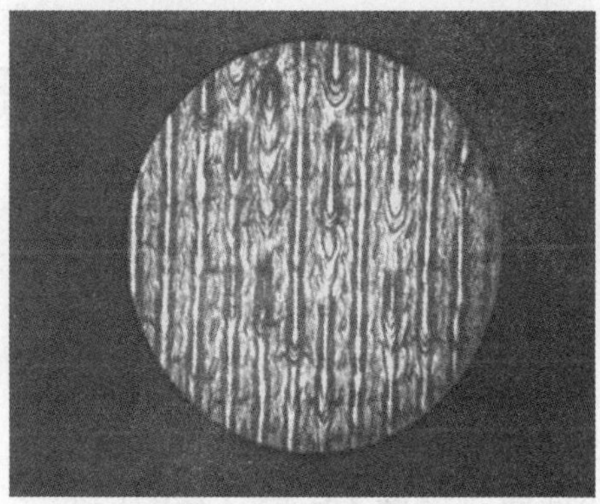

图7　激光辊面（200×）

**表2　某钢厂轧辊毛化达到的水平**

| *Ra* | PC | 时间 |
|---|---|---|
| 1.5 | 130~150 | 90′ |
| 2.0 | 90~100 | 60′ |
| 2.5 | 80~90 | 50′ |
| 3.0 | 65~75 | 45′ |
| 4.0 | 60~75 | 40′ |

电火花加工是将轧辊和电极浸没在绝缘的工作液中，并在轧辊和电极上施加一定幅值和频率的脉冲电压。当两者之间的间隙小到一定值时，脉冲电压使极间介质电离、击穿，形成放电通道，这时通道间的电子高速奔向正极，正离子奔向负极。电能变成动能，动能通过碰撞又转变为热能。于是在通道内、

正极和负极表面分别成为瞬时热源，瞬时高温（约20000℃）使工作液汽化和金属材料熔化、汽化。汽化的气体体积不断向外膨胀，使大部分熔融金属液体和蒸气被排挤、抛出而进入工作液中，这样在轧辊表面就形成了一系列电蚀坑，达到对工件的尺寸、形状及表面质量的加工要求。随着放电的持续进行，轧辊沿一系列电极旋转，同时沿轴向运动，在轧辊上就可加工出有特定表面粗糙度 *Ra* 和峰值数 PC（Peak Count）的毛化表面。但实现电火花加工，必须连续多次进行脉冲放电，为使每次脉冲放电正常进行，一般情况下，相邻两次脉冲放电之间还要有间隙介质消电离的过程，毛化过程见图8、图9，工件电腐蚀过程大致可分为介质击穿和通道形成、能量转换和传递、电蚀产物的抛出3个连续的阶段。

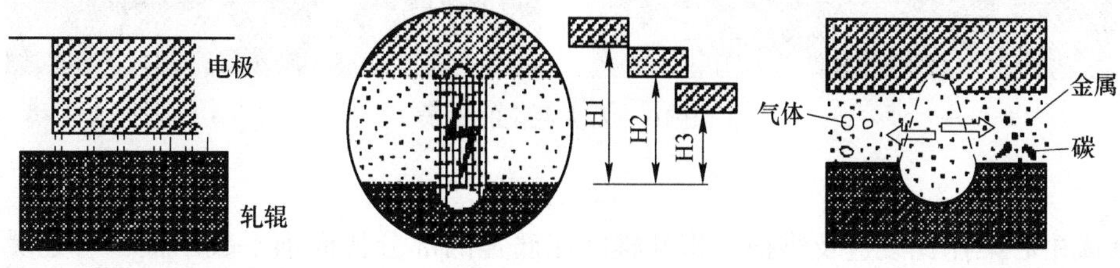


图8　轧辊毛化过程

## 3　理论依据

电火花毛化方式主要分电容模式和脉冲模式，电容模式：效率高，电极磨损较快，在相同的粗糙度下峰值数低10%~20%，打毛间隙较大；脉冲模式：对粗糙度的表面形态有利，在相同的粗糙度下峰值数高10%~20%，打毛间隙较小。

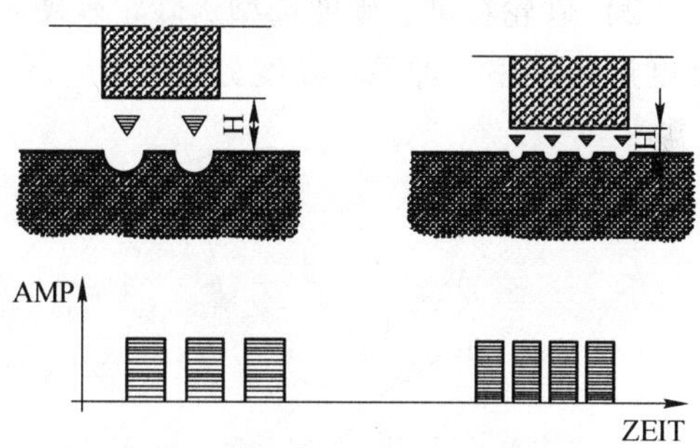


图9　电极与轧辊表面距离关系

本文主要讨论脉冲模式，研究表明，毛化后轧辊表面凹坑的大小和凸峰的数量与许多因素有关，如脉冲电源输出波形与参数（即峰值电压、峰值电流、脉冲宽度、间歇时间等）；正负极性、冲油方式、工作液种类和电极材料及形状等。脉冲间歇时间对总的电蚀量无影响，但它直接影响了电火花毛化速度，而单个脉冲的电蚀量与单个脉冲能量在一定范围内成正比。单个脉冲释放的能量是极间电压、放电电流和放电持续时间（脉冲宽度）的函数，即：

$$w_e = \int_0^{t_e} u(t)i(t)\mathrm{d}t \tag{1}$$

式中　$w_e$——单个脉冲能量，J；

$u(t)$——放电间隙瞬时电压，V；

$i(t)$——放电间隙瞬时电流，A；

$t_e$——脉冲宽度，μs。

如何设计合理的打毛程序，高效得到工艺要求的轧辊表面粗糙度 *Ra* 值、峰值数 PC 值成为困扰大家的难题。本文针对轧辊表面毛化过程中的主要影响因素脉冲宽度、间歇时间进行试验。

采用双对数坐标系对表面形貌特征参数 *Ra*、PC 与电加工参数 $U$、$I$ 和 $T_{on}$ 的关系进行分析。*Ra* 随 $U$、$I$ 和 $T_{on}$ 的增大而增大，而 PC 则正好相反，因在双对数坐标系中，它们之间呈直线关系，可以认为 *Ra*、PC 与 $U$、$I$ 和 $T_{on}$ 之间存在以下关系：

$$Ra = \mu_1 \cdot U^{\alpha1} I^{\beta1} T_{on}^{\gamma1} 7 \tag{2}$$

$$PC = \mu_2 \cdot U^{\alpha2} I^{\beta2} T_{on}^{\gamma2} \tag{3}$$

## 4　实现途径

电脉冲模式加工轧辊，对轧辊表面提出了更高要求，待毛化的轧辊表面不能有振痕和磨削时的走刀痕迹，轧辊圆度小、轧辊无损伤。

轧辊磨削要求：磨削走刀量小于10mm/转，轧辊表面尽可能光滑，辊面粗超度低于要求毛化的粗糙度的40%，图10这样的辊子是无法毛化出低粗糙度高PC值的辊子的，为满足图9这些要求，对磨床和

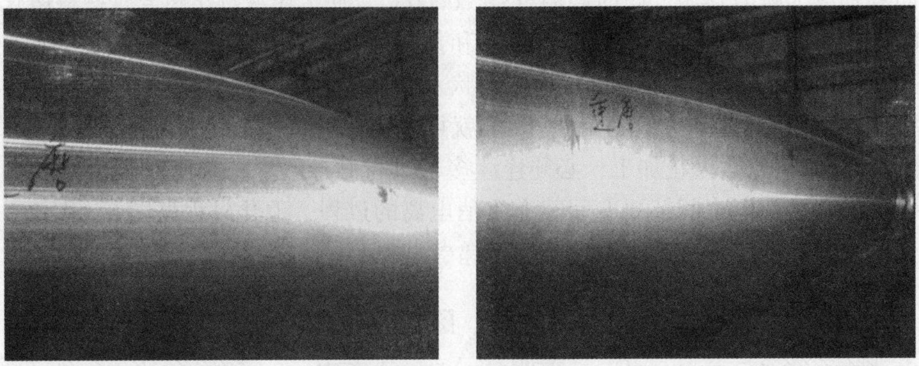

图10 无法毛化的辊子

砂轮进行调整：

1）轧辊磨床中心架托瓦改造及维护。将轧辊磨床底瓦的部分弧面削平成平面，可延缓形成阻碍轧辊自动调心的面，如图11加强AB面的维护，确保不形成图9上的AB弧面，使轧辊在磨削过程中减少出现不圆、刀花、振痕等缺陷的几率。

2）砂轮粒度、硬度选型。砂轮软硬对轧辊磨削关系密切，避免砂轮过硬，造成辊面振痕，对砂轮的硬度进行调整：原砂轮硬度分布为$G$，调整为$\phi750$到$\phi650$处砂轮硬度为$F$，其余硬度为$G$，见图12。

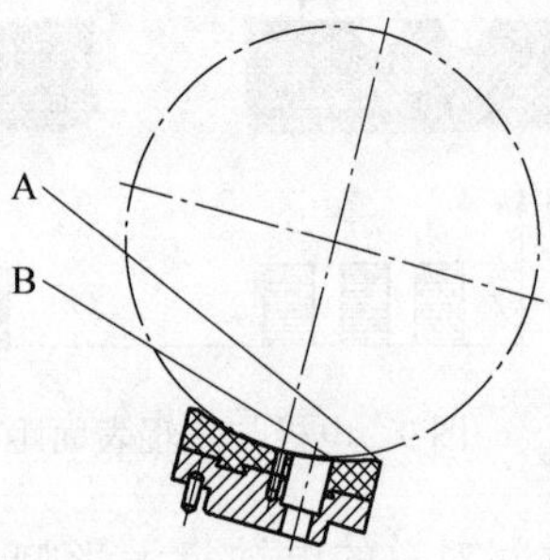


图11 架托瓦改造

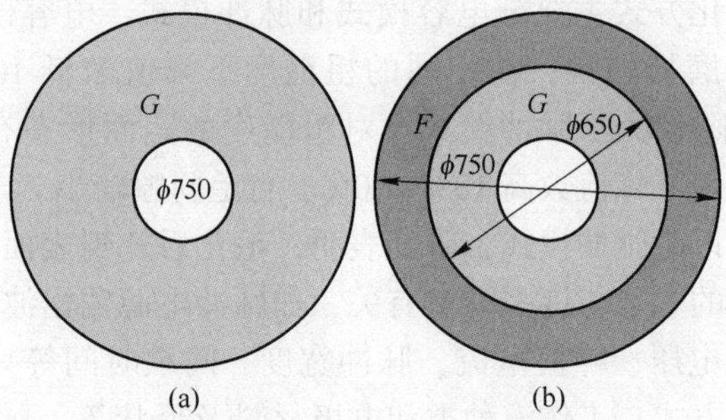


图12 砂轮粒度、硬度选型

（a）原始砂轮硬度分布；（b）改进后砂轮硬度分布

3）电火花机床。

①调校58个各电极的伺服阀，确保压力达到标准（图13）；

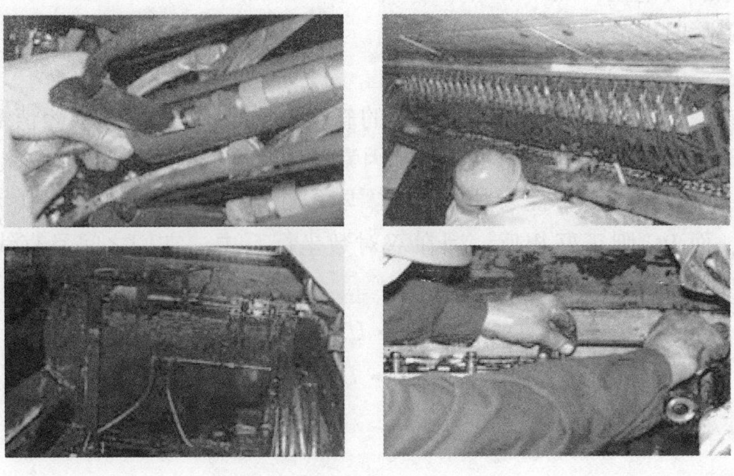

图13 电火花机床

②校验各电极的脉冲发生器，确保放电电压均匀，见图14；

③检查各电极的喷油功能完全，压力满足要求。

图 14　校验脉冲发生器

4）电火花程序。修改电火花工艺程序：

加工电压：*** V；

电流工步可设定值范围：＊．＊～X. X；小数点后数字表示“点火阶段”，电流可置范围：1. 2～3A；小数点前数字表示“加工阶段”，电流可置范围：3～24A。

脉宽/间歇时间

伺服参考值/伺服值

伺服增益值可设定在 0. a～b 的范围之内，而且对于要加工 *Ra* 大的表面取值大约为 2，要加工 *Ra* 小的表面取值就大约在 0. 5。

合金化镀锌板微观形貌如图 15 所示。最后试验结果见表 3。

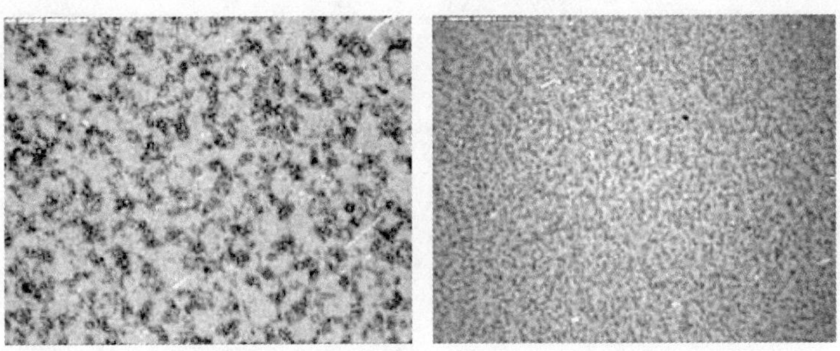

(200×)　　(50×)

图 15　合金化镀锌板微观形貌

**表 3　试验结果**

| 序号 | 电流工步 | $T_{on}$ | $T_{off}$ | 伺服 | 伺服增益 | $Ra/R_{pc}$ |
|---|---|---|---|---|---|---|
| 1 | 3.0 | 13.0 | 7.0 | -6.8 | 1.5 | 2.65/110 |
| 2 | 3.2 | 5.5 | 3.0 | -6.9 | 1.0 | 2.45/90 |
| 3 | 4.3 | 4.0 | 4.0 | -6.8 | 1.5 | 2.61/86 |
| 4 | 2.0 | 13.0 | 8.0 | -6.9 | 1.4 | 2.26/106 |
| 5 | 2.1 | 2.3 | 2.5 | -6.9 | 0.8 | 1.44/145 |

## 5　结论

电火花脉冲模式毛化加工后的形貌参数（*Ra*、PC 值等）可通过选择适当的脉冲电压、电流、脉宽、间歇时间等参数来控制，*Ra* 值范围宽（0.5～15μm），而且 PC 值可以很高，由于电火花放电过程的随机性，当电流、脉宽/间歇时间相当时，脉冲宽度越长，相应可提高 PC 值；当脉宽/间歇时间相当时，减少电流可获得较小的 *Ra* 值，但当电流相当时，减少脉冲宽度可获得更小的 *Ra* 值，而 PC 值相应提高。辊面毛化后的形貌与脉冲电压、电流、脉宽、间歇时间等参数关系密切，不同的组合可得到不同的结果，因此需要长期的积淀和摸索。板面 $R_{pc}$118。

（原载《钢铁研究学报》，2012（增刊））

# 冷轧深冲汽车板表面夹杂缺陷的研究

胡宽辉　田德新　许竹桃　冯冠文

IF 钢作为继沸腾钢和铝镇静钢之后的新一代冲压用钢被广泛应用到轿车车身的内、外板上。但由于其生产工艺流程长，规格薄，因此在生产过程中带钢表面极易出现各种缺陷，如辊印、坑包、划伤、夹杂及氧化铁皮等。这些缺陷严重影响了汽车板的表面外观和涂漆性。本文主要利用电子探针、扫描电镜和能谱成分分析等手段对冷轧深冲汽车板表面典型的两种夹杂缺陷进行了综合分析，找出其产生的原因，并提出了相应的预防措施。

## 1　实验方法

实验样品为厚度 0.70mm 的冷轧深冲汽车板。从生产现场切取两种不同形貌的缺陷试样剪切成 20mm ×30mm 大小的样品。观察试样的宏观形貌，对表面观察的试样经酒精超声波清洗，截面观察的试样经过切割、镶嵌、磨制，用 Quanta400 扫描电子显微镜和 JXA-8800R 电子探针观察缺陷部位的表面形貌和截面形貌，用能谱仪对缺陷部位进行成分分析。

## 2　实验结果

### 2.1　宏观形貌

图 1 是冷轧深冲汽车板表面出现的不同形状的夹杂缺陷宏观形貌，图 1 缺陷试样的编号依次为 1#、2#，其中图 1(a) 的点状缺陷是在钢板表面无规则分布的。图 1(b) 线状缺陷是沿着钢板轧制方向非连续分布的，是比较严重的缺陷，钢板已经沿着缺陷部位开裂。

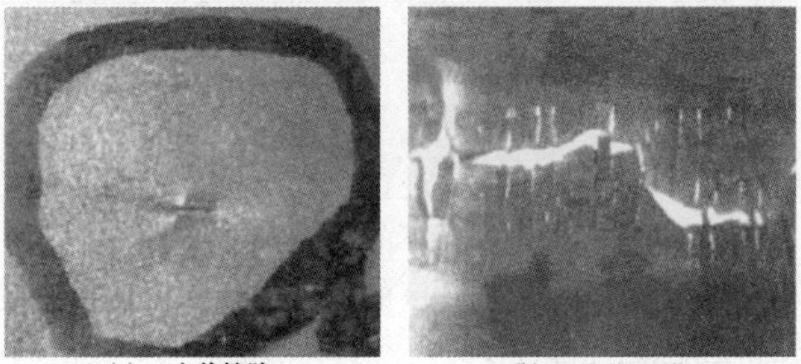

(a) 1# 点状缺陷　(b) 2# 线状开裂

图 1　钢板表面夹杂缺陷的宏观形貌

### 2.2　缺陷的扫描电镜分析

图 1(a) 点状缺陷的电镜形貌如图 2 所示，表 1 是 1#缺陷部位微区成分的分析结果。

表 1　1#缺陷部位的微区成分分析结果

| 成分 | O | Na | Mg | Al | Si | K | Ca |
|---|---|---|---|---|---|---|---|
| wt/% | 50.75 | 2.39 | 2.98 | 12.52 | 24.66 | 1.71 | 4.98 |
| at/% | 64.62 | 2.12 | 2.50 | 9.46 | 17.89 | 0.89 | 2.53 |

图 3 是 2#线状缺陷试样在扫描电镜下的形貌，通过在电镜下的观察发现，缺陷呈多层重叠状，如图 3

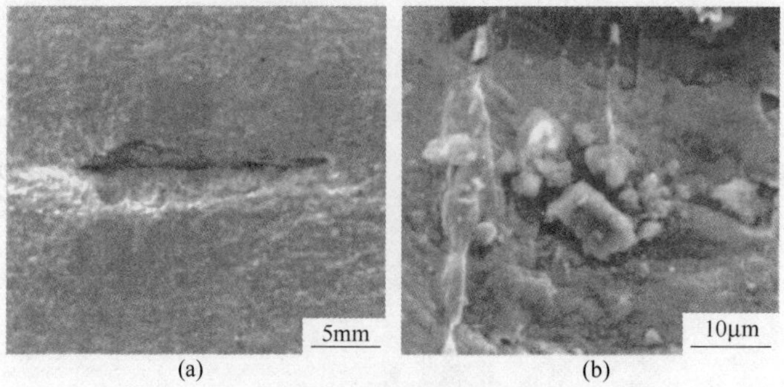


图2　1#试样在扫描电镜下的形貌和夹杂表面形貌

(a) 所示，在重叠的缝隙内存在大量呈颗粒状的物质，如图3(b) 所示为颗粒的表面形貌。表2是缺陷部位的微区成分分析结果。

图3　2#线状缺陷样在扫描电镜下的形貌

**表2　2#缺陷部位的微区成分分析结果**

| 成分 | C | O | Si | Mn | Fe |
|---|---|---|---|---|---|
| wt/% | 6.27 | 5.83 | 2.12 | 4.29 | 81.49 |
| at/% | 20.89 | 14.57 | 3.02 | 3.13 | 58.39 |

## 2.3　缺陷的电子探针分析

将缺陷样经过切割、镶嵌、磨制，用电子探针进行截面观察及能谱仪对缺陷部位的夹渣进行微区成分分析，图4是1#和2#试样点状缺陷样在电子探针下的截面形貌及微区成分的能谱图。由图4(a) 可知，缺陷试样的截面内部存在颗粒状的夹渣，对夹渣微区的成分进行分析发现，截面内夹渣的成分与表面观察的成分基本相同，但在截面的缝隙延伸部位没有观察到夹渣的分布。夹渣的成分分析结果如表3所示，主要为 $Al_2O_3$、$SiO_2$、CaO，以及含有少量的 MgO、MnO 等。图4(b) 可知钢板内部存在大量的夹渣，并且缝隙内及缝隙的延伸部位存在大量的还原铁。

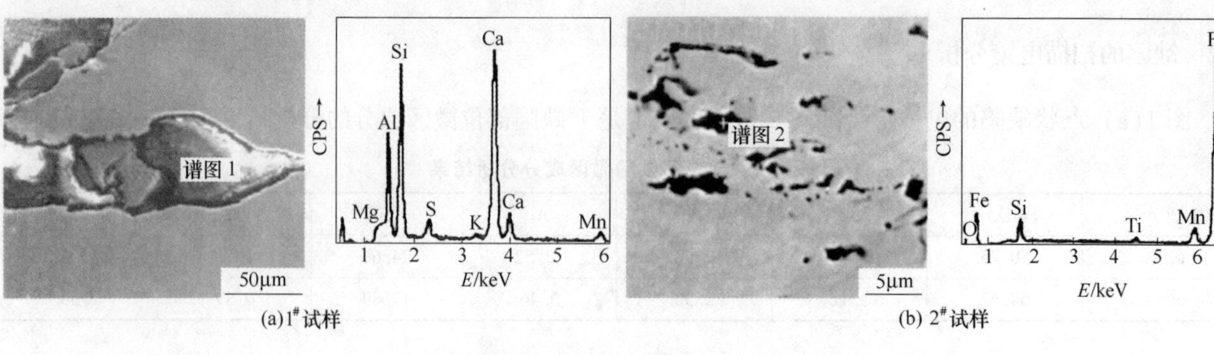


(a)1#试样　　(b) 2#试样

图4　1#、2#缺陷样的截面形貌及微区成分的能谱图

表3　1#缺陷部位的夹杂类型及含量　（%）

| $Al_2O_3$ | $SiO_2$ | CaO | MgO | MnO |
|---|---|---|---|---|
| 18.27 | 34.69 | 39.41 | 2.29 | 4.58 |

## 3　分析讨论

冷轧汽车板的生产工序长、规格薄，因此，作为冷轧汽车板的最基本的条件就是要求钢质纯净。然而，在钢种的冶炼和浇铸过程中不可避免的会带来一些夹杂，这些夹杂主要以非金属化合物形式存在，造成钢的组织不均匀，而且夹杂物的几何形状、化学成分、物理性能等不仅使钢的冷热加工性能和某些物理性能恶化，还能降低钢的机械性能。另外，汽车厂在冲压零件时，由于钢板内部存在夹杂，冲压过程中在夹杂部位易造成应力集中，因此冲制零件时极易出现开裂现象。夹杂物按其来源可分为内生夹杂和外来夹杂两种，内生夹杂是溶解于钢水中的氧与加入到钢液中的脱氧元素反应生成的，也有可能聚合成簇状物或宏观夹杂。外来夹杂主要是由于钢液与空气、氧化渣、合成渣和耐火材料接触引起的二次氧化以及炉渣、保护渣、耐火材料的卷入，其尺寸可达到1mm。从1#试样的表面缺陷宏观照片可以看出，缺陷呈点状，通过扫描电子显微镜和电子探针分析结果显示，缺陷部位存在夹杂，其成分分别为CaO、$SiO_2$、$Al_2O_3$、MnO及MgO等复合氧化物，此类夹杂属于外来夹杂，其可能来自中间包覆盖剂，因为在连铸过程中，当中间包钢水高度较低时，在中间包内的钢水表面会形成漩涡，将一些液态或固态的覆盖剂卷入钢液，当这种钢液浇铸时，被卷入的覆盖剂在上浮的过程中被凝固坯壳所捕获。这些夹杂物虽然尺寸较小，但其与气泡一起作用会使冷轧汽车板产生表面缺陷。因此，为避免此类夹杂的出现，应尽量避免中间包内钢水高度过低，即要保证中间包内具有一定的钢水量，使中间包内钢液不至于形成漩涡，从而造成覆盖剂卷入。从2#试样的表面线状严重夹杂的扫描电子显微镜表面观察和电子探针的截面分析发现，缺陷部位存在大量的还原铁，该夹杂产生的原因主要是因为冶炼过程中的脱氧产物未能全部排出，或浇铸过程温度下降，继续反应生成的脱氧产物来不及上浮残留于钢中，或者是由于连铸过程中未保护浇铸产生的二次氧化物留在钢中，在钢液凝固过程中低熔点的FeS、FeO由于钢液选分结晶，在晶粒边界及枝晶间析出。当带钢经过具有还原气氛的连续退火炉高温段时，这些氧化物被还原成铁，从而造成带钢内部存在大量的还原铁。因此，此类夹杂既有内生夹杂，也有外来夹杂。要避免此类夹杂的产生，首先要使钢液中的脱氧产物充分上浮，其次要进行保护浇铸，避免钢液产生二次氧化。

## 4　结论

（1）冷轧深冲汽车板表面极易出现点状或线状夹杂缺陷，其成分主要为CaO、$SiO_2$、$Al_2O_3$、MnO及MgO等复合氧化物及还原铁。

（2）这两类夹杂产生的原因一部分主要是由于中间包钢液较少，造成钢液表面形成漩涡，从而将中间包覆盖剂卷入造成的。另一部分是因为冶炼过程中的脱氧产物未充分上浮和钢液中$Al_2O_3$含量较高造成连铸过程中塞棒波动和结晶器液面波动造成的；或者是在连铸过程中未保护浇铸产生的二次氧化产物留在钢液中，在晶粒边界及枝晶间析出，经过具有还原性气氛的连续退火炉高温段时被还原产生的。

（3）要避免这两类夹杂缺陷的产生，首先要保证中间包钢液具有一定的高度，避免钢液表面形成漩涡；其次，要使冶炼过程中的脱氧产物充分上浮，进行保护浇铸，保证结晶器液面稳定。

（原载《热加工工艺》，2012（5））

# 冷轧板形平坦度计算方法

包仁人　张　杰　李洪波　宫贵良　贾生晖　刘海军

目前中国有多条全自动化的冷连轧生产线，这些生产线多配备有 1 套或 2 套板形仪，用于板形的实时反馈控制以及板形质量的检测，其板形仪的规格不尽相同。板形仪的一帧检测结果为沿带钢宽度方向张应力分布的离散值，是科学、定量评价一段长度内带钢的板形质量的依据，在现代化的板形控制系统中，多提供由板形仪检测结果转化出的平坦度指标 $I_E$ 来定量表征带钢板形质量，此指标广泛应用于生产企业的质量监控与分析。

冷轧平坦度指标的计算与表示方法最早由加拿大铝业公司提出，其以横向上最长和最短纵条之间的相对延伸差作为板形单位，目前主要用于连续处理线上板形评价；除此之外，目前冷轧生产和工程验收中常用板形评价方法主要有 5 种，分别为板形应力绝对值的算术平均值法、板形应力最大值与最小值之差法、板形应力均方差值法、板形应力绝对值最大法和最大波高值法，前 4 种主要用于轧制线上的板形评价，最后 1 种主要用于横切或取样后成块带钢的板形评价。

最常用的平坦度计算方法是根据板形应力最大值与最小值之差法计算。本文在对某厂板形控制系统分析过程当中发现了其原有平坦度计算过程中存在问题，这些问题会给板形指标带来一定偏差，且不利于配备有不同板形仪的冷轧生产单位间板形质量的对比。为此本文在对现场实际情况的分析基础之上，结合相关理论对原有板形平坦度计算过程进行了修正，保证板形平坦度计算结果与采用何种板形仪无关，更有益于生产企业的板形质量分析与统计。

## 1　冷轧带钢板形检测

板形仪按与带钢的接触类型可分为两大类：接触式板形仪和非接触式板形仪。目前，出于经济性和测量准确性的考虑，应用于冷连轧机的板形仪其传感器沿带钢宽度方向非均匀分布，一般认为带钢中部张应力分布变化较缓，而边部变化较大，且带钢边部需要更高的检测精度，所以板形仪中部传感器间距较大，数量较少，而边部间距小，数量多（图 1）。某厂配备的板形仪传感器布置基本信息见表 1，BFI 接触式板形仪共有 66 个传感器，SI-FLAT 非接触式板形仪共有 110 个传感器。

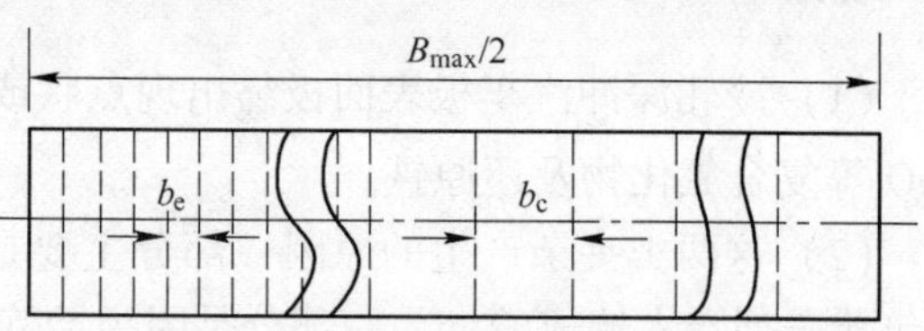

图 1　板形仪传感器布置示意图

**表 1　某厂板形仪传感器布置基本信息**

| 板形仪 | 测量宽度/mm | 传感器布置 | 间距/mm |
|---|---|---|---|
| BFI | 800～2090 | 26/14/26 | 26/52/26 |
| SI-FLAT | 800～2100 | 50/10/50 | 15/60/15 |

每个传感器的测量结果代表一定宽度 $b(i)$ 和长度范围带钢内的张应力，宽度与传感器间距对应，长度应与采样间隔相对应，传感器间距不均这一点在以往的研究和分析过程中多被忽略。

## 2　冷轧板形描述与现有计算方法

### 2.1　冷轧带钢板形描述

当板带纵向纤维伸长率在宽度方向不均匀时，各纤维之间必然发生相互作用而产生内应力，称为残余应力。残余应力沿横向分布有拉应力也有压应力，当压应力大于临界屈服应力时，就会产生浪形，否则带钢将保持平直。所以残余应力既包含了“明板形”，也包含了“暗板形”的信息。现代冷轧机组均配备有板形仪，能在线连续测量带钢板形，在承受一定的张力作用时，板带沿宽度方向上残余应力的分布表现为张力的分布 $\sigma(x)$（图2），为方便板形的复现与分析，通常利用虎克定律将应力差转换为伸长率差 $\rho(x)$（式（1））。

一般认为板带由于张应力作用而产生的弹性变形为平面变形，则根据虎克定律，相对伸长率差 $\rho(x)$ 与张应力差 $\Delta\sigma(x)$ 的关系为

$$\rho(x) = \frac{L(x) - L_{avg}}{L_{avg}} \approx -\frac{\Delta\sigma(x)}{E} \tag{1}$$

式中，$E$ 为轧件弹性模量，MPa；$\Delta\sigma(x)$ 为张应力偏差，MPa；$L(x)$ 为纤维条长度，mm；$L_{avg}$ 为纤维条平均长度，mm。

伸长率差 $\rho(x)$ 关系如式（2）所示。

$$I(x) = \rho(x) \times 10^5 \tag{2}$$

式中，$I$ 为各传感器处用 IU 表示的带钢伸长率，无量纲量，1IU = 10μm/m。

由式（2）计算得到的各传感器处对应的平坦度分布情况主要用于板形监控画面的显示（图3），以便于操作人员及时干预轧机板形控制。

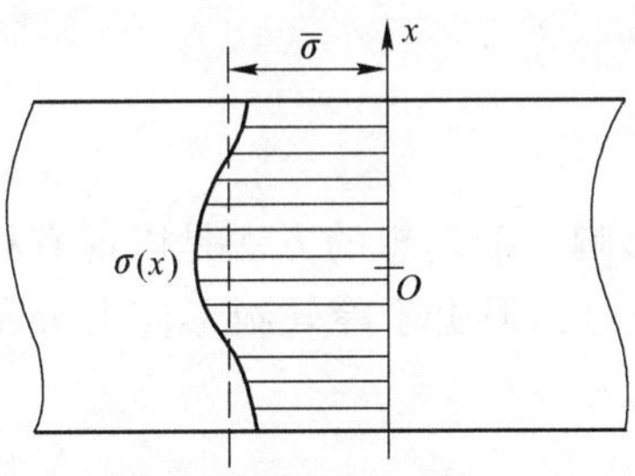


图2　带钢张应力分布

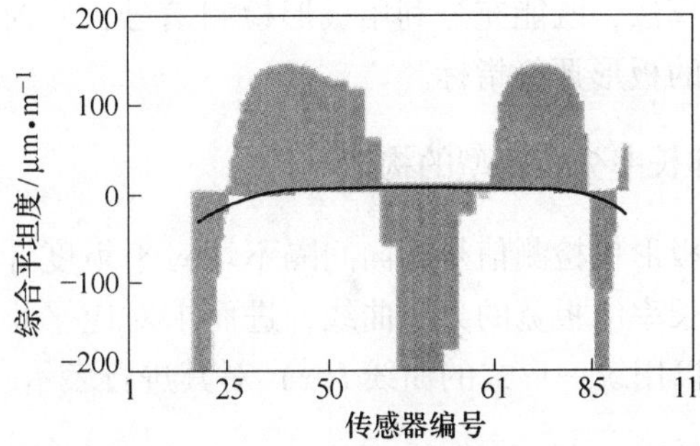


图3　板形监控画面

## 2.2　实际应用板形平坦度评价方法

板形评价是将一帧板形检测结果转换为能反映带钢板形质量的定量指标的过程。某厂的板形仪与板形控制系统均由西门子公司提供，其板形平坦度指标计算方法为先从板形检测结果 $\sigma(i)$ 中剔除目标曲线 $\sigma_{sp}(i)$ 的板形偏差 $\Delta\sigma(i)$ 作为评价板形质量的参数来源，见式（3），再根据虎克定律计算各传感器对应位置延伸差 $\rho(i)$（式（5）），最后求 $n$ 个离散伸长率绝对值的算术平均值（式（6））。

$$\Delta\sigma(i) = \sigma(i) - \sigma_{sp}(i) \tag{3}$$

张应力偏差 $\Delta\sigma(x)$ 应为带钢宽度 $B$ 的连续函数，其沿宽度方向满足内力平衡条件（式（4））。

$$\int_{-\frac{B}{2}}^{\frac{B}{2}} \Delta\sigma(x)\,dx = 0 \tag{4}$$

$$\rho(i) = -\frac{\Delta\sigma(i)}{E} \tag{5}$$

式中，$\rho(i)$ 为被带钢覆盖的第 $i$ 个传感器处带钢相对伸长率差；$n$ 为带钢覆盖的传感器数量。

$$I_{E1} = \frac{1}{n}\sum_{i=1}^{n} |\rho(i) \times 10^5| = \frac{1}{n}\sum_{i=1}^{n} |I(i)| \tag{6}$$

## 2.3　实际应用平坦度计算方法分析

若将平坦度计算过程视为如式（7）所示对不同位置传感器对应位置伸长率绝对值的加权求和，则式（6）相当于在未考虑伸长率横向间隔不均的情况下直接取各伸长率加权系数 $\omega(i)$ 为 $1/n$。

$$I_E = \sum_{i=1}^{n} | I(i) | \omega(i) \tag{7}$$

式中，$\omega(i)$ 为被带钢覆盖的第 $i$ 个传感器处对应的加权系数。

为比较不同传感器布置方式下采用式（6）计算方法所得平坦度的差异，利用线性插值的方法，将 SI-FLAT 对某宽度为 1785mm 带钢检测结果转换为与表 1 中提到的 BFI 传感器布置方式对应的检测结果，结果如图 4 所示，两者间差别与板形仪检测结果相关，带钢头部板形偏差较大时，平坦度最大相差可达 0.4IU，接近冷轧通常板形平坦度 3～5IU 的 10%。

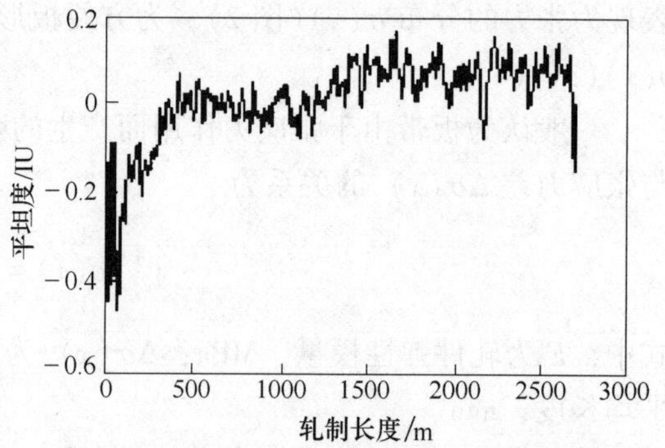

图 4　不同传感器布置方案下平坦度计算结果

无论采用何种平坦度计算方法，其结果对同一生产线带钢板形而言均具有可比性，但对于具有不同板形仪的轧制生产线而言，由同一计算方法计算出的平坦度不一定能保持一致，即式（6）所示计算方法是不精确的。

## 3　修正的平坦度计算方法

为使平坦度能准确体现带钢板形质量，能客观反映不同板带生产单位间的质量差异，需构造一种具有普适性的算法，既能充分利用板形检测信号，同时不受板形仪型号及其传感器布置方式的影响，得到具有可比性的板形评价指标。

### 3.1　横向伸长率分布模型的构造

为消除板形仪检测信号横向间隔不均对平坦度计算过程的影响，最理想的方法是以现有检测结果回归出横向伸长率沿板宽的分布曲线，进而求对应平坦度（式（8）），但由于冷轧板形应力分布形式复杂（图 5），难以用统一形式的曲线 $I(x)$ 对其进行表示。

$$I_E = \int_{-\frac{B}{2}}^{\frac{B}{2}} | I(x) | \omega(x) \mathrm{d}x = 0 \tag{8}$$

式中，$I(x)$ 为带钢伸长率横向分布函数；$\omega(x)$ 为伸长率分布横向加权系数。

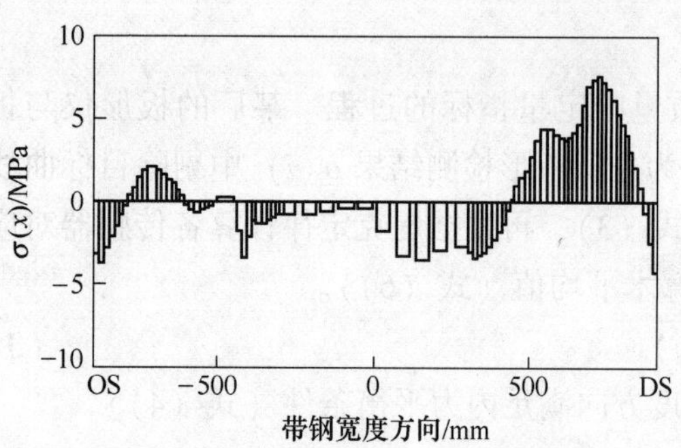

图 5　SI-FLAT 板形仪一帧检测结果

板形仪在工作中有时会出现部分传感器失灵的问题，通过对现场实际板形检测结果的分析发现，为保证带钢横向伸长率分布信息的完整性，板形控制系统中采用了线性插值的方法计算失灵传感器处带钢的伸长率，可借鉴此方法构造横向均匀分布的伸长率分布模型。常用的插值方法有线性、多项式插值、样条插值、三角函数插值等。若原伸长率横向分布为 $I(i)$，横向坐标为 $x_i$，采用分段线性插值方法，取与板形仪边部相同的间隔 $b_e$ 在带钢板宽方向构造新的等距坐标 $x_j$，则可插值求出对应的伸长率横向分布 $I_1(j)$。由 $I_1(j)$ 计算平坦度指标既充分利用了实际检测结果，同时避免了因板形仪传感器布置不均对后续计算结果造成的影响。

### 3.2　横向伸长率分布加权系数的选择

冷轧带钢板形测量过程中，带钢边部的边界条件比中部复杂，边部存在不能完全覆盖某一传感器的情况；且边部传感器较“密”，中部较“稀疏”。边部和中部区域原始检测数据在平坦度计算中的权重应有所不同，即可考虑非常数的权函数 $\omega(i)$，但尚未发现关于这方面的研究。在无法确定具体权重的情况下，本文采用原方法所用的常数权函数 $\omega(j)= 1/m$ 来计算板形平坦度，以伸长率分布 $I_1(j)$ 绝对值的算术平均值作为板形评价指标（式（9））。

$$I_{E2} = \sum_{j=1}^{m} | I(j) | \omega(j) = \frac{1}{m} \sum_{j=1}^{m} | I(j) | \tag{9}$$

### 3.3 两种方法计算平坦度结果比较

对前文中 1785mm 带钢板形检测结果分别采用式（7）和式（9）方法，按 SI-FLAT 板形仪传感器布置方式计算其轧制方向 200~500m 范围内的平坦度指标 $I_{E1}$ 和 $I_{E2}$，结果见图 6，对于此带钢两种计算方法所得平坦度无明显大小关系。图 7 为采用修正后计算方法对不同传感器布置方案下 1785mm 带钢平坦度的计算结果，平坦度最大相差不足 0.04IU，低于冷轧通常平坦度 3~5IU 的 2%。

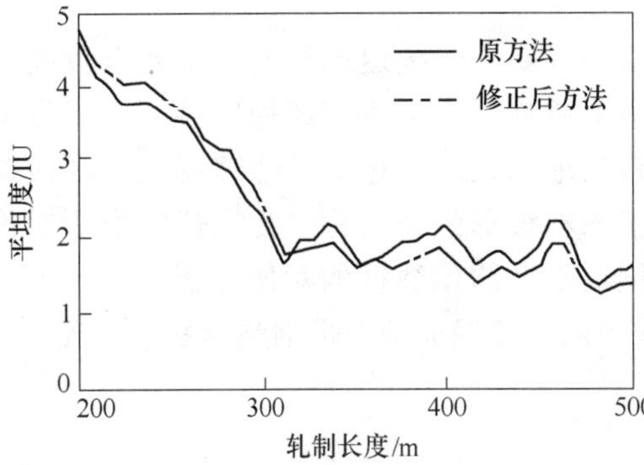


图 6　两种方法计算结果比较

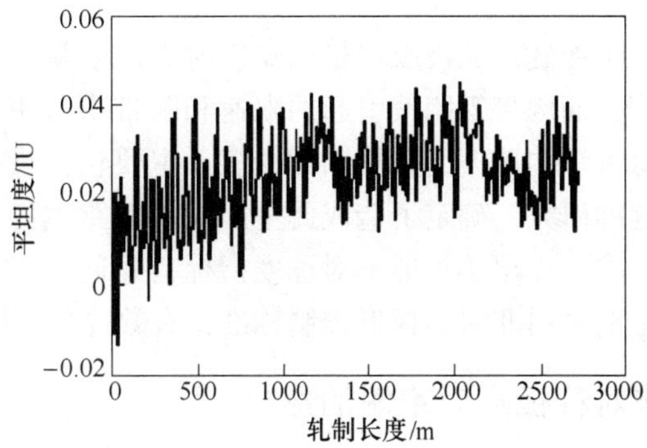


图 7　修正后方法不同传感器布置方案下平坦度计算结果

## 4　结语

通过对某厂冷连轧机板形控制模型及实际数据的分析，得出其板形平坦度评价指标计算方法为求带钢各纤维条伸长率绝对值的算术平均值，此方法未考虑到传感分布不均造成的伸长率分布横向间距不同对平坦度的影响，用于比较具有不同板形仪生产线产品平坦度时会有一定误差。以某厂 1785mm 带钢实际板形为例进行分析时发现，传感器布置方案不同时，原方法计算出的平坦度偏差可达 0.4IU，接近冷轧通常板形平坦度 3~5IU 的 10%。

利用线性插值方法构造出沿带钢宽度方向等间距的伸长率分布模型，避免因板形仪传感器布置方式带来的计算偏差，以某 1785mm 带钢实际板形数据进行计算，发现对于此带钢在板形仪传感器布置方式不同的情况下，其计算结果也能保持很高的一致性，偏差小于 0.04IU，低于冷轧通常板形平坦度 3~5IU 的 2%。

构造合理的、均匀的伸长率分布模型，是统一板形评价标准的前提，本文提出了一种排除板形仪传感器布置方式影响的平坦度计算方法，可实现不同生产线之间的板形比较。如何构造伸长率分布模型及如何体现带钢宽度方向各处伸长率在板形评价中所占比例，进而选择合适的伸长率横向分布权函数也是未来潜在的研究方向。

（原载《钢铁》，2014（12））

# 非对称板形对连续退火炉内带钢跑偏的影响

包仁人　张　杰　李洪波　贯生晖　刘海军　李先杰

由于冷轧产品极限规格向宽、薄方向发展，为提高生产效率，要求连续退火炉内带钢要有较高的通行速度，而因带钢跑偏引起的限速和断带事故更加突出，严重限制连续退火生产的稳定性。造成带钢在连续退火炉内跑偏的影响因素很多，主要包括设备因素和来料板形因素。通过对某连续退火炉内带钢跑偏问题的研究，确定了造成此生产线带钢跑偏的主要原因在于来料板形的非对称。为描述板形非对称的程度，本文提出了板形不对称度指标，并通过与实际跑偏带钢板形及跑偏数据的对比分析，确定了以防偏为主的来料非对称板形控制标准，有效降低了因板形问题导致的连续退火炉内带钢跑偏断带次数。

## 1　非对称板形对跑偏的影响

冷轧轧制过程中带钢会产生沿宽度方向非对称分布的板形应力 $\sigma(x)$，当板形应力 $\sigma(x)$ 中的压应力超过带钢临界失稳限后会导致带钢出现显性的板形缺陷，而当带有板形缺陷的带钢进入到连续退火炉内时，则可能出现跑偏现象。

生产实践表明，来料板形应力的非对称分布是造成连续退火炉内带钢跑偏的重要影响因素之一，利用连续退火生产前一工序冷轧过程板形仪检测结果可计算板形应力 $\sigma(x)$，如式（1）所示。

$$\sigma(x) = \sigma_0(x) - \sigma_t(x) - \sigma_m \tag{1}$$

式中，$x$ 为带钢宽度方向坐标；$\sigma_0(x)$ 为板形仪检测结果；$\sigma_t(x)$ 为各附加应力；$\sigma_m$ 为轧机出口张应力。

通过对某连续退火生产线生产过程的长期跟踪发现，带有单边浪的带钢最易跑偏，其非对称的残余应力会造成连续退火炉内牵引张力非对称而产生偏转力矩 $M$，如图 1 所示。当偏转力矩 $M$ 超过对应的摩擦力矩 $M_f$ 时，会导致跑偏现象出现，且向“松边”跑偏，这一点通过其他学者的研究也可得到验证。

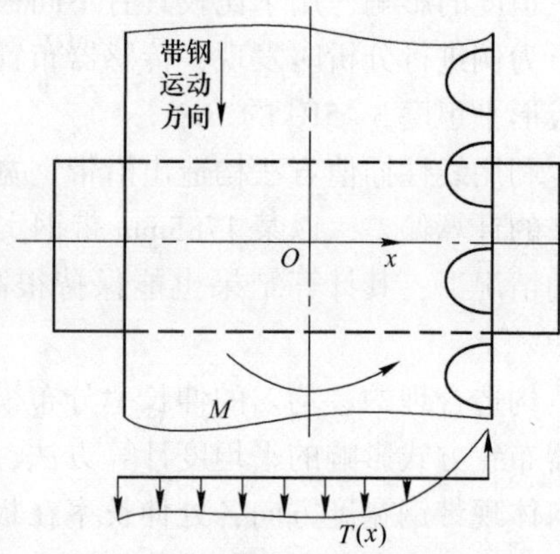


图 1　单边浪带钢连退炉内张力分析

炉辊为从动辊时，可利用式（2）计算由非对称板形应力导致的偏转力矩 $M$，而对应的摩擦力矩 $M_f$ 因带有板形缺陷的带钢与炉辊的接触状态不确定，因而难以用解析方式进行表达，建立确定性的跑偏理论模型并求解偏转力矩的临界值是十分困难的，因此，考虑建立合理的板形应力非对称评价指标，与跑偏现象对比确定统计意义上的非对称板形应力与跑偏之间的关系。

$$M = \int_{-\frac{B}{2}}^{\frac{B}{2}} \left[\sigma(x) + \frac{T}{Bh}\right] hx\mathrm{d}x \tag{2}$$

式中，$B$ 为带钢宽度；$h$ 为带钢厚度；$T$ 为牵引张力。

## 2　非对称板形评价指标

考虑到边部板形非对称对跑偏的影响更大，为描述板形应力的不对称性，提出了式（3）所示的板形不对称度公式。

$$I = \frac{\int_0^{\frac{B}{2}} |\sigma_1(x) - \sigma_2(-x)| x\mathrm{d}x}{\int_0^{\frac{B}{2}} [|\sigma_1(x)| + |\sigma_2(-x)|] x\mathrm{d}x} \tag{3}$$

现以一帧板形应力为例说明板形不对称度表达式中各参数含义及其计算过程。带钢宽度方向（图 2 中 $x$ 轴）坐标为［$-B/2$，$B/2$］，板形应力为 $\sigma(x)$，对应［0，$B/2$］范围内为 $\sigma_1(x)$，对应［$-B/2$，0］范围内为 $\sigma_2(x)$。将 $\sigma_2(x)$ 对称到［0，$B/2$］范围内，用 $\sigma_2(-x)$ 表示，如图 3 所示。

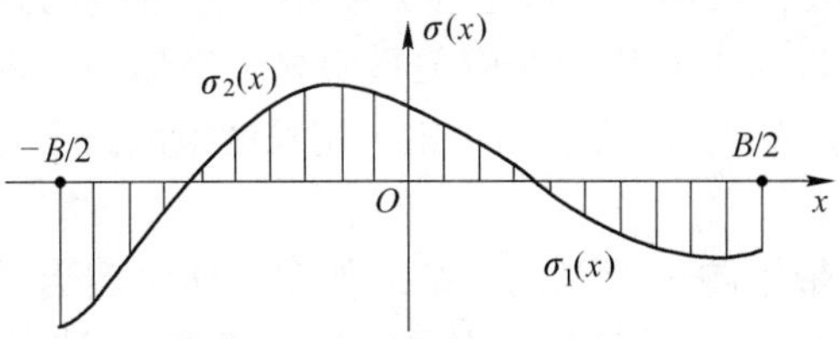


图 2　一帧板形检测结果

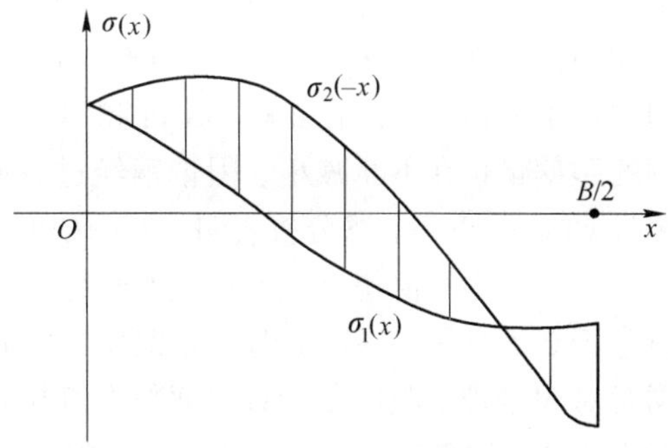


图 3　两曲线围成的面积

在单边浪情况下（图 4），$\sigma(x)$ 为奇函数（完全不对称），有 $-\sigma_1(x)=\sigma_2(-x)$，代入式（3）有 $I=1$。

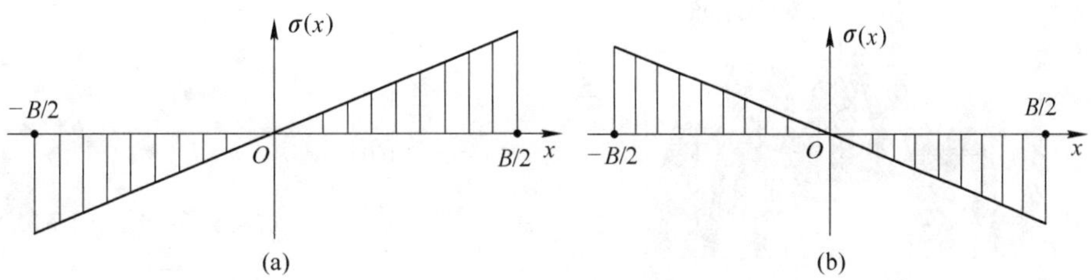


图 4　非对称板形应力示意图

（a）操作侧单边浪；（b）传动侧单边浪

在双边浪或中间浪情况下（图 5），$\sigma(x)$ 为偶函数（完全对称），有 $\sigma_1(x)=\sigma_2(-x)$，代入式（3）有 $I=0$。因此，不对称度 $I$ 的取值范围为［0，1］。

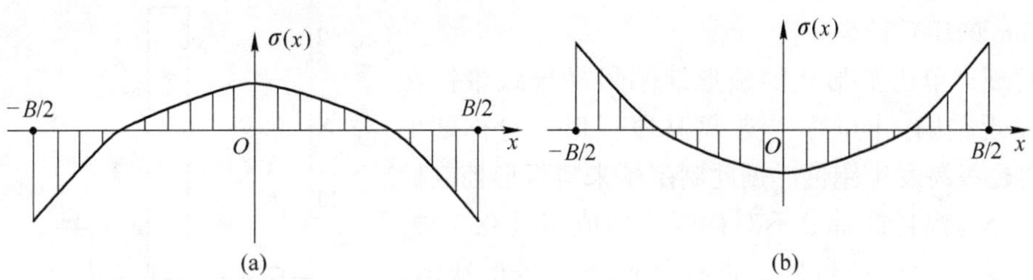


图 5　对称板形应力示意图

（a）双边浪；（b）中间浪

## 3　跑偏问题的跟踪分析

2013 年 4 月对某连续退火生产线的带钢跑偏数据进行了统计，共收集有效数据 192 组，其中跑偏超过 40mm 的有 97 卷带钢。利用本文方法计算了带钢板形不对称度，并将板形相关参数与跑偏数据对比，分析了板形缺陷形式、板形不对称度与跑偏间的关系。

某连续退火生产线带钢炉内跑偏现象多发生在带钢头尾刚进入到退火炉内时，且在 8 号、9 号 CPC（对中纠偏系统）处跑偏较多（图 6），经过加热段后跑偏现象基本消除，这从侧面说明带钢跑偏与带钢板形有一定的关系。

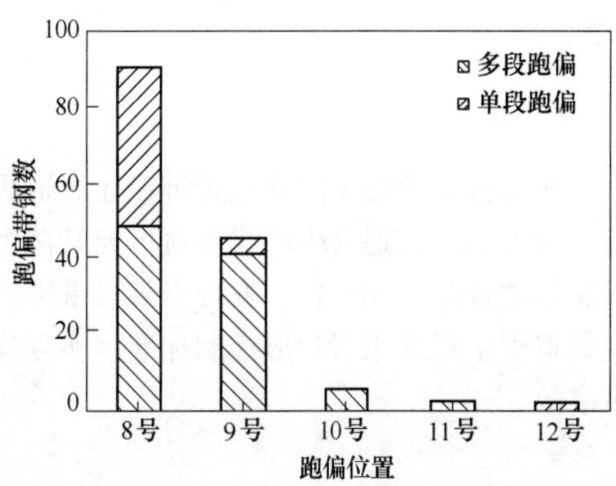


图 6　连续退火炉内带钢跑偏位置

利用连续退火生产线一级控制系统记录的实时跑偏数据与带钢沿长度方向的板形不对称度进行对比，从图 7 中可以看出，不对称度沿带钢长度方向的变化频率要高于跑偏量的变化频率，这一方面是由于板形仪沿带钢长度方向的数据采样间隔约为 1m，小于跑偏量约为 13m 的采样间隔，数据点更多；另一方面是因为带钢跑偏是持续的过程，不会出现突变，跑偏量变化相对较缓，但两者之间趋势仍存在一定的对应关系。如图 7 中在 0~300m 和 500~1000m 范围内板形不对称度的整体呈增大趋势，对应的 8 号 CPC 处带钢的跑偏量不断增加，而在 300~500m 和 1000~2000m 范围内板形不对称度整体呈下降趋势，对应的 8 号处带钢的跑偏量也在不断减小。因带钢经过一段时间的退火，板形有所改善，9 号 CPC 处带钢的跑偏量要比 8 号 CPC 处小。上述分析表明，8 号 CPC 处带钢跑偏量与不对称度对应关系明显。当带钢一定长度范围内不对称度平均值超过 0.5 且呈上升趋势时，跑偏现象显著；反之，当带钢一定长度范围内不对称度平均值小于 0.5 且呈下降趋势时，跑偏现象不显著。

同时对大量带钢跑偏段不对称度平均值与 8 号 CPC 处带钢跑偏量对比，结果如图 8 所示。当平均不对称度大于 0.5 时，有 83%带钢在 8 号 CPC 处跑偏超过了 40mm。统计意义上可认为，某段带钢板形不对称度超过 0.5 时，有更大的概率出现严重的跑偏问题。

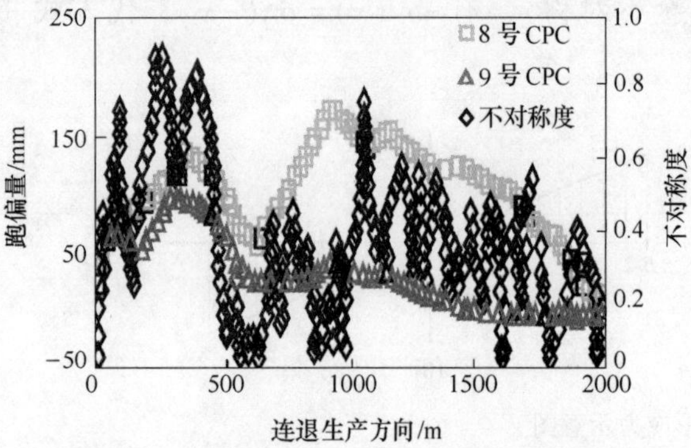


图 7　某一带钢板形不对称度与跑偏量间的关系

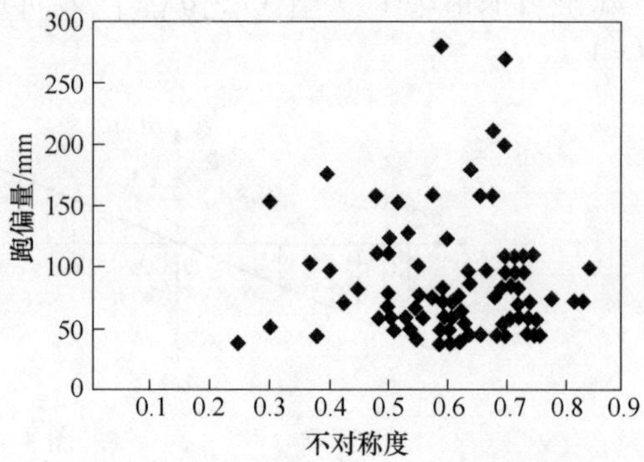


图 8　板形不对称度与 8 号 CPC 处跑偏量

对跑偏带钢的板形缺陷形式进行了统计，从图 9 中可以看出，发生跑偏的带钢 66% 为单边浪，而其他形式板形缺陷带钢跑偏超过 40mm 的相对较少。

通过分析发现，单边浪形式的板形缺陷最易导致带钢在连续退火炉内发现跑偏，同时，当带钢某段板形不对称度平均值超过 0.5 时也极易发生跑偏。据此制定了来料板形控制标准：当带钢带有单边浪且此部分不对称度平均值超过 0.5 时，不得进入连续退火炉生产；当带钢带有其他类型板形缺陷，且此部分平均不对称度超过 0.5 时，进入连退生产时需降低生产速度、严密监控跑偏情况。实际应用后，因板形缺陷问题导致的连续退火炉内带钢跑偏断带的次数由每年 8 次降至 3 次。

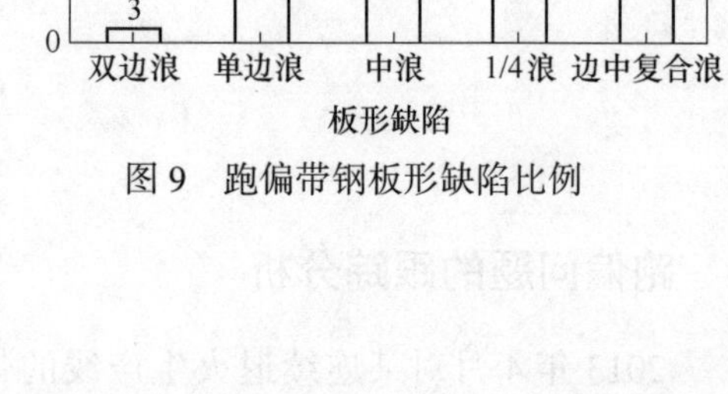


图 9　跑偏带钢板形缺陷比例

## 4　结语

非对称的板形缺陷导致带钢在连续退火炉内运行时极易出现跑偏现象，尤其是单边浪的影响更为明显。为评价连续退火生产线来料板形缺陷的非对称性，本文提出了板形不对称度评价指标，并通过与实际跑偏数据的对比分析，发现当某段带钢板形不对称度平均值超过 0.5 时，带钢极易跑偏，并据此制定了连续退火生产线来料板形控制标准，实际应用后有效降低了因来料板形缺陷造成的退火炉内带钢跑偏断带事故。

（原载《钢铁》，2015（5））

# 冷轧搪瓷钢的夹杂物与抗鳞爆性能

宋乙峰　杨宏武　杜　蓉　涂元强　田旭武

鳞爆是影响搪瓷制品质量的最严重缺陷之一，可能发生在涂搪生产、储存运输及用户使用等阶段，一旦产生就会导致产品报废，因此，用于制造搪瓷制品的原料钢板必须具有良好的抗鳞爆性能。研究表明，钢板的抗鳞爆性能与氢陷阱密切有关，钢中主要氢陷阱包括晶界、位错、夹杂物等，其中，夹杂物表面与氢的结合能大，是不可逆氢陷阱，对抗鳞爆性能影响最大。

目前市场上搪瓷专用钢板品种主要是含钛铝镇静钢，已有大量关于该类钢板抗鳞爆机理、加工成形性、涂搪性能等方面的研究工作，该类钢的氢陷阱以含钛的碳化物、氮化物、硫化物等夹杂物为主，其加工成形与抗鳞爆性能匹配良好，产品应用范围广。而近年来国内外一些钢厂新开发了一类高氧含量搪瓷钢，已在空气预热器传热元件、烤箱等方面进行了应用，但相关基础研究工作很少，不利于该类搪瓷钢产品的质量提升和推广应用。本文对上述两类搪瓷钢进行了对比研究，分析了钢板的金相组织、夹杂物及氢渗透时间，探讨了两类搪瓷钢板抗鳞爆性能差异的原因。

## 1　试验材料与方法

试验钢板的主要化学成分如表 1 所示，DC05EK 为含钛超低碳搪瓷钢，属于铝镇静钢类型，而 TC03 为含铌超低碳搪瓷钢，钢中全氧的质量分数大于 0.01%，属于弱脱氧钢类型。钢板生产工艺流程为：高炉炼铁→铁水预处理→转炉冶炼→真空精炼→连铸→热连轧→酸洗→冷连轧→连续退火→平整→精整。

**表 1　试验钢的化学成分**（质量分数）　　（%）

| 钢种 | C | Si | Mn | P | S | $Al_s$ | Ti | Nb |
|---|---|---|---|---|---|---|---|---|
| DC05EK | 0.0035 | ≤0.01 | 0.17 | 0.012 | 0.021 | 0.026 | 0.75 | ≤0.01 |
| TC03 | 0.0021 | ≤0.01 | 0.31 | 0.011 | 0.025 | ≤0.001 | ≤0.01 | 0.48 |

取上述成品钢板的纵向截面试样，经镶嵌、研磨、抛光和侵蚀后，采用金相显微镜（OLYMPUS GX71）进行组织观察。采用扫描电镜（QUANTA400）和透射电镜（JEM-2100F）观察钢中夹杂物的微观形貌，并使用能谱仪（OXFORD）分析夹杂物的成分，然后随机选取 20 个视场，统计其中夹杂物的数目和尺寸，得到平均颗粒直径 $d_p$ 和单位面积上的颗粒数 $n$，并根据 Fullman 公式计算夹杂物的体积分数（$V$）和单位体积的颗粒数（$N$）：

$$V = \frac{\pi}{6} n d_p^2 \tag{1}$$

$$N = n/d_p \tag{2}$$

每种钢板各取 5 块 25mm×25mm 的试样，按照 GB/T 29515—2013《搪瓷用冷轧钢板鳞爆敏感性试验——氢渗透法》测定氢渗透时间 $t_b$，并计算出钢板的抗鳞爆敏感性 $TH$。

## 2　结果与讨论

### 2.1　金相组织

图 1 为两种试验钢退火试样的金相组织照片，DC05EK 钢和 TC03 钢的组织都为铁素体，晶粒度分别为 8 级和 9 级。由于 TC03 钢中添加了铌，DC05EK 钢中添加了钛，都可形成大量碳氮化物，这些析出物在钢板热处理过程中起到抑制奥氏体晶粒粗化和再结晶铁素体晶粒长大的作用，使退火后的组织细化，而

含铌析出物细化晶粒效果比含钛析出物更强，导致 TC03 钢比 DC05EK 钢的晶粒更细小。由于晶界是贮氢的有效陷阱，而晶粒越细，晶界所占比例越大，因此 TC03 钢比 DC05EK 钢能提供更多的晶界型氢陷阱。

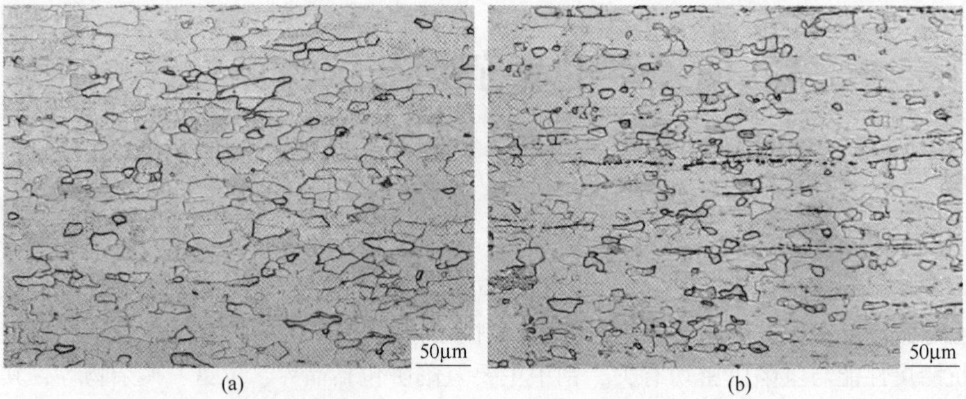


图 1　退火钢板的金相组织

（a）DC05EK；（b）TC03

## 2.2　夹杂物

图 2 所示为两种试验钢中夹杂物的 SEM 照片。由图 2(a) 可看出，DC05EK 钢中夹杂物数量较少，主要是尺寸为 2~6μm 的方形颗粒，由能谱分析可知夹杂物主要成分为 TiN 和 Ti(C，N)，还有少量直径小于 2μm 的球形颗粒，由能谱分析可知为 $Al_2O_3$，还存在以 $Al_2O_3$ 颗粒为核心形成的 $Al_2O_3$-TiN 复合夹杂物。如图 2(b) 所示，TC03 钢中存在大量线状、纺锤状和块状夹杂物，线状夹杂物最大长度达 20μm，经能谱分析其主要成分为 MnS，纺锤状和块状夹杂物尺寸为 1~3μm，经能谱分析，纺锤状夹杂物主要成分为 MnS，块状夹杂物主要成分为含锰和铌的复合氧化物。

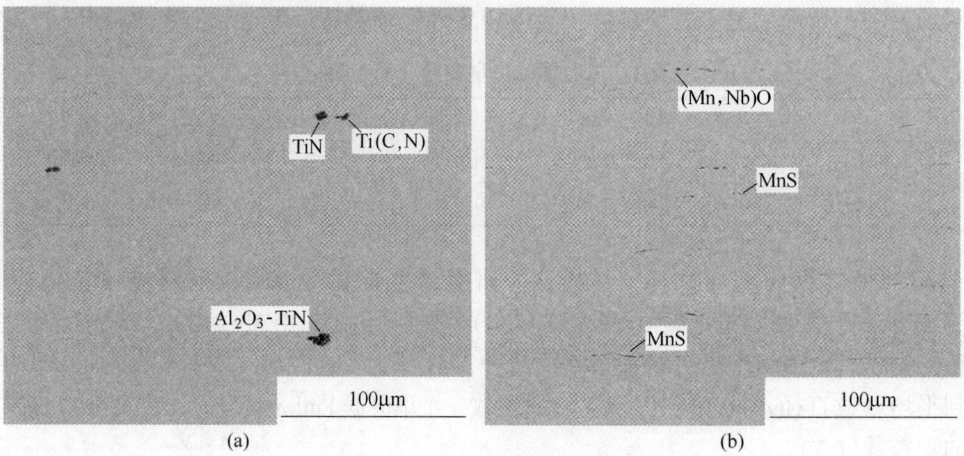


图 2　钢中夹杂物的 SEM 照片

（a）DC05EK；（b）TC03

对试样中夹杂物的粒径和数目进行分类统计，并计算夹杂物所占的体积分数，结果如表 2 所示。可以看出，DC05EK 钢中夹杂物的平均粒径约 4.48μm，尺寸较大，而夹杂物颗粒数目较少，夹杂物所占的体积分数约为 0.042%；TC03 钢中两类夹杂物的平均粒径分别为 2.13μm 和 1.85μm，其中线状 MnS 的粒径是按面积折算的圆形所对应的直径，夹杂物所占体积分数达到 0.202%，明显多于 DC05EK 钢。

**表 2　钢中夹杂物的定量分析结果**

| 钢种 | 夹杂物 | 平均粒径/μm | 单位体积的颗粒数/$\times 10^{14}\cdot m^{-3}$ | 体积分数/% |
|---|---|---|---|---|
| DC05EK | TiN、Ti(C，N)、$Al_2O_3$ | 4.48 | 0.09 | 0.042 |
| TC03 | MnS | 2.13 | 1.88 | 0.095 |
| | (Mn，Nb)O | 1.85 | 3.24 | 0.107 |

上述两种钢的夹杂物尺寸均在微米级，形成于冶炼及钢液凝固过程中。DC05EK 钢是采用铝脱氧，钢液中铝与氧结合形成 $Al_2O_3$ 颗粒，悬浮在钢液中的 $Al_2O_3$ 颗粒随着钢液凝固保留在钢坯中，添加的合金元素钛与 C、N 的结合力强，TiN 或 Ti(C，N）在钢中的固溶度随温度下降而显著降低，因而在凝固过程中，不断有 TiN 或 Ti(C，N）颗粒生成并长大，形成钢坯中的含钛夹杂物。TC03 钢在冶炼终点保留了较高的氧含量，由于 Al、Si 含量极低，形成的 $Al_2O_3$ 和 $SiO_2$ 颗粒很少，而添加的合金元素 Mn、Nb 与氧的亲和力高于铁，会优先凝固析出，形成含锰和铌的复合氧化物颗粒，同时钢中添加了一定量的硫，锰与硫反应形成 MnS 颗粒析出。由于这些夹杂物都在液相区或高温固相区形成，颗粒很容易聚集或长大，因而钢坯中夹杂物尺寸较大，在钢坯轧制变薄过程中，脆性颗粒受挤压破碎，塑性颗粒沿轧向拉长变形，最终形成如图 2 所示的夹杂物形态。还有研究证实，夹杂物颗粒变形过程中，容易在附近形成微小的孔洞。在搪瓷钢的涂搪过程中，夹杂物颗粒与基体的界面以及微孔洞可以起到阻碍氢扩散的作用，并能储存一部分氢，使钢板具有更高的容氢量，对钢板的抗鳞爆性能有利。

图 3 所示为两种试验钢中析出物的 TEM 照片，可以看出，DC05EK 钢中存在大量含钛的析出物，主要是尺寸小于 100nm 的 Ti(C，N）颗粒和粒径为 50~200nm 的 $Ti_4C_2S_2$、TiFeP 颗粒，而 TC03 钢中存在大量尺寸小于 100nm 的球状 NbC 析出物。

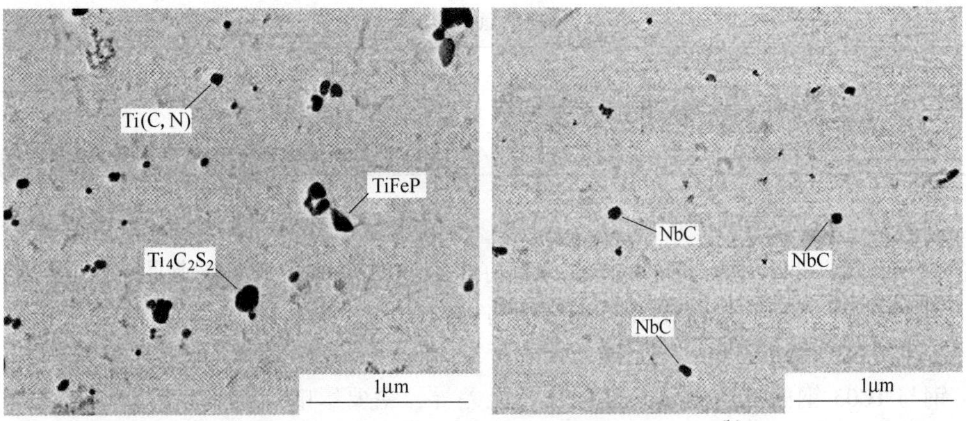


图 3　钢中析出物的 TEM 照片

(a) DC05EK；(b) TC03

同样地，对试样中析出物的粒径和数目进行分类统计，并计算析出物所占的体积分数，结果如表 3 所示。可以看出，DC05EK 钢和 TC03 钢析出物的平均粒径接近，而 DC05EK 钢中析出物数量更多，其所占的体积分数更大。结合表 2 与表 3 可以看出，TC03 钢中各类夹杂物总的体积分数达到 0.223%，而 DC05EK 钢中各类夹杂物总的体积分数为 0.123%，可见，TC03 钢中夹杂物的含量明显高于 DC05EK 钢。

**表 3　钢中析出物的定量分析结果**

| 钢种 | 析出物 | 平均粒径/μm | 单位体积的颗粒数/$\times10^{18}\cdot m^{-3}$ | 体积分数/% |
|---|---|---|---|---|
| DC05EK | Ti(C，N)、$Ti_4C_2S_2$、TiFeP | 0.062 | 6.49 | 0.081 |
| TC03 | NbC | 0.043 | 4.82 | 0.021 |

上述两种钢的析出物都是在钢板热处理过程中形成的，含钛或铌的化合物在奥氏体和铁素体中固溶度不同，并随温度降低而减小，在热轧卷取或退火冷却过程中，固溶元素向晶界扩散并形核析出。与炼钢过程中凝固形成的粗大夹杂物不同，该类析出物主要形态为球状，尺寸小且呈弥散分布。这些细小的析出物一方面起到细化晶粒和析出强化作用，另一方面由于数量多，与铁基体的界面大，也可充当氢陷阱。

## 2.3　抗鳞爆性能

通过氢渗透法测定钢板的抗鳞爆敏感性，电化学工作站采集氢渗透过程中的电流变化情况，对 $I$(电流)-$t$(时间）曲线进行积分处理获得氢渗透过程的 $Q$(电量)-$t$(时间）曲线，图 4 所示为两种搪瓷钢板代表试样的 $Q$-$t$ 曲线，从图中可以得到两块试样的氢渗透时间分别为 940s 和 1215s，TC03 钢板的氢渗透时间更长。

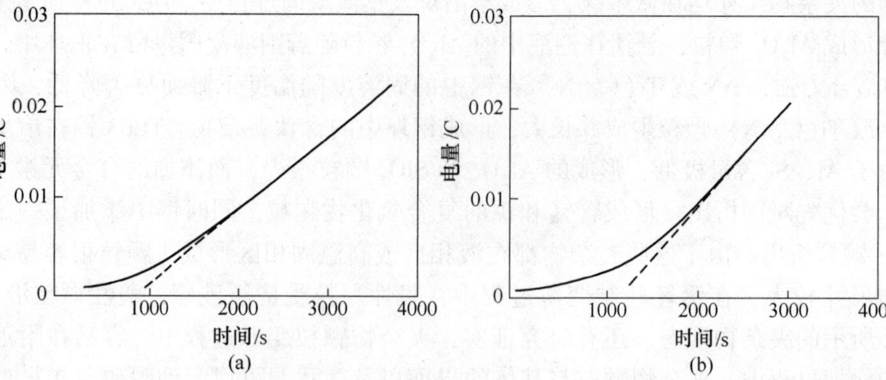


图 4　钢板氢渗透试验的电量-时间曲线

(a) DC05EK；(b) TC03

每种钢板各测定 5 块试样的氢渗透时间，然后计算得到钢板抗鳞爆敏感性 *TH* 的平均值，结果如表 4 所示。一般认为，厚 1. 0mm 钢板的氢渗透时间大于 10min，即 *TH*>10min/mm$^2$ 时，不容易发生鳞爆。

**表 4　钢板的氢渗透试验结果**

| 钢种 | 试样厚度/mm | 氢渗透时间/s | *TH* 的平均值/min · mm$^{-2}$ |
|---|---|---|---|
| DC05EK | 0. 72，0. 72，0. 70，0. 72，0. 72 | 750，830，920，990，940 | 29. 1 |
| TC03 | 0. 70，0. 70，0. 68，0. 74，0. 72 | 1215，1220，1155，1260，1220 | 40. 4 |

DC05EK 钢板的 *TH* 平均值为 29. 1min/mm$^2$，TC03 钢板的 *TH* 平均值为 40. 4min/mm$^2$，都没有低于 10min/mm$^2$ 的情况，说明两种钢板的抗鳞爆性能良好，鳞爆概率较低，都能满足一般搪瓷制品的生产要求。其中，TC03 钢板的 *TH* 平均值比 DC05EK 钢高出约 40%，说明 TC03 钢的抗鳞爆敏感性明显优于 DC05EK 钢，发生鳞爆的概率更低。

DC05EK 钢与 TC03 钢的抗鳞爆敏感性存在明显差异，主要影响因素有：（1）与 DC05EK 钢相比，TC03 钢组织晶粒度高 1 级，晶粒尺寸更小，晶界面积更大，带来更强的束缚或储存氢的作用，因而同样体积的钢板能阻碍或容纳更多的氢，导致氢渗透至稳定含量所需时间增加；（2）夹杂物是最有效的氢陷阱，夹杂物越多则氢陷阱作用越强，研究证实，夹杂物增加会降低钢板逸氢的扩散系数，TC03 钢中夹杂物的体积分数多于 DC05EK 钢，氢扩散系数更小，因而氢穿透同样厚度钢板所需时间更长；（3）TC03 钢中夹杂物种类多，包括线状、纺锤状和球状，且尺寸分布范围宽，其中沿钢板轧向分布、尺寸较大的线状或纺锤状夹杂物是作用更强的氢陷阱，对沿厚度方向扩散氢的阻碍作用大，而 DC05EK 钢中夹杂物主要为球状，种类较单一且尺寸集中在 1μm 以下，因而氢陷阱作用相对较弱。

## 3　结论

（1）两种冷轧搪瓷钢的组织均为铁素体，晶粒度分别为 8 级和 9 级，TC03 钢比 DC05EK 钢的晶粒细小，夹杂物种类多，颗粒尺寸分布范围宽，夹杂物所占体积分数大，因此 TC03 钢中氢陷阱更多。

（2）钢板氢渗透试验结果表明，TC03 钢 *TH* 的平均值比 DC05EK 高出约 40%，说明其抗鳞爆性能更好，钢中氢陷阱主要为晶界和夹杂物，其数量和作用大小的不同是导致两种钢板抗鳞爆性能差异的主要原因。

（原载《钢铁研究学报》，2015（9））

# 电镀锌钢板表面白色线状缺陷的形成机理

董　蓓　杨成志　蔡　捷　黄道兵

电镀锌板具有良好的耐蚀性、加工性、可焊性和涂漆性，主要用于汽车、家电等行业，而高端汽车、家电行业对电镀锌表面质量要求十分苛刻。因此，加大电镀锌产品质量控制，及时消除表面缺陷，成为了电镀锌表面质量提升的重点方向。某钢厂电镀锌机组产品的上下表面存在白色线状缺陷，类似于丝状斑迹缺陷，其形貌特征如下：沿轧制方向呈白色线状，其颜色随角度的变化逐渐变暗，有时长有时短，白线间无明显夹角，出现概率一般在上表面较多，纵贯长度方向。

本文系统分析了白线缺陷的形貌特征，对白线缺陷对应的基板形貌及基板对应的热轧板等也进行了详细的分析，以便找出白线产生的原因。

## 1　试验材料和方法

试验材料是有白线缺陷的电镀锌板（图1）、电镀锌板除去锌层对应的基板、镀锌前的冷轧板、同批次的热轧板。采用Quanta400扫描电子显微镜（SEM）分析电镀锌白线缺陷对应基板及基板对应的热轧板的表面形貌、微观结构、晶体形貌；采用能谱仪（EDS）对钢板缺陷区域成分进行分析；用电子背散射衍射（EBSD）分析缺陷处基板的取向。

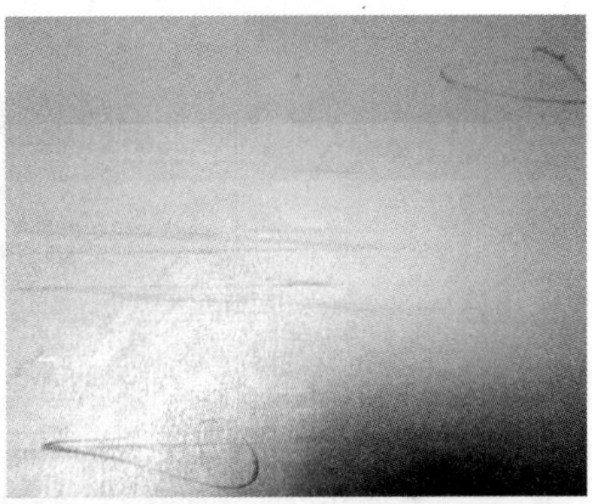

图1　电镀锌板白色线状缺陷的宏观形貌

## 2　试验结果

### 2.1　白线缺陷的微观形貌

通过扫描电镜观察电镀锌板正常区域和白线缺陷区域的微观形貌，见图2。正常区域的晶粒生长取向是杂乱的，见图2(a)，缺陷区域有大量的夹渣，同时夹渣附近分布有大量片状锌晶粒，晶粒沿轧向呈层状排列，见图2(b)。

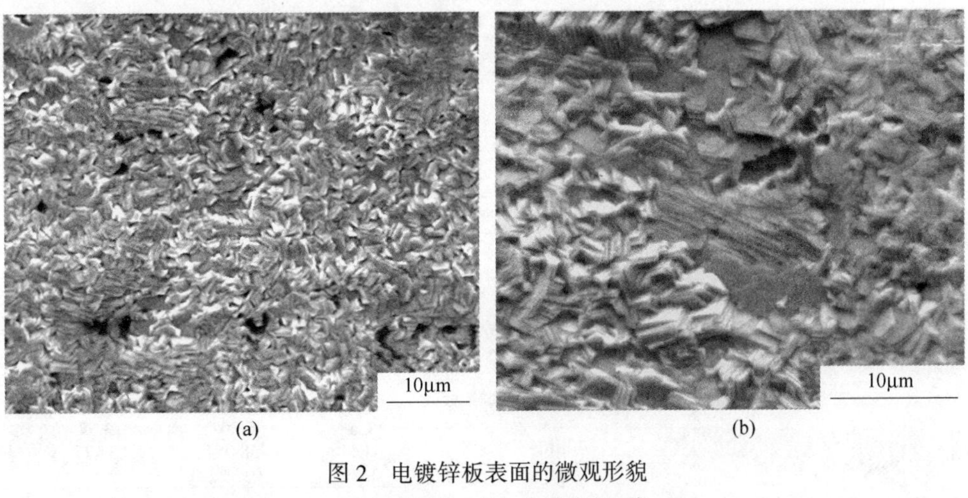



图2　电镀锌板表面的微观形貌

（a）正常区域；（b）白线缺陷区域

对表面存在白线缺陷的钢板去锌后进行SEM形貌分析，见图3，由图可见，正常区域的表面平整且沿轧向有些轻微条纹，而缺陷区域发现有夹渣富集。

(a)　(b)

图 3　连续退火钢板表面的微观形貌

（a）正常区域；（b）白线缺陷区域

对表面存在白线缺陷的电镀锌板的同批次冷轧原板进行 SEM 形貌及成分分析，见图 4、图 5。分析结果表明，冷轧原板表面有大量的嵌入式杂物。能谱成分分析表明，其位置除了含有铁，还含有大量的 O、Mg、Si、Ca、Al 等元素。

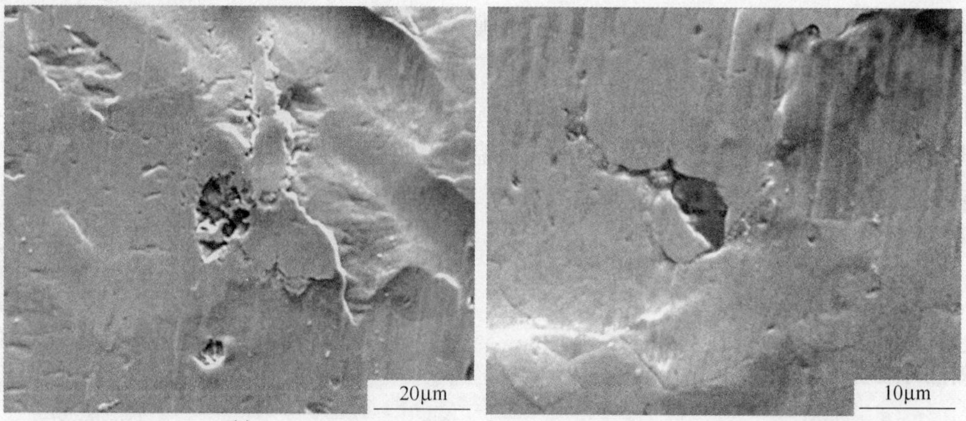


(a)　(b)

图 4　冷轧板表面的嵌入物

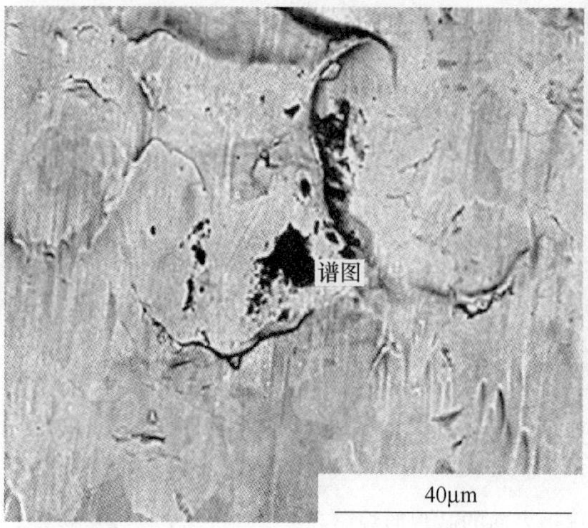


(a)

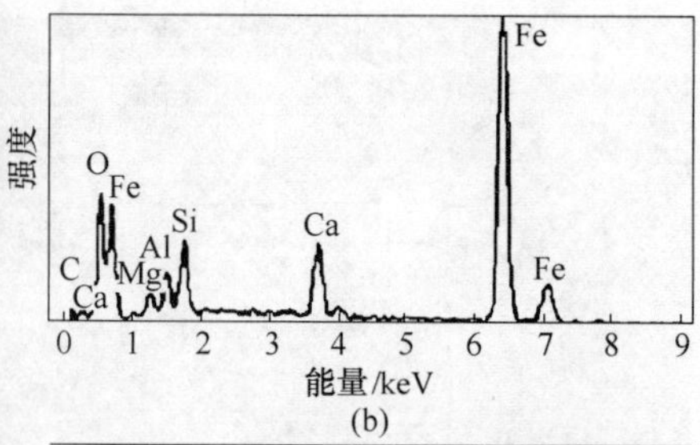


(b)

| 元素 | 质量分数/% | 原子数分数/% |
| --- | --- | --- |
| C | 5.43 | 13.67 |
| O | 21.61 | 40.50 |
| Mg | 2.12 | 2.61 |
| Al | 2.74 | 3.04 |
| Si | 4.71 | 5.03 |
| Ca | 5.30 | 3.37 |
| Fe | 58.05 | 31.17 |
| 总和 | 100.00 | |

图 5　嵌入物的形貌（a）及其成分分析（b）

对存在白线缺陷的电镀锌板的同批次热轧原板进行SEM表面形貌及成分分析，见图6~图8。分析结果表明，热轧板表面存在孔洞，局部位置存在大量镶嵌块及卷起，孔洞中除了含有铁，还存在C、O、S、Si、Ca等异常元素的富集，在这个镶嵌块周围存在氧化铁皮卷起。

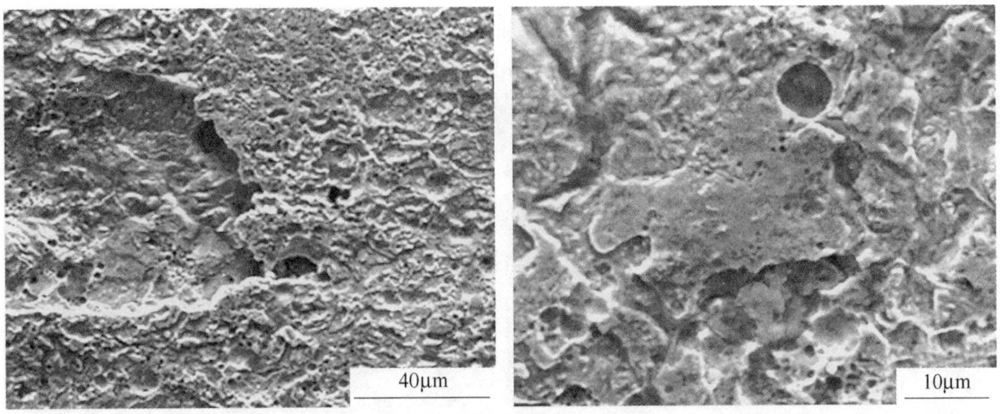


(a)　(b)

图6　热轧板表面镶嵌块的形貌

(a)

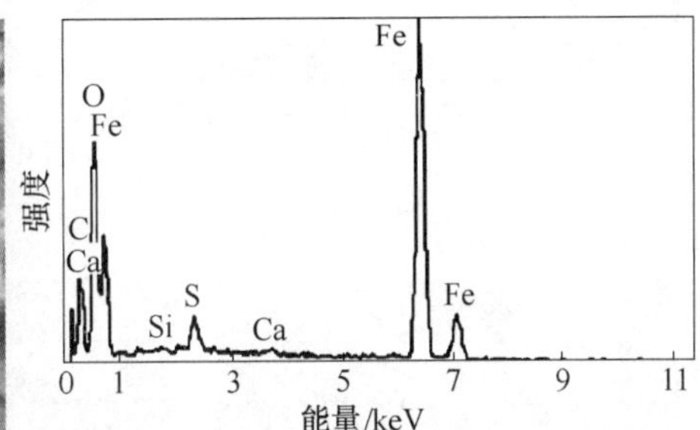


(b)

| 元素 | 质量分数/% | 原子数分数/% |
|---|---|---|
| C | 19.19 | 36.57 |
| O | 29.20 | 41.77 |
| Si | 0.17 | 0.14 |
| S | 1.31 | 0.93 |
| Ca | 0.27 | 0.15 |
| Fe | 49.85 | 20.43 |
| 总和 | 100.00 | |

图7　热轧板酸洗后的表面形貌（a）及成分分析（b）

(a)

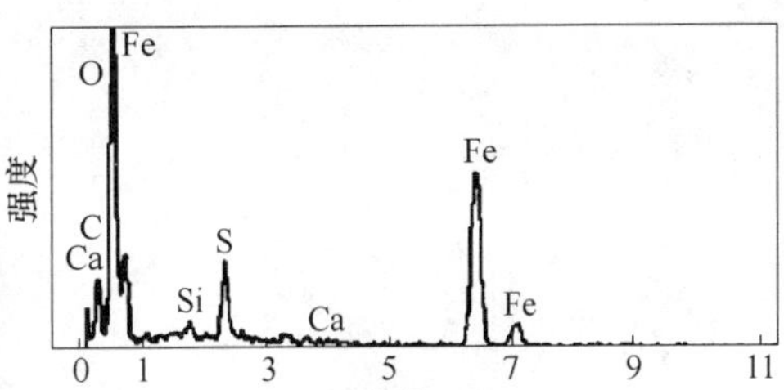


(b)

| 元素 | 质量分数/% | 原子数分数/% |
|---|---|---|
| C | 17.64 | 28.82 |
| O | 46.33 | 57.43 |
| Si | 0.69 | 0.43 |
| Ca | 3.79 | 2.32 |
| Fe | 30.75 | 0.15 |
| 总和 | 100.00 | |

图8　热轧板表面镶嵌块的形貌（a）及成分分析（b）

## 2.2 EBSD 取向组织分析

由于片层状锌晶粒主要与基板的晶体学取向有关，为了进一步分析基板取向组织对白线缺陷的影响，对白线缺陷在场发射扫描电镜下用液体对镀锌层进行酸洗后，在扫描电镜中找到相应位置，用 EBSD 分析缺陷处基板取向。图 9 为有白线缺陷的电镀锌板形貌，片层状锌晶粒比例较高的区域分别标记为 1、2、3、4、5、6，图 10 为分别对应上述缺陷位置的，经过 HCl 酸洗去掉锌层的基板的 EBSD 分析结果。图 11 为正常区域锌层晶粒的形貌及晶体取向图。

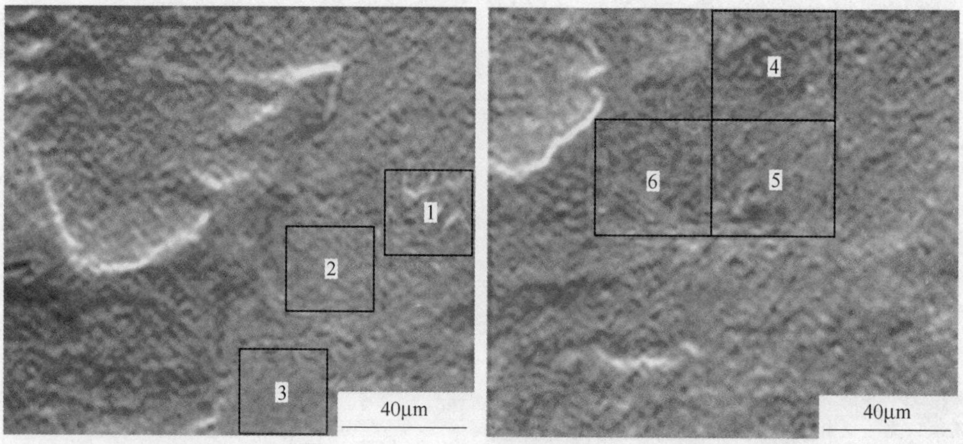


图 9　微区 1~6

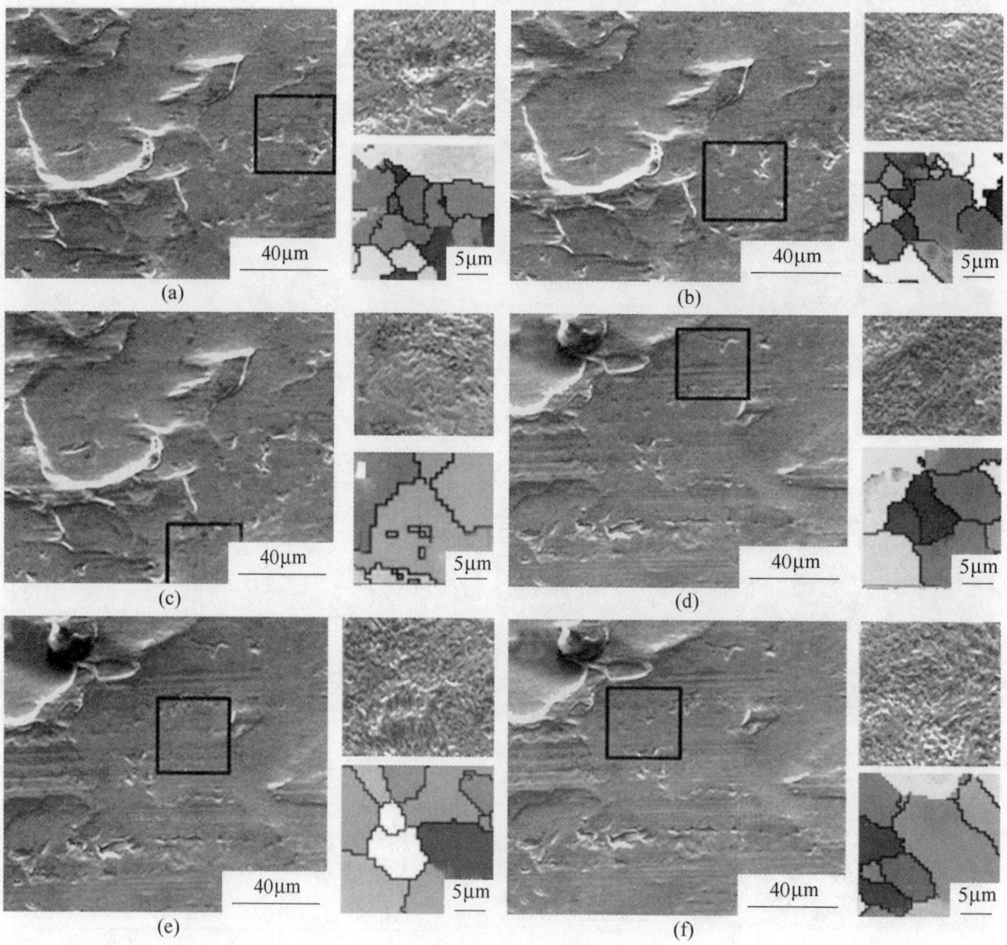


图 10　锌层的晶粒形貌及晶体取向图

(a) 微区 1；(b) 微区 2；(c) 微区 3；(d) 微区 4；(e) 微区 5；(f) 微区 6

如表 1 所示：锌晶粒片状分布区域基板的｛111｝面织构比例较低，｛211｝、｛554｝及｛221｝面取向晶粒含量较高，而镀锌层凸起擦伤位置基板晶体学取向高旋转立方织构｛100｝<110>比例较高。研究发现，在铁的｛211｝、｛554｝和｛221｝晶体学面上生长的锌晶粒呈规则的片状，而锌沿铁基板的｛111｝｛100｝面自由生长，可以得到无规律的片状形貌，如图 12 所示，锌晶粒外延生长的程度依赖于钢基板的晶体学取向，而且沿｛101｝$_{Fe}$取向更易于外延生长。电镀锌基板希望得到更多的｛111｝取向以得到更多无规则的锌片晶粒。

图 11　正常区域锌层的晶粒形貌及晶体取向图

表 1　不同微区的取向分析结果　（%）

| 项目 | 织构 | | | | | | | | |
|---|---|---|---|---|---|---|---|---|---|
| | ｛111｝ | ｛110｝<001> | ｛100｝<001> | ｛001｝<110> | ｛554｝<-110> | ｛221｝<-110> | ｛211｝<-111> | ｛211｝<0-11> | ｛112｝<1-52> |
| 微区 1 | 20.2 | 0 | 0.160 | 52.300 | 13.0 | 14.7 | 1.92 | 0 | 16.50 |
| 微区 2 | 14.7 | 1.630 | 0 | 8.810 | 15.8 | 19.2 | 0 | 40.2 | 7.38 |
| 微区 3 | 35.0 | 4.880 | 0.875 | 0.375 | 25.9 | 26.4 | 4.44 | 0 | 3.45 |
| 微区 4 | 32.2 | 0 | 6.500 | 13.900 | 19.6 | 0 | 4.19 | 0 | 39.80 |
| 微区 5 | 25.2 | 3.060 | 14.400 | 20.200 | 15.8 | 29.3 | 7.40 | 0 | 0 |
| 微区 6 | 20.1 | 0.375 | 8.880 | 4.000 | 12.4 | 9.5 | 0 | 15.2 | 1.06 |
| 正常区域 | 44.4 | 0.670 | 0.610 | 0 | 19.0 | 17.6 | 24.00 | 0 | 0 |

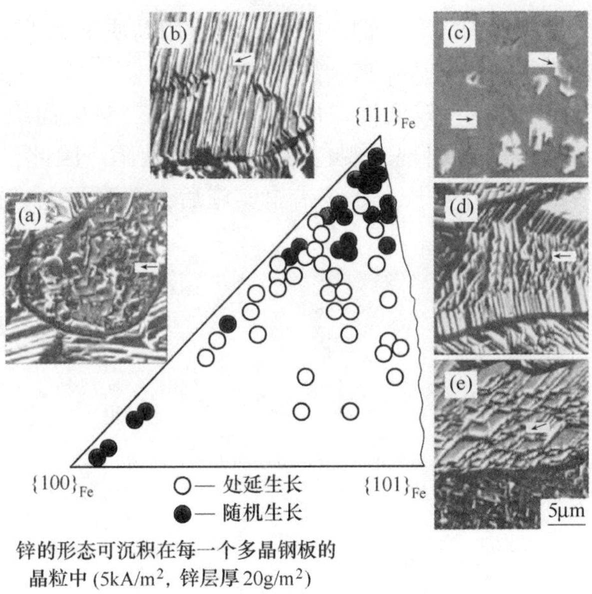


图 12　不同晶体取向上锌层的形貌

（a）｛110｝$_{Fe}$；（b）｛211｝$_{Fe}$；（c）｛111｝$_{Fe}$；（d）｛554｝$_{Fe}$；（e）｛221｝$_{Fe}$

## 3　分析和讨论

（1）由白线缺陷形貌及对存在白线缺陷的电镀锌板的同批次冷轧及热轧板的分析表明：电镀锌板的白线缺陷所对应的位置及其基板含有大量 Fe、O、S、Si、Ca、Al 等元素，因炼钢保护渣的主要成分为 $SiO_2$、CaO 和 $Al_2O_3$，它们在保护渣中的质量分数是 50%～80%，因此可以判断缺陷与钢板表面存在的轻微氧化铁皮、夹渣有关。

在炼钢和连铸工艺中，由于转炉终点控制不好或者浸入式水口密封性不佳，导致钢中氧含量升高以及钢水的二次氧化，从而形成了 $SiO_2$、CaO 及 $Al_2O_3$ 夹杂物。本试验钢中夹杂物虽然主要是氧化物系夹杂物，但是，一般在热轧过程中，是可以去除的。如若热轧除鳞不彻底，钢板表面就会有 $SiO_2$、CaO 及 $Al_2O_3$ 氧化铁皮或保护渣的轻微残留，当氧化铁皮压入或夹渣未暴露在热轧板表面，酸洗过程就难以去除之。在随后的大压下量冷轧及电镀锌前的酸洗过程中可能暴露在钢板的表面，夹杂物及氧化铁皮的存在，割裂了钢基体的连续性，电镀锌过程中，锌在基体中是一个均匀形核与长大过程，因此，锌层形成后取向是杂乱无章的，而锌在夹渣与钢基体的界面处形核，属于非均匀形核过程，所需形核功较小，沿夹渣与钢基体界面形核并长大，锌在生长过程不能穿越夹杂物，沿夹渣边界长成片层状，或在镀锌后在夹渣位置出现孔洞，最终导致电镀锌板宏观上的色差，形成白线缺陷。

（2）电镀锌基板要得到更多的｛111｝取向，从而得到更多无规则的锌片晶粒，而白线缺陷处基板的高斯织构｛211｝<011>比例相对较高，且片状锌晶粒基板处｛111｝面织构比例相对较少。形成片层状晶粒，从而在电镀锌后，板面经光的反射呈现出白线状的缺陷。张坤龙和陈建新均提出“丝状斑迹”缺陷与钢板表面高斯织构沿轧向排列有对应关系。高斯织构产生的原因主要是终轧温度处于奥氏体区。在试验中发现，热轧机架切水板漏水，将使热轧钢板上表面局部温度降低而进入铁素体区，由于铁素体和奥氏体的变形抗力不同，结果导致局部铁素体区形成高斯织构。高斯织构一旦形成，即使随后经过退火处理也将保持不变。

## 4 结论

（1）热轧板除鳞不彻底，导致轻微氧化铁皮压入以及连铸保护渣在带钢表面的微量残留，在随后的冷轧过程中露头出现在钢板表面，导致电镀锌锌层异常；连铸夹渣（富含 Mg、Al、Ca、O、Si 等元素）周围区域酸洗不完全，形成锈蚀后在后续轧制工序压入表面，引起电镀锌层异常，形成条纹缺陷。因此，为了改善电镀锌原板表面质量，需要优化炼钢和连铸工艺，获得洁净的钢坯。通过加强转炉终点控制，降低钢中氧含量以及改进浸入式水口密封性，能有效避免钢水二次氧化，从而减少氧化夹杂物的生成；严格限制结晶器液面的波动，避免保护渣卷入钢液中，同时采用高质量保护渣确保钢水中夹杂物的上浮，从而减少钢液中残留的硅酸盐类和钙铝酸盐类夹杂物。

（2）电镀锌基板｛111｝面织构比例较低，｛211｝、｛221｝、｛554｝面织构比例较高，即存在高斯织构，导致电镀锌时片状锌层比例增大，出现宏观色差导致白线缺陷。因此，改变热轧终轧和卷取温度，避免局部两相区轧制和卷取后的晶粒异常长大。该措施实施后，消除了电镀锌层中的高斯织构，电镀锌板表面的白线缺陷消失。

（原载《钢铁研究学报》，2015（7））

# 超宽冷轧机带钢板形特征聚类分析

李洪波　包仁人　张　杰　贾生晖　褚玉刚　刘海军

带钢平坦度是冷轧板带材最重要的质量指标之一，是冷轧过程板形控制的核心。随着科技的发展与板带产品客户要求的不断提高，带钢板形控制的技术要求也越来越高。冷轧板形控制具体包括板形状态实时检测、板形缺陷判别和板形调节三方面，可见板形缺陷的判别是在板形仪准确测得板形应力数据的基础上，实现板形有效调节的中间关键一环。同时，对板形缺陷的长期规律性判别，也是生产现场进行辊形改进和板形控制策略优化的前提条件。

板形模式识别作为一种有效方法可用于对板形缺陷的初步判别和分类，在冷轧板形控制中得到广泛的应用。其本质就是采用一定的数学方法识别实测张应力信号中的板形缺陷类型，识别结果既可应用于板形闭环控制，也可为确定板形控制策略提供依据，为提高冷轧设备板形控制能力提供指导。

近年来，我国投产了一批1800mm以上的超宽带钢冷连轧机，由于轧辊长径比的增加使得轧辊挠曲更为复杂，加之可轧带钢宽度跨度较大，所以现场实测的带钢板形应力分布较为复杂，现有的板形控制手段已难以实现对复杂板形的有效控制。为解决超宽冷轧机的板形控制问题，必须准确把握不同带钢宽度下的板形缺陷特征，才能针对性地从辊形和板形控制策略等方面提出解决办法。

包仁人等采用板形模式识别的方法对某2180mm冷连轧机的带钢板形缺陷进行分析，设计了包括一次、二次、三次和四次基本板形模式的识别算法，分析表明超宽带钢存在三次板形缺陷，且存在明显的边中复合浪。但对于超宽带钢，如1800mm以上带钢的复杂浪形，如图1所示，四次多项式的拟合结果并不能很好地吻合实际板形检测结果，即使将多项式系数提高到八次，二者之间仍存在一定差异，这主要是因为边部近200mm范围内板形应力变化较为剧烈。

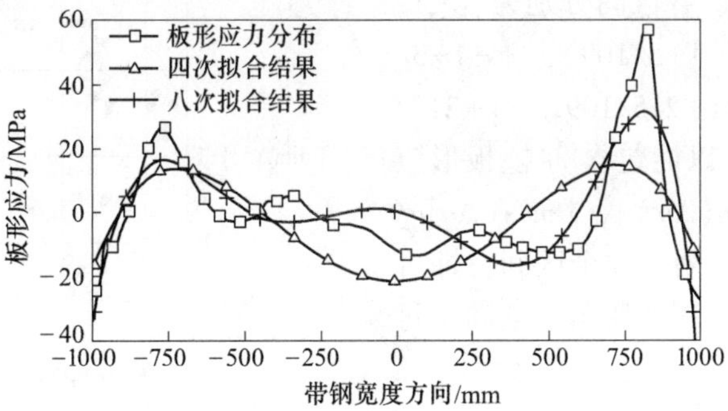


图1　宽度2000mm带钢板形应力与拟合结果比较

为明确该2180mm轧机的带钢板形特征，杨光辉等对带钢板形缺陷进行初级分类，并提取出单位典型板形相量，采用$k$均值聚类法求解典型比值系数，进而得到了1500mm和2000mm两个宽度带钢的典型板形向量。但由于分析数据量有限，并未能得出现场长期存在的板形缺陷特征，且未对板形缺陷进行数学描述。

为获取带钢的板形特征细节，最好能对生产现场大量的板形检测结果进行统计和深入地分析，特别是现代化的冷连轧机配备的服务器可保存多达数千卷、上百万帧的带钢板形检测信号，使“大数据”分析成为可能。通过对某2180mm冷连轧机带钢板形进行跟踪，发现同批具有近似规格和钢种的带钢在稳定轧制阶段的板形缺陷具有相似性，其浪形幅值和形态比较接近，具有聚类分析的基础。因此借鉴“大数据”的思想，结合数据挖掘领域中聚类分析方法提出适用于冷轧带钢板形特征的聚类分析方法，可实现快速对大批量带钢的板形检测结果的处理，从而快速准确地获取轧机不同宽度下带钢板形特征，可以为辊形改进和板形控制策略优化提供坚实的基础。

为此，本文基于 Ester 在 1996 年提出的 DBSCAN（density-based spatial clustering of applications with noise）算法思想，提出基于密度与网格的板形特征聚类分析方法，并结合某 2180mm 超宽带钢冷连轧机带钢板形的实际数据进行分析与研究。

## 1　板形特征的聚类分析

板形特征聚类分析的基本思路是在以带钢宽度和板形应力幅值所构成的二维网格中计算落于每一网格内的板形应力散点值的频率，删除低密度单元以滤掉板形中偏差较大的“噪声”和“孤立点”，将密度足够高的区域连通，作为板形特征识别的基础，进而判断对应每一宽度坐标处板形应力的分布形式来判断其主要分类，再通过一定算法具体实现。

### 1.1　冷轧带钢板形特征提取原则

聚类分析方法根据数据间的相似程度，将数据划分为不同的组，找到并提取出数据的共性特征，形成具有不同特征的数据集。根据超宽冷连轧机带钢板形的特点，确定如下板形特征提取原则：

（1）以稳定轧制阶段带钢板形应力为对象，不考虑波动较大的带钢头部和尾部板形；

（2）带钢的板形特征以散点形式表征，无预先给定模板，即特征提取过程无预判定类别；

（3）板形特征分类数不宜过多，需确定合适的比例阈值去除在板形总帧数中占比例过低的分类；

（4）板形特征提取过程应具有快速、有效的特点，特征识别结果应具有稳定性和唯一性。

### 1.2　聚类分析网格空间的确定

对于同规格带钢而言，其全长范围内的板形检测结果相当于一个 $m\times n$ 的二维矩阵，其中 $n$ 代表带钢宽度方向覆盖的传感器数量，$m$ 代表全部长度的检测帧数。为便于数学处理和比较不同规格间板形特征差异，将一组同规格带钢的 $m$ 帧板形应力 $\Delta\sigma$ 按列等间距线性插值，插值后列数与 2180mm 冷连轧机五机架后板形仪传感器总数 110 相对应，即将 $m\times n$ 的二维矩阵转换为 $m\times 110$ 的二维矩阵。

对带钢宽度 $B$ 的坐标 $[-B/2, B/2]$ 归一化至 $[-1, 1]$，沿带钢宽度 $[-1, 1]$ 划分 110 个区间作为网格空间横向划分依据，各区间分别为 $[-1, -1+1/109)$，$[-1+1/109, -1+3/109)$，$[-1+3/109, -1+5/109)$，…，$[-1+215/109, -1+217/109)$，$[-1+217/109, 1]$；以能包含 $m$ 帧板形应力极差的最小整数区间 $[\min(\Delta\sigma)]$，$[\max(\Delta\sigma)]$ 为纵坐标，以 1MPa 为间隔，划分 $p$ 个区间；即可构成 $p\times 110$ 的网格空间 $\Omega$，如图 2 所示，空间中每个网格称为单元。

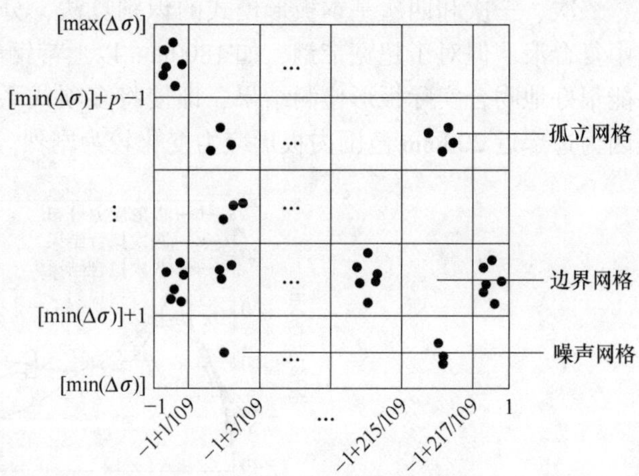


图 2　网格空间划分示意图

### 1.3　基于网格和密度的板形聚类算法

基于网格和密度的聚类算法核心思想，是认为处于同一网格单元中数据点具有较高的相似度，聚类原则是将一定空间距离内的高密度单元合并形成新类，而低密度单元则可视为孤立点或噪声而从数据集中剔除。将这一原理应用到冷轧带钢板形特征分析中，用于确定板形应力的类别。

（1）网格单元内数据密度计算。将多卷同轧制计划、同规格带钢的 $m$ 帧板形应力作为待分析样本，每帧板形应力 $\Delta\sigma$ 的值可视为 $1\times 110$ 的矩阵，与之对应的网格空间 $\Omega$ 的值为 $p\times 110$ 的矩阵，可按下式计算每个网格单元中板形应力值的密度 $q_{ij}$：

$$q_{ij} = \frac{Q_{ij}}{m} \times 100\% \tag{1}$$

式中，$Q_{ij}$ 为每个单元中点的总数；$ij$ 为单元号，$1\leqslant i\leqslant p$，$1\leqslant j\leqslant 100$。

图 3 为宽度为 1900mm 带钢的板形应力值的网格单元内密度 $q_{ij}$ 的分布，其中 OS（operation side）为操

作侧，DS(drive side) 为传动侧。从图中可看出对于同规格带钢其板形应力分布相对集中，尤其是带钢中部的集中程度更高。

（2）阈值 minP 的确定。定义阈值 minP，用于区分低密度单元与高密度单元，此值需保证 90% 的板形应力 $\Delta\sigma$ 数据点所在网格单元不被定义为低密度单元。如果某一单元 $q_{ij} \geqslant \min P$ 则将其视为高密度单元，否则为低密度单元。将图 3 所示网格空间中低密度单元剔除，结果如图 4 所示。可以看出板形应力分布相对集中的特点更加明显，但仍存在一些孤立单元，需要做进一步的处理。

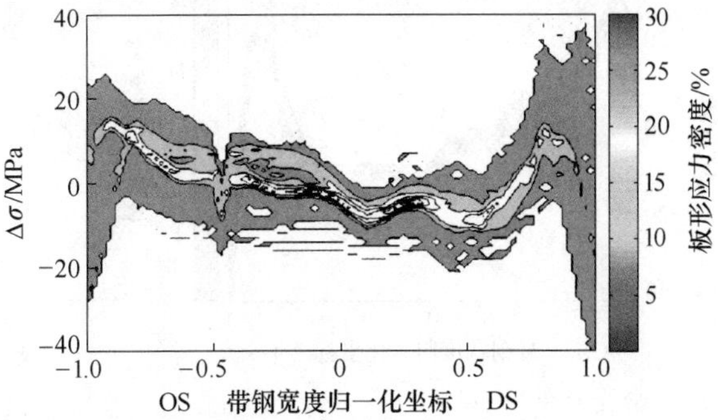

图 3　宽度为 1900mm 带钢的板形应力密度分布

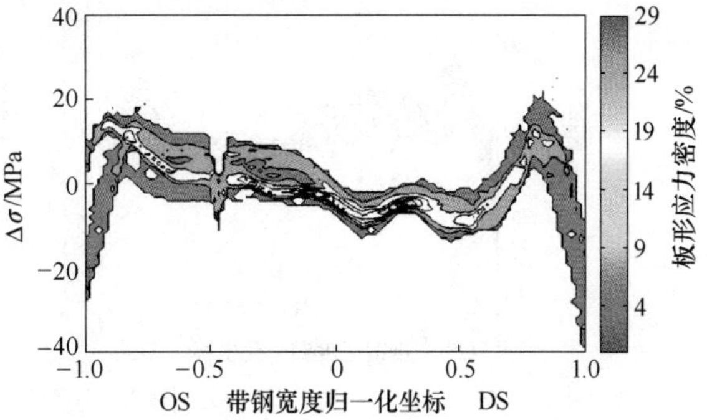

图 4　去除低密度单元后板形应力密度分布

（3）孤立单元的判断。判断板形网格空间 $\Omega$ 中每个高密度单元的邻域 $\varepsilon$ 内（定义为相邻单元）是否存在高密度单元，如不存在则认为此单元为孤立单元，将此单元从网格空间中剔除，至此则完成了通常意义上的聚类过程。

以上基于网格和密度的板形聚类算法过程如图 5 所示。

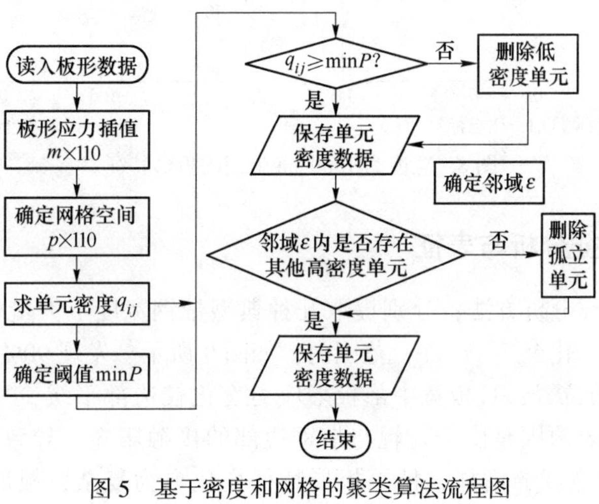

图 5　基于密度和网格的聚类算法流程图

## 2　板形特征分类与求取

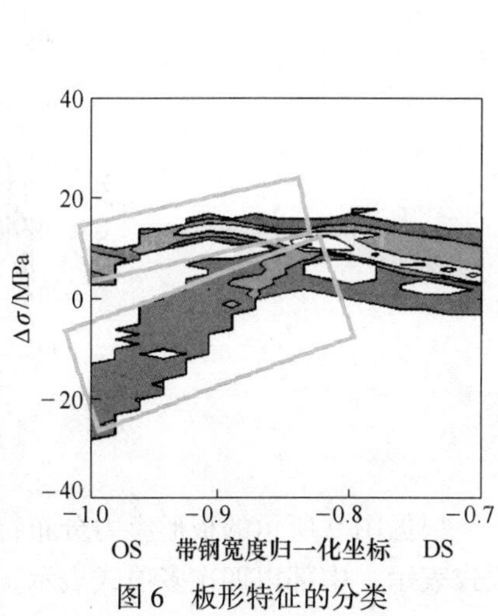

图 6　板形特征的分类

根据对实测数据的聚类分析，发现某一宽度下的带钢存在着不止一种板形特征，因此对板形特征做进一步的分类与求取。其基本思想为判断去除低密度单元及孤立单元后的网格空间中的数据点是否包括分叉结构，即如图 6 所示的框中所示区域，提取此区域边界作为分类依据。

对图 4 所示数据，按图 6 所示分叉结构边界将板形应力数据分为两类，未落入两类边界的板形数据点予以剔除。将各分类板形数据再执行一次图 5 所示处理过程，得到分类后的两个数据集 $D_{N1}$ 和 $D_{N2}$，如图 7 所示。按式（1）求两个数据集各个数据点对应的密度 $q_{ij}$，再以其为权计算纵向每一帧的板形应力的加权平均数即得到此分类对应的板形特征，具体如式（2）所示。对图 7 所示数据进行计算，得到宽度为 1900mm 带钢的板形特征求取结果如图 8 所示。可以看出带钢板形特征被分为两类，两类区别在于操作侧（OS）板形应力差别较大，带钢板形的整体特征和局部特征均被保留。

$$\sigma^* = \sum_{i=1}^{p} q_{ij} \Delta\sigma \tag{2}$$

式中，$\sigma^*$ 为宽度方向上每一点的板形特征值。

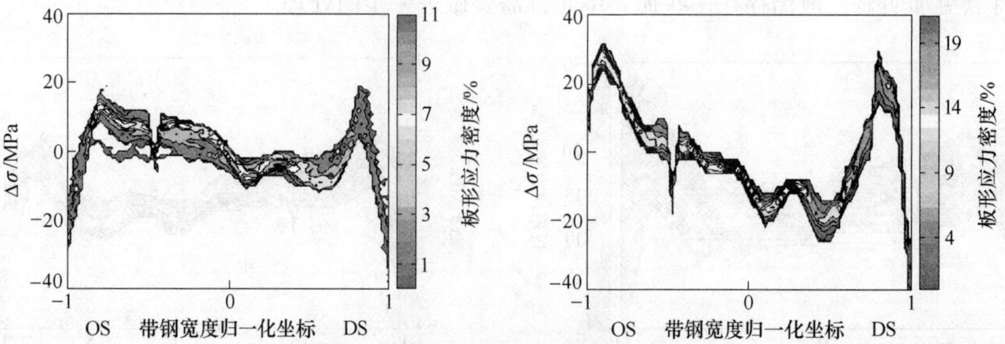

图 7　分类后的板形应力密度分布

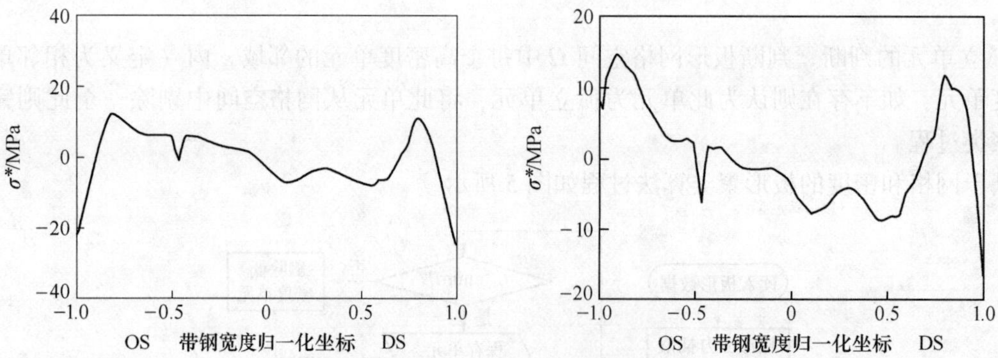

图 8　宽度为 1900mm 带钢的板形特征

## 3　超宽轧机带钢板形特征分析与表征

利用提出的板形特征聚类分析方法，分别提取几种典型带钢宽度下大量板形数据的板形特征，并将带钢宽度［$-B/2$，$B/2$］归一化至［$-1$，1］范围内，如图 9 所示。发现 90%以上的局部尖峰的位置在距带钢边部 0.2±0.1 倍 $B/2$ 的位置，且板宽中部板形应力变化较边部平缓，平缓部分宽度约为带钢宽度的 1/2。造成这种现象的主要原因是由于轧辊与带钢边部的接触压扁，导致该区域板形应力变化剧烈。同时也可以看出，随着带钢宽度的增加，带钢板形特征变化愈为复杂，板形特征的边部局部尖峰愈为剧烈。

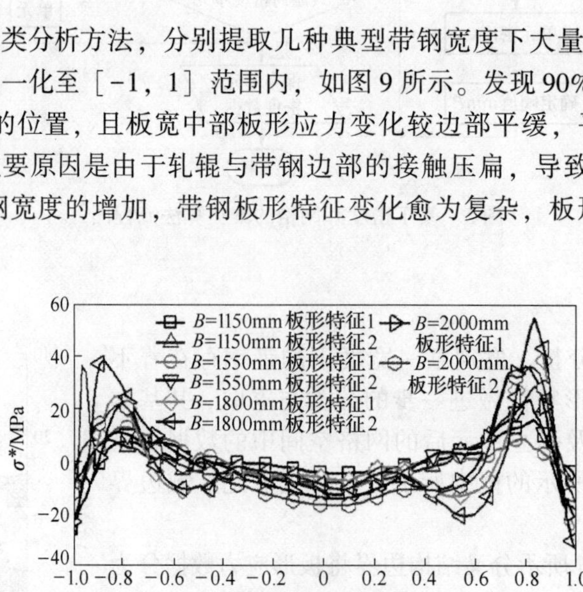

图 9　不同宽度带钢板形特征对比

根据图 9 所示的板形应力分布特征，可将带钢板形应力用分段函数 $f(x)$ 表示，具体为边部以二次多项式表示，中部以四次多项式表示。为了降低拟合误差，对带钢宽度和板形应力幅值均进行归一化处理，

则 $f(x)$ 可具体表示为：

$$f(x)=\begin{cases}a_2x^2+a_1x+a_0 & (-1\leqslant x\leqslant -1+\delta_{OS},\ 1-\delta_{DS}\leqslant x\leqslant 1)\\ b_4x^4+b_3x^3+b_2x^2+b_1x+b_0 & (-1+\delta_{OS}\leqslant x\leqslant 1-\delta_{DS})\end{cases} \tag{3}$$

式中，$a_0\sim a_2$ 和 $b_0\sim b_4$ 为待定系数，$\delta_{OS}$和 $\delta_{DS}$分别为 OS 和 DS 边部区域的分界坐标。

在进行分段拟合时，在 $\delta_{OS}$和 $\delta_{DS}$处会出现间断点，此时以中部拟合曲线及边部拟合曲线的交点作为分界点将三条曲线连接为一条曲线。

分别对不同宽度的带钢进行拟合，如图 10 所示，可以看出，分段函数 $f(x)$ 能够很好地表达各宽度带钢的板形特征，$f(x)$ 函数的具体系数值如表 1 所示。

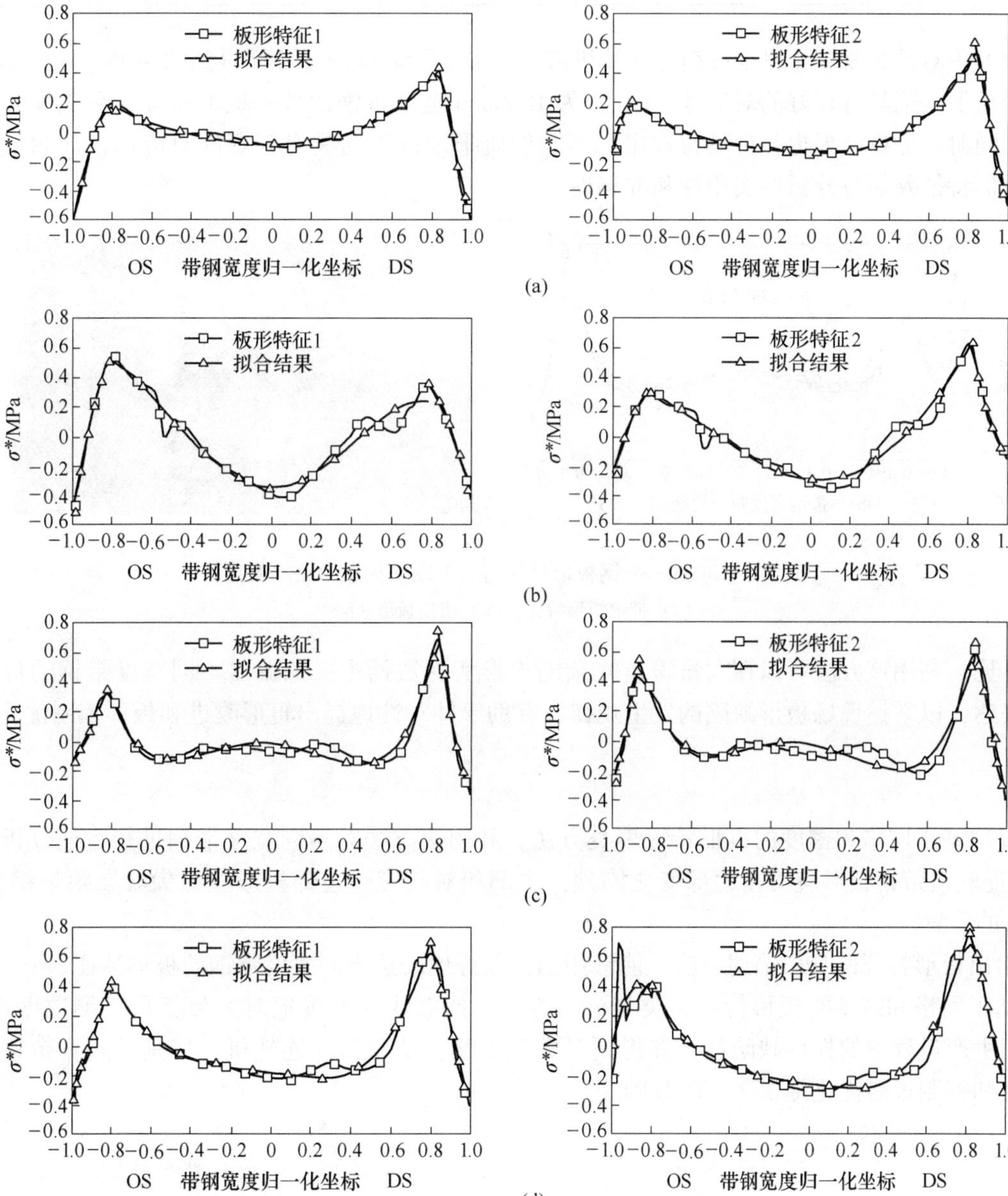


图 10　不同宽度带钢板形特征分段拟合结果

(a) 带钢宽度 1150mm；(b) 带钢宽度 1550mm；(c) 带钢宽度 1800mm；(d) 带钢宽度 2000mm

**表 1　不同宽度带钢板形特征分段拟合系数**

| 宽度/mm | OS 拟合结果 | | | 中部拟合结果 | | | | | DS 拟合结果 | | |
|---|---|---|---|---|---|---|---|---|---|---|---|
| | $a_0$ | $a_1$ | $a_2$ | $b_0$ | $b_1$ | $b_2$ | $b_3$ | $b_4$ | $a_0$ | $a_1$ | $a_2$ |
| 1150 | -9.31 | -24.60 | -15.92 | -0.08 | -0.02 | 0.41 | 0.23 | 0.20 | 9.80 | -15.13 | 4.70 |
| | -30.00 | -66.16 | -36.27 | -0.14 | -0.03 | 0.38 | 0.39 | 0.44 | 12.94 | -21.47 | 8.04 |

续表 1

| 宽度/mm | OS 拟合结果 | | | 中部拟合结果 | | | | | DS 拟合结果 | | |
|---|---|---|---|---|---|---|---|---|---|---|---|
| | $a_0$ | $a_1$ | $a_2$ | $b_0$ | $b_1$ | $b_2$ | $b_3$ | $b_4$ | $a_0$ | $a_1$ | $a_2$ |
| 1550 | -6. 46 | -20. 01 | -14. 06 | -0. 35 | 0. 02 | 2. 15 | -0. 30 | -1. 61 | -3. 05 | 10. 49 | -7. 85 |
| | -5. 37 | -15. 20 | -10. 09 | -0. 29 | -0. 10 | 1. 43 | 0. 45 | -0. 47 | 14. 84 | -28. 04 | 13. 05 |
| 1800 | 6. 81 | 12. 08 | 5. 12 | 0. 01 | 0. 03 | 0. 09 | 0. 06 | 0. 14 | 21. 47 | -39. 99 | 18. 16 |
| | 14. 29 | 24. 28 | 9. 70 | -0. 03 | -0. 19 | -1. 16 | 0. 41 | 2. 68 | 7. 31 | -8. 94 | 1. 19 |
| 2000 | 3. 13 | 3. 02 | -0. 48 | -0. 19 | -0. 20 | 0. 05 | 0. 58 | 1. 80 | 4. 08 | -3. 17 | -1. 35 |
| | -15. 62 | -37. 17 | -21. 54 | -0. 27 | -0. 21 | 0. 14 | 0. 63 | 1. 80 | 1. 60 | 3. 11 | -5. 07 |

利用该方法对某 2180mm 超宽带钢冷连轧机带钢板形实际数据进行分析得到的结果，与现场后工序长期观测到的板形缺陷具有较好的对应性。图 11 为 1800mm 宽度带钢的某一板形特征与后工序实测照片的对比。与此同时，分析结果也与现场曾提出和试验的辊形改进思路具有较好的对应性，证明将该方法应用于带钢板形特征判别与分析的实用性和准确性。

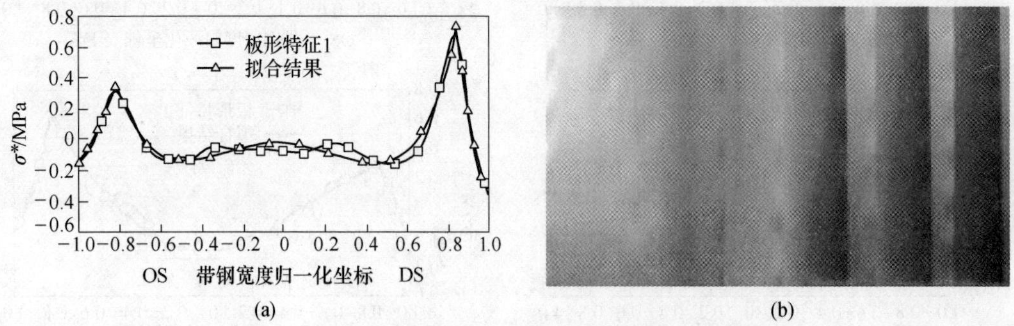


图 11　1800mm 带钢板形特征与后工序实拍板形缺陷对比

（a）带钢板形特征；（b）实拍板形缺陷

由此可见，利用该方法可以在大量纷繁冗杂的板形实测数据中，挖掘出不同宽度带钢的板形特征以及参数化表达，以掌握现场板形缺陷的发生规律，有助于针对性地提出辊形改进和板形控制优化策略。

## 4　结论

（1）提出基于网格和密度的板形特征聚类方法，利用该方法对不同宽度带钢进行特征分析，发现某 2180mm 冷连轧机带钢板形应力在边部变化剧烈，中部相对较缓，边部板形应力尖峰在距带钢边部 0. 2±0. 1 倍 $B/2$ 的位置。

（2）给出板形特征的分段描述方法，能够用函数较好地表达不同宽度带钢的板形特征。

（3）基于网格和密度的板形特征聚类与分析方法，能够快速准确地对大量板形实测数据进行分析，提取出长期生产过程中的板形缺陷特征并得到参数化表达，从而为冷连轧机，特别是超宽带钢冷连轧机的辊形改进和控制策略优化提供坚实的基础。

（原载《工程科学学报》，2016（11））

# 冷轧平整机高强钢表面振痕问题的测试与研究

李洪波　王蒸　张杰　简民　丁琦　刘强

## 引言

在板带的热轧、冷轧和平整等生产工艺中，轧件和轧辊表面常会出现一种明暗相间、与带钢运动方向垂直的条纹，这种表面缺陷称为振动纹，也称为振痕。由于现代轧机是一个复杂的机电系统，影响轧制过程的因素繁多，使得振痕原因的发现及控制十分困难，长期困扰钢铁产业界，素有“幽灵振动”之称。

国内外学者从多个角度对板带振痕问题进行了大量研究。Nessler 等研究了辊系的弯曲振动特性以及支持辊的五倍频程颤振，提出了通过合理配置支持辊直径和轧制速度来避免辊面振纹出现的方法。邹家祥研究了轧机的发散型自激振动，得到了诱发及扩散阶段自激振动不同的反馈机理。Hardwick 等针对轧辊磨削过程中形成的振痕问题进行了测试研究。Bollinger 等研究发现了卷取传动系统的齿轮啮合激励引起的平整机轧件表面振痕现象。Pawelski 运用仿真方法研究了冷连轧机的垂直振动问题。蔡敢为等提出一种由梁单元、杆单元、刚度单元和质量单元等组成的四辊轧机动态性能分析的平面有限元模型。彭艳等对轧机机座和分速箱进行了综合测试和分析，得到接轴弧形齿啮合间隙过大是造成轧机振动的直接原因。针对振动测试及分析，陈漫等提出以模糊进行故障模式识别的方法，并实验验证了其有效性，具有实际意义。蔡改改等提出一种自适应谱峭度滤波方法，实现了轴承故障振动特征信号的提取。熊炘等提出一种齿轮箱齿面点蚀故障信号的多通道数据融合识别方法。以上研究成果为轧机振动问题的研究提供了有力的技术与理论支持。大量研究表明，由于设备和工艺条件等不同，不同轧机振动的特征与表现形式也不尽相同，至今对轧机振动的产生原因仍无法达成共识，缺乏普遍适用的抑制措施。

国内某冷轧连退生产线配备由德国西马克公司生产的 2180mm 六辊平整机（skin pass mill，简称 SPM），由下支持辊单辊驱动，采用湿法平整。由于该连退线在平整高强钢汽车板时经常存在带钢表面振痕问题，年振痕缺陷改判量达到了 900t。对带钢进行打磨后测量，得到振痕间距约为 20mm。带钢表面振痕的出现不仅对产品的质量产生严重影响，更显示了平整机设备状态不良的发展趋势。因此，掌握和了解平整机的振动特性对保证产品质量和设备安全稳定运行具有重要意义。

笔者针对该平整机产品表面振痕问题，通过现场振动测试以及对振动信号的时/频域分析，结合建立的平整机机座系统有限元模型模态分析结果，提出了抑制振痕产生的措施，取得了较好的工业生产效果。

## 1　振动测试与分析

### 1.1　平整机及传动系统振动测试

当轧制速度变化时，根据振动频率和振痕间距 $\lambda$ 的变化与否，可以把引起振痕的因素分为两类：(1) 动频率不变，振痕间距变化，可能是轧机机架或轧辊的某阶振动模态被激发所致；(2) 振动频率变化，振痕间距不变，或者是由于轧辊表面振痕复印所致，或者是由于主传动系统上产生振动冲击，并引起机座系统振动所致。

在该平整机的产品振痕测试中，当轧制速度变化时，振痕间距不变，均为 20mm，且轧制前轧辊表面没有明显振痕，故选择平整机辊系和传动系统进行测试。选取易产生振痕的高强钢平整过程，采用东方所 DASP 振动测试系统，从垂直、水平和轴向 3 个方向对平整机辊系、传动系统电机和减速箱等进行振动加速度测试，测点布置如图1所示。从现场二级控制系统中提取配套的生产工艺参数，如平整速度、带钢张力和轧制力等。现场累计测试20余轮次，得到丰富的测试数据。

### 1.2　振动测试信号的时域/频域分析

选取产生振痕的高强钢振动信号，表1为有振痕产生的高强钢的平整基本参数。利用DASP系统的时域分析功能对辊系垂直方向测试信号进行时域分析。分析结果如图2所示，从上到下，依次为上支持辊、上中间辊、上工作辊、下工作辊、下中间辊和下支持辊。可以看出，当带钢表面产生振痕时，辊系振动信号波形中会出现葫芦状波形，这是拍振的典型现象。该特征波形首先出现在下支持辊，然后沿辊系向上传递直至上支持辊，且下支持辊的幅值最大。说明在辊系中，下支持辊先发生振动产生葫芦状波形并沿辊系传递。

表1　有振痕高强钢基本参数

| 钢卷号 | 钢种 | 宽度/mm | 厚度/mm | 轧制力/kN | 轧制速度/m · min$^{-1}$ | 入口张力/kN | 出口张力/kN |
|---|---|---|---|---|---|---|---|
| 3205421502 | WH220Y | 1538 | 0.8 | 2000 | 196 | 44.5 | 50.6 |

图1　相关设备的振动测试

(a) 辊系测点布置；(b) 减速箱测点布置

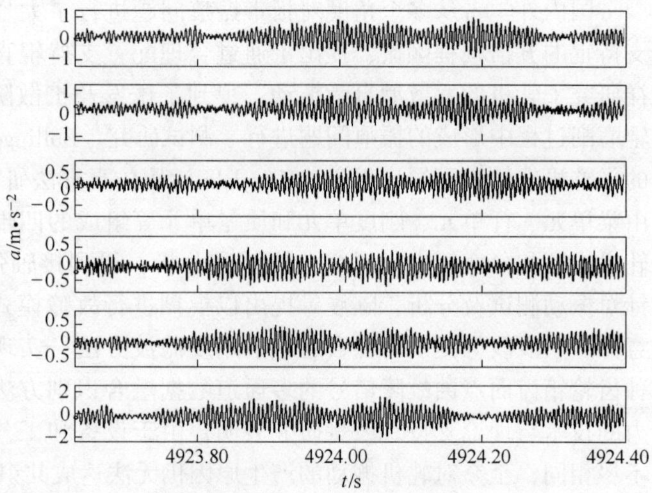


图2　振动测试信号时域分析

为了得到产生振痕时平整机辊系振动的优势频率，利用DASP系统的自谱分析功能，对图2中的振动信号进行频域分析，如图3所示。可以看出：6个辊都出现葫芦状波形时，优势频率均为157.9Hz，下支持辊优势频率的最大幅值为0.36m/s$^2$，其他辊优势频率的幅值均小于0.15m/s$^2$；平整机辊系的频域除优势频率157.9Hz外，其他频率值的幅值极小。

振痕频率满足如下关系式

$$f = \frac{1000}{60}\frac{v}{\lambda} \tag{1}$$

式中，$f$为振痕频率（Hz）；$v$为平整速度（m/min）；$\lambda$为振痕间距（mm）。

对选取产生振痕的高强钢，$v$=196m/min，$\lambda$=20mm，由式（1）计算可得$f$=163.3Hz，与频域分析得到的优势频率157.9Hz接近。因此可以认为辊系的振动是带钢产生振痕的直接原因。

当轧制速度变化时，振痕间距不变，这种情况可能由主传动系统的振动冲击引起，并在带钢表面产生振痕，所以对平整机的传动系统进行时/频域分析。由于平整机辊系的振动由下支持辊向上传递，因此选取下支持辊为参照对象，由上到下依次为下支持辊、减速箱输出端、减速箱输入端和电机输出端。振动信号如图4所示。可见，下支持辊和电机输出端的振动频率包含了减速箱的振动频率166.667Hz，并且减速箱输入端优势频率的振幅最大。此外，齿轮磨损会激起齿轮的啮合频率（gear match frequency，简称GMF），2×GMF或3×GMF（尤其是3×GMF）幅值经常很高，与图中减速箱输出端吻合。

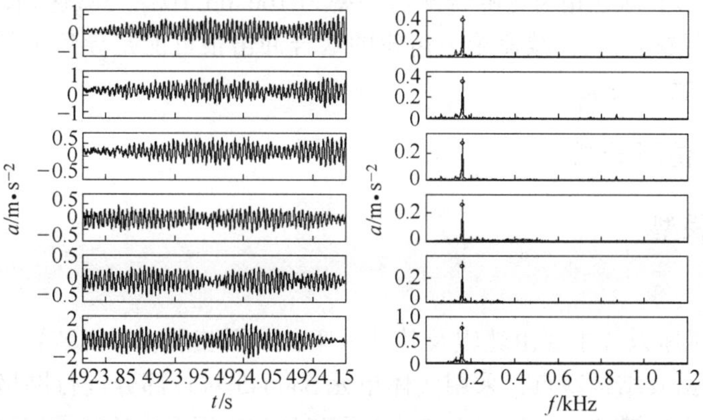


图 3　振动测试信号频域分析

（a）时域；（b）频域

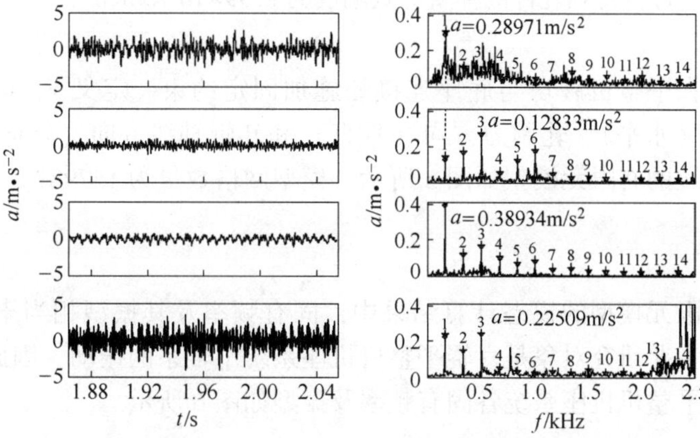


图 4　传动系统振动信号

（a）时域；（b）频域

时域指标能够反映出设备的振动水平，所以选择传动系统的时域信号进行计算，结果如表 2 所示。可以看出，对于均方根值、峭度指标和裕度因数等能反映设备振动水平的重要指标，减速箱输出端均高于其他测点。其中，作为最常用的均方根值，减速箱输出端远高于其他测点。

**表 2　传动系统时域指标统计**

| 指　标 | 下支持辊 | 减速箱输出端 | 减速箱输入端 | 电机输出端 |
|---|---|---|---|---|
| 均方根值/$m \cdot s^{-2}$ | 0.74137 | 25.4265 | 0.62145 | 1.04475 |
| 均方值/$m^2 \cdot s^{-4}$ | 0.54963 | 646.511 | 0.38621 | 1.09152 |
| 峭度指标 | 1.4258 | $1.5195 \times 10^8$ | 113.422 | 4.74602 |
| 裕度因数 | 14.0878 | 1776.1 | 307.703 | 12.4663 |

根据测试信号的分析，平整机的振动与减速箱的振动具有一致性，并且减速箱的振动水平高于其他测点。可见减速箱产生了不良振动，所以对减速箱齿轮啮合频率进行计算。

根据齿轮传动理论，齿轮啮合频率的计算公式为

$$f' = \frac{1000}{60}\frac{v}{\pi D} \tag{2}$$

$$f = f'z \tag{3}$$

式中，$f'$为下支持辊转频（减速箱低速轴转频）；$v$ 为下支持辊线速度（平整速度，m/min）；$D$ 为下支持辊直径（mm）；$z$ 为减速箱低速齿轮齿数；$f$ 为齿轮啮合频率。

对于该套平整机设备，可以查得 $D=1050$mm，$z=150$，根据测试时的生产工艺参数，有 $v=196$m/min，利用式（2），式（3）计算得到$f=149$Hz。考虑测试中存在误差，可以认为带钢振痕频率为 163.3Hz，辊

系振动优势频率为 157.9Hz，减速箱齿轮啮合测试频率为 166.667Hz，与减速箱齿轮啮合计算频率 149Hz 是基本一致的。以上计算数据表明，减速箱中齿轮的啮合冲击很可能是导致平整机振动的原因，而平整机振动与板带产品振痕有密切关系。

## 2　平整机振动有限元仿真分析

### 2.1　机座系统的有限元模型

2.1.1　单元选择

2180mm 六辊平整机机座系统主要由轧辊及其轴承座、压下装置、弯辊装置、牌坊和横梁等部件组成。根据其结构特点，采用实体单元 Solid45 对各部分进行网格划分，对于厚度和宽度比较小的横梁，采用 Shell63 进行网格划分，辊系中的轴承用弹簧单元 Combin14 进行模拟，计算得到支持辊、中间辊和工作辊轴承的每个弹簧等效刚度分别为 $3.56\times10^{8}$N/mm，$1.20\times10^{8}$N/mm 和 $5.24\times10^{7}$N/mm；两工作辊之间的轧件等效为线性弹簧单元 Combin14，计算得到轧件的弹簧等效刚度为 $2.99\times10^{6}$N/mm。

2.1.2　边界条件

按照实际约束条件，在平整机牌坊与底座连接处施加固定约束。定义 $x$，$y$，$z$ 方向分别为轧件运动方向（水平）、轧制力方向（垂直）和轧辊轴线方向（轴向）。建立的六辊平整机机座系统的有限元模型如图 5 所示，模型网格数量为 157987。

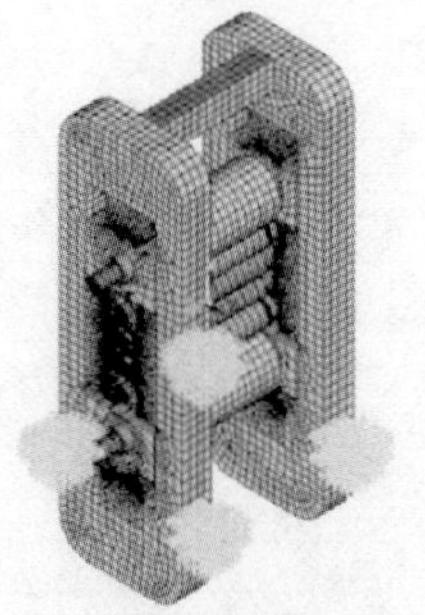

图 5　六辊平整机机座系统有限元模型

### 2.2　机座系统固有频率

在平整机机座系统有限元模型的模态计算结果中，固有频率及其振型相当丰富。由于测试中平整机的振动属于低频振动，且主要研究对象是六辊平整机机座系统中辊系的振动，因此提取前 4 阶垂直方向振动的振型，如表 3 所示。平整机机座系统各固有频率及振型如图 6 所示。

表 3　垂直和水平振动前 4 阶频率

| 阶数 | 1 | 2 | 3 | 4 |
|---|---|---|---|---|
| 垂直振动频率/Hz | 75.9 | 100.6 | 155.2 | 182.0 |

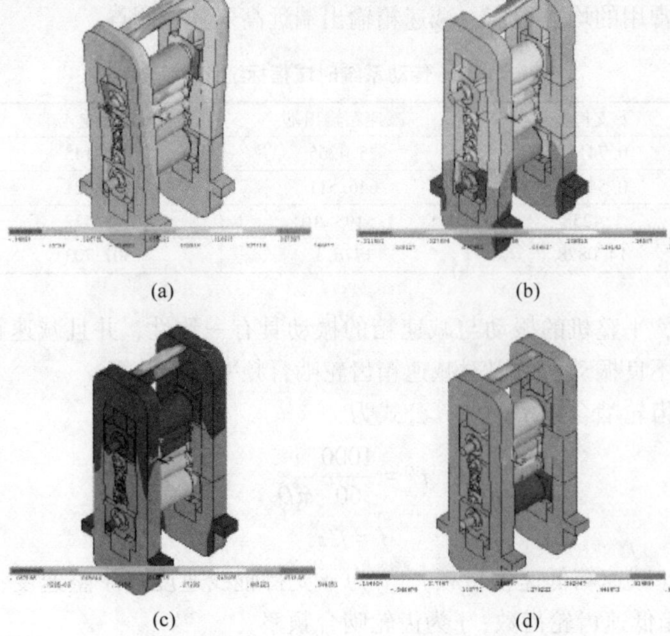

图 6　机座系统垂直方向前 4 阶的固有频率及振型

(a) 垂直第 1 阶 (75.9Hz)；(b) 垂直第 2 阶 (100.6Hz)；(c) 垂直第 3 阶 (155.2Hz)；(d) 垂直第 4 阶 (182.0Hz)

## 3　平整机振动原因分析

由平整机振动信号的频谱分析可知，测试中，平整机振动的主要优势频率为 157.9Hz，与机座系统第3阶固有频率接近，可初步判定平整机出现共振，进而引发辊系全面振动，带钢表面出现振痕。如图7所示，结合机座系统第3阶固有频率的振型，当平整机以第3阶固有频率振动时，下辊系在 $y$ 向发生剧烈振动，上辊系在 $y$ 向发生轻微振动，上、下辊系振动方向相反且下辊系的振动幅值远大于上辊系的振动幅值。此分析结果与现场测试数据中下辊系，尤其下支持辊的振幅大于上辊系相同。

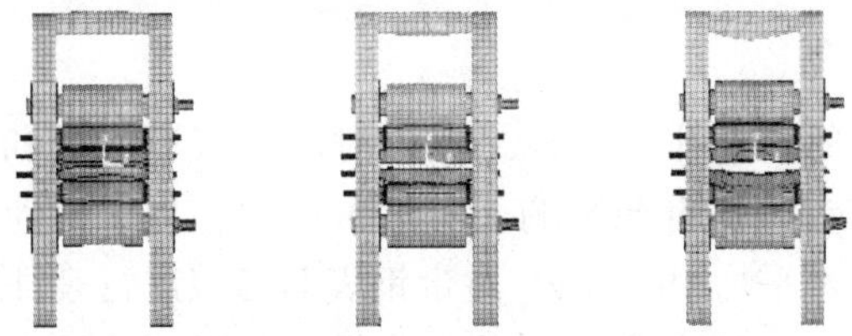

(a)　(b)　(c)

图7　垂直方向第3阶振型图

(a) 开始阶段；(b) 振动中间阶段；(c) 振动达到幅值时的阶段

结合减速箱齿轮啮合频率的计算可以认为，理论计算结果很好地解释了实际测试的数据。因此，该平整机振动的原因可概括为：减速箱中齿轮的啮合频率恰好与机座垂直系统的第3阶固有频率重合，齿轮的啮合冲击使平整机出现共振，进而引发辊系全面振动，使带钢表面出现振痕，属于强迫振动范畴。

## 4　抑振措施及实施效果

针对平整机振动问题的分析结果，认为在现场工艺中，合理地调整平整速度，使轧制速度避开平整机易振的敏感速度，使得减速箱中齿轮的啮合频率避开平整机的各阶固有频率，可破坏振痕的强化过程，缓解平整机振动问题。

该抑振方案在实施过程中取得了良好效果：平整机实现稳定平整，2014年全年汽车板高强钢振痕缺陷年改判量小于100t，降低了近90%，取得了显著的经济效益。

## 5　结论

(1) 针对某厂2180mm六辊平整机产品表面振痕问题，对平整机辊系及传动系统进行了振动信号的现场测试，获得了其异常振动时的优势频率为157.9Hz。通过对传动系统振动信号的分析及减速箱齿轮啮合频率的计算，初步判断减速箱中齿轮的啮合冲击是导致平整机振动的原因。

(2) 建立了六辊平整机机座系统的有限元模型，并计算了其垂直方向前4阶的固有频率和振型，通过与振动信号对比，发现垂直方向第3阶固有频率与振动频率一致。

(3) 分析该平整机的振动原因为减速箱中齿轮的啮合冲击而造成的强迫振动，而平整机的振动则为带钢表面振痕产生提供了必要条件。

(4) 提出在现场生产中通过合理地调整平整速度，从而避开平整机易振的敏感速度，解决带钢表面振痕问题。该方案投入实施，汽车板高强钢振痕缺陷年改判量降低了近90%。

(原载《振动、测试与诊断》，2017 (1))

# 冷轧带钢表面粗糙度影响因素及控制策略

徐　冬　张　杰　李洪波　范庆国　卢劲松　董海龙

表面形貌是冷轧带钢最重要的表面质量指标之一，对高档汽车面板和家电面板的冲压性能、润滑性能、辊涂或喷涂后漆面与基体结合力有重要影响。实际生产中，为了快速高效地测量带钢表面形貌，便于带钢表面质量控制，一般用算术平均粗糙度 $R_a$ 对带钢表面形貌进行表征。算术平均粗糙度 $R_a$ 是实际生产中最主要的表面形貌表征参数，也是冷连轧过程中带钢表面形貌最重要的被控对象。针对冷轧带钢表面形貌生成过程影响因素的问题，轧制试验、滑移线法和有限元仿真分析是主要的研究方法。MA 等通过轧制实验，对不同压下量、不同润滑条件下得到的冷轧带钢三维表面形貌进行了测量，并对轧制前后表面形貌特征参数的变化进行了分析，得到了压下量和润滑条件对表面形貌转印过程的影响规律。SHI 等用滑移线法分析了带有锯齿状粗糙峰轧辊的粗糙度转印问题，总结了具有锯齿状刚体压下并移开后带钢的表面特征。SHI 等在随后的研究中使用有限元软件仿真刚性锯齿作用在弹塑性表面之后的自由表面的轮廓变化，在此基础上利用滑移线方法分析平整过程粗糙度的转印问题。KIJIMA 等假设轧辊形貌为一系列半圆形微凸体，建立了形貌转印过程的有限元模型，总结了不同压力条件下表面粗糙度转印的规律。KIJIMA 通过转印过程有限元模型重点分析了轧辊半径对表面粗糙度转印过程的影响。在这些针对形貌转印过程的有限元模型中，轧辊的粗糙表面由理想微凸峰代替，这与毛化轧辊真实的表面形貌存在较大差距，此外这些模型中并未考虑轧辊形貌的磨损，因此，不能分析轧辊整个服役期的粗糙度转印特点。针对带钢表面粗糙度的控制问题，一些学者采用函数回归的方法研究了冷轧过程带钢表面粗糙度的生成规律，在此基础上建立了带钢粗糙度的控制模型，在工业现场取得了良好的效果，但由于预测模型是由测量数据回归分析得到的，一旦产品种类或轧制工艺发生改变，模型的精度不能得到保证，因此，通用性较差。本文作者将建立真实表面接触的带钢表面粗糙度生成模型，结合轧制界面油膜厚度的分布研究冷轧工艺参数对生成带钢表面粗糙度的影响，在此基础上提出带钢表面粗糙度的控制策略。

## 1　冷轧带钢表面粗糙度生成过程建模

在轧制过程中，轧辊的硬度远远大于带钢的硬度，因此，在研究中把轧辊的形貌视为刚体，而带钢为塑性变形体。冷连轧机前 4 机架的工作辊表面经过磨床磨削，上机表面粗糙度在 0.5μm 以下，带钢经过前 4 机架大压下率的轧制形成的粗糙度相对于 5 机架电火花毛化辊很小，因此，在建模中假设 5 机架入口处的带钢表面光滑。根据轧制界面润滑分析建立的轧辊表面磨损模型，电火花毛化工作辊在实际服役过程中轧制不同长度带钢的磨损预测形貌如图 1 所示。在带钢冷轧过程中，轧辊表面凸峰端部压入带钢表面，使带钢产生塑性变形，形成与凸峰具有相似形状的凹坑。同时，在凹坑的周围金属发生隆起，形成具有凸起特征的环形边缘，毛化轧辊的表面形貌在带钢表面的这种转印行为，是形成带钢表面形貌的主要过程。

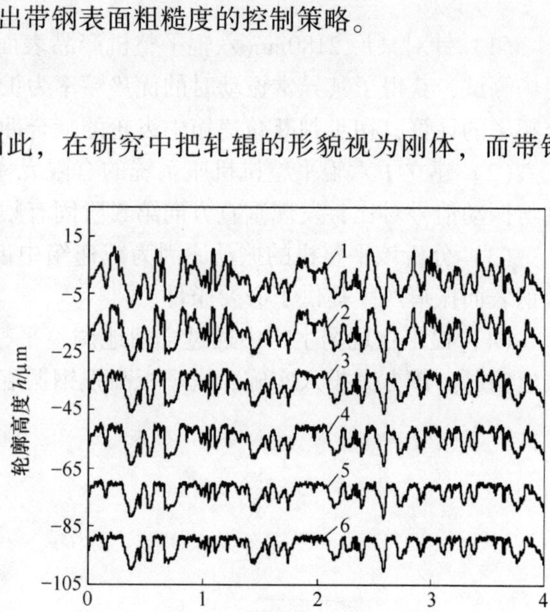


图 1　电火花毛化工作辊磨损形貌

轧制长度/km：1—0；2—9；3—69；4—102；5—168；6—186

使用有限元 Marc 软件建立真实表面接触的带钢表面粗糙度生成模型。建模时，根据磨损分析得到的毛化轧辊表面磨损形貌，在模型中依次建立形貌的特征点，连接成连续曲线代表轧辊轮廓。带钢的材料选用普通碳素钢，材料弹性模量 $E=200GPa$，泊松比 $\nu=0.3$，为提高计算精度，采用网格重划分技术。计算终止条件为轧辊与带钢之间的平均间隙达到最小油膜厚度。图 2 所示为模型计算得到的带钢表层单元局部变形的结果，计算完成后提取带钢表面节点位置坐标即为轧制后的带钢表面形貌。

为了验证模型的准确性，对电火花毛化轧辊服役期内生产带钢表面粗糙度进行跟踪测量，记录测量带钢的生产工艺参数（如表 1 所示）。根据生产轧制工艺参数通过润滑模型计算得到的轧制界面处最小油膜厚度，采用所建立的带钢表面粗糙度生成模型预测了轧制不同长度处带钢表面形貌，预测带钢表面的二维轮廓如图 3 所示。采用在德国马尔 M1 便携式粗糙度仪基础上进行二次开发所搭建的形貌测量分析系统对带钢形貌进行检测，为了减少测量的偶然误差，每次测量在展开钢卷尾部的 2 个不同断面进行，每个断面上分别在边部及中心位置进行 3 次测量，最终结果取 6 次测量的平均值，粗糙度的预测误差在 0.1μm 以内，相对误差小于 10%（如表 1 所示）。

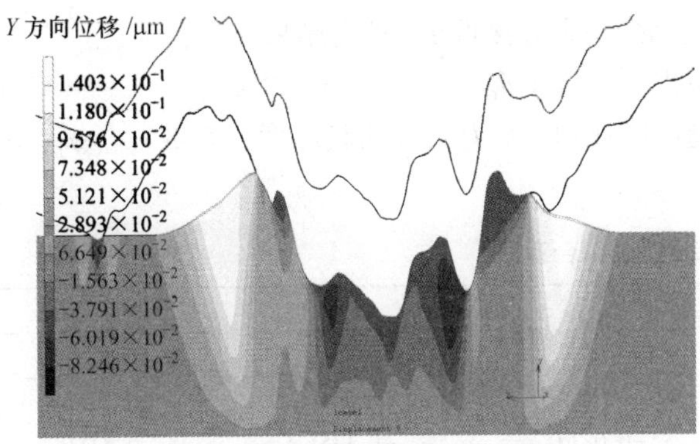


图 2　转印过程有限元分析结果

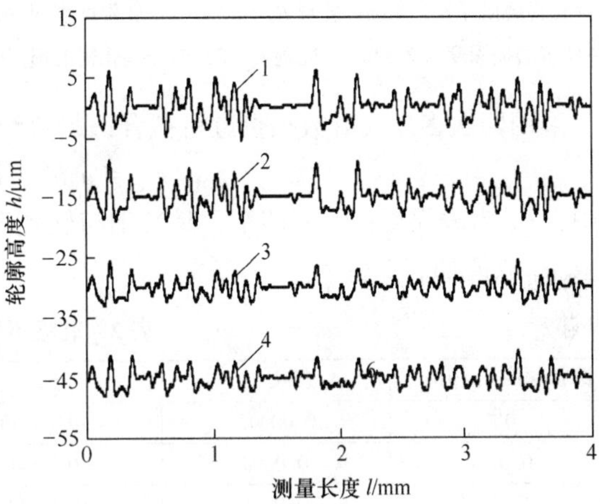


图 3　预测带钢表面形貌

轧制长度/km：1—69；2—102；3—168；4—186

**表 1　轧辊服役期内部分带钢轧制工艺参数**

| 参数 | 1 号带钢 | 2 号带钢 | 3 号带钢 | 4 号带钢 |
|---|---|---|---|---|
| 轧制长度/km | 69 | 102 | 168 | 186 |
| 轧辊 $R_q$/μm | 3.367 | 3.154 | 2.744 | 2.638 |
| 出口厚度/mm | 0.806 | 0.806 | 0.49 | 0.806 |
| S5 压下率/% | 0.42 | 0.55 | 0.67 | 0.63 |
| 后张力/MPa | 135 | 125 | 140 | 125 |
| 前张力/MPa | 24 | 26 | 30 | 26 |
| 屈服强度/MPa | 648 | 688 | 731 | 728 |
| 油膜厚度/μm | 2.22 | 1.93 | 1.59 | 1.41 |
| 测量带钢 $R_a$/μm | 0.994 | 1.129 | 0.733 | 0.833 |
| 预测带钢 $R_a$/μm | 1.046 | 1.039 | 0.801 | 0.758 |
| $R_a$ 误差/μm | 0.052 | 0.090 | 0.068 | 0.075 |

## 2　轧制工况对带钢表面粗糙度的影响

在轧制过程的某一时刻，轧制工况条件的变化会引起辊缝处的最小油膜厚度发生变化，而最小油膜厚度决定了此时表面粗糙度的复印率，因此，在研究轧制工况对转印关系的影响时，首先通过有限元仿真的结果，建立轧辊处于不同磨损情况下油膜厚度与 $R_a$ 复印率的关系，如图 4 所示。

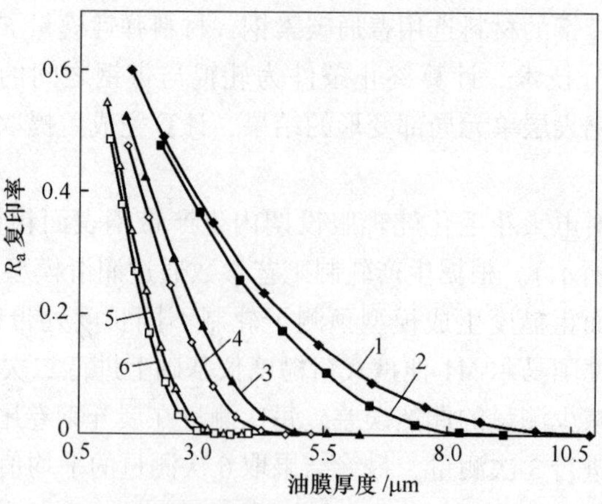

图 4　轧辊表面不同磨损情况下油膜厚度与 $R_a$ 复印率的关系

1—轧辊磨损深度为 0μm，轧辊 $R_q$=4.18；2—轧辊磨损深度为 0.61μm，轧辊 $R_q$=4.01；3—轧辊磨损深度为 1.96μm，轧辊 $R_q$=3.37；4—轧辊磨损深度为 2.52μm，轧辊 $R_q$=3.15；5—轧辊磨损深度为 5.06μm，轧辊 $R_q$=2.74；6—轧辊磨损深度为 7.19μm，轧辊 $R_q$=2.64

采用四次多项式对数据点进行拟合，趋势线拟合程度 $R^2$ 均十分接近 1，拟合结果如下：

$$F_{R_a} = a_4h^4 + a_3h^3 + a_2h^2 + a_1h + a_0 \tag{1}$$

式中，$F_{R_a}$ 为表面粗糙度复印率，是带钢与轧辊表面粗糙度的比值；$h$ 为最小油膜厚度；系数 $a_0$，$a_1$，$a_2$，$a_3$ 和 $a_4$ 取值如表 2 所示。

**表 2　轧辊不同磨损深度下的拟合系数**

| 磨损深度 $h_w$/μm | $a_4$ | $a_3$ | $a_2$ | $a_1$ | $a_0$ |
|---|---|---|---|---|---|
| 0 | 0.00002 | -0.00130 | 0.0271 | -0.2628 | 0.9565 |
| 0.61 | -0.00001 | -0.00007 | 0.0162 | -0.2310 | 0.9081 |
| 1.96 | -0.00160 | 0.02330 | -0.0830 | -0.1351 | 0.8411 |
| 2.52 | -0.00330 | 0.04160 | -0.1363 | -0.1152 | 0.8355 |
| 5.06 | -0.01370 | 0.13350 | -0.3659 | -0.0019 | 0.8200 |
| 7.19 | -0.01760 | 0.16420 | -0.4318 | 0.0241 | 0.8079 |

已知的磨损深度 $h_w$ 和 $R_a$ 复印率与油膜厚度拟合关系式各项系数之间的关系如图 5 所示。由图 5 可知：各项系数的变化曲线较为平滑，因此，任意磨损深度的拟合关系式系数可采用插值的方法获得。

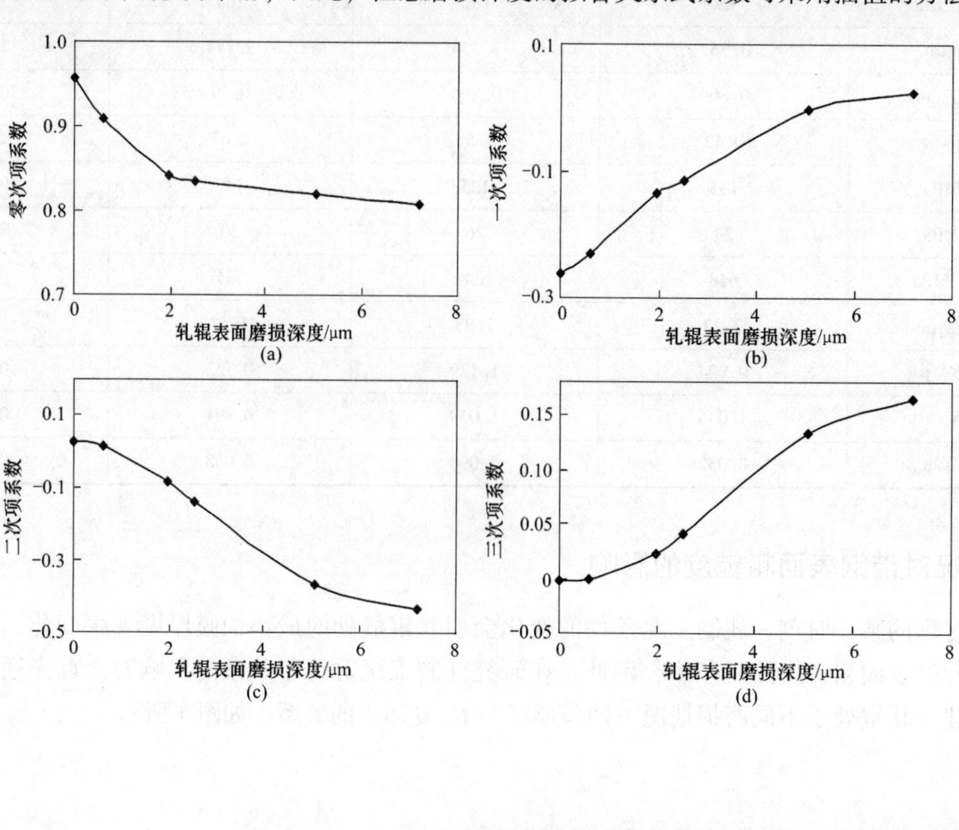

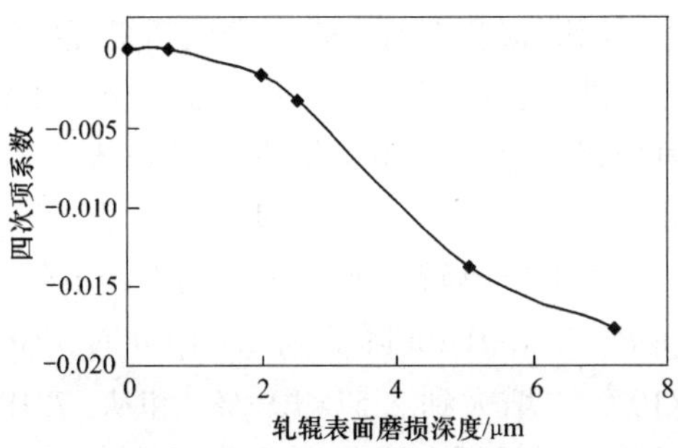


(e)

图 5　拟合多项式各项系数随表面磨损深度的变化

（a）零次项系数；（b）一次项系数；（c）二次项系数；（d）三次项系数；（e）四次项系数

下面利用轧制界面润滑分析结果和 $R_a$ 复印率与油膜厚度的关系分析轧辊表面处于不同磨损状态时，来料带钢特性和轧制工艺参数对成品带钢表面粗糙度的影响。

## 2.1　来料带钢对成品带钢粗糙度的影响

图 6 所示为使用电火花毛化工作辊情况下，来料带钢对成品带钢粗糙度复印率的影响，其中来料带钢影响因素包括入口带钢厚度和带钢屈服强度。

从图 6 可以发现：当轧辊处于不同磨损状态时，带钢表面粗糙度的复印率与来料厚度和带钢屈服强度的变化基本呈现线性关系。在相同工况条件下，随着入口带钢厚度的增加，出口带钢表面粗糙度的复印率逐渐增加；随着带钢屈服强度的增加，出口带钢表面粗糙度的复印率也逐渐增加。说明在相同情况下，来料厚度较大、屈服强度较高的带钢比较容易获得较大的粗糙度复印率。同时，随着轧辊表面的磨损，当轧辊表面 $R_q$ 由 4.01μm 降低到 2.64μm 时，带钢表面粗糙度的复印率对来料厚度与带钢屈服强度的变化率分别从 $5.69\times10^{-2}mm^{-1}$ 增大到 $1.16\times10^{-1}mm^{-1}$ 和从 $5.19\times10^{-5}MPa^{-1}$ 增大到 $8.32\times10^{-5}MPa^{-1}$。总体来说，来料厚度以及带钢屈服强度对带钢表面粗糙度的转印行为的影响较小。

## 2.2　工艺参数对成品带钢粗糙度的影响

图 7 所示为使用电火花毛化工作辊情况下，轧制工艺参数对成品带钢粗糙度复印率的影响，轧制工艺参数影响因素包括压下率和轧制速度。

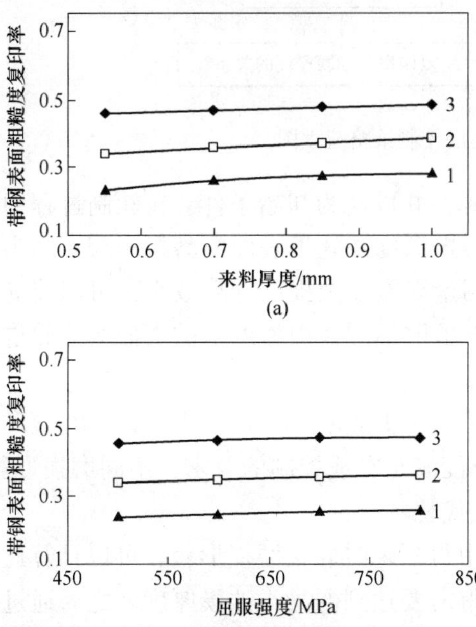


图 6　来料带钢对成品带钢粗糙度复印率的影响

（a）带钢表面粗糙度的复印率与来料厚度的关系；

（b）带钢表面粗糙度的复印率与带钢屈服强度的关系

$R_q$/μm：1—2.64；2—3.15；3—4.01

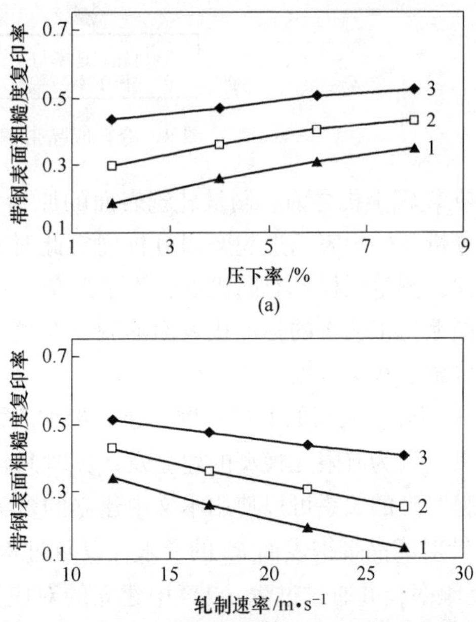


图 7　工艺参数对成品带钢粗糙度复印率的影响

（a）带钢表面粗糙度的复印率与压下率的关系；

（b）带钢表面粗糙度的复印率与轧制速度的关系

$R_q$/μm：1—2.64；2—3.15；3—4.01

从图 7 可以发现：当轧辊处于不同磨损状态时，带钢表面粗糙度的复印率与压下率和轧制速度的变化也基本呈现线性关系；在相同工况条件下，随着压下率的增加，出口带钢表面粗糙度的复印率逐渐增加；随着轧制速度的增加，出口带钢表面粗糙度的复印率呈现下降趋势。其主要原因是随着压下率的减小或轧制速度的增加，辊缝处的润滑效果增强，平均油膜厚度增加，引起粗糙度复印率下降。并且压下率和轧制速度对带钢表面粗糙度的转印行为的影响较明显，能够成为调节带钢表面粗糙度复印率的主要手段。随着轧辊表面的磨损，当轧辊表面 $R_q$ 由 4.01μm 降低到 2.64μm 时，带钢表面粗糙度的复印率对压下率和轧制速度的变化率分别从 $1.38\times10^{-2}\%^{-1}$ 增大到 $2.57\times10^{-2}\%^{-1}$ 和从 $-7.18\times10^{-3}$ s/m 增大到 $-1.39\times10^{-2}$ s/m。因此，为了获得较大的带钢表面粗糙度，只要在成品厚度及板形满足要求的前提下，在允许的范围内增加压下率、减小轧制速度即可。

## 3　带钢表面粗糙度控制策略

对于冷连轧生产而言，建立成品带钢表面粗糙度生成模型的目的除了预报之外，更重要的在于根据用户对带材表面粗糙度的要求实时调整工艺参数来控制带钢表面粗糙度，满足用户的需求。在众多的影响带钢表面粗糙度生成的因素中，只有轧制速度与成品机架的压下率可以在线调整，完成带钢表面粗糙度的控制。因此，本文在结合轧辊形貌磨损分析以及轧制界面润滑分析的基础上，通过带钢表面粗糙度生成模型，提出对成品带钢表面粗糙度的控制策略，控制策略的基本流程如图 8 所示，基本过程如下。

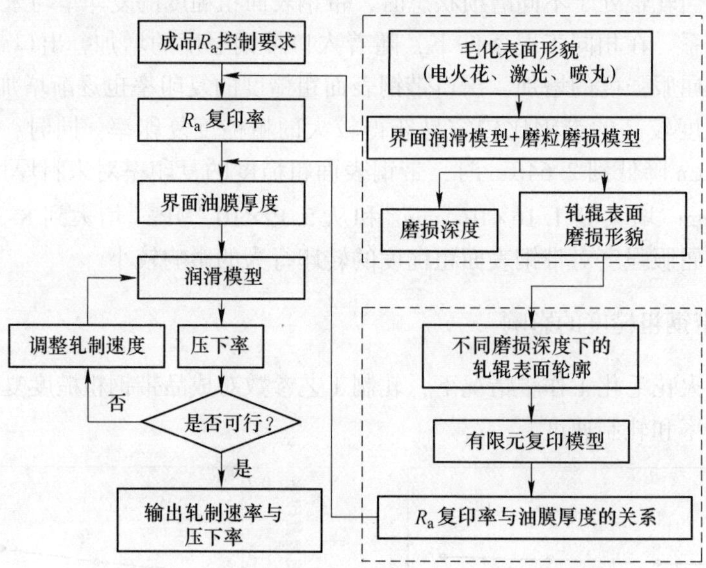


图 8　冷轧成品带钢表面粗糙度控制策略流程图

（1）在轧辊上机之前，测量轧辊表面的原始二维轮廓，并以此为初始条件，在轧制过程中通过轧制界面润滑分析及轧辊表面形貌磨损分析确定此时轧辊的磨损深度及轧辊表面的磨损形貌。因为表面形貌具有随机性，测量同样具有随机性，为了避免不必要的测量误差以及提高计算效率，可以建立不同毛化手段、不同毛化工艺下的标准化表面形貌，在离线条件下求解不同磨损深度下的表面磨损轮廓，在控制过程中直接调取相关数据。

（2）利用轧辊表面的磨损轮廓，建立带钢表面粗糙度生成过程的有限元模型，计算 $R_a$ 复印率与油膜厚度的关系。因为有限元模型的建立及计算时间较长，不能满足在线控制的要求，不同磨损形貌的 $R_a$ 复印率与油膜厚度的关系可以使用本文中建立的多项式关系代替。

（3）针对成品带钢表面 $R_a$ 的要求，以及过程（1）中得到瞬时轧辊磨损形貌，可以计算此时需要达到的 $R_a$ 复印率；并通过过程（2）中建立的对应关系求得需要达到的最小油膜厚度。之后通过轧制润滑的分析确定压下率，若确定的压下率在可调控的范围内，则输出相应的轧制工况；若压下率过大或者过小，则不符合连轧机最后机架厚度及板形控制需求，对轧制速度进行调节，重新计算压下率直到满足需求为止。为了减少计算时间，可离线建立常见轧材及规格润滑状态表，在控制过程中，通过多维插值的方法确定压下率和轧制速度。

## 4 结论

（1）建立了真实表面接触的带钢表面粗糙度生成模型，结合轧辊形貌磨损和轧制界面油膜厚度的分布研究了轧辊全服役期内轧制界面粗糙度的转印过程，并使用生产数据对模型进行了验证。

（2）利用所建立的带钢表面粗糙度生成过程有限元模型，确定了不同磨损情况下油膜厚度与 $R_a$ 复印率的拟合关系，结合界面润滑分析，研究了来料特征以及轧制工艺对成品带钢表面粗糙度的影响。发现压下率和轧制速度对带钢表面粗糙度的转印行为的影响较为明显，能够成为调节带钢表面粗糙度复印率的主要手段。

（3）结合润滑分析、轧辊形貌磨损分析以及所建立的带钢表面粗糙度生成模型，提出了以调整成品机架压下率与轧制速度的冷轧带钢表面粗糙度的控制策略，为冷轧带钢表面粗糙度的控制提供了依据。

（原载《中南大学学报（自然科学版）》，2017（1））

# 冷轧汽车板电泳涂装后麻点问题的解决

董　蓓　邓照军　宋乙峰

漆膜光滑而且鲜映性好的车身总是给人耳目一新的感觉，色泽灰暗且有严重橘皮的车身则很难引起人们的注意。影响白车身涂装质量的主要工序有脱脂、表调、磷化和电泳，其中任何一个环节出现异常，都必然影响后续的油漆喷涂。而电泳工序是整个涂装的中心环节，前面所有工序（即前处理）质量的好坏亦将在此得到“反馈”。

某品牌汽车在生产一款轿车时使用了某钢厂的冷轧板。该钢板在冲压成型后，其制件左/右上导轨内板在电泳涂装工序后个别部位发生麻点问题，需要人工进行返修打磨，严重影响了生产的顺利进行。用户怀疑该缺陷是由冷轧板自身质量问题引起的，因此要求钢厂分析缺陷产生的原因。通过在用户生产现场进行实地调查，并取得存在缺陷的零件样板（如图 1 所示）后，笔者所在团队系统地分析了该电泳缺陷的形貌特征及化学成分，找出其产生的原因，并提出了解决方案。

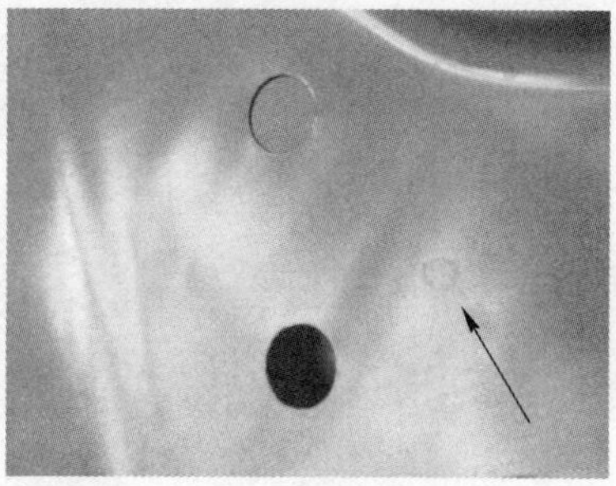

图 1　电泳麻点缺陷的照片

## 1　缺陷产生原因分析

将样板切成 2 块 10mm×20mm 的小样，其中一块用于脱漆后观察磷化膜层，另一块用于脱漆和脱磷化膜后观察原板。

采用荷兰 FEI 公司的 Quanta400 型扫描电子显微镜（SEM）观察磷化膜的微观形貌和晶粒尺寸，并用其自带的能谱仪（EDS）分析元素含量。选用 MOTIP 090410 脱漆剂脱除电泳漆。按 GB/T 9792—2003《金属材料上的转化膜　单位面积膜质量的测定　重量法》配制脱磷化膜液。

### 1.1　电泳脱漆后的微观形貌和成分

图 2 显示了麻点处脱除电泳漆后的宏观形貌。可见其中心存在明显缺陷，放大后发现缺陷区域并非如脱漆前所看到的凸起状态，而是类似于液体喷溅的形态。对缺陷 1 中心及其周围正常区域 2 进行形貌和成分分析，结果见图 3 和表 1。

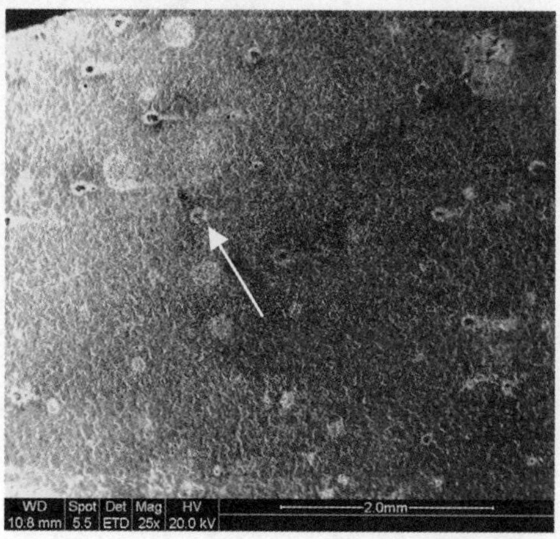



(a)

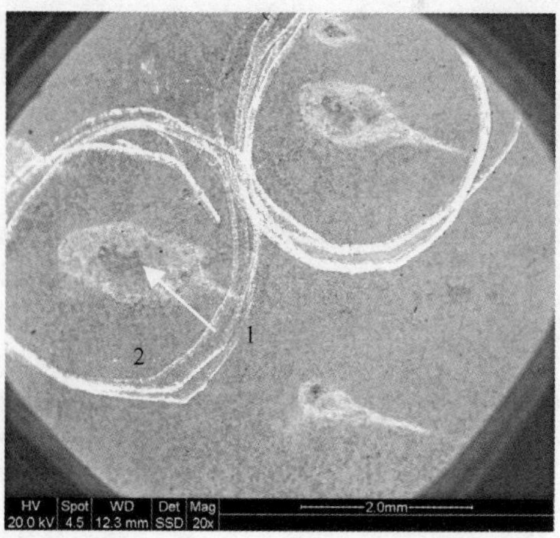



(b)

图 2　脱漆后麻点部位的 SEM 照片

（a）整体形貌；（b）局部放大图

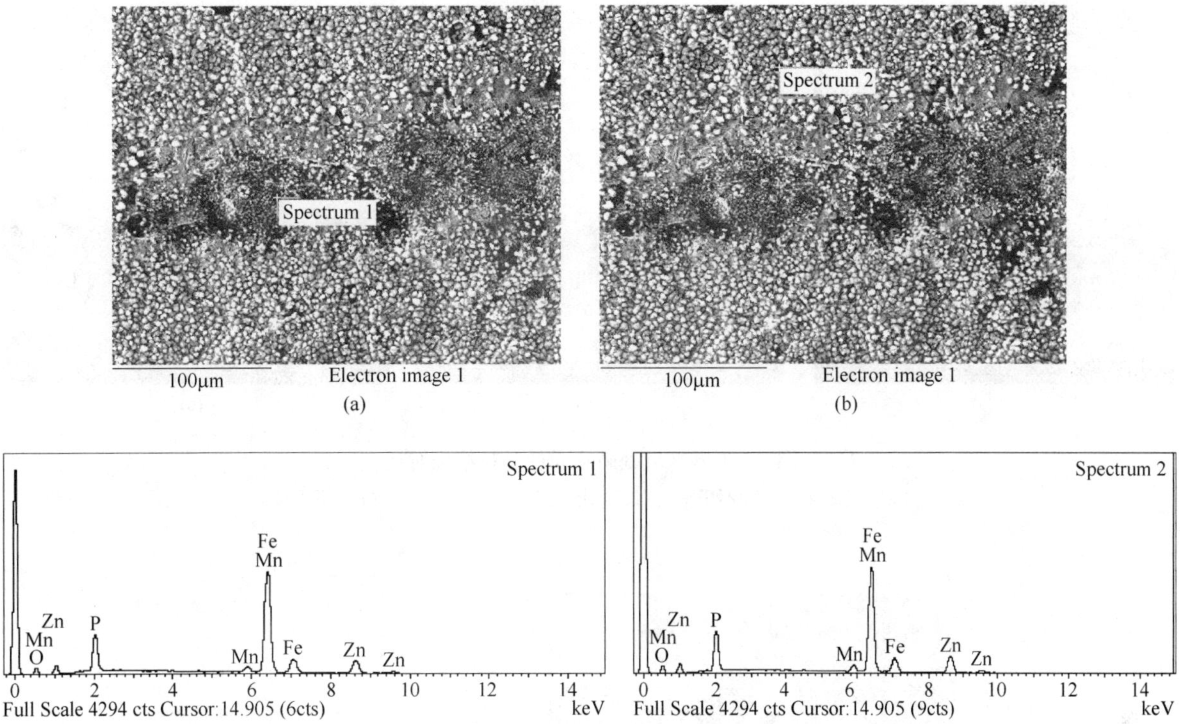


图 3　脱漆后不同区域的表面形貌及成分分析

（a）缺陷区域的 SEM 照片；（b）正常区域的 SEM 照片；（c）缺陷区域的能谱图；（d）正常区域的能谱图

**表 1　脱漆后不同区域的元素组成**

| 元素 | 缺陷区域 | | 正常区域 | |
|---|---|---|---|---|
| | 质量分数/% | 原子分数/% | 质量分数/% | 原子分数/% |
| P | 6.62 | 8.23 | 6.70 | 7.11 |
| Mn | 2.56 | 1.80 | 2.54 | 1.52 |
| Fe | 64.89 | 44.77 | 46.30 | 27.24 |
| Zn | 9.49 | 5.59 | 17.52 | 8.80 |
| O | 16.44 | 39.60 | 26.94 | 55.33 |

从表 1 可知，相比正常区域，缺陷处 Fe 元素的比例更高，而 Zn 和 O 元素的比例更低。这说明缺陷处有较多的副反应产物 $FePO_4$ 生成，不利于 $Zn_2Fe(PO_4)_3$ 及 $Zn_2Mn(PO_4)_3$ 的形成，从而导致该区域的磷化膜更少。从图 3 中也可以看出缺陷处的磷化膜偏薄，结构疏松。

图 4 深入显示了正常区域与缺陷区域磷化膜的晶粒尺寸，可见两者差别较大。正常区域的磷化膜结构致密，晶粒尺寸在 1700~4000nm 之间，属于汽车厂磷化膜晶粒正常大小，而缺陷区域的磷化膜结构疏松，有断裂现象，晶粒尺寸在 900~2000nm 之间，说明此区域磷化形核不充分，未达到正常的晶粒尺寸要求。

继续对缺陷中心的磷化膜不完整处进行成分分析（见图 5 和表 2），发现此处只有极少量的 P、Mn 和 Zn 元素，说明缺陷中心多处无磷化膜存在。但有大量的 C 元素，说明有异常物质阻碍了磷化膜在此形成。

**表 2　缺陷中心处磷化膜的元素组成**

| 元　素 | 质量分数/% | 原子分数/% | 元　素 | 质量分数/% | 原子分数/% |
|---|---|---|---|---|---|
| C | 58.24 | 77.52 | Ti | 0.33 | 0.11 |
| O | 13.55 | 13.53 | Mn | 1.19 | 0.35 |
| Al | 0.46 | 0.27 | Fe | 12.89 | 3.69 |
| Si | 0.44 | 0.25 | Zn | 8.78 | 2.15 |
| P | 4.12 | 2.13 | | | |

(a)　　(b)　　(c)

图 4　不同区域处磷化膜的晶粒结构对比

(a) 正常(左)和不正常(右)区域交界处;(b) 正常;(c) 不正常

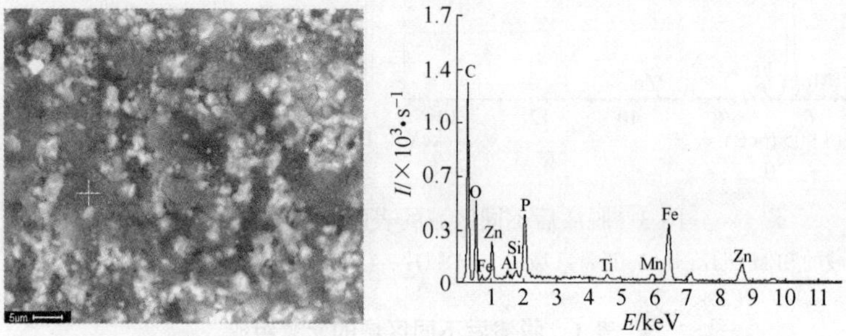


(a)　　(b)

图 5　缺陷中心处磷化膜的形貌及成分分析

(a) SEM 照片;(b) 能谱图

## 1.2　褪磷化膜后的微观形貌和成分

进一步去除磷化膜后，观察缺陷中心的形貌并分析其成分，结果见图 6 和表 3。脱膜后可以明显看出缺陷处不是凹坑，因此排除了钢材自身形貌造成磷化膜异常的原因。在磷化工艺参数(包括表面调整、磷化液浓度、温度)都正常的情况下出现磷化结晶异常，最可能的原因是钢板表面附着了一层物质(包括锈蚀、夹渣或者油脂)，阻碍了磷化膜的形成。因脱膜后 C 元素含量依然很高，O 元素质量分数较脱膜前减小，基本上无其他异常元素，故排除了锈蚀的可能；由于缺陷区域基本只含有 C、O、Fe 元素，不存在大量的 Al、Si、S 等元素，因此排除了夹渣的可能。鉴于脱模后 C 元素的质量分数达 44.71%，所以确定附着物是有机类物质。

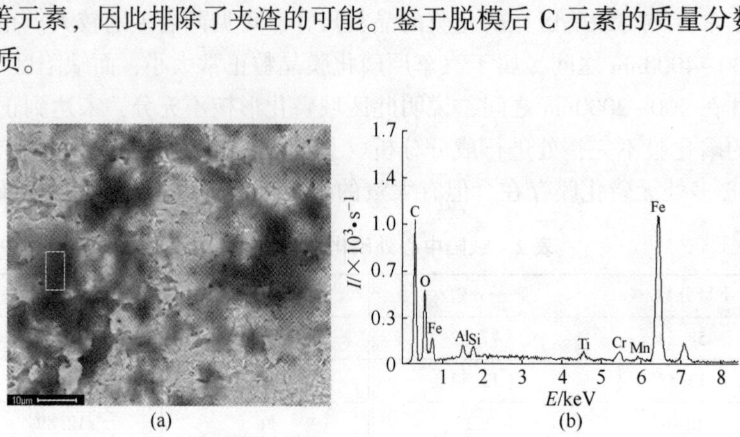


(a)　　(b)

图 6　脱磷化膜后缺陷中心处的形貌及成分分析

(a) SEM 照片;(b) 能谱图

表3　脱磷化膜后缺陷中心处的元素组成

| 元　素 | 质量分数/% | 原子分数/% | 元　素 | 质量分数/% | 原子分数/% |
|---|---|---|---|---|---|
| C | 44.71 | 70.22 | Ti | 0.84 | 0.33 |
| O | 12.37 | 14.59 | Cr | 1.34 | 0.49 |
| Al | 1.02 | 0.71 | Mn | 0.65 | 0.22 |
| Si | 0.71 | 0.48 | Fe | 38.36 | 12.96 |

## 2　缺陷问题的解决方法

咨询现场工人后得知，出现问题的基板在使用前已存放半年之久。为防止锈蚀，汽车用板在生产过程中都会进行表面涂油，而油脂如长时间不清洗会发生聚合反应，一般的清洗难以完全去除，因此怀疑附着的有机类物质为油污。油污可造成机械屏蔽，从而阻止活化形核，延缓成膜速率，导致磷化膜生长不充分，达不到正常的晶粒尺寸，甚至不能成膜，使得在后续电泳过程中，电泳涂料在缺陷附近产生不均匀沉积，严重影响漆膜的表面质量，在外观上表现出局部粗糙或者印记缺陷。将脱脂液和清洗水的 pH 分别提升至 12 和 8 左右，以确保它们对残留油污的清洗能力。在采取了上述措施后，该汽车厂再使用这批次的钢板生产，电泳后的表面完全没有麻点缺陷。

## 3　结语

脱脂和磷化是汽车车身阴极电泳前处理中非常重要的两道工序。磷化膜与阴极电泳漆膜配套性是否良好，是影响整体涂漆性能的关键所在，而磷化前车身的表面清洁度又决定了磷化膜的完整性。建议汽车涂装前的钢板勿放置过长时间，同时应根据白车身的普板与锌板的比例调整槽液，确保汽车车身的表面洁净度。

（原载《电镀与涂饰》，2017（14））

# 取向硅钢硅酸镁底层的相分析

方锡华　王煜明　黄煊官

## 1　引言

取向硅钢生产过程中，为了获得理想的晶体取向，必须进行高温二次再结晶退火，而高温退火之前需要涂氧化镁作隔离剂，同时在高温下与二氧化硅反应，使钢带表面生成致密的绝缘性及附着性好的亮灰色硅酸镁底层，然而，大生产中偶尔钢板局部地区出现异常现象，为此对氧化镁底层进行相分析，为分析产生异常现象的原因提供参考。

## 2　分析方法

为了分析底层的相结构，取经 T2 涂层工序的亮灰色、黑色及黑略带红色等几种钢板和出罩式炉未处理的钢板作试样。

欲得到纯属涂层物质所产生的 X 射线衍射谱线，将钢板反复弯曲使涂层剥落，收集之作为试样。然而这种取样方法仅对表面呈黑或褐色样可行，而亮灰色样涂层不易剥落，只能连同基体一起进行 X 射线衍射。

X 射线相分析是在武钢钢研所的 D/MAX-ⅢC 型 X 射线衍射仪上进行的。为了推算在 $Mg_2SiO_4$ 化合物中 $Fe_2SiO_4$ 的固溶量，对部分试样中 $M_2SiO_4$（M 表示 Mg 和 Fe）的晶格常数进行计算。由于 $Mg_2SiO_4$ 与 $Fe_2SiO_4$ 均属正交晶系，二者可以形成伪二元系连续固溶体。假定固溶体的晶格常数变化仅与 $Mg_2SiO_4$ 中固溶的 $Fe_2SiO_4$ 含量有关。通过晶格常数的计算可以反推它们在固溶体中的含量。

## 3　分析结果与讨论

不同颜色试样的 X 射线相分析结果示于表 1，强度及晶面间距（$d$）列于表 2。根据表 2 数据，用三个试样中均出现的（021）、（101）、（121）、（130）、（131）、（121）及（122）七个晶面的面间距（$d$）计算三个不同颜色试样中 $M_2SiO_4$ 相的晶格常数。计算结果列于表 3。

**表 1　相分析结果**

| 钢类 | 编号 | 经罩式炉退火工序 | | 钢类 | 编号 | 经 T2 涂层工序 | |
|---|---|---|---|---|---|---|---|
| | | 试样状况 | 相 | | | 试样状况 | 相 |
| Q 材 | 1 | 黑粉末 | A、C、E | Q 材 | 10 | 黑粉末 | A、C |
| | 2 | 局部发黑板 | A、C、E | | 11 | 褐粉末 | A、C |
| | 3 | 露晶板 | A、C（非晶态）、E | | 12 | 露晶板 | A |
| | 4 | 亮灰板 | A、E、D | | 13 | 亮灰板 | A |
| HiB 钢 | 5 | 黄色板 | F | Q 材 | 14 | 亮灰板 | A |
| | 6 | 灰黑板 | A、D、E | | 15 | 黑黑带 | A、C（非晶态） |
| | 7 | 露晶板 | A、E | | 16 | 红色板<br>黑色板 | B（准晶态）<br>A、C（非晶态）<br>B（准晶态） |
| | 8 | 红、灰、黄色板 | A、B、E、F | | | | |
| | 9 | 亮灰板 | A、E | | | | |

注：A—$Mg_2SiO_4$；B—$Mg_3Si_4O_{10}(OH)_2$；C—$SiO_2$；D—MgO；E—MgS；F—$SiS_2$。

**表2 测量强度（I / I°）及 *d* 值**

| 14号样 | | 15号样 | | 16号样 | | 14号样 | | 15号样 | | 16号样 | |
|---|---|---|---|---|---|---|---|---|---|---|---|
| *d*/nm | I / I° | *d*/nm | I / I° | *d*/nm | I / I° | *d*/nm | I / I° | *d*/nm | I / I° | *d*/nm | I / I° |
| | | 0.913 宽 | 5 | 0.912 宽 | 9 | 0.2514 | 69 | 0.2518 | 6 | 0.2520 | 10 |
| 0.5128 | 55 | 0.5125 | 5 | | | 0.2460 | 75 | 0.2464 | 6 | 0.2466 | 11 |
| | | | | 0.4777 宽 | 9 | | | 0.2350 | 5 | | |
| | | 0.3982 宽 | 6 | 0.4139 | 9 | | | 0.2321 | 6 | | |
| 0.3890 | 69 | 0.3899 | 7 | 0.3901 | 10 | 0.2271 | 68 | 0.2276 | 6 | 0.2276 | 9 |
| 0.3729 | 60 | 0.3734 | 6 | 0.3726 | 8 | | | 0.2245 | 7 | 0.2248 | 10 |
| 0.3496 | 61 | 0.3488 | 6 | | | | | 0.2161 | 6 | | |
| 0.2993 | 63 | 0.3000 | 6 | 0.3004 | 9 | 0.2025 | 100 | 0.2028 | 100 | 0.2028 | 100 |
| 0.2769 | 66 | 0.2772 | 6 | 0.2776 | 9 | | | | | | |

根据 ASTM 卡片中提供的 $Fe_2SiO_4$ 固溶量分别为 0、36、40、94 及 100 所对应的晶格常数加上所测试的三个样，共八套数据作图。获得 $Fe_2SiO_4$ 在 $M_2SiO_4$ 化合物中固溶量与晶格常数之间关系曲线。

由表 1 可见，所有试样中均有 $M_2SiO_4$ 相。经过罩式炉退火工序的试样中有 MgO 及 MgS，底层表面附有 MgO 不足为奇，有 MgS 则意味着高温退火过程中，基体内扩散出来的硫，除了以气体形式从罩式炉中被排出之外，还可以与镁作用生成 MgS。然而在 10 至 16 号经过 $T_2$ 涂层工艺的试样中，未发现这两个相，可见在钢卷中间清洗过程中它们被清除，因此这两个相不会影响最终产品的质量。HiB 钢中找到一块古铜钱大小的黄色板（5 号样），为单一的 $SiS_2$ 相，可能是因为钢卷局部未被 MgO 覆盖，高温退火时，基体内扩散到表面的硫与硅结合生成 $SiS_2$，这种现象少见，对产品质量影响不大。在罩式炉退火之后，底层中还可能出现 $SiO_2$ 及 $Mg_3Si_4O_{10}(OH)_2$，它们有时成晶态，有时成非晶态或准晶态（表 1）。硅来自基体，$Mg_3Si_4O_{10}(OH)_2$ 与 $Mg_2SiO_4$ 相比，为富硅贫镁相，按浓度梯度推论，这两个相应在基体与 $Mg_2SiO_4$ 之间，而 $SiO_2$ 在 573℃以上为四方结构，在 573℃以下为六方结构，$Mg_3Si_4O_{10}(OH)_2$ 除了正交晶系结构之外，还有单斜晶系结构，可见这两个相都有相变，在相变过程中因体积效应而造成内应力，使得硅酸镁底层的致密性及附着性变坏。

**表3 $M_2SiO_4$ 中 $FeSiO_4$ 的固溶量** （%）

| 试样编号 | 颜色 | Wa | Wb | Wc | $\overline{W}$ |
|---|---|---|---|---|---|
| 14 | 亮灰色板 | 4.2 | 4.3 | 4.1 | 4.2 |
| 15 | 黑略带红色板 | 12.6 | 12.6 | 12.6 | 12.6 |
| 16 | 黑色板 | 14.1 | 14.5 | 14.1 | 14.2 |

注：Wa—按 a 轴计算；Wb—按 b 轴计算；Wc—按 c 轴计算；W—三轴计算结果平均。

表 3 及图 1 表明，$Mg_2SiO_4$ 中还可以固溶不等量的 $Fe_2SiO_4$，二价铁离子半径为 $7.5\times10^{-2}$ 纳米，二价镁离子半径为 $6.5\times10^{-2}$ 纳米，随着 $Fe_2SiO_4$ 固溶量的增加，其晶体点阵常数成线性关系增加，二类内应力（即点阵畸变）也相应增加，$Fe_2SiO_4$ 固溶到一定程度必然对底层的致密性及附着性不利。

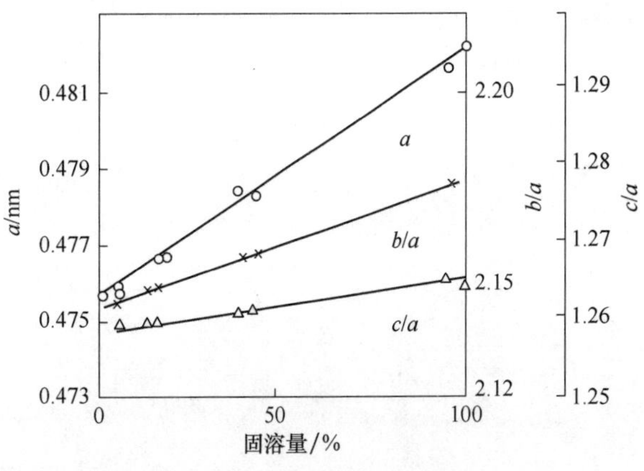


图 1 $M_2SiO_4$ 中 $Fe_2SiO_4$ 的固溶量与其晶格常数之关系

关于造成这些不良现象的原因可能是多方面的，除了与涂敷物质自身性能及涂敷的均匀性有关外，在罩式炉退火时，由于每炉因 $Mg(OH)_2$ 的分解而释放出约 3.7 公斤水。如果在第一阶段升温与均热过程中，这些水分未完全排出，就向高温升温，钢卷表面则因水分而过氧化，结果妨碍生成硅酸镁底层，退火后的薄膜因富集铁而造成致密性和绝缘性降低。若残存的水分直接与基体及$SiO_2$和铁的氧化物接触，在$SiO_2$及铁的氧化物含量较高条件下，形成$Mg_3Si_4O_{10}(OH)_2$也是可以理解的。试样的不同颜色不仅与相及其含量有关，而且与其固溶元素量有关。

## 4 结论

（1）亮灰色板近乎单一的$Mg_2SiO_4$，而且固溶的$Fe_2SiO_4$最少，因而底层致密附着性好；相反，黑色或黑略带红色等试样中，除可能出现$SiO_2$或$Mg_3Si_4O_{10}(OH)_2$之外，$Mg_2SiO_4$中固溶的$Fe_2SiO_4$也较多，使得底层致密性及附着性变差。

（2）由于$SiO_2$及$Mg_3Si_4O_{10}(OH)_2$均有相变，它们存在于硅酸镁底层内，在钢卷冷却过程中产生相变，相变应力会破坏涂层的致密性及附着性。

（3）基体内MnS分解出的硫，除以气体的形式被排出之外，还可以在底层的表面上与镁结合生成MgS，在中间工序与MgO一起被清除，不会影响涂层的质量。

（4）$Mg_2SiO_4$中固溶$Fe_2SiO_4$的含量与其晶格常数的变化成线性关系，故可用晶格常数的变化来计算其中固溶$Fe_2SiO_4$的含量。

（原载《电工钢》，1992（3））

# 高纯度冷轧无取向硅钢冶炼技术的发展

马秉荣

## 1 影响无取向硅钢片电磁性能的主要因素

### 1.1 碳对冷轧无取向硅钢片电磁性能的影响

碳是扩大 $\gamma$ 相区的元素，对冷轧无取向硅钢片的性能有极大的影响。钢中含碳量高时，为达到硅钢片成品的要求，在脱碳处理时，机组的速度变慢，相对时间延长，这时就有可能进入双相区退火，发生相变，产生重结晶，使得晶粒变细，钢板表面氧化层增加。Ph 值大，从而使 $P_{15}/S_0$ 值变大，使得磁性变坏。

碳在冷轧无取向硅钢中常以三种形态存在即石墨碳，$Fe_3C$ 和固溶碳。碳是以间隙原子固溶于钢中，使晶格产生畸形，造成内应力而影响磁性。如脱碳不完善，碳以过饱和形态存在于钢中，在电机使用过程中，随温度的升高（铁芯发热），过饱和的固溶碳就会慢慢析出，使磁性逐渐恶化，因此，对冷轧无取向硅钢中的碳含量要求是越低越好。

目前先进国家，日本和西欧的一些国家，生产冷轧高牌号无取向硅钢，成分中已经达到 C≤0.0020%，我厂目前最好只能控制在 0.0027%~0.0040%C 的范围，其原因在于合金中碳含量高于国外合金的碳含量。RH 真空处理虽能把［C］降到 0.0015%，但合金化后，碳又上升。浇钢过程中，国外采用的是无碳保护渣，而我厂的微碳保护渣还处于研制试验阶段。因此合金化和浇钢过程中的增碳而使冶炼成品中碳含量高于先进国家的水平，加上轧钢设备水平也落后于先进国家，因而冷轧无取向硅钢的高牌号磁性比先进的日本低 2~3 个牌号。

### 1.2 硅和铝（酸溶铝）的影响

硅和铝能促使铁素体晶粒长大，提高电阻率，降低 Ph 值，从而降低 $P_{15}/S_0$，但 $Si+Al_s>3.8\%$时，会给浇铸和轧制带来困难。我厂高牌号无取向硅钢冶炼成分的 $Al_s$ 控制≤0.700%。

### 1.3 硫的影响

硫对无取向冷轧硅钢的磁性影响极大，是最有害的元素之一，硫几乎全部以弥散的 FeS、MnS 夹杂物形态存在于钢中，分布在晶粒边界上，在退火过程中阻止晶粒长大，使铁素体晶粒变小，磁滞损失增大，使 $P_{1.5}/S_0$ 值增长，磁性变坏。因此冶炼时通过各种手段把钢中硫含量控制到最低程度。目前我厂通过铁水脱硫和 RH 真空处理脱硫，使成品中硫含量达到 0.001%水平，与日本水平相当，但仍略高于西欧一些国家的水平。

### 1.4 夹杂物的影响

冷轧无取向硅钢中的夹杂物主要是氧化物和硫化物，尤其是氧化物的存在使得钢的晶粒变细，磁滞损失增大，使 $P_{15}/S_0$ 值增大，磁性变坏。

## 2 高纯度冷轧无取向硅钢冶炼

### 2.1 生产流程

武钢冷轧无取向硅钢冶炼工艺过程：铁水脱硫处理→混铁炉→顶底复合吹炼→RH 真空处理→连铸

(加电磁搅拌)→切割→热送（保温车）热轧→硅钢厂（成品）。

## 2.2　贯彻精料方针

### 2.2.1　低硫铁水

生产高纯度冷轧无取向硅钢，要求入转炉低硫铁水［S］≤0.002%。我厂采用≥1300℃铁水经 KR 铁水脱硫处理。脱硫剂使用 CaO 系，耗量为 6~8kg/t·铁，扒渣后搅拌处理 12~15min，经处理后铁水中［S］≤0.002%，脱硫率≥90%。KR 处理搅拌前就尽量将罐内渣扒净，可减少脱硫剂的单耗，降低成本，KR 处理后，罐内的脱硫渣必须扒除干净，以减少高硫渣进入混铁炉，给后道工序去硫操作带来有利条件。

### 2.2.2　低硫废钢

高纯度无取向硅钢对废钢有特殊要求：［S］≤0.01%，Ti 含量越低越好，避免 Ti 含量高给硅钢片脱碳造成困难，影响产品磁性。

### 2.2.3　活性石灰的采用

活性石灰硫含量低，成渣快，有利于去除有害元素和气体，对冶金效果及提高钢质有重要作用，我厂使用的活性石灰理化指标见表 1。

**表 1　活性石灰主要理化指标**

| CaO | S | 夹杂 | 烧损 | 粒度/mm |
|---|---|---|---|---|
| 90%~95% | ≤0.032% | ≤2.0% | ≤1.0% | 5~40 |

### 2.2.4　合金材料

对合金化和成分微调所使用的合金，总的要求应是低碳、低硫、高纯度以及合适的粒度。

锰的合金化和微调使用金属锰，以减少合金中带入的夹杂。硅合金采用超低碳、低硫的硅铁，其化学成分见表 2。

**表 2　硅铁化学成分**　（%）

| C | Si | Mn | P | S | Al | Ti | Zr | 粒度/mm |
|---|---|---|---|---|---|---|---|---|
| ≤0.01 | 75~80 | ≤0.20 | ≤0.020 | ≤0.030 | ≤1.0 | ≤0.05 | ≤0.008 | 5~20 |

## 2.3　新工艺及新技术

### 2.3.1　LD 转炉顶底复合吹炼

转炉冶炼采用顶底复合吹炼，提高冶金效果。顶吹氧量为 12000m$^3$/h 时，采用 0.02~0.3m$^3$/(min·t) 全程底吹 Ar，其冶金效果与顶吹氧相比，终点 do 降低了 100~200ppm，终渣 T·Fe 降低 1%~2%。

冶炼无取向硅钢时，停吹氧后，用 0.03~0.04m$^3$/(min·t) 的 Ar 气底吹后搅拌 1~15min 的工艺。当终点含碳量为 0.04%时，经后搅钢中 do 可再降低 150~200ppm，出钢［O］含量为 500~700ppm。

后搅使钢、渣得到充分的搅拌，反应更接近平衡，提高了去 P、S 的效果。经试验，当渣中 TFe 为 12%~18%，$R$=3~4.5 时，P、S 分别在渣钢的分配比提高了 6.7%~12.28%和 37.8%~38.5%。

将底吹 Ar 由原来的 4 点供气改为 6 点供气，进一步提高了冶金效果。当 Ar 气强度为 0.02~0.03m$^3$/(min·t) 时，6 点供气使得吹炼经 4 点供气更加平衡，终点钢中含氧量可降低 50~100ppm，终渣 TFe 降低 0.5%~1.0%。

### 2.3.2　出钢采用二次挡渣技术

出钢前使用挡渣帽挡渣，在出钢终止前使用挡渣球挡渣（其挡渣效果的关键是出钢口的形状和投入挡渣球的合适时间）。严格控制进入钢包中的渣量，一般要求控制在 60~100mm，从而减少钢包中氧的来源，提高合金收得率，减少夹杂物，纯净钢质，提高成分命中率。

### 2.3.3　RH 真空脱碳处理

RH 真空处理脱碳的关键是控制钢水在真空室内的喷溅。操作时既要利于迅速脱碳又不损害真空室的设备（既不堵拱顶和合金溜槽又不烧损其他部位）。主要调节驱动气（Ar）量及掌握各级泵的启动时间。脱碳时间一般为 15~20min。

在处理 $W_{07}$硅钢时，脱碳反应期（处理 8~9min 时）加大 Ar 气量，取得了好的冶金效果，合金化前钢中［C］可达 0.0015%的水平。RH 真空处理脱碳过程曲线如图 1 和图 2 所示。

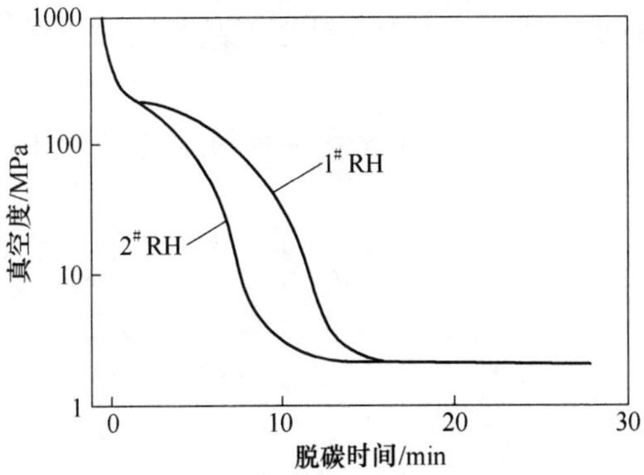


图 1 脱碳时 1#、2#RH 真空度变化

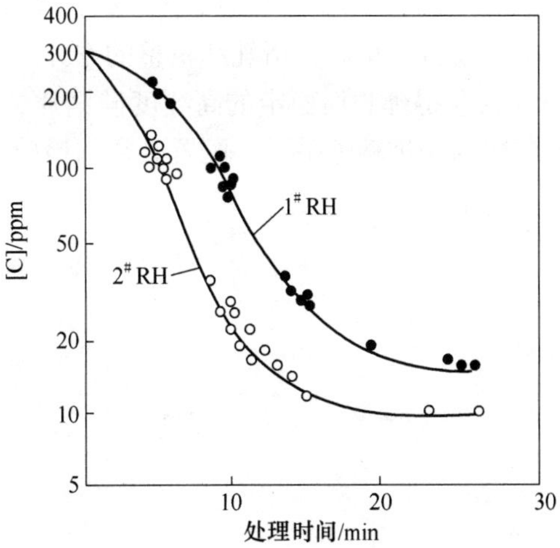


图 2 ［C］随 RH 处理时间的变化

高纯度冷轧无取向硅钢生产过程中要在 RH 真空处理进行补充脱硫，达到超低硫的目的。在钢水温度一定的条件下，脱硫量与脱硫剂耗量呈直线关系，脱硫率可达 50%~70%。

2.3.4 中间包系统新技术应用

（1）为了提高铸坯质量和稳定拉速，使铸机顺利地进行多炉连浇，我厂将原设计的 6.5t 中包扩容到 10.78t。

（2）中包整体塞棒吹 Ar 的应用使钢中夹杂物量减少。用图像仪测定铸坯厚度的 1/4 处夹杂物的面积比，经整体塞棒吹 Ar 后夹杂物减少 38%。

（3）长水口吹 Ar 保护浇铸，防止了钢液二次氧化。长水口保护浇铸与敞开式浇铸相比：［TN］含量减少 14ppm，［O］含量降低 60ppm，［$Al_s$］损失减少 8.5%，夹杂物总量减少 170ppm，$Al_2O_3$ 夹杂降低 149ppm。

2.3.5 电磁搅拌工艺的应用

采用电磁搅拌，使钢中树状晶减少，增加了等轴晶的比例。等轴晶比大于 50%时，可消除无取向硅钢片中瓦楞状缺陷，提高了冷轧无取向硅钢的铸坯质量。在相同铸温条件下可提高拉速增加产量，同时给后工序创造了有利条件。

我厂采用的是低温快拉，电磁搅拌应用后，获得了良好的冶金质量铸坯（见图 3、图 4），实现了高牌号硅钢一次冷轧工艺。

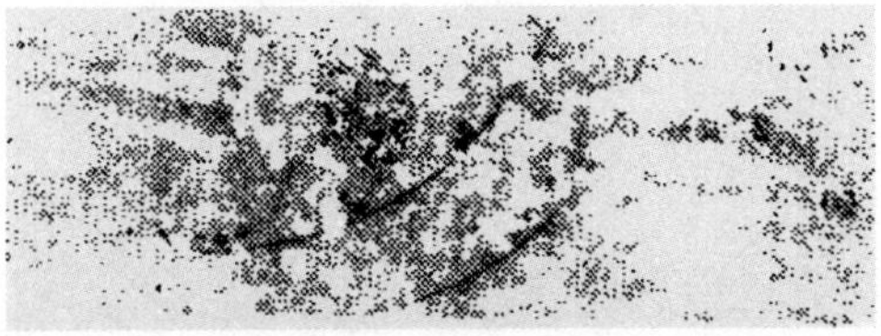

图 3 未采用电磁搅拌硅钢片结构图

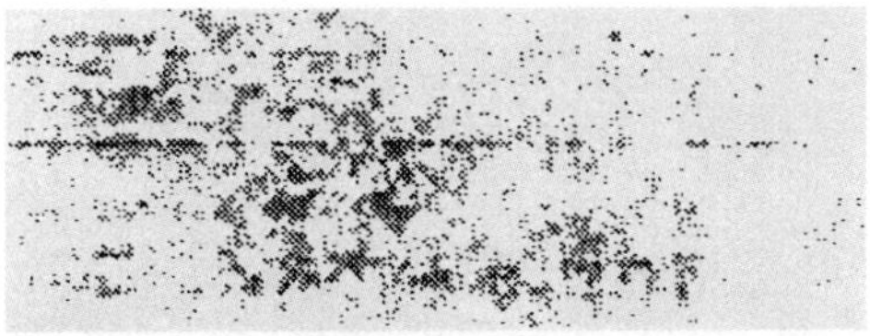

图 4 采用电磁搅拌硅钢片结构图

## 3 高纯度冷轧无取向硅钢的开发

1985 年 3 月我厂实现了专利高牌号硅钢的全连铸，同时开发高于专利无取向硅钢 $W_{09}$的试制并取得优良的磁性。

1987 年开始试制 $W_{07}$无取向硅钢，并于 1990 年 12 月通过冶金部的转产鉴定。

## 4　结语

（1）在硅钢专利技术的消化、吸收、生产的基础上，武钢新试制出高于专利（最高牌号 $W_{10}$）三个牌号的产品，填补了国内空白。

（2）在当前的实际生产实践中，要生产出特优的、节能的电磁性能好的冷轧无取向硅钢片，在操作上必须坚持精料、精炼、精轧和精整的方针。

（3）为获得理想而稳定的高纯度硅钢片，必须贯彻严格的操作和管理，不断开发运用新技术，必须具备多层次的先进精炼手段，配置必须的检验设备，才能不断提高冷轧无取向硅钢产品的实物质量。

（原载《炼钢》，1994（1））

# 铁损极低的高级无取向硅钢的研制

周雅琴

## 1 引言

为了节约能源，要求马达、发电机和其他电器设备具有效率高、尺寸小等特点。电机效率的提高除了在设计制造工艺上采取必要的改进措施外，提供优质，特别是铁损极低、磁感高的高级无取向硅钢片亦是关键。

关于改进高牌号无取向硅钢的磁性国外有一些报告，但武钢由于受设备条件等因素的影响，许多措施无法实施，为了结合武钢的实践尽快地试制出 W06，近年来在 W06 的成分设计，成品退火工艺及冷轧工艺方面进行了一些探讨。本文就这些方面工作进行简要介绍。

## 2 试验过程与方法

### 2.1 试验原料及过程

为使钢质纯净，典型成分试验钢的炼钢原料选用了大生产中 C、N、S 等含量都较低的 W10 连铸坯，并配用纯净度高的优质纯铁块和合金料进行了成分调整。炼钢在华中理工大学的 10kg 真空感应炉中进行，试验钢锭经锻造加工成 25×65×(500～600)mm 锻坯，然后送大连钢厂热轧，锻坯的加热温度 1050～1100℃，热轧后成品厚度为 2.2±0.1mm，后工序试验在我厂先行间及梯度炉中进行。成品退火工艺试验、冷轧工艺试验料选用大生产的 W07 热轧板。

### 2.2 试验方法

2.2.1 成分试验

W06 成分对比试验在实验室相同工艺条件下进行。并对成品样进行了磁性、金相晶粒度和蚀坑法织构检验；用透射电镜观察分析了各种成分的第二相质点的大小及分布。

2.2.2 成品退火工艺试验

采用 Si=3.11%、Als=0.736%热轧板一块，剪切成 70×400mm，经 860℃常化冷轧至中间厚度。中间退火后再冷轧至 0.5mm 成品厚，然后按 L9($3^4$) 对成品退火中的升温速度、均热温度及冷却速度进行正交试验，试验安排如表 1 所示。

**表 1 退火工艺正交试验安排表**

| 水平 \ 因素 | 升温速度 A | 均热温度 B | 冷却速度 C |
|---|---|---|---|
| 1 | 试样直接放入均热段 | 980℃×5′ | 试样均热后直接拉至炉口停 3′取出 |
| 2 | 试样先在 850℃温度下加热 1′后再推入均热段 | 1030℃×2.5′ | 试样均热后先拉至 850℃停 1′后再拉至炉口停 3′取出 |
| 3 | 试样在 850℃加热 2′后再推入均热段 | 1080℃×1.5′ | 试样均热后先拉至 850℃停 2′后再拉至炉口停 3′取出 |

另外还对成品退火后试样进行了再次热处理试验，工艺为 870℃×4′。

2.2.3　冷轧工艺试验

试验采用两种方法：一种是对表2中的钢号1热轧板分别用一次冷轧和两次冷轧工艺进行试验，以比较冷轧工艺对磁性的影响；第二种是对表2中的1、2、3号钢同时进行一次冷轧法（压下率为79%）和两次中等冷轧压下工艺试验，比较成分与热轧工艺对最终磁性的影响。并对成品试样进行了磁性、晶粒度和织构组分等项测定。

**表2　冷轧工艺试验钢前工序主要参数**

| 钢号 | 成分/% | | | | | 热轧主要工艺参数 | | |
|---|---|---|---|---|---|---|---|---|
| | C | Si | Als | S | T.N | 抽出温度/℃ | 在炉时间/min | 板厚/mm |
| 1 | 0.0078 | 2.94 | 0.52 | 0.001 | 0.0049 | 1115 | 220 | 2.35 |
| 2 | 0.0050 | 3.08 | 0.714 | 0.001 | 0.0011 | 1050 | 285 | 2.31 |
| 3 | 0.0050 | 3.12 | 0.484 | 0.001 | 0.0052 | 1101 | 216 | 2.40 |

## 3　结果分析

### 3.1　成分试验

3.1.1　典型成分对比试验结果列于表3。

**表3　成分对磁性影响对比结果**

| 钢号 | 主要成分/% | | | | 磁性 | |
|---|---|---|---|---|---|---|
| | Si | Mn | Als | Sb | $P_{15/50}$/W·kg$^{-1}$ | $B_{50}$/T |
| 7 | 2.70 | 0.32 | 1.13 | 适量 | 2.35 | 1.694 |
| 11 | 2.75 | 1.19 | 1.09 | 适量 | 2.21 | 1.686 |
| 70 | 2.71 | 1.32 | 1.06 | 适量 | 2.16 | 1.693 |
| 10 | 2.59 | 1.39 | 1.07 | — | 2.24 | 1.685 |
| 4 | 3.21 | 0.28 | 0.70 | — | 2.45 | 1.695 |

注：表中的磁性为换转后的方圈值。

结果表明：7#与11#成分相比，磁性偏低半个牌号；而含Sb的70#与不含Sb的10#相比，$P_{15/50}$可改善0.08W/kg；原W07成分的4#与11#、70#钢相比，磁性相差一个多牌号，而且Mn的范围控制对磁性也有一定影响。

3.1.2　典型成分的成品样检验结果

11#和4#成品的检验结果见表4和图1~图3。

**表4　11#和4#成品样的金相及物理检验结果**

| 钢号 | 晶粒度级 | 腐蚀坑/% | | | | 结构参数 *R* | 电镜分析第二相质点 |
|---|---|---|---|---|---|---|---|
| | | (100) | (110) | (111) | (223) | | |
| 11# | 2~2.5级 | 10 | 64 | 13 | 13 | 1.58 | 以大颗粒为主　1000~2000Å<br>小颗粒较少　500~700Å |
| 4# | 多数3.5~4级，少数2.5级 | 9 | 34 | 46 | 10 | 0.27 | 以大颗粒为主　1000~2000Å<br>800~1200Å<br>小颗粒较少　400~600Å |

注：$R=P_{110}+P_{200}+P_{310}/P_{211}+P_{222}$。

3.1.3　分析

从结果中可知：含Sb的高Mn-Si-Als(11#和70#）试样磁性好的原因主要是成品的织构和晶粒长大得到了改善。众所周知：Sb是晶界偏析元素，添加少量的Sb可使（111）组分降低，（100）和（110）组分提高。此外还能在退火时阻止N的渗入。提高钢的抗氧化性能，从而保护了钢质纯净；Mn对控制和改

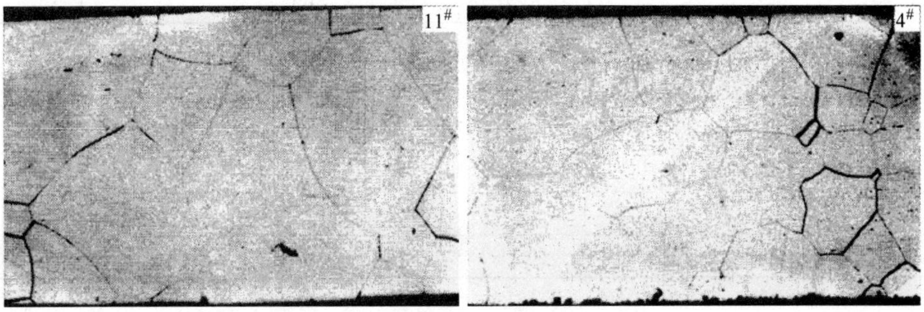

图 1 11#和 4#成品晶粒组织 100×

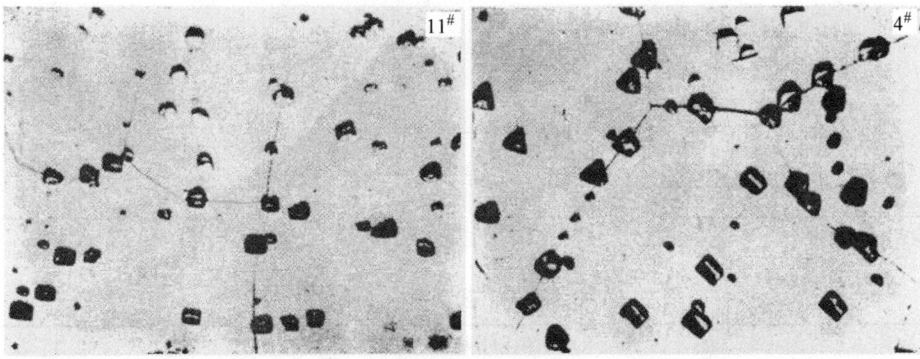

图 2 11#、4#成品样的金相腐蚀坑照片

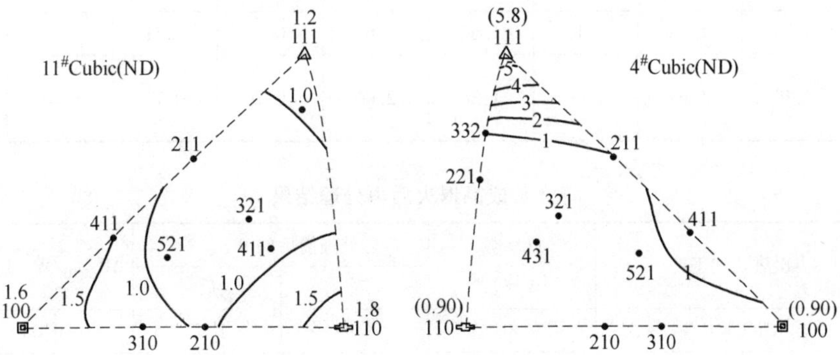


图 3 11#和 4#成品样反极图

善织构也很有利，X 衍射结果表明，Mn 含量高的试样，（100）的织构比 Mn 含量低的高。正是通过 Mn 和 Als 的叠加效应，控制最终冷轧前的晶粒尺寸，促进（100）织构的形成。为此，对常化工艺或中间退火工艺（二次冷轧的）要优化，以便获得所需的晶粒尺寸。

## 3.2 成品退火工艺试验

3.2.1 试验结果如表 5~表 8 和图 4 所示

**表 5 成品退火正交试验结果**

| 试样号 \ 因素 | A | B | C | $\overline{P}_{15/50}$/W · kg$^{-1}$ |
|---|---|---|---|---|
| 1 | 1 | 1 | 3 | 2.00 |
| 2 | 2 | 1 | 1 | 2.10 |
| 3 | 3 | 1 | 2 | 1.995 |
| 4 | 1 | 2 | 2 | 2.04 |
| 5 | 2 | 2 | 3 | 1.98 |

续表5

| 试样号＼因素 | A | B | C | $\overline{P}_{15/50}$/W · kg$^{-1}$ |
|---|---|---|---|---|
| 6 | 3 | 2 | 1 | 2.14 |
| 7 | 1 | 3 | 1 | 2.18 |
| 8 | 2 | 3 | 2 | 1.995 |
| 9 | 3 | 3 | 3 | 2.04 |

**表6　正交试验方差分析表**

| 方差来源 | 平方和 | 自由度 | 均方 | F | 显著性 |
|---|---|---|---|---|---|
| 冷却速度C | 0.0313 | 2 | 0.01565 | 6.52 | * |
| 均热温度B | 0.0053 | 2 | 0.00265 | 1.10 | |
| 升温速度A | 0.0074 | 2 | 0.00370 | 1.54 | |
| 误差 | 0.0048 | 2 | 0.00240 | | |
| 总和 | 0.0488 | 8 | | | |

注：查 $F_{0.25}^{(2,2)}=3.00$。

**表7　各成品退火工艺下织构和晶粒度结果**

| 试样号 | X衍射织构分析 | | | | | | | | | 晶粒级别 |
|---|---|---|---|---|---|---|---|---|---|---|
| | (100) | (200) | (400) | (110) | (220) | (440) | (111) | (222) | (444) | |
| 1 | 1.1 | 1.31 | 0.8 | 0.75 | 1.07 | 0.42 | 0.6 | 0.58 | 0.7 | 2.5~3.0 |
| 5 | 1.5 | 1.53 | 1.46 | 2.10 | 1.52 | 2.62 | 0.3 | 0.31 | / | 2.5~2.0 |
| 7 | 1.6 | 1.19 | 1.98 | 1.70 | 1.38 | 2.06 | 0.7 | 0.77 | 0.64 | 3.5和4.5级<br>少数1.5级 |

**表8　成品退火后再处理结果**

| 试样号 | 再次热处理工艺 | 试样数（片） | 处理前后的 $\overline{P}_{15/50}$ | | $\Delta P_{15/50}$/W · kg$^{-1}$ | 成品退火时冷却条件 |
|---|---|---|---|---|---|---|
| | | | 前 | 后 | | |
| 5 | 870℃×4′ | 8 | 1.98 | 1.92 | −0.06 | 慢冷 |
| 6 | 870℃×4′ | 9 | 2.14 | 1.98 | 0.16 | 急冷 |
| 7 | 870℃×4′ | 9 | 2.18 | 2.01 | 0.17 | 急冷 |

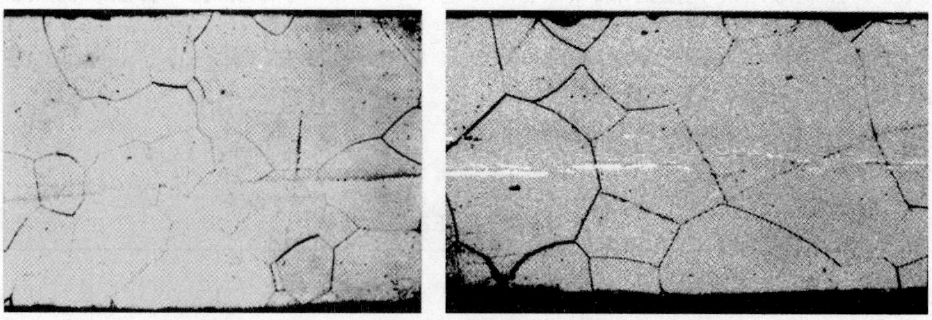

处理前　　处理后

图4　7#试样再次热处理前后晶粒组织

3.2.2　分析

表5~表7示出：成品退火采用较快的升温速度，1030℃均热温度和慢速冷却工艺可取得优良磁性；且冷却速度对磁性影响最显著。原因是采用这种成品退火工艺的试样，其有利织构组分多、晶粒均匀且尺寸大；此外较慢的冷却速度，使钢中的热应变和热应力变小，对改善磁性有利。表8结果表明了经高温

退火后试样在870℃温度下进行再次热处理可使板宽方向磁性均匀化使磁性进一步提高，这种工艺措施对成品退火时冷却速度快的试样改善效果尤为明显。

## 3.3 冷轧工艺试验

3.3.1 试验结果见表9~表11

表9 最终冷轧压下率与磁性的关系

| 试样号 | 冷轧中间厚度/mm | 最终冷轧压下率/% | 成品厚度/mm | 厚度修正后磁性 | |
|---|---|---|---|---|---|
| | | | | $B_{50}$/T | $P_{15/50}$/W · kg$^{-1}$ |
| 0 | — | 79 | 0.46 | 1.649 | 2.42 |
| 1 | 0.505 | 6 | 0.47 | 1.624 | 2.63 |
| 2 | 0.525 | 11 | 0.47 | 1.641 | 2.32 |
| 3 | 0.620 | 23 | 0.48 | 1.641 | 2.32 |
| 4 | 0.715 | 34 | 0.47 | 1.675 | 2.28 |
| 5 | 0.815 | 43 | 0.465 | 0.704 | 2.22 |
| 6 | 0.865 | 47 | 0.45 | 1.709 | 2.16 |
| 7 | 0.915 | 48 | 0.47 | 0.702 | 2.11 |
| 8 | 0.955 | 51 | 0.47 | 1.705 | 2.04 |
| 9 | 1.02 | 53 | 0.48 | 1.701 | 2.22 |
| 10 | 1.10 | 55 | 0.49 | 1.716 | 2.16 |
| 11 | 1.20 | 60 | 0.48 | 1.704 | 2.12 |
| 12 | 1.30 | 66 | 0.485 | 1.709 | 2.20 |
| 13 | 1.40 | 68 | 0.475 | 1.696 | 2.12 |
| 14 | 1.51 | 72.7 | 0.455 | 1.662 | 2.35 |
| 15 | 1.70 | 74.5 | 0.465 | 1.656 | 2.38 |

表10 冷轧工艺与前工序条件的关系

| 钢号 | 一次冷轧法 | | 二次中等冷轧法 | | 两种工艺磁性差 | |
|---|---|---|---|---|---|---|
| | $B_{50}$/T | $P_{15/50}$/W · kg$^{-1}$ | $B_{50}$/T | $P_{15/50}$/W · kg$^{-1}$ | $\Delta B_{50}$ | $\Delta P_{15/50}$ |
| 1 | 1.649 | 2.42 | 1.709 | 2.20 | 0.06 | 0.22 |
| 2 | 1.639 | 2.06 | 1.678 | 1.98 | 0.039 | 0.08 |
| 3 | 1.644 | 2.22 | 1.676 | 2.01 | 0.032 | 0.21 |

表11 不同冷轧工艺下成品织构结果

| 试样号 | 冷轧工艺 | 腐坑法测织构/% | | | ODF分析织构组分 |
|---|---|---|---|---|---|
| | | (111) | (110) | (100) | |
| 0 | 一次冷轧法 | 65 | 12 | 23 | 〈100〉(8.88%)→〈013〉(10.51%)→(135)(7.78%)→(112)(12.17%)环节区和(013)(10.5%)→(135)(7.17%)→(113)(6.37%)弧带区里 |
| 6 | 二次中等冷轧法 | 56 | 16 | 28 | 40%~25%以〈100〉取向强烈集中在轧向近旁，约10%晶粒以(110)趋集于轧向 |

注：织构测定试样为表9中的0#和6#样。

3.3.2　分析

由表9、表10结果表明：钢号1因含Si和Als低且C、N含量高，采用二次中等冷轧工艺可有效地改善磁性；钢号2的Si和Als含量高，杂质量少且热轧条件较好，因此二次中等冷轧法与一次冷轧法试样磁性差距缩小；钢号1和2由于在成分上和热轧条件上的差异大，采用何种冷轧工艺对磁性的影响很大。当用同工艺的一次冷轧工艺试制时，二者磁性相差约2个牌号；而当用相同的二次中等冷轧工艺时，磁性只相差1个牌号。所以当钢中Si和Als含量不高，钢质较差，且热轧条件不能满足要求时，二次中等冷轧工艺可获得较高的磁性，这是因为它可使成品获得较好的织构所致（见表11）。ODF检验结果表明，二次中等冷轧工艺可使成品获得（hko）[001] 织构，而且平行于轧向的 [001] 可高达40%左右。

## 4　结论

（1）采用含适量Sb的Si-Mn-Al成分系列，通过Mn和Als的叠加效应，控制冷轧前的晶粒尺寸，改善织构，可以达到提高磁性的目的。

（2）成品退火工艺对最终磁性的影响很大。退火时冷却速度的控制对磁性的影响尤为显著。对于冷却速度快的成品采用再次热处理措施可使磁性得到大幅度改善。

（3）冷轧工艺应与钢质、成分、热轧及后工序工艺相匹配。一次冷轧工艺对钢的纯净度、热轧、常化和成品退火等条件要求严格；当上述条件暂不具备时，可用二次中等冷轧工艺试制出高级无取向硅钢。

（原载《电工钢》，1996（1））

# 钼降低高磁感取向硅钢铸坯加热温度机制的织构研究

赵 宇 蒙肇斌 何忠治 裴大荣 毛炯辉 王良芳 何礼君

在取向硅钢生产过程中，由于连铸坯在热轧前须经1360℃以上的高温固溶处理，给实际生产带来一系列问题：需要投巨资兴建高温铸坯加热炉；高温铸坯加热需要消耗大量重油；在高温加热过程中，铸坯表面氧化皮大量熔化并流到炉底上，需要定期进行停产清理，工人劳动条件恶劣，使生产率大大降低；烧损严重；大大缩短加热炉寿命；热轧卷表面缺陷多，成品率低。为此，武汉钢铁（集团）公司通过在高磁感取向硅钢（Hi-B）中加入微量钼（0.01%~0.10%），将铸坯加热温度降低到1320℃左右。本文从织构的角度对加钼降低铸坯加热温度的机制进行了探讨。

## 1 实验材料及方法

所用材料取自武钢试验用3个炉号Hi-B取向硅钢（约含3.2%Si，以AlN+MnS为抑制剂，同时含微量锡和铜），其中1、2号钢含等量的钼，3号钢不含钼。2、3号钢的铸坯加热温度为1380℃，1号钢的铸坯加热温度为1310℃。随铸坯加热温度提高，热轧温度相应提高，1380℃铸坯加热时精轧及终轧温度分别为1180℃和990℃，均比1310℃加热时高40~50℃。热轧板（厚约2.2mm）经1100℃高温常化后，一次冷轧至0.3mm。最后，冷轧板于835℃、湿的氢氮混合气体中进行约5min脱碳及初次再结晶退火。

为了测定沿钢板厚度方向的织构变化，对热轧及脱碳板分别采用线切割和化学腐蚀方法进行减薄。织构检测面沿板厚方向的位置用$S$值表示，$S=x/d$，其中$x$为检测面到钢板表面的距离；$d$为板厚的1/2。显然，钢板表面处，$S=0$；钢板中心处，$S=1$。

在APD-10型全自动X射线衍射仪上进行织构测定。对于热轧及脱碳板，均采用极密度和ODF两种方法进行织构分析。

## 2 实验结果

### 2.1 热轧板

#### 2.1.1 极密度检测

极密度检测结果表明，3个炉号热轧板表层（$S=0$、0.2和0.5）的最强织构组分为（110）。由（110）极密度沿热轧板厚度的分布（图1）可见，在3个热轧板中，（110）组分强度均在$S=0.2$处最高。对于铸坯加热温度为1310℃的含钼钢（1号热轧板），当$S$值由0变至0.2及由0.2变至0.5时，（110）

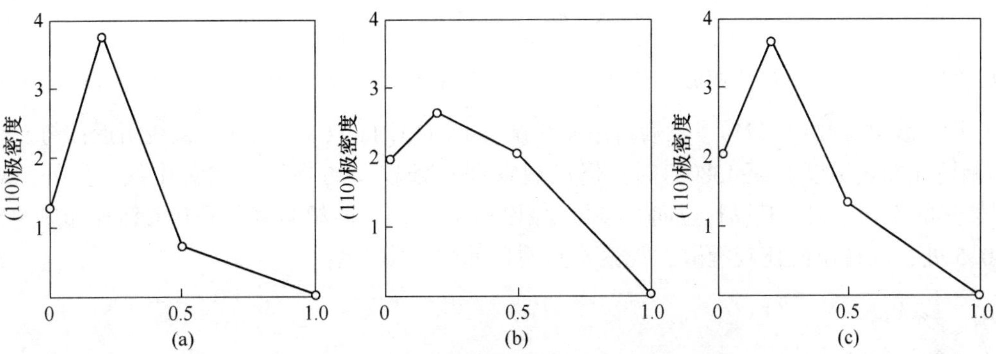


图1 （110）位向极密度沿热轧板厚度的分布

（a）1号热轧板；（b）2号热轧板；（c）3号热轧板

组分强度发生了急剧的上升与下降，在 $S=0.2$ 处形成一很尖的峰；当含钼钢铸坯加热温度升至 1380℃（2 号热轧板）时，（110）组分强度随 $S$ 值的变化较 1 号热轧板平缓得多；而铸坯加热温度为 1380℃的不含钼钢（3 号热轧板）则与 1 号热轧板相似。

2.1.2　ODF 检测

在热轧板表面（$S=0$）处，当含钼钢铸坯加热温度为 1310℃时，晶粒位向集中分布在以 $(\bar{1}01)[0\bar{1}0]$ 沿 $\xi$ 线至 $(\bar{1}01)[1\bar{2}1]$，然后再沿 $\kappa$ 线至 $(\bar{4}\,4\,11)[11\,\overline{11}\,8]$ 这样一条线为中心的管状区域内（图 2(a)）。$\xi$ 和 $\kappa$ 线在 Euler 空间的位置示于图 3。当含钼钢铸坯加热温度升至 1380℃时，晶粒位向变得漫散，看不出明显的位向集中线（图 2(b)）。值得注意的是，对于不含钼的 3 号热轧板，尽管铸坯加热温度高达 1380℃，但表面仍有一条与 1 号热轧板相似的位向集中线（图 2(c)），这与 1380℃铸坯加热的含钼钢情况明显不同。

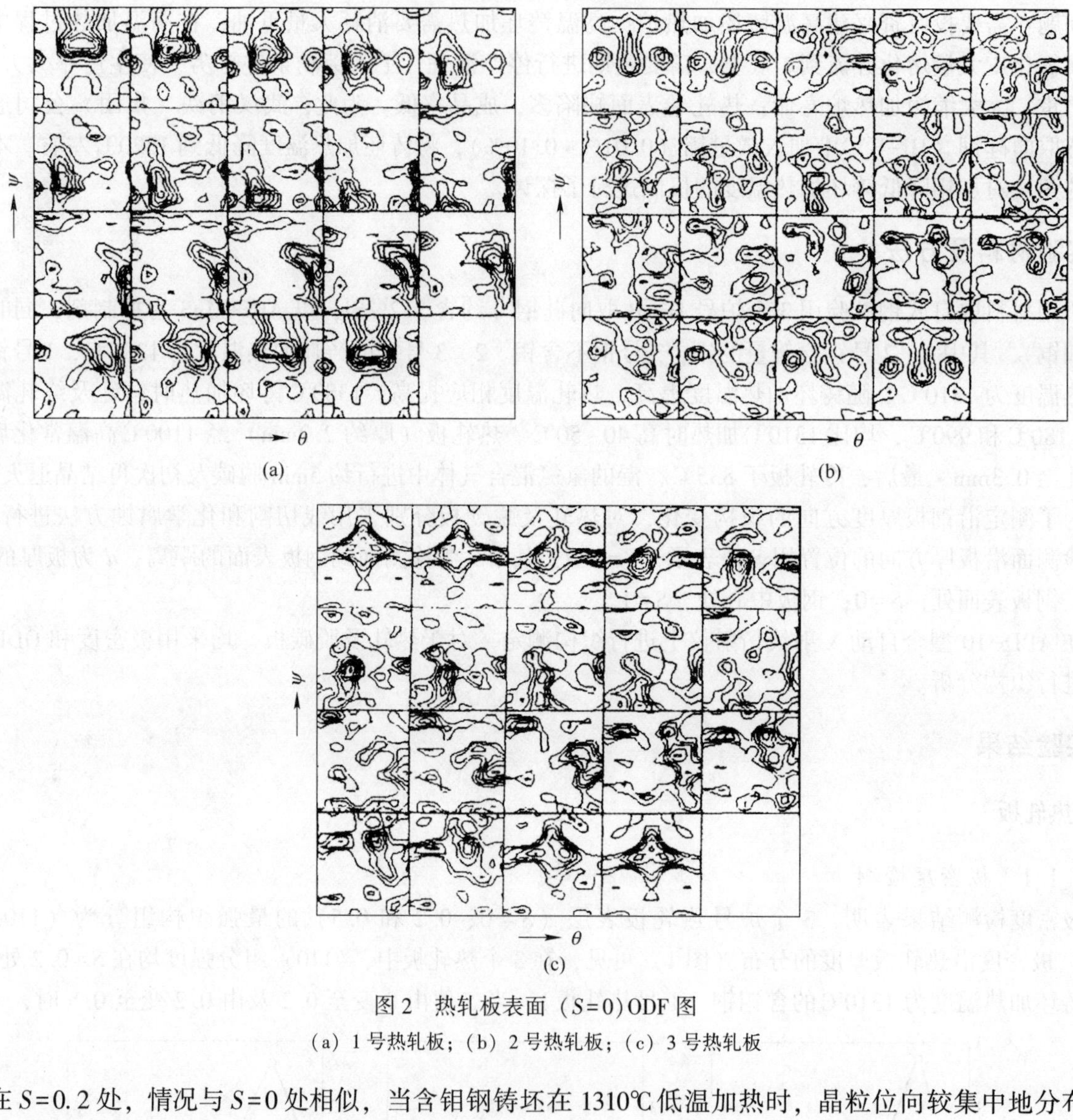


图 2　热轧板表面（$S=0$）ODF 图

（a）1 号热轧板；（b）2 号热轧板；（c）3 号热轧板

在 $S=0.2$ 处，情况与 $S=0$ 处相似，当含钼钢铸坯在 1310℃低温加热时，晶粒位向较集中地分布在从 $(\bar{1}01)[0\bar{1}0]$ 沿 $\xi$ 线至 $(\bar{1}01)[1\bar{2}1]$，然后再沿 $\kappa$ 线至 $(\bar{4}\,4\,11)[11\,\overline{11}\,8]$ 这样一条线附近；与 $S=0$ 处不同的是，当含钼钢铸坯加热温度升至 1380℃时，仍可观察到一条较弱的晶粒位向集中线。另外，对于同样在 1380℃铸坯加热的不含钼钢，其晶粒位向分布与含钼钢明显不同，但却类似于 1310℃铸坯加热的含钼钢。

在 $S=0.5$ 处，晶粒位向比较漫散，观察不到明显的位向集中线。

## 2.2　脱碳板

2.2.1　ODF 检测

对 3 个炉号脱碳板表层（$S=0$、0.2 和 0.5）进行 ODF 检测，在所有 9 个检测位置上，晶粒位向的分布相似，均表现出典型的 Hi-B 取向硅钢初次再结晶织构特征，即在 $\phi=45°$截面图上，{111}〈112〉以及与其相近的{554}〈225〉组分较强，而{110}〈001〉组分非常弱（图4）。

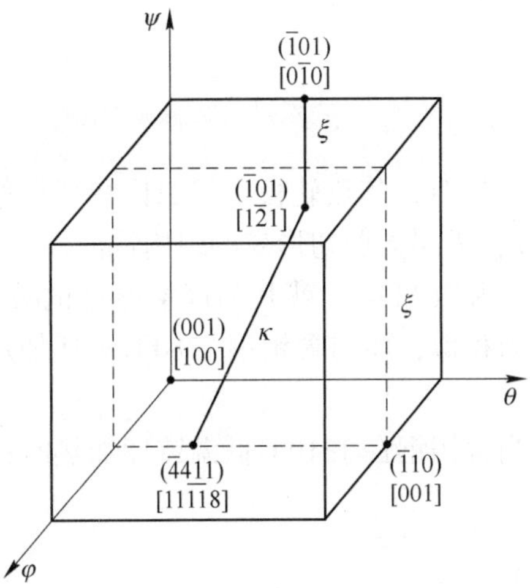

图3 ξ、κ线在 Euler 空间的位置

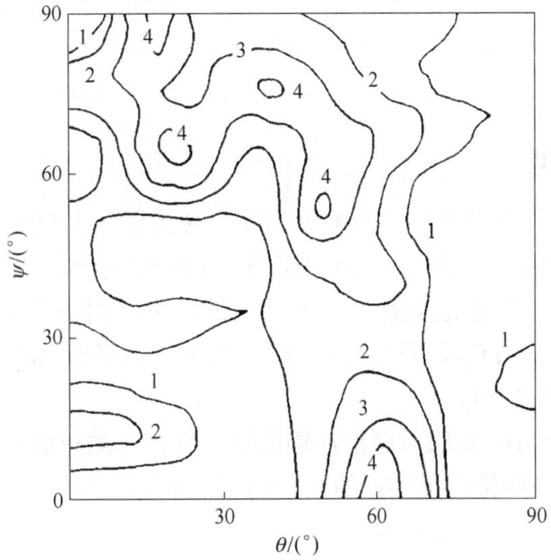

图4 2号脱碳板表面（$S=0$）$\phi=45°$截面图

#### 2.2.2 极密度检测

脱碳板极密度检测结果表明，3个炉号 Hi-B 取向硅钢冷轧板经初次再结晶退火后，表层（$S=0$、0.2 和 0.5）最强织构组分为（111）。（111）组分强度沿脱碳板厚度的分布见图5。此时再次发现，含钼钢 1310℃低温与不含钼钢 1380℃高温铸坯加热时的（111）组分强度沿板厚的分布十分相似，而与含钼钢 1380℃高温铸坯加热的情况相差较大。

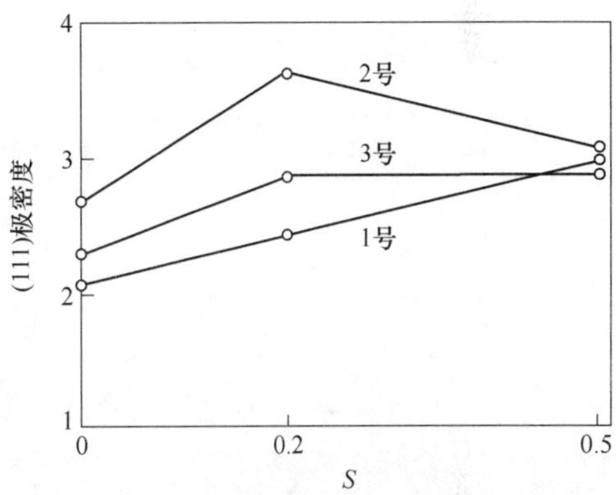

图5 （111）位向极密度沿脱碳板厚度的分布

## 3 讨论

综上所述，无论是热轧还是初次再结晶织构，均存在同一规律，即 1310℃低温铸坯加热的含钼钢与 1380℃高温铸坯加热的不含钼钢，其表层具有相似的织构特征。由于热轧织构是冷轧及初次再结晶织构的基础，故初次再结晶织构表现出与热轧织构相同的规律是容易理解的。

首先考察热轧织构。铸坯在热轧过程中表面的主要变形形式为剪切，对于体心立方金属，剪切形变后所有稳定的最终位向都将落在由{110}〈001〉沿 ξ 线到{110}〈112〉（晶体绕〈110〉//ND 轴旋转 35°），再由{110}〈112〉沿 κ 线到{4 4 11}〈11 11 8〉（晶体绕 ND 与 RD 构成的平面内与 ND 成 60°的一〈110〉方向旋转 35°）这样一条线上。由实验结果可以看出，当含钼钢铸坯在 1310℃低温加热时，由于热轧板表面（$S=0$）动态再结晶过程受到抑制，因而较好地保留了剪切形变的织构特征。但当铸坯加热温度升至 1380℃（相应地热轧温度随之提高）后，由于表面在热轧过程中发生了动态再结晶，削弱甚至破坏了剪切形变织构特征，故使晶粒位向分布变得漫散。在 $S=0.2$ 处，情况与表面相似。只是由于随着加热温度的提高，动态再结晶是由表面逐渐向内发展，因此剪切形变织构特征能够保留到更高的铸坯加热温度。在 $S=0.5$ 处，由于已离开热轧板最表层，代表剪切形变织构特征的上述位向集中线消失了。

其次考察初次再结晶织构。近年来的研究工作表明，Hi-B 取向硅钢之所以能够在最终高温退火过程中形成完善的{110}〈001〉单一位向二次再结晶组织，主要是由于在初次再结晶组织中存在大量与{110}〈001〉位向构成重合点阵位向关系的晶粒，即在 Hi-B 钢初次再结晶织构中，与{110}〈001〉位向构成重合点阵位向关系的概率必须超过某一临界值。而在取向硅钢初次再结晶组织中，与{110}〈001〉位向构成的重合点阵关系主要为Σ9。一般认为，（111）组分越强，与{110}〈001〉构成Σ9 重合点阵位向关系的概率越大。根据实验结果，含钼钢 1380℃高温铸坯加热时，脱碳板表层（111）织构组分最强；

当含钼钢铸坯加热温度降低至 1310℃时，(111) 组分强度降低。由此推断，当不含钼钢铸坯加热温度降低时，脱碳板表层 (111) 组分强度亦随之降低。由于不含钼钢 1380℃高温铸坯加热时脱碳板表层 (111) 组分强度已经与含钼钢 1310℃低温铸坯加热时相近，则可以断定，若不含钼钢采用 1310℃低温铸坯加热，其脱碳板表层 (111) 组分强度势必会降得更低，从而导致初次再结晶组织中与 {110}〈001〉位向构成 ∑9重合点阵关系的概率低于临界值，二次再结晶无法顺利完成。

## 4 结论

(1) 含钼钢在 1310℃低温和不含钼钢在 1380℃高温铸坯加热时，其热轧板表层织构特征相似，均为典型的剪切形变织构。而含钼钢在 1380℃铸坯加热时，其热轧板表层无剪切形变的织构特征。

(2) 在热轧及脱碳板表层，最强位向组分分别为 (110) 和 (111)。就其强度沿厚度的分布而言，含钼钢 1310℃低温与不含钼钢 1380℃高温铸坯加热的情况极为相似，而与含钼钢 1380℃铸坯加热的情况却有很大差别。

(3) Hi-B 取向硅钢加钼能够降低铸坯加热温度的机制是当含钼钢在 1310℃低温铸坯加热时，其脱碳板表层仍能保证足够强的 (111) 位向组分。

(原载《钢铁》，1997 (8))

# 厚 0.15mm 宽幅取向硅钢的轧制

王崇涛　姚建权

## 1　前言

武钢 ZR-22BS-42 型森吉米尔轧机原可轧最薄规格为厚 0.20mm 带钢。当成品板厚从 0.20mm 进一步减薄时，由于厚度效应和表面效应的影响，生产出板形良好、冷轧结构优良的带钢很困难。但是，航天和军工领域急需厚度为 0.15mm 的宽幅取向硅钢片，为此，武汉钢铁股份有限公司冷轧硅钢片厂通过对化学成分、热轧、冷轧和热处理工艺的反复试验与调整，并采用二次冷轧法成功地生产出厚 0.15mm 宽幅硅钢片。

## 2　轧制工艺

根据决定轧机最小可轧厚度 $h_{min}$ 的公式可知，要想生产厚度更薄的带钢，应该有效减少金属在轧制过程中的变形抗力、减小工作辊径、采用高效率的工艺润滑、减小摩擦系数和选择合适的张力制度。

$$h_{min} = D \times f \times (1.15\sigma_s - Q)/E \tag{1}$$

式中，$D$ 为工作辊直径；$f$ 为摩擦系数；$\sigma_s$ 为轧件变形抗力；$Q$ 为前后张力；$E$ 为轧辊弹性模量。

### 2.1　合理调整辊系

式（1）表明，凡有利于减小工作辊直径的办法都对轧制极薄钢带有利，故在保证辊系稳定的条件下，可适当增大一、二中间辊直径，最大限度地减小工作辊直径，从而减小成品板厚。

### 2.2　调整辊型

为保证成品带钢具有优良的横断面尺寸和板形，需预先将轧辊磨成一定的原始凸度，即辊型。根据板凸度一定原则（式（2））和板形与压力、板厚间的关系（式（3）），可得出式（4）：

$$\Delta/H = \delta/h = \delta_z/h_z \tag{2}$$

$$P = \frac{K_R\delta_z}{h_z}h + K_R(y_t + W) \tag{3}$$

$$W = P/K_R - \Delta h - y_t \tag{4}$$

式中，$\Delta$、$\delta$ 分别为入口、出口轧件的板凸度；$H$、$h$ 分别为入口、出口轧件高度；$\delta_z$ 为成品板凸度；$h_z$ 为成品板厚度；$P$ 为轧制力；$K_R$ 为轧辊刚度系数；$W$ 为轧辊原始凸度；$y_t$ 为轧辊热凸度。

根据式（4）设计出满足工艺要求的轧辊辊型，轧制中控制轧制力，使每道次的轧制力随轧件厚度减小而成正比的降低。

### 2.3　采用高效工艺润滑剂

采用冷轧工艺润滑可以减小轧件与轧辊间的摩擦系数，实现更大的压下，从而生产出更薄的产品；还可控制轧制过程中的轧辊温升，使辊型保持稳定。经过生产检验，选用了摩擦系数最小的 GP500 型润滑剂，其性能比较见表 1。

**表 1　乳化液性能比较**

| 乳化液型号 | Si-20 | Si-30 | GP500 |
|---|---|---|---|
| 浓度/% | 8~10 | 8~10 | 4~6 |
| 颗粒度/μm | 30 | 15 | 10 |
| 摩擦系数 $f$ | 0.050 | 0.040 | 0.035 |

### 2.4　选择适宜的轧制制度

根据对轧制工艺的具体分析，并结合硅钢厂设备特点及多年生产经验制定了轧制表，见表2。

表2　轧制制度表

| 厚度/mm | | 压下率 /% | 张力（电流）/A | | 张力/kN | |
|---|---|---|---|---|---|---|
| 入侧 | 出侧 | | 入侧 | 出侧 | 入侧 | 出侧 |
| 0.405 | 0.22 | 45.68 | 1000 | 700 | 86.24 | 60.37 |
| 0.22 | 0.145 | 34.09 | 700 | 400 | 60.37 | 34.5 |

## 3　轧制操作

### 3.1　成品道次压下量

厚0.15mm取向硅钢薄带的原料虽为含Cu钢，但板厚较薄，要获得较完善的二次再结晶组织较困难，因此选用了二次冷轧法，并严格控制总压下率。热轧原料经一次冷轧到厚0.405mm，再经中间退火后进行二次冷轧。此时应充分利用轧件变形抗力小的有利条件采用大压下量轧制，根据经验，成品道次压下量为35%左右时轧制稳定，带钢板形较好。成品道次压下量太大则轧制不稳定，易造成缠辊等事故；压下量太小则易产生网状板形，见图1(a)，若通过加大前张力来清除网状，则易产生图1(b)所示的卷取凸台。

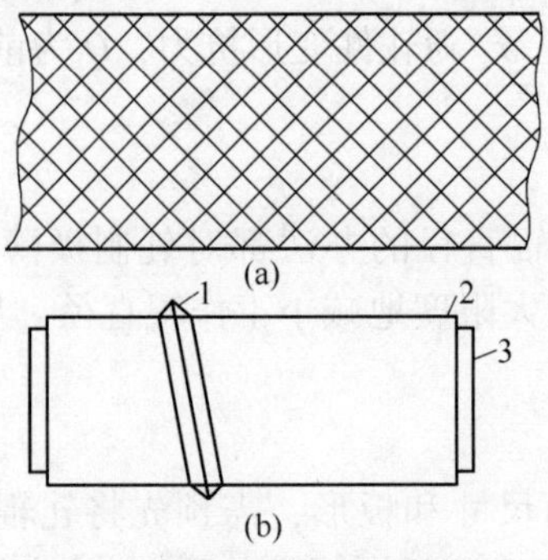


图1　厚0.15mm宽幅硅钢片轧制中易出现的板形缺陷

(a) 板面网状；(b) 卷取凸台

1—凸台；2—钢卷；3—套筒

### 3.2　张力控制

根据生产厚0.20mm宽幅带钢的经验，一般第1道次轧制均较为顺利，难点在第2道次，且其前张力设定尤为重要，张力过大，则带钢易形成凸条，在卷筒上起凸台（图1(b)），甚至导致断带、缠辊事故。为此，张力设定时操作要领如下：

(1) 成品道次轧制力差压值设定为400kN左右，即在启动轧机时，将主电机电流控制在700A左右，此时差压值约为300kN。

(2) 启动轧机时，将前张力设定为正常轧制张力的80%左右，后张力适当大于前张力。

(3) 轧机升速、减速时要均匀、平缓。另外，加速时应加大一中间辊有效平面量，使带钢边部有轻微小边浪，以保证板形；减速时则相反。

(4) 严格执行配辊制度：一中间辊辊径上小、下大，上下辊径差<1mm，左小右大，左右辊径差<0.6mm；工作辊上大、下小，上下辊径差<2mm。

### 3.3　一中间辊有效平面量控制

一中间辊有效平面量初始设为板宽减去120mm。整个轧制过程中，必须遵循板凸度一定的原则，以保证钢板横断面的均匀延伸，根据轧制情况，随时调节一中间辊的有效平面量（见表3）。轧制中，边部须带有轻微边浪，经后工序脱碳退火及拉伸平整后，可获得平直良好的板形。

**表3　一中间辊有效平面量的调整方法**

| 板形状况 | | 一中间辊有效平面量的调整方法 | | |
|---|---|---|---|---|
| 传动侧 | 工作侧 | 上辊 | 下辊 | 有效平面量 |
| 浪（松） | 正常 | 不动 | 向工作侧 | 单边缩小 |
| 正常 | 浪（松） | 向传动侧 | 不动 | 单边缩小 |
| 浪（松） | 浪（松） | 向传动侧 | 向工作侧 | 双边缩小 |
| 紧 | 紧 | 向工作侧 | 向传动侧 | 双边扩大 |
| 加速时 | | 向工作侧 | 向传动侧 | 双边扩大 |
| 减速时 | | 向传动侧 | 向工作侧 | 双边缩小 |

## 4　结语

ZR-22BS-42轧机虽设计最小可轧厚度为0.20mm，但只要选择合适的工作辊辊径，减小轧制力，严格控制乳化液浓度，完全可以轧制出YB/T 5224—93中DG6或比DG6性能更优良的厚0.15mm宽幅取向硅钢薄带。

（原载《轧钢》，2005（4））

# 无取向硅钢热轧工作辊磨损预报模型

曹建国　张　杰　甘健斌　苏　毅　唐本立　鄢檀力

宽带钢热连轧机是冷轧无取向硅钢片板形控制的关键工序。无取向硅钢板形质量要求日趋严苛，而轧辊磨损作为当前热轧带钢生产中难以定量控制的因素，不仅直接影响着带钢的板形质量、弯辊力的合理施加和轧机板形板厚控制数学模型的完善，而且热轧轧辊磨损造成的辊形变化易导致轧辊剥落，成为轧辊早期报废的主要原因。低牌号无取向硅钢是目前国内产量最大、用途广泛的优秀软磁功能材料，因此有必要研究无取向硅钢轧制工作辊磨损预报模型，以利于提高无取向硅钢板形板厚自动控制水平和产品质量。

## 1　硅钢轧制工作辊磨损型式和机理

### 1.1　磨损型式

目前国内主要有武钢、宝钢、太钢和鞍钢等可大规模生产冷轧无取向硅钢。世界上硅钢生产技术专利多集中在日本钢铁企业中，各大生产企业对这些专利技术都采取了相对严格的保密措施，因此关于硅钢轧制过程工艺可供参考的资料并不多。而且，不同生产厂家有不同的实际工艺流程、设备和技术，所采用的工艺过程数学模型也各不相同，少有公开发布研究成果，因此没有完整的硅钢工作辊磨损模型可供参考。为了研究低牌号无取向硅钢轧制的工作辊磨损模型，采用系统跟踪测试方法在 1700mm 热连轧机进行了综合辊形及配套辊温测量，工作辊的磨损辊形可以通过下机后的辊形减去上机前的辊形求得。但由于测量工作辊辊形时，辊身方向存在较大的温度差。因此，在利用实测的辊形数据来估计磨损模型参数时，必须减去由于温差而带来的热辊形。图 1 为 1700mm 热连轧机无取向硅钢轧制工作辊磨损辊形。

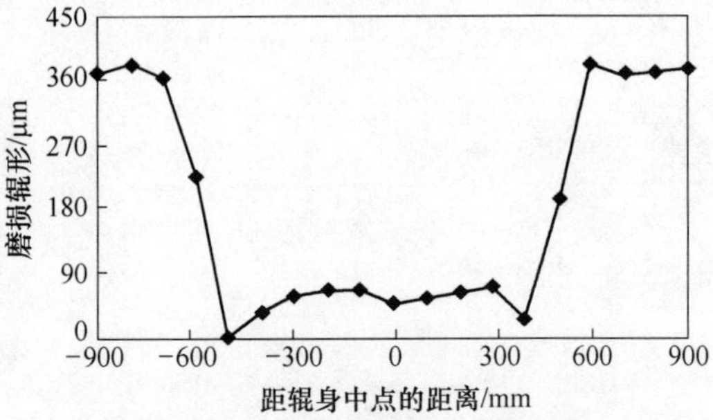


图 1　1700mm 热连轧机无取向硅钢轧制工作辊磨损辊形（F6）

通过对 167 支常规单位工作辊和 37 支硅钢单位工作辊上机前和下机后工作辊的测量辊形进行比较分析表明：（1）硅钢轧制时，热连轧机 F1~F3 机架的磨损辊形没有出现较明显的“猫耳朵”磨损形状，而 F4~F7 机架的磨损辊形在带钢边部附近（即约-500mm 和 500mm 辊面上）出现了非常明显的“猫耳朵”磨损形状。（2）F1~F3 机架的工作辊磨损量较小，F4~F7 机架的磨损量较大，特别是 F4 机架的磨损量最大。（3）和普钢相比，无取向硅钢轧制工作辊磨损量较大，甚至达到 2~3 倍以上。

### 1.2　磨损机理

从金属的磨损机理来看，磨损主要可分为磨粒磨损、疲劳磨损（接触疲劳、热疲劳等）、粘着磨损和腐蚀磨损四类。在热轧轧辊磨损中，以上四类磨损均会发生，只是主次、程度的差别。几类磨损在轧辊的磨损过程中均存在，共同或交替为轧辊的磨损做出贡献。一方面，由于在初始的轧制道次中轧件的温度高，自然在上游机架中，轧辊的热疲劳磨损大；另一方面，轧制速度和轧制材料的硬度随轧制道次增加，下游机架的轧辊会经受更大的机械疲劳磨损和磨粒磨损。

通常认为轧辊磨损的两种形式为总体磨损和局部磨损。工作辊总体磨损是指沿与轧件相接触的整个辊身长度方向的轧辊磨损。引起这种磨损的因素包括热力学和机械疲劳共同作用引起的研磨及影响较小的腐蚀磨损。工作辊的总体磨损主要受轧制不同宽度带钢时的总吨位的影响。当沿辊身的磨损长度远小于带钢的宽度时，用局部磨损来描述这类磨损。在热轧带钢轧机上，有以下两类经典的工作辊局部磨损。

（1）带钢边部附近的轧辊局部磨损。在带材边部附近工作辊的变形量（压扁）迅速下降，这会在辊身的过渡带产生局部的张应力，而在辊身的过渡带同时又有剪切应力的作用，使得与轧辊其余部分的磨损相比，在带材边部的磨损更大。

（2）带钢边部之间的轧辊局部磨损。此类磨损因带钢上下表面在高压水除鳞时的不均匀冷却引起，在高压水除鳞后带钢表面有明显的条带状。在不同的条带中，晶粒尺寸有着明显的差别。细晶粒要硬得多，因而细晶粒带比粗晶粒带更磨损轧辊。结合图 1 所示大量生产实测数据可以发现第一类局部磨损更显著，并明显影响硅钢凸度和边降等板形质量。

## 2 工作辊磨损预报模型

### 2.1 模型的建立

轧辊磨损机理复杂，迄今为止还没有一个从理论上推导的磨损模型可准确预报轧辊磨损，只能通过大量的实测与分析，建立半经验半理论的预报模型。目前多认为磨损主要受轧制力、轧制长度、轧辊材质、磨损距离（接触弧长）等主要因素影响，通常采用统计回归模型。结合文献资料并在大量分析热轧精轧机组工作辊磨损特性的基础上，可以认为沿工作辊磨损曲线，主要围绕着轧制力、轧制长度、磨损距离（接触弧长）三个主要影响因数。综合考虑各种影响因素，建立工作辊磨损模型具体形式为：

$$\Delta W(i) = a\left(\frac{P(i)}{Bl_{\mathrm{d}}H_{\mathrm{R}}}\right)^{\alpha}\left(\frac{H_{\mathrm{in}} - H_{\mathrm{out}}}{H_{\mathrm{out}}}l_{\mathrm{d}}\right)^{\beta}\frac{L}{\pi D(1+f)} \tag{1}$$

式中，$\Delta W(i)$ 为工作辊磨损增量，μm；$i$ 为沿辊身长度方向的切片位置数；$a$ 为与轧辊材质等相关的回归影响系数；$P(i)$ 为轧制力，N；$B$ 为带钢宽度，mm；$l_{\mathrm{d}}$ 为接触弧长，mm；$H_{\mathrm{R}}$ 为工作辊硬度（肖氏硬度）；$a$ 为负荷影响指数；$H_{\mathrm{in}}$ 和 $H_{\mathrm{out}}$ 为轧制带钢入口和出口厚度，mm；$\beta$ 为接触弧长影响指数；$L$ 为带钢轧制长度，mm；$D$ 为轧辊直径，mm；$f$ 为前滑值。

通过分析测量的热轧工作辊磨损辊形可看出，工作辊在带钢宽度范围内磨损不均匀，分析时可将其分为带钢中部工作辊的总体磨损和带钢边部工作辊的局部磨损两部分分别考虑。对各机架而言，带钢边部与带钢中部工作辊磨损的差值是不同的。对于具有七个机架的热连轧机来讲，F4 机架的差值最大，越往前部机架或是越往后部机架，这个差值越小。式（1）中轧制力 $P(i)$ 就是考虑沿带钢宽度上由于轧制力的不均匀分布引起的局部不均匀磨损而引入的参数，结合工作辊磨损的轮廓曲线特点，把磨损轮廓曲线分为三段：第一段用来表示工作辊的中部磨损，即以工作辊中点向两端，磨损量变化相对较小的一段；第二段是工作辊对应带钢宽度边部位置所产生的边部磨损；第三段是考虑到窜辊的因素所进行的边部磨损的补充。具体计算如下：

$$P(i) = \begin{cases} P & 0 \leqslant X_{\mathrm{w}}(i) \leqslant (B/2 - d_{\mathrm{w}}) \\ \left[1 + (k_{\mathrm{w}} - 1)\left(1 + \dfrac{X_{\mathrm{w}}(i) - B/2}{d_{\mathrm{w}}}\right)\right]P & (B/2 - d_{\mathrm{w}}) < X_{\mathrm{w}}(i) \leqslant B/2 \\ \dfrac{1800}{[X_{\mathrm{w}}(i) - B/2]^2}P & B/2 < X_{\mathrm{w}}(i) \end{cases} \tag{2}$$

式中，$X_{\mathrm{w}}(i)$ 为磨损计算位置坐标，$X_{\mathrm{w}}(i) = \Delta X(i-1)$；$d_{\mathrm{w}}$ 为边部负荷宽度，mm；$k_{\mathrm{w}}$ 为边部负荷倍率；$\Delta X$ 为计算分割宽度，mm。

### 2.2 模型参数分析与计算

参数计算的准确性直接决定预报模型计算出来的磨损辊形的准确程度。有的参数不一定根据公式推导得出，可根据生产的实际，由经验给出参数值。前述模型计算中有三类参数：第一类是已知参数，这些参数可以从工程记录表中直接获取，如 $D$，$B$，$H_{\mathrm{R}}$，$H_{\mathrm{in}}$ 和 $H_{\mathrm{out}}$；第二类参数也是已知参数，但需通过其他工程记录表中已知的数据，根据一定的公式进行计算，如 $f$，$l_{\mathrm{d}}$，$L$，$d_{\mathrm{w}}$ 和 $k_{\mathrm{w}}$；第三类是待定参数，即需要优化确定的参数，如 $a$，$\alpha$ 和 $\beta$。

第二类参数的 $f$，$l_{\mathrm{d}}$ 和 $L$ 可方便利用有关公式计算求得。由图 1 知，硅钢边部效应在磨损变化中表现得非常明显，可看出边部磨损取决于边部载荷宽度 $d_w$ 和边部载荷倍率 $k_w$ 两个参数。为进行边部磨损调整，需对测量得到工作辊磨损辊形进行选择，解析符合条件的数据。选择的原则为选择最小宽度时的段差磨损量较大、且边部磨损形态明显的数据。分析需测量的数据如图 2 所示。图中 $W_B$ 为定常部分磨损量，$W_{E1}$ 和 $W_{E2}$ 分别为工作侧（WS）和驱动侧（DS）的边部磨损量，$d_1$ 和 $d_2$ 分别为 WS 和 DS 的边部宽度。

在工作辊材质和机架相同的条件下，对获得的多组数据进行处理，按下式解析可求得适当的 $d_w$ 和 $k_w$ 的值：

$$k_w = \left\{ \frac{\sum_1^N \frac{W_{E1} + W_{E2}}{2}}{\sum_1^N W_B} \right\}^{\frac{1}{2}}, \quad d_w = \frac{1}{2N} \sum_1^N (d_1 + d_2) \tag{3}$$

式中，$N$ 为相同轧制条件的工作辊辊形数据对数目。经过对多组磨损辊形进行选择和分析后，根据上式可求得 $d_w = 223$，$k_w = 1.082$。

## 3 模型参数优化与验证

预报模型待优化的为第三类参数，即 $a$，$\alpha$ 和 $\beta$。遗传算法以其鲁棒性强、适用于并行处理及高效实用等显著特点，在各个领域得到了广泛应用，取得了良好的效果。因此利用 MATLAB 语言采用遗传算法对模型参数进行优化。本问题采用的适应度函数的算法思想是，通过计算出来的磨损量和实测磨损量的比较，取其两者之间的差值，差值的绝对值越小，说明计算值越接近最优值。其中，目标函数 $f(x)$ 为磨损量计算值和实测值的差值。这即为求目标函数的最小值问题，变换方法如下：

$$F(x) = \begin{cases} C_{\max} - f(x) & f(x) < C_{\max} \\ 0 & f(x) \geq C_{\max} \end{cases} \tag{4}$$

式中，$C_{\max}$ 为预先指定的一个适当的相对比较大的数，取 1000。

通过试算可确定 $a$，$\alpha$ 和 $\beta$ 的初始取值范围，本文取 $a \in [2200, 2700]$，$\alpha \in [1.1, 1.7]$，$\beta \in [1.0, 1.4]$。采用遗传算法对模型参数进行优化，可求得参数如下：$a = 2615.20$，$\alpha = 1.4103$，$\beta = 1.2052$。利用现场数据将以上参数代入式（1）和式（2）可求得低牌号无取向硅钢磨损辊形的预报值。为了验证优化后参数的准确性，采用新的现场实测数据和工艺参数代入磨损模型中，模型预报的磨损量和对应的实测磨损量比较见图 3。可知该模型具有较高精度，可较好地反映工作辊磨损的状况，可用于指导生产实践。

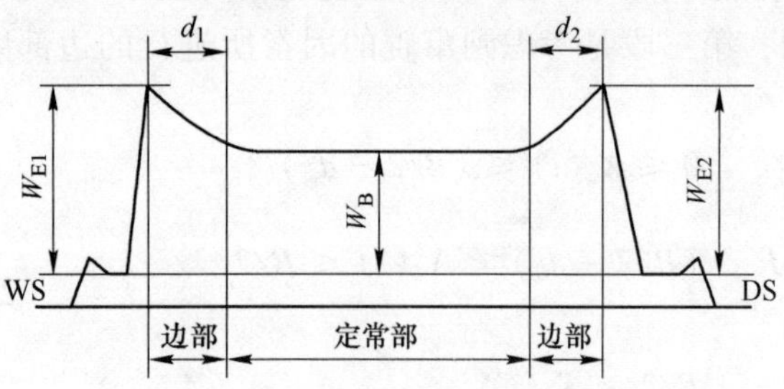


图 2 热轧工作辊磨损分段示意图

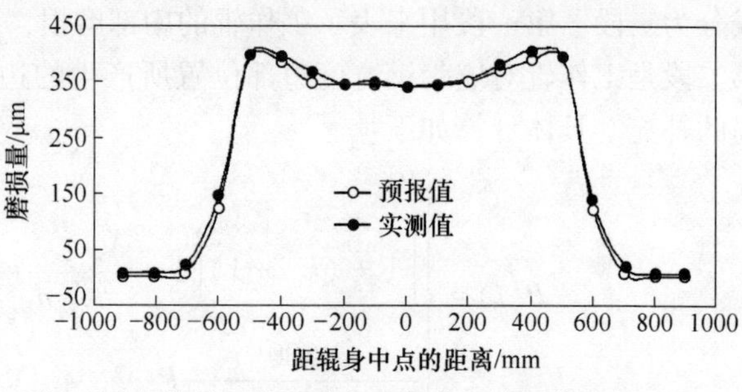


图 3 硅钢热轧工作辊磨损预报值和实测值比较（F4）

## 4 结论

低牌号无取向硅钢热轧工作辊磨损辊形变化显著且存在明显的不均匀磨损。考虑低牌号无取向硅钢轧制的温度高和等宽轧制的轧制单位特点，采用中部磨损和边部磨损分别建立磨损计算函数的方式，建立了完整的硅钢轧制工作辊磨损模型。根据磨损模型结构，分类确定了磨损模型的三类参数的计算与优化方法。利用遗传算法可方便完成磨损模型中的第三类待定参数的优化取值，最终确定了完善工作辊磨损模型。本模型磨损预报值与实测磨损量吻合较好，可用于指导实际生产。

（原载《北京科技大学学报》，2006（3））

# 加快淘汰热轧硅钢片的研究

陈 卓 姚昌国

## 0 前言

今年是我国钢铁工业实施“十一五”规划的第二年。加快淘汰热轧硅钢片是钢铁工业科技进步的重要话题，随着冷轧硅钢片产能的快速扩张，淘汰热轧硅钢片，实施“以冷代热”战略已成为当今市场的议论焦点。我们专题研究淘汰热轧硅钢片这个课题，应该说它有着极其重要的现实意义。1997 年以来国家主管部门先后下达了淘汰叠轧薄板多项指令及文件，要求全面淘汰热轧硅钢片及落后的工艺装备并限定了时间，但由于种种原因，国家指令至今尚未实现。现在说热轧硅钢片生产工艺落后，其实根据中国的国情来说当时并不落后。一个产品的生命周期是有经济规律的，国家要进步，要创新，要科技，就必须不断革新，淘汰落后，去实现一次又一次的技术革命是社会发展的需要。我们针对行业内不同的说法，对加快淘汰热轧硅钢片开展了一系列的调查和研究，可以初步判定：市场是最有发言权，最能决定一个产品生存的。

1903 年美国和德国开始生产热轧硅钢片，1954 年我国太钢开始生产热轧硅钢片。由于中国经济的快速增长，电力、机电、家电和电子的蓬勃发展，极大的市场需求，给发展硅钢事业提供了难得的机遇和市场，目前全国约有 14 家（含民营企业 9 家）生产热轧硅钢片的企业，约 6 家生产冷轧硅钢片的国有企业。截止到 2006 年，我国电工钢年产量已达到 360.032 万 t，其中，热轧硅钢片达到 98 万 t、冷轧无取向硅钢 241.2 万 t、冷轧取向硅钢 20.8 万 t。冷轧硅钢产能的不断放大，为加快淘汰热轧硅钢片奠定了重要基础。

## 1 现状分析

### 1.1 热轧硅钢生产分布

据统计，国内生产热轧硅钢片主要有 14 家企业，见图 1，轧机 49 台，产能在 110~120 万 t，其中 60%以上的企业集中在华东地区，70%属民营企业，由于硅钢短缺，近几年一些民营企业抓住赚钱的机遇，投资建了一批热轧硅钢片厂。

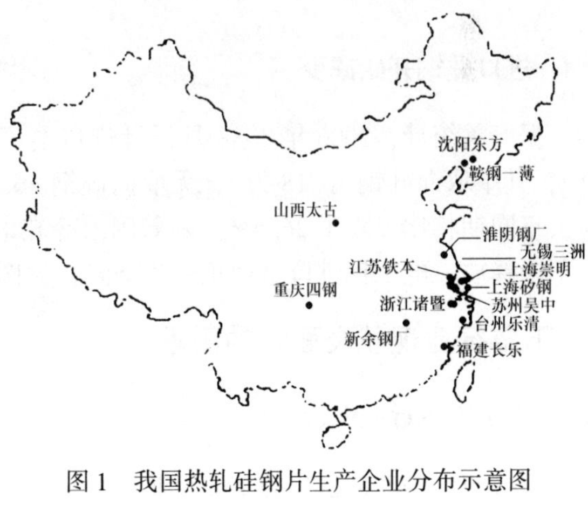


图 1 我国热轧硅钢片生产企业分布示意图

### 1.2 热轧硅钢片产量不减，库存增加

过去的一年硅钢市场上下波动，市场需求一时出现缺口，部分中牌号硅钢价格上扬，货源紧张，这对热轧硅钢生产有一定的影响，下半年部分热轧硅钢生产企业开始减产或停产，虽然市场销售不畅，但 1~9 月的产量还是达到了 85.4 万 t，据有关部门统计 2006 年实际产量为 98 万 t，首次回落到 100 万 t 以内，国内热轧硅钢的成品库存量在增加，实际库存量与去年比增加 30%。

近几年来我国热轧硅钢片的实际产量见图 2，从中看出，热轧硅钢片的产量开始下降。

### 1.3 冷轧电工钢产量高速增长

近三年来，我国冷轧电工钢产能发生了巨大的变化，以武钢为龙头的冷轧电工钢生产企业加快了扩建步伐，武钢已具备 142 万 t 的生产能力，宝钢已具备 58 万 t 的生产能力，鞍钢已具备 80 万 t 的生产能力，太钢已具备约 35 万 t 的生产能力，加上马钢、涟钢、无锡等企业产能，国内总生产能力已达到 355 万 t（含取向硅钢 20 万 t），预计在未来 2~3 年中我国冷轧硅钢产能将突破 400 万 t 大关，由于冷轧硅钢资源在市场中的继续放大，不断的冲击着热轧硅钢片和冷轧硅钢市场。

近几年国内冷轧电工钢产量一直保持快速增长的趋势，见图 3。2006 年宝钢、鞍钢、武钢和太钢四大钢厂的实际产量合计 261.479 万 t（含取向硅钢 20.799 万 t），与 2005 年同期比增长 29.8%，见表 1。预计 2007 年全国冷轧电工钢实际产量将突破 300 万 t。

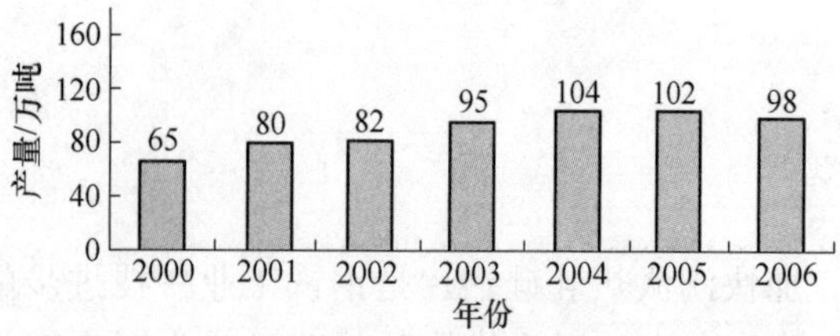


图 2　国内热轧硅钢片产量统计

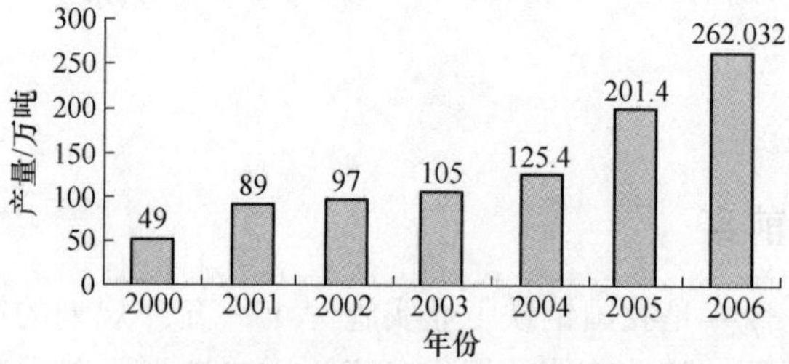


图 3　国内冷轧电工钢产量统计

（注：2004 年含取向硅钢 12.72 万 t；2005 年含取向硅钢 13.20 万 t；2006 年含取向硅钢 20.799 万 t）

表 1　2006 年国内四大钢厂电工钢产量

| 钢厂 | 2006 年实际产量/万 t | | 2005 年实际产量/万 t | | 同期增长/% |
|---|---|---|---|---|---|
| 武钢 | 无取向硅钢 | 67.38 | 无取向硅钢 | 57.0277 | 18.10 |
| | 取向硅钢 | 20.799 | 取向硅钢 | 13.2086 | 57.46 |
| 宝钢 | 无取向硅钢 | 86 | 无取向硅钢 | 68.6 | 25.30 |
| 鞍钢 | 无取向硅钢 | 70.2 | 无取向硅钢 | 45.424 | 24.77 |
| 太钢 | 无取向硅钢 | 17.10 | 无取向硅钢 | 17.1375 | 基本持平 |
| 合计 | 261.479 | | 201.4 | | 29.80 |

### 1.4　进口硅钢开始减少

据海关统计，2006 年 1~8 月累计进口电工钢 62.9 万 t，其中取向硅钢 16.18 万 t，无取向硅钢 46.72 万 t。与去年同期相比下降了 26.4%。随着国内冷轧电工钢产能不断释放，电工钢进口量也正逐步下降，见图 4。

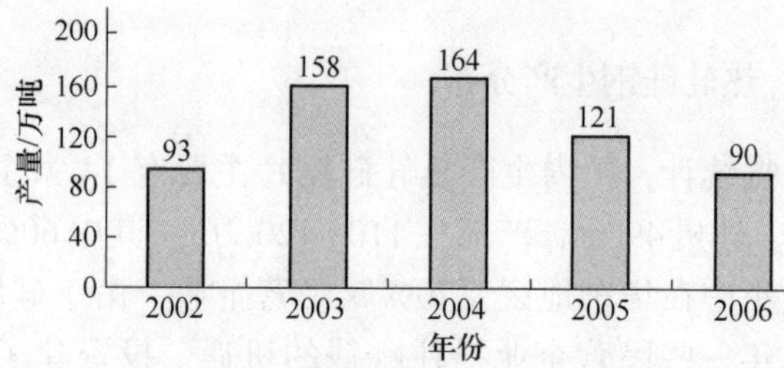


图 4　电工钢进口统计与预测

## 2　下游行业现状及面临的困难

### 2.1　中小电机行业现状

下游使用热轧硅钢片的主要行业是中小型电机行业。中小型电机行业具有一定规模的生产企业约 300 余家，从业人数 30 万人以上，若把小电机厂计算在内，共计近 2000 家。有一定规模的生产企业主要集中在东南沿海地区，如浙江、江苏、上海、山东、广东、福建等省市。1998 年全国交流电动机产量为 5250 万 kW，2002 年为 7005 万 kW，2003 年达到 8920 万 kW，同比增长 26.2%，2004 年为 11179.12 万 kW，同比增长 25%，2005 年为 13000 万 kW，同比增长 16%，产值超 200 亿元，整个行业呈现产销两旺的陡峭上升势头。目前电机行业已经形成比较完整的产业体系，中小型电机产品的品种、规格、性能和产量基本上能满足我国国民经济发展的需要。

经过改革开放 20 多年的发展，交流电动机出口逐年上升。1999 年我国交流电动机的出口额为 2 亿美元，2000 年为 3.27 亿美元，2002 年为 4.80 亿美元，2003 年为 6.24 亿美元，2004 年交流电动机行业克服了出口退税率调低 4 个百分点以及硅钢片等原材料涨价两方面的不利影响，出口再创佳绩，在上年出口额增长30%的基础上再创新高，增幅达38%，出口额为8.6亿美元。2005年中小型电机出口额超过10亿美元，各种电机累计出口额已达33.92亿美元，成为电工行业五大主要出口创汇产品之一。亚洲、北美洲、欧洲（欧盟）一直都是我国电机出口的主要地区，其中美国、日本、中国香港、韩国、意大利是多年以来我国出口列前几名的国家和地区。

按国家要求，2002年上海电器科学研究所组织行业24家电机厂并联合武钢、宝钢、太钢开发了以冷轧硅钢片为导磁材料的Y3系列电机产品。Y3系列电机是国内第一个完整的全系列以冷轧硅钢片为导磁材料的基本系列，于2003年通过了鉴定，为“以冷代热”淘汰热轧硅钢片走出了第一步。

### 2.2 期待解决的困难及问题

（1）要增加新的设备。长期以来电机企业都是采用1m×2m的热轧硅钢板为原料，生产设备自动化程度较低，大多数企业冲床车间都是单台冲床手动操作，生产配套设备和工艺都是按照热轧硅钢片为原料来设计的。由于冷轧硅钢片是卷状交货，中小型电机冲床车间的单台冲床，对冷轧硅钢片卷料“吃不下”，要先将卷料开成平板料，因此需要新的设备和场地。

（2）增加了制造成本。我国电机企业众多，规模小，技术落后，设备老旧，采用冷轧硅钢片后，需要更换图纸、重新排定工序，增加新的生产模具、更换新的供货渠道、培训工人、更换产品手册、进行新的市场推广等等，成本将大幅度增加。

（3）热轧与冷轧的价格差问题。热轧硅钢片价格低于冷轧硅钢片，热轧硅钢片有稳定的市场需求，中小电机厂出于成本考虑，更愿意选择价格低的热轧硅钢片。

（4）对于Y3系列电机，电机厂不见得看好。虽然部分企业实力雄厚，推出了以冷轧硅钢片为原料的Y3系列高效电机，但是制造成本过高，Y3系列电机在市场上售价过高，很难与价格低廉的普通电机竞争，加上市场固有消费习惯，对新的电机接受还需要一段时间。

（5）职工安置问题。中小型电机行业主要企业单位有300多家，从业人数30万以上，加上生产热轧硅钢企业的几万职工，面临着一个转换和安置的问题，要妥善解决这个问题是一个系统的工程。

## 3 加快淘汰热轧硅钢片的现实意义

通过对热轧硅钢生产企业和电机制造厂的调查，我们认为淘汰热轧硅钢片有着非常重要的现实意义。

（1）淘汰落后产能，促进经济可持续发展。生产热轧硅钢片的热叠轧薄板轧机，属于国家明令淘汰的落后工艺装备，热轧硅钢片的生产工艺十分落后，生产自动化程度低，劳动强度大，生产过程中产生沥青油烟污染。国家产业政策已将热轧硅钢片列为落后产能，加快淘汰。

（2）推动下游电机行业技术进步，提高国际竞争力。长期以来国内企业都是以生产Y1和Y2系列电机为主，Y1和Y2系列电机都是以热轧硅钢片为导磁材料设计开发的，而国外早就淘汰了热轧硅钢片。由于技术门槛低，国内有近2000家的中小型电机生产企业，造成竞争激烈，市场混乱，电机质量参差不齐，国外电机企业纷纷投资进入国内，以技术和资金上的优势，正逐步占领国内市场。随着“以冷代热”的推进，国内企业联合设计了以冷轧硅钢片为导磁材料的Y3、YX3等系列的电机产品，这将有力的促进我国中小电机行业的产业升级，提高产品的国际竞争力。

（3）节能降耗，符合国家经济发展战略。热轧电工钢制作的电机耗电量多，噪音大，据有关资料显示，用冷轧电工钢制作电机可节约大量的能源。目前我国电机的总装机容量已达5亿多千瓦，年耗电量达8000~10000亿kWh，约占全国总用电量的60%，占工业耗电量的75%左右。在我国在用各类电机中，80%以上为0.55~200kW以下的中小型异步电动机，其中相当于世界20世纪50年代技术水平的JO2系列的电机约占20%，相当于70年代末的Y系列电机占70%。国家“十一五”规划中，把节能降耗作为一项硬指标，首次把节能降耗目标与经济增长目标放在同等重要的位置，电机“以冷代热”，对提高全社会的能耗水平意义重大。

## 4 几点思考及启示

通过对近几年来“以冷代热”推进过程的分析及相关行业的调查，我们有如下几点启示。

## 4.1 国家政策如何执行

国家经贸委1997年发布367号文件将叠轧薄板列入淘汰名录，淘汰期限为2005年底（热轧电工钢均为叠轧生产）；1999年国家经贸委发布16号令要求于2002年底前淘汰热轧硅钢片及热叠轧生产工艺（设备）；2002年国家经贸委发布2002年第34号《公告》，要求2003年彻底淘汰热轧硅钢片；2005年国家发布《钢铁产业发展政策》，要求加快淘汰叠轧薄板轧机、热轧窄带钢轧机等落后工艺技术装备。虽然国家三令五申要求淘汰，但热轧硅钢片的产量却依然保持稳定在100万t左右，究其原因主要还是市场利益的驱动，没有从源头上治理和淘汰。地方政府为了本地区利益，没有很好的执行国家政策，以市场需求和有市场为由纵容了民营企业上热轧机，造成国企里淘汰的落后设备被转移出来继续生产。

我们在淘汰热轧硅钢片的过程中，首先要提高认识，提倡科学发展观，转变思想，将淘汰热轧硅钢片作为转变经济增长方式和加快结构调整的重要手段。地方政府和生产及使用企业应从国家利益出发，加大检查力度，对1997年以后违规上马叠轧轧机生产热轧硅钢片的企业给予限产、停产。国有热轧硅钢片生产企业更应该提高认识，带头响应国家的号召，执行国家政策，做好减产、停产准备，加快企业的产业调整，提高竞争力。

## 4.2 Y3系列电机如何加大推广力度

GB 18613《中小型三相异步电动机能效限定值及节能评价》标准已修订完毕，如果国家执行该新的电机能耗标准，目前国内企业生产的以热轧硅钢片为导磁材料的Y1、Y2及其派生系列电机将很难达标。而国际上修订的IEC60034-2标准也将于年底出台，中小电机行业正面临着前所未有的挑战，以冷轧硅钢片替代热轧硅钢片，推广高效电机，加快产品的升级换代是整个行业的当务之急。国家有关主管部门和设计部门应该加强引导，对生产高效电机的企业给予优惠的政策，同时执行更严格的能耗标准，提高行业门槛，推进企业重组，提高集中度，加快行业的产业升级，提高国际竞争力。

## 4.3 冷轧如何替代热轧的转换

据了解，武钢、宝钢和鞍钢等都成立了“以冷代热”推广小组，国内主要热轧硅钢生产厂也针对“以冷代热”做了相应的工作，如无锡三洲和台州乐清准备投产生产600mm冷轧无取向硅钢，以替代热轧硅钢的生产。我们认为还需做如下工作：

（1）冷轧硅钢生产企业应该认真研究，拿出举措来配合国家政策，加快扩大产能，保障充足的资源供应。

（2）冷轧硅钢生产企业要大力降成本，逐步降低冷轧硅钢的价格。

（3）针对中小电机行业现状，由冷轧生产企业和中小电机企业共同投资建设剪切冲片中心，解决电机厂“以冷代热”设备投资过高的问题。

（4）冷轧硅钢生产企业应和14家热轧硅钢厂加强合作，针对市场细分状况，分区域，分行业来合作制定淘汰步骤。

（5）冷轧硅钢生产企业应提高售后服务，帮助电机厂解决遇到的技术问题，针对不同企业的需要，不断提高冷轧硅钢片的质量和性能。

（6）14家热轧硅钢片生产厂应积极调整自身结构，自我消化，自我发展。如投资生产窄带冷轧硅钢片；投资冷轧硅钢片的深度加工配送，发展物流业；投资生产经营与电机产品相关的零部件等等。

## 4.4 最佳时间的选择

目前看来，我国冷轧硅钢产量已经形成了一定的规模，从今年市场上看，冷轧资源已能满足下游行业的需求。先前国家和社会担心的问题：（1）冷轧资源保证问题；（2）冷轧与热轧之间的价格差问题；（3）中小电机厂设备改型的问题；（4）热轧厂职工安置问题等等，部分已得到了很好的解决。随着改革的进一步推进，“十一五”期间应全面淘汰热轧硅钢片，首先在国企中淘汰，国家给予一定的补贴，并对相关企业的转行制定优惠政策；其次，对未经国家批准的违规生产热轧硅钢片的私营企业，采取强制性措施令其限产、停产。

（原载《冶金信息导刊》，2007（1））

# 2%Si 无取向电工钢织构的演变

李长一　张新仁　谢晓心　周顺兵

## 1　引言

用于制造各种电机和变压器铁芯等产品的电工钢是电力、电子、军事和民用工业的重要的软磁材料，要求具有较高的磁导率和较低的铁损。这两项性能指标都在不同程度上依赖于材料内部晶体的择优取向——织构。由于｛100｝和｛310｝、｛210｝和｛110｝等｛hk0｝晶面上均有最易磁化方向〈100〉而无最难磁化方向〈111〉，所以获得无取向电工钢较强的｛100｝和｛hk0｝面织构以得到较好的磁性是人们追求的目标。研究织构的演变规律是人们寻求最佳工艺和配方，从而获得产品优良磁性的必然选择。关于电工钢织构形成规律的文章已有很多报道，但迄今研究较多的材料是取向电工钢，对无取向电工钢的各种论述散见于各种文献，系统研究特别是对加 Sn 无取向电工钢的系统研究还较少。本文试图利用 X-射线衍射 ODF 和反极图织构分析技术研究武钢自行研制开发的高牌号高磁感加 Sn-2%Si 无取向电工钢织构的演变过程及其规律，以探讨再结晶织构形成机制。

## 2　试验

所选两套试样分别采用了两条不同的工艺路线。

工艺路线 1(1#)：热轧→冷轧→再结晶退火；

工艺路线 2(2#)：热轧→正火（常化)→冷轧→再结晶退火。

其中，热轧试样和正火试样的厚度均为 2.3mm，其余试样的厚度均为 0.5mm。

试样制备程序如下：用砂轮将长 35mm、宽 35mm 的试样打磨至适当深度层附近，用各号砂纸抛光；用 5%硝酸酒精溶液去除表面因抛光而附加的应力层。以相对深度 $s$($s=1-2\Delta T/T$，$T$ 为钢板厚度）来表示待测层。对较厚的热轧试样和热轧后的正火试样，从表面（$s=1$）到中心（$s=0$）进行逐层织构解剖，而对较薄的冷轧试样，由于其织构梯度小，仅测定其近表面层；对再结晶退火试样，则从表层测定到 $s=0.5$ 厚度层，以便与冷轧前的热轧及其正火试样的织构进行相关性的比较。

在大功率旋转阳极 RIGAKU D/max-2500PC 型 X-射线衍射仪上，用 $MoK_a$ 采集（100）、（110）和（111）三张不完整极图的数据。在进行吸收修正、平滑处理、背底扣除和标准化处理并绘出极图后，用级数展开法计算晶体的取向分布函数 ODF。

在同一台 X-射线衍射仪的广角侧角台上，用 $MoK_a$ 采集反极图数据，计算试样在各工艺条件下不同层次的轴密度 $P_{hkl}$，其数学式如下：

$$P_{hkl}=\frac{(I/I_r)_{hkl}N_{hkl}}{\sum(N_{hkl}(I/I_r)_{hkl})} \tag{1}$$

式中，$I_r$ 为标样的晶面强度；$I$ 为（hkl）晶面的强度；$N$ 为多重性因数。

## 3　结果

### 3.1　热变形织构和热变形正火织构及比较

图 1、图 2 分别为热轧板和热轧板正火后内外各层织构变化的 ODF $\phi=0$ 和 $\phi=45°$截面图。可见热轧板从表面到心部织构梯度很大：表层是｛114｝〈uvw〉和不强的｛110｝〈uvw〉织构，近表层的织构集中于(-1，1，4)[110] 和（-1，1，4)[2，-2，1] 两点。从 $s=0.7$ 起到 0.5 止为单一而强烈的高斯（｛110｝

〈001〉）织构；而从 $s=0.4$ 到 $s=0$ 厚度带则为旋转立方织构 {100}〈011〉 和γ-纤维织构（〈111〉//ND）。正火板各层均为取向均匀的 {hk0}[uvw]、{114}[uvw] 和 {113}〈uvw〉 等织构。

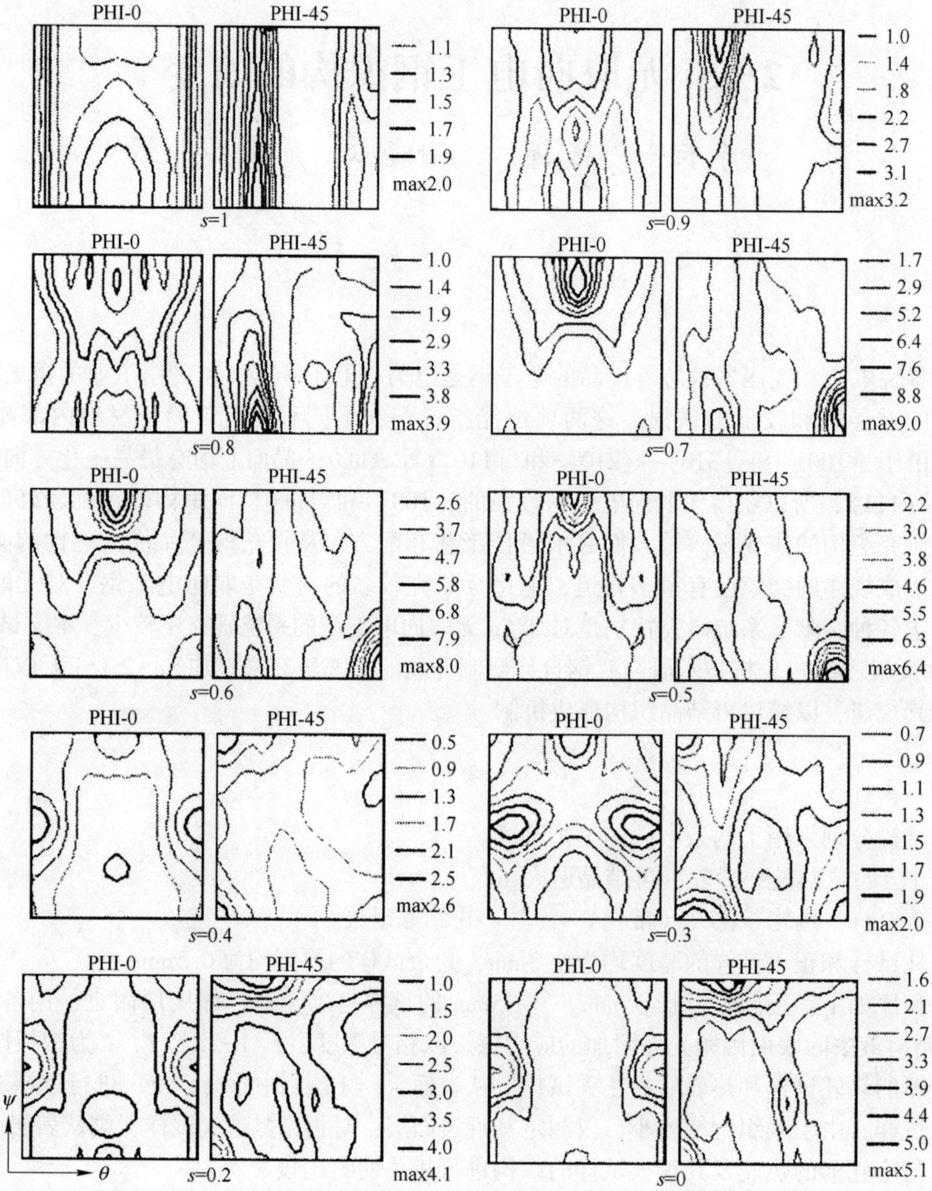

图1　热轧板各层织构的 ODF $\phi=0°$ 和 $\phi=45°$ 截面图

正火前后织构的变化可参见图3。从图3可清楚地看到各主要 {hkl} 的轴密度在热轧板正火前后沿厚度方向的变化趋势（横线以上说明织构增强，横线以下说明织构减弱）；还可看到正火前后织构之间有很好的对应关系，并且正火后钢板内（310）和（210）的强度均明显提高，而（111）和（211）则均明显降低，钢板内外织构均匀，织构类型和强度差别不大。

## 3.2　冷变形织构

图4是冷轧板织构的 ODF $\phi=0°$ 和 $\phi=45°$ 截面图。可见1#试样的冷变形织构是α-纤维织构（〈110〉//RD）和以（-1，1，1）[0，-1，1] 为中心的γ-纤维织构（〈111〉//ND）；2#试样的冷轧织构与1#试样的冷轧织构的类型相同，但α-纤维中的 {001}〈110〉 组分较弱，γ-纤维织构较强。

### 3.3　冷变形再结晶退火织构

再结晶退火后两个成品试样的织构见图5和图6。可见再结晶退火后，1#试样形成了（-1，1，1）[-1，-2，1]、（-1，1，1）[1，-1，2] 织构和以（-1，1，2）[-2，-4，1] 为中心、{hkl} 从 {114} 到 {111}、而〈uvw〉各不相同的织构；而2#成品试样除了形成较弱的不利的γ-纤维织构和（112）

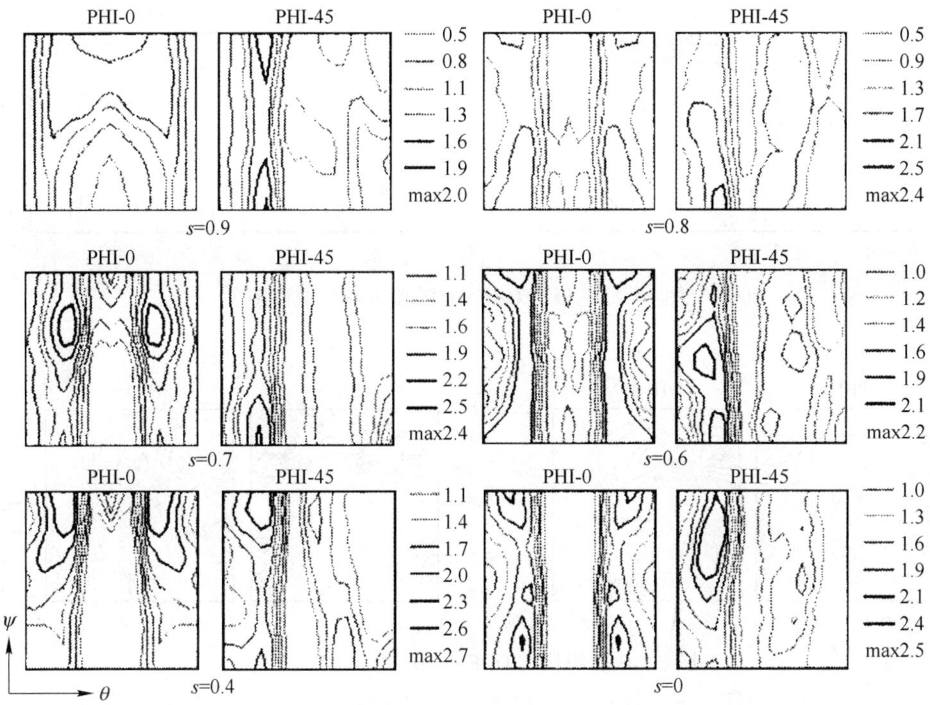


图 2 热轧板正火后各层织构的 ODF $\phi=0°$ 和 $\phi=45°$ 截面图

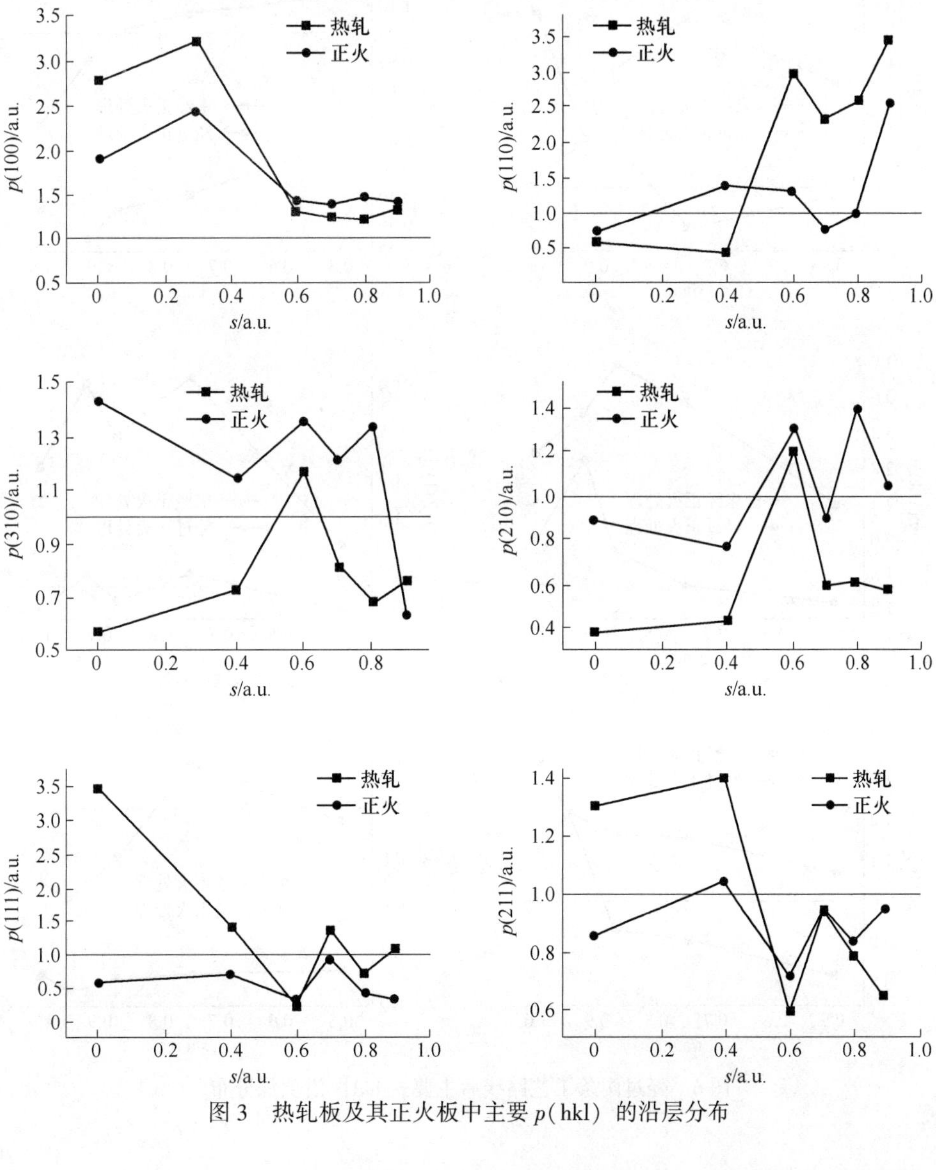


图 3 热轧板及其正火板中主要 $p$(hkl) 的沿层分布

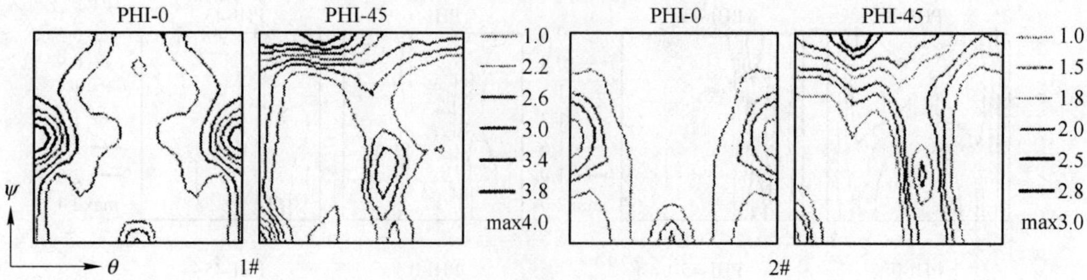


图 4　冷轧板的 ODF $\phi=0°$和 $\phi=45°$截面图

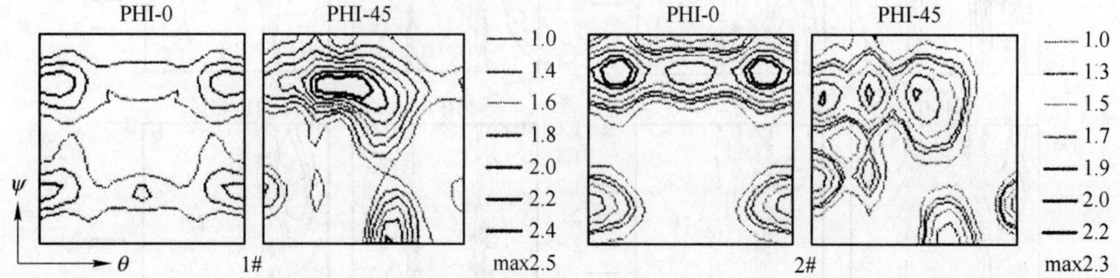


图 5　成品织构的 ODF $\phi=0°$和 $\phi=45°$截面图

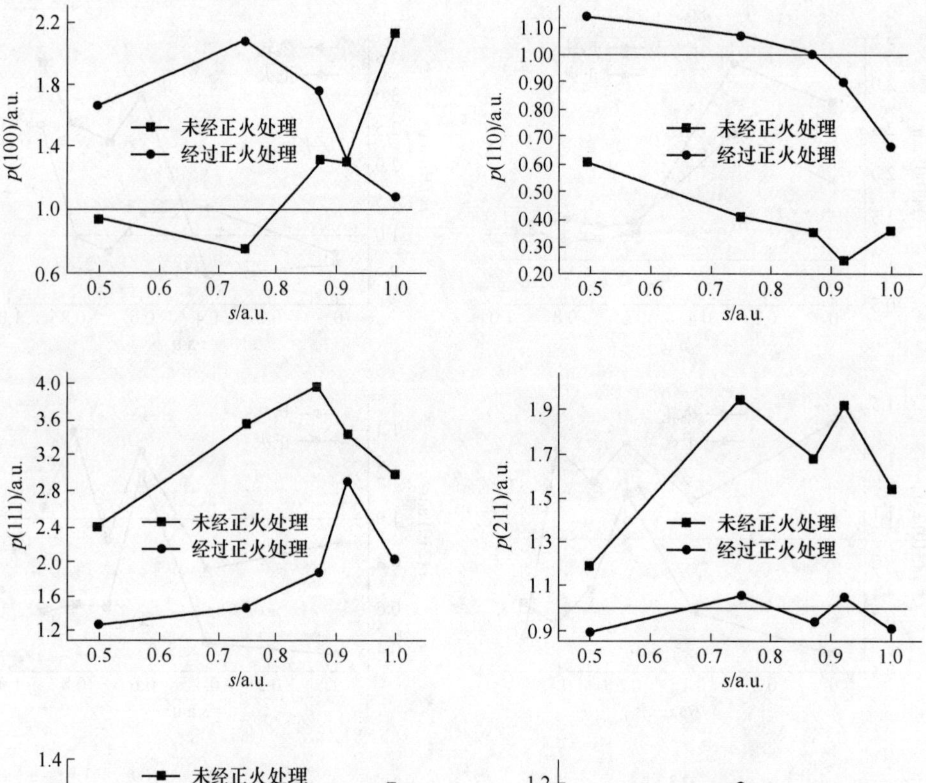


图 6　经过两条工艺路线后主要 $p\{hkl\}$ 沿层深分布

面织构外，还形成了强烈的｛hk0｝有利织构组分。这些织构组分分布于 $\phi=0°$ 截面图的 $\theta$ 从 0°～90°、$\psi$ 约为 75°线上。

## 4 讨论

从以上结果不难看出织构演变的两条清晰的轨迹：

(1) 与工艺路线 1 相对应的织构演变轨迹：织构类型和织构强度变化很大的热轧织构→冷轧后不强的 γ-纤维织构、较强的旋转立方织构→退火后较强的 γ-纤维织构和 α-纤维织构以及弱的｛hk0｝〈uvw〉、｛100｝〈uvw〉织构。

(2) 与工艺路线 2 相对应的织构演变轨迹：冷轧前板内外均匀分布的｛114｝-｛113｝〈uvw〉和｛hk0｝等织构→冷轧后不强的旋转立方织构、强的 γ-纤维织构→退火后最终产品中强的｛hk0｝织构和弱的 γ-纤维织构。

按照工艺路线 2 生产的成品与按照工艺路线 1 生产的成品相比，织构参数从 0.31 提高到 0.85；磁感应强度 $B_{50}$ 从 1.680T 提高到 1.716T，提高了 0.036T；铁损 $P_{1.5/50}$ 从 3.063～3.511W/kg，降低到 2.91W/kg。

从以上结果还可看到，冷变形再结晶退火织构与热变形正火织构之间存在着明显的对应关系。如图 6 所示，在经过正火处理的 2#试样中的有利织构组分｛310｝、｛210｝大大增强，不利的｛111｝、｛211｝等织构组分大大减弱。这与图 3 所示热轧板正火前后织构的变化规律是一致的。这说明：①成品的有利织构｛110｝、｛310｝和｛210｝是“隔代遗传”于冷轧前的板材的；②冷轧前，有利织构是｛110｝、｛310｝和｛210｝等｛hk0｝织构。

上述的“遗传”现象是在 20 世纪发现的，近期的研究表明，其“遗传基因”不是别的，正是表征材料性能的物理量——弹性模量。这是因为，｛100｝、｛310｝、｛210｝和｛110｝的弹性模量较｛111｝、｛332｝等的弹性模量小，因此在较低的冷轧压下率的条件下，弹性模量较低的｛hkl｝应变量较大，而应变能与应变的平方成正比，所以在热轧板进行正火或冷轧板进行再结晶退火时，高斯织构和其他｛hk0｝织构的自由能高，有条件形核、长大而形成织构。

可见，用工艺路线 2 生产的成品的磁性能的显著改善得益于热轧板进行了正火处理后板内均匀分布的有利的｛hk0｝织构；至于成品中｛hk0｝织构能够提高产品的感应强度的原因，可以简述如下：众所周知，晶体具有各向异性，α-Fe 晶体的〈001〉方向是最易磁化方向，而〈111〉方向是最难磁化方向，其他方向磁化的难易程度在〈001〉和〈111〉之间。主要的［uvw］所对应的表征其磁化能力的磁性各向异性常数，〈100〉方向最大（为 1），而〈111〉方向最小（为 0.667），〈112〉和〈110〉的此值均为 0.750，其他方向的各向异性常数在 1 到 0.667 之间。在｛100｝、｛310｝、｛210｝等｛hk0｝晶面上，均无难磁化方向，而在｛110｝上有一个易磁化方向［100］和一个难磁化方向［111］。对于电工钢，要求有较好的磁性，所以｛100｝、｛310｝和｛310｝等晶面是有利晶面，而｛433｝、｛332｝和｛111｝等晶面是不利晶面。

从两条工艺路线与织构演变的两个走向可见，在经过正火的成品试样中，有利的｛hk0｝〈uvw〉织构较强。追溯对应的冷轧织构，发现 γ-纤维织构也较强，可见有利的冷轧织构是 γ-纤维织构。

此外，不难证明，上述两个试样中的再结晶退火织构（-1，1，1)［-1，-2，1］和（-1，1，1)［1，-1，2］织构分别是从形变织构（-1，1，1)［110］和（-1，1，1)［0，-1，1］“旋转”30°形成的。

以上结果说明，任何使热轧板内外形成均匀的｛hk0｝〈uvw〉等织构的方法。均有希望提高无取向电工钢的磁性能。

## 5 结论

本研究以加 Sn-2%Si 无取向电工钢为研究对象，对比分析了在两种工艺路线下织构演变的过程及规律。得到以下结论：

(1) 热轧板正火（常化）前后织构发生了明显变化。在正火后的热轧钢带内外均匀地分布着｛hk0｝〈uvw〉织构。

（2）冷轧前对热轧钢带进行正火，形变织构中的 γ-纤维织构较形变前不进行正火而直接冷轧后得到的 γ-纤维织构强，而旋转立方织构弱。相应地，其再结晶织构中有利的｛hk0｝〈uvw〉织构组分也较强，产品的磁性较好。

（3）冷变形再结晶退火织构与热变形正火织构之间存在正相关关系，这种关系存在的内因可归结为杨氏模量。

（4）有利的热变形再结晶正火织构是｛001｝〈uvw〉和｛hk0｝〈uvw〉。

（原载《电工材料》，2008（3））

# 硅钢酸洗-冷连轧系统中表面缺陷识别方法研究

甘胜丰　孙　林　雷维新　曹　阳　刘广益

## 1　酸洗-冷连轧表面缺陷识别问题分析

将基于机器视觉的表面缺陷检测设备应用于冷轧带钢生产线可以有效的识别钢带表面缺陷，并在遇到严重缺陷时代替人工做出判断，以提高生产线的效率。在硅钢的酸洗-冷连轧生产线上其表面缺陷识别虽然整体识别率能达到80%以上，但由于表面缺陷检测设备参与酸连轧的生产系统的高度自动化，识别系统对水渍、轻度缺陷和水与严重缺陷混合类缺陷的误判会产生不必要的减速，影响生产进度；对严重缺陷的误判会导致轧辊损伤，甚至断带。提高表面缺陷的识别率，特别是不同缺陷严重程度的缺陷识别率，是提高生产效率的有效方法。

针对表面缺陷检测设备在硅钢的酸洗-冷连轧系统中的缺陷情况，依据钢带的特性研究并探索适合于硅钢酸连轧机的表面缺陷的特征提取和识别方法。我们采用决策树、支持向量机（SVM）、BP 神经网络等不同的模式识别方法在相同特征的基础上进行试验，将结果进行比较分析，得到适合硅钢冷轧生产线识别方法，使误判尽可能减少，提高生产线自动化水平。表面缺陷的识别方法的流程，如图 1 所示，依据下列流程选择出训练集和测试集，并提取相应的特征。然后更换分类器来训练缺陷图像并得到不同的分类决策，最后用测试集试验得到分析试验结果。

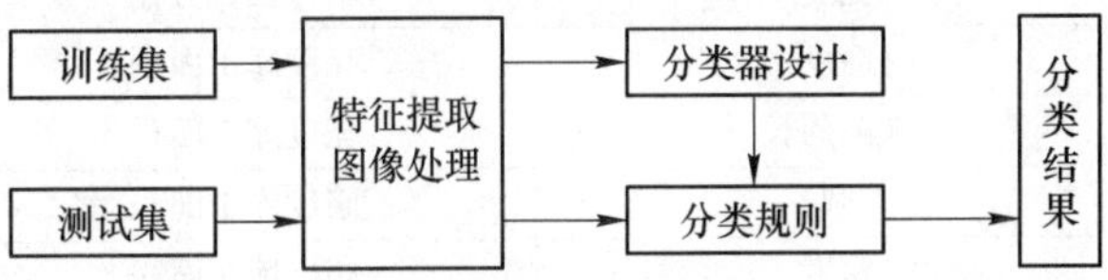


图 1　缺陷识别流程图

## 2　表面缺陷图像及其特征提取

### 2.1　训练集与测试集收集

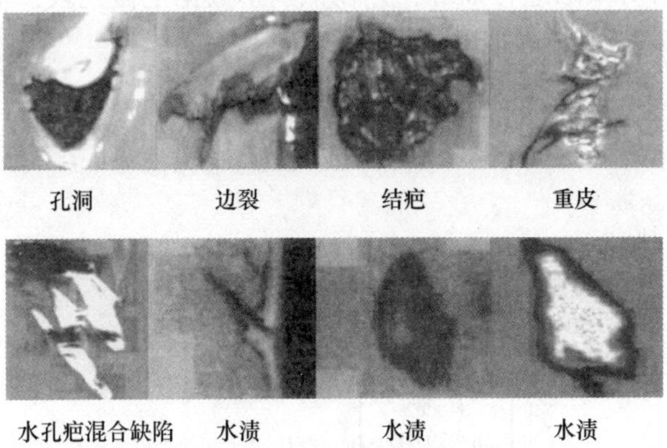


图 2　现场缺陷图集

从武钢硅钢酸洗-冷连轧生产线提取作为训练集与测试集的钢带表面缺陷有结疤、重皮、空洞、边裂等严重缺陷，水渍缺陷以及水渍与严重缺陷的混合缺陷，如图 2 所示。

明显可看到硅钢酸洗-冷连轧生产线上的水渍缺陷形态多变，容易与严重缺陷相混淆，水渍与严重缺陷混合缺陷的特性也比较复杂。研究采用了 50 个缺陷图像作为训练集 60 个缺陷图像作为测试集，训练集人工分类，如表 1 所示。最终结果分为结疤、重皮、空洞、边裂、水渍 5 大类，以便应用到实际生产控制中。

**表 1　测试集缺陷分布情况**

| 严重缺陷 | 水渍缺陷 | 混合缺陷 | 结果类别数 |
|---|---|---|---|
| 36 个 | 14 个 | 10 个 | 5 类 |

### 2.2　特征提取

根据硅钢产品的特性以及钢带表面缺陷独有的特点，从以下几个方面进行特征提取。

2.2.1　缺陷出现的几何与位置特征

边裂、焊接处孔洞和水渍等缺陷出现的位置、周长、形状相对固定，含有较大的信息量。而且缺陷的几何与位置特性可以通过简单描述符来表示。将缺陷处在钢带表面的位置作为图像特征能够提高判别效果。

2.2.2　灰度特性

将视图分为灰度级库，其中四个用于暗像素（暗度库1、2、3和4），四个用于亮像素（亮度库1、2、3和4）。暗度库4为最大极限（最暗），亮度库4为最大极限（最亮）。这些灰度级库提供属于图像指定范围的阈值限定像素的计数。可使用这些计数来确定缺陷中像素的灰度级强度分布，并将其作为灰度库缺陷特性（如:%亮度库1和暗度库2面积）进行分类。

2.2.3　强度特性

强度是CCD照相机中给定像素感光量的数字表示。强度范围为0（黑；无光）到255（白；光充足）。其中包括平均强度、强度范围等特征，他们可以有效判断各种水渍。

2.2.4　明/暗质心特性

质心特性描述了基于缺陷质心的缺陷的属性。对象的质心是其质量中心，有时也称为重心或平衡点，计算全部缺陷像素的质心位置、亮像素的质心位置以及暗像素的质心位置，再对所有像素进行等值加权处理，而不是根据其灰度级强度按比例进行处理。

在试验中提取了上述特性的22个特征进行模式分类，具体特征如表2所示。

**表2　表面缺陷图像特征列表**

| 几何特征 | 灰度特性 | 强度特性 | 明暗质心特性 |
|---|---|---|---|
| 中心距 | 亮像素百分比 | 平均强度 | 纵向盒偏移 |
| 宽度 | 暗像素百分比 | 强度范围 | 亮度横向偏移率 |
| 高度 | 亮度库1面积 | 平均暗度强度 | 暗度横向偏移 |
| 缺陷周长 | 亮度库2面积 | 亮度平均强度 | 暗度横向偏移率 |
| 圆 | 暗度库1面积 |  | 暗-明度横向偏移 |
| 密度 | 暗度库2面积 |  | 暗-明度纵向偏移 |

## 3　分类器设计

采用了三种机器学习与分类技术—决策树、支持向量机、BP神经网络对钢带表面缺陷进行识别。上述方式有着各自的特点，因此可以利用三种学习方式来对缺陷进行训练，并在识别率数据上做比较，得到不同缺陷识别方法的数据特征。并根据数据显示的结果对现场生产作相关调整。

### 3.1　决策树分类器

决策树技术是用于分类和预测的主要技术，决策树的学习是以实例为基础的归纳学习方法。由于钢带缺陷数量与数据量庞大、属性较多，本研究中采用的是决策树SLIQ算法。这种算法的特点是：（1）运算速度快，对属性值只做一次排序。（2）利用整个训练集的所有数据，不作取样处理，不丧失精确度。（3）轻松处理磁盘常驻的大型训练集，适合处理数据仓库的海量历史数据。（4）更快的更小的目标树。（5）低代价的MDL剪枝算法。根据钢带数据集的大小将停止生长条件设置为：节点最大纯度95%；生长最大深度为20。且当类别成功率小于50%时继续生成判别规则。得到判别水渍和孔洞的部分决策树判别规则，如图3所示。

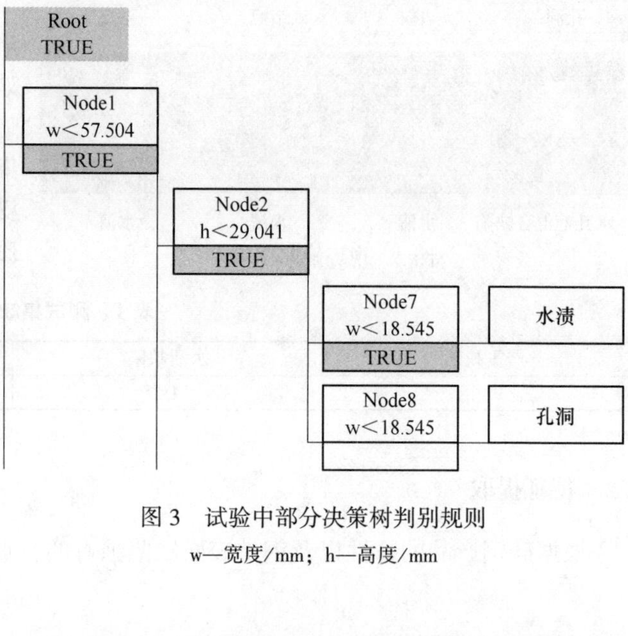


图3　试验中部分决策树判别规则

w—宽度/mm；h—高度/mm

利用生成规则将测试集缺陷进行分类，如表 3 所示。

**表 3　决策树分类结果**

| 缺陷总体误识率 | 严重缺陷间误判数 | 水渍误判严重缺陷数 | 严重缺陷误判水渍数 | 混合缺陷误判数 |
|---|---|---|---|---|
| 17.4% | 3 | 3 | 2 | 3 |

### 3.2　SVM 分类器

SVM 是建立在统计学习理论基础上的机器学习方法。SVM 算法的特点是：

（1）泛化能力较好，能极大化类与类的间隔，有较好的适应能力。

（2）没有局部最小点。

（3）在使用时无需指定 kernel 函数数目。

研究中采用的是 LIBSVM 软件包，首先将钢带数据缩放到［-1，1］或者是［0，1］之间，避免在训练时为了计算核函数而计算内积的时候引起数值计算的困难。再用函数 svmtrain 实现对训练数据集的训练，获得 SVM 模型（“”中为注释）：

svm_type c_svc“C-SVC 类型的 SVM”

kernel_type rb f“RBF 核”

gamma 0.0454545

nr_class 5“分类的类别数”

total_sv 46“总共的支持向量个数”

rho -0.0680664 0.0838983 -1.41023 0.12907 -0.0537003 -0.73669 0.0112611 -0.489207 0.128506 0.700639“策函数中的常数项 b”

label 1 2 3 4 5“类别”

nr_sv 9 13 6 6 12“各类别标签对应的支持向量个数”

最后使用函数 svmpredict 将训练获得的模型对数据集合进行预测其结果，如表 4 所示。

**表 4　SVM 分类结果**

| 缺陷总体误识率 | 严重缺陷间误判数 | 水渍误判严重缺陷数 | 严重缺陷误判水渍数 | 混合缺陷误判数 |
|---|---|---|---|---|
| 10% | 2 | 1 | 2 | 1 |

### 3.3　BP 神经网络分类器

研究中采用了 BP(Back Propagation）神经网络。其特点是：

（1）可以充分逼近任意复杂的非线性关系。

（2）所有定量或定性的信息都等势分布贮存于网络内的各神经元，故有很强的鲁棒性和容错性。

（3）并行分布处理，能快速进行大量运算。

（4）可学习和自适应不知道或不确定的系统，具有高速寻找优化解的能力。

神经网络的分类研究采用 MATLAB 神经网络工具箱。由于三层网络可以快速很好地解决模式识别问题，本文建立三层网络，其中隐含层的神经元个数 n2 和输入层的神经元个数 n1 之间有以下近似关系为 $n2=2n1+1$。由于网络的输入层神经元个数为 22，输出层神经元个数为 3，经计算，隐含层的神经元个数为 $2\times22+1=45$。

由下列程序建立网络、训练数据：

```
net=newff(threshold,[45,5],{'tansig','logsig'},'trainscg','learngdm');
[net,tr]=train(net,P,T);
```

使用函数 Out=sim（net，P_TEST）得到测试集，其中 P 训练集，P_TEST 测试集，T 为训练集结果，训练函数是 trainscg 适合大型分类且性能稳定。

测试结果，如表5所示。

**表5　BP神经网络分类结果**

| 缺陷总体误识率 | 严重缺陷间误判数 | 水渍误判严重缺陷数 | 严重缺陷误判水渍数 | 混合缺陷误判数 |
|---|---|---|---|---|
| 8.3% | 1 | 0 | 1 | 3 |

## 4　结果分析

提取钢带图像低层属性特征作为特征属性对硅钢钢带表面缺陷进行识别试验时，决策树、支持向量机、神经网络分类方法在整体上都能够达到比较好的识别率，均可应用于冷轧生产线上。由钢带数据经过决策树、支持向量机、神经网络分类试验得到的结果我们还可以得到以下结论：

（1）对酸洗-冷连轧硅钢带表面缺陷图像进行分类时，使用SVM分类与BP神经网络识别率要高于决策数的识别率，且BP神经网络识别率最高。现场环境允许下应尽量使用SVM分类与BP神经网络对硅钢表面缺陷进行分类。

（2）在对水与严重缺陷的区分方面，BP神经网络的识别要优于SVM分类。当现场出现水渍较多时，使用BP神经网络分类得到的分类规则进行分类有利于提高生产线的自动控制水平。

（3）SVM对复杂特性混合缺陷的识别率最高。当混合缺陷出现情况较多时，可以使用SVM分类得到的分类规则，有利于减少因不规则混合缺陷的误识引起的轧辊损伤或断带。

（原载《机械设计与制造》，2009（9））

# 低温热轧高磁感取向硅钢板常化组织及析出相研究

王若平 黎世德 方泽民 毛炯辉 李平和 许 光

近年取向电工钢的研究和发展一直围绕两个方面展开，一方面是提高质量，即降低铁损和提高磁感，另一方面是降低生产成本，提高市场竞争力。尤其是近几年，后一方面已经成为工业研究和发展的主要驱动力，几乎所有生产厂家都将工艺过程更简单、生产花费更少作为研究目标。对取向硅钢铸坯热轧温度采用低温加热技术是节约生产成本最重要的一步，可有效避免铸坯表面形成过多的液态渣，同时降低了能源消耗。但随着取向硅钢铸坯加热温度的降低，在后面工序必须辅助渗氮技术，以形成稳定和足够的抑制剂，从而抑制取向硅钢一次再结晶晶粒的长大。常化处理是取向硅钢铸坯低温加热技术关键工艺之一，在取向硅钢生产中，以 AlN 为析出相的热轧板在最后冷轧前必须在氮气下高温常化，通常常化温度在 1100~1120℃，目的是为了析出大量细小的 AlN；同时使热轧板组织更均匀和再结晶晶粒数量更多。本文对高磁感低温取向硅钢不同常化温度下组织及析出相进行讨论和分析，以获得合适的常化工艺参数。

## 1 试验材料及方法

试验材料为 Fe-3%Si 钢铸坯，主要化学成分（质量分数,%）为 0. 049 C、0. 25 Mn、3. 15 Si、0. 0260 Al、0. 006 N、0. 05 Cu、0. 018 S、0. 009 P，余量 Fe。试样尺寸为 300mm×100mm×40mm。加工工序：铸坯经 1180℃加热→5 道次热轧→常化处理→5 道次冷轧→840℃退火→渗氮→高温二次再结晶退火。

具体方法为：铸坯经 1180℃加热，5 道次热轧至 2. 2mm 厚热轧板。将热轧板剪切成 200mm×80mm×2. 2mm 规格，采用 3 种不同的常化处理工艺，气氛为 100%$N_2$。

3 种常化处理工艺为：①950℃×2. 5min+850℃×2. 5min+炉口冷 10s；②1020℃×2. 5min+850℃×2. 5min+炉口冷 10s；③1120℃×2. 5min+950℃×2. 5min+炉口冷 10s。

经上述 3 种工艺热处理后的钢板经 5 道次冷轧至最终厚度 0. 265mm 试样，在 65℃露点、50%$H_2$+50%$N_2$、840℃条件下脱碳退火，随后进行 1min 渗氮处理和高温二次再结晶退火。

采用 OLYMPUS GX71 金相显微镜观察组织，用 JEM2100F 型透射电镜和 INCA 能谱仪进行成分分析。

## 2 试验结果及分析

### 2.1 试样磁性能

经 3 种工艺常化处理后的取向硅钢进行冷轧、脱碳、渗氮和二次再结晶退火，其磁性能如表 1 所示，常化后的组织、析出相的不同对产品的最终磁性能有较大影响。从磁性能结果看，在脱碳及渗氮工艺相同的条件下，性能随着常化温度的升高而提高。

**表 1 不同常化工艺试样磁性能**

| 工艺 | 钢板含氮量/$10^{-4}$% | 平均 $P_{1.7/50}$/W · $kg^{-1}$ | 平均 $B_{800}$/T |
|---|---|---|---|
| 热轧态 | 120 | 1. 905 | 1. 523 |
| 常化工艺① | 123 | 1. 571 | 1. 764 |
| 常化工艺② | 127 | 1. 194 | 1. 891 |
| 常化工艺③ | 118 | 1. 002 | 1. 912 |

注：$P_{1.7/50}$表示铁芯在 50Hz 交变磁场下磁化到 1. 7T 时所消耗的无效电能，简称铁损；$B_{800}$表示在 800A/m 磁场下的磁感应强度。

## 2.2 热轧板及常化板显微组织及晶粒大小

图 1 为取向硅钢试样在不同温度常化处理后的显微组织。

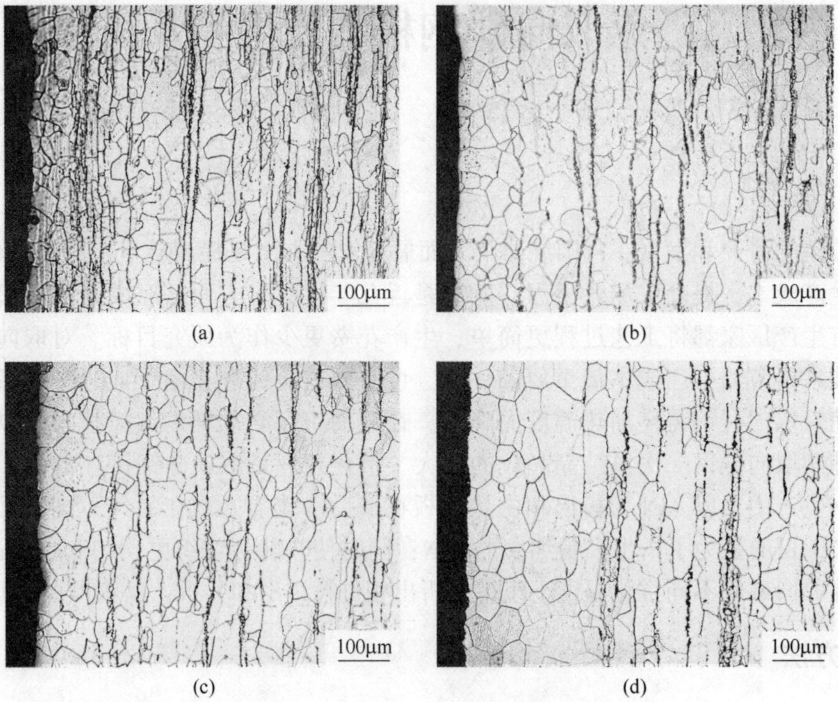

图 1 试样在不同温度常化处理后的显微组织

(a) 热轧态；(b) 工艺①；(c) 工艺②；(d) 工艺③

测定表层（距表面 300μm 范围）、次表层（距表面 300~600μm 范围）、带状组织晶粒度，并将晶粒度级别按 GB/T 6394—2002《金属平均晶粒度测定法》标准转换为晶粒尺寸大小，统计结果如表 2 所示。

表 2 不同常化温度下热轧板组织及晶粒度

| 试样 | 组织 | 表层 | | 次表层 | | 带状组织 | |
|---|---|---|---|---|---|---|---|
| | | 晶粒度级别 | 晶粒尺寸/μm | 晶粒度级别 | 晶粒尺寸/μm | 晶粒度级别 | 晶粒尺寸/μm |
| 热轧板 | >90%F+P | 7.5 | 26.7 | 7 | 31.8 | 13 | 4 |
| 工艺① | >90%F+P | 7 | 31.8 | 7 | 31.8 | 12.5 | 4.7 |
| 工艺② | >90%F+P | 7 | 31.8 | 7 | 31.8 | 11.5 | 6.7 |
| 工艺③ | >90%F+P | 5.5 | 53.4 | 5.5 | 53.4 | 11 | 7.9 |

## 2.3 显微组织及晶粒大小分析

3%Si 取向硅钢热轧板沿板厚方向的组织不均匀，这种不均匀性对二次再结晶影响很大。取向硅钢铸坯在加热和热轧过程中由于表面脱碳、发生部分相变以及厚度方向上的温差所引起的形变量不同，而使得热轧板厚度方向上的显微组织有很大差别。

由图 1(a) 所示热轧板表层晶粒度约为 7.5 级，次表层为 7 级，钢板中存在大量的带状组织，晶粒约为 13 级，在带状组织中有大量的珠光体。带状组织实际上是铁素体与珠光体分层而形成的，这种带状组织与硅钢铸坯中的枝晶偏析有关，硅钢枝晶中出现了合金元素的富化区和贫化区，在热轧过程中，这些区域沿着热轧轧制方向展开。合金元素含量不同会影响奥氏体向铁素体转变的温度。硅提高 $A_3$ 温度，在热轧冷却过程中富含硅的区域会先析出铁素体，而将原来这里的碳抛掷于其他合金含量较高的区域，此时这里仍然是奥氏体，继续冷却时，将转变为珠光体。因此珠光体层为富含合金区域，也是转变时间较后、转变温度较低的地区，铁素体层为贫合金区，是转变温度较高的先转变地区。在图 1(a) 中还可以看到，铁素体晶粒的晶界多数不规则，并没有发生完全的再结晶。在带状组织中的晶粒呈细小分布状，这些晶粒主要是从奥氏体转变来的。

由图1(b) 所示经工艺①常化处理的试样，表层晶粒度约为7级，次表层也为7级，表层晶粒不但已发生了完全再结晶，而且开始长大，晶粒变成了等轴状。钢板中大量的带状组织宽度变窄，带状组织中晶粒开始聚合长大，但长大效果不显著，带状组织中部分晶粒没有发生完全的再结晶，晶粒度约为12.5级。带状组织中晶粒在长大的过程中将珠光体挤向铁素体晶粒的晶界位置，珠光体总量变化不大，在常化后急冷过程中保留下来。

由图1(c) 所示经工艺②常化处理的试样，表层晶粒度约为7级，次表层也为7级。随着常化温度的升高，碳的扩散速度加快，钢板组织较为均匀，钢板中大量的带状组织部分消失，带状组织中的部分晶粒继续长大，发生了完全再结晶，带状组织中晶粒度约为11.5级，珠光体总量减小，但仍沿大晶粒的晶界部位富集。从晶粒均匀性来看，除带状组织外，整体钢板从表层到心部较为均匀。

由图1(d) 所示经工艺③常化处理的试样，表层晶粒度约为5.5级，次表层为5.5级。将常化温度提高到1120℃，处于奥氏体的最大区域，大量的氮化铝重新固溶使得钢板基体抑制力减弱，部分析出相的钉扎作用消失，晶粒明显长大，钢板带状组织中的晶粒发生完全再结晶，部分带状组织完全消失，带状组织中晶粒长大为11级。珠光体总量变化不大，但分布状况明显改变，由沿带状分布改变为沿晶界分布。虽然加热温度的提高改善了钢板的带状组织，但由于加热时间短，带状组织并没有完全消除。由图1(d) 还可以看出，部分晶粒开始沿轧制方向生长，晶粒长大的不均匀性增大。在取向硅钢中热轧板组织的不均匀性是发展完善二次再结晶的一个必要条件，这是该温度下常化磁性能较好的组织原因。

从以上不同温度常化后的组织分析看，热轧板常化时组织无明显变化，为铁素体+珠光体，随着常化温度的提高，基体再结晶比例增加，带状组织变窄且逐步消失，当加热温度为1120℃时，表层和次表层晶粒明显长大，且晶粒的不均匀性增大。

## 3 讨论

### 3.1 不同常化处理后钢板中的析出相

3.1.1 析出相特点

图2为热轧板及不同常化工艺处理后析出相显微组织形貌。

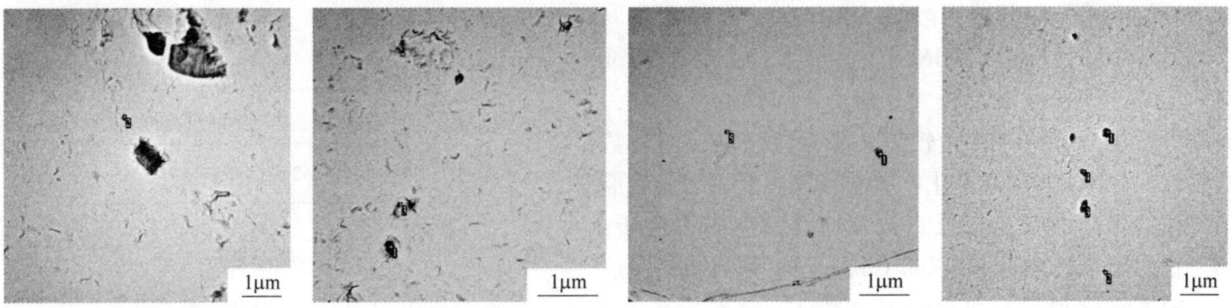


(a) (b) (c) (d)

图2 热轧板及不同工艺常化处理后析出相的TEM形貌

(a) 热轧态；(b) 工艺①；(c) 工艺②；(d) 工艺③

由图2(a) 热轧板试样的透射电镜分析表明，在热轧板基体上的析出相主要为不规则形薄片状AlN和MnS的复合相，有少量方形TiN。虽然材料硫含量较低，但仍然存在少量的MnS，且尺寸较大，较大的析出相质点尺寸约为800nm×500nm、1200nm×800nm、600nm×600nm，它们主要是AlN+MnS的复合相，且多数呈不规则形片状，较小尺寸的析出相质点约为（5~10）nm×400nm、120nm×100nm，其形状主要为条状或片状。

由图2(b) 经工艺①常化处理的试样中，析出相以不规则形薄片状AlN和CuS的复合相为主，基体中有少量方形TiN，尺寸大多为100~500nm，较大析出相尺寸约400nm左右，形状呈不规则球状，中等尺寸析出相约80~200nm，也呈不规则状，主要由AlN+少量MnS+少量CuS复合相组成，较小的析出相尺寸约为10~30nm。主要构成发生变化是由CuS+AlN复合相组成，而不是AlN+MnS，形态依然为片状或条状。

由图2(c) 经工艺②常化处理的试样，析出相数量较多，形状主要为球形，析出相组成主要为 AlN+CuS、AlN+MnS+CuS的复合相、有少量球形CuS颗粒，也有少量AlN颗粒。较大的析出相尺寸范围为50~80nm，较小的析出相尺寸范围为10~30nm，析出相尺寸明显减小。

由图2(d) 经工艺③常化处理的试样，析出相数量较多，局部呈聚集分布，主要为50~300nm的球形和50~70nm的方形颗粒。不规则形态相有所增加，以AlN和MnS、CuS的复合相为主。在析出相中存在少量以TiN为主，尺寸约为90nm的方形相。较大的析出相尺寸范围为80~120nm，较小的析出相尺寸范围为30~50nm，1120℃常化较1020℃常化析出相略大，这与常化加热温度和常化第二段冷却温度有关，1120℃常化冷却到950℃等温，析出相长大动能较大，而1020℃常化冷却到850℃等温，析出相长大动能较小。

3.1.2　析出相分析

铸坯热轧加热温度为1180℃时，MnS在此加热温度下没有固溶，AlN的固溶温度比MnS低100℃左右，在1150~1200℃加热时也没有完全固溶，1180℃加热时铸坯处于（α+γ）两相区，AlN在γ相中的固溶度比在α相中高8~10倍，AlN的分布也不均匀。因此，在热轧加热阶段铸坯析出相主要由未溶解的MnS+部分未溶解的AlN组成。

铸坯热轧精轧开始温度约为1000℃，终轧温度为850℃，AlN的析出峰值在950℃左右，AlN的析出一部分围绕着MnS晶核析出长大，一部分则以细小弥散析出为主，另一部分仍然以固溶形式保留下来。

酒井知彦等最早提出取向硅钢热轧板中含有10~20nm的A态AlN和100~300nm的C态AlN，而20~50nm的B态AlN数量很少。所谓A态AlN是在卷取后500~600℃时α-相中析出的几种氮化物（$Fe_{16}N_2$、$Fe_4N_2$、$Si_3N_4$和AlN）混合体，它们在1100℃常化时固溶。C态AlN是在1150~950℃热轧过程中析出的，常化时，由于尺寸大（抑制能力很小），对其影响不大。少量的B态AlN是在950~750℃阶段析出的。常化时A态和B态AlN固溶，并在冷却阶段大量析出B态AlN，以后主要起抑制作用。

用THERMO-CALC软件对本试验钢种成分进行计算得到对应的相图，如图3所示。从相图中可以看出，950℃常化处理时，热轧板处于（α+γ）两相区下半部分，此时γ相很少。由于常化加热温度正好进入AlN的析出峰值区域，一部分固溶的AlN开始少量析出，同时一部分细小的已析出的AlN开始聚集长大，还有一部分AlN以MnS为核心继续长大。但由于加热温度不高，长大动力不足，虽然AlN量较热轧板有所增加，但是数量依然较少。因此950℃常化形成的AlN主要表现为在原有第二相的聚集和长大以及直接从原有基体中等温析出，第二相的聚集长大与San Kyu Chang观察到的结果一致。

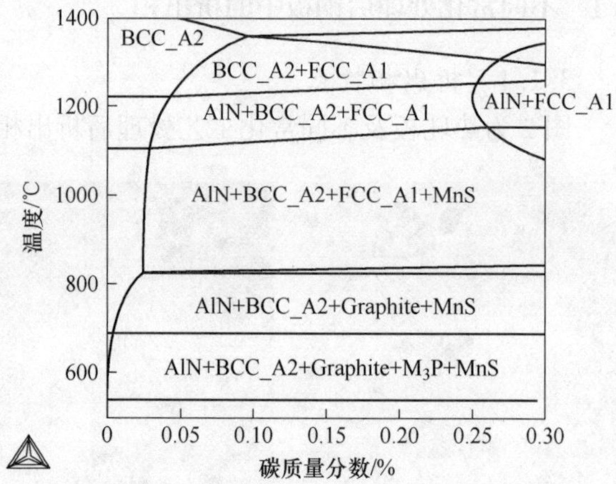


图3　试验钢THERMO-CALC软件计算相图

随着常化加热温度升高到1020℃，γ相缓慢增加，AlN的溶解动能开始增大，开始有少量AlN重新固溶（A态AlN）并在冷却时重新析出，较小尺寸的AlN大量溶解，中等尺寸的AlN析出相也部分溶解，尺寸变小，在850℃等温时，依然以较小的尺寸析出，但析出量增加了。常化形成的AlN一部分是原有基体中等温析出的，另一部分是先固溶后析出的。

随着常化加热温度继续升高到1120℃，几乎处于γ相的最大区域，AlN大量固溶于奥氏体中（A、B、C态AlN），多数AlN重新固溶，当试样在950℃等温时，与高温HiB钢类似，AlN开始大量析出，一部分细小弥散析出，一部分以MnS为核重新析出，即主要析出相由中等尺寸AlN构成，单一的MnS数量很少，因此1120℃常化形成的AlN主要是先固溶后析出的。1120℃常化时析出相尺寸发生了长大，形成了大量的B态AlN，从而使得试样的磁性能提高。

由析出相分析可得，热轧板和常化板析出相是以AlN为主的复合相，主要由AlN+CuS或AlN+MnS+CuS构成，同时存在少量单一AlN。热轧板和950℃常化板析出相形状主要为不规则形片状、条状，1020℃和1120℃常化板主要为球形。热轧板析出相中AlN较少，AlN+MnS复合相以较大颗粒存在。随着常化温度的提高，AlN 析出数量逐步增加，析出相颗粒逐步减小。3 种常化工艺中以 1020℃常化时 AlN 复合相尺寸最小，随着温度升高到 1120℃又逐步长大。

### 3.2 晶粒大小与析出相的关系

在硅钢加热和冷却过程中，由于析出相的体积分数和尺寸变化复杂，导致常化过程中的晶粒长大变化复杂。析出相的体积分数和析出相的尺寸是控制基体晶粒尺寸的两大因素。析出相的尺寸显然受沉淀析出过程的影响（包含钢材化学成分、沉淀温度、时间、形成量等因素的影响），一般来说，析出相质点尺寸越小，对晶粒的钉扎作用越大，晶粒越不容易长大。而析出相的体积分数虽然由炼钢成分确定，但随着加热温度的提高，其固溶量也是变化的。

在取向硅钢热轧后，部分析出相质点沉淀析出，在高温常化温度下，其尺寸和分布会发生变化。特别是析出相质点将由于 Ostwald 熟化过程的进行而逐渐粗化。在低温加热取向硅钢中存在阻止晶粒长大的析出相质点，在常化均热温度较低或均热时间较短时，析出相质点将钉扎晶粒，使之基本不长大或相当缓慢地长大。然而，随温度的升高，析出相的体积分数将减小，随时间的延长，析出相质点的尺寸长大，则钢板基体晶粒将随均热时间的延长而不断长大，且均热温度越高，晶粒长得越大。

根据晶粒尺寸阈值公式：

$$D_c = \frac{\pi \cdot d}{6f}\left(\frac{3}{2} - \frac{2}{z}\right)$$

式中，$D_c$ 为临界晶粒尺寸阈值；$d$ 为球形析出相质点的直径；$f$ 为析出相体积分数；$z$ 为非均匀性因子。

由晶粒尺寸阈值公式可以看出，晶粒尺寸阈值 $D_c$ 正比于析出相质点的直径 $d$ 而反比于析出相质点的体积分数 $f$。在常化加热过程中，随温度的升高和时间的延长，析出相质点的体积分数 $f$ 将减小，晶粒直径 $d$ 将随温度的升高和时间的延长而增大。二者的变化都将导致晶粒尺寸阈值的增大。在冷却过程中，由于析出相的不断沉淀析出，故随温度的下降和时间的延长，析出相的体积分数将不断增大，由于温度越低，析出的析出相质点的直径越小，故随温度的降低，析出相质点的平均直径将减小，因此，冷却过程中，随时间的延长，晶粒尺寸阈值将减小。

赖特用电镜和化学交换法确定含 0.001%~0.039%Al 的 3%Si-Fe 钢中 AlN 的固溶度积 $K_{sp}$ 为

$$\lg K_{sp} = \frac{11900}{T} + 3.56$$

$$T = 1373 \sim 1573\text{K}$$

由该公式可以获得试验钢在不同温度下析出相的体积分数 $f$，对非均匀性因子取 1.7，通过晶粒尺寸阈值公式可以得到晶粒尺寸阈值 $D_c$ 与常化温度的关系如图 4 所示。从图 4 中可以看出，950、1020℃常化时，晶粒尺寸阈值分别为 7.5 和 21.4μm，热轧板表层实际晶粒大小为 26.7μm，实际晶粒的平均尺寸大于阈值尺寸，阻力大于驱动力，晶界被析出相质点所钉扎，晶界将不会发生迁移，相对应的表层晶粒大小均为 31.8μm，与热轧板相比，晶粒大小没有明显变化，尺寸微小的变化是由于热轧板本身存在部分形变组织，在加热过程中这些形变组织通过再结晶造成了晶粒尺寸略微长大。

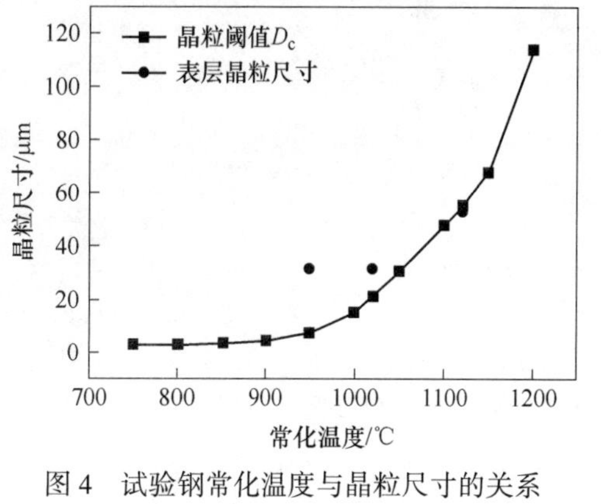

图 4 试验钢常化温度与晶粒尺寸的关系

当加热温度升高到 1120℃时，晶粒尺寸阈值增大到 55.5μm，晶粒尺寸阈值变大，热轧板表层晶粒小于该阈值，表层晶粒将快速长大，实际晶粒尺寸从原来的 26.7μm 长大到 53.4μm，大约是原来尺寸的 2 倍。由此可见，由晶粒尺寸阈值理论可以较好地解释取向硅钢在常化过程中的晶粒长大问题。

## 4 结论

（1）高磁感取向硅钢在 950~1120℃温度下常化，热轧板组织均为铁素体+珠光体；随着常化温度的提高，基体再结晶比例增加，带状组织变窄且逐步消失；当加热温度为 1120℃时，表层和次表层晶粒明显长大，且晶粒尺寸的不均匀性增大。

（2）高磁感取向硅钢热轧板和 950℃常化板析出相形态主要为不规则片状、条状，1020℃、1120℃常化板析出相形态主要为球状，以 1020℃常化析出相尺寸最小；AlN 复合相在不同常化温度下形成方式不同，950℃常化形成的 AlN 主要是在原有第二相上的聚集长大以及直接从原有基体中等温析出的；1020℃常化形成的 AlN 一部分是原有基体中等温析出的，另一部分是先固溶后析出的；1120℃常化形成的 AlN 主要是先固溶后析出的。

（3）热轧铸坯低温加热高磁感取向硅钢合理的常化温度在 1020~1120℃。

（原载《金属热处理》，2009（6））

# 磷对 w(Si)0.4%无取向电工钢磁性能的影响

欧阳页先　张新仁　谢晓心

随着科学技术的不断发展和人们生活水平的提高，节能和环保越来越受到重视。有研究表明，全世界发电量的60%~70%是通过各类电机消耗的，提高电机效率是节约能源的重要措施之一。改善作为电机铁芯材料的无取向电工钢磁性能是提高电机效率的主要措施之一。其中，降低铁损可以降低电机铁芯损耗，提高磁感可减小铁芯尺寸、降低铜耗。目前除了改进冶炼工艺、降低杂质元素（C、N、S、O 等）的含量、提高钢质的纯净度以外，添加微合金元素也是获得高磁感、低铁损无取向电工钢的主要措施之一。Sn、Sb 是比较常用的提高无取向电工钢磁性能的微合金元素，通过改善织构来改善磁性能。P 是提高电阻率降低铁损的有效元素。然而，P 对无取向电工钢磁性能的作用不同研究者持有不同观点。Syzmura 等人研究发现，P 的添加提高了电工钢的矫顽力从而提高了铁损。Arato 等人报道 P 的添加可以增加电工钢的电阻率而对 w(Si)0.15%~2.2%的电工钢铁损影响不大。Park 等人研究认为，P 的添加阻碍了晶粒的长大，促进了不利于磁化的｛111｝织构形成，导致了铁损的增高。Tanaka 等人认为，P 的加入减弱了成品｛111｝〈112〉织构，部分弥补了因冷轧压下量增加导致磁感的降低。

本文采用真空冶炼炉冶炼不同 P 含量的无取向电工钢，经热轧、冷轧和脱碳退火制备成品样。结合磁性能、微观组织和织构分析，研究 P 元素对无取向电工钢磁性能的影响。

## 1　实验过程

按真空冶炼、开坯、热轧、酸洗、冷轧和成品退火（再结晶退火）工艺制备无取向电工钢。

实验室采用 50kg 真空冶炼 3 炉不同 P 含量的无取向电工钢，其化学成分见表 1。A、B 和 C 实验钢中除 P 含量不同外，主合金元素 Si、Al、Mn 的含量一致，杂质元素 S、N、C 的质量分数分别控制在 $80\times10^{-6}$、$50\times10^{-6}$、$30\times10^{-6}$以下。

表 1　实验用无取向电工钢的成分（$w_B$）　(%)

| 钢种 | Si | Al | Mn | P | S | N | C |
|---|---|---|---|---|---|---|---|
| A | 0.4 | <1.0 | <0.5 | 0 | <0.008 | <0.005 | <0.003 |
| B | 0.4 | <1.0 | <0.5 | 0.09 | <0.008 | <0.005 | <0.003 |
| C | 0.4 | <1.0 | <0.5 | 0.15 | <0.008 | <0.005 | <0.003 |

开坯和热轧在 800mm 轧机上进行。首先，将钢锭置于加热炉中，随炉升温至 1150℃，保温 1h。开坯轧制成 35mm×80mm×L 的钢坯。然后，将钢坯回炉半小时后经五道次轧制成 2.3mm 厚的热轧板，终轧温度 750℃。

按 5 道次工艺冷轧，冷轧前充分酸洗去锈。脱碳退火是在氮气和氢气保护气氛下同时充有湿气的退火炉中进行，退火温度设为 900℃，退火时间 3min。脱碳后成品 w(C) 低于 $30\times10^{-6}$，符合制备高性能无取向电工钢的要求。

将实验钢成品样剪切成 30mm×300mm 磁测样，采用单片法测试其铁损和磁感应强度。

## 2　实验结果和分析

图 1 为不同磷含量的无取向电工钢脱碳退火后铁损和磁感应强度与磷含量的关系曲线。可以看出，无取向电工钢的铁损随磷含量的增加而线性下降。其中含 w(P)0.15%无取向电工钢铁损相比不含 P 的无取

向电工钢下降 0.52W/kg。磁感应强度随着 P 含量的增加而降低，降低幅度在 0.015T 之内。

铁芯损耗包括涡流损耗、磁滞损耗和异常损耗（见式（1））。其中，涡流损耗与频率、饱和磁感应强度以及厚度的平方成正比与电阻率成反比（见式（2））。在低碳钢中 P 元素大多置换固溶于晶格之中，P 原子与 Fe 原子大小不同，导致晶体晶格产生畸变，电阻率提高，涡流损耗降低，铁损下降。图 2 为电阻率随合金元素含量增加而变化的曲线。可以看出，电阻率随着 P 元素含量的增加而线性增加，而且相同含量的合金元素，P 元素对电阻率的提高幅度最大。因此，涡流损耗随着 P 含量增加而降低。

$$W_t = W_h + W_e + W_a \tag{1}$$

$$W_e = \pi^2 t^2 B_m^2 f^2 / 6\rho c^2 \tag{2}$$

$$W_h = \eta f B_m^{1.6} \tag{3}$$

$$W_a = 16 B_s^2 V^2 t / 2L\pi^3 \rho c^2 \tag{4}$$

式中，$\eta$ 为常数；$t$ 为厚度；$\rho$ 为电阻率；$B_m$ 为最大磁通密度；$v$ 为磁畴移动速度；$B_s$ 为饱和磁感；$L$ 为磁畴宽度；$f$ 为频率；$c$ 为光速。

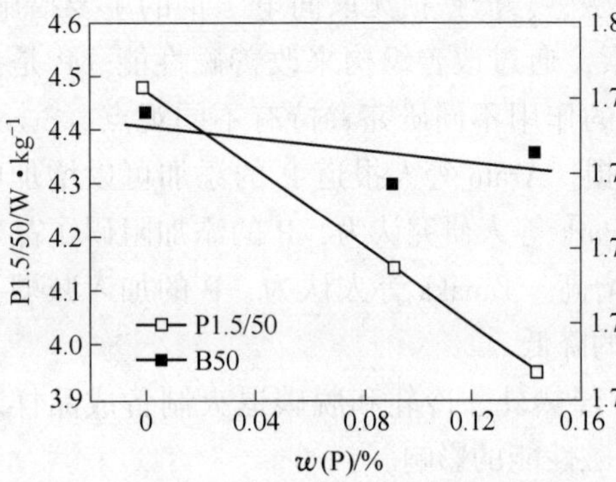


图 1　无取向电工钢的铁损和磁感与磷含量的关系曲线

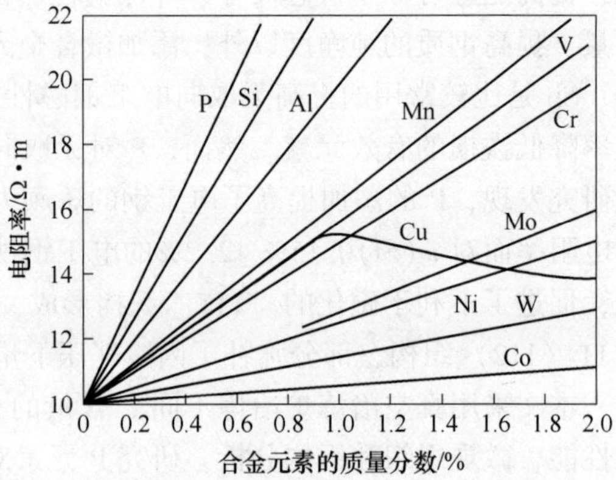


图 2　电阻率与合金元素的关系曲线

磁滞损耗在无取向电工钢中占有很大的一部分，中、低牌号无取电工钢的磁滞损耗占总损耗的 75%~80%。影响磁滞损耗的因素也就是阻碍磁畴壁移动的主要因素，它们有晶粒尺寸、晶体织构、内应力、钢带厚度和钢板表面状态等。其中，晶粒尺寸大小是影响中、低牌号无取电工钢磁滞损耗乃至铁损的主要因素之一。晶粒尺寸越大，相同体积的晶界面积越小，磁畴移动需要的能量越小，磁滞损耗越小，铁损越低。

图 3 为不同 P 含量的成品金相照片以及平均晶粒直径与 P 含量的关系曲线。可以发现，晶粒平均直径随着 P 含量的增加而略有降低，但降低幅度不大，在 5μm 之内。P 除了固溶于晶粒中以外，还有少量偏析在晶界和表面，这阻碍了晶粒的长大，晶粒尺寸减小，增加了磁滞损耗。从金相照片可以看出，含 P 钢的晶粒更均匀。晶粒均匀，晶界数量相对减少，使磁滞损耗降低，从而部分抵消因直径降低导致的磁滞损耗的增加。总体上说，P 的添加对磁滞损耗影响不大。因此，加入少量的 P，提高无取向电工钢的电阻率，降低涡流损耗是降低铁损的主要原因。随着 P 含量的增加，电阻率增加越明显，铁损降低幅度越高。P 对基体电阻率的提高较 Si 显著，因此可以添加 P 替代 Si 来降低铁损。另外，添加少量 P 可以提高钢材的硬度，改善中低牌号无取向电工钢的冲片性能。然而，P 的添加导致冷加工性能变差，可能是由于 P 偏析引起脆性，因此 P 加入量要适当。

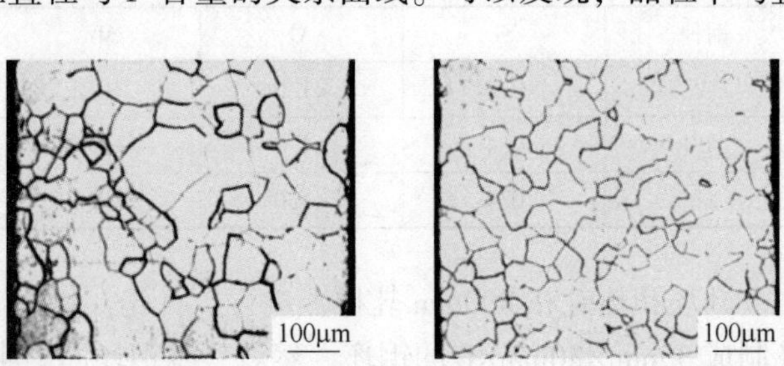


图 3　成品的金相照片及晶粒尺寸与磷含量的关系曲线

（a）不含 P；（b）$w$(P) = 0.09%；（c）$w$(P) = 0.15%

P 可以显著降低无取向电工钢的铁损，同时带来磁感的降低。织构是影响无取向电工钢磁感应强度的主要因素之一。通过调整化学成分和改进轧制以及热处理工艺获得有利磁化的织构，提高磁感应强度。

从实验钢成品板的反极图（见图 4）可以看出，难磁化｛111｝织构组分随着 P 含量的增加而增加。表征有利织构组分强弱的织构参数 $T_P$ 值与 P 含量的关系曲线图如图 4 所示，结果发现，添加 $w(P)$ 为 0.09%的 $T_P$ 值有所提高，但幅度不大，而添加 $w(P)$ 为 0.15%时 $T_P$ 值减小。$T_P$ 值与 P 含量的关系曲线与磁感与 P 含量的关系曲线不一致，分析认为可能与 $T_P$ 的计算误差有关。$T_P$ 值的计算公式如式（5）所示，把每个晶面的磁化难易程度等同，而实际上每个晶面的磁化难易程度有所不同。比较合理的方法是对 $T_P$ 计算公式进行修正，考虑磁化系数。

$$T_P = \frac{(I/I_R)_{200} + (I/I_R)_{220} + (I/I_R)_{310} + (I/I_R)_{420}}{(I/I_R)_{211} + (I/I_R)_{222} + (I/I_R)_{332} + (I/I_R)_{433}} \tag{5}$$

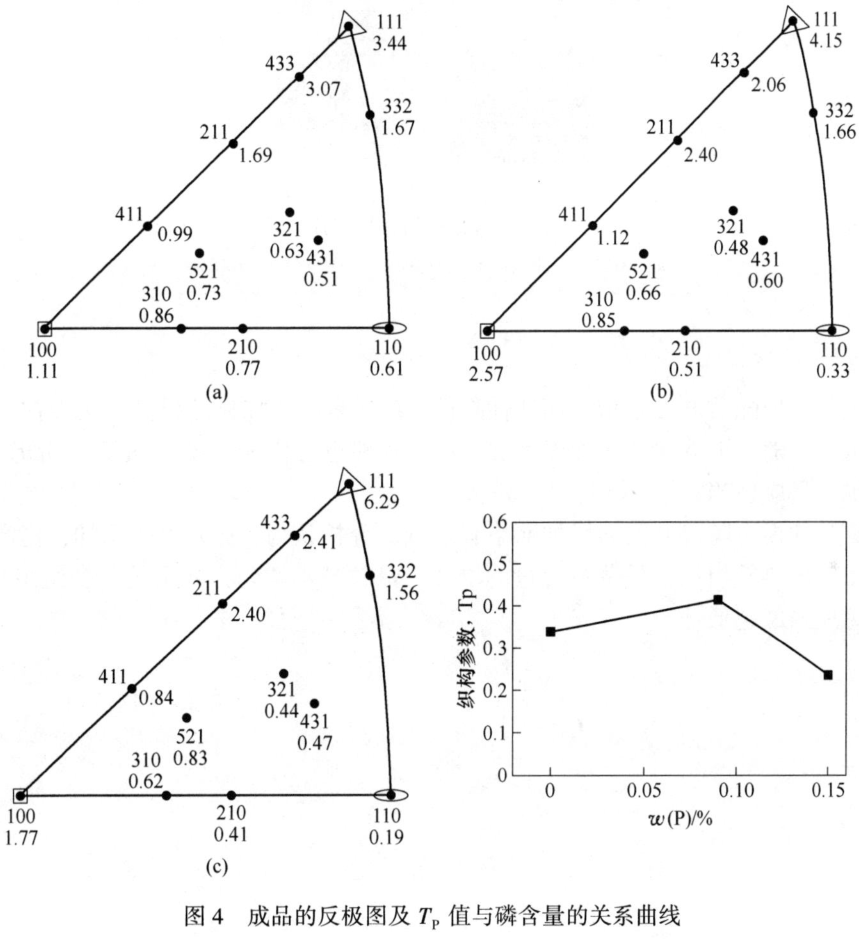


图 4 成品的反极图及 $T_P$ 值与磷含量的关系曲线

（a）不含 P；（b）$w(P)=0.09\%$；（c）$w(P)=0.15\%$

在后序的冷轧压下量和退火工艺一致的情况下，热轧组织是影响成品织构的主要因素。认为，热轧板中形变组织和晶界是成品板｛111｝织构的晶粒的形核处，促进了成品板中｛111｝织构形成。热轧板的等轴晶越多，晶粒越均匀，成品板的有利织构组分越强，成品的磁感越高。

图 5 是不同 P 含量的实验钢热轧板的金相组织图。可以发现，$w(P)$ 为 0.09%的热轧组织，钢板表层为细小的等轴晶，中心层为尺寸较大等轴度较小的饼形晶。与含 $w(P)$ 为 0.09%的热轧组织相似，含 $w(P)$ 为 0.15%的实验钢热轧板表层为细小的等轴晶，而表层和中心层均有未完全恢复再结晶的形变组织。不含 P 的热轧组织比较均匀，表层为细小的等轴晶，中心层也有较多的等轴晶。分析认为，热轧组织的不同与 P 元素的添加有关，P 是铁素体形成元素，P 元素的添加提高了再结晶温度，对热轧组织有一定的影响。随着 P 含量增加，残余的未再结晶组织越多。因此，随着 P 含量增加，成品中｛111｝织构组分越强，磁感应强度越低。

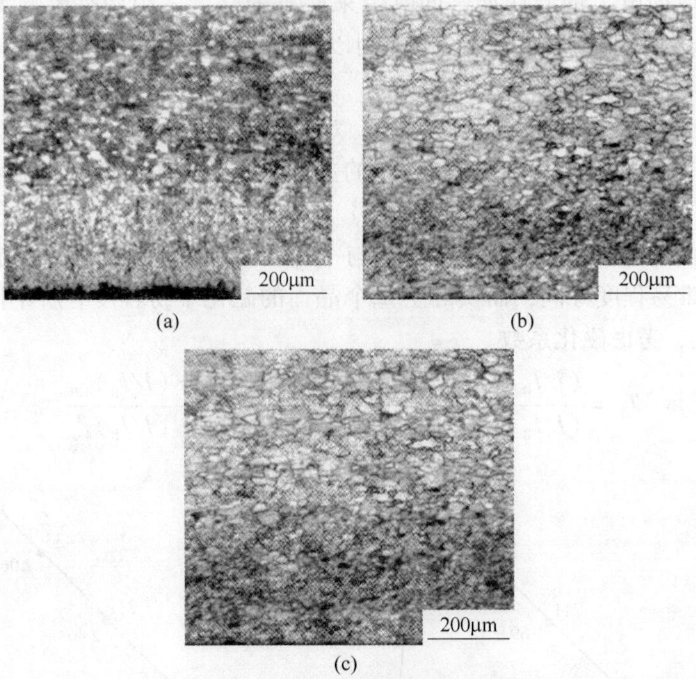


图 5　热轧板的金相照片

(a) 不含 P；(b) $w(P)=0.09\%$；(c) $w(P)=0.15\%$

## 3　结论

无取向电工钢的铁损随着 P 元素增加而线性降低。P 元素的添加显著提高了无取向电工钢的电阻率，降低了铁损，降低幅度随着 P 含量的增加而增加。P 是较理想替代 Si 的合金元素，考虑到 P 导致钢带冷加工难度增加，加入量应适当。

无取向电工钢的铁损也随着 P 元素增加而略有降低。分析认为，P 元素的添加，提高了再结晶温度，改变了无取向电工钢的热轧组织，随着磷含量的增加，晶粒越不均匀，残余的形变组织越多，{111} 织构组分越强，磁感应强度越低。

（原载《钢铁研究》，2009 (4)）

# CVC板形控制技术及辊型曲线的设计方法

刘　刚

## 1　前言

随着国内硅钢片市场需求量的扩大，对硅钢带材产品的性能及质量都提出了更高的要求。同时随着带材轧制宽度的增加和厚度的逐渐减小，板形质量的控制要求越来越高。对于轧制工序来说，在满足生产工艺要求的情况下，主要是控制硅钢带材的板形（平直度）及厚度精度。最大程度地降低轧制工序的边浪、中间浪、二肋浪、复合浪和镰刀弯等板形缺陷，同时降低横向厚差。

提高板形质量主要从以下几方面入手：一是提高设备配置及精度，如增加轧机刚度；二是改善工艺配置，包括改变轧辊凸度及锥度、道次分配等；三是采用板形控制手段，常规的控制手段有弯辊技术、倾辊技术以及分段冷却技术等。特殊的控制手段有抽辊技术（HC轧机和CVC轧机等）、涨辊技术（VC轧机）、交叉辊技术（PC轧机）、轧制力分布控制技术（DSR动态板形辊）等。

CVC连续可变凸度（Continuous Variable Crown）控制技术是德国西马克公司1982年发明的一种板形控制技术。板形不良主要因素是由于轧辊表面轮廓形状，即辊型所决定的辊缝形状造成的，辊型通常用轧辊辊身的凸度来表示。因此控制轧辊的凸度，提高辊缝的刚度可达到控制板形的目的。CVC轧机正是通过控制轧辊连续可变凸度手段，来实现控制板形的目的，具有良好的板形控制能力。本文结合武钢硅钢三厂RCM轧机状况，对CVC技术以及辊型曲线的确定做一探讨。

## 2　工作原理及优势

### 2.1　基本原理

CVC技术采用双向移动支撑辊、中间辊或是工作辊的方式来调节辊缝形状，从而达到控制板形的目的。武钢RCM六辊轧机CVC技术采用的是双向移动中间辊的方式，其工作原理示意图如图1所示。

CVC轧机轧辊辊身被磨削成S形，上下辊磨削程度相同，互相错位180°布置，这种布置使辊缝轮廓线相对于通过辊缝正中的垂直线呈对称关系。当上下工作辊发生反向移动时，使整个轧辊表面间距发生不同的变化，使辊缝产生了连续的变化，具备了凸度连续控制的功能，从而改善了板形质量。

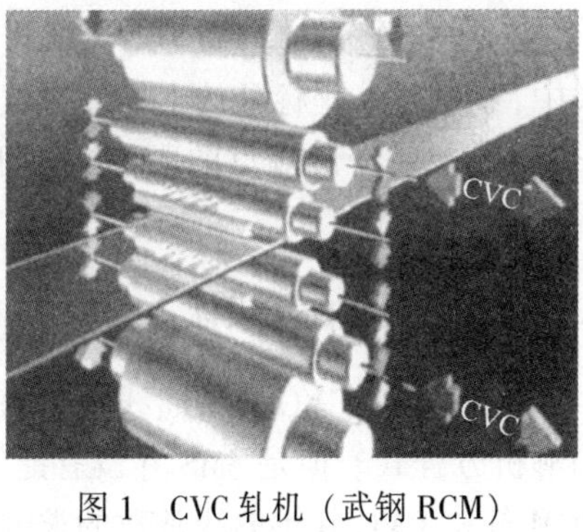


图1　CVC轧机（武钢RCM）工作原理示意图

### 2.2　与传统工艺的比较

图2为CVC连续凸度调节原理以及与传统工艺的比较图，可分为三种情况进行讨论。

（1）图2a所示，当上下CVC辊没有移动，辊缝高度在整个辊身上保持一致，轧出的产品厚度均匀。该状态与平辊轧制情况相同（图2b）。

（2）图2c所示，当上CVC辊右移，下CVC辊左移，二者移动量相同（对于RCM轧机该移动量最大可达到+120mm）。此时辊缝高度在轧辊中心处最小，逐渐向两边扩大，轧出的产品中间厚度小于两边。该状态与采用正工作辊时的情况相同（图2d）。

（3）图2e所示，当上CVC辊左移，下CVC辊右移，二者移动量相同（对于RCM轧机该移动量最大可达到-120mm）。此时辊缝高度在轧辊中心处最大，逐渐向两边减小，该状态与采用负工作辊时的情况

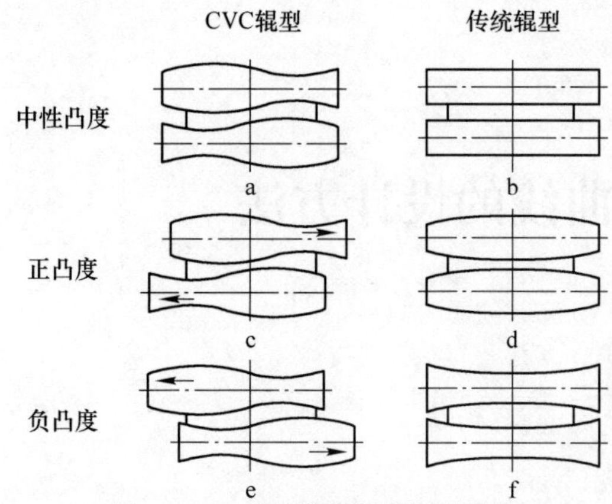


图 2　CVC 连续凸度调节原理以及与传统工艺比较

相同（图 2f）。

通过上述比较，可知 CVC 技术通过一对 S 形轧辊串辊的形式，可以在轧制过程中改变轧辊凸度，使轧辊在最小与最大凸度之间进行无级调节，实现了动态改变凸度的目的。同时与弯辊功能的配合，有相互增益作用，大大扩大了辊缝调节范围，增加了板形调控能力。另外，一套 CVC 轧辊实现了凸度的连续变化，可代替多套不同凸度的轧辊，减少了轧辊库存，降低了消耗。

据文献记载，CVC 轧机的生产实践表明，轧出的带材有良好的板形和表面质量。在宝钢应用 CVC 技术的轧机不但生产出十分平坦的带钢，同时轧辊磨削和管理方便的优点也在生产中充分体现出来了。

## 3　RCM 轧机 CVC 轧辊

### 3.1　辊型

辊型曲线即轧辊表面母线，对于 CVC 轧机来说，CVC 轧辊辊型曲线的选择影响轧辊的辊径差、作用在轧辊上的轴向力以及辊缝调节范围等重要因素。因此确定合适的辊型尤为重要。同时 CVC 轧辊的横移直接决定着辊缝形状，因此必须选择最佳的参数，合理设计 CVC 原始辊型。

RCM 轧机一般情况下工作辊及支撑辊的辊面采用平辊，上下中间辊辊面为 S 形，且呈 180°倒置，对于上 CVC 辊，直径小的一端为操作侧，直径大的一端为传动侧，下 CVC 辊则正好相反。具体的辊组布置图如图 3 所示。

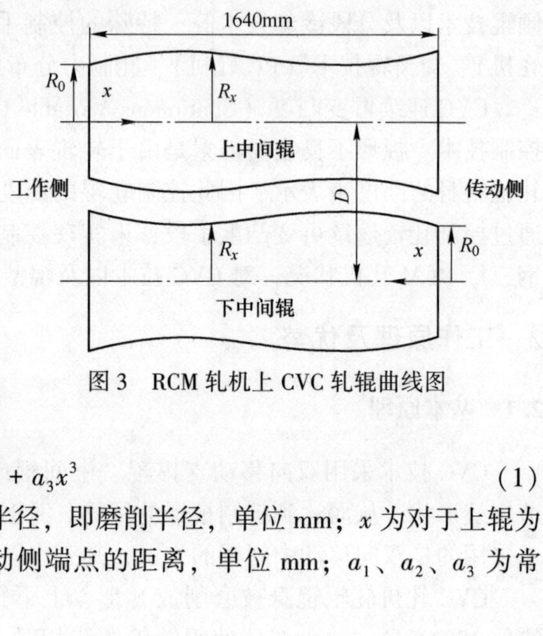


图 3　RCM 轧机上 CVC 轧辊曲线图

RCM 轧机 CVC 辊型曲线采用三次函数曲线。上下 CVC 中间辊的函数可用公式（1）表示。公式中各项参数含义如图 3 所示。

$$R_{(x)} = R_0 + a_1x + a_2x^2 + a_3x^3 \tag{1}$$

式中，$R_{(x)}$ 为 $x$ 坐标处的半径，单位 mm；$R_0$ 为中间辊名义半径，即磨削半径，单位 mm；$x$ 为对于上辊为 $x$ 点到辊身工作侧端点的距离；对于下辊为 $x$ 点到辊身传动侧端点的距离，单位 mm；$a_1$、$a_2$、$a_3$ 为常数项。

### 3.2　CVC 轧辊曲线设计

RCM 轧机 CVC 轧辊曲线常数的确定（即 CVC 辊型曲线的设计）关系到轧辊的磨削与板形控制的精确解析方程式。但是 SMS 并没有提供详细的曲线设计的方法，只提供了计算结果。因此本人结合理论对 RCM 轧机 CVC 轧辊曲线常数的求解方法进行了推导。

为了求解的方便，将 CVC 上下辊曲线在如图 4 所示的坐标中进行表示。

CVC 辊的半径可通过式（2）、式（3）的三次函数进行表达：

$$R_{U(x)} = R_0 + a_1x + a_2x^2 + a_3x^3 \tag{2}$$

$$R_{B(x)} = R_0 + a_1(2L - x) + a_2(2L - x)^2 + a_3(2L - x)^3 \tag{3}$$

式中，$R_{U(x)}$、$R_{B(x)}$ 为上下 CVC 辊 $x$ 点处的半径；$2L$ 为轧辊辊身长度。

任意一点的辊缝可由公式（4）求得：

$$h_{(x)} = D - (R_{U(x)} + R_{B(x)}) \tag{4}$$

式中，$h_{(x)}$ 为任意一点的辊缝；$D$ 为 CVC 辊名义直径与辊缝的和。

若上下轧辊相对移动距离 $S$ 后，上轧辊向右移为正，向左移动为负，见图 4(b)、(c)。则任意一点

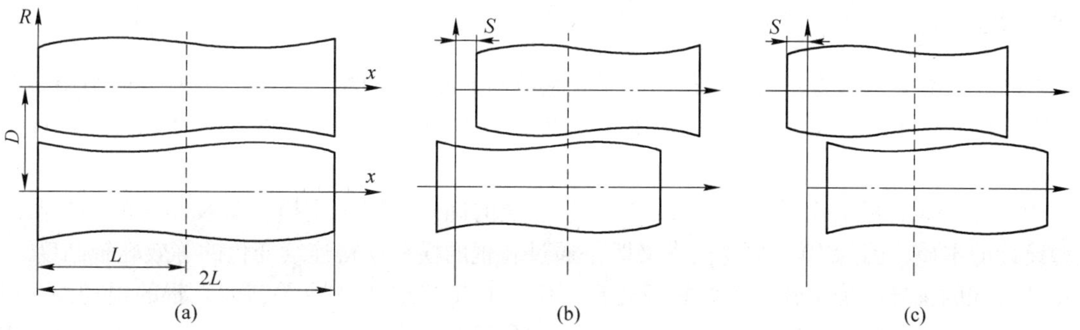


图 4 CVC 轧辊参数求解坐标图

(a) 中性凸度；(b) 正凸度；(c) 负凸度

的辊缝公式可变化为：

$$h_{(x)} = D - (R_{U(x-s)} + R_{B(x+s)}) \tag{5}$$

CVC 轧辊间的等效凸度为轧辊边部（$x$ 坐标的 0 处和 $2L$ 处）辊缝与钢带中心处的辊缝的差值，则等效凸度 $C_w$ 可由公式（6）求得：

$$C_w = h_{(0)} - h_{(L)} = R_{U(L-S)} - R_{U(-S)} + R_{B(L+S)} - R_{B(S)} \tag{6}$$

将式（2）、式（3）代入式（6），整理可得：

$$C_w = -2L[a_2 + 3(L - S)a_3] \tag{7}$$

从公式中可以看出，等效凸度 $C_w$ 是轧辊移动量 $S$ 的一次函数，且斜率为正。因此当 CVC 轧辊横移到最大（最小）位置时，等效凸度同样可达到最大（最小）值。同时通过图 4(b)、(c) 也可以看出相同的结论。因此可得以下公式：

$$C_{w\max} = -2L[a_2 + 3(L - S_{\max})a_3] \tag{8}$$

$$C_{w\min} = -2L[a_2 + 3(L - S_{\min})a_3] \tag{9}$$

由式（8）、式（9）可得系数 $a_2$、$a_3$ 的求解公式：

$$a_2 = -\frac{C_{w\max}}{2L^2} + 3(S_{\max} - L)a_3 \tag{10}$$

$$a_3 = \frac{C_{w\max} - C_{w\min}}{6L^2(S_{\max} - S_{\min})} \tag{11}$$

另外两个系数 $a_0$、$a_1$，可以通过边界条件确定，即通过 $D_{\max}$、$D_{\min}$ 所在的位置 $x_{\max}$、$x_{\min}$ 来确定。因此有公式：

$$D_{\max}/2 = R_0 + a_1x_{\max} + a_2x_{\max}^2 + a_3x_{\max}^3 \tag{12}$$

$$D_{\min}/2 = R_0 + a_1x_{\min} + a_2x_{\min}^2 + a_3x_{\min}^3 \tag{13}$$

下面的工作就是确定辊径在什么位置达到最大与最小值。根据 3 次函数曲线（2 次抛物线）的特点，见图 5。曲线的最值一般出现在曲线的两端（图 5 中 $a$ 曲线）或是 $x$ 坐标的极点处（图 5 中 $b$ 曲线），若极值出现在端点处，曲线中部较为平滑，有利于板形控制。

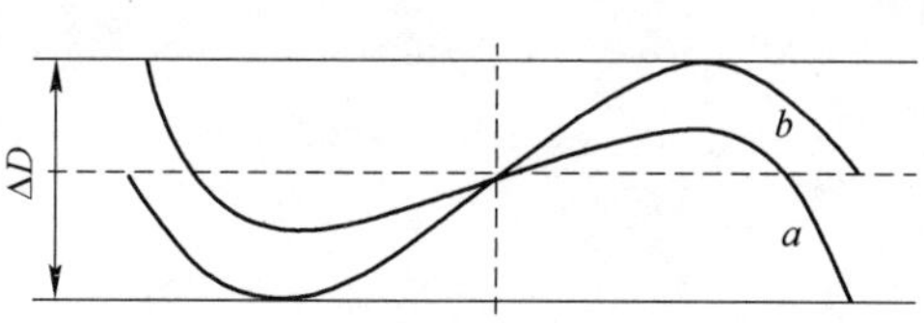


图 5 三次函数特点分析图

因此极值点确定在曲线端点位置较好。而实际上 RCM 轧机 CVC 辊的极值正好确定在端点处。因此对于上 CVC 辊最小值与最大值分别出现在操作侧端点处（$x=0$ 处）与传动侧端点处（$x=2L$ 处）。因此将两端点代入式（12）、式（13）可得。

$$a_1 = \frac{1}{4}(D_{\max} - D_{\min}) - 2a_2 - 4a_3L^2 = \frac{1}{4}\Delta D - 2a_2 - 4a_3L^2 \tag{14}$$

$$R_0 = \frac{1}{2}D_{\min} \tag{15}$$

公式（14）中的 $\Delta D = D_{\max} - D_{\min}$，即最大辊径之差。

### 3.3 几点重要启示

经过验证，用本文推导的公式求解得到的函数系数与SMS提供的计算结果一致。同时在求解过程中，明确了曲线函数的意义及相关参数的含义，得到了以下几点重要启示，这些都是今后曲线设计中非常重要的内容。

（1）CVC辊型设计的关键是曲线函数各项常数参数的确定，即确定横移量及相应的等效凸度，这是CVC辊型设计的本质，因为CVC概念的含义既是通过轧辊的横移获得连续变化的等效轧辊凸度。

（2）从公式的推导明确了各项系数的意义。$a_1$ 值与CVC工艺要求有关，如轧辊的辊径差，以及作用在轧辊上的轴向力等；$a_2$ 值决定了CVC轧辊处在中间位置时所产生的辊缝凸度值；$a_3$ 值取决于辊缝凸度范围或有效的移动范围。

（3）通过公式（7）可知，等效凸度 $C_w$ 是轧辊移动量 $S$ 的斜率为正的一次函数。移动量在最大与最小位置时，分别对应着凸度的最大与最小值。

（4）公式中的最大直径差 $\Delta D$ 是一个比较重要的参数，在实际中，该值不能超过一定的范围，否则在同一辊身上直径相差过大，会引起不同区域线速度差别过大，不利于轧制。

（5）函数中的 $R_0$ 由CVC辊辊径设计要求确定，是CVC轧辊的名义半径，从公式（15）可以看出该值就是最小半径值。

## 4 结论

（1）CVC技术实现了动态改变轧辊凸度的目的，同时扩大了凸度控制范围，提升了冷轧带钢板形的控制能力。

（2）通过以上的求解过程，破译了RCM轧机辊型曲线的设计方法，我们可结合自己来料的特点制定我们的板形曲线，避免了只能用SMS提供的一种辊型，而不能改变的状况，为RCM轧机CVC轧辊的磨削与板形控制提供了保障。

（3）在推导SMS公司RCM轧机CVC轧辊曲线函数系数的确定过程中，发现未考虑轧件板宽这一影响因素。实际上等效凸度是轧件边部与中部凸度之差，而非如上述公式中的轧辊边部与中部凸度之差。因此该曲线设计存在一定的不足。

（4）RCM轧机CVC轧辊曲线采用的是三次函数曲线，等效凸度变化为二次抛物线曲线，不具备高次凸度控制能力，对于复杂板形控制能力较弱。因此今后RCM轧机CVC辊型曲线的设计应朝着高次（五次）曲线的方向发展。

（原载《电工钢》，2009（4））

# 我国冷轧无取向电工钢生产与技术水平的研究

黄　璞　毛炯辉　陈　卓　杨贤诚

## 1　概述

由于冷轧电工钢制造工艺和设备复杂，成分控制严格，因此，冷轧电工钢制造技术，国外都视为企业的生命，并以专利形式加以保护，可以说：冷轧电工钢的制造技术和产品质量是衡量一个国家钢铁科技发展水平的重要标志之一。

一般而言，电机用电量约占总发电量的65%～70%，若降低损耗10%，按2006年统计数据计算则全国范围的电机可节电200亿kW·h/a以上，相当于0.2个三峡电站一年的发电量，相当于年节约标准煤770万t、减排二氧化硫12万t以上、减排二氧化氮7万t以上、减排二氧化碳0.2亿t以上。因此，提高冷轧无取向电工钢的性能，可为实现节能和减排两个约束性目标做出突出性贡献，并推动我国电子、电力、机电等行业的科技进步，提高民族产业的国际竞争力。

由上所述，分析冷轧无取向电工钢国内外生产格局、工艺技术水平的差距及其发展趋势，指出生产中存在的主要问题及其几项关键技术，对促进我国冷轧无取向电工钢生产质量的提高和工艺水平的进步具有重要的意义。

## 2　冷轧无取向电工钢的生产格局

### 2.1　世界格局

由图1分析可知，世界冷轧无取向硅钢的生产格局为：欧美和日本的生产能力呈萎缩的趋势，生产重心逐渐向发展中国家转移；中国已成为世界冷轧无取向电工钢第一生产大国，近年来的产能年平均增长率超过36%。

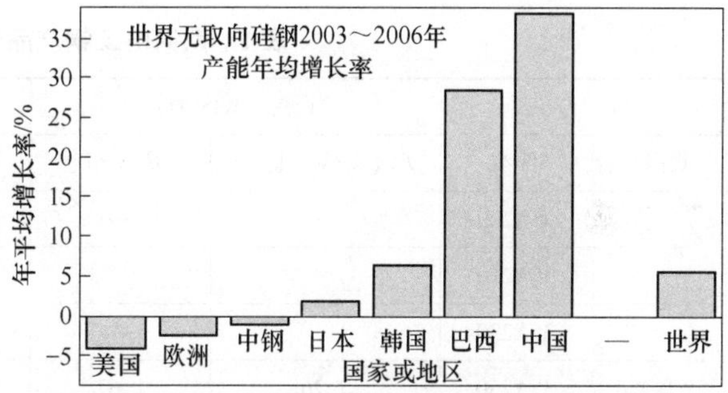


图1　世界冷轧无取向硅钢产能的年均增长率

### 2.2　中国冷轧无取向电工钢的生产格局及产量分布

由于近年冷轧硅钢的市场前景广阔、附加值高、利润空间大，因此全国各钢厂都在凭借各自的条件和优势，大力发展冷轧无取向电工钢（图2和图3）。

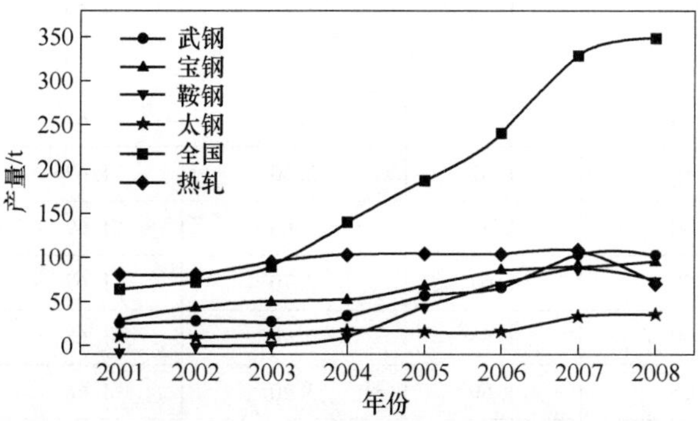


图2　2001～2008年四大钢厂和全国冷轧无取向硅钢及热轧硅钢产量

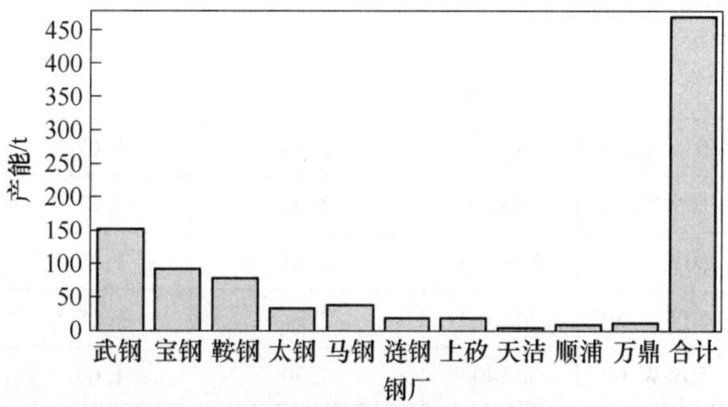


图3　2008年全国各钢厂产能分布

由图 2 可知，武钢、宝钢、鞍钢、太钢四大钢厂及全国的冷轧无取向电工钢产量逐年增长，特别是 2003 年以后呈快速增加的趋势，说明中国冷轧无取向电工钢的生产在蓬勃发展。另外，热轧硅钢产量所占比例 25%，一直居高不下，但在 2008 年出现了拐点，这表明中国对环保和节能的意识在逐步加强。

由图 3 看出，四大钢厂的产能虽占到全国 90%，但出现了四大钢厂垄断冷轧无取向电工钢的局面被逐渐打破的契机，这对中国硅钢产业的发展和产品质量的提高非常有利。

## 2.3 中国冷轧无取向电工钢的品种结构及产品质量水平

世界冷轧电工钢生产的重心虽然在逐渐向中国等国家转移，我国也因此迈进世界产量第一大国；另外，中国从 1978 年开始规模化生产，至今经历近 30 年，硅钢技术有质的进步和量的飞跃。但产品主要还是集中在中低牌号，质量水平与发达国家（日本）相比，属中低档层次，高性能无取向硅钢高端产品的生产能力薄弱，高牌号产量所占比例低（见图 4）。

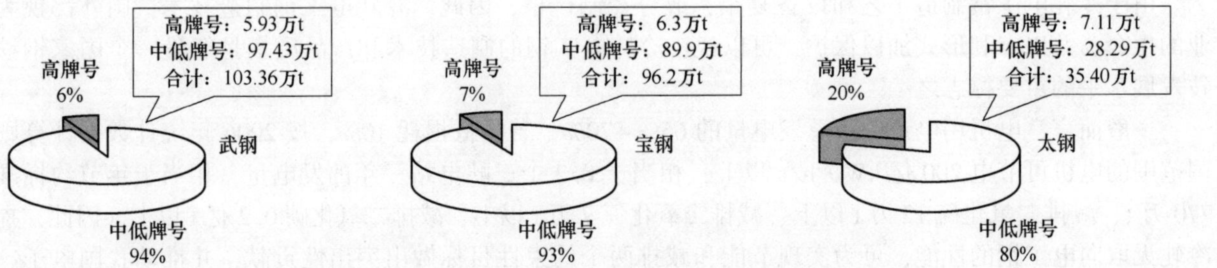


图 4　2008 年武钢、宝钢、太钢无取向电工钢品种结构

（1）武钢从 1978 年开始生产冷轧电工钢，工艺和设备由新日铁引进。经过多年来的扩建、改造已形成冷轧无取向电工钢生产能力约 120 万 t，（不含取向电工钢），后期发展产能还会扩大。武钢冷轧无取向电工钢的牌号、磁性能及与新日铁和川崎的对比见表 1。

**表 1　武钢电工钢产品的性能典型值及与日本对比**

| 牌　号 | | 武钢（WISCO） | | 川崎（KSC） | | 新日铁（NSC） | |
|---|---|---|---|---|---|---|---|
| 武钢 | 日本 | $P_{1.5/50}$/W · kg$^{-1}$ | $B_{5000}$/T | $P_{1.5/50}$/W · kg$^{-1}$ | $B_{5000}$/T | $P_{1.5/50}$/W · kg$^{-1}$ | $B_{5000}$/T |
| — | 35A200 | — | — | 1.98 | 1.64 | — | — |
| — | 35A210 | — | — | 2.05 | 1.65 | 2.00 | 1.66 |
| — | 35A230 | — | — | 2.10 | 1.66 | 2.10 | 1.66 |
| 35WW250 | 35A250 | 2.26 | 1.67 | 2.25 | 1.66 | 2.25 | 1.66 |
| 35WW270 | 35A270 | 2.40 | 1.67 | 2.40 | 1.67 | 2.30 | 1.67 |
| 35WW300 | 35A300 | 2.65 | 1.67 | 2.60 | 1.68 | 2.55 | 1.67 |
| 35WW360 | 35A360 | 2.75 | 1.68 | 2.95 | 1.69 | 2.80 | 1.68 |
| 35WW400 | 35A400 | 3.18 | 1.67 | — | — | — | — |
| 35WW440 | 35A440 | 3.75 | 1.67 | 3.40 | 1.71 | 3.10 | 1.70 |
| — | 50A230 | — | — | 2.25 | 1.66 | 2.26 | 1.67 |
| — | 50A250 | — | — | 2.40 | 1.67 | 2.39 | 1.67 |
| 50WW270 | 50A270 | 2.40 | 1.67 | 2.50 | 1.67 | 2.50 | 1.67 |
| 50WW290 | 50A290 | 2.60 | 1.67 | 2.60 | 1.67 | 2.60 | 1.67 |
| 50WW310 | 50A310 | 2.83 | 1.67 | 2.70 | 1.67 | 2.70 | 1.67 |
| 50WW350 | 50A350 | 2.91 | 1.67 | 3.00 | 1.68 | 2.90 | 1.68 |
| 50WW400 | 50A400 | 3.30 | 1.67 | 3.25 | 1.69 | 3.20 | 1.68 |
| 50WW470 | 50A470 | 3.57 | 1.67 | 3.65 | 1.71 | 3.50 | 1.69 |
| 50WW600 | 50A600 | 4.20 | 1.68 | 4.50 | 1.70 | 4.50 | 1.70 |

续表 1

| 牌号 | | 武钢（WISCO） | | 川崎（KSC） | | 新日铁（NSC） | |
|---|---|---|---|---|---|---|---|
| 武钢 | 日本 | $P_{1.5/50}$/W·kg$^{-1}$ | $B_{5000}$/T | $P_{1.5/50}$/W·kg$^{-1}$ | $B_{5000}$/T | $P_{1.5/50}$/W·kg$^{-1}$ | $B_{5000}$/T |
| 50WW700 | 50A700 | 5.00 | 1.70 | 5.50 | 1.73 | 5.70 | 1.73 |
| 50WW800 | 50A800 | 5.95 | 1.72 | 6.30 | 1.74 | 6.30 | 1.74 |
| 50WW1000 | 50A1000 | 6.70 | 1.74 | 7.20 | 1.75 | 7.00 | 1.76 |
| 50WW1300 | 50A1300 | 7.45 | 1.75 | 8.10 | 1.76 | 8.00 | 1.76 |

（2）宝钢于 2000 年 5 月投产，技术和设备由川崎引进，2005 年至 2008 年增建 3 号连续退火线和五冷轧带钢一期工程先后投产，现已形成无取向电工钢生产能力约 100 万 t。宝钢冷轧无取向电工钢产品牌号、性能质量如表 2～表 4 所示。

**表 2 宝钢电工钢产品性能典型值**

| 牌号 | 密度/kg·dm$^{-3}$ | $P_{15/50}$/W·kg$^{-1}$ | $B_{5000}$/T | 屈服强度/MPa | 抗拉强度/MPa | 屈强比 | 硬度 HV1 |
|---|---|---|---|---|---|---|---|
| B50A470 | 7.70 | 3.90 | 1.68 | 260 | 428 | 0.61 | 137 |
| B50A600 | 7.75 | 4.10 | 1.70 | 240 | 410 | 0.58 | 129 |
| B50A700 | 7.80 | 5.10 | 1.73 | 270 | 412 | 0.66 | 128 |
| B50A800 | 7.80 | 5.60 | 1.73 | 280 | 419 | 0.78 | 127 |
| B50A1000 | 7.85 | 6.10 | 1.75 | 262 | 384 | 0.68 | 117 |
| B50A1300 | 7.85 | 6.60 | 1.75 | 253 | 357 | 0.71 | 110 |

**表 3 宝钢电工钢新产品性能典型值**

| 类别 | 牌号 | $P_{15/50}$/W·kg$^{-1}$ | $B_{5000}$/T | 硬度 HVI | 备注 |
|---|---|---|---|---|---|
| 中小电机类 | B50A400 | 3.2 | 1.70 | 170 | |
| | B50A470M | 3.8 | 1.69 | 150 | |
| | B50AD-2 | 4.4 | 1.70 | 130 | |
| | B50A1300M | 5.4 | 1.75 | 122 | |
| 空调压缩机类 | B50AY-1 | 6.00 | 1.75 | 115 | SRA：750℃×2h |
| | B50AY-2 | 4.60 | 1.74 | 117 | |
| | B50A1300T | 4.90 | 1.74 | 125 | |
| | B50A700T | 4.20 | 1.73 | 140 | |
| 冰箱压缩机类 | BSP-1 | 3.60 | 1.68 | 0.78（屈强比） | SRA：790℃×1h |
| | BSP-2 | 3.30 | 1.66 | 0.78（屈强比） | |
| EI 铁芯类 | B50A1300H | 5.50 | 1.75 | 112 | |

**表 4 宝钢 AH 高效系列典型磁性能和力学性能**

| 牌号 | 密度/kg·dm$^{-3}$ | 铁损/W·kg$^{-1}$ | | | | 磁感应强度/T | | | | $\sigma_s$/MPa | $\sigma_b$/MPa | 延伸率/% | 屈强比 | 硬度 HV1 |
|---|---|---|---|---|---|---|---|---|---|---|---|---|---|---|
| | | $P_{1.0/50}$ | $P_{1.5/50}$ | $P_{1.0/60}$ | $P_{1.5/60}$ | $B_{1000}$ | $B_{2500}$ | $B_{5000}$ | $B_{10000}$ | | | | | |
| B35AH300 | 7.70 | 1.28 | 2.91 | 1.58 | 3.59 | 1.52 | 1.61 | 1.70 | 1.81 | 294 | 433 | 32 | 0.68 | 155 |
| B50AH350 | 7.70 | 1.40 | 3.10 | 1.78 | 3.88 | 1.54 | 1.63 | 1.71 | 1.82 | 293 | 441 | 33 | 0.66 | 155 |
| B50AH470 | 7.75 | 1.54 | 3.38 | 1.95 | 4.18 | 1.55 | 1.65 | 1.72 | 1.83 | 264 | 417 | 35 | 0.63 | 143 |
| B50AH600 | 7.75 | 1.63 | 3.62 | 2.09 | 4.55 | 1.57 | 1.65 | 1.73 | 1.84 | 217 | 379 | 38 | 0.57 | 127 |
| B50AH800 | 7.80 | 2.34 | 5.03 | 2.97 | 6.25 | 1.59 | 1.68 | 1.76 | 1.86 | 250 | 386 | 39 | 0.65 | 122 |
| B50AH1000 | 7.85 | 2.61 | 5.54 | 3.31 | 7.03 | 1.59 | 1.68 | 1.76 | 1.87 | 238 | 365 | 41 | 0.65 | 114 |
| B50AR300 | 7.75 | 1.32 | 2.95 | 1.68 | 3.70 | 1.58 | 1.66 | 1.74 | 1.84 | 241 | 398 | 37 | 0.61 | 139 |
| B50AR350 | 7.80 | 1.37 | 3.08 | 1.78 | 3.89 | 1.59 | 1.68 | 1.76 | 1.86 | 248 | 375 | 39 | 0.66 | 121 |

注：AR 系列产品的磁性值仅适用于在 750℃下经 2h 消除应力退火后的状态。

（3）鞍钢 2005 年全面达产，现已形成冷轧无取向电工钢的生产能力 100 万 t/a。鞍钢冷轧无取向电工钢产品牌号、性能见表 5。

表 5　鞍钢电工钢产品的性能典型值

| 牌　号 | $P_{1.5/50}$/W · kg$^{-1}$ | $B_{5000}$/T | HV0.5 | 牌　号 | $P_{1.5/50}$/W · kg$^{-1}$ | $B_{5000}$/T | HV0.5 |
|---|---|---|---|---|---|---|---|
| 50AW470H | 3.6 | 1.67 | 140 | 65AW600 | 4.8 | 1.70 | 130 |
| 50AW470 | 3.9 | 1.68 | 135 | 65AW700 | 5.5 | 1.71 | 125 |
| 50AW540 | 4.2 | 1.68 | 130 | 65AW800 | 6.0 | 1.73 | 123 |
| 50AW600 | 4.4 | 1.69 | 125 | 65AW1000 | 7.0 | 1.75 | 115 |
| 50AW700 | 4.9 | 1.70 | 125 | 65AW1300 | 7.3 | 1.76 | 115 |
| 50AW800F | 5.0 | 1.71 | 128 | 65AW1600 | 7.5 | 1.77 | 112 |
| 50AW800 | 5.2 | 1.72 | 110 | 35AW400 | 3.6 | 1.64 | 135 |
| 50AW800G | | | 120 | 35AW440 | 4.0 | 1.66 | 125 |
| 50AW1000 | 5.8 | 1.74 | 95 | 35AW550 | 5.0 | 1.67 | 120 |
| 50AW1000G | | | 110 | 50AW700H | 4.8 | 1.72 | 128 |

（4）太钢冷轧无取向电工钢生产线于 1997 年底投产，设备由法国引进。现已形成无取向电工钢生产能力约 55 万 t/a，后期发展生产规模将会扩大。太钢在高牌号无取向硅钢方面发展较快。太钢冷轧无取向电工钢产品牌号、性能如表 6 所示。

表 6　太钢无取向硅钢的产品典型性能

| 牌　号 | 密度 /g · cm$^{-3}$ | $B_{5000}$/T | $P_{1.5/50}$ /W · kg$^{-1}$ | 抗拉强度 /MPa | 屈服强度 /MPa | 屈强比 | 延伸率 /% | 硬度 HV | 牌　号 | $B_{5000}$/T | $P_{1.5/50}$ /W · kg$^{-1}$ |
|---|---|---|---|---|---|---|---|---|---|---|---|
| 50TW250 | 7.60 | 1.67 | 2.34 | | | | | | 35TW210 | 1.67 | 2.05 |
| 50TW270 | 7.60 | 1.66 | 2.44 | | | | | | 35TW230 | 1.67 | 2.08 |
| 50TW290 | 7.60 | 1.66 | 2.56 | 567 | 447 | 0.79 | 29 | 187 | 35TW250 | 1.66 | 2.21 |
| 50TW310 | 7.65 | 1.68 | 2.65 | 543 | 429 | 0.79 | 29 | 184 | 35TW270 | 1.64 | 2.38 |
| 50TW350 | 7.65 | 1.68 | 2.86 | 536 | 409 | 0.76 | 34 | 176 | 35TW300 | 1.65 | 2.46 |
| 50TW400 | 7.65 | 1.69 | 2.95 | 490 | 349 | 0.71 | 37 | 153 | 35TW360 | 1.65 | 2.75 |
| 50TW470 | 7.70 | 1.66 | 3.53 | 479 | 300 | 0.63 | 44 | 143 | 35TW400 | 1.69 | 2.90 |
| 50TW470G | 7.70 | 1.73 | 3.07 | | | | | | 35TW440 | 1.68 | 3.05 |
| 50TW600 | 7.75 | 1.70 | 3.65 | 429 | 265 | 0.62 | 46 | 122 | | | |
| 50TW800 | 7.80 | 1.71 | 4.99 | 402 | 241 | 0.60 | 49 | 102 | | | |

（5）目前还有在建和即将投产的首钢、通钢、重钢、新钢等企业将会使我国冷轧无取向电工钢产量扩大。

## 3　国外冷轧无取向电工钢制造技术水平及国内外差距

### 3.1　日本无取向硅钢技术水平和动态

100 年前英国发明硅钢技术后，1903 年美国率先生产热轧硅钢并在 1930 年成功地开发出冷轧硅钢，随着日本从美国引进硅钢技术，经几十年的自主创新，各种牌号硅钢产品的工艺技术处于世界领先地位，从而使日本成为当今世界硅钢生产最先进的国家。

3.1.1　新日铁（NSC）

3.1.1.1　开发家电领域无取向硅钢板

20 世纪 60~70 年代开始生产 H60、H40、H30 级家电无取向硅钢板，80 年代开始生产 50H1300、50H1000、50H800、50H700 级家电无取向电工钢板，90 年代，通过退火处理开发 35H210 和 50H230 牌号，用于制造电动汽车电动机和高效节能家电用电动机的铁芯。

3.1.1.2 开发重要电力领域无取向硅钢板

1979 年开发 H8、H7（35H210）铁损 $P_{1.5/50}<2W/kg$ 高级别无取向硅钢板，1984 年开发出 H6（50H230）铁损 $P_{1.5/50}<2W/kg$ 最高级别无取向硅钢板，90 年代开发出低 Si 高 Mn 系列 NC-M1、NC-B1、NC-M3 和 NC-M4 等低铁损、高磁感的高牌号新品种，其性能参数见表 7。

**表 7 新日铁低硅高效铁芯材料**

| 牌 号 | 厚度/mm | $P_{1.5/50}$/W·kg$^{-1}$ | $B_{5000}$/T | 密度/g·cm$^{-3}$ | 成品类型 |
|---|---|---|---|---|---|
| NC-B1 | 0.47 | 3.85 | 1.75 | 7.85 | 半工艺 |
| NC-M1 | 0.47 | 3.29 | 1.71 | 7.85 | |
| NC-M3 | 0.47 | 2.86 | >1.72 | 7.80 | |
| NC-M4 | 0.47 | 2.64 | >1.72 | 7.80 | |

3.1.1.3 与松下共同开发 MS 系列

新日铁与松下开发 MS 系列消除应力退火（SRA）前后磁性能见表 8。

**表 8 新日铁与松下开发 MS 系列消除应力退火（SRA）前后磁性能**

| 牌 号 | 密度/g·cm$^{-3}$ | | SRA 前 | | SRA 后 | |
|---|---|---|---|---|---|---|
| | | | $P_{1.5/50}$/W·kg$^{-1}$ | $B_{5000}$/T | $P_{1.5/50}$/W·kg$^{-1}$ | $B_{5000}$/T |
| MS101 | 7.80 | 范围 | 5.5~6.5 | 1.71~1.74 | 3.9~4.4 | 1.71~1.74 |
| | | 典型值 | 5.9 | 1.73 | 4.1 | 1.73 |
| MS106 | 7.75 | 范围 | 2.5~3.5 | 1.70~1.73 | 2.4~2.9 | 1.70~1.73 |
| | | 典型值 | 2.9 | 1.72 | 2.6 | 1.72 |
| MS-1 | 7.85 | 范围 | 7.0~9.0 | 1.73~1.76 | 5.0~6.0 | 1.72~1.75 |
| | | 典型值 | 7.5 | 1.74 | 5.8 | 1.73 |
| MS-7 | 7.70 | 范围 | 2.5~3.5 | 1.70~1.73 | 2.5~3.0 | 1.70~1.73 |
| | | 典型值 | 3.1 | 1.73 | 2.8 | 1.73 |
| MS-8 | 7.65 | 范围 | <3.6 | >1.63 | <3.6 | >1.63 |
| | | 典型值 | 3.0 | 1.66 | 2.4 | 1.66 |

3.1.2 JFE（KSC、NKK）（表 9 和表 10）

**表 9 川崎（KSC）全工艺系列（JNE 系列）和半工艺（JNA 系列）产品的标准、典型性能**

| 牌 号 | 厚度/mm | 密度/g·cm$^{-3}$ | 最大铁损 $P_{1.5/50}$/W·kg$^{-1}$ | 最小磁感 $B_{5000}$/T | 典型磁性能 | | 电阻率/μΩ·cm$^{-1}$ | 最小叠片系数/% |
|---|---|---|---|---|---|---|---|---|
| | | | | | $P_{1.5/50}$/W·kg$^{-1}$ | $B_{5000}$/T | | |
| 35JNE230 | 0.35 | 7.65 | 2.30 | 1.66 | 2.15 | 1.69 | 55 | 95 |
| 35JNE250 | 0.35 | 7.65 | 2.50 | 1.67 | 2.30 | 1.70 | 47 | |
| 35JNE300 | 0.35 | 7.70 | 3.00 | 1.69 | 2.60 | 1.72 | 41 | |
| 50JNE300 | 0.50 | 7.65 | 3.00 | 1.67 | 2.70 | 1.70 | 47 | 96 |
| 50JNE350 | 0.50 | 7.70 | 3.50 | 1.70 | 3.10 | 1.73 | 41 | |
| 50JNE470 | 0.50 | 7.75 | 4.70 | 1.72 | 3.20 | 1.74 | 36 | |
| 50JNA300 | 0.50 | 7.75 | 3.00 | 1.72 | 2.66 | 1.74 | 36 | 96.0 |
| 50JNA350 | 0.50 | 7.80 | 3.50 | 1.74 | 3.10 | 1.75 | 32 | |
| 50JNA500 | 0.50 | 7.80 | 5.00 | 1.72 | 4.60 | 1.74 | 20 | |
| 50JNA600 | 0.50 | 7.85 | 6.00 | 1.72 | 5.10 | 1.75 | 17 | |

表 10　川崎（KSC）专门体系级别无取向电工钢板的典型磁性

| 级 别 | JNE Core | | JNA Core（SRA 后） | | JNEH Core | |
|---|---|---|---|---|---|---|
| | $P_{1.5/50}$ | $B_{5000}$ | $P_{1.5/50}$ | $B_{5000}$ | $P_{1.0/400}$ | $B_{50}$ |
| 35JNE230 | 2.15 | 1.69（+0.03） | — | — | — | — |
| 35JNE250 | 2.30 | 1.70(+0.04) | — | — | — | — |
| 35JNE300 | 2.60 | 1.72(+0.04) | — | — | — | — |
| 50JNE300 | 2.70 | 1.70(+0.03) | 2.66 | 1.74(+0.07) | — | — |
| 50JNE350 | 3.10 | 1.73(+0.04) | 3.10 | 1.75(+0.07) | — | — |
| 50JNE470 | 3.20 | 1.74(+0.05) | 4.60 | 1.74(+0.04) | — | — |
| 50JNA600 | — | — | 5.10 | 1.75(+0.02) | — | — |
| 20JNEH1200 | — | — | — | — | 11.00 | 1.67 |
| 20JNEH1500 | — | — | — | — | 12.50 | 1.66 |

3.1.2.1　RM 系列

最大限度提高钢的纯净度，在冷轧可能的极限内增加硅、铝的含量（硅、铝可提高电阻率而降低涡流损耗），控制夹杂物与结晶组织。RMHE 系列：在 RM 牌号上适量添加 Si、Al、Mn 等元素，既改善加工性又提高电阻率、降低铁损。添加晶界偏析元素，改善钢的组织形态，减少对磁性有害的（111）晶粒、增加改善磁性的（100）、（110）组分（表 11）。

表 11　川崎（KSC）RM 系列产品的典型性能（低铁损、高磁感）

| 牌 号 | $P_{1.5/50}$/W · kg$^{-1}$ | $B_{5000}$/T | 牌 号 | $P_{1.5/50}$/W · kg$^{-1}$ | $B_{5000}$/T |
|---|---|---|---|---|---|
| 35RMHE250 | 2.07 | 1.71 | 35RM300 | 2.39 | 1.68 |
| 35RMHE300 | 2.38 | 1.73 | 50RM230 | 2.16 | 1.67 |
| 50RMHE300 | 2.40 | 1.71 | 50RMA350 | 3.17 | 1.76 |
| 50RMHE350 | 2.64 | 1.73 | 50RM400 | 2.86 | 1.71 |
| 35RMA250 | 2.36 | 1.72 | 50RM1300 | 5.16 | 1.77 |

3.1.2.2　RMA 系列

在 RM 基础上降低（Si+Al）%，通过控制夹杂物形态与结晶组织，消除应力退火时使晶粒的成长性好，减少对磁性有害的（111）晶粒、增加改善磁性的（100）、（110）组分，使磁感较高、磁滞损耗减低、总铁损降低。JFE（川崎制铁）低硅高效铁芯材料性能见表 12。

表 12　JFE（川崎制铁）低硅高效铁芯材料

| 牌 号 | 厚度/mm | $P_{1.5/50}$/W · kg$^{-1}$ | $B_{5000}$/T | 硬度（HV） | 成品类型 |
|---|---|---|---|---|---|
| 50RMA350 | 0.5 | 3.08 | 1.75 | 126 | 半工艺 |
| 50RMA500 | 0.5 | 4.61 | 1.73 | 115 | |
| 50RMA600 | 0.5 | 5.15 | 1.75 | 108 | |
| 50RMA600 | 0.5 | 7.22 | 1.76 | 115 | |

3.1.2.3　BF、RP 和 BS 系列

为降低铜损，Si%比 RMA 减一成、$B_{5000}$高一成，再添加晶界偏析元素改善钢的组织形态并优化工艺产出全工艺 BF、RP 和半工艺 BS 产品。JFE（日本钢管 NKK）低硅高效铁芯材料性能见表 13。

表 13 JFE（日本钢管 NKK）低硅高效铁芯材料

| 牌 号 | 厚度/mm | $P_{1.5/50}$/W·kg$^{-1}$ | $B_{5000}$/T | 硬度（HV） | 成品类型 |
|---|---|---|---|---|---|
| BF-1 | 0.5 | 5.5 | 1.80 | 130 | 全工艺 |
| BF-2 | 0.5 | 4.7 | 1.77 | 135 | |
| BF-3 | 0.5 | 3.5 | 1.75 | 137 | |
| 50RP-3 | 0.5 | 5.00 | 1.76 | 128 | |
| 50RP-2 | 0.5 | 5.40 | 1.77 | 116 | |
| 50RP-1 | 0.5 | 6.31 | 1.78 | 110 | |
| 50RP-1H | 0.5 | 5.40 | 1.80 | 112 | |
| BS-1 | 0.5 | 4.1 | 1.79 | 120 | 半工艺 |
| BS-2 | 0.5 | 3.4 | 1.77 | 130 | |
| BS-3 | 0.5 | 3.0 | 1.75 | 137 | |

### 3.1.3 住友金属（表 14）

表 14 日本住友金属低硅高效铁芯材料

| 特 点 | 钢种 | 厚度/mm | 密度/g·cm$^{-3}$ | $P_{1.5/50}$/W·kg$^{-1}$ | $B_{5000}$/T |
|---|---|---|---|---|---|
| 高磁感型 | SX23H | 0.50 | 7.75 | 4.65 | 1.75 |
| | SX30H | 0.50 | 7.80 | 5.73 | 1.76 |
| | SX40H | 0.50 | 7.80 | 6.85 | 1.77 |
| 高加工性型 | SX40K | 0.50 | 7.80 | 6.68 | 1.74 |
| | SX50K | 0.50 | 7.85 | 7.32 | 1.75 |
| | SX60K | 0.50 | 7.85 | 8.13 | 1.76 |
| 消除应力退火型 | SXA | 0.35 | 7.80 | 2.81 | 1.75 |
| | SXAT | 0.50 | 7.80 | 3.01 | 1.72 |
| | SXA | 0.50 | 7.80 | 3.51 | 1.75 |
| | SXB | 0.50 | 7.80 | 4.31 | 1.75 |
| | SXC | 0.50 | 7.85 | 4.58 | 1.75 |
| | SXD | 0.50 | 7.85 | 5.12 | 1.72 |

## 3.2 其他国家无取向硅钢技术水平和动态

其他国家无取向硅钢技术参数见表 15~表 17。

表 15 俄罗斯等国家或地区高效铁芯材料

| 国家或公司 | 牌 号 | $P_{1.5/50}$/W·kg$^{-1}$ | $B_{5000}$/T |
|---|---|---|---|
| 俄罗斯 | 高牌号 | 2.82~2.94 | 1.66~1.68 |
| | 中牌号 | 4.10 | 1.720 |
| 罗马尼亚 | 中牌号 | 3.74 | 1.709 |
| | 中低牌号 | 4.60 | 1.707 |
| 瑞典 | 中低牌号 | 4.95 | 1.711 |
| 捷克 | 中低牌号 | 4.294 | 1.720 |
| 印度 | 中牌号 | 3.81~3.93 | 1.690~1.710 |
| 中国台湾中钢 | 50CS600 | 4.00~4.20；4.03~4.33 | 1.73~1.74；1.72~1.76 |
| | 50CS550 | 2.90~4.30；4.04~4.17 | 1.71~1.76 |
| | 50CS470 | 3.31~3.45；3.20~3.60 | 1.71~1.73；1.72~1.73 |
| | 50CS440 | 4.09~4.12 | 1.71~1.74 |

表16 德国EBG公司低硅高效铁芯材料

| 牌 号 | 厚度/mm | $P_{1.5/50}$/W·kg$^{-1}$ | $B_{500}$/T | 密度/g·cm$^{-3}$ | 成品类型 |
|---|---|---|---|---|---|
| 700-50AP | 0.5 | 6.6 | 1.77 | 7.85 | 全工艺 |
| 600-50AP | 0.5 | 4.7 | 1.76 | 7.80 | |
| 530-50AP | 0.5 | 4.0 | 1.74 | 7.80 | |

表17 巴西硅钢高效铁芯商品材料

| 牌 号 | $P_{1.5/50}$/W·kg$^{-1}$ | $B_{5000}$/T |
|---|---|---|
| AP1 | 4.43 | 1.79 |
| AP2 | 3.44 | 1.76 |
| AP3 | 2.94 | 1.75 |

由表15~表17可知：欧美和其他地区的冷轧无取向硅钢技术水平与日本的差距较大。但巴西的技术水准很高(中国目前批量稳定生产水平还未见到过)。另外，巴西近年来的产量急剧扩大（年均增长速度达28%以上），说明巴西的冷轧无取向电工钢正在快速飞跃发展。

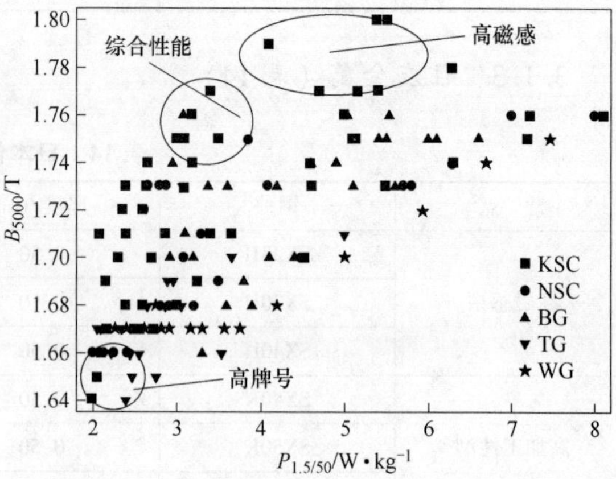


图5 国内外冷轧无取向电工钢产品磁性能比较

## 3.3 我国冷轧无取向电工钢技术水平与日本的差距

由图5可知：尽管太钢的高牌号取得重大进步，但中国无取向硅钢技术水平与日本国相比还存在差距，高牌号和高磁感方面达不到日本的磁性能水平。另外在低铁损、高磁感综合磁性能上与日本的差距也比较大。

# 4 我国冷轧无取向电工钢装备技术水平与进步及关键技术

## 4.1 工装技术水平与特点

我国冷轧无取向电工钢生产先进工装技术水平与特点，见表18。

表18 我国冷轧无取向电工钢生产先进工装技术水平与特点

| 工 序 | 技 术 | 特 点 |
|---|---|---|
| 炼钢 | 洁净钢冶炼技术 | 改进炼钢转炉、真空处理和连铸技术，严格控制（C+N+S+O)% |
| | 钛和铌的控制 | 严格控制Ti和Nb的混入 |
| | 夹杂物控制技术 | 通过转炉、RH工艺的优化控制钢中夹杂物形态和尺寸 |
| 热轧 | PC大侧压轧制技术 | 改善带钢的轧制精度、防止边裂、控制板型 |
| | 边部感应加热技术 | |
| | 低温板坯加热技术 | 1100℃以下的板坯低温加热工艺技术 |
| | 高速钢辊轧制技术 | 减少磨损和摩擦；改变轧制中热轧板表面应力状态，降低切向应力，提高磁性且降低辊耗、改善板形质量、降低生产成本 |
| | 润滑油轧制技术 | |
| | 高终轧温度技术 | 不同牌号用不同终轧温度和卷取温度，保证热轧板晶粒尺寸最大化和磁性能最优化 |
| | 高温卷取技术 | |
| 酸机连轧机组 | 紊流酸洗技术 | 考核酸洗和乳化液质量，不同来料采用不同的酸洗工艺参数 |
| | 锥度辊窜动、弯辊技术 | 根据来料确定轧制工艺参数以确保产品具有良好的板形同板差 |
| | 厚度、板形闭环控制技术 | 根据轧制稳定过程性和出口厚度、板形的结果通过自学习调整 |

续表 18

| 工 序 | 技 术 | 特 点 |
|---|---|---|
| 成品退火 | 不脱碳、无 NOF 炉技术 | 考核碱洗质量确保钢带表面洁净，减少表面氧化、结瘤、色差 |
| | 高温和烘烤段气浮技术 | 减少表面氧化、结瘤，保证涂层均匀性、一致性，并提高磁性 |
| | 铁损控制参数自学习技术 | 根据出侧铁损检测结果通过反馈、自学习调整退火工艺参数 |
| | 涂膜一致性控制技术 | 通过出侧涂膜厚度检测自动反馈控制，确保膜厚均匀性 |

## 4.2 高纯度钢冶炼技术

磁性不利元素的有害作用和控制目标，见表 19。

表 19 磁性不利元素的有害作用和控制目标

| 元 素 | 控 制 内 容 |
|---|---|
| 碳 | 恶化铁损、产生时效、形成微细碳化物，理想目标：$C \leqslant 20\times10^{-6}$ |
| 氮硫氧 | 由于 MnS 等硫化物、AlN 和 TiN 等氮化物及氧化物的微细析出、阻止畴壁移动，热轧后阻碍再结晶及晶粒长大、阻碍常化后晶粒尺寸的粗大化和织构的混乱化，理想目标：S，$N \leqslant 20\times10^{-6}$、$O \leqslant 15\times10^{-6}$ |
| 钛 | 随着 TiC、TiN 的微细析出，提高再结晶温度、延缓再结晶及晶粒长大并使 {111} 织构发达，目标：新日铁 $Ti \leqslant 20\times10^{-6}$，川崎 $Ti \leqslant 15\times10^{-6}$ |
| 钒锆铌 | 由于 VN、VC、ZrN、ZrC、NbN、NbC 等的氮化物及碳化物的微细析出，阻碍热轧后再结晶及晶粒长大、阻碍常化后晶粒径的粗大化和织构的混乱化，理想目标：$V \leqslant 30\times10^{-6}$、$Zr \leqslant 30\times10^{-6}$、$Nb \leqslant 30\times10^{-6}$ |
| As | 虽然自己本身不能析出微细析出物、但由于促进 MnS 等硫化物的微细析出、阻碍常化处理效果，$As \leqslant 30\times10^{-6}$ |
| 铜 | CuS 阻碍磁畴壁移动及晶粒长大，Cu≤0.05%以下 |
| 钼 | 形成氧化物、硫化物、氮化物等析出物有关的元素，尽可能降低 |

## 4.3 夹杂物和第二相析出物控制技术

析出物和夹杂物是 {111} 面结晶粒的生核源，使 {111} 成分增多、{100} 成分减少。因此需要析出物和夹杂物的无害化处理。夹杂物和第二相析出物控制手段见表 20。

表 20 夹杂物和第二相析出物控制手段

| 名 称 | 控 制 内 容 |
|---|---|
| 氧化物形态、夹杂物及第二相数量、分布控制 | 通过非延展性化达到无害化（尽可能形成 $Al_2O_3$ 等脆性夹杂物） |
| | 添加 REM 或 Ca（形成复合夹杂物作为其他析出相的析出中心，使 AlN 等粗大化，避免热轧时固溶、析出）；通过添加 REM 或 Ca 来控制硫化物的形态、改变 $Al_2O_3$ 的形态，排除消除应力退火时阻碍晶粒长大的因素 |
| | 真空合金化时，改变合金加入顺序，将含有有害成分的合金在脱氧前加入，确保合金化后的搅拌时间，使有害杂质充分氧化转变成渣而充分上浮而除去 |
| | 添加 CaSi 进行脱硫，生成固溶温度高的 CaS 等就不形成 MnS |
| | 低温板坯加热，不让第二相质点重新固溶，再在热轧过程中弥散析出 |
| | 高温卷取（CT 高），第二相质点充分析出，随后常化或退火时聚集长大 |
| | 硫化物作为氮化物析出部位的无害化技术，通过析出物数量的降低及形态控制来达到无害化 |
| | SRA 处理技术：消除应力退火的冷却速度慢于连续退火，通过碳化物和氮化物的粗大化、析出物形态的变化来达到无害化的效果 |

## 4.4 {100} 面织构和再结晶晶粒组织的控制技术

{100} 面织构和再结晶晶粒组织各工序的控制手段见表 21。

表21　{100} 面织构和再结晶晶粒组织各工序的控制手段

| 工 序 | 控 制 内 容 |
|---|---|
| 炼钢 | KSC以高纯度钢冶炼技术为基础并控制Si、Al、Mn成分，通过添加REM和Ca控制硫（氧）化物形态及AlN粗大化来控制夹杂物、析出物的数量、尺寸，从而改善热轧、冷轧及成品退火的织构参数。添加Sb等晶界偏析元素抑制以晶界作为其形核位置的 {111} 织构 |
| 热轧 | NSC通过优化板坯加热温度、粗轧精轧工艺参数的控制轧制技术，强化热变形动态再结晶过程，得到发达的动态再结晶组织，然后通过提高卷取温度，使热轧板得到发达粗大的等轴晶晶粒，再以冷轧压下率和再结晶退火条件的配合来提高 {100} 织构强度。在NSC称之为"结晶方位控制"技术 |
| 热轧板 | 通过热轧板退火即常化，使热轧从表层到中心的晶粒组织和织构均匀化，冷变形和成品退火后 {100} 织构强度提高。轻压下轧制技术：热轧板+轻压下+常化，轻压下应变诱发热轧板表层晶粒长大，以改善冷轧前晶粒组织从而改善 {100} 面织构 |
| 冷轧 | 采用最佳压下率轧制可提高 {100} 面织构强度 |
| 成品退火 | （1）优化退火升温曲线、均热温度、机组速度，使成品退火晶粒直径和织构参数达到最佳<br>（2）SRA（消除应力退火）：SRA消除应力退火冷却速度远远慢于连续退火，碳化物和氮化物等第二相质点的微细析出有足够的时间粗大化、球化，使微细析出物对晶界推移和形变晶粒向 {100} 面织构转变的阻碍作用达到无害化从而改善织构参数<br>（3）轻压下轧制技术：退火板+轻压下+退火，轻压下应变诱发退火板表层晶粒长大，适当的应变量可使有利织构的晶粒吞并不利织构的晶粒，从而提高 {100} 面织构强度 |
| CSP工序 | 由于薄板坯中没有热轧粗轧，更多含 {100} 织构的柱状晶残留至热精轧过程中，热轧板的结晶组织或织构与厚板坯（200~250mm）比有很大的不同 |

## 5　我国冷轧无取向电工钢研究开发中需要解决和研究的问题

我国冷轧无取向电工钢需要解决的问题见表22。我国冷轧无取向电工钢的基础理论研究课题及物理冶金学研究课题、应用研究课题见表23~表25。

表22　我国冷轧无取向电工钢需要解决的问题

| 名 称 | 问 题 |
|---|---|
| 工艺设备与控制 | 钢质纯净度：有害元素控制的影响因素较多，对如Ti、S、N、O等的有效控制 |
| | 第二相（夹杂物）：弥散微细析出行为的机理研究和有效控制手段 |
| | 加热与卷取的温度保证能力，热轧过程温度与热变形过程的关系<br>热轧过程温度、变形机理、相变过程与磁性能的关系<br>热轧工艺参数、变形机理、相变过程与外观尺寸精度的关系<br>热变形过程第二相的析出行为与热轧工艺的规律<br>热轧板表面质量与冷轧工艺性能及成品板表面质量的关系<br>热轧板形与热轧工艺、塑性变形过程的关系规律 |
| | 常化工艺与磁性能及生产成本、生产效率、生产能力等多因素如何有效平衡 |
| | 冷轧工艺参数与磁性及板形外观质量的控制（冷轧工艺能力问题） |
| | 成品退火工艺参数与磁性和外观质量的控制（成品退火工艺能力问题） |
| | 涂层工艺参数与表面质量一致性的控制 |
| 应用与推广 | 无取向硅钢生产成本和磁性能各指标之间的矛盾如何有效平衡 |
| | 高磁性能与加工工艺性能之间的矛盾如何有效解决 |
| | 无取向硅钢半工艺产品的特点及其性能优势与市场如何切入的研究 |
| | 磁化曲线、磁滞回线、剩磁、矫顽力、技术磁化过程等项目的精细化研究 |
| | 电机高频化、变频化、高场化、高密度化和低密度化后，无取向硅钢性能如何优化 |
| | 电机设计优化、以冷代热和高磁感电工钢应用效果的研究、电机制造成本结构优化等 |

**表 23 我国冷轧无取向电工钢的基础理论研究课题**

| 工 序 | 研究内容 |
| --- | --- |
| 化学冶金 | 硅钢洁净冶炼的化学平衡和动力学（包括渣层界面反应、活度、氧势图） |
| | 夹杂物在化学过程的析出行为与动力学 |
| | 硅钢液态流动性、黏度及第二相夹杂物上浮影响因素的研究 |
| 金属学理论 | 扩散机制与第二相析出、聚集、长大的行为和方式 |
| | 不同相中的固溶度和固溶积与第二相析出、聚集、长大的行为和方式 |
| | 结晶、固态相变、诱导与形变、回复再结晶及第二相析出、聚集、长大的行为和方式 |
| | 塑性变形（形变胞、晶粒转动与织构）、回复再结晶、晶粒长大与晶体缺陷的运动方式 |
| | 有利织构形成的动力因素和阻力因素，第二相构成和织构动力、阻力因素的条件 |
| | 溶质元素在硅钢中的作用，包括“老”元素、“老组分”的“新”认识、“新作用” |
| | 硅钢力学性能与冲片工艺性的关系 |
| | 硅钢中的应力问题（影响磁畴结构、磁性能、冲片性） |
| 磁学基础 | 硅钢的本征磁性、磁场能量及其耦合、磁畴及其结构、技术磁化、直流交流磁化过程 |
| | 硅钢的损耗分析（旋转损耗、谐波损耗、杂散损耗、横向磁通损耗）及其影响因素 |
| | 磁化曲线和磁滞回线与生产工艺过程及组织结构关系规律的研究 |
| | 硅钢应用的磁路分析（磁力线分布、主磁通特性、漏磁特性）及影响因素 |

**表 24 我国冷轧无取向电工钢的物理冶金学研究课题**

| 工 序 | 研究内容 |
| --- | --- |
| 炼 钢 | 夹杂物的控制技术及无害化技术的研究：①可延展性夹杂物（MnO、MnS、$SiO_2$）的控制；②夹杂物析出行为和方式的研究；③无 Al 钢中夹杂物控制技术的研究 |
| | 夹杂物与物理冶金过程和磁性能关系规律的研究 |
| 热 轧 | 变形抗力、动静态回复与再结晶等热变形物理冶金过程规律的研究 |
| | 第二相析出行为、形变诱导行为的研究 |
| | 均热温度、粗轧温度和压下率、精轧温度和压下率、卷取温度与回复再结晶、第二相析出行为、形变诱导、热轧板晶粒组织和织构的关系规律 |
| | 热轧工序潜能的挖掘 |
| 常 化 | 常化机理、织构与冷变形、再结晶的关系 |
| | 常化工艺与组织结构、磁性能的关系规律 |
| 冷 轧 | 压下率与冷变形织构 |
| | 冷轧前晶粒尺寸、夹杂物大小、形状及其分布与冷变形机制和织构 |
| 成品退火 | 退火升温曲线、保护气氛、张力、均热温度、机组速度与再结晶织构和晶粒尺寸的关系 |
| | 再结晶过程及再结晶织构形成的机理研究 |
| 轻压下 | 炼钢、热轧板、退火板采用轻压下可改善磁性能 |
| | 炼钢浇注过程采用轻压下改善铸坯组织，使等轴晶率提高 |
| | 热轧板经“轻压下+常化”使表层晶粒长大，改善冷轧前组织和退火织构 |
| | 退火板经“轻压下+退火”使表层晶粒进一步长大，改善磁性 |

**表 25 冷轧无取向电工钢的应用研究课题**

| 工 序 | 研究内容 |
| --- | --- |
| 磁 性 | 频率特性（低频、工频、中频、高频）、磁场特性（低场、中场、高场）、温度特性 |
| | 磁化曲线和磁滞回线与电机性能的研究 |
| | 形状特性（退磁场和磁畴结构）、线性特性（波形）、饱和特性、噪声特性、隐蔽特性 |

续表25

| 工 序 | 研究内容 |
| --- | --- |
| 使用性能 | 冲片性的影响因素 |
| | 铆接性（扣片性能）的影响因素 |
| | 装机后整机性能的影响因素 |
| | 边缘效应对磁化难易（磁导率）、磁畴结构（退磁场）、磁力线分布的影响 |
| | 消除应力退火工艺性能 |
| | 磁特性和温度 |
| | 冲剪冲压的边缘效应与材质和电机性能的关系 |

## 6 冷轧无取向电工钢品种和技术的发展趋势

### 6.1 新品种发展趋势

（1）低铁损（$P_{1.5/50}$<2.3W/kg）、高磁感（$B_{5000}$>1.80T）、产品宽幅化、低成本化。电机能耗主要包括硅钢铁芯的铁损和绕组的铜耗。硅钢片铁损的降低、磁感的提高一方面可降低能耗，另一方面可提高设计磁感（$B_m$）使电机励磁电流降低，从而降低铜耗并省铜。因此，硅钢片铁损的降低、磁感的提高能达到高效并降低生产成本的目的。另外由于大电机的尺寸要求，也为了提高材料利用率和节约成本，成品规格越宽，利用空间越大。

（2）高频化、薄规格化。高频化是高效节能化、小型轻便化的有效手段，但硅钢的铁损以频率的指数式增长。日本已开发出高频“HiFreqs”硅钢（表26）。

**表26 “HiFreqs”高频硅钢与3%Si钢的高频磁性能**

| 牌 号 | 高频磁化下的铁损/W·kg$^{-1}$ | | | 薄规格牌号 | 高频磁化下的铁损 |
| --- | --- | --- | --- | --- | --- |
| | $P_{0.2/5k}$ | $P_{0.1/10k}$ | $P_{0.05/20k}$ | | $P_{1.0/400}$/W·kg$^{-1}$ |
| 3%Si钢 | 28.5 | 24 | 20 | 20JNEH1200 | 11.00 |
| HiFreqs | 20.5 | 10 | 5 | 20JNEH1500 | 12.50 |

（3）高强度化。高速运转时电机铁芯将受到剧烈的冲击、疲劳负荷大，因此要求硅钢具有高强度和韧性。加入微量合金元素能提高强度、改善韧性及提高钢的电阻率、降低涡流损耗，而且对磁感的不利影响也较小。日本开发了固溶强化的高强度、高磁特性无取向电磁钢板（表27）。

**表27 高强度电工钢板性能**

| 种 类 | $P_{1.0/400}$/W·kg$^{-1}$ | $B_{5000}$/T | 屈服强度/MPa | 种类 | $P_{1.0/400}$/W·kg$^{-1}$ | $B_{5000}$/T | 屈服强度/MPa |
| --- | --- | --- | --- | --- | --- | --- | --- |
| 20HST780Y | 38.3 | 1.63 | 841 | 15HST780Y | 37.9 | 1.62 | 841 |
| 20HST570Y | 23.8 | 1.61 | 647 | | | | |
| 传统35H250 | 17.0 | 1.66 | 402 | 传统50H310 | 25.1 | 1.67 | 412 |

### 6.2 新工艺技术发展趋势

（1）钢质的洁净化、高纯度化技术。

常规杂质元素：C≤20×10$^{-6}$，S≤20×10$^{-6}$，N≤20×10$^{-6}$，O≤15×10$^{-6}$；

磁性有害微量元素：Ti≤15×10$^{-6}$，V≤30×10$^{-6}$，Zr≤30×10$^{-6}$，Nb≤30×10$^{-6}$；As≤30×10$^{-6}$，Cu≤0.05%。

（2）夹杂物和第二相析出物的非延展性化、无害化、粗大化技术。

1）氧化物的非延展性化（改性处理）；

2）添加REM或Ca形成复合相作为其他析出相的析出中心使AlN、Ti(C，N）粗大化；

3）控制轧制过程温度使第二相充分析出并聚集长大。

（3）SRA（Stress Relief Annealing 消除应力退火）技术。SRA 冷却速度远远慢于连续退火，碳化物和氮化物等第二相质点的微细析出有足够的时间粗大化、球化，使微细析出物对晶界推移和形变晶粒向{100}面织构转变的阻碍作用达到无害化从而改善织构参数。

（4）薄板坯连铸连轧（CSP）生产技术。薄板坯连铸连轧（CSP）技术生产冷轧无取向电工钢，使更多含{100}织构的柱状晶残留至热精轧过程中，使热轧板的结晶组织或织构优化。

## 7 结论

（1）欧美和日本冷轧无取向电工钢的生产能力已呈逐步萎缩的趋势，生产重心逐渐向发展中国家转移；中国已成为世界冷轧无取向电工钢第一生产大国。

（2）欧美和其他地区（包括中国）的冷轧无取向电工钢技术水平与日本的差距较大。特别是中国，高牌号和高磁感方面达不到日本的磁性能水平，在低铁损、高磁感综合磁性能上赶不上日本。值得注意的是巴西的技术水准很高、近年来产量急剧扩大。

（3）冷轧无取向电工钢生产工艺成本、磁性能各指标、加工工艺性能之间的矛盾规律，磁化曲线、磁滞回线、剩磁、矫顽力、技术磁化过程与电机装机后整机综合性能之间关系规律的精细化研究，高频化、变频化、高场化、高密度化和低密度化对电机铁芯材料的要求，电机设计指标优化、以冷代热和高磁感电工钢应用效果的研究、电机制造成本结构优化，半工艺产品的应用研究，等等，已成为今后冷轧无取向电工钢需要解决的课题。因此，我国冷轧无取向电工钢已发展到必须走精细化研究开发道路。

（4）低铁损、高磁感化，产品宽幅化，低成本化，高频化，高强度化，是冷轧无取向电工钢新品种的发展趋势；钢质洁净化、高纯度化，夹杂物和第二相析出物的非延展性化、无害化、粗大化，SRA 和 CSP 工艺是冷轧无取向电工钢生产新技术的发展趋势；高纯度钢冶炼技术、夹杂物和第二相析出物控制技术、{100}面织构和再结晶晶粒组织的控制技术是冷轧无取向电工钢生产的关键技术。

（原载《第七届（2009）中国钢铁年会论文集》，2009）

# 铜在取向硅钢中的析出行为研究

朱业超　毛炯辉　王若平　郭小龙　林　勇

## 1　前言

在钢铁行业，Cu 一直是一种重要的合金元素。低碳钢中添加 Cu 一般是为了改善其耐腐蚀性和机械性能。Cu 在钢中的固溶和析出产生的强化效应一直受到广泛关注。Cu 在室温基本不溶于 α-Fe，而是以 ε-Cu 或面心立方 α-Cu 的形式存在。Cu 在 γ-Fe 中的溶解度较大，可以达到 6%。对含 0.9%Cu 的钢在 840℃/2h 退火并水淬后的时效试验发现，400℃长时间时效都不会有 ε-Cu 的析出，500℃/24h 时效可析出 90%，而 600℃下只需要 10h，而且 500℃/24h 析出的 ε-Cu 颗粒直径小，只有 4nm，而 600℃/10h 时效颗粒直径达到 30nm。

对含 1.9%Cu 的微合金化低碳钢中 Cu 的析出的研究发现：经过 500℃/1h 时效处理后，尺寸为 5~20nm 的细小 ε-Cu 在位错上析出，基体点阵的（110）面几乎平行于 ε-Cu 的（111）面。600℃时效后颗粒粗化至 25~30nm，同时还有新的尺寸为 8~15nm 的微细析出。对含 0.79%Cu-0.14%Mn 的低碳钢，冷轧到 0.7mm 然后 800℃退火后的析出相分析发现：（Cu，Mn）S 在高温下形成，在退火和冷却过程中，Cu 和 S 在低温下缓慢扩散到已经存在的（Cu，Mn）S 周围，形成一种心-壳结构，壳层含有 Cu 和 S 元素，心层为 Mn 和 S 元素。

取向硅钢中，Cu 一般是作为一种抑制剂形成元素加入的。在低温 Hi-B 钢的生产中，一般采用 $Cu_2S$ 作为辅助抑制剂，控制初次再结晶晶粒尺寸，以消除由于钢卷内初次再结晶晶粒尺寸和抑制剂分布不均匀而引起的二次再结晶不稳定的问题。$Cu_2S$ 平均尺寸在 30~100nm 时可以作为初次抑制剂钉扎晶界。在热轧后的含铜高温加热取向硅钢中发现硫化锰和硫化铜的共析出，硫化物的尺寸随 Mn/Cu 比的减小而减小，即随 Cu 含量的增加而减小。随着硫化物从 MnS 到（Cu，Mn）S 的复合析出到硫化铜的单独析出，硫化物的尺寸减小，伴随着硫化物的形状从球形到平行六面体到立方体的转变。岛津高英等人在含 0.16wt%Cu 的取向硅钢热轧板中观察到呈点列状分布的微细 $Cu_2S$ 析出物，其直径约为 50nm。筑摩显太郎等人发现取向硅钢中添加铜会产生 $Cu_2S$ 析出物，从而导致 MnS 析出减少，MnS 和 $Cu_2S$ 的复合析出物增加。$Cu_2S$ 的微细析出物增强了二次再结晶的稳定性，使二次冷轧压下率高的取向硅钢高斯方位的聚集度高，磁性能好。

关于含铜取向硅钢不同工序 Cu 析出形态的变化，以及不同 Cu 含量情况下，Cu 的析出形态的差异，目前尚未发现相关文献报道。本文拟对含 0.24%Cu 和 0.49%Cu 的取向硅钢 Cu 的析出形态差异以及热轧、常化和脱碳退火板中 Cu 的析出行为进行研究。

## 2　试验方法

试验材料采用含 0.24% 和 0.49% 铜的取向硅钢热轧板，硅含量均为 3.0%，热轧加热温度为 1280℃，以上两种热轧板分别用试样 A 和试样 B 表示。两种试样分别进行常化处理，试样 A 的常化工艺为：1050℃保温 3min，空冷到 900℃，水淬。试样 B 的常化工艺为：1120℃保温 3min，950℃保温 2min，空冷。试样 A 和 B 常化板冷轧到 0.27mm 后在湿气氛中经 830℃保温 3min 脱碳退火。退火在箱式电阻炉中进行。试样 A 和 B 的热轧板、常化板和脱碳退火板分别观察析出相。析出相分析设备为 JEOL JEM2100F 型场发射透射电子显微镜（TEM）并附带 OXFORD INCA 能谱仪。将试样制成金相观察样品后在 4%的硝酸酒精中腐蚀→表面滴丙酮后贴一层醋酸纤维纸→半小时后撕下，在接触试样的一面喷 C（JEE420 型高真空镀膜机）→试样用刀片划成 3×3mm 后泡在丙酮中溶解→用镍支撑网将碳膜取出→在 TEM 下观察。

## 3 试验结果与讨论

### 3.1 热轧板中的析出相

图 1 为试样 A 热轧板中析出物的形貌及成分。由图 1 可见，析出物质点的直径相差不大，形状基本为球形，其成分有 $Cu_2S$ 的单独析出，也有 $Cu_2S$ 和 MnS 的复合析出，或者是 $Cu_2S$、MnS 和 AlN 的复合析出。

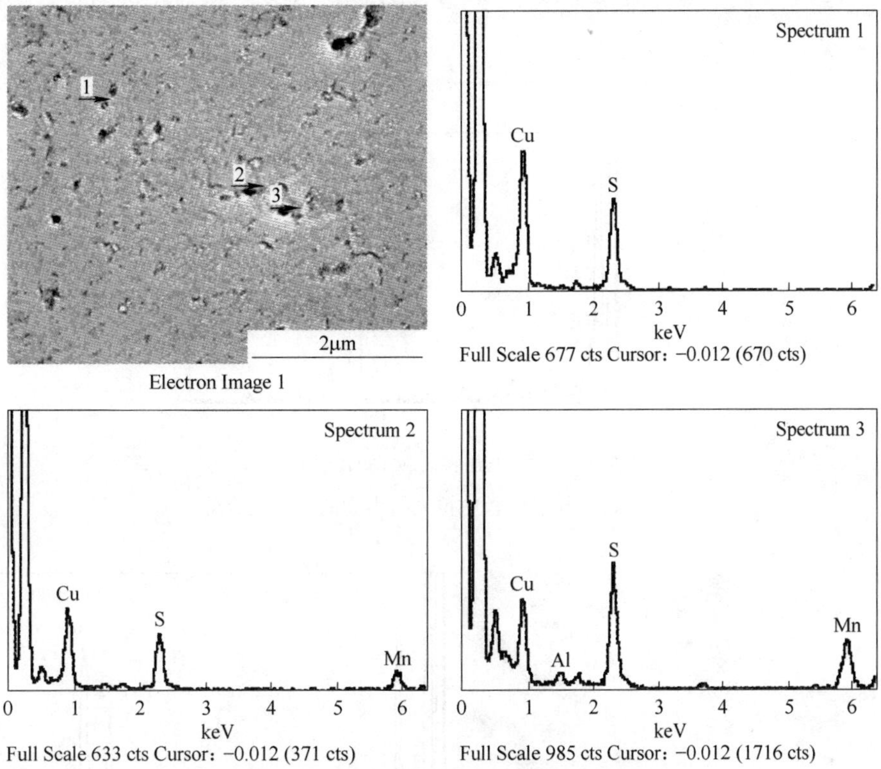


图 1 试样 A 热轧板中析出物的形貌及成分

图 2 和图 3 为试样 B 热轧板中析出相的形貌及典型析出物的能谱分析结果，试样 B 中的析出相主要由少量粗大析出物（图 2）和大量弥散分布的细小，析出物（图 3）构成。粗大析出物包括：直径为 100nm 左右的球形析出物，能谱分析表明其主要成分为 MnS；长度约 350nm 左右的方形粗大析出物，能谱分析表明其成分为 TiN。细小析出物呈团簇状分布，尺寸为 10~20nm，主要成分为 Cu，根据其尺寸和成分判断应为 ε-Cu。

通过对试样 A 和试样 B 热轧板中典型析出物形貌及成分的比较可以发现，含 0.24%Cu 和 0.49%Cu 情况下，热轧板中 Cu 的析出形态不一样。含 0.24%Cu 硅钢中 Cu 的析出形态、成分及尺寸基本与文献报道的含铜取向硅钢中 Cu 的析出情况相似。而含 0.49%Cu 硅钢中 Cu 的析出形态与固溶析出强化结构钢中 Cu 的析出特点相似。

### 3.2 常化板中的析出相

图 4 为试样 A 常化板中析出相的形貌及能谱。由图 4 可见，析出物多为球形，其尺寸约为 40~90nm，能谱分析表明，其成分为 $Cu_2S$ 和 AlN 的复合析出。与热轧板比较，常化前后主要析出物均为 $Cu_2S$ 和 AlN 的复合析出，但常化后析出物更为细小、数量更多、分布更为弥散。

图 5 为试样 B 常化板中的析出相的形貌及能谱。由图 5 可见，试样 B 常化板中析出相较多，尺寸明显分为两类，一类为球形和不规则形态析出尺寸大多为 50~100nm，分布均匀，另一类为 10nm 左右的细小析出相，数量较多，均匀分布在基体中。根据其形态判断，能谱显示粗大析出物为 MnS 和 AlN 的复合析出，细小析出物过于细小弥散，无法用能谱标明，根据其形态及分布判断为 ε-Cu。与热轧板相比，析出物的种类及形态和分布均没有显著变化。

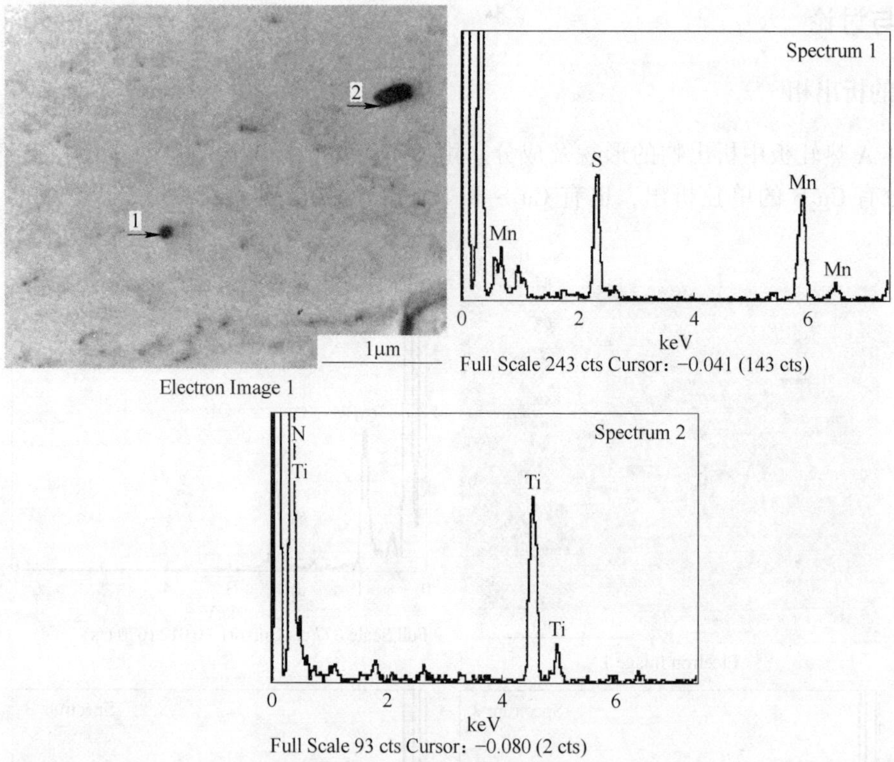


图 2　试样 B 热轧板中粗大析出物的形貌及成分

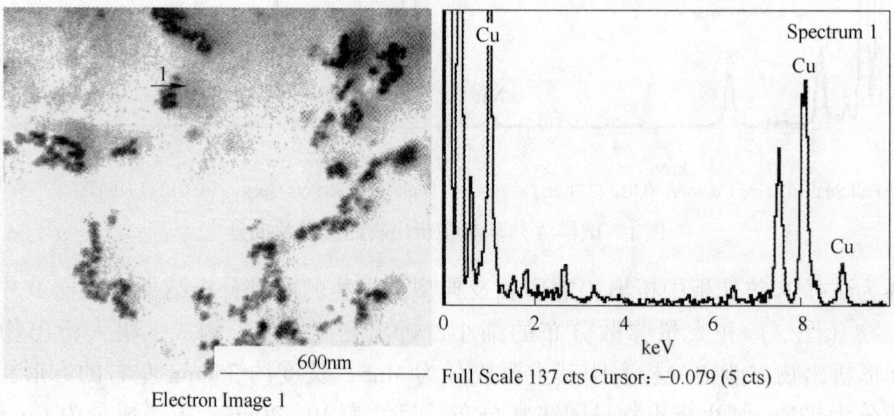


图 3　试样 B 钢热轧板中细小析出物的形貌及成分

经过适当的常化处理可以使 0.24%Cu 取向硅钢中 $Cu_2S$ 析出物分布更为细小弥散，而含 0.49%Cu 取向硅钢中 ε-Cu 析出物分布则没有明显变化。

### 3.3　脱碳退火板中的析出相

图 6 为试样 A 脱碳退火板中析出物的形貌及能谱。由图 6 可见，析出相数量常化板略少，分布均匀，形态为不规则形或球形颗粒，尺寸以 50~150nm 为主，其中 50~100nm 的析出相类型主要为 $Cu_2S$ 与 AlN 的复合析出。

图 7 为试样 B 脱碳退火板中析出物的形貌及能谱。由图 7 可见，脱碳退火板发现大量细小弥散分布的析出物，其成分为 AlN 或（Al，Si)N，尺寸约为 20~40nm；另外还有少量粗大球形的 MnS+$Cu_2S$+AlN 的复合析出，没有发现微细分布的 ε-Cu 析出物。

由上述分析可见，取向硅钢中 Cu 含量不同的情况下，Cu 的析出形态有明显的差异。在 Cu 含量较高情况下，Cu 的存在扩大了 γ 相区，γ 相的数量较多，Cu 完全溶解于 γ 相中，冷却过程中由于溶解度的降低，以 ε-Cu 的形式从 γ 相中过饱和析出；在 Cu 含量较低的情况下，α 相的数量较多，由于 $Cu_2S$ 与 α-

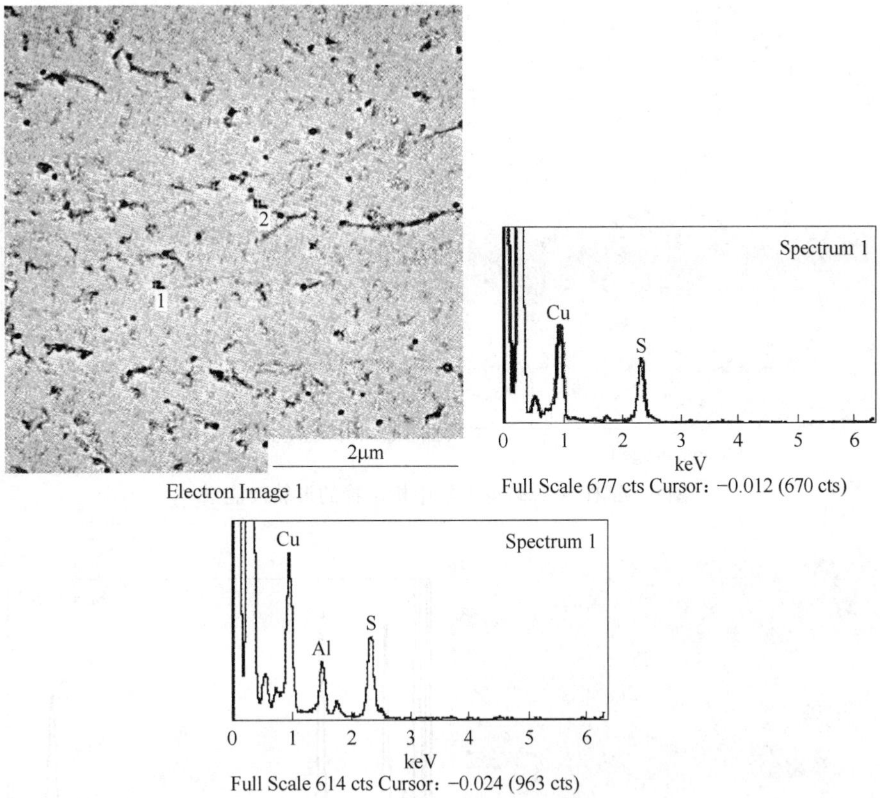


图 4 试样 A 常化板中析出相的形貌及能谱

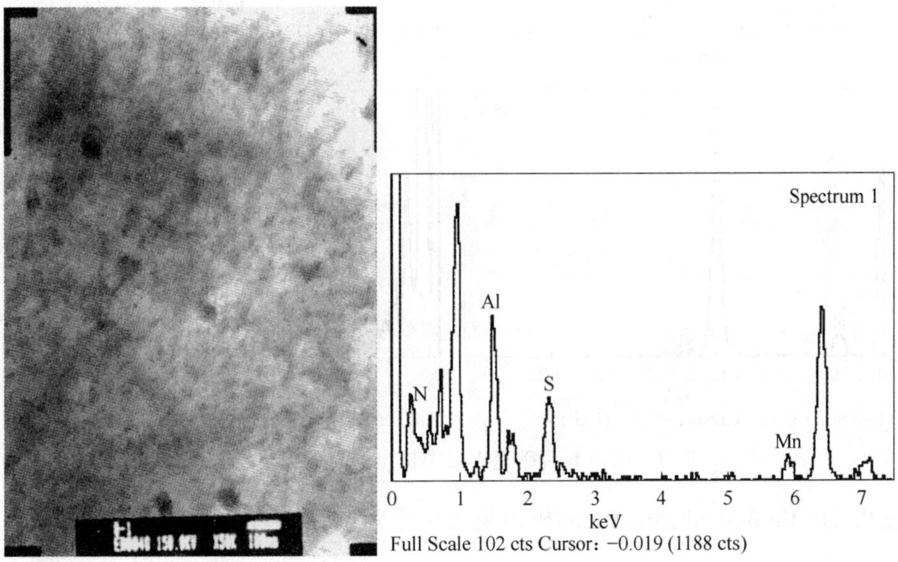


图 5 试样 B 常化板中的析出相的形貌及能谱

Fe 具有共格关系，Cu 与 S 结合形成 $Cu_2S$ 固溶于 α 相中，冷却过程中由于溶解度的降低而析出。A 试样通过常化在富 α-Fe 的两相区保温，使更多 $Cu_2S$ 固溶于 α-Fe，因此冷却后析出的 $Cu_2S$ 数量增多。而 B 试样由于热轧时已经完全固溶，因此常化退火并没有增加其固溶量，相应的冷却时也不会增加其析出量。

## 4 结论

本文采用透射电子显微镜及能谱仪分析了含 0.24%Cu 和 0.49%Cu 取向硅钢热轧板、常化板和脱碳退火板中 Cu 的析出行为。结果表明：

（1）0.24%Cu 和 0.49%Cu 取向硅钢中 Cu 分别以 $Cu_2S$ 和 ε-Cu 的形式析出。

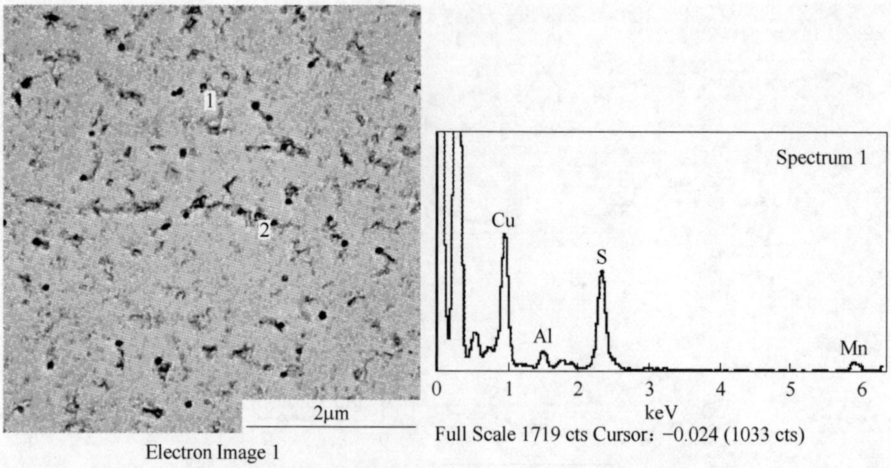


图 6　试样 A 脱碳退火板中析出物的形貌及能谱

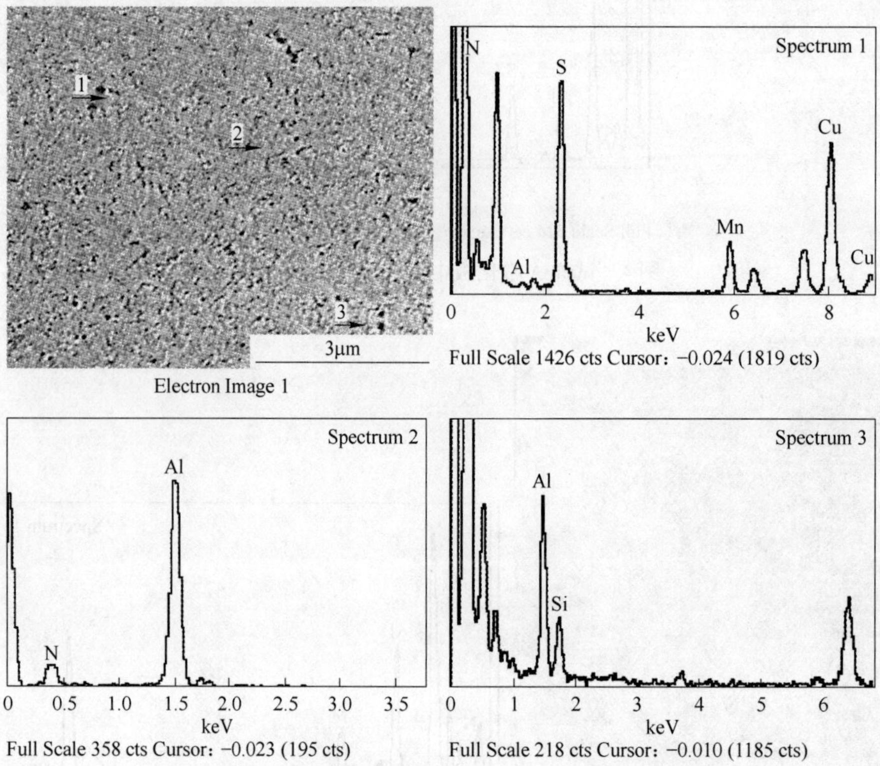


图 7　试样 B 脱碳退火板中析出物的形貌及能谱

（2）常化使 0.24%Cu 取向硅钢中 Cu 的析出更为细小弥散，而对 0.49%Cu 取向硅钢中 Cu 的析出没有明显影响。

（3）脱碳退火后 0.24%Cu 取向硅钢中析出的 $Cu_2S$ 的数量略有减少，而 0.49%Cu 取向硅钢中没有发现 Cu 的析出物。

（原载《2012 年第十二届中国电工钢学术年会论文集》，2012）

# 四辊冷连轧机电工钢边降产生机理和控制技术的研究

肖厚念

## 1 前言

由于无取向电工钢厚度薄，变形抗力大，轧制大，边降大，造成横向厚差（同板差）较大，影响了下游电机产品的性能和实物质量。横向厚差作为无取向电工钢重要质量缺陷之一，影响横向厚差因素众多，原因较为复杂，我们也是利用控制边降的原理来控制同板差的。

## 2 边降形成机理

横向厚差的控制是利用控制边降的手段实现的，也是基于边降的算法。横向厚差：指同一卷带钢沿长度方向各处横截面上最大厚度与最小厚度的差小于某一指定值（≤10μm）的比率。对于一定宽度的冷轧带钢，在距带钢两边一定位置处带钢厚度急剧减小的现象称之为边部减薄（边降），见图1。边部减薄可用边部减薄量和边部减薄率来描述。

如边部减薄量 $Ce$ 定义为距带钢边部100mm点和15mm点的厚度差，即 $Ce=h_{100}-h_{15}$。

2.1 工作辊的弹性压扁是轧辊表面与带钢接触受轧制压力的作用引起的。在轧制过程中轧制压力沿辊身横向分布很不均匀，尤其是在带钢边部区域轧制压力急剧下降，造成了工作辊在带钢边部的压扁量急剧下降，相应地引起负载辊缝在带钢边部的高度急剧下降，形成边部减薄。工作辊的弹性压扁是产生带钢边部减薄的最直接原因。

2.2 在轧制过程中由于自由端面（带钢侧面）的影响，带钢边部金属和内部金属的流动规律不同（最小阻力定律），边部金属受到的侧向阻力比内部要小得多，所以带钢边部金属除纵向流动外还发生明显的横向流动，促进了带钢边部厚度的急剧下降。另外，金属的横向流动还会进一步降低带钢边部区域的轧制力和轧辊弹性压扁量，加剧边部减薄。

2.3 现场数据表明，在板带轧机工作辊的换辊周期内，尤其是在换辊周期的后期，轧辊表面磨损非常严重，而且受轧制力横向不均匀分布和金属横向流动等因素的影响，轧辊磨损沿辊身横向的分布也很不均匀（见图2），在带钢边部区域轧辊磨损量急剧减小，这也使得负载辊缝在带钢边部的高度急剧下降，使带钢边部减薄加剧。

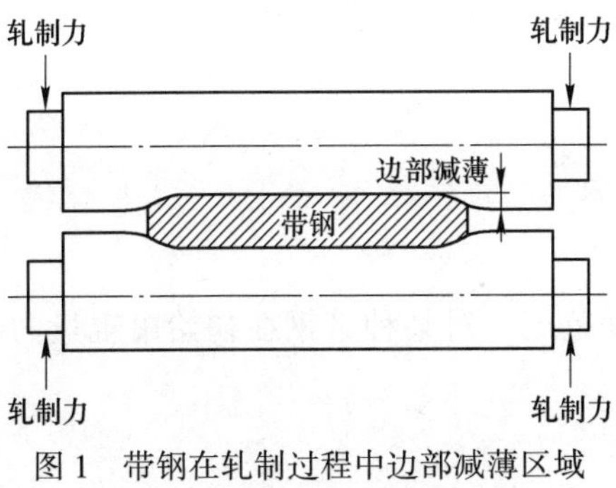


图1 带钢在轧制过程中边部减薄区域

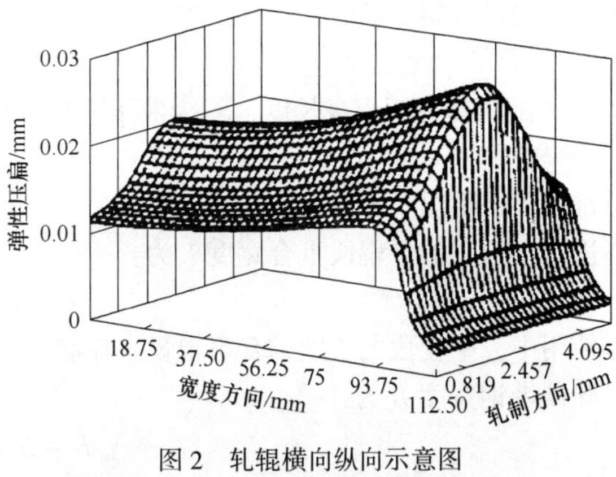


图2 轧辊横向纵向示意图

2.4 对于冷轧机辊系之间在带钢宽度范围外存在有害接触区（图3），在带钢边部支持辊对工作辊产生一个附加弯矩，这个弯矩也是造成轧件边降的重要原因。带钢边降形成与轧辊弹性压扁不均直接相关，弹性压扁分布由轧制力分布决定，而自由边界的存在是影响带钢边部轧制力分布的主要因素，因此自由边界与边降关系密切。若能消除自由边界（比如型钢轧制）的影响就能消除带钢边降。如果没有自由边界的存在，那么带钢轧制变形时边部和中部金属单元体三向应力状态近似一致，因为带钢材质相同即变形抗力相同，所以两部分轧制力也必然相近，因而轧辊弹性压扁也均匀分布，此时虽然带钢边部横向厚差依然会存在，但是不会厚度骤减。

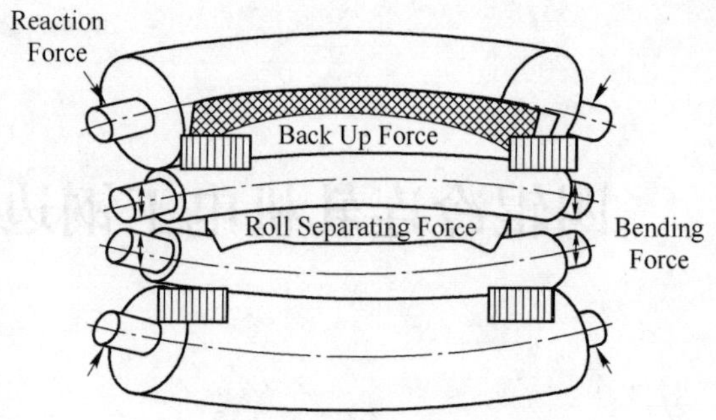

图 3　有害接触区造成的边降

## 3　边降与凸度控制技术

### 3.1　增加来料厚度

冷轧过程可以改善和消化热轧来料一定的板形缺陷。因此，从边降控制的角度来看，减少边降方法有三：一是减少热轧来料凸度；二是增加切边量，将热轧边部厚度锐减区域剪切掉；三是适当提高中低牌号无取向电工钢的来料厚度，其基本原理是比例凸度恒定的原则，同样可以用金属流动原理解释：轧制时在带钢边部附近产生形成边降的三维金属流动，当带钢厚度较大时这种金属流动主要发生在中部，带钢厚度较薄时仅发生在边部。因此，随着带钢厚度的增加，带钢三维金属流动越来越靠近中部。

按照比例凸度恒定的原则则有如下关系：

$$\frac{H}{h} = \frac{Ce}{Ce'}$$

$$Ce' = \frac{h}{H}Ce$$

式中，$Ce$ 为热轧凸度；$Ce'$为冷轧凸度；$H$ 变大，则有利于冷轧凸度。

### 3.2　降低轧辊粗糙度

随着摩擦系数的增大，带钢边降增大。这是因为摩擦系数的增大会限制带钢边部金属的横向流动，使得带钢边部上下表面金属和中间层金属的横向流动差异扩大，导致边降增大。因此，降低摩擦系数有利于减小边部减薄。实际生产中可以在生产电工钢前更换工作辊，适度提高乳化液浓度保证润滑效果等。

### 3.3　单锥度辊的边降控制技术

单锥度辊型是冷连轧边降控制技术的核心。旨在消除自由边界，对边降区域进行厚度补偿。

单锥度辊辊形与边降控制理论分析

单锥度辊设计辊身长 $L_0$

$$L_b = L_b + 2S_r \tag{1}$$

式中，$L_b$ 为配套支持辊辊身长度，$S_r$ 为液压窜辊行程极限。

1）平辊段

单锥度辊平辊段长 $L_1$

不进行窜辊时的平辊段重合宽度 $L$ 为：

$$L = 2L_1 - L_0 \tag{2}$$

在辊形使用中，平辊段的长度结合窜辊量来控制可轧带钢的宽度范围。对某种带钢在初始窜辊量为 $S_0$ 情况下，轧制带钢宽度 $B$ 为：

$$B = L + S_0 + S \tag{3}$$

式中，$S_0$ 为边降控制的要求计算的初始窜辊量；$S$ 为轧辊窜辊量。其中 $S_0$ 和 $S$ 可正可负。当带钢来料宽度发生变化时，动态调节轧辊窜辊量 $S_0$ 和 $S$ 以适应新的带钢宽度。此外窜辊行程限制了可轧带钢的宽度范围。

2）弧形段

弧形段起点与平辊段相切，终点与直线段相切，弧半径根据生产条件优化设计。单锥度辊的辊形锥度就是由这段和直线段构成。冷轧边降控制主要由这一部分辊形决定。

单锥度辊利用其辊形锥度进行边降控制的原理详见图3。

在轧辊材料确定的情况下，对边降控制起决定作用的是圆弧半径，或者说是该段的辊形锥度。有关理论研究和轧制实践表明，在相同窜辊量时，圆弧半径越小（圆弧曲率越大）边降控制效果越明显。但是出于对辊形磨削加工难易、窜辊行程大小和边降控制效果好坏等的考虑，圆弧半径不可以太小。因此设计这段辊形圆弧半径需要综合各方面因素。

轧制过程要求这段辊形与相邻两段光滑过渡，因此要保证在两接合点处弧线与直线相切。除此之外对于弧线的形状是圆形、椭圆形还是抛物线形没有提出要求。进行数学计算发现，这段曲线无论是采用圆形、抛物线形还是椭圆形结果都是一样。但是为了保证辊形光滑过渡必须采用光滑曲线而不能选用直线。

3）直线段（第二曲线段）

直线段位于弧形段之后，连接弧形段与工艺锥段。这一部分起两方面的作用：一是控制边降，当弧形段不足以将边降控制到目标范围内时，直线段开始发挥其大锥度的作用；一是连接弧形段与工艺锥段。单锥度辊辊形很特殊，随着轧辊磨损辊径减小而辊形磨削区长度且不断增加，这个变化就是通过直线段磨削长度增加来完成的，如图4所示（x1<x2<x3<x4<x5）。

简而言之，每次轧辊重新磨削时，直线段投影长都会增加，增加量与前后两次磨削时的辊径差直接相关。

4）工艺锥段

工艺锥段就是单锥度辊上肉眼可见的圆锥段，是单锥度辊的特征标志。这一段之所以被称为工艺锥段，是因为它是轧辊工艺结构所要求的而与边降控制没有直接关系。工艺锥段作用在于保证无论辊径如何减小，每次磨削加工完毕之后都能得到精确的单锥度辊设计辊形。

单锥度辊边降控制策略与窜辊模型

图5为单锥度辊上辊下沿辊形曲线。如图窜辊时首先窜动至 $S_0$，将带钢边部窜到平辊段与弧形段交点处。然后再进行边降控制窜辊，可得如上各窜辊计算模型。结合公式及图形可见窜辊策略是：边降控制时将带钢边部窜至 $B$ 点处，正窜极限位置为带钢边部窜至 $A$ 点处，负窜极限位置为带钢边部窜至 $C$ 点处。

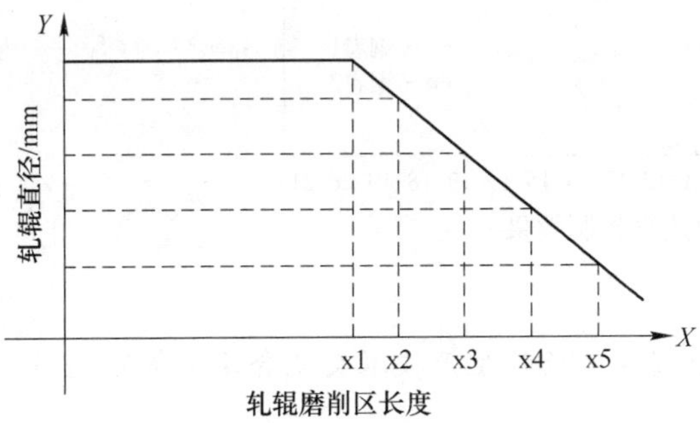


图4 轧辊磨削区长度随辊径减小而增加

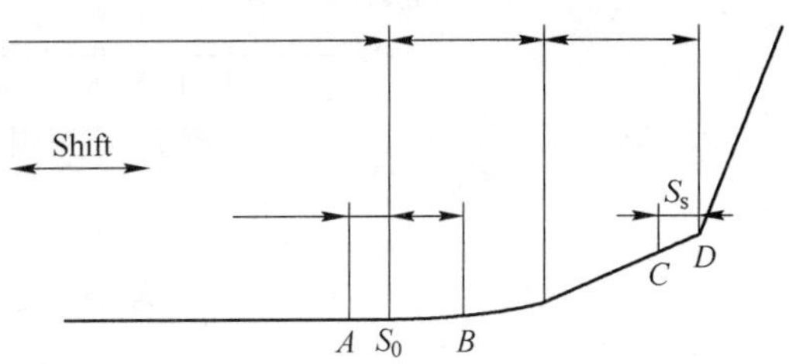


图5 西门子窜辊策略对应辊形位置示意图

### 3.4 边降控制窜辊预设定模型

完善的边降控制窜辊模型应该包括两大部分：窜辊预设定模型和动态窜辊模型。两者相互联系，共同作用，完美配合才能完成边降控制的严格要求。

经过理论分析和现场边降轧制试验，我们设定单锥度辊边降控制预设定模型如下：

$$S = S_0 - S_C \tag{4}$$

式中，$S_C$ 为带钢边部进入单锥度辊边降控制区（曲线段）的距离。模型（4）结构形式与西门子模型一致，不同的是 $S_C$ 的取值。$S_C$ 是随单锥度辊辊形，使用形式，带钢钢种、规格的变化而变化的数值。当辊形、使用形式、钢种规格情况确定的时候，$S_C$ 也将唯一的确定。

通过单锥度辊边降控制轧制试验，得到了带钢平均边降值变化与 $S_C$ 值的关系，如图6所示。

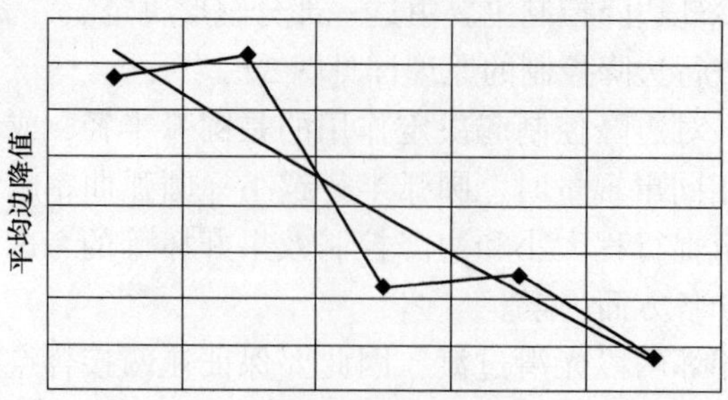


图6　边降控制效果与带钢边部进入边降控制区距离的关系

上图数据对应轧制钢种为50WW800，规格为0.50×1230，在第1机架单独采用奥钢联提供单锥度辊。图中所示各点数据为同一 $S_C$ 值时各卷带钢平均边降值，黑线为折线的趋势线。举例，如果以5μm为边降控制目标值，通过图6可得 $S_C$ 值。

## 4　结论

（1）工作辊的弹性压扁、带钢金属的横向流动、轧辊磨损以及工作辊的弹性弯曲是造成冷轧带钢边部减薄的直接原因。

（2）利用比例凸度恒定原理，适度提高原料厚度，给定合适窜辊量可有效地控制边降。经过大量工业化生产和数据证明：同板差（≥10μm）合格率由提高到98%以上，效果明显（图7），并结合大量工业化生产和试验数据验证其应用效果。结果表明，通过以上方法在四辊连轧机上的运用，可以有效降低带钢边降，提高同板差合格率。

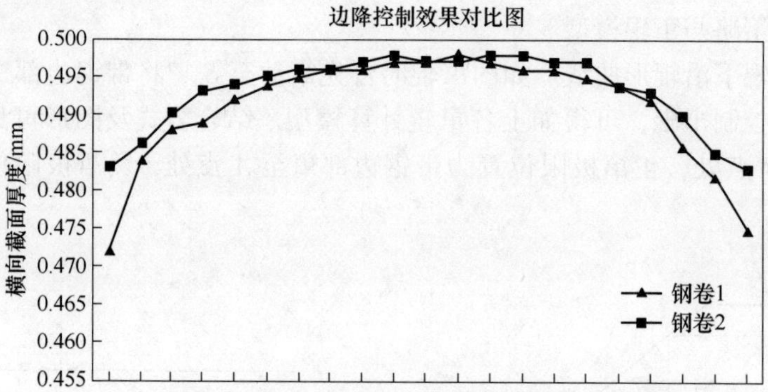


图7　不窜辊与窜辊时边降控制效果

（原载《2013年全国冷轧板带生产技术交流会论文集》，2013）

# 薄板坯连铸连轧产线无取向硅钢 W600 浇铸过程水口结瘤问题研究

王春锋 吴健鹏 杜秀峰 何金平 吴维轩 朱志强 李大明 柳志敏

## 1 引言

铝镇静钢的水口结瘤问题很常见。对于薄板坯连铸连轧工艺而言，钙处理几乎被作为解决水口结瘤问题的必不可少的工艺手段，被各钢厂广泛采用。通过实际生产发现，钙处理工艺既可以改善钢水的可浇性，同时如果钙处理工艺不当也可能造成更严重的水口结瘤，本文所述的水口结瘤现象主要是由于钙处理工艺不当引起的。

## 2 研究方法

### 2.1 水口结瘤概貌

武钢股份条材总厂 CSP 分厂采用 BOF-LF-RH-CSP 工艺流程生产无取向硅钢 W600（低碳高铝钢，[Als] 含量 0.20%~0.45%）时发生了严重的水口结瘤现象，当浇铸至第 5 炉时，由于水口颈部和出口处完全堵塞，造成塞棒自动关闭而停浇。将残存的水口进行了解剖，如图 1 所示。

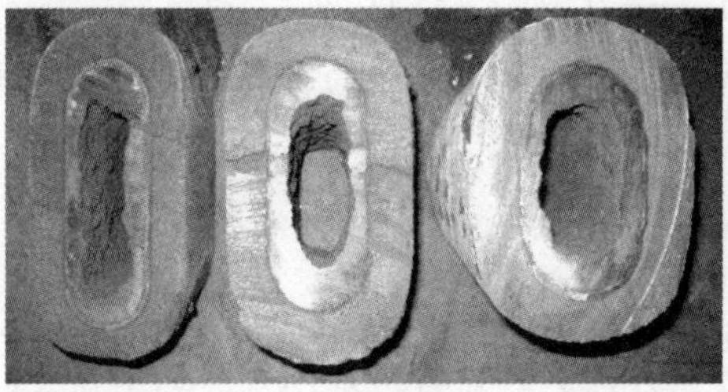

(a)

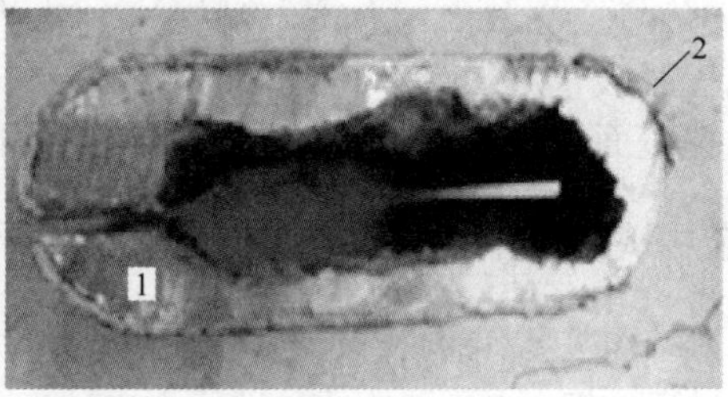


(b)

图 1 浇铸结束后水口结瘤状况

（a）切割后的水口；（b）去掉水口本体耐材后的结瘤物

由图 1(b) 可知，水口结瘤物明显分为 2 层，紧靠耐材的一层较薄且从上到下分布很不均匀，约 0.9~6mm，称其为过渡层；挨着过渡层的是凝钢层，同样从上到下分布很不均匀，约 8~26mm；另外，在凝钢层的内壁上粘结着灰黑色的粉状和颗粒状物质。

### 2.2 水口结瘤物分析方法

首先将水口解剖，对水口的结瘤物进行测量；对于过渡层，取一小块用环氧树脂胶固结制备成矿相试样（取样位置在图 1(b) 中“2”点)，进行矿相分析和扫描电镜分析以明确物质成分、分布及含量；对于凝钢层，则切割成约 15mm×20mm×20mm 的小块，经粗磨、细磨、抛光后作为金相试样（取样位置在图 1(b) 中“1”点)，通过金相显微镜观察其表面形貌及夹杂物分布状况，通过扫描电镜分析确定各元素的含量。

## 3 分析结果讨论

### 3.1 过渡层矿相试样分析结果

在金相显微镜下观察，过渡层仍可以分为 2 层，外层以耐火材料颗粒（$Al_2O_3$、$ZrO_2$）为主，约占

70%，其余为金属铁。内层则是 $CaO \cdot 2Al_2O_3$、$CaO \cdot 6Al_2O_3$、$SiO_2$ 等组成的复杂氧化物。过渡层的金相试样照片如图2所示，表现为各种类型的氧化物混合交织状态。图2(a) 中“1”点为金属Fe，“2”点为 $CaO \cdot 6Al_2O_3$；图2(b) 中“1”点为 $CaO \cdot 2Al_2O_3$。

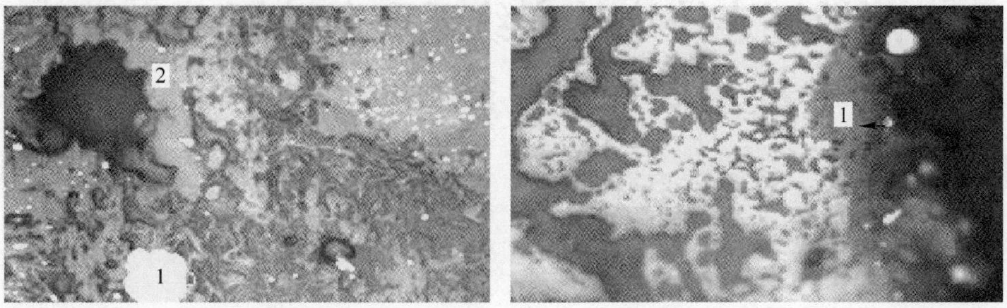

(a)　　(b)

图2　过渡层矿相试样微观形貌

由于钢液中含有大量的CaS，但过渡层不含CaS，可推测过渡层的形成不是钢液中夹杂物粘结聚集的结果，而很可能是由于浇铸开始后，水口内部高温以及负压吸氧，引起水口本体的耐火材料本身发生脱碳反应：

$$2C(s) + O_2(g) \xlongequal{} 2CO(g) \quad (1)$$

由于脱碳反应的发生，再加上钢水的冲刷作用，水口内壁表面变得粗糙，易于钢中夹杂物的粘黏和富集，而在耐火材料—钢液界面则发生如下的化学反应：

$$3CO(g) + 2[Al] \xlongequal{} Al_2O_3(s) + 3[C] \quad (2)$$

$$4[Al] + 3O_2(g) \xlongequal{} 2Al_2O_3 \quad (3)$$

$$2[Ca] + O_2(g) \xlongequal{} 2CaO \quad (4)$$

$$CaO + 6Al_2O_3 \xlongequal{} CaO \cdot 6Al_2O_3 \quad (5)$$

$$CaO \cdot 6Al_2O_3 + 2CaO \xlongequal{} 3CaO \cdot 2Al_2O_3 \quad (6)$$

以上反应生成的 $Al_2O_3$、$CaO \cdot 2Al_2O_3$、$CaO \cdot 6Al_2O_3$ 等均为高熔点高黏度物质，极易在水口内壁发生脱碳后的粗糙表面上富集、沉积，进而形成致密的氧化物堆积层。

### 3.2　凝钢层金相试样分析结果

常见的水口结瘤类型有两种，一种是由于非金属夹杂物在水口内壁粘结，最终充满水口造成结瘤；另一种是钢水温度过低，钢水在水口内冻结造成水口结瘤（这种情况一般是在很短的时间内快速形成的）。但是本文所研究的水口结瘤与上述情况不同。首先本文中的水口结瘤是在浇铸过程中逐步造成的，这可以由浇铸过程中拉速基本稳定但塞棒却逐步上涨而得以说明；另外，水口结瘤物结构也与常见的水口结瘤类型不同，过渡层主要是非金属夹杂物，约占70%，但是凝钢层以裸眼观察明显以金属Fe为主，在金相显微镜下则呈现出明显的金属Fe与非金属夹杂物交织的现象。凝钢层试样在金相显微镜下的照片如图3所示。

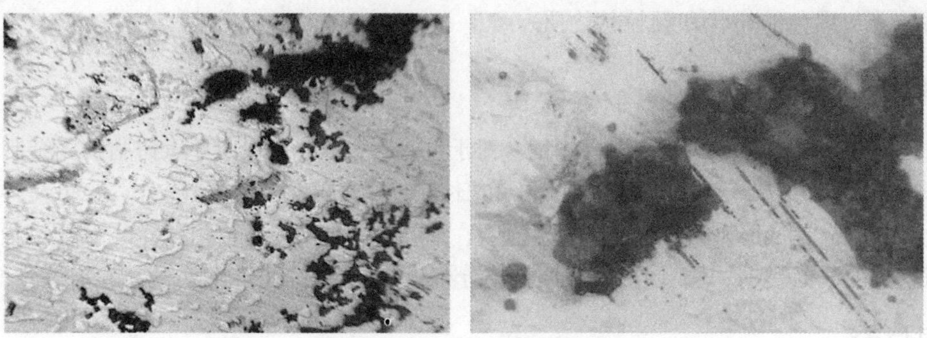

50倍　　500倍

图3　凝钢层试样金相照片

由图3可以明显看出夹杂物数量非常多，整个凝钢层已经完全是钢渣交织的混合物。并且夹杂物尺寸巨大，说明夹杂物有粘黏富集现象。

图4是凝钢层试样在扫描电镜下观察的典型夹杂物形态和对应的能谱图（图4中“1”点）。由图可知，其主要成分为CaS和$CaO-MgO-Al_2O_3-SiO_2$组成的复杂氧化物。这是由于进行了钙处理，喂Ca严重过量，钢中［Ca］含量达150ppm，造成钢液中存在大量的$CaO \cdot 2Al_2O_3$、$CaO \cdot 6Al_2O_3$、CaS夹杂物。由于CaO的硫容量高，夹杂物大多是钙铝酸盐为核心，CaS包裹在外围的复合夹杂物。这些物质都是高熔点的难熔物质，且CaS与钢水的润湿性较好。浇铸中，随着钢水温度的降低，大量的CaS析出，最终造成了金属Fe与夹杂物交织粘结在水口内壁，造成了水口的结瘤。

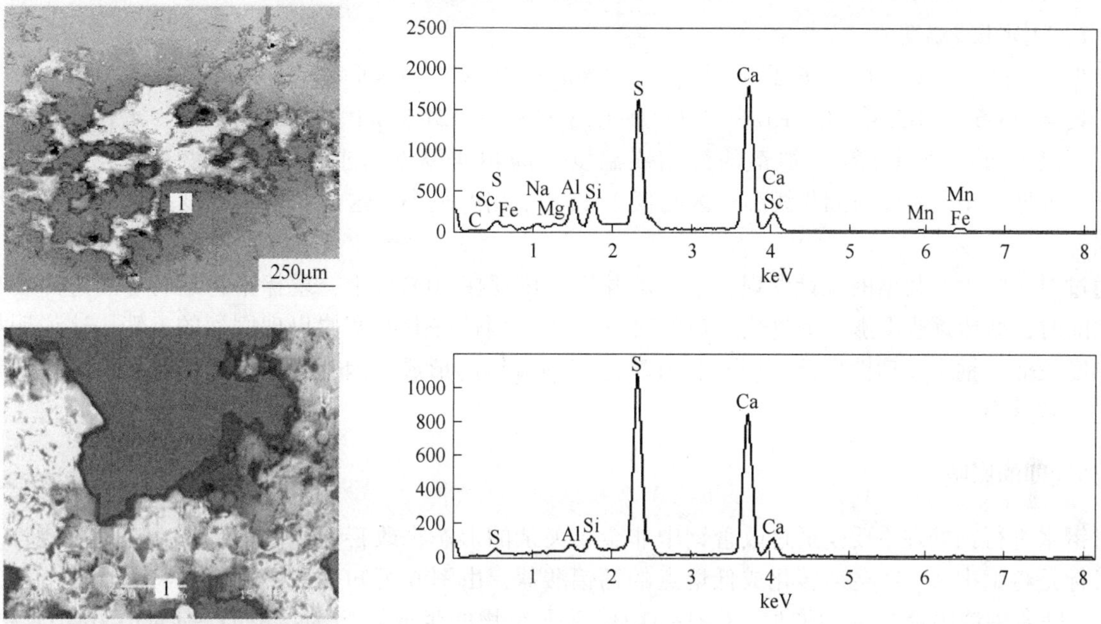


图4 凝钢层试样典型夹杂物

为了更清楚的表征凝钢层夹杂物的状况，使用Origin软件绘制了$(CaS+CaO)-Al_2O_3-SiO_2$的三元相图，如图5所示。由图5可以看出，水口凝钢层中夹杂物组成可分为：

A区：含有较高CaS的铝酸钙（$xCaO \cdot yAl_2O_3$）夹杂物。

B区：含有较低CaS较高$Al_2O_3$的铝酸钙（$xCaO \cdot yAl_2O_3$）夹杂物。

C区：含有CaS、CaO、$Al_2O_3$、$SiO_2$的复合夹杂物。

D区：含$Al_2O_3$、$SiO_2$的夹杂物。

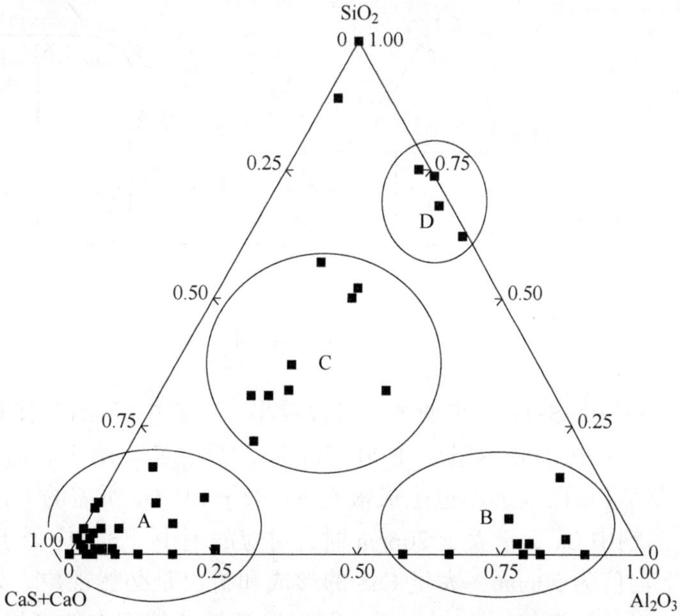


图5 凝钢层试样夹杂物主要成分三元相图

上述A、B类夹杂物约占75%，且熔点较高（1750~2050℃），钢水中生成的高熔点质点使钢水黏度增大，流动性变差，是造成水口结瘤的重要且直接的原因。

## 4 水口结瘤影响因素

### 4.1 过热度的影响

钢水的温度对其流动性有重要影响。采用下述公式计算该钢种的液、固相线温度，其中 $T_L$ 为液相线温度，$T_S$ 为固相线温度。

$$T_L = 1536 - \{90[\%C] + 6.2[\%Si] + 1.7[\%Mn] + 28[\%P] + 40[\%S] + 90[\%N] + 5.1[\%Al]\} \quad (7)$$

$$T_S = 1536 - \{415.3[\%C] + 6.8[\%Mn] + 12.3[\%Si] + 124.5[\%P] + 183.9[\%S] + 4.1[\%Al]\} \quad (8)$$

按照以上两式分别计算5炉钢的液相线温度和固相线温度后求平均值可得，$T_L \approx 1520℃$，$T_S \approx 1508℃$。可见液相线温度与固相线温度区间仅为12℃，相差很小。这说明钢水温度接近液相线温度时极易凝固。

通过对实际生产数据的统计发现，第一炉开浇过热度在40℃以上，塞棒平稳运行。当过热度在25~35℃之间时，塞棒逐步上涨。但过热度最低时仅15℃，而恰好此时塞棒出现剧烈的上涨。这说明如果钢水过热度较低，钢水流动性变差，加速了SEN水口内凝钢的形成。因此保持合适的钢水过热度对钢水可浇性是非常重要的。

### 4.2 钙处理的影响

对钢水进行钙处理主要是通过改善钢中非金属夹杂的形态来改善钢水的流动性，提高可浇性。钙处理的目标是将钢中 $Al_2O_3$ 夹杂转化成低熔点的钙铝酸盐，由图6可知，主要目的是将其转化为 $12CaO \cdot 7Al_2O_3$。随着钢液中钙含量的增加，$CaO-Al_2O_3$ 系夹杂物的生成顺序为：$Al_2O_3$—$CaO \cdot 6Al_2O_3$—$CaO \cdot 2Al_2O_3$—$CaO \cdot Al_2O_3$—$12CaO \cdot 7Al_2O_3$—$3CaO \cdot Al_2O_3$—CaO。分析发现水口凝钢层夹杂物中低熔点的 $12CaO \cdot 7Al_2O_3$ 较少，仅占约25%，而含CaS的高熔点复合钙铝酸盐夹杂物很多，造成钢水流动性差，可浇性不好的主要原因。

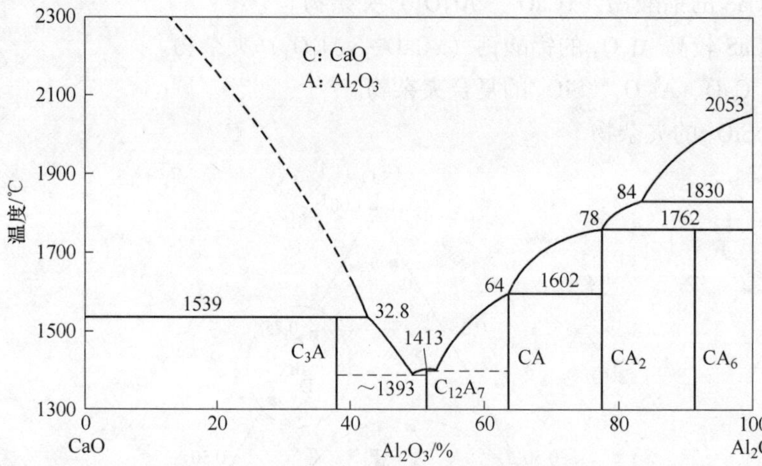


图6 $CaO-Al_2O_3$ 系相图

图7是在1823K时Ca-Al-O-S-Fe系平衡图，可以看出，当钢中［Als］在0.20%~0.45%之间时要生成液态的 $mCaO \cdot nAl_2O_3$，钢中Ca的含量应在20~70ppm之间，实验的5炉钢RH离站试样Ca含量的平均值高达150ppm。可见钙含量已远远超过生成液态 $mCaO \cdot nAl_2O_3$ 所需的Ca量。同时，根据图7可知，如果要不析出CaS，当钢中Ca含量大于20ppm时，对应的钢中［S］应低于40ppm，实验的5炉钢RH离站钢中［S］含量平均值为50ppm，大量CaS的形成和析出是必然现象。如果保持钢中［Als］在0.20%~0.45%之间，［S］含量为50ppm的水平，要通过钙处理使钢中的高熔点夹杂物变性为液态的 $mCaO \cdot nAl_2O_3$ 且不析出CaS几乎是不可能的。

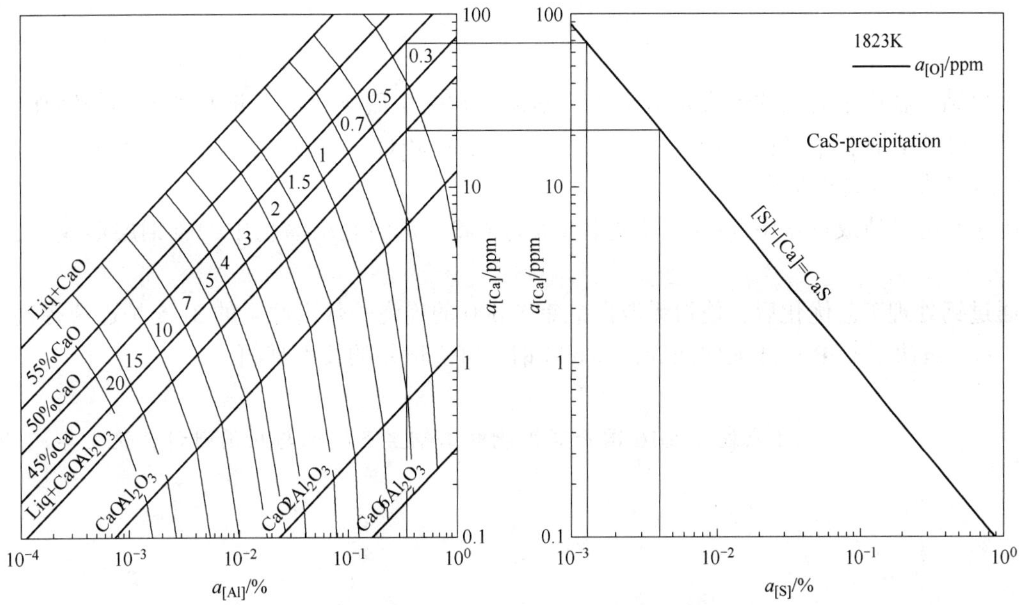


图 7 1823K 时 Ca-Al-O-S-Fe 系平衡图

## 5 造渣及钙处理工艺优化及效果

### 5.1 中包过热度控制优化（表 1）

表 1 中包过热度控制优化

| 炉次 | 过热度优化前 | 过热度优化后 | 炉次 | 过热度优化前 | 过热度优化后 |
|---|---|---|---|---|---|
| 开浇炉 | 30～40℃ | 35～45℃ | 连浇炉 | 20～30℃ | 25～35℃ |

### 5.2 造渣及钙处理工艺优化

（1）造渣及钙处理工艺节点优化：第一次钙线化渣结束为钙前软吹计时造渣开始点，到钙处理前保证软吹时间 15min±1min；钙处理分两次进行，中间间隔 1min；钙处理后软吹按 5～8min 控制，最少不能小于 5min。

（2）钙处理喂线量优化（表 2）：CaSi(LC) 线开浇炉 346. 5kg/炉，连浇炉 288～328kg/炉，喂线速率 4. 5～6. 0m/s（参考），喂线过程保持软吹状态。

表 2 钙处理工艺优化

| 炉次 | 第一次喂线量 | 第一次喂线速度 | 第二次喂线量 | 第二次喂线速度 |
|---|---|---|---|---|
| 开浇炉 | 212kg | 4. 5m/s | 135kg | 6. 0m/s |
| 连浇炉 | 212kg | 4. 5m/s | 77～116kg | 6. 0m/s |

注：两次喂线中间间隔时间按 1min 控制。

（3）软吹工艺制度优化。

氩气流量 $2\sim10m^3/h$（参考），根据钢液面波动情况进行及时调整；钙处理前软吹时间根据节奏和温度情况按 15min 控制（造渣前 8min 吹氩强度按氩花直径 $\phi=400mm$ 左右控制，后 7min 将吹氩强度按氩花直径 $\phi=200mm$ 左右），钙处理后吹氩强度按氩花直径 $\phi=200mm$ 左右控制，软吹时间必须保证 5～8min。

（4）T[Ca] 按 0. 0040%～0. 0080%的目标控制，钙处理过程及结束后禁止向钢液进行加铝。

### 5.3 工艺优化效果对比（表 3）

表 3 工艺优化前后 W600 浇铸稳定性提升效果对比

| 钙处理工艺优化前 | | 钙处理工艺优化后 | |
|---|---|---|---|
| 平均连浇炉数 | 最大浇铸炉数 | 平均连浇炉数 | 最大浇铸炉数 |
| 3. 25 炉 | 5 炉 | 10. 86 炉 | 13 炉 |

## 6　结论

（1）水口结瘤物中过渡层的形成是由于水口本体耐材发生脱碳反应及钢水的冲刷侵蚀作用造成水口内表面粗糙，促进了钢中［Al］、［Ca］与空气反应生成的 $Al_2O_3$、$CaO \cdot 6Al_2O_3$、$CaO \cdot 2Al_2O_3$ 等高熔点物质在水口内部粘黏并富集沉积。

（2）由于钙处理造成钢水中［Ca］过量生成大量 CaS，是引起结瘤物中的凝钢层形成的直接和首要的原因。

（3）通过钙处理工艺优化后，使得无取向硅钢 W600 的连浇炉数由原来的 3~5 炉迅速提高到 12 炉及以上水平，基本解决了 CSP 产线无取向硅钢 W600 钢水可浇性差的技术难题。

（原载《2016 国产高性能电工钢生产技术与应用研讨会论文集》，2016）

# 后　　记

## 新时代　新钢铁

武钢伴随新中国走过了一甲子岁月，当今的中国已是世界第二大经济体，进入了一个新的发展时期。党的十九大报告提出："经过长期努力，中国特色社会主义进入了新时代，这是我国发展新的历史方位""我国社会生产力水平总体上显著提高，社会生产能力在很多方面进入世界前列""我们要在继续推动发展的基础上，着力解决好发展不平衡不充分问题，大力提升发展质量和效益，更好满足人们在经济、政治、文化、社会、生态等方面日益增长的需要，更好推动人的全面发展、社会全面进步。"

当前我国已经建成了完整的钢铁工业体系，能够设计建设世界先进水平的钢铁生产厂，拥有世界上最先进的生产线，年生产各种品种规格的钢铁产品达到了八亿吨，几乎占世界钢铁产量的一半，满足了我国经济社会快速发展对钢铁材料的需求。在钢铁工业取得巨大成就的同时，钢铁工业存在的问题开始显现：资源能源消耗大、废弃物排放多、产能过剩、劳动生产率有待提高、企业间技术水平差距大等。

新时代呼唤新钢铁。新时代的钢铁人应该以创新的理念、全球的视野和世界一流的目标，审视工艺进步、产品创新、生态发展和智能制造，绘制新时代钢铁工业的宏伟蓝图。

### 1. 工艺进步

钢铁工业的重大进展都离不开工艺技术的进步。研究表明，在可预期的时期内，将不会出现颠覆性的技术。工艺技术的进步主要围绕着绿色低碳可循环、简洁高效低成本和组织的洁净均匀超细化等展开。

(1) 热轧带钢连铸连轧全连续制造技术。近年来，基于薄板坯连铸连轧流程的全连续轧制技术取得突破性进展，并得到较为广泛的应用，连续化生产的优势已经得到实践验证。基于薄板坯连铸连轧流程的全连续轧制技术，是热轧带钢生产工艺技术的发展方向。通过近二十年来对引进设备和技术的消化、吸收和国产化，我国积累了大量的工程化经验和生产制造经验，已经具备自主创新、集成开发具有我国自主知识产权的热轧带钢连铸连轧全连续制造技术的条件。

(2) 绿色、可循环钢铁制造流程技术。以优质、高效、节能、环保、低成本为目标，通过钢铁流程结构优化和物质流、能量流、信息流网络集成构建，对涉及高炉-转炉长流程和废钢-电炉短流程的关键界面匹配、二次能源高效转化、低品质余热回收利用、低碳绿色制造工艺、钢铁流程三个功能的价值提升等关键技术进行深度开发，其范围涵盖整个钢铁制造过程，是在各项单体技术研发基础上的系统集成、优化和匹配。

(3) 低碳钢铁制造技术。包括高效节能减排和清洁生产技术、全生命周期能耗和$CO_2$排放评价导向下的生态钢铁材料生产工艺技术、碳俘获与存储（CCS）技术、废钢回收工艺的精细化研究、替代能源（太阳能、生物能、原子能等）非碳冶金技术等。

(4) 高效、节能、长寿综合冶炼技术。包括高炉的高顶压、高风温、高富氧、高喷煤、高利用系数和长寿化技术，高炉专家系统应用技术（包括智能操作指导和监测技术），高效TRT技术，高性能耐火材料开发等。同时，探索非高炉炼铁技术，力争在直接还原（气基、煤基）及熔融还原技术方面有所突破。

(5) 高效、低成本洁净钢生产系统技术。包括铁水预处理技术，转炉（电炉）冶炼与高精度终点控制技术，快速、协同的钢水精炼技术，高效恒速的全连铸技术以及优化、简捷的流程网络和动态、有序运行的物流技术等。重点是进一步深入研究以多工序“动态-有序”“连续-紧凑”“协同-稳定”运行为核心的洁净钢平台技术，实现体系更加高效率、低成本运行。

(6) 高精度、高效轧制及热处理技术。包括高精度轧制技术、高性能交直交轧机主传动技术、新一代控轧控冷技术、多功能柔性超高强钢冷轧板连续退火生产技术、在线热处理技术、特种钢板热处理技术、三辊轧机-高精度棒线材定减径机组技术、直接轧制技术、温度梯度轧制技术、变截面轧制技术、低温增塑轧制技术、无头与半无头轧制技术和长材绿色制造技术。

## 2. 产品创新

产品是钢铁工业总体技术水平的重要标志。近年来，我国在钢铁产品创新方面取得了显著的进步，部分产品在国际上处于领先地位，但总体上与世界先进水平相比仍有一定的差距，今后产品创新主要围绕着高性能、低成本展开，具体包括轻量化、集约化、低成本和特殊性能等。

(1) 钢铁材料的轻量化是有效应对汽车、装备制造等行业用钢需求的必然选择。安赛乐米塔尔研发的轻量化高强度车门用钢，相比原有的标杆车型可减重12%，强度则高达1500MPa；宝钢股份从2000年开始汽车用钢轻量化先进成型技术的研究，2015年全球首发的QP1180GA钢在减重的同时，可以实现1200MPa抗拉强度和15%以上的高延伸率。在最近的《Science》期刊上，有多个团队发布了关于高塑性2200MPa级钢铁材料的基础研究成果。在材料轻量化研究方面，未来应关注的重点在于：相关材料多相与相变强韧化机理研究；材料的微观组织结构演变、宏观变形及回弹控制技术原理、延迟开裂机理研究；相关生产工艺与装备制造关键技术开发；高强度钢成形关键工艺与控制技术、应用及轻量化评价技术；产品的设计、研发、生产与应用产业链的全面打通等。

(2) 通过钢种设计的集约化来实现钢材性能的柔性化，可有效解决用户个性化需求与企业低成本规模化生产之间的矛盾。采用钢种归并设计，利用尽可能少的钢种或尽可能简洁的成分设计，在控轧控冷等工艺改进以及钢材性能预测模型等智能制造技术的基础上，生产出不同强度级别、不同组织和性能的产品，以较低的成本满足更广泛的用户需求。

(3) 低成本、减量化的产品成分设计不仅符合钢铁行业绿色发展的新理念，更是产品创新的必然趋势。钢铁材料的工艺和成分决定了其组织与性能。在精益生产管理的基础上，通过轧制和冷却的不断优化，不用或尽可能减少合金元素用量，或用廉价元素替代昂贵元素，生产同样或更优组织和性能的钢铁材料是未来钢铁产品创新方向之一。

(4) 进一步加强高性能、特殊用途钢材的开发，满足国民经济发展与大飞机、高速（重载）铁路、海洋平台、核（火、水）电、国防军工等国家重大工程的需求。其开发重点包括：极寒与超低温环境船舶用钢、高效率低损耗及特殊用途硅钢、先进制造业基础件用特殊钢、高强高耐蚀不锈钢、高性能工模具钢、高耐磨高强韧重载钢轨用钢、苛刻环境下铁路车辆关键部件用钢、建筑结构用抗震耐蚀耐火钢、高性能桥梁用钢、低温和高压服役条件下高强度管线用钢、超低温及严苛腐蚀条件下低成本容器用钢、煤炭采运用高耐磨性钢板、先进超超临界锅炉高温弯管和铸锻件、新一代压水堆核岛用钢及临氢化工大单重特厚板等。

## 3. 生态发展

生态发展是钢铁工业可持续发展的重要前提。十九大报告提出："必须树立和践行绿水青山就是金山银山的理念，坚持节约资源和保护环境的基本国策"，实现绿色制造、生态发展是我国钢铁工业重要课题，我国大部分钢铁企业是建在人口密集地区的城市钢厂，实现生态发展尤为迫切。近年来，钢铁产业重点推广应用了以"三干三利用"（即干法熄焦，高炉煤气干式除尘，转炉煤气干式除尘的"三干"技术；水的综合利用，以副产煤气（焦炉、高炉、转炉）为代表的二次能源利用，以高炉渣、转炉渣为代表的固体废弃物综合利用的"三利用"）为代表的治理措施，促进了钢铁产业节能减排、资源循环利用和环境保护。在此基础上，通过加强技术开发和投入，使钢铁产业真正成为美丽中国的一部分。

(1) 建立高效、清洁、低碳、循环的绿色制造体系。加快新一代可循环流程工艺技术研发，开发推广具备能源高效利用、污染减量化、废弃物资源化利用和无害化处理等功能的工艺技术；采用高效电机、锅炉等先进设备，使用高效绿色生产工艺技术装备，改进传统制造流程，实现产业绿色升级；开发绿色产品，打造绿色供应链，引导绿色生产和绿色消费，开展绿色评价。

(2) 以“零排放”为目标，建设生产过程的循环链。一是固废的循环链，实现冶金渣、含铁含锌尘泥、氧化铁皮及烧结脱硫副产物等固体废弃物全部回收利用或无害化处理，实现企业固废“零排放”。二是工业用水循环链，计量与监督企业用水，推进按定额用水，推进利用海水、城市污水、矿坑水及苦咸水等非常规水资源，推进以焦化废水、浓盐水为代表的污水深度处理与回用，提高废水回收率。三是二次能源的回收利用循环链，推广节能技术，加强干熄焦、烧结余热回收、转炉余热回收、加热炉余热蒸汽回收等工作；完善和推广烧结漏风改造、高炉脱湿鼓风、燃气蒸汽联合循环发电等技术；研发非高炉炼铁、炉渣余热回收利用、高炉喷吹还原气体等前沿技术。

(3) 构建循环经济产业链。与其他相关产业深度融合，围绕下游用户需求，开发更高强度、更长寿命、更加环保的材料，提高钢铁的耐候性、耐蚀性，减少钢材全生命周期内的消耗量；重点建设钢铁企业与建材、化工、电力等企业之间的循环经济产业链。

## 4. 智能制造

智能制造是钢铁工业高质量发展的重要方向。钢铁工业是自动化程度较高的流程型制造业，智能制造发展基础好、空间大。借助智能制造即“互联网+”、物联网和智能制造技术，依托于传感器、工业软件、网络通信系统、新型人机交互方式，实现人、设备、产品等制造要素和资源的相互识别、实时联通，促进钢铁研发、生产、管理、服务与互联网紧密结合，推动钢铁生产方式的定制化、柔性化、绿色化、网络化、智能化，进而推动钢铁行业的转型升级。未来钢铁工业智能制造的发展重点包含以下几个方面：

(1) 智能化/数字化车间试点示范。建设智能工厂或数字化车间，加快人机智能交互、工业机器人、智能物流管理等技术和装备在生产过程中的应用，促进钢铁制造工艺的仿真优化、数字化控制、状态信息实时监测和自适应控制等的发展。重点开发大型装备的智能化嵌入式软件、关键检测检验技术装备及数据采集分析系统、基于物联网和云技术的钢铁生产信息化技术、钢铁生产复杂流程智能化自动控制系统、钢铁行业大数据平台系统等。

(2) 制造过程智能专家系统。完善和提升各产线专家系统为主攻方向，推进制造过程智能化。包括原燃料、配煤、配矿专家系统，焦化、烧结专家系统，高炉专家系统，炼钢精炼智能控制系统，热轧精确加热和轧制控制系统，冷轧轧制及热处理自动控制系统，实现钢铁生产全流程的自动化控制与智能化管理。

(3) 设备在线监测和故障诊断。以生产过程检测和控制技术为基础，增强网络互联应用和智能监测，实现有线网络、无线网络、互联网，以及移动终端的远程监测和诊断功能。建立设备在线监测和故障诊断系统，实现关键工艺设备的在线监测；通过网络技术实时监控，实现远程故障诊断。构建设备大数据平台，通过对设备在线监测和故障诊断数据的实时在线采集，并与生产工艺过程实时数据、设备离线和周期性检测数据集成，实现产线关键设备运行状态的劣化趋势分析，用大数据指导预防性维护和预知维修。

（4）基于个性化定制的一体化排程。重点突破生产约束模型建立、动态产能与物流平衡、实时交期应答等关键技术。通过一体化排程制定合理优化的中短期生产计划，将实绩与计划结合，接收制造执行系统或其他工序完工反馈信息，提高订单准时交货率；快速动态调整生产计划，减少产线停机、等待时间；准确预测原料需求，减少生产缺料现象，优化物料、半成品、成品的库存；减少生产管理及生产人力需要。

（5）工业大数据平台建设及应用。推进工业互联网建设，做好物联网、数据中心等规划和应用，整合工业互联网传输、大数据采集、数据中心应用等环节流程。建立企业网络系统，使机器、存储系统和生产设施融入虚拟网络-实体物理系统 CPS。构建完备的大数据分析平台架构，形成大数据仓库（BDR）系统。完善各主要生产工序的工艺过程实时数据自动采集、在线监控。

绿色化、智能化是新时代钢铁工业的必然选择。武钢作为地处现代化大都市的特大型钢铁企业，要着力创新突破、保持行业领先、力争成为全球钢铁业引领者，同时要注重绿色制造、生态发展，实现企业与社会，特别是与武汉乃至长江经济带的协同发展，打造新时代、新钢铁的典范。

宝钢股份中央研究院副院长（武汉分院院长）
武钢有限技术中心主任
中国工程院院士
毛新平

# 武钢产品及应用

## 汽车用钢

武钢是我国自主开发汽车用钢生产基地之一，拥有最宽的从炼钢、热轧到冷轧的完整汽车用钢生产线，可提供最高抗拉强度 800MPa 大梁钢、车轮钢、桥壳钢、双相钢、酸洗钢等系列产品。其中 2070mm 热镀锌汽车板、2040mm 连退汽车板、1830mm 电镀锌汽车板填补国内超宽汽车板领域空白，实现多家全球知名汽车企业和中国品牌汽车企业的批量供货能力。

北京奔驰

东风乘用汽车装配线

上海大众

# 铁道用钢轨

武钢一直致力于铁路用钢的研究与开发，早期生产的含铜钢轨，于20世纪70年代援建了非洲坦赞铁路，铺轨总里程超2000公里。2007年，武钢新建百米重轨生产线，用以满足时速350公里高速铁路需要。至今，武钢已累计生产钢轨580万吨，铺设铁路里程近5万公里，可绕地球一周。

非洲坦赞铁路

青藏铁路全长1956公里，是世界上海拔最高、在冻土上路程最长的高原铁路，2013年9月入选“全球百年工程”

武钢钢轨应用于武汉、合肥、石家庄、郑州等城市地铁及有轨电车项目

武钢钢轨是京广、沪昆等国家“四横四纵”高速铁路的主要供应商

# 压力容器钢

武钢压力容器用钢系列以其高强度、高韧性和优异的焊接性能，处于国内领先水平。该系列产品已成功应用于大型石化成套设备、国家战略原油储备工程等领域。

武汉 80 万吨乙烯工程

国家石油储备工程

液化运输设备

# 管 线 钢

武钢从 20 世纪 80 年代开始，率先在国内进行石油天然气输送管线用钢的研制和开发，成功研制 CT70、CT80~CT120 系列连续油管产品及 X80 管线钢，产品性能达到国际领先水平，有效替代进口。

用于西气东输、川气东送、苏丹管线、中哈管线、中俄管线及神木渭南煤浆输送等 100 多条重大管道工程

油气管道

海底管线及海底抗酸管线用钢

# 桥梁用钢

武钢是我国高性能桥梁用钢的开拓者与引领者，自主研发的系列钢种得到大批量的推广与应用。从跨江到跨海、从最宽到最高的各式桥梁，都以优异的性能和质量受到桥梁设计部门、制造行业和用户的高度评价，确立了中国桥梁用钢提供商的龙头地位。

港珠澳大桥

重庆朝天门长江大桥

武汉鹦鹉洲长江大桥

深圳湾大桥

## 集装箱用钢

武钢是国内排名前三的集装箱钢生产基地，自 1995 年批量生产以来，全规格覆盖，实现了替代进口，得到了国家船检局和中集集团等的认可。目前已累计生产集装箱钢约 800 万吨，制造集装箱 600 余万个。

高耐候钢集装箱

集装箱房屋

## 工程机械用钢

武钢是国内热轧工程机械用钢最早的生产企业之一，累计生产工程机械用钢约 300 万吨，应用于重型汽车、液压支架、起重机吊臂、工程机械耐磨损结构部件。通过了世界最大的工程机械生产供应商卡特彼勒的质量体系认证，并在 2016 年获得卡特彼勒优秀供应商称号，是亚太地区唯一获此殊荣的钢材供应商。

大型液压吊装设备

抽油机

海洋石油钻井平台

# 优质线材

武钢研制开发了帘线钢、铝包钢、电缆钢、钢棉钢等优质线材系列产品，满足客户需求，获得米其林、贝尔卡特等质量认证及最佳供应商称号。其中超高强帘线钢打破了国外技术垄断，已累计生产 300 万吨，制成的子午线钢丝可装配 6 亿只轮胎。

子午轮胎

高压线路

北京望京 SOHO

摩天轮

## 高性能建筑用钢

武钢研制开发了系列高性能建筑用钢，其中耐火耐候钢被评为“国内首创、填补空白、国际领先”，已成功应用于国家大剧院、北京奥运主体育场（鸟巢）、首都国际机场、中央电视台、国家图书馆等重大工程。

鸟巢

国家大剧院

武汉欢乐谷

武汉光谷未来中心

央视新大楼

广州电视塔

# 硅　钢

武钢是全球品种最全、规格最多、产量最大的硅钢生产基地，是国内唯一拥有国家硅钢工程技术中心，同时掌握高温 HiB、低温 HiB、低温一般取向三大核心技术的取向钢制造企业。硅钢系列产品应用于三峡工程、核电工程、神舟飞船及正负电子对撞机等大型项目和国家重点工程领域。

三峡工程

神舟系列飞船

新能源汽车

国家重点太阳能、风能发电项目

# 家电用钢

武钢是最早开发家电用钢的企业之一。电镀锌、热镀锌、家电彩涂等系列产品获得美的、格力、海尔、格兰仕、富士康、松下及 LG 等国内外知名品牌的认可，并成功应用于该品牌的系列产品。

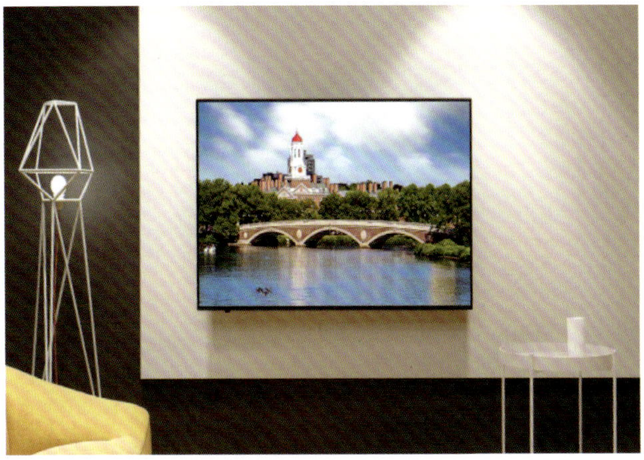

电视机

微波炉

洗衣机

冰箱

# 船舶用钢

武钢是我国最早生产船板的企业之一，已成为我国著名船板生产基地。武钢船板广受国内外用户信赖，先后通过英国、法国、挪威、美国、德国、日本、韩国、意大利、中国等船级社认证。

国产航母

潜艇

超级游轮

超级油轮

万吨级导弹驱逐舰、护卫舰

# 彩色涂层钢板

武钢作为我国最早生产彩涂板的厂家之一，曾填补了国内稀缺品种的空白。彩色涂层带钢生产线主要采用两涂两烘工艺及世界最新的辊涂式化学预处理技术，可广泛应用于建筑、交通运输、家用电器、钢制家具等行业。

汉秀剧场

交通运输

工业厂房

家用电器

# 钢材深加工

武钢钢材深加工产品主要有冷弯型钢、HFW 高频直缝焊管、线材制品、精密带钢等。其中冷弯钢板桩、发光二极管（LED）支架、超高强 PC 钢绞线等填补了国内空白。产品广泛用于桥梁、公路、汽车、铁路车辆、工程机械、电子产品等领域。

雪龙号科考设备

农业机械

激光拼焊

钢板桩施工

电子产品

**图书在版编目(CIP)数据**

纪念武钢投产60年技术论文集/《纪念武钢投产60年技术论文集》编委会编. —北京：冶金工业出版社，2018.8

ISBN 978-7-5024-7858-2

Ⅰ.①纪…　Ⅱ.①纪…　Ⅲ.①武汉钢铁公司—纪念文集
Ⅳ.①F426.31-53

中国版本图书馆CIP数据核字(2018)第153441号

出版人　谭学余
地　　址　北京市东城区嵩祝院北巷39号　邮编　100009　电话　(010)64027926
网　　址　www.cnmip.com.cn　电子信箱　yjcbs@cnmip.com.cn
责任编辑　曾　媛　美术编辑　彭子赫　版式设计　孙跃红
责任校对　李　娜　责任印制　牛晓波
ISBN 978-7-5024-7858-2
冶金工业出版社出版发行；各地新华书店经销；三河市双峰印刷装订有限公司印刷
2018年8月第1版，2018年8月第1次印刷
210mm×297mm；60印张；1插页；16彩页；2052千字；939页
**320.00元**

**冶金工业出版社　投稿电话　(010)64027932　投稿信箱　tougao@cnmip.com.cn**
**冶金工业出版社营销中心　电话　(010)64044283　传真　(010)64027893**
**冶金书店　地址　北京市东四西大街46号(100010)　电话　(010)65289081(兼传真)**
**冶金工业出版社天猫旗舰店　yjgycbs.tmall.com**

(本书如有印装质量问题，本社营销中心负责退换)